Erich Göhler

Ordnungswidrigkeitengesetz

Beck'sche Kurz-Kommentare

Band 18

Gesetz über Ordnungswidrigkeiten

erläutert von

Dr. Erich Göhler

Ministerialrat im Bundesjustizministerium

unter Mitarbeit von

Hans Buddendiek

Oberregierungsrat im Bundesjustizministerium

6., neubearbeitete Auflage

C.H.BECK'SCHE VERLAGSBUCHHANDLUNG

MÜNCHEN 1980

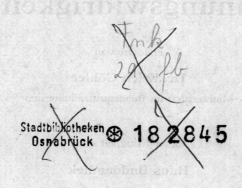
CIP-Kurztitelaufnahme der Deutschen Bibliothek

Göhler, Erich:
Gesetz über Ordnungswidrigkeiten / erl. von
Erich Göhler. Unter Mitarb. von Hans Buddendiek. –
6., neubearb. Aufl. – München: Beck, 1980.
    (Beck'sche Kurz-Kommentare; Bd. 18)
    ISBN 3 406 07354 9

ISBN 3 406 07354 9

Druck der C. H. Beck'schen Buchdruckerei Nördlingen

Vorwort zur 6. Auflage

Die 6. Auflage erscheint in Angleichung an die bewährten Kurzkommentare von Dreher/Tröndle und Kleinknecht in einem etwas größeren Format. Wie in diesen Kommentaren sind die Erläuterungen durch Umstellung auf Randnummern übersichtlicher gestaltet. Dies erleichtert den Überblick über die stark angewachsene Stofffülle und das Auffinden von Einzelproblemen wesentlich.

Die äußere Neugestaltung machte eine systematisch verfeinerte Gliederung des Stoffes und damit eine grundlegend neue Bearbeitung der gesamten Erläuterungen notwendig. Angesichts der außerordentlich umfangreichen Rechtsprechung und der Literatur zum Ordnungswidrigkeitenrecht, die in den letzten Jahren zu verzeichnen sind, war ohnehin eine umfassende Neubearbeitung des Kommentars unerläßlich, um nicht nur Einzelfragen zu behandeln, sondern die tragenden Leitgedanken für die Rechtsanwendung herauszukristallisieren.

Besondere Aufmerksamkeit ist den Fragen gewidmet, die in den geradezu massenhaft anfallenden Bußgeldverfahren wegen Verkehrsordnungswidrigkeiten in der täglichen Praxis eine große Rolle spielen. Dabei sind in vieler Hinsicht Lösungen aufgezeigt, die zu einer besseren Handhabung des Verfahrens und zu Vereinfachungen führen können, so zB zur Aufklärung des Sachverhalts durch die Verwaltungsbehörde vor Abgabe an die Staatsanwaltschaft, zum Beschlußverfahren, zur Unmittelbarkeit der Beweisaufnahme, zur Abkürzung der Urteilsgründe, zum Rechtsbeschwerdeverfahren uä. Ferner sind die Erläuterungen, die sich auf Zuwiderhandlungen in Betrieben und Unternehmen beziehen, in einem größeren Zusammenhang überdacht und die Reformvorschläge aufgezeigt, die in dem Referentenentwurf eines Zweiten Gesetzes zur Bekämpfung der Wirtschaftskriminalität für das Ordnungswidrigkeitenrecht gemacht sind.

Das starke Anwachsen des Kommentarteils machte allerdings eine Kürzung des Anhangs unumgänglich. Von einem weiteren Abdruck der Übersicht über die Bußgeldvorschriften im Bundesrecht und Landesrecht (Anhang B) ist deshalb abgesehen worden. Als Ersatz für diese Übersicht wird auf das „Lexikon des Nebenstrafrechts" (zugleich Registerband zum „Erbs/Kohlhaas") von Göhler/Buddendiek/Lenzen verwiesen, das sich auf sämtliche Bußgeldtatbestände des Bundesrechts und sehr weitgehend auch auf die des Landesrechts erstreckt.

Die im bisherigen Anhang A abgedruckten Vorschriften sind neu gegliedert und um weitere, für die Praxis bedeutsame Vorschriften ergänzt worden.

Berücksichtigt sind selbstverständlich die inzwischen eingetretenen gesetzlichen Änderungen auf allen Rechtsgebieten, so zB das Gesetz zur Änderung der Strafprozeßordnung vom 14. April 1978 sowie das Strafverfahrensänderungsgesetz (StVÄG 1979) vom 5. Oktober 1978, das am 1. Januar 1979 in Kraft getreten ist und auch das Gesetz über Ordnungs-

Vorwort

widrigkeiten geändert hat. Rechtsprechung und Schrifttum sind bis Ende des Jahres 1979 ausgewertet.

Wie schon früher danke ich auch jetzt wieder für alle Anregungen und Hinweise, die mich aus der Praxis erreicht haben.

Bonn im Januar 1980   Erich Göhler

Aus dem Vorwort zur 1. Auflage

Im Aufbau und in der Darstellung lehnt sich dieses Buch an die bewährten Kurzkommentare von Dreher und Kleinknecht an. Die Erläuterungen berücksichtigen nicht nur die Gesetzesmaterialien, die für die Auslegung herangezogen werden können, sondern auch Rechtsprechung und Literatur zu den Vorschriften des OWiG 1952 sowie zu den entsprechenden Vorschriften des StGB oder den sinngemäß geltenden der StPO und des JGG, soweit sie auch aus der Sicht des Ordnungswidrigkeitenrechts von Bedeutung sind. Viele Vorschriften sind in einem größeren Zusammenhang erläutert. Das Verfahren vor der Verwaltungsbehörde ist in den Vorbemerkungen vor § 59 umfassend dargestellt. Auch sonst sind den einzelnen Teilen und Abschnitten Vorbemerkungen vorangestellt, die einen systematischen Überblick geben und grundsätzliche Fragen behandeln. Dadurch soll den Bedürfnissen der Praxis, aber auch den der Rechtswissenschaft und der Studierenden, weitgehend Rechnung getragen werden.

Inhalt

Gesetz über Ordnungswidrigkeiten (OWiG)

Erster Teil. Allgemeine Vorschriften   7

Erster Abschnitt. Geltungsbereich

Zweiter Abschnitt. Grundlagen der Ahndung

Dritter Abschnitt. Geldbuße

Vierter Abschnitt. Zusammentreffen mehrerer Gesetzesverletzungen   108

Fünfter Abschnitt. Einziehung   125

Inhalt

Zweiter Teil. Bußgeldverfahren

Inhalt

Inhalt

Inhalt

XI

Inhalt

B. Ergänzende Vorschriften des Landesrechts

Baden-Württemberg

Bayern

Berlin

Bremen

Hamburg

Inhalt

Inhalt

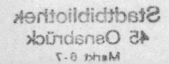

Abkürzungen

Entscheidungen der Oberlandesgerichte sind in der Regel durch Angabe des Ortes bezeichnet, an dem das Gericht seinen Sitz hat (zB Düsseldorf NJW 66, 713)

aaO	am angegebenen Ort
abl.	ablehnend
ABl.	Amtsblatt
ABl.EG	Amtsblatt der Europäischen Gemeinschaften
Abs.	Absatz, auch bezeichnet mit einer römischen Zahl
Abschn.	Abschnitt
abw.	abweichend
AdVermiG	Adoptionsvermittlungsgesetz v. 2.7. 1976 (BGBl. I 1762; III 404–21)
aE	am Ende
AEG	Allgemeines Eisenbahngesetz v. 29. 3. 1951 (BGBl. I 225, 438; III 930–1), letztes ÄndG v. 9. 7. 1979 (BGBl. I 989 – Sartorius I Nr. 962 –
aF	alter Fassung
AFG	Arbeitsförderungsgesetz v. 25. 6. 1969 (BGBl. I 582; III 810–1), letztes ÄndG v. 23. 7. 1979 (BGBl. I 1189).
AfP	Archiv für Presserecht (zitiert nach Jahr und Seite)
AG	Amtsgericht, in Verbindung mit einem Gesetz Ausführungsgesetz
AHK	Alliierte Hohe Kommission
AHKG	Gesetz der Alliierten Hohen Kommission
AktG	Aktiengesetz v. 6.9. 1965 (BGBl. I 1089; III 4121–1), letztes ÄndG v. 13. 12. 1978 (BGBl. I 1959) – Schönfelder Nr. 51 –
allgM	allgemeine Meinung
aM	anderer Meinung
Amtl. Anz.	Amtlicher Anzeiger
ÄndBek	Änderungsbekanntmachung
ÄndErl.	Änderungserlaß
ÄndG	Änderungsgesetz
ÄndVO	Änderungsverordnung
Anh	Anhang
Anl	Anlage
Anm.	Anmerkung
AnpGNW	Gesetz zur Anpassung landesrechtlicher Straf- und Bußgeldvorschriften an das Bundesrecht (Anhang **B 8a**)
AnwBl.	Anwaltsblatt (zitiert nach Jahr und Seite)

Abkürzungen

Abkürzungen

BayBS	Bereinigte Sammlung des Bayerischen Landesrechts (1802–1956)
BayDSchG	Denkmalschutzgesetz v. 25. 6. 1973 (GVBl. 328), letztes ÄndG v. 23. 12. 1975 (GVBl. 414) – Ziegler/Tremel Nr. 138 –
BayFAG	Finanzausgleichsgesetz idF v. 14. 8. 1979 (GVBl. 249), ÄndG v. 21. 12. 1979 (GVBl. 436, 437) – Ziegler/Tremel Nr. 210 –
BayFoStG	Forststrafgesetz idF v. 14. 9. 1970 (GVBl. 460), letztes ÄndG v. 22. 10. 1974 (GVBl. 551) – Ziegler/Tremel Nr. 253 –
BayGO	Gemeindeordnung für den Freistaat Bayern idF v. 31. 5. 1978 (GVBl. 353), letztes ÄndG v. 10. 8. 1979 (GVBl. 223) – Ziegler/Tremel Nr. 280 –
BayJG	Bayerisches Jagdgesetz v. 13. 10. 1978 (GVBl. 678) – Ziegler/Tremel Nr. 350 –
BayJMBl.	Bayerisches Justizministerialblatt (zitiert nach Jahr und Seite)
BayKAG	Kommunalabgabungsgesetz idF v. 4. 2. 1977 (GVBl. 82) – Ziegler/Tremel Nr. 373 –
BayLKrO	Landkreisordnung für den Freistaat Bayern idF v. 31. 5. 1978 (GVBl. 377), letztes ÄndG v. 10. 8. 1979 (GVBl. 223) – Ziegler/Tremel Nr. 440 –
BayLStVG	Landesstraf- und Verordnungsgesetz idF v. 7. 11. 1974 (GVBl. 753, 814), letztes ÄndG v. 27. 6. 1978 (GVBl. 335) – Ziegler/Tremel Nr. 420 –
BayPAG	Polizeiaufgabengesetz v. 28. 8. 1978 (GVBl. 561) – Ziegler/Tremel Nr. 570 –
BaySchulPflG	Schulpflichtgesetz v. 15. 4. 1969 (GVBl. 97), letztes ÄndG v. 13. 6. 1978 (GVBl. 813) – Ziegler/Tremel Nr. 700 –
BayVBl.	Bayerische Verwaltungsblätter – Zeitschrift für öffentliches Recht und öffentliche Verwaltung (zitiert nach Jahr und Seite)
BayVerf.	Verfassung des Freistaates Bayern v. 2. 12. 1946 (BayBS I 3), letztes ÄndG v. 19. 7. 1973 (GVBl. 389) – Ziegler/Tremel Nr. 850 –
BayVerfGH	Bayerischer Verfassungsgerichtshof
BayVerfGHE	Entscheidungen des Bayerischen Verfassungsgerichtshofes (zitiert nach Band und Seite)
BayVwVZG	Bayerisches Verwaltungszustellungs- und Vollstreckungsgesetz idF v. 11. 11. 1970 (GVBl. 71, 1), letztes ÄndG v. 21. 12. 1979 (GVBl. 435) – Ziegler/Tremel Nr. 912 –
BB	Der Betriebsberater (zitiert nach Jahr und Seite)
BBG	Bundesbeamtengesetz idF v. 3. 1. 1977 (BGBl.

Abkürzungen

	I 1; III 2030–2), letztes ÄndG v. 30. 7. 1979 (BGBl. I 1301) – Sartorius I Nr. 160 –
BDO	Bundesdisziplinarordnung idF v. 20. 7. 1967 (BGBl. I 750, 984; III 2031–1), letztes ÄndG v. 26. 6. 1978 (BGBl. I 869) – Sartorius I Nr. 220 –
Begr.	amtliche Begründung
Bek.	Bekanntmachung
ber.	berichtigt
BerEEGOWiG	Schriftlicher Bericht des BT-Rechtsausschusses zum Entwurf eines Einführungsgesetzes zum Gesetz über Ordnungswidrigkeiten (BT-Drs. V/2601, zu V/2601)
BerEEGStGB	Erster Bericht des BT-Sonderausschusses für die Strafrechtsreform zum Entwurf eines Einführungsgesetzes zum Strafgesetzbuch (BT-Drs. 7/1261)
BerEOWiG	Schriftlicher Bericht des BT-Rechtsausschusses zum Entwurf eines Gesetzes über Ordnungswidrigkeiten (BT-Drs. V/2600, zu V/2600)
BerlinFG	Berlinförderungsgesetz idF v. 22. 12. 1978 (BGBl. 1979 I 1; III 610–6–5), letztes ÄndG v. 26. 11. 1979 (BGBl. I 1953)
BerSonderausschuß .	Bericht des BT-Sonderausschusses für die Strafrechtsreform zum Entwurf eines Ersten Gesetzes zur Reform des Strafrechts (BT-Drs. V/4094)
BerEStrRG 2	Zweiter Schriftlicher Bericht des BT-Sonderausschusses für die Strafrechtsreform zum Entwurf eines Strafgesetzbuches (BT-Drs. V/4095)
BerEStrRG 4	Schriftlicher Bericht des BT-Sonderausschusses für die Strafrechtsreform zum Entwurf eines Vierten Gesetzes zur Reform des Strafrechts (BT-Drs. VI/3521)
BeurkG	Beurkundungsgesetz v. 28. 8. 1969 (BGBl. I 1513; III 303–13), letztes ÄndG v. 2. 7. 1976 (BGBl. I 1749) – Schönfelder Nr. 23 –
BFH	Bundesfinanzhof
BGB	Bürgerliches Gesetzbuch v. 18. 8. 1896 (RGBl. 195; BGBl. III 400–2), letztes ÄndG v. 18. 7. 1979 (BGBl. I 1072) – Schönfelder Nr. 20 –
BGBl. I, II, III	Bundesgesetzblatt Teil I, Teil II, Teil III
BGH	Bundesgerichtshof; mit Zahlen Entscheidungen des Bundesgerichtshofes in Strafsachen (zitiert nach Band und Seite)
BGH-Festschr.	25 Jahre Bundesgerichtshof am 1. Oktober 1975 (1975)
BGHGrS	Bundesgerichtshof, Großer Senat in Strafsachen
BGHZ	Entscheidungen des Bundesgerichtshofes in Zivilsachen (zitiert nach Band und Seite)
BGSG	Bundesgrenzschutzgesetz v. 18. 4. 1972 (BGBl. I

1834; III 13–4), letztes ÄndG v. 14. 7. 1976 (BGBl. I 1801) – Sartorius I Nr. 90 –

BHO . . . . Bundeshaushaltsordnung v. 19. 8. 1969 (BGBl. I 1284; III 63–1), ÄndG v. 23. 12. 1971 (BGBl. I 2133) – Sartorius I Nr. 700 –

BImSchG . . . . Bundes-Immissionsschutzgesetz v. 15. 3. 1974 (BGBl. I 721, 1193; III 2129–8), letztes ÄndG v. 14. 12. 1976 (BGBl. I 3341) – Sartorius I Nr. 296 –

BinSchG . . . . Gesetz über die Aufgaben des Bundes auf dem Gebiet der Binnenschiffahrt v. 15. 2. 1956 (BGBl. II 317; III 9500–1), letztes ÄndG v. 6. 8. 1975 (BGBl. I 2121)

BinSchGerG . . . . . . Gesetz über das gerichtliche Verfahren in Binnenschiffahrtssachen v. 27. 9. 1952 (BGBl. I 641; III 310–5), letztes ÄndG v. 3. 12. 1976 (BGBl. I 3281, 3302)

BinSchVerkG . . . . . Gesetz über den gewerblichen Binnenschiffsverkehr idF v. 8. 1. 1969 (BGBl. I 65; III 9500–4), letztes ÄndG v. 25. 6. 1979 (BGBl. I 822)

BJagdG . . . . Bundesjagdgesetz idF v. 28. 9. 1976 (BGBl. I 2849; III 792–1) – Schönfelder Nr. 26 –

BKGG . . . . Bundeskindergeldgesetz idF v. 31. 1. 1975 (BGBl. I 412; III 85–1), letztes ÄndG v. 30. 11. 1978 (BGBl. I 1860)

BL . . . . Sammlung des bereinigten hamburgischen Landesrechts (Loseblatt-Ausgabe, Ausgabe 1970; zitiert nach Gliederungsnummern)

BLG . . . . Bundesleistungsgesetz idF v. 27. 9. 1961 (BGBl. I 1769, 1920; III 54–1), letztes ÄndG v. 20. 12. 1976 (BGBl. I 3573, 3581) – Sartorius I Nr. 665 –

BMI . . . . Bundesminister des Innern

BMJ . . . . Bundesminister der Justiz

BMP . . . . Bundesminister für das Post- und Fernmeldewesen

BMV . . . . Bundesminister für Verkehr

BMVg . . . . Bundesminister für Verteidigung

BPräs. . . . . Bundespräsident

BRAGO . . . . Bundesgebührenordnung für Rechtsanwälte (Anhang **A 9**)

BRAO . . . . Bundesrechtsanwaltsordnung v. 1. 8. 1959 (BGBl. I 565; III 303–8), letztes ÄndG v. 30. 7. 1979 (BGBl. I 1301) – Schönfelder Nr. 98 –

BranntwMonG . . . . Gesetz über das Branntweinmonopol v. 8. 4. 1922 (RGBl. I 335, 405; BGBl. III 612–7), letztes ÄndG v. 13. 11. 1978 (BGBl. I 1937)

BRat . . . . Bundesrat

BReg. . . . . Bundesregierung

Abkürzungen

BremAGOWiG/
  EGOWiG ...... Gesetz zur Ausführung des Gesetzes über Ordnungwidrigkeiten (OWiG) und des Einführungsgesetzes zum Gesetz über Ordnungswidrigkeiten (EGOWiG) (Anhang **B 4a**)

BremArbnKG ..... Gesetz über die Arbeitnehmerkammern im Lande Bremen v. 3. 7. 1956 (GBl. 79; LBlS 70-c-1),
letztes ÄndG v. 17. 9. 1979 (GBl. 371)

BRep. .... Bundesrepublik Deutschland

BRKG .... Bundesreisekostengesetz idF v. 13. 11. 1973
(BGBl. I 1621; III 2032–2), letztes ÄndG v. 26. 6.
1978 (BGBl. I 869) – Sartorius I Nr. 235 –

BRRG .... Beamtenrechtsrahmengesetz idF v. 3. 1. 1977
(BGBl. I 21; III 2030–1), letztes ÄndG v. 30. 7.
1979 (BGBl. I 1301) – Sartorius I Nr. 150 –

Brunner .... Brunner, Jugendgerichtsgesetz, Kommentar
(5. Auflage, 1978)

BRV .... Berliner Rechtsvorschriften, Amtliche Sammlung (Loseblattausgabe; zitiert nach Gliederungsnummern)

BS .... Sammlung des bereinigten Landesrechts von
Rheinland-Pfalz (Loseblattausgabe; zitiert nach
Gliederungsnummern)

BSeuchG .... Bundes-Seuchengesetz idF v. 18. 12. 1979
BGBl. I 2262; III 2126–1/1) – Sartorius I Nr.
293 –

BS Saar .... Sammlung des bereinigten saarländischen Landesrechts (Loseblattausgabe; zitiert nach Gliederungsnummern)

BStBl. .... Bundessteuerblatt (zitiert nach Jahr und Seite)

BTag .... Bundestag

BT-Drs. .... Drucksache des Bundestages (die erste Zahl bezeichnet die Wahlperiode)

BVerfG .... Bundesverfassungsgericht

BVerfGE .... Entscheidungen des Bundesverfassungsgerichts
(zitiert nach Band und Seite)

BVerfGG .... Gesetz über das Bundesverfassungsgericht idF v.
3. 2. 1971 (BGBl. I 105; III 1104–1), letztes
ÄndG v. 24. 8. 1976 (BGBl. I 2485, 2510) – Sartorius I Nr. 40 –

BVerwG .... Bundesverwaltungsgericht

BVerwGE .... Entscheidungen des Bundesverwaltungsgerichts
(zitiert nach Band und Seite)

BW .... Baden-Württemberg

BWAGGVG ...... Gesetz zur Ausführung des Gerichtsverfassungsgesetzes und von Verfahrensgesetzen der ordentlichen Gerichtsbarkeit v. 16. 12. 1975 (GBl.
868), letztes ÄndG v. 1. 2. 1979 (BGBl. I 127) –
Dürig Nr. 28 –

BWFAG	Gesetz über den kommunalen Finanzausgleich idF v. 4. 8. 1978 (GBl. 399), ÄndG v. 11. 12. 1979 (GBl. 545) – Dürig Nr. 200 –
BWLJG	Landesjagdgesetz idF v. 20. 12. 1978 (GBl. 1979, 12, 116) – Dürig Nr. 132 –
BWLOWiG	Landesordnungswidrigkeitengesetz (Anhang **B 1a**)
BWLVG	Landesverwaltungsgesetz idF v. 1. 4. 1976 (GBl. 325), letztes ÄndG v. 25. 4. 1978 (GBl. 227) – Dürig Nr. 40 –
BWLWaldG	Waldgesetz für Baden-Württemberg v. 10. 2. 1976 (GBl. 99, 524) – Dürig Nr. 135 –
BWO	Bundeswahlordnung idF v. 8. 11. 1979 (BGBl. I 1805; III 111–1–4) – Sartorius I Nr. 31 –
BWVPr	Baden-Württembergische Verwaltungspraxis (zitiert nach Jahr und Seite)
BZRG	Bundeszentralregistergesetz idF v. 22. 7. 1976 (BGBl. I 2005; III 312–7) – Schönfelder Nr. 92 –
Cramer, Grundbe-griffe	Cramer, Grundbegriffe des Rechts der Ordnungswidrigkeiten, Verwaltung und Wirtschaft, Heft 42 (1971)
Cramer, Rechtsbe-schwerde	Cramer, Die Rechtsbeschwerde nach dem Gesetz über Ordnungswidrigkeiten, Aktuelles Recht, Band 5 (1969)
Dalcke	Dalcke/Fuhrmann/Schäfer, Strafrecht und Strafverfahren (37. Auflage, 1961)
Dallinger/Lackner ..	Dallinger/Lackner, Jugendgerichtsgesetz und ergänzende Vorschriften (2. Auflage, 1965; zitiert nach Randnote und Paragraph)
DAR	Deutsches Autorecht (zitiert nach Jahr und Seite)
DAußWiRdschau ...	Deutsche Außenwirtschafts-Rundschau, jetzt Zeitschrift für Zölle und Verbrauchsteuern (ZfZ)
DB	Der Betrieb (zitiert nach Jahr und Seite)
DDevR	Deutsche Devisen-Rundschau, Monatsschrift für Devisenrecht und Devisenbewirtschaftung (zitiert nach Jahr und Seite)
DDR	Deutsche Demokratische Republik
DSchPflGRhPf.	Denkmalschutz- und -pflegegesetz v. 23. 3. 1978 (GVBl. 159; BS 224–2)
desgl.	desgleichen
dh	das heißt
Die Justiz	Amtsblatt des Justizministeriums Baden-Württemberg (zitiert nach Jahr und Seite)
Die Polizei	Die Polizei (zitiert nach Jahr und Seite)
DJ	Die Justiz (zitiert nach Jahr und Seite)
DJT	Deutscher Juristentag

Abkürzungen

Abkürzungen

EEGOWiG	Regierungsentwurf eines Einführungsgesetzes zum Gesetz über Ordnungswidrigkeiten mit Begründung (BT-Drs. V/1319)
EEGStGB	Regierungsentwurf eines Einführungsgesetzes zum Strafgesetzbuch mit Begründung (BT-Drs. 7/550)
EG	Europäische Gemeinschaften
EGGVG	Einführungsgesetz zum Gerichtsverfassungsgesetz v. 27. 1. 1877 (RGBl. 77; BGBl. III 300–1), letztes ÄndG v. 30. 9. 1977 (BGBl. I 1877) – Schönfelder Nr. 95a –
EGKGÄndG	Regierungsentwurf eines Gesetzes zur Änderung des Gerichtskostengesetzes, des Gesetzes über die Kosten der Gerichtsvollzieher und der Bundesgebührenordnung für Rechtsanwälte pp. (BT-Drs. 7/2016)
EGKSV	Vertrag über die Gründung der Europäischen Gemeinschaft für Kohle und Stahl
EGOWiG	Einführungsgesetz zum Gesetz über Ordnungswidrigkeiten v. 24. 5. 1968 (BGBl. I 503), letztes ÄndG v. 2. 3. 1974 (BGBl. I 469, 632)
EGStGB	Einführungsgesetz zum Strafgesetzbuch (Anhang **A 1**)
EichG	Gesetz über das Eich-und Meßwesen v. 11. 7. 1969 (BGBl. I 759; III 7141–6), letztes ÄndG v. 20. 1. 1976 (BGBl. I 141) – Sartorius I Nr. 829 –
Einf.	Einführung
Einl.	Einleitung
einschr.	einschränkend
Engelhardt	Engelhardt, Verwaltungs-Vollstreckungsgesetz, Verwaltungszustellungsgesetz, Kommentar (1979)
Entschl.	Entschließung
EOWiG	Regierungsentwurf eines Gesetzes über Ordnungswidrigkeiten mit Begründung (BT-Drs. V/1269)
Erbs/Kohlhaas	Erbs/Kohlhaas, Strafrechtliche Nebengesetze, Kommentar (Loseblattausgabe, 2. Auflage)
Erbs/Kohlhaas/ Meyer	Kommentar zu den §§ 111–131 OWiG in Erbs/Kohlhaas von K. H. Meyer (O 187)
erg.	ergänzend
Erl.	Erlaß
EStrRG 4	Regierungsentwurf eines Vierten Gesetzes zur Reform des Strafrechts (BT-Drs. VI/1552)
EStVÄG 1979	Regierungsentwurf eines Strafverfahrensänderungsgesetzes 1979 (BT-Drs. 8/976)
EStVRG 1	Regierungsentwurf eines Ersten Gesetzes zur Reform des Strafverfahrensrechts (BT-Drs. 7/551)

Abkürzungen

EuGH . . . . Europäischer Gerichtshof

EuGRZ . . . . Europäische Grundrechte – Grundrechte – die Rechtsprechung in Europa (Zeitschrift, zitiert nach Jahr und Seite)

EuRHÜbK . . . . Europäisches Übereinkommen über die Rechtshilfe in Strafsachen v. 20. 4. 1959 (BGBl. 1964 II 1369, 1386; 1976 II 1799)

ev . . . . eventuell

EWG . . . . Europäische Wirtschaftsgemeinschaft

EWiKG 2 . . . . Referentenentwurf eines Zweiten Gesetzes zur Bekämpfung der Wirtschaftskriminalität

Eyermann/Fröhler . . Eyermann/Fröhler, Verwaltungsgerichtsordnung, Kommentar (7. Auflage, 1977)

FestLSockelG . . . . . . Gesetz zur vorläufigen Regelung der Rechte am Festlandsockel v. 24. 7. 1964 (BGBl. I 497; III 750–2), letztes ÄndG v. 2. 9. 1974 (BGBl. I 2149)

ff . . . . folgende

FFSchGNW . . . . Feld- und Forstschutzgesetz für Nordrhein-Westfalen idF v. 14. 1. 1975 (GVNW 125; SGVNW 45), ÄndG v. 18. 2. 1975 (GVNW 190) – v. Hippel/Rehborn Nr. 171 –

FFStGRhPf . . . . Feld- und Forststrafgesetz von Rheinland-Pfalz idF v. 15. 12. 1969 (GVBl. 1970, 31, 92; BS 452–1), letztes ÄndG v. 23. 12. 1976 (GVBl. 311)

FGG . . . . Gesetz über die Angelegenheiten der freiwilligen Gerichtsbarkeit idF v. 20. 5. 1898 (RGBl. 771; BGBl. III 315–1), letztes ÄndG v. 18. 7. 1979 (BGBl. I 1061) – Schönfelder Nr. 112 –

FGO . . . . Finanzgerichtsordnung v. 6. 10. 1965 (BGBl. I 1477; III 350–1), letztes ÄndG v. 14. 12. 1976 (BGBl. I 3341, 3368)

FinB . . . . Finanzbehörde

FlaggRG . . . . Flaggenrechtsgesetz v. 8. 2. 1951 (BGBl. I 79; III 9514–1), letztes ÄndG v. 10. 5. 1978 (BGBl. I 613)

Fn . . . . Fußnote

Forsthoff . . . . Forsthoff, Lehrbuch des Verwaltungsrechts, 1. Band, Allgemeiner Teil (10. Auflage, 1974)

FPersG . . . . Fahrpersonalgesetz idF v. 27. 10. 1976 (BGBl. I 3045; III 9231–8)

Fuhr/Pfeil . . . . Fuhr/Pfeil, Hessische Verfassungs- und Verwaltungsgesetze, Textsammlung hessischer Gesetze und Verordnungen staats- und verwaltungsrechtlichen Inhalts (Loseblattausgabe)

FunkStörG . . . . Durchführungsgesetz EG-Richtlinien Funkstörungen v. 4. 8. 1978 (BGBl. I 1180; III 9022–8)

FVG	Finanzverwaltungsgesetz v. 6. 9. 1950 (BGBl. 448; III 600–1) in der Neufassung v. 30. 8. 1971 (BGBl. I 1426), letztes ÄndG v. 26. 11. 1979 (BGBl. I 1953)
G	Gesetz
GA	Goltdammer's Archiv für Strafrecht (bis 1952 zitiert nach Band und Seite, ab 1953 zitiert nach Jahr und Seite)
GABl.	Gemeinsames Amtsblatt
GastG	Gaststättengesetz v. 5. 5. 1970 (BGBl. I 465, 1298; III 7130–1), letztes ÄndG v. 5. 7. 1976 (BGBl. I 1773) – Sartorius I Nr. 810 –
GBA	Generalbundesanwalt
GBl.	Gesetzblatt
Gerold/Schmidt	Gerold/Schmidt, Bundesgebührenordnung für Rechtsanwälte, begründet von Gerold, fortgeführt von Herbert Schmidt unter Mitwirkung von Holger Schmidt (6. Auflage, 1977)
Ges.	Gesetz
GeschlKrG	Gesetz zur Bekämpfung der Geschlechtskrankheiten v. 23. 7. 1953 (BGBl. I 700; III 2126–4), letztes ÄndG v. 2. 3. 1974 (BGBl. I 469, 552) – Sartorius I Nr. 295 –
GeschO	Geschäftsordnung
GewArch	Gewerbearchiv (zitiert nach Jahr und Seite)
GewO	Gewerbeordnung idF v. 1. 1. 1978 (BGBl. I 97; III 7100–1), letztes ÄndG v. 13. 8. 1979 (BGBl. I 1432) – Sartorius I Nr. 800 –
GG	Grundgesetz für die Bundesrepublik Deutschland v. 23. 5. 1949 (BGBl. 1; III 100–1), letzte ÄndGe v. 23. 8. 1976 (BGBl. I 2381, 2383) – Schönfelder Nr. 1, Sartorius I Nr. 1 –
ggf.	gegebenenfalls
GjS	Gesetz über die Verbreitung jugendgefährdender Schriften idF v. 29. 4. 1961 (BGBl. I 497; III 2161–1), letztes ÄndG v. 2. 3. 1974 (BGBl. I 469, 554)
GKG	Gerichtskostengesetz (Anhang **A 8**)
GMBl.	Gemeinsames Ministerialblatt
GnO	Gnadenordnung
GONW	Gemeindeordnung für das Land Nordrhein-Westfalen idF v. 19. 12. 1974 (GVNW 1975, 91; SGVNW 2023), letztes ÄndG v. 18. 9. 1979 (GVNW 551) – v. Hippel/Rehborn Nr. 20 –
GORhPf	Gemeindeordnung für Rheinland-Pfalz v. 14. 12. 1973 (GVBl. 419; BS 2020–1), letztes ÄndG v. 21. 12. 1978 (GVBl. 770)
GOSchlH	Gemeindeordnung für Schleswig-Holstein idF

Abkürzungen

Abkürzungen

Abkürzungen

KKZ . . . . Kommunal-Kassen-Zeitschrift (zitiert nach Jahr und Seite)

Kleinknecht . . . . Kleinknecht, Strafprozeßordnung, Gerichtsverfassungsgesetz, Nebengesetze und ergänzende Bestimmungen, begr. von Schwarz und fortgeführt von Kleinknecht (34. Auflage, 1979; zitiert nach Randnummer und Paragraph)

KMR . . . . Müller/Sax, Kommentar zur Strafprozeßordnung und zum Gerichtsverfassungs- u. Ordnungswidrigkeitengesetz, begr. von Kleinknecht/Müller/Reitberger, bearbeitet von Müller/Sax (6. Auflage, 1966)

KO . . . . Konkursordnung idF v. 20. 5. 1898 (RGBl. 369, 612; BGBl. III 311–4), letztes ÄndG v. 22. 6. 1977 (BGBl. I 998) – Schönfelder Nr. 110 –

Kohlrust/Eimert . . . Kohlrust/Eimert Das Zustellungsverfahren nach dem Verwaltungszustellungsgesetz, Kommentar (1967)

Komm. . . . . Kommentar

KonsG . . . . Gesetz über die Konsularbeamten, ihre Aufgaben und Befugnisse v. 11. 9. 1974 (BGBl. I 2317; III 27–5) – Sartorius I Nr. 570 –

KostVfg . . . . Durchführungsbestimmungen zu den Kostengesetzen v. 1. 3. 1976 (bundeseinheitlich) – Piller/Herrmann Nr. 10 –

krit. . . . . kritisch

KrONW . . . . Kreisordnung für das Land Nordrhein-Westfalen idF v. 19. 12. 1974 (GVNW 1975, 84; SGVNW 2021), letztes ÄndG v. 11. 7. 1978 (GVNW 290) – v. Hippel/Rehborn Nr. 30 –

KrOSchlH . . . . Kreisordnung für Schleswig-Holstein idF v. 11. 11. 1977 (GVOBl. 436; GSSchl.-H. 2020–4), letztes ÄndG v. 15. 2. 1978 (GVOBl. 28) – Bausenhart/Guilléaume Nr. 1287 –

KrPflG . . . . Krankenpflegegesetz idF v. 20. 9. 1965 (BGBl. I 1443; III 2124–5), letztes ÄndG v. 4. 5. 1972 (BGBl. I 753)

KrWaffKontrG . . . . Gesetz über die Kontrolle von Kriegswaffen v. 20. 4. 1961 (BGBl. I 444; III 190–1), letztes ÄndG v. 31. 5. 1978 (BGBl. I 641) – Sartorius I Nr. 823 –

k + v . . . . Kraftfahrt + Verkehrsrecht, Rechtszeitschrift der Deutschen Akademie für Verkehrswissenschaften (zitiert nach Jahr und Seite)

KWG . . . . Gesetz über das Kreditwesen idF v. 3. 5. 1976 (BGBl. I 1121; III 7610–1), letztes ÄndG v. 14. 12. 1976 (BGBl. I 3341) – Sartorius I Nr. 856 –

Abkürzungen

XXX

LStrafÄndGRhPf. ... Erstes Landesgesetz zur Änderung strafrechtlicher Vorschriften (Anhang **B 9a**)
LuftVG .... Luftverkehrsgesetz idF v. 4. 11. 1968 (BGBl. I 1113; III 96–1), letztes ÄndG v. 16. 8. 1977 (BGBl. I 1577) – Schönfelder Nr. 34 –
LV .... Landesverfügung
LVG .... Landesverwaltungsgericht
LVwGSchlH ...... Allgemeines Verwaltungsgesetz für das Land Schleswig-Holstein idF v. 19. 3. 1979 (GVOBl. 181; GS-Schl.-H II 20–1) – Bausenhart/Guilléaume Nr. 598 –

MABl. .... Ministerialblatt
v. Mangoldt/Klein .. v. Mangoldt/Klein, Das Bonner Grundgesetz (2. Auflage, 1957/64/74)
März .... G. März, Niedersächsische Gesetze, Textsammlung sowie Fundstellen- und Änderungsnachweis des geltenden Landesrechts (Loseblattausgabe)
Maunz/Dürig/
  Herzog .... Maunz/Dürig/Herzog/Scholz, Grundgesetz, Kommentar (Loseblattausgabe, 5. Auflage, 1978)
Maurach AT ...... Maurach, Deutsches Strafrecht, Allgemeiner Teil (4. Auflage, 1971)
Maurach/Zipf ..... Maurach/Zipf, Strafrecht, Allgemeiner Teil, Teilband 1 (5. Auflage, 1977)
Mayer-Festschr. .... Beiträge zur gesamten Strafrechtswissenschaft; Festschrift für Hellmuth Mayer zum 70. Geburtstag (1966)
MBKG .... Gesetz über die Ausübung der Berufe des Masseurs, des Masseurs und medizinischen Bademeisters und des Krankengymnasten v. 21. 12. 1958 (BGBl. I 985; III 2124–7), letztes ÄndG v. 25. 6. 1969 (BGBl. I 645)
MBl. .... Ministerialblatt
MdI .... Minister des Innern
MDR .... Monatsschrift für Deutsches Recht (zitiert nach Jahr und Seite)
mE .... meines Erachtens
MEPolG .... Musterentwurf eines einheitlichen Polizeigesetzes des Bundes und der Länder idF des Beschlusses der Innenministerkonferenz v. 25. 11. 1977 (veröffentlicht von Heise/Riegel; 2. Auflage, 1978)
Meyer .... Hans Meyer, Gesetz über Ordnungswidrigkeiten mit Einführungsgesetz, Kommentar (Loseblattausgabe, Stand: Juni 1979)
MilchG .... Milchgesetz v. 31. 7. 1930 (RGBl. I 421; BGBl.

Abkürzungen

	III 7842–2), letztes ÄndG v. 2. 3. 1974 (BGBl. I 469, 601)
MinöStDV	Verordnung zur Durchführung des Mineralölsteuergesetzes v. 26. 5. 1953 (BGBl. I 237, 280; III 612–14–1), letzte ÄndVO v. 17. 12. 1979 (BGBl. I 2282)
MOG	Gesetz zur Durchführung der gemeinsamen Marktorganisationen v. 31. 8. 1972 (BGBl. I 1617; III 7847–11), letztes ÄndG v. 14. 12. 1976 (BGBl. I 3341)
MRG	Gesetz der Militärregierung
MRK	Konvention zum Schutz der Menschenrechte und Grundfreiheiten v. 4. 11. 1950 (BGBl. 1952 II 865, 953; 1954 II 14)
Müller	Müller, Straßenverkehrsrecht Band II (22. Auflage), Gesetz über Ordnungswidrigkeiten, bearbeitet von Rüth (1969)
MünzprG	Gesetz über die Ausprägung von Scheidemünzen v. 8. 7. 1950 (BGBl. 323; III 690–1), letztes ÄndG v. 15. 8. 1974 (BGBl. I 1942)
mwN	mit weiteren Nachweisen
N	Note (Randnote, Fußnote)
NATO-Truppenstatut	Abkommen zwischen den Parteien des Nordatlantikvertrags über die Rechtsstellung ihrer Truppen v. 19. 6. 1951 (BGBl. 1961 II 1183, 1190; 1963 II 745)
NdsAGGVG	Ausführungsgesetz zum Gerichtsverfassungsgesetz v. 5. 4. 1963 (GVBl. 225), letztes ÄndG v. 10. 12. 1976 (GVBl. 319) – März Nr. 411 B –
NdsAGOWiG	Gesetz zur Ausführung des Gesetzes über Ordnungswidrigkeiten (Anhang **B 7a**)
NdsMeldeG	Gesetz über das Meldewesen v. 30. 4. 1961 (GVBl. 123), letztes ÄndG v. 26. 5. 1978 (GVBl. 421) – März Nr. 300 B –
NdsRpfl.	Niedersächsische Rechtspflege (zitiert nach Jahr und Seite)
nF	neue Fassung
NJW	Neue Juristische Wochenschrift (zitiert nach Jahr und Seite)
NordsBrWeinG	Gesetz v. 4. 3. 1894 betr. die Ausführung des internationalen Vertrages zur Unterdrückung des Branntweinhandels unter den Nordseefischern auf hoher See (RGBl. 1894, 151; BGBl. III 793–6), ÄndG v. 2. 3. 1974 (BGBl. I 469, 605)
NW	Nordrhein-Westfalen
OBGNW	Ordnungsbehördengesetz idF v. 28. 10. 1969 (GVNW 732; SGVNW 2060), letztes ÄndG v.

18. 9. 1979 (GVNW 551) – v. Hippel/Rehborn Nr. 55 –

OblG	Oberstes Landesgericht
OFD	Oberfinanzdirektion
ÖJZ	Österreichische Juristen-Zeitung (zitiert nach Jahr und Seite)
OLG	Oberlandesgericht
OLGSt	Entscheidungen der Oberlandesgerichte zum Straf-und Strafverfahrensrecht (zitiert nach Paragraph und Seite hierzu; ist kein Paragraph angegeben, handelt es sich um eine Entscheidung zu dem kommentierten Paragraphen)
öR	öffentliches Recht
OStA	Oberstaatsanwalt
OVG	Oberverwaltungsgericht
OWiG	Gesetz über Ordnungswidrigkeiten
OWiG 1952	Gesetz über Ordnungswidrigkeiten v. 25. 3. 1952 (BGBl. I 177; III 454–1), das am 1. 10. 1968 außer Kraft getreten ist.
OWiZuV	Verordnung der Landesregierung (Baden-Württemberg) über Zuständigkeiten nach dem Gesetz über Ordnungswidrigkeiten (Anhang **B 1 b**)
Palandt	Palandt, Bürgerliches Gesetzbuch (38. Auflage, 1979)
PaßG	Gesetz über das Paßwesen v. 4. 3. 1952 (BGBl. I 290; III 210–2), letztes ÄndG v. 26. 3. 1975 (BGBl. I 774) – Sartorius I Nr. 250 –
PHG	Personenhandelsgesellschaft
Piller/Herrmann	Piller/Herrmann, Justizverwaltungsvorschriften mit Anmerkungen, Verweisungen und Sachregister (2. Auflage, Loseblattausgabe)
Pohlmann	Pohlmann, Strafvollstreckungsordnung unter Mitarbeit von Vogel, Kommentar (5. Auflage, 1971)
PolGBW	Polizeigesetz idF v. 16. 1. 1968 (GBl. 61, 322), letztes ÄndG v. 11. 12. 1979 (GBl. 545) – Dürig Nr. 65 –
PolGNW	Polizeigesetz des Landes Nordrhein-Westfalen idF v. 28. 10. 1969 (GVNW 740, 937; SGVNW 205), letztes ÄndG v. 3. 12. 1974 (GVNW 1504, 1509) – v. Hippel/Rehborn Nr. 50 –
PostG	Gesetz über das Postwesen v. 28. 7. 1969 (BGBl. I 1006; III 901–1), letztes ÄndG v. 2. 3. 1974 (BGBl. I 469, 622) – Sartorius I Nr. 910 –
PostgebührenO	Postgebührenordnung v. 12. 6. 1978 (BGBl. I 683; III 901–1–1–2)
PostO	Postordnung v. 16. 5. 1963 (BGBl. I 341; III

Abkürzungen

strafrechtlichen Angelegenheiten v. 15. 1. 1959 (bundeseinheitlich) – Piller/Herrmann Nr. 2 f –

RMBl. . . . . Reichsministerialblatt

v. Rosen/v. Hoewel . v. Rosen/v. Hoewel, Verwaltungsvollstrekkungsgesetz und Verwaltungszustellungsgesetz, Kommentar (1953)

Rotberg . . . . Rotberg, Gesetz über Ordnungswidrigkeiten, neu bearbeitet von Kleinewefers/Boujong/Wilts (5. Auflage, 1975; zitiert nach Randnummer und Paragraph)

Roxin . . . . Roxin, Strafverfahrensrecht, Ein Studienbuch (15. Auflage, 1979)

Rpfleger . . . . Der Deutsche Rechtspfleger (zitiert nach Jahr und Seite)

RpflG . . . . Rechtspflegergesetz v. 5. 11. 1969 (BGBl. I 2065; III 302–3), letztes ÄndG v. 19. 12. 1979 (BGBl. I 2306) – Schönfelder Nr. 96 –

Rspr . . . . Rechtsprechung

RVO . . . . Reichsversicherungsordnung idF v. 15. 12. 1924 (BGBl. I 779; III 820–1), letztes ÄndG v. 15. 12. 1979 (BGBl. I 2241)

S. . . . . Satz oder Seite

Sartorius I . . . . Verfassungs- und Verwaltungsgesetze der Bundesrepublik, Loseblattsammlung, begründet von Dr. C. Sartorius, Band I (zitiert nach Gliederungsnummern)

Schäfer-Festschr. . . . Festschrift für Karl Schäfer zum 80. Geburtstag (1979)

Schätzler . . . . Schätzler, Gesetz über die Entschädigung für Strafverfolgungsmaßnahmen, Kommentar (1972)

SchBerG . . . . Schutzbereichgesetz v. 7. 12. 1956 (BGBl. I 899; III 54–2), letztes ÄndG v. 24. 12. 1976 (BGBl. I 3573) – Sartorius I Nr. 695 –

SchBKG . . . . Schiffsbankgesetz idF v. 8. 5. 1963 (BGBl. I 301; III 7628–2), letztes ÄndG v. 11. 3. 1974 (BGBl. I 671)

SchG . . . . Schöffengericht

SchlHA . . . . Schleswig-Holsteinische Anzeigen. Justizministerialblatt für Schleswig-Holstein (zitiert nach Jahr und Seite)

Schmitt . . . . Schmitt, Rudolf, Ordnungswidrigkeitenrecht, dargestellt für den Bereich der Wirtschaft (1970)

Schönfelder . . . . . . Deutsche Gesetze, Loseblattsammlung des Zivil-, Straf- und Verfahrensrechts, begründet von Dr. H. Schönfelder (zitiert nach Gliederungsnummern)

Abkürzungen

XXXVI

	2735; III 610–10), letztes ÄndG v. 14. 12. 1976 (BGBl. I 3341)
StGB	Strafgesetzbuch idF v. 2. 1. 1975 (BGBl. I 1; III 450–2), letztes ÄndG v. 21. 12. 1979 (BGBl. I 2324) – Schönfelder Nr. 85 –
StGH	Staatsgerichtshof
StM	Staatsministerium
StMdI	Staatsministerium des Innern
StMdJ	Staatsminister der Justiz
StPO	Strafprozeßordnung (Anhang **A 2**)
str.	streitig
StrABTag	Sonderausschuß des Deutschen Bundestages für die Strafrechtsreform
Stratenwerth	G. Stratenwerth, Strafrecht, Allgemeiner Teil (2. Auflage, 1976 zitiert nach Randnummern)
StrEG	Gesetz über die Entschädigung für Strafverfolgungsmaßnahmen (Anhang **A 4**)
StrK	Strafkammer
StrRG	Gesetz zur Reform des Strafrechts (1. StrRG v. 25. 6. 1969, BGBl. I 645; 2. StrRG v. 4. 7. 1969, BGBl. I 717/III 450–13–2, letztes ÄndG v. 2. 3. 1974, BGBl. I 469, 473; 3. StRG v. 20. 5. 1970, BGBl. I 505/III 450–13–3, letztes ÄndG v. 2. 3. 1974, BGBl. I 469, 632; 4. StrRG v. 23. 11. 1973, BGBl. I 1725/III 450–13–4, letztes ÄndG v. 2. 3. 1974, BGBl. I 469, 502)
StVÄG 1979	Strafverfahrenänderungsgesetz 1979 v. 5. 10. 1978 (BGBl. I 1645)
StVG	Straßenverkehrsgesetz (Anhang **A 11**)
StVO	Straßenverkehrsordnung v. 16. 11. 1970 (BGBl. I 1565, 1971 I 38; III 9233–1), letzte ÄndVO v. 24. 5. 1978 (BGBl. I 635) – Schönfelder Nr. 35a –
StVollstrO	Strafvollstreckungsordnung v. 15. 2. 1956 (BAnz. Nr. 42; bundeseinheitlich), zuletzt geändert durch AV v. 10. 1. 1980 (BAnz. Nr. 7) – Piller/Herrmann Nr. 2d –
StVollzG	Strafvollzugsgesetz v. 16. 3. 1976 (BGBl. I 581, 2088; III 312–9–1), ÄndG v. 18. 8. 1976 (BGBl. I 2181)
StVRG	Gesetz zur Reform des Strafverfahrensrechts (1. StVRG v. 9. 12. 1974, BGBl. I 3393, 3533; III 312–8–1)
StVZO	Straßenverkehrs-Zulassungs-Ordnung idF v. 15. 11. 1974 (BGBl. I 3193, 1975 I 848; III 9232–1), letzte ÄndVO v. 15. 1. 1980 (BGBl. I 79) – Schönfelder Nr. 35b –
SubvG	Subventionsgesetz v. 29. 7. 1976 (BGBl. I 2034, 2037; III 453–18–1)

Abkürzungen

XXXVIII

Abkürzungen

vgl.	vergleiche
VGT	Verkehrsgerichtstag, Veröffentlichungen der Deutschen Akademie für Verkehrswissenschaft der auf dem Deutschen Verkehrsgerichtstag in Goslar gehaltenen Referate und erarbeiteten Entschließungen (zitiert nach der Reihenfolge der Verkehrsgerichtstage und Seite)
VkBl.	Verkehrsblatt. Amtsblatt des Bundesministers für Verkehr (zitiert nach Jahr und Seite)
VMBl.	Ministerialblatt des Bundesministers der Verteidigung (zitiert nach Jahr und Seite)
VO	Verordnung
VollstrB	Vollstreckungsbehörde
VOR	Zeitschrift für Verkehrs- und Ordnungswidrigkeitenrecht (zitiert nach Jahr und Seite)
Vor	Vorbemerkung
VplG	Gesetz über die Verplombung im Durchgangsverkehr von zivilen Gütern zwischen der Bundesrepublik Deutschland und Berlin (West) v. 23. 6. 1972 (BGBl. I 985; III 613–6–5)
VRS	Verkehrsrechtssammlung (zitiert nach Band und Seite)
Vtr.	Vertrag
VwBlBW	Baden-Württembergisches Verwaltungsblatt (zitiert nach Jahr und Seite)
VwGO	Verwaltungsgerichtsordnung v. 21. 1. 1960 (BGBl. I 17; III 340–1), letztes ÄndG v. 25. 7. 1978 (BGBl. I 1107) – Sartorius I Nr. 600 –
VwKostG	Verwaltungskostengesetz (Anhang **A 6**)
VwV	Allgemeine Verwaltungsvorschrift
VwV zu den §§ 13 bis 13d StVZO	Allgemeine Verwaltungsvorschriften zu den §§ 13 bis 13d StVZO v. 19. 6. 1973 (BAnz. Nr. 114), zuletzt geändert durch die VwV v. 29. 1. 1976 (BAnz. Nr. 35)
VwVfG	Verwaltungsverfahrensgesetz v. 25. 5. 1976 (BGBl. I 1253; III 201–6), letztes ÄndG v. 2. 7. 1976 (BGBl. I 1749) – Sartorius I Nr. 100 –
VwVG	Verwaltungs-Vollstreckungsgesetz v. 27. 4. 1953 (BGBl. I 157; III 201–4), letztes ÄndG v. 14. 12. 1976 (BGBl. I 3341, 3365) – Sartorius I Nr. 112 –
VwZG	Verwaltungszustellungsgesetz (Anhang **A 5**)
VwZGVwv	Allgemeine Verwaltungsvorschriften zum Verwaltungszustellungsgesetz (Anhang **A 5a**)
WaffG	Waffengesetz idF v. 8. 3. 1976 (BGBl. I 432; III 7133–3), letztes ÄndG v. 31. 5. 1978 (BGBl. I 641) – Sartorius Nr. 820 –

Abkürzungen

29; III 423–1), letztes ÄndG v. 26. 7. 1979 (BGBl. I 1269, 1283) – Schönfelder Nr. 72 –

zB	zum Beispiel
ZfZ	Zeitschrift für Zölle und Verbrauchssteuern (zitiert nach Jahr und Seite)
Ziegler/Tremel	Ziegler/Tremel, Verwaltungsgesetze des Freistaates Bayern (Loseblattausgabe)
ZollG	Zollgesetz idF v. 18. 5. 1970 (BGBl. I 529; III 613–1), letztes ÄndG v. 14. 12. 1976 (BGBl. I 3341)
ZPO	Zivilprozeßordnung idF v. 12. 9. 1950 (BGBl. 455, 533; III 310–4), letztes ÄndG v. 18. 7. 1979 (BGBl. I 1061) – Schönfelder Nr. 100 –
ZRP	Zeitschrift für Rechtspolitik (zitiert nach Jahr und Seite)
ZSEG	Gesetz über die Entschädigung von Zeugen und Sachverständigen (Anhang **A 7**)
ZStW	Zeitschrift für die gesamte Strafrechtswissenschaft (zitiert nach Band und Seite)
zT	zum Teil
ZündwMonG	Zündwarenmonopolgesetz v. 29. 1. 1930 (RGBl. I 11; BGBl. III 612–10), letztes ÄndG v. 14. 12. 1976 (BGBl. I 3341)
ZusAbk. z. NATO-Truppenstatut	Zusatzabkommen zum NATO-Truppenstatut v. 3. 8. 1959 (BGBl. 1961 II 1183, 1218)
ZuVOWiG	Verordnung über Zuständigkeiten im Ordnungswidrigkeitenrecht (Anhang **B 2b**)
zust.	zustimmend
zutr.	zutreffend
zw.	zweifelhaft, zweifelnd
zZ	zur Zeit

Tabelle der Änderungen
des Gesetzes über Ordnungswidrigkeiten

1. in zeitlicher Folge

Lfd. Nr.	Änderndes Gesetz	Datum	BGBl. I
1	Verwaltungskostengesetz	23. 6. 1970	821
2	Gesetz zur Änderung des Rechtspflegergesetzes, des Beurkundungsgesetzes und zur Umwandlung des Offenbarungseides in eine eidesstattliche Versicherung	27. 6. 1970	911
3	Gesetz über die Entschädigung für Strafverfolgungsmaßnahmen	8. 3. 1971	157
4	Viertes Gesetz zur Reform des Strafrechts	23. 11. 1973	1725
5	Einführungsgesetz zum Strafgesetzbuch	2. 3. 1974	469, 535
6	Erstes Gesetz zur Reform des Strafverfahrensrechts	9. 12. 1974	3393, 3409
7	Gesetz zur Entlastung der Landgerichte und zur Vereinfachung des gerichtlichen Protokolls	20. 12. 1974	3651
8	Bekanntmachung der Neufassung	2. 1. 1975	80, 520
9	Gesetz zur Änderung des GKG, des Gesetzes über Kosten der Gerichtsvollzieher, der BRAGO und anderer Vorschriften	20. 8. 1975	2189
10	Strafverfahrensänderungsgesetz 1979	5.10. 1978	1645

2. nach Paragraphen geordnet

§	Nr. des ändernden Gesetzes	§	Nr. des ändernden Gesetzes
3	5	12	5
4	5	13	5
5	5	14	5
6	5	15	5
7	5	16	5
8	5	17	5
9	5	18	5
10	5	19	5
11	5	20	5

Änderungen des OWiG

§	Nr. des ändernden Gesetzes	§	Nr. des ändernden Gesetzes
21	5	90	2, 5, 6
22	5	91	5
23	5	93	5
24	5	95	5
25	5	97	5
26	5	98	5
27	5	99	5
28	5	100	5
29	5	104	5
30	5	105	5
(31)	5	106	6
31	5	107	1, 5, 9
(32)	4	108	7
32	5	109	5
(33)	5	110	3, 5
33	5	111	5
(34)	4, 5	112	5
34	5	113	5
37	5	114	5
46	5, 6, 10	115	5
47	5	116	5
48	6	117	5
51	5	118	5
52	6	119	5
53	5	120	5
(54)	10	121	5
55	6	122	5
56	5	123	5
59	5, 6	124	5
63	5	125	5
66	5	126	5
68	5, 6	127	5
69	6	128	5
72	6	129	5
74	6	130	5
75	6	131	5
76	6	132	5
77	6	133	5
78	6	134	5
83	5, 6	135	5
88	5		

Einleitung

1 **1) Der Rechtszweig Ordnungswidrigkeitenrecht** hat sich in Deutschland erst nach 1945 entwickelt. Ausgangspunkt für diese Entwicklung ist das Bestreben gewesen, den Kreis strafrechtlicher Tatbestände einzuengen, um das Strafrecht auf die wirklich strafwürdigen Fälle zu beschränken. Deshalb sollen Zuwiderhandlungen gegen staatliche Gebote und Verbote, die – in der Regel – ethisch nicht vorwerfbar sind und deshalb nicht den Makel der Strafe verdienen oder erfordern, deren Bekämpfung aber zum Schutze von individuellen Rechtsgütern bereits in einem Vorfeld oder im Interesse der ordnenden Verwaltungstätigkeit des Staates erforderlich ist, anders behandelt werden als kriminelle Verhaltensweisen. Die ,,Strafe" soll den Fällen vorbehalten bleiben, in denen sie als schärfste Form staatlicher Reaktion auf ein vorausgegangenes rechtswidriges Verhalten angemessen und erforderlich ist.

2 **2) Die Bestrebungen zur Herauslösung nicht strafwürdiger Zuwiderhandlungen** aus dem Strafrecht, die früher zum Teil dem Polizeiunrecht und zum Teil dem Verwaltungsunrecht zugeordnet waren, lassen sich über Jahrhunderte zurückverfolgen. ,,Vergeblich" – so heißt es in den Motiven des Strafgesetzbuches von 1871 hierzu – ,,ist von den Rechtsschulen des Mittelalters bis herab zu unserer Zeit ... der Versuch gemacht worden, die Grenzlinie zwischen dem kriminellen und polizeilich Strafbaren zu finden. Auch in der neuesten Zeit ist es nicht gelungen, jenen, die Juristen in Verzweiflung setzenden Unterschied mit Sicherheit und Gleichmäßigkeit durchzuführen." Obwohl diese Auffassung im Plenum des Reichstages nicht unwidersprochen blieb, teilte die Mehrheit den Standpunkt, daß eine hinreichend klare Trennung zwischen dem ,,Polizeiunrecht" und dem kriminellen Unrecht nicht möglich sei. So wurden alle mit einer staatlichen Sanktion bedrohten Tatbestände als Straftaten eingestuft. Die bei Inkrafttreten des geltenden Strafgesetzbuches vorhandenen Tatbestände des Polizeistrafrechts, so zum Beispiel im Bereich des Bauwesens, des Jagdwesens, des Fischereiwesens, des Verkehrswesens und anderer mehr, konnten damals noch zum größten Teil als Übertretungstatbestände in das Strafgesetzbuch aufgenommen werden. Schon kurze Zeit nach Verabschiedung des Strafgesetzbuches war dies aber nicht mehr annähernd möglich.

3 **Die Entwicklung zum sozialen Verwaltungsstaat,** die danach (in Ablösung des liberalen Staatswesens des 19. Jahrhunderts einsetzte), brachte es nämlich mit sich, daß zur sozialen Daseinsvorsorge der Bürger in allen Zweigen der verwaltenden und ordnenden Staatstätigkeit in zunehmendem Maße staatliche Gebote und Verbote geschaffen werden mußten, deren Zuwiderhandlungen ohne Unterscheidung nach ihrem Gewicht oder etwa nach ihrem sittlichen Unwertgehalt nur mit der allein zur Verfügung stehenden Kriminalstrafe bedroht werden konnten. Der Kreis der Straftatbestände außerhalb des Strafgesetzbuches hatte so im Laufe der Jahrzehnte einen solchen Umfang angenommen, daß er selbst für den Fachmann kaum noch überschaubar war. Die unterschiedslose gesetzliche Bewertung sowohl sittlich verwerflicher Verhaltensweisen wie auch bloßer Ordnungsverstöße mit der Kriminalstrafe mußte so immer fragwürdiger werden.

4 **3) Die Reformbestrebungen zur Erneuerung des Strafgesetzbuches** zu Beginn dieses Jahrhunderts haben die Bemühungen zur Abgrenzung des Ordnungsunrechts vom Kriminalstrafrecht, um die sich im Schrifttum namentlich James Goldschmidt verdient gemacht hat, verstärkt. Das erstrebte Ziel war es, der Gefahr eines Mißbrauchs der Kriminalstrafe und ihrer Entwertung zu begegnen. In den Entwürfen der Jahre 1911 bis 1930 ist die grundsätzliche Unterscheidung zwischen Verbrechen und Vergehen einerseits und bloßen Übertretungen andererseits zumindest äußerlich durch Aufnahme in verschiedene Teile eines erstrebten neuen Strafgesetzbuches zum Ausdruck gebracht worden. Der Entwurf 1936 hat dann die Übertretungen aus dem Strafgesetzbuch ganz ausgeschieden; sie sollten in ein besonderes Ordnungsstrafgesetzbuch aufgenommen werden.

5 **Zu einer ersten gesetzlichen Regelung** der Materie Ordnungswidrigkeitenrecht haben die Reformbestrebungen zunächst auf dem Gebiet des Wirtschaftsstrafrechts geführt. Die Wirtschaftsdelikte waren während der Bewirtschaftung auch noch nach dem zweiten Weltkrieg sprunghaft angestiegen. Nach und nach geriet jeder Staatsbürger in die Gefahr, wegen einer verhältnismäßig harmlosen und menschlich verständlichen Verfehlung gegen Bewirtschaftungsvorschriften mit einer Kriminalstrafe belegt zu werden. In solchen Fällen von einer Sanktion ganz abzusehen, erschien andererseits nicht möglich, weil dann befürchtet werden mußte, daß die Bevölkerung die gesetzlichen Gebote und Verbote überhaupt nicht oder nicht genügend beachten würde. Die große Zahl leichter Wirtschaftsdelikte ließ es außerdem zweckmäßig erscheinen, eine einfache Verfahrensregelung zu finden. Daher wurde den mit der Überwachung der Vorschriften des Wirtschaftsrechts zuständigen VBen die Befugnis übertragen, in geringfügigen Fällen, in denen an der Herbeiführung einer gerichtlichen Entscheidung kein öffentliches Interesse bestand, eine Ordnungsstrafe festzusetzen.

6 **Eine materielle Unterscheidung zwischen Straftaten und Ordnungswidrigkeiten** hat dann der Bundesgesetzgeber erstmals im Wirtschaftsstrafgesetz 1949 getroffen, und zwar mit Hilfe einer Abgrenzungsformel, die von Eberhard Schmidt, dem hervorragenden Wegbereiter des Ordnungswidrigkeitenrechts der jüngeren Zeit, gefunden worden ist (vgl. § 6 des Wirtschaftsstrafgesetzes v. 26. 7. 1949/25. 3. 1952, BGBl. I 190, der heute nur noch bei Zuwiderhandlungen gegen Vorschriften über den Wirtschaftsverkehr mit den Währungsgebieten der Mark der DDR gilt; vgl. Art. 320 EGStGB, Anh **A** 1). Die materielle Abgrenzung machte es von da an möglich, auch in der Bezeichnung tatbestandlicher Verhaltensweisen sowie in den Rechtsfolgen zwischen Straftaten und Ordnungswidrigkeiten zu unterscheiden. Das war der entscheidende Durchbruch für das Ordnungswidrigkeitenrecht.

7 **Die frühere polizeiliche Strafverfügung,** die in Deutschland bis 1945 über 60 Jahre lang Bestand gehabt hatte, wieder einzuführen, wurde auf der Grundlage der inzwischen vollzogenen Trennung des Ordnungswidrigkeitenrechts vom Strafrecht von den gesetzgebenden Körperschaften schon kurze Zeit später abgelehnt mit der Begründung, daß die VBen keine Befugnis haben dürften, Kriminalstrafen auszusprechen, daß ihnen aber die Möglichkeit eröffnet werden könne, als Ordnungswidrigkeiten eingestufte Verstöße mit einer bloßen Geldbuße zu ahnden.

8 **Das Gesetz über Ordnungswidrigkeiten vom 25. März 1952** (OWiG 1952) wurde auf der Grundlage dieser Entscheidung als notwendige Folgerung geschaffen. Es sollte als materiell- und verfahrensrechtliches Rahmengesetz ganz allgemein für Ordnungswidrigkeiten auf allen Sachgebieten gelten. Seine sachlichen und verfahrensrechtlichen Regelungen sind weitgehend aus dem Wirtschaftsstrafgesetz 1949 übernommen worden.

9 **4) Rein formal wird die Unterscheidung** zwischen dem Ordnungsunrecht und dem Kriminalunrecht seitdem durch die Bewertung des Gesetzgebers durchgeführt, nämlich danach, ob er für eine bestimmte Verhaltensweise als Unrechtsfolge Strafe oder Geldbuße androht. Im letzten Falle liegt eine Ordnungswidrigkeit vor, deren Verfolgung und Ahndung jeweils der VB obliegt, die in der Regel mit der Ausführung des Gesetzes und der Überwachung der vorgeschriebenen Gebote und Verbote betraut ist und die vom Gesetz näher bestimmt wird. Die Ahndung leichter Zuwiderhandlungen kann auf diese Weise rasch und ohne großen Aufwand durchgeführt werden, weil die Überwachung der gesetzlichen Ordnung und deren Durchsetzung mit Hilfe einer Geldbuße in einer Hand liegen. Dem Betroffenen bleiben zugleich die Nachteile eines ordentlichen Strafverfahrens erspart. Die Gerichte sind zur rechtlichen Kontrolle nur dann aufgerufen, wenn der Betroffene mit dem Spruch der VB nicht einverstanden ist.

10 **Keine neuen Übertretungstatbestände,** die auch mit Freiheitsstrafe (und Ersatzfreiheitsstrafe) bedroht waren, hat der Bundesgesetzgeber nach dem Inkrafttreten des OWiG 1952 geschaffen – abgesehen von ganz wenigen, besonders gelagerten Ausnahmefällen –, ebensowenig Vergehenstatbestände, die nur mit einer Geldstrafe, aber nicht mit einer Freiheitsstrafe bedroht sind. Bei der gesetzlichen Bewertung weniger schwerwiegender Unrechtstatbestände als bloße Ordnungswidrigkeiten haben sich in Grenzbereichen zwar beachtliche, aber durchaus lösbare Schwierigkeiten ergeben. In Zweifelsfällen ist der Gesetzgeber großzügig verfahren und hat gewisse Strafbarkeitslücken in Kauf genommen. Er hat dem Ordnungswidrigkeitenrecht nicht nur Bagatellverstöße zugewiesen, sondern auch bedeutsamere Verfehlungen, namentlich im Bereich des Wirtschaftsrechts; Bußgelddrohungen, die über den Regelrahmen von 1000 Deutsche Mark weit hinausgehen, sind nicht selten (ausnahmsweise) sogar bis zu 2 Mill. DM (vgl. 5 zu § 17).

11 **Zum Abschluß gebracht hat das EGStGB** den Prozeß zur Aussonderung des Ordnungsunrechts aus dem Kriminalunrecht, der seit dem Jahre 1952 folgerichtig weitergeführt worden ist. Der neue Allgemeine Teil des StGB kennt die Deliktsform der Übertretungen nicht mehr; er teilt die

Straftaten nur noch in Verbrechen und Vergehen ein. Das EGStGB hat sämtliche Übertretungs- und nur mit Geldstrafe oder Freiheitsstrafe unter sechs Monaten bedrohten Vergehenstatbestände des Bundesrechts beseitigt, und zwar ganz überwiegend durch Umwandlung zu Ordnungswidrigkeiten und im übrigen entweder durch Aufwertung zu Vergehenstatbeständen, die im Höchstmaß mit einer Freiheitsstrafe von mindestens sechs Monaten bedroht sind, durch Freigabe für landesrechtliche Regelungen oder durch ersatzlose Streichung. Die früheren Übertretungstatbestände des StGB hat das EGStGB zum Teil als Ordnungswidrigkeiten in das OWiG oder in andere Bundesgesetze eingestellt, zu einem geringen Teil zu Vergehen aufgewertet, zum Teil ersatzlos gestrichen und im übrigen dem Landesrecht überlassen (vgl. 1, 2 vor § 111). Im Landesrecht ist die Beseitigung der Übertretungen und die Übernahme von Übertretungsvorschriften des StGB als Bußgeldvorschriften in besonderen Gesetzen der Länder zur Anpassung an das 2. StrRG und das EGStGB zum Abschluß gebracht worden.

12   **5) Eine grundlegende Änderung des OWiG 1952** war inzwischen notwendig geworden, weil sich bei dem fortschreitenden Prozeß zur Aussonderung des Ordnungsunrechts aus dem Kriminalunrecht, insbesondere bei den Vorarbeiten zur Entkriminalisierung des Verkehrsstrafrechts, gezeigt hatte, daß die verfahrensrechtliche Regelung des OWiG 1952 im Prinzip nicht aufrechterhalten werden konnte. Sie unterschied streng zwischen dem Bußgeldverfahren einerseits und dem Strafverfahren andererseits und ließ Übergänge von dem einen Verfahren in das andere ebensowenig zu wie eine einheitliche Behandlung von zusammenhängenden Straftaten und Ordnungswidrigkeiten. Das jetzige OWiG, das im Jahre 1968 im Zusammenhang mit der Entkriminalisierung des Verkehrsstrafrechts an die Stelle des OWiG 1952 getreten ist, ermöglicht deshalb aus vorwiegend praktischen Erwägungen (vgl. näher die 3. Aufl.) eine abschließende Entscheidung über den Vorwurf einer Rechtsverletzung, die eine Ordnungswidrigkeit, aber auch eine Straftat sein kann, in einem einzigen Verfahren und ebenso eine einheitliche Behandlung von zusammenhängenden Straftaten und Ordnungswidrigkeiten. Die jetzt geltende Regelung geht aus diesen Gründen im Grundsatz von einer einheitlichen Verfahrensordnung aus und bestimmt davon nur die Abweichungen, die auf eine erhebliche Vereinfachung des Verfahrens bei Ordnungswidrigkeiten abzielen.

13   **6) Das geltende OWiG** ist im Rahmen des EGStGB zwar vielfältig, jedoch hinsichtlich der neuen verfahrensrechtlichen Regelung nicht grundsätzlich geändert worden. Dies ist ein Anzeichen dafür, daß sich die neue verfahrensrechtliche Grundkonzeption des OWiG bewährt hat.

14   **Die Allgemeinen Vorschriften** des OWiG sind im Rahmen des EGStGB weitgehend an den neuen Allgemeinen Teil des StGB angeglichen und nach systematischen Gesichtspunkten neu geordnet worden. Bei diesen weiteren Gesetzgebungsarbeiten ist die Unterscheidung zwischen dem Kriminalstrafrecht und dem Ordnungswidrigkeitenrecht nicht in Frage gestellt, sondern bestätigt worden. Neuere Vorschläge, als Zwischenstufe zwischen den Vergehen und Ordnungswidrigkeiten die

Deliktsform der „Verfehlungen" einzuführen und als solche geringfügige Vermögensdelikte einzustufen, hat der Gesetzgeber nicht aufgegriffen; er hat sich darauf beschränkt, bei geringfügigen Vermögensdelikten verfahrensmäßige Erleichterungen vorzusehen (vgl. §§ 153, 153a StPO).

15 **Ob noch weitergehende Verfahrensvereinfachungen** angezeigt sind, um ein angemessenes Verhältnis zwischen der Bedeutung der Sache und dem verfahrensrechtlichen Aufwand für deren Erledigung herzustellen, wird angesichts der ganz erheblich angestiegenen Zahl von gerichtlichen Verfahren wegen leichterer Ordnungswidrigkeiten, namentlich wegen Verkehrszuwiderhandlungen, zu überdenken sein. Dabei wird vor allem zu überprüfen sein, ob die Regeln des strengen Beweisrechts noch stärker aufzulockern und der Typik des Ordnungswidrigkeitenrechts besser anzupassen sind.

16 **7) Auch in anderen Staaten** ist in jüngster Zeit eine ähnliche Rechtsentwicklung zu einer andersartigen Behandlung bloßen Ordnungsunrechts zum Abschluß gekommen oder im Entstehen begriffen, so zum Beispiel in Schweden und in Italien, aber auch in den östlichen Staaten, wie etwa in Ungarn und Rumänien, sowie auch in der DDR, wo am 1. 7. 1968 ein Gesetz über Ordnungswidrigkeiten in Kraft getreten ist. Ähnliche Reformbestrebungen oder -überlegungen, insbesondere im Straßenverkehrsrecht, zeichnen sich in den USA, in England und selbst in Indien ab.

17 **Im Europäischen Gemeinschaftsrecht** ist die „Geldbuße" als Sanktion für Zuwiderhandlungen gegen wirtschaftliche Regelungen vorgesehen. Sie hat hier der Sache nach dieselbe Funktion wie die Geldbuße unseres Ordnungswidrigkeitenrechts (vgl. ausführlich hierzu Winkler, Die Rechtsnatur der Geldbuße im Wettbewerbsrecht der Europäischen Wirtschaftsgemeinschaft, 1971).

18 **Materialien zur Entstehungsgeschichte: RegEntwurf** eines Gesetzes über Ordnungswidrigkeiten mit Begr. v. 8. 1. 1967 (BT-Drs. V/1269). **BRat 1. Durchgang:** Bericht über die 301. Sitzung am 11. 11. 1966; Stellungnahme des BRates und Gegenäußerung der BReg (hierzu vgl. Anlage 2 und 3 der BT-Drs. V/1269). **BTag:** (5. Wahlperiode) 1. Beratung – Bericht über die 92. Sitzung am 3. 2. 1967 S. 4254 ff.; Protokolle des Rechtsausschusses Nrn. 40, 41, 43, 44, 47, 48, 50, 52, 53, 63, 64, 65, 70; Niederschriften des Sonderausschusses für die Strafrechtsreform S. 1058 ff., 1083 ff., 1802 f.; Schriftlicher Bericht des Rechtsausschusses v. 19. 2. 1968 (BT-Drs. V/2600, zu V/2600); 2. und 3. Beratung – Bericht über die 161. Sitzung am 27. 3. 1968 S. 8483 ff. **BRat 2. Durchgang:** Drs. 178/68; Bericht über die 323. Sitzung am 26. 4. 1968; Beschluß des BRates über die Anrufung des Vermittlungsausschusses vgl. Drs. 178/68 (Beschluß) = BT-Drs. V/2857. **Vermittlungsausschuß:** Mündlicher Bericht v. 8. 5. 1968 (BT-Drs. V/2889); Bericht über die 324. Sitzung des BRates am 10. 5. 1968; Bericht über die 173. Sitzung des BTages am 10. 5. 1968 S. 9249.

19 **Materialien zur Änderung im EGStGB: 6. Wahlperiode: Art. 27 RegEntwurf** eines Einführungsgesetzes zum Strafgesetzbuch m. Begr. v.

4. 4. 1972 (BT-Drs. VI/3250); **BRat 1. Durchgang:** Bericht über die 376. Sitzung am 9. 2. 1972; Stellungnahme des BRates und Gegenäußerung der BReg. (hierzu vgl. Anlage 2 und 3 der BT-Drs. VI/3250); **BTag:** 1. Beratung – Bericht über die 180. Sitzung am 12. 4. 1972; **7. Wahlperiode: Art. 27 RegEntwurf** eines Einführungsgesetzes zum Strafgesetzbuch m. Begr. v. 11. 5. 1973 (BT-Drs. 7/550); **BRat 1. Durchgang:** Bericht über die 391. Sitzung am 12. 3. 1973; Stellungnahme des BRates und Gegenäußerung der BReg. (hierzu vgl. Anlage 2 und 3 der BT-Drs. 7/550); **BTag:** 1. Beratung – Bericht über die 36. Sitzung am 24. 5. 1973; Niederschriften des Sonderausschusses für die Strafrechtsreform S. 424, 425, 561–606, 621–629, 726, 750, 1051, 1275; Erster Antrag und Erster Bericht des Sonderausschusses für die Strafrechtsreform vom 26. und 27. 11. 1973 (BT-Drs. 7/1232, 7/1262); 2. und 3. Beratung – Bericht über die 70. Sitzung am 12. 12. 1973, S. 4339 ff.; **BRat 2. Durchgang:** Drs. 51/74; Bericht über die 401. Sitzung am 15. 2. 1974.

Gesetz über Ordnungswidrigkeiten (OWiG)

Vom 24. Mai 1968 (BGBl. I 481; III 454–1) idF vom 2. Januar 1975 (BGBl. I 80, 520), letztes ÄndG v. 5. Oktober 1978 (BGBl. I 1645)

Erster Teil. Allgemeine Vorschriften

Vorbemerkungen

Übersicht

1   1) **Das Gesetz über Ordnungswidrigkeiten** enthält die Kern- und Rahmenvorschriften für alle Ordnungswidrigkeiten nach Bundes- und Landesrecht (§ 2). Es besteht aus drei Teilen, deren Erster dem Allgemeinen Teil des StGB und deren Zweiter der StPO vergleichbar ist. Der Erste Teil enthält die grundlegenden Vorschriften über die Voraussetzungen der Ahndung (Geltungsbereich; Grundlagen der Ahndung), die Rechtsfolgen der Handlung (Geldbuße, Einziehung, Geldbuße gegen JPen und PVen) und die Verjährung. Dazu treten im Dritten Teil nur wenige Vorschriften, die einzelne ordnungswidrige Handlungen beschreiben (Tatbestände, 16). Im Vergleich zum Besonderen Teil des StGB, der die bedeutsamsten und wichtigsten Straftaten erfaßt und lediglich ergänzt wird durch die Vorschriften des Nebenstrafrechts, ist es im Ordnungswidrigkeitenrecht gerade umgekehrt: nur ganz wenige Vorschriften sind hier in das Kerngesetz aufgenommen. Das liegt daran, daß die Bußgeldvorschriften (in allen Lebensbereichen) ganz überwiegend bereits in einem Vorfeld des Schutzes von individuellen Rechtsgütern oder von Interessen der Allgemeinheit einsetzen. Sie knüpfen dabei in der Regel an gesetzte Normen an, die als Art soziale Spielregeln – in kaum übersehbarer Fülle – abstrakt gefährliche Verhaltensweisen (typische Gefährdungshandlungen) verbieten oder abstrakt geeignet erscheinende Sicherheitsmaßnahmen (typische Sicherheitsvorkehrungen) vorschreiben (vgl. Tiedemann S. 52 für das Nebenstrafrecht). Die Bußgeldvorschriften stellen so auf eine Ordnung ab, die ,,künstlich'' geschaffen erscheint, so daß sie im einzelnen meist nur im Zusammenhang mit den jeweiligen verwaltungsrechtlichen Vorschriften verständlich sind, während die Tatbestände des StGB in der Regel auf einer „natürlichen", vorgegebenen Ordnung aufbauen (vgl. Göhler, Einf. I); doch gibt es in Grenzbereichen Übergänge (vgl. 6).

2   **2) Das Wesen der Ordnungswidrigkeit** ist umstritten. Die hierauf gegebenen Antworten sind abhängig vom Standort der Betrachtung und beeinflußt durch die Entwicklung des Ordnungswidrigkeitenrechts.

3   A. **Nach der Art der Rechtsverletzung** ist die Frage, ob die Ordnungswidrigkeit gegenüber der Straftat ein *„aliud"* ist oder ob sie sich von ihr nur quantitativ unterscheidet, im Laufe der Entwicklung unterschiedlich beantwortet worden.

4   a) **Die Einführung des Ordnungswidrigkeitenrechts,** das zunächst auf das Wirtschaftsrecht beschränkt war (vgl. Einl. 5), ist theoretisch damit begründet worden, daß die Ordnungswidrigkeit gegenüber der Straftat wesensmäßig verschieden sei (vgl. EbSchmidt, Das neue westdeutsche Wirtschaftsstrafrecht, 1950, S. 26 ff.; ders. JZ **51**, 101). Diese Betrachtung orientierte sich an der klassischen Verwaltungsstrafrechtstheorie (J. Goldschmidt, Das Verwaltungsstrafrecht 1902; Erik Wolff, Die Stellung der Verwaltungsdelikte im Strafrechtssystem, in Festschrift f. Frank 1930 Bd. II, 516 ff.; Hofacker, Die Staatsverwaltung und die Strafrechtsreform, 1919, 496; Zur geschichtlichen Entwicklung und zum Wesen des Ordnungswidrigkeitenrechts vgl. die umfassende Darstellung von Mattes, Untersuchungen zur Lehre von den Ordnungswidrigkeiten, Halbbd. 1, 1977). In Anlehnung an diese Theorie wurde angenommen, daß das Wesen der Wirtschaftsordnungswidrigkeit (zB Verletzung von Meldepflichten, von Vorlagepflichten, aber auch leichte Zuwiderhandlungen gegen Bewirtschaftungsvorschriften) nur in einem bloßen Ungehorsam (einer Lässigkeit) gegenüber den VBen liege, und daß die Zuwiderhandlung lediglich einen Verwaltungsschaden auslöst, aber – im Gegensatz zu einer Straftat – kein Rechtsgut verletze. Diese sog. *„aliud"*-Theorie" im materiellen Sinne wurde auch unter der Geltung des OWiG 1952 überwiegend vertreten (vgl. Rotberg, 3. Aufl. S. 26 f.). Dabei wurde jedoch nicht genügend berücksichtigt, daß das Ordnungswidrigkeitenrecht inzwischen über das Wirtschaftsrecht hinaus auf alle anderen Sachbereiche ausgedehnt worden ist und daß es zB auch abstrakte Gefährdungsdelikte (die früheren Polizeidelikte) einbezogen hat, die zweifellos dem individuellen Rechtsgüterschutz, wenn auch in einem Vorbereich, dienen.

5   b) **Bei Umstellung der Verkehrsübertretungen** auf Ordnungswidrigkeiten, die zu dem neuen OWiG geführt hat, ist deutlich zutage getreten, daß das Ordnungswidrigkeitenrecht im Laufe der bis dahin gegangenen Entwicklung keineswegs auf die Fälle des bloßen Ungehorsams gegen die staatliche Verwaltungstätigkeit – deren ordnungsgemäßes Funktionieren im sozialen Staat der Daseinsvorsorge im übrigen durchaus ein Rechtsgut ist (vgl. Cramer, Grundbegriffe S. 17; Jescheck § 7 V 3 b; Tiedemann ÖJZ **72**, 290) – beschränkt geblieben ist. Das Ordnungswidrigkeitenrecht erfaßt inzwischen vielfach Fälle, in denen der Rechtsgüterschutz gefährdet oder sogar beeinträchtigt ist (vgl. die zahlreichen Bei-

spiele bei Göhler, Einf. unter II, III). In den Grenzbereichen sind die Rechtsverletzungen innerhalb des Kriminalunrechts und des Ordnungsunrechts ihrer materialen Bedeutung nach nicht nach qualitativen, sondern nach quantitativen Merkmalen zu unterscheiden (vgl. BVerfG NJW **79**, 1981, 1982; Baumann JZ **72**, 1 und ZRP **72**, 273; Bockelmann ZStW **82**, 110; Dalcke 3 vor § 1 OWiG; Jescheck § 7 V 2b; Lackner ZStW **82**, 112; Lang-Hinrichsen, H. Mayer-Festschr. S. 57 f.; Maurach/Zipf § 1 III B 1; Rebmann/Roth/Herrmann 9 vor § 1; zust. jetzt auch Rotberg Einf. B; Sax, Die Grundrechte, Bd. III, 2. Halbbd. 919 ff. m. Bespr. Spanner VerwArch Bd. **51**, 171; Schmitt S. 14 f.; Welzel § 1 I 1; krit. EbSchmidt JZ **69**, 401). Verfehlt ist es jedoch, daraus die Schlußfolgerung zu ziehen, daß es einen eigenständigen Rechtszweig Ordnungswidrigkeiten nicht geben könne (so aber Mattes ZStW **82**, 25 ff. und 119 f.; ders. in Untersuchungen zur Lehre von den Ordnungswidrigkeiten, 1977; Schoreit GA **67**, 225); es ist nicht einleuchtend, daß es dem Gesetzgeber verwehrt sein sollte, das Strafrecht nach Strafwürdigkeits- und Strafbedürfniskriterien auf einen Kernbereich zu beschränken und solche Zuwiderhandlungen, die (nach der Typik des Verstoßes in aller Regel) nicht den hohen Grad ethischen Unwertgehaltes einer (kriminellen) Straftat aufweisen und die deshalb nach allgemeiner gesellschaftlicher Auffassung nicht das Unwerturteil verdienen, das der Strafe anhaftet, anders zu behandeln als Straftaten (vgl. 6 ff.; vgl. SchSch-Stree 35 vor § 38 mwN; Tiedemann aaO; krit. Rotberg Einf. B 3; vgl. auch Rebmann/Roth/Herrmann 14 vor § 1 zu einem möglichen Wandel in der Rechtsüberzeugung der Allgemeinheit, ob bei schwerwiegenden Ordnungswidrigkeiten auf dem Gebiete des Wirtschaftsrechts nur ,,bloßer Ungehorsam" oder ,,ethisch vorwerfbare Schuld" zu ahnden ist; doch ist die Wirtschaftsordnung weitgehend von Zweckmäßigkeitserwägungen bestimmt, soweit nicht die grundgesetzliche Wertordnung angetastet ist; allerdings ist der Gesetzgeber aufgerufen, getroffene Entscheidungen bei einem Wandel der Rechtsüberzeugung zu überprüfen und zu ändern).

5a **Zum Stand der Meinungen** vgl. ferner: Eser, Die Abgrenzung von Straftaten und Ordnungswidrigkeiten, 1961; Michels, Strafbare Handlung und Zuwiderhandlung, 1963; Bolenius, Straftaten und Ordnungswidrigkeiten im Wettbewerbs- und Kartellrecht, zugleich ein Beitrag zur Lehre von der Abgrenzung zwischen Straftaten und Ordnungswidrigkeiten, 1965; Krümpelmann, Bagatelldelikte, 1966; v. Heyden, Ordnungsunrecht und Ordnungssanktionen im Straßenverkehrswesen 1968; Urban, Die Verfolgung und Ahndung von Ordnungswidrigkeiten nach dem ,,Gesetz zur Bekämpfung von Ordnungswidrigkeiten" (OWG) der DDR, 1972.

6 **B. Nach der Art der angedrohten Rechtsfolge** ist die Ordnungswidrigkeit gegenüber der Straftat (und der Geldstrafe) jedoch ein ,,aliud" (BVerfGE **27**, 18, 30). Das Ordnungswidrigkeitenrecht und das Kriminalstrafrecht sind so ,,nach einer gemischt qualitativ-quantitativen Betrachtungsweise" zu unterscheiden (so mit Recht Maurach/Zipf § 1 III B 1). Dabei ist im Grenzbereich die Entscheidung des Gesetzgebers verbindlich, solange nicht der Kernbereich des Strafrechts, der sich ,,an

Hand der grundgesetzlichen Wertordnung mit hinreichender Bestimmtheit ermitteln" läßt (BVerfGE **27**, 18, 29), erreicht wird.

7   **Eine qualitative Wertungsordnung** ist damit angesprochen, die es
verbietet, aus dem Kreis der bisherigen Straftatbestände schlechthin alle
Verhaltensweisen „mit geringem Unrechtsgehalt" in das Ordnungswidrigkeitenrecht zu verweisen (so aber die Entschließung des 49. DJT 1972
zur Abschichtung der Ordnungswidrigkeiten), zB die Vermögensdelikte
(vgl. die Wertordnung des Art. 14 GG) im Bagatellbereich. Bedenklich
sind deswegen die dazu gemachten Vorschläge von Baumann ZRP **72**,
273, die der 51. DJT jedoch zu Recht mit großer Mehrheit abgelehnt hat
(vgl. DRiZ **76**, 363); Baumann übersieht bei seiner Kritik, daß das Ordnungswidrigkeitenrecht den Schutz von Leib und Leben nur zusätzlich in
einem Vorbereich erweitert hat, daß jedoch keine klassischen Straftatbestände dieser Schutzrichtung in den Rechtszweig Ordnungswidrigkeitenrecht überführt worden sind (vgl. auch BVerfGE **50**, 205, 213, wonach die Entscheidung des Gesetzgebers, den Tatbestand des Diebstahls
auch geringfügiger Sachen im Kriminalstrafrechtsbereich zu belassen,
verfassungsrechtlich nicht zu beanstanden ist; vgl. ferner Rebmann/
Roth/Herrmann, die dem Gesetzgeber jedoch auch in diesem Bereich
einen Entscheidungsspielraum zumindest für einen Teil der Fälle zuge-
stehen).

8   **Mit dem Verzicht auf das Reaktionsmittel „Strafe"** stuft der hierzu
berufene Gesetzgeber (BVerfGE **27**, 18, 30) bestimmte Verhaltensweisen
durch eine positive Willensentscheidung bewußt anders als Straftaten ein
(vgl. BVerfG **25**, 286; **27**, 18, 29; **37**, 201, 212; **45**, 272, 289; BVerfG
NJW **79**, 1981; Bay. NJW **71**, 630; Hamm GA **69**, 156; Frankfurt v. 27. 11.
1970, 3 Ws B 103/70; Maurach/Zipf § 1 III B 2; Patzig DVBl. **67**, 309 ff.;
Stratenwerth ZStW **82**, 111; Tiedemann ÖJZ **72**, 92). Diese an der gesetzlichen Bewertung ausgerichtete Betrachtungsweise muß für die richtige Einordnung in das System der Rechtsordnung maßgebend sein
(BVerfG aaO; krit. Urban, aaO – unter 5 a – S. 34, 165; Volk ZStW **83**,
405 ff., 433). Der materiale Gehalt eines Verstoßes gegen geschriebene
oder ungeschriebene Normen kann im Grenzbereich nicht entscheidend
sein. Wäre dies der Fall, so müßte eine Verhaltensweise, die verwerfliches
Unrecht darstellt, auch dann als eine Straftat angesehen werden, wenn sie
– wegen einer fehlenden kriminalpolitischen Notwendigkeit – nicht mit
Strafe bedroht, obwohl verboten ist. Von dem materialen Gehalt der
Rechtsverletzung hängt es allerdings weitgehend ab, ob der Gesetzgeber
den Tatbestand „in einer rechtspolitisch anderen Wertung des Unrechtsgehalts" (BVerfGE **22**, 78, 81; **27**, 18, 28) als bloße Ordnungswidrigkeit
und nicht als Straftat qualifiziert. Diese Entscheidung kann der Gesetzgeber nicht nach seinem Belieben treffen. Es gibt einen „Kernbereich des
Strafrechts", dessen Aufgabe es ist, „die elementaren Werte des Gemein-
schaftslebens zu schützen"; in diesem Bereich sind „die Richter ausnahmslos und ausschließlich zur präventiven Rechtskontrolle berufen".
„Zum Kernbereich des Strafrechts gehören alle bedeutsamen Unrechtstatbestände; diese können der Rspr. vom Gesetzgeber nicht entzogen
werden" (BVerfGE **27**, 18, 28). Es wäre zB unzulässig, den Tatbestand
des Raubes nur mit einer Geldbuße zu bedrohen (vgl. Lange JZ **57**, 237).

Insoweit kann das BVerfG die Entscheidung des Gesetzgebers daraufhin überprüfen, ob sie im Einklang mit der grundgesetzlichen Wertordnung steht (BVerfG **37**, 201, 212; **45**, 272, 287 mwN; **50**, 204, 214; BVerfG NJW **79**, 1981, 1982 mwN).

9   **3) Die Geldbuße** ist eine Unrechtsfolge für eine tatbestandsmäßige, rechtswidrige und vorwerfbare Handlung (10 ff.). Sie hat deshalb repressiven Charakter. Doch ist sie keine (echte) Strafe. Ihr fehlt das mit der „Kriminalstrafe notwendigerweise verbundene Unwerturteil" und damit der „Ernst des staatlichen Strafens" (BVerfGE **22**, 78, 81; **27**, 18, 33; BGH **11**, 266; Bay. NJW **71**, 630; Maurach/Zipf § 1 III B 2; Stratenwerth ZStW **82**, 111). Ihr Zweck ist es nicht, eine Tat zu „sühnen" in dem Sinne, einen Ausgleich für sozialethische Schuld herbeizuführen; sie ist vielmehr in erster Linie darauf gerichtet, eine bestimmte Ordnung durchzusetzen. Sie ist ein mit einer Sanktion verbundener und deshalb spürbarer Pflichtappell an den Betroffenen, auch die im Vorfeld zum Schutz von Rechtsgütern errichteten Gebote und Verbote zu beachten (zust. Schleswig SchlHA **78**, 59; Frankfurt 27. 11. 1970, 3 WsB 103/70) eine Mahnung, die keine ins Gewicht fallende Beeinträchtigung des Ansehens und des Leumunds des Betroffenen zur Folge hat (BVerfGE **27**, 18, 33), ohne daß jedoch dem Betroffenen die Zuwiderhandlung als Wertverletzung vorgeworfen wird (vgl. Tiedemann ÖJZ **72**, 92). Daneben dient die Geldbuße der Gewinnabschöpfung und der Vorbeugung unlauteren Gewinnstrebens bei einer wirtschaftlichen Betätigung; dieser Funktion sind die hohen Geldbußen (neuerdings sogar bis zu zwei Mill. DM; vgl. 5 zu § 17) zuzuschreiben. Im Gegensatz zur Kriminalstrafe wird die Geldbuße nicht in das Zentralregister eingetragen (das Verkehrszentralregister – § 28 StVG, Anh **A 11** – und das Gewerbezentralregister – §§ 149 ff. GewO – dienen anderen Zwecken als das Zentralregister, wie schon das Nebeneinander von Zentralregister sowie von Verkehrs- und Gewerbezentralregister zeigt; Eintragungen über Verurteilungen wegen eines Straftatbestandes sind nach dessen Umwandlung in einen Bußgeldtatbestand auf Antrag des Verurteilten im Zentralregister zu löschen; vgl. § 46 BZRG). Die Geldbuße wird im Falle der Uneinbringlichkeit auch nicht in eine Freiheitsstrafe umgewandelt (vgl. § 96). „Diese der Kriminalstrafe eigentümlichen Merkmale und Wirkungen heben sie so stark von der Buße als staatliche Reaktion auf eine Ordnungswidrigkeit ab, daß die verschiedene Beurteilung von Kriminalstrafe und Buße gerechtfertigt ist" (BVerfGE **22**, 80; krit. Cordier NJW **67**, 2141, Schmitt S. 12 f.).

10   **4) Nur tatbestandsmäßige, rechtswidrige und vorwerfbare Handlungen** rechnen zu den Ordnungswidrigkeiten (§ 1 I). Die Grundvoraussetzungen der Ordnungswidrigkeit stimmen also mit denjenigen der Straftat überein. Das ergibt sich zwangsläufig daraus, daß auch die Geldbuße eine staatliche Unrechtsfolge ist (9). Sie darf nach Art. 103 II GG nur für eine tatbestandlich bestimmte Handlung ausgesprochen werden, sie setzt (als Folge des Unrechts) notwendigerweise ein Handeln im Widerspruch zur Rechtsordnung voraus und kann nur an ein vorwerfbares Verhalten des Täters geknüpft werden, weil der Grundsatz *„nulla poena sine culpa"*, der aus dem Rechtsstaatsprinzip folgt und Verfassungsrang hat, auch für

strafähnliche Sanktionen gilt (BVerfGE **9**, 169; **20**, 333). Die Grundvoraussetzungen für die Festsetzung einer Geldbuße können danach keine
minderen oder schwächeren sein als für die Festsetzung einer Strafe (vgl.
Maurach/Zipf § 1 III B 2; aM Wimmer NJW **60**, 1545). Danach gilt die
Lehre vom Wesen der Straftat (vgl. dazu näher Dreher/Tröndle 2 ff. vor
§ 1) entsprechend auch für das Ordnungswidrigkeitenrecht. Zu den
Grundvoraussetzungen der Ordnungswidrigkeit im einzelnen:

11   A. **Die Handlung** ist das konkrete Verhalten eines Menschen zur
Umwelt.

12   a) **Nicht nur aktives Tun** ist mit dem Begriff der Handlung gemeint;
sie kann auch in einem Unterlassen bestehen. Der Handlungsbegriff ist in
diesem Sinne also nicht nur ein naturwissenschaftlicher, sondern er hat
auch einen „sozialen" und „normativen" Gehalt. Geschieht das aktive
Tun oder Unterlassen bewußt, so liegt die Grundform vorsätzlichen
Handelns vor (vgl. Dreher/Tröndle 3 ff. vor § 1). Bei einem bewußt
aktiven Tun kann der Täter aber in bezug auf bestimmte Tatbestandsmerkmale (16) unbewußt handeln; das Unterlassen kann ganz unbewußt
geschehen. In diesen Fällen ist die Grundform des fahrlässigen Handelns
gegeben.

13   b) **Das Unterlassen** ist für die Verwirklichung eines Tatbestandes (16)
nur dann erheblich, wenn die Rechtsordnung vom Täter aktives Tun
erwartet. Das ist stets der Fall, soweit gerade das Unterlassen einer Handlung (zB die Nichtabgabe einer Meldung oder Anzeige) mit Geldbuße
bedroht ist *(echtes Unterlassungsdelikt)*. Setzt der Tatbestand dagegen aktives Tun voraus *(Begehungsdelikt)*, so kann er durch Unterlassen regelmäßig nicht verwirklicht werden. Etwas anderes gilt dann, wenn jemand in
seinem Verantwortungsbereich (auf Grund seiner Sachherrschaft; vgl. 2
zu § 8) insbesondere als Normadressat besonderer Gebote (zB als Betriebsinhaber) andere Personen in seinem Wirkungskreis für sich tätig
werden läßt und dabei erkennt, daß sie gegen diese Gebote verstoßen,
oder dies erkennen kann, ohne dagegen einzuschreiten (vgl. 38 zu § 9);
ein solches Unterlassen steht dem Handeln gleich (Köln VRS **56**, 212).
Die Verantwortlichkeit kraft Sachherrschaft (vgl. 3 zu § 8) kann auch im
Leitungsbereich einer Muttergesellschaft im Verhältnis zur (wirtschaftlich abhängigen) Tochtergesellschaft bestehen, so zB bei Kartellordnungswidrigkeiten, die zugleich im Interesse der Muttergesellschaft vorgenommen werden und die bei einem möglichen und gebotenen Einschreiten durch die Muttergesellschaft verhindert worden wären; hier
können die in § 9 bezeichneten Personen der Muttergesellschaft unter
dem Gesichtspunkt der Beteiligung (§ 14) als Täter eingestuft werden.
Eine Verwirklichung des Tatbestandes durch Unterlassen ist ferner möglich, wenn zum Tatbestand der Eintritt eines Erfolges gehört (Erfolgsdelikt im Gegensatz zum schlichten Tätigkeitsdelikt) und der mögliche
Täter rechtlich dafür einzustehen hat, daß der Erfolg nicht eintritt *(unech-
tes Unterlassungsdelikt;* vgl. unten 14 sowie § 8). Das Unterlassen ist in
jedem Falle dann tatbestandsmäßig (16), wenn eine bestimmte, rechtlich
gebotene und dem Täter mögliche (vgl. BGH **6**, 47, 57; 3 aE zu § 8)
positive Handlung nicht vorgenommen wird; das Unterlassen ist vor-

werfbar (30), wenn die Handlung dem Täter zumutbar war (BGH aaO; zw. ist jedoch, ob bei Unzumutbarkeit nicht bereits die Tatbestandsmäßigkeit entfällt; vgl. Dreher/Tröndle 16 zu § 13).

14   c) **Zu den Erfolgsdelikten** gehören dem Tatbestand nach (vgl. § 7 I, § 8) nur solche, die einen über die beschriebene Tätigkeit hinausgehenden Erfolg voraussetzen, namentlich die konkreten Gefährdungsdelikte und Verletzungsdelikte (vgl. Dreher/Tröndle 13 vor § 1). Solche Tatbestände kommen im Ordnungswidrigkeitenrecht nur selten vor (vgl. §§ 117, 118 sowie § 1 StVO und die Beispiele unter 6 zu § 7). Die Frage, ob durch eine bestimmte Handlung der im Tatbestand vorausgesetzte Erfolg eingetreten ist (Kausalzusammenhang), beantwortet sich nach der Rspr. an Hand der sog. Bedingungstheorie; Ursache ist danach jede Bedingung, die nicht hinweggedacht werden kann, ohne daß der konkrete Erfolg entfiele (vgl. BGH **1**, 332; **2**, 24). Bußgeldvorschriften, die Erfolgsdelikte sind, setzen jedoch nach ihrer Beschreibung – soweit dies zu übersehen ist – in tatsächlicher Hinsicht einen sehr engen Zusammenhang zwischen Handlung und Erfolg voraus (zB vorzeitiger Abschuß einer besonders geschützten Wildart, § 39 II Nr. 3 BJagdG). Deshalb wird die – im Strafrecht sehr bedeutsame – Problematik, durch welche Handlung der vorausgesetzte Erfolg eingetreten ist, im Ordnungswidrigkeitenrecht kaum praktisch werden (vgl. auch 12 zu § 10; zust. Rebmann/Roth/Herrmann 29 vor § 1). Das gleiche trifft auch für die weitere Problematik zu, die bei den Erfolgsdelikten auftritt, nämlich unter welchen Voraussetzungen dem aktiven Tun das Unterlassen gleichgestellt werden kann (vgl. zu § 8).

15   d) **Der Begriff der „Handlung"** wird im OWiG an Stelle des im materiellen Strafrecht üblichen Begriffs „Tat" (vgl. zB §§ 1–9, 12, 16–21 StGB) verwendet, da der Begriff Handlung „zur Kennzeichnung von bloßen Ordnungswidrigkeiten – im Gegensatz zu Straftaten – angemessener erscheint und da er dazu beitragen kann, die unterschiedliche Bewertung zwischen Ordnungswidrigkeiten und Straftaten besser hervortreten zu lassen" (BegrEEGStGB S. 341). In der Regel wird in den Vorschriften des OWiG mit dem Begriff Handlung – wie im StGB mit dem Begriff Tat – nicht nur das bloße aktive Tun oder Unterlassen gekennzeichnet, sondern auch der Eintritt eines im Tatbestand etwa vorausgesetzten Erfolges (BegrEEGStGB aaO; vgl. auch § 1, wo die Handlung als Tatbestandsverwirklichung beschrieben ist). Der Begriff Handlung ist jedoch nicht durchgängig in diesem Sinne gebraucht; in §§ 3, 4 I, § 6 und § 12 ist er in einem engeren Sinne des aktiven Tuns oder Unterlassens zu verstehen (ebenso der Begriff Tat in § 2 I, § 8 StGB).

16   B. **Der Tatbestand** ist die Beschreibung einer (gedachten) menschlichen Handlung mit Hilfe abstrakter Begriffe (vgl. Dreher/Tröndle 5 ff. vor § 1). Der Tatbestand setzt sich im wesentlichen aus (abstrakten) Tatbestandsmerkmalen zusammen (vgl. näher 3 zu § 11). Sie bilden den Tatbestand ieS auf den sich der Vorsatz oder die Fahrlässigkeit des Täters erstrecken muß (vgl. 2 ff., 6 ff. zu § 11). Nicht zu den Tatbestandsmerkmalen (wohl aber zum Tatbestand) gehören zB Gesinnungsmerkmale (vgl. 15 zu § 11) und die Bedingungen der Ahndung (vgl. 17 zu § 11).

Der Tatbestand hat für die Praxis insbesondere die Funktion, die konkrete menschliche Handlung bei einer in Betracht kommenden Gesetzesverletzung daraufhin zu prüfen, ob sie von der abstrakten Beschreibung
des Tatbestandes erfaßt wird, ob sie ihr also entspricht *(Einordnungsfunktion)*. Dabei sind alle Umstände zu berücksichtigen, also auch der innere
Tatbestand (zB vorsätzliches Handeln; Handeln in der Absicht, eine Genehmigung zu erschleichen) und die Bedingungen der Ahndung (vgl. 17
zu § 11; Dreher/Tröndle 9 vor § 1; sehr str., vgl. 20). Dies ist insbesondere für die Frage von Bedeutung, ob der Tatbestand überhaupt (wenn
auch nicht vorwerfbar; § 1 II) verwirklicht wird, so daß zB die Möglichkeit der Einziehung nach § 22 III besteht. Der Tatbestand hat weiterhin
die (sehr wesentliche) Bedeutung, daß er für den Täter im Gesetz (vgl. 7
zu § 1) berechenbar festlegt, ob sein Handeln mit Geldbuße geahndet
werden kann (vgl. § 3; *Bestimmungsfunktion, Garantiefunktion*). Der Tatbestand braucht jedoch in dem Gesetz nicht in allen Einzelheiten festgelegt
zu sein. Zulässig sind auch:

17   **Blankettatbestände,** dh solche Bußgeldvorschriften, die nur die Bußgelddrohung enthalten, aber das Verhalten, das mit Geldbuße bedroht
ist, nicht konkret beschreiben, sondern statt dessen auf außerhalb des
Gesetzes erlassene Rechtsvorschriften, Verfügungen oder Anordnungen
abstellen (zB Zuwiderhandlungen gegen bestimmte Verbotsvorschriften,
gegen Vorschriften zur Durchführung des Gesetzes, gegen die auf Grund
einer Rechtsvorschrift getroffenen Anordnungen der VB; vgl § 24 StVG,
Anh **A 11**). In diesen Fällen ist die Verwirklichung des Tatbestandes davon abhängig gemacht, daß solche Rechtsvorschriften pp. erlassen sind;
solange dies nicht der Fall ist, ist der beschriebene Tatbestand noch offen
(Blankett); er wird erst durch die Normen außerhalb des betreffenden
Gesetzes ausgefüllt (,,ausfüllende Vorschriften"). In der Regel handelt es
sich bei den ausfüllenden Vorschriften um Gebots- oder Verbotsbestim-
mungen oder Beschränkungen. Dies können auch VOen des EWG-
Rechts sein (BVerfG LRE **11**, 241).

18   **Die Anwendung der Blankettvorschrift** (ausfüllenden Norm) ist
weitgehend davon abhängig gemacht, daß die Rechtsvorschrift (für einen
bestimmten Tatbestand) ausdrücklich auf die Bußgeldvorschrift verweist. Auf diese Weise sollen die mit Geldbuße bedrohten Gebote pp.
klarer überschaubar sein; außerdem soll dadurch ermöglicht werden, daß
Zuwiderhandlungen gegen nicht hinreichend bestimmte, nicht sank-
tionswürdige oder schon anderweitig abgesicherte Verbote von dem
Bußgeldblankett ausgenommen werden (zust. zu dieser Technik Tiedemann S. 267).

19   **Vereinbar mit dem GG** (Art. 103 II) sind Blankettbußgeldvorschrif-
ten, sofern durch sie der vorgeformte Tatbestand so deutlich bestimmt
ist, daß die Möglichkeit der Ahndung schon auf Grund des Gesetzes
(nämlich der Bußgeldvorschrift iVm der Verweisung auf Normen zur
Setzung von Geboten und Verboten) und nicht erst auf Grund einer
RechtsVO vorausgesehen werden kann. Das ist zB bei § 21 StVG aF
bejaht worden (vgl. BVerfGE **14**, 245; vgl. auch **23**, 265, 269). Über
Blankettatbestände vgl. näher Kääb/Rösch Einf. 217ff.; Karpen, Die
Verweisung als Mittel der Gesetzgebungstechnik, 1970, S. 80ff., 199ff.

Zur gesetzlichen Bestimmtheit von Blankettatbeständen eingehend Tiedemann S. 239 ff., der namentlich solche Blankettgesetze (des formellen Gesetzes), die selbst keine Verhaltensweisen beschreiben, im Hinblick auf Art. 103 II GG für bedenklich hält; sie enthielten im Grunde genommen nur eine Bezeichung der zu schützenden Rechtswerte (zB „Schutz der Ordnung und Sicherheit des Straßenverkehrs"), überließen jedoch Art und Umfang des Wertschutzes den Rechtsakten untergesetzlicher Art und damit dem Ermessen der Verwaltung. Als Alternative wäre dann jedoch eine wesentliche Einschränkung des Rechtsgüterschutzes in einem Vorbereich in Kauf zu nehmen, weil das Parlament überfordert wäre, die möglichen Gefährdungen der Rechtsgüter durch (uU vorausschauend) genau abgesteckte Verhaltensweisen festzulegen; zu befürworten ist allerdings eine restriktive Auslegung der Reichweite von ganz offenen Blankettgesetzen.

20   C. **Die Rechtswidrigkeit** der (konkreten) Handlung ist regelmäßig gegeben, wenn sie dem Tatbestand (vgl. 16) entspricht; denn er beschreibt (abstrakt) dem Typ nach eine rechtswidrige Handlung, für die das Gesetz als „Unrechts"folge die Geldbuße androht. Die Verwirklichung des Tatbestandes ist deshalb das Indiz der Rechtswidrigkeit. Es wird jedoch ausgeräumt, wenn ein „Erlaubnistatbestand" in Form eines Rechtfertigungsgrundes vorliegt (vgl. Dreher/Tröndle 27 vor § 1 mwN; im einzelnen ist das Verhältnis von Tatbestand und Rechtswidrigkeit sehr umstritten). Ob ein Rechtfertigungsgrund vorliegt, ist nach der gesamten Rechtsordnung zu beurteilen.

21   a) **Die zivilrechtlichen Notrechte** nach den §§ 228, 229, 904 BGB sind neben dem Rechtfertigungsgrund der Notwehr und des rechtfertigenden Notstandes (§§ 15, 16) zu berücksichtigen (6 zu § 15).

22   b) **Die Einwilligung** des Betroffenen kommt als Rechtfertigungsgrund bei Bußgeldtatbeständen praktisch kaum in Betracht, weil die Bußgeldtatbestände nicht oder nicht unmittelbar individuelle Rechtsgüter schützen, sondern Allgemeininteressen (vgl. 1 zu § 15). Die Handlung kann aber durch eine behördliche Erlaubnis gerechtfertigt sein, sofern der Behörde die Verfügung über die durch die Bußgeldvorschrift geschützten Allgemeininteressen zusteht (vgl. Lackner II 10 vor § 32). Ist nur die unerlaubte Verwirklichung des Tatbestandes mit Geldbuße bedroht, also zB ein Handeln „ohne Genehmigung" oder „ohne Erlaubnis", so ist ein Handeln mit Erlaubnis überhaupt nicht tatbestandsmäßig, also nicht nur rechtmäßig (vgl. Jescheck S. 296).

23   c) **Im Verkehrsrecht** sind die Sonderrechte nach § 35 StVO zu beachten. Ein Notrecht besteht auch für den Kraftfahrer, bei unterwegs auftretenden Mängeln die Fahrt bis zur nächstgelegenen Reparaturwerkstätte fortzusetzen (§ 23 II Halbs. 1 StVO; vgl. Bay. NJW **64**, 117; Hamm MDR **69**, 782); es gilt wohl grundsätzlich auch, wenn bei Antritt der Fahrt ein nicht vorhersehbarer Schaden festgestellt wird, nicht jedoch dann, wenn der Mangel auf normaler Benutzung beruht (so mit Recht Hamm aaO); ebenso nicht, wenn es sich um einen schwerwiegenden Mangel handelt, der trotz sorgfältiger Fahrweise zu einer erheblichen Gefährdung führen kann. Vgl. auch 18 zu § 10.

24   d) **Durch das Dienstrecht** kann die Handlung ebenfalls gerechtfertigt sein, so durch das Recht zur Vornahme von Ermittlungshandlungen, die mit Eingriffsrechten verbunden sein können (vgl. dazu näher Dreher/Tröndle 6 vor § 32), so zB das Recht zur Identitätsfeststellung (vgl. 15 ff. vor § 59), das auch erlauben kann, die mit Geldbuße abgesicherten Verkehrsvorschriften zu verletzen. Hoheitliches Handeln als solches nicht, sondern nur im Rahmen der Güter- und Pflichtenabwägung (rechtfertigender Notstand – § 16 –, Pflichtenkollision – vgl. 25 –) gerechtfertigt (vgl. RG **59**, 404). Verletzt ein Soldat auf Befehl eine Bußgeldvorschrift, ohne dies zu erkennen, so ist die Handlung gerechtfertigt (Dreher/Tröndle 8 vor § 32; str.). Zum Handeln auf Anordnung vgl. im übrigen § 56 BGSG; § 38 BRRG, § 56 BBG, § 7 UZwG, § 109 II, §§ 115, 124 I Nr. 2 SeemG (vgl. im einzelnen Dreher/Tröndle 8 vor § 32).

25   e) **Durch die Pflichtenkollision,** die vorliegt, wenn der Adressat mehrerer Pflichten durch Erfüllung der einen zwangsläufig die andere verletzt, kann die Handlung gerechtfertigt sein, falls die höherwertige Pflicht befolgt wird; bei gleichrangigen Pflichten wird in der Regel nur die Vorwerfbarkeit (vgl. 30) verneint werden können (str.; zT wird auch in diesen Fällen eine rechtfertigende Pflichtenkollision bejaht; vgl. Dreher/Tröndle 11 vor § 32; Lackner 4 zu § 35).

26   f) **Ob die soziale Adäquanz,** dh ein Handeln, das von der Allgemeinheit gebilligt wird (vgl. 19 zu § 10), einen Rechtfertigungs- oder einen Tatbestandsausschließungsgrund darstellt, ist umstritten (vgl. näher 19 zu § 10).

27   **Die Lehre von dem zulässigen Risiko,** die risikobehaftete, jedoch sozial adäquate Handlungen (so zB bei dem Einsatz von technischen Mitteln) als nicht tatbestandsmäßig oder jedenfalls nicht rechtmäßig ansieht (vgl. SchSch-Cramer 107 b vor § 32), hat im Ordnungswidrigkeitenrecht deswegen keine praktische Bedeutung, weil sie auf solche Rechtsgüterverletzungen (Erfolgsdelikte) bezogen ist, die ihrer Art nach in das Kriminalstrafrecht hineinragen.

28   **Über die Rechtswidrigkeit fahrlässigen Handelns** vgl. 19 zu § 10.

29   g) **Die Unzumutbarkeit,** so zu handeln, wie dies die Rechtsordnung gebietet, wird im Strafrecht bei den Erfolgsdelikten (vgl. 14) als Rechtfertigungs- oder als Schuldausschließungsgrund anerkannt, soweit die Pflichtwidrigkeit eines bloßen Fahrlässigkeitsdeliktes zur Erörterung steht (vgl. dazu 18 zu § 10). Anders ist dies aber bei den Vorsatzdelikten des Kriminalstrafrechts. Hier ist die Unzumutbarkeit, anders zu handeln, unterhalb der Schwelle des Notstandes (§§ 33, 34 StGB = §§ 15, 16) nicht zu rechtfertigen oder auch nur zu entschuldigen, da es in diesem Bereich um den Rechtsgüterschutz des einzelnen gegen massive Angriffe oder um den Rechtsgüterschutz der Allgemeinheit von hohem Rang geht. So ist zB der Raub, die Freiheitsentziehung oder eine schwerwiegende Umweltverschmutzung (geschweige denn eine Tötung) unter dem Gesichtspunkt der bloßen „Unzumutbarkeit" eines gebotenen anderen Handelns, bei deren Situation aber nicht die Ebene des Notstandes iS von §§ 33, 34 StGB erreicht wird, nicht zu rechtfertigen oder auch nur zu entschuldigen. Da solche Rechtsgutverletzungen im Ordnungswidrigkeitenrecht jedoch nicht in Rede stehen, stellt sich hier die Frage, ob nicht bloße ordnungswidrige Handlungen auch unter dem Gesichtspunkt der Unzumutbarkeit als gerechtfertigt oder zumindest als nicht vorwerfbar (vgl. 30) anzusehen sind. Diese Problematik verkleinert sich zwar bei den (zur Rechtswidrigkeit und Vorwerfbarkeit) vorgegebenen Einschränkungen unter dem Gesichtspunkt des sozialadäquaten Handelns (vgl. 26), der Pflichtenkollision (vgl. 25) und des Dienstrechtes (vgl. 24). Doch gewinnt diese Fragestellung zB an Bedeutung bei (praktisch sicher häufiger) vorsätzlich begangenen Ordnungswidrigkeiten in Betrieben (Unternehmen; vgl. 43f. zu § 9), so zB dann, wenn ein ,,Abteilungsleiter" (vgl. 20f. zu § 9) in einem Betrieb auf ,,Weisung" der höheren Ebene handelt. Die Problemstellung verschärft sich, wenn dabei nicht nur Unterlassungsdelikte (bei denen der nicht mehr verantwortlich handelnde Abteilungsleiter als Normadressat ausgeschieden werden könnte), sondern aktive Tätigkeiten in Betracht gezogen werden, so zB, wenn in einem Betrieb ein (älterer) Ausbildungsleiter von Lehrlingen, der den Betrieb einer Werkstätte leitet (vgl. 20 zu § 9), es den jugendlichen Lehrlingen ,,auf Weisung der Betriebsleitung" (aus Rationalisierungsgründen) untersagt, die gesetzlich vorgeschriebenen Ruhepausen einzuhalten oder die vorgeschriebenen ärztlichen Untersuchungen durchführen zu lassen (hier kommt zumindest eine Beteiligung iS von § 14 in Betracht), weil er sonst seine Kündigung befürchtet (vgl. 17 zu § 10). Wenn es die Rspr. und das Schrifttum im Strafrecht aus wohlabgewogenen Erwägungen hinnehmen, daß unter dem Gesichtspunkt der Unzumutbarkeit Verhaltensweisen aus dem Ahndungsbereich ausscheiden, die zu schwerwiegenden Rechtsgutverletzungen führen können, so muß dies erst recht für solche Verhaltensweisen gelten, die nur in einem Vorbereich der Rechtsgutsverletzung mit einer Sanktion bedroht sind, auch wenn sie insoweit vorsätzlich begangen werden.

30 D. **Vorwerfbares Handeln** ist regelmäßig, aber nicht stets schon dann gegeben, wenn der Täter vorsätzlich oder fahrlässig den Tatbestand verwirklicht. Der Begriff ,,vorwerfbar" hat sachlich den gleichen Inhalt wie der im Strafrecht geläufige Begriff ,,schuldhaft". Das OWiG vermeidet bewußt den Begriff ,,Schuld", weil mit ihm ,,das Element sozialethischer Mißbilligung verbunden werden kann, das in dem Vorwurf eines bloßen Ordnungsverstoßes nicht enthalten ist" (BegrEOWiG S. 46 r. Sp.). Der Kern vorwerfbaren Handelns ist darin zu sehen, daß der Täter rechtswidrig gehandelt hat, obwohl er nach den Umständen des Falles fähig und imstande gewesen wäre, sich rechtmäßig zu verhalten (vgl. Lackner III 4 vor § 13). Dies ist zB bei einem vermeidbaren Verbotsirrtum zu bejahen (vgl. 28 zu § 11); ebenso beim Notwehrexzeß (vgl. 8 zu § 15) und bei einem Handeln in einer Pflichtenkollision, wenn die wahrgenommene Pflicht gegenüber der verletzten nur gleichwertig und diese als gerechtfertigt (vgl. 25) anzusehen ist (vgl. Dreher/Tröndle 11 vor § 32). Ein vorwerfbares Handeln ist niemals gegeben, wenn die Verantwortlichkeit (§ 12) fehlt.

31 E. **Täter** einer Ordnungswidrigkeit kann nur ein Mensch sein; die Geldbuße gegen JPen und PVen ist die Nebenfolge der Tat eines Men-

schen (Bay. NJW **72**, 1772; vgl. 28 zu § 30). Die Bußgeldvorschriften, die
besondere Merkmale in der Person des möglichen Täters voraussetzen,
können in der Regel nur durch Personen verwirklicht werden, die diese
Merkmale aufweisen; nach § 9 oder § 14 I S. 2 aber auch durch andere
Personen, denen die Merkmale zugerechnet werden.

32 **5) Die abstrakte Tatbestandsbewertung** entscheidet darüber, ob die
(konkrete) Tat dem Typus nach eine Ordnungswidrigkeit oder eine
Straftat ist. Der Gesetzgeber läßt nirgendwo ohne weitere Abgrenzung
(ohne bestimmte Beschreibung) eine Strafe oder Geldbuße (wahlweise)
zu, er gibt also der für die Ahndung zuständigen Stelle kein Ermessen,
nach unbestimmten Merkmalen (etwa in minder schweren Fällen) auf
eine Geldbuße zu erkennen. Das OWiG geht davon aus, daß dies auch
künftig nicht möglich sein soll. In Grenzfällen ist es zwar für den Gesetzgeber nicht einfach, die Tat dem Typus nach durch die abstrakte Beschreibung des Tatbestandes als Straftat oder Ordnungswidrigkeit einzuordnen; die hier auftretenden Schwierigkeiten könnten deshalb durch
eine Ermessensklausel, nach der es erlaubt wäre, bei bestimmten Straftaten in Fällen geringerer Bedeutung nur auf eine Geldbuße zu erkennen,
vermindert werden. Doch wäre dies nur auf Kosten der Rechtssicherheit
und Rechtsbestimmtheit möglich. Wenn der Gesetzgeber verschiedene
Sanktionen vorsieht, die sich wesentlich unterscheiden (vgl. 9), so kann
er sich nicht der Aufgabe entziehen, den Anwendungsbereich für die
Festsetzung der verschiedenen Sanktionen bei den einzelnen Tatbeständen selbst zu bestimmen (vgl. auch BVerfGE **27**, 18, 30: ,,Diese Grenzlinie unter Berücksichtigung der jeweiligen konkreten historischen Situation im einzelnen verbindlich festzulegen, ist Sache des Gesetzgebers'').

33 A. **Mischtatbestände** sind solche Tatbestände, die der gesetzlichen Bewertung nach im Grenzbereich zwischen Straftaten und Ordnungswidrigkeiten liegen. Ob die Verwirklichung des Tatbestandes eine Straftat
oder eine Ordnungswidrigkeit ist, hängt davon ab, ob die vom Gesetz
(abstrakt) bestimmten näheren Umstände im konkreten Falle vorliegen.
Die Zuwiderhandlungen sind dem Deliktstyp nach Ordnungswidrigkeiten, wenn im Einzelfall a) die gesetzlich beschriebenen Umstände fehlen,
welche die Tat als Straftat einordnen würden, oder b) die gesetzlich
beschriebenen Umstände gegeben sind, unter denen eine in erster Linie
als Straftat eingestufte Verhaltensweise nur eine Ordnungswidrigkeit ist
(vgl. § 2 WiStG 1954, Anh **12**; vgl. auch Laumann ZfZ **79**, 300).

34 a) **Bei den sog. echten Mischtatbeständen** gibt das Gesetz zur Abgrenzung lediglich eine Richtlinie, eine ,,Mischformel'', an Hand deren die
für die Entscheidung zuständige Stelle zu entscheiden hat, ob die Tat im
Einzelfall eine Straftat oder Ordnungswidrigkeit ist. Diese Umstände
sind zwar keine Tatbestandsmerkmale (vgl. BGH **11**, 263, NJW **59**, 683),
auf die sich der Vorsatz oder die Fahrlässigkeit deshalb nicht zu erstrek-
ken braucht (vgl. 16; zw., vgl. näher 35; eingehend Tiedemann S. 227 ff.
unter Heranziehung der für erfolgsqualifizierte Delikte in § 18 StGB getroffenen Regelung); die Umstände sind aber doch so bestimmt umschrieben, daß danach die Tat ihrem Typus nach gesetzlich als Ord-

nungswidrigkeit oder Straftat bewertet wird; im ersteren Falle gilt das OWiG.

35 **Eingeführt worden ist die Form des echten Mischtatbestandes** zunächst in § 6 WiStG 1949, der heute noch als § 6 WiStG 1952 für die Zuwiderhandlungen im Wirtschaftsverkehr mit der DDR gilt (vgl. Göhler unter „Interzonenwirtschaftsverkehr" sowie Art. 320 EGStGB, Anh A 1). Die Mischformel ist später in § 3 WiStG 1954 aF verwendet und neuerdings in ihrer Ausgestaltung in § 2 WiStG 1954 (Anh 12) wesentlich verändert worden. Die frühere Form des echten Mischtatbestandes in § 3 WiStG 1954 aF war nicht unbedenklich, weil dabei die Grenze zwischen Straftat und Ordnungswidrigkeit nach Art einer Generalklausel für eine Fülle von Einzeltatbeständen und deshalb nicht sehr bestimmt gezogen war, so daß gegen die Einordnung aus dem Gesichtspunkt der Bestimmtheit des Tatbestandes (vgl. 16; 4f. zu § 3) Einwendungen erhoben werden konnten (vgl. Einl. C II 2 der BegrEOWiG). Bedenklich war auch, daß nicht Tatbestandsmerkmale über die Einordnung als Straftat oder Ordnungswidrigkeit entschieden mit der Folge, daß eine Tat als kriminelles Unrecht geahndet werden konnte, unabhängig davon, ob der Täter diese besonderen Umstände gekannt oder gebilligt und sie vorwerfbar verwirklicht hat oder nicht (vgl. Einl. C II 2 der BegrEOWiG).

35a **Im geltenden Recht** ist es vermieden worden, neue echte Mischtatbestände zu schaffen. Außer in § 6 WiStG 1952 (vgl. 35) ist der echte Mischtatbestand jetzt nur noch in § 32 V ArbSG sowie in § 2 WiStG 1954 (Anh A 12) bei den Zuwiderhandlungen gegen die in § 1 I WiStG 1954 aufgeführten Sicherstellungsgesetze vorgesehen, und zwar in § 2 WiStG 1954 in der Form, daß die Zuwiderhandlungen, die in § 1 WiStG 1954 als Straftaten eingestuft sind, bei Vorliegen besonderer Umstände, die keine Tatbestandsmerkmale sind, gesetzlich als Ordnungswidrigkeiten bewertet sind, während es in § 32 V ArbSG gerade umgekehrt ist. Gemeinsam ist diesen Mischtatbeständen, daß zwischen Straftaten und Ordnungswidrigkeiten nicht tatbestandlich abgegrenzt ist. Der Gesetzgeber hat sich bei den Zuwiderhandlungen gegen Sicherstellungsvorschriften wegen der vielfältigen Erscheinungsformen denkbarer Handlungsweisen außerstande gesehen, eine Abgrenzung nach Tatbestandsmerkmalen zu finden. Da bei den Zuwiderhandlungen gegen Sicherstellungsvorschriften nicht absehbar ist, ob dadurch eine Störung der Versorgung oder eine Beeinträchtigung der mit der Sicherstellung bezweckten Ziele eintreten kann, trifft den Täter insoweit ein Risiko, dessen Voraussehbarkeit für jedermann gesetzlich unterstellt ist; auf einem ähnlichen Rechtsgedanken beruhen § 330a StGB und § 122.

36 **b) Bei den sog. unechten Mischtatbeständen** ist eine Überschneidung des Tatbestandes hinsichtlich der Grundtatbestandsmerkmale gegeben (zB Zuwiderhandlung gegen eine bestimmte Vorschrift über die Arbeitszeit bei Jugendlichen). Die Einordnung der Tat als Straftat oder Ordnungswidrigkeit ist gesetzlich von zusätzlichen tatbestandlichen Erschwerungsmerkmalen abhängig gemacht, die objektiver oder subjektiver Art sind (zB Herbeiführung einer Gefährdung, Hinderung oder Störung, beharrliches Zuwiderhandeln; vgl. §§ 143–147 iVm § 148 GewO,

§ 58 I Nr. 1, 10 iVm § 59 LuftVG, § 58 I–III, V S. 2 JArbSchG, § 106 b StGB iVm § 112, § 184 a StGB iVm § 120 I Nr. 1; wN bei Göhler unter „Mischtatbestände"). Diese Technik hat den Vorteil, daß für jeden einzelnen Tatbestand gesondert und genauer als durch eine Generalklausel bestimmt wird, unter welchen Voraussetzungen eine Handlung nicht mehr eine bloße Ordnungswidrigkeit, sondern eine Straftat ist. Außerdem ist auch gesichert, daß dem Täter die Umstände, welche die Straftat begründen, nur dann zugerechnet werden, wenn er sie auch in vorwerfbarer Weise verwirklicht hat (vgl. Einl. C II 2 der BegrEOWiG). Neuerdings wird auch die Abgrenzung zwischen Straftaten und Ordnungswidrigkeiten in der Weise vorgenommen, daß die vorsätzliche Verwirklichung eines Tatbestandes als Straftat, dagegen die fahrlässige Verwirklichung als Ordnungswidrigkeit eingestuft ist (vgl. §§ 370, 378 AO 1977, Anh **A 10**; § 52 I Nr. 2–11, § 53 I LMBG; Art. 1 §§ 12, 13 II HeilMWerbG; §§ 22, 23 II PresseGNW; § 67 V, § 69 I WeinG; §§ 44, 46 I MilchG).

37   B. **Verbindlich** ist die abstrakte Tatbestandsbewertung des Gesetzes für Verfolgungsbehörden und Gerichte (vgl. 30) selbst dann, wenn die Tat im Einzelfall oder sogar der Tatbestand (der Typus der Tat) dem materiellen Unrechtsgehalt nach eine andere Bewertung verdiente. Ist die gesetzliche Bewertung als Straftat im Einzelfalle unangemessen, so kann die Möglichkeit der Einstellung des Verfahrens nach § 153 StPO helfen und uU gestatten, die Verfolgung auf eine an sich verdrängte Ordnungswidrigkeit zu beschränken (vgl. 7, 26 zu § 21.).

38   **6) Eine Wahlfeststellung** ist zulässig, wenn a) nicht sicher festgestellt werden kann, durch welche konkrete Handlung der Täter die Bußgeldvorschrift verletzt hat, so zB, ob er den Tatbestand des § 1 StVO durch zu schnelles Fahren oder durch Unaufmerksamkeit verwirklicht hat (vgl. Neustadt MDR **76**, 311; gleichartige Wahlfeststellung) oder b) zweifelhaft bleibt, ob der Täter bei mehreren Tatmodalitäten eines Bußgeldtatbestandes die eine oder andere von ihnen erfüllt hat, zB, ob er die in § 127 I Nr. 3 genannten Papiere hergestellt oder sich verschafft hat, oder ob er bei mehreren in Betracht kommenden Bußgeldtatbeständen den einen oder anderen von ihnen verwirklicht hat, so zB ob er mit einem zu dichten Abstand oder aber mit einer zu hohen Geschwindigkeit gefahren ist (vgl. Zweibrücken NJW **66**, 828; ungleichartige Wahlfeststellung). Die ungleichartige Wahlfeststellung ist jedoch nur dann erlaubt, wenn die Tatbestände im Kern dem gleichen Rechtsgüterschutz dienen und die Tathandlungen in ihrer sozialen Bedeutung als „gleichwertig" angesehen werden können (zB Verstöße nach dem Außenwirtschafts- und dem Interzonenwirtschaftsrecht); dies dürfte bei der zuerst genannten Alternative der ungleichartigen Wahlfeststellung wohl stets zu bejahen sein. Ist zweifelhaft, ob der Täter vorsätzlich oder fahrlässig gehandelt hat, so ist die Ahndung unter den Gesichtspunkt des fahrlässigen Handelns zulässig, so daß eine Wahlfeststellung entfällt (vgl. 7a zu § 10). Ebenso ist trotz des Verdachts einer Straftat nach Einstellung des Verfahrens unter dem Gesichtspunkt *„in dubio pro reo"* die Ahndung der Ordnungswidrigkeit erlaubt (vgl. § 21); eine Wahlfeststellung kann jedoch insoweit man-

gels Gleichwertigkeit der Handlungen nicht getroffen werden (Rebmann/Roth/Herrmann 57 vor § 1). Bei einer ungleichartigen Wahlfeststellung sind die in Betracht kommenden Handlungen und Bußgeldvorschriften als Alternative nebeneinander aufzuführen; doch kann nach der Rspr. auch nur die mildere Beurteilung angegeben werden (BGH 4, 30; str.).

39 **7) Die Verletzung einer Berufs- oder Standespflicht** ist keine Ordnungswidrigkeit iS dieses Gesetzes. Zwar lassen die einschlägigen Gesetze für solche Pflichtverletzungen zum Teil als disziplinelle (berufsgerichtliche, ehrengerichtliche) Maßnahme ua ebenfalls eine „Geldbuße" zu (vgl. zB §§ 113, 114 I Nr. 3 BRAO; §§ 89, 90 I Nr. 3 StBerG; neuerdings ist jedoch auch der Begriff „Geldbuße" durch den Begriff „Disziplinarbuße" ersetzt worden; vgl. § 18 I Nr. 3 WDO). Zu den Ordnungswidrigkeiten rechnen aber nur tatbestandsmäßig bestimmte Handlungen (vgl. 10), während die einschlägigen Gesetze ganz allgemein für die Verletzung von Berufs- oder Standespflichten die Geldbuße androhen, ohne daß diese Pflichten in einzelnen Tatbeständen umschrieben sind. Für die Verfolgung und Ahndung solcher Pflichtverletzungen gelten deshalb die besonderen Verfahrensvorschriften der Berufs- und Standesgesetze. Bemerkenswert ist allerdings, daß das BVerfG (BVerfGE **45**, 346, 350 f.) einerseits das Verfassungsgebot der Gesetzesbestimmtheit auch für die „Disziplinarstrafen und ehrengerichtlichen Strafen" gelten lassen will, andererseits aber eine abschließende Umschreibung aller denkbaren Berufspflichten nicht für notwendig hält.

40 **8) Das Ordnungsgeld** ist (an Stelle der früheren „Ordnungsstrafe") häufig in Verfahrensordnungen angedroht, namentlich als a) Ungehorsamsfolge für die Nichtbeachtung bestimmter verfahrensrechtlicher Mitwirkungspflichten oder Anordnungen (so zB in §§ 51, 70 I StPO iVm § 46 I; 63 ff. zu § 59) und b) als Folge einer Ungebühr für die Mißachtung des Verfahrens oder der Würde des Gerichts (§ 178 GVG iVm § 46 I; 57 zu § 71). Das Wesen solcher Ordnungsverstöße besteht darin, daß sie den geordneten Verfahrensablauf stören oder erschweren können. Das Ordnungsgeld ist vorwiegend präventiv, also auf die Durchsetzung der geordneten Staatstätigkeit gerichtet; es ist andererseits eine repressive Rechtsfolge für Ordnungsverstöße (vgl. Art. 5 EGStGB, der auf die Androhung von Rechtsnachteilen abstellt). Ihrem materiellen Gehalt nach rechnen diese Ordnungsverstöße zu dem Kreis der Ordnungswidrigkeiten. Sie sind jedoch nicht mit „Geldbuße" bedroht, weil für ihre Ahndung das Verfahren des OWiG nicht paßt. Die frühere Bezeichnung „Ordnungsstrafe" als Rechtsnachteil für solche Ordnungsverstöße (oder als Zwangs- oder Beugemaßnahme; vgl. 41) hat das EGStGB mit Wirkung vom 1. 1. 1975 insgesamt beseitigt (vgl. Art. 5 EGStGB sowie die im EGStGB vorgenommene Einzelanpassung für das Bundesrecht), da der Begriff „Strafe" hier unangebracht war; die Länder haben diese sprachliche Bereinigung in den Anpassungsgesetzen zum 2. StrRG und dem EGStGB ebenfalls vorgenommen (vgl. zB in Bayern § 32 G v. 24. 7. 1974, GVBl. 354, in Rheinland-Pfalz Art. 8 G v. 5. 11. 1974, GVBl. 469; wN in Göhler unter 205 B). Für Ordnungsgelder enthalten die Art. 6–9

EGStGB (Anh **A** 1) allgemeine Vorschriften (Mindest- und Höchstmaß, Zahlungserleichterungen, nachträgliche Entscheidungen über die Ordnungshaft, Verjährung).

41   **9) Das Zwangsgeld,** das zahlreiche Bundes- und LandesGe, insbesondere § 11 VwVG, § 329 AO 1977 und die VwVGe der Länder (vgl. zB § 64 VwVGRhPf.; 6 zu § 90) vorsehen, ist keine repressive Unrechtsfolge wie die Geldbuße (vgl. 9), sondern ein Beugemittel: Es dient dazu, die Pflicht zur Vornahme einer bestimmten Handlung, Duldung oder Unterlassung durchzusetzen und kann deshalb auch neben einer Strafe oder Geldbuße angedroht werden (vgl. § 13 VI VwVG); die Vollstreckung des Zwangsgeldes ist einzustellen, sobald die Verpflichtung erfüllt ist (vgl. § 15 III VwVG, § 335 AO 1977), auch wenn die hierfür gesetzte Frist abgelaufen ist. Das EGStGB hat im Bundesrecht die frühere Bezeichnung ,,Ordnungsstrafe" in allen Fällen, in denen es sich der Sache nach um ein Beugemittel handelt, im Wege der Einzelanpassung durch die Bezeichnung ,,Zwangsgeld" ersetzt; über die Bereinigung des Landesrechts vgl. 40.

Erster Abschnitt. Geltungsbereich

Begriffsbestimmung

1 ^I Eine Ordnungswidrigkeit ist eine rechtswidrige und vorwerfbare Handlung, die den Tatbestand eines Gesetzes verwirklicht, das die Ahndung mit einer Geldbuße zuläßt.

^II Eine mit Geldbuße bedrohte Handlung ist eine rechtswidrige Handlung, die den Tatbestand eines Gesetzes im Sinne des Absatzes 1 verwirklicht, auch wenn sie nicht vorwerfbar begangen ist.

1 1) **Die Ordnungswidrigkeit** (über ihr Wesen vgl. 2ff. vor § 1) ist eine tatbestandsmäßige, rechtswidrige und vorwerfbare Handlung eines Menschen (vgl. ausführlich 11ff. vor § 1), für die das Gesetz (vgl. 7) die Ahndung mit einer ,,Geldbuße" (über ihr Wesen vgl. 9 vor § 1) zuläßt. Nur tatbestandlich bestimmte Handlungsweisen rechnen danach zu den Ordnungswidrigkeiten (vgl. 10 vor § 1), also zB nicht die Verletzung von Berufs- oder Standespflichten (vgl. 39 vor § 1). Über Mischtatbestände vgl. 33ff. vor § 1.

2 2) **Die Bewertung des Gesetzgebers** ist maßgebend für die Abgrenzung von Ordnungswidrigkeiten gegenüber a) Straftaten (vgl. 6ff. vor § 1) und b) Handlungen, die mit einer anderen Unrechtsfolge (zB dem Ordnungsgeld; vgl. 40 vor § 1) bedroht sind. Die Bewertung des Gesetzgebers ist verbindlich (vgl. 37 vor § 1). Der materielle Unrechtsgehalt ist nicht entscheidend; die Einstufung des Gesetzgebers hängt allerdings weitgehend von dem materiellen Gehalt der Rechtsverletzung ab (vgl. 8 vor § 1).

3 A. **Eine Geldbuße** muß angedroht sein (vgl. aber 39 vor § 1). Dann gelten die Vorschriften des OWiG. Die Vorschriften des StGB sind nicht, die der StPO nur mittelbar anzuwenden (vgl. zB § 46 I, § 71, 79, 85). Die Bewertung des Gesetzgebers hat aber nicht nur diese technische Bedeutung, sondern einen wesentlichen materiellen Gehalt: Läßt der Gesetzgeber als Unrechtsfolge nur eine Geldbuße zu, so stuft er damit die Handlung wegen ihres anderen oder geringeren Unrechtsgehalts nicht in die Gruppe der Straftaten ein (vgl. 6 vor § 1). Der Gesetzgeber scheidet so mit der Sanktion ,,Geldbuße" Ordnungswidrigkeiten eindeutig von Straftaten. Der Begriff ,,zuläßt" entspricht der bei den einzelnen Tatbeständen verwendeten Fassung ,,kann" mit einer Geldbuße geahndet werden (im Gegensatz zum Strafrecht: ,,wird" mit . . . bestraft). Schon in der Begriffsbestimmung der Ordnungswidrigkeit zeigt sich demnach die (auch praktisch vorhandene) unterschiedliche Einordnung im Verhältnis zum Strafrecht: Das für die Verfolgung von Ordnungswidrigkeiten geltende Opportunitätsprinzip an Stelle des Legalitätsprinzips (vgl. 1ff. zu § 47), ist damit auch für die materielle Bewertung wesensbestimmend. Nicht recht vereinbar dazu sind besondere (freilich seltene) Regelungen über die Abhängigkeit der Verfolgung von einem Antrag oder einer

Ermächtigung (vgl. 5 zu § 131); sie sind so zu verstehen, daß schon für die „Zulässigkeit" der Verfolgung besondere Einschränkungen aufgestellt sind; doch ist es fraglich, ob es dessen bedarf.

4   B. **Die Bezeichnung „Ordnungswidrigkeit"** bei dem jeweiligen Tatbestand, für dessen Verwirklichung das Gesetz die Ahndung mit einer Geldbuße zuläßt, ist unerheblich. Der Gesetzgeber bedient sich jedoch ganz überwiegend der Klarheit halber der Formulierung: „Ordnungswidrig handelt, wer ... Die Ordnungswidrigkeit kann mit einer Geldbuße (bis zu ...) geahndet werden." Abweichung in Bayern: „Mit Geldbuße kann belegt werden, wer ..." (vgl. zB Art. 12ff. BayLStVG). Streng genommen wird die tatbestandsmäßig beschriebene Handlung (vgl. 10ff. vor § 1) nach § 1 erst mit der Androhung der Geldbuße zur Ordnungswidrigkeit. Fehlt sie, so liegt trotz der Kennzeichnung des Tatbestandes als Ordnungswidrigkeit nur eine *lex imperfecta* vor; die Tat kann dann nicht geahndet werden (vgl. §§ 67, 67a PStG).

5   C. **Das Verwarnungsgeld,** das bei geringfügigen Ordnungswidrigkeiten in Betracht kommt (§ 56 I), also bei Handlungen, für die das Gesetz an sich Geldbuße zuläßt, stellt die Einordnung der Handlung als Ordnungswidrigkeit nicht in Frage. Das Verwarnungsgeld ist keine an die Stelle der Geldbuße tretende Unrechtsfolge des materiellen Rechts, sondern eine Einrichtung des Verfahrensrechts (vgl. 4f. vor § 56). Es gilt demnach nicht für bestimmt beschriebene Handlungen, die dem Deliktstyp nach anders bewertet werden sollen.

6   D. **Nebenfolgen,** die angeordnet werden können (vgl. 20ff. zu § 66), entscheiden nicht über die gesetzliche Bewertung der Handlung. Bei Straftaten und Ordnungswidrigkeiten können gleiche Nebenfolgen zugelassen sein, wenn sie mit dem Wesen von Straftat und Ordnungswidrigkeit gleichermaßen vereinbar sind, so zB die Einziehung (§§ 22ff.), die Unbrauchbarmachung (7 zu § 123), die Geldbuße gegen JPen und PVen (§ 30), die Abführung des Mehrerlöses (§§ 8ff. WiStG 1954, Anh **A 12**), aber auch das Fahrverbot (§ 25 StVG, Anh **A 11**; 24 zu § 66), das den Charakter eines fühlbaren Denkzettels hat und deshalb auch bei gewichtigen Verkehrsordnungswidrigkeiten eine angemessene Reaktion ist (§ 25 I StVG ist danach mit dem GG vereinbar: BVerfGE **27**, 36), sowie das Verbot der Jagdausübung (§ 41a BJagdG; Art. 57 BayJG; 25 zu § 66).

7   3) **Der Begriff „Gesetz"** ist im materiellen Sinne zu verstehen (vgl. die Gegenäußerung der BReg. zur Stellungnahme des BRates zum EOWiG, BT-Drucks. V/1269 zu § 1). Die Geldbuße kann also auch in einer RechtsVO (auch PolizeiVO) oder sogar Gemeindesatzung (bewehrte Satzung) angedroht sein. Voraussetzung ist allerdings, daß eine Ermächtigung zur materiellen Gesetzgebung (vgl. Art. 80 GG) vorliegt (BVerfGE **32**, 346, 362; vgl. zB Art. 24 II BayGO; weitere Beisp. Göhler „Satzungen kommunaler Gebietskörperschaften"). Wegen des Rückwirkungsverbotes vgl. 2 zu § 4. Über Blankettgesetze vgl. 17ff. vor § 1.

8   4) **Eine mit Geldbuße bedrohte Handlung** liegt nach der Begriffsbestimmung von II vor, wenn die konkrete Handlung des Menschen (vgl. 11ff. vor § 1) tatbestandsmäßig (vgl. 16ff. vor § 1) und rechtswidrig (vgl. 20ff. vor § 1) ist, aber ein vorwerfbares Handeln (vgl. 30 vor § 1) nicht

festgestellt werden kann (das besagt die Fassung, ,,auch wenn sie nicht
vorwerfbar begangen ist"). § 1 enthält damit Legaldefinitionen für die
Begriffe ,,Ordnungswidrigkeit" und ,,mit Geldbuße bedrohte Handlung", die bei der praktischen Anwendung der Bußgeldvorschriften zu
beachten sind. Soweit der Begriff ,,mit Geldbuße bedrohte Handlung"
verwendet ist, kommt es danach nur auf eine rechtswidrige, wenn auch
nicht vorwerfbar begangene Handlung an (vgl. zB § 116 I, § 122 I). Die
nicht vorwerfbare Handlung muß aber zumindest tatbestandsmäßig sein,
wenn eine ,,mit Geldbuße bedrohte Handlung" vorliegen soll. Ist allein
vorsätzliches Handeln mit Geldbuße bedroht, so setzt die Tatbestandsverwirklichung voraus, daß der Täter zumindest mit natürlichem Tat-
vorsatz gehandelt hat (vgl. 16 vor § 1; 26 zu § 22; str.). Ist auch fahrlässiges Handeln mit Geldbuße bedroht, so muß der Täter zumindest objektiv pflichtwidrig gehandelt haben. Die Begriffsbestimmungen von § 1
gelten auch für die Bußgeldvorschriften außerhalb des OWiG. Enthält
9 der Bußgeldtatbestand eine **Bedingung der Ahndung** (vgl. 17 zu § 11),
so liegt eine mit Geldbuße bedrohte Handlung nur vor, wenn im konkreten Falle auch die Bedingung der Ahndung erfüllt ist; denn das Gesetz
läßt durch die Bedingung lediglich für diesen Fall die Ahndung mit einer
Geldbuße zu.

Sachliche Geltung

2 **Dieses Gesetz gilt für Ordnungswidrigkeiten nach Bundesrecht
und nach Landesrecht.**

1   1) **Die Vorschrift** geht mit Recht davon aus, daß dem Bund die Gesetzgebungszuständigkeit für das Kern- und Rahmengesetz des Ordnungswidrigkeitenrechts (vgl. 1 vor § 1) auch insoweit zusteht, als es sich
um Ordnungswidrigkeiten nach **Landesrecht** handelt. Die Aussage von
§ 2 ist jedoch nach Aufnahme des 3. Teils durch das EGStGB nicht mehr
genau: Gemeint sind der 1. und 2. Teil, weil der 3. Teil selbst Ordnungswidrigkeiten nach Bundesrecht enthält.

2   A. **Sie sachlich-rechtlichen Bußgeldvorschriften** werden damit zu
dem Kompetenztitel ,,Strafrecht" iS des Art. 74 Nr. 1 GG gerechnet (so
die ganz hM; vgl. Dreher NJW **52**, 1282; Rebmann/Roth/Herrmann 4;
Meier zu § 2; v. Mangoldt/Klein IV b zu Art. 74; Maurach/Zipf AT
§ 8 III B 1; Maunz/Dürig/Herzog 26 zu Art. 74; EbSchmidt JZ **51**, 104;
Michels, Strafbare Handlung und Zwischenhandlung, 1963; Patzig DÖV
56, 265; Tiedemann AöR **89**, 56 ff.; Wolf DVBl. **62**, 663 f.). Dagegen läßt
sich nicht einwenden, daß Ordnungswidrigkeiten von Straftaten wesens-
verschieden seien (vgl. 2 ff. vor § 1). Dieser Einwand ist schon deshalb
unerheblich, weil er den historischen Gesamtzusammenhang in der deutschen Gesetzgebung unbeachtet läßt, der für die Umfangsbestimmung
der Kompetenztitel des GG zu berücksichtigen ist (BVerfGE **7**, 29, 44).
Bei Entstehen des GG gab es die Gesetzgebungsmaterie ,,Ordnungswid-
rigkeitenrecht" noch nicht; sie hat sich später aus dem Strafrecht entwik-
kelt. Zur Gesetzgebungskompetenz ,,Strafrecht" (diesen Begriff enthielt
auch Art. 7 Nr. 2 WRV) gehörte nach der in der Weimarer Zeit herr-

schenden Auffassung auch das vom kriminellen Strafrecht unterschiedene Polizei-(Verwaltungs-)Strafrecht (BVerfGE **23**, 113, 123; **27**, 18, 32), das jetzt gesetzestechnisch als Ordnungswidrigkeitenrecht eingestuft ist. ,,Es bestehen keine Anhaltspunkte dafür, daß der Parlamentarische Rat dem Begriff ,Strafrecht' einen anderen Sinn beigemessen hat als die herrschende Lehre der Weimarer Zeit'' (BVerfGE **27**, 18, 32). Der Begriff ,,Strafrecht'' kann deshalb in Art. 74 Nr. 1 GG – ebenso wie in Art. 103 II GG, der unbestritten auch für das Recht der Ordnungswidrigkeiten gilt (vgl. 1 zu § 3), – nur in dem umfassenden Sinne des Rechts verstanden werden, das die staatliche Verhängung von Strafen und anderen Unrechtsfolgen wegen eines tatbestandlich bestimmten, rechtswidrigen Verhaltens im Interesse des Rechtsgüterschutzes regelt.

3 B. **Die verfahrensrechtlichen Vorschriften** des OWiG gehören zu der Gesetzgebungsmaterie ,,Strafverfahren'' (ebenso Rebmann/Roth/Herrmann 4; Patzig DÖV **56**, 265; Tiedemann AöR **89**, 56 ff.). Art. 74 Nr. 1 GG nennt zwar diesen umfassenden Kompetenztitel nicht ausdrücklich. Doch ergeben die Gesamtschau der einzeln aufgeführten Materien (Strafrecht, Strafvollzug, Gerichtsverfassung, gerichtliches Verfahren) und der historische Zusammenhang in der deutschen Gesetzgebung (vgl. 2), daß die Gesetzgebungszuständigkeit des Bundes auch für die Verfahrensabschnitte gilt, die nicht ,,gerichtliches Verfahren'' sind (vgl. zB § 152 GVG, § 163 StPO sowie § 413 StPO aF). Seiner Funktion nach ist aber auch das Bußgeldverfahren nicht so sehr Verwaltungsverfahren iS der verwaltungsmäßigen Ausführung von Gesetzen, sondern ,,Strafverfahren'' iS der Gesetzesanwendung auf einen Unrechts- oder Pflichtwidrigkeitstatbestand (BVerfGE **4**, 92 f.).

4 2) **Eine Verweisung auf das OWiG** bei den Bußgeldtatbeständen, die früher im Landesrecht erforderlich war, ist überflüssig und bedeutungslos (die Verweisung in Art. 3 BayLStVG hat deshalb nur deklaratorischen Charakter). Das OWiG ist immer dann anzuwenden, wenn das Gesetz für die Verwirklichung eines Unrechtstatbestandes Geldbuße androht (2 zu § 1). Ordnungswidrigkeiten ,,nach Landesrecht'' liegen auch dann vor, wenn in Rechtsvorschriften der Gebietskörperschaften des öffentlichen Rechts (zB der Gemeinden, Kreise) für ein tatbestandliches Verhalten Geldbuße angedroht ist (vgl. 7 zu § 1); denn die Rechtssetzungsbefugnis dieser Körperschaften beruht auf Landesrecht.

5 3) **Entgegenstehende Vorschriften des Landesrechts** werden durch das OWiG verdrängt (vgl. Art. 31 GG und die allgemeine Anpassung des Landesrechts in den Art. 151–154 EGOWiG). Eine Einzelanpassung des Landesrechts an das OWiG und EGOWiG durch ein besonderes Gesetz ist in allen Ländern durchgeführt (vgl. die Fn. 1 vor Art. 151 EGOWiG, Anh **A 1**, der 3. Aufl.). Für das Verhältnis von Bundes- und Landesrecht gelten im einzelnen folgende Grundsätze:

6 A. **Nur die abschließenden Regelungen** des 1. und 2. Teils (vgl. 1) verdrängen abweichende Sondervorschriften.

7 **Soweit das OWiG Vorbehaltsklauseln enthält** (§§ 5, 10, 13 II, § 17 I, § 26 I, § 31 II, § 56 I S. 1, § 90 I, II, § 105 II, § 110 IV), sind die Regelungen eindeutig nicht abschließend. Dies gilt sowohl für das Bundesrecht als auch für das Landesrecht.

8 **Die Verfahrensvorschriften** enthalten zwar (abgesehen von §§ 36, 90 I, II, § 105 II, § 110 IV) keine Vorbehalte für eine andere Regelung. Doch sind für das Ermittlungsverfahren der VB (gerade bei speziellen, den Ländern zustehenden Gesetzesmaterien, vgl. 10) ergänzende Vorschriften denkbar, die nicht im Widerspruch zu der Verfahrensregelung des OWiG stehen würden, so zB über die Anhörung einer anderen Stelle vor Erlaß des Bußgeldbescheides (vgl. 29 zu § 33), über die örtliche Zuständigkeit der VB (vgl. für den Bund 9 zu § 37), über das Zufließen der Geldbuße (vgl. 36 zu § 90) oder über die Kosten- oder Entschädigungspflicht einer Gebietskörperschaft an Stelle der Staatskasse (vgl. 26 vor § 105, 34 zu § 110). Zw., jedoch nach der Entstehungsgeschichte sowie dem Sinn und Zweck des Vorbehalts in § 56 I S. 1 wohl zu verneinen, ist die Frage, ob er für den Landesgesetzgeber uneingeschränkt gilt: Im Bundesrecht ist die Obergrenze des Verwarnungsgeldes allein bei Ordnungswidrigkeiten auf dem Gebiete des Straßenverkehrs erhöht, weil das massenhafte Vorkommen dieser Verstöße eine Schematisierung geradezu erzwingt (vgl. BegrEEGStGB S. 500, BerEEGStGB S. 41); dem Landesgesetzgeber wird es deshalb nur unter vergleichbaren Umständen erlaubt sein, die Obergrenze des Verwarnungsgeldes zu erhöhen, was jedoch wohl kaum in Betracht kommt.

9 **B. Die Gesetzgebungskompetenz der Länder** auf außerstrafrechtlichem Gebiet kann es in seltenen Ausnahmefällen zulassen, trotz § 2 im Einzelfall von den Vorschriften des 1. und 2. Teils (vgl. 1) abzuweichen, nämlich dann, wenn der Sachzusammenhang zu der außerstrafrechtlichen Materie enger ist als zum Strafrecht, also eine noch speziellere Gesetzgebungskompetenz gegeben ist (vgl. BVerfGE **7**, 41 ff.; Rebmann/Roth/Herrmann 7–9). Diese Einschränkung ergibt sich von selbst aus der Reichweite der Gesetzgebungskompetenz des Bundes. Sie ist bei § 2 allein im Rahmen der Materien „Strafrecht" und „Strafverfahren" gegeben und ist erkennbar auch nur in diesem Rahmen in Anspruch genommen. Der Wortlaut des § 2 berücksichtigt diese (verfassungsrechtlich vorgegebene und schwer beschreibbare) Einschränkung nicht ausdrücklich, weil der 1. und 2. Teil nur Kern- und Rahmenvorschriften enthält und vielfach Vorbehalte für abweichende Regelungen ausspricht (vgl. 7). Deshalb wird der Fall selten sein, daß ein Land im Rahmen seiner Zuständigkeit zur Gesetzgebung auch die Befugnis zum Erlaß abweichender Vorschriften hat, die nicht durch die Vorbehaltsklauseln des OWiG gedeckt sind.

10 **4) Die Gesetzgebungszuständigkeit zum Erlaß von Bußgeldtatbeständen** steht dem Bund nach Art. 74 Nr. 1 GG nicht unbeschränkt zu. Ordnungswidrigkeiten sind in der Regel Zuwiderhandlungen gegen gesetztes Verwaltungsrecht (vgl. 1 vor § 1). Der Bund darf aber mit Hilfe von Bußgeldtatbeständen kein Verwaltungsrecht setzen, für dessen Schaffung er nicht zuständig ist (BVerfGE **26**, 245, 258). Er ist jedoch befugt, „im Bereich der im StGB herkömmlich geregelten Materien" (vgl. BVerfGE **23**, 113) an Stelle der früheren Straftatbestände auch Buß-

geldtatbestände zu schaffen (vgl. 2 aE). Gegen die Gesetzgebungszuständigkeit des Bundes, außerhalb dieser Materien Verhaltensweisen mit
Geldbuße zu bedrohen, können im übrigen wohl dann keine Bedenken
aus dem GG abgeleitet werden, wenn der Bußgeldtatbestand eine den
Ländern zustehende verwaltungsrechtliche Regelung unberührt läßt.
Blankettatbestände (vgl. 17ff. vor § 1), die von landesrechtlichen Regelungen ausgefüllt werden, können danach auf Grund des Art. 74 Nr. 1
GG vom Bund geschaffen werden, wenn die Kompetenz der Länder zur
inhaltlichen Ausgestaltung des so geschützten Landesrechts nicht beeinträchtigt wird (vgl. BVerfGE aaO für Straftatbestände; BVerfGE **26**, 258
auch für Bußgeldtatbestände; Maurach/Zipf § 8 III B 1 auch für das Ordnungswidrigkeitenrecht). Die Ansicht, daß die Kompetenz zum Erlaß
sog. ,,unselbständiger" Strafrechtsnormen, die dem Schutz außerstrafrechtlicher Regelungen dienen – was für Ordnungswidrigkeiten in der
Regel zutrifft – wegen des Sachzusammenhangs dem für die außerstraf-
rechtliche Regelung zuständigen Gesetzgeber zustehe (so Dreher NJW
52, 1282, hat das BVerfG (aaO) abgelehnt. Der Bundesgesetzgeber kann
landesrechtliche Regelungen in der Weise mit Hilfe von Bußgeldvorschriften schützen, daß er entweder für schon bestehendes Landesrecht
einen Bußgeldtatbestand schafft oder aber einen Blankettatbestand für die
vom Landesgesetzgeber jeweils zu erlassenen Regelungen setzt
(BVerfGE **26**, 245, 258).

Keine Ahndung ohne Gesetz

3 Eine Handlung kann als Ordnungswidrigkeit nur geahndet werden, wenn die Möglichkeit der Ahndung gesetzlich bestimmt war,
bevor die Handlung begangen wurde.

1 **1) Den Verfassungsgrundsatz** des Art. 103 II GG stellt § 3 in Anlehnung an § 1 StGB *(nullum crimen sine lege)* und § 4 I in Anlehnung an § 2 II
StGB *(nulla poena sine lege)* auch für das Recht der Ordnungswidrigkeiten
heraus. Dies wäre auch ohne gesetzliche Regelung aus Art. 103 II GG
abzuleiten, der unbestritten auch für das Ordnungswidrigkeitenrecht gilt
(Maunz/Dürig/Herzog 114 zu Art. 103; Bay. NJW **61**, 1317; Neustadt
NJW **61**, 1174).

2 **2) Durch Gesetz** (vgl. 7 zu § 1) muß die Ahndung mit einer Geldbuße
(9 vor § 1) bestimmt sein. Das Erfordernis eines materiellen Gesetzes
2a verbietet die Ahndung kraft **Gewohnheitsrechts,** so etwa bei bestehenden Lücken der Ahndungsmöglichkeit, die nicht im Wege der Auslegung
geschlossen werden können, aber erst entdeckt werden, nachdem sich
eine dazu im Widerspruch stehende Praxis entwickelt hat. Das Erfordernis des Gesetzes läßt aber, da es den Betroffenen nur schützen will, Gewohnheitsrecht zu seinen Gunsten zu. In Grenzfällen wird diese Frage
allerdings deswegen praktisch keine Rolle spielen, weil bei in Betracht
kommendem Gewohnheitsrecht zugunsten des Betroffenen (zB längere
Nichtbeachtung einer Bußgeldvorschrift auf Grund gemeinsamer
Rechtsüberzeugung) eine Verfolgung schon nach dem Opportunitätsprinzip (§ 47) ausscheiden wird.

3 **Bei einer Änderung der höchstrichterlichen Rspr.** in einer Auslegungsfrage gilt das Rückwirkungsverbot nicht, so daß die Rspr. im Zeitpunkt der Ahndung zugrunde zu legen ist, auch wenn sie die Möglichkeit der Ahndung in einem weiteren Umfang zuläßt als früher (BVerfGE **11**, 238; **14**, 251; **18**, 240); doch kann dann die Vorwerfbarkeit entfallen (vgl. 30 zu § 11; BGH VRS **32**, 229; BGH bei Dallinger MDR **70**, 196; KG NJW **67**, 1766; Karlsruhe NJW **67**, 2167 m. Anm. Eckert NJW **68**, 1390; Celle NJW **68**, 90; Frankfurt NJW **69**, 1634; aM Naucke NJW **68**, 2321; einschränk. SchSch-Eser 9a zu § 2 mwN). Über die Änderung der Verjährung vgl. 4 vor § 31.

4 **3) Das Gebot der Bestimmtheit** bezieht sich hauptsächlich auf den gesetzlichen Tatbestand, aber auch die Art und Höhe der Sanktion (vgl. § 4 I; BVerfG NJW **69**, 1061).

5 **A. Die Beschreibung des Tatbestandes** (vgl. 16 vor § 1) muß die mit Geldbuße bedrohte Handlung ihrem Typus nach so genau kennzeichnen, daß für den Bürger grundsätzlich vorausschauend erkennbar ist, ob sein Handeln mit Geldbuße geahndet werden könnte (BVerfGE **25**, 269, 285; **26**, 41; **32**, 346, 362; **37**, 201, 206; **45**, 346, 351; BGH **23**, 40 m. Anm. Hanack JZ **70**, 41). Das Bestimmtheitsgebot darf jedoch, gerade bei Bußgeldtatbeständen (wegen der weniger einschneidenden Unrechtsfolgen als im Strafrecht), nicht überspannt werden (BVerfG NJW **69**, 1164; dort nur Leitsatz zu § 1 StVO). Eindeutige Klarheit, die keine Auslegungszweifel entstehen läßt, kann sicher nicht verlangt werden. Der Gesetzgeber muß sich bei der Ausgestaltung von Tatbeständen außer beschreibender *(deskriptiver)* Begriffe (zB Kraftfahrzeug, überholen, rechtsfahren) auch wertausfüllungsbedürftiger *(normativer)* Begriffe (zB vermeidbar, erforderlich, unangemessen) bedienen, da er sonst „nicht in der Lage wäre, der Vielgestaltigkeit des Lebens Herr zu werden" (BVerfGE **11**, 237; **26**, 41; **28**, 183; BGH **18**, 362; GA **72**, 83; Bay JR **71**, 470 m. zust. Anm. Nüse; Oldenburg NJW **72**, 696; Dreher/Tröndle 5 zu § 1). Die Tatbestandsmerkmale von Bußgeldvorschriften bedürfen „unter dem Gesichtspunkt von Art. 103 II GG keiner kasuistischen Aufführung, sondern sind einer abstrahierenden Deskription zugänglich. An diesem Maßstab gemessen ist § 1 StVO hinreichend bestimmt" (BVerfG NJW **69**, 1164; dort nur Leitsatz). Zum Grundsatz der Gesetzesbestimmtheit eingehend Tiedemann S. 172 ff.

6 **B. Die Auslegung** des Tatbestandes ist deshalb notwendig, um in Zweifelsfällen entscheiden zu können, ob ein bestimmter Lebenssachverhalt von ihm noch erfaßt wird oder nicht. Dabei ist zwar vom Wortlaut des Gesetzes auszugehen, aber auch dessen Sinn und Zweck sowie seine Entstehungsgeschichte zu berücksichtigen (BVerfGE **11**, 129; **20**, 253; BGH **8**, 294, 298; **11**, 52, 53; **26**, 156, 159 f.; vgl. näher SchSch-Eser 48 ff. zu § 1). Der materielle Gehalt der Vorschrift kann die gesetzliche Reichweite des Tatbestandes abweichend von dem bloßen Wortlaut einengend bestimmen, aber auch über ihn hinaus ausdehnen, und zwar auch zuungunsten des Täters (BGH **10**, 79, 83; 157, 159; Bay NJW **70**, 479). Bei der Auslegung sind auch die nach dem Erlaß des Gesetzes veränderten tatsächlichen Umstände zu berücksichtigen (BGH **17**, 267, 274).

7   C. **Verwaltungsvorschriften** zur Auslegung von Bußgeldvorschriften sind nur Richtlinien für die Gesetzesanwendung. Doch sind sie von den VBen (freilich nicht von den Gerichten) zu beachten, wenn sich die Bestimmungen der oberen Behörden im Rahmen rechtlich zulässiger Auslegungsmöglichkeiten halten; die Verwaltungsbestimmungen sind also insoweit verbindlich (anders Rebmann/Roth/Herrmann 12, die insgesamt solche Bestimmungen für nicht verbindlich halten). Verwaltungsvorschriften zu VOen können von den Gerichten zur Auslegung des Willens des VOGebers herangezogen werden (Düsseldorf DAR **79**, 106). Über die Bedeutung von Bußgeldkatalogen vgl. 27 ff. zu § 17.

8   D. **Verfassungsrechtliche Grundsätze** sind bei der Auslegung stets zu berücksichtigen; dies gilt auch dann, wenn auf diese Weise eine Grenzbestimmung vorgenommen wird, die auf der Grundlage der Auslegungsregeln einfacher Gesetze anders gezogen werden würde (vgl. BVerfGE **32**, 373, 383). Insoweit können auch Verwaltungsvorschriften für die Behörde nicht verbindlich sein.

9   E. **Die Analogie,** dh die Anwendung einer Bußgeldvorschrift auf einen nur ähnlichen Lebenssachverhalt, der aber durch sie nicht erfaßt wird, ist zuungunsten des Täters unzulässig (BVerfGE **25**, 269, 285). Die Analogie setzt erst ein, wenn eine Gesetzeslücke vorliegt, die mit den Methoden der Auslegung nicht geschlossen werden kann. In Grenzfällen kann es zweifelhaft sein, ob eine (noch zulässige) Auslegung oder eine (bereits unzulässige) Analogie vorliegt (hierzu Sax, Das strafrechtliche Analogieverbot, 1953; vgl. auch SchSch-Eser 58 f. zu § 1). Zulässig ist die Analogie zugunsten des Täters (vgl. zB BGH **28**, 53, 55 f.; Stuttgart NJW **64**, 413).

10   F. **Die Höhe der Geldbuße** braucht nicht für alle Fälle fest bestimmt zu sein; erlaubt ist ein Bußgeldrahmen (vgl. § 17 I). Eine Bußgelddrohung in unbeschränkter Höhe ist bislang im Bundes- und Landesrecht nicht vorgesehen; sie wäre verfassungsrechtlich bedenklich (vgl. Maunz/Dürig/Herzog 108 zu Art. 103; vgl. jedoch auch BVerfGE **35**, 202, 204, wo das BVerfG selbst eine Geldstrafe in ,,unbeschränkter" Höhe angedroht hat, ohne allerdings zur Problematik Stellung zu nehmen). Die Analogie ist auch hinsichtlich der Höhe der Geldbuße zum Nachteil des Täters untersagt (so die Anwendung einer schärferen Bußgelddrohung bei einem nur vergleichbaren Sachverhalt).

Zeitliche Geltung

4 [I] **Die Geldbuße bestimmt sich nach dem Gesetz, das zur Zeit der Handlung gilt.**

[II] **Wird die Bußgelddrohung während der Begehung der Handlung geändert, so ist das Gesetz anzuwenden, das bei Beendigung der Handlung gilt.**

[III] **Wird das Gesetz, das bei Beendigung der Handlung gilt, vor der Entscheidung geändert, so ist das mildeste Gesetz anzuwenden.**

IV **Ein Gesetz, das nur für eine bestimmte Zeit gelten soll, ist auf Handlungen, die während seiner Geltung begangen sind, auch dann anzuwenden, wenn es außer Kraft getreten ist. Dies gilt nicht, soweit ein Gesetz etwas anderes bestimmt.**

V **Für Nebenfolgen einer Ordnungswidrigkeit gelten die Absätze 1 bis 4 entsprechend.**

1   1) **Die Vorschrift** gibt mit dem Grundsatz von I ein bereits aus Art. 103 II GG abzuleitendes Verfassungsgebot *(nulla poena sine lege;* Maunz/Dürig/Herzog 108 zu Art. 103; BVerfG NJW **69**, 1059) wieder (vgl. 1 zu § 3).

2   2) **Bevor der Täter die Handlung begeht** (zum Zeitpunkt der Handlung vgl. § 6), muß sie mit Geldbuße bedroht sein (**Rückwirkungsverbot;** I). Dabei kommt es nicht nur auf die Tatbestandsmerkmale, sondern auf alle Umstände an, von denen das Gesetz die Ahndung mit einer Geldbuße abhängig macht, also zB auch Bedingungen der Ahndung (vgl. 17 zu § 11), persönliche Gründe, welche die Ahndung ausschließen oder aufheben (vgl. § 13 III; § 378 III AO 1977, Anh **A 10**) sowie Rechtfertigungs- und „Schuld"-ausschließungsgründe (vgl. zB §§ 12, 15, 16). Es ist danach unzulässig, das erst nach der Handlung geltende Recht zuungunsten des Täters zu berücksichtigen, sei es auch nur in einem Punkte. Die früher sehr umstrittene Frage, ob das Rückwirkungsverbot auch beim **Wechsel der Verfolgungsverjährung** oder des **Antragserfordernisses** gilt (vgl. hierzu Dreher/Tröndle 11 zu § 1, 7 zu § 2 mwN), hat das BVerfG (E **25**, 269) verneint; sie dürfte im übrigen im Ordnungswidrigkeitenrecht kaum Bedeutung haben, weil Art. 155 II EGOWiG und Art. 309 I-IV EGStGB (Anh **A 1**) für die Verjährung eine ausdrückliche Regelung getroffen haben (vgl. 4 vor § 31). Fällt das Antragserfordernis weg, so ist dies nicht zu berücksichtigen (vgl. Art. 308 II EGStGB); wird es eingeführt, so gilt es auch für zurückliegende Ordnungswidrigkeiten, selbst im Rechtsbeschwerdeverfahren (Hamm NJW **70**, 578).

3   3) **Bei einer Änderung der Bußgelddrohung während** der Begehung der Handlung kommt es darauf an, welches Gesetz bei der Beendigung der Handlung gilt (II), gleichgültig ob es milder oder strenger ist. Dies ist schon früher angenommen worden (vgl. RG **57**, 196; BGH bei Dallinger MDR **67**, 12) und jetzt in II klargestellt. Diese Regelung greift bei einer länger andauernden Handlung (Dauerordnungswidrigkeit, 17 ff. vor § 19; fortgesetzte Handlung, 11 ff. vor § 19) ein. Die Anwendung eines etwa strengeren Gesetzes ist hier gerechtfertigt, weil in einem solchen Fall ein Teil der Handlung unter seiner Geltung begangen ist; doch ist der Umstand, daß ein Teil der Handlung unter der Geltung eines milderen Gesetzes begangen ist, bei der Zumessung der Geldbuße zu berücksichtigen. II stellt es auf die Änderung der „Bußgelddrohung" ab (nicht auf die des Gesetzes wie in III), weil bereits aus Art. 103 II GG und § 3 folgt, daß in die Ahndung die Handlungsteile, bei denen zeitlich nicht die Möglichkeit der Ahndung bestimmt war, nicht einbezogen werden dürfen (so schon früher RG **62**, 3). II greift auch ein, wenn die Bußgelddrohung in eine Strafdrohung wechselt; im umgekehrten Falle gilt § 2 II StGB mit der Folge, daß nur auf eine Geldbuße erkannt werden kann.

4   **4) Bei einer Gesetzesänderung nach** Beendigung der Handlung gilt für die Entscheidung das mildeste Gesetz (**Rückwirkungsgebot**; III). Daß ein späteres strengeres Gesetz unberücksichtigt bleibt, bestimmt schon Art. 103 II GG. Aus III folgt also praktisch nur das Gebot, ein späteres milderes Gesetz rückwirkend anzuwenden, aber kein Verbot. III gilt nur für das sachliche Recht, also nicht bei einer Änderung von Verfahrensvorschriften (Bay. zu § 3 OWiG S. 1). Über die Änderung der Verjährung vgl. 2, über die Änderung der höchstrichterlichen Rspr. vgl. 3 zu § 3.

5   A. **Die Voraussetzungen der Ahndbarkeit** sind zunächst zu prüfen. Kann die Handlung nach späterem Recht nicht geahndet werden, so ist das spätere Recht eindeutig das mildeste (vgl. BGH **20**, 119) und ein weiterer Vergleich des Rechts in Bezug auf die angedrohten Unrechtsfolgen überflüssig. Die Prüfung erstreckt sich darauf, ob die *konkrete* Handlung auch nach dem geänderten Recht geahndet werden kann (BGH **20**, 25; 75; NJW **55**, 1406; MDR **64**, 160). Zu vergleichen sind also nicht etwa die abstrakten Tatbestände des früheren und des späteren Rechts oder gar die Gesamtheit der einschlägigen Tatbestände eines bestimmten Gesetzes nach dessen Änderung. Vielmehr ist die konkrete Handlung unter den in Betracht kommenden Tatbestand des früheren und den des späteren Rechts einzuordnen und danach festzustellen, ob eine Ahndung zulässig ist. Deshalb müssen bei Blankettatbeständen (vgl. 17 vor § 1) selbstverständlich auch die blankettausfüllenden Normen berücksichtigt werden (BGH **20**, 177), ja sogar eine Veränderung außerstrafrechtlicher Normen, soweit dadurch Merkmale des Tatbestandes einen anderen Inhalt bekommen (so zB, wenn die Bußgeldvorschrift als Normadressaten den „Einführer" nennt und das Gesetz diesem Begriff später eine von der ursprünglichen Definition abweichende Bestimmung geben würde). Bei einer Änderung des Tatbestandes, bei dem einzelne Tatbestandsmerkmale ausgewechselt werden, sind die neuen Tatbestandsmerkmale auf zurückliegende Handlungen dann anzuwenden, wenn sich die Typik des Tatbestandes nicht verändert hat (BGH **26**, 167, 172). Zu berücksichtigen ist also der gesamte *materielle* Rechtszustand bezogen auf die konkrete Handlung, wobei es unerheblich ist, welche gesetzlichen Gründe im Ergebnis für die Milderung maßgebend gewesen sind (BGH **6**, 30; **20**, 182). Eine rechtliche Änderung, auf die es ankommt, liegt indes nicht vor, wenn lediglich eine Änderung der tatsächlichen Voraussetzungen der für die Rechtsanwendung erheblichen Tatsachen eintritt, so zB, wenn ein Parkverbotsschild nachträglich beseitigt, ein Verwaltungsakt, der zunächst verbindlich war, aufgehoben oder die Voraussetzungen für die Festsetzung einer Steuer verändert werden. Bei einer Verkürzung der Verjährungsfrist ist das neue Recht als milderes anzuwenden (BGH **21**, 367). III gilt auch bei einer Änderung des räumlichen Geltungsbereichs (BGH **20**, 22, 25; **27**, 5, 8; Dreher/Tröndle 7 zu § 2 mwN; vgl. 2 zu § 5).

6   B. **Im Verhältnis zur Strafvorschrift ist die Bußgeldvorschrift** das mildeste Gesetz (ebenso Rebmann/Roth/Herrmann 15; BGH **12**, 148; Bay. NJW **69**, 2296, **71**, 1816; Düsseldorf NJW **69**, 1221; Saarbrücken NJW **74**, 1009; Frankfurt MDR **74**, 859). Die Bußgeldvorschrift ist selbst dann das mildeste Gesetz, wenn der Höchstbetrag der Geldbuße höher ist als der Höchstbetrag der bisher angedrohten Geldstrafe (so zB bei den früheren Übertretungen). Denn mit der Geldbuße wird kein sittliches Unwerturteil ausgesprochen (vgl. Düsseldorf aaO); auch fehlt hier die alternative Androhung einer Freiheitsstrafe sowie die Ersatzfreiheitsstrafe (vgl. Saarbrücken NJW **74**, 1009). Wird ein Straftatbestand dahingehend geändert, daß der Grundtatbestand nur mit Geldbuße bedroht wird, jedoch bei Hinzutreten eines Qualifikationsmerkmals Strafbarkeit gegeben ist, so ist ein gegenüber dem früheren Recht wesensmäßig verschiedener Straftatbestand gegeben, der dem Täter bei Tatbegehung nicht bekannt sein konnte; deshalb ist auch bei Vorliegen des Qualifikationsmerkmals nur der neue Bußgeldtatbestand anwendbar (BGH NJW **77**, 1890, dort nur L).

7 C. **Im Verhältnis zu einer anderen Bußgeldvorschrift** ist das mildeste Gesetz dasjenige, das einen geringeren Höchstbetrag androht. Bei gleichem Bußgeldrahmen besteht kein Rückwirkungsgebot; es ist also das Gesetz zur Tatzeit anzuwenden (BGH JR **53**, 109). Über die Nebenfolgen vgl. 11.

8 D. **Bei mehrfacher Änderung** des Gesetzes sind alle gesetzlichen Regelungen in die Prüfung der Frage einzubeziehen, welches Gesetz als mildestes anzusehen ist. War die Tat in der Zeit zwischen Begehen und Ahndung einmal nicht mit Geldbuße (oder Strafe) bedroht, so ist diese Zwischenregelung als mildestes Gesetz anzusehen und eine Ahndung unzulässig, wenn sich aus IV (Zeitgesetz) nichts anderes ergibt (10).

9 E. **Der Zeitpunkt der Ahndung** (Entscheidung) ist maßgebend, wobei es auf die letzte Entscheidung ankommt. Selbst das Rechtsbeschwerdegericht hat also eine Änderung des Gesetzes nach Verurteilung zu berücksichtigen (§ 354a StPO iVm § 79 III; vgl. BGH **20**, 75, 77, 116). Vgl. auch Art. 158 II EGOWiG sowie Art. 317 II EGStGB (Anh **A 1**). Wechselt das Gesetz nach Erlaß des Bußgeldbescheides und hat der Betroffene Einspruch eingelegt, so wird auch die VB dies beachten und den Bußgeldbescheid uU zurücknehmen müssen (§ 69 I S. 2).

10 5) **Bei Zeitgesetzen** gilt das Rückwirkungsgebot zugunsten des Täters nicht (IV S. 1). Zu den Zeitgesetzen rechnen sowohl solche, deren Außerkrafttreten eindeutig durch Angabe des Zeitpunkts oder eines gewissen Ereignisses bestimmt ist (Zeitgesetz ieS), als auch solche, die ihrem Inhalt nach erkennbar „für sich ändernde wirtschaftliche oder sonstige zeitbedingte Verhältnisse gedacht sind" (BegrEEGStGB S. 206). Dies bringt die neue Fassung „Gesetz, das nur für eine bestimmte Zeit gelten soll" besser zum Ausdruck als § 3 III aF („Gesetz, das nur für eine bestimmte Zeit erlassen ist"); sachlich ist insoweit keine Änderung gegenüber § 3 III aF eingetreten (BegrEEGStGB aaO). Zeitgesetze ieS sind zB zeitlich befristete Polizeiverordnungen (Bay **62**, 24); als Zeitgesetze iwS sind zB angesehen worden bestimmte Preisvorschriften (BGH NJW **52**, 72) und das WohnraumbewirtschaftsG (Hamm JMBlNW **65**, 270); nicht dagegen § 9 StVO idF von 1939 (BGH **6**, 37) und die vor Inkrafttreten des AWG geltenden Devisenstrafvorschriften des MRG 53 und das AHKG 33 (BGH **18**, 12). Bei der Beurteilung, ob ein Zeitgesetz iwS vorliegt, kommt es in erster Linie darauf an, ob die Rechtsänderung auf eine geläuterte Rechtsauffassung oder auf eine Änderung der zeitbedingten (wirtschaftlichen) Verhältnisse zurückzuführen ist (BGH **20**, 182). Dabei ist auf die betreffende Bußgeldvorschrift abzustellen, nicht aber auf das Gesetz insgesamt, das die Bußgeldvorschrift enthält. Danach ist zB eine Einfuhrbeschränkung nach dem AWG, deren Verletzung mit Geldbuße bedroht ist, als Zeitgesetz anzusehen (Karlsruhe NJW **68**, 1581 = DAußWiRdschau **69**, 9 m. Anm. Laumann). Ist eine Bußgeldvorschrift als Zeitgesetz außer Kraft getreten, so ist zwar eine Ahndung möglich; jedoch ist nach dem Opportunitätsprinzip des § 47 besonders zu prüfen, ob gleichwohl ein öffentliches Interesse daran besteht, die während des Zeitgesetzes begangenen Ordnungswidrigkeiten zu ahnden; denn die Geldbuße bezweckt nicht, eine Tat zu sühnen, sondern zielt vornehmlich darauf ab, eine bestehende Ordnung aufrechtzuerhalten und durchzusetzen (vgl. 9 vor § 1).

11   **6) Für Nebenfolgen** (20 ff. zu § 66) gelten die Grundsätze über die zeitliche Geltung (I bis IV) in gleicher Weise wie für die Geldbuße (V). Danach kann auch die Einziehung, soweit sie eine Maßnahme der Sicherung ist (vgl. 22 zu § 22), nur angeordnet werden, wenn diese Nebenfolge vor Begehung der Tat zugelassen war (ebenso jetzt § 2 V StGB). Bei der Prüfung, welches Gesetz bei einem Wechsel als mildestes anzusehen ist, sind neben der angedrohten Sanktion (Strafe oder Geldbuße, vgl. 6) und neben der Bußgelddrohung (vgl. 7) auch die Nebenfolgen zu berücksichtigen. Nach der Rspr. zu § 2 StGB aF soll die Frage nach dem mildesten Gesetz jedoch auf Grund der Hauptstrafe beantwortet werden, während die Nebenfolgen erst dann heranzuziehen sind; auch soll es unzulässig sein, die dem Täter günstigen Elemente der verschiedenen Gesetze miteinander zu kombinieren (BGH NJW **65**, 1723). Danach wäre es zB möglich, die Einziehung anzuordnen, wenn das Gesetz zur Tatzeit Strafe ohne Einziehung und ein späteres Gesetz Geldbuße mit Einziehung androht (vgl. BGH aaO; Dreher/Tröndle 10 zu § 2; aM Schröder JR **66**, 68); ebenso müßte es danach möglich sein, bei einer späteren Milderung der Bußgelddrohung, die aber mit der Einführung einer Nebenfolge verbunden wird, auf die Nebenfolge zu erkennen. Beides erscheint bedenklich. Soweit Nebenfolgen von der Hauptsanktion getrennt werden können, wie dies bei Ordnungswidrigkeiten wohl stets der Fall ist, ist auch bei der Frage nach dem mildesten Gesetz eine getrennte Beurteilung am Platze (so auch SchSch-Eser 30 zu § 2 und Schröder aaO für § 2 StGB; ebenso Rotberg 13); andernfalls könnte die Anwendung des mildesten Gesetzes sogar die Einziehung gegenüber einem Dritteigentümer (§ 22 II Nr. 2, § 23) oder eine Geldbuße gegen eine JP oder PV (§ 30) eröffnen, obwohl dies nach dem Gesetz zur Tatzeit nicht möglich war. Dies läßt sich mit dem verfassungsrechtlichen Rückwirkungsverbot, das der V iVm I ausdrücklich auch für Nebenfolgen vorschreibt (vgl. 1 f.), nicht vereinbaren (zust. Rebmann/Roth/Herrmann 23; Rotberg 13).

12   **7) Ausdrückliche Überleitungsvorschriften** sind in der neueren Gesetzgebung häufig vorgesehen; vgl. zB Art. 155 EGOWiG sowie Art. 309 EGStGB (Anh **A** 1). Durch derartige Vorschriften wird Klarheit über die Reichweite von III und IV geschaffen (vgl. BGH NJW **52**, 73).

Räumliche Geltung

5 Wenn das Gesetz nichts anderes bestimmt, können nur Ordnungs- widrigkeiten geahndet werden, die im räumlichen Geltungsbereich dieses Gesetzes oder außerhalb dieses Geltungsbereichs auf einem Schiff oder Luftfahrzeug begangen werden, das berechtigt ist, die Bun- desflagge oder das Staatszugehörigkeitszeichen der Bundesrepublik Deutschland zu führen.

1   1) **Den Gebietsgrundsatz** bestimmt § 5 für Ordnungswidrigkeiten nach Bundes- und Landesrecht (§ 2; wegen der zuletzt genannten vgl. 13). Diesem Grundsatz liegt die Erwägung zugrunde, daß die große Mehrheit der Bußgeldvorschriften schon nach ihrem Inhalt und Zweck nur innerhalb des Bundesgebietes Geltung beanspruchen können. Da die Bußgeldvorschriften eine weitgehend nach Zweckmäßigkeitsgesichts- punkten errichtete und ausgestaltete Ordnung aufrechterhalten sollen, liegt es in der Natur der Sache, daß die Beachtung der entsprechenden Gebote und Verbote in der Regel nur in dem räumlichen Bereich verlangt werden kann, auf den sich die verwaltende, ordnende und lenkende Staatstätigkeit für das Gemeinwesen erstreckt (Begr. zu § 4 EOWiG; vgl. aber 8). Zu berücksichtigen ist auch, daß die Ahndung von Ordnungs- widrigkeiten vornehmlich darauf gerichtet ist, die für den räumlichen Geltungsbereich geltende Ordnung aufrechtzuerhalten, so daß im allge- meinen nicht das Bedürfnis besteht, die Tat ohne Rücksicht auf den Begehungsort zu „sühnen" (Begr. zu § 4 EOWiG).

2   A. **Der räumliche Geltungsbereich** umfaßt das Gebiet der BRep. und Berlin sowie den Luftraum darüber und die Küstengewässer bis zu drei Seemeilen, da sie staatsrechtlich zum deutschen Staatsgebiet gehören (Dreher/Tröndle 4 zu § 3; wegen des Festlandsockels vgl. das FestLSok- kelG). Der Bodensee gehört vom Land der BRep. aus bis zur Mittellinie zum räumlichen Geltungsbereich, der Überlingersee danach insgesamt (RG **57**, 369). Bei Grenzflüssen reicht das Hoheitsgebiet bis zur Fluß- mitte. Im einzelnen sind Staatsverträge über den Grenzverlauf bei Grenz- flüssen und -brücken zu berücksichtigen (vgl. näher Rebmann/Roth/ Herrmann 4).

3   B. **Auch für Ausländer** gilt der Gebietsgrundsatz, so daß sie wegen einer in der BRep. begangenen Ordnungswidrigkeit verfolgt werden können. Zur Sicherung der Verfolgung und Vollstreckung kann gegen einen Ausländer die Anordnung getroffen werden, eine Sicherheit zu leisten und einen Zustellungsbevollmächtigten zu bestellen (§ 132 StPO iVm § 46 I; vgl. 127 ff. vor § 59). Versucht ein Ausländer, sich der Ver- folgung zu entziehen, so kann ihm auch die Ausreise untersagt werden (§ 19 II Nr. 2 AuslG). Über die Verfolgung von Ordnungswidrigkeiten, die von Exterritorialen und Angehörigen der in der BRep. stationierten Truppen begangen werden, vgl. 39 ff. vor § 59.

4   2) **Außerhalb** des räumlichen Geltungsbereiches begangene Ord- nungswidrigkeiten können nach I nur dann geahndet werden, wenn das Gesetz dies bestimmt. Dabei sind zu unterscheiden:

5   A. **Ausdrückliche gesetzliche Vorschriften,** die bestimmen, daß die Tat auch geahndet werden kann, wenn sie nicht im räumlichen Geltungsbereich begangen ist, oder daß die Bußgeldvorschrift unabhängig von dem Recht des Tatorts gilt u. ä. Dazu rechnen zB § 378 I S. 2, § 379 I S. 2 Halbs. 2, jeweils iVm § 370 VI S. 2 AO 1977 (Anh **A 10**), § 12 III PaßG, § 6 III AuswSG, § 31 II MOG, § 131 a SeemG; vgl. jedoch auch 8.

6   B. **Stillschweigende Regelungen,** bei denen bereits der Beschreibung des Tatbestandes zu entnehmen ist, daß solche Verhaltensweisen erfaßt sind, die nur oder typischer Weise außerhalb des räumlichen Geltungsbereiches begangen werden (vgl. zB § 1 NordSBrWeinG; § 8 SeemHeimTportG). In solchen Fällen ergibt sich aus der Natur der Sache, daß zugleich der räumliche Geltungsbereich ausgedehnt ist, weil die Vorschrift sonst praktisch nicht angewendet werden könnte und dies nicht gewollt sein kann (zust. Rebmann/Roth/Herrmann 11; einschr. Rotberg 7).

7   C. **Zwischenstaatliche Abkommen** und Vorschriften des europäischen Gemeinschaftsrechts. I erwähnt sie nicht ausdrücklich, weil sie durch das RatifikationsG oder einen sonstigen innerstaatlichen Gesetzgebungsakt zu innerstaatlichen Gesetzen werden. Die in diesen Verträgen oder Vorschriften getroffenen Regelungen über die Ausdehnung der Verfolgung gelten dann als besondere gesetzliche Regelung, die durch den Vorbehalt von I gedeckt ist. Solche Regelungen sind – soweit dies zu übersehen ist – bislang nur vereinzelt vorhanden (vgl. 8).

8   D. **Bei Verstößen gegen Straßenverkehrsvorschriften** ist neuerdings in Art. 6 des G v. 23. 8. 1974 zum Vtr v. 1. 10. 1971 zwischen der BRep. und Jugoslawien über die Rechtshilfe in Strafsachen (BGBl. II 1165; 1975 II 228) die entsprechende Anwendung von § 24 StVG für die in Jugoslawien begangenen und dort mit Strafe bedrohten Handlungen bestimmt, wenn a) der Betroffene zur Zeit der Begehung Deutscher war oder es danach geworden ist oder im Geltungsbereich dieses G seinen gewöhnlichen Aufenthaltsort hat und b) die zuständige jugoslawische Behörde um die Verfolgung ersucht. Eine ähnliche Regelung enthält Art. 6 des G v. 20. 8. 1975 zu dem Vtr v. 13. 11. 1964 zwischen der BRep. und der Schweiz über die Ergänzung des EuRHÜbK (vgl. 40 zu § 67) und die Erleichterung seiner Anwendung (BGBl. II 1975, 1169; 1976 II 1818) sowie Art. 6 E eines G zu dem Vtr v. 20. 7. 1977 zwischen der BRep. und Israel über die Ergänzung des EuRHÜbK und die Erleichterung seiner Anwendung (BT-Drs. 8/3138).

9   E. **Ist die Handlung im Ausland geahndet,** so wird nach dem Opportunitätsprinzip (§ 47) grundsätzlich von der Verfolgung der Ordnungswidrigkeit im Inland – soweit sie nach 5–7 möglich wäre – abzusehen sein; die Möglichkeit des Absehens von der nochmaligen Verfolgung besteht selbst bei Straftaten (§ 153c Nr. 3 StPO; zust. Rebmann/Roth/Herrmann 12). Sollte die Ahndung der Handlung im Ausland unzureichend erscheinen, so ist jedenfalls die dort verhängte Sanktion nach dem allgemeinen Rechtsgrundsatz des § 51 III StGB bei der Bemessung der Geldbuße zu berücksichtigen; entsprechendes gilt, wenn wegen der Handlung nach dem Recht der EG eine Geldsanktion verhängt worden ist (vgl. 36 zu § 17; 18 zu § 84; zust. Rebmann/Roth/Herrmann 12).

10 F. **Über zwischenstaatliche Rechts- und Amtshilfe** vgl. 21 ff. vor § 59, 39 ff. vor § 67.

11 G. **Über die Auswirkung des Sanktionsrechts nach dem Recht der EG** vgl. 18 zu § 84 sowie 9.

12 3) **Auf Schiffe oder Luftfahrzeuge,** die berechtigt sind, die Bundesflagge oder das Staatszugehörigkeitszeichen der BRep zu führen, ist der räumliche Geltungsbereich ausgedehnt; die auf ihnen begangenen Ordnungswidrigkeiten können auch dann geahndet werden, wenn sich das Schiff oder Luftfahrzeug zur Zeit der Tat nicht im Geltungsbereich des Gesetzes befunden hat. Die Berechtigung, die Bundesflagge zu führen, ergibt sich für Schiffe aus dem FlaggRG; sie ist dort in §§ 1, 2 für Schiffe deutscher Eigentümer gegeben (Ausnahme: § 7 IV), in § 10 für die in der BRep für fremde Rechnung gebauten Schiffe und in § 11 für die von einem deutschen Ausrüster gecharterten Schiffe. Die auf anderen Schiffen begangenen Ordnungswidrigkeiten können dann verfolgt werden, wenn sich das Schiff zur Tatzeit im deutschen Hafen befunden hat. Die Berechtigung, das Staatszugehörigkeitszeichen der BRep. zu führen, ist bei Luftfahrzeugen (vgl. dazu § 1 II LuftVG) an das deutsche Eigentum geknüpft (§ 2 V, § 3 LuftVG); sie sind „deutsche", wenn sie in der Luftfahrzeugrolle der BRep. (Braunschweig) eingetragen sind (§ 2 I, V LuftVG). Über die Möglichkeit der Ahndung von Ordnungswidrigkeiten gegen luftrechtliche Vorschriften, wenn der Tatort außerhalb des räumlichen Geltungsbereichs liegt, vgl. die eingehende und zutreffend erscheinende Darstellung von Schwenk in Zeitschrift für Luftrecht und Weltraumrechtsfragen **70**, 132 ff.; Zuwiderhandlungen des Piloten im ausländischen Luftraum gegen luftrechtliche Vorschriften werden nicht *auf*, sondern *mit* einem Luftfahrzeug begangen und können deshalb nicht geahndet werden (Frankfurt NJW **73**, 955).

13 4) **Für Ordnungswidrigkeiten nach Landesrecht** regelt das OWiG die Frage des Geltungsbereiches nicht näher. Nach den Grundsätzen des interlokalen Strafrechts (vgl. näher Dreher/Tröndle 10 f. zu § 3; Jescheck S. 150 ff.) ist anzunehmen, daß die Bußgeldvorschriften der Länder nicht über ihre Grenzen hinausreichen; es gilt also der spezielle räumliche Geltungsbereich des Landes, und zwar unabhängig von der Person des Täters und seinem Wohnsitz (vgl. Kääb/Rösch Einf. 194; zust. Rebmann/Roth/Herrmann 16). Die für den Begehungsort zu § 7 erläuterten Grundsätze sind hier entsprechend heranzuziehen. Das (grundsätzlich geltende) Recht des Tatorts (vgl. BGH **7**, 53; Jescheck S. 150 f.) kann auch von einer etwa außerhalb des Landes zuständigen VB oder dem Gericht eines anderen Landes angewendet werden (vgl. BGH **11**, 366). Ob in diesem Fall ein etwas strengeres oder milderes Wohnsitzrecht des Täters zu berücksichtigen ist, erscheint zweifelhaft (vgl. Kohler GA Bd. **64**, 338; Kääb/Rösch Einf. 202 ff.). Im Bußgeldverfahren ist diese Frage praktisch von geringerer Bedeutung, weil das OWiG davon ausgeht, daß es keine Mindestgeldbußen gibt (Art. 151 EGOWiG). Ist die Tat nach dem Wohnsitzrecht des Täters überhaupt nicht mit Geldbuße bedroht, so kommt die Übertragung der Verfolgung (§ 39 II) auf eine VB des Wohnsitzes nicht in Betracht.

14   **5) Die in der DDR begangenen** Handlungen können in der BRep. nicht als Ordnungswidrigkeiten geahndet werden, da I die Möglichkeit der Ahndung auf den räumlichen Geltungsbereich dieses Gesetzes, also die BRep. einschließlich Berlin (§ 134), beschränkt, nicht aber auf das deutsche ,,Inland" erstreckt (BGH **27**, 5).

Zeit der Handlung

6 **Eine Handlung ist zu der Zeit begangen, zu welcher der Täter tätig geworden ist oder im Falle des Unterlassens hätte tätig werden müssen. Wann der Erfolg eintritt, ist nicht maßgebend.**

1   **1) Die Vorschrift,** die sachlich dem § 8 StGB entspricht, ist durch das EGStGB eingefügt worden. Die Frage, die sie behandelt, war früher im Gesetz nicht geregelt, wurde jedoch in der Rspr. und im Schrifttum iS der jetzigen Regelung beantwortet.

2   **2) Der Zeitpunkt der Handlung** (zum Begriff Handlung vgl. 15 vor § 1) ist für die Anwendung der §§ 3, 4 von wesentlicher Bedeutung, also bei einer Änderung der Rechtslage.

3   **Der Grundgedanke der Vorschrift** ist es, daß jemand in einem solchen Fall für das zeitliche Stadium der Tatbestandsverwirklichung verantwortlich gemacht werden kann, das von seinem Willen abhängig ist, weil er sich in diesem Stadium auf die jeweilige Rechtslage einstellen kann. Deshalb ist der Zeitpunkt entscheidend, zu dem der Täter aktiv tätig geworden oder untätig geblieben ist, obwohl er nach der Rechtsordnung hätte aktiv tätig werden müssen (vgl. 12 vor § 1); der Eintritt des Erfolges kann nicht maßgebend sein, weil der Täter hierauf oft keinen Einfluß hat (so zB darauf, ob beim Erschleichen einer Genehmigung die beantragte Genehmigung erteilt wird oder nicht). Die Ahndung ist deshalb nach § 3 unzulässig, wenn der Erfolg zwar nach Schaffung des Tatbestandes eingetreten ist, der Täter aber vor Schaffung des Tatbestandes gehandelt hat.

4   **Beim Unterlassen** ist auch hier zwischen echten und unechten Unterlassungsdelikten zu unterscheiden (vgl. 13 vor § 1). Der Zeitpunkt, in dem die Pflicht zum Handeln einsetzt, ist bei den echten Unterlassungsdelikten des Ordnungswidrigkeitenrechts vielfach näher bestimmt (so bei Melde- oder Anzeigepflichten, vgl. zB §§ 16–19, 68 PStG, § 32 I Nr. 1 a MOG) oder unschwer nach der Art der Zuwiderhandlung genau bestimmbar (so zB bei der Pflicht, im Durchgangsverkehr Güter den zuständigen Zolldienststellen vorzuführen und anzumelden, vgl. §§ 2, 5 I VplG). Bei den Erfolgsdelikten, die durch Unterlassen begangen werden können (vgl. § 8), hängt es von den Umständen des Einzelfalles ab, von welchem Zeitpunkt an die Pflicht zum Handeln bejaht werden kann.

5   **3) Bei einer Beteiligung** (§ 14) ist der Zeitpunkt der Handlung (vgl. 15 vor § 1) für jeden Beteiligten gesondert zu bestimmen, da er selbst Täter ist (7 zu § 14). Wegen des einheitlichen Täterbegriffs (vgl. 1 zu § 14) spricht § 6 nur von dem ,,Täter" und erwähnt den Beteiligten nicht (vgl. BegrEEGStGB S. 342).

Ort der Handlung

7 [I] **Eine Handlung ist an jedem Ort begangen, an dem der Täter tätig geworden ist oder im Falle des Unterlassens hätte tätig werden müssen oder an dem der zum Tatbestand gehörende Erfolg eingetreten ist oder nach der Vorstellung des Täters eintreten sollte.**

[II] **Die Handlung eines Beteiligten ist auch an dem Ort begangen, an dem der Tatbestand des Gesetzes, das die Ahndung mit einer Geldbuße zuläßt, verwirklicht worden ist oder nach der Vorstellung des Beteiligten verwirklicht werden sollte.**

1   **1) Die Vorschrift** ist in I dem § 9 I StGB nachgebildet. II ist wegen des einheitlichen Täterbegriffs (vgl. 1a zu § 14) abweichend von § 9 II S. 1 StGB gefaßt (vgl. 7). Die in § 9 II S. 2 StGB getroffene Regelung ist nicht übernommen, weil in § 5 der räumliche Geltungsbereich des OWiG einengend bestimmt ist; für eine Ausweitung des Ortes der Handlung bei im Ausland begangenen Handlungen ist deshalb keine Bedürfnis gesehen worden (BegrEEGStGB S. 343).

2   **2) Die Bestimmung des Ortes der Handlung** ist für § 5 sowie das interlokale Ordnungswidrigkeitenrecht (13 zu § 5) und § 37 I Nr. 1 bedeutsam. Der Begriff Handlung wird in § 7 in einem weiteren, auch den Eintritt des Erfolges umfassenden Sinne verstanden (vgl. 14 vor § 1). Der Handlungsort ist danach ein zweifacher:

3   **A. Der Tätigkeitsort** ist zunächst maßgebend, dh der Ort, an dem der Täter aktiv tätig geworden ist oder hätte tätig werden sollen, soweit die Rechtsordnung von ihm aktive Tätigkeit verlangt (vgl. 13 vor § 1).

4   **a) Ein mehrfacher Tätigkeitsort** kann gegeben sein, so zB dann, wenn ein Fahrzeughalter außerhalb des räumlichen Geltungsbereiches die Fahrt mit einem Lkw in den räumlichen Geltungsbereich anordnet oder zuläßt, obwohl sich das Fahrzeug nicht im betriebssicheren Zustand befindet. Die Tat ist dann an allen Orten begangen, die durchfahren werden. Das Beispiel zeigt auch, daß der Täter nicht persönlich an dem Tätigkeitsort gehandelt haben muß (vgl. 5). Allerdings muß er bei einer vorsätzlichen Zuwiderhandlung den Tätigkeitsort im räumlichen Geltungsbereich zumindest billigend in Kauf genommen haben (vgl. Dreher/Tröndle 2 zu § 9; RG GA Bd. **56**, 88). Ist die Ordnungswidrigkeit teilweise in der BRep. begangen, teilweise außerhalb der BRep., so liegt der Begehungsort in der BRep., gleichgültig wo die Ordnungswidrigkeit begonnen oder vollendet worden ist. Ist zB nach einer bestimmten Fahrstrecke ein anderer Fahrer einzusetzen und wird der bestimmte Endpunkt dieser Strecke bereits außerhalb der BRep. durchfahren, so ist die Handlung auch in der BRep. begangen, falls danach ein Teil der letzten Beförderungsstrecke hier zurückgelegt wird (KG VRS **46**, 229).

5   **b) Bei Unterlassungsdelikten** (vgl. 13 vor § 1; § 8) kommt es darauf an, wo der Täter hätte handeln müssen. Bei Bußgeldtatbeständen, die echte Unterlassungsdelikte sind (zB Verletzung der Pflicht, eine Meldung oder Auskunft zu erteilen oder Waren in bestimmter Weise zu

kennzeichnen; vgl. 13 vor § 1), wird das Handeln regelmäßig im räumlichen Geltungsbereich verlangt, so daß der Tätigkeitsort hier ist, auch wenn sich der Täter im Zeitpunkt des Unterlassens außerhalb des räumlichen Geltungsbereiches aufhält. Anders ist dies bei einem unechten Unterlassungsdelikt (vgl. 13 vor § 1): Hier wird die Tätigkeit an dem Ort verlangt, an dem sich derjenige, der zur Abwendung des Erfolges aufgerufen ist, befindet (vgl. Rebmann/Roth/Herrmann 4; Rotberg 3).

6   B. **Der Erfolgsort** ist daneben bei den Zuwiderhandlungen maßgebend, die dem Tatbestand nach einen bestimmten Erfolg voraussetzen (zB die leichtfertige Steuerverkürzung, § 378 AO 1977, Anh **A 10**; vorzeitiger Abschuß besonders geschützter Wildarten, § 39 II Nr. 3 BJagdG; vgl. 14 vor § 1). Dann kommt es darauf an, wo der Erfolg tatsächlich eingetreten ist oder auch nur nach der Vorstellung des Täters eintreten sollte (ebenso § 9 I StGB). Schießt der Täter zB vom Ausland aus auf besonders geschützte Wildarten, so ist die Handlung im Inland begangen, und zwar auch dann, wenn der Schuß das Inland nicht erreicht, aber nach dem Willen des Täters erreichen sollte. Besteht der Erfolg in einer Gefährdung, so ist der Ort, an dem die Gefährdung eintritt, auch der Begehungsort; bei abstrakten Gefährdungsdelikten ist weiterhin der Ort als Begehungsort anzusehen, an dem aus einer abstrakt gefährlichen Handlung eine konkrete Gefahr entsteht (Lüttger JZ **64**, 570; str.; aM Rebmann/Roth/Herrmann 5; Rotberg 4; Dreher/Tröndle 3 zu § 9; SchSch-Eser 6 zu § 9 mwN).

7   3) **Bei einer Beteiligung** ist die Ordnungswidrigkeit an jedem Ort begangen, an dem der Beteiligte gehandelt hat oder im Falle des Unterlassens hätte handeln müssen. Dies ergibt sich bereits aus I, da jeder Beteiligte Täter ist. In II sind deshalb nur noch die Fälle geregelt, in denen die Tatbestandsverwirklichung an einem anderen Ort eintritt oder nach der Vorstellung des Beteiligten eintreten sollte als an dem, an dem der Beteiligte selbst gehandelt hat (vgl. die erste und letzte Alternative des § 9 II S. 1 StGB). Veranlaßt zB der A von dem Ort X den B, an dem Ort Y eine Ordnungswidrigkeit zu begehen und führt dieser sie aus, so hat auch A an dem Ort Y gehandelt, obwohl er selbst dort nicht tätig geworden ist (BegrEEGStGB S. 342 f.; vgl. auch das Beispiel unter 4).

Zweiter Abschnitt. Grundlagen der Ahndung

Begehen durch Unterlassen

8   **Wer es unterläßt, einen Erfolg abzuwenden, der zum Tatbestand einer Bußgeldvorschrift gehört, handelt nach dieser Vorschrift nur dann ordnungswidrig, wenn er rechtlich dafür einzustehen hat, daß der Erfolg nicht eintritt, und wenn das Unterlassen der Verwirklichung des gesetzlichen Tatbestandes durch ein Tun entspricht.**

1   1) **Die Vorschrift** ist § 13 StGB nachgebildet. Sie greift nicht ein, soweit der Tatbestand eine schlichte Tätigkeit (ohne Eintritt eines Erfolges) voraussetzt (Begehungsdelikt; vgl. 13 vor § 1 sowie 3), sondern nur in den Fällen, in denen der Tatbestand die Verwirklichung eines Erfolges verlangt (Erfolgsdelikt; vgl. 14 vor § 1). In der Regel wird der Erfolg durch aktives Tun herbeigeführt. Der Anwendungsbereich des § 8 erschöpft sich darin festzulegen, unter welchen Voraussetzungen bei den Erfolgsdelikten das Unterlassen dem aktiven Tun gleichsteht. Da Erfolgsdelikte im Ordnungswidrigkeitenrecht selten sind, ist die praktische Bedeutung der Vorschrift gering (14 vor § 1).

2   **2) Gleichgestellt ist das Unterlassen** dem aktiven Tun, wenn bei einem Erfolgsdelikt (14 vor § 1) a) jemand rechtlich dafür einzustehen hat (verantwortlich ist), daß der Erfolg nicht eintritt (also abgewendet wird), und b) das Unterlassen der Verwirklichung des gesetzlichen Tatbestandes durch ein Tun entspricht, dh in seiner sozialen Bedeutung dem positiven Tun gleichwertig ist.

3   **Die Verantwortlichkeit (Garantenstellung)** kann sich ergeben aus a) Gesetz – auch Gewohnheitsrecht –, zB aus der Pflicht zur Personensorge (§ 1631 I BGB; vgl. das Beisp. 9 zu § 117), b) tatsächlicher Übernahme der Verantwortung (zB Übernahme der Betreuung eines Tieres), c) vorausgegangenem Tun (Herbeiführen einer Gefahrenlage) oder d) der Sachherrschaft, so zB des Gastwirts, der in der Gaststätte für Ordnung zu sorgen hat (BGH NJW **66**, 1763; vgl. das Beisp. 9 zu § 117), des Halters eines Tieres (Bremen NJW **57**, 73; vgl. 9 zu § 117) oder eines Kfz's uä (vgl. auch 13 vor § 1) sowie des Verantwortlichen eines Betriebes oder einer Anlage (vgl. Bay. **71**, 230; Thiemann S. 12 ff.; vgl. ferner Göhler, Dreher-Festschr. S. 611 ff.). Die unter a)–d) angegebenen Rechtsgründe für die Verantwortlichkeit können sich überschneiden. Soweit die Verantwortlichkeit im Strafrecht aus einem besonderen Vertrauensverhältnis uä abgeleitet wird (vgl. Dreher/Tröndle 10 zu § 13), spielt sie bei den Erfolgsdelikten des Ordnungswidrigkeitenrechts wohl keine Rolle (zust. Rebmann/Roth/Herrmann 4). Ein Tätigkeitsdelikt, das kein Erfolgsdelikt ist, kann grundsätzlich nicht, jedoch ausnahmsweise auch durch Unterlassen verwirklicht werden (vgl. 13 vor § 1).

4   **3) Tatbestandsmäßig** ist das Unterlassen nur dann, wenn der Person, die als verantwortlich (Garant) anzusehen ist, die Vornahme der rechtlich gebotenen Handlung nach den Umständen des Einzelfalles im Zeitpunkt der Handlungspflicht tatsächlich (nach objektiven Gesichtspunkten) möglich ist (13 vor § 1) und ihr auch zugemutet werden kann (Dreher/Tröndle 16 zu § 13; Karlsruhe MDR **75**, 772); str. ist, ob die Unzumutbarkeit (vgl. 29 vor § 1) nur die Vorwerfbarkeit beseitigt (vgl. Dreher/Tröndle aaO).

5   **4) Auch fahrlässig** kann der Erfolgstatbestand durch Unterlassen verwirklicht werden, soweit fahrlässiges Handeln mit Geldbuße bedroht ist (§ 10). Zur Frage der Tatbestandsmäßigkeit und Rechtswidrigkeit bei fahrlässiger Unterlassung vgl. 18 f. zu § 10.

6   **5) Der Irrtum** über die Umstände, welche die Rechtspflicht zum Handeln begründen, schließt den Vorsatz aus; irrt der Täter dagegen über die Rechtspflicht selbst, so kann ein Verbotsirrtum vorliegen (vgl. näher 14 zu § 11).

7   **6) Nicht vorwerfbar** ist das Unterlassen, wenn dem Täter die Vornahme der rechtlich gebotenen Handlung nicht zumutbar war (vgl. 13, 29 vor § 1).

Handeln für einen anderen

9

I Handelt jemand

1. als vertretungsberechtigtes Organ einer juristischen Person oder als Mitglied eines solchen Organs,

2. als vertretungsberechtigter Gesellschafter einer Personenhandelsgesellschaft oder

3. als gesetzlicher Vertreter eines anderen,

so ist ein Gesetz, nach dem besondere persönliche Eigenschaften, Verhältnisse oder Umstände (besondere persönliche Merkmale) die Möglichkeit der Ahndung begründen, auch auf den Vertreter anzuwenden, wenn diese Merkmale zwar nicht bei ihm, aber bei dem Vertretenen vorliegen.

II Ist jemand von dem Inhaber eines Betriebes oder einem sonst dazu Befugten

1. beauftragt, den Betrieb ganz oder zum Teil zu leiten, oder

2. ausdrücklich beauftragt, in eigener Verantwortung Pflichten zu erfüllen, die den Inhaber des Betriebes treffen,

und handelt er auf Grund dieses Auftrages, so ist ein Gesetz, nach dem besondere persönliche Merkmale die Möglichkeit der Ahndung begründen, auch auf den Beauftragten anzuwenden, wenn diese Merkmale zwar nicht bei ihm, aber bei dem Inhaber des Betriebes vorliegen. Dem Betrieb im Sinne des Satzes 1 steht das Unternehmen gleich. Handelt jemand auf Grund eines entsprechenden Auftrages für eine Stelle, die Aufgaben der öffentlichen Verwaltung wahrnimmt, so ist Satz 1 sinngemäß anzuwenden.

III Die Absätze 1 und 2 sind auch dann anzuwenden, wenn die Rechtshandlung, welche die Vertretungsbefugnis oder das Auftragsverhältnis begründen sollte, unwirksam ist.

Schrifttum: *Blauth,* Handeln für einen anderen nach geltendem und kommendem Strafrecht, 1968; *Bruns,* Heinitz-Festschr. S. 324; *Demuth/Schneider,* Die besondere Bedeutung des Gesetzes über Ordnungswidrigkeiten für Betrieb und Unternehmen BB **70,** 642; *R. Schmitt,* Die strafrechtliche Organ- und Vertreterhaftung, JZ **67,** 698; ders. Nochmals: Die Strafrechtliche Organ- und Vertreterhaftung, JZ **68,** 123; *Wiesener,* Die strafrechtliche Verantwortlichkeit von Stellvertretern und Organen, 1971; *Schünemann,* Unternehmenskriminalität und Strafrecht, 1979; ders., Besondere persönliche Verhältnisse und Vertreterhaftung im Strafrecht, Zeitschr. f. Schweizer Recht **78,** 131.

Übersicht

B. Vertretungsberechtigte Gesellschafter einer PHG (10)
C. Vertreter sonstiger Personenvereinigungen (11)
D. Sonstige gesetzliche Vertreter (12)
5) Handeln als gesetzlicher Vertreter (13–15a)
A. Begriff ,,Handeln'' (14, 15)
B. Bezug zur ges. Vertretung (15a)

6) Gewillkürter Vertreter (16–41)
A. Mit der Betriebsleitung beauftragte Personen (17–22)

B. Sonstige Beauftragte (23–33)
C. Beauftragung (34)
D. Verantwortlichkeit hinsichtlich der betriebsbezogenen Pflichten (35)
E. Verantwortlichkeit des Betriebsinhabers (36–41)

7) Betrieb, Unternehmen (42–44)
A. Betrieb (43)
B. Unternehmen (44)

8) Öffentliche Verwaltungen (45)
9) Unwirksamer Bestellungsakt (46–48)

1 **1) Die Vorschrift bezieht sich auf solche Tatbestände,** die a) ihrer Fassung nach nur für einen ganz bestimmten Personenkreis gelten, deren Angehörige besondere persönliche Merkmale (vgl. 6) aufweisen (zB ,,wer als Halter eines Kfz's'', ,,wer als Arbeitgeber'', ,,wer als Bauherr'' usw), oder die b) nach dem Zusammenhang der Vorschriften nur für einen solchen Personenkreis gelten können (zB für den Inhaber eines Unternehmens beim ungenehmigten Herstellen, Befördern, Einführen usw von Waren oder bei Zuwiderhandlungen gegen Auflagen; denn Genehmigung und Auflage werden dem Unternehmer erteilt).

2 **Der Zweck** der (dem § 14 StGB entsprechenden) Vorschrift ist es, den Anwendungsbereich solcher hinsichtlich des Personenkreises eingeengten Tatbestände auf Personen zu erweitern, die für den eigentlichen Normadressaten handeln (zB der Prokurist für den Unternehmer). Ohne diese Erweiterung würde eine kriminalpolitisch unangemessene Lücke entstehen: Weder der Normadressat noch der Handelnde könnte sonst zur Verantwortung gezogen werden; der eine nicht, weil er nicht gehandelt hat, der andere nicht, weil er nicht Normadressat ist (vgl. Begr. zu § 50a StGB = Art. 1 Nr. 7 EEGOWiG).

3 **2) Das Bedürfnis für eine Erweiterung** der unter 1 genannten Tatbestände auf den Vertreter, der für den eigentlichen Normadressaten handelt, ist gerade bei den Bußgeldtatbeständen (und auch Straftatbeständen) des Nebenstrafrechts in zunehmendem Maße hervorgetreten; denn die Pflichten, die in den verwaltungsrechtlichen Gesetzen begründet und durch Bußgeld-(oder Straf-) vorschriften abgesichert sind, gelten hier sehr häufig nur für einen bestimmten Personenkreis.

4 **In älteren Gesetzen** des Nebenstrafrechts war deshalb vereinzelt auch der gesetzliche Vertreter als Normadressat genannt worden (vgl. zB früher § 151 GewO, § 536 RVO, § 244 KO, § 83 GmbHG). In den ausdrücklich nicht geregelten Fällen des Handelns für einen anderen hat die Rspr. unerwünschte Ergebnisse dadurch zu vermeiden gesucht, daß sie im Wege der Auslegung zumindest den gesetzlichen Vertreter eines anderen ebenfalls als Normadressaten angesehen hat (vgl. RG **33**, 264; **44**, 125; **57**, 191; BGH **11**, 102; Bruns JZ **58**, 461 mwN). Später hat der Gesetzgeber in zahlreiche Gesetze des Nebenstrafrechts Sondervorschriften eingefügt und in diesen die straf- und bußgeldrechtliche Verantwortung nicht nur auf die gesetzlichen Vertreter (8 ff.), sondern auch auf die gewillkürten Vertreter (16 ff.) ausgedehnt, und zwar etwa in dem Rahmen, wie

dies jetzt II allgemein vorsieht (vgl. zB § 35 AWG aF). Das EGOWiG hat
diese Sondervorschriften beseitigt.

5   **3) Der Anwendungsbereich** der Vorschrift setzt dann ein, wenn der
Normadressat, dem die Bußgelddrohung ursprünglich gilt, durch besondere persönliche Merkmale gekennzeichnet ist. Setzt der Tatbestand
überhaupt keine besonderen persönlichen Merkmale voraus, gilt er also
für jedermann, so kann Täter selbstverständlich auch der sein, der als
Vertreter für einen anderen handelt (zB bei der Abgabe falscher Erklärungen für einen anderen, wenn die Abgabe solcher Erklärungen durch jedermann mit Geldbuße bedroht ist).

6   **Als besondere persönliche Merkmale** sind nach der Klammerdefini-
tion von I nicht nur persönliche Eigenschaften (körperliche, physische
oder rechtliche Wesensmerkmale eines Menschen; Dreher/Tröndle 4 zu
§ 28) anzusehen, also Merkmale, die von einer gewissen Dauer sind und
der Person anhaften, sondern auch persönliche Verhältnisse (Beziehungen des Menschen zur Umwelt) oder Umstände (zB Gewerbsmäßigkeit).
Sie können auch Merkmale vorübergehender Art sein und schon in einem bestimmten äußeren Verhältnis zu anderen Menschen, zu Sachen, zu
einem äußeren Geschehen uä bestehen, zB darin, daß jemand „Teilnehmer am Außenwirtschaftsverkehr" ist (vgl. Begr. zu § 50a StGB) oder
daß jemand einen Gegenstand erwirbt (Rotberg 18). Zu den besonderen
persönlichen Merkmalen rechnet danach zB die Stellung als Gewerbetreibender, Unternehmer, Inhaber einer Verkaufsstelle, Arbeitgeber, Veranstalter (vgl. zB Düsseldorf DAR **79**, 106), Hersteller oder Vertreiber
einer Ware, Eigentümer oder Betreiber einer Anlage, Halter eines Fahrzeuges, Einführer oder Ausführer usw. Solche Merkmale werden demjenigen, der als gesetzlicher oder gewillkürter Vertreter iS von I oder II für
einen anderen handelt, zugerechnet, wenn sie bei ihm fehlen, sie jedoch
in der Person des Vertretenen vorhanden wären, falls er handeln könnte
und gehandelt hätte (Begr. zu § 50a StGB; vgl. Hamm DAR **75**, 51). Die
Frage, ob dies auch bei höchstpersönlichen Merkmalen gilt (zB einem
bestimmten Verwandtschaftsverhältnis bei Sexualstraftaten) oder bei
Tatbeständen, die eine Vertretung nicht zulassen, stellt sich im Ordnungswidrigkeitenrecht praktisch nicht, weil es hier solche Tatbestände –
soweit dies übersehen werden kann – nicht gibt (zust. Rebmann/Roth/
Herrmann 8).

7   **Im Bewußtsein der Umstände,** welche die Tätereigenschaft nach § 9
begründen, muß derjenige handeln, der danach in die Rolle des Normadressaten rückt; sonst handelt er nicht vorsätzlich (vgl. 12 zu § 11). Bei
fahrlässiger Unkenntnis dieser Umstände kann er wegen fahrlässigen
Handelns verantwortlich sein. Kennt der Täter die Umstände, glaubt er
jedoch, zum Handeln nicht verpflichtet zu sein, so liegt ein bloßer Verbotsirrtum (20ff. zu § 11) vor (vgl. auch Düsseldorf DAR **79**, 106).

8   **4) Gesetzliche Vertreter iwS** sind nach I die Personen, die zur gesetzli-
chen Vertretung einer JP (Nr. 1) oder einer Personenhandelsgesellschaft
– PHG – (Nr. 2) oder sonst zur gesetzlichen Vertretung einer natürlichen
Person oder einer JP (Nr. 3) berufen sind. Wird jemand als gesetzlicher
Vertreter einer Gesellschaft für sie als Normadressat verantwortlich ge-

macht, so sind die Rechtsform der Gesellschaft und die gesellschafts-rechtliche Stellung des Betroffenen aufzuklären und in der Entscheidung darzulegen (Koblenz VRS **50**, 53). Ob die JP oder PV ,,rechtswirksam" entstanden ist, darauf dürfte es nicht ankommen; entscheidend ist die faktische Betrachtungsweise (vgl. 7 zu § 30; aM SchSch-Lenckner 15, 22 zu § 14; Rebmann/Roth/Herrmann 13; LK[10]-Roxin 23 zu § 14). Zur ge-setzlichen Vertretung vgl. auch Thiemann S. 164 ff.

9   A. **Vertretungsberechtigte Organe einer JP** (zum Begriff der JP vgl. 2 zu § 30) sind diejenigen, denen die Geschäftsführung für die JP nach außen und innen obliegt, wobei es nicht darauf ankommt, ob das einzelne Organ die JP selbständig rechtsgeschäftlich vertreten kann oder ob im konkreten Falle eine rechtsgeschäftliche Handlung vorliegt (LK[10]-Roxin 24 zu § 14; vgl. näher 13 zu § 30). Bei vertretungsberechtigten Organen einer JP des öR (Körperschaft, Anstalt) greift I Nr. 1 ebenfalls ein, so zB dann, wenn die JP des öR als Arbeitgeber Normadressat von Pflichten ist, die durch Bußgeldvorschriften abgesichert sind. Daß beide Organe nach dieser Vorschrift gleich zu behandeln sind, folgt auch aus II S. 3.

10   B. **Vertretungsberechtigte Gesellschafter** einer PHG (§§ 125, 161, 164 HGB) sind den vertretungsberechtigten Organen einer JP gleichge-stellt, weil die PHG zwar keine Rechtspersönlichkeit hat, jedoch rechtlich weitgehend verselbständigt ist (vgl. 4 zu § 30). Deshalb könnte man annehmen, daß bestimmte persönliche Merkmale, die in der Bußgeld-vorschrift vorausgesetzt werden (zB die Merkmale ,,Unternehmer", ,,Arbeitgeber", ,,Veranstalter"), nur bei der PHG vorliegen, nicht aber bei den Gesellschaftern selbst. Bei der GmbH & Co KG ist der Geschäfts-führer der GmbH als der verantwortliche Vertreter der GmbH & Co KG anzusehen (vgl. BGH **28**, 271, 272; KG JR **72**, 121 m. Anm. Göhler; Köln JMBlNW **73**, 39; Hamm NJW **73**, 1851; Stuttgart MDR **76**, 650; vgl. auch Demuth/Schneider BB **70**, 643; Dreher/Tröndle 3 zu § 14; LK[10]-Roxin 27 zu § 14; Rebmann/Roth/Herrmann 21; Rotberg 12; SchSch-Lenckner 23 zu § 14; Schünemann aaO S. 144), nicht jedoch der Kom-manditist einer KG (Hamm MDR **74**, 425).

11   C. **Vertreter sonstiger Personenvereinigungen** (zB nicht rechtsfähi-ger Verein, § 54 BGB; Gesellschaft des bürgerlichen Rechts, §§ 705 ff. BGB) fallen nicht unter I, weil diese Personenvereinigungen keine recht-liche Selbständigkeit haben. Sie können deshalb auch keine ,,persönli-chen" Merkmale aufweisen (Begr. zu Art. 1 Nr. 7 EEGOWiG = § 50a StGB). Soweit es auf solche Merkmale ankommt, sind sie unmittelbar in der Person der Mitglieder oder Gesellschafter der Personenvereinigung gegeben. So wird zB das Arbeitsverhältnis nicht zwischen der Gesell-schaft und einem Dritten, sondern zwischen den einzelnen Gesellschaf-tern der BGB-Gesellschaft und dem Dritten begründet. Beim nicht-rechtsfähigen Verein ist die Lage ähnlich; hier handelt der Vorstand für die Gesamtheit der Mitglieder und damit auch für sich selbst als Vereins-mitglied; ist er oder ein besonderer Vertreter (§ 30 BGB) nicht Vereins-mitglied, so greift II in den Fällen ein, in denen ein kriminalpolitisches Bedürfnis für die Ausweitung des Tatbestandes gegeben ist (Begr. zu § 50a StGB).

12   D. **Sonstige gesetzliche Vertreter,** die der I Nr. 3 nennt, sind solche, deren Vertretungsmacht nicht auf einer Vollmacht beruht und nicht durch sie oder das Auftragsverhältnis begrenzt ist, sondern durch Gesetz bestimmt ist. Zu den gesetzlichen Vertretern rechnen zB Eltern und Vormünder (§§ 1626, 1793 BGB; 5 zu § 67), aber auch die Personen, die als „Partei kraft Amtes" handeln, also zB Abwickler, Konkursverwalter, Nachlaßverwalter und Testamentsvollstrecker (Begr. zu § 50a StGB). Auch wenn man annimmt, daß die zuletzt genannten Personen im eigenen Namen handeln, muß man ihre Handlungen als die eines gesetzlichen Vertreters beurteilen. Nach dem Sinn und Zweck von I kann deshalb kein Zweifel sein, daß die Ausweitung des Tatbestandes, soweit es auf persönliche Merkmale ankommt, auch für diese Personen gelten muß. Gesetzlicher Vertreter iS der Nr. 3 ist zB aber nicht der Stellvertreter des Kapitäns; deshalb enthalten zB § 131 SeemG und § 17 FlaggRG insoweit eine besondere Regelung.

13   **5) Ein Handeln als gesetzlicher Vertreter** setzt I voraus, also ein Handeln in dieser Eigenschaft.

14   A. **Der Begriff „Handeln"** umfaßt sowohl positives Tun als auch pflichtwidriges Unterlassen (vgl. näher 11 ff vor § 1).

15   **Ist die Geschäftsführung auf mehrere** Vorstandsmitglieder oder Gesellschafter aufgeteilt, kann es bei Unterlassungsdelikten (vgl. näher 13 vor § 1) zweifelhaft sein, welches Organ oder welcher Gesellschafter nach § 9 als Normadressat des Unterlassungsdelikts anzusehen ist, wen also zB die Pflicht trifft, für das Unternehmen eine Auskunft zu erteilen oder die Beschäftigten über Unfallgefahren zu belehren. Im Grundsatz wird davon auszugehen sein, daß zwar jedes Organ und jeden Gesellschafter die Pflicht zum Handeln für die JP oder Gesellschaft trifft, daß sich aber aus der Geschäftsaufteilung eine spezielle Garantenstellung für denjenigen ergibt, in dessen Aufgabenkreis die vorzunehmende Handlung fällt. Deswegen werden die anderen Organe oder Gesellschafter grundsätzlich nicht pflichtwidrig handeln, wenn sie die bestimmte, rechtlich gebotene Handlung, die in den Aufgabenkreis des einen Organs fällt, nicht vornehmen (Koblenz VRS **39**, 118; Bay. NJW **74**, 1341; Schleswig bei Ernesti/Jürgensen SchlHA **75**, 194; Hamm DAR **75**, 51; LK[10]-Roxin 31 zu § 14; Schünemann aaO S. 143). Umgekehrt folgt daraus, daß dieses Organ nicht erwarten kann, daß die anderen Organe die rechtlich gebotene Handlung vornehmen werden. Erkennt ein Organ (oder Gesellschafter), daß eine bestimmte rechtlich gebotene Handlung, die an sich in den Aufgabenkreis eines anderen Organs fällt, nicht oder möglicherweise nicht vorgenommen wird, oder hätte es dies erkennen können, so kann es auch vorsätzlich oder fahrlässig das Unterlassungsdelikt begehen (Hamm NJW **71**, 817; DAR **75**, 51). Hier zeigt sich, daß die übrigen Organe trotz der Geschäftsaufteilung Normadressaten bleiben (Hamm aaO); ihnen wird es freilich vielfach nicht möglich und erst recht nicht zumutbar sein (vgl. 30 vor § 1), sich um den Aufgabenkreis zu kümmern, der einem anderen obliegt (vgl. Demuth/Schneider BB **70**, 644 f.; LK[10]-Roxin 31 zu § 14; Rebmann/Roth/Herrmann 31 f.; abw. Rotberg 17, wonach die interne Zuständigkeitsregelung nur für die Vorwerfbarkeit von Bedeutung sein kann). Sie werden jedoch, wenn sie die Möglichkeit einer Pflichtverletzung erkennen, im Rahmen des Möglichen und Zumutbaren dafür sorgen müssen, daß die Pflichten, die der JP oder Gesellschaft obliegen, befolgt werden (zB durch Gegenvorstellungen bei dem speziell verantwortlichen Organ, durch Unterrichtung anderer Organe, durch eigenes Eingreifen uä). Über die Verantwortlichkeit des Inhabers bei der Bestellung von Beauftragten vgl. 36 ff.

15 a B. „Als" gesetzlicher Vertreter usw muß jemand handeln. Vorausgesetzt wird danach, daß er in Wahrnehmung des Aufgabenkreises des Vertretenen eine positive Handlung oder Unterlassung vorgenommen hat. Notwendig ist ein enger objektiver Zusammenhang zwischen der Handlung und dem Aufgabenkreis (Rotberg 14). Handelt der Vertreter im eigenen Interesse, so wird diese Voraussetzung in der Regel fehlen (vgl. BGH NJW 69, 1494; vgl. ferner 22 ff. zu § 30; vgl. auch LK[10]-Roxin 31 zu § 14). Bei mehreren Vorstandsmitgliedern oder Gesellschaftern ist es nicht notwendig, daß das Organ usw. im Rahmen des ihm übertragenen Aufgabenkreises handelt. Es reicht aus, daß seine Handlung, also auch sein aktives Tun, noch im Geschäfts- und Wirkungskreis der JP oder Gesellschaft liegt (vgl. 26 zu § 30; Rotberg 17).

16 6) Gewillkürte Vertreter (II S. 1) sind an Stelle des ursprünglichen Normadressaten nur unter einschränkenden Voraussetzungen verantwortlich. Die Vorschrift gilt lediglich für solche gewillkürten Vertreter, die mit der Leitung des Betriebes (Unternehmens bzw. Verwaltung; über die Begriffe vgl. 43 f.) oder eines Teiles des Betriebes eines anderen beauftragt (Nr. 1) oder damit betraut sind, in eigener Verantwortung Pflichten zu erfüllen, die durch das Gesetz zunächst (nur) dem Inhaber des Betriebes auferlegt sind (Nr. 2). In diesem Rahmen ist die Verantwortlichkeit des gewillkürten Vertreters mit Rücksicht auf die moderne arbeitsteilige Wirtschaft und Verwaltung unerläßlich. Für eine Einzelperson, die an der Spitze einer gewerblichen Einrichtung steht oder der zB die Leitung einer Verwaltungsstelle obliegt, ist es unmöglich, die damit zusammenhängenden (arbeitsrechtlichen, wirtschaftsrechtlichen uä) Pflichten sämtlich selbst wahrzunehmen. Dabei macht es keinen Unterschied, ob es sich um einen Betrieb handelt, der in der Rechtsform einer JP oder durch eine natürliche Person betrieben wird. Auch eine natürliche Person kann als Einzelunternehmer einen Großbetrieb mit zahlreichen Angestellten und vielfältigen Wirkungsmöglichkeiten besitzen. Im übrigen ist selbst bei Kleinbetrieben die Aufteilung der Aufgaben nichts Ungewöhnliches und aus Rationalisierungsgründen oft notwendig (Begr. zu § 50a StGB; vgl. auch Bay. VRS **51**, 234).

17 A. Die mit der Betriebsleitung beauftragten Personen (Nr. 1) sind in ähnlicher Weise wie die gesetzlichen Vertreter verantwortlich: Diese Personen rücken von selbst in die Stellung des Normadressaten, soweit die Bußgeldvorschriften für den Betriebsinhaber gelten. Eine ausdrückliche Betrauung mit den Pflichten ist also nicht notwendig. Mit der Beauftragung, einen Betrieb ganz oder zum Teil zu leiten, wird also für den Beauftragten automatisch die Verantwortung ausgelöst, die damit zusammenhängenden (straf- und) bußgeldrechtlich in Betracht kommenden Gebote und Verbote zu beachten (vgl. Rehhan, Arbeitsschutz **77**, 243 ff., 250 zur Verantwortlichkeit für die Arbeitssicherheit). Dabei ist allerdings die gewichtige Einschränkung zu machen, daß die Verantwortlichkeit (und damit die „Pflichtigkeit" oder „Garantenstellung" bei Unterlassungsdelikten) nur soweit reichen kann, als der mit den Leitungsaufgaben Betraute auch die Entscheidungsbefugnisse hat. Dies muß aus II S. 1 Nr. 2 auch für den Personenkreis nach II S. 1 Nr. 1 abgeleitet werden; denn der Grundgedanke, daß die Verantwortlichkeit nur in dem Umfang bestehen kann, in dem eine Entscheidungsbefugnis (dh die Möglichkeit, zwischen verschiedenen sachlichen, personellen und organisatorischen Alternativen zu wählen, vgl. Rehhan aaO) eingeräumt ist, muß für beide Fallgruppen von II gelten. Wird aber diese sachlich berechtigte Schlußfolgerung gezogen, so kann nicht die Gefahr eintreten, daß die Verantwortlichkeit in nicht sachgemäßer Weise auf Personen verlagert wird, die sie in diesem Umfang nicht tragen könnten, und daß sich der Betriebsinhaber auf diese Weise der eigenen Verantwortung entziehen könnte (vgl. dazu Rehhan aaO S. 250 unter dem Blickpunkt betriebswirtschaftlicher Betrachtung).

18   **Soweit die Entscheidungsbefugnis vorbehalten** ist, verbleibt die Verantwortlichkeit bei dem Betriebsinhaber (oder der höheren Ebene in der Betriebsleitung). Dies ist insbesondere bei der Übertragung von Teilkompetenzen in der Betriebsleitung von Bedeutung (vgl. 20). Das Fehlen der Entscheidungsbefugnis stellt allerdings den Betriebsinhaber (II S. 1 Nr. 1) oder Abteilungsleiter (II S. 1 Nr. 2) nicht ganz von der Verantwortung frei: Einerseits ist er auf Grund seiner Stellung verpflichtet, den Betriebsinhaber (oder die für diesen eingeschaltete höhere Ebene in der Betriebsleitung) zu unterrichten und auf die mögliche Verletzung von Gebots- und Verbotsvorschriften hinzuweisen; andererseits bleibt er auch in der Verantwortung, wenn er den Rahmen seiner Entscheidungsbefugnis durch aktives Tun überschreitet oder wenn er an dem Handlungsgeschehen des Betriebsinhabers oder der verantwortlichen höheren Ebene in der Betriebsleitung mitwirkt, obwohl er erkennt, daß Gebote oder Verbote verletzt werden (insoweit kann eine Beteiligung gegeben sein; vgl. 10 zu § 14). Doch ist bei der Unzumutbarkeit eines anderen Handelns (so zB, weil die Gefahr besteht, die Stellung zu verlieren) die Vorwerfbarkeit zu verneinen (vgl. näher 29 vor § 1).

18 a   **Die Übernahme anderer Leitungsaufgaben** in einem Betrieb entbindet den bisher Verantwortlichen nicht ohne weiteres von der bisherigen Pflichtigkeit, wenn zuvor in seinem Verantwortungsbereich schwerwiegende Gesetzesverstöße vorgekommen sind und von ihm zuvor keine wirksamen Gegenmaßnahmen eingeleitet worden sind (Hamm 9. 9. 1977, 4 Ss OWi 1298/77).

19   a) **Betriebsleiter ieS** ist derjenige, dem die Geschäftsführung des Betriebes verantwortlich übertragen ist und der dementsprechend auch selbständig an Stelle des Betriebsinhabers handelt (ebenso LK[10]-Roxin 35 zu § 14). Auf die Bezeichnung „Betriebsleiter" kommt es nicht entscheidend an; maßgebend ist vielmehr der sachliche Gehalt des Auftrages (vgl. zum Umfang des Verantwortungsbereiches 17 f.). Im einzelnen kann die Bezeichnung Generalbevollmächtigter, besonders Bevollmächtigter, Generaldirektor, Direktor uä gewählt sein. Auch ein Prokurist kann Betriebsleiter sein. Die Abgrenzung wird deshalb auf keine besonderen Schwierigkeiten stoßen, weil dem Betriebsleiter ieS derjenige gleichsteht, der beauftragt ist.

20 **b) den Betrieb zum Teil zu leiten.** Diese Erweiterung umfaßt zwei Fallgruppen: einmal die, daß jemand einen organisatorisch und räumlich getrennten Betriebsteil leitet (zB eine Zweigstelle, Nebenstelle, besondere Fabrikationsanlage uä); zum anderen auch die, daß jemand in einem größeren Betrieb eine bestimmte Abteilung leitet (zB als kaufmännischer oder technischer Leiter oder noch weiter aufgefächert: als Leiter der Abteilung „Einkauf", „Außenhandelsgeschäfte", „Personalwesen" uä).

21 **Nicht nur die Personen in der obersten Ebene** (etwa iS der „leitenden Angestellten" des Betriebsverfassungsgesetzes) werden bei der im modernen Wirtschaftsleben vielfältig aufgespaltenen arbeitsteiligen Betriebsleitung (vgl. instruktiv: Rehhan, Arbeitsschutz **77**, 243 ff.) als Leiter eines Teils des Betriebes anzusehen sein; bei mehrfachen Leitungsebenen in Großbetrieben, die zB über sieben Stufen reichen können (etwa: Vorstand, Betriebsdirektor, Hauptabteilungsleiter, Abteilungsleiter, Betriebsbereichsleiter, Obermeister, Vorarbeiter; vgl. dazu Rehhan aaO S. 248), können auch noch die Leiter der 5. oder 6. Ebene als Personen angesehen werden, die den Betrieb zum Teil „leiten", was jedoch letztlich von der Organisation des Betriebes im Einzelfall abhängt. Für diese weite Auslegung von II S. 1 Nr. 1 spricht, daß in der Praxis in Wirklichkeit mit der Übertragung der Leitungsaufgabe automatisch eine Übertragung der (Teil-) Verantwortlichkeit für die Erfüllung der Aufgabe anstelle des Betriebsinhabers verbunden ist, ohne daß zusätzlich ein Bündel von Pflichten ausdrücklich übertragen wird (vgl. Rehhan aaO S. 250). Dabei sind jedoch die oben unter 17 f. aufgezeigten Grenzen der Verantwortlichkeit zu beachten. Mit dieser Einschränkung erscheint die befürwortete weite Auslegung des Anwendungsbereichs von II S. 1 Nr. 1 (einschr. das sonstige Schrifttum sowie die 5. Aufl.) sachgerecht. Freilich ist es dann angemessen, auch die Leiter von „Betriebsstäben", die für die Ausarbeitung der grundsätzlichen betrieblichen Entscheidungsalternativen zuständig sind (vgl. hierzu Rehhan aaO S. 251 f.) in die Gruppe von II S. 1 Nr. 1 einzubeziehen, da sie insoweit im Leitungsbereich für den Betriebsinhaber tätig sind. Bei dieser Abgrenzung, bei der es im Kern auf die sachliche Verantwortlichkeit ankommt, für den Betriebsinhaber in leitender Funktion tätig zu sein (vgl. zum eigenverantwortlichen Aufgabenbereich Hamm MDR **74**, 425; vgl. auch Hamm 30. 10. 1973, 5 Ss OWi 1279/73; vgl. ferner LK[10]-Roxin 36 zu § 14), ergeben sich bei der Frage, ob der **Prokurist** unter II S. 1 Nr. 1 einzuordnen ist, keine besonderen Probleme mehr; dies ist anzunehmen, soweit er in einem Teilbereich des Betriebes selbständig tätig ist (vgl. auch Schünemann aaO S. 150 f.); er ist jedoch nur insoweit Normadressat anstelle des Betriebsinhabers, als seine Verantwortlichkeit (und damit seine Entscheidungsbefugnis) reicht. Der mit der Leitung des Betriebes oder eines Teils des Betriebsablaufs Beauftragte kann sich seiner Verantwortung nicht dadurch entziehen, daß er ohne Zustimmung des Betriebsinhabers Leitungsaufgaben an andere delegiert (vgl. Rehhan aaO S. 256). Bei der

Übertragung von Teilkompetenzen auf mehrere Leitungsebenen ergeben sich ähnliche Probleme wie bei der Aufteilung der Zuständigkeiten auf mehrere Vorstandsmitglieder oder Gesellschafter (vgl. hierzu 15).

22   c) **Aufsichtspersonen** sind neben dem Betriebsinhaber für die Erfüllung von Pflichten nur verantwortlich, soweit sie nach I Nr. 2 hiermit ausdrücklich betraut sind. Dies gilt selbst dann, wenn sich die Beauftragung darauf erstreckt, den Betrieb ganz oder teilweise zu beaufsichtigen. Denn die Beaufsichtigung ist weniger als eine verantwortliche und dementsprechend selbständige Geschäftsführung (LK[10]-Roxin 35 zu § 14).

23   B. **Sonstige Beauftragte** gelten nach II S. 1 Nr. 2 nur dann als Normadressaten der den Betriebsinhaber treffenden Pflichten, wenn sie ausdrücklich beauftragt sind, diese Pflichten in eigener Verantwortung zu erfüllen. Nicht notwendig ist es, daß die Beauftragten dem Betrieb angehören. Mit der Wahrnehmung von Betriebspflichten können zB auch Wirtschaftsprüfer, Steuerberater und Steuerbevollmächtigte ausdrücklich beauftragt sein (vgl. Rebmann/Roth/Hermann 50; Demuth/Schneider BB **70**, 645). Die bloße Wahrnehmung der Pflichten für den Betriebsinhaber reicht aber nicht aus (Stuttgart OLGSt zu § 50a StGB S. 1; Hamm MDR **78**, 598). Vorausgesetzt wird:

24   a) **Die Beauftragung,** daß Pflichten, die den Betriebsinhaber treffen, zu erfüllen sind. Dabei ist auf die Einhaltung der gesetzlichen Vorschriften nach Art und Umfang hinzuweisen.

25   **Wesentlich ist, daß der Umfang der Kompetenz,** für den Betriebsinhaber eigenverantwortlich zu handeln, hinreichend klar umrissen ist. Eine Unterrichtung über jede einzelne in Betracht kommende Pflicht ist nicht notwendig. Sonst müßte zB der Betriebsinhaber, der einem Angestellten den Auftrag erteilt, für den verkehrssicheren Zustand der Fahrzeuge des Betriebes zu sorgen, ihn über alle einschlägigen Vorschriften der StVZO unterrichten; das kann aber nicht verlangt werden (zust. Demuth/Schneider BB **70**, 645; LK[10]-Roxin 38 zu § 14). Hat jedoch der Beauftragte nicht die erforderlichen Kenntnisse und Erfahrungen, so muß er über den Kreis der Pflichten näher aufgeklärt werden (vgl. Rebmann/Roth/Herrmann 43; Hamm NJW **74**, 72). Welchen Inhalt der Auftrag im einzelnen haben muß, richtet sich nach den besonderen Umständen (vgl. Begr. zu § 50a StGB).

26   **Auf einzelne Tätigkeiten** kann sich die Beauftragung beschränken, so zB darauf, bei der Einstellung von Ausländern die Wirksamkeit der Arbeitserlaubnis zu überprüfen (§ 229 I Nr. 2 AFG; vgl. Hamm MDR **78**, 598); ebenso zB auf die eigenverantwortliche Kontrolle, bei der Abfüllung von Brauereierzeugnissen die gesetzlich vorgeschriebenen Füllmengen zu beachten (Hamm aaO). Ist ein Angestellter einer Speditionsfirma für den Einsatz der Fahrzeuge und die Überwachung des Fahrpersonals verantwortlich, so sind ihm damit die Pflichten des Unternehmers nach dem FPersG übertragen (Köln VRS **56**, 212); es kann sogar angenommen werden, daß er beauftragt ist, den Betrieb zum Teil zu leiten (vgl. 21).

27   **Die ausdrückliche** Beauftragung mit den Pflichten verlangt das Gesetz, weil auf diese Weise im Interesse des Beauftragten und auch zur Sicherung der Einhaltung der Pflichten klare Verhältnisse geschaffen

werden sollen; sonst könnte in dem Betrieb der eine die Verantwortung leicht auf den anderen abzuwälzen versuchen (krit. hierzu Schünemann 148 ff.; anders früher § 151 I GewO, der keine ausdrückliche Beauftragung verlangte; insoweit ist das neue Recht milder, vgl. Stuttgart OLGSt zu § 50a StGB S. 1; vgl. *de lege ferenda* Art. 1 Nr. 1, Art. 2 Nr. 1 EWiKG 2). Ob aus einer allgemeinen Stellenbeschreibung (zB Verantwortlichkeit „für die Sicherstellung der Betriebsbereitschaft aller Schiffe der Gesellschaft in personeller Hinsicht") schon eine ausdrückliche Beauftragung mit bestimmten Pflichten (zB hinsichtlich der Einhaltung der Arbeitszeitordnung auf Binnenschiffen) abzuleiten ist, erscheint zw. (verein. Schleswig bei Ernesti/Jürgensen SchlHA **78**, 190).

28 **Fehlt eine ausdrückliche Beauftragung,** so wird der Betriebsinhaber, sein gesetzlicher Vertreter oder die mit der Betriebsleitung betraute Person unter dem Gesichtspunkt der Aufsichtspflichtverletzung zur Verantwortung gezogen werden können (wenn der Betriebsinhaber pp. nicht bereits als Täter der konkreten Pflichtverletzung anzusehen ist; vgl. KG JR **72**, 121 m. Anm. Göhler; 36 ff.; zust. LK[10]-Roxin 38 zu § 14); denn zu den gehörigen Aufsichtsmaßnahmen gehört eine klare Organisation (vgl. dazu Rehhan, Arbeitsschutz **77**, 243 ff., 256), die keinen Zweifel daran läßt, wer welche Pflichten zu erfüllen hat (vgl. 10 ff. zu § 130).

29 **Eine besondere Form (etwa Schriftform)** ist für die Beauftragung nicht vorgeschrieben, allerdings im Interesse einer klaren Organisation bei Großbetrieben zweckmäßig (ebenso Demuth/Schneider BB **70**, 645) und zur Entlastung des Betriebsinhabers und der Leitungskräfte iS von II S. 1 Nr. 1 unter dem Gesichtspunkt der eigenen Verantwortung oder der Aufsichtspflichtverletzung notwendig (vgl. Rehhan aaO S. 256 f.; vgl. ferner 36 ff.). Nach außen hin (zB gegenüber Behörden) braucht die Beauftragung aber nicht publiziert zu werden (KG VRS **36**, 269).

30 b) **In eigener Verantwortung** des Beauftragten muß die Erfüllung der Pflichten übertragen sein. Dieses Merkmal darf nicht formelhaft dahin verstanden werden, daß die Erklärung an den Beauftragten genüge, er sei jetzt verantwortlich oder ähnlich. Das Merkmal „in eigener Verantwortung" hat vielmehr einen bedeutsamen sachlichen Gehalt, der die Anwendung der Vorschrift nicht unerheblich einengt. „Verantwortung" für die Erfüllung der Pflichten eines anderen kann nur begründet werden, wenn es dem Beauftragten insoweit auch möglich ist, in dem Wirkungskreis des anderen selbständig zu handeln, also nur im Rahmen der ihm übertragenen Entscheidungsbefugnis.

31 **Die Freiheit des Handelns** und damit die Befugnis zur Entscheidung setzt die Verantwortung voraus (Begr. zu § 50a StGB; BerEEGOWiG zu § 50a StGB; Prot. V, 1100). Der Beauftragte muß also in der Lage sein, von sich aus (also ohne die Weisung des Betriebsinhabers oder eines sonst dazu Befugten) die Maßnahmen zu ergreifen, die zur Erfüllung der Pflichten notwendig sind (zB die Reparatur an einem schadhaften Fahrzeug durchführen zu lassen oder das schadhafte Fahrzeug nicht mehr einzusetzen). Soweit dem Beauftragten diese Selbständigkeit und Entscheidungsfreiheit fehlt, erfüllt er die Pflichten nicht in eigener Verantwortung (Hamm MDR **78**, 598); jedoch kann Eigenverantwortlichkeit

auch bei einer bestehenden Kontrolle gegeben sein (LK[10]-Roxin 39 zu
§ 14; SchSch-Lenckner 38 zu § 14; Demuth/Schneider BB **70**, 645).

32   **Im Rahmen des Sozialadäquaten** muß die Übertragung der Verantwortung im übrigen liegen (Rebmann/Roth/Herrmann 48; Dreher/
Tröndle 13 zu § 14; Demuth/Schneider BB **70**, 645; krit. Rotberg 27;
LK[10]-Roxin 40 zu § 14; SchSch-Lenckner 40 zu § 14; Schünemann aaO
S. 146 ff.); dh im Rahmen dessen, was bei der Aufteilung von Aufgaben
und Pflichten in der modernen arbeitsteiligen Wirtschaft allgemein üblich
ist. Es würde zB außerhalb des Sozialadäquaten liegen, wenn ,,der Inhaber einer Verkaufsstelle ein Lehrmädchen damit beauftragt, in ,eigener
Verantwortung' für die Einhaltung der Ladenschlußzeiten zu sorgen,
selbst wenn er ihr die Entscheidungsbefugnis einräumt, nach ihrem Ermessen den Laden zu öffnen oder zu schließen." (Begr. zu § 50 a StGB).

33   Über das Fortbestehen der Verantwortung des Inhabers vgl. 36; die
Sozialadäquanz der Übertragung entscheidet nicht darüber, ob die Verantwortung des Inhabers entfällt, sondern ob neben ihm eine weitere
Person in die Verantwortung rückt (dies übersieht Tiedemann ZStW **83**,
808).

34   C. **Eine Beauftragung durch den Inhaber** oder einen sonst dazu Befugten wird vorausgesetzt. Dies gilt in allen Fällen von II. Ist eine JP
Inhaber des Betriebes, so handelt sie durch ihre Organe. Als sonst Befugte anzusehen sind namentlich die Bevollmächtigten oder Beauftragten des Inhabers, zu deren Aufgabenkreis (auch) die Organisation des
Betriebes in einem größeren oder kleineren Bereich gehört (insbesondere
in den Fällen von II Nr. 2). Die Befugnis, jemanden mit der Betriebsleitung zu beauftragen, kann sich auch aus dem Gesetze, so zB aus der
Vorschrift über die Bestellung eines besonderen Vertreters durch die
Mitgliederversammlung eines Vereins (§ 30 BGB) ergeben. Auch eine
gerichtliche Bestellung (zB als Konkursverwalter, soweit hier nicht
schon I vorliegt) kommt in Betracht.

35   D. **Nur hinsichtlich der ,,betriebsbezogenen" Pflichten** (vgl. näher
18 ff. zu § 30) wird die Verantwortlichkeit der Beauftragten begründet,
dh nur hinsichtlich der Pflichten, die den Inhaber des Betriebes in dieser
seiner Eigenschaft treffen. Denn I setzt voraus, daß der Beauftragte **,,auf
Grund dieses Auftrages"** handelt, also im Zusammenhang mit den ihm
übertragenen betrieblichen Aufgaben. Die Erfüllung der Pflichten setzt II
nicht voraus; im Gegenteil, gerade die Pflichtverletzung begründet die
Verantwortung des Beauftragten. Zu den Pflichten rechnen sowohl Gebote wie auch Verbote (vgl. 21 zu § 30).

36   E. **Die Verantwortlichkeit des Inhabers** wird mit der Bestellung von
Beauftragten nach II S. 1 Nr. 1, 2 gemindert, sie entfällt jedoch nicht
ganz (vgl. Celle NJW **69**, 759; Hamm NJW **71**, 817, **74**, 72; VRS **51**,
234).

37   a) **Der Inhaber des Betriebes bleibt weiterhin Normadressat,** wie sich
aus dem Wort ,,auch" in I ergibt (Koblenz MDR **73**, 606; LK[10]-Roxin 43
zu § 14; dies übersieht Tiedemann bei der Kritik in ZStW **83**, 807; vgl.
auch Schünemann aaO S. 140). Er hat deshalb alle organisatorischen
Maßnahmen zur Verhinderung von Zuwiderhandlungen zu treffen
(Hamm VRS **51**, 234). Da es ihm jedoch nicht möglich ist, alle Pflichten

persönlich wahrzunehmen, die sich aus dem Wirkungskreis des Betriebes ergeben, wird er im allgemeinen selbst nicht pflichtwidrig handeln, wenn trotz solcher Maßnahmen Pflichten verletzt werden (vgl. KG VRS **36**, 269; Hamm aaO). Doch kommt es auf die Umstände des Einzelfalles an; so sind zB an die Sorgfaltspflicht auf dem Gebiete des Lebensmittelrechts höchste Anforderungen zu stellen, so daß der Betriebsinhaber nur in seltenen Ausnahmefällen unverschuldet handelt (Düsseldorf LRE **11**, 96, 194; Koblenz LRE **11**, 135).

38 b) **Erkennt der Inhaber** danach, daß eine bestimmte Pflicht von seinen Beauftragten mißachtet wird oder kann er dies erkennen (Hamm VRS **51**, 234), so muß er selbst eingreifen (Hamm NJW **74**, 72), so zB dann, wenn er bemerkt, daß ein Lkw trotz abgefahrener Reifen in seinem Betrieb benutzt wird, oder wenn er feststellt, daß eine genehmigungspflichtige Tätigkeit ohne Genehmigung vorgenommen wird (vgl. 14) oder wenn ihm bekannt wird, daß die in § 32 I Nr. 1 JArbSchG verlangte ärztliche Bescheinigung nicht vorliegt (Hamm aaO). In solchen Fällen kann der Inhaber selbst Täter der Zuwiderhandlung sein (vgl. Celle NJW **69**, 759; Düsseldorf VRS **39**, 446; Hamm VRS **51**, 234; insgesamt zust. LK[10]-Roxin 43 zu § 14; vgl. auch 13 vor § 1). Das gleiche gilt für den Betriebsleiter, der andere Personen mit der Erfüllung bestimmter Pflichten beauftragt. Hat sich der Beauftragte bei der Erfüllung von Pflichten jahrelang als absolut zuverlässig erwiesen, so besteht kein Anlaß zu besonderen Kontrollmaßnahmen durch den Betriebsleiter, so insbesondere dann nicht, wenn es sich um einen verhältnismäßig eng abgegrenzten Aufgabenbereich handelt (vgl. Hamm MDR **78**, 598).

39 c) **Bei Pflichten, die zum zentralen Geschäftsbereich des Betriebes gehören,** haben die Inhaber des Betriebes und die ihm gleichgestellten Personen selbst zumindest die organisatorischen Grundvoraussetzungen dafür zu schaffen, daß die Pflichten tatsächlich erfüllt werden (KG JR **72**, 121 m. Anm. Göhler; vgl. auch zu Verstößen gegen das Lebensmittelrecht 37). Aus § 130 folgt im übrigen, daß dem Inhaber (sowie seinem gesetzlichen Vertreter und dem Betriebsleiter) im Falle der Beauftragung anderer Personen die Oberaufsicht obliegt, dafür zu sorgen, daß die ihn treffenden Pflichten eingehalten werden (vgl. 15 zu § 130; Koblenz MDR **73**, 606).

40 d) **Bei aufgespaltenen Zuständigkeiten** innerhalb eines größeren Betriebes mit den deshalb möglichen Überschneidungen und Unklarheiten (Lücken) zwischen den Zuständigkeitsbereichen ist es unumgänglich, die Zuständigkeiten in personeller, organisatorischer, zeitlicher und räumlicher Hinsicht uä schriftlich festzulegen und dies den Leitungskräften bekanntzugeben (vgl. Rehhan, Arbeitsschutz **77**, 243 ff., 257 f.); geschieht dies nicht, so sind der Betriebsinhaber und die an seine Stelle im Leitungsbereich handelnden Personen zumindest unter dem Gesichtspunkt der Aufsichtspflichtverletzung verantwortlich, wenn in dem Betrieb Zuwiderhandlungen begangen werden, die bei einer klaren Zuständigkeitsabgrenzung hätten vermieden werden können. In solchen Fällen können uU der Betriebsinhaber oder die im Leitungsbereich an seiner Stelle handelnden Personen selbst als Täter verantwortlich sein, wenn sie den Eintritt der Zuwiderhandlung als Folge des Organisationsmangels hätten voraussehen können und auch die Fahrlässigkeit mit Geldbuße bedroht ist.

41   e) **Die Beachtung der gesetzlichen Gebote und Verbote** muß, da sie in erster Linie dem Betriebsinhaber obliegt, von ihm den mit Leitungsaufgaben betrauten Personen deutlich als ein beachtlicher Richtwert betriebswirtschaftlichen Handelns im Rahmen der Leitungsentscheidungen (bei den hier auftretenden vielfältigen Zielkonflikten) herausgestellt werden. Das gleiche gilt für die in der ersten Ebene des Leitungsbereichs handelnden Personen (Vorstandsmitglieder, Gesellschafter uä). Läßt der Betriebsinhaber erkennen, daß die Gewinnmaximierung und Gewinnoptimierung Vorrang vor der Einhaltung von gesetzlichen Geboten und Verboten (zB von Arbeitsschutzvorschriften, vgl. hierzu Rehhan, Arbeitsschutz **77**, 243 ff.) hat (etwa nach dem Motto: „wer bei mir zu viel an Sicherheit und nicht zu sehr ans Geldverdienen denkt, für den ist hier auf die Dauer kein Platz", vgl. Rehhan aaO S. 244), so kann er bei Zuwiderhandlungen unter dem Gesichtspunkt der Aufsichtspflichtverletzung oder sogar als Täter (Beteiligter; vgl. 9 f. zu § 14) der Zuwiderhandlung (Schreibtischtäter) verantwortlich sein (vgl. 40). Die Verfolgungsbehörden sollten sich deshalb nicht scheuen, unter diesem Gesichtspunkt innerhalb des Betriebes „höher hinaus" zu ermitteln, um die wirklich Verantwortlichen zu treffen (vgl. Rehhan aaO S. 256).

42   7) **Die Gleichstellungsklausel von II S. 2** hat den Zweck, alle Einrichtungen zu erfassen, die als Betrieb oder Unternehmen angesehen werden können, gleichgültig, ob beide Begriffe genau voneinander abgrenzbar sind (Begr. zu § 50a StGB; vgl. auch LK^{10}-Roxin 34 zu § 14).

43   A. **Betrieb** ist eine planmäßig zusammengefügte Einheit (meist auch räumlich) von Personen und Sachmitteln unter einer einheitlichen Leitung mit dem (auf eine gewisse Dauer gerichteten) Zweck, Güter oder Leistungen materieller oder immaterieller Art hervorzubringen oder zur Verfügung zu stellen. Der Zweck braucht kein wirtschaftlicher zu sein, so daß zB auch eine karikative Einrichtung oder ein RABüro ein Betrieb sein kann (SchSch-Lenckner 28 zu § 14; LK^{10}-Roxin 33 zu § 14). Der Begriff Betrieb ist danach im weitesten Sinne auszulegen. Er umfaßt jedoch nicht die privaten Haushalte (Rotberg 20; SchSch-Lenckner aaO).

44   B. **Der Begriff Unternehmen** kennzeichnet vor allem die Rechtsform des Betriebes (AG, oHG uä) und den Zweck der betrieblichen Betätigung als einen wirtschaftlichen. Ob eine Einrichtung als Betrieb oder Unternehmen anzusehen ist, hängt also vornehmlich von der Betrachtungsweise ab. Im Arbeitsrecht wird der Begriff Betrieb als Teilbereich des Unternehmens iS der produktionstechnischen Einheit angesehen. So betrachtet kann das Unternehmen mehrere Betriebe umfassen; andererseits kann ein Betrieb auf mehreren Unternehmen aufgebaut sein.

45   8) **Bei öffentlichen Verwaltungen** und ähnlichen Stellen ist die Vorschrift sinngemäß anzuwenden (II S. 3). Dieser Regelung liegt der Gedanke zugrunde, daß auch solchen Stellen vielfach gleiche Aufgaben obliegen wie einem Betrieb (zB als Arbeitgeber, als Bauherr, als Halter von Kraftfahrzeugen usw) und daß für diese Stellen ihre Angehörigen handeln, die nicht die vorausgesetzten besonderen persönlichen Merkmale aufweisen. Es wäre aber im Vergleich zu den Betrieben und Unternehmen des Privatrechts unberechtigt, wenn solche Personen nicht zur Verantwortung gezogen werden könnten (vgl. Begr. zu § 50a StGB). Daraus ist abzuleiten, daß II S. 3 nur in solchen Fällen eingreift, in denen auch private Betriebe oder Unternehmen als Normadressaten in Betracht kommen (Dreher/Tröndle 15 zu § 14; LK[10]-Roxin 41 zu § 14; aM Rotberg 32). Durch die Fassung ,,Stelle, die Aufgaben der öffentlichen Verwaltung wahrnimmt" sollen nicht nur ,,Verwaltungen" im technischen Sinne erfaßt werden, sondern zB auch Körperschaften und Anstalten des öR. Die nur ,,sinngemäße" Anwendung ist bei derartigen Stellen bestimmt, da bei ihnen ein ,,Inhaber" fehlt. Es wird also nach den Organisationsbestimmungen dieser Stellen zu beurteilen sein, wem welche Pflichten obliegen. Bei einer Verlagerung der Pflichten nach unten hin wird zu berücksichtigen sein, daß sich die für die Stelle in erster Linie verantwortlich handelnden Personen dadurch ihrer Pflichten nicht ganz entledigen; die Bemerkungen unter 36 gelten insoweit entsprechend (vgl. auch 18).

46   **9) Ein unwirksamer Bestellungsakt** ist auf die Verantwortlichkeit der gesetzlichen Vertreter oder Beauftragten grundsätzlich ohne Einfluß (III). Das gilt namentlich dann, wenn die für die Bestellung etwa notwendigen Formvorschriften (gerichtliche oder notarielle Beurkundungen, Schriftform, Eintragung in das Handelsregister) nicht beachtet sind oder wenn ein nicht oder nur beschränkt geschäftsfähiger Inhaber den Auftrag erteilt hat. Notwendig ist jedoch, daß der Vertreter oder Beauftragte mit dem Einverständnis des Inhabers (oder der für ihn handelnden Organe) oder des sonst hierzu Befugten tätig geworden und tatsächlich eine Stellung eingenommen hat, wie sie I, II voraussetzen (zu eng Dreher/Tröndle 18 zu § 14, wo darauf abgestellt ist, daß die Befugnis zur Erteilung des Auftrages ,,rechtswirksam" bestanden haben muß; krit. dazu Rotberg 33, LK[10]-Roxin 44 zu § 14, SchSch-Lenckner 44 zu § 14).

47   **Ein faktisches Vertretungs- oder Auftragsverhältnis** muß danach vorliegen (ebenso Lackner 2c zu § 14). Das würde zB nicht der Fall sein, wenn der beauftragte Betriebsleiter nur als Strohmann anzusehen wäre (nichtiges Scheingeschäft), weil dann die in II vorausgesetzte tatsächliche Entscheidungsbefugnis und Selbständigkeit fehlt (zust. LK[10]-Roxin 44 zu § 14; SchSch-Lenckner 48 zu § 14). Keine Ausdehnung der Verantwortlichkeit auch bei unwirksamem Bestellungsakt ist zB ferner gegeben, wenn ein Minderjähriger mit der Erfüllung von Pflichten betraut würde, denen er nicht gewachsen ist, oder wenn die Beauftragung sonst außerhalb des Sozialädaquaten (vgl. 32) liegt. In solchen Fällen würde die notwendige faktische Grundlage für eine Ausdehnung der Verantwortlichkeit fehlen (zust. Demuth/Schneider BB **70**, 646; Rebmann/Roth/ Herrmann 54).

48   **Vorsätzliches Handeln** ist gegeben, wenn dem Täter die Umstände, aus denen sich das faktische Vertretungs- oder Auftragsverhältnis ergibt, bekannt sind (vgl. BGH **21**, 101). Die unrichtige Annahme des Täters, er sei nicht verantwortlich, weil der Bestellungsakt unwirksam sei, ist ein (in der Regel vorwerfbarer) Verbotsirrtum (LK[10]-Roxin 45 zu § 14; vgl. 23ff. zu § 11).

Vorsatz und Fahrlässigkeit

10 Als Ordnungswidrigkeit kann nur vorsätzliches Handeln geahndet werden, außer wenn das Gesetz fahrlässiges Handeln ausdrücklich mit Geldbuße bedroht.

Übersicht

1   **1) Die Vorschrift** entspricht § 15 StGB. Sie bezweckt zweierlei: Einmal soll Klarheit darüber bestehen, ob der jeweilige Tatbestand nur durch vorsätzliches Handeln oder schon durch fahrlässiges Handeln verwirklicht werden kann. Das Fehlen einer entsprechenden Vorschrift im früheren Allgemeinen Teil des StGB hatte zu Auslegungsschwierigkeiten geführt. § 10 will neben der Klarstellung, daß bei Schweigen des Gesetzes stets vorsätzliches Handeln vorausgesetzt wird, verhindern, daß die Möglichkeit der Ahndung durch den Gesetzgeber zu sehr ausgeweitet wird. Die Androhung einer Geldbuße auch für nur fahrlässiges Handeln ist zwar (schon auf der Grundlage des § 11 I OWiG 1952, der einen gleichen Inhalt hatte) keineswegs die seltene Ausnahme geblieben, sondern so häufig vorgesehen, daß die Gesetzeswirklichkeit das Verhältnis von Regel und Ausnahme nahezu umgekehrt hat. Gleichwohl hat § 10 eine Schutzfunktion; er zwingt den Gesetzgeber, bei jedem Bußgeldtatbestand zu prüfen, ob es notwendig und gerechtfertigt ist, schon das fahrlässige Handeln mit Geldbuße zu bedrohen.

2   **2) Der Vorsatz** (Kurzformel: Wissen und Wollen der Tat) ist gegeben (vgl. Dreher/Tröndle 2 zu § 15), wenn der Täter a) die Tatbestandsmerkmale (vgl. 3ff. zu § 11), die das Gesetz voraussetzt, kennt (zB das Parkverbotsschild sieht) und – soweit die Tatbestandsmerkmale noch nicht gegenwärtig sind – deren künftigen Eintritt nach dem voraussichtlichen Ablauf der Tathandlung voraussieht (zB den Ablauf der Parkuhr während seiner Abwesenheit), b) die Tatbestandsverwirklichung will (zB an dieser Stelle parken will) und c) die Vorstellung hat, den Tatablauf zu beherrschen (zB den Wagen aus der Parkzone entfernen zu können). Zur Kenntnis der Tatbestandsmerkmale (hierzu sowie über die Fälle des Irrtums vgl. zu § 11) gehört ein aktuelles Bewußtsein (zB genügt es nicht, daß der Täter an sich das Parkverbot kennt, wenn ihm dies zur Zeit der Tat nicht gegenwärtig bewußt ist). Es gibt je nach der Stärke von Vorstellung und Wille eine abgeschwächte Form des Vorsatzes (bedingter Vorsatz oder Eventualdolus im Gegensatz zum unbedingten oder direkten Vorsatz) und zwei verstärkte Formen des (direkten) Vorsatzes (absichtliches und wissentliches Handeln). Soweit das Gesetz nur vorsätzliches Handeln voraussetzt, also keine Absicht und Wissentlichkeit verlangt, reicht jede der genannten Formen des Vorsatzes zur Tatbestandsverwirklichung aus.

3   A. **Bedingter Vorsatz** liegt nach der Rspr. vor, wenn der Täter die Tatbestandsverwirklichung nur für möglich hält, aber sie „billigt" oder

,,billigend in Kauf nimmt" (BGH **7**, 363; NJW **60**, 1821) oder, anders ausgedrückt, ,,die Tatbestandsverwirklichung ernstlich für möglich hält und sich mit ihr abfindet" oder mit ihr ,,einverstanden" ist (vgl. Dreher/ Tröndle 11 zu § 15). Ob dies bejaht werden kann, hängt von den näheren Umständen des Einzelfalles – die zu prüfen sind – ab (vgl. näher Dreher/ Tröndle aaO mwN). Hat der Täter nur die unbestimmte Hoffnung, daß der Erfolg ausbleibt, so schließt das sein Einverständnis mit der Tatbestandsverwirklichung nicht aus (BGH 14. 12. 1971, 1 StR 589/71). Ist das Einverständnis zu verneinen, so kommt bewußte Fahrlässigkeit in Betracht (vgl. 20).

4 B. **Absichtliches Handeln** ist gegeben, wenn es dem Täter auf den Erfolg ankommt, er ihn also anstrebt (BGH **18**, 151). Die bei der Tatbestandsbeschreibung gebräuchliche Fassung ,,um ... zu" (zB ,,um eine Genehmigung zu erschleichen", vgl. § 33 IV Nr. 1 AWG, weit. Beisp. bei Göhler unter ,,Erschleichen") bedeutet dasselbe wie absichtliches Handeln (vgl. BGH **4**, 108; Dreher/Tröndle 6 zu § 15).

5 C. **Wissentliches Handeln** ist zu bejahen, wenn der Täter positiv weiß oder als sicher voraussieht, daß er den Tatbestand verwirklicht, unabhängig davon, ob er dies erstrebt. Soweit dies übersehen werden kann, gibt es bislang keine Bußgeldtatbestände, die wissentliches Handeln voraussetzen.

6 **3) Fahrlässiges Handeln** (Kurzformel: unbewußte oder ungewollte, aber pflichtwidrige Verwirklichung des Tatbestandes) liegt nach der Rspr. vor, wenn der Täter die Sorgfalt, zu der er nach den Umständen und seinen persönlichen Fähigkeiten verpflichtet und imstande ist, außer acht läßt (also pflichtwidrig handelt) und deshalb a) die (rechtswidrige) Tatbestandsverwirklichung nicht erkennt oder voraussieht (unbewußte Fahrlässigkeit) oder b) die Möglichkeit der (rechtswidrigen) Tatbestandsverwirklichung zwar erkennt, aber (pflichtwidrig) darauf vertraut, sie werde nicht eintreten (bewußte Fahrlässigkeit); vgl. RG **58**, 134; **67**, 18; BGH **10**, 369.

7 A. **Einzelheiten:**
a) **Nicht vorsätzlich** muß der Täter handeln. Handelt er ,,in Unkenntnis" (vgl. 2), so ist zu unterscheiden, ob sich die Unkenntnis auf Tatbestandsmerkmale (vgl. 3 ff. zu § 11) bezieht oder nur auf das Verbotensein der Tat. Die bloße Verbotsfahrlässigkeit läßt nach § 11 II den Vorsatz unberührt, so daß die Tat als vorsätzliche, nicht als fahrlässige Ordnungswidrigkeit geahndet werden kann (vgl. 8, 20 ff. zu § 11). Dies ist also zunächst zu prüfen. Innerhalb der Fahrlässigkeit kann danach die Frage, ob Tatfahrlässigkeit oder Rechtsfahrlässigkeit vorliegt, gar nicht mehr auftauchen. Der *Verdacht des vorsätzlichen Handelns* läßt, wenn er sich nicht erweist, die Ahndung fahrlässigen Handelns zu (vgl. BGH **17**, 210 **7a** m. Anm. Willms JZ **62**, 628). Eine **Wahlfeststellung** (38 vor § 1) zwischen vorsätzlichem und fahrlässigem Handeln kommt selbst bei begründetem Verdacht des Vorsatzes nicht in Betracht; auch in diesem Falle ist nach dem Grundsatz *in dubio pro reo* nur fahrlässiges Handeln anzunehmen (Dreher MDR **70**, 369; im Ergebnis ebenso BGH aaO).

8   b) **Die Feststellung der Pflichtwidrigkeit** vereinfacht sich bei Bußgeldtatbeständen im Ausgangspunkt deshalb, weil das Wesen (der Deliktstyp) des Bußgeldtatbestandes gerade das pflichtwidrige Handeln ist,
dh die Verletzung eines verwaltungsrechtlich normierten oder in der
Bußgeldvorschrift selbst enthaltenen Gebotes oder Verbotes. Wer die
vorgeschriebene Höchstgeschwindigkeit nicht einhält, wer verbotswidrig parkt, wer die nicht unterbrochene Trennlinie überfährt, wer unzulässige Preise fordert, wer eine vorgeschriebene Auskunft nicht erteilt usw.,
entspricht eben nicht den Anforderungen, die von der Rechtsordnung an
einen einsichtigen und besonnenen Menschen für konkrete Situationen
gestellt sind, und handelt damit pflichtwidrig.

9   **Durch die Verwirklichung des Bußgeldtatbestandes** wird danach regelmäßig pflichtwidriges Handeln indiziert, also ein Beweisanzeichen für
die Pflichtwidrigkeit gesetzt. Dies erspart aber nicht die weitere Prüfung,
ob der Täter nach den Umständen des konkreten Falles und seinen persönlichen Fähigkeiten (vgl. 16) in der Lage und imstande war, pflichtgemäß zu handeln (vgl. Köln JR **71**, 163).

9a   **Nach Art des Anscheinsbeweises** ist ein „Schuldnachweis" bei zweifelhafter Sachlage auch bei Bußgeldtatbeständen (vgl. dazu Booß NJW
60, 373; Wimmer NJW **59**, 1753) unzulässig (vgl. Begr. zu § 6 EOWiG;
Baumann NJW **59**, 2293; BVerfGE **9**, 169; **20**, 333).

10   **Zunächst ist objektiv** auf Grund der Umstände des Einzelfalles zu
prüfen, ob ein besonnener, auf die Einhaltung der Rechtsordnung be-
dachter Bürger die Tatbestandsverwirklichung hätte erkennen und vermeiden können. Da im Straßenverkehr Nachlässigkeiten und Irrtümer
sehr leicht zur Gefährdung anderer und zu Unfällen führen können, ist
hier ein besonders sorgfältiges Verhalten geboten; hat zB ein Kraftfahrer
Zweifel über die Einhaltung der durch Verkehrszeichen getroffenen Regelung, so muß er die Fahrweise oder Fahrtrichtung wählen, die zweifelsfrei als richtig oder mit dem geringsten Risiko des Fehlverhaltens
belastet erscheint (Stuttgart VM **69**, 7). Ergeben sich aus einer bestimmten Stellung oder Tätigkeit (zB als Fahrer eines Kfz., als Fahrzeughalter,
als Arbeitgeber, als Gewerbetreibender, als Einführer oder Ausführer
von Waren) bestimmte Pflichten, so muß verlangt werden, daß sich der
Pflichtadressat Kenntnis von den Pflichten verschafft (die auch Tatbestandsmerkmale sein können). Zu den Anforderungen der Sorgfaltspflicht im Lebensmittelrecht vgl. 37 zu § 9.

11   **Treffen mehrere Pflichten zusammen,** die einander widerstreiten, so
ist nach der Gesamtrechtsordnung zu prüfen, welches Verhalten die
Rechtsordnung vom Täter im konkreten Falle verlangt (Baumann
S. 460). Dabei ist zu berücksichtigen, daß die Bußgeldvorschriften viel-
fach schon in einem Vorbereich dem Rechtsgüterschutz dienen, so daß
gewichtigere Pflichten, welche die Rechtsgüter noch stärker schützen, in
Betracht kommen und ein anderes Handeln verlangen können (vgl. § 1
StVO im Verhältnis zu anderen Vorschriften der StVO; vgl. 17f.).

12   **Bei einem Erfolgsdelikt** (vgl. 14 vor § 1, zB leichtfertige Steuerverkürzung oder Steuergefährdung, §§ 378, 379 AO 1977, Anh **A 10**), wird
die Feststellung, ob der Erfolg gerade auf der pflichtwidrigen Handlung
beruht, in der Regel keine Schwierigkeiten bereiten; denn der in der

Bußgeldvorschrift vorausgesetzte Erfolg (zB die Verkürzung der Steuern) ist nämlich regelmäßig die Folge des in der Bußgeldvorschrift vorausgesetzten pflichtwidrigen Handelns (zB das Ausstellen falscher Belege oder allgemein die Nichtbeachtung steuerrechtlicher Vorschriften; vgl. auch 14 vor § 1). Zweifelhaft kann allerdings sein, ob bei der Schädigung eines anderen im Straßenverkehr der Tatbestand des § 1 StVO (rechtswidrig) verwirklicht ist oder ob sich derjenige, der den anderen geschädigt hat, verkehrsrichtig verhalten und damit den Erfolgstatbestand des § 1 StVO nicht oder nicht rechtswidrig (vgl. 18 f.) erfüllt hat. Im einzelnen muß hier auf das umfangreiche Schrifttum zu § 1 StVO verwiesen werden.

13   **Zur Pflichtwidrigkeit im Steuerrecht** vgl. Brenner BB **76**, 687, **im Lebensmittelrecht** vgl. 37 zu § 9.

14   c) **Ob der Betroffene nach seinen persönlichen Fähigkeiten** in der Lage war, die Tatbestandsverwirklichung zu erkennen und zu vermeiden, also pflichtgemäß zu handeln, hängt von seinem Intelligenzgrad und seiner Erfahrung (zB als Kraftfahrer) ab, aber auch von der konkreten Situation (zB Schreck, Reaktionszeit). Wer mit dem selbständigen Betrieb eines bestimmten Gewerbes beginnt, von dem muß verlangt werden, daß er es gesetzmäßig ausübt; er kann daher nicht mit dem Einwand gehört werden, er sei nicht befähigt gewesen zu erkennen, welche Aufgaben ihm aus der Verpflichtung erwachsen sind, den Gewerbebetrieb gesetzmäßig zu führen (BGH **10**, 133). Eine Pflichtwidrigkeit kann auch darin liegen, daß sich der Täter auf Handlungen einläßt, die er voraussehbar nicht meistern kann (vgl. Dreher/Tröndle 16 zu § 15; BGH DAR **68**, 131; zB wenn ein Kraftfahrer kurz nach der Fahrprüfung im dichten Stadtverkehr fährt und deshalb trotz größter Aufmerksamkeit Verkehrsvorschriften übertritt).

15   **Eine vorwerfbare Pflichtverletzung** liegt nicht vor, wenn dem Täter pflichtgemäßes Handeln nicht zumutbar war, so zB, wenn der Arbeitnehmer auf ausdrückliche Weisung des Arbeitgebers aus erfolglosen Gegenvorstellungen handelt, um seine Arbeitsstelle, auf die er angewiesen ist, nicht zu verlieren (vgl. RG **30**, 25; vgl. auch Dreher/Tröndle 16 zu § 15; vgl. ferner 29 vor § 1). Die Grenze der Zumutbarkeit ist bei Bußgeldvorschriften wegen der weniger bedeutsamen Pflichten als im Strafrecht nicht zu weit zu ziehen. In Grenzfällen wird das Opportunitätsprinzip (§ 47) besonders zu beachten sein.

16   d) **Die Frage, ob die Tatbestandsmäßigkeit bei nicht pflichtwidrigem Handeln entfällt,** wird neuerdings im strafrechtlichen Schrifttum unter der Voraussetzung bejaht, daß den Anforderungen, die an einen einsichtigen und besonnenen Menschen zu stellen sind (generelle Sorgfaltspflicht), genügt ist (vgl. SchSch-Cramer 119 ff. zu § 15 mwN; krit. Dreher/Tröndle 15 zu § 15; vgl. auch Lackner III 1 a, bb zu § 15). Eine Mindermeinung nimmt sogar an, daß bei Beachtung der Sorgfaltspflicht, zu der der Täter nach seinen persönlichen Verhältnissen imstande war, der Tatbestand nicht erfüllt ist, auch wenn die generelle Sorgfaltspflicht verletzt ist (vgl. Stratenwerth AT S. 288, 291); dies kann im Ordnungswidrigkeitenrecht, in dem die Erfolgsdelikte praktisch keine Rolle spielen (vgl. 14 vor § 1 sowie 12) nicht gelten, da hier die Erfüllung des Tatbestandes gerade in der objektiven Pflichtwidrigkeit besteht (vgl. 8 f.). Die Rspr. nimmt an, daß der nicht pflichtwidrig Handelnde jedenfalls nicht rechtswidrig handelt (BGH **24**, 31). Zu diesen Einordnungskriterien haben sich im Strafrecht in jüngster Zeit höchst unterschiedliche Auffassungen entwickelt, und zwar zunächst bei den Erfolgsdelikten (SchSch 17. Aufl. 159 ff. zu § 59); neuerdings wird mit beachtlichen Gründen in einer anderen Richtung eine differenzierende Betrachtung befürwortet, nämlich bei den Tätigkeitsdelikten einerseits und den Unterlassungsdelikten andererseits (so SchSch-Cramer 116, 134 zu § 15). Im Ordnungswidrigkeitenrecht kommt diesen außerordentlich schwierigen Einordnungskriterien keine praktische Bedeutung zu (ebenso Rotberg 17), so daß darauf nicht näher eingegangen wird.

17   e) **Die Rechtswidrigkeit** fahrlässigen Handelns entfällt bei Vorliegen von Rechtfertigungsgründen (vgl. 20 vor § 1).

18   **Ob sozialadäquates Handeln,** dh ein Handeln, das allgemein üblich ist und von der Gemeinschaftsordnung gestattet wird (vgl. BGH **23**, 226), die Rechtswidrigkeit oder sogar schon die Tatbestandsmäßigkeit beseitigt, ist sehr umstritten (vgl. SchSch-Cramer 144 zu § 15). Da die Bußgeldvorschriften meist konkrete Gebote oder Verbote absichern, die also ein ganz bestimmtes Handeln gebieten oder verbieten, wird entgegenstehendes Handeln nur in seltenen Fällen durch die Sozialadäquanz gedeckt sein können, weil sonst die Sozialadäquanz im deutlichen Widerspruch zur gesetzlichen Ordnung stehen würde (zust. Rotberg 17; Rebmann/Roth/Herrmann 17). Als sozialadäquat könnte zB das geringfügige Überfahren einer Trennlinie beim Überholen eines Radfahrers angesehen werden, um den Sicherheitsabstand zu vergrößern; doch kann hier schon der Gesamtrechtsordnung entnommen werden (§ 1 StVO), daß eine solche Fahrweise nicht pflichtwidrig ist (vgl. 16). Im Straßenverkehr ist regelwidriges Verhalten erlaubt, ja geboten, wo achtloses Regelverhalten offensichtlich verkehrsgefährdend wäre (Jagusch Einl 122). Zur Frage, ob bei pflichtgemäßem Handeln die Tatbestandsmäßigkeit oder Rechtswidrigkeit entfällt, vgl. 16.

19   B. **Die Grundform der Fahrlässigkeit** ist die unbewußte. Praktische Bedeutung hat die Unterscheidung zwischen unbewußter und bewußter Fahrlässigkeit nur für die Abgrenzung zum bedingten Vorsatz (vgl. Dreher/Tröndle 9 zu § 15). Wird also der bedingte Vorsatz im Grenzbereich zur Fahrlässigkeit verneint, so liegt lediglich fahrlässiges Handeln vor und der tatsächliche Grad der Fahrlässigkeit kann dann (ohne weitere rechtliche Einordnung) bei der Höhe der Geldbuße berücksichtigt werden, vorausgesetzt, daß auch fahrlässiges Handeln mit Geldbuße bedroht ist.

20   C. **Die Leichtfertigkeit** ist ein gesteigerter Grad der Fahrlässigkeit. Sie ist mit der bewußten Fahrlässigkeit nicht identisch. Die Leichtfertigkeit entspricht etwa der groben Fahrlässigkeit des Zivilrechts (vgl. RG **71**, 176; BGH **14**, 240, 255; Bay. NJW **59**, 734; Lohmeyer NJW **60**, 1798), doch kommt es hier auf die individuellen Umstände in der Person des Täters an. Sie wird dann gegeben sein, wenn der Täter grob pflichtwid-

rig handelt, zB weil er ganz naheliegende Überlegungen verabsäumt, wenn er unbeachtet läßt, was jedem einleuchten muß (BGH **10**, 16; MDR **74**, 823). Dies ist zB in der Rspr. bejaht worden, wenn jemand für die Vermietung von Wohnräumen ein unangemessen hohes Entgelt fordert, ohne sich zuvor hinreichend bei einer zuständigen Stelle nach der ortsüblichen Vergleichsmiete zu erkundigen (Bay. NJW **78**, 770). Bei diesem Fall wird deutlich, daß das Inkaufnehmen des Risikos, eine Rechtsverletzung zu begehen, bei einem eigensüchtigen Handeln im stärkeren Maße mißbilligenswert ist und daher die Annahmen des gesteigerten Vorwurfs der Fahrlässigkeit in Form der Leichtfertigkeit rechtfertigen kann. Unbewußte Fahrlässigkeit schließt leichtfertiges Handeln nicht aus. Häufiger wird allerdings die Leichtfertigkeit bei bewußter Fahrlässigkeit bejaht werden können, so zB dann, wenn der Täter bei Erkenntnis der möglichen Tatbestandsverwirklichung keine besondere Vorsicht getroffen hat, um sie zu vermeiden. Ob leichtfertiges Handeln vorliegt, hängt auch davon ab, ob die Pflicht besonders ernst zu nehmen ist oder nicht (BGH **20**, 315, 323; Dreher/Tröndle 20 zu § 15; str.). Nur leichtfertiges, also nicht jedes fahrlässige Handeln ist zB mit Geldbuße bedroht in §§ 378–381 AO 1977, Anh **A 10**; § 405 I Nr. 5 AktG; § 56 I Nr. 4, 5 KWG; § 1430 I Nr. 1 RVO.

Irrtum

11 ^I^ **Wer bei Begehung einer Handlung einen Umstand nicht kennt, der zum gesetzlichen Tatbestand gehört, handelt nicht vorsätzlich. Die Möglichkeit der Ahndung wegen fahrlässigen Handelns bleibt unberührt.**

^II^ **Fehlt dem Täter bei Begehung der Handlung die Einsicht, etwas Unerlaubtes zu tun, namentlich weil er das Bestehen oder die Anwendbarkeit einer Rechtsvorschrift nicht kennt, so handelt er nicht vorwerfbar, wenn er diesen Irrtum nicht vermeiden konnte.**

Übersicht

1) **Irrtumsbegriff** (1)
2) **Tatbestandsirrtum** (2–18)
   A. Tatbestandsmerkmale (3–5)
   B. Kenntnis und Irrtum (6–10)
   C. Abgrenzung der Tatbestandsmerkmale (11–16)
   D. Bedingungen der Ahndung (17)
   E. Umgekehrter Irrtum (18)

3) **Verbotsirrtum** (19–29)
   A. Schuldtheorie (20, 21)
   B. Mangelndes Unrechtsbewußtsein (22)
   C. Vorwerfbarkeit (23–28)
   D. Kein ordnungswidriges Handeln bei mangelnder Vorwerfbarkeit (29)
4) **Unterscheidung zwischen Tatbestands- und Verbotsirrtum** (30–32)
5) **Nicht vorwerfbarer Irrtum** (33)

1   **1) Die Fälle des Irrtums** regelt die Vorschrift, und zwar in I in Anlehnung an § 16 I StGB den Tatbestandsirrtum und in II in Anlehnung an § 17 S. 1 StGB den Verbotsirrtum. Der Ausdruck „Irrtum" ist in diesem Zusammenhang allerdings mißverständlich. Es muß hervorgehoben werden, daß das Gesetz lediglich auf die fehlende Kenntnis oder das fehlende Bewußtsein abstellt, etwas Unerlaubtes zu tun. In beiden Fällen

ist es also nicht notwendig, daß der Täter positiv eine andere Vorstellung hat; es reicht aus, daß er handelt, ohne sich Gedanken zu machen (vgl. Bay. MDR **63**, 333; 2 ff.).

2   **2) Der Tatbestandsirrtum** (I), der vorsätzliches Handeln ausschließt, setzt die Unkenntnis (oder teilweise Unkenntnis) der in Wirklichkeit vorhandenen Umstände voraus, die zum gesetzlichen Tatbestand (vgl. 16 vor § 1; 5 zu § 3) gehören (Tatbestandsmerkmale).

3   A. **Zu den Tatbestandsmerkmalen** rechnen grundsätzlich alle Umstände, die in der Tatbestandsbeschreibung ausdrücklich aufgenommen sind. Die Umstände können solche der sinnlich wahrnehmbaren Außenwelt sein, so zB Personen (Kind, Jugendlicher, Mutter), Sachen (Schriften, Waffen, Kfz.), Einrichtungen (Gewerbebetrieb, Gaststätte) oder Geschehnisse (Veranstaltung, Versammlung). Tatbestandsmerkmale sind aber auch gedankliche Vorgänge (zB Veranlassen zu Liefer- oder Bezugssperren §§ 26, 38 I Nr. 8 GWB) und Sachverhalte, namentlich solche sozialer, wirtschaftlicher und auch rechtlicher Art (zB Arbeitsverhältnis, unangemessenes Entgelt, Bestehen einer Auskunfts- oder Meldepflicht pp. oder eines Steueranspruchs, BGH **5**, 90). Zu den Tatbestandsmerkmalen gehören auch negative (zB ohne Genehmigung, ohne Erlaubnis; vgl. 21; sie sind in Bußgeldvorschriften häufig anzutreffen (vgl. zB § 33 II Nr. 1 AWG, § 59 I Nr. 2–5 LuftVG). Bei den Blankettvorschriften (vgl. 17 ff. vor § 1), die auf außerhalb des Gesetzes erlassene Normen abstellen, rechnen die in diesen Normen aufgenommenen Merkmale zum Tatbestand (vgl. 5 zu § 4; vgl. Warda, Die Abgrenzung von Tatbestands- und Verbotsirrtum bei Blankettatbeständen, 1955; BGH **3**, 400). Ebenso sind die sog. ungeschriebenen Merkmale, die von der Rspr. zusätzlich entwickelt sind, als Tatbestandsmerkmale anzusehen (vgl. German, SchwZfStr. **61**, 398 ff.). Nicht der offene, durch Normen oder die Rspr. noch ausfüllungsbedürftige, sondern der so ausgefüllte Tatbestand ist danach zu berücksichtigen. Keine Tatbestandsmerkmale sind solche, die sich allein auf die Psyche des Täters, nicht dagegen auf die Außenwelt beziehen (vgl. Dreher/Tröndle 3 zu § 16; vgl. 15), sowie solche, die nur Hinweise auf Rechtfertigungsgründe enthalten (zB ,,ungebührlicher Weise'', vgl. Hamm JMBlNW **60**, 142; ferner ,,unbefugt'', doch ist hier die Abgrenzung zu negativen Tatbestandsmerkmalen wie ,,ohne Erlaubnis'' oder ,,ohne Berechtigung'' schwierig).

4   a) **Rechtliche und tatsächliche Merkmale** stehen einander gleich. Es ist also nicht zwischen dem Tatsachenirrtum und dem Rechtsirrtum zu unterscheiden, wie dies das RG früher getan hat (zB RG **42**, 27; **72**, 309). Diese Rspr., die allgemein nur den Tatsachenirrtum, hingegen den rechtlichen Irrtum allein bei außerstrafrechtlichen Normen als bedeutsam ansah, ist überholt. Das Gegensatzpaar heißt nicht mehr ,,Tatsachenirrtum – Rechtsirrtum'', sondern ,,Tatbestandsirrtum – Verbotsirrtum'' (Baumann S. 423). Bei rechtlichen Merkmalen ist allerdings die Abgrenzung zwischen Tatbestands- und Verbotsirrtum schwieriger (vgl. 6 ff.).

5   b) **Beschreibende und wertende Merkmale** (vgl. 5 zu § 3) sind hier gleichwertig. Die Kenntnis des Täters muß sich auf sämtliche Merkmale erstrecken und es ist gleichgültig, ob er sich über ein beschreibendes

(deskriptives) oder wertendes (normatives) Merkmal (vgl. 5 zu § 3) irrt. Die Abgrenzung zwischen beschreibenden und wertenden Merkmalen ist auch recht unbestimmt (vgl. hierzu Darnstädt JuS **78**, 441). Selbst bei den beschreibenden Merkmalen ist (zwar nicht im Kern, aber doch im Randbereich der Einordnung) eine Wertung notwendig (zB bei den Begriffen Saatgut, Kriegswaffen); andererseits steckt auch in wertenden Merkmalen ein Stück Beschreibung, das der Wertung entzogen ist (zB unangemessenes Entgelt). Trotz dieses Ausgangspunktes ist die Unterscheidung zwischen beschreibenden und wertenden Merkmalen für die Feststellung eines Tatbestands- oder Verbotsirrtums in Abgrenzungsfragen nicht ohne Bedeutung (vgl. 6).

6 B. **Ob der Täter in Unkenntnis** eines Tatbestandsmerkmals gehandelt hat oder nicht, ist einfacher oder schwieriger zu bejahen, je nachdem, ob es sich um Merkmale der sinnlich wahrnehmbaren Tatsachenwelt oder um soziale, wirtschaftliche oder rechtliche Sachverhalte, ob es sich also um beschreibende oder wertende Merkmale (vgl. 5 zu § 3) handelt. Das liegt daran, daß bei der Frage nach Kenntnis oder Unkenntnis die Vorstellungswelt des Täters in Beziehung zu setzen ist zu den Tatbestandsmerkmalen. Merkmale, welche die Tatsachenwelt (zwar abstrakt, aber doch anschaulich) beschreiben (zB Kfz., Radfahrer, Tier, Weg) und keine oder nur eine geringe Wertung verlangen, sind der Vorstellungswelt ohne weiteres zugänglich, so daß die Frage nach Deckungsgleichheit oder -ungleichheit von Vorstellung und Tatbestandsmerkmal leicht zu beantworten ist: Kennt der Täter bei beschriebenen Merkmalen die hierfür maßgeblichen Umstände, so ist in der Regel Vorsatz gegeben, ein etwaiger Subsumtionsirrtum (vgl. 8) also unbeachtlich (vgl. Jescheck S. 252). Anders ist es mit Begriffen wie Anlage, stehendes Gewerbe, Lkw, unangemessen hohes Entgelt (§ 4 WiStG 1954, Anh **A 12**) oder Sachverhalten rechtlicher Art. Hier ist eine Wertung notwendig, die vom Täter nur

7 erwartet werden kann in Form einer **Parallelwertung in der Laiensphäre** (vgl. BGH **3**, 248, 255; **4**, 347, 352; **5**, 90, 92; Dreher/Tröndle 11 zu § 16; SchSch–Cramer 45 zu § 15). Dabei kommt es nicht darauf an, daß der Täter den Begriff überhaupt, geschweige denn dessen Abgrenzungen im einzelnen kennt, sondern nur darauf, daß seine Vorstellung dem wesentlichen Sinngehalt des Merkmals entspricht (zB wenn er im Falle des § 5 WiStG 1954 weiß, daß die verlangte Miete weit höher ist als die üblichen Mieten für vergleichbare Räume und daß die hohe Miete nur im Hinblick auf die bestehende Mangellage zu erreichen ist; vgl. Bay. JR **72**, 32 m. Anm. Kohlhaas). Ist dies der Fall, so liegt Kenntnis vor, auch wenn der Täter der Meinung ist, daß der ihm bekannte Sachverhalt nicht unter die gesetzliche Bestimmung fällt (zB nicht unter § 5 WiStG 1954, weil er meint, daß die Miete nicht „unangemessen hoch" ist). Eine Fehlbewer-

8 tung führt dann zu einem **Subsumtionsirrtum,** der den Vorsatz unberührt läßt. Der Subsumtionsirrtum, bei dem der Täter von der Lebenswirklichkeit zwar die rechte Vorstellung hat, sie jedoch nicht richtig in die Rechtsordnung einstuft (falsche Rechtsauslegung) ist aber nicht ganz unbeachtlich; uU kann ein Verbotsirrtum nach II gegeben sein (vgl. 20 ff.). Die Parallelwertung in der Laiensphäre kann bei wertenden Begriffen, die einen vielfältigen Inhalt haben (bei den sog. Komplexbegriffen; vgl. näher v. Weber GA **53**, 163), aber auch eine Unkenntnis des Tatbestandsmerkmals ergeben, also keinen bloßen Subsumtionsirrtum.

9   **Beispielsfälle:** Ein Tatbestandsirrtum liegt zB vor, wenn dem Täter bei einer Jagdausübung in unweidmännischer Weise die Vorstellung eines unjagdlichen Verhaltens fehlt (Celle MDR **56**, 54). Hier zeigt sich, daß trotz voller Kenntnis der Tatsachen auch eine falsche Schlußfolgerung den Vorsatz ausschließen kann (vgl. Bay. MDR **64**, 523). Im einzelnen ist ein derartiger Tatbestandsirrtum von einem bloßen Subsumtionsirrtum schwer abzugrenzen. Die Rspr. ist nicht einheitlich. Ein Subsumtionsirrtum soll danach zB vorliegen, wenn ein Fahrer seinen Leichenwagen nicht für einen Lkw hält (Düsseldorf VM **60**, 18) oder wenn sich der Täter über den Begriff „stehendes Gewerbe" irrt (Hamburg VRS **25**, 107). Zur Problematik im einzelnen vgl. zB Baumann NJW **62**, 16; Maurach NJW **62**, 719; Foth JR **65**, 369; Traub JuS **67**, 113; Backmann JuS **72**, 326, **73**, 299; Herdegen, BGH-Festschr. S. 195, 202.

10   **Die Praxis wird in Grenzfällen,** in denen ein Tatbestands- oder Verbotsirrtum vorliegen kann (vgl. näher 4) aber „zumindest" fahrlässiges (wenn auch nur verbotsfahrlässiges, vgl. 20 ff.) Handeln gegeben ist, die Handlung nur als fahrlässige Ordnungswidrigkeit ahnden. Bedenken gegen eine solche, die Rechtsanwendung möglichst vereinfachende Praxis dürften nicht bestehen (krit. Lackner NJW **69**, 224; vgl. auch Tiedemann ZStW **81**, 871; doch ist die tägliche Praxis hierzu gezwungen, nach einem Ausweg zu suchen, solange ihr die höchstrichterliche Rspr. keine klaren Abgrenzungskriterien gibt; zust. Rotberg 4 zu § 10; Rebmann/Roth/ Herrmann 19). Das Gesetz läßt die Ahndung fahrlässigen Handelns auch unter dem Blickwinkel zu, daß die Handlung in solchen Grenzfällen uU nicht als Vorsatztat gewertet wird, aber doch nicht ungeahndet bleiben sollte (vgl. 7 zu § 10). Eine großzügige Handhabung dient dem Interesse des Betroffenen, entspricht dem Opportunitätsprinzip (das auch erlaubt, die Verfolgung der Tat auf bestimmte rechtliche Gesichtspunkte zu beschränken, vgl. zu § 47) und dem Anliegen des OWiG, die praktische Rechtsanwendung möglichst zu vereinfachen. Die höchstrichterliche Rspr. mißt selbst im Strafrecht der Unterscheidung zwischen Verbotsirrtum und Tatbestandsirrtum keine Bedeutung zu, wenn der Täter lediglich wegen fahrlässigen Handelns verurteilt ist und dagegen ein Rechtsmittel einlegt; denn er ist durch die Verurteilung wegen fahrlässigen Handelns nicht beschwert (Bay. VM **67**, 73).

11   C. **Einzelfragen** zur Abgrenzung der Tatbestandsmerkmale:

12   a) **Eigenschaften des Täters** zB Kfz.-Halter, Arbeitgeber, Gewerbetreibender, Hersteller, Eigentümer) sind Tatbestandsmerkmale, so daß sie der Täter kennen muß (vgl. BGH **8**, 321 zur Beamteneigenschaft, str.). Doch handelt es sich hier meist um wertende Merkmale (vgl. 6), so daß es ausreicht, wenn sich der Täter der Umstände bewußt ist, aus denen sich die besondere Eigenschaft ableitet. Ist als Normaladressat zB der Halter eines Kfz. genannt, so muß der Täter wissen, daß er das Fahrzeug für eigene Rechnung im Gebrauch hat und über das Fahrzeug zu diesem Zweck verfügen kann. Weiß der Täter dies, glaubt er aber, er sei nicht als Halter anzusehen, so liegt lediglich ein Subsumtionsirrtum vor, der den Vorsatz nicht ausschließt (vgl. 8; BGH 8, 321).

13   b) **Der Kausalverlauf** ist bei den Erfolgsdelikten (vgl. 14 vor § 1) ein Teil des Tatbestandes. Erfolgstatbestände, bei denen es fraglich sein kann, ob der Kausalverlauf vom Vorsatz gedeckt ist, sind im Ordnungswidrigkeitenrecht jedoch ganz selten (zB Beiseiteschaffen oder Beschädigen einer Sache, die nach dem BLG angefordert ist; § 84 II BLG). In solchen Fällen ist Vorsatz gegeben, wenn der tatsächliche Kausalverlauf der allgemeinen Lebenserfahrung entspricht, nicht aber, wenn er von der Vorstellung des Täters erheblich abweicht. Entfernt der Täter zB den angeforderten Leistungsgegenstand mit seinem Pkw, um ihn beiseitezuschaffen oder unbrauchbar zu machen und wird der Gegenstand unterwegs bei einem Verkehrsunfall beschädigt, so erstreckt sich der Vorsatz hierauf nicht und es liegt nur Versuch vor (der nicht mit Geldbuße bedroht ist).

14   c) **Die Rechtspflicht zum Handeln** ist bei den echten Unterlassungsdelikten, die im Ordnungswidrigkeitenrecht sehr häufig vorkommen, dann Tatbestandsmerkmal, wenn die Rechtspflicht sich erst aus der gesetzlichen Norm ergibt, sich also nicht schon von selbst aus den Umständen ableitet, die einen Schutz der Rechtsgüter verlangen. Unterläßt zB ein Arbeitgeber die Nachprüfung, ob ein bei ihm beschäftigter Jugendlicher vor Ablauf des ersten Beschäftigungsjahres ärztlich untersucht ist, weil er gar nicht auf den Gedanken kommt, daß eine solche Verpflichtung besteht (§ 32 I JArbSchG), so handelt er nicht vorsätzlich. Eine andere Beurteilung ist aber zB dann geboten, wenn der Arbeitgeber erkennt, daß der Jugendliche möglicherweise den Arbeiten gesundheitlich nicht gewachsen ist oder wenn er weiß, daß der Jugendliche im Betrieb gesundheitlichen Gefahren ausgesetzt ist, und er es unterläßt, ihn hierüber zu belehren. In diesen Fällen wird nicht auf die Kenntnis des Gebotes abzustellen sein, sich um die ärztliche Untersuchung zu kümmern oder die Unterweisung über Unfallgefahren vorzunehmen (§ 29 JArbSchG), sondern auf die Kenntnis der Umstände (die mögliche Gefährdung des Jugendlichen in dem Arbeitsverhältnis), aus denen sich die Rechtspflicht zum Handeln von selbst ergibt. Die in der strafrechtlichen Rspr. neuerdings vertretene Ansicht, daß bei den (unechten) Unterlassungsdelikten nur die Umstände, welche die Rechtspflicht begründen, zum Tatbestand gehören, aber nicht die Rechtspflicht selbst (BGHGrSen **16**, 155), kann also nicht uneingeschränkt für die Unterlassungsdelikte nach dem Ordnungswidrigkeitenrecht gelten; die Auffassung, daß ,,jeder Rechtsgenosse, der seine Garantenstellung kennt, wegen dieser unrechtsindizierender Kraft sich auf die Pflicht zur Erfolgsabwendung bewußt ist'' (BGH aaO), ist für das Ordnungswidrigkeitenrecht nicht haltbar (aM Rotberg 5, Rebmann/Roth/Herrmann 16). Vielmehr ist eine differenzierende Betrachtung geboten: Die Kenntnis der Umstände reicht dann aus, wenn sich auf Grund dieser Umstände die Rechtspflicht zum Handeln geradezu aufdrängt (was im Bereich des Strafrechts in der Regel der Fall sein wird); die Kenntnis der Rechtspflicht selbst wird aber verlangt werden müssen, wenn sich die Pflicht zum Handeln aus einer Einzelregelung ergibt, die vorwiegend von Zweckmäßigkeitserwägungen bestimmt ist und deren Kenntnis deshalb nicht ohne weiteres vorausgesetzt werden kann (was bei Bußgeldtatbeständen häufig der Fall sein wird). Im Zweifel wird hier die Rechtspflicht zum Handeln Tatbestandsmerkmal sein, so daß das fehlende Bewußtsein der Rechtspflicht nicht als Verbotsirrtum (vgl. 20 ff.), sondern als Tatbestandsirrtum zu behandeln ist, der den Vorsatz ausschließt (so noch BGH GA **59**, 87 für die echten Unterlassungsdelikte des Strafrechts; vgl. auch SchSch-Cramer 90 zu § 15, wo bei einer unterlassenen Anmeldung der Vorsatz der Unterlassung verneint wird, wenn sich der Betroffene einer entsprechenden Verpflichtung nicht bewußt ist; vgl. auch Bay. NJW **76**, 635; der Einwand von Rebmann/Roth/Herrmann aaO, daß die hier vertretene Auffassung ,,systemwidrig‘‘ sei, orientiert sich zu sehr an den Kategorien des Kriminalstrafrechts). In Grenzfällen werden die Ausführungen unter 10 zu berücksichtigen sein.

15 d) **Gesinnungsmerkmale,** die sich auf die Psyche des Täters beziehen (vgl. 3), wie etwa ,,beharrlich‘‘ (vgl. § 25 I S. 1 StVG, Anh **A 11**) oder ,,um . . . zu erschleichen‘‘ (vgl. § 33 IV Nr. 1 AWG; sog. Delikte mit überschießender Innentendenz) sind keine Tatbestandsmerkmale. Hier kommt es nicht auf einen Vergleich zwischen äußeren Merkmalen und der Vorstellungswelt des Täters an, sondern nur auf seine Psyche. Die eigene Beurteilung des Täters, ob das Gesinnungsmerkmal gegeben ist oder nicht, könnte nur zu einem unbeachtlichen Subsumtionsirrtum führen (Dreher/Tröndle 13 zu § 16).

16 e) **Die Rechtswidrigkeit** ist kein Merkmal des Tatbestandes, so daß zum Vorsatz nicht das Bewußtsein gehört, Unrecht zu tun (vgl. 22). Bei der irrigen Annahme eines Rechtfertigungsgrundes (vgl. 20 ff. vor § 1) ist zwischen einem Irrtum über den Rechtfertigungstatbestand (der Tatsachen und Rechtsbegriffe – deskriptiver und normativer Art, vgl. 5 zu § 3 – umfaßt) und dem bloßen Irrtum über das ,,Erlaubtsein‘‘ zu unterscheiden; im ersteren Falle entfällt eine Ahndung wegen vorsätzlichen Handelns, im letzteren Falle ist ein bloßer Verbotsirrtum gegeben (vgl. näher Jescheck S. 375 f.; SchSch-Cramer 16 zu § 16; Dreher, Heinitz-Festschr. S. 207 ff.). Über die Behandlung des Irrtums bei Annahme des rechtfertigenden Notstandes vgl. 15 zu § 16.

17 D. **Bedingungen der Ahndung** (vgl. 17 zu § 130) gehören nicht zu den Tatbestandsmerkmalen, so daß der Irrtum hierüber den Vorsatz nicht ausschließt. Auch ein Verbotsirrtum wird in solchen Fällen selten sein. Ganz unbeachtlich ist die Annahme, die Handlung könne nicht mit Geldbuße geahndet werden, wenn sie der Täter nur für rechtswidrig hält (vgl. BGH 1. 3. 1955, 5 StR 45/55).

18 E. **Der umgekehrte Irrtum,** also die irrige Annahme der zum Tatbestand gehörigen, in Wirklichkeit aber nicht vorhandenen Merkmale, führt nicht zu einer vollendeten Tat. Sie kann nur als (untauglicher) Versuch geahndet werden, sofern der Versuch mit Geldbuße bedroht ist (§ 13 II).

19 3) **Den Verbotsirrtum,** also die Unkenntnis etwas Unerlaubtes zu tun, behandelt II – ebenso § 17 StGB – gesondert. Daraus ergibt sich, daß der Verbotsirrtum nicht als ein Fall des Irrtums über Tatbestandsmerkmale anzusehen ist. Der Verbotsirrtum schließt danach – im Gegensatz zum Tatbestandsirrtum – den Vorsatz nicht aus. Das ist der eigentliche Gehalt von II. Die positive Aussage, daß die Handlung nicht geahndet werden kann, wenn dem Täter bei seiner Handlung das Bewußtsein, etwas Unerlaubtes zu tun, fehlt und ihm dies nicht vorzuwerfen ist, hat demgegenüber geringere Bedeutung. Denn darüber, daß der *nicht* vorwerfbare Irrtum über die Rechtswidrigkeit eine Ahndung ausschließt, herrschte schon vor Inkrafttreten von II und § 17 StGB in der Rspr. und im Schrifttum Einigkeit. Umstritten war nur, ob der vorwerfbare Verbotsirrtum (die ,,Verbotsfahrlässigkeit") den Vorsatz ausschließt, weil das Unrechtsbewußtsein ein Bestandteil des Vorsatzes ist *(Vorsatztheorie)* oder nicht. II und § 17 StGB haben diese Frage im letzteren Sinne entschieden.

20   A. **Die Schuldtheorie,** der die neue Regelung des OWiG (und des StGB) im Anschluß an die bisherige Rspr. (und frühere Regelungen, vgl. § 11 II, § 12 OWiG 1952) gefolgt ist, unterscheidet zwischen Vorsatz und dem Bewußtsein, etwas Unerlaubtes (Unrecht) zu tun. Dieses Bewußtsein ist ein selbständiges Element vorwerfbaren Handelns (,,Schuldelement"), dessen Fehlen den Vorsatz nicht beseitigt (so grundlegend BGH **2**, 194).

21   **Anwendung im Ordnungswidrigkeitenrecht:** Die im Schrifttum geäußerte Ansicht, daß die Schuldtheorie für das Ordnungsunrecht nicht passe, weil die Tat hier erst wegen des Verstoßes gegen ausdrückliche Rechtsvorschriften zum Unrecht werde, so daß nur bei Kenntnis der Rechtsvorschrift vorsätzliches Handeln gegeben sein könne (vgl. Lange JZ **56**, 79, 516, **57**, 233; Lang-Hinrichsen GA **57**, 228; Tiedemann ZStW **81**, 876ff. mwN in Fn. 22), ist nicht begründet (Jescheck S. 371; Maurach/Zipf § 1 III B 1; Rebmann/Roth/Herrmann 29; Welzel JZ **56**, 238). Vielfach kann der Täter auch bei Ordnungswidrigkeiten ohne Kenntnis der Rechtsvorschriften erkennen, daß er etwas Unerlaubtes tut (so zB wenn er in dem unter 14 genannten Falle den Jugendlichen nicht über besondere Betriebsgefahren aufklärt). Ergibt sich bei den Unterlassungsdelikten die Pflicht zum Handeln nicht schon aus den äußeren Umständen, so wird die Rechtspflicht regelmäßig als Tatbestandsmerkmal anzusehen sein, so daß die Unkenntnis der Pflicht vorsätzliches Handeln ausschließt (vgl. 14). Bei den Tätigkeitsdelikten sind die Umstände, die das entscheidende Kriterium des unrechtmäßigen Verhaltens sind, vielfach Tatbestandsmerkmale (so zB ,,ohne die vorgeschriebene Genehmigung", ,,ohne die erforderliche Erlaubnis"), so daß der Irrtum hierüber Tatbestandsirrtum ist (Jescheck S. 371). Vielfach gelten auch die Bußgeldvorschriften solchen Personen, für die kraft ihres Berufes oder ihres Tätigkeitskreises besondere Pflichten bestehen, um deren Reichweite sich zu kümmern, selbstverständlich ist (abw. Tiedemann S. 300, der auch hier den ,,effektiven Zweifel", daß das Verhalten unerlaubt sei, verlangt). Richtig ist jedoch, daß die Fälle des Verbotsirrtums im Ordnungswidrigkeitenrecht sehr viel häufiger vorkommen als im Strafrecht (Tiedemann ZStW **81**, 872, 874; Saarbrücken VRS **38**, 471, 473).

22   B. **Das mangelnde Bewußtsein, etwas Unerlaubtes zu tun,** reicht für die Annahme des Verbotsirrtums aus. Der Täter braucht also nicht das positive Bewußtsein zu haben, rechtmäßig zu handeln. Es genügt, daß ihm die Vorstellung fehlt, etwas Unerlaubtes zu tun; das ist auch zu bejahen, wenn der Täter über diese Frage gar nicht nachgedacht hat. Wer allerdings „die Vorstellung hat, möglicherweise Unrecht zu tun, und diese Möglichkeit in seinen Willen aufnimmt, hat das Unrechtsbewußtsein" (BGH LM Nr. 6 zu § 59), selbst wenn er darauf vertraut, daß seine Rechtsauffassung richtig sei (Stuttgart MDR **67**, 63). Im Gegensatz zum Strafrecht (vgl. § 17 StGB) ist in II nicht auf die fehlende „Einsicht, Unrecht zu tun" abgestellt, sondern auf die fehlende „Einsicht, etwas Unerlaubtes zu tun". Bei dieser Fassung soll stärker in Erscheinung treten, daß es sich bei den Ordnungswidrigkeiten regelmäßig nur um die Verletzung von aus praktischen Gründen geschaffenen Verbots- und Gebotsregeln handelt, die keinen sozial-ethischen Wertmaßstäben unterliegen, während der Begriff „Unrecht" auf eine solche Beurteilung hindeutet (vgl. BerEOWiG zu § 6). Ist das Bestehen der Rechtsvorschrift ein Tatbestandsmerkmal (was nicht selten der Fall ist; vgl. 6), so ist der Irrtum über die tatsächliche Tatbestandsirrtum nach I zu werten, so daß II nicht eingreift (vgl. BerEOWiG aaO). Der Irrtum über die Anwendbarkeit einer solchen Rechtsvorschrift ist aber ein bloßer Subsumtionsirrtum, kein Tatbestandsirrtum (vgl. 8). In diesem Falle liegt ein Verbotsirrtum vor, der nach II zu beurteilen ist. Die fehlende Einsicht, etwas Unerlaubtes zu tun, bedeutet nicht, daß dem Täter die Vorstellung gefehlt hat, die Handlung könne als Verstoß gegen eine Vorschrift mit Geldbuße oder Strafe bedroht sein. Nicht darauf kommt es an, sondern nur auf die laienhafte Vorstellung, die Handlung könne gegen irgendwelche, wenn auch im einzelnen nicht klar vorgestellte gesetzliche Bestimmungen verstoßen (RG **70**, 142; BGH **11**, 263, 266).

23   C. **Vorwerfbar ist der Verbotsirrtum,** wenn der Täter bei der Anwendung der Sorgfalt, die nach der Sachlage objektiv zu fordern war und die er nach seinen persönlichen Verhältnissen erbringen konnte, in der Lage gewesen wäre, das Unerlaubte seines Handelns zu erkennen. Bleibt zweifelhaft, ob dem Täter die fehlende Einsicht, etwas Unerlaubtes zu tun, vorzuwerfen ist, so gilt auch hier der Grundsatz „im Zweifel für den Betroffenen" (Bay. NJW **54**, 811).

24   a) **Welche Anforderungen zur Vermeidung** des Verbotsirrtums zu stellen sind, hängt von den Umständen des Einzelfalles, namentlich der Persönlichkeit des Täters und seinem Lebens- und Berufskreis ab (BGH **21**, 20; Frankfurt NJW **64**, 508 f.; Hamm ZfZ **78**, 374). Dabei sind an den Täter höhere Anforderungen zu stellen als hinsichtlich der Beobachtung der im Verkehr erforderlichen und dem Täter zuzumutenden Sorgfalt bei Fahrlässigkeitsdelikten (BGH aaO). Eine besondere „Gewissens"-anspannung wird vom Täter aber bei Bußgeldtatbeständen regelmäßig nicht verlangt werden können, weil die hier zum Ausdruck kommenden Werturteile den Bereich des Gewissens in vielen Fällen nicht berühren (BGH **21**, 20, 21; Begr. zu § 6 EOWiG). Zu verlangen ist jedoch der Einsatz aller intellektuellen Erkenntnismittel zur Orientierung über die

Gebote und Verbote, soweit dies vom Täter billigerweise verlangt werden kann (SchSch-Cramer 14 zu § 17).

25   b) **Zu den Berufspflichten** und den besonderen Pflichten, die sich aus dem Besitz oder der Benutzung einer gefährlichen Sache ergeben, gehört es, sich über die einschlägigen Vorschriften zu unterrichten und auf dem Laufenden zu halten. Wer zB ein Gewerbe betreibt, muß sich nach den Rechtsvorschriften, die auf dem betreffenden Gebiet zu beachten sind, erkundigen (BGH NJW 53, 1151; BGH 12, 148, 158; Köln BB 53, 301, 778; Hamm JMBlNW 60, 142: Sorgfaltspflicht des Gastwirts; Hamburg ZfZ 74, 215, Hamm ZfZ 78, 374: Sorgfaltspflicht eines Außenhandelskaufmanns; Bay. 4. 7. 78, 30b OWi 87/78: Sorgfaltspflicht des Inhabers einer Tanzschule; Celle VRS 53, 292: Sorgfaltspflicht beim Betrieb eines landwirtschaftlichen Lohnunternehmens).

26   **Das Ausmaß der Erkundigungspflicht** hängt dabei auch von der Größe und Bedeutung des Unternehmens ab (Neustadt DDevR 55, 52; Bay. 52, 4: Kenntnis von Devisenvorschriften; Hamm VRS 10, 78: Kenntnis von Tarifbestimmungen im Güterverkehr; Bay. MDR 72, 1052: Kenntnis von Vorschriften über das Errichten und Aufstellen von Werbeanlagen). Der Kraftfahrer muß sich nicht nur Kenntnis von den Verkehrsvorschriften verschaffen, sondern sich auch über Änderungen orientieren. Wer rechtsunkundig ist, muß sich (wenn Anlaß zu Zweifeln über die Zulässigkeit einer Handlung besteht, vgl. Bay. VM 67, 10f.) an Auskunftspersonen wenden (BGH 4, 1, 5; 347, 352), und zwar an solche, die er für kompetent halten kann (vgl. BGH 5, 111, 118), so zB an eine Fachwerkstätte bei einer nicht ungewöhnlichen Änderung des Kfz., die aber für die Zulassung von Einfluß sein kann (Bay. VM 73, 37f.), uU zumindest an ein Fachgeschäft (vgl. Bay. VM 75, 92), an einen Fachverband (vgl. KG JR 64, 68) oder der zuständige Behörde (vgl. Celle NdsRpfl. 62, 192, VRS 53, 292). Ist die Behörde, die um Auskunft ersucht wird, erkennbar nicht zuständig und nicht hinreichend sachkundig, so müssen danach mögliche Zweifel durch Rückfrage bei der zuständigen Stelle geklärt werden (Bay. GewArch 77, 346). Ob die Auskunft eines Rechtskundigen im Familienkreis ausreichend ist, hängt von den Umständen des Falles ab (Celle VRS 38, 361, 364). Wer die Bedeutung kartellrechtlicher Vorschriften kennt, ist verpflichtet, sorgfältig zu prüfen oder prüfen zu lassen, ob sein Tun auch unter kartellrechtlichen Gesichtspunkten erlaubt ist (BGH 21, 18; BGH 1. 12. 1966, KRB 1/66). Wer Außenhandelsgeschäfte betreibt, kann sich nicht mit den Konsulats- und Mustervorschriften der Handelskammer begnügen, die nicht den neuesten Stand wiedergeben, sondern muß bei einer zuständigen und sachkundigen Behörde Auskunft einholen, so zB dem Bundesamt für gewerbliche Wirtschaft (vgl. Hamm ZfZ 78, 374). Von einem Kfz.-Halter, der an seinem Fahrzeug eine Anhängerkupplung anbringt, ist zu verlangen, daß er sich durch Erkundigung bei einer sachkundigen Stelle Gewißheit verschafft, ob dies für die Zulassung von Einfluß ist (Bay. VM 67, 73). Wird eine Änderung des Kfz. vom TÜV nicht beanstandet, so handelt der Täter aber nicht vorwerfbar, wenn er das Fahrzeug weiter benutzt (Zweibrücken VRS 40, 188); ebenso, wenn der Betroffene von einem Fachverband (oder RA) die Auskunft erhält, das Verhalten sei erlaubt (Hamm VRS **51**, 366).

27   c) **Auf Gerichtsentscheidungen,** namentlich höherer Gerichte, kann sich der Täter grundsätzlich verlassen (Celle MDR **56**, 436), auch auf allgemein gehaltene Formulierungen, deren Einengung nur für den Experten erkennbar ist (Stuttgart NJW **73**, 1892); sein Irrtum ist auch nicht vorwerfbar, wenn die Rspr. zur Zeit der Handlung ohne Kenntnis des Täters seinen Standpunkt teilt (Köln MDR **54**, 374). Bei widersprechenden Entscheidungen geht die Auffassung des höheren Gerichts und die jüngste Entscheidung vor; bei Meinungsverschiedenheiten handelt der Täter nicht vorwerfbar, wenn ihm nicht zugemutet werden kann, die – möglicherweise – verbotene Handlung bis zur eindeutigen Klärung der Rechtslage zu unterlassen oder die gebotene Handlung vorzunehmen (Bremen NJW **60**, 164; SchSch-Cramer 19 zu § 17). Zumutbar ist es aber zB für den Täter, ein Parkverbotszeichen bis zur Klärung der Rechtslage zu beachten, auch wenn er es für rechtswidrig ansieht (Stuttgart NJW **67**, 122 m. Anm. Baldauf u. Hagedorn NJW **67**, 744; Schleswig SchlHA **73**, 191).

28   d) **Vermeidbar muß der Irrtum** durch eine gebotene und zumutbare Handlung gewesen sein. Das ist zB nicht der Fall, wenn er auch durch eine eingeholte Erkundigung nicht beseitigt worden wäre (falsche Auskunft, Celle MDR **77**, 682, zust. Wolter JuS **79**, 1644; KG VRS **13**, 148; Hamm VM **69**, 23; SchSch-Cramer 20 zu § 17; str.; aM BGH **21**, 18, 21: ,,Hat der Täter pflichtwidrig die ihm zuzumutenden Erkundigungen unterlassen, so hat er den Verbotsirrtum verschuldet; gleichgültig, welche Auskunft er erhalten hätte.'' (krit. mit Recht Strauss NJW **69**, 1418, Wolter aaO; für die Ansicht des BGH aaO: Rebmann/Roth/Herrmann 41; doch weist Celle aaO zutreffend darauf hin, daß die Entscheidung des BGH vor der Neufassung von § 17 StGB ergangen ist).

29   D. **Nicht ordnungswidrig** handelt der Täter, wenn der Verbotsirrtum nicht vorwerfbar ist. Ist er dagegen vorwerfbar, so bleibt die Tat trotz des Irrtums eine Vorsatztat (Karlsruhe VRS **47**, 134), für die der Bußgeldrahmen der Vorsatztat gilt. Regelmäßig wird jedoch dieser Bußgeldrahmen nicht auszuschöpfen sein, da eine Tat ohne das Bewußtsein, etwas Unerlaubtes zu tun, grundsätzlich milder zu beurteilen ist als ein vorsätzliches Handeln mit einem solchen Bewußtsein. Bei ,,Rechtsblindheit'' kann eine andere Beurteilung geboten sein. Eine ausdrückliche Milderungsvorschrift enthält das OWiG nicht, weil es davon ausgeht, daß es keine Mindestgeldbußen gibt (vgl. Art. 151 EGOWiG); die Berücksichtigung des vorwerfbaren Irrtums ist danach bei der Festsetzung der Geldbuße möglich, ohne daß die für die Ahndung zuständige Stelle in einer gerechten Bewertung beschränkt ist (Begr. zu § 6 EOWiG).

30   4) **Die Unterscheidung von Tatbestands- und Verbotsirrtum** wird der Praxis (gerade bei Bußgeldtatbeständen wie überhaupt im Nebenstrafrecht) nicht selten Schwierigkeiten bereiten (vgl. die Kontroverse zwischen Lange und Welzel JZ **56**, 73, 238, 519; **57**, 130, 233; BGH **9**, 164, 172; **13**, 135, 138). Die Rspr. ist nicht ganz einheitlich. Vorwiegend wird darauf abgestellt, welche Tatsache sich der Täter vorstellt und wie

er sie rechtlich wertet; bei falscher Wertung soll nur ein Verbotsirrtum vorliegen, bei falscher Vorstellung der Tatsachen dagegen ein Tatsachenirrtum. Diese Unterscheidung ist nicht unbedenklich, weil zu den Tatbestandsmerkmalen auch rechtliche Merkmale gehören (vgl. 4).

31   **Ein bloßer Verbotsirrtum** soll zB vorliegen, wenn der Täter einen Weg in Kenntnis der tatsächlichen Umstände nicht für „öffentlich" iS von § 1 StVO hält (Bay. **55**, 256; krit. mit Recht SchSch-Cramer 10 zu § 17), wenn er ein Verkehrszeichen oder eine Verkehrslage falsch deutet (BGH VRS **14**, 31; **15**, 123; Schleswig SchlHA **57**, 108; Hamm VRS **55**, 219, **49**, 220, 223; KG VRS **53**, 303; vgl. ferner Bay. DAR **78**, 189, wo die Frage, ob ein Tatbestands- oder Verbotsirrtum vorliegt, offengelassen ist) oder sich über die räumliche Geltung eines Vorschriftzeichens irrt (Köln VM **72**, 23), wenn der Täter annimmt, er habe auf einer verkehrsreichen Landstraße gegenüber einem rechts einmündenden Feldweg auch ohne Kennzeichnung die Vorfahrt (Karlsruhe DAR **57**, 48), wenn er die Weiterbenutzung eines Kfz. trotz der ihm bekannten Veränderung, die zu einem Erlöschen der Betriebserlaubnis führt, für erlaubt hält (Bay. VM **75**, 92), wenn er davon ausgeht, die vorläufige Entziehung der Fahrerlaubnis sei wegen eines von ihm eingelegten Rechtsbehelfs noch nicht wirksam (Düsseldorf VM **76**, 26), wenn der Täter glaubt, aus Trester Wein herstellen zu dürfen (BGH **13**, 135, 138), wenn er sich darüber irrt, unter welcher Warennummer ein Einfuhrgut einzuordnen ist (Hamburg ZfZ **74**, 215), wenn er das Fangen einer Katze im Hausgarten mit einem Tellereisen zum Schutze der Gartenbeete für erlaubt hält (Köln JR **69**, 33), wenn er annimmt, das Ablagern von Abfall außerhalb der dafür vorgesehenen Anlagen oder Einrichtungen sei mit Zustimmung des Grundstückseigentümers erlaubt (Hamm NJW **75**, 1042), oder wenn er zu Unrecht glaubt, ein Wohnraum unterliege nicht der Bewirtschaftung (BGH **9**, 358; KG NJW **58**, 922 m. Anm. Schröder; aM Bay. **55**, 201). Zum Verbotsirrtum im Steuerrecht vgl. Brenner BB **76**, 687.

32   **Ein Tatbestandsirrtum** ist dagegen anzunehmen, wenn jemand auf Grund einer vorgelegten behördlichen Erlaubnis annimmt, diese sei gültig, auch wenn sich ihm insoweit Zweifel aufdrängen müßten (Karlsruhe, Die Justiz **78**, 178). Die tägliche Praxis wird in Grenzfällen vielfach zur Annahme eines Tatbestandsirrtums neigen und die Tat nur als fahrlässiges Handeln ahnden, wenn auch hierfür Geldbuße angedroht ist. Dies erscheint vertretbar (vgl. 10).

33   **5) Der nicht vorwerfbare Irrtum** schließt eine Ahndung aus, gleichgültig, ob ein Tatbestands- oder ein Verbotsirrtum vorliegt (vgl. Bay. DAR **78**, 189; vgl. ferner 20ff.). In einem solchen Falle hat der Täter unter dem Gesichtspunkt der Tatbestandsfahrlässigkeit infolge des Irrtums die Tatbestandsverwirklichung nicht erkennen und vermeiden können (vgl. 8, 10 zu § 10), so daß ein fahrlässiges Handeln zu verneinen ist; daß auch der nicht vorwerfbare Verbotsirrtum eine Ahndung hindert, ist bereits dargelegt (vgl. 20, 28).

Verantwortlichkeit

12 ^I **Nicht vorwerfbar handelt, wer bei Begehung einer Handlung noch nicht vierzehn Jahre alt ist. Ein Jugendlicher handelt nur unter den Voraussetzungen des § 3 Satz 1 des Jugendgerichtsgesetzes vorwerfbar.**

^{II} **Nicht vorwerfbar handelt, wer bei Begehung der Handlung wegen einer krankhaften seelischen Störung, wegen einer tiefgreifenden Bewußtseinsstörung oder wegen Schwachsinns oder einer schweren anderen seelischen Abartigkeit unfähig ist, das Unerlaubte der Handlung einzusehen oder nach dieser Einsicht zu handeln.**

1   **1) Die Vorschrift** behandelt die Mindestvoraussetzungen, die in der Person des Täters vorliegen müssen, um seine Handlung (11 ff. vor § 1) als vorwerfbar (30 vor § 1) mit Geldbuße ahnden zu können: Der Täter muß die Altersreife haben und zurechnungsfähig (einsichts- und steuerungsfähig, also frei von einer besonderen Krankheitssituation) sein. Fehlen diese Voraussetzungen, so scheidet eine Ahndung seiner Handlung von vornherein aus. Sind sie gegeben, so handelt der Täter jedoch nicht stets vorwerfbar. Der ,,Schuldvorwurf" kann aus anderen Gründen entfallen (vgl. 29 f. vor § 1). Die Unzumutbarkeit kann die Fahrlässigkeit beseitigen (vgl. 17 zu § 10), zu einer rechtfertigenden oder eine den Vorwurf (die ,,Schuld") ausschließenden Pflichtenkollision (vgl. 25 vor § 1) führen, aber auch sonst die Vorwerfbarkeit der Handlung in Frage stellen (vgl. 29 vor § 1). Das Gesetz geht von dem Normalfall aus, daß der ordnungswidrig Handelnde zurechnungsfähig ist; Feststellungen in dieser Richtung sind deshalb nur angezeigt, wenn Anhaltspunkte dafür vorliegen, daß dies ausnahmsweise nicht der Fall sein kann.

2   **2) Für die Altersreife** gilt neben I der § 1 II JGG (Anh **A** 3). Danach ist Jugendlicher, wer 14, aber noch nicht 18 Jahre alt ist. Für die Feststellung des Alters kommt es auf die Tatzeit an.

3   **A. Die Handlung eines Kindes** (einer Person unter 14 Jahren) ist nach I S. 1 nicht vorwerfbar, kann also in keinem Fall geahndet werden, gleichgültig ob es im Einzelfall die Einsichts- und Steuerungsfähigkeit hat (ebenso § 19 StGB). Eine bußgeldrechtliche Verantwortlichkeit des Aufsichtspflichtigen ist nicht mehr vorgesehen, da § 32 aF durch das 4. StrRG aufgehoben worden ist. Ev. kommt aber die Unterrichtung des Jugendamtes oder des Vormundschaftsgerichts wegen anderer Maßnahmen in Betracht. Bei Pflichtverletzungen, die mit einem ,,Ordnungsgeld" (vgl. 40 vor § 1) gerügt werden können, ist I S. 1 analog anzuwenden; die Festsetzung eines Ordnungsgeldes gegen ein Kind ist danach unzulässig (LG Bremen NJW **70**, 1429; LR-Meyer 2 zu § 51 StPO; Rebmann/Roth/Herrmann 3).

4   **B. Die Handlung eines Jugendlichen** (vgl. 2) ist nur dann vorwerfbar, ,,wenn er zur Zeit der Tat nach seiner sittlichen und geistigen Entwicklung reif genug ist, das Unrecht der Tat einzusehen und nach dieser Einsicht zu handeln" (I S. 2; § 3 S. 1 JGG, Anh **A** 3). Es kommt also nicht allein darauf an, ob der Jugendliche genügend intelligent ist, das Uner-

laubte der Handlung einzusehen (also zu erkennen, daß die Handlung gesetzlich verboten ist), sondern auch darauf, ob der Jugendliche nach seiner altersmäßigen Entwicklung imstande ist, dieser Einsicht zu folgen. Ob diese Voraussetzungen vorliegen, ist in bezug auf die konkrete Tat zu prüfen. Bei Ordnungswidrigkeiten außerhalb des Straßenverkehrs wird dem Jugendlichen wegen seines geringeren Reifegrades nicht selten die Fähigkeit fehlen, das Unerlaubte seiner Handlung einzusehen, weil solche Verstöße vielfach im Gewissen keinen Widerhall finden. Bei Verkehrsordnungswidrigkeiten werden zwar durchschnittlich intelligente Jugendliche in der Regel auf Grund des Verkehrsunterrichts in Schulen und der allgemeinen Verkehrsaufklärung die genügende Einsichtsfähigkeit haben. Der Jugendliche kann jedoch mitunter durch einen noch nicht gezügelten Spieltrieb zur Tat veranlaßt sein, so daß die Fähigkeit fehlen kann, der Einsicht entsprechend zu handeln. Die Abgrenzung im einzelnen wird der Praxis in Grenzfällen keine großen Schwierigkeiten bereiten, weil das Opportunitätsprinzip (§ 47) gilt (vgl. auch 5).

5 **Ist der Reifegrad des Täters zweifelhaft** und erst durch ein Sachverständigengutachten festzustellen, so steht eine solche Untersuchung meist in keinem angemessenen Verhältnis zur Bedeutung der Tat. Schon deshalb empfiehlt es sich, von der weiteren Verfolgung abzusehen. Im übrigen ist zu berücksichtigen, daß Aufklärung, Belehrung und Ermahnung dem Jugendlichen oft besser die Einsicht und Bereitschaft vermitteln können, Ordnungsvorschriften zu beachten, als die Festsetzung einer Geldbuße. Diese Möglichkeiten sollten gerade in Grenzfällen genutzt werden, wenn es also zweifelhaft ist, ob der Jugendliche nach seinem Reifegrad für die Tat verantwortlich gemacht werden kann oder nicht (zust. Rebmann/Roth/Herrmann 8; Kunz BWVPr **79**, 53).

6 **Ist der Jugendliche mittellos,** so hindert dies nicht die Festsetzung einer Geldbuße (vgl. 21 zu § 47).

7 C. **Bei Heranwachsenden,** also Personen, die 18, aber noch nicht 21 Jahre alt sind (vgl. § 1 II JGG, Anh **A 3**), gelten keine Besonderheiten; sie stehen nach dem materiellen Ordnungswidrigkeitenrecht den Erwachsenen gleich (Bay. NJW **72**, 837). Eine dem § 105 JGG entsprechende Vorschrift, wonach ein Heranwachsender, der in seiner Entwicklung einem Jugendlichen gleichsteht oder der eine typische Jugendverfehlung begangen hat, in den strafrechtlichen Folgen wie ein Jugendlicher behandelt wird, ist im Ordnungswidrigkeitenrecht entbehrlich, da das Gesetz für Handlungen Jugendlicher und Erwachsener als Sanktion unterschiedslos die Geldbuße androht (vgl. 8).

8 D. **Erziehungsmaßnahmen** oder Zuchtmittel sind als Mittel der Ahndung bei Jugendlichen oder Heranwachsenden nicht zugelassen (Bay. NJW **72**, 837; Stuttgart, Die Justiz **74**, 309; Köln JMBlNW **76**, 117; aM zu Unrecht Müller 9 zu § 46). Der Gesetzgeber hat hiervon bewußt abgesehen, weil er es für unangemessen angesehen hat, der VB diese für sie wesensfremde Aufgabe zu übertragen, andererseits aber für ebenso wenig angemessen, deswegen grundsätzlich die Zuständigkeit des JugRi zu bestimmen (vgl. C III 15 d. BegrEOWiG).

9 **Bei der Vollstreckung** ist aber sowohl bei Jugendlichen als auch bei

Heranwachsenden eine jugendgemäße Behandlung möglich (§ 98; § 78 III).

10   E. **Über das Verfahren** gegen Jugendliche und Heranwachsende vgl. 164 vor § 59, 31 ff. vor § 67, 60 ff. zu § 71; über das Vollstreckungsverfahren vgl. 6 vor § 89, 35 zu § 96, zu § 98; über die Kostenentscheidung vgl. 45 f. zu § 105.

11   **3) Die Zurechnungsunfähigkeit** (II; vgl. § 20 StGB) setzt einen bestimmten biologischen Zustand voraus, der den Täter in eine solche psychische Verfassung bringt, daß er unfähig ist, das Unerlaubte der Handlung einzusehen oder seinen Willen nach dieser Einsicht zu bestimmen (eines von beiden genügt). Dabei ist auf den Zeitpunkt der Handlung und deren konkrete Begleitumstände abzustellen. Die Prüfung der Zurechnungsfähigkeit ist allerdings nur notwendig, wenn sich Auffälligkeiten zeigen, die Anlaß zu Zweifeln geben (zB Hirnverletzung, starker Alkoholgenuß; vgl. 1). In der Regel wird dann ein Sachverständigengutachten einzuholen sein. Bleibt danach ein begründeter Zweifel bestehen, so ist zugunsten des Täters Zurechnungsunfähigkeit anzunehmen. Fehlt die Fähigkeit, das Unerlaubte der Handlung einzusehen, ohne daß eine der in II bezeichneten Anomalien vorliegt, so handelt der Täter gleichwohl nicht vorwerfbar, sondern in einem unverschuldeten Verbotsirrtum (Dreher/Tröndle 5 zu § 20). Die biologischen Zustände, welche die Zurechnungsunfähigkeit begründen, sind durch das EGStGB in Anlehnung an § 20 StGB auf insgesamt vier erweitert worden; im einzelnen sind dies die folgenden:

12   A. **Krankhafte seelische Störung,** die nicht notwendig auf einer nachweisbaren organischen Ursache (Paralyse, Hirnverletzung, Hirnarteriosklerose, Hirnatrophie, Epilepsie) beruhen muß, sondern die auch eine sog. endogene Psychose sein kann (Schizophrenie, manisch-depressives Irresein). Zur Trunkenheit vgl. 13.

13   B. **Tiefgreifende Bewußtseinsstörung** (Trübung oder Einengung des Bewußtseins), die nicht gleichzusetzen ist mit der Bewußtlosigkeit, bei der schon eine Handlung fehlt. Eine Bewußtseinsstörung kann vorliegen bei Trunkenheit (sie wird neuerdings schon als krankhafte seelische Störung angesehen, vgl. Lackner 2a, aa zu § 20; doch ist dies für die praktische Anwendung ohne Bedeutung), schwerer Erschöpfung oder Übermüdung, Schlaftrunkenheit, ausnahmsweise auch bei einem hochgradigen (wenn auch selbstverschuldeten) Affektzustand (BGH **11**, 20, 25). Bei Trunkenheit, die nicht sinnlos zu sein braucht, spricht ein Alkoholwert von 3⁰/∞ und mehr für eine tiefgreifende Bewußtseinsstörung (BGH 9. 9. 1977, 3 StR 248/77; Hamm NJW **67**, 69; Schleswig DAR **73**, 20; vgl. näher Dreher/Tröndle 9 zu § 20); sie kann bei besonderen Umständen (Gehirnerschütterung, Affektsteigerung) auch schon nach weit geringerem Alkoholgenuß (etwa bei 2⁰/∞, Düsseldorf NJW **66**, 1175) gegeben sein. Zum Ausschluß der Vorwerfbarkeit bei nur 2,11⁰/∞ infolge hinzukommender Medikamentenwirkung vgl. Köln JZ **67**, 183.

14   C. **Der Schwachsinn,** dh die angeborene oder frühkindlich erworbene Intelligenzschwäche ohne nachweisbare Ursache (so Idiotie, Imbezilli-

tät). Dieser biologische Zustand ist nicht gleichzusetzen mit der „Geistesschwäche" (so § 7 aF), die sich von der krankhaften seelischen Störung (vgl. 12) nur graduell unterscheidet, sondern eher ein Unterfall von 15 ist.

15 D. **Schwere andere seelische Abartigkeit.** Dazu rechnen solche schweren seelischen Störungen, die nicht als krankhafte anzusehen sind, so zB Triebstörungen, Psychopathieformen und Neurosen. Ob die Abartigkeit anlagebedingt oder entwicklungsbedingt ist, darauf kommt es nicht an.

16 **4) Erheblich verminderte Vorwerfbarkeit** kann ohne weiteres bei der Bemessung der Geldbuße mildernd berücksichtigt werden und muß es in der Regel auch, da eine Handlung in diesem Zustand grundsätzlich milder zu beurteilen ist. Eine ausdrückliche Milderungsvorschrift (vgl. § 21 StGB) ist nicht vorgesehen, weil das OWiG davon ausgeht, daß es keine Mindestgeldbußen gibt (vgl. 28 zu § 11, 7 zu § 17).

Versuch

13 ^I Eine Ordnungswidrigkeit versucht, wer nach seiner Vorstellung von der Handlung zur Verwirklichung des Tatbestandes unmittelbar ansetzt.

^{II} Der Versuch kann nur geahndet werden, wenn das Gesetz es ausdrücklich bestimmt.

^{III} Der Versuch wird nicht geahndet, wenn der Täter freiwillig die weitere Ausführung der Handlung aufgibt oder deren Vollendung verhindert. Wird die Handlung ohne Zutun des Zurücktretenden nicht vollendet, so genügt sein freiwilliges und ernsthaftes Bemühen, die Vollendung zu verhindern.

^{IV} Sind an der Handlung mehrere beteiligt, so wird der Versuch desjenigen geahndet, der freiwillig die Vollendung verhindert. Jedoch genügt sein freiwilliges und ernsthaftes Bemühen, die Vollendung der Handlung zu verhindern, wenn sie ohne sein Zutun nicht vollendet oder unabhängig von seiner früheren Beteiligung begangen wird.

1 **1) Die Vorschrift** ist in I dem § 22 StGB, in III und IV dem § 24 StGB nachgebildet. II hält an dem Grundsatz fest, daß der Versuch einer Ordnungswidrigkeit im allgemeinen nicht geahndet werden kann. Es kommt deshalb darauf an, ob das Gesetz (also die einzelne Bußgeldvorschrift) die Ahndung des Versuchs ausdrücklich zuläßt. Das Bedürfnis für eine solche Erweiterung der Ahndungsmöglichkeit wird nur in Ausnahmefällen bejaht werden können (vgl. zB § 115 III; § 33 VI AWG; § 32 IV MOG; § 61 II LuftVG; wN bei Göhler unter „Versuch einer Ordnungswidrigkeit"). Maßgebend hierfür ist die Erwägung, daß der Versuch einer Ordnungswidrigkeit in den meisten Fällen keine nennenswerte Gefährdung des geschützten Rechtsguts darstellt (Begr. zu § 8 EOWiG), weil dadurch gleichsam nur die Schwelle zu dem „Vorbereich" einer möglichen Rechtsgüterverletzung (vgl. 1 zu § 15) betreten wird.

2   **2) Der Begriff des Versuchs** ist abweichend von § 8 I S. 1 aF bestimmt.
Diese Vorschrift setzte positiv voraus, daß jemand „den Entschluß,
eine Ordnungswidrigkeit zu begehen, durch Handlungen betätigt, welche einen Anfang der Ausführung dieser Ordnungswidrigkeit enthalten", und
außerdem negativ, daß die Ordnungswidrigkeit „nicht zur Vollendung
gekommen ist". Die neue Fassung hat den Vorteil, wesentlich kürzer und
sprachlich gefälliger, jedoch den Nachteil, weniger klar und bestimmt zu
sein. Die Beschreibung „unmittelbar ansetzt" ist recht anschaulich und
wohl auch passend bei den klassischen Straftatbeständen wie Mord, Ver-
gewaltigung und Diebstahl; bei Zuwiderhandlungen auf dem Gebiete des
Wirtschaftsrechts, die nach außen nicht sichtbar zutage treten, paßt diese
Beschreibung dagegen kaum (vgl. Tiedemann JR **73**, 412), noch weniger
bei den Ordnungswidrigkeiten. Der Begriff „ansetzt" (vgl. 4 f.) wird
deshalb nach der Beschreibung der einzelnen Tatbestände sowie der Vorstellung des Täters über die Art der Ausführung der Handlung unterschiedlich zu bestimmen sein (vgl. Tiedemann aaO); keinesfalls kann er
durchgängig etwa iS des beginnenden Einsetzens physischer Kräfte zur
Tatbestandsverwirklichung verstanden werden (zust. Rebmann/Roth/
Herrmann 2). Hervorzuheben ist, daß mit der neuen Fassung von § 22
StGB, die I entspricht, bloße Vorbereitungshandlungen, die auf der
Grundlage von § 43 StGB aF von der Rspr. bisweilen einbezogen worden
sind, aus dem Bereich des Versuchs ausgeschieden werden sollen (Begr
E 1962 S. 144).

3   A. **Vorsätzliches Handeln** setzt der Versuch voraus, wie sich aus den
Worten „nach seiner *Vorstellung* von der Handlung" ergibt (vgl. BerE-
StRG 2 S. 11). Bedingter Vorsatz hinsichtlich der Tatbestandsverwirklichung genügt (RG **61**, 159). Die Handlung selbst muß der Täter jedoch
unbedingt wollen. Unerheblich ist jedoch, ob sich der Täter vorbehält,
die Durchführung der Handlung beim Eintritt bestimmter Bedingungen
abzubrechen, so zB, wenn er bei der ungenehmigten Warenausfuhr an
der Grenze (vgl. das Beispiel unter 4) umfassendere Kontrollmaßnahmen
als üblich entdeckt; in einem solchen Falle ist nicht der Vorsatz bedingt,
sondern die Durchführung des an sich unbedingten Vorsatzes (vgl. Baumann S. 519 mwN sowie BGH **21**, 14). Einen fahrlässigen Versuch gibt
es nicht (Bay. NJW **55**, 395).

4   B. **Das unmittelbare Ansetzen** zur Tatbestandsverwirklichung ist auf
dem Wege zur Vollendung des Verstoßes (die also noch nicht erreicht
sein darf) das Stadium, das über der Grenze einer bloßen Vorbereitungshandlung liegt.

4a   **Beurteilungsgrundlage ist dabei der Gesamtplan** des Täters; danach
ist die Grenze überschritten, wenn er Handlungen betätigt, die im ungestörten Fortgang ohne Zwischenakte in die Tatbestandsverwirklichung
einmünden sollen (BGH **26**, 201 mwN) und die damit das geschützte
Rechtsgut objektiv in eine konkrete nahe Gefahr bringen (vgl. Dreher/
Tröndle 11 zu § 22; vgl. auch Köln MDR **75**, 948). Dies ist der Fall, wenn
der Täter eine Handlung vornimmt, die bereits ein Tatbestandsmerkmal
(von mehreren) verwirklicht oder nach seiner Vorstellung von den Tatumständen verwirklichen würde. Das unmittelbare Ansetzen erfaßt aber

darüberhinaus das der Tatbestandsverwirklichung unmittelbar vorangehende Verhalten, das die Tatbestandsverwirklichung einleitet. Eine scharfe Grenzziehung ist kaum möglich. Versuch wird zB vorliegen, wenn Waren, die falsch bezeichnet sind, um eine erforderliche Ausfuhrgenehmigung zu umgehen, bereits zur Grenze geschafft werden (vgl. § 33 III Nr. 1 iVm § 9 AWG; BGH **20**, 150; abw. insoweit Rebmann/Roth/Herrmann 7), bloße Vorbereitungshandlung dagegen beim Einkauf von Waren zur ungenehmigten Ausfuhr oder beim Erkunden nach einer für diesen Zweck günstigen Grenzstelle (vgl. BGH **4**, 333; **7**, 291). Bei einem echten Unterlassungsdelikt (zB Verletzung einer Anzeigepflicht; 13 vor § 1) wird der Versuch zu bejahen sein, wenn der Täter (zB durch betriebliche Maßnahmen) eine Tätigkeit entfaltet, die nach allgemeiner Lebenserfahrung darauf schließen läßt, daß der Täter den Vorsatz gefaßt hat, die gebotene Handlung zu unterlassen und von diesem Unterlassen nicht mehr abzugehen (Tiedemann JR **73**, 414). Im Ordnungswidrigkeitenrecht sollte das Stadium des Versuchs nicht zu weit ausgedehnt werden, weil es hier um den Schutz weniger bedeutsamer Rechtsgüter geht oder um einen schon vorverlegten Schutzbereich und weil bei der Abgrenzung zwischen Versuch und Vorbereitungshandlung die Bedeutung und Gefährdung des Rechtsgutes eine Rolle spielen. Zur Abgrenzung der Vorbereitung vom Versuch nach § 22 StGB vgl. BGH **26**, 201 m. Anm. Otto NJW **76**, 578, Gössel JR **76**, 249.

5   C. **Trotz Nichtbeendigung der Handlung** kann die Tatbestandsverwirklichung über das Versuchsstadium hinausgetreten und in die Vollendung gelangt sein, so zB, wenn Waren ohne Genehmigung ausgeführt werden und dabei noch nicht an dem vom Täter vorgeplanten Bestimmungsort angekommen sind (vgl. BGH **3**, 40 zum Parallelfall des Schmuggels). In einem solchen Falle liegt eine vollendete Handlung vor, an der jedoch bis zur Beendigung noch eine Beteiligung möglich ist (so zB durch den Weitertransport von der Grenze bis zum Bestimmungsort; vgl. 6 zu § 14).

6   D. **Der untaugliche Versuch** ist ein Ansetzen zur Tatbestandsverwirklichung, das deshalb nicht zur Vollendung führen kann, weil der Täter über das Vorliegen von solchen Tatsachen, die Voraussetzungen für die Tatbestandsverwirklichung sind, irrt; so zB, wenn er glaubt, die Ware X auszuführen, deren Ausfuhr einer Genehmigung bedarf, während er in Wirklichkeit die Ware Y ausführt, die genehmigungsfrei ausgeführt werden kann. Mangels einer abweichenden Regelung ist der untaugliche Versuch (der auch bei einem Irrtum über die zur Tatbestandsverwirklichung eingesetzten Mittel oder über die bei der Tatbestandsverwirklichung näher qualifizierte Person – zB Ausländer – vorliegen könnte) zwar – wie im Strafrecht – ahndbar (vgl. näher Rebmann/Roth/Herrmann 9). Doch dürfte die praktische Bedeutung dieser Fälle so gering sein, daß hier von einer näheren Erläuterung abgesehen wird. Nur am Rande erwähnt sei die besondere Fallkonstellation des „**Wahndeliktes**", bei dem der vorgestellte Sachverhalt den Tatsachen entspricht, der Handelnde aber irrtümlich von einer – nicht bestehenden – Ahndbarkeit ausgeht (so zB, wenn er irrtümlich glaubt, eine bestimmte Ware dürfe nur

mit einer Genehmigung ausgeführt werden); für solche Fälle enthält
§ 23 III StGB eine besondere Regelung, die im Ordnungswidrigkeitenrecht wegen des Opportunitätsprinzips entbehrlich ist.

7   **3) Die Ahndung des Versuchs** ist auf die Bekämpfung von Handlungen gerichtet, die sich gegen die Rechtsordnung auflehnen und nach
außen in Erscheinung treten (vgl. Lackner 2a zu § 22). In der Regel
werden solche Handlungen weniger bedeutsam sein als die vollendete
Tat, so daß eine mildere Beurteilung geboten ist. Eine ausdrückliche
Milderungsvorschrift (vgl. § 23 II StGB) fehlt, da das OWiG davon ausgeht, daß ein erhöhtes Mindestmaß der Geldbuße nirgends angedroht ist
(vgl. 28 zu § 11; 7 zu § 17).

8   **4) Beim Rücktritt vom Versuch** (III, IV; vgl. § 24 StGB) entfällt die
Möglichkeit der Ahndung. Dabei wird unterschieden, ob jemand allein
gehandelt hat (III) oder ob mehrere an der Handlung beteiligt gewesen
sind. Dieser perfektionistischen Regelung, die gegenüber dem früheren
Recht (auch im Strafrecht) eine Verschärfung bedeutet, hätte es im Ordnungswidrigkeitenrecht nicht bedurft. Es mag im Strafrecht angemessen
sein, daß es bei einer Beteiligung nicht ausreicht, wenn ein Teilnehmer
vor Vollendung der Tat freiwillig die weitere Ausführung aufgibt; da der
Tatbeitrag eines Beteiligten in der Regel fortwirkt und so die Vollendung
beeinflußt, kann von ihm verlangt werden, daß er nicht nur seine weitere
Ausführung aufgibt, sondern daß er die Vollendung verhindert oder sich
darum zumindest bemüht (§ 24 II StGB). Die Begründung, „daß eine
Tat, an der mehrere Täter beteiligt sind, in der Regel gefährlicher ist als
die einer Einzelperson und daß mit der Rückgängigmachung des einzelnen Tatbeitrages diese erhöhte Gefährlichkeit nicht aufgehoben wird"
(BerE 2. StrRG S. 12), hat bei so bedeutsamen Tatbeständen wie Mord,
Raub, Einbruchsdiebstahl uä sicher Gewicht; bei bloßen Ordnungswidrigkeiten überzeugt sie jedoch nicht (vgl. 13).

9   A. **Hat eine Person die Ordnungswidrigkeit allein versucht,** so ist
beim Rücktritt zu unterscheiden, ob der Versuch unbeendet oder beendet
ist; im ersten Fall reicht die freiwillige Aufgabe der weiteren Ausführung
aus, im zweiten Fall muß die Vollendung freiwillig verhindert werden.
Eine besondere Fallgestaltung behandelt III S. 2.

10   a) **Unbeendet ist der Versuch,** wenn nach der Vorstellung des Täters
noch weitere Handlungsakte notwendig sind. Der Täter muß hier a) mit
dem Entschluß, auf die konkrete Handlung endgültig zu verzichten, die
zur Tatbestandsverwirklichung noch notwendigen Handlungsakte abbrechen und b) freiwillig handeln, also aus der Vorstellung heraus, die
Handlung ohne wesentlich erhöhtes Risiko ausführen und ihren Zweck
noch erreichen zu können (vgl. BGH **7,** 296, 299). Nicht freiwillig handelt der Täter, wenn er sich sagt: „Ich kann nicht zum Ziel kommen,
selbst wenn ich es wollte;" diese Kurzformel (vgl. Frank, StGB,
18. Aufl., II zu § 46) kennzeichnet diese Situation auch heute noch treffend.

11   b) **Beendet ist der Versuch,** wenn nach der Vorstellung des Täters alle
zur Tatbestandsverwirklichung erforderlichen Handlungsakte ausgeführt
sind (BGH **14,** 75). Der Täter muß hier a) durch aktives Tun (ev. auch,

indem er einen Dritten zum Handeln veranlaßt) die Vollendung verhindern und b) freiwillig handeln (früher: vor Entdeckung der Tat). Die Regelung über den Rücktritt vom beendeten Versuch wird kaum praktische Bedeutung haben, weil Erfolgsdelikte im Ordnungswidrigkeitenrecht selten sind (vgl. 14 vor § 1). Für den Tatbestand der leichtfertigen Steuerverkürzung gilt die besondere Vorschrift über die Selbstanzeige (§ 378 III AO 1977, Anh **A 10**).

12 c) **Beim untauglichen Versuch** (vgl. 6) reicht es nach III S. 2 aus, daß sich der Täter freiwillig und ernstlich bemüht, die Vollendung zu verhindern (so, wenn er sich bemüht, seine Hilfspersonen, die entsprechend seiner Weisung mit der Ware auf dem Wege zur Grenze sind, zur Umkehr zu veranlassen; es fällt schwer, hier bessere Beispielsfälle aufzuzeigen). Erkennt der Täter, daß sein Versuch fehlgeschlagen ist (so, wenn er in dem oa Beispiel nach der Einfuhr erkennt, daß er andere Waren eingeführt hat als er hat einführen wollen), so kommt ein Rücktritt nicht mehr in Betracht.

13 B. **Sind mehrere an der Handlung beteiligt,** so reicht es für den Beteiligten nicht aus, daß er die weitere Beteiligung freiwillig aufgibt. Er muß freiwillig die Vollendung der Handlung verhindern (III S. 1) oder sich zumindest darum bemühen, wenn sie ohne sein Zutun nicht vollendet wird (so beim untauglichen Versuch; vgl. 12) oder wenn die Handlung unabhängig von seiner früheren Beteiligung begangen wird, seine frühere Beteiligung also auf das weitere Tatgeschehen ohne Einfluß ist. All dies ist für das Ordnungswidrigkeitenrecht sehr perfekt (ohne praktischen Nutzen) geregelt.

14 C. **Die Wirkung des Rücktritts** besteht darin, daß der Versuch ,,als solcher" nicht geahndet wird. Hat der Täter im Stadium des Versuchs einer Ordnungswidrigkeit zugleich eine andere vollendet, so bleibt deren Ahndbarkeit unberührt.

Beteiligung

14 [I] **Beteiligen sich mehrere an einer Ordnungswidrigkeit, so handelt jeder von ihnen ordnungswidrig. Dies gilt auch dann, wenn besondere persönliche Merkmale (§ 9 Abs. 1), welche die Möglichkeit der Ahndung begründen, nur bei einem Beteiligten vorliegen.**

[II] **Die Beteiligung kann nur dann geahndet werden, wenn der Tatbestand eines Gesetzes, das die Ahndung mit einer Geldbuße zuläßt, rechtswidrig verwirklicht wird oder in Fällen, in denen auch der Versuch geahndet werden kann, dies wenigstens versucht wird.**

[III] **Handelt einer der Beteiligten nicht vorwerfbar, so wird dadurch die Möglichkeit der Ahndung bei den anderen nicht ausgeschlossen. Bestimmt das Gesetz, daß besondere persönliche Merkmale die Möglichkeit der Ahndung ausschließen, so gilt dies nur für den Beteiligten, bei dem sie vorliegen.**

[IV] **Bestimmt das Gesetz, daß eine Handlung, die sonst eine Ordnungswidrigkeit wäre, bei besonderen persönlichen Merkmalen des**

Täters eine Straftat ist, so gilt dies nur für den Beteiligten, bei dem sie vorliegen.

Schrifttum: *Cramer*, Die Beteiligung an einer Zuwiderhandlung nach § 9 OWiG, NJW **69**, 1929 ff.; *Dreher*, Plädoyer für den Einheitstäter im Ordnungswidrigkeitenrecht, NJW **70**, 217 ff.; *Cramer/Dreher*, Nochmals: Zum Einheitstäter im Ordnungswidrigkeitenrecht, NJW **70**, 1114; *Kienapfel*, Beteiligung und Teilnahme NJW **70**, 1827; ders., Das Prinzip der Einheitstäterschaft JuS **74**, 1; *Dreher/Kienapfel*, Der Einheitstäter im Ordnungswidrigkeitenrecht NJW **71**, 121; *Detzler*, Die Problematik der Einheitstäterlösung, 1972; *Schumann*, Zum Einheitstätersystem des § 14 OWiG, 1979; *Welp*, Der Einheitstäter im Ordnungswidrigkeitenrecht, VOR **72**, 299 ff.

1   **1) Abweichend von den Vorschriften des StGB** (§§ 25 ff.) regelt § 14 (bisher § 9) die Teilnahme mehrerer Personen an einer Ordnungswidrigkeit. Während das StGB zwischen dem eigentlichen Täter und den verschiedenen Formen der Beteiligung unterscheidet (Mittäter, Anstifter, Gehilfe), bestimmt § 14 ohne weitere Unterscheidung, daß jeder, der sich an einer Ordnungswidrigkeit beteiligt, ordnungswidrig handelt, gleichgültig in welcher Weise er zur Verwirklichung des Tatbestandes beiträgt. Im Ordnungswidrigkeitenrecht gilt danach ein unterschiedsloser, mithin **einheitlicher Täterbegriff,** dessen Abgrenzung jedoch sehr str. ist (vgl. einerseits Cramer aaO, der die gesetzliche Regelung als ,,kleine Lösung" versteht, bei der im Grunde genommen die herkömmlichen Teilnahmeformen weiterhin beachtlich sind; andererseits Kienapfel aaO, der die gesetzliche Regelung als Anerkennung eines formalen Einheitstäterbegriffs versteht, bei dem jeder Täter ist, der einen (auch nur fahrlässigen) Beitrag zur Tatbestandsverwirklichung leistet; vermittelnd Dreher aaO; zust. der gesetzlichen Regelung im wesentlichen Detzler aaO; gänzl. abl. Welp aaO). Zur praktischen Anwendung vgl. KG NJW **76**, 1465.

2   **A. Der Zweck** dieser Regelung ist es nicht, die Ahndungsmöglichkeit gegenüber dem Strafrecht (durch Einführung des ,,extensiven Täterbegriffs", vgl. 13) auszuweiten. Die Vorschrift will nur die Rechtsanwendung erleichtern und damit vereinfachen (Begr. zu § 9 EOWiG). Es ist danach nicht notwendig, rechtlich zu prüfen, ob der Tatbeitrag des jeweils Beteiligten als Täterschaft (Alleintäterschaft, Mittäterschaft) im herkömmlichen Sinne oder nur als Teilnahme an einer fremden Tat (Anstiftung oder Beihilfe) zu werten ist. Eine solche Unterscheidung, die in Grenzfällen häufig zu Zweifelsfragen und Unklarheiten führen muß (vgl. Dreher/Tröndle 2 vor § 25; bei der Abgrenzung zwischen Täter und Gehilfen zB hat sich die Rspr. wiederholt im Kreis gedreht, was die Kritik von Cramer aaO nicht genügend berücksichtigt), ist im Ordnungswidrigkeitenrecht deshalb nicht notwendig, weil sich aus der etwaigen unterschiedlichen Einordnung in die überkommenen Beteiligungsformen keine unterschiedlichen Rechtsfolgen ergeben würden (zust. Knapp/Luis **79**, 609, 613). Denn ein erhöhtes Mindestmaß der Geldbuße gibt es nicht. Für alle Beteiligten kommt deshalb ohnehin nur derselbe Bußgeldrahmen in Betracht (krit. hierzu Welp aaO S. 323). Bei der Frage, welche Geldbuße für den jeweils Beteiligten angemessen ist, reicht es aus, die Bedeutung der Tatbeteiligung und den Vorwurf, welcher den Beteiligten trifft, in tatsächlicher Hinsicht festzustellen, ohne daß der Tatbeitrag zuvor rechtlich in die herkömmlichen Formen der Täterschaft

und Teilnahme eingeordnet werden muß (Begr. zu § 9 EOWiG). Als
Preis für die Vereinfachung (die Cramer aaO und Welp aaO zu Unrecht
bestreiten) nimmt es die Vorschrift (notgedrungen) in Kauf, daß die bei
den früheren Übertretungen straflosen Beihilfehandlungen (vgl. § 49
StGB aF) im Ordnungswidrigkeitenrecht als mögliche Formen der Beteiligung in Betracht kommen; doch ist zu berücksichtigen, daß hier nicht
nur die früheren Übertretungen angesiedelt sind, sondern auch ein beachtlicher Teil früherer Vergehen, und daß in Fällen von untergeordneter
Bedeutung nach dem – auch richterlich zu handhabenden – Opportunitätsprinzip (§ 47 II) eine Verfolgung praktisch ausscheidet (vgl. 7 zu § 17;
Dreher aaO; Knapp aaO).

3   B. **Eine Beteiligung** liegt dann vor, wenn jemand an einer (nicht nur
allein von ihm begangenen) Handlung (die auch in einem Unterlassen
bestehen kann; vgl. 13 vor § 1) bewußt und gewollt mitwirkt (auch
durch Unterlassen). Notwendig ist danach ein vorsätzlicher Tatbeitrag
(Bay. VM 73, 9f., 77, 33, NJW 76, 436; KG NJW 76, 1465; Hamm VRS
47, 135, MDR 77, 73 – nur L –; Schleswig SchlHA 76, 45; Karlsruhe, Die
Justiz 78, 178; Rebmann/Roth/Herrmann 8ff; hM; krit., jedoch praktisch
zum gleichen Ergebnis gelangend, Cramer aaO sowie Grundbegriffe
S. 82; aM Kienapfel NJW 70, 1827).

4   **Bei einem nur fahrlässigen Tatbeitrag** ist die Vorschrift nicht anwendbar (Cramer aaO; vgl. 3; Schleswig bei Ernesti/Jürgensen SchlHA
76, 196: keine Beteiligung bei Verletzung der Aufsichtspflicht); in einem
solchen Falle kann der Handelnde allerdings fahrlässig handelnder Nebentäter sein, dh jemand, der ohne das Bewußtsein und den Willen, mit
einem anderen zu handeln, den Tatbestand einer Ordnungswidrigkeit
rechtswidrig verwirklicht. Fahrlässige Nebentäterschaft kann auch vorliegen, wenn jemand zwar einen Verstoß bewußt und gewollt mitwirkt, jedoch irrtümlich Umstände annimmt, bei deren Vorliegen die
Rechtswidrigkeit ausgeschlossen wäre (Schleswig bei Ernesti/Jürgensen
SchlHA 77, 194). Die fahrlässige Nebentäterschaft kann nur geahndet
werden, wenn der Nebentäter Normadressat der Bußgelddrohung ist
(vgl. § 9) und wenn auch fahrlässiges Handeln mit Geldbuße bedroht ist
(vgl. § 10).

5   **Für die Beteiligung an einer Ordnungswidrigkeit reicht es aus,** wenn
bei mehreren handelnden Personen a) der eine von dem Tatbeitrag des
anderen weiß und b) mit dessen Handlung einverstanden ist (die Handlung „billigt") oder durch dessen Handeln in dem Willen zur eigenen
Tätigkeit veranlaßt oder bestärkt wird und c) selbst einen Beitrag zur
Tatbestandsverwirklichung leistet. Nicht erforderlich ist es dagegen, daß
sämtliche Beteiligten gegenseitig voneinander wissen, daß sie bewußt
und gewollt mitwirken (zust. Rotberg 3; Rebmann/Roth/Herrmann 10).
Die Frage, ob eine „Beteiligung" gegeben ist, ist also nach dem Grundsatz der „autonomen Verantwortlichkeit der Beteiligten" (vgl. II; Kienapfel, Strafrechtsdogmatik und Kriminalpolitik 71, 26, 36) vom Standpunkt jedes an der Tatbestandsverwirklichung ursächlich Tätigen zu prüfen (vgl. Cramer NJW 70, 1115; zust. auch Rebmann/Roth/Herrmann
10; anders allerdings die Begr. zu § 9 EOWiG und daran anschl. Dreher

aaO). Wer bewußt und gewollt mitwirkt, daß der Tatbestand einer Ordnungswidrigkeit durch einen anderen verwirklicht wird, beteiligt sich an der Ausführung der Ordnungswidrigkeit, auch wenn der andere unvorsätzlich handelt (so überzeugend Detzler aaO S. 164 ff.; Cramer Grundbegriffe S. 82 f.; Rebmann/Roth/Herrmann 11; vgl. auch Kienapfel NJW **70**, 1827; aM Köln NJW **79**, 826; Dreher aaO; Rotberg 12, anders aber wohl 19 zu § 1; Schmitt S. 37). Im Strafrecht vertritt zwar die hM den Standpunkt, daß eine Teilnahme an einer unvorsätzlichen Tat nicht möglich sei (vgl. Dreher/Tröndle 10 vor § 25 mwN sowie §§ 26, 27 I StGB). Doch erscheint die hier vertretene Auffassung deshalb folgerichtig, weil sonst im Ordnungswidrigkeitenrecht auf die Rechtsfigur der mittelbaren Täterschaft (vgl. § 25 I StGB) zurückgegriffen werden und damit notwendigerweise auch die Abgrenzungen zwischen (mittelbarer) Täterschaft, Anstiftung und Beihilfe (vgl. § 25 I, §§ 26, 27 I StGB) wieder Bedeutung erlangen müßten. Dies widerspräche jedoch dem Grundgedanken, den das Gesetz mit der Einheitstäterlösung verfolgt, nämlich die Rechtsanwendung zu vereinfachen und zu erleichtern (vgl. 2); deswegen kann auch nicht der Wortlaut: Beteiligen sich *mehrere* . . . entscheidend sein. Wenn im Strafrecht zur Begründung dafür, daß die ,,Haupttat" vorsätzlich begangen werden müßte, angeführt wird, daß andernfalls Anstiftung und mittelbare Täterschaft ununterscheidbar wären (vgl. Dreher/Tröndle 10 vor § 25), so spricht dies für die Richtigkeit des hier eingenommenen Standpunktes (zust. Rebmann/Roth/Herrmann 11; Thiemann S. 43 f.).

6   **Ein Tatbeitrag liegt nur dann vor,** wenn das Handeln für die Tatbestandsverwirklichung ursächlich gewesen ist (Rotberg 4). Dies ist zB bei der Teilnahme an einer Grillgemeinschaft zu bejahen, die in gefährlicher Nähe eines Waldes Feuer anzündet und unterhält (KG NJW **76**, 1465). Ist die Ordnungswidrigkeit bereits *beendet,* so ist eine Beteiligung an ihr nicht mehr möglich, so daß Unterstützungshandlungen, die dem Täter nachträglich gewährt werden (zB zur Sicherung der Vorteile der Ordnungswidrigkeit), nicht geahndet werden können (vgl. Rotberg 5; Rebmann/Roth/Herrmann 10).

7   **C. Jeder Beteiligte handelt ordnungswidrig,** verwirklicht also den Bußgeldtatbestand, so daß seine Handlung im Rahmen der jeweiligen Bußgelddrohung geahndet werden kann. Es ist gleichgültig, ob der Beteiligte die Tat als eigene oder fremde gewollt hat, ob er den Tatbestand in seiner Person voll verwirklicht hat oder nicht, ob er die Tatherrschaft gehabt hat oder nicht usw. Vom Standpunkt des einheitlichen Täterbegriffs ist solchen Unterscheidungen, die im Strafrecht bei der Abgrenzung von Täterschaft und Teilnahme eine Rolle spielen, von vornherein die Grundlage entzogen; sie wären ohne Wert, weil sie zu keinen rechtlichen Folgerungen führen würden (ebenso Rebmann/Roth/Herrmann 12; aM Cramer aaO; doch ist nicht einsichtig, welche Rechtsfolgen sich aus einer unterschiedlichen Einordnung ergeben, wenn stets derselbe Bußgeldrahmen gilt!). Das bedeutet jedoch nicht, daß solche Umstände tatsächlicher Art völlig außer Betracht bleiben; sie werden lediglich rechtlich nicht besonders gewertet. Der Umfang und die Bedeutung der Tatbeteiligung in tatsächlicher Hinsicht, das Interesse des Beteiligten an der Durchführung der Tat und andere tatsächliche Umstände können (und müssen) jedoch bei der Zumessung der Geldbuße berücksichtigt werden; denn daß sich nach § 17 III die „Bedeutung der Ordnungswidrigkeit und der Vorwurf, der den Täter trifft" an der konkreten Beteiligungsform (in tatsächlicher Hinsicht) orientieren müssen (Cramer aaO), ist selbstverständlich; um dies zu würdigen, bedarf es aber nicht einer vorherigen rechtlichen Einordnung in die überkommenen Formen der Täterschaft und Teilnahme (vgl. Dreher aaO).

8 D. **Die notwendig Beteiligten,** dh die Personen, die nach den Tatbestandsvoraussetzungen notwendigerweise in das Tatgeschehen einbezogen sind (als geschützte Personen oder sonst iwS als „Objekte" des Handlungsgeschehens; vgl. hierzu 18 zu § 115), sind keine Beteiligten iS von § 14, soweit sich deren Handlung auf das bloße Mitwirken an der vorausgesetzten Tatbestandsverwirklichung beschränkt.

9 E. **Einzelheiten:**

a) **Bei Verkehrsordnungswidrigkeiten** kann der Halter des Fahrzeuges an der Ordnungswidrigkeit beteiligt sein, wenn er das Fahrzeug einer Person überläßt, von der er weiß, daß diese schon wiederholt mit dem Fahrzeug bestimmte Verkehrszuwiderhandlungen (zB Parkverstöße) begangen hat, und damit rechnet und in Kauf nimmt (*dolus eventualis;* vgl. 3 zu § 10), diese werde wieder solche Verstöße begehen (Bay. VRS **53**, 363; Düsseldorf VM **79**, 22). In diesem Fall liegt eine Beteiligung (vorsätzliche Förderung) durch positives Tun, nicht aber durch Unterlassen vor (Bay. VRS **52**, 285); doch kann bei Verstößen des Fahrzeugführers auch eine Beteiligung des Halters unter dem Gesichtspunkt des Unterlassens in Betracht kommen (vgl. 3). Schwierigkeiten kann indes in diesen Fällen die Feststellung bereiten, inwieweit der Vorsatz auf einen bestimmten Verstoß des Fahrzeugführers konkretisiert werden kann (vgl. Düsseldorf aaO; Bay. VM **77**, 33); ebenso, ob der Fahrzeugführer vorsätzlich gehandelt hat (vgl. Köln NJW **79**, 826; vgl. auch 5). Eine Beteiligung des Fahrzeughalters kommt auch in Betracht, wenn er das Fahrzeug durch einen anderen fahren läßt und einen Verkehrsverstoß (zB falsches Parken) duldet (Bay. bei Rüth DAR **79**, 242).

10 b) **Bei Ordnungswidrigkeiten innerhalb von Betrieben** und Unternehmen wird in Betracht zu ziehen sein, daß der Betriebsinhaber und die für ihn verantwortlich handelnden Personen (§ 9) mitunter die Begehung von Ordnungswidrigkeiten durch Betriebsangehörige oder sonst mit der Wahrnehmung betrieblicher Aufgaben Beauftragte (vgl. 23 zu § 9) mehr oder weniger dadurch fördern, daß sie dem Leitsatz einer optimalen Gewinnerzielung absoluten Vorrang vor etwa aufkommenden Bedenken einräumen, („übertrieben" erscheinende) Gebots- oder Verbotsvorschriften zu beachten (vgl. 41 zu § 9). Die Verfolgungsbehörden sollten sich deshalb nicht scheuen, die Ermittlungen „nach oben" auszudehnen (vgl. Rehhan Arbeitsschutz **77**, 263 ff.). Dies ist aus einer zutreffenden Anwendung des Opportunitätsprinzips abzuleiten. Denn dessen Funktion besteht nicht nur darin, Bagatellen zu vernachlässigen; das Opportunitätsprinzip verfolgt gleichwertig den Zweck, die Verfolgung von Ordnungswidrigkeiten auf Schwerpunkte auszurichten. Auf diese Weise kann uU das „Übel besser an der Wurzel gefaßt" werden. Freilich wird auch in den oben genannten Fällen die Feststellung des Vorsatzes hinsichtlich der konkreten Ordnungswidrigkeit nicht immer leicht sein (vgl. 9). Doch vereinfacht sich diese Feststellung bei einem eingeengten Sachbereich der verantwortlich handelnden Personen (vgl. 21 zu § 9) und dem Nachweis wiederholt vorgekommener Zuwiderhandlungen. Eine Beteiligung kommt hier insbesondere auch durch Unterlassen in Betracht (vgl. 3).

10a   c) **Zur Beteiligung an einer unerlaubten Veranstaltung** vgl. Düsseldorf DAR **79**, 106.

11   2) **Besondere persönliche Merkmale** (I S. 2), welche die Möglichkeit der Ahndung begründen (vgl. näher 6f. zu § 9), brauchen nicht bei jedem Beteiligten vorzuliegen, um ihn für seinen Tatbeitrag verantwortlich zu machen. Eine Beteiligung an einem Sonderdelikt ist schon möglich, wenn jedenfalls *eine* Person, welche die besonderen persönlichen Merkmale aufweist, bei der Tatbestandsverwirklichung mit tätig ist.

12   A. **Täterbezogen** müssen die Merkmale sein, dh, daß sie sich auf die Person des Täters (Beteiligten), nicht aber auf die Tathandlung beziehen müssen. Dies verkennt Welp aaO bei der Kritik gegen die Einheitstäterlösung, wenn er annimmt, daß zB unrichtige Eintragungen durch den Impfling auf Veranlassung des Impfarztes von §§ 16, 69 I Nr. 4 BSeuchG oder der Bezug von Arzneimitteln durch freie Apotheken auf Veranlassung des Krankenhausapothekers von § 14 II, § 25 I Nr. 2 ApG über die Regelung nach I S. 2 erfaßt und mit Geldbuße bedroht wären, was natürlich abwegig ist; in diesen Fällen ist überhaupt keine Tatbestandsverwirklichung gegeben.

12a   B. **In der Person des „Hauptbeteiligten",** der nach den überkommenen Begriffen der Täterschaft und Teilnahme als der Täter (Haupttäter) anzusehen wäre, brauchen die besonderen persönlichen Merkmale nicht vorzuliegen (krit. hierzu: Rotberg 9 mit der Begründung, es sei schwer einzusehen, weshalb das Verhalten eines Extraneus irrelevant sei, solange er allein handelt, jedoch relevant wird, wenn ihm ein Intraneus hilft; dem ist entgegenzuhalten, daß dann der Extraneus in besonders massiver Weise an einer Tatbeteiligung des Intraneus mitwirkt). Der Tatbeitrag der Beteiligten, bei denen die besonderen persönlichen Merkmale fehlen, wird grundsätzlich milder zu beurteilen sein, weil diese Beteiligten nicht in der besonderen Garantenstellung stehen, an welche die Bußgelddrohung anknüpft (zB an das Merkmal „Gewerbetreibender"). Die mildere Beurteilung ihres Tatbeitrages ergibt sich auch daraus, daß solche Beteiligten im Strafrecht nur als Teilnehmer anzusehen wären mit der Folge, daß die Strafe bei ihnen zu mildern wäre (vgl. § 28 I StGB). Eine entsprechende Vorschrift ist hier entbehrlich, weil ein Mindestmaß der Geldbuße nirgends vorgeschrieben ist. Das Fehlen von besonderen persönlichen Merkmalen kann danach ohne weiteres bei der Zumessung der Geldbuße berücksichtigt werden. Im Rahmen des Opportunitätsprinzips (§ 47) kann es sogar geboten sein, bei dem Beteiligten, bei dem diese Merkmale fehlen, von der Verfolgung ganz abzusehen.

13   3) **Die erfolglose Beteiligung,** bei der es nicht zu einer (zumindest versuchten) Tatbestandsverwirklichung gekommen ist, kann nicht geahndet werden. Diese Aussage von II, die selbstverständlich erscheinen mag, will die unerwünschte Auslegung verhindern, daß eine Teilnahmeform, bei der die Haupttat ausbleibt (zB das bloße Verabreden zur Begehung einer Ordnungswidrigkeit), bereits als Beteiligung an einer Ordnungswidrigkeit angesehen werden kann. Eine so weite Ausdehnung der Ahndungsmöglichkeit (Fortfall jeder sog. Akzessorietät, dh Abhängigkeit von einer Haupttat, und damit Einführung eines ,,extensiven Täterbegriffs''; vgl. 2) ist nicht gewollt (im Ergebnis zust. Cramer aaO). Andererseits wird keine vorwerfbare Tatbestandsverwirklichung vorausgesetzt, sondern nur eine rechtswidrige (vgl. 15). Die Tat des einzelnen Beteiligten kann freilich nur geahndet werden, wenn er selbst vorwerfbar gehandelt hat (vgl. 16; zust. Rebmann/Roth/Herrmann 15).

14   4) **Begrenzt abhängig** ist die Ahndung der Beteiligung (sog. limitierte Akzessorietät der Beteiligung). Im einzelnen bedeutet dies:

15   A. **Notwendig ist,** daß der Tatbestand rechtswidrig verwirklicht ist. Diese Voraussetzung fehlt, wenn die Handlung gerechtfertigt ist (vgl. 20 ff. vor § 1). Die Frage, ob derjenige, der die Tatbestandsverwirklichung tatsächlich vornimmt, vorsätzlich handeln muß, ist beim Einheitstäterbegriff anders als bei der Teilnahmelehre im Strafrecht zu beantworten: Verantwortlich ist der Beteiligte bereits dann, wenn er bewußt und gewollt an der Tatbestandsverwirklichung mitgewirkt hat (zust. Rebmann/Roth/Herrmann 17; str.; vgl. 5). Ob die Feststellung der objektiven Tatbestandsverwirklichung bei Einschaltung mehrerer Personen in das Tatgeschehen nur unter Rückgriff auf den strafrechtlichen Begriff der Täterschaft möglich ist (so Welp aaO S. 308 ff., Rotberg 11), erscheint zw.; nach der gesetzlichen Regelung ist davon auszugehen, daß die Verwirklichung des Tatbestandes durch eine Person, sei es iS der Täterschaft, der Beihilfe, der Anstiftung usw., ausreicht, ohne daß eine genaue Einordnung in eine dieser Kategorien notwendig ist.

16   B. **Handelt ein Beteiligter nicht vorwerfbar** (zB weil er unzurechnungsfähig ist, § 12 II; vgl. auch 30 vor § 1), so ändert dies nichts an der Verantwortlichkeit der anderen Beteiligten, soweit sie vorwerfbar handeln (III S. 1). Es wäre nicht berechtigt, die Tat eines Beteiligten nur deshalb nicht zu ahnden, weil einem anderen Beteiligten wegen seiner Handlung kein Vorwurf gemacht werden kann. Die Regelung von III S. 1 entspricht modernem Strafrechtsdenken (vgl. auch § 29 StGB: ,,Jeder Beteiligte wird ohne Rücksicht auf die Schuld des anderen nach seiner Schuld bestraft.'').

17   C. **Der Ausschluß der Ahndung** wegen besonderer persönlicher Merkmale gilt nur für den Beteiligten, bei dem solche Merkmale vorliegen (III S. 2). Hierzu rechnen zB der Rücktritt vom Versuch (§ 13 IV) sowie die Selbstanzeige bei einer leichtfertigen Steuerverkürzung (§ 378 III AO 1977, Anh **A 10**). Solche persönlichen Merkmale kommen also nur demjenigen zustatten, bei dem sie vorliegen (ebenso § 28 II StGB).

18   D. **Persönliche Erschwerungs- oder Milderungsgründe,** die nur in
der Person eines Beteiligten gegeben sein können, erwähnt die Vorschrift
(im Gegensatz zu § 28 II StGB) nicht. Das Vorhandensein oder Fehlen
von besonderen persönlichen Merkmalen kann sich jedenfalls nicht auf
das Mindestmaß der Geldbuße auswirken, da das OWiG davon ausgeht,
daß es stets gleich ist (vgl. 28 zu § 11; 6 zu § 17). Droht eine Bußgeldvorschrift für den Wiederholungsfall ein erhöhtes Höchstmaß der Geldbuße
an (vgl. zB § 25 II HmbArchG), so gilt es nur für den Beteiligten, bei
dem der Wiederholungsfall gegeben ist; ebenso, wenn für den Eintritt
eines Erfolges eine erhöhte Geldbuße angedroht ist (vgl. § 14 II AdVer-
miG). Persönliche Erschwerungs- oder Milderungsgründe können im
übrigen ausreichend bei der Zumessung der Geldbuße berücksichtigt
werden.

19   E. **Für Mischtatbestände** (vgl. 33 ff. vor § 1) trifft IV eine ergänzende
Regelung, soweit hier besondere persönliche Merkmale eine Ordnungswidrigkeit zu einer Straftat qualifizieren. In diesem Falle werden die besonderen persönlichen Umstände praktisch nicht wie strafbegründende,
sondern wie strafschärfende Umstände behandelt. Das Verhältnis von
Ordnungswidrigkeit und Straftat wird also auch hier nicht iS eines
,,*aliud*", sondern des ,,*minus*" gekennzeichnet. Die Vorschrift ist sowohl
bei echten als auch bei unechten Mischtatbeständen anzuwenden (zust.
Rebmann/Roth/Herrmann 21; anders irrtümlich die Begr. zu § 9
EOWiG). Weist nur ein Beteiligter die besonderen persönlichen Merkmale auf, welche die Ordnungswidrigkeit zu einer Straftat werden lassen,
so ist nur er als Täter oder Teilnehmer einer Straftat anzusehen, je nachdem wie seine Beteiligung nach den Formen der Täterschaft und Teilnahme des StGB einzuordnen ist (er kann danach auch Teilnehmer einer
Straftat sein, selbst wenn ein ,,Haupttäter" der Straftat fehlt; zust. Cramer, Grundbegriffe S. 84; Rebmann/Roth/Herrmann 21); die übrigen
Beteiligten, die diese Merkmale nicht aufweisen, sind nach dem einheitlichen Täterbegriff des § 14 Täter einer Ordnungswidrigkeit. Die gegen-
teiligen Entscheidungen BGH **12**, 273, 276 und BGH MDR **53**, 54 sind
durch die neue Regelung überholt.

20   **5) Verfahrensrechtlich** ist es trotz des einheitlichen Täterbegriffs geboten, den Betroffenen auf die Veränderung des rechtlichen Gesichtspunktes nach § 265 StPO iVm § 46 I (vgl. 50 zu § 71) hinzuweisen, wenn
eine andere Art und Weise der Täterschaft in Betracht gezogen wird als
die zunächst angenommene; so zB, wenn dem Betroffenen erst zur Last
gelegt wird, die Ordnungswidrigkeit selbst ausgeführt zu haben, ihm
jedoch dann vorgeworfen wird, sich an der von einem anderen ausgeführten Ordnungswidrigkeit beteiligt zu haben; denn es läßt sich nicht
ausschließen, daß sich der Betroffene dann anders verteidigen würde
(Bay. VRS **57**, 33).

Notwehr

15 [I] Wer eine Handlung begeht, die durch Notwehr geboten ist, handelt nicht rechtswidrig.

[II] Notwehr ist die Verteidigung, die erforderlich ist, um einen gegenwärtigen rechtswidrigen Angriff von sich oder einem anderen abzuwenden.

[III] Überschreitet der Täter die Grenzen der Notwehr aus Verwirrung, Furcht oder Schrecken, so wird die Handlung nicht geahndet.

1 **1) Durch Notwehr** ist nach § 15 eine Verteidigung gerechtfertigt, wenn sie sich gegen den Angreifer richtet (vgl. Celle MDR **69**, 778). Nur der rechtswidrige Angreifer verliert den Rechtsgüterschutz, nicht ein unbeteiligter Dritter (BGH **5**, 245, 248; SchSch-Lenckner 31 zu § 32; Dreher/Tröndle 15 zu § 32). Daß eine gegen den Angreifer gerichtete Handlung einen Bußgeldtatbestand erfüllt, ist aber kaum vorstellbar oder zumindest ganz außergewöhnlich. Denn die Bußgeldtatbestände schützen nicht unmittelbar individuelle Rechtsgüter (eines möglichen Angreifers), sondern nur mittelbar (in einem Vorbereich); sie schützen daneben (oder auch vorwiegend) die öffentliche Ordnung und Sicherheit, also Allgemeininteressen. Ob sich die rechtfertigende Notwehr auch auf eine Beeinträchtigung des Rechtsgutes der öffentlichen Sicherheit und Ordnung, also auf Allgemeingüter erstrecken kann (RG **21**, 171; Celle NJW **69**, 1775; LK 27 zu § 53; aM SchSch-Lenckner 32 zu § 32), ist danach zumindest zw. Eine rechtfertigende Notwehr könnte zB in Betracht gezogen werden, wenn Jugendliche einem Gastwirt die Geldkassette rauben wollen und er sie dadurch inhält, daß er ihnen verbotswidrig (vgl. § 14 I JÖSchG) Alkohol einschenkt, um inzwischen Hilfe holen zu können. In diesem Falle könnte nicht nur die mögliche Beeinträchtigung des Rechtsgutes der Angreifer (Gesundheit), sondern auch die Beeinträchtigung des (am Angriff) unbeteiligten Rechtsgutes der öffentlichen Sicherheit und Ordnung gerechtfertigt sein. Die Rechtfertigung der Handlung ergibt sich in einem solchen Fall allerdings ebenso aus dem Gesichtspunkt des rechtfertigenden Notstands (§ 16), dessen Regelung hier sogar besser paßt (so mit Recht SchSch-Lenckner 32 zu § 32). Das Notwehrrecht spielt deshalb im Ordnungswidrigkeitenrecht praktisch wohl keine Rolle; § 15 ist nur vorsorglich aufgenommen, um trotz der Regelung über den rechtfertigenden Notstand (§ 16; RG **21**, 171 stammt aus einer Zeit, in der die Rechtslage noch unklar war) keine Lücken im Rechtfertigungsbereich entstehen zu lassen.

2 **2) Voraussetzung der Notwehr** ist ein gegenwärtiger, rechtswidriger Angriff (II).

3 A. **Angriff** ist die drohende Verletzung rechtlich geschützter Interessen durch einen Menschen (bei einer Gefährdung durch Tiere oder Sachen vgl. §§ 228, 904 BGB), wobei es nicht notwendig ist, daß die drohende Verletzung beabsichtigt ist; sie kann also fahrlässig und nicht vorwerfbar (schuldlos) sein (OGH **1**, 274; SchSch-Lenckner 23 zu § 32). Der Angriff kann jedem Rechtsgut gelten; geschützt ist nicht nur Leib und Leben, sondern zB auch Eigentum und Besitz (RG **60**, 278). Das Rechts-

gut, dessen Verteidigung zulässig ist, kann dem Angegriffenen, aber
3a auch einem anderen zustehen **(Nothilfe)**. Angriffe auf die öffentliche
Ordnung (auch im Straßenverkehr, soweit der Angriff nicht einem einzelnen gilt) können jedoch von dem einzelnen nicht abgewehrt werden,
weil dies Aufgabe des Staates ist; der einzelne darf sich nicht als Verteidiger der öffentlichen Ordnung zum Staatsorgan machen (BGH **5**, 245:
„Sünderin"-Fall, in welchem Jugendgruppen gegen die Aufführung des
Films unter Berufung auf Nothilfe zum Schutze der Sittlichkeit demon-
striert hatten; Düsseldorf NJW **61**, 1784: keine Notwehr zur Wiederher-
stellung des verkehrsmäßigen Zustandes bei verkehrswidrigem Verhalten; Schleswig bei Ernesti/Jürgensen SchlHA **77**, 193: keine Nothilfe bei
Behinderung anderer zur Beachtung der Verkehrsordnung; vgl. SchSch-
Lenckner 9 zu § 32; Baumann NJW **61**, 1745). Dagegen soll der Gemein-
gebrauch verteidigt werden können (Bay. NJW **63**, 824; aM Stuttgart
NJW **66**, 745 m. Anm. Bockelmann; vgl. Hamburg NJW **68**, 662; krit.
hierzu m. Recht Berz JuS **69**, 367).

4   B. **Rechtswidrig** ist der Angriff, wenn ihn der Angegriffene nicht zu
dulden braucht, was nach der gesamten Rechtsordnung (also nicht nur
nach den Vorschriften des StGB und OWiG) zu beurteilen ist.

5   C. **Gegenwärtig** ist der Angriff, der unmittelbar droht (RG **67**, 339),
gerade stattfindet oder noch fortdauert. Bei einem Dauerdelikt (vgl. 17
vor § 19) endet der Angriff erst mit der Beseitigung des rechtswidrigen
Zustandes (SchSch-Lenckner 15 zu § 32).

6   **3) Die Verteidigung** muß vom Verteidigungswillen getragen sein
(BGH **2**, 111, 114). Erkennt zB der Angegriffene den Angriff nicht, so
liegt keine Notwehr vor. Erforderlich ist die Verteidigung, die (überhaupt und nach Art und Maß) notwendig ist, um den Angriff zu beenden. Die Erforderlichkeit fehlt zB, wenn staatliche Hilfe sofort verfügbar
und ohne Gefährdung eigener Interessen erreichbar ist (SchSch-Lenckner
41 zu § 32). Unter mehreren verfügbaren und gleich wirksamen Ab-
wehrmitteln muß das mildere gewählt werden (BGH GA **56**, 49). Im
einzelnen wird die Frage, ob die Handlung durch Notwehr geboten (I)
ist, und die weitere Frage, ob und inwieweit zwischen der Abwehrhand-
lung und dem Angriff ein (noch) angemessenes Verhältnis gewahrt ist
(vgl. näher Dreher/Tröndle 16ff. zu § 32), bei Bußgeldtatbeständen
praktisch keine Rolle spielen. Es ist kaum denkbar, daß die Abwehrhand-
lung, die lediglich einen Bußgeldtatbestand verwirklicht, in einem Mißverhältnis zur Stärke des Angriffs oder zu dem verteidigten Rechtsgut
stehen wird, wie das unter 1 angeführte Beispiel deutlich macht (zust.
Rebmann/Roth/Herrmann 14).

7   **Ein Notwehrexzeß** liegt vor, wenn der Täter in einer gegebenen Not-
wehrsituation die Grenzen der erforderlichen Verteidigung überschreitet.
Er handelt in diesem Falle rechtswidrig und auch vorsätzlich, wenn er
dies erkennt; nimmt er irrtümlich an, noch innerhalb der Grenzen der
Verteidigung zu handeln, so liegt Putativnotwehr vor (vgl. 9).

8   **4) Ist der Täter in Verwirrung, Furcht oder Schrecken** über die Grenzen der Verteidigung hinausgegangen, so handelt er nicht vorwerfbar;
die Handlung kann dann nicht geahndet werden (III). Ob dieser psychi-

sche Zustand dem Täter vorzuwerfen ist, ist unerheblich (BGH **3**, 194, 198). Bei sonstigen Erregungszuständen (zB Zorn) ist III nicht anzuwenden; doch kann es dann naheliegen, nach § 47 von der Verfolgung abzusehen.

9 **5) Putativnotwehr** liegt vor, wenn der Täter irrtümlich eine Notwehrlage annimmt oder irrtümlich die Grenzen der Verteidigung überschreitet. Nach der Rspr. (BGH **2**, 194; **3**, 105, 194; Bay NJW **65**, 1924; Hamburg NJW **66**, 1978; Celle NdsRpfl. **66**, 251) wird hier zu unterscheiden sein, ob der Täter einen Sachverhalt annimmt, bei dessen Vorliegen die Notwehrlage gegeben wäre, oder ob er nur über die rechtlichen Grenzen der Notwehr (das „Erlaubtsein") irrt. Im ersten Fall entfällt eine Ahndung wegen vorsätzlichen Handelns, im zweiten Fall ist ein bloßer Verbotsirrtum gegeben (vgl. 16 zu § 11).

10 **6) Auch die zivilrechtlichen Notrechte** nach §§ 228, 229 und 904 BGB sind beachtlich, weil nach der gesamten Rechtsordnung zu entscheiden ist, ob der Täter rechtswidrig handelt (vgl. 21 vor § 1; 11 zu § 10).

11 **7) In Zweifelsfällen** ist zugunsten des Betroffenen zu entscheiden. Ihn trifft nicht die „Beweislast" für das Vorliegen einer Notwehrlage. In Grenzfällen, in denen zumindest eine notwehrähnliche Situation gegeben ist, bei der die Handlung des Täters verständlich und ein etwa ihn treffender Vorwurf gering ist, ist es nach dem Opportunitätsprinzip (§ 47) geboten, von einer Verfolgung abzusehen.

Rechtfertigender Notstand

16 Wer in einer gegenwärtigen, nicht anders abwendbaren Gefahr für Leben, Leib, Freiheit, Ehre, Eigentum oder ein anderes Rechtsgut eine Handlung begeht, um die Gefahr von sich oder einem anderen abzuwenden, handelt nicht rechtswidrig, wenn bei Abwägung der widerstreitenden Interessen, namentlich der betroffenen Rechtsgüter und des Grades der ihnen drohenden Gefahren, das geschützte Interesse das beeinträchtigte wesentlich überwiegt. Dies gilt jedoch nur, soweit die Handlung ein angemessenes Mittel ist, die Gefahr abzuwenden.

1 **1) Die Vorschrift** entspricht § 34 StGB. Sie war schon früher in das OWiG eingestellt, weil der rechtfertigende Notstand im Ordnungswidrigkeitenrecht – anders als die Notwehr – praktische Bedeutung hat (vgl. 1 zu § 15).

2 **2) Der Grundgedanke** für die Anerkennung des rechtfertigenden Notstandes ist die Erwägung, daß die Rechtsordnung den schutzwürdigen Interessen, namentlich den Rechtsgütern, eine Rangfolge zuerkennt, die sich zB in den unterschiedlichen Strafdrohungen und den Bußgelddrohungen zeigt, so daß es dem Schutzzweck der Gesamtrechtsordnung (*Interessen- und Güterabwägung*) entspricht, bei einer Konfliktslage (*Pflichtenabwägung*) ein weniger wertvolles Interesse zu opfern, wenn dies das einzige Mittel ist, um ein höherwertiges Interesse zu erhalten (vgl. SchSch-Lenckner 23 zu § 34). Die Rspr. hat diesen Rechtfertigungsgrund seit RG **61**, 242 stets anerkannt, und zwar auch bei der Verletzung von Wirtschaftsvorschriften (vgl. Hamm NJW **52**, 838; Bay. NJW **53**, 1602; Köln NJW **53**, 1844) und von Verkehrsvorschriften (Köln DAR **56**, 131; Frankfurt DAR **63**, 244; Bay. JR **65**, 65; Bremen VM **66**, 3; Düsseldorf VRS **30**, 39, 446, VM **67**, 38; Schleswig VRS **30**, 462; Strutz DAR **69**, 183). Über den Rechtfertigungsgrund der ,,Pflichtenkollision'', den § 16 unberührt läßt (vgl. Rebmann/Roth/Herrmann 5), vgl. 25 vor § 1.

3   **3) Eine gegenwärtige, nicht anders abwendbare Gefahr** muß vorliegen. Die Handlung, die Bußgeldvorschriften verletzt, muß danach das einzige Mittel sein, um die Gefahr abzuwenden. Stehen andere Mittel zur Verfügung, so ist der Rechtfertigungsgrund nicht gegeben (so schon zum übergesetzlichen Notstand zB BGH **3**, 7, 9; GA **56**, 383). Doch ist zu prüfen, ob die ,,gegenwärtige'' Gefahr (vgl. dazu 5 zu § 15) durch andere Mittel ebenso rasch und wirksam abgewendet werden kann. So kann zB das Wenden auf der Autobahn gerechtfertigt sein, wenn es dazu dient, einen durch Verlust von Ladegut verursachten verkehrsgefährlichen Zustand zu beseitigen, auch wenn theoretisch andere Mittel in Betracht kommen, zB entweder zu Fuß zurückzugehen oder ein Fahrzeug auf der Gegenfahrbahn anzuhalten (Köln DAR **56**, 131). Das Vorliegen einer Gefahr ist zu bejahen, wenn nach den Umständen des Falles die Möglichkeit eines Schadenseintritts naheliegt (vgl. zum Begriff der Gefahr BGH **18**, 271). Über die Berücksichtigung des Gefahrengrades vgl. 8.

4   **4) Die Gefährdung eines Rechtsgutes** muß gegeben sein. Neben den ausdrücklich genannten Rechtsgütern kommt zB in Betracht ,,die Aufrechterhaltung der Produktion und damit die Erhaltung der Arbeitsplätze und die hiermit verbundene vom Recht zumindest anerkannte Pflicht des Betroffenen zu ihrer Erhaltung'' (Hamm NJW **52**, 838; Bay. NJW **53**, 1603). Eine bestimmte Wertgröße (etwa eine den genannten Rechtsgütern entsprechende) braucht das geschützte Rechtsgut nicht zu haben. Jedes Rechtsgut ist danach schutzfähig. Die Wertgröße des Rechtsgutes ist erst bei der Abwägung der widerstreitenden Interessen zu berücksichtigen. Dem Täter braucht das Rechtsgut nicht zu gehören oder zuzustehen. Er kann auch das Rechtsgut eines anderen (als Nothelfer) schützen. Nothilfe zugunsten staatlicher Interessen, zur Wahrung der öffentlichen Ordnung, zum Schutz der Allgemeinheit (zB der Beachtung der Verkehrssicherheit; vgl. Köln NJW **79**, 2161) uä ist jedoch nicht erlaubt (vgl. 3a zu § 15).

5   **5) Zur Gefahrenabwehr** muß der Täter handeln, also in der Vorstellung der Gefahrenlage und mit dem Willen, das gefährdete Rechtsgut zu schützen. Erkennt der Täter eine objektiv bestehende Gefahr nicht, so besteht für ihn kein Rechtfertigungsgrund; er handelt dann nicht, ,,um die Gefahr abzuwenden''.

6   **6) Die Abwägung der widerstreitenden Interessen** erstreckt sich namentlich auf die betroffenen Rechtsgüter und den Grad der drohenden Gefahren.

7   A. **Als betroffene Rechtsgüter** kommen im Ordnungswidrigkeitenrecht nicht nur das Allgemeininteresse (zB an der Aufrechterhaltung der Sicherheit und Ordnung) in Betracht, sondern auch individuelle Rechtsgüter, da sie nicht selten durch Bußgeldvorschriften, wenn auch nur mittelbar (in einem Vorbereich), geschützt werden (vgl. 1 zu § 15), so zB durch die abstrakten Gefährdungsdelikte zum Schutze von Leib, Leben und Gesundheit. Es können sich deshalb gleichartige Rechtsgüter gegenüberstehen. Als reine Rechengrößen – etwa wie beim Vermögen (vgl. BGH **12**, 299) – können die betroffenen gleichartigen Rechtsgüter aber im Ordnungswidrigkeitenrecht wohl nur selten miteinander verglichen werden, doch ist dies nicht ganz auszuschließen (Rebmann/Roth/Herrmann 15; abw. die 5. Aufl.); dies ist zB der Fall, wenn ein Lkw-Fahrer, dessen Fahrzeug in einen Graben geraten ist und umzustürzen droht, Fäkalien auf einem landwirtschaftlich genutzten Grundstück ohne Zustimmung des Eigentümers abläßt und dadurch einen hohen Schaden (Rechengröße) an dem Lkw verhindert, während dem Eigentümer des Grundstücks nur ein geringer Schaden (exakt zu vergleichende Rechengröße) entsteht (Bay. NJW **78**, 2046 m. Bespr. Dencker JuS **79**, 779). Bei ungleichartigen Rechtsgütern wird das Wertverhältnis nicht immer leicht zu bestimmen sein, so zB das Verhältnis bestimmter Allgemeininteressen zum individuellen Rechtsgüterschutz. Dieser hat wohl in der Regel Vorrang, wenn das Allgemeininteresse nur in der Aufrechterhaltung einer äußeren Ordnung oder Überwachung besteht (vgl. Dreher/Tröndle 11 zu § 34; SchSch-Lenkner 43 zu § 34; Rebmann/Roth/Herrmann 15), namentlich bei Formalverstößen, so zB bei der Abgabe von Arzneimitteln aus einer Krankenhausapotheke an einen Schwerkranken außerhalb des Krankenhauses (vgl. § 25 I Nr. 2 ApG), wenn sonst das Medikament nicht rasch genug beschafft werden könnte. Ebenso bei Überschreitung der zulässigen Höchstgeschwindigkeit, um einen vorausfahrenden Kraftfahrer auf den verkehrswidrigen Zustand seines Fahrzeugs hinzuweisen (Düsseldorf VRS **30**, 39, NJW **70**, 674; SchSch-Lenckner 28 zu § 34), oder um sich der Gefahr zu entziehen, von einem Lkw mit schleuderndem Anhänger auf enger Fahrbahn überholt zu werden (Düsseldorf VM **74**, 23); desgl. eine kurzfristige Geschwindigkeitsüberschreitung auf der Überholfahrbahn, um die mögliche Gefährdung durch einen zu dicht aufgefahrenen und „drängelnden" Hintermann durch ein möglichst rasches Ausweichen auf die rechte Fahrspur abzuwenden (vgl. Frankfurt VRS **55**, 60; vgl. aber auch Hamm VRS **50**, 462 sowie Rebmann/Roth/Herrmann 10). Die sicherlich zutreffende Bewertung von solchen Notstandssituationen in der Weise, daß die Einhaltung von Ordnungsvorschriften einen geringeren Rang hat als der Schutz von Individualinteressen, kann indes die (rechtspolitisch) unerfreuliche Folge haben, daß derartige Notstandssituationen „frei erfunden" werden und damit die Anwendung von Bußgeldtatbeständen von erfindungsreichen Betroffenen in Frage gestellt werden kann. Doch muß solchen möglichen Mißbräuchen „im tatsächlichen Bereich" begegnet werden, was deshalb zu keinen unüberwindlichen Schwierigkeiten führen kann, weil der Betroffene zunächst eine Notstandssituation aufzeigen muß und seine Einlassung dazu der freien Beweiswürdigung unterliegt. Kein rechtfertigender Notstand ist anzunehmen, wenn jemand wegen starker kolikartiger Schmerzen das Rotlicht einer Kreuzung mißachtet, um in eine Seitenstraße einzubiegen und sich dort Erleichterung zu verschaffen sucht (Hamm VRS **53**, 365); ebensowenig eine Geschwindigkeitsüberschreitung um 45 km/h, um wegen starker Bauchschmerzen zu der 3 bis 4 km entfernt liegenden Wohnung zu gelangen (Düsseldorf VRS **54**, 160); desgl. nicht ein Wendemanöver auf einer Kraftfahrtstraße mit einem Betonmischfahrzeug, um der Gefahr des Aushärtens von Beton zu begegnen (Zweibrücken VRS **57**, 357). Widerstreitende Pflichten setzt die Vorschrift nicht voraus; sie greift bereits bei widerstreitenden Interessen ein (Düsseldorf NJW **70**, 674).

8   B. **Der Grad der drohenden Gefahr** ist bei gleichartigen wie bei ungleichartigen Rechtsgütern zu berücksichtigen. Ein verkehrswidriges Fahrverhalten ist danach in einer Notstandssituation (dringend notwendige ärztliche Hilfe) dann nicht gerechtfertigt, wenn die Fahrt mit großer Wahrscheinlichkeit zur Gefährdung und Verletzung von Menschen führt (vgl. Hamm VRS **20**, 232; Stuttgart, Die Justiz **63**, 38; Düsseldorf VRS **30**, 446; Karlsruhe VRS **46**, 275). Wird ein behördlich zugelassener Heilpraktiker zu einem schwerkranken Patienten gerufen, so kann er im Rahmen des § 16 nicht anders behandelt werden als ein Arzt (Hamm NJW **72**, 1530).

9   C. **Das Ausmaß des drohenden Schadens** (auf beiden Seiten der betroffenen Rechtsgüter) ist in die Interessenabwägung einzubeziehen, ferner auch die Erwägung, ob die Gesetzesverletzung (zB die Verkehrsordnungswidrigkeit) die Rettungshandlung – zB durch Zeitgewinn – wesentlich oder gar entscheidend fördert und ob die Wahrscheinlichkeit der Rettung groß oder gering ist; je geringer sie ist, je weniger ist es gerechtfertigt, andere Rechtsgüter in Gefahr zu bringen (Rebmann/Roth/Herrmann 17; Rotberg 7; VRS **20**, 232). Besonders gefährliche Verkehrsverstöße wegen heftiger Schmerzen, die jedoch nur einen ganz geringen Zeitgewinn für eine Besserung bringen, sind danach nicht gerechtfertigt (vgl. 7).

10   D. **Ob die Gefahrenlage verschuldet** ist oder nicht, darauf kommt es nicht (jedenfalls nicht entscheidend) an (RG **61**, 255; Bay. NJW **78**, 2046 m. Bespr. Dencker JuS **79**, 779; Düsseldorf VRS **30**, 446; Dreher/Tröndle 6 zu § 34); doch kann in dem der Notstandssituation vorausgegangenen Verhalten eine vorwerfbare Zuwiderhandlung liegen, so zB dann, wenn der Betroffene durch seine eigene Fahrweise vorwerfbar die Situation verursacht hatte, in der er dann zur Gefahrenabwehr handelte (Hamm VM **70**, 86; Bay. aaO). Ein vorsätzliches Handeln liegt bei einer verschuldeten Notstandssituation nur dann vor, wenn der Täter bereits „im Veranlassungsstadium" hinsichtlich der späteren Rechtsverletzung vorsätzlich gehandelt hat (Bay. aaO).

11   7) **Wesentlich überwiegen muß das geschützte Interesse** das beeinträchtigte. Es handelt sich dabei um eine Wertentscheidung, die in Grenzbereichen nicht immer auf rationale Gründe gestützt werden kann. In diese Abwägungserwägungen sind auch die Rangordnungen der betroffenen Rechtsgüter einzubeziehen. Steht zB eine Beeinträchtigung der Sicherheit des Straßenverkehrs und damit die Gefahr für Leib und Leben auf dem Spiel, so muß demgegenüber das Interesse, einen Betrieb aufrechtzuerhalten, was auf die Dauer nur unter Mißachtung bestimmter Sicherheitsvorschriften des Verkehrsrechts möglich ist, zurücktreten (vgl. Stuttgart VRS **54**, 288). Ebensowenig rechtfertigt zB die möglichst rasche Behandlung eines erkrankten Tieres die Verletzung von Sicherheitsvorschriften im Straßenverkehr (Bay. bei Rüth DAR **79**, 242).

12 **8) Ein angemessenes Mittel** zur Gefahrenabwehr muß schließlich die Handlung sein. Das Verhalten des Täters muß also „auch nach den anerkannten Wertvorstellungen der Allgemeinheit als eine sachgemäße und dem Recht entsprechende Lösung der Konfliktslage entsprechen" (vgl. Begr. zu § 39 E 1962 = § 34 StGB). Hieran fehlt es zB, wenn der Täter verpflichtet ist, auch im Notstand – sofern er nicht außergewöhnlich ist – die Rechtsordnung zu beachten, so etwa bei einer Bewirtschaftung von Lebensmitteln, weil hier die Gefahr der ganzen Bevölkerung gleichmäßig droht und die Nichtbeachtung der Bewirtschaftungsvorschriften eine gleichmäßige Verteilung der Lebensmittel unmöglich machen würde (vgl. SchSch-Lenckner 35 zu § 34). Kein angemessenes Mittel liegt zB weiterhin vor, wenn ein Bankier Vorschriften des Außenwirtschaftsrechts verletzt zu dem Zweck, die Vermögenswerte seiner Kunden zu sichern (vgl. BGH GA **56**, 382). Aus dem Wort „soweit" folgt außerdem, daß der Täter das andere Interesse nur in geringstmöglichem Umfange beeinträchtigen darf. Er darf zB in einer Notlage zur Sicherung der Arbeitsplätze die Preise keinesfalls mehr überschreiten als dies zur Abwendung einer gegenwärtigen Gefahr unbedingt notwendig ist (vgl. Bay. NJW **53**, 1603).

13 **9) Eine gewissenhafte Prüfung des Täters,** ob der Widerstreit der Interessen nur durch eine Gesetzesverletzung gelöst werden kann, ist nach der Rspr. zum übergesetzlichen Notstand notwendig, um den Rechtfertigungsgrund zu bejahen (BGH **2**, 111, 114; **3**, 7; Hamm VRS **36**, 27; Celle MDR **69**, 778, wo aber § 12 OWiG aF unbeachtet geblieben ist; anders jedoch neuerdings Celle MDR **77**, 682). Diese Auffassung wird im Schrifttum seit langem bekämpft (vgl. Dreher/Tröndle 18 zu § 34; SchSch-Lenckner 49 zu § 34 mwN). Die bisherige Rspr. läßt sich auf Grund des § 16 (sowie des § 34 StGB) nicht mehr aufrechterhalten, da dessen Wortlaut eine solche Einschränkung nicht zuläßt (so auch SchSch-Lenckner aaO; Stree JuS **73**, 464). Es reicht danach zur Rechtfertigung aus, daß der Täter subjektiv mit Rettungswillen handelt und daß die übrigen Voraussetzungen des § 16 objektiv vorliegen (ebenso Rotberg 9; Rebmann/Roth/Herrmann 21). Ob der Täter die Sachlage gewissenhaft geprüft und abgewogen hat, ist dabei ohne Bedeutung.

14 **10) Teils gerechtfertigt kann dieselbe Handlung sein,** teils nicht. Für jede Gesetzesverletzung muß nämlich gesondert geprüft werden, ob sie durch das Notstandsrecht gedeckt ist (ebenso wie beim Verbotsirrtum und bei der mangelnden Einsichtsfähigkeit nach § 12 II; zust. Rebmann/Roth/Herrmann 22). So kann zB das Wenden auf der Autobahn zur Abwendung einer Gefahrenlage gerechtfertigt sein (vgl. das Beispiel zu 3), nicht aber die Ausführung des Wendemanövers, sofern es nicht mit

der allergrößten Sorgfalt durchgeführt wird (vgl. Köln DAR **56**, 131). Die Gesetzesverletzung darf im übrigen nicht länger andauern als die Notstandssituation (vgl. Frankfurt VRS **55**, 60).

15   **11) Eine Irrtumsregelung** enthält § 16 (im Gegensatz zu § 39 II E 1962) nicht; sie fehlt auch in § 34 StGB, der dem § 16 entspricht. Der Gesetzgeber hat die Frage, wie der Irrtum über den rechtfertigenden Notstand zu behandeln ist, der Rspr. überlassen. Danach ist zu unterscheiden: Nimmt der Täter irrig Umstände an, bei deren Vorliegen die Voraussetzungen des § 16 gegeben wären, so irrt er über den Rechtfertigungstatbestand, so daß die Ahndung wegen vorsätzlichen Handelns entfällt (vgl. 16 zu § 11; Hamm VRS **20**, 234, **43**, 289, DAR **71**, 274; JMBlNW **76**, 59; Düsseldorf VRS **30**, 446; vgl. Dreher/Tröndle 18 zu § 34). Beruht der Irrtum über den Rechtfertigungstatbestand auf Fahrlässigkeit, so liegt fahrlässige Tatbestandsverwirklichung vor (vgl. Hamm VRS **35**, 342, DAR **71**, 274, JMBlNW **76**, 59 zur Beurteilung des Putativnotstandes, wenn der Kraftfahrer die zulässige Höchstgeschwindigkeit in der Annahme überschreitet, er werde von Angreifern verfolgt; Bay. DAR **73**, 212 verneint Fahrlässigkeit, wenn der Taxifahrer den Angaben eines Fahrgastes, er müsse dringend in ärztliche Behandlung, Glauben schenkt). Hält der Täter bei zutreffender Beurteilung des Sachverhalts sein Handeln für erlaubt, so liegt bloßer Verbotsirrtum vor (vgl. 16 zu § 11; BGH **3**, 7; Karlsruhe VRS **46**, 275; Cramer, Grundbegriffe S. 74). Erkennt der Täter die Gefahrensituation nicht, so handelt er rechtswidrig, weil dann der Rettungswille fehlt (vgl. 5). Nimmt der Täter bei richtiger Sachverhaltskenntnis irrig an, daß das von ihm wahrgenommene Interesse überwiegt, so liegt ein bloßer Bewertungsirrtum vor, der nur als Verbotsirrtum entschuldigen kann (vgl. Hamm VRS **41**, 143; BGH bei Dallinger MDR **75**, 723); das gleiche gilt, wenn der Täter sonst über den Umfang und die Grenzen des Rechtfertigungsgrundes irrt (Hamm VRS **50**, 464; Zweibrücken VRS **57**, 357).

16   **12) Den entschuldigenden Notstand** gibt es im Ordnungswidrigkeitenrecht nicht. Werden unter den Voraussetzungen des § 35 StGB nur Bußgeldvorschriften verletzt, so ist die Handlung nach § 16 stets gerechtfertigt (ebenso Rebmann/Roth/Herrmann 2; krit. Rotberg 11, jedoch ohne ein überzeugendes Beispiel zu nennen).

Dritter Abschnitt. Geldbuße

Höhe der Geldbuße

17 ^I **Die Geldbuße beträgt mindestens fünf Deutsche Mark und, wenn das Gesetz nichts anderes bestimmt, höchstens tausend Deutsche Mark.**

^II **Droht das Gesetz für vorsätzliches und fahrlässiges Handeln Geldbuße an, ohne im Höchstmaß zu unterscheiden, so kann fahrlässiges Handeln im Höchstmaß nur mit der Hälfte des angedrohten Höchstbetrages der Geldbuße geahndet werden.**

^III **Grundlage für die Zumessung der Geldbuße sind die Bedeutung der Ordnungswidrigkeit und der Vorwurf, der den Täter trifft. Auch**

die wirtschaftlichen Verhältnisse des Täters kommen in Betracht; bei geringfügigen Ordnungswidrigkeiten bleiben sie jedoch unberücksichtigt.

[IV] **Die Geldbuße soll den wirtschaftlichen Vorteil, den der Täter aus der Ordnungswidrigkeit gezogen hat, übersteigen. Reicht das gesetzliche Höchstmaß hierzu nicht aus, so kann es überschritten werden.**

Schrifttum: *Bode*, Geldbuße bei Verkehrsordnungswidrigkeiten, VOR 72, 87 ff.; *Erlinghagen/Zippel*, Der „Mehrerlös" als Grundlage der Bußgeldfestsetzung bei Kartellverstößen, DB 74, 953 ff.; *Kaiser*, Zur richtigen Bemessung der Geldbuße im Bußgeldverfahren NJW 79, 1533; *Mittelbach*, Zur Bemessung der Geldbuße bei Ordnungswidrigkeiten, DÖV 57, 251 ff.; *Peltzer*, Die Berücksichtigung der wirtschaftlichen Vorteile bei der Bußgeldbemessung im Ordnungswidrigkeitenrecht, DB 77, 1445.

Übersicht

1   **1) Den Regelrahmen** der Geldbuße bestimmt § 17 in I. Er gilt dann, wenn das Gesetz Geldbuße androht, ohne den Rahmen der Geldbuße anzugeben. Der Regelrahmen des Ordnungsgeldes (40 vor § 1) beträgt ebenfalls 5 bis zu 1000 DM (Art. 6 I EGStGB, Anh **A 1**).

2   A. **Vorausgesetzt** ist, daß überhaupt eine Geldbuße angedroht ist. Bezeichnet das Gesetz eine tatbestandsmäßige Handlung (16 vor § 1) nur als ordnungswidrig, fehlt aber der Androhung einer Geldbuße, so kann die Handlung nicht geahndet werden (vgl. 4 zu § 1).

3   B. **Abgestuft ist der Regelrahmen** nach II für vorsätzliches und fahrlässiges Handeln (vgl. 2). Fahrlässiges Handeln kann danach im Höchstbetrag nur bis zu 500 DM geahndet werden, soweit nichts anderes bestimmt ist.

4   C. **Im Verhältnis zur Geldstrafandrohung** hält sich der Regelrahmen der Bußgelddrohung in angemessenen Grenzen. Der Mindestbetrag der Geldstrafe beträgt 10 DM, der Höchstbetrag 3 600 000 DM (§ 40 I, II StGB).

5   D. **Der Vorbehalt für eine abweichende Regelung** („wenn das Gesetz nichts anderes bestimmt") bezieht sich nur auf das Höchstmaß der Geldbuße. Ein geringeres Höchstmaß der Geldbuße als 1000 DM ist selten (nur im Landesrecht; vgl. zB § 17 HessMeldeG, § 20 NdsMeldeG), ein höheres Höchstmaß dagegen häufig vorgesehen (und zwar neuerdings

bis zu 2000000 DM; vgl. zB § 33 II DSchPflGRhPf; ferner Art. 23 Bay-
DSchG, § 38 IV GWB idF d. Entwurfs eines GWBÄndG, BT-Drs. 8/
2136; vgl. im einzelnen den Anh **B** der 5. Auflage). Es findet sich vor
allem bei Ordnungswidrigkeiten im Bereich des Wirtschaftsrechts, weil
hier durch Verletzung von Ordnungsvorschriften so bedeutende Gewinne erzielt werden können, daß demgegenüber eine Geldbuße, die sich
im Regelrahmen hielte, unzureichend wäre, um solche Verstöße zu unterbinden. Außerdem kommen hier in der Regel als Täter sehr vermögende Personen in Betracht, die nur durch entsprechend hohe Geldbußen
zur Beachtung der Rechtsordnung angehalten werden können.

6   E. **Vom Mindestbetrag** der Geldbuße sind Abweichungen, insbesondere nach oben, unzulässig, da sich der Vorbehalt einer abweichenden
Regelung nur auf den Höchstbetrag der Geldbuße bezieht. Entgegenstehende Bußgelddrohungen sind beseitigt.

7   **Eine Bußgelddrohung mit einem erhöhten Mindestbetrag** wäre mit
der Regelung über die Beteiligung (§ 14) und dem Verzicht auf Milde-
rungsvorschriften beim vorwerfbaren Verbotsirrtum, bei verminderter
Zurechnungsfähigkeit und beim Versuch nicht vereinbar (vgl. 28 zu § 11;
16 zu § 12; 7 zu § 13; 2 zu § 14); sie würden auch dem Opportunitätsprinzip (§ 47) widersprechen und möglicherweise auch dem verfassungsran-
gigen Gebot der Verhältnismäßigkeit (vgl. 9 zu § 46; Übermaßverbot);
vgl. die 3. Aufl. sowie Bay. GewArch **74**, 70, Rotberg 1 zu den Mindestgeldbußen von 1000 DM in § 229 II AFG aF und in Art. 1 § 16 II AÜG
aF, die durch Art. 249, 250 EGStGB beseitigt sind.

8   **Bei Richtlinien mit einem bestimmten Betrag** der Geldbuße (vgl.
27 ff.) handelt es sich nur um interne Weisungen an die VB, die also nach
außen nicht verbindlich sind (vgl. jedoch 32); sie gelten im übrigen nur
für den Regelfall und lassen bei Vorliegen von Milderungsgründen oder
erschwerenden Umständen die Möglichkeit offen, den für den Regelfall
bestimmten Betrag der Geldbuße zu unterschreiten oder zu erhöhen
(Hamm JMBlNW **69**, 262).

9   **Für die Gerichte verbindlich** ist die Mindestgeldbuße von 5 DM; es ist
rechtsfehlerhaft, eine höhere Geldbuße mit der Begründung festzusetzen,
der Anspruch des Mindestbetrages widerspreche der Würde des Gerichts
(Bay. MDR **74**, 1041).

10   F. **Das Tagessatzsystem,** das neuerdings für die Geldstrafe gilt (§ 40
StGB), ist ein verfeinertes System einer geldlichen Sanktion, bei dem
durch die Zahl der Tagessätze die Schwere des begangenen Unrechts
(ohne Rücksicht auf die Vermögensverhältnisse) ausgedrückt wird. Es ist
danach auf die andersartige Sanktion der Kriminalstrafe zugeschnitten
und unterscheidet sich deshalb so wesensgemäß von dem Geldbußensy-
stem (vgl. 9 vor § 1), daß es abwegig wäre, dessen Grundsätze auf die
Bemessung der Geldbuße zu übertragen (Hamm VRS **52**, 55; vgl. auch
Rebmann/Roth/Herrmann 28).

11   2) **Für vorsätzliches und fahrlässiges Handeln** gilt nach II ganz allgemein ein abgestuftes Höchstmaß der Geldbuße, soweit die Bußgelddrohung des einzelnen Gesetzes selbst keine hiervon abweichende Regelung
vorsieht.

12   **Für fahrlässiges Handeln** gilt also kraft der Regelung von II ein anderer Bußgeldrahmen, was zB für die Verfolgungsverjährung beachtlich ist (vgl. 6 zu § 31). Setzt die Bußgeldvorschrift nur hinsichtlich eines Tatbestandsmerkmals fahrlässiges Handeln voraus und verlangt sie im übrigen vorsätzliches Handeln, so wäre es ohne eine besondere Regelung fraglich, ob der Regelrahmen für vorsätzliches oder für fahrlässiges Handeln gilt. Deshalb ist für diese Fälle zB in § 111 III, § 113 III, § 127 IV und § 128 IV der Bußgeldrahmen ausdrücklich bestimmt; aus diesen Einzelregelungen kann bei Fehlen einer besonderen Regelung wohl abgeleitet werden, daß II auch gilt, wenn nur hinsichtlich eines Tatbestandsmerkmals fahrlässiges Handeln genügt.

13   **Soweit das Gesetz leichtfertiges Handeln** mit Geldbuße bedroht, ist die Geldbuße dem Bußgeldrahmen für fahrlässiges Handeln zu entnehmen, weil leichtfertiges Handeln nur ein gesteigerter Grad des fahrlässigen Handelns ist (vgl. 21 zu § 10).

14   **In der gerichtlichen Bußgeldentscheidung anzugeben** ist, ob gegen den Betroffenen wegen vorsätzlichen oder nur fahrlässigen Handelns eine Geldbuße festgesetzt wird, damit im Rechtsbeschwerdeverfahren überprüft werden kann, ob die Geldbuße dem richtigen Bußgeldrahmen entnommen ist. In dem Bußgeldbescheid sollte diese Angabe ebenfalls enthalten sein, soweit dies nicht (zB bei Massenverfahren) auf zu große praktische Schwierigkeiten stößt.

15   **3) Regeln über die Zumessung der Geldbuße** (über deren Zweck vgl. auch 9 vor § 1) enthält III. Danach sind Grundlage für die Zumessung der Geldbuße in erster Linie die Bedeutung der Ordnungswidrigkeit und der Vorwurf, den der Täter trifft (III S. 1). Andere Umstände des Einzelfalles, die für die Zumessung der Geldbuße in Betracht kommen (zB das Verhalten des Betroffenen nach der Ordnungswidrigkeit, vgl. 26), sieht das Gesetz jedenfalls nicht als gleichrangig an (Begr. zu § 11 EOWiG). Es hebt lediglich hervor, daß auch die wirtschaftlichen Verhältnisse in Betracht kommen (III S. 2 Halbs. 1); es ist danach rechtsfehlerhaft, diese Verhältnisse als einzigen Grund für die Zumessung der Geldbuße anzuführen (Bay. bei Rüth DAR **75**, 209).

16   A. **Die Bedeutung der Ordnungswidrigkeit** hängt von dem sachlichen Gehalt und Umfang der Handlung ab. Hierbei werden namentlich zu berücksichtigen sein der Grad der Gefährdung oder Beeinträchtigung der geschützten Rechtsgüter oder Interessen sowie das Ausmaß der Gefährdung oder Beeinträchtigung. Da die Geldbuße vorwiegend den Zweck verfolgt, eine bestimmte Ordnung durchzusetzen, wird die Bedeutung der Ordnungswidrigkeit daran zu messen sein, inwieweit die Aufrechterhaltung der Ordnung auf dem bestimmten Sachbereich durch derartige Handlungen gefährdet oder beeinträchtigt wird oder ist (vgl. Mittelbach aaO S. 254). Dabei können auch die Häufigkeit gleichartiger Verstöße und die Art der Ausführung eine Rolle spielen, weil die Geldbuße den Täter und andere vor erneuten Zuwiderhandlungen abschrecken soll (vgl. Mittelbach aaO S. 255). Die Bedeutung des geschützten Rechtsgutes oder Interesses selbst oder die abstrakte Gefährlichkeit eines abstrakten Gefährdungsdeliktes darf bei der Zumessung der Geldbuße

nicht nochmals berücksichtigt werden, weil diese Bewertung bereits für
die Aufstellung des Bußgeldrahmens bestimmend gewesen ist, aus dem
die Geldbuße zu entnehmen ist (Bay. bei Rüth DAR **75**, 209). Der Bußgeldrahmen selbst gibt aber bereits einen wesentlichen Anhaltspunkt dafür, welche Geldbuße in den einzelnen Fällen angemessen ist (vgl. 25).

17   B. **Der Vorwurf,** der den Täter trifft, bemißt sich in erster Linie nach
der Bedeutung der Ordnungswidrigkeit. Je schwerer die Ordnungswidrigkeit wiegt, desto vorwerfbarer wird regelmäßig auch das Verhalten
des Täters sein. Da es das Gesetz aber darauf abstellt, daß außer der
Bedeutung der Ordnungswidrigkeit zusätzlich das vorwerfbare Verhalten des Täters zu berücksichtigen ist, kann damit nicht so sehr diese
automatische Abhängigkeit zwischen der Bedeutung der Tat und dem
vorwerfbaren Verhalten des Täters gemeint sein. Maßgebend kann auch
nicht sein, ob der Täter vorsätzlich oder nur fahrlässig gehandelt hat, und
zwar schon deshalb nicht, weil davon bereits der Bußgeldrahmen selbst
abhängt (II), so daß diese Umstände nicht nochmals innerhalb des Bußgeldrahmens erschwerend oder mildernd berücksichtigt werden dürfen.

18   a) **Auf die besonderen Umstände in der Person des Täters** kommt es
deshalb an, weil sie den Grad seines vorwerfbaren Verhaltens bestimmen, also vergrößern oder mildern, so zB die bei der Tat zutage getretene Mißachtung der Rechtsordnung, die sich aus wiederholter Begehung ergeben kann, oder ein leichtfertiges Handeln, wenn die Geldbuße
dem Bußgeldrahmen für Fahrlässigkeit entnommen wird, oder die Verletzung besonderer Berufspflichten (zB als Polizeibeamter; vgl. Rotberg
5; vgl. auch 19) oder verwerfliche Ziele oder das Ausmaß des Vorwurfs
hinsichtlich der Auswirkungen der Handlung (keine Berücksichtigung
der nicht verschuldeten Auswirkungen, vgl. Rotberg 4) oder andererseits
verständliche Beweggründe, verminderte Einsichtsfähigkeit, untergeordnete Beteiligung, Mitverursachung der Gefährdung oder des Schadens durch andere uä. Die Höhe der Geldbuße muß danach zu dem Grad
des vorwerfbaren Handelns in einem angemessenen Verhältnis stehen
(vgl. Mittelbach aaO S. 254).

19   b) **Die Stellung des Betroffenen im Berufsleben** wird in der Regel bei
bloßen Ordnungswidrigkeiten keinen erhöhten Vorwurf begründen, so
zB nicht bei Verkehrsordnungswidrigkeiten, es sei denn, es handelt sich
um schwerwiegende Verstöße (zB durch Verkehrsrichter oder -staatsan-
wälte oder Polizeibeamte oä; vgl. Rebmann/Roth/Herrmann 19), deren
Begehung dem Betroffenen wegen seiner Berufserfahrung und Verantwortung im besonderem Maße anzulasten ist. Bußgeldvorschriften, die
ohnehin nur für bestimmte Berufskreise gelten (so zB im wirtschaftlichen
Bereich), können deshalb, weil der Betroffene diesem Berufskreis angehört, keinen erhöhten Vorwurf begründen, weil diese Stellung für die
Anwendung des Bußgeldtatbestandes vorausgesetzt wird; allerdings
wird es dabei von Bedeutung sein, ob der Täter in untergeordneter oder
gehobener Stellung tätig geworden ist (vgl. hierzu auch 41 zu § 9); insoweit ist die Steigerung des Verantwortungsbereiches zu beachten (vgl.
jedoch auch Rebmann/Roth/Herrmann 19, denen insoweit zuzustimmen

ist, daß nicht schon die Verantwortung allein die Grundlage für eine empfindlichere Bußgeldbemessung sein kann).

20 c) **Früher begangene Ordnungswidrigkeiten** (und Straftaten) können zum Nachteil des Betroffenen verwertet werden, soweit ein innerer Zusammenhang zu der neuen Ordnungswidrigkeit gegeben ist (Bay. NJW **72**, 1770). Str ist, ob dies auch für frühere Zuwiderhandlungen gilt, die im Verkehrszentralregister getilgt oder tilgungsreif sind oder die, wären sie in das Strafregister einzutragen gewesen, nicht in das Zentralregister zu übernehmen wären (so Bay. aaO; Celle NJW **73**, 68; Hamm VRS **47**, 42, **48**, 299, JMBlNW **74**, 203; Schmitt VOR **73**, 325 ff.; andererseits OVG Münster NJW **74**, 1346; vgl. den Überblick über die uneinheitliche Rspr. bei Klinghardt NJW **74**, 491; ferner Creifelds GA **74**, 133 mwN). Richtig dürfte es sein, daß der Grundgedanke des Verwertungsverbots nach § 49 BZRG bei Ordnungswidrigkeiten nicht zutrifft (Creifelds aaO; BVerwGE **51**, 359; aM Rebmann/Roth/Herrmann 21); andererseits wäre die uneingeschränkte Berücksichtigung von Ordnungswidrigkeiten höchst fragwürdig wegen a) der Folge, daß bei Ordnungswidrigkeiten eine empfindlichere Nachwirkung einträte als bei Straftaten, b) der Tilgungsregelungen bei registerpflichtigen Ordnungswidrigkeiten und c) der Gefahr, daß bei Ordnungswidrigkeiten (illegale) Register eingeführt würden, um begangene Verstöße für spätere Verfahren festzuhalten, was wiederum dem Grundanliegen der Entkriminalisierung widerspräche. Eine allseits befriedigende Lösung, die aus dem Labyrinth widersprüchlicher Argumente herausfindet, kann bei einer – nicht nur die Verkehrsordnungswidrigkeiten berücksichtigenden – Gesamtschau wohl nicht gefunden werden. Der beste Weg scheint es deshalb zu sein, das Verwertungsverbot des § 49 BZRG bei Ordnungswidrigkeiten zwar nicht gelten zu lassen, jedoch die in den Registern (Verkehrszentralregister, Gewerbezentralregister) getilgten Vermerke aus dem ,,Gesichtspunkt der Bewährung" als nicht verwertbar anzusehen (so BVerwGE **51**, 359) und nicht registrierte Ordnungswidrigkeiten nur dann zu berücksichtigen, wenn ein innerer Zusammenhang mit der neuen Handlung (in sachlicher und zeitlicher Hinsicht) vorliegt; geringfügige Verstöße, die mit einem Verwarnungsgeld gerügt werden können, sollten insgesamt unberücksichtigt bleiben (ebenso zu den letzten BVerwG NJW **73**, 1992; andererseits Bay. NJW **73**, 1091; abl. dazu Ganslmayer NJW **73**, 1761); doch ist ihre Berücksichtigung nicht (insbesondere auch nicht nach dem Verfassungsrecht; vgl. BVerfG 9. 5. 1977, 2 BvR 464/76) unzulässig, wenn sie ohne besondere Nachforschung (insbesondere ohne Rückgriff auf allein zu diesem Zweck geführte Listen; vgl. hierzu auch OVG Münster VRS **57**, 156) bekannt sind oder sich von selbst im Verfahren ergeben und ein innerer Zusammenhang zum neuen Verstoß besteht.

21 C. **Die wirtschaftlichen Verhältnisse** des Täters sind nicht stets zu berücksichtigen; sie kommen als Bemessungsfaktor nur ,,in Betracht" (III S. 2 Halbs. 1). Zu den wirtschaftlichen Verhältnissen (Einkommen, Vermögen, Schulden, Unterhaltsverpflichtungen, Ertragslage der Betriebe uä) rechnen auch die persönlichen, soweit sie sich auf die wirtschaftlichen Verhältnisse auswirken, zB eine gegebene Erwerbsmöglichkeit, die der Betroffene nutzen könnte. Auch das Einkommen des Ehepartners kann berücksichtigt werden, soweit es sich auf die wirtschaftlichen Verhältnisse des anderen auswirkt.

22   a) **Bei einer relativ hohen Geldbuße,** die nach der Bedeutung der Ordnungswidrigkeit angebracht ist, um den Täter nachdrücklich zur Befolgung der Rechtsordnung anzuhalten, muß seine Leistungsfähigkeit berücksichtigt werden, da es von ihr abhängt, wie empfindlich und damit nachhaltig die Geldbuße den Täter trifft (Schleswig bei Ernesti/Jürgensen SchlHA **75**, 195; Bremen NJW **75**, 1043 m. Anm. Hustedt; vgl. auch Bay. bei Rüth DAR **79**, 243).

23   b) **Bei „geringfügigen" Ordnungswidrigkeiten,** für die ihrer sachlichen Bedeutung nach nur eine geringe Geldbuße angemessen ist, bleiben die wirtschaftlichen Verhältnisse unberücksichtigt (III S. 2 Halbs. 2). Das Gesetz verwendet den Begriff „geringfügige Ordnungswidrigkeiten" auch in der Vorschrift über das Verwarnungsverfahren (§ 56 I). Daraus ist zu entnehmen, daß ganz allgemein bei einer Geldbuße in der Größenordnung bis zu etwa 20 DM die wirtschaftlichen Verhältnisse keine Rolle spielen (Hamm NJW **69**, 1315, MDR **71**, 70; Stuttgart MDR **71**, 69; Celle VRS **40**, 125). Es ist danach rechtsfehlerhaft, mit Rücksicht auf ein überdurchschnittliches Einkommen in diesem Rahmen eine höhere Geldbuße festzusetzen (Koblenz VRS **52**, 200). Bei den Verkehrsordnungswidrigkeiten beträgt das Verwarnungsgeld wegen der hier notwendigen Schematisierung (vgl. 28) 40 DM (§ 27 I StVG, Anh **A 11**); daraus ist zu schließen, daß hier bei einer Geldbuße bis zu diesem Betrag die wirtschaftlichen Verhältnisse unbeachtlich sind (ebenso Rotberg 8; Rebmann/ Roth/Herrmann 25; Hamm VRS **56**, 289). Nach Zweibrücken VRS **53**, 61 soll sogar bis zu 200 DM Geldbuße die Ordnungswidrigkeit geringfügig sein.

24   c) **In dem Zwischenbereich** von geringen bis zu relativ hohen Geldbußen werden die wirtschaftlichen Verhältnisse des Täters zwar beachtlich sein. Doch können auch in diesem Zwischenbereich sachliche Gründe dafür gegeben sein, von der Berücksichtigung der wirtschaftlichen Verhältnisse abzusehen. Das ist zu bejahen, soweit ein zwingendes Bedürfnis dafür besteht, die Geldbuße nach Art eines Ticket- oder Taxsystems festzusetzen, um gleichartige Delikte gleichzubehandeln und mit massenhaft vorkommenden Zuwiderhandlungen fertig zu werden (vgl. 28 f.). Denn die Berücksichtigung der wirtschaftlichen Verhältnisse setzt entsprechende Ermittlungen voraus, die zu der Bedeutung der Tat und der Höhe der in Betracht kommenden Geldbuße vielfach in keinem angemessenen Verhältnis stehen würden und die nur um den Preis möglich wären, Zuwiderhandlungen gleicher Art nicht ermitteln und die festgestellten nicht rasch und damit nicht wirksam ahnden zu können. Deswegen läßt es sich rechtfertigen, bei Verkehrsordnungswidrigkeiten von der Berücksichtigung der wirtschaftlichen Verhältnisse abzusehen, wenn die Geldbuße 200 DM nicht übersteigt (Frankfurt VRS **57**, 358; vgl. hierzu näher 28 ff.; ferner 23 aE).

25   D. **Der Bußgeldrahmen** bildet einen wesentlichen Anhaltspunkt für die Bemessung der Geldbuße im Einzelfall. Das Höchstmaß der Geld-

buße ist für die denkbar schwersten Fälle vorgesehen (Hamm VRS **41**, 293, wobei auch sehr vermögende Täter und die Erzielung großer wirtschaftlicher Vorteile zu berücksichtigen sind), der Mittelwert der Geldbuße also für die denkbar durchschnittlich schweren Fälle. Die praktisch vorkommenden Durchschnittsfälle werden allerdings weit unter dem Mittelwert der denkbar schweren Durchschnittsfälle liegen. Im Ausgangspunkt wird danach an Hand dieser Schwereskala die angemessene Geldbuße zu finden sein (vgl. Frankfurt MDR **74**, 859; Dreher/Tröndle 8, 14 zu § 46).

26 E. **Auch sonstige Umstände,** die nicht unmittelbar mit der Ordnungswidrigkeit zusammenhängen, können bei der Bemessung der Geldbuße von Bedeutung sein, so zB das Verhalten des Täters nach der Ordnungswidrigkeit, seine Einsicht, die etwaige Festsetzung einer Geldbuße im Disziplinarverfahren wegen derselben Handlung (vgl. Celle NJW **65**, 926; die Geldbuße ist dann, sofern eine Ahndung nach § 47 noch geboten ist, zweckmäßig so zu bemessen, daß keine Grundlage für eine Aufhebung der Disziplinarmaßnahme nach § 123 iVm § 14 BDO geschaffen wird). Als sonstiger Umstand kommt zB auch die Tatsache in Betracht, daß der Täter, der die Ordnungswidrigkeit im Zusammenhang mit seinem Beruf begangen hat, diesen Beruf gewechselt hat, so daß mit einer künftigen Verletzung von Ordnungsvorschriften durch ihn nicht zu rechnen ist. Zu Gunsten des Betroffenen kann berücksichtigt werden, daß die zuständige VB infolge eigener Untätigkeit in vergleichbaren Fällen zu der Ordnungswidrigkeit beigetragen hat (Karlsruhe NJW **75**, 793 = JR **76**, 121 m. Anm. Keller). Zum Nachteil des Betroffenen kann andererseits seine Einstellung berücksichtigt werden, er brauche sich um die einzelnen gesetzlichen Bestimmungen nicht zu kümmern (Hamm VRS **41**, 295); doch kann es der Grundsatz der Verhältnismäßigkeit verbieten, bei ganz geringfügigen Ordnungswidrigkeiten (für die ein Verwarnungsgeld in Betracht kommt) aus diesem Grunde eine übermäßig hohe Geldbuße festzusetzen (zB eine solche von 150 DM bei Verweigerung der Namensangabe; Hamburg, HmbJVBl. **77**, 6; vgl. auch Bay. bei Rüth DAR **79**, 242). Wird gegen eine PV eine Geldbuße festgesetzt, nicht aber gegen deren Organ, so ist die nur einseitige Ahndung kein Grund, die Geldbuße zu verschärfen (Celle NdsRpfl. **75**, 125). Eine angemessene Erhöhung der Geldbuße ist aber angebracht, wenn die Uneinsichtigkeit des Betroffenen darauf schließen läßt, er werde sich durch eine niedrigere Geldbuße nicht hinreichend beeindrucken lassen, die Rechtsordnung künftig zu beachten (Bay. DAR **72**, 207); bloße Uneinsichtigkeit, die diesen Schluß nicht rechtfertigt, darf dagegen nicht erschwerend berücksichtigt werden (KG VRS **48**, 222; Köln JMBlNW **69**, 167; Hamm VRS **56**, 289), ebensowenig bloßes Schweigen oder Bestreiten (vgl. Rebmann/Roth/Herrmann 18).

27 F. **Bußgeldkataloge** stellen Richtlinien für die Bemessung der Geldbuße dar. Sie sind aufgestellt, um für sehr häufig (geradezu massenhaft) vorkommende Ordnungswidrigkeiten eine gleichmäßige Behandlung – unter Vernachlässigung von (kaum abwägbaren) besonderen Umständen des Einzelfalles – durchzusetzen. Je häufiger die hier auftretenden Verstöße sind, desto stärker ist eine gewisse Schematisierung notwendig,

um unterschiedliche Beurteilungen in allgemeinen Bewertungsfragen
durch zahlreiche Verwaltungsangehörige (und Gerichte; vgl. aber 32) zu
vermeiden. Solche unterschiedlichen Bewertungen könnten aus der Sicht
der (zahlreichen) Betroffenen nicht mehr nachvollzogen werden und
würden bei diesen auf Unverständnis stoßen. Die Bußgeldkataloge wollen danach aus übergeordnet erscheinenden Gerechtigkeitserwägungen
bei massenhaft vorkommenden Zuwiderhandlungen eine möglichst gerechte Erledigung herbeiführen.

28   a) **Bei den Verkehrsordnungswidrigkeiten** ist eine Schematisierung
der Geldbuße, bei der die wirtschaftlichen Verhältnisse zurücktreten, aus
Gründen der allgemeinen Gerechtigkeit selbst bei nicht geringen Geldbußen, die sich jedoch noch an der unteren Grenze des Bußgeldrahmens
halten, geboten (Hamburg NJW **72**, 1149; Hamm NJW **72**, 1150; Köln
NJW **72**, 1152). Diesem Zweck dient der für Verkehrsordnungswidrigkeiten bundeseinheitlich geltende Bußgeldkatalog (abgedr. in Janis-
zewski/Buddendiek III 1), der von einem Ausschuß der Innen- und Ver-
kehrsverwaltungen der Länder unter maßgebender Mitarbeit eines vom
Deutschen Richterbund eingesetzten Ausschusses erfahrener Verkehrs-
richter erstellt worden ist mit dem Ziel, eine möglichst gleichmäßige
Ahndung im Bundesgebiet zu erreichen (vgl. Fuhrmann DRiZ **69**, 13 ff.;
Kruse k + v **71**, 6 ff.; Seib DRiZ **75**, 362). Vgl. ferner den umfangreichen
Verwarnungs- und Bußgeldkatalog in Bayern – Ausgabe 1975 –
(Entschl. d. StMdI v. 14. 8. 1975, MABl. 845, ÄndBek. v. 30. 12. 1975,
MABl. **76**, 36; abgedr. in Janiszewski/Buddendiek III 2), der aus Grün-
den des Computereinsatzes bei der Zentralen Bußgeldstelle beim Bay.
Polizeiverwaltungsamt eine Erweiterung des Verwarnungsgeldkatalogs
(13 vor § 56) sowie des bundeseinheitlich geltenden Bußgeldkatalogs dar-
stellt.

29   b) **Regelsätze unter Zugrundelegung durchschnittlicher Einkommensverhältnisse** enthalten die Bußgeldkataloge (27; vgl. Bremen NJW
75, 1043; Rebmann/Roth/Herrmann 25). Die tatsächlichen wirtschaftlichen Verhältnisse sind jedoch (bei zunehmender Höhe der Geldbuße; vgl.
Bay. bei Rüth DAR **79**, 243; Frankfurt VRS **57**, 358; vgl. 24) zu
berücksichtigen, wenn sie außergewöhnlich gut oder schlecht sind (Celle
VRS **43**, 203; Hamm NJW **72**, 1150, VRS **54**, 290, JMBlNW **78**, 278;
Bremen NJW **75**, 1043 m. Anm. Hustedt; einschr. Hamburg NJW **72**,
1149, wonach die wirtschaftlichen Verhältnisse nur bei besonders bedeutsamen Ordnungswidrigkeiten oder bei einem erhöhten Vorwurf zu berücksichtigen sind; dagegen Hamm NJW **73**, 255; vgl. jedoch auch
Hamm VRS **50**, 304, wonach es nicht ohne weiteres ermessensfehlerhaft
ist, die Geldbuße für einen durchschnittlichen Verkehrsverstoß bei
schlechten wirtschaftlichen Verhältnissen des Betroffenen im Hinblick
auf dessen durchschnittliches Nettoeinkommen nach dem Regelsatz des
Bußgeldkatalogs zu bemessen; ähnlich Hamm VRS **54**, 290, wonach
selbst bei einer Geldbuße von 500 DM eine nähere Erörterung der wirtschaftlichen Verhältnisse in den Urteilsgründen in der Regel dann entbehrlich ist, wenn die Höhe der Geldbuße dem Bußgeldkatalog entspricht; vgl. ferner 24).

30   c) **Bei nur fahrlässigem Handeln** besteht kein Anlaß, den Regelsatz zu unterschreiten (Hamm JMBlNW **74**, 224). Dies ist jetzt eindeutig geklärt, da der Bußgeldkatalog für fahrlässige Zuwiderhandlungen gilt (vgl. I Nr. 1 des bundeseinheitlichen Bußgeldkatalogs; vgl. 28); deshalb dürfte Celle NdsRpfl. **74**, 288, wonach bei vorsätzlichen Verstößen kein Grund besteht, den Regelsatz zu erhöhen, überholt sein. Doch ist es fehlerhaft, deswegen bei vorsätzlichem Handeln den Regelsatz pauschal zu verdoppeln (Hamm VRS **57**, 203).

31 d) **Interne Weisungen für die VBen** sind die Richtlinien und insoweit für diese verbindlich. Doch enthalten die Kataloge nur ,,Regelsätze". Deshalb hat auch die VB die Möglichkeit, bei Vorliegen von Milderungsgründen oder bei erschwerenden Umständen den für den Regelfall bestimmten Betrag der Geldbuße zu unterschreiten oder zu erhöhen (Hamm JMBlNW **69**, 262).

32 e) **Für die Gerichte nicht verbindlich** sind die Regelsätze (Düsseldorf JMBlNW **69**, 223; Bay. DAR **69**, 277; Hamm NJW **72**, 1150, JMBlNW **73**, 20, VRS **46**, 369; Schleswig SchlHA **71**, 225). Zu berücksichtigen ist jedoch, daß die möglichst gleichmäßige Behandlung gleichgelagerter Sachverhalte ein ganz wesentliches Element der gerechten Entscheidung ist. Deswegen können auch die Gerichte (namentlich bei massenhaft vorkommenden Verstößen geringer Bedeutung) eine Schematisierung der Geldbuße nach bestimmten Taxen für den Durchschnittsfall, die sich auf der Grundlage des Bußgeldkatalogs in der Praxis eingespielt und einen breiten Anwendungsbereich erlangt hat, nicht unbeachtet lassen; dabei sind jedoch die Umstände des Einzelfalles und auch ein etwaiges Mißverhältnis zwischen der Art des Verstoßes und der üblichen Taxe – bei dem Bußgeldkatalog in der jetzigen Fassung ist ein solches Mißverhältnis nicht erkennbar – in die Prüfung einzubeziehen (vgl. näher die 2. Aufl.; zust. die höchstrichterl. Rspr.: vgl. zB Bay. VRS **45**, 472; Bay. VRS **47**, 306 zu den Bußgeldsätzen nach § 24a StVG; Celle VRS **40**, 125, NdsRpfl. **74**, 288; Hamm NJW **72**, 70, 1150, VRS **43**, 217, **46**, 369, **50**, 70, 304, **51**, 294, **54**, 290, JMBlNW **78**, 278, **74**, 224; Köln NJW **72**, 1152; Koblenz VRS **52**, 200; Schleswig SchlHA **70**, 255; zu eng Düsseldorf NJW **70**, 158; vgl. auch Kaiser NJW **79**, 1533). Die OLGe nutzen deshalb mit Recht die Möglichkeit, die Geldbuße an Hand des Bußgeldkatalogs selbst festzusetzen (vgl. Kaiser aaO mwN; vgl. auch 45 zu § 79).

33 f) **Die Sätze der Verwarnungsgeldkataloge** (vgl. näher zu § 58) wird der Richter ebenfalls als Orientierungshilfen in Rechnung stellen müssen; in der Regel rechtfertigen nur besondere Umstände des Einzelfalles, von diesen Sätzen bei der Bemessung der Geldbuße abzuweichen (Hamm JMBlNW **73**, 20; Stuttgart VRS **38**, 211).

34 g) **In der gerichtlichen Bußgeldentscheidung** reicht ein bloßer Hinweis auf die Kennziffer des Bußgeldkataloges bei der Zumessung der Geldbuße zur Nachprüfung für das Rechtsbeschwerdegericht nicht aus (Bay. VRS **37**, 296 = JR **70**, 187 m. Anm. Kohlhaas; KG VRS **39**, 440); das Gericht muß zumindest erkennen lassen, daß es bei der Bemessung der Geldbuße die Umstände des Einzelfalles bedacht hat (vgl. Kaiser NJW **79**, 1533); vgl. aber auch 29 aE.

35   G. **Die Gründe für die Zumessung** der Geldbuße brauchen in dem
Bußgeldbescheid nicht dargelegt zu werden. In der gerichtlichen Bußgeldentscheidung sind dagegen die Zumessungserwägungen (zumindest
kurz) anzugeben, insbesondere bei höheren Geldbußen oder dann, wenn
der Bußgeldrahmen voll ausgeschöpft wird (vgl. Stuttgart VRS **54**, 147).
Über die Angabe der Gründe bei Anwendung vorhandener Bußgeldkataloge vgl. 34.

36   H. **Eine nach dem Recht der EG festgesetzte Geldsanktion** ist bei
einer später wegen derselben Tat (vgl. 50 ff. vor § 59) auszusprechenden
Geldbuße zu berücksichtigen (vgl. 18 zu § 84).

37   **4) Den wirtschaftlichen Vorteil,** den der Täter aus der Ordnungswidrigkeit gezogen hat, soll die Geldbuße übersteigen (IV). Die Vorschrift
gilt nicht nur bei Vorsatztaten, sondern auch bei fahrlässigen Zuwiderhandlungen (Hamm MDR **79**, 870).

38   A. **Der Sinn** der Vorschrift ist es, den Täter einer Ordnungswidrigkeit
so zu stellen, daß er im Ergebnis von seiner Handlung keinen Vorteil
behält, sondern über das Maß der gezogenen Vorteile hinaus eine geldliche Einbuße hinnehmen muß (Hamburg NJW **71**, 1002; Hamm MDR
79, 870; Bay. BayJMBl. **79**, 211, nur L; Karlsruhe NJW **74**, 1883, **75**,
793). Der wirtschaftliche Vorteil bestimmt für den Regelfall die untere
Grenze der Geldbuße (Hamm aaO; Bay. aaO). Auf diese Weise soll
insbesondere ein unlauteres Gewinnstreben bekämpft und sichergestellt
werden, daß die Höhe der Geldbuße in einem angemessenen Verhältnis
zur Bedeutung der Ordnungswidrigkeit und zu den erzielten Gewinnen
steht (ebenso Rebmann/Roth/Herrmann 30; vgl. auch 9 vor § 1). Das
gesetzliche Höchstmaß der Geldbuße darf deshalb kein Hindernis sein,
ein solches Verhältnis herzustellen (S. 2). IV gilt auch bei fahrlässig begangenen Ordnungswidrigkeiten (Hamm aaO).

39   a) **Der nachträgliche Wegfall des erlangten Vorteils** (zB durch Nach-
versteuerung bei leichtfertiger Steuerverkürzung; vgl. aber 42) oder bestehende Ersatzansprüche Dritter stehen der Anwendung von IV grundsätzlich nicht entgegen (vgl. Celle MDR **54**, 54; RG **76**, 300; BGH **23**, 23
sowie bei Dallinger MDR **53**, 146 für den entsprechenden § 27 b I StGB
aF). Eine gegenteilige Auffassung hierzu vertritt Peltzer aaO unter Hinweis auf die Regelung von § 73 I S. 2 StGB, wonach Ersatzansprüche
Dritter den Verfall ausschließen. Doch wird bei diesem Hinweis nicht
bedacht, daß a) im Strafrecht der erstrebte Gewinn bei der Strafzumessung berücksichtigt und bei einer Bereicherungsabsicht neben einer Freiheitsstrafe auf Geldstrafe erkannt werden kann (§ 41 StGB), während b)
der § 17 IV eine Sollvorschrift ist (vgl. 45), die es ebenso ermöglicht,
unter Berücksichtigung der Umstände des Einzelfalles ein angemessenes
Verhältnis zwischen der erstrebten und erreichten Vorteilen einerseits
und der Höhe der Sanktion andererseits herzustellen (vgl. auch 40; ferner
Rebmann/Roth/Herrmann 31, die grundsätzlich nur die noch nicht er-
füllten oder nur drohenden Ersatzansprüche außerachtlassen wollen).
Wäre der Wegfall des zunächst erlangten Vorteils stets beachtlich, so
könnte der Täter nahezu ohne gesteigertes Risiko handeln, weil er (wegen regelmäßig gegebener Ausgleichsansprüche) nicht viel mehr als die

Herausgabe dessen riskieren würde, was er aus der Ordnungswidrigkeit erlangt haben würde. Der Kritik von Peltzer hierzu aaO ist entgegenzuhalten, daß der gesetzliche Bußgeldrahmen bei einem außergewöhnlichen Gewinnstreben uU unzureichend sein kann; § 17 IV hat danach eine ähnliche Funktion wie der § 41 StGB, der zusätzlich neben § 73 StGB eingreift.

40 b) **Hypothetische Gewinne,** die der Täter im Falle eines ordnungsgemäßen Verhaltens erzielt hätte (zB wenn ein nicht genehmigtes Geschäft genehmigt gewesen wäre), haben ebenfalls außer Betracht zu bleiben (Hamburg NJW **71**, 1002); für eine differenzierende Betrachtung Peltzer aaO; vgl. aber auch 42.

41 B. **Der Begriff ,,wirtschaftlicher Vorteil"** (an Stelle von ,,Gewinn" und ,,Entgelt", vgl. § 27 b I StGB aF, § 6 OWiG 1952) will besagen, daß nicht nur ein in Geld bestehender Gewinn zu berücksichtigen ist, sondern auch ein sonstiger wirtschaftlicher Vorteil wie zB eine Verbesserung der Marktposition des Täters durch die Ausschaltung oder das Zurückdrängen von Wettbewerbern (Karlsruhe NJW **75**, 793).

42 a) **Etwaige eigene Aufwendungen** des Täters sind von den ihm nominell zugeflossenen Zahlungsmitteln in Abzug zu bringen (ebenso Rebmann/Roth/Herrmann 31; Hamburg NJW **71**, 1000, 1003; Peltzer aaO). So ist zB bei der selbständigen Ausübung eines stehenden Gewerbes entgegen den Vorschriften der HWO als Gewinn nicht der Reingewinn anzusehen, der dem Täter aus dieser Ordnungswidrigkeit zugeflossen ist, sondern zu berücksichtigen, was er bei Ausübung erlaubter Tätigkeit als Geselle verdient hätte (vgl. Mittelbach aaO S. 253 mwN; vgl. auch Saarbrücken VRS **38**, 471). Bei einer überhöhten Miete sind die angemessenen Kosten für die Instandhaltung, Verwaltung, Verzinsung des Eigenkapitals uä abzuziehen (Karlsruhe NJW **75**, 793). Bei der Beförderung von Gütern mit einem überladenen Lkw errechnet sich der Vorteil aus dem Beförderungsgeld für die Übertonnage abzügl. der durch die Überladung entstehenden Mehrkosten (Stuttgart VRS **46**, 144; zT krit. hierzu Peltzer aaO). Ersatzansprüche Dritter werden dagegen im Rahmen von IV grundsätzlich nicht zu berücksichtigen sein (vgl. 39), wohl aber im Rahmen der allgemeinen Zumessungserwägungen (vgl. BGH bei Dallinger MDR **53**, 146).

43 b) **Eine Schätzung** des Gewinns ist erlaubt. Der Begriff ,,wirtschaftlicher Vorteil" soll der VB und dem Gericht eine einfachere Handhabung ermöglichen, weil ein zahlenmäßig genau errechneter Gewinn nicht vorausgesetzt wird (vgl. BerEOWiG zu § 11). Bei einer Schätzung müssen in der gerichtlichen Entscheidung die tragenden Grundlagen dargelegt werden, um dem Rechtsbeschwerdegericht die Möglichkeit der Nachprüfung zu geben (vgl. Hamburg GA **68**, 125; Rebmann/Roth/Herrmann 34).

44 C. **Unmittelbar aus der Ordnungswidrigkeit** muß der wirtschaftliche Vorteil gezogen sein. Diese Voraussetzung fehlt beim sogenannten mittelbaren Gewinn, der erst durch einen weiteren Kausalablauf zugeflossen ist. Da die Geldbuße jedoch den wirtschaftlichen Vorteil übersteigen soll, ist nach oben hin ein Ermessensspielraum gegeben, der es ermöglicht, in

gewissem Umfange auch den nur mittelbaren Gewinn abzuschöpfen.
Der Vorteil einer Kapitalnutzung oder ein Gebrauchsvorteil, den der
Täter aus einer Ordnungswidrigkeit erlangt, wird grundsätzlich zu be-
rücksichtigen sein. Hat der Täter als Belohnung „für" die Ordnungswid-
rigkeit ein Entgelt bekommen, so wird auch dies als ein wirtschaftlicher
Vorteil anzusehen sein, den er aus der Ordnungswidrigkeit gezogen hat.
Der Grundgedanke von IV trifft auch diesen Fall (zust. Rebmann/Roth/
Herrmann 32).

45   D. **Eine Sollvorschrift** ist IV, und zwar nicht im Sinne einer abgeschwächten Weisung, sondern im Sinne einer Richtlinie (vgl. Mittelbach
aaO S. 253), die es erlaubt, den erzielten wirtschaftlichen Vorteil ganz
oder teilweise zu vernachlässigen, soweit dies nach den Umständen des
Einzelfalles aus sachlichen Gründen geboten ist (Hamm MDR **79**, 870;
Karlsruhe NJW **74**, 1883). Das wird zB der Fall sein, wenn schon die
Abführung des Mehrerlöses (§ 8 WiStG 1954, Anh **12**) angeordnet wird;
dies kann weiterhin der Fall sein, wenn der Gewinn nachträglich wieder
weggefallen ist (vgl. 39, 42 aE) und die Bedeutung der Tat und das
vorwerfbare Verhalten gering sind (Hamm aaO; Köln GA **60**, 187),
wenn sich die wirtschaftlichen Verhältnisse des Täters verschlechtert haben (Rotberg 14; vgl. Hamburg GA **57**, 297; vgl. auch Karlsruhe aaO;
Bay. BayJMBl. **79**, 211, nur L) oder soweit die Ermittlung der wirtschaftlichen Vorteile auf ganz erhebliche Schwierigkeiten stößt (vgl. aber
43). Dies ist in der richterlichen Entscheidung in einer für das Rechtsbeschwerdegericht nachprüfbaren Weise darzulegen (Hamm aaO; Bay.
aaO; Hamburg GA **68**, 125; Karlsruhe aaO); eine Begründung im Bußgeldbescheid ist dagegen entbehrlich.

46   E. **Weitere Einzelheiten:**

        a) **Hat der Täter als Vertreter** einer JP oder PV oder sonst als Vertreter
eines anderen für den Vertretenen einen Gewinn eingebracht, so ist dieser
Gewinn im Verfahren gegen den Täter als Betroffenen nicht maßgebend
(Braunschweig GA **69**, 381; Celle BB **76**, 633); der Abschöpfung solcher
Gewinne dient § 30 (Celle aaO).

47   b) **Bei Kartellordnungswidrigkeiten** ist das Verhältnis von § 38 IV
GWB zu § 17 IV fraglich. Nach BGH NJW **75**, 269 soll der § 38 IV GWB
nur das in I bestimmte Höchstmaß der Geldbuße erweitern (allerdings
unter dem Gesichtspunkt der Abschöpfung des wirtschaftlichen Vorteils), jedoch nicht in die Regelung von IV eingreifen; damit ist die Ansicht des BGH aaO, es brauche bei Anwendung von § 38 IV GWB nicht
auf den wirtschaftlichen Vorteil abgestellt zu werden, aber nicht vereinbar; klarer erscheint es, den § 38 IV GWB im Verhältnis zu IV als die
speziellere Regelung anzusehen (ebenso Rebmann/Roth/Herrmann 29).
Zur Berechnung des Mehrerlöses nach § 38 IV GWB vgl. Erlinghagen/
Zippel DB **74**, 953 ff.

48   c) **Zur Berechnung des Vorteils bei Steuerverkürzung** uä vgl. Bender
ZfZ **74**, 140, Peltzer aaO.

49   F. **Das Höchstmaß** der Geldbuße darf nach IV nicht höher sein als der
wirtschaftliche Vorteil zuzüglich des angedrohten Höchstmaßes der

Geldbuße (Karlsruhe NJW **74**, 1883; Peltzer aaO). Die Regelung von IV stellt deshalb keine unbestimmt hohe Bußgelddrohung dar; sie ist verfassungsrechtlich unbedenklich (vgl. 10 zu § 3).

Zahlungserleichterungen

18 Ist dem Betroffenen nach seinen wirtschaftlichen Verhältnissen nicht zuzumuten, die Geldbuße sofort zu zahlen, so wird ihm eine Zahlungsfrist bewilligt oder gestattet, die Geldbuße in bestimmten Teilbeträgen zu zahlen. Dabei kann angeordnet werden, daß die Vergünstigung, die Geldbuße in bestimmten Teilbeträgen zu zahlen, entfällt, wenn der Betroffene einen Teilbetrag nicht rechtzeitig zahlt.

1   1) **Von Amts wegen** muß dem Betroffenen nach § 18 eine Zahlungserleichterung bewilligt werden, wenn die Voraussetzungen von S. 1 vorliegen, und zwar in der Bußgeldentscheidung (vgl. 2 ff. vor § 89); ein Antrag ist nicht erforderlich. Ist allerdings nicht zu erwarten, daß der Betroffene die Geldbuße in absehbarer Zeit zahlen wird, so braucht eine Zahlungserleichterung nicht bewilligt zu werden, da sie keinen Erfolg verspricht. Es ist dann Sache der VollstrB (2 zu § 90; 2 f. zu § 91), zu prüfen, ob die Beitreibung durchgeführt oder ob nach § 95 II verfahren werden soll.

2   A. **Eine Prüfung der wirtschaftlichen Verhältnisse** (vgl. 21–24 zu § 17) ist wegen Bewilligung von Zahlungserleichterungen nicht zusätzlich notwendig. Soweit bei der Bemessung der Geldbuße davon abgesehen werden kann, die wirtschaftlichen Verhältnisse zu berücksichtigen, also namentlich bei geringen Geldbußen (vgl. 23 zu § 17), kann ohne weiteres davon ausgegangen werden, daß dem Betroffenen die sofortige Zahlung möglich ist. Bei höheren Geldbußen werden die wirtschaftlichen Verhältnisse grundsätzlich zu berücksichtigen, also auch zu ermitteln sein. Soweit ausnahmsweise sogar bei höheren Geldbußen die wirtschaftlichen Verhältnisse vernachlässigt werden können (vgl. 24, 29 zu § 17), besteht erst recht keine Veranlassung, sie wegen etwaiger Zahlungserleichterungen zu prüfen (Rebmann/Roth/Herrmann 3; einschr. Rotberg 2).

3   B. **Das Ausmaß der Zahlungserleichterung** (Stundung, Zahlung in Teilbeträgen) ist so zu bestimmen, daß dem Betroffenen die fristgerechte Zahlung zugemutet werden kann. Unzumutbar ist die Zahlung, wenn der Betroffene nach seinen wirtschaftlichen Verhältnissen objektiv zur rechtzeitigen Zahlung nicht imstande ist oder wenn er zwar rechtzeitig zahlen könnte, dafür aber die Erfüllung seiner Bedürfnisse oder Verpflichtungen in einer nicht zumutbaren Art und Weise zurückstellen müßte (zust. Rebmann/Roth/Herrmann 4). Auch die persönlichen Verhältnisse des Betroffenen sind zu berücksichtigen, soweit sie sich auf die wirtschaftlichen Verhältnisse auswirken (vgl. 21 zu § 17).

4   C. **Bis zur Rechtskraft** der Bußgeldentscheidung ist die Stelle, welche die Bußgeldentscheidung erlassen hat, für die Bewilligung von Zahlungserleichterungen zuständig, also uU auch das Rechtsbeschwerdegericht (vgl. Karlsruhe MDR **79**, 515). Bis zu diesem Zeitpunkt kann die VB die Entscheidung auch nach Erlaß des Bußgeldbescheides (ohne dessen Rücknahme und Erlaß eines neuen mit Zahlungserleichterungen; zust. Rebmann/Roth/Herrmann 6; aM Rotberg 5) nachholen, wodurch sich uU die Entscheidung über einen Einspruch erledigen kann (vgl. auch 3 zu § 69).

5   **2) Nur bei Geldbußen** sowie bei der Einziehung des Wertersatzes (§ 25 V) ist die Vorschrift anzuwenden, nicht aber bei der Abführung des Mehrerlöses (§§ 8 ff. WiStG 1954, Anh **12**) oder den Kosten des Verfahrens (ebenso Rebmann/Roth/Herrmann 1 zu § 93); in diesen Fällen können jedoch nach Rechtskraft der Entscheidung Zahlungserleichterungen bewilligt werden (1 zu § 93, vgl. 8). Die Vorschrift gilt andererseits aber auch, soweit die Geldbuße als Nebenfolge einer Ordnungswidrigkeit oder Straftat gegen eine JP oder PV festgesetzt worden ist (vgl. § 30 III).

6   **3) Die Verfallklausel** (S. 2) kann das Verfahren vereinfachen, weil sie einen späteren Widerruf der Vergünstigung erspart; vgl. auch § 93 IV S. 1.

7   **4) Unzulässig** ist es, Teilzahlungen mit der Auflage zu bewilligen, daß sie zunächst auf die Kosten des Verfahrens zu verrechnen sind, da dies gegen § 94 verstoßen würde (vgl. auch 1 zu § 94).

8   **5) Wegen der nachträglichen Bewilligung** von Zahlungserleichterungen nach Rechtskraft der Bußgeldentscheidung (vgl. §§ 93, 99).

9   **6) Über das Ruhen der Vollstreckungsverjährung,** solange eine Zahlungserleichterung bewilligt ist, vgl. § 34 IV Nr. 3.

Vierter Abschnitt. Zusammentreffen mehrerer Gesetzesverletzungen

Vorbemerkungen

Übersicht

1   **1) Der Abschnitt regelt** die Rechtsfolgen in den Fällen des Zusammentreffens mehrerer Gesetzesverletzungen, also in den Fällen der Tateinheit und Tatmehrheit von Ordnungswidrigkeiten wie auch in dem Falle des einheitlichen Zusammentreffens von Ordnungswidrigkeit und Straftat. Die hier aufgenommenen Vorschriften über Tateinheit und Tatmehrheit

beantworten aber nicht die Frage, wann eine einzige Handlung (eine einzige Willensbetätigung oder eine Handlungseinheit) und wann mehrere Handlungen (Handlungsmehrheit) vorliegen (über den Handlungsbegriff vgl. 11 ff. vor § 1). Tateinheit und Handlungseinheit sind nicht identisch (24). Der Begriff „Tateinheit" ist auch nicht deckungsgleich mit dem Begriff „Tat" im verfahrensrechtlichen Sinn (50 ff. vor § 59). Wichtig ist schließlich die Unterscheidung zwischen Tateinheit und Gesetzeskonkurrenz, die dieser Abschnitt aber – wie das StGB – ebenfalls ungeregelt läßt (31).

2　**2) Die Handlungseinheit und Handlungsmehrheit** sind gesetzlich nicht bestimmt (vgl. 1), obwohl diese Unterscheidung große praktische Bedeutung hat; denn davon hängt es zunächst ab, ob nur eine oder mehrere Geldbußen festgesetzt werden können. Liegt nur eine einzige Willensbetätigung vor, so ist dies nicht problematisch. Abgrenzungsschwierigkeiten ergeben sich erst, wenn mehrere Verhaltensweisen gegeben sind. Sie können dann eine (natürliche oder rechtliche) Handlungseinheit oder Handlungsmehrheit bilden. Diese Einordnung entscheidet in erster Linie darüber, ob eine oder mehrere Geldbußen festgesetzt werden können. Die Vorschrift des § 19 regelt nicht diesen, sondern nur den besonderen Fall, daß bei einer einzigen Willensbetätigung oder bei einer Handlungseinheit („dieselbe Handlung") mehrere Gesetzesverletzungen (gleichartige oder ungleichartige) vorliegen (vgl. näher 25 ff.). Die Handlungseinheit und Handlungsmehrheit werden nach den gleichen Grundsätzen wie im Strafrecht abgegrenzt:

3　**A. Eine natürliche Handlungseinheit** ist gegeben, wenn mehrere Verhaltensweisen in einem solchen unmittelbaren Zusammenhang stehen, daß das gesamte Tätigwerden bei natürlicher Betrachtungsweise auch für einen Dritten (objektiv) als ein einheitlich zusammengefaßtes Tun anzusehen ist (vgl. BGH **4**, 219; **16**, 397; **26**, 284; GA **70**, 84; Dreher/Tröndle 2 vor § 52). Ob ein einheitlicher Tatentschluß vorliegt, ist zwar wichtig (vgl. BGH **10**, 129; VRS **28**, 359), aber nicht entscheidend.

4　**Stets zu bejahen** ist eine natürliche Handlungseinheit, wenn von mehreren Handlungsteilen einer gleichzeitig zur Verwirklichung von verschiedenen Bußgeldvorschriften beiträgt, sich die Ausführungshandlungen also überschneiden (Fall der ungleichartigen Tateinheit; vgl. 26 ff.). Handlungseinheit kann danach auch bei fahrlässigem Handeln gegeben sein (Hamm VRS **25**, 258, JMBlNW **64**, 167) sowie bei vorsätzlichem und fahrlässigem Handeln (RG **73**, 231), so zB, wenn jemand vorsätzlich ein nicht zugelassenes Fahrzeug führt, dessen Mängel er fahrlässig nicht kennt, und auf der Fahrt vorsätzlich die Geschwindigkeit nicht einhält; ebenso wenn jemand weiß, daß er mit einem defekten Fahrtenschreiber fährt und auf der Fahrt eine Verkehrsampel übersieht (Hamm VRS **48**, 299); desgl. wenn jemand mit einem überladenen Fahrzeug fährt und eine angesichts der Überladung zu hohe Geschwindigkeit einhält (Karlsruhe VRS **51**, 76; hinsichtlich sämtlicher Verstöße nur eine Handlung; vgl. auch 22, 30).

5　**Auch bei einer räumlich-zeitlich (inneren) Beziehung** liegt eine Handlungseinheit vor (Koblenz DAR **76**, 138: Überfahren von 3 Rotampeln innerhalb von 100 m aus Unachtsamkeit; Bay. VM **76**, 26: Ineinander übergehende Geschwindigkeitsüberschreitungen außerhalb und innerhalb geschlossener Ortschaften). Bei einer Beteiligung des Fahrzeughalters an Ordnungswidrigkeiten des Fahrers (9 zu § 14) liegt eine Handlung des Halters vor, wenn die Beteiligung in der Überlassung des Kfz liegt, auch wenn dann der Fahrer mehrere Verstöße begeht (Bay. VM **78**, 42; vgl. 19); denn der Halter handelt nur einmal.

6   **Keine natürliche Handlungseinheit** liegt dagegen vor, wenn während einer Fahrt mehrere Verkehrsverstöße begangen werden, die keine räumlich-zeitliche innere Beziehung zueinander haben (Hamm VRS **46**, 338, VRS **52**, 131; vgl. auch 10 aE, 14 aE).

7   **Das Unterlassen mehrerer gesetzlich gebotener Handlungen** bildet eine Handlungseinheit nur dann, wenn die vom Täter geforderten Handlungen dem gleichen Zweck dienen, also identisch sind (zB das Unterlassen, die Steuerbeträge für mehrere Arbeitnehmer zu einem gleichen Zeitpunkt einzubehalten; vgl. RG **76**, 140; Bay. NJW **60**, 1720). Werden dagegen verschiedene Handlungen verlangt, so liegen im Falle des Unterlassens rechtlich mehrere Handlungen vor, auch wenn dies zur gleichen Zeit geschieht (BGH **18**, 376, 379; SchSch-Stree 28 vor § 52; Hamm NJW **73**, 1854; Karlsruhe, Die Justiz **78**, 477); anders jedoch dann, wenn in einem gewissen zeitlichen Zusammenhang mehrere Verstöße gegen dieselbe Gesetzesnorm begangen werden (Karlsruhe aaO).

8   **Zwischen einem Unterlassen und einem aktiven Handeln** kann Handlungseinheit gegeben sein, wenn sich die Ausführungshandlungen teilweise decken, so zB, wenn der Täter eine (mit Geldbuße bedrohte) falsche Auskunft erteilt, um dadurch die Voraussetzungen für das Vorliegen einer (mit Geldbuße bedrohten) unterlassenen Meldung (Dauerdelikt) zu verbergen (vgl. 22; SchSch-Stree 91 vor § 52); Handlungseinheit liegt dagegen nicht vor, wenn die Handlungen nach ihrem Wesen und ihrer Erscheinungsform verschieden sind (vgl. RG **68**, 317).

9   B. **Die rechtliche Handlungseinheit** verbindet mehrere Verhaltensweisen im natürlichen Sinne zu einer einzigen Handlung. Es liegt dann im Rechtssinne nur eine einzige Gesetzesverletzung vor, für die (selbstverständlich, also außerhalb der Regelung des § 19) nur eine einzige Geldbuße festgesetzt wird. In Betracht kommen namentlich folgende Fallgruppen:

10   a) **Mehrfache Verwirklichung eines Tatbestandes,** nach dessen Beschreibung eine Mehrheit von gleich – oder verschiedenartigen Handlungsweisen in Betracht kommen (vgl. Lackner III 2 vor § 52), so zB das Fordern und Annehmen eines unangemessenen Entgelts nach § 4 WiStG 1954 (Anh **A 12**). In diesem Fall werden mehrere Handlungen, die in einem engen zeitlichen und räumlichen Zusammenhang stehen, durch den Tatbestand des Gesetzes zu einer *„Bewertungseinheit"* verbunden (vgl. SchSch-Stree 12 vor § 52). Dazu rechnen auch die Fälle, in denen der gleiche Tatbestand in einem zeitlich und räumlich engen Zusammenhang mehrfach verwirklicht wird, so zB der mehrfache unbefugte Gebrauch einer Berufsbezeichnung (vgl. zB § 117 I Nr. 2 HWO; § 16 KrpflG) oder das Bauen ohne Genehmigung, wenn die Ausführung des

Bauens in mehreren Abschnitten vor sich geht (Bay. 23. 1. 1967, BwReg 4 b St 10/66). In diesen Fällen kann aber die Handlungseinheit durch einen ,,Einschnitt im inneren Geschehnisablauf" (so den Entschluß, die Tätigkeit nicht fortzusetzen) in mehrere Handlungen aufgespalten werden (Bay. aaO). Verstößt ein Fahrzeugführer auf einer Fahrt nacheinander wiederholt gegen Verkehrsvorschriften, so handelt es sich selbst bei Gleichartigkeit dieser Verkehrswidrigkeiten regelmäßig um jeweils selbständige Handlungen (Tatmehrheit; Hamm VRS **46**, 370; Bay. bei Rüth DAR **74**, 186; Bay. VM **76**, 26; Karlsruhe, Die Justiz **79**, 213; vgl. auch 6, 14). Die Abgrenzung zu der natürlichen Handlung einerseits und zur fortgesetzten Handlung andererseits ist nicht einfach, aber praktisch ohne Wert.

11   b) **Die fortgesetzte Handlung** ist eine rechtliche Handlungseinheit, die von der Praxis auf Grund einer natürlichen Betrachtung und zur Vermeidung einer praktisch schwerfälligen und rechtlich schwierigen Einordnung und Bewertung entwickelt worden ist (vgl. SchSch-Stree 31 vor § 52). Eine fortgesetzte Handlung liegt vor, wenn a) mehrere Ausführungshandlungen vorliegen, die (im wesentlichen) denselben Tatbestand in gleichartiger Weise verwirklichen und dasselbe Rechtsgut verletzen, und zwar in einem gewissen (nicht notwendig ,,engen") zeitlichen und räumlichen Zusammenhang, und b) der Täter mit einem Gesamtvorsatz oder zumindest mit einem Fortsetzungsvorsatz (vgl. 14) handelt.

12   **Die Verletzung derselben Bußgeldvorschrift** ist nicht unbedingt notwendig; maßgebend ist, ob den Bußgeldvorschriften sachlich dasselbe Verbot oder Gebot zugrunde liegt (so zB bei Verstößen nach dem Außenwirtschaftsrecht und dem Interzonenwirtschaftsrecht). Wird im Ordnungswidrigkeitenrecht derselbe Tatbestand verwirklicht, so wird grundsätzlich auch dasselbe Rechtsgut verletzt sein, weil hier die Verletzung höchstpersönlicher Rechtsgüter, bei denen eine einschränkende Beurteilung geboten ist, nicht in Betracht kommt.

13   **Ob eine gleichartige Begehung** vorliegt, darüber entscheidet die natürliche Lebensauffassung. Gleichartigkeit ist zu verneinen, wenn der Tatbestand einmal durch positives Handeln und zum anderen durch Unterlassen begangen wird (vgl. RG **68**, 317; Bremen NJW **55**, 1606).

14   **Gesamtvorsatz ist** nach der Rspr. dann gegeben, wenn der Vorsatz des Täters schon bei Begehung des ersten Teilakts die mehrfache Verwirklichung des Tatbestandes in den wesentlichen Grundzügen der späteren Ausführung (Ausführungsart, Zeit und Ort der Begehung, Rechtsgut, Gesamterfolg) umfaßt (vgl. zB BGH **15**, 268, 271; **16**, 124, 128; so auch jetzt für das Ordnungswidrigkeitenrecht: Hamm NJW **72**, 1060; VRS **46**, 277; KG JR **73**, 254 m. krit. Anm. Göhler). Diese Voraussetzungen werden sich häufig nicht einfach feststellen lassen. Anders als im Strafrecht sprechen im Ordnungswidrigkeitenrecht wohl überwiegende Gründe dafür, den sog. Fortsetzungsvorsatz genügen zu lassen, der schon dann gegeben ist, wenn der spätere Entschluß zur Begehung einer neuen Einzelhandlung als natürliche Fortsetzung der vorausgegangenen anzusehen ist, worüber die natürliche Betrachtungsweise entscheidet (vgl. Göhler JR **73**, 254; Rebmann/Roth/Herrmann 14 vor § 19; vgl. auch für das

Strafrecht SchSch-Stree 52f. vor § 52). Ein solcher Fortsetzungsvorsatz ist jedoch nicht anzunehmen, wenn auf einer Fahrt mehrere (selbst gleichartige) Verkehrsverstöße (vgl. 6) begangen werden (die Unterscheidung zwischen Gesamtvorsatz und Fortsetzungsvorsatz war deshalb in dem Fall Hamm VRS **46**, 277 unerheblich). Nach Bay. bei Rüth DAR **79**, 243 soll mehrfaches falsches Parken auch dann keine fortgesetzte Handlung sein, wenn der Betroffene von Anfang an beabsichtigt hat, sich allgemein oder in einem begrenzten räumlichen Bereich wiederholt über die Parkvorschriften hinwegzusetzen. Zum Gesamtvorsatz bei Kartellordnungswidrigkeiten vgl. BGH **12**, 148, 155.

15   **Zu einer einzigen Handlung** werden durch den Gesamtvorsatz oder Fortsetzungsvorsatz alle Handlungen verbunden, so daß eine einzige Geldbuße festgesetzt wird. Läßt sich ein solcher Vorsatz nicht feststellen, so ist von einzelnen Handlungen auszugehen (vgl. BGH bei Herlan MDR **55**, 16).

16   **Bei fahrlässigen Handlungen** erkennt die Rspr. einen Fortsetzungszusammenhang nicht an (vgl. RG **73**, 231; **76**, 70; BGH **5**, 371, 376; Hamm VRS **52**, 131; krit. SchSch-Stree 55 vor § 52; doch kann hier ein Dauerdelikt (vgl. 17) gegeben sein (RG **62**, 214).

17   c) **Eine Dauerordnungswidrigkeit** liegt vor, wenn der Täter den rechtswidrigen Zustand, den er durch die Verwirklichung des Bußgeldtatbestandes geschaffen hat, willentlich oder unbewußt aufrechterhält, so zB andauernde Mietpreisüberhöhung (§ 5 WiStG 1954 Anh **A 12**; vgl. Stuttgart NJW **78**, 2210), Unterlassen einer andauernden Meldepflicht, Nichtmitführen des Führerscheins; ständiges Bereithalten von Meßgeräten im ungeeichten Zustand uä (vgl. Hamm NJW **73**, 1852; doch wird dies nicht anzunehmen sein, wenn mehrere Meßgeräte, die unabhängig in verschiedenen Sachen eingebaut sind, im ungeeichten Zustand gehalten werden (Hamm aaO). Daran wird deutlich, daß die Beurteilung der Dauerordnungswidrigkeit an Hand des speziellen Verstoßes auszurichten ist.

18   **Eine fahrlässige Dauerordnungswidrigkeit** ist möglich. Sie setzt voraus, daß der Täter in einer solchen andauernden Unachtsamkeit handelt, daß ohne sein weiteres Zutun die Gesetzesverletzung fortgesetzt wird. Das kommt bei Unterlassungsdelikten in Betracht, wenn dem Täter infolge Fahrlässigkeit die Pflicht zum Handeln (zB die Einbehaltung und Abführung der Steuerabzugsbeträge, § 380 AO 1977, Anh **A 10**) nicht bewußt ist und er auch keinen Anlaß zu erneuter Prüfung hat (vgl. RG **59**, 54). Ist von dem Täter jedoch eine neue Prüfung und Entscheidung zu erwarten (zB beim Befahren mehrerer gesperrter Straßen oder einer Straße mit unterschiedlichen Geschwindigkeitsbegrenzungen), so liegt keine Dauerordnungswidrigkeit, sondern mehrfache Gesetzesverletzung vor (vgl. Bay. DAR **57**, 271; Hamm VRS **50**, 54). Die Beurteilung als Dauerdelikt wird dadurch nicht in Frage gestellt, daß sich zwischenzeitlich die Verschuldensform von fahrlässiger zu vorsätzlicher Begehung steigert (Hamm NJW **73**, 1852). Zur Abgrenzung der Dauerordnungswidrigkeit bei Steuerverfehlungen vgl. Dietz DStZ **78**, 274.

19   **Pflichtwidriges Unterlassen** kann zB eine Dauerordnungswidrigkeit sein, wenn jemand auf diese Weise ermöglicht, daß andere durch zahlreiche selbständige Handlungen den Tatbestand einer Ordnungswidrigkeit verwirklichen (vgl. Stuttgart OLGSt. zu § 29 S. 11; vgl. auch 5).

20 **Ob bei einer ständigen Wiederholung** (zB ständige Überladung mehrerer Lkw's) eine Dauerordnungswidrigkeit vorliegt (Stuttgart VRS **42**, 360), erscheint zw; eher kommt hier die Annahme eines Fortsetzungszusammenhanges (11 ff.) in Betracht; doch hat diese Unterscheidung praktisch keine Bedeutung (vgl. auch 10 aE).

21 **Die Einheitlichkeit eines Dauerdeliktes** soll im Straßenverkehr (zB beim Fahren eines mangelhaften Fahrzeuges) nach BGH **21**, 203, 205, VRS **13**, 121 durch einen Verkehrsunfall unterbrochen werden, wenn der Fahrer anschließend die Fahrt fortsetzt; das wird jedoch wohl nur dann zu bejahen sein, wenn der Unfall einen deutlichen Einschnitt in dem inneren Geschehnisablauf darstellt (vgl. dazu 10), der einen neuen Entschluß verlangt (vgl. SchSch-Stree 85 vor § 52 mwN). Möglich ist hier auch die Annahme eines Fortsetzungszusammenhangs (vgl. 11 ff. sowie Geerds BA **66**, 134) oder eine natürliche Handlungseinheit (vgl. 3 ff.; Hamm VRS **25**, 237).

22 **Ein Verbindungsglied zu einer Handlungseinheit** stellt die Dauerordnungswidrigkeit zu solchen Gesetzesverletzungen dar, die der Aufrechterhaltung des rechtswidrigen Zustandes dienen (zB eine falsche Auskunft, um die Voraussetzungen der Meldepflicht zu verschleiern); dagegen stehen Verstöße gegen Kfz-Beschaffenheitsvorschriften zum Unterlassen der Anmeldung beim TÜV regelmäßig im Verhältnis der Tatmehrheit (Bay. BayJMBl. **74**, 104). Anders ist dies im Verhältnis von Verstößen gegen Kfz-Beschaffenheitsvorschriften zu einer Ordnungswidrigkeit, die auf dieser Fahrt begangen ist: insoweit Tateinheit (BGH **27**, 66, ausführl. in VM **77**, 42), weil hier eine natürliche Handlungseinheit gegeben ist (vgl. 3 f.). Dagegen wäre es wohl nicht richtig, die auf mehreren Fahrten oder die auf einer Fahrt (sonst) in Tatmehrheit begangenen Ordnungswidrigkeiten (vgl. 6) durch die Dauerordnungswidrigkeit (Mängel des Kfz) zu einer rechtlichen Handlungseinheit zusammenzufassen (vgl. 30); dies wäre auch mit der Ansicht, daß die Einheitlichkeit des Dauerdelikts unterbrochen werden kann (20), nicht in Einklang zu bringen (vgl. auch 30 aE).

23 **Eine Unterbrechung des Dauerdeliktes** tritt nicht schon mit dem Erlaß eines Bußgeldbescheides ein, sondern frühestens mit dem Urteil des AG (Hamm NJW **73**, 1852).

24 **C. Bei mehreren Beteiligten** ist getrennt zu prüfen, ob ihre Beteiligung als Handlungseinheit oder Handlungsmehrheit zu bewerten ist (vgl. 5). So liegt zB eine einheitliche Handlung vor, wenn ein Unternehmer gleichzeitig mehrere seiner Fahrer veranlaßt, die Lkw's im überladenen Zustand zu fahren, und die Fahrer dann selbständig voneinander handeln. Umgekehrt kann Handlungsmehrheit gegeben sein, wenn die Beteiligung an einer Ordnungswidrigkeit in mehreren Teilakten besteht; doch wird hier regelmäßig eine fortgesetzte Handlung vorliegen.

25 **3) Die Tateinheit** iS von § 19 ist mit der Handlungseinheit nicht identisch (SchSch-Stree 21 vor § 52). Denn zur Handlungseinheit rechnet auch die im rechtlichen Sinne (9). In dem letzten Falle liegt aber nur eine einzige Gesetzesverletzung vor, nicht eine Mehrheit von Gesetzesverletzungen (vgl. 9), die der § 19 voraussetzt (vgl. SchSch-Stree 21 vor § 52). So ist bei einer mit einem Gesamtvorsatz begangenen Überladung nur eine rechtliche Handlungseinheit gegeben (vgl. 20), obwohl der Tatbestand im natürlichen Sinne mehrfach erfüllt ist (vgl. SchSch-Stree 17 vor § 52). Tateinheit iS von § 19 und Handlungseinheit sind auch aus einem weiteren Grunde nicht gleichzusetzen: Tateinheit kann schon bei einer einzigen Betätigung gegeben sein, die gleichzeitig zwei Bußgeldvorschriften verletzt, während die Handlungseinheit mehrere Verhaltensweisen voraussetzt, die allerdings bei natürlicher Betrachtungsweise als eine Einheit erscheinen (3ff.). Die Prüfung, ob Tateinheit iS von § 19 gegeben ist, beantwortet also nur die weitere Frage, ob in diesem Sonderfall der Handlungseinheit die (einzige) Geldbuße auf Grund mehrerer Bußgeldvorschriften festzusetzen ist, nach welchem Bußgeldrahmen die Geldbuße zu bestimmen ist und welche Nebenfolgen angeordnet werden können (§ 19 II).

26   A. **Zur ungleichartigen Tateinheit kommt es**

27   a) **bei einer natürlichen** Handlungseinheit, wenn bei den (vorausgesetzten) mehreren Handlungsteilen (zB Geschwindigkeitsüberschreitung und anschließende Vorfahrtverletzung) mindestens eine teilweise Identität der Ausführungshandlungen vorliegt, also der eine oder andere Handlungsteil zugleich zur Verwirklichung mehrerer Bußgeldtatbestände beigetragen hat, so zB wenn die Vorfahrtverletzung auf der Geschwindigkeitsüberschreitung beruht. Teilweise Identität der Ausführungshandlungen ist auch dann gegeben, wenn ein Handlungsteil die Ordnungswidrigkeit andauern läßt (zB Fahren ohne vorgeschriebene Ausweispapiere, § 4 II, §§ 24, 69 I Nr. 5a, II Nr. 9a StVZO) und zugleich einen anderen Bußgeldtatbestand verwirklicht (zB Vorfahrtverletzung; vgl. Hamm JMBlNW **68**, 119; 6. 2. 1979, 1 Ss OWi 1341/78) oder wenn der eine Handlungsteil eine Ordnungswidrigkeit beendet und gleichzeitig eine andere Bußgeldvorschrift erfüllt (vgl. Dreher/Tröndle 3 vor § 52);

28   b) **bei einer einzigen Willensbetätigung,** wenn sie zugleich mehrere Bußgeldvorschriften verwirklicht (zB falsches Überholen mit zu hoher Geschwindigkeit).

29   B. **Gleichartige Tateinheit** ist gegeben, wenn dieselbe Handlung ein Gesetz mehrfach verletzt. Das kann bei einer einzigen Betätigung der Fall sein, so zB wenn ein Unternehmer in einer gemeinsamen Besprechung mit seinen Fahrern anordnet, daß mehrere Lkw's trotz abgefahrener Reifen gefahren werden. Bei einer natürlichen Handlungseinheit (also nicht nur bei einer einzigen Betätigung) ist es kaum denkbar, daß ein Gesetz mehrfach verletzt wird. Wird ein Tatbestand im Rahmen einer natürlichen Handlungseinheit mehrfach verletzt, so liegt regelmäßig eine rechtliche Handlungseinheit und damit eine einzige Gesetzesverletzung vor (vgl. 9ff.). Die Fälle der gleichartigen Tateinheit haben im Ordnungswidrigkeitenrecht keine praktische Bedeutung, obwohl sie § 19 (ebenso jetzt auch § 52 I StGB) ausdrücklich erwähnt. Im Strafrecht ist es zwar zur Kennzeichnung des Schuldspruchs bedeutsam, ob zB jemand wegen fünffacher, tateinheitlicher Anstiftung zum Meineid verurteilt wird oder nur wegen Anstiftung zum Meineid (vgl. die Beispiele bei SchSch-Stree

26 zu § 52); bei der Verletzung von Bußgeldvorschriften besteht dagegen kein Bedürfnis für eine solche Kennzeichnung bei einer mehrfachen Verletzung derselben Vorschrift (vgl. SchSch–Stree 29 f. zu § 52, der auch im Strafrecht bei Vermögensdelikten und abstrakten Gefährdungsdelikten gleichartige Tateinheit verneint).

30   **4) Die Verbindung zweier selbständiger Ordnungswidrigkeiten durch eine dritte** kann eine (besondere rechtliche) Handlungseinheit herstellen. Das kommt in Betracht, wenn jede der selbständigen Ordnungswidrigkeiten mit der dritten Ordnungswidrigkeit im Verhältnis der Tateinheit steht, so zB falsches Überholen mit andauernder überhöhter Geschwindigkeit und Vorfahrtverletzung auf Grund der Geschwindigkeit an einer weiteren Stelle. Die dritte Ordnungswidrigkeit (überhöhte Geschwindigkeit) kann dann zum Bindeglied zwischen den beiden anderen (falsches Überholen und Vorfahrtverletzung) werden. Eine solche Verklammerung aller Delikte zu einer Handlungseinheit tritt nach der Rspr. im Strafrecht aber nur ein, wenn sie untereinander gleichwertig sind, nicht aber dann, wenn eine der selbständigen Handlungen zu der dritten, die als Bindeglied in Betracht kommt, einen unverhältnismäßig großen Unwert hat (vgl. BGH **6**, 92, 97; **18**, 26; NJW **63**, 57). Die Übertragung der in der Rspr. des Strafrechts entwickelten Grundsätze zur Handlungseinheit durch Klammerwirkung ist nicht unbedenklich, weil dies sonst geltende Verfahrensvereinfachungen (die Festsetzung mehrerer Geldbußen nach Bußgeldkatalogen; die getrennte Behandlung durch sachlich verschiedene VBen; die Beschränkung der Rechtsbeschwerde bei getrennter Festsetzung der Geldbuße) in Frage stellen würde; dabei ist zu berücksichtigen, daß bei einer rechtlichen Handlungseinheit auch eine Tat im verfahrensrechtlichen Sinne (50 ff. vor § 59) vorliegt. Es liegt deshalb im Ordnungswidrigkeitenrecht näher, auf eine ,,natürliche Betrachtung" abzustellen (vgl. Wahle GA **68**, 103 ff. zur strafrechtlichen Auslegung). Danach werden zwei auf einer Fahrt nacheinander begangene Verkehrsverstöße nicht dadurch zu einer Handlung im sachlichrechtlichen Sinne und damit zu einer Tat im verfahrensrechtlichen Sinne verbunden, daß der Betroffene auf der Fahrt den Fahrzeugschein nicht bei sich führt (im Ergebnis ebenso Hamm DAR **76**, 138; vgl. 22). Bejaht man jedoch die Handlungseinheit durch Klammerwirkung entsprechend den im Strafrecht entwickelten Grundsätzen auch für das Ordnungswidrigkeitenrecht (so Rebmann/Roth/Herrmann 8 zu § 19), so ist hier noch ungeklärt, wann eine annähernde Wertgleichheit, bei der eine Verklammerung eintritt, zu bejahen ist; reine Formalverstöße werden diese Wertgleichheit im Vergleich zu abstrakt gefährlichen Verstößen nicht haben (Hamm aaO); insoweit zust. Rebmann/Roth/Herrmann 8 zu § 19; die Rspr. sollte auch bei der Abgrenzung den Besonderheiten des Ordnungswidrigkeitenrechts Rechnung tragen und die Klammerwirkung nicht zu weit ausdehnen.

31   **5) Handlungsmehrheit** ist gegeben, wenn die Verwirklichung mehrerer Bußgeldtatbestände oder die mehrfache Verwirklichung eines Bußgeldtatbestandes keine tatsächliche oder rechtliche Handlungseinheit darstellt. Die Handlungsmehrheit (oder Tatmehrheit) wird danach zur

Handlungseinheit negativ abgegrenzt. Hier treffen eigentlich keine Gesetzesverletzungen zusammen; vielmehr werden selbständige Gesetzesverletzungen lediglich zusammen geahndet.

32   6) **Gesetzeskonkurrenz** liegt vor, wenn eine Handlung dem Wortlaut
nach mehrere Bußgeldvorschriften verwirklicht, von denen jedoch nur
eine zur Anwendung kommt, weil sich dies aus ihrem Verhältnis zueinander ergibt. Dabei sind verschiedene Fallgestaltungen denkbar (33–35).
Ihnen ist gemeinsam, daß eine Vorschrift gegenüber der anderen Vorrang hat und deshalb die andere zurücktreten läßt (vgl. SchSch-Stree 102
vor § 52). Die zurücktretende Vorschrift ist dann – im Gegensatz zu § 19
– nicht anzuwenden, also auch in der Bußgeldentscheidung nicht zu bezeichnen. Doch verliert die zurücktretende Bußgeldvorschrift nicht völlig ihre Bedeutung. Sie tritt wieder in den Vordergrund, sobald die Bußgeldvorschrift mit Vorrang nicht anwendbar ist, zB wegen Verjährung,
wegen Selbstanzeige bei einer leichtfertigen Steuerverkürzung (vgl. § 398
AO 1977 im Verhältnis zu den §§ 379–382 AO 1977, Anh **A** 10; vgl. zu
dem zuletzt genannten Fall Celle NdsRpfl. **75**, 74; vgl. insgesamt Dreher/
Tröndle 24 vor § 52). Außerdem können Nebenfolgen (zB die Einziehung: §§ 22 ff.), welche die zurücktretende Vorschrift zuläßt, angeordnet
werden (vgl. BGH **8**, 46; Dreher/Tröndle 23 vor § 52). Im einzelnen sind
folgende Fälle zu nennen:

33   A. **Die Subsidiarität** gibt anderen Vorschriften den Vorrang, falls sie
anwendbar sind. Die nur subsidiär geltende Vorschrift ist also nur hilfsweise anwendbar. Dieses Verhältnis besteht entweder allgemein gegenüber jeder anderen Bußgeldvorschrift oder relativ gegenüber Bußgeldvorschriften mit einer strengeren Bußgelddrohung oder speziell gegenüber bestimmten Bußgeldvorschriften (zB § 111 III, dort 22; § 117 II,
dort 17; § 118 II, dort 18; ferner § 379 III, § 380 II, § 381 II, § 382 III AO
1977 im Verhältnis zu § 378 AO 1977, Anh **A** 10; vgl. Dreher/Tröndle 19
vor § 52). Die Subsidiarität spricht das Gesetz entweder ausdrücklich aus,
so durch die Formel: ,,wenn die Handlung nicht nach anderen Vorschriften geahndet werden kann" (vgl. zB § 111 III, § 117 II, § 118 II;
§§ 379–382 AO 1977) oder sie ergibt sich aus dem Zweck- und Sinnzusammenhang der Vorschriften, namentlich daraus, daß eine Vorschrift
nur ein Auffangtatbestand ist, der eine Lücke schließen will für den Fall,
daß keine andere Bußgeldvorschrift verwirklicht ist (vgl. 14 zu § 122;
25 ff. zu § 130); dasselbe gilt, wenn beide Bußgeldvorschriften dasselbe
Rechtsgut schützen, wobei der eine Tatbestand nur eine erschwerende
Form des anderen darstellt. Über die allgemein geltende Subsidiarität der
Bußgeldvorschriften zu den Strafvorschriften vgl. 1 zu § 21. Ausnahmsweise kann jedoch eine Strafvorschrift auch gegenüber einer Bußgeldvorschrift nur subsidiär gelten (7 zu § 21).

34   B. **Die Spezialität** gibt der Vorschrift den Vorrang, die einen schon in
anderen Bußgeldvorschriften erfaßten Sachverhalt besonders (speziell)
regelt. Unter dem Gesichtspunkt der Spezialität kann auch eine Bußgeldvorschrift eine Strafvorschrift verdrängen. In diesem Falle gilt § 21 nicht
(vgl. 7 zu § 21).

35   C. **Die Konsumtion** gibt der Vorschrift den Vorrang, die ihrem Wesen und Sinn nach eine andere Vorschrift in sich aufnimmt, ohne daß diese nur subsidiär gilt (vgl. Dreher/Tröndle 20 vor § 52). So konsumiert der § 119 I Nr. 2 den § 120 I Nr. 2 (vgl. 15 zu § 120).

36   **7) Nach pflichtgemäßem Ermessen** kann die VB von der Verfolgung einzelner Gesetzesverletzungen oder einzelner Teile einer natürlichen Handlungseinheit absehen (vgl. 24 ff. zu § 47). Die Praxis sollte von dieser Möglichkeit großzügig Gebrauch machen, weil so rechtliche Abgrenzungsschwierigkeiten vermieden werden können und das Verfahren vereinfacht sowie auf die wesentlichen Punkte beschränkt werden kann.

Tateinheit

19 [I] **Verletzt dieselbe Handlung mehrere Gesetze, nach denen sie als Ordnungswidrigkeit geahndet werden kann, oder ein solches Gesetz mehrmals, so wird nur eine einzige Geldbuße festgesetzt.**

[II] **Sind mehrere Gesetze verletzt, so wird die Geldbuße nach dem Gesetz bestimmt, das die höchste Geldbuße androht. Auf die in dem anderen Gesetz angedrohten Nebenfolgen kann erkannt werden.**

1   **1) Die Tateinheit,** deren Rechtsfolgen § 19 regelt, ist nicht identisch mit der Handlungseinheit (25 vor § 19). Die Tateinheit setzt eine einzige Willensbetätigung oder eine (aus mehreren Verhaltensweisen bestehende) natürliche Handlungseinheit (3 ff. vor § 19) voraus. Sie regelt unter dieser Voraussetzung nur den besonderen Fall, daß dieselbe Handlung (2) mehrere Bußgeldvorschriften verletzt (ungleichartige Tateinheit; 26–28 vor § 19) oder eine Bußgeldvorschrift mehrfach verletzt (gleichartige Tateinheit; 29 vor § 19).

2   **2) Dieselbe Handlung** ist danach eine einzige Willensbetätigung oder eine natürliche Handlungseinheit (3 ff. vor § 19). Bei einer rechtlichen Handlungseinheit, deren Wesen darin besteht, daß sie mehrere natürliche Verhaltensweisen rechtlich zu einer einzigen Gesetzesverletzung zusammenfaßt (9 ff. vor § 19), kommt es darauf an, ob eine der natürlichen Verhaltensweisen zusätzlich eine weitere Bußgeldvorschrift verletzt. Dies ist zB der Fall, wenn eine fortgesetzte Geschwindigkeitsüberschreitung über eine längere Strecke zugleich zu einer Vorfahrtverletzung beiträgt. Eine (gleichartige) Tateinheit liegt danach innerhalb einer rechtlichen Handlungseinheit niemals vor, weil hier nur eine einzige Gesetzesverletzung gegeben ist (vgl. 9 ff. vor § 19).

3   **3) Mehrere Gesetze** verletzt dieselbe Handlung, wenn sie verschiedene Bußgeldvorschriften erfüllt (ungleichartige Tateinheit; 26–28 vor § 19). Dieselbe Handlung verletzt ein Gesetz mehrfach nur dann, wenn dies außerhalb der rechtlichen Handlungseinheit geschieht; denn im Falle der rechtlichen Handlungseinheit liegt nur eine einzige Gesetzesverletzung vor (9 ff. vor § 19; 2). Über die Gesetzeskonkurrenz vgl. 32 ff. vor § 19.

4   **4) Eine einzige Geldbuße** wird festgesetzt (I), nicht „weil" eine einzige Handlung vorliegt, sondern „obwohl" durch eine einzige Handlung

eine mehrfache Gesetzesverletzung eingetreten ist (Koblenz VRS **50**, 73). Darin liegt der Schwerpunkt der Aussage von I (9 vor § 19).

5   **5) Die höchste Bußgelddrohung** bildet den Rahmen für die Bemessung der Geldbuße, falls mehrere Bußgeldvorschriften verletzt sind (II S. 1). Da es im Ordnungswidrigkeitenrecht keine Mindestgeldbußen (vgl. 6f. zu § 17) und keine verschiedenartigen Sanktionen gibt, sind allein die Höchstbeträge der angedrohten Geldbuße abstrakt miteinander zu vergleichen. Nebenfolgen sind bei diesem Vergleich nicht zu berücksichtigen, da die Nebenfolgen, welche die mildere Bußgeldvorschrift zuläßt, zusätzlich angeordnet werden können (7). Liegt der Schwerpunkt des Verstoßes in der Verletzung der milderen Bußgeldvorschrift und erscheint es wegen besonderer Umstände nicht angemessen, die Handlung unter dem Gesichtspunkt der höheren Bußgelddrohung zu verfolgen, so kann das Verfahren nach § 47 unter diesem Gesichtspunkt eingestellt werden (vgl. 36 vor § 19).

6   **6) Die mildere Bußgeldvorschrift** ist als Grundlage für die Festsetzung der Geldbuße in dem Bußgeldbescheid mit aufzuführen, es sei denn, daß diese Gesetzesverletzung nach dem Opportunitätsprinzip nicht verfolgt wird (vgl. 36 vor § 19, 24ff. zu § 47) oder daß insoweit Verjährung eingetreten ist oder ein sonstiges Verfahrenshindernis besteht (vgl. Dreher/Tröndle 2 zu § 52).

7   **7) Nebenfolgen** (vgl. 20ff. zu § 66), welche die mildere Bußgeldvorschrift zuläßt, können angeordnet werden (II S. 2), vorausgesetzt, daß der Verfolgung wegen der milderen Bußgeldvorschrift kein Verfahrenshindernis (vgl. 37ff. vor § 59) entgegensteht. Ist die Anordnung der Nebenfolge vorgeschrieben (zB die Abführung des Mehrerlöses; § 8 I S. 1 WiStG 1954, Anh **A 12**), so gilt für ihre Festsetzung gleichwohl das Opportunitätsprinzip (vgl. 16 zu § 21).

8   **8) Keine Veränderung der Zuständigkeit** zur Verfolgung und Ahndung ist aus II S. 2 abzuleiten. Der VB, welche für die Verfolgung der (abstrakt) schwereren Ordnungswidrigkeit zuständig ist, gebührt deshalb nicht etwa der Vorrang. Vielmehr können im Falle der Tateinheit für dieselbe Handlung ebenso zwei VBen zuständig sein wie im Falle der Tatmehrheit (vgl. 2f. zu § 39).

9   **9) Über die Beschränkung der Untersuchung** auf einzelne Gesetzesverletzungen vgl. 36 vor § 19, 24ff. zu § 47 sowie 5, 6.

10   **10) Über Tateinheit zwischen Straftat** und Ordnungswidrigkeit vgl. § 21.

Tatmehrheit

20   **Sind mehrere Geldbußen verwirkt, so wird jede gesondert festgesetzt.**

1   **1) Mehrere Geldbußen** sind dann „verwirkt" (dh: können festgesetzt werden), wenn mehrere Handlungen Bußgeldvorschriften verletzen und die Handlungen weder eine natürliche noch eine rechtliche Handlungseinheit bilden (vgl. 2ff. vor § 19).

2   **2) Gesondert festgesetzt** werden die Geldbußen, auch wenn mehrere Handlungen gleichzeitig geahndet werden. Es gilt also das Kumulationsprinzip (anders jedoch § 53 StGB, dessen Regelung für das Ordnungswidrigkeitenrecht nichts paßt; vgl. dazu LG Verden NJW **75**, 127 mwN; vgl. näher auch Rebmann/Roth/Herrmann 2). Die Geldbußen können in einem Bußgeldbescheid festgesetzt werden und sind getrennt anzugeben, also nicht zusammenzuziehen.

3   **Liegt eine „Tat"** (vgl. 50 ff. vor § 59) vor, so ist eine getrennte Festsetzung von Geldbußen in mehreren Bußgeldentscheidungen wegen des Verbots einer Doppelahndung derselben Tat (*„ne bis in idem"*; vgl. 57 zu § 66) nicht zulässig (vgl. auch 3 ff. zu § 84, 22 zu § 111).

4   **3) Von Bedeutung** ist die gesonderte Festsetzung der Geldbuße zB für das Rechtsbeschwerdeverfahren (25 zu § 79), das Wiederaufnahmeverfahren (12 zu § 85), das nachträgliche Strafverfahren (2 zu § 86) und die Festsetzung der Erzwingungshaft (32 zu § 96).

5   **4) Bei Jugendlichen** gilt ebenfalls § 20, nicht etwa § 31 JGG; es werden also auch gegen Jugendliche mehrere Geldbußen festgesetzt, wenn mehrere selbständige Handlungen vorliegen (Rebmann/Roth/Herrmann 3).

6   **5) Eine mehrfache Anordnung des Fahrverbots** wegen mehrerer Handlungen ist in einer Entscheidung nicht auszusprechen (vgl. 24 zu § 66). Werden in getrennten Entscheidungen wegen mehrerer „Taten" (vgl. 50 ff. vor § 59) Fahrverbote ausgesprochen, die insgesamt 3 Monate übersteigen, so widerstreitet dies dem Ziel dieser Nebenfolge, die einen (auf 3 Monate begrenzten) „Denkzettelcharakter" hat; deswegen kommt in solchen Fällen eine Gnadenentscheidung (7 vor § 89) in Betracht (so Rebmann/Roth/Herrmann; vgl. auch näher Widmaier NJW **71**, 1158 ff.).

7   **6) Über Tatmehrheit zwischen Straftat** und Ordnungswidrigkeit vgl. 31 zu § 21.

Zusammentreffen von Straftat und Ordnungswidrigkeit RiStBV 273

21 I **Ist eine Handlung gleichzeitig Straftat und Ordnungswidrigkeit, so wird nur das Strafgesetz angewendet. Auf die in dem anderen Gesetz angedrohten Nebenfolgen kann erkannt werden.**

II **Im Falle des Absatzes 1 kann die Handlung jedoch als Ordnungswidrigkeit geahndet werden, wenn eine Strafe nicht verhängt wird.**

1   **1) Den Vorrang des Strafgesetzes** bestimmt § 21 in I S. 1 für den Fall, daß eine Ordnungswidrigkeit mit einer Straftat zusammentrifft. Die Straftat verdrängt in diesem Falle die Ordnungswidrigkeit; Bußgeldtatbestände gelten danach gegenüber Straftatbeständen nur *subsidiär* (vgl. 32 vor § 19).

2   **Die Regelung beruht auf der Erwägung,** daß die Strafe stets eine stärkere Wirkung hat als die Geldbuße (so ausdrücklich BVerfGE **22**, 49) und daß der Unrechtsgehalt einer Straftat regelmäßig das „Unrecht" einer Ordnungswidrigkeit übertrifft. Deshalb wäre es unangebracht, eine Handlung (oder Handlungseinheit; vgl. 2 ff. vor § 19) sowohl unter dem Gesichtspunkt einer Straftat als auch unter dem einer Ordnungswidrigkeit zu ahnden. Das ist insbesondere in den Fällen deutlich, in denen

119

Ordnungswidrigkeiten und Straftaten in einem Stufenverhältnis zueinander stehen, wenn also das der Ordnungswidrigkeit zugrundeliegende Verbot ein auch strafrechtlich geschütztes Rechtsgut schon in einem Vorbereich schützt. Ein bloßer Gefährdungstatbestand kann deshalb gegenüber einem Verletzungstatbestand keine selbständige Bedeutung haben. Die Subsidiarität der Ordnungswidrigkeit gilt jedoch unabhängig davon, ob im Einzelfalle ein solches Stufenverhältnis zwischen Straftat und Ordnungswidrigkeit besteht (zust. Rebmann/Roth/Herrmann 1).

3   A. **Eine Handlung** ist gleichzeitig Straftat und Ordnungswidrigkeit, wenn eine einzige Betätigung gleichzeitig einen Bußgeldtatbestand und einen Strafatbestand verletzt (zB Vorfahrtverletzung mit tödlichem Ausgang) oder wenn im Rahmen einer natürlichen oder rechtlichen Handlungseinheit (2ff. vor § 19) zugleich ein Strafatbestand verletzt wird. In dem letzten Falle verdrängt die Straftat sämtliche natürlichen oder rechtlichen Handlungsteile.

4   a) **Im Fall einer fortgesetzten Handlung** (9ff. vor § 19) gilt dies ebenso. Verwirklicht der Täter auf Grund eines Gesamtvorsatzes dieselbe Bußgeldvorschrift mehrfach, indem er zB in mehreren Teilakten für die Vermietung von Wohnräumen ein überhöhtes Entgelt fordert (§ 5 WiStG 1954, Anh **A 12**), und erfüllt er bei einem Teilakt dieser fortgesetzten Handlung einen Strafatbestand, indem er zB einen Mieter dazu nötigt (§ 240 StGB), das überhöhte Mietentgelt zu versprechen, so wird die ganze fortgesetzte Handlung mit der Straftat zu einer Einheit verbunden (vgl. Dreher/Tröndle 34 vor § 52). Die Bußgeldvorschrift ist dann auch wegen der übrigen Teilakte nicht anzuwenden. Umgekehrt kann auch eine Ordnungswidrigkeit mit dem Teilakt einer fortgesetzten Straftat zusammentreffen mit der Folge, daß dann gleichfalls nur eine Handlung gegeben ist (zust. Rebmann/Roth/Herrmann 2).

5   b) **Mehrere Straftaten nicht verbinden** kann eine fortgesetzte Ordnungswidrigkeit, deren Teilakte zugleich Strafatbestände verwirklichen (vgl. BGH **1**, 67; **2**, 246).

6   c) **Bei einer Tat im verfahrensrechtlichen Sinne,** innerhalb der eine Straftat und eine Ordnungswidrigkeit im materiell-rechtlichen Sinne mehrere Handlungen darstellen (vgl. 50ff. vor § 59), gilt I nicht (zust. Rebmann/Roth/Herrmann 2); doch besteht auch hier die Pflicht zur Abgabe nach § 41 (vgl. 28; 3 zu § 41).

7   B. **Die Ordnungswidrigkeit verdrängt ausnahmsweise die Straftat,** wenn der Bußgeldtatbestand als Spezialvorschrift zu einem Strafatbestand anzusehen ist (34 vor § 19). Das wird namentlich anzunehmen sein, wenn der Grundtatbestand beider Gesetze übereinstimmt, der Bußgeldtatbestand jedoch besondere Umstände mildernder Art enthält (Begr. zu § 15 EOWiG); vgl. zB § 372 II AO 1977 (Anh **A 10**) im Verhältnis zu den mit Geldbuße bedrohten Einfuhr-, Ausfuhr- oder Durchfuhrverboten, ferner § 15 FFSchGNW.

8   C. **In Grenzfällen,** in denen es fraglich ist, ob die Voraussetzungen von I vorliegen, hat die VB die Sache an die StA abzugeben, weil dann Anhaltspunkte dafür vorhanden sind, daß die Tat eine Straftat ist (§ 41).

9   Keine „unverzügliche" Abgabe an die StA ist vorgeschrieben; zunächst bestehende Anhaltspunkte können sich im Laufe der Ermittlungen zerstreuen (zust. Rebmann/Roth/Herrmann 4). Die Beurteilung, ob eine einheitliche Handlung gegeben ist, bei der die Ordnungswidrigkeit verdrängt wird, muß jedoch im Zweifelsfalle der für die Strafsache zuständigen StA überlassen sein, weil das Strafverfahren Vorrang hat. In der Praxis dürften sich deshalb für die VB aus der Abgrenzung (vgl. 3 ff.) keine besonderen Schwierigkeiten ergeben. Dabei ist zu berücksichtigen, daß der Begriff Tat iS von § 41 weitergehend ist als der Begriff der Handlung (vgl. 50 ff. vor § 59). Die Abgabe kann deshalb auch im Falle der Tatmehrheit geboten sein.

10   **2) Bei Mischtatbeständen** (vgl. 33 vor § 1) ergibt sich bereits anderweitig, daß nur das Strafgesetz anzuwenden ist, wenn die Handlung als Straftat qualifiziert ist: Bei den echten Mischtatbeständen (34 f. vor § 1) kennzeichnet das Gesetz die Ordnungswidrigkeit als eine Handlung, die besondere Merkmale aufweist (§ 2 WiStG 1954, Anh **A** 12) oder die nicht die besonderen Merkmale der Straftat erfüllt (§ 32 V ArbSG), so daß bei Vorliegen einer Straftat keine Ordnungswidrigkeit gegeben ist; bei den unechten Mischtatbeständen (36 vor § 1) folgt aus den allgemeinen Grundsätzen der Gesetzeskonkurrenz (32 ff. vor § 19), daß die Ordnungswidrigkeit zurücktritt oder in der Straftat aufgeht, wenn deren Merkmale erfüllt sind (ebenso Rotberg 6; zust. insgesamt Rebmann/Roth/Herrmann 6). I ist jedoch bei Mischtatbeständen entsprechend anzuwenden (vgl. 25).

11   **3) Im Straferkenntnis** bleibt der rechtliche Gesichtspunkt der Ordnungswidrigkeit unberücksichtigt, wenn wegen der Straftat verurteilt wird (anders als bei § 52 StGB). Die Ordnungswidrigkeit tritt also hinter die Straftat voll zurück. Etwas anderes gilt nur dann, wenn auf Grund der Bußgeldvorschrift eine Nebenfolge angeordnet wird.

12   A. **Bei der Strafzumessung** kann das ordnungswidrige Verhalten berücksichtigt werden, wenn es nicht oder nur teilweise zu den die Strafbarkeit begründenden Umständen gehört und wenn es den Unrechtsgehalt der Tat oder den Vorwurf, der den Täter trifft, steigert (Begr. zu § 15 EOWiG; Bremen NJW **54**, 1213; Bay. **55**, 246; BGH **23**, 342, 345). Die Ordnungswidrigkeit kann wie jeder andere Umstand ein erschwerender Begleitumstand der Straftat sein (Rotberg 9; RiStBV 273 II S. 1, Anh **C** 1; so jetzt auch Rebmann/Roth/Herrmann 8). Beruht die als Straftat erscheinende Rechtsverletzung (zB die fahrlässige Tötung) dagegen gerade auf dem Ordnungsverstoß (zB der Vorfahrtverletzung) oder deckt sonst der Unrechtsgehalt der Straftat den Ordnungsverstoß voll ab (weil dieser etwa nur im Vorfeld des strafbaren Verhaltens liegt), so besteht kein Grund für eine Strafverschärfung aus dem Gesichtspunkt der Ordnungswidrigkeit (vgl. Begr. zu § 15 EOWiG; so auch Rebmann/Roth/Herrmann 8).

13   B. **Die Anordnung einer Nebenfolge,** die in der Bußgeldvorschrift angedroht ist (vgl. 20 ff. zu § 66), kann nach I S. 2 im Straferkenntnis getroffen werden, auch wenn sie nach der verletzten Strafvorschrift nicht zulässig ist oder danach nicht in Betracht kommt (so zB ein Fahrverbot wegen ganz erheblicher Überladung, die in Tateinheit mit fahrlässiger Körperverletzung – § 230 StGB – steht, wenn die Körperverletzung nicht auf der Überladung beruht und für sich betrachtet das Fahrverbot nicht rechtfertigen würde). Die zurücktretende Ordnungswidrigkeit behält damit noch eine gewisse Bedeutung. Die Voraussetzungen, unter denen die Nebenfolge zulässig ist, müssen danach voll festgestellt werden. Ist die Anordnung der Nebenfolge schon nach der Strafvorschrift möglich, so hat die Strafvorschrift auch in diesem Punkte Vorrang.

14   a) **Ist die Nebenfolge ,,in der Regel" anzuordnen** (vgl. für das Fahrverbot: § 25 I S. 2 StVG, Anh **A** 11), so gilt diese Regelung auch beim Zusammentreffen mit einer Straftat; I S. 2 ist so zu verstehen, daß die für die Nebenfolge wegen einer Ordnungswidrigkeit getroffene Regelung trotz des Zusammentreffens mit einer Straftat anwendbar bleibt, soweit sie weiter geht als die des Strafrechts (zutr.: Janiszewski 173; ders. BA **74**, 168; Koblenz VRS **52**, 447).

15   b) **Anzugeben sind die Bußgeldvorschriften,** welche die Nebenfolge zulassen, in dem Straferkenntnis und der Anklage, wenn diese ausgesprochen oder beantragt wird (ebenso Oppe MDR **69**, 261; Rebmann/Roth/Herrmann 10; vgl. auch 11).

16   c) **Ist die Nebenfolge vorgeschrieben** (was allein bei der Abführung des Mehrerlöses der Fall ist, § 8 I S. 1 WiStG 1954, Anh **A** 12), so kann das Gericht gleichwohl von der Anordnung absehen; denn die Nebenfolge bleibt eine solche der Ordnungswidrigkeit und das Opportunitätsprinzip gilt auch für sie (vgl. Köln NJW **54**, 245; zust. Rebmann/Roth/Herrmann 9; Rotberg 8; ferner 7 zu § 19).

17   d) **Die Anhörung der VB** ist vor der Anordnung der Nebenfolge nicht notwendig, weil die Ordnungswidrigkeit selbst nicht Gegenstand des Strafverfahrens ist, § 83 also nicht gilt (ebenso Rotberg 8).

18   e) **Dem Zentralregister** wird die Nebenfolge, da sie nur eine solche der zurücktretenden Ordnungswidrigkeit ist, nicht mitgeteilt (vgl. Rebmann/Roth/Herrmann 15).

19   **4) Bei bloßem Verdacht einer Straftat** hat die VB die Sache zwar an die StA abzugeben (§ 41); wird der Verdacht der Straftat jedoch nicht bestätigt, so liegen die Voraussetzungen von I nicht vor. Anzuwenden sind dann nur die Bußgeldvorschriften.

20   A. **Stellt die StA das Strafverfahren ein** und gibt sie die Sache an die VB zurück (§ 43), so ist diese an die Entscheidung gebunden, daß die Tat nicht als Straftat verfolgt wird (§ 44). Damit ist klargestellt, daß die Voraussetzungen von I nicht vorhanden sind, und der Weg für die Fortsetzung des Bußgeldverfahrens frei. II ist in diesem Falle nicht einschlägig, weil er voraussetzt, daß gleichzeitig eine Straftat und eine Ordnungswidrigkeit vorliegen, was die StA bindend verneint hat.

21   B. **Ist wegen des Verdachts der Straftat Anklage** erhoben und ergibt sich im gerichtlichen Verfahren, daß eine Straftat nicht erwiesen ist, so hindert I ebenfalls nicht, die Tat als Ordnungswidrigkeit zu ahnden (§ 82); denn dann fehlt die Voraussetzung, daß die Handlung Straftat und gleichzeitig Ordnungswidrigkeit ist.

22   **5) Die nachträgliche Feststellung einer Straftat** läßt trotz Rechtskraft des Bußgeldbescheides eine Strafverfolgung (§ 84) zu. Der Bußgeldbescheid kann dann nachträglich aufgehoben werden (§ 86).

23   **6) Selbständige Bedeutung erlangt die Ordnungswidrigkeit,** wenn „eine Strafe nicht verhängt wird" (II). In diesem Falle kann die Handlung trotz Vorliegens einer Straftat als Ordnungswidrigkeit geahndet werden.

24   A. **Als Ausnahmeregelung** ist II anzusehen von dem Grundsatz des I, wonach die Straftat die Ordnungswidrigkeit verdrängt. Die Ausnahmeregelung ist berechtigt: Würde I ausnahmslos gelten, so könnte die Handlung als Ordnungswidrigkeit selbst dann nicht geahndet werden, wenn die Verfolgung der Straftat (zB wegen Ablaufs der Strafantragsfrist) ausgeschlossen ist. In einem solchen Falle besteht aber kein Grund dafür, die Verfolgung der Ordnungswidrigkeit zu sperren, weil dann die Strafe, deren Wirkung die Geldbuße übertrifft (vgl. 2), entfällt und damit auch der innere Grund für die Subsidiarität (vgl. 33 vor § 19; ebenso Rebmann/Roth/Herrmann 12).

25   **Bei den Mischtatbeständen** muß die Ausnahmeregelung von II entsprechend gelten, da sie nach ihrem Sinn und Zweck dann anzuwenden ist, wenn die Ordnungswidrigkeit nach einer anderweitigen Regelung durch die Straftat verdrängt ist (vgl. 10; ebenso Rebmann/Roth/Herrmann 12; unklar Rotberg 13). Selbst bei einem echten Mischtatbestand besteht ein Stufenverhältnis zwischen Ordnungswidrigkeit und Straftat; denn die Ordnungswidrigkeit wird bei Vorliegen besonderer Umstände zur Straftat und damit von ihr überlagert. Ist aber eine Ahndung unter strafrechtlichen Gesichtspunkten nicht geboten und wird das Verfahren insoweit eingestellt (§ 153 I StPO), so wird damit die Sperrwirkung für die Verfolgung der Tat als Ordnungswidrigkeit aufgehoben (vgl. 7). Für die Ausnahmeregelung von II ist aber kein Raum, wenn eine Straftat nicht erwiesen ist, weil dann I gar nicht zutrifft (vgl. 19–21).

26   B. **Voraussetzung** ist, daß eine „Strafe nicht verhängt wird". Nach dem Zweck der Vorschrift ist diese Voraussetzung dann zu bejahen, wenn ein eingeleitetes Strafverfahren beendet wird, ohne daß es wegen der Straftat zu einer Sachentscheidung kommt, oder wenn ein Strafverfahren deswegen nicht eingeleitet wird (oder damit nicht zu rechnen ist), weil ein Verfolgungshindernis besteht oder ein Strafaufhebungsgrund uä (zB wegen Selbstanzeige nach § 371 AO 1977, Anh **A 10**; vgl. Celle NdsRpfl. **75**, 74; str.) gegeben ist. Über die Prüfung der Verfolgbarkeit der Straftat durch die VB vgl. 5 zu § 41.

27   a) **Im einzelnen rechnen hierzu:** a) Das Absehen von der Strafverfolgung nach den §§ 153, 153b, 154 StPO (vgl. Hamm BB **65**, 648), nicht jedoch nach § 153a StPO, da hier eine Art Sachentscheidung in einem vereinfachten Verfahren getroffen wird (vgl. § 153a I S. 4 StPO; im Ergebnis ebenso Kleinknecht 35, 52 zu § 153a StPO), b) das Absehen von Strafe bei gegenseitiger Beleidigung und Körperverletzung (§§ 199, 233 StGB), c) das Fehlen einer Verfahrensvoraussetzung (vgl. 37 ff. vor § 59, zB Immunität – Art. 46 II GG, § 152a StPO), Verneinung des öffentlichen Interesses bei leichter vorsätzlicher oder fahrlässiger Körperverletzung (§ 232 StGB), bei Antragsdelikten der Strafantrag innerhalb der Strafantragsfrist, die Amnestie und die Strafverfolgungsverjährung.

28   b) **Bei Fehlen einer Verfahrensvoraussetzung** ist allerdings zu prüfen, ob sie sich auch auf das Bußgeldverfahren auswirkt. Das ist zB nicht der Fall bei Immunität, da sie das Bußgeldverfahren grundsätzlich nicht hindert (vgl. 42ff. vor § 59), und fehlendem Strafantrag sowie bei Verneinung des öffentlichen Interesses an der Strafverfolgung; in den übrigen Fällen kann das Verfahrenshindernis jedoch auch der Verfolgung der Ordnungswidrigkeit entgegenstehen.

29   c) **Über das Verfahren bei Einstellung** nach § 153 StPO und gleichzeitiger Festsetzung einer Geldbuße vgl. 10ff. zu § 82. Wird das Strafverfahren nach § 153 III StPO durch das Gericht eingestellt, ohne daß wegen der Ordnungswidrigkeit eine Geldbuße festgesetzt wird, so hindert der Einstellungsbeschluß, da das Gericht die Tat nach § 82 auch unter dem Gesichtspunkt der Ordnungswidrigkeit zu beurteilen hat, die spätere Verfolgung der Ordnungswidrigkeit (Oldenburg NdsRpfl. **75**, 126); doch kann die StA die Einstellung nach § 153 StPO auf die Straftat beschränken, wie sich aus § 43 ergibt (6 zu § 40; 2 zu § 43).

30   **7) Nach Aburteilung der Straftat** ist eine Verfolgung der Ordnungswidrigkeit nicht mehr zulässig, weil das Gericht im Strafverfahren über die Tat zugleich unter dem rechtlichen Gesichtspunkt einer Ordnungswidrigkeit entscheidet und die Entscheidung Rechtskraftwirkung auch hinsichtlich der Ordnungswidrigkeit hat (§§ 82, 84 I). Zur Aburteilung rechnen auch die Entscheidung durch Strafbefehl und die Ablehnung der Eröffnung des Hauptverfahrens (§ 204 StPO; vgl. Begr. zu § 15 EOWiG sowie 5 zu § 82); ebenso die Verwarnung mit Strafvorbehalt (§ 59 StGB). Die Anordnung einer Nebenfolge, die nach I S. 2 unterblieben ist, kann ebenfalls nicht nachgeholt werden, weil sich die Rechtskraft auch auf die Nebenfolge erstreckt (vgl. 6 zu § 27; Bay. **55**, 35; Rotberg 8).

31   **8) Bei Tatmehrheit** zwischen einer Straftat und Ordnungswidrigkeit bleibt die Anwendung der Bußgeldvorschrift unberührt. Auf Strafe und Geldbuße wird gesondert erkannt; die Bildung einer Gesamtstrafe ist nicht möglich (Köln NJW **79**, 379; LG Verden NJW **75**, 127). Doch ist die Ahndung beider Handlungen in einem einheitlichen Verfahren zulässig (vgl. §§ 42, 45, 64, 83) und bei einer einheitlichen Tat (50ff. vor § 59) unumgänglich (deshalb besteht auch hier die Abgabepflicht; vgl. 3 zu § 41). Die Polizeibehörden haben in den Fällen des Zusammenhangs zwischen Straftat und Ordnungswidrigkeit die Akten der StA zu übersenden (§ 53 I S. 2); für die VB empfiehlt es sich, die StA zu unterrichten und ihr die Akten vorzulegen, wenn die Übernahme durch die StA wegen des engen Zusammenhanges zwischen Straftat und Ordnungswidrigkeit zweckmäßig ist.

32   **9) Im gerichtlichen Bußgeldverfahren** führt die Anwendung von I nicht zur Einstellung, sondern zum Übergang ins Strafverfahren (§ 81).

Fünfter Abschnitt
Einziehung

Schrifttum: *Eser,* Die strafrechtlichen Sanktionen gegen das Eigentum, 1969; *Wuttke,* Die Neuregelung des strafrechtlichen Einziehungsrechts, SchlHA **68**, 246.

Vorbemerkungen

1 1) **Rahmenvorschriften für die Einziehung,** die mit den allgemeinen Einziehungsvorschriften des StGB (§§ 74 ff. StGB weitgehend sachlich übereinstimmen (abgesehen von § 74 I, § 74 d StGB), enthält der Abschnitt. Sie sind also nur anzuwenden, ,,soweit" (vgl. § 22 I) in Gesetzen des Bundes oder der Länder die Einziehung zugelassen ist (vgl. §§ 123, 129; § 23 III StVG, Anh **A 11;** § 7 WiStG 1954, Anh **A 12;** § 39 AWG; ferner Göhler unter ,,Einziehung"). Die Einziehung darf dort allerdings nicht für ,,zulässig" erklärt sein; vielmehr müssen die Gegenstände ihrer Art nach näher bezeichnet sein. Ist dies der Fall, so gelten ohne weiteres sämtliche Vorschriften des Abschnitts, abgesehen von § 23, der eine zusätzliche Verweisung verlangt. Neben der Einziehung ist in § 123 II S. 1 Nr. 2 die Unbrauchbarmachung bestimmter Gegenstände vorgesehen (vgl. auch § 30 I S. 2 WZG).

2 2) **Zweck der Einziehung** ist vorwiegend die Sicherung der Allgemeinheit und der Rechtsordnung.

3 A. **Eine reine Sicherungsmaßnahme** ist die Einziehung in den Fällen des § 22 II Nr. 2 oder III, weil dort eine Gefährdung der Allgemeinheit oder die Gefahr weiterer rechtswidriger Handlungen vorausgesetzt wird (vgl. 22–24 zu § 22); doch können bei der Ausübung des Ermessens (vgl. 5) auch der Gedanke der Verwirkung (vgl. 4) und der Generalprävention eine Rolle spielen (so mit Recht Lackner 1 a zu § 74).

4 B. **Vorbeugungs- und Ahndungscharakter** hat die Einziehung, soweit sie erlaubt ist, wenn der Gegenstand dem Täter gehört oder zusteht (§ 22 II Nr. 1). Im Strafrecht sieht die hM die Einziehung unter dieser Voraussetzung als Nebenstrafe an, weil es hier auf den Schutz der Allgemeinheit scheinbar nicht ankommt (vgl. Tröndle/Dreher 2 zu § 74; BGH **10,** 28, 33; mit der nachstehenden Auffassung dagegen übereinstimmend Lackner 1 a zu § 74; ähnlich Jescheck S. 642). Diese Betrachtung erscheint zu formal (krit. Rebmann/Roth/Herrmann 7 vor § 22, die jedoch zu ähnlichen Ergebnissen wie hier gelangen). Auch wenn der Täter Eigentümer ist, kann der Sicherungszweck im Vordergrund stehen. Würde die Einziehung unter der Voraussetzung, daß der Täter Eigentümer ist, nur den Charakter einer zusätzlichen Ahndung haben, so wäre die Möglichkeit der Ahndung von den oft zufälligen Eigentumsverhältnissen abhängig; das Ausmaß der Ahndungsmöglichkeit wäre von dem zufälligen Wert des Einziehungsgegenstandes bestimmt; die Zulässigkeit der selbständigen Anordnung (§ 27) wäre nur schwer erklärbar. Es ist deshalb wohl richtiger, die Einziehungsmöglichkeit in diesen Fällen stärker unter dem Gesichtspunkt des Schutzes der Allgemeinheit zu sehen und anzuwenden und dabei auch den Gedanken der Verwirkung des Eigentums zu berücksichtigen (dies klingt auch bei SchSch-Eser 18 zu § 74 an, obwohl dort der Ahndungscharakter in den Vordergrund gerückt ist; wie hier Lackner aaO; Karlsruhe NJW **74**, 710).

5   a) **Ob die Einziehung zum Zwecke der Vorbeugung** angebracht ist, namentlich weil eine weitere rechtswidrige Verwendung in Betracht kommt oder weil die Einziehung dazu beitragen kann, gleichartige Delikte wirksamer zu bekämpfen, wird danach insbesondere zu prüfen sein; allerdings kann die Einziehung gegenüber dem Täter als Eigentümer unabhängig davon ausgesprochen werden, ob die engen Voraussetzungen des § 22 II Nr. 2 vorliegen oder nicht (ähnlich Rebmann/Roth/Herrmann 5 vor § 22; Schleswig SchlHA **73**, 191). Das erscheint berechtigt, weil der Täter den Gegenstand bereits einmal rechtswidrig verwendet oder sonst in Beziehung zu ihm eine rechtswidrige Handlung begangen hat (Verwirkung des Eigentums wegen Verletzung seiner sozialen Bindung; vgl. Eser aaO S. 170ff., 209). Ist die Einziehung nach § 22 II Nr. 2 oder III gegeben, so ist sie eine Sicherungsmaßnahme, auch wenn die Voraussetzungen von § 22 II Nr. 1 oder § 23 vorliegen; diese Einziehungsgründe treten dann zurück.

6   b) **Wie eine zusätzliche Ahndung** trifft die Einziehung den Täter, die deshalb nicht außer Verhältnis zu der Bedeutung der Tat und dem Vorwurf, der ihn trifft, stehen darf (§ 24 I; vgl. Eser aaO S. 352; Lackner 1 a zu § 74); deshalb ist bei einer Kumulation von Geldbuße und Einziehung eine Gesamtbetrachtung notwendig (vgl. Saarbrücken NJW **75**, 65). Die Einziehung gegenüber dem Täter als Eigentümer hat also einen doppelten Charakter; sie dient der Vorbeugung und trifft den Täter zugleich als Übel für sein vorangegangenes Verhalten. Ist die Einziehung unter dem Gesichtspunkt der Vorbeugung (auch zur Verhinderung gleichartiger Taten) nicht angebracht, so wird ihre Anordnung meist auch nicht zweckmäßig sein.

7   c) **Soweit die Einziehung gegen einen Dritten** zulässig ist (§ 23), hat sie ahndungsähnlichen Charakter, da der Dritte einen Rechtsnachteil für sein vorangegangenes Verhalten hinnehmen muß. Der Zweck der Einziehung ist es aber nicht so sehr, einen Ausgleich für dieses Verhalten herzustellen; im Vordergrund steht vielmehr auch hier die wirksame Bekämpfung bestimmter Delikte mit Rechtsfolgen, die aus dem Gedanken der Verwirkung des Eigentums gerechtfertigt sind (vgl. 2 zu § 23).

8   C. **Von Bedeutung** kann der unterschiedliche Charakter der Einziehung in den Fällen sein, in denen die Tat selbst nicht geahndet werden kann. Der Gesetzgeber hat die dabei auftretende Frage, ob die Einziehung gleichwohl angeordnet werden kann, jeweils ausdrücklich entschieden, um Zweifel zu vermeiden; dies gilt für § 4 V (zeitliche Geltung), § 27 (selbständige Anordnung), § 31 I (Verjährung). Der Rechtscharakter der Einziehung spielt auch beim Verschlechterungsverbot (§ 358 I StPO iVm § 79 III) keine Rolle mehr, da es jetzt schlechthin für die ,,Rechtsfolgen der Tat" gilt und davon nur freiheitsentziehende Maßnahmen ausgenommen sind (§ 358 II StPO). Die Entscheidungen Düsseldorf NJW **72**, 1382, Köln MDR **54**, 695, RG **67**, 216 sind überholt.

9   3) **Objekt der Einziehung** sind nach den besonderen Einziehungsvorschriften namentlich

10   A. **die sog. Beziehungsgegenstände,** das sind solche Gegenstände, auf die sich die Ordnungswidrigkeit bezieht, die also nicht Mittel, sondern Gegenstand der Tat selbst sind, so zB beim Angebot der Gelegenheit zu sexuellen Handlungen durch Verbreiten von Schriften die Schriften (§ 123 I), beim Mißbrauch von Berufstrachten oder Berufsabzeichen die Berufstrachten oder Berufsabzeichen (§ 129), bei Einfuhr-, Ausfuhr-, Herstellungs- oder Vertriebsverboten, deren Verletzung mit Geldbuße bedroht ist (vgl. § 39 I Nr. 1 AWG; § 56 I Nr. 1 WaffG), der Gegenstand, der entgegen diesen Verboten eingeführt, ausgeführt oder vertrieben wird. Auch die *producta* der Tat (16) sind, da sich die Tat auf sie bezieht (zB verbotswidrig hergestellte Waren), zu den Beziehungsgegenständen zu rechnen; sie sind deshalb neben den Beziehungsgegenständen nicht mehr genannt (vgl. zB § 7 WiStG 1954, Anh **A** 11). Keine Beziehungsgegenstände sind die zur Ausführung der Ordnungswidrigkeit gebrauchten Werkzeuge (vgl. 12a).

11a   a) **Vorausgesetzt wird eine unmittelbare Beziehung** zwischen dem Gegenstand und der Ordnungswidrigkeit. Danach ist die Einziehung gleichartiger Gegenstände, die erst für eine spätere Tathandlung bestimmt sind (zB die Waren für eine spätere Ausfuhr), nicht zulässig. Ebensowenig kann das Entgelt eingezogen werden, das auf Grund des ordnungswidrigen Verhaltens (zB der Ausfuhr) erlangt ist; denn die Ausfuhr bezieht sich nicht unmittelbar auf das Entgelt, sondern nur auf die ausgeführten Waren. Andererseits ist bei der Verletzung einer Meldepflicht die Einziehung der Gegenstände zulässig, die pflichtwidrig nicht gemeldet sind; doch wird in solchen Fällen nach dem Zweck der Einziehung (vgl. 2ff.) und dem Grundsatz der Verhältnismäßigkeit (§ 24) besonders sorgfältig zu prüfen sein, ob die Einziehung das angemessene Mittel ist.

12   b) **Sind die Einziehungsgegenstände** näher bezeichnet, fehlt jedoch die Klausel „auf die sich die Tat bezieht", so folgt aus dem Zusammenhang, daß es sich ebenfalls um Beziehungsgegenstände handelt;

12a   B. **Werkzeuge (instrumenta)** der Ordnungswidrigkeit, das sind solche Gegenstände, die zur Begehung oder Vorbereitung der Ordnungswidrigkeit gebraucht worden oder bestimmt gewesen sind.

13   a) **Im Gegensatz zum StGB,** das die Einziehung solcher Gegenstände bei vorsätzlichen Straftaten schlechthin zuläßt (§ 74 I StGB), muß die Einziehung der Werkzeuge ausdrücklich erlaubt sein. Derartige Vorschriften sind nicht häufig (vgl. zB § 7 Nr. 2 WiStG 1954, Anh **A 12;** § 39 I Nr. 2 AWG; § 40 I Nr. 2 BJagdG; § 61 III LuftVG).

14   b) **Zur Begehung** oder Vorbereitung der Ordnungswidrigkeit gebraucht oder bestimmt sind die Gegenstände, mit deren Hilfe eine bereits konkretisierte Handlung vorbereitet, ausgeführt (zB das für die verbotene Ausfuhr benutzte Fahrzeug) oder beendet (zB Abtransport der unzulässig eingeführten Waren; vgl. BGH NJW 52, 892) wird. Zu den Werkzeugen gehören zB auch Verpackungsmittel; die frühere ausdrückliche Regelung hierüber (vgl. § 18 II OWiG 1952) erschien entbehrlich. Ist ein Gegenstand nur zur Vorbereitung einer Ordnungswidrigkeit gebraucht

oder bestimmt worden, so hängt die Einziehungsmöglichkeit davon ab, ob die Ordnungswidrigkeit später (wenn auch ohne Verwendung desselben Gegenstandes; vgl. BGH **8**, 206, 212; **13**, 311) ausgeführt oder in den Fällen, in denen der Versuch mit Geldbuße bedroht ist (§ 13 II), zumindest versucht ist. Denn Voraussetzung für die Einziehung ist nach § 22 I eine ,,Ordnungswidrigkeit" (§ 1 I).

15   c) **Kein Werkzeug** für die Ordnungswidrigkeit ist der Gegenstand, auf den sich die Tat bezieht (10 ff.), zB das Kfz beim Fahren ohne Zulassung (vgl. BGH **10**, 28; Frankfurt NJW **54**, 652; Karlsruhe VRS **9**, 459); in diesem Falle ist der Gegenstand nicht Hilfsmittel, sondern (notwendiges) Objekt der Tat (SchSch-Eser 10 zu § 74). Nach der Unterscheidung zwischen Werkzeugen für die Tat und Beziehungsgegenständen, die das EGOWiG in den Einziehungsvorschriften des StGB und der Nebengesetze getroffen hat, kann dies nicht zweifelhaft sein (vgl. BegrEEOWiG zu Art. 1 Nr. 8–28 unter Nr. 1 und zum 2. Abschnitt);

16   C. **die Erzeugnisse (producta)** aus der Ordnungswidrigkeit; dies sind solche Gegenstände, die unmittelbar durch die Ordnungswidrigkeit hervorgebracht sind, dh die ihre Entstehung oder gegenwärtige Beschaffenheit der Ordnungswidrigkeit verdanken (vgl. SchSch-Eser 8 zu § 74; AG Osterrode NdsRpfl. **66**, 227), so zB eine durch falsche Angaben erschlichene Bescheinigung. Hier gelten die Bemerkungen unter 13, wonach die Einziehung dieser Gegenstände ausdrücklich zugelassen sein muß, entsprechend. Die Erzeugnisse der Tat sind bei Tathandlungen, die auf die Entstehung oder Veränderung von Gegenständen gerichtet sind, zugleich zu den Beziehungsgegenständen zu rechnen und brauchen deshalb neben diesen in den Einziehungsvorschriften nicht besonders genannt zu sein (vgl. 10).

17   4) **Dritten gegenüber,** denen der Gegenstand gehört oder zusteht, ist die Einziehung nur zulässig, wenn dies zum Schutz der Allgemeinheit geboten ist (§ 22 II Nr. 2) oder die Voraussetzungen des § 23 vorliegen und dieser für anwendbar erklärt ist. Dadurch ist die Einziehung gegenüber dem früheren Recht eingeschränkt (vgl. 2 zu § 23). Über die Beteiligung Dritter am Bußgeldverfahren vgl. § 87.

18   5) **Im Ermessen** der VB oder des Gerichts (§ 47) liegt die Einziehung, da sie nur zugelassen, also niemals zwingend vorgeschrieben ist. Das zwingende Gebot der Einziehung würde dem Opportunitätsprinzip widersprechen. Liegen die Voraussetzungen des § 22 II Nr. 2 vor, so ist die für die Ahndung zuständige Stelle jedoch zur Einziehung (oder zu weniger einschneidenden Maßnahmen, § 24 II) verpflichtet, wenn der Schutz der Allgemeinheit die Einziehung verlangt (ebenso SchSch-Eser 41 zu § 74; Lackner 3 zu § 74; Celle NdsRpfl. **66**, 131). Erscheint in einem solchen Falle eine Ahndung der Ordnungswidrigkeit nicht geboten, so ist die Einziehung (oder der Vorbehalt der Einziehung) nach Einstellung des Verfahrens (§ 47 I) selbständig anzuordnen (§ 27 III; § 87 III).

19   6) **Über die Anordnung der Einziehung** im Bußgeldbescheid vgl. 21 zu § 66, über das Verfahren im übrigen vgl. vor und zu § 87, über die Vollstreckung 21 ff. zu § 90.

Voraussetzungen der Einziehung

22 ¹ Als Nebenfolge einer Ordnungswidrigkeit dürfen Gegenstände nur eingezogen werden, soweit das Gesetz es ausdrücklich zuläßt.

ᴵᴵ Die Einziehung ist nur zulässig, wenn

1. die Gegenstände zur Zeit der Entscheidung dem Täter gehören oder zustehen oder
2. die Gegenstände nach ihrer Art und den Umständen die Allgemeinheit gefährden oder die Gefahr besteht, daß sie der Begehung von Handlungen dienen werden, die mit Strafe oder mit Geldbuße bedroht sind.

ᴵᴵᴵ Unter den Voraussetzungen des Absatzes 2 Nr. 2 ist die Einziehung der Gegenstände auch zulässig, wenn der Täter nicht vorwerfbar gehandelt hat.

1   **1) Eine besondere Einziehungsvorschrift** setzt § 22 in I voraus, um die Einziehung anordnen zu können (1 vor § 22).

2   **2) Gegenstände** können eingezogen werden, also (körperliche) Sachen, aber auch Rechte (also zB Forderungen, Bankguthaben). Das folgt daraus, daß § 22 von Gegenständen spricht, die dem Täter „gehören" oder „zustehen" (da jemandem eine Sache gehört und ein Recht zusteht), wie auch aus § 26 I („das eingezogene Recht"). Rechte können aber nur eingezogen werden, wenn sie nach der besonderen Einziehungsvorschrift Objekt der Einziehung (9 ff. vor § 22) sind (ebenso Rotberg 4), was zB nicht für Pfandrechte an solchen Waren zutrifft, deren Einziehung erlaubt ist; denn Objekt der Einziehung ist dann die Ware, nicht das Pfandrecht (vgl. 11). Über die Einziehung des Miteigentums, des Vorbehaltseigentums ua vgl. 11 f.

3   **3) Eine Ordnungswidrigkeit,** also eine rechtswidrige und vorwerfbare Handlung, die mit Geldbuße geahndet werden kann (§ 1 I), setzt I allgemein für die Einziehung voraus (vgl. jedoch III; 6). Die Einziehung nach II Nr. 1 darf deshalb nicht angeordnet werden, wenn der Täter rechtmäßig gehandelt hat (vgl. 20 ff. vor § 1) oder wenn ihn kein Vorwurf trifft (vgl. 30 ff. vor § 1). Nicht zulässig ist die Einziehung weiterhin, wenn der Tatbestand der Bußgeldvorschrift nicht erfüllt ist, zB weil der Täter nur fahrlässig gehandelt hat, während der Tatbestand vorsätzliches Handeln voraussetzt (vgl. 16 vor § 1), oder weil der Täter nur einen Versuch begangen hat, der nicht mit Geldbuße bedroht ist (§ 13 II). In solchen Fällen ist auch die Einziehung im selbständigen Verfahren (§ 27) unzulässig.

4   **4) Eine Nebenfolge** der Ordnungswidrigkeit ist die Einziehung. Sie ist also grundsätzlich nur neben einer Geldbuße zulässig; selbständig darf sie lediglich unter den Voraussetzungen des § 27 angeordnet werden.

5   **5) Ein besonderer Einziehungsgrund** muß nach II hinzukommen. Nr. 1 stellt formal darauf ab, ob der Gegenstand dem Täter (vgl. 7) gehört. Nach dem Zweck der Einziehung, die vorwiegend der Vorbeugung dient, wird in diesem Falle jedoch zusätzlich zu prüfen sein, ob die

Einziehung angebracht ist (vgl. 5 vor § 22). Sie wird namentlich dann in
Betracht kommen, wenn nach der Art des Gegenstandes Rechtsverletzungen möglich sind und die Einziehung des Gegenstandes zur Bedeutung der Tat oder dem Vorwurf, der den Täter trifft, in einem angemessenen Verhältnis steht; vgl. auch 5 f. vor § 22. Bei dem Einziehungsgrund
nach Nr. 2 ist namentlich der Grad der Gefährdung zu prüfen (vgl. näher
22–24); uU kann sich hier die Pflicht zur Einziehung ergeben (18 vor
§ 22).

6   **Eine ausdrückliche Begründung** ist im Bußgeldbescheid jedoch nicht
notwendig, wohl aber im Urteil oder im Beschluß nach § 72, damit das
Rechtsbeschwerdegericht nachprüfen kann, ob der Richter von zutreffenden rechtlichen Erwägungen ausgegangen ist (vgl. BGH bei Dallinger
MDR **51**, 657).

7   A. **Dem Täter** muß der Gegenstand (als Eigentümer) gehören oder (als
Rechtsinhaber) zustehen. Täter ist nach § 14 auch derjenige, der sich an
der Ordnungswidrigkeit beteiligt, gleichgültig ob er nach den überkommenen Beteiligungsformen als Mittäter, Anstifter oder Gehilfe anzusehen
ist.

8   **Hat der Eigentümer den Gegenstand nicht selbst verwendet,** sondern
ein anderer Beteiligter, so ist die Einziehung nach II Nr. 1 nur zulässig,
wenn a) der Gegenstand mit seinem Wissen und Wollen zur Tat benutzt
worden ist oder zu ihr in Beziehung gestanden hat (vgl. RG GA Bd. **69**,
177), oder b) in der Person des Eigentümers zumindest auch die Voraussetzungen von § 23 Nr. 1 erfüllt sind und diese Vorschrift für anwendbar
erklärt ist oder c) II Nr. 2 vorliegt (ebenso Eser aaO S. 212 ff.; Lackner 2 c
aa zu § 74; Rebmann/Roth/Herrmann 26; SchSch-Eser 21 zu § 74; Rotberg 9; aM Dreher/Tröndle 12 zu § 74; In diesen Fällen (§ 23 Nr. 1; II
Nr. 2) kann die Einziehung auch in dem Bußgeldverfahren, das sich nicht
gegen den Eigentümer richtet, angeordnet werden; der Eigentümer ist
dabei als Einziehungsbeteiligter (2 zu § 87) zu beteiligen (aM zum früheren Recht RG **57**, 335).

9   **Hat sonst ein Beteiligter** gehandelt, dessen Tatbeitrag nach § 14 III
S. 2 nicht geahndet werden kann, und ist er Eigentümer des Einziehungs-
objekts, so ist die Einziehung ebenfalls nur möglich, wenn in seiner
Person die Voraussetzungen des § 23 erfüllt sind und diese Vorschrift für
anwendbar erklärt ist.

10   **Hat der Täter als Vertreter** für einen anderen gehandelt und ist der
Vertretene Eigentümer, so ist die Einziehung nur unter den Voraussetzungen des § 29 zulässig.

11   a) **Das Miteigentum** eines an der Tat Unbeteiligten hindert die Einziehung des Gegenstandes auf Grund von II Nr. 1, da sonst in das Eigentum
eines Dritten eingegriffen würde (§ 26 I) und dies nur unter den Voraussetzungen von II Nr. 2 und § 23 erlaubt ist; die Einziehung des Miteigentumsanteils an Stelle des Gegenstandes, welcher der Einziehung unterliegt, kann außerdem deshalb nicht angeordnet werden, weil dadurch der
Zweck der Einziehung, nämlich den Gegenstand aus dem Verkehr zu
ziehen, nicht erreicht werden könnte (vgl. Dreher/Tröndle 12 zu § 74;
aM Köln NJW **51**, 613; LK 40 ff. zu § 40 aF; Rebmann/Roth/Herrmann

22; Rotberg 7; SchSch-Eser 6 zu § 74, andererseits aber auch 23 zu § 74, wo das Zusammenspiel der Vorschrift zu § 74 a StGB = § 23 nicht hinreichend bedacht ist). Die Ansicht, daß die Einziehung des Miteigentumsanteils statt des Gegenstandes möglich ist, wäre nur annehmbar, wenn der Zweck der Einziehung gerade darin läge, dem Täter für die Handlung ein Übel zuzufügen (was mE nicht zutrifft, vgl. 4 f. vor § 22). Daß dies nicht gewollt ist, ergibt sich daraus, daß die Einziehung eines dem Täter zustehenden Rechts (zB eines Pfandrechts) an dem Gegenstand, der Objekt der Einziehung ist (vgl. 9 ff. vor § 22), nicht zulässig ist; zwar kann nach § 26 II S. 3 das Erlöschen von Rechten an dem Einziehungsgegenstand angeordnet werden (um ihn aus dem Verkehr zu ziehen), jedoch nicht die Einziehung eines Rechtes an dem Einziehungsgegenstand (dies wird in LK 42 zu § 40 aF verkannt; dort ist auch der Verwirkungsgedanke, der für die Einziehung bestimmend ist, nicht genügend gewürdigt; so mit Recht Eser JZ 73, 172). Das Gesetz beschränkt sich auf die Einziehung von Gegenständen und Teilen von Gegenständen (§ 24 III). Die Einziehung des Miteigentumsanteils ist danach nur dann zulässig, wenn gerade der Miteigentumsanteil Objekt der Einziehung ist (vgl. 2), was jedoch kaum in Betracht kommt (im Ergebnis ebenso Dreher/Tröndle, 12 zu § 74; Lackner 2 c, aa zu § 74; aM Karlsruhe NJW 74, 709, obwohl es anerkennt, daß es für die Einziehung eines Rechtes nicht genügt, daß nur die Sache, an dem das Recht besteht, tatverstrickt war).

12   **Bei Gesamthandseigentum** oder -berechtigung setzt die Einziehung voraus, daß alle Eigentümer oder Berechtigte Täter sind, sofern die Einziehung auf II Nr. 1 gestützt wird (vgl. Rebmann/Roth/Herrmann 23; Dreher/Tröndle 3 zu § 74).

13   b) **Beim Vorbehalts- und Sicherungseigentum** ist die wirtschaftliche Vermögenszugehörigkeit entscheidend, nicht die formale Rechtsposition (Dreher/Tröndle 12 zu § 74; Eser aaO S. 309 ff.; Lackner 2 c aa zu § 74; SchSch-Eser 24 zu § 74; aM Jescheck S. 643; Meyer JR **72**, 385; LK 29 ff. zu § 40 aF; Schäfer, Dreher-Festschr. S. 283; Rebmann/Roth/Herrmann 24; BGH **24**, 222 m. krit. Anm. Eser JZ **72**, 146; BGH **25**, 10 m. krit. Anm. Eser JZ **73**, 171; Karlsruhe NJW **74**, 709). Das Vorbehalts- und Sicherungseigentum hat praktisch die Funktion eines Pfandrechts am dem Gegenstand; die Rechte des Vorbehaltsverkäufers und Sicherungsnehmers werden durch den Entschädigungsanspruch voll gewahrt, da sie auf diese Weise den Restkaufpreis oder das Darlehen bezahlt erhalten und sie keine weiteren Interessen an dem Gegenstand haben. Zur Sicherung des Entschädigungsanspruches behalten sie im Falle der Einziehung (§ 26) ein pfandrechtsähnliches Recht an dem Einziehungsgegenstand, das zur Herausgabe berechtigt, falls nicht entschädigt wird. Die gegenteilige Auffassung des BGH **24**, 222, daß es für die Einziehungsvoraussetzungen auf das formal-sachenrechtliche Eigentum ankomme, hat den BGH jetzt dazu verleitet, die Einziehung des Anwartschaftsrechts und den Eigentumserwerb zuzulassen (BGH **25**, 10; ebenso LK 44 zu § 40 aF; Schäfer, Dreher-Festschr. S. 283), obwohl das Gesetz die Einziehung von *Rechten an dem Einziehungsgegenstand* nicht erlaubt (vgl. 12); die Ansicht des BGH widerspricht dem Zweck der Einziehung (so mit Recht Eser JR **73**, 171; krit. auch Blei JA **73**, 31; Karlsruhe NJW **74**, 709; vgl. auch Meyer JR **72**,

386; ferner 4ff. vor § 22 und 11) und erscheint außerdem im Hinblick auf das Analogieverbot bedenklich (so mit Recht Reich NJW **73**, 105f.; vgl. auch krit. SchSch-Eser 24 zu § 74).

14   c) **Beschränkt dingliche Rechte** Dritter (vgl. 5 zu § 26; 2 zu § 87) hindern die Einziehung gleichfalls nicht. Ihre Rechte an dem eingezogenen Gegenstand bleiben grundsätzlich bestehen und erlöschen nur kraft besonderer Anordnung (§ 26 II). Über die Verfahrensbeteiligung vgl. zu § 87, über die Entschädigung vgl. § 28.

15   d) **Zur Zeit der Entscheidung** über die Einziehung muß der Gegenstand dem Täter gehören, um die Anordnung nach II. Nr. 1 treffen zu können. Auf die Rechtsverhältnisse zur Zeit der Tat kommt es nicht an. Maßgebend sind die Rechtsverhältnisse im Zeitpunkt der letzten Entscheidung durch den Tatrichter (vgl. BGH **8**, 212; Hamm VRS **32**, 33; SchSch-Eser 26 zu § 74). Doch hat die Anordnung der Einziehung oder des Vorbehalts der Einziehung in einer früheren Entscheidung die Wirkung eines Veräußerungsverbots (vgl. 9 zu § 26).

16   **Wechselt das Eigentum** nach Begehung der Ordnungswidrigkeit vom Täter auf einen anderen, so ist die Einziehung nach II Nr. 1 nicht zulässig; doch können die Voraussetzungen des § 23 Nr. 2 vorliegen. Ist dies nicht der Fall, so kommt die Einziehung des Wertersatzes (§ 25) in Betracht.

17   **Die Beschlagnahme des Gegenstandes** (vgl. 66ff. vor § 59) hat die Wirkung eines Veräußerungsverbots nach § 136 BGB (vgl. § 111 c V StPO iVm § 46 I); es hat eine absolute oder relative Wirkung (vgl. 9ff zu § 26), und nur im letzten Falle schließt ein gutgläubiger Erwerb (§ 135 II BGB) die Einziehung aus (vgl. 11 zu § 26).

18   **Ist der Täter vor der Entscheidung gestorben,** so kann die Einziehung im selbständigen Verfahren nur unter den Voraussetzungen von II Nr. 2 angeordnet werden; die früher zu § 40 StGB aF vertretene gegenteilige Auffassung (so RG **53**, 183; **74**, 42; Bremen NJW **55**, 843) ist durch die neue Fassung des § 74 II Nr. 1 StGB, die mit § 18 II Nr. 1 übereinstimmt, überholt (ebenso SchSch-Eser 28 zu § 74; LK 37 zu § 40 aF; Rotberg 3, 4 zu § 27; so jetzt auch Rebmann/Roth/Herrmann 29).

19   **Bei einer Verbindung des Einziehungsgegenstandes** mit einem anderen Gegenstand ist nicht allein die rechtliche, sondern die tatsächliche Betrachtungsweise zugrunde zu legen; die Einziehung ist danach möglich, wenn die Sache zwar wesentlicher Bestandteil einer anderen geworden ist, jedoch ohne nennenswerte Beeinträchtigung der anderen Sache wieder getrennt werden kann (vgl. Bay. **61**, 279; SchSch-Eser 14 zu § 74).

20   **Im Falle der Verarbeitung** zu einer neuen Sache oder der Vermischung ist die Einziehung der ursprünglichen Sache dagegen nicht mehr möglich (Bay. **63**, 107, **65**, 15; SchSch-Eser 14 zu § 74).

21   **Bei einer Notveräußerung** tritt der Erlös an die Stelle der Sache, und zwar gerade mit Wirkung für das Einziehungsverfahren, so daß die Einziehung des Erlöses möglich ist (vgl. BGH **8**, 46, 53; 105 vor § 59). Im übrigen kann der Erlös des Gegenstandes oder ein Ersatzgegenstand nicht eingezogen werden (RG **52**, 127; **66**, 86; aM RG **51**, 324; **56**, 322); doch kommt die Einziehung des Wertersatzes nach § 25 in Betracht.

22   B. **Zum Schutze der Allgemeinheit** ist die Einziehung ferner zulässig (Nr. 2). Auf die Eigentumsverhältnisse kommt es hier grundsätzlich nicht an; über die Entschädigung vgl. § 28, über die Verfahrensbeteiligung Dritter vgl. § 87. Gehört der Gegenstand einem an der Tat Unbeteiligten, so ist allerdings zu prüfen, ob auch den Umständen nach (Eigentums- und Besitzverhältnisse) eine Gefährdung der Allgemeinheit oder die Gefahr weiterer rechtswidriger Taten zu bejahen ist (Zust. Rebmann/Roth/Herrmann 33). Trotz ihres Sicherungscharakters ist die Einziehung nur zugelassen; doch besteht kein freies Ermessen (vgl. näher 18 vor § 22). Der Grad des Vorwurfs, den der Täter trifft, ist dabei von untergeordneter Bedeutung, weil er in keiner Beziehung zu dem Sicherungszweck steht (ebenso SchSch-Eser 41 zu § 74; Rebmann/Roth/Herrmann 33). Maßgebend ist vielmehr, ob der Grad und der Umfang der Gefährdung für die Allgemeinheit (im Zeitpunkt der Entscheidung; vgl. Göhler MDR **69**, 1026) in einem angemessenen Verhältnis zu der wirtschaftlichen Einbuße steht, die der von der Einziehung Betroffene erleidet (abw. Rebmann/Roth/Herrmann 33, jedoch widerspr. 41). Im übrigen ist auch § 24 II zu beachten. Bei der Einziehung nach II Nr. 2 sind zwei Fallgruppen zu unterscheiden:

23   a) **Wegen der Art der Gegenstände** ist eine Gefährdung der Allgemeinheit gegeben. Im Ausgangspunkt ist hier zu prüfen, ob die Gegenstände von solcher Beschaffenheit sind, daß sie zur Vermeidung von Gefahren überhaupt nicht oder nur unter bestimmten Voraussetzungen verwendet (in Verkehr gebracht, verbreitet, befördert, gelagert uä) werden können. Dabei sind die gesetzlichen Vorschriften zu berücksichtigen, die das Verwenden bestimmter Gegenstände oder von Gegenständen mit bestimmten Eigenschaften (zB chemischer oder physikalischer Art) oder mit bestimmten Bezeichnungen uä untersagen oder die für die Verwendung solcher Gegenstände bestimmte Voraussetzungen (so zB Kennzeichnungen, Genehmigungen uä) verlangen. Ist ein Gegenstand danach an sich (generell) gefährlich, weil er solchen Verwendungsverboten oder -beschränkungen unterliegt, so ist weiterhin zu prüfen, ob nach den Umständen die gesetzwidrige Verwendung zu besorgen ist (vgl. Koblenz LRE **11**, 132, 134 zu der Gefahr eines „freien Verkaufs", falls die Einziehung unterbleibt). Das Gesetz geht also davon aus, daß allein die Art eines Gegenstandes die Einziehung nicht rechtfertigen kann, weil selbst sehr gefährliche Gegenstände nach den Umständen des Einzelfalles (zB bei besonderer Verwahrung, Behandlung, Beaufsichtigung uä) für die Allgemeinheit ungefährlich sein können. Ist ein Gegenstand jedoch von solcher Beschaffenheit, daß jedes bestimmungsgemäße Verwenden gesetzwidrig wäre (zB Schriften iS von § 119 I Nr. 2, III, § 120 I Nr. 2, vgl. 4 ff. zu § 123; die in §§ 127, 128 bezeichneten Sachen, vgl. 3 zu § 129; Fanggeräte, die nicht unversehrt fangen oder nicht sofort töten; vgl. § 19 I Nr. 9, § 39 I Nr. 5, § 40 BJagdG), so liegt eine Rechtsverletzung nahe und damit eine Gefährdung (vgl. zum Begriff der Gefahr BGH **18**, 271); es müssen dann schon besondere Umstände vorliegen, damit die Gefährdung der Allgemeinheit gleichwohl verneint werden kann (zust. Rebmann/Roth/Herrmann 35; vgl. auch 24). Läßt sich die Gefährdung der Allgemeinheit nach den Umständen nicht sicher feststellen, ist aber der

Täter Eigentümer des Gegenstandes und ist dieser seiner Art nach gefährlich, so kommt die Anordnung der Einziehung nach Nr. 1 in Betracht, um schon die Möglichkeit weiterer Rechtsverletzungen zu verhindern; es ist dann § 24 I zu beachten.

24   b) **Unabhängig von der Art der Gegenstände** ist die Einziehung zulässig zur Verhinderung mit Strafe oder Geldbuße bedrohter, also rechtswidriger Handlungen (vgl. § 1 II). Der Einziehung unterliegen danach auch Gegenstände, die ihrer Art nach ungefährlich sind, so zB eine erschlichene schriftliche Genehmigung, mit deren Hilfe eine Handlung begangen werden kann, die mit Strafe oder Geldbuße bedroht ist (zB ungenehmigte Ausfuhr). Eine solche Gefahr besteht dann, wenn die Verwirklichung der Handlung wegen besonderer Umstände naheliegt (vgl. 23; Lackner 2c bb zu § 74). Die Gefahr, daß die Gegenstände der Begehung rechtswidriger Handlungen *dienen* werden, kann auch bei Beziehungsgegenständen (vgl. 10f. vor § 22) bejaht werden, die nicht Mittel, sondern notwendige Gegenstände der mit Geldbuße bedrohten Handlung waren (Oldenburg NJW **71**, 769). Bei Gegenständen, deren bestimmungsgemäße Verwendung einen Bußgeldtatbestand verwirklichen würde, sind in der Regel beide Alternativen von II Nr. 2 gegeben.

25   6) **Kommen II Nr. 1 und 2 in Betracht**, so ist II Nr. 2 wegen seiner weitergehenden Konsequenzen (die Prüfung nach § 24 I entfällt; das Erlöschen der Rechte Dritter ist anzuordnen, § 26 II S. 2; die selbständige Anordnung ist unter weitergehenden Voraussetzungen zulässig, § 27 II) zunächst zu prüfen und die Einziehung hierauf zu stützen, falls II Nr. 2 festgestellt wird (vgl. auch 5 vor § 22; für ein weitergehendes Ermessen: Düsseldorf NJW **72**, 1382; Oldenburg NJW **71**, 769). Diese Entscheidung hindert eine spätere Anordnung nach § 25 IV nicht; denn dessen Voraussetzungen sind selbständig festzustellen. Wären bei Vorliegen von II Nr. 2 weniger einschneidende Maßnahmen zum Schutze gegen Gefahren nach § 24 II ausreichend, ist aber die Einziehung als Ahndungsmittel angebracht, so ist die Einziehung zugleich auf II Nr. 1 zu stützen (vgl. 8f. zu § 24). In der gerichtlichen Entscheidung ist anzugeben, auf welcher Vorschrift die Einziehung beruht (Saarbrücken NJW **75**, 65).

26   7) **Bei einer nicht vorwerfbaren Handlung** (vgl. 30 vor § 1) läßt III die Einziehung aus Sicherungsgründen (II Nr. 2) allgemein zu. Es kommt also nicht darauf an, daß die einzelne Bußgeldvorschrift diese Möglichkeit ausdrücklich eröffnet. Nötig ist, daß der Tatbestand einer Bußgeldvorschrift (16 vor § 1) rechtswidrig (20 vor § 1) verwirklicht ist. Die Einziehung nach III wird in der Regel im selbständigen Verfahren angeordnet, weil dann wegen der Tat keine bestimmte Person verfolgt werden kann (§ 27); im Bußgeldverfahren gegen den Betroffenen kommt die Anordnung nur ausnahmsweise in Betracht, nämlich dann, wenn sich erst auf den Einspruch hin vor Gericht herausstellt, daß der Betroffene nicht vorwerfbar gehandelt hat und deshalb freizusprechen ist (zust. Rebmann/Roth/Herrmann 39; vgl. 57 zu § 87).

Erweiterte Voraussetzungen der Einziehung

23 Verweist das Gesetz auf diese Vorschrift, so dürfen die Gegenstände abweichend von § 22 Abs. 2 Nr. 1 auch dann eingezogen werden, wenn derjenige, dem sie zur Zeit der Entscheidung gehören oder zustehen,

1. wenigstens leichtfertig dazu beigetragen hat, daß die Sache oder das Recht Mittel oder Gegenstand der Handlung oder ihrer Vorbereitung gewesen ist, oder
2. die Gegenstände in Kenntnis der Umstände, welche die Einziehung zugelassen hätten, in verwerflicher Weise erworben hat.

1   1) **Die Anwendung der Vorschrift** (vgl. § 74a StGB) ist abhängig von einer ausdrücklichen Verweisung in der besonderen Einziehungsvorschrift (so: ,,§ 23 OWiG ist anzuwenden"). Unter ,,Gesetz" ist auch hier ein solches im materiellen Sinne zu verstehen (vgl. 3 zu § 1; LK zu § 40a aF; aM Rebmann/Roth/Herrmann 2).

2   A. **Nur bei bestimmten Ordnungswidrigkeiten** ist das vorwerfbare Verhalten eines tatunbeteiligten Dritten danach ausreichender Grund für die Einziehung der ihm gehörenden Sache oder des ihm zustehenden Rechts. Damit ist die Einziehungsmöglichkeit gegenüber einem Dritten im Vergleich zum früheren Recht erheblich eingeschränkt (vgl. § 19 OWiG 1952; zu den Bedenken gegen die Beibehaltung der Dritteinziehung vgl. Eser aaO S. 224ff.; SchSch-Eser 1, 2 zu § 74a; dagegen LK 4ff. zu § 40a aF). Diese Einschränkung beruht auf der Erwägung, daß die Einziehung mit ahndungsähnlicher Wirkung gegen Dritte vorwiegend aus dem Gesichtspunkt der Verwirkung des Eigentums gerechtfertigt ist (vgl. dazu BGHZ **27**, 388) und daß deshalb ihre Zulässigkeit an den Schutzinteressen der Allgemeinheit gemessen werden muß; die erweiterte Einziehung gegenüber Dritten führt auch zu Verfahrensschwierigkeiten. Deshalb ist diese Art der Einziehung nur ausnahmsweise wegen solcher Ordnungswidrigkeiten zugelassen, die sonst nicht wirksam genug bekämpft werden könnten (vgl. auch Rebmann/Roth/Herrmann 2). Daraus ergibt sich zugleich, daß die Einziehung gegenüber einem vorwerfbar handelnden Dritten auch vorbeugenden Charakter hat (vgl. 7 vor § 22). Sie ist namentlich bei solchen Ordnungswidrigkeiten zugelassen, deren Tatbestand in der unerlaubten Verwendung einer Sache besteht (zB Gebrauch bestimmter Jagd- und Fischereigeräte) oder bei denen es typisch ist, daß neben den unmittelbar an der Tat beteiligten Personen andere in undurchsichtiger Weise beteiligt sind (so zB bei Ordnungswidrigkeiten im Außenwirtschafts- oder im Wirtschaftsverkehr mit der DDR); vgl. dazu näher die Begr. zu § 40a StGB = Art. 1 Nr. 2 EEGOWiG.

3   B. **Im Bundesrecht** enthalten nur wenige Gesetze diese Verweisung (so zB § 39 II AWG; § 36 II EichG; § 40 II BJagdG; § 56 II WaffG; ferner Göhler unter ,,Dritteigentum, Einziehung von"; vgl. auch für Zuwiderhandlungen gegen Vorschriften über den Wirtschaftsverkehr mit der DDR Art. 320 II EGStGB (Anh **A 1**).

4   **2) Einen leichtfertigen Beitrag** zur Ausführung oder Vorbereitung der Ordnungswidrigkeit setzt Nr. 1 voraus, der sich auf die gesetzwidrige Verwendung des Einziehungsgegenstandes erstrecken muß. Leichtfertigkeit ist ein gesteigerter Grad der Fahrlässigkeit (vgl. 21 zu § 10); einfache Fahrlässigkeit genügt also nicht. Ein leichtfertiger Beitrag liegt in der Regel dann vor, wenn der Berechtigte (vor oder bei Begehung der Ordnungswidrigkeit) wußte oder bei Beachtung der einfachsten Sorgfaltspflichten hätte wissen können, daß seine Sache zur Ausführung oder Vorbereitung der (konkreten) Ordnungswidrigkeit, die er zumindest in groben Umrissen hätte voraussehen können, benutzt (Mittel) oder diese Ordnungswidrigkeit unter Verwendung seiner Sache (Gegenstand der Handlung) begangen wird (Karlsruhe NJW 74, 710). Trotz Kenntnis dieser Umstände kann ausnahmsweise ein leichtfertiger Beitrag entfallen, so zB wenn der Berechtigte die Benutzung des Gegenstandes nicht hätte verhindern können oder wenn ihn aus sonstigen Gründen kein Vorwurf trifft (zB wegen mangelnder Verantwortlichkeit oder nicht vorwerfbaren Verbotsirrtums; §§ 11, 12). Andererseits braucht der Berechtigte nicht zu wissen, ob der Täter vorwerfbar (30 vor § 1) den Tatbestand verwirklicht, weil sein Tatbeitrag unabhängig von einer solchen Kenntnis ist.

5   **Beziehen muß sich die Leichtfertigkeit** darauf, daß der Einziehungsgegenstand in das Tatgeschehen verstrickt ist; ein sonstiger leichtfertiger Tatbeitrag genügt nicht. Vom Berechtigten wird also verlangt, daß er sich um seine Sache oder sein Recht kümmert und daß er bei einer erkennbaren gesetzwidrigen Verwendung einschreitet und sie verhindert (vgl. Rotberg 8; Rebmann/Roth/Herrmann 10). Der leichtfertige Beitrag kann deshalb auch ein Unterlassen sein, falls die Verantwortlichkeit zum Handeln bejaht wird (13 vor § 1; vgl. Rebmann/Roth/Herrmann 10).

6   **Bei der Verwicklung des Gegenstandes** in das Tatgeschehen muß es zumindest zu einem (ahndbaren) Versuch der Ordnungswidrigkeit gekommen sein (vgl. 3 zu § 22). Werkzeug der Vorbereitung der Tat kann zB ein Lagerschuppen sein, in welchem verbotswidrig eingeführte Waren untergebracht werden sollen (Rebmann/Roth/Herrmann 5). Als Mittel der Handlung (Ordnungswidrigkeit) kann eine Sache auch dann verwendet sein, wenn der Tatbestand zwar schon verwirklicht, aber das Tatgeschehen nach natürlicher Auffassung noch nicht beendet ist (vgl. 14 vor § 22).

7   „**Wenigstens" leichtfertig** besagt, daß erst recht ein vorsätzlicher Tatbeitrag ausreicht; doch ist dann meist schon eine Beteiligung iS von § 14 gegeben, so daß der Berechtigte selbst Täter ist.

8   **Ein Kausalzusammenhang** zwischen dem leichtfertigen Beitrag und der Ordnungswidrigkeit in dem Sinne, daß die Verwirklichung der Handlung erst durch den leichtfertigen Beitrag ermöglicht wird, ist nicht erforderlich (Rebmann/Roth/Herrmann 11; SchSch-Eser 5 zu § 74a). Wie bei der Beihilfe wird jedoch auch hier vorausgesetzt, daß durch den leichtfertigen Beitrag die Ordnungswidrigkeit gefördert wird (so überzeugend LK 12 zu § 40a aF; aM Dreher/Tröndle 4 zu 74a).

9   **3) Bei nachträglichem Erwerb** (dh Erwerb des Eigentums an der Sache oder der Inhaberschaft des Rechts, dessen Einziehung in Betracht

kommt) läßt Nr. 2 die Einziehung gegen den Dritten dann zu, wenn er
den Gegenstand in Kenntnis der Umstände, welche die Einziehung dem
Täter gegenüber (§ 22 II Nr. 1) zugelassen hätten, in verwerflicher Weise
erworben hat. Damit sollen vor allem die Fälle erfaßt werden, in denen
der Täter durch Zusammenwirken mit einem Dritten, dem er den Gegenstand nach der Tat übereignet oder überträgt, die Anordnung der
Einziehung zu verhindern versucht (Begr. zu § 40a StGB = Art. 1 Nr. 2
EEGOWiG). Nach dem Wortlaut und Sinn der Vorschrift ist es jedoch
nicht notwendig, daß der Täter und der Dritte bewußt und gewollt
zusammenwirken, um die Einziehung zu verhindern (einschr. Rotberg
12; vgl. 12); es reicht andererseits aus, daß der Dritte den Gegenstand von
einem anderen iS von § 23 vorwerfbar handelnden Dritten erworben hat
(ebenso Dreher/Tröndle 7 zu § 74a; LK 14 zu § 40a aF; Rotberg 10; so
jetzt auch Rebmann/Roth/Herrmann 14).

10 A. **Zu den Umständen,** die der Dritte kennen muß, gehören die konkreten Umstände, welche die Handlung zur Ordnungswidrigkeit qualifizieren, und zwar auch die subjektiven Merkmale (vorsätzliches und fahrlässiges Handeln des Täters); denn die Einziehung wäre nur bei Vorliegen
dieser Umstände zulässig gewesen. Die Kenntnis muß sich weiterhin
darauf erstrecken, daß die Sache oder das Recht Mittel oder Gegenstand
der Ordnungswidrigkeit gewesen ist und daß derjenige, von dem er den
Gegenstand erwirbt, Täter der Ordnungswidrigkeit (7 zu § 22) oder ein
iS von § 23 vorwerfbar handelnder Dritter ist (ebenso Dreher/Tröndle 7
zu § 74a). Kenntnis bedeutet keine positive Kenntnis; ein dem bedingten
Vorsatz (3 zu § 10) entsprechendes Verhalten reicht also aus (Dreher/
Tröndle aaO; Lackner 3 zu § 74a; LK 17 zu § 40a aF; Rebmann/Roth/
Herrmann 16a; aM SchSch-Eser 9 zu § 74a). Ob der Berechtigte die ihm
bekannten Umstände rechtlich richtig würdigt und die Möglichkeit der
Einziehung in Betracht zieht, ist unerheblich.

11 B. **Bei dem Erwerb** spielt das zugrundeliegende Kausalgeschäft keine
Rolle; es ist also gleichgültig, ob der Gegenstand käuflich oder schen-
kungsweise erworben wird. Notwendig ist jedoch, daß der Dritte tatsächlich tätig geworden ist, weil ihn die Einziehung wie ein Übel trifft
und deshalb vorwerfbares Verhalten voraussetzt. Daher ist zB beim Erwerb kraft Erbrechts die Einziehung nicht zulässig, auch wenn der Erbe
bösgläubig gewesen ist. Über die Handlung eines Vertreters vgl. 13. Ist
der Erwerb unwirksam, weil der Gegenstand beschlagnahmt gewesen ist
(vgl. 17 zu § 22; 9 zu § 26), so ist die Einziehung schon nach § 22 II Nr. 1
zulässig.

12 C. **In verwerflicher Weise** bedeutet nicht, daß der Dritte in höchst
anstößiger Weise einen eigenen Vorteil erstrebt haben muß (so BGH **2**,
358 zu dem Begriff „verwerflicher Eigennutz" in § 6 II Nr. 2 WiStG
1949), sondern daß der Dritte nach dem normalen Rechtsempfinden so-
zialwidrig gehandelt hat. Dies wird allerdings in der Regel der Fall sein,
wenn der Dritte den Gegenstand in Kenntnis der Umstände (namentlich
der drohenden Einziehungsmöglichkeit) erworben hat (Dreher/Tröndle
8 zu § 74a; so jetzt auch Rebmann/Roth/Herrmann 17). Mit der Einschränkung „in verwerflicher Weise" sollen nur die Fälle ausgeschieden

werden, in denen dem Dritten wegen des Erwerbs kein Vorwurf zu machen ist, auch wenn er die Tatumstände gekannt hat, so zB wenn er den Gegenstand im Wege der Notveräußerung erwirbt (Begr. zu § 40a StGB = Art. 1 Nr. 2 EEGOWiG). Es kommt also nur ausnahmsweise in Betracht, daß der Erwerber nicht in verwerflicher Weise handelt, wenn er trotz Kenntnis der Umstände den Gegenstand erwirbt (einschr. Rotberg 12; SchSch-Eser 10 zu § 74a; wie hier: Dreher/Tröndle 8 zu § 74a; LK zu § 40a aF; Rebmann/Roth/Herrmann 17; krit. Eser aaO – Vorb. vor § 22 – S. 233).

13   **4) Die Handlung eines Vertreters,** der einen leichtfertigen Tatbeitrag für den Berechtigten geleistet oder den Gegenstand nachträglich für ihn erworben hat, wird dem Berechtigten (nur) unter den Voraussetzungen des § 29 zugerechnet.

14   **5) Nur bei einer Ordnungswidrigkeit** (§ 1 I; vgl. 3 zu § 22) ist die Einziehung zulässig, da § 23 lediglich die Nr. 1 des § 22 I erweitert.

15   **6) Die Einziehung des Wertersatzes** gegen den Täter darf nicht angeordnet werden, wenn die Einziehung des Gegenstandes gegen den Dritten zulässig ist (vgl. 14 zu § 25).

16   **7) Kommen § 22 und § 23 in Betracht,** so ist zunächst § 22 II Nr. 2 zu prüfen und die Einziehung hierauf zu stützen; § 23 gilt nur hilfsweise im Verhältnis zu § 22 II Nr. 2 (vgl. Koblenz LRE **11**, 132; vgl. auch 25 zu § 22; 8f zu § 24). Ist § 22 II Nr. 1 oder § 23 gegeben, läßt sich aber nicht feststellen, welche dieser Vorschriften zutrifft, so kann die Einziehung mit wahlweiser Feststellung angeordnet werden (ebenso Dreher/Tröndle 11 zu § 74a); sowohl beim Täter wie beim Dritten ist dann aber § 24 I zu beachten (zust. LK 21 zu § 40a aF; Rebmann/Roth/Herrmann 20).

17   **8) Die Eigentumsverhältnisse zZ der Tat** sind unbeachtlich. Es ist also nicht erforderlich, daß der Täter Eigentümer der Sache oder Inhaber des Rechts gewesen ist (ebenso Rebmann/Roth/Herrmann 21). Der Dritte muß zur Zeit der Entscheidung noch Eigentümer oder Rechtsinhaber sein; insoweit gelten die Bemerkungen 15ff. zu § 22 entsprechend.

Grundsatz der Verhältnismäßigkeit

24 ¹ Die Einziehung darf in den Fällen des § 22 Abs. 2 Nr. 1 und des § 23 nicht angeordnet werden, wenn sie zur Bedeutung der begangenen Handlung und zum Vorwurf, der den von der Einziehung betroffenen Täter oder in den Fällen des § 23 den Dritten trifft, außer Verhältnis steht.

ᴵᴵ In den Fällen der §§ 22 und 23 wird angeordnet, daß die Einziehung vorbehalten bleibt, und eine weniger einschneidende Maßnahme getroffen, wenn der Zweck der Einziehung auch durch sie erreicht werden kann. In Betracht kommt namentlich die Anweisung,

1. die Gegenstände unbrauchbar zu machen,
2. an den Gegenständen bestimmte Einrichtungen oder Kennzeichen zu beseitigen oder die Gegenstände sonst zu ändern oder
3. über die Gegenstände in bestimmter Weise zu verfügen.

Wird die Anweisung befolgt, so wird der Vorbehalt der Einziehung aufgehoben; andernfalls wird die Einziehung nachträglich angeordnet.

III **Die Einziehung kann auf einen Teil der Gegenstände beschränkt werden.**

1   1) **Die Beschränkung der Einziehung** auf das (noch) angemessene Maß (I, III) und Mittel (II) will § 24 (vgl. § 74 b StGB) sicherstellen. Die Möglichkeit der Einziehung ist (wegen der abstrakten Tatbestandsbeschreibung notgedrungen) mitunter recht weit gezogen, namentlich bei der häufig zugelassenen Einziehung der sog. Beziehungsgegenstände. So könnte zB bei der Verletzung einer Meldepflicht ein ganzes Warenlager oder der ganze Vorrat an landwirtschaftlichen Erzeugnissen der Einziehung unterliegen (vgl. 10 vor § 22). Die Anordnung der Nebenfolge würde in solchen Fällen in einem Mißverhältnis zur Bedeutung der Ordnungswidrigkeit stehen und könnte die wirtschaftliche Existenz des Täters oder Dritteigentümers gefährden oder gar vernichten. Deshalb hebt die Vorschrift den Grundsatz der Verhältnismäßigkeit, der sich für staatliche Eingriffe aus der Verfassung ergibt (vgl. 9 zu § 46), besonders hervor und konkretisiert ihn für das Einziehungsrecht (vgl. Göhler MDR **69**, 1029; zust. Rebmann/Roth/Herrmann 1).

2   2) **Nicht außer Verhältnis** zur Bedeutung der Ordnungswidrigkeit und dem Grad des Vorwurfs darf die Einziehung stehen, wenn sie auch Ahndungscharakter hat (vgl. 4, 6 f. vor § 22). I nennt deshalb nur die Fälle des § 22 II Nr. 1 und § 23. Für den Fall, daß gleichzeitig die Voraussetzungen des § 22 II Nr. 2 vorliegen, vgl. 8, 9. Hat die Einziehung Sicherungscharakter, so ist der verfassungsrangige Grundsatz der Verhältnismäßigkeit (vgl. 9 zu § 46; 1) aber ebenfalls zu beachten (vgl. Saarbrücken NJW **75**, 66; 22 zu § 22); außerdem hat hier II besondere Bedeutung (vgl. 8), da diese Vorschrift zu weniger einschneidenden Maßnahmen zwingt, wenn schon durch sie die erstrebte Sicherung erreicht werden kann (vgl. Dreher/Tröndle 3 zu § 74 b).

3   A. **Auf die Bedeutung der Ordnungswidrigkeit** (vgl. hierzu 16 zu § 17) kommt es sowohl im Falle des § 22 II Nr. 1 als auch im Falle des § 23 an. Die Bedeutung der Handlung des Dritten kann im Falle des § 23 nicht maßgebend sein, weil die Einziehung auch hier den Zweck hat, bestimmte Ordnungswidrigkeiten zu bekämpfen (vgl. 4 vor § 22), nicht aber leichtfertige Tatbeiträge zu sanktionieren (zust. Rebmann/Roth/Herrmann 3; abw. Rotberg 3). Der Grad des Vorwurfs ist dagegen nach der Person zu bestimmen, gegen die sich die Einziehung richtet, in den Fällen des § 22 II Nr. 1 also nach dem Vorwurf, der den Täter trifft (vgl. dazu 17 f. zu § 17), und in den Fällen des § 23 nach dem Grad der Leichtfertigkeit oder des verwerflichen Handelns. Die Bedeutung der Ordnungswidrigkeit und der Grad des Vorwurfs sind in einer Gesamtbetrachtung zu berücksichtigen; so kann die Einziehung auch bei einem erheblichen Vorwurf außer Verhältnis sein, wenn die Ordnungswidrigkeit keine große Bedeutung hat, und ebenso umgekehrt.

4   B. **Nur eine Begrenzung des Ermessens** enthält I, keine Ermessensregel. Die Vorschrift verbietet die Einziehung bei einem (klaren) Mißver-

hältnis zwischen Wirkung der Einziehung und vorangegangener Handlung (vgl. die Beispiele zu 2), wenn es also geradezu auf der Hand liegt, daß die Einziehung über das noch vertretbare Maß hinausgeht (ähnlich Lackner 1 zu § 74b; zust. Rebmann/Roth/Herrmann 4). Die Vorschrift besagt aber nicht, daß die Einziehung (ihren wirtschaftlichen Folgen nach) gerade der Bedeutung der Ordnungswidrigkeit und dem Grad des Vorwurfs entsprechen muß (insoweit ist sie keine ,,Strafzumessungsregel"; wie hier: Rebmann/Roth/Herrmann 4). Dieses Verhältnis wird sich schon deshalb nicht genau herstellen lassen, weil der Einziehungsgegenstand einen festen Wert hat, so daß ein Wertrahmen (anders als bei der Bemessung der Geldbuße) gar nicht zur Verfügung steht; die teilweise Einziehung (III) ist aber nicht immer möglich. Im übrigen hat auch die Einziehung nach § 22 II Nr. 1, § 23 vorwiegend nicht den Charakter einer zusätzlichen Ahndung, sondern sie dient vor allem dem Schutze der Allgemeinheit und generalpräventiven Zwecken (vgl. 4 ff. vor § 22).

5 **Das Rechtsbeschwerdegericht** hat nicht die Möglichkeit, das Ermessen für die Anordnung der Einziehung im einzelnen nachzuprüfen; es hat im Rahmen von I nur festzustellen, ob die äußerste Grenze des Ermessens noch gewahrt oder schon überschritten ist (zust. Rebmann/Roth/Herrmann 6).

6 **3) Eine weniger einschneidende Maßnahme** (II) unter dem Vorbehalt der Einziehung wird angeordnet, wenn dadurch der Zweck der Einziehung erreicht werden kann.

7 A. **Voraussetzung** ist, daß sich der Zweck der Einziehung überhaupt anders verwirklichen läßt. Dabei kommt es zunächst einmal darauf an, welchen Zweck die Einziehung nach den Umständen des Einzelfalles haben soll (zust. Rebmann/Roth/Herrmann 7; ebenso SchSch-Eser 6 zu § 74b).

8 a) **Bei der Einziehung aus Sicherungsgründen** (§ 22 II Nr. 2; vgl. dazu näher 22–24 zu § 22) liegt der eigentliche Anwendungsbereich der Vorschrift, weil der Schutz der Allgemeinheit vielfach durch weniger einschneidende Maßnahmen als die Einziehung erreicht werden kann. Das ist zB der Fall, wenn der Gegenstand zwar verkehrsunfähig ist, aber durch eine Umgestaltung wieder in einem verkehrsfähigen Zustand gebracht werden kann. Welche Möglichkeiten im einzelnen in Betracht kommen, um eine Gefährdung für die Allgemeinheit zu beseitigen, ergibt sich aus S. 2. Ist der Gegenstand wegen seiner Verkehrsunfähigkeit praktisch wertlos, dann ist er einzuziehen; denn weniger einschneidende Maßnahmen sind nur sinnvoll, wenn dadurch ein Übermaß einer wirtschaftlichen Einbuße verhindert werden kann (zust. Rebmann/Roth/Herrmann 8). Sind aus Sicherungsgründen weniger einschneidende Maßnahmen ausreichend, ist aber die Einziehung zur Vorbeugung gleichartiger Taten und als zusätzliches Ahndungsmittel angebracht (6 vor § 22), so kann der Zweck der Einziehung durch eine weniger einschneidende Maßnahme nicht erreicht werden (zust. Lackner 3a zu § 74b; vgl. auch 9). Die Einziehung wird dann aber zugleich auf § 22 II Nr. 1 oder § 23 gestützt (vgl. auch 25 zu § 22), so daß auch I zu beachten ist.

9   b) **Ist der Täter Eigentümer** des Einziehungsgegenstandes, so ist II nur
anzuwenden, wenn mit der Einziehung zugleich ein Sicherungszweck
verfolgt wird; denn nur in diesem Falle kann der Zweck der Einziehung
durch weniger einschneidende Maßnahmen erreicht werden (zust. Reb-
mann/Roth/Herrmann 9). Notwendig ist aber nicht, daß die engen Voraussetzungen des § 22 II Nr. 2 eindeutig feststehen (zust. Rebmann/
Roth/Herrmann 9). Die Einziehung kann auch dann dem Schutz der
Allgemeinheit dienen, wenn zB der Gegenstand seiner Art nach (generell) gefährlich ist, aber zweifelhaft bleibt, ob auch nach den Umständen
des Falles (speziell) eine Gefährung der Allgemeinheit besteht (vgl. auch
23 zu § 22). Gleiches gilt in den Fällen des § 23. Die für die Ahndung
zuständige Stelle hat also die Möglichkeit, in den Fällen des § 22 II Nr. 1
und des § 23 schon bei genereller Gefährlichkeit weniger einschneidende
Maßnahmen zur Sicherung der Allgemeinheit zu treffen, die den Täter
oder Dritten nicht so sehr belasten wie die Einziehung des Gegenstandes.
Dabei ist allerdings auch die Grenze von I zu berücksichtigen, weil die
Einziehung vorbehalten bleibt und nach II nachträglich angeordnet werden kann. Liegen die Voraussetzungen des § 22 II Nr. 1 (oder des § 23)
und gleichzeitig die des § 22 II Nr. 2 vor, so gelten die Bemerkungen
unter 8 aE.

10   B. **Der Vorbehalt der Einziehung,** der in der Bußgeldentscheidung
ausgesprochen wird (vgl. 21 zu § 66), hat die Wirkung eines Veräußerungsverbots (§ 26 III S. 2, dort 9). Zur Durchsetzung der Maßnahmen
nach II S. 1, 2 oder der späteren Einziehung ist die Sicherstellung der
Einziehungsgegenstände zweckmäßig (§§ 111 b ff. StPO iVm § 46 I; 71
vor § 59). Zu diesem Zweck kann auch die Beschlagnahme selbst nach
Rechtskraft des Bußgeldbescheides angeordnet oder aufrechterhalten
werden, weil der Gegenstand der Einziehung unterliegt und über die
Einziehung noch nicht endgültig entschieden ist (vgl. 75 vor § 59; LK 12
zu § 40 b aF).

11   C. **Die Anweisung,** mit dem Gegenstand in bestimmter Weise zu
verfahren, ist als weniger einschneidende Maßnahme ebenfalls zugleich
in der Bußgeldentscheidung zu treffen (21 zu § 66). Die Anweisung richtet sich an den Eigentümer oder Rechtsinhaber, weil nur er über den
Gegenstand verfügen kann und weil er sein Eigentum verliert, falls die
Anweisung nicht befolgt wird (II S. 3; zust. LK 11 zu § 40 b aF). Die in
den Nrn. 1 bis 3 aufgeführten Möglichkeiten sind Regelbeispiele. Andere
Anweisungen sind möglich. Statt der Anweisung kann auch eine andere
Maßnahme getroffen werden, so zB die, daß der Gegenstand von Amts
wegen unbrauchbar gemacht wird (zust. LK 13 zu § 40 b aF); nötig sind
dann aber allerdings zusätzliche Vollstreckungshandlungen, die bei einer
Anweisung nach II S. 2 erspart werden. Wird eine solche Maßnahme
getroffen, so ist der Vorbehalt der Einziehung von Amts wegen aufzuheben, sobald die Maßnahme durchgeführt ist. Die Kosten für die Unbrauchbarmachung von Amts wegen trägt der Betroffene nach §§ 465,
472b StPO iVm § 105, 46 I.

12   a) **Die Anweisung nach Nr. 1,** den Gegenstand unbrauchbar zu machen, ist dann zweckmäßig, wenn er wegen seiner Form oder Gestaltung

Verkehrs- oder Verwendungsbeschränkungen unterliegt und bei einer Unbrauchbarmachung der Wert des Materials (zB Metallwert) erhalten bleibt (zust. Rebmann/Roth/Herrmann 12). Die Unbrauchbarmachung selbst ist in § 123 II S. 1 Nr. 2 vorgesehen (vgl. auch § 30 I S. 2 WZG).

13   b) **Die Anweisung nach Nr. 2** kommt insbesondere dann in Betracht, wenn gesetzliche Kennzeichnungsvorschriften nicht beachtet sind.

14   c) **Die Anweisung nach Nr. 3,** über den Gegenstand in bestimmter Weise zu verfügen, wird naheliegen, wenn der Gegenstand verkehrs- und verwendungsfähig ist, sich aber gerade in der Hand des Täters als gefährlich erwiesen hat. Die Gefährdung für die Allgemeinheit kann in einem solchen Falle dadurch beseitigt werden, daß eine Ausnahmegenehmigung für eine anderweitige Verwertung erteilt wird (Koblenz LRE **11**, 132, 134) oder daß der Gegenstand an Personen oder Stellen veräußert wird, die solche Sachen befugterweise verwenden. Das Veräußerungsverbot nach § 26 III S. 2 steht einer solchen Veräußerung nicht entgegen, weil das Gesetz diese zuläßt. Die Entgegennahme einer ehrenwörtlichen Versicherung des Täters, den Gegenstand künftig nicht zu rechtswidrigen Taten zu benutzen, ist keine Anweisung (Dreher/Tröndle 3 zu § 74b; LK 14 zu § 40b aF; Rebmann/Roth/Herrmann 13; aM Karlsruhe NJW **70**, 396).

15   d) **Eine angemessene Frist** ist für die Befolgung der Anweisung im Hinblick auf die nachträgliche Entscheidung über die Einziehung festzusetzen (vgl. 17). Die Frist kann auch kurz sein (vgl. Koblenz LRE **11**, 132, 134).

16   D. **Von Amts wegen** ist eine Maßnahme nach II S. 1, 2 zu treffen. Ein Ermessensspielraum besteht also nicht, wenn feststeht, daß der Zweck der Einziehung durch eine andere Maßnahme erreicht werden kann. Die Einziehung selbst wäre unter dieser Voraussetzung ein übermäßiger Eingriff. Gehört der Gegenstand allerdings dem Täter (oder nach § 23 einem Dritten), so besteht keine Pflicht, weniger einschneidende Maßnahmen anzuordnen (vgl. 9).

17   E. **Die nachträgliche Entscheidung über die Einziehung** richtet sich danach, ob die Anweisung befolgt wird oder nicht. Da der Berechtigte dafür nicht beliebig viel Zeit in Anspruch nehmen kann, ist ihm eine Frist zu setzen und nach Ablauf der Frist zu entscheiden. Ob die Anweisung befolgt ist, ist von Amts wegen (etwa durch einen Vollstreckungsbeamten, einen Angehörigen der VB, im Wege der Amtshilfe durch eine andere Behörde uä) zu prüfen. Die nachträgliche Anordnung der Einziehung ist nach Wortlaut und Sinn der Vorschrift auch zulässig, wenn den Berechtigten kein Vorwurf trifft, daß die Anweisung nicht befolgt ist (zust. Lackner 4b zu § 74b; Rebmann/Roth/Herrmann 17; Rotberg 14; LK 11 zu § 40b aF). Allerdings wird dem Berechtigten eine Nachfrist zu bewilligen sein, wenn damit gerechnet werden kann, daß er sie nützt (zust. LK 11 zu § 40b aF). Über das Verfahren bei der nachträglichen Entscheidung vgl. § 100.

18   4) **Die teilweise Einziehung** der Gegenstände ist auch bei der Sicherungseinziehung (§ 22 II Nr. 2) zulässig; sie kommt hier in Betracht, wenn ein Teil der Gegenstände weniger gefährlich ist und die Einziehung dieses Teils im Hinblick auf den Wert der Gegenstände nicht angemessen wäre. Möglich ist sowohl die Einziehung des Teils eines Gegenstandes wie auch die Einziehung einzelner von mehreren Gegenständen; im ersten Falle kommt es darauf an, ob der Teil ohne wesentliche Veränderung des Gegenstandes und ohne erheblichen Aufwand getrennt werden kann (ebenso SchSch-Eser 12 zu § 74b; Rebmann/Roth/Herrmann 18). Die Einziehung des Miteigentumsanteils ist nicht zulässig (11 zu § 22); ebenso nicht die Einziehung eines ideellen Bruchteils (zust. Rebmann/Roth/Herrmann 18; aM Rotberg 15).

19 **5) Bei einer Beschlagnahmeanordnung** kann nach dem Rechtsgedanken von II an Stelle des Vollzuges der Beschlagnahme eine weniger einschneidende Maßnahme angeordnet werden (vgl. 95 vor § 59).

Einziehung des Wertersatzes

25 ^I **Hat der Täter den Gegenstand, der ihm zur Zeit der Handlung gehörte oder zustand und dessen Einziehung hätte angeordnet werden können, vor der Anordnung der Einziehung verwertet, namentlich veräußert oder verbraucht, oder hat er die Einziehung des Gegenstandes sonst vereitelt, so kann die Einziehung eines Geldbetrages gegen den Täter bis zu der Höhe angeordnet werden, die dem Wert des Gegenstandes entspricht.**

^II **Eine solche Anordnung kann auch neben der Einziehung eines Gegenstandes oder an deren Stelle getroffen werden, wenn ihn der Täter vor der Anordnung der Einziehung mit dem Recht eines Dritten belastet hat, dessen Erlöschen ohne Entschädigung nicht angeordnet werden kann oder im Falle der Einziehung nicht angeordnet werden könnte (§ 26 Abs. 2, § 28); wird die Anordnung neben der Einziehung getroffen, so bemißt sich die Höhe des Wertersatzes nach dem Wert der Belastung des Gegenstandes.**

^III **Der Wert des Gegenstandes und der Belastung kann geschätzt werden.**

^IV **Ist die Anordnung der Einziehung eines Gegenstandes nicht ausführbar oder unzureichend, weil nach der Anordnung eine der in Absatz 1 oder Absatz 2 bezeichneten Voraussetzungen eingetreten oder bekanntgeworden ist, so kann die Einziehung des Wertersatzes nachträglich angeordnet werden.**

^V **Für die Bewilligung von Zahlungserleichterungen gilt § 18.**

1 **1) Der Zweck** des § 25 (vgl. 74c StGB) ist es, unangemessene Ergebnisse zu vermeiden, die in erster Linie bei der Einziehungsregelung des § 22 II Nr. 1 entstehen könnten (I). § 22 Nr. 1 setzt voraus, daß der Täter auch noch im Zeitpunkt der Entscheidung Eigentümer der Sache oder Inhaber des Rechts ist. Diese Voraussetzung kann er dadurch beseitigen, daß er den Gegenstand veräußert, verbraucht, zerstört uä. Ohne die Möglichkeit der Anordnung des Wertersatzes hätte es also der Täter praktisch in der Hand, ob ihn der mit der Einziehung verbundene Nachteil trifft oder nicht. Die Vorschrift will weiterhin verhindern, daß der

Täter den Wert der wirtschaftlichen Einbuße dadurch verringert, daß er den Gegenstand mit dem Recht eines Dritten belastet (II).

2 **2) Wertersatz an Stelle der Einziehung** kann nach I angeordnet werden, wenn a) der Täter im Zeitpunkt der Ordnungswidrigkeit Eigentümer oder Rechtsinhaber des Einziehungsgegenstandes (vgl. 11 ff. zu § 22) gewesen ist, b) die Einziehung ihm gegenüber zulässig gewesen wäre, die Möglichkeit der Einziehung aber genommen ist (3), und c) ein berechtigter Grund für die Anordnung des Wertersatzes vorliegt (4).

3 A. **Die Einziehung des Gegenstandes muß früher zulässig,** die Anordnung aber zur Zeit der Entscheidung nicht mehr möglich sein. Beides folgt aus den Worten ,,auf dessen Einziehung hätte erkannt werden können" (vgl. die Fassung des § 46 KO; zu § 414a AO aF BGH **16**, 282). Zu prüfen ist danach auch, ob die Einziehung des Gegenstandes selbst mit dem Grundsatz der Verhältnismäßigkeit (§ 24) vereinbar gewesen wäre (ebenso Rotberg 3, 21; Rebmann/Roth/Herrmann 6; Bender NJW **69**, 1056).

3a **Nicht mehr möglich ist die Einziehung** dann, wenn sie aus tatsächlichen oder rechtlichen Gründen scheitert oder auch nur auf erhebliche Schwierigkeiten stößt, so zB wenn der Täter den Gegenstand an einen Unbekannten veräußert hat und deshalb offen bleibt, ob die Einziehung dem Dritten gegenüber nach § 22 II Nr. 2 oder § 23 zulässig wäre (Begr. zu § 40c StGB = Art. 1 Nr. 2 EEGOWiG; Bender NJW **69**, 1056; LK 9 zu § 40a aF; Rebmann/Roth/Herrmann 6). Ist der Gegenstand gefährlich, so hindert die Veräußerung die Einziehung grundsätzlich nicht, da es dann auf die Eigentumsverhältnisse nicht entscheidend ankommt; sie sind andererseits nicht ganz bedeutungslos, weil die Gefährlichkeit auch den Umständen nach festzustellen ist (vgl. 23 zu § 22). Ist die Einziehung nach § 22 II Nr. 2 oder nach § 23 möglich, so scheidet die Anordnung des Wertersatzes aus, auch wenn von der Anordnung der Einziehung im Rahmen des Ermessens (18 vor § 22) abgesehen wird. Eine Wahlmöglichkeit zwischen Einziehung des Gegenstandes und des Wertersatzes besteht also nicht (vgl. aber II).

4 **Ist ein Teil der Einziehungsgegenstände nicht mehr einziehbar,** so kann insoweit die Einziehung des Wertersatzes neben der Einziehung der noch vorhandenen Gegenstände angeordnet werden (zust. Rebmann/Roth/Herrmann 6).

5 B. **Ein berechtigter Grund für die Anordnung des Wertersatzes** ist einmal dann gegeben, wenn der Täter den Gegenstand verwertet, also den wirtschaftlichen Wert des Gegenstandes genutzt oder einen Gegenwert erhalten hat. Als wichtigste Fälle (,,namentlich") nennt I die Veräußerung und den Verbrauch (vgl. BGH **16**, 282). Dabei ist es unerheblich, ob der Täter vorwerfbar gehandelt hat.

5a a) **Eine Verwertung** liegt zB auch vor, wenn der Täter eine ihm zustehende Forderung einzieht oder über ein Bankguthaben verfügt; ebenso wohl, wenn er die Sache verarbeitet oder mit anderen Sachen vermischt (vgl. §§ 947ff. BGB; Rebmann/Roth/Herrmann 8) oder wenn er die Zwangsvollstreckung in den Einziehungsgegenstand veranlaßt, nicht aber dann, wenn sie ohne sein Zutun durchgeführt wird (zw.; wie hier jetzt: Rebmann/Roth/Herrmann 9; aM LK 10 zu 40 c aF, da der Täter von einer Verbindlichkeit befreit wird, aus der Zwangsvollstreckung also einen Nutzen zieht). Bei unfreiwilligem, wenn auch vorwerfbarem Verlust kommt die Wertersatzeinziehung nicht in Betracht, selbst wenn der Täter für den Verlust (zB auf Grund einer Brand- oder Diebstahlsversicherung) entschädigt wird (Bender NJW **69**, 1057; LK 11 zu § 40 c aF; Wuttke SchlHA **68**, 250). Hat ein anderer für den Täter veräußert oder den Gegenstand verbraucht, so kommt es darauf an, ob dies mit Zustimmung (ev. Genehmigung) des Täters geschehen ist (zust. Rebmann/Roth/Herrmann 8).

5b b) **Die Einziehung „vereitelt"** hat der Täter dann, wenn ihm zwar nicht der wirtschaftliche Wert des Einziehungsgegenstandes zugeflossen ist, er aber vorwerfbar die Einziehung verhindert hat. Das Wort „vorwerfbar" ist bei den Beratungen im BTag nur deshalb gestrichen worden, weil dieses Merkmal bereits in dem Wort „vereitelt" enthalten sei (vgl. BerEEGOWiG zu § 40 c StGB). Ein „Vereiteln" wird zB dann zu bejahen sein, wenn der Täter den Gegenstand zerstört, verschenkt oder beiseiteschafft und dabei weiß oder zumindest billigend in Kauf nimmt, daß dadurch die Einziehung verhindert wird. Ein nur fahrlässiges (leichtfertiges) Verhalten reicht nicht aus (Lackner 2 zu § 74 c; LK 8 zu § 40 c aF; Rebmann/Roth/Herrmann 9; Bender NJW **69**, 1056; aM SchSch-Eser 6 zu § 74 c), erst recht nicht eine nur objektive Einziehungsvereitelung (so jedoch Rotberg 5). Ist die Sache nach der Beschlagnahme im staatlichen Gewahrsam untergegangen, so ist die Einziehung des Wertersatzes nicht zulässig (vgl. Rebmann/Roth/Herrmann 9; BGH **4**, 62).

6 3) **Neben der Einziehung** des Gegenstandes oder an deren Stelle kann die Einziehung des Wertersatzes angeordnet werden, wenn der Täter den wirtschaftlichen Wert des Gegenstandes durch Belastung mit dem Recht eines Dritten verringert hat (II).

6a A. **Eine teilweise Verwertung** des Gegenstandes zugunsten des Täters liegt in diesem Falle vor, so daß der Grundgedanke von I auch hier zutrifft. Ohne Berücksichtigung dieses Falles könnte der Täter den wirtschaftlichen Nachteil, der ihm mit der Einziehung droht, zwar nicht durch eine Veräußerung, wohl aber durch eine entsprechende vorherige Belastung, die seinem Vermögen zugute kommt, verringern oder praktisch ganz beseitigen. Ob der Täter vorwerfbar gehandelt hat, ist aber – wie beim Verwerten – unerheblich (ebenso Dreher/Tröndle 4 zu § 74 c; LK 17 zu § 40 c aF).

7 B. **Voraussetzung ist,** daß die Belastung im Falle der Einziehung beachtet werden muß, daß sie also den wirtschaftlichen Wert des Gegenstandes tatsächlich verringert. Das ist nicht der Fall, wenn das Erlöschen der Belastung angeordnet werden kann und dem Dritten eine Entschädigung nicht gewährt werden muß. Praktisch kommt dies in Betracht, wenn der Dritte einen leichtfertigen Tatbeitrag geleistet oder das Recht an dem Gegenstand in Kenntnis der Umstände, welche die Einziehung zulassen, in verwerflicher Weise erworben hat oder wenn die entschädigungslose Einziehung nach anderen Rechtsvorschriften zulässig wäre (§ 26 II S. 2, 3, § 28 II). Bei einer Belastung im Wege der Zwangsvollstreckung ist die Anordnung des Wertersatzes dann zulässig, wenn sie der Täter veranlaßt hat, weil der Grundgedanke der Vorschrift auch diesen Fall trifft (vgl. 5; ebenso LK 17 zu § 40c aF).

8   C. **Die Wahlmöglichkeit** zwischen Einziehung des Gegenstandes und des teilweisen Wertersatzes oder nur des Wertersatzes besteht bei einer nachträglichen Belastung. Die Einziehung ist anzuordnen, wenn sie aus Sicherungsgründen geboten ist. Soll die Einziehung dagegen den Täter als zusätzliche Ahndung treffen, weil dies aus generalpräventiven Gründen geboten ist (zB 4ff. vor § 22), so wird die Anordnung des Wertersatzes an Stelle der Einziehung des Gegenstandes naheliegen, wenn der Gegenstand infolge der Belastung keinen oder nur einen geringen wirtschaftlichen Wert hat (zust. Rebmann/Roth/Herrmann 11).

9   D. **Erlischt die Belastung,** nachdem die Anordnung des Wertersatzes neben der Einziehung ausgesprochen worden ist, so wird die Anordnung des Wertersatzes entsprechend IV nachträglich aufzuheben sein, da ihre Grundlage entfallen ist (vgl. Rotberg 19; so auch Rebmann/Roth/Herrmann 11).

10   **4) Das Ausmaß des Wertersatzes** ist begrenzt durch den Wert des Gegenstandes oder, wenn die Einziehung des Wertersatzes neben der des Gegenstandes angeordnet wird (II), durch den Wert der Belastung.

11   A. **Der Verkehrswert** ist maßgebend, also der gewöhnliche (inländische) Verkaufspreis für Waren gleicher Art und Güte in dem Zustand des Gegenstandes, dessen Einziehung nicht mehr möglich ist (vgl. BGH **28**, 369, **4**, 13, 14, 305; RG **75**, 103; Neustadt NJW **57**, 554 zu § 401 AO aF; so auch Rebmann/Roth/Herrmann 12). Dabei kommt es auf den Zeitpunkt der Entscheidung an (vgl. BGH aaO). Gleichgültig ist, wie die noch vorhandenen und gleichzeitig eingezogenen Waren oder ähnliche Waren durch die VB verwertet werden (zB Veräußerung zu einem geringeren Preis); maßgebend ist nicht der tatsächlich erzielte, sondern der erzielbare Preis (vgl. BGH aaO). Würde der Täter die Waren voraussichtlich zum Großhandelspreis veräußert haben, so ist dieser Preis zugrunde zu legen (zust. Rebmann/Roth/Herrmann 12). Bei einer Belastung des Gegenstandes wird von dem Preis auszugehen sein, der notwendig ist, um die Belastung zu beseitigen, also zB bei einem Pfandrecht von der Höhe der abgesicherten Forderung (zust. Rebmann/Roth/Herrmann 12).

12   B. **Eine Schätzung des Wertes** des Gegenstandes und der Belastung erlaubt III (vgl. zB auch §§ 287, 813 ZPO), und zwar nicht nur für den Fall, daß der Wert der Sache nicht ermittelt werden kann. Kann der Wert jedoch ohne wesentliche Schwierigkeiten festgestellt werden, so wäre eine Schätzung nicht pflichtgemäß (zust. Rebmann/Roth/Herrmann 13).

13   C. **Innerhalb des Wertrahmens** kann das Gericht die Höhe des Wertersatzes bestimmen. Dies entspricht der Möglichkeit, die Einziehung auf einen Teil der Gegenstände zu beschränken (§ 24 III); zu berücksichtigen ist auch, daß die Einziehung des Wertersatzes den Täter möglicherweise härter trifft als die Einziehung des Gegenstandes (ebenso Rebmann/Roth/

Herrmann 13). Auch die wirtschaftlichen Verhältnisse des Täters können berücksichtigt werden.

14 **5) Nur gegen den Täter** (oder einen nach § 14 als Täter angesehenen Beteiligten) ist die Anordnung des Wertersatzes zulässig, nicht also gegen eine an der Tat unbeteiligte Person. Gegen einen Dritten, der nach § 23 vorwerfbar gehandelt und den Gegenstand später veräußert oder verbraucht hat, ist die Anordnung des Wertersatzes ebenfalls nicht möglich. Nicht zulässig ist es, bei mehreren Beteiligten auf „gesamtschuldnerische Haftung" zu erkennen (so BGH **6**, 4 zu § 414 AO aF; wie hier: LK 15 zu § 40 c aF; SchSch-Eser 2 zu § 74 c; jetzt auch Rebmann/Roth/Herrmann 18), da die Anordnung des Wertersatzes nur gegen den „Täter" ausgesprochen werden kann, dem der Einziehungsgegenstand im Zeitpunkt der Tat gehört hat.

15 **6) Nur bei einer Ordnungswidrigkeit** (§ 1 I), nicht schon bei einer mit Geldbuße bedrohten Handlung (§ 1 II) ist die Anordnung des Wertersatzes zulässig, weil sie ahndungsähnliche Wirkung hat und deshalb ein vorwerfbares Handeln (30 vor § 1) voraussetzt (im Ergebnis ebenso, jedoch m. abw. Begr. Rotberg 3).

16 **7) Im Ermessen** der VB oder des Gerichts steht die Anordnung der Einziehung des Wertersatzes (vgl. 18 vor § 22). Vielfach wird die Ordnungswidrigkeit ausreichend mit der Geldbuße geahndet werden können. Wertersatz ist deshalb im allgemeinen nur anzuordnen, wenn dies aus generalpräventiven Gründen zur Bekämpfung bestimmter Zuwiderhandlungen geboten ist (vgl. 6 vor § 22; weitergehend Rebmann/Roth/Herrmann 19).

17 **8) Die selbständige Anordnung** des Wertersatzes ist unter den Voraussetzungen des § 27 zulässig.

18 **9) Die nachträgliche Anordnung** des Wertersatzes (IV) ist keine nochmalige Ahndung, sondern ein Ersatzmittel für die sonst (ganz oder zum Teil) wirkungslose Einziehungsanordnung. Sie setzt voraus, daß die Anordnung der Einziehung nicht ausführbar (vgl. 19) oder unzureichend (vgl. 20) ist.

19 A. **Nicht ausführbar** ist die Anordnung der Einziehung, wenn sich später (etwa im Vollstreckungsverfahren) herausstellt, daß der Gegenstand nicht mehr vorhanden oder nachträglich von einem Dritten gutgläubig erworben ist. In diesen Fällen kann die Anordnung der Einziehung, die darauf gerichtet ist, dem Staat (oder auch der Körperschaft oder Anstalt des öR, vgl. § 26) die Verfügungsgewalt über den Gegenstand zu verschaffen, nicht vollzogen werden. Ob der Gegenstand schon im Zeitpunkt der Anordnung der Einziehung untergegangen war oder aber ob er erst nachträglich verbraucht oder einem Dritten übertragen ist, ist unbeachtlich. Hat der Täter den Gegenstand allerdings schon vor der Entscheidung an einen Dritten (wirksam, vgl. 15 f. zu § 22) veräußert und ist die Einziehung in der Annahme angeordnet, daß der Täter noch Eigentümer sei, so ist das Eigentum an dem Gegenstand nach § 26 I auf den Staat übergegangen und die Anordnung der Einziehung ausführbar, notfalls im Wege der Klage auf Herausgabe des Eigentums (vgl. 24 zu

§ 90). Eine nachträgliche Anordnung der Einziehung des Wertersatzes ist deshalb in einem solchen Falle, solange die Anordnung der Einziehung noch Bestand hat, nicht möglich. Erreicht der Dritte aber im Nachverfahren (§ 87 IV iVm § 439 StPO; 41 ff. zu § 87) die Aufhebung der Einziehungsanordnung, so kann noch nachträglich die Einziehung des Wertersatzes gegen den Täter angeordnet werden. Es dürften keine grundlegenden Bedenken dagegen bestehen, daß in einem solchen Fall das Gericht (an Stelle der VB; vgl. § 100) zugleich im Nachverfahren über die nachträgliche Anordnung des Wertersatzes entscheidet, weil dies der Prozeßwirtschaftlichkeit entspricht und das Bußgeldverfahren weitgehend von diesem Grundsatz geprägt ist (zust. Rebmann/Roth/Herrmann 15).

20   B. **Unzureichend** ist die Anordnung der Einziehung, a) wenn sich später herausstellt, daß der Täter den Gegenstand nach der Tat, aber vor der Anordnung mit dem Recht eines Dritten belastet hat, das nicht erloschen ist (§ 26 II S. 1, 2), oder b) wenn ein Dritter nach der Anordnung der Einziehung gutgläubig ein Recht an dem Gegenstand erworben hat (vgl. II).

21   **10) Eine Zahlungserleichterung** (V) ist zu gewähren, wenn dem Betroffenen nach seinen wirtschaftlichen Verhältnissen nicht zuzumuten ist, den Wertersatz sofort zu zahlen. Vgl. zu §§ 18, 93, 99.

22   **11) Ein Arrest** zur Sicherung der Anordnung der Einziehung des Wertersatzes ist nach § 111d StPO iVm § 46 I zulässig (vgl. 107 vor § 59). Über die Vollstreckung des Wertersatzes vgl. 20 zu § 90.

Wirkung der Einziehung

26 [I] **Wird ein Gegenstand eingezogen, so geht das Eigentum an der Sache oder das eingezogene Recht mit der Rechtskraft der Entscheidung auf den Staat oder, soweit das Gesetz dies bestimmt, auf die Körperschaft oder Anstalt des öffentlichen Rechts über, deren Organ oder Stelle die Einziehung angeordnet hat.**

[II] **Rechte Dritter an dem Gegenstand bleiben bestehen. Das Erlöschen dieser Rechte wird jedoch angeordnet, wenn die Einziehung darauf gestützt wird, daß die Voraussetzungen des § 22 Abs. 2 Nr. 2 vorliegen. Das Erlöschen des Rechtes eines Dritten kann auch dann angeordnet werden, wenn diesem eine Entschädigung nach § 28 Abs. 2 Nr. 1 oder 2 nicht zu gewähren ist.**

[III] **Vor der Rechtskraft wirkt die Anordnung der Einziehung als Veräußerungsverbot im Sinne des § 136 des Bürgerlichen Gesetzbuches; das Verbot umfaßt auch andere Verfügungen als Veräußerungen. Die gleiche Wirkung hat die Anordnung des Vorbehalts der Einziehung, auch wenn sie noch nicht rechtskräftig ist.**

1   **1) Der Zeitpunkt des Rechtsüberganges,** den § 26 (vgl. § 74e StGB) in I festlegt, ist die Rechtskraft der Bußgeldentscheidung (vgl. 2 zu § 84, 2 ff. vor § 89), dh wenn die Entscheidung mit den ordentlichen Rechtsbe-

helfen nicht mehr anfechtbar ist (2 zu § 89); der Antrag auf das Nachverfahren (§ 439 StPO iVm § 46 I, § 87 IV) ist kein ordentlicher Rechtsbehelf. Ist der Gegenstand nach der Entscheidung, aber vor deren Rechtskraft an einen gutgläubigen Dritten veräußert worden (vgl. 9), so verliert er mit der Rechtskraft das Recht (vgl. 3), ist aber nach § 28 zu entschädigen. Er kann auch das Nachverfahren (vgl. oben) beantragen.

2   **2) Der Staat** erwirbt das Eigentum an der Sache oder das eingezogene Recht (zB eine Forderung). Hat eine VB des Bundes die Einziehung angeordnet, so erwirbt der Bund die Sache oder das Recht; hat sonst eine VB oder das Gericht (im Einspruchsverfahren oder im Verfahren nach den §§ 82, 83) die Einziehung ausgesprochen, so tritt der Rechtsübergang zugunsten des Landes ein (vgl. auch § 90 II sowie § 60 iVm § 87 II S. 2 Buchst. b StVollstrO). Etwas anderes gilt nur, falls das (besondere) Gesetz ausdrücklich bestimmt, daß der Rechtsübergang zugunsten einer Körperschaft (ohne oder mit Gebietshoheit, zB Gemeinden, Kreise) oder Anstalt des öR eintritt; in diesem Falle geht das Eigentum auf die Körperschaft oder Anstalt des öR über, deren Organ oder Stelle (Behörde, Dienststelle) die Einziehung angeordnet hat. Solche Vorschriften enthalten zB § 3 LOWiGBW (Anh **B 1a**); Art. 3 BremAGOWiG/EGOWiG (Anh **B 4a**); § 3 NdsAGOWiG (Anh **B 7a**); Art. 58 III AnpGNW (Anh **B 8a**); Art. 35 II S. 1 LStrafÄndGRhPf (Anh **B 9a**).

3   **3) Unabhängig von den wirklichen Rechtsverhältnissen** tritt der Rechtsübergang ein, also auch dann, wenn der Gegenstand einem völlig unbeteiligten Dritten gehört und dieser an dem Verfahren nicht beteiligt worden ist. Die Entscheidung wirkt danach gegenüber jedermann (*„inter omnes"*; vgl. auch 1, 9). Ein Dritter, dessen Recht untergeht, hat jedoch die Möglichkeit des Nachverfahrens (§ 439 StPO iVm § 46 I, § 87 IV), weiterhin auch einen Entschädigungsanspruch (§ 28).

4   **4) Von selbst** vollzieht sich der Rechtsübergang. Ein besonderer Ausspruch, daß das Eigentum übergeht, ist überflüssig, ebenso auch eine Umschreibung in einem Register (anders die Beschlagnahmeanordnung, vgl. 111 c III, IV StPO iVm § 46 I). Es ist jedoch Sache der VB, für die spätere (deklaratorische) Umschreibung zu sorgen.

5   **5) Rechte Dritter** an dem Gegenstand, dh beschränkt dingliche Rechte (vgl. 2 zu § 87), bleiben (im Gegensatz zum früheren Recht; vgl. § 22 S. 2 OWiG 1952) grundsätzlich bestehen (II S. 1), also zB das Pfandrecht oder der Nießbrauch (zum Vorbehalts- und Sicherungseigentum vgl. 13 zu § 22); sie erlöschen nur, wenn dies in der Bußgeldentscheidung ausdrücklich ausgesprochen wird (II S. 2, 3). Für die Anordnung des Erlöschens muß im Hinblick auf Art. 14 GG ein rechtfertigender Grund gegeben sein (vgl. 6 f.).

6   A. **Das Erlöschen der Rechte ist anzuordnen,** wenn die Einziehung des Gegenstandes zum Schutz der Allgemeinheit ausgesprochen wird (§ 22 II Nr. 2); denn dieser Schutzzweck hat Vorrang vor dem Individualrecht. Das schutzwürdige Interesse des Dritten wird im übrigen durch den Entschädigungsanspruch nach § 28 hinreichend gewahrt. Liegen die Voraussetzungen von § 22 II Nr. 1 (oder § 23) und von § 22 II Nr. 2 vor, so ist die Einziehung wegen der weitergehenden Wirkung nach II S. 2 auf § 22 II Nr. 2 zu stützen (vgl. 25 zu § 22).

7 B. **Das Erlöschen der Rechte kann angeordnet werden,** wenn dem Dritten wegen eines Verhaltens iS von § 28 II Nr. 1 oder 2 keine Entschädigung zu gewähren ist (II S. 3). Diese Prüfung ist schon im Erkenntnisverfahren notwendig, weil der Dritte sonst sein Recht behalten würde und die Frage der Entschädigung deshalb später gar nicht mehr aktuell werden könnte.

8 **Der Zweck von II S. 3 ist es,** unangemessene Ergebnisse zu vermeiden: Wird die Einziehung zB auf § 22 II Nr. 2 gestützt, so ist das Erlöschen der Rechte Dritter anzuordnen und ein Dritter, der vorwerfbar gehandelt hat, erhält dann keine Entschädigung. Er würde aber keine Einbuße erleiden, wenn die Einziehung nur auf § 22 II Nr. 1 gestützt und das Erlöschen seines Rechts nicht angeordnet wird; das wäre ungerecht. Die Anordnung nach II S. 3 liegt allerdings im Ermessen der VB oder des Gerichts, weil einem vorwerfbar handelnden Dritten nach § 28 III ausnahmsweise auch eine Entschädigung gewährt werden könnte, das vorwerfbare Verhalten also nicht schlechthin zum entschädigungslosen Rechtsverlust führt (zust. insgesamt Rebmann/Roth/Herrmann 10). II S. 3 ist nur anzuwenden, wenn die Einziehung lediglich auf § 22 II Nr. 1 oder § 23 gestützt wird (so auch Rebmann/Roth/Herrmann 10).

8a C. **Im Verfahren zu beteiligen** sind die beschränkt dinglich Berechtigten, wenn eine Anordnung nach II S. 2 oder 3 in Betracht kommt (vgl. 3 vor § 87), sonst nicht, da ihr Recht grundsätzlich bestehenbleibt (II S. 1).

9 **6) Als Veräußerungsverbot** (III) wirken a) die Anordnung der Einziehung vor der Rechtskraft, b) die Anordnung des Vorbehalts der Einziehung vor und weiterhin auch nach Rechtskraft bis zur Entscheidung über die Einziehung selbst und c) die Beschlagnahme des Gegenstandes (vgl. 17 zu § 22). Das Veräußerungsverbot ist bei generell gefährlichen (zB verkehrsunfähigen) Sachen absolut iS von § 134 BGB, sonst relativ iS von § 135 BGB (vgl. Bremen NJW **51**, 675; LK 11 zu § 41a aF; Rebmann/Roth/Herrmann 15a; hM). Das Verbot umfaßt auch andere Verfügungen als Veräußerungen, also auch unentgeltliche Verfügungen sowie dingliche Belastungen; es ist auch insoweit absolut oder relativ.

10 A. **Ein nachträglicher Rechtserwerb eines Dritten** ist also grundsätzlich unbeachtlich (vgl. Frankfurt NJW **52**, 1068); der Dritte kann deshalb im Bußgeld- oder Vollstreckungsverfahren nicht geltend machen, er sei Eigentümer geworden. Gutgläubiger Erwerb ist aber im Rahmen des § 135 II BGB möglich; doch schadet schon grobfahrlässige (vgl. 21 zu § 10) Unkenntnis von der Anordnung der Einziehung, des Vorbehalts der Einziehung oder der Beschlagnahme; sie wird in der Regel zu bejahen sein, wenn der Erwerber zumindest weiß, daß wegen der Tat, bei welcher der Einziehungsgegenstand eine Rolle gespielt hat, ein Bußgeldverfahren schwebt (ebenso Dreher/Tröndle 3 zu § 74e; LK 12 zu § 41a aF; Rebmann/Roth/Herrmann 16).

11 B. **Liegt gutgläubiger Erwerb vor,** so kann die Einziehung nicht mehr auf § 22 II Nr. 1 gestützt werden. Ist der Gegenstand nach Rechts-

kraft der Einziehung erworben, so sind die Vorschriften des bürgerlichen Rechts über den gutgläubigen Erwerb von Nichtberechtigten (vgl. namentlich §§ 929ff. BGB) unmittelbar anzuwenden. Über die Veräußerung des Gegenstandes nach der Entscheidung aber vor Rechtskraft vgl. 1.

12 C. **Das Veräußerungsverbot verliert seine Wirkung,** wenn die Einziehung oder deren Vorbehalt später aufgehoben wird; ein zwischenzeitlicher Erwerb ist dann als wirksam anzusehen (vgl. Rebmann/Roth/Herrmann 16).

13 7) **Über die Vollstreckung** des Herausgabeanspruchs vg. 21ff. zu § 90.

Selbständige Anordnung

27 [I] **Kann wegen der Ordnungswidrigkeit aus tatsächlichen Gründen keine bestimmte Person verfolgt oder eine Geldbuße gegen eine bestimmte Person nicht festgesetzt werden, so kann die Einziehung des Gegenstandes oder des Wertersatzes selbständig angeordnet werden, wenn die Voraussetzungen, unter denen die Maßnahme zugelassen ist, im übrigen vorliegen.**

[II] **In den Fällen des § 22 Abs. 2 Nr. 2 oder Abs. 3 ist Absatz 1 auch dann anzuwenden, wenn aus rechtlichen Gründen keine bestimmte Person verfolgt werden kann und das Gesetz nichts anderes bestimmt. Die Einziehung darf jedoch nicht angeordnet werden, wenn Antrag oder Ermächtigung fehlen.**

[III] **Absatz 1 ist auch anzuwenden, wenn nach § 47 die Verfolgungsbehörde von der Verfolgung der Ordnungswidrigkeit absieht oder das Gericht das Verfahren einstellt.**

1 1) **Allgemein zulässig** ist nach § 27 (vgl. § 76a StGB) die selbständige Anordnung der Einziehung; es ist nicht notwendig, daß eine besondere Vorschrift dies erlaubt (vgl. 1 vor § 22).

2 2) **Sämtliche Voraussetzungen der Einziehung** müssen vorliegen, um sie selbständig anordnen zu können. Bleibt zB zweifelhaft, ob der Tatbestand überhaupt verwirklicht ist oder ob der Täter rechtmäßig gehandelt hat (vgl. 16ff., 20ff. vor § 1), so ist die selbständige Anordnung der Einziehung von vornherein unzulässig. Die Vorschrift erweitert also nicht die Voraussetzungen der Einziehungsmöglichkeit, sondern läßt lediglich die Einziehung auch für den Fall zu, daß die Tat selbst nicht verfolgt oder geahndet werden kann oder das Verfahren nach § 47 eingestellt wird (III); die Vorschrift gibt also nur die Möglichkeit, ohne Festsetzung einer Geldbuße gegen einen Täter die ,,Nebenfolge" der Einziehung selbständig anzuordnen (vgl. Dreher/Tröndle 4 zu § 76a; Rebmann/Roth/Herrmann 3). Die Voraussetzungen der Einziehung müssen deshalb ,,im übrigen" vorliegen, dh abgesehen von der Möglichkeit, eine bestimmte Person zu verfolgen oder gegen sie eine Geldbuße festzusetzen (3ff). Die Einziehung nach § 22 II Nr. 1, §§ 23, 25 kann danach nur bei Vorliegen einer Ordnungswidrigkeit selbständig angeordnet werden (I);

die Einziehung nach § 22 II Nr. 2, III auch schon bei einer nur rechtswidrigen Handlung (II; 8 zu § 1).

3 **3) Bei Nichtverfolgbarkeit aus tatsächlichen Gründen** ist die selbständige Anordnung der Einziehung stets zulässig (I), gleichgültig, ob sie eine Maßnahme mit ahndungsähnlicher Wirkung ist oder eine reine Sicherungsmaßnahme (vgl. 4 ff. vor § 22), und gleichgültig, ob die Einziehung eine Ordnungswidrigkeit voraussetzt (§ 22 I; §§ 23, 25) oder nur eine rechtswidrige Handlung (8 zu § 1; § 22 III).

4 A. **Ein tatsächliches Hindernis liegt zB vor,** wenn ein bestimmter Täter unbekannten Aufenthalts ist, sich im Ausland aufhält (vgl. LG Bayreuth NJW **70**, 574) oder verstorben ist (die Einziehung ist dann aber nur nach § 22 II Nr. 2, III oder § 23 zulässig; vgl. 18 zu § 22; vgl. 5), oder wenn der Täter flüchtig oder überhaupt unbekannt ist, wer die Tat begangen hat (vgl. Oppe MDR **73**, 183). Auch im letzten Falle muß jedoch festgestellt sein, daß der mögliche Täter die Voraussetzungen der Einziehung in seiner Person der äußeren und inneren Tatseite nach verwirklicht hat und daß keine rechtlichen Verfahrenshindernisse der Einziehung entgegenstehen (Rotberg 13; Rebmann/Roth/Herrmann 6). Nichtverfolgbarkeit aus tatsächlichen Gründen bedeutet also keinesfalls das Fehlen oder die mangelnde Feststellung der Tatbestandsmerkmale einer Ordnungswidrigkeit oder einer mit Geldbuße bedrohten Handlung (vgl. 2; zust. Rebmann/Roth/Herrmann 6).

5 B. **Ist eine andere Person als der Täter Eigentümer** des Einziehungsgegenstandes, so ist die Anordnung auch im selbständigen Verfahren nur unter den Voraussetzungen des § 22 II Nr. 2, III (Rebmann/Roth/Herrmann 3) oder des § 23 zulässig (SchSch-Eser 5, 6 zu § 76a).

6 **4) Bei Nichtverfolgbarkeit aus rechtlichen Gründen** ist die selbständige Anordnung der Einziehung nur zulässig, wenn sie eine reine Sicherungsmaßnahme ist, also die Voraussetzungen des § 22 II Nr. 2 oder III vorliegen (II). In diesem Falle hindern zB der Mangel der Vorwerfbarkeit (30 vor § 1), die Verjährung (§ 31 I), die dauernde Verhandlungsunfähigkeit (vgl. 12 zu § 67) – sie ist kein tatsächliches, sondern ein rechtliches Hindernis (so Dreher/Tröndle 7 zu § 76a; LK 9 zu § 41b aF; Rotberg 3, 7; so jetzt auch Rebmann/Roth/Herrmann 7, 9) – oder eine etwaige Amnestie die Anordnung nicht, sowie diese Hindernisse nicht der Einziehung selbst entgegenstehen (zur Verjährung vgl. 3 zu § 31). Der Schutz der Allgemeinheit hat sonst Vorrang. Ausnahmsweise ist aber auch bei einem rechtlichen Verfolgungshindernis die selbständige Anordnung der Einziehung ausgeschlossen, so wenn das Gesetz etwas anderes bestimmt oder wenn die Handlung allein deshalb nicht verfolgt werden kann, weil Antrag oder Ermächtigung (vgl. 5 zu § 131) fehlen (II S. 2). Das Fehlen der deutschen Entscheidungsbefugnis gegenüber Exterritorialen und den Angehörigen der in der BRep. stationierten Truppen (vgl. näher 38–41 vor § 59) ist ein rechtliches Verfolgungshindernis, das auch der Einziehung im selbständigen Verfahren entgegensteht. Das gleiche gilt, wenn gegen den Täter wegen der Handlung bereits eine Geldbuße festgesetzt und dabei die Einziehung versehentlich unterblieben ist; in diesem Falle verbietet der Grundsatz *„ne bis in idem"* eine nachträgliche Anordnung der Einziehung im selbständigen Verfahren (vgl. RG **65**, 175f.; aM Rebmann/Roth/Herrmann 8, LK 10 zu § 41a aF für die Einziehung aus Sicherungsgründen). Etwas anderes gilt allerdings dann, wenn die Voraussetzungen für die Einziehung im selbständigen Verfahren noch in der Person eines anderen an der Ordnungswidrigkeit Beteiligten erfüllt sind (vgl. RG aaO; Bay. **56**, 177; wie hier jetzt auch Rebmann/Roth/Herrmann 15 aE).

7   **5) Bei Absehen von der Verfolgung oder Einstellung des Verfahrens** nach § 47 (vgl. dort) ist die selbständige Anordnung der Einziehung ebenfalls zulässig (III), soweit die Voraussetzungen für die Einziehung vorliegen (vgl. 4). Verfolgungsbehörde (VB, StA) und Gericht können so in Fällen, in denen eine Ahndung nicht angemessen erscheint, die Einziehung jedoch geboten ist, das Verfahren im Ergebnis auf diese Rechtsfolge begrenzen. Diese Regelung, die in erster Linie für die Einziehung nach § 22 II Nr. 2 von Bedeutung, aber auch in anderen Fällen (§ 22 II Nr. 1, §§ 23, 25) anwendbar ist, entspricht einem praktischen Bedürfnis. Über die Verfahrensgestaltung vgl. 57 zu § 87.

8   **6) Eine Verfahrensvoraussetzung ist die Nichtverfolgbarkeit** oder das Absehen von der Verfolgung nach § 47; diese Voraussetzung muß (auch noch im Rechtsbeschwerdeverfahren vorliegen und) von Amts wegen festgestellt werden (vgl. BGH **21**, 55; Hamburg NJW **71**, 1000). Ist sie nicht gegeben, so ist das Verfahren einzustellen (BGH aaO). Erläßt die VB nur einen selbständigen Einziehungsbescheid (vgl. 56 zu § 87), so ist jedoch anzunehmen, daß sie das Verfahren nach § 47 auf die Nebenfolge beschränkt hat (vgl. Göhler JR **71**, 386).

9   **7) Bei mehreren Tätern** iS von § 14 kommt es darauf an, ob die Nichtverfolgbarkeit bei dem Beteiligten besteht, gegen den sich die Anordnung der Einziehung richten würde (vgl. Bay **57**, 34). Soll die Einziehung auf § 22 II Nr. 2 oder § 23 gestützt werden, so reicht es aber für die selbständige Anordnung aus, daß gegen einen der mehreren Beteiligten das Verfahren nicht durchgeführt werden kann (vgl. Rotberg 14), vorausgesetzt, daß sein Tatbeitrag die Einziehung rechtfertigen würde (so jetzt auch Rebmann/Roth/Herrmann 15). Über den Fall, daß bereits ein Verfahren gegen einen Beteiligten durchgeführt worden ist, vgl. 6.

10   **8) Nach einer Verwarnung** (mit Verwarnungsgeld) kann die Einziehung gegenüber dem Verwarnten in der Regel auch aus Sicherungsgründen nicht angeordnet werden; zwar steht das durch die Verwarnung eintretende Verfolgungshindernis rechtlicher Art der Sicherungseinziehung nicht entgegen (vgl. 6), wohl aber der Vertrauensschutz (vgl. 46 zu § 56).

11   **9) Die selbständige Anordnung der Unbrauchbarmachung** ist auch in den Fällen von § 123 II S. 1 Nr. 2 möglich (vgl. § 123 II S. 3). In dem selbständigen Verfahren kann im übrigen an Stelle der Einziehung als weniger einschneidende Maßnahme die Unbrauchbarmachung angeordnet werden (vgl. 12 zu § 24).

12   **10) Über das Verfahren** im Falle einer selbständigen Anordnung vgl. 56ff. zu § 87.

Entschädigung

28 I Stand das Eigentum an der Sache oder das eingezogene Recht
zur Zeit der Rechtskraft der Entscheidung über die Einziehung
einem Dritten zu oder war der Gegenstand mit dem Recht eines Dritten belastet, das durch die Entscheidung erloschen oder beeinträchtigt
ist, so wird der Dritte unter Berücksichtigung des Verkehrswertes angemessen in Geld entschädigt. Die Entschädigungspflicht trifft den
Staat oder die Körperschaft oder Anstalt des öffentlichen Rechts, auf
die das Eigentum an der Sache oder das eingezogene Recht übergegangen ist.

II Eine Entschädigung wird nicht gewährt, wenn

1. der Dritte wenigstens leichtfertig dazu beigetragen hat, daß die Sache oder das Recht Mittel oder Gegenstand der Handlung oder ihrer
Vorbereitung gewesen ist,
2. der Dritte den Gegenstand oder das Recht an dem Gegenstand in
Kenntnis der Umstände, welche die Einziehung zulassen, in verwerflicher Weise erworben hat oder
3. es nach den Umständen, welche die Einziehung begründet haben,
auf Grund von Rechtsvorschriften außerhalb des Ordnungswidrigkeitenrechts zulässig wäre, den Gegenstand dem Dritten ohne Entschädigung dauernd zu entziehen.

III In den Fällen des Absatzes 2 kann eine Entschädigung gewährt
werden, soweit es eine unbillige Härte wäre, sie zu versagen.

1   1) **Für alle Fälle der Einziehung** gilt § 28 (vgl. 74 f StGB).

2   2) **Der Eigentumsgarantie** des Art. 14 GG trägt die Vorschrift Rechnung. Die Einziehung trifft einen an der Ordnungswidrigkeit unbeteiligten Dritten, dem der Gegenstand gehört oder zusteht oder der ein beschränkt dingliches Recht (5 zu § 26; 2 zu § 87) an ihm hatte, dessen
Erlöschen nach § 26 II S. 2 angeordnet ist, zumindest der Wirkung nach
wie eine Enteignung, so daß er grundsätzlich zu entschädigen ist. Das gilt
jedoch nicht für den Täter oder einen solchen Dritten, der sich als Eigentümer oder Rechtsinhaber oder beim Erwerb seines Rechts vorwerfbar
verhalten hat (vgl. II Nr. 1, 2). Für diese Personen hat die Einziehung
eine ahndungsähnliche Wirkung; eine Enteignung, die zur Entschädigung verpflichten würde, liegt ihnen gegenüber nicht vor.

3   3) **Entschädigungsberechtigte sind nur Dritte** (vgl. LG Hamburg
NJW **74**, 373).

4   **Dem Täter** (§ 14) der Handlung, welche die Einziehung begründet
hat, steht eine Entschädigung nicht zu, auch wenn er nicht vorwerfbar
gehandelt, also nur eine mit Geldbuße bedrohte Handlung (§ 1 II) begangen hat (vgl. BGH **15**, 399, 403). Das erscheint nicht unbillig, weil er
eindeutig als Störer im Sinne des Polizeirechts anzusehen ist. Er kann
einen Entschädigungsanspruch auch nicht darauf stützen, daß der Schutz
der Allgemeinheit durch weniger einschneidende Maßnahmen als durch
den Verlust seines Eigentums hätte erreicht werden können (vgl. BGHZ
27, 394); denn dies hätte er bereits in dem gegen ihn gerichteten, mit

einem Freispruch endenden Verfahren (vgl. 57 zu § 87) oder im (objektiven) Einziehungsverfahren (§ 87 III) geltend machen können (ebenso Dreher/Tröndle 2 zu § 74f).

5   **Dem vorwerfbar handelnden Dritten** steht eine Entschädigung ebenfalls nicht zu, wenn die Einziehung auf § 23 gestützt ist; auch hier sind Billigkeitserwägungen bereits bei Anordnung der Einziehung zu berücksichtigen. Im einzelnen können folgende Gruppen von Personen eine Entschädigung beanspruchen:

6   A. **Der Eigentümer der eingezogenen Sache** oder Inhaber des eingezogenen Rechts, der an der Ordnungswidrigkeit oder rechtswidrigen Handlung unbeteiligt ist. Eine Entschädigung kommt für den Eigentümer (über den Wortlaut von I hinaus) nicht nur im Falle der Einziehung wegen des Erlöschens seines Rechts (§ 26 I) in Betracht, sondern wohl auch bei einem Vorbehalt der Einziehung und der Anordnung von Maßnahmen nach § 24 II, durch die das Eigentum wirtschaftlich beeinträchtigt ist (zB durch Unbrauchbarmachung; ebenso Rebmann/Roth/Herrmann 2; LK 4 zu § 41c aF).

7   a) **Der Hauptanwendungsfall** für eine Entschädigung des Eigentümers ist die Einziehung aus Sicherungsgründen (§ 22 II Nr. 2, III), die ohne Rücksicht auf die Rechtsverhältnisse an dem Gegenstand zulässig ist; ist der Eigentümer jedoch als (objektiver) Störer im Sinne des Polizeirechts anzusehen, weil der Gegenstand abstrakt gefährlich und nach den Umständen eine rechtswidrige Verwendung zu befürchten ist, so ist zu prüfen, ob eine Entschädigungspflicht nach II Nr. 3 entfällt (zust. Rebmann/Roth/Herrmann 6).

8   b) **Bei einer Einziehung nach § 22 II Nr. 1, § 23** kommt eine Entschädigung eines Dritten dann in Betracht, wenn die VB oder das Gericht bei der Entscheidung fehlerhaft angenommen hat, der Täter oder der iS von § 23 vorwerfbar handelnde Dritte sei Eigentümer oder Rechtsinhaber, während der (auf den Staat übergegangene, § 26 I) Gegenstand in Wirklichkeit einem anderen Dritten gehörte oder zustand (vgl. 3 zu § 26), der in dem Verfahren nicht beteiligt worden ist. Der andere Dritte kann zwar in diesem Falle in einem Nachverfahren geltend machen, daß ihm gegenüber die Einziehung nicht gerechtfertigt ist (vgl. § 439 StPO iVm § 46 I; 41ff. zu § 87); er kann aber auch statt dessen Entschädigung verlangen, selbst wenn die Frist für das Nachverfahren (§ 439 II StPO iVm § 87 IV) noch nicht abgelaufen ist (ebenso Dreher /Tröndle 3 zu § 74f; LK 3 zu § 41c aF; zust. insgesamt Rebmann/Roth/Herrmann 7).

9   c) **Bei einem gutgläubigen Erwerb** nach der Einziehungsentscheidung, aber vor deren Rechtskraft, kommt ebenfalls eine Entschädigung in Frage (vgl. 1 zu § 26; Lackner 4a zu § 74f; LK 3 zu § 41c aF).

10   d) **Ist der Dritte im Bußgeldverfahren** bereits als Einziehungsbeteiligter herangezogen worden (§ 87 I), so wird regelmäßig schon in der Bußgeldentscheidung ausgesprochen sein, daß ihm eine Entschädigung nicht zusteht (vgl. § 436 III StPO iVm § 46 I; 38ff. zu § 87); denn die Einziehung wird dann gerade darauf gestützt sein, daß der Täter, nicht aber der Dritte der Eigentümer ist, und in diesem Falle ist eine Entschädigung des Dritten ausgeschlossen.

11　　B. **Die beschränkt dinglich Berechtigten** (5 zu § 26; 2 zu § 87), deren Rechte an dem Einziehungsgegenstand durch die Entscheidung erloschen oder beeinträchtigt sind. Dies gilt praktisch allerdings nur für den Fall der Sicherungseinziehung (§ 22 II Nr. 2, III), weil hier das Erlöschen der Rechte Dritter nach § 26 II S. 2 unabhängig davon angeordnet wird, ob sie an der Tat beteiligt waren oder sonst vorwerfbar gehandelt haben. In den übrigen Fällen (§ 22 II Nr. 1, § 23) wird das Erlöschen der Rechte Dritter nur angeordnet, wenn ihnen eine Entschädigung nicht zu gewähren ist (§ 26 II S. 3); dies wird zugleich in der Bußgeldentscheidung ausgesprochen (vgl. 7 zu § 87). Eine Entschädigung kommt jedoch dann in Betracht, wenn an Stelle der Einziehung nach § 22 II Nr. 1 oder § 23 eine weniger einschneidende Maßnahme angeordnet wird (zB die Unbrauchbarmachung) und durch sie die beschränkt dinglichen Rechte Dritter wirtschaftlich beeinträchtigt werden (ebenso Dreher/Tröndle 4 zu § 74f; LK 5 zu § 41c aF).

12　　C. **Der Sicherungs- und Vorbehaltseigentümer,** dessen Recht die Einziehung nicht hindert (13 zu § 22). Seine wirtschaftlichen Interessen können jedoch schon dadurch genügend gewahrt sein, daß andere ausreichende Sicherheiten zur Verfügung stehen (vgl. Dreher/Tröndle 4 zu § 74f).

13　　4) **Ausgeschlossen ist die Entschädigung** gegenüber Personen, die zwar an sich entschädigungsberechtigt sind (3), jedoch selbst vorwerfbar gehandelt haben, oder denen der Gegenstand auf Grund von Rechtsvorschriften außerhalb des Ordnungswidrigkeitenrechts ohne Entschädigung hätte dauernd entzogen werden können (II).

14　　A. **Die Nrn. 1, 2** stimmen mit § 23 Nr. 1, 2 überein (vgl. die Bemerkungen zu dieser Vorschrift). Nr. 2 kommt hier auch in Betracht, wenn der Dritte den Gegenstand oder das Recht an dem Gegenstand in Kenntnis der Einziehungsumstände von einem anderen als dem Täter erworben hat (ebenso Dreher/Tröndle 5 zu § 74f; Rebmann/Roth/Herrmann 20). Wird die Einziehung auf § 23 gestützt, so scheidet eine Entschädigung des vorwerfbar handelnden Dritten aus; dies ist zugleich mit der Einziehung auszusprechen (ebenso Rebmann/Roth/Herrmann 20). Die Nrn. 1, 2 kommen deshalb praktisch nur bei der Einziehung nach § 22 II Nr. 2 und bei einer Einziehung nach § 22 II Nr. 1 dann in Betracht, wenn sich nachträglich herausstellt, daß ein Dritter Eigentümer oder Rechtsinhaber gewesen ist (vgl. 8; zust. Rebmann/Roth/Herrmann 20).

15　　B. **In Nr. 3** sind die Fälle behandelt, in denen die Einziehung deshalb keine Enteignung darstellt, weil die aus der sozialen Bindung des Eigentums sich ergebenden Grenzen bereits nach anderen Gesetzen überschritten sind.

16　　a) **In Betracht kommen hier insbesondere die PolizeiGe** der Länder, welche gegenüber dem (auch nur objektiven) Störer die Sicherstellung von Gegenständen zum Schutze der Allgemeinheit vor Gefahren oder zur Vermeidung der mißbräuchlichen Verwendung vorschreiben oder zulassen, und zwar auch die endgültige Sicherstellung und Verwertung, wenn die Gefahr nicht anders beseitigt werden kann (vgl. zB §§ 6–9, 26–28, 41

PolGBW; Art. 8–10, 24–26, 49 BayPAG; §§ 9–16, 24–26, 67 PVG RhPf).

17   b) **Ist der Gegenstand jedoch verwertbar,** so ist dem Berechtigten der Erlös abzüglich der Verwertungskosten auszuhändigen, soweit sich aus dem Zweck der Vorschrift, welche die Einziehung des Gegenstandes vorschreibt, nichts anderes ergibt (vgl. BGHZ **27**, 383; Dreher/Tröndle 6 zu § 74 f; LK 7 zu § 41 c aF; zust. Rebmann/Roth/Herrmann 21). Dies gebietet schon III, der trotz der Versagungsgründe nach II eine Entschädigung aus Billigkeitsgründen zuläßt.

18   **5) Eine Entschädigung aus Billigkeitsgründen** kann nach III trotz der Versagungsgründe (II) gewährt werden.

19   **Ungerechte Ergebnisse vermeiden** will III (zust. Rebmann/Roth/ Herrmann 22), die sonst im Verhältnis zur Einziehungsregelung entstehen könnten: Während die Anordnung der Einziehung gegenüber einem Dritten, der vorwerfbar iS von II Nr. 1 oder 2 gehandelt hat, im Ermessen der für die Ahndung zuständigen Stelle liegt (vgl. § 23; 18 vor § 22), müßte sonst nach II einem solchen Dritten die Entschädigung schlechthin versagt werden, obwohl der Ausschluß der Entschädigung wirtschaftlich betrachtet der Einziehung etwa gleichkommt.

20   **Eine Billigkeitsentschädigung kommt namentlich in Betracht,** wenn die Versagung der Entschädigung angesichts der Bedeutung des vorwerfbaren Verhaltens des Dritten und eines nur geringen Vorwurfs unangemessen wäre oder wenn der Dritte in den Fällen von II Nr. 3 bei einer Verwertung nach den PolizeiGen jedenfalls den Erlös erhalten hätte (17); vgl. auch Hamm MDR **70**, 944. Wegen der Höhe der Entschädigung vgl. 21.

21   **6) Unter Berücksichtigung des Verkehrswertes in Geld** wird die Entschädigung festgesetzt. Der Verkehrswert wird sich nach dem üblichen Verkaufspreis für Gegenstände gleicher Art und Güte richten (vgl. 11 zu § 25). Dabei können auch die Umstände des Einzelfalles berücksichtigt werden, die es erlauben, die Entschädigung höher oder niedriger zu bemessen (soweit dies „angemessen") ist. Bei der Entschädigung für das Erlöschen eines Rechts an dem Einziehungsgegenstand kommt es auf dessen wirtschaftlichen Wert an, wobei auch vorrangige Belastungen sowie der Wert des Einziehungsgegenstandes selbst zu berücksichtigen sind. Bei der Entschädigung aus Billigkeitsgründen (III) ist auch ein teilweiser Ersatz des Verkehrswertes zulässig; das folgt aus der Fassung von III, „soweit" die Versagung eine unbillige Härte wäre.

22   **7) Den Staat** oder die Körperschaft oder die Anstalt des öR trifft die Entschädigungspflicht, auf die das Eigentum oder das Recht übergeht. Soweit das Gesetz nichts anderes bestimmt (vgl. § 26 I; dort 2), ist dies der Bund, wenn eine VB des Bundes den Gegenstand eingezogen hat, sonst das Land. Die zur Vertretung des Bundes oder des Landes befugten Stellen haben die Frage der Entschädigung mit dem Berechtigten zu klären, soweit nicht schon eine Billigkeitsentscheidung im Bußgeldbescheid getroffen ist (vgl. 23). Hat das Gericht die Einziehung angeordnet, so ist die LJV dafür zuständig, die Entschädigungsfrage zu klären (vgl.

§ 68a iVm § 87 II S. 2 Buchst. b StVollstrO). Kommt eine Einigung nicht zustande, so entscheiden die Zivilgerichte (23).

23 **8) Die Entscheidung über die Entschädigung** obliegt grundsätzlich den Zivilgerichten, da es sich um einen Anspruch aus einem Eingriff handelt, der eine bürgerlich-rechtliche Wirkung hat (Begr. zu § 41c StGB = Art. 2 Nr. 3 EEGOWiG). Der Entschädigungsanspruch kann also regelmäßig nicht im Bußgeldverfahren geltend gemacht werden. Die für die Ahndung im Bußgeldverfahren zuständige Stelle kann nur ausnahmsweise zugleich über die Entschädigung entscheiden, nämlich dann, wenn die Einziehung auf Grund von Umständen angeordnet wird, die einer Entschädigung des Einziehungsbeteiligten nach II entgegenstehen (vgl. näher 38ff. zu § 87; so jetzt auch Rebmann/Roth/Herrmann 17). Abgesehen von diesen Fällen hat sich die VB oder das Gericht im Bußgeldverfahren mit der Frage der Entschädigung nicht zu befassen.

24 **9) Bei der Anordnung der Unbrauchbarmachung** nach § 123 II S. 1 Nr. 2 gilt § 28 entsprechend (vgl. § 123 II S. 3); er gilt im übrigen unmittelbar, wenn die Unbrauchbarmachung nach § 24 II als weniger einschneidende Maßnahme angeordnet wird (vgl. 6, 11; 12 zu § 24).

Sondervorschrift für Organe und Vertreter

29 ^I Hat jemand

1. als vertretungsberechtigtes Organ einer juristischen Person oder als Mitglied eines solchen Organs,

2. als Vorstand eines nicht rechtsfähigen Vereins oder als Mitglied eines solchen Vorstandes oder

3. als vertretungsberechtigter Gesellschafter einer Personenhandelsgesellschaft

eine Handlung vorgenommen, die ihm gegenüber unter den übrigen Voraussetzungen der §§ 22 bis 25 und 28 die Einziehung eines Gegenstandes oder des Wertersatzes zulassen oder den Ausschluß der Entschädigung begründen würde, so wird seine Handlung bei Anwendung dieser Vorschriften dem Vertretenen zugerechnet.

^{II} **§ 9 Abs. 3 gilt entsprechend.**

1 **1) Der Zweck** des § 29 (vgl. § 75 StGB) ist es, Lücken zu schließen oder zumindest Auslegungsschwierigkeiten zu beseitigen, die bei der Einziehungsregelung sonst entstehen würden, falls jemand als Organ oder Vertreter einer JP oder PV handelt. Ohne diese Regelung wäre es zB zweifelhaft, ob eine der JP gehörende Sache eingezogen werden könnte, wenn der Täter in seiner Eigenschaft als Organ die Ordnungswidrigkeit begangen hat. Die Vorschrift stellt die JP und die PV bei Anwendung der Einziehungsregelung einer natürlichen Person dadurch gleich, daß sie der JP und PV die Handlungen ihrer Organe und Vertreter so zurechnet, als hätte die JP oder PV selbst gehandelt. Ohne eine solche Gleichstellung, die keine Haftung für fremde Handlungen, sondern das Einstehen für

eigene Handlungen bedeutet, wäre die JP oder PV der natürlichen Person in ahndungsrechtlicher Hinsicht unberechtigt bevorzugt (vgl. näher 8 f. vor § 30).

2 **2) Nur bei JPen und solchen PVen** ist die Vorschrift anzuwenden, die rechtlich weitgehend verselbständigt und damit der Rechtsform der JP angenähert sind (vgl. 3 zu § 30). Sie ist deshalb bei einer Gesellschaft bürgerlichen Rechts nicht anwendbar (vgl. 6 zu § 30), erst recht nicht bei einem gesetzlich Vertretenen (zB dem Minderjährigen, für den der Vater oder Vormund gehandelt hat; 5 zu § 67).

3 . **3) „Als vertretungsberechtigtes Organ"** usw muß jemand gehandelt haben, damit seine Handlung bei Anwendung der §§ 22–25 und 28 der JP oder der PV zugerechnet wird. Über dieses Merkmal vgl. 24 ff. zu § 30; über den Personenkreis nach Nrn. 1–3 vgl. 9 ff. zu § 30.

4 **4) Zugerechnet wird die Handlung** des Organs iS der Nrn. 1–3 der JP oder PV, soweit ihr gegenüber die Einziehung oder der Ausschluß der Entschädigung ausgesprochen werden könnte, und zwar unter den übrigen Voraussetzungen der §§ 22–25, 28. Das bedeutet, daß alle sonstigen (positiven und negativen) Voraussetzungen der genannten Vorschrift vorliegen müssen außer der, daß Eigentümer des Gegenstandes oder Inhaber des Rechts die JP oder PV ist. Das Organ muß danach zB bei Anwendung des § 22 I eine Ordnungswidrigkeit, bei Anwendung des § 22 III zumindest eine rechtswidrige, wenn auch nicht vorwerfbare Handlung, bei Anwendung der §§ 23, 28 I Nr. 1, 2 die dort vorausgesetzte vorwerfbare Handlung begangen haben. Bei der Billigkeitsentscheidung nach § 28 III sind die Verhältnisse der JP oder PV zu berücksichtigen.

5 **Die §§ 26 und 27 sind nicht genannt,** weil dort keine weitere Handlung vorausgesetzt wird. Andererseits ist § 24 aufgeführt, weil es bei Anwendung dieser Vorschrift auf den Grad des Vorwurfs ankommt, den das Organ trifft.

6 **5) Trotz Unwirksamkeit des Bestellungsaktes des Organs** iS der Nrn. 1–3 ist die Vorschrift anzuwenden (II); die Bemerkungen unter 46 zu § 9 gelten hier entsprechend.

7 **6) Über die Verfahrensbeteiligung** der JP oder PV vgl. 8 vor § 87, 4 zu § 87.

Sechster Abschnitt. Geldbuße gegen juristische Personen und Personenvereinigungen

Neueres Schrifttum: *Busch,* Grundfragen der strafrechtlichen Verantwortlichkeit der Verbände, 1933. – *Engisch, Hartung, Heinitz,* Empfiehlt es sich, die Strafbarkeit der juristischen Person gesetzlich vorzusehen?, Verhandlungen des 40. DJT Bd. 1 S. 68, Bd. 2. – *Göhler,* Die strafrechtliche Verantwortlichkeit juristischer Personen, Beiheft zur ZStW **78**, 100. – *Jescheck,* Die strafrechtliche Verantwortung der Personenverbände, ZStW **65**, 210. – *Kaiser,* Verbandssanktionen des Ordnungswidrigkeitengesetzes, 1975. – *Lange,* Zur Strafbarkeit der juristischen Person, JZ **52**, 261. – *Lang-Hinrichsen,* Verbandsunrecht, H. Mayer-Festschr. S. 49. – *Pohl-Sichtermann,* Geldbuße gegen Verbände, 1974. – dies.,

Die von § 26 OWiG betroffenen Verbände und Personen, VOR **73**, 411. – *dies.*, Bußgeldbescheide gegen Firmeninhaber, juristische Personen und Personenhandelsgesellschaften,
SKV **72**, 326. – *Riebenfeld*, Die strafrechtliche Verantwortlichkeit von Verbänden, Jahr-
buch der Basler Juristen-Fakultät 1934 S. 232. – *Rotberg*, Für Strafe gegen Verbände,
Festschr. z. 100jährigen Bestehen d. DJT (1960), 193. – *Schmitt*, Strafrechtliche Maßnahmen gegen Verbände, 1958. – *ders.*, Wie weit reicht § 30 des Ordnungswidrigkeitengesetzes?, Lange-Festschr. S. 877. – *Schünemann*, Unternehmenskriminalität und Strafrecht,
1979. – *v. Weber*, Über die Strafbarkeit juristischer Personen, GA **54**, 237. – Rechtsvergle-
chend: *Dietz*, Materialien zur Strafrechtsreform Bd. 2 I S. 329.

Vorbemerkungen

1   **1) Einheitlich und abschließend** ist das Sanktionsrecht gegen JPen und
PVen in diesem Abschnitt für alle in Betracht kommenden Fälle geregelt.
Die früher in zahlreichen Gesetzen verstreuten Vorschriften des Bundes-
und Landesrechts über Geldbußen gegen JPen und PVen hat das EGO-
WiG beseitigt (für das Landesrecht vgl. Art. 153 EGOWiG). Das gleiche
gilt für die früheren (seltenen) Vorschriften über Geldstrafe gegen JPen
und PVen (so § 393 AO aF und Art. 5 Nr. 7 des AHKG Nr. 14 v. 25. 9.
1949, ABl. d. AHK 59; vgl. Art. 320 II EGStGB, Anh **A 1** = Art. 163 II
EGOWiG) und über die Mithaftung von JPen und PVen für Geldstrafe
oder Geldbuße und Kosten (vgl. § 416 AO aF). § 30 gilt allerdings nach
drei besonderen Vorschriften auch für den Fall, daß der Geschäftsleiter
einer Bank oder eines Kreditinstituts, der nicht nach Gesetz, Satzung
oder Gesellschaftsvertrag zur Vertretung der Bank berufen ist, eine Straftat oder Ordnungswidrigkeit begeht (vgl. § 39 HypBKG; § 59 KWG;
§ 40 SchBKG).n

2   **Andere strafähnliche Maßnahmen,** die sich speziell gegen JPen oder
PVen richten (zB Festsetzung eines Sicherungsgeldes, Untersagung bestimmter Tätigkeiten, Betriebsschließung uä), kennen das deutsche Strafrecht und Ordnungswidrigkeitenrecht nicht (vgl. aber 12 f.).

3   **2) Die geschichtliche Entwicklung** zu dem jetzigen Sanktionsrecht
der Geldbuße gegen JPen und PVen hat in Deutschland vor etwa 40
jahren seinen Anfang genommen, und zwar ausgehend von der **Gerichts-**
4   **praxis.** Sie hat die Ordnungsstrafvorschrift des § 17 der VO gegen Mißbrauch wirtschaftlicher Machtstellungen v. 2. 11. 1923 (RGBl. I 1067)
auch gegen JPen für anwendbar erklärt mit der Begründung, daß es mit
dem Rechtsgedanken des Ordnungsstrafrechts, durch einen verschärften
Verwaltungsbefehl in Form einer Ordnungsstrafe die Beachtung der vorgeschriebenen Gebote und Verbote durchzusetzen, durchaus vereinbar
sei, auch gegen JPen eine Ordnungsstrafe festzusetzen.

5   **Der Gesetzgeber** hat entsprechend diesem Grundgedanken später in
§ 8 II der PreisstrafrechtsVO v. 3. 6. 1939 (RGBl. I 999) und in § 4 II der
Verbrauchsregelungs-StrafVO idF v. 26. 11. 1941 (RGBl. I 734) ausdrücklich auch gegen JPen Ordnungsstrafen angedroht. An die Stelle der
Ordnungsstrafe ist nach dem Kriege die Geldbuße als ethisch wertneu-
trale Sanktion bei bloßen Ordnungsverstößen getreten, die in den §§ 23,
24 WiStG 1949 auch gegen JPen und PVen zugelassen und in § 5 WiStG
1954 beibehalten worden ist. Danach hatten im Nebenstrafrecht in immer stärkerem Umfang Sondervorschriften über Geldbuße gegen JPen

und PVen Eingang gefunden (vgl. Göhler, 2. Aufl. unter ,,Juristische
Personen"). Sie sind in den Gesetzen und Änderungsgesetzen des Nebenstrafrechts stets dann aufgenommen worden, wenn als Normadressaten
der dort abgesicherten Gebote und Verbote auch JPen und PVen in Betracht kamen.

6 **Für die Schaffung einer einheitlichen Regelung,** wie sie jetzt § 30
enthält, ist ua auch der Gedanke maßgebend gewesen, der Gefahr einer
nicht mehr überschaubaren Aufsplitterung in Sondervorschriften, die im
einzelnen nicht gerechtfertigte Unterschiede zeigten, Einhalt zu gebieten.
So war zB in bestimmten Vorschriften eine Geldbuße gegen JPen und
PVen nur für den Fall der Aufsichtspflichtverletzung ihrer Organe vorgesehen, wenn dadurch im Betrieb oder Unternehmen eine Straftat oder
Ordnungswidrigkeit ermöglicht worden ist, in anderen Vorschriften dagegen auch für den Fall, daß die Organe selbst eine solche Tat begangen
haben; einige Vorschriften ließen die Geldbuße gegen JPen schon wegen
der Tat ihrer Prokuristen zu, andere dagegen nicht. Im Ergebnis mußte
also die Einzelregelung zu ungerechten Ergebnissen führen.

7 **3) Die Einführung einer Kriminalstrafe** gegen JPen ist in Deutschland
unter dem Eindruck der neueren Entwicklung zur Aussonderung des
Ordnungsunrechts aus dem Kriminalstrafrecht abgelehnt worden; so
schon von der Großen Strafrechtskommission, die in den Jahren 1953 bis
1959 die Vorarbeiten für die Strafrechtsreform geleistet hat, zuvor auch
von dem 40. DJT 1953 und dann ebenso bei den Gesetzesberatungen des
neuen Allgemeinen Teils des StGB (Prot. IV 397 ff., 419 ff.; V 1079 ff.).
Maßgebend hierfür ist insbesondere die Erwägung gewesen, daß die
Zwecke, die mit einer Sanktion gegen JPen und PVen verfolgt werden
sollten (vgl. 7), auch mit Hilfe der Geldbuße erreicht werden könnten.
Die Verhängung einer Kriminalstrafe gegen JPen sei mit dem Schuld-
strafrecht, das eine sozial-ethische Vorwerfbarkeit voraussetze, nicht vereinbar; denn der JP könne kein sozial-ethischer Vorwurf gemacht werden; deshalb sei hier die ,,wertfreie" Sanktion der Geldbuße (vgl. 9 vor
§ 1) angebracht (vgl. 8; ferner Göhler, Beiheft ZStW **78**, 104 f.).

8 **4) Mehrfache Zwecke verfolgt die Geldbuße** gegen JPen und PVen:

9 **A. Eine sanktionsmäßige Gleichbehandlung** mit der natürlichen Person will die Geldbuße gegen JPen und PVen zur Vermeidung ungerecht-
fertigt erscheinender Ergebnisse erreichen. Sie will verhindern (vgl.
Begr. zu § 19 EOWiG), ,,daß der JP, die nur durch ihre Organe zu
handeln imstande ist, zwar die Vorteile dieser in ihrem Interesse vorgenommenen Betätigung zufließen, daß sie aber beim Fehlen einer Sanktionsmöglichkeit nicht den Nachteilen ausgesetzt wäre, die als Folge der
Nichtbeachtung der Rechtsordnung im Rahmen der für sie vorgenommenen Betätigung eintreten können" (vgl. auch Hamm NJW **73**, 1852).
,,Die JP wäre dann gegenüber der natürlichen Person besser gestellt. So
kann zB gegen einen Einzelunternehmer, der unter Verletzung der ihm
obliegenden Pflichten als Unternehmen eine Straftat oder Ordnungswi-
rigkeit selbst begeht, die Strafe oder Geldbuße unter Berücksichtigung
des wirtschaftlichen Wertes seines Unternehmens und der für das Unter-

nehmen erzielten oder beabsichtigten Vorteile festgesetzt werden, während bei einer entsprechenden Pflichtverletzung durch das Organ einer JP die Strafe oder Geldbuße nur unter Berücksichtigung seiner persönlichen wirtschaftlichen Verhältnisse festgesetzt werden kann" (vgl. Begr. zu § 19 EOWiG).

10   B. **Eine angemessene Antwort auf die Bedeutung der Tat** soll die Geldbuße gegen die JP oder PV in ihrer Funktion als nachhaltige Pflichtenmahnung (vgl. 9 vor § 1) sein: Eine Geldbuße, die sich nur an den persönlichen Verhältnissen der für die JP oder PV verantwortlich handelnden Personen ausrichten würde (vgl. 8), wäre notgedrungen unzureichend. Sie wäre – bezogen auf die Mitglieder der JP und PV – kein nachdrücklicher Pflichtenappell, um ein unlauteres, die gesetzlichen Gebote und Verbote mißachtendes Gewinnstreben zu bekämpfen (vgl. Begr. zu § 19 EGOWiG). Im Einzelfall könnte von einer solchen unzureichenden Geldbuße nicht die Motivierung zu einem andersartigen Verhalten erwartet werden. Das Ausmaß des ,,Risikos" erneuter Zuwiderhandlungen wäre geradezu ,,kalkulierbar" gering.

11   C. **Die ,,generalpräventive" Wirkung** der Geldbuße gegen die JP oder PV besteht danach darin, die Mitglieder der JP oder PV anzuhalten, bei der Auswahl ihrer Organe nicht nur auf geschäftliche Tüchtigkeit, sondern auch auf Rechtschaffenheit zu achten. Die Organe selbst sollen davon abgehalten werden, bei ihrer Betätigung für die JP oder PV in einem möglichen Konflikt mit der Rechtsordnung nicht zu sehr den wirtschaftlichen Vorteil der JP oder PV im Auge zu haben, da ein solches Handeln eine Geldbuße gegen die JP oder PV auslösen und damit im Ergebnis zu deren Nachteil ausgehen kann.

12   5) **Verfassungsrechtlich unbedenklich** ist die Festsetzung von Geldbuße gegen JPen, obwohl der Grundsatz ,,*nulla poena sine culpa*" (keine Strafe ohne Schuld) Verfassungsrang hat und auch für strafähnliche Sanktionen gilt (BVerfGE **20**, 333). Bei JPen kommt es – da sie überhaupt nur durch ihre Organe handeln können – auf deren Verschulden an, das (ähnlich wie in § 31 BGB) der JP als eigenes zugerechnet werden kann (BVerfG aaO).

13   A. **Dogmatische Bedenken** gegen eine solche Konstruktion im ,,strafrechtlichen Bereich" sind nicht begründet (aM Schmitt, Lange-Festschr. S. 878; Kaiser, Verbandssanktionen des Ordnungswidrigkeitenrechts, 1975, S. 238). Die Geldbuße hat ,,zwar auch repressiven Charakter und setzt deshalb ein vorwerfbares Verhalten voraus. Ihre Festsetzung knüpft jedoch nicht notwendigerweise an ein Verschulden im Sinne eines sittlichen Vorwurfs an, da die Geldbuße kein sittliches Unwerturteil ausdrückt" (und dies bei der JP auch gar nicht kann; vgl. Begr. zu § 19 EOWiG).

14   B. **Als Nebenfolge** ist die Geldbuße als Handlung ihrer Organe (also natürlicher Personen) ausgestaltet, woraus deutlich wird, daß die JP oder PV nicht als ,,Handelnder" im strafrechtlichen Sinne angesehen, jedoch strafähnlichen Nachteilen unterworfen wird (vgl. Bay. NJW **72**, 1772). Solche Nebenfolgen sind auch sonst gegen Dritte und JPen zulässig (zB

in Form der Einziehung oder Abführung des Mehrerlöses; vgl. 10), wenn ausreichende rechtfertigende Gründe gegeben sind. Sie ergeben sich bei der Geldbuße gegen die JP namentlich daraus, daß sie bei Fehlen einer Sanktionsmöglichkeit gegenüber der natürlichen Person besser gestellt wäre (vgl. 6).

15   **6) Als weitere Nebenfolgen** gegen JPen kommen die Einziehung (§ 29) und die Abführung des Mehrerlöses (§ 10 II WiStG 1954, Anh **A 12**) in Betracht. Diese Nebenfolgen richten sich jedoch nicht speziell gegen JPen.

16   **7) Im europäischen Wirtschaftsrecht** ist ebenfalls die Geldbuße gegen JPen und PVen vorgesehen (vgl. zB Art. 14 EWG-,,KartellVO" v. 6. 2. 1962, BGBl. II 93, zul. geänd. durch Anh I zu Art. 29 Beitritts- und Anpassungsakte zum Vertragswerk v. 22. 1. 1972, BGBl. II 1127, 1144, 1273; Art. 15 iVm Art. 21 II der VO des Rates der EWG v. 27. 6. 1960, BGBl. II S. 2209); vgl. hierzu auch Einl 15.

17   **8) Neuere Reformüberlegungen** gehen im Rahmen des EWiKG 2 dahin, es für die Festsetzung der Geldbuße gegen die JP und PV ausreichen zu lassen, wenn im ,,Leitungsbereich" (auch außerhalb des Kreises der Organe) der JP oder PV eine Zuwiderhandlung festgestellt werden kann, selbst wenn offen bleibt, welche der insoweit als verantwortlich anzusehenden Personen gehandelt oder die gehörigen Aufsichtsmaßnahmen unterlassen hat; nach diesen, auf Reformanstößen der Kommission zur Bekämpfung der Wirtschaftskriminalität beruhenden Erwägungen (vgl. jedoch schon *de lege lata* Hamm NJW **79**, 1312) soll ferner der Zusammenhang der ,,Nebenfolge" (14) mit der Verfolgung einer bestimmten Person (vgl. 28 ff. zu § 30) gelockert werden (vgl. § 30 OWiG idF des Art. 2 Nr. 2 des EWiKG 2). Zu noch weitergehenden Reformerwägungen vgl. Schmitt, Lange-Festschr. S. 877; Schünemann, Unternehmenskriminalität und Strafrecht, 1979.

30 [I] **Hat jemand als vertretungsberechtigtes Organ einer juristischen Person oder als Mitglied eines solchen Organs, als Vorstand eines nicht rechtsfähigen Vereins oder als Mitglied eines solchen Vorstandes oder als vertretungsberechtigter Gesellschafter einer Personenhandelsgesellschaft eine Straftat oder Ordnungswidrigkeit begangen, durch die**

1. Pflichten, welche die juristische Person oder die Personenvereinigung treffen, verletzt worden sind, oder

2. die juristische Person oder die Personenvereinigung bereichert worden ist oder werden sollte,

so kann gegen diese als Nebenfolge der Straftat oder Ordnungswidrigkeit eine Geldbuße festgesetzt werden.

[II] **Die Geldbuße beträgt**

1. im Falle einer vorsätzlichen Straftat bis zu hunderttausend Deutsche Mark,

2. im Falle einer fahrlässigen Straftat bis zu fünfzigtausend Deutsche Mark.

Im Falle einer Ordnungswidrigkeit bestimmt sich das Höchstmaß der Geldbuße nach dem für die Ordnungswidrigkeit angedrohten Höchstmaß der Geldbuße.

III § 17 Abs. 4 und § 18 gelten entsprechend.

IV Kann wegen der Straftat oder Ordnungswidrigkeit aus tatsächlichen Gründen keine bestimmte Person verfolgt oder verurteilt oder eine Geldbuße gegen eine bestimmte Person nicht festgesetzt werden, so kann gegen die juristische Person oder die Personenvereinigung eine Geldbuße selbständig festgesetzt werden, wenn die Voraussetzungen des Absatzes 1 im übrigen vorliegen. Dasselbe gilt, wenn das Gericht von Strafe absieht oder das Verfahren nach einer Vorschrift eingestellt wird, die dies nach dem Ermessen der Verfolgungsbehörde oder des Gerichts oder im Einvernehmen beider zuläßt.

V Die Festsetzung einer Geldbuße gegen die juristische Person oder Personenvereinigung schließt es aus, gegen sie wegen derselben Tat den Verfall nach den §§ 73, 73a des Strafgesetzbuches anzuordnen.

Übersicht

1   1) **Gegen JPen und diesen gleichgestellten PVen** ist nach § 30 die Festsetzung einer Geldbuße unter bestimmten Voraussetzungen zulässig, jedoch nur als Nebenfolge der Tat einer natürlichen Person (vgl. 28 ff.); dies muß in der Praxis der VBen bedacht werden (vgl. hierzu 28 ff., 39 ff.; 27 zu § 51; 1 f., 4 ff., 47 zu § 66; Pohl-Sichtermann SKV **72**, 326).

2   A. **JPen sind** alle sozialen Organisationen, denen die Rechtsordnung eine eigene Rechtspersönlichkeit zuerkennt. Dazu rechnen namentlich die Gesellschaften des Aktienrechts, die GmbH, die Genossenschaft, der eingetragene Verein (§§ 55 ff. BGB) und die Stiftung. Bei JPen des öR ist die Vorschrift dem Wortlaut nach ebenfalls anwendbar (vgl. Frankfurt NJW

76, 1276; Hamm NJW **79**, 1312). Nach dem Zweck, der mit der Geldbuße gegen JPen erstrebt wird (vgl. 8 ff. vor § 30), wird es jedoch selten in Betracht kommen, gegen JPen des öR eine solche Sanktion festzusetzen (dazu Pohl-Sichtermann VOR **73**, 411; vgl. jedoch Frankfurt aaO; Hamm aaO).

3   B. **Als PV sind der JP gleichgestellt** der nichtrechtsfähige Verein und die Personenhandelsgesellschaft (PHG).

4   a) **PHGen** sind die offene Handelsgesellschaft (§§ 105 ff. HGB) und die Kommanditgesellschaft (§§ 161 ff. HGB). Ihr Zweck ist jeweils auf die Erzielung wirtschaftlicher Vorteile gerichtet; sie sind rechtlich weitgehend verselbständigt und ihre vertretungsberechtigten Gesellschafter handeln in ihrem Namen. Ihre Gleichstellung mit der JP ist danach berechtigt. Der vertretungsberechtigte Gesellschafter, dessen Handlung (Ordnungswidrigkeit oder Straftat) die Festsetzung einer Geldbuße gegen die Gesellschaft zuläßt, wird allerdings nicht selten an dem Gesellschaftsvermögen selbst beteiligt sein. Deshalb wird nach dem Opportunitätsprinzip (vgl. 35) besonders zu prüfen sein, ob es sachgerecht und notwendig ist, gegen die Gesellschaft und den Gesellschafter eine Geldbuße (wegen einer Ordnungswidrigkeit) festzusetzen, oder ob es ausreicht, nur gegen den Gesellschafter oder die Gesellschaft vorzugehen. Immer wird zu berücksichtigen sein, daß die Geldbuße gegen die Gesellschaft auch den Gesellschafter selbst wirtschaftlich trifft. Eine doppelte Ahndung wird aber dadurch verhindert, daß gegen die Gesellschaft kein getrenntes Verfahren stattfindet (vgl. 28 ff.; zust. Rebmann/Roth/Herrmann 5).

5   b) **Nicht rechtsfähige Vereine** (§ 54 BGB) sind PVen mit einer körperlichen Verfassung (Satzung) und Vereinsorganen (Vorstand, Mitgliederversammlung), die als Gesamtgebilde (Vereinsname) auftreten, auf eine längere Dauer berechnet, in ihrem Bestand vom Mitgliederwechsel unabhängig sind und deren Hauptzweck nicht auf einen wirtschaftlichen Geschäftsbetrieb gerichtet ist. Trotz des letzteren Merkmals ist es mit dem Sinn und Zweck der Geldbuße gegen JPen (vgl. 9 ff. vor § 30, 1) vereinbar, eine Geldbuße auch gegen sie zuzulassen. Denn die nicht rechtsfähigen Vereine verfügen nicht selten über ein bedeutendes zweckgebundenes Vermögen, das sie für ihre ideellen Zwecke wirtschaftlich nutzen und dabei manchmal eine bedeutende wirtschaftliche Tätigkeit entfalten (zB Gewerkschaften, große Sportvereine). Das Vorstandsmitglied, das für den Verein handelt, ist meist an dem zweckgebundenen Vermögen nur zu einem geringen Teil beteiligt; der mögliche Vorteil seiner Handlung, die er für den Verein unter Mißachtung der Rechtsordnung vornimmt, fließt nicht ihm, sondern dem Vereinsvermögen zu.

6   c) **Gegen Gesellschaften des bürgerlichen Rechts** (§§ 705 ff. BGB) ist die Festsetzung einer Geldbuße nicht zulässig. Dafür besteht auch kein Bedürfnis. Der Gesellschafter handelt stets auch für sich selbst, also nicht allein als Organ oder Vertreter eines anderen oder für ein Sondervermögen. Soweit er Pflichten verletzt, obliegen sie primär auch ihm, nicht einer anderen Person, für die er tätig wird; etwaige Vorteile aus einer solchen Handlung fließen auch ihm zu. Es reicht danach aus, gegen ihn

selbst vorzugehen. Die Festsetzung einer Geldbuße gegen die Gesellschaft würde auch daran scheitern, daß sie – im Gegensatz zum nicht rechtsfähigen Verein (§ 50 II ZPO) – nicht einmal passiv parteifähig ist, also nicht verklagt werden kann (krit. hierzu Schmitt, Lange-Festschr. S. 878).

7   d) **Zu den Vorgesellschaften und faktischen** Gesellschaften vgl. näher Pohl-Sichtermann VOR 73, 415; Rebmann/Roth/Herrmann 8 f. Entscheidend ist hier die faktische Betrachtungsweise (vgl. § 9 III; § 29 II; 14).

8   2) **Voraussetzung** für die Festsetzung einer Geldbuße gegen die JP oder PV ist, daß deren vertretungsberechtigtes Organ oder Vorstand usw. eine Straftat oder Ordnungswidrigkeit begangen hat, durch die entweder eine die JP oder PV treffende Pflicht verletzt oder für die JP oder PV eine Bereicherung eingetreten oder erstrebt worden ist.

9   A. **Der Personenkreis** möglicher Täter, deren Handlung eine Geldbuße gegen die JP oder PV auslösen kann, ist begrenzt auf die **vertre-**
10 **tungsberechtigten Organe** (und Organmitglieder) der JP (Vorstand und Vorstandsmitglieder sowie Abwickler der Aktiengesellschaft und Genossenschaft, persönl. haftende Gesellschafter der Kommanditgesellschaft auf Aktien, Geschäftsführer der GmbH; vgl. Pohl-Sichtermann VOR 73, 428), den Vorstand (und Vorstandsmitglieder) des nicht rechtsfähigen Vereins sowie die vertretungsberechtigten Gesellschafter der PHG (vgl. näher 15 sowie auch Rebmann/Roth/Herrmann 12 ff.). Damit werden die Personen erfaßt, deren Handlungen der JP und PV auch sonst als eigene zugerechnet werden.

11   **Die Tat eines anderen Vertreters** im Betrieb der JP oder PV reicht also nicht aus; das gilt auch für die Tat des Prokuristen (krit. hierzu Tiedemann, Gutachten zum 49. DJT, Teil C, **72**, 57 f.; Schmitt, Lange-Festschr. S. 879; Kaiser aaO vor § 30; zu den Reformvorschlägen im EWiKG 2 vgl. 17 vor § 30), und zwar auch dann, wenn nach der gesetzlichen Regelung zur Tatzeit die Festsetzung einer Geldbuße wegen der Tat eines Prokuristen möglich gewesen wäre (Bay. OLGSt. zu § 3); nicht ausreichend ist wohl auch die Tat des besonderen Vertreters eines nicht rechtsfähigen Vereins (§ 30 BGB; zw.; wie hier: LK 12 zu § 42 aF; Rebmann/Roth/Herrmann 17; Pohl-Sichtermann aaO m. krit. Anm. zur gesetzl. Regelung; aM Gutzler/Nölkensmeier WRP **69**, 2; KG NJW **63**, 1887 zu § 41 GWB aF). In solchen Fällen kann jedoch der Tatbestand der Aufsichtspflichtverletzung in der Person eines Organs in Betracht kommen (§ 130 II Nr. 2; krit. zur Gesetzeslage auch Pohl-Sichtermann aaO); ist dies zu bejahen, so ist auch I Nr. 1 gegeben (vgl. 17).

12   **Bei einer GmbH & Co KG** ist der Geschäftsführer der GmbH das Organ, das für die GmbH & Co KG handelt (Köln JMBlNW **73**, 34; Hamm NJW **73**, 1852; Koblenz BB **77**, 1571; Rebmann/Roth/Herrmann 18; Rotberg 2; vgl. auch BGH **28**, 371, 372; aM Pohl-Sichtermann NJW **73**, 2218; krit. Schmitt, Lange-Festschr. S. 879; vgl. ferner 10 zu § 9).

13   **Das Merkmal „vertretungsberechtigt"** bedeutet nicht, daß das Organ (allein) zur rechtsgeschäftlichen Vertretung befugt sein muß und in Wahrnehmung dieser Angelegenheiten gehandelt hat (zust. LK 8 zu § 42

aF). Die rechtsgeschäftliche Vertretung im Ordnungswidrigkeitenrecht kann (ebenso wie im Strafrecht) schon deshalb nicht entscheidend sein, weil es hier auf tatsächliche Handlungen ankommt, die regelmäßig außerhalb einer rechtsgeschäftlichen Vertretung liegen werden (LK 8 zu § 42; 6 zu § 50a aF). Der Begriff „vertretungsberechtigt" will lediglich die Organstellung näher kennzeichnen und sie von anderen in Betracht kommenden Organen (Mitgliederversammlung, Aufsichtsrat) abgrenzen. Gemeint sind hier also die Organe, denen die Geschäftsführung nach innen oder außen obliegt, wobei es unerheblich ist, ob das einzelne Organ die JP selbständig rechtsgeschäftlich vertreten kann (ebenso LK 8 zu § 42 aF; Pohl-Sichtermann VOR 73, 426 f.). Als möglicher Täter kommt danach zB auch das Vorstandsmitglied einer AG in Betracht, das nur in Gemeinschaft mit einem Prokuristen zur Vertretung befugt ist (§ 78 III AktG; ebenso LK 8 zu § 42 aF). Dies folgt auch daraus, daß es ausreicht, wenn ein Mitglied des vertretungsberechtigten Organs oder ein Vorstandsmitglied des nicht rechtsfähigen Vereins gehandelt hat; denn auch hier stellt die Vorschrift nicht auf eine alleinige Vertretungsberechtigung nach außen ab. Bei den Gesellschaftern einer PHG kommt es ebenfalls nicht auf die Vertretung nach außen an, sondern auf den Umfang der Geschäftsführung (so auch Rebmann/Roth/Herrmann 18).

14 **Ob der Bestellungsakt wirksam** ist, ist nicht erheblich; auch insoweit ist die faktische Betrachtungsweise maßgebend (vgl. § 9 III, § 29 II; BGH **21**, 101; Pohl-Sichtermann VOR 73, 426; Rebmann/Roth/Herrmann 20; vgl. ferner 7).

15 B. **Eine Straftat oder Ordnungswidrigkeit** muß das Organ oder der Vorstand usw. begangen haben. Ob ein Tatbestand einer Vorschrift des Nebenstrafrechts oder des StGB verwirklicht ist, ist dabei gleichgültig; notwendig ist nur, daß die weiteren Voraussetzungen von I Nr. 1 oder 2 erfüllt sind. Eine Ordnungswidrigkeit ist auch die Verletzung der Aufsichtspflicht (§ 130; vgl. 17). Eine nur rechtswidrige Tatbestandsverwirklichung genügt nicht; das Organ oder der Vorstand usw. muß auch vorwerfbar (schuldhaft) gehandelt haben (vgl. hierzu bei Ordnungswidrigkeiten 20 ff., 30 ff. vor § 1). Liegt eine Straftat vor, so ist für die Verfolgung die StA und die Festsetzung der Geldbuße das Gericht zuständig (vgl. 46).

16 C. **Die Verletzung von Pflichten, welche die JP oder PV treffen** (I Nr. 1).

17 a) **Die Verletzung der Aufsichtspflicht** in Betrieben oder Unternehmen ist stets die Verletzung einer solchen Pflicht (§ 130; Köln OLGSt S. 3 ff. zu § 26 aF; GewArch **74**, 143). Die Pflicht zu notwendigen Aufsichtsmaßnahmen in Betrieben oder Unternehmen trifft nach § 130 I in erster Linie den Inhaber, also die JP oder PV, der das Unternehmen oder der Betrieb gehört. Die Organe usw. der JP oder PV haben diese Pflicht für sie zu erfüllen und sie begehen nach § 130 II eine Ordnungswidrigkeit, wenn sie dies unterlassen. Das Bedürfnis dafür, gegen die JP oder PV eine Geldbuße festsetzen zu können, besteht gerade in den Fällen der Aufsichtspflichtverletzung; es könnte unangemessen, ja ungerecht sein, in einem solchen Falle nur gegen das Organ vorzugehen, weil die Geldbuße dann seinen wirtschaftlichen Verhältnissen angepaßt werden müßte, während in dem vergleichbaren Falle die Geldbuße gegen einen Einzelunternehmer entsprechend dem wirtschaftlichen Wert des Unternehmens weit höher ausfallen würde (Begr. zu § 19 EOWiG; vgl. auch 8 ff. vor § 30).

18   b) **Die Verletzung einer „betriebsbezogenen" Pflicht,** dh einer solchen, die sich aus dem jeweiligen Wirkungskreis der JP oder PV ergibt, muß (auch) in den übrigen Fällen gegeben sein (vgl. Begr. zu § 19 EOWiG).

19   **Betriebsbezogen sind in erster** Linie die Pflichten, die nach verwaltungsrechtlichen Gesetzen im Zusammenhang mit dem Wirkungskreis der JP oder PV bestehen und sie als Normadressaten treffen (so zB als Arbeitgeber, als Gewerbetreibender, als Unternehmer, als Veranstalter, als Eigentümer einer Anlage, als Halter von Fahrzeugen, als Einführer oder Ausführer, als Erzeuger oder Verteiler einer Ware, als Inhaber einer Verkaufsstelle, als Auskunfts- oder Meldepflichtiger uä). Diese Art Pflichten sind vielfach durch Straf- oder Bußgeldvorschriften der nebenstrafrechtlichen Gesetze abgesichert. Verwirklicht ein Organ oder Vorstand usw. einer JP oder PV einen solchen Tatbestand, weil auch ihn diese Pflicht nach § 9 sekundär trifft, so geschieht dies stets durch die Verletzung von Pflichten, die primär der JP oder PV obliegen.

20   **Die für jedermann geltenden Pflichten** können sich für die JP oder PV im Zusammenhang mit der Führung des Betriebes oder Unternehmens ergeben und deshalb „betriebsbezogen" sein. Das ist namentlich der Fall, wenn die JP oder PV auf Grund ihres Wirkungskreises in eine Art Garantenstellung rückt (zust. Demuth/Schneider BB **70**, 650). Beschäftigt die JP oder PV zB Arbeitnehmer, so trifft sie die Pflicht, die Arbeitnehmer vor Gefahren zu schützen, denen sie am Arbeitsplatz ausgesetzt sind (Begr. zu § 19 EOWiG); betreibt eine JP zB ein Warenhaus, so trifft sie die Verkehrssicherungspflicht zum Schutze der Besucher des Warenhauses; übernimmt sie ein Kommissionsgeschäft, so kann sie als Kommissionär die Pflicht zur Vermögensbetreuung treffen. Es ist deshalb möglich, daß Pflichtverletzungen, durch die Tatbestände des StGB verwirklicht werden, „betriebsbezogen" sind, so zB, wenn ein Organ der JP eine fahrlässige Körperverletzung, fahrlässige Tötung oder Untreue durch Verletzung der Pflichten der JP begeht (Begr. zu § 19 EOWiG; Rebmann/Roth/Herrmann 29). Ebenso können sich aus den Tatbeständen des Nebenstrafrechts, die für jedermann gelten, auch für die JP oder PV im Zusammenhang mit der Führung des Betriebes oder Unternehmens Pflichten ergeben, so zB die Pflicht, eine Fabrik, die in der Nähe eines Gewässers liegt, so zu führen, daß die der Reinhaltung des Gewässers dienenden Vorschriften beachtet werden (vgl. §§ 38, 41 WHG).

21   **Auch die Verletzung von Geboten** kann, wie die Beispiele unter 20 zeigen, die Verletzung einer „betriebsbezogenen" Pflicht sein, so daß auch Unterlassungsdelikte (13 vor § 1) des Organs usw. die Grundlage für eine Geldbuße gegen die JP oder PV bilden können.

22   D. **Bei einer Bereicherung** der JP oder PV (I Nr. 2) ist die Festsetzung einer Geldbuße gegen sie auch möglich, wenn die Tat nicht in der Verlet-

zung von betriebsbezogenen Pflichten besteht. Allerdings muß auch hier zwischen der Tat des Organs usw und dem Wirkungskreis der JP oder PV ein innerer Zusammenhang bestehen. Das folgt aus der Einschränkung, daß der Täter „als" Organ oder Vorstand usw gehandelt haben muß (vgl. 24ff.). In Betracht kommen insbesondere Tatbestände des StGB, so zB der Fall, daß das Organ zum Vorteil der JP oder PV eine Bestechung oder einen Betrug begangen hat (Begr. zu § 19 EOWiG). Ist die JP oder PV durch die Handlung (Kausalzusammenhang; vgl. 14 vor § 1) bereichert worden, hat sie also Vermögensvorteile erlangt, so kommt es nicht darauf an, ob die Bereicherung (vgl. zur Auslegung dieses Begriffs Rotberg 8, 9) erstrebt worden ist; es reicht aus, daß sie eingetreten ist (ebenso Rebmann/Roth/Herrmann 31). Dabei ist keine Einschränkung des Inhalts vorgesehen, daß dies nur bei bestimmten Handlungen des Organs (etwa Bereicherungsdelikten) gelten soll (so mit Recht: Rebmann/Roth/Herrmann 32). Eine Tat, durch welche die JP oder PV bereichert werden sollte, liegt dann vor, wenn das Organ oder der Vorstand usw. die Bereicherung erstrebt hat (zust. Demuth/Schneider BB **70**, 651; Rebmann/Roth/Herrmann 31). Allerdings braucht dieses Ziel nicht der Hauptzweck des Handelns gewesen zu sein.

23 **Etwaige Ersatzansprüche Dritter** schließen die Bereicherung und damit die Festsetzung einer Geldbuße nicht aus (ebenso Demuth/Schneider BB **70**, 651; Rotberg 8; so jetzt auch Rebmann/Roth/Herrmann 31); andernfalls könnte das Organ für die JP ohne Risiko eine Bereicherungstat begehen. Die Festsetzung der Geldbuße sollte jedoch nicht zu dem Ergebnis führen, daß die Durchsetzung der Ersatzansprüche Dritter tatsächlich verkürzt wird; dies kann im Rahmen des Opportunitätsprinzips (§ 47) berücksichtigt werden.

24 E. **„Als" Organ** oder Vorstand usw muß der Täter gehandelt haben, also in dieser Eigenschaft. Notwendig ist danach, daß der Täter in Wahrnehmung der Angelegenheiten der JP oder PV gehandelt hat (vgl. auch 15 zu § 9). Bei einem Handeln in seinem eigenen Interesse wird diese Voraussetzung in der Regel fehlen; anders aber, wenn das Organ zugleich im Interesse der JP oder PV handelt (vgl. Rebmann/Roth/Herrmann 33; LK 13 zu § 42 aF).

25 a) **In einem inneren Zusammenhang mit der Organstellung** muß also die Tat des Organs oder Vorstandes stehen (ebenso LK 13 zu § 42 aF; Rebmann/Roth/Herrmann 34). Die Handlung muß der Art nach (nicht in der besonderen Ausführung) noch als solche in Wahrnehmung der Angelegenheiten der JP angesehen werden können. Das trifft zB zu, wenn das Organ in den Geschäftsverhandlungen für die JP so weit geht, den Vertragspartner durch Bestechung zum Abschluß des Vertrages zu bewegen; ein innerer Zusammenhang fehlt dagegen zB, wenn das Organ den Vertragspartner bei der Gelegenheit von Geschäftsverhandlungen bestiehlt. Bei einer Zuwiderhandlung von Pflichten, welche die JP oder PV treffen, wird der Fall, daß das Organ nicht in dieser seiner Eigenschaft handelt, selten sein. Er ist aber zB gegeben, wenn das Organ im Betrieb der JP nicht mehr im Rahmen der objektiv von einem Organ wahrzunehmenden Aufgaben handelt, sondern wie ein beliebiger Betriebsangehöriger tätig wird. Auch dann besteht kein Grund für eine Sanktion gegen die JP.

26   b) **Im Rahmen des ihm übertragenen Aufgabenkreises** braucht das Organ dagegen nicht zu handeln (ebenso LK 13 zu § 42 aF; enger SchSch-Eser 9 zu § 75). I Nr. 1 setzt nur voraus, daß das Organ Pflichten verletzt, welche die JP oder PV treffen. Danach reicht es aus, daß seine Handlung noch im Geschäfts- und Wirkungskreis der JP oder PV liegt (so auch Rebmann/Roth/Herrmann 35). Denn die Verletzung von Pflichten, welche die JP oder PV treffen, ist schlechthin nur in ihrem Geschäfts- und Wirkungskreis denkbar. Handelt das Organ noch in diesem Kreis, so ist es gerechtfertigt, die JP oder PV hierfür verantwortlich zu machen, selbst wenn das Organ seinen Aufgabenkreis überschritten hat. Auch in einem solchen Falle bleibt der innere Zusammenhang zwischen der Organstellung und der Straftat oder Ordnungswidrigkeit gewahrt.

27   c) **Eine Handlung im Geschäfts- oder Wirkungskreis** setzt I Nr. 1 voraus (vgl. 26), nicht dagegen I Nr. 2. Einbezogen ist danach zB auch der Fall, daß das Organ einer JP, deren Geschäftskreis satzungsmäßig auf den Verlag von juristischen Büchern beschränkt ist, Schriften strafbaren Inhalts herausgibt, um die JP zu bereichern. Ohne eine solche Erweiterung wäre es nicht immer möglich, der JP oder PV Gewinne abzunehmen, die sie zu Unrecht durch Taten ihrer Organe erlangt hat (zust. Rebmann/Roth/Herrmann 36). Soweit nach den Umständen des Falles eine Geldbuße gegen die JP oder PV nicht angemessen ist, wenn das Organ außerhalb des Geschäftskreises der JP oder PV gehandelt und für sie Gewinne erzielt hat, kann im Rahmen des Opportunitätsprinzips (§ 47) von der Festsetzung einer Geldbuße abgesehen werden (ebenso Rebmann/Roth/Herrmann 36).

28   **3) Als Nebenfolge der Tat** einer natürlichen Person wird die Geldbuße gegen die JP oder PV festgesetzt. Für diese Regelung sind nicht nur dogmatische (vgl. 14 vor § 30), sondern auch verfassungsrechtliche und vor allem prozeßwirtschaftliche Gründe maßgebend gewesen (Begr. zu § 19 EOWiG; krit. hierzu insbesondere Schmitt, Lange-Festschr. S. 883; vgl. zu Reformerwägungen auch 17 vor § 30).

29   A. **Wegen des Grundsatzes „ne bis in idem"** (Verbot der doppelten Ahndung einer Handlung; Art. 103 III GG) soll die Entscheidung über die Tat mit der über die Rechtsfolge der Geldbuße gegen die JP oder PV verbunden werden. Wenn zunächst gegen das an dem Kapital der JP beteiligte Organ eine Strafe oder Geldbuße und anschließend gegen die JP eine Geldbuße festgesetzt würde oder umgekehrt, so könnte dies einer Doppelbestrafung mindestens nahekommen. In der „doppelten" Ahndung von Vertreter und JP oder PV ist dagegen kein Verstoß gegen Art. 103 III GG zu sehen (Hamm NJW **73**, 1853; Celle NdsRpfl. **75**, 129).

30   B. **Auch aus prozeßwirtschaftlichen Gründen** ist ein einheitliches Verfahren, in dem Haupt- und Nebensanktion aufeinander abgestimmt werden können, geboten (Celle NdsRpfl. **75**, 129; KG WuW **75**, 407), weil Grundlage der Ahndung sowohl der Tat des Organs als auch der Festsetzung einer Geldbuße gegen die JP oder PV die Tat des Organs ist. Es würde aber einen unangemessenen Verfahrensaufwand bedeuten und

die Gefahr widersprechender Entscheidungen hervorrufen, wenn dieselbe Tat in getrennten Verfahren untersucht und über sie entschieden werden müßte (vgl. näher die 4. Aufl.).

31 C. **Beschränkt auf die Geldbuße gegen die JP oder PV** kann das Verfahren jedoch dadurch werden, daß die Verfolgungsbehörde das Verfahren gegen das Organ oder den Vorstand usw einstellt (vgl. 35); in diesem Falle kann wegen der Nebenfolge ein selbständiges Verfahren durchgeführt werden (IV). Andererseits kann auch die Nebenfolge aus dem Bußgeldverfahren ausgeschieden werden, weil auch insoweit das Opportunitätsprinzip gilt (vgl. aber 16 zu § 88).

32 a) **Bei getrennter Verfahrensführung** gegen die natürliche Person und JP oder PV (zB durch getrennte Bußgeldbescheide) ist im Einspruchsverfahren die Frage der Nebensanktion an die der Hauptsanktion gekoppelt, so daß das Verfahren für die Nebensanktion in sich zusammenbricht; ist die Entscheidung zur Hauptsanktion rechtskräftig, so ist das Verfahren wegen der Nebensanktion deshalb einzustellen (vgl. Hamm NJW 73, 1853). Zur Identität der die Haupt- und Nebensanktion vermittelnden Tat vgl. Hamm aaO, dessen Entscheidung zu dem Gesamtfragenkomplex sehr instruktiv ist; die Kritik von Pohl-Sichtermann NJW 73, 2217 an dieser Entscheidung ist zT unbegründet, jedoch ist ihr zuzustimmen, daß die Praxis der VBen zur Beseitigung von Mängeln (vgl. 42; 47 zu § 66) verbessert werden sollte (vgl. hierzu auch Göhler NJW 79, 1436).

33 b) **Solange das Verfahren wegen der Hauptsanktion schwebt,** ist die Festsetzung einer Nebensanktion in einem abgetrennten Verfahren nicht zulässig; dies würde IV widersprechen (Stuttgart, Die Justiz 77, 390; vgl. ferner 3f. zu § 88).

34 c) **Werden beide Verfahren getrennt rechtskräftig** abgeschlossen, so sind die Entscheidungen zwar rechtsfehlerhaft, aber nicht unwirksam (so jetzt auch Rebmann/Roth/Herrmann 40, jedoch unklar hinsichtlich der Folgen für die Vollstreckung).

35 4) **Nach pflichtgemäßen Ermessen** ist über die Festsetzung der Geldbuße zu entscheiden („kann"). Praktisch gilt also das Opportunitätsprinzip. Danach sollte im Einzelfall geprüft werden, welche Sanktion ausgesprochen worden wäre, wenn das Organ die Tat als Einzelunternehmer begangen hätte, ihm also der Betrieb oder das Unternehmen gehört hätte. Wäre die Geldbuße oder Geldstrafe in diesem hypothetischen Falle wesentlich höher ausgefallen als die, die für das Organ nach seinen wirtschaftlichen Verhältnissen (und wegen seiner altruistischen Handlungsweise) in Betracht kommt, so wird es angezeigt sein, eine entsprechend höhere Geldbuße gegen die JP oder PV festzusetzen (ebenso Demuth/Schneider BB 70, 650; zust. Rebmann/Roth/Herrmann 42). Ob es notwendig und angemessen ist, auch gegen das Organ oder den Vorstand eine Geldbuße festzusetzen, wird von den Umständen des Einzelfalles abhängen, namentlich davon, welche Bedeutung die Tat hat, ob der Vorwurf, der dem Organ zu machen ist, schwerwiegend ist, ob es selbst mittelbar durch die Geldbuße gegen die JP oder PV getroffen wird, weil es an deren Kapital beteiligt ist oder weil es sonstige wirtschaftliche

Nachteile (Entlassung aus der Organstellung) tragen muß uä; insoweit ist die „zweifache" Auswirkung der Ahndung jeweils gegenseitig zu berücksichtigen (Hamm NJW **73**, 1854). Gelangt die Verfolgungsbehörde nach Prüfung dieser Umstände zu der Auffassung, daß eine Geldbuße gegen die JP oder PV ausreicht, so kann sie das Verfahren gegen das Organ einstellen und gegen die JP oder PV ein selbständiges Verfahren durchführen (IV; zust. insgesamt Rebmann/Roth/Herrmann 42).

36 **5) Die Höhe der Geldbuße** bestimmt II. Eine weitere Abstufung nach dem Strafrahmen für die Straftat des Organs sieht das Gesetz nicht vor (S. 1). Aus S. 2 ist jedoch zu entnehmen, daß sich die Höhe der Geldbuße gegen die JP oder PV danach orientieren soll, wie die von dem Organ begangene Tat bewertet wird (Begr. zu § 19 EOWiG; Köln GewArch **74**, 144; vgl. 35). Innerhalb des Bußgeldrahmens wird die Höhe der Geldbuße im Einzelfall nach dem Zweck zu bemessen sein, der mit der Geldbuße gegen die JP oder PV verfolgt wird (8 ff. vor § 30). Dieser Zweck wird es nahelegen, den Sachverhalt mit dem hypothetischen Fall eines Einzelunternehmers zu vergleichen (vgl. Köln aaO sowie 35). Allerdings werden für die Bemessung der Geldbuße auch sonstige Umstände in Betracht kommen, so zB ob ähnliche Zuwiderhandlungen in der Geschäftsführung der JP oder PV mehrfach vorgekommen sind, ob die Mitglieder oder Gesellschafter der JP oder PV, die an der Tat nicht beteiligt sind, unangemessen hart getroffen werden müssen, welche Vorsorgemaßnahmen innerhalb der JP oder PV vor der Tat und nach der Tat getroffen sind, um solche Zuwiderhandlungen zu verhindern uä (zust. Rebmann/Roth/Herrmann 43). Über die Bemessung der Geldbuße vgl. im übrigen III iVm § 17 IV. Über Zahlungserleichterungen vgl. III iVm § 18 sowie § 93 iVm § 99.

37 **6) Der Verfall und die Abführung des Mehrerlöses** können auch gegen die JP oder PV angeordnet werden (§ 73 III StGB; § 10 II WiStG 1954, Anh **A 12**). Beide Maßnahmen zielen darauf ab, der JP oder PV unrechtmäßig erlangte Gewinne abzunehmen. Diesem Zweck dient auch die Geldbuße gegen die JP oder PV; sie hat jedoch weitergehende Zwecke (8 ff. vor § 30) und ist deshalb (auch der Wirkung nach) die umfassendere Maßnahme. Deshalb schließt die Festsetzung der Geldbuße gegen die JP oder PV es aus, gegen sie wegen derselben Tat den Verfall anzuordnen (V). Kommen Abführung des Mehrerlöses und Verfall in Betracht, so tritt die Abführung des Mehrerlöses als speziellere Maßnahme an die Stelle des Verfalls (§ 8 IV S. 1 WiStG 1954). Die Festsetzung der Geldbuße gegen die JP oder PV hindert deshalb auch eine nachträgliche Abführung des (an Stelle des Verfalls vorgesehenen) Mehrerlöses. Umgekehrt ist es nicht unzulässig, nach der Anordnung des Verfalls oder der Abführung des Mehrerlöses gegen die JP oder PV eine Geldbuße festzusetzen. Bei der Bemessung der Geldbuße ist dann aber der Verfall oder die Abführung des Mehrerlöses zu berücksichtigen. Einfacher ist es, nur eine Geldbuße (als umfassendere Nebenfolge) festzusetzen und bei ihrer Bemessung auch den erlangten Gewinn in Rechnung zu stellen.

38 **7) Der Wechsel der Rechtsform des Unternehmens** steht der Festsetzung der Geldbuße nicht entgegen, wenn das Unternehmen der Sache nach dasselbe geblieben ist (ebenso Rebmann/Roth/Herrmann 50). Andernfalls könnte durch eine Änderung der Rechtsform der JP oder PV der Zweck, der mit der Geldbuße erreicht werden soll, durch zufällige oder manipulierte Änderungen der Rechtsform vereitelt werden (Düsseldorf DAußWiRdschau **69**, 11). Der Wechsel der Rechtsform soll selbst dann unerheblich sein, wenn die Firma zwischendurch als Unternehmen eines Einzelkaufmanns fortgeführt worden ist (Düsseldorf aaO). Wandelt sich eine OHG während des gegen sie gerichteten Bußgeldverfahrens in eine BGB-Gesellschaft um, so soll das Verfahren gegen die Gesellschafter fortgesetzt werden, welche die Ordnungswidrigkeit begangen haben; dabei sollen verjährungsunterbrechende Handlungen gegen die Gesellschaft gegenüber den Gesellschaftern fortwirken (Stuttgart, Die Justiz **72**, 325; zw.; bejahend: Rebmann/Roth/Herrmann 50).

39 **8) Im selbständigen Verfahren** kann die Geldbuße gegen die JP oder PV festgesetzt werden, wenn die Verfolgung oder Ahndung der Tat aus tatsächlichen Gründen nicht möglich ist oder das Verfahren eingestellt wird (IV; vgl. zu § 27). Zur getrennten Verfahrensführung vgl. 32 f.

40 A. **Eine Straftat oder Ordnungswidrigkeit eines Organs** muß auch im selbständigen Verfahren festgestellt werden, um eine Geldbuße festsetzen zu können. Notwendig ist also die Feststellung, daß ein Organ die Zuwiderhandlung vorwerfbar begangen hat (Koblenz BB **77**, 1571). Dagegen braucht die Identität des Täters nicht festzustehen. Bleibt zB nur offen, ob das Organ A, B oder C gehandelt hat, ist jedoch mit an Sicherheit grenzender Wahrscheinlichkeit anzunehmen, daß jedenfalls einer von ihnen gehandelt hat und daß jeder von ihnen, wäre er Täter, auch vorwerfbar gehandelt hätte, so ist die Festsetzung der Geldbuße gegen die JP oder PV zulässig; denn dann steht fest, daß ein Organ eine Ordnungswidrigkeit begangen hat (Hamm NJW **79**, 1312; Köln GewArch **74**, 143; Bay. NJW **72**, 1771; zust. Rebmann/Roth/Herrmann 52). Ebenso ist zB die Festsetzung einer Geldbuße gegen eine JP im selbständigen Verfahren zulässig, wenn im Falle der Aufsichtspflichtverletzung nach § 130 nicht ermittelt werden kann, welches Organ für die Aufsichtsmaßnahme zuständig gewesen ist, und dies auf einem Organisationsmangel innerhalb der JP beruht. Dann liegt die Verletzung der Aufsichtspflicht schon in dem Organisationsmangel und dafür ist grundsätzlich jedes Mitglied des Organs verantwortlich (vgl. zu gesetzgeberischen Reformerwägungen in dieser Richtung 17 vor § 30).

41 B. **Die Nichtverfolgbarkeit der Handlung des Organs** ist nur eine der Fallgestaltungen, die das selbständige Verfahren eröffnen. Diese Fallgestaltung ist lediglich deswegen zuerst genannt, weil sich die Regelung von IV an den (systematisch bestimmten) Aufbau des § 27 anlehnt. Da die Voraussetzungen von S. 1 in der Praxis aber oft nicht einfach feststellbar sind (einerseits: Vorliegen einer Straftat oder Ordnungswidrigkeit eines Organs, andererseits: keine Verfolgbarkeit des Organs aus tatsächlichen Gründen; vgl. Hamm JR **71**, 383), liegt es viel näher, nach der Regelung von S. 2 zu verfahren (verkannt von Hamm aaO m. krit. Anm. Göhler).

42　a) **Zur Nichtverfolgbarkeit aus tatsächlichen Gründen** vgl. zunächst 4
zu § 27 (vgl. auch Stuttgart, Die Justiz **77**, 390). Die Nichtverfolgbarkeit
aus tatsächlichen Gründen ist zB zu bejahen, wenn das Organ verstorben
ist (KG v. 15. 5. 1974, Kart. 14/74). Zweifelhaft ist, ob die Voraussetzungen
von IV S. 1 auch dann vorliegen, wenn unklar ist, welches von
mehreren Organen die Zuwiderhandlung begangen hat (vgl. 40). Diese
Frage, die von großer praktischer Bedeutung ist, ist entgegen der sonstigen
Ansicht im Schrifttum (Rebmann/Roth/Herrmann 52 mwN, wo
allerdings auf die Möglichkeit nach IV S. 2 hingewiesen ist; vgl. 44) zu
bejahen (so auch Bay. NJW **72**, 1771; Hamm NJW **79**, 1312); denn die
Voraussetzungen von IV S. 1 liegen vor, wenn der Täter unbekannt ist
(vgl. Bay. aaO; vgl. auch Stuttgart, Die Justiz **77**, 390; vgl. ferner 4 zu
§ 27). Vom Standpunkt der hier abgelehnten Ansicht ist es unbefriedigend,
wenn die Entscheidung über die Zulässigkeit einer Sanktion gegen
JPen und PVen letztlich von Formalien und Mißgeschicken in der verfahrensmäßigen
Behandlung der ,,Nebenfolge'' durch die VBen (aber auch
die AG, vgl. zB Stuttgart aaO; ferner Göhler NJW **79**, 1436f.) abhängig
ist (vgl. auch 44), die bei unklarer Sachlage zur Person des Täters oft IV
S. 1 anwenden. Insoweit ist zwar eine Verbesserung der Praxis durch die
VBen anzustreben; sie sollten ,,Klarheit'' darüber schaffen, gegen wen sie
ein Sanktionsverfahren durchführen, worauf sie zu stützen und inwieweit
sie es beschränken (vgl. 32, 44) wollen; allerdings erscheint es zw., ob
dies auf der Grundlage der Regelung des geltenden Rechts praktisch
erreicht werden kann (vgl. zu gesetzgeberischen Reformerwägungen 17
vor § 30).

43　b) **Bei rechtlichen Verfolgungshindernissen** (vgl. 6 zu § 27) ist die
Festsetzung der Geldbuße im selbständigen Verfahren unzulässig. Dies
gilt auch für die Verjährung (rechtl. Verfolgungshindernis, vgl. 6 zu
§ 27) der Handlung des Organs, soweit sie vor der Einleitung des selbständigen
Verfahrens eingetreten ist. Der Eintritt der Verfolgungsverjährung
der Handlung des Organs *eröffnet* also nicht den Weg für ein selbständiges
Verfahren nach S. 1; andererseits *sperrt* aber eine nach Einleitung
des Verfahrens gegen eine JP oder PV eingetretene Verfolgungsverjährung
der Handlung des Organs nicht das selbständige Verfahren (vgl.
näher Göhler NJW **79**, 1436; abw. Peltzer NJW **78**, 2131). Im selbständigen
Verfahren unterbrechen dann die Verfolgungshandlungen gegen die
JP oder PV die Verjährung der Nebenfolge (vgl. Göhler aaO; ferner 3 zu
§ 31).

44　C. **Die Einstellung des Verfahrens wegen der Handlung des Organs**
nach § 47 ist die andere Fallgestaltung, die das selbständige Verfahren
eröffnet. Die Praxis der Bußgeldbehörden neigt mit Recht dazu, von
dieser Möglichkeit weitgehend Gebrauch zu machen; freilich ist die angegebene
Begründung, ,,aus tatsächlichen Gründen könne keine bestimmte
Person verfolgt werden'', weil die Feststellung der Identität einer Vielzahl
von (wechselnden) Organen auf Schwierigkeit stoße (vgl. die Presseinformation
des Bundeskartellamtes, DB **71**, 1561f.) fehlerhaft, jedoch
im Ergebnis die Wiedergabe einer Opportunitätserwägung, die als eine
Entscheidung nach § 47 zu werten ist. In der Regel ist – ganz allgemein –

anzunehmen, daß die VB, wenn sie einen selbständigen Bußgeldbescheid gegen die JP oder PV erläßt (und damit zugleich von der Verfolgung derer Organe absieht), das Verfahren auf die Nebenfolge gegen die JP oder PV beschränkt (vgl. 31) und im übrigen von der Möglichkeit des § 47 Gebrauch gemacht hat; dazu bedarf es keiner förmlichen Entscheidung, auch wenn es zweckmäßig ist, zur Klarstellung einen Aktenvermerk zu machen (vgl. 28, 30 zu § 47; vgl. Göhler NJW **79**, 1437, JR **71**, 386; Celle NdsRpfl. **77**, 25; Bay. GewArch **74**, 23; Hamm NJW **79**, 1312; Koblenz GA **74**, 286; Rotberg 12; so jetzt auch Rebmann/Roth/Herrmann 55; nicht erörtert von Stuttgart, Die Justiz **73**, 398). Vgl. auch Schleswig SchlHA **73**, 191, wonach nicht offen bleiben darf, ob IV S. 1 oder 2 angenommen wird; dies wird in der Praxis oft verkannt (vgl. Göhler aaO; 32, 44).

45 **D. Über das Verfahren** vgl. eingehend 22, 47 zu § 66, § 88 II (dort 18 ff.) sowie § 444 III StPO.

46 **9) Zuständig für die Festsetzung der Geldbuße** ist, wenn die Pflichtverletzung (18 ff) des Organs, des Vorstands usw eine Ordnungswidrigkeit ist, die für deren Verfolgung und Ahndung zuständige VB. Ist die Pflichtverletzung dagegen eine Straftat, so ist immer die Zuständigkeit der StA zur Verfolgung und die des Gerichts zur Festsetzung der Geldbuße gegeben. Stellt die StA das gegen das Organ gerichtete Strafverfahren wegen Geringfügigkeit (§ 153 I StPO) ein, so kann sie die Festsetzung einer Geldbuße gegen die JP oder PV im selbständigen Verfahren beim Gericht beantragen (§ 444 III StPO). Eine Abgabe der Sache an die VB ist unzulässig, weil in diesem Falle keine Ordnungswidrigkeit zu verfolgen ist (zust. Rebmann/Roth/Herrmann 57).

47 **10) Über das Verfahren** bei Festsetzung von Geldbußen gegen JPen oder PVen als Nebenfolge einer Ordnungswidrigkeit vgl. § 88, als Nebenfolge einer Straftat vgl. § 444 StPO.

Siebenter Abschnitt. Verjährung

Vorbemerkungen

1 **1) Verfolgungs- und Vollstreckungsverjährung** sind zu unterscheiden. Die erste macht die Verfolgung (§ 31 I), die zweite die Vollstreckung (§ 34 I) unzulässig. Beide bilden demnach Verfahrenshindernisse (vgl. 37 ff. vor § 59). Die Verfolgungsverjährung endet mit Eintritt der Vollstreckungsverjährung, mithin mit dem Tage der Rechtskraft der Bußgeldentscheidung (vgl. 21 zu § 31). Verfolgungs- und Vollstreckungsverjährung sind danach hintereinander geschaltet.

2 Eine beendete Verfolgungsverjährung beginnt neu mit dem Wegfall der Rechtskraft der Bußgeldentscheidung. Dies ist der Fall, wenn das Gericht die Wiederaufnahme des Verfahrens anordnet (§ 370 II StPO iVm § 85 I), weil damit die frühere Entscheidung hinfällig wird (BGH **14**, 64, 85). Es beginnt dann hinsichtlich der (erneut möglichen) Verfolgung eine neue Verjährungsfrist (RG **76**, 48; Hamburg VRS **29**, 359; BGH GA **74**, 149); die Zeit nach Rechtskraft der Entscheidung bis zur Anordnung der Wiederaufnahme unterliegt trotz der „rückwirkenden" Beseitigung der Entscheidung den Regeln der Vollstreckungsverjährung (Hamm MDR **72**, 885; Düsseldorf MDR **79**, 335; vgl. auch 49 zu § 33). Die Verfolgungsverjährung beginnt ebenfalls neu, wenn die Rechtskraft der Bußgeldentscheidung durch die Gewährung der Wiedereinsetzung in den vorigen Stand (§ 52) beseitigt wird (Köln VRS **57**, 297; Stuttgart, Die Justiz **72**, 363; Hamm NJW **72**, 2097; krit. dazu Sieg NJW **75**, 153), es sei denn, daß die Verfolgungsverjährung bereits vor Rechtskraft des Buß- geldbescheides oder daß bereits die Vollstreckungsverjährung eingetreten war (Braunschweig NJW **73**, 2119; Hamm VRS **50**, 128). Das gleiche gilt, wenn bei der Nachholung des rechtlichen Gehörs (§ 33a StPO iVm § 46 I) die Bußgeldentscheidung aufgehoben wird (Frankfurt MDR **78**, 513).

3   **2) Ob die Verfolgungsverjährung nur ein Prozeßhindernis ist**, das die Durchsetzung des staatlichen Bußgeldanspruchs lediglich hindert, oder ob sie auch eine materielle Funktion hat, indem sie den Bußgeldanspruch ganz aufhebt, ist zweifelhaft. Die strafrechtliche Rspr. hat der Verfol- gungsverjährung früher eine Doppelfunktion zugemessen (prozessuales wie auch materielles Rechtsinstitut; vgl. RG **66**, 328). Neuerdings wird die Verfolgungsverjährung in der Rspr. nur als Prozeßhindernis angese- hen (vgl. BGH **2**, 300, 301; **8**, 269; BVerfGE **1**, 423; **25**, 287). Diese Einordnung, die vor allem für die Zulässigkeit einer rückwirkenden Re- gelung der Verlängerung oder des Ruhens der Verjährung von Bedeu- tung ist, spielt im Ordnungswidrigkeitenrecht praktisch keine Rolle:

4   A. **Ein Rückwirkungsverbot** gilt bei einer Verlängerung der Verfol- gungsverjährung (zB infolge Erhöhung des Bußgeldrahmens; vgl. 31 II), soweit nichts anderes bestimmt ist; anzuwenden ist dann also weiterhin die kürzere Regelung des früheren Rechts. Dies folgt aus gesetzlichen Generalklauseln für derartige Fälle (vgl. Art. 309 II EGStGB, Anh **A 1**, Art. 155 II S. 2 EGOWiG, Art. 95 des 1. StrRG, die einen allgemeinen Rechtsgedanken enthalten; Schleswig SchlHA **73**, 182; Saarbrücken NJW **74**, 1009).

5   B. **Wegen Verjährung einzustellen** ist das Verfahren, wenn sich her- ausstellt, daß die Ordnungswidrigkeit verjährt ist (vgl. § 72 II S. 1; § 260 III, § 206a StPO iVm § 46 I; BGH **27**, 53, 57; vgl. ferner hierzu 16 zu § 31); es ergeht also im gerichtlichen Verfahren kein Freispruch. Dies ist selbst dann anzunehmen, wenn der Verjährung eine Doppelfunktion zuerkannt wird, weil die prozessuale Wirkung der Verjährung Vorrang hat (ebenso Rebmann/Roth/Herrmann 2).

6   **3) Bei Eintritt der Vollstreckungsverjährung** kann die Unzulässigkeit der Einleitung oder Fortsetzung der Vollstreckung geltend gemacht wer- den (3 zu § 103).

7   **4) Über die Überleitungsregelung** vgl. Art. 309 I–IV EGStGB, (Anh **A 1**) sowie Art. 155 II EGOWiG (vgl. auch 4). Bei der Umwand- lung eines Vergehens in eine Ordnungswidrigkeit gilt die kürzere Verjährungsfrist, berechnet von der Begehung der Handlung (§ 31 III; vgl. BGH JZ **68**, 137). Ist vor der Umwandlung eine Unterbrechungshandlung vorgenommen worden, so ist die Verjährungsfrist von der letzten – nach früherem Recht wirksam vorgenommenen – Unterbrechungshandlung zu berechnen (vgl. Art. 155 II S. 3 EGOWiG, dazu richtig: Bay. NJW **69**, 1316; Karlsruhe VRS **37**, 113; vgl. auch Art. 309 IV EGStGB; BGH **26**, 80). Die Unterbrechungshandlungen nach neuem Recht (zB die Abgabe der Sache durch die StA an die VB, § 33 I Nr. 8) sind nur wirksam, soweit sie nach Inkrafttreten des neuen Rechts vorgenommen worden sind (vgl. zu der Übergangsregelung nach Art. 155 II EGOWiG: Stuttgart DAußWiRdschau **68**, 193; Bay. NJW **70**, 620; Düsseldorf VRS **37**, 456).

8   **5) Das europäische Gemeinschaftsrecht** enthält neuerdings eingehende Regelungen über die Verfolgungs- und Vollstreckungsverjährung bei Geldbußen nach dem EWG-Recht (über deren Charakter vgl. Einl 15) wegen Zuwiderhandlungen gegen die Vorschriften des Verkehrs- und Wettbewerbsrechts; vgl. VO (EWG) Nr. 2988 des Rates v. 26. 11. 1974, ABl. EG Nr. L 319/1. Für Geldbußen nach Art. 47, 54, 58–66, 68 EGKSV soll eine fast gleichlautende Regelung durch eine Entscheidung der Kommission nach Art. 95 EGKSV verabschiedet werden. Diese Regelungen gelten auch für die vor ihrem Inkrafttreten begangenen Zuwiderhandlungen.

Verfolgungsverjährung

31   ^I **Durch die Verjährung werden die Verfolgung von Ordnungswidrigkeiten und die Anordnung von Nebenfolgen ausgeschlossen.**

    ^{II} **Die Verfolgung von Ordnungswidrigkeiten verjährt, wenn das Gesetz nichts anderes bestimmt,**

1. **in drei Jahren bei Ordnungswidrigkeiten, die mit Geldbuße im Höchstmaß von mehr als dreißigtausend Deutsche Mark bedroht sind,**
2. **in zwei Jahren bei Ordnungswidrigkeiten, die mit Geldbuße im Höchstmaß von mehr als dreitausend bis zu dreißigtausend Deutsche Mark bedroht sind,**
3. **in einem Jahr bei Ordnungswidrigkeiten, die mit Geldbuße im Höchstmaß von mehr als tausend bis zu dreitausend Deutsche Mark bedroht sind,**
4. **in sechs Monaten bei den übrigen Ordnungswidrigkeiten.**

    ^{III} **Die Verjährung beginnt, sobald die Handlung beendet ist. Tritt ein zum Tatbestand gehörender Erfolg erst später ein, so beginnt die Verjährung mit diesem Zeitpunkt.**

1   **1) Wegen allgemeiner Fragen** der Verfolgungsverjährung, die § 31 (vgl. §§ 78, 78a StGB) in I bestimmt, vgl. vor § 31.

2   **2) Die Verjährung gilt einheitlich** für die Verfolgung der Ordnungswidrigkeit und die Anordnung von Nebenfolgen (vgl. 20 ff. zu § 66),
wenn über beide Rechtsfolgen einheitlich zu entscheiden ist. Die Festsetzung von Geldbuße und die Anordnung von Nebenfolgen verjähren in
diesem Falle also nicht getrennt.

3   A. **Die Anordnung von Nebenfolgen** ist trotz Verjährung zulässig,
wenn es sich um Sicherungsmaßnahmen handelt, da § 27 II als eine Spe-
zialregelung im Verhältnis zu I anzusehen ist (Stuttgart MDR **75**, 681; aM
Dreher/Tröndle 8 zu § 76a). Wird eine bestimmte Person nicht verfolgt,
so wird die Verjährung von Nebenfolgen im übrigen durch Handlungen
im selbständigen Verfahren unterbrochen, auch wenn sie sich nicht auf
die Verfolgung einer bestimmten Person beziehen (vgl. Rotberg 7 zu
§ 27), so zB durch den Erlaß des Einziehungsbescheides oder des Bußgeldbescheides gegen die JP (§ 33 I Nr. 9; dort 35) oder den Antrag auf
Anordnung der Einziehung oder der Festsetzung von Geldbuße gegen
die JP im selbständigen Verfahren (§ 33 I Nr. 13; dort 41); dies ist von
Hamm JR **71**, 383 (m. krit. Anm. Göhler) wohl nicht erkannt (wie hier
Rebmann/Roth/Herrmann 1, Rotberg 1; vgl. näher Göhler NJW **79**,
1436). Eine getrennte Verjährungsregelung gilt nicht nur dann, wenn ein
selbständiges Verfahren gegen die JP oder PV eingeleitet wird, sondern
ebenso, wenn das Verfahren zugleich gegen sie und die „Verantwortlichen Personen" von ihr (ohne nähere Konkretisierung des Täters) betrieben wird; denn in diesem Falle ist eine Verjährungsunterbrechung gegen
den Täter, da er unbekannt ist, nicht möglich (Grundgedanke: Getrennte
Verfolgungsverjährung dann, wenn hinsichtlich der Verfolgung der An-
knüpfungstat eine verjährungsunterbrechende Handlung nicht vorgenommen werden kann; vgl. Göhler NJW **79**, 1436).

4   B. **Bei mehreren Tätern** kann die Verfolgung der Ordnungswidrigkeit nach einem unterschiedlichen Zeitablauf verjähren, weil die Unterbrechung lediglich gegenüber einem von ihnen wirken kann (vgl. 53 zu
§ 33).

5   C. **Bei tateinheitlichem Zusammentreffen von mehreren Ordnungs-
widrigkeiten** (§ 19) gilt zwar für jede Ordnungswidrigkeit eine eigene
Verfolgungsverjährung mit einer uU unterschiedlichen Frist (II; vgl.
BGH bei Dallinger MDR **56**, 526; Oldenburg NJW **60**, 303); die Unterbrechung der Verjährung bezieht sich allerdings auf die Verfolgung der
Tat unter allen rechtlichen Gesichtspunkten (vgl. auch 57 ff. zu § 33) und
gilt so für sämtliche Ordnungswidrigkeiten (vgl. BGH **22**, 105; Hamm
NJW **72**, 1061, **73**, 2076; Köln NJW **70**, 211, VRS **46**, 378; vgl. auch 4 zu
§ 33).

6   **3) Die Frist für die Verfolgungsverjährung** richtet sich grundsätzlich
nach der Höhe der Bußgelddrohung (vgl. II). Sondervorschriften sind
selten (vgl. zB im Bundesrecht § 26 III StVG, Anh **A 11**; § 384 AO 1977,
Anh **A 10**; § 128 III BranntwMonG; § 7b III BinSchG; ferner Art. 23 IV
BayDSchG, § 33 III DSchPflGRhPf). Bei dem Höchstbetrag der angedrohten Geldbuße ist § 17 II zu beachten, so daß fahrlässige Handlungen
vielfach einer kürzeren Verjährung unterliegen. Ist vorsätzliches Handeln
nicht nachzuweisen und die fahrlässige Handlung verjährt, so ist das
Verfahren einzustellen (vgl. 16).

7   **Die kurzen presserechtlichen** Verjährungsfristen gelten für die Verfolgung von Ordnungswidrigkeiten, die durch Verbreiten von Druckwerken begangen und als „Presseinhaltsdelikte" anzusehen sind, analog, und zwar die kürzeren Fristen, die im Presserecht für Vergehen vorgesehen sind (BGH **28**, 53, 56; § 25 I PresseGNW).

8   **4) Der Beginn der Verfolgsverjährung** (III) tritt mit der Verwirklichung sämtlicher Tatbestandsmerkmale (16 vor § 1; 3 zu § 11) ein, also mit dem Zeitpunkt, in dem eine Verfolgung frühestens möglich gewesen wäre. Dies ergibt sich jetzt eindeutig aus III S. 2, der auch den Erfolg der Handlung als Zeitpunkt des Beginns der Verjährung entscheidend sein läßt (Erfolgsdelikt, vgl. 14 vor § 1; zB leichtfertige Steuerverkürzung, § 378 AO 1977, Anh **A 10**; die leichtfertige Steuerverkürzung ist danach beendet, wenn die Veranlagung durchgeführt und ein Steuerbescheid zugestellt worden ist oder im regelmäßigen Geschäftsgang worden wäre (Karlsruhe GewArch **78**, 176). Bleibt die Handlung im Stadium des Versuchs stecken und kann der Versuch geahndet werden (§ 13 II), so beginnt die Verjährung bereits mit dem Abschluß des Versuchs (vgl. RG **42**, 171). Bei einer Bedingung der Ahndungsmöglichkeit (vgl. zB 17 zu § 130) beginnt die Verjährung erst mit deren Eintritt. Auf den eingetretenen Erfolg kommt es nicht an, wenn er außerhalb des gesetzlichen Tatbestandes liegt (zB die Erteilung einer Genehmigung oder Bescheinigung, wenn schon die Abgabe falscher Angaben zur Erlangung einer solchen Genehmigung oder Bescheinigung mit Geldbuße bedroht ist, zB § 33 IV AWG).

9   **A. Einzelheiten:**

10   a) **Bei einer Dauerordnungswidrigkeit** (vgl. 17 vor § 19) beginnt die Verjährung frühestens mit Beendigung des rechtswidrigen Zustandes (vgl. BGH **20**, 227; Stuttgart NJW **78**, 2210), bei einem echten Unterlassungsdelikt (13 vor § 1) erst mit Wegfall der Handlungspflicht (RG **59**, 6; Stuttgart VRS **33**, 273; Hamm GA **68**, 377; Bay. **71**, 149, 150; Oldenburg NdsRpfl. **75**, 126). Davon zu unterscheiden sind die Fälle, in denen durch eine beendete Ordnungswidrigkeit ein rechtswidriger Zustand geschaffen ist (zB Errichten eines Gebäudes ohne Genehmigung, RG **37**, 78: Beginn der Verjährung mit Abschluß des Baues; Einstellen ohne Gesundheitszeugnis, Köln GewArch **79**, 247: Beginn mit Begründung des Arbeitsverhältnisses).

11   b) **Besteht eine Frist zur Vornahme der Handlung,** so bedeutet dies in der Regel nicht, daß mit Ablauf der Frist die Handlungspflicht entfällt; bei Überwachungsvorschriften spricht ihr Zweck dafür, daß die Pflicht fortbesteht, bis ihr genügt ist oder ihre Erfüllung nicht mehr notwendig erscheint (RG **59**, 6). Ist zB für das Abführen von Gebühren (zB Rundfunkgebühr), Abgaben uä eine Frist bestimmt, besteht die Pflicht zum Abführen auch nach Fristablauf weiter, so daß die Verjährung erst mit der Zahlung beginnt (Stuttgart 23. 6. 1978, OWi 644/77; LG Berlin 17. 4. 1975, 511 Qs 15/75 OWi) oder einem sonstigen Wegfall der Handlungspflicht, so zB mit Beendigung der verantwortlichen Stellung in einem Betrieb (Celle NdsRpfl. **75**, 74). Bei einer andauernden Handlungspflicht (zB Nichtzahlung der Rundfunkgebühren) kann nach einem längeren Zeitablauf die Vorwerfbarkeit entfallen (vgl. Stuttgart aaO; 12).

12   c) **Bei einem fahrlässigen Unterlassungsdauerdelikt** (zB Verletzung einer Melde- oder Anzeigepflicht) hört das vorwerfbare Verhalten jedoch schon in dem Zeitpunkt auf, in dem der Täter die Pflicht zum Handeln nicht mehr im Gedächnis haben kann; denn es liegt im Wesen der menschlichen Natur, daß ein Anstoß zum Handeln nach einer gewissen Zeit verebbt (RG **75**, 34). Unterläßt jemand bei der Inanspruchnahme öffentlicher Mittel (zB Kindergeld) die erforderliche Veränderungsanzeige und wird darauf die weitere Zahlung eingestellt, so beginnt die Verjährung mit der Einstellung der Zahlung (Oldenburg NdsRpfl. **75**, 126).

13   d) **Bei einer fortgesetzten Handlung** (11 ff. vor § 19) beginnt die Verjährung mit Vollendung des letzten Einzelaktes (vgl. BGH **1**, 84; Bay. 18. 6. 1979, 3 Ob OWi 18/79). Doch soll bei Presseinhaltsdelikten die Verfolgungsverjährung gesondert für jedes Druckwerk mit dessen Verbreitungsakt beginnen (Schleswig bei Ernesti/Jürgensen SchlHA **78**, 191; zw.)

14   e) **Im Fall der Beteiligung** (§ 14) an nur einzelnen Teilakten (bewußte Beschränkung) kommt es auf die Beteiligung an dem letzten Teilakt an (vgl. BGH **20**, 227, 228). Im übrigen beginnt die Verjährung bei einer Beteiligung, wenn die Ordnungswidrigkeit insgesamt ausgeführt ist (vgl. Dreher/Tröndle 5 zu § 78a).

15   B. **Die Frist wird so berechnet,** daß der Tag, an dem die Verjährung (mit Eintritt des Ereignisses) beginnt, der erste Tag der Frist ist; der letzte Tag der Frist ist der im Kalender vorhergehende Tag (vgl. Karlsruhe , Die Justiz **79**, 213 mwN; zB Verjährungsbeginn: 2.2. = Verjährungsende bei Dreimonatsfrist: 1.5.). Dies gilt auch dann, wenn der letzte Tag ein Sonn- oder Feiertag ist; § 43 II StPO (iVm § 46 I) gilt also nicht entsprechend (vgl. KG VRS **44**, 127; LG Kiel NJW **69**, 1311; Dreher/Tröndle 12 zu § 78a).

16   5) **Im Verfahren** ist der Ablauf der Verjährung in jeder Lage zu berücksichtigen, also auch im Verfahren nach Einspruch und noch in der Rechtsbeschwerdeinstanz (vgl. RG **68**, 18), und zwar von Amts wegen. Das Verfahren ist dann einzustellen (vgl. 5 vor § 31; 48, 157 ff. vor § 59); dies gilt selbst dann, wenn der Schuldspruch bereits rechtskräftig geworden ist (Bay. VRS **44**, 303; vgl. auch VRS **46**, 376). Diese Rechtslage hat § 32 II nicht geändert, weil er voraussetzt, daß das Urteil oder der Beschluß nach § 72 *vor* Ablauf der Verjährungsfrist ergangen sind.

17   A. **Nach Einspruch** hat die VB vor Abgabe der Sache an die StA (§ 69 I) zu prüfen, ob Verjährung eingetreten ist; trifft dies zu, so ist der Bußgeldbescheid zurückzunehmen und das Verfahren einzustellen (9 zu § 69). Bei einem unzulässigen Einspruch (ebenso bei einer unzulässigen Rechtsbeschwerde) ist die Einstellung des Verfahrens wegen Verjährung aber nicht zulässig, wenn die Verjährung schon vor dem Erlaß der angefochtenen Entscheidung eingetreten ist (vgl. BGH **16**, 115). Nach Erlaß des Urteils im 1. Rechtszug oder des Beschlusses nach § 72 kann eine Verjährung bis zum rechtskräftigen Abschluß des Verfahrens nicht mehr eintreten (§ 32 II). Über die Wiederaufnahme des Verfahrens vgl. 2 vor § 31.

18 B. **Ist die Zulassung der Rechtsbeschwerde beantragt** (§ 79 I S. 2), so soll bei einem rechtzeitig gestellten und begründeten Zulassungsantrag (anders bei einem nicht frist- und formgerechten Zulassungsantrag) das Verfahren nach BGH **23**, 365 einzustellen sein, wenn die Verjährung schon vor Erlaß der angefochtenen Entscheidung eingetreten war (ebenso Bay. NJW **70**, 620 = JR **70**, 188 m. abl. Anm. Göhler; Hamm NJW **70**, 2040, VRS **43**, 291; Karlsruhe, Die Justiz **74**, 138; Koblenz VRS **47**, 120; Oldenburg NJW **70**, 1768; Saarbrücken VRS **42**, 137; Stuttgart DAR **72**, 193; Gerling NJW **70**, 931; Rotberg 10 zu § 80; Rebmann/Roth/Herrmann 7).

19 **Der Rspr. des BGH kann nicht zugestimmt werden** (vgl. Celle NJW **70**, 721 m. zust. Anm. Meyer NJW **70**, 1337; Düsseldorf VRS **40**, 57; Köln OLGSt zu § 27 S. 5; Stuttgart NJW **70**, 823; vgl. ferner Düsseldorf VRS **46**, 57, Hamburg VRS **47**, 43, Bay. 15. 11. 1976, 2 Ob OWi 370/76, wo die Rechtsbeschwerde zur Prüfung, ob Verjährung eingetreten ist, durch besonderen Beschluß zugelassen ist, obwohl dies nach BGH aaO nicht in Betracht kommt; Möhl DAR **70**, 6). Eine Überprüfung der Rspr. des BGH ist angezeigt, und zwar auch deswegen, weil nach BGH **23**, 365 auf Grund der jetzigen Regelung die Prüfung der Verjährung für die Zeit nach Erlaß der angefochtenen Entscheidung entfallen ist (§ 32 II). Der BGH aaO hat den Zweck der Zulassungsrechtsbeschwerde nicht hinreichend bedacht (vgl. näher Göhler VOR **72**, 70 f.; ders. Schäfer-Festschr. S. 49 ff.). Die Entscheidung Hamm VRS **43**, 291, in der keine „Veranlassung" bestand, die Rechtsbeschwerde zuzulassen, gleichwohl aber die Frage der Verjährung eingehend geprüft worden ist, macht sehr deutlich, welcher unnütze Aufwand durch eine solche Prüfung von Amts wegen im Zulassungsverfahren entsteht! Im übrigen wird verkannt, daß auch ein form- und fristgerechter Zulassungsantrag die Rechtsbeschwerde noch nicht zulässig macht. Ferner sind die Akzente schief gesetzt, wenn selbst die Versagung des rechtlichen Gehörs nicht zur Annahme der Rechtsbeschwerde führen soll (vgl. 8 zu § 80), jedoch der Verjährung im Rechtsbeschwerdeverfahren ein absoluter Rang zuerkannt wird. Zwar erscheint es folgerichtig, daß nach BGH **24**, 208 (so auch Bay. DAR **73**, 213) die Einstellung des Verfahrens in dem angesprochenen Fall bei Tatidentität (vgl. 50 ff. vor § 59) auf den Mitbetroffenen zu erstrecken ist, der keinen Zulassungsantrag gestellt hat; auch diese Folgerung zeigt jedoch, daß die Auffassung des BGH mit dem Zweck des Zulassungsverfahrens nicht in Einklang zu bringen ist. Die Entscheidung Hamm MDR **74**, 955 stellt zumindest klar, daß die Rechtsbeschwerde gegen einen Beschluß nach § 72 auch dann unzulässig bleibt, wenn vor dessen Erlaß die Verjährung eingetreten ist (ebenso Rotberg 10 zu § 80; Rebmann/Roth/Herrmann 9).

20 C. **Nach dem Grundsatz „in dubio pro reo"** ist zu verfahren, wenn sich nicht ausschließen läßt, daß die Verfolgung verjährt ist (Bay. bei Rüth DAR **74**, 185; Düsseldorf JMBlNW **79**, 152; Düsseldorf VRS **57**, 434 f.). Dies gilt auch, wenn die Verjährung nur als Prozeßhindernis und

nicht als materielles Rechtsinstitut angesehen wird (vgl. BGH **18**, 274 = MDR **63**, 855 m. Anm. Dreher; EbSchmidt JZ **63**, 606; Hamburg MDR **65**, 677); vgl. hierzu auch 3, 5 vor § 31.

21   **6) Die Verfolgungsverjährung endet** – abgesehen vom Fristablauf – mit der Rechtskraft der Bußgeldentscheidung. Wird der von einem nach § 146 StPO iVm § 46 I ausgeschlossenen Verteidiger eingelegte Einspruch als unzulässig verworfen, so wird die Bußgeldentscheidung mit dem Zeitpunkt des Erlasses dieses Beschlusses rechtskräftig, vorausgesetzt, daß er auf die sofortige Beschwerde hin bestätigt wird, also Bestand hat; die Verfolgungsverjährung endet danach mit dem Verwerfungsbeschluß (Düsseldorf MDR **79**, 335). Die Verfolgungsverjährung ruht mit Erlaß des Urteils im 1. Rechtszug oder Beschluß nach § 72 bis zum rechtskräftigen Abschluß des Verfahrens (§ 32 II). Dies gilt auch, wenn die Einziehung vorbehalten wird; die Verjährung ruht dann bis zur endgültigen Entscheidung über die Einziehung. Über den Neubeginn einer beendeten Verfolgungsverjährung vgl. 2 vor § 31.

22   **7) Wegen der Überleitung** der früheren Verjährungsregelung vgl. Art. 155 II EGOWiG und Art. 309 I–III EGStGB (Anh **A** 1) sowie 7 vor § 31.

Ruhen der Verfolgungsverjährung

32 ᴵ **Die Verjährung ruht, solange nach dem Gesetz die Verfolgung nicht begonnen oder nicht fortgesetzt werden kann. Dies gilt nicht, wenn die Handlung nur deshalb nicht verfolgt werden kann, weil Antrag oder Ermächtigung fehlen.**

ᴵᴵ **Ist vor Ablauf der Verjährungsfrist ein Urteil des ersten Rechtszuges oder ein Beschluß nach § 72 ergangen, so läuft die Verjährungsfrist nicht vor dem Zeitpunkt ab, in dem das Verfahren rechtskräftig abgeschlossen ist.**

1   **1) Das Ruhen der Verfolgungsverjährung,** das § 32 (vgl. § 78 b StGB) bestimmt, bedeutet, daß der Ablauf der Verfolgungsverjährung zeitlich gehemmt ist: Die Zeit während des Ruhens wird also bei der Berechnung der Verjährungsfrist nicht mitgerechnet, wohl aber die Zeit vor dem Ruhen. Bei mehreren Tätern ist das Ruhen der Verjährung für jeden Täter getrennt zu beurteilen (vgl. Dreher/Tröndle 2 zu § 78 b).

2   **2) Nach Gesetz zeitweilig nicht verfolgt** (die Verfolgung nicht begonnen oder fortgesetzt) werden kann die Handlung, wenn jede Verfolgungshandlung rechtlich (also nicht nur tatsächlich, zB durch schwere Krankheit oder Abwesenheit des Täters) vorübergehend unzulässig oder unmöglich ist.

      A. Dies ist der Fall,

3   a) **beim Fehlen einer inländischen Zuständigkeit** zur Verfolgung (vgl. 38 ff. vor § 59); ebenso auch bei der Verfolgung eines Angehörigen der in der BRep. stationierten Truppen, solange das Vorrecht zur Verfolgung nach Art. VII Abs. 3 Nr. 3 a, b, Abs. 2 c des NATO-Truppenstatuts (vgl. 41 vor § 59) dem Entsendestaat zusteht (vgl. Rebmann/Roth/Herrmann 9; Celle NJW **65**, 1673; LG Krefeld NJW **65**, 310; aM Schwenck NJW **65**, 2242; LG Duisburg NJW **65**, 643);

4 **b) bei der Aussetzung des Verfahrens nach Art. 100 GG** (vgl. Hans MDR **63**, 8; Schleswig NJW **62**, 1580; Düsseldorf NJW **68**, 117; BVerfGE **7**, 36; Rebmann/Roth/Herrmann 6; Rotberg 4); für eine Vorlage nach Art. 126 GG kann nichts anderes gelten, da die Vorlagepflicht auch in diesem Fall besteht (Hamm GA **69**, 63). Die Aussetzung mit Rücksicht auf ein anderes schwebendes Verfahren beim BVerfG beeinflußt dagegen den Ablauf der Verfolgungsverjährung auch dann nicht, wenn das Gericht die Voraussetzungen von Art. 100 GG für gegeben hält und die Entscheidung in dem anderen schwebenden Verfahren dieselbe Rechtsfrage betrifft, so daß sie für das aussetzende Gericht verbindlich sein würde (§ 31 BVerfGG; vgl. BGH **24**, 6; Göhler VOR **72**, 61 f.); ist der Richter von der Verfassungswidrigkeit des Gesetzes überzeugt, so muß er vorlegen und darf nicht das Gesetz vorübergehend nicht anwenden (BGH aaO).

5 **c) bei dem Verbot einer nochmaligen Verfolgung** wegen des Grundsatzes *ne bis in idem* (Art. 103 II GG), der die weitere Verfolgung bis zur Beseitigung einer bereits ergangenen Entscheidung ausschließt (vgl. auch 2 vor § 31).

6 **B. Kein Verfolgungshindernis** iS von I ist für die VB die Verfolgung der Tat durch die StA, weil hier nicht jede „Verfolgungshandlung" unzulässig ist (vgl. 2 ff. sowie § 33 IV S. 2; ebenso Rotberg 3). Nicht hierher gehören auch die Fälle, in denen die VB die Sache der StA nach § 41 vorzulegen hat oder in denen das Verfahren nach dem Ermessen des Gerichts ausgesetzt werden kann (§ 262 II StPO iVm § 46 I), soweit nicht eine Sonderregelung eingreift (§ 396 III iVm § 410 I Nr. 5 AO 1977, Anh **A 10**). Die Immunität der Abgeordneten des BTages (vgl. Art. 46 II GG) und der Landtage hindert die Verfolgung nicht (vgl. 42 ff. vor § 59). Das Verfolgungshindernis des fehlenden Antrages oder der fehlenden Ermächtigung (vgl. 5 zu § 131) hemmt die Verfolgungsverjährung ebenfalls nicht (I S. 2).

7 **3) Durch den Erlaß des Urteils** der 1. Instanz oder eines Beschlusses nach § 72 wird die Verjährung bis zum Abschluß des Verfahrens gehemmt; nach Verfahrensabschluß ruht sie wegen Art. 103 II GG bis zur Wiederaufnahme (vgl. 5; 2 vor § 31). Gleichgültig ist, ob das Urteil im Bußgeld- oder Strafverfahren ergeht (vgl. die entspr. Regelung in § 78 b III StGB). Das Ruhen der Verjährung gilt für die Verfolgung der Tat im verfahrensrechtlichen Sinne (50 ff. vor § 59) unter allen rechtlichen Gesichtspunkten. Wird eine Tat abgeurteilt, die nicht Gegenstand des Verfahrens ist, so wird durch das (unrichtige) Urteil gleichwohl die Verfolgung der verfahrensgegenständlichen Tat gehemmt (Bay. MDR **79**, 518).

8 **A. Eine vor Erlaß des Urteils** eingetretene Verjährung kann durch eine fehlerhafte Entscheidung, die dies übersieht, nicht geheilt werden. Gleiches gilt für einen Beschluß nach § 72.

9 **B. Für das gesamte weitere Verfahren** gehemmt ist die Verfolgungsverjährung nach II durch den Erlaß des Urteils oder Beschlusses nach § 72. Daraus folgt, daß die Sperrwirkung hinsichtlich des Ablaufs der Verjährung fortbesteht, auch wenn das Urteil im Rechtsmittelverfahren aufgehoben wird. Daraus folgt weiterhin, daß die Sperrwirkung im übrigen unabhängig davon eintritt, ob das Urteil auf Freispruch, Einstellung oder Festsetzung einer Geldbuße lautet (Bay. VRS **57**, 38). Beides ist nach dem Wortlaut von II eindeutig. Die Vorschrift, die auf § 129 II E 1962 zurückgeht, beruht zwar vor allem auf der Erwägung, daß der Katalog von Unterbrechungshandlungen für das Rechtsmittelverfahren nicht recht paßt, so daß dort der Eintritt der Verjährung nicht immer zu vermeiden sei und daß es dem Betroffenen ohne eine besondere Regelung möglich wäre, durch unbegründete Rechtsmittel die Verjährung herbeizuführen (vgl. Begr. zu § 129 E 1962); dieser Zweck der Vorschrift könnte die Auslegung zulassen, daß die Sperrwirkung endet, wenn die ergangene Entscheidung aufgehoben wird, und daß sie nicht eintritt, wenn ein Freispruch ergangen ist. Die Vorschrift ist jedoch auch ,,geschaffen, um den Grundsatz zu verwirklichen, daß die Verjährung möglichst nicht während eines schwebenden und von den ... Verfolgungsbehörden betriebenen Verfahrens eintritt" (vgl. Begr. aaO); mit diesem Zweck steht die hier vertretene, vom Wortlaut ausgehende Auslegung im Einklang. Die Wirkung von II tritt hinsichtlich der Tat, die den Gegenstand des Verfahrens bildet, auch dann ein, wenn das Gericht in unzulässiger Umgestaltung des Sachverhalts eine andere Tat seiner Entscheidung zugrunde legt (Bay aaO).

10   C. **Nicht nur bei Sachentscheidungen,** sondern auch bei solchen über prozessuelle Fragen (zB hinsichtlich der örtlichen Zuständigkeit des Gerichtes, der Wirksamkeit eines Bußgeldbescheides, vgl. 17 zu § 66 uä), greift II ein (vgl. Bay. VRS **57**, 38; Hamm JMBlNW **79**, 179 zu Einstellung des Verfahrens). Doch kann in derartigen Fällen die Sperrwirkung für den Ablauf der Verjährung nur bis zum Abschluß des Verfahrens solcher Zweifelsfragen gelten (Rechtskraft; Bindungswirkung, vgl. § 358 I StPO iVm § 79 III). Steht danach fest, daß eine weitere Verfolgung möglich ist, so kann die vorangegangene Entscheidung nicht die Wirkung haben, den Verjährungseintritt für immer zu sperren (vgl. Karlsruhe VRS **52**, 197). Es beginnt dann eine neue Verjährungsfrist (abw. Karlsruhe aaO, wonach die bis zur prozessualen Entscheidung gelaufene Verjährungsfrist ,,weiterlaufen" soll; so auch Rebmann/Roth/ Herrmann 13; vgl. jedoch hierzu 2 vor § 31); in derartigen Fällen erscheint die Anwendung von § 33 I Nr. 15 sinnvoll (vgl. 43 zu § 33).

11   4) **Das Ruhen beginnt** mit dem Eintritt der Voraussetzungen von I, also zB mit dem Erlaß des Vorlagebeschlusses, der die Fortsetzung hindert; auf dessen Eingang beim BVerfG kommt es nicht an (vgl. Schleswig NJW **62**, 1580; aM Rotberg 4). Maßgebender Zeitpunkt ist im Falle von II bei einem Urteil dessen Verkündung, bei einem Beschluß dessen Unterzeichnung (Rechtsgedanke von § 33 II; zust. Rebmann/Roth/Herrmann 14; aM Celle NdsRpfl. **77**, 169, wonach ein Beschluß erst dann ergangen sein soll, wenn er im regelmäßigen Geschäftsgang auf Anordnung des Gerichts zur Bekanntmachung an die StA oder an eine Person außerhalb des Gerichts hinausgegeben oder abgesandt worden ist; diese Auffassung steht jedoch mit dem allgemeinen Rechtsgedanken des § 33 II S. 1 für das Verjährungsrecht nicht im Einklang).

Unterbrechung der Verfolgungsverjährung

33 ^I Die Verjährung wird unterbrochen durch

1. die erste Vernehmung des Betroffenen, die Bekanntgabe, daß gegen ihn das Ermittlungsverfahren eingeleitet ist, oder die Anordnung dieser Vernehmung oder Bekanntgabe,
2. jede richterliche Vernehmung des Betroffenen oder eines Zeugen oder die Anordnung dieser Vernehmung,
3. jede Beauftragung eines Sachverständigen durch die Verfolgungsbehörde oder den Richter, wenn vorher der Betroffene vernommen oder ihm die Einleitung des Ermittlungsverfahrens bekanntgegeben worden ist,
4. jede Beschlagnahme- oder Durchsuchungsanordnung der Verfolgungsbehörde oder des Richters und richterliche Entscheidungen, welche diese aufrechterhalten,
5. die vorläufige Einstellung des Verfahrens wegen Abwesenheit des Betroffenen durch die Verfolgungsbehörde oder den Richter sowie jede Anordnung der Verfolgungsbehörde oder des Richters, die nach einer solchen Einstellung des Verfahrens zur Ermittlung des Aufenthalts des Betroffenen oder zur Sicherung von Beweisen ergeht,
6. jedes Ersuchen der Verfolgungsbehörde oder des Richters, eine Untersuchungshandlung im Ausland vorzunehmen,
7. die gesetzlich bestimmte Anhörung einer anderen Behörde durch die Verfolgungsbehörde vor Abschluß der Ermittlungen,
8. die Abgabe der Sache durch die Staatsanwaltschaft an die Verwaltungsbehörde nach § 43,
9. den Bußgeldbescheid,
10. die Vorlage der Akten an den Richter nach § 69 Abs. 1 Satz 1,
11. jede Anberaumung einer Hauptverhandlung,
12. den Hinweis auf die Möglichkeit, ohne Hauptverhandlung zu entscheiden (§ 72 Abs. 1 Satz 2),
13. die Erhebung der öffentlichen Klage oder die Stellung des ihr entsprechenden Antrags im selbständigen Verfahren,
14. die Eröffnung des Hauptverfahrens,
15. den Strafbefehl oder eine andere dem Urteil entsprechende Entscheidung.

^II Die Verjährung ist bei einer schriftlichen Anordnung oder Entscheidung in dem Zeitpunkt unterbrochen, in dem die Anordnung oder Entscheidung unterzeichnet wird. Ist das Schriftstück nicht alsbald nach der Unterzeichnung in den Geschäftsgang gelangt, so ist der Zeitpunkt maßgebend, in dem es tatsächlich in den Geschäftsgang gegeben worden ist.

^III Nach jeder Unterbrechung beginnt die Verjährung von neuem. Die Verfolgung ist jedoch spätestens verjährt, wenn seit dem in § 31 Abs. 3 bezeichneten Zeitpunkt das Doppelte der gesetzlichen Verjährungsfrist, mindestens jedoch zwei Jahre verstrichen sind. Wird jemandem in einem bei Gericht anhängigen Verfahren eine Handlung zur

Last gelegt, die gleichzeitig Straftat und Ordnungswidrigkeit ist, so gilt als gesetzliche Verjährungsfrist im Sinne des Satzes 2 die Frist, die sich aus der Strafdrohung ergibt. § 32 bleibt unberührt.

IV **Die Unterbrechung wirkt nur gegenüber demjenigen, auf den sich die Handlung bezieht. Die Unterbrechung tritt in den Fällen des Absatzes 1 Nr. 1 bis 7, 11, 13 bis 15 auch dann ein, wenn die Handlung auf die Verfolgung der Tat als Straftat gerichtet ist.**

Übersicht

1   **1) Die Wirkung der Unterbrechung,** die § 33 (vgl. § 78 c StGB) regelt, besteht darin, daß mit dem Tage, an dem sie eintritt (Bay. **59**, 14), eine neue Verjährungsfrist beginnt (III; über die weitere Berechnung vgl. 15 zu § 31). Die bereits abgelaufene Frist wird also – im Gegensatz zum Ruhen der Verjährung (§ 32) – nicht mehr berücksichtigt. Diese Wirkung der Unterbrechung kann jedoch nicht beliebig oft herbeigeführt werden (III S. 2; vgl. auch § 78 c III S. 2 StGB). Bleibt zweifelhaft, ob eine wirksame Unterbrechungshandlung vorgenommen ist, so wirkt sich das zugunsten des Betroffenen aus (vgl. 20 zu § 31).

2   **2) Einen Katalog von Unterbrechungshandlungen** nennt I, der abschließend ist (ebenso auch § 78 c StGB). Nur besonders hervorgehobene Untersuchungshandlungen haben danach die Wirkung der Unterbrechung, nicht jede Verfolgungshandlung der Verfolgungsbehörde (StA, VB; 4ff. zu § 35) oder des Richters (vgl. § 68 StGB aF; § 29 I Nr. 8 aF). Die Regelung, die auch bei Steuerordnungswidrigkeiten anwendbar ist (vgl. Bay. NJW **71**, 907), soll der Rechtssicherheit dienen, weil sie die Prüfung erspart, ob die Handlung ihrer Art nach geeignet war, die Verjährung zu unterbrechen. Die Einzelaufzählung bestimmter Untersuchungshandlungen ist jetzt erweitert (vgl. I Nr. 4, 8, 10–12, 14, 15, die gegenüber dem früheren Recht neu sind), aber nicht mehr durch eine Art

Generalklausel ergänzt, wonach auch jede richterliche Handlung, die zur Verfolgung der Tat gegen den Täter gerichtet ist, die Verjährung unterbricht (so §27 I Nr. 8 aF). Zur Vermeidung prozeßunwirtschaftlicher Verfahrensabläufe muß der Katalog ausdehnend ausgelegt werden (Göhler JR **78**, 126; BGH **27**, 144; Hamburg MDR **79**, 163; aM jedoch BGH **28**, 381).

3   **Ob bei einer bloßen Unterbrechungsabsicht** (zumindest bei einzelnen Unterbrechungshandlungen) eine verjährungsunterbrechende Wirkung dann nicht eintritt, wenn dies für jeden unbefangenen Betrachter offensichtlich ist (so Rotberg 3; Rebmann/Roth/Herrmann 4), ist zw.; diese Frage dürfte jedoch zu verneinen sein, und zwar deswegen, weil eine solche Auslegung dem Zweck der neuen Regelung widersprechen würde, da sie eine Prüfung im Einzelfall, ob die Handlung zur Förderung des Verfahrens geeignet und bestimmt war, im Interesse der Rechtssicherheit gerade ersparen will (Bay. VRS **51**, 57, **57**, 295; Dreher/Tröndle 7 zu §78 c; Schleswig bei Ernesti/Jürgensen SchlHA **78**, 195; aM wohl BGH **25**, 8). Notwendig ist allerdings die Prüfung, ob die Merkmale der Unterbrechungshandlung in ihrer Zielrichtung erstrebt worden sind (Celle VRS **54**, 52), ob also zB die Anordnung (subjektiv, so daß ein Irrtum über die Notwendigkeit der Handlung unbeachtlich ist; vgl. Köln VRS **51**, 214, **57**, 433; Hamm VRS **51**, 217, JMBlNW **79**, 273; Koblenz MDR **76**, 780) wirklich zur Ermittlung des Aufenthaltes ergangen ist (I Nr. 5); ebenso, ob die Anordnung der Vernehmung, die Anberaumung der Hauptverhandlung oder der Hinweis nach §72 I ernst gemeint ist (vgl. Bay. VRS **51**, 57; Frankfurt NJW **79**, 2161; vgl. auch 37 ff.). Ob die richterliche Vernehmung zur Förderung des Verfahrens geeignet und bestimmt ist (so früher zu I Nr. 8 aF), darauf kommt es sicher nicht an (vgl. 3); sie kann sogar gerade den Zweck haben, die Verjährung zu unterbrechen (Hamburg VRS **53**, 445).

4   **Die Verjährung der Tat insgesamt** (iS des geschichtlichen Ereignisses; vgl. 50 ff. vor §59) unterbrechen die in I genannten Untersuchungshandlungen. Dies gilt für die Tat, auf die sich die Unterbrechungshandlungen beziehen, unter allen rechtlichen Gesichtspunkten (vgl. 5 zu §31), selbst hinsichtlich der etwa nach §47 ausgeschiedenen Gesetzesverletzungen (vgl. BGH **22**, 105; Saarbrücken NJW **73**, 2076, **74**, 1009; Köln VRS **46**, 378; 24 ff., 37 zu §47); ebenso, wenn das Tatgeschehen im Bußgeldbescheid irrtümlich falsch angegeben ist (Hamm VRS **57**, 435).

5   **Bei einer mangelnden Zuständigkeit** der Stelle, die eine verjährungsunterbrechende Handlung vorgenommen hat (VB, StA, AG), ist zu unterscheiden, ob es sich um einen schwerwiegenden Mangel handelt, so daß die Handlung als unwirksam anzusehen ist. Dies ist bei einer nur örtlichen Unzuständigkeit zu verneinen (vgl. für den Bußgeldbescheid: 35; für richterliche Handlungen: Düsseldorf JMBlNW **79**, 82); ebenso bei einer nicht offenbaren sachlichen Unzuständigkeit (vgl. Hamburg MDR **79**, 1046 zur Zuständigkeit der Bahnpolizei, wo allerdings zu Unrecht – vgl. 6 zu §53, 3 zu §57 – nur örtliche Unzuständigkeit angenommen ist); dies ist dagegen zB bei einer funktionellen Unzuständigkeit zu bejahen (zB wenn der Richter tätig wird, obwohl das Verfahren bei ihm noch nicht anhängig ist; vgl. Hamm VRS **57**, 47).

5a   Die Rücknahme einer Unterbrechungshandlung beseitigt nicht die
Unterbrechungswirkung (Schleswig bei Ernesti/Jürgensen SchlHA **76**,
176; vgl. 35f; 41).

Im Einzelnen nennt I folgende Unterbrechungshandlungen:

6   A. Die erste Vernehmung des Betroffenen oder die Bekanntgabe, daß
gegen ihn das Ermittlungsverfahren eingeleitet ist (Nr. 1). Ausdrücklich
klargestellt ist jetzt, daß in den Fällen, in denen der Vernehmung oder
Bekanntgabe eine Anordnung vorausgeht, diese Anordnung die Verjährung unterbricht (so schon BGH **25**, 6 zu § 29 aF) und daß bei einer
schriftlichen Anordnung deren Unterzeichnung der entscheidende Zeitpunkt ist (II; vgl. 44; so schon BGH **25**, 6; Göhler JR **71**, 301; Günter
DAR **72**, 121 zu § 29 aF); unerheblich ist es danach, ob die getroffene
Anordnung den Betroffenen erreicht (so schon BGH aaO; Göhler aaO;
Günter aaO; vgl. auch 48). Ferner ist (im Umkehrschluß zu Nr. 2 ff)
klargestellt, daß die Unterbrechungshandlung auch durch die Polizei
(nicht nur die VB oder StA) vorgenommen werden kann, weil Nr. 1 eine
Handlung der Verfolgungsbehörde nicht verlangt (Hamburg MDR **79**,
1046). Insgesamt bestehen nach Nr. 1 vier Unterbrechungsmöglichkei-
ten, allerdings nur alternativ, nicht kumulativ, so daß die Verjährung
nach dieser Vorschrift nur einmal unterbrochen werden kann (allg. M,
vgl. Bay. VRS **39**, 119, MDR **79**, 10; Düsseldorf VRS **40**, 56, **51**, 215;
Hamm NJW **70**, 1934; Hamburg NJW **78**, 434, MDR **79**, 1046; Köln
OLGSt zu § 29 S. 20; Göhler VOR **72**, 64 u. JR **71**, 300f.; vgl. jedoch
19 ff., 37 f.).

7   a) Auch die mündliche Anhörung durch die Polizei (an Ort und
Stelle) unterbricht danach die Verjährung. Da die Bekanntgabe der Einleitung des Verfahrens zu Beginn der Anhörung steht (vgl. BGH **25**, 6; 7
zu § 55), fallen praktisch beide Unterbrechungshandlungen zusammen.
Die Frage, ob dem Betroffenen (an Ort und Stelle) nur die Einleitung des
Verfahrens bekanntgegeben oder ob er darüber hinaus auch vernommen
worden ist, hat deswegen kaum eine praktische Bedeutung, weil die
Unterbrechungshandlungen nur alternativ bestehen (vgl. 6; Göhler VOR
72, 64). Stellt ein Polizeibeamter den Betroffenen auf frischer Tat und
eröffnet ihm, daß gegen ihn eine „Anzeige" erstattet werde, so ist ihm
jedenfalls die Einleitung des Ermittlungsverfahrens bekanntgegeben und
damit die Verjährung unterbrochen (zutreffend Hamm NJW **70**, 1934;
Schleswig bei Ernesti/Jürgensen SchlHA **78**, 194). Das gleiche gilt, wenn
dem Betroffenen an Ort und Stelle eröffnet wird, was ihm zur Last gelegt
werde und daß er ein Aussageverweigerungsrecht sowie Gelegenheit zur
Äußerung habe (Bremen NJW **70**, 720; Bay. DAR **73**, 212; BerEEGStGB
S. 9 zu § 78c I StGB). Über das Ergebnis einer mündlichen Anhörung
(an Ort und Stelle) empfiehlt es sich, einen Aktenvermerk zu machen.

8   Eine nur informatorische Befragung (vgl. 24 zu § 55), die zB der
Feststellung und Klärung der Unfallursachen dient, ist allerdings noch
keine Vernehmung (Hamm VRS **41**, 384). Dem Betroffenen muß klargemacht sein, daß er als Verdächtiger der Ordnungswidrigkeit, nicht aber
als Zeuge angehört wird (Bay. VRS **44**, 62); dies ist der Fall, wenn der
Betroffene nach Abschluß der zunächst gegen andere Personen gerich-

teten Ermittlungen unter Vorhalt der dabei gegen ihn hervorgetretenen Ermittlungen befragt wird, ob er nicht doch der Täter sei (Bay. bei Rüth DAR **74**, 185). Ergeben sich bei der informatorischen Befragung durch die Polizei Verdachtsgründe, so ist der Befragte als Betroffener anzuhören (24 zu § 55).

9 **Bei einer Ladung zur Vernehmung** (Anhörung) unterbricht schon die Anordnung der Vernehmung (vgl. 6); es muß sich aber aus der Vorladung ergeben, daß der Vorgeladene als Betroffener vernommen werden soll (KG VRS **44**, 127; Bay. bei Rüth DAR **74**, 185).

10 b) **Eine schriftliche Anhörung,** die dem Betroffenen die Gelegenheit gibt, sich zur Beschuldigung zu äußern (§ 55 I), reicht aus (BerEEGStGB S. 9 zu § 78c I StGB). Es kommt entscheidend darauf an, ob für den Betroffenen erkennbar ist, daß er einer Ordnungswidrigkeit beschuldigt wird und Gelegenheit zur Äußerung erhält.

11 **Die Versendung eines Anhörungsbogens** genügt diesen Anforderungen; zumindest liegt darin die Bekanntgabe der Einleitung des Verfahrens (BGH **24**, 321, **25**, 6, 344; Göhler JR **71**, 300, VOR **72**, 64 f. mwN). Der Begriff ,,Vernehmung" ist danach nicht förmlicher zu beurteilen als die in § 55 vorgesehene Anhörung (ebenso Rotberg 9; Celle VRS **39**, 120; Oldenburg VRS **38**, 348; Saarbrücken VRS **42**, 137; BerEEGStGB S. 9; aM Bay. VRS **41**, 213).

12 **Die Anordnung der schriftlichen Anhörung** kann in der Weise getroffen werden, daß der zuständige Amtsträger die zur Absendung des Anhörungsbogens erforderlichen Handlungen ausführt und dies mit seiner Unterschrift oder seinem Handzeichen vermerkt (Hamburg NJW **74**, 1961, MDR **79**, 1046). Die schriftliche Anhörung kann auch durch Übersendung eines Beweismittels (zB Fotos der Rotlichtüberwachungsanlage) geschehen, die dem Betroffenen Gelegenheit gibt, zu dem Vorwurf Stellung zu nehmen; zumindest liegt darin die Bekanntgabe der Einleitung des Ermittlungsverfahrens (Hamm JMBINW **75**, 116). Der Ausdruck eines mittels EDV gefertigten Anhörungsbogens ist als die Anordnung der Übersendung des Anhörungsbogens anzusehen; in diesem Fall hat die Behörde die von ihr vorprogrammierte Tätigkeit des Computers in ihren Willen aufgenommen (Frankfurt VRS **50**, 220); maßgebender Zeitpunkt für die Verjährungsunterbrechung ist in diesem Fall das Datum, das der Anhörungsbogen hat und das dem Tag seines Ausdrucks entspricht (Frankfurt aaO).

13 **In der Verfügung eines Amtshilfeersuchens** um erste Vernehmung des Betroffenen liegt zugleich die Anordnung der Vernehmung (vgl. 6), die ausreicht (aM Zweibrücken VRS **45**, 377, die überholt ist). Andererseits liegt in dem Ersuchen der Verfolgungsbehörde an die Polizei, Ermittlungen durchzuführen und dabei auch den Betroffenen zu vernehmen, noch keine Anordnung der Vernehmung (Hamburg NJW **78**, 434; LG Düsseldorf NJW **79**, 379); ebensowenig, wenn die Polizei bei einer Kennzeichenanzeige ersucht wird, den (noch unbekannten) Fahrer zu vernehmen (Schleswig bei Ernesti/Jürgensen SchlHA **78**, 191).

14 **Die Versendung des Anhörungsbogens an den Halter** des Fahrzeuges unterbricht jedoch nicht die Verjährung gegenüber dem (der VB unbekannten) Fahrer, auch wenn der Anhörungsbogen an diesen aufforde-

rungsgemäß weitergegeben und von ihm zurückgesandt worden ist
(BGH **24**, 321, 325 = JZ **72**, 748 m. krit. Anm. Kleinknecht; Koblenz
VRS **57**, 129; Hamm DAR **79**, 310); denn die Unterbrechungshandlung
ist hinsichtlich des Fahrzeugführers nicht an einen nach den Aktenunterlagen individuell bestimmten Täter gerichtet (BGH aaO; Göhler JR **71**,
301; vgl. 53; vgl. auch 13, dort: Schleswig bei Ernesti/Jürgensen SchlHA
78, 191) und die schriftliche Äußerung des Fahrzeugführers vermag als
Handlung einer Privatperson die Verjährung nicht zu unterbrechen
(BGH aaO).

15   **Das Anheften eines Zettels** an die Windschutzscheibe des Pkw's, in
dem auf die Möglichkeit einer Anzeige hingewiesen wird, stellt keine
Anhörung dar (Zweibrücken VRS **45**, 137; Düsseldorf VRS **46**, 57;
Hamm DAR **74**, 54).

16   c) **Die Bekanntgabe der Einleitung** der Untersuchung (27 vor § 59),
die am Anfang jeder Anhörung steht (vgl. 7), ist im Verfahren wegen
Steuerordnungswidrigkeiten vorgeschrieben (§ 397 III, § 410 I Nr. 6 AO
1977, Anh **A 10**). Sie wird im übrigen als isolierte Maßnahme (ohne
Vernehmung) dann in Betracht kommen, wenn nach dem Stadium der
Ermittlungen eine Vernehmung noch nicht zweckmäßig ist, weil zunächst eine weitere Aufklärung des Sachverhalts geboten ist, oder weil
die Vernehmung wegen Abwesenheit des Betroffenen auf tatsächliche
Schwierigkeiten stößt; denn die Einleitung des Ermittlungsverfahrens
kann auch im Wege der öffentlichen Zustellung (17 zu § 51) bekanntgegeben werden. Der Inhalt der Bekanntgabe ist nicht näher geregelt; es
versteht sich jedoch von selbst, daß „das" Ermittlungsverfahren durch
die Angabe der Handlung, die Gegenstand des Ermittlungsverfahrens ist,
gekennzeichnet werden muß (vgl. Bay. VRS **38**, 364; Rebmann/Roth/
Herrmann 15).

17   d) **Die Verwarnung** zielt darauf ab, die Durchführung eines Bußgeldverfahrens zu ersparen (vgl. 5 vor § 56), so daß in dieser Maßnahme nicht
die Bekanntgabe der Einleitung des Bußgeldverfahrens liegt (Hamm
NJW **71**, 818; JMBlNW **73**, 69; vgl. auch Düsseldorf MDR **75**, 249).
Wird die schriftliche Verwarnung allerdings mit der Aufforderung verbunden, im Falle der Nichtzahlung des Verwarnungsgeldes zu dem erhobenen Vorwurf schriftlich Stellung zu nehmen, so liegt darin zugleich die
erste Anhörung (Vernehmung), durch die die Verjährung unterbrochen
wird (Hamm VRS **47**, 290), oder jedenfalls die Bekanntgabe des (vorsorglich) eingeleiteten Ermittlungsverfahrens (BGH **25**, 344; Bay. VRS
46, 372, 376; Hamburg MDR **79**, 1046); auch in diesem Falle ist die
Anordnung der Übersendung der entscheidende Zeitpunkt (vgl. II; wie
hier schon zu § 29 aF BGH **25**, 6, 344). Der Hinweis auf die Möglichkeit
einer Anzeige bei Ablehnung der Verwarnung unterbricht die Verjährung nicht (vgl. 15).

18   B. **Die richterliche Vernehmung** des Betroffenen oder eines Zeugen
oder deren Anordnung (Nr. 2), gleichgültig, ob sie im Bußgeldverfahren
der VB oder im gerichtlichen Bußgeldverfahren (oder im Strafverfahren,
vgl. IV S. 2) geschieht. Auch hier stehen die Unterbrechungsmöglichkei-
ten der Vernehmung oder deren Anordnung alternativ nebeneinander
(vgl. 6), so daß die Verjährung entweder durch die Vernehmung oder

durch eine bereits vorausgegangene Anordnung unterbrochen wird. Auch ein richterliches Auskunftsverlangen an eine Behörde, die damit ein „Zeugnis" abgeben soll (vgl. § 256 StPO iVm § 46 I), ist als eine Untersuchungshandlung iS von Nr. 2 anzusehen (Celle VRS **54**, 52).

19   a) **Jede** richterliche Vernehmung (Anhörung) des Betroffenen oder eines Zeugen oder deren Anordnung unterbricht im Gegensatz zu Nr. 1, also bei mehrfacher Vernehmung des Betroffenen jede einzelne und ebenso bei einer mehrfachen Anordnung (zB wegen Ausbleibens oder wegen eines Hinderungsgrundes) jede neue Anordnung (Hamburg VRS **53**, 445; Hamm VRS **52**, 43); desgl. die des Zeugen, selbst wenn eine Person mehrmals als Zeuge vernommen oder geladen wird (Bay. bei Rüth DAR **79**, 243).

19a   b) **Auch bei einer kommissarischen Vernehmung** kommt eine mehrfache Anordnung, die jeweils die Verjährung unterbricht, in Betracht (Anordnung des ersuchenden und des ersuchten Richters; denn die Anordnung (Ladungsverfügung) durch den ersuchten Richter (die bei Hinderungsgründen oder beim Ausbleiben uU sogar wiederholt werden muß) hat selbständige Bedeutung und ist nicht nur eine unselbständige Ausführungshandlung der durch das ersuchende Gericht getroffenen Anordnung (BGH **27**, 110). Im übrigen bilden jedoch die Anordnung und Durchführung der Vernehmung eine Einheit (BGH aaO). Ist der Beschluß zur Durchführung der kommissarischen Vernehmung noch nicht ausgeführt worden, weil die Akten anderweitig benutzt wurden, so wird durch die spätere Verfügung, den Beschluß auszuführen, die Verjährung nicht erneut unterbrochen (Bay. bei Rüth DAR **79**, 243).

20   c) **Die Vernehmung in der Hauptverhandlung** ist ausreichend, so daß ihre Durchführung selbst nicht noch zusätzlich als Unterbrechungshandlung vorgesehen ist, sondern nur deren Anberaumung (Nr. 11). Daraus ergibt sich andererseits, daß die Anberaumung der Hauptverhandlung eine selbständige Unterbrechungshandlung ist, die zusätzlich zu der Vernehmung des Betroffenen oder eines Zeugen in der Hauptverhandlung hinzutritt (vgl. näher 37). Die richterliche Vernehmung des Betroffenen, bei der sich dieser nur zur Person äußert, reicht aus (Hamm MDR **79**, 781). Erstreckt sich eine Hauptverhandlung über einen Tag hinaus, so kommt es für die Vernehmung einer Person darauf an, ob sie insgesamt abgeschlossen ist; ist dies der Fall, so unterbricht eine nochmalige Vernehmung derselben Person erneut die Verjährung.

21   d) **Die Anordnung** der Vernehmung liegt in der Ladungsverfügung, nicht jedoch in der Anweisung an die Geschäftsstelle, den Entwurf eines Beschlusses über die kommissarische Vernehmung von Zeugen anzufertigen (Bay. bei Rüth DAR **73**, 212). Vorausgesetzt wird, daß die Anordnung auf eine richterliche Vernehmung gerichtet ist, so daß zB die Anordnung des Richters, einen Zeugen durch die StA oder Polizei zu vernehmen, nicht genügt. In der Aussetzung der Hauptverhandlung wegen Ausbleiben eines Zeugen zu dem Zweck, diesen in einer neuen Hauptverhandlung zu vernehmen, kann die Anordnung der Vernehmung liegen (Hamburg MDR **79**, 163).

22   e) **Die Vernehmung durch einen Referendar** ist eine richterliche, soweit er Rechtshilfeersuchen erledigt, nicht aber eine sonstige Anhörung durch einen Referendar, da ihm im Bußgeldverfahren eine andere richterliche Tätigkeit als die Erledigung eines Rechtshilfeersuchens nicht übertragen werden darf (vgl. § 10 GVG iVm § 46 I).

23   f) **Bei einem Kollegialgericht** – zB Kartellsenat – reicht die Anordnung der Vernehmung durch den Vorsitzenden aus (vgl. BGH 10. 7. 1965, KRB 1/69).

24   g) **Die VB hat nicht die Befugnis,** eine richterliche Vernehmung anzuordnen; sie kann diese nur beantragen (§ 162 StPO iVm § 46 I, II; vgl. 5 vor § 59), so daß ihre „Anordnung", den Betroffenen oder Zeugen richterlich vernehmen zu lassen, keine solche iS von Nr. 2 ist.

25   C. **Jede Beauftragung eines Sachverständigen** (Nr. 3) durch den Richter oder die Verfolgungsbehörde (StA, VB; vgl. 4 ff. zu § 35), vorausgesetzt, daß der Betroffene zuvor vernommen (angehört) oder ihm die Einleitung des Ermittlungsverfahrens bekanntgegeben ist (vgl. hierzu 6 ff.). Diese Einschränkung soll verhindern, daß der Ablauf der Verjährungsfrist bei einer schwierigen Sachlage in die Länge gezogen wird, ohne daß der Betroffene überhaupt von der Einleitung des Verfahrens unterrichtet ist (vgl. BerEOWiG zu § 21). Die Beauftragung liegt in der Anordnung, einen Sachverständigen zuzuziehen (vgl. § 73 I StPO iVm § 46 I; BGH **27**, 76); ob und wann der Auftrag den Sachverständigen erreicht, darauf kommt es nicht an (BGH aaO). Ihrem Inhalt nach muß sich die Beauftragung auf ein bestimmtes Beweisthema beziehen und für die Verfahrensbeteiligten erkennbar darauf gerichtet sein, eine Person als Sachverständigen heranzuziehen (BGH **28**, 381); dies ist in der Regel nicht der Fall, wenn ein in die Organisation der StA eingegliederter Wirtschaftsreferent nur mit Ermittlungen beauftragt wird (BGH aaO). Ist der Beauftragte der Person nach noch nicht bestimmt, so unterbricht das später an einen bestimmten Sachverständigen gerichtete Auftragsschreiben die Verjährung (Bay. bei Rüth DAR **79**, 243). Anders ist dies, wenn der Sachverständige der Person nach bereits bestimmt war; in diesem Falle unterbricht das in Ausführung der Anordnung an den Sachverständigen gerichtete Auftragsschreiben nicht erneut die Verjährung; ebensowenig die Aufforderung zu einer Ergänzung des Gutachtens (BGH **27**, 76). Die Rücknahme des Auftrags beseitigt die eingetretene Verjährung nicht (vgl. 5 a, 35, 38). Ob die Beauftragung des Sachverständigen notwendig oder tatsächlich verfahrensfördernd ist, ist unerheblich; wird allerdings nur eine förmliche Anordnung getroffen und diese sogleich wieder aufgehoben, nur um die Verjährung zu unterbrechen, so liegt in Wahrheit keine Beauftragung vor (vgl. 3).

26   D. **Jede Beschlagnahme- oder Durchsuchungsanordnung** (Nr. 4) des Richters oder der Verfolgungsbehörde (StA, VB; vgl. 4 ff. zu § 35), nicht aber deren Durchführung (vgl. dazu 81, 90, 113 f. vor § 59) unterbricht die Verjährung, also auch eine nochmalige Durchsuchungsanordnung nach deren Durchführung (vgl. 113 vor § 59); ebenso jede richterliche Entscheidung, welche die Beschlagnahme- oder Durchsuchungsanordnung aufrechterhält, gleichgültig, ob sie im Rechtsbehelfsverfahren ergeht (89, 123 vor § 59) oder ob sie nach § 111 e II StPO iVm § 46 I herbeigeführt wird (88 vor § 59).

27   E. **Die vorläufige Einstellung** des Verfahrens wegen Abwesenheit des Betroffenen (Nr. 5) durch die Verfolgungsbehörde (StA, VB; vgl. 4 ff. vor § 35; 48 vor § 59) oder den Richter (§ 205 StPO iVm § 46 I) sowie jede danach getroffene *Anordnung zur Aufenthaltsermittlung* des Betroffenen (zB Anfrage an das Einwohnermeldeamt) oder zur Sicherung von Beweisen (zB Zeugenvernehmung durch die VB, StA, Polizei) unterbrechen die Verjährung; dies gilt auch dann, wenn die Annahme der Abwesenheit auf einem Irrtum beruht (vgl. 3). Die Vertagung auf unbestimmte Zeit enthält noch keine vorläufige Einstellung des Verfahrens wegen Abwesenheit des Betroffenen (Köln MDR **79**, 958; Hamm VRS **57**, 432). Die Anordnung zur Aufenthaltsermittlung kann auch darin liegen, daß die Polizei um die Feststellung ersucht wird, ob der Betroffene inzwischen aus dem Ausland zurückgekehrt sei (Hamm 30. 9. 1977, 4 Ss OWi 1404/77). Nimmt die VB die Aufenthaltsermittlung selbst vor, so kann deren ,,Anordnung" in der Ermittlungshandlung liegen (Hamm **57**, 433). Maßnahmen, die von einer anderen Behörde getroffen werden, die ihrerseits von der Verfolgungsbehörde um Durchführung der Anordnung zur Aufenthaltsermittlung ersucht worden ist, unterbrechen die Verjährung nicht (so schon zu § 29 I Nr. 3 aF; Bay. VRS **42**, 305). Ob die vorläufige Einstellung vor oder nach Erlaß des Bußgeldbescheides vorgenommen wird, ist unerheblich (Hamm VRS **49**, 279).

28   F. **Jedes Ersuchen zur Vornahme einer Untersuchungshandlung im Ausland** (Nr. 6) durch die Verfolgungsbehörde (VB, StA; vgl. 4 ff. zu § 35) oder den Richter; dazu rechnet zB ein Rechts- oder Amtshilfeersuchen zur Vernehmung eines Zeugen oder des Betroffenen, das aber nur beschränkt möglich ist (21 ff. vor § 59; ebenso das Ersuchen um Übernahme der Verfolgung (vgl. 26 vor § 59), weil der Grundgedanke der Erschwerung der Ermittlungen wegen der Einschaltung ausländischer Stellen auch diesen Fall erfaßt (zust. Rebmann/Roth/Herrmann 29; aM Dreher/Tröndle 22 zu § 78 c). Ob das Ersuchen Erfolg hat oder nicht, darauf kommt es nicht an; denn dies ist nicht vorausgesetzt.

29   G. **Die gesetzlich bestimmte Anhörung einer anderen Behörde** vor Abschluß der Ermittlungen (Nr. 7), die auch in der Gelegenheit zur Äußerung bestehen kann, ist zB vorgesehen in § 411 AO 1977 (Anh **A 10**); § 44 II GWB; § 43 V AWG (Anh **A 13**); Art. 19 II S. 1 BaySchulpflichtG. Dazu rechnet auch die Anhörung nach § 39 II S. 2 unter der Voraussetzung, daß sie sachdienlich ist; denn in diesem Falle liegt die Anhörung nicht im pflichtgemäßen Ermessen der Verfolgungsbehörde, sondern ist gesetzlich vorgeschrieben, so daß Nr. 7 zutrifft (Hamm VRS **55**, 367; Rebmann/Roth/Herrmann 33; Rotberg 12). Ob die Anhörung sachdienlich und damit notwendig gewesen ist, muß hier nach den Umständen des Einzelfalles beurteilt werden. Die Anhörung der VB durch die StA (§ 63 III; § 403 IV AO 1977) ist dagegen keine solche iS von Nr. 7, da die StA hier die Einstellung nach Abschluß der Ermittlungen erwägt (vgl. Müller 6). Die Verjährung wird in allen Fällen mit der Anordnung oder Verfügung unterbrochen, durch die um Anhörung ersucht wird (vgl. 3).

30   H. **Die Abgabe der Sache durch die StA an die VB** (Nr. 8) unterbricht die Verjährung in allen Fällen des § 43.

31   a) **Der Grund für die** Regelung liegt darin, zu verhindern, daß in Fällen des (schwerer wiegenden) Verdachts einer Straftat, welche die Ordnungswidrigkeit verdrängt (§ 21), dem Betroffenen der Zeitaufwand, der durch die Untersuchung der Straftat entsteht, für die Verjährung der Ordnungswidrigkeit zugute kommt (vgl. den Rechtsgedanken von II S. 3; 51).

32   b) **Die Abgabe in den Fällen des § 40** nach Einstellung der Straftat bildet den praktisch wichtigsten Anwendungsbereich der Regelung von Nr. 8. Hier ergeben sich praktisch keine Abgrenzungsschwierigkeiten, soweit ein einheitliches Tatgeschehen (50 ff. vor § 59) vorliegt.

33   c) **In den Fällen des § 42** ist die Anwendung von Nr. 8 nach ihrem Grundgedanken (vgl. 29) ebenfalls unproblematisch, wenn die StA die Verfolgung der Ordnungswidrigkeit übernommen hat und dann nach § 43 II vorgeht. Anders ist dies, wenn kein Übernahmeakt vorliegt und die StA die Sache mit der Erklärung abgibt, daß sie die Verfolgung nach § 42 nicht übernommen habe. In diesem Falle kann die Abgabe nur dann eine verjährungsunterbrechende Wirkung haben, wenn der Sachverhalt im Ermittlungsverfahren der StA unter dem Gesichtspunkt der zur Verfolgung abgegebenen Sache jemals erörtert worden ist; nur dann trifft der Grundgedanke der Vorschrift zu (vgl. Koblenz VRS **57**, 46; aM Rebmann/Roth/Herrmann 34). Zur persönlich begrenzten Wirkung der Verjährungsunterbrechung im Fall der Abgabe bei mehreren Beteiligten vgl. 53.

34   d) **Die Abgabe der Sache geschieht** durch eine Entschließung (Anordnung) der StA, die bei einer Einstellung des Strafverfahrens in der Regel zugleich mit der Einstellungsverfügung getroffen wird; deshalb wird die Verjährung mit der (schriftlichen; vgl. II) Abgabeverfügung der StA unterbrochen, nicht erst mit dem Eingang der Akten bei der VB (Hamm VRS **54**, 291; vgl. 11 zu § 41). Behält sich die StA die Entschließung vor, ob sie die Tat als Straftat weiterverfolgt, so liegt keine Abgabe iS von § 43 vor, so daß dadurch keine Unterbrechung eintritt (Bay., Die Polizei **77**, 305).

35   J. **Den Bußgeldbescheid** (Nr. 9). Vgl. näher 4, 11 vor § 65, 31 ff. zu § 66. Dazu rechnen auch die einem Bußgeldbescheid gleichstehenden Bescheide (vgl. 3 zu § 65). Über den Zeitpunkt des Erlasses des Bescheides vgl. 44 ff. Der Entwurf eines Bußgeldbescheides, der nach behördeninterner Regelung zunächst einem anderen Amtsträger zur Kenntnis vorzulegen ist, unterbricht die Verjährung noch nicht (Zweibrücken VRS **53**, 446); ebensowenig die Unterzeichnung eines unvollständigen Bescheides, der (nach näherer Anweisung) durch die Kanzlei vervollständigt und danach dem Unterzeichner zur Prüfung und Billigung vorgelegt wird (Düsseldorf VRS **57**, 434; entscheidender Zeitpunkt ist hier die abschließende Prüfung und Billigung; vgl. zur bloßen Verfügung des Erlasses AG Friedberg NJW **79**, 380, L). Die Rücknahme des Bußgeldbescheides beseitigt die verjährungsunterbrechende Wirkung nicht (Frankfurt NJW **79**, 2161; Bay. VRS **39**, 361; Rebmann/Roth/Herrmann 37; aM Müller 5 zu § 65; vgl. auch 36, 41). Ein unwirksamer Bußgeldbescheid (vgl. 38 ff. zu § 66) hat keine verjährungsunterbrechende Wirkung (Bay.

VM **72**, 3 f.; Köln VRS **44**, 309, **57**, 131); wird jedoch Einspruch eingelegt, so kann der unwirksame Bußgeldbescheid die Wirksamkeit weiterer
Unterbrechungshandlungen nicht in Frage stellen. Der Bußgeldbescheid
einer örtlich unzuständigen VB hat verjährungsunterbrechende Wirkung
(Hamm MDR **73**, 518). Ist die Unwirksamkeit des Bußgeldbescheides
rechtskräftig festgestellt, so ist diese Feststellung für das neue Verfahren
verbindlich (Köln VRS **44**, 309). Wird der Bußgeldbescheid aus sachlichen Gründen zurückgenommen, so unterbricht ein daraufhin erlassener
weiterer Bußgeldbescheid erneut die Verjährung (Frankfurt NJW **79**,
2161). Bei einer doppelten Verfolgung desselben Verstoßes in zwei Verfahren unterbricht aber nur der erste Bußgeldbescheid die Verjährung
(Köln VRS **57**, 131).

36   K. **Die Vorlage der Akten durch die StA** nach § 69 I S. 1 (Nr. 10), und
zwar auch dann, wenn die StA den Einspruch für verspätet hält und
deshalb beantragt, ihn zu verwerfen (19 zu § 69; RiStBV 281, Anh **C** 1).
Die Unterbrechung tritt auch dann ein, wenn ein Einspruch des Betroffenen fehlt (Bay. VRS **57**, 295). Für die Unterbrechung ist entscheidend der
Zeitpunkt des Eingangs der Akten bei Gericht, nicht jedoch die Verfügung der Vorlage durch die StA (BGH **26**, 384 = JR **77**, 35 m. zust.
Anm. Göhler; Hamm VRS **57**, 47). Legt die StA dem Gericht die Akten
mit der Erklärung vor, die Klage fallen zu lassen, so gilt Nr. 10 nicht
(ebenso Rebmann/Roth/Herrmann 38). Nimmt die StA die Klage nach
Vorlage der Akten zurück, so wird dadurch die einmal eingetretene Verjährungsunterbrechung nicht beseitigt (vgl. 39). Werden die Akten entgegen der Verfügung der StA an ein örtlich unzuständiges Gericht übersandt, so wird dadurch die Verjährung nicht unterbrochen (Hamm VRS
57, 47). Ob in der „Aktenübersendungsverfügung" des AG nach Einstellung des Verfahrens wegen örtlicher Unzuständigkeit eine Unterbrechungshandlung iS von Nr. 10 vorliegt, wenn dies „im Sinne der StA"
geschieht (so Karlsruhe VRS **52**, 197), erscheint zw.; auf der Grundlage
der Anm. 10 zu § 32 ist dies jedoch ohne praktische Bedeutung. Die
Übersendung der Akten von der VB an die StA unterbricht die Verjährung nicht, da das Gesetz dies nicht vorsieht (Rebmann/Roth/Herrmann
38; aM Rotberg 15).

37   L. **Die Anberaumung der Hauptverhandlung** (Nr. 11), mit der allerdings in der Regel die Anordnung der Vernehmung (Anhörung) des
Betroffenen sowie von Zeugen verbunden ist. Insoweit überschneiden
sich Nr. 2 und Nr. 11; doch hat Nr. 11 als verjährungsunterbrechende
Handlung selbständige Bedeutung. Wird in der Hauptverhandlung der
Betroffene oder ein Zeuge vernommen, so wird dadurch die Verjährung
erneut unterbrochen (BGH **27**, 144 = JR **78**, 125 m. Anm. Göhler; vgl.
auch 19).

38   a) **Durch jede Anberaumung** der Hauptverhandlung kann die Verjährung bis zum Endzeitpunkt (III) unterbrochen werden. Die Verfügung
„die Hauptverhandlung wird angeordnet" ohne gleichzeitige Termins-
bestimmung unterbricht die Verjährung jedoch nicht (Bay. bei Rüth
DAR **73**, 212); ebenso nicht, wenn sich aus den Umständen ergibt, daß
sie nicht durchgeführt werden soll (Zweibrücken VRS **48**, 294; vgl. oben

3; Hamm 5. 4. 1979, 3 Ss OWi 797/79). Wird die Hauptverhandlung wieder abgesetzt, so wird dadurch die Verjährungsunterbrechung nicht beseitigt (vgl. 5a, 34ff., 41). Ob das Verfahren durch die Anberaumung der Hauptverhandlung gefördert wird, darauf kommt es nicht an (vgl. 3; Düsseldorf JMBlNW **74**, 107 ist danach überholt). Die Anberaumung der Hauptverhandlung durch ein Gericht, bei dem die Sache nicht anhängig geworden ist (zB Übersendung der Akten entgegen der Verfügung der StA an ein anderes Gericht), unterbricht die Verjährung nicht (Hamm VRS **57**, 47). Zur Vertagung der Hauptverhandlung auf „unbestimmte Zeit" vgl. 27.

39   b) **Für den Zeitpunkt der Unterbrechung** gilt II, soweit die Anberaumung der Hauptverhandlung schriftlich geschieht (anders bei einer Aussetzung, § 228 StPO iVm § 46 I; vgl. 29ff. zu § 71).

40   M. **Den Hinweis nach § 72 I S. 2** (Nr. 12); er ist der Anberaumung einer Hauptverhandlung deshalb vergleichbar, weil er die Gelegenheit zum rechtlichen Gehör gibt (an Stelle der Hauptverhandlung). Im Gegensatz zur Hauptverhandlung, die wiederholt angesetzt werden kann, besteht die Unterbrechungsmöglichkeit nach Nr. 12 nur einmal („den Hinweis"). Hat der Betroffene einen Verteidiger, so kann dadurch die Möglichkeit der (für den Betroffenen nachteiligen) Unterbrechungshandlungen nicht vergrößert sein; deshalb wird die Verjährung in diesem Falle nur durch den ersten Hinweis an den Betroffenen oder den Verteidiger unterbrochen, also nicht mehrmals (ebenso Rebmann/Roth/Herrmann 40; Hamm VRS **53**, 449). Eine Unterbrechung tritt auch dann ein, wenn der Hinweis (ernst gemeint; vgl. 3) gegeben wird, nachdem der Betroffene dem schriftlichen Verfahren bereits widersprochen hatte (Bay. VRS **51**, 57). Den Hinweis gibt das Gericht schriftlich durch eine Anordnung in den Akten, so daß II gilt.

41   N. **Die Erhebung der öffentlichen Klage** oder den ihr entsprechenden Antrag im selbständigen Verfahren (Nr. 13); vgl. hierzu §§ 27, 30 IV, § 87 IV, § 88 II sowie § 10 WiStG 1954, Anh **A 12**). Diese Fälle können praktisch werden bei der Übernahme der Verfolgung durch die StA (vgl. § 42) oder bei der Verfolgung der Tat als Straftat, wenn sich erst im gerichtlichen Verfahren herausstellt, daß nur eine Ordnungswidrigkeit oder eine mit Geldbuße bedrohte Handlung vorliegt (vgl. III S. 2, IV S. 2; § 40); dabei ist es unerheblich, ob die – nur subsidiär geltenden – Bußgeldvorschriften in der Klage angegeben sind (Rebmann/Roth/Herrmann 41). Entscheidend ist der Zeitpunkt, zu dem die Klage oder der Antrag bei Gericht eingeht (Karlsruhe, Die Justiz **79**, 213; Bay. NJW **71**, 854; Cramer, Grundbegriffe S. 138; SchSch-Stree 14 zu § 78 c); II trifft für die Erhebung der Klage nicht zu; vgl. auch 36). Die spätere Rücknahme der Klage (zB Strafbefehlsantrag) oder des Antrages im selbständigen Verfahren beseitigt die eingetretene Verjährungsunterbrechung nicht (Bay. 12. 2. 1971, 1 Ws [B] 97/70; vgl. auch 34f., 37ff.).

42   O. **Die Eröffnung des Hauptverfahrens** (Nr. 14), und zwar in den unter 41 angegebenen Fällen. Die Verjährung wird mit der Unterzeichnung des Eröffnungsbeschlusses unterbrochen (II).

43   P. **Den Strafbefehl** oder eine andere dem Urteil entsprechende Entscheidung (Nr. 15), während das Urteil selbst wegen der weitergehenden
Wirkung, das ihm zukommt (§ 33 II), nicht genannt ist. Neben dem
Strafbefehl, der in den unter 41 genannten Fällen eine Unterbrechungswirkung hat, ist eine dem Urteil entsprechende Entscheidung zB die
Festsetzung einer Geldbuße gegen eine JP oder PV durch Beschluß im
selbständigen Verfahren nach § 444 III iVm § 441 II StPO; desgl. ein Beschluß des AG, durch den der Einspruch als (vermeintlich) zu spät nach
§ 70 I verworfen wird (Hamm VRS **56**, 156; Oldenburg VRS **55**, 138);
ebenso ein Beschluß, durch den das Verfahren nach § 206 a I StPO iVm
§ 46 I eingestellt wird (Bay. VRS **53**, 46; Oldenburg aaO). Beim Strafbefehl und anderen dem Urteil entsprechenden Entscheidungen wird die
Verjährung mit der Unterzeichnung unterbrochen (vgl. II).

44   **3) Der Zeitpunkt der Unterbrechung** ist jetzt in II für die Fälle bestimmt, in denen die Unterbrechungshandlung schriftlich, und zwar in
Form der Unterzeichnung, vorgenommen wird. Nur diese Fälle, in denen früher der Zeitpunkt der Unterbrechung umstritten war (vgl. die
3. Aufl. 2 F zu § 29), sind in II ausdrücklich geregelt.

45   A. **Als schriftliche Unterbrechungshandlungen** iS von II kommen
solche nach I Nr. 1–9, 11, 12, 14, 15 in Betracht; ein Teil dieser Unterbrechungshandlungen kann überhaupt nur in Schriftform vorgenommen
werden (vgl. im einzelnen 35, 37, 40, 41). Die in den Diensträumen
vorgenommenen Unterbrechungshandlungen sind nur beachtlich, wenn
sie (mit einem Handzeichen des Amtsträgers) aktenkundig gemacht sind,
so zB die Übersendung des Anhörungsbogens (Hamburg VRS **47**, 43).
Der Tag der Unterzeichnung kann nicht durch eine andere Tagesangabe,
so den Tag des Diktats der Entscheidung zurückverlegt werden (Bay. bei
Rüth DAR **73**, 212).

46   **Bei Verwendung einer EDV-Anlage** zum Erlaß einer Anordnung
oder des Bußgeldbescheides kommt es auf den Zeitpunkt des Ausdrucks
des Schriftstückes an, da er dem der Unterzeichnung entspricht (Frankfurt NJW **76**, 337; vgl. 12; 4, 11 vor § 65).

47   **Die Rückausnahme vom festgelegten Zeitpunkt,** die II S. 2 vorsieht,
will den (praktisch seltenen) Fällen Rechnung tragen, in denen das
Schriftstück nach Unterzeichnung nur wie ein Entwurf behandelt und
nicht weitergegeben wird (BerEEGStGB S. 10). „Nur falls positiv festgestellt wird, daß das Schriftstück nicht alsbald (vgl. hierzu Göhler VOR
72, 67 f.; Rebmann/Roth/Herrmann 46) in den Geschäftsgang gelangt ist,
bestimmt S. 2 einen anderen Zeitpunkt. Hierin liegt eine *Umkehr der
Beweislast,* bei der mit ungerechtfertigter Verfahrenseinstellung nicht zu
rechnen ist" (BerEEGStGB aaO; Rebmann/Roth/Herrmann 46; vgl. jedoch auch Rotberg 24). Der Zeitpunkt der Unterzeichnung ist danach
„auch maßgeblich, wenn sich nicht mehr nachweisen läßt, daß das
Schriftstück nicht alsbald weitergeleitet worden ist" (BerEEGStGB
aaO). Unter Geschäftsgang sind die behördeninternen Stationen zu
verstehen, die üblicherweise durchlaufen werden (Stuttgart, Die Justiz
76, 524; Hamm, Die Polizei **77**, 305; Rotberg 25); ob der Geschäftsgang
zeitliche Verzögerungen mit sich bringt, ist unerheblich (Stuttgart aaO).

Ein Zeitablauf von 11 Tagen zwischen Unterzeichnung und Zustellung des Bußgeldbescheides begründet nicht einmal Zweifel daran, daß er alsbald in den Geschäftsgang gelangt ist (Köln VRS **55**, 386). Es ist unerheblich, daß sich der Geschäftsgang über die Dreimonatsfrist verzögert (Hamm aaO).

48   B. **Bei mündlich vorgenommenen Unterbrechungshandlungen** tritt die Unterbrechung der Verjährung unmittelbar ein. Insgesamt ergibt sich aus der Regelung von II der Grundsatz, daß die Unterbrechung mit der Vornahme der Unterbrechungshandlung eintritt, nicht aber erst mit deren Bekanntmachung oder Zugang an eine andere Stelle oder Person (vgl. zB 6). Ausnahmen von diesem Grundsatz finden sich in I Nr. 10 und 13 (vgl. 36, 41).

49   4) **Die äußerste Grenze der Verjährungsfrist,** die auch durch die Unterbrechungen nicht überschritten werden kann, beträgt das Doppelte der gesetzlichen Verjährungsfrist, mindestens jedoch zwei Jahre (III S. 2). Dieser Zeitpunkt gilt jetzt bis zum Erlaß eines Urteils oder eines Beschlusses nach § 72; danach ruht die Verfolgungsverjährung bis zum Abschluß des Verfahrens (§ 32 II). Bei der Berechnung der äußersten Grenze ist der Zeitraum, in dem bereits Rechtskraft eingetreten war, nicht mit zu berücksichtigen, falls sie nachträglich durch Wiedereinsetzung in den vorigen Stand oder Wiederaufnahme des Verfahrens beseitigt wird (Köln VRS **57**, 296; vgl. 2 vor § 31); ebensowenig ist der Zeitraum zu berücksichtigen, in welchem die Verjährung geruht hat (III S. 4; vgl. Köln aaO).

50   A. **Fristberechnung:** Beträgt die Verjährungsfrist zB drei Monate und wird sie nach zwei Monaten unterbrochen, so kann sie vor Ablauf von fünf Monaten und auch nach diesem Unterbrechungsakt wiederholt unterbrochen werden mit der Wirkung, daß jeweils eine neue Verjährung von drei Monaten beginnt, bis ein Zeitraum von insgesamt zwei Jahren erreicht ist. Beträgt die Verjährungsfrist zwei oder drei Jahre, so dauert die Verjährung bei rechtzeitigen Unterbrechungshandlungen höchstens vier oder sechs Jahre; innerhalb dieses Zeitraums beginnt nach einem rechtzeitigen Unterbrechungsakt eine neue Verjährung von zwei oder drei Jahren. Bei einer Verjährungsfrist von drei Monaten, sechs Monaten und einem Jahr ist der Endtermin einheitlich zwei Jahre.

51   B. **Für das Strafverfahren,** in dem sich der Verdacht einer Straftat nicht erweist, jedoch eine Ordnungswidrigkeit übrig bleibt, ist in III S. 3 eine besondere Regelung über die äußerste Grenze der Verjährungsfrist getroffen: Die Verjährungsfrist, die nach III S. 2 verdoppelt wird, richtet sich dann nach der, die für die gerichtlich anhängige Straftat gilt (§ 78 III, IV StGB). Deshalb ist zB bei einem gerichtlichen Verfahren wegen Trunkenheit im Verkehr (§ 316 StGB) die Festsetzung einer Geldbuße wegen § 24a StVG (Anh **A 11**) auch noch nach Ablauf von über zwei Jahren möglich. Grund für diese Regelung ist die Erwägung, daß es unbefriedigend wäre, wenn eine Handlung nur deshalb nicht mehr geahndet werden könnte, weil der schwerwiegende Verdacht einer Straftat hinzugekommen ist (BerEEGStGB S. 40). Auf die „bei Gericht anhängigen Verfahren" (nach Anklageerhebung) ist deshalb abgestellt, weil gerade in solchen Fällen die Gründe, die sonst für den Eintritt der Verjährung sprechen (abnehmendes Bedürfnis für eine Ahndung durch Zeitablauf, zunehmende Beweisschwierigkeiten, Vertrauensschutz des Täters uä), keine wesentliche Rolle spielen (BerEEGStGB aaO).

52   **5) Eine persönlich begrenzte Wirkung** hat die Unterbrechung der Verjährung; sie gilt nur gegenüber demjenigen, auf den sich die Handlung bezieht (IV S. 1).

53   A. **Bei mehreren Tätern** kann danach eine unterschiedlich lange Verjährungsfrist in Gang gesetzt werden (vgl. 2 zu § 31), wenn sich die Unterbrechungshandlung nur gegen einen Täter richtet. Dies liegt bei einzelnen Unterbrechungshandlungen in deren Natur. So kann sich der Bußgeldbescheid oder die Erhebung der öffentlichen Klage (I Nr. 10, 13) nur auf den beziehen, der Adressat dieser Handlung ist. Deshalb liegt die Annahme nahe, daß dies auch für die Vernehmung des Betroffenen zutrifft, so daß sie die Verjährung gegen einen Mitbetroffenen nicht unterbrechen könnte, auch wenn die Vernehmung zugleich der Sachaufklärung in dem Verfahren gegen den anderen Betroffenen dienen soll (so Bay. VRS **57**, 42; SchSch-Stree 25 zu § 78 c). Doch erscheint diese Betrachtung zu formal: Aus der Natur der Unterbrechungshandlung ,,Vernehmung des Betroffenen" ergibt sich zwar eindeutig, daß sich diese Handlung auf ihn als Täter bezieht; diese Untersuchungshandlung kann sich jedoch zugleich auf einen Mitbetroffenen beziehen, wenn sie zur Aufklärung des Sachverhalts ,,in Bezug auf ihn" von Bedeutung ist (so unter Berücksichtigung der Entstehungsgeschichte des § 78 c StGB, der dem § 33 entspricht, zutreffend Rotberg 5; ebenso auch Rebmann/Roth/Herrmann 55). Es ist kein innerer Grund dafür gegeben, die Vernehmung eines Zeugen, die sich ja auch in erster Linie auf diesen bezieht, hinsichtlich der Unterbrechungswirkung anders zu beurteilen als die Vernehmung eines Mitbetroffenen (vgl. hierzu auch BGH **27**, 110, 114, wo darauf hingewiesen ist, daß mit dem Katalog von Unterbrechungshandlungen gegenüber der früheren Regelung größere Rechtsklarheit geschaffen, aber sachlich keine Änderung vorgenommen werden sollte; vgl. auch Celle VRS **54**, 52). Voraussetzung dafür, daß dadurch eine Verjährungsunterbrechung gegen einen anderen Betroffenen eintritt, ist freilich, daß sie auch erkennbar bezweckt, den Sachverhalt zugleich in Bezug auf seinen Tatbeitrag aufzuklären. Allerdings zeigt sich bei dieser differenzierenden Betrachtung, daß nicht allein die Form der Untersuchungshandlung für die Wirkung der Verjährungsunterbrechung bestimmend sein kann (obwohl dies im Rahmen des E 1962 angestrebt war), sondern auch deren Funktion von Bedeutung ist; daß das Prinzip der Formalität nicht ganz durchgehalten werden kann, ist übrigens schon bei den Handlungen mit bloßer Unterbrechungsabsicht deutlich hervorgetreten (vgl. 3). Es ist danach insgesamt an der schon früher vertretenen Auffassung festzuhalten, daß eine Untersuchungshandlung, die erkennbar auch den Zweck verfolgt, gegen andere Beteiligte den Sachverhalt aufzuklären oder gegen sie vorzugehen, die Verjährung auch gegen diese unterbricht. Die Unterbrechungswirkung ist hingegen in persönlicher

Hinsicht begrenzt, wenn die StA in den Fällen des § 42 das Verfahren gegen einen Beteiligten einstellt und die Sache an die VB abgibt (Zweibrücken VRS **53**, 446; Hamm DAR **62**, 211; RG **36**, 350; Lackner 6b cc zu § 78c).

54   B. **Ist der Täter dem Namen nach noch nicht bestimmt,** so müssen bei der Unterbrechungshandlung (auf Grund der Aktenunterlagen) zumindest nähere Merkmale vorhanden sein, die ihn von anderen, auf den diese Merkmale nicht zutreffen, unterscheiden (BGH **24**, 321, 323, vgl. 14; vgl. auch Hamm JMBlNW **69**, 236). Soll zB durch die Zeugenvernehmung des Fahrzeughalters erst die Person des Täters ermittelt werden, so hat die Anordnung der Vernehmung keine verjährungsunterbrechende Wirkung (Koblenz VRS **46**, 458).

55   C. **Die Ermittlung gegen eine „Firma"** konkretisiert den Täter in der Regel nicht nach näheren Merkmalen (Stuttgart MDR **68**, 518; Bay. **65**, 49 ff., GewArch **69**, 68; Zweibrücken VM **76**, 79 zur Einleitung des Verfahrens gegen eine KG), sondern nur dann, wenn sich unter der Firma eine natürliche Person, also ein Einzelkaufmann verbirgt (vgl. auch 5 zu § 66).

56   D. **Die Unterbrechungshandlungen im selbständigen Verfahren** (vgl. zB I Nr. 13) beziehen sich, da es hier auf die Verfolgung eines „Täters" eben nicht ankommt, auf die Tat und wirken gegenüber allen Nebenbeteiligten (vgl. Göhler NJW **79**, 1436, JR **71**, 385; SchSch-Stree 26 zu § 78c; aM Dreher/Tröndle 16 zu § 78c; vgl. auch 3 zu § 31).

57   6) **Die auf die Verfolgung als Straftat** gerichtete Handlung unterbricht auch die Verfolgung der an sich verdrängten (vgl. 1 zu § 21) Ordnungswidrigkeit (vgl. IV S. 2). Das gilt sowohl beim tateinheitlichen Zusammentreffen zwischen einer Straftat und Ordnungswidrigkeit als auch bei echten oder unechten Mischtatbeständen (vgl. 33 ff. vor § 1; Karlsruhe MDR **75**, 426) und auch dann, wenn Straftat und Ordnungswidrigkeit zwar selbständige Handlungen sind, aber eine „Tat" (vgl. 50 ff. vor § 59) darstellen (Hamm VRS **42**, 360, dazu klarstellend: Hamm VRS **53**, 367; Bay. VRS **44**, 63). Diese Regelung, die allerdings die für die Ordnungswidrigkeit geltende Verjährungsfrist unberührt läßt (Hamm VRS **53**, 367), ergibt sich folgerichtig aus den Grundsätzen, daß die StA und das Gericht im Strafverfahren zugleich zur Verfolgung und Ahndung der Tat unter dem rechtlichen Gesichtspunkt einer Ordnungswidrigkeit zuständig sind (vgl. §§ 40, 82 I), und daß sich die Unterbrechung auf die Tat unter allen rechtlichen Gesichtspunkten erstreckt (vgl. 4 zu § 31).

58   **Der praktische Anwendungsbereich** von IV S. 2 ist bei den Fällen gegeben, in denen sich im weiteren Ablauf des Verfahrens ergibt, daß die Straftat nicht erwiesen ist, oder daß eine Strafe nicht verhängt wird. In diesen Fällen wirkt eine im Strafverfahren vorgenommene Untersuchungshandlung, die nach I Nr. 1–7, 11, 13–15 im Ordnungswidrigkeitenrecht verjährungsunterbrechende Wirkung hat, ebenso, als wäre sie im Bußgeldverfahren zur Verfolgung der Ordnungswidrigkeit vorgenommen worden (Karlsruhe MDR **75**, 426). Eine „erste Vernehmung des Betroffenen" iS von I Nr. 1 liegt deshalb auch dann vor, wenn der spätere Betroffene zunächst unter dem Gesichtspunkt einer Straftat „als

Beschuldigter" vernommen wird (Bay. VRS **44**, 63); ebenso hat die Bekanntgabe der Einleitung eines Strafverfahrens die gleiche Wirkung wie die Bekanntgabe der Einleitung eines Bußgeldverfahrens, soweit es sich um dieselbe „Tat" handelt.

59 **Eine speziell strafprozessual zulässige** Verfolgungshandlung (zB die vorläufige Entziehung der Fahrerlaubnis oder die Fahndung) unterbricht (jedenfalls) dann die Verjährung der Ordnungswidrigkeit, wenn sie zugleich unter den Katalog von I Nr. 1–6 fällt (zB als Beschlagnahmeanordnung; Stuttgart JR **77**, 253 m. zust. Anm. Rüth); sonst wären doppelspurige Unterbrechungshandlungen nötig, die gerade vermieden werden sollen.

60 **Aufgabe der StA ist es,** gegebenenfalls entweder selbst eine solche Untersuchungshandlung vorzunehmen (zB nach I Nr. 1, 3) oder auf die Vornahme einer richterlichen Handlung iS von I Nr. 2 hinzuwirken um sicherzustellen, daß die Tat als Ordnungswidrigkeit nicht verjährt ist, falls die Straftat nicht erwiesen oder eine Strafe nicht verhängt wird (RiStBV 274, Anh **C** 1).

61 **7) Über die Überleitungsregelung** vgl. Art. 309 EGStGB (Anh **A** 1), Art. 155 II EGOWiG sowie 7 vor § 31. Vgl. ferner die Anm. 7 der 5. Aufl.

Vollstreckungsverjährung

34 ^I **Eine rechtskräftig festgesetzte Geldbuße darf nach Ablauf der Verjährungsfrist nicht mehr vollstreckt werden.**

^{II} **Die Verjährungsfrist beträgt**
1. fünf Jahre bei einer Geldbuße von mehr als tausend Deutsche Mark,
2. drei Jahre bei einer Geldbuße bis zu tausend Deutsche Mark.

^{III} **Die Verjährung beginnt mit der Rechtskraft der Entscheidung.**

^{IV} **Die Verjährung ruht, solange**
1. nach dem Gesetz die Vollstreckung nicht begonnen oder nicht fortgesetzt werden kann,
2. die Vollstreckung ausgesetzt ist oder
3. eine Zahlungserleichterung bewilligt ist.

^V **Die Absätze 1 bis 4 gelten entsprechend für Nebenfolgen, die zu einer Geldzahlung verpflichten. Ist eine solche Nebenfolge neben einer Geldbuße angeordnet, so verjährt die Vollstreckung der einen Rechtsfolge nicht früher als die der anderen.**

1 **1) Wegen allgemeiner Fragen** zur Vollstreckungsverjährung, die § 34 (vgl. §§ 79, 79a StGB) regelt, vgl. 1, 6 vor § 31.

2 **2) Die Frist der Vollstreckungsverjährung** ist nach der Höhe der festgesetzten (vgl. I, nicht etwa der noch zu vollstreckenden) Geldbuße abgestuft. Sind mehrere Geldbußen in einer Entscheidung festgesetzt, so gilt für jede Geldbuße eine gesonderte Frist, da II auf die Geldbuße abstellt, nicht auf die Höhe der in einer Entscheidung festgesetzten Geldbußen. Auch eine angeordnete Nebenfolge ist der Geldbuße nicht hinzuzurech-

nen (vgl. 4f.). Die Frist beginnt nach II am Tage der Rechtskraft der Entscheidung (erster Verjährungstag; vgl. 1 vor § 31). Für die Berechnung der Frist gelten die Ausführungen unter 15 zu § 31 entsprechend.

3   **3) Nur das Ruhen der Vollstreckungsverjährung** (IV) kann das Ende der Verjährung hinausschieben; eine Unterbrechung der Vollstreckungsverjährung (vgl. § 30 II aF) gibt es nicht mehr (ebenso § 79a StGB). Der in Nr. 1 geregelte Fall entspricht § 32 I S. 1. Wie dort hemmen auch hier nur rechtliche Hindernisse den Ablauf der Verjährung (zB eine gesetzliche Regelung über das Ruhen der Vollstreckung in einem Verteidigungsfall). Ein rechtliches Vollstreckungshindernis ist wohl auch anzunehmen, wenn der Betroffene im Ausland ist und eine Rechts- oder Amtshilfe nicht gewährt wird, weil dann die Vollstreckung im Ausland aus rechtlichen Gründen nicht möglich ist (zust. Rebmann/Roth/Herrmann 7). Die Aussetzung der Vollstreckung (Nr. 2) kommt zB in den Fällen von § 47 StPO iVm § 46 I (vgl. 21 zu § 52), § 102 I und § 103 II S. 2 in Betracht. Bei einer bewilligten Ratenzahlung (Nr. 3) endet das Ruhen hinsichtlich der einzelnen Rate mit Eintritt der Fälligkeit (Rotberg 5; Rebmann/Roth/Herrmann 9). Das Ruhen der Verjährung beginnt in den Fällen der Nrn. 2, 3 mit der Entscheidung über die Aussetzung oder über die Zahlungserleichterung; § 33 II ist entsprechend anzuwenden.

4   **4) Bei der Vollstreckung von Nebenfolgen** ist zu unterscheiden:

5   A. **Für die zu einer Geldzahlung** verpflichtenden Nebenfolgen (V), gilt im Ausgangspunkt eine gesonderte Verjährung, die von dem Betrag der Nebenfolge abhängig ist (vgl. jedoch V S. 2). Als solche Nebenfolgen kommen in Betracht die Einziehung des Wertersatzes (§ 25), die Abführung des Mehrerlöses (§ 8 WiStG 1954, Anh **A 12**) sowie die Geldbuße gegen die JP oder PV (§ 30). V S. 1 gilt auch für den Fall, daß die Geldbuße gegen die JP oder PV wegen einer Straftat ihrer Organe festgesetzt ist, da hier § 79 V StGB nicht eingreift (vgl. BegrEEGStGB S. 346). V S. 2 regelt nur den Fall, daß ,,gegen einen Betroffenen neben der (ihn betreffenden) Geldbuße eine Nebenfolge angeordnet ist, nicht aber den, daß in einer einheitlichen Erkenntnis gegen eine Person eine Geldbuße und gegen eine andere Person eine Nebenfolge ... festgesetzt ist" (BegrEEGStGB aaO); die gegen einen Nebenbeteiligten (2ff. vor § 87) angeordnete Nebenfolge verjährt danach gesondert (ebenso Rebmann/Roth/Herrmann 10).

6   B. **Bei den übrigen Nebenfolgen** (zB Einziehung eines Gegenstandes, Fahrverbot, § 25 StVG – Anh **A 11**) ist V nicht anzuwenden.

7   a) **Bei der Einziehung** geht das Eigentum auf den Staat über, der gegen den Betroffenen oder den Einziehungsbeteiligten einen Herausgabeanspruch hat (vgl. 22 zu § 90). Dieser Anspruch unterliegt der allgemeinen Verjährung des BGB (30 Jahre; § 218 BGB).

8   b) **Ist ein Fahrverbot angeordnet,** so gilt für die Beschlagnahme des Führerscheins (§ 25 II S. 3 StVG, Anh **A 8**) zwar keine Verjährungsfrist (Rebmann/Roth/Herrmann 15). Die VB hat jedoch den Führerschein so schnell wie möglich sicherzustellen (vgl. 28 f. zu § 90), damit die Verbotsfrist nicht zum Nachteil des Betroffenen unangemessen verlängert

wird (§ 25 V S. 1 StVG). Über einen gnadenweisen Erlaß beim Übersehen der amtlichen Verwahrung vgl. 30 zu § 90.

9   **5) Über die Übergangsregelung** vgl. Art. 309 I, II, IV EGStGB (Anh **A** 1). Die neue Regelung über die Fristen der Vollstreckungsverjährung und das Ruhen gilt danach auch für die vor dem 1. 1. 1975 ergangenen Bußgeldentscheidungen. Art. 309 I EGStGB erwähnt nur die vor dem 1. 1. 1975 begangenen ,,Taten", weil insoweit eine klarstellende Regelung zu § 4 geboten ist, vgl. 12 zu § 4; aus Art. 309 IV EGStGB ist jedoch zweifelsfrei zu entnehmen, daß die neue Regelung auch für die schwebenden Vollstreckungsverfahren gilt. Die neue Verjährungsregelung des § 34 bildet eine Einheit, die mit der früheren Vollstreckungsverjährungsregelung als einheitliche Regelung zu vergleichen ist (vgl. zu der einheitlichen Betrachtung in den Fällen des § 33 I, § 32 II: BGH **26**, 288). Vgl. näher die 5. Aufl.

Zweiter Teil. Bußgeldverfahren

Erster Abschnitt.
Zuständigkeit zur Verfolgung und Ahndung von Ordnungswidrigkeiten

Vorbemerkungen

1 **1) Der Abschnitt** grenzt die Zuständigkeit der VB und der Justizorgane (Gericht, StA) zur Verfolgung und Ahndung von Ordnungswidrigkeiten voneinander ab und regelt auch die sachliche und örtliche Zuständigkeit der VB selbst. Über die Vereinbarkeit der Bußgeldkompetenz der VB mit dem GG vgl. 10 zu § 35.

2 **2) Der Begriff VB** iS dieses Abschnitts (und damit auch ganz allgemein für das Ordnungswidrigkeitenrecht) ist im funktionellen Sinne zu verstehen. Mit der Bezeichnung ,,Verwaltungsbehörde'' ist also jeweils die Stelle gemeint, welche die Befugnis zur Verfolgung und Ahndung von Ordnungswidrigkeiten hat (also diese Funktion; so auch Rebmann/Roth/Herrmann 1 zu § 35; Rotberg 2 zu § 35). Es kommt nicht darauf an, ob sie eine Behörde im organisatorischen Sinne ist. Sie wird zur VB im funktionellen Sinne durch die Übertragung der Eingriffsbefugnisse, die mit der Verfolgung und Ahndung von Ordnungswidrigkeiten verbunden sind.

3 **Die ,,sonstige Stelle''** ist in § 36 II und III neben der Behörde genannt, um das mögliche Mißverständnis zu vermeiden, als komme nur eine Behörde im organisatorischen Sinne als VB in Betracht. Als zuständige VB kann deshalb auch eine Körperschaft oder Anstalt des öR bestimmt werden (vgl. § 30 I), die im Bund der Aufsicht des Bundes untersteht, als VB nach Landesrecht ferner die Verwaltungsstelle einer Gebietskörperschaft (Gemeinde, Kreis, Gemeindeverband) oder eine Stelle, die Teil einer Behörde im organisatorischen Sinn ist. So kann zB auch einer Außenstelle durch Gesetz die Verfolgungs- und Ahndungskompetenz übertragen werden mit der Folge, daß sich die Zuständigkeit des Gerichts iS von § 68 nach dem Sitz der Außenstelle richtet (vgl. 4 zu § 68).

4 **3) Die Zuständigkeit der StA** richtet sich in sachlicher und örtlicher Hinsicht nach der Zuständigkeit des Gerichts (§§ 142 f. GVG iVm § 46 I), dessen Zuständigkeit in den §§ 45, 68 bestimmt ist.

Verfolgung und Ahndung durch die Verwaltungsbehörde
RiStBV 269–271

35 [I] **Für die Verfolgung von Ordnungswidrigkeiten ist die Verwaltungsbehörde zuständig, soweit nicht hierzu nach diesem Gesetz die Staatsanwaltschaft oder an ihrer Stelle für einzelne Verfolgungshandlungen der Richter berufen ist.**

II Die Verwaltungsbehörde ist auch für die Ahndung von Ordnungswidrigkeiten zuständig, soweit nicht hierzu nach diesem Gesetz das Gericht berufen ist.

1 **1) Das Vorrecht der VB** (vgl. zum Begriff 2 vor § 35; zur Frage, wer für sie tätig werden kann 3 vor § 59) zur Verfolgung und Ahndung von Ordnungswidrigkeiten bestimmt die Vorschrift.

2 **StA und Gericht sind sekundär** zuständig, nämlich soweit „dieses" Gesetz, also das OWiG, es bestimmt. Sondervorschriften in einzelnen Gesetzen, welche die primäre Zuständigkeit der StA zur Verfolgung und des Gerichts zur Ahndung begründen würden, sind damit nicht vereinbar. Sie würden nicht nur dem § 35, sondern auch dem Gefüge des OWiG widersprechen und jedenfalls besondere verfahrensrechtliche Regelungen erfordern (ebenso Rebmann/Roth/Herrmann 12). Die StA ist, soweit sie nicht nach Sonderregelungen die Aufgabe der VB hat (vgl. 3), für die Ahndung von Ordnungswidrigkeiten nicht zuständig (Berz JurA **71**, 290; Cramer, Grundbegriffe 118; Rebmann/Roth/Herrmann 1 a; Rotberg 8).

3 **Eine Stelle der LJV** (zB der GStA, die StA beim LG) oder die LJV selbst kann als zuständige VB bestimmt werden (zB bei Ordnungswidrigkeiten nach § 115 – dort 26 – oder nach Art. 1 § 8 RBerG; vgl. hierzu die entsprechenden Zuständigkeitsvorschriften der Länder, so zB in Baden-Württemberg § 11 OWiZuV, Anh **B 1 b**, in Bayern § 6 Nr. 2 ZuVOWiG, Anh **B 2 b**, in Schleswig-Holstein § 1 Nr. 5 ZuständigkeitsVOOWiG, Anh **B 11**). Die Kritik von Schoreit (DRiZ **69**, 116) an dieser Zuständigkeitsregelung ist deshalb unberechtigt, weil der Begriff „Verwaltungsbehörde" iS des OWiG einen besonderen funktionellen Inhalt hat (2 vor § 35) und der StA neben der Aufgabe als Strafverfolgungsbehörde andere Aufgaben übertragen werden können (so richtig Prellberg DRiZ **69**, 149); seine Kritik widerspricht im übrigen BVerfGE **22**, 78, 81; **27**, 18. Im Hinblick auf § 4 DRiG nicht unbedenklich ist es, den PräsLG oder -AG als zuständige VB zu bestimmen.

4 **2) Die Zuständigkeit zur Verfolgung** (I) umfaßt a) die selbständige und eigenverantwortliche Ermittlungstätigkeit sowie b) die unmittelbare und verantwortliche Mitwirkung an einer etwaigen gerichtlichen Entscheidung über die Beschuldigung durch Unterbreitung des Sachverhalts (Begr. zu § 27 EOWiG).

5 A. **Die VB** hat die Zuständigkeit zur Verfolgung nur iS von a) (vgl. 4) und hier auch nicht ausschließlich, wie sich aus den weiteren Vorschriften des OWiG ergibt. Im gerichtlichen Verfahren hat die VB nur ein Anhörungsrecht (§ 76).

6 B. **Der Vorbehalt** einer anderen Zuständigkeit gilt für

7 a) **die StA.** Ihr obliegen die Aufgaben der Verfolgungsbehörde aa) im Ermittlungsverfahren im Falle der Übernahme der Verfolgung (§ 42), bb) im gerichtlichen Verfahren (§ 69 II, § 85 IV S. 3, § 87 IV S. 2), und zwar ausschließlich, und cc) im Strafverfahren, soweit es hier auf den rechtlichen Gesichtspunkt der Ordnungswidrigkeit ankommt (§§ 40, 82); vgl. auch RiStBV 270, 271 (Anh **C 1**);

8   b) **den Richter,** soweit er nach § 166 StPO iVm § 46 II zu einzelnen
Verfolgungshandlungen als NotStA berufen ist (über die Anwendung
von § 165 StPO vgl. 10 vor § 59). In diesem Fall übt er eine selbständige
und eigenverantwortliche Ermittlungstätigkeit aus, wenn auch nur vorübergehend an Stelle der VB (Begr. zu § 27 EOWiG). Da der RiAG hier
jedoch nur für einzelne Verfolgungshandlungen zuständig ist, kann er im
Rahmen dieser Tätigkeit das Verfahren nicht nach § 47 I einstellen
(ebenso Rebmann/Roth/Herrmann 9);

9   c) **die Behörden und Beamten des Polizeidienstes nicht,** obwohl sie
nach § 53 I auch Ordnungswidrigkeiten zu erforschen haben. Denn sie
werden nur als Ermittlungsorgane der Verfolgungsbehörde tätig, ohne
selbständig für die Verfolgung zuständig zu sein (4 vor § 59), soweit
nicht die Polizeibehörde selbst VB iS von § 36 ist (vgl. § 26 I StVG, Anh
A 11, sowie die Zuständigkeitsvorschriften der Länder, zB in Bayern § 2
ZuVOWiG, Anh **B 2b,** in Berlin § 1 Nr. 2c ZuständigkeitsVO–OWiG,
Anh **B 3,** in Hessen VO Anh **B 6b,** in Rheinland-Pfalz § 2 Nr. 9 VO Anh
B 9b). Für die Verfolgung von Verkehrsordnungswidrigkeiten sind in
Bayern neben der Zentralen Bußgeldstelle auch die Dienststellen der
Bay. Landespolizei und der Bay. Grenzpolizei zuständig, solange sie die
Sache nicht an die Zentrale Bußgeldstelle oder an die StA abgegeben
haben oder wenn die StA die Sache nach § 41 II oder § 43 I an die Polizei
zurück- oder abgibt (§ 2 II ZuVOWiG); sie haben in diesem Umfang
sämtliche Befugnisse der Verfolgungsbehörde und können deshalb auch
das Verfahren einstellen (nach § 170 II StPO iVm § 46 I, II sowie nach
§ 47 I; über die Zulässigkeit dieser Regelung vgl. 11a zu § 36). Die den
Dienststellen der Polizei eingeräumte Befugnis wird von dem Dienststel-
lenleiter oder seinem Beauftragten ausgeübt (vgl. 3 vor § 59). Vgl. für
Nordrhein-Westfalen ähnlich § 1 II VO Anh **B 8b**; § 1 II VO Anh **B 8c**
sowie § 1 II VO v. 8. 8. 1979 (GVNW 540; SGVNW 45), für Niedersachsen § 1 Nr. 5 VO Anh **B 7.**

10   **3) Die Zuständigkeit zur Ahndung** (II) hat die Befugnis zum Inhalt,
über die dem Betroffenen zur Last gelegte Handlung zu entscheiden (sie
zu beurteilen), soweit das Verfahren nach Abschluß der Ermittlungen
nicht eingestellt wird (§ 170 II StPO iVm § 46 I, II; 157 ff. vor § 59), und
die für die Ordnungswidrigkeit angedrohten Rechtsfolgen festzusetzen.
Sie erstreckt sich auf die Anordnung von Nebenfolgen, und zwar auch in
einem selbständigen Verfahren (§ 87 III, § 88 II). Der VB steht das Vorrecht zur Ahndung in einem Vorverfahren zu, das auf dem Grundgedanken der Selbstunterwerfung des Betroffenen beruht (vgl. 6 vor § 65).
Diese Regelung ist verfassungsrechtlich unbedenklich (BVerfGE **8,** 197;
22, 49; **27,** 18). Das Gericht ist zur Ahndung berufen, wenn a) die StA die
Verfolgung übernommen hat (§ 45), b) im Verfahren nach Einspruch
gegen den Bußgeldbescheid der VB (§§ 71 ff.), c) im Wiederaufnahmeverfahren und Nachverfahren (§ 85 IV S. 1, § 87 IV S. 2) und d) schließlich auch im Strafverfahren (§ 82), soweit es hier auf den rechtlichen
Gesichtspunkt der Ordnungswidrigkeit ankommt.

Sachliche Zuständigkeit der Verwaltungsbehörde

36 ^I Sachlich zuständig ist

1. die Verwaltungsbehörde, die durch Gesetz bestimmt wird,
2. mangels einer solchen Bestimmung
   a) die fachlich zuständige oberste Landesbehörde oder
   b) der fachlich zuständige Bundesminister, soweit das Gesetz von Bundesbehörden ausgeführt wird.

^{II} Die Landesregierung kann die Zuständigkeit nach Absatz 1 Nr. 2 Buchstabe a durch Rechtsverordnung auf eine andere Behörde oder sonstige Stelle übertragen. Die Landesregierung kann die Ermächtigung auf die oberste Landesbehörde übertragen.

^{III} Der nach Absatz 1 Nr. 2 Buchstabe b zuständige Bundesminister kann seine Zuständigkeit durch Rechtsverordnung, die nicht der Zustimmung des Bundesrates bedarf, auf eine andere Behörde oder sonstige Stelle übertragen.

1   **1) Die sachliche Zuständigkeit** beantwortet die Frage, welche VB (vgl. 2f. vor § 35) dem Fach (Ressort) nach (zB Verkehr, Wirtschaft, Arbeit) und dem Verwaltungsaufbau nach (zB oberste, obere, mittlere, untere Behörde) zuständig ist; der Aufbau ist in den Ländern unterschiedlich, vgl. zB für Nordrhein-Westfalen §§ 2ff. LandesorganisationsG v. 10. 7. 1962 – GVNW 421/SGVNW 2005; für Schleswig-Holstein §§ 14ff. LVwgSchlH; ferner Wolff-Bachof II §§ 82, 83).

2   **2) Die spezielle gesetzliche Regelung** ist zunächst maßgebend (I Nr. 1). Es ist also in erster Linie Aufgabe des jeweiligen Gesetzes, das die Bußgeldtatbestände enthält, die sachlich zuständige VB zu bestimmen (vgl. Begr. zu § 28 EOWiG); die Bestimmung kann aber auch in einem anderen Gesetz getroffen werden. Im Bundesrecht vgl. zB § 131 I; § 409 AO 1977 (Anh **A 10**), § 26 I, II StVG (Anh **A 11**), § 43 IV AWG (Anh **A 13**), § 81 GWB (Anh **A 14**); wN bei Göhler unter ,,Bußgeldbehörde''; für Schleswig-Holstein vgl. auch die Übersicht ABl. **69**, 515; **77**, 644. Das formelle Gesetz kann die nähere Spezifizierung einer RechtsVO überlassen (vgl. zB § 26 I StVG); sie ist also ausreichend, vorausgesetzt, daß sie auf einer gesetzlichen Ermächtigung (Art. 80 GG) beruht. I Nr. 1 und § 26 I StVG sind mit dem GG vereinbar (BVerfGE **27**, 18).

3   **3) Die fachlich zuständige oberste Landesbehörde** (der Fachminister) ist sachlich zuständig, wenn a) eine gesetzliche Regelung fehlt und b) das Gesetz, dessen Regelung durch Bußgeldvorschriften abgesichert ist, nicht von Bundesbehörden ausgeführt wird (I Nr. 2a).

4   **Für Bundes- und Landesgesetze** gilt die Regelung von I Nr. 2a. Der Gesetzgeber wird immer dann, wenn die fachlich zuständige oberste Landesbehörde als Bußgeldbehörde nicht geeignet erscheint, eine abweichende Regelung treffen. Der Bundesgesetzgeber kann allerdings einer besonderen landesrechtlichen Regelung (vgl. II) den Vorrang geben und sich deshalb einer eigenen Zuständigkeitsvorschrift enthalten. Für Bußgeldtatbestände in Gemeindesatzungen sind in den Gemeindeordnungen

(Landesgesetze) die Gemeindeverwaltungen als Bußgeldbehörden vorgesehen (vgl. zB § 24 V S. 4 GORhPf).

5   **Das Merkmal „ausführen"** in I Nr. 2b setzt verwaltungsrechtlich Normen voraus, die der Bußgeldvorschrift vorgelagert sind; die Bußgeldvorschrift selbst ist mit dem „Gesetz" nicht gemeint, da sie nicht verwaltungsmäßig ausgeführt, sondern auf einen Pflichtwidrigkeitstatbestand angewendet wird (vgl. BVerfGE 4, 92; BegrEOWiG S. 43). Das Ausführen eines Gesetzes kommt daher nicht in Betracht, wenn eine verwaltungsrechtliche Regelung, die durch eine spezielle Bußgeldvorschrift abgesichert ist, fehlt, der Tatbestand also eigenständig (wenn auch unter Berücksichtigung rechtlicher Gegebenheiten) beschrieben ist (so zB § 111; vgl. dort 25). In diesen Fällen greift § 36 I Nr. 2b nicht ein, so daß nur § 36 I Nr. 2a einschlägig ist (vgl. 4 zu § 131; Rotberg 4); fachlich zuständig ist dann der Landesminister, zu dessen Geschäftsbereich die Wahrung der durch Bußgeldvorschriften geschützten Interessen gehört, bei (allgemeinen) Ordnungsverstößen also der Landesinnenminister; doch kann eine speziellere Zuständigkeit gegeben sein, so zB bei Ordnungswidrigkeiten nach § 405 AktG, für die der Wirtschaftsminister zuständig ist (vgl. zB in Nordrhein-Westfalen VO v. 17. 4. 1968 – GVNW 164/SGVNW 45 –, in welcher der Wirtschaftsminister die Zuständigkeit auf die Regierungspräsidenten übertragen hat). Von diesen Ausnahmefällen abgesehen, ist als fachlich zuständig der Landesminister anzusehen, zu dessen Geschäftsbereich die das Gesetz ausführende Behörde gehört oder der dieser Behörde sonst fachlich übergeordnet ist oder ihr gegenüber die Dienstaufsicht hat (vgl. Rebmann/Roth/Herrmann 6). Dabei ist unbeachtlich, ob das Gesetz von Landesbehörden oder von Behörden innerhalb des Landes (zB Gemeinde- oder Kreisbehörden; 3 vor § 35) ausgeführt wird.

6   **4) Der fachlich zuständige Bundesminister** ist sachlich zuständig, wenn a) eine gesetzliche Regelung fehlt und b) das Gesetz von Bundesbehörden ausgeführt wird (I Nr. 2b; vgl. Art. 86 ff. GG). Diese Zuständigkeitsregelung kommt nur bei Bundesgesetzen in Betracht. Als „fachlich zuständig" ist derjenige Bundesminister anzusehen, zu dessen Geschäftsbereich die das Gesetz ausführende Bundesbehörde gehört (vgl. Rotberg 4); die Ausführungen unter 5 gelten hier entsprechend.

7   **5) Die Übertragung der Zuständigkeit** auf eine andere Behörde oder sonstige Stelle (vgl. 3 vor § 35) ist nur zulässig, wenn das besondere Gesetz die VB nicht bestimmt, da II und III allein für die Fälle von I Nr. 2 („mangels einer solchen Bestimmung") gelten. Das besondere Gesetz, das die Bußgeldtatbestände enthält, kann also die Ermächtigung nach II und III sperren, offenhalten oder abweichend gestalten, indem es entweder die Zuständigkeit der VB selbst bestimmt, keine Bestimmung trifft oder eine eigene Ermächtigung vorsieht (vgl. zB § 23 KrWaffKontrG; § 81 GWB, Anh **A 14**). Die allgemeine Ermächtigung nach II und III gilt also nur hilfsweise, nämlich beim Fehlen einer besonderen gesetzlichen Regelung. Vgl. aber für Rheinland-Pfalz die abweichende Regelung in Art. 36 d. 1. LStrafÄndG (Anh **B 9a**), wonach die Landesregierung in den Fällen, in denen in Landesgesetzen eine VB nach I Nr. 1 bestimmt

worden ist, durch RechtsVO eine abweichende Zuständigkeitsregelung treffen kann. Bestimmt das Gesetz als VB die fachlich oberste Landesbehörde oder den fachlich zuständigen Bundesminister, so stimmt diese Regelung zwar mit I Nr. 2 überein. Eine weitere Delegation nach II oder III ist dann aber nicht mehr möglich (vgl. zB § 81 GWB), es sei denn, daß dies ausdrücklich bestimmt ist (vgl. zB § 131 I S. 3).

8 **A. Die Landesregierung** ist nach II zur Bestimmung einer anderen VB ermächtigt, wenn die Voraussetzungen von I Nr. 2a vorliegen. Das gilt bei Ordnungswidrigkeiten nach Bundes- und Landesrecht. Die nach I Nr. 2a zuständige oberste Landesbehörde ist also selbst nicht ermächtigt, die eigene Zuständigkeit weiter zu übertragen, sofern sie nicht nach II S. 2 von der Landesregierung oder in einem LandesG dazu ermächtigt ist. Die Übertragung der Ermächtigung nach II S. 2 muß durch eine RechtsVO erfolgen (vgl. zB in Schleswig-Holstein § 7 ZuständigkeitsVO-OWiG, Anh **B 11**). Die Übertragung nach II S. 1 kann allgemein für alle Bereiche vorgenommen werden, wie zB in Baden-Württemberg durch OWiZuV (Anh **B 1 b**), Bayern durch ZuVOWiG (Anh **B 2 b**), in Hamburg durch AO v. 2. 9. 1975 (Anh **B 5 b**) oder in Schleswig-Holstein durch ZuständigkeitsVO-OWiG, oder nach einzelnen Bereichen, wie zB in Niedersachsen durch VO v. 17. 12. 1968 (Anh **B 7 b**) und VO v. 19. 6. 1978 (Anh **B 7 c**). Andere Länder haben die Zuständigkeitsregelung für jedes Gesetz gesondert getroffen; vgl. zB in Hessen die Zusammenstellung in Fuhr-Pfeil unter Nr. 38 b, in Nordrhein-Westfalen in SGVNW 45, in Rheinland-Pfalz BS 453-2 ff.

9 **B. Der Bundesminister** ist nach III zur Bestimmung einer anderen VB ermächtigt, wenn er nach I Nr. 2b zuständig ist. Er kann, da in diesem Fall das Gesetz von Bundesbehörden ausgeführt wird, nur eine Behörde oder sonstige Stelle (vgl. dazu 3 vor § 35) des Bundes für zuständig erklären, und zwar selbstverständlich nur im Rahmen des Geschäftsbereiches dieser Behörde oder Stelle (vgl. zB für den Bereich des AuslG § 6 DVOAuslG idF v. 29. 6. 1976 – BGBl. I 1717; III 26-1-1; im Bereich des PaßG: § 3 DV-PaßG v. 12. 6. 1967, BGBl. I 598; III 210–2–5, ÄndVO v. 21. 1. 1969, BGBl. I 93; wN bei Göhler unter „Bußgeldbehörde"; ferner 14 zu § 124).

10 **C. Nur durch RechtsVO** ist die weitere Übertragung der Zuständigkeit zulässig. Eine andere Regelung wäre verfassungsrechtlich bedenklich, weil die Übertragung von Zuständigkeiten im Bereich der Eingriffsverwaltung eines Rechtssatzes bedarf (vgl. BVerwG DÖV **62**, 340; Rebmann/Roth/Herrmann 9 zu § 36 mwN). Soweit nach § 73 I OWiG 1952 die Zuständigkeit im Wege der Verwaltungsanordnung übertragen worden ist, hat Art. 162 EGOWiG diese Regelung gesetzlich sanktioniert; sie ist deshalb auch verfassungsrechtlich unbedenklich, weil für den Gesetzgeber bei der Verabschiedung des OWiG überschaubar war, welche Behörden für zuständig erklärt waren; denn die Verwaltungsanordnungen nach § 73 I OWiG 1952 sind öffentlich bekanntgemacht worden (ebenso Rebmann/Roth/Herrmann 9).

11 **D. Auf mehrere Behörden oder Stellen,** die nach dem Verwaltungsaufbau für einen unteren oder höheren Bereich zuständig sind, kann die

Zuständigkeit dergestalt übertragen werden, daß die Befugnis zur Ahndung nach der Höhe der Geldbuße oder dem Gewicht der Nebenfolgen abgestuft wird (zust. Rebmann/Roth/Herrmann 10; Rotberg 3); vgl. zB die Abgrenzung der Zuständigkeit zwischen den Oberfinanzdirektionen und den Hauptzollämtern in § 43 IV AWG (Anh A 13) und § 34 IV MOG; vgl. auch § 2 I Nr. 18 Zuständigkeits VO-OWiG (Anh B 11). Zulässig ist es ferner, die Zuständigkeit zur Verfolgung und Ahndung einer Ordnungswidrigkeit zugleich mehreren Stellen nach Maßgabe ihres jeweiligen Geschäftsbereiches zu übertragen (vgl. zB § 233 I Nr. 1 AFG, Art. 1 § 16 III AÜG: Aufteilung zwischen Arbeitsämtern, Landesarbeitsämtern, Hauptstelle der Bundesanstalt für Arbeit).

11a　**Die Zuständigkeit zur Verfolgung** neben der sonst für die Verfolgung und Ahndung zuständigen Stelle einer anderen Stelle (so den Polizeibehörden) zu übertragen, solange diese die Sache nicht an die sonst zuständige Stelle oder StA abgegeben hat, ist nicht unzulässig (vgl. 9 zu § 35); aus § 35 ist zu entnehmen, daß das Gesetz von der Aufteilbarkeit der Kompetenzen ausgeht, und aus § 36 folgt, daß die spezielle gesetzliche Regelung dafür maßgebend ist, welche VB sachlich zuständig ist (so auch Rebmann/Roth/Herrmann 1 zu § 35; Rotberg 1).

12　**6) Die vor Inkrafttreten des OWiG** getroffenen Zuständigkeitsbestimmungen gelten nach Art. 162 EGOWiG als solche ,,iS des § 36 I Nr. 1". Diese Fassung ist mißverständlich. Bei wörtlicher Auslegung wäre anzunehmen, daß die früheren Zuständigkeitsvorschriften jetzt nur durch ein förmliches Gesetz geändert werden könnten, weil II und III allein auf die Fälle von I Nr. 2 zugeschnitten sind, aber nicht die von I Nr. 1. Nach dem Sinn und Zweck des Art. 162 EGOWiG, der lediglich die verfassungsrechtlichen Bedenken gegen die durch bloße Verwaltungsanordnungen und öffentliche Bekanntmachung getroffenen Zuständigkeitsregelungen ausräumen wollte (vgl. 10; Rebmann/Roth/Herrmann 14; Begr. zu Art. 152 EEGOWiG), kann eine solche gesetzliche Versteinerung der früheren Zuständigkeitsvorschriften nicht gewollt sein. Es ist deshalb anzunehmen, daß die Regelungen von II und III auch bei den Zuständigkeitsregelungen gelten, die durch RechtsVO oder Verwaltungsanordnung auf Grund des § 73 OWiG 1952 getroffen worden sind (ebenso Rebmann/Roth/Herrmann 14; Rotberg 8). Bei Gesetzen, die von Bundesbehörden ausgeführt werden, ist der Bundesminister zur Delegation nach III iVm I Nr. 2b zuständig, falls nicht in einem besonderen Gesetz – oder auf Grund eines besonderen Gesetzes – etwas anderes bestimmt ist.

13　**7) Mehrfache sachliche Zuständigkeit** kann gegeben sein, wenn mehrere Bußgeldvorschriften durch eine Tat (vgl. 50 ff. vor § 59) verletzt und für die Verfolgung der Ordnungswidrigkeiten (fachlich) verschiedene VBen zuständig sind (vgl. 3 zu § 39).

14　**8) Fehlt die sachliche Zuständigkeit,** so gibt die unzuständige VB die Sache formlos unter Übersendung der Akten an die zuständige VB ab. Bei einem Streit über die sachliche Zuständigkeit ist § 39 III entsprechend anzuwenden (ebenso Rebmann/Roth/Hermann 16; Rotberg 9).

15　**Ohne Einfluß auf die Wirksamkeit** der Handlung ist grundsätzlich das

Fehlen der sachlichen Zuständigkeit. Erläßt eine sachlich unzuständige VB einen Bußgeldbescheid, so ist dies im Einspruchsverfahren nur dann beachtlich, wenn die VB völlig unzuständig gewesen ist, so daß der Bußgeldbescheid unwirksam ist (vgl. 9 vor § 65, 52 zu § 66, 19 vor § 67; Rebmann/Roth/Herrmann 16 f.; Rotberg 9; Göhler JZ **68**, 614; KG VRS **44**, 71; Koblenz GewArch **76**, 68). Völlige sachliche Unzuständigkeit ist zB gegeben, wenn in Bayern an Stelle der Zentralen Bußgeldstelle im Bayerischen Polizeiverwaltungsamt eine Kreisverwaltungsbehörde tätig wird (Bay. VRS **41**, 445), nicht jedoch in dem umgekehrten Falle, in dem die Zentrale Bußgeldstelle wegen einer Verkehrsordnungswidrigkeit einen Bußgeldbescheid erläßt, für deren Ahndung ausnahmsweise die Kreisverwaltungsbehörde zuständig ist (Bay. BayVBl. **73**, 242). Nichtigkeit ist ebenfalls zB nicht anzunehmen, wenn die Bundesbahndirektion wegen verbotenen Überquerens des Bahnüberganges einen Bußgeldbescheid erläßt, obwohl für diese Fälle die Zentrale Bußgeldstelle zuständig ist (Bay. VRS **46**, 58); ebenso nicht, wenn die Bundesbahndirektion wegen eines Parkverstoßes einen Bußgeldbescheid erläßt (aM Hamm VRS **56**, 159); desgl. nicht, wenn die Kreisverwaltung wegen eines Verstoßes gegen Abfallbeseitigungsregelungen, die auch zum Teil in ihren Zuständigkeitsbereich fallen, an Stelle der im Einzelfall zuständigen Bezirksregierung tätig wird (Koblenz aaO). Die Ausführungen zur Wirksamkeit des Bußgeldbescheides gelten entsprechend für die Wirksamkeit einer verjährungsunterbrechenden Handlung (vgl. auch 13 zu § 37).

Örtliche Zuständigkeit der Verwaltungsbehörde

37 [I] **Örtlich zuständig ist die Verwaltungsbehörde, in deren Bezirk**
1. die Ordnungswidrigkeit begangen oder entdeckt worden ist oder
2. der Betroffene zur Zeit der Einleitung des Bußgeldverfahrens seinen Wohnsitz hat.

[II] **Ändert sich der Wohnsitz des Betroffenen nach Einleitung des Bußgeldverfahrens, so ist auch die Verwaltungsbehörde örtlich zuständig, in deren Bezirk der neue Wohnsitz liegt.**

[III] **Hat der Betroffene im räumlichen Geltungsbereich dieses Gesetzes keinen Wohnsitz, so wird die Zuständigkeit auch durch den gewöhnlichen Aufenthaltsort bestimmt.**

[IV] **Ist die Ordnungswidrigkeit auf einem Schiff, das berechtigt ist, die Bundesflagge zu führen, außerhalb des räumlichen Geltungsbereiches dieses Gesetzes begangen worden, so ist auch die Verwaltungsbehörde örtlich zuständig, in deren Bezirk der Heimathafen oder der Hafen im räumlichen Geltungsbereich dieses Gesetzes liegt, den das Schiff nach der Tat zuerst erreicht. Satz 1 gilt entsprechend für Luftfahrzeuge, die berechtigt sind, das Staatszugehörigkeitszeichen der Bundesrepublik Deutschland zu führen.**

1   **1) Die örtliche Zuständigkeit** beantwortet die Frage, welche VB von gleichen sachlich zuständigen VBen (vgl. 1 zu § 36) innerhalb des Bundes oder des Landes ihrem Bezirk nach zuständig ist. Die örtliche Zuständigkeit gilt, ist sie einmal begründet, für das ganze Bußgeldverfahren; doch

können im Laufe des Verfahrens bei einem Wechsel des Wohnsitzes oder
Aufenthaltes des Betroffenen oder bei Eintritt eines Zusammenhanges
mit anderen Ordnungswidrigkeiten weitere VBen zuständig werden (II,
III; § 38). Über die konkurrierende Zuständigkeit vgl. § 39, über besondere Regelungen vgl. 12.

2   **2) Der Begehungsort** (I Nr. 1) begründet keine Vorzugszuständigkeit;
auch hier gilt § 39. An welchem Ort die Ordnungswidrigkeit begangen
worden ist, beantwortet sich nach denselben Merkmalen wie in § 7 (vgl.
2ff zu § 7). Der Begehungsort kann danach ein mehrfacher sein mit der
Folge, das mehrere VBen zuständig sind. Ist die Ordnungswidrigkeit in
einem Betrieb oder in der Zweigniederlassung eines Betriebes begangen
worden, so ist nach I Nr. 1 die VB örtlich zuständig, in deren Bezirk der
Betrieb oder die Zweigniederlassung liegt.

3   **3) Der Entdeckungsort** (I Nr. 2) wird zwar in der Regel mit dem
Begehungsort zusammenfallen. Auf bestimmten Sachgebieten werden
aber Ordnungswidrigkeiten erst bei einer Überprüfung des Betriebes
entdeckt, und zwar regelmäßig von der VB, die mit der Durchführung
des betreffenden Gesetzes betraut ist und vielfach gleichzeitig Bußgeldbehörde sein wird. Sie soll deshalb der Einfachheit halber auch zuständig
sein, wenn die Ordnungswidrigkeit zu einem früheren Zeitpunkt außerhalb des Bezirks der VB begangen ist. ,,Entdeckt'' ist die Ordnungswidrigkeit dann, wenn konkrete Tatsachen den Verdacht der Ordnungswidrigkeit begründen, so daß es geboten ist, dem Verdacht nachzugehen,
also das Bußgeldverfahren einzuleiten (Rebmann/Roth/Herrmann 2a).
Es ist nicht notwendig, daß Ermittlungsbeamte der VB die Ordnungswidrigkeit entdecken; die Entdeckung durch andere Ermittlungsorgane
(zB Polizei) reicht aus (Rebmann/Roth/Herrmann 2a).

4   **4) Der Wohnsitz** (I Nr. 2) bestimmt gleichberechtigt neben I Nr. 1 die
örtliche Zuständigkeit, und zwar zunächst der Wohnsitz zur Zeit der
Einleitung des Bußgeldverfahrens (vgl. 7). Im einzelnen richtet sich der
Wohnsitz nach §§ 7–11 (bei Soldaten nach § 9) BGB. Daß der Betroffene
an dem Ort eine Wohnung hat oder dort angemeldet ist, legt die Annahme des Wohnsitzes nahe. Entscheidend ist aber, ob der Ort auf unbestimmt lange Zeit zum räumlichen Schwerpunkt des Lebens gewählt ist;
das kann auch beim Wohnen im Hotel der Fall sein.

5   **Bei mehreren Wohnsitzen** ist eine mehrfache örtliche Zuständigkeit
gegeben. Eine mehrfache Zuständigkeit ergibt sich weiterhin bei einer
Änderung des Wohnsitzes (vgl. 7).

6   **5) Der gewöhnliche Aufenthaltsort** (III) bestimmt hilfsweise an Stelle
des Wohnsitzes (und neben I Nr. 1) die örtliche Zuständigkeit. Gewöhnlicher Aufenthaltsort ist der Ort, an dem für längere Zeit der räumliche
Schwerpunkt des Lebens liegt, ohne daß dort aus rechtlichen oder tatsächlichen Gründen ein Wohnsitz begründet ist. Das kann der Studien-
ort, aber auch eine Justizvollzugsanstalt oder ein psychiatrisches Krankenhaus oder ein Lager sein; daß es wegen des Begriffs ,,gewöhnlichen
Aufenthalt'' auf die Freiwilligkeit ankommen soll (vgl. Rebmann/Roth/
Herrmann 6; Rotberg 6) erscheint nicht einsichtig; dem in einer Vollzugsanstalt für mehrere Jahre Untergebrachten bleibt doch nichts anderes

übrig, als sie als Aufenthaltsort zum Mittelpunkt seines Lebens zu machen (vgl. auch LR–Meyer 10 zu § 8 StPO).

7   **6) Ändert sich der Wohnsitz oder gewöhnliche Aufenthaltsort** nach Einleitung des Bußgeldverfahrens, so tritt eine mehrfache Zuständigkeit ein, weil dann ,,auch" der neue Wohnsitz oder Aufenthaltsort maßgebend ist (II, III). Die Einleitung des Bußgeldverfahrens ist an keine Form gebunden; entscheidend ist, ob die VB (durch ihre Ermittlungsbeamten), die Polizei oder die StA eine Maßnahme trifft, die erkennbar darauf abzielt, gegen jemanden wegen einer Ordnungswidrigkeit vorzugehen (vgl. §§ 397, 410 I Nr. 6 AO 1977, Anh **A** 10; vgl. 27 vor § 59). Ändert sich nach einer solchen Maßnahme der Wohnsitz oder Aufenthaltsort des Betroffenen, so ist eine mehrfache örtliche Zuständigkeit gegeben (vgl. dazu § 39). Den Vorrang hat dann nicht ohne weiteres die VB, welche die Maßnahme getroffen hat (vgl. 4 ff. zu § 39).

8   **7) Bei Ordnungswidrigkeiten auf Schiffen oder Luftfahrzeugen,** die berechtigt sind, die Bundesflagge oder das Staatszugehörigkeitszeichen der BRep. zu führen, wird die örtliche Zuständigkeit des Begehungsortes, wenn er außerhalb des räumlichen Geltungsbereiches (vgl. 2 zu § 5) liegt, durch IV in besonderer Weise bestimmt, weil die allgemeine Tatortzuständigkeit hier nicht ausreicht und auch die sonstigen Zuständigkeitsvoraussetzungen nach I, II fehlen können. Die Zuständigkeit nach IV hat gleichen Rang wie die nach I–III.

9   A. **Die Begriffe** ,,Schiff, das berechtigt ist, die Bundesflagge zu führen" und ,,Luftfahrzeug, das berechtigt ist, das Staatszugehörigkeitszeichen der BRep. zu führen", sind ebenso auszulegen wie in § 5 (vgl. dort 12).

10   B. **Heimathafen** ist der Hafen, von dem aus mit dem Schiff die Seefahrt betrieben wird (vgl. § 480 HGB). Ob es bei Luftfahrzeugen einen Heimathafen gibt, ist zweifelhaft, weil dieser Begriff im Luftverkehrsrecht nicht verwendet wird; bei entsprechender Anwendung von IV S. 1 für Luftfahrzeuge wird deshalb der ,,regelmäßige Standort des Luftfahrzeuges" (vgl. § 8 I Nr. 7 LuftVZO) als ,,Heimathafen" anzusehen sein (so wohl auch Rebmann/Roth/Herrmann 13; vgl. auch Rotberg 7, der darauf abstellt, wo das Luftfahrzeug zwecks Betriebs dauernd stationiert ist).

11   **8) Im selbständigen Verfahren** wegen der Einziehung ist örtlich zuständig auch die VB, in deren Bezirk der Gegenstand sichergestellt worden ist (§ 87 III S. 3 Halbs. 2), im selbstständigen Verfahren wegen der Festsetzung der Geldbuße gegen eine JP oder PV auch die VB, in deren Bezirk die JP oder PV ihren Sitz hat (§ 88 II S. 2 Halbs. 2). Es handelt sich hier um eine zusätzliche Zuständigkeit, die den gleichen Rang hat wie die nach § 37.

12   **9) Besondere Vorschriften** über die örtliche Zuständigkeit sind zulässig (auch im Landesrecht). So ist zB nach §§ 388, 410 I Nr. 1 AO 1977 (Anh **A** 10) auch die FinB zuständig, die zur Zeit der Einleitung des Bußgeldverfahrens für die Abgabenangelegenheit zuständig ist. Vgl. ferner § 7 II BinSchG, § 8 I FPersG, §§ 82, 89 c S. 1, §§ 92, 102 GüKG,

§ 132 II SeemG. Über die Möglichkeit der Konzentration der örtlichen Zuständigkeit der VB vgl. §§ 387, 409 S. 2 AO 1977 sowie § 39 I S. 2 BinSchVerkG iVm der VO v. 8. 11. 1968 (BGBl. I 1185; III 9500–4–3), letzte ÄndVO v. 19. 12. 1975 (BGBl. 1976 I 9).

13 **10) Bei fehlender örtlicher Zuständigkeit** gelten die Bem. 15 f. zu § 36 entsprechend. Die örtliche Unzuständigkeit einer sachlich zuständigen VB stellt keinen schwerwiegenden Mangel des Bußgeldbescheides (vgl. 52 zu § 66) dar, wenn die Unzuständigkeit nicht offenbar ist (Hamm JMBlNW **73**, 59; **75**, 71; nach Rotberg 8 soll dies bei einer ausschließlichen örtlichen Zuständigkeit gelten; vgl. auch Düsseldorf DAR **71**, 301, wo dem Fehlen der örtlichen Zuständigkeit für das weitere Verfahren überhaupt keine Bedeutung beigemessen wird). Das Fehlen der örtlichen Zuständigkeit macht eine verjährungsunterbrechende Handlung nicht unwirksam (ebenso Hamm JMBlNW **79**, 82 für die Verjährungsunterbrechung durch einen örtlich unzuständigen Richter).

Zusammenhängenden Ordnungswidrigkeiten   **RiStBV 272 III**

38 Bei zusammenhängenden Ordnungswidrigkeiten, die einzeln nach § 37 zur Zuständigkeit verschiedener Verwaltungsbehörden gehören würden, ist jede dieser Verwaltungsbehörden zuständig. Zwischen mehreren Ordnungswidrigkeiten besteht ein Zusammenhang, wenn jemand mehrerer Ordnungswidrigkeiten beschuldigt wird oder wenn hinsichtlich derselben Tat mehrere Personen einer Ordnungswidrigkeit beschuldigt werden.

1 **1) Die Vorschrift erweitert die örtliche Zuständigkeit** auf zusammenhängende Ordnungwidrigkeiten (vgl. ebenso §§ 389, 410 I Nr. 1 AO 1977 – Anh **A 10** – für die Zuständigkeit der FinBen in Straf- und Bußgeldsachen). Sie gilt also nur für solche Ordnungwidrigkeiten, bei denen in sachlicher Hinsicht dieselbe Zuständigkeit besteht. Das folgt daraus, daß nur auf § 37 verwiesen ist, nicht auch auf § 36. Das OWiG sieht bewußt davon ab, die sachliche Zuständigkeit auf zusammenhängende Ordnungswidrigkeiten auszudehnen, weil dies unzweckmäßig wäre. So würde zB die einheitliche Verfolgung einer Verkehrsordnungswidrigkeit und einer Ordnungswidrigkeit nach dem AWG auf praktische und rechtliche Schwierigkeiten stoßen (vgl. Begr. zu § 30 EOWiG).

2 **Fachlich verschiedene VBen** sind bei mehreren Ordnungswidrigkeiten nur zuständig, wenn durch eine Tat (vgl. 50 ff. vor § 59) mehrere Bußgeldvorschriften verletzt sind, weil hier eine Aufspaltung nicht möglich ist (vgl. 3 zu § 39).

3 **2) Ein Zusammenhang** ist dann gegeben, wenn eine Person mehrerer Ordnungswidrigkeiten beschuldigt wird (persönlicher Zusammenhang) oder wenn hinsichtlich ,,derselben Tat" (vgl. dazu näher 5 ff. zu § 42) mehrere Personen als Beteiligte iS von § 14 oder als Nebentäter einer Ordnungswidrigkeit beschuldigt werden (sachlicher Zusammenhang).

4 A. **Persönlicher Zusammenhang:** Wird zB dem A zur Last gelegt, an verschiedenen Orten die Ordnungswidrigkeiten x, y und z begangen zu

haben (vgl. 4 zu § 7) und ist die VB V nach § 37 nur für die Ordnungswidrigkeit x örtlich zuständig, so wird diese Zuständigkeit durch § 38
auch auf die Verfolgung der Ordnungswidrigkeiten y und z erweitert.

5   B. **Sachlicher Zusammenhang:** Ist zB eine Ordnungswidrigkeit von
mehreren Beteiligten an dem Ort S begangen worden und wohnen die
Beteiligten in S, T und V, so ist die VB des Ortes V auch für das
Verfahren gegen die in S und T wohnenden Beteiligten zuständig. Diese
Erweiterung gilt für jede einzelne VB.

6   C. **Nur bei Ordnungswidrigkeiten desselben Sachgebietes,** wenn also
dieselbe sachliche Zuständigkeit nach § 36 gegeben ist, greift die Vorschrift ein (vgl. 2); denn sie bezieht sich lediglich auf die Fälle, in denen
nach § 37 eine örtlich verschiedene Zuständigkeit (von gleichen sachlich
zuständigen VBen, vgl. 1 zu § 37) gegeben ist.

7   D. **Liegt eine rechtliche Handlungseinheit vor** (vgl. 9 ff. vor § 19), so
sind keine mehreren Ordnungswidrigkeiten gegeben, möglicherweise
aber bereits nach § 37 mehrere VBen zuständig (so, wenn die Teilakte an
verschiedenen Orten begangen sind; vgl. 2 zu § 37; Rotberg 2).

8   3) **Bei einer Kette** von sachlichem und persönlichen Zusammenhang
ist insgesamt ein Zusammenhang gegeben.

Mehrfache Zuständigkeit   RiStBV 272 III

39 [I] Sind nach den §§ 36 bis 38 mehrere Verwaltungsbehörden zuständig, so gebührt der Vorzug der Verwaltungsbehörde, die
wegen der Tat den Betroffenen zuerst vernommen hat, ihn durch die
Polizei zuerst hat vernehmen lassen oder der die Akten von der Polizei
nach der Vernehmung des Betroffenen zuerst übersandt worden sind.
Diese Verwaltungsbehörde kann in den Fällen des § 38 das Verfahren
wegen der zusammenhängenden Tat wieder abtrennen.

[II] In den Fällen des Absatzes 1 Satz 1 kann die Verfolgung und Ahndung jedoch einer anderen der zuständigen Verwaltungsbehörden
durch eine Vereinbarung dieser Verwaltungsbehörden übertragen
werden, wenn dies zur Beschleunigung oder Vereinfachung des Verfahrens oder aus anderen Gründen sachdienlich erscheint. Sind mehrere
Verwaltungsbehörden sachlich zuständig, so soll die Verwaltungsbehörde, der nach Absatz 1 Satz 1 der Vorzug gebührt, die anderen sachlich zuständigen Verwaltungsbehörden spätestens vor dem Abschluß
der Ermittlungen hören.

[III] Kommt eine Vereinbarung nach Absatz 2 Satz 1 nicht zustande, so
entscheidet auf Antrag einer der beteiligten Verwaltungsbehörden
1. die gemeinsame nächsthöhere Verwaltungsbehörde,
2. wenn eine gemeinsame höhere Verwaltungsbehörde fehlt, das nach
§ 68 zuständige gemeinsame Gericht und,
3. wenn nach § 68 verschiedene Gerichte zuständig wären, das für diese
Gerichte gemeinsame obere Gericht.

[IV] In den Fällen der Absätze 2 und 3 kann die Übertragung in gleicher
Weise wieder aufgehoben werden.

1   **1) Die Vorschrift** bestimmt bei mehrfacher (sachlicher oder örtlicher Zuständigkeit) den Vorrang einer VB (vgl. 3ff.), läßt aber auch eine Veränderung der Vorrangszuständigkeit (vgl. 11) zu (ebenso §§ 390, 410 Nr. 1 AO 1977 – Anh **A 10** – für das Bußgeldverfahren wegen Steuerordnungswidrigkeiten; ähnlich § 12 StPO). Dadurch soll einerseits das Konkurrenzverhältnis mehrfacher Zuständigkeiten (durch formale Merkmale) entschieden, andererseits aber auch eine Änderung der Vorrangszuständigkeit nach sachlichen Umständen ermöglicht werden.

2   **2) Voraussetzung** für die Anwendung der Vorschrift ist, daß für die Verfolgung einer Tat (vgl. 50ff. vor § 59) mehrere VBen (örtlich oder sachlich) zuständig sind (vgl. den Wortlaut „wegen der Tat"). Bei Zusammenhangstaten gilt die Vorschrift nur, soweit für die einzelne Tat nach § 38 mehrere VBen örtlich zuständig sind (Begr. zu § 31 EOWiG).

3   **3) Den Vorrang** einer VB bestimmt I S. 1, und zwar auch im Fall mehrfacher sachlicher Zuständigkeit. Die Folge, daß dann eine VB die Tat zugleich unter einem rechtlichen Gesichtspunkt ahnden muß, der ihr sachfremd ist (zB eine Zuwiderhandlung nach dem AWG und nach dem PaßG), ist zwar mißlich, aber wegen des Grundsatzes *ne bis in idem* unvermeidlich (Begr. zu § 31 EOWiG).

4   A. **Nach dem Grundsatz des „ersten Zugriffs"** ist die Vorrangszuständigkeit bestimmt. Dabei sind die Umstände, die sie begründen, möglichst genau festgelegt, damit Zweifel über die Vorrangszuständigkeit vermieden werden und für den Betroffenen möglichst frühzeitig erkennbar ist, welche VB über die Beschuldigung entscheidet. Deshalb ist nicht darauf abgestellt, welche VB zuerst mit der Sache befaßt worden ist oder das Verfahren zuerst eingeleitet hat (vgl. §§ 390, 410 I Nr. 1 AO 1977, Anh **A 10**).

5   B. **Die Vernehmung des Betroffenen** (vgl. § 55) besteht darin, daß ihm Gelegenheit gegeben wird, sich zur Sache zu äußern (mündlich oder schriftlich); ob er die Gelegenheit genutzt hat oder nicht, darauf kommt es also nicht an (vgl. Rebmann/Roth/Herrmann 7).

6   a) **Bei einer mündlichen** Anhörung ist deshalb der Anhörungstermin entscheidend, nicht die Ladung zur Vernehmung, das Ersuchen an die Polizei, die Vernehmung durchzuführen, oder der Eingang des Ersuchens bei der Polizei. Vernimmt die Polizei von sich aus den Betroffenen, so kommt es auf den Zeitpunkt des Eingangs der Akten bei der VB an, sofern sie überhaupt zuständig ist. Ist dies nicht der Fall, so tritt die Vorrangszuständigkeit bei der (an sich zuständigen) VB ein, welcher die Akten zuständigkeitshalber weitergeleitet sind; denn die unzuständige

VB leistet dann lediglich Amtshilfe (vgl. 17 ff. vor § 59) auf dem Wege der Aktenversendung von der Polizei an die zuständige Stelle.

7   b) **Bei einer schriftlichen** Anhörung (4 zu § 55), tritt der Vorrang bei der VB ein, die dem Betroffenen einen Fragebogen zur schriftlichen Äußerung übersandt hat; denn damit erhält er bereits die Gelegenheit zur Äußerung (Rebmann/Roth/Herrmann 7).

8   c) **Die erste Mitteilung an den Betroffenen** über die Einleitung des Ermittlungsverfahrens steht der ersten Vernehmung iS von I S. 1 gleich (vgl. auch § 33 I Nr. 1; Rebmann/Roth/Herrmann 7), weil diese Mitteilung dem Betroffenen erkennbar macht, welche VB über den Vorwurf der Ordnungswidrigkeit entscheidet (vgl. 4).

9   C. **Bei Einschaltung der StA** in das Verfahren (vgl. zB § 53 I S. 3 Halbs. 2) kommt es darauf an, an welche VB die StA die Sache nach der Vernehmung des Betroffenen abgibt. Das folgt aus dem Grundgedanken der Vorschrift (zust. Rotberg 6; RiStBV 272 III S. 3, Anh **C** 1). Dabei ist es unerheblich, ob der Betroffene von der Polizei oder der StA vernommen ist; der letzte Fall wird allerdings selten sein und ist deshalb in der Vorschrift nicht ausdrücklich erwähnt. Gibt die StA die Sache an die VB ab, ohne daß der Betroffene bis dahin vernommen worden ist, so wird durch die Abgabe allein noch keine Vorrangszuständigkeit begründet (vgl. RiStBV 272 III S. 3). Maßgebend ist dann vielmehr die erste Vernehmung. War die StA nur im Strafverfahren mit der Sache befaßt und ist der Betroffene hier zu der ihm zur Last gelegten Tat (vgl. 50 ff. vor § 59) vernommen worden, so entsteht die Vorrangszuständigkeit ebenfalls bei der VB, an welche die StA nach Einstellung des Strafverfahrens die Sache abgibt (§ 43; zust. Rebmann/Roth/Herrmann 9 a); der Betroffene erhält mit dem Einstellungsbescheid die Abgabenachricht. Die Vernehmung im Strafverfahren steht also der im Bußgeldverfahren gleich.

10   D. **Vor Eintritt der Vorrangszuständigkeit** ist jede Zuständigkeit der anderen gleichgestellt. Die StA kann deshalb im Falle der Abgabe (§ 43) oder im Falle der Beteiligung einer VB (vgl. zB § 63 III) unter mehreren zuständigen VBen wählen und durch Übersendung der Akten an eine von ihnen deren Vorrangszuständigkeit begründen (vgl. 2 zu § 63; RiStBV 272 III S. 2, 3, Anh **C** 1).

11   **4) Die Beseitigung der Vorrangszuständigkeit** kann unter bestimmten Voraussetzungen durch eine einseitige Maßnahme der VB geschehen, die den Vorrang hat: Sie kann in den Fällen des Zusammenhanges das Verfahren wegen der Tat, für deren Verfolgung sie nicht nach § 37, sondern erst nach § 38 zuständig geworden ist, wieder abtrennen (I S. 2); damit entfällt ihre Vorrangszuständigkeit nach I S. 1. Zweifelhaft ist, ob die VB, die ihre eigene Vorrangszuständigkeit beseitigt hat, bereits durch Übersendung der Akten an eine andere zuständige VB deren Vorrangszuständigkeit herbeiführen kann. Dieser Fall ist ungeregelt. Nach dem Grundgedanken von I S. 1 wird dies wohl zu bejahen sein: Wenn sogar die Polizei durch Übersendung der Akten die Vorrangszuständigkeit einer VB begründen kann, dann muß auch die Übersendung durch eine andere VB, die im Ermittlungsverfahren mit der Sache befaßt worden

ist, die gleiche Wirkung haben (zust. Rotberg 8; so auch Rebmann/Roth/
Herrmann 13).

12   **5) Eine Veränderung der Vorrangszuständigkeit** ist durch Vereinbarung der beteiligten VBen (II) oder durch Entscheidung (III) möglich.

13   A. **Die Vereinbarung** ist zwischen der VB des Vorranges und derjenigen zu treffen, welche die Sache übernimmt; die anderen VBen brauchen
nicht beteiligt zu werden, jedenfalls insoweit nicht, als eine mehrfache
örtliche Zuständigkeit besteht (aM Rotberg 8, Rebmann/Roth/Herr-
mann 16; sie berücksichtigen nicht, daß die anderen VBen auch nicht
beteiligt zu werden brauchen, falls die VB der Vorrangszuständigkeit die
Sache behalten will). Praktisch kommt die Vereinbarung dadurch zustande, daß die VB, die den Vorrang hat, die andere VB um Übernahme
ersucht und daß diese der ersuchenden mitteilt, sie habe die Sache übernommen.

14   **Nur aus sachdienlichen Gründen** (Beschleunigung oder Vereinfachung des Verfahrens; bessere Sachkunde einer VB für die Beurteilung
des Gesamtvorganges; vgl. 17) ist die Vereinbarung nach II S. 1 zulässig,
um nutzlosen und verfahrensverzögernden Zuständigkeitsveränderun-
gen entgegenzuwirken. Die Nichtbeachtung dieser Beschränkung kann
jedoch im weiteren Verfahren nicht gerügt werden; insbesondere kann
im späteren gerichtlichen Verfahren nicht geltend gemacht werden, die
VB, der die Vorrangszuständigkeit übertragen ist, sei zum Erlaß des
Bußgeldbescheides oder zur Vornahme der verjährungsunterbrechenden
Handlung nicht zuständig gewesen (vgl. 15 zu § 36; 9 vor § 65; 52 zu
§ 66). Die Wirksamkeit der Vereinbarung kann jedoch bei einem Streit
nach II von Bedeutung sein.

15   B. **Eine Entscheidung** über die Zuständigkeitsübertragung kommt in
Betracht, wenn sich die beteiligten VBen (vgl. 13) nicht einigen, sei es,
daß die ersuchte VB die Übernahme ablehnt, sei es, daß eine sonst zuständige VB diejenige des Vorranges ersucht, die Sache an sie abzugeben.
Eine gemeinsame höhere VB, die zunächst für die Entscheidung zuständig ist (III Nr. 1), fehlt zB zwischen VBen des Bundes und der Länder
oder den VBen verschiedener Länder. Das nach § 68 zuständige Gericht
(III Nr. 2) ist nur dann zur Entscheidung berufen, wenn es zugleich im
Bezirk der beteiligten VBen (vgl. 13) liegt, was nur selten der Fall sein
wird. Das gemeinsame obere Gericht (III Nr. 3) ist uU der BGH, wenn
nämlich die Gerichte nach § 68 zu verschiedenen OLG-Bezirken desselben Landes oder verschiedener Länder gehören. Für die Entscheidung,
die das Gericht durch (nicht anfechtbaren, aber auf Gegenvorstellung
änderungsfähigen) Beschluß, die nächsthöhere VB durch Verfügung (Erlaß) trifft, sind die in II S. 1 genannten Gründe (Sachdienlichkeit) maßgebend; die Entscheidung hat die Wirkung, daß das Verfahren auf die in der
Entscheidung bestimmte VB übergeht (vgl. Rebmann/Roth/Herrmann
22–24; Rotberg 9).

16   **6) Die Rückübertragung** ist in gleicher Weise wie die Übertragung der
Vorrangszuständigkeit möglich (IV). Sie kann bei einer Veränderung der
sie begründenden Umstände aus Zweckmäßigkeitsgründen geboten sein;
II S. 1 ist zu beachten (vgl. 14). Um eine Rückübertragung handelt es sich

nicht, wenn die nach II oder III zuständig gewordene VB die Sache an eine andere zuständige VB, die noch nicht beteiligt worden war, überträgt.

17   **7) Die Anhörung einer anderen sachlich zuständigen VB** verlangt II S. 2 vor Abschluß der Ermittlungen, also bevor das Verfahren eingestellt oder ein Bußgeldbescheid erlassen wird. Der anderen sachlich zuständigen VB soll so Gelegenheit gegeben werden, a) die Gesichtspunkte vorzubringen, die für die Beurteilung der Gesetzesverletzung auf ihrem Sachgebiet von Bedeutung sind, und b) eine Veränderung der Vorrangszuständigkeit herbeizuführen, damit die Sache von der VB erledigt wird, die über die beste Sachkunde zur Beurteilung des Gesamtvorganges verfügt (vgl. Begr. zu § 31 EOWiG). Es handelt sich um eine Sollvorschrift, die es gestattet, von der Anhörung abzusehen, wenn die Sachkunde der anderen VB entbehrt werden kann, also nicht um eine Sollvorschrift im Sinne einer Weisung minderen Grades. Über die verjährungsunterbrechende Wirkung der Anhörung vgl. 29 zu § 33. Die Nichtbeachtung der Anhörungspflicht ist für die sachliche Zuständigkeit ohne Bedeutung (Bay. LRE **11**, 180, 184).

18   **8) Die Einstellung des Verfahrens durch die vorrangige VB** verbietet eine Verfolgung durch eine andere zuständige VB (vgl. Berz JurA **71**, 306f.). Erläßt diese jedoch gleichwohl einen Bußgeldbescheid, so ist er nicht unwirksam (vgl. 52 zu § 66; Rotberg 12).

19   **9) Bei Steuerordnungswidrigkeiten** bestimmt § 390 iVm § 410 I Nr. 1 AO 1977 (Anh **A** 10) die Vorrangszuständigkeit etwas abweichend: Hier kommt es nicht auf die erste Vernehmung des Betroffenen, sondern auf die Einleitung des Bußgeldverfahrens an. Diese Vorschrift gilt als spezielle nur, soweit eine mehrfache Zuständigkeit bei Steuerordnungswidrigkeiten gegeben ist (also im Verhältnis der FinBen untereinander), nicht aber bei Steuerordnungswidrigkeiten und anderen Ordnungswidrigkeiten (also nicht im Verhältnis der FinBen zu anderen VBen). Im letzten Fall ist § 39 anzuwenden.

Verfolgung durch die Staatsanwaltschaft   RiStBV 273 ff.

40   Im Strafverfahren ist die Staatsanwaltschaft für die Verfolgung der Tat auch unter dem rechtlichen Gesichtspunkt einer Ordnungswidrigkeit zuständig.

Schrifttum:Berz, Die Sperrwirkung staatsanwaltschaftlicher und behördlicher Einstellungen nach dem OWiG, JurA **71**, 285 ff.

1   **1) Die primäre Zuständigkeit der StA** (vgl. 1 zu § 42) bestimmt die Vorschrift bei der Verfolgung der Tat (im verfahrensrechtlichen Sinne, vgl. näher 50ff. vor § 59; ebenso Rebmann/Roth/Herrmann 3; Rotberg 2; Möhl, k + v **69**, 39; RiStBV 273 III, Anh **C** 1; aM Kaiser NJW **68**, 1815) im Strafverfahren auch unter dem rechtlichen Gesichtspunkt einer Ordnungswidrigkeit.

2   **Keine Übernahme der Verfolgung** durch die StA setzt die Vorschrift voraus. Die Zuständigkeit der StA ist vielmehr ohne weiteres gegeben, allerdings beschränkt auf den meist unselbständigen Gesichtspunkt der Ordnungswidrigkeit im Strafverfahren (vgl. 1 f. zu § 21). Hat aber die

„Tat" mehrere Handlungen im materiell-rechtlichen Sinne zum Gegenstand (vgl. 50 ff. vor § 59) und ist eine von ihnen eine Straftat und die andere eine Ordnungswidrigkeit, so hat der Gesichtspunkt der Ordnungswidrigkeit selbständige Bedeutung. Die StA ist auch in diesem Falle die „geborene" Verfolgungsbehörde. Sie kann deshalb das Verfahren wegen der Ordnungswidrigkeit einstellen (Berz JurA **71**, 293; vgl. auch 6). Hält die StA die Verfolgung der Ordnungswidrigkeit für geboten, so hat sie die Anklage oder den Strafbefehlsantrag auf die Ordnungswidrigkeit zu erstrecken (vgl. 1 f. zu § 64), ohne daß es des Aktes der Übernahme der Verfolgung nach § 42 bedarf (RiStBV 273 III S. 2); bestehen aber Zweifel, ob eine „Tat" gegeben ist, so ist eine ausdrückliche Übernahme zweckmäßig (RiStBV 273 III S. 3).

3   **Bei Umwandlung einer Straftat in eine Ordnungswidrigkeit** während eines schwebenden Ermittlungsverfahrens entfällt automatisch auch die Ermittlungskompetenz der StA (richtig: Berz JurA **71**, 289 f.; aM Oppe MDR **69**, 261); sie hat danach das Verfahren wegen des Verdachts der Straftat einzustellen und die Sache an die zuständig gewordene VB abzugeben (Berz aaO 290).

4   **2) Im Strafverfahren** besteht diese Zuständigkeit, solange es noch schwebt. Dabei kommt es nicht darauf an, ob es sich im Ermittlungsstadium, im Stadium der Anklageerhebung oder im gerichtlichen Verfahren befindet.

5   A. **Das Ermittlungsverfahren** hat die StA danach in der Regel unter allen rechtlichen Gesichtspunkten durchzuführen. Der rechtliche Gesichtspunkt der Ordnungswidrigkeit kann im Hauptverfahren vor Gericht (aber auch schon im Ermittlungsverfahren) selbständige Bedeutung erlangen, wenn die Straftat nicht erwiesen ist (§ 82), oder auch selbständige Bedeutung haben, so bei Tatmehrheit zwischen Straftat und Ordnungswidrigkeit innerhalb eines Tatgeschehens (vgl. 2). Das Gericht muß deshalb auf Grund der Ermittlungen in der Lage sein, die Tat auch unter dem Gesichtspunkt der Ordnungswidrigkeit zu beurteilen. Seine Entscheidung über die Tat als Straftat (Freispruch) schließt eine spätere Verurteilung wegen der Ordnungswidrigkeit aus (vgl. § 84 I). Hier zeigt sich, daß die Vernachlässigung des Gesichtspunktes der Ordnungswidrigkeit im Ermittlungsverfahren zu fehlerhaften Ergebnissen führen kann (vgl. RiStBV 273 II, Anh **C 1**). Die StA muß uU auch dafür sorgen, daß hinsichtlich der Ordnungswidrigkeit verjährungsunterbrechende Handlungen vorgenommen werden (vgl. 60 zu § 33; RiStBV 274). Ergeben aber die Ermittlungen, daß eine Straftat nicht gegeben ist, oder kommt es im gerichtlichen Verfahren voraussichtlich auf den Gesichtspunkt der Ordnungswidrigkeit nicht an (selbst für die Strafzumessung nicht, vgl. 12 zu § 21), so braucht die StA die Sache unter dem Gesichtspunkt der Ordnungswidrigkeit nicht weiter aufzuklären.

6   a) **Eine Einstellung des Ermittlungsverfahrens** (wegen derselben Tat) unter allen rechtlichen Gesichtspunkten (sowohl einer Straftat als auch einer Ordnungswidrigkeit) ist möglich. In der einheitlichen Einstellungsverfügung nach § 170 II oder §§ 153 ff. StPO kann das Verfahren auch wegen der Ordnungswidrigkeit mangels hinreichenden Tatverdachts

(§ 170 II StPO iVm § 46 I), aber auch nach § 47 I eingestellt werden (vgl. RiStBV 275 I, IV, Anh **C 1**; Berz JurA **71**, 286 ff. mwN). Die Einstellung kann jedoch auf die Straftat, aber auch auf die Ordnungswidrigkeit beschränkt werden (Berz aaO 293). Wegen der Anhörung der VB vor Einstellung des Verfahrens unter dem Gesichtspunkt der Ordnungswidrigkeit vgl. § 63 III (dort 10) sowie RiStBV 275 I. Hat die StA das Ermittlungsverfahren auch unter dem Gesichtspunkt einer Ordnungswidrigkeit eingestellt, so darf die VB die Verfolgung unter diesem Gesichtspunkt nur mit Zustimmung der StA wieder aufnehmen; andernfalls könnte die VB die Zuständigkeit der StA aushöhlen (ebenso Cramer, Grundbegriffe S. 118 f., Berz aaO 295 ff.). Über die Mitteilung der Einstellung an den Betroffenen und die VB vgl. RiStBV 275 V.

7   b) **Mit Einstellung des Ermittlungsverfahrens** wegen der Straftat findet die Verfolgungskompetenz der StA ihr Ende, so daß die Sache unter den weiteren Voraussetzungen des § 43 I an die VB abzugeben ist (vgl. RiStBV 276 I, II, Anh **C 1**). Die StA kann in diesem Falle die Verfolgung der Ordnungswidrigkeit nicht mehr übernehmen (vgl. 7 zu § 42). Davon zu unterscheiden ist jedoch der Fall der gleichzeitigen Einstellung unter dem Gesichtspunkt der Straftat und Ordnungswidrigkeit (vgl. 6).

8   B. **Im gerichtlichen Verfahren** ist die StA ausschließliche Verfolgungsbehörde (vgl. 7 zu § 35). Das gilt sowohl a) für die Verfolgung der Tat unter dem selbständigen rechtlichen Gesichtspunkt einer Ordnungswidrigkeit, so im Verfahren nach Einspruch (§ 69 II), im Verfahren nach Erhebung der öffentlichen Klage wegen einer zusammenhängenden Ordnungswidrigkeit (§§ 64, 83) oder wegen eines Tatgeschehens, innerhalb dessen im materiell-rechtlichen Sinne Tatmehrheit zwischen Ordnungswidrigkeit und Straftat gegeben ist (vgl. 2, 5; 50 ff. vor § 59), im Verfahren nach Zulassung der Anklage nur unter dem rechtlichen Gesichtspunkt einer Ordnungswidrigkeit (§ 82 II), im Wiederaufnahmeverfahren (§ 85 IV S. 3) sowie im Nachverfahren (§ 87 IV S. 2) und b) für die Verfolgung der Tat im Strafverfahren unter dem unselbständigen Gesichtspunkt der Ordnungswidrigkeit (§ 82 I).

Abgabe an die Staatsanwaltschaft

41 ^I Die Verwaltungsbehörde gibt die Sache an die Staatsanwaltschaft ab, wenn Anhaltspunkte dafür vorhanden sind, daß die Tat eine Straftat ist.

^II **Sieht die Staatsanwaltschaft davon ab, ein Strafverfahren einzuleiten, so gibt sie die Sache an die Verwaltungsbehörde zurück.**

Schrifttum: *Berz,* Kompetenzprobleme bei der „zweispurigen" Verfolgung von Ordnungswidrigkeiten, VOR **72**, 246 ff.

1   1) **Die Abgabepflicht** der VB (I) folgt aus dem Vorrang der Straftat vor der Ordnungswidrigkeit (vgl. 1 f. zu § 21) und damit des Strafverfahrens vor dem Bußgeldverfahren.

2   **Nur dann besteht die Abgabepflicht,** wenn die VB bei der Untersuchung der Tat im Bußgeldverfahren Anhaltspunkte für eine Straftat feststellt, nicht aber dann, wenn sie im Zusammenhang mit der Wahrneh-mung ganz anderer Aufgaben auf solche Anhaltspunkte stößt. Für diese Auslegung spricht die Stellung der Vorschrift im OWiG sowie die in II begründete Rückgabepflicht, die nur sinnvoll ist, wenn die VB vorher im Bußgeldverfahren mit der Sache befaßt war. Die Frage, ob die VB über § 41 hinaus verpflichtet ist, der StA Anzeige von dem Verdacht einer Straftat zu machen, ist nach allgemeinen Regeln zu beantworten (163 vor § 59).

3   **Bei mehreren Handlungen** (Tatmehrheit) besteht eine Abgabepflicht dann, falls innerhalb des historischen Ereignisses (der ,,Tat", vgl. 50 ff. vor § 59) ein Straftatbestand verwirklicht ist. Eine teilweise Abgabe kommt in Betracht, wenn mehrere Taten vorliegen und nur bei einer Anhaltspunkte für eine Straftat gegeben sind. Die VB kann aber auch in einem solchen Falle den gesamten Vorgang der StA zur Prüfung vorle-gen, ob die Verfolgung wegen der zusammenhängenden Ordnungswid-rigkeit nach § 42 übernommen wird; dann muß jedoch zwischen den mehreren Taten ein innerer Zusammenhang bestehen (vgl. 15 zu § 42) oder aus anderen Gründen eine einheitliche Verfolgung sachdienlich sein, weil die StA lediglich in diesen Fällen die Verfolgung übernehmen soll (§ 42 II).

4   **A. Anhaltspunkte für eine Straftat** sind gegeben, wenn konkrete Tat-sachen dafür vorliegen, daß eine Straftat verwirklicht sein kann. Ob diese Tatsachen ,,zureichen" (vgl. § 152 II StPO), das Ermittlungsverfahren einzuleiten, darüber soll allein die StA befinden. Das bedeutet jedoch nicht, daß die VB schon im Zeitpunkt des ersten Ermittlungsstadiums zur Abgabe verpflichtet ist, wenn gewisse Anhaltspunkte für eine Straftat vorliegen; denn sie ist nicht verpflichtet, die Sache ,,ohne Verzug" der StA vorzulegen (so § 163 II StPO für die polizeilichen Ermittlungsor-gane). Ist damit zu rechnen, daß bei einer weiteren Aufklärung des Sach-verhalts zunächst vorhandene Anhaltspunkte für eine Straftat entfallen können, so darf die VB die Ermittlungen unter dem Gesichtspunkt der Ordnungswidrigkeit vorerst weiterführen. Bleiben aber im weiteren Er-mittlungsverfahren Anhaltspunkte für eine Straftat bestehen, so ist die Sache der StA vorzulegen, auch wenn die VB von ihrem Standpunkt aus eine Vorliegen einer Straftat verneint. Eine unverzügliche Abgabepflicht wird dagegen zu bejahen sein, wenn die Umstände des Falles ein rasches Einschreiten durch die StA nahelegen (ebenso Müller 6).

5   **B. Die Verfolgbarkeit der Straftat** wird nicht vorausgesetzt. Die VB hat also die Frage, ob der Verfolgung der Straftat Verfolgungshindernisse entgegenstehen (vgl. 37 ff. vor § 59), nicht zu prüfen. Tritt das Verfah-renshindernis aber eindeutig zutage, so wäre es jedoch wohl eine über-flüssige Förmlichkeit, erst die Entschließung der StA herbeizuführen; jedenfalls ist die Nichtbeachtung des § 41 im gerichtlichen Bußgeldver-fahren unbeachtlich (vgl. 19 vor § 67; Stuttgart MDR **69**, 782).

6   **C. Verfolgt die StA die Tat als Straftat** (im Ermittlungsverfahren oder nach Erhebung der Anklage), so ist sie primär auch für die Verfol-gung der Tat unter dem rechtlichen Gesichtspunkt einer Ordnungswid-rigkeit zuständig (vgl. 1 f. zu § 40), mithin die Zuständigkeit der VB beendet; die VB hat deshalb ihr Verfahren formell abzuschließen und nach dem Grundgedanken von I die Akten an die StA zu übersenden (Berz aaO 248 f.). Erläßt die VB in Unkenntnis eines schwebenden Strafverfahrens einen Bußgeldbescheid, so ist er trotz fehlender Zuständigkeit der VB nicht unwirksam, also auch rechtskraftfähig (Berz aaO); er kann jedoch nach § 86 beseitigt werden (ebenso Rotberg 3). Über weitere Probleme, die sich aus dem Nebeneinander von Straf- und Bußgeldverfahren ergeben können, vgl. die zutreffenden Ausführungen von Berz aaO 251 ff.

7   D. **Ist die VB auch Ermittlungsbehörde für die Straftat** (vgl. §§ 386 ff. AO 1977, Anh **A 10**; § 42 AWG, Anh **A 13**; § 34 MOG), so hat sie bei Anhaltspunkten für die Straftat das Ermittlungsverfahren wegen der Straftat einzuleiten und durchzuführen. Eine Abgabe an die StA ist dann nicht notwendig. Doch steht die Entscheidung über den Abschluß des Ermittlungsverfahrens der StA zu, im Steuerstrafverfahren auch der FinB (§§ 386, 399 AO 1977). Erst nach Einstellung des Strafverfahrens ist der Weg frei für die Fortsetzung des Bußgeldverfahrens.

8   E. **Die örtliche Zuständigkeit der StA** richtet sich nach § 143 GVG iVm §§ 7–21 StPO. Die StA, an die abgegeben ist, kann die Sache an eine andere zuständige StA zur Prüfung abgeben, ob ein Ermittlungsverfahren wegen des Verdachts einer Straftat eingeleitet werden soll.

9   F. **Die Zuständigkeit der VB endet mit der Abgabe** der Sache an die StA; sie wird durch die Rückgabe nach II erneut für die VB begründet (vgl. Berz VOR **72**, 249). Bis dahin hat sich die VB einer weiteren Verfolgung zu enthalten.

10   2) **Die Rückgabepflicht der StA** (II) besteht dann, wenn die StA „zureichende" Anhaltspunkte für eine Straftat verneint und deshalb überhaupt davon absieht, ein Ermittlungsverfahren einzuleiten (§ 152 II StPO). Eine Prüfung, ob die Tat als Ordnungswidrigkeit verfolgt werden kann, steht der StA in diesem Falle nicht zu (anders § 43 I), weil sie sich auch einer Tätigkeit im Strafverfahren enthält. Bei einer Abgabe an die StA werden jedoch regelmäßig zureichende Anhaltspunkte zumindest für die Einleitung eines Ermittlungsverfahrens wegen des Verdachts einer Straftat bestehen. Die StA hat dann das Ermittlungsverfahren gleichzeitig unter dem rechtlichen Gesichtspunkt der Ordnungswidrigkeit durchzuführen (§ 40) und kann es einheitlich unter dem Gesichtspunkt einer Straftat und Ordnungswidrigkeit einstellen (6 zu § 40). Im Falle des II gibt die StA die Sache (urschriftlich mit den übersandten Akten) an die VB zurück, die ihr die Sache abgegeben hat. Die Abgabe an eine andere zuständige VB dürfte nicht zulässig sein, da die StA selbst von einer Ermittlungstätigkeit absieht und deshalb keine Berechtigung hat, auf den weiteren Verlauf des Ermittlungsverfahrens einzuwirken. Stellt die StA nur das Strafverfahren ein, so gilt § 43 I.

11   3) **Die Form der Abgabe und Rückgabe** der Sache ist nicht vorgeschrieben. Notwendig ist eine Abgabeerklärung, die im Hinblick auf die gesetzliche Folge des Zuständigkeitsübergangs schriftlich (in der Regel durch Aktenverfügung) abgegeben werden sollte. Die Übersendung der

Akten ist nur die Durchführung der Abgabe der Sache; jedoch kann in der Verfügung, die Akten zu versenden, die Abgabeerklärung liegen. Wer für die VB zuständig ist, die Abgabeerklärung abzugeben, ist eine Frage der inneren Behördenorganisation (vgl. 3 vor § 59). Die Abgabeerklärung sollte zumindest eine kurze Begründung enthalten, weil dadurch der Fortgang des Verfahrens wesentlich gefördert wird.

12   **4) Die Entschließung der StA,** ob die Tat als Straftat verfolgt wird oder nicht, ist für die VB verbindlich (§ 44).

Übernahme durch die Staatsanwaltschaft   **RiStBV 277 ff.**

42 ^I Die Staatsanwaltschaft kann bis zum Erlaß des Bußgeldbescheides die Verfolgung der Ordnungswidrigkeit übernehmen, wenn sie eine Straftat verfolgt, die mit der Ordnungswidrigkeit zusammenhängt. Zwischen einer Straftat und einer Ordnungswidrigkeit besteht ein Zusammenhang, wenn jemand sowohl einer Straftat als auch einer Ordnungswidrigkeit oder wenn hinsichtlich derselben Tat eine Person einer Straftat und eine andere einer Ordnungswidrigkeit beschuldigt wird.**

^II Die Staatsanwaltschaft soll die Verfolgung nur übernehmen, wenn dies zur Beschleunigung des Verfahrens oder wegen des Sachzusammenhangs oder aus anderen Gründen für die Ermittlungen oder die Entscheidung sachdienlich erscheint.

Schrifttum: Berz, Kompetenzprobleme bei der „zweispurigen" Verfolgung von Ordnungswidrigkeiten, VOR **72,** 246 ff.

Übersicht

1   **1) Die sekundäre Zuständigkeit** der StA regelt die Vorschrift im Falle des Zusammenhanges zwischen einer Straftat und Ordnungswidrigkeit. Die StA wird in diesem Falle (im Gegensatz zu § 40) erst durch den Akt der Übernahme (18) zuständig. Dadurch wird die zunächst bestehende (primäre) Zuständigkeit der VB beseitigt (§ 35 I). Liegt im prozessualen Sinne eine Tat vor (vgl. 50 ff. vor § 59), innerhalb der jemand durch mehrere Handlungen im materiell-rechtlichen Sinne eine Straftat und eine Ordnungswidrigkeit verwirklicht hat, so gilt § 40; die Verfolgung der Ordnungswidrigkeit braucht dann nicht besonders übernommen zu werden (vgl. 2 zu § 40).

2 **2) Voraussetzung der Übernahme** ist, daß die StA eine zusammenhängende Straftat verfolgt und daß wegen der Ordnungswidrigkeit noch kein Bußgeldbescheid erlassen (vgl. 11 vor § 65) ist (vgl. näher 12). Über die Möglichkeit der Verbindung eines bereits gerichtlich anhängigen Bußgeldverfahrens mit einem Strafverfahren vgl. 12a.

3 A. **Ein äußerer Zusammenhang** zwischen Straftat und Ordnungswidrigkeit genügt dafür, daß die StA ihre Zuständigkeit durch Übernahme wirksam begründen kann (I S. 2).

4 a) **Wird jemand sowohl einer Straftat als auch** einer Ordnungswidrigkeit beschuldigt (**persönlicher** Zusammenhang), so kommt es also nicht darauf an, ob zwischen den beiden Handlungen ein innerer Zusammenhang besteht; dies ist nur im Rahmen der Sollvorschrift nach II zu beachten, deren Verletzung die Wirksamkeit der Übernahme jedoch nicht in Frage stellt (17). Bei einem persönlichen Zusammenhang greift die Vorschrift nur ein, wenn mehrere Taten im prozessualen Sinne (vgl. 50 ff. vor § 59) vorliegen; sonst gilt § 40 (vgl. 2; 2 zu § 40).

5 b) **Wird eine Person einer Straftat und eine andere** einer Ordnungswidrigkeit beschuldigt, so ist ein **sachlicher** Zusammenhang gegeben, wenn es sich um „dieselbe Tat" (vgl. 50 ff. vor § 59) handelt. Dabei sind zwei Fälle zu unterscheiden:

6 **Bei einer Beteiligung** iS von § 14 (oder iS von § 25 II, §§ 26 f. StGB), wenn also mehrere Personen bewußt und gewollt bei der Tatbestandsverwirklichung mitwirken, ist stets ein sachlicher Zusammenhang gegeben.

6a **Liegt eine Beteiligung oder Teilnahme im Rechtssinne nicht vor,** so ist zu prüfen, ob eine Tat im natürlichen Sinne gegeben ist (vgl. 50 ff. zu § 59; 3, 5 zu § 38). Dies ist zu bejahen, wenn das Geschehnis der natürlichen Betrachtung nach als ein einheitlicher Vorgang erscheint, bei dem sich die Handlung der einen Person mit der einer anderen zu einem einheitlichen tatsächlichen Ganzen verbindet (vgl. BGH **12**, 341). Dabei ist es gleichgültig, ob die Handlungen rechtlich gesondert und verschieden betrachtet werden können; entscheidend ist in diesem Falle nur, ob das Verhalten des einen von dem des anderen gelöst werden kann, ohne daß der Sinnzusammenhang des Gesamtgeschehens wesentlich gestört würde (vgl. BGH aaO). Dieselbe Tat ist danach zB auch gegeben, wenn zwei Verkehrsteilnehmer durch unterschiedlich gelagerte fahrlässige Handlungen (als Nebentäter; vgl. 5 zu § 14) einen Zusammenstoß verursachen und sich an diesen Vorgang rechtliche Folgerungen knüpfen (vgl. BGH aaO; RG **64**, 378). Bei derselben Tat im natürlichen Sinne kommt es also nicht darauf an, ob der eingetretene Erfolg oder die Gesetzesverletzung das Ergebnis gleichgerichteter oder entgegengesetzt wirkender Kräfte ist (vgl. BGH **12**, 341; die Entscheidung BGH **11**, 130 zu § 3 StPO aF ist auf § 38 S. 2 nicht übertragbar und durch die Neufassung von § 3 StPO überholt). Bei dem sachlichen Zusammenhang liegt zwar wegen des einheitlichen Tatgeschehens regelmäßig auch ein innerer Zusammenhang zwischen den Handlungen der beiden Beteiligten vor; doch ist dies für die Wirksamkeit der Übernahme nach I ebenfalls nicht maßgebend.

8   **Bei einer Kette von sachlichem und persönlichen Zusammenhang**
erstreckt sich die Übernahmemöglichkeit auf alle durch die Kette verbundenen Handlungen.

9   B. **Während der Durchführung des Strafverfahrens** ist die Übernahme möglich. Dabei kommt es nicht darauf an, in welchem Stadium
sich das Strafverfahren befindet.

10   a) **Das Ermittlungsverfahren** ist allerdings das Stadium, in dem die
Frage der Übernahme einer zusammenhängenden Ordnungswidrigkeit
in der Regel bereits auftauchen wird. Es muß wegen der zusammenhängenden Straftat schon eingeleitet und darf noch nicht durch Einstellung
abgeschlossen sein. Mit Einstellung des Strafverfahrens endet die Übernahmemöglichkeit und eine durch Übernahme bereits eingetretene Verfolgungszuständigkeit; die Sache ist dann an die VB abzugeben (§ 43).

11   b) **Nach Erhebung der öffentlichen Klage** und noch im gerichtlichen
Verfahren ist die Übernahme möglich, wenn sich erst dann herausstellt,
daß eine einheitliche Aburteilung zweckmäßig ist, so zB wenn sich in der
Hauptverhandlung ergibt, daß der Angeklagte neben der Straftat durch
eine weitere Tat auch einen Verstoß nach § 1 StVO iVm § 24 StVG (Anh
A 11) begangen hat. Die StA kann dann die Verfolgung der zusammenhängenden Ordnungswidrigkeit übernehmen und insoweit Nachtragsanklage erheben (§ 266 StPO iVm § 46 I; 52 zu § 71; ebenso Rotberg 2;
Rebmann/Roth/Hermann 2).

12   C. **Bis zum Erlaß des Bußgeldbescheides** (11 vor § 65) ist die Übernahme möglich. Übernimmt die StA in Unkenntnis des Bußgeldbescheides die Verfolgung und erhebt sie die öffentliche Klage, so ist die Eröffnung des Hauptverfahrens wegen der Ordnungswidrigkeit abzulehnen
oder das Verfahren insoweit nach §§ 206 a, 260 III StPO wegen eines
Verfahrenshindernisses (§ 84 I oder anderweitige Rechtshängigkeit) einzustellen (vgl. Berz VOR **72**, 257). Nimmt die VB nach Einspruch des
Betroffenen den Bußgeldbescheid zurück (§ 69 I S. 2), so wird damit die
Übernahme wieder zulässig, weil dann der Bußgeldbescheid als nicht
erlassen gilt. Ist die StA nach Einspruch gegen den Bußgeldbescheid
12a   zuständig geworden (§ 69 II), so ist eine **Verbindung** mit einer zusammenhängenden Strafsache möglich (§§ 4, 13, 237 StPO iVm § 46 I;
ebenso Müller 4; Rotberg 2; Rebmann/Roth/Herrmann 3).

13   3) **Beschränkt ist die Übernahmemöglichkeit** auf die Fälle, in denen
diese verfahrensrechtliche Sonderbehandlung wegen besonderer Umstände ,,sachdienlich'' erscheint (II). Als solche Umstände sind die Beschleunigung des Verfahrens, der Sachzusammenhang oder ,,andere
Gründe'' genannt.

14   A. **Eine Beschleunigung** des Verfahrens ist zu bejahen, wenn im Falle
der Übernahme rascher eine (endgültige) Entscheidung herbeigeführt
werden kann. Das ist zB der Fall, wenn die VB bei einer getrennten
Verfahrensbehandlung wegen der Ordnungswidrigkeit voraussichtlich
neue (zeitverzögernde) Ermittlungen vornehmen würde, obwohl der
Sachverhalt hinreichend geklärt erscheint. Eine raschere Erledigung des
Verfahrens wegen der Ordnungswidrigkeit ist zB auch im Wege der

Nachtragsanklage möglich (11) oder durch sofortige Erhebung der Klage, wenn bei einem Bußgeldbescheid durch die VB mit einem Einspruch zu rechnen ist.

15 B. **Ein Sachzusammenhang** ist gegeben, wenn zwischen der Straftat und Ordnungswidrigkeit der Sache nach eine Verbindung (ein innerer Zusammenhang) besteht, so wenn die Taten in einer engen zeitlichen oder räumlichen Beziehung zueinander stehen (RiStBV 277 I S. 2, Anh C 1; zB fahrlässige Beschädigung eines Pkw's und nachträgliches unerlaubtes Entfernen vom Unfallort, soweit hier nicht schon Tatidentität – vgl. 50 ff. vor § 59 – gegeben ist, vgl. BGH **23**, 270), wenn durch sie das gleiche Rechtsgut verletzt oder gefährdet ist (zB vorsätzliche und leichtfertige Steuerverkürzung, §§ 370, 378 AO 1977, Anh **A** 10) oder wenn die Taten gerade in ihrer Verbindung miteinander die Einstellung des Täters zur Rechtsordnung kennzeichnen oder überhaupt eine bessere Beurteilung des Täters zulassen (zust. Rebmann/Roth/Herrmann 9). Das Ziel der Übernahme wegen des Sachzusammenhanges ist es, eine einheitliche Entscheidung zu ermöglichen. Diesem Zweck kann die Übernahme auch dienen, wenn es angemessen erscheint, die Verfolgung (nach der Übernahme) auf die Straftat zu beschränken, weil die Ahndung der Ordnungswidrigkeit im Verhältnis zu der zu erwartenden Strafe nicht oder nicht beträchtlich ins Gewicht fällt (vgl. 11, 27 zu § 47; vgl. § 154 StPO, dessen Anwendung allerdings schon wegen § 47 I entbehrlich ist).

16 C. **Aus anderen Gründen** kann die Übernahme zB sachdienlich sein, wenn zwischen den Taten zwar nur ein loser Zusammenhang besteht, jedoch ein einheitliches Ermittlungsverfahren wegen der Straftat und Ordnungswidrigkeit dem Betroffenen mehrfache Vernehmungen erspart und die Ermittlungsorgane weniger belastet (RiStBV 277 I S. 3, Anh **C** 1). Die Übernahme kann ferner deshalb sachdienlich sein, weil häufig erst nach Abschluß der Ermittlungen geklärt werden kann, ob ein enger Sachzusammenhang besteht oder nicht, und bei einem engen Sachzusammenhang die Übernahme grundsätzlich geboten ist.

17 D. **Eine Verletzung der Sollvorschrift** macht die Übernahme nicht unwirksam, da II zwar eine Anweisung, aber nur eine solche minderen Grades enthält, deren Verletzung nicht gerügt werden kann. Bei einem klaren Ermessensmißbrauch hat das Gericht allerdings die Befugnis, die Eröffnung des Hauptverfahrens mit der Begründung abzulehnen, daß die Zuständigkeit der StA zur Verfolgung der Ordnungswidrigkeit fehle (Rotberg 9; Rebmann/Roth/Herrmann 9a; aM Berz VOR **72**, 257). Ist aber das Hauptverfahren eröffnet (oder ein Strafbefehl erlassen), so ist im weiteren Verfahren ein etwaiger Verstoß gegen II unbeachtlich.

18 4) **Der Übernahmeakt** muß wegen des Wechsels der Zuständigkeit und der sich daraus ergebenden verfahrensrechtlichen Folgen klar erkennbar sein. Die StA hat die Übernahme deshalb aktenkundig zu machen (RiStBV 277 III, Anh **C** 1). Bei Erhebung der öffentlichen Klage (§ 64) ist die Angabe zweckmäßig, daß die Verfolgung der Ordnungswidrigkeit übernommen ist. Die Zuständigkeit der StA beginnt mit der Übernahme und ist unabhängig davon, wo sich die Ermittlungsakten befinden.

19   **5) Eine Beteiligung der VB** ist vor Übernahme nicht vorgeschrieben
und häufig (so bei Verkehrsordnungswidrigkeiten) entbehrlich, aber bei
Ordnungswidrigkeiten, die nicht zum vertrauten Arbeitsbereich der StA
gehören, zweckmäßig, um die Sachkunde der VB zu nutzen (vgl.
RiStBV 277 II S. 1, Anh C 1). Die StA hat im übrigen, um ein doppeltes
Ermittlungsverfahren zu vermeiden, die VB von der Übernahme sogleich zu unterrichten, wenn damit zu rechnen ist, daß die VB von der
Ordnungswidrigkeit Kenntnis erhält und deshalb ein Ermittlungsverfahren einleiten kann, oder wenn die VB sogar schon ein Ermittlungsverfahren eingeleitet hat (vgl. RiStBV 277 III). Wegen der Beteiligung der VB
im weiteren Verfahren nach Übernahme vgl. §§ 63, 76.

20   **6) Bei einer besonderen Sachkunde der VB** für die Verfolgung bestimmter Ordnungswidrigkeiten ist zwar die Möglichkeit der Übernahme nicht ausdrücklich ausgeschlossen. Doch ist hier näher zu prüfen,
ob die Übernahme noch sachdienlich ist. Von der Übernahme der Verfolgung ist grundsätzlich bei solchen Ordnungswidrigkeiten abzusehen,
mit denen die StA im allgemeinen nicht vertraut ist und die dem Strafrecht entfernter sind, so zB bei Kartellordnungswidrigkeiten; in Zweifelsfällen sollte die StA vor der Übernahme die VB hören (vgl. RiStBV
277 II S. 2, Anh C 1).

21   **7) Nach Übernahme** stehen der StA alle Rechte der Verfolgungsbehörde zu. Sie kann deshalb wegen der Ordnungswidrigkeit das Verfahren nach § 170 II StPO iVm § 46 I mangels hinreichenden Tatverdachts
oder nach § 47 I einstellen; über die Anhörung der VB vgl. § 63 III. Die
StA erhebt wegen der Ordnungswidrigkeit Anklage, wenn die Ermittlungen hierfür genügenden Anlaß geben (§ 64; § 170 I StPO). Eine Verwarnung kann die StA nicht erteilen (14 zu § 56). Die Abgabe an die VB
ist nach Übernahme möglich (§ 43 II). In welcher Weise die StA das
Verfahren wegen der übernommenen Ordnungswidrigkeit vor das Gericht bringt, regelt § 64 (vgl. dort 1 ff.). Die Übernahme beseitigt die
sachliche Zuständigkeit der VB. Die Einstellungsverfügung der StA hindert die VB, die Sache erneut aufzugreifen, sofern keine neuen Tatsachen
oder Beweismittel vorliegen (Berz JurA **71**, 300 ff.; Rebmann/Roth/
Herrmann 10).

22   **Erläßt die VB einen Bußgeldbescheid,** nachdem die StA die Verfolgung übernommen hat, so ist das Verfahren auf den Einspruch hin nach
§ 206 a StPO iVm § 46 I einzustellen (vgl. 30 vor § 67); wird der Bußgeldbescheid jedoch rechtskräftig (vgl. hierzu 6 zu § 41), so steht der
weiteren Verfolgung durch die StA das Prozeßhindernis *,,ne bis in idem"*
(vgl. 37 vor § 59) entgegen (Berz VOR **72**, 258 f.; Rebmann/Roth/Herr-
mann 3; unklar Müller 4, der hier auf den in diesem Falle nicht anwendbaren – vgl. Berz VOR **72**, 258 f. – § 86 verweist).

23   **8) Die gerichtliche Prüfung** erstreckt sich bei Erhebung der öffentlichen Klage oder bei einem Antrag auf Erlaß eines Strafbefehls darauf, ob
die Voraussetzungen nach I vorliegen. Ist dies zu bejahen, so ist auf
Grund der Anklage oder der Erstreckung des Strafbefehls auf die Ordnungswidrigkeit davon auszugehen, daß die StA die Verfolgung übernommen hat; bei etwaigen Zweifeln ist dies zu klären (vgl. 18). Liegen

die Voraussetzungen nach I nicht vor, so ist die Eröffnung des Hauptverfahrens abzulehnen. Nach Eröffnung des Hauptverfahrens ist auch die Verletzung von I unbeachtlich. Über die Beachtung der Sollvorschrift nach II vgl. 17.

24   **9) Verfassungsrechtlich unbedenklich** ist die Übernahmemöglichkeit der StA trotz Art. 101 I S. 2 GG, auch wenn sie eine von § 68 abweichende gerichtliche Zuständigkeit herbeiführt (vgl. § 45). Denn die Übernahme ist eine verfahrensrechtliche Sonderbehandlung, die durch besondere Umstände geboten ist (vgl. 13) und deren Ziel ein angemessenes Verfahren und eine Entscheidung durch ein geeignetes Gericht ist (vgl. Begr. zu § 33 EOWiG; BVerfGE **9**, 223, 230; Rebmann/Roth/ Herrmann 10).

25   **10) Bei Steuerstraftaten** kann die FinB in den Fällen des § 400 AO 1977 (Anh **A 10**) beantragen, daß das Gericht den Strafbefehl auf die zusammenhängende Ordnungswidrigkeit erstreckt, in ihm also neben der Strafe eine Geldbuße festsetzt (vgl. § 410 II AO 1977; 1 f. zu § 64).

Abgabe an die Verwaltungsbehörde   **RiStBV 276, 278 I, 279**

43 ^I Stellt die Staatsanwaltschaft in den Fällen des § 40 das Verfahren nur wegen der Straftat ein oder übernimmt sie in den Fällen des § 42 die Verfolgung nicht, sind aber Anhaltspunkte dafür vorhanden, daß die Tat als Ordnungswidrigkeit verfolgt werden kann, so gibt sie die Sache an die Verwaltungsbehörde ab.

^II Hat die Staatsanwaltschaft die Verfolgung übernommen, so kann sie die Sache an die Verwaltungsbehörde abgeben, solange das Verfahren noch nicht bei Gericht anhängig ist; sie hat die Sache abzugeben, wenn sie das Verfahren nur wegen der zusammenhängenden Straftat einstellt.

1   **1) Die Abgabepflicht der StA** (das Gegenstück zu § 41) ergibt sich daraus, daß die StA im Ermittlungsverfahren zur Verfolgung von Ordnungswidrigkeiten nur ausnahmsweise zuständig ist (§§ 40, 42). Die Vorschrift gilt nur im Ermittlungsverfahren, nicht mehr nach Erhebung der Anklage oder im gerichtlichen Verfahren. Vorausgesetzt wird auch hier (vgl. 2 zu § 41), daß die StA bei der Untersuchung der Tat im Strafverfahren Anhaltspunkte für eine Ordnungswidrigkeit feststellt, sei es, daß dieselbe Tat (50 ff. vor § 59) einen Bußgeldtatbestand verwirklicht (§ 21), oder es sei, daß zwischen der Straftat, wegen der das Ermittlungsverfahren schwebt, und einer Ordnungswidrigkeit ein Zusammenhang (§ 42 I S. 2) besteht. Sind diese Voraussetzungen nicht gegeben, so ist die StA nach § 43 nicht verpflichtet, die VB zu unterrichten, so zB wenn sich aus einer Zeugenvernehmung ergibt, daß ein Dritter, der mit dem strafrechtlichen Ermittlungsverfahren nichts zu tun hat, eine Ordnungswidrigkeit begangen haben kann. Die Unterrichtung der VB kann jedoch in solchen Fällen zweckmäßig und aus dem Gesichtspunkt der Amtshilfe (vgl. 17 ff. vor § 59) geboten sein.

2   A. **Notwendig ist die Abgabe,** wenn a) die primäre Zuständigkeit der
StA nach § 40 endet (Einstellung des Strafverfahrens nur unter dem
rechtlichen Gesichtspunkt der Straftat nach § 170 II oder §§ 153 ff.
StPO), b) die StA von der sekundären Zuständigkeit nach § 42 keinen
Gebrauch macht (keine Übernahme) oder c) auch die sekundäre Zuständigkeit nach § 42 entfällt (Einstellung des Verfahrens wegen der zusammenhängenden Straftat). Diese Fälle sind in I und II Halbs. 2 erfaßt. Die
StA kann in den Fällen des § 40 und des § 42 (nach Übernahme) das
Verfahren zugleich unter dem Gesichtspunkt der Ordnungswidrigkeit
einstellen (vgl. 6 zu § 40; 21 zu § 42); eine Abgabe scheidet dann aus (vgl.
den Wortlaut von I, II Halbs. 2: ,,nur wegen der Straftat'').

3   B. **Möglich ist die Abgabe,** wenn die StA nach § 42 durch Übernahme
zuständig geworden ist, ihre Zuständigkeit aber beseitigen möchte. Das
wird dann in Betracht kommen, wenn die Gründe für die Übernahme
(vgl. § 42 II) entfallen, weil zB die weitere Aufklärung ergibt, das zwischen der Straftat und der Ordnungswidrigkeit kein innerer Zusammenhang (15 zu § 42) besteht (vgl. RiStBV 277 I, Anh **C** 1).

4   **2) Weitere Voraussetzung für die Abgabe der Sache** an die VB ist:
5   A. **Die Verfolgungsmöglichkeit** wegen der Ordnungswidrigkeit,
wenn die StA von ihrer (primären oder sekundären) Zuständigkeit zur
Verfolgung keinen Gebrauch macht (I). Es müssen dann Anhaltspunkte
dafür vorhanden sein, daß die Tat als Ordnungswidrigkeit verfolgt werden kann. Praktisch wird die StA also prüfen, ob a) konkrete Tatsachen
den Verdacht einer Ordnungswidrigkeit begründen und b) keine Verfahrenshindernisse bestehen (zB Verjährung; vgl. 37 vor § 59). Bei Anhaltspunkten, die zur Einleitung eines Ermittlungsverfahrens ausreichen, ist
Abgabe notwendig; eine nähere Aufklärung durch die StA ist nicht erforderlich (vgl. Rotberg 2; einschr. Rebmann/Roth/Herrmann 4). Jedoch
steht der StA die Entscheidung zu, wenn die Rechtslage zweifelhaft ist
(insoweit ist Rebmann/Roth/Herrmann 5 zuzustimmen). Bei Vorliegen
der Voraussetzungen des I kann die StA das Verfahren wegen der Ordnungswidrigkeit nicht mehr einstellen (auch nicht nach § 47 I), weil sie
für die Verfolgung der Ordnungswidrigkeit nicht (mehr) zuständig (oder
nicht zuständig geworden) ist (vgl. jedoch 2).

6   B. **Ein unbeendigtes Ermittlungsverfahren** wegen der Ordnungswidrigkeit, wenn die StA die Verfolgung übernommen hat (II). Grund
für die Abgabe an die VB ist in diesem Falle nicht die Verfolgungsmöglichkeit, sondern die Notwendigkeit, das eingeleitete (aber nicht been-
digte) Ermittlungsverfahren wegen der Ordnungswidrigkeit zum
Abschluß zu bringen. Die Fälle des I unterscheiden sich danach von
denen des II dadurch, daß in den zuletzt genannten mit der Übernahme
der Verfolgung bereits ein Ermittlungsverfahren wegen der Ordnungswidrigkeit eingeleitet worden ist. Die StA kann hier zwar das Ermittlungsverfahren wegen der zusammenhängenden Ordnungswidrigkeit
einstellen (§ 47 I; § 170 II StPO iVm § 46 I); eine Abgabe scheidet dann
aus. Bringt die StA jedoch das Ermittlungsverfahren wegen der Ordnungswidrigkeit nicht zum Abschluß, so entfällt für sie auch die Prüfung
der weiteren Verfolgungsmöglichkeit. Darüber hat dann die VB zu befinden (vgl. Rotberg 3).

7   **3) In der Abgabeverfügung** (vgl. näher 11 zu § 41) sollte die StA zumindest angeben, worin die Anhaltspunkte dafür gesehen werden, daß die Tat als Ordnungswidrigkeit verfolgt werden kann (so RiStBV 276 II S. 2, 278 I, 279, Anh **C** 1), ev. auch, warum die StA das Verfahren unter dem Gesichtspunkt der Ordnungswidrigkeit nicht eingestellt oder die Verfolgung nicht übernommen hat. Die Entschließung der StA, daß sie die Verfolgung nicht übernimmt, ist für die VB verbindlich (Rotberg 3; Rebmann/Roth/Herrmann 7).

8   **4) Ein Bescheid an den Anzeigenden** (§ 171 StPO) ist bei einer Einstellung des Strafverfahrens und Abgabe nach I in den Fällen des § 40 nur erforderlich, falls die Anzeige erkennbar gerade unter dem Gesichtspunkt einer Straftat erstattet ist, wobei das (objektive) Interesse des Anzeigenden zu berücksichtigen ist; sonst genügt eine Abgabenachricht mit dem Hinweis, daß das Verfahren unter dem Gesichtspunkt einer Straftat eingestellt worden ist.

9   **5) Bei einer Beschwerde gegen die Einstellung** des Strafverfahrens (§ 172 Abs. 1 StPO) oder der Möglichkeit einer solchen Beschwerde ist es gleichwohl erlaubt, die Sache wegen des Verdachts einer Ordnungswidrigkeit an die VB abzugeben; dies kann (zB bei drohender Verjährung) sogar geboten sein (RiStBV 276 III, 278 II, 279, Anh **C** 1). Eine endgültige Entschließung der StA, ob die Tat als Straftat verfolgt wird oder nicht, steht dann noch aus, so daß die VB nach § 44 nicht gebunden ist; sie kann also trotz des Beschwerdeverfahrens die Tat als Ordnungswidrigkeit verfolgen, falls sie ebenfalls das Vorliegen einer Straftat verneint. Ergeht dann ein Bußgeldbescheid und kommt es anschließend doch noch zu einer Anklage, so gilt § 86.

10   **6) Bei einem Privatklagedelikt** entstehen verfahrensrechtliche Schwierigkeiten, wenn die StA das öffentliche Interesse an der Strafverfolgung der Tat (vgl. 50 ff. vor § 59) nach § 376 StPO verneint, jedoch die Verfolgung der Ordnungswidrigkeit für geboten hält (zB fahrlässige Körperverletzung und Verkehrsordnungswidrigkeit). Bei einem Verweis auf den Privatklageweg und einer Abgabe der Sache an die VB wegen der Ordnungswidrigkeit besteht die Gefahr einer Doppelsanktion wegen derselben Tat, die unzulässig ist (vgl. 22 zu § 82; Art. 103 III GG). Wenig sinnvoll erscheint es auch, daß das Gericht uU im Einspruchsverfahren doch zum Strafverfahren übergehen muß (Bay. MDR **77**, 246; Kellner MDR **77**, 626 mwN). Es spricht deshalb vieles dafür, daß die StA den Verfolgungswillen nur einheitlich betätigen und entweder insgesamt Anklage erheben oder aber das Verfahren insgesamt einstellen kann (so schon zum früheren Recht RG **77**, 227). Doch hätte dies zur Folge, daß a) entweder die Ordnungswidrigkeit unverfolgt bleiben oder b) eine Bagatellsache mit einer Kriminalstrafe abgeurteilt werden müßte. Deshalb ist in diesen Fällen wohl doch die Aufspaltung der Verfahren zuzulassen, jedoch dem Verbot einer doppelten Sanktion Rechnung zu tragen. Dabei sind folgende Fälle zu unterscheiden:

11   A. **Fehlt ein Strafantrag** und verneint die StA das öffentliche Interesse an der Strafverfolgung, so kann bei einer Anzeige des Verletzten eine Abgabenachricht an ihn genügen, sofern er nicht erkennbar die Anzeige

unter dem Gesichtspunkt der Straftat erstattet hat (vgl. 8). Wird der Verletzte auf den Privatklageweg verwiesen, so ist er auch auf das Risiko der Zurückverweisung oder Einstellung der Privatklage (vgl. 13) hinzuweisen.

12   B. **Liegt ein wirksamer Strafantrag vor,** so verweist die StA auf den Privatklageweg mit dem Hinweis unter 11. Bedenklich ist es, den Betroffenen in der Abgabenachricht für den Fall eines Einspruchs gegen den Bußgeldbescheid auf den Übergang in das Strafverfahren (vgl. 13) hinzuweisen, ohne zugleich die Möglichkeit einer Einstellung der Straftat nach § 153 II StPO aufzuzeigen (vgl. 13). Dies könnte dem Gebot eines fairen Verfahrens widersprechen (vgl. 8 zu § 81), so daß es sachgerechter ist, von einer Belehrung in dieser Hinsicht ganz abzusehen.

13   C. **Im gerichtlichen Verfahren nach Einspruch** muß das Gericht bei einem wirksamen Strafantrag zum Strafverfahren übergehen (Bay. MDR **77**, 246; Kellner MDR **77**, 626); doch kann es das Verfahren hinsichtlich der Straftat nach § 153 II StPO (auch schon vor dem Übergang nach § 81 II S. 2) einstellen (vgl. 4 zu § 81) und nur auf Geldbuße erkennen (vgl. 11 zu § 82). Ist bereits Privatklage erhoben, so hat das Offizialverfahren Vorrang; die Privatklage ist deshalb nach § 383 I StPO zurückzuweisen oder nach § 389 I StPO einzustellen (vgl. EbSchmidt Nachtr. II zu § 376 StPO; ebenso Rebmann/Roth/Herrmann 14).

14   D. **Die erhobene Privatklage** hindert die VB, das Bußgeldverfahren durchzuführen (vgl. 22 zu § 82); deshalb kann es zweckmäßig sein, die VB darauf hinzuweisen. Die bloße Möglichkeit ihrer Erhebung sperrt dagegen das Bußgeldverfahren nicht.

15   E. **Wird ein Bußgeldbescheid erlassen,** so ist im Privatklageverfahren § 86 anzuwenden.

16   7) **Über die Rückgabepflicht** der StA, wenn sie davon absieht, wegen der Tat ein Strafverfahren einzuleiten, vgl. § 41.

Bindung der Verwaltungsbehörde

44 **Die Verwaltungsbehörde ist an die Entschließung der Staatsanwaltschaft gebunden, ob eine Tat als Straftat verfolgt wird oder nicht.**

Schrifttum: *Berz,* Die Sperrwirkung staatsanwaltlicher und behördlicher Einstellungen nach dem OWiG, JurA **71**, 285 ff.

1   1) **Die Bindung der VB** an die Entschließung der StA ergibt sich aus dem Vorrang der Straftat vor der Ordnungswidrigkeit (vgl. 1 f. zu § 21) sowie daraus, daß die Beurteilung von Straftaten zur ausschließlichen Zuständigkeit der Organe der Strafrechtspflege gehört (Begr. zu § 35 EOWiG).

2   A. **Anwendungsbereich:** Die Vorschrift gilt nicht nur für echte oder unechte Mischtatbestände (33 ff. vor § 1), sondern ganz allgemein beim Zusammentreffen einer Straftat und Ordnungswidrigkeit im Rahmen einer Handlungseinheit (§ 21), ja sogar beim Zusammentreffen im Rahmen einer Tat iS eines historischen Ereignisses (vgl. 50 ff. vor § 59).

3   B. **Reichweite der Bindungswirkung:** Die Bindung erstreckt sich auch auf die Frage, ob die Ordnungswidrigkeit zu der Straftat im Verhältnis der Tateinheit (§ 21) steht oder ob die Ordnungswidrigkeit zumindest im Rahmen eines historischen Ereignisses begangen worden ist. Die Bindung gilt weiterhin auch für die Frage, ob der Verfolgung der Tat als Straftat ein Verfolgungshindernis (vgl. 37 vor § 59) entgegensteht oder nicht (ebenso Möhl, k + v **69**, 42). Sie gilt aber nur für die Beurteilung der Tat als Straftat (Rebmann/Roth/Herrmann 2, 5; Rotberg 4).

4   C. **Keine Bindungswirkung** tritt ein, wenn die StA im Falle des § 40 das Verfahren lediglich wegen der Straftat einstellt und von einer Abgabe nach § 43 absieht, weil sie das Vorliegen von Anhaltspunkten für eine Ordnungswidrigkeit verneint; in diesem Fall ist die VB nicht gehindert, ein Bußgeldverfahren durchzuführen (vgl. Rebmann/Roth/Herrmann 5). Der Begriff der ,,Abgabe'' in § 43 hat danach nicht in allen Fällen die Bedeutung der Zuständigkeitsübertragung, sondern auch die (schwächere) Bedeutung einer bloßen Aktenversendung (anders Berz aaO 294; vgl. jedoch 11 zu § 41).

5   2) **Die Entschließung der StA** bedarf keiner besonderen Form und auch keiner Mitteilung an die VB. Der VB steht gegen die Entschließung der StA kein Rechtsbehelf zu; sie kann nur Gegenvorstellungen und Aufsichtsbeschwerde (vgl. 33 ff. zu § 62) erheben.

6   A. **Die positive Entschließung,** eine Tat als Straftat zu verfolgen, liegt in der Einleitung des Ermittlungsverfahrens und der Erhebung der öffentlichen Klage. In beiden Fällen hat die VB sich weiterer Ermittlungen zu enthalten, das Ermittlungsverfahren wegen eines Verfolgungshindernisses vorläufig einzustellen (vgl. 46 f. vor § 59) und die Akten an die StA zu übersenden (6 zu § 41). Ersucht die StA die VB um Übersendung der Akten, um prüfen zu können, ob zureichende Anhaltspunkte für eine Straftat bestehen, so hat die VB diesem Ersuchen schon aus dem Gesichtspunkt der Amtshilfe zu entsprechen, um die Entschließung zu ermöglichen, ob das Verfahren, dem der Vorrang gebührt, durchgeführt werden soll.

7   B. **Die negative Entschließung,** eine Tat nicht als Straftat zu verfolgen, liegt in der Ablehnung der Einleitung des Strafverfahrens (zB bei einer Strafanzeige oder im Falle der Abgabe nach § 41), in der Einstellung des Verfahrens nach §§ 170 II oder nach §§ 153 ff. StPO. Ist die VB entgegen der StA der Auffassung, daß (zureichende oder sogar genügende) Anhaltspunkte für eine Straftat vorliegen, so darf sie mit dieser Begründung von der Einleitung eines Bußgeldverfahrens nicht absehen. Die VB hat die Sache vielmehr so zu behandeln, als wäre eine Straftat nicht vorhanden, weil die Voraussetzungen des § 21 I durch die negative Entschließung der StA verbindlich verneint sind. Bei der Einstellung des Strafverfahrens nach §§ 153, 153 b, 154 StPO kann die Tat als Ordnungswidrigkeit verfolgt werden (vgl. 27, 29 zu § 21).

8   C. **Die gegenwärtige Entschließung** der StA ist maßgebend. Hat sie zunächst das Ermittlungsverfahren eingestellt, dann aber wieder die Ermittlungen aufgenommen, so hat die VB das Bußgeldverfahren wegen derselben Tat einzustellen (vgl. Rotberg 4; Rebmann/Roth/Herrmann 5).

9   **3) Bei einer gerichtlichen Entscheidung** (§§ 81, 82) über die Tat als
Straftat oder Ordnungswidrigkeit hindert § 84 I die Einleitung eines weiteren Bußgeldverfahrens. Dies gilt grundsätzlich auch für die Ablehnung
der Eröffnung des Hauptverfahrens (vgl. 15 zu § 84), so daß in diesem
Falle keine Abgabe von der StA an die VB in Betracht kommt (verkannt
Rotberg 2); die Verfolgung der Tat als Ordnungswidrigkeit ist dann nur
auf Grund neuer Tatsachen oder Beweismittel zulässig (15 zu § 84; so
jetzt auch Rebmann/Roth/Herrmann 8).

Zuständigkeit des Gerichts

45 Verfolgt die Staatsanwaltschaft die Ordnungswidrigkeit mit einer zusammenhängenden Straftat, so ist für die Ahndung der
Ordnungswidrigkeit das Gericht zuständig, das für die Strafsache zuständig ist.

1   **1) Bei Übernahme der Verfolgung** durch die StA (§ 42) ist die Vorschrift anwendbar. In welcher Weise die StA das Verfahren wegen der
übernommenen Ordnungswidrigkeit vor das Gericht bringt, regelt § 64
(vgl. dort 1 ff.).

2   **2) Die örtliche und sachliche Zuständigkeit** des Gerichts der Strafsache (§§ 1 ff. StPO) gilt auch für die Ordnungswidrigkeit. Welches Gericht nach § 68 für die Entscheidung zuständig wäre, ist unerheblich. Ist
für die Strafsache das SchG oder die StrK zuständig, so gilt dies auch für
die Ordnungswidrigkeit.

3   **3) Wechselt die gerichtliche Zuständigkeit** für die zusammenhängende Strafsache (zB durch Verbindung zusammenhängender Strafsachen nach §§ 4, 13 StPO, durch Eröffnung vor einem anderen Gericht
nach § 209 I StPO oder durch Verweisung nach § 270 StPO), so erstreckt
sich die neue Zuständigkeit notwendigerweise auf die übernommene
Ordnungswidrigkeit.

4   **4) Eine Trennung der Straf- und Bußgeldsache** durch das Gericht ist
nicht möglich, weil eine selbständige gerichtliche Zuständigkeit für die
Ahndung einer Ordnungswidrigkeit (ohne Vorschaltverfahren) fehlt; die
selbständige gerichtliche Zuständigkeit ist nur im Falle des Einspruchs
gegen einen Bußgeldbescheid gegeben (§ 2 II, §§ 4, 13 II StPO sind also
nicht anwendbar, soweit wegen der zusammenhängenden Ordnungswidrigkeit das Hauptverfahren eröffnet ist (zust. Rotberg 1; vgl. auch
Rebmann/Roth/Herrmann 2). In bestimmten Fällen kann das Gericht
jedoch die Eröffnung des Hauptverfahrens wegen der zusammenhängenden Ordnungswidrigkeit ablehnen (vgl. 17, 22 zu § 42).

5   **5) In Verfahren gegen Jugendliche und Heranwachsende** ist das JugG
zuständig, wenn die zusammenhängende Strafsache gegen den Jugendlichen oder Heranwachsenden gerichtet ist. Richtet sich dagegen die zusammenhängende Strafsache gegen einen Erwachsenen und die übernommene Ordnungswidrigkeit gegen einen Jugendlichen oder Heranwachsenden, so ist das Gericht nach allgemeinem Verfahrensrecht zu-

ständig. § 103 II, § 112 JGG sind in diesem Falle nicht anwendbar, weil eine Zuständigkeit des JugG für Ordnungswidrigkeiten nur im Einspruchsverfahren besteht (vgl. auch 4); im übrigen wird das Schwergewicht des Verfahrens grundsätzlich bei der Straftat und nicht bei der Ordnungswidrigkeit liegen.

Zweiter Abschnitt. Allgemeine Verfahrensvorschriften

Anwendung der Vorschriften über das Strafverfahren

46 [I] Für das Bußgeldverfahren gelten, soweit dieses Gesetz nichts anderes bestimmt, sinngemäß die Vorschriften der allgemeinen Gesetze über das Strafverfahren, namentlich der Strafprozeßordnung, des Gerichtsverfassungsgesetzes und des Jugendgerichtsgesetzes.

[II] Die Verfolgungsbehörde hat, soweit dieses Gesetz nichts anderes bestimmt, im Bußgeldverfahren dieselben Rechte und Pflichten wie die Staatsanwaltschaft bei der Verfolgung von Straftaten.

[III] Anstaltsunterbringung, Verhaftung und vorläufige Festnahme, Beschlagnahme von Postsendungen und Telegrammen sowie Auskunftsersuchen über Umstände, die dem Post- und Fernmeldegeheimnis unterliegen, sind unzulässig. § 160 Abs. 3 Satz 2 der Strafprozeßordnung über die Gerichtshilfe ist nicht anzuwenden. Ein Klageerzwingungsverfahren findet nicht statt.

[IV] § 81 a Abs. 1 Satz 2 der Strafprozeßordnung ist mit der Einschränkung anzuwenden, daß nur die Entnahme von Blutproben und andere geringfügige Eingriffe zulässig sind.

[V] Die Anordnung der Vorführung des Betroffenen und der Zeugen, die einer Ladung nicht nachkommen, bleibt dem Richter vorbehalten.

[VI] Im Verfahren gegen Jugendliche und Heranwachsende kann von der Heranziehung der Jugendgerichtshilfe (§ 38 des Jugendgerichtsgesetzes) abgesehen werden, wenn ihre Mitwirkung für die sachgemäße Durchführung des Verfahrens entbehrlich ist.

[VII] Im gerichtlichen Verfahren entscheiden beim Amtsgericht Abteilungen für Bußgeldsachen, beim Landgericht Kammern für Bußgeldsachen und beim Oberlandesgericht sowie beim Bundesgerichtshof Senate für Bußgeldsachen.

Übersicht

1   **1) Die allgemeinen Gesetze über das Strafverfahren,** namentlich die StPO, das GVG, das JGG und sonstige allgemein in Strafsachen geltende Gesetze (so zB das EGGVG, vgl. 35 zu § 79; das StREG, Anh **A 4,** vgl. zu § 110) sind nach der Generalklausel von I sinngemäß (vgl. 8) anzuwenden.

2   **Die Vorschriften der StPO** und des JGG, deren sinngemäße Anwendung im Bußgeldverfahren in Betracht kommt, sind im Anh **A 2, 3** abgedruckt. Dabei sind jeweils in Anmerkungen die Fundstellen der Kommentierung (ob und in welcher Weise die Vorschriften sinngemäß gelten) angegeben.

3   **Das Verfahren der VB** und die dabei zu beachtenden Vorschriften der StPO sind vor § 59 im Zusammenhang erläutert. Diese Erläuterungen gelten, soweit sie sich auf Besonderheiten des Bußgeldverfahrens beziehen, entsprechend für das Verfahren der StA nach Übernahme der Verfolgung einer Ordnungswidrigkeit (§ 42).

4   **Gerichtliches Verfahren:** Welche Vorschriften der StPO, des JGG und des GVG im gerichtlichen Verfahren sinngemäß anzuwenden sind und mit welchen Abweichungen, ist unter 19 ff. vor § 67 und 24 ff. zu § 71 umfassend dargestellt. Soweit einzelne Vorschriften des OWiG auf solche der StPO und des JGG verweisen, sind diese dort näher erläutert. Vgl. z.B. für das Rechtsbeschwerdeverfahren 26 ff. zu § 79; für das Wiederaufnahmeverfahren vgl. zu § 85.

5   **Für das Vollstreckungsverfahren** vgl. 1 vor § 89, 1 zu § 97.

6   **Für die Kostenregelung** vgl. allgemein vor § 105.

7   **2) Die Aufgaben der Verfolgungsbehörde,** also der VB und der StA (soweit sie zuständig ist, vgl. 7 zu § 35), werden bei der sinngemäßen Anwendung (vgl. 8) der allgemeinen Gesetze über das Strafverfahren danach bestimmt, welche Rechte und Pflichten die StA im Strafverfahren hat (II). Im Ausgangspunkt sind also die jeweiligen Vorschriften dahin zu verstehen, daß an die Stelle der StA im Strafverfahren die Verfolgungsbehörde im Bußgeldverfahren (dh grundsätzlich die VB) tritt. Vorschriften, die sich auf richterliche Handlungen im Strafverfahren beziehen, sind danach nicht auf Handlungen der VB im Bußgelverfahren zu übertragen. Soweit der VB im Bußgeldverfahren Befugnisse zustehen, die im Strafverfahren dem Richter vorbehalten sind, oder ihre Maßnahmen wie richterliche behandelt werden sollen, sind besondere Vorschriften notwendig, die das OWiG an vielen Stellen vorsieht (vgl. z.B § 35 II, §§ 50–52, 60, 62, 87 I, § 88 I, §§ 105, 110). Wegen dieser besonderen Vorschriften enthält II den Vorbehalt einer anderweitigen Regelung. Er berücksichtigt weiterhin, daß die Rechte und Pflichten der Verfolgungsbehörde im Bußgeldverfahren zum Teil abweichend von denen der StA im Strafverfahren gestaltet sind (z.B keine unbedingte Pflicht zur Verfolgung, vgl.

§ 47 I). Der Vorbehalt nach II überschneidet sich insoweit teilweise mit dem nach I.

8 **3) Nur sinngemäß** anzuwenden sind die allgemeinen Gesetze über das Strafverfahren. Wegen der unterschiedlichen Bedeutung beider Verfahren sind die Vorschriften der allgemeinen Gesetze über das Strafverfahren nicht immer in vollem Umfang auf das Bußgeldverfahren übertragbar. So passen zB nicht die Vorschriften über die Leichenschau (§§ 87–91 StPO), die Einrichtung von Kontrollstellen (§ 111 StPO), die vorläufige Entziehung der Fahrerlaubnis (§ 111a StPO), die notwendige Verteidigung, die in § 60 besonders geregelt ist; ferner nicht die Vorschriften über das vorläufige Berufsverbot (§ 132a StPO) und die Privat- sowie Nebenklage (Rebmann/Roth/Herrmann 7).

9 A. **Nach dem Grundsatz der Verhältnismäßigkeit** ist bei Eingriffsrechten, die im Strafverfahren der StA und den sonstigen Strafverfolgungsorganen zustehen, stets näher zu prüfen, ob und in welchem Umfange sie im Bußgeldverfahren gerechtfertigt sind; denn nach diesem Grundsatz, der sich aus dem Rechtsstaatsprinzip ergibt und Verfassungsrang hat, ist gerade bei Eingriffen ein angemessenes Verhältnis zu wahren zwischen a) Mittel und Zweck des Eingriffs sowie seiner Schwere einerseits und b) der Bedeutung des Verfahrens andererseits (BVerfGE **10**, 369; **19**, 215; **27**, 211, 219; vgl. auch 67 vor § 59). Der Grundsatz der Verhältnismäßigkeit verbietet ein Übermaß an Eingriffen (BVerfGE **19**, 215) und untersagt damit Maßnahmen, die nach dem Wortlaut des Gesetzes sonst statthaft wären (vgl. BVerfGE **22**, 114, 123). Im einzelnen kommt es auf die Schwere der Tat an, die jemandem zur Last gelegt wird, und die Stärke des Tatverdachts; auf den allgemeinen Gesichtspunkt der ,,Unschuldsvermutung" kann es dagegen nicht ankommen (aM LG München MDR **69**, 1028 m. abl. Anm. Göhler).

10 B. **Nach dem unterschiedlichen Gewicht des Straf- und des Bußgeldanspruchs** und den unterschiedlich schwerwiegenden Folgen im Straf- und Bußgeldverfahren ist der Gehalt der Vorschriften bei der sinngemäßen Anwendung im Bußgeldverfahren zu bestimmen. Da der Vorwurf einer Straftat stets schwerer wiegt als der einer Ordnungswidrigkeit, können Maßnahmen, die im Strafverfahren in der Regel erlaubt sind, im Bußgeldverfahren nicht oder nur bei Vorliegen besonderer Umstände gerechtfertigt sein. Andererseits ergibt sich aus dem Grundsatz der Verhältnismäßigkeit, daß Vorschriften, die dem besonderen Schutz des Angeklagten im Strafverfahren (wegen der dort weit schwerer wiegenden Folgen) dienen, im Bußgeldverfahren weniger streng auszulegen und zu handhaben sind. In besonders wichtigen Punkten regelt das OWiG ausdrücklich, daß die Vorschriften der allgemeinen Gesetze über das Strafverfahren im Bußgeldverfahren nicht oder nur abgewandelt anzuwenden sind (vgl. 11). Die ausdrücklich getroffenen Regelungen lassen vielfach eine Bewertung erkennen, die für die sinngemäße Anwendung anderer Vorschriften des Strafverfahrensrechts maßgebend sind. So ist zB dem Opportunitätsprinzip nach § 47 I zu entnehmen, daß auch für die Ausübung von Eingriffsrechten (zB Beschlagnahme) nicht das Legalitätsprinzip gelten kann (vgl. 5 zu § 47). Aus III, der schwerwiegende Ein-

griffe schlechthin untersagt, ist insgesamt die Bewertung abzuleiten, daß im Bußgeldverfahren von Eingriffsbefugnissen in der Regel zurückhaltend Gebrauch zu machen ist (vgl. jedoch 67 vor § 59).

11   **4) Die vom Strafverfahren abweichenden Vorschriften** sind solche, die a) die Anwendung bestimmter Vorschriften des Strafverfahrens ausschließen (zB III), b) eine einschränkende oder abwandelnde Regelung treffen, durch welche die entsprechende Regelung des Strafverfahrens verdrängt wird (zB IV, V, §§ 47, 55), oder c) eine eigenständige Regelung darstellen, die ergänzend zum Strafverfahren hinzutritt (zB §§ 56, 72). Besonders wichtige Regelungen, die für das ganze Verfahren gelten, enthalten III, IV und VI sowie die §§ 47, 48.

12   A. **Anstaltsunterbringung und Verhaftung** sowie die **vorläufige Festnahme** (§§ 81, 112–131 StPO) sind ausgeschlossen (III S. 1). Der Ausschluß dieser freiheitsentziehenden Maßnahmen liegt darin begründet, daß als Rechtsfolge der Ordnungswidrigkeit niemals eine Freiheitsentziehung in Betracht kommt (die Erzwingungshaft nach § 96 hat eine andere Funktion; vgl. 1 zu § 96), so daß es übermäßig wäre, solche Maßnahmen zur Aufklärung des Sachverhalts und Sicherung der Verfolgung zuzulassen. Der Ausschluß der vorläufigen Festnahme bezieht sich nicht auf die Identitätsfeststellung nach §§ 163b, 163c StPO (vgl. 139ff. vor § 59), sondern nur auf das weitergehende Festnahmerecht iS von § 127 StPO, das für jedermann gilt und das im übrigen über die Personenfeststellung hinaus eine Entscheidung über eine Verhaftung ermöglichen will; dies ist jetzt durch die neue Fassung von III S. 1 klargestellt, während früher wegen der besonderen Regelung des (durch das StVÄG 1979 aufgehobenen) § 54 über die Personenfeststellung eine solche Klarstellung entbehrlich erschien.

13   B. **Bestimmte kurzfristige Freiheitsbeschränkungen** sind auch im Bußgeldverfahren erlaubt, wie sich im Umkehrschluß zu III S. 1 ergibt. Als solche Maßnahmen, deren Zulässigkeit jedoch im Einzelfall nach dem Grundsatz der Verhältnismäßigkeit zu beurteilen ist (vgl. 9f.), kommen in Betracht:

14   a) **Das Festhalten zur Identitätsfeststellung** (§ 163b I S. 2 StPO iVm § 46 I), das früher in § 54 besonders geregelt war, und zwar unter dem Gesichtspunkt der Festnahme. Das Ziel dieser Maßnahme ist es, a) die Verfolgung einer Ordnungswidrigkeit sicherzustellen und b) deren Aufklärung zu ermöglichen. Beschränkt ist die Maßnahme in beiden Fällen auf die Feststellung der Identität einer Person. Vgl. hierzu näher 139ff. vor § 59.

15   b) **Die Vorführung des Betroffenen oder Zeugen** nach § 133 II, § 134 II sowie § 51 I S. 3, § 161a II S. 1, § 163a III S. 2 StPO, deren Anordnung jedoch nach V dem Richter vorbehalten ist (vgl. 33; 8 vor § 59). Im gerichtlichen Verfahren kommt die Vorführung des Betroffenen nach § 74 II S. 2 in Betracht; eine Verhaftung nach § 230 II, § 236 StPO ist dagegen ausgeschlossen (vgl. 28 zu § 71).

16   c) **Eine Freiheitsbeschränkung bei Anwendung unmittelbaren Zwanges** ist erlaubt, soweit der davon Betroffene Eingriffe dulden muß,

so zB die Vorführung zum Arzt zwecks Blutentnahme nach § 81 a StPO iVm I, IV (vgl. 28) oder die Durchsetzung einer Beschlagnahme oder Durchsuchung (vgl. 91, 118 vor § 59).

17   d) **Die Ordnungshaft** nach §§ 177, 178 GVG (vgl. 57 zu § 71) ist zulässig, da III S. 1 erkennbar nur die ,,Verhaftung'' nach der StPO meint (vgl. die Abschnittsüberschrift vor § 112 StPO) und kein sachlicher Grund für eine Einschränkung der sitzungspolizeilichen Maßnahmen im gerichtlichen Bußgeldverfahren gegeben ist (ebenso Rebmann/Roth/ Herrmann 9; Rotberg 4). Der VB stehen jedoch diese sitzungspolizeilichen Maßnahmen nicht zu (vgl. 7); für ihre Beamten gilt allerdings das Selbsthilferecht nach § 164 StPO (126 vor § 59).

18   C. **Das Post- und Fernmeldegeheimnis** (Art. 10 GG) darf nicht verletzt werden (III S. 1). Unzulässig sind Beschlagnahmen von Postsendungen und Telegrammen (§§ 99, 100 StPO, § 13 FAG) sowie Auskunftsersuchen über Umstände, die dem Post- und Fernmeldegeheimnis unterliegen (§ 161 StPO, § 12 FAG); desgl. die Überwachung des Fernmeldeverkehrs (§ 100a StPO).

19   D. **Die Gerichtshilfe,** die im Strafverfahren dem Beschuldigten helfen soll, soziale Nachteile des Verfahrens zu mildern, ist im Bußgeldverfahren unangebracht; deshalb ist § 160 III S. 2 StPO nicht anzuwenden (III S. 2).

20   E. **Das Klageerzwingungsverfahren,** das dem durch die Tat in seinen Rechten Verletzten die Möglichkeit gibt, gegen die Einstellung des Strafverfahrens die gerichtliche Entscheidung zu beantragen (§ 172 StPO), ist ausgeschlossen (III S. 3). Unberührt bleibt aber die Möglichkeit, sich im Wege der Aufsichtsbeschwerde (35 f. zu § 62) an die vorgesetzte Behörde zu wenden, wenn auf Grund einer Anzeige ein Bußgeldverfahren nicht durchgeführt oder ein eingeleitetes Ermittlungsverfahren nach § 170 II StPO iVm II oder nach § 47 II eingestellt wird (vgl. 159 vor § 59). Auf diese Möglichkeit braucht die VB den Antragsteller oder Anzeigenden in dem Bescheid nach § 171 S. 1 StPO iVm II (vgl. 159 vor § 59) jedoch nicht hinzuweisen.

21   F. **Die körperliche Untersuchung** (IV iVm §§ 81 a–81 d StPO) kann im Bußgeldverfahren nur in ganz seltenen Fällen in Betracht kommen, weil sie für die Feststellung von Ordnungswidrigkeiten regelmäßig entbehrlich ist. Sie ist zu unterscheiden von der Durchsuchung der Person. Diese will Gegenstände oder Spuren in oder an der Kleidung oder an der Körperoberfläche feststellen (110 vor § 59); die körperliche Untersuchung will dagegen Feststellungen über die Beschaffenheit des Körpers oder seiner Funktionsfähigkeit (im allgemeinen oder im gegenwärtigen Zeitpunkt) ermöglichen, soweit sie für das Verfahren von Bedeutung sind (nicht: sein können!).

22   a) **Die Untersuchung des Betroffenen** (§ 81 a StPO) kommt zB in Betracht, wenn Zweifel an seiner Zurechnungsfähigkeit (§ 12 II) bestehen und die Aufklärung dieses Umstandes deshalb geboten ist, weil es das öffentliche Interesse verlangt, die Handlung (bei gegebener Zurechnungsfähigkeit) wegen ihrer Bedeutung (oder wiederholter Begehung)

zu verfolgen. In einem solchen Falle kann eine ambulante körperliche (zB
nervenfachärztliche; vgl. Düsseldorf JMBlNW **64**, 249) Untersuchung
durch den Richter (vgl. 27) angeordnet werden, bei der allerdings nur
geringfügige körperliche Eingriffe zulässig sind (IV).

23   **Die Entnahme einer Blutprobe** ist als Hauptbeispiel eines geringfügigen körperlichen Eingriffs genannt, weil sie medizinisch ein harmloser
und ungefährlicher Eingriff ist (vgl. Begr. zu § 37 EOWiG). Sie kommt
im Rahmen der Verfolgung von Verkehrsordnungswidrigkeiten nach
§ 24a StVG, Anh **A 11,** in Betracht. Bei Verkehrsordnungswidrigkeiten
von Fußgängern ist die Aufklärung des Grades der Trunkenheit durch
Entnahme einer Blutprobe nach dem Grundsatz der Verhältnismäßigkeit
(9) lediglich in bedeutenden Fällen (zB großer Sachschaden) angebracht;
die sichere Feststellung des Trunkenheitsgrades wird vielfach schon wegen § 122, der auch bei möglicher Zurechnungsunfähigkeit anzuwenden
ist, entbehrlich sein. Zu einem Alkoholtest (Blasen in ein Röhrchen zur
Prüfung der Atemluft auf Alkoholgehalt) kann der Betroffene nicht gezwungen werden (vgl. Bay. NJW **63**, 772; Kleinknecht 17 zu § 81 a
StPO). Zum aktiven Mitwirken an Testversuchen des Arztes, der die
Blutprobe entnimmt, ist der Betroffene ebenfalls nicht verpflichtet (vgl.
Hamm NJW **74**, 713). Zur Entnahme einer Blutprobe vgl. im übrigen
die weitgehend bundeseinheitlich geltenden Richtlinien zur Feststellung
von Alkohol im Blut bei Straftaten und Ordnungswidrigkeiten, zB Ba-
den-Württemberg, Die Justiz **78**, 249; Bay JBl. **77**, 265; NdsRpfl. **77**, 205;
Rheinland-Pfalz JBl. **77**, 208; SchlHA **78**, 47.

24   **Die zwangsweise Entnahme einer Harnprobe** zur Feststellung von
Medikamenten oder Drogen ist im Bußgeldverfahren mit dem Grundsatz der Verhältnismäßigkeit nicht mehr vereinbar (so sogar für das Strafverfahren LR-Meyer 51 zu § 81 a StPO).

25   b) **Die Untersuchung eines Zeugen** zur Feststellung bestimmter Spuren oder Folgen einer Ordnungswidrigkeit (§ 81 c I StPO) kommt praktisch nicht in Betracht, weil solche Fälle kaum denkbar sind. Die Untersuchung des Zeugen auf seine Glaubwürdigkeit oder seinen Geisteszustand darf nicht angeordnet werden (BGH **14**, 13; JR **60**, 225). Bei der
Verfolgung einer Verkehrsordnungswidrigkeit kann jedoch die Entnahme einer Blutprobe bei einem Zeugen erforderlich sein, so zB, um die
Einlassung des Betroffenen zu prüfen, der Zeuge sei als Fußgänger tor-
kelnd in die Fahrbahn geraten und habe dadurch den Unfall mit einem
anderen Fahrzeug mitverursacht. Die Untersuchung durch Entnahme
einer Blutprobe bei dem Zeugen darf in solchen Fällen allerdings nur
angeordnet werden, wenn sie zur Erforschung der Wahrheit unerläßlich
ist und dem Zeugen bei Würdigung aller Umstände zugemutet werden
kann (§ 81 c IV StPO; vgl. auch Rotberg 8 aE). Der Zeuge kann im
übrigen die Untersuchung aus den gleichen Gründen wie das Zeugnis
selbst verweigern (§ 81 c III StPO; vgl. 23 ff., 47 ff. zu § 59); darüber ist er
zu belehren (vgl. näher Kleinknecht 13 zu § 81 c StPO). Keine körperliche Untersuchung ist die bloße Betrachtung (Augenschein, vgl. 25 vor
§ 67) einer Person, zB zum Vergleich ihrer Größe mit einer anderen
Person, so daß insoweit § 81 c StPO nicht gilt (Hamm MDR **74**, 1036;
krit. Rogall MDR **75**, 813).

26   c) **Mit Einwilligung** des Betroffenen oder Zeugen ist die körperliche Untersuchung, die nicht mit einem körperlichen Eingriff verbunden ist, stets möglich. Eine Anordnung der Untersuchung ist dann entbehrlich. Voraussetzung ist allerdings, daß die Einwilligung wirksam ist, also von einer Person mit Verstandesreife (oder ihrem gesetzlichen Vertreter) erklärt ist und nicht gegen die guten Sitten verstößt (Rechtsgedanke des § 226a StGB). Ein körperlicher Eingriff ist trotz (wirksamer) Einwilligung nur erlaubt, wenn er durch einen Arzt vorgenommen wird und mit den Grundsätzen der Verhältnismäßigkeit im Einklang steht (vgl. Kleinknecht 13 zu § 81a StPO).

27   d) **Die Anordnung zur Untersuchung** treffen der Richter, bei Gefahr im Verzug (vgl. 84 vor § 59) auch die VB sowie die zu Hilfsbeamten der StA bestellten Polizeibeamten (§ 81a II, § 81c V StPO; § 53 II). Welcher Angehörige der VB hierzu befugt ist, richtet sich nach der inneren Behördenorganisation (3 vor § 59). Die Anordnung, daß der Betroffene auf seinen Geisteszustand zu untersuchen ist, wird stets der Richter treffen müssen, da hier niemals Gefahr im Verzug gegeben sein kann. Anders ist es mit der Entnahme einer Blutprobe (vgl. 23, 28). Ist der Betroffene (oder Zeuge) mit der Untersuchung einverstanden, so kann die Anordnung unterbleiben (vgl. 26). Bei körperlichen Eingriffen ist jedoch eine (wenigstens mündliche) Anordnung notwendig, weil hier besonders zu prüfen und zu entscheiden ist, ob der Grundsatz der Verhältnismäßigkeit (9) gewahrt ist.

28   e) **Die Durchführung der Anordnung** ist mit unmittelbarem Zwang (vgl. 91 vor § 59) möglich, jedoch unter Beachtung des Grundsatzes der Verhältnismäßigkeit (9; vgl. dazu eingehend Kleinknecht NJW **64**, 2181 ff., zT aM Geerds GA **65**, 329). Der Betroffene kann also nach Anordnung der Blutentnahme zu einem Arzt gebracht werden (ebenso Rotberg 8). Der körperliche Eingriff darf nur durch einen approbierten Arzt, also nicht durch einen Medizinalassistenten eigenverantwortlich durchgeführt werden (vgl. BGH **24**, 125; Bay. NJW **65**, 1088; Köln NJW **66**, 416; Hamm NJW **70**, 528). Bei Untersuchungen von Zeugen ist § 81c VI S. 2 StPO zu beachten.

29   f) **Bei Untersuchung einer Frau** gilt erg. § 81d StPO.

30   g) **Gegen Abgeordnete** kann eine Untersuchung (Entnahme einer Blutprobe) trotz ihrer Immunität (Art. 46 III GG) ohne Genehmigung des Gesetzgebungsorgans angeordnet und durchgesetzt werden (vgl. RdSchr. d. BMI v. 8. 5. 1970, GMBl. 243 unter II Nr. 3, 6 Buchst. b); die weitere Durchführung des Bußgeldverfahrens ist ebenfalls ohne Genehmigung zulässig (44 vor § 59). Dagegen ist die Untersuchung eines Exterritorialen unzulässig (vgl. 39 f. vor § 59).

31   h) **Anfechtbar** ist die Anordnung, solange sie noch nicht vollständig durchgeführt ist. Gegen die Anordnung des Richters ist einfache Beschwerde zulässig (§ 304 StPO), gegen die der VB der Antrag auf gerichtliche Entscheidung nach § 62. Der Rechtsbehelf hat keine aufschiebende Wirkung (vgl. 21 zu § 62). Zulässig sind daneben Gegenvorstellung und die Aufsichtsbeschwerde (vgl. 33 ff. zu § 62); desgl. gegen Maßnahmen der Polizei (29 zu § 53).

32   **5) Die erkennungsdienstliche Behandlung,** dh die Aufnahme von
Lichtbildern und Fingerabdrücken, die Vornahme von Messungen und
ähnlichen Maßnahmen für Zwecke des Bußgeldverfahrens oder des Erkennungsdienstes (§ 81 b StPO) ist zwar nicht ausdrücklich ausgeschlossen. Ihre Notwendigkeit ist jedoch unter Berücksichtigung des Grundsatzes der Verhältnismäßigkeit (9) bei Ordnungswidrigkeiten in der Regel zu verneinen (ebenso Kleinknecht 25 zu § 81 b StPO; ganz vernein.
Rotberg 7). Das gilt wohl uneingeschränkt für Maßnahmen, die Zwek-
ken des Erkennungsdienstes dienen sollen. Für das Bußgeldverfahren
selbst kann ausnahmsweise aber eine solche Maßnahme in Betracht kommen, so zB ein Fingerabdruckvergleich oder Aufnahme eines Lichtbildes
in bedeutenden Sachen (so auch Krüger, Die Polizei **77**, 251), wenn sonst
die Person des Betroffenen nicht festgestellt werden kann (vgl. auch
§ 178 I Nr. 1 LVwGSchlH). Die Anordnung kann dann die VB treffen
und (im Rahmen des Grundsatzes der Verhältnismäßigkeit, vgl. 9)
durchsetzen.

33   **6) Die Anordnung der Vorführung** des Betroffenen oder der Zeugen,
die einer Ladung der Verfolgungsbehörde (VB, StA; 4 ff. zu § 35) nicht
nachkommen, ist dem Richter vorbehalten (V). Dies gilt also auch, wenn
die StA Verfolgungsbehörde ist, so daß ihr im Bußgeldverfahren weniger Befugnisse zustehen. Die Verfolgungsbehörde kann nach § 162 StPO
iVm § 46 I eine richterliche Entscheidung herbeiführen, wenn sie zuvor
die Vorführung durch den Richter angedroht hat. Die Anordnung des
Richters geht dahin, daß der Betroffene oder Zeuge der VB oder StA
vorzuführen ist. Über die Zuständigkeit des Richters und die Prüfung der
Zulässigkeit der Anordnung vgl. 5 ff. vor § 59.

34   **7) Die Heranziehung der Jugendgerichtshilfe** (Jugendämter im Zusammenwirken mit den Vereinigungen für Jugendhilfe) ist nicht notwendig, wenn ihre Mitwirkung für die sachgemäße Durchführung des Bußgeldverfahrens entbehrlich ist (VI iVm § 38 JGG, Anh **A** 3). Das kann bei
den meisten Ordnungswidrigkeiten, namentlich den Verkehrsordnungswidrigkeiten bejaht werden, so daß die Nichtbeteiligung der Jugendgerichtshilfe die Regel, nicht die Ausnahme bildet, obwohl der Wortlaut
von V die entgegengesetzte Auslegung nahelegt (ebenso Rebmann/Roth/
Herrmann 11; Rotberg 9). Die ausnahmsweise Beteiligung wird insbesondere dann geboten sein, wenn Anhaltspunkte für ein so abweichendes
Verhalten des Jugendlichen gegeben sind, daß die Besorgnis einer Fehl-
entwicklung begründet erscheint. Die Jugendgerichtshilfe ist ferner zB
dann heranzuziehen, wenn Zweifel bestehen, ob der Jugendliche für seine
Tat verantwortlich und die Aufklärung dieses Umstandes notwendig ist
(§ 12 I), wenn eine empfindliche Geldbuße in Betracht kommt oder wenn
Zweifel bestehen, ob eine Vollstreckungsanordnung nach § 98 zweckmäßig ist und welche (ebenso Rebmann/Roth/Herrmann 11). Über das Verfahren gegen Jugendliche und Heranwachsende vgl. 164 vor § 59, 31 ff.
vor § 67, 60 ff. zu § 71; über die Zulässigkeit von erzieherischen Maßnahmen vgl. 8 zu § 12; über das Vollstreckungsverfahren vgl. 6 vor § 89;
über die Kostenentscheidung vgl. 45 f. zu § 105.

35   **8) Besondere Spruchkörper für Bußgeldsachen** sieht VII vor, da die verfahrensmäßige Trennung von den Strafsachen der Aussonderung des Ordnungsunrechts aus dem Kriminalunrecht (vgl. Einl. 1 ff.; 6–9 vor § 1) entspricht (vgl. auch RiStBV 285, Anh C 1). Im Rahmen der Geschäftsverteilung bleibt allerdings die Möglichkeit offen, demselben Spruchkörper gleichzeitig Straf- und Bußgeldsachen zuzuweisen; VII hat deshalb nicht zur Folge, daß die Spruchkörper bei den Gerichten vermehrt werden (vgl. BerEEGStGB S. 40 f.).

Verfolgung von Ordnungswidrigkeiten

47 ^I Die Verfolgung von Ordnungswidrigkeiten liegt im pflichtgemäßen Ermessen der Verfolgungsbehörde. Solange das Verfahren bei ihr anhängig ist, kann sie es einstellen.

^II Ist das Verfahren bei Gericht anhängig und hält dieses eine Ahndung nicht für geboten, so kann es das Verfahren mit Zustimmung der Staatsanwaltschaft in jeder Lage einstellen. Der Beschluß ist nicht anfechtbar.

^III Die Einstellung des Verfahrens darf nicht von der Zahlung eines Geldbetrages an eine gemeinnützige Einrichtung oder sonstige Stelle abhängig gemacht oder damit in Zusammenhang gebracht werden.

Übersicht

1   **1) Der Opportunitätsgrundsatz** gilt für die Verfolgung von Ordnungswidrigkeiten. Die Verfolgungsbehörde (4 ff. zu § 35) ist danach – im Gegensatz zum Strafverfahren, wo der Legalitätsgrundsatz die Verfolgung verlangt (§ 152 II StPO) – nicht stets verpflichtet, ein Bußgeldverfahren einzuleiten und durchzuführen; sie entscheidet hierüber nach pflichtgemäßem Ermessen (6 ff.).

2   **Der sachliche Grund** für den Opportunitätsgrundsatz ist nicht daraus abzuleiten, daß die VBen auch sonst bei der Durchführung von Verwaltungsaufgaben weitgehend nach pflichtgemäßem Ermessen handeln, sondern aus der Bedeutung der Ordnungsverstöße sowie dem Zweck, der mit der Festsetzung von Geldbuße (und Nebenfolgen) erstrebt wird: Ordnungswidrigkeiten gefährden die Rechtsordnung weniger und weisen einen geringeren Unrechtsgehalt auf als Straftaten; schon bei Vorliegen besonderer (also nicht erst ganz außergewöhnlicher, gesetzlich genau beschriebener) Umstände kann der Unrechtsgehalt des Ordnungsverstoßes so gering und eine (auch nur abstrakte) Gefährdung so entfernt sein, daß eine Ahndung nicht mehr angemessen oder jedenfalls nicht notwendig erscheint.

3   **Nach Zweckmäßigkeitsgesichtspunkten** – iS eines angemessenen Verhältnisses zwischen der erstrebten Zielrichtung (zB Verbesserung der Verkehrssicherheit, des Umweltschutzes uä) und dem Einsatz der Geldbuße – ist danach eine Abwägung vorzunehmen: Der mit der Geldbuße vorwiegend erstrebte Zweck (vgl. 16 zu § 17), eine bestimmte Ordnung durchzusetzen, läßt sich mitunter in anderer Weise (zB Verwarnung, § 56; Androhung der Verfolgung eines wiederholten Verstoßes; Aufklärung) oder durch eine beschränkte, aber gezielte Verfolgung bestimmter Verstöße besser erreichen als durch die Pflicht zur Verfolgung sämtlicher Verstöße (Verfolgung nach Schwerpunkten vgl. 11, 17). Bedeutsam sind ferner die jeweiligen Auswirkungen von Ordnungsverstößen auf die Gemeinschaftsordnung, die nach den Lebensbedingungen einem steten Wandel unterliegen: So kann zB auf einzelnen Sachgebieten (Außenwirtschaftsrecht, Umweltschutz, Arbeitsrecht, Verkehrsrecht usw.) das Bedürfnis dafür, gegen bestimmte Verstöße einzuschreiten, zunehmen oder abnehmen; bei einer Änderung der äußeren Verhältnisse kann im übrigen das Bedürfnis dafür, eine bestimmte Ordnung zu schützen, entfallen, so daß deshalb eine Ahndung entbehrlich erscheint. Zu berücksichtigen ist auch, daß es bei der Verfolgung von Ordnungswidrigkeiten nicht darum geht, eine Tat zu ,,sühnen" (vgl. 9 vor § 1), so daß es nicht unerträglich ist, von der Verfolgung schon dann abzusehen, wenn sie im Verhältnis zur Bedeutung des Verstoßes zu aufwendig wäre.

4   **Bei einer unklaren Sachlage,** deren genaue Aufklärung auf Schwierigkeiten stößt, sollte von einer weiteren Verfolgung (schon durch die VB; keine Abwälzung der Aufklärung in das gerichtliche Verfahren) Abstand genommen werden, falls der Einsatz der Mittel zur Feststellung der Bedeutung der Ordnungswidrigkeit unverhältnismäßig ist. Eine Verfolgung (und Ahndung) von Ordnungswidrigkeiten auf Grund unzureichender Grundlagen kann nicht überzeugen und auch keine Einsicht für ein besseres Verhalten vermitteln. Zur Verfolgung insbesondere von Verkehrsordnungswidrigkeiten (vgl. 19).

5   **Für den Umfang und den Einsatz** von Verfolgungsmaßnahmen gilt das Opportunitätsprinzip gleichermaßen. Das Opportunitätsprinzip ist also nicht nur für die Beantwortung der Frage bestimmend, ,,ob" die Tat verfolgt werden soll, sondern auch für die, ,,in welchem Umfange" (vgl. 23ff.) und ,,wie", dh mit welchen der an sich zulässigen Aufklärungsmitteln (vgl. 10 zu § 46, 83 vor § 59).

6 **2) Nach pflichtgemäßem Ermessen** entscheiden die Verfolgungsbehörde und das Gericht (vgl. 31 ff.) im Rahmen des Opportunitätsprinzips (vgl. 1 ff.). Innerhalb der vorgegebenen Leitlinien: Bedeutung der Ordnungswidrigkeit einerseits und Zweckmäßigkeit der Verfolgung andererseits besteht danach ein Ermessensspielraum, der jedoch nicht frei ist.

7 A. **Allein sachliche Umstände** sind dafür maßgebend, ob, in welchem Umfang (24 ff.) und wie (5) eine Ordnungswidrigkeit verfolgt wird oder nicht (vgl. Begr. zu § 38 EOWiG).

8 a) **Nicht willkürlich** darf die Verfolgungsbehörde handeln, also zB nicht mit Rücksicht auf die Stellung oder das Ansehen des Betroffenen von einer Verfolgung absehen (vgl. Rebmann/Roth/Herrmann 11–13; zum Willkürverbot vgl. BVerfGE **1**, 52, 247; uU kann § 336 StGB gegeben sein, vgl. BGH **13**, 110; Dreher/Tröndle 4 zu § 336; dies ist jedoch im Rahmen des Verwarnungsverfahrens zu verneinen, Hamm VRS **57**, 198). Die VB muß den – für eine gerechte Behandlung wesentlichen – Grundsatz der Gleichmäßigkeit beachten und darf danach bei Vorliegen gleicher Umstände nicht in dem einen Falle von der Verfolgung absehen und in anderen Fällen das Bußgeldverfahren durchführen (vgl. hierzu Kohlhaas DRiZ **79**, 185).

9 **Der Gleichheitsgrundsatz** gebietet aber nicht, ein ordnungswidriges Verhalten zu dulden, weil in vergleichbaren Fällen nicht eingeschritten worden ist (BVerwGE **5**, 8, 351; Celle MDR **78**, 954; Rebmann/Roth/ Herrmann 12); ebensowenig kann aus einer unterschiedlichen Verfolgungs- und Ahndungspraxis verschiedener VBen ein Verstoß gegen den Gleichheitsgrundsatz hergeleitet werden (BVerfGE **1**, 345; **4**, 358; Rebmann/Roth/Herrmann 14). Doch sind Richtlinien und Weisungen, die eine gleichmäßige Behandlung sicherstellen sollen, einzuhalten (14). Bei einer unterschiedlichen Verfolgungspraxis mehrerer VBen ist es geboten, sie einander anzugleichen (vgl. Rebmann/Roth/Herrmann 14).

10 b) **Sämtliche Umstände des Falles** sind im übrigen zu berücksichtigen, so die Bedeutung und Auswirkung der Tat, der Grad der Vorwerfbarkeit, die Gefahr einer Wiederholung durch andere, die Häufigkeit gleichartiger Verstöße, die Einstellung des Täters zur Rechtsordnung, sein Verhalten nach der Tat ua; dabei ist insbesondere der Grundsatz der Verhältnismäßigkeit zu beachten (vgl. 3 f.; ferner Rotberg 3).

11 **Ein Absehen von der Verfolgung** ist (neben den allgemeinen Opportunitätsgesichtspunkten; vgl. 2 ff.) angezeigt, wenn die Verantwortlichkeit des Täters fraglich ist (Zurechnungsfähigkeit, Einsichtsvermögen bei einem Jugendlichen, Vorliegen eines Verbotsirrtums ua; § 12); hier kann eine Belehrung, Ermahnung oder formlose Verwarnung genügen, wenn die Tat keine große Bedeutung hat. Das gleiche gilt zB bei einer fahrlässigen und weniger bedeutsamen Verletzung einer Rechtsvorschrift, wenn sie erst kurze Zeit in Kraft ist und sich der Täter einsichtig verhält; weiterhin ganz allgemein dann, wenn die Ordnungswidrigkeit so unbedeutend erscheint, daß nicht einmal eine Verwarnung notwendig ist. Ein Absehen von der Verfolgung (oder die Einstellung des Verfahrens) kommt weiterhin in Betracht, wenn die Verfolgung geringfügiger Ordnungswidrigkeiten bei den vorhandenen Personalkräften nur um den

Preis möglich wäre, künftige Ordnungswidrigkeiten nicht genügend rasch und damit wirksam genug (vgl. Göhler VOR **72**, 59) oder bedeutsamere Ordnungswidrigkeiten weniger nachhaltig verfolgen zu können (vgl. 3); ebenso, wenn die Festsetzung der Geldbuße neben einer bereits ausgesprochenen Disziplinarmaßnahme nicht mehr angemessen ist (vgl. 26 zu § 17) oder wenn die Festsetzung der Geldbuße neben einer Strafe, die gegen den Betroffenen wegen einer zusammenhängenden Straftat verhängt worden ist oder die er zu erwarten hat, nicht beträchtlich ins Gewicht fallen würde (vgl. auch 25 ff.); ebenso wenn wegen einer Änderung der tatsächlichen oder rechtlichen Verhältnisse in Zukunft mit gleichartigen Verstößen nicht zu rechnen ist (vgl. 3). Über die Einstellung des Verfahrens im Hinblick auf die Zahlung eines Geldbetrages an eine gemeinnützige Einrichtung vgl. 34.

12   c) **Ob die geschützte Ordnung auf andere Weise** (ev. sogar schneller und wirksamer) als durch Festsetzung einer Geldbuße durchgesetzt werden kann (zB durch unmittelbaren Zwang nach den VwVGen; vgl. 5 f. zu § 90 sowie 41 vor § 1), ist ebenfalls zu prüfen. Dabei kann auch das Verhalten der Verfolgungsorgane selbst von Bedeutung sein: Lassen sie sehenden Auges die Wiederholung von Ordnungswidrigkeiten zu, die sie bei rechtzeitigem Einschreiten verhindern könnten, so kann es angemessen sein, von der Verfolgung abzusehen (vgl. Hamm NJW **78**, 1065; ferner 26 zu § 17). Das bedeutet aber andererseits nicht, daß die Verfolgung einer Ordnungswidrigkeit nur subsidiär für den Fall zulässig ist, daß andere Möglichkeiten der Abhilfe fehlen (vgl. Köln MDR **60**, 426; Rebmann/Roth/Herrmann 8; Rotberg 2). Die Verfolgung hängt auch nicht davon ab, ob eine konkrete Gefahr für die öffentliche Sicherheit und Ordnung besteht (Köln aaO).

13   B. **Die Grenzen des pflichtgemäßen Ermessens** sind – im Gegensatz zu § 7 II, III OWiG 1952 – gesetzlich nicht näher bestimmt. Die frühere Regelung, die bei einem öffentlichen Interesse an der Verfolgung die Festsetzung der Geldbuße verlangte (Verfolgungszwang, § 7 II OWiG 1952) und bei Bedeutungslosigkeit der Ordnungswidrigkeit eine Verfolgung untersagte (Verfolgungsverbot, § 7 III OWiG 1952), enthielt im Grunde genommen keine genauere Abgrenzung, sondern führte zu Unklarheiten (vgl. näher die 2. Aufl.). Ob die VB das Ermessen richtig ausgeübt hat, prüft das Gericht nicht nach; es entscheidet in der Sache selbst (Saarbrücken VRS **46**, 205; vgl. 31; 2 vor § 71), und zwar im Rahmen des Opportunitätsprinzips (vgl. 1 ff.); das Gericht kann insoweit nicht stärker eingeengt sein als die VB. Über den Rechtsbehelf des Anzeigenden bei Einstellung des Verfahrens vgl. 160 vor § 59.

14   C. **Den Weisungen der Aufsichtsbehörden** unterliegt die VB auch in der Frage, ob das Bußgeldverfahren durchzuführen ist oder nicht (vgl. 12 ff. vor § 56, 2a vor § 59; Rebmann/Roth/Herrmann 11 aE; Meier 2 zu § 47). Das gilt sowohl für allgemeine Weisungen als auch für Weisungen im Einzelfall (ebenso Rebmann/Roth/Herrmann 16). Die weisungsberechtigte Behörde darf sich ebenfalls nur von sachlichen Umständen (7 f.) leiten lassen. Hält der Leiter der VB die Weisung für bedenklich, so ist er zur Gegenvorstellung verpflichtet (vgl. § 38 II BRRG; § 56 II BBG). Die

Weisung, ein Bußgeldverfahren durchzuführen, darf nicht befolgt werden, wenn der Angewiesene von der Unschuld des Betroffenen überzeugt ist, sonst macht er sich strafbar (§ 344 II S. 2 StGB; Rebmann/Roth/Herrmann 16). Auch in dem umgekehrten Falle (Anweisung der Einstellung des Verfahrens, wenn der Angewiesene von der Schuld des Betroffenen überzeugt ist und sachliche Umstände die Einstellung nicht rechtfertigen) ist eine Weisung nicht zu befolgen, obwohl sich hier der Angewiesene nicht strafbar macht (§ 258 a StGB gilt nicht für das Bußgeldverfahren, Dreher/Tröndle 2 zu § 258 a); denn die Weisungsgebundenheit der VB darf der sachgerechten Erfüllung ihrer Aufgabe nicht entgegenstehen (vgl. für die StA BVerfGE **9**, 223, 229).

15 D. **Bei Verkehrsordnungswidrigkeiten** (§ 24 StVG, Anh **A** 11) ist es nach den praktischen Erfahrungen der letzten Jahre (vgl. die Entschließungen des 14. Deutschen Verkehrsgerichtstages, VGT **14**, 10 f, des 16. Deutschen Verkehrsgerichtstages, VGT **16**, 10; vgl. ferner Kruse DAR **78**, 179; Göhler DAR **77**, 1) angezeigt, die bisherige Verfolgungspraxis zu überdenken. Dabei ist es im Ausgangspunkt sicher richtig, daß eine Verfolgung von Verkehrsverstößen zur Aufrechterhaltung und Besserung der Verkehrsdisziplin angesichts der hohen Zahl von Verkehrsopfern und der Kraftfahrzeugdichte grundsätzlich geboten ist. Doch sollten die eingeführten technischen Verbesserungen zur Vereinfachung des Verfahrens (EDV) und die (rechtspolitisch bedenklichen) Regelungen, wonach die Geldbuße (abweichend von § 90 II, dort 35 f.) in die Kassen der Gemeindebehörden fließen, nicht dazu verleiten, das erstrebte Ziel, die Verkehrsdisziplin zu verbessern, aus dem Auge zu verlieren. Eine zu weitgehende Ausdehnung der Verfolgung auf Randbereiche (zB Konzentration auf bloße Formalverstöße; vgl. näher 18) birgt die Gefahr in sich, daß die Verfolgungsmaßnahmen nicht mehr einsichtig erscheinen; sie kann ferner die Bereitschaft der Gerichte, das Verfahren nach II einzustellen, steigern und dadurch wiederum dazu anreizen, in vermehrtem Umfange Einspruch einzulegen.

16 a) **In einer „Gesamtbetrachtung"** ist danach von der jeweils zuständigen Stelle und Person bei Anwendung des Opportunitätsprinzips abzuwägen, ob die zu treffende Entscheidung a) geeignet ist, das Ziel (Verbesserung der Verkehrsdisziplin) zu fördern, oder (im Gegenteil) zu beeinträchtigen und b) ob der Einsatz der Mittel dazu in einem angemessenen Verhältnis steht (vgl. 3; Göhler DAR **77**, 1). Dabei sollten die VBen bei einem Einspruch in weit stärkerem Umfange von der Möglichkeit des Zwischenverfahrens (vgl. 3 ff. vor § 67) Gebrauch machen, weil die Abgabe nicht hinreichend aufgeklärter Fälle vermehrt zu erheblichen Schwierigkeiten im gerichtlichen Verfahren führt (vgl. Göhler DAR **77**, 2). Die Gerichte sollten andererseits bedenken, daß eine zu großzügige Einstellungspraxis im Ergebnis zu einer ungleichmäßigen Behandlung und zu einem Anstieg der Einspruchsquote führen kann.

17 b) **Nach Schwerpunkten auszurichten** ist danach die Verfolgung von Verkehrsordnungswidrigkeiten (vgl. auch 3): Im Vordergrund sollte die Verfolgung besonders gefährlicher Verstöße stehen; denn durch sie wird die Sicherheit des Straßenverkehrs am meisten beeinträchtigt. Statistische

Erfahrungen im örtlichen Bereich können dabei wertvolle Erkenntnisse vermitteln; sie sollten ggf. im Einspruchsverfahren zu den Akten gebracht werden, da sie a) für die Beurteilung durch die Gerichte aufschlußreich sind und b) die Einsicht des Betroffenen wesentlich fördern können, solche Verstöße künftig zu vermeiden. Diesem Grundgedanken, die Verkehrsdisziplin zu verbessern, entspricht es ferner, die Verfolgung auf solche Verstöße zu konzentrieren, die einwandfrei festgestellt (und dem Betroffenen nachgewiesen) werden können und die für die Verkehrsdisziplin aufschlußreich sind (so zB Geschwindigkeitsüberschreitungen); doch sollte auch hier der Grad einer möglichen Verkehrsgefährdung nach den besonderen örtlichen Verhältnissen und Umständen beurteilt werden.

18   c) **Bloße Formalverstöße,** bei denen nach allgemeiner Erfahrung und nach den Umständen des Einzelfalles eine Behinderung oder Gefährdung anderer ausgeschlossen ist, sollten unverfolgt bleiben (vgl. die Entschließungen des 8. Deutschen Verkehrsgerichtstages, JZ **70**, 357). Dies gilt zB für den Fall, daß eine Rotlichtampel von Fußgängern nicht beachtet wird, weil sich der Ampel auf weite Sicht kein Fahrzeug nähert; desgl., wenn beim Überfahren einer Trennlinie im Einzelfall eine Gefährdung anderer nicht in Betracht kommt; ferner für eine Geschwindigkeitsüberschreitung an einer Baustelle, an der zur Tatzeit nicht gearbeitet wird uä.

19   d) **Bei einem Verkehrsunfall** sollte von einer (weiteren) Verfolgung abgesehen werden, wenn die Aufklärung des Sachverhalts und der Frage, wer verkehrswidrig gehandelt hat, umfangreiche Ermittlungen erforderlich machen würde (Sachverständigengutachten), die zu der Bedeutung der Tat in keinem angemessenen Verhältnis stehen (vgl. 4); ebenso, wenn der Betroffene selbst nicht unerheblich geschädigt worden ist und der Grad der Vorwerfbarkeit sowie die Bedeutung der Tat im übrigen gering sind (vgl. die Entschließungen des 8. Deutschen Verkehrsgerichtstages JZ **70**, 357; vgl. auch Kruse DAR **78**, 179). Der Sachverhalt braucht nicht allein deswegen aufgeklärt und beurteilt zu werden, um so die Grundlagen für die Abwicklung zivilrechtlicher Ansprüche zu schaffen. Wird jedoch das Verfahren durchgeführt, so muß das Vorliegen der Ordnungswidrigkeit (auch in subjektiver Hinsicht) mit hinreichender Sicherheit festgestellt werden (vgl. 1 vor § 65). Es erscheint danach verfehlt, bei einem Verkehrsunfall, an dem zwei Fahrer beteiligt sind, bei zweifelhafter Sachlage gegen beide einen Bußgeldbescheid zu erlassen; ebenso ist es verfehlt, bei einem einheitlichen Sachverhalt getrennte Bußgeldverfahren gegen die Beteiligten durchzuführen (vgl. Kohlhaas DRiZ **79**, 185).

20   e) **Über die Beachtung von Weisungen** vgl. 14.

21   E. **Bei Jugendlichen** und Heranwachsenden kommen auch erzieherische Erwägungen in Betracht (vgl. 5 zu § 12). Der Umstand, daß der jugendliche Betroffene mittellos ist, hindert jedoch nicht die Festsetzung einer Geldbuße, da das Gesetz deren Vollstreckung in jugendgemäßer Weise zuläßt (vgl. 1 zu § 98; zust. Kunz BWVPr **79**, 53); die Entscheidung Frankfurt GA **68**, 219 dürfte deshalb überholt sein.

22   F. **Über das „Abkaufen" der Einstellung** durch Zahlung eines Geldbetrages (III) vgl. 34. Diese Praxis, die jetzt ausdrücklich untersagt ist,
hatte sich vor allem im gerichtlichen Verfahren entwickelt. Doch gilt das
Verbot von III auch für die Verfolgungsbehörde.

23   G. **Über das Verfahren bei der Einstellung** des Verfahrens und deren
Wirkung vgl. näher 157 ff. vor § 59.

24   3) **Für den Umfang der Verfolgung** gilt ebenfalls der Opportunitätsgrundsatz (vgl. 6 ff.). Die Verfolgungsbehörde kann danach die Verfolgung in tatsächlicher und rechtlicher Hinsicht begrenzen (Begr. zu § 38
EOWiG; ebenso Rebmann/Roth/Herrmann 9). Sie sollte von dieser
Möglichkeit großzügig Gebrauch machen (27).

25   A. **Bei mehreren Handlungen** kann die Verfolgungsbehörde die Verfolgung auf eine oder einzelne von ihnen beschränken und die unwesentlichen, die für die Bemessung der Geldbuße nicht beträchtlich ins Gewicht fallen, ausscheiden. Dies gilt selbst dann, wenn mehrere natürliche
Handlungen (tatsächliche Vorgänge) im Rechtssinne nur als eine einheitliche Handlung anzusehen sind (zB fortgesetzte Handlung, Dauerordnungswidrigkeit vgl. 11, 17, 24 vor § 19); in diesem Falle können Handlungsteile, die im natürlichen Sinne abtrennbar sind, außer acht gelassen
werden (zu einzelnen Gesetzesverletzungen bei einer Handlung vgl.
26 f.). Dabei ist allerdings zu berücksichtigen, daß sich die Rechtskraft
der Bußgeldentscheidung auf alle Handlungsteile erstreckt, die mit dem
geahndeten Handlungsteil eine rechtliche Einheit bilden (vgl. 5 zu § 84).

26   B. **Verletzt dieselbe Handlung mehrere Gesetze** (Tateinheit oder Tatmehrheit innerhalb derselben Tat; vgl. 50 ff. vor § 59), so kann die Verfolgungsbehörde auch einzelne Gesetzesverletzungen unberücksichtigt
lassen. Die StA kann bei einer Tat im verfahrensrechtlichen Sinne (vgl.
50 ff. vor § 59) das Verfahren auch nur wegen der Ordnungswidrigkeit
einstellen (vgl. 2 zu § 40).

27   C. **Auf die wesentlichen Tatteile und Gesetzesverletzungen** sollte das
Verfahren begrenzt werden, weil dadurch eine einfachere und schnellere
Erledigung möglich ist. Die Beschränkung ist insbesondere dann zulässig
und angebracht, wenn einzelne Handlungen oder Handlungsteile oder
einzelne Gesetzesverletzungen für die Festsetzung der Geldbuße nicht
beträchtlich ins Gewicht fallen und deshalb für die Entscheidung keine
wesentliche Bedeutung haben (Grundgedanke der §§ 154, 154a StPO,
deren entsprechende Anwendung allerdings wegen des Opportunitätsgrundsatzes entbehrlich ist). Die VB sollte von der Möglichkeit, das
Verfahren zu beschränken, großzügig Gebrauch machen, weil eine einfache, rasche und summarische Erledigung dem Grundgedanken des Bußgeldverfahrens entspricht.

28   D. **In dem Bußgeldbescheid** muß die Beschränkung nicht erwähnt
werden. Die VB braucht die Beschränkung nicht einmal aktenkundig zu
machen. Ein Aktenvermerk (oder die Erwähnung in den Gründen des
Bußgeldbescheides) ist jedoch ausnahmsweise geboten, wenn mit einem
Einspruch des Betroffenen zu rechnen ist, damit das Gericht und die StA
im weiteren Verlauf des Verfahrens prüfen können, ob die Verfolgung

bewußt oder nur versehentlich beschränkt ist und ob die Beschränkung beibehalten werden soll (37). Die VB kann (und sollte) die Beschränkung auch noch im Falle des Einspruchs aktenkundig machen, bevor sie die Akten nach § 69 I S. 1 an die StA übersendet (30, 39).

29   E. **Ist die StA Verfolgungsbehörde** und erstreckt sie die öffentliche Klage auf die Ordnungswidrigkeit (§ 64), so ist eine etwaige Beschränkung der Tat in bußgeldrechtlicher Hinsicht in den Akten zu vermerken; dies erspart dem Gericht eine umfassende Nachprüfung, gibt ihm aber andererseits die Möglichkeit, die Berechtigung der Beschränkung nachzuprüfen und ggf. die ausgeschiedenen Teile in die Untersuchung wieder einzubeziehen (37).

30   **4) In jeder Lage des Vorverfahrens** gilt für die Verfolgungsbehörde der Opportunitätsgrundsatz. Die Verfolgungsbehörde kann also von der Einleitung des Ermittlungsverfahrens absehen (vgl. näher 27 ff. vor § 59) und nach deren Einleitung das Verfahren einstellen (vgl. näher 157 ff. vor § 59) oder es in tatsächlicher oder rechtlicher Hinsicht beschränken (24 ff.), solange es bei ihr (und noch nicht bei Gericht) anhängig ist (I S. 2). Die VB kann selbst nach Einspruch gegen den Bußgeldbescheid das Verfahren insgesamt einstellen (9 zu § 69) oder, bevor sie die Akten an die StA übersendet, die Verfolgung beschränken. Die Beschränkung sollte dann aktenkundig gemacht werden, damit sie in dem weiteren Verfahren nachgeprüft werden kann (vgl. 28). Die StA und das Gericht können die Beschränkung wieder rückgängig machen (vgl. 37 ff.). Die Einstellung hindert die Verfolgungsbehörde nicht, das Verfahren später weiterzubetreiben, auch wenn keine neuen Tatsachen oder Beweismittel vorliegen (anders jedoch der gerichtliche Einstellungsbeschluß 60; vgl. Berz JurA **71**, 291).

31   **5) Im gerichtlichen Verfahren** ist das Gericht zur Einstellung befugt, wenn es eine Ahndung nicht für geboten hält und die StA der Einstellung zustimmt (II). Das Gericht prüft also nicht das Ermessen der VB auf Ermessensfehler nach, sondern entscheidet selbst (vgl. 13; 2 vor § 71).

32   A. **Ob eine Ahndung geboten** ist, hängt von den Umständen des Falles ab (vgl. 10).

33   a) **Die Bedeutung der Ordnungswidrigkeit** darf nicht nach dem Gewicht für Straftaten gemessen werden; in Fällen, in denen nach der Bedeutung der Tat eine Kriminalstrafe nicht geboten oder unangemessen wäre, kann eine Geldbuße durchaus angemessen sein, weil sie eine wesentlich geringere Wirkung hat (vgl. BVerfGE **22**, 49; vgl. auch 16 ff. zu § 17). Zu berücksichtigen sind nicht nur die für, sondern auch die gegen eine Einstellung sprechenden Umstände. Nicht berechtigt erscheint zB die Einstellung des Verfahrens (zumal im Zulassungsrechtsbeschwerdeverfahren, vgl. 41) mit der Begründung, es handele sich lediglich um einen Formalverstoß, durch den andere Verkehrsteilnehmer nicht behindert oder gefährdet worden seien, obwohl der Bußgeldkatalog (27 ff. zu § 17) für den Verstoß eine Geldbuße von 50 DM vorsieht; werden solche „Formalverstöße“ bei Kraftfahrern, die eine langjährige Fahrpraxis haben und verkehrsrechtlich noch nicht in „Erscheinung getreten“ sind, deshalb eingestellt, so werden sie davor bewahrt, auch künftig wegen Formalverstöße in Erscheinung zu treten! Eine zu großzügige Einstellungspraxis ist bedenklich, weil dann die Fälle im Vorverfahren der VB und im gerichtlichen Verfahren unterschiedlich behandelt würden, was zu Ungerechtigkeiten führt. Neben § 47 ist § 60 StGB, der eine auf das Kriminalstrafrecht zugeschnittene Regelung enthält, nicht entsprechend anwendbar (Hamm VRS **41**, 252). Sieht das Gericht von der Anwendung des II ab, so kann darauf die Rechtsbeschwerde nicht gestützt werden (Bay. VRS **40**, 279; Zweibrücken MDR **71**, 324); jedoch kann das OLG bei einer zulässigen Rechtsbeschwerde (vgl. 41) das Verfahren selbst einstellen (unscharf Hamm NJW **74**, 2100, wonach die Rüge der Nichteinstellung bei grobem und offensichtlichem Ermessensfehler begründet sein soll).

34   b) **Nicht abhängig von der Zahlung eines Geldbetrages** an eine gemeinnützige Einrichtung (im weitesten Sinne; vgl. Rebmann/Roth/Herrmann 27) oder sonstige Stelle (zB den Staat, eine behördenähnliche Institution uä; Rebmann/Roth/Herrmann 27; Rotberg 3) darf die Einstellung gemacht werden, ebensowenig damit in Zusammenhang gebracht werden; dies bestimmt III jetzt ausdrücklich, um die unerwünschte Auslegung zu verhindern, daß der § 153 a StPO im Bußgeldverfahren sinngemäß gilt (was verfehlt wäre, weil § 153 a StPO eine Ausnahme vom Legalitätsprinzip darstellt, während im Bußgeldverfahren der Opportunitätsgrundsatz gilt, vgl. 1 ff.; BegrEEGStGB S. 347). Die frühere Praxis, das Verfahren unter der Auflage oder Bedingung einzustellen, eine Geldbuße an eine gemeinnützige Einrichtung zu zahlen, zielte darauf ab, sonst eintretende Nebenwirkungen (so insbesondere die Eintragung in das Verkehrszentralregister, vgl. 18 vor § 89) zu vermeiden; dadurch wurde die gesetzliche Regelung über den Eintritt der Nebenwirkung, die – anders als im Strafrecht – mit einem „Unwerturteil" nichts zu tun hat, umgangen mit der Folge, daß gleichgelagerte Sachverhalte ungleichmäßig behandelt wurden (vgl. BegrEEGStGB aaO). Untersagt ist es auch, die Einstellung mit der Zahlung eines Geldbetrages „in Zusammenhang zu bringen"; dies wäre zB der Fall, wenn das Gericht zu erkennen gibt, daß bei der Zahlung eines Geldbetrages mit einer Einstellung des Verfahrens zu rechnen sei (BegrEEGStGB S. 348). Nicht untersagt ist es dagegen, die Einstellung des Verfahrens von anderen Umständen abhängig zu machen, so zB von der Beseitigung eines rechtswidrigen Zustandes oder der Erfüllung etwaiger Ersatzansprüche eines Verletzten, der keine „Stelle" ist. Die Einstellung darf jedoch allgemein nicht dazu benutzt werden, um auf diese Weise sonst eintretende Nebenwirkungen zu beseitigen (BegrEEGStGB aaO). Stellt das Gericht das Verfahren entgegen III ein, so kann die StA dagegen Beschwerde einlegen (vgl. 56).

35   B. **Die Zustimmung der StA** zur Einstellung verlangt die Vorschrift (ebenso § 153 II StPO), damit das öffentliche Interesse an der Verfolgung ausreichend und gleichmäßig berücksichtigt wird (vgl. Prot. über die 323. BR-Sitzung v. 26. 4. 1968). Die Anhörung der VB durch die StA vor der Zustimmung zur Einstellung ist in den RiStBV (Anh C 1) nicht vorgeschrieben, da die VB vor der Einstellung ohnehin durch das Gericht

gehört wird (§ 76 I S. 2; deshalb unzutreffend Kaiser NJW **68**, 1816). Der Zustimmung der StA bedarf es nicht, wenn sie an der Hauptverhandlung nicht teilnimmt (§ 75 II); in diesem Falle ist auch ein vorangegangener Widerspruch unbeachtlich. Die StA kann die Zustimmung schon bei Übersendung der Akten an das Gericht (§ 69 I S. 1) erklären, also nicht erst dann, wenn das Gericht die Einstellung erwägt. Will das Gericht außerhalb der Hauptverhandlung nach deren Durchführung einstellen, so bedarf es ebenfalls der Zustimmung der StA (LG Berlin DAR **70**, 274). Der StA hat Richtlinien darüber, in welchen Fällen die Zustimmung erteilt oder versagt werden soll, zu beachten, ebenso Weisungen des Vorgesetzten (BGH DRiZ **78**, 314; vgl. auch 14); unterläßt er dies, so ist die Zustimmung jedoch gleichwohl wirksam (vgl. BGH **19**, 377, 382). Die richterliche Unabhängigkeit wird durch solche Weisungen nicht berührt (BGH DRiZ **78**, 314).

36   C. **Die Anhörung des Betroffenen, der VB** und etwaiger Nebenbeteiligter (2ff. vor § 87) vor Einstellung des Verfahrens ist grundsätzlich (aber abw. von § 153 II StPO nicht stets, vgl. Müller 8; nach Rebmann/Roth/Herrmann 34 nicht) notwendig, um ihnen Gelegenheit zu geben, auf eine andere Art der Erledigung hinzuwirken (Freispruch, Verurteilung). Ihre Anhörung kann jedoch unterbleiben, wenn sie an der Hauptverhandlung nicht teilnehmen. Die VB braucht nicht gehört zu werden, wenn ihre besondere Sachkunde entbehrt werden kann (vgl. 20 zu § 76). Die Anhörung des Betroffenen ist auch außerhalb der Hauptverhandlung entbehrlich, wenn er die Ordnungswidrigkeit zugibt, weil dann von seinem Standpunkt aus eine günstigere Erledigung nicht in Betracht kommt.

37   D. **Eine Beschränkung der Untersuchung** und Ahndung (in tatsächlicher und rechtlicher Hinsicht; vgl. 24ff.) kann das Gericht ebenfalls mit Zustimmung der StA vornehmen. Eine von der VB vor oder nach Erlaß des Bußgeldbescheides vorgenommene Beschränkung hindert das Gericht nicht, ausgeschiedene Teile einer Tat, oder einzelne Gesetzesverletzungen in das Verfahren wieder einzubeziehen. Die unter der Geltung des OWiG 1952 (teilweise) vertretene gegenteilige Ansicht (vgl. Celle GA **56**, 325) ist überholt (ebenso Müller 10; Berz JurA **71**, 302ff.; Rebmann/Roth/Herrmann 10; Rotberg 6; Köln NJW **70**, 211; Hamm VRS **42**, 125; vgl. auch Saarbrücken NJW **73**, 2076; vgl. näher die 2. Aufl.). Das Gericht kann eine von der VB vorgenommene Beschränkung gelten lassen und im übrigen selbst eine Beschränkung vornehmen. Dabei kann es zu einer anderen Bewertung gelangen und ausgeschiedene Teile einbeziehen, andere Teile dagegen, die nach seiner Auffassung für die Bemessung der Geldbuße nicht ins Gewicht fallen, ausscheiden. Die Wiedereinbeziehung ausgeschiedener Teile einer Tat ist ohne Zustimmung der StA möglich. Die Beschränkung bedarf keiner Zustimmung der StA, wenn sie an der Hauptverhandlung nicht teilnimmt. Das folgt aus § 75 II, weil danach das Gericht in diesem Fall das Verfahren insgesamt ohne Zustimmung der StA einstellen kann. Von dieser Abweichung abgesehen, sind also im Rahmen von II die zu § 154a StPO entwickelten Grundsätze sinngemäß heranzuziehen. Daraus folgt auch, daß der Betroffene weder die Beschränkung noch die Wiedereinbeziehung anfechten kann. Im einzelnen sind **folgende Grundfälle** zu unterscheiden:

38   a) **Die VB hat keine Beschränkung vorgenommen** oder jedenfalls nicht vermerkt. Das Gericht muß dann das geschichtliche Ereignis (vgl. 50 ff. vor § 59), das der Bußgeldbescheid erfaßt, unter allen tatsächlichen und rechtlichen Gesichtspunkten erschöpfend würdigen. Kommt die Verurteilung aus einem rechtlichen Gesichtspunkt in Betracht, der im Bußgeldbescheid nicht erwähnt ist, so ist der Betroffene zuvor darauf hinzuweisen (§ 265 StPO; 50 zu § 71). Das Gericht kann aber einzelne Teile der Tat oder einzelne Gesetzesverletzungen (25 f.) aus dem Verfahren ausscheiden, wenn sie bei der Zumessung der Geldbuße nicht ins Gewicht fallen. Es bedarf dazu nicht der Zustimmung der StA, wenn sie an der Hauptverhandlung nicht teilnimmt; für die Anhörung der Beteiligten gilt 36 entsprechend. Die Befugnis der Beschränkung steht auch der StA zu, bevor sie die Sache nach § 69 I S. 1 dem Gericht vorlegt. Hält das Gericht die Beschränkung für angemessen, so braucht es im Urteil oder Beschluß nach § 72 auf die ausgeschiedenen Teile der Tat oder Gesetzesverletzungen (24 ff.) nicht einzugehen (zust. Rebmann/Roth/ Herrmann 10). Die Beschränkung durch das Gericht oder die StA ist aktenkundig zu machen (in der Hauptverhandlung: im Protokoll zu vermerken) und dem Betroffenen (sowie seinem Verteidiger) zur Kenntnis zu bringen, falls gegenüber der Würdigung im Bußgeldbescheid eine Änderung eintritt, damit sich der Betroffene danach einrichten kann. Verlagert sich der Schwerpunkt im Laufe des Verfahrens auf ausgeschiedene Teile einer Tat oder Gesetzesverletzungen, so kann sie das Gericht (ohne Zustimmung der Beteiligten) wieder in das Verfahren einbeziehen; einem Antrag der StA hat das Gericht zu entsprechen (vgl. § 154a III S. 2 StPO); in der Hauptverhandlung ist das Gericht jedoch wieder freigestellt, falls die StA nicht anwesend ist. Die Wiedereinbeziehung ist dem Betroffenen (und seinem Verteidiger) mitzuteilen. Nimmt die StA an der Hauptverhandlung nicht teil, so ist ihre Unterrichtung entbehrlich.

39   b) **Die VB hat die Verfolgung beschränkt** und dies vermerkt. Dazu ist sie auch noch nach Einspruch bis zur Übersendung der Akten an die StA befugt (30). Hält das Gericht die Beschränkung für berechtigt, so braucht es im Urteil oder Beschluß nach § 72 auf die ausgeschiedenen Teile der Tat oder Gesetzesverletzungen (25 f.) nicht einzugehen (vgl. 38). Die StA kann vor Übersendung der Akten an das Gericht (§ 69 I S. 1) die Beschränkung rückgängig machen (vgl. Berz JurA 71, 309). Auch das Gericht ist befugt, die ausgeschiedenen Teile der Tat oder Gesetzesverletzungen einzubeziehen. Die Ausführungen unter 38 gelten hier entsprechend.

40   E. **Die Beschränkung des Strafverfahrens auf die Straftat,** neben der tatmehrheitlich eine Ordnungswidrigkeit in Betracht kommt, hindert das Gericht nicht, die Ordnungswidrigkeit in die Untersuchung wieder einzubeziehen, was insbesondere dann in Betracht kommt, wenn die Straftat nicht erwiesen ist. Dieser Sachverhalt ist danach nicht anders zu beurteilen als derjenige, in dem die VB oder StA im reinen Bußgeldverfahren eine Beschränkung vorgenommen hat. Bei Tatmehrheit kann

dann neben dem Freispruch hinsichtlich der Straftat wegen der Ordnungswidrigkeit auf eine Geldbuße erkannt werden. Bei Tateinheit zwischen Straftat und Ordnungswidrigkeit kann das Gericht, wenn es die
Straftat nicht für erwiesen hält, wegen der Ordnungswidrigkeit auf eine
Geldbuße erkennen, ohne daß es insoweit auf einen Verfolgungswillen
der StA ankommt (Grundsatz der erschöpfenden rechtlichen Beurteilung
durch das Gericht; vgl. 21 zu § 21; 1 f. zu § 81; 5 zu § 82).

41　　F. **In jeder Lage des Verfahrens** ist die Einstellung oder Beschränkung
zulässig, also auch noch im Rechtsbeschwerdeverfahren (§§ 79, 80).
Ohne vorherige Zulassung der Rechtsbeschwerde ist die Einstellung
nach der Rspr. und dem überw. Schrifttum möglich (Hamm NJW **70**,
622; VRS **40**, 373, **54**, 447; Zweibrücken DAR **76**, 250; Cramer VOR **72**,
146; Rebmann/Roth/Herrmann 33; Rotberg 10 zu § 80). Diese Rspr. ist
unausgewogen: Sie schenkt einerseits im Zulassungsverfahren dem Gedanken der Geringfügigkeit Beachtung, obwohl gerade die Geringfügigkeit der Grund für die Einschränkung der Anfechtung ist; andererseits
wird bislang im Zulässigkeitsverfahren die Verletzung des rechtlichen
Gehörs nicht genügend berücksichtigt (vgl. 8 zu § 80). Den Antrag auf
Wiedereinbeziehung kann die StA auch noch im Rechtsbeschwerdeverfahren stellen; das Gericht kann dann in der Sache selbst entscheiden
(§ 79 VI; einschr. BGH **21**, 326 zu § 154a StPO).

42　　G. **Durch Beschluß** wird das Verfahren eingestellt (vgl. II S. 2), und
zwar sowohl in als auch außerhalb der Hauptverhandlung. Der Einstellung des Verfahrens außerhalb der Hauptverhandlung steht nicht entgegen, daß die Betroffene einer Entscheidung ohne Hauptverhandlung widersprochen hat (Karlsruhe, Die Justiz **79**, 214). Wird die Einstellung
zugleich mit einer Sachentscheidung ausgesprochen und ergeht sie in
Form des Urteils, so kann einheitlich die Urteilsform gewählt werden,
weil die schwächere Form (Beschluß) der stärkeren folgt (vgl. 57 zu § 87;
vgl. Rebmann/Roth/Herrmann 36). Wird zugleich mit der Einstellung
die Einziehung nach § 27 angeordnet, so ergeht die Entscheidung in der
Hauptverhandlung einheitlich durch Urteil (57 zu § 87). Über die Anhörung der Beteiligten vgl. 36.

43　　H. **Die Kostenentscheidung** nach § 467 I, IV StPO iVm § 46 I trifft
das Gericht im Einstellungsbeschluß nach II.

44　　a) **Die Anwendung der Ermessensvorschrift** von § 467 IV StPO iVm
§ 46 I bereitet in der Praxis Schwierigkeiten, weil die dafür maßgeblichen
Gesichtspunkte noch nicht hinreichend geklärt sind (vgl. zu der entsprechenden Regelung des § 153 iVm § 467 IV StPO Kühl JR **78**, 94, 98).

45　　**Mit der Unschuldsvermutung vereinbar** ist § 467 IV StPO (vgl. BGH
NJW **75**, 1829, 1831). Doch kann die Begründung für die Ablehnung, die
notwendigen Auslagen des Betroffenen der Staatskasse aufzuerlegen, der
Unschuldsvermutung zuwiderlaufen (Kühl JR **78**, 98). Obwohl Art. 6 II
MRK im Bußgeldverfahren nicht gilt (vgl. 56 vor § 59; dies übersieht LG
Hanau MDR **78**, 1047), ist auch im Bußgeldverfahren von der Unschuldsvermutung auszugehen, da sie aus dem innerstaatlichen Rechtsstaatsprinzip abzuleiten ist (BVerfGE **22**, 265). Daraus folgt:

46　　**Die Begründung, es bestehe „starker" Tatverdacht,** ist keine tragfähige Grundlage für die Ablehnung der Auslagenerstattung. Da für die Einstellung nach II die Stärke des Tatverdachts nicht maßgebend ist, kann diese Frage nicht zum Angelpunkt der Kostenentscheidung gemacht werden; dies wäre auch ein Widerspruch zum (innerstaatlichen) Grundsatz der Unschuldsvermutung (vgl. Kühl JR **78**, 94, 98). Doch bedeutet dies andererseits nicht, daß von der Erstattung der notwendigen Auslagen lediglich dann abgesehen werden kann, wenn die entsprechenden Voraussetzungen der §§ 5, 6 StrEG (Anh **A 4**) vorliegen (so jedoch LG Hanau MDR **78**, 1047, wo die Problematik sehr verkürzt dargestellt ist; vgl. 50).

47   **Als eine Ausnahmeregelung** ist § 467 IV StPO anzusehen (vgl. Hamburg NJW **69**, 1450), für deren Anwendung ein anderer Rechtfertigungsgrund vorliegen muß als der des starken Tatverdachts. Dabei ist zu unterscheiden:

48   **Ist die Ordnungswidrigkeit eindeutig festgestellt,** dh auch vom Betroffenen zugestanden, so wird es in der Regel angemessen sein, daß er seine eigenen Auslagen (insgesamt) trägt. Dies gilt insbesondere, wenn sich die Einstellungsgründe erst später aus einem nachträglichen Verhalten des Betroffenen ergeben (so spätere Beachtung der Rechtsordnung, einsichtsvolles Verhalten, nachträgliche Erfüllung der Verpflichtungen uä); dies kann auch für den Umfang der Auslagenerstattung beachtlich sein (vgl. 52).

49   **Ist es fraglich,** ob der Betroffene die Ordnungswidrigkeit begangen hat, so bleibt es bei der Regel des § 467 I StPO iVm § 46 I, wenn nach der Sachlage, wie sie im gerichtlichen Verfahren ergibt, schon im Vorverfahren eine Einstellung geboten gewesen wäre, so, wenn der Verdacht der Ordnungswidrigkeit nur in geringem Maße (Hamm NJW **69**, 1448) oder mehr oder minder (Celle MDR **70**, 438) wahrscheinlich ist; ebenso, wenn im Rechtsbeschwerdeverfahren das Verfahren eingestellt wird, weil der Betroffene mit seinem Rechtsmittel im wesentlichen Erfolg hat und wegen der noch übrig gebliebenen Gesetzesverletzung eine Verfolgung nicht geboten erscheint (Hamburg NJW **69**, 1450).

50   **Das Prozeßverhalten** des Betroffenen kann ferner bei der Ausübung der Ermessensvorschrift im Rahmen der danach beachtlichen „Billigkeitserwägungen" berücksichtigt werden. Insoweit sind die Grundgedanken von §§ 5, 6 StrEG (Anh **A 4**) heranzuziehen (vgl. auch § 467 II, III StPO). Darüberhinaus können auch andere Billigkeitserwägungen die Anwendung von § 467 IV StPO iVm § 46 I rechtfertigen; so zB, wenn eine weitere Aufklärung des Sachverhalts zur Bedeutung der Sache außer Verhältnis wäre und durch ein zumutbares Vorbringen entlastender Umstände hätten vermieden werden können; ebenso, wenn im Hinblick auf die geringe Geldbuße und die einfache Sach- und Rechtslage die aufgewendeten Auslagen übermäßig erscheinen (zB Inanspruchnahme eines RA bei einer Geldbuße von 10 DM wegen eines Parkverstoßes, zu dem der Betroffene keine Erklärungen abgibt); insgesamt also dann, wenn das Ausnutzen der im Bußgeldverfahren gegebenen (aus dem Strafverfahren abgeleiteten) Verteidigungsmöglichkeiten nicht mehr in einem angemessenen Verhältnis zur Abwehr der im Einzelfall drohenden Rechtsfolge steht.

51   **Die Bereitschaft zur Übernahme der eigenen Auslagen** des Betroffenen kann (und wird in der Regel) die Anwendung der Ausnahmeregelung von § 467 IV StPO iVm § 46 I rechtfertigen. Allerdings darf der Betroffene bei der Erwägung einer Einstellung auf diese Möglichkeit nur hingewiesen werden, wenn dabei der Anschein eines unzulässigen Drucks auf ihn vermieden und Mißdeutungen ausgeschlossen sind. Die Einstellung darf keinesfalls von einem Verzicht auf die Auslagenerstattung abhängig gemacht werden, zumal dies dem Grundgedanken des „Kopplungsverbots" nach III widerstreitet (vgl. Rotberg 3 aE).

52   b) **Eine Aufteilung nach Quoten** oder in anderer Weise kann in der Kostenentscheidung vorgenommen werden (Kleinknecht 23 zu § 467 StPO). Wenn die Möglichkeit besteht, den Betroffenen nach § 467 IV StPO iVm § 46 I insgesamt mit seinen notwendigen Auslagen zu belasten, so muß auch die Befugnis gegeben sein, dies zumindest zum Teil zu tun. Dies kann insbesondere für die Fälle von Bedeutung sein, in denen das Prozeßverhalten des Betroffenen (vgl. 50) die Grundlage dafür bildet, seine „notwendigen" Auslagen (wenigstens zum Teil) nicht der Staatskasse anzulasten.

53   c) **Anfechtbar ist die Kostenentscheidung** nach § 464 III StPO iVm § 46 I nach der wohl überwiegenden Ansicht in der neueren Rspr. nicht (Bay. GA **71**, 247; Braunschweig NJW **74**, 1575; Bremen NJW **75**, 273; LG Darmstadt JurBüro **79**, 1032 m. abl. Anm. Mümmler; Düsseldorf NJW **74**, 1294, MDR **76**, 1039; Hamm NJW **73**, 1515; Hamburg MDR **74**, 1036; KG NJW **70**, 106, JR **78**, 524; Karlsruhe, Die Justiz **79**, 214; Nürnberg NJW **72**, 172; Schleswig SchlHA **71**, 95; Stuttgart MDR **72**, 438, Die Justiz **76**, 525; Zweibrücken MDR **76**, 162; LG Hildesheim NdsRpfl. **78**, 201; dagegen Bamberg NJW **72**, 2145; Celle MDR **72**, 625; LG Hannover NJW **76**, 762; München MDR **78**, 510; Oldenburg NdsRpfl. **75**, 71); abw. die vorherrschende Ansicht im Schrifttum (vgl. die 4. Aufl. sowie Rebmann/Roth/Herrmann 36a; Rotberg 11; vgl. auch Kleinknecht 36, 37 zu § 153 StPO; dagegen jedoch: LR-Schäfer 49 ff., 64 zu § 464 StPO; Meyer JR **78**, 255).

54   d) **Trifft das Gericht keine Entscheidung** darüber, wer die notwendigen Auslagen des Betroffenen trägt, so bleibt es bei der Regel des § 467 I StPO iVm § 46 I, wonach die notwendigen Auslagen zu erstatten sind; die Pflicht der Staatskasse zur Tragung der Kosten umfaßt also auch die dem Betroffenen entstandenen notwendigen Auslagen (ebenso Rebmann/Roth/Herrmann 36; BGH DAR **69**, 106 zur Kostenentscheidung nach § 473 StPO; so auch zur Kostenentscheidung bei einem Freispruch LG Krefeld NJW **76**, 1568; vgl. auch Kleinknecht 4 zu § 467 StPO; Krämer SchlHA **71**, 29; aM Hamm NJW **74**, 72; Karlsruhe NJW **76**, 1568).

55   J. **Unanfechtbar** ist der Einstellungsbeschluß (II S. 2; vgl. Karlsruhe, Die Justiz **79**, 214).

56   a) **Die StA** kann jedoch Beschwerde einlegen, wenn sie der Einstellung nicht zugestimmt hat, obwohl dies notwendig gewesen wäre (vgl. 35); denn in diesem Fall fehlt eine wesentliche Grundlage für das Zustandekommen des Beschlusses (vgl. Köln NJW **52**, 1029; LG Berlin DAR **70**,

274; LG Hof MDR **72**, 889); dasselbe gilt, wenn das Gericht das Verfahren entgegen III einstellt, weil es in diesem Fall außerhalb des gesetzlichen Ermessensspielraums, der nicht überprüft werden soll, entscheidet (ebenso Rebmann/Roth/Herrmann 36). Ob in diesen Fällen die einfache (unbefristete) Beschwerde nach § 304 StPO iVm § 46 I gegeben ist (so Kleinknecht zu § 153 StPO, dort 34; Rebmann/Roth/Herrmann 36) oder die sofortige Beschwerde, ist zweifelhaft. Die Lösung muß außerhalb der gesetzlichen Regelung gefunden werden, da das Gesetz überhaupt keine Anfechtung zuläßt und deshalb zu dieser Frage nicht Stellung nehmen kann. Für die sofortige Beschwerde spricht einmal, daß die StA sonst uU die Hauptentscheidung anfechten könnte, obgleich die Kostenentscheidung bereits unanfechtbar geworden ist; zum andern auch, daß es ausreicht, wenn die StA in diesem Falle eine beschränkte Anfechtungsmöglichkeit hat (vgl. ferner die ähnliche Regelung in § 79 I S. 1 Nr. 5). Die StA kann die Einstellung auch mit der Begründung anfechten, daß die Handlung eine Straftat sei, selbst wenn sie der Einstellung zugestimmt hat (vgl. Rebmann/Roth/Herrmann 36; Celle NJW **66**, 1329 m. Anm. Krümpelmann S. 1978); anders aber, wenn das Gericht mit Zustimmung der StA das Verfahren der Sache nach unter allen rechtlichen Gesichtspunkten eingestellt, aber nur § 47 II, nicht auch § 153 II StPO angegeben hat (Rebmann/Roth/Herrmann 36).

57   b) **Der Betroffene** hat nicht die Möglichkeit, die Einstellung anzufechten und, wenn er nicht gehört worden ist (36), auch keinen Anspruch auf nachträgliches Gehör, weil er nicht beschwert ist (vgl. Kleinknecht 34 zu § 153 StPO; Bay. bei Rüth DAR **79**, 243). Nach der wohl überwiegenden Rspr. kann er auch die Kostenentscheidung nicht anfechten, wenn das Gericht ausdrücklich davon abgesehen hat, die notwendigen Auslagen der Staatskasse aufzuerlegen (vgl. 44 ff.).

58   c) **Die VB** kann den Einstellungsbeschluß in keinem Fall anfechten (vgl. 21 zu § 76).

59   K. **Eine beschränkte Rechtskraft** hat der Einstellungsbeschluß. Er schließt das gerichtliche Verfahren förmlich ab, so daß es unzulässig ist, den Beschluß aufzuheben und das Verfahren fortzuführen; geschieht dies gleichwohl, so ist das Verfahren wegen eines Verfahrenshindernisses einzustellen (Bay. VRS **55**, 140; vgl. für das Rechtsbeschwerdezulassungsverfahren 23 zu § 80). Die Rechtskraft des Einstellungsbeschlusses hindert auch die weitere Verfolgung einer anderen, tateinheitlich begangenen Ordnungswidrigkeit in einem getrennten Verfahren (Koblenz VRS **53**, 131).

60   **Die erneute Verfolgung durch die VB** ist nur zulässig, wenn neue Tatsachen oder Beweismittel bekannt werden, die zu einer wesentlich anderen Beurteilung führen. Das ist zB der Fall, wenn sich später herausstellt, daß die Tat eine fortgesetzte Handlung (vgl. Kleinknecht 39 zu § 153 StPO) oder mit einer höheren Geldbuße bedroht war. Allerdings ist es nicht notwendig, daß die neuen Tatsachen eine andere rechtliche Beurteilung ergeben (vgl. Kleinknecht aaO; str.; aM Bay. JR **65**, 350 m. abl. Anm. Kleinknecht; Rebmann/Roth/Herrmann 36). Eine erneute Verfolgung der Tat als Ordnungswidrigkeit ist danach (in seltenen Aus-

nahmefällen) durch die VB zulässig; sie kann in einem solchen Fall die
Ermittlungen wieder aufnehmen, ohne daß der Einstellungsbeschluß zuvor aufgehoben ist. Ist das Verfahren auf einzelne Teile einer Tat oder
einzelne Gesetzesverletzungen beschränkt worden, so erstreckt sich die
Rechtskraft einer gerichtlichen Sachentscheidung (Verurteilung, Freispruch) auf die Tat insgesamt, also auch auf die ausgeschiedenen Teile der
Tat oder Gesetzesverletzungen (vgl. Kleinknecht 25 zu § 154 a StPO; 6 zu
§ 84).

61   **Die spätere Verfolgung der Tat als Straftat** ist wohl nicht schlechthin
(so Rebmann/Roth/Herrmann 36; wohl auch Rotberg 11), sondern nur
auf Grund neuer Tatsachen oder Beweismittel zulässig, weil für das Gericht die Möglichkeit bestand, zum Strafverfahren überzugehen (§ 81).

62   **L. Im Strafverfahren** ist die Einstellung des Verfahrens wegen der
zusammenhängenden Ordnungswidrigkeit und die Beschränkung in
bußgeldrechtlicher Hinsicht ebenfalls zulässig (§ 83 I). Die Vorschrift ist
auch dann anzuwenden, wenn das Gericht im Strafverfahren die Tat
unter dem rechtlichen Gesichtspunkt einer Ordnungswidrigkeit beurteilt
(§ 82 I). Dies ist zwar in § 82 I nicht ausdrücklich hervorgehoben (anders
§ 83 I); für die Beurteilung des rechtlichen Gesichtspunktes der Ordnungswidrigkeit muß jedoch stets das Opportunitätsprinzip gelten (vgl.
3 zu § 82).

63   **6) Über die Beschränkung des Verfahrens bei Nebenfolgen** einer
Ordnungswidrigkeit (nach dem Grundgedanken des § 430 StPO) vgl. 54
zu § 87, 16 zu § 88.

Zeugen

48   [I] **Zeugen werden nur vereidigt, wenn es das Gericht wegen der
ausschlaggebenden Bedeutung der Aussage oder zur Herbeiführung einer wahren Aussage für notwendig hält. Der Grund dafür, daß
der Zeuge vereidigt oder nicht vereidigt wird, braucht im Protokoll
nicht angegeben zu werden.**

[II] **Die Haft zur Erzwingung des Zeugnisses (§ 70 Abs. 2 der Strafprozeßordnung) darf sechs Wochen nicht übersteigen.**

1   **1) Nur für die richterliche Vernehmung** (§ 136 StPO iVm § 46 I) gilt
die Vorschrift. Die VB kann weder eine Vereidigung vornehmen noch
die Haft zu deren Erzwingung anordnen. Eine richterliche Zeugenvernehmung ist allerdings nicht nur im Verfahren nach Einspruch, sondern
(ausnahmsweise) schon im Vorverfahren zulässig, und zwar auf Antrag
der VB oder der StA als Verfolgungsbehörde (vgl. § 162 StPO iVm
§ 46 I, II; 5 ff. vor § 59). Die Vorschrift gilt weiterhin im Fall des § 82 II
(Eröffnung des Hauptverfahrens nur unter dem Gesichtspunkt einer
Ordnungswidrigkeit) sowie bei der Verfolgung einer zusammenhängenden Straftat, soweit das Verfahren die Ordnungswidrigkeit betrifft
(§ 83 I).

2   **2) Die Vereidigung ist die Ausnahme** im Bußgeldverfahren, die
Nichtvereidigung die Regel (I S. 1; Koblenz VRS **51**, 216; Kuckuck
MDR **76**, 723).

3   A. **In Betracht kommt die Vereidigung** nur bei ausschlaggebender Bedeutung (7 f.) oder zur Herbeiführung einer wahrheitsgemäßen Aussage (9). Liegen diese Voraussetzungen vor, so zwingen sie das Gericht jedoch nicht zur Vereidigung.

4   B. **Nach pflichtgemäßem Ermessen** entscheidet das Gericht darüber (vgl. Kuckuck MDR **76**, 723; Koblenz VRS **51**, 216), ob die Vereidigung notwendig erscheint. Das Gericht braucht deswegen den Beteiligten keine Kenntnis davon zu geben, ob es die Voraussetzungen von 7 f. und 9 für gegeben hält (vgl. BegrEStVRG 1 S. 105). Nimmt das Gericht irrig an, daß die Voraussetzungen von 7 f. und 9 vorliegen, und vereidigt es danach den Zeugen, so kann dies nicht im Rechtsbeschwerdeverfahren als rechtsfehlerhaft gerügt werden; denn das Urteil kann nicht darauf beruhen (vgl. § 337 I StPO iVm § 79 III), daß das Gericht ein stärkeres Mittel zur Wahrheitserforschung eingesetzt hat (vgl. LR-Meyer 16 zu § 62 StPO; ebenso Rebmann/Roth/Herrmann 7 b; vgl. ferner 10).

5   C. **Ist der Zeuge der Beteiligung verdächtig** oder ist deswegen gegen ihn bereits eine Geldbuße festgesetzt, so hat die Vereidigung zu unterbleiben; § 60 StPO geht vor (LR-Meyer 3 zu § 62 StPO). § 61 ist nicht anwendbar, da er von dem Grundsatz der Vereidigung ausgeht; Hamm JMBlNW **72**, 96 dürfte überholt sein (abw. Rebmann/Roth/Herrmann 3; Rotberg 1; vgl. auch LR-Meyer 3 zu § 62 StPO, der hier zutreffend bemerkt, daß jedoch von einer Vereidigung – nach der entsprechenden Vorschrift des § 60 StPO – abgesehen werden sollte, wenn dies sogar im Strafverfahren nach § 61 StPO zulässig wäre).

6   D. **Beschließt das Gericht die Vereidigung,** so gelten die §§ 57, 59, 60, 63, 66 a–67 StPO sinngemäß (§ 46 I; 24 vor § 67).

7   E. **Von ausschlaggebender Bedeutung** ist die Aussage, wenn ihr Wahrheitsgehalt über die Festsetzung einer Geldbuße oder den Freispruch (im Vorverfahren: über die Einstellung des Verfahrens) entscheidet, also das ,,Zünglein an der Waage'' sein kann (BGH **16**, 99, 103). Dies setzt voraus, daß die Aussage in sich glaubhaft ist, ihr Wahrheitsgehalt also durch die Vereidigung nur noch bekräftigt werden soll (vgl. BGH aaO). Mißt das Gericht der Aussage keine besondere Bedeutung zu, so kann sie nicht ausschlaggebend sein (Saarbrücken VRS **43**, 56).

8   F. **Bei widersprechenden Aussagen** kann nur eine von ihnen ausschlaggebend sein (Kleinknecht 2 zu § 62 StPO). Ist bereits ein Zeuge vereidigt worden, so kann die widersprechende Aussage eines anderen Zeugen uU ausschlaggebend sein, so wenn sie geeignet ist, die Aussage des vereidigten Zeugen zu erschüttern (vgl. LR-Meyer 7 zu § 62 StPO, dem darin zuzustimmen ist, daß nicht schon der Widerspruch zur Aussage eines bereits vereidigten Zeugen die ausschlaggebende Bedeutung auslöst).

9   G. **Zur Herbeiführung einer wahren Aussage** kann die Vereidigung notwendig sein, wenn bestimmte Tatsachen die Annahme begründen, der Zeuge werde unter Eid mehr oder anders aussagen (Koblenz VRS **51**, 216).

10   **3) Kein Begründungszwang** besteht dafür, daß der Zeuge vereidigt oder nicht vereidigt wird (I S. 2; Hamburg NJW **75**, 988; Hamm JMBlNW **76**, 139); die frühere Rspr. zu § 48 aF (vgl. BGH **24**, 69; Hamm JMBlNW **74**, 91 ua) ist damit überholt (zutr. LR–Meyer 12ff. zu § 62 StPO). Durch die Regelung von I S. 2 soll verhindert werden, daß ,,sich der Begründungszwang in der Praxis zu einem Vereidigungszwang auswirkt mit der Folge, daß dadurch die Verfahren verzögert und die Möglichkeit erfolgreicher Rechtsbeschwerden formaler Art vergrößert werden" (BegrEStVRG 1 S. 105). Daraus folgt, daß die Gründe für die Nichtvereidigung oder Vereidigung weder mündlich noch in den Urteilsgründen angegeben zu werden brauchen (Koblenz VRS **51**, 216; Rebmann/Roth/Herrmann 7); I S. 2 bringt lediglich eine Ausnahmeregelung von § 64 StPO und erwähnt deshalb nur das Protokoll (vgl. auch Kukkuck MDR **76**, 723).

11   **Im Protokoll** ist jedoch anzugeben, daß das Gericht zur Frage der Vereidigung eine Entschließung gefaßt hat (Hamm VRS **51**, 131; vgl. auch Kuckuck aaO).

12   **4) Auch im Vorverfahren** ist die Vereidigung ausnahmsweise zulässig, wie sich aus der Stellung der Vorschrift im Abschnitt ,,Allgemeine Verfahrensvorschriften" ergibt (Begr. zu § 39 EOWiG). Das hängt damit zusammen, daß die VB nicht nur für die Verfolgung, sondern auch für die Entscheidung (im Vorverfahren) zuständig ist; die für die Entscheidung notwendige Beurteilung des Sachverhalts (Beweiswürdigung) kann bei zweifelhafter Sachlage ausschlaggebend von der Vereidigung eines Zeugen abhängen.

13   **Ist die StA Verfolgungsbehörde,** so ist die Vereidigung des Zeugen im Vorverfahren niemals ausschlaggebend, weil dann das Gericht über die Ordnungswidrigkeit entscheidet und den Zeugen im gerichtlichen Verfahren vereidigen kann (zust. Müller 2; Rebmann/Roth/Herrmann 8).

14   **Einem Antrag der VB,** den Zeugen zu vereidigen, braucht das Gericht nicht zu entsprechen, weil es über die Vereidigung nach pflichtgemäßem Ermessen (vgl. 4) entscheidet (ebenso Rebmann/Roth/Herrmann 8).

15   **5) Bei nochmaliger Vernehmung** eines eidlich vernommenen Zeugen ist dieser erneut nur nach § 67 StPO zu vereidigen (KG DAR **68**, 165; Rebmann/Roth/Herrmann 7a).

16   **6) Die Erzwingungshaft** bei Verweigerung des Zeugnisses beträgt höchstens 6 Wochen.

17   **7) Über die Anwendung der Zeugenvorschriften** (§§ 48ff. StPO) im gerichtlichen Bußgeldverfahren vgl. 24 vor § 67, im Verfahren der VB vgl. 1ff. zu § 59.

Akteneinsicht der Verwaltungsbehörde

49   Ist die Staatsanwaltschaft Verfolgungsbehörde, so ist die sonst zuständige Verwaltungsbehörde befugt, die Akten, die dem Gericht vorliegen oder im gerichtlichen Verfahren vorzulegen wären, einzusehen sowie sichergestellte und beschlagnahmte Gegenstände zu

besichtigen. Die Akten werden der Verwaltungsbehörde auf Antrag zur Einsichtnahme übersandt.

1   **1) Ist die StA Verfolgungsbehörde** (vgl. 7 zu § 35), so hat die sonst zuständige VB (2) ein unbeschränktes Recht auf Akteneinsicht (3). Dadurch erhält sie Gelegenheit, sich für den Fall ihrer Beteiligung (vgl. §§ 63, 76; 2 zu § 83) jederzeit über den Stand und die Einzelheiten des Verfahrens zu unterrichten und auf besondere Umstände hinzuweisen, die von ihrem Standpunkt aus für die Beurteilung der Sache von Bedeutung sind (vgl. Begr. zu § 40 EOWiG), so zB wenn sie vor der Einstellung des Verfahrens angehört wird (vgl. § 63 III, § 76 I S. 2).

2   **2) Sonst zuständige VB** ist im gerichtlichen Bußgeldverfahren nach Einspruch, im Wiederaufnahmeverfahren oder im Nachverfahren die VB, deren Bußgeldbescheid angefochten wird, im übrigen (vgl. §§ 42, 82 II, § 83 I) die VB, die nach den §§ 36 ff. sachlich und örtlich zuständig wäre, wenn nicht die StA die Ordnungswidrigkeit verfolgen würde. Bei mehrfacher Zuständigkeit (§ 39) steht jeder VB das Akteneinsichtsrecht zu; es beschränkt sich jedoch auf eine der zuständigen VBen, sobald eine Vorrangszuständigkeit eingetreten ist (vgl. 10 zu § 39; so auch Rebmann/ Roth/Herrmann 3).

3   **3) Ein unbeschränktes Akteneinsichtsrecht** hat die VB, also ohne die für den Verteidiger geltenden Beschränkungen (§ 147 II StPO iVm § 46 I; vgl. 50 zu § 60); allerdings darf durch die Akteneinsicht das Verfahren nicht verzögert werden (zB wenn die Akten wegen dringender Ermittlungshandlungen nicht entbehrlich sind; ebenso Rebmann/Roth/Herrmann 4). Die Akten werden der VB zur Einsichtnahme übersandt, wenn sie dies beantragt (S. 2; vgl. RiStBV 189 I, 296, Anh **C** 1). Es empfiehlt sich, der VB die Akten auch ohne Antrag zu übersenden, wenn sie um Stellungnahme gebeten wird, so zur Frage der Einstellung (vgl. § 63 III).

4   A. **Zu den Akten** gehören sowohl die gerichtlichen Akten als auch die staatsanwaltschaftlichen Ermittlungsakten, die außerdem das im ersten Zugriff der Polizei und von der VB gesammelte Material enthalten (vgl. auch 49 zu § 60), einschließlich etwaiger Beiakten, nicht aber die Handakten der StA oder andere innerdienstliche Vorgänge, die dem Gericht nicht vorzulegen wären (vgl. RiStBV 187 II S. 1, Anh **C** 1). Wesentliche Schriftstücke oder Gegenstände dürfen aus den Akten nicht entfernt werden oder in die Handakten der StA genommen werden, um dadurch die Akteneinsicht zu beschränken (vgl. 49 zu § 60). Die Akten einer anderen Verwaltung darf die VB nur mit deren Zustimmung einsehen. Wird eine Ordnungswidrigkeit zugleich mit einer Straftat verfolgt (vgl. §§ 42, 45, 64), so ist die Akteneinsicht, soweit dies möglich ist, auf den Teil der Akten zu beschränken, der die Ordnungswidrigkeit betrifft (vgl. § 83, dort 4), falls nicht die VB auch zur Einsicht der Strafakten befugt ist (vgl. § 13 II WiStG 1954, Anh **A 12**; § 43 II AWG, Anh **A 13**; § 34 II MOG; Art. 320 V S. 1 EGStGB, Anh **A** 1).

5   B. **Abschriften (Ablichtungen) aus den Akten** darf sich die VB fertigen oder fertigen lassen. Sie darf diese Abschriften (Ablichtungen) jedoch nur für ihre Zwecke verwenden (ebenso Rebmann/Roth/Herrmann 10).

6   **4) Zur Besichtigung** sichergestellter und beschlagnahmter Gegenstände (§§ 94, 111 b StPO iVm § 46 I; 69 ff. vor § 59) ist die VB ebenfalls
befugt. Sichergestellte Gegenstände sind auch solche, die ohne Beschlagnahme in Verwahrung genommen worden sind (vgl. 101 vor § 59).

7   **5) Der Verteidiger** hat ein Akteneinsichtsrecht nach § 147 StPO iVm
§ 46 I (vgl. 48 ff. zu § 60).

Bekanntmachung von Maßnahmen der Verwaltungsbehörde

50   ^I **Anordnungen, Verfügungen und sonstige Maßnahmen der Verwaltungsbehörde werden der Person, an die sich die Maßnahme
richtet, formlos bekanntgemacht. Ist gegen die Maßnahme ein befristeter Rechtsbehelf zulässig, so wird sie in einem Bescheid durch Zustellung bekanntgemacht.**

^{II} **Bei der Bekanntmachung eines Bescheides der Verwaltungsbe-
hörde, der durch einen befristeten Rechtsbefehl angefochten werden
kann, ist die Person, an die sich die Maßnahme richtet, über die Möglichkeit der Anfechtung und die dafür vorgeschriebene Frist und Form
zu belehren.**

1   **1) Über die Notwendigkeit** einer besonderen Regelung für das Verfahren der VB vgl. 7 zu § 46. Im gerichtlichen Bußgeldverfahren gelten
die §§ 35, 35a StPO iVm § 46 I (vgl. 22 vor § 67).

2   **2) Die Bekanntmachung von Maßnahmen** der VB regelt I. Der Begriff Maßnahme (Oberbegriff; vgl. auch § 23 I EGGVG sowie § 35 S. 1
VwVfG) ist als Verwaltungsakt zu verstehen und dementsprechend weit
auszulegen (Rebmann/Roth/Herrmann 7 zu § 62; Rotberg 4 zu § 62).
Hierunter fallen deshalb alle hoheitlichen Maßnahmen der VB im Bußgeldverfahren, namentlich Anordnungen und Verfügungen, die zur Regelung eines Einzelfalles getroffen werden und die auf unmittelbare
Rechtswirkung nach außen gerichtet sind (vgl. § 35 S. 1 VwVfG). Dabei
kommt es nicht darauf an, ob die Maßnahme mündlich, schriftlich oder
durch schlüssige Handlung getroffen wird (ebenso Rebmann/Roth/Herr-
mann 7 zu § 62). In Betracht kommen zB die Beschlagnahmeanordnung
(81 ff. vor § 59), die Anordnung der Notveräußerung (103 ff. vor § 59),
der Ordnungsgeldbescheid (70 zu § 59), Entscheidungen, die sich auf die
Wahl oder Bestellung des Verteidigers beziehen (vgl. 17, 33, 34 zu § 60),
der Kostenfestsetzungsbescheid (§ 106) und der Bescheid über die Entschädigungspflicht (§ 110 I). Weitere Beispiele vgl. 4, 7 zu § 62. Ob gegen die Maßnahmen der Antrag nach § 62 zulässig ist, darauf kommt es
nicht an (vgl. auch 3).

3   **3) Personen, an die sich die Maßnahme richtet** (I S. 1), können neben
dem Betroffenen (4 zu § 66) und den Nebenbeteiligten (2 ff. vor § 87)
auch dritte Personen sein, so zB Zeugen und Sachverständige, gegen die
ein Ordnungsgeld festgesetzt wird (63 ff., 95 zu § 59), der von der Beschlagnahme betroffene Gewahrsamsinhaber (89 vor § 59), der nicht zugelassene oder zurückgewiesene Verteidiger (8, 17, 46 zu § 60), der Beteiligungsinteressent, dessen Beteiligung abgelehnt wird (13 zu § 87). Die

Person, an die sich die Maßnahme richtet, braucht jedoch – anders als in § 62 I S. 1 – durch sie nicht beschwert zu sein; auch dem Begünstigten ist die Maßnahme bekanntzumachen (ebenso Rebmann/Roth/Herrmann 1; Rotberg 1). Wegen der Mitteilung an den Verteidiger des Betroffenen vgl. 32 zu § 51. Im Verfahren gegen Jugendliche soll die Maßnahme auch dem Erziehungsberechtigten (10 zu § 67) und dem gesetzlichen Vertreter (4 f. zu § 67) mitgeteilt werden (§ 67 II JGG, Anh **A 3**, iVm § 46 I; Rebmann/Roth/Herrmann 7; vgl. auch 17).

3a   **Weitergehende Mitteilungspflichten** können gesetzlich vorgeschrieben sein, so zB an andere Behörden, die am Ausgang des Bußgeldverfahrens interessiert sind (vgl. § 37 BinSchVerkG; Art. 19 III S. 2 BaySchulpflG; Art. 23 III S. 1 BayFoStG).

4   **4) Durch Zustellung oder formlos** wird die Maßnahme bekanntgemacht (I).

5   A. **Die Zustellung** (Übergabe eines Schriftstücks unter Beachtung besonderer Formvorschriften; vgl. Nr. 2 VwZGVwv, Anh **A 5a**) ist vorgeschrieben, wenn gegen die Maßnahme ein befristeter Rechtsbehelf zulässig ist (I S. 2); die Maßnahme ergeht dann in der Form eines ,,Bescheides". Über das Zustellungsverfahren vgl. zu § 51.

6   a) **Ein befristeter Rechtsbehelf** ist der Einspruch gegen den Bußgeldbescheid (§ 67) und die ihm gleichstehenden Bescheide (vgl. 3 zu § 65); ferner der Antrag auf gerichtliche Entscheidung (§ 62) in den Fällen des § 100 II S. 1, § 108 I S. 2 und § 110 II S. 1. Da hier eine Frist in Lauf gesetzt wird, muß der genaue Zeitpunkt des Zugangs urkundlich festgehalten werden.

7   b) **Auch in den Fällen des I S. 1** (vgl. 8) kann die VB die Zustellung anordnen, wenn sie dies aus besonderen Gründen für erforderlich hält (vgl. § 1 III VwZG, Anh **A 5**), so zB bei der Ladung eines Zeugen, der bereits einmal nicht erschienen oder mit dessen Ausbleiben zu rechnen ist (7 a zu § 59); ebenso bei einer Beschlagnahmeanordnung (81 ff. vor § 59). Auch dann gilt für das Verfahren § 51 mit den besonderen Bestimmungen in II–V; jedoch werden – abweichend von § 51 V S. 1 – § 9 I VwZG und die entsprechenden landesrechtlichen Vorschriften anzuwenden sein (Rebmann/Roth/Herrmann 16 zu § 51).

8   B. **Formlose Mitteilung** der Maßnahme genügt, wenn durch sie keine Frist in Lauf gesetzt wird (I S. 1). Sie kann durch einfachen Brief, aber auch mündlich durch den Amtsträger, der die Maßnahme ausspricht, aber auch durch einen anderen Bediensteten (vgl. Rebmann/Roth/Hermann 2; Rotberg 2) geschehen. Eine besondere Form der Bekanntmachung ist im Gegensatz zu I S. 2 nicht vorgeschrieben; die schriftliche Form empfiehlt sich jedoch, wenn die Maßnahme jemanden beschwert und deshalb Antrag auf gerichtliche Entscheidung zugelassen ist (§ 62). Die mündliche Bekanntgabe wird zweckmäßigerweise aktenkundig gemacht (Rotberg 2).

9   **5) Die Belehrung** nach II, der § 35 a StPO nachgebildet ist, setzt voraus, daß die Maßnahme durch einen befristeten Rechtsbehelf (6) angefochten werden kann.

10   A. **Inhalt der Belehrung** (vgl. hierzu auch das Muster einer Rechtsbehelfsbelehrung nach § 67 in MBlNW **78**, 1190): Zu belehren ist über

11   a) **die Möglichkeit der Anfechtung,** also den gegen die einzelne Maßnahme jeweils zulässigen befristeten Rechtsbehelf (vgl. 6). Nicht belehrt zu werden braucht über die Möglichkeit, gegen die Versäumung einer Frist die Wiedereinsetzung in den vorigen Stand zu beantragen. Zwar handelt es sich auch bei dem Wiedereinsetzungsantrag um einen befristeten Rechtsbehelf (vgl. § 45 StPO iVm § 52 S. 1); er ist jedoch kein solcher, der sich unmittelbar gegen den Bescheid der VB richtet, sondern ein späterer Rechtsbehelf zur Beseitigung einer (unverschuldeten) Säumnisfolge (im Ergebnis ebenso Kleinknecht 3 zu § 35a StPO);

12   b) **über die gesetzlich bestimmte Frist** (30 zu § 67, 14 zu § 62) unter Angabe ihres Beginns oder Endes. Allerdings braucht die Rechtsbefehlsbelehrung nicht auf alle nach dem Gesetz denkbaren – ua auch von der Wahl der Zustellungsart abhängigen – Möglichkeiten des Fristbeginns oder -ablaufs hinzuweisen, so zB bei der Zustellung durch Einschreiben (11 zu § 51; vgl. hierzu BayVGH BayVBl. **77**, 341 m. krit. Anm. Hingerl BayVBl. **77**, 607); auch nicht auf die mögliche Verlängerung der Frist nach § 43 II StPO iVm § 52 S. 1 (BVerfGE **31**, 388, 390). Aus der Belehrung muß hervorgehen, daß die Frist nur dann gewahrt ist, wenn der Rechtsbehelf noch vor ihrem Ablauf bei der zuständigen Stelle eingegangen ist (vgl. BGH **8**, 105, 107; BVerwG NJW **70**, 484; LR-Wendisch 17 zu § 35a StPO; 14ff. zu § 67);

13   c) **über die Form der Anfechtung,** also daß der Rechtsbehelf schriftlich oder zur Niederschrift bei der VB, welche die Maßnahme getroffen hat, einzulegen ist (§ 67; 11 zu § 62). Die VB ist unter Angabe von Ort, Straße und Hausnummer genau zu bezeichnen. Beim befristeten Antrag nach § 62 (vgl. 6) ist auch über die Möglichkeit der Antragstellung beim AG nach § 68 (10 zu § 62) zu belehren (Rotberg 7).

14   B. **Zugleich mit der Bekanntmachung** der Maßnahme ist die Belehrung zu verbinden, also in den Bescheid aufzunehmen, wie dies beim Bußgeldbescheid (vgl. auch 3 zu § 65) für den Hinweis auf die Einspruchsmöglichkeit ausdrücklich vorgeschrieben ist (§ 66 II Nr. 1 a); bei anderen Bescheiden kann die Belehrung auch mittels eines Merkblattes durchgeführt werden (vgl. § 59 VwGO; RiStBV 142 III), das zugleich mit dem Bescheid zugestellt und in der Zustellungsurkunde aufgeführt wird (Rebmann/Roth/Herrmann 6a).

15   **Bei Ausländern,** die der deutschen Sprache unkundig sind, empfiehlt es sich, eine Übersetzung der Rechtsbehelfsbelehrung in deren Heimatsprache beizufügen, da sonst uU eine Versäumung der Rechtsbehelfsfrist als unverschuldet anzusehen ist; ein Anspruch hierauf besteht jedoch nicht (BVerfGE **42**, 120 in Erg. von BVerfGE **40**, 95; Rebmann/Roth/ Herrmann 6a; Kleinknecht 7 zu § 35a StPO; vgl. auch 8 zu § 52).

16   C. **Zwingend vorgeschrieben** ist die Belehrung. Unterbleibt sie oder ist sie rechtsfehlerhaft, so liegt bei Fristversäumung nach § 44 S. 2 StPO iVm § 52 stets ein Grund für die Wiedereinsetzung in den vorigen Stand vor (vgl. 7 zu § 52). Verzicht auf die Belehrung ist möglich (vgl. Zweibrücken VRS **56**, 33; Hamm NJW **56**, 1330); er wird aber, da die Bescheide der VB schriftlich ergehen und zugestellt werden, nur in Betracht kommen, wenn in den Räumen der VB gegen Empfangsbekenntnis (14 zu § 51) zugestellt wird (ebenso jetzt Rebmann/Roth/Herrmann 8).

17   D. **Der Betroffene** (49 vor § 59) oder ein etwaiger Nebenbeteiligter (2 ff. vor § 87), der den befristeten Rechtsbehelf einlegen könnte, ist zu belehren, und zwar auch dann, wenn er einen Verteidiger hat, an den nach § 51 III zugestellt wird (vgl. Kleinknecht 5 zu § 35 a StPO). Handelt es sich bei dem Betroffenen um einen Jugendlichen, so gilt § 67 II JGG (Anh **A** 3) iVm § 46 I auch für die Rechtsbehelfsbelehrung entsprechend; der Erziehungsberechtigte (10 zu § 67) und der gesetzliche Vertreter (4 f. zu § 67) sollen darauf hingewiesen werden, daß sie ihr Anfechtungsrecht nur innerhalb der für den Betroffenen laufenden Frist ausüben können (vgl. Rebmann/Roth/Herrmann 7; Brunner 11 zu § 67; 12 zu § 52; 6 zu § 67).

18   E. **Für den Bußgeldbescheid** gilt erg. § 66 II, dessen Nr. 1 die Belehrungspflicht in besonderer Weise modifiziert (Hinweis auf Rechtskraft und Vollstreckbarkeit, Möglichkeit der Entscheidung im schriftlichen Verfahren); ebenso für die dem Bußgeldbescheid gleichstehenden Bescheide (3 zu § 65; vgl. aber § 87 III S. 1 Halbs. 2).

Verfahren bei Zustellungen der Verwaltungsbehörde

51 ᴵ **Für das Zustellungsverfahren der Verwaltungsbehörde gelten die Vorschriften des Verwaltungszustellungsgesetzes vom 3. Juli 1952 (Bundesgesetzbl. I S. 379) in der jeweils geltenden Fassung, wenn eine Verwaltungsbehörde des Bundes den Bescheid erlassen hat, sonst die entsprechenden landesrechtlichen Vorschriften, soweit die Absätze 2 bis 5 nichts anderes bestimmen. Wird die Ausfertigung des Bußgeldbescheides mittels automatischer Einrichtungen hergestellt, so genügt es, daß das Schriftstück mit dem Abdruck des Dienstsiegels der Verwaltungsbehörde versehen ist.**

ᴵᴵ **Der Bescheid wird dem Betroffenen zugestellt und, wenn er einen gesetzlichen Vertreter hat, diesem mitgeteilt.**

ᴵᴵᴵ **Der gewählte Verteidiger, dessen Vollmacht sich bei den Akten befindet, sowie der bestellte Verteidiger gelten als ermächtigt, Zustellungen für den Betroffenen in Empfang zu nehmen. Wird der Bescheid dem Verteidiger nach Satz 1 zugestellt, so wird der Betroffene hiervon zugleich unterrichtet; dabei erhält er formlos eine Abschrift des Bescheides. Wird der Bescheid dem Betroffenen zugestellt, so wird der Verteidiger hiervon zugleich unterrichtet, auch wenn eine Vollmacht bei den Akten nicht vorliegt; dabei erhält er formlos eine Abschrift des Bescheides.**

ᴵⱽ **Wird die für den Beteiligten bestimmte Zustellung an mehrere Empfangsberechtigte bewirkt, so richtet sich die Berechnung einer Frist nach der zuletzt bewirkten Zustellung.**

ᵛ § 7 Abs. 1 und § 9 des Verwaltungszustellungsgesetzes und die entsprechenden landesrechtlichen Vorschriften sind nicht anzuwenden.
Hat der Betroffene einen Verteidiger, so sind auch § 8 Abs. 1 Satz 1, 2
und Abs. 2 des Verwaltungszustellungsgesetzes und die entsprechenden
landesrechtlichen Vorschriften nicht anzuwenden.

Übersicht

1   **1) Über die Notwendigkeit** einer besonderen Regelung für das Verfahren der VB vgl. 7 zu § 46. Im gerichtlichen Bußgeldverfahren und im
Verfahren der StA gelten die §§ 35, 36 ff. StPO iVm § 46 I (vgl. 22 vor
§ 67).

2   **2) Das Zustellungsverfahren,** also die Art und Weise der Zustellung,
regelt die Vorschrift; in welchen Fällen bei der Bekanntgabe einer Maßnahme die Form der Zustellung zu wählen ist, ergibt sich aus § 50 I S. 2
(vgl. dort 5 ff.). Für das Zustellungsverfahren gelten das VwZG (Anh
A 5) und die entsprechenden Vorschriften der Länder mit den Abweichungen in II–V (I S. 1), je nachdem, ob eine VB des Bundes oder eines
Landes (2 vor § 35) den Bescheid erlassen hat. Die Länder haben für ihren
Bereich die Vorschriften des VwZG entweder weitgehend übernommen
– so **Baden-Württemberg:** VwZG v. 30. 6. 1958 (GBl. 165), ÄndG v.
16. 12. 1975 (GBl. 867), **Bayern:** Art. 1–17 Bay VwVZG mit geringfü-
gigen Abweichungen (vgl. zB § 4 II), **Schleswig-Holstein:** §§ 146 ff.
LVwGSchlH – oder gem. § 1 II VwZG für anwendbar erklärt – so **Berlin:** § 5 I G über das Verfahren der Berl. Verwaltung v. 8. 12. 1976
(GVBl. 2735, 2898; BRV 2010–1),**Bremen:** VwZG v. 14. 9. 1954 (GBl.
103; 202–a–2), letztes ÄndG v. 20. 12. 1976 (GBl. 334), **Hamburg:**
VwZG v. 21. 6. 1954 (BL II 2010–4), letztes ÄndG v. 15. 10. 1973
(GVBl. 423), **Hessen:** VwZG v. 14. 2. 1957 (GVBl. 9; II 304–11), letztes
ÄndG v. 5. 2. 1973 (GVBl. I 57), **Niedersachsen:** VwZG idF v. 15. 6.
1966 (GVBl. 114), ÄndG v. 20. 12. 1976 (GVBl. 325), **Nordrhein-West-
falen:** VwZG v. 23. 7. 1957 (GVNW 213; SGVNW 2010), letztes ÄndG
v. 28. 6. 1977 (GVNW 280), **Rheinland-Pfalz:** VwZG v. 14. 3. 1955
(GVBl. 25; BS 2010–1), ÄndG v. 20. 6. 1974 (GVBl. 233, 261), **Saarland:**
G v. 27. 3. 1958 (ABl. 393; BSSaar 2010–1).

3   **Allgemeine Verwaltungsvorschriften** (Anh **A 5a**) hat der BMI ergänzend zum VwZG erlassen, die für die VBen verbindliche Richtlinien zur

Auslegung und Anwendung des VwZG enthalten; über den Begriff der Zustellung vgl. dort Nr. 3. Entsprechende VwVen haben auch die Länder jeweils für ihren Bereich erlassen (vgl. den Nachweis bei Rebmann/Roth/Herrmann 7).

4 **Bei Bescheiden der Landesfinanzbehörden** gilt für die Zustellung abweichend von I S. 1 das VwZG des Bundes (§ 412 I AO 1977, Anh **A 10**).

5   **3) Zugestellt wird eine Ausfertigung** des Bescheides (vgl. 5 zu § 50). Darunter ist eine amtliche Abschrift (oder Ablichtung) zu verstehen, die im Verkehr die Urschrift ersetzen soll und deshalb von einem UrkB (oder einem sonst ermächtigten Verwaltungsangehörigen) in besonderer Form (Ausfertigungsvermerk, Dienstsiegel, Unterschrift des UrkB) erteilt wird (EbSchmidt 19 zu § 275 StPO; vgl. auch Art. 32 BayAGGVG). Die äußere Form der Ausfertigung, insbesondere die Art der Anbringung des Ausfertigungsvermerks richtet sich jeweils nach den für die VB geltenden einschlägigen Vorschriften, in Ermangelung solcher nach der Verwaltungsübung. § 2 I S. 1 VwZG läßt zwar auch die Zustellung einer beglaubigten Abschrift oder Ablichtung (schwächere Art der Beglaubigung zu). Bei einem Bußgeldbescheid oder einem ihm gleichstehenden Bescheid (3 zu § 65) ist jedoch keine beglaubigte Abschrift, sondern eine Ausfertigung zuzustellen, da er die Wirkung eines Urteils erlangen kann und auch beim Urteil sowie bei etwa gleichstehenden Entscheidungen eine Ausfertigung zuzustellen ist (ebenso Rebmann/Roth/Hermann 1 b; Rotberg 9). Ein (förmlicher, mit einer Unterschrift versehener) Ausfertigungsvermerk ist nicht erforderlich, wenn die Ausfertigung mittels automatischer Einrichtungen (zB elektronischer Datenverarbeitung) hergestellt wird (I S. 2), wie dies in einigen Ländern (zB Bayern, Berlin, Hessen) der Fall ist (Frankfurt NJW **76**, 337). In diesen Fällen reicht es aus, wenn die Ausfertigung des Bescheids lediglich mit dem Dienstsiegelabdruck der VB versehen wird. Dabei genügt es, wenn das Dienstsiegel bereits in den Vordruck für die Ausfertigung eingedruckt ist. Stimmt die Ausfertigung in einem wesentlichen Punkt nicht mit der Urschrift überein, so ist die Zustellung zu wiederholen (36 zu § 66). Die Zustellung **6** einer **Urschrift** (Original des Bescheids) genügt in jedem Falle, da diese Form noch stärker ist als die der Ausfertigung (vgl. § 2 I S. 1 VwZG; ferner 31 ff. zu § 66).

7   **4) Mehrere Zustellungsarten** (§§ 3–6 VwZG) stehen der VB nach freiem Ermessen zur Auswahl (§ 2 II VwZG; Nr. 4 VwZGVwv); von ihnen sollte möglichst diejenige Zustellungsart gewählt werden, welche die geringsten Auslagen oder den geringsten Aufwand verursacht (vgl. auch 30). Ist ein Bescheid an einen Betroffenen zuzustellen, gegen den im Konkursverfahren vom Gericht eine Postsperre (§ 121 KO) angeordnet worden ist, so ist die Zustellungsart nach § 5 VwZG zu wählen, da Bescheide, die durch die Post zugestellt werden sollen, von dieser als unzustellbar behandelt werden (vgl. Nr. 5 IV VwZGVwv; Bay. VRS **57**, 225; vgl. auch 28, 34). Zu den genannten Zustellungsarten kommen als **8** **Sonderarten** die Zustellung im Ausland (§ 14 VwZG; 15) und die öffentliche Zustellung (§ 15 VwZG; 17ff). Über weitere Besonderheiten bei der Zustellung an Binnenschiffer und Seeleute vgl. 22, an Soldaten vgl. 23.

9   **A. Bei der Zustellung durch die Post mit Zustellungsurkunde** (§ 3 VwZG; Nr. 5 VwZGVwv) wird die Zustellung durch den Postbediensteten beurkundet und die Zustellungsurkunde an die VB zurückgeleitet (vgl. § 39 PostO). Es gelten die §§ 180–186, 195 II ZPO (§ 3 III VwZG; vgl. auch die §§ 10–13 VwZG, Nrn. 12–17 VwZGVwv).

10   **Die Ersatzzustellung** nach § 182 ZPO ist auch beim Bußgeldbescheid durch Niederlegung bei der Geschäftsstelle des AG, beim Postamt, der Gemeinde und der Polizei zulässig (vgl. BVerfGE **38**, 35, 38 mwN; Hamm VRS **49**, 204; vgl. 5 zu § 52). Die Ersatzzustellung in den Geschäftsräumen des Betroffenen (§ 182 ZPO) ist auch zulässig, wenn er diese nicht allein, sondern in Gemeinschaft mit einem anderen unterhält; dabei ist es unerheblich, ob er regelmäßig dort tätig, ob er ortsanwesend und ob er persönlich unter einer anderen Anschrift zu erreichen ist (Schleswig bei Ernesti/Jürgensen SchlHA **76**, 195). Die Ersatzzustellung in der Wohnung und in den gewerblichen Räumen (§§ 181, 183 ZPO) hat jedoch zu unterbleiben, wenn der Betroffene längere Zeit abwesend ist, so wegen der Verbüßung einer Freiheitsstrafe von einem Monat und mehr (BGH NJW **78**, 1858; **51**, 931), bei Ableistung des Wehrdienstes mit Kasernierung (Bay. VRS **41**, 281) oder einer länger dauernden freiwilligen Entziehungskur in einer Heilstätte (Bay. bei Rüth DAR **76**, 176) oder sonstigen Einrichtung; anders dagegen bei einem Urlaubsaufenthalt (Hamm aaO; vgl. 5).

11   **B. Die Zustellung durch die Post mittels eingeschriebenen Briefes** (§ 4 VwZG; Nr. 6 VwZGVwv; § 29 PostO; vgl. auch Herrmann DÖV **70**, 845; Geiger BayVBl. **70**, 280) ist auch bei Bußgeldbescheiden zulässig (BayVerfGH BayVBl. **74**, 268; Hamm NJW **70**, 1092; v. Oertzen NJW **69**, 2160 und Dreising NJW **70**, 440 m. krit. Anm. zu LG Münster NJW **69**, 1497; Rebmann/Roth/Herrmann 3a; Rotberg 4). Sie geht von der (beschränkt widerlegbaren) Fiktion aus, daß der Bescheid mit dem dritten Tage nach Aufgabe zur Post übergeben worden ist; diese Fiktion bleibt bestehen, auch wenn feststeht, daß der Empfänger den Bescheid früher erhalten hat (vgl. BayVerfGH aaO mwN); die Fiktion wird jedoch ausgeräumt, wenn der Betroffene den Bescheid nicht oder zu einem späteren Zeitpunkt erhalten hat (vgl. 13). Die Zustellung mittels eingeschriebenen Briefes empfiehlt sich nur dann, wenn damit zu rechnen ist, daß der Empfänger oder ein Ersatzempfänger (§ 51 III PostO) angetroffen und auch bereit sein wird, den Bescheid anzunehmen, da Zustellung durch Niederlegung (§ 182 ZPO) oder durch Zurücklassen (§ 186 ZPO) nicht möglich ist (vgl. § 59 II Nr. 1 PostO; BVerwGE **36**, 127).

12   a) **In den Akten vermerkt** werden muß der Tag, an dem der Bescheid zur Post gegeben worden ist; der Aktenvermerk braucht von dem mit der Absendung betrauten Verwaltungsangehörigen nicht unterschrieben oder mit seinem Namenszeichen versehen zu werden (§ 4 II VwZG). Fehlt der Aktenvermerk, so ist eine zwingende Zustellungsvorschrift verletzt mit der Folge, daß die Zustellung unwirksam ist (vgl. 34; Bay. NJW **67**, 2064, VRS **39**, 221; BFH NJW **70**, 80; Rebmann/Roth/Herrmann 3b; Rotberg 14; str., aM OVG Bremen NJW **74**, 1723). Der Post-einlieferungsschein, der in die Akten eingeheftet wird, ersetzt den Akten-vermerk nicht (LG Frankfurt NJW **69**, 2216; BGHZ **32**, 370, 373; Reb-mann/Roth/Herrmann 3b; str., aM OVG Bremen aaO); vgl. in Bayern jedoch die abweichende Regelung des Art. 4 II S. 2 VwZVG, wonach anstelle des Vermerks auch ein Vordruck mit der genauen Bezeichnung (Betreff, Datum, Aktenzeichen) des zuzustellenden Schriftstücks und dem eingedruckten, von der Post bestätigten Einlieferungsschein zu den Akten genommen werden kann. Auch ein **Rückschein** (§ 31 PostO), der bei der Zustellung eines Bescheides angebracht ist, um Zweifel über die Tatsache und den Zeitpunkt des Zuganges (vgl. 13) nach Möglichkeit auszuschließen, ersetzt den fehlenden Aktenvermerk nicht. Die Zustel-lung ist ferner unwirksam, wenn der Aktenvermerk auf einen Zeitpunkt vor dem Ausstellungstag des zuzustellenden Schriftstückes lautet (Bay. VRS **39**, 221).

13   b) **Bestehen Zweifel** über den Zeitpunkt des Zugangs des zuzustellen-den Bescheids, so ist die VB beweispflichtig und muß diese durch geeig-nete Ermittlungen, zB durch Nachfrage bei der Post, klären (BayVerfGH MDR **77**, 642); notfalls muß die VB nochmals zustellen, wobei sie auch eine andere Zustellungsart wählen kann (Nr. 6 I VwZGVwv; Rebmann/ Roth/Herrmann 3a). Zur Auslegung des Begriffs „Zugang" vgl. Bay-VerfGH BayVBl. **74**, 268; danach kann der Anspruch des Betroffenen auf rechtliches Gehör iS des Art. 91 I BayVerf verletzt sein, wenn ein Verstoß gegen Zustellungsvorschriften vorliegt (vgl. BayVerfGH MDR **77**, 642).

14   C. **Bei Zustellung durch die VB gegen Empfangsbekenntnis** (§ 5 VwZG; Nr. 7 VwZGVwv) wird der Bescheid im Falle des § 5 I VwZG dem Betroffenen durch einen Bediensteten der VB ausgehändigt; dabei finden die §§ 10–13 VwZG (vgl. auch Nrn. 12–18 VwZGVwv) Anwen-dung (§ 5 III VwZG), die im wesentlichen den §§ 180–184, 186 und 191 Nr. 4 ZPO entsprechen. Die Ersatzzustellung durch Niederlegung (vgl. 10) ist jedoch abweichend von § 182 ZPO nicht bei der Geschäftsstelle des AG oder beim Postamt zulässig; ist eine Mitteilung über die Nieder-legung an der Wohnungstür befestigt worden, so soll nach Möglichkeit auch ein Nachbar mündlich verständigt werden (§ 11 II VwZG). Wird der Bescheid in den Diensträumen der VB ausgehändigt, so kann mit dem Empfangsbekenntnis zugleich ein **Rechtsbehelfsverzicht** verbunden werden (14 vor § 65; 41 zu § 67).

14a   In **vereinfachter Form** (zB durch Aufgabe zur Post oder einen Boten) kann an Behörden, Körperschaften und Anstalten des öR sowie die in § 5 II VwZG sonst aufgeführten Personen (zB Rechtsanwälte, Angehörige der steuerberatenden Berufe), nicht aber an Rechtsbeistände (OVG Ko-blenz NJW **70**, 1144; Engelhardt 2 zu § 5 VwZG) zugestellt werden. Die Zustellung wird dann durch das mit Datum und Unterschrift (vgl. BGHZ **57**, 160) versehene Empfangsbekenntnis nachgewiesen, das an die VB zurückzusenden ist. Maßgebend ist das Datum des Eingangs des Bescheids (BSG MDR **71**, 1045; BFH NJW **72**, 552); bei der Zustellung an einen RA ist dies der Tag, an dem er persönlich den zuzustellenden

Bescheid als zugestellt angenommen hat (BVerwG NJW **79**, 1998; vgl. auch BGH JZ **79**, 571 zu § 212a ZPO).

15　　　D. **Die Zustellung im Ausland** mittels Ersuchen der zuständigen ausländischen Behörde (§ 14 I VwZG; Nr. 18 VwZGVwv) ist eine Art zwischenstaatlicher Rechts- und Amtshilfe (21 ff. vor § 59). Die Zustellung ist daher nur möglich, wenn zwischenstaatliche Rechts- und Amtshilfeverträge eine Rechts- und Amtshilfe auch in Bußgeldsachen vorsehen (vgl. 23–24 vor § 59) oder dies durch Notenwechsel vereinbart ist (vgl. 22 vor § 59). Vereinzelt besteht auch die Möglichkeit der Zustellung durch die Auslandsvertretungen der BRep., falls ausländische Gesetze sowie die Gewohnheiten in dem Amtsbezirk nicht entgegenstehen (vgl. RiVASt 175; §§ 4, 16 KonsG), so zB in Großbritannien ohne Rücksicht auf die Staatsangehörigkeit des Betroffenen (vgl. 22 vor § 59; BGH **26**, 140); in diesen Fällen handelt es sich nicht um Rechtshilfeverkehr mit dem Ausland, sondern um innerstaatlichen Rechts- und Amtshilfeverkehr. Im übrigen ist die Zustellung eines gegen einen Ausländer gerichteten Bescheides im Ausland nach dem gegenwärtigen Rechtszustand nicht möglich (so zB in Belgien: LG Aachen DAR **79**, 82). Im Verfahren gegen Ausländer empfiehlt sich daher die Anwendung des § 132 StPO iVm § 46 I (127 ff. vor § 59). In Betracht kommt auch die öffentliche Zustellung (17 ff.; vgl. Kohlrust/Eimert 2 zu § 15). Unzulässig ist auf jeden Fall die Zustellung von Bescheiden unmittelbar auf dem Postweg in das Ausland, da in der Regel damit zu rechnen ist, daß der ausländische Staat dies als einen unzulässigen Eingriff in seine Hoheitsrechte beanstanden wird (vgl. RiVASt 160). Über die Zustellung an exterritoriale Deutsche und Vorsteher der Bundeskonsulate, wenn sie sich nicht im Inland aufhalten, vgl. § 14 II VwZG, Nr. 18 III VwZGVwv.

16　　　**Als Zustellungsnachweis** dient bei einer Zustellung im Ausland die Bescheinigung der ersuchten Behörde oder des ersuchten Beamten, daß zugestellt ist (§ 14 IV VwZG), soweit in einzelnen zwischenstaatlichen Verträgen nichts anderes bestimmt ist (zB Empfangsbestätigung des Empfängers eines Schriftstücks).

16a　　　**Auf Zustellungen in der DDR** ist § 14 VwZG nicht anzuwenden, da die DDR von der BRep. nicht als Ausland angesehen wird (vgl. auch Engelhardt 1 bei § 14 VwZG). Da Vereinbarungen über die Zustellung zwischen beiden deutschen Staaten nicht bestehen, bleibt nur die Möglichkeit der öffentlichen Zustellung nach § 15 VwZG (17 ff.) oder die Anwendung des § 132 StPO iVm § 46 I (127 ff. vor § 59); dabei sind die Richtlinien des BMI v. 13. 12. 1966 (GMBl. **67**, 38) zu beachten (vgl. auch Nr. 1 II VwVZVwV), wobei jedoch die nach dem Inkrafttreten des GrundlagenVtr v. 21. 12. 1972 (BGBl. 1973 II 421, 559) bestehende Rechtslage (vgl. Art. 6) zu berücksichtigen ist.

17　　　E. **Durch öffentliche Bekanntmachung** (§ 15 VwZG; Nr. 19 VwZGVwv) kann zugestellt werden, wenn eine der Voraussetzungen des § 15 I VwZG vorliegt (zB unbekannter Aufenthalt des Empfängers oder Unausführbarkeit oder voraussichtliche Erfolglosigkeit der Zustellung, weil der Empfänger im Ausland wohnt; vgl. 15). Von dieser Möglichkeit darf die VB erst dann Gebrauch machen, wenn sich auf Grund sorgfältiger Prüfung, die alle nach den Umständen des Falles verfügbaren Erkenntnismittel einbeziehen muß, ergibt, daß die übrigen Zustellungsarten (vgl. 9–16) nicht ausführbar sind (Kohlrust/Eimert 1 zu § 15); die öffentliche Zustellung kommt demnach nur als *ultima ratio* in Betracht (Hamm JMBlNW **74**, 106 zu § 40 StPO).

18   a) **Unbekannt ist der Aufenthalt des Betroffenen** (§ 15 Ia VwZG) nicht schon deshalb, weil die VB seine Anschrift nicht kennt; vielmehr muß die Anschrift allgemein unbekannt sein (Nr. 19 II a VwZGVwv; ähnlich Köln NJW **56**, 642, wonach Rückbrief mit dem Vermerk „Empfänger unbekannt verzogen" nicht ausreicht). Die VB hat also den Aufenthalt durch Auskunftsersuchen (§ 161 StPO iVm § 46 I; 60 vor § 59) an die zuständigen Stellen (Einwohnermeldeamt, Polizei) zu ermitteln; bei einem Ausländer ist auch beim Bundesverwaltungsamt (Ausländerzentralregister) in Köln anzufragen (Stuttgart NJW **76**, 1599 zu § 40 StPO). Im übrigen sollen ein Suchvermerk im Bundeszentralregister (§ 25 BZRG) niedergelegt und andere geeignete Nachforschungen angestellt werden (§ 15 V S. 1 VwZG).

19   b) **Unausführbar** ist die Zustellung außerhalb des Geltungsbereichs des GG (Ausland, DDR) nicht nur dann, wenn es in dem betreffenden Gebiet an geordneten staatlichen Einrichtungen fehlt (Nr. 19 IIc S. 1 VwZGVwv), sondern auch, wenn keine entsprechenden zwischenstaatlichen Verträge oder Vereinbarungen bestehen (vgl. 15). Ist die Anschrift des Empfängers bekannt und besteht Postverbindung, so ist ihm die öffentliche Zustellung und der Bescheid formlos mitzuteilen (§ 15 V S. 2 VwZG; Nr. 19 V VwZGVwv); hiervon hängt aber nicht die Wirksamkeit der Zustellung ab (§ 15 V S. 3 VwZG).

20   c) **Als zugestellt gilt der** Bescheid an dem Tage, an dem seit dem Tage des Aushängens an der dazu bestimmten Stelle 2 Wochen verstrichen sind (§ 15 III S. 2 VwZG), falls nicht während dieser Frist der VB die zustellungsfähige Anschrift bekannt wird (Stuttgart, Die Justiz **73**, 328 zu § 40 StPO). Nach § 15 III S. 3 VwZG muß auf der Urschrift des Bescheides der Tag des Aushängens und der Abnahme vermerkt sein, wobei der Vermerk von dem zuständigen Bediensteten unterzeichnet sein muß (LG Aachen DAR **79**, 82; vgl. auch BGH MDR **70**, 1006). Zur Vermeidung unnötiger Bloßstellung des Betroffenen ist von der Möglichkeit des § 15 II S. 2 VwZG (Aushängung einer Benachrichtigung statt des Bescheids) weitgehend Gebrauch zu machen. Für die Fristberechnung gilt § 43 StPO (vgl. 22ff. zu § 52). Ein Auszug des zuzustellenden Bescheids kann in örtlichen oder überörtlichen Zeitungen oder Zeitschriften ein- oder mehrmalig veröffentlicht werden, wobei der Verwaltungsaufwand im Verhältnis zur Bedeutung der Sache und zu den Erfolgsaussichten stehen muß (§ 15 IV VwZG).

21   d) **An Mitglieder ausländischer Streitkräfte der NATO,** die in der BRep. stationiert sind, sowie an deren ziviles Gefolge und Angehörige ist die öffentliche Zustellung unzulässig (Art. 36 I ZusAbk. z. NATO-Truppenstatut).

22   F. **An Binnenschiffer und Seeleute** kann kraft Gewohnheitsrechts auf allen Wasserstraßen und in den Häfen der BRep. mit Hilfe der Wasser-

schutzpolizei gegen Empfangsbekenntnis zugestellt werden (Hamm NJW **65**, 1613; StrK b. AG Bremerhaven NJW **67**, 1721; LR-Wendisch 61 zu § 37 StPO). Über Doppelzustellung (zunächst durch Niederlegung und später durch die Hafenkontrolle an Bord des Schiffes) vgl. 33.

23   G. **Über die Zustellung an Soldaten** der Bundeswehr vgl. den Erl. d. BMVg v. 5. 8. 1965 (VMBl. 370), ÄndErl. v. 5. 4. 1966 (VMBl. 221). Danach kann ersatzweise dem Kompaniefeldwebel (Innendienstleiter) und in dessen Abwesenheit seinem Stellvertreter zugestellt werden; die ersatzweise Zustellung an einen Soldaten auf der Poststelle ist unzulässig und damit unwirksam (LG Münster MDR **78**, 427; vgl. 34). Bei der Zustellung an Mitglieder der in der BRep. stationierten ausländischen Truppen, deren ziviles Gefolge und deren Angehörige ist Art. 36 Zus-Abk z. NATO-Truppenstatut iVm dem Unterzeichnungsprotokoll zum ZusAbk (zu Art. VII) v. 3. 8. 1959 (BGBl. 1961 II 1183, 1313) zu beachten; bei den amerikanischen Stationierungsstreitkräften führt die zuständige Verbindungsstelle der Truppen auf Antrag der VB Zustellungen an Mitglieder der Truppen pp durch Aushändigung gegen Empfangsbestätigung durch und benachrichtigt hierüber die VB (vgl. Anl. 4 d. Bek. d. BayStMdI v. 2. 3. 1971, MABl. 185).

24   H. **Zur Nachtzeit sowie an Sonn- und Feiertagen** (vgl. 25 zu § 52) darf eine Zustellung nach § 3 VwZG (vgl. 9) und nach § 5 VwZG (vgl. 14) nur mit schriftlicher Erlaubnis des Leiters der VB bewirkt werden (§ 12 VwZG; Kohlrust/Eimert 3 g zu § 3, Anm. 72). Fehlt die erforderliche Erlaubnis und wird die Annahme des Bescheides aus diesem Grund verweigert, so ist die Zustellung unwirksam (§ 12 IV VwZG; vgl. 34). Bei der Zustellung nach § 4 VwZG (vgl. 11 ff.) ist dagegen eine Erlaubnis nicht erforderlich (vgl. auch § 188 I S. 1 ZPO).

25   **5) Dem Betroffenen** ist der Bescheid zuzustellen (II), ferner einem Nebenbeteiligten (2 ff. vor § 87), wenn seine Verfahrensbeteiligung angeordnet ist (§ 87 II S. 2, § 88 III).

26   A. **Einer natürlichen Person** wird der Bescheid auch dann zugestellt, wenn sie nur beschränkt geschäftsfähig (§§ 106, 114 BGB; Nr. 9 IIb VwZGVwv) ist, da ihr der befristete Rechtsbehelf (6 zu § 50) zusteht (12 zu § 67); § 7 I VwZG gilt deshalb hier nicht (V S. 1). Dem gesetzlichen Vertreter des Betroffenen ist jedoch der Bescheid formlos mitzuteilen, da er von dem Rechtsbehelf selbständig Gebrauch machen kann (§ 298 StPO iVm § 62 II S. 2, § 67 S. 2; 4 ff. zu § 67). Der Bescheid gegen einen Jugendlichen soll außerdem dem Erziehungsberechtigten (10 zu § 67) mitgeteilt werden (§ 67 II JGG, Anh **A 3**, iVm § 46 I; Rebmann/Roth/Herrmann 9); bei mehreren Erziehungsberechtigten reicht die Mitteilung an einen von ihnen aus (§ 67 V S. 3 JGG).

27   B. **Bei JPen, nicht rechtsfähigen Vereinen** und Personenhandelsgesellschaften (vgl. 1 zu § 30) wird der Bescheid an deren Vorsteher zugestellt; bei mehreren Vorstehern reicht die Zustellung an einen von ihnen aus (§ 7 II, III VwZG). Der Begriff „Vorsteher", der als Sammelbezeichnung für die verschiedenen zur Vertretung berufenen Organe zu verstehen ist, stimmt nicht ganz mit dem in § 30 I genannten vertretungs-

berechtigten Organen oder Personen (vgl. 9 ff. zu § 30) überein; denn es kommt hier auf die rechtsgeschäftliche Vertretungsbefugnis an (vgl. 9 zu § 66). Empfangsberechtigt bei einer Zustellung durch die Post (vgl. 9 ff.) ist der von der JP usw. bestellte Postbevollmächtigte (§ 45 V, § 46 I, IV, § 50 PostO). Fehlt es an einer solchen Bestellung, so gilt der Bescheid als unzustellbar (§ 59 II Nr. 2 PostO). Wer gegenüber der VB oder dem Gericht den Anschein erweckt, er betreibe ein Einzelunternehmen, während er in Wahrheit Geschäftsführer einer JP oder PV ist, muß eine in dem Geschäftslokal der JP oder PV an ihn bewirkte Zustellung gegen sich gelten lassen (Köln NJW **73**, 1626).

28   **6) An einen Vertreter** des Betroffenen kann der Bescheid zugestellt werden, wenn er allgemein oder für bestimmte Angelegenheiten bestellt ist (§ 8 I S. 1 VwZG). Dabei ist allerdings der Umfang der Vollmacht zu berücksichtigen (Kohlrust/Eimert 2 b zu § 8). Allgemein bevollmächtigte Personen (zB Generalbevollmächtigte, Prokuristen) werden in der Regel zur Annahme eines Bußgeldbescheides nicht ermächtigt sein, da dies nicht zu ihrem Aufgabenkreis gehört. Auch an den Konkursverwalter kann ein Bescheid mit Wirkung gegen den Gemeinschuldner nicht zugestellt werden (vgl. Bay. VRS **57**, 225). Etwas anderes gilt bei Vertretern, die für bestimmte Angelegenheiten bestellt sind, zB Zustellungsbevollmächtigte (131 vor § 59) oder Verteidiger, für die eine Sonderregelung gilt (vgl. 30). Ob die VB dem Vertreter oder dem Betroffenen den Bescheid zustellen will, liegt in ihrem pflichtgemäßem Ermessen, solange nicht eine schriftliche Vollmacht vorliegt. Ist dies der Fall, so ist die Zustellung stets an den Vertreter zu richten (§ 8 I S. 2 VwZG). Bestehen Zweifel, ob der Vertreter nach seinem Aufgabenkreis (Vollmacht) zur Annahme des Bescheides befugt ist, so muß an den Betroffenen zugestellt werden. III legt die Auslegung nahe, daß der Betroffene bei einer Zustellung an den Vertreter zu unterrichten ist, jedenfalls dann, wenn dies ausführbar erscheint (ebenso Rotberg 12; Rebmann/Roth/Herrmann 9 b). Vertritt ein Zustellungsbevollmächtigter mehrere Betroffene, so braucht ihm der Bescheid nur einmal zugestellt zu werden; es sind jedoch so viele Ausfertigungen beizufügen, als Betroffene vorhanden sind (§ 8 I S. 3, II VwZG). Über Doppelzustellung (IV) vgl. 33.

29   **Hat der Betroffene einen Verteidiger,** so ist die Zustellung an den Bevollmächtigten ausgeschlossen (V S. 2); es wird dann entweder an den Verteidiger oder an den Betroffenen zugestellt (vgl. 30 f.), und zwar auch dann, wenn der Bevollmächtigte eine Vollmacht vorgelegt hat (ebenso Rebmann/Roth/Herrmann 9 b).

30   **7) Für die Zustellung an den Verteidiger** bringt III eine Sonderregelung, die § 145 a I, IV StPO nachgebildet ist. Der Verteidiger gilt grundsätzlich kraft Gesetzes als zustellungsbevollmächtigt (III S. 1), der Wahlverteidiger allerdings nur, sobald und solange sich seine Vollmacht (12 zu § 60) bei den Akten der VB befindet; ist dies nicht der Fall, so ist die Zustellung unwirksam (Schleswig bei Ernesti/Jürgensen SchlHA **77**, 181); eine nachträglich zu den Akten gegebene Vollmacht heilt diesen Mangel nicht (Schleswig aaO; Bay **71**, 228, 229). Der Pflichtverteidiger ist bereits von der Bestellung an zustellungsbevollmächtigt. Nach III S. 1

besteht zwar keine Verpflichtung der VB, statt an den Betroffen stets an den Verteidiger zuzustellen (vgl. 29). Diese Zustellung sollte jedoch nach dem Zweck der Vorschrift die Regel sein, zumal sie nach § 5 II VwZG (vgl. 14) einfach und kostensparend durchgeführt werden kann (ebenso Rotberg 13). Für den Vertreter eines Nebenbeteiligten (9 zu § 66) gilt III entsprechend (36 zu § 87; 14 zu § 88).

31   A. **Der gegenseitigen Unterrichtung** des Verteidigers und des Betroffenen dient III S. 2, 3. Maßgebend für den Fristenlauf ist aber nur die Zustellung, nicht die Benachrichtigung des anderen Teils; denn es handelt sich nur um eine Ordnungsvorschrift, deren Nichtbeachtung nicht zu einer Unwirksamkeit der Zustellung führt und auch keinen Verstoß gegen Art. 103 I GG darstellt (BVerfG NJW **78**, 1575; BGH NJW **77**, 640; Hamburg NJW **65**, 1614). Die unterbliebene Benachrichtigung des anderen Teils ist insoweit unschädlich. Sie kann aber uU ein Wiedereinsetzungsgrund iS des § 44 S. 2 StPO iVm § 46 I sein (Hamm NJW **73**, 1338; Bay. Rpfleger **76**, 100; LG Fulda DAR **78**, 194; weitergehend LG Stuttgart AnwBl. **79**, 38, 197). Der Verteidiger erhält eine Abschrift des Bescheides, auch wenn sich seine Vollmacht noch nicht bei den Akten befindet, der VB das Verteidigerverhältnis aber in anderer Weise bekanntgeworden ist (zB durch einen Schriftsatz).

32   B. **Andere Mitteilungen** für den Betroffenen, die nicht förmlich zugestellt werden (zB Einstellungsverfügungen), kann der Verteidiger ebenfalls in Empfang nehmen, da die Ermächtigung zum Empfang von Zustellungen diese Befugnis mitumfaßt (Kleinknecht 4 zu § 145 a StPO; vgl. auch RiStBV 108, Anh **C 1**).

33   **8) Eine Doppelzustellung** an mehrere Empfangsberechtigte, so zB an den Betroffenen und seinen Verteidiger oder Vertreter (28), ist nicht vorgesehen (vgl. 31). Wird dennoch versehentlich doppelt zugestellt, so gilt für die Fristberechnung die spätere Zustellung (IV; vgl. § 37 StPO). Diese muß allerdings vor Ablauf der mit der ersten Zustellung in Gang gesetzten Frist angeordnet und bewirkt sein (BGH **22**, 221; Bay. NJW **67**, 2124; Rebmann/Roth/Hermann 14; vgl. auch krit. Dünnebier JZ **69**, 94). Wird dagegen an denselben Empfangsberechtigten (zB den Verteidiger) mehrmals zugestellt, so ist für die Fristberechnung die erste (wirksame) Zustellung maßgebend (BGH NJW **78**, 60; Bay. bei Rüth DAR **79**, 240; Hamburg NJW **65**, 1614; Kleinknecht 3a zu § 37 StPO); dies wird auch dann der Fall sein, wenn an Binnenschiffer zunächst durch Niederlegung bei der Post und später durch die Hafenkontrolle an Bord eines Schiffes zugestellt wird (LR-Wendisch 72 zu § 37 StPO; aM Köln JMBlNW **72**, 260, das in Anwendung des Rechtsgedankens von IV die letzte Zustellung für maßgebend hält).

34   **9) Unwirksam** ist die Zustellung bei einem Verstoß gegen zwingende Zustellungsvorschriften, zB wenn die Beurkundung der Übergabe fehlt (BGH NJW **53**, 422) oder die Zustellungsurkunde in wesentlichen Punkten unrichtig ist (Stuttgart, Die Justiz **68**, 133) oder die Geschäftsnummer auf dem Umschlag des zuzustellenden Bescheids fehlt (BFH NJW **69**, 1136); ebenso beim Fehlen des Aktenvermerks nach § 4 II VwZG (vgl. 12) oder § 15 III S. 3 VwZG (vgl. 20); ferner, wenn die Identität der

Person, der zugestellt werden soll, aus der Zustellungsurkunde nicht unzweifelhaft zu entnehmen ist oder wenn die Zustellung bei Namensidentität an einen anderen als den wirklich gemeinten Empfänger bewirkt worden ist (LG Marburg Rpfleger **79**, 67); desgl., wenn die zugestellte Ausfertigung in einem wesentlichen Punkte von der Urschrift abweicht (vgl. 36 zu § 66) oder zur Nachtzeit ohne Erlaubnis des Behördenleiters zugestellt und die Annahme verweigert wird (vgl. 24) oder an einen Wahlverteidiger zugestellt wird, dessen Vollmacht sich nicht bei den Akten befindet (30); ebenso wenn auf Grund einer vom Gericht angeordneten Postsperre im Konkursverfahren der gegen den Gemeinschuldner gerichtete Bescheid dem Konkursverwalter ausgehändigt wird (Bay. VRS **57**, 225; vgl. 7). Eine wirksame Zustellung liegt im übrigen nur vor, wenn sich nachweisen läßt, daß der Bescheid formgerecht zugestellt worden ist (zB Vorliegen einer Zustellungsurkunde, Braunschweig NdsRpfl. **73**, 242, 243; Aktenvermerk nach § 4 II VwZG). Ist dies nicht möglich, so hilft auch der Nachweis des tatsächlichen Zugangs nicht (vgl. V S. 1, der die Anwendung des § 9 VwZG ausdrücklich ausschließt; vgl. aber 7 zu § 50); es muß dann erneut formgerecht zugestellt werden. Eine un-

35 wirksame Zustellung setzt die **Rechtsbehelfsfrist nicht in Lauf;** sie beeinflußt jedoch nicht die Wirksamkeit des Bußgeldbescheids als Verfahrensgrundlage, da die ordnungsgemäße Zustellung nur Voraussetzung für den Beginn der Einspruchsfrist (vgl. 6 zu § 50) und damit für den Eintritt der Rechtskraft des Bußgeldbescheides (§ 89) ist (Hamburg NJW **70**, 1616; 56 zu § 66).

36   **10) Die Zustellungskosten** können im Rahmen des § 107 III Nr. 2 und 3 als Auslagen erhoben werden.

Wiedereinsetzung in den vorigen Stand

52 **Für den befristeten Rechtsbehelf gegen den Bescheid der Verwaltungsbehörde gelten die §§ 44 bis 47 der Strafprozeßordnung über die Wiedereinsetzung in den vorigen Stand entsprechend. Der Antrag auf Wiedereinsetzung in den vorigen Stand ist bei der Verwaltungsbehörde anzubringen. Über die Gewährung der Wiedereinsetzung in den vorigen Stand und den Aufschub der Vollstreckung entscheidet das nach § 68 zuständige Gericht.**

Schrifttum: *Goerlich*, Wiedereinsetzung und erster Zugang zu Gericht NJW **76**, 1526.

Übersicht

1   **1) Über die Notwendigkeit,** die §§ 44–47 StPO im Verfahren der VB ausdrücklich für anwendbar zu erklären, vgl. 7 zu § 46; im gerichtlichen Bußgeldverfahren gelten diese Vorschriften bereits iVm § 46 I (vgl. 23 vor § 67). Über die Anwendung der §§ 42, 43 StPO vgl. 22ff.

2   **2) Gegen die Versäumung einer Rechtsbehelfsfrist** (6 zu § 50) kann als besonderer Rechtsbehelf die Wiedereinsetzung in den vorigen Stand beansprucht werden, und zwar wenn der Antragsteller (vgl. 12) ohne Verschulden (vgl. 3ff.) die Frist nicht einhalten konnte (§ 44 S. 1 StPO iVm S. 1). Durch die Wiedereinsetzung soll das Verfahren in den Zeitpunkt vor der Fristversäumung zurückversetzt werden (vgl. 20).

3   **3) Eine unverschuldete Versäumung der Frist** begründet die Wiedereinsetzung in den vorigen Stand (§ 44 S. 1 StPO iVm S. 1; ebenso § 60 I VwGO, § 67 I SGG, § 56 I FGO, § 22 FGG, § 26 II EGGVG, § 122 II StVollzG). Eine verschuldete Säumnis liegt vor, wenn die unter Berücksichtigung der persönlichen Verhältnisse des Beteiligten gebotene und ihm zumutbare Sorgfalt außer acht gelassen ist. Dies ist zB der Fall, wenn der Betroffene, der von einer Ersatzzustellung noch vor Ablauf der Frist erfährt, nicht alle Möglichkeiten zu ihrer Einhaltung ergreift (BVerfGE **43**, 75, 78). Die Anforderungen an die zumutbare Sorgfaltspflicht dürfen nicht überspannt werden, wenn dadurch der Zugang zum Gericht und damit die Gewährung des rechtlichen Gehörs (Art. 19 IV, Art. 103 II GG) in unzumutbarer, sachlich nicht gerechtfertigter Weise erschwert werden würden; dies gilt nach der ständigen Rspr. des BVerfG (mit Bindungswirkung gem. § 31 BVerfGG auch für die Fachgerichte; vgl. BVerfGE **42**, 258, 260) namentlich bei der Versäumung der Frist für den Einspruch gegen den Bußgeldbescheid (BVerfGE **41**, 23; 332, 335; **40**, 46, 49f. mwN; Goerlich NJW **76**, 1526 mwN). Das Verschulden muß im übrigen in einer direkten Beziehung zur der Fristversäumung stehen; dies ist nicht der Fall, wenn zB ein verschuldeter Unfall zur Fristversäumnis führt. Ein Verschulden, das für die Säumnis ursächlich ist, kann auch durch die sog. „überholende Kausalität" nicht mehr ausgeräumt werden (BVerwGE **6**, 161).

4   **A. Eigenes Verschulden des Betroffenen** wird vorausgesetzt. Bei Einschaltung einer anderen Person, die schuldhaft handelt, kommt es darauf an, ob der Betroffene davon ausgehen kann, daß der Dritte die Handlung rechtzeitig wahrnehmen wird (Schmid NJW **76**, 941). Dies ist bei der Beauftragung eines RA zu bejahen (vgl. 10), kann jedoch auch bei der Beauftragung anderer Personen der Fall sein (Schmid aaO). Der Betroffene handelt jedoch selbst schuldhaft, wenn er seinen Verteidiger zu spät mit der Einlegung eines Rechtsbehelfs beauftragt (BGH bei Dallinger MDR **56**, 11). Eigenes Verschulden liegt auch vor, wenn jemand eine Rechtsbehelfsschrift durch einen Bekannten zur Post aufgeben läßt, ohne sich über die fristgemäße Absendung Gewißheit zu verschaffen (Hamm JMBlNW **75**, 166); ebenso, wenn sich der Betroffene bei Rechtsunkenntnis nicht bei einer geeigneten Stelle erkundigt (Bay. **51**, 276). Unverschuldet ist dagegen zB die Säumnis bei einer plötzlichen schweren Erkrankung, wenn dem Erkrankten eine Beauftragung dritter Personen mit der Einlegung des Rechtsbehelfs nicht möglich ist; ebenso bei Verhaf-

tung. Der Betroffene kann bei seiner Abwesenheit darauf vertrauen, daß seiner Bitte an die VB oder das Gericht, den weiteren Schriftwechsel mit dem Verteidiger zu führen, entsprochen wird (Köln VRS 57, 289).

5 a) **Die Unkenntnis von der Zustellung** wegen Abwesenheit (Ersatzzustellung) ist nicht bereits dann als verschuldet anzusehen, wenn der Betroffene keine genügenden Vorkehrungen getroffen hat, daß er über ein möglicherweise eingehendes amtliches Schriftstück rechtzeitig unterrichtet wird. Solche Vorkehrungen (zB Nachsendeantrag bei der Post) können von demjenigen nicht erwartet werden, der von seiner ständig benutzten Wohnung nur vorübergehend (zB Urlaub, Geschäfts- oder Dienstreise; längstens etwa 6 Wochen) abwesend ist, selbst wenn er weiß (zB infolge einer vorausgegangenen polizeilichen Anhörung), daß gegen ihn ein Bußgeldverfahren anhängig ist (BVerfGE 41, 332, 335; 34, 154, 156; Goerlich NJW 76, 1526, 1527). Dies gilt allerdings nicht bei einer längeren Abwesenheit oder einer häufigen Abwesenheit aus beruflichen Gründen (BVerfGE 41, 332, 336; Hamm JMBlNW 77, 92), so zB bei einem Berufsschiffer, der ständig zur See fährt (BVerfG 29. 11. 1976, 2 BvR 946/76). Im übrigen kann die Unkenntnis der Ersatzzustellung auch anderweit verschuldet sein, so zB wenn der Betroffene sich einer zu erwartenden Zustellung vorsätzlich entziehen wollte (BVerfG 35, 296 ff); ebenso wenn kein ordnungsgemäßer oder in Ordnung gehaltener Briefkasten vorhanden ist, der einem Verlust des Benachrichtigungszettels über die Zustellung durch Niederlegung vorbeugt (BVerfGE 41, 332, 336), oder ein solcher Briefkasten zwar vorhanden ist, von dem Postzusteller aber in der Regel nicht benutzt wird und dies der Betroffene nicht beanstandet hat (vgl. BVerwG MDR 77, 431).

6 b) **Eine Verzögerung der Briefbeförderung** oder Briefzustellung ist dem Betroffenen nicht anzulasten. Der Betroffene, der den Brief richtig frankiert und adressiert (unter Beachtung der an dem Briefkasten angegebenen Leerungszeiten) eingeworfen hat, kann darauf vertrauen, daß die „normale" Postlaufzeit, die ggf. durch Rückfrage bei der Bundespost festgestellt werden muß, nicht überschritten wird (BVerfGE 41, 23, 341, 356; 42, 258; 43, 75, 78; 45, 360, 362; 46, 404, 406; 50, 397, 399). Die normale Laufzeit ist objektiv – und zugleich dem Grundsatz der Gleichbehandlung Rechnung tragend – danach bestimmbar, wie die Bundespost sie nach ihren organisatorischen und betrieblichen Vorkehrungen für den regelmäßigen Betriebsablauf selbst bemißt (BVerfGE 41, 356, 359). Daher sind zB Differenzierungen danach, ob die Verzögerung auf höhere Gewalt oder auf zeitweise besonders starke Beanspruchung der Leistungsfähigkeit der Post (zB vor Feiertagen; vgl. BGH NJW 73, 2000) beruht, unzulässig (BVerfGE 41, 23, 27). Ob der Betroffene die Sendung rechtzeitig bei der Post aufgegeben hat, läßt sich in der Regel dem Briefumschlag mit Poststempel entnehmen, der bei den Akten aufbewahrt werden soll (BVerfGE 41, 23, 28; LG Flensburg MDR 76, 509; Doller DRiZ 76, 342; 15). Der Betroffene handelt jedoch schuldhaft, wenn sich die Übersendung dadurch verzögert, daß die Rechtsbehelfsschrift mit unvollständiger Postanschrift aufgegeben wird (VGHBW MDR 75, 963) oder wenn die Schrift erst am frühen Vormittag des letzten Tages der

Frist per Einschreiben aufgegeben wird, auch wenn die VB in unmittelbarer Nähe des Aufgabepostamtes liegt (Hamm 20. 4. 1979, 6 Ws 77/79).

7   c) **Die unterlassene Rechtsbehelfsbelehrung** nach § 50 II schließt kraft gesetzlicher Vermutung ein Verschulden aus (§ 44 S. 2 StPO iVm S. 1), falls nicht auf eine Belehrung verzichtet worden ist (16 zu § 50). Dem steht es gleich, wenn die Belehrung in wesentlichen Punkten unrichtig oder unvollständig gewesen ist (Hamburg NJW **62**, 602; Köln VRS **43**, 295). Ob in den genannten Fällen die Frist wegen des Fehlens der Belehrung versäumt worden ist, darauf kommt es nicht an (Schleswig SchlHA **76**, 28; Kleinknecht 20 zu § 44 StPO; aM Hamm JMBlNW **77**, 119; Bremen MDR **77**, 597; Bay. NJW **67**, 122, 1976 zu § 44 S. 2 StPO aF).

8   d) **Wird einem Ausländer,** der der deutschen Sprache nicht hinreichend mächtig ist, eine Rechtsbehelfsbelehrung nur in deutscher Sprache zugestellt und beruht die Fristversäumnis auf der mangelhaften Kenntnis der deutschen Sprache, so ist sie nicht verschuldet (BVerfGE **40**, 95; **42**, 120; 15 zu § 50); dies gilt jedoch nicht, wenn der Ausländer sich nicht zureichend um die Verfolgung seiner Interessen gekümmert hat, obwohl er nach Lage des Falles dazu Anlaß hatte und in der Lage war, zB wenn er den Inhalt eines Bußgeldbescheides soweit erfaßt hat, daß es sich um ein ihn belastendes Schriftstück handeln könnte, und er sich gleichwohl (binnen eines Monats) nicht Gewißheit über den genauen Inhalt verschafft (BVerfGE **42**, 120, 127; LG Gießen JurBüro **77**, 113, 115). Dagegen kann sich ein im Bundesgebiet oder in Westberlin lebender und der deutschen Sprache gewandt bedienender Ausländer nicht einfach darauf berufen, er habe die Rechtsbehelfsbelehrung nicht vollständig verstanden; in diesem Falle trifft ihn ein Verschulden, wenn er sich nicht bei der VB oder einem RA erkundigt (vgl. Köln MDR **79**, 864).

9   B. **Amtliches Verschulden** ist dem Betroffenen nicht anzulasten, zB wenn der Betroffene von einem Angehörigen der VB falsch beraten wird und deshalb die Einspruchsfrist nach § 67 versäumt; ebenso, wenn der einer unzuständigen Stelle übersandte Einspruch (zB dem AG) nicht oder ohne Grund verspätet an die zuständige VB weitergeleitet wird (vgl. Hamm JMBlNW **78**, 228 mwN; LR-Wendisch 48 zu § 44 StPO; vgl. auch 14 zu § 67) oder wenn bei einem telegrafisch eingelegten Einspruch das verspätet eingegangene Ankunftstelegramm der VB vorher rechtzeitig fernmündlich zugesprochen, dies aber nicht aktenkundig gemacht worden ist (Bay. Rpfleger **76**, 406; 24 zu § 67); wenn mündliche Erklärungen oder Ratschläge des Amtsträgers einer VB zu Unklarheiten über Abgabe oder Einstellung eines Bußgeldverfahrens durch die StA ursächlich für die Fristversäumung sind (BVerfGE **40**, 46, 50); weiter das Fehlen eines Hausbriefkastens bei der VB, der nicht unbedingt über eine Zugangskontrolleinrichtung (Nachtbriefkasten) verfügen muß (vgl. Hamm NJW **76**, 762 im Anschluß an BVerfGE **41**, 323; **42**, 128); ferner das nicht rechtzeitige Abholen eines Einspruchs aus dem Postfach der VB (BVerfGE **44**, 302, 306; BFH DB **76**, 419).

10   C. **Verschulden des Verteidigers** (2ff. zu § 60) oder dessen Kanzleipersonals ist auch im Bußgeldverfahren dem Betroffenen nicht anzurechnen, falls diesen nicht selbst ein Mitverschulden trifft (BGH **14**, 306, 308;

25, 89, 92; Stuttgart, Die Justiz **78**, 79; Kleinknecht 15, 17 zu § 44 StPO; Rebmann/Roth/Herrmann 4 a). Dies gilt allerdings nur, soweit die Fristversäumnis den Rechtsbehelf gegen die Entscheidung über eine Geldbuße oder eine Nebenfolge, also über die Ahndung (10 zu § 35) betrifft, nicht aber den Rechtsbehelf gegen die Entscheidung über Kosten oder Auslagen oder über die Entschädigung (vgl. Oldenburg NdsRpfl. **68**, 196 für das Kostenfestsetzungsverfahren; BGH **26**, 126, Stuttgart, Die Justiz **71**, 189 für die Kosten- und Auslagenentscheidung). Zum Verschulden einer anderen Person, die nicht RA ist, vgl. 4.

11   **4) Auf Antrag** wird über die Wiedereinsetzung entschieden (§ 45 I S. 1 StPO iVm S. 1). Er bedarf keiner besonderen Form; wird jedoch zugleich der versäumte Rechtsbehelf nachgeholt (16), so ist die für diesen vorgeschriebene Form (vgl. 11 zu § 62; 18 ff. zu § 67) zu wahren. Ein ausdrücklicher Antrag ist nicht unbedingt erforderlich; es genügt, wenn sich aus dem Zusammenhang ergibt, daß Wiedereinsetzung beansprucht wird, so zB, wenn ein rechtsunkundiger Antragsteller in Kenntnis der Verspätung darum bittet, der Rechtsbehelf möge trotz der Verspätung als wirksam angesehen werden (BVerfGE **37**, 93, 97). Ist der versäumte Rechtsbehelf innerhalb der Antragsfrist nachgeholt worden (vgl. 14–16), so kann die Wiedereinsetzung auch von Amts wegen gewährt werden (§ 45 II S. 2, 3 StPO iVm S. 1), und zwar auch stillschweigend (vgl. 18). Der Antrag ist gegenstandslos, wenn die Frist in Wirklichkeit nicht versäumt worden ist (LG Karlsruhe NJW **74**, 326; vgl. 5 zu § 70).

12   A. **Antragsberechtigt** ist der Betroffene (49 vor § 59), ein etwaiger Nebenbeteiligter (2 ff. vor § 89) oder ein sonstiger Beteiligter, der den befristeten Rechtsbehelf einlegen kann (vgl. 6 zu § 50). Der gesetzliche Vertreter kann den Antrag nur für seinen eigenen Rechtsbehelf stellen (6 zu § 67), nicht aber für den Rechtsbehelf des Betroffenen, da § 298 StPO beim Wiedereinsetzungsantrag nicht anzuwenden ist (Kleinknecht 2 zu § 298 StPO). Der Verteidiger benötigt für den Antrag eine Vertretungsvollmacht (13 zu § 60), wenn der Betroffene die Frist für seinen Rechtsbehelf versäumt hat (Kleinknecht 9 zu § 44 StPO).

13   B. **Binnen einer Woche** nach Wegfall des Hindernisses, zB der Unkenntnis, auf welche die Fristversäumung beruht, ist der Antrag zu stellen (§ 45 I S. 1 StPO iVm S. 1). Zugleich sind die die Wiedereinsetzung begründenden Tatsachen (versäumte Frist, Hinderungsgrund, Zeitpunkt des Wegfalls des Hindernisses; Kleinknecht 5 zu § 45 StPO) anzugeben, falls diese nicht offenkundig oder der VB bekannt sind (OVG Koblenz NJW **72**, 2326; Eyermann/Fröhler 17 zu § 60). Erst die wirkliche Kenntnis des Betroffenen selbst, nicht aber schon die des Verteidigers, setzt die Frist in Lauf (vgl. Kleinknecht 2 zu § 45 StPO). Wird die Frist versäumt, so kann ebenfalls Wiedereinsetzung nach § 44 StPO beantragt werden. Über die Fristberechnung vgl. 22 ff. Die Wochenfrist gilt nicht für die Glaubhaftmachung der Tatsachen; sie ist noch im Verfahren über den Wiedereinsetzungsantrag bis zu dessen rechtskräftigem Abschluß zulässig (§ 45 II S. 1 StPO iVm S. 1) und kann deshalb noch in der Beschwerdeinstanz nachgeholt oder ergänzt werden (BVerfGE **41**, 332, 338; **43**, 95, 98; Kleinknecht 13 zu § 45 StPO).

14   C. **Glaubhaft zu machen** sind die Tatsachen zur Begründung des Antrags (§ 45 II S. 1 StPO iVm S. 1), und zwar zugleich mit der Antragstellung oder im Verfahren über den Antrag (vgl. auch 13). Glaubhaftmachen bedeutet, soweit zu beweisen, daß das Gericht die behauptete Tatsache für wahrscheinlich hält (Bay. NJW **56**, 640) und dadurch in die Lage versetzt wird, ohne weitere, den Verfahrensfortgang verzögernde Ermittlungen zu entscheiden (BGH **21**, 334, 347; vgl. auch BVerfGE **26**, 315, 319). Glaubhaftmachung ist nicht erforderlich, wenn ein absoluter Wiedereinsetzungsgrund (vgl. 7) gegeben ist.

15   **Als Mittel der Glaubhaftmachung** kommen alle Beweismittel in Betracht, die generell geeignet sind, die Wahrscheinlichkeit des Vorbringens darzutun (BVerfGE **38**, 35, 39), so zB Zeugen, Urkunden, eidesstattliche Versicherungen von Zeugen; hierzu gehört auch der Briefumschlag mit Poststempel (vgl. 6); wird er nicht zu den Akten genommen, so kann von dem Betroffenen keine weitere Glaubhaftmachung verlangt werden (LG Flensburg MDR **76**, 599). Für eine eidesstattliche Versicherung des Betroffenen ist in einem gegen ihn gerichteten Bußgeldverfahren kein Raum; jedoch kann die in der eidesstattlichen Versicherung enthaltene Erklärung die Versäumnisgründe glaubhaft machen (BGH **25**, 89, 92), da uU bereits die schlichte Erklärung des Betroffenen oder die in seinem Auftrag vom Verteidiger schriftsätzlich vorgebrachte Erklärung ausreichen kann, um die richterliche Überzeugung von der Wahrscheinlichkeit der behaupteten Versäumnisgründe zu begründen, so vor allem, wenn es sich um einen naheliegenden, der Lebenserfahrung entsprechenden Versäumnisgrund (zB Urlaub) handelt; die Entscheidung darüber, ob eine solche schlichte Erklärung ausreicht, obliegt dem ordentlichen Gericht (BVerfGE **41**, 332, 340 unter Aufgabe der bisherigen Rspr. im Hinblick auf § 45 StPO nF; vgl. BVerfGE **40**, 88, 92; Goerlich NJW **76**, 1528). Ausnahmsweise kann auch die Benennung eines Zeugen genügen, zB des Amtsträgers, durch dessen Verschulden die Frist versäumt worden ist, oder einer anderen Person, wenn der Antragsteller von ihr eine schriftliche Erklärung nicht beibringen kann und dies glaubhaft macht (BGH aaO; vgl. 9). Bei einem RA genügt in der Regel dessen „anwaltliche" Versicherung (Kleinknecht 9 zu § 26 StPO).

16   D. **Die Nachholung** des versäumten Rechtsbehelfs ist nur innerhalb der einwöchigen Frist für den Antrag auf Wiedereinsetzung (13) zulässig (§ 45 II S. 2 StPO iVm S. 1). Sie ist jedoch nicht nötig, falls der Rechtsbehelf bereits – wenn auch verspätet (vgl. 30 zu § 67) – eingelegt worden war und der Antrag inhaltlich darauf Bezug nimmt (Bay. bei Rüth DAR **76**, 176; Kleinknecht 7 zu § 45 StPO).

17   E. **An die VB,** bei welcher der Rechtsbehelf hätte eingelegt werden müssen, also die VB, die den Bescheid erlassen hat, ist der Antrag grundsätzlich zu richten (§ 45 I S. 1 StPO iVm S. 1, 2; § 67). Sie hat den Antrag an das nach § 68 zuständige AG (vgl. 18) weiterzuleiten, und zwar über die StA, wenn es sich um die Wiedereinsetzung wegen der Versäumnis der Einspruchsfrist nach § 67 handelt (§ 69 I S. 1), sonst unmittelbar (vgl. 18 zu § 62). Zur Fristwahrung reicht es auch aus, wenn der Antrag innerhalb der Wochenfrist (13) bei dem zuständigen AG gestellt wird (§ 45 I

S. 2 StPO iVm S. 1). Über die Fristwahrung bei dem Antrag eines Betroffenen, der auf behördliche Anordnung verwahrt wird, vgl. § 299 StPO, der ebenfalls anzuwenden ist (vgl. 17 zu § 67).

18   **5) Zuständig für die Entscheidung ist das AG,** in dessen Bezirk die VB ihren Sitz hat (S. 3; § 68), das also hätte entscheiden müssen, wenn die Frist nicht versäumt worden wäre; vgl. näher zu § 68. Es entscheidet auch über den Aufschub der Vollstreckung (vgl. 21). In der Anberaumung des Termins zur Hauptverhandlung bei Versäumung der Einspruchsfrist kann eine stillschweigende Wiedereinsetzung in den vorigen Stand liegen (Stuttgart NJW **76**, 1905; Hamm VRS **51**, 296).

19   **6) Anfechtbar** ist nur der Verwerfungsbeschluß, und zwar mit der sofortigen Beschwerde (§ 46 III StPO iVm S. 1), über welche die Kammer in Bußgeldsachen beim LG entscheidet (§ 73 I GVG iVm § 46 I, VII), nicht aber der stattgebende Beschluß (§ 46 II StPO iVm S. 1).

20   **7) Die Wirkung der Wiedereinsetzung** besteht darin, daß der verspätete Rechtsbehelf als rechtzeitig angesehen und das Verfahren in den Stand zurückversetzt wird, in dem es sich vor der Fristversäumung befand. Die infolge der Fristversäumung eingetretene Rechtskraft des Bescheides der VB entfällt ohne weiteres; desgl. die Rechtskraft solcher gerichtlichen Entscheidungen, durch die der verspätet eingelegte Rechtsbehelf als unzulässig verworfen worden ist (vgl. § 70; Kleinknecht 16 vor § 42 StPO). Über den Beginn einer neuen Frist für die Verfolgungsverjährung vgl. 2 vor § 31. Über die Kostentragungspflicht vgl. § 473 VI StPO iVm § 46 I.

21   **8) Die Vollstreckung** des Bescheides der VB wird durch den Antrag nicht gehemmt. Jedoch kann das nach § 68 zuständige AG einen Aufschub anordnen (§ 47 StPO iVm S. 1, 3). Die Befugnis der VB, in ihrer Eigenschaft als VollstrB (2 zu § 90) einen einstweiligen Aufschub der Vollstreckung zu bewilligen, bleibt davon unberührt.

22   **9) Für die Fristberechnung** im Bußgeldverfahren gelten die §§ 42, 43 StPO entsprechend (§ 46 I), soweit es sich um prozessuale Fristen handelt. Für die Verjährungsfrist gelten die §§ 42, 43 StPO nicht (15 zu § 31). Gesetzliche Fristen (zB die Einspruchsfrist) dürfen (anders als von der VB durch Verfügung gesetzte Fristen; vgl. 28 zu § 56), nicht verlängert werden.

23   **A. Auch bei Wochen- und Monatsfristen** (vgl. § 67 S. 1; § 439 II S. 1 StPO iVm § 46 I) zählt der Tag des Ereignisses (zB Zustellung), der die Frist in Lauf setzt, nicht mit, da auch hier der Grundgedanke des § 42 StPO gilt. Wird die Wochenfrist zB durch Zustellung an einem Montag in Lauf gesetzt, so endet sie mit Ablauf des darauf folgenden Montags. Entsprechendes gilt für die Berechnung der Monatsfrist. Bei der Berechnung einer Frist ist stets § 43 II StPO zu beachten, wonach die Frist erst mit Ablauf des nächsten Werktages endet, wenn ihr Ende auf einen Sonn- oder Feiertag oder einen Sonnabend fällt. Erkennt dies der Betroffene nicht und unterläßt er es deshalb, den Rechtsbehelf am nächsten Werktag (also vor Ablauf der Frist) einzulegen, so kann er die Wiedereinsetzung

nicht darauf stützen, daß die Rechtsbehelfsbelehrung einen Hinweis auf
§ 43 II StPO nicht enthält (BVerfGE **31**, 388, 390; 12 zu § 50).

24   „**Mit Ablauf des Tages**" (§ 43 I StPO) bedeutet, daß im Fall des
schriftlichen Einspruchs die Frist um 24 Uhr endet, nicht etwa mit dem
Ende der Dienstzeit der VB (BVerfGE **41**, 323; **42**, 128); die Dienstzeit
hat nur dann Bedeutung, wenn jemand seine Erklärung zur Niederschrift
der VB (21 zu § 67) einlegen, sich also ihrer aktiven Mitwirkung bedienen will (BVerfGE **42**, 128, 132).

25   B. **Wegen der allgemeinen Feiertage** (§ 43 II StPO) vgl. die landesrechtlichen FeiertagsGe, zB in Nordrhein-Westfalen G idF v. 22. 2. 1977
(GVNW 98; SGVNW 113); wN bei Göhler unter „Sonn- und Feiertage". Nach BundesG vom 4. 8. 1953 (BGBl. I 778; III 1136–1) ist der
17. Juni gesetzlicher Feiertag.

Dritter Abschnitt. Vorverfahren

Vorbemerkungen

1   **1) Der Abschnitt enthält ergänzende Vorschriften** (neben der StPO,
§ 46 I) für das Vorverfahren a) bis zum Erlaß des Bußgeldbescheides
durch die VB, b) bis zur Erhebung der Klage durch die StA, wenn sie die
Ordnungswidrigkeit mit einer zusammenhängenden Straftat verfolgt
oder c) bis zur Einstellungsverfügung durch die VB oder StA. Bis dahin
handelt es sich um das Ermittlungsverfahren oder Vorverfahren. Im weiteren Sinne rechnet zu dem „Vorverfahren" oder „Vorschaltverfahren"
allerdings auch noch der Erlaß des Bußgeldbescheides und das Verfahren
nach Einspruch bis zur Übersendung der Akten an das Gericht (§ 69 I).
Erst dann beginnt das „Hauptverfahren". Es erübrigt sich, wenn sich der
Betroffene mit dem Vorschaltverfahren der VB begnügt, dh die Frist für
die Versäumung des Einspruchs verstreichen läßt, oder wenn die VB
nach Einspruch den Bußgeldbescheid zurücknimmt oder die StA das
Verfahren einstellt (vgl. 23 zu § 69). Im Vorverfahren selbst ist noch ein
weiteres Vorschaltverfahren vorgesehen, nämlich das Verwarnungsverfahren bei geringfügigen Ordnungswidrigkeiten (4).

2   **2) Die Gliederung des Abschnitts** in vier Unterabschnitte entspricht
nicht einem denkbaren Ablauf des Vorverfahrens nach einzelnen Stufen,
angefangen vom ersten Verdacht bis zum Abschluß der Ermittlungen.
Der Ablauf des Vorverfahrens läßt sich schwerlich in solche Abschnitte
zerlegen. Es ist ein einheitliches Verfahrensstadium, in dem sich die Verdachtsgründe verstärken oder verflüchtigen und die verschiedenen Ermittlungsmaßnahmen in ihrer Aufeinanderfolge wechseln können. Auch
die StPO, die sinngemäß gilt (§ 46 I), unterteilt das Ermittlungsverfahren
nicht nach einzelnen Stufen. Daraus ergibt sich der Grundsatz der freien
Gestaltung des Ermittlungsverfahrens, dessen Durchführung jedoch
nicht nur vom Gebot der Zweckmäßigkeit, sondern ebenso auch von
dem des Übermaßverbotes (Grundsatz der Verhältnismäßigkeit; vgl. 9

zu § 46) bestimmt wird. Die Vorschriften dieses Abschnitts, die nur ergänzend zur StPO hinzutreten, sind deshalb im wesentlichen nur nach der unterschiedlichen Zuständigkeit zur Verfolgung gegliedert.

3 A. **Der 1. Unterabschnitt** enthält die „Allgemeinen Vorschriften", die ohne Rücksicht darauf gelten, ob die VB oder die StA für die Verfolgung zuständig ist.

4 B. **Der 2. Unterabschnitt** regelt das Verwarnungsverfahren. Es ermöglicht bei geringfügigen Ordnungswidrigkeiten eine rasche und formlose Erledigung, die ein Verfahrenshindernis für die weitere Verfolgung schafft. Das Verwarnungsverfahren erübrigt also nicht nur das (richterliche) Hauptverfahren, sondern auch die Durchführung des Ermittlungsverfahrens.

5 C. **Der 3. Unterabschnitt** enthält ergänzende Vorschriften für das Verfahren der VB (vgl. näher vor § 59).

6 D. **Der 4. Unterabschnitt** beschränkt sich auf zwei Sondervorschriften, die bei der Übernahme der Verfolgung durch die StA (§ 42) gelten.

I. Allgemeine Vorschriften

Aufgaben der Polizei

53 [I] **Die Behörden und Beamten des Polizeidienstes haben nach pflichtgemäßem Ermessen Ordnungswidrigkeiten zu erforschen und dabei alle unaufschiebbaren Anordnungen zu treffen, um die Verdunkelung der Sache zu verhüten. Sie haben bei der Erforschung von Ordnungswidrigkeiten, soweit dieses Gesetz nichts anderes bestimmt, dieselben Rechte und Pflichten wie bei der Verfolgung von Straftaten. Ihre Akten übersenden sie unverzüglich der Verwaltungsbehörde, in den Fällen des Zusammenhangs (§ 42) der Staatsanwaltschaft.**

[II] **Die Beamten des Polizeidienstes, die zu Hilfsbeamten der Staatsanwaltschaft bestellt sind (§ 152 des Gerichtsverfassungsgesetzes), können nach den für sie geltenden Vorschriften der Strafprozeßordnung Beschlagnahmen, Durchsuchungen, Untersuchungen und sonstige Maßnahmen anordnen.**

Übersicht

7) **Übersendung der Akten** (25–28)
　A. an VB (26)
　B. an StA (27)
　C. an RiAG (28)

8) **Rechtsbehelf gegen Maßnahmen der Polizei** (29)
9) **Verfolgung von Verkehrsordnungswidrigkeiten** (30)

1　　1) **Die Behörden und Beamten des Polizeidienstes** sind Ermittlungsorgane (vgl. 4) bei der Erforschung von Ordnungswidrigkeiten, soweit die Behörden des Polizeidienstes nicht selbst VBen iS von § 36 sind (vgl. hierzu zB § 26 StVG, Anh **A 11**; vgl. auch 9 zu § 35). Die Beamten haben im Rahmen des ihnen zugewiesenen Aufgabenkreises (vgl. 5 ff.) tätig zu werden und dabei auch Weisungen zu beachten (vgl. 10).

2　　A. **Der Begriff „Polizeidienst"** ist im materiellen Sinne zu verstehen. Dazu rechnet auch die Tätigkeit der sog. Verwaltungspolizei (zB in NW und Schleswig-Holstein der Ordnungsbehörde) und Sonderpolizei (vgl. 6), so zB der Wasserschutzpolizei auf den Wasserstraßen und der Bahnpolizei im Bereich der Bahnanlagen, soweit in diesen Bereichen auch eine sachliche Zuständigkeit gegeben ist (vgl. zur letzteren 6; RG **57**, 20; Lenk, Die Polizei **61**, 118; Oldenburg NJW **73**, 291; Stuttgart VM **73**, 67; vgl. auch 3 zu § 57), der Bundesgrenzschutz als Polizei des Bundes (§ 42 I S. 2 BGSG) im Rahmen seiner Zuständigkeit (vgl. § 1 BGSG). Wegen des Aufgabenkreises der jeweiligen Polizei vgl. näher 5 ff.

3　　B. **Die Behörde** ist neben den Beamten genannt, weil sie (im Rahmen des pflichtgemäßen Ermessens, vgl. 8) alle Maßnahmen treffen muß, damit der Erforschungsauftrag erfüllt werden kann. Die Behörde muß also im Rahmen des Möglichen geeignete Beamte beauftragen, sie einteilen und beaufsichtigen sowie die notwendigen Sachmittel (zB Fahrzeuge) zur Verfügung stellen (vgl. Kleinknecht 7 zu § 163 StPO).

4　　2) **Als Ermittlungsorgan** der Verfolgungsbehörde (VB oder StA; 5 ff. zu § 35; 4 vor § 59) wird die Polizei (soweit sie nicht selbst VB ist) bei der Erforschung von Ordnungswidrigkeiten tätig. Die Leitung der Ermittlungen und die Entscheidung über deren Fortgang und Abschluß sowie über die Aufrechterhaltung von Maßnahmen (zB den Fortbestand einer von der VB angeordneten Beschlagnahme) obliegt der Verfolgungsbehörde. Die Polizei muß dem Ersuchen der Verfolgungsbehörde zur Vornahme einzelner Ermittlungshandlungen (Zeugenvernehmung, Anhörung des Betroffenen) grundsätzlich entsprechen (vgl. 20). Sie hat aber andererseits ein eigenes Recht zum ersten Zugriff, wenn sie zuerst Verdachtsgründe feststellt. Bei der Durchführung der polizeilichen Ermittlungen hat die Verfolgungsbehörde ein Anwesenheitsrecht; doch brauchen ihr Ort und Zeit der Ermittlungshandlung nicht mitgeteilt zu werden, wenn sie nicht darum ersucht (ebenso Rebmann/Roth/Herrmann 3). Über das Anwesenheitsrecht der zuständigen FinB bei der Verfolgung von Steuerordnungswidrigkeiten vgl. § 403 I, § 410 I Nr. 8 AO 1977 (Anh **A 10**).

5　　3) **Die Zuständigkeit** der Polizei erstreckt sich auf alle Sachgebiete des Ordnungswidrigkeitenrechts; doch besteht der Erforschungsauftrag nur im Rahmen des pflichtgemäßen Ermessens (vgl. 8). Bei Zuwiderhandlungen gegen Gesetze, mit deren Ausführung die allgemeine Polizei (Kriminalpolizei, Schutzpolizei) nicht befaßt ist, kann sie als Ermittlungsorgan von sich aus praktisch gar nicht tätig werden (zB bei Kartellord-nungswidrigkeiten). Sie hat aber in solchen Fällen die VB bei der Vor-nahme von Ermittlungshandlungen zu unterstützen und ihren Ersuchen grundsätzlich zu entsprechen (vgl. zB bei Kartellordnungswidrigkeiten RdErl. MBlNW **77**, 92; vgl. auch 20).

6   **Sonderbehörden** (als polizeiliche Ermittlungsorgane) sind deshalb vereinzelt vorgesehen, so zB die Hauptzollämter und Zollfahndungsäm-ter bei Ordnungswidrigkeiten nach dem AWG (§ 42 II AWG, Anh **A 13**) und dem MOG (§ 33 II MOG), die Zollfahndungsämter und die mit der Steuerfahndung betrauten Dienststellen der Landesfinanzbehörden (§§ 404, 410 I Nr. 9 AO 1977, Anh **A 10**), die Bundesanstalt für den Güterfernverkehr (§ 100 GüKG), die Beauftragten der nach dem EichG zuständigen Behörden (§ 33 EichG). Der Erforschungsauftrag der Son-derpolizei (vgl. 1 f.) ist durch ihren sachlichen Aufgabenkreis beschränkt. Die Bahnpolizei ist danach zB nicht befugt, wegen Verkehrsordnungs-widrigkeiten auf Bahnhofsvorplätzen einzuschreiten (vgl. 2; 3 zu § 57), und zwar nicht nur deswegen, weil diese Plätze nicht zu den Bahnanlagen gehören (so Hamm VRS **56**, 159), sondern weil die Bahnpolizei keine zuständige VB iS von § 26 StVG (Anh **A 11**) ist.

7   **Im Rahmen der örtlichen Zuständigkeit** gilt der Erforschungsauftrag (1 f.) sowohl für die Beamten des allgemeinen Polizeidienstes als auch der Sonderpolizei. Stoßen sie außerhalb ihres Aufgabenkreises auf Ver-dachtsgründe für das Vorliegen einer Ordnungswidrigkeit und erscheint deren Verfolgung geboten, so haben sie die zuständigen Beamten zu unterrichten.

8   **4) Nach pflichtgemäßem Ermessen** (vgl. im einzelnen 6 ff. zu § 47) ist der Erforschungsauftrag durchzuführen. Für die Behörden und Beamten des Polizeidienstes besteht also – anders als bei Straftaten (§ 163 StPO) – keine unbedingte Pflicht zur Verfolgung. Nach pflichtgemäßem Ermes-sen entscheiden sie auch, in welchem Umfang die Ermittlungen durchzu-führen sind und mit welchen Mitteln (vgl. näher 5, 24 ff. zu § 47), ohne jedoch dadurch die VB zu binden (Rebmann/Roth/Herrmann 7; Rot-berg 4). Bei Ausführung des Erforschungsauftrages nach I S. 1 wird die Polizei danach in gleicher Weise wie die VB tätig; doch steht dieser die weitere Entschließung zu. Im einzelnen folgt daraus:

9   A. **Bei bedeutungslosen Ordnungswidrigkeiten** können die Behörden und Beamten des Polizeidienstes davon absehen, Ermittlungen einzulei-ten (vgl. 11, 15 ff. zu § 47; so auch Rebmann/Roth/Herrmann 7; Rot-berg 4). Das gleiche gilt, wenn der mit einer Verfolgung verbundene Verfahrensaufwand nicht mehr in einem angemessenen Verhältnis zur Bedeutung der Ordnungswidrigkeit stehen würde (vgl. 3 f., 15 ff. zu § 47).

10   B. **Weisungen** der vorgesetzten Behörde hat die Polizeibehörde, Wei-sungen seines Vorgesetzten der einzelne Beamte zu befolgen, soweit sie im Rahmen des pflichtgemäßen Ermessens getroffen werden (vgl. 14 zu § 47). Die Behörden und Beamten des Polizeidienstes können danach angewiesen werden, Ordnungswidrigkeiten nach Schwerpunkten zu verfolgen und die Ermittlung anderer Ordnungswidrigkeiten zu ver-

nachlässigen. Der einzelne Beamte kann nicht unter Berufung auf seinen Erforschungsauftrag darauf bestehen, bedeutungslose Ordnungswidrigkeiten zu verfolgen und einen von ihm aufgenommenen Bericht an die zuständige VB weiterzuleiten (zust. Rebmann/Roth/Herrmann 4; vgl. 12). Wegen der Grenzen des Weisungsrechts vgl. 14 zu § 47; 20f.

11   C. **In Grenzfällen,** in denen es zweifelhaft erscheint, ob die Verfolgung geboten ist, muß die abschließende Entscheidung der Verfolgungsbehörde überlassen werden, da sie Herrin des Ermittlungsverfahrens ist. Beendet die Polizei die Ermittlungen, weil sie eine Verfolgung nicht (mehr) für geboten hält, ist dies jedoch (objektiv) zweifelhaft, so hat sie die Verfolgungsbehörde zu unterrichten, auch wenn noch keine Akten (Verhandlungen) vorliegen.

12   D. **Aktenkundige Ermittlungshandlungen** (zB protokollarische Vernehmungen) sind der Verfolgungsbehörde grundsätzlich zur abschließenden Entscheidung vorzulegen, auch wenn die Polizei eine Verfolgung nicht mehr für geboten hält und deshalb die Ermittlungen abbricht. Allerdings kann der Dienstvorgesetzte des Polizeibeamten davon absehen, einen in seinem Dienstbereich entstandenen Vorgang weiterzuleiten, wenn er eine Verfolgung nicht für geboten hält und die Einleitung des Ermittlungsverfahrens noch nicht nach außen (zB durch die Anhörung des Betroffenen) in Erscheinung getreten ist (vgl. 10). Hat die Polizei aber nach außen wirkende, aktenkundige Ermittlungshandlungen vorgenommen, so kann sie, soweit sie nicht Verfolgungsbehörde ist (vgl. 9 zu § 35), nicht über die Einstellung des Ermittlungsverfahrens entscheiden (zust. Rebmann/Roth/Herrmann 13). Die Einstellungsverfügung (157 vor § 59) steht nur der Verfolgungsbehörde zu. Doch kann der Dienstvorgesetzte des Polizeibeamten, der von der Erteilung einer Verwarnung abgesehen hat, oder die zur Erteilung einer Verwarnung befugte Behörde (zB die Bundesanstalt für den Güterfernverkehr, vgl. 6) auch dann eine Verwarnung mit Verwarnungsgeld erteilen, wenn bereits Akten angelegt sind. Zahlt der Betroffene in einem solchen Falle das Verwarnungsgeld nicht, so sind die Akten der VB vorzulegen.

13   E. **Anzeigen** wegen einer Ordnungswidrigkeit (vgl. 30ff. vor § 59), die bei der Polizei eingehen, sind der Verfolgungsbehörde weiterzuleiten, auch wenn die Polizei nach pflichtgemäßem Ermessen eine Verfolgung nicht für geboten hält. Sie braucht dann aber selbst keine Ermittlungen aufzunehmen, sondern kann die Entschließung der Verfolgungsbehörde abwarten (zust. Rebmann/Roth/Herrmann 12a; Rotberg 4); bei der Weiterleitung der Anzeige ist zu vermerken, warum keine Ermittlungen aufgenommen sind. Eine Anzeige ist auch dann aufzunehmen, wenn die Polizei die Sache für bedeutungslos hält, der Anzeigende aber auf Verfolgung besteht. Ist dem Anzeigenden jedoch zumutbar, sich selbst an die Verfolgungsbehörde zu wenden, weil damit kein erheblicher Aufwand an Zeit und Mühe verbunden ist, so kann er auf diesen Weg verwiesen werden (vgl. Rebmann/Roth/Herrmann 12a). Über die Aufnahme der Anzeige vgl. näher 31 vor § 59; die dort gemachten Erläuterungen gelten hier entsprechend. Erteilt die Polizei auf die Anzeige eine Verwarnung,

so braucht sie die Anzeige nicht mehr weiterzuleiten (Rebmann/Roth/ Herrmann 12a; Rotberg 4).

14   **5) Die Ermittlung des Sachverhalts** durch die Polizei setzt voraus, daß bestimmte Tatsachen (zureichende tatsächliche Anhaltspunkte; § 152 II StPO) vorliegen, die den Verdacht einer Ordnungswidrigkeit begründen (vgl. § 160 I StPO; 28 vor § 59). Deuten äußere Umstände lediglich auf solche Tatsachen hin, so ist die eigentliche Ermittlungstätigkeit noch nicht aufzunehmen, sondern zunächst zu klären (zB informatorisches Befragen; 24 zu § 55), ob sich der erste Eindruck, daß solche Tatsachen vorhanden sind, bestätigt. Ist dies der Fall (vgl. 28 vor § 59), so beginnt mit der näheren Aufklärung (zB Vernehmung) die Erforschung des Sachverhalts. Von diesem Zeitpunkt ab darf derjenige, gegen den sich der Verdacht richtet, darüber auch im Bußgeldverfahren nicht im unklaren gelassen werden; bei einer Vernehmung (Anhörung, § 55) ist er als Betroffener zu behandeln und dabei auf seine Rechte hinzuweisen (vgl. 6 ff. zu § 55).

15   **A. Zur Beweissicherung,** die der Polizei obliegt (Anordnungen, die keinen Aufschub gestatten), gehören im Bußgeldverfahren neben der Identitätsfeststellung (vgl. 139 ff. vor § 59) namentlich die ersten Vernehmungen. Bei Ordnungswidrigkeiten bereitet die Aufklärung des Sachverhalts nach einem gewissen Zeitablauf Schwierigkeiten oder ist gar unmöglich, weil es sich hier um Geschehnisse handelt, die beim Betroffenen und den Zeugen vielfach keinen nachhaltigen Eindruck hinterlassen, und weil Spuren und ähnliche Beweismittel kaum zur Verfügung stehen. Deswegen kommt der Beweissicherung besondere Bedeutung zu. Der Erforschungsauftrag ist jedoch – wie im Strafverfahren (vgl. Kleinknecht 20 zu § 163 StPO) – nicht auf eilbedürftige Ermittlungshandlungen beschränkt. Die Polizei kann alle für die Vorbereitung einer Entscheidung nützlichen Ermittlungshandlungen (selbstverständlich auch zugunsten des Betroffenen, § 160 II StPO iVm § 46 I) vornehmen. Freilich sind ihr dabei durch das Opportunitätsprinzip (vgl. 8), den Grundsatz der Verhältnismäßigkeit (9 zu § 46) und die Beschränkung von Eingriffsbefugnissen (16) im Vergleich zum Strafverfahren (vgl. § 46 II) Grenzen gesetzt (vgl. auch 54 vor § 59). Die Polizei kann auch schon im Ermittlungsverfahren Sachverständige zur Aufklärung des Sachverhalts heranziehen (vgl. Kleinknecht 37 zu § 163 StPO); sie kann ferner Auskunft von öffentlichen Behörden einholen (Rebmann/Roth/Herrmann 9).

16   **B. Eingriffsbefugnisse** stehen der Polizei im Bußgeldverfahren als Ermittlungsorgan (anders als der VB), abgesehen von den Maßnahmen zur Identitätsfeststellung (vgl. 139 ff. vor § 59), grundsätzlich nicht zu; aus § 53 kann ein Recht zu Zwangsbefugnissen nicht abgeleitet werden. Gesteigerte Befugnisse haben jedoch die Beamten des Polizeidienstes, die für das Strafverfahren zu Hilfsbeamten der StA bestellt sind (vgl. 22). Die Polizei kann im übrigen Anordnungen der VB, um deren Durchführung diese ersucht, vollziehen, so zB eine Beschlagnahmeanordnung (vgl. 91 vor § 59). Die Polizei kann außer der Identitätsfeststellung nach § 163 b StPO iVm § 46 I auch nach den Landespolizeigesetzen zu präventiven Zwecken in bestimmten Fällen eine Identitätsfeststellung durchführen (vgl. 156 vor § 59). Die polizeiliche Vernehmung darf sie aber nicht erzwingen (vgl. BGH NJW **62**, 1020); ebensowenig den Zutritt in die Wohnung oder den Aufenthalt in ihr, soweit die Polizei hier nicht in Durchführung einer (zulässig getroffenen) Anordnung nach II oder der Verfolgungsbehörde handelt (Schleswig NJW **56**, 1570; ebenso Rebmann/Roth/Herrmann 10).

16a   C. **Zur Wahrheitsermittlung** vgl. 53 ff. vor § 59.

17   6) **Die Rechte und Pflichten** der Behörden und Beamten des Polizeidienstes sind dieselben wie im Strafverfahren, soweit dieses Gesetz nichts anderes bestimmt (I S. 2). Im einzelnen folgt aus dieser Generalklausel:

18   A. **Von Amts wegen** nimmt die Polizei die Ermittlung des Sachverhalts auf; hierzu ist sie gegenüber der Verfolgungsbehörde berechtigt (vgl. 4) und auch verpflichtet. Doch gilt insgesamt der Grundsatz des pflichtgemäßen Ermessens (vgl. 8 ff.). Außerdienstlich erlangte Kenntnisse verpflichten die Beamten des Polizeidienstes bei Ordnungswidrigkeiten grundsätzlich nicht zur Verfolgungstätigkeit; doch kann bei schwerwiegenden Ordnungswidrigkeiten aus disziplinarrechtlicher Sicht eine andere Beurteilung gegeben sein.

19   B. **Zur Entgegennahme von Anzeigen** ist die Polizei bei Ordnungswidrigkeiten ebenfalls befugt und verpflichtet (vgl. näher 31 vor § 59; 13).

20   C. **Dem Ersuchen der Verfolgungsbehörde** hat die Polizei zu entsprechen (vgl. § 161 S. 2 StPO iVm § 46 I). Eine unbedingte Pflicht, dem Ersuchen nachzukommen, ist jedoch nicht zu bejahen (aM wohl Rotberg 7). Es ist zu berücksichtigen, daß die StA im Strafverfahren, dessen Vorschriften nur sinngemäß gelten, neben der Polizei keine eigenen Ermittlungsorgane hat, während die VB im Bußgeldverfahren mitunter über eigene Ermittlungsbeamte verfügt (zB die FinB, die Wasser- und Schiffahrtsdirektion, vgl. 6); soweit dies der Fall ist, werden diese in erster Linie die Ermittlungen vorzunehmen haben (vgl. auch 6; 18 vor § 59). Außerdem hat die Polizei im Bußgeldverfahren Ermittlungen nur im Rahmen des pflichtgemäßen Ermessens durchzuführen (vgl. 8 ff.). Daraus wird zwar nicht zu folgern sein, daß sie auch die Notwendigkeit und Zweckmäßigkeit eines Ermittlungsersuchens prüfen kann; denn ,,Herrin‟ des Ermittlungsverfahrens ist die VB (2 vor § 59), und insoweit muß ihr Weisungsrecht gelten. Der Polizei steht jedoch ein Weigerungsrecht zu, wenn die Durchführung der Ermittlungshandlungen ihre Kräfte so in Anspruch nehmen würde, daß sie an der Erfüllung ihrer eigenen oder wichtigerer Aufgaben gehindert wird; desgl. wenn die VB die Ermittlungshandlung, um die sie ersucht, ohne Schwierigkeiten mit eigenen Ermittlungsbeamten durchführen kann (18 vor § 59; ebenso Rebmann/Roth/Herrmann 11; vgl. in diesem Sinne zB bei Ersuchen wegen Kartellordnungswidrigkeiten RdErl. MBlNW. **77**, 92). Bei dem Ersuchen an die Polizei hat die Verfolgungsbehörde im übrigen die Vorschriften der PolGe über die örtliche und sachliche Zuständigkeit zu berücksichtigen (Emmerig DVBl. **58**, 338).

21   **An die Behörde der Polizei** ist das Ersuchen grundsätzlich zu richten.

Die Verfolgungsbehörde kann insbesondere nicht verlangen, daß ein bestimmter Beamter ihr Ersuchen ausführt (vgl. Rebmann/Roth/Herrmann 11). Anders als im Strafverfahren (vgl. Kleinknecht 9 zu § 161 StPO) geht das Weisungsrecht der vorgesetzten Behörde oder des vorgesetzten Beamten dem Weisungsrecht der Verfolgungsbehörde in der Frage vor, ob das Ersuchen auszuführen ist; Meinungsverschiedenheiten sind dann zwischen der Verfolgungsbehörde und der ersuchten Polizeibehörde im Wege der Aufsichtsbeschwerde auszutragen.

22   D. **Beschlagnahmen, Durchsuchungen, Untersuchungen** (vgl. 66ff., 108ff., 124 vor § 59) sowie sonstige Maßnahmen (Sicherheitsleistung, vgl. 127ff. vor § 59; Notveräußerung, vgl. 102ff. vor § 59) können die Beamten des Polizeidienstes anordnen, die für das Strafverfahren zu Hilfsbeamten der StA bestellt sind (vgl. § 152 GVG sowie die auf Grund dieser Vorschrift erlassenen RechtsVOen der Länder, zB in Baden-Württemberg VO v. 1. 6. 1976, GBl. 458, in Bayern VO v. 16. 1. 1976, GVBl. 1, in Nordrhein-Westfalen VO v. 7. 8. 1972, GVNW 250; SGVNW 311, ÄndVO v. 11. 12. 1973, GVNW 1974, 2; wN bei Kleinknecht 6 zu § 152 GVG), und zwar im Rahmen der Regelung der StPO.

23   E. **Zur Identitätsfeststellung** sind alle Beamten des Polizeidienstes nach § 163b I S. 1 StPO iVm § 46 I befugt (vgl. 150 vor § 59).

24   F. **Bei Vernehmungen,** zu denen die Polizei auch in Bußgeldsachen mündlich oder schriftlich vorladen kann, ist § 163a IV, V StPO iVm § 55 zu beachten. Die Polizei braucht danach als Ermittlungsorgan der VB dem Betroffenen bei der ersten Vernehmung zu eröffnen, welche Bußgeldvorschriften in Betracht kommen; diese Pflicht besteht nur, wenn die Polizei als VB den Betroffenen vernimmt (§ 163a III S. 2, § 136 I S. 1 StPO iVm § 46 II; vgl. auch 7 zu § 55). Doch hat die Polizei die Pflicht, den Betroffenen sowohl bei seiner mündlichen als auch schriftlichen Anhörung darüber zu belehren, daß es ihm freistehe, zur Sache auszusagen (14; 6ff. zu § 55). Eine Belehrung des Betroffenen, daß er die Erhebung von Entlastungsbeweisen beantragen kann (§ 163a IV, § 136 I S. 3 StPO iVm § 46 I), ist weder durch die Polizei noch durch die VB notwendig (vgl. 18 zu § 55).

25   7) **Die Übersendung der Akten** (I S. 3) über vorgenommene Ermittlungen hat die Polizei „unverzüglich" zu veranlassen. Gemeint ist, daß die Ermittlungen (im Verhältnis zur Bedeutung der Ordnungswidrigkeit) so schnell wie möglich durchgeführt und die Vorgänge hierüber der Verfolgungsbehörde rasch (ohne schuldhaftes Zögern) vorzulegen sind (§ 163 I S. 1 StPO meint mit den Worten „ohne Verzug" dasselbe), sobald der Sachverhalt soweit aufgeklärt ist, daß die VB eine weitere Entschließung treffen kann. Die Übersendung der Akten vor einer solchen Aufklärung wäre prozeßunwirtschaftlich (vgl. Rebmann/Roth/Herrmann 13). Ist eine eilige Maßnahme geboten, die nur die VB treffen kann, so sind ihr die Akten sofort vorzulegen, auch wenn die Vernehmungen zur Beweissicherung (vgl. 15) noch nicht abgeschlossen sind. Über das Verhältnis von I S. 1 (pflichtgemäßes Ermessen) zu I S. 3 vgl. 12.

26   A. **Der VB** sind die Akten vorzulegen, die örtlich und sachlich für die Verfolgung zuständig ist (§§ 36 ff.). Sind mehrere VBen zuständig, so wird mit der Übersendung der Akten an eine von ihnen deren Vorzugszuständigkeit begründet, wenn der Betroffene vorher vernommen ist (§ 39 I). Die Polizei wird den Betroffenen darüber unterrichten, soweit dies möglich und angebracht ist, damit er weiß, welche VB über die Sache entscheidet. Bei einem Ermittlungsersuchen (vgl. 20) sind die Akten an die ersuchende VB zurückzusenden.

27   B. **Der StA** sind die Akten ausnahmsweise vorzulegen, wenn die Ordnungswidrigkeit mit einer Straftat zusammenhängt (§ 42 I S. 2), damit die StA prüfen kann, ob sie von ihrer Übernahmemöglichkeit Gebrauch machen will. In Grenzfällen, in denen es fraglich ist, ob ein Zusammenhang zu bejahen ist, muß die Sache der StA vorgelegt werden, um ihr die Möglichkeit zu geben, hierüber zu entscheiden. In den Fällen der Tateinheit zwischen einer Straftat und Ordnungswidrigkeit ist die Sache schon nach § 163 II S. 1 StPO der StA vorzulegen, weil das Strafverfahren Vorrang hat (§ 21). Dasselbe gilt, wenn innerhalb eines historischen Ereignisses (50 ff. vor § 59) ein Strafgesetz verletzt ist (vgl. 1 f. zu § 40).

28   C. **Dem RiAG** ist die Sache von der Polizei als Ermittlungsorgan der VB nicht vorzulegen, da die entsprechenden Voraussetzungen des § 165 StPO praktisch nie vorliegen (vgl. 10 vor § 59).

29   **8) Als Rechtsbehelf** gegen Maßnahmen der Polizei als Ermittlungsorgan kommen Gegenvorstellungen und Aufsichtsbeschwerde (33 ff. zu § 62) in Betracht. Sie können das Verhalten des Beamten (Dienstaufsichtsbeschwerde) oder die Art der sachlichen Behandlung (Fachaufsichtsbeschwerde) betreffen. Über sie entscheidet der Dienstvorgesetzte. Hilft die Behörde einer Fachaufsichtsbeschwerde nicht ab, so entscheidet letztlich die Verfolgungsbehörde (vgl. Rotberg 9; Rebmann/Roth/Herrmann 16); ob ihre Entscheidung der richterlichen Nachprüfung unterliegt, beantwortet sich nach § 62. Die unmittelbare richterliche Nachprüfung von Maßnahmen der Polizei ist nur in den Fällen zulässig, in denen dies nach den sinngemäß geltenden Vorschriften der StPO vorgesehen ist (vgl. § 98 II S. 2, § 111 l VI S. 1, § 132 III S. 2 StPO; vgl. Rebmann/Roth/Herrmann 16).

30   **9) Für die Verfolgung von Verkehrsordnungswidrigkeiten** durch die Polizei haben die Länder weitgehend übereinstimmende Richtlinien erlassen, so zB Baden-Württemberg Erl. d. MdI v. 6. 12. 1968 (GABl. **69**, 17), geänd. durch Erl. v. 16. 12. 1971 (GABl. **72**, 148), Bayern Entschl. d. StMdI v. 1. 3. 1971 (MABl. 157), Bremen Erl. Sen. f. Inn. v. 15. 8. 1975 (ABl. 744), Hessen Erl. d. MdI v. 10. 12. 1968 (StAnz. 1966), zuletzt geänd. durch Erl. v. 12. 2. 1976 (StAnz. 383), Erl. d. MdI v. 14. 6. 1977 (StAnz. 1268) und v. 20. 4. 1978 (StAnz. 874), Niedersachsen RdErl. d. MdI v. 9. 11. 1978 (MBl. 2046) und RdErl. des MdI v. 8. 8. 1974 (MBl. 1502), Nordrhein-Westfalen RdErl. d. MdI v. 26. 11. 1971 (MBl. 2040), zuletzt geänd. durch RdErl. v. 5. 4. 1978 (GMBl. 684), Rheinland-Pfalz RdErl. d. MdI v. 19. 12. 1968 (MBl. **69** Sp. 155), zuletzt geänd. durch RdErl. v. 31. 7. 1975 (MBl. Sp. 760), Saarland Erl. d. MdI v. 9. 12. 1968 (GMBl. **69**, 94). Ergänzende Richtlinien sind für die Ver-

folgung von Ordnungswidrigkeiten nach § 24a StVG (Anh **A 11**) erlassen worden, so zB in Hessen Erl. d. MdI v. 30. 8. 1973 (StAnz. 1664), im Saarland Erl. d. MdI (GMBl. **73**, 464); vgl. ferner 138 vor § 59.

54 *(aufgehoben durch Art. 4 Nr. 2 StVÄG 1979 v. 5. 10. 1978, BGBl. I 1645; vgl. jetzt §§ 163 b, 163 c StPO iVm § 46 I; ferner 139 ff. vor § 59).*

Anhörung des Betroffenen

55 [I] **§ 163a Abs. 1 der Strafprozeßordnung ist mit der Einschränkung anzuwenden, daß es genügt, wenn dem Betroffenen Gelegenheit gegeben wird, sich zu der Beschuldigung zu äußern.**

[II] **Der Betroffene braucht nicht darauf hingewiesen zu werden, daß er auch schon vor seiner Vernehmung einen von ihm zu wählenden Verteidiger befragen kann. § 136 Abs. 1 Satz 3 der Strafprozeßordnung ist nicht anzuwenden.**

Übersicht

1) **Erfordernis der Anhörung** (1, 2)
2) **Zweck der Anhörung** (3)
3) **Form der Anhörung** (4)
4) **Anhörende Stelle** (5)
5) **Wahrung der Verteidigungsrechte** (6–17)
   A. Bekanntgabe der Beschuldigung (7)
   B. Schweigerecht (8–11)
   C. Möglichkeit der schriftlichen Äußerung (12)
   D. Befragung eines Verteidigers (13)
   E. Erweiterung der Beschuldigung (14)
   F. Zeugenvernehmung bei Verdachtsgründen (15)

   G. Pflicht zum Erscheinen (16)
   H. Anwesenheit des Verteidigers (17)
6) **Beweisanträge** (18)
7) **Wiederholte Anhörung** (19)
8) **Verbotene Vernehmungsmittel** (20–23)
   A. Täuschung (21)
   B. Versprechen von Vorteilen (22)
   C. Unverwertbare Aussagen (23)
9) **Informatorische Befragung** (24)
10) **Richterliche Vernehmung** (25)
11) **Verfolgung durch die StA** (26)

1   **1) Notwendig ist die Anhörung** des Betroffenen stets, bevor gegen ihn ein Bußgeldbescheid erlassen wird. Dies folgt aus § 163a I StPO iVm I und dem Grundsatz des rechtlichen Gehörs (55 vor § 59). Die Anhörung ist überflüssig, wenn das Verfahren eingestellt wird (vgl. 157 vor § 59; § 163a I S. 1 StPO iVm § 46 I); ebenso, wenn der Betroffene lediglich verwarnt und ein Verwarnungsgeld erhoben wird, weil es hier darauf ankommt, ob er damit einverstanden ist. Über die Verletzung der Anhörungspflicht vgl. 6 zu § 66. Über die Anhörung von Nebenbeteiligten vgl. 19 ff. zu § 87.

2   **Anhörung bedeutet „Gelegenheit zur Äußerung"** (3). Die Form der Anhörung ist nicht vorgeschrieben (4). Wird der Betroffene von der VB angehört, so sind die §§ 136, 136a StPO anzuwenden. Der Betroffene ist danach auch auf die in Betracht kommenden Bußgeldvorschriften hinzuweisen; für die Vernehmung (Anhörung) durch die Polizei gilt dies nicht (7), soweit sie nicht selbst VB ist. Die Anhörung durch die VB oder Polizei reicht aus (5).

3   **2) Der Zweck der Anhörung** besteht darin, dem Betroffenen Gelegenheit zu geben, sich gegen den Verdacht einer Ordnungswidrigkeit zu
verteidigen (6; Wahrung des rechtlichen Gehörs, vgl. 55 vor § 59) und
seine persönlichen Verhältnisse darzulegen, soweit sie für die Bemessung
der Geldbuße bestimmend sind (vgl. § 136 II, III, § 163a III S. 2, IV
StPO iVm § 46 I). Die Anhörung dient aber zugleich der Aufklärung des
Sachverhalts (Wahrheitsermittlung) und der Sicherung von Beweisen
(vgl. 15 zu § 53). Deshalb können an den Betroffenen einzelne Fragen
auch dann gerichtet werden, wenn er sich zur Sache insgesamt nicht
äußern will, vorausgesetzt, daß er über sein Recht, nicht aussagen zu
müssen, belehrt ist (8); ebenso kann er zur Wahrheit ermahnt werden,
wenn seine Erklärungen unglaubhaft sind (ebenso Rebmann/Roth/Herr-
mann 6a); weiterhin kann seine mündliche Anhörung angeordnet werden, wenn er die ihm gegebene Gelegenheit, sich schriftlich zu äußern
(12), nicht nützt oder ausschlägt; die VB kann auch die richterliche Vernehmung beantragen, wenn der Betroffene keine Erklärungen abgibt (5
vor § 59).

4   **3) Eine Form der Anhörung** ist nicht vorgeschrieben. Die Überschrift
der Vorschrift verwendet – im Gegensatz zur Fassung der §§ 136, 163a
StPO – nicht den Begriff der Vernehmung, sondern den der ,,Anhö-
rung''; § 163a I StPO ist mit der Einschränkung anzuwenden, daß die
Gelegenheit zur Äußerung genügt (I). Daraus ergibt sich, daß eine
,,förmliche'' mündliche Vernehmung (in den Diensträumen der VB),
über die grundsätzlich ein Protokoll aufgenommen werden soll (vgl.
§ 168b II StPO iVm § 46 I, II sowie die Bemerkungen 17 zu § 59, die für
die Vernehmung des Betroffenen entsprechend gelten), nicht verlangt
wird. Die (nicht protokollierte) mündliche Anhörung (an Ort und Stelle)
reicht ebenso aus wie die Übersendung eines Fragebogens, der dem Betroffenen Gelegenheit gibt, sich schriftlich zu äußern. Die letztere Form
ist allgemein zulässig, also – abweichend von § 163a I S. 2 StPO – nicht
nur in ,,einfachen'' Sachen. Welche Form zweckmäßig ist, hängt von den
Umständen des Falles ab, so von der Bedeutung der Sache, der Notwendigkeit einer Beweissicherung, dem Schwierigkeitsgrad der Aufklärung
ua. Die Verfolgungsbehörde und ihre Ermittlungsorgane bestimmen danach die Form der Anhörung nach pflichtgemäßem Ermessen; dabei
wird die Erfahrung der beste Wegweiser sein. Die Ermittlungsorgane
und die Angehörigen der VB haben Weisungen über die Form der Anhörung zu beachten. Wird die Polizei ersucht, den Betroffenen zu vernehmen, so wird grundsätzlich die protokollarische Vernehmung zu wählen
sein, um das Ergebnis der Vernehmung der Verfolgungsbehörde möglichst eindeutig zur Kenntnis zu bringen und auch für das weitere Verfahren sicherzustellen (so auch Rebmann/Roth/Herrmann 11). Bei einer
mündlichen Anhörung durch die Polizei an Ort und Stelle genügt aber
eine Inhaltsangabe der Äußerung in den Akten.

5   **4) Wer die Anhörung durchführt,** ist ebenfalls nicht vorgeschrieben.
In erster Linie ist dies Aufgabe der Verfolgungsbehörde. Hat die VB
keine eigenen Ermittlungsbeamten, so wird die (nur als Ermittlungsorgan tätige; vgl. 4 zu § 53) Polizei (im Rahmen des ersten Zugriffs oder auf

Ersuchen der VB) den Betroffenen anhören (vgl. jedoch 12). Zulässig ist wohl auch die Anhörung durch eine im Wege der Amtshilfe dazu ersuchte VB (vgl. 17 vor § 59). Der Betroffene hat keinen Anspruch darauf, daß ihn die VB oder StA unmittelbar anhört; es reicht danach aus, daß ihm die Polizei Gelegenheit zur Äußerung gibt. Über die Verfolgung durch die StA vgl. 26.

6   **5) Die Möglichkeit der Verteidigung,** die Hauptzweck der Anhörung ist (vgl. 3), muß dem Betroffenen deutlich gemacht werden. Dies kann mündlich, schriftlich oder durch Ladung zur Vernehmung geschehen (vgl. Rebmann/Roth/Herrmann 9). Die Nichtgewährung der Verteidigungsmöglichkeit ist gesetzwidrig (1; 55 vor § 59), macht den Bußgeldbescheid allerdings nicht unwirksam (51 ff. zu § 66); der Betroffene erhält in diesem Falle im gerichtlichen Verfahren rechtliches Gehör (vgl. Rotberg 8).

7   A. **Die Bekanntgabe der Beschuldigung** (der Tat, die dem Betroffenen zur Last gelegt wird) ist notwendig, bevor der Betroffene zur Sache gehört wird (§ 163a III S. 2, IV S. 1, § 136 I StPO iVm § 46 I, II). Dies ist zweckmäßigerweise in den Akten zu vermerken (vgl. RiStBV 45 I). Hört die VB den Betroffenen an, so hat sie ihn auch darauf hinzuweisen, welche Bußgeldvorschriften in Betracht kommen (§ 163a III S. 2 StPO iVm § 46 I, II). Wird der Hinweis unterlassen, so ist dies für den Fortgang des Verfahrens aber ohne Bedeutung. Die Polizei ist als Ermittlungsorgan der Verfolgungsbehörde (vgl. 4 zu § 53) zu dem Hinweis nicht verpflichtet (§ 163a IV S. 1 StPO iVm § 53), weil sich im ersten Zugriff oft nicht übersehen läßt, welche Bußgeldvorschriften verwirklicht sind. Ist die Polizeibehörde zugleich VB, so sind ihre Beamten allein deshalb nicht verpflichtet, diesen Hinweis zu geben. Ist dem Betroffenen schon bei einer früheren Anhörung bekanntgegeben, welche Tat ihm zur Last gelegt wird, so ist bei einer wiederholten Anhörung eine erneute Bekanntgabe entbehrlich (vgl. jedoch 19).

8   B. **Keine Aussagepflicht** zur Sache (jedoch zur Person, vgl. 2 ff. zu § 111; Düsseldorf NJW **70**, 1888; Bay. NJW **69**, 2057) besteht für den Betroffenen. Darauf ist er (persönlich) ausdrücklich hinzuweisen, gleichgültig ob ihn die VB oder die Polizei als Ermittlungsorgan anhört (vgl. § 163a III S. 2, IV, § 136 I S. 2 StPO; vgl. Rebmann/Roth/Herrmann 6; Greiner, Die Polizei **71**, 234; Schupp, Die Polizei **71**, 236). Im Verfahren gegen eine JP übt deren Organ das Aussageverweigerungsrecht für sie aus (BVerfG BB **75**, 1315; hierzu v. Winterfeld BB **76**, 344). Bei einer schriftlichen Anhörung ist der Hinweis, daß keine Aussagepflicht besteht, in den Fragebogen aufzunehmen (vgl. Straßburg MDR **79**, 461); über den Inhalt eines solchen Hinweises vgl. den Vordruck eines Anhörungsbogens MBlNW **78**, 684. Der Hinweis ist bei einer wiederholten Vernehmung entbehrlich (vgl. 19).

9   a) **Unterbleibt die Belehrung,** so kommt ein Verwertungsverbot für die den Betroffenen belastenden Angaben in Betracht; es wird dann zu bejahen sein, wenn der Hinweis erforderlich war, um den Betroffenen über seine Verteidigungsmöglichkeiten zu unterrichten, und er die Aus-

sage zur Sache verweigert hätte (BGH **25**, 325; Rebmann/Roth/Herr-
mann 9).

10   b) **Schweigt der Betroffene** (völlig), so darf daraus allein nicht der
Schluß gezogen werden, er habe die Ordnungswidrigkeit begangen, weil
sonst sein Schweigerecht ausgehöhlt wäre (BGH **25**, 365; **20**, 281 m.
Anm. Kleinknecht JR **66**, 270; Hamm NJW **73**, 1708). Doch ist es im
Rahmen der freien Beweiswürdigung nicht schlechthin untersagt, aus
dem Schweigen des Betroffenen für ihn nachteilige Schlüsse zu ziehen
(vgl. Oldenburg NJW **69**, 806 m. krit. Anm. Ostermeyer); das Schweigen des Betroffenen zwingt auch nicht dazu, alle überhaupt denkbaren
entlastenden Umstände zu seinen Gunsten zu unterstellen (zur gesamten Problematik eingehend Günther GA **78**, 193 ff.; ders. JR **78**, 89,
Stümpfler DAR **73**, 1, jeweils mwN). Im einzelnen dürfte Günther (JR
78, 89) darin zuzustimmen sein, daß die Alternative: völliges Schweigen
lasse keine nachteiligen Schlüsse zu, teilweises Schweigen sei dagegen
auslegungsfähig (so BGH aaO und die wohl hM; vgl. die Nachw. bei
Günther aaO), auf zu formalen Abgrenzungskriterien beruht; im Rahmen der freien Beweiswürdigung erscheinen folgende Orientierungshilfen sachgerechter: a) je mehr der Betroffene redet, um so ,,beredter'' (und
damit aufschlußreicher) wird sein (uU abruptes) Schweigen zu einzelnen
Punkten sein; b) je mehr er schweigt, um so unklarer ist seine Motivation
dafür, so daß die Grundlagen für eine Schlußfolgerung schwächer werden; c) die Bewertung des (völligen oder teilweisen) Schweigens kann im
übrigen nicht nach möglichen Erfahrungssätzen (etwa: ,,wer schweigt,
hat etwas zu verbergen'') vorgenommen werden, sondern muß im Einzelfall in Beziehung zu den sonst vorhandenen Indizien und den in Betracht kommenden Möglichkeiten für die Motivation des Schweigens
gebracht werden, um eine beweiskräftige (im Rechtsbeschwerdeverfahren nachprüfbare) Schlußfolgerung ziehen zu können (vgl. hierzu Köln
VRS **57**, 429).

11   **Schweigt der Halter eines Kfz bei einer Kennzeichenanzeige** (dh einer Anzeige, bei der die Person des Fahrers eines Kfz, mit dem eine
Ordnungswidrigkeit begangen worden ist, nicht festgestellt werden
konnte, sondern nur das Kennzeichen des Kfz), so kann aus der Haltereigenschaft und der Tatsache, daß es sich um ein privat genutztes Fahrzeug
handelt, allein noch nicht, jedoch bei Hinzutreten weiterer Beweisanzeichen (die sich aus dem Beruf des Betroffenen, seinen Familienverhältnis-
sen und Lebensumständen sowie der Zeit und dem Ort der Ordnungswidrigkeit ergeben können) auch aus der Haltereigenschaft geschlossen
werden, daß er das Kfz zur Tatzeit gefahren hat (BGH **25**, 365; Bremen
VRS **48**, 435); so zB weiter daraus, daß das Kfz zur Tatzeit von einem
männlichen Fahrer gefahren worden ist und als weitere Familienangehö-
rige, die einen Führerschein haben, nur die Ehefrau in Betracht kommt
und daß sich der Vorfall zu einem Zeitpunkt ereignet hat, zu dem üblicherweise zur Arbeit gefahren wird (Hamm VRS **46**, 292); ebenso, wenn
der Betroffene keine Familienangehörigen hat und es nach seinem Le-
benszuschnitt ganz unwahrscheinlich ist, das Kfz auszuleihen (Karlsruhe,
Die Justiz **75**, 352); anders jedoch, wenn neben der Haltereigenschaft

lediglich festgestellt ist, daß der Betroffene das Kfz ,,privat nutzt'' (Bay. bei Rüth DAR **76**, 177) oder daß er zur Tatzeit Urlaub hatte und somit als Täter nicht ausgeschlossen ist (Bay. aaO). Als Beweisanzeichen können gegen den Betroffenen nicht verwertet werden, daß er den Anhörungsbogen zur Person ausgefüllt hat, ohne sich zur Sache zu äußern (Celle NJW **74**, 202; Karlsruhe VRS **54**, 158), daß er als Halter bestreitet, der Fahrer gewesen zu sein (Hamburg MDR **76**, 864; Düsseldorf VRS **55**, 360), oder daß er sich nicht bemüht hat, den Fahrer des Kfz zu ermitteln (dies selbst bei Rechtsanwälten: Hamm VRS **46**, 364) oder sonst Entlastungsbeweismittel anzugeben (Köln VRS **49**, 48, VRS **57**, 429; Bay. bei Rüth DAR **76**, 177); auch die Zeugnisverweigerung eines Angehörigen darf nicht gegen den Betroffenen verwertet werden (Hamm aaO). Zur Problematik der Kennzeichenanzeige vgl. auch Berz DAR **74**, 190 sowie VGT 13 und 14.

12   C. **Auf die Möglichkeit der schriftlichen Äußerung** ist der Betroffene regelmäßig hinzuweisen, wenn der Sachverhalt nicht ganz einfach gelagert ist und eine schriftliche Äußerung der Verteidigung des Betroffenen und der Aufklärung des Sachverhalts dienen kann, was von den Umständen des Falles, namentlich der Persönlichkeit des Betroffenen abhängt.

13   D. **Auf die Möglichkeit der Befragung eines Verteidigers** braucht der Betroffene dagegen nicht hingewiesen zu werden (II). Ist die Sach- oder Rechtslage jedoch schwierig oder ist nach den Umständen des Falles mit einer empfindlichen Geldbuße zu rechnen, so ist der Hinweis auf die Verteidigerkonsultation geboten, namentlich dann, wenn der Betroffene die Sach- oder Rechtslage nicht durchschaut; denn es gilt der Grundsatz der Wahrheitsermittlung (vgl. 53 vor § 59), der nicht zuletzt durch die Verteidigungsmöglichkeit verwirklicht werden kann. Erklärt der Betroffene, daß er einen Verteidiger befragen wolle, bleibt aber nach Ablauf einer angemessenen Frist eine Erklärung aus, so ist ihm Gelegenheit zur Äußerung gegeben worden.

14   E. **Bei Erweiterung der Beschuldigung** ist der Betroffene nochmals anzuhören, auch wenn er schon Gelegenheit zur Äußerung gehabt hat. Dagegen ist es nicht erforderlich (uU aber zweckmäßig), den Betroffenen nochmals zu hören, wenn sich neue tatsächliche Gesichtspunkte ergeben (abw. Rebmann/Roth/Herrmann 7 unter Hinweis auf die Auslegung zu § 44 OWiG 1952; doch hat sich der Charakter des Bußgeldbescheides gegenüber dem OWiG 1952 geändert; 6 vor § 65).

15   F. **Bei einer Zeugenvernehmung** kann Anlaß bestehen, die Vernehmung abzubrechen und den ,,Zeugen'' als ,,Betroffenen'' anzuhören, falls sich genügend Anhaltspunkte dafür ergeben. Äußert sich der Zeuge über ein Geschehnis im Zusammenhang, so ist er nach § 55 II StPO (50 zu § 59) zu belehren, falls sich Anhaltspunkte für eine Beschuldigung gegen ihn ergeben. Werden einzelne Fragen gestellt, die darauf abzielen, gegen ihn selbst wegen des Verdachts einer Ordnungswidrigkeit vorzugehen, so rückt er damit in die Rolle des Betroffenen, die ihm dann auch zu eröffnen ist (vgl. 14 zu § 53). Wird ein Ermittlungsorgan darum ersucht, jemanden als Zeugen zu vernehmen, so ist die Zeugenvernehmung ganz durchzuführen, auch wenn sich Verdachtsgründe dafür erge-

ben, daß der Zeuge eine Ordnungswidrigkeit begangen hat; in diesem
Falle sind seine Rechte durch eine Belehrung nach § 55 II StPO zu wahren
(vgl. Kleinknecht 25 zu § 163a StPO).

16   G. **Zum Erscheinen verpflichtet** ist der Betroffene auf Ladung der
Verfolgungsbehörde (VB oder StA; 4ff. zu § 35; vgl. § 163a III S. 1
StPO iVm § 46 I, II), nicht aber auf Ladung der Polizei, soweit sie nicht
selbst VB ist. Die Androhung der Vorführung ist in der Ladung möglich
(§ 163a III S. 2, § 133 II StPO iVm § 46 I, II); doch ist die Anordnung der
Vorführung dem Richter vorbehalten (vgl. 33 zu § 46; 8 vor § 59).

17   H. **Dem Verteidiger ist die Anwesenheit** bei der Vernehmung des
Betroffenen durch die VB zu gestatten; er ist deshalb von dem Termin zu
benachrichtigen, wenn dies ohne Gefährdung des Untersuchungserfolges
geschehen kann, hat jedoch bei Verhinderung keinen Anspruch auf Verlegung des Termins (§ 168c I, V iVm § 163a III S. 2 iVm § 46 I, II). Dies
gilt nicht für formlose Anhörungen durch die VB und bei wörtlicher
Auslegung von § 163a IV S. 2 StPO, der den § 168c I StPO nicht erwähnt, auch nicht für Vernehmungen durch die Polizei (so auch Reb-
mann/Roth/Herrmann 17). Für ein weitergehendes Anwesenheitsrecht
des Verteidigers dagegen mit beachtlichen Gründen (so: das Anwesenheitsrecht bei der Verfolgungsbehörde löst notwendigerweise das Anwesenheitsrecht bei deren Ermittlungsorganen aus; die Fürsorgepflicht gebietet die Anwesenheit) Schaefer MDR **77**, 980, zust. Riegel ZRP **78**, 14,
20; vgl. auch Sieg NJW **75**, 1009. Es ist danach zumindest zu befürworten, wenn nicht gar zu verlangen, daß dem Verteidiger auch bei polizeilichen Vernehmungen die Anwesenheit gestattet wird; etwaigen praktischen Schwierigkeiten kann durch eine entsprechende Anwendung des
§ 168c V S. 2 StPO begegnet werden.

18   6) **Beweisanträgen des Betroffenen** ist zu entsprechen, falls sie von
Bedeutung sind (vgl. § 163a II StPO iVm § 46 I). Darüber entscheidet die
Verfolgungsbehörde (2ff. zu § 35). Eine Belehrung des Betroffenen über
sein Recht, einzelne Beweiserhebungen zu beantragen, ist im Bußgeldverfahren nicht vorgeschrieben, da dies hier nicht geboten ist (vgl. Begr-
EStVRG 1, S. 105); § 136 I S. 3 StPO, der dies (auch iVm § 163a StPO)
vorschreibt, ist deshalb in II S. 2 von der entsprechenden Anwendung
ausgenommen. Lehnt die VB die Erhebung von Beweisen ab, so kann
ihre Entscheidung selbständig nicht angefochten werden (vgl. 8 zu § 62).
Beweisanträge sollten in den Akten vermerkt werden (vgl. auch Reb-
mann/Roth/Herrmann 14, Rotberg 6, die eine Pflicht hierzu bejahen).

19   7) **Bei wiederholter Anhörung** sind die Bekanntgabe der Beschuldigung und die Hinweise auf die Verteidigungsmöglichkeiten (vgl. 6, 13)
nicht nochmals notwendig, falls keine Veränderung der Sach- oder
Rechtslage eintritt (vgl. BGH **25**, 325, 330; ebenso Rebmann/Roth/Herr-
mann 14a).

20   8) **Die verbotenen Vernehmungsmittel** (§§ 136a, 163a III, IV StPO)
sind auch im Bußgeldverfahren unzulässig (§ 46 I). Von den in § 136a
StPO genannten Mitteln kommen im Bußgeldverfahren praktisch wohl
nur die Täuschung und das Versprechen von gesetzlich nicht vorgesehenen Vorteilen in Betracht.

21 A. **Eine Täuschung** liegt nicht nur vor, wenn der Vernehmende bös-
willig handelt (vgl. BGH **15**, 187), also den Betroffenen bewußt irreführt
oder einen entstandenen Irrtum ausnutzt, sondern schon dann, wenn der
Betroffene zur Sache gehört wird, obwohl er objektiv in einen Irrtum
versetzt ist, der die Freiheit der Willensentschließung oder -betätigung
beeinträchtigt. Der Betroffene darf zB nicht darüber im unklaren gelassen werden, daß er nicht verpflichtet ist auszusagen (vgl. Rebmann/
Roth/Herrmann 19; Kunert MDR **67**, 539; Bremen NJW **67**, 2033; vgl.
auch 8). Unzulässig ist zB der Hinweis, die Sache werde als Strafsache
behandelt und an die StA übergeben, falls der Betroffene nicht aussage
oder die Handlung weiterhin bestreite; ferner, wenn eine Erklärung unter
dem Ehrenwort erlangt wird, keine Anzeige zu machen (vgl. BGH bei
Dallinger MDR **54**, 17); ebenso, wenn der Betroffene unter der Vorspie-
gelung, er sei nur Zeuge und deshalb zur Aussage verpflichtet, vernommen wird; desgl., wenn der Betroffene vernommen wird, obwohl er
infolge Alkoholgenusses in seiner Willensentschließung stark beeinträchtigt ist (vgl. EbSchmidt NJW **62**, 666). Andererseits ist nicht jedes Über-
listen (so das Ausnutzen einer vorhandenen unrichtigen Fehlvorstellung)
eine unzulässige Täuschung; es kommt immer darauf an, ob die Freiheit
der Willensbetätigung beeinträchtigt ist (vgl. Kleinknecht JZ **53**, 534),
was zB bei dem Hervorrufen einer unrichtigen Vorstellung der Fall wäre
(Köln VRS **44**, 40).

22 B. **Ein unzulässiges Versprechen von Vorteilen** kann darin liegen,
daß dem Betroffenen in Aussicht gestellt wird, von der Anzeige einer
entdeckten Straftat abzusehen, wenn er die Ordnungswidrigkeit zugibt.

23 C. **Unverwertbar sind Aussagen,** die durch verbotene Vernehmungs-
mittel eines Vernehmungsorgans zustande gekommen sind (§ 136a III
S. 2). Wiederholt der Betroffene jedoch in freier Willensentschließung die
Aussage, so ist sie verwertbar (vgl. BGH **22**, 129; **27**, 355, 359). Die
Beweismittel, die nur als ,,Nebenprodukt" angefallen sind, sind nicht
schlechthin unverwertbar (vgl. näher Kleinknecht 21 zu § 136a StPO).

24 **9) Die informatorische Befragung** von Personen ist ein zulässiges und
angebrachtes Aufklärungsmittel zur Prüfung, ob a) ein konkreter Verdacht, der die Einleitung eines Ermittlungsverfahrens rechtfertigt (vgl.
28 vor § 59), gegeben ist, oder b) ob in einem bereits eingeleiteten Ermittlungsverfahren jemand als Zeuge oder Betroffener in Betracht
kommt (Krause, Die Polizei **78**, 305). Die informatorische Befragung ist
danach keine Vernehmung als Betroffener (oder als Zeuge, weil beides
noch offen ist); deshalb ist ein Hinweis auf die Verteidigungsmöglichkeit
(vgl. 6) hier nicht notwendig, ebensowenig auf ein Zeugnisverweigerungsrecht (vgl. Krause aaO). Ergeben sich jedoch Verdachtsgründe, daß
der Befragte eine Ordnungswidrigkeit begangen hat, so rückt er in die
Rolle des Betroffenen; er ist dann hierauf unmißverständlich hinzuweisen
und über seine Verteidigungsmöglichkeiten zu belehren (vgl. 6, 13; 15 zu
§ 53; so auch Rebmann/Roth/Herrmann 13a). Zu unterscheiden von der
informatorischen Befragung ist die Vorbesprechung vor einer schriftlichen Vernehmung; sie ist Teil der Sachvernehmung (Krause aaO). Keine
Vernehmungen sind Äußerungen außerhalb von Vernehmungen (nicht

erfragte Spontanäußerungen), so daß für sie die Vorschriften über Vernehmungen (und Verwertungsverbote 46 zu § 59) nicht gelten; sie sind, falls beweiserheblich, in einem Vermerk festzuhalten (Krause aaO).

25 **10) Bei einer richterlichen Vernehmung** gilt § 136 StPO iVm § 46 I. Die VB kann die richterliche Vernehmung beantragen (vgl. 5 vor § 59).

26 **11) Bei der Verfolgung durch die StA** nach Übernahme (§ 42) ist § 55 gleichfalls anwendbar (§ 83 I). Die durch die Polizei oder VB durchgeführte Anhörung reicht hier ebenso aus (vgl. 5). Im Strafverfahren wegen einer ,,Tat'', bei der im materiell-rechtlichen Sinne zwischen einer Ordnungswidrigkeit und einer Straftat Tatmehrheit gegeben ist (vgl. 50ff. vor § 59), gilt für die Vernehmung des Beschuldigten insgesamt die StPO; die erleichterte Form der Anhörung nach § 55 ist hier hinsichtlich der Ordnungswidrigkeit praktisch nicht möglich (vgl. 4 zu § 83; ebenso Rebmann/Roth/Herrmann 3).

II. Verwarnungsverfahren

Vorbemerkungen

1 **1) Eine Rahmenregelung** trifft dieser Unterabschnitt für das Verwarnungsverfahren bei Ordnungswidrigkeiten nach Bundes- und Landesrecht.

2 **Ergänzende landesrechtliche Regelungen** sind denkbar (vgl. 8 zu § 2), so zB die Ermächtigung anderer Stellen als der VB oder der Polizei (vgl. zB § 16 II S. 2 BWLOWiG, Anh **B 1a**) oder die direkte Ermächtigung der Beamten des Polizeidienstes abweichend von § 58 II S. 2 (vgl. zB § 7 FFStGRhPf). Für die Ausgestaltung des Verfahrens selbst gilt dieser Unterabschnitt abschließend (vgl. auch Rebmann/Roth/Herrmann 4; Rotberg 17).

3 **2) Vorbild für die jetzige Rahmenregelung** ist nicht § 8 OWiG 1952, sondern § 22 StVG aF gewesen (vgl. näher die 4. Aufl.). Die gegen § 22 StVG aF früher erhobenen verfassungsrechtlichen Bedenken hat das BVerfG für unbegründet erklärt (BVerfGE **22**, 125).

4 **3) Das Wesen des Verwarnungsverfahrens** besteht darin, daß a) dem Täter bei einer geringfügigen Ordnungswidrigkeit sein Fehlverhalten nur vorgehalten wird, ohne darüber zu entscheiden (Verwarnung; Hamm NJW **79**, 2114), b) ihm mit seinem Einverständnis ein Denkzettel in Form einer geringfügigen Vermögenseinbuße erteilt wird (Verwarnungsgeld) und c) damit für die Verfolgung der Handlung ein Verfahrenshindernis geschaffen wird.

5 **Das Verfahren zielt darauf ab,** die Durchführung eines Bußgeldverfahrens (mit einer förmlichen Entscheidung) ,,im äußersten Bagatellbereich'' zu ersparen (vgl. BVerwGE **42**, 206, 208; Hamm NJW **79**, 2114; vgl. auch Rotberg 1 zu § 56) und eine geringfügige präventive Maßnahme, die eine bessere Beachtung der Rechtsordnung bezweckt, genügen zu lassen, vorausgesetzt, daß der Betroffene von sich aus dazu mitwirkt; denn erst seine Zahlung des Verwarnungsgeldes macht die Verwarnung wirksam.

6 **Die Verwarnung mit Verwarnungsgeld** ist ein mitwirkungsbedürftiger Verwaltungsakt aus Anlaß einer Ordnungswidrigkeit (vgl. BVerfGE **22**, 125). Sie beruht auf dem Einverständnis (der Selbstunterwerfung) des Betroffenen mit einer geringen präventiven Maßnahme in einem zusätzlichen Vorschaltverfahren, das die Verfolgung und Entscheidung erübrigt (vgl. 1, 4 vor § 53); sie ist nicht als „Ahndung" eines Fehlverhaltens anzusehen (Hamm NJW **79**, 2114; Janiszewski 176; es ist deshalb bedenklich, die Verwarnung mit Verwarnungsgeld als „Ahndung" zu bezeichnen, wie dies Rebmann/Roth/Herrmann 9 vor § 35, 10 zu § 35, 1 vor § 56, 1 zu § 56 und Cramer, Grundbegriffe S. 163 tun; ähnlich auch Rotberg 1, 6 zu § 56; insoweit auch bedenklich Nr. 3.1.1 des Erl. d. MdIBW v. 11. 12. 1978, GABl. **79**, 57). Jedoch ist die Verwarnung auch noch im Laufe des Ermittlungsverfahrens zulässig (vgl. 41 zu § 56) und löst ein Verfolgungshindernis aus (vgl. 42 zu § 56). Im Gegensatz zur Geldbuße, die ebenfalls (vorwiegend) präventive Zwecke verfolgt, ist die Zahlung des Verwarnungsgeldes aber eine freiwillige Leistung, die nicht erzwungen werden kann und für den Betroffenen niemals weitere Folgen hat (zB keine Eintragung in das Verkehrszentralregister; § 28 StVG, Anh **A 11**). Die pflichtwidrige Unterlassung einer Verwarnung mit Verwarnungsgeld durch einen Polizeibeamten verwirklicht nicht den Tatbestand des § 336 StGB (Hamm aaO).

7 **4) Der Begriff „Verwarnungsgeld"** kennzeichnet die geldliche Einbuße, die dem Betroffenen auferlegt wird, um der Verwarnung Nachdruck zu verleihen. Die Höhe der geldlichen Einbuße hängt davon ab, ob der Betroffene nach der Art der Zuwiderhandlung, die Anlaß für die Verwarnung ist, einen mehr oder weniger fühlbaren Denkzettel verdient. Ob im Verwarnungsverfahren ein geringerer oder größerer Verwaltungsaufwand entstanden ist, darauf kommt es jedoch nicht an (vgl. Begr. vor § 45 EOWiG).

8 **5) Erweitert ist das Verwarnungsverfahren** gegenüber dem früheren Recht (§ 8 OWiG 1952, § 22 StVG aF, wo der weniger treffende Begriff der „gebührenpflichtigen Verwarnung" verwendet worden war) in mehrfacher Weise:

9 A. **Der Höchstbetrag des Verwarnungsgeldes** beträgt 20 DM, wenn das Gesetz nichts anderes bestimmt. Eine solche Bestimmung ist bislang nur in § 27 I StVG (Anh **A 11**) getroffen; das Verwarnungsgeld beträgt danach bei Verkehrsordnungswidrigkeiten bis zu 40 DM. Diese einzige Ausnahme ist damit begründet, daß das massenhafte Vorkommen der Verkehrsverstöße eine Schematisierung (Nichtberücksichtigung der wirtschaftlichen Verhältnisse) auch bei einer fühlbaren Einbuße geradezu erzwinge; solche Gesichtspunkte ließen sich jedoch auf anderen Sachgebieten nicht anführen (vgl. BegrEEGStGB S. 499f; BerEEGStGB zu Art. 27 Nr. 27). Mit diesen Erwägungen wäre es nicht vereinbar, wenn auch bei anderen, selbst häufiger vorkommenden, Ordnungswidrigkeiten der Höchstbetrag des Verwarnungsgeldes heraufgesetzt würde (vgl. für das Landesrecht 8 zu § 2).

10 B. **Die Beamten des Polizeidienstes** haben allgemein bei Ordnungswidrigkeiten neben der VB die Befugnis zur Erteilung der Verwarnung, soweit sie hierzu ermächtigt sind (§ 57 II, § 58 I). Ihnen steht diese Befugnis nicht nur zu, wenn sie den Täter auf frischer Tat stellen, sondern darüber hinaus im Verfahrensstadium des ersten Zugriffes (5 zu § 57). Als Angehörige der VB können sie für diese auch noch in einem späteren Stadium die Verwarnung erteilen, soweit sie insoweit befugt sind, für die VB zu handeln (vgl. 10 zu § 56; 3 vor § 59).

11   C. **Auch mündlich** kann die Verwarnung erteilt werden, da § 56 keine schriftliche Form verlangt (16 zu § 56).

12   **6) Nähere Bestimmungen für die praktische Anwendung** des Verwarnungsverfahrens bei Verkehrsordnungswidrigkeiten (wegen anderer Ordnungswidrigkeiten vgl. 7 zu § 58) sind vorgesehen in:

13   A. **der Allgemeinen Verwaltungsvorschrift des BMV** für die Erteilung einer Verwarnung v. 12. 6. 1975 (BAnz. Nr. 109), die auf § 27 II, III StVG (Anh **A 11**) gestützt ist (abgedr. bei Janiszewski/Buddendiek unter II). Sie soll eine möglichst einheitliche Praxis sichern und ist für die VB und die besonders ermächtigten Beamten des Polizeidienstes verbindlich (vgl. näher Janiszewski/Buddendiek Vorb I Nr. 3). Im Verfahren nach Einspruch gegen den Bußgeldbescheid gilt dies zwar nicht für das Gericht. Es darf die Höhe des Verwarnungsgeldes aber bei der Festsetzung der Geldbuße nicht unbeachtet lassen, wenn es den Verstoß für geringfügig hält (vgl. näher 33 zu § 17). Die VB und die Beamten des Polizeidienstes unterliegen im übrigen den Weisungen der vorgesetzten Behörden und Beamten (16 zu § 47). Die Vwv des BMV kann, soweit sie Lücken hat, von der obersten Landesbehörde ergänzt werden (vgl. den Bußgeldkatalog von Bayern, 28 zu § 17, der zugleich die Vwv des BMV enthält); bei einem Widerspruch hat die Vwv des BMV Vorrang (ebenso Rebmann/Roth/Herrmann 2 a);

14   B. **den Richtlinien der Länder,** namentlich über die Erteilung der Verwarnung durch die Polizei (**„Verwarnungserlaß“**): vgl. zB in Baden-Württemberg Erl. d. MdI v. 11. 12. 1978 (GABl. **79**, 57), in Bayern Entschl. d. StMdI v. 21. 2. 1971 (MABl. 151), in Bremen Erl. d. Sen. f. Inn. v. 20. 8. 1975 (ABl. 727), geänd. durch Erl. v. 25. 7. 1978 (ABl. 401), in Hessen Erl. d. MdI v. 10. 12. 1968 (StAnz. 1975), zuletzt geänd. durch Erl. v. 24. 5. 1977 (StAnz. 1187), sowie Erl. d. MdI v. 11. 1. 1975 (StAnz. 186), in Niedersachsen RdErl. d. MdI v. 2. 2. 1977 (MBl. 214), geänd. durch RdErl. v. 25. 7. 1978 (MBl. 1465), in Nordrhein-Westfalen RdErl. d. MdI v. 25. 11. 1971 (MBl. 2028), zuletzt geänd. durch RdErl. v. 5. 4. 1978 (MBl. 688), in Rheinland-Pfalz RdErl. d. MdI v. 19. 12. 1968 (MBl. **69** Sp. 191), geänd. durch Erl. v. 10. 2. 1971 (Sp. 186, 212), im Saarland Erl. d. MdI v. 25. 6. 1975 (GMBl. 494).

15   **7) Unzulässig ist die Verwarnung** mit Verwarnungsgeld gegenüber Exterritorialen und bevorrechtigten Personen (vgl. näher 39 vor § 59); ebenso gegenüber Kindern (vgl. 5 zu § 56). Abgeordneten und Angehörigen der in der BRep. stationierten Truppen der NATO-Vertragsstaaten kann dagegen eine solche Verwarnung erteilt werden (vgl. näher 41 f. vor § 59).

Verwarnung durch die Verwaltungsbehörde

56 ^I Bei geringfügigen Ordnungswidrigkeiten kann die Verwaltungsbehörde den Betroffenen verwarnen und ein Verwarnungsgeld erheben, das mindestens zwei und, wenn das Gesetz nichts anderes bestimmt, höchstens zwanzig Deutsche Mark beträgt. Sie soll eine solche Verwarnung erteilen, wenn eine Verwarnung ohne Verwarnungsgeld unzureichend ist.

^{II} Die Verwarnung nach Absatz 1 Satz 1 ist nur wirksam, wenn der Betroffene nach Belehrung über sein Weigerungsrecht mit ihr einverstanden ist und das Verwarnungsgeld entsprechend der Bestimmung der Verwaltungsbehörde entweder sofort zahlt oder innerhalb einer Frist, die eine Woche betragen soll, bei der hierfür bezeichneten Stelle oder bei der Post zur Überweisung an diese Stelle einzahlt. Eine solche Frist soll bewilligt werden, wenn der Betroffene das Verwarnungsgeld nicht sofort zahlen kann oder wenn es höher ist als fünf Deutsche Mark.

^{III} Über die Verwarnung nach Absatz 1 Satz 1, die Höhe des Verwarnungsgeldes und die Zahlung oder die etwa bestimmte Zahlungsfrist wird eine Bescheinigung erteilt. Kosten (Gebühren und Auslagen) werden nicht erhoben.

^{IV} Ist die Verwarnung nach Absatz 1 Satz 1 wirksam, so kann die Tat nicht mehr unter den tatsächlichen und rechtlichen Gesichtspunkten verfolgt werden, unter denen die Verwarnung erteilt worden ist.

Übersicht

1   **1) Bei geringfügigen Ordnungswidrigkeiten** ist eine Verwarnung mit
Verwarnungsgeld zulässig (I S. 1; über das Wesen des Verwarnungsverfahrens vgl. 4 ff. vor § 56). Die Sollvorschrift von I S. 2 will einerseits
sagen, daß sich die VB in solchen Fällen in der Regel darauf beschränken
soll, eine Verwarnung zu erteilen, weil das Verfahren auf diese Weise
rasch und ohne großen Aufwand erledigt werden kann (BerEOWiG zu
§ 45). Andererseits gibt der Bedingungssatz von I S. 2 den Hinweis, daß
neben einer Verwarnung mit Verwarnungsgeld auch eine solche ohne
Verwarnungsgeld in Betracht kommt, so daß zu prüfen ist, ob eine solche Verwarnung ausreichend ist oder nicht (Rotberg 6).

2   **Die Verwarnung ohne Verwarnungsgeld** ist gesetzlich nicht geregelt.
II–IV beschränken sich ausdrücklich auf die Verwarnung nach I S. 1; sie
sind deshalb auf die Verwarnung ohne Verwarnungsgeld nicht anwendbar, auch nicht entsprechend. Die Verwarnung ohne Verwarnungsgeld
ist danach kein Verfahrenshindernis (vgl. auch 42). Hat sich die VB aber
zunächst darauf beschränkt, eine solche Verwarnung zu erteilen, so wird
es in der Regel nicht mehr geboten erscheinen, später die Handlung unter
denselben tatsächlichen und rechtlichen Gesichtspunkten, unter denen die
Verwarnung erteilt worden ist, mit einer Geldbuße zu ahnden (zust.
Rotberg 6; Cramer, Grundbegriffe S. 166).

3   **Zulässigkeitsvoraussetzungen:**

4   A. **Eine rechtswidrige und vorwerfbare Handlung** (20 ff., 30 vor § 1)
setzt die Verwarnung voraus (vgl. Celle NdsRpfl. **64**, 23). Eine gründliche Aufklärung des Sachverhalts ist jedoch nicht notwendig, weil die
Handlung nur Anlaß für eine präventive Maßnahme ist (BVerfGE **22**,
125), über sie also nicht entschieden wird (vgl. 4 vor § 56). Deshalb reicht
es aus, daß nach dem äußeren Erscheinungsbild eine Ordnungswidrigkeit
gegeben ist. Ist dies der Fall, so kann von einer weiteren Aufklärung des
Sachverhalts (zB in subjektiver Hinsicht) wegen des Einverständnisses
des Betroffenen abgesehen werden, da mit Hilfe des Verwarnungsverfahrens eine ,,Entscheidung'' gerade erspart werden soll (Hamm NJW **79**,
2114; Rebmann/Roth/Herrmann 3). Begründeten Zweifeln sollte jedoch
nachgegangen und bei Schwierigkeit der Aufklärung eher von der Verfolgung nach § 47 I abgesehen werden (Rebmann/Roth/Herrmann 3).

5   **Kindern** (3 zu § 12) darf eine Verwarnung nach § 56 (anders eine bloße
Ermahnung) nicht erteilt werden, da sie nicht vorwerfbar handeln. Bei
Jugendlichen kommt es darauf an, ob sie ihrer Entwicklung nach für die
Tat verantwortlich sind (vgl. 5 zu § 12); bestehen insoweit Zweifel, so
sollte von einer Verwarnung mit Verwarnungsgeld abgesehen und geprüft werden, ob eine Ermahnung, Aufklärung oder Belehrung angemessen ist (vgl. 6 zu § 12).

6   B. ,,**Geringfügig**'' muß die Ordnungswidrigkeit sein. Die mit Hilfe
des normativen Begriffs ,,geringfügig'' vorgenommene Abgrenzung der
in Betracht kommenden Fälle ist zwar etwas unbestimmt; doch wird dies
der Praxis keine beträchtlichen Schwierigkeiten bereiten, weil der Kreis
der in Betracht kommenden Fälle zugleich durch den Höchstbetrag des
Verwarnungsgeldes hinreichend klar umrissen ist (Hamm MDR **70**, 70;
allg. M.). Ob die Ordnungswidrigkeit geringfügig ist, richtet sich nach

der Bedeutung der Handlung und dem Grad der Vorwerfbarkeit. Dabei kommt es auf eine Gesamtbetrachtung an; auch bei einem gewichtigeren Verstoß kann die Handlung wegen geringer Vorwerfbarkeit insgesamt geringfügig sein (vgl. § 27 III S. 2 StVG, Anh A 11). Verwaltungsbestimmungen in Form von Richtlinien und Weisungen zur Konkretisierung des Anwendungsbereiches sind nicht nur zulässig, sondern zur Sicherung einer möglichst einheitlichen Praxis erwünscht (vgl. 12ff. vor § 56; vgl. auch Bek. d. BayStMdI v. 8. 3. 1977 – 166 vor § 59 – unter Nr. 5.3). Soweit Verwaltungsbestimmungen fehlen, hat die VB die Frage, ob eine Ordnungswidrigkeit „geringfügig" ist, nach pflichtgemäßem Ermessen zu beurteilen. Eine Fehlbeurteilung hat keinen Einfluß auf die Wirksamkeit der Verwarnung (vgl. Frankfurt VRS **16**, 59; Rebmann/Roth/Herrmann 19; Rotberg 13), selbst wenn dabei gegen Verwaltungsbestimmungen verstoßen wird; denn sie haben nur interne Bedeutung (vgl. 31 zu § 17).

7 C. **Bei unbedeutenden Verstößen** kommt eine Verwarnung ohne Verwarnungsgeld in Betracht (vgl. bei Verkehrsordnungswidrigkeiten § 1 II Vwv des BMV, 13 vor § 56). Doch ist hier zu prüfen, ob überhaupt ein Einschreiten geboten ist, namentlich bei bloßen Formalverstößen (vgl. 11, 18 zu § 47). Gegen eine Verwarnung ohne Verwarnungsgeld sind Gegenvorstellung und Aufsichtsbeschwerde (33ff. zu § 62) möglich.

8 D. **Bei einem Verfolgungshindernis** ist die Erteilung einer Verwarnung mit Verwarnungsgeld grundsätzlich nicht zulässig; etwas anderes gilt für das Verfolgungshindernis deutscher Entscheidungsbefugnis bei den in der BRep. stationierten Truppen der NATO (vgl. näher 41 vor § 59).

9 **2) Zuständigkeit zur Erteilung einer Verwarnung:**

10 A. **Die VB** kann die Verwarnung erteilen, und zwar durch solche Verwaltungsangehörige (Leiter der VB, Beamte oder Angestellte), die nach der innerdienstlichen Behördenorganisation dazu befugt sind (vgl. 3 vor § 59). Die VB kann sich jedoch zur Erteilung von Verwarnungen und der Festsetzung von Verwarnungsgeldern im schriftlichen Verfahren (vgl. 16) auch datenverarbeitender Einrichtungen bedienen, die nach einem von der VB erarbeiteten Programm unter bestimmten Voraussetzungen für sie tätig werden (vgl. 45 zu § 33); dies setzt aber in der Regel eine Zuständigkeitskonzentration voraus (vgl. in Hessen § 1 VO Anh B 6 b). Ein Handeln in den Amtsräumen der VB ist nicht notwendig; auch (oder gerade) im Außendienst tätige Angehörige der VB können nach Anweisungen für sie handeln (vgl. § 57 I). Die Ermächtigung, für die VB zu handeln, kann nicht nur den Beamten im staatsrechtlichen Sinne, sondern auch Angestellten (Hilfskräften) der VB erteilt werden.

11 B. **Bei der Polizei ist zu unterscheiden:**

12 a) **Ist die Polizei VB** (zB § 26 I StVG, Anh A 11; 9 zu § 35), so entscheidet ihre innere Behördenorganisation darüber, welcher Beamter im Innendienst oder des Vollzugsdienstes eine Verwarnung erteilen kann (vgl. 3 vor § 59). Die Regelung des § 57 I ist hier praktisch wohl ohne Bedeutung.

13   b) **Für die Beamten des Polizeidienstes** (als Ermittlungsorgane der VB) gilt erg. § 57 II.

14   C. **Das Gericht und die StA** dürfen die Verwarnung nach § 56 I nicht erteilen; anders jedoch die StA, soweit sie zur VB bestimmt ist (vgl. 3 zu § 35; so auch Rebmann/Roth/Herrmann 2; Rotberg 3).

15   3) **Die Verwarnung** besteht zunächst darin, daß dem Betroffenen sein Fehlverhalten vorgehalten wird, damit er die Rechtsordnung künftig besser beachtet (BVerfGE **22**, 125; vgl. 4f. vor § 56). Ferner zielt die Verwarnung auf einen mitwirkungsbedürftigen Verwaltungsakt ab (vgl. 5 vor § 56); dieser kommt dann nicht zustande, wenn die Wirksamkeitsvoraussetzungen nach II S. 1 nicht erfüllt sind (vgl. Hamm VRS **56**, 134; 23). Erklärt der Betroffene zB, daß er zZ nicht zahlen könne, und wird ihm daraufhin eine schriftliche Verwarnung in Aussicht gestellt, so ist damit noch keine wirksame Verwarnung erteilt (vgl. Hamm aaO); anders jedoch, wenn dem Betroffenen die Verwarnung erteilt wird und er anschließend zahlt (vgl. 23ff.).

16   A. **Mündlich oder schriftlich** kann die Verwarnung erteilt werden. Eine bestimmte Form schreibt I nicht vor. Die schriftliche Form (unter Verwendung eines Formulars) ist zweckmäßig, wenn der Täter an Ort und Stelle nicht angetroffen wird, eine weitere Prüfung entbehrlich erscheint und diese Form der Erledigung für die VB den geringsten Verwaltungsaufwand (zB durch Einsatz der EDV; vgl. 10) erfordert (Rebmann/Roth/Herrmann 9). Eine vorherige Anhörung des Betroffenen nach § 55 ist nicht notwendig (Rebmann/Roth/Herrmann 9; vgl. 1 zu § 55). Bei der mündlichen Verwarnung reicht deshalb eine informatorische Befragung (24 zu § 55) aus, bei der ein Hinweis auf das Aussageverweigerungsrecht entbehrlich ist. Bei einer schriftlichen Verwarnung erübrigt sich überhaupt jede vorherige Befragung (zust. Rebmann/Roth/Herrmann 9). Um das Verfahren zu beschleunigen, wird es aber zweckmäßig sein, mit der schriftlichen Verwarnung dem Betroffenen zugleich die Gelegenheit zur Äußerung zu geben (Übersendung eines Anhörungsbogens; vgl. 4 zu § 55) für den Fall, daß er mit der Verwarnung nicht einverstanden ist oder das Verwarnungsgeld nicht zahlt. Nach fruchtlosem Ablauf der Zahlungsfrist kann dann sogleich ein Bußgeldbescheid erlassen werden, weil dem Betroffenen die Gelegenheit zur Äußerung bereits gegeben worden ist.

17   B. **Die Belehrung über das Weigerungsrecht** soll dem Betroffenen deutlich machen, daß diese Form der Erledigung des Verfahrens von seiner freiwilligen Mitwirkung abhängt. Dabei kann und soll auch der Betroffene darauf hingewiesen werden, daß im Falle der Weigerung mit einem förmlichen Bußgeldverfahren zu rechnen ist (Rebmann/Roth/Herrmann 11). Der Hinweis ist jedoch nach Inhalt und Form so zu geben, daß der Eindruck eines unzulässigen Druckes vermieden wird (vgl. auch Rotberg 8). Über die Folgen der Nichtbelehrung vgl. 33.

18   4) **Die Höhe des Verwarnungsgeldes** wird nach der Art der Zuwiderhandlung bestimmt. Es kommt darauf an, ob der Betroffene danach einen mehr oder weniger fühlbaren Denkzettel verdient (7 vor § 56). Die

wirtschaftlichen Verhältnisse bleiben unberücksichtigt (§ 17 II S. 2
Halbs. 2). Bei Verkehrsordnungswidrigkeiten sind die Vwv des BMV
(13 vor § 56) sowie etwaige ergänzende landesrechtliche Verwaltungsbestimmungen (vgl. 14 vor § 56) und sonstige Weisungen zu beachten, die
sowohl für die Beamten des Polizeidienstes als auch für die VB gelten
(12 ff. vor § 56). Bei anderen Ordnungswidrigkeiten können ebenfalls
Verwaltungsbestimmungen in Betracht kommen (vgl. 7 zu § 58), die für
die VB verbindlich sind (vgl. 14 zu § 47; 13 vor § 56). Da mit dem
Verwarnungsverfahren eine möglichst gleichmäßige (schematische)
Handhabung erstrebt wird, liegt es nahe, das Verwarnungsgeld in Höhe
von 2, 5, 10 oder 20 DM (bei Verkehrsordnungswidrigkeiten ferner: 30,
40 DM; 9 vor § 56) zu bestimmen und von einer weiteren Aufteilung
abzusehen. Verwaltungsvorschriften, nach denen Verwarnungsgelder
unter 5 DM aus Gründen der Verwaltungsvereinfachung nicht festgesetzt
werden sollen und der Betroffene in diesen Fällen ohne Verwarnungsgeld
zu verwarnen ist (vgl. zB in Baden-Württemberg Nr. 6.2 Erl. d. MdI v.
11. 12. 1978, 14 vor § 56), sind zulässig (sachgerechte Handhabung des
Opportunitätsprinzips).

19   A. **Sind durch dieselbe Handlung** (§ 19) mehrere Bußgeldvorschriften
verletzt, so kann eine Verwarnung unter allen rechtlichen Gesichtspunkten erteilt werden, vorausgesetzt, daß die Gesetzesverletzungen insgesamt noch geringfügig sind und als Präventivmaßnahmen insgesamt ein
Verwarnungsgeld von 20 DM (ev. 40 DM, vgl. 9 vor § 56) ausreichend
ist. Nach § 4 I Vwv des BMV (13 vor § 56) wird in diesem Falle das
höchste der in Betracht kommenden Verwarnungsgelder erhoben.

20   B. **Wegen mehrerer Handlungen** können gleichzeitig mehrere Verwarnungen dann erteilt werden, wenn insgesamt keine höheren Verwarnungsgelder als das höchste Verwarnungsgeld erforderlich erscheinen.
§ 4 III Vwv des BMV (13 vor § 56) stellt nur darauf ab, ob die Handlungen insgesamt noch geringfügig sind. Dies wird aber bei Verwarnungsgeldern, die den Höchstbetrag übersteigen, grundsätzlich zu verneinen
sein (aM Janiszewski/Buddendiek Vorb I B 5). Gegen die Zulässigkeit
von mehreren Verwarnungsgeldern über den Höchstbetrag hinaus
spricht auch, daß damit die Befugnis der Beamten des Außen- und Polizeidienstes (§ 57) zu sehr und zu unbestimmt ausgedehnt würde. Dies gilt
jetzt auch für die Verkehrsordnungswidrigkeiten, nachdem hier der
Höchstbetrag auf 40 DM heraufgesetzt ist (9 vor § 56).

21   **5) Das Einverständnis des Betroffenen** (II) ist eine wesentliche Voraussetzung für die Wirksamkeit der Verwarnung, da sie ein zustim-
mungsbedürftiger Verwaltungsakt ist (6 vor § 56). Das Einverständnis,
das sich nur auf diese Art und Weise der verfahrensmäßigen Erledigung,
namentlich mit der „Verwarnung" (vgl. 15), nicht aber auf die sachlich-
rechtlichen Voraussetzungen der Verwarnung bezieht (Rebmann/Roth/
Herrmann 12), wird regelmäßig stillschweigend erklärt, indem der Betroffene das Verwarnungsgeld zahlt. Von Bedeutung ist dies namentlich
bei der schriftlichen Verwarnung, weil hier eine zusätzliche Erklärung
neben der Zahlung gar nicht erwartet wird; die Zahlung gilt also als
Einverständnis. Wird bei einer mündlichen Verwarnung das Verwar-

nungsgeld nicht sofort gezahlt (weil es ,,entsprechend der Bestimmung
der VB" einzuzahlen ist oder weil der Betroffene nicht sofort zahlen
kann), so kann das Einverständnis mit der Verwarnung sofort erklärt,
aber auch eine Überlegungsfrist bis zum Ablauf der Zahlungsfrist zugestanden werden; das Einverständnis liegt dann in der Zahlung. Es muß
bis zum Ende des Verwarnungsverfahrens vorliegen; verlangt der Betroffene das Verwarnungsgeld zurück, bevor der Polizeibeamte die Quittung ausstellt und überreicht, so liegt keine wirksame Verwarnung vor
(Schleswig bei Ernesti/Jürgensen SchlHA **71**, 211).

22   **Weigert sich der Betroffene,** die Verwarnung anzunehmen oder das
Verwarnungsgeld zu zahlen, so wird über die Beschuldigung im Bußgeldverfahren entschieden. Zweckmäßig ist dann der Betroffene sofort
zu hören und der Sachverhalt ggf. näher aufzuklären. Erklärt der Betroffene nach ursprünglicher Weigerung, mit der Zahlung einverstanden zu
sein, so kann (und sollte) die Verwarnung erteilt werden (vgl. auch Rotberg 7). Zulässig ist auch ein nochmaliges (schriftliches) Angebot, das der
Betroffene durch Zahlung annehmen kann (Koblenz VRS **57**, 158). Wird
das Verhalten des Betroffenen irrtümlich als Weigerung gedeutet und
deshalb Anzeige erstattet, so besteht kein Verfahrenshindernis (vgl.
Hamm VM **68**, 43; Rotberg 7).

23   **6) Die Zahlung des Verwarnungsgeldes** ist eine Voraussetzung für
deren Wirksamkeit (II S. 1; Hamm VRS **54**, 134). Das Verwarnungsgeld
muß ,,zur richtigen Zeit und am richtigen Ort" gezahlt werden (Köln
VRS **56**, 135); ebenso in der richtigen Weise, dh unter Angabe des Ge-
schäftszeichens und bei der dafür bestimmten Einzahlungsstelle (vgl. 26).
Die Art der Zahlung des Verwarnungsgeldes (Barzahlung an Ort und
Stelle, so zB an die Beamten des Außendienstes, oder Einzahlung bei
einer Zahlstelle) bestimmen die VB oder die an ihrer Stelle handelnden
Amtsträger (vgl. § 58).

24   **A. Die im Einzelfall getroffene Bestimmung** ist entscheidend. Die
VB hat jedoch die hierüber getroffenen allgemeinen Verwaltungsbestimmungen (Weisungen) zu beachten.

25   **B. Eine Zahlungsfrist,** die eine Woche (über die Berechnung vgl. 22 ff.
zu § 52) nicht übersteigen soll, muß notwendigerweise bewilligt werden,
wenn die Verwarnung schriftlich erteilt wird. Die Zahlungsfrist soll im
übrigen nach II S. 2 dann bewilligt werden, wenn der Betroffene nicht
sofort zahlen kann oder wenn das Verwarnungsgeld höher ist als 5 DM.
Diese Sollvorschrift hat unterschiedlichen Charakter. Sie ist eine Weisung (abgeschwächter Art), soweit der Betroffene nicht sofort zahlen
kann. Hierauf ist stets Rücksicht zu nehmen. Es wäre unangemessen,
wenn die Handlung des Betroffenen, der zufällig kein Bargeld bei sich
hat, allein deswegen in einem förmlichen Verfahren abgerügt werden
müßte (vgl. Begr. zu § 45 EOWiG). Die Sollvorschrift hat dagegen den
Charakter einer Regelvorschrift, soweit das Verwarnungsgeld höher ist
als 5 DM; hier ist eine abweichende Praxis erlaubt, wenn dies wegen
besonderer Umstände aus sachlichen Erwägungen geboten ist. Das kann
zB bei Ordnungswidrigkeiten der Fall sein, die von durchreisenden Ausländern begangen werden; ebenso, wenn die Personalien des Betroffenen

nicht sofort festgestellt werden können und er zur Barzahlung bereit ist; ebenso, wenn die praktische Erfahrung bei bestimmten Ordnungswidrigkeiten zeigt, daß das Verfahren bei sofortiger Zahlung reibungsloser durchgeführt werden kann. Wegen der Fristversäumung vgl. 28f. Eine Verletzung der Sollvorschrift berührt die Wirksamkeit der Verwarnung nicht.

26   C. **Bei der hierfür bestimmten Stelle,** also derjenigen, die von der VB bestimmt wird, ist das Verwarnungsgeld einzuzahlen. Das kann die VB selbst, aber auch eine bestimmte Kasse oder Zahlstelle sein. Das Verwarnungsgeld kann bei dieser Stelle bar gezahlt oder auch an sie überwiesen werden. Dabei ist jede Zahlungsmöglichkeit (zB Bankauftrag, Postscheküberweisung) zulässig. Im Falle der Überweisung trägt jedoch der Betroffene das Risiko der rechtzeitigen Einganges; er kann es allerdings durch Einzahlung bei der Post vermeiden (27). Fehlt bei der Einzahlung entgegen der Belehrung des Polizeibeamten die Angabe des amtl. Kennzeichens des Kfz, so berührt das nicht die Wirksamkeit der Zahlung (Frankfurt VRS **35**, 377); anders jedoch, wenn die Nummer des Verwarnungsgeldverfahrens fehlt oder falsch angegeben ist (aM Köln VRS **54**, 135; doch ist andernfalls eine Verbuchung nicht oder nur sehr erschwert möglich und dies ist in der Sphäre des Betroffenen begründet); allerdings kann die VB eine gleichwohl zu dem Vorgang ermittelte Zahlung trotz Verspätung als ausreichend ansehen (vgl. 28f.).

27   D. **Bei Einzahlung bei der Post** zur Überweisung an die hierfür bestimmte Stelle reicht es aus, daß das Verwarnungsgeld innerhalb der Frist bei der Post eingezahlt wird. Diese Regelung entspricht der in der Bevölkerung allgemein geläufigen Bestimmung ,,Poststempel genügt" (vgl. Begr. zu § 45 EOWiG).

28   E. **Bei einer verspäteten Zahlung** (vgl. 25) ist die Verwarnung nicht wirksam (Koblenz VRS **56**, 158). Die VB kann jedoch die Frist (von Amts wegen oder auf Antrag) nachträglich verlängern (vgl. 22 zu § 52). Dies kann auch noch geschehen, wenn die Zahlung verspätet eingegangen ist.

29   **Verlängert die VB die Zahlungsfrist** nachträglich, so ist die Verwarnung wirksam; eine nachträgliche Fristverlängerung liegt in der Annahme des Verwarnungsgeldes durch den zuständigen Beamten (Koblenz VRS **42**, 375; Bay. DAR **71**, 304), jedoch wohl nur, wenn dieser das Verwarnungsgeld in Kenntnis der abgelaufenen Frist annimmt, was bei einer bloßen Postüberweisung (noch) nicht zu bejahen ist (Koblenz VRS **56**, 158). Einen Anspruch auf die Verlängerung der Frist hat der Betroffene nicht, ebensowenig wie er einen Anspruch auf Erteilung einer Verwarnung hat (Koblenz aaO). Beantragt er eine nachträgliche Verlängerung, und lehnt die VB diese ab, so ist er hierüber formlos zu unterrichten (§ 50 I S. 1); die Ablehnung der Fristverlängerung ist nicht nach § 62 anfechtbar (Rotberg 9). Ist die Frist versäumt und wird sie nachträglich nicht verlängert, so kann die VB einen Bußgeldbescheid erlassen. Nach Erlaß des Bußgeldbescheides ist eine Verlängerung der Frist ebensowenig möglich wie die Erteilung einer Verwarnung (vgl. 41).

30   **7) Eine Bescheinigung** wird über die Verwarnung erteilt, in der auch die Höhe des Verwarnungsgeldes und die Zahlung oder die etwa bestimmte Zahlungsfrist anzugeben ist (III S. 1). Die Bescheinigung wird schon vor der Zahlung des Verwarnungsgeldes erteilt, wenn eine Zahlungsfrist bestimmt ist. Der Betroffene erhält so in Verbindung mit dem Zahlungsnachweis einen Beleg darüber, daß er wegen der Ordnungswidrigkeit verwarnt ist (bedeutsam wegen IV). Die Bescheinigung wird formularmäßig erteilt und von der für die VB handelnden (vgl. 3 vor § 59) Person, Behörde oder den in § 57 angegebenen Personen unterzeichnet sowie mit einem Datum versehen; die Person des Betroffenen braucht nicht namentlich bezeichnet zu werden (BVerwGE **42**, 206, 209; vgl. Rotberg 12; Rebmann/Roth/Herrmann 18: Angabe des Kfz-Zeichens reicht aus). Mängel der Bescheinigung haben ebenso wie das Fehlen einer Bescheinigung auf die Wirksamkeit der Verwarnung keinen Einfluß (vgl. 44).

31   **8) Anfechtung der Verwarnung:**

32   A. **Lediglich in beschränktem Umfange** kann die Verwarnung gerichtlich angefochten werden.

33   a) **Nur die förmlichen Voraussetzungen** für die Erteilung der Verwarnung kann der Betroffene rügen, also daß die Belehrung über das Weigerungsrecht und sein Einverständnis, nicht vorgelegen haben (BVerwGE **24**, 9, 11; Bay. VRS **48**, 287; fehlendes Einverständnis, zB bei Zahlung des Verwarnungsgeldes durch einen Dritten als Geschäftsführer ohne Auftrag, vgl. Bay. VM **70**, 58) oder daß das Einverständnis infolge arglistiger Täuschung, Drohung oder Zwang abgegeben worden ist (OVG Koblenz NJW **65**, 1781). Der Betroffene kann die Anfechtung also nicht darauf stützen, daß keine Ordnungswidrigkeit vorgelegen habe oder daß das Verwarnungsgeld nicht entsprechend den Richtlinien festgesetzt worden sei; denn mit diesen Einwendungen würde er sich mit seinem eigenen Verhalten (Einverständnis mit der Verwarnung) in Widerspruch setzen (BVerwGE aaO; Cramer, Grundbegriffe S. 166; Rebmann/Roth/Herrmann 28; Rotberg 15; Müller 12; Meier 3; Pohl-Sichtermann/Demuth MDR **71**, 345).

34   b) **§ 62 eröffnet den Rechtsweg nicht** über § 19 IV GG hinaus, sondern konkretisiert ihn nur als Antrag auf Entscheidung durch die ordentlichen Gerichte unter Ausschluß der VGe (vgl. 37; 1 zu § 62). Bereits aus dem Wesen des Verwarnungsverfahrens folgt die beschränkte Anfechtungsmöglichkeit (vgl. 33).

35   c) **Weitere Einzelheiten:** Die Frage, ob die Anfechtung auch darauf gestützt werden kann, daß die Verwarnung von einer unzuständigen Stelle erteilt worden ist, wird für den Fall zu bejahen sein, daß es sich um eine offenbar unzuständige Stelle handelt (vgl. 3 aE zu § 57; ähnlich Rebmann/Roth/Herrmann 26, die darauf abstellen, ob die Stelle „sachlich absolut unzuständig" oder die Unzuständigkeit „offensichtlich" war; enger wohl Rotberg 15, wonach schon das Fehlen der örtlichen oder sachlichen Zuständigkeit ausreichen soll); ebenso, wenn der Beamte zur Erteilung der Verwarnung nicht ermächtigt gewesen ist (vgl. 4 zu § 57).

Die Anfechtung kann ferner darauf gestützt werden, daß das Verwarnungsgeld höher als der zulässige Höchstbetrag war (ebenso Rotberg 15; Rebmann/Roth/Herrmann 27). Eine mangelhafte oder fehlende Bescheinigung berührt die Wirksamkeit der Verwarnung nicht (Rebmann/Roth/ Herrmann 26). Gegen die Erteilung einer Verwarnung *ohne* Verwarnungsgeld steht dem Betroffenen der Rechtsbehelf nach § 62 nicht zu (Rotberg 6; aM Rebmann/Roth/Herrmann 4).

36 B. **Anzubringen ist die Anfechtung** bei der VB oder, wenn ein Polizeibeamter (als Ermittlungsorgan der VB; 4 zu § 53) die Verwarnung erteilt hat, zunächst bei der Polizeibehörde. Nimmt diese die Verwarnung nicht zurück (und verweigert sie die Rückzahlung des Verwarnungsgeldes), so entscheidet die VB (ebenso Bode DAR **69**, 59; Rebmann/Roth/Herrmann 24; Rotberg 14; vgl. 29 zu § 53).

37 C. **Der Antrag auf gerichtliche Entscheidung nach § 62** ist gegen die ablehnende Entscheidung der VB (vgl. 36) gegeben, nicht jedoch der Verwaltungsrechtsweg. Dies ergibt sich daraus, daß auch das Verwarnungsverfahren zum Bußgeldverfahren iwS rechnet, wie sich aus der Stellung der §§ 56 ff. im Abschnitt über das Vorverfahren entnehmen läßt (vgl. auch 1, 4 vor § 53), und vor allem daraus, daß § 62 eine umfassende Rechtsweglösung für alle nach dem OWiG in Betracht kommenden Eingriffsmöglichkeiten enthält (vgl. 1 zu § 62). Bei den Vorarbeiten an dem Entwurf des neuen OWiG ist erwogen worden, in § 62 ausdrücklich auch das Verwarnungsverfahren einzubeziehen; davon ist letztlich allein deswegen abgesehen worden, weil sonst der Eindruck hätte entstehen können, als sei die Verwarnung unbeschränkt anfechtbar. Die früher zu § 22 StVG aF vertretene Auffassung, daß gegen die Erteilung der gebührenpflichtigen Verwarnung der Verwaltungsrechtsweg gegeben sei (BVerwGE **24**, 8), ist auf der Grundlage der jetzigen Regelung in den §§ 56 ff., 62 nicht mehr haltbar (ebenso VG Schleswig MDR **71**, 247; VG Freiburg NJW **72**, 919; AG Mainz MDR **71**, 599; Bode DAR **69**, 59; Rebmann/Roth/Herrmann 22–24; Rotberg 14; Oswald DAR **72**, 326; aM AG Tiergarten MDR **72**, 167 m. Anm. Bleise = JR **72**, 386 m. abl. Anm. Kohlhaas; Pohl-Sichtermann/Demuth MDR **71**, 345, 347; Cramer, Grundbegriffe S. 166; Müller 13 zu § 56 OWiG; Pfennig MDR **69**, 281). Hat ein Polizeibeamter die Verwarnung erteilt, so ist gleichfalls nicht die Anfechtung im Verwaltungsrechtsweg gegeben (vgl. 36).

37a 9) **Nicht zurücknehmbar** ist die einmal erteilte Verwarnung zuungunsten des Betroffenen, wenn sie wirksam geworden ist; sie erlangt dann eine Art formelle Rechtskraft (vgl. Stuttgart VRS **17**, 376; Rebmann/ Roth/Herrmann 30; Rotberg 16). Wird die Verwarnung gleichwohl zurückgenommen oder das Verwarnungsgeld zurückgezahlt, so wird also dadurch das Verfolgungshindernis (vgl. 42) nicht beseitigt (Düsseldorf DAR **61**, 235; Schleswig SchlHA **59**, 199; Frankfurt VRS **35**, 377; Bay. DAR **69**, 232; Rebmann/Roth/Herrmann 30; Rotberg 16). Auslagen sind dem Betroffenen bei einer Zurücknahme der Verwarnung nicht zu erstatten (zutr. Rickert SKV **76**, 307).

38 A. **Ist die Verwarnung nicht wirksam,** weil zB eine offenbar unzuständige Stelle die Verwarnung erteilt hat (vgl. 3 zu § 57) oder weil das

Einverständnis des Betroffenen fehlt, oder ist die Verwarnung wegen Täuschung, Drohung oder Zwang gegenüber der VB wirksam angefochten, so ist allerdings die Verwarnung förmlich zurückzunehmen (um klare Verhältnisse zu schaffen) und das Verwarnungsgeld zurückzuzahlen.

39 B. **Bei nachträglichen Anhaltspunkten für das Vorliegen einer Straftat** besteht kein Grund für eine Rücknahme der Verwarnung. Sie kann selbständigen Bestand hinsichtlich einer von einem Straferkenntnis nicht erfaßten Gesetzesverletzung haben und im übrigen bei der Strafzumessung berücksichtigt werden (vgl. 45).

40 C. **Eine „Wiederaufnahme des Verfahrens"** zugunsten des Betroffenen auf Grund neuer Tatsachen oder Beweismittel ist nicht zulässig (Rebmann/Roth/Herrmann 29; Rotberg 16).

41 **10) Äußerster Zeitpunkt** für die Erteilung der Verwarnung ist der Erlaß des Bußgeldbescheides. Die Verwarnung kann also auch nach Aufnahme der Ermittlungen und nach deren Abschluß erteilt werden (vgl. Rebmann/Roth/Herrmann 1; Rotberg 1). Sie ist jedoch nicht mehr zulässig, wenn die Akten im Einspruchsverfahren der StA übersandt worden sind. Eine gleichwohl erteilte Verwarnung ist wirkungslos und hat auf das weitere Verfahren keinen Einfluß.

42 **11) Ein Verfolgungshindernis** eigener Art schafft die (wirksam erteilte) Verwarnung (IV). Dies gilt jedoch nicht für eine Verwarnung ohne Verwarnungsgeld (vgl. 2). Eine Ermahnung, die von einer für die Verfolgung der Ordnungswidrigkeit nicht zuständigen Behörde auf Grund anderer Vorschriften (zB nach § 4 StVG, §§ 2, 3, 12, 15b StVZO) ausgesprochen und für die eine Gebühr erhoben wird, stellt keine wirksame Verwarnung dar (Bay. NJW **75**, 746). Doch kann es uU der Gedanke des Vertrauensschutzes (vgl. 43) gebieten, von einer weiteren Verfolgung abzusehen, so zB, wenn an Stelle der zunächst im Einverständnis des Betroffenen in Betracht gezogenen Verwarnung mit Verwarnungsgeld eine solche ohne Verwarnungsgeld erteilt worden ist (vgl. Rotberg 6; Braunschweig VRS **33**, 49).

43 A. **Unter bußgeldrechtlichen Gesichtspunkten** ist die Tat nur noch beschränkt verfolgbar. Der Umfang des Verfolgungshindernisses ist danach nicht so umfassend wie eine rechtskräftige Entscheidung; der Verfolgung steht nicht der Grundsatz „*ne bis in idem*", sondern ein Hindernis eigener Art entgegen. Beschränkt die VB bewußt oder irrtümlich (in Verkennung der Sach- oder Rechtslage) die Verwarnung auf einen bestimmten tatsächlichen oder rechtlichen Gesichtspunkt, so kann die Tat unter den tatsächlich oder rechtlich nicht erfaßten Handlungsteilen oder Gesetzesverletzungen weiter verfolgt werden (Karlsruhe VRS **53**, 368; Köln VRS **54**, 135). Etwas anderes gilt dann, wenn der Betroffene annehmen durfte, daß das einheitliche Tatgeschehen abgerügt werden sollte, und er im Vertrauen darauf sein Einverständnis mit der Verwarnung erteilt hat (Köln aaO; vgl. auch Rebmann/Roth/Herrmann 19). Die Verwarnung schließt danach die weitere Verfolgung von solchen Handlungsteilen oder Gesetzesverletzungen aus, auf die sie sich erstreckt, läßt

also die Verfolgung im übrigen unberührt; deshalb kommt eine Zurücknahme der Verwarnung bei einer weiteren Verfolgung (so Rebmann/Roth/Herrmann 19; Rotberg 13, 19) nicht in Betracht (zutr. Karlsruhe VRS **53**, 368). Bei einem Dauerverstoß (vgl. 17 vor § 19) entsteht durch die Verwarnung keine Sperrwirkung für die danach andauernde Ordnungswidrigkeit (Bay. DAR **71**, 304; Saarbrücken NJW **73**, 2310).

44 a) **Bei Zweifeln über das Vorliegen einer Verwarnung** gilt nicht der Grundsatz „*in dubio pro reo*"; die Verfolgung ist nur dann gehindert, wenn die Verwarnung positiv festgestellt ist (Hamm DAR **61**, 176; Rebmann/Roth/Herrmann 20; einschr. Braunschweig DAR **67**, 225). Diesem Zweck dient die Bescheinigung über die Verwarnung. Das Fehlen der Bescheinigung beseitigt aber nicht die Wirksamkeit der Verwarnung, wenn sie sonst festgestellt werden kann (ebenso Rebmann/Roth/Herrmann 26; Rotberg 12; Schleswig bei Ernesti/Jürgensen SchlHA **71**, 211).

44a b) **Noch im Zulassungsrechtsbeschwerdeverfahren** wird nach der bish. Rspr. die Frage geprüft (im Wege des Freibeweises?), ob eine Verwarnung wirksam erteilt worden ist, da es auch hier um ein „Verfahrenshindernis" (wenn auch nur besonderer Art; vgl. 42) geht (vgl. Hamm VRS **54**, 134; wohl auch Köln VRS **54**, 135). Dabei zeigen sich die schwerlich vertretbaren Konsequenzen einer Rspr., die das Institut der Zulassungsrechtsbeschwerde nicht konsequent dazu genutzt hat, wozu es eigentlich bestimmt ist, nämlich nur dann einzugreifen, wenn die Einheitlichkeit der Rspr. und die Fortbildung des Rechts dies erfordern (vgl. 18 f. zu § 31; 3 zu § 80). Die Frage ist, ob auch hier wieder der Gesetzgeber bemüht werden muß, um Dinge zu klären, die von der Rspr. unschwer geklärt werden könnten (vgl. Foth DRiZ **78**, 76). Es ist nicht einsichtig, warum einerseits die Rechtsbeschwerde nicht zugelassen wird mit der „ausdrücklichen" (!) Begründung, dem Betroffenen sei zwar Unrecht geschehen (in materieller oder formeller Hinsicht, so zB, der Tatbestand sei nicht richtig ausgelegt worden; das rechtliche Gehör sei nicht beachtet worden), während andererseits möglichen Verfahrenshindernissen auch im Zulassungsrechtsbeschwerdeverfahren eine so überragende Bedeutung zukommen soll, daß eine Nachprüfung stets geboten sein soll (zutr. jedoch Karlsruhe VRS **53**, 369, das die Rechtsbeschwerde bei der Frage der Reichweite des Verfolgungshindernisses nach § 56 IV zur Fortbildung des Rechts zugelassen hat).

45 B. **Unter strafrechtlichen Gesichtspunkten** kann die Tat trotz der Verwarnung stets verfolgt werden. Da die VB für die Verfolgung unter strafrechtlichen Gesichtspunkten unzuständig ist, kann sich die Wirkung der Verwarnung auf diese Gesichtspunkte nicht erstrecken. Wird der Betroffene in einem späteren Strafverfahren verurteilt, so kommt eine entsprechende Anwendung von § 86 nur dann in Betracht, wenn die Gesetzesverletzung, derentwegen die Verwarnung erteilt worden ist, strafbegründend ist; sie ist sonst mit der Verwarnung aus der Verfolgungsmöglichkeit ausgeschieden. Ist diese Gesetzesverletzung aber strafbegründend (zB Fahren mit abgefahrenen Reifen, das ursächlich für eine fahrlässige Tötung im Rahmen eines einheitlichen Tatgeschehens gewesen ist, vgl. 50 ff. vor § 59), so reicht es aus, das Verwarnungsgeld bei der Strafzumessung zu berücksichtigen (abw. die 5. Aufl.).

46   **C. Nebenfolgen einer Ordnungswidrigkeit** (vgl. 20 ff. zu § 66) können mit einer Verwarnung nicht verbunden werden (so auch Rebmann/Roth/Herrmann 7; Rotberg 4). Auch ist die selbständige Einziehung gegen den Betroffenen nach Erteilung einer Verwarnung mit Verwarnungsgeld unter den tatsächlichen und rechtlichen Gesichtspunkten, unter denen die Verwarnung erteilt worden ist, nicht mehr zulässig, und zwar in der Regel auch nicht aus Sicherungsgründen; denn der Betroffene kann davon ausgehen, daß die Sache mit Zahlung des Verwarnungsgeldes erledigt ist, so daß eine spätere Einziehung dem Vertrauensschutz widerstreiten würde (weitergehend wohl Rebmann/Roth/Herrmann 8; Rotberg 4; vgl. auch 10 zu § 27). Anders ist die Rechtslage, wenn die Einziehung bei der Erteilung vorbehalten bleibt oder wenn eine Verwarnung ohne Verwarnungsgeld erteilt und darauf das Verfahren nach § 47 I eingestellt wird (vgl. § 27 III). Ein selbständiges Verfahren gegen eine JP oder PV nach der Verwarnung ihres Organs unter Auferlegung eines Verwarnungsgeldes wird dagegen wohl zulässig sein (Rebmann/Roth/Herrmann 8).

47   **12) In die Kasse des Verwaltungsträgers,** dem die VB angehört, die oder deren Angehörige die Verwarnung erteilt haben, fließen die Verwarnungsgelder (vgl. zB § 2 I S. 2 BWLOWiG, Anh **B 1a**; Art. 35 II S. 1 LStrafÄndGRhPf, Anh **B 9a**); da eine § 90 II entsprechende Regelung fehlt (ebenso Rebmann/Roth/Herrmann 32; aM Rotberg 11). Dies gilt auch, soweit besonders ermächtigte Polizeibeamte (§ 57 II) die Verwarnung erteilen und nichts anderes bestimmt ist, da sie insoweit für die zuständige VB tätig werden (so § 2 I S. 2 BWLOWiG; vgl. auch 48; ebenso Rebmann/Roth/Herrmann 32).

48   **Abweichende Vorschriften im Landesrecht** sind zulässig, zB daß die Verwarnungsgelder, die von Polizeibeamten erhoben werden, der Landeskasse zufließen (vgl. § 6 NdsAGOWiG, Anh **B 7a**; Art. 58 II AnpGNW, Anh **B 8a**; Art. 35 II S. 2 LStrafÄndGRhPf, Anh **B 9a**) oder daß Verwarnungsgelder, die Dienstkräfte der örtlichen Ordnungsbehörden im Auftrag der Kreispolizeibehörde erheben, der Körperschaft zufließen, die Aufgaben der örtlichen Ordnungsbehörden wahrnimmt (vgl. § 51 V S. 3 OBGNW). Vgl. ferner § 2 II S. 2 BWLOWiG (Anh **B 1a**), wonach den Landkreisen auch die von den Landratsämtern als untere staatliche VBen erhobenen Verwarnungsgelder als eigene Einnahmen überlassen werden; ähnlich auch in Bayern Art. 7 II Nr. 4 BayFAG.

49   **13) Kosten** (Gebühren und Auslagen) werden im Verwarnungsverfahren nicht erhoben (III S. 2).

Verwarnung durch Beamte des Außen- und Polizeidienstes

57 ^I **Personen, die ermächtigt sind, die Befugnis nach § 56 für die Verwaltungsbehörde im Außendienst wahrzunehmen, haben sich entsprechend auszuweisen.**

^II **Die Befugnis nach § 56 steht auch den hierzu ermächtigten Beamten des Polizeidienstes zu, die eine Ordnungswidrigkeit entdecken**

oder im ersten Zugriff verfolgen und sich durch ihre Dienstkleidung oder in anderer Weise ausweisen.

1 **1) Die Beamten des Außendienstes** können für die VB (in ihrer Vertretung) eine Verwarnung erteilen, wenn sie hierzu vom Leiter der VB ermächtigt sind (vgl. 10 zu § 56). Sie haben sich dann als Angehörige der VB oder deren Hilfsorgane (vgl. 10 zu § 56) auszuweisen. Im ersten Falle genügt der Ausweis (Dienstausweis; Uniform, zB beim Zoll oder Paßkontrolldienst) über die Eigenschaft als Angehöriger der VB (nicht erforderlich ist der Ausweis für die Ermächtigung, wie II zeigt; aM Rebmann/Roth/Herrmann 2); im zweiten Falle ist der Ausweis über die Ermächtigung notwendig, der die Person zugleich als Angehörigen der VB ausweist. Die Ausweispflicht ist eine Ordnungsvorschrift, die bezweckt, für den Betroffenen die Berechtigung des Beamten klarzustellen. Ein Ausweis ist danach entbehrlich, wenn der Betroffene den Beamten als solchen kennt oder wenn er sich über die Berechtigung nicht vergewissern will. Die Verletzung der Ordnungsvorschrift berührt die Wirksamkeit der Verwarnung nicht.

2 **2) Den Beamten des Polizeidienstes** steht die Befugnis zur Verwarnung nach § 56 – dessen Erläuterungen also auch hier gelten – zu, und zwar a) in ihrer Eigenschaft und Zuständigkeit als Ermittlungsorgane bei der Erforschung von Ordnungswidrigkeiten (vgl. 1 ff. zu § 53; 3), b) in den Grenzen der Ermächtigung (4) und c) im Rahmen des ersten Zugriffs (5). Zu den Beamten des Polizeidienstes rechnen auch die als Angestellte beschäftigten Hilfspolizeibeamten (zB die sog. Politessen, vgl. BVerwG VkBl. **70**, 710).

3 A. **Die sachliche Zuständigkeit** der Beamten des Polizeidienstes ist danach zunächst einmal maßgebend dafür, bei welchen Ordnungswidrigkeiten sie die Befugnis zur Verwarnung haben. Die Sonderpolizei (2, 6 zu § 53) kann eine Verwarnung nur bei Ordnungswidrigkeiten erteilen, deren Erforschung zu ihrem Aufgabenkreis gehört (vgl. 2 zu § 53; ebenso Rotberg 4). So haben zB die Beamten der Bahnpolizei die Befugnis zur Verwarnung bei den Ordnungswidrigkeiten nach § 8 a AEG iVm § 64 a EBO. Bei Verkehrsordnungswidrigkeiten auf Bahnhofsvorplätzen können sie dagegen in ihrer Eigenschaft als Beamte der Bahnpolizei (anders als bestellte Hilfsbeamte der nach § 26 I StVG, Anh **A 11**, zuständigen VB), eine Verwarnung nicht erteilen (Kottke DVBl. **70**, 482; Oldenburg NJW **73**, 291; Hamm JMBlNW **73**, 275, VRS **56**, 159; Stuttgart VM **73**, 67; aM Weber DÖV **70**, 145; vgl. 6 zu § 53; ferner Dernbach NJW **75**, 679); die Beamten der allgemeinen Polizei können bei Ordnungswidrigkeiten auf allen Sachgebieten eine Verwarnung erteilen (vgl. 5 zu § 53), falls ihre Ermächtigung so weit reicht. Die örtliche Zuständigkeit der Beamten des Polizeidienstes begrenzt ihre Befugnis zur Erteilung der Verwarnung ebenso wie ihren Erforschungsauftrag (vgl. 7 zu § 53). Fehlt die sachliche oder örtliche Zuständigkeit, so ist die Verwarnung nur dann unwirksam, wenn die Unzuständigkeit offenbar ist, so zB wenn ein Beamter der Wasserschutzpolizei wegen einer Straßenverkehrsordnungswidrigkeit oder ein bayerischer Polizeibeamter in Hamburg eine Verwarnung aussprechen würde (vgl. 35 zu § 56).

4   B. **Die Ermächtigung** ist ein zusätzliches Erfordernis, das zu der gegebenen sachlichen Zuständigkeit (3) hinzutreten muß. Sie bestimmt, wer im Rahmen der sachlichen Zuständigkeit persönlich (dh welcher Beamte) und sachlich (dh bei welchen Ordnungswidrigkeiten) die Verwarnung erteilen kann. Soll die Ermächtigung im Rahmen der Zuständigkeit der Polizei (vgl. 5 zu § 53) nur bei bestimmten Ordnungswidrigkeiten gelten, so muß sie entsprechend beschränkt sein; sonst gilt sie bei allen Ordnungswidrigkeiten, deren Erforschung in den Rahmen der Zuständigkeit der Polizei fällt (5 zu § 53). Bei einer generellen Ermächtigung sind auch interne Beschränkungen denkbar (vgl. zB Bremen ABl. **75**, 727 unter Nr. 1, 3 ff.). Fehlt die Ermächtigung, so ist die Verwarnung lediglich anfechtbar (vgl. BVerwG VkBl. **70**, 710), nicht aber nichtig, weil Nichtigkeit nur anzunehmen ist, wenn Offenkundigkeit des Mangels die Versagung des Vertrauensschutzes des Bürgers rechtfertigt (vgl. OVG Münster DVBl. **57**, 21; Celle DAR **56**, 195; BGHZ **21**, 294; vgl. auch 35 zu § 56; ferner 57 zu § 66).

5   C. **Bei Entdeckung der Tat oder Verfolgung im ersten Zugriff** können die Beamten des Polizeidienstes die Verwarnung erteilen. Unter dem „ersten Zugriff" ist das Ermittlungsstadium zu verstehen, in dem die Beamten des Polizeidienstes nach § 53 von sich aus einschreiten (also nicht auf das Ersuchen oder im Auftrag der VB tätig werden) und die ersten Ermittlungshandlungen zur Beweissicherung treffen. Wann zeitlich das Stadium des ersten Zugriffs überschritten ist, läßt sich nicht genau bestimmen. Es endet spätestens dann, wenn die Pflicht zur Übersendung der Akten (§ 53 I S. 3) einsetzt. Liegen die ersten Ermittlungshandlungen schon einige Zeit zurück, so sind regelmäßig Akten angelegt, die dann der VB zur abschließenden Entscheidung vorgelegt werden sollten (Begr. zu § 46 EOWiG); die Vorlage einer Ordnungswidrigkeiten-Anzeige schließt dagegen die Verwarnung nicht aus. Im Gegensatz zu § 22 StVG aF ist es nämlich nicht notwendig, daß der Täter auf frischer Tat betroffen ist und daß der Beamte, der die Verwarnung erteilt, die Tat von sich aus entdeckt hat. Die Verwarnung kann danach auch von dem Beamten erteilt werden, der von anderen Personen auf die Ordnungswidrigkeit hingewiesen oder von einem anderen Beamten über den Sachverhalt unterrichtet worden ist und der dann selbst Ermittlungshandlungen zur Aufklärung des Sachverhalts durchführt (zB durch Befragung oder Anhörung des Betroffenen; vgl. Begr. zu § 46 EOWiG). Nicht notwendig ist weiterhin, daß der Beamte im Außendienst tätig ist. Deshalb kann zB der Polizeibeamte, der den Betroffenen im Innendienst mündlich anhört, die Verwarnung erteilen. Dies gilt selbst dann, wenn er (oder seine Dienststelle) die Sache von einer anderen Polizeidienststelle (die nicht VB ist) zur Aufklärung des Sachverhalts zuständigkeitshalber erhalten hat (ebenso Rebmann/Roth/Herrmann 5). Ebenso kann der Dienstvorgesetzte des Polizeibeamten, der von der Erteilung einer Verwarnung abgesehen hat und eine Ordnungswidrigkeiten-Anzeige vorlegt, noch eine Verwarnung erteilen (ebenso Rebmann/Roth/Herrmann 5). Ersucht dagegen die VB um Durchführung einer Ermittlungshandlung, so ist die Verwarnung unzulässig, weil sich das Verfahren in diesem Falle nicht mehr im Stadium des ersten Zugriffs befindet (ebenso auch Rebmann/Roth/Herrmann 5).

6   D. **Ausweisen als Beamter des Polizeidienstes** (nicht über die ihm erteilte Ermächtigung; so auch Rebmann/Roth/Herrmann 4; Rotberg 5) muß sich der Verwarnende (vgl. näher 1). Bei einer schriftlichen Verwarnung weist er sich durch den Dienststempel aus, in den Dienststräumen schon durch seine dortige Tätigkeit. Auch hier handelt es sich um eine Ordnungsvorschrift, deren Verletzung die Wirksamkeit der Verwarnung nicht berührt (vgl. 1).

7   E. **Richtlinien für die Erteilung von Verwarnungen** durch den Polizeivollzugsdienst haben die Länder erlassen; vgl. 14 vor § 56.

8   3) **Anderen Stellen oder Personen** als den Beamten des Außendienstes der VB oder Beamten des Polizeidienstes oder diesen Personen direkt (abweichend von § 58 I S. 2) ist die Befugnis nach § 56 in Sondervorschriften eingeräumt, so zB dem Hauptzollamt und seinen im Außendienst tätigen Angehörigen bei Ordnungswidrigkeiten nach dem AußenwirtschaftsG (§ 42 IV S. 2 AWG, Anh **A** 13) und nach dem G zur Durchführung der gemeinsamen Marktorganisationen (§ 34 IV S. 2 MOG), der Bundesanstalt für den Güterfernverkehr und ihren Beauftragten (§ 100 II GüKG), in Baden-Württemberg der Ortspolizeibehörde (§ 16 II S. 2 BWLOWiG, Anh **B** 1a) sowie den Forstschutzbeauftragten (§ 86 I BWLWaldG), in Bayern den kreisangehörigen Gemeinden bei Zuwiderhandlungen gegen das MeldeG pp (§ 3 I Nr. 2, 3 ZuVOWiG, Anh **B** 2b) sowie der unteren Forstbehörde (Art. 24 BayFoStG), in Hessen die Ortspolizeibehörde (§ 2 VO Anh **B** 6b), in Rheinland-Pfalz den Polizeivollzugsbeamten, den gemeindlichen Vollzugsbeamten und den Forstbediensteten mit vollzugspolizeilichen Befugnissen (§ 7 FFStGRhPf). Steht einer Dienststelle oder Behörde die Befugnis zur Erteilung der Verwarnung zu, so kann sie die Verwarnung auch dann erteilen, wenn ihr die Akten vorgelegt sind, also nicht nur bei der Verfolgung im ersten Zugriff; sie kann ebenso statt der Verwarnung mit Verwarnungsgeld auch eine solche ohne Verwarnungsgeld erteilen *(a maiore ad minus)*.

Ermächtigung zur Erteilung der Verwarnung

58 [I] **Die Ermächtigung nach § 57 Abs. 2 erteilt die oberste Dienstbehörde des Beamten oder die von ihr bestimmte Stelle. Die oberste Dienstbehörde soll sich wegen der Frage, bei welchen Ordnungswidrigkeiten Ermächtigungen erteilt werden sollen, mit der zuständigen Behörde ins Benehmen setzen. Zuständig ist bei Ordnungswidrigkeiten, für deren Verfolgung und Ahndung eine Verwaltungsbehörde des Bundes zuständig ist, der fachlich zuständige Bundesminister, sonst die fachlich zuständige oberste Landesbehörde.**

[II] **Soweit bei bestimmten Ordnungswidrigkeiten im Hinblick auf ihre Häufigkeit und Gleichartigkeit eine möglichst gleichmäßige Behandlung angezeigt ist, sollen allgemeine Ermächtigungen an Verwal-**

tungsangehörige und Beamte des Polizeidienstes zur Erteilung einer
Verwarnung nähere Bestimmungen darüber enthalten, in welchen Fällen und unter welchen Voraussetzungen die Verwarnung erteilt und in
welcher Höhe das Verwarnungsgeld erhoben werden soll.

1   **1) Die oberste Dienstbehörde** erteilt die Ermächtigung nach § 57 II
(vgl. 4 zu § 57). Zuständig ist bei der allgemeinen Polizei in der Regel der
MdI des Landes (vgl. zB in Nordrhein-Westfalen § 9 PolGNW, in Hamburg IV AO v. 2. 9. 1975, Anh **B 5 b**); bei der Sonderpolizei (vgl. 6 zu
§ 53) kommt es auf deren Organisation an; so ist zB bei der Bahnpolizei
der Vorstand der Deutschen Bundesbahn (vgl. AO v. 6. 3. 1970,
VkBl. 190, geänd. durch AO v. 15. 3. 1971, VkBl. 163), beim Bundesgrenzschutz der BMI (§ 42 I S. 2 BGSG) zuständig. Die oberste Dienstbehörde kann die Befugnis auf nachgeordnete Stellen übertragen (vgl. zB
in Baden-Württemberg § 6 d. 1. DVOPolG v. 13. 5. 1969, GBl. 94).

2   **Die Ermächtigung** wird in Form von (internen) Verwaltungsbestimmungen erteilt, also nicht in Form eines Rechtssatzes, weil es eines
Rechtssatzes nicht bedarf (vgl. BVerwG VkBl. **70**, 710; ebenso Reb-
mann/Roth/Herrmann 1); in gleicher Weise wird die Befugnis auf nachgeordnete Stellen übertragen. Die Ermächtigung wird regelmäßig bestimmten Beamtenklassen erteilt; doch sind auch Einzelermächtigungen
denkbar. Über erteilte Ermächtigungen vgl. zB in Baden-Württemberg
Erl. d. MdI v. 3. 7. 1979 (GABl. 838), in Bayern Nr. 2 d. Entschl. d.
StMdI v. 21. 2. 1971 (14 vor § 56) sowie Nr. 5.2.2 Bek. d. StMdI v. 8. 3.
1977 (166 vor § 59), in Hessen Nr. 1, 2 d. RdErl. d. MdI v. 10. 12. 1968
(14 vor § 56), in Niedersachsen Nr. 5.2 d. RdErl. d. MdI v. 2. 2. 1977 (14
vor § 56), in Nordrhein-Westfalen Nr. 5.11 d. RdErl. d. MdI v. 25. 11.
1971 (14 vor § 56), in Rheinland-Pfalz RdSchr. d. MdI v. 23. 11. 1979
(MBl. Sp. 423).

3   **2) Das Einvernehmen mit der zuständigen Behörde** ist vorher in der
Frage herzustellen, bei welchen Ordnungswidrigkeiten Ermächtigungen
erteilt werden. Wird die Ermächtigung ohne sachliche Beschränkung
erteilt, so gilt sie bei allen Ordnungswidrigkeiten, für deren Erforschung
die jeweilige Polizei zuständig ist (vgl. 4 zu § 57; ebenso Rebmann/Roth/
Herrmann 2).

4   **A. Für Beamte der allgemeinen Polizei** kann die Befugnis zur Erteilung der Verwarnung in sachlicher Hinsicht (dh bei welchen Ordnungswidrigkeiten sie zulässig ist) durch einen positiven oder negativen Katalog begrenzt sein (ebenso Rebmann/Roth/Herrmann 2). Wird ein positi-
ver Katalog gewählt, so ist vorher eine Verständigung mit sämtlichen
Ressorts notwendig, auf deren Sachgebieten Ordnungswidrigkeiten in
Betracht kommen, soweit sie von der Ermächtigung zur Verwarnung
nicht ausdrücklich ausgeklammert werden. Das Einvernehmen soll deswegen hergestellt werden, weil die Durchführung des Verwarnungsverfahrens in die Kompetenz der sachlich zuständigen VB eingreift, die ja
durch die wirksam erteilte Verwarnung gehindert wird, die Tat als Ordnungswidrigkeit zu verfolgen (Begr. zu § 47 EOWiG). Da es unangemessen wäre, wenn sich die oberste Landesbehörde jeweils mit den einzelnen VBen ins Benehmen setzen müßte, bestimmt I S. 3, daß zustän-

dige Behörde der Fachminister des Bundes oder Landes ist (Begr. zu § 47 EOWiG).

5 B. **Die Sollvorschrift** hat den Charakter einer (abgeschwächten) Weisung, die für die oberste Dienstbehörde verbindlich ist; ihre Nichtbeachtung hat jedoch auf die Wirksamkeit der Ermächtigung und die Erteilung der Verwarnung keinen Einfluß (Begr. zu § 47 EOWiG).

6 C. **Die fachlich zuständige oberste Dienstbehörde** des Landes oder Bundes kann die Ermächtigung ohne weiteres erteilen, soweit ihre fachliche Zuständigkeit reicht.

7 3) **Richtlinien über die Erteilung von Verwarnungen** sollen die allgemeinen Ermächtigungen an Beamte des Polizeidienstes und Verwaltungsangehörige enthalten, um bei häufig und gleichartig vorkommenden Ordnungswidrigkeiten eine möglichst gleichmäßige Behandlung nach Art eines Taxsystems zu erreichen (II). Die Richtlinien, die (intern) verbindlich sind (vgl. 12 ff. vor § 56), sollen nicht nur nach den abstrakten Tatbeständen unterscheiden („in welchen Fällen"), sondern weiterhin nach besonderen Umständen des Einzelfalles („unter welchen Voraussetzungen"), so zB danach, ob durch die Tat jemand gefährdet oder belästigt worden ist oder nicht. Bei den Verkehrsordnungswidrigkeiten gilt die Vwv des BMV (13 vor § 56) sowie in Bayern der Verwarnungs- und Bußgeldkatalog Ausgabe 1975 (vgl. 28 zu § 17). Weitere Richtlinien iS von II enthalten zB in Baden-Württemberg der Buß- und Verwarnungsgeldkatalog LWaldG v. 1. 9. 1977 (GABl. 1605), in Nordrhein-Westfalen bei Verstößen gegen die RuhrschiffahrtsVO der RdErl. d. MdI v. 31. 3. 1971 (MBl. 786), in Rheinland-Pfalz bei Ordnungswidrigkeiten nach dem FFStG der gem. RdErl. d. MfLWuU u. MdI v. 6. 7. 1972 (GMBl. Sp. 828, 832), im Saarland bei Ordnungswidrigkeiten nach dem FFSchGSaar der gem. Erl. der Min. für Umwelt, Raumordnung und Bauwesen v. 7. 7. 1976 (ABl. 490); vgl. ferner den Verwarnungs- und Bußgeldkatalog des BMV für die See- und Binnenschiffahrtstraßen (Erl. v. 11. 12. 1974, VkBl. **75**, 14). Bei Ordnungswidrigkeiten, die nicht häufig vorkommen, werden sich nähere Richtlinien kaum aufstellen lassen, so daß hier nur sehr allgemeine Bestimmungen gewählt werden können. „Damit keine zu großen Unterschiede in der Höhe des Verwarnungsgeldes auftreten, wird es naheliegen, in den Richtlinien bei solchen Ordnungswidrigkeiten die Festsetzung eines Verwarnungsgeldes nur in ganz geringfügigen Fällen zuzulassen und dessen Höhe nach oben zu begrenzen (etwa auf 5 DM). In den übrigen Grenzfällen kann die endgültige Entscheidung über die Verwarnung der VB verbleiben" (Begr. zu § 47 EOWiG). Die Richtlinien können auch negativ die Fälle abgrenzen, in denen keine Verwarnung erteilt werden soll (zB bei grob verkehrswidrigem oder rücksichtslosem Verhalten, § 5 Vwv d. BMV, 13 vor § 56).

8 4) **Zuständig für den Erlaß von Richtlinien** nach II ist die Stelle, welche die Ermächtigung ausspricht. Bei einer Ermächtigung an die Beamten des Polizeidienstes wird die oberste Dienstbehörde, soweit sie Richtlinien nach II erläßt, etwa bestehende Verwaltungsvorschriften, die für die VBen gelten, zu beachten haben, weil sonst die von II erstrebte gleichmäßige Behandlung gerade nicht erreicht werden könnte. Auch

unabhängig von II sind Verwaltungsvorschriften über die Erteilung einer Verwarnung nach Art. 84 II, 85 II, 86 GG zulässig; sie können nach Art. 84 II, 85 II GG auch mit Wirkung für den in § 57 II bestimmten Personenkreis erlassen werden (vgl. 14 vor § 56; Rebmann/Roth/Herrmann 5).

9 **5) Besondere Ermächtigungen** zum Erlaß von Verwaltungsvorschriften über die Erteilung einer Verwarnung enthalten zB § 27 II, III StVG (Anh **A 11**), § 60 JArbSchG, § 6 FPersG, § 41 VI HessAGBJagdG.

III. Verfahren der Verwaltungsbehörde

Vorbemerkungen

Übersicht

1   **1) Die Aufgabe des Ermittlungsverfahrens** ist es, bei gegebenen Anhaltspunkten für das Vorliegen einer Ordnungswidrigkeit, deren Verfolgung nach § 47 I geboten erscheint, den Sachverhalt (die ,,Tat", vgl. 50 ff.) unter Beachtung der gesetzlichen Regeln mit dem Ziel der Wahrheitserforschung (vgl. 53) in rechtsstaatlicher Weise (vgl. 54–56) aufzuklären, um entscheiden zu können, ob der Betroffene den in Betracht kommenden Bußgeldtatbestand rechtswidrig und vorwerfbar (vgl. 10 vor § 1) verwirklicht hat. Für die Untersuchung des Sachverhalts gibt es kein bestimmtes Schema. Die Untersuchungshandlungen sind insbesondere nicht in einer vorgeschriebenen Reihenfolge durchzuführen. Der Ablauf des Ermittlungsverfahrens kann vielmehr frei gestaltet werden (2 vor § 53). Das Ergebnis jeder Untersuchungshandlung der VB ist aktenkundig zu machen; über die Vernehmung des Betroffenen, der Zeugen und Sachverständigen durch die VB soll grundsätzlich ein Protokoll aufgenommen werden (§ 168 b StPO iVm § 46 I, II; vgl. 4 zu § 55; 17 zu § 59). Zum Aktenvermerk über die Einleitung des Verfahrens vgl. 33.

2   **2) Verantwortlich für das Ermittlungsverfahren ist die VB** (als ,,Herrin" des Ermittlungsverfahrens) bis zu deren Abschluß, soweit die StA nicht ausnahmsweise die Verfolgung einer Ordnungswidrigkeit nach § 42 übernommen hat. Diese Stellung der VB ergibt sich aus § 46 II, wonach die Verfolgungsbehörde dieselben Rechte und Pflichten hat wie die StA bei der Verfolgung von Straftaten. Der VB obliegt danach die Leitung der Ermittlungen. Dazu rechnen namentlich die Entscheidung über die Einleitung des Ermittlungsverfahrens (vorbehaltlich des Rechts der Polizei zum ersten Zugriff, vgl. 4 zu § 53), über deren Fortgang und Abschluß (vgl. 17), über die Art und den Umfang der Aufklärung des Sachverhalts und über den Fortbestand von Maßnahmen, die von der Polizei oder der VB selbst angeordnet sind (zB eine Beschlagnahmeanordnung). Die VB ist (ebenso wie die StA; vgl. § 146 GVG) als die verantwortliche Behörde für das Ermittlungsverfahren jedoch nicht völlig unabhängig, sondern hat den **Weisungen der vorgesetzten Behörden** nachzukommen (vgl. näher 14 zu § 47). Bei der Durchführung der Ermittlungen ist die örtlich zuständige VB – ebenso wie die StA im Strafverfahren – nicht auf die Grenzen ihres Bezirks beschränkt (vgl. 6; Rebmann/Roth/Herrmann 15 zu § 37).

3   A. **Welcher Verwaltungsangehörige der VB** für sie tätig wird und
befugt ist, Ermittlungshandlungen vorzunehmen, hängt von der inneren
Behördenorganisation ab (vgl. auch 2 vor § 65; ebenso Rebmann/Roth/
Herrmann 3 zu § 35; Düsseldorf VM **71**, 80; Zweibrücken VRS **40**, 458).
Besonders bedeutsame Ermittlungshandlungen (zB die Anordnung der
Beschlagnahme, die Entscheidung über die Einstellung des Verfahrens
nach Durchführung der Ermittlungen) sollten grundsätzlich (abgesehen
von Sofortmaßnahmen) dem Leiter der Behörde, seinem Vertreter oder
einem besonders qualifizierten Beamten (des höheren oder gehobenen
Dienstes) vorbehalten werden. Im übrigen sind zweckmäßigerweise die
Verwaltungsangehörigen, die mit der Überwachung der (durch Bußgeldvorschriften abgesicherten) gesetzlichen Gebote und Verbote betraut
sind, zugleich auch zur Vornahme von Ermittlungshandlungen zu er-
mächtigen, soweit sie im Rahmen ihrer Überwachungstätigkeit Ordnungswidrigkeiten feststellen. Die Ermächtigung, für die VB zu handeln, kann auch (hilfsweise) Angestellten, also nicht nur Beamten erteilt
werden (Düsseldorf aaO; Zweibrücken aaO). Die für die VB handelnden
Verwaltungsangehörigen haben den Weisungen ihrer Vorgesetzten nachzukommen (vgl. näher 14 zu § 47). Die Frage, ob der für die VB handelnde Verwaltungsangehörige nach der innerdienstlichen Regelung zuständig gewesen ist, hat auf die Wirksamkeit des Verwaltungsaktes (zB
Bußgeldbescheid) keinen Einfluß (Düsseldorf aaO; Zweibrücken aaO; 2
vor § 65). Über die Befugnisse der Außenwirtschaftsprüfer bei Ordnungswidrigkeiten nach dem Außenwirtschafts-, Marktordnungs- und
Interzonenwirtschaftsrecht vgl. Andres DAußWiRdschau **69**, 65, Lange
DAußWiRdschau **69**, 141.

4   B. **Die Polizei ist ein Ermittlungsorgan der VB** (vgl. 4 zu § 53),
soweit jene nicht selbst zuständige VB ist. Dem Ersuchen der VB an die
Polizei, einzelne Ermittlungshandlungen vorzunehmen, hat die Polizei in
der Regel zu entsprechen (vgl. näher 20 f. zu § 53). Über die Eingriffsbefugnisse der Polizei vgl. 16 zu § 53.

5   C. **Eine richterliche Untersuchungshandlung** kann die VB – im Gegensatz zur Polizei – nach § 162 I StPO iVm § 46 I, II beantragen. Ein
solcher Antrag kommt in Betracht, wenn die VB nicht selbst in der Lage
ist, die gebotene Aufklärung vorzunehmen. Das ist zB der Fall, wenn zur
Beweissicherung eine Beschlagnahme notwendig, aber keine Gefahr im
Verzug (84) ist, so daß der Richter für die Beschlagnahmeanordnung
zuständig ist (vgl. 82); ebenso die Anordnung der Durchsuchung (vgl.
113). Das gleiche gilt, wenn der Betroffene bei der VB nicht aussagt, aber
die Möglichkeit besteht, daß er sich vor dem Richter zur Sache äußern
wird; ebenso, wenn zur Erforschung der Wahrheit die richterliche Vernehmung (vgl. § 153 StGB) eines Zeugen unumgänglich ist (vgl. zB 62
zu § 59).

6   a) **Zuständig** ist das AG, in dessen Bezirk die Ermittlungshandlung
vorzunehmen ist (vgl. § 157 GVG). Aus § 68 (vgl. dort 26) und § 62 II
S. 1 ist nicht etwa zu entnehmen, daß auch für richterliche Ermittlungshandlungen nur das AG zuständig ist, in dessen Bezirk die VB ihren Sitz
hat. Hat der Betroffene oder Zeuge außerhalb des Bezirks der VB seinen

Wohnsitz und ist seine richterliche Vernehmung notwendig, so ist es zweckmäßig, das AG um Vernehmung zu ersuchen, in dessen Bezirk der zu Vernehmende wohnt. Kommt die richterliche Anordnung einer Beschlagnahme, Durchsuchung, Untersuchung oder Notveräußerung in Betracht, so ist das AG zuständig, in dessen Bezirk die Anordnung auszuführen ist (vgl. Kleinknecht 8 zu § 162 StPO). Die VB kann danach auch bei einem Gericht außerhalb ihres Bezirks beantragen, eine Ermittlungshandlung vorzunehmen (vgl. 2 aE). Bei Untersuchungshandlungen, die über einen Bezirk hinausreichen (zB Beschlagnahmeanordnungen), ist jedoch die Zuständigkeit des AG nach § 68 gegeben (vgl. § 162 I S. 2, 3 StPO iVm § 46 I, II).

7   b) **Der Richter prüft** nur die Zulässigkeit der Ermittlungshandlung. Besteht sie allerdings in der Anordnung eines Eingriffs (zB Beschlagnahme, Vorführung zur Vernehmung), so ist im Rahmen der Zulässigkeitsprüfung auch der Grundsatz der Verhältnismäßigkeit (vgl. 9 zu § 46) zu beachten (vgl. Kleinknecht 14 zu § 162 StPO); denn der Richter darf keine Handlung anordnen, die im Widerspruch zum Grundsatz der Verhältnismäßigkeit steht. Außerhalb dieses Grundsatzes ist aber die Notwendigkeit und Zweckmäßigkeit der beantragten Ermittlungshandlung nicht zu prüfen (BVerfGE **42**, 91; **31**, 43; LG Essen DRiZ **75**, 376). Die Anordnung der Vorführung des Betroffenen (vgl. 33 zu § 46; 8) oder eines Zeugen durch den Richter setzt voraus, daß dieses Zwangsmittel vorher angedroht war.

8   c) **Die Vorführung des Betroffenen** vor der VB (vgl. 33 zu § 46) oder zu seiner richterlichen Vernehmung ist nicht stets unangemessen (vgl. § 46 V, § 74 II S. 2). Der Grundsatz der Verhältnismäßigkeit kann diesen Eingriff allerdings bei geringfügigen Ordnungswidrigkeiten untersagen (vgl. LG Nürnberg-Fürth NJW **67**, 2126 m. Anm. Sauer NJW **68**, 168; aM EbSchmidt JZ **68**, 354 für das Strafverfahren). Dies gilt namentlich dann, wenn aus dem vorangegangenen Verhalten des Betroffenen zu schließen ist, daß er keine Aussage machen wird (zB auf Grund seiner früheren Erklärungen). Für den Erlaß des Vorführungsbefehls gilt § 134 II StPO entsprechend (§ 46 I); vgl. auch 7.

9   d) **Zur Unterbrechung der Verfolgungsverjährung** kann die VB die richterliche Vernehmung des Betroffenen oder eines Zeugen beantragen (vgl. 18 ff. zu § 33). Das Gericht kann den Antrag nicht ablehnen, weil es die Notwendigkeit und Zweckmäßigkeit der Ermittlungshandlung nicht zu prüfen hat (vgl. 7).

10   e) **Als Verfolgungsorgan in einem Notfall** kann der RiAG im Bußgeldverfahren nicht tätig werden, weil die entsprechenden Voraussetzungen des § 165 StPO (Unerreichbarkeit der VB) praktisch nie vorliegen. Der RiAG kann notfalls die VB fernmündlich verständigen.

11   f) **Entlastungsbeweise** kann das AG nach § 166 StPO iVm § 46 I erheben, falls der Betroffene dies beantragt und der Verlust der Beweise zu besorgen ist; dies kommt jedoch selten in Betracht.

12   g) **Für die Teilnahme an richterlichen Vernehmungen** gilt § 168 c StPO sinngemäß (§ 46 I). Danach ist bei einer richterlichen Vernehmung

des Betroffenen seinem Verteidiger und dem Vertreter der VB die Teilnahme gestattet (vgl. § 168 c I StPO iVm § 46 I). Sie sind deshalb von dem Termin zu benachrichtigen (außer wenn dadurch der Untersuchungserfolg gefährdet würde; § 168 c V StPO iVm § 46 I) und haben nach Abgabe der Erklärungen des Betroffenen ein Fragerecht (vgl. näher Kleinknecht 1 zu § 168 c StPO). Bei der Vernehmung eines Zeugen oder Sachverständigen besteht im gleichen Umfang ein Anwesenheits- und Fragerecht für die VB, den Betroffenen und seinen Verteidiger (vgl. § 168 c II StPO iVm § 46 I). Eine Verlegung des Termins wegen Verhinderung der Teilnahme kann in keinem Fall beansprucht werden (§ 168 c V S. 2 StPO iVm § 46 I). Das Recht auf Anwesenheit steht im Verfahren gegen Jugendliche auch dem gesetzlichen Vertreter und Erziehungsberechtigten (4 f., 10 zu § 67) des Betroffenen in dem gleichen Umfang wie dem Betroffenen und seinem Verteidiger zu (§ 67 I JGG, Anh **A 3**, iVm § 46 I). Die StA hat im Verfahren der VB auch bei einer richterlichen Vernehmung kein Anwesenheitsrecht, da sie nicht beteiligt ist (vgl. 16).

13   h) **Für die Beurkundung** der richterlichen Ermittlungshandlung gelten die §§ 168, 168 a StPO entsprechend (§ 46 I).

14   i) **Die Beschwerde** steht der VB zu, falls das AG die beantragte Ermittlungshandlung ablehnt; § 304 StPO gilt entsprechend (§ 46 I, II).

15   j) **Bei Anhaltspunkten für eine Straftat** (5 zu § 41) übersendet der RiAG die Akten der StA, damit sie über die Einleitung eines Strafverfahrens entscheiden kann; die VB wird in diesem Fall unterrichtet.

16   D. **Die StA** ist in dem Vorverfahren der VB nicht beteiligt. Die Sache ist an sie allerdings abzugeben, wenn Anhaltspunkte dafür bestehen, daß die Tat eine Straftat ist (§ 41). Die StA kann der VB auch keine allgemeinen Weisungen erteilen, wie diese in bestimmten Fällen verfahren soll, damit die Sache für ein etwaiges späteres gerichtliches Verfahren genügend aufgeklärt wird, gesetzliche Regelungen im Ermittlungsverfahren beachtet und die Geldbußen in Übereinstimmung mit der Spruchpraxis der Gerichte festgesetzt werden. Eine gute Zusammenarbeit zwischen VB und StA in diesen und ähnlichen Fragen ist jedoch zweckmäßig.

17   E. **Amtshilfe von anderen Behörden** kann die zuständige VB (und das Gericht) auch im Bußgeldverfahren beanspruchen, soweit die in Anspruch genommene Hilfe in der Vornahme unselbständiger Handlungen oder in der Verwirklichung einer von der VB angeordneten Maßnahme besteht, die nur ein Teilstück des Gesamtverfahrens ausmacht; die Gewährung einer solchen Beistandsleistung ist Amtshilfe iS des Art. 35 GG (vgl. Dreher, Die Amtshilfe, 1959, S. 30; Wolff/Bachof II, § 77 VI b 2, der als charakteristische Gegenstände der Rechts- und Amtshilfe ,,Vernehmungen und andere Ermittlungen, Vollzugshilfe" nennt). Keine Amtshilfe ist die mithelfende Tätigkeit zwischen vor- und nachgeordneten Behörden. Die Voraussetzungen, Grenzen und die Durchführung der Amtshilfe richten sich im einzelnen nach den einschlägigen Vorschriften (vgl. zB 4 ff. VwVfG sowie §§ 32 ff. LVwGSchlH). Die ersuchte Behörde muß für die Vornahme der Hilfeleistung örtlich, sachlich und funktionell zuständig sein, aber nur hinsichtlich des Teilstückes des Gesamtverfahrens (Dreher aaO S. 109). Dabei sind die VBen untereinander auf dem jeweiligen Sachgebiet (zB Kartellrecht) den StAen vergleichbar, die Vernehmungen und andere Ermittlungshandlungen im Amtshilfewege durch die örtlich zuständige StA vornehmen lassen können.

18   a) **Voraussetzung der Amtshilfe** ist allerdings weiterhin die Hilfsbedürftigkeit der ersuchenden Behörde, die aber auch ihren Grund in Schwierigkeiten tatsächlicher Art haben kann (vgl. § 5 VwVfG). Da die Polizei grundsätzlich als Ermittlungsorgan der VB zu deren Hilfe berufen ist, hängt es von den besonderen Umständen ab, ob gleichwohl die Einschaltung einer anderen VB zur Hilfe notwendig ist. Dies ist zB zu bejahen, wenn die Vornahme von Ermittlungshandlungen durch die Polizei (auch unter Berücksichtigung der Landeskriminalämter; vgl. zB in Baden-Württemberg § 5 III, IV d. 2. DVOPolG idF v. 8. 10. 1968, GBl. 440, letzte ÄndVO v. 12. 5. 1977, GBl. 165) auf kaum überwindbare Schwierigkeiten stoßen oder jedenfalls einen wesentlich größeren Aufwand (vgl. § 5 I Nr. 5 VwVfG) erfordern würde. Bloße Zweckmäßigkeitserwägungen können die Amtshilfe nur in extremer Situation rechtfertigen (vgl. Dreher aaO S. 107)

19   b) Die ersuchte VB kann die Hilfe dann ablehnen, wenn eine andere Behörde die Hilfe wesentlich einfacher und mit geringerem Aufwand leisten kann, wenn sie die Hilfe nur mit unverhältnismäßig großem Aufwand leisten könnte oder sie die Erfüllung ihrer eigenen Aufgaben ernstlich gefährden würde (vgl. § 5 III VwVfG). Da bei der Amtshilfe der Schwerpunkt des Verfahrens bei der ersuchenden Behörde verbleibt, darf die ersuchte Behörde nicht über Beginn oder Ende des Gesamtverfahrens entscheiden; die um Vernehmung eines Zeugen ersuchte VB darf aber ein Ordnungsgeld festsetzen, wenn der Zeuge zur Vernehmung nicht erscheint (§ 161a IV StPO iVm § 46 I; 63 ff. zu § 59).

20   c) **Die Amtshilfe ist gebührenfrei.** Ob die bei der ersuchten Behörde durch die Amtshilfe entstandenen Auslagen (zB durch die Vernehmung eines Zeugen; vgl. 22 zu § 107) der ersuchenden Behörde zu erstatten sind, richtet sich nach den besonderen gesetzlichen Vorschriften (vgl. 5 zu § 107); die Auslagen werden nicht erstattet, wenn sich Behörden desselben Trägers der Verwaltung Amtshilfe leisten (vgl. zB § 8 I S. 2 VwVfG, § 35 I S. 2 LVwGSchlH).

21   F. **Zwischenstaatliche Rechts- und Amtshilfe,** dh die Mitwirkung von ausländischen Stellen, ist bei der Vornahme von Verfahrensmaßnahmen außerhalb des eigenen Hoheitsgebietes (zB Zustellung, Ladung, Zeugenvernehmung) notwendig. Sie kommt nur in Betracht, wenn der ausländische Staat hiermit (auf Grund Gesetzes, Gewohnheitsrechts, völkerrechtlicher Vereinbarungen oder Verträge) einverstanden ist. In welchem Umfang eine zwischenstaatliche Rechts- und Amtshilfe in Bußgeldsachen möglich ist, erscheint noch nicht hinreichend geklärt.

22   a) **Soweit in früheren Rechtshilfeverträgen** Rechtshilfe in ,,Strafsachen" vereinbart ist (vgl. bei Grützner; Internationale Rechtshilfe in Strafsachen II), sind die Verträge dahin auszulegen, daß sich die Rechtshilfe auf alle ahndungswürdig erachteten Unrechtstatbestände, mithin auch auf Ordnungswidrigkeiten erstreckt (BGH **24**, 297 ff.). Ob diese Auffassung von den Vertragsstaaten geteilt wird, ist allerdings noch offen (bejahend nach der bisherigen Praxis: Großbritannien; vgl. jedoch auch die neuen vertraglichen Regelungen unter 23 sowie 39 ff. vor § 67). Nicht geklärt ist weiterhin, ob Rechtshilfe auch gewährt wird, wenn das Bußgeldverfahren noch bei der VB (also nicht bei Gericht) anhängig ist, und ob bejahendenfalls auch dem Ersuchen der VB stattgegeben wird (vgl. aber 39 vor § 67). Die VB kann jedoch im Wege der Amtshilfe (17 ff.) die StA ersuchen, die Rechtshilfe beim ausländischen Staat zu erbitten, wenn auf Grund besonderer Umstände (zB Notenwechsels) damit zu rechnen ist, daß der ausländische Staat die Rechtshilfe gewähren wird (vgl. RiStBV 300 II, Anh **C** 1); örtlich zuständig wäre dann die StA, die im Falle des Einspruchs gegen den Bußgeldbescheid Verfolgungsbehörde sein würde. Über die Zustellung von Bußgeldbescheiden unter Inanspruchnahme deutscher Auslandsvertretungen zB in Großbritannien vgl. auch 15 zu § 51.

23   b) **In neueren völkerrechtlichen Verträgen** zwischen der BRep. und anderen Staaten über die Rechtshilfe in Strafsachen ist die vertragliche Regelung auf Verfahren wegen Ordnungswidrigkeiten erstreckt, in der Regel jedoch nur, soweit die Verfahren gerichtlich anhängig sind (vgl. im einzelnen 39 ff. vor § 67); auf Grund dieser Verträge ist danach ein Amtshilfeersuchen der VB nicht zulässig. Das gilt namentlich auch für das EuRHÜbK (vgl. 40 zu § 67), soweit nicht in Zusatzvtr mit einzelnen Ländern etwas abweichendes bestimmt ist (vgl. unten). Ohne die Einschränkung der gerichtlichen Anhängigkeit des Verfahrens ist die Rechtshilfe in Bußgeldsachen demnach zulässig nach Art. 1 II a Vtr über die Rechtshilfe in Strafsachen mit **Jugoslawien** v. 1. 10. 1971 (BGBl. 1975 II 1165; 1975 II 228), Art. I a Vtr zwischen der BRep. und der **Schweiz** v. 13. 11. 1969 (BGBl. 1975 II 1171, 1976 II 1818) sowie Art. I a Vtr zwischen der BRep. und **Frankreich** v. 24. 10. 1974 (BGBl. 1978 II 328; noch nicht in Kraft); vgl. ferner den Vtr zwischen der BRep. und **Israel** v. 20. 7. 1977 (BT-Drs. 8/3138). Nach der Regelung mit Jugoslawien hat die VB ihr Ersuchen um Rechtshilfe der für ihren Bezirk zuständigen StA vorzulegen. Nach der Regelung mit der Schweiz sind auch die VBen als Verfolgungsbehörden zu Rechtshilfeersuchen berechtigt (Art. VIII Vtr), ja sogar die Polizeibehörden, soweit sie im Rahmen ihrer Zuständigkeit zu Auskünften und Vernehmungen befugt sind (Art. IX Vtr; Art. 5 des G v. 20. 8. 1975, BGBl. II 1169). Bei Ersuchen von Behörden der vorgenannten Staaten kann die Bewilligungsbehörde der VB, die für die Zuwiderhandlung zuständig wäre, die Vornahme der Rechtshilfehandlung übertragen (vgl. zB Art. 5 des G v. 23. 8. 1974, BGBl. II 1165).

23 a   **Eine weitgehende Rechts- und Amtshilfe** besteht bei Zuwiderhandlungen gegen Schiffahrtsvorschriften auf dem **Bodensee,** dem Untersee und dem Rhein zwischen Konstanz und Schaffhausen auf Grund von Art. 14, 15 ÜbK vom 1. 6. 1973 zwischen der BRep., der Republik Österreich und der Schweiz sowie nach Art. 12 Vtr v. 1. 6. 1973 zwischen der BRep. und der Schweiz (BGBl. 1975 II 1406 ff.; 1976 II 348);

desgl. bei Zuwiderhandlungen gegen Fischereivorschriften auf dem Untersee und dem Seerhein auf Grund der §§ 35, 39 Vtr zwischen Baden-Württemberg und der Schweiz v. 2. 11. 1977 (GBl. 1978, 210).

24   **In Zoll-, Verbrauchsteuer- und Monopolangelegenheiten** ist bereits auf Grund neuerer Vtre eine Amtshilfe auch in Bußgeldverfahren der VB möglich, so Art. 2 Vtr zwischen der BRep. und **Finnland** v. 16. 5. 1975 (BGBl. 1976 II 545; 1976 II 1737), Art. 2 Vtr zwischen BRep. und **Island** v. 11. 7. 1977 (BGBl. 1978 II 853, 1248), Art. 1 Vtr zwischen der BRep. und **Jugoslawien** v. 2. 4. 1974 (BGBl. 1975 II 409; 1976 II 133), Art. 2 Vtr zwischen der BRep. und **Norwegen** v. 11. 7. 1974 (BGBl. 1975 II 757, 1724), Art. 2 Ib, Art. 6 Vtr zwischen der BRep. und **Österreich** v. 11. 9. 1970 (BGBl. 1971 II 1001; 1972 II 14), Art. 3 Vtr v. 18. 12. 1972 zwischen der BRep. und **Schweden** v. 18. 12. 1972 (BGBl. 1973 II 1241; 1974 II 42), geänd. durch Vtr v. 31. 10. 1975 (BGBl. 1976 II 1670; 1977 II 23), Art. 1 Vtr zwischen der BRep. und **Spanien** v. 27. 11. 1969 (BGBl. 1971 II 92, 842), Art. 2 Vtr zwischen der BRep. und den **USA** v. 23. 8. 1973 (BGBl. 1975 II 445, 915). Ferner Art. 13, 17 des Übk zwischen Belgien, der BRep., Frankreich, Italien, Luxemburg und den Niederlanden über gegenseitige Unterstützung ihrer Zollverwaltungen v. 7. 9. 1967, dem auch Griechenland beigetreten ist (BGBl. 1969 II 65; 1970 II 987); über die Ausdehnung auf Dänemark, Großbritannien und Irland vgl. BGBl. 1973 II 1529, 1974 II 1394 und 1974 II 777.

24a   **Besondere Europäische Übereinkommen über die Amtshilfe** zwischen VBen im Ausland (so über die Zustellung von Schriftstücken in Verwaltungssachen im Ausland v. 24. 11. 1977 und über die Erlangung von Auskünften und Beweisen in Verwaltungssachen im Ausland v. 15. 3. 1979; vgl. BayGVBl. **79**, 154, 160) sind von der BRep. bereits unterzeichnet. Es besteht die Möglichkeit, den Anwendungsbereich dieser Übk auch auf die Amtshilfe im Bußgeldverfahren der VB auszudehnen (vgl. Art. 1 II der genannten ÜbK).

25   c) **Ohne eine vertragliche Regelung** ist von Fall zu Fall zu entscheiden, ob ein ausländischer Staat Rechts- oder Amtshilfe in einem Bußgeldverfahren leisten wird. Es kann davon ausgegangen werden, daß dies nur zu erwarten ist, wenn die als Ordnungswidrigkeit qualifizierte Verhaltensweise nach dem ausländischen Recht mit Strafe bedroht sein würde und eine Justizbehörde um Rechtshilfe ersucht (vgl. 22). Eigene Ersuchen der VB haben wohl keine Aussicht auf Erfolg.

26   d) **Das Ersuchen um Übernahme der Verfolgung** an einen auswärtigen Staat ist kein Rechtshilfeersuchen; es liegt in der Regel im Ermessen der ausländischen Stellen, ob sie die Verfolgung von einem anderen Staat übernehmen. Daher kann auch um Übernahme der Verfolgung einer Ordnungswidrigkeit ersucht werden, wenn die Handlung im ersuchten Staat als Straftat angesehen wird. Für Übernahmeersuchen sind in den Verträgen der BRep. über die Rechtshilfe in Strafsachen unterschiedliche Übermittlungswege vorgesehen. Ist das Ersuchen – wie es in der Regel der Fall sein wird – an eine ausländische Justizbehörde zu richten, so muß es ebenfalls immer von einer deutschen Justizbehörde (StA) oder dem Gericht ausgehen. Die VB sollte sich daher für die Übersendung eines solchen Übernahmeersuchens im Wege der Amtshilfe (vgl. 17, 25) der Vermittlung der StA bedienen. Einzelregelungen hinsichtlich der Übernahme der Verfolgung enthalten zB Art. 21 EuRHÜbK sowie erg. hierzu Art. XII Vtr zwischen der BRep. und der Schweiz, und XI Vtr zwischen der BRep. und Frankreich (vgl. 23), ferner Art. 19 ff. Vtr zwischen der BRep. und Jugoslawien (vgl. 23).

26 a   e) **Mit der DDR** ist die Amtshilfe zwischen VBen beider Staaten nicht möglich.

26 b   f) **Über Vollstreckungsersuchen** an einen auswärtigen Staat vgl. 14 f. vor § 89.

27   **3) Die Einleitung des Ermittlungsverfahrens** durch die VB setzt voraus, daß zumindest Anhaltspunkte für eine Ordnungswidrigkeit vorliegen und der Verfolgung keine Hindernisse (vgl. 37 ff.) entgegenstehen. Eingeleitet wird das Ermittlungsverfahren durch die erste Maßnahme der Verfolgungsbehörde (vgl. 4 ff. zu § 35, 7 zu § 46) oder ihrer Ermittlungsorgane (vgl. 3; 4 zu § 53), die erkennbar darauf abzielt, gegen jemanden wegen einer Ordnungswidrigkeit bußgeldrechtlich vorzugehen (vgl. § 397 I AO 1977, 410 I Nr. 6 Anh **A 10**), so zB die Anhörung des Verdächtigen oder die Übersendung eines Anhörungsbogens an ihn (vgl. 4 zu § 55), die auch mit einer Verwarnung verbunden werden kann (vgl. 17 zu § 33). Mit der Einleitung des Ermittlungsverfahrens erhält der Verdächtige die Stellung des ,,Betroffenen" (vgl. 49). Nicht identisch mit der Einleitung ist der Aktenvermerk hierüber (vgl. 33); beides kann jedoch zeitlich zusammenfallen.

28   A. **Konkrete Tatsachen** müssen vorliegen, die auf die Verwirklichung eines Bußgeldtatbestandes hindeuten; reine Vermutungen reichen nicht aus (ebenso Kleinknecht 4 zu § 152 StPO für die Einleitung des Strafverfahrens). Nach den für das Strafverfahren entwickelten Grundsätzen darf nicht voreilig oder zum Zwecke der Ausforschung ein Ermittlungsverfahren eingeleitet werden; andernfalls kommen unter dem Gesichtspunkt der Amtshaftung Ersatzansprüche in Betracht (vgl. BGHZ **20**, 178; Kleinknecht 4 zu § 152 StPO). Gegen die Übertragung dieser Grundsätze auf das Bußgeldverfahren spricht jedoch, daß der Vorwurf einer bloßen Ordnungswidrigkeit (anders als der einer Straftat) das Ansehen und den Leumund des Betroffenen nicht antastet (vgl. 9 vor § 1) und daß eine nähere Vorprüfung bei geradezu massenhaft auftretenden Verstößen aus Gründen der Verhältnismäßigkeit (übermäßiger Einsatz von Sach- und Personalmitteln) zu aufwendig wäre; außerdem stehen dem die kurzen Verjährungsfristen entgegen. Deuten jedoch lediglich äußere Umstände auf Anhaltspunkte für eine Ordnungswidrigkeit hin, so kommt eine Vorprüfung (informatorisches Befragen; 24 zu § 55) in Betracht (vgl. 14 zu § 53).

29   B. **Von sich aus** leitet die VB vielfach das Ermittlungsverfahren ein, da Anhaltspunkte für das Vorliegen von Ordnungswidrigkeiten in der Regel (oder sogar meist) bei der Überwachung der Gebote und Verbote durch die zuständige VB entdeckt werden. Das Ermittlungsverfahren wird aber häufig auch durch die Polizei eingeleitet, da sie in Wahrnehmung polizeilicher Aufgaben oft (Ordnungsverstöße entdeckt und das Recht zum ersten Zugriff hat (vgl. 4 zu § 53). In diesen Fällen entscheidet die VB, nachdem ihr die Akten übersandt sind, über den Fortgang des Ermittlungsverfahrens oder darüber, ob es einzustellen ist (vgl. 157 ff.).

30   C. **Für Anzeigen und Anträge zur Verfolgung** einer Ordnungswidrigkeit gilt § 158 StPO sinngemäß. Daraus folgt:

31   a) **Anzeigen** wegen einer Ordnungswidrigkeit können bei der VB (auch bei der Polizei; vgl. 13, 19 zu § 53) mündlich (auch fernmündlich) oder schriftlich angebracht werden (§ 158 I S. 1 StPO iVm § 46 I). Die mündliche (auch fernmündliche) Anzeige ist zu beurkunden (§ 158 I S. 2 StPO), dh von dem Angehörigen der VB (oder der Polizei), dem gegenüber die Anzeige erstattet wird, in einem von ihm zu unterzeichnenden Vermerk, der den Anzeigenden und den Inhalt der Anzeige wiedergibt, festzuhalten und von ihm zu unterschreiben. Die Unterschrift des Anzeigenden ist bei einer mündlichen Anzeige nicht notwendig, uU aber zweckmäßig (vgl. Kleinknecht 10 zu § 158 StPO; 21 zu § 67). Eine Anzeige kann jeder erstatten; es ist nicht notwendig, daß der Anzeigende durch die Ordnungswidrigkeit in seinen Interessen beeinträchtigt worden ist. Statthaft ist auch eine Anzeige unter der Bedingung vertraulicher Behandlung. In den Ermittlungsakten ist dann der Name des Anzeigenden möglichst nicht zu vermerken. Die Bekanntgabe des Anzeigenden ist trotz Zusicherung der Vertraulichkeit im weiteren Verlauf des Verfahrens dann gerechtfertigt, wenn dies zum Schutz höherwertiger Interessen geboten ist – was im Bußgeldverfahren allerdings selten zutreffen wird – oder wenn starke Verdachtsgründe dafür vorhanden sind, daß der Angezeigte bewußt wahrheitswidrig oder leichtfertig belastet worden ist (vgl. BVerwG DÖV **65**, 488; Kleinknecht 16 zu § 158 StPO). Die Anzeige verpflichtet die Behörde zur Prüfung, ob eine Ordnungswidrigkeit vorliegt und ihre Verfolgung geboten (§ 47) ist. Die Anzeige eines offensichtlichen Querulanten oder eines Handlungsunfähigen (zB Geisteskranken; vgl. Solbach DRiZ **79**, 181) braucht nicht aufgenommen zu werden, ebensowenig eine Anzeige, die keine Anhaltspunkte einer Ordnungswidrigkeit enthält. Das gleiche gilt für eine Anzeige wegen einer Ordnungswidrigkeit, die offensichtlich bedeutungslos ist; die VB kann nicht gezwungen sein, eine Anzeige aufzunehmen, die ihr keine Veranlassung gibt, ein Ermittlungsverfahren einzuleiten. Stellt die VB das Verfahren nach § 170 II S. 1 StPO ein, so hat sie den Anzeigenden zu unterrichten (vgl. 159).

32   b) **Abhängig von einem Antrag** ist die Verfolgung nur in seltenen Fällen (vgl. 5 zu § 131). Der Antrag (über dessen Inhalt, Frist und Rücknahme vgl. 5 zu § 131) ist bei der VB schriftlich oder mündlich zur Niederschrift (21 ff. zu § 67), bei der Polizei (soweit sie nicht VB ist) stets schriftlich (also nicht zu Protokoll oder mündlich) anzubringen. Er kann auf einen bestimmten rechtlichen Gesichtspunkt beschränkt sein und muß die Handlung, die verfolgt werden soll (nicht den Täter, der unbekannt sein kann), genügend kennzeichnen (vgl. Kleinknecht 4, 19 zu § 158 StPO). Mit dem Antrag wird das sonst bestehende Verfolgungshindernis (vgl. 37) beseitigt, so daß er auch dann gestellt werden kann, wenn das Ermittlungsverfahren bereits schwebt. In einer „Anzeige“ kann der Antrag zur Verfolgung gesehen werden.

33   D. **Ein Aktenvermerk über die Einleitung** des Ermittlungsverfahrens ist zwar nicht allgemein vorgeschrieben (vgl. jedoch § 397 II, § 410 I Nr. 6 AO 1977, Anh **A 10**), aber vergleichsweise in der Praxis der StA bei Strafsachen üblich. Es ist zweckmäßig, daß die VB in gleicher Weise verfährt, damit Klarheit über die verfahrensrechtliche Situation besteht, in der sich der Betroffene befindet. Vgl. auch § 33 I Nr. 1.

34   E. **Absehen von der Einleitung** des Ermittlungsverfahrens kann die VB nach pflichtgemäßem Ermessen (vgl. 30 zu § 47), wenn nach den vorliegenden Anhaltspunkten die Verfolgung auf Grund sachlicher Erwägungen (vgl. 7 ff. zu § 47) nicht geboten erscheint.

35   F. **Gegen Abgeordnete** kann ein Bußgeldverfahren ohne Genehmigung eingeleitet und durchgeführt werden (vgl. 42).

36   G. **In Jugendsachen** ist eine Mitteilung an Vormundschaftsrichter und Jugendgerichtshilfe (§ 70 JGG iVm § 46 I) entbehrlich, wenn anzunehmen ist, daß sie für deren Aufgaben ohne Bedeutung ist (vgl. 34 zu § 46; 37 vor § 67). Eine Mitteilung an die Schule kommt nur dann in Betracht, wenn auf Grund besonderer Umstände eine Gefährdung anderer im Schulbereich zu besorgen ist.

37   4) **Verfolgungshindernisse** sind solche Umstände, die der Einleitung oder Fortsetzung des Bußgeldverfahrens mit dem Ziel, eine Entscheidung in der Sache zu treffen, entgegenstehen. Dazu rechnen namentlich: die Rechtshängigkeit derselben Sache bei Gericht, die Verfolgung derselben Tat in einem Ermittlungsverfahren der StA (vgl. § 44), die mangelnde örtliche oder sachliche Zuständigkeit der VB (gleichgültig, ob dem Mangel für das weitere Verfahren Bedeutung zukommt oder nicht; vgl. 15 zu § 36, 13 zu § 37), die rechtskräftige Entscheidung über die Tat im Bußgeld- oder Strafverfahren (vgl. § 84), die Einstellung des Strafverfahrens nach § 153a StPO (vgl. 27 zu § 21), die wirksame Erteilung einer Verwarnung unter demselben tatsächlichen und rechtlichen Gesichtspunkt, der Gegenstand des späteren Bußgeldverfahrens ist (vgl. 43 zu § 56), die Verfolgungsverjährung (vgl. § 31), das Fehlen eines Antrages oder einer Ermächtigung zur Verfolgung (vgl. § 131 II), die dauernde „Verhandlungsunfähigkeit“ des Betroffenen (zB wegen später eingetretener Geisteskrankheit), das Kindesalter des Betroffenen (vgl. Kleinknecht Einl. 144 ff.). Ferner der Tod des Betroffenen oder dessen Todeserklärung (vgl. Hamm NJW **78**, 177), die das Verfahren von selbst beenden und eine Sachentscheidung ausschließen (vgl. Schleswig NJW **78**, 1016); vgl. auch 48, 6 zu § 69, 18 zu § 105.

38   A. **Einzelheiten:** Zu den Verfolgungshindernissen im Bußgeldverfahren rechnet weiterhin das Fehlen deutscher Entscheidungsbefugnis (39 ff.; ebenso auch im Strafverfahren), dagegen grundsätzlich nicht die Immunität der Abgeordneten (42).

39   a) **Bei Exterritorialen** und bevorrechtigten Personen besteht keine (oder nur eine beschränkte) Entscheidungsbefugnis (Gerichtsbarkeit; §§ 18–20 GVG iVm § 46 I). Zu diesen Personen rechnen die Mitglieder

der in der BRep. errichteten diplomatischen Missionen, ihre Familien-
mitglieder und ihre privaten Hausangestellten nach Maßgabe des Wiener
Übk (WÜD) über diplomatische Beziehungen (Exterritoriale) v. 18. 4.
1961 (BGBl. 1964 II 957; 1965 II 147) sowie die Mitglieder der in der
BRep. errichteten konsularischen Vertretungen einschließlich der Wahl-
konsularbeamten nach Maßgabe des Wiener Übk über konsularische Beziehungen (WÜK) v. 24. 4. 1963 (BGBl. 1969 II 1585; 1971 II 1285); ferner solche Personen, die nach den allgemeinen Regeln des Völkerrechts,
auf Grund völkerrechtlicher Vereinbarungen oder sonstiger Rechtsvorschriften (vgl. G über die Gewährung von Erleichterungen, Vorrechten
und Befreiungen an die ständige Vertretung der DDR v. 16. 11. 1973,
BGBl. I 1673; III 180–28) von der deutschen Gerichtsbarkeit befreit sind;
vgl. die Zusammenstellung von Vorschriften im Fundstellennachweis B
,,Völkerrechtliche Vereinbarungen und Verträge mit der DDR" (Stand:
31. 12. 1978), Beilage zum BGBl. II. Der Personenkreis der Exterritorialen und bevorrechtigten Personen sowie der Umfang der Vorrechte und
Befreiungen sind im RdSchr. d. BMI v. 14. 3. 1975 (GMBl. 337, 518,
629) aufgeführt (auszugsweise abgedr. bei Kleinknecht unter 10 zu § 18
GVG). Gegen Exterritoriale darf danach kein Bußgeldverfahren eingeleitet oder durchgeführt werden (Ausnahme: Verzicht durch den Entsendestaat); unzulässig sind auch eine Verwarnung mit Verwarnungsgeld (15
vor § 56) und andere Maßnahmen (zB ein Ordnungsgeld; 71 zu § 59).

40   b) **Gegen Konsuln** und ihnen gleichgestellte Personen (ausgewiesen
durch weiße Ausweise) ist ein Verwarnungs- oder förmliches Bußgeldverfahren wegen solcher Handlungen unzulässig, die sie im Wahrnehmung konsularischer Aufgaben vorgenommen haben (vgl. Art. 43 I
WÜK). Dazu rechnet nicht die Teilnahme am Straßenverkehr, auch soweit sie auf dem Wege zu oder von Dienstgeschäften geschieht; etwas
anderes kommt dann in Betracht, wenn die Fahrt in einem engen sachlichen Zusammenhang mit der Wahrnehmung konsularischer Aufgaben
steht (vgl. RdSchr. d. BMI v. 14. 3. 1975 – vgl. 39 – Abschn. IV B Nr. 4;
Bay. NJW **74**, 431). Die Entnahme einer Blutprobe bei Konsularbeamten
wegen einer Ordnungswidrigkeit nach § 24a StVG (Anh **A 11**), deren
Verfolgung nach § 43 I WÜK zulässig ist, dürfte gegen den Willen der
Konsularbeamten nicht erlaubt sein, da Art. 41 I WÜK eine Festnahme
nur wegen einer ,,schweren strafbaren Handlung" und nur auf Grund
einer Entscheidung der zuständigen Justizbehörde gestattet (vgl. RdSchr.
d. BMI v. 14. 3. 1975 – vgl. 39 – Abschn. IV B Nr. 4, V A 2a, b). Vgl.
auch Bek. d. BayStMdI v. 8. 3. 1977 (166) unter 3.6.1.

41   c) **Bei den Mitgliedern der in der BRep. stationierten Truppen** der
nichtdeutschen Vertragsstaaten der NATO besteht nach Art. VII des
NATO-Truppenstatuts, dessen Bestimmungen nach dem Teil I des Un-
terzeichnungsprotokolls zum ZusAbk. v. 3. 8. 1959 (BGBl. 1961 II 1181,
1313) auf Ordnungswidrigkeiten erstreckt sind, 1. die ausschließliche
Entscheidungsbefugnis des Entsendestaates, wenn die Tat nur nach dessen Recht ,,strafbar" ist, 2. die ausschließliche Entscheidungsbefugnis der
BRep., wenn die Tat nur nach deren Recht ,,strafbar" ist und 3. im
übrigen eine konkurrierende Entscheidungsbefugnis, bei der die BRep.

zwar in bestimmten Fällen ein Vorrecht hat, auf das sie jedoch nach
Art. 19 I ZusAbk. verzichtet hat. Da eine Rücknahme des Verzichts mit
der Begründung, daß wesentliche Belange der deutschen Rechtspflege
die Ausübung der deutschen Gerichtsbarkeit erfordern (Art. 19 III Zus-
Abk.) bei Ordnungswidrigkeiten praktisch ausscheidet, dürfte eine Bußgeldkompetenz deutscher Stellen in den Fällen der Nr. 3 nur bei der
Abgabe einzelner Sachen (Art. 19 V a ZusAbk.) von den Entsendestaaten
in Betracht kommen; für die Zustimmung zur Abgabe ist an Stelle der
StA (vgl. Art. 3 des G zum NATO-Truppenstatut v. 18. 8. 1961 –
BGBl. II 1183; III 57–1) die VB zuständig (vgl. § 46 II). Verkehrsordnungswidrigkeiten von Mitgliedern der USA-Truppen außerhalb des
Dienstes sind nicht als strafbar nach dem Militärrecht der USA anzusehen, so daß insoweit die deutsche Ahndungsbefugnis gegeben ist (Fallgruppe Nr. 1; vgl. Art. VII Abs. 1 a NATO-Truppenstatut; Stuttgart
NJW 67, 508); anders ist die Rechtslage bei den französischen, britischen
und kanadischen Truppen (Fallgruppe 3: Konkurrierende Entscheidungsbefugnis; Rebmann/Roth/Herrmann 22 zu § 46). Die Anhörung des Betroffenen im ersten Zugriff ist trotz des Vorrechts der Entsendestaaten
erlaubt, da auch deutsche Gerichtsbarkeit besteht. Die Anordnung der
Entnahme einer Blutprobe bei den Mitgliedern der USA-Truppen wegen
einer Verkehrsordnungswidrigkeit nach § 24 a StVG (Anh A 11) ist zulässig (Fallgruppe Nr. 1; vgl. auch Stuttgart NJW 74, 1061). Die Erteilung
einer Verwarnung haben die Behörden der Entsendestaaten (abgesehen
von Berlin) bislang nicht als Ausübung der Gerichtsbarkeit angesehen, so
daß sie selbst wegen einer im Dienst begangenen Ordnungswidrigkeit
möglich ist. Für einen früheren Angehörigen der Streitkräfte gilt die
deutsche Gerichtsbarkeit wegen einer während seiner Zugehörigkeit begangenen Tat auch dann, wenn der Verzicht auf das Vorrecht nicht zurückgenommen ist (BGH NJW 78, 2457). Über die Befugnisse der Polizei gegenüber den Mitgliedern der Stationierungsstreitkräfte pp vgl. zB
in Niedersachsen RdErl. d. MI v. 13. 2. 1979 (MBl. 269). Über Zustellung an Mitglieder der in der BRep. stationierten Truppen vgl. 23 zu
§ 51.

42   d) **Die Immunität** der Abgeordneten ist nach Art. 46 II GG und den
entsprechenden Verfassungsvorschriften der meisten Länder kein Verfolgungshindernis für das Bußgeldverfahren, da diese Vorschriften lediglich
untersagen, einen Abgeordneten wegen einer „mit Strafe bedrohten
Handlung" zur Verantwortung zu ziehen oder zu verhaften. Nach dem
Sinn und Zweck dieser Verfassungsvorschriften können Ordnungswidrigkeiten nicht den mit Strafe bedrohten Handlungen gleichgeachtet werden; denn die Rechtsfolge der Ordnungswidrigkeit besteht niemals in
einer Freiheitsentziehung, auch fehlt der Geldbuße das mit der Kriminalstrafe verbundene Unwerturteil (vgl. 9 vor § 1). Ein Bußgeldverfahren
ist danach ohne Aufhebung der Immunität zulässig (so die ständige Praxis der Immunitätsausschüsse im Bund und in den meisten Ländern, vgl.
RdSchr. des BMI v. 8. 5. 1970 – GMBl. 243 – unter II 6 c; in Baden-
Württemberg B I Nr. 6 Erl. d. MdI v. 7. 11. 1972, GABl. 985, zuletzt
geänd. durch Erl. v. 14. 10. 1977, GABl. 1466; RiStBV 298, Anh C 1;

Rebmann/Roth/Herrmann 23 zu § 46; Rotberg 12 zu § 46; Bay. bei Rüth DAR **76**, 175; aM Maunz/Dürig/Herzog 40 zu Art. 46; Merten/Pfennig MDR **70**, 806). Anders ist die Rechtslage wohl nach Art. 38 I der Verfassung des Landes Baden-Württemberg und nach Art. 35 III der Verfassung von Berlin, da es danach auch untersagt ist, einen Abgeordneten aus sonstigen Gründen zur Verantwortung zu ziehen (Rebmann/Roth/Herrmann 24 zu § 46). Doch haben der Landtag von Baden-Württemberg (Beschluß v. 2. 6. 1976) und das Abgeordnetenhaus von Berlin (Beschluß v. 28. 11. 1968) eine allgemeine Genehmigung erteilt, gegen Abgeordnete ein Bußgeldverfahren durchzuführen.

42a **Weitere Einzelheiten zur Immunität;** Sie hindert eine **Identitätsfeststellung** praktisch nicht (vgl. 140). Ob sie nach Art. 46 III GG und den

43 entsprechenden Verfassungsvorschriften der meisten Länder der **Anordnung eines Fahrverbots** entgegensteht, ist zweifelhaft, aber wohl zu verneinen; in diesem Fall handelt es sich nicht um eine freiheitsbeschränkende Maßnahme, sondern um ein Betätigungsverbot, dessen mögliche Wirkung, die Bewegungsfreiheit zu beeinträchtigen, durch Aufwendung entsprechender wirtschaftlicher Mittel (Anstellung eines Fahrers) ganz beseitigt werden kann, so daß diese Rechtsfolge auch bei aller Schärfe im Einzelfall im Grunde genommen nur auf eine wirtschaftliche Einbuße hinausläuft (zust. Rebmann/Roth/Herrmann 23, Rotberg 12 je zu § 46).

44 **Die Entnahme einer Blutprobe** ist zulässig (vgl. II B Nr. 6b der RdSchr. des BMI, vgl. 42), und zwar nach der allgemeinen Genehmigung auch in Baden-Württemberg (Rebmann/Roth/Herrmann 26 zu § 46). Unbedenklich zulässig ist die Anordnung sonstiger Nebenfolgen (vgl. 20 zu

44a § 66) sowie die Erteilung einer **Verwarnung mit Verwarnungsgeld** (auch bei Abgeordneten von Baden-Württemberg und Berlin; vgl. Reb-

45 mann/Roth/Herrmann 24 zu § 46). **Der Übergang zum Strafverfahren** (§ 81) ist dagegen nur mit Genehmigung des Parlaments zulässig (RiStBV 298, Anh **C** 1). Der Antrag auf Aufhebung der Immunität ist von der Verfolgungsbehörde unter Darlegung des Sachverhalts an den Präsidenten des Bundes- oder Landtages zu richten. Auch die Vorführung des Abgeordneten bedarf im Hinblick auf Art. 46 III GG der Genehmigung (29 zu § 73, 35 zu § 74).

46 B. **Vorübergehende** Verfolgungshindernisse sind solche, die nur zeitweilig dem Fortgang des Bußgeldverfahrens entgegenstehen. Dazu rechnen zB die Vorrangszuständigkeit einer anderen VB (§ 39 I) und die Verfolgung der Tat durch die StA, weil in diesen Fällen die Zuständigkeit der VB wiederaufleben kann. Ein vorübergehendes Verfolgungshindernis liegt ferner auch dann vor, wenn der Betroffene vor Abschluß der Ermittlungen nicht angehört werden kann, weil er abwesend oder unbekannten Aufenthalts ist.

47 C. **Von Amts wegen** zu beachten ist ein Verfolgungshindernis, sobald Anhaltspunkte dafür gegeben sind, daß es vorhanden sein könnte. Es kommt nicht darauf an, daß es der Betroffene geltend macht.

48 D. **Einzustellen** ist das Verfahren (vgl. 157 ff.), wenn ein Verfolgungshindernis besteht. Ist dies zweifelhaft, so ist nach der Art des Verfolgungshindernisses unter Berücksichtigung der Grundsätze der Gerechtigkeit und der Rechtssicherheit zu entscheiden, ob der Grundsatz „im Zweifel für den Betroffenen" auch bei dem Verfolgungshindernis gilt (BGH **18**, 274). Die Rspr. hat diese Frage zB bejaht bei der Verfolgungsverjährung (20 zu § 31) und der bereits rechtskräftig entschiedenen Sache (Bay. JR **69**, 32), dagegen verneint bei der Verwarnung (44 zu § 56). Ob auch beim Tod des Betroffenen, dem die Todeserklärung gleichsteht (vgl. 37), das Verfahren förmlich einzustellen ist oder ob es von selbst seinen Abschluß findet, ist str. (vgl. 30 d vor § 67); eine formelle Einstellung ist jedoch im Bußgeldverfahren der VB aus Gründen der Klarheit zweckmäßig (vgl. auch 6 zu § 69). Bei einem endgültigen Verfolgungshindernis stellt die VB das Verfahren endgültig ein, im übrigen vorübergehenden (vgl. 46) dagegen nur vorläufig (vgl. § 205 StPO iVm § 46 I, der auch im Verfahren der StA gilt; vgl. Kleinknecht 3 zu § 205 StPO; Rebmann/Roth/Herrmann 7 zu § 55). Ist damit zu rechnen, daß ein vorübergehendes Verfolgungshindernis (zB die Abwesenheit des Betroffenen) nur kurze Zeit andauern wird, so kann einfach abgewartet werden, bis es entfällt, ohne daß das Verfahren vorläufig eingestellt werden muß.

49   **5) Beteiligte des Ermittlungsverfahrens** sind solche Personen, in deren Rechte die Bußgeldentscheidung unmittelbar eingreifen kann. Dazu rechnen in erster Linie der Betroffene, also derjenige, gegen den das Verfahren bei einem Tatverdacht gerichtet ist. Die Stellung des Betroffenen erhält die Person, die eine Ordnungswidrigkeit begangen hat oder die in diesem Verdacht steht, erst mit der Einleitung des Ermittlungsverfahrens (vgl. 27 ff.), wobei es nicht darauf ankommt, ob die Person von der Einleitung Kenntnis erhält. Das OWiG verwendet den Begriff „Betroffener" für alle Verfahrensstadien einschließlich der Vollstreckung (vgl. zB §§ 94, 95 II). Zu den Beteiligten des Verfahrens gehören neben dem Betroffenen die sog. Nebenbeteiligten (vgl. näher 2 ff. vor § 87). Nebenbeteiligte iwS sind Personen, in deren Rechte durch sonstige Maßnahmen, die im Bußgeldverfahren getroffen werden können, eingegriffen wird (vgl. 9 zu § 66). Als Beteiligte sind weiterhin anzusehen der Verteidiger des Betroffenen (vgl. näher zu § 60) und sein Beistand (61 zu § 60) sowie im Verfahren gegen Jugendliche die Erziehungsberechtigte und gesetzliche Vertreter (vgl. § 67 JGG, Anh **A 3**, iVm § 46 I; 5, 10 zu § 67).

50   **6) Gegenstand des Bußgeldverfahrens** ist die „Tat", dh ein bestimmter Lebensvorgang (ein geschichtliches Ereignis), innerhalb dessen der Betroffene einen Bußgeldtatbestand verwirklicht hat oder verwirklicht haben soll (vgl. BGH **22**, 375, 385, 105, 106). Der Tatbegriff ist mit dem des § 103 II GG identisch (vgl. BVerfGE **45**, 434). Ein einheitlicher geschichtlicher Vorgang kann mehrere Handlungen im natürlichen Sinne, aber auch mehrere Handlungen im materiell-rechtlichen Sinne (Tatmehrheit, vgl. 2 ff.; 31 vor § 19) umfassen (vgl. BGH **13**, 21, 25). Sie werden durch die Einheitlichkeit des geschichtlichen Vorganges zu einer einzigen Tat im Sinne des Bußgeldverfahrens verbunden. Maßgebend dafür, ob ein einheitlicher Vorgang vorliegt, ist die natürliche Auffassung des Lebens. So kann zB eine mehrfache Behinderung eines anderen Kraftfahrers im Straßenverkehr (etwa beim Überholen und anschließend danach) eine einheitliche Tat sein, auch wenn im materiell-rechtlichen Sinne keine Tateinheit, sondern Tatmehrheit gegeben ist (vgl. BGH **13**, 21, 22). Der persönliche Zusammenhang (vgl. 4 zu § 38) allein genügt nicht, um mehrere selbständige Handlungen im materiell-rechtlichen Sinne (Tatmehrheit) zu einer einzigen Tat zu verbinden. Die Handlungen müssen vielmehr nach dem Ereignis selbst innerlich so miteinander verknüpft sein, daß ihre getrennte Würdigung und Ahndung als unnatürliche Aufspaltung (BVerfGE **45**, 434) eines einheitlichen Lebensvorganges empfunden würde (vgl. BGH **13**, 21, 26; **15**, 268; **23**, 141; zur Frage, ob dies bei einem Verkehrsverstoß und einer anschließend begangenen Unfallflucht der Fall ist, vgl. bejahend BGH **23**, 270, 273; **24**, 185, 189; KG VRS **35**, 347; Hamm VRS **35**, 347).

51   **Einzelheiten:** Überschreitet der Täter zB die gesetzliche Höchstgeschwindigkeit von 50 km/h und im unmittelbaren Anschluß danach eine durch amtliche Verkehrszeichen vorgeschriebene geringere Geschwindigkeit, so handelt es sich um zwei selbständige, in Tatmehrheit stehende Zuwiderhandlungen, jedoch um eine einheitliche Tat (Hamburg VRS **27**, 144); andererseits ist mit dem Ende eines bestimmten Verkehrsvorganges, der durch einen andern abgelöst wird, in der Regel das die ,,Tat'' bildende ,,geschichtliche Ereignis'' abgeschlossen (Hamm VRS **53**, 459; vgl. auch die Beisp. 21 aE zu § 79). Eine einheitliche Tat liegt zB beim Bauen ohne Genehmigung und dem Fortsetzen der Bauarbeiten nach behördlicher Ermittlungsanordnung vor (Bay. **70**, 205; **72**, 252); doch kann bei einer mehrfachen Tatbestandsverwirklichung zB eine Abmahnung zu einem Einschnitt in den Geschehnisablauf und damit auch zu einer Zerlegung in zwei Taten führen (Bay bei Rüth DAR **79**, 241; vgl. auch 10, 21 vor § 19). Die Nichtanmeldung zum TÜV (Dauerordnungswidrigkeit; vgl. 22 vor § 19) und ein mit diesem Fahrzeug begangener Verkehrsverstoß sind dagegen zwei Taten im verfahrensrechtlichen Sinne (Hamm VRS **48**, 344; vgl. auch Bay. bei Rüth DAR **71**, 201, NJW **74**, 1341). Hingegen wird wohl bei einer Verletzung von Betriebsvorschriften (zB mißbräuchliche Benutzung von Nebelleuchten) und einem Verkehrsverstoß auf dieser Fahrt eine einheitliche Tat gegeben sein (vgl. Hamm VRS **51**, 63; vgl. auch Karlsruhe VRS **51**, 76).

52   **Bei Tateinheit im materiell-rechtlichen Sinne** liegt stets eine Tat im verfahrensrechtlichen Sinne vor (vgl. BGH **13**, 21, 23, so zB bei einer Dauerordnungswidrigkeit (Bay. bei Rüth DAR **79**, 241). Der verfahrensrechtliche Tatbegriff ist also umfassender als der des materiellen Rechts.

53   **7) Die wahrheitsgemäße Aufklärung** des Sachverhalts ist das Ziel des Ermittlungsverfahrens.

53a   **A. Die Aufklärungspflicht** der VB und ihrer Ermittlungsorgane (4) besteht darin, von Amts wegen nicht nur belastende Umstände aufzuklären, sondern auch entlastende, soweit sie für die Untersuchung der Tat (vgl. 50) bedeutsam sind (§ 160 II StPO iVm § 46 I). Der Wahrheitserforschung sind jedoch durch gesetzliche Regeln (vgl. zB §§ 52ff. StPO iVm § 46 I) und verfassungsrechtliche Grundsätze (vgl. 54) Schranken gesetzt. Die Wahrheit muß nicht ,,um jeden Preis'' erforscht werden (vgl. selbst für das Strafverfahren BGH **14**, 358, 365). Wie weit die Ermittlungen zur

Erforschung der Wahrheit zu führen sind, hängt nach dem Grundsatz der
Verhältnismäßigkeit (vgl. 9 zu § 46) auch von dem Gewicht der Tat ab,
die den Gegenstand der Untersuchung bildet. Im Bußgeldverfahren ist in
Fällen minderer Bedeutung eine Aufklärung des Sachverhalts bis in letzte
Einzelheiten weder geboten noch angemessen. Allerdings muß Klarheit
darüber bestehen, daß sich die einschränkende Aufklärung zugunsten des
Betroffenen auswirkt, nicht zu seinem Nachteil; bleiben danach Zweifel,
so ist von einer weiteren Verfolgung abzusehen. Es ist im übrigen zweckmäßig, die Ermittlungen von vornherein auf die wesentlichen Gesichtspunkte zu beschränken. Unwesentliche Tatteile und Gesetzesverletzungen kann die VB nach dem Opportunitätsprinzip vernachlässigen (24 zu
§ 47). Die persönlichen und wirtschaftlichen Verhältnisse des Betroffenen brauchen nur dann aufgeklärt zu werden, wenn dies für die Bemessung der (nach dem Ermittlungsergebnis in Betracht kommenden) Geldbuße von Bedeutung ist (§ 160 III S. 1 StPO iVm § 46 I; vgl. näher 21 ff.
zu § 17). Kommt die Anordnung einer Nebenfolge (vgl. 20 ff. zu § 66) in
Betracht, so sind auch die hierfür bedeutsamen Umstände zu ermitteln
(§ 160 III S. 1 StPO iVm § 46 I), so zB die Eigentumsverhältnisse im Falle
der Einziehung einer Sache.

53b   B. **Die fälschliche Beeinflussung der Wahrheitsfindung** ist rechtswidrig und kann einen Straftatbestand erfüllen. Dazu im einzelnen:

53c   a) **Eine wissentlich falsche Behauptung** gegenüber der VB oder der
Polizei (vgl. 4), die geeignet ist, gegen einen andern ein Bußgeldverfahren
herbeizuführen oder andauern zu lassen, erfüllt den Tatbestand des
§ 164 II StGB (BGH VM **78**, 65).

53d   b) **Die Verfolgung Unschuldiger** in einem Bußgeldverfahren ist nach
§ 344 II S. 2 Nr. 1 StGB strafbar (vgl. 14 zu § 47). Wegen der unzulässigen Vollstreckung von Geldbußen pp. vgl. 13 vor § 89.

53e   c) **Eine Verfolgungsvereitelung** wegen einer Ordnungswidrigkeit
durch Privatpersonen oder Amtsträger ist nicht nach den §§ 258, 258a
StGB strafbar, da diese Tatbestände nur bei rechtswidrigen Taten iS des
Strafrechts eingreifen (vgl. 14 zu § 47). Eine Verfolgungsvereitelung
durch Angehörige der VB oder der Polizei kann jedoch disziplinarische
Folgen haben.

53f   d) **Eine Rechtsbeugung** (§ 336 StGB) ist im Bußgeldverfahren im
Rahmen der Entscheidung über die Festsetzung einer Geldbuße möglich
(BGH **13**, 102, 110, **14**, 147 f.; Hamm NJW **79**, 2114); doch gilt dies nicht
für das Verwarnungsverfahren (Hamm aaO; vgl. 6 vor § 56).

54   8) **Unter Beachtung der Gesetze und rechtsstaatlichen Grundsätze** ist
das Ermittlungsverfahren durchzuführen. Die gesetzlichen Einzelregelungen wollen einen geordneten Ablauf des Verfahrens sicherstellen.
Dazu gehört zunächst, daß die Beteiligten (vgl. 49) und Zeugen über ihre
Rolle (und Rechte) im Bußgeldverfahren nicht im Unklaren gelassen
werden (vgl. für die Anhörung des Betroffenen 24 zu § 55) und daß die
Ermittlungen nicht über den Gegenstand des Bußgeldverfahrens (vgl. 50)
hinausgehen dürfen (keine Ausforschung ohne Verdachtsgründe). Weiterhin müssen die zur Sammlung von Belastungs- und Entlastungsmate-

rial angewendeten Mittel gesetzlich erlaubt und dürfen nicht verboten (vgl. § 136a StPO iVm § 46 I; 20ff. zu § 55) sein. Ein besonderes Verwertungsverbot für bestimmte Tatsachen und Beweismittel besteht im Bußgeldverfahren wegen einer Steuerordnungswidrigkeit (vgl. § 393 II iVm § 410 I Nr. 4 AO 1977, Anh **A 10**). Wird hinsichtlich desselben Sachverhalts ein Verwaltungs- und ein Bußgeldverfahren durchgeführt, so ist dem Betroffenen die Einleitung des Bußgeldverfahrens spätestens mitzuteilen, wenn er im Verwaltungsverfahren dazu aufgefordert wird, Tatsachen darzulegen oder Unterlagen vorzulegen, die im Zusammenhang mit der Ordnungswidrigkeit stehen, deren er verdächtig ist (vgl. § 397 III iVm § 410 I Nr. 7 AO 1977, deren Regelung auf einem verallgemeinerungsfähigen Rechtsgedanken beruht, der Ausdruck rechtsstaatlicher Grundsätze ist). Eingriffe (zB Beschlagnahme, Durchsuchung, Untersuchung) dürfen nur unter bestimmten Voraussetzungen, zu denen ganz allgemein der Grundsatz der **Verhältnismäßigkeit** rechnet (vgl. 9 zu § 46), vorgenommen werden und allein von den hierzu gesetzlich befugten Stellen und Personen. Ferner müssen die **Grundrechte,** namentlich die Würde des Menschen (Art. 1 I GG), das allgemeine Persönlichkeitsrecht (Art. 2 I GG) und die Gleichheit vor dem Gesetz (Art. 3 GG) gewahrt werden.

55   **Der Grundsatz des rechtlichen Gehörs** (Art. 103 I GG) ist zu beachten. Danach ist jede Person auch im Bußgeldverfahren vorher zu hören, bevor gegen sie eine Maßnahme getroffen wird, die sie in ihren Rechten unmittelbar beeinträchtigt, nicht dagegen bei einer sonstigen Maßnahme. Die Anhörung besteht in der Gelegenheit zur Äußerung; wird sie nicht genutzt, so ist das rechtliche Gehör ausreichend gewahrt (vgl. Kleinknecht Einl. 31). Im Bußgeldverfahren der VB ist es nicht notwendig, daß der Betroffene über den gesamten Prozeßstoff (das vorliegende Belastungs- und Entlastungsmaterial) unterrichtet wird, bevor ein Bußgeldbescheid ergeht; denn der Bußgeldbescheid ergeht in einem summarischen Vorschaltverfahren (vgl. 6 vor § 65). Der Betroffene erhält volles rechtliches Gehör, wenn er Einspruch einlegt und dem schriftlichen Verfahren widerspricht. Die Anhörung kann im übrigen bei solchen Maßnahmen unterbleiben, deren Erfolg durch die vorherige Anhörung gefährdet würde (vgl. § 33 IV S. 1 StPO iVm § 46 I), also zB bei einer Beschlagnahme oder Durchsuchung.

56   **Art. 6 der Konvention zum Schutze der Menschenrechte und Grundfreiheiten (MRK)** schützt vor Gefahren, die für den Einzelnen bei der Verurteilung wegen einer ,,kriminellen Tat" entstehen können (Freiheitsentziehung); nach dem Grundgedanken dieser Abwehrschranke ist deren entsprechende Anwendung im Bußgeldverfahren nicht angebracht (Vogler EuGRZ **79**, 640, 645 ff.; Celle NJW **60**, 880; Frankfurt 27. 11. 1970, 3 Ws – B – 103/70 OWiG; Kleinknecht 1 zu Art. 6 MRK; aM LG Ansbach NJW **79**, 2484, vgl. 11 zu § 107).

57   **9) Die Beweismittel zur Aufklärung** des Sachverhalts zu suchen, zu benutzen und zu verwerten, ist der Schwerpunkt des Ermittlungsverfahrens. Beweismittel sind alle Erkenntnisquellen, die zur Feststellung und Beurteilung des tatsächlichen Geschehens (der Tatsachen) benutzt werden können. Die Erkenntnisquellen können unmittelbar die zur Tatbestandsverwirklichung (vgl. 10 ff. vor § 1) notwendigen Tatsachen beweisen oder nur mittelbar (Indizien). Nach der Art der Beweismittel sind persönliche (Zeugen, Sachverständige, Aussagen des Betroffenen und Mitbetroffenen) und sachliche zu unterscheiden; zu diesen rechnen alle durch den Augenschein wahrnehmbaren Gegenstände (zB Urkunden, andere Schriftstücke, der Zustand einer Sache) und Sachgegebenheiten (zB die Verkehrsdichte an einer bestimmten Stelle). Offenkundige Tatsachen und solche, die der VB ohnehin bekannt sind (zB aus ihrer Überwachungstätigkeit, aus früheren Verfahren), bedürfen keines Beweises. Die Beweismittel sind im Bußgeldbescheid anzugeben (§ 66 I Nr. 4).

58   A. **Die Anhörung des Betroffenen** (§ 55) wahrt nicht nur seinen Anspruch auf rechtliches Gehör, sondern verschafft der VB zugleich ein Beweismittel, falls der Betroffene sich zur Beschuldigung äußert (vgl. 3 zu § 55). Den Zeitpunkt der Anhörung bestimmt die VB (oder die Polizei als deren Ermittlungsorgan, vgl. 4) nach den Umständen des Falles. Es kann zweckmäßig sein, den Betroffenen sofort zu hören, weil sich dann weitere Ermittlungen erübrigen können, oder erst zu einem späteren Zeitpunkt, um ihm dann gleich das Ermittlungsergebnis vorhalten zu können. Über die Anhörung des Betroffenen vgl. näher zu § 55.

59   B. **Zeugen und Sachverständige** kann die VB entweder selbst vernehmen oder durch die Polizei vernehmen lassen. Die VB kann auch eine richterliche Vernehmung beantragen, wenn dies erforderlich erscheint (vgl. 5 ff.). Eine eidesstattliche Erklärung darf die VB – ebenso wie die StA – in der Regel weder verlangen noch entgegennehmen; sie ist hierzu nur ausnahmsweise befugt, nämlich soweit ihr gegenüber nach Gesetz eine Tatsache glaubhaft zu machen ist (vgl. 62 zu § 59; 15 zu § 52; ebenso Rotberg 33). Über die Stellung der Zeugen und Sachverständigen, deren Heranziehung und Vernehmung vgl. näher zu § 59.

59a   C. **Das Ergebnis einer informatorischen Befragung** sowie Äußerungen außerhalb von Vernehmungen (vgl. 24 zu § 55) können als Beweismittel verwertet werden; sie sind, soweit sie erheblich sind, in Vermerken festzuhalten (Krause, Die Polizei **78**, 305; 24 zu § 55).

60   D. **Eine Auskunft** kann die VB von allen öffentlichen Behörden verlangen (§ 161 S. 1 StPO iVm § 46 I, II; vgl. aber § 46 III). Die ersuchte Behörde ist zur Auskunft grundsätzlich verpflichtet (vgl. Erdsiek NJW **60**, 616; Kleinknecht 1 zu § 161 StPO). Etwas anderes gilt nur dann, wenn die Erteilung der Auskunft dem Wohl des Bundes oder eines deutschen Landes Nachteile bereiten oder die Erfüllung öffentlicher Aufgaben ernstlich gefährden oder erheblich erschweren würde. Daß mit dieser Einschränkung eine Auskunftpflicht besteht, ergibt sich aus § 54 StPO iVm § 62 I BBG, § 39 III BRRG, § 96 StPO iVm § 46 I; denn wenn die VB sich die Tatsachen, um deren Auskunft sie ersucht, auch durch Vernehmung von Angehörigen der ersuchten Behörde (§ 54 StPO) und Vorlage der Akten (§ 96 StPO) verschaffen kann, dann muß sinnvollerweise auch ein Recht (und die Pflicht der ersuchten Behörde) zur Auskunft bejaht werden (vgl. EbSchmidt 3 zu § 161; str.). Die oberste Dienstbehörde der ersuchten Behörde kann allerdings aus den genannten Gründen die Erteilung der Auskunft versagen. Die VB braucht sich deswegen nicht selbst an die oberste Dienstbehörde zu wenden, sondern kann dies der ersuchten Behörde überlassen (vgl. EbSchmidt 3 zu § 161). Die Auskunft kann nicht erzwungen werden. Meinungsverschiedenheiten können nur im Wege der Gegenvorstellung und Aufsichtsbeschwerde (vgl. 33 ff. zu § 62) ausgetragen werden. Über die Beschlagnahme von amtlich verwahrten Schriftstücken vgl. 79.

61   a) **Bei einer Schweigepflicht zur Wahrung eines Privatgeheimnisses,** die strafrechtlich abgesichert ist (vgl. § 203 II StGB), befreit den Beamten, der für die ersuchte Behörde die Auskunft erteilen soll, nicht schon die Genehmigung der obersten Dienstbehörde zur Auskunftserteilung von der Schweigepflicht. Hier liegt – was bislang im Schrifttum übersehen ist – eine Pflichtenkollision vor, die gesetzlich (noch) nicht befriedigend gelöst ist (vgl. 27, 42 zu § 59; 62; vgl. ferner die Beschlüsse der Kommission zur Bekämpfung der Wirtschaftskriminalität II Nr. 2 ff., VII. Bd. der Tagungsberichte). Die Entbindung von der Schweigepflicht ist möglich (vgl. 43 zu § 59).

62   b) **Für das Steuergeheimnis** gilt die besondere Regelung des § 30 AO 1977 (Anh A 10). Die Pflicht zur Wahrung des Steuergeheimnisses hat danach gegenüber der Auskunftspflicht nach § 161 StPO iVm § 46 I im Prinzip Vorrang, weil die Offenbarung für die Durchführung eines Straf- und Bußgeldverfahrens allgemein nicht ausdrücklich zugelassen ist (§ 30 IV Nr. 2 AO 1977). Doch besteht eine Auskunftspflicht, soweit die Offenbarung der Kenntnisse, die dem Steuergeheimnis unterliegen, a) der Durchführung eines Bußgeldverfahrens wegen einer Steuerordnungswidrigkeit dient, b) der Betroffene zustimmt oder c) für sie ein zwingendes öffentliches Interesse besteht (§ 30 IV Nr. 1, 3, 5 AO 1977). Da der zuletzt genannte Fall durch das Gesetz nur bei besonders schwerwiegenden Straftaten bejaht ist (§ 30 IV Nr. 5a, b AO 1977), kommt danach die Offenbarung von Kenntnissen, die dem Steuergeheimnis unterliegen, für das Bußgeldverfahren unter dem Gesichtspunkt des zwingenden öffentlichen Interesses praktisch kaum in Betracht. Die Offenbarung solcher Kenntnisse ist für das Bußgeldverfahren wegen Ordnungswidrigkeiten außerhalb des Steuerrechts gesetzlich selbst dann nicht erlaubt, wenn a) sie in einem Verfahren wegen einer Steuerstraftat oder Steuerordnungswidrigkeit erlangt sind, b) die Kenntnisse ohne Bestehen einer steuerlichen Verpflichtung offenbart worden sind oder c) es sich um vorsätzlich falsche Angaben des Betroffenen handelt; denn in diesen Fällen ist die Offenbarung gesetzlich nur für ein Strafverfahren zugelassen (§ 30 IV Nr. 4, V AO 1977). Diese gesetzliche Grenzbestimmung des Steuergeheimnisses kann jedoch im Einzelfall (so bei schwerwiegenden Ordnungswidrigkeiten, zB Kartellordnungswidrigkeiten) dem verfassungsrechtlichen Gebot der Güter- und Pflichtenabwägung widerstreiten, das gegenüber der (unausgewogenen) einfachen gesetzlichen Regelung des § 30 AO 1977 Vorrang hat.

63   c) **Nach besonderen Vorschriften** dürfen die im Verwaltungsverfahren durch Auskünfte (oder Vorlage von Urkunden) erlangten Kenntnisse nicht für ein Bußgeldverfahren wegen einer Steuerordnungswidrigkeit (vgl. zB § 46 IX GWB; § 14 V WiSiG) verwendet werden; über sie kann deshalb keine Auskunft verlangt werden.

64   d) **Das Post- und Fernmeldegeheimnis** (Art. 10 GG) ist im Bußgeldverfahren stets zu wahren (vgl. § 46 III S. 1).

65   e) **Das Bankgeheimnis,** das zwischen Bank und Kunden besteht, ist rein privater Art und gesetzlich nicht geschützt; die Bank kann sich also bei einer an sie gerichteten Auskunft nicht auf das Bankgeheimnis berufen (vgl. EbSchmidt 3 zu § 161 StPO; R. Müller NJW **63**, 836f.; Haß SchlHA **74**, 197; Schaefgen BB **79**, 1498). Zwar besteht keine Auskunftspflicht, da die Banken keine „öffentlichen Behörden" sind (LG Hof NJW **68**, 65); doch sind die Sachbearbeiter der Bank als Zeugen zur Aussage vor der VB verpflichtet (LG Hof aaO m. Anm. Müller; Haß aaO; Schaefgen aaO); die bei der Bank vorhandenen, als Beweismittel benötigten Unterlagen können außerdem beschlagnahmt werden (vgl. näher 66ff).

66   10) **Die Beschlagnahme** (vgl. §§ 94–98, 111bff. StPO iVm § 46 I) ist eine Zwangsmaßnahme, die in der Wegnahme und amtlichen Verwahrung einer Sache oder in der sonstigen Sicherstellung eines Gegenstandes (vgl. 69ff.) besteht. Sie zielt darauf ab, Beweismittel oder Einziehungsgegenstände sicherzustellen (vgl. 68ff.). Die zwangsweise Sicherstellung durch Beschlagnahme ist bei Einziehungsgegenständen notwendig, um die Wirkung des Veräußerungsverbotes herbeizuführen (§ 111c V StPO iVm § 46 I); bei Beweisstücken kommt die zwangsweise Sicherstellung in Form der Beschlagnahme dagegen nur dann in Betracht, wenn sie nicht freiwillig herausgegeben werden (vgl. 101). Über die Anordnung des dinglichen Arrestes vgl. 107.

67   A. **Zulässig** ist die Beschlagnahme von Gegenständen auch im Bußgeldverfahren. Da jedoch das Interesse an der Durchführung des Bußgeldverfahrens in der Regel weniger gewichtig ist als vergleichsweise an der Durchsetzung des Strafanspruchs, ist von dieser Eingriffsbefugnis im Bußgeldverfahren zurückhaltender Gebrauch zu machen. Nach dem Grundsatz der Verhältnismäßigkeit (vgl. 83; 9 zu § 46) ist hier besonders sorgfältig zu prüfen, ob dieses Mittel zur Bedeutung der Tat noch in einem angemessenen Verhältnis steht oder bereits ein übermäßiger Eingriff wäre. Bei schwerwiegenden Ordnungswidrigkeiten (so bei Kartellordnungswidrigkeiten) ist jedoch die Beschlagnahme von Beweisstücken grundsätzlich nicht unangemessen (BVerfG 27. 4. 1973, 2 BvR 256/71).

68   B. **Der Zweck der Beschlagnahme** besteht darin a) Beweisstücke (vgl. 70) für das (eingeleitete; vgl. 75) Bußgeldverfahren, selbständige Einziehungsverfahren (vgl. § 87 III) oder selbständige Verfahren nach § 88 II zu erlangen oder b) Einziehungsgegenstände (vgl. 71) für die spätere Vollstreckung oder Realisierung des Ausspruchs der Einziehung, aber wohl auch zur Verhinderung einer gegenwärtigen Gefahr (vgl. 84) sicherzustellen.

69   C. **Gegenstand der Beschlagnahme** sind, soweit Beweismittel in Betracht kommen, nur körperliche Sachen; zur Sicherung der Einziehung können auch Rechte beschlagnahmt werden, wenn sie der Einziehung unterliegen.

70   a) **Zu den Beweismitteln,** die nach § 94 StPO iVm § 46 I beschlagnahmt werden können, gehören auch solche, die nur mittelbar (zB zum
Vergleich) die für die Untersuchung erheblichen Tatsachen beweisen
können, zB Proben. Auf die Besitz- und Eigentumsverhältnisse kommt
es bei Beweisstücken nicht an. Beschlagnahmeverbote gelten für amtliche Schriftstücke und solche Gegenstände, auf die sich ein Zeugnisverweigerungsrecht erstreckt (vgl. 77).

71   b) **Einziehungsgegenstände,** deren Beschlagnahme nach § 111b StPO
iVm § 46 I zulässig ist, sind solche, die nach materiellem Recht eingezogen (§§ 22ff.) oder unbrauchbar gemacht (§ 123 II Nr. 2; vgl. auch § 30 I
S. 2 WZG) werden können; den zuletzt genannten Fall erwähnt § 111b
StPO zwar nicht, doch ist schon bei § 94 StPO aF der dort verwendete
Begriff ,,Einziehung'' in einem weiteren, auch die Unbrauchbarmachung
umfassenden Sinne verstanden worden (LR–Meyer 16 zu § 111b StPO).
Der Beschlagnahme unterliegen zur Sicherung der Einziehung nicht nur
bewegliche Sachen, sondern auch Forderungen und Rechte (vgl. 2 zu
§ 22); diese können in entsprechender Anwendung der §§ 829, 857 ZPO
durch Anordnung des Gerichts (vgl. 82) beschlagnahmt werden
(§ 111c III StPO iVm § 46 I). Bei der Beschlagnahme von Gegenständen,
deren Einziehung nach § 22 II Nr. 1 oder § 23 in Betracht kommt, ist zu
prüfen, ob der Täter oder im Falle des § 23 der Dritte Eigentümer oder
Rechtsinhaber ist (vgl. LG Krefeld DAR **66**, 192). Es müssen auch insoweit dringende Gründe für die Annahme vorliegen, daß die Voraussetzungen der Einziehung vorliegen (§ 111b I StPO iVm § 46 I). Kommt
die Einziehung nach § 22 II Nr. 2 in Betracht, so kommt es auf die Eigentumsverhältnisse nicht an. Zur Sicherung der Einziehung des Wertersatzes (§ 25) kann der dingliche Arrest angeordnet werden (vgl. 107).

72   c) **Bei der Beschlagnahme von Schriften** oder den ihnen gleichstehenden Gegenstände (zB Ton- und Bildträger), deren Einziehung in Betracht
kommt (zB nach § 123 II; vgl. 2 zu § 123), gelten die Beschränkungen
nach den §§ 111m, 111n StPO sinngemäß (§ 46 I). Sie beruhen auf einer
Abwägung des öffentlichen Interesses an einer Information einerseits und
der Verhinderung von sanktionsbedrohten Verhaltensweisen andererseits. Der Hinderungsgrund der Beschlagnahme greift nur bei einem klar
zutage tretenden Mißverhältnis (,,offenbar'') ein. Deshalb gilt das Hindernis nicht, wenn ein öffentliches Interesse an der Information fehlt oder
gering ist, so namentlich bei grob anstößigen Schriften, die sonst keinen
(oder nur beischmückenden) Informationsgehalt haben. Doch gilt ein
verstärktes Beschlagnahmehindernis bei Tageszeitungen oder sonstigen
periodischen Schriften (vgl. Kleinknecht 6 zu § 111m StPO). In diesen
Fällen ist der Richter für die Beschlagnahmeanordnung zuständig
(§ 111n I S. 1 StPO iVm § 46 I); daß hier bei Ordnungswidrigkeiten das
Übermaß- und Beschränkungsverbot nach § 111m II, IV StPO besonders zu beachten sind, versteht sich von selbst (vgl. 9 zu § 46). Für die VB
kommt die Beschlagnahme von Schriften in sonstigen Fällen (so zB bei
Schriften, die als Werbematerial verwendet werden; vgl. 2 zu § 123)
lediglich bei Gefahr im Verzug (vgl. 84) in Betracht (§ 111m I S. 2
StPO). Die Beschlagnahme ist aufzuheben, wenn die VB nicht innerhalb

von zwei Monaten die Einziehung anordnet (vgl. § 111 n II S. 1 StPO iVm § 46 I, im Bußgeldbescheid oder in einem selbständigen Einziehungsbescheid vgl. 56 ff. zu § 87); sie kann jedoch beim RiAG nach § 68 eine Fristverlängerung beantragen (§ 111 n II S. 2, 3 StPO iVm § 46 I). Eine Beschlagnahmebeschränkung nach den §§ 111 m, 111 n StPO iVm § 46 I besteht nicht, wenn lediglich einzelne Druckwerke zu Beweiszwecken sichergestellt werden sollen; hier gilt § 94 StPO iVm § 46 I (vgl. Kleinknecht 1 zu § 111 n StPO).

73   d) **Führerscheine** und ausländische Fahrausweise unterliegen nicht der Einziehung. Sie dürfen nur nach rechtskräftiger Anordnung des Fahrverbots zum Zwecke der Verwahrung bzw. der Eintragung des Fahrverbots beschlagnahmt werden (§ 25 II, III StVG, Anh A 11; vgl. 29 zu § 90).

74   e) **Beförderungsmittel** und andere Sachen, die der Betroffene mit sich führt, können zur Sicherstellung des Bußgeldverfahrens und der Vollstreckung nach § 132 StPO iVm § 46 I beschlagnahmt werden (vgl. 127 ff.).

75   D. **Von der Einleitung** des Bußgeldverfahrens an (vgl. 27 ff.) ist die Beschlagnahme zulässig. Doch kann – bei bestehendem Verdacht einer Ordnungswidrigkeit – die Beschlagnahme zugleich die erste Ermittlungshandlung sein und damit das Ermittlungsverfahren einleiten. Mit der Rechtskraft des Bußgeldbescheides endet die Beschlagnahmemöglichkeit nach den §§ 94 ff., 111 b ff. StPO, wenn nicht eine besondere Regelung eingreift (73). Sie besteht also nicht mehr im Vollstreckungsverfahren, aber noch bis zur endgültigen Sachentscheidung, so beim Vorbehalt über die Einziehung (§ 24 II); außerdem auch nach Erlaß des Bußgeldbescheides bei einem Einspruch des Betroffenen, wenn die VB daraufhin den Sachverhalt erneut prüft (vgl. 1 zu § 69 sowie 82).

76   E. **Ein Verfolgungshindernis** hindert grundsätzlich auch die Beschlagnahme, wenn es endgültig ist (vgl. 46, 48). Etwas anderes gilt bei der Beschlagnahme von Sachen, die als Beweismittel oder Einziehungsgegenstände bei einem selbständigen Verfahren nach § 87 III, § 88 II in Betracht kommen (vgl. BGH **8**, 299). Die Beschlagnahme ist aber nicht zulässig, wenn vorauszusehen ist, daß sich kein selbständiges Verfahren anschließen wird (vgl. BGH **9**, 351). Steht das Verfolgungshindernis auch der Durchführung eines selbständigen Einziehungsverfahrens entgegen (zB die Exterritorialität, vgl. 6 zu § 27), so ist die Beschlagnahme unzulässig.

77   F. **Die Vorlage- und Herausgabepflicht** (§ 95 I StPO iVm § 46 I) trifft grundsätzlich jeden Gewahrsamsinhaber hinsichtlich der Beweismittel (ebenso früher § 36 OWiG 1952; unrichtig Andres, DAußWiRdschau **69**, 67, der für das „Einsichtsrecht" keine Rechtsgrundlage mehr sieht). Diese Pflicht ist jedoch praktisch von geringer Bedeutung, weil die Herausgabe der Sache im Wege der Beschlagnahme und Durchsuchung (§ 111 b II S. 2 StPO iVm § 46 I; vgl. 108 ff.) unmittelbar erzwungen werden kann. Der unmittelbare Zwang ist allerdings nicht möglich, wenn unbekannt ist, an welcher Stelle der Gewahrsamsinhaber ein bestimmtes Beweismittel aufbewahrt und dies auch im Wege der Durchsuchung

nicht festgestellt werden kann. In diesem Falle kann der Gewahrsamsinhaber nach § 95 II S. 1 StPO mit Ordnungsmitteln (Ordnungsgeld nach § 70 StPO) mittelbar dazu angehalten werden, die gesuchte Sache herauszugeben. Voraussetzung dafür ist jedoch die Überzeugung, daß die betreffende Person den Gewahrsam an der Sache hat und weiß, wo sie sich befindet; zum Zwecke der Ausforschung – bei einer bloßen Vermutung – darf dieses Ordnungsmittel nicht angewendet werden (vgl. KMR 3a, LR-Meyer 5 je zu § 95 StPO). Es ist weiterhin unanwendbar gegen den Betroffenen und einen Einziehungsbeteiligten (3 ff. vor § 87), da diese Personen nicht gezwungen werden können, zu ihrem Nachteil aktiv tätig zu werden. Ein Ordnungsgeld kann schließlich auch nicht gegen Personen festgesetzt werden, die ein Zeugnisverweigerungsrecht haben (§ 95 II S. 2 StPO). Zur Festsetzung eines Ordnungsgeldes nach § 70 iVm § 95 II S. 1 StPO ist auch die VB befugt; denn die Verpflichtung zur Herausgabe ist in diesem Falle ein Ausfluß der Zeugnispflicht (vgl. Kleinknecht 2 zu § 95 StPO), die von der VB auch sonst mit Ordnungsgeld erzwungen werden kann (vgl. 63 ff. zu § 59).

78 G. **Beschlagnahmeverbote** bei Beweisstücken enthalten die §§ 96, 97 StPO iVm § 46 I. Sie ergeben sich aus dem Auskunfts- und Zeugnisverweigerungsrecht (vgl. 22 ff. zu § 59), das durch die Beschlagnahme von Gegenständen nicht umgangen werden darf.

79 a) **Amtlich verwahrte Schriftstücke** können danach nicht herausverlangt werden, wenn die oberste Dienstbehörde erklärt, daß das Bekanntwerden des Inhalts der Akten oder Schriftstücke dem Wohl des Bundes oder eines deutschen Landes Nachteile bereiten würde. Verweigert die ersuchte Behörde die Herausgabe der Akten, so muß sie die Entscheidung der obersten Dienstbehörde herbeiführen. Die Weigerungserklärung der obersten Dienstbehörde ist für das Gericht und die VB verbindlich; doch sind Gegenvorstellung und Aufsichtsbeschwerde zulässig (vgl. 33 ff. zu § 62). Gibt die oberste Dienstbehörde trotz angemessener Überlegungsfrist keine Erklärung ab, so ist die Beschlagnahme rechtlich möglich (vgl. Kleinknecht 4 zu § 96 StPO; LG Darmstadt NJW **78**, 901; LG Marburg NJW **78**, 2306; aM LR-Meyer 2, 3 zu § 96 StPO; LG Wuppertal NJW **78**, 902); für diese Entscheidung ist aber stets der Richter zuständig, da in einem solchen Falle niemals Gefahr im Verzug gegeben ist.

80 b) **Beschlagnahmefreie Sachen** sind weiterhin solche, auf die sich ein Zeugnisverweigerungsrecht erstreckt (§ 97 StPO; vgl. hierzu 22 ff. zu § 59). Soweit dies der Fall sein kann, ist es im Zweifel zumindest zweckmäßig, die Sache dem Richter zur Entscheidung vorzulegen. In diesem Falle ist für die VB auch bei Gefahr im Verzug größte Zurückhaltung geboten, um zu vermeiden, daß die Intimsphäre verletzt wird. Doch können zB Buchungsunterlagen und -belege, die einem Steuerbevollmächtigten vom Verdächtigen zur Auswertung übergeben, aber nicht innerhalb des Vertrauensverhältnisses zu ihm entstanden sind, beschlagnahmt werden (LG Braunschweig NJW **78**, 2108; Kleinknecht 10 zu § 97 StPO). Über den Ausschluß der Beschlagnahme von Postsendungen und Telegrammen vgl. 18 zu § 46.

81   H. **Die Beschlagnahmeanordnung** (§§ 98, 111e StPO iVm § 46 I, II)
ist von der Durchführung der Beschlagnahme (dem Vollzug, vgl. § 111 f
StPO iVm § 46 I sowie 90) zu unterscheiden. Der Vollzug der Beschlagnahme setzt stets deren Anordnung voraus.

82   a) **Zuständig** für die Anordnung ist grundsätzlich der Richter (§ 98 I,
§ 111e I StPO iVm § 46 I, II). Die VB kann bei ihm die Anordnung
beantragen (§ 162 StPO iVm § 46 I, II; vgl. 5 ff.). Nur ausnahmsweise
kann die VB selbst oder ein Polizeibeamter, soweit er Hilfsbeamter der
StA ist (vgl. § 53 II), die Anordnung treffen, nämlich bei Gefahr im
Verzug (vgl. 84); doch ist die Beschlagnahme in den Räumen einer Redaktion, eines Verlages, einer Druckerei oder Rundfunkanstalt stets dem
Richter vorbehalten (§ 98 I S. 2 StPO iVm § 46 I). Bei Gefahr im Verzug
ist die VB auch dann zuständig, wenn die StA die Verfolgung übernommen hat (§§ 42, 63 I; vgl. auch § 402 I, § 410 I Nr. 8 AO 1977, Anh **A 10**;
§ 42 IV AWG, Anh **A 13**). Dasselbe gilt im Einspruchsverfahren nach
Übergang der Aufgaben der Verfolgungsbehörde auf die StA (§ 69 II);
denn § 63 I S. 2 ist hier analog anzuwenden, da dessen Rechtsgedanke
auch diesen Fall trifft. Über die Anzeige an den RiAG in diesem Falle vgl.
88. Welcher Verwaltungsangehöriger der VB die Anordnung treffen
kann, ergibt sich aus innerdienstlichen Bestimmungen (vgl. 3).

83   b) **Das Opportunitätsprinzip** (§ 47 I) gilt auch für die Beschlagnahme;
die Mußvorschrift des § 94 StPO (bei der Beschlagnahme von Beweisstücken) ist bei sinngemäßer Anwendung im Bußgeldverfahren eine Ermessensvorschrift (vgl. 9 f. zu § 46; für die Beschlagnahme von Einziehungsgegenständen gilt jetzt nach § 111 b StPO ohnehin der Ermessens-
grundsatz). Bei der Ermessensentscheidung ist namentlich der Grundsatz
der Verhältnismäßigkeit (vgl. 67; 9 zu § 46), die Stärke des Tatverdachts
sowie das Interesse der von der Beschlagnahme betroffenen Person zu
berücksichtigen. Dabei ist auch zu prüfen, ob nicht ein anderes gleich-
wertiges oder sogar überlegeneres Beweismittel zur Verfügung steht
oder ob die Sicherung des Einziehungsgegenstandes in anderer Weise als
durch Wegnahme erreicht werden kann (zB durch einen amtlichen
Verschluß, freiwillige Sicherheitsleistung in Geld, Verbot einer Veränderung, Anfertigung einer Fotokopie oder einer Fotografie).

84   c) **Gefahr im Verzug** liegt vor, wenn bei Anrufung des Richters die
Maßnahme so spät käme, daß ihr Erfolg ernsthaft gefährdet wäre, so zB
wenn die Gefahr besteht, daß der Beschlagnahmegegenstand sonst weg-
geschafft würde uä. Ob dies der Fall ist, darüber hat die VB nach pflichtgemäßem Ermessen zu entscheiden. Bei der Beschlagnahme von Gegenständen, die aus Sicherungsgründen der Einziehung unterliegen (§ 22 II
Nr. 2), ist auch die gegenwärtige Gefahrensituation zu berücksichtigen,
nicht nur eine künftige Gefahrenabwehr (aM LG München MDR **69**,
1028 m. abl. Anm. Göhler). Wird das Ermessen infolge eines tatsächlichen oder rechtlichen Irrtums fehlerhaft ausgeübt, so ist die Anordnung
gleichwohl wirksam (vgl. BGH JZ **64**, 72; Stuttgart, Die Justiz **69**, 109;
krit. Ehlers BB **78**, 1513, 1516).

85   d) **Eine schriftliche Anordnung** trifft der Richter. Diese Form ist auch
zumindest zweckmäßig, wenn ein Verwaltungsangehöriger im Innen-

dienst die Beschlagnahme verfügt; wird die Polizei um Vollziehung der Anordnung ersucht (20 zu § 53; 90), so ist eine schriftliche Anordnung notwendig. In der Anordnung sind die Gegenstände möglichst genau zu bezeichnen. Ergibt sich die Notwendigkeit der Beschlagnahme bei der Überwachung im Außendienst, so reicht die mündliche Beschlagnahmeanordnung aus. Die Anordnung fällt dann praktisch mit der Durchführung der Beschlagnahme zusammen (vgl. Kleinknecht 9 zu § 94 StPO).

86   e) **Anzuhören** ist der Gewahrsamsinhaber vor der Anordnung der Beschlagnahme, sofern der Zweck der Maßnahme dadurch nicht ernstlich gefährdet wird (vgl. 55).

87   f) **Bekanntzumachen** ist die Beschlagnahmeanordnung der Person, an die sie sich richtet (vgl. 89), und zwar formlos. Ist eine schriftliche Anordnung getroffen worden, so empfiehlt sich die Zustellung des Beschlagnahmebescheides (vgl. 8 zu § 50). Eine Belehrung über den Rechtsbehelf gegen die Maßnahme ist zwar nicht vorgeschrieben (vgl. § 50 I S. 2), aber zweckmäßig. Eine Mitteilung der Beschlagnahme eines Einziehungsgegenstandes an den „durch die Tat Verletzten" (vgl. § 111 e III, IV StPO iVm § 46 I) kommt im Bußgeldverfahren praktisch nicht in Betracht, da Bußgeldvorschriften nicht unmittelbar individuelle Rechtsgüter schützen (vgl. 1 zu § 15) und § 111 g I–IV StPO, der mit § 111 e III, IV StPO im Zusammenhang steht, nicht bei Einziehungsgegenständen gilt (§ 111 g V S. 2 StPO).

88   g) **Eine nachträgliche richterliche Entscheidung** hat die VB unter den Voraussetzungen des § 98 II S. 1, § 111 e II StPO (also nicht bei der Beschlagnahme von beweglichen Sachen zur Sicherung der Einziehung) von Amts wegen herbeizuführen. Unterläßt die VB dies, so bleibt die getroffene Anordnung zwar wirksam (vgl. Kleinknecht 7 zu § 98 StPO); doch kann das Unterlassen eine Amtspflichtverletzung iS von § 839 BGB sein. Wird eine bewegliche Sache als Beweismittel und zugleich als Einziehungsgegenstand nach § 111 e I S. 2 StPO iVm § 46 I beschlagnahmt, so ist eine richterliche Bestätigung nicht notwendig (vgl. § 111 e II S. 2 StPO; Kleinknecht 7 zu § 98 StPO). Zuständig für die nachträgliche richterliche Anordnung ist das in § 68 bestimmte AG (vgl. § 62 II S. 1). § 98 II S. 3 StPO ist hier nicht anzuwenden, weil sonst bei einer gleichzeitigen Anfechtung nach § 62 eine unterschiedliche gerichtliche Zuständigkeit gegeben sein könnte (zust. Rotberg 19). Haben mehrere VBen mehrere Gegenstände beschlagnahmt und gibt eine VB das Ermittlungsverfahren an die andere ab, so entscheidet das für diese nach § 68 zuständige AG (vgl. § 98 II S. 4 StPO; vgl. BGH **26**, 212). Hat die VB im Einspruchsverfahren ein Beweisstück beschlagnahmt (vgl. 82), so hat sie binnen drei Tagen dem Richter, bei dem das Verfahren anhängig ist, von der Beschlagnahme Anzeige zu machen und ihm die beschlagnahmten Sachen zur Verfügung zu stellen (§ 98 III StPO).

89   h) **Als Rechtsbehelf** gegen die Beschlagnahme ist der Antrag auf gerichtliche Entscheidung zulässig (§ 62). Antragsberechtigt ist der Gewahrsamsinhaber (vgl. 4 zu. § 62), der Eigentümer, der ein Recht zum Besitz hat, und andere Personen, die ein solches Recht haben (vgl. LR-Meyer 27 zu § 98 StPO). Den beschränkt dinglich berechtigten Personen, die kein Recht zum Besitz haben, steht der Rechtsbehelf nicht zu, da ihre Rechte durch die Beschlagnahme selbst nicht beeinträchtigt sind. Hat der Richter die Beschlagnahme angeordnet, so ist einfache Beschwerde (§ 304 StPO) zulässig (vgl. jedoch auch 13 zu § 62; 123 b).

90   J. **Der Vollzug der Beschlagnahme** besteht darin, daß die Sache in amtlichen Gewahrsam genommen wird. Die Sache kann auch beim Gewahrsamsinhaber belassen und durch ein amtliches Siegel oder in anderer Weise (Plombe uä) als beschlagnahmt kenntlich gemacht werden (so ausdrücklich § 111 c I StPO für die Beschlagnahme von Einziehungsgegenständen; vgl. auch 83). Über die Beschlagnahme von Rechten vgl. 71; über die Beschlagnahme von Grundstücken, Schiffen, Luftfahrzeugen uä, die der Einziehung unterliegen, vgl. § 111 c II, IV, § 111 f II StPO iVm § 46 I.

91   a) **Unmittelbarer Zwang** (dh die Einwirkung auf Personen oder Sachen durch einfache körperliche Gewalt oder durch Hilfsmittel der körperlichen Gewalt) zur Durchführung der Beschlagnahmeanordnung ist zwar zulässig; jedoch ist der Grundsatz der Verhältnismäßigkeit zu beachten (vgl. 9 f., 27 zu § 46). Waffengebrauch ist zur Durchsetzung von Maßnahmen im Bußgeldverfahren stets unzulässig. Zur Durchsetzung der Maßnahme kann die VB die Hilfe der Polizei in Anspruch nehmen (Amtshilfe, vgl. 17; 20 zu § 53). Über unmittelbaren Zwang durch Vollzugsbeamte des Bundes vgl. UZwG, durch Polizei- und Vollzugsbeamte der Länder vgl. zB: Bayern Art. 39 ff. Bay PAG, Hamburg §§ 17 ff. HmbSOG, Nordrhein-Westfalen UZwGNW, Schleswig-Holstein §§ 225 ff. LVwGSchlH; wN bei Göhler unter „Unmittelbarer Zwang" 834 III.

92   b) **Beschlagnahmen im Bereich der Bundeswehr** (§ 98 IV, § 111 f I S. 2 StPO) dürfen nur durch die vorgesetzte Dienststelle der Bundeswehr, dh den Leiter der Anlage oder den Kommandeur der in dem Dienstgebäude untergebrachten Truppe (vgl. Kleinknecht JZ **57**, 407) durchgeführt werden. Dabei kann die VB oder Polizei aber mitwirken.

93   c) **In ein Verzeichnis** aufzunehmen sind beschlagnahmte (oder in Verwahrung genommene) Beweisstücke und zur Vermeidung von Verwechslungen durch amtliche Siegel oder sonstwie zu kennzeichnen (§ 109 StPO iVm § 46 I). Dies gilt auch für beschlagnahmte und in Verwahrung genommene Einziehungsgegenstände (§ 111 b II S. 2 StPO).

94   d) **Zur sorgfältigen Aufbewahrung** ist die VB gegenüber dem Gewahrsamsinhaber und den Personen, die ein Recht an der Sache haben, verpflichtet (vgl. RiStBV 74). Bei Verletzung dieser Pflicht ergeben sich Schadenersatzansprüche nach Art. 34 GG und aus dem Gesichtspunkt eines öffentlich-rechtlichen Verwahrungsverhältnisses (LR-Meyer 33 zu § 94 StPO).

95   e) **Die Rückgabe** gegen Wertersatz ist bei Einziehungsgegenständen möglich, ebenso das Überlassen zur vorläufigen weiteren Benutzung (§ 111 c VI StPO iVm § 46 I). Der an die Stelle des Einziehungsgegenstandes tretende Wertersatz (§ 111 c VI S. 2 StPO iVm § 46 I) ist Objekt der Einziehung (vgl. auch 105). Wird dem Betroffenen der Gegenstand zur weiteren Benutzung überlassen, so ist die Anordnung eines Veräußerungsverbotes überflüssig, weil sich diese Folge bereits aus der Beschlagnahmeanordnung ergibt (vgl. 96; LG München MDR **69**, 1028 m. Anm. Göhler).

96 K. **Die Beschlagnahmewirkung** besteht in der amtlichen Verstrickung des Gegenstandes. Sie hat eine strafrechtliche (§§ 136, 137 StGB) und teilweise auch zivilrechtliche Schutzwirkung. Zivilrechtlich besteht bei Einziehungsgegenständen ein relatives Veräußerungsverbot nach § 136 BGB (§ 111 c V StPO iVm § 46 I). Die Beschlagnahme eines Beweisstükkes hat dagegen nicht diese Wirkung; denn bei dieser Beschlagnahme kommt es nicht auf die Eigentumsverhältnisse an, so daß ihre Veränderung die Voraussetzungen der Beschlagnahme nicht beseitigen kann (vgl. KMR 6c zu § 94 StPO).

97 L. **Die Aufhebung der Beschlagnahme** steht der VB zu, wenn sie die Beschlagnahme angeordnet hat. Hat der Richter die Beschlagnahme angeordnet, so kann die VB zwar nicht die Anordnung aufheben, aber die Durchführung der Beschlagnahme beseitigen, dh den Gegenstand dem Gewahrsamsinhaber zurückgeben, da ihr die Leitung des Ermittlungsverfahrens obliegt; zugleich hat die VB die Aufhebung der Anordnung beim Richter zu beantragen.

98 a) **Eine Pflicht zur Aufhebung** der Beschlagnahme oder zur Beseitigung ihrer Folgen besteht für die VB, sobald der Fortbestand der Maßnahme nicht mehr notwendig ist. Bei Beweisstücken ist die Möglichkeit zu nutzen, durch Herstellen von Fotokopien oder Fotografien anstelle der beschlagnahmten Stücke anderes ausreichendes Beweismaterial zu erlangen.

99 b) **Zurückzugeben ist die Sache** (nach Aufhebung der Beschlagnahmeanordnung durch die VB oder den Richter) grundsätzlich dem früheren Gewahrsamsinhaber, ausnahmsweise aber nach § 111k StPO iVm § 46 I demjenigen, dem die Sache durch eine Straftat entzogen worden ist; so zB ein Einziehungsgegenstand, den der Betroffene gestohlen und zur Begehung der Ordnungswidrigkeit benutzt hat, vgl. auch RiStBV 75.

100 c) **Herrenlose Sachen** kann die VB nach § 983 BGB als Fundsachen behandeln.

101 M. **Die freiwillige Herausgabe** des Gewahrsamsinhabers erübrigt die Beschlagnahme von Beweisgegenständen (vgl. § 94 II StPO iVm § 46 I). Der Gegenstand wird dann nur sichergestellt, in ein Verzeichnis aufgenommen und kenntlich gemacht, um Verwechslungen zu vermeiden (vgl. 93 f.). Bei mehreren Gewahrsamsinhabern kommt es auf die Zustimmung desjenigen an, der verfügungsberechtigt ist, also zB des Betriebsinhabers oder seines Vertreters bei der Sicherstellung eines Gegenstandes in einem Betrieb. Aus welchen Gründen der Gewahrsamsinhaber sich zur Herausgabe entschließt, ist gleichgültig; freiwillige Herausgabe liegt danach auch vor, wenn der Gewahrsamsinhaber der Pflicht des § 95 I StPO iVm § 46 I nur deshalb nachkommt, weil sonst die Beschlagnahme droht (vgl. KMR 51 zu § 94). Bei Einziehungsgegenständen ist die

Beschlagnahme trotz Bereitschaft zur Herausgabe erforderlich, um die
weitergehende Wirkung der Beschlagnahme (vgl. 96) herbeizuführen.
Der freiwillig herausgegebene Gegenstand ist ebenso sorgfältig zu verwahren wie der beschlagnahmte (vgl. 94). Der Gewahrsamsinhaber kann
trotz seines Einverständnisses zumindest bei einer Veränderung der Verhältnisse oder zu langer Dauer der Beschlagnahme später die Rückgabe
verlangen und bei einer Weigerung der VB nach § 62 richterliche Entscheidung beantragen. Dieses Recht steht auch demjenigen zu, der ein
Recht zum Besitz an der Sache hat, falls der Gewahrsamsinhaber ohne
sein Einverständnis den Gegenstand herausgegeben hat (vgl. 89). Ge-
wahrsamslose Beweisstücke können ohne Beschlagnahmeanordnung sichergestellt und in amtliche Verwahrung genommen werden.

102   N. **Die Notveräußerung** (§ 1111 StPO iVm § 46 I) kommt nicht bei
Beweismitteln, sondern nur bei Einziehungsgegenständen, die beschlagnahmt worden sind, und Gegenständen, die auf Grund eines Arrestes
gepfändet worden sind (vgl. 107), in Betracht. Im Zeitpunkt der Notveräußerung muß noch mit der Anordnung der Einziehung zu rechnen sein.
Bei Gegenständen, die wegen ihrer Beschaffenheit durch die Einziehung
aus dem Verkehr gezogen werden sollen, ist die Notveräußerung nicht
statthaft (LR-Meyer 4 zu § 1111 StPO). Ist bei einem Beweismittel der
Verderb zu besorgen, so ist es durch Fotografieren, Besichtigen durch
Zeugen uä so auszuwerten, daß es in dem weiteren Verfahren mittelbar
verwendet werden kann (LR-Meyer 5 zu § 1111 StPO).

103   a) **Die Anordnung** der Notveräußerung trifft die VB; die Polizeibeamten, die zu Hilfsbeamten der StA bestellt sind, können die Anordnung
nur dann treffen, wenn der Gegenstand zu verderben droht, bevor die
Entscheidung der VB herbeigeführt werden kann (§ 1111 II StPO iVm
§ 46 I; 22 zu § 53); über die Zuständigkeit der Hauptzollämter, Zollfahndungsämter und Steuerfahndungsstellen vgl. §§ 404, 410 I Nr. 9 AO
1977 (Anh **A 10**), § 42 IV AWG (Anh **A 13**), § 33 IV MOG. Vor der
Anordnung sind der Betroffene und die Einziehungsbeteiligten (vgl. 2f.
zu § 87) sowie diejenigen Personen, die als Einziehungsbeteiligte in Betracht kommen, zu hören (§ 1111 IV S. 1 StPO iVm § 46 I). Von der
Anhörung (Sollvorschrift) kann abgesehen werden, wenn sie zB wegen
unbestimmten Aufenthalts der berechtigten Personen nicht ausführbar ist
(vgl. 8 zu § 87) oder die Zeit nicht mehr ausreicht. Über die Anfechtung
der Anordnung der VB und der Polizeibeamten, die zu Hilfsbeamten der
StA bestellt sind, vgl. § 62; § 1111 VI S. 1 StPO gilt hier im übrigen
nicht, da § 62 als speziellere Regelung vorgeht.

104   b) **Durchgeführt** wird die Anordnung nach den Vorschriften der
§§ 814ff. ZPO (§ 1111 V S. 1 StPO). An die Stelle des Vollstreckungsgerichts (§ 764 ZPO) tritt die VB (§ 1111 V S. 2 StPO iVm § 46 I). Die
Gegenstände sind in der Regel vom Gerichtsvollzieher öffentlich zu ver-
steigern. Die Notveräußerung kann auch in anderer Form, zB durch
freihändigen Verkauf durchgeführt werden (§ 1111 V S. 3 StPO iVm
§ 825 ZPO). Die Maßnahmen der VB können nach § 62 angefochten
werden (vgl. 103).

105 c) **Der Erlös,** der an die Stelle des Gegenstandes getreten ist (§ 1111 I S. 2 StPO), kann eingezogen werden (vgl. BGH **8**, 46). Geschieht dies nicht, so ist der Erlös (grundsätzlich, vgl. aber 99) dem Gewahrsamsinhaber des sichergestellten oder beschlagnahmten Gegenstandes auszuhändigen.

106 d) **Ein Schadenersatzanspruch** kann aus dem Gesichtspunkt der Amtspflichtverletzung (§ 839 BGB) gegeben sein, wenn die VB die Voraussetzungen der Notveräußerung zu Unrecht angenommen hat (vgl. Eb-Schmidt DRZ **48**, 319).

107 O. **Der dingliche Arrest** kann wegen der Einziehung von Wertersatz (§ 25), der Geldbuße und der voraussichtlich entstehenden Kosten des Bußgeldverfahrens angeordnet werden, wegen der Geldbuße und Kosten jedoch nur, wenn gegen den Betroffenen ein auf Festsetzung von Geldbuße lautendes Urteil oder ein Beschluß nach § 72 (nicht ausreichend ist ein Bußgeldbescheid, da neben dem Urteil der Strafbefehl nicht genannt ist; ebenso Kleinknecht 7 zu § 111 d StPO) ergangen ist (§ 111 d StPO iVm § 46 I). Praktisch werden im Bußgeldverfahren kaum Fälle vorkommen, in denen diese einschneidende Sicherungsmaßnahme im Verfahren der VB wegen der Einziehung des Wertersatzes geboten und angemessen ist. Die VB ist zur Anordnung des Arrestes nur bei Gefahr im Verzug befugt (§ 111 e I StPO iVm § 46 I, II). Hat sie eine solche Anordnung getroffen, so hat sie innerhalb einer Woche um richterliche Bestätigung nachzusuchen. Im einzelnen gelten für die Anordnung des dinglichen Arrestes die Bemerkungen unter 81–89 entsprechend.

108 11) **Die Durchsuchung** (§§ 102 ff. StPO iVm § 46 I) ist eine Maßnahme, die im Bußgeldverfahren bei sinngemäßer Anwendung der Strafprozeßordnung nur zulässig ist 1. zur Feststellung der Person eines Verdächtigen – aber grundsätzlich nicht zu seiner „Ergreifung" (vgl. § 46 III), sondern allenfalls zur Durchsetzung der Anordnung einer Blutprobe (vgl. 22 zu § 46) – und 2. zum Auffinden von Beweismitteln und Einziehungsgegenständen (§ 111 b II S. 2 StPO iVm § 46 I). Nach dem Grundsatz der Verhältnismäßigkeit können die Voraussetzungen für dieses Eingriffsrecht nur in seltenen Fällen bejaht werden (vgl. 67; 9 zu § 46). Die Durchsuchung einer Wohnung zur Feststellung der Person des Verdächtigen (§§ 102, 103 StPO) ist in aller Regel entbehrlich oder unangemessen: Steht die Wohnung des Verdächtigen fest, so ist für die Feststellung seiner Person die Durchsuchung der Wohnung unnötig; die Durchsuchung der Wohnung einer anderen Person ist bei der Bedeutung bloßer Ordnungsverstöße in der Regel ein nicht mehr angemessener Eingriff in die Intimsphäre Dritter. Etwas anderes kann hier ausnahmsweise zB dann bejaht werden, wenn die Polizei (als VB) jemanden wegen ganz erheblicher Verkehrsordnungswidrigkeiten verfolgt, etwa weil er mit hoher Geschwindigkeit durch geschlossene Ortschaften rast, wiederholt bei rotem Licht über Kreuzungen fährt, falsch überholt uä; meist besteht dann aber bereits der Verdacht einer Straftat. Praktisch kommt deshalb die Durchsuchung nur zur Auffindung von Beweismitteln in Betracht, und zwar namentlich bei Ordnungswidrigkeiten nach dem Wirtschaftsrecht. Die Durchsuchung kann hier vielfach auf Geschäftsräume (vgl.

110) beschränkt werden; dabei steht der Untersuchung von Bankräumen
das „Bankgeheimnis" nicht entgegen (LG Hamburg NJW **78**, 958). Sie
setzt nach dem Grundsatz der Verhältnismäßigkeit einen erheblichen,
nicht nur einen vagen Tatverdacht voraus (vgl. LR–Meyer 5 zu § 105
StPO) und darf nicht außer Verhältnis zur Bedeutung der Sache und dem
Eingriff stehen (vgl. BVerfGE **27**, 211, 219; ferner Ehlers BB **78**, 1513,
1515). Über die Einschränkung des Grundrechtes der Unverletzlichkeit
der Wohnung (Art. 13 GG) vgl. § 132.

109   A. **Der Zweck der Durchsuchung** ist es in der Regel (vgl. 108), Gegenstände aufzufinden, die als Beweismittel für das Verfahren von Bedeutung sein können oder deren Einziehung in Betracht kommt. Einziehungsgegenstände (71) können auch beim Betroffenen gesucht werden,
da § 102 StPO nach § 111 b II S. 2 StPO iVm § 46 I entsprechend gilt. Die
Durchsuchung bereitet danach regelmäßig die Beschlagnahme vor.

110   B. **Gegenstand der Durchsuchung** sind 1. die Wohnung und andere
Räume des Verdächtigen oder anderer Personen sowie 2. die Person des
Verdächtigen oder eines Dritten und die ihnen gehörenden Sachen
(§§ 102, 103 StPO iVm § 46 I; vgl. Kleinknecht 5, 6 zu § 102, 2 zu § 103
StPO). Zu den „anderen Räumen" gehören Geschäftsräume, Lager,
Hofräume und jedes andere umfriedete Besitztum (vgl. Kleinknecht 5 zu
§ 102 StPO). Die Durchsuchung der Person besteht im Gegensatz zur
körperlichen Untersuchung in der Nachforschung nach Sachen in der
Kleidung oder auf der körperlichen Oberfläche (vgl. 21 zu § 46). Die
körperliche Durchsuchung ist nach dem Grundsatz der Verhältnismäßigkeit (vgl. 9 zu § 46) zur Ermittlung einer Ordnungswidrigkeit, selbst
beim Verdächtigen, nur unter ganz besonderen Umständen zulässig, so
zB dann, wenn bei einer bedeutsamen Ordnungswidrigkeit auf Grund
bestimmter Tatsachen anzunehmen ist, daß der Betroffene ein wichtiges
Beweisstück, das er bei sich hat, vernichten oder beiseiteschaffen wird;
beim Unverdächtigen ist die körperliche Durchsuchung grundsätzlich
unangemessen.

111   C. **Tatsächliche Anhaltspunkte** müssen bei verdächtigen Personen
hinsichtlich eines konkreten Tatverdachts dafür vorliegen, daß bei ihnen
ein bestimmtes Beweisstück oder ein bestimmter Einziehungsgegenstand vorgefunden werden kann. Eine bloß „gefühlsmäßige" Vermutung ohne nähere Anhaltspunkte oder Erfahrungssätze reicht nicht aus
(vgl. Kleinknecht 11 zu § 102 StPO). Die Durchsuchung zur Ausforschung irgendwelcher Gegenstände wegen irgendwelcher Taten ist unzulässig; doch genügt es, wenn die Gegenstände ihrer Art nach näher bestimmt werden können (so zB die Geschäftsunterlagen für einen bestimmten Zeitraum über bestimmte Geschäftsvorfälle; vgl. LG Hamburg
NJW **78**, 958; vgl. auch Ehlers BB **78**, 1513). Die Tatsachen, auf die sich
die Anhaltspunkte stützen, brauchen in der Beschlagnahmeanordnung
dem Verdächtigen nicht im einzelnen bekanntgegeben zu werden, wenn
dadurch die weitere Aufklärung des Sachverhalts beeinträchtigt oder dies
sonst den Zwecken der Verfolgung abträglich sein kann; doch ist die
Angabe des Tatvorwurfs notwendig (vgl. BVerfGE **42**, 212, 220, 353).

111a   **Bei unverdächtigen Personen** müssen bestimmte Tatsachen vorliegen, aus denen zu schließen ist, daß sich das Beweismittel bei ihnen oder in ihren Räumen befindet (§ 103 I S. 1 StPO). Die Zulässigkeit der Durchsuchung ist danach bei diesen Personen noch stärker eingeschränkt.

112   D. **Nächtliche Haussuchung** (§ 104 StPO iVm § 46 I) ist nur bei der Verfolgung auf frischer Tat (dh, wenn gegen den Täter alsbald nach Verwirklichung des Tatbestandes Untersuchungsmaßnahmen getroffen werden) oder bei Gefahr im Verzug (vgl. 84) zulässig (nicht zur Ergreifung, vgl. oben 108). Sie darf selbst unter diesen Voraussetzungen nach dem Grundsatz der Verhältnismäßigkeit (vgl. 9 zu § 46) nur durchgeführt werden, wenn es sich um ganz bedeutsame Ordnungswidrigkeiten handelt und die Durchsuchung unabweisbar notwendig ist. Über den Begriff Nachtzeit vgl. § 104 III StPO.

113   E. **Die Anordnung der Durchsuchung** (§ 105 I S. 1 StPO iVm § 46 I) steht dem VB nur bei Gefahr im Verzug (vgl. 84) zu, sonst dem Richter (vgl. 6). Über die schriftliche und mündliche Anordnung vgl. 85. In der Anordnung ist der Grund und Zweck der Maßnahme möglichst genau anzugeben (vgl. näher 111). Stimmt der von der Durchsuchung Betroffene, also der Gewahrsamsinhaber (vgl. 101), der Durchsuchung zu, so bedarf es keiner richterlichen Anordnung. Ist die Anordnung der Durchsuchung durchgeführt, so ist für eine nochmalige Durchsuchung eine neue Anordnung nötig.

114   F. **Die Durchführung der Durchsuchung** ist in der Regel (vgl. 108) darauf gerichtet, das bestimmte Beweisstück (vgl. 109, 111) oder einen bestimmten Einziehungsgegenstand aufzufinden.

115   a) **Die Hinzuziehung weiterer Personen** ist bei der Durchsuchung der Wohnung und Geschäftsräume notwendig (vgl. § 105 II StPO iVm § 46 I), falls ein repräsentativer Vertreter der VB (vgl. 3) nicht anwesend ist, auch wenn der Betroffene hierauf verzichtet (vgl. LR-Meyer 10 zu § 105 StPO).

116   b) **Das Anwesenheitsrecht** des Inhabers (§ 106 I StPO iVm § 46 I), der den Gewahrsam an den Räumen hat (vgl. 101), ist bei der Durchsuchung zu wahren. Bei seiner Abwesenheit ist sein Vertreter oder eine ihm nahestehende Person (vgl. § 106 I S. 2 StPO) zuzuziehen. Dem Betroffenen, der nicht Gewahrsamsinhaber ist, und seinem Verteidiger stehen ein Anwesenheitsrecht nicht zu; die Anwesenheit kann ihnen jedoch mit Zustimmung des Gewahrsamsinhabers gestattet werden (LR-Meyer 6 zu § 106 StPO).

117   c) **Bekanntzumachen** ist der Zweck der Durchsuchung vor deren Beginn nach § 106 II StPO nur dann, wenn die Wohnung einer unverdächtigen Person durchsucht wird. Die Bekanntgabe des Zwecks der Durchsuchung empfiehlt sich darüber hinaus auch in anderen Fällen, wenn der Untersuchungszweck dadurch nicht gefährdet wird.

118   d) **Mit unmittelbarem Zwang** kann die Durchsuchung notfalls ausgeführt werden; doch ist größte Zurückhaltung geboten (vgl. näher 91).

119   e) **Eine schriftliche Mitteilung** über den Grund der Durchsuchung ist dem Gewahrsamsinhaber (vgl. 101) der Wohnung oder des Geschäfts-

raums nach Beendigung der Durchsuchung auf Verlangen zu machen
(§ 107 StPO iVm § 46 I). Ist der Gewahrsamsinhaber der Verdächtige, so
ist ihm auch die Ordnungswidrigkeit anzugeben, derentwegen die
Durchsuchung durchgeführt worden ist. Außerdem besteht ein Anspruch auf ein schriftliches (LR-Meyer 3 zu § 107 StPO) Verzeichnis der
beschlagnahmten Gegenstände oder auf eine Bescheinigung, daß nichts
vorgefunden ist. Anspruchsberechtigt sind alle verfügungsberechtigten
Gewahrsamsinhaber. Anstelle der Gewahrsamsinhaber können auch die
nach § 106 I StPO zugezogenen Personen die schriftliche Mitteilung verlangen (LR-Meyer 4 zu § 107 StPO). Gebühren werden für die Mitteilung, das Verzeichnis und die Bescheinigung nicht erhoben (vgl. LR-
Meyer 1 zu § 107 StPO).

120　　f) **Aufgefundene Beweismittel** oder Einziehungsgegenstände (vgl.
70 f.) können nicht schon auf Grund der Durchsuchungsanordnung beschlagnahmt werden; vielmehr ist eine besondere Beschlagnahmeanordnung notwendig. Sie kann jedoch bereits mit der Durchsuchungsanordnung verbunden sein. Beschlagnahmeverbote (78, 80) sind zu beachten.
Beweismittel, die zufällig (keine Ausforschung, vgl. 111) aufgefunden
werden (vgl. § 108 S. 1 StPO iVm § 46 I) und auf das Vorliegen einer
anderen Tat, die nicht Gegenstand der Untersuchung ist (vgl. 50), hindeuten, können beschlagnahmt werden, falls die VB auch für die Verfolgung der anderen Tat zuständig ist.

121　　g) **Die Durchsicht der Papiere** des von der Durchsuchung Betroffenen
steht auch der VB zu (§ 110 I StPO iVm § 46 I, II). In Betracht kommt
namentlich die Durchsicht der Geschäftspapiere bei bedeutsamen Ordnungswidrigkeiten nach dem Wirtschaftsrecht (vgl. BegrEStVRG 1,
S. 104). Bei anderen als Geschäftspapieren wird nach dem Grundsatz der
Verhältnismäßigkeit die Zulässigkeit dieses Eingriffs wohl nur in seltenen Fällen bejaht werden können. Zu den Papieren rechnen auch die sie
ersetzenden und neuerdings an ihre Stelle getretenen Gegenstände wie
Lochkarten, Magnetbänder, Datenträger uä (Kleinknecht 1 zu § 110
StPO). Für die Verfolgung von Steuerordnungswidrigkeiten vgl. § 404
S. 2, § 410 I Nr. 9 AO 1977 (Anh **A 10**).

122　　h) **Im Bereich der Bundeswehr** ist § 105 III StPO zu beachten (vgl.
näher 92).

123　　G. **Rechtsbehelfe:** Hier ergibt sich eine besondere Problematik, wenn
der gegen eine (bevorstehende oder andauernde) Durchsuchungsanordnung an sich statthafte Rechtsbehelf (§ 62 bei einer Anordnung der VB;
§ 304 StPO iVm § 46 I bei einer richterlichen Anordnung) durch den
Abschluß der Durchsuchung „prozessual überholt" ist. Dabei ist wohl
unstreitig, daß gegen eine im Rahmen der Durchsuchung getroffene (und
fortbestehende) Beschlagnahmeanordnung der VB der Antrag nach § 62
und gegen eine richterliche Beschlagnahmeanordnung die Beschwerde
nach § 304 StPO iVm § 46 I zulässig ist (vgl. LR-Meyer 17 zu § 105
StPO; Karlsruhe, Die Justiz **79**, 346). Fraglich ist jedoch, ob im übrigen
eine abgeschlossene Durchsuchungsanordnung noch anfechtbar ist; denn
das Strafverfahrensrecht kennt keine Rechtsbehelfe, die auf eine bloß

nachträgliche Feststellung der Rechtswidrigkeit einer Maßnahme abzielen (vgl. BGH **28**, 57). Dazu im einzelnen:

123 a a) **Gegen eine richterliche Durchsuchungsanordnung** ist in solchen Fällen nach der (seit langem geltenden) Rspr. und der hM im Schrifttum die Beschwerde „prozessual überholt" und deshalb nicht mehr zulässig, es sei denn, daß ausnahmsweise ein Rechtsschutzinteresse an der Beschwerde fortbesteht; diese Auffassung ist mit dem GG vereinbar (vgl. BVerfGE **50**, 48 f.; **49**, 329 mwN zur Rspr. und zum Schrifttum). Allerdings neigt der BGH **28**, 57 neuerdings dazu, einen Rechtsbehelf gegen eine richterliche Durchsuchungsanordnung („bei verfassungskonformem Verständnis von § 98 II S. 2, §§ 103, 104 StPO im Hinblick auf Art. 19 IV GG") trotz Vollzugs der Durchsuchung jedenfalls dann als statthaft anzusehen, wenn wegen der erheblichen Folgen eines Eingriffs oder der Gefahr der Wiederholung ein „nachwirkendes" Bedürfnis für eine Überprüfung besteht (vgl. auch BGH **28**, 206; Kleinknecht 11 f. zu § 105 StPO; Amelung NJW **79**, 168).

123 b b) **Gegen die Beschlagnahmeanordnung der VB** (oder ihrer Ermittlungsorgane) würde unter dem Gesichtspunkt der prozessualen Überholung ebenfalls die Zulässigkeit des Antrages nach § 62 zu verneinen sein; ebenso die Zulässigkeit eines Antrages nach § 98 II S. 2 StPO iVm § 46 I, falls die StA Verfolgungsbehörde ist. Doch könnte dies im Widerspruch zu Art. 19 IV GG und auch der Rspr. des BVerfG stehen, wonach der Verfassungsbeschwerde nicht entgegensteht, daß die Durchsuchung inzwischen abgeschlossen ist (BVerfGE **42**, 212, 218; vgl. dazu auch Amelung NJW **78**, 1014, NJW **79**, 1687; Schenke DÖV **78**, 730). Verneint man deshalb unter dem Gesichtspunkt der prozessualen Überholung die Zulässigkeit einer richterlichen Entscheidung schlechthin (so Karlsruhe NJW **78**, 1595; abl. LR-Schäfer 73 zu § 23 EGGVG), so müßte das BVerfG uU an Stelle der ordentlichen Gerichte zur Kontrolle berufen sein, was unangemessen wäre. Deshalb muß in solchen Fällen die Zulässigkeit des Antrages auf richterliche Entscheidung bejaht werden, in denen ein „nachwirkendes" Feststellungsinteresse (zB wegen einer fortwirkenden Diskriminierung oder Beeinträchtigung des Persönlichkeitsrechts, wegen der Wiederholungsgefahr; vgl. dazu Amelung aaO), besteht (vgl. Kleinknecht 10 zu § 105 StPO); doch dürften im Bußgeldverfahren derartige Fälle kaum in Betracht kommen, da die Durchführung eines solchen Verfahrens den Leumund des Betroffenen nicht beeinträchtigt (vgl. auch LR-Schäfer 75 zu § 23 EGGVG, der mit Recht selbst im Strafverfahren hervorhebt, daß das Rehabilitationsinteresse nicht überbewertet werden darf). Sollte gleichwohl ein solcher Fall des „nachwirkenden" Feststellungsinteresses gegeben sein, so ist der Antrag nach § 62 auf die Feststellung der Rechtswidrigkeit der Maßnahme zu richten (vgl. Amelung aaO).

124 12) **Über Untersuchungen** des Betroffenen und anderer Personen (§§ 81 a–81 d StPO iVm § 46 I, II) vgl. 21 ff. zu § 46.

125 13) **Kein Anwesenheitsrecht** hat der Betroffene bei der Durchführung der Ermittlungshandlungen, da das Bußgeldverfahren der VB nur ein Vorverfahren ist (vgl. 6 vor § 65; krit. hierzu v. Winterfeld BB **76**, 346

Fn. 21). Der Betroffene bekommt volles rechtliches Gehör in einer
mündlichen Verhandlung, wenn er Einspruch einlegt (vgl. 55). Die VB
kann jedoch dem Betroffenen und seinem Verteidiger bei der Vernehmung von Zeugen und Sachverständigen die Anwesenheit gestatten (für
ein Anwesenheitsrecht Dörinkel WuW 75, 254). Lehnt die VB den Antrag des Betroffenen oder seines Verteidigers, ihm bei einer Vernehmung
die Anwesenheit zu ermöglichen, ab, so kann dagegen nicht die richterliche Entscheidung beantragt werden, da diese Maßnahme keine selbständige Bedeutung hat (vgl. 8 zu § 62; so auch Rebmann/Roth/Herrmann
28). Über das Anwesenheitsrecht des Inhabers von Räumen bei der
Durchsuchung vgl. 116.

126   **14) Bei Störungen der Ermittlungtätigkeit** innerhalb und außerhalb
der Amtsräume (vgl. Kleinknecht 1, 3 zu § 164 StPO) gilt § 164 StPO
sinngemäß (§ 46 I). Zur Durchsetzung der Ermittlungen wegen bloßer
Ordnungswidrigkeiten kann jedoch die Festnahmebefugnis mit Rücksicht auf den Grundsatz der Verhältnismäßigkeit (vgl. 9 zu § 46) nur in
seltenen Fällen bejaht werden. Dabei sind die Art und das Ausmaß der
Störung im Vergleich zur Bedeutung der Bußgeldsache und Ermittlungshandlung abzuwägen. Reichen die Mittel des Hausrechts aus, so
sind sie statt des Festnahme- und Festhalterechts einzusetzen (Kleinknecht 3 zu § 164 StPO). Für die Anordnung ist der Beamte zuständig,
der die Amtshandlung leitet. Zur Störung der Ermittlungtätigkeit (für
das Strafverfahren) insgesamt eingehend EbSchmidt NJW 69, 393; über
die Festnahme von Störern vgl. Geerds, Maurach-Festschr. S. 517; vgl.
auch Hamburg VRS 28, 196, 30, 440. Nach Landesrecht kann die Störung auch als Ordnungswidrigkeit geahndet werden, so zB nach Art. 20
BayLStVG; uU kann auch § 118 verwirklicht sein (vgl. 13 zu § 118).

127   **15) Eine Sicherheitsleistung** und die Bestellung eines Zustellungsbevollmächtigten kann nach § 132 StPO iVm § 46 I angeordnet werden,
um die Durchführung (und Vollstreckung) des Bußgeldverfahrens sicherzustellen (vgl. hierzu insgesamt Geppert GA 79, 281). Voraussetzung
ist, daß der Betroffene einer Ordnungswidrigkeit dringend verdächtig ist
und in der BRep. weder einen festen Wohnsitz noch einen gewöhnlichen
Aufenthalt hat (vgl. zu diesen Begriffen 4 ff. zu § 37); es reicht aus, daß
die Niederlassung oder der Aufenthalt auf eine gewisse Dauer berechnet
ist (vgl. Dünnebier NJW 68, 1753). Von praktischer Bedeutung ist diese
Regelung insbesondere im Bußgeldverfahren wegen Verkehrsordnungswidrigkeiten, die von durchreisenden Ausländern begangen werden,
oder zB im Verfahren wegen leichtfertiger Verkürzung oder Gefährdung
von Eingangsabgaben (§§ 378, 382 AO 1977, Anh **A 10**).

128   **A. Der Zweck der Anordnung** ist es a) das Verfahren trotz Abwesenheit des Betroffenen durchführen zu können, weil dann der Bußgeldbescheid dem Zustellungsbevollmächtigten zugestellt werden kann (vgl. 28
zu § 51) und b) die Vollstreckung des Bußgeldbescheides dadurch zu
ermöglichen, daß die Geldbuße und Kosten mit der Sicherheitsleistung
verrechnet werden (18 zu § 90). Aus dem Zweck der Anordnung folgt,
daß die Sicherheitsleistung nicht verfällt, wenn der Betroffene sich der
Untersuchung entzieht oder die festgesetzte Geldbuße nicht zahlt (anders

§ 124 StPO, der also nicht gilt; vgl. Dünnebier NJW **68**, 1752). Aus dem Zweck der Anordnung folgt weiterhin, daß die Sicherheitsleistung frei wird und zurückzuerstatten ist, sobald das Verfahren eingestellt oder der Betroffene rechtskräftig freigesprochen ist (vgl. 137).

129 B. **Die Anordnung der Sicherheitsleistung** und der Bestellung eines Zustellungsbevollmächtigten trifft bei Gefahr im Verzug die VB (vgl. § 132 II StPO iVm § 46 I, II) durch die behördenintern hierzu ermächtigten Personen (vgl. 3); diese Befugnis steht auch den Beamten des Polizeidienstes zu, die im Strafverfahren zu Hilfsbeamten der StA bestellt sind (22 iv § 53), bei Steuerordnungswidrigkeiten ferner den Zollfahndungsämtern und Steuerfahndungsstellen (vgl. § 404 S. 2, § 410 I Nr. 9 AO 1977, Anh **A 10**), bei Ordnungswidrigkeiten nach dem AWG und dem MOG weiterhin den Hauptzollämtern und Zollfahndungsämtern (vgl. § 42 IV AWG, Anh **A 13**; § 33 IV MOG). Liegt keine Gefahr im Verzug vor (zB dann, wenn der Betroffene versichert, die richterliche Entscheidung abzuwarten; vgl. Dünnebier NJW **68**, 1754), so ist der RiAG des Ortes zuständig, in dem sich der Betroffene aufhält (vgl. 6; Dünnebier aaO). Gefahr im Verzug (vgl. 84) wird aber bei Verkehrsordnungswidrigkeiten durchreisender Ausländer in der Regel zu bejahen sein, da der Betroffene nicht festgehalten werden kann und eine richterliche Anordnung zu spät käme (vgl. Dünnebier aaO). Dem Betroffenen ist vor der Anordnung Gelegenheit zur Äußerung zu geben, wenn nicht dadurch der Zweck der Maßnahme gefährdet wird (vgl. 55), was aber kaum in Betracht kommt. Die Anordnung kann mündlich getroffen werden; für eine schriftliche Anordnung wird meist die Zeit fehlen, doch sollte sie dann schriftlich bestätigt werden (vgl. Dünnebier aaO). Zulässig ist die Anordnung nur bei einem „dringenden" Verdacht, wenn also eine große Wahrscheinlichkeit dafür besteht, daß der Betroffene die Ordnungswidrigkeit begangen hat. Liegt ein (endgültiges) Verfolgungshindernis vor (vgl. 37 ff.), so ist die Anordnung unzulässig (vgl. 76).

130 C. **Die Art und Höhe der Sicherheitsleistung** bestimmt die VB oder der zur Anordnung befugte Beamte (vgl. 129), falls sie die Anordnung treffen. In erster Linie kommt die Hinterlegung eines Geldbetrages (auch Reiseschecks) bei der Kasse der VB als Sicherheitsleistung in Betracht oder die Begebung eines Euroschecks; weniger üblich, aber zulässig ist die Hinterlegung von Wertpapieren, Verpfändung einer Sache oder die Bürgschaft einer „geeigneten" Person (§ 116 a I StPO), wozu auch Automobilverbände, Konsulate und Versicherungsgesellschaften rechnen (vgl. Dünnebier NJW **68**, 1753). Die Höhe des Geldbetrages hängt von der zu erwartenden Geldbuße und den Kosten des Verfahrens ab. Die VB kann den zur Anordnung befugten Beamten insoweit allgemeine Richtlinien und Weisungen erteilen, ebenso der Dienstvorgesetzte oder die oberste Dienstbehörde für die zur Anordnung befugten Beamten (vgl. 129).

131 D. **Die Bestellung eines Zustellungsbevollmächtigten** kann zugleich angeordnet werden. Nach dem Wortlaut des § 132 I StPO liegt es nahe, die Anordnung der Sicherheitsleistung nur kumulativ mit der Anordnung zur Bestellung eines Zustellungsbevollmächtigten zuzulassen; doch ist im Bußgeldverfahren unter bestimmten Voraussetzungen auch die öffentliche Zustellung möglich (vgl. 17 zu § 51), so daß es eines Zustellungsbevollmächtigten nicht stets bedarf, um das Verfahren abschließen zu können. Bei sinngemäßer Anwendung von § 132 I StPO (vgl. § 46 I) kann die Anordnung deshalb auf die Sicherheitsleistung beschränkt werden.

131 a   a) **Person der Bevollmächtigung.** Die Anordnung geht dahin, daß der Betroffene eine Person, die im Bezirk des Gerichts nach § 68 ihren Wohnsitz hat, zur Zustellung schriftlich bevollmächtigt. Dem Betroffenen steht es frei, welche Person er als Zustellungsbevollmächtigten wählt. In Betracht kommt ein RA, der Vertreter eines Automobilverbandes (zB ADAC, AvD) oder ein Bekannter oder Verwandter des Betroffenen, aber auch der Beamte, der die Anordnung trifft (Kleinknecht 7 zu § 127 a StPO). Für einen RA, der sich nur bei einem Gebühren- und Auslagenvorschuß (bei etwa 50 DM) als Zustellungsbevollmächtigter zur Verfügung stellt, kann dieser Vorschuß zusätzlich zur Sicherheit entgegengenommen werden (vgl. AnwBl. **75**, 113). Bevollmächtigt der Betroffene eine Person, die außerhalb des Gerichtsbezirks (nach § 68) ihren Wohnsitz hat, zur Zustellung, so kann dies als ausreichend angesehen werden (vgl. Dünnebier NJW **68**, 1754; Geppert GA **79**, 281, 295). Das notwendige Einverständnis des Bevollmächtigten mit der Vollmachterteilung (vgl. Zweibrücken VRS **53**, 280) ist im Zweifelsfalle festzustellen und aktenkundig zu machen, um späteren Zweifel hinsichtlich der Wirksamkeit der Zustellung an ihn (vgl. 34 zu § 51) vorzubeugen.

131 b   b) **Die Bevollmächtigung** wirkt im gerichtlichen Verfahren fort, ist bis zur Beendigung des Verfahrens unwiderruflich (vgl. Geppert GA **79**, 281, 296) und berechtigt den Bevollmächtigten zur Annahme von Zustellungen und sonstigen Mitteilungen für den Betroffenen (vgl. Kleinknecht 5 zu § 116 a StPO). Zulässig ist es, dem Bevollmächtigten Vertretungsbefugnis zu erteilen, vorsorglich Einspruch gegen den Bußgeldbescheid einzulegen, damit der Betroffene nach der Sachlage prüfen kann, ob er den Bußgeldbescheid hinnimmt oder nicht (vgl. 11, 29 zu § 67).

131 c   c) **Lehnt der Betroffene die Bestellung** eines Zustellungsbevollmächtigten ab, so ist nach dem Wortlaut von § 132 III StPO trotz Sicherheitsleistung die Beschlagnahme ebenfalls zulässig; man wird sie wohl auch als zweckgerecht ansehen können, um den Betroffenen so zur Bevollmächtigung zu veranlassen (vgl. Kleinknecht 9 zu § 132 StPO); dabei kann die Beschlagnahme eines bestimmten Gegenstandes (vgl. 134) sowohl unter dem Gesichtspunkt der Ablehnung einer Sicherheitsleistung als auch der einer Zustellungsbevollmächtigung vorgenommen werden mit der Folge, daß sie eine Doppelwirkung hat (vgl. 135; vgl. ferner Kleinknecht 9 zu § 132 StPO).

131 d   E. **Die freiwillige Sicherheitsleistung** und Bestellung eines Zustellungsbevollmächtigten macht die Anordnung entbehrlich. Der Betroffene kann dem Beamten, der die Ordnungswidrigkeit verfolgt, einen Geldbetrag zur Hinterlegung aushändigen und eine Vollmachterteilung zum Empfang von Zustellungen unterschreiben. Zweckmäßig ist weiterhin die Entgegennahme einer Erklärung des Inhalts, daß der Betroffene einer späteren Verrechnung der Sicherheitsleistung mit der festgesetzten Geldbuße und den Kosten zustimmt; dadurch vereinfacht sich die Vollstreckung. Über die freiwillige Sicherheitsleistung ist eine Quittung zu erteilen.

132 F. **Bei der Durchführung der Anordnung** hat der Beamte, der sie trifft, mitzuwirken, indem er zB das Geld zur Hinterlegung entgegennimmt und hierüber eine Quittung erteilt sowie die Bevollmächtigung an den bestimmten Bevollmächtigten übermittelt.

133 G. **Bei Nichtbefolgung der Anordnung** können Beförderungsmittel und andere Sachen beschlagnahmt werden, soweit sie dem Betroffenen gehören und pfändbar sind (§ 132 III StPO; § 811 ZPO). Kleidungsstücke, die der Betroffene benötigt, unterliegen danach nicht der Beschlagnahme. Dabei spricht eine tatsächliche Vermutung dafür, daß die Sachen, die der Betroffene mit sich führt, auch ihm gehören; doch kann diese Vermutung nach den besonderen Verhältnissen des Einzelfalles entkräftet sein (so zB hinsichtlich des Ladegutes bei einem Fernfahrer, dem das Fahrzeug nicht gehört). Die Beschlagnahme darf auch angeordnet werden, wenn der Betroffene zwar Sicherheit leistet, aber keinen Zustellungsbevollmächtigten bestellt (vgl. 131).

134 **Für die Beschlagnahme** gelten die allgemeinen Vorschriften über die Beschlagnahme entsprechend. Zu unterscheiden ist danach auch hier zwischen der Beschlagnahmeanordnung und der Durchführung (vgl. 81 ff.). Sowohl bei der Anordnung wie bei der Durchführung ist der Grundsatz der Verhältnismäßigkeit zu beachten (vgl. 83); dabei sind die Bedeutung des Verstoßes und auch das Interesse des Betroffenen an dem Besitz der Sachen zu berücksichtigen (vgl. Dünnebier NJW **68**, 1755). Die Befugnis zur Beschlagnahme schließt das Recht ein, nach Beschlagnahmegegenständen zu durchsuchen, wenn der Betroffene angibt, keine beschlagnahmefähigen Sachen bei sich zu haben (so zB Durchsuchen des Fahrzeuges, seiner Kleidung oder der sonst mitgeführten Sachen, wie zB der Aktentasche uä), freilich unter Berücksichtigung des Grundsatzes der Verhältnismäßigkeit (Kleinknecht 10 zu § 132 StPO; Geppert GA **79**, 281, 297). Die Anordnung der Beschlagnahme muß im übrigen auf bestimmte Sachen gerichtet sein. Dabei gilt das Verbot des Übermaßes; der Wert der beschlagnahmten Sachen darf danach nicht sehr viel höher sein als die zu erwartende Geldbuße und die Kosten des Verfahrens. Die VB hat eine nachträgliche richterliche Entscheidung herbeizuführen, wenn der Betroffene widerspricht (vgl. 88). Die Beschlagnahme hat die Wirkung eines Veräußerungsverbotes (vgl. 96); sie läßt aber die Vollstreckung in die beschlagnahmte Sache wegen der festgesetzten Geldbuße zu, da die Beschlagnahme gerade die Vollstreckung der Geldbuße sichern will. Für die Beschlagnahme von Beförderungsmitteln und anderen Sachen gelten im übrigen die Vorschriften über die Bekanntmachung, den Antrag auf richterliche Entscheidung, die Aufhebung der Beschlagnahme und die Notveräußerung entsprechend (vgl. 87, 89, 97, 102).

135 **Die Beschlagnahme ist stets aufzuheben,** wenn der Betroffene anschließend die zunächst bestimmte Sicherheit leistet (Dünnebier NJW **68**, 1755); anders, wenn er aber keinen Zustellungsbevollmächtigten bestellt

und die Beschlagnahme auch deswegen angeordnet ist (vgl. 130). Die
Beschlagnahme ist ferner aufzuheben, wenn das Verfahren eingestellt
oder der Betroffene freigesprochen wird. Dasselbe gilt, wenn die Geldbuße freiwillig gezahlt wird. Wird die Bußgeldentscheidung rechtskräftig, so ist eine Sicherheit in Geld als Vorschuß für die Geldbuße und
Kosten mit ihnen zu verrechnen (vgl. Dünnebier aaO; 18 zu § 90).

136   H. **Anfechtbar ist die Anordnung** der VB nach § 132 I StPO mit dem
Antrag auf gerichtliche Entscheidung (§ 62). Eine Belehrung hierüber ist
zwar nicht vorgeschrieben, aber (gerade bei Ausländern) angebracht
(Dünnebier NJW **68**, 1755). Der Antrag hat jedoch keine aufschiebende
Wirkung (vgl. 20 ff. zu § 62). Hat ein zur Anordnung befugter Beamter
(vgl. 129) gehandelt, so kann die Entscheidung der VB herbeigeführt
werden. Über die Anfechtung der Beschlagnahmeanordnung vgl. 89.

137   J. **Die geleistete Sicherheit wird frei,** wenn das Verfahren eingestellt,
der Betroffene freigesprochen oder die Geldbuße freiwillig gezahlt wird
(vgl. 135). Sie ist in diesen Fällen dem Betroffenen zurückzuerstatten.
Ebenso ist der beschlagnahmte Gegenstand dem Betroffenen zur Verfügung zu stellen, sobald die Beschlagnahme aufgehoben ist (vgl. 97). Sind
Geldbuße und Kosten geringer als die geleistete Sicherheit oder deren
Erlös, so ist ebenfalls der Unterschiedsbetrag an den Betroffenen zu erstatten.

138   K. **Über besondere Richtlinien** bei der Verfolgung von Verkehrsverstößen ausländischer Kraftfahrer durch die Polizei vgl. zB in Baden-
Württemberg Erl. v. 23. 9. 1968 (GABl. 634), in Niedersachsen RdErl.
d. MdI v. 10. 8. 1970 (MBl. 921), zuletzt geänd. durch RdErl. v. 6. 12.
1977 (MBl. **78**, 2), in Nordrhein-Westfalen RdErl. d. MdI v. 20. 9. 1969
(MABl. 1734). Vgl. im übrigen 30 zu § 53.

139   16) **Das Festhalten zur Identitätsfeststellung** war früher in § 54 besonders geregelt, und zwar unter dem Gesichtspunkt der „Festnahme" des
Verdächtigen. Der Zweck dieser Regelung war es, das nach § 127 StPO
für „jedermann" geltende Festnahmerecht gegenüber dem Verdächtigen
einer Straftat (vgl. § 127 I StPO) bei Ordnungswidrigkeiten einzuschrän-
ken. § 127 StPO gilt nunmehr insgesamt nicht mehr sinngemäß (vgl. 12
zu § 46; LRErgb-Rieß 13 zu § 163b StPO; Rebmann/Roth/Herrmann 2
zu § 54). Für die Identitätsfeststellung gelten jetzt die §§ 163b, 163c
StPO entsprechend (vgl. Kurth NJW **79**, 1377 Fn. 18; Vogel NJW **78**,
1228; LRErgb-Rieß aaO; Rebmann/Roth/Herrmann 1, 8 zu § 54).
§ 163b I StPO entspricht im wesentlichen dem früheren § 54, soweit er
die „Festnahme" des Betroffenen erlaubte. Das Festhalten ist jedoch jetzt
nicht mehr auf die Person des Betroffenen beschränkt, sondern auf unverdächtige Personen ausgedehnt (vgl. § 163b II StPO iVm § 46 I), während insoweit früher auch im Bußgeldverfahren die Identität unverdächtiger Personen nur nach den Regelungen der PolizeiGe festgestellt werden konnte (vgl. 8 zu § 54 der 5. Aufl.; Kurth aaO Fn. 20). Bei dem Täter
ist die Identitätsfeststellung nicht mehr davon abhängig, daß er „auf
frischer Tat" betroffen ist. Beide Ausweitungen erscheinen sachgerecht:
Es entspricht der gebotenen klaren Trennung zwischen dem Straf- und
Bußgeldverfahren einerseits und den Aufgaben der Polizei zur Gefahren-

abwehr andererseits, wenn die zur Verfolgung von Straftaten und Ordnungswidrigkeiten erforderlichen Eingriffsbefugnisse insgesamt im Straf- und Bußgeldverfahrensrecht geregelt sind, also insoweit nicht noch ergänzend auf die PolizeiGe zurückgegriffen werden muß (vgl. auch Kurth aaO Fn. 20 f.). Im übrigen besteht zwar ein besonderes Bedürfnis dafür, zumindest die Identitätsfeststellung gegenüber dem auf „frischer Tat" betroffenen Täter auch mit Zwangsmitteln zuzulassen, weil sonst die Verfolgungsmöglichkeit in kaum erträglicher Weise eingeschränkt wäre; doch ist es gerechtfertigt, daß ein Verdächtiger auch noch später Maßnahmen zur Identitätsfeststellung dulden muß, zumal auch Unverdächtige diesen Maßnahmen zur Aufklärung des Sachverhalts ausgesetzt sind (vgl. § 163 b II StPO iVm § 46 I).

140   A. **Der Verdacht einer Ordnungswidrigkeit** (§ 1 I) reicht bei dem davon Betroffenen zur Identitätsfeststellung aus, so daß es nicht darauf ankommt, ob diese Feststellung für die weitere Aufklärung des Sachverhalts dienlich ist; denn es geht hierbei zunächst um die Sicherung der Verfolgungsmöglichkeit (LRErgb-Rieß 20 zu § 163 b StPO). Zureichende Anhaltspunkte iS eines „Anfangsverdachts" sind genügend (vgl. Kurth NJW **79**, 1377, 1378), wobei von dem äußeren Tatgeschehen auszugehen ist. Ob dieser Anfangsverdacht (auch hinsichtlich der subjektiven Merkmale) begründet ist, kann bei der hier in Betracht kommenden Sofortmaßnahme einer bloßen Identitätsfeststellung nicht verlangt werden. Andererseits muß ein so gesteigerter Verdacht vorliegen, daß die Maßnahme auch nach dem Grundsatz der Verhältnismäßigkeit (vgl. 9 zu § 46) erlaubt ist; hierüber entscheiden die zuständigen Amtsträger (vgl. 150) nach pflichtgemäßem Ermessen. Offenbar nicht schuldfähige Personen (Kinder, Betrunkene) können nach § 163 b II StPO iVm § 46 I zur Aufklärung des Verdachts der Ordnungswidrigkeit eines anderen (so zB als fahrlässig handelnder Nebentäter; vgl. 4 zu § 14) festgehalten werden, sonst nicht. Die Immunität des Abgeordneten hindert die Identitätsfeststellung nicht, wohl aber das Festhalten zur Identitätsfeststellung, da es eine Freiheitsbeschränkung iS von Art. 46 III GG ist (vgl. 145); ohne Feststellung der Personalien wird sich jedoch in der Regel die Abgeordneteneigenschaft nicht feststellen lassen, so daß die Frage praktisch keine Bedeutung hat. Hängt die Verfolgungsmöglichkeit von einem Antrag uä ab (vgl. 5 zu § 131), so kann die Identitätsfeststellung vorgenommen werden, wenn damit zu rechnen ist, daß der Antrag gestellt wird.

141   B. **Nicht verdächtige Personen** (dh andere Personen als Verdächtige; vgl. LRErgb-Rieß 17 zu § 163 b StPO) können hinsichtlich ihrer Identität überprüft und erforderlichenfalls festgehalten werden, wenn dies „zur Aufklärung" einer Ordnungswidrigkeit „geboten" ist (§ 163 b II StPO iVm § 46 I). Dabei ist freilich bereits im Rahmen der Verfolgung von Straftaten der Verhältnismäßigkeitsgrundsatz (vgl. 9 zu § 46) besonders herausgestellt (§ 163 b II S. 2 StPO). Diese Einengung von Eingriffsmaßnahmen gegen „Dritte" hat danach im Ordnungswidrigkeitenrecht wohl zur Folge, daß das Festhalten zur Identitätsfeststellung nur bei eher bedeutsamen Ordnungswidrigkeiten und auch nur dann in Betracht kommt, wenn die Person für die Aufklärung des Sachverhalts voraussichtlich wesentliche Angaben machen kann, die durch die Aussagen anderer Personen (falls sie überhaupt vorhanden sind) kaum ersetzbar sind. Dies kommt insbesondere dann in Betracht, wenn der Unverdächtige offensichtlich Zeuge des Tatgeschehens ist. Weigert sich der „Dritte", zu seiner Person Angaben zu machen, oder besteht der Verdacht, daß er insoweit falsche Angaben gemacht hat, so kann er unter dem Gesichtspunkt einer Ordnungswidrigkeit nach § 111 (vgl. 144) als Verdächtiger behandelt werden (vgl. Vogel NJW **78**, 1228 Fn. 168; LRErgb-Rieß 27 zu § 163b StPO; Rebmann/Roth/Herrmann 9 zu § 54).

142   C. **Eine Belehrung** ist für alle Fallgruppen der Identitätsfeststellung vorgeschrieben: Der Verdächtige muß unterrichtet werden, welcher Vorwurf ihm zur Last gelegt wird (§ 163b I S. 1 Halbs. 2, § 163a IV S. 1 StPO iVm § 46 I); der Unverdächtige ist über den Gegenstand des Verfahrens und – soweit bekannt – über die Person des Verdächtigen zu unterrichten (§ 163b II S. 1 Halbs. 2, § 69 I S. 2 StPO iVm § 46 I; nach LRErgb-Rieß 22 zu § 163b StPO ist die Personenangabe entbehrlich), wobei der Bezugspunkt, warum es auf seine Identitätsfeststellung ankommt, klarzustellen ist (vgl. auch Kurth NJW **79**, 1377, 1379). Ist der Grund der Identitätsfeststellung offenbar, so entfällt die Belehrungspflicht (vgl. Kurth aaO; LRErgb-Rieß aaO).

143   D. **Bei den erforderlichen Maßnahmen** zur Identitätsfeststellung ist zwischen den Rechten des Amtsträgers und den Duldungspflichten des von den Maßnahmen Betroffenen zu unterscheiden. Dies verdeutlicht die Regelung in § 163 I S. 2, 3, II S. 2 StPO, die hinsichtlich der Eingriffsbefugnisse (und damit der Duldungspflichten) den Grundsatz der Verhältnismäßigkeit ausdrücklich ins Spiel bringt und zugleich Schranken setzt (vgl. auch Kurth NJW **79**, 1377, 1378). Außerhalb dieser Eingriffsbefugnisse besteht nach der Generalklausel von § 163b I S. 2 StPO eine umfassende Befugnis, die übrigen erforderlichen Maßnahmen zu treffen (LRErgb-Rieß 24 zu § 163b StPO).

144   a) **Die Befragung** nach den Personalien, das Anhalten, das Verlangen, die Personalausweise vorzulegen, sie zu überlassen uä, ist in der Zielrichtung der Identitätsfeststellung und unter deren Zulässigkeitsvoraussetzungen (vgl. 149) stets erlaubt. Weigert sich der Betroffene oder die nichtverdächtige Person (141), die Personalien anzugeben, so begehen sie eine Ordnungswidrigkeit nach § 111 (vgl. 2ff. zu § 111) und rücken insoweit in die Stellung eines Verdächtigen (vgl. 141). Auch das Verweigern, die mitgeführten Ausweispapiere auszuhändigen, kann bußgeldrechtlich erheblich sein (vgl. § 9 S. 2 MEPolG; Art. 12 II S. 2 BayPAG).

145   b) **Das Festhalten** als „erforderliche" Maßnahme zur Identitätsfeststellung ist als Zwangsmittel Freiheitsentziehung (LRErgb-Rieß 30 zu § 163b StPO), bei der in besonderem Maße der Grundsatz der Verhältnismäßigkeit (9 zu § 46) aufgerufen ist. Schon bei der Inaussichtnahme dieses Zwangsmittels ist deshalb eine „Stufenfolge" einzuhalten (vgl. auch Riegel ZRP **78**, 14, 16; Kurth NJW **79**, 1377, 1378). Vielfach wird es ausreichen, den von der Maßnahme Betroffenen darauf hinzuweisen, er könne zur Identitätsfeststellung festgehalten werden. Das Festhalten be-

ginnt, wenn der Person nach erfolgloser (oder aussichtsloser) Befragung
üä erkennbar gemacht wird, sie dürfe sich nicht entfernen und werde
andernfalls mit Gewalt daran gehindert (vgl. LRErgb-Rieß 35 ff. zu
§ 163 b StPO). Das Einverständnis beseitigt die Freiheitsentziehung (vgl.
152). Zulässig ist das Festhalten – als letztes Mittel – nur dann, wenn die
Identitätsfeststellung sonst nicht möglich oder erheblich erschwert ist
(§ 163 b I S. 2 StPO iVm § 46 I). Statt des Festhaltens kann die Feststellung des Kennzeichens des Kfz. (oder Fotografieren des Fahrers) genügen; ev. auch die Wegnahme von Sachen (zB Abziehen des Zündschlüs-
sels), wenn damit zu rechnen ist, daß sich der Täter dann ausweist oder
sonst die Feststellung seiner Person ermöglicht. Den Ermittlungsbeamten trifft die Pflicht, die Person des Betroffenen unverzüglich festzustellen (so schnell wie möglich). Zu diesem Zweck ist die Vorführung zur
Polizeidienststelle nicht immer notwendig. Ist zB ein Einwohnermeldeamt oder die Wohnung des Betroffenen oder sein Arbeitsplatz üä näher
gelegen oder können andere Personen zur Feststellung beitragen, so kann
die Person des Betroffenen auf diese Weise oft schneller festgestellt werden. Das Verlangen des Polizeibeamten, zur Feststellung der Personalien
zur Wache zu kommen, kann deshalb rechtswidrig sein, falls er unter den
gegebenen Umständen die Personenfeststellung auf andere Weise durchführen kann (Hamm NJW **78**, 231).

146   c) **Die Anwendung von Gewalt** gegen den Festzuhaltenden ist bei
Ordnungswidrigkeiten nach dem Grundsatz der Verhältnismäßigkeit
(vgl. 9 zu § 46) grundsätzlich dann untersagt, wenn er oder andere Personen dadurch ernstlich verletzt oder gefährdet werden können (so zB bei
Verkehrsordnungswidrigkeiten im fließenden Verkehr). Bei geringfügigen Ordnungswidrigkeiten kann schon „einfache" Gewaltanwendung
unangemessen sein. Nicht unangemessen ist zB Anwendung von Gewalt
gegen einen Betrunkenen, der ohne Ausweise bei einer Dauerordnungswidrigkeit betroffen wird (Celle NJW **71**, 154). Das Androhen der
Schußwaffe, Fesseln und ähnlich schwere Eingriffe sind unzulässig.

147   d) **Die Durchsuchung** des Verdächtigen (vgl. 140) zu seiner Identifizierung ist unter der einschränkenden Voraussetzung erlaubt, daß die
Feststellung seiner Person sonst nicht möglich oder erheblich erschwert
ist. Vorausetzung ist nach dem Grundsatz der Verhältnismäßigkeit ferner, daß es sich um eine bedeutsame Ordnungswidrigkeit handelt (Reb-
mann/Roth/Herrmann 8 zu § 54). Die Durchsuchung der Person erstreckt sich auf seine Kleidung, seine Körperoberfläche sowie die von
ihm mitgeführten Sachen (zB Koffer, Aktentasche, Handtasche, Kfz.).
Die Durchsuchung unverdächtiger Personen (vgl. 141) ist gegen deren
Willen unzulässig (§ 163 b II S. 2 Halbs. 2 StPO iVm § 46 I); hierüber sind
sie aufzuklären und ggf. zu befragen, ob sie mit einer Durchsuchung
einverstanden sind, insbesondere dann, wenn die Durchsuchung gegenüber dem Festhalten und dem Verbringen zu einer Dienststelle ein weniger schwerwiegender Eingriff wäre (abw. LRErgb-Rieß 43 zu § 163 b
StPO, wonach zwar keine Belehrungspflicht besteht, jedoch die Durchsuchung des Unverdächtigen dann unzulässig ist, wenn sein – uU auch
nur schlüssig – erklärter Wille entgegensteht).

148   e) **Eine erkennungsdienstliche Behandlung** ist zur Identitätsfeststellung eines Verdächtigen in beschränktem Umfange möglich (vgl. näher 32 zu § 46).

149   E. **Die Personenfeststellung ist das alleinige Ziel** der zulässigen Maßnahmen nach § 163b StPO iVm § 46 I (vgl. auch § 163c I S. 1 StPO iVm § 46 I). Daraus folgt, daß a) die Maßnahme untersagt ist, wenn die Person des Verdächtigen oder Unverdächtigen bekannt oder hinreichend bestimmbar ist oder in anderer Weise so festgestellt werden kann, daß jeder Zweifel ausgeschlossen ist (zB an Ort und Stelle, so durch Befragen anderer Personen; vgl. auch 145), und b) daß die eingeleitete Maßnahme mit der Personenfeststellung endet (Kurth NJW **79**, 1377, 1379). Die von der Maßnahme betroffene Person kann danach Eingriffe (Festhalten, Durchsuchung des Verdächtigen) jederzeit dadurch abwenden, daß sie sich ausweist oder andere Möglichkeiten zu ihrer Identifizierung aufzeigt. Die Vorlage von Ausweispapieren (Personalausweis, Reißepaß, Dienstausweis) reicht danach aus, wenn keine Anhaltspunkte für dessen Unrichtigkeit (Fälschung, Verfälschung) vorliegen (Benfer, Die Polizei **78**, 249; LRErgb-Rieß 19 zu § 163b StPO); der Hinweis auf das Kennzeichen des von ihm geführten Kfz. genügt allerdings nicht (Schleswig NJW **53**, 275). Ist an Ort und Stelle eine Prüfung der Ausweise nicht möglich (zB wegen Dunkelheit, der Straßenverkehrsverhältnisse, aber auch wegen Störung der Amtstätigkeit; vgl. 126), so kann der Betroffene zu einem anderen Ort mitgenommen werden (Hoffmann DVBl. **67**, 754).

150   F. **Zuständig** für die Maßnahmen zur Identitätsfeststellung sind alle Beamten des Polizeidienstes (vgl. § 163b I S. 1 StPO iVm § 53 I S. 2), also nicht nur diejenigen, die Hilfsbeamte der StA sind (LRErgb-Rieß 50f. zu § 163b StPO); ferner die Angehörigen der VB, und zwar bei wörtlicher Auslegung nur die Angehörigen der VB, die für diese insoweit zu handeln besonders ermächtigt sind (vgl. 3 zu § 46). Soweit die StA an Stelle der VB zur Verfolgung zuständig ist (vgl. §§ 40, 42), haben jedoch alle Angehörigen der VB, die mit der Ermittlung von Ordnungswidrigkeiten betraut sind, die Befugnis zur Identitätsfeststellung (§ 63 I S. 1). Daraus wird man schließen müssen, daß schon die Übertragung der Aufgabe an Angehörige der VB, Ordnungswidrigkeiten zu ermitteln, die Befugnis einschließt, auch bei dem Verdacht einer Ordnungswidrigkeit Maßnahmen zur Identitätsfeststellung zu treffen; denn andernfalls hätten die betrauten Verwaltungsangehörigen im Verfahren der StA weitergehende Rechte als im Verfahren ihrer Behörde, was wohl nicht angenommen werden kann.

151   G. **Die Dauer des Festhaltens** ist auf das unerläßliche Maß beschränkt (§ 163c I S. 1 StPO iVm § 46 I; vgl. auch 149) und im Endzeitpunkt auf 12 Stunden begrenzt (§ 163c III StPO iVm § 46 I). Wenn dieser Endzeitpunkt selbst bei schwerwiegenden Straftaten gilt, so kann daraus nicht abgeleitet werden, daß bei (nur) sinngemäßer Anwendung der StPO-Regelung die äußerste zeitliche Grenze des Festhaltens zur Identitätsfeststellung bei Ordnungswidrigkeiten verkürzt sein muß. Auch unter Beachtung des Grundsatzes der Verhältnismäßigkeit kann bei schwerwiegenden Ordnungswidrigkeiten (und der mangelnden Bereitschaft des

Betroffenen zur Identitätsfeststellung, die ihn wegen der möglichen nachteiligen Folgen nicht einschneidend belasten kann) ein Festhalten bis zu 12 Stunden angemessen sein. Die Länge der Freiheitsentziehung ist unter dem Gesichtspunkt der Identitätsfeststellung eine absolute Frist, die unter der Schwelle von Art. 104 II S. 2 GG liegt; daß bei Ordnungswidrigkeiten insoweit etwas anderes gelten sollte, kann den Gesetzesmaterialien nicht entnommen und aus dem Grundsatz der Verhältnismäßigkeit nicht abgeleitet werden. Die Frist beginnt mit der Freiheitsentziehung, nicht bereits mit der Befragung (Kurth NJW 79, 1377, 1380).

152   H. **Die unverzügliche Vorführung vor dem Richter** ist zur Entscheidung über ,,die Zulässigkeit und Fortdauer der Freiheitsentziehung" vorgeschrieben (§ 163c I S. 2 StPO iVm § 46 I). Die unverzügliche Vorführung ist allerdings (mit Recht) relativiert: ,,Der Weg zum Richter darf nicht zu einer Verlängerung der Freiheitsentziehung führen" (vgl. schon 9 zu § 54 der 5. Aufl.; Kurth NJW 79, 1377, 1380). Es ist also zu prüfen, ob zur Identitätsfeststellung voraussichtlich längere Zeit benötigt wird, so zB, weil der Betroffene jede Mitwirkung ablehnt oder weil seine Angaben durch Einschaltung anderer Stellen oder Personen überprüft werden müssen. Der Begriff ,,unverzüglich" hat danach keinen rein zeitlichen, sondern auch einen sachlichen Bezugspunkt: Unter dem Gesichtspunkt des erstrebten Erfolges ,,Identitätsfeststellung" sind der dafür benötigte Zeitaufwand unter Berücksichtigung der konkreten Möglichkeiten zur Identitätsfeststellung gegenüber dem Zeitaufwand für die Vorführung vor dem Richter abzuwägen, und zwar nicht nur zu Beginn, sondern auch während des weiteren Ablaufs der Freiheitsentziehung (vgl. Kleinknecht 6 zu § 163c StPO; LRErgb-Rieß 7 zu § 163c StPO; Kurth aaO); sind im Einzelfall bei einer Weigerung des Betroffenen zur Mitwirkung geeignete Überprüfungsmöglichkeiten nicht vorhanden, so darf die Vorführung vor dem Richter nicht aufgeschoben werden in der Erwartung, der Betroffene werde im Hinblick auf die anhaltende Freiheitsentziehung selbst zu seiner Identitätsfeststellung beitragen. Eine Verzögerung der Vorführung muß danach sachlich gerechtfertigt sein; dies ist zB auch der Fall, wenn der Richter nicht erreichbar ist (zB außerhalb der Dienststunden, falls kein Bereitschaftsdienst besteht; vgl. BVerwG NJW 74, 808, 810; Kleinknecht 4 f. zu § 163c StPO). Eine Freiheitsentziehung, über deren Zulässigkeit eine richterliche Entscheidung herbeizuführen ist, liegt nicht vor, wenn der Betroffene damit einverstanden ist, an dem jeweiligen Ort (zB Dienststelle der Polizei) zu verbleiben, bis die erforderlichen Feststellungen durchgeführt worden sind (vgl. Kleinknecht 5 zu § 163c StPO). Neben der Pflicht des Festhaltenden, eine richterliche Entscheidung herbeizuführen, besteht das Recht des Betroffenen, die Entscheidung der VB zu verlangen.

153   a) **Zuständiges Gericht** ist das AG, in dessen Bezirk die Person ,,ergriffen" ist (§ 163c I S. 2 StPO iVm § 46 I); entscheidend ist dabei der Beginn des Festhaltens, nicht der spätere Verbringungsort (Kleinknecht 10 zu § 163c StPO).

154   b) **Die richterliche Entscheidung** ergeht über die Zulässigkeit und Fortdauer des Festhaltens (vgl. Art. 104 III S. 1, 2 GG). Das AG prüft die vorläufige Freiheitsentziehung nicht auf deren Zulässigkeit nach, sondern entscheidet über die gegenwärtige Freiheitsentziehung und deren Fortdauer (bis zum höchst zulässigen Zeitpunkt von 12 Stunden) selbst (vgl. Maunz/Dürig/Herzog 35 zu Art. 104; LRErgb-Rieß 18 zu § 163c StPO; Kleinknecht 12 zu § 163c StPO; Kurth NJW **79**, 1377, 1380). Es ist Aufgabe des Festhaltenden oder des danach eingeschalteten Polizeibeamten oder Angehörigen der VB, die Gründe für das Festhalten darzulegen. Die StA ist in diesem Verfahren nicht beteiligt; der Festgehaltene kann sich jedoch des Beistandes eines RA bedienen (LRErgb-Rieß 16f. zu § 163c StPO).

155   c) **Eine nachträgliche richterliche Entscheidung** nach der Freilassung kommt nach § 163c I S. 2 StPO iVm § 46 I nicht in Betracht, da dessen Voraussetzungen nicht mehr vorliegen. Die Frage, ob der Betroffene nach seiner Freilassung die Entscheidung der VB über die Rechtmäßigkeit der Festhaltung herbeiführen und dagegen die richterliche Entscheidung nach § 62 beantragen kann, ist grundsätzlich zu verneinen, da die Maßnahme des Festhaltens überholt ist; etwas anderes kann nur dann gelten, wenn ein nachwirkendes Feststellungsinteresse an einer Überprüfung besteht (vgl. 123 ff.; 13, 27 a zu § 62). Ein besonderes (nachwirkendes) Feststellungsinteresse kann beim Festhalten nicht schon wegen der Freiheitsentziehung (Art. 2 II S. 2 GG) bejaht werden, da hier ein besonderer Rechtsweg zur richterlichen Kontrolle eröffnet ist (vgl. § 163c I S. 2 StPO iVm § 46 I; abw. 7 C zu § 62 der 5. Aufl.).

156   J. **Das Festhalten zu präventiv-polizeilichen Zwecken** (vgl. § 14 MEPolG; Art. 17 BayPAG) bleibt von der Regelung der §§ 163b, 163c StPO iVm § 46 I unberührt (ebenso Rebmann/Roth/Herrmann 11 zu § 54; LRErgb-Rieß 14 zu § 163b StPO).

157   **17) Die Einstellung des Verfahrens** ordnet die VB durch schriftliche Verfügung an, wenn nach den Ermittlungen der Beweis für eine Ordnungswidrigkeit nicht erbracht ist oder ein endgültiges Verfolgungshindernis (bei einem nur vorläufigen vgl. 46) besteht (vgl. § 170 II S. 1 StPO iVm § 46 I) oder wenn die Verfolgung nicht geboten erscheint (vgl. 30 zu § 47). Ist eine mehrfache Zuständigkeit gegeben (vgl. § 39), so soll vor der Einstellung die andere zuständige VB gehört werden, namentlich dann, wenn sie vorher mit der Sache befaßt war oder wenn die Tat mehrere Bußgeldvorschriften verletzt, für die sachlich verschiedene VBen zuständig sind (17 zu § 39). Bei Anhaltspunkten für eine Straftat gibt die VB die Sache an die StA ab (vgl. § 41) und stellt das Verfahren nur vorläufig ein (vgl. 46, 48).

158   A. **Eine Mitteilung an den Betroffenen** ist erforderlich, wenn er zur Sache angehört (vgl. 4 zu § 55) worden ist (§ 170 II S. 2 StPO). Ist der Betroffene nur informatorisch befragt worden (24 zu § 55), so ist die Mitteilung entbehrlich; ebenso, wenn dem Betroffenen Gelegenheit zur Äußerung gegeben worden ist und er sie nicht genutzt hat. Die Unterrichtung des Betroffenen ist aber geboten, wenn ersichtlich ist, daß er an der Bekanntgabe ein besonderes Interesse hat. Eine Begründung braucht die Mitteilung nicht zu enthalten. Sie geschieht formlos (§ 50 I S. 1), also auch mündlich, falls nicht der Betroffene ein berechtigtes Interesse an

einer schriftlichen Mitteilung hat. Hat der Betroffene einen Verteidiger, dessen Vollmacht sich bei den Akten befindet, so ist dieser als empfangsberechtigt für die Mitteilung anzusehen (vgl. 30 zu § 51).

159   B. **Eine Mitteilung an den Anzeigenden** (§ 171 S. 1 StPO iVm § 46 I) ist notwendig, wenn er nicht nur eine Anregung zur Prüfung des Sachverhalts gegeben, sondern mit der Anzeige ersichtlich die Durchführung eines Bußgeldverfahrens gegen den Angezeigten erstrebt hat. Soweit eine Anzeige nicht aufgenommen werden muß (vgl. 31), braucht auch die Einstellung nicht mitgeteilt zu werden. Wiederholte Anzeigen ohne neuen Sachvortrag oder mißbräuchliche Anzeigen brauchen nicht beschieden zu werden (Solbach DRiZ **75**, 181). Die Angabe der Gründe für die Einstellung des Verfahrens ist (abweichend von § 171 I S. 1 StPO) nicht erforderlich, da dem Anzeigenden gegen die Einstellung ein gesetzlicher Rechtsbehelf nicht zusteht (vgl. 160). Gegen eine Begründungspflicht spricht außerdem, daß im Bußgeldverfahren nicht das Legalitätsprinzip, sondern das Opportunitätsprinzip gilt. Es kann aber uU zweckmäßig sein, die Gründe für die Einstellung mindestens kurz anzugeben.

160   C. **Gegen die Einstellung** steht dem Anzeigenden oder einem anderen kein gesetzlicher Rechtsbehelf zu, namentlich nicht der Antrag nach § 62 (vgl. dort 1) und auch nicht die Untätigkeitsklage, sondern nur die formlose Gegenvorstellung oder die Aufsichtsbeschwerde (33 ff. zu § 62; ebenso Rebmann/Roth/Herrmann 15, 16, 29 zu § 47). Auf die Aufsichtsbeschwerde hin ist die Anweisung möglich, die Ermittlungen wieder aufzunehmen oder einen Bußgeldbescheid zu erlassen (vgl. 2; 14 zu § 47, 36 zu § 62; Rebmann/Roth/Herrmann 16 zu § 47). Wird der Einstellungsantrag des Betroffenen abgelehnt, so hat er ebenfalls nur die Gegenvorstellung oder Aufsichtsbeschwerde (33 ff. zu § 62).

161   D. **Ein Verbrauch der Verfolgungsmöglichkeit** tritt mit der Einstellung nicht ein. Die Ermittlungen können also wieder aufgenommen werden, wenn hierzu Veranlassung besteht (Rebmann/Roth/Herrmann 30 zu § 47).

162   E. **Über die Kostenentscheidung** vgl. 7 zu § 105.

163   18) **Bei Anhaltspunkten für eine Straftat** hat die VB die Sache an die StA abzugeben (§ 41). Dies gilt aber nur, soweit die VB im Bußgeldverfahren Anhaltspunkte für eine Straftat entdeckt (vgl. 4 zu § 41). Im übrigen ist sie gesetzlich zu einer Anzeige bei dem Verdacht einer Straftat nur unter den Voraussetzungen des § 138 StGB verpflichtet (vgl. jedoch bei Steuerstraftaten § 116 AO 1977, beim Subventionsbetrug § 6 SubvG). Verwaltung und Justiz sind aber – dies zeigt die enge Berührung von Bußgeld- und Strafverfahren – auf die gegenseitige Mithilfe angewiesen; beide Stellen nehmen öffentliche Aufgaben wahr. Die gegenseitige Unterrichtung fördert die gute Zusammenarbeit und erleichtert die Durchführung der öffentlichen Aufgaben. Deshalb liegt es im öffentlichen Interesse, daß die VB die StA bei dem Verdacht einer Straftat unterrichtet, wenn nicht gegenteilige Belange (zB Wahrung von Privatgeheimnissen) entgegenstehen. Soweit die VB zugleich für Ermittlungen in Strafsachen zuständig ist (vgl. § 386 AO 1977; § 42 AWG, Anh **A 13**; § 33 MOG;

§ 20 BerlinFG; § 5a InvZulG), braucht sie bei Anhaltspunkten für eine Straftat die Sache nicht an die StA abzugeben; sie hat dann selbst das Strafverfahren einzuleiten. Das Bußgeldverfahren kann erst fortgesetzt werden, wenn die für die Einstellung des Strafverfahrens zuständige Stelle (StA oder FinB) das Verfahren insoweit eingestellt hat.

164　　19) **Im Verfahren gegen Jugendliche** gelten nur wenige Besonderheiten. Nach dem Opportunitätsprinzip kann es zwar bei Jugendlichen aus erzieherischen Erwägungen eher geboten sein, von der Verfolgung abzusehen (vgl. 5 zu § 12). Wird jedoch das Verfahren durchgeführt, so ist als Besonderheit lediglich zu beachten, daß nach den Umständen des Einzelfalles die Heranziehung der Jugendgerichtshilfe in Betracht kommen kann (vgl. 34 zu § 46) und daß Bescheide der VB auch dem gesetzlichen Vertreter sowie dem Erziehungsberechtigten des Jugendlichen mitzuteilen sind (vgl. 26 zu § 51). Bei mehreren Ordnungswidrigkeiten werden mehrere Geldbußen festgesetzt (vgl. 5 zu § 20). Erzieherische Maßnahmen darf die VB gegen Jugendliche nicht anordnen (vgl. 8 zu § 12); sie kann nur Geldbußen und etwaige Nebenfolgen festsetzen, und zwar auch, wenn der Jugendliche mittellos ist (vgl. 21 zu § 47). In diesem Falle kann aber die Vollstreckung in jugendgemäßer Weise durchgeführt werden (vgl. § 98).

165　　20) **Über besondere Vorschriften** im Ermittlungsverfahren der VB bei der Verfolgung von Steuerordnungswidrigkeiten vgl. § 410 I Nr. 3–9 AO 1977 (Anh **A 10**), in Außenwirtschaftssachen vgl. § 42 AWG (Anh **A 13**), in EG-Marktorganisationssachen § 33 MOG.

166　　21) **Über besondere Richtlinien** für die Verfolgung von **Verkehrsordnungswidrigkeiten** durch die VBen („**Bußgelderlaß**") vgl. zB in Bayern Entschl. d. StMdI v. 2. 3. 1971 (MABl. 185), zuletzt geänd. durch Bek. d. StMdI v. 30. 12. 1975 (MABl. **76**, 36), in Niedersachsen RdErl. des MdI und d. MfW v. 9. 6. 1975 (MBl. 737), zuletzt geänd. durch RdErl. v. 26. 7. 1978 (MBl. 1468), in Nordrhein-Westfalen RdErl. d. MdI v. 21. 9. 1969 (MBl. 1737) sowie den (bundeseinheitlichen) Bußgeldkatalog (vgl. 28 zu § 17); vgl. ferner 30 zu § 53, 14 vor § 56 sowie 138.

167　　**Auch auf anderen Sachgebieten** sind Richtlinien, zT mit Bußgeld- und Verwarnungsgeldkatalogen (27 ff. zu § 17; 7 zu § 58), erlassen worden, so zB für die Verfolgung und Ahndung von Zuwiderhandlungen gegen Vorschriften des Umweltschutzes (bundeseinheitlich) zB in Berlin Allg. Anw. d. Senats v. 21. 6. 1977 (ABl. 1015), in Niedersachsen RdErl. v. 17. 8. 1976 (MBl. 1588), geänd. durch RdErl. v. 4. 7. 1979 (MBl. 1332), in Nordrhein-Westfalen RdErl. v. 25. 6. 1976 (MBl. 1508), gegen Vorschriften des FahrpersonalG (bundeseinheitlich) zB in Nordrhein-Westfalen Gem. RdErl. v. 19. 2. 1979 (MBl. 430), im Saarland RdErl. v. 18. 12. 1978 (GABl. **79**, 125), ferner in Rheinland-Pfalz über die Verfolgung und Ahndung von Ordnungswidrigkeiten im Bereich der Eichverwaltung RdErl. d. MfWiuVk v. 1. 2. 1972 (MBl. Sp. 226), gegen Fertigpackungsvorschriften (bundeseinheitlich), veröffentlicht in NdsMBl. **77**, 425; vgl. auch die Bek. d. BayStMdI v. 8. 3. 1977 (MABl. 385) über den Vollzug des OWiG, ausgenommen Straßenverkehrsordnungswidrigkeiten.

Entschädigung von Zeugen und Sachverständigen

59 Für die Entschädigung von Zeugen und Sachverständigen gelten die Vorschriften des Gesetzes über die Entschädigung von Zeugen und Sachverständigen entsprechend.

Übersicht

1 **1) Die Vorschriften der StPO über Zeugen und Sachverständige** (§§ 48 ff. StPO) sind im Bußgeldverfahren der VB sinngemäß anzuwenden, soweit sie im Strafverfahren für die Vernehmung eines Zeugen oder Sachverständigen durch die StA gelten (§ 161a StPO iVm § 46 I, II). Zeugen und Sachverständige sind danach zum Erscheinen vor der VB sowie zur Aussage oder zur Erstattung des Gutachtens verpflichtet. Die Anordnung der Vorführung ist jedoch im Bußgeldverfahren der VB dem Richter vorbehalten (vgl. 33 zu § 46).

2 **2) Zeuge** ist eine Person, die in dem Verfahren gegen einen anderen als Beweismittel hinzugezogen wird, um Aussagen über Tatsachen zu machen, die sie (sinnlich) wahrgenommen hat. Zu den Tatsachen rechnen auch einfache Schlußfolgerungen, die sich auf Grund von Beobachtungen ergeben, so etwa über Eigenschaften oder Zustände eines anderen (zB dessen Glaubwürdigkeit, Sorglosigkeit, Ermüdung, Erregung uä); bloße Meinungen oder Werturteile sind dagegen keine Tatsachen (vgl. Kleinknecht 2 vor § 48 StPO).

3   **A. Die Zeugnispflicht** besteht darin, vor der VB (auch dem Gericht; nicht aber der Polizei, soweit sie nicht VB ist) auf deren Ladung zu erscheinen, auszusagen und eine Gegenüberstellung mit anderen Zeugen zu dulden (vgl. 14), ebenso auch eine körperliche Untersuchung (vgl. 25 zu § 46). Vor Gericht besteht außerdem noch die Pflicht zur Beeidigung, wenn sie ausnahmsweise angeordnet ist (§ 48). Die Zeugenpflicht trifft jeden Deutschen und alle Personen, die sich in der BRep. aufhalten (Ausländer, Staatenlose) mit Ausnahme der Exterritorialen (vgl. 39 f. vor § 59); auch für Abgeordnete gilt die Zeugenpflicht (vgl. aber 35). Kinder und geistig zurückgebliebene Personen können ebenfalls als Zeugen in Betracht kommen, soweit von ihnen eine verständliche Aussage zu erwarten ist (vgl. Kleinknecht 7 vor § 48 StPO). Die Heranziehung als Zeuge setzt zumindest gewisse Anhaltspunkte dafür voraus, daß die Person Aussagen über Tatsachen machen kann, die für das Verfahren erheblich sein können. Zur informatorischen Befragung vgl. 18.

4   **B. Die am Verfahren beteiligten Personen** sind keine Zeugen, soweit die Entscheidung im Bußgeldverfahren unmittelbar gegen sie ergeht und in ihre Rechte eingreifen kann. Dazu rechnen außer dem Betroffenen die Nebenbeteiligten (2 ff. vor § 87). Sie dürfen nicht als Zeugen vernommen werden, soweit das Verfahren ihre Sache betrifft (22 zu § 87). Bei Verdachtsgründen, die eine Verfolgung gegen eine bestimmte Person nahelegen, ist sie als Betroffener mit den gegebenen Verteidigungsmöglichkeiten anzuhören (vgl. 15 zu § 55); soll sie außerdem in einem getrennt stattfindenden Verfahren gegen eine andere Person aussagen, so ist sie über das Aussageverweigerungsrecht nach § 55 II StPO zu belehren. Die Angehörigen der VB können Zeuge sein. Der Verwaltungsangehörige, der den Bußgeldbescheid unterzeichnet, kann sich selbst aber nicht als Zeugen aufführen; er kann allerdings die für festgestellt erachteten Tatsachen auch auf seine eigene Wahrnehmung gründen. Sachverständige und Dolmetscher können als Zeugen vernommen werden. Ebenso der Beistand des Betroffenen (61 zu § 60) und sein Verteidiger, der jedoch dann prüfen muß, ob er die Verteidigung fortführen kann (vgl. 2 b zu § 60; Kleinknecht 17 vor § 48 StPO); die VB darf ihn aber wegen des Verdachts der Interessenkollision nicht von der Verteidigung ausschließen (vgl. 18 a zu § 60).

5   **3) Die Zeugenvernehmung** kann durch die VB und ihre Ermittlungsorgane (3 zu § 53) nach deren Ermessen mündlich (6 ff.) oder schriftlich (20) durchgeführt werden; doch haben die Ermittlungsorgane den Zeugen mündlich zu vernehmen, wenn die VB sie um eine Vernehmung ersucht. Die VB kann auch einen Zeugen, der außerhalb ihres Bezirkes wohnt, zur mündlichen Vernehmung laden, wenn es auf seinen persönlichen Eindruck maßgebend ankommt. In der Regel empfiehlt es sich aber in einem solchen Fall, die örtlich zuständige Polizeibehörde als Ermittlungsorgan der VB (21 f. zu § 53), das Gericht (5 ff. vor § 59) oder die örtlich zuständige VB um die Vernehmung im Wege der Amtshilfe (17 vor § 59) zu ersuchen. Für die Vernehmung des BPräs., von Abgeordneten, Mitgliedern des BRates und Regierungsmitgliedern gelten die §§ 49, 50 StPO sinngemäß (§ 46 I); in diesen Fällen ist die schriftliche

Vernehmung oder die durch einen Richter (5ff. vor § 59) angezeigt. Über die Ladung und Vernehmung von Angehörigen diplomatischer Vertretungen vgl. RiStBV 196ff., 299 (Anh **C** 1). Auch bei ihnen empfiehlt sich eine schriftliche Vernehmung oder die durch einen Richter. Zur informatorischen Befragung vgl. 18.

6   A. **Die mündliche** Zeugenvernehmung ist zwar aufwendiger, bietet aber größere Sicherheiten für die Wahrheitsfindung: Der Vernehmende erhält in diesem Falle einen unmittelbaren Eindruck von der Persönlichkeit des Zeugen und kann deshalb dessen Glaubwürdigkeit besser beurteilen; er kann den Zeugen eindringlicher zur Wahrheit ermahnen, auch die unmittelbare Reaktion auf die gestellten Fragen feststellen (während der schriftlich vernommene Zeuge die Aussage überdenken und sie zurechtlegen kann) und durch Vorhalte sowie ergänzende Fragen auf eine erschöpfende Aussage hinwirken. Die mündliche Vernehmung kann danach angezeigt sein, wenn es sich um eine bedeutsamere Sache handelt, die Aufklärung des Sachverhalts Schwierigkeiten bereitet und die Aussage des Zeugen von ausschlaggebender Bedeutung ist. Feste Regeln dafür, wann die eine oder andere Vernehmungsform gewählt werden soll, lassen sich aber nicht aufstellen. Der Zeuge ist auf Ladung der VB zum Erscheinen und zur Aussage verpflichtet (§ 161 a I S. 1 StPO iVm § 46 I). Für die mündliche Vernehmung gelten deshalb die §§ 48–70 StPO sinngemäß, soweit sie sich nicht auf die Vereidigung beziehen. Für die Vernehmung durch die Polizei als Ermittlungsorgan gelten nach § 163 a V StPO iVm § 53 nur § 52 III, § 55 II und § 136 a StPO; doch werden auch hier mangels anderer Bestimmungen die §§ 48 ff. StPO weitgehend heranzuziehen sein. Im einzelnen ist bei der mündlichen Vernehmung zu beachten:

7   a) **Die Ladung** des Zeugen muß erkennen lassen, daß er in dieser Sache als Zeuge vernommen werden soll. In der Ladung ist die Bußgeldsache (durch Angabe des Betroffenen oder der Tat) zu bezeichnen. Die Angabe des Beweisthemas ist nicht notwendig, aber zulässig; sie ist dann angebracht, wenn dies zur Vorbereitung der Aussage durch den Zeugen erforderlich ist (vgl. RiStBV 64 I). Ist anzunehmen, daß der Zeuge Schriftstücke oder andere Beweismittel hat, die für die Ermittlung von Bedeutung sein können, so soll er in der Ladung aufgefordert werden, sie zur Vernehmung mitzubringen (vgl. RiStBV 64 II). Die Ladung geschieht unter Hinweis auf die gesetzlichen Folgen des Ausbleibens (§ 48 StPO iVm § 46 I), die darin bestehen, daß dem Zeugen ein Ordnungsgeld sowie die durch sein Ausbleiben verursachten Kosten auferlegt werden können und daß seine Vorführung durch den Richter angeordnet werden kann (63ff., 68).

7a   **Eine Form der Ladung** ist nicht vorgeschrieben. Es empfiehlt sich, durch einfachen Brief (unter Benutzung eines Vordrucks) zu laden, nicht durch eine Postkarte. Ist damit zu rechnen, daß der Zeuge ausbleiben wird, so ist eine Zustellung (5ff. zu § 50) angebracht, damit die ordnungsgemäße Ladung als Voraussetzung für die Festsetzung eines Ordnungsgeldes nachgewiesen werden kann (vgl. 8; RiStBV 64 III S. 2). Mündliche, fernmündliche, telegrafische Ladung ist möglich. Kinder und Jugendliche werden über ihren gesetzlichen Vertreter (5 zu § 67) geladen; bei Kindern ist es angebracht, den Erziehungsberechtigten (10 zu § 67) aufzufordern, als Begleitperson mitzukommen, und ihm mitzuteilen, daß die Kosten hierfür erstattet werden (§ 11 S. 2 ZSEG, Anh A 7).

8   b) **Eine Belehrung** des Zeugen ist vor Beginn der Vernehmung notwendig (§ 52 III, § 55 II, § 57 StPO iVm § 46 I). In den Akten ist zu vermerken, daß dies geschehen ist. Die VB kann sich im übrigen darauf beschränken, den Zeugen zur Wahrheit zu ermahnen. Der Hinweis auf die Pflicht zur Beeidigung nach § 48 ist entbehrlich, aber zulässig; ebenso die Belehrung über die Folgen einer unrichtigen oder unvollständigen Aussage vor dem Richter. Die Ermahnung zur Wahrheit kann auch im Laufe der Vernehmung wiederholt werden (vgl. BGH **3**, 109). Liegen Anhaltspunkte dafür vor, daß dem Zeugen ein Zeugnis- oder ein Auskunftsverweigerungsrecht zusteht, so ist er auch darüber zu belehren (vgl. 42, 50), und zwar bei einer schriftlichen Vernehmung (vgl. 20) rein vorsorglich.

9   c) **Die Einzelvernehmung** in Abwesenheit der später zu hörenden Zeugen (§ 58 I StPO iVm § 46 I) soll auch im Bußgeldverfahren die Regel sein, um die Unbefangenheit der Zeugen möglichst zu wahren. Eine Verletzung dieser Ordnungsvorschrift hat jedoch keine Bedeutung für das weitere Verfahren.

10   d) **Die Vernehmung zur Person** (§ 68 StPO iVm § 46 I) ist nach der Belehrung zunächst durchzuführen. Dabei ist der Zeuge über Vornamen, Familiennamen (vgl. 11 zu § 111), Alter, Stand oder Beruf und Wohnort (vgl. 13 ff. zu § 111) sowie seine etwaigen Beziehungen zum Betroffenen (wichtig für die Belehrung über ein Zeugnisverweigerungsrecht) zu befragen. Weigert sich der Zeuge, hierüber Angaben zu machen, oder macht er insoweit falsche Angaben, so handelt er nach § 111 ordnungswidrig (vgl. 15 zu § 111). Fragen nach der Religion, Rasse oder politischen Einstellung sind unzulässig, soweit diese Fragen nicht zur Aufklärung des Sachverhalts geboten sind.

11   e) **Die Vernehmung zur Sache** (§ 69 StPO iVm § 46 I) beginnt damit, daß dem Zeugen der Gegenstand der Untersuchung und die Person des Betroffenen (falls sich das Verfahren bereits gegen eine bestimmte Person richtet) angegeben wird (vgl. § 69 I S. 2 StPO). Er ist dann zu veranlassen, einen zusammenfassenden Bericht darüber zu geben, was er zur Sache aussagen kann (§ 69 I S. 1 StPO). Dabei kann der Zeuge auch schriftliche Unterlagen benutzen, um sein Erinnerungsbild zu schärfen. Andererseits können auch dem Zeugen seine früheren Erklärungen, die Erklärungen anderer Personen und Urkunden vorgehalten werden, soweit sich der Zeuge nicht erinnert. Das Verlesen früherer Erklärungen oder die Bekanntgabe anderer Zeugenaussagen vor Abgabe des zusammenhängenden Berichts ist nicht sachgemäß, weil dadurch die Unbefangenheit des Zeugen beeinträchtigt werden kann. Erst nach dem Bericht des Zeugen sind regelmäßig „zur Aufklärung und Vervollständigung der Aussage sowie zur Erforschung des Grundes, auf dem das Wissen des Zeugen beruht", weitere Fragen zu stellen (**Verhör;** § 69 II StPO iVm

§ 46 I). Von dieser Vernehmungsmethode kann jedoch aus besonderen Gründen abgewichen werden. Ergeben sich während des Berichts des Zeugen oder während des Verhörs Anhaltspunkte für ein Zeugnisverweigerungsrecht, so ist er – falls dies nicht schon vorher geschehen ist – darüber zu belehren.

12   f) **Bloßstellende Fragen,** dh solche nach Tatsachen, die dem Zeugen oder einem Angehörigen (23 ff.) zur Unehre gereichen können (zB über unsittliches Verhalten, Vorstrafen uä), dürfen nur gestellt werden, wenn dies unerläßlich ist (§ 68 a I StPO iVm § 46 I). Dabei ist auch die Bedeutung des Bußgeldverfahrens zu berücksichtigen. Das öffentliche Interesse an der Aufklärung des Sachverhalts ist hier weit geringer als im Strafverfahren, so daß bloßstellende Fragen nur ganz selten „unerläßlich" sein werden. Nach Vorstrafen soll nur gefragt werden, wenn deren Kenntnis für die Beurteilung der Glaubwürdigkeit des Zeugen von Bedeutung ist (vgl. § 68 a II StPO). Das kann zB bei einer Verurteilung wegen falscher Aussage, falscher Anzeige, Betrug, Untreue uä der Fall sein.

13   g) **Verbotene Vernehmungsmittel** sind namentlich die Täuschung oder die Drohung mit prozessual unzulässigen Maßnahmen (zB Drohung mit sofortiger Festnahme und Vorführung vor den Haftrichter, vgl. BGH bei Dallinger MDR **56,** 527), durch welche die Willensentschließung oder -betätigung des Zeugen beeinträchtigt werden kann (§ 69 III, § 136 a StPO iVm § 46 I; vgl. 20 ff. zu § 55).

14   h) **Eine Gegenüberstellung** mit anderen Zeugen oder dem Betroffenen kann die VB anordnen, wenn dies für das weitere Verfahren (zur Aufklärung des Sachverhalts, zB Identifizierung einer Person) geboten erscheint (§ 58 II StPO iVm § 46 I). Der Zeuge hat die Pflicht, die Gegenüberstellung zu dulden. Verläßt er das Vernehmungszimmer, um sie zu verhindern, so kann gegen ihn ein Ordnungsgeld festgesetzt werden (vgl. 61). Die VB kann auch die richterliche Anordnung der Vorführung zur Gegenüberstellung beantragen (33 zu § 46).

15   i) **Über die Anwesenheit des Betroffenen und seines Verteidigers** bei der Zeugenvernehmung vgl. 125 vor § 59. Wird dem Verteidiger die Anwesenheit ermöglicht, so hat er auch das Recht, an den Zeugen im Anschluß an dessen Bericht Fragen zu stellen (vgl. Kleinknecht 16 zu § 163 StPO).

16   j) **Bei dem Verdacht einer Ordnungswidrigkeit** kann Anlaß bestehen, die Zeugenvernehmung abzubrechen und den „Zeugen" als Betroffenen anzuhören (vgl. näher 15 zu § 55).

17   k) **Ein Protokoll** über die Vernehmung soll aufgenommen werden, soweit dies ohne erhebliche Verzögerung der Ermittlungen geschehen kann, wenn die VB den Zeugen vernimmt (§ 168 b II StPO iVm § 46 I, II). Das Protokoll vermittelt dem Beamten, der über die Ordnungswidrigkeit entscheidet, das Ergebnis der Beweisaufnahme genauer und sichert es auch für das weitere Verfahren (vgl. 3, 4 zu § 55). Das Protokoll (vgl. § 168 a StPO), in dem neben der Bezeichnung der VB und der Bußgeldsache auch der Tag und Ort der Verhandlung, die mitwirkenden Personen der VB und die Beteiligten, die Personalien des Zeugen sowie

vorgeschriebene Belehrungen aufzunehmen sind, ist dem Zeugen zur
Genehmigung vorzulesen oder zur eigenen Durchsicht vorzulegen. Die
Genehmigung ist zu vermerken und die Niederschrift von dem verneh-
menden Angehörigen der VB (und einem etwa hinzugezogenen Proto-
kollführer) sowie dem Zeugen zu unterschreiben. Verweigert er die Un-
terschrift, so darf kein Zwang ausgeübt werden; die Weigerung ist dann
nur zu vermerken. Der Vernehmende kann aus besonderen Gründen von
einer Niederschrift absehen und sich darauf beschränken, das wesentliche
Ergebnis der mündlichen Aussage aktenkundig zu machen (vgl. § 168b I
StPO iVm § 46 I, II). Über die vorläufige Aufzeichnung des Inhalts des
Protokolls (durch Kurzschrift, Tonaufnahmegerät) vgl. § 168a II, III
S. 4ff. StPO.

18   l) **Eine informatorische Befragung** ist noch keine Zeugenvernehmung
(24 zu § 55). Eine solche Befragung ist formlos. Über die Verwertung
des Ergebnisses einer solchen Befragung vgl. 24 zu § 55; 59a vor § 59.

19   m) **Eines RA als Beistand** kann sich der Zeuge bedienen, wenn dies
unter Abwägung des Interesses an der Aufklärung des Sachverhalts und
aller persönlichen und tatsächlichen Umstände des Einzelfalles angezeigt
erscheint (BVerfGE **38**, 105), so zB wenn die Grenzen des Auskunftsver-
weigerungsrechts schwer zu beurteilen sind (vgl. Dörinkel WuW **75**, 254
mwN).

20   B. **Die schriftliche Vernehmung** reicht in einfachen Sachen oft aus
und ist weniger aufwendig. Sie kommt insbesondere in Betracht, wenn
nach dem Beruf oder der Stellung des Zeugen eine erschöpfende Auskunft erwartet werden kann oder wenn der Zeuge für seine Aussage
Akten, Geschäftsbücher oder andere Schriftstücke benötigt (vgl. RiStBV
67 I S. 2). Die Vernehmung kann durch Übersendung eines Fragebogens
durchgeführt werden, in welchem der Zeuge aufgefordert wird, sich
schriftlich zu äußern. Der Fragebogen hat die Belehrung (vgl. 8 sowie
42a) und die Bezeichnung der Bußgeldsache zu enthalten (7) sowie die
Aufforderung, die Angaben zur Person zu machen (10) und einen zusammenhängenden Bericht zur Sache zu geben (11). Außerdem können zusätzliche Fragen gestellt werden. Weiterhin empfiehlt sich der Hinweis,
daß der Zeuge zur mündlichen Vernehmung vor die VB (oder den Richter) geladen werden kann, falls er sich innerhalb einer bestimmten Frist
nicht oder nicht vollständig äußert. Ein Ordnungsgeld kann gegen den
Zeugen, der eine Aufforderung zur schriftlichen Äußerung unbeachtet
läßt, nicht festgesetzt werden, weil die StPO dies nicht vorsieht (vgl. Haß
SchlHA **74**, 197).

21   C. **Eine Vereidigung** des Zeugen kommt im Verfahren der VB nur
ganz ausnahmsweise in Betracht (vgl. 12 zu § 48).

22   4) **Zeugnis- und Auskunftsverweigerungsrechte,** die a) für bestimmte
Gruppen von Zeugen (vgl. 23–42) und b) für jeden Zeugen bei bestimmten Fragen bestehen (vgl. 47ff.), beseitigen die Pflicht zur Aussage und
schränken damit die Wahrheitsfindung ein. Die Rechte zur Verweigerung der Aussage zeigen, daß bei einem Konflikt zwischen dem Interesse
an vollständiger und wahrheitsgemäßer Aufklärung des Sachverhalts und

anderen rechtlich geschützten Interessen die Wahrheitsermittlung nicht stets höher zu bewerten ist, sondern daß in bestimmten Fällen der Geheimnissphäre anderer ein mindestens gleicher Rang zuerkannt wird wie der Wahrheitsermittlung (vgl. 53 vor § 59). Dabei berücksichtigt das Gesetz auch, daß ein gewaltsames Eindringen in die Geheimnissphäre eines anderen auf natürliche Abwehr stoßen muß, die zur unwahren Aussage verleiten kann, und daß es eine Mißachtung einer menschlichen Konfliktsituation wäre, von einem Zeugen in bestimmten Fällen eine wahre Aussage zu verlangen (vgl. EbSchmidt 4, 6 vor §§ 52–56). Im Bußgeldverfahren ist die Anerkennung der Geheimnissphäre anderer in noch stärkerem Maße als im Strafverfahren geboten, weil das Interesse an der Wahrheitsermittlung bei Ordnungswidrigkeiten nicht den hohen Rang hat wie bei Straftaten. Das muß in Grenzfällen berücksichtigt werden. Stößt die Ermittlung des Sachverhalts deshalb auf zu große Schwierigkeiten, so muß die Einstellung des Verfahrens hingenommen werden. Über das Steuergeheimnis, das Post- und Fernmeldegeheimnis und das sog. Bankgeheimnis vgl. 62, 64 f. vor § 59.

23   A. **Die Angehörigen des Betroffenen** sind zur Verweigerung des Zeugnisses nach § 52 StPO iVm § 46 I berechtigt, um ihnen den inneren Konflikt zwischen wahrheitsgemäßer Aussage und etwaigen Vor- oder Nachteilen der Aussage für den Betroffenen zu ersparen. Es ist jedoch unerheblich, ob ein solcher Konflikt besteht oder nicht (BGH **12**, 235, 239). Bei den Angehörigen eines Beteiligungsinteressenten wird ein Zeugnisverweigerungsrecht ebenfalls anzuerkennen sein, soweit er im Vorverfahren wie ein Betroffener behandelt wird (vgl. 21 zu § 87; vgl. Rotberg 36). Das Zeugnisverweigerungsrecht der Angehörigen gilt unbeschränkt für die Tat (vgl. 50 ff.), die dem Betroffenen zur Last gelegt wird, auch wenn das Verfahren wegen der Tat gegen mehrere beteiligte Personen durchgeführt wird (vgl. Kleinknecht 6 zu § 52 StPO; BGH bei Holtz MDR **78**, 280). Wird das Bußgeldverfahren dagegen in einem solchen Falle nicht gegen den Angehörigen des Zeugen durchgeführt, so kann dieser das Zeugnis nicht allgemein verweigern; es besteht dann für ihn nur ein Auskunftsverweigerungsrecht auf einzelne Fragen (vgl. 47 ff.). Der Betroffene kann das Zeugnisverweigerungsrecht seiner Angehörigen nicht dadurch beseitigen, daß er auf der Vernehmung besteht, selbst wenn die Aussage zu seinem Nachteil ausfällt.

24   a) **Der Verlobte** des Betroffenen hat ein Zeugnisverweigerungsrecht (§ 52 I Nr. 1 StPO), nicht aber der frühere Verlobte (vgl. BGH **23**, 16, 17). Das Verlöbnis braucht nicht öffentlich bekanntgegeben zu sein; es genügt ein formloses gegenseitiges Eheversprechen, das aber ernst gemeint sein muß (so nicht beim Heiratsschwindler) und nicht nichtig sein darf; dies ist der Fall, wenn ein Partner noch verheiratet ist, ohne daß ein aussichtsreiches Scheidungsverfahren schwebt (vgl. BGH **3**, 215).

25   b) **Der Ehegatte** des Betroffenen hat das Zeugnisverweigerungsrecht (§ 52 I Nr. 2 StPO) auch dann, wenn die Ehe nicht mehr besteht oder (zB wegen Doppelehe) materiell nichtig oder für nichtig erklärt ist. Entscheidend ist also nur, ob die Ehe formell gültig geschlossen ist (vgl. Kleinknecht 9 zu § 52 StPO).

26   c) **Verwandte oder Verschwägerte** in gerader Linie oder in der Seitenlinie bis zum 2. oder 3. Grad (vgl. §§ 1589, 1590 BGB) haben das Zeugnisverweigerungsrecht (§ 52 I Nr. 3 StPO), nicht aber zB Pflegeeltern.
Bei einer Schwägerschaft gilt es weiter, auch wenn die Ehe, durch die sie
begründet ist, aufgelöst oder für nichtig erklärt ist. Verwandtschaft besteht auch zwischen einem nichtehelichen Kind und seinem natürlichen
Vater sowie dessen Verwandten (§ 1589 BGB). Im Falle der Adoption
wird ein Verwandtschafts- und Schwägerschaftsverhältnis zwischen
Kind und den Angehörigen des Annehmenden begründet (§ 1754 II
BGB).

27   B. **Kraft Berufes zur Geheimhaltung Verpflichtete** haben ebenfalls
ein unbeschränktes Zeugnisverweigerungsrecht über die ihnen in dieser
Eigenschaft anvertrauten oder bekanntgewordenen Tatsachen (vgl. § 53
StPO iVm § 46 I). Doch gilt dieses Zeugnisverweigerungsrecht nicht für
alle Personengruppen, die in § 203 I StGB genannt sind (so zB nicht für
die Sozialarbeiter; BVerfGE **33**, 367, 376). Daraus muß wohl abgeleitet
werden, daß trotz der Geheimhaltungspflicht nach § 203 I StGB eine
Pflicht zur Aussage besteht, soweit sich der Personenkreis nach dieser
Vorschrift nicht mit dem des § 53 StPO deckt; die Pflicht zur Zeugenaussage durchbricht danach (als befugtes Handeln iS von § 203 I StGB) die
Geheimhaltungspflicht (LR-Meyer 7 zu § 53 StPO mwN), obwohl diese
Regelung nach dem Grundsatz der Güter- und Pflichtenabwägung wenig
befriedigend ist (vgl. auch 62 vor § 59). § 53 StPO geht andererseits
weiter als § 203 I StGB, da es für das Zeugnisverweigerungsrecht nicht
darauf ankommt, ob es sich bei den in Betracht kommenden Tatsachen
um strafrechtlich geschützte Geheimnisse iS von § 203 I StGB handelt.

28   **Der Zeuge entscheidet selbst,** ob er – ohne in Konflikt mit § 203 I
StGB zu geraten – aussagen will oder nicht (BGH **15**, 200, 202 f.). Die
VB darf den Zeugen in dieser Entscheidung nicht beeinflussen (vgl. BGH
18, 146, 147 f.). Andererseits ist der Zeuge trotz eines Zeugnisverweigerungsrechtes auch bei einem strafrechtlich geschützten Geheimnis zur
Aussage befugt, wenn nach dem Grundsatz der Güter- und Pflichtenabwägung das Interesse an der Aufklärung einer Ordnungswidrigkeit höher zu bewerten ist als das Interesse an der Geheimhaltung (LR-Meyer 8
zu § 53 StPO). Im Bußgeldverfahren wird die Interessenabwägung aber
nur selten einen Bruch des Geheimnisses rechtfertigen. Deshalb ist bei
der (an sich erlaubten, vgl. BGH **15**, 200) Befragung, ob der Zeuge von
der Möglichkeit der Aussage Gebrauch machen will, Zurückhaltung geboten, wenn bei einer Aussage eine Verletzung der Geheimhaltungspflicht nach § 203 StGB zu besorgen ist.

29   **Auf die unerläßlich notwendigen Fragen** zu beschränken ist die Vernehmung bei einem möglichen Konflikt, um die Geheimnissphäre möglichst unangetastet zu lassen. In Zweifelsfällen empfiehlt es sich, eine
richterliche Vernehmung zu beantragen (5 ff. vor § 59); dies gilt auch für
die Fälle, in denen zwar eine Verschwiegenheitspflicht nach § 203 I StGB
besteht, jedoch kein Zeugnisverweigerungsrecht nach § 53 StPO iVm
§ 46 I gegeben ist, und nach dem Grundsatz der Güter- und Pflichtenabwägung die Aussagepflicht problematisch erscheint.

30   **Nach Beendigung der Tätigkeit** besteht das Zeugnisverweigerungsrecht fort; § 54 IV StPO gilt entsprechend (vgl. 36).

31   a) **Geistliche** (§ 53 I Nr. 1 StPO) sind nur solche der staatlich anerkannten öffentlich-rechtlichen Religionsgemeinschaften (vgl. Kleinknecht 12 zu § 53 StPO). Ihr Zeugnisverweigerungsrecht erstreckt sich nicht auf Tatsachen, die sie außerhalb der Tätigkeit als Seelsorger (zB bei Erziehungsaufgaben oder einer Verwaltungtätigkeit) erfahren haben; in diesem Falle kann aber § 54 StPO iVm § 46 I eingreifen (vgl. 38).

32   b) **Verteidiger** (§ 53 I Nr. 2 StPO) sind die in einem Bußgeld- oder Strafverfahren bestellten oder gewählten Verteidiger; das können auch andere Personen als RAe sein (vgl. 5 ff. zu § 60). Ob sie als Verteidiger aufgetreten sind, ist unerheblich.

33   c) **Rechtsanwälte, Ärzte** und die sonst in § 53 I Nr. 3 StPO aufgeführten Personen haben ein Verweigerungsrecht, nicht aber andere, die nur ähnliche Tätigkeiten ausüben (zB als Rechtsbeistand, Heilpraktiker, Tierarzt, Diplompsychologe, Sozialarbeiter; vgl. 27; ferner nicht der Masseur, Krankenpfleger, vgl. aber 37), da die Aufzählung abschließend ist. Bei den zuletzt genannten Personen ist aber zu prüfen, ob die Bedeutung der Ordnungswidrigkeit es rechtfertigt, sie zur Aussage zu zwingen, oder ob die Geheimnisphäre Vorrang hat (vgl. 38 f.). Soweit Ärzte in dem anhängigen Verfahren für die VB als Gutachter (zB bei der Entnahme einer Blutprobe) tätig geworden sind, besteht für sie in der Regel kein Zeugnisverweigerungsrecht (vgl. RG **66**, 273; BGHZ **40**, 289; vgl. auch Hass SchlHA **73**, 42); doch sind Ausnahmefälle denkbar (Hamm NJW **68**, 1202).

34   d) **Mitglieder und Beauftragte von Beratungsstellen bei Schwangerschaftsabbruch** (§ 53 I Nr. 3a StPO) sind alle in deren Dienst stehenden oder in deren Auftrag tätigen Personen, unabhängig davon, ob sie selbst Aufgaben der Beratungsstelle wahrnehmen oder ob sie nur in einem vorbereitenden oder ausführenden Aufgabenbereich tätig sind.

35   e) **Bei Abgeordneten** (§ 53 I Nr. 4 StPO) ist (schon im Hinblick auf § 50 StPO) eine schriftliche Vernehmung (vgl. 20) oder eine richterliche Vernehmung (5 ff. vor § 59) angezeigt. Die Frage, wo die Grenzen des Zeugnisverweigerungsrechts liegen, wird deshalb für die VB keine praktische Bedeutung erlangen, zumal die Voraussetzungen des § 53 I Nr. 4 StPO im Bußgeldverfahren sehr selten in Betracht kommen. In Zweifelsfällen ist die Vorlage an den Richter geboten.

36   f) **Die bei Presse und Rundfunk** mitwirkenden Personen haben ein uneingeschränktes Zeugnisverweigerungsrecht hinsichtlich des redaktionellen Teils von periodischen Druckwerken und Rundfunksendungen (§ 53 I Nr. 5 StPO), unabhängig davon, ob dieser Teil einen strafbaren Inhalt hat (vgl. Kunert MDR **75**, 885, 886), und zwar auch über die Person des Verfassers, Einsenders oder Gewährsmannes von Beiträgen oder Unterlagen. Das Zeugnisverweigerungsrecht besteht auch hier (vgl. 30) nach der Beendigung der mitwirkenden Tätigkeit fort (vgl. Kleinknecht 23 zu § 53 StPO).

37   g) **Den Berufsgehilfen** der in § 53 I Nr. 1–4 Genannten (zB Bürovorsteher, Sprechstundenhilfen, Stenotypisten, Angehörige von Heilhilfsbe-
rufen, Ausbildungsreferendaren, mithelfenden Familienangehörigen)
steht ein abgeleitetes Zeugnisverweigerungsrecht zu, über das regelmäßig der eigentliche Geheimnisträger entscheidet (§ 53a StPO).

38   C. **Die im öffentlichen Dienst tätigen Personen** (Richter; Beamte;
aber auch Angestellte und Arbeiter, soweit diese nicht nur mechanisch
auszuführende untergeordnete Funktionen verrichten; Gemeinderatsmit-
glieder) dürfen über die ihnen bei ihrer amtlichen Tätigkeit bekanntgewordenen Angelegenheiten nur mit Genehmigung des Dienstvorgesetzten aussagen (§ 54 I StPO iVm § 46 I; § 61 BBG; § 39 BRRG). Für Soldaten gilt dies entsprechend (vgl. § 14 SG); ebenso für Bedienstete der
EWG und der EAG (VO v. 18. 12. 1961, BGBl. 1962 II 953, 959, 997).

39   a) **Die Genehmigung einzuholen** hat die Stelle, die diese Personen
vernehmen will, und zwar bei der Behörde, bei welcher der Zeuge zur
Zeit tätig ist; sie leitet das Gesuch an den früheren Dienstvorgesetzten
weiter, falls der Zeuge die Angelegenheit bei einer früheren Tätigkeit
erfahren hat (vgl. Kleinknecht 7 zu § 54 StPO). Hält sich der Zeuge zur
Verschwiegenheit verpflichtet, so ist er berechtigt, das Zeugnis zu verweigern (LR-Meyer 11 zu § 54 StPO). Die Aussagegenehmigung ist andererseits auch einzuholen, wenn der Zeuge zur Aussage bereit ist, da er
über das Dienstgeheimnis nicht verfügen kann. Das Gesuch um Aussagegenehmigung hat die Fragen anzugeben, auf die sich die Genehmigung
erstrecken soll, damit der Dienstvorgesetzte über die Aussagegenehmigung entscheiden kann.

40   b) **Nicht notwendig ist die Aussagegenehmigung** für Mitteilungen im
dienstlichen Verkehr oder über Tatsachen, die offenkundig sind oder
ihrer Bedeutung nach keiner Geheimhaltung bedürfen (vgl. § 61 I S. 2
BBG; § 39 I S. 2 BRRG). In Grenzfällen entscheidet weder der Zeuge
noch die VB, sondern der Dienstvorgesetzte darüber, ob die Aussagegenehmigung notwendig ist (vgl. BGH bei Dallinger MDR **52**, 659;
Kleinknecht 6 zu § 54 StPO).

41   c) **Die Genehmigung** kann auch mit Einschränkungen erteilt werden;
sie kann auch widerrufen werden. Eine Versagung der Genehmigung ist
nur zulässig, wenn die Aussage dem Wohl des Bundes oder eines deutschen Landes Nachteile bereiten oder die Erfüllung öffentlicher Aufgaben
ernstlich gefährden oder erheblich erschweren kann (§ 62 I BBG; § 39 III
S. 1 BRRG). Die Entscheidung des Dienstvorgesetzten ist für die VB
verbindlich; jedoch sind Gegenvorstellung und Aufsichtsbeschwerde
(33 ff. zu § 62) zulässig (vgl. näher Kleinknecht 10 zu § 54 StPO), und
zwar auch seitens der VB. Ist die Aussage ohne Genehmigung gemacht,
so kann sie gleichwohl verwertet werden (vgl. Kleinknecht 12 zu § 54
StPO).

42   D. **Bei amtlich bekanntgewordenen Privatgeheimnissen** (§ 203 II
StGB) entbindet die Pflicht, als Zeuge auszusagen, nach dem verfassungsrechtlichen Grundsatz der Güter- und Pflichtenabwägung noch
nicht von der Geheimhaltungspflicht; hier ist eine Pflichtenkollision ge-

geben, die gesetzlich (noch) nicht gelöst ist (vgl. 61 vor § 59; anders jedoch – wenn auch unausgewogen – neuerdings für das Steuergeheimnis, vgl. 62 vor § 59). Auch der Dienstvorgesetzte kann den Zeugen durch die Genehmigung zur Aussage von dieser Pflicht nicht entbinden, da er über das Privatgeheimnis nicht verfügen kann (so mit Recht Rössler MDR **69**, 356). Nach der Regelung des einfachen Gesetzgebers, der auf § 203 StGB keine Folgerungen für das Zeugnisverweigerungsrecht in der StPO gezogen hat, muß allerdings davon ausgegangen werden, daß die Pflicht zur Aussage trotz der Pflicht zur Geheimhaltung besteht; doch erscheint dies verfassungsrechtlich bedenklich (vgl. 27). In Grenzfällen sollte die VB den Zeugen deshalb nicht zur Aussage veranlassen (vgl. 22, 28 f.), sondern eine richterliche Vernehmung beantragen (5 ff. vor § 59).

42 a   E. **Eine Belehrung über das Zeugnisverweigerungsrecht** ist bei Angehörigen des Betroffenen (23 ff.) stets notwendig (§ 52 III StPO iVm § 46 I). Die Belehrung muß dem Zeugen deutlich machen, daß er mit Rücksicht auf sein persönliches Verhältnis zum Betroffenen die Freiheit zur Aussage hat, und zwar erneut bei jeder Vernehmung. Ihm darf keinesfalls in Aussicht gestellt werden, daß die Verweigerung der Aussage zum Nachteil des Betroffenen ausgelegt werden könne, weil eine solche Schlußfolgerung unzulässig ist. Bei Kindern ist deren Belehrung in einer für deren Verständnis angepaßten Form notwendig. Die Zustimmung des gesetzlichen Vertreters ist erforderlich, wenn Minderjährige (oder wegen Geisteskrankheit oder Geistesschwäche entmündigte Personen) wegen mangelnder Verstandesreife (oder Verstandesschwäche) keine genügende Vorstellung von der Bedeutung des Zeugnisverweigerungsrechts haben; daneben muß die Bereitschaft dieser Personen zur Aussage vorliegen (§ 52 II S. 1 StPO iVm § 46 I); die Belehrungspflicht besteht dann auch gegenüber dem gesetzlichen Vertreter (§ 52 III StPO iVm § 46 I), es sei denn, daß er (oder sein Ehegatte) selbst Beschuldigter ist (vgl. näher § 52 II S. 2, III StPO iVm § 46 I). Die Belehrung der unter 28 ff. genannten Personen ist zwar nicht vorgeschrieben (vgl. Zweibrücken NJW **68**, 2301), aber zumindest dann angebracht, wenn sie sich über ihr Verweigerungsrecht möglicherweise nicht im klaren sind. Bei den unter 38 genannten Personen erübrigt sich eine Belehrung deshalb, weil vorher stets eine Aussagegenehmigung vorliegen muß. Erkennt die VB, daß eine zur Verschwiegenheit verpflichtete Person iS von 42 ihre Geheimhaltungspflicht verletzen kann, so ist eine Belehrung oder der Verzicht auf weitere Befragung angezeigt.

43   F. **Die Entbindung von der Schweigepflicht** ist bei den Geheimnisträgern iS von § 53 I Nr. 2–3 a StPO sowie iS von 42 durch die Person möglich, deren Geheimnissphäre geschützt ist. Soweit der Geheimnisträger von seiner Schweigepflicht entbunden ist, besteht die Pflicht zur Aussage (§ 53 II StPO iVm § 46 I; BGH **18**, 146; vgl. näher Kleinknecht 35 ff. zu § 53 StPO). Die Entbindung kann auf bestimmte Fragen beschränkt und auch widerrufen werden. Soweit der Geheimnisträger nicht entbunden ist, kann er nach dem Grundsatz der Güter- und Pflichtenabwägung zur Aussage befugt sein (vgl. zu 28 ff., 42). Die im öffentlichen Dienst tätigen Personen (38) werden durch die Aussagegenehmigung von ihrer *dienstlichen* Schweigepflicht entbunden und müssen danach aussagen; sie können jedoch gleichzeitig zur Wahrung eines Privatgeheimnisses verpflichtet sein (vgl. zu 42).

44   G. **Der Verzicht auf das Verweigerungsrecht ist widerruflich** (vgl. BGH **17**, 245; **18**, 146), und zwar sowohl während der Vernehmung als auch noch vor einer späteren Vernehmung (§ 52 III S. 2 StPO iVm § 46 I). Dies gilt nicht nur für die Angehörigen des Betroffenen (23 ff.), sondern auch für die unter 28 ff. und 42 genannten Geheimnisträger; § 52 III StPO gilt insoweit entsprechend (vgl. RG **63**, 302). Die Aussagegenehmigung ist ebenfalls widerruflich.

45   H. **Die Pflicht zum Erscheinen** wird durch das Zeugnisverweigerungsrecht nicht berührt (vgl. Rotberg 35). Es bleibt abzuwarten, ob der Zeuge bei der Vernehmung von seinem Verweigerungsrecht Gebrauch machen wird. Erklärt der Zeuge schon vor der Vernehmung schriftlich oder zur Niederschrift bei der VB (21 ff. zu § 67) seine Weigerung, so ist er gleichwohl zum Erscheinen verpflichtet (anders § 386 III ZPO). Die VB kann dann aber von der Vernehmung absehen; dies empfiehlt sich, wenn eine andere Erklärung bei der Vernehmung nicht zu erwarten und die Aussage nicht von ausschlaggebender Bedeutung ist.

46   J. **Im gerichtlichen Verfahren unverwertbar ist die Aussage,** wenn der Angehörige des Betroffenen (23 ff.) nicht belehrt ist (vgl. KMR 3 g zu § 52); ebenso, wenn ein Angehöriger oder Geheimnisträger (27–42) später von seinem Verweigerungsrecht Gebrauch macht oder die Entbindung von der Schweigepflicht nachträglich widerrufen ist, es sei denn, daß er vorher richterlich (belehrt und) vernommen ist. Im gerichtlichen Verfahren verwertbar ist dagegen die Aussage eines Geheimnisträgers iS von 27 ff. oder 42 auch dann, wenn er wegen der Schweigepflicht zur Aussage nicht befugt war (vgl. BGH **9**, 62); ebenso, wenn die Aussage ohne Aussagegenehmigung (38 ff.) gemacht ist (vgl. Celle MDR **59**, 414). Äußerungen bei informatorischen Befragungen oder außerhalb von Vernehmungen (vgl. 24 vor § 55) sind dagegen verwertbar (Krause, Die Polizei **78**, 305).

47   K. **Ein Auskunftsverweigerungsrecht** hat jeder Zeuge bei einzelnen Fragen (uU aber auch bei einem ganzen Fragenkomplex; vgl. BGH **10**, 104, 105), deren Beantwortung ihm selbst oder einem Angehörigen (23 ff.) die Gefahr zuziehen würde, wegen einer (vor der Aussage begangenen) Straftat oder Ordnungswidrigkeit verfolgt zu werden (55 I StPO iVm § 46 I). Der Zeuge darf in diesen Punkten aber nicht schweigen, sondern muß erklären, daß er nicht aussagen möchte.

48   a) **Die Gefahr einer Verfolgung** ist schon bei Anhaltspunkten für das Vorliegen einer Straftat oder Ordnungswidrigkeit gegeben; sie kann selbstverständlich auch dann bestehen, wenn der Zeuge oder Angehörige die in Betracht kommende Tat in Wirklichkeit nicht begangen hat. Ob die Gefahr besteht oder nicht, entscheidet der Vernehmende (vgl. BGH **10**, 104). Kommt ein Verfolgungshindernis (37 ff. vor § 59) in Betracht, so besteht eine Aussagepflicht nur dann, wenn eindeutig feststeht (vgl. BGH **9**, 34, 35), daß eine Verfolgung ausgeschlossen ist (zB wegen Verjährung; vgl. BVerfG BB **75**, 1315). Der Umstand, daß ein früheres Ermittlungsverfahren mangels hinreichenden Tatverdachts eingestellt worden ist, beseitigt also nicht das Auskunftsverweigerungsrecht (vgl. 161 vor § 59). Bei der Gefahr eines Disziplinarverfahrens gilt das Auskunftsverweigerungsrecht nicht.

49 b) **Das Vorstandsmitglied einer JP** kann für diese die Auskunft verweigern, wenn die Gefahr besteht, daß bei der Beantwortung gegen die JP eine Geldbuße festgesetzt wird. Ein ausgeschiedenes Vorstandsmitglied einer JP hat aber kein Recht, im Verfahren gegen sie in deren Namen die Aussage zu verweigern (BVerfG BB **75**, 1315; doch hat es aus eigenem Recht ein Auskunftsverweigerungsrecht im Falle des § 55 StPO iVm § 46 I, soweit kein endgültiges Verfolgungshindernis eingetreten ist; v. Winterfeld BB **76**, 346; vgl. auch 5 zu § 88).

50 c) **Zu belehren** ist der Zeuge vor oder während der Vernehmung über das Auskunftsverweigerungsrecht (§ 55 II StPO), sobald sich Anhaltspunkte dafür ergeben, daß es bestehen kann. Eine allgemeine Belehrung vor Beginn der Vernehmung ist aber ausreichend.

51 L. **Über die Glaubhaftmachung** des Zeugnisverweigerungsrechts vgl. 62.

52 **5) Bei Verletzung der Zeugenpflichten** kann die VB gegen den Zeugen ein Ordnungsgeld festsetzen und ihm daneben die Kosten auferlegen, die durch die unberechtigte Weigerung oder das unberechtigte Ausbleiben entstanden sind (§ 161 a II S. 1 StPO iVm § 46 I). Diese Befugnis steht auch der von der zuständigen VB im Wege der Amtshilfe um Vernehmung ersuchten VB zu (§ 161 a IV StPO iVm § 46 I), nicht aber der Polizeibehörde, soweit sie nicht selbst zuständige VB ist (9 zu § 35).

53 A. **Das Nichterscheinen trotz ordnungsgemäßer Ladung:**

54 a) **Vorwerfbar** (30 vor § 1) muß das Nichterscheinen sein, um ein Ordnungsgeld festsetzen zu können (vgl. § 51 II StPO iVm § 46 I), weil auch eine strafähnliche Maßnahme ein vorwerfbares Handeln voraussetzt (BVerfGE **20**, 333 zu § 890 ZPO aF). In der Regel ist vorwerfbares Handeln anzunehmen, wenn der Zeuge ausbleibt, obwohl er ordnungsgemäß geladen ist (§ 51 I S. 1 StPO), dh angemessene Zeit vor dem Termin, unter Angabe der Zeit und des Orts der Vernehmung und unter Hinweis auf die möglichen Folgen nach § 161 a II S. 1 StPO iVm § 46 I. Die ordnungsgemäße Ladung muß nachgewiesen sein.

55 **Gegen Kinder** darf ein Ordnungsgeld nicht festgesetzt werden, weil sie nicht vorwerfbar handeln (so jetzt auch Kleinknecht 8 zu § 51 StPO); bei Jugendlichen kommt es auf den Reifegrad an (vgl. 4 zu § 12). Gegen den gesetzlichen Vertreter oder Erziehungsberechtigten des Kindes oder Jugendlichen (5, 10 zu § 67) ist die Festsetzung eines Ordnungsgeldes wegen Ausbleibens des Kindes oder Jugendlichen unzulässig (vgl. Hamm NJW **65**, 1613; Kleinknecht 8 zu § 51 StPO).

56 b) **Entschuldigungsgründe hinsichtlich des Ausbleibens.** Das Ausbleiben ist stets genügend entschuldigt, wenn das Erscheinen unmöglich ist (zB auf Grund von Naturereignissen, Krankheit uä); ebenso, wenn der Zeuge von der Ladung keine oder verspätete Kenntnis erhalten hat oder

wenn ihn nicht vorhersehbare Umstände (zB ungewöhnliche Verspätung
von öffentlichen Verkehrsmitteln) daran gehindert haben zu erscheinen
(Kleinknecht 6a zu § 51 StPO). Als genügend entschuldigt ist es aber
auch anzusehen, wenn das Erscheinen für den Zeugen unzumutbar ist
(zB unaufschiebbare Dienstreise, längere Zeit vorher geplante Urlaubs-
reise; vgl. Stuttgart, Die Justiz **68**, 133); ebenso, wenn die Gründe für das
Fernbleiben des Zeugen ein größeres Gewicht haben als das Interesse an
der zügigen Durchführung des Verfahrens (KG **71**, 338).

57   c) **Besteht ein Zeugnisverweigerungsrecht,** so muß der Zeuge erscheinen, auch wenn er schon vor dem Termin mitgeteilt hat, daß er
nicht aussagen wolle (vgl. 45). Sein Ausbleiben kann dann aber entschuldigt sein, wenn er nicht in der Ladung oder in einem Antwortschreiben
rechtzeitig vor dem Termin darauf hingewiesen worden ist, daß ein
mögliches Zeugnisverweigerungsrecht von der Verpflichtung zum Erscheinen nicht befreit. In diesem Falle kommt ein nicht vorwerfbarer
Verbotsirrtum in Betracht (vgl. 23 ff. zu § 11).

58   d) **Die rechtzeitige Entschuldigung** sperrt die Festsetzung des Ordnungsgeldes und der Kosten. Trotz des Wortlautes von § 51 II S. 1 StPO
(... entschuldigt „wird") kann es nicht darauf ankommen, ob sich der
Zeuge selbst oder durch eine Mittelsperson entschuldigt, also Entschuldigungsgründe vorbringt (so aber Kleinknecht 3 zu § 51 StPO; LRErgb-
Meyer 2 zu § 51 StPO), oder ob die Umstände, die sein Ausbleiben
entschuldigen, von Amts wegen festgestellt werden (zB bei einer Natur-
katastrophe, bei Straßensperren uä); denn was gerichtsbekannt ist,
braucht nicht noch vorgebracht zu werden (vgl. auch Hamburg JR **62**,
351 zu § 51 StPO aF; daß die neue Fassung von § 51 StPO in diesem
Punkte etwas anderes wollte, dafür liegen keine Anhaltspunkte vor).
Andererseits bedeutet „rechtzeitig" so früh, wie dies möglich ist, um
etwaige sonst durch die Säumnis entstehende Kosten (insbesondere für
die Beteiligten oder durch das Erscheinen weiterer Zeugen in der Verhandlung) zu vermeiden (anders Kleinknecht 4 zu § 51 StPO, der eine
Entschuldigung bis zum Zeitpunkt der in Aussicht genommenen Vernehmung für ausreichend hält; doch hat die Neufassung von § 51 StPO
durch das StVÄG 1979 gerade eine Erweiterung der Zeugenpflichten
hinsichtlich der Rechtzeitigkeit der Entschuldigung zum Ziel gehabt; vgl.
BegrEStVÄG 1979, S. 36; wie hier: LRErgb-Meyer 3 zu § 51 StPO).
Eine für den Zeugen nachteilige Kostenentscheidung kann deshalb auch
dann ergehen, wenn er zB erst einen Tag vor dem Termin Entschuldigungsgründe vorbringt, die er wesentlich früher hätte vorbringen können und deshalb eine Aufhebung des Termins mit einer Nachricht an
andere Zeugen und die Beteiligten nicht mehr möglich war; anders,
wenn er glaubhaft macht, daß ihn hinsichtlich der Verspätung der Entschuldigung kein Verschulden trifft (§ 51 II S. 2 StPO iVm § 46 I; vgl.
BegrEStVÄG 1979 aaO; so auch LRErgb-Meyer 3 f. zu § 51 StPO; unklar insoweit Kleinknecht 5 zu § 51 StPO). Dies gilt weiterhin auch für
die Festsetzung des Ordnungsgeldes, das den Zeugen veranlassen soll,
künftig etwaige Entschuldigungsgründe rechtzeitig vorzubringen, um

einen sonst unnötigen Verfahrensaufwand (Vorbereitung des Termins) zu vermeiden (LRErgb-Meyer aaO).

59   e) **Die verspätete Entschuldigung** hindert die Festsetzung von Ordnungsgeld und Kosten (und eröffnet deren Aufhebung) grundsätzlich nicht (§ 51 II S. 1, 2 StPO iVm § 46 I); anders, wenn glaubhaft gemacht wird, daß auch die Verspätung unverschuldet ist (LRErgb-Meyer 4 zu § 51 StPO). Teilt der Zeuge zB erst zu Beginn des Vernehmungstermins oder kurz zuvor mit, er könne der 4 Wochen zurückliegenden Ladung nicht nachkommen, weil er seit 3 Wochen im Krankenhaus liege, so ist die Entschuldigung verspätet (vgl. 58); denn dies hätte er wesentlich früher vorbringen können; ebensowenig reicht ein solches Vorbringen dafür aus, die Festsetzung von Ordnungsgeld und Kosten aufzuheben (§ 51 II S. 3 StPO). Etwas anderes gilt jedoch in beiden Fällen zB dann, wenn der Zeuge glaubhaft macht (vgl. 14 f. zu § 52), daß ihm die (durch eine Ersatzzustellung bewirkte) Ladung erst kurz vor dem Termin im Krankenhaus übergeben worden sei, so daß er die Entschuldigung nicht früher als zum Terminbeginn habe vorbringen können.

60   f) **Der Nachweis der genügenden Entschuldigung.** Die Erklärungen des Zeugen hinsichtlich der vorgebrachten Gründe sind dahin frei zu würdigen, ob ihnen geglaubt werden kann (Freibeweisverfahren, vgl. BegrEStVÄG 1979, S. 36). Erscheint das Vorbringen des Zeugen nach den Umständen in sich glaubhaft, so brauchen keine näheren Feststellungen getroffen zu werden (LRErgb-Meyer 4 zu § 51 StPO); bestehen jedoch Zweifel, so wird diesen nachzugehen sein. Den Zeugen trifft danach zur Aufzeigung von Entschuldigungsgründen zwar eine gewisse Mitwirkungspflicht, was aus dem Wortlaut von § 51 II S. 1 StPO (genügend entschuldigt wird) abzuleiten ist, jedoch keine Beweislast; dies wäre auch bei einer strafähnlichen Sanktion bedenklich (vgl. dazu aber Kleinknecht 6 zu § 51 StPO, wonach die Anforderungen an die Feststellungen der genügenden Entschuldigung nicht überspannt werden dürfen, was darauf hindeutet, daß dem Zeugen der Nachweis, wenn auch der eines geringeren Grades, obliegt).

61   g) **Entschuldigungstatsachen hinsichtlich der verspäteten Entschuldigung** muß der Zeuge aufzeigen (glaubhaft machen; vgl. § 51 II S. 2, 3 StPO iVm § 46 I). Das erscheint (wegen der bloßen Glaubhaftmachung) weniger zu sein als von ihm zur genügenden Entschuldigung seines Ausbleibens verlangt wird (so Kleinknecht 6 zu § 51 StPO). In Wahrheit trifft jedoch den Zeugen hinsichtlich der Entschuldigung für die Verspätung stets eine Mitwirkungspflicht (vgl. BegrEStVÄG 1979, S. 36; ,,darüberhinaus" hat der Zeuge glaubhaft zu machen): Ergibt sich aus seiner Entschuldigung für die Versäumung des Termins, daß er die Gründe dafür hätte früher geltend machen können, so ist seine Entschuldigung für die Terminversäumnis unbeachtlich, so daß es auf die sachliche Prüfung dieser Entschuldigungsgründe gar nicht mehr ankommt (insoweit zutr. Kleinknecht 16 zu § 51 StPO; ebenso LRErgb-Meyer 6 zu § 51 StPO). Es ist also nicht Aufgabe der VB, von Amts wegen festzustellen, ob dem Zeugen eine rechtzeitige (frühere) Entschuldigung möglich und zumutbar gewesen ist; vielmehr obliegt es dem Betroffenen, insoweit Tatsachen anzuführen und (zumindest) glaubhaft (vgl. 14 f. zu § 52; 63) erscheinen zu lassen (der Grundsatz *in dubio pro reo* gilt insoweit nicht). Über die Aufhebung wegen nachträglicher Entschuldigung vgl. 75.

61a h) **Die Anwesenheit des Zeugen zur Vernehmung** wird verlangt, um sie durchführen zu können. Deshalb steht es dem Nichterscheinen gleich, wenn der Zeuge sich vor Beendigung der Vernehmung entfernt oder wenn er im vernehmungsunfähigen (zB völlig übermüdeten oder betrunkenen) Zustand erscheint (Kaiser NJW **68**, 185; LR-Meyer 7 zu § 51 StPO; Rebmann/Roth/Herrmann 11b; abw. Lampe MDR **74**, 540, der das vorzeitige Entfernen als ein Verweigern der Aussage ansieht).

62 B. **Die Verweigerung der Aussage** ist grundlos (§ 70 StPO iVm § 46 I: ,,ohne gesetzlichen Grund") , wenn der Zeuge kein Zeugnisverweigerungsrecht (vgl. näher 22 ff.) hat. Beruft sich der Zeuge auf ein Zeugnisverweigerungsrecht, so kann die VB verlangen, daß die Tatsachen, die es begründen sollen, glaubhaft gemacht werden, dh so dargetan werden, daß sie wahrscheinlich sind (vgl. 14 f. zu § 52). Nach § 56 S. 2 StPO genügt die ,,eidliche Versicherung" des Zeugen, die ein Eid und nicht nur eine eidesstattliche Versicherung ist (vgl. LR-Meyer 8 zu § 56 StPO). Zur Vereidigung ist die VB aber mangels gesetzlicher Vorschrift nicht berechtigt; sie wird deshalb in sinngemäßer Anwendung (§ 46 I) des § 56 StPO als befugt anzusehen sein, eine eidesstattliche Versicherung entgegenzunehmen (vgl. Rotberg 36; Müller 13; Rebmann/Roth/Herrmann 14). Notwendig ist die Abnahme einer eidesstattlichen Versicherung aber nicht, da die VB den Angaben des Zeugen auch so Glauben schenken kann (vgl. OGH **2**, 173; Rotberg 36; vgl. auch 14 f. zu § 52). Ist es zweifelhaft, ob ein Zeugnisverweigerungsrecht besteht und beharrt der Zeuge auf seiner Weigerung, so empfiehlt sich die richterliche Vernehmung des Zeugen (5 ff. vor § 59). Die grundlose Verweigerung der Aussage muß ebenfalls vorwerfbar sein, um ein Ordnungsgeld festsetzen zu können (vgl. 54); in Betracht kommt ein nicht vorwerfbarer Verbotsirrtum (vgl. 23 ff. zu § 11). Aus der grundlosen Verweigerung des Zeugnisses können Schlüsse für die Beurteilung des Sachverhalts gezogen werden (BGH NJW **66**, 211 m. Anm. Meyer JR **66**, 351); deshalb kann sich die Festsetzung eines Ordnungsgeldes erübrigen.

63 C. **Die Festsetzung eines Ordnungsgeldes und Auferlegung der Kosten** sind als Ungehorsamsfolgen zulässig (§ 51 I, § 70 I, § 161 a II S. 1 StPO iVm § 46 I), außerdem die **Vorführung** auf Grund richterlicher Anordnung (§ 46 V).

64 a) **Im Ermessen der VB** liegt die Maßnahme. Das ergibt sich aus dem Opportunitätsgrundsatz, der im Bußgeldverfahren gilt (vgl. Rebmann/Roth/Herrmann 20; Rotberg 37; vgl. ebenso für § 51 StPO: LR-Meyer 18 zu § 51 StPO; vgl. ferner LG Trier NJW **75**, 1044; Koblenz VRS **56**, 463; anders wohl Kleinknecht 10 zu § 51 StPO, wonach die Festsetzung des Ordnungsgeldes ,,obligatorisch" sein soll). Von der Festsetzung des Ordnungsgeldes kann namentlich abgesehen werden, wenn die Verletzung der Zeugenpflicht das Verfahren nicht oder nur unwesentlich erschwert oder verzögert (zB bei einer unwesentlichen Verspätung des Zeugen, genügend anderen Beweismöglichkeiten; vgl. LRErgb-Meyer 5

zu § 51 StPO) oder wenn der Vorwurf, der den Zeugen trifft, gering ist (zB wenn er in einem Verfahren von geringer Bedeutung die Vernehmung wegen persönlicher Geschäfte versäumt, deren Aufschub ihm schwer zumutbar war; vgl. dazu auch Koblenz aaO). Im übrigen ist der Grundsatz der Verhältnismäßigkeit (vgl. 9 zu § 46) zu beachten. Deshalb kann zB bei einer Zeugnisverweigerung ein Ordnungsgeld unangemessen sein, wenn der Zeuge die Geheimnissphäre eines anderen schützen will, auch wenn er kein Zeugnisverweigerungsrecht hat (vgl. 22f., 33, 42).

65   b) **Die Anhörung des Zeugen** vor der Entscheidung ist nicht notwendig, wenn er zur Vernehmung nicht erscheint; er kann sein Ausbleiben aber nachträglich entschuldigen (75). Der Zeuge ist dagegen zu hören, falls er anwesend ist, namentlich dann, wenn die Maßnahme wegen der Verweigerung des Zeugnisses getroffen werden soll.

66   c) **Das Ordnungsgeld** ist seinem Wesen nach der Geldbuße ähnlich (40 vor § 1; ebenso Hamm VRS **41**, 283). Die Sanktion wird nicht als Geldbuße bezeichnet, weil sie sich von der Geldbuße in mancher Hinsicht unterscheidet: Für die Festsetzung gelten nicht die Vorschriften des OWiG über das Vorverfahren, den Einspruch und das Hauptverfahren. Das Ordnungsgeld kann selbständig neben einer Geldbuße festgesetzt werden; § 84 gilt also nicht. Das Ordnungsgeld kann bei wiederholtem Ausbleiben zweimal (nicht mehr; LR-Meyer 16 zu § 51 StPO), bei grundloser Verweigerung des Zeugnisses nur einmal festgesetzt werden. Das Mindestmaß beträgt 5 DM, das Höchstmaß (insgesamt) 1000 DM (Art. 6 I S. 1 EGStGB Anh **A** 1). Über die Bewilligung von Zahlungserleichterungen vgl. Art. 7 EGStGB.

67   d) **Die Anordnung der Haft** (vgl. Erzwingungshaft, § 70 II StPO; ersatzweise Ordnungshaft, § 51 I S. 2, § 70 I S. 2 StPO) durch die VB ist unzulässig. Kommt die Anordnung der Erzwingungshaft in Betracht, so ist eine richterliche Vernehmung zu beantragen (§ 162 StPO iVm § 46 I). Die nachträgliche Anordnung der Ordnunghaft durch das Gericht (Art. 8 EGStGB, Anh **A** 1) ist nicht möglich, wenn die VB das Ordnungsgeld festgesetzt hat; denn in diesem Fall ist die Anordnung der Ordnungshaft – zu der die VB nicht befugt ist – nicht „unterblieben", also versehentlich verabsäumt worden. Ordnet die VB die Haft an, so ist diese Anordnung nichtig (Art. 104 II GG), nicht nur anfechtbar (vgl. 57 zu § 66).

68   e) **Die Vorführung** kann die VB selbst nicht anordnen (§ 46 V). Sie kann den Zeugen auch nicht durch Gewalt hindern, sich vorzeitig zu entfernen. Die VB kann jedoch die richterliche Anordnung der Vorführung beantragen (33 zu § 46).

69   f) **Kosten** entstehen durch die Säumnis oder die Weigerung der Aussage nur in seltenen Fällen. Eine Gebühr ist nicht vorgesehen. Als Auslagen kommen zB in Betracht die Postgebühren für eine erneute Ladung durch Zustellung (§ 107 III Nr. 2), die Kosten für einen Sachverständigen, der zur Vernehmung bestellt ist, die dem Betroffenen entstandenen Reise- oder Verteidigerkosten, wenn er zur Vernehmung des Zeugen (zB zwecks Gegenüberstellung) geladen ist. Ob dem Zeugen die Kosten aufzuerlegen sind (§ 51 I S. 1, § 70 I S. 1 StPO iVm § 46 I), darüber entscheidet die VB nach pflichtgemäßem Ermessen. Bei nur geringfügigen Kosten ist von einer Kostenentscheidung abzusehen. Sind jedoch dem Betroffenen durch das Verhalten des Zeugen Kosten entstanden, so kann er verlangen (vgl. 72), daß sie dem Zeugen auferlegt werden (vgl. BayVerfGHE **18**, 134). Ist die Staatskasse (18 zu § 105) verpflichtet, die notwendigen Auslagen eines Beteiligten zu erstatten (8ff. vor § 105), so hat sie die durch die Säumnis eines Zeugen entstandenen Kosten zu tragen, auch wenn sie diesem auferlegt sind (LG Münster JMBlNW **74**, 155).

70   g) **In einem Ordnungsgeldbescheid** setzt die VB das Ordnungsgeld fest; er kann zugleich die Kostenentscheidung zum Nachteil des Zeugen enthalten. Werden dem Zeugen lediglich die Kosten auferlegt (was zulässig ist), so ergeht ein Kostenbescheid (vgl. auch 9 zu § 105). Der Bescheid wird dem Zeugen formlos bekanntgemacht (§ 50 I S. 1); die Zustellung ist nicht vorgeschrieben. Der Bescheid kann ausnahmsweise auch noch nach Erlaß des Bußgeldbescheides ergehen (vgl. LG Itzehoe SchlHA **66**, 154).

71   h) **Gegen Abgeordnete** ist die Festsetzung eines Ordnungsgeldes trotz ihrer Immunität (Art. 46 II–IV GG) zulässig, nicht aber gegen Exterritoriale (§§ 18–20 GVG iVm § 46 I; 3).

72   i) **Antrag auf gerichtliche Entscheidung** ist gegen den Ordnungsgeld- (und Kosten-)bescheid zulässig (vgl. 4 zu § 62; § 161 a III StPO gilt hier nicht, da § 62 als speziellere Regelung vorgeht). Antragsberechtigt ist der Zeuge, gegen den sich der Bescheid richtet. Sind dem Betroffenen Kosten entstanden und unterläßt es die VB, sie dem Zeugen aufzuerlegen, so kann er gegen die ablehnende Entscheidung der VB ebenfalls gerichtliche Entscheidung nach § 62 I S. 1 beantragen (vgl. BayVerfGHE **18**, 138), und zwar auch noch dann, wenn ein Bußgeldbescheid bereits erlassen ist (ebenso Rebmann/Roth/Herrmann 25; vgl. auch LR-Meyer 14f. zu § 51 StPO). Dasselbe gilt, wenn wegen des Ausbleibens des Zeugen weitere Auslagen entstanden sind (zB durch erneute Ladung eines anderen Zeugen zur Gegenüberstellung mit dem ausgebliebenen), die dem Betroffenen im Bußgeldbescheid mit den Kosten des Verfahrens auferlegt sind (vgl. Braunschweig NJW **67**, 1381; Bay. DRiZ **28**, 423). Der Antrag ist nicht befristet. Wird der Ordnungsgeldbescheid auf den Antrag des Zeugen aufgehoben, so sind ihm in der Regel auch seine notwendigen Auslagen zu erstatten (§ 473 StPO iVm § 46 I; vgl. Koblenz NJW **67**, 1240), es sei denn, daß er durch sein Verhalten den Erlaß des Ordnungsgeldbescheids veranlaßt hat (zB verspätete Entschuldigung).

73   j) **Über die Verjährung** des Ordnungsgeldes vgl. Art. 9 EGStGB (Anh **A 1**).

74   k) **Über die Vollstreckung** vgl. 38 zu § 90.

75   D. **Die Aufhebung wegen nachträglicher Entschuldigung** (§ 51 II S. 3 StPO iVm § 46 I) setzt zweierlei voraus, nämlich a) die genügende Entschuldigung für das Ausbleiben vom Termin und b) die Glaubhaftmachung (14f. zu § 52), daß ein rechtzeitiges Vorbringen der Entschuldigungsgründe vor dem Termin (vgl. 58f.) nicht möglich oder nicht zumutbar war. Der Vorwurf des verspäteten Vorbringens kann sich also

nur auf den Zeitraum vor dem Termin beziehen (unklar Kleinknecht 16 zu § 51 StPO); ist der Termin ohnehin (schuldlos) versäumt, so kann es auf eine beschleunigte nachträgliche Geltendmachung der Entschuldigungsgründe und deren Glaubhaftmachung nicht mehr ankommen, da dies für den Prozeßablauf ohne Einfluß ist (so wohl auch LRErgb-Meyer 6 f. zu § 51 StPO). Die Aufhebung nach § 51 II S. 3 StPO ist mithin sogar noch nach Abschluß des Verfahrens möglich (insoweit zutr. Kleinknecht 16 zu § 51 StPO). Andererseits reicht zB die nachträgliche Vorlage eines Attestes wegen Krankheit im Zeitpunkt des Vernehmungstermins nicht aus, wenn nicht zugleich glaubhaft gemacht wird, daß dies nicht schon vor dem Termin hätte dargelegt werden können (vgl. 59). Die VB kann den Ordnungsgeldbescheid auch dann aufheben, wenn die vom Zeugen angeführten Gründe sein Ausbleiben zwar nicht genügend entschuldigen, aber verständlich erscheinen lassen (vgl. 64). Entschuldigt der Zeuge seine Säumnis in einem Antrag auf gerichtliche Entscheidung, so hat die VB zunächst selbst zu entscheiden, ob sie den Bescheid aufhebt. Erst gegen diese Entscheidung ist Antrag auf gerichtliche Entscheidung gegeben.

76 **6) Der Sachverständige** ist eine Person, die in einem Verfahren als Beweismittel hinzugezogen wird, um auf Grund ihrer besonderen Sachkunde und Untersuchungsmöglichkeiten auf einem bestimmten Fachgebiet (zB der Kraftfahrzeugtechnik, der Chemie, der Psychiatrie, der Betriebswirtschaft) vorhandene Tatsachen (zB die Wirksamkeit der Bremsen, den Blutalkoholgehalt, die Einsichts- und Steuerungsfähigkeit nach § 12 II) festzustellen oder Erfahrungssätze (zB die Erkennbarkeit technischer Mängel, die Wirkung eines bestimmten Blutalkoholgehaltes) aufzuzeigen. Der Sachverständige erweitert damit das Wissen der Verfolgungsorgane und des Gerichts um Tatsachen und ihre Erfahrungen um Erfahrungssätze. Er wird für sie bei der Erfassung und Beurteilung eines Sachverhalts wie ein Gehilfe tätig, da sie die Tatsachen selbst feststellen und bestimmte Schlußfolgerungen selbst treffen könnten, falls sie die Sachkunde auf dem betreffenden Sachgebiet hätten.

77 **A. Die Unterscheidung zwischen Sachverständigen und Zeugen** ist in Grenzfällen nicht einfach.

78 a) **Nur als Sachverständiger** sagt jemand aus, soweit er vermöge seiner Sachkunde Erfahrungssätze aufzeigt und sie auf die ihm unterbreiteten oder von ihm selbst vorgefundenen Tatsachen (die sog. Anknüpfungstatsachen) anwendet.

79 b) **Der Stellung des Zeugen ähnlich** ist aber die des Sachverständigen, soweit er über Tatsachen aussagt, die er vermöge seiner Sachkunde festgestellt hat (sog. Befundtatsachen). Denn auch der Zeuge sagt über Tatsachen aus, die er wahrgenommen hat. Im Unterschied zum Zeugen kann die Rolle des Sachverständigen aber in der Regel eine andere Person übernehmen, während der Zeuge regelmäßig nicht auswechselbar ist, da er meist über vergangene Tatsachen aussagt. Es ist jedoch auch möglich, jemanden als Zeugen über noch gegenwärtige Tatsachen zu vernehmen, selbst wenn sie die Ermittlungsorgane von sich aus feststellen könnten (zB den Verlauf einer Straße, die Bebauungsweise einer Ortschaft). In

einem solchen Falle zeigt sich deutlich, daß auch der Zeuge (als Beweismittler) Gehilfe der Ermittlungsorgane und des Gerichts ist.

80   c) **Zusätzlich die Aufgaben des Zeugen** übernimmt der Sachverständige, soweit er im Rahmen seiner Tätigkeit (zusätzliche) Tatsachen feststellt, die auch ohne besondere Sachkunde wahrgenommen werden können und für das Verfahren erheblich sind (zB der äußere Zustand eines
Pkws, die Größe und das Gewicht eines Menschen). Über diese sog.
Zusatztatsachen sagt der Sachverständige als einfacher Zeuge aus.

81   d) **Als sachverständiger Zeuge** (vgl. § 85 StPO iVm § 46 I) sagt jemand aus, der vermöge seiner Sachkunde Feststellungen getroffen hat,
die vergangen sind (zB weil ein bestimmter Zustand einer Person oder
ein bestimmter Gegenstand nicht mehr vorhanden ist). Eine solche Person ist als Beweismittler nicht mehr auswechselbar und deshalb Zeuge;
die Vorschriften über die Ablehnung eines Sachverständigen können hier
nicht gelten. Dabei sollte es keinen Unterschied machen, ob die Person
die vergangenen Tatsachen von sich aus, dh ohne Auftrag der Ermittlungsorgane oder des Gerichts wahrgenommen hat (zB ein zufällig an der
Unfallstelle anwesender Arzt) oder als beauftragter Sachverständiger.
Die Praxis behandelt jedoch den als Sachverständigen Beauftragten weiterhin als solchen, auch wenn er über vergangene Tatsachen aussagt (weil
er ja schließlich als Sachverständiger tätig geworden ist). Sie läßt es andererseits zu, daß der beauftragte Sachverständige, wenn er als solcher
abgelehnt worden ist, über die Tatsachen, die er kraft seiner Sachkunde
festgestellt hat, als sachverständiger Zeuge (§ 85 StPO) vernommen wird
(weil er ja schließlich als Zeuge Aussagen über wahrgenommene Tatsachen machen kann); vgl. BGH **20**, 222, abl. Hanack JR **66**, 425.

82   e) **Von praktischer Bedeutung ist die Unterscheidung** zwischen der
Stellung eines Sachverständigen und des Zeugen namentlich wegen der
Vorschriften über a) die Ablehnung des Sachverständigen (§ 74 StPO
iVm § 46 I, vgl. 87), b) die Vereidigung (§ 79 StPO iVm § 46 I, § 48), c)
die Entschädigung (vgl. 96 ff.) und d) die Unterbrechung der Verjährung
durch Beauftragung eines Sachverständigen (§ 33 I Nr. 3). Im Bußgeldverfahren der VB kann die Unterscheidung praktisch zu keinen nennens-
werten Schwierigkeiten führen: Die Möglichkeit der Ablehnung ist bei
Personen, die vermöge ihrer besonderen Sachkunde hinzugezogen werden, stets dann gegeben, wenn sie auswechselbar sind. Eine Vereidigung
kommt im Vorverfahren praktisch kaum in Betracht; über sie entscheidet
im übrigen der Richter. Bei der Entschädigung kommt es darauf an, ob
die Person lediglich über Tatsachen berichtet oder ob sie auch Erfahrungssätze aufzeigt; dies kann auch bei einer Person der Fall sein, die als
sachverständiger Zeuge über vergangene Tatsachen aussagt und dabei
Erfahrungssätze darlegt. Für die Entschädigung ist also der Gegenstand
der Vernehmung (und dabei sein Schwerpunkt), nicht die Bezeichnung
oder die Ladung entscheidend (vgl. Bay. **8**, 120). Entsprechendes gilt für
die Beauftragung eines Sachverständigen, wenn sie die Vernehmung unterbrechen soll.

83   B. **Die Vorschriften über Zeugen** sind auf Sachverständige entsprechend anzuwenden, soweit nichts anderes bestimmt ist (§ 72 StPO iVm

§ 46 I). Diese Regelung beruht auf der Erwägung, daß die Stellung des Sachverständigen der des Zeugen ähnlich ist (vgl. 79). Die Ausführungen unter 5 ff. über die Zeugenvernehmung gelten danach grundsätzlich entsprechend. Der Sachverständige kann mündlich vernommen werden oder sein Gutachten schriftlich erstatten (vgl. auch § 82 StPO iVm § 46 I); das letzte wird im Bußgeldverfahren der VB die Regel sein. Bei einer mündlichen Vernehmung mehrerer Sachverständiger können sie gleichzeitig anwesend sein.

84   C. **Die Gutachterpflicht** besteht darin, a) vor der VB auf deren Ladung zu erscheinen sowie b) das Gutachten fristgerecht vorzubereiten (vgl. 95) und mündlich oder schriftlich zu erstatten. Diese Pflichten bestehen im Gegensatz zur Zeugenvernehmung nicht für jedermann, der die Sachkunde auf einem bestimmten Fachgebiet hat, sondern nur für die Personen, die auf dem betreffenden Fachgebiet zum Gutachter öffentlich bestellt, erwerbsmäßig tätig sind oder die im (Einzelfall) ihre Bereitschaft zur Erstattung des Gutachtens gegenüber der VB erklärt haben (vgl. § 75 StPO iVm § 46 I). Ob Angehörige einer Behörde zur Erstattung des Gutachtens verpflichtet sind, hängt von ihren Dienstvorschriften ab. Die Behörde selbst kann auf Grund der Pflicht zur Amtshilfe (17 ff. vor § 59) verpflichtet sein, ein Gutachten abzugeben (vgl. § 83 III StPO iVm § 46 I; Kleinknecht 2 zu § 83 StPO); ihr Gutachten kann im Einspruchsverfahren in der Hauptverhandlung verlesen werden (§ 256 StPO iVm § 46 I, § 71).

85   **7) Die Bestellung des Sachverständigen** ist in erster Linie Sache der VB. Da der Sachverständige nach I verpflichtet ist, auf Ladung der VB zu erscheinen und das Gutachten zu erstatten, kann die VB ihn selbstverständlich auch beauftragen. Daneben kann auch die Polizei, die nicht selbst VB ist, als deren Ermittlungsorgan im Verfahren des ersten Zugriffs (vgl. 4 zu § 53) einen Sachverständigen hinzuziehen (zB zur Entnahme und Untersuchung einer Blutprobe). Der Sachverständige ist in diesem Falle aber nicht verpflichtet, das Gutachten zu erstatten; etwas anderes gilt, wenn der Sachverständige bei einer öffentlich-rechtlichen Einrichtung tätig ist und entsprechende Dienstvorschriften bestehen.

86   A. **Die Auswahl des Sachverständigen** liegt im pflichtgemäßen Ermessen der VB, ebenso die Anzahl der Sachverständigen. Ist ihr kein geeigneter Sachverständiger bekannt, so hat sich die VB an die Berufsorganisation oder an die Behörde zu wenden, in deren Geschäftsbereich die zu begutachtende Frage fällt. Weisungen der vorgesetzten Behörden sind möglich. Sind auf bestimmten Fachgebieten öffentliche Sachverständige bestellt, so sollen andere Personen nur gewählt werden, wenn besondere Umstände es erfordern (vgl. § 73 II StPO iVm § 46 I). Sind Gerichtsärzte bestellt, so empfiehlt sich deren Beauftragung, weil dadurch uU im Einspruchsverfahren die Beauftragung eines neuen Sachverständigen entbehrlich wird. Als Gutachter können auch Angehörige einer Fachbehörde hinzugezogen werden, wodurch Auslagen erspart werden können (vgl. § 1 III ZSEG, Anh **A 7**). Vgl. im übrigen die landesrechtlichen Regelungen über öffentlich bestellte und beeidigte Sachverständige, so zB in Bayern G über öffentlich bestellte und beeidigte Sachverständige v.

11. 10. 1950 (BayBS IV 73), letztes ÄndG v. 24. 7. 1954 (GVBl. 354). Hat
der Betroffene einen Verteidiger und ist damit zu rechnen, daß das Gutachten des Sachverständigen in ein späteres gerichtliches Verfahren eingeführt werden wird, so sollte der Sachverständige möglichst mit Zustimmung des Verteidigers bestellt werden (vgl. Kleinknecht 22 vor § 72
StPO).

87   B. **Die Ablehnung des Sachverständigen** durch den Betroffenen oder
einen Nebenbeteiligten (2ff. vor § 87) ist zulässig. § 74 StPO, der auch
im Ermittlungsverfahren wegen einer Straftat anwendbar ist, wenn hier
ein Ermittlungsorgan den Sachverständigen beauftragt (vgl. Kleinknecht
8 zu § 74 StPO; aM LR-Meyer 20 zu § 74 StPO), gilt im Bußgeldverfahren sinngemäß (§ 46 I). Damit die Ablehnungsberechtigten von ihrem
Recht Gebrauch machen können, ist ihnen die Person des Sachverständigen formlos mitzuteilen (§ 50 I S. 1), wenn nicht besondere Umstände
(zB Abwesenheit des Betroffenen, Gefahr der Verdunkelung) entgegenstehen.

88   a) **Die Ablehnungsgründe** sind dieselben, die zur Ablehnung eines
Richters berechtigen (§ 22 I Nr. 1–4, § 24 I iVm § 74 I StPO). Wegen
Besorgnis der Befangenheit kann ein Sachverständiger zB dann abgelehnt
werden, wenn zwischen ihm und dem Betroffenen ein wirtschaftliches
Konkurrenzverhältnis besteht (vgl. RG JW **38**, 512), wenn er zugleich
Interessen eines etwa Geschädigten wahrnimmt oder der Anschein dafür
spricht; ebenso, wenn sich der Sachverständige über den Betroffenen in
einer solche Weise geäußert hat, daß vom Standpunkt des Betroffenen
Zweifel an der Unbefangenheit bestehen können (BGH bei Holtz MDR
77, 983). Ob die Besorgnis der Befangenheit objektiv besteht, darauf
kommt es nicht an (vgl. näher Kleinknecht 2ff. zu § 74 StPO). Ist ein
Ablehnungsgrund gegeben, so muß die VB dem Antrag stattgeben.

89   b) **Der Ablehnungsantrag** hat den Inhalt, die Beauftragung des Sachverständigen zurückzunehmen. Er ist bei der VB, die den Sachverständigen bestellt hat, schriftlich oder zur Niederschrift (19ff. zu § 67) anzubringen. Der Ablehnungsgrund ist anzugeben und glaubhaft zu machen
(§ 74 III StPO). Über die Glaubhaftmachung vgl. 14f. zu § 52 sowie 62.
Der Antrag ist unbefristet, formlos und kann bis zum Erlaß des Bußgeldbescheides gestellt werden.

90   c) **Die Entscheidung** über den Antrag trifft die VB. Wird der Ablehnungsantrag zurückgewiesen, so ist dagegen der Antrag auf gerichtliche
Entscheidung nicht zulässig, weil hier § 62 I S. 2 zutrifft (vgl. Celle NJW
66, 415; Hamburg NJW **67**, 2274f.; Zweibrücken MDR **68**, 781; LR-
Meyer 37 zu § 74 StPO). Dem abgelehnte Sachverständige hat diesen
Rechtsbehelf ebenfalls nicht (Kleinknecht 9, LR-Meyer 36 je zu § 74
StPO). Ist der Sachverständige mit Erfolg abgelehnt, so darf er als Sachverständiger nicht vernommen und sein Gutachten nicht verwertet werden. Seine Vernehmung als Zeuge (80f.) ist jedoch möglich (vgl. BGH
20, 222).

91   C. **Eine Frist für die Erstattung des Gutachtens** soll mit dem Sachverständigen abgesprochen werden (§ 73 I S. 2 StPO iVm § 46 I), damit das

Verfahren beschleunigt wird. Der Sachverständige, der zur Erstattung des Gutachtens verpflichtet ist, hat auch die Pflicht, eine Frist abzusprechen und sie einzuhalten (vgl. 95).

92   D. **Die Entlassung des Sachverständigen und neue Begutachtung** (vgl. § 83 StPO iVm § 46 I) kann die VB jederzeit anordnen. Sie kann die Beauftragung zB auch dann zurücknehmen, wenn die Ablehnung nicht genügend begründet ist. Die VB bestimmt nach ihrem Ermessen darüber, welcher Hilfe sie sich bedient.

93   8) **Die Vorbereitung des Gutachtens** erfordert regelmäßig Untersuchungen, die der Erstattung des Gutachtens vorausgehen. Die VB hat dem Gutachter zu diesem Zweck zunächst die sog. Anknüpfungstatsachen (vgl. 78) bekanntzugeben. Dies geschieht meist durch Bekanntgabe des Auftragsthemas iVm der Übersendung der Akten, deren Einsicht dem Gutachter gestattet werden kann (§ 80 II StPO iVm § 46 I). Die VB kann es ihm dann überlassen, sich selbst etwa notwendige weitere Anknüpfungstatsachen zu beschaffen. Soweit eine Befragung des Betroffenen oder von Zeugen durch den Sachverständigen (wegen seiner Sachkunde) in Betracht kommt, hat die VB den Betroffenen über sein Aussageverweigerungsrecht und die Zeugen über ein etwa bestehendes Zeugnis- oder Auskunftsverweigerungsrecht zu belehren; denn die Aussageverweigerungsrechte gelten in gleicher Weise gegenüber dem Sachverständigen (vgl. auch Kleinknecht 13ff. vor § 72 StPO). Daneben kann auch die VB dem Sachverständigen auf sein Verlangen weitere Aufklärung durch Vernehmung von Zeugen und des Betroffenen verschaffen und ihm gestatten, an der Vernehmung teilzunehmen und an die vernommenen Personen unmittelbar Fragen zu stellen (§ 80 StPO). Im Rahmen der Vorbereitung des Gutachtens kommen auch körperliche Untersuchungen in Betracht (vgl. näher 21ff. zu § 46).

93a   **Die Tätigkeit des Sachverständigen zu leiten** hat die VB, soweit dies erforderlich erscheint (vgl. § 78 StPO, der sinngemäß auch für die VB gilt, soweit sie den Auftrag erteilt). Sie hat insbesondere darauf zu achten, daß sich der Sachverständige im Rahmen des ihm erteilten Auftrages hält, also nur auf seinem Fachgebiet (nicht auf einem anderen) und nur als sachkundiger Gehilfe der VB (nicht aber als Ermittlungsorgan oder sogar als entscheidende Stelle) tätig wird; sie darf deshalb das Gutachten nicht ohne eigene Prüfung übernehmen.

94   9) **Zur Verweigerung des Gutachtens** berechtigen dieselben Gründe, die einem Zeugen die Verweigerung der Aussage erlauben (§ 76 StPO iVm § 46 I). In Betracht kommen die Verweigerungsrechte nach §§ 52–54 StPO; vgl. hierzu 22–42. Ist ein Beamter zum Gutachter bestellt, so ist die Genehmigung seiner Dienstbehörde notwendig, soweit er im Rahmen des Gutachtens Angaben über solche Angelegenheiten macht, die ihm bei seiner amtlichen Tätigkeit bekanntgeworden sind. Ob ein Weigerungsrecht besteht, ist immer erst zu prüfen, wenn die Gutachterpflicht (vgl. 84) feststeht. Die VB kann den Gutachter von der Gutachterpflicht auch aus anderen Gründen (zB Überlastung, entferntere Verwandtschaft zu dem Betroffenen uä) entbinden, und zwar von Amts wegen, auf Antrag des Sachverständigen, des Betroffenen oder eines Nebenbeteiligten (§ 76 I S. 2 StPO iVm § 46 I).

95   **10) Bei Verletzung der Gutachterpflicht** (vgl. 84) kann die VB gegen den Gutachter ein Ordnungsgeld festsetzen und ihm die durch die unberechtigte Weigerung entstandenen Kosten auferlegen (§ 77 I StPO iVm § 46 I). Eine Weigerung zur Erstattung des Gutachtens ist auch gegeben, wenn der Gutachter bereits die Vorbereitung des Gutachtens (vgl. 93) ablehnt. Ist der Gutachter zur Weigerung des Gutachtens berechtigt, so braucht er (anders als der Zeuge, vgl. 57) nicht zu erscheinen, weil er dann kein zur Erstattung des Gutachtens „verpflichteter" Sachverständiger ist. Eine Pflichtverletzung, derentwegen ein Ordnungsgeld festgesetzt werden kann, liegt auch vor, wenn der Gutachter sich weigert, eine Frist für das Gutachten mit der VB abzusprechen, oder wenn er die Frist versäumt (§ 77 II StPO). Die Maßnahme nach § 77 StPO setzt vorwerfbares Handeln voraus (vgl. 54) und liegt im pflichtgemäßen Ermessen der VB (vgl. 64). Sie kann einmal wiederholt werden und ist bei nachträglicher Entschuldigung aufzuheben (vgl. 75). Über die vorherige Anhörung vgl. 65; über das Wesen des Ordnungsgeldes und dessen Höhe vgl. 66; über die Auferlegung der Kosten vgl. 69; über die Form der Entscheidung, Anfechtung, Verjährung und Vollstreckung vgl. 70, 72 ff. Die Vorführung kann nicht, auch nicht durch den Richter, angeordnet werden.

96   **11) Die Entschädigung** der Zeugen und Sachverständigen im Verfahren der VB richtet sich nach dem ZSEG (Anh **A 7**).

97   A. **Nur die von der VB** herangezogenen Zeugen oder Sachverständigen haben Anspruch auf Entschädigung; auf die von der Polizei (soweit sie nicht selbst VB ist; vgl. 9 zu § 35) vernommenen Zeugen und Sachverständigen findet das ZSEG keine Anwendung, soweit nicht abweichende Regelungen (auch im Landesrecht) bestehen (Hartmann 2 A zu § 1 ZSEG). Vgl. zB § 11 V MEPolG, § 24 III PolGNW, § 5 IV PVGRhPf, wonach auch von der Polizei herangezogene Zeugen und Sachverständige in entsprechender Anwendung des ZSEG zu entschädigen sind; ferner bei Heranziehung durch die Zollfahndungsämter und die mit der Steuerfahndung betrauten Dienststellen der Landesfinanzbehörden § 405 S. 2 iVm § 410 I Nr. 10 AO 1977 (Anh **A 10**). § 405 S. 1 iVm § 410 I Nr. 10 AO 1977 hat gegenüber § 59 keine eigenständige Bedeutung.

98   B. **Auch im Fall einer schriftlichen Äußerung** (vgl. 4 zu § 55) ist dem Zeugen in entsprechender Anwendung von § 2 I S. 2 ZSEG eine Entschädigung zu gewähren, wenn er entschädigungsfähige Auslagen oder Zeitversäumnis nachweist (Rotberg 38); vgl. auch 9 vor § 105.

99   C. **Ein Vorschuß** ist dem Zeugen oder Sachverständigen auf Antrag zu bewilligen, wenn er mittellos ist oder wenn ihm, insbesondere wegen der Höhe der entstehenden Reisekosten, nicht zugemutet werden kann, diese aus eigenen Mitteln vorzuschießen (§ 14 I ZSEG). In der Regel sind Fahrtausweise oder Gutscheine der Bundesbahn für den kostenlosen Erwerb von Fahrtausweisen zur Verfügung zustellen; eine Barauszahlung kommt – abgesehen von den Zehr- und etwaigen Übernachtungskosten – nur ausnahmsweise in Betracht (vgl. AV v. 1. 7. 1977, zB BayJMBl. **77**, 199, JMBlNW **77**, 182; abgedr. bei Piller/Herrmann Nr. 10d). Über einen Vorschuß für das zu erstattende Gutachten vgl. § 14 II ZSEG.

100 D. **Die Entscheidung über die Festsetzung** der Entschädigung trifft die VB. Die Entschädigung ist aus der Kasse des Verwaltungsträgers zu zahlen, dem die VB angehört (vgl. 21 zu § 105). Gegen die Festsetzung ist Antrag auf gerichtliche Entscheidung nach § 62 zulässig (ebenso Rebmann/Roth/Herrmann 27); die Entscheidung des AG ist unanfechtbar (§ 62 II S. 3). § 16 ZSEG gilt nur für Zeugen und Sachverständige, die das Gericht oder die StA vernimmt. Über den Rechtsbehelf des Kostenschuldners bei zu hoher Entschädigung vgl. 11, 30 zu § 107.

101 E. **Als Auslagen (§ 107 III Nr. 4)** sind die an Zeugen und Sachverständige zu zahlenden Beträge anzusetzen, wenn ein Kostenschuldner vorhanden ist (vgl. 25 zu § 107).

Bestellung eines Verteidigers

60 Ist die Mitwirkung eines Verteidigers im Verfahren der Verwaltungsbehörde geboten (§ 140 Abs. 1 Nr. 4, Abs. 2 in Verbindung mit § 141 Abs. 3 Satz 1 der Strafprozeßordnung), so bestellt die Verwaltungsbehörde den Verteidiger.

Übersicht

1 **1) Zweck der Vorschrift** ist es klarzustellen, daß auch die VB im Bußgeldverfahren einen Verteidiger bestellen kann (vgl. 7 zu § 46), wenn dessen Mitwirkung notwendig ist (vgl. 23). Dabei geht die Regelung davon aus, daß die Vorschriften der StPO über die Verteidigung – ebenso wie im gerichtlichen Bußgeldverfahren (vgl. 27 vor § 67) – im Verfahren der VB sinngemäß gelten (§ 46 I; vgl. 2 ff.).

2   **2) Einen Verteidiger** kann sich der Betroffene als Beistand wählen (§ 137 I StPO iVm § 46 I), dessen Aufgabe darin besteht, alle zugunsten des Betroffenen sprechenden tatsächlichen und rechtlichen Gesichtspunkte geltend zu machen (vgl. Kleinknecht Einl. 81). Hierzu gehören insbesondere die Stellung von Anträgen, die Anwesenheit bei Vernehmungen (vgl. 17 zu § 55; 125 vor § 59; 15 zu § 59) sowie die Einlegung von Rechtsbehelfen (vgl. 2 zu § 67; 5 zu § 62).

2a   **Aus eigenem Recht** handelt der Verteidiger, nicht als Vertreter des Betroffenen (BGH **12**, 367, 369). Ist er ein RA, so wird er als ein unabhängiges Organ der Rechtspflege tätig (§ 1 BRAO; BVerfGE **39**, 156, 165). Entsprechend seiner Schutzaufgabe gegenüber dem Betroffenen ist er nicht zur Unparteilichkeit verpflichtet (BGH **13**, 337). Doch widerspricht es seiner Aufgabe, die Wahrheitsfindung zu vereiteln oder zu erschweren (BGH **9**, 20). Die Stellung von Anträgen und die von Rechtsbehelfen durch den Verteidiger sind Prozeßhandlungen, die seine Prozeßfähigkeit (13 zu § 67) voraussetzen; bestehen daran Zweifel (zB Verdacht der Geisteskrankheit), so muß ihnen von Amts wegen nachgegangen werden (vgl. BVerfGE **37**, 67, 77 für den Zivilprozeß; Kleinknecht 1 zu § 137 StPO).

2b   **Besteht die Gefahr einer Interessenkollision** für den Verteidiger (zB weil seine Vernehmung als Zeuge in Betracht kommt), so gebietet ihm seine Berufspflicht zu prüfen, ob er die Verteidigung übernehmen oder fortführen darf (vgl. 4 zu § 59). Über Ausschließung von der Verteidigung vgl. 18 f.; über Zurückweisung 16 f., 46.

3   **A. In jeder Lage des Verfahrens** kann sich der Betroffene eines Verteidigers bedienen (§ 137 I S. 1 StPO), also bereits, wenn die Polizei oder die VB mit den Ermittlungen beginnt, aber auch noch im Vollstreckungsverfahren (so auch Rebmann/Roth/Herrmann 37). Da der Betroffene nicht aussagen muß, kann er sich vor einer Aussage mit seinem Verteidiger beraten; ein Hinweis auf diese Möglichkeit ist aber bei der Vernehmung oder Anhörung im Bußgeldverfahren nicht vorgeschrieben (§ 55 I; vgl. aber dort 13).

4   **B. Der Betroffene** ist zur Wahl des Verteidigers befugt, auch wenn er nicht geschäftsfähig (vgl. 12 zu § 67) ist; allerdings ist die Wirksamkeit des mit dem Verteidiger geschlossenen Vertrages von der Geschäftsfähigkeit abhängig (KMR 1 zu § 137 StPO). Auch der gesetzliche Vertreter (4 f. zu § 67) kann selbständig einen Verteidiger für den Betroffenen wählen (§ 137 II S. 1 StPO); desgl. der Erziehungsberechtigte (10 zu § 67; § 67 III JGG, Anh **A 3**, iVm § 46 I).

5   **C. Ein RA,** der bei einem Gericht im Geltungsbereich der StPO (vgl. BGH **8**, 194, 200) zugelassen ist (§§ 18 ff. BRAO), kann als Verteidiger gewählt werden (§ 138 I StPO iVm § 46 I); desgl. ein Rechtslehrer an einer deutschen Hochschule (ordentliche und außerordentliche Professoren, auch emeritierte), ferner Honorarprofessoren und Privatdozenten, die an einer Universität oder gleichrangigen Hochschule (vgl. BVerwG

NJW **75**, 1899) rechtswissenschaftliche Vorlesungen halten oder halten dürfen (Rebmann/Roth/Herrmann 26; Kleinknecht 2 zu § 138 StPO), nicht aber Fachhochschullehrer (vgl. BVerwG BayVBl. **79**, 155; NJW **75**, 1899 m. abl. Anm. Wochner und zust. Anm. Bieler NJW **75**, 2356) sowie Lehrbeauftragte oder wissenschaftliche Assistenten, auch wenn sie einen Lehrauftrag haben (vgl. BVerwG NJW **70**, 2314).

6 a) **Einem Rechtskundigen (Referendar)** kann der RA mit Zustimmung des Betroffenen die Verteidigung übertragen, wenn der Rechtskundige seit mindestens 15 Monaten im Justizvorbereitungsdienst (§ 5a DRiG) beschäftigt ist, noch nicht die 2. Richteramtsprüfung bestanden und sich nicht – unter Verzicht auf letztere – einem anderen Beruf zugewandt hat (§ 139 StPO iVm § 46 I; BGH **20**, 95, 96); dies gilt auch im Ermittlungsverfahren (Rebmann/Roth/Herrmann 26; Rotberg 3; Giehring NJW **73**, 983; aM BGH – Ermittlungsrichter – NJW **73**, 64; Kleinknecht 4 zu § 139 StPO; LR-Dünnebier 8 zu § 139 StPO). Die Übertragung auf einen nicht von der LJV als Vertreter des RA bestellten Assessors ist unzulässig (BGH **26**, 319).

7 b) **Ist der RA oder Rechtslehrer Betroffener** (49 vor § 59), so darf er sich nicht selbst zum Verteidiger wählen oder als Verteidiger nach § 138 II StPO zugelassen werden (BGH NJW **54**, 1415; Kurzka MDR **74**, 817; Kleinknecht 3 zu § 138 StPO).

8 D. **Die Zulassung anderer Personen** als der unter 5, 6 genannten als Wahlverteidiger bedarf einer Genehmigung (§ 138 II StPO iVm § 46 I). Über die Genehmigung entscheidet die VB (10) nach pflichtgemäßem Ermessen (vgl. 4ff. zu § 47). Dabei sind im Einzelfall die schutzwürdigen Interessen des Betroffenen mit den Interessen der VB auf einen ordnungsgemäßen Ablauf des Bußgeldverfahrens abzuwägen (vgl. für das gerichtliche Verfahren LR-Dünnebier 15 zu § 138 StPO; Hamm MDR **78**, 509; Bay. MDR **78**, 862). Die Genehmigung der Verteidigerwahl darf nicht auf besonders gelagerte Ausnahmefälle beschränkt und von einem besonderen Interesse des Betroffenen an einer Verteidigung gerade durch die von ihm gewählte Person abhängig gemacht werden; vielmehr kann die Genehmigung im Bußgeldverfahren in der Regel bereits dann erteilt werden, wenn der Gewählte als genügend sachkundig und vertrauenswürdig erscheint und sonst keine Bedenken gegen sein Auftreten als Verteidiger bestehen (Bay. aaO; vgl. auch LR-Dünnebier aaO; aM die 5. Aufl.; Nürnberg MDR **68**, 944). Verwandtschaftliche oder freundschaftliche Beziehungen der zum Verteidiger gewählten Person zum Betroffenen und ein Interesse dieser Person am Ausgang des Bußgeldverfahrens allein stellen die Fähigkeit, den Betroffenen sachgemäß zu verteidigen, nicht von vornherein in Frage (Hamm aaO).

9 **In Betracht kommen** zB ausländische sowie in der DDR zugelassene RAe (LR-Dünnebier 14 zu § 138 StPO), Volljuristen (Hamm MDR **78**, 509), Rechtsbeistände (Bay. MDR **78**, 862); Steuerberater, Steuerbevollmächtigte, Wirtschaftsprüfer, vereidigte Buchprüfer (vgl. § 1 II Nr. 1, § 3 StBerG) können jedoch im Bußgeldverfahren der VB wegen einer Steuer- oder Monopolordnungswidrigkeit ohne Genehmigung auftreten (§ 392 I Halbs. 1, § 410 I Nr. 3 AO 1977, Anh **A 10**; § 132 Branntw-

MonG) und auch gegen den Bußgeldbescheid Einspruch einlegen (Luth-
mann DStR **69**, 557); zum Umfang der Verteidigerbefugnisse dieser Personen im Bußgeldverfahren insgesamt Henneberg StB **71**, 89 ff. Liegt ein
Fall der notwendigen Verteidigung (vgl. 24, 25) vor und gehört der
Gewählte nicht zu den Personen, die zum Verteidiger bestellt werden
dürfen (vgl. 31), so kann er nur in Gemeinschaft mit einer solchen Person
zugelassen werden. JPen können nicht Verteidiger sein (BVerfGE **43**, 79,
91; Stuttgart, Die Justiz **77**, 245; Bay. **52**, 267), also nicht zB eine Steuer-
beratungsgesellschaft oder eine Gewerkschaft (AG Kaiserslautern
AnwBl. **69**, 254), auch nicht eine Anwaltssozietät (BVerfGE aaO). Unabhängig von der Frage der Eignung, als Verteidiger aufzutreten, ist die
Frage zu sehen, ob die Verteidigung im Einzelfall mit den Vorschriften
des RBerG im Einklang steht (Bay. **71**, 177; LG Kassel AnwBl. **75**, 406).

10   a) **Die Genehmigung,** die einen (wenigstens stillschweigend gestellten) Antrag voraussetzt, erteilt die VB, die das Bußgeldverfahren durchführt. Dies ist zwar im Gesetz nicht ausdrücklich bestimmt; da der VB
aber nach § 60 die Bestellung eines Verteidigers übertragen ist, muß sie
nach dem Grundsatz *a maiore ad minus* erst recht zur Erteilung der Genehmigung befugt sein. Die Genehmigung kann auch stillschweigend erteilt
werden (RG **55**, 213; Bay. GA **70**, 218). Sie kann aus sachlichen Gründen
wieder zurückgenommen werden (Bay. **53**, 15); die §§ 138 a ff StPO sind
deshalb hier wohl nicht anzuwenden (Kleinknecht 7 zu § 138 StPO). Mit
der Erteilung der Genehmigung erlangt der Gewählte, falls er die Wahl
annimmt, die Rechtstellung eines Verteidigers. Die Genehmigung gilt
für das gesamte Bußgeldverfahren vor der VB einschließlich der Einlegung des Einspruchs gegen den Bußgeldbescheid, nicht aber für das
gerichtliche Bußgeldverfahren.

11   b) **Antrag auf gerichtliche Entscheidung** ist zulässig gegen die
Versagung der Genehmigung (4 zu § 62); desgl. gegen die Zurücknahme
der Genehmigung (vgl. 10). Antragsberechtigt ist auch der Verteidiger
(4 zu § 62).

12   E. **Aus der Vollmacht des Verteidigers** ergibt sich der Umfang seines
Mandats, das ein Geschäftsbesorgungsauftrag iS des § 675 BGB ist (BGH
NJW **64**, 2402; Kleinknecht 9 zu § 138 StPO). Es gilt, soweit die Vollmacht nicht beschränkt ist oder vorzeitig (durch Anzeige) zurückgenommen wird, nicht nur für das Bußgeldverfahren der VB einschließlich
Vollstreckungsverfahren, sondern auch für das gerichtliche Bußgeldverfahren bis zu dessen rechtskräftiger Beendigung sowie für ein Wiederaufnahmeverfahren (vgl. auch Kleinknecht aaO). Ermächtigt die Vollmacht
zur Empfangnahme der Streitgegenstandes und zur Verfügung über ihn,
so umfaßt sie auch das Kostenfestsetzungsverfahren (vgl. LG Lüneburg
NdsRpfl. **73**, 242). Das Mandat und damit die Vollmacht erlöschen in der
Regel mit dem Tode des Betroffenen, dem die Todeserklärung gleichsteht; soweit aber nach dem Tod des Betroffenen noch kostenrechtliche
Ansprüche durchzusetzen sind (vgl. 18 zu § 105), wird jedoch das Mandat und damit die Vollmacht als fortbestehend iS des § 168 BGB anzuse-

hen sein (Hamm NJW **78**, 177; Kleinknecht 9b zu § 138 StPO; str., aM Koblenz GA **79**, 192 mwN).

13   a) **Für den Nachweis der Vollmacht** ist eine besondere Form nicht vorgeschrieben. Er kann bereits darin bestehen, daß der Betroffene die Wahl anzeigt (vgl. Hamburg NJW **68**, 1688), zusammen mit dem Verteidiger bei der VB auftritt oder schriftliche Erklärungen, insbesondere Rechtsbehelfsschriften, zu den Akten einreicht (LG Dortmund AnwBl. **77**, 118; vgl. auch 45). Tritt der Verteidiger als Vertreter des Betroffenen, nicht nur als dessen Beistand (§ 137 I S. 1 StPO) auf, so wird eine schriftliche Vollmacht, aus der zumindest sinngemäß hervorgehen muß, daß der Verteidiger auch zur „Vertretung" des Betroffenen ermächtigt ist (Stuttgart NJW **68**, 1733; BGH **3**, 356, 357), oder ein gleichwertiger Ersatz (zB die Erklärung des Betroffenen zur Niederschrift der VB) zu den Akten zu geben sein (vgl. § 73 IV, § 434 I StPO iVm § 46 I, wo für die Vertretung ausdrücklich eine schriftliche Vollmacht verlangt wird). Vgl. auch § 51 III S. 1, wonach nur der Wahlverteidiger, dessen Vollmacht sich bei den Akten befindet, als ermächtigt gilt, Zustellungen für den Betroffenen entgegenzunehmen. Über die nachträgliche Vorlage der Vollmacht bei rechtzeitiger Einlegung des Einspruchs vgl. 2 zu § 67.

14   b) **Die Unterbevollmächtigung** einer anderen Person durch den Verteidiger ist möglich, wenn der Betroffene den Verteidiger hierzu ermächtigt hat (vgl. Kleinknecht 11 vor § 137 StPO). Über Fragen zur Untervollmacht vgl. M. J. Schmid MDR **79**, 804.

15   F. **Die Zahl der gewählten Verteidiger** ist nach § 137 I S. 2 StPO, der auch im Bußgeldverfahren anzuwenden ist (§ 46 I; Rebmann/Roth/Herrmann 32; BGH **27**, 124, 127), auf drei beschränkt; über die Vereinbarkeit des § 137 I S. 2 StPO mit dem GG vgl. BVerfGE **39**, 156. Diese Beschränkung gilt auch dann, wenn die Verteidigerwahl durch den gesetzlichen Vertreter (§ 137 II S. 2 StPO iVm § 46 I) oder den Erziehungsberechtigten (§ 67 III JGG, Anh **A** 3) erfolgt. Dabei wird davon auszugehen sein, daß die Höchstzahl von drei Verteidigern für alle zur Wahl Berechtigten insgesamt nicht überschritten werden darf (Kleinknecht 11 zu § 137 StPO; Rebmann/Roth/Herrmann 32; zw., aM LR-Dünnebier 18 zu § 137 StPO). Ist bei Beauftragung einer Sozietät von mehr als drei RAen die Vollmachtsurkunde auf mehr als drei RAe ausgestellt, so kann hieraus nicht die Beauftragung aller RAe gefolgert werden. Auch in diesem Fall müssen die in BVerfGE **43**, 79, 94 zu § 146 StPO entwickelten Grundsätze (vgl. 45) Anwendung finden (Schmidt MDR **77**, 529, 531; vgl. auch LG Dortmund DAR **78**, 78). Bei bestehenden Zweifeln ist eine Klärung der Frage herbeizuführen. Ob der Unterbevollmächtigte (14) bei der Verteidigerhöchstzahl mitzurechnen ist, ist str. (vgl. hierzu M. J. Schmid MDR **79**, 804, 805 mwN).

16   a) **Die Zurückweisung** der unzulässig gewählten Verteidiger ist angezeigt, sobald das Vorliegen der Voraussetzungen des § 137 I S. 2 StPO erkannt wird, um Klarheit über die Zulässigkeit der Verteidigung zu schaffen. Über die Wirksamkeit von Prozeßhandlungen, die vor oder nach der Zurückweisung vorgenommen werden, und solcher Prozeßhandlungen, die Anlaß zur Prüfung und damit zur Zurückweisung geben, vgl. 47 ff.; die dortigen Bemerkungen gelten auch für die Fälle einer unzulässigen Verteidigung nach § 137 I S. 2 StPO iVm § 46 I.

17   b) **Die VB,** die das Bußgeldverfahren durchführt, weist den unzulässig gewählten Verteidiger (schriftlich oder auch mündlich) zurück (Rebmann/Roth/Herrmann 32; vgl. auch BVerfG NJW **76**, 231); über die Befugnis der VB zur Zurückweisung vgl. auch oben 10. Gegen die Zurückweisung durch die VB ist Antrag auf gerichtliche Entscheidung zulässig (§ 62; vgl. 11); den Antrag kann der Verteidiger sowohl aus eigenem Recht als auch aus der Rechtsposition seines Mandanten (in dessen Namen und Auftrag) stellen (vgl. BGH **26**, 291; Kleinknecht 10 zu § 146 StPO).

18   G. **Die Ausschließung** eines Verteidigers ist auch im Bußgeldverfahren der VB zulässig, da die §§ 138 a ff. StPO, die eine abschließende Regelung enthalten, sinngemäß anzuwenden sind (§ 46 I; Rebmann/Roth/Herrmann 34). Aus der sinngemäßen Anwendung ergibt sich, daß von den Ausschließungstatbeständen des § 138 a I StPO die Nr. 3 nicht in Betracht kommt, da Begünstigung und Strafvereitelung in bezug auf eine Ordnungswidrigkeit ausscheiden (53 d vor § 59). Die Nr. 2 ist anwendbar, wenn das Verkehrsrecht des Verteidigers im Bußgeldverfahren (vgl. 60) in der dort vorausgesetzten Weise mißbraucht wird; denn es kann im Bußgeldverfahren nicht erlaubt sein, was sogar im Strafverfahren den Ausschluß des Verteidigers begründet. Mißbräuchen kann dadurch begegnet werden, daß entweder die VB auf eine Anregung der StA die Ausschließung beantragt oder das Verfahren wegen der Ordnungswidrigkeit nach § 47 I einstellt oder daß die StA, falls die Einstellung nicht vertretbar ist (was selten sein dürfte), die Verfolgung nach § 42 übernimmt und sie dann selbst die Ausschließung des Verteidigers beantragt (so auch Ulsenheimer GA **75**, 103, 113).

18a   **Nur bei Vorliegen eines ,,hinreichenden Tatverdachts''** ist die Ausschließung zulässig, da es sich um einen schwerwiegenden Eingriff in die Rechte des Betroffenen und seines Verteidigers handelt; danach muß auf Grund der bisherigen Ermittlungen die Prognose möglich sein, daß der Erlaß eines Bußgeldbescheides wegen Beteiligung an der Tat des Betroffenen wahrscheinlich ist (vgl. auch Ulsenheimer GA **75**, 103, 111; ferner KG NJW **78**, 1538, wonach die ,,Verdachtsschwelle'' mindestens ,,verfahrensträchtig'' sein, also über den Anfangsverdacht hinausgehend die Durchführung des Verfahrens wenigstens wahrscheinlich sein lassen muß).

19   a) **Auf Antrag der VB,** der begründet werden muß, entscheidet über die Ausschließung das OLG (§ 138 c I S. 1, II S. 2 StPO iVm § 46 I, II; vgl. Karlsruhe NJW **75**, 943 zu dem Antragsrecht der FinB in den Fällen, in denen sie das Ermittlungsverfahren mit den Rechten und Pflichten der StA nach § 386 II, § 399 I AO 1977 – Anh **A 10** – selbständig durchführt; nichts anderes kann im Bußgeldverfahren der VB gelten, da sie in diesem Verfahrensabschnitt eine der StA entsprechende Stellung hat, § 46 II). Zuständig ist das OLG, in dessen Bezirk die VB ihren Sitz hat (Rechtsgedanke des § 68 I S. 1). Der Antrag muß die Tatsachen und die Beweismit-

tel aufzeigen, die den Ausschließungsgrund in hinreichender Weise darlegen (vgl. Kleinknecht 7 zu § 138c StPO; Karlsruhe aaO = JR **76**, 205 m. krit. Anm. Rieß).

20 b) **Über das Ausschließungsverfahren** im einzelnen vgl. § 138c II S. 3, 4, III S. 2–5, V, VI, § 138d StPO. An Stelle der StA ist die VB am Verfahren beteiligt. Ausgeschlossen werden können alle Personen, die als Verteidiger gewählt werden können, also zB auch Angehörige der steuerberatenden Berufe, die als Verteidiger gewählt sind (9; Karlsruhe NJW **75**, 943); die Mitteilung nach § 138c II S. 3 StPO ist in dem zuletzt genannten Fall an die jeweils zuständige Berufskammer zu richten (ebenso Kleinknecht 10 zu § 138c StPO).

21 c) **Wirkung der Ausschließung:** Die Ausschließung wirkt für das gesamte Verfahren einschließlich der Vollstreckung, nach Einspruch gegen einen Bußgeldbescheid auch für ein anschließendes gerichtliches Bußgeldverfahren, falls sie nicht nach § 138a III S. 1 StPO aufgehoben worden ist. Ist der Verteidiger wegen des dringenden Verdachts der Beteiligung an einer Ordnungswidrigkeit (§ 14) ausgeschlossen worden (§ 138 I Nr. 1 StPO iVm § 46 I), so hindert der Erlaß eines Bußgeldbescheides gegen den Verteidiger wegen seiner Beteiligung die Aufhebung der Ausschließung nach § 138 III S. 1 Nr. 3 StPO iVm § 46 I; denn der Bußgeldbescheid ist hier seiner Funktion nach einem Strafbefehl gleichzustellen. Der von der Mitwirkung am Verfahren ausgeschlossene Verteidiger kann in demselben Verfahren auch keinen anderen Mitbetroffenen verteidigen (§ 138a V S. 1 Halbs. 1 StPO). Ein in einem Strafverfahren ausgeschlossener Verteidiger darf einen Beschuldigten auch nicht als Betroffenen in einem Bußgeldverfahren verteidigen (§ 138a IV S. 1 StPO).

22 d) **Ein kommunalrechtliches Vertretungsverbot** (vgl. zB § 24 I GONW, § 22 II KrONW) erstreckt sich nicht darauf, einen Betroffenen in einem Bußgeldverfahren vor einer Kommunalbehörde zu vertreten, da dies kein Geltendmachen von Ansprüchen eines anderen gegen Gemeinde oder Kreis, sondern Verteidigungstätigkeit ist (BVerfGE **41**, 231, 242 = NJW **76**, 954 m. Anm. Witte-Wegmann, v. Mutius VerwArch **76**, 73ff., Jäkel JuS **79**, 174; VGHBW DÖV **79**, 872).

23 3) **Ein Pflichtverteidiger** kann bestellt werden, wenn die Mitwirkung eines Verteidigers im Bußgeldverfahren geboten ist. Dies kommt nur in den Fällen des § 140 I Nr. 4 und II StPO in Betracht, nicht aber (anders: im gerichtlichen Bußgeldverfahren, vgl. 27 vor § 67) in den Fällen der Nr. 5; denn der Betroffene kann sich im schriftlichen Verfahren vor der VB (in dem keine Hauptverhandlung stattfindet), auch dann hinreichend verteidigen, wenn er sich in einer Anstalt befindet; soweit dies nicht der Fall sein sollte, greift § 140 II StPO iVm § 46 I ein. Dagegen wird jedoch auch die Anwendung des § 140 I Nr. 8 StPO in Betracht kommen, wenn im Verfahren der VB der Verteidiger nach den §§ 138a, 138b StPO iVm § 46 I von der Mitwirkung ausgeschlossen wird (vgl. 18ff., 29). Voraussetzung ist in den Fällen des § 140 I Nr. 4, II StPO iVm § 46 I, daß der Betroffene noch keinen Verteidiger gewählt hat (vgl. § 141 I StPO) oder der Wahlverteidiger (vgl. 2) die Verteidigung nicht übernehmen will. Ist damit zu rechnen, daß der Betroffene noch einen Verteidiger wählen wird, so empfiehlt sich vor der Bestellung eine entsprechende Anfrage an den Betroffenen.

24 A. **Fälle der notwendigen Verteidigung:**
a) **Ob bei Tauben und Stummen (§ 140 I Nr. 4 StPO)** im Bußgeldverfahren der VB die Bestellung eines Verteidigers geboten ist, wird von den Umständen des Einzelfalles abhängen. Da das Verfahren – abweichend vom Strafverfahren – in der Regel schriftlich durchgeführt wird, kann von einer Verteidigerbestellung abgesehen werden, wenn mit dem Betroffenen auf schriftlichem Wege eine Verständigung möglich ist und so seine Rechte ausreichend gewahrt sind (Rebmann/Roth/Herrmann 4; Rotberg 6). Stets geboten ist die Verteidigerbestellung bei Tauben und Stummen, wenn eine ,,verhandlungsähnliche‟ Verfahrenslage eintritt, so zB bei mündlicher Anhörung des Betroffenen (§ 55), falls nicht der vernehmende Verwaltungsangehörige die Taubstummensprache beherrscht (Müller 4), oder bei der Vernehmung von Zeugen und Sachverständigen in Gegenwart des Betroffenen (Rebmann/Roth/Herrmann 4). Bei Schwerhörigen vgl. 28.

25 b) **Die in § 140 II StPO genannten Fälle: Die Schwere der Tat** bemißt sich vor allem unter Berücksichtigung der eigenen Verteidigungsfähigkeit des Betroffenen nach der Höhe der zu erwartenden Geldbuße oder der Bedeutung einer möglichen Nebenfolge (Kleinknecht 17 zu § 140 StPO).

26 **Schwierigkeit der Sachlage** ist zB gegeben, wenn die Kenntnis des Akteninhalts (etwa des Gutachtens eines Sachverständigen) zur sachgemäßen Verteidigung notwendig ist, da in der Regel nur ein Verteidiger Akteneinsicht erhalten kann (vgl 55); ebenso bei umfangreichen Ermittlungen mit Hilfe von Sachverständigen oder schwierigen Beweisen über die Verantwortlichkeit des Betroffenen (§ 12 II; Rebmann/Roth/Herrmann 7).

27 **Schwierigkeit der Rechtslage** kann zB vorliegen, wenn in einem ähnlich gelagerten Fall widersprechende gerichtliche Entscheidungen ergangen sind (Rebmann/Roth/Herrmann 7). Ist der Betroffene lediglich rechtsunkundig, so rechtfertigt dies noch nicht die Verteidigerbestellung (Müller 5; Rebmann/Roth/Herrmann 7).

28 **Ersichtlich nicht selbst verteidigen kann** sich der Betroffene zB, wenn er Merkmale des Schwachsinns zeigt (BGH AnwBl. **63**, 194) oder zwar nicht taub, aber sehr schwerhörig (Hamm NJW **52**, 1190) oder ein Ausländer ist, welcher der deutschen Sprache nicht mächtig ist (vgl. auch BVerfGE **40**, 95).

29 B. **Die VB entscheidet über die Bestellung des Verteidigers** von Amts wegen, in den Fällen des § 140 II StPO auch auf Antrag des Betroffenen oder seines gesetzlichen Vertreters (Rebmann/Roth/Herrmann 11), wenn sie für die Verfolgung und Ahndung zuständig ist (§ 35). Denn sie trägt dann die Verantwortung für die ordnungsgemäße Durchführung des Verfahrens und muß deshalb auch prüfen und entscheiden, ob die Rechte des Betroffenen ausreichend gewahrt sind. Die Entscheidung darüber, ob ein Verteidiger zu bestellen ist, steht im pflichtgemäßen Ermessen der VB (vgl. 6ff. zu § 47), wie sich aus dem ,,kann‟ in § 141 III S. 1

StPO ergibt. Daraus folgt, daß das Vorliegen der Voraussetzungen des § 140 I Nr. 4, II StPO (vgl. 24 ff.) allein nicht ausreicht, um eine Pflicht zur Verteidigerbestellung zu begründen; es muß hinzukommen, daß sie zur ausreichenden Wahrnehmung der Rechte des Betroffenen geboten ist (ebenso Rebmann/Roth/Herrmann 12; vgl. auch 24). Ob diese Voraussetzung vorliegt, hat die VB unter Wahrung der Belange des Betroffenen (Fürsorgepflicht), wobei auch die Bedeutung der Sache eine Rolle spielt, zu prüfen; drängt sich eine Prüfung von Amts wegen auf und gelangt die VB dabei zu einem verneinenden Ergebnis, so sollte sie dies aktenkundig machen (Rebmann/Roth/Herrmann 13).

30 C. **Die Auswahl des Verteidigers** trifft die VB nach pflichtgemäßem Ermessen (6 ff. zu § 47; ebenso Rebmann/Roth/Herrmann 17), und zwar in sinngemäßer Anwendung des § 142 I StPO (vgl. § 46 I) möglichst aus dem Kreis der bei dem LG zugelassenen RAe, zu dessen Bezirk das AG nach § 68 gehört. Die VB kann jedoch auch einen bei einem anderen Gericht zugelassenen RA bestellen („möglichst"). Der vom Betroffenen ausgewählte RA seines Vertrauens ist zu bestellen, wenn nicht besondere Gründe entgegenstehen (BVerfGE **9**, 36, 38; Karlsruhe NJW **78**, 1064); er hat hierauf jedoch keinen Rechtsanspruch (BVerfGE **39**, 238, 243). Ebensowenig kann der RA verlangen, in einer bestimmten Bußgeldsache bestellt zu werden oder zu bleiben (vgl. BVerfGE **39**, 238, 242; Rebmann/Roth/Herrmann 18). Der zum Verteidiger bestellte RA ist verpflichtet, die Verteidigung zu übernehmen, kann aber aus wichtigen Gründen die Aufhebung der Beiordnung beantragen (§§ 49, 48 II BRAO); die Bestellung erstreckt sich auch auf den allgemeinen Vertreter des RA (§ 53 BRAO).

31 a) **Angehörige der steuerberatenden Berufe** können, auch im Verfahren wegen Steuerordnungswidrigkeiten, nicht zum Verteidiger bestellt werden, da § 392 iVm § 410 I Nr. 3 AO 1977 (Anh **A 10**) nur den § 138 I StPO, nicht aber den § 142 StPO ergänzt (so auch Rebmann/Roth/Herrmann 17).

32 b) **Über die Bestellung eines Referendars** (vgl. 6) als Verteidiger vgl. § 142 II StPO iVm § 46 I; die Bestellung eines Referendars unterliegt danach keinen sachlichen Beschränkungen, doch ist bei Ordnungswidrigkeiten auf entlegeneren Sachgebieten zu prüfen, ob der Referendar die Verteidigung sachgemäß führen kann (vgl. RiStBV 107 I S. 1). Ist der Referendar bei der VB zur Ausbildung, so darf er nicht bestellt werden (vgl. § 142 II letzter Halbs. StPO). Dem Referendar sind seine notwendigen Auslagen aus der Staatskasse zu erstatten (vgl. RiStBV 107 II); die bundeseinheitliche Vereinbarung zwischen den LJVen und dem BMJ (vgl. zB BayJMBl. **58**, 83; JMBlNW **58**, 148; abgedr. in Piller/Herrmann Nr. 10 b) wird entsprechend anzuwenden sein. Auch der Teilnehmer an einer einstufigen Juristenausbildung kann als Verteidiger bestellt werden, wenn er den erforderlichen Ausbildungsstand erreicht hat (vgl. § 5 b II S. 1, 2 DRiG).

33 D. **Die Verfügung der VB,** daß ein Verteidiger bestellt wird, ist dem Bestellten und dem Betroffenen formlos mitzuteilen (§ 50 I S. 1); desgl. auch eine ablehnende Verfügung, die zu begründen ist (Rebmann/Roth/

Herrmann 13, Rotberg 14). Gegen die ablehnende Entscheidung der VB ist Antrag auf gerichtliche Entscheidung (§ 62) zulässig, da ihr selbständige Bedeutung zukommt (7 zu § 62); ebenso gegen die Entscheidung, in der ein anderer als der vom Betroffenen gewünschte Verteidiger bestellt wird; dsgl. bei ermessenswidrigem Verstoß gegen die Auswahlgrundsätze (30; vgl. Kleinknecht 11 zu § 142 StPO). Bei einer Rücknahme der Bestellung (vgl. 34) ist der Antrag jedoch nur zulässig, falls sie auf Willkür der VB beruht, da der Verteidiger sonst nicht beschwert ist; denn die Pflichtverteidigung dient nicht seinem Vorteil, sondern nur dem öffentlichen Interesse (BVerfGE **39**, 238, 242; Kleinknecht 5 zu § 143 StPO).

34   E. **Die Rücknahme** der Verteidigerbestellung wird von der VB ausgesprochen, wenn der Betroffene einen Wahlverteidiger beauftragt und dieser die Wahl annimmt (§ 143 StPO iVm § 46 I). Erhält er nicht die Genehmigung der VB oder kann er bei notwendiger Verteidigung nicht zum Pflichtverteidiger bestellt werden (vgl. 8, 9), so unterbleibt die Rücknahme; im zuletzt genannten Fall tritt dann der Wahlverteidiger neben dem Pflichtverteidiger auf (so auch Rebmann/Roth/Herrmann 20). Eine Rücknahme der Verteidigerbestellung ist auch bei offensichtlich grober Pflichtverletzung und bei Vorliegen anderer wichtiger Gründe (zB Krankheit des Verteidigers) zulässig (Kleinknecht 3 zu § 143 StPO). Der Ausschlußgrund des § 138a StPO (vgl. 18) führt zur Rücknahme der Bestellung, so daß sich ein Ausschlußverfahren erübrigt (vgl. Koblenz NJW **78**, 2521; Kleinknecht 4 zu § 143 StPO; Welp ZStW **90**, 112; aM LR-Dünnebier 2ff. zu § 138a StPO; Rieß JR **79**, 37; Dencker NJW **79**, 2176ff. mwN).

35   F. **Die Bestellung wirkt** nur für das Vorverfahren, hier allerdings auch, wenn die StA die Verfolgung nach der Bestellung übernimmt (§ 42; so auch Rebmann/Roth/Herrmann 16; aM Müller 2), nicht aber für das sich anschließende gerichtliche Bußgeldverfahren (Begr. zu § 49 EOWiG). Die Bestellung erlischt, falls sie nicht vorher zurückgenommen wird (vgl. 34), mit der Rechtskraft des Bußgeldbescheides; sie umfaßt danach auch die Befugnis zur Einlegung des Einspruchs, gilt jedoch nicht mehr für das Vollstreckungsverfahren (ebenso Rebmann/Roth/Herrmann 16).

36   G. **Auch im Verfahren gegen Jugendliche** kann die VB einen Verteidiger bestellen (§ 68 Nr. 1 JGG, Anh **A 3**, iVm § 46 I); im Ergebnis ebenso Rebmann/Roth/Herrmann 10, die dies unmittelbar aus § 60 ableiten wollen. Nicht anwendbar ist dagegen § 68 Nr. 2 und 3 JGG: Nr. 2 nicht, da die dem Erziehungsberechtigten und dem gesetzlichen Vertreter nach dem JGG zustehenden Rechte nur der Richter entziehen kann (§ 67 IV JGG; vgl. auch 35 vor § 67), Nr. 3 nicht im Hinblick auf § 46 III S. 1.

37   4) **Über die Zustellung** an den Verteidiger vgl. § 51 III, V S. 2 (dort 30ff.); § 145a StPO gilt nur im gerichtlichen Bußgeldverfahren (vgl. 27 vor § 67).

38   5) **Das Verbot der gemeinschaftlichen Verteidigung** mehrerer Betroffener durch einen Wahl- oder Pflichtverteidiger (§ 146 StPO, der mit

dem GG vereinbar ist, vgl. BVerfGE **39**, 156) gilt auch für das Bußgeldverfahren (§ 46 I), da auch hier verdeckte Interessenkollisionen im Bereich der persönlichen Verantwortung des Verteidigers auftreten können (BVerfGE **45**, 272, 291; BGH **27**, 124; Koblenz VRS **53**, 450; Karlsruhe NJW **77**, 161; Stuttgart MDR **77**, 686; LG Osnabrück Rpfleger **78**, 183; krit. zur Rspr. Zuck AnwBl. **78**, 18; Franke JZ **78**, 264). Zulässig soll dagegen die gemeinschaftliche Verteidigung des persönlich Betroffenen und der dazu gehörigen nebenbeteiligten JP oder PV iS des § 30 sein (so BVerfGE **45**, 272, 288; zw., vgl. 14 zu § 88). Gemeinschaftlicher Verteidiger ist jemand aber nicht schon dann, wenn er tatsächlich für einen Mitbetroffenen eine Verteidigungshandlung vorgenommen hat; erforderlich ist, daß er rechtlich die Stellung eines Verteidigers für mehrere Betroffene hat (Frankfurt NJW **78**, 333).

39 **A. Unzulässig** ist die Verteidigung mehrerer Betroffener durch einen gemeinschaftlichen Verteidiger in folgenden Fällen (hierzu Heinicke NJW **78**, 1497):

40 **a) Wird mehreren Betroffenen eine Beteiligung (§ 14) an derselben Tat** (vgl. 50 vor § 59) vorgeworfen, so wird in der Regel ein Verteidigungsverbot vorliegen. Dies gilt auch dann, wenn in getrennten Verfahren gegen die mehreren Betroffenen wegen derselben Tat ermittelt wird und der Verteidiger in jedem Verfahren nur einen Betroffenen verteidigt (vgl. BVerfG NJW **76**, 231; BGH **26**, 291; München NJW **76**, 252; Düsseldorf MDR **76**, 70; LG Osnabrück Rpfleger **78**, 183 bei gemeinschaftlicher Verteidigung sowohl des Halters als auch des Fahrers eines Kfz; Kleinknecht 2 zu § 146 StPO; vgl. auch Krämer NJW **76**, 1666); desgl.

41 bei **sog. sukzessiver gemeinschaftlicher Verteidigung** mehrerer Betroffener; dies ist zB der Fall, wenn ein Verteidiger, der den Betroffenen A verteidigt und dessen Mandat später niedergelegt hat, in dem Verfahren, das dieselbe Tat betrifft, jetzt den Mitbetroffenen B verteidigen will (vgl. BVerfG aaO; BGH **27**, 154; Bay. MDR **77**, 336). Verstirbt jedoch der Betroffene A im Laufe des Verfahrens, so ist der RA an der anschließenden Verteidigung des Mitbetroffenen B nicht gehindert, weil dann eine Interessenkollision nicht mehr möglich ist (BGH **27**, 315; Hamm MDR **77**, 1038). Das Verbot nach § 146 StPO gilt auch, wenn das Verfahren gegen den Mitbetroffenen bereits (durch Bußgeldbescheid der VB oder Bußgeldentscheidung des Gerichts) rechtskräftig abgeschlossen (vgl. BVerfG NJW **77**, 800; BGH **26**, 367, 370, NJW **78**, 384; München NJW **76**, 252; Hamburg NJW **76**, 1477; Hamm NJW **79**, 64; Bamberg NJW **77**, 822; Ernesti/Jürgensen SchlHA **79**, 204; Kleinknecht 7 zu § 146 StPO; krit. Krämer NJW **76**, 1666) oder eingestellt worden ist (Koblenz NJW **78**, 2608). Dabei kommt es nicht darauf an, in welchem Umfang der Verteidiger in dem ersten Verfahren tatsächlich tätig geworden ist (vgl. BGH **28**, 57). Ist jedoch erwiesen, daß der zunächst von einem Betroffenen bevollmächtigte Verteidiger für diesen keinerlei Tätigkeit ausgeübt hat, und legt er das Mandat nieder, so kann er nunmehr einen Mitbetroffenen verteidigen (Frankfurt GA **77**, 280). Ferner ist § 146 StPO auch auf

42 den **unterbevollmächtigten Verteidiger** (vgl. 14) anzuwenden, selbst

wenn sich die Tätigkeit nur auf die Erledigung bestimmter Aufgaben beschränkt (BVerfG NJW **76**, 231; München NJW **76**, 252).

43   **Nicht um dieselbe Tat, sondern um verschiedene Taten** handelt es sich dagegen bei einer prozeßrechtlichen Verbindung mehrerer Sachverhalte, die aus Zweckmäßigkeitsgründen angezeigt sein kann. Dies kann in Betracht kommen, wenn mehreren Betroffenen zur Last gelegt wird, in gleicher Weise gegen dieselbe Bußgeldvorschrift verstoßen zu haben, und zwar auch zur gleichen Zeit und am gleichen Ort, jedoch unabhängig voneinander; trotz der örtlich und zeitlich zusammentreffenden Taten und trotz gleichförmiger Verhaltensweisen kann es sich also um selbständige Taten handeln (instruktiv: Bay. VRS **51**, 362; ferner Stuttgart, Die Justiz **78**, 366). Dies ist auch für Kartellordnungswidrigkeiten von Bedeutung. In diesen Fällen gilt das Verteidigungsverbot in der Regel nicht (vgl. aber 44).

44   b) **Wird mehreren Betroffenen in demselben Verfahren nicht dieselbe Tat** als Beteiligten vorgeworfen (vgl. 43), so kann deren gemeinschaftliche Verteidigung gleichwohl unzulässig sein; denn auch in diesem Fall können Interessenkonflikte in Betracht kommen, so zB bei der Sachverständigenauswahl (vgl. BVerfGE **45**, 354). Diese Fälle werden im Verfahren der VB jedoch kaum vorkommen.

45   B. **Verteidigen RAe einer Sozietät** mehrere Betroffene, so ist § 146 StPO nicht anzuwenden, wenn jeder der RAe einen anderen Betroffenen verteidigt (BVerfGE **43**, 79). Dabei kommt es nicht darauf an, ob die Vollmachten jeweils auf sämtliche oder mehrere RAe der Sozietät ausgestellt sind, da die Vollmachtsurkunde nur eine einseitige Erklärung des Betroffenen über seine Verteidigerwahl enthält (BVerfGE aaO). Zur Begründung der Verteidigerbestellung ist weiter erforderlich, daß der gewählte RA seine Wahl zum Verteidiger annimmt, was üblicherweise dadurch zum Ausdruck kommt, daß der RA sich im Verfahren (durch ausdrückliche Erklärung oder schlüssiges Verhalten) zum Verteidiger bestellt (BVerfGE aaO).

46   C. **Zurückzuweisen** ist ein Verteidiger, der entgegen § 146 StPO eine gemeinschaftliche Verteidigung übernommen hat, und zwar wegen der später übernommenen Verteidigung, während die zuerst übernommene Verteidigung weiterhin zulässig bleibt (BGH **27**, 148). Über die Zuständigkeit der VB zur Zurückweisung und den hiergegen zulässigen Rechtsbehelf vgl. 17. Hat ein Verteidiger, dessen Beauftragung gegen § 146 StPO verstößt, Einspruch gegen den Bußgeldbescheid eingelegt, so ist für die Zurückweisung das nach § 68 zuständige AG zuständig, das zugleich den Einspruch verwirft, der durch die Zurückweisung unwirksam wird (vgl. 47) . Die Zurückweisung braucht nicht ausdrücklich ausgesprochen zu werden; sie kann auch in dem Verwerfungsbeschluß liegen (Düsseldorf MDR **79**, 335).

47   D. **Die Wirksamkeit von Prozeßhandlungen** im Falle einer unzulässigen Verteidigung bleibt nach der (nicht leicht durchschaubaren) Rspr. bis zu dem Zeitpunkt, in dem die Verteidigung als unzulässig zurückgewiesen wird, in der Schwebe, ist also bis dahin zu bejahen; doch wird die Prozeßhandlung, die „Anlaß zur Prüfung und damit zur Zurückweisung

gegeben hat" mit der Zurückweisung (wodurch die Unzulässigkeit der Verteidigung „evident" werde; BGH **27**, 124, 130) unwirksam, so insbesondere der eingelegte Rechtsbehelf (Einspruch, Antrag auf gerichtliche Entscheidung nach § 62 oder auf Wiedereinsetzung in den vorigen Stand, Rechtsbeschwerde, Zulassungsrechtsbeschwerde; vgl. BGH **26**, 367, 372; **27**, 124; **28**, 67).

47a   a) **Zur Zurückweisung des Rechtsbehelfs** im Falle einer unzulässigen Verteidigung ist das Gericht nicht verpflichtet (insbesondere nicht zur Zurückweisung der Einlegung des Rechtsbehelfs); dies würde im übrigen in der Regel für den Betroffenen die Wiedereinsetzung in den vorigen Stand zur Folge haben, also im Ergebnis nicht weiterführen (vgl. BGH **27**, 124, 128f.). Das Gericht kann deshalb, wenn es nach der Sach- und Rechtslage einfacher ist, entsprechend dem Sinn und Zweck der Regelungen über die Unzulässigkeit der Verteidigung im Falle des § 146 StPO (und § 137 I S. 2 StPO) den Rechtsbehelf aus anderen Gründen (zB wegen Verspätung des Einspruchs) verwerfen oder auch in der Sache entscheiden (zB über die Rechtsbeschwerde nach § 79 V S. 1), falls einer solchen Entscheidung im Falle einer gemeinschaftlichen Verteidigung nicht die Gefahr eines Interessenkonfliktes (im Falle des § 137 I S. 2 StPO: die Gefahr einer weiteren Verfahrensverzögerung) entgegensteht; doch ist dies bei der Frage der Wirksamkeit der Einlegung (anders hinsichtlich der Begründung) eines Rechtsbehelfs durch einen unzulässigen Verteidiger stets zu verneinen (BGH **27**, 124, 132).

47b   b) **Die Zurückweisung des Verteidigers vor Einlegung** des Rechtsbehelfs (zB durch die VB oder das AG) macht zwar iS der Rspr. des BGH die Unzulässigkeit der Verteidigung „evident" (vgl. 47); gleichwohl erscheint es nach der (wenig klaren) Rspr. zweifelhaft, ob damit der Rechtsbehelf unwirksam ist (dafür: Koblenz VRS **53**, 450; aM wohl Hamm NJW **78**, 1538 zu § 137 I S. 2 StPO). Doch macht es praktisch keinen Unterschied, ob der Rechtsbehelf in einem solchen Falle als unzulässig verworfen oder ob der Verteidiger im Rechtsbehelfsverfahren (nochmals) zurückgewiesen wird mit der Folge, daß damit der Rechtsbehelf unzulässig ist (vgl. Meyer JR **77**, 212); zweckmäßig ist es allerdings, daß das Gericht in derartigen Fällen den Rechtsbehelf mit der Begründung verwirft, der Rechtsbehelf sei wegen unzulässiger Verteidigung unzulässig, worin zugleich die Zurückweisung des Verteidigers liegt (vgl. 46; Düsseldorf MDR **79**, 335; hier zeigt sich die Fragwürdigkeit der „Evidenztheorie"; vgl. Meyer aaO).

47c   c) **Bei der Bestellung eines Pflichtverteidigers** ist in den Fällen, in denen die Wirksamkeit einer Prozeßhandlung im Hinblick auf § 146 StPO iVm § 46 I fraglich ist, insgesamt keine andere Beurteilung geboten (BGH **27**, 22, 23; NJW **78**, 242).

48   6) **Ein Recht auf Akteneinsicht** steht dem Betroffenen zu, das grundsätzlich jedoch vom Verteidiger (vgl. 5, 6, 30–32) ausgeübt wird (§ 147 StPO iVm § 46 I; vgl. LR-Dünnebier 1 zu § 147 StPO; 55); dieses Recht ist beschränkbar (vgl. 50). Kann der Verteidiger nur mit Genehmigung der VB tätig werden (vgl. 8ff.), so kann er die Akten erst einsehen, wenn die Genehmigung erteilt ist.

49   **A. Zu den Akten** gehören sämtliche Vorgänge der VB über das Bußgeldverfahren einschl. der polizeilichen Ermittlungsvorgänge nebst etwaiger Ton- und Bildaufnahmen (vgl. Kleinknecht 10 zu § 147 StPO),
ferner Beiakten. Besichtigt werden dürfen auch die als Beweismittel (70
vor § 59) amtlich verwahrten Gegenstände, da dies Teil des Akteneinsichtsrechts ist (Kleinknecht 11 zu § 147 StPO). Nicht zu den Akten
gehören aber Handakten und andere innerdienstliche Vorgänge, die im
Fall des Einspruchs der StA nicht vorzulegen wären (§ 69 I S. 1). In Akten einer anderen Verwaltung darf nur mit deren ausdrücklicher Zustimmung Einsicht gewährt werden (vgl. RiStBV 187 II, 296, Anh **C 1**).
Schriftstücke sowie Ton- oder Bildaufnahmen (zB Fotos bei einer Radarmessung oder Überfahren des Rotlichts), die für den Betroffenen als
belastend oder entlastend von Bedeutung sein können, dürfen den Akten
nicht ferngehalten werden, um die Akteneinsicht zu beschränken, da dies
eine Verletzung des Anspruchs auf rechtliches Gehör wäre (vgl.
BVerfGE **18**, 399, 405; Celle NdsRpfl. **77**, 252; Kleinknecht 10 zu § 147
StPO). Befinden sich solche Vorgänge nicht in den Ermittlungsakten,
sondern in anderen Akten (zB Steuerakten), so müssen auch diese Akten
zugänglich gemacht werden (Celle aaO).

50   **B. Beschränkbar** ist das Akteneinsichtsrecht des Verteidigers, wenn
die VB den Abschluß der Ermittlungen noch nicht in den Akten vermerkt hat (§ 61). Die Einsicht kann dann versagt werden, soweit sie den
Untersuchungszweck gefährden kann (§ 147 II StPO); die Möglichkeit
einer konkreten Gefährdung reicht aus. Sie kann zB vorliegen, wenn
erkennbar bestimmte Untersuchungshandlungen vorbereitet werden, die
nur durch Überraschung erfolgreich sein können (Kleinknecht 17 zu
§ 147 StPO). Die Beschränkung ist zeitlich begrenzt, solange die Gefährdung des Untersuchungszweckes andauert, höchstens bis zum Abschluß
der Ermittlungen; spätestens zu diesem Zeitpunkt ist die die Versagung
aussprechende Anordnung der VB aufzuheben (§ 147 VI S. 1 StPO;
§ 61). Sobald das Recht zur Akteneinsicht nicht mehr beschränkt ist, hat
die VB dies dem Verteidiger mitzuteilen (§ 147 VI S. 2 StPO), damit er
die Akten einsehen kann (vgl. auch 3 zu § 61).

51   **Ausgenommen von der Beschränkung** der Akteneinsicht sind nach
§ 147 III StPO stets die Niederschriften über die Vernehmung des Betroffenen, wobei es unerheblich ist, ob die Vernehmung durch die Polizei,
die VB, StA oder von einem Richter (auf Ersuchen der VB; vgl. 5 ff. vor
§ 59) durchgeführt worden ist; eine schriftliche Äußerung steht hier einer
Vernehmungsniederschrift gleich (Kleinknecht 20 zu § 147 StPO; vgl. 4
zu § 55). Der Beschränkung unterliegen auch nicht die Niederschriften
über richterliche Vernehmungen eines Zeugen, Sachverständigen oder
Mitbetroffenen oder über einen richterlichen Augenschein (vgl. 13 vor
§ 59) sowie Sachverständigengutachten.

52   **C. In den Diensträumen** der VB ist dem Verteidiger Akteneinsicht zu
gewähren, soweit es sich nicht um einen RA oder Rechtsbeistand handelt
(vgl. RiStBV 189 III, 296, Anh **C 1**). Diesen Personen sollen auf Antrag
die Akten (mit Ausnahme der Beweisstücke) zur Einsichtnahme in ihre
Geschäftsräume oder in ihre Wohnung mitgegeben oder übersandt wer-

den, soweit nicht wichtige Gründe (zB die Benötigung der Akten für eilige Ermittlungen, bei Verkehrsordnungswidrigkeiten: auch drohender Eintritt der Verfolgungsverjährung wegen der kurzen Verjährungsfrist) entgegenstehen (§ 147 IV S. 1 StPO; RiStBV 189 II, 296). In Betracht kommen kann auch die Übersendung der Akten durch die VB an eine Behörde oder das Gericht des Ortes, an dem der RA seine Kanzlei hat. Eine Gebühr oder Portoauslagen für die Aktenversendung dürfen von der VB nicht in Ansatz gebracht werden (Göhler DVBl. **73**, 384, 386; 2, 7 zu § 107).

53   D. **Abschriften** (Ablichtungen) aus den Akten darf sich der Verteidiger selbst anfertigen oder anfertigen lassen (Hamburg NJW **63**, 1024; BGH **18**, 369, 371); die VB ist deshalb zur Anfertigung von Abschriften (Ablichtungen) nicht verpflichtet (BGH bei Dallinger MDR **73**, 371; Bay. **53**, 29; Hamburg aaO). Dem Betroffenen und anderen Personen darf der Verteidiger keine Einsicht in die Akten gewähren; er kann den Betroffenen aber über den Akteninhalt unterrichten, ev. auch Abschriften überlassen, wenn dies zur Vorbereitung der Verteidigung erforderlich (KMR 6b zu § 147 StPO) und eine Verwendung zu verteidigungsfremden Zwecken nicht zu befürchten ist (BGH bei Dallinger MDR **68**, 728; Kleinknecht 15 zu § 147 StPO).

54   E. **Die Entscheidung** über die Akteneinsicht (51, 52) trifft die VB, die das Verfahren durchführt (§ 147 V StPO). Dies gilt auch dann, wenn die Ermittlungen noch bei der Polizei laufen (so auch Rebmann/Roth/Herrmann 38; Rotberg 14), soweit diese nicht selbst VB ist (vgl. 9 zu § 35). Die Polizei darf aber dem Verteidiger Einsicht in die nicht der Beschränkung unterliegenden Schriftstücke (51) gestatten (Kleinknecht 3 zu § 147 StPO). Sind die Akten nach Einspruch gegen den Bußgeldbescheid der StA übersandt worden (§ 69 I S. 1), so entscheidet diese über die Akteneinsicht bis zur Übersendung der Akten an das AG, danach das AG. Wird zugleich mit dem Einspruch Akteneinsicht beantragt, so handeln VB und StA nicht verfahrenswidrig, wenn sie die Entscheidung über die Akteneinsicht dem AG überlassen; das gilt allerdings nur, wenn keine Anhaltspunkte dafür bestehen, daß nach Akteneinsicht eine Rücknahme des Bußgeldbescheids in Betracht kommen könnte (Hamm VRS **55**, 141; vgl. auch 7 vor § 67). Gegen die Anordnung der VB nach § 147 II StPO ist Antrag auf gerichtliche Entscheidung zulässig (§ 62), nicht aber gegen eine Anordnung, in der die Herausgabe der Akten zur Einsichtnahme in die Kanzlei des RA abgelehnt wird (§ 147 IV S. 2 StPO; Karlsruhe, Die Justiz **79**, 341). Die Nichtgewährung der Akteneinsicht läßt die Wirksamkeit des Bußgeldbescheides unberührt (51 zu § 66).

55   F. **Anderen Personen als dem Verteidiger** ist in der Regel keine Akteneinsicht zu gewähren, so nicht dem Betroffenen oder seinem gesetzlichen Vertreter (5 zu § 67) oder Beistand (61), auch nicht einem RA, der selbst Betroffener ist (vgl. 7; Klussmann NJW **73**, 1965 mwN). Die Akteneinsicht wird damit nur solchen Personen übertragen, die dem Standesrecht unterliegen oder deren Auswahl als Verteidiger vom Gericht genehmigt (8) worden ist. Dadurch soll gewährleistet werden, daß die Akten nicht in falsche Hände geraten und bei der Einsicht möglicher-

weise beschädigt, verfälscht oder gar vernichtet werden (vgl. LR-Dünnebier 1 zu § 147 StPO; Zweibrücken NJW 77, 1699). Dies schließt jedoch
nicht aus, daß die VB in einfach gelagerten Fällen (zB bei Verkehrsordnungswidrigkeiten) einem Betroffenen, der sich selbst verteidigen will,
Akteneinsicht gewähren kann, wenn im Einzelfall keine schwerwiegenden Gründe dagegen sprechen (vgl. dazu selbst für das Strafverfahren
Zweibrücken aaO). Auch wird es nicht unzulässig sein, dem Betroffenen
Ablichtungen von Aktenteilen (zB Zeugenvernehmungen) zu überlassen,
so wenn er sich äußern will oder soll (4 zu § 55; Kleinknecht 8 zu § 147
StPO; weitergehend LR-Dünnebier 2 zu § 147 StPO).

55a   **Dem Beistand eines jugendlichen Betroffenen** kann Akteneinsicht
nach § 69 III S. 1 JGG (Anh **A 3**) iVm § 46 I gewährt werden.

56   G. **Weitere Fälle** der Akteneinsicht sind in RiStBV 185, 296 (Anh **C 1**;
wegen der Anwendung im Verfahren der VB vgl. MBlNW **78**, 22) aufgeführt; diese Vorschriften können einen Anhaltspunkt dafür geben, inwieweit sonst Akteneinsicht zu gewähren ist, so zB einem RA für die
Prüfung bürgerlich-rechtlicher Ansprüche oder für die Vorbereitung ei-
57 nes Verwaltungsstreitverfahrens (vgl. RiStBV 185 IV). **Privatpersonen**
und privaten Einrichtungen ist die Akteneinsicht grundsätzlich zu
versagen; einfach und schnell zu erledigende Auskünfte können jedoch
namentlich dem Geschädigten erteilt werden, wenn ein berechtigtes Interesse an der Auskunftserteilung dargelegt ist und wenn sonst Bedenken
nicht bestehen (RiStBV 185 V, 296, Anh **C 1**). In geeigneten Fällen ist
auch auf die Möglichkeit der Akteneinsicht durch einen RA hinzuweisen
(vgl. RiStBV 188 II, 296).

58   H. **Nach Abschluß** des Bußgeldverfahrens der VB durch rechtskräftigen Bußgeldbescheid oder Einstellung ist § 147 StPO iVm § 46 I nicht
mehr anzuwenden. Die VB wird daher jeder Person volle Akteneinsicht
gewähren müssen, die ein rechtliches Interesse glaubhaft macht (vgl.
Bek. d. Bay. StMdI v. 8. 3. 1977, MABl. 385, unter 7.6).

59   J. **Für Auskünfte** aus den Akten gelten die Vorschriften über die Akteneinsicht sinngemäß (vgl. RiStBV 182 II, 296, Anh **C 1**; 57). Über
Auskünfte an ausländische Behörden sowie diplomatische und konsularische Vertretungen vgl. RdSchr. d. BMJ v. 3. 1. 1975 (abgedr. zB in
JBlRhPf **75**, 13).

60   7) **Über das Verkehrsrecht** mit dem Verteidiger, wenn sich der Betroffene nicht auf freiem Fuß befindet (zB wegen Untersuchungshaft,
Strafhaft, Erzwingungshaft), vgl. § 148 StPO iVm § 46 I sowie §§ 26,
28, 29 StVollzG. Danach ist einem solchen Betroffenen auch wegen eines
schwebenden Bußgeldverfahrens der mündliche oder schriftliche Verkehr mit seinem Verteidiger zu gestatten (vgl. 27 vor § 67), soweit nicht
ein Fall des § 138a IV, V StPO vorliegt (vgl. auch 18).

61   8) **Als Beistand** des Betroffenen können der Ehegatte (wenn die Ehe
noch besteht) und der gesetzliche Vertreter (4f. zu § 67) zugelassen werden (§ 149 I, II StPO iVm § 46 I). Die Aufgabe des Beistandes ist es, den
Betroffenen zu unterstützen. Über das selbständige Anfechtungsrecht des
gesetzlichen Vertreters vgl. § 298 StPO iVm § 62 II S. 2, § 67 S. 2; 4f. zu

§ 67. Über die Zulassung, für die ein Antrag des Beistands Voraussetzung ist (Düsseldorf NJW **79**, 938), entscheidet die VB nach pflichtgemäßem Ermessen (§ 149 III StPO; vgl. 10; so auch Rebmann/Roth/Herrmann 41). Gegen die ablehnende Entscheidung der VB ist Antrag auf gerichtliche Entscheidung zulässig (§ 62).

62   **Einem jugendlichen Betroffenen** kann auch die VB nach § 69 I JGG (Anh **A 3**) iVm § 46 I einen Beistand bestellen, da sie nach § 60 sogar einen Verteidiger bestellen kann und die Bestellung eines Beistandes in Strafsachen ebenfalls schon im Vorverfahren möglich ist (ebenso Rebmann/Roth/Herrmann 41; Rotberg 16). Die Rechte des Beistandes nach § 69 JGG gehen weiter als die nach § 149 StPO (vgl. § 69 III S. 1 JGG).

63   **9) Über die Vertretung eines Nebenbeteiligten** (§§ 434, 444 II StPO iVm § 46 I, § 87 I, § 88 I) vgl. 35 ff. zu § 87, 14 zu § 88.

64   **10) Über das Anwesenheitsrecht** des Verteidigers bei der Vernehmung des Betroffenen durch die VB vgl. 17 zu § 55, bei der richterlichen Vernehmung des Betroffenen oder von Zeugen und Sachverständigen vgl. 12 vor § 59. Bei der Vernehmung von Zeugen und Sachverständigen durch die VB kann dem Verteidiger die Anwesenheit gestattet werden (vgl. 125 vor § 59).

65   **11) Über die Gebühren des RA** im Verfahren der VB als Wahlverteidiger (2 ff.) vgl. § 105 I BRAGO (Anh **A 9**). Zur Frage, inwieweit Gebühren und Auslagen eines Verteidigers zu den notwendigen Auslagen des Betroffenen gehören vgl. 10 vor § 105.

66   **Als Pflichtverteidiger** (23 ff.) hat der RA einen Anspruch auf Mindestgebühren aus der Staatskasse (§§ 97, 103, 105 III BRAGO; 26 vor § 105), die bei besonders umfangreichen oder schwierigen Bußgeldsachen erhöht werden können (§ 99 BRAGO). Über das Verfahren zur Festsetzung der Gebühren vgl. die §§ 98 ff. BRAGO, die sinngemäß anzuwenden sind (§ 105 III BRAGO). Danach entscheidet über den Anspruch des Verteidigers an Stelle des UrkB die VB, welche die Bestellung angeordnet hat. Gegen die Festsetzung der Pflichtverteidigervergütung durch die VB ist an Stelle der unbefristeten Erinnerung (vgl. § 98 II BRAGO) der (ebenfalls unbefristete) Rechtsbehelf nach § 62 zulässig, über den das nach § 68 zuständige AG durch unanfechtbaren Beschluß entscheidet. Wird der von der VB bestellte Verteidiger im Verfahren nach Einspruch gegen den Bußgeldbescheid dem Betroffenen auch für dieses Verfahren beigeordnet, so erhält der Verteidiger eine Gebühr nach § 83 I Nr. 3 BRAGO, auf die die Gebühr nach § 105 I BRAGO nicht mehr anzurechnen ist (§ 105 I, II BRAGO).

67   **Über Auslagenersatz** vgl. §§ 25 ff., 97 II BRAGO (Anh **A 9**). Die an den Pflichtverteidiger zu zahlenden Beträge sind als Auslagen anzusetzen (§ 107 III Nr. 6), wenn ein Kostenschuldner vorhanden ist (vgl. 25 f. zu § 107).

Abschluß der Ermittlungen

61 Sobald die Verwaltungsbehörde die Ermittlungen abgeschlossen hat, vermerkt sie dies in den Akten, wenn sie die weitere Verfolgung der Ordnungswidrigkeit erwägt.

1   **1) Nur für das Verfahren der VB** gilt die Vorschrift. Hat die StA die
Verfolgung der Ordnungswidrigkeit übernommen (§ 42) und erwägt sie,
die öffentliche Klage wegen der Straftat und Ordnungswidrigkeit zu
erheben (1 zu § 64), so ist § 169a StPO anzuwenden.

2   **2) Der Zeitpunkt** des unbeschränkten Akteneinsichtsrechts des Verteidigers (vgl. 50f. zu § 60) wird durch den Aktenvermerk über den
Abschluß der Ermittlungen, durch den der Verfolgungsteil (§ 35 I) und
der Ahndungsteil (§ 35 II) getrennt werden (vgl. auch Kleinknecht 1 zu
§ 169a StPO), eindeutig festgelegt. Nur wenn die VB die weitere Verfolgung erwägt, also einen Bußgeldbescheid gegen den Betroffenen erlassen
will, ist der Aktenvermerk erforderlich, nicht aber bei Einstellung des
Verfahrens nach § 47 I oder § 170 II StPO iVm § 46 I. Abgeschlossen sind
die Ermittlungen, wenn die VB nach ihrer Auffassung den Sachverhalt so
weit aufgeklärt hat (vgl. 53 vor § 59), daß sie eine abschließende Entscheidung über die weitere Verfolgung (nach Anhörung des Betroffenen;
vgl. § 55) oder die Einstellung des Verfahrens treffen kann (Rebmann/
Roth/Herrmann 3).

3   **3) Der Aktenvermerk,** der mit Datum und Unterschrift des zuständigen Verwaltungsangehörigen (3 vor § 59) zu versehen ist (vgl. RiStBV
109 III S. 1), kann auch formularmäßig oder mittels eines Stempels angebracht werden. Dies wird sich vor allem bei massenhaft vorkommenden
Ordnungswidrigkeiten (zB Verkehrsordnungswidrigkeiten) empfehlen.
Der Abschluß der Ermittlungen wird hier in der Regel mit dem Erlaß des
Bußgeldbescheides zusammenfallen (vgl. Rebmann/Roth/Herrmann 3).
Hat jedoch der Verteidiger bereits vorher Akteneinsicht beantragt und ist
ihm diese bislang versagt worden (vgl. 50 zu § 60), so wird ihm vor Erlaß
des Bußgeldbescheides Akteneinsicht zu gewähren sein. In einem Verfahren gegen mehrere Betroffene muß sich aus dem Aktenvermerk ergeben, gegen welchen die Ermittlungen abgeschlossen sind (vgl. RiStBV
109 III S. 2). Der Aktenvermerk wird dem Betroffenen nicht mitgeteilt,
da er keine Maßnahme iS des § 50 I S. 1 (dort 2) ist; er kann deshalb auch
nicht nach § 62 angefochten werden.

4   **4) Weitere Ermittlungen** zur Aufklärung des Sachverhalts, welche die
VB vor Erlaß des Bußgeldbescheides noch für notwendig hält, hindert
der einmal angebrachte Abschlußvermerk nicht. Er wird bei Aufnahme
weiterer Ermittlungen nicht gelöscht, so daß dem Verteidiger auch im
Zwischenstadium ein unbeschränktes Recht auf Akteneinsicht zusteht
(vgl. 2). Der endgültige Abschluß der Ermittlungen wird durch einen
erneuten Vermerk festgehalten (ebenso Rotberg 3).

Rechtsbehelf gegen Maßnahmen der Verwaltungsbehörde

62 ^I Gegen Anordnungen, Verfügungen und sonstige Maßnahmen,
die von der Verwaltungsbehörde im Bußgeldverfahren getroffen werden, können der Betroffene und andere Personen, gegen die
sich die Maßnahme richtet, gerichtliche Entscheidung beantragen.
Dies gilt nicht für Maßnahmen, die nur zur Vorbereitung der Entschei-

dung, ob ein Bußgeldbescheid erlassen oder das Verfahren eingestellt wird, getroffen werden und keine selbständige Bedeutung haben.

II Über den Antrag entscheidet das nach § 68 zuständige Gericht. Die §§ 297 bis 300, 302, 306 bis 309 und 311a der Strafprozeßordnung über das Beschwerdeverfahren gelten sinngemäß. Die Entscheidung des Gerichts ist nicht anfechtbar, soweit das Gesetz nichts anderes bestimmt.

Übersicht

1 **1) Als umfassenden Rechtsbehelf** gegen Maßnahmen der VB im Bußgeldverfahren sieht die Vorschrift in enger Anlehnung an die §§ 304, 305 StPO und § 23 EGGVG den Antrag auf gerichtliche Entscheidung an das nach § 68 zuständige AG vor. § 62 konkretisiert damit den Grundsatz des Art. 19 IV GG und schließt zum anderen die Anrufung der VGe im Bußgeldverfahren aus (so auch Rebmann/Roth/Herrmann 1; vgl. auch SchlHVG SchlHA **78**, 121). § 62 gilt nicht für den Bußgeldbescheid und die ihm gleichstehenden Bescheide (3 zu § 65), die zwar auch unter den Oberbegriff „Maßnahmen" fallen (vgl. 2 zu § 50), gegen die aber als besonderer Rechtsbehelf der Einspruch mit einem eigenständigen Verfahren vor den ordentlichen Gerichten zugelassen ist (§§ 67 ff.); ferner nicht für die Einstellungsverfügung (vgl. 157 ff. vor § 59; Rebmann/Roth/Herrmann 29 zu § 47). Für Einwendungen gegen Maßnahmen der VB im Vollstreckungsverfahren ist in § 103 I Nr. 2, 3 iVm § 104 I Nr. 1 eine dem § 62 entsprechende Regelung getroffen. Vgl. ferner § 100 II S. 1, § 108 I S. 2, § 110 II S. 1, die gegen bestimmte Entscheidungen der VB den Rechtsbehelf nach § 62 ausdrücklich zulassen, da sonst die Anwendung des § 62 wegen seines Standortes im Abschnitt „Vorverfahren" zweifelhaft sein könnte. Die Gesamtschau dieser Vorschriften ergibt, daß das OWiG für alle Fälle, in denen nach Art. 19 IV GG die

Anrufung des Gerichts in Betracht kommt, den Rechtsweg zu den ordentlichen Gerichten eröffnen will, um ein doppelspuriges Verfahren (zwischen VGen und ordentlichen Gerichten) zu vermeiden.

2 **2) Antragsberechtigt** sind der Betroffene (49 vor § 59) und andere Personen, gegen die sich die Maßnahme richtet. Das Antragsrecht steht jeweils nur der Person zu, die durch die Maßnahme unmittelbar in ihrem Rechtskreis verletzt, dh in ihrem Vermögen oder einem sonstigen Recht materieller oder verfahrensrechtlicher Art beeinträchtigt ist (vgl. Bay. **52**, 233; Rebmann/Roth/Herrmann 9; Rotberg 7). Für die Ausübung des Antragsrechts reicht grundsätzlich Verhandlungsfähigkeit (12 zu § 67) aus.

3 A. **Ein Nebenbeteiligter** (2ff. vor § 87) hat die Befugnisse des Betroffenen zwar erst mit Erlaß des Bußgeldbescheides (§ 87 II S. 1, § 88 III). Er hat vorher jedoch als ,,andere Person", gegen die sich eine Maßnahme der VB richten kann (4), ein eigenes Antragsrecht, so namentlich bei Ablehnung seiner Verfahrensbeteiligung (17 zu § 87).

4 B. **Andere Personen** sind solche, gegen die das Bußgeldverfahren selbst nicht, wohl aber eine einzelne Maßnahme gerichtet ist (ebenso Rebmann/Roth/Herrmann 9). Als solche Personen kommen in Betracht zB Zeugen und Sachverständige, gegen die ein Ordnungsgeld festgesetzt wird (72 zu § 59) oder die sich gegen die Höhe der festgesetzten Entschädigung wenden (100 zu § 59); der von der Beschlagnahme betroffene Gewahrsamsinhaber, wenn er nicht selbst Betroffener ist (89 vor § 59); der Verteidiger, der im Bußgeldverfahren nicht zugelassen (11 zu § 60) oder der zurückgewiesen wird (16f., 46 zu § 60); der Pflichtverteidiger, der sich gegen die Höhe der festgesetzten Vergütung wendet (66 zu § 60); ferner der Vertreter der Staatskasse, wenn sie durch die Entscheidung belastet ist (3 zu § 108).

5 C. **Ein selbständiges Antragsrecht** hat bei einer Maßnahme gegen den Betroffenen auch sein Verteidiger (§ 297 StPO iVm II S. 2; 2 zu § 67), bei einem Nebenbeteiligten (2ff. vor § 87) auch sein Vertreter (§ 434 StPO iVm § 46 I; 35ff. zu § 87; 14 zu § 88); ferner der gesetzliche Vertreter (§ 298 StPO iVm II S. 2; 4f. zu § 67) und der Erziehungsberechtigte (§ 67 III JGG, Anh **A 3**, iVm § 46 I; 10 zu § 67). Über die Vertretung durch sonstige Bevollmächtigte vgl. 11 zu § 67.

6 **3) Um eine Maßnahme** (= Verwaltungsakt; vgl. 2 zu § 50) der VB muß es sich handeln, also namentlich um eine Anordnung oder Verfügung, die im Bußgeldverfahren (9) mit Rechtswirkung nach außen hin getroffen wird und den Rechtskreis des Betroffenen oder einer anderen Person berührt (vgl. 2).

7 A. **Selbständige Bedeutung** muß die Maßnahme haben und nicht nur der Vorbereitung einer das Bußgeldverfahren abschließenden Entscheidung (Bußgeldbescheid oder Einstellung) dienen (I S. 2; vgl. auch § 305 StPO). Maßnahmen, die zur Aufklärung des Sachverhalts getroffen werden, haben nur dann selbständige Bedeutung, wenn sie schon für sich betrachtet, also unabhängig von der späteren Entscheidung (über den Vorwurf der Ordnungswidrigkeit), materielle Rechte einer Person beein-

trächtigen oder die ihr zustehenden (positiven) Verfahrensrechte verkürzen. Als Maßnahmen von selbständiger Bedeutung kommen zB in Betracht: die Beschlagnahme von Gegenständen (66 ff., 89 vor §59); die Ablehnung eines Antrags auf Verteidigerbestellung (33 zu §60); die Anordnung der körperlichen Untersuchung (28 zu §46); die Verwarnung mit Verwarnungsgeld (37 zu §56); ferner jede Maßnahme, die gegen eine dritte Person gerichtet ist (vgl. 4 und die dort aufgeführten Beispiele), weil die Maßnahme gegen sie unabhängig davon wirkt, wie die spätere Entscheidung ausfällt.

8   B. **Ohne selbständige Bedeutung** sind dagegen zB die Einleitung des Bußgeldverfahrens (vgl. 27 ff. vor §59), die Verfügung, einen Zeugen zu vernehmen, die Beauftragung eines Sachverständigen (vgl. Begr. zu §50 EOWiG), die Zurückweisung des Antrags, dessen Bestellung wegen eines Ablehnungsgrundes zurückzunehmen (90 zu §59), die Ablehnung eines Beweisantrages (18 zu §55). In diesen Fällen handelt es sich lediglich um vorbereitende Maßnahmen, die materielle Rechte des Betroffenen oder seine (positiven) Verfahrensrechte nicht verletzen, in einem inneren Zusammenhang mit der nachfolgenden Sachentscheidung getroffen werden und deshalb nur mit dem gegen die Sachentscheidung zulässigen Rechtsbehelf angefochten werden können (vgl. auch Kleinknecht 1 zu §305 StPO). Die VB kann aber die Maßnahme jederzeit von Amts wegen ändern (vgl. auch 38), wenn sie eine das Verfahren abschließende Entscheidung noch nicht getroffen hat (vgl. RG **59**, 243; ebenso Rebmann/Roth/Herrmann 11).

9   C. **Im Bußgeldverfahren** muß die Maßnahme der VB ergehen, also auf Grund der Befugnis zur Verfolgung von Ordnungswidrigkeiten. Verwaltungsakte, die nur beiläufig zu anderen Zwecken in einem Ermittlungsverfahren erlassen werden, sind im Verwaltungsrechtsweg anzufechten (OVG Lüneburg BB **57**, 624; Rotberg 6; Rebmann/Roth/Herrmann 6). Zum Bußgeldverfahren iwS gehört auch das Verwarnungsverfahren (vgl. 37 zu §56).

10   **4) Die Einlegung des Rechtsbehelfs:**

A. **Bei der VB,** welche die angefochtene Maßnahme getroffen hat, ist der Antrag zu stellen, in dringenden Fällen auch bei dem AG, das über den Antrag zu entscheiden hat (§306 I StPO iVm II S. 2); dabei ist es nach hM unbeachtlich, ob tatsächlich ein dringender Fall vorliegt (Bremen MDR **51**, 56 m. Anm. Dallinger; Kleinknecht 1 zu §306 StPO). Die Antragstellung bei der VB empfiehlt sich jedoch, da das AG in nicht dringenden Fällen den Antrag an die VB zur Prüfung im Abhilfeverfahren (17) zurückgeben kann. Beim AG sollte deshalb der Antrag im allgemeinen nur gestellt werden, wenn zugleich die sofortige Aussetzung der Maßnahmen (vgl. 21 f.) erstrebt wird, die VB eine solche voraussichtlich aber nicht anordnen würde (vgl. Kleinknecht aaO). Wird der Antrag bei einer unzuständigen Stelle gestellt, so wird er erst dann wirksam, wenn er bei der zuständigen Stelle eingeht (vgl. 14 ff. zu §67). Über den Antrag einer Person, die auf behördliche Anordnung verwahrt ist, vgl. §299 StPO iVm II S. 2; 17 zu §67.

11   B. **Schriftlich oder zur Niederschrift** der VB oder des UrkB des AG
(vgl. 10) muß der Antrag gestellt werden (§ 306 I S. 1 StPO iVm II S. 2);
vgl. hierzu näher 19 ff. zu § 67. Über telegrafische oder fernmündliche
Einlegung vgl. 24, 26 zu § 67. Über die Aufnahme des Antrags durch den
UrkB vgl. näher Kleinknecht Einl 128 ff. Der Antrag darf nicht mit einer
Bedingung verknüpft werden (vgl. 29 zu § 67).

11a   **Eine Begründung des Antrags** ist nicht vorgeschrieben, aber empfehlenswert. Hat sich der Antragsteller bei Einlegung des Rechtsbehelfs eine
Begründung oder eine Ergänzung seiner Begründung vorbehalten, so hat
die VB, bevor sie entscheidet, eine angemessene Zeit zu warten
(BVerfGE **17**, 191, 193). Hat das Gericht eine Aussetzungsfrist eingeräumt, so muß es diese abwarten, auch wenn die Sache entscheidungsreif
ist (BVerfGE **12**, 110, 113; **46**, 313, 314 mwN). Wird die Begründung
erst nach Ablauf der Frist eingereicht, so ist sie zu berücksichtigen, solange das Gericht noch nicht entschieden hat (vgl. Kleinknecht 6 zu § 306
StPO).

12   C. **Besondere Zulässigkeitsvoraussetzungen:**

13   a) **Bei abgeschlossenen Maßnahmen** (die aufgehoben, überholt oder
gegenstandslos sind) ist der an sich statthafte Rechtsbehelf unter dem
Gesichtspunkt der prozessualen Überholung (mangelnde Beschwer; vgl.
Kleinknecht 17 vor § 296 StPO) unzulässig (so die hM in Schrifttum und
Rspr.; vgl. im einzelnen die Hinweise in BVerfGE **49**, 329, 337f. zur
Durchsuchungsanordnung; vgl. BGH **28**, 57; ferner auch 123 ff. vor
§ 59). Diese Ansicht kann indes dazu führen, daß bei einer Grundrechts-
verletzung keine andere Instanz als die des BVerfG zu einer nachträglichen Kontrolle aufgerufen wäre (vgl. 9 ff. vor § 79), obwohl nach der
Gesamtrechtsordnung das Prinzip der Subsidiarität der Verfassungsbeschwerde zu beachten ist (vgl. Peters JR **73**, 341); deswegen kann in
solchen Fällen die Zulässigkeit des Antrages nach § 62 unter der Voraussetzung bejaht werden, daß ein ,,nachwirkendes'' Feststellungsinteresse
besteht (vgl. Kleinknecht 18 vor § 296 StPO; Amelung NJW **79**, 1687),
was jedoch im Bußgeldverfahren kaum in Betracht kommt (vgl. 123 b,
155 vor § 59). Wird wegen des nachwirkenden Feststellungsinteresses die
Zulässigkeit des Rechtsbehelfs nach § 62 ausnahmsweise bejaht, so kann
dem Antragsteller nach einem längerem Fristablauf (etwa 1 Monat) selbst
bei Eingriffen in Grundrechte die Verwirkung entgegengehalten werden.
Über den Gegenstand der Entscheidung bei einem nachwirkenden Feststellungsinteresse vgl. 27a.

14   b) **Eine Frist** für den Antrag ist in der Regel nicht vorgesehen. Jedoch
ist der Antrag in den Fällen des § 100 II S. 1, § 108 I S. 2 und des § 110 II
S. 1 innerhalb einer Woche nach Zustellung des Bescheides zu stellen
(vgl. 30 ff. zu § 67).

15   D. **Eine irrtümlich falsche Bezeichnung** des Antrags (zB als Einspruch) ist unschädlich (§ 300 StPO iVm II S. 2); vgl. auch 28 zu § 67.

16   E. **Über Rücknahme und Verzicht** des Antrags (§ 302 StPO iVm II
S. 2) vgl. 35 ff. zu § 67.

17   **5) Eine Abhilfeentscheidung** (in der für die angefochtene Maßnahme vorgeschriebenen Form; vgl. § 50 I) hat die VB zu treffen, wenn sie die Anfechtung ihrer Maßnahme für zulässig und begründet hält (§ 306 II Halbs. 1 StPO iVm II S. 2); dabei ist § 308 I S. 1 StPO iVm II S. 2 zu beachten (vgl. 28). Ist der Antrag unzulässig, so prüft die VB unter dem Gesichtspunkt der Gegenvorstellung (33), ob eine Abhilfe möglich ist (vgl. Kleinknecht 11 zu § 306 StPO; LR–Gollwitzer 17 zu § 306 StPO). Neues erhebliches Vorbringen muß die VB, ggf. nach Beweiserhebung, berücksichtigen (vgl. München NJW **73**, 1143 = JR **74**, 204 m. Anm. Gollwitzer). Die Entscheidung, die in der Aufhebung der beanstandeten Maßnahme oder in dem Erlaß der beantragten oder einer anderen Maßnahme (uU auch in der Feststellung der Rechtswidrigkeit der Maßnahme, vgl. 13, 27a) bestehen kann, ist den Beteiligten mitzuteilen (§ 50 I; ebenso Rebmann/Roth/Herrmann 18). Beseitigt die Abhilfe die mit dem Antrag geltend gemachte Beschwer vollständig, so wird der Antrag gegenstandslos. Übersieht die VB die Möglichkeit, eine Abhilfe zu treffen, so hat dies auf das weitere Verfahren vor dem Gericht keinen Einfluß (Kleinknecht 12 zu § 306 StPO).

18   **A. Wird nicht oder nur teilweise** abgeholfen, so macht die VB dies aktenkundig und legt den Antrag spätestens vor Ablauf von 3 Tagen dem Gericht (24) zur Entscheidung vor (§ 306 II Halbs. 2 StPO iVm II S. 2), und zwar unmittelbar, nicht über die StA, die mangels einer § 69 II entsprechenden Vorschrift am Verfahren nicht beteiligt ist (vgl. auch 16 vor § 59; ebenso Rotberg 9; Kaiser NJW **68**, 1816; RiStBV 271 II , Anh **C** 1). Einer Begründung der Nichtabhilfe bedarf es nicht, es sei denn, daß der Rechtsbehelf neues erhebliches und unter Beweis gestelltes Vorbringen enthält (vgl. München NJW **73**, 1143); aber auch sonst empfiehlt es sich, daß die VB ihren Standpunkt näher darlegt (vgl. 29; Rebmann/Roth/ Herrmann 18). Die negative Entscheidung braucht dem Antragsteller nicht mitgeteilt zu werden.

19   **B. Bei einem befristeten Antrag** (14) ist eine Abhilfe durch die VB ebenfalls zulässig, da § 311 III S. 1 StPO nicht für anwendbar erklärt ist (ebenso Rebmann/Roth/Herrmann 18). So ergeht zB im Kostenfestsetzungsverfahren (§ 106) dann ein geänderter Kostenfestsetzungsbescheid, der erneut bekanntzumachen ist (vgl. 9 zu § 106) und gegen den wieder gerichtliche Entscheidung beantragt werden kann (vgl. auch Baumbach/ Lauterbach 4 B zu § 104 ZPO).

20   **6) Keine aufschiebende Wirkung** hat der Antrag auf gerichtliche Entscheidung (§ 307 I StPO iVm II S. 2). Die Maßnahmen der VB sind also sofort vollstreckbar (5 zu § 89). Dies gilt allerdings nicht für die Anordnung der VB über die nachträgliche Einziehung nach § 100 I Nr. 1 und den Kostenfestsetzungsbescheid (§ 106 II S. 2), deren Vollstreckung erst nach Rechtskraft zulässig ist (vgl. 5 zu § 89), so daß dem (befristeten) Antrag gegen eine solche Entscheidung aufschiebende Wirkung zukommt (vgl. auch Rebmann/Roth/Herrmann 19).

21   **A. Die Vollziehung** (Vollstreckung) der angefochtenen Entscheidung kann jedoch ausgesetzt werden (§ 307 II StPO). Dabei handelt es sich um eine Ermessensentscheidung, bei der die Aussichten des Rechtsbehelfs zu berücksichtigen sind (vgl. Kleinknecht 2 zu § 307 StPO). Zum Begriff „aussetzen" (vgl. 1 zu § 102).

22   B. **Zuständig** für die Entscheidung ist die VB und, sobald die Akten dem Gericht vorgelegt sind, das AG.

23   C. **Angefochten** werden kann der Bescheid der VB, in dem die Aussetzungsanordnung abgelehnt wird, mit dem Rechtsbehelf nach § 62, solange das Gericht über den Hauptantrag noch nicht entschieden hat. Gegen den ablehnenden Beschluß des Gerichts (vgl. 22) ist Beschwerde nur dann zulässig, wenn dessen Entscheidung selbst angefochten werden kann (vgl. KMR 2e zu § 307 StPO; Rebmann/Roth/Herrmann 19; vgl. 31).

24   **7) Das gerichtliche Verfahren** (II):

A. **Zuständig** für die Entscheidung über den Antrag ist das AG, in dessen Bezirk die VB ihren Sitz hat (§ 68 I), falls nicht eine abweichende Regelung nach § 68 III oder § 58 GVG getroffen worden ist (II S. 1; vgl. näher 3 ff., 12 ff. zu § 68). Dies gilt auch bei Maßnahmen der Kartellbehörde als VB, da insoweit die besondere Zuständigkeit des OLG (vgl. §§ 82, 85 GWB, Anh **A 14**) nicht gegeben ist (ebenso Gutzler/Nölkensmeier WRP **69**, 6; Rebmann/Roth/Herrmann 12).

25   B. **Die Entscheidung** ergeht ohne mündliche Verhandlung durch Beschluß. Er ist zu begründen, wenn die Entscheidung angefochten werden kann (vgl. 31) oder wenn der Antrag abgelehnt wird (§ 309 I StPO iVm II S. 2, § 34 StPO iVm § 46 I). Die StA ist nicht anzuhören, da sie am Verfahren nicht beteiligt ist (vgl. 18); über die Anhörung der VB vgl. 29; sie wird auch zu hören sein, wenn in einem dringlichen Fall der Antrag unmittelbar beim Gericht gestellt worden ist (10). Über die Bekanntmachung der Entscheidung und Rechtsmittelbelehrung vgl. §§ 35, 35a StPO iVm § 46 I. Im Verfahren gegen Jugendliche vgl. ferner § 67 II JGG (Anh **A 3**) iVm § 46 I.

26   C. **In der Sache selbst** entscheidet das Gericht, wenn es den Antrag für begründet erachtet (§ 309 II StPO iVm II S. 2). Dabei prüft es die Maßnahme der VB in tatsächlicher und rechtlicher Hinsicht nach (vgl. näher Kleinknecht 2, 3 zu § 309 StPO), hinsichtlich des Ermessens aber nur, ob von dem Ermessen in einem dem Zweck der Ermächtigung entsprechenden Weise Gebrauch gemacht ist – Ermessenswillkür – oder die gesetzlichen Grenzen des Ermessens überschritten sind – Ermessensmißbrauch – (vgl. § 114 VwGO; Art. 28 III EGGVG; Rotberg 12; Rebmann/Roth/Herrmann 20). Hierzu erforderliche Ermittlungen kann das Gericht selbst vornehmen oder aber anordnen (§ 308 II StPO iVm II S. 2), indem es zB die VB oder Polizei um die Vernehmung eines Zeugen ersucht.

27   a) **Eine Zurückverweisung** an die VB wird nur ausnahmsweise in Betracht kommen, zB bei schweren Verfahrensmängeln (vgl. LR-Gollwitzer 12 zu § 309 StPO; Rebmann/Roth/Herrmann 21; ferner Gollwitzer JR **74**, 206 ff.).

27a   b) **Die Feststellung der Rechtswidrigkeit** der Maßnahme spricht das Gericht in sinngemäßer Anwendung des § 28 I S. 4 EGGVG (vgl. auch § 113 I S. 4 VwGO) aus, wenn sich diese durch prozessuale Überholung erledigt hat, jedoch ausnahmsweise ein nachwirkendes Feststellungsinteresse besteht (vgl. 13; Kleinknecht 18 vor § 296 StPO).

28 D. **Das Verbot der reformatio in peius** (Verschlechterungsverbot) gilt – wie im Beschwerdeverfahren (Kleinknecht 3 vor § 304 StPO) – nicht. Zum Nachteil des Gegners des Antragstellers darf die Entscheidung jedoch nur geändert werden, wenn dieser vorher zu dem Antrag gehört worden ist (§ 308 I StPO iVm II S. 2).

29 a) „**Gegner**" des **Antragstellers** ist derjenige, dessen Interessen bei einer Änderung der angefochtenen Maßnahme beeinträchtigt würden. Das kann zB der Betroffene sein, wenn einem Zeugen die durch sein Ausbleiben entstandenen Kosten auferlegt worden sind (vgl. 69, 72 zu § 59). Im Kostenfestsetzungsverfahren (§ 106) ist Gegner jeweils der andere Beteiligte. Im übrigen ist auch die VB (als Vertreterin des öffentlichen Interesses) in diesem Sinne „Gegner", da die StA am Verfahren nicht beteiligt ist (vgl. 18). Da die VB jedoch die Möglichkeit hat, bei Weiterleitung des Antrags an das Gericht eine Stellungnahme abzugeben (18; vgl. auch 25), wird sie nur ausnahmsweise (nochmals) zu hören sein, so wenn der Antragsteller seinen Antrag nachträglich begründet oder seine Begründung ergänzt.

30 b) **Ist die Anhörung des „Gegners" unterblieben** und ist zu seinem Nachteil entschieden, so hat er einen Anspruch auf nachträgliches Gehör (vgl. § 311a StPO iVm II S. 2); dies gilt jedoch nicht, wenn die Beteiligung der VB unterblieben ist, weil diese Beteiligung nicht der Gewährung rechtlichen Gehörs dient (vgl. Kleinknecht 3 zu § 311a StPO bei Nichtbeteiligung der StA; Rebmann/Roth/Herrmann 21a; aM Rotberg 14). Vgl. ferner § 33 III, § 33a StPO iVm § 46 I.

31 E. **Unanfechtbar** ist die Entscheidung des Gerichts, vorbehaltlich einer anderen gesetzlichen Bestimmung (II S. 3); nach § 100 II S. 2, § 108 I S. 2 Halbs. 2 und § 110 II S. 2 ist die sofortige Beschwerde (§ 311 StPO) zulässig, über die das LG (Kammer in Bußgeldsachen) entscheidet (§ 73 I GVG iVm § 46 I, VII), und zwar im Verfahren gegen Jugendliche und Heranwachsende als JugK (§ 41 II S. 2 JGG, Anh **A 3**, iVm § 46 I, VII; vgl. 33 vor § 67). Eine weitere Anfechtung der Beschwerdeentscheidung ist ausgeschlossen (§ 310 II StPO iVm § 46 I). Über die Anwendung des § 311a StPO iVm § 46 I vgl. 30.

32 F. **Die Kosten** eines zurückgenommenen oder erfolglos gestellten Antrags hat der Antragsteller zu tragen (§ 473 I StPO iVm § 46 I; 6 zu § 109). Eine Gebühr entsteht nur im Beschwerdeverfahren; vgl. Nr. 1773 KVGKG (Anh **A 8**).

33 8) **Gegenvorstellung und Aufsichtsbeschwerde** mit dem Ziel einer Überprüfung der Maßnahme der VB sind allein oder neben dem Rechtsbehelf nach § 62 als formloser und unbefristeter Rechtsbehelf zulässig und setzen keine Beschwer voraus; dies folgt aus Art. 17 GG. Entscheidet das Gericht über einen gleichzeitig gestellten Antrag nach § 62, so geht dessen Entscheidung vor.

34 A. **Die Gegenvorstellung** (Remonstration) ist bei der VB, welche die angefochtene Maßnahme getroffen hat, vorzubringen. Als Gegenvorstellung ist auch ein unzulässiger Antrag nach § 62 zu behandeln (17).

35   B. **Die Aufsichtsbeschwerde** ist als Fachaufsichtsbeschwerde anzusehen, wenn sie den sachlichen Inhalt der angefochtenen Maßnahme beanstandet, als Dienstaufsichtsbeschwerde, wenn das persönliche Verhalten des Verwaltungsangehörigen gerügt wird. Über die Fachaufsichtsbeschwerde entscheidet die Behörde, der die Organaufsicht über die VB zusteht, über die Dienstaufsichtsbeschwerde der Dienstvorgesetzte; zB § 3 II BBG (vgl. näher Wolff/Bachof III § 161 Rdn. 7). Die Zuständigkeit im einzelnen richtet sich nach dem jeweiligen Verwaltungsaufbau im Bund und in den Ländern (vgl. 1 zu § 36).

36   C. **Die Zuständige Behörde** hat die beanstandete Maßnahme zu überprüfen und dem Antragsteller über das Ergebnis ihrer Prüfung zu bescheiden (vgl. BVerfGE **2**, 225, 230; Kleinknecht 6 zu § 296 StPO). So wird die Aufsichtsbehörde, wenn sie die Aufsichtsbeschwerde für begründet hält, die VB anweisen, eine andere Entscheidung zu treffen (zB im Falle einer Einstellungsverfügung die Ermittlungen wieder aufzunehmen oder einen Bußgeldbescheid zu erlassen; 160 vor § 59); andernfalls teilt sie dem Antragsteller mit, daß sie seine Beschwerde für unbegründet hält. Gegen den ablehnenden Bescheid ist Beschwerde bei der nächsthöheren Behörde möglich (vgl. Wolff/Bachof III § 161 Rdn. 12). Wiederholte Gegenvorstellungen und Beschwerden, die eine bereits erledigte und abschlägig beschiedene Sache betreffen und keine neuen Tatsachen und Gesichtspunkte enthalten, können unerledigt bleiben (vgl. Wolff/Bachof III § 156 Rdn. 55; BVerfGE **2**, 225, 231 f.).

37   D. **Gegen eine richterliche Entscheidung** sind Gegenvorstellungen im beschränkten Umfang zulässig (vgl. hierzu näher Kleinknecht 9 vor § 296 StPO).

38   **9) Von Amts wegen ändern** kann die VB die von ihr getroffene Maßnahme, soweit sie nur mit einem unbefristeten Rechtsbehelf angefochten werden kann, da die Maßnahme dann nicht rechtskräftig wird. Dies setzt voraus, daß die Maßnahme fehlerhaft oder unsachgemäß war. Die Möglichkeit der Änderung besteht freilich nicht mehr, wenn die Maßnahme durch den weiteren Gang des Verfahrens überholt ist (vgl. aber 13).

39   Soweit die Maßnahme nur mit einem **befristeten Antrag** angefochten werden kann (vgl. 14), tritt nach Ablauf der Frist die formelle Rechtskraft ein. Eine Änderung ist dann von Amts wegen unzulässig. Dies folgt aus den für die Änderung gerichtlicher Beschlüsse geltenden Grundsätzen (vgl. Rebmann/Roth/Herrmann 24; Kleinknecht Einl. 109 zum Widerruf gerichtlicher Beschlüsse), die auf Maßnahmen der VB entsprechend anzuwenden sind. Bis zum Eintritt der Rechtskraft wird jedoch eine Änderung möglich sein, da im Fall eines Antrages nach § 62 auch eine Abhilfeentscheidung durch die VB zulässig ist (vgl. 17 ff.).

40   **10) Maßnahmen der StA,** die diese als Verfolgungsbehörde im Bußgeldverfahren (7 zu § 35) trifft, werden nach den Vorschriften der StPO (zB § 161 a III, § 163 a III) angefochten, die sinngemäß gelten (§ 46 I, II); subsidiär sind auch die §§ 23 ff. EGGVG anzuwenden (§ 46 I, II; dort 1;

ebenso Rebmann/Roth/Herrmann 10). Ferner sind Gegenvorstellung und Aufsichtsbeschwerde (33 ff.) zulässig (Kleinknecht 7 vor § 296 StPO).

41 **11) Über Rechtsbehelfe gegen Maßnahmen der Polizei** als Ermittlungsorgan der VB vgl. 29 zu § 53.

IV. Verfahren der Staatsanwaltschaft

Beteiligung der Verwaltungsbehörde   RiStBV 275, 278 II

63 ^I Hat die Staatsanwaltschaft die Verfolgung der Ordnungswidrigkeit übernommen (§ 42), so haben die mit der Ermittlung von Ordnungswidrigkeiten betrauten Angehörigen der sonst zuständigen Verwaltungsbehörde dieselben Rechte und Pflichten wie die Beamten des Polizeidienstes im Bußgeldverfahren. Die sonst zuständige Verwaltungsbehörde kann Beschlagnahmen, Notveräußerungen, Durchsuchungen und Untersuchungen nach den für Hilfsbeamte der Staatsanwaltschaft geltenden Vorschriften der Strafprozeßordnung anordnen.

^{II} Der sonst zuständigen Verwaltungsbehörde sind die Anklageschrift und der Antrag auf Erlaß eines Strafbefehls mitzuteilen, soweit sie sich auf eine Ordnungswidrigkeit beziehen.

^{III} Erwägt die Staatsanwaltschaft in den Fällen des § 40 oder § 42 das Verfahren wegen der Ordnungswidrigkeit einzustellen, so hat sie die sonst zuständige Verwaltungsbehörde zu hören. Sie kann davon absehen, wenn für die Entschließung die besondere Sachkunde der Verwaltungsbehörde entbehrt werden kann.

1 1) **Der Zweck der Vorschrift** ist es, die besondere Sachkunde der sonst zuständigen VB (sowie ihre personellen Kräfte und sachlichen Mittel) auch dann nutzbar zu machen, wenn die StA wegen einer Ordnungswidrigkeit Verfolgungsbehörde (7 zu § 35) ist (vgl. RiStBV 272, Anh **C 1**). Die VB kann auf Grund ihrer besonderen Sachkunde erfahrungsgemäß häufig Umstände aufzeigen, die für die sachgemäße Beurteilung der dem Betroffenen zur Last gelegten Handlung von Bedeutung sein können (vgl. auch 1, 2 zu § 76), weil die StA nur in Ausnahmefällen mit der Verfolgung von Ordnungswidrigkeiten befaßt ist. Die mit der Ermittlung von Ordnungswidrigkeiten betrauten Angehörigen der zuständigen VB haben bei der Erforschung von Ordnungswidrigkeiten auf bestimmten Sachgebieten (zB des Arbeits- oder Wirtschaftsrechts) vielfach große Erfahrung und können deshalb geeignetere Ermittlungsorgane der StA sein als die Beamten des Polizeidienstes, die auf solchen Sachgebieten nur selten Ermittlungen durchführen. Die Vorschrift berücksichtigt andererseits, daß die StA und die Beamten des Polizeidienstes bei bestimmten Zuwiderhandlungen eine genügend große praktische Erfahrung haben (zB bei den Straßenverkehrsordnungswidrigkeiten und den sog. Polizeidelikten). In solchen Fällen brauchen die sonst zuständige VB und ihre Angehörigen weder von sich aus tätig noch beteiligt zu werden; hier reicht eine Unterrichtung der VB aus, sobald die Sache bei Gericht anhängig wird (II). Eine vergleichbare Regelung enthalten §§ 402, 410 I Nr. 8 AO 1977 (Anh **A 10**) für das Steuerstraf- und -bußgeldverfahren.

2   **2) Die Übernahme der Verfolgung** einer Ordnungswidrigkeit wegen einer zusammenhängenden Straftat hat die StA der sonst zuständigen VB grundsätzlich mitzuteilen, wenn sie bereits ein Bußgeldverfahren eingeleitet hat oder diese Möglichkeit naheliegt (RiStBV 277 III, Anh **C 1**), damit Klarheit über die Verfolgungszuständigkeit besteht und ein doppeltes Ermittlungsverfahren vermieden wird (vgl. 19 zu § 42).

3   **Als „sonst zuständige" VB** ist diejenige anzusehen, die nach den §§ 36ff. sachlich und örtlich zuständig wäre, wenn die StA die Verfolgung nicht übernommen hätte (vgl. auch 2 zu § 49). Kommt danach eine mehrfache Zuständigkeit in Betracht, so entscheidet die Vorrangszuständigkeit (§ 39 I S. 1) oder das nach sachlichen Gesichtspunkten auszuübende Wahlrecht der StA (RiStBV 272 III S. 1); sie kann durch Übersendung der Akten an eine der zuständigen VBen deren Vorrangszuständigkeit begründen (vgl. RiStBV 272 III S. 2). Solange eine Vorrangszuständigkeit nicht besteht, gilt § 63 für jede der zuständigen VBen (vgl. 10 zu § 39; ebenso Müller 5, Rebmann/Roth/Herrmann 3 a).

4   **3) Die Angehörigen der sonst zuständigen VB** (vgl. 3), die mit der Ermittlung von Ordnungswidrigkeiten betraut sind, haben nach der Übernahme neben den Beamten des Polizeidienstes (die also nicht ausgeschaltet werden, so daß für sie auch § 53 II gilt) die Rechte und Pflichten nach § 53, und zwar im Rahmen der örtlichen und sachlichen Zuständigkeit der VB.

5   **Auf Ersuchen der StA** werden die Ermittlungsbeamten der VB tätig, um einzelne Maßnahmen zur Erforschung des Sachverhalts zu treffen; das Ersuchen ist aber auch in diesem Falle grundsätzlich an die VB zu richten (vgl. 21 zu § 53). Die mit den Ermittlungen betrauten Angehörigen der VB sind verpflichtet, dem Ersuchen der StA zu entsprechen (vgl. § 161 S. 2 StPO); die Bemerkungen unter 20 zu § 53 treffen hier nicht zu. Von Amts wegen haben die Ermittlungsbeamten außerdem nach pflichtgemäßem Ermessen (vgl. 8 zu § 53) alle keinen Aufschub gestattenden Anordnungen zu treffen, um die Verdunkelung der Sache zu verhüten (vgl. 15, 18 zu § 53); die Akten sind dann unverzüglich (vgl. 25 zu § 53) der StA zu übersenden. Ist die rasche Vornahme einer Beschlagnahme, Notveräußerung, Durchsuchung oder Untersuchung (vgl. 6) erforderlich, so kann die VB eine solche Anordnung treffen, soweit die Angehörigen der VB keine Beamten des Polizeidienstes sind, die zu Hilfsbeamten der StA bestellt sind (§ 53 II; vgl. 6). Die Anregung an den Richter zur Vornahme einer Untersuchungshandlung nach § 165 StPO kommt deshalb praktisch nicht in Betracht (vgl. 10 vor § 59).

6   **4) Die sonst zuständige VB hat die Befugnis,** Beschlagnahmen (vgl. 66ff. vor § 59), Notveräußerungen (vgl. 102ff. vor § 59), Durchsuchungen (vgl. 108ff. vor § 59) und Untersuchungen (vgl. 21ff. zu § 46) nach den für Hilfsbeamte der StA geltenden Vorschriften anzuordnen, also wenn Gefahr im Verzug (vgl. 84 vor § 59) ist (vgl. I S. 2; § 81a II, § 98 I, § 105 I S. 2, § 111e I S. 1, § 111l II S. 2 StPO). Wer für die VB tätig werden kann, beurteilt sich nach der innerdienstlichen Behördenorgani-

sation (vgl. 3 vor § 59). Soweit die Angehörigen der VB Beamte des Polizeidienstes sind, die zu Hilfsbeamten der StA bestellt sind, stehen auch ihnen die gesteigerten Befugnisse zu (§ 53 II).

7　**5) Die Mitteilung der Anklageschrift** (§ 200 StPO) oder des Antrags auf Erlaß eines Strafbefehls (§ 407 I StPO) wegen der zusammenhängenden Ordnungswidrigkeit (vgl. § 64) an die sonst zuständige VB (vgl. 3) verlangt II unabhängig davon, ob die StA eine Beteiligung der VB wegen deren besonderer Sachkunde für notwendig hält oder nicht. Die Unterrichtung der VB über den Ausgang des Verfahrens kann für sie für die Behandlung vergleichbarer Fälle oder für die Beurteilung weiterer Taten desselben Betroffenen von Bedeutung sein; die VB erhält außerdem so Gelegenheit, von sich aus in dem anhängigen Verfahren auf bedeutsame Gesichtspunkte hinzuweisen (vgl. 1).

8　**Verzichten kann die VB** auf die Unterrichtung, und zwar im Einzelfall, für eine Gruppe von Fällen oder allgemein, wie dies zB in Bayern die Zentrale Bußgeldstelle im Bay. Polizeiverwaltungsamt getan hat (vgl. Haniel 3.2).

9　**Die Form der Unterrichtung** ist nicht vorgeschrieben. Sie geschieht zweckmäßigerweise durch Übersendung einer Abschrift der Anklageschrift oder des Antrags auf Erlaß eines Strafbefehls (ebenso Kaiser NJW 68, 1816; Rebmann/Roth/Herrmann 4; Rotberg 4). Soweit aber die Bekanntgabe des Ermittlungsergebnisses oder der Beschuldigung wegen der zusammenhängenden Straftat für den Angeschuldigten von Nachteil sein kann, ist eine andere Form der Mitteilung zu wählen.

10　**6) Die Anhörung der VB vor Einstellung des Verfahrens** (III) soll ihr die Möglichkeit eröffnen, auf Umstände hinzuweisen, die der Einstellung entgegenstehen können (vgl. 1; RiStBV 275 I S. 1, 278 II, Anh **C 1**; vgl. auch 1, 2 zu § 76). Zu diesem Zweck können der VB auch die Akten übersandt werden (vgl. RiStBV 90 I S. 1 Halbs. 2). Die StA kann von der Anhörung der VB absehen, wenn für ihre Entschließung, ob sie das Verfahren mangels hinreichenden Tatverdachts (§ 170 I StPO iVm § 46 I) oder nach § 47 I einstellt, die besondere Sachkunde der VB (objektiv) entbehrlich ist. Dabei handelt es sich um eine Ausnahmeregelung, die nicht großzügig gehandhabt werden darf (vgl. hierzu im einzelnen RiStBV 275 I S. 2, 278). Die Anhörungspflicht besteht auch in den Fällen des § 40. Würde die Anhörung der VB das Verfahren unangemessen verzögern, so sieht die StA von einer Einstellung ab und gibt die Sache an die VB (vgl. näher RiStBV 275 III, 278 S. 2). Bei Nichtbeachten der Anhörungspflicht oder bei einer Einstellung abweichend von der Stellungnahme der VB hat diese (nur) die Möglichkeit der Gegenvorstellung oder Aufsichtsbeschwerde (vgl. 33 ff. zu § 62).

11　**7) Die Mitteilung der Einstellung** des Verfahrens wegen der Ordnungswidrigkeit an die VB ist stets notwendig, wenn sie wegen der Tat (50 ff. vor § 59) bereits ein Bußgeldverfahren eingeleitet hatte (RiStBV 275 V S. 2, Anh **C 1**).

12　**8) Bei der Verfolgung von Steuerordnungswidrigkeiten** durch die StA gelten für die Stellung der FinB die §§ 402, 403 I, III, IV, § 410 I Nr. 8 AO 1977 (Anh **A 10**). Vor der Einstellung des Verfahrens durch die

StA ist die FinB abweichend von III stets zu hören (§ 403 IV, § 410 I
Nr. 8 AO 1977); dasselbe gilt bei Ordnungswidrigkeiten nach dem
WiStG 1954, Anh **A 12,** dem AWG, Anh **A 13,** und im Wirtschaftsverkehr mit der DDR, Art. 320 EGStGB, Anh **A 1** (RiStBV 275 III, Anh **C 1**);
ferner bei Ordnungswidrigkeiten nach dem MOG.

Erstreckung der öffentlichen Klage auf die Ordnungswidrigkeit
RiStBV 278 III, 280

64 Erhebt die Staatsanwaltschaft in den Fällen des § 42 wegen der
Straftat die öffentliche Klage, so erstreckt sie diese auf die Ordnungswidrigkeit, sofern die Ermittlungen hierfür genügenden Anlaß
bieten.

1   1) **Die öffentliche Klage,** also die Anklageschrift oder den Antrag auf
Erlaß eines Strafbefehls (vgl. § 63 II; Rebmann/Roth/Herrmann 3; Rotberg 2), erstreckt die StA auf eine zusammenhängende Ordnungswidrigkeit, sofern die Ermittlungen hierfür genügenden Anlaß bieten (§ 170 I
StPO iVm § 46 I). Dazu rechnet auch, daß keine Verfolgungshindernisse
vorliegen und die StA die Verfolgung für geboten hält (§ 47 I).

2   2) **In einer einheitlichen Anklageschrift** (oder einem einheitlichen
Strafbefehlsantrag) wird neben der Straftat die Ordnungswidrigkeit bezeichnet, die dem Angeschuldigten oder einem anderen Betroffenen zur
Last gelegt wird (RiStBV 280, Anh **C 1**; Rebmann/Roth/Herrmann 3;
Kleinknecht 16 zu § 407 StPO; Krüger NJW **69,** 1336; Möhl DAR **70,** 7;
die abw. Entsch. Bay. JR **72,** 301 m. Anm. Göhler, Hamm NJW **70,** 1805
sind überholt und jetzt durch RiStBV 280 in einer für die StA verbindlichen Weise geklärt). Diese Verfahrensgestaltung (einheitliche öffentliche
Klage) entspricht dem Sinn des § 42, den § 64 ergänzt: Durchführung
eines einheitlichen Verfahrens wegen der Straftat und der Ordnungswidrigkeit. Die Angabe der Übernahme in der Anklageschrift oder in dem
Antrag auf Erlaß eines Strafbefehls ist zweckmäßig, aber nicht notwendig (vgl. 18, 23 zu § 42). Der Betroffene, dem nur eine Ordnungswidrigkeit zur Last gelegt wird, bleibt aber Betroffener; er wird nicht dadurch
zum ,,Beschuldigten'', daß über seine Tat in einem einheitlichen Verfahren entschieden wird. Die Vorschriften über die öffentliche Klage gelten
aber sonst in gleicher Weise für die zusammenhängende Ordnungswidrigkeit. Der Strafbefehlsantrag ist danach hinsichtlich der Ordnungswidrigkeit auf eine bestimmte Geldbuße (ev. Nebenfolge; 20 ff. zu § 66) zu
richten (§ 408 I).

3   3) **Das weitere Verfahren** wegen der Ordnungswidrigkeit richtet sich
nach den Vorschriften der StPO; ergänzend gelten einzelne Vorschriften
des OWiG (§ 83). Über das gerichtliche Verfahren bei abweichender
Auffassung von Gericht und StA vgl. 4 ff. zu § 82. Wird gegen den
Strafbefehl bei einem sachlichen Zusammenhang (vgl. 15 zu § 42) nur
vom Angeschuldigten oder von dem Betroffenen Einspruch eingelegt, so
wird er im übrigen (also teilweise) rechtskräftig. Legt nur der Betroffene
Einspruch ein, so wird das Verfahren als reines Bußgeldverfahren weitergeführt (Rechtsgedanke von § 82 II; Art. 158 EGOWiG; Art. 317

EGStGB, Anh **A 1**; vgl. 21 zu § 82); § 72 ist jedoch nicht anwendbar (vgl. Art. 158 I S. 3 EGOWiG; Art. 317 I S. 3 EGStGB).

4   **4) Keinen „Bußgeldbescheid"** darf die **StA** erlassen, soweit sie nicht selbst VB ist (vgl. 3 zu § 35), ebensowenig das Gericht (Hamm NJW **70**, 1805; aM zu Unrecht Müller 5 ff.); ein vom RiAG gleichwohl erlassener Bußgeldbescheid kann nicht in einen wirksamen Strafbefehl umgedeutet werden, so daß das Verfahren auf Einspruch mangels einer Prozeßvoraussetzung einzustellen ist (Hamm aaO).

5   **5) Die gerichtliche Zuständigkeit** für die Ordnungswidrigkeit bestimmt sich nach der Zuständigkeit für die Straftat (§ 45).

6   **6) In Steuerstrafsachen** kann auch die FinB beantragen, den Strafbefehl auf die Steuerordnungswidrigkeit zu erstrecken (§§ 400, 410 II AO 1977, Anh **A 10**).

Vierter Abschnitt. Bußgeldbescheid

Vorbemerkungen

1   **1) Der Erlaß des Bußgeldbescheides setzt voraus,** daß die VB (dh der für sie handelnde Verwaltungsangehörige, vgl. 2 ff.) nach Aufklärung des Sachverhalts und Anhörung des Betroffenen (§ 55) eine Ordnungswidrigkeit für erwiesen, Verfolgungshindernisse (vgl. 37 ff. vor § 59) für nicht gegeben und die Ahndung mit einer Geldbuße nach pflichtgemäßem Ermessen (§ 47 I) für geboten hält. Bleiben Zweifel, ob der Betroffene den Bußgeldtatbestand (vorwerfbar) verwirklicht hat (über Zweifel, ob ein Verfolgungshindernis besteht, vgl. 48 vor § 59), so darf die VB einen Bußgeldbescheid nicht erlassen. Sie darf es in einem solchen Fall namentlich nicht in der Erwartung tun, daß der Betroffene gegen den Bußgeldbescheid Einspruch einlegen werde, wenn er die Festsetzung der Geldbuße oder die Anordnung der Nebenfolgen für unberechtigt hält. Andererseits können Zweifel außer Betracht bleiben, die sich allein daraus ergeben, daß in einem summarischen Verfahren an Hand von (– bei Massendelikten – teilweise sehr groben) schriftlichen Unterlagen entschieden wird. In einem solchen Verfahren, welches das Gesetz als Vorschaltverfahren für zulässig hält, kann naturgemäß nur eine Überzeugung minderen Grades erlangt werden. Der Bußgeldbescheid ist deshalb kein „Wahrspruch" (vgl. 6).

2   **2) Ein Akt der Behörde** ist der Bußgeldbescheid. Das Gesetz verlangt – im Gegensatz zu § 48 I OWiG 1952 – nicht, daß der entscheidende Verwaltungsangehörige eine besondere Qualifikation hat. Diese Abweichung vom früheren Recht ergibt sich aus den neuen Grundsätzen der Verfahrensordnung und aus praktischen Erwägungen: Das Gericht entscheidet im Falle des Einspruchs in der Sache selbst, es prüft also den Bußgeldbescheid nicht lediglich nach (vgl. 8; 1 vor § 67). Ein Mangel der Qualifikation kann deshalb für das weitere Verfahren keine Bedeutung haben (vgl. 9; 19 vor § 67); wäre er beachtlich, so wäre bei massenhaft vorkommenden Verfahren ein erheblicher, aber sachlich nicht notwendiger Verfahrensaufwand die Folge. Daraus folgt:

3   A. **In persönlicher Hinsicht** entscheidet das Organisationsrecht und in Ermangelung besonderer Dienstvorschriften der Leiter der VB darüber, welche Person in sachlicher und persönlicher Hinsicht geeignet ist, die VB insoweit zu vertreten (vgl. 9 zu § 56; 3 vor § 59). Dabei ist es zulässig, die Unterzeichnungsbefugnis innerdienstlich nach der Höhe der in Betracht kommenden Geldbuße und nach etwaigen Nebenfolgen (zB Fahrverbot) zu begrenzen (zust. Rotberg 16 zu § 66). Ob der Verwaltungsangehörige, der den Bußgeldbescheid unterzeichnet hat, nach der innerdienstlichen Regelung zuständig gewesen ist, darauf kommt es jedoch nicht an (Düsseldorf VM **71**, 80; VRS **39**, 440; Saarbrücken NJW **73**, 2041; Zweibrücken VRS **40**, 458; vgl. 3 vor § 59).

4   B. **Bei Anwendung des EDV-Verfahrens** kann der Bußgeldbescheid auch durch einen Computer hergestellt werden, wenn dies auf einem für den Betroffenen erkennbaren und nachprüfbaren Willensakt der Behörde beruht, dh wenn ihn der zuständige Sachbearbeiter aktenkundig verfügt hat; in diesem Falle übernimmt der Computer zu einem vorprogrammierten Zeitpunkt für die Behörde die technische Herstellung des Bescheides, deren Erlaß von der Behörde in ihren Willen aufgenommen ist (vgl. Frankfurt NJW **76**, 337 sowie 45 zu § 33). Fehlt jedoch eine aktenkundige Verfügung des Sachbearbeiters, die ausweist, daß der Bußgeldbescheid das Ergebnis einer individuellen Prüfung der VB ist, so ist er unwirksam (Frankfurt aaO). Von diesem Fall ist der zu unterscheiden, in dem der Sachbearbeiter den Bußgeldbescheid im EDV-Verfahren bereits erläßt und der Computer den Bescheid (in Urschrift und Ausfertigung) lediglich ausdruckt. Ob die VB den Bußgeldbescheid (nach Prüfung des Sachbearbeiters) durch den Computer erläßt oder ob dies der Sachbearbeiter selbst tut, hängt von dem Datum ab, das auf dem ausgedruckten Bußgeldbescheid gewollt ist; ist dies der Tag der Unterzeichnung durch den Sachbearbeiter, dann hat er selbst den Bußgeldbescheid erlassen; ist dies der Tag des Ausdruckes, so erläßt die Behörde den Bußgeldbescheid mit Hilfe des Computers.

5   3) **Ausschließungs- oder Ablehnungsgründe** für den zur Unterzeichnung des Bußgeldbescheids befugten Verwaltungsangehörigen schreibt das Gesetz selbst – im Gegensatz zu den §§ 49, 50 OWiG 1952 – nicht vor. Der Verwaltungsangehörige ist bereits nach den allgemeinen Vorschriften des Beamten- und Dienstrechts verpflichtet, von der Mitwirkung an einer Entscheidung in den Fällen abzusehen, in denen er selbst berührt ist (vgl. zB § 59 BBG, § 35 BRRG). Dies ist namentlich zu bejahen, wenn die in § 22 StPO aufgeführten Ausschließungsgründe vorliegen; vgl. auch 88 zu § 59. Ähnliche Ausschließungsgründe gelten nach § 11 BWAGGVG und § 7 NdsAGGVG auch für den StA, für das Verwaltungsverfahren vgl. §§ 20, 21 VwVfG. Der Verwaltungsangehörige, in dessen Person diese Voraussetzungen vorliegen, hat dies seinem Dienstvorgesetzten anzuzeigen und sich jeder weiteren Amtshandlung zu enthalten. Eine Verletzung dieser Pflicht macht aber die Amtshandlung (hier: den Bußgeldbescheid) nicht unwirksam (Karlsruhe MDR **77**, 163);

die Pflichtverletzung ist auch im weiteren Verfahren nach Einspruch ohne Bedeutung (19 vor § 67; 9).

6   **4) Ein vorläufiger Spruch** in einem Vorschaltverfahren ist der Bußgeldbescheid, der zu einem endgültigen erst durch die **Selbstunterwerfung** des Betroffenen wird (vgl. Einl. C III 4 der BegrEOWiG). Der Bestand des Bußgeldbescheids hängt (aufschiebend bedingt) davon ab, daß sich der Betroffene mit ihm abfindet, dh die Einspruchsfrist verstreichen läßt, obwohl er darauf hingewiesen ist, daß der Bescheid in diesem Falle rechtskräftig und vollstreckbar wird (§ 66 II Nr. 1a). Es handelt sich also nicht um eine Entscheidung, die von einer an der Verfolgung unbeteiligten und unabhängigen Stelle iS eines ,,Wahrspruchs" getroffen und in einem späteren Verfahren nur auf ihre Zulässigkeit und Begründetheit nachgeprüft wird (vgl. BGH **23**, 336; Bay. NJW **72**, 1771). Der Bußgeldbescheid hat eher den Charakter eines Angebots an den Betroffenen, das Verfahren dadurch zum endgültigen Abschluß zu bringen, daß er die in dem Bescheid festgesetzten Rechtsfolgen hinnimmt (vgl. Einl. C III 4 der BegrEOWiG; Frankfurt NJW **76**, 337). Ein solches Angebot ist allerdings nur dann vertretbar, wenn die VB die Ordnungswidrigkeit für erwiesen hält (vgl. 1).

7   **Die Gründe** hierfür brauchen aber dem Betroffenen in dem Bescheid nicht im einzelnen dargelegt zu werden (vgl. 29 zu § 66). Es bleibt ihm überlassen, ob er sich mit der summarischen Erledigung abfindet.

8   **Bei einem Einspruch** wird die vorläufige Entscheidung hinfällig; der Bußgeldbescheid hat dann für das weitere Verfahren nur die Bedeutung einer Beschuldigung, die den Gegenstand des Verfahrens in sachlicher und persönlicher Hinsicht begrenzt (BGH **23**, 280, 336; vgl. auch zB Bay. NJW **72**, 1771; Frankfurt NJW **70**, 160; Celle NJW **70**, 580; Hamm NJW **70**, 579; DAR **71**, 136; Köln JR **70**, 34). Das Gericht prüft danach nicht den Bußgeldbescheid wie eine vorausgegangene Entscheidung nach, sondern nur die Beschuldigung, ohne in seiner Beurteilung eingeengt zu sein (vgl. zB BGH **23**, 336; Bay. aaO; allg. M). Stellt sich im gerichtlichen Verfahren heraus, daß die im Bußgeldbescheid zur Last gelegte Tat nicht erwiesen ist, so darf der Betroffene nicht wegen einer anderen Tat, die nicht mit der im Bußgeldbescheid bezeichneten identisch ist, verurteilt werden, sondern er ist freizusprechen; nichts anderes kann dann im Rechtsbeschwerdeverfahren gelten (Bay. MDR **79**, 518).

9   **Mängel des Bußgeldbescheides** und Verfahrensverstöße im Verfahren der VB sind im gerichtlichen Verfahren unbeachtlich, wenn nicht der Bußgeldbescheid unwirksam ist (vgl. 38 ff. zu § 66).

10   **Das Verbot der reformatio in peius** gilt nicht (allg. M), selbst wenn keine neuen, den Betroffenen belastenden Umstände zutage getreten sind (Hamm VRS **41**, 302).

11   **5) Erlassen** ist der Bußgeldbescheid, sobald er unterzeichnet wird (vgl. § 33 II iVm I Nr. 9; vgl. auch BGH **25**, 187: Maßgebend ist der durch den Datumsvermerk ausgewiesene Zeitpunkt der Unterzeichnung). Bei einem im EDV-Verfahren durch einen Computer hergestellten Bußgeldbescheid (vgl. 4) ist maßgebend das ausgedruckte Datum des Bescheides, das dem Herstellungstag entspricht (vgl. Frankfurt NJW **76**, 337); die technische Herstellung des Bescheides zu diesem Zeitpunkt durch den Computer als verlängerten Arm des Sachbearbeiters von ihm nach einem vorprogrammierten Geschehen in seinen Willen aufgenommen (vgl. 45 zu § 33), wenn er nicht selbst bereits den Bußgeldbescheid erläßt (vgl. 4).

12   **Vor der Zustellung** bleibt die Wirksamkeit des Bußgeldbescheides in der Schwebe, da er bis dahin zurückgenommen (6 zu § 69) und abgeändert werden kann. Einspruch kann gegen den Bußgeldbescheid schon vor der Zustellung eingelegt werden (30 zu § 67).

13   **6) Nur eine beschränkte Rechtskraft** hat der Bußgeldbescheid. Er steht lediglich einer nochmaligen Verfolgung derselben Tat als Ordnungswidrigkeit entgegen, läßt aber die Verfolgung wegen einer Straftat zu (§ 84).

14   **7) Das Unterwerfungsverfahren** (vgl. § 67 OWiG 1952) verstößt gegen Art. 19 IV GG und ist deshalb verfassungswidrig (vgl. BVerfGE 22, 49). Für ein besonderes Unterwerfungsverfahren neben dem Bußgeldbescheid würde im übrigen schon deshalb die Grundlage fehlen, weil das Bußgeldverfahren, das mit einem Bußgeldbescheid endet, bereits auf dem Grundgedanken der Selbstunterwerfung des Betroffenen beruht (vgl. 6). Der Bußgeldbescheid kann dem anwesenden Betroffenen gegen Empfangsbekenntnis ausgehändigt werden; in dem Empfangsbekenntnis kann der Betroffene zugleich auf den Rechtsbehelf des Einspruchs verzichten (vgl. 41 zu § 67).

Allgemeines

65 Die Ordnungswidrigkeit wird, soweit dieses Gesetz nichts anderes bestimmt, durch Bußgeldbescheid geahndet.

1   **1) In Form eines Bußgeldbescheides** ergeht der vorläufige Spruch der VB (vgl. 6 ff. vor § 65), wenn sie die Ordnungswidrigkeit ahndet. Dies gilt sowohl für die Festsetzung einer Geldbuße als auch für die Anordnung von Nebenfolgen neben der Geldbuße (vgl. 20 ff. zu § 66). Vgl. ferner 3.

2   **2) Der Vorbehalt einer anderen Regelung** bezieht sich auf die gerichtliche Entscheidung über die Beschuldigung. Sie ergeht im Falle des Einspruchs gegen den Bußgeldbescheid der VB durch Urteil oder Beschluß (§§ 71, 72, 79 V, VI), im Falle der Erhebung der öffentlichen Klage wegen einer zusammenhängenden Ordnungswidrigkeit (§ 64) durch Urteil oder Strafbefehl (2 f. zu § 64; § 83) und im Strafverfahren bei Annahme einer Ordnungswidrigkeit statt einer Straftat durch Urteil (§ 82). Eine Ahndung durch gerichtlichen Bußgeldbescheid gibt es nicht (vgl. 4 zu § 64). Auch die StA ist nicht befugt, einen Bußgeldbescheid zu erlassen, soweit sie nicht für einzelne Ordnungswidrigkeiten gesetzlich zur VB bestimmt ist (vgl. 3 zu § 35).

3   **3) Einem Bußgeldbescheid gleich** stehen der selbständige Einziehungsbescheid (§ 87 III S. 1, 2) sowie der selbständige Bescheid, in dem die Abführung des Mehrerlöses angeordnet wird (§ 10 I, § 11 II WiStG

1954, Anh **A 12**); desgl. der selbständige Bußgeldbescheid gegen eine JP oder PV (§ 88 II S. 1).

Inhalt des Bußgeldbescheides

66 I Der Bußgeldbescheid enthält

1. die Angaben zur Person des Betroffenen und etwaiger Nebenbeteiligter,
2. den Namen und die Anschrift des Verteidigers,
3. die Bezeichnung der Tat, die dem Betroffenen zur Last gelegt wird, Zeit und Ort ihrer Begehung, die gesetzlichen Merkmale der Ordnungswidrigkeit und die angewendeten Bußgeldvorschriften,
4. die Beweismittel,
5. die Geldbuße und die Nebenfolgen.

II Der Bußgeldbescheid enthält ferner

1. den Hinweis, daß
   a) der Bußgeldbescheid rechtskräftig und vollstreckbar wird, wenn kein Einspruch nach § 67 eingelegt wird,
   b) das Gericht bei einem Einspruch auf Grund einer Hauptverhandlung über die Beschuldigung entscheidet, ohne an den im Bußgeldbescheid enthaltenen Ausspruch gebunden zu sein, daß es jedoch auch durch Beschluß entscheiden kann, wenn der Betroffene und die Staatsanwaltschaft diesem Verfahren nicht widersprechen,
2. die Aufforderung an den Betroffenen, spätestens zwei Wochen nach Rechtskraft oder einer etwa bestimmten späteren Fälligkeit (§ 18)
   a) die Geldbuße oder die bestimmten Teilbeträge an die zuständige Kasse zu zahlen oder
   b) im Falle der Zahlungsunfähigkeit der Vollstreckungsbehörde (§ 92) schriftlich oder zur Niederschrift darzutun, warum ihm die fristgemäße Zahlung nach seinen wirtschaftlichen Verhältnissen nicht zuzumuten ist, und
3. die Belehrung, daß Erzwingungshaft (§ 96) angeordnet werden kann, wenn der Betroffene seiner Pflicht nach Nummer 2 nicht genügt.

III Über die Angaben nach Absatz 1 Nr. 3 und 4 hinaus braucht der Bußgeldbescheid nicht begründet zu werden.

Schrifttum: *Demuth*, Mängel des Bußgeldbescheides und ihre Auswirkungen, VOR 73, 44 ff.

Übersicht

1   1) **Zum wesentlichen Inhalt** eines Bußgeldbescheides gehören a) die Bezeichnung der Person (oder Personen), gegen welche die Rechtsfolgen angeordnet werden (vgl. näher 4 ff., 9), b) die Kennzeichnung der Tat in tatsächlicher und rechtlicher Hinsicht (vgl. näher 11 ff.), c) die angeordneten Rechtsfolgen (Geldbuße und etwaige Nebenfolgen (vgl. näher 20 ff.), d) der Hinweis auf die Möglichkeit des Einspruchs und die Folgen seiner Unterlassung (vgl. näher 26) und e) die Kostenentscheidung (vgl. 30).

2   **Die Angaben von Person, Tat und Rechtsfolgen** sind für die Entscheidung des Adressaten über den Einspruch unerläßliche Voraussetzungen. Die Angaben von Person und Tat begrenzen im Falle des Einspruchs den Gegenstand des Verfahrens (vgl. 8 vor § 65) und bestimmen bei Unterlassung des Einspruchs den Umfang der Rechtskraft (vgl. 3 zu § 84; wegen der Rechtskraftwirkung dürfen jedoch im Bußgeldverfahren die Anforderungen an die Konkretisierung des Sachverhalts – vgl. 11 ff., 39 ff. – nicht übertrieben werden; vgl. Göhler JR **70**, 312; zust. Demuth VOR **73**, 44, 48). Aus diesen Gründen muß zumindest erkennbar sein, wer der Betroffene (und ein etwaiger Nebenbeteiligter) ist und welche Tat gemeint ist; sonst ist der Bußgeldbescheid unwirksam (vgl. 11, 38 ff.). Die angeordneten Rechtsfolgen bilden die Grundlage der späteren Vollstreckung; sie sind deshalb eindeutig zu bestimmen.

2a   **Der Hinweis auf die Einspruchsmöglichkeit** gehört schließlich zum wesentlichen Inhalt, weil dem Betroffenen die Bedeutung des Bescheides als Angebot für eine abschließende Erledigung des Verfahrens (vgl. 6 vor § 65) klargemacht wird; über die Verletzung der Belehrungspflicht vgl. 26.

3   2) **Die äußere Gestaltung** des Bußgeldbescheides ist nicht vorgeschrieben. Die in I Nr. 1–5 gewählte Reihenfolge ist für den Aufbau des Bußgeldbescheides nicht verbindlich; sie gibt aber dafür eine Richtlinie. Es empfiehlt sich deshalb nach der Kennzeichnung des Bescheides als Bußgeldbescheid und den Angaben zur Person (I Nr. 1, 2) zunächst die Tat in tatsächlicher Hinsicht (unter Hervorhebung der gesetzlichen Merkmale der Ordnungswidrigkeit, vgl. 15) zu bezeichnen. Dabei sollte die Schilderung erkennen lassen, daß es sich um einen vorläufigen Spruch handelt. In Betracht kommt zB etwa die Fassung: „Ihnen" – dem Betroffenen – „wird zur Last gelegt, am 10. 1. 1980 um X Uhr auf der Y-Straße in Z-Stadt innerhalb einer geschlossenen Ortschaft mit einer Geschwindigkeit von 90 km/h gefahren zu sein." Dabei sind die angewendeten Bußgeldvorschriften (etwa „Verkehrsordnungswidrigkeit nach §§ ... StVO iVm § 24 StVG") und weiterhin die Beweismittel anzugeben (etwa „Beweis: 1. Eigene Angaben, 2. Zeugnis des Y"; vgl. näher 18, 50). Im Anschluß daran sollten die wegen der Ordnungswidrigkeit festgesetzten Rechtsfolgen bezeichnet werden (etwa „Wegen dieser Ordnungswidrigkeit wird gegen Sie eine Geldbuße von X DM festgesetzt"; ev. „und ein Fahrverbot von ... angeordnet") und danach die Kostenentscheidung stehen (etwa „Sie haben die Kosten des Verfahrens zu tragen § 105 OWiG iVm § 464 I, § 465 StPO"). Dann folgen der Hinweis, die Aufforderung sowie die Belehrung nach II. Wegen des Musters eines Bußgeldbescheides vgl. zB Anl. zur Entschl. d. BayStdMdI v. 21. 12. 1971 (MABl. 157).

4 **3) Die Person des Betroffenen** (I Nr. 1; vgl. 49 or § 59) ist zunächst zu nennen. Seine Personalien sind möglichst genau anzugeben, damit keine Zweifel über die Identität entstehen können. Anzugeben sind namentlich der Familienname (auch ein etwaiger Begleitname; vgl. 11 zu § 111) und die Vornamen (Rufnamen unterstreichen) – bei Namenswechsel im Falle der Eheschließung (§ 1355 BGB) möglichst auch der Geburtsname, soweit er nicht als Begleitname im Namen aufgenommen ist –, Beruf, Wohnort, Geburtstag und Geburtsort, Staatsangehörigkeit (vgl. 12ff. zu § 111); bei Minderjährigen ferner der Name und Wohnort des gesetzlichen Vertreters (5 zu § 67; vgl. § 51 II). Nicht anzugeben ist im Hinblick auf Art. 3 III GG das Religionsbekenntnis.

4a **A. Mangelhafte Angaben zur Person** berühren die Wirksamkeit des Bußgeldbescheides nicht, sofern sich die Identität des Betroffenen aus den vorhandenen (richtigen) Angaben zweifelsfrei ergibt (Hamm VRS **51**, 217, **40**, 460; Koblenz MDR **74**, 776; Düsseldorf JMBlNW **74**, 107; vgl. auch 46; unschädlich danach: falscher oder mangelhaft angegebener Vorname Bay. VRS **57**, 295; Frankfurt NJW **79**, 2161; doch kann in einem solchen Falle die Zustellung fehlerhaft sein, Düsseldorf aaO; Hamm VRS **56**, 464) mit der Folge, daß die Zustellung an der Betroffenen nicht vorgenommen und der von dem Empfänger der Zustellung eingelegte Einspruch (anders: der Einspruch des wirklich Betroffenen, der schon vor der Zustellung möglich ist; vgl. 30 zu § 67) nicht geeignet ist, die Sache gegen den Betroffenen in das gerichtliche Verfahren überzuleiten, so daß das Verfahren wegen Fehlens einer Verfahrensgrundlage nach § 206a StPO iVm § 46 I einzustellen ist (Düsseldorf aaO; Hamm VRS **56**, 464).

5 **B. Die Angabe einer Firma** ist zur Kennzeichnung des Betroffenen fehlerhaft, da Betroffener nur eine natürliche Person sein kann (vgl. Saarbrücken NJW **69**, 1497; Schleswig bei Ernesti/Jürgensen SchlHA **77**, 195; vgl. jedoch zur Bezeichnung der JP oder PV 6; vgl. ferner 46). Verbirgt sich unter der „Firma" eine natürliche Person, also ein Einzelkaufmann, so ist anzunehmen, daß der Bußgeldbescheid gegen ihn gerichtet ist (Hamm JR **71**, 383f. m. Anm. Göhler; Koblenz MDR **74**, 776; Göhler JR **73**, 30; Schleswig bei Ernesti/Jürgensen SchlHA **79**, 209; vgl. 46). Die Identitätsfeststellung kann in einem solchen Fall im Wege des Freibeweises beim Handelsregister getroffen werden (Hamm aaO; dies übersieht Bay. JR **73**, 28); zur Bestimmtheit des Bußgeldbescheides an eine Firma vgl. ferner Hamm NJW **73**, 1624; Koblenz aaO; 46. Auch insoweit ist zu beachten, daß der Bußgeldbescheid auslegungs- und berichtigungsfähig ist (vgl. 11); dessen ungeachtet ist es im Bußgeldverfahren (wie im Strafverfahren) unangebracht, natürliche Personen unter ihrem Handelsnamen zu benennen (Hamm aaO; Koblenz aaO; Göhler aaO). Unwirksam ist ein Bußgeldbescheid, wenn er sachlich gegen eine natürliche Person gerichtet, jedoch förmlich an eine gleichnamige Handelsgesellschaft adressiert ist, weil hier die Identität nicht mehr zweifelsfrei festgestellt werden kann (Hamm VRS **46**, 146;Schleswig aaO).

6   C. **Ein gegen eine JP oder PV** gerichteter Bußgeldbescheid, der in einem selbständigen Verfahren möglich ist (§ 30 IV), kann diese unter ihrer Firma bezeichnen. Ein solcher Bußgeldbescheid ist jedoch keine ausreichende Verfahrensgrundlage gegen deren gesetzlichen Vertreter (Koblenz GA **74**, 286; Schleswig bei Ernesti/Jürgensen SchlHA **79**, 209).

7   D. **Gegen mehrere Personen** als Betroffene kann in einem einzigen Verfahren ein Bußgeldbescheid erlassen werden, wenn ihnen innerhalb eines Tatkomplexes (nicht notwendig: innerhalb einer ,,Tat", vgl. 50 vor § 59) Ordnungswidrigkeiten zur Last gelegt werden. In dem Bußgeldbescheid sind dann die angeordneten Rechtsfolgen getrennt für jeden einzelnen anzugeben.

8   E. **Der Verteidiger** ist neben dem Betroffenen mit seinem Namen und seiner Anschrift (meist reicht der Wohnort aus) anzugeben (I Nr. 2).

9   4) **Etwaige Nebenbeteiligte** (I Nr. 1) sind solche Personen, in deren Rechte die Bußgeldentscheidung unmittelbar eingreifen kann (vgl. näher 2ff. vor § 87). Wegen dieser Wirkung müssen sie in dem Bußgeldbescheid förmlich als Beteiligte bezeichnet sein. Auf diese Weise wird zugleich ein Vollstreckungstitel gegen sie geschaffen. Die Verfahrensbeteiligung kann gleichzeitig im Bußgeldbescheid angeordnet werden. Neben der Bezeichnung der JP oder PV sind ihre Organe anzugeben, die zur (rechtsgeschäftlichen) Vertretung befugt sind; bei mehreren vertretungsberechtigten Organen reicht die Angabe eines Organs aus (vgl. auch 27 zu § 51). Als Nebenbeteiligter kommt ferner der Geschädigte in Betracht, an den nach § 9 I WiStG 1954 (Anh **A 12**) die Rückerstattung des Mehrerlöses angeordnet wird. Der Vertreter eines Nebenbeteiligten (35ff. zu § 87, 14 zu § 88) sollte analog I Nr. 2 ebenfalls angegeben werden.

9a   **Keine Nebenbeteiligten** sind Personen, gegen die sich eine einzelne Maßnahme der VB richtet (zB das Ordnungsgeld gegen einen Zeugen, § 59), in deren Rechte aber die Bußgeldentscheidung selbst nicht eingreift. Der gesetzliche Vertreter des Betroffenen ist ebenfalls kein Nebenbeteiligter, auch wenn ihm der Bußgeldbescheid mitgeteilt und er deshalb als gesetzlicher Vertreter aufgeführt wird (vgl. 4).

10 **Im Falle der Aufsichtspflichtverletzung** (§ 130) ist der Aufsichtspflichtige, der im Bußgeldverfahren neben dem Betriebsangehörigen verantwortlich gemacht wird, kein Nebenbeteiligter, sondern selbst Betroffener; denn auch ihm wird eine Ordnungswidrigkeit zur Last gelegt. Ein einheitlicher Bußgeldbescheid ist aber möglich (vgl. 7).

11 **5) Die tatsächliche und rechtliche Bezeichnung der Tat** (I Nr. 3) soll die Beschuldigung möglichst eindeutig kennzeichnen. Der Bußgeldbescheid muß den Tatbestand der Ordnungswidrigkeit unter Angabe der Tatsachen, welche die einzelnen Tatbestandsmerkmale erfüllen, als geschichtlichen Lebensvorgang so konkret schildern, daß selbst für einen Bürger mit geringem Intelligenzgrad erkennbar ist, welche Tat und welche Gesetzesverletzung ihm zur Last gelegt wird (BGH **23**, 336). Doch bedeutet nicht jede Unrichtigkeit oder Ungenauigkeit der Sachverhaltsdarstellung Nichtfeststellbarkeit des konkreten Sachverhalts und damit **Unwirksamkeit** des Bußgeldbescheides (vgl. BGH aaO; vgl. näher zu 39 ff.). Der Bußgeldbescheid ist auslegungsfähig und ergänzbar. Welche Mindestangaben in tatsächlicher Hinsicht notwendig sind, um den Tatvorwurf hinreichend deutlich abzugrenzen, kann nicht allgemein gesagt werden, sondern ist Sache des Einzelfalles.

12 **Wesentlich für die Bezeichnung** ist, daß der Betroffene (trotz mißglückter Kennzeichnung der Tat) erkennen kann, welches Tun oder Unterlassen den Gegenstand des Verfahrens bildet, gegen welchen Vorwurf er daher seine (mögliche) Verteidigung richten muß (so mit Recht BGH **23**, 336; Hamm VRS **50**, 58, GA **79**, 149 mwN; GewArch **79**, 130; Bay. JR **70**, 3 ff. m. Anm. Göhler); dabei wird es im Kern darauf ankommen, „wie wahrscheinlich es ist, daß der Betroffene zu der angegebenen Zeit und in dem angegebenen Raum weitere gleichartige Ordnungswidrigkeiten verübt hat und eine Verwechslungsgefahr besteht" (vgl. BGH aaO; vgl. näher zu 39 ff.). Dessen ungeachtet ist zu beachten:

13 **A. In tatsächlicher Hinsicht** sind die äußeren und inneren Tatsachen des bestimmten geschichtlichen Ereignisses (vgl. 50 ff. vor § 59) so genau wie möglich zu bezeichnen. Dazu gehört auch die Angabe der Zeit (bei einer fortgesetzten Handlung: Angabe des Zeitraums, zB „vom ... bis ... fortgesetzt handelnd") und des Ortes des geschichtlichen Ereignisses; die fehlende Zeitangabe ist aber unschädlich, wenn der Sachverhalt gleichwohl hinreichend genau bestimmbar ist und eine Verwechslung mit weiteren Zuwiderhandlungen ähnlicher Art ausscheidet (vgl. Hamm JMBlNW **69**, 95; vgl. näher mit zahlreichen Einzelfällen 39 ff.) Neben diesen Umständen lediglich die abstrakten Tatbestandsmerkmale zu nennen, dh den Inhalt der Bußgeldvorschrift wiederzugeben, ist unzureichend.

13a **a) Was sich tatsächlich ereignet hat,** ist anzugeben, und zwar so, daß dadurch die gesetzlichen Merkmale des Bußgeldtatbestandes konkret hervortreten. Dies kann aber auch durch Verwendung allgemeinverständlicher Kurzbezeichnungen geschehen (zB falsches Parken, falsches Halten; vgl. Rotberg 6). Es ist auch nicht unzulässig, Schlüsselziffern zu verwenden, die im Bußgeldbescheid oder auf dessen Rückseite erläutert werden oder dessen Bedeutung dem Betroffenen bekannt ist (vgl. Celle

MDR **78**, 250), wenn dies aus praktischen Gründen (so bei massenhaft vorkommenden Verfahren) notwendig erscheint.

14   **Die inneren Tatsachen** brauchen in einfachen und massenhaft vorkommenden Fällen nicht im einzelnen aufgezeigt zu werden; sie werden sich hier meist von selbst aus dem äußeren Geschehen ergeben. Enthält der Bußgeldbescheid keine Angaben zur Schuldform, so wird bei Verkehrsordnungswidrigkeiten in der Regel vom Vorwurf fahrlässigen Handelns auszugehen sein; soll im gerichtlichen Verfahren eine Geldbuße wegen vorsätzlichen Handelns festgesetzt werden, so muß der Betroffene deshalb vorher auf die Veränderung der rechtlichen Gesichtspunkte (§ 265 I StPO iVm § 46 I; 49 zu § 71) hingewiesen werden (Hamm MDR **73**, 783; vgl. auch 16).

15   B. **Die gesetzlichen Merkmale** der Ordnungswidrigkeit sind die abstrakten Tatbestandsmerkmale der Bußgeldvorschrift. Sie sind neben der Bezeichnung der Tat zu nennen, weil für den Betroffenen erst dadurch der Vorwurf verständlich werden kann. So genügt zB nicht die Angabe, daß der Betroffene als Fahrer eines Pkw's an einer näher bezeichneten Stelle gehalten habe oder daß er an einer bestimmten Straße schneller als 50 km/h gefahren sei; die Angabe muß dahin ergänzt werden, daß der Betroffene „an einer unübersichtlichen Straßenstelle" gehalten habe oder daß er „innerhalb einer geschlossenen Ortschaft" schneller als 50 km/h gefahren sei. Ergibt jedoch schon die Bezeichnung der Tat (ev. auch in Kurzform) die gesetzlichen Merkmale der Ordnungswidrigkeit, so brauchen sie nicht mehr besonders genannt zu werden (zB OWiG, „Überholen im Überholverbot", Karlsruhe VRS **47**, 294).

16   C. **Die Bußgeldvorschriften,** die angewendet sind, müssen nach Paragraph, Absatz, Nummer, Buchstabe und mit der Bezeichnung des Gesetzes angegeben werden; die Angabe der Fundstelle des Gesetzes ist bei allgemein bekannten Gesetzen (zB StVG, StVO) entbehrlich. Bei Blankettatbeständen (17ff. vor § 1) ist die Angabe der Blankettvorschrift und der ausfüllenden Vorschrift notwendig (Bay. NJW **51**, 673). Bei einem Versuch ist die Vorschrift anzugeben, die eine Ahndung des Versuchs zuläßt. Bei einer Beteiligung ist auf § 14 zu verweisen, beim Handeln für einen anderen auf § 9. Über die Angabe der Vorschrift, welche die Anordnung einer etwaigen Nebenfolge zuläßt, vgl. 20ff. Die fehlende oder mangelhafte Angabe der Bußgeldvorschriften macht jedoch den Bußgeldbescheid in der Regel nicht unwirksam (Hamm VRS **50**, 58; Koblenz GewArch **77**, 102); im Einspruchsverfahren müssen allerdings dem Betroffenen die in Betracht kommenden Vorschriften angegeben werden (Hamm NJW **75**, 2306, **72**, 1062; Koblenz NJW **75**, 2306; vgl. auch Demuth VOR **73**, 44, 58).

17   D. **Bei mehreren Gesetzesverstößen** sind, sofern die Verfolgung nicht auf einzelne beschränkt wird (was sich oft empfiehlt, vgl. 24ff. zu § 47), sämtliche aufzuführen. Dabei ist neben den Angaben in tatsächlicher und rechtlicher Hinsicht (13ff.) und der Bezeichnung sämtlicher Bußgeldvorschriften klarzustellen, ob Tateinheit angenommen ist (zB „... und durch dieselbe Handlung") oder Tatmehrheit (zB „und ... durch eine weitere Handlung"); außerdem ist § 19 oder § 20 anzugeben.

18 **6) Über Beweismittel** (I Nr. 4) vgl. 57 vor § 59. Im Bußgeldbescheid braucht nur die Art des Beweismittels bezeichnet zu werden (zB: Zeugnis des Y; Foto; Radarmessung). Die Angabe, zu welchem Ergebnis das Beweismittel geführt hat (zB die Inhaltsangabe der Vernehmung), ist entbehrlich. Eine möglichst genaue Bezeichnung des Beweismittels ist aber geboten (zB nicht nur ,,Zeugenaussage'' oder ,,Augenschein''), damit der Betroffene prüfen kann, ob der Vorwurf beweisbar ist. Die Nichtbeachtung dieser Vorschrift stellt deshalb einen Gesetzesverstoß dar, berührt jedoch nicht die Wirksamkeit des Bußgeldbescheides (vgl. 38 ff.; Köln Rpfleger **69**, 353; Bay. VRS **38**, 366; Celle NJW **70**, 580; Düsseldorf NJW **70**, 962; Frankfurt NJW **70**, 160; Hamm NJW **70**, 580, MDR **71**, 1029; Köln JR **70**, 34; Demuth VOR **73**, 44, 57); für das gerichtliche Verfahren vgl. aber 27 zu § 71, 17 zu § 74.

19 **7) Die Geldbuße** muß der Höhe nach bestimmt sein. Fehlt eine solche Bestimmung, so ist die Festsetzung wirkungslos; sie kann später auch nicht ergänzt werden (vgl. BGH 12. 12. 1958, 2 StR 400/58). Im Falle der Tateinheit (§ 19) ist nur eine einzige Geldbuße festzusetzen. Bei Tatmehrheit (§ 20) sind dagegen die Geldbußen gesondert aufzuführen (zB ,,Gegen Sie wird wegen der Ordnungswidrigkeit a) eine Geldbuße von X DM, wegen der Ordnungswidrigkeit b) eine Geldbuße von Y DM festgesetzt'').

20 **8) Die Nebenfolgen** (I Nr. 5) einer Ordnungswidrigkeit, die das materielle Recht vorsieht, sind zugleich in dem Bußgeldbescheid aufzuführen, falls auch sie angeordnet werden. Art und Ausmaß der Nebenfolgen sind genau zu bestimmen (vgl. 21 ff.); die Anordnung eines Fahrverbots ohne zeitliche Begrenzung kann wohl als eine solche mit der gesetzlichen Mindestfrist von einem Monat gedeutet werden (zw.; Müller 4 nimmt hier Unwirksamkeit an; wie hier: Rebmann/Roth/Herrmann 6a). Unterbleibt die Anordnung (auch nur versehentlich), so können die Nebenfolgen nachträglich nicht mehr angeordnet werden, da eine ,,Berichtigung'' des Bußgeldbescheides, die sachlich eine Ergänzung darstellt, unzulässig ist (vgl. 37) und die Voraussetzungen für ein selbständiges Verfahren (§§ 27, 30 IV) nicht gegeben sind (vgl. auch 21). Bei Anordnung von Nebenfolgen sind die gesetzlichen Vorschriften, die sie zulassen, zu bezeichnen und die Tatsachen, die deren Anwendung rechtfertigen, anzugeben. Als Nebenfolgen kommen in Betracht:

21 A. **Die Einziehung** von Gegenständen und des Wertersatzes (§§ 22 ff.); außerdem die Unbrauchbarmachung (7 zu § 123; § 30 I WZG) sowie die Beseitigung einer widerrechtlichen Kennzeichnung (§ 30 I WZG). Bei der Einziehung sind die Gegenstände genau zu bezeichnen, damit die Vollstreckung möglich ist (RG **70**, 341). Bei einer Sachgesamtheit von Gegenständen ist eine Sammelbezeichnung im Bußgeldbescheid oder der Hinweis auf eine Anlage zum Bußgeldbescheid ausreichend (vgl. BGH **9**, 88). Ist die Anordnung übersehen und der Bußgeldbescheid rechtskräftig geworden, so darf die Einziehung nicht nachträglich, auch nicht im selbständigen Verfahren (vgl. 20; 6 zu § 27) angeordnet werden; denn die Rechtskraft des Bußgeldbescheides erstreckt sich auf die Anordnung von Nebenfolgen. Bei der Einziehung sind die besondere Einziehungsvorschrift, die sie erlaubt, anzugeben und außerdem der Grund, der sie rechtfertigt (§ 22 II Nr. 1, 2, § 23). Daneben ist das Erlöschen von Rechten Dritter anzuordnen, wenn dies in Betracht kommt (§ 26). Die Anordnung des Vorbehalts der Einziehung (§ 24 II S. 1) und die Anweisung nach § 24 II S. 2 sind ebenfalls im Bußgeldbescheid auszusprechen, nicht aber eine Entscheidung über die Entschädigung nach § 28 (dort 23); vgl. aber § 436 III StPO iVm § 46 I, § 87 (38 zu § 87). Über die Bezeichnung des Einziehungsbeteiligten im Bußgeldbescheid vgl. 9, über Hinweise an den Einziehungsbeteiligten vgl. § 87 II S. 2 (29 zu § 87); über die Vollstreckung vgl. 20 ff. zu § 90.

22   B. **Die Geldbuße gegen eine JP oder PV** (§ 30), die zugleich in dem Bußgeldverfahren gegen ihr Organ oder ihren Vertreter festgesetzt wird. Bei der Festsetzung der Geldbuße gegen die JP oder PV muß genau angegeben werden, wegen welcher Tat ihres Organs usw. die Geldbuße festgesetzt wird (vgl. Stuttgart NJW **68**, 1296; vgl. jedoch 47) und ob die Merkmale des § 30 I Nr. 1 oder 2 vorliegen. Über die Bezeichnung der JP oder PV im Bußgeldbescheid vgl. 9. Über die Anordnung der Verfahrensbeteiligung vgl. 2 zu § 88. Über die Vollstreckung vgl. 20 zu § 90.

23   C. **Die Abführung des Mehrerlöses** ist auf Grund der §§ 8 ff. WiStG 1954 (Anh **A** 12) zulässig. Sie kann nach § 10 II WiStG 1954 bei einer Zuwiderhandlung im Betrieb auch gegen den Inhaber oder Leiter des Betriebes, der nicht Täter ist, angeordnet werden. Diese Anordnung ist nicht nur im selbständigen Verfahren zulässig, obwohl der Wortlaut des § 10 WiStG 1954 diese Auslegung nahelegt, sondern auch im Bußgeldverfahren gegen den Täter (Bay. NJW **54**, 810). Ist der Inhaber des Betriebes eine JP oder PV, so ist die Geldbuße gegen sie die umfassendere Nebenfolge (vgl. 37 zu § 30). An Stelle der Abführung des Mehrerlöses kann nach § 9 II WiStG 1954 auch die Rückerstattung des Mehrerlöses an den Geschädigten angeordnet werden. Über die Vollstreckung vgl. 20 zu § 90.

24   D. **Das Fahrverbot** kann nach § 25 StVG (Anh **A** 11) als Nebenfolge angeordnet werden, und zwar für die Dauer von einem bis zu drei Monaten; über das Fehlen der Zeitangabe vgl. 20. Bei der Anordnung ist zugleich darüber zu entscheiden, ob eine etwaige Verwahrung, Sicherstellung oder Beschlagnahme des Führerscheins oder vorläufige Entziehung der Fahrerlaubnis in einem vorausgegangenen, aber eingestellten Ermittlungsverfahren wegen der Tat als Straftat auf das Fahrverbot ganz oder teilweise angerechnet wird (vgl. § 25 VI StVG). Außerdem ist der Betroffene darüber zu belehren, daß das Fahrverbot mit Rechtskraft des Bußgeldbescheides wirksam wird, daß aber die Verbotsfrist erst von dem Tage an gerechnet wird, an dem der Führerschein abgeliefert und amtlich verwahrt wird (§ 25 VII, VIII StVG; vgl. Celle VRS **54**, 128). Das Fahrverbot kann auch für bestimmte Arten von Kfz, die § 5 I S. 2 StVZO eine Beschränkung der Fahrerlaubnis vorsieht (zB Verbot für Klasse 3, nicht aber für 4), und sogar weiter differenziert nach dem Verwendungszweck (aber nicht für ein einzelnes Fahrzeug, vgl. Hamm NJW **75**, 1983) ausgesprochen werden (ebenso Dreher/Tröndle 10 zu § 44; Saarbrücken NJW **70**, 1052; Stuttgart VM **75**, 81; Rebmann/Roth/Herrmann 4); in

diesem Fall ist für die Dauer des Verbots ein beschränkter Ersatzführer-
schein auszustellen. Werden in dem Bußgeldbescheid wegen mehrerer
Ordnungswidrigkeiten, von denen jede für sich allein die Anordnung
eines Fahrverbots rechtfertigen würde, mehrer Geldbußen festgesetzt, so
ist daneben nicht mehrfach ein Fahrverbot, sondern nur ein einheitliches
Fahrverbot anzuordnen (Bay. VRS **51**, 221). Über die Vollstreckung vgl.
28ff. zu § 90.

25   E. **Das Verbot der Jagdausübung** wegen einer Ordnungswidrigkeit
nach § 39 BJagdG kann neben einer Geldbuße angeordnet werden, und
zwar für die Dauer von einem Monat bis zu sechs Monaten (§ 41a
BJagdG). Über den Beginn der Verbotsfrist und die Belehrung vgl.
§ 41a III S. 1, IV BJagdG. Über die Zulässigkeit dieser Nebenfolge im
Bußgeldverfahren wegen Ordnungswidrigkeiten nach den Landesjagd-
Gen vgl. zB § 33a BWLJG, Art 57 BayJG, § 56 III LJGNW. Über die
Vollstreckung vgl. 33 zu § 90. In einigen Ländern können wegen einer
Ordnungswidrigkeit auch die **Entziehung des Jagdscheins** und eine
Sperrfrist für die Erteilung eines neuen Jagdscheins angeordnet werden
(vgl. zB § 31 II HmbJG, § 41 III S. 2, 3 HessAGBJagdG).

26   **9) Der Hinweis auf die Einspruchsmöglichkeit** (II Nr. 1) gehört zum
wesentlichen Inhalt des Bußgeldbescheides (vgl. 2a). Aus seiner Fassung
muß für den Betroffenen klar ersichtlich sein, bei welcher Stelle, in welcher Form und innerhalb welcher Frist der Einspruch einzulegen ist (10ff.
zu § 50) und daß der Bußgeldbescheid vollstreckbar wird, falls der Betroffene von der Einspruchsmöglichkeit keinen Gebrauch macht. Fehlt
dieser Hinweis, so ist im Fall der Fristversäumung die Wiedereinsetzung
in den vorigen Stand gegeben (Rebmann/Roth/Herrmann 14; Rotberg
20; LR-Schäfer 21, EbSchmidt Nachtr. I 10, Kleinknecht 9, jeweils zu
§ 409 StPO). Bei dem Hinweis nach II Nr. 1b sollte das schriftliche
Verfahren hervorgehoben werden, um dem Laien die Alternative zur
mündlichen Verhandlung deutlich zu machen (vgl. Hamm NJW **69**,
1681). Über die Rechtsbehelfsbelehrung bei einem der deutschen Sprache
nicht mächtigen Ausländer vgl. 15 zu § 50, über den Hinweis an den
Einziehungsbeteiligten vgl. § 87 II S. 2 (29 zu § 87).

27   **10) Die Zahlungsaufforderung und Belehrung** über die Möglichkeit
der Erzwingungshaft (II Nr. 2, 3) geschieht unter der aufschiebenden
Bedingung, daß der Bußgeldbescheid rechtskräftig, also kein Einspruch
eingelegt wird. Das ist zum Ausdruck zu bringen. Es empfiehlt sich,
hierbei Vordrucke zu verwenden. Durch die Aufforderung und Belehrung wird der Betroffene vor die Wahl gestellt, entweder eine ihm mögliche Zahlung zu leisten oder aber der VollstrB (§ 92) seine etwaige Zahlungsunfähigkeit darzutun. Verletzt er diese Mitwirkungspflichten (vgl.
8 zu § 96), so ist damit die Grundlage für die Anordnung der Erzwingungshaft gegeben. Um dem Betroffenen die Gelegenheit zu geben,
seine Zahlungsunfähigkeit auch dann noch darzutun, wenn sie erst bei
Fälligkeit der Geldbuße eintritt, wird ihm in der Aufforderung eine zusätzliche Schonfrist von zwei Wochen gewährt. Ist die Belehrung nach II
Nr. 3 unterblieben, so muß sie nachgeholt werden, da andernfalls die
Erzwingungshaft nicht angeordnet werden kann (vgl. 14 zu § 96). Für die

JP oder PV, gegen die eine Geldbuße festgesetzt wird, gilt II Nr. 2, 3 ebenfalls (vgl. § 99). Bei den übrigen Nebenfolgen, die zu einer Geldzahlung verpflichten (vgl. 21, 23), wird der Betroffene oder Nebenbeteiligte nur zur Zahlung aufgefordert (II Nr. 2a), da in diesen Fällen die Anordnung der Erzwingungshaft nicht zulässig ist (vgl. 20 zu § 90; 7 zu § 96).

28   **11) Eine Zahlungserleichterung** (§ 18) wird, wenn dies in Betracht kommt, ebenfalls zugleich in dem Bußgeldbescheid angeordnet. In diesem Falle bezieht sich die Aufforderung nach II Nr. 2 auf die Teilbeträge der Geldbuße und die festgesetzten Zahlungsfristen. Bei nachträglicher Bewilligung von Zahlungserleichterungen durch die VollstrB vgl. § 93 III.

29   **12) Eine Begründung** des Bußgeldbescheides über die Angaben nach I Nr. 2, 3 hinaus ist nicht erforderlich (III), weil es sich nur um einen vorläufigen Spruch in einem Vorschaltverfahren handelt (vgl. 6 ff. vor § 65). Diese Regelung schließt aber die Möglichkeit einer weitergehenden Begründung nicht aus. Sie kann namentlich in bedeutenden Bußgeldsachen, bei höheren Geldbußen oder bei einer schwierigen Sach- und Rechtslage angebracht sein, um dem Betroffenen auf diese Weise seine Entscheidung zu erleichtern, ob er sich dem Spruch unterwerfen will oder nicht. Eine weitergehende Begründung kann ferner angezeigt sein, um unbegründet erscheinenden Einsprüchen entgegenzuwirken.

30   **13) Eine Kostenentscheidung** nach § 464 I StPO iVm § 105 hat der Bußgeldbescheid zu enthalten (6 zu § 105). Ist sie unterblieben, so kann sie später nicht mehr nachgeholt werden (LG Berlin NJW **68**, 1733). Die Kosten trägt dann die Staatskasse (vgl. 37; 6a zu § 105). Die Gebühren und Auslagen werden in einer besonderen Kostenrechnung angesetzt, die jedoch auf den Bußgeldbescheid gesetzt werden kann (24 zu § 107).

31   **14) Schriftlich** wird der Bußgeldbescheid erlassen. Er ist deshalb bei einer manuellen Herstellung von dem hierzu befugten Verwaltungsangehörigen (vgl. 2 vor § 65) zu unterzeichnen.

32   **Vollständige Unterschrift** (statt des Namenszeichens) ist empfehlenswert, doch reicht ein Namenszeichen aus (vgl. zB Düsseldorf VM **71**, 80; Hamm VRS **49**, 280; Oldenburg NJW **70**, 719; Frankfurt NJW **70**, 160; allg M); ebenso die Verwendung eines Faksimilestempels, und zwar auch die durch einen anderen Verwaltungsangehörigen als den Namensträger (Saarbrücken NJW **73**, 2041; Stuttgart NJW **76**, 1905; Rebmann/Roth/ Herrmann 10; aM Rotberg 15). Unschädlich (wenn auch nicht gutzuheißen) ist auch ein Namenszeichen, das aus sich heraus nicht einer bestimmten Person zugeordnet werden kann, wenn sich aus sonstigen Umständen im Wege des Freibeweises die Urheberschaft ermitteln läßt (Bay. VRS **57**, 49). Ist die Namensunterschrift auf der zugestellten Urschrift (oder Ausfertigung) des Bußgeldbescheides bei dessen Herstellung im Durchschreibeverfahren so unvollständig durchgedrückt, daß sie nicht zu entziffern ist, so berührt dies nicht die Wirksamkeit des Bußgeldbescheides (Oldenburg VRS **42**, 47).

33   **Ein im EDV-Verfahren hergestellter Bußgeldbescheid** genügt der Schriftform, wenn er mit dem Abdruck des Dienstsiegels der VB versehen ist (vgl. § 51 I S. 2) und den Namen des zuständigen Sachbearbeiters enthält (vgl. Frankfurt NJW **76**, 337; ferner 4 vor § 65).

33a **Ort, Datum sowie die Behörde** oder Stelle, die den Bußgeldbescheid erlassen hat, sind anzugeben; doch macht die fehlende Angabe der ausstellenden Behörde auf dem zugestellten Bescheid (Hamm DAR **71**, 136) oder das Fehlen des Datums (Bay. DAR **71**, 191; Demuth VOR **73**, 44, 58) den Bußgeldbescheid nicht unwirksam.

34 **Wird die Urschrift zugestellt** (vgl. 6 zu § 51), so reicht als Nachweis für den Erlaß des Bußgeldbescheides die im Durchschreibeverfahren hergestellte Zweitschrift aus; ebenso die Verfügung über den Erlaß des Bußgeldbescheides, wenn sie mit Ort und Datum versehen und unterzeichnet ist, aus ihr iVm der im Durchschreibeverfahren hergestellten Ordnungswidrigkeiten-Anzeige die wesentlichen Angaben des Bußgeldbescheides (vgl. 1 ff.) erkennbar sind und die verfügende Behörde ersichtlich ist (vgl. zB Frankfurt NJW **70**, 160; Hamm NJW **70**, 1936, VRS **48**, 369; Stuttgart VM **75**, 33; Oldenburg NJW **70**, 719; Celle VRS **38**, 361; Köln VRS **38**, 199; Düsseldorf DAR **70**, 136); es ist unschädlich, daß dabei nicht ein eingeführtes Formular mit der Überschrift „Bußgeldbescheid (Urschrift)" benutzt wird (Hamm VRS **48**, 369).

34a **Der Nachweis des Bußgeldbescheides,** nämlich daß ein Bußgeldbescheid mit einem bestimmten Inhalt erlassen ist, kann im Freibeweisverfahren (zB Akteninhalt iVm Einspruch des Betroffenen) geführt werden (BGH **23**, 280; Frankfurt NJW **70**, 160; Köln VRS **38**, 199; Demuth VOR **73**, 44, 59).

35 **Weitere Einzelheiten:** Die Beschuldigung kann auch in einer Anlage, auf die der Bußgeldbescheid Bezug nimmt, enthalten sein (Hamm VRS **50**, 58). Zum Erlaß des Bußgeldbescheides gehört nicht die Zustellungsverfügung des Sachbearbeiters (Hamm VRS **49**, 280). Über den Zeitpunkt des Erlasses und der Wirksamkeit vgl. 11 vor § 65.

36 **15) Über die Zustellung** vgl. zu § 51. Entspricht die hergestellte Ausfertigung, die zugestellt wird, in einem wesentlichen Punkte nicht der Urschrift (zB in der Höhe der Geldbuße; Fehlen einer angeordneten Nebenfolge), so ist die Zustellung unwirksam (vgl. Hamm DAR **58**, 274; Oldenburg VRS **32**, 356) und muß unter Widerruf der unrichtigen Ausfertigung wiederholt werden (vgl. Kleinknecht 13 zu § 409 StPO; 34 zu § 51).

37 **16) Eine Berichtigung** des Bußgeldbescheides ist (entsprechend § 42 VwVfG) nach seiner Zustellung nur zulässig bei offenbaren Schreib- oder Fassungsversehen (vgl. BGH **3**, 245; BVerfGE **9**, 235). Vor der Zustellung kann der Bußgeldbescheid unbeschränkt abgeändert (und ganz zurückgenommen) werden (vgl. 12 vor § 65). Eine sachliche Ergänzung des Bußgeldbescheides ist dagegen nachträglich unzulässig und unwirksam, und zwar auch dann, wenn der Bußgeldbescheid erkennbar unvollständig ist (vgl. 19). Über die Rücknahme vgl. 13 vor § 67; 1, 5 ff. zu § 69.

38 **17) Unwirksam** (in dem Sinne, daß im Falle des Einspruchs die tragfähige Grundlage für eine gerichtliche Sachentscheidung fehlt; vgl. 8 f. vor § 65) ist der Bußgeldbescheid nur bei ganz schwerwiegenden Mängeln. Liegen sie vor, so ist das **Verfahren mangels einer Prozeßvoraussetzung**

einzustellen (§§ 206 a, 260 StPO iVm § 46 I), es ergeht also kein Freispruch (vgl. BGH **23**, 336; Düsseldorf VRS **38**, 351, MDR **70**, 699; Frankfurt DAR **71**, 50; Hamm VRS **46**, 146, **48**, 369; Karlsruhe, Die Justiz **70**, 189; Stuttgart DAR **72**, 193; Demuth VOR **73**, 44, 59; Göhler JR **70**, 312; allgM). Stellt das Gericht das Verfahren ein, so ist die VB nicht gehindert, wegen der Tat erneut einen Bußgeldbescheid zu erlassen, wenn sie noch nicht verjährt ist (Hamm NJW **72**, 1725, VRS **46**, 146; Demuth aaO). Wird gegen einen mangelhaften Bußgeldbescheid, der keine tragfähige Grundlage für eine richterliche Entscheidung bildet, kein Einspruch eingelegt, so wird er rechtskräftig und vollstreckbar, sofern er nicht ,,nichtig'' ist (vgl. 57; Demuth aaO S. 51; Rotberg 21). Zu den Mängeln, die zur ,,Unwirksamkeit'' (vgl. oben) führen können, im einzelnen:

39   **A. Die unzureichende Begrenzung des Tatgeschehens** ist dann keine ausreichende Verfahrensgrundlage, wenn Zweifel über die Tatidentität möglich sind, also nicht einwandfrei klar ist, welcher Lebensvorgang zur Entscheidung des Gerichts gestellt ist (BGH **23**, 336; vgl. 11). Mängel, welche ,,die Abgrenzung der Tat von anderen Taten nicht in Frage stellen, sondern nur die Vorbereitung der Verteidigung erschweren, beeinträchtigen die Wirksamkeit des Bußgeldbescheides nicht'' (BGH aaO); ebensowenig Mängel, bei denen jedoch weder für den Betroffenen noch nach dem zur Ergänzung des Bußgeldbescheides heranzuziehenden Akteninhalt (vgl. 39a; Demuth VOR **73**, 44, 53 ff.; Göhler JR **70**, 312) unklar bleibt, um welches Tatgeschehen es sich handelt, mag auch die Sachverhaltsdarstellung im Bußgeldbescheid mißglückt sein (Schleswig bei Ernesti/Jürgensen SchlHA **79**, 209). Ein Bußgeldbescheid ist als Verfahrensgrundlage ausreichend, wenn er die dem Betroffenen vorgeworfene Zuwiderhandlung zeitlich, örtlich und ihrem wesentlichen Inhalt nach hinreichend festlegt und begrenzt (so treffend Hamm VRS **50**, 58).

39a   **a) Ergänzbarkeit des Bußgeldbescheides:** Die hinreichende Bestimmtheit verlangt nicht, daß das Gericht bereits allein aus dem Inhalt des Bußgeldbescheides eindeutig entnehmen kann, welche konkrete Handlung dem Betroffenen zur Last gelegt wird (überzeugend Demuth VOR **73**, 44, 53 ff., 59, der zu dem *obiter dictum* in BGH **23**, 336, wonach Mängel der Tatbestandsabgrenzung nicht mit Hilfe anderer Erkenntnisquellen, etwa des Akteninhalts, ,,geheilt'' werden können, mit Recht krit. Stellung nimmt; wie hier auch Hamm GA **79**, 149, Rebmann/Roth/Herrmann 13a); zu eng deshalb: Karlsruhe, Die Justiz **70**, 189; richtig: Koblenz MDR **76**, 1043, das bei der Verwechslungsgefahr auch den konkreten Vorhalt im Anhörungsverfahren berücksichtigt; ebenso Hamm GA **79**, 149: in einem solchen Fall schadet zB bei einer Ordnungswidrigkeit nach § 120 das Fehlen des Verbreitungsgebiets der Zeitung, des Tage der Veröffentlichung und des Wortlauts des Anzeigentextes nicht. Die Begrenzung des Tatgeschehens im Bußgeldbescheid ist andererseits Aufgabe der VB; sie kann deshalb dem Bußgeldbescheid zur Kennzeichnung der Tat nicht einfach eine (sehr umfangreiche) Anzeige eines Zeugen beifügen oder auf den Akteninhalt verweisen, ohne den Tatvorwurf näher zu konkretisieren; ein solcher Bußgeldbescheid ist keine ausreichende Verfahrensgrundlage (Hamm VRS **41**, 52; Stuttgart, Die Justiz **78**, 477; Demuth VOR **73**, 44, 56; vgl. andererseits jedoch zu der Bezugnahme auf „Daten der Betriebsprüfungen": Celle MDR **78**, 250); ebenso, wenn sich der Bescheid zB auf die Angabe beschränkt, daß bei einer Entnahme von Wasserproben aus einer Abwasserbehandlungsanlage festgestellt sei, daß das Abwasser in keiner Weise den Anforderungen entspreche (Stuttgart, Die Justiz **75**, 154).

39 b   b) **Irrtümliche Begrenzung:** Ein offensichtlicher Irrtum bei der Bezeichnung der Tat (zB hinsichtlich des Zeitpunktes oder des Ortes) ist unschädlich (vgl. Stuttgart, Die Justiz **78**, 477; Hamm GA **72**, 60; Demuth VOR **73**, 44, 59; Göhler JR **70**, 313; Rebmann/Roth/Herrmann 13); ebenso eine unrichtige Wiedergabe der Modalität des Geschehnisablaufs (vgl. Hamm VRS **51**, 294; OVG Lüneburg VRS **42**, 320). Ein für den Betroffenen offensichtlicher Schreibfehler bei der Angabe der Tatzeit oder des Tatortes ist unschädlich; vgl. ferner 42 ff.

40   c) **Bei einem Verkehrsunfall** reicht die Angabe in dem Bußgeldbescheid aus, der Betroffene habe zu einer bestimmten Zeit an einem bestimmten Ort mit einem bestimmten Fahrzeug einen Verkehrsunfall (mit-)verschuldet (BGH **23**, 336; Bay. VRS **38**, 436; Düsseldorf DAR **70**, 136; Köln JR **70**, 34 m. Anm. Kohlhaas; Göhler JR **70**, 312; zu eng: Düsseldorf MDR **70**, 699): es wäre lebensfremd anzunehmen, daß der Betroffene nach einem Unfall nicht genau weiß, was ihm vorgeworfen wird, wenn in dem Bescheid Zeit und Ort des Unfalls angegeben sind (Göhler aaO; zust. Demuth VOR **73**, 44, 54); die Möglichkeit eines zweiten Unfalls an derselben Stelle und zur gleichen Zeit (die der VB zudem verborgen geblieben wäre) kann als außerhalb jeder Lebenserfahrung außer Betracht bleiben (BGH aaO).

41   d) **Folgenlose Verkehrszuwiderhandlungen** müssen dagegen in der Regel näher gekennzeichnet sein, um die Möglichkeit der Verwechslung mit anderen Verstößen auszuschließen (BGH **23**, 336; Bay. JR **70**, 311 m. Anm. Göhler; Hamm VRS **39**, 65); doch reicht zB die Angabe aus, an einem bestimmten Orte zu einer bestimmten Zeit die Vorfahrt nicht beachtet (Hamm NJW **70**, 580), den Sicherheitsabstand gegenüber einem namentlich benannten Zeugen nicht eingehalten zu haben (Düsseldorf VRS **52**, 192) oder die (einzige) am Ortsausgang vorhandene Trennlinie beim Überholen eines Traktors überfahren zu haben, jedenfalls dann, wenn der Betroffene unmittelbar nach der Tat gestellt worden ist (Göhler aaO; vgl. Demuth VOR **73**, 44, 54 f.; Hamm NJW **70**, 580); ebenso die Angabe „Mangelhafter Reifen (hinten rechts außen)" neben der Zeit- und Ortsangabe (Hamm VRS **48**, 369; vgl. 44). Unzureichend ist es dagegen grundsätzlich, wenn das Tatgeschehen nur mit der Kennziffer und dem dazugehörigen Wortlaut des Bußgeldkataloges wiedergegeben ist (Düsseldorf VRS **38**, 351) oder wenn bei einer folgenlosen Mißachtung des Rotlichts einer Verkehrsampel eine Straße mit mehreren Verkehrsampeln ohne nähere Kennzeichnung der gemeinten Ampelanlage angegeben ist (KG VRS **48**, 444; Hamm VRS **54**, 54); anders jedoch, wenn der Betroffene an Ort und Stelle gestellt worden ist und danach die

Verwechslung mit einem anderen Verstoß am gleichen Ort und zu gleicher Zeit praktisch ausscheidet (KG aaO; Hamm NJW **70**, 580; Köln VRS **37**, 379). Ein Bußgeldbescheid wegen „Parkens auf dem Gehweg" bildet für eine Verurteilung wegen Überfahrens dieses Gehweges zu einer jenseits von ihm gelegenen Grünanlage eine ausreichende Grundlage (Bay. VM **71**, 57).

42   e) **Die mangelnde oder fehlerfreie Angabe der Tatzeit** ist unschädlich, wenn kein Anlaß zu Verwechslungen gegeben ist, so zB, wenn der Betroffene bei einer fortgesetzten Handlung, die im Bußgeldbescheid zeitlich nicht näher gekennzeichnet ist, hierzu von der VB nach dem Akteninhalt wiederholt angehört worden ist, was im Wege des Freibeweises geklärt werden kann (Bay. BayVBl. **70**, 335; vgl. auch Hamm GA **72**, 60); ebenso, wenn die Tatzeit nur in verschlüsselter Form festgehalten ist (Hamm VRS **50**, 222) oder wenn die angegebene und tatsächliche Tatzeit nahe beieinander liegen (Stuttgart, Die Justiz **78**, 476). Läßt sich nicht feststellen, daß der Betroffene bei Zuwiderhandlungen gegen Kfz-Betriebsvorschriften an dem im Bußgeldbescheid angegebenen Tage gehandelt hat, wohl jedoch an einem früheren Tage, so ist die Tat, die im Bußgeldbescheid abgegrenzt ist, nicht nachgewiesen und deshalb freizusprechen (Demuth VOR **73**, 44, 59; doch kann eine Dauerordnungswidrigkeit vorliegen, die als einheitliche Tat mehrere Einzelakte umfaßt, vgl. Bay. bei Rüth DAR **79**, 241; vgl. auch 45). Die Umgestaltung des Prozeßstoffes auf einen anderen Zeitpunkt ist jedoch untersagt (Bay. VRS **47**, 297; insoweit wohl nicht klar genug: Stuttgart DAR **72**, 193). Eine zureichende Begrenzung des Tatgeschehens liegt nicht vor, wenn in dem Bescheid wegen einer Mietpreiserhöhung (§ 5 WiStG 1954, Anh **A 12**) nicht deren Zeitraum angegeben ist (Stuttgart, Die Justiz **75**, 153); ebenso unzureichend soll es sein, wenn bei einem Handeln ohne Genehmigung der Zeitpunkt mit „in jüngster Zeit" angegeben wird, nachdem gegen den Betroffenen bereits deswegen vorher eine Anzeige erstattet worden ist (Schleswig bei Ernesti/Jürgensen SchlHA **78**, 191; zw.)

43   f) **Bei falscher Bezeichnung der Ortsangabe** kommt es darauf an, ob es sich um ein offensichtliches Mißverständnis handelt; ergeben die näheren Umstände zweifelsfrei, welcher Ort gemeint ist, so ist der Bußgeldbescheid eine ausreichende Verfahrensgrundlage (vgl. Hamm VRS **47**, 203; Göhler JR **70**, 312; vgl. auch 40 f.).

44   g) **Bei Zuwiderhandlungen gegen Kfz-Betriebsvorschriften** ist auch bei unzureichender Angabe der Mängel eine hinreichende Tatabgrenzung gegeben, wenn (bei Bezeichnung der Tatzeit, des Tatortes und des benutzten Fahrzeuges) die als verletzt angeführten Vorschriften der StVZO ohne Schwierigkeit ergeben, in welchen Bereichen die Mängel im einzelnen vorhanden gewesen sein sollen (Hamm VRS **43**, 291; Bay. VRS **38**, 448; zu eng: Düsseldorf VRS **38**, 351, da bei dem Vorwurf einer mangelhaften Bereifung, welche die Verkehrssicherheit beeinträchtigt, zumindest die Verfahrensgrundlage für eine richterliche Entscheidung nicht in Frage stehen kann; wie hier: Hamm VRS **48**, 369).

45   h) **Bei einer Tat** (vgl. 50 ff. vor § 59), so zB einer fortgesetzten Handlung (11 ff. vor § 19) können nachträglich bekanntgewordene Sachver-

halte, die nicht Gegenstand des Bußgeldbescheides gewesen sind, in die gerichtliche Untersuchung einbezogen werden (Hamm GewArch **79**, 130); ebenso selbstverständlich Handlungsteile einer einheitlichen ,,Tat" (vgl. 50 ff. vor § 59; Hamm aaO; vgl. ferner 42; 37 ff. zu § 46).

46   B. **Die mangelhafte Bezeichnung der Person** des Betroffenen (oder Nebenbeteiligten) begründet nur dann die Unwirksamkeit des Bußgeldbescheides, wenn danach die Identität nicht zweifelsfrei festgestellt werden kann (vgl. dazu 4 ff.). Zur Wirksamkeit eines Bußgeldbescheides gegen eine **Firma** vgl. Bay. JR **73**, 28 m. Anm. Göhler; Hamm JR **71**, 383 m. Anm. Göhler; Hamm NJW **73**, 1624 (vgl. näher 5). Unwirksam ist ein Bußgeldbescheid, der gegen eine Person erlassen ist, gegen die er sich sachlich nicht richten sollte (vgl. 9 zu § 84); ebenso, wenn gegen zwei Betroffene eine einzige Geldbuße festgesetzt ist (Karlsruhe MDR **74**, 955).

47   C. **Ein Bußgeldbescheid gegen eine JP oder PV** ist auch dann eine ausreichende Verfahrensgrundlage, wenn zwar der verantwortliche Handelnde nicht benannt, die Tat aber als geschichtlicher Vorgang im übrigen zweifelsfrei gekennzeichnet worden und die Betriebsbezogenheit der vorgeworfenen Pflichtverletzung erkennbar ist (Köln JMBlNW **73**, 34; Hamm NJW **73**, 1852; Rebmann/Roth/Herrmann 13). Die Angabe, daß eine natürliche Person aus tatsächlichen Gründen nicht verfolgbar oder gegen sie das Verfahren eingestellt sei (vgl. § 30 IV), ist ebenfalls keine Wirksamkeitsvoraussetzung (Bay. NJW **72**, 1771, GewArch **74**, 23; Hamm aaO; Schleswig SchlHA **73**, 191; Rebmann/Roth/Herrmann 13). Wird in einem solchen Bußgeldbescheid neben § 30 IV auch § 130 angeführt, so werden damit nicht etwa zwei miteinander unvereinbare Sachverhalte erfaßt, so daß der Bußgeldbescheid nicht unwirksam ist (zust. Rebmann/Roth/Herrmann 13; aM Bay. JR **73**, 28 m. abl. Anm. Göhler; Demuth VOR **73**, 56; wie hier: Hamm aaO m. abl. Anm. Pohl-Sichtermann NJW **73**, 2217). Unschädlich ist es auch, wenn die JP als ,,Betroffene" und nicht als Nebenbeteiligte bezeichnet wird (Hamm aaO) oder wenn § 30 OWiG nicht als Rechtsgrundlage genannt ist (Bay. GewArch **74**, 23).

48   D. **Absolut unzulässige oder unbestimmte Rechtsfolgen** begründen die Unwirksamkeit des Bußgeldbescheides, so zB wenn statt einer Geldbuße eine Geldstrafe oder sogar eine Ersatzfreiheitsstrafe verhängt ist, da der VB hierfür offensichtlich die Kompetenz fehlt (vgl. BVerfGE **22**, 49); ebenso, wenn die Höhe der Geldbuße nicht bestimmt ist oder wenn er hinsichtlich der angeordneten Rechtsfolgen widersprechend ist (so: Androhung des Fahrverbots bei dessen Anordnung, Bay. bei Rüth DAR **74**, 186); desgl., wenn wegen derselben Handlung später nochmals ein Bußgeldbescheid erlassen wird, weil dann der Verfassungsgrundsatz *ne bis in idem* (vgl. Art. 103 III GG) verletzt ist; anders jedoch, wenn wegen zwei selbständiger Ordnungswidrigkeiten nur eine Geldbuße festgesetzt worden ist (Koblenz VRS **52**, 52).

49   E. **Die fehlende oder mangelhafte Angabe der Bußgeldvorschriften** hat die Unwirksamkeit des Bußgeldbescheides nicht zur Folge (vgl. 16);

dies gilt auch für eine falsche rechtliche Würdigung des zugrunde gelegten Sachverhalts (vgl. Bay. 29. 7. 1970, 1 Ws – B – 14/70).

50   F. **Die mangelhafte Bezeichnung der Beweismittel** läßt die Wirksamkeit des Bußgeldbescheides ebenfalls unberührt (vgl. 18).

51   G. **Sonstige Fehler im Verfahren der VB** führen nur selten zur Unwirksamkeit des Bußgeldbescheides. Verfahrensmängel, die außerhalb
des Bußgeldbescheides selbst liegen (zB die mangelnde Anhörung des
Betoffenen; Nichtgewährung der Akteneinsicht, Hamm VRS **55**, 141)
berühren die Wirksamkeit des Bußgeldbescheides nicht, da es sich nur
um ein summarisches Vorverfahren handelt. Im übrigen gilt folgendes:

52   a) **Bei mangelnder sachlicher oder örtlicher Zuständigkeit der VB** ist
der Bußgeldbescheid nur dann unwirksam, wenn die Unzuständigkeit
offenbar ist (Hamm JMBlNW **75**, 71; vgl. 15 zu § 36; 13 zu § 37). Ob dies
bei einem Bußgeldbescheid der Bundesbahndirektion wegen eines Parkverstoßes auf dem Bahnhofsvorplatz zu bejahen ist (so Hamm VRS **57**,
159), erscheint zw (vgl. auch 6 zu § 53; 3 zu § 57).

53   b) **Mängel in der Person des unterzeichnenden Verwaltungsangehörigen** haben auf die Wirksamkeit des Bußgeldbescheides keinen Einfluß.
Dies gilt für dessen Qualifikation (vgl. 2 vor § 65), für dessen innerdienstliche Zuständigkeit (vgl. 3 vor § 65) und auch für das Vorliegen
von Ausschließungsgründen iS von § 22 StPO (vgl. 5 vor § 65; Karlsruhe
MDR **77**, 163).

54   c) **Mängel bei der Unterzeichnung des Bußgeldbescheides** sind in der
Regel unbeachtlich (vgl. näher 32ff.). Über die Wirksamkeit eines im
EDV-Verfahren hergestellten Bußgeldbescheides vgl. 4 vor § 65.

55   d) **Fehlt die Urschrift des Bußgeldbescheides** in den Akten, so ist
damit die Grundlage für das gerichtliche Verfahren nicht in Frage gestellt
(vgl. 34).

56   e) **Die Unwirksamkeit der Zustellung** des Bußgeldbescheides hat
gleichfalls keinen Einfluß auf dessen Wirksamkeit (vgl. 34 zu § 51; Karlsruhe MDR **74**, 955).

57   H. **Ist der mangelhafte Bußgeldbescheid formell rechtskräftig** geworden, so kann er nur bei besonders krassen Mängeln als nichtig angesehen werden (vgl. Rotberg 21; Rebmann/Roth/Herrmann 16ff., die
eine Nichtigkeit – wohl zu Unrecht – überhaupt in Frage stellen; eingehend Demuth VOR **73**, 44ff.; LR-Schäfer Einl. Kap. 16). Das ist zB zu
verneinen, wenn das rechtliche Gehör nicht gewährt oder im Bußgeldbescheid der Geschehensablauf unrichtig angegeben ist (OVG Lüneburg VRS **42**, 320), zu bejahen, wenn im Bußgeldbescheid offenkundig
absolut unzulässige Rechtsfolgen angeordnet sind (so zB eine Ersatzfreiheitsstrafe vgl. 48); oder wenn eine absolut unzuständige Stelle den Bußgeldbescheid erlassen hat (zB die Jagdbehörde wegen einer Kartellord-
nungswidrigkeit; ebenso Demuth VOR **73**, 44, 48; Cramer, Grundbegriffe S. 122; Rotberg 21). In diesen Fällen hat die VollstrB von einer
Vollstreckung abzusehen (vgl. 13 vor § 89). Ob auch bei einem Verstoß
gegen den Verfassungsgrundsatz *„ne bis in idem"* (vgl. Art. 103 III GG)
Nichtigkeit anzunehmen ist (bejahend: Cramer, Grundbegriffe aaO; De-

muth aaO S. 46, 48; Rotberg 21), erscheint bei einem versteckten Verstoß (keine Offenkundigkeit) zw.; bei einem Bußgeldbescheid sprechen wohl – im Gegensatz zu einer strafgerichtlichen Entscheidung – überwiegende Gründe für Nichtigkeit (aM Rebmann/Roth/Herrmann 19). Nichtigkeit ist wohl nicht anzunehmen, wenn der RiAG einen Bußgeldbescheid erläßt (LR-Schäfer Einl. Kap. 16 RdNr. 3); doch liegt in einem solchen Falle im Einspruchsverfahren keine ausreichende Verfahrensgrundlage vor (Hamm JMBlNW **75**, 71, wo allerdings der Bußgeldbescheid als ,,nichtig" bezeichnet wird).

58   J. **Über die Rücknahme** eines nichtigen Bußgeldbescheides vgl. 14 zu § 69.

59   **18) Über die Rechtskraft** vgl. 13 vor § 65 sowie zu § 84.

Fünfter Abschnitt.
Einspruch und gerichtliches Verfahren

Vorbemerkungen

Übersicht

1   **1) Der Einspruch des Betroffenen hat den Inhalt,** daß der vorläufige Spruch der VB, der das Bußgeldverfahren zum Abschluß bringen soll, abgelehnt wird (vgl. 6 vor § 65). Der Einspruch ist deshalb ein ,,Rechtsbehelf eigener Art" (vgl. 1 zu § 62); denn er führt nicht zu einer Nachprüfung der getroffenen Entscheidung, die ja nur vorläufigen Charakter hat

(8 vor § 65). Er bringt die Sache vielmehr aus einem Vorverfahren in das gerichtliche Hauptverfahren, läßt jedoch eine Prüfung in einem Zwischenverfahren zu (vgl. 3 ff.).

2   **2) Die Bedeutung des Bußgeldbescheides ändert sich** bei einem (wirksamen) Einspruch des Betroffenen. Der Bußgeldbescheid verliert die Bedeutung einer (vorläufigen) Entscheidung und behält nur noch die einer (tatsächlich und rechtlich näher bezeichneten) Beschuldigung (vgl. 8 zu § 65). Ob sie aufrechterhalten wird, ist deshalb zunächst zu prüfen, und zwar durch die jeweils zuständige Verfolgungsbehörde (vgl. 3). Sie kann (und muß) zu diesem Zweck ergänzende Ermittlungen vornehmen, wenn sich nach der Einspruchsschrift hierfür neue Anhaltspunkte ergeben (Würzberg DAR **72**, 325).

3   **3) Ein Zwischenverfahren** findet deshalb nach Einspruch statt.

4   A. **Die VB hat eine nähere Aufklärung** des Sachverhalts vorzunehmen, wenn es auf Grund der bisherigen Ermittlungen und der Einspruchsschrift zweifelhaft ist, ob ein hinreichender Tatverdacht gegeben ist, der eine gerichtliche Untersuchung rechtfertigt. Dies ergibt sich daraus, daß der Bußgeldbescheid auf Grund des Einspruchs nur noch die Funktion einer Beschuldigung hat (vgl. 2), deren Berechtigung von dem Betroffenen nunmehr mit seinem Einspruch in der Regel in Abrede gestellt wird. Zur Aufgabe der VB als Verfolgungsbehörde gehört aber auch die Prüfung, ob die vorhandenen Beweismittel im gerichtlichen Verfahren zur Feststellung der Beschuldigung voraussichtlich ausreichen werden. Ist dies nach der Aktenlage unklar oder sogar zu verneinen, so wäre es prozeßunwirtschaftlich, mit der Übersendung der Akten ein (kaum ,,aussichtsreiches" oder sogar aussichtsloses) gerichtliches Verfahren in Gang zu setzen, in welchem der Richter zudem in die ihm nicht zukommende Rolle eines Ermittlungsführers gedrängt würde. Ferner ist zu berücksichtigen, daß das gerichtliche Verfahren für den Betroffenen (bei unzureichenden Beweisen) eine unangemessene Belastung sein kann und daß dadurch für die Staatskasse (insgesamt gesehen) übergroße (vermeidbare) Ausgaben entstehen können. Daraus folgt:

5   B. **Bei neuen Gesichtspunkten** auf Grund der Einspruchsschrift hat die VB ergänzende Ermittlungen vorzunehmen (vgl. Würzberg DAR **72**, 325). Beweisanträgen (insbesondere eines Verteidigers) ist zu entsprechen, soweit dadurch die Ermittlungen nicht unverhältnismäßig ausgedehnt würden (und die Beweise besser in der Hauptverhandlung erhoben werden können) oder die Gefahr der Verfolgungsverjährung besteht.

6   C. **Bei einem nicht begründeten Einspruch** sollte dem Betroffenen (Verteidiger) Gelegenheit gegeben werden, etwaige Einwendungen gegen die Beschuldigung vor Übersendung der Akten an die StA vorzubringen, freilich unter Hinweis, daß keine Pflicht hierzu besteht (§ 163a III S. 2 iVm § 136 I S. 2 StPO, § 46 I); insoweit empfiehlt sich zur Vereinfachung die Verwendung von Formularen.

7   D. **Beantragt der Verteidiger Akteneinsicht** (48 ff. zu § 60) und behält er sich vor, sich danach zu der Beschuldigung zu äußern und ergänzende Beweise zu beantragen, so sollte dem entsprochen werden, falls das Verfahren dadurch nicht unangemessen verzögert würde oder die Verjährung droht.

8   E. **Die mündliche Anhörung des Betroffenen** kann uU zur Aufklärung des Sachverhalts führen und ein gerichtliches Verfahren ersparen, sei es, daß die VB danach den Bußgeldbescheid zurücknimmt und das Verfahren einstellt, sei es, daß der Betroffene auf Grund der Beweismittel oder der (Aufklärung bei der) Anhörung seinen Einspruch zurücknimmt. Es empfiehlt sich jedoch, mit einer solchen Anhörung besonders qualifizierte Beamte der VB als Einspruchsachbearbeiter zu beauftragen; dadurch wird ihnen Gelegenheit gegeben, die Verfolgungstätigkeit der Angehörigen der VB im Hinblick auf das Opportunitätsprinzip (§ 47 I), die Beachtung der Verfahrensordnung (vgl. 54 ff. vor § 59) und die abschließende Verfügung über die Einstellung oder den Erlaß eines Bußgeldbescheides zu überprüfen und ev. durch geeignete Maßnahmen zu korrigieren; andererseits sollte bei einer solchen Anhörung kein ,,unzulässiger Druck" ausgeübt werden, den Einspruch zurückzunehmen.

9   F. **Das Beweismaterial für das gerichtliche Verfahren** sollte (falls die Beschuldigung hinreichend beweiskräftig erscheint) in dem Zwischenverfahren so weit aufbereitet und konkretisiert werden, daß das Gericht und die Verteidigung bei der gerichtlichen Untersuchung die in Betracht kommenden Aufklärungsgrundlagen zur Verfügung haben (Entscheidung möglichst in einer Verhandlung!).

10   a) **Soweit Angehörige der VB als Zeugen** in Betracht kommen, sollten sie deshalb möglichst veranlaßt werden, ihre Bekundungen zum Tatgeschehen (auch zur Vermeidung späterer Erinnerungsschwächen) zu den Akten zu geben; dabei ist die Benutzung technischer Hilfsmittel (Formulare; jedoch möglichst mit konkreten Angaben zum jeweiligen Tatgeschehen!) angezeigt.

11   b) **Allgemeine Erkenntnisse der VB,** die sie bei der Überwachung zur Einhaltung von Geboten und Verboten erlangt hat (zB über die Gefährlichkeit bestimmter Zuwiderhandlungen, die Unfallhäufigkeit bei Verstößen, die technische Durchführung von Überwachungsmaßnahmen, etwaige Untersuchungsergebnisse in gleichgelagerten Fällen – zB: Methode, Geräte, Ablauf, Fehlerquellen beim Einsatz von Geschwindigkeitsmessungen –, die Auswirkungen der Verstöße, die getroffenen Aufklärungsmaßnahmen, etwaige Abmahnungen uä), sind als mögliches verwertbares (§ 256 StPO iVm § 71) oder nutzbares Beweismaterial zu den Akten zu bringen; bei häufiger vorkommenden Ordnungswidrigkeiten ist es geboten, solches Material systematisch zu sammeln und aufzubereiten, um es (mit den heute vielfältig zur Verfügung stehenden technischen Hilfsmitteln) dem Gericht als Erkenntnisquellen (ev. gutachtliche Erklärungen der Behörde iS von § 256 StPO; vgl. 10 zu § 77) im gerichtlichen Verfahren zur Verfügung zu stellen. Dadurch kann das ,,Aufklärungsdefizit", das sonst im gerichtlichen Verfahren, insbesondere bei massenhaft anfallenden Bußgeldsachen besteht (so namentlich im Verfahren wegen Verkehrsordnungswidrigkeiten, vgl. Göhler VGT **14**, 148, 154), wesentlich abgebaut werden.

12   G. **Sachwidrig ist es, Kostenerwägungen** in den Entscheidungsprozeß
einfließen zu lassen, ob eine nähere Aufklärung durch die VB angezeigt
ist, so der Umstand, daß die VB oder deren Verwaltungsträger die Kosten (und notwendigen Auslagen des Betroffenen) zu tragen hat, falls die
weiteren Ermittlungen zur Rücknahme des Bußgeldbescheides und Einstellung des Verfahrens führen würde, während bei Abgabe der Sache an
die StA der Justizfiskus kostenmäßig belastet wird; derartige Erwägungen dürfen nicht zu einer sachwidrigen Behandlung in dem Zwischenverfahren führen; dies wäre nicht nur prozeßunwirtschaftlich, sondern
würde auch der Aufgabe der VB als Verfolgungsbehörde widerstreiten.

13   H. **Die Rücknahme des Bußgeldbescheides** und die Einstellung des
Verfahrens durch die VB ist geboten, wenn das Vorbringen des Betroffenen in der Einspruchsschrift oder die nähere Aufklärung des Sachverhalts
(vgl. 4 ff.) die Beschuldigung entkräften oder als nicht stichhaltig erscheinen lassen oder wenn danach eine Ahndung nicht geboten (§ 47 I) ist
(vgl. 5 ff. zu § 69). Mit dem Wesen des Einspruchs und der Bedeutung
des Bußgeldbescheides nach Einspruch ist es ebenso vereinbar, daß die
VB den Bußgeldbescheid zurücknimmt und durch Erlaß eines neuen
Bußgeldbescheides (mit uU milderen Rechtsfolgen) den Versuch wiederholt, das Verfahren im Wege der Selbstunterwerfung des Betroffenen
zum Abschluß zu bringen (vgl. auch 11 zu § 69).

14   J. **Nach Übersendung der Akten an die StA** hat diese als zuständige
Verfolgungsbehörde (§ 69 II) zu prüfen, ob die Beschuldigung aufrechtzuerhalten und die Sache deshalb dem Gericht zur Entscheidung vorzulegen ist (vgl. 18 f. zu § 69).

15   **4) Eine Beschränkung des Einspruchs** auf bestimmte Punkte (zB die
Höhe der Geldbuße) oder die Anordnung einer Nebenfolge (so zB des
Fahrverbots) ist mit seinem Wesen nicht vereinbar (Hamm DAR **74**,
277). Der Betroffene kann das Angebot zum endgültigen Abschluß des
Verfahrens mit den darin ausgesprochenen Rechtsfolgen (vgl. 6 vor § 65)
nur insgesamt annehmen oder gar nicht. Dies gilt jedenfalls, soweit sich
der Einspruch auf eine Tat (vgl. 50 ff. vor § 59) bezieht (Rebmann/Roth/
Herrmann 5, Rotberg 9, je zu § 67). Ein teilweises Einverständnis bedeutet, daß der Betroffene die vorgeschlagene Erledigung zwar ablehnt, aber
zu einer anderen Art der Erledigung bereit ist. Deshalb kann die VB in
einem solchen Fall den zuerst erlassenen Bußgeldbescheid zurücknehmen
und einen zweiten erlassen, wenn das Einverständnis des Betroffenen
dazu erwartet werden kann (vgl. 13; 11 zu § 69). Geschieht dies nicht, so
ist ein beschränkter Einspruch im gerichtlichen Verfahren als unbeschränkt anzusehen; hält das AG eine Beschränkung für wirksam, so ist
dieser Verfahrensfehler im Rechtsbeschwerdeverfahren von Amts wegen
zu beachten (Hamm DAR **74**, 277).

16   **Hat der Bußgeldbescheid mehrere Taten** zum Gegenstand, so kann
der Einspruch auf eine Tat beschränkt werden (Bay. VRS **40**, 131; Karlsruhe VRS **46**, 194; Rebmann/Roth/Herrmann 6, 7 zu § 67; Rotberg 10 zu
§ 67).

17   **Auf die Kostenentscheidung beschränkt** werden kann der Einspruch
in bestimmten Fällen (vgl. 34 zu § 67).

18 5) **Das Verbot der reformatio in peius** (Verschlechterungsverbot) gilt nach Einspruch nicht. Das folgt aus dem Wesen des Einspruchs und des Bußgeldbescheides nach Einspruch (vgl. 1, 2). Die VB ist danach nicht gehindert, den ersten Bußgeldbescheid zurückzunehmen und in einem zweiten Bußgeldbescheid nachteiligere Rechtsfolgen festzusetzen (vgl. jedoch 11 zu § 69). Im gerichtlichen Verfahren gilt das Verbot der *reformatio in peius* kraft besonderer Vorschrift nur, wenn das Gericht durch Beschluß entscheidet (vgl. § 72 II S. 2). Das kann im Hinblick auf diese Regelung sowie die §§ 71, 81 (vgl. zu § 71 auch § 411 IV StPO) und die Bedeutung des Bußgeldbescheides (vgl. oben) nicht zweifelhaft sein (vgl. auch § 66 II Nr. 1 Buchst. b ,,ohne an den im Bußgeldbescheid enthaltenen Ausspruch gebunden zu sein''; allg. M.; vgl. Hamm VRS **41**, 302; Frankfurt NJW **76**, 1328; Rebmann/Roth/Herrmann 1 zu § 71; Rotberg 2 zu § 71).

19 6) **Das gerichtliche Verfahren** wird damit anhängig, daß die StA die Akten dem Gericht zur Entscheidung über die Sache (und die Zulässigkeit des Einspruchs) zuleitet. Mängel des Bußgeldbescheides und des vorausgegangenen Verfahrens sind unbeachtlich (vgl. 9 vor § 65); es kommt nur darauf an, daß der Bußgeldbescheid wirksam ist (vgl. 38 ff. zu § 66). Das weitere Verfahren ist dann so zu gestalten, als wäre nach einem Einspruch gegen einen Strafbefehl zu entscheiden (vgl. § 71), soweit das OWiG nichts anderes bestimmt. Wird dieser Vergleich im Ausgangspunkt zugrunde gelegt, so kann die sinngemäße Anwendung der Vorschriften über das Strafverfahren (§ 46 I) keine grundsätzlichen Schwierigkeiten bereiten. Es gelten danach die Vorschriften über:

20 A. **die gerichtliche Zuständigkeit** (§§ 1–21 StPO) zum größten Teil nicht und im übrigen nur ergänzend, da § 68 eine besondere (abschließende) Regelung über die sachliche und örtliche Zuständigkeit enthält (vgl. 1 ff. zu § 68). Ergänzend kommen die §§ 12–16, 19–21 StPO in Betracht (vgl. 3, 19, 20, 24 zu § 68), die aber im Bußgeldverfahren nur geringe praktische Bedeutung haben. Außerdem gilt § 58 I GVG sinngemäß (vgl. 5 zu § 68). Über die Verbindung mehrerer anhängiger Verfahren vgl. 3 zu § 68, 33 zu § 71; über die Einstellung wegen mehrfacher Rechtshängigkeit vgl. 30;

21 B. **die Ausschließung und Ablehnung von Gerichtspersonen** (§§ 22–31 StPO) sinngemäß (vgl. Bay. VRS **42**, 46, **57**, 206). Ein Richter ist danach als ,,Verletzter'' einer Ordnungswidrigkeit ausgeschlossen (vgl. § 22 Nr. 1 StPO), wenn er zB durch die Verkehrsordnungswidrigkeit behindert, belästigt oder geschädigt worden ist. Der Ausschließungsgrund nach § 22 Nr. 4 StPO ist außer in den dort genannten Fällen weiterhin gegeben, wenn der Richter früher als Angehöriger der VB mit der Verfolgung der Sache befaßt war. Die Entscheidung, mit der ein erkennender Richter ein gegen ihn gerichtetes Ablehnungsgesuch ablehnt, ist auch im Bußgeldverfahren zu begründen (Bay. bei Rüth DAR **73**, 214); gegen die den Antrag ablehnende Entscheidung ist die sofortige Beschwerde nicht zulässig (§ 28 II S. 2 StPO), selbst wenn die Sachentscheidung unanfechtbar ist und deshalb der ablehnende Beschluß mit der Verfahrensrüge im Rechtsbeschwerdeverfahren nicht angegriffen werden

kann (Karlsruhe MDR **74**, 418; Hamm JMBlNW **73**, 272). Aus dem
Umstand, daß der RiAG einen Beweisantrag (aus der Sicht des Rechtsbe-
schwerdegerichts) fehlerhaft abgelehnt hat, kann nicht hergeleitet wer-
den, er sei befangen; allerdings kommt es auch hier auf die Umstände des
Einzelfalles an (Bay. VRS **57**, 206).Die Fehlerhaftigkeit des ablehnenden
Beschlusses ist mit der Rechtsbeschwerde in der Form des § 344 II S. 2
StPO zu rügen (Karlsruhe aaO; Hamm aaO; Stuttgart VRS **46**, 144; vgl.
auch Bay. VRS **57**, 206);

22   C. **gerichtliche Entscheidungen und ihre Bekanntmachung** (§§ 33–
41 StPO) uneingeschränkt (vgl. 1 zu § 50; 1 zu § 51; 42 ff. zu § 74).
Beteiligte iS dieser Vorschriften ist nicht die VB, sondern die StA, da sie
im gerichtlichen Verfahren die Aufgaben der Verfolgungsbehörde hat
(vgl. § 69 II). Die VB hat ein besonders geregeltes Anhörungsrecht
(§ 76);

23   D. **die Fristen und die Wiedereinsetzung** in den vorigen Stand
(§§ 42–47 StPO) uneingeschränkt (vgl. 1 zu § 52);

24   E. **die Zeugen** (§§ 48 ff. StPO) mit Ausnahme der §§ 61, 62, 64 StPO,
die durch § 48 I verdrängt werden. Dagegen ist § 66 a StPO anzuwenden;
denn die Vereidigung von Zeugen ist im Bußgeldverfahren erst recht
dann, wenn sie außerhalb der Hauptverhandlung geschieht, die Ausnahme von der Regel und deshalb zu begründen. Für die Form der Vereidigung (§§ 66 c–67 StPO) gelten im Bußgeldverfahren keine Besonderheiten. Bei § 70 StPO ist zu beachten, daß das Höchstmaß der Erzwingungshaft 6 Wochen beträgt (§ 48 II). Soweit die StPO zum Schutze des
Persönlichkeitsrechts und anderer Rechtsgüter Einschränkungen enthält
(keine unnötige Bloßstellung; Zeugnisverweigerungsrechte), ist die Berücksichtigung dieser Rechtsgüter nach dem Grundsatz der Verhältnismäßigkeit im Bußgeldverfahren (auch im gerichtlichen) stärker als im
Strafverfahren geboten (vgl. zB 12, 22 zu § 59);

25   F. **die Sachverständigen und den Augenschein** (§§ 72 ff. StPO), soweit sie sich auf das gerichtliche Verfahren beziehen (also zB nicht
§§ 80 a, 82 StPO), mit Ausnahme des § 81 (Unterbringung in einem
psychiatrischen Krankenhaus) und der §§ 87–92 StPO. Die §§ 81 a–81 d
StPO sind nur beschränkt anzuwenden (vgl. 21 ff. zu § 46); der richterliche Augenschein kann auch auf Personen erstreckt werden (zB durch
einen Vergleich ihrer Größen), die zur Verweigerung der Aussage berechtigt sind (Hamm MDR **74**, 1036; krit. Rogall MDR **75**, 813);

26   G. **die Beschlagnahme und Durchsuchung** (§§ 94 ff. StPO) mit Aus-
nahme der §§ 99–101 StPO (Postbeschlagnahme, Überwachung des
Fernmeldeverkehrs; vgl. § 46 III). Im übrigen ist auch im gerichtlichen
Verfahren zu beachten, daß Eingriffsbefugnisse wegen bloßer Ordnungs-
widrigkeiten nach dem Grundsatz der Verhältnismäßigkeit nur in engen
Grenzen zulässig sind (vgl. 9 zu § 46; 67, 83 vor § 59);

27   H. **die Verteidigung** (§§ 137 ff. StPO; vgl. hierzu näher zu § 60), soweit sich die Vorschriften auch auf das gerichtliche Verfahren beziehen.
Nicht anwendbar ist § 140 I Nr. 1–3, 6, 7, III StPO, da sich dessen Regelung auf das Bußgeldverfahren nicht übertragen läßt; wegen der Nichtan-

wendbarkeit des § 140 I Nr. 1 StPO vgl. auch § 82 I S. 2 GWB idF d. Art. 1 Nr. 23 E eines 4. G zur Änderung des GWB (BT-Drs. 8/2136). § 140 I Nr. 5 gilt auch im gerichtlichen Bußgeldverfahren, falls es zu einer Hauptverhandlung kommt (vgl. Bay. VRS **56**, 148, wo jedoch insoweit keine Einschränkung gemacht ist; vgl. auch 23 zu § 60). Über die Anwendung des § 140 I Nr. 8 vgl. 23 zu § 60. Aus der sinngemäßen Anwendung des § 148 StPO folgt, daß zB einem Untersuchungs- oder Strafgefangenen in einer anderen Sache auch wegen eines schwebenden Bußgeldverfahrens der Verkehr mit dem Verteidiger zu gestatten ist, soweit nicht ein Fall des § 138a IV, V StPO vorliegt (vgl. auch 21 zu § 60). § 149 StPO über Beistände gilt in gleichem Umfang wie im Strafverfahren (vgl. 61 zu § 60). Hat die VB einen Verteidiger bestellt, so gilt die Bestellung nicht für das gerichtliche Verfahren, wohl aber noch für den Einspruch (vgl. 35 zu § 60). Im gerichtlichen Verfahren wegen einer Steuerordnungswidrigkeit können Angehörige der steuerberatenden Berufe die Verteidigung (ohne Genehmigung des Gerichts) nur in Gemeinschaft mit einem RA oder einem Rechtslehrer an einer deutschen Hochschule führen (vgl. § 392 I Halbs. 2, II iVm § 410 I Nr. 3 AO 1977, Anh **A** 10);

28   J. den **Umfang der Untersuchung** (§ 155 StPO). Danach ist Gegenstand des gerichtlichen Bußgeldverfahrens nur die im Bußgeldbescheid bezeichnete „Tat" (vgl. 50 ff. vor § 59; 39 ff. zu § 66). Das Gericht hat über sie nach den Grundsätzen der materiellen Wahrheitserforschung zu entscheiden, und zwar selbständig und unabhängig. Es ist in der Beurteilung, ob und in welchem Umfang es eine Ahndung für geboten hält, durch die Entschließung der VB nicht eingeengt (vgl. 37 zu § 47). Es beurteilt die Tat auch unter dem Gesichtspunkt einer Straftat, wenn sich hierfür Anhaltspunkte ergeben (vgl. § 81);

29   K. die **Hauptverhandlung** und deren Vorbereitung (§§ 213 ff. StPO), soweit das OWiG nichts anderes bestimmt; vgl. dazu näher 24 ff. zu § 71. Die Hauptverhandlung ist nicht stets notwendig. Das Gericht kann auch im schriftlichen Verfahren entscheiden, wenn der Betroffene und die StA nicht widersprechen (vgl. § 72);

30   L. die **Einstellung des Verfahrens** außerhalb der Hauptverhandlung nach §§ 205, 206a, 206b StPO; daneben ist die Einstellung nach § 47 II außerhalb der Hauptverhandlung zulässig. Ein Verfahrenshindernis (vgl. 37 ff. vor § 59) liegt zB auch vor, wenn wegen derselben Tat (50 ff. vor § 59) mehrere Bußgeldverfahren anhängig sind; Vorrang hat dann das zeitlich früher anhängige Verfahren; doch kommt in einem solchen Falle auch eine Verbindung beider Verfahren in Betracht (Hamm JMBlNW **77**, 107). Über die Einstellung wegen örtlicher Unzuständigkeit vgl. 21 f. zu § 68. § 206b StPO gilt entsprechend, wenn die Tat infolge einer nach Eintritt der Rechtshängigkeit eingetretenen Gesetzesänderung nicht mehr mit Geldbuße bedroht ist; die Vorschrift gilt jedoch entgegen ihrem Wortlaut nicht, wenn die Tat nicht mehr mit Strafe, sondern mit Geldbuße bedroht ist (vgl. 30 zu § 82). Zur Einstellung vgl. auch 38 zu § 66.

30a   a) **Rechtsmittel:** Der Betroffene kann die Einstellung, auch im Fall des § 206a StPO iVm § 46 I, mangels Beschwer nicht anfechten (LR-Meyer-

Vor § 67

Goßner 51 zu § 206a StPO). Beim Rechtsmittel der StA ist im Fall der Einstellung nach § 206a StPO iVm § 46 I zu unterscheiden, ob sie das Gericht in einem Beschluß nach § 72 ausspricht oder sonst außerhalb der Hauptverhandlung (vgl. 53 zu § 72); im zweiten Falle ist die sofortige Beschwerde nach § 206a II StPO iVm § 46 I zulässig (vgl. Hamm JMBlNW **79**, 65; Frankfurt NJW **70**, 2069; Oldenburg NJW **70**, 622), im ersten Fall kommt gegen den Beschluß nach § 72 die Rechtsbeschwerde in Betracht (vgl. 80 zu § 72).

30b   b) **Anfechtung der Auslagenentscheidung:** Nach der Rspr. zu § 47 II sowie zu § 153 II StPO (vgl. 53 zu § 47) liegt die Annahme nahe, daß der Betroffene auch die Auslagenentscheidung bei einer Einstellung nach § 206a StPO iVm § 46 I wegen Unanfechtbarkeit der Hauptentscheidung nicht anfechten kann (so LG Karlsruhe NJW **76**, 121); doch ist dies str. (bejahend: KG JR **77**, 258; LG Konstanz AnwBl. **78**, 357; vgl. auch Karlsruhe AnwBl. **76**, 305; LR-Schäfer 66 zu § 464 StPO).

30c   c) **Bei einem möglichen Übergang zum Strafverfahren** (§ 81 II S. 1) ist es prozeßunwirtschaftlich, das Verfahren wegen Eintritts der Verjährung der Ordnungswidrigkeit nach § 206a StPO iVm § 46 I einzustellen und die StA auf die (dann an sich zulässige) Anklage wegen der Straftat zu verweisen, wenn dem Antrag der StA nach § 81 II S. 1 noch nicht entsprochen ist; trifft der RiAG gleichwohl eine solche Entscheidung durch Beschluß (außerhalb von § 72), so ist er auf die sofortige Beschwerde der StA aufzuheben (Hamm JMBlNW **79**, 65).

30d   d) **Mit dem Tod des Betroffenen** oder seiner Todeserklärung (Hamm NJW **78**, 177) tritt ein Verfahrenshindernis ein, das jede Sachentscheidung ausschließt; eine nach seinem Tod bereits ergangene Entscheidung ist mit der Feststellung zurückzunehmen, daß das Verfahren seine Erledigung gefunden hat (Schleswig NJW **78**, 1016; Kühl NJW **78**, 977 m. einem Überblick über Rspr. und Schrifttum). Eine förmliche Einstellung ist nicht erforderlich; sie ist aber nicht unzulässig (Schleswig aaO; Kleinknecht 8 zu § 206a StPO; Kühl aaO; LR Meyer-Goßner 29 zu § 206a StPO, der eine förmliche Beendigung des Verfahrens durch Einstellung für erforderlich hält). Mit der Erledigung des Verfahrens wird die bis dahin getroffene Kostenentscheidung gegenstandslos (Schleswig aaO). Die Kosten des Bußgeldverfahrens (2ff. vor § 105) hat dann die Staatskasse zu tragen (vgl. § 465 III StPO iVm § 46 I; 18 zu § 105); über die notwendigen Auslagen des verstorbenen Betroffenen ist in analoger Anwendung von § 467 I StPO (iVm § 46 I) zu entscheiden (Hamm NJW **78**, 177 mwN; Kühl aaO; Kleinknecht 20f. zu § 467 StPO; str., aM Schleswig aaO; Koblenz NJW **78**, 2257; LR-Schäfer 16–18 zu § 467 StPO); ob dabei auch § 467 III Nr. 2 StPO entsprechend gilt (so Hamm aaO), erscheint zweifelhaft (Kühl aaO). Zur Frage, ob der Verteidiger eine solche Kostenentscheidung beantragen kann, vgl. 12 zu § 60; zumindest kann er eine Kostenentscheidung nach § 467 III StPO anregen (Kühl aaO).

31   7) **In Jugendsachen** sind im gerichtlichen Verfahren ergänzend die Vorschriften des JGG sinngemäß anzuwenden, soweit das OWiG nichts anderes bestimmt. Es gelten danach sinngemäß die Vorschriften über:

32   A. **die Jugendgerichtsverfassung** (§§ 33–38 JGG, Anh **A 3**) mit Ausnahme derjenigen, die sich auf das Jugendschöffengericht beziehen (§ 33 III, § 35 JGG). Für Bußgeldsachen gegen Jugendliche und Heranwachsende (§ 107 JGG) sind danach die JugRi und JugStAe zuständig. Die Vorschriften des JGG über die JugK sind nur für das Beschwerdeverfahren in Bußgeldsachen von Bedeutung (vgl. 3 vor § 79). Über die Anwendung des § 38 JGG vgl. 34 zu § 46;

33   B. **die Zuständigkeit** (§§ 39–42 JGG) nur teilweise, da bereits § 68 die sachliche und örtliche Zuständigkeit des Gerichts auch in Bußgeldsachen gegen Jugendliche bestimmt (vgl. 6 ff. zu § 68). §§ 39, 40 JGG sind deshalb unanwendbar. § 41 II S. 2 JGG gilt sinngemäß für das Beschwerdeverfahren in Bußgeldsachen (vgl. 3 vor § 79); die übrigen Vorschriften des § 41 JGG sind nicht anwendbar. § 42 JGG gilt neben § 68 sinngemäß (vgl. 6 zu § 68);

34   C. **das Hauptverfahren** zum Teil; vgl. näher 60 ff. zu § 71;

35   D. **die Stellung des Erziehungsberechtigten und gesetzlichen Vertreters** (§ 67 JGG). Die Voraussetzungen des § 67 IV JGG werden aber nur in außergewöhnlichen Fällen gegeben sein; denn die Beteiligung des Erziehungsberechtigten an einer Ordnungswidrigkeit begründet in der Regel nicht die Befürchtung, daß er seine Rechte im Verfahren mißbrauchen wird. Zum Begriff des Erziehungsberechtigten vgl. 10 zu § 67, des gesetzlichen Vertreters 5 zu § 67;

36   E. **die notwendige Verteidigung** und den Beistand (§§ 68, 69 JGG) mit Ausnahme des § 68 Nr. 3 JGG (vgl. § 46 III S. 1; 36 zu § 60);

37   F. **Mitteilungen** (§ 70 JGG). Bei sinngemäßer Anwendung (vgl. 8 zu § 46) erscheint jedoch eine Mitteilung in Bußgeldsachen dann entbehrlich, wenn anzunehmen ist, daß sie für die Durchführung der Aufgaben des Vormundschaftsgerichts und der Jugendgerichtshilfe keine Bedeutung hat (vgl. auch 34 zu § 46; 36 vor § 59).

38   **8) Die Vorschriften des GVG** gelten sinngemäß so, als wären die Bußgeldsachen Strafsachen. Außer den allgemeinen Vorschriften des GVG über die Gerichtsbarkeit und die Zuständigkeit der Gerichte, die das OWiG teilweise selbst bestimmt (so § 68 anstelle von §§ 24, 25 GVG), gelten namentlich die Vorschriften über die StA (§§ 141, 142, 143–152 GVG), über Zustellungs- und Vollstreckungsbeamte (§§ 154, 155 GVG) sowie über die Rechtshilfe (§§ 156–161, 164–168 GVG; zu § 158 II GVG vgl. Koblenz VRS **52**, 42; zu § 159 GVG zust. Hamm GA **73**, 156). Über die Anwendung der für die Hauptverhandlung geltenden Vorschriften des GVG vgl. 56–59 zu § 71.

39   **9) Zwischenstaatliche Rechtshilfe** (vgl. 21 ff. vor § 59) ist im gerichtlichen Bußgeldverfahren zulässig, soweit die völkerrechtlichen Verträge zwischen der BRep. und anderen Staaten dies vorsehen (vgl. dazu zunächst 23 vor § 59). Das Deutsche AuslieferungsG v. 23. 12. 1929 (RGBl. I 239; III 314–1), letztes ÄndG v. 2. 3. 1974 (BGBl. I 469, 563), enthält keine Vorschriften, die sich ausdrücklich auf Ordnungswidrigkeiten beziehen.

40   Nach Art. 1 des Europäischen Übk v. 20. 4. 1959 über die Rechtshilfe
in Strafsachen (BGBl. 1964 II 1369, 1386; 1976 II 1799; 1977 II 250; in
Kraft getreten für Belgien, Dänemark, Frankreich, Griechenland, Italien,
Israel, Liechtenstein, Luxemburg, Niederlande, Norwegen, Österreich,
Schweden, Schweiz, Türkei) wird Rechtshilfe „in allen Verfahren hinsichtlich strafbarer Handlungen" gewährt, zu deren Verfolgung im Zeitpunkt des Rechtshilfeersuchens die Justizbehörden zuständig sind; doch
ist diese Regelung so auszulegen, daß Rechtshilfe auch im Bußgeldverfahren geleistet wird, soweit das Verfahren bei einer Justizbehörde (auch
der StA; vgl. Erklärung zu Art. 24, BGBl. 1976 II 1799) anhängig ist. In
einzelnen Zusatzvereinbarungen ist dies neuerdings ausdrücklich klargestellt (vgl. zB Art. II Nr. 4 Vtr zwischen der BRep. und **Österreich** v.
31. 1. 1972, BGBl. 1975 II 1159, 1976 II 1818; Art. I Buchst. a Vtr zwischen der BRep. und der **Schweiz,** 23 vor § 59).

41   **Weitere Verträge über die Rechtshilfe** in Strafsachen, in denen die
Regelung auf gerichtlich anhängige Verfahren wegen Ordnungswidrigkeiten erstreckt worden ist: Vtr v. 1. 10. 1971 zwischen der BRep und
Jugoslawien über die Rechtshilfe in Strafsachen (BGBl. 1974 II 1165;
1975 II 228), vgl. Art. 1 II Nr. 1; Vtr zwischen der BRep. und der Republik von **Portugal** über die Auslieferung und die Rechtshilfe in Strafsachen v. 15. 6. 1964 (BGBl. 1967 II 2345; 1968 II 169), vgl. Art. 48 c; Vtr
zwischen der BRep. und der **Tunesischen Republik** über die Auslieferung und die Rechtshilfe in Strafsachen v. 19. 7. 1966 (BGBl. 1969
II 1157; 1970 II 127), vgl. das Zusatzprotokoll. Auch bei dem Vtr über die
Rechtshilfe in Strafsachen zwischen der BRep. und **Monaco** v. 21. 5.
1962 (BGBl. 1964 II 1297, 1306; 1965 II 405) kann davon ausgegangen
werden, daß Monaco den von einem deutschen Gericht in Bußgeldsachen gestellten Rechtshilfeersuchen entspricht, da die Vertragsparteien
der Auffassung sind, daß sie einander in größtmöglichem Umfang
Rechtshilfe gewähren werden.

42   **Von der DDR** wird Rechtshilfe geleistet, wenn es sich um Ersuchen
im Rahmen eines anhängigen gerichtlichen Bußgeldverfahrens handelt
(vgl. auch 26 a vor § 59). Die Rechtshilfeersuchen sind vom Gericht (ggf.
auch von der StA) über die LJV an die zuständige Stelle in der DDR zu
richten.

I. Einspruch

Form und Frist

67   Der Betroffene kann gegen den Bußgeldbescheid innerhalb einer
Woche nach Zustellung schriftlich oder zur Niederschrift bei der
Verwaltungsbehörde, die den Bußgeldbescheid erlassen hat, Einspruch
einlegen. Die §§ 297 bis 300 und 302 der Strafprozeßordnung über
Rechtsmittel gelten entsprechend.

Übersicht

1 **1) Einspruchsberechtigt** ist der Betroffene (49 vor § 59), gegen den der Bußgeldbescheid erlassen ist, auch wenn es sich um eine beschränkt geschäftsfähige Person handelt (vgl. 12). Ist in dem Bußgeldbescheid oder einem ihm gleichstehenden Bescheid (3 zu § 65) eine Nebenfolge angeordnet, so kann auch der Nebenbeteiligte (2 ff. vor § 87) Einspruch einlegen (§ 87 II S. 1, § 88 III). Kein Einspruchsrecht hat dagegen die StA, da sie in diesem Stadium noch nicht am Verfahren beteiligt ist (vgl. § 69 II). Über Verhandlungsfähigkeit vgl. 12.

2 A. **Der Verteidiger** (2 ff., 23 ff. zu § 60) kann auf Grund der ihm erteilten Vollmacht (12 zu § 60) selbständig für den Betroffenen Einspruch einlegen (§ 297 StPO iVm S. 2), soweit sich aus der Vollmacht nichts Gegenteiliges ergibt oder dies nicht in Widerspruch zu dem ausdrücklichen Willen des Betroffenen steht. Widerspricht der Betroffene dem Einspruch gegenüber der VB, so ist dies als Rücknahme (35) anzusehen. Die Frist des Einspruchs für den Verteidiger bestimmt sich nach der des Betroffenen. Als Verteidiger ist auch ohne Vollmachtsurkunde ausgewiesen, wer schon im Bußgeldverfahren der VB die Verteidigung geführt hat. Zum Einspruch berechtigt ist nicht nur der im Verfahren der VB gewählte, sondern auch der von ihr bestellte Verteidiger (§ 60), da die Bestellung die Befugnis zur Einlegung des Einspruchs mitumfaßt; für das gerichtliche Bußgeldverfahren ist jedoch eine erneute Bestellung notwendig (35 zu § 60). Der Verteidiger muß zZ der Einlegung des Rechtsbehelfs bereits vertretungsbefugt sein (RG **66**, 266); die Vollmacht kann aber in diesem Fall bei rechtzeitiger Einlegung des Einspruchs noch nach Ablauf der Einspruchsfrist nachgereicht werden (RG **46**, 372; Bremen NJW **54**, 46).

3 **Bei Vertretung eines Nebenbeteiligten** (2 ff. vor § 87) gelten die Ausführungen unter 2 entsprechend, wenn es sich bei dem Vertreter um einen RA oder eine andere Person, die als Verteidiger gewählt werden kann, handelt, oder wenn dem Nebenbeteiligten eine solche Person beigeordnet wird (35 ff. zu § 87).

4 B. **Der gesetzliche Vertreter** des Betroffenen oder eines Nebenbeteiligten (2 ff. vor § 87) kann ebenfalls zu dessen Gunsten selbständig Einspruch einlegen (§ 298 I StPO iVm S. 2).

5 a) **Nach dem bürgerlichen Recht** richtet sich, wer gesetzlicher Vertreter ist (RG **42**, 343); dies ist bei natürlichen Personen derjenige, dem das Recht zur Vertretung des Betroffenen in persönlichen Angelegenheiten

zusteht (vgl. zB § 1626 I, § 1629 I S. 1, §§ 1773, 1793, 1906, 1909 BGB).
Bei ehelichen Minderjährigen wird die gesetzliche Vertretung durch
die Eltern gemeinsam – in sog. Gesamtvertretung – wahrgenommen
(§ 1629 I S. 2 Halbs. 2 BGB); es reicht aber aus, daß ein Teil mit dem
Einverständnis des anderen handelt (vgl. Kleinknecht 8 vor § 137 StPO).
Bei nichtehelichen Minderjährigen ist die Mutter zur Vertretung berechtigt (§§ 1705, 1626 I BGB). Nicht einspruchsberechtigt ist der Ehemann;
er kann aber als bevollmächtigter Vertreter auftreten (vgl. 11). Bei einer
JP oder PV sind deren vertretungsberechtigte Organe (10 zu § 30) gesetzliche Vertreter.

6   b) **Innerhalb der für den Betroffenen laufenden Frist** ist der Einspruch
einzulegen. Hat der gesetzliche Vertreter vom Beginn der Einspruchsfrist
keine Kenntnis, weil ihm der Bußgeldbescheid nicht mitgeteilt worden
ist (§ 51 II; § 67 II JGG, Anh **A** 3), so kann er gegen die Fristversäumung
grundsätzlich keine Wiedereinsetzung in den vorigen Stand (§ 52) beanspruchen (vgl. LR-Gollwitzer 10 zu § 298 StPO; BGH **18**, 22; aM Rebb-
mann/Roth/Herrmann 2).

7   c) **Nebeneinander** und unabhängig voneinander können der Betroffene (ohne Rücksicht auf sein Alter; Bay. bei Rüth DAR **73**, 215) und der
gesetzliche Vertreter von ihrem Einspruchsrecht Gebrauch machen, letzterer auch noch dann, wenn der Betroffene auf Einspruch verzichtet oder
diesen zurückgenommen hat (so nach Rebmann/Roth/Herrmann 2).

8   d) **Eine Zurücknahme** oder nachträgliche Beschränkung (34) des vom
gesetzlichen Vertreter eingelegten Rechtsbehelfs ist nur mit Zustimmung
des Betroffenen möglich, da § 302 I S. 2 StPO entsprechend anzuwenden
ist (vgl. Düsseldorf NJW **57**, 840; Celle NJW **64**, 417; Kleinknecht 6 zu
§ 298 StPO).

9   e) **Bei Beendigung** der gesetzlichen Vertretung des Betroffenen (zB
bei Eintritt der Volljährigkeit) bleibt der vom gesetzlichen Vertreter eingelegte Einspruch gleichwohl wirksam. Der Betroffene kann das Verfahren weiter betreiben oder aber den Einspruch zurücknehmen, selbst
wenn er vorher auf seinen eigenen Rechtsbehelf verzichtet hatte (vgl.
BGH **10**, 174; Kleinknecht 7 zu § 298 StPO).

10   C. **Dem Erziehungsberechtigten** steht im Verfahren gegen Jugendliche neben dem gesetzlichen Vertreter (5) das Recht zur Einlegung des
Einspruchs zu (§ 67 III JGG, Anh **A** 3). Erziehungsberechtigter ist, wer
allein oder mit einem anderen das Recht und die Pflicht zur Sorge für die
Person des Betroffenen hat (vgl. zB § 1626 I, § 1629 I, §§ 1705, 1793
BGB), nicht aber der Erziehungsbeistand (§§ 55 ff. JWG; Hamburg NJW
64, 605) und die Fürsorgeerziehungsbehörde, ferner nicht Personen, die
sich gegenüber dem gesetzlichen Vertreter kraft Vertrages zur Erziehung
verpflichtet haben (zB Pflegeeltern, Internate, Stuttgart, Die Justiz **74**,
470; Brunner 1 a zu § 67). Bei einem ehelichen Kind ist der Erziehungsberechtigte in der Regel zugleich der gesetzliche Vertreter (vgl. auch 5). Bei
mehreren Erziehungsberechtigten hat jeder das Einspruchsrecht (vgl.
§ 67 V S. 1 JGG). Die Ausführungen unter 4 ff. gelten im übrigen entsprechend für den Einspruch des Erziehungsberechtigten.

11   D. **Auch andere Personen können als Bevollmächtigte** des Betroffenen für ihn Einspruch einlegen (Hamm NJW **52**, 1150), wenn sie von diesem (vorher; vgl. 2) entsprechend bevollmächtigt sind, so zB auch der Zustellungsbevollmächtigte (vgl. 131 vor § 59). Dies gilt auch für den gesetzlichen Vertreter (4 f.) und den Erziehungsberechtigten (10); sie treten dann nicht im eigenen Namen, sondern im Namen des Betroffenen auf. Die Vollmacht kann noch nach Fristablauf nachgereicht werden (vgl. 2). Der Vertreter kann den Einspruch mit dem Namen des Betroffenen unterzeichnen (RG **66**, 211; Hamm aaO).

12   E. **Verhandlungsfähigkeit** ist für die Einlegung des Einspruchs erforderlich, andererseits ausreichend. Verhandlungsfähigkeit ist die Fähigkeit einer Person, in oder außerhalb einer Verhandlung ihre Interessen vernünftig wahrzunehmen, die Verteidigung in verständiger und verständlicher Weise zu führen, Prozeßerklärungen abzugeben und entgegenzunehmen (Hamburg MDR **78**, 422; Hamm NJW **73**, 1894; Kleinknecht Einl 94). Verhandlungsfähigkeit ist weniger als Prozeßfähigkeit (vgl. 13). Sie fehlt bei einem Kind stets, ist bei einem Jugendlichen mit einem normalen Reifegrad gegeben und bei einem Erwachsenen nur in Ausnahmefällen (so bei schwerer Krankheit) zu verneinen (vgl. Kleinknecht aaO). Deshalb kann auch ein jugendlicher Betroffener Einspruch einlegen (vgl. Bay. 26. 4. 1972; 6 St 517/72 OWi). Verhandlungsfähigkeit ist auch für die zur Vertretung des Betroffenen Berechtigten (4 ff., 10) sowie den Bevollmächtigten des Betroffenen (11) ausreichend.

13   F. **Prozeßfähigkeit** iS von §§ 51, 52 ZPO (= Geschäftsfähigkeit; vgl. §§ 104, 106, 114 BGB) ist erforderlich, wenn der Einziehungsbeteiligte in den unter 6 vor 87 genannten Fällen Einspruch einlegt (3 zu § 87); bei einem nichtprozeßfähigen Einziehungsbeteiligten kann nur sein gesetzlicher Vertreter wirksam Einspruch einlegen. Der Verteidiger muß stets prozeßfähig sein (vgl. Seibert JZ **51**, 440; ferner BVerfGE **37**, 67, 77 für RA im Zivilprozeß; 2 zu § 60).

14   **2) Bei der VB,** die den Bußgeldbescheid erlassen hat, ist der Einspruch einzulegen. Wird der Einspruch irrtümlich an eine andere Stelle gesandt (zB an eine unzuständige VB, die StA oder das nach § 68 zuständige AG), so ist er nur dann wirksam und rechtzeitig eingelegt, wenn er an die zuständige VB weitergeleitet wird und dort innerhalb der Einspruchsfrist eingeht; jedoch wird eine fernmündliche Unterrichtung der VB durch die unzuständige Stelle ausreichen, wenn dies innerhalb der Einspruchsfrist geschieht und darüber ein Aktenvermerk (26) gefertigt wird (vgl. Celle NJW **70**, 1142; ferner 9 zu § 52).

15   a) **Hat eine VB Außenstellen** oder Zweigstellen, so ist die Frist auch dann gewahrt, wenn der Einspruch rechtzeitig bei diesen eingeht, selbst wenn sie bisher mit der Angelegenheit nicht befaßt waren (vgl. Bay. VRS **53**, 433). Ist der Außenstelle oder Zweigstelle die Zuständigkeit zur Verfolgung und Ahndung übertragen (2 vor § 35), so ist die Frist nur dann gewahrt, wenn der Einspruch rechtzeitig bei dieser, nicht aber bei der Hauptstelle eingeht; die Hauptstelle ist jedoch verpflichtet, nach 14 zu verfahren (vgl. 9 zu § 52).

16   b) **Besteht eine gemeinsame Briefannahmestelle** für mehrere VBen, so reicht es zur Fristwahrung aus, wenn die Einspruchsschrift bei dieser Stelle rechtzeitig eingeht, auch wenn die Anschrift der zuständigen VB nicht richtig angegeben ist (Kleinknecht 11 vor § 42 StPO; LR-Gollwitzer 24 zu § 314 StPO; Küper JR **76**, 26; aM Bay. **74**, 141).

17   c) **Ausnahmen:** Für den Betroffenen, der nicht auf freiem Fuß ist, dh auf behördliche Anordnung verwahrt wird (zB Strafhaft, Untersuchungshaft, einstweilige Unterbringung in einem Erziehungsheim – § 71 II JGG –, Erzwingungshaft – § 97; vgl. LR-Gollwitzer 2 zu § 299 StPO), genügt es zur Fristwahrung, wenn sein Einspruch vom UrkB des AG, in dessen Bezirk sich die Anstalt befindet, innerhalb der Einspruchsfrist protokolliert worden ist (§ 299 StPO iVm S. 2); die schriftliche Einlegung bei diesem AG reicht nicht aus (Düsseldorf NJW **70**, 1890). Über die Wahrung der Frist, wenn der Einspruch rechtzeitig beim Kapitän eines Seeschiffes schriftlich oder zur Niederschrift eingelegt wird, vgl. § 133 SeemG.

18   **3) In der vorgeschriebenen Frist und Form** (S. 1) muß der Einspruch eingelegt werden; ist dies nicht der Fall, so hat die VB dennoch die Sache der StA zur Weiterleitung an das nach § 68 zuständige Gericht vorzulegen, da nur dieses über die Verwerfung des Einspruchs entscheiden kann (§ 70 I; RiStBV 281 I, Anh **C** 1). Zur Vereinfachung des Verfahrens sollte die VB aber den Betroffenen vorher auf etwaige Mängel des Einspruchs hinweisen und anfragen, ob gleichwohl die gerichtliche Entscheidung begehrt oder der Einspruch zurückgenommen wird (vgl. 39).

19   **A. Zur Schriftform** gehört nicht unbedingt, daß die Einspruchsschrift vom Erklärenden unterschrieben wird. Vielmehr genügt es nach hM, wenn aus dem Schriftstück hinreichend zuverlässig ersichtlich ist, von wem es herrührt und daß es sich nicht lediglich um einen Entwurf handelt (RG **67**, 388; BGH **2**, 77; BVerfGE **15**, 289, 291; LG Aschaffenburg DAR **76**, 303; Kleinknecht Einl 125; Rotberg 5). Die Verwendung eines Faksimilestempels reicht in der Regel aus (RG **62**, 53; vgl. auch 32 zu § 66); bei einem RA genügt das mit der Schreibmaschine geschriebene Diktatzeichen iVm dem gedruckten Briefkopf (RG **67**, 385; BGH **2**, 77, 78). Zum Einspruch durch Bevollmächtigte vgl. 11.

20   **In deutscher Sprache** ist die Einspruchsschrift grundsätzlich abzufassen, da die Amtssprache deutsch ist (§ 184 GVG iVm § 46 I; vgl. auch § 23 I VwVfG, § 83 I AO 1977). Jedoch wird eine Einspruchsschrift in fremder Sprache schon im Hinblick auf Art. 3 III GG nicht stets unbeachtlich und damit zur Fristwahrung ungeeignet sein; dies gilt namentlich dann nicht, wenn der Betroffene der deutschen Sprache nicht mächtig ist und unverzüglich eine Übersetzung durch die VB veranlaßt oder von dem Betroffenen nach Fristsetzung durch die VB nachgereicht wird (vgl. VGH München NJW **76**, 1048; LR-Schäfer 5 zu § 184 GVG; vgl. auch Schneider MDR **79**, 534; ferner jetzt § 23 IV S. 1 VwVfG und § 87 IV S. 1 AO 1977, die insoweit einen allgemeinen Rechtsgedanken enthalten);

so auch Kleinknecht 4 zu § 184 GVG). Für Rhein- und Moselschiffahrtsachen vgl. auch Spormann VGT **15**, 126 ff.

21   B. **An die Form der Niederschrift** der VB sind nicht die strengen Anforderungen zu stellen, die sich aus den §§ 8–13 BeurkG ergeben (Düsseldorf VRS **54**, 361). Es genügt, daß die Niederschrift die VB, den Tag der Einlegungserklärung, die Person des Betroffenen und den Inhalt seiner Erklärung angibt (BGH 20. 12. 1979, 1 StR 164/79). Über die Begründung des Einspruchs vgl. 27.

22   a) **Zu unterschreiben** ist die Niederschrift von dem Verwaltungsangehörigen (BGH 20. 12. 1979, 1 StR 164/79); fehlt die Unterschrift, so schadet dies nicht, wenn die Niederschrift unzweifelhaft als die des zur Aufnahme zuständigen Verwaltungsangehörigen erkennbar ist und feststeht, daß es sich nicht nur um einen Entwurf handelt (Düsseldorf VRS **54**, 361; vgl. auch LR-Gollwitzer 4 zu § 314 StPO); uU kann deshalb anstelle der Unterschrift des Verwaltungsangehörigen seine Paraphe ausreichen (Düsseldorf aaO). Eine Unterzeichnung durch den Betroffenen selbst ist nicht erforderlich (Rotberg 5; Rebmann/Roth/Herrmann 4).

23   b) **Eine Rechtspflicht** besteht zur Aufnahme der Niederschrift durch die VB, da das Gesetz diese Möglichkeit ausdrücklich vorsieht (vgl. Kleinknecht Einl 129); die VB hat deshalb dafür Sorge zu tragen, daß zur Entgegennahme von Einsprüchen und damit zusammenhängenden Erklärungen (vgl. 35 ff.) geeignete Verwaltungsangehörige zur Verfügung stehen, die auch den Betroffenen, soweit erforderlich, aufklären können.

24   C. **Eine telegrafische Einlegung** des Einspruchs ist zulässig. Dabei braucht das Aufgabetelegramm nicht der Schriftform zu entsprechen (BGH **8**, 174), da das entscheidende Schriftstück das Ankunftstelegramm ist (Kleinknecht Einl. 136). Zur Fristwahrung reicht es aus, wenn das Zustellpostamt den Inhalt des Telegramms innerhalb der Einspruchsfrist an eine zur Entgegennahme der Erklärung befugte Person der VB fernmündlich durchgibt und diese darüber einen den Wortlaut des Telegramms wiedergebenden Aktenvermerk fertigt; nach Frist und Form ist der Einspruch jedoch erst vollständig eingelegt, sobald die den Wortlaut der Durchsage bestätigende Ausfertigung des Telegramms bei der VB eingeht (BGH **14**, 233; Bay. Rpfleger **76**, 406; Rebmann/Roth/Herrmann 17 zu § 62). Auch der rechtzeitige Eingang des Textes bei der Fernschreibstelle der VB reicht zur Fristwahrung aus (Hamm NJW **61**, 2225).

25   D. **Die fernschriftliche Einlegung** ist ebenfalls zulässig, da sie der Schriftform genügt (LR-Gollwitzer 20 zu § 314 StPO; Bay. MDR **67**, 689). Ein mittels Fernschreiber eingelegter Einspruch ist in dem Zeitpunkt schriftlich eingegangen, in dem der Text der Fernschreibanlage vorliegt (vgl. Stuttgart, Die Justiz **72**, 42; BVerfGE **41**, 323, 328).

26   E. **Auch fernmündlich** kann der Einspruch zur Niederschrift der VB eingelegt werden (BGH 20. 12. 1979, 1 StR 164/79; Bay. VRS **56**, 371). In der Niederschrift (vgl. 21 ff.) ist die Tatsache zu beurkunden, daß der Einspruch fernmündlich eingelegt worden ist (BGH aaO).

27   F. **Eine Begründung** des Einspruchs ist nicht vorgeschrieben, im Hinblick auf das Zwischenverfahren (vgl. 3 ff. vor § 67) und § 72 aber zweckmäßig. Wird zur Niederschrift der VB Einspruch eingelegt, so sollte der Verwaltungsangehörige, der die Niederschrift aufnimmt, darauf hinwirken, daß der Einspruch begründet wird und etwaige Beweismittel angegeben werden. Für den Fall, daß sich der Betroffene oder sein Vertreter eine Begründung oder eine Ergänzung der Begründung vorbehalten hat, vgl. 11 a zu § 62, 7 vor § 67.

28   G. **Eine irrtümliche falsche Bezeichnung** des Rechtsbehelfs (zB als Berufung, Beschwerde, Antrag auf gerichtliche Entscheidung) ist unschädlich (§ 300 StPO iVm S. 2). Es genügt, wenn aus dem Inhalt der Einspruchsschrift der Anfechtungswille des Betroffenen zu entnehmen ist, wobei es nicht darauf ankommt, wie der Rechtsbehelf bezeichnet wird (Kleinknecht JZ **60**, 674; BGH **2**, 67). Mögliche Zweifel (zB ob es sich etwa um eine Dienstaufsichtsbeschwerde handelt; 34 zu § 62) können durch Rückfrage bei dem Betroffenen geklärt werden.

29   H. **Ein bedingt eingelegter Einspruch,** der auf den Eintritt oder Nichteintritt eines künftigen ungewissen Ereignisses abstellt, ist unwirksam, so zB ein Einspruch unter der Bedingung, daß keine höhere Geldbuße festgesetzt wird, daß eine Zahlungserleichterung nicht bewilligt wird (Hamm NJW **73**, 257) oder daß keine weiteren Kosten entstehen (Hamm MDR **74**, 777). Unwirksamkeit ist schon dann anzunehmen, wenn Zweifel bestehen, ob der Einspruch mit einer Bedingung verbunden ist (BGH **5**, 183); der Einspruch muß eindeutig sein, da es von seiner Wirksamkeit abhängt, ob der Bußgeldbescheid rechtskräftig wird oder nicht. Unschädlich sind dagegen reine Rechtsbedingungen, so zB der Einspruch unter der Bedingung, daß er zulässig oder daß der Bußgeldbescheid überhaupt wirksam (KMR 11 vor § 296 StPO) oder bereits erlassen ist (BGH **25**, 187, 188). Zulässig ist auch ein ,,vorsorglich" eingelegter Einspruch in dem Sinne, daß sich der Betroffene oder sein Verteidiger vorbehält, nach Überprüfung der Sachlage zu überlegen, ob er den Einspruch aufrechterhalten will oder nicht.

30   J. **Die Einspruchsfrist** beträgt eine Woche (verfassungsrechtlich unbedenklich; BVerfGE **42**, 128, 131; wegen der vorgeschlagenen Verlängerung der Einspruchsfrist auf 2 Wochen vgl. den CDU/CSU-Entwurf, BT-Drs. 8/2950). Die Frist wird mit der wirksamen Zustellung des Bußgeldbescheides in Lauf gesetzt (§ 51; dort 35); jedoch kann der Einspruch bereits vom Erlaß an eingelegt werden, auch wenn der Betroffene hiervon noch keine Kenntnis hat (vgl. BGH **25**, 187 = JR **74**, 295 m. zust. Anm. Hanack). Ein vor Erlaß des Bußgeldbescheides eingelegter Einspruch gegen die irrtümlich hinausgegangene ,,Ausfertigung" eines noch nicht existenten Bußgeldbescheides richtet sich automatisch gegen den später erlassenen (Düsseldorf VRS **38**, 373).

31   a) **Wegen der Berechnung der Frist** vgl. 22 ff. zu § 52; ihre genaue Berechnung ist Sache des Betroffenen (vgl. BVerfGE **31**, 388, 390). Er hat das Recht, die Frist bis zu ihrer Grenze auszuschöpfen (BVerfGE **45**,

360, 362; **40**, 42, 44f.). Umgekehrt ist der Betroffene, wenn er erst innerhalb der Frist von der Zustellung erfährt, verpflichtet, sofort geeignete Maßnahmen zu ergreifen, um auch eine verkürzte Frist noch einhalten zu können (BVerfGE **43**, 75).

32   b) **Gewahrt ist die Einspruchsfrist,** wenn der Einspruch rechtzeitig (vgl. 22 ff.) bei der zuständigen VB eingegangen (vgl. 14 ff.) oder zu deren Niederschrift (21) erklärt worden ist. Der Einwurf der Einspruchsschrift in den Hausbriefkasten der VB bis zum Ablauf des letzten Tages (vgl. 24 zu § 52) genügt zur Fristwahrung, auch wenn der Hausbriefkasten nicht als Nachtbriefkasten (mit einer Zugangskontrolleinrichtung) versehen ist (Hamm NJW **76**, 762 im Anschluß an BVerfGE **41**, 323, 328; **42**, 128, 132). Die vorschriftswidrige Zurückweisung des Einspruchs wegen einer Nachgebühr hat keinen Einfluß auf die Rechtzeitigkeit des Einspruchs (vgl. Hamm MDR **71**, 947; aM LG Köln DAR **79**, 339). Vgl. ferner 14 ff.

33   c) **Bei unverschuldeter Fristversäumung** kann Wiedereinsetzung in den vorigen Stand beansprucht werden (§ 52). Ein verspäteter Einspruch eines rechtsunkundigen Betroffenen kann uU als Wiedereinsetzungsantrag angesehen werden (BVerfGE **37**, 93, 97; 11 zu § 52). Über die stillschweigende Gewährung der Wiedereinsetzung vgl. 18 zu § 52.

34   **4) Eine Beschränkung** des Einspruchs auf einzelne Beschwerdepunkte ist grundsätzlich unzulässig (15 vor § 67). Der Einspruch kann jedoch auf eine von mehreren Taten beschränkt werden (vgl. 16 vor § 67); ebenso auf die Kostenentscheidung (2 ff. zu § 105) in dem Rahmen, in dem sie nach § 464 III StPO angreifbar ist (vgl. Stephan NJW **72**, 934 sowie die 4. Aufl.); ebenso kann der Einziehungsbeteiligte im Falle des § 436 III S. 2 StPO iVm § 46 I seinen Einspruch auf die Entscheidung über die Höhe der Entschädigung beschränken (vgl. 40 zu § 87).

35   **5) Die Rücknahme** des Einspruchs ist zulässig (§ 302 I S. 1 StPO iVm S. 2; vgl. näher 4ff. zu § 71). Die Rücknahme ist auch möglich, wenn der Einspruch unzulässig ist (zB aus Formgründen), also deswegen verworfen werden müßte (vgl. 18; Rebmann/Roth/Herrmann 28 zu § 71). Sie ist unwiderruflich, allerdings erst dann, wenn sie wirksam (vgl. 38) abgegeben worden ist (BGH **10**, 245). Die Rücknahme enthält, soweit sich nicht aus einem entsprechenden Vorbehalt oder den Begleitumständen der Erklärung das Fehlen eines Verzichtswillens ergibt, zugleich einen Verzicht auf erneute Einlegung des Einspruchs, selbst wenn die Einspruchsfrist noch nicht abgelaufen ist (BGH aaO; Bay. VRS **47**, 200). Haben sowohl der Betroffene als auch der Verteidiger Einspruch eingelegt, so erstreckt sich die Rücknahme des Einspruchs durch den Betroffenen auch auf den Einspruch des Verteidigers (Kleinknecht 4 zu § 302 StPO). Teilweise Rücknahme ist nur ausnahmsweise möglich (vgl. 34; 15 vor § 67). Über die Rücknahme durch den gesetzlichen Vertreter vgl. 8. Mit der Rücknahme des Einspruchs wird der Bußgeldbescheid rechtskräftig und damit vollstreckbar (2 zu § 89).

36   A. **Der Verteidiger** darf den Einspruch nur mit ausdrücklicher Ermächtigung des Einspruchsberechtigten zurücknehmen (§ 302 II StPO iVm S. 2). Dies gilt sowohl für den vom Verteidiger selbst eingelegten Einspruch (2) als auch für den Einspruch des Betroffenen. Fehlt die Ermächtigung, für die keine bestimmte Form vorgeschrieben ist (sie kann zB bereits in der allgemeinen Vollmacht enthalten sein, Celle NdsRpfl. **73**, 132), so ist die Erklärung unwirksam; der Einspruch ist also nicht zurückgenommen. Die Ermächtigung ist widerrufbar (vgl. näher Kleinknecht 17 zu § 302 StPO).

37   B. **Für die Form der Rücknahme** gilt das gleiche wie für den Einspruch, also zB Schriftform oder Niederschrift bei der zuständigen Stelle (38; vgl. BGH **18**, 257, 260; 19, 21). Die Rücknahme ist bedingungsfeindlich (29). Für die Rücknahme genügt Verhandlungsfähigkeit (12).

38   C. **Zuständig für die Entgegennahme** der Rücknahmeerklärung ist die VB, die den Bußgeldbescheid erlassen hat und bei der auch der Einspruch einzulegen ist (14 ff.). Sind die Akten bereits bei der StA oder dem nach § 68 zuständigen Gericht eingegangen (§ 69 I S. 1), so ist die Erklärung gegenüber diesen Stellen abzugeben (Bay. NJW **67**, 1976, bei Rüth DAR **79**, 243; Rebmann/Roth/Herrmann 29 zu § 71), ev. auch noch in der Hauptverhandlung bis zur Verkündung des Urteils im 1. Rechtszug zu Protokoll (vgl. näher 4 ff. zu § 71). Denn die Rücknahmeerklärung wird erst mit dem Eingang bei der Stelle, bei der das Verfahren zur Zeit der Rücknahme anhängig ist, wirksam. Wird die Erklärung gegenüber der VB abgegeben, obwohl sie die Akten bereits weitergegeben hat, so hat die VB für die unverzügliche Weiterleitung zu sorgen und StA oder Gericht notfalls fernmündlich oder telegrafisch zu benachrichtigen. Geht die weitergeleitete Rücknahmeerklärung erst nach der Entscheidung durch das AG dort ein, so bleibt dessen Entscheidung bestehen (LR-Gollwitzer 32 zu § 302 StPO; AG Hünfeld DAR **79**, 343); bei einer Entscheidung im schriftlichen Verfahren (§ 72) vgl. 7 zu § 71.

39   D. **Die Abgabe der Akten an die StA** (§ 69 I S. 1) entfällt, wenn der Einspruch wirksam zurückgenommen ist. Bestehen darüber Zweifel, so hat die VB diese durch Rückfrage beim Betroffenen auszuräumen. Erklärt er die Rücknahme für wirksam, so liegt spätestens darin die wirksame Rücknahme. Hält er dagegen die Rücknahme für unwirksam, so entscheidet das Gericht nach § 68 über die Zulässigkeit des Einspruchs.

40   E. **Über die Kosten** des gerichtlichen Bußgeldverfahrens bei Rücknahme des Einspruchs vgl. § 109 (dort 7 f.).

41   6) **Der Verzicht** auf die Einlegung des Einspruchs ist möglich, und zwar vom Erlaß des Bußgeldbescheides an (11 vor § 65) bis zum Ablauf der Einspruchsfrist (§ 302 I S. 1 StPO iVm S. 2). Der Betroffene kann deshalb, falls ihm der Bußgeldbescheid (zB in den Diensträumen) der VB ausgehändigt wird, sogleich auf den Rechtsbehelf verzichten (vgl. 14 zu § 51; 14 vor § 65). Der Verzicht des Betroffenen beseitigt einen vom Verteidiger eingelegten Einspruch. Für die Verzichterklärung gelten die Ausführungen über die Rücknahmeerklärung entsprechend (35 ff.); der Verteidiger braucht auch für den Verzicht eine Ermächtigung des Betroffenen, obwohl der Verzicht in § 302 II StPO nicht ausdrücklich aufgeführt ist (RG **64**, 164; Kleinknecht 15 zu § 302 StPO). Der Verzicht ist selbst dann unwiderruflich, wenn der Betroffene ihn infolge eines Irrtums über die Auswirkungen des Bußgeldbescheides ausgesprochen haben sollte (vgl. BGH GA **69**, 281). Über die Abgabe der Sache an die StA, wenn Zweifel über die Wirksamkeit eines Verzichts bestehen, vgl. 39.

Zuständiges Gericht **RiStBV 283**

68 ^I **Bei einem Einspruch gegen den Bußgeldbescheid entscheidet das Amtsgericht, in dessen Bezirk die Verwaltungsbehörde ihren Sitz hat. Der Richter beim Amtsgericht entscheidet allein.**

^{II} **Im Verfahren gegen Jugendliche und Heranwachsende ist der Jugendrichter zuständig.**

^{III} **Sind in dem Bezirk der Verwaltungsbehörde eines Landes mehrere Amtsgerichtsbezirke oder mehrere Teile solcher Bezirke vorhanden, so kann die Landesregierung durch Rechtsverordnung die Zuständigkeit des Amtsgerichts abweichend von Absatz 1 danach bestimmen, in welchem Bezirk**

1. die Ordnungswidrigkeit oder eine der Ordnungswidrigkeiten begangen worden ist (Begehungsort) oder

2. der Betroffene seinen Wohnsitz hat (Wohnort),

soweit es mit Rücksicht auf die große Zahl von Verfahren oder die weite Entfernung zwischen Begehungs- oder Wohnort und dem Sitz des nach Absatz 1 zuständigen Amtsgerichts sachdienlich erscheint, die Verfahren auf mehrere Amtsgerichte aufzuteilen; § 37 Abs. 3 gilt entsprechend. Der Bezirk, von dem die Zuständigkeit des Amtsgerichts nach Satz 1 abhängt, kann die Bezirke mehrerer Amtsgerichte umfassen. Die Landesregierung kann die Ermächtigung auf die Landesjustizverwaltung übertragen.

1 **1) Die Zuständigkeit des Gerichts** im Verfahren nach Einspruch gegen den Bußgeldbescheid der VB bestimmt I, und zwar sowohl die sachliche als auch die örtliche Zuständigkeit (vgl. 20 vor § 67). Über die Zuständigkeit des Gerichts zur Ahndung einer mit einer Straftat zusammenhängenden Ordnungswidrigkeit vgl. § 45.

2 A. **Sachlich zuständig** ist das AG, und zwar der RiAG als Einzelrichter (I S. 2). Dabei spielt die Höhe der Geldbuße oder der Nebenfolge keine Rolle (anders früher § 82 I WiStG 1949). Bei Kartellordnungswidrigkeiten entscheidet abweichend von I das OLG (§ 82 GWB, Anh **A 14**).

3 B. **Örtlich zuständig** ist das AG, in dessen Bezirk die VB, die den Bußgeldbescheid erlassen hat (Hamm NJW **73**, 2043), ihren Sitz hat (I S. 1; zur Verfassungsmäßigkeit der Vorschrift vgl. BVerfGE **27**, 18); dabei kommt es nicht darauf an, ob die VB örtlich (§§ 37 ff.) oder sachlich (§ 36) für die Ahndung zuständig war (Koblenz VRS **52**, 365 mwN). Ändert sich nach Erlaß des Bußgeldbescheides die Zuständigkeit der VB (zB durch Neugliederung der Verwaltungsbezirke), so läßt dies die gerichtliche Zuständigkeit unberührt (Celle VRS **55**, 285; Hamm aaO). Die §§ 7–11 StPO sind nicht sinngemäß anzuwenden, da I S. 1 die örtliche

Zuständigkeit insoweit abschließend regelt (BGH **23**, 79; Koblenz VRS
47, 204; Köln VRS **43**, 127; 20 vor § 67). Jedoch können nach § 13 II S. 1
StPO iVm § 46 I mehrere zusammenhängende Bußgeldsachen (§ 38 S. 2;
vgl auch § 3 StPO), die bei verschiedenen nach § 68 zuständigen Gerichten anhängig sind, bei einem dieser Gerichte verbunden werden; bei
einem Zuständigkeitsstreit ist § 13 II S. 2 StPO anzuwenden (BGH 25. 7.
1979, 2 ARs 22/79; ferner 19). Bei örtlicher Unzuständigkeit vgl. 20 ff.
Über die örtliche Zuständigkeit in Binnenschiffahrtsachen sowie bei
Steuerordnungswidrigkeiten vgl. 5.

4   a) **Hat eine VB Außenstellen,** so ist Sitz der VB der Ort, an dem sich
die Hauptstelle der VB befindet (Koblenz DAR **70**, 77); etwas anderes
gilt, wenn der Außenstelle nach § 36 OWiG die Zuständigkeit zur Verfolgung und Ahndung übertragen ist (2 vor § 35). Sind bei einzelnen
Finanzämtern gemeinsame Strafsachenstellen als rechtlich unselbständige
Verwaltungseinheiten eingerichtet, so ist Sitz der VB iS des I S. 1 der Sitz
des für das jeweilige Bußgeldverfahren zuständigen FA (Oldenburg Nds-
Rpfl. **75**, 99).

5   b) **Eine weitergehende Konzentration** als nach I ermöglicht § 58
GVG, der sinngemäß gilt (§ 46 I), wenn dies für eine sachdienliche Förderung und schnellere Erledigung der Verfahren zweckmäßig ist (vgl. zB
in Berlin § 1 III VO v. 4. 12. 1972, GVBl. 2301). Bei Steuerordnungswidrigkeiten ist nach den §§ 391, 410 I Nr. 2 AO 1977 (Anh **A 10**) eine
Konzentrationszuständigkeit gegeben, desgl. bei Monopolordnungswidrigkeiten (§ 132 BranntwMonG); dagegen gelten die Konzentrationsvorschriften des § 13 I WiStG 1954 (Anh **A 12**), des § 43 I AWG (Anh **A 13**)
und des § 34 I MOG nur für Strafsachen, nicht aber für Bußgeldsachen.
In Bußgeldsachen, die Binnenschiffahrtsachen sind, ist abweichend von
§ 68 nur das AG zuständig, in dessen Bezirk die Tat begangen ist (§ 3 III
S. 1 BinSchGerG; Karlsruhe VRS **48**, 285).

6   2) **Im Verfahren gegen Jugendliche und Heranwachsende** entscheidet
der nach I zuständige RiAG als JugRi (II). Daneben bleibt die besondere
Zuständigkeitsregelung des § 42 JGG (Anh **A 3**) bestehen; sie ist sinngemäß anzuwenden (§ 46 I) und wird durch § 68 nicht verdrängt. Die Ge-
richtsstände nach § 68 und § 42 JGG sind gleichberechtigt nebeneinander
(vgl. BGH **25**, 263). Gegenüber anderen Konzentrationsvorschriften (zB
§§ 391, 410 I Nr. 2 AO 1977, Anh **A 7**) bleibt § 42 JGG unberührt (vgl.
BerEEGOWiG zu Art. 37a Nr. 1; Brunner 2 zu § 42).

7   A. **Die Auswahl zwischen den mehreren Gerichtsständen** (nach I, II
und § 42 JGG, Anh **A 3**) steht auch im Verfahren nach Einspruch im
pflichtgemäßen Ermessen der VB oder der StA, der die VB die Sache
nach Einspruch zur Weiterleitung an das zuständige Gericht übersandt
hat (BGH **25**, 263; 3 zu § 69; RiStBV 283, Anh **C 1**); die VB kann jedoch
die örtlich zuständige StA durch die Übersendung der Akten nicht binden. Das Ermessen ist allerdings durch die Sollvorschrift des § 42 II JGG,
die auch im Verhältnis zu I, II gilt, eingeengt (vgl. Dallinger/Lackner 19
zu § 42).

8   a) **Der Vorrang** wird deshalb (vgl. 7) grundsätzlich dem Gerichtsstand der vormundschaftsrichterlichen Zuständigkeit (§ 42 I Nr. 1 JGG, Anh **A 3**; §§ 36, 43, 46 FGG) zu geben sein (vgl. § 42 II JGG); er besteht ohne Rücksicht darauf, ob beim Vormundschaftsgericht schon ein Verfahren anhängig war oder ist (Brunner 4 zu § 42). Im Verfahren gegen Heranwachsende ist aber § 42 I Nr. 1 nicht anzuwenden, da sie volljährig sind, so daß hier die Zuständigkeit nach I, II Vorrang hat (Rebmann/Roth/Herrmann 6). Daneben kann der Gerichtsstand des freiwilligen Aufenthalts (§ 42 I Nr. 2 JGG; RiJGG 1 zu § 42) in Betracht kommen. Dem Gerichtsstand des Vollstreckungsleiters (§ 42 I Nr. 3 JGG) kommt dagegen im Bußgeldverfahren keine Bedeutung zu (ebenso Rebmann/Roth/Herrmann 6; Rotberg 3).

9   **Ausnahmsweise** wird jedoch die Zuständigkeit nach I, II gegenüber der nach § 42 JGG Vorrang haben, so wenn überwiegende Gesichtspunkte dafür sprechen, auch die Bußgeldverfahren gegen Jugendliche bei dem AG nach I zu konzentrieren; dies ist in der Regel bei Verkehrsordnungswidrigkeiten der Fall, da das nach I (iVm III) zuständige AG häufig auch das für den Begehungsort zuständige Gericht sein wird und dadurch das Verfahren einfacher durchgeführt werden kann (Hamm JMBlNW **74**, 119). Ähnliches gilt auch bei Bußgeldverfahren gegen Heranwachsende, da hier § 42 I Nr. 1 JGG ohnehin nicht anzuwenden ist (vgl. 8).

10   b) **Die Abgabe des Verfahrens bei Aufenthaltswechsel** des Jugendlichen (§ 42 III S. 1 JGG, Anh **A 3**) ist erst nach Beginn der auf den rechtzeitigen Einspruch anberaumten Hauptverhandlung zulässig, weil bis dahin die StA die Entschließungsfreiheit hat, ob die Klage zurückgenommen und das Verfahren an ein anderes Gericht gebracht werden soll (BGH **25**, 263 m. krit. Anm. Sieg NJW **74**, 1716; vgl. auch 22; 16 zu § 71).

11   c) **Bei einem Zuständigkeitsstreit** entscheidet nach § 42 III S. 2 JGG (Anh **A 3**) das gemeinschaftliche obere Gericht. Diese Vorschrift ist entsprechend anzuwenden (vgl. § 46 I), wenn die beteiligten Gerichte ihre Zuständigkeit nach I, II und § 42 JGG verneinen (BGH **25**, 263, 264; dagegen halten Rebmann/Roth/Herrmann 6, Rotberg 3 den § 14 StPO für entsprechend anwendbar).

11a   B. **Ein Verstoß gegen** II (im Verfahren nach Einspruch hat nicht der JugRi entschieden) ist im Rechtsbeschwerdeverfahren nur dann zu berücksichtigen, wenn er gerügt wird, also nicht von Amts wegen (Rebmann/Roth/Herrmann 3; BGH GrS **18**, 79; **26**, 191; Bay. JR **75**, 202 m. abl. Anm. Brunner; Frankfurt VRS **51**, 219; Hamm VRS **51**, 53; vgl. auch Rieß GA **76**, 1, 21 ff.).

12   3) **Eine Dekonzentration** der örtlichen Zuständigkeit des AG ermöglicht III S. 1. Sie ist zulässig, wenn der Bezirk der zuständigen VB eines Landes (nach § 36 I Nr. 2a, II) a) das ganze Gebiet des Landes (zB in Bayern die Zentrale Bußgeldstelle im Bay. Polizeiverwaltungsamt bei Verkehrsordnungswidrigkeiten, § 2 I ZuVOWiG, Anh **B 2b**) oder große Teile davon (zB in Hessen der Regierungspräsident in Kassel als Bezirkspolizeibehörde, § 1 Nr. 3 VO Anh **B 6b**) oder b) auch nur einzelne AG-Bezirke oder mehrere Teile solcher Bezirke (vgl. § 1 VONW, Anh **B 8d**)

umfaßt (vgl. zu b) näher Koblenz VRS **52**, 365). Bei der Frage, ob eine
Dekonzentration angezeigt ist, sind auch die Belange der Betroffenen zu
berücksichtigen (vgl. Kohlhaas DRiZ **79**, 185).

13   A. **Nur durch RechtsVO** kann die Zuständigkeit nach I geändert werden (III S. 1), da dies ein Eingriff in die Gerichtsbezirke bedeutet
(BVerfGE **2**, 307, 316) und der gesetzliche Richter (Art. 101 I S. 2 GG)
abweichend bestimmt wird. Entsprechende RechtsVOen sind vor allem
für das Bußgeldverfahren wegen Verkehrsordnungswidrigkeiten ergangen; vgl. im einzelnen die VOen im Anh **B**.

14   B. **„Nach dem Bezirk"**, in dem der Begehungsort (2 zu § 37; vgl.
hierzu auch Bay. VRS **57**, 38) oder der Wohnort (4 zu § 37) des Betroffenen liegt, kann die Zuständigkeit des AG abweichend bestimmt werden
(III S. 1). Das nach III bestimmte AG kann auch außerhalb des Bezirks
der VB liegen.

15   a) **Der Wohnort** des Betroffenen im Zeitpunkt des Einspruchs ist maßgebend. Die Worte „im Zeitpunkt des Einspruchs" in S. 1 Nr. 2 sind
durch das EGStGB (Art. 29 Nr. 33) nur deshalb gestrichen worden, weil
auch in anderen Vorschriften auf § 68 verwiesen ist (vgl. 26) und in
diesen Fällen nicht der Zeitpunkt des Einspruchs gemeint sein kann. Dem
Wohnort steht der Aufenthaltsort gleich (III S. 1 Halbs. 2 iVm § 37 III),
falls der Betroffene in dem Land keinen Wohnsitz hat (6 zu § 37).

16   b) **Nur Merkmale** zur Bestimmung des Bezirks sollen Begehungsort
und Wohnort sein, der selbst der Größe nach nicht festgelegt ist. Es ist
deshalb möglich, den Bezirk des AG, in dem der Begehungsort oder
Wohnort liegt, zu wählen, aber auch einen größeren Bezirk, der die
Bezirke mehrerer AGe umfassen kann (zB einen LG-Bezirk; III S. 2).
Eine Doppelbestimmung nach Begehungsort und Wohnort ist möglich
(ebenso Müller 4; §§ 1, 2 VONW, Anh **B** 8 d); in diesem Fall besteht eine
mehrfache gerichtliche Zuständigkeit, und es kommt dann darauf an,
welchem AG die StA die Sache nach § 69 I S. 1 zur Entscheidung vorlegt
(vgl. auch § 12 StPO; ebenso Rebmann/Roth/Herrmann 9).

17   c) **Innerhalb des Landes** muß der Wohnort oder Begehungsort liegen.
Nur für diesen Fall kann eine nach III S. 1 getroffene Bestimmung gelten;
denn sonst würde der Landesgesetzgeber in die Gerichtsorganisation eines anderen Landes eingreifen (BGH **23**, 79). Für den Fall, daß der
Wohnort des Betroffenen außerhalb des Landes liegt, ist deshalb (hilfsweise) der Bezirk nach dem Begehungsort zu bestimmen oder umgekehrt; fehlt eine solche Bestimmung, so richtet sich die Zuständigkeit
nach I (vgl. § 2 II BayVO, Anh **B** 2 c). Dies gilt auch dann, wenn sich die
Zuständigkeit des AG nach der VO nicht bestimmen läßt (vgl. § 4
VONW, Anh **B** 8 d; zust. Rebmann/Roth/Herrmann 10).

18   C. **Wegen der großen Zahl von Verfahren** oder der **weiten Entfernung** zwischen Begehungsort oder Wohnort einerseits und dem Sitz des
nach I zuständigen AG andererseits muß die Dekonzentration sachdienlich sein; das Vorliegen einer der Voraussetzungen reicht aus (vgl. BegrEEGStGB zu Art. 27 Nr. 33). Damit werden Zweck und Ausmaß der
Ermächtigung zum Erlaß von RechtsVOen näher bestimmt (Art. 80 I

S. 2 GG; vgl. BVerfGE **24**, 170). Eine abweichende Bestimmung nach III kommt danach namentlich bei massenweise vorkommenden Ordnungswidrigkeiten in Betracht (zB bei Verkehrsordnungswidrigkeiten), wenn die Zuständigkeit bei wenigen VBen konzentriert ist (vgl. § 36; § 26 I StVG, Anh **A** 11); außerdem auch dann, wenn in einem großräumigen Land nach I nur ein einziges AG zuständig wäre (wie zB in Bayern bei Verkehrsordnungswidrigkeiten, vgl. 12) und es den Betroffenen in sehr vielen Fällen nicht zuzumuten wäre, allein wegen der weiten Entfernung vom Gerichtsort auf die Anwesenheit in der Hauptverhandlung zu verzichten.

19 D. **Im Verfahren wegen mehrerer Ordnungswidrigkeiten,** über die in einem einzigen Bußgeldbescheid entschieden ist, kann bei einer nach III bestehenden Regelung eine mehrfache örtliche Zuständigkeit der AGe gegeben sein, so wenn die Ordnungswidrigkeiten in mehreren Bezirken begangen sind oder mehrere Betroffene in verschiedenen Bezirken wohnen. Nach dem Rechtsgedanken von § 13 StPO (vgl. § 46 I) ist dann jedes AG zur Entscheidung über die zusammenhängenden Ordnungswidrigkeiten zuständig; die StA kann einem von ihnen die Sache zur Entscheidung vorlegen, das sich dann nicht für unzuständig erklären darf (ebenso Rebmann/Roth/Herrmann 9). Eine Trennung der durch einen Bußgeldbescheid verbundenen Sachen im gerichtlichen Verfahren ist nach § 13 III StPO iVm § 46 I rechtlich unbedenklich, praktisch aber meist weit zweckmäßige.

20 4) **Bei örtlicher Unzuständigkeit** des AG ist § 16 StPO sinngemäß anzuwenden (§ 46 I; Köln VRS **43**, 127 zu §§ 16, 18 StPO aF; 20 vor § 67).

21 A. **Einzustellen** hat das unzuständige Gericht das Verfahren nach §§ 206 a, 260 III StPO iVm § 46 I (30 vor § 67), und zwar von Amts wegen bis zur Anberaumung der Hauptverhandlung bzw im schriftlichen Verfahren bis zur Aufforderung an den Betroffenen, sich zu äußern (§ 72 I S. 2; Rotberg 5), danach nur auf den Einwand des Betroffenen und in diesem Falle auch nur bis zum Beginn der Vernehmung zur Sache (in der ersten Hauptverhandlung; Hamm VRS **38**, 345, JMBlNW **75**, 71).

22 a) **Dem örtlich zuständigen Gericht** leitet die StA die Sache zur Entscheidung über den Einspruch zu, wenn das AG das Verfahren wegen örtlicher Unzuständigkeit eingestellt hat (vgl. 21); denn die Entscheidung bezieht sich nur auf die Unzuständigkeit, über den Einspruch zu verhandeln, und hat keine Wirkung auf den Bußgeldbescheid (vgl. Karlsruhe VRS **52**, 197; Bay. 8. 8. 1979, 2 Ob OWi 374/79; Müller 7). Das unzuständige AG kann aber auch die Sache an die StA zwecks Überprüfung der Zuständigkeit und ev. Rücknahme der Klage wegen der örtlichen Unzuständigkeit zurückgeben (Bay. MDR **73**, 872; vgl. 17 zu § 71) oder auch an das zuständige AG abgeben, wenn die zuständige StA hiermit einverstanden ist (so auch Rebmann/Roth/Herrmann 2; Rotberg 5) oder ihr Einverständnis unterstellt werden kann (zB wenn die StA für beide AGe zuständig ist; Karlsruhe VRS **52**, 197).

23   b) **Eine Verweisung des Verfahrens** durch das unzuständige Gericht
an ein anderes Gericht ist nicht zulässig (BGH **23**, 79; Bay. VRS **57**, 38,
39; Hamm VRS **38**, 345; Karlsruhe VRS **52**, 197; Kleinknecht 15 zu § 16
StPO); ein gleichwohl ergangener Verweisungsbeschluß ist wirkungslos,
macht also die Sache nicht bei dem Gericht, an das verwiesen ist, anhängig (Hamm aaO; Karlsruhe aaO). Die Verweisung kann auch das Rechtsbeschwerdegericht nicht überzeugen (Bay. aaO).

24   B. **Im Falle eines negativen Kompetenzkonfliktes** entscheidet das gemeinschaftliche obere Gericht (§ 14 StPO iVm § 46 I; BGH **23**, 79).

25   C. **Im Rechtsbeschwerdeverfahren** kann die Rüge der örtlichen Unzuständigkeit des AG (§ 338 Nr. 5 StPO iVm § 79 III) bei einer nach
§ 79 I S. 1 nicht zulässigen Rechtsbeschwerde nur geprüft werden, wenn
die Zulassungsvoraussetzungen nach § 80 I gegeben sind (Karlsruhe VRS
51, 211; vgl. 9 zu § 80).

26   **5) Auch andere Entscheidungen** sind dem nach § 68 zuständigen AG
zugewiesen, so zB die Entscheidung über einen Antrag nach § 62; vgl.
ferner § 39 III Nr. 2, § 52 S. 3, § 85 IV S. 1, § 87 IV S. 2, § 104 I Nr. 1,
§ 106 II S. 3. Über die Zuständigkeit bei richterlichen Untersuchungshandlungen vgl. 6 vor § 59.

Abgabe an die Staatsanwaltschaft   **RiStBV 281–284**

69 ᴵ **Die Verwaltungsbehörde übersendet die Akten nach Einspruch
an die Staatsanwaltschaft, die sie dem Richter beim Amtsgericht
vorlegt. Bis zur Übersendung der Akten kann die Verwaltungsbehörde
den Bußgeldbescheid zurücknehmen.**

ᴵᴵ **Die Aufgaben der Verfolgungsbehörde gehen auf die Staatsanwaltschaft über, sobald die Akten bei ihr eingehen.**

1   **1) Vor Abgabe der Akten** hat die VB zunächst in einem Zwischenverfahren zu prüfen, ob die Beschuldigung aufrechterhalten wird oder ob die
Rücknahme des Bußgeldbescheides und die Einstellung des Verfahrens
angezeigt ist; ergänzende Ermittlungen sind zu diesem Zweck angebracht
oder sogar notwendig (vgl. 2, 3 ff. vor § 67).

2   **Die Zwischenprüfung setzt voraus,** daß der Einspruch wirksam, also
rechtzeitig und in der vorgeschriebenen Form (18 zu § 67) eingelegt ist.
Ist dies nicht der Fall, so kann die Anfrage an den Betroffenen, ob er den
Einspruch aufrechterhält, zweckmäßig sein. Bejaht er dies, so ist die
Sache an die StA abzugeben, damit das Gericht nach § 70 über die Zuläs-
sigkeit des Einspruchs entscheiden kann.

3   **Wird eine Zahlungserleichterung** mit dem Einspruch begehrt, so
kann die VB dem Betroffenen eine solche gewähren (vgl. 4 zu § 18) und
ihm zugleich Gelegenheit zur Stellungnahme geben, ob damit der „Einspruch" als erledigt anzusehen ist.

4   **Die Befugnisse der VB nach** I kann nach der innerbehördlichen Organisation einem besonders qualifizierten Amtsträger übertragen werden,
um gleichsam einen Filter vor dem gerichtlichen Verfahren einzusetzen
und die Handhabung innerhalb der Behörde zu überprüfen (vgl. 8 vor
§ 67). Insoweit sind auch besondere Vorschriften über die Zuständigkeit

denkbar (vgl. zur Aufteilung von Kompetenzen der Verfolgung und Ahndung 11 f. zu § 36). So nimmt zB die Befugnis der VB nach I bei Ordnungswidrigkeiten nach der RVO die von der Vertreterversammlung bestimmte Stelle wahr, wenn gegen einen Bußgeldbescheid des Versicherungsträgers Einspruch eingelegt wird (§ 96 I S. 3 SGB IV); vgl. ferner § 28 III S. 1, 2 BremArbnKG.

5 **2) Die Rücknahme des Bußgeldbescheides** nach Einspruch (vgl. auch 13 vor § 67) läßt I S. 2 zu, vorausgesetzt, daß der Einspruch wirksam ist (vgl. 1).

6 A. **Vor dem Einspruch** ist die Rücknahme nicht ausdrücklich erlaubt. Sie ist jedoch jedenfalls dann zulässig, wenn der Bußgeldbescheid sachlich fehlerhaft oder unter Verletzung erheblicher Verfahrensvorschriften (zB ohne Anhörung) zustande gekommen ist (vgl. Kleinknecht Einl. 109 ff. für gerichtliche Beschlüsse; dagegen Müller 5 zu § 66); ferner wird die Rücknahme angebracht sein, wenn der Betroffene vor Rechtskraft des Bußgeldbescheides gestorben oder für tot erklärt worden ist (vgl. 37 vor § 59). Eine freie Rücknahmemöglichkeit (bis zum Ablauf der Einspruchsfrist; vgl. Frankfurt VRS **49**, 438) bejahen Henneberg BB **69**, 398, Rebmann/Roth/Herrmann 3, Rotberg 5. Die Rücknahme vor der Zustellung oder gleichzeitig mit ihr ist unbeschränkt zulässig (vgl. 11 vor § 65).

7 B. **Eine teilweise Rücknahme** des Bußgeldbescheides ist förmlich nicht zulässig (vgl. Bay. **63**, 56); ebensowenig eine nachträgliche Ergänzung oder Änderung (vgl. 37; Rotberg 5; Rebmann/Roth/Herrmann 3). Erlaubt ist aber eine bloße Berichtigung (vgl. 37 zu § 66). Eine teilweise Rücknahme des Bußgeldbescheides kann der Sache nach dadurch erreicht werden, daß die VB den Bußgeldbescheid insgesamt zurücknimmt und dann einen neuen erläßt, der die früher festgesetzten Rechtsfolgen lediglich zum Teil wieder anordnet (11).

8 C. **Die Wirkung der Rücknahme** besteht darin, daß das Verfahren in den Stand vor Erlaß des Bußgeldbescheides zurückversetzt wird. Die VB hat danach die Möglichkeit

9 a) **das Verfahren einzustellen,** und zwar mangels hinreichenden Tatverdachts (157 ff. vor § 59) oder wegen eines Verfahrenshindernisses (vgl. 37 ff. vor § 59) oder nach § 47 I. Ein Verbrauch der Verfolgungsmöglichkeit tritt hierdurch nicht ein (vgl. 161 vor § 59; Rotberg 6);

10 b) **die Sache an die StA abzugeben,** wenn sich bei der Zwischenprüfung herausstellt, daß Anhaltspunkte für eine Straftat gegeben sind (§ 41);

10a c) **die Sache an eine andere VB abzugeben,** wenn diese zuständig ist oder wenn deren Vorrangszuständigkeit nach § 39 II S. 1 begründet werden soll (vgl. Rotberg 7);

11 d) **einen neuen Bußgeldbescheid** zu erlassen. Dies kann namentlich dann zweckmäßig sein, wenn der Betroffene in der Einspruchsschrift die festgesetzte Geldbuße für übersetzt hält und nach erneuter Prüfung eine geringere Geldbuße angemessen erscheint (vgl. 13, 15 vor § 67; ferner, wenn sich der Betroffene gegen die Anordnung einer Nebenfolge (20 ff. zu § 66) wendet und die VB die Nebenfolgen nicht mehr aufrechterhalten

will (vgl. auch 42 zu § 105). Der neue Bußgeldbescheid darf von dem früheren auch zum Nachteil des Betroffenen abweichen. Das kann wegen der Bedeutung, die der Bußgeldbescheid und der Einspruch haben (vgl. 1, 2 vor § 67), und wegen der Wirkung, die durch die Rücknahme des Bußgeldbescheides eintritt (vgl. 8), nicht zweifelhaft sein (Rebmann/ Roth/Herrmann 3; Rotberg 5). Die Rücknahme des ersten und der Erlaß eines verschärften Bußgeldbescheides ist allerdings unangebracht, wenn damit zu rechnen ist, daß der Betroffene gegen den neuen Bußgeldbescheid ebenfalls Einspruch einlegen wird; denn diese Behandlung würde das Verfahren nicht vereinfachen oder fördern, sondern verzögern. Ergibt deshalb die Prüfung im Zwischenverfahren nach Einspruch (vgl. 3 ff. vor § 67), daß sogar erschwerende Umstände vorliegen, und bestreitet sie der Betroffene, so ist die Abgabe an die StA mit einer entsprechenden Stellungnahme geboten, damit das Gericht über die Sache endgültig entscheidet.

12   D. **Formlos bekanntzumachen** ist die Rücknahme des Bußgeldbescheides dem Betroffenen (§ 50 I S. 1; dort 8); eine Zustellung ist also nicht erforderlich (so auch schon für das frühere Recht Hamburg NJW **59**, 1096; Rotberg 8). Es empfiehlt sich, dem Betroffenen mit der Bekanntgabe gleichzeitig die weitere Entschließung mitzuteilen (zB die Einstellung des Verfahrens, vgl. 9 ff.).

13   E. **Über die Kostenentscheidung** nach Rücknahme des Bußgeldbescheides und Einstellung des Verfahrens vgl. 7, 22 ff. zu § 105.

14   F. **Nach Rechtskraft des Bußgeldbescheides** (vgl. 3 ff. zu § 84) ist dessen Rücknahme ausgeschlossen. Ist der Bußgeldbescheid jedoch nichtig (vgl. 57 zu § 66), so darf er förmlich zurückgenommen werden, um Rechtsklarheit zu schaffen. Eine bloße Berichtigung ist auch nach Rechtskraft zulässig (vgl. 37 zu § 66).

15   3) **Die örtliche Zuständigkeit der StA,** der die Akten zu übersenden sind, richtet sich nach der des AG (§ 143 GVG iVm § 46 I), dessen Zuständigkeit in § 68 bestimmt ist (vgl. 3 ff., 12 ff. zu § 68). Im Verfahren gegen Jugendliche und Heranwachsende ist die besondere Zuständigkeitsregelung des § 42 JGG (Anh **A 3**) zu berücksichtigen (vgl. 6 ff. zu § 68). Im Hinblick auf die Sollvorschrift des § 42 II JGG, die auch im Verhältnis zu § 68 gilt, ist es angezeigt, die Akten an die StA bei dem Gericht abzugeben, dem die vormundschaftsrichterlichen Erziehungsaufgaben für den Betroffenen obliegen (vgl. 8 zu § 68; zust. Rotberg 2); anders jedoch bei Verkehrsordnungswidrigkeiten (vgl. 9 zu § 68; Hamm JMBlNW **74**, 119) oder im Verfahren gegen Heranwachsende (vgl. 8 zu § 68). Bei Kartellordnungswidrigkeiten sind die Akten der StA b. OLG zu übersenden, da über den Einspruch das OLG entscheidet (vgl. § 82 GWB, Anh **A 14**).

16   4) **Eine Stellungnahme der VB** empfiehlt sich bei der Übersendung der Akten, soweit es auf die besondere Sachkunde der VB ankommt. Dabei sind namentlich die Umstände darzulegen, die einer Einstellung des Verfahrens – wenn sie in Betracht kommen kann – entgegenstehen (vgl. § 63 III). Zweckmäßig kann weiterhin eine Stellungnahme der VB

zu der Frage sein, ob sie in dem weiteren Verfahren beteiligt werden möchte oder nicht (vgl. § 76). Über die Beifügung von Beweismaterial für das gerichtliche Verfahren vgl. 9 ff. vor § 67.

17   **5) Die StA wird zuständige Verfolgungsbehörde** (7 zu § 35) und damit „Herrin" des Verfahrens (Düsseldorf JMBlNW **73**, 33; Karlsruhe VRS **44**, 64 f.; LG München NJW **71**, 395 m. Anm. Schopp), sobald die Akten bei ihr eingehen (II); vgl. ferner § 85 IV S. 3, § 87 IV S. 2 Halbs. 2. Die VB, die den Bußgeldbescheid erlassen hat, wird jedoch in dem weiteren Verfahren von dem Gericht beteiligt (§ 76; vgl. jedoch auch 26 sowie RiStBV 282 I S. 3, 288 II, Anh **C 1**).

18   **A. An die VB zurückgeben** kann die StA die Sache, wenn sie der Auffassung ist, daß der Bußgeldbescheid so fehlerhaft ist, daß er keine ausreichende Verfahrensgrundlage darstellt; die Rückgabe wird in diesem Falle (ohne Einstellung des Verfahrens, vgl. 23) mit der Anregung verbunden, den Bußgeldbescheid zurückzunehmen und einen neuen Bußgeldbescheid zu erlassen (Würzberg DAR **72**, 325; ähnlich Rotberg 10). Die Möglichkeit dieser Verfahrensweise folgt daraus, daß die StA selbst nicht in der Lage ist, die fehlerhafte Verfahrensgrundlage zu heilen; es wäre andererseits aber auch prozeßunwirtschaftlich, zunächst das Verfahren einzustellen (vgl. 23) und dann der VB die Zustimmung zum Fortgang des Verfahrens (vgl. 6 zu § 40) zu geben. Der zuletzt genannte Gesichtspunkt spricht dafür, die Rückgabebefugnis der StA auch zu bejahen, wenn die Ermittlungen der VB offensichtlich unzulänglich sind; die VB erhält auf diese Weise Gelegenheit, entsprechend ihrer Aufgabe als die in erster Linie zuständige Verfolgungsbehörde „vor Ort" das Zwischenverfahren (vgl. 3 ff. vor § 67) nachzuholen und nach erneuter Überprüfung uU die nun getroffene Entscheidung selbst aufzuheben (Rebmann/Roth/Herrmann 4; Würzberg aaO).

19   **B. Die Vorlage der Akten an das AG** zur Entscheidung ist stets notwendig, wenn der Einspruch nicht rechtzeitig oder nicht in der vorgeschriebenen Form eingelegt ist, aber aufrechterhalten wird (vgl. 2; 18 zu § 67; RiStBV 281, Anh **C 1**). Ist der Einspruch dagegen wirksam eingelegt, so hat die StA eigenverantwortlich zu prüfen, ob sie sich die Beschuldigung der VB zu eigen macht (vgl. 14 vor § 67; RiStBV 282). Sie kann zu diesem Zweck auch selbst Ermittlungen vornehmen oder durchführen lassen (§ 161 StPO iVm § 46 I, II).

20   **a) Über die Auswahl des zuständigen Gerichts** vgl. 7 ff. zu § 68, über die Stellungnahme der StA bei der Vorlage an das Gericht vgl. RiStBV 284.

21   **b) Wird ein schriftliches Verfahren** (§ 72) in Betracht gezogen und hat der Betroffene (oder Nebenbeteiligte) noch keine Gelegenheit gehabt, sich zu nachteiligen Tatsachen oder Beweisergebnissen zu äußern, so empfiehlt sich dessen Anhörung; die StA kann sie dann bei ihrer Entschließung berücksichtigen und bei einer Vorlage an das Gericht auch hierzu Stellung nehmen.

22   **C. Die Rücknahme des Bußgeldbescheides durch die StA** ist förmlich nicht möglich. Der Bußgeldbescheid kann nur durch die Stelle zurückge-

nommen werden, die ihn erlassen hat (vgl. Begr. zu § 66 EOWiG; hM,
abw. wohl allein Müller 9; krit. Bay. VRS **44**, 298 mwN). Andererseits
hat die StA zweifellos die Befugnis, von der Verfolgung abzusehen,
wenn sie keinen hinreichenden Verdacht bejaht oder die Verfolgung
nicht für geboten hält. Diese Befugnis ergibt sich daraus, daß die StA
zuständige Verfolgungsbehörde ist, daß der Bußgeldbescheid nach Einspruch nur noch die Bedeutung einer Beschuldigung hat (vgl. 2 vor § 67)
und daß die StA die Klage im gerichtlichen Verfahren sogar noch nach
Beginn der Hauptverhandlung zurücknehmen kann (§ 411 III StPO iVm
§ 71; 4 zu § 71). Sie muß danach auch in der Lage sein, die Beschuldigung
schon zu einem früheren Zeitpunkt fallen zu lassen. Daraus folgt:

23   a) **Die Einstellungsbefugnis der StA:** Sie kann vor Übersendung der
Akten an das Gericht das Verfahren einstellen, und zwar mangels hinreichenden Verdachts oder nach § 47 I (Cramer, Grundbegriffe S. 121; Berz
JurA **71**, 288; Rebmann/Roth/Herrmann 4a; Rotberg 10; vgl. auch Bay.
VRS **44**, 298; RiStBV 282, Anh C 1). Die Einstellung des Verfahrens ist
dem Betroffenen formlos mitzuteilen; dabei belehrt ihn die StA zugleich
über die Möglichkeit einer Kostenentscheidung nach § 467a StPO iVm
§ 46 I, falls sie nicht schon selbst einen solchen Antrag gestellt hat; in
diesem Falle wird der Antrag dem Betroffenen zur Stellungnahme mitgeteilt (vgl. auch 3 zu § 109).

24   b) **Die Wirkung der Einstellung durch die StA** besteht darin, daß die
im Bußgeldbescheid enthaltene Beschuldigung fallengelassen wird und
damit der Bußgeldbescheid als Verfahrensgrundlage entfällt (vgl. auch
LG München NJW **71**, 395 m. Anm. Schopp); die StA kann deshalb nicht
mehr durch Rücknahme der (nach außen bekanntgemachten) Einstellungsverfügung und durch Vorlage der Akten an das Gericht dem Verfahren Fortgang geben (Bay. NJW **73**, 257; Rebmann/Roth/Herrmann
4a). Über die Zulässigkeit der erneuten Verfolgung durch die VB nach
Einstellung durch die StA vgl. 6 zu § 40.

25   c) **Über die Rücknahme der Klage** vgl. 13ff. zu § 71.

26   D. **Die Anhörung der VB vor Einstellung** des Verfahrens (vgl. 23) ist
grundsätzlich notwendig (vgl. näher RiStBV 275 I S. 3 iVm 275 II, III,
Anh C 1; Rebmann/Roth/Herrmann 6). Unterbleibt die (gebotene) Anhörung, so ist die Einstellung gleichwohl wirksam; dies ändert aber
nichts daran, daß die Verfahrensbehandlung fehlerhaft ist und im Wege
der Aufsichtsbeschwerde (33ff. zu § 62) gerügt werden kann.

27   E. **Die Befugnisse der StA nach Vorlage der Akten** an das Gericht
sind die gleichen wie im Strafverfahren (§ 46 II), soweit sich aus den
Vorschriften über das gerichtliche Verfahren und den §§ 46, 47 nichts
anderes ergibt. Obwohl die StA danach im Bußgeldverfahren im wesentlichen die gleiche Stellung hat wie im Strafverfahren, bleibt die Sache ein
Bußgeldverfahren, in welchem die StA – wie auch in anderen Verfah-
rensarten (zB in Ehe- und Entmündigungssachen, §§ 632, 646 II ZPO) –
das öffentliche Interesse vertritt.

28   F. **Bei hinreichendem Verdacht einer Straftat** übersendet die StA die
Akten an das AG mit dem Antrag, den Betroffenen auf die Veränderung

des rechtlichen Gesichtspunktes hinzuweisen (§ 81 II S. 1). Die StA kann jedoch auch Anklage erheben (Düsseldorf JMBlNW **73**, 33). In diesem Fall ist die Verfahrensgrundlage für das gerichtliche Verfahren nicht der Bußgeldbescheid, sondern die Anklage und der darauf ergehende Eröffnungsbeschluß; die Rücknahme des Einspruchs gegen den Bußgeldbescheid hat deshalb keinen Einfluß auf das gerichtliche Verfahren (Rebmann/Roth/Herrmann 7; Rotberg 14; im Ergebnis auch richtig: Düsseldorf aaO, das jedoch in diesem Fall die Zweispurigkeit von Bußgeld- und Strafverfahren – vgl. hierzu 1 zu § 86 – nicht richtig erkannt hat; vgl. auch 19 zu § 81 und 1 zu § 86).

Unzulässiger Einspruch RiStBV 281

70 ^I **Ist der Einspruch nicht rechtzeitig oder nicht in der vorgeschriebenen Form eingelegt, so verwirft ihn das Gericht als unzulässig.**

^{II} **Gegen den Beschluß ist sofortige Beschwerde zulässig.**

1 **1) Als unzulässig verworfen** wird der Einspruch, wenn er verspätet (30 ff. zu § 67) oder nicht in der vorgeschriebenen Form (19 ff. zu § 67) oder aus anderen Gründen nicht wirksam eingelegt ist; letzteres ist der Fall, wenn der Einspruch von einer dazu nicht berechtigten Person (2 ff. zu § 67) oder einer verhandlungsunfähigen Person (12 zu § 67) eingelegt wird; ferner wenn er wirksam zurückgenommen (35 ff. zu § 67) oder auf den Einspruch wirksam verzichtet worden ist (41 zu § 67), er aber gleichwohl aufrechterhalten wird. Am Formerfordernis fehlt es auch, wenn ein Bevollmächtigter den Einspruch unterschreibt, die Vollmacht aber nicht nachgewiesen wird; über den Nachweis noch nach Fristablauf vgl. 2, 11 zu § 67. Zur Wirksamkeit eines Einspruchs, der von einem Verteidiger unter Verstoß gegen § 137 I S. 2, § 146 StPO iVm § 46 I eingelegt worden ist, vgl. näher 47 ff. zu § 60.

2 **Kann nicht festgestellt werden,** ob der Einspruch verspätet eingelegt ist, weil sich zB der Zeitpunkt der Zustellung des Bußgeldbescheides nicht nachweisen läßt (zB bei Zustellung durch Einschreibebrief ohne Rückschein, 12 zu § 51), so muß der Einspruch nach dem Grundsatz *in dubio pro reo* als rechtzeitig behandelt werden (vgl. Braunschweig NJW **73**, 2119; Bay. NJW **66**, 947; Rebmann/Roth/Herrmann 1); wird der Einspruch dennoch verworfen, so ist der Anspruch auf rechtliches Gehör verletzt (BVerfGE **25**, 158, 166; BayVerfGH MDR **77**, 642; vgl. auch zu § 52).

2a **Bei unverschuldeter Fristversäumung** kann Wiedereinsetzung in den vorigen Stand gewährt werden (vgl. § 52).

3 **2) Das AG** (§ 68), dem die Akten von der VB über die StA zugeleitet werden (vgl. 18 zu § 67), verwirft den Einspruch außerhalb der Hauptverhandlung durch Beschluß, der zu begründen (§ 34 StPO iVm § 46 I) und wegen des befristeten Rechtsbehelfs nach II mit einer Rechtsmittelbelehrung zuzustellen ist (vgl. § 35 II, §§ 35 a ff. StPO iVm § 46 I). Ergibt sich erst nach Beginn der Hauptverhandlung, daß der Einspruch unzulässig ist, so wird er durch Urteil verworfen (§ 260 StPO iVm § 46 I; vgl.

Bay. NJW **62**, 118); dagegen ist die Rechtsbeschwerde zulässig (§ 79 I S. 1 Nr. 4), und zwar auch dann, wenn das AG versehentlich in der Hauptverhandlung durch Beschluß anstatt durch Urteil entschieden hat (Bay. NJW **78**, 903). Sind die Formmängel des Einspruchs übersehen worden und wird das Urteil rechtskräftig, so beseitigt es den Bußgeldbescheid (vgl. BGH **26**, 183, 185). Der Verwerfungsbeschluß ist eine andere dem Urteil entsprechende Entscheidung iS des § 33 I Nr. 15 und unterbricht die Verfolgungsverjährung (Oldenburg VRS **55**, 138; Hamm VRS **56**, 156; 43 zu § 33). Wird bei einem nicht rechtzeitigen Einspruch ein Verfahrenshindernis festgestellt, so ist die Einstellung des Verfahrens nicht mehr zulässig, weil der Bußgeldbescheid rechtskräftig geworden ist (vgl. 17 zu § 31; ebenso Rebmann/Roth/Herrmann 1). Über die Kostenentscheidung vgl. 9 zu § 109, über die Gerichtsgebühr Nr. 1720 KVGKG (Anh **A 8**).

4   **3) Wird erst im Rechtsbeschwerdeverfahren** die Unzulässigkeit des Einspruchs festgestellt, nachdem das AG auf Grund des Einspruchs in der Sache entschieden hat, so ist die Entscheidung auf eine zulässige Rechtsbeschwerde des Betroffenen aufzuheben und der Einspruch als unzulässig zu verwerfen (BGH **26**, 183 m. krit. Anm. Sieg NJW **76**, 155; Hamm NJW **70**, 1092, VRS **49**, 204; vgl. jedoch für die Zulassungsrechtsbeschwerde 22 ff. zu § 80), und zwar selbst dann, wenn das LG auf die sofortige Beschwerde nach § 70 II den Einspruch für zulässig angesehen hat (Hamm NJW **70**, 1092); die Kosten der Rechtsbeschwerde hat dann nach § 473 I StPO iVm § 46 I der Betroffene zu tragen (vgl. BGH **13**, 306; Schleswig SchlHA **68**, 232). Hat das AG eine geringere Geldbuße als die VB im Bußgeldbescheid festgesetzt, so verbleibt es dabei, da das Verbot der *reformatio in peius* zu beachten ist (§ 358 StPO iVm § 79 III; BGH **18**, 127; Hamm NJW **70**, 1092; Hanack JZ **74**, 56; Rebmann/Roth/Herrmann 1; offen gelassen von BGH **26**, 183).

5   **4) Mit der sofortigen Beschwerde** angefochten werden kann der Beschluß des AG (II), wenn im schriftlichen Verfahren entschieden ist, also nicht mit der Rechtsbeschwerde, da § 79 I S. 1 Nr. 4 nur für Urteile gilt (vgl. 3). Zuständig für die Beschwerdeentscheidung ist das LG (Kammer für Bußgeldsachen; § 73 I GVG iVm § 46 I, VII). Wird bei einem Antrag auf Wiedereinsetzung in den vorigen Stand entdeckt, daß die Einspruchsfrist in Wirklichkeit nicht versäumt worden ist, so kann der Verwerfungsbeschluß zurückgenommen werden (LG Karlsruhe NJW **74**, 326; vgl. 8 zu § 71). Die Beschwerdeentscheidung ist unanfechtbar (§ 310 II StPO iVm § 46 I; § 79). Gegen den Verwerfungsbeschluß des LG ist jedoch die Verfassungsbeschwerde zulässig (9 ff. vor § 79), in Bayern auch an den VerfGH, wenn landesrechtliche Zustellungsvorschriften in einem Sinne ausgelegt werden, die den Anspruch auf rechtliches Gehör iS des Art. 91 I BayVerf. verletzen (BayVerfGH BayVBl. **74**, 268, MDR **77**, 642).

6   **5) Über die Vollstreckung** des Bußgeldbescheids nach rechtskräftiger Verwerfung des Einspruchs vgl. 1 a zu § 90.

II. Hauptverfahren

Vorbemerkungen

1   1) **Das Hauptverfahren** ist innerhalb des gerichtlichen Verfahrens das Kernstück, das zwischen der Prüfung der Zulässigkeit des Einspruchs und dem Rechtsmittelverfahren steht. Es ist kein Strafverfahren ieS, obwohl sich das Verfahren nach den Vorschriften der StPO richtet, die für ein vereinfachtes Strafverfahren gelten (§ 71). Gegenstand des Verfahrens ist nämlich nicht der Vorwurf, daß jemand kriminelles Unrecht begangen habe, sondern nur der eines ordnungswidrigen Verhaltens. Deshalb entscheiden im Einspruchsverfahren ,,Abteilungen für Bußgeldsachen" (§ 46 VII). Die unterschiedliche gesetzliche Bewertung von Straftaten und Ordnungswidrigkeiten (6 vor § 1) verlangt es, die Verfahren auch äußerlich (zB in der Bezeichnung, auf Terminzetteln, in der Aufeinanderfolge mehrerer Sachen, in der Verfahrensgestaltung) voneinander zu trennen (vgl. näher Göhler k + v **69**, 21 ff. sowie RiStBV 285, Anh **C 1**).

2   2) **Die Verfahrensgrundlage** ist der Bußgeldbescheid, allerdings nicht iS einer Entscheidung, die nachgeprüft wird, sondern iS einer Beschuldigung, die den Prozeßgegenstand der Person und der Sache nach begrenzt (vgl. 1, 2 vor § 67, 8 vor § 65). Als Verfahrensvoraussetzung muß der Bußgeldbescheid wirksam sein (vgl. 38 ff. zu § 66); über den Nachweis der Verfahrensvoraussetzung vgl. 34 a zu § 66. Das Gericht entscheidet darüber, ob der Betroffene wegen der ihm zur Last gelegten Tat (vgl. 50 ff. vor § 59; 28 vor § 67) freigesprochen, gegen ihn eine Geldbuße festgesetzt, eine Nebenfolge angeordnet oder das Verfahren eingestellt wird (vgl. § 72 II, § 79 I S. 1 Nr. 1–3), ohne durch den Bußgeldbescheid in der Beurteilung der Tat gebunden zu sein. Dies gilt auch, wenn die VB die Untersuchung nach § 47 I in tatsächlicher oder rechtlicher Hinsicht beschränkt hat (vgl. näher 37 ff. zu § 47). Geht der Bußgeldbescheid fehlerhaft davon aus, daß mehrere Ordnungswidrigkeiten im Verhältnis der Tateinheit stehen (§ 19), so kommt ein Teilfreispruch in Betracht (Bay. bei Rüth DAR **73**, 215).

3   3) **Der Grundsatz der Hauptverhandlung** gilt für das gerichtliche Bußgeldverfahren zwar nicht ausnahmslos (vgl. § 72). Das Gericht soll aber in der Regel auch im Bußgeldverfahren auf Grund einer Hauptverhandlung entscheiden. Das ergibt zunächst einmal der Gesamtzusammenhang der Regelung über das Hauptverfahren: Die Vorschrift über die Hauptverhandlung steht zu Beginn dieser Regelung; von den folgenden Vorschriften beziehen sich weitaus die meisten nur auf die Hauptverhandlung (vgl. §§ 73–75, 76 I S. 3, § 78 I, II). Daß die Entscheidung im schriftlichen Verfahren als Ausnahmeregelung zu verstehen ist, folgt ferner daraus, daß dieses Verfahren von weiteren Voraussetzungen abhängig ist (vgl. § 72 I). Für den Grundsatz der mündlichen Verhandlung spricht weiterhin, daß dieses Verfahren größere Garantien für die Wahrheitsfindung bietet, weil die Unmittelbarkeit und Mündlichkeit zu einer besseren Aufklärung des Sachverhalts führen; es ist regelmäßig auch rascher als das schriftliche Verfahren, da dieses durch wiederholt abgegebene schriftliche Stellungnahmen der Beteiligten, die zur Aufklärung des

Sachverhalts und wegen des Grundsatzes des rechtlichen Gehörs zugelassen werden müssen, unangemessen ausgedehnt werden kann (ebenso Rotberg 3 zu § 71; Rebmann/Roth/Herrmann 2 zu § 72; zust. BGH **24**, 15, 20, 293; Bay. VRS **40**, 280; Braunschweig MDR **70**, 350; Hamm GA **73**, 156). Über die Entscheidung durch Beschluß nach Aussetzung der Hauptverhandlung vgl. 31 zu § 71.

Hauptverhandlung   **RiStBV 285, 286, 289**

71 **Das Verfahren nach zulässigem Einspruch richtet sich, soweit dieses Gesetz nichts anderes bestimmt, nach den Vorschriften der Strafprozeßordnung, die nach zulässigem Einspruch gegen einen Strafbefehl gelten.**

Übersicht

1   **1) Nach den Grundsätzen des Strafbefehlsverfahrens** entscheidet das Gericht bei einem zulässigen Einspruch. Im Ausgangspunkt gelten also § 411 I StPO (der mit dem ,,rechtzeitigen" Einspruch den ,,zulässigen" meint) und die damit in Bezug genommenen Vorschriften der StPO über das gerichtliche Verfahren (vgl. näher 19 ff. vor § 67) und die Hauptverhandlung (vgl. näher 24 ff.) sowie § 411 III, IV StPO. An Stelle von § 411 II und § 412 StPO gelten die §§ 73, 74 (vgl. 24).

2   A. **Auf Grund einer Hauptverhandlung** entscheidet das Gericht danach in der Regel; das schriftliche Verfahren ist die Ausnahme (vgl. 3 vor § 71). In der Hauptverhandlung verliest die StA (bei ihrer Abwesenheit der Richter; vgl. 3 zu § 75) aus dem Bußgeldbescheid die Angaben nach § 66 I Nr. 1, 3 (vgl. 35). Das Gericht stellt zweckmäßigerweise anschließend fest, daß die VB wegen der dem Betroffenen zur Last gelegten Tat einen Bußgeldbescheid erlassen und der Betroffene dagegen form- und fristgerecht Einspruch eingelegt hat (vgl. Rebmann/Roth/Herrmann 15).

3   B. **Grundlage der Hauptverhandlung** ist der Bußgeldbescheid, gegen den sich der Einspruch des Betroffenen richtet (vgl. 2 vor § 71). Mängel des Bußgeldbescheides und des vorausgegangenen Verfahrens sind grundsätzlich unbeachtlich (vgl. 9 vor § 65; 38 ff. zu § 66). Ein Eröffnungsbeschluß wird nicht erlassen. Das Gericht hat deshalb Hauptverhandlungstermin auch dann anzuberaumen, wenn es einen hinreichenden Verdacht nicht für gegeben hält. In diesem Falle kann das Gericht aber bei der StA die Rücknahme der Klage anregen; in Betracht kommt außerdem ein Freispruch im schriftlichen Verfahren (§ 72), und zwar aus Rechtsgründen oder aus tatsächlichen Gründen, wenn auch in der Hauptverhandlung eine weitere Aufklärung des Sachverhalts nicht zu erwarten ist. Hält das Gericht eine Ahndung nicht für geboten (§ 47 II), so kann es mit Zustimmung der StA das Verfahren außerhalb der Hauptverhandlung durch Beschluß einstellen (vgl. 30 vor § 67).

4   C. **Zum Nachteil des Betroffenen** darf die Entscheidung vom Bußgeldbescheid abweichen (vgl. 18 vor § 67; § 411 IV StPO). Das Gericht kann sogar zum Strafverfahren übergehen (vgl. § 81).

5   D. **Ist der Einspruch unzulässig**, so gilt § 70. Stellt sich dies erst in der Hauptverhandlung heraus, so verwirft das Gericht den Einspruch durch Urteil (vgl. 3 zu § 70).

6   E. **Die Rücknahme der Klage und des Einspruchs** ist bis zur Verkündung des Urteils im ersten Rechtszug zulässig (vgl. § 411 III S. 1 StPO); der Beschluß nach § 72 steht insoweit dem Urteil gleich (so ausdrücklich § 77 I aF). Nach Beginn der Hauptverhandlung zur Sache (nicht schon nach deren Aufruf; vgl. Kleinknecht 7 zu § 411 StPO; Rebmann/Roth/ Herrmann 25) ist die Rücknahme der Klage nur mit Zustimmung des Betroffenen, die Rücknahme des Einspruchs nur mit Zustimmung der StA möglich (vgl. § 411 III S. 2 iVm § 303 StPO; § 77 II aF). Dazu im einzelnen:

6a   a) **Bei einem Urteil** kommt es auf den Beginn der Verkündung an, nicht auf deren Beendigung (vgl. Rebmann/Roth/Herrmann 21; Rotberg 2; LR-Gollwitzer 9, Kleinknecht 2, je zu § 303 StPO für die Rücknahme eines Rechtsmittels). Allerdings darf das Gericht vor Beendigung der Urteilsverkündung nochmals in die Verhandlung eintreten (vgl. BGH NJW 53, 155) und kann so die Rücknahme ermöglichen. Der Betroffene und die StA können dies zwar anregen, doch braucht das Gericht darauf nicht einzugehen (vgl. RG 59, 420, Neustadt NJW 62, 1632 für andere prozessuale Erklärungen im Strafverfahren). Die Rücknahme ist auch noch nach Aufhebung des Urteils in der Beschwerdeinstanz und Zurückverweisung der Sache an das AG zulässig; anders jedoch, wenn der Schuldausspruch bestehen geblieben und das Urteil des AG nur im Bußgeldausspruch aufgehoben ist (Hamm MDR 77, 252); vgl. auch 19.

6 b   b) **Im schriftlichen Verfahren** (§ 72) endet die Möglichkeit der Rücknahme mit dem Erlaß des Beschlusses, also dann, wenn er unterschrieben
und in den Geschäftsgang zur Zustellung gegeben ist (vgl. 44 zu § 72;
Rebmann/Roth/Herrmann 23).

7   **Die nach Erlaß des Beschlusses eingegangene Rücknahmeerklärung**
ist verspätet, auch wenn der Beschluß noch nicht zugestellt ist. Allerdings kann das Gericht den Beschluß vor Zustellung zurücknehmen (vgl.
11 vor § 65); damit wird die Rücknahmeerklärung wirksam.

8   **Ist die Rücknahme vor Erlaß** des Beschlusses bei Gericht wirksam
erklärt, so ist der Beschluß zurückzunehmen, wenn er noch nicht zugestellt ist. Ist er bereits zugestellt (und unanfechtbar geworden) und wird
die rechtzeitig und wirksam erklärte Rücknahme des Einspruchs oder der
Klage erst nachträglich entdeckt, so bleibt der Beschluß zwar wirksam
und kann förmlich rechtskräftig werden. Das Gericht kann ihn jedoch
auch nach Rechtskraft zurücknehmen, wenn die Rechte des Betroffenen
durch die prozessual unrichtige Behandlung beeinträchtigt sind; denn ein
prozessuales Unrecht sollte nicht bestehen bleiben (Rebmann/Roth/
Herrmann 23; vgl. auch Hamm VRS **41**, 286; GA **72**, 87; abw. Müller 3,
der vorschlägt, den Beschluß „für gegenstandslos" zu erklären).

9   **Mit dem Eingang bei Gericht** ist die Rücknahme wirksam, nicht erst
mit dem Eingang bei der zuständigen Geschäftsstelle (vgl. Bay. NJW **69**,
201).

10   c) **Trotz Übergang in das Strafverfahren** ist die Rücknahme des Einspruchs noch möglich; vgl. hierzu 19 zu § 81.

11   d) **Im Rechtsbeschwerdeverfahren** ist die Entscheidung aufzuheben,
wenn der Einspruch bereits vor ihrem Erlaß zurückgenommen war. Da
das gerichtliche Verfahren mit der Rücknahme des Einspruchs von selbst
endet, scheidet auch im Rechtsbeschwerdeverfahren eine Einstellung des
Verfahrens aus, wenn der Einspruch bereits vor der Entscheidung des
AG zurückgenommen war (BGH **26**, 183; aM Koblenz NJW **73**, 2118,
VRS **46**, 61; anders jedoch, wenn die Rücknahme erklärt war, bevor das
gerichtliche Verfahren anhängig geworden ist). Zur Frage, ob die Rücknahme bereits im Zulassungsverfahren beachtlich ist, vgl. 24 zu § 80.

12   **Eine Verwerfung des zurückgenommenen Einspruchs** (so Rebmann/
Roth/Herrmann 28) kommt im Rechtsbeschwerdeverfahren nicht in Betracht, da der Einspruch bereits mit der Rücknahme beseitigt ist.

13   e) **Die Rücknahme der Klage** durch die StA kommt nur dann in
Betracht, wenn sie die Akten bereits dem Gericht vorgelegt und damit
die Verantwortung für die Beschuldigung übernommen hat (vgl. 19 zu
§ 69); vor diesem Zeitpunkt stellt sie das Verfahren ein, ohne daß es der
Rücknahme der Beschuldigung oder Klage bedarf (vgl. 23 zu § 69).

14   **Nur zu dem Zweck der Einstellung** des Verfahrens mangels hinreichenden Tatverdachts kann die StA die Rücknahme in der Regel erklären, da sie außerhalb des gerichtlichen Verfahrens keine Verfolgungskompetenz im reinen Bußgeldverfahren hat (vgl. aber 16); etwas anderes
kann ausnahmsweise dann gelten, wenn die Ordnungswidrigkeit mit
einer Straftat zusammenhängt und die StA wegen beider Taten bei einem
anderen Gericht Anklage erheben will. Bedenklich ist es, die Klage zu

dem Zweck zurückzunehmen, das Verfahren nach § 47 I einzustellen, wenn das Gericht ebenfalls zur Einstellung nach § 47 II bereit ist, weil dies wegen der Rechtskraftwirkung des Beschlusses nach § 47 II (vgl. 59 ff. zu § 47) für den Betroffenen ungünstiger und außerdem prozeßunwirtschaftlich wäre (vgl. auch Kleinknecht 5 zu § 156 StPO).

15   **Gegenüber dem Gericht** ist die Rücknahme schriftlich oder (in der Hauptverhandlung) mündlich zu Protokoll zu erklären; dem Betroffenen (und Nebenbeteiligten; vgl. 2 ff. vor § 87) wird die Rücknahme (verbunden mit der Einstellung des Verfahrens) formlos mitgeteilt (RiStBV 289 II, Anh C 1). Dabei hat die StA zu prüfen, ob sie zugleich mit der Rücknahmeerklärung beim AG nach § 467 a StPO iVm § 46 I beantragen soll, die notwendigen Auslagen, die dem Betroffenen erwachsen sind, der Staatskasse aufzuerlegen.

16   **Die Rücknahme der Klage wegen örtlicher Unzuständigkeit** des Gerichts läßt den Bußgeldbescheid unberührt und erlaubt die Vorlage an das zuständige AG (Bay. NJW 73, 2312; vgl. auch 10, 22 zu § 68).

17   **Das gerichtliche Verfahren endet** mit Rücknahme der Klage von selbst (vgl. Rotberg 14 zu § 67), so daß eine gerichtliche Entscheidung nicht in Betracht kommt (vgl. aber 22).

18   **f) Die Zustimmung** des Gegners (vgl. § 303 StPO iVm § 71 sowie § 411 III S. 2 StPO) ist dem Gericht gegenüber zu erklären. Sie bedarf keiner Form; stillschweigendes Einverständnis (durch schlüssige Handlungen) reicht aus (vgl. RG 64, 20, Bay. 51, 562 für § 303 StPO); ebenso der Antrag des Betroffenen, die Kosten des Verfahrens nach § 467 a StPO iVm § 46 I der Staatskasse aufzuerlegen (vgl. Bay. BayJMBl. 52, 81 für § 303 StPO). Bei Rücknahme der Klage durch die StA zu dem Zweck, das Verfahren einzustellen, kann bereits in dem Schweigen des Betroffenen die Zustimmung erblickt werden (vgl. RG JW 33, 1069; Hamm JZ 69, 269 m. Anm. Peters zu § 303 StPO). Die Zustimmung ist ebenso wie die Rücknahme unwiderruflich. Sie kann nur solange erklärt werden, wie die Rücknahmebereitschaft besteht. Fehlt die Zustimmung, so ist die Rücknahme unwirksam. Über die vorweg erklärte Zustimmung des Betroffenen vgl. 21.

19   **g) Bei mehreren Hauptverhandlungen** kommt es für das Erfordernis der Zustimmung auf die erste an, in der sachlich verhandelt ist. Von diesem Zeitpunkt an ist die einseitige Rücknahme für das gesamte weitere Verfahren gesperrt. Das Erfordernis der Zustimmung nach Beginn der Hauptverhandlung ist nicht deshalb vorgesehen, weil die unbeschränkte Rücknahme „die Würde des Gerichts" verletzen könnte (vgl. Einl. C III 9 der BegrEOWiG); auf die Zustimmung kommt es vielmehr deswegen an, weil der Betroffene und die StA von einem bestimmten Zeitpunkt ab ein anzuerkennendes Interesse daran haben, daß das Verfahren bis zur Entscheidung durchgeführt wird (vgl. Rebmann/Roth/Herrmann 25). Es wäre im übrigen mit der Bedeutung des Bußgeldbescheids unvereinbar, eine einseitige Rücknahme des Einspruchs und der Klage auch dann noch zuzulassen, wenn bei Gericht bereits eine Hauptverhandlung zur Sache begonnen hat (vgl. näher Kleinknecht NJW 64, 827, dessen wesentliche Ausführungen auch für das Bußgeldverfahren zutreffen, sowie Rebmann/Roth/Herrmann 25).

20   h) **Bei Abwesenheit der StA** in der Hauptverhandlung ist deren Zustimmung entbehrlich (§ 75 II; vgl. dort 8).

21   i) **Bei Abwesenheit des Betroffenen** gilt die Ausnahmeregelung des § 75 II nicht etwa entsprechend (Göhler JZ **68**, 619; Rotberg 13 zu § 67; Rebmann/Roth/Herrmann 25). Die StA kann die Klage dann nicht einseitig zurücknehmen. Der Betroffene kann die Zustimmung allerdings vorweg erklären für den Fall, daß sich die StA zur Rücknahme der Klage entschließt. Bei einer kommissarischen Vernehmung kann er danach gefragt werden. Ist der Betroffene in der Hauptverhandlung durch einen Verteidiger vertreten, so kann dieser die Zustimmungserklärung abgeben, da er in diesem Falle nicht nur Beistand, sondern auch Vertreter des Betroffenen ist (vgl. Kleinknecht 6 zu § 303 StPO für das Abwesenheitsverfahren).

22   j) **Besteht Streit über die Wirksamkeit** der Klagerücknahme, so stellt das Gericht das Verfahren wegen Fehlens einer Verfahrensvoraussetzung ein, wenn es die Wirksamkeit der Rücknahme bejaht; andernfalls entscheidet es in der Sache. Bejaht das Gericht bei Streit über die Rücknahme des *Einspruchs* deren Wirksamkeit, so spricht es in der Hauptverhandlung durch Urteil aus, daß das gerichtliche Verfahren durch Rücknahme des Einspruchs erledigt sei (vgl. Kleinknecht 7 zu § 303 StPO). Diese Entscheidung kann unter den Voraussetzungen des § 72 in Form des Beschlusses ergehen. Lehnt das Gericht den Antrag ab, Termin zur Hauptverhandlung zu bestimmen, weil es die Wirksamkeit der Rücknahme bejaht, so ist dagegen Beschwerde zulässig (§ 304 StPO iVm §§ 71, 46 I).

23   k) **Die Anhörung der VB** ist grundsätzlich erforderlich, bevor die StA die Klage zurücknimmt (§ 76 III; RiStBV 289 I, Anh **C** 1). Über die Fälle, in denen die StA von der Anhörung ausnahmsweise absehen kann, vgl. 10 zu § 63. Eine Zustimmung der VB zur Rücknahme der Klage oder des Einspruchs ist in keinem Falle erforderlich. Die StA hat der VB die Rücknahme der Klage formlos mitzuteilen (RiStBV 289 II).

24   2) **Die Vorschriften der StPO** über das gerichtliche Verfahren (vgl. näher 19 vor § 67) sowie über die Hauptverhandlung gelten sinngemäß (§ 46 I, § 71), soweit das OWiG nichts anderes bestimmt. Dieser Vorbehalt bezieht sich in erster Linie auf die dem § 71 nachfolgenden Vorschriften. Sie wandeln die allgemeinen Vorschriften über das Hauptverfahren und das Strafbefehlsverfahren ab oder enthalten eigenständige Regelungen, die das im Strafbefehlsverfahren geltende Recht teilweise überlagern (vgl. § 411 II StPO = § 73 IV; § 412 StPO = § 74 II). Abweichende Regelungen enthalten weiterhin die §§ 46–49, die auch für das gerichtliche Verfahren gelten. Wichtig ist, daß die abweichenden Vorschriften des OWiG vielfach grundsätzlicher Art sind, so daß sich weitreichende Folgerungen für die Anwendung der sonstigen Vorschriften der StPO über das Hauptverfahren ergeben. So sind zB Vorschriften der StPO nicht anzuwenden, soweit sie von der Anwesenheitspflicht der StA und des Angeklagten im Strafverfahren ausgehen (vgl. §§ 226, 230–234 StPO sowie 28), die Anordnung der Haft gegen den Angeklagten zulassen (vgl. § 236 StPO) oder im Zusammenhang mit dem Grundsatz der

Vereidigung von Zeugen stehen (vgl. zu § 48). Im einzelnen sind danach (entsprechend) anzuwenden die Vorschriften über:

25 A. **die Vorbereitung der Hauptverhandlung** (§§ 213–225 a StPO) mit Ausnahme des § 215, da diese Vorschrift die Eröffnung des Hauptverfahrens voraussetzt, die es im Bußgeldverfahren nach Einspruch aber nicht gibt (vgl. 3; 19 vor § 67). § 216 StPO gilt mit abweichendem Inhalt (vgl. 6 zu § 73; § 74 II).

26 a) **Die unterlassene Ladung** (auch des Verteidigers) begründet die Rechtsbeschwerde (Hamburg VRS **40**, 38, MDR **72**, 168; Karlsruhe, Die Justiz **74**, 134, GA **79**, 347; Oldenburg VRS **40**, 203; Bay. DAR **76**, 166), und zwar auch dann, wenn sich der Verteidiger erst nach Anberaumung der Hauptverhandlung als solcher bestellt hat und ihm daraufhin antragsgemäß die Akten zur Einsicht übersandt worden sind, ohne ihn auf den Termin besonders hinzuweisen (Hamm VRS **53**, 451; vgl. auch Karlsruhe GA **79**, 347); ebenso die nicht nachgewiesene oder verspätete Ladung des Verteidigers (Bay. bei Rüth DAR **74**, 186). Bei einer versehentlich unterbliebenen Ladung des Verteidigers ist allerdings nicht schon unter dem Gesichtspunkt der Verletzung des rechtlichen Gehörs die Zulassung der Rechtsbeschwerde geboten (Köln VRS **57**, 132; doch soll die unterbliebene Ladung auch dann die Rechtsbeschwerde begründen, wenn es die VB unterlassen hat, die Bestellung rechtzeitig an das AG weiterzuleiten (Düsseldorf DAR **79**, 340; zw.). Zur Ladung eines Verteidigers bei verspäteter Anzeige der Verteidigung vgl. auch Hamm MDR **71**, 320 sowie 29 ff.

26a b) **Die Ladungsfrist** für den Betroffenen (§ 217 I StPO) muß auch dann eingehalten werden, wenn er bereits zu einer früheren Hauptverhandlung unter Wahrung der Einhaltungsfrist geladen worden ist (Bay. MDR **79**, 159).

27 c) **Hinsichtlich der Beweismittel** ist zu beachten: Bei der Ladung zur Hauptverhandlung sind dem Betroffenen die geladenen Zeugen bekanntzugeben, soweit sie im Bußgeldbescheid nicht konkret bezeichnet sind (vgl. § 222 StPO); geschieht dies nicht, so gilt § 246 III StPO entsprechend (vgl. auch 17 zu § 74). Das Protokoll über die kommissarische Vernehmung ist auch dem Verteidiger vorzulegen, der vom Vernehmungstermin verständigt wurde, ihn aber nicht wahrgenommen hat (Koblenz VRS **46**, 355).

27a d) **Die Mitteilung der Gerichtsbesetzung** und der Einwand der nicht vorschriftsmäßigen Besetzung (§§ 222a, 222b StPO) kommen im Bußgeldverfahren nur in Betracht, wenn es Ordnungswidrigkeiten nach den §§ 38, 39 GWB zum Gegenstand hat (§ 82 GWB, Anh **A 14**);

27b e) **Die Abgabe an ein höheres Gericht** ist (in entsprechender Anwendung des § 225a StPO) im „reinen" Bußgeldverfahren vor Beginn der Hauptverhandlung nur dann geboten, wenn der Verdacht einer Ordnungswidrigkeit nach den §§ 38, 39 GWB gegeben ist. Die ausschließliche Zuständigkeit des OLG (§ 82 GWB, Anh **A 14**), die eine solche Abgabe begründet, ist in diesem Falle unabhängig davon gegeben, ob bereits die Kartellbehörde den Bußgeldbescheid erlassen hat;

28   B. **die Anwesenheit in der Hauptverhandlung** (§§ 226, 227, 230–236, 247 StPO) lediglich zum Teil. § 226 StPO gilt für den Richter und den UrkB; dagegen für die StA, den Betroffenen und den notwendigen Verteidiger nur, soweit sie an der Hauptverhandlung teilnehmen wollen (§ 73 I, § 75 I). Für die zeitweise Entfernung des Betroffenen gegen seinen Willen gilt, wenn er an der Hauptverhandlung teilnehmen will, auch § 247 StPO. § 230 StPO ist nur bei entschuldigtem Ausbleiben des Betroffenen anzuwenden (vgl. 7 ff. zu § 73), in anderen Fällen nicht (vgl. § 73 I). § 231 I StPO ist anwendbar, falls das persönliche Erscheinen des Betroffenen angeordnet ist (vgl. 25 zu § 73), sonst nicht. § 231 II, § 231 c (vgl. hierzu 25 zu § 74) sowie die §§ 232–234 StPO sind unanwendbar, weil der Betroffene zum Erscheinen in der Hauptverhandlung nicht verpflichtet ist (§ 73 I, § 74 II S. 2). Die §§ 231 a, 231 b StPO können nur dann entsprechend gelten, wenn der Betroffene unter den dort vorgesehenen Voraussetzungen an der Hauptverhandlung teilnehmen will. § 235 StPO gilt für das Verfahren bei Abwesenheit (vgl. § 74 IV). Anstelle des § 236 StPO enthalten § 73 II, § 74 II S. 2 entsprechende Vorschriften;

29   C. **die Aussetzung und Unterbrechung** (§§ 228, 229 StPO) grundsätzlich uneingeschränkt.

30   a) **Bei einer Verhinderung oder Verspätung des Verteidigers** (vgl. auch 9 zu § 74) gebietet es die Fürsorgepflicht nicht, die Hauptverhandlung zu vertagen oder zu einem späteren Zeitpunkt zu beginnen, wenn es sich um eine in tatsächlicher und rechtlicher Hinsicht einfache Bußgeldsache handelt (Hamm NJW **73**, 2311; VRS **41**, 45); anders dagegen, wenn die Bußgeldsache tatsächlich oder rechtlich so schwierig ist, daß es dem Betroffenen nicht zuzumuten ist, sich allein zu verteidigen (Hamm NJW **74**, 116); ebenso, wenn die Ladung des Verteidigers unterblieben ist, weil die Verteidigerbestellung nur der VB angezeigt war und der Betroffene vor der Ladung keine Möglichkeit hatte, die Bestellung auch dem Gericht anzuzeigen (Celle NdsRpfl. **74**, 213); ebenso wenn es dem Betroffenen unter Berücksichtigung der Prozeßsituation und seiner Persönlichkeit nicht zugemutet werden kann, ohne seinen Verteidiger zu verhandeln (Hamm DAR **75**, 26), oder wenn der Verteidiger eine (durch besondere Umstände veranlaßte) kurze Verspätung angekündigt hat und die Verteidigung Schwierigkeiten bereitet (Hamm GA **74**, 346). Im Rahmen des Einverständnisses des Betroffenen bestehen gegen eine Verhandlung ohne Verteidiger in der Regel keine Bedenken (Hamm VRS **55**, 368). Ein Recht auf Aussetzung besteht nicht, wenn der Verteidiger erst kurz vor der Hauptverhandlung bestellt worden und er deswegen nicht genügend vorbereitet ist (Bay. bei Rüth DAR **76**, 177). Eine geringfügige Verpätung (vgl. 28 zu § 74) des Verteidigers wegen anderer Termine ist in Rechnung zu stellen (Köln AnwBl. **76**, 357; Frankfurt NJW **78**, 285). Beginnt das Gericht gleichwohl mit der Verhandlung und erscheint der Verteidiger später, so liegt kein Verfahrensverstoß vor, wenn er vor der Verkündung des Urteils Gelegenheit hatte, auf den Gang des Verfahrens und die Entscheidung Einfluß zu nehmen (Hamm VRS **55**, 368; vgl. auch Frankfurt AnwBl. **77**, 423). Andererseits ist es dem Verteidiger zB nicht zumutbar, auf das Eintreffen des Gerichts zu einer zeitlich bestimmten

Ortsbesichtigung unangemessen lange (mehr als 20 Minuten) zu warten (Hamm MDR **79**, 159).

31   b) **Eine unterbrochene Verhandlung** muß (abgesehen von den Fällen des § 228 II StPO, die im Bußgeldverfahren kaum in Betracht kommen) spätestens am 11. Tage nach der Unterbrechung fortgesetzt werden, wenn auf Grund einer Hauptverhandlung entschieden wird; andernfalls muß die Hauptverhandlung von neuem beginnen. Es ist allerdings wohl nicht ausgeschlossen, daß das Gericht nach Aussetzung der Hauptverhandlung durch Beschluß auf Grund der Akten entscheidet, wenn eine weitere Hauptverhandlung nicht erforderlich erscheint und die StA sowie der Betroffene nicht widersprechen (§ 72 I; Rebmann/Roth/Herrmann 8; vgl. 27 zu § 72); eine Entscheidung durch Beschluß auf Grund der Hauptverhandlung ist jedoch nicht zulässig (Hamm VRS **47**, 46);

32   D. **die Verbindung anhängiger Bußgeldverfahren** (§ 237 StPO) mit der (redaktionellen) Abweichung, daß zwischen den Bußgeldverfahren der in § 38 S. 2 bezeichnete Zusammenhang (an Stelle des Zusammenhanges nach § 3 StPO) nicht vorzuliegen braucht; wegen der Verbindung mit einer anhängigen Strafsache vgl. 12a zu § 42. Sind bei dem AG wegen derselben Tat (50ff. vor § 59) mehrere Verfahren anhängig, so sind sie miteinander zu verbinden (Hamm JMBlNW **77**, 107);

33   E. **die Verhandlungsleitung, das Kreuzverhör und Fragerecht** (§§ 238–242 StPO) mit Ausnahme des § 240 I StPO, der im Verfahren vor dem RiAG gegenstandslos ist. Das Fragerecht steht nur der StA zu, nicht der VB; anders jedoch in Bußgeldverfahren wegen Steuerordnungswidrigkeiten (vgl. näher 18 zu § 76);

34   F. **den Gang der Hauptverhandlung** (§ 243 StPO) mit teilweise abweichendem Inhalt.

35   a) **An die Stelle des Anklagesatzes** (§ 243 III S. 1 StPO) tritt der Bußgeldbescheid (vgl. 2; Frankfurt NJW **70**, 160; Köln NJW **70**, 962); die dem Anklagesatz entsprechenden Angaben (die sich aus der ,,Ordnungswidrigkeiten-Anzeige" ergeben können, Frankfurt aaO, Köln aaO) trägt danach die StA vor (Rotberg 5); bei Abwesenheit der StA vgl. 3 zu § 75. § 243 III S. 2–4 StPO ist nicht anwendbar.

36   b) **Die Vernehmung des Betroffenen zur Person** sollte auf die unumgänglichen Angaben beschränkt werden, um das Bußgeldverfahren weniger förmlich zu gestalten als das Strafverfahren (vgl. Göhler k + v **69**, 22; RiStBV 286, Anh **C** 1; vgl. auch Rebmann/Roth/Herrmann 12). Auch im Bußgeldverfahren sind im Rahmen der Vernehmung des Betroffenen über seine persönlichen Verhältnisse nach § 243 II S. 2 StPO keine Fragen zu stellen, deren Beantwortung für den Nachweis des Tatvorwurfs von Bedeutung sein können; werden solche Fragen beantwortet und macht der Betroffene nach der Belehrung nach § 243 IV S. 1 StPO von seinem Schweigerecht Gebrauch, so sind die von ihm vorher gemachten und ihn belastenden Angaben nicht verwertbar (Hamburg VRS **51**, 44; vgl. auch 8ff. zu § 55).

37   c) **Ist der Betroffene abwesend,** so gibt der Richter in dem in § 243 IV StPO bestimmten Zeitpunkt den wesentlichen Inhalt seiner schriftlichen

oder protokollarischen Äußerung zur Sache bekannt oder trifft die Feststellung, daß sich der Betroffene nicht geäußert hat (vgl. 16 zu § 74);

38   G. **die Beweisaufnahme** (§§ 244–257 StPO) mit Einschränkungen: Es
gilt nicht das förmliche Beweisrecht nach § 244 III, IV (von dem § 244 V
lediglich eine enge Ausnahme enthält), § 245 StPO; vielmehr bestimmt
das Gericht bei allen Beweisanträgen und unabhängig davon, ob sie prä-
sent sind oder nicht, den Umfang der Beweisaufnahme, unbeschadet der
Pflicht zur Erforschung der Wahrheit (vgl. näher zu § 77). Die Anwendung des § 246a StPO kommt im Bußgeldverfahren nicht in Betracht
(vgl. § 46 III S. 1). § 247 StPO ist anzuwenden, weil er das auch im
Bußgeldverfahren geltende Anwesenheitsrecht (vgl. 5 ff. zu § 73) einschränkt. Das Zeugnisverweigerungsrecht (§ 252 StPO) darf auch im
Bußgeldverfahren nicht umgangen werden (Schleswig bei Ernesti/Jür-
gensen SchlHA **78**, 188). Erklärungen des Betroffenen, der an der Hauptverhandlung nicht teilnimmt, können abweichend von § 254 I StPO auch
dann verlesen werden, wenn sie nicht in einem richterlichen Protokoll
enthalten sind (vgl. § 74 I). Ist der Betroffene dagegen anwesend, so gilt
§ 254 I StPO, weil dann der Grundgedanke des § 74 I (vgl. dort 2) nicht
zutrifft. Über die Unmittelbarkeit der Beweisaufnahme (§ 250 StPO)
vgl. 5 ff. zu § 77;

39   H. **die Schlußvorträge** (§§ 258, 259 StPO), falls die StA und der Betroffene und sein Verteidiger an der Hauptverhandlung teilnehmen. Der
Schlußvortrag des Verteidigers wird auch im Bußgeldverfahren nicht
dadurch entbehrlich, daß der Verteidiger das Recht dazu nicht ausdrücklich geltend macht (Hamm VRS **48**, 433); der fehlende Hinweis auf dieses
Recht begründet in der Regel die Rechtsbeschwerde (Hamm aaO; VRS
51, 63). Es ist zweckmäßig, vor den Schlußvorträgen dem anwesenden
Vertreter der VB Gelegenheit zu geben, die vom Standpunkt der VB
bedeutsamen Gesichtspunkte vorzubringen (vgl. 17 zu § 76);

40   J. **das Urteil** (§§ 260–268, 275 StPO; vgl. hierzu auch 2 vor § 71) mit
Einschränkungen. Nicht anwendbar sind § 260 II, III S. 3–5, § 265 V,
§§ 265a, 267 III S. 2–4, VI, §§ 268a–270, 275 II S. 3 StPO, da die Voraussetzungen für diese Vorschriften im Bußgeldverfahren nicht vorliegen
können.

41   a) **die Urteilsformel** (§ 260 IV StPO) hat die rechtliche Bezeichnung
der Tat mit der Schuldform (zB fahrlässiges Überholen bei unklarer
Verkehrslage) anzugeben, während die angewendeten Bußgeldvorschriften nach der Urteilsformel einzuführen sind (§ 260 V StPO; Karlsruhe
VRS **54**, 68); eine Änderung der Urteilsformel ist nach Verkündung des
Urteils und Eröffnung der Urteilsgründe auch im Bußgeldverfahren
nicht zulässig (Bay. VRS **57**, 35).

42   b) **die Gründe des Urteils** (vgl. auch 2 vor § 71) unterliegen zwar
keinen hohen Anforderungen (Bay. NJW **72**, 1433). Sie müssen jedoch so
beschaffen sein, daß das Rechtsbeschwerdegericht zur Nachprüfung einer
richtigen Rechtsanwendung entnehmen kann, welche Feststellungen der
RiAG getroffen hat (Karlsruhe VRS **54**, 68; Schleswig bei Ernesti/Jür-
gensen SchlHA **79**, 205 zu den Feststellungen bei einer Geschwindig-

keitsüberschreitung) und welche tatrichterlichen Erwägungen der Bemessung der Geldbuße und Anordnung der Nebenfolgen zugrunde liegen (zur Beweiswürdigung vgl. 43). Unerläßlich ist die Angabe der für erwiesen erachteten Tatsachen, in denen die gesetzlichen Merkmale der Ordnungswidrigkeit gesehen werden, und zwar hinsichtlich des Sachverhalts (auch zur Schuldform, Zweibrücken VRS **51**, 213), des Ortes und der Zeit (vgl. Koblenz VRS **51**, 48). Auch für den Fall einer Zulassungsrechtsbeschwerde müssen die Urteilsgründe dem Beschwerdegericht die Möglichkeit eröffnen, die Funktion der Zulassungsrechtsbeschwerde (Einheitlichkeit der Rspr., Fortbildung des Rechts; § 80 I) wahrzunehmen (vgl. 16 zu § 80). Der RiAG darf sich in den zuletzt genannten Fällen nicht durch eine schablonenhafte Begründung dieser Kontrolle entziehen. Nicht ausreichend ist zB die bloße Bezugnahme auf den Bußgeldkatalog (vgl. 34 zu § 17) oder die Verwendung von Vordrucken, die für viele gleichgelagerte Fälle passen, *ohne* Berücksichtigung der Besonderheiten des Einzelfalles; doch nötigt der massenhafte Anfall von Bußgeldverfahren zur Rationalisierung und Entlastung von vermeidbarem Schreibaufwand (die dadurch eingesparte Zeit kann besser für gründliche Hauptverhandlungen genutzt werden!), so daß gegen die Verwendung von Vordrucken für im wesentlichen gleichliegende Fälle unter Angabe und Würdigung der Besonderheiten des jeweiligen Falles nichts einzuwenden ist (vgl. aber 43). Die Rechtsbeschwerdegerichte haben andererseits zu berücksichtigen, daß ihre Kontrolle im Zulassungsverfahren nach dem Grundgedanken der gesetzlichen Regelung (Beschränkung des gerichtlichen Verfahrens auf eine Instanz) eingeengt sein soll, so daß auch (mißglückte) Kurzbegründungen hingenommen werden sollten, wenn es nicht um grundsätzliche Fragen iS von § 80 geht. Zu den Anforderungen eines Urteils wegen leichtfertiger Steuerverkürzung vgl. Karlsruhe, Die Justiz **74**, 471; Schleswig bei Ernesti/ Jürgensen SchlHA **77**, 195.

43 c) **die Beweiswürdigung** muß auch im Bußgeldverfahren so beschaffen sein, daß sie dem Rechtsbeschwerdegericht die rechtliche Überprüfung ermöglicht; das Urteil muß deshalb in der Regel auch erkennen lassen, wie sich der Betroffene eingelassen hat und ob das Gericht dieser Einlassung folgt oder ob und inwieweit es seine Einlassung für widerlegt ansieht (Bay. bei Rüth DAR **79**, 243; Hamm NJW **72**, 916, VRS **50**, 129; Stuttgart NJW **77**, 1410; Zweibrücken VRS **51**, 213; Bay. NJW **72**, 1433, VRS **57**, 32; Bremen VRS **50**, 129). Räumt der Betroffene die Tat nicht (in vollem Umfange) ein, so sind die tragenden Beweismittel und deren Würdigung anzugeben (Karlsruhe, Die Justiz **77**, 244). Der ,,freien" Beweiswürdigung sind auch im Bußgeldverfahren Grenzen gesetzt; das Gericht muß gesicherte wissenschaftliche Erkenntnisse, die Gesetze der Logik und Erfahrungssätze des täglichen Lebens beachten (BGH VRS **57**, 127; vgl. auch 47f.). Die Angabe von Belastungszeugen, ohne deren Aussage wiederzugeben und zu würdigen, ist unzureichend (Koblenz GA **76**, 185); ebenso das Fehlen jeglicher Beweiswürdigung (Celle NdsRpfl. **76**, 181). Unzureichend ist es ferner, das Ergebnis eines Gutachtens zu übernehmen, ohne die wesentlichen tatsächlichen Grundlagen und die

daraus vom Sachverständigen gezogenen Schlußfolgerungen anzuführen
(Koblenz VRS **56**, 46). Andererseits ist es zB auch fehlerhaft, einen Sachverhalt deshalb nicht als erwiesen anzusehen, weil der Anzeigeerstatter in
der Hauptverhandlung nicht erschienen ist (Bay. bei Rüth DAR **79**, 243).
Zur Würdigung des Schweigens des Betroffenen vgl. 10 f. zu § 55. Über
die Schlußfolgerung von der Haltereigenschaft auf den Fahrer des Kfz
vgl. 11 zu § 55; vgl. ferner 47.

44   d) **die abgekürzte Urteilsbegründung** (§ 267 IV StPO); sie ist nach der
bish. Rspr. auch im Bußgeldverfahren nur unter der Voraussetzung der
Rechtskraft des Urteils zulässig; danach ist auch eine Ergänzung der Urteilsgründe bei „offener Rechtsmittelfrist" nach Einlegung der Rechtsbeschwerde in sinngemäßer Anwendung von § 267 IV S. 3, V S. 3 StPO
untersagt (Bay. VRS **53**, 441; ebenso Köln VRS **56**, 149 selbst bei einem
Irrtum des RiAG über die Rechtskraft). Praktische Bedeutung hat dies
für alle Fälle, in denen die StA an der Hauptverhandlung nicht teilnimmt,
so daß das Urteil des RiAG in der Verhandlung nicht rechtskräftig werden kann. Diese „wenig erfreuliche" Rechtslage (Bay. aaO), führt dazu,
daß in Bußgeldverfahren von der Möglichkeit des abgekürzten Urteils
praktisch kein Gebrauch gemacht werden kann, weil die StA hier ganz
selten an der Hauptverhandlung teilnimmt. Damit sind die Dinge geradezu auf den Kopf gestellt: Das abgekürzte Urteil ist in Strafsachen vielfach möglich, in Bußgeldsachen dagegen fast nie. Es fragt sich, ob hier
wirklich nur der Gesetzgeber Abhilfe schaffen kann (so Bay. aaO; vgl.
dazu auch Foth DRiZ **78**, 76). Bei dieser Auslegungsfrage, bei der im
Rahmen des Prozeßrechts (im Gegensatz zum materiellen Recht) weite
Möglichkeiten bestehen, die sich bei nur sinngemäßer Anwendung der
StPO im Rahmen des OWiG (§ 46 I) geradezu anbieten, erscheint eine
auf den Wortlaut der StPO bezogene (und damit nur „entsprechende")
Anwendung zu eng. Wenn es bei der Verurteilung zu einer Kriminalstrafe nach Ablauf der Rechtsmittelfrist für ausreichend erachtet wird,
daß ein abgekürztes Urteil gefertigt und dies bei einem Wiedereinset-
zungsantrag wegen der Versäumung der Rechtsmittelfrist ergänzt wer-
den kann, so fragt es sich, warum ein ebenso ergänztes Urteil für die
Nachprüfung durch das Rechtsbeschwerdegericht unzureichend sein soll.
Die Belange der StA wären in einem solchen Falle ausreichend gewahrt,
wenn sie auf Grund des ihr zugestellten abgekürzten Urteils die Frage, ob
Rechtsbeschwerde eingelegt werden sollte, prüfen müßte. Dies sollte die
Rspr. nochmals (auch unter dem Gesichtspunkt der Fortbildung des
Rechts) bedenken. In der Praxis bietet sich vorerst jedenfalls folgender
Ausweg an, der bereits vereinzelt (nach Abklärung zwischen dem AG
und der StA) beschritten wird: Die Akten werden nach der Hauptverhandlung (formularmäßig) mit den abgekürzten Gründen (Bezugnahme
auf den Bußgeldbescheid) an die StA übersandt mit der Anfrage, ob auf
die Einlegung eines Rechtsmittels verzichtet wird; die StA sendet die
Akten mit der (formularmäßig vorbereiteten) Erklärung zurück, daß sie
a) auf die Einlegung eines Rechtsmittels verzichtet oder b) um Zustellung
des mit Gründen versehenen Urteils bittet. Gegen die Wirksamkeit eines
so herbeigeführten Rechtsmittelverzichts, der nach der praktischen Er-

fahrung in ca 2 Tagen eingeholt werden kann und der die Absetzung eines begründeten Urteils erspart, bestehen keine Bedenken.

45   e) **die Urteilsniederschrift;** die Regeln hierüber (§ 275 I StPO) gelten auch im Bußgeldverfahren (Bay. NJW **76**, 2273);

46   K. **die richterliche Überzeugungsbildung** (§ 261 StPO); die Rspr. hat in Bußgeldsachen bislang im wesentlichen zu folgenden Einzelfragen Stellung genommen:

47   a) **Auf Grund der Hauptverhandlung** ist die richterliche Überzeugung zu bilden. Daraus folgt einerseits, daß Beweismittel, die nicht Gegenstand der Hauptverhandlung gewesen sind, nicht verwertet werden dürfen (so zB ein Foto, das ausweislich des Protokolls nicht Gegenstand der Hauptverhandlung gewesen ist; vgl. Hamm NJW **78**, 2406); andererseits ist es dem Rechtsbeschwerdegericht verwehrt, seine eigene Wertung und Würdigung von Beweismitteln an die Stelle tatrichterlicher Erwägungen zu setzen. So kann zB bei der Auswertung eines Lichtbildes im Urteil (zB Radarfoto) zwar gerügt werden, daß es nicht Gegenstand der Hauptverhandlung gewesen ist, nicht aber, daß die vom Gericht auf Grund des Lichtbildes gewonnene Überzeugung (zB wer der Fahrer gewesen ist) in dem Urteil keine hinreichende Stütze findet (BGH VRS **57**, 126). Zur Verwertung einer Radaraufnahme vgl. auch Hamm VRS **44**, 117; zur Verwertung eines Phasenplans über Lichtzeichenanlagen ohne Einführung in die Hauptverhandlung vgl. Hamm VRS **51**, 45. Die Frage, ob einem Zeugen bei einer Geschwindigkeitsschätzung ein Irrtum unterlaufen sein kann, hat in erster Linie der Tatrichter zu beantworten, nicht etwa das Rechtsbeschwerdegericht an Hand allgemeiner Richtlinien über die Zuverlässigkeit solcher Schätzungen (Hamm 31. 3. 1979, 2 Ss OWi 25/79). Über die Unmittelbarkeit der Beweisaufnahme vgl. auch 5 ff. zu § 77;

48   b) **Auf Grund freier Überzeugung** entscheidet das Gericht; Beweisregeln (nach Art eines Anscheinsbeweises) und Beweisvermutungen sind auch im Bußgeldverfahren unzulässige Beweismittel (Hamm NJW **76**, 68). Eine Bindung an die Aussage eines ,,klassischen" Zeugen besteht nicht (Bremen VRS **47**, 37). Zu den Anforderungen an die Überzeugungsbildung des Tatrichters für den Fall, daß ein Polizeibeamter auf den Inhalt einer Anzeige Bezug nimmt, vgl. Hamm VRS **57**, 291; vgl. auch 18 zu § 77;

49   L. **die Entscheidung über rechtliche Vorfragen;** insoweit gilt § 262 StPO auch im Bußgeldverfahren (vgl. für das Verwaltungsgerichtsverfahren VG Freiburg GewArch **72**, 282); die Vorschrift gilt jedoch nicht im Rechtsbeschwerdeverfahren (KG VRS **41**, 288);

50   M. **die Änderung des rechtlichen Gesichtspunktes;** § 265 StPO ist anzuwenden (Hamm JMBlNW **74**, 214). Daraus folgt zB, daß der Betroffene auf die Möglichkeit des Fahrverbots hingewiesen werden muß, bevor das Gericht es anordnet (vgl. Schleswig bei Ernesti/Jürgensen SchlHA **71**, 220; Bay. JZ **78**, 576; Düsseldorf VRS **54**, 206; vgl. auch Hamm 26. 3. 1979, 3 Ss OWi 169/79, wonach in einem solchen Fall die Aufhebung des Urteils notwendig sei, um dem Betroffenen die Möglich-

keit zu geben, seinen Einspruch zurückzunehmen). Die Hinweispflicht
gilt auch für das Abwesenheitsverfahren (Bay. bei Rüth DAR **79**, 243; 18
zu § 74). Wird dem Betroffenen zur Last gelegt, die Tat selbst ausgeführt
zu haben, so setzt seine Verurteilung als Beteiligter nach § 14 I einen
vorherigen Hinweis auf diesen Gesichtspunkt voraus (Bay. VRS **57**, 33).
Enthält der Bußgeldbescheid zur Schuldform keine Angaben und ist auch
fahrlässiges Handeln mit Geldbuße bedroht, so kann fahrlässiges Handeln gemeint sein, so daß vor der Festsetzung einer Geldbuße wegen
vorsätzlichen Handelns ein Hinweis nach § 265 StPO notwendig ist
(Hamm MDR **73**, 783; vgl. auch Karlsruhe VRS **51**, 76);

51   N. **die Abstimmung** (§ 263 I–III StPO); ihre Anwendung kommt nur
im Rechtsbeschwerdeverfahren sowie in Bußgeldsachen nach § 82 GWB
(Anh **A 14**) in Betracht;

52   O. **die „Nachtragsanklage"** (§ 266 StPO); ihre Anwendung kommt
in „reinen" Bußgeldverfahren nicht in Betracht, weil die StA zur Verfolgung von Ordnungswidrigkeiten primär nicht zuständig ist und sie deshalb das Verfahren auf weitere Ordnungswidrigkeiten nicht ausdehnen
kann (zust. Rotberg 5); sie hat aber die Möglichkeit der Übernahme im
Strafverfahren, so daß in diesem Falle § 266 StPO sinngemäß gilt (vgl. 11
zu § 42);

53   P. **die Belehrung über das Fahrverbot** (§ 268 c StPO) deswegen nicht,
weil sie die Anordnung eines solchen nach § 44 StGB voraussetzt; doch
enthält § 25 VIII StVG (Anh **A 11**) eine entsprechende Vorschrift für die
Anordnung des Fahrverbots wegen einer Ordnungswidrigkeit;

54   Q. **die Verweisung an ein Gericht höherer Ordnung** (§ 270 StPO)
sowie die Anwendung von § 269 StPO kommt im „reinen" Bußgeldverfahren grundsätzlich nicht in Betracht, sondern nur, wenn das Bußgeldverfahren zum Strafverfahren übergeleitet ist (§ 82). Doch ist die entsprechende Anwendung der §§ 269, 270 StPO wohl zu bejahen, wenn das
Bußgeldverfahren einen Verstoß nach den §§ 38, 39 GWB (Anh **A 14**)
zum Gegenstand hat (vgl. 27 b);

55   R. **das Protokoll** (§§ 271–274 StPO) mit Ausnahme des § 273 II StPO
(vgl. § 78 I), so daß § 273 III StPO gilt (Schleswig bei Ernesti/Jürgensen
SchlHA **76**, 172). § 271 II S. 1 StPO ist nur im Rechtsbeschwerdeverfahren anzuwenden. § 274 StPO gilt im Bußgeldverfahren ebenso wie im
Strafverfahren (Hamburg VRS **51**, 44). Eine Protokollberichtigung, die
einer Verfahrensrüge im Rechtsbeschwerdeverfahren den Boden entziehen würde, ist nicht zulässig, nachdem der Beschwerdeführer die Verfahrensrüge auch nur schriftlich angekündigt hat (Hamm JMBlNW **74**,
214). Zur Urteilsniederschrift (§ 275 I StPO) vgl. 45.

56   3) **Die Vorschriften des GVG** (§§ 169 ff. IV m § 46 I) gelten entsprechend für die Hauptverhandlung in Bußgeldverfahren (vgl. im übrigen
für das gerichtliche Verfahren 38 vor § 67).

56a   A. **Die Öffentlichkeit der Verhandlung** (§ 169 S. 1, § 173 I GVG) ist
ein auch im Bußgeldverfahren geltendes Prinzip (Hamm NJW **76**, 122;
Hamburg VM **73**, 29; Köln NJW **76**, 631); doch hat es hier geringere
Bedeutung, weil keine Pflicht der Beteiligten zur Anwesenheit besteht

(§ 73 I, § 75 I) und auch die Mündlichkeit der Verhandlung nicht den strengen Maßstäben der StPO unterliegt (vgl. § 74 I; Franke NJW **77**, 143; vgl. ferner Prümm DRiZ **79**, 241, 243). Danach ist es bei (nur) sinngemäßer Anwendung fraglich (und wohl zu verneinen), ob die Verletzung des Prinzips (stets) einen absoluten Rechtsbeschwerdegrund (§ 338 Nr. 6 StPO iVm § 79 III) darstellt (vgl. 27 zu § 79); unter dem Gesichtspunkt eines Verstoßes gegen elementare Verfahrensgrundsätze kann ein solcher Verstoß jedenfalls nicht die Zulassung der Rechtsbeschwerde (vgl. 8 zu § 80) rechtfertigen. Die Vorschriften über die Öffentlichkeit sind nicht verletzt, wenn im Anschluß an eine Ortsbesichtigung das Urteil an Ort und Stelle verkündet wird (Koblenz VRS **54**, 441). Nicht anwendbar ist § 171a GVG (vgl. § 46 III S. 1).

57   B. **Sitzungspolizeiliche Maßnahmen** in der Hauptverhandlung (§§ 176 ff. GVG) sind zulässig (vgl. 17 zu § 46).

58   C. **Die Vorschriften über die Gerichtssprache** sind anzuwenden (§§ 184–191 GVG). Die Gerichtssprache ist deutsch (§ 184 GVG); über einen Rechtsbehelf in fremder Sprache vgl. 20 zu § 67. Über die Hinzuziehung eines Dolmetschers in Bußgeldsachen vgl. Bay. bei Rüth DAR **74**, 186. Ein Ausländer, der die deutsche Sprache nicht versteht, hat keinen Anspruch darauf, daß das schriftliche Urteil in eine für ihn verständliche Sprache übersetzt wird (Hamburg NJW **78**, 2462). Von den Kosten eines Dolmetschers ist der Betroffene, dem die Kosten des Verfahrens auferlegt werden, nicht freigestellt (vgl. 11 zu § 107).

58a   D. **Für die Beratung und Abstimmung** im Rechtsbeschwerdeverfahren und in Bußgeldsachen nach § 82 GWB (Anh **A 14**) gelten auch § 192 I, §§ 193 ff. GVG.

59   E. „**Feriensachen**" (vgl. § 200 II Nr. 1 GVG) sind auch Bußgeldsachen.

60   **4) Die Vorschriften des JGG** (Anh **A 3**) über das Hauptverfahren sind ebenfalls sinngemäß anzuwenden, soweit das OWiG nichts anderes bestimmt. Außer den Vorschriften des JGG, die unter 31 ff. vor § 67 genannt sind, gelten für die Hauptverhandlung sinngemäß die Vorschriften über:

61   A. **die Nichtöffentlichkeit** der Hauptverhandlung (§§ 48, 109 I S. 4 JGG);

62   B. **die Anwesenheit** in der Hauptverhandlung (§§ 50, 51 JGG) nur teilweise. Die Regelung des § 50 I JGG steht im Widerspruch zu § 73 I. Diese Vorschrift hat Vorrang, weil sie ganz allgemein im Bußgeldverfahren (ohne Rückausnahme für Jugendsachen) gilt (zust. Rotberg 3 zu § 78). Die Gründe, die für § 50 I JGG bestimmend sind, treffen im übrigen für das Bußgeldverfahren in der Regel nicht zu; doch kann bei „sinngemäßer" Anwendung des § 50 I JGG das persönliche Erscheinen des Betroffenen (§ 73 II) im Verfahren gegen Jugendliche auch aus Gründen der Erziehung angeordnet werden.

63   a) **Die Ladung des Erziehungsberechtigten** und des gesetzlichen Vertreters ist nach der Sollvorschrift des § 50 II JGG in unbedeutenden Sachen nicht notwendig. Sie geschieht (abweichend von § 50 II JGG) mit dem Hinweis, daß es dem Erziehungsberechtigten und seinem gesetzlichen Vertreter freistehe, zu der Hauptverhandlung zu erscheinen; denn wenn der Betroffene zum Erscheinen in der Hauptverhandlung nicht verpflichtet ist, können es auch der Erziehungsberechtigte und der gesetzliche Vertreter nicht sein. Das Gericht kann allerdings deren Anwesenheit an der Hauptverhandlung anordnen. Dies kommt in Betracht, wenn auch das persönliche Erscheinen des Jugendlichen angeordnet wird (vgl. Rotberg 3 zu § 78) oder wenn aus besonderen Gründen (zur Aufklärung des Sachverhalts) die Anwesenheit des Erziehungsberechtigten und gesetzlichen Vertreters erforderlich oder zweckmäßig ist. In diesem Falle sind der Erziehungsberechtigte und sein gesetzlicher Vertreter auch über die Folgen des Ausbleibens zu belehren.

64   b) **Von der Benachrichtigung der Jugendgerichtshilfe** (§ 50 III JGG) kann unter den Voraussetzungen des § 46 VI abgesehen werden, da diese Vorschrift nicht nur im Vorverfahren, sondern in jedem Verfahrensstadium gilt, wie sich aus ihrer Stellung im 2. Abschnitt ergibt (so auch Rotberg 3 zu § 78).

65   c) **Eine zeitweilige Ausschließung von Beteiligten** (§ 51 JGG) kommt nur in Betracht, soweit sie an der Hauptverhandlung teilnehmen wollen (ebenso ist § 247 StPO auszulegen, vgl. 28);

66   C. die **Bekanntgabe der Urteilsgründe** (§ 54 II JGG). Diese Vorschrift gilt sinngemäß auch für die Zustellung des Urteils beim Abwesenheitsverfahren (vgl. Dallinger/Lackner 25 zu § 54) und für die Zustellung des Beschlusses nach § 72. Die Voraussetzungen für die Anwendung dieser Vorschrift werden im Bußgeldverfahren allerdings selten vorliegen;

67   D. die **Verfahrensvereinfachungen** (§§ 75–78 JGG) zum größten Teil nicht, da sie auf der Grundlage der Vereinfachungsvorschriften des Bußgeldverfahrens entbehrlich sind. Anzuwenden ist lediglich § 78 III JGG (vgl. § 78 II).

Entscheidung durch Beschluß

72   [I] **Hält das Gericht eine Hauptverhandlung nicht für erforderlich, so kann es durch Beschluß entscheiden, wenn der Betroffene und die Staatsanwaltschaft diesem Verfahren nicht widersprechen. Das Gericht weist sie zuvor auf die Möglichkeit eines solchen Verfahrens und des Widerspruchs hin und gibt ihnen Gelegenheit, sich zu äußern.**

[II] **Das Gericht entscheidet darüber, ob der Betroffene freigesprochen, gegen ihn eine Geldbuße festgesetzt, eine Nebenfolge angeordnet oder das Verfahren eingestellt wird. Das Gericht darf von der im Bußgeldbescheid getroffenen Entscheidung nicht zum Nachteil des Betroffenen abweichen.**

[III] **Wird eine Geldbuße festgesetzt, so gibt der Beschluß die Ordnungswidrigkeit und die angewendeten Bußgeldvorschriften an. Die Begründung des Beschlusses enthält die für erwiesen erachteten Tatsachen, in denen das Gericht die gesetzlichen Merkmale der Ordnungswidrigkeit sieht. Soweit der Beweis aus anderen Tatsachen gefolgert**

wird, sollen auch diese Tatsachen angegeben werden. Ferner sind die Umstände anzuführen, die für die Zumessung der Geldbuße und die Anordnung einer Nebenfolge bestimmend sind.

IV **Wird der Betroffene freigesprochen, so muß die Begründung ergeben, ob der Betroffene für nicht überführt oder ob und aus welchen Gründen die als erwiesen angenommene Tat nicht als Ordnungswidrigkeit angesehen worden ist. Kann der Beschluß nicht mit der Rechtsbeschwerde angefochten werden, so braucht nur angegeben zu werden, ob die dem Betroffenen zur Last gelegte Ordnungswidrigkeit aus tatsächlichen oder rechtlichen Gründen nicht festgestellt worden ist.**

Schrifttum: *Göhler,* Empfiehlt sich eine Änderung des Rechtsbeschwerdeverfahrens in Bußgeldsachen?, Schäfer-Festschr. S. 39; *Kaiser,* Zur sinnvollen Anwendung des Beschlußverfahrens in Bußgeldsachen, NJW 79, 2231.

Übersicht

1   **1) Entbehrlich muß die Hauptverhandlung** sein. Das Gericht entscheidet danach ausnahmsweise im schriftlichen Verfahren über die Beschuldigung (vgl. näher 3 vor § 71). Diese Entscheidungsmöglichkeit ist aber unabhängig von der Höhe der im Bußgeldbescheid festgesetzten Geldbuße und den dort angeordneten Nebenfolgen (vgl. 20 ff. zu § 66).

2   A. **Ein hinreichend geklärter Sachverhalt** auf Grund der schriftlichen Unterlagen ist die erste Voraussetzung von I S. 1 (Koblenz VRS **54**, 292);

nur dann ist das schriftliche Verfahren sinnvoll (Kaiser NJW **79**, 2231).
Das ist zB der Fall, wenn der Betroffene die Beschuldigung zugibt und
lediglich eine geringere Geldbuße für angemessen hält oder wenn nur
eine Rechtsfrage zu entscheiden ist (BGH **24**, 15, 20; 293; Braunschweig
MDR **70**, 350; Hamm GA **73**, 156; Koblenz VRS **48**, 446; Karlsruhe, Die
Justiz **77**, 207; Celle MDR **77**, 253).

3   B. **Einwendungen des Betroffenen** gegen den Tatvorwurf sind häufig
so gelagert, daß sie das schriftliche Verfahren ausschließen; dies gilt auch,
wenn der Betroffene dem Verfahren nicht ausdrücklich widerspricht
(vgl. 16), ja selbst dann, wenn er mit diesem Verfahren einverstanden ist
(vgl. 20 ff.). Das schriftliche Verfahren darf nicht gewählt werden, um
solche Einwendungen im Hinblick auf die grundsätzliche Unanfechtbarkeit des Verfahrens, die jedoch weitgehend durchbrochen ist (vgl. 13),
,,mit kurzer Hand'' beiseite zu schieben; dies würde dem Grundsatz des
fairen Verfahrens (vgl. 23 ff.) widersprechen und deshalb die Rechtsbeschwerde eröffnen (vgl. 70 ff.). Das rechtliche Gehör muß auch im
schriftlichen Verfahren voll gewährt werden (vgl. 4, 47 ff.; vgl. ferner
75).

4   C. **Sind weitere Ermittlungen** zur Aufklärung des Sachverhalts erforderlich (zB die Vernehmung des Betroffenen oder eines Zeugen), so kann
das Gericht sie außerhalb der Hauptverhandlung weder selbst vornehmen
noch anordnen, da dies dem Grundsatz der Hauptverhandlung (3 vor
§ 71) widersprechen würde und im übrigen eine dem § 308 II StPO entsprechende Vorschrift fehlt (ebenso Müller 5; aM Rebmann/Roth/Herr-
mann 2). Werden solche Ermittlungen gleichwohl vorgenommen, so
dürfen die Beweisergebnisse keinesfalls zum Nachteil eines Beteiligten
verwertet werden, bevor er hierzu gehört worden ist (vgl. hierzu näher
26, 47 a; ebenso Müller 5). Deswegen kann das Verfahren auch rascher in
einer Hauptverhandlung abgeschlossen werden, wenn ergänzende Ermittlungen notwendig sind (3 vor § 71).

5   **Praktische Bedenken** gegen weitere Beweiserhebungen ergeben sich
vor allem daraus, daß a) dann das Einverständnis des Betroffenen mit
dem schriftlichen Verfahren nicht einwandfrei gegeben sein (vgl. 14, 16,
20 ff.), b) das rechtliche Gehör nicht gewahrt sein (vgl. 26, 47 a), c) die
Grundlage für ein (unnützes) Rechtsbeschwerdeverfahren geschaffen
werden (vgl. 70 ff.) und das Verfahren dadurch komplizierter gestaltet
statt vereinfacht werden kann.

6   **Ein Rechtshilfeersuchen** an ein anderes Gericht (zB zur Vernehmung
des Betroffenen) ist jedoch nicht deshalb unzulässig, weil der ersuchende
Richter sich vorbehalten hat, durch Beschluß nach § 72 zu entscheiden
(Hamm GA **73**, 156).

7   D. **Im Ermessen des Gerichts** liegt es, ob es die Hauptverhandlung für
erforderlich hält; dabei ist jedoch zu prüfen, ob das Beschlußverfahren
nach den Umständen des Einzelfalls sinnvoll ist (vgl. 2–5). Allerdings
kann die Rechtsbeschwerde nicht darauf gestützt werden, daß das Gericht sein Ermessen fehlerhaft ausgeübt habe (VRS **50**, 133; Bay. bei Rüth
DAR **75**, 210); doch unterliegt das Beschlußverfahren auch in geringfügi-

gen Sachen, die an sich unanfechtbar sind, wegen der sehr weitgezogenen analogen Anwendung von § 79 I S. 1 Nr. 5 der Kontrolle durch das OLG (vgl. 13, 70 ff.).

8   E. **Geboten ist die Hauptverhandlung,** unabhängig davon, ob ein Widerspruch gegen das schriftliche Verfahren vorliegt, stets dann, wenn

9   a) **Verdachtsgründe für eine Straftat** gegeben sind. Da die Entscheidung durch Beschluß (wie ein Urteil) die spätere Strafverfolgung hindert (§ 84 II), ist hier eine gründliche Aufklärung des Sachverhalts angezeigt;

10   b) **in Fällen von grundsätzlicher Bedeutung,** die jedoch nach den in § 79 I S. 1 Nr. 1–3 gezogenen Grenzen nicht der Rechtsbeschwerde unterliegen. Durch die Entscheidung auf Grund der Hauptverhandlung wird in solchen Fällen der Rechtsbeschwerde über § 79 I S. 2 eröffnet. Dies ist auch dann in Betracht zu ziehen, wenn die VB deshalb die Entscheidung auf Grund einer Hauptverhandlung anregt.

11   2) **Kein Widerspruch darf vorliegen,** obwohl die Gelegenheit zu einer solchen Erklärung gegeben ist. Auch eine Widerspruchserklärung vor Anhängigkeit bei Gericht ist beachtlich (Schleswig bei Ernesti/Jürgensen SchlHA **74**, 196; vgl. 28 ff., 31 ff.). Zur Frage, wen die Beweislast trifft, ob ein Widerspruch vorliegt, vgl. 31, 45.

12   A. **Widerspruchsberechtigt** sind der Betroffene und die StA. Der Widerspruch eines Beteiligten schließt danach das Beschlußverfahren aus (Frankfurt VRS **37**, 212). Neben dem Betroffenen ist der Nebenbeteiligte (2 ff. vor § 87) widerspruchsberechtigt, da er die Rechte des Betroffenen hat (§ 87 II S. 1, § 88 III; 30 zu § 87). Der Verteidiger (vgl. 2 f. zu § 67; über dessen Unterrichtung nach I S. 2 vgl. 35) sowie der gesetzliche Vertreter des Betroffenen (5 zu § 67) und der Erziehungsberechtigte (10 zu § 67) haben ebenfalls ein Widerspruchsrecht, aber nicht gegen den Willen des Betroffenen (zw. für den gesetzlichen Vertreter und Erziehungsberechtigten, da sie auch selbständig Rechtsmittel und Rechtsbehelfe einlegen können, vgl. 7, 10 zu § 67; doch ist § 298 StPO eine Ausnahmevorschrift). Ein Widerspruch des Verteidigers gegen den Willen des Betroffenen liegt wohl nicht (nach dessen Zustimmung) bei einer veränderten Sachlage vor (Bay. bei Rüth DAR **79**, 244). Für den Betroffenen kann auch ein Vertreter, der hierzu bevollmächtigt ist (vgl. 11 zu § 67), den Widerspruch erklären. Die VB kann dem schriftlichen Verfahren nicht widersprechen; sie kann aber eine Hauptverhandlung anregen.

13   B. **Das (zumindest stillschweigende) Einverständnis** der Beteiligten, das in dem mangelnden Widerspruch liegt, ist nach der Rspr. die Grundlage des schriftlichen Verfahrens (BGH **24**, 294; Bay. VRS **53**, 285). Das Einverständnis wird unterstellt, wenn die Beteiligten aber ihnen eingeräumte Möglichkeit zum Widerspruch nicht nutzen. Doch wird diese Unterstellung nach der Rspr. wieder beseitigt, wenn die Beteiligten durch ihr Verhalten zu erkennen geben, daß sie mit einer Entscheidung im schriftlichen Verfahren, dh (in der Regel; vgl. 3 vor § 71) in einem Verfahren nach Lage der Akten ohne Aufklärung des Sachverhalts nicht einverstanden sind. Damit kommt es im Grunde genommen also auf ein materielles Einverständnis an, wodurch unzählige Zweifelsfragen ausgelöst worden sind, die das Gesetz (durch das Abstellen auf den Mangel des Widerspruchs) gerade hat vermeiden wollen. Die Rspr. hat damit das Beschlußverfahren, das in geringfügigen Fällen einer Nachprüfung in einer zweiten richterlichen Instanz entzogen sein sollte (vgl. 68), in großem Umfange dieser Kontrolle unterworfen (vgl. 70 ff.), die jedoch wohl weitgehend durch die Rspr. der RiAG veranlaßt worden ist (vgl. zB 24). Bei einem fairen Verfahren durch den RiAG, das sicher bei Massendelikten Schwierigkeiten auslöst, kann die vom Gesetzgeber erstrebte Ausweitung des rechtsmittelfreien Raumes (vgl. 68) am ehesten erreicht werden.

14   a) **Ob eine Widerspruchserklärung,** die das schriftliche Verfahren sperrt, vorliegt, ist unter Berücksichtigung der Umstände des Einzelfalles, namentlich des wirklichen Willens des Betroffenen (Braunschweig VRS **38**, 138; Bay. bei Rüth DAR **76**, 178) und der Reichweite einer abgegebenen (Einverständnis-)Erklärung sowie nach dem Gebot eines fairen Verfahrens (vgl. BGH **24**, 15; vgl. 23 ff.) festzustellen.

15   b) **Keiner besonderen Form** bedarf die Erklärung des Widerspruchs (Karlsruhe, Die Justiz **77**, 206); sie kann also schriftlich, telegraphisch, fernmündlich (auch mündlich; doch trifft dann die Beweislast den Betroffenen, vgl. Schleswig bei Ernesti/Jürgensen SchlHA **76**, 176) oder zur Niederschrift des UrkB (vgl. dazu 19–26 zu § 67) abgegeben werden.

16   c) **Auch schlüssiges Verhalten** reicht für die Annahme einer Widerspruchserklärung aus (Karlsruhe, Die Justiz **77**, 206; Schleswig bei Ernesti/Jürgensen SchlHA **77**, 195). Sie kann zB darin bestehen, daß der Betroffene eine mündliche Verhandlung (vgl. Bay. bei Rüth DAR **76**, 179) oder eine ergänzende Beweisaufnahme (vgl. Hamm JR **72**, 208 m. Anm. Rüth; Schleswig SchlHA **73**, 191) oder eine Überprüfung des Sachverhalts (Schleswig bei Ernesti/Jürgensen SchlHA **78**, 191) oder der Glaubwürdigkeit von Zeugen erstrebt, die festzustellen schwerlich an Hand der Akten möglich ist (vgl. Braunschweig VRS **38**, 138; KG VRS **45**, 303; Karlsruhe, Die Justiz **74**, 29; Koblenz VRS **48**, 446; Kaiser NJW **79**, 2231; vgl. jedoch auch Köln VRS **43**, 450); ebenso, wenn der Betroffene den im Bußgeldbescheid angenommenen Sachverhalt bestreitet (Hamm JMBlNW **79**, 212) oder die Ladung eines Sachverständigen beantragt, um widersprechende Aussagen zu klären (Bay. 4. 1. 1971, 2 Ws – B – 125/70). Auch die Ankündigung des Betroffenen, er werde mündliche Verhandlung beantragen, ist wohl als Widerspruchserklärung zu werten, da in diesem Verhalten sicher keine stillschweigende Zustimmung zu dem schriftlichen Verfahren zu erblicken ist (aM KG VRS **40**, 133); ebenso der Vorbehalt einer endgültigen Stellungnahme (Hamm VRS **41**, 143, JMBlNW **76**, 131; Karlsruhe GA **73**, 246). Beantragt die StA, den Einspruch als unzulässig zu verwerfen, so ergibt sich daraus, daß sie mit einer Sachentscheidung im schriftlichen Verfahren nicht einverstanden ist (Schleswig SchlHA **73**, 191).

17   d) **Nicht als Widerspruchserklärung** ist es dagegen anzusehen, wenn der Betroffene einen Antrag auf Terminverlegung stellt, nachdem das Gericht die Hauptverhandlung anberaumt hat; denn in diesem Falle steht der Betroffene nicht vor der Alternative, ob er einem – nach dem einge-

schlagenen Verfahren gar nicht beabsichtigten – schriftlichen Verfahren widersprechen soll (KG JR **70**, 430 m. Anm. Göhler). In dem Antrag auf Fristverlängerung zur Stellungnahme nach I S. 2 bis zu einem angegebenen Zeitpunkt, hilfsweise auf Durchführung der Hauptverhandlung, liegt kein Widerspruch gegen eine Beschlußentscheidung nach dem angegebenen Zeitpunkt (Bay. 22. 3. 1971, 5 St 522/71 OWi). Keine Widerspruchserklärung ist in der Regel auch die im Einspruchsverfahren geäußerte Bitte um rechtzeitige Bekanntgabe des Termins zur Hauptverhandlung (Bay. bei Rüth DAR **74**, 187). Das Gericht kann deshalb in solchen Fällen noch das schriftliche Verfahren wählen und dem Betroffenen die Gelegenheit zur Äußerung nach I S. 2 geben.

18   **Bei einem vorsorglichen Widerspruch** („vorerst", „vorläufig" uä) gegen das schriftliche Verfahren muß geklärt werden, wie der Betroffene sich endgültig entschlossen hat (Schleswig bei Ernesti/Jürgensen SchlHA **71**, 211; vgl. auch Bay. bei Rüth DAR **73**, 214, **76**, 178, VRS **51**, 57; Karlsruhe, Die Justiz **77**, 315; vgl. auch 25).

19   e) **Bei einer unklaren oder widersprüchlichen Erklärung** ist dem Beteiligten Gelegenheit zur Klarstellung zu geben (Koblenz VRS **48**, 447; Schleswig bei Ernesti/Jürgensen SchlHA **78**, 191).

20   f) **Bei einem Einverständnis** ist zu prüfen, ob es (ausdrücklich oder stillschweigend) unter **Bedingungen** gegeben ist, die in Wahrheit das Einverständnis einschränken. Dies ist insbesondere der Fall, wenn der Eintritt oder Nichteintritt der Bedingung in der Hand des Gerichts liegt; in einem solchen Falle liegt eine Widerspruchserklärung zu einem Verfahren vor, das abweichend von dem Einverständnis durchgeführt würde. Derartige Bedingungen sind zulässig (Hamm JR **72**, 208 m. zust. Anm. Rüth; Bay. Rpfleger **75**, 65). Können diese Bedingungen nicht eingehalten werden oder läßt sich dies wegen hypothetischer Unterstellungen nicht feststellen, so liegt kein Einverständnis, sondern ein Widerspruch vor; so zB, wenn der Betroffene erklärt, er stimme dem Beschlußverfahren für den Fall zu, daß das Gericht bei Durchführung der Hauptverhandlung sein persönliches Erscheinen anordnen würde (Bay. VRS **40**, 280). Im einzelnen kommen folgende Fälle in Betracht:

21   **Bedingungen zur Verfahrensweise.** Stimmt der Betroffene dem schriftlichen Verfahren unter der Bedingung zu, daß dem Verteidiger vorher Akteneinsicht gewährt werde, so ist die Entscheidung durch Beschluß ohne vorherige Akteneinsicht unzulässig (Bay. bei Rüth DAR **76**, 179); der Nachweis der Akteneinsicht liegt in der Sphäre des Gerichts (Bay. aaO); deshalb hat es das Gericht in der Hand zu entscheiden, ob das Verfahren von dem Einverständnis des Widerspruchsberechtigten gedeckt ist (vgl. 20). Können die Bedingungen nur in der Hauptverhandlung eingehalten werden, so widerspricht der Betroffene einem schriftlichen Verfahren (Hamm JR **72**, 208 m. zust. Anm. Rüth). Das Einverständnis ist wohl ganz allgemein unter die stillschweigende Bedingung abgegeben, daß im schriftlichen Verfahren keine Beweismittel zum Nachteil des Betroffenen verwertet werden, die ihm nicht bekannt sind (Bay. MDR **77**, 954; vgl. auch 26).

22   **Bedingungen für die Beschlußentscheidung** sperren das Beschlußverfahren grundsätzlich; denn sie enthalten einen Widerspruch zu diesem
Verfahren mit einem anderen Verfahrensausgang als dem, der von dem
bedingten Einverständnis gedeckt ist. Ist der Betroffene unter der ,,Be-
dingung'' mit dem schriftlichen Verfahren einverstanden, daß er freigesprochen oder das Verfahren eingestellt werde, so widerspricht er dem
Beschlußverfahren mit einem anderen Ausgang (vgl. Hamm VRS **44**,
311); ein schriftliches Verfahren ist dann nur möglich, wenn es mit einem
Freispruch oder der Einstellung endet, sonst nicht (Schleswig bei Ernesti/
Jürgensen SchlHA **77**, 195). Anders ist es dagegen, wenn der Betroffene
dem schriftlichen Verfahren nicht widerspricht, aber erklärt, daß das
Verfahren seiner Ansicht nach eingestellt werden müsse (Hamm VRS **43**,
131). Ein bloß eingeschränktes Einverständnis mit einer Bedingung kann
sich bei einem ausdrücklichen Einverständnis auch schlüssig ergeben, so
zB aus den Inhalt der Einspruchsschrift, durch eine (im schriftlichen
Verfahren) nicht widerlegbare Einlassung oder durch den Hinweis auf
die Aktenlage, auf Grund der nur ein Freispruch oder eine Einstellung des
Verfahrens in Betracht kommen kann (vgl. Frankfurt VRS **55**, 371;
Karlsruhe, Die Justiz **77**, 206; Schleswig bei Ernesti/Jürgensen SchlHA
78, 191).

22 a   **Trotz eines förmlichen Widerspruchs** kann das Einverständnis des
Betroffenen unterstellt werden, wenn die Entscheidung, die im schriftlichen Verfahren ergeht, ihn nicht beschwert, dh wenn er freigesprochen
oder das Verfahren eingestellt wird und für ihn keine ungünstige Kostenentscheidung ergeht (die notwendigen Auslagen also der Staatskasse auferlegt werden). Der Sinn und Zweck des Widerspruchs besteht in der
Ablehnung einer Verfahrensweise, bei der die Verteidigungsmöglichkeiten und die Garantien der Wahrheitsfindung gegenüber einer Hauptverhandlung abgeschwächt sind; die Interessen des Betroffenen können jedoch nicht nachteilig beeinträchtigt sein, falls ihn die ergangene Entscheidung nicht beschwert; wenn trotz eines förmlichen Einverständnisses
sachlich ein Widerspruch vorliegt oder vorliegen kann (vgl. 21), so muß
umgekehrt trotz eines förmlichen Widerspruchs sachlich ein Einverständnis angenommen werden können.

23   g) **Dem Gebot eines fairen Verfahrens** widerspricht es, mit Hilfe der
Herbeiführung des ,,förmlichen'' Einverständnisses des Betroffenen (das
ja bereits in der Untätigkeit liegen kann, vgl. BGH **24**, 15) oder auf der
Grundlage seines ,,förmlich'' vorliegenden Einverständnisses die Anwendung des schriftlichen Verfahrens auf solche Fälle auszudehnen, in
denen es vom wirklichen Einverständnis des Betroffenen nicht mehr
gedeckt ist. Folgende Fallgruppen kommen in Betracht:

24   **Verschlechterungsverbot und Belehrung:** Es ist unzulässig, wenn das
Gericht das Einverständnis des Betroffenen durch die Erklärung herbeiführt, es beabsichtige, eine erheblich geringere Geldbuße festzusetzen als
im Bußgeldbescheid, und dann auf die dort festgesetzte Geldbuße erkennt (Stuttgart, Die Justiz **76**, 38; Bay. bei Rüth DAR **76**, 179); ebenso,
wenn das Gericht auf das Verschlechterungsverbot hinweist, sich jedoch
daran nicht hält (Karlsruhe VRS **53**, 570; Köln VRS **51**, 442; anders bei

einem Verstoß gegen das Verschlechterungsverbot, wenn auf dieses Verbot vorher nicht hingewiesen worden ist, Frankfurt NJW **76**, 1327, vgl. auch 76); desgl. wenn das Gericht dem Betroffenen, ohne dazu verpflichtet zu sein, zwar auf das Verbot der Schlechterstellung (§ 72 II S. 2) hinweist, ihn jedoch über den Ausschluß der Zulassungsrechtsbeschwerde im schriftlichen Verfahren (vgl. § 79 I S. 2, der nur für Urteile gilt) nicht belehrt, um ihm das schriftliche Verfahren „schmackhaft" zu machen (vgl. BGH **24**, 15; zur Belehrung vgl. auch Hamm VRS **45**, 306; Bay. MDR **75**, 866; Schleswig bei Ernesti/Jürgensen SchlHA **78**, 191, **77**, 196).

25   **Umgehung eines Widerspruchs:** Es ist fehlerhaft, bei einem im Einspruch erklärten Antrag auf mündliche Verhandlung (also bei Vorliegen eines Widerspruchs, vgl. 16), bei einem Antrag auf Akteneinsicht oder bei einem Widerspruch gegen die im Bußgeldbescheid getroffenen Feststellungen oder gegen das schriftliche Verfahren das Einverständnis mit dem schriftlichen Verfahren bereits dann zu unterstellen, wenn der Betroffene den Hinweis nach I S. 2 unbeantwortet läßt (vgl. Karlsruhe, Die Justiz **77**, 208; Celle VRS **43**, 133; Hamm JMBlNW **72**, 97, VRS **42**, 379; Bay. bei Rüth DAR **74**, 187; Schleswig bei Ernesti/Jürgensen SchlHA **78**, 191); dies gilt wohl auch bei einem Widerspruch, der „zunächst" oder „vorerst" eingelegt ist (vgl. 18), weil der Hinweis dann nur auf die Abgabe einer Zustimmungserklärung zum schriftlichen Verfahren gerichtet ist (Bay. VRS **51**, 59; Karlsruhe, Die Justiz **77**, 315; vgl. auch Hamm VRS **51**, 134 zum Vorbehalt einer Stellungnahme nach Akteneinsicht).

26   **Veränderung der Sach- oder Rechtslage:** Dem Gebot eines fairen Verfahrens widerspricht es auch, wenn das Gericht eine Entscheidung auf Grund einer veränderten, dem Betroffenen (oder der StA; vgl. Karlsruhe VRS **54**, 135) unbekannten Aktenlage trifft (vgl. Bay. VRS **53**, 285, NJW **71**, 1709; Braunschweig MDR **70**, 350; Köln VRS **57**, 437; Karlsruhe aaO), so zB nach Durchführung weiterer Ermittlungen (Celle VRS **52**, 136), ohne dem Betroffenen erneut Gelegenheit zum Widerspruch zu geben (vgl. 33); ebenso, wenn das Gericht zum Nachteil des Betroffenen diesem unbekannte Beweismittel verwertet (Bay. MDR **77**, 954; vgl. 21) oder abweichend vom Bußgeldbescheid Tatmehrheit annimmt und dies für den Betroffenen im Hinblick auf eine Registereintragung nachteiliger ist (Hamm VRS **51**, 368). Das Gebot eines fairen Verfahrens verlangt es danach, bei einer nachteiligen Veränderung der Prozeß- oder Rechtslage dem Betroffenen Gelegenheit zur Äußerung zu geben, ob er an dem Einverständnis (der fehlenden Widerspruchserklärung) zum schriftlichen Verfahren festhält (vgl. auch 31 f.).

27   **Schriftliches Verfahren und Hauptverhandlung:** Das schriftliche Verfahren ist noch möglich, wenn das Gericht zunächst eine Hauptverhandlung in Betracht gezogen hat; allerdings ist dem Betroffenen dann vorher Gelegenheit zur Stellungnahme zu geben (KG JR **70**, 430 m. Anm. Göhler; Koblenz VRS **54**, 292; Karlsruhe, Die Justiz **79**, 447). Ebenso sind keine Bedenken dagegen zu erheben, daß das Gericht nach Durchführung einer Hauptverhandlung (zB wegen einer noch erforderlichen behördlichen Erklärung, eines Gutachtens uä) im Einverständnis der Beteiligten durch Beschluß nach Aktenlage entscheidet (richtig: Koblenz VRS **54**, 292; aM, aber ohne überzeugende Begründung: Hamm JMBlNW **78**, 219; VRS **57**, 50; zust. Karlsruhe, Die Justiz **79**, 447; offen gelassen von Köln VRS **57**, 437; vgl. auch 31 zu § 71); doch sind auch hier die Bemerkungen unter 4, 16, 20 ff. zu beachten (vgl. auch 69, 73 f.).

28   C. **Adressat der Widerspruchserklärung** ist das Gericht.

29   a) **Mit dem Eingang bei Gericht** ist der Widerspruch wirksam abgegeben (Karlsruhe, Die Justiz **77**, 207; Schleswig bei Ernesti/Jürgensen SchlHA **77**, 195), auch dann, wenn ihn der Betroffene bereits in der Einspruchsschrift gegenüber der VB erklärt hat.

30   b) **Das Risiko des Einganges bei Gericht** trägt der Betroffene, wenn der Eingang des Widerspruchs bei Gericht nicht erweisbar ist (KG VRS **42**, 223; vgl. auch VRS **39**, 445; ferner 45); anders aber, wenn der Verteidiger bei seiner Bestellung gegenüber der VB dem schriftlichen Verfahren widerspricht und dieses Schreiben versehentlich bei der StA verbleibt (Frankfurt VRS **48**, 370). Wird der Verteidiger erst nach dem Hinweis an den Betroffenen beauftragt und widerspricht er gegenüber der VB dem schriftlichen Verfahren, so ist der Widerspruch nur wirksam abgegeben, wenn er vor dem Erlaß der Entscheidung bei Gericht eingeht; dies gilt auch dann, wenn er bei unverzüglicher Weiterleitung hätte vorher eingehen müssen (Bay. NJW **78**, 1986).

31   D. **Die Gelegenheit zum Widerspruch** hat das Gericht der StA und dem Betroffenen zu geben, wenn es erwägt, im schriftlichen Verfahren zu entscheiden (I S. 2). Unterbleibt der Hinweis nach I S. 2 (oder ist er nicht zugegangen), so ist in entsprechender Anwendung des § 79 I S. 1 Nr. 5 die Rechtsbeschwerde zulässig (BGH **27**, 85; **24**, 293; vgl. 70 ff.). Der Hinweis der VB nach § 66 II Nr. 1 b reicht nicht aus (Hamm NJW **69**, 1681).

32   a) **Entbehrlich ist der Hinweis,** falls der Betroffene oder die StA vorweg (zB bei der Einlegung des Einspruchs oder Übersendung der Akten nach § 69 I S. 1) erklärt, daß einer Entscheidung im schriftlichen Verfahren nicht widersprochen werde; darin liegt ein Verzicht auf den Widerspruch (vgl. 43), so daß das Gericht diesen Beteiligten nicht mehr auf die Möglichkeit des Widerspruchs hinzuweisen braucht (Schleswig bei Ernesti/Jürgensen SchlHA **74**, 187). Eines Hinweises bedarf es auch nicht, wenn der Betroffene um Absetzung einer Hauptverhandlung und um Entscheidung im schriftlichen Verfahren bittet (Hamm VRS **49**, 132).

33   b) **Der Hinweis ist erneut zu geben** bei einer veränderten Sach- oder Rechtslage (vgl. näher 26; ferner 72); ebenso wenn der Beschluß auf die Rechtsbeschwerde aufgehoben wird und das Gericht wieder ohne Hauptverhandlung entscheiden will (Koblenz JR **74**, 435 m. zust. Anm. Cramer; Karlsruhe VRS **51**, 76).

34   c) **Bei Ausländern** wird der Hinweis in deutscher Sprache gegeben (vgl. 58 zu § 71). Ist der Betroffene der deutschen Sprache nicht oder nicht hinreichend mächtig, so ist darauf bei der Bemessung der Frist (vgl. 37) Rücksicht zu nehmen, damit der Betroffene ausreichend Gelegenheit hat, sich das Schriftstück übersetzen zu lassen (zu weitgehend Bay. NJW **76**, 2084, wo unter Hinweis auf BVerfGE **40**, 95 der Hinweis in einer für den Betroffenen verständlichen Sprache verlangt wird; eine so weitgehende Pflicht hat das BVerfG jedoch nicht begründen wollen, vgl. BVerfGE **42**, 120, 124).

35   d) **Für den Hinweis an den Verteidiger** gilt § 145 a I, IV StPO iVm § 46 I sinngemäß (BGH **26**, 379). Der Verteidiger ist danach bevollmächtigt, für den Betroffenen den Hinweis in Empfang zu nehmen (§ 145 a I StPO); zwar ist die Zustellung des Hinweises nicht vorgeschrieben (praktisch aber unausweichlich; vgl. 41); doch können an eine formlose Mitteilung keine strengeren Anforderungen gestellt werden als an eine Zustellung (BGH aaO). Der Betroffene soll zwar bei der Zustellung an den Verteidiger (entsprechend § 145 a IV StPO) hiervon unterrichtet werden; allerdings ändert die Verletzung dieser Vorschrift nichts daran, daß der Hinweis an den Verteidiger auch für den Betroffenen wirksam ist (BGH aaO). Aus der sinngemäßen Anwendung von § 145 a IV S. 2 StPO muß ferner abgeleitet werden, daß der unterlassene Hinweis an den Verteidiger die Wirksamkeit des Hinweises an den Betroffenen unberührt läßt; deshalb ist die Annahme, daß der Hinweis an den Verteidiger auf jeden Fall zu erfolgen habe und daß bei einem Verstoß hiergegen in sinngemäßer Anwendung von § 79 I S. 1 Nr. 5 die Rechtsbeschwerde zulässig sei (so BGH **25**, 252 mwN; Düsseldorf AnwBl. **76**, 358; Schleswig SchlHA **73**, 191; ebenso die 5. Aufl.) verfehlt; die bisherige Rspr. ist hier einen Irrweg gegangen, der auch in BGH **26**, 379, 382 noch nicht als solcher erkannt ist (vgl. näher Göhler, Schäfer-Festschr. S. 39, 58 ff.).

36   **Einzelheiten der hier abgelehnten Rspr.** (die auf der Grundlage der Auffassung unter 35 gegenstandslos sind): Der Hinweis an den Verteidiger soll in allen Fällen notwendig sein, in denen er seine Bestellung dem Gericht, der VB oder der StA angezeigt hat (Bay. **70**, 150; Düsseldorf AnwBl. **76**, 358; Hamm NJW **70**, 634; Schleswig SchlHA **73**, 191; vgl. auch 30); dabei soll es nicht zu Lasten des Betroffenen gehen, wenn die Verteidigerbestellung von der VB oder StA dem Gericht nicht rechtzeitig weitergeleitet worden ist (Frankfurt VRS **48**, 370; Hamm VRS **51**, 133; vgl. auch hierzu 30). Der Hinweis an den Betroffenen soll auch dann nicht ausreichen, wenn der Verteidiger erst nach dem Hinweis an den Betroffenen beauftragt worden ist (Celle VRS **43**, 115; Schleswig SchlHA **73**, 191; Bay. bei Rüth DAR **76**, 178; vgl. auch hierzu 30). Andererseits soll bei Gewährung der Akteneinsicht an den Verteidiger der Hinweis entbehrlich sein, wenn daraus unschwer die Absicht des Gerichts, das Verfahren nach § 72 durchzuführen, entnommen werden kann (BGH **24**, 15; Bay. VRS **44**, 223; Frankfurt NJW **74**, 1961; aM Frankfurt 7. 2. 1979, 2 Ws B 3/79 OWi, wonach auch dies nicht ausreichen soll); der Hinweis soll jedoch notwendig sein, wenn sich die Absicht des Gerichts, ohne Hauptverhandlung zu entscheiden, nur aus einem richterlichen Vermerk auf der Rückseite eines Blattes der Akten ergibt (Bay. AnwBl. **78**, 268; vgl. jedoch abw. Bay. bei Rüth DAR **79**, 244) oder wenn diese Absicht somit nicht hinreichend deutlich ist (Schleswig bei Ernesti/Jürgensen SchlHA **78**, 191). Die Aufnahme des Hinweises in das Begleitschreiben an den Verteidiger bei Übersendung der Akten soll ausreichend sein (Celle NJW **70**, 1698), nicht dagegen, wenn er um Mitteilung gebeten wird, „ob Einverständnis im schriftlichen Verfahren be-

steht" und dabei eine Frist gesetzt ist (Bay. bei Rüth DAR **74**, 186). Dem
Verteidiger soll auch dann der Hinweis zu geben sein, wenn er fernmündlich bei der VB seine Bestellung angezeigt hat (Bay. bei Rüth DAR
79, 244).

37   e) **Eine Frist** ist für die Gelegenheit zum Widerspruch nicht vorgeschrieben. Es empfiehlt sich, eine Frist von mindestens einer Woche zu
bestimmen; doch ist eine Frist von 4 Tagen bei einfacher Sachlage nicht
unangemessen (Hamm VRS **37**, 458). Bei Ausländern ist eine längere
Frist (ca. 4 Wochen) zu gewähren (vgl. 34).

38   **Eine Entscheidung vor Ablauf der Frist** ist unzulässig, da das stillschweigende Einverständnis der Beteiligten, das in der mangelnden Widerspruchserklärung trotz gegebener Gelegenheit liegt, die Grundlage
des schriftlichen Verfahrens bildet (vgl. 13; Hamm JMBlNW **69**, 213;
Bay. bei Rüth DAR **76**, 179; BVerfGE **42**, 243, wo jedoch übersehen ist,
daß in einem solchen Falle die Rechtsbeschwerde zulässig ist, vgl. 70ff.).
Bei stillschweigender Verlängerung der Äußerungsfrist wegen erbetener
Akteneinsicht ist davon auszugehen, daß die danach einsetzende Frist
nicht länger ist als die ursprünglich gesetzte (Bay. 7. 8. 1972, 1 St 578/72
OWi).

39   **Ist keine Frist gesetzt,** so kann nach Ablauf einer angemessenen Frist
entschieden werden (vgl. Bay. VRS **43**, 57; nach Hamm VRS **46**, 149 soll
die Frist in nicht einfach gelagerten Fällen 3 Wochen betragen; nach Bay.
bei Rüth DAR **73**, 213 ist in einfachen Sachen eine Frist von 2 Wochen
oder von 1 Woche ausreichend); eine Fristsetzung ist jedoch notwendig,
wenn vorher der Eindruck erweckt wird, als wolle das Gericht Erklärungen des Betroffenen oder Verteidigers abwarten (vgl. Bay. VRS **44**, 129).

40   **Weitere Einzelheiten:** Beantragt der Verteidiger Fristverlängerung
(zB, um einen Dolmetscher hinzuzuziehen), so liegt kein stillschweigendes Einverständnis mit dem schriftlichen Verfahren vor (Hamm VRS **50**,
306). Zur Wiedereinsetzung bei Fristversäumung vgl. 44. Zur Fristberechnung vgl. §§ 42, 43 StPO iVm § 46 I (22 ff. zu § 52).

41   f) **Die Form der Zustellung** ist für den Hinweis nach I S. 2 geboten.
Sie ist zwar gesetzlich nicht vorgeschrieben; doch steht dem Betroffenen
nach dem Rechtsgedanken des § 79 I S. 1 Nr. 5 die Rechtsbeschwerde zu,
wenn das Hinweisschreiben nicht nachweislich in seinen Empfangsbe-
reich gelangt ist (vgl. BGH **27**, 85, **24**, 293; Düsseldorf AnwBl. **76**, 358;
Koblenz VRS **45**, 307; Hamm VRS **51**, 370; vgl. 70). Bei einer Ersatzzustellung ist dieser Nachweis erbracht (BGH **27**, 85; Bay. bei Rüth DAR
79, 244).

42   E. **Die Rücknahme des Widerspruchs** ist zulässig. Auch die Rücknahme bedarf keiner Form. Da jedoch bei einer vorliegenden Widerspruchserklärung das schriftliche Verfahren unzulässig ist und dies mit
der Rechtsbeschwerde gerügt werden kann (vgl. BGH **24**, 15, 293; vgl.
auch 70), ist auf eine schriftliche Rücknahmeerklärung hinzuwirken; zumindest ist bei einer mündlichen (fernmündlichen) Rücknahmeerklärung
darüber ein Aktenvermerk zu fertigen (vgl. 26 zu § 67). Zu dem Fall des
vorläufigen Widerspruchs vgl. 18. Nimmt der Betroffene den Widerspruch zurück, so wird damit auch der Widerspruch des Verteidigers

hinfällig (vgl. 35 zu § 67). In der Rücknahme des Widerspruchs liegt in der Regel zugleich ein Verzicht auf das Widerspruchsrecht (Karlsruhe NJW **70**, 1697).

43   F. **Der Verzicht auf den Widerspruch** (vgl. auch 42) bindet den Widerspruchsberechtigten (12; Karlsruhe NJW **70**, 1697; Bay. VRS **49**, 440; Rotberg 10; Rebmann/Roth/Herrmann 5); ein späterer Widerspruch ist also wirkungslos. Dies gilt jedoch nur für eine unveränderte Prozeßlage, nicht aber dann, wenn sich im weiteren Verfahren neue tatsächliche oder rechtliche Gesichtspunkte ergeben, deren Berücksichtigung bei einer Entscheidung nach Lage der Akten von dem Verzicht auf den Widerspruch nicht gedeckt ist (Gebot des fairen Verfahrens; vgl. 26). Auch davon unabhängig hat das Gericht bei einem späteren Widerspruch zu prüfen, ob Anlaß besteht, von Amts wegen eine Hauptverhandlung anzuberaumen (zust. Cramer, Rechtsbeschwerde S. 28). Ob in der Erklärung des Betroffenen, er widerspreche der Entscheidung ohne Hauptverhandlung nicht, ein bindender Verzicht auf das Widerspruchsrecht liegt (vern. Bay. VRS **49**, 281), erscheint zweifelhaft.

44   G. **Ein verspäteter Widerspruch,** der nach Ablauf der vom Gericht gesetzten Frist, aber vor dem Erlaß der Bußgeldentscheidung (vgl. § 33 II) eingeht, ist zu beachten (Bay. NJW **70**, 623 = JR **70**, 192 m. Anm. Göhler; Bay. VRS **49**, 281; Celle NJW **70**, 622; Hamburg MDR **69**, 950; Hamm VRS **44**, 312, JMBlNW **69**, 213; Karlsruhe GA **73**, 246; KG VRS **38**, 136). Die Möglichkeit des Widerspruchs endet endgültig mit dem Erlaß der Bußgeldentscheidung (Bay. NJW **72**, 1724); eine Wiedereinsetzung wegen der Fristversäumung ist nicht zulässig (BGH **27**, 85, 87; vgl. auch 30, 45). Sollte der Fall aber so gelagert sein, daß dem Betroffenen das rechtliche Gehör zur Sache versagt geblieben ist, so ist seine Anhörung nach § 33a StPO iVm § 46 I nachzuholen (vgl. 75). Für die Fälle, in denen der Widerspruch nach Erlaß der Entscheidung, aber vor der Zustellung eingeht oder in denen ein rechtzeitig eingegangener Widerspruch nachträglich entdeckt wird, gelten die Bemerkungen über die Rücknahme von Klage und Einspruch entsprechend (vgl. 7 zu § 71; vgl. auch Cramer VOR **72**, 118). Eine Pflicht zur Rücknahme des Beschlusses besteht nicht, wenn der Widerspruch erst eingeht, nachdem der Beschluß erlassen, also unterschrieben und zur Zustellung in den Geschäftsgang gegeben ist (Bay. NJW **70**, 263; Rebmann/Roth/Herrmann 4a; vgl. auch 7 zu § 71 sowie die Regelung in § 33 II). Nach der überw. Rspr. soll demgegenüber eine Rücknahmepflicht sogar bis zur Herausgabe des Beschlusses zur Zustellung bestehen, weil er bis dahin noch abänderbar sei (Bay. VRS **53**, 199; Frankfurt NJW **73**, 2218; Hamm VRS **49**, 443, **50**, 224; Hamburg MDR **69**, 950; Karlsruhe MDR **77**, 604; Koblenz VRS **48**, 291; Schleswig bei Ernesti/Jürgensen SchlHA **76**, 176, **78**, 192). Dem kann nicht zugestimmt werden, weil es in diesem (gesetzlich ungeregelten) Falle nicht auf die Möglichkeit, sondern auf die Pflicht zur Rücknahme ankommen muß; die Schutzfunktion des Widerspruchs wäre zu Gunsten des Betroffenen unangemessen überdehnt, wenn seine Säumnis für das Gericht die Pflicht begründen würde, eine bereits ergangene Entscheidung zurückzunehmen (Göhler, Schäfer-Festschr. S. 39,

58). Nach Bay. VRS **53**, 199 soll sogar der Widerspruch beachtlich sein, der an dem Tage bei Gericht eingeht, an dem der Beschluß von der Geschäftsstelle zur Zustellung gegeben wird; hier wird das Gebot des fairen Verfahrens bei weitem überdehnt.

45   H. **Die Beweislast für den rechtzeitigen Eingang** der Widerspruchs-erklärung bei Gericht trifft den Betroffenen (Bay. VRS **55**, 53; Karlsruhe, Die Justiz **74**, 232; Hamm VRS **47**, 121, **50**, 305; Schleswig bei Ernesti/Jürgensen SchlHA **76**, 176, **77**, 195). Für den Nachweis gilt der Freibeweis. Sieht es das Gericht danach als erwiesen an, daß der Widerspruch bei Gericht eingegangen ist, so geht es nicht zu Lasten des Betroffenen, wenn er nicht zu den Gerichtsakten gelangt ist; dies soll selbst dann gelten, wenn kein Aktenzeichen angegeben ist (Köln VRS **57**, 299; zw., da dies in der Sphäre des Betroffenen liegt). Vgl. im übrigen auch 30, 44.

46   **3) Gelegenheit zur Äußerung zur Sache** gibt das Gericht

47   A. **dem Betroffenen und der StA,** bevor es in der Sache entscheidet, nach § 33 II, III StPO iVm § 46 I. Es empfiehlt sich, diese Anhörung, die sich auf die Beurteilung des Sachverhalts in tatsächlicher und rechtlicher Hinsicht bezieht, mit dem Hinweis auf die Möglichkeit des Widerspruchs zu verbinden. Die StA hat allerdings die Gelegenheit zur Äußerung bereits bei Übersendung der Akten an das AG (§ 69 I S. 1; vgl. 20 zu § 69), so daß eine nochmalige Anhörung in der Regel (vgl. 47a) entbehrlich ist. Der Betroffene ist nach § 33 III StPO iVm § 46 I zu allen Tatsachen und Beweisergebnissen zu hören, die sich aus den Akten ergeben und zu denen er noch nicht von der VB gehört worden ist, bevor sie zu seinem Nachteil verwertet werden. Erklären sich der Betroffene und die StA (zB beim Einspruch oder bei der Übersendung der Akten nach § 69 I S. 1) von sich aus mit dem schriftlichen Verfahren einverstanden (vgl. 32), so brauchen sie nicht mehr zur Sache gehört zu werden. Sie haben in diesem Falle die Gelegenheit zur Äußerung bei Abgabe der Einverständniserklärung gehabt. Das Gericht kann dann alsbald nach Eingang der Akten entscheiden, falls es eine Hauptverhandlung nicht für erforderlich hält (vgl. Bay. MDR **53**, 311 zu § 55 OWiG 1952; Rotberg 11).

47a   **Eine erneute Anhörung** kann aber nach § 33 III StPO iVm § 46 I notwendig sein, so zB wenn die StA oder VB zu der Beschuldigung Stellung genommen hat und das Gericht die darin vorgetragenen Tatsachen zum Nachteil des Betroffenen verwerten will. Ferner ist eine Anhörung notwendig, wenn sich der rechtliche Gesichtspunkt ändert (ebenso Rotberg 11) oder wenn das Gericht ausgeschiedene Teile einer Handlung oder einzelne Gesetzesverletzungen in das Verfahren wieder einbeziehen will (vgl. 37ff. zu § 47).

47b   **Ist der Betroffene durch einen Verteidiger vertreten,** so genügt es in der Regel, daß er angehört wird (vgl. Kleinknecht 13 zu § 33 StPO); es bedeutet aber einen Verstoß gegen Art. 103 I GG, wenn bei Vorliegen noch unbekannter Tatsachen nur der Betroffene, nicht aber auch sein Verteidiger gehört wird (Karlsruhe NJW **68**, 1438 = JZ **69**, 710 m. Anm. Eb. Schmidt). Keine Verletzung des rechtlichen Gehörs liegt sicher dann vor, wenn ein verspäteter Eingang der Erklärung in der Sphäre des

Verteidigers (oder Betroffenen) begründet ist (vgl. Bay. bei Rüth DAR **79**, 244). Über die Folgen eines Verstoßes gegen Art. 103 I GG für das weitere Verfahren vgl. 75, 81;

48   B. **der VB.** Ihre Anhörung ist vor der Entscheidung grundsätzlich notwendig (5 zu § 76). Über die Möglichkeit, von der Beteiligung der VB abzusehen, vgl. 20 zu § 76; über die Stellungnahme der VB zum schriftlichen Verfahren vgl. 10.

49   **4) Der Inhalt der Entscheidung** entspricht dem des Urteils in Strafsachen. Das Gericht prüft also nicht den Bußgeldbescheid nach, sondern entscheidet selbst über die Beschuldigung, weil der Bußgeldbescheid nach Einspruch lediglich die Bedeutung einer Verfahrensgrundlage hat (2 vor § 71). II S. 1 hebt dies ausdrücklich hervor, um Zweifel auszuschließen. In dem Rubrum des Beschlusses sind außer dem Betroffenen (und seinem Verteidiger, dem gesetzlichen Vertreter und Erziehungsberechtigten) auch etwaige Nebenbeteiligte (2 ff. vor § 87) aufzuführen, da die Entscheidung gegen sie wirkt und dies für die Vollstreckung aus dem Titel erkennbar sein muß.

50   A. **Der Freispruch** braucht – ebenso wie in Strafsachen – in seinem erkennenden Teil nicht anzugeben, wegen welcher Tat der Betroffene freigesprochen ist. In dem Rubrum kann aber eine Kurzbezeichnung aufgenommen werden (zB ,,In der Bußgeldsache gegen . . . wegen einer Verkehrsordnungswidrigkeit . . . wird der Betroffene freigesprochen"). Die Gründe des Freispruchs sind in dem erkennenden Teil nicht zu nennen. Neben dem Freispruch ist die Anordnung der Einziehung aus Sicherungsgründen (vgl. 3 vor § 22) zulässig (vgl. 57 zu § 87), wenn die Einziehung bereits im Bußgeldbescheid angeordnet war (60). Die Kosten und notwendigen Auslagen des Betroffenen sind beim Freispruch grundsätzlich der Staatskasse aufzuerlegen; etwas anderes gilt in den Fällen des § 467 II, III StPO iVm § 46 I.

51   B. **Bei Festsetzung einer Geldbuße** (vgl. 19 zu § 66) ist die Ordnungswidrigkeit im erkennenden Teil anzugeben, dh die Tat in rechtlicher Hinsicht zu bezeichnen (III S. 1), wozu auch die Angabe der Schuldform (vorsätzlich, fahrlässig) gehört (BGH **27**, 196, 205). Es ist also – wie beim Urteil in Strafsachen – in der Regel ein anschaulicher Ausdruck zu verwenden (zB wegen fahrlässigen Nichtbeachtens der Vorfahrt). § 260 IV S. 2, V StPO gilt sinngemäß, da kein Grund dafür besteht, die Beschlußformel anders zu fassen als die Urteilsformel; das Unterlassen der Anpassung von III S. 1 an § 260 IV S. 2, V StPO ist ein Redaktionsversehen. Hat der Bußgeldtatbestand eine gesetzliche Überschrift (vgl. §§ 111 ff.), so soll diese angegeben werden; die angewendeten Bußgeldvorschriften sind nach der Beschlußformel (etwa: Angewendete Vorschriften) aufzuführen. Etwaige Mängel in dieser Hinsicht sind jedoch unschädlich.

52   C. **Über die Anordnung von Nebenfolgen** vgl. näher 20 ff. zu § 66. Wird eine Nebenfolge vermögensrechtlicher Art angeordnet, die nicht in einem Geldbetrag besteht (zB die Einziehung eines Gegenstandes), so ist deren Wert in dem erkennenden Teil des Beschlusses festzusetzen, da davon die Anfechtung des Beschlusses abhängt (vgl. § 79 I S. 1 Nr. 2).

53   D. **Die Einstellung des Verfahrens** wird ausgesprochen, wenn ein
Verfahrenshindernis besteht (vgl. § 260 III StPO). Eine solche Entscheidung kommt nur in Betracht, wenn das Gericht durch den Hinweis
nach I S. 2 den Weg des schriftlichen Verfahrens statt der sonst gebotenen
Hauptverhandlung beschritten hat (vgl. für die anderen Fälle 54) und
dann das Verfahrenshindernis hervortritt (wie sonst in der Hauptverhandlung; über das Rechtsmittel in diesem Falle vgl. 80).

54   a) **Außerhalb des Beschlußverfahrens nach § 72** (also vor dem Hinweis nach I S. 2) stellt das Gericht das Verfahren wegen eines Verfahrenshindernisses nach § 206a StPO iVm § 46 I ein (vgl. 30 vor § 67; Oldenburg MDR **70**, 527; Frankfurt NJW **70**, 2039; Rebmann/Roth/Herrmann
7 zu § 71; Müller 10). Durch einen Widerspruch gegen das schriftliche
Verfahren kann die Einstellung durch Beschluß nicht verhindert werden,
weil der Widerspruch die Hauptverhandlung lediglich in den Fällen notwendig macht, in denen sie ohne § 72 erforderlich gewesen wäre. Stellt
das Gericht das Verfahren außerhalb des Beschlußverfahrens nach § 72
(anders im Beschlußverfahren nach § 72, vgl. dazu 80) nach § 206a StPO
iVm § 46 I ein, so ist dagegen seitens der StA die sofortige Beschwerde
gegeben (Oldenburg NJW **70**, 622; Frankfurt NJW **70**, 2039); der Betroffene hat mangels Beschwer kein Rechtsmittel (Kleinknecht 10 zu § 206a
StPO; vgl. Rebmann/Roth/Herrmann 13; str.).

55   b) **Die Einstellung nach § 47 II** ist in II S. 1 nicht gemeint, weil dieser
Fall besonders geregelt ist: Der Beschluß nach § 47 II ist nicht anfechtbar;
er kann auch bei einem Widerspruch des Betroffenen gegen das schriftliche Verfahren erlassen werden (Karlsruhe, Die Justiz **79**, 214) und bedarf
keiner Begründung.

56   E. **Das Verschlechterungsverbot** (*reformatio in peius;* II S. 2) gilt für die
Entscheidung durch Beschluß. Es dürfen also keine nachteiligeren
Rechtsfolgen ausgesprochen werden als im Bußgeldbescheid der VB, so
keine höhere Geldbuße (vgl. jedoch 58) und keine Nebenfolgen, die nicht
bereits in dem Bußgeldbescheid angeordnet worden sind.

57   a) **Bei einer fortgesetzten Handlung** ist auch eine Verschlechterung
wegen der nach dem Bußgeldbescheid verwirklichten Handlungsteile
nicht zulässig (ebenso Rebmann/Roth/Herrmann 7; Rotberg 13); in diesem Falle ist die Hauptverhandlung angebracht.

58   b) **Bei Wegfall des Fahrverbots** kann eine höhere als die im Bußgeldbescheid ausgesprochene Geldbuße festgesetzt werden. Voraussetzung
dafür ist allerdings, daß die Gesamtschau der angeordneten Rechtsnachteile keine Veränderungen zum Nachteil des Betroffenen erkennen lassen
(Bay. VRS **44**, 310; Hamm VRS **50**, 50; Hamburg MDR **71**, 510; vgl.
BGH **24**, 11).

59   c) **Eine rechtlich andere Qualifikation** ist möglich, weil mit dem Begriff „Entscheidung" in II S. 2 nur diejenige über die Rechtsfolgen gemeint ist, wie der Zusammenhang zu II S. 1 zeigt.

60   d) **Für Nebenfolgen** gilt das Verschlechterungsverbot unabhängig davon, welchen Charakter sie haben, ob sie also Sicherungsmaßnahmen
(vgl. 3 vor § 22) sind oder nicht; denn das Verbot der Verschlechterung

besteht – im Gegensatz zu § 331 II, § 358 II S. 2 StPO – nicht nur für die Rechtsfolgen, die den Charakter einer Ahndung haben, sondern schlechthin. Die Anordnung der Nebenfolgen darf auch nicht verschärft werden: An Stelle des Vorbehalts der Einziehung darf deshalb nicht die Einziehung angeordnet werden; an Stelle der nach § 24 II getroffenen weniger einschneidenden Maßnahmen dürfen nicht härtere ausgesprochen werden (wohl umgekehrt).

61   e) **Eine Vollstreckungsanordnung** nach § 98 I kann in dem Beschluß getroffen werden (vgl. § 78 III; Rebmann/Roth/Herrmann 8).

62   f) **Bei einem Verstoß** gegen das Verschlechterungsverbot ist die Rechtsbeschwerde in entsprechender Anwendung von § 79 I S. 1 Nr. 5 nur unter eingeengten Voraussetzungen zulässig (vgl. 24, 76).

63   **5) Die Begründung des Beschlusses** entspricht der des Urteils in Strafsachen (vgl. dazu näher 42 ff. zu § 71, deren Bemerkungen auch für die Begründung des Beschlusses gelten; vgl. zB Stuttgart NJW 77, 1410). Eine unterschiedliche Form der Begründung ist deshalb nicht vorgesehen, weil der Beschluß nach § 72 mit dem gleichen Rechtsmittel angefochten werden kann wie das Urteil (vgl. BerEOWiG zu § 61); der Unterschied in der Anfechtungsmöglichkeit von Urteil und Beschluß besteht (abgesehen von § 79 I S. 1 Nr. 4, 5) allein darin, daß gegen den Beschluß keine Zulassungsrechtsbeschwerde gegeben ist (vgl. § 79 I S. 2). III S. 2, 3 entspricht sachlich dem § 267 I StPO, III S. 4 dem § 267 III S. 1 StPO und IV dem § 267 V S. 1 StPO; die Abweichungen sind nur sprachlicher Art. § 267 IV, V S. 2, 3 StPO ist sinngemäß anzuwenden, wenn innerhalb der Rechtsmittelfrist kein Rechtsmittel eingelegt wird; IV S. 2 enthält insoweit nur eine unvollkommene Regelung (Redaktionsversehen; vgl. 51; zust. Rebmann/Roth/Herrmann 10).

64   **6) Eine Kostenentscheidung** hat der Beschluß zu enthalten, da er das gerichtliche Verfahren abschließt (§ 464 I StPO iVm § 46 I); über die Kostenentscheidung beim Freispruch vgl. 50. Bei einer Verurteilung ist zu prüfen, ob die Auslagen nach § 465 II StPO iVm § 46 I teilweise der Staatskasse aufzuerlegen sind. Ist die Kostenentscheidung versehentlich unterblieben, so kann sie nicht nachgeholt werden; die Kosten (im Falle des Freispruchs auch die notwendigen Auslagen des Betroffenen; vgl. Kleinknecht 4 zu § 467 StPO; aM Hamm NJW 74, 71) trägt dann die Staatskasse (vgl. 43 ff. zu § 47; 30 zu § 66; 8 zu § 105). Über die Gerichtsgebühr vgl. Nr. 1700 KVGKG (Anh **A 8**).

65   **7) Zuzustellen** ist der Beschluß der StA sowie dem Betroffenen und einem etwaigen Nebenbeteiligten (2 ff. vor § 87) mit einer Rechtsmittelbelehrung (§ 35 II S. 1, § 35a StPO iVm § 46 I; Bay. bei Rüth DAR 73, 214; Karlsruhe, Die Justiz 73, 358; Koblenz VRS 56, 32).

66   A. **Die Rechtsmittelbelehrung** erstreckt sich auf die Zulässigkeitsvoraussetzungen nach § 79 I S. 1. Die Zulässigkeitsvoraussetzung nach § 79 I S. 1 Nr. 5 ist etwa dahin zu umschreiben, daß gegen den Beschluß die Rechtsbeschwerde zulässig ist, wenn der Betroffene dem schriftlichen Verfahren widersprochen hat oder wenn er über die Möglichkeit eines solchen Verfahrens und des Widerspruchs nicht oder fehlerhaft belehrt

oder ihm keine ausreichende Gelegenheit zu einem Widerspruch gegeben
worden ist (vgl. 70 ff.). Unterbleibt die Rechtsmittelbelehrung, so kann
der Betroffene wegen der Versäumung der Frist zur Einlegung der
Rechtsbeschwerde die Wiedereinsetzung in den vorigen Stand beanspruchen (§ 44 S. 2 StPO iVm § 46 I); über die Verjährung bis zur Bewilligung der Wiedereinsetzung vgl. 2 vor § 31. Vgl. auch 16 zu § 79.

67   B. **Wird der Beschluß nicht zugestellt,** so wird er nicht rechtskräftig
(vgl. 11); dies gilt auch dann, wenn gegen ihn nach § 79 I Nr. 1–3, 5
die Rechtsbeschwerde nicht eröffnet ist (BGH **25**, 259; Bay. VRS **44**, 50).
Auf eine danach unzulässige Rechtsbeschwerde sind also in gleicher
Weise wie auf eine nach § 79 I S. 1 zulässige Rechtsbeschwerde die Vorschriften über die bei der Einlegung und Begründung der Rechtsbeschwerde zu beachtenden Fristen und Förmlichkeiten anzuwenden (Bay.
aaO; Hamm NJW **72**, 966). Über die Zustellung an den Verteidiger vgl.
§ 145 a StPO iVm § 46 I. Die Zustellung durch eingeschriebenen Brief ist
unzulässig und setzt die Rechtsbeschwerdefrist nicht in Lauf (Hamm
VRS **50**, 291).

68   **8) Die Rechtsbeschwerde** ist gegen den Beschluß nach den gezogenen
Wertgrenzen (§ 79 I Nr. 1–3) zur Abgrenzung von Bagatellfällen (in denen das Verfahren grundsätzlich – unter Inkaufnahme von Fehlentscheidungen – auf eine gerichtliche Instanz beschränkt sein soll; vgl. BGH **26**,
389, 391; Göhler, Schäfer-Festschr. S. 39, 49 f.) in gleichem Umfange
gegeben wie gegen Urteile. Allerdings gelten Besonderheiten, die in den
(leider massenhaft anfallenden) Verfahren wegen geringfügiger Ordnungswidrigkeiten von großer praktischer Bedeutung sind:

69   A. **Keine Zulassungsrechtsbeschwerde** ist gegen die Entscheidung
nach § 72 gegeben (Hamm VRS **50**, 59, **41**, 55, 144, 146; Karlsruhe, Die
Justiz **74**, 138; Koblenz VRS **53**, 132, **54**, 292; Oldenburg NJW **71**, 819).
Die Zulassungsrechtsbeschwerde dient nicht der Durchsetzung der Gerechtigkeit im Einzelfall, sondern übergeordneten Zwecken (vgl. zu § 80;
BGH **26**, 389, 391; Göhler, Schäfer-Festschr. S. 39, 56 f.). Der Gesetzgeber hat es für ausreichend angesehen, wenn bei einer bestimmten Gruppe
von Fällen (Entscheidung durch Urteil) die Nachprüfung durch das OLG
ermöglicht wird. Das Fehlen der Zulassungsrechtsbeschwerde beeinträchtigt danach die Schutzinteressen des Betroffenen nicht unmittelbar,
so daß es verfehlt ist, über den Umweg der Rechtsbeschwerde nach § 79 I
S. 1 Nr. 5 eine von dem Grundgedanken dieser Vorschrift nicht mehr
getragene Anfechtungsmöglichkeit einzuräumen. Dies wird in der Rspr.
nicht immer hinreichend bedacht (vgl. 73).

70   B. **Die Zulässigkeit der Rechtsbeschwerde nach § 79 I S. 1 Nr. 5** wird
von der Rspr. nicht nur bei einem ausdrücklich erklärten (auch verspätet
eingegangenen, aber fehlerhaft nicht berücksichtigten; vgl. 44) Widerspruch gegen das schriftliche Verfahren bejaht, sondern nach dem
Grundgedanken der Vorschrift darüber hinaus auch dann, wenn (möglicherweise; im Zweifel: zugunsten des Betroffenen, vgl. BGH **27**, 85, **24**,
299; Bay. NJW **77**, 1164; vgl. jedoch auch Karlsruhe, Die Justiz **76**, 263):

71   a) **kein uneingeschränktes Einverständnis** mit dem schriftlichen Verfahren vorgelegen hat, dh wenn nach der abgegebenen Erklärung des

Widerspruchsberechtigten (vgl. 14) ein Rest an Widerspruch bleibt. Im einzelnen rechnen dazu alle unter 13–30, 44 angegebenen Fälle, in denen die Voraussetzungen für das Beschlußverfahren nicht gegeben waren oder unfair geschaffen worden sind; hierzu rechnen dagegen nicht bloße Fehler des Beschlußverfahrens (zB über das Verschlechterungsverbot; Frankfurt NJW **76**, 1328; vgl. aber 24; vgl. ferner 76). Auch bei dieser Begrenzung ist allerdings nicht zu verkennen, daß die Grenzen, die sich der Gesetzgeber bei Einschränkung der Rechtsbeschwerde im schriftlichen Verfahren vorgestellt hat, erheblich überschritten sind (vgl. hierzu Göhler JR **70**, 430); doch hängt die Ausweitung der Anfechtungsmöglichkeit in Zweifelsfragen mit Recht nach der höchstrichterlichen Rspr. sicher auch davon ab, ob der RiAG elementare Verfahrensregeln (vgl. 8 zu § 80) einhält oder nicht (vgl. auch 13);

72 b) **keine (hinreichende) Gelegenheit zum Widerspruch** gegeben worden ist. Hierzu rechnen alle Fälle, in denen der Hinweis an den Betroffenen unterblieben ist (vgl. 31 ff.), die Entscheidung dem Gebot des fairen Verfahrens widerspricht (vgl. 23 ff.; vgl. jedoch Bay. NJW **71**, 1709, wonach der Betroffene bei einer Entscheidung auf Grund veränderter Aktenlage auf das Verfahren nach § 33a StPO iVm § 46 I zu verweisen ist), oder keine (ausreichende) Frist zur Stellungnahme zu dem Hinweis nach I S. 2 gewährt oder die Frist nicht abgewartet (vgl. 37 ff.) worden ist (vgl. im einzelnen die dort angegebene Rspr.). Die Gelegenheit zum Widerspruch ist dann ausreichend gegeben, wenn dem Betroffenen der Hinweis nach I S. 2 im Wege der Ersatzzustellung bekanntgegeben worden ist (BGH **27**, 85).

73 C. **Unzulässig ist die Rechtsbeschwerde** in weniger bedeutsamen Fällen (bis zu der Wertgrenze nach § 79 I Nr. 1–3), soweit hier der Beschwerdegrund in § 79 I S. 1 Nr. 5 keine tragfähige Grundlage bildet. Eine Ausdehnung der Anfechtungsmöglichkeit auf weitere Fälle findet weder in dem Wortlaut noch in den Motiven oder dem Zweck des Gesetzes (vgl. 69) eine Stütze.

74 a) **Das Beschlußverfahren nach durchgeführter Hauptverhandlung** kann also nur dann mit der Rechtsbeschwerde gerügt werden, wenn es nicht mehr von der Zustimmung der Beteiligten gedeckt ist (richtig: Koblenz VRS **54**, 292; aM Hamm JMBlNW **78**, 219; VRS **57**, 50; vgl. 27).

75 b) **Die mangelnde Gewährung des rechtlichen** Gehörs eröffnet beim Verfahren nach § 72, soweit der Beschwerdegrund nach § 79 I S. 1 Nr. 5 nicht eingreift (vgl. 71 ff.), den Weg des § 33a StPO iVm § 46 (vgl. 81), nicht aber den einer sonst nicht gegebenen Rechtsbeschwerde. Ist dem Betroffenen der Hinweis nach I S. 2 unmißverständlich erteilt, jedoch nicht ausdrücklich Gelegenheit zur sachlichen Äußerung gegeben worden, so ist § 79 I S. 1 Nr. 5 nicht entsprechend anwendbar (KG VRS **39**, 229 = JR **70**, 432 m. Anm. Göhler). Ist die Rechtsbeschwerde danach nicht zulässig, so ist die Sache in entsprechender Anwendung von § 348 StPO an das AG zurückzugeben.

76 c) **Bei Verletzung des Verschlechterungsverbots** (vgl. 56) ist die Rechtsbeschwerde in entsprechender Anwendung von § 79 I S. 1 Nr. 5

unter dem Gesichtspunkt zulässig, daß das Gebot des fairen Verfahrens
verletzt ist (vgl. Karlsruhe, Die Justiz **77**, 301; vgl. auch 24), sonst nicht
(aM Rebmann/Roth/Herrmann 14; Rotberg 17; Cramer VOR 72, 102,
128; vgl. auch Schleswig bei Ernesti/Jürgensen SchlHA **78**, 192, wonach
auch bei einem irrtümlichen Verstoß gegen das Verschlechterungsverbot
die entsprechende Anwendung von § 79 I S. 1 Nr. 5 gegeben ist, weil
dieses Verfahren vom Einverständnis des Betroffenen nicht gedeckt sei).

77   d) **Zur Verjährung vor Erlaß des Beschlusses** vgl. 82.

78   D. **Zur Begründung der Rechtsbeschwerde** müssen die Tatsachen
angegeben werden, aus denen sich ableitet, daß gegen den Widerspruch
des Betroffenen entschieden worden ist (BGH **23**, 280 m. Anm. Göhler
JR **70**, 427). Ob die Tatsachen zutreffend sind, ist nach Aktenlage zu
entscheiden, so daß es zu Lasten des Betroffenen geht, wenn der Widerspruch nicht bei Gericht eingegangen ist (Bay. bei Rüth DAR **75**, 210).

78a   Bei einer **Versäumung der Beschwerdebegründungsfrist** entscheidet
in den Fällen unter 70 ff. das Rechtsbeschwerdegericht (Bay. bei Rüth
DAR **73**, 215); dem Beschwerdeführer kann in diesen Fällen Wiedereinsetzung in den vorigen Stand gewährt werden (Bay. VRS **55**, 128).

79   E. **Der Umfang der Nachprüfung** erstreckt sich auch auf den Akteninhalt, soweit die tatrichterliche Überzeugungsbildung darauf gestützt ist
(Hamm VRS **49**, 277).

80   9) **Eine sofortige Beschwerde** gegen den Beschluß nach § 72 ist unzulässig und in eine Rechtsbeschwerde umzudeuten (Hamm VRS **45**, 306).
Dies gilt auch dann, wenn das Gericht bei einer Einstellung des Verfahrens wegen eines Verfahrenshindernisses den Weg des schriftlichen Verfahrens nach § 72 gewählt hat; gegen diese Entscheidung kommt nur die
Rechtsbeschwerde in Betracht (Bay. NJW **71**, 907; Frankfurt NJW **70**,
2039; Hamm NJW **72**, 1726; Karlsruhe, Die Justiz **77**, 23; Rebmann/
Roth/Herrmann 13; vgl. jedoch auch 54). Entscheidet das LG über eine
Beschwerde, die der Sache nach als Rechtsbeschwerde anzusehen ist, so
ist die Entscheidung des LG mit der weiteren Beschwerde anfechtbar
(Celle NJW **73**, 1710; Hamm NJW **72**, 1725).

81   10) **Bei einer Verletzung des rechtlichen Gehörs** ist, wenn der Beschluß unanfechtbar ist (da zB nur eine Geldbuße bis zu 200 DM festgesetzt und der § 79 I S. 1 Nr. 5 nicht anwendbar ist; vgl. 75), das rechtliche Gehör nach § 33 a StPO iVm § 46 I nachträglich zu gewähren
(BVerfGE **42**, 243; Bay. **73**, 1140; Zweibrücken GA **79**, 151); der § 33 a
StPO ist so auszulegen und anzuwenden, daß er jeden Verstoß gegen
Art. 103 I GG in dem Beschlußverfahren nach § 72, auf das er anwendbar
ist, erfaßt (BVerfGE aaO = JZ **77**, 23 m. Anm. Goerlich; BayVerfGH
BayVBl. **79**, 537; vgl. auch Schäfer BayVBl. **76**, 689). Die mangelnde
Gewährung des rechtlichen Gehörs eröffnet also die Rechtsbeschwerde
nicht (Bay. NJW **71**, 1709; Zweibrücken aaO). In dem Nachverfahren
nach § 33 a StPO iVm § 46 I, das bei einem Verfassungsverstoß trotz der
Möglichkeit der Rechtsbeschwerde zulässig ist (BVerfG BayVBl. **76**,
688) und das auch im Wege der Hauptverhandlung durchgeführt werden
kann (Kleinknecht 16; Bay. NJW **73**, 1140; aM Rebmann/Roth/Herr-

mann 15), darf die neu ergehende Entscheidung grundsätzlich keine strengeren Rechtsfolgen aussprechen als die zunächst erlassene (Bay. aaO). Lehnt das AG die nachträgliche Gewährung des rechtlichen Gehörs ab, so ist dagegen die einfache Beschwerde nach § 304 StPO iVm § 46 I zulässig (Rebmann/Roth/Herrmann 15).

82   **11) Verjährungsfragen.** Durch den Erlaß des Beschlusses nach § 72 wird das Ruhen der Verjährung herbeigeführt (§ 32 II), sofern die Verjährungsfrist vorher noch nicht abgelaufen war (vgl. 7 ff. zu § 32). Entscheidend ist dabei der Zeitpunkt, in dem der Beschluß unterzeichnet ist (vgl. 11 zu § 32). Ist die Rechtsbeschwerde unzulässig, so kann eine vor Erlaß der angefochtenen Entscheidung eingetretene Verjährung nicht berücksichtigt werden (Koblenz VRS **53**, 132); dies gilt sowohl dann, wenn die Rechtsbeschwerde überhaupt nicht zulässig ist (vgl. 69 ff.), als auch dann, wenn sie nicht form- und fristgerecht eingelegt ist (Koblenz aaO; Celle NdsRpfl. **77**, 169).

83   **12) Die Rechtskraft** des Beschlusses tritt auch bei einer unanfechtbaren Beschlußentscheidung erst mit dem fruchtlosen Ablauf der Beschwerdeeinlegungsfrist ein (deshalb: Zustellung notwendig, vgl. 67), bei fristgerechter Einlegung der Rechtsbeschwerde erst mit deren Zurücknahme oder Verwerfung (Bay. 25. 7. 1972, 5 St 545/72; aM Hamm NJW **73**, 1517). Die Rechtskraft erstreckt sich auch auf die Verfolgung der Tat als Straftat (§ 84 II). Gegen den rechtskräftigen Beschluß kann wie bei einem Urteil die Wiederaufnahme des Verfahrens beantragt werden (§ 85). Eine Berichtigung der Entscheidungsformel des Beschlusses ist nur bei einem offensichtlichen Versehen zulässig, sonst nicht (Schleswig bei Ernesti/Jürgensen SchlHA **78**, 192).

84   **13) Nicht anwendbar ist der § 72** im Falle des § 82 II (vgl. 19 zu § 82). Auch in anderen Fällen kann die Anwendung des § 72 nach dem Rechtsgedanken der Überleitungsregelung des Art. 158 I S. 3 EGOWiG und Art. 317 I S. 3 EGStGB (Anh **A** 1) ausgeschlossen sein (vgl. 27 zu § 82; 5 zu § 83).

85   **14) Über die Möglichkeit der Verfassungsbeschwerde** vgl. 9 ff. vor § 79.

Anwesenheit des Betroffenen in der Hauptverhandlung

73 [I] **Der Betroffene ist zum Erscheinen in der Hauptverhandlung nicht verpflichtet.**

[II] **Das Gericht kann jedoch zur Aufklärung des Sachverhalts das persönliche Erscheinen des Betroffenen anordnen.**

[III] **Das Gericht kann auch die Vernehmung des Betroffenen durch einen ersuchten Richter anordnen. Von dem zum Zweck der Vernehmung anberaumten Termin sind die Staatsanwaltschaft und der Verteidiger zu benachrichtigen; ihrer Anwesenheit bei der Vernehmung bedarf es nicht. Das Protokoll über die Vernehmung ist in der Hauptverhandlung zu verlesen.**

[IV] **Hat das Gericht das persönliche Erscheinen des Betroffenen nicht angeordnet, so kann er sich durch einen schriftlich bevollmächtigten Verteidiger vertreten lassen.**

1   **1) Die Vorschrift** wandelt den Grundsatz der StPO, daß der Angeklagte zur Anwesenheit in der Hauptverhandlung verpflichtet ist, ab.

2   Danach hat das Gericht **die Wahlmöglichkeit,** zwischen verschiedenen Verfahrensgestaltungen, nämlich a) einem besonders ausgestalteten Abwesenheitsverfahren ohne richterliche Vernehmung des Betroffenen (I, IV, § 74), b) einem Abwesenheitsverfahren mit richterlicher Vernehmung des Betroffenen (III) und c) einer Hauptverhandlung in Anwesenheit des Betroffenen (II).

3   **Von den Umständen des Falles** hängt es ab, für welche Verfahrensart sich das Gericht entscheidet (vgl. 17 ff.); es hat danach vor Anberaumung der Hauptverhandlung an Hand der Akten zu prüfen, welche Verfahrensgestaltung die zweckmäßigste ist (Koblenz VRS **55**, 207; vgl. auch 16, 22, 32). Ausschlaggebend bei dieser Prüfung ist die Frage, ob in dem Abwesenheitsverfahren nach § 74 I der Sachverhalt genügend aufgeklärt werden kann (vgl. 18 ff.). Ist dies der Fall, so kann die Sache namentlich bei weiter Entfernung des Wohnorts des Betroffenen vom Gerichtsort im Abwesenheitsverfahren wesentlich schneller und einfacher erledigt werden als im Strafverfahren, weil sich dann die kommissarische Vernehmung des Betroffenen durch einen ersuchten Richter erübrigt (vgl. Einl. C III 8 der BegrEOWiG).

4   **2) Keine Anwesenheitspflicht des Betroffenen** in der Hauptverhandlung besteht im Gegensatz zum Strafverfahren, wenn das Gericht eine Anordnung nach II nicht trifft. Der Verzicht auf die Anwesenheitspflicht ermöglicht in bestimmten Fällen einen schnelleren und einfacheren Verfahrensablauf (vgl. 3). Die Vorschriften der StPO, die von der Anwesenheitspflicht des Angeklagten ausgehen (vgl. zB §§ 230–234 StPO), sind nur zum Teil anwendbar (vgl. 28 zu § 71).

5   **3) Ein Anwesenheitsrecht** hat aber der Betroffene in gleicher Weise wie im Strafverfahren. I beseitigt nur die Pflicht zur Anwesenheit. Daraus folgt:

6   **A. Die Ladung des Betroffenen** zur Hauptverhandlung (§§ 212 ff.

StPO iVm § 46 I; 25 zu § 71) ist notwendig, damit er entscheiden kann, ob er von dem Recht auf Anwesenheit Gebrauch machen will. In der Ladung ist der Betroffene – abweichend von § 216 I StPO – darauf hinzuweisen, a) daß er zum Erscheinen nicht verpflichtet ist und b) daß bei seiner Abwesenheit nach § 74 I verfahren wird (vgl. 41 zu § 74). Der Betroffene kann sich dann überlegen, ob er mit dem Verfahren nach § 74 I einverstanden ist. Ist der Betroffene durch öffentliche Bekanntmachung geladen und bleibt er in der Hauptverhandlung aus, so kann nach § 74 I verfahren werden, da eine dem § 232 II StPO entsprechende Vorschrift fehlt und das Verfahren in Abwesenheit nicht auf eng begrenzte Ausnahmefälle beschränkt ist. Über die Ladung des Verteidigers vgl. § 218 StPO (ferner 26 zu § 71; 9, 38); über die Ladung des gesetzlichen Vertreters und Erziehungsberechtigten des Betroffenen (§ 50 II JGG, Anh **A** 3) vgl. 63 zu § 71.

7   B. **Bei entschuldigtem Ausbleiben** darf die Hauptverhandlung nicht durchgeführt werden (Bay. Rpfleger **70**, 351; grundlegend: Hamm NJW **72**, 1063; vgl. auch Bay. bei Rüth DAR **79**, 244 f.; Schleswig DAR **76**, 250; Köln NJW **74**, 377; Hamm VRS **41**, 304 = JR **71**, 471 m. Anm. Kohlhaas, VRS **50**, 132, 307, **56**, 42; Koblenz VRS **55**, 207), auch wenn der Betroffene durch einen Verteidiger vertreten ist (Bay. VRS **50**, 224; Hamm VRS **50**, 307), es sei denn, daß dieser erklärt, er sei gleichwohl mit der Verhandlung in Abwesenheit des Betroffenen einverstanden (Bay. aaO; Schleswig aaO; Hamm VRS **39**, 359). Das folgt aus dem Recht des Betroffenen auf Anwesenheit sowie auch aus § 74 IV, der dem Betroffenen das Recht der Wiedereinsetzung gibt, wenn es ihm nicht möglich gewesen ist, an der Hauptverhandlung teilzunehmen.

8   a) **Nicht jeder Hinderungsgrund,** der bei einer bestehenden Pflicht zum Erscheinen das Ausbleiben entschuldigen würde (vgl. 53 ff. zu § 59; 29 ff. zu § 74), wird allerdings als hinreichender Entschuldigungsgrund anzusehen sein, der das Verfahren in Abwesenheit unzulässig macht (vgl. hierzu auch Hamm NJW **72**, 1063). Es ist zu berücksichtigen, daß der Betroffene im Bußgeldverfahren wegen seiner minderen Bedeutung über das Recht auf Anwesenheit disponieren kann. Im Rahmen der bestehenden Dispositionsmöglichkeit kann es dem Betroffenen aber durchaus zuzumuten sein, eigene, auch berufliche Interessen zurückzustellen, wenn er das Recht auf Verteidigung in allen Einzelheiten voll wahrnehmen will (vgl. hierzu instruktiv: Hamm VRS **53**, 201, wo dem Anwesenheitsrecht des Betroffenen angemessene Grenzen gesetzt sind; vgl. auch Köln NJW **71**, 1622; bedenkl. Bay. bei Rüth DAR **76**, 179, wonach die Entschuldigung einer Lehrerin, bis 15 Uhr unterrichten zu müssen, ausreichen soll; vgl. ferner Rebmann/Roth/Herrmann 14 zu § 74).

8a   **Darlegen muß der Betroffene** die Entschuldigungsgründe (zB die Hinderungsgründe nach Art der Geschäfte, deren Wichtigkeit und Unaufschiebbarkeit; vgl. KG 6. 8. 1979, 3 Ws B 199/79, GA **73**, 29; Köln NJW **71**, 1622).

9   b) **Bei einer Vertretung durch einen Verteidiger** folgt aus dem Anwesenheitsrecht auch das Recht auf Verteidigung in Anwesenheit (vgl. 30 ff. zu § 71). Ferner folgt daraus, daß der Betroffene zumindest die Möglich-

keit haben muß, seinen Verteidiger vorher zur Sache zu informieren; ist dies wegen eines Unglücksfalles nicht möglich, so ist einem Vertagungsantrag des Verteidigers zu entsprechen (Köln VRS **45**, 134; vgl. jedoch auch zur Ablehnung eines Vertagungsantrages 30 zu § 71). Will der Betroffene trotz Vertretung durch einen Verteidiger und obwohl es sich um eine geringfügige Sache handelt, selbst an der Hauptverhandlung teilnehmen, so ist es ihm zB zuzumuten, seinen Urlaub einen Tag früher als beabsichtigt zu beenden, auch wenn er längere Zeit vorher geplant war (Köln NJW **71**, 1622).

10   c) **Das Anwesenheitsrecht ist verletzt,** wenn ein Antrag auf Terminsverlegung erst so spät abschlägig beschieden wird, daß sich weder der Betroffene noch der Verteidiger hierauf einrichten können (Hamm VRS **41**, 304; Bay. bei Rüth DAR **79**, 244, 245); ebenso, wenn der Antrag des Verteidigers abgelehnt wird, die Hauptverhandlung zu vertagen und den Betroffenen, der erkrankt ist, zu hören (Hamm VRS **50**, 307); ebenso, wenn die Hauptverhandlung durchgeführt wird, obwohl der Betroffene ein ärztliches Attest eingereicht hat, aus dem sich ergibt, daß er zum Termin nicht erscheinen kann (Hamm VRS **50**, 132); desgl., wenn er fernmündlich mitteilt, er könne wegen einer Autopanne den Termin nicht wahrnehmen (Schleswig DAR **76**, 250).

11   d) **Über das Recht auf kommissarische Vernehmung** vgl. 34.

12   C. **Eine zeitweise Ausschließung von der Hauptverhandlung,** die das Anwesenheitsrecht einschränkt, ist nach § 247 StPO, in Jugendsachen nach § 51 I JGG (Anh **A 3**) zulässig (28, 65 zu § 71); die §§ 231 a, 231 b StPO gelten sinngemäß, falls der Betroffene von dem Anwesenheitsrecht Gebrauch machen will (vgl. 28 zu § 71). Über die Ausschließung des gesetzlichen Vertreters und Erziehungsberechtigten des Betroffenen (§ 51 II JGG) vgl. 65 zu § 71.

13   D. **Die Rechtsbeschwerde** kann bei einer Verletzung des Anwesenheitsrechts auf § 338 Nr. 5 StPO iVm § 79 III gestützt werden (vgl. 27 zu § 79; Hamm VRS **50**, 132, 307; Schleswig DAR **76**, 250). Jedoch ist in diesem Falle § 79 I S. 1 Nr. 5 nicht entsprechend anzuwenden, weil diese Regelung voraussetzt, daß das Gericht fehlerhaft die Verfahrensart des schriftlichen Verfahrens angewendet hat (Bay. VRS **39**, 282; Frankfurt NJW **76**, 1328); zu berücksichtigen ist im übrigen, daß der Betroffene bei Verhandlung in seiner Abwesenheit nach § 74 IV die Wiedereinsetzung in den vorigen Stand beantragen kann (vgl. Bay aaO; BVerfGE **42**, 252) und daß es in einem solchen Falle geboten ist, die Rechtsbeschwerde zur Sicherung einer einheitlichen Rspr. zuzulassen (8 zu § 80).

14   **Nur auf eine Rüge** hin ist die Verletzung des Anwesenheitsrechts im Rechtsbeschwerdeverfahren – im Gegensatz zum Strafverfahren (vgl. Hamburg JR **69**, 310 m. Anm. EbSchmidt) – beachtlich, da im Bußgeldverfahren hinsichtlich der Anwesenheit des Betroffenen Regel und Ausnahme verkehrt sind (Rotberg 1; vgl. auch Hamm NJW **73**, 2308). Zur Ablehnung eines Antrages des Verteidigers auf Vertagung vgl. 30 zu § 71.

15   **4) Die Hauptverhandlung ohne den Betroffenen** richtet sich nach
§ 74 I, der den Grundsatz der Unmittelbarkeit hinsichtlich der Einlassung
des Betroffenen zur Sache auflockert (vgl. zu § 74).

16   **5) Die Anordnung des persönlichen Erscheinens** des Betroffenen zur
Aufklärung des Sachverhalts (II) liegt im Ermessen des Gerichts (31 ff.).
Sie kommt nicht nur ausnahmsweise in Betracht, sondern stets dann,
wenn der Sachverhalt in dem Abwesenheitsverfahren nach § 74 I nicht
genügend geklärt werden kann (vgl. auch 19). Dabei sind die für und
gegen eine solche Anordnung sprechenden Umstände abzuwägen
(Hamm VRS **54**, 448, 449). Neben der Erforschung der Wahrheit, die das
persönliche Erscheinen gebieten kann (vgl. Bay. MDR **78**, 250), ist auch
zu berücksichtigen, ob dem Betroffenen das persönliche Erscheinen zugemutet werden kann (21 ff.) und ob Anhaltspunkte für eine Straftat
gegeben sind (24). Die Anordnung ist jederzeit zulässig, also zB noch
nach einer kommissarischen Vernehmung oder in einer Hauptverhandlung bei erlaubter Abwesenheit des Betroffenen. Ebenso kann die Anordnung jederzeit wieder aufgehoben werden (vgl. 27; vgl. hierzu auch
Hamm VRS **54**, 363; **53**, 201).

17   **A. Folgende Fälle sind zu unterscheiden:**

18   **a) Die Akten enthalten eine Äußerung des Betroffenen,** die er in
diesem Verfahren in seiner Eigenschaft als Betroffener zur Sache abgegeben hat (vgl. 11 ff. zu § 74). Erscheint diese Äußerung (für sich allein oder
iVm anderen Beweismitteln – vgl. 57 ff. vor § 59 –, zB mit den Angaben
von Zeugen, die zur Hauptverhandlung geladen werden) zur Aufklärung
des Sachverhalts ausreichend, so erübrigt sich im allgemeinen (vgl. aber
21, 24) die Anordnung des persönlichen Erscheinens. Etwas anderes gilt
zB, wenn die Angaben des Betroffenen nach dem Akteninhalt unklar,
widersprüchlich oder unvollständig sind; das gleiche gilt, wenn auf
Grund der Angaben von Zeugen voraussichtlich an den Betroffenen ergänzende Fragen zu richten sind oder wenn zu erwarten ist, daß er seine
Angaben in der Hauptverhandlung in wesentlichen Punkten ergänzen
wird; ebenso, wenn zu klären ist, ob er als Täter (zB auf Grund eines
Lichtbildes) identifiziert werden kann (Bay. MDR **78**, 250). Unter diesen
Umständen ist das persönliche Erscheinen oder die kommissarische Vernehmung des Betroffenen (vgl. 31 ff.) anzuordnen. Davon kann allerdings abgesehen werden, wenn der Betroffene durch einen (genügend
informierten) Verteidiger vertreten ist (vgl. 20, 22).

19   **b) Es fehlt eine Äußerung des Betroffenen** zur Sache (vgl. 18). Hier ist
zu prüfen, ob auf Grund der sonst vorhandenen Beweismittel (vgl. 57 ff.
vor § 59) der Sachverhalt genügend geklärt werden kann. Ist dies zweifelhaft und hat der Betroffene auch keinen (genügend informierten) Verteidiger (20), so ist das persönliche Erscheinen oder die kommissarische
Vernehmung (vgl. 31 ff.) anzuordnen. Hat es der Betroffene ausdrücklich
abgelehnt, sich zur Sache zu äußern (auch gegenüber dem Gericht), so
kann es gleichwohl sachgemäß sein, das persönliche Erscheinen anzuordnen (vgl. Hamm VRS **52**, 54). Es kommt dann darauf an, ob trotzdem in
der Hauptverhandlung eine Aussage erwartet werden kann; sonst ist die
Anordnung des persönlichen Erscheinens (auch bei unaufgeklärtem

Sachverhalt) nutzlos, es sei denn, daß es auf eine Gegenüberstellung mit Zeugen oder Mitbetroffenen oder die Indentifizierung des Betroffenen auf Grund eines Lichtbildes ankommt (vgl. Bay. VRS **54**, 57; vgl. 22).

20   c) **Ein Verteidiger** ist vom Betroffenen schriftlich bevollmächtigt (vgl. 39) oder vom Gericht bestellt (vgl. 27 vor § 67). In diesem Falle ist in der Regel anzunehmen, daß der Verteidiger genügend informiert ist, so daß sich das persönliche Erscheinen des Betroffenen oder seine kommissarische Vernehmung (vgl. 31 ff.) erübrigt (vgl. aber 24). Etwas anderes kann dann in Betracht kommen, wenn die Sachlage schwierig ist oder wenn nach den bisherigen Ermittlungen die Annahme naheliegt, daß an den Betroffenen in der Hauptverhandlung ergänzende Fragen zu richten sind, die er voraussichtlich nur allein beantworten kann; dann kommt eine Anordnung nach II oder III in Betracht.

21   d) **Das Erscheinen ist zumutbar,** wenn die Sache nicht geringfügig ist und der Betroffene in dem Bezirk des Gerichts oder in dessen Nähe wohnt oder sich dort aufhält. In diesem Falle empfiehlt sich grundsätzlich die Anordnung des persönlichen Erscheinens, weil die unmittelbare und mündliche Äußerung des Betroffenen meist eine bessere Aufklärung des Sachverhalts ermöglichen wird. Ist das persönliche Erscheinen zur Aufklärung des Sachverhalts nicht notwendig (vgl. hierzu jedoch 18 f., 22) und handelt es sich um eine geringfügige Ordnungswidrigkeit, so ist auch dann, wenn der Betroffene in der Nähe des Gerichtsortes wohnt, das persönliche Erscheinen nicht zumutbar, weil der Grundsatz der Verhältnismäßigkeit nicht mehr gewahrt ist (Hamm VRS **54**, 448; Bay. VRS **45**, 382; Düsseldorf VRS **50**, 131); erst recht dann nicht, falls der Betroffene seinen Wohnort weit weg vom Gerichtsort hat (Bay. bei Rüth DAR **79**, 244; Hamm aaO).

22   **Bei der Abwägung der Umstände des Einzelfalles** (vgl. 16) ist auch zu berücksichtigen, ob der Betroffene durch einen Verteidiger vertreten ist (20; Düsseldorf VRS **50**, 131). Es widerspricht jedenfalls dem Gebot eines fairen Verfahrens, die Anordnung des persönlichen Erscheinens dazu zu benutzen, den Betroffenen zur Rücknahme des Einspruchs zu veranlassen oder die Verwerfung des Einspruchs vorzubereiten. Andererseits kann die Anordnung des persönlichen Erscheinens auch bei weiter Entfernung selbst bei nicht sehr bedeutsamen Ordnungswidrigkeiten zur Aufklärung des Sachverhalts (zB Gegenüberstellung mit Belastungszeugen, Identifizierung auf Grund eines Lichtbildes) unerläßlich sein (vgl. Bay. VRS **54**, 57, bei Rüth DAR **79**, 244; Schleswig bei Ernesti/Jürgensen SchlHA **77**, 196, **76**, 96).

23   **Ist das Erscheinen nicht zumutbar,** so ist eine Anordnung nach II nicht zulässig (Frankfurt DAR **71**, 219; Koblenz VRS **54**, 293), sondern die kommissarische Vernehmung des Betroffenen durchzuführen, wenn nach der Sachlage die richterliche Vernehmung des Betroffenen angezeigt ist (Bay. VRS **45**, 382, bei Rüth DAR **79**, 244); vgl. auch 32, 35; 29 ff. zu § 74.

24   e) **Anhaltspunkte für eine Straftat** sind gegeben. Hier kommt ein Übergang zum Strafverfahren in Betracht (§ 81), in welchem ein Abwesenheitsverfahren nicht mehr zulässig ist (§ 81 III). Zur besseren Aufklä-

rung des Sachverhalts und um einen nahtlosen Übergang zum Strafverfahren zu ermöglichen, ist eine Anordnung nach II geboten.

25 B. **Die Pflicht zur Anwesenheit** löst die Anordnung nach II aus. Es gelten danach auch die Vorschriften der StPO, die von der Anwesenheit ausgehen mit Ausnahme der Vorschriften über die Verhaftung. Das Gericht kann deshalb die Vorführung anordnen (vgl. § 230 II StPO, § 74 II S. 2) und nach § 231 I StPO geeignete Maßnahmen treffen, um die eigenmächtige Entfernung des Betroffenen aus der Verhandlung zu verhindern (vgl. Rebmann/Roth/Herrmann 2); es wird allerdings selten zu der Bedeutung des Bußgeldverfahrens in einem angemessenen Verhältnis stehen, den Betroffenen während einer Unterbrechung der Verhandlung in Gewahrsam zu nehmen (§ 231 I Halbs. 2 StPO; vgl. 9f. zu § 46). Die (sinngemäße) Anwendung von § 231 c StPO kommt nicht in Betracht, weil das Gericht die Anordnung nach II für einzelne Teile der Verhandlung aufheben kann (Kleinknecht 28 zu § 231 StPO; dies übersieht Rieß NJW **78**, 2272).

26 C. **Eine prozeßleitende Verfügung** ist die Anordnung nach II S. 1. Sie unterliegt deshalb nicht der Beschwerde (§ 305 StPO iVm § 46 I). Anfechtbar ist aber die Anordnung der Vorführung nach § 74 II S. 2 (vgl. 39 zu § 74).

27 **Eine Änderung der getroffenen Anordnung** ist von Amts wegen oder auf eine Gegenvorstellung (vgl. 33 ff. zu § 62) hin möglich; darüber hat das Gericht jedenfalls dann, falls dazu Zeit bleibt, zu entscheiden (Bay. bei Rüth DAR **79**, 244). Die Frage, ob der in der Hauptverhandlung erschienene Verteidiger ermächtigt ist, einen Antrag ,,auf Entbindung des Betroffenen vom persönlichen Erscheinen" zu stellen (so Hamm VRS **49**, 207), stellt sich danach nicht; in Wahrheit liegt in einer solchen Erklärung der Antrag, die Anordnung zurückzunehmen und die kommissarische Vernehmung des Betroffenen anzuordnen (III) oder nach § 74 I, II S. 2 zu verfahren; lehnt das Gericht dies ab, so kann es selbstverständlich den Einspruch sogleich verwerfen, wenn das Ausbleiben des Betroffenen nicht genügend entschuldigt ist (vgl. 34; 33 zu § 74; im Ergebnis richtig Hamm aaO).

28 D. **Bei einem Auslandswohnort** ist die Anordnung gleichfalls zulässig (vgl. Schleswig SchlHA **64**, 70).

29 E. **Bei einem Abgeordneten,** dessen Immunität das Bußgeldverfahren nicht hindert (vgl. 42 ff. vor § 59), ist die Anordnung des persönlichen Erscheinens zulässig. Bleibt er ohne genügende Entschuldigung aus, so kann sein Einspruch verworfen werden (§ 74 I S. 1; zust. Rotberg 7). Die Anordnung der Vorführung ist aber nach Art. 46 III GG untersagt (vgl. auch II Nr. 7 d. Rdschr. d. BMI v. 8. 5. 1970, GMBl. 243).

30 F. **Bekanntzugeben** ist die Anordnung dem Betroffenen im Wege der Zustellung, weil sich an die Anordnung weitreichende Folgen knüpfen, so der Wegfall der Vertretungsbefugnis (IV), die Möglichkeit der Verwerfung des Einspruchs, falls der Betroffene nicht erscheint (§ 74 II S. 1), und die Anordnung der Vorführung; es muß deshalb möglichst sichergestellt werden, daß der Betroffene über diese Veränderung der Rechtslage

unterrichtet ist (vgl. RG **29**, 69 für den Beschluß nach § 233 StPO; ebenso Rotberg 6). Es ist zweckmäßig, die Bekanntgabe mit der Ladung zu verbinden und den Betroffenen gleichzeitig über die Folgen zu belehren (§ 74 III).

31   **6) Die Vernehmung durch einen ersuchten Richter** kann das Gericht nach seinem Ermessen anordnen (III).

32   A. **In Betracht kommt die Anordnung,** wenn in dem Abwesenheitsverfahren ohne richterliche Vernehmung eine genügende Klärung des Sachverhalts voraussichtlich nicht möglich ist (vgl. 18–20) und dem Betroffenen das Erscheinen in der Hauptverhandlung (zB wegen weiter Entfernung vom Gerichtsort) nicht zugemutet werden kann (Bay. VRS **45**, 382; Koblenz VRS **54**, 293, GA **77**, 19; vgl. auch 21 ff.); das Interesse an einer geordneten Rechtspflege ist dabei zu berücksichtigen (Bay. bei Rüth DAR **74**, 186). Gibt das Gericht durch Anordnung des persönlichen Erscheinens des Betroffenen zu erkennen, daß es seine Anwesenheit in der Hauptverhandlung für erforderlich hält, und wählt es dann – mit Rücksicht auf einen erbetenen Kostenvorschuß wegen der weiten Fahrt zum Gericht – das Abwesenheitsverfahren, so verstößt es gegen die Pflicht zur Wahrheitserforschung (§ 244 II StPO iVm § 71), wenn es den Betroffenen nicht vorher durch einen ersuchten Richter vernehmen läßt (Bay. VRS **44**, 114). Dies kann bei weiter Entfernung vom Gerichtsort auch der Fall sein, wenn sich eine kommissarische Vernehmung des Betroffenen zur Sachaufklärung aufdrängt (vgl. Bay. VRS **45**, 382; Koblenz aaO).

33   B. **Nicht anfechtbar** ist die Anordnung, und zwar weder durch den Betroffenen noch durch die StA; sie kann aber zurückgenommen werden (vgl. 27).

34   C. **Auf Antrag des Betroffenen ist** die richterliche Vernehmung anzuordnen, wenn ihm das persönliche Erscheinen in der Hauptverhandlung nicht zugemutet werden kann (vgl. Bay. VRS **44**, 361, **45**, 385; Koblenz VRS **54**, 293; Hamm VRS **53**, 200); denn der Betroffene hat ein Recht auf mündliche Anhörung und Verteidigung vor einem Richter (vgl. 35; Bay. VRS **50**, 51; BVerfGE **42**, 252); dies gebietet die prozessuale Fürsorgepflicht (BGH **28**, 44, 48; Hamm VRS **54**, 200) sowie der Grundsatz des rechtlichen Gehörs (Art. 103 I GG; offen gelassen in BGH aaO). Wird jedoch ein solcher Antrag vom Verteidiger erst in der Hauptverhandlung gestellt, zu der der Betroffene ordnungsgemäß geladen war, so muß das Gericht dem Antrag nur dann entsprechen, wenn die Vernehmung zur Aufklärung des Sachverhalts geboten ist und dem Betroffenen das Erscheinen in der Hauptverhandlung nicht zugemutet werden kann (BGH **28**, 44, 47). Bei Ablehnung des Antrages auf richterliche Vernehmung ist keine selbständige Anfechtung gegeben (vgl. § 305 S. 1 StPO iVm § 46 I; Rotberg 8); jedoch begründet eine fehlerhafte Ablehnung die Rechtsbeschwerde (Bay. aaO; vgl. BGH aaO). Zur Sicherung einer einheitlichen Rspr. ist, falls Art. 103 I GG verletzt ist, die Rechtsbeschwerde zuzulassen, da es sich um einen Verstoß gegen eine grundlegende Verfahrensregelung handelt (vgl. 8 zu § 80).

35 D. **Die Vernehmung** ist ein vorgezogener Teil der Hauptverhandlung ebenso wie im Falle des § 233 II S. 1 StPO (Bay. VRS **44**, 361, 362; Karlsruhe, Die Justiz **79**, 447). Der Betroffene hat also die gleichen Möglichkeiten der Verteidigung wie in der Hauptverhandlung. Er kann zB Beweiserhebungen beantragen. Die Anordnung, daß der Betroffene durch einen ersuchten Richter zu vernehmen ist, begründet für ihn die Pflicht zum Erscheinen (Hamm JMBlNW **74**, 53). Deshalb kann der ersuchte Richter die Vorführung anordnen, falls der Betroffene nicht erscheint und darüber belehrt ist (vgl. § 74 III; Hamburg OLGSt zu § 230 StPO S. 1); der ersuchte Richter hat einem solchen Ersuchen des AG nach § 68 zu entsprechen (Hamburg aaO; Hamm aaO, JMBlNW **74**, 88). Erklärt der Betroffene, selbst in der Hauptverhandlung erscheinen oder sich schriftlich äußern zu wollen, so beseitigt er damit nicht die Pflicht zum Erscheinen vor dem ersuchten Richter; in dieser Erklärung liegt nur eine Anregung, die Anordnung zurückzunehmen (27).

36 E. **Die Benachrichtigungspflicht** nach III S. 2 entspricht wörtlich dem § 233 III S. 2 StPO. Die Benachrichtigung der VB ist zwar nicht ausdrücklich vorgeschrieben; sie ist jedoch sachlich geboten, weil die kommissarische Vernehmung des Betroffenen ein vorweggenommener Teil der Hauptverhandlung ist und deshalb zumindest der Grundgedanke des § 76 I S. 3 zutrifft (zust. Rotberg 9; aM Müller 8). Von einer Benachrichtigung der VB kann aber unter den Voraussetzungen des § 76 II abgesehen werden.

37 F. **Das Protokoll über die richterliche Vernehmung** ist in der Hauptverhandlung insgesamt zu verlesen, also nicht nur dem wesentlichen Inhalt nach bekanntzugeben; III S. 3 entspricht wörtlich § 233 III S. 2 StPO.

38 7) **Die Vertretung durch einen Verteidiger** ist in der Hauptverhandlung zulässig, wenn das persönliche Erscheinen des Betroffenen nicht angeordnet ist. Davon kann der Betroffene ausgehen (vgl. Hamm VRS **41**, 133). Es widerspricht deshalb dem Grundsatz eines fairen Verfahrens, wenn zB ein als Wahlverteidiger zur Hauptverhandlung geladener und erschienener Referendar nicht zugelassen und gleichwohl in Abwesenheit des Betroffenen verhandelt wird (Köln NJW **70**, 720; vgl. auch 9 zu § 74). Eine geringfügige Verspätung des Verteidigers (vgl. 28 zu § 74) ist in Rechnung zu stellen (Köln AnwBl. **76**, 357; Koblenz VRS **54**, 137).

39 **Inhalt der Vertretungsvollmacht:** Der Verteidiger vertritt den Betroffenen in der Erklärung und im Willen und kann für ihn deshalb zur Sache aussagen (zB die Beschuldigung zugeben), wenn er eine Vertretungsvollmacht hat (vgl. 13 zu § 60; eine Vollmacht „für den Fall der Abwesenheit" reicht aus, vgl. Köln NJW **69**, 705). Im einzelnen gelten die gleichen Grundsätze, die zu den §§ 234, 411 II StPO entwickelt sind. Die unterschiedliche Fassung von IV ist lediglich aus sprachlichen Gründen gewählt (vgl. Begr. zu § 62 EOWiG). Fehlt eine „Vertretungsvollmacht", so wird die Hauptverhandlung unter Mitwirkung des Verteidigers durchgeführt (Kleinknecht 2 zu § 234 StPO; 9 zu § 74).

40 **Bei einer kommissarischen Vernehmung** ist die Vertretung vor dem ersuchten Richter nicht möglich, da der Betroffene hier zum Erscheinen

verpflichtet ist (35); IV bezieht sich nur auf die Hauptverhandlung vor
dem erkennenden Gericht.

41   **Der Hinweis nach § 265 StPO** (vgl. 50 zu § 71) an den bevollmächtigten Verteidiger ist ausreichend, jedoch wohl nicht, wenn der Betroffene
kommissarisch vernommen worden ist (Rotberg 11).

Verfahren bei Abwesenheit

74 ^I Bleibt der Betroffene in der Hauptverhandlung aus, ohne daß
sein persönliches Erscheinen oder seine richterliche Vernehmung
angeordnet ist, und ist er auch nicht durch einen Verteidiger vertreten,
so wird der wesentliche Inhalt seiner früheren Vernehmung und etwaiger schriftlicher oder protokollarischer Erklärungen, die er zur Sache
abgegeben hat, bekanntgegeben oder festgestellt, daß er sich nicht geäußert hat, obwohl ihm dazu Gelegenheit gegeben war.

^II Bleibt der Betroffene, dessen persönliches Erscheinen angeordnet
ist, ohne genügende Entschuldigung aus, so kann das Gericht den Einspruch durch Urteil verwerfen; nach Beginn der Hauptverhandlung ist
die Verwerfung des Einspruchs nur mit Zustimmung der Staatsanwaltschaft zulässig. Verwirft das Gericht den Einspruch nicht, so ordnet es
die Vorführung des Betroffenen an oder verfährt nach Absatz 1.

^III Der Betroffene ist in der Ladung über die Absätze 1 und 2 zu
belehren.

^IV Hat die Hauptverhandlung nach Absatz 1 oder 2 ohne den Betroffenen stattgefunden, so gilt § 235 der Strafprozeßordnung entsprechend.

Übersicht

1   **1) Die Vorschrift unterscheidet** danach, ob der Betroffene von seinem
Recht, an der Hauptverhandlung teilzunehmen, keinen Gebrauch macht
(**erlaubte Abwesenheit,** I) oder ob er der ihm besonders auferlegten
Pflicht, an der Hauptverhandlung persönlich teilzunehmen, nicht nach-
kommt (**unerlaubte Abwesenheit,** II). Bei der erlaubten Abwesenheit
bedürfen zwei Unterfälle keiner besonderen Erläuterung, nämlich 1. der
Fall, daß der Betroffene durch einen Verteidiger vertreten ist, und 2. der
Fall, daß seine Vernehmung durch einen ersuchten Richter angeordnet

ist. Beide Fälle sind auch im Strafbefehlsverfahren vorgesehen (§ 411 II, § 233 StPO) und in § 73 III, IV entsprechend geregelt.

2   **2) Das Verfahren bei erlaubter Abwesenheit** (I) beruht auf dem **Grundgedanken,** daß die Unmittelbarkeit der Hauptverhandlung hinsichtlich der Einlassung des Betroffenen zur Sache aufgelockert werden kann. Dem Betroffenen steht es ohnehin frei, ob er zur Sache aussagen oder ob er sich nicht äußern will. Es soll ihm deshalb auch freistehen, ob er unmittelbar in der Hauptverhandlung vor dem erkennenden Gericht zur Sache aussagt oder ob er sich eines Aussagemittlers bedient. Ist der Betroffene durch einen informierten Verteidiger vertreten, so übernimmt dieser für ihn die Funktion des Aussagemittlers; ist der Betroffene kommissarisch vernommen, so vermittelt das Protokoll seine Aussage, die das erkennende Gericht (als Aussagemittler) in der Hauptverhandlung verliest. In Fortentwicklung dieses Gedankens erlaubt I, daß die Äußerung des Betroffenen in allen anderen Fällen ersetzt wird durch die Bekanntgabe des wesentlichen Inhalts seiner früheren Vernehmung und etwaiger schriftlicher oder protokollarischer Erklärungen, die er zur Sache abgegeben hat. Damit wird der Grundsatz der Unmittelbarkeit hinsichtlich der Aussage des Betroffenen zur Sache in noch stärkerem Maße durchbrochen; dies geschieht jedoch mit der stillschweigenden Zustimmung des Betroffenen: Da er weiß (vgl. III), daß das Gericht den wesentlichen Inhalt seiner früheren Vernehmungen und Erklärungen als seine Aussage zur Sache in der Hauptverhandlung bekanntgibt, falls er nicht erscheint, ermächtigt er gleichsam stillschweigend das Gericht, in dieser Form die Funktion des Aussagemittlers zu übernehmen (vgl. Begr. zu § 63 EOWiG). Beim entschuldigten Ausbleiben trifft dieser Grundgedanke nicht zu (vgl. 7 zu § 73).

3   A. **Unter folgenden Voraussetzungen** kann das Gericht die Aussage des Betroffenen auf Grund der Aktenunterlagen zum Gegenstand der mündlichen Verhandlungen machen:

4   a) **Abwesend muß der Betroffene sein.** Ist der Betroffene anwesend, so ist die Bekanntgabe des wesentlichen Inhalts seiner Vernehmung unzulässig, auch wenn der Betroffene selbst keine Erklärungen abgibt. Der Grundgedanke von I trifft dann eben nicht zu. Die früheren Vernehmungen dürfen dem Betroffenen in diesem Falle nur vorgehalten werden; doch ist die Verlesung schriftlicher Äußerungen nach § 249 StPO zulässig (vgl. Celle VRS **39**, 111; Düsseldorf JMBlNW **72**, 22).

5   **Mit einer Verspätung** braucht das Gericht im Falle der erlaubten Abwesenheit nicht zu rechnen, und zwar auch dann nicht, wenn ein Verteidiger bestellt ist und sowohl er als auch der Betroffene ausbleiben; etwas anderes gilt jedoch, wenn der Betroffene (oder sein Verteidiger) zu erkennen gegeben hat, daß er an der Hauptverhandlung teilnehmen wolle (vgl. Karlsruhe, Die Justiz **79**, 307; Hamm VRS **40**, 49; Köln DAR **72**, 51; vgl. auch Hamm NJW **72**, 1063). Eine geringfügige Verspätung (vgl. 28) des Verteidigers wegen anderer Termine ist in Rechnung zu stellen (Karlsruhe, Die Justiz aaO; Köln AnwBl. **76**, 357; vgl. auch 9; ferner 30 zu § 71; 38 zu § 73). Bei entschuldigtem Ausbleiben des Betroffenen (oder seines Verteidigers; 30 zu § 71) darf die Hauptverhandlung ohnehin nicht durchgeführt werden (vgl. 7 zu § 73).

6　　**Erscheint der Betroffene verspätet**, so ist ihm Gelegenheit zu geben, sich selbst zur Sache zu äußern.

7　　**Als abwesend gilt** auch der Betroffene, der sich aus der Hauptverhandlung vorzeitig entfernt (Bay. VRS **43**, 211) oder der infolge Trunkenheit verhandlungsunfähig ist (vgl. 28).

8　　b) **Keine richterliche Vernehmung** darf angeordnet sein. Ist die richterliche Vernehmung angeordnet, aber noch nicht durchgeführt, so muß zunächst der Beschluß nach § 73 III zurückgenommen (vgl. 33 zu § 73) und dies dem Betroffenen mitgeteilt werden, bevor er zur Hauptverhandlung geladen wird (vgl. 6 zu § 73). Ist der Betroffene richterlich vernommen, so ist nach § 73 III S. 3 zu verfahren. Eine „ergänzende" Bekanntgabe anderer Vernehmungen und Erklärungen ist unzulässig, auch wenn der Betroffene bei der kommissarischen Vernehmung zur Sache keine Aussage gemacht hat (vgl. Rebmann/Roth/Herrmann 3).

9　　c) **Ohne einen vertretungsberechtigten Verteidiger** (38 zu § 73) muß die Verhandlung stattfinden. Ist ein solcher Verteidiger anwesend, so gibt er an Stelle des Betroffenen der Erklärungen zur Sache ab. Der Verteidiger kann sich allerdings damit einverstanden erklären, daß das Gericht für ihn den wesentlichen Inhalt der früheren Vernehmungen und Erklärungen des Betroffenen bekanntgibt. Der Hinweis nach § 265 StPO und die Möglichkeit der Äußerung kann wirksam auch gegenüber dem vertretungsberechtigten Verteidiger gegeben werden (41 zu § 73; vgl. Rebmann/Roth/Herrmann 4; Rotberg 11 zu § 73). Ist der Verteidiger nicht vertretungsberechtigt iS von § 73 IV (weil zB die Vertretungsvollmacht fehlt), so kann das Gericht nach I verfahren; denn in diesem Falle fehlt die negative Voraussetzung, daß der Verteidiger die Funktion des Aussagemittlers hat. Erscheint der Verteidiger nicht, obwohl er zu erkennen gegeben hat, daß er an der Hauptverhandlung teilnehmen wolle, so gebietet es die Fürsorgepflicht, etwaige Verspätungsgründe (zumal, wenn sie angekündigt sind) oder entschuldbare Säumnisgründe in Rechnung zu stellen (Karlsruhe, Die Justiz **79**, 307; Köln DAR **72**, 51; vgl. auch 5; vgl. ferner 30 zu §'71); denn der Betroffene hat ein Recht darauf, sich durch einen Verteidiger vertreten zu lassen. Der Umfang der Fürsorge- und Wartepflicht hängt von den Umständen des Einzelfalles ab (Karlsruhe aaO; vgl. auch 30 zu § 71).

10　　d) **Die Belehrung des Betroffenen** nach III (vgl. 41): Ist sie unterblieben, so fehlt die Grundlage für die Funktion des Gerichts als Aussagemittler, nämlich das stillschweigende Einverständnis des Betroffenen (vgl. 2). Die Belehrung muß in einer ordnungsgemäßen (vgl. Bay. VRS **41**, 281; Karlsruhe MDR **74**, 774; 20 ff.) Ladung ausgesprochen sein. Doch braucht sie nicht wiederholt zu werden (Hamm VRS **53**, 201).

11　　B. **Die frühere Vernehmung und etwaige schriftliche oder protokollarische Erklärungen** kann das Gericht als Aussagemittler benutzen. Dazu ist das Gericht auch verpflichtet; dies gilt selbst dann, wenn die Erklärung in den Akten nicht vorhanden ist, jedoch den Akten entnommen werden kann, daß der Betroffene eine Erklärung zur Sache abgegeben hat (Bay. NJW **72**, 1726). Notwendig ist, daß sich der Betroffene in dieser seiner Stellung (nicht etwa als Zeuge) und in diesem Verfahren zur Sache geäußert hat. Es kommt aber nicht darauf an, ob die Vernehmung von dem Richter, der StA, der VB oder der Polizei durchgeführt ist. Eine schriftliche Anhörung (vgl. 4 zu § 55) reicht ebenso aus wie eine Erklärung in der Einspruchsschrift oder in einer nachträglichen Eingabe an das Gericht.

12 **Ein Vermerk über eine mündliche Anhörung** ist keine Vernehmung; die Angaben zur Sache müssen also bei einer mündlichen Anhörung von dem Betroffenen so, wie sie aufgenommen worden sind, genehmigt sein (zust. Rotberg 4). Dieses Erfordernis ergibt sich auch aus der Gleichstellung der Vernehmung mit den „schriftlichen" und „protokollarischen" Erklärungen. Die zuletzt genannten sind neben der Vernehmung aufgeführt, weil der Betroffene seine Erklärungen zur Sache (zB im Falle des Einspruchs) auch zur Niederschrift der VB (21 ff. zu § 67) abgeben kann.

13 **Bei mehreren Vernehmungen** und Erklärungen ist von derjenigen auszugehen, die zuletzt abgegeben ist. Die früheren Äußerungen sind aber bei der Bekanntgabe zu berücksichtigen, soweit sie die letzte Äußerung ergänzen oder von der späteren Äußerung abweichen.

14 C. **Den wesentlichen Inhalt** der Äußerung des Betroffenen gibt das Gericht bekannt. Es kann so den Prozeßstoff angemessen begrenzen, wenn der Betroffene sehr umfangreiche und neben der Sache liegende Erklärungen abgegeben hat (Begr. zu § 63 EOWiG). Erlaubt ist aber auch eine wörtliche Wiedergabe (Verlesen) der Äußerung. Sie empfiehlt sich bei kürzeren Äußerungen des Betroffenen, weil diese Aussagevermittlung am genauesten ist.

15 D. **Fehlt eine Äußerung** des Betroffenen, obwohl ihm dazu (im Verfahren der VB oder später) Gelegenheit gegeben war, so stellt das Gericht dies fest. Das weitere Verfahren ist dann so fortzusetzen, als hätte der in der Hauptverhandlung erschienene Betroffene erklärt, er wolle zur Sache nicht aussagen (Begr. zu § 63 EOWiG). Das Gericht hat vor Anberaumung der Hauptverhandlung allerdings zu prüfen, ob trotz Fehlens einer Äußerung des Betroffenen der Sachverhalt in seiner Abwesenheit geklärt werden kann (vgl. 3, 19 zu § 73). Die Gelegenheit zur Äußerung kann dem Betroffenen auch noch mit der Zustellung der Ladung zur Hauptverhandlung gegeben werden.

16 E. **Zu dem Zeitpunkt** geschieht die Bekanntgabe oder Feststellung nach I, zu dem der Betroffene sonst in der Hauptverhandlung zur Sache zu hören wäre.

17 F. **Nur die dem Betroffenen bekannten Beweismittel** dürfen zu seinen Ungunsten verwendet werden, wenn er abwesend ist (vgl. allgemein zu neuen belastenden Gesichtspunkten: Bay. Rpfleger **71**, 362). Die im Bußgeldbescheid namentlich noch nicht bekanntgegebenen Zeugen sind dem Betroffenen deshalb in der Ladung zur Hauptverhandlung mitzuteilen; sonst dürfen ihre Aussagen zum Nachteil des Betroffenen ohne erneute Hauptverhandlung, die ihm das rechtliche Gehör ausreichend ge-

währt, nicht verwendet werden (vgl. Hamm MDR **71**, 1029); ebensowenig ein ihm nicht angekündigter Sachverständigenbeweis (Bay. MDR **73**, 336); ein Verstoß hiergegen begründet die Rechtsbeschwerde (Hamm aaO; Bay. aaO).

18   G. **Bei einer Veränderung des rechtlichen Gesichtspunktes** (§ 265 StPO; 50 zu § 71) muß dem abwesenden Betroffenen Gelegenheit zur Äußerung gegeben werden (vgl. Bay. bei Rüth DAR **79**, 243; Rebmann/Roth/Herrmann 8 ff.; Rotberg 4; für den Fall der Verteidigung vgl. 9). Bei neu hervortretenden tatsächlichen oder rechtlichen Gesichtspunkten, die von untergeordneter Bedeutung sind, empfiehlt es sich deshalb, den Prozeßstoff zu beschränken (vgl. 37 ff. zu § 47); sonst muß die Hauptverhandlung ausgesetzt werden (vgl. Rebmann/Roth/Herrmann 10; Rotberg 4).

19   **3) Bei unerlaubter Abwesenheit** (II) hat das Gericht die Wahlmöglichkeit, den Einspruch zu verwerfen (diese Regelung nach II S. 1 ist mit dem GG vereinbar, BVerfG DAR **71**, 156) oder eine Sachentscheidung zu treffen; zu dem zuletzt genannten Zweck kann es auch die Vorführung des Betroffenen anordnen. Ob das Gericht die eine oder andere Verfahrensgestaltung wählt, hängt von den Umständen des Falles ab. Ausschlaggebend ist die Frage, in welcher Weise das Verfahren möglichst rasch endgültig zum Abschluß gebracht werden kann (vgl. 37 ff., 40).

20   A. **Den Einspruch verwerfen** kann das Gericht, wenn a) das persönliche Erscheinen des Betroffenen in zulässiger Weise (vgl. 21 ff. zu § 73) angeordnet, b) er ordnungsgemäß (vgl. Bay. VRS **41**, 281; keine Ersatzzustellung in der früheren Wohnung bei Ableistung des Wehrdienstes) geladen ist, c) er ohne genügende Entschuldigung (vgl. 7 ff. zu § 73; 29 ff.) ausbleibt und d) er über die Folgen des Ausbleibens belehrt ist. Fehlt eine dieser Voraussetzungen, so ist die Verwerfung unzulässig.

21   **Ist die Ladungsfrist nicht eingehalten,** so soll dies nach BGH **24**, 143 die Verwerfung des Einspruchs nicht hindern, es sei denn, daß der Betroffene wegen der Nichteinhaltung der Frist (schriftlich) einen Aussetzungsantrag gestellt hat oder daß die Nichteinhaltung der Ladungsfrist iVm anderen besonderen Umständen (zB Abwesenheit) das Fernbleiben entschuldbar macht (vgl. auch Celle NJW **74**, 1259; abl. mit Recht Cramer JR **72**, 162; Rebmann/Roth/Herrmann 12).

22   **Eine Belehrung in einer früheren Ladung** über die Folgen des Ausbleibens reicht nicht aus (Karlsruhe MDR **74**, 774; Bay. VRS **49**, 197; Hamm VRS **57**, 299; Koblenz VRS **53**, 205); doch dürfte es zu weit gehen, den Hinweis auf die in der früheren Ladung genannten Folgen des Nichterscheinens nicht ausreichen zu lassen (so Bay. aaO), weil der Betroffene, wenn er die Ladung nicht mehr hat, sich durch Rückfrage bei Gericht Klarheit verschaffen kann (vgl. auch 41).

23   **Trotz einer früheren Hauptverhandlung** ist die Verwerfung (mit Zustimmung der StA; vgl. jedoch § 75 II) noch zulässig, wenn in der Hauptverhandlung zunächst Beweis erhoben oder eine frühere Hauptverhandlung vertagt worden ist (so schon Frankfurt VRS **46**, 301 zur früheren Fassung, vgl. 1; Rebmann/Roth/Herrmann 13, widersprüchlich dazu jedoch 21, wo auf die Entscheidung Koblenz NJW **73**, 1709 verwiesen ist, die jedoch durch die Änderung von II durch das 1. StVRG überholt ist; vgl. dazu auch BGH **27**, 236, 238; ferner BegrEStVRG 1 S. 106).

24 **Nach Aufhebung eines Sachurteils** durch das Rechtsbeschwerdegericht ist die Verwerfung des Einspruchs ebenfalls zulässig; anders jedoch, wenn dadurch gegen das Verschlechterungsverbot verstoßen würde. Diese Unterscheidung ist (anders als bei § 329 I S. 2 StPO) möglich, weil II eine Ermessensvorschrift ist (dies übersehen Hamm MDR **74**, 599 zu § 74 aF, Rotberg 7): sie erlaubt es, zwischen dem Bedürfnis nach einer Beschleunigung und dem Bestreben nach einer gerechten Entscheidung (BGH **27**, 236, 238; **17**, 188, 189) im Einzelfall abzuwägen; wird die Aufklärung des Sachverhalts durch das Ausbleiben des Betroffenen erschwert, so wird deshalb die Verwerfung des Einspruchs dem Wesen des Bußgeldverfahrens (so treffend Frankfurt aaO) eher angepaßt und danach zulässig sein, wenn das Verschlechterungsverbot beachtet wird (wie hier: Rebmann/Roth/Herrmann 13).

25 **Der erneuten Verwerfung des Einspruchs** steht es danach ebenfalls nicht entgegen, wenn das den Einspruch verwerfende Urteil aufgehoben und die Sache zurückverwiesen ist (Zweibrücken VRS **51**, 365; vgl. BGH **27**, 236 zu § 329 StPO).

26 **Nach Überleitung in das Strafverfahren** ist eine Verwerfung des Einspruchs nach II S. 1 nicht mehr zulässig, weil dann die Vorschriften der StPO gelten (vgl. 20 zu § 81).

27 a) **Die Anordnung des persönlichen Erscheinens** muß dem Betroffenen durch Zustellung bekanntgemacht sein (vgl. 30 zu § 73).

28 b) **Als Ausbleiben** in der Hauptverhandlung ist es anzusehen, wenn der Betroffene zu deren Beginn nicht erscheint. Eine geringfügige Verspätung (etwa 15 Minuten) ist jedoch in Rechnung zu stellen (Hamm VRS **47**, 303); uU ist sogar ein etwas längerer Zeitraum zu gewähren (Hamm VRS **54**, 450). Das vorzeitige Entfernen steht dem Ausbleiben gleich, weil der Betroffene auch in diesem Falle die Mitwirkungspflicht verletzt und dies die Verwerfung des Einspruchs rechtfertigt (vgl. 34; Bay. NJW **72**, 1726; Rebmann/Roth/Herrmann 13). Dem Ausbleiben steht es ferner gleich, wenn der Betroffene infolge Trunkenheit verhandlungsunfähig ist (vgl. BGH **23**, 331, 334 zu § 329 I StPO).

29 c) **Eine genügende Entschuldigung** liegt vor, wenn dem Betroffenen das Erscheinen unter Berücksichtigung der Umstände und der Bedeutung der Sache nicht zumutbar oder nicht möglich ist (Hamm VRS **56**, 156f.; Koblenz VRS **53**, 290).

30 **Würdigung der Interessen des Betroffenen:** Es besteht ein grundsätzlicher Unterschied zwischen den Fällen, in denen die Hauptverhandlung trotz des Anwesenheitsrechts des Betroffenen in seiner Abwesenheit durchgeführt werden darf, und den Fällen, in denen sein Einspruch wegen seiner Abwesenheit verworfen werden kann. Im 1. Fallbereich geht es um die eigenen Obliegenheiten des Betroffenen, an der Hauptverhandlung teilnehmen zu wollen, um stärkeres rechtliches Gehör zu bekommen; im 2. Fallbereich geht es um seine Pflicht, teilnehmen zu müssen,

andernfalls von einer Sachentscheidung abgesehen werden kann. Deshalb
kann vom Betroffenen im 1. Fallbereich bei der Frage der ,,genügenden
Entschuldigung" eine größere Mitwirkung verlangt werden (vgl. 8 zu
§ 73), während im 2. Fallbereich seine Belange, von der Hauptverhandlung fernbleiben zu dürfen, stärker zu berücksichtigen sind als die Pflicht
zum Erscheinen (vgl. Düsseldorf NJW 73, 109; Koblenz VRS 54, 290,
293; vgl. 21 ff. zu § 73). Im Rahmen der ,,genügenden Entschuldigung"
ist danach auch die Anordnung des persönlichen Erscheinens zu überprüfen (Hamm VRS 56, 156 f.; vgl. 21 ff. zu § 73). Im übrigen sind die bei
den §§ 329, 412 StPO entwickelten Grundsätze zur Auslegung des Be-
griffes ,,ohne genügende Entschuldigung" bedeutsam (Hamburg MDR
76, 950; Schleswig SchlHA 73, 192).

31   **Von Amts wegen festgestellte Entschuldigungsgründe** sind beachtlich (vgl. Bay. VRS 41, 284; die Bemerkungen unter 53 ff. zu § 59 gelten
auch hier). Entscheidend ist nicht, ob sich der Betroffene entschuldigt
hat, sondern ob er entschuldigt ist (Hamm VRS 47, 49; Koblenz VRS 53,
290).

32   **Einzelheiten:** Durch eine seit langem vor dem Termin gebuchte Ur-
laubsreise wird der Betroffene in der Regel entschuldigt sein (Düsseldorf
NJW 73, 109; LG Bochum DAR 79, 54); ebenso, wenn es ihm weiter
Entfernung aus finanziellen und beruflichen Gründen unzumutbar wäre,
den Termin wahrzunehmen (Koblenz GA 77, 19); ebenso, wenn es sich
bei einer weiten Entfernung um eine geringfügige Sache handelt und
keine besonderen Gründe für das persönliche Erscheinen gegeben sind
(Hamm VRS 56, 156 f.). Hat der Verteidiger dem Betroffenen mitgeteilt,
er brauche wegen der Stellung eines Antrages auf Befreiung vom persönlichen Erscheinen nicht zur Hauptverhandlung zu kommen, so ist er
genügend entschuldigt (Hamm NJW 71, 108; Bay. bei Rüth DAR 73,
215); ebenso, wenn der Betroffene rechtzeitig beantragt, ihn vom Erscheinen in der Hauptverhandlung zu entbinden, und darauf keinen
Bescheid erhält (Schleswig SchlHA 73, 192).

33   d) **Trotz eines erschienenen Verteidigers** kann der Einspruch verworfen werden (anders im Falle des § 412 StPO), weil sich der Betroffene,
dessen persönliches Erscheinen angeordnet ist, nicht vertreten lassen
kann (§ 73 IV; vgl. jedoch 40). Stellt der Verteidiger in der Hauptverhandlung den Antrag, die Anordnung des persönlichen Erscheinens aufzuheben und lehnt dies das Gericht durch einen verkündeten Beschluß
ab, so kann es den Einspruch anschließend sogleich verwerfen (Hamm
VRS 49, 207); anders jedoch, wenn es einem begründeten Vertagungsantrag (wegen Abwesenheit des Betroffenen) nicht entspricht (Hamm
8. 11. 1977, 1 Ss OWi 1564/77).

34   e) **Im Ermessen des Gerichts** liegt die Verwerfung des Einspruchs. Sie
beruht also – im Gegensatz zu § 329 I, § 412 StPO – nicht auf der Fiktion,
daß das Ausbleiben als Rücknahme des Einspruchs zu deuten ist. Wäre
dies der Fall, so müßte der Einspruch verworfen werden. Durch die
Möglichkeit der Verwerfung des Einspruchs soll der Betroffene daran
gehindert werden, die richterliche Entscheidung, um die er nachsucht,
dadurch zu verzögern, daß er ausbleibt. Lehnt es ab, zur Aufklärung
des Sachverhalts beizutragen, so soll auch das Gericht von der Pflicht

entbunden sein, die Beschuldigung zu prüfen (BVerfG DAR **71**, 156).
Die Verwerfung des Einspruchs stellt beim unentschuldigten Ausbleiben
die Regel dar, so daß es nicht darauf ankommt, ob auch Zeugen ausge-
blieben sind (Hamm NJW **76**, 1329; vgl. jedoch für die Begründung 35).

35   f) **Die Begründung der Verwerfung des Einspruchs** muß ersichtlich
machen, ob sich das Gericht der Wahlmöglichkeit nach III (vgl. hierzu
grundsätzlich auch 30; 30 zu § 71) bewußt gewesen ist (Bremen VRS **54**,
61; Koblenz VRS **53**, 454; Hamm VRS **54**, 61, **56**, 156f.; Schleswig
SchlHA **76**, 177; Bay. bei Rüth DAR **76**, 179, **79**, 245). Allerdings sind an
die Begründung der Entscheidung, die im pflichtgemäßen Ermessen des
Gerichts liegt, keine großen Anforderungen zu stellen. Das Gericht muß
sich aber mit Einwendungen des Betroffenen oder seines Verteidigers
oder sonst hervortretenden Bedenken gegen die Verwerfung des Einspruchs auseinandersetzen, so zB mit möglichen Entschuldigungsgründen (Celle VRS **44**, 131; Frankfurt DAR **71**, 219; Hamm JMBlNW **72**,
231, DAR **73**, 277; Karlsruhe, Die Justiz **75**, 35; Stuttgart, Die Justiz **70**,
17; Bay. bei Rüth DAR **79**, 245), mit dem Inhalt einer Gegenvorstellung
gegen die Anordnung des persönlichen Erscheinens (Köln MDR **71**,
325), mit einem zweimaligen Antrag auf Verfahren in Abwesenheit
(Hamm DAR **79**, 79) oder mit der Frage, warum trotz Anwesenheit des
Verteidigers (Hamburg MDR **74**, 691; Bay. bei Rüth DAR **79**, 245;
Hamm VRS **53**, 453: trotz weiter Entfernung des Wohnortes des Betroffenen; Zweibrücken VRS **53**, 289) und der Tatsache, daß der Betroffene
die Ordnungswidrigkeit einräumt, kein Verfahren in seiner Abwesenheit
angemessen sei (Bay. VRS **39**, 284, MDR **76**, 689); fehlerhaft ist es zB
auch, den Einspruch zu verwerfen, wenn der Betroffene nicht rechtzeitig
erscheint, aber 15 Minuten später als Zeuge zu demselben Tatgeschehen
vernommen werden soll (Hamm NJW **70**, 625; vgl. auch 28). Ob das
Gericht bei Abwesenheit des Betroffenen verpflichtet ist, die Hauptverhandlung durchzuführen, um einen von dem Betroffenen als Täter benannten Dritten (Fahrer des Kfz) als Zeugen zu vernehmen (so Bay. bei
Rüth DAR **79**, 245), erscheint zw. (vgl. 34). Die (formularmäßig) zur
Begründung der Verwerfung benutzte Formulierung „Daher war ... zu
verwerfen" ist rechtsfehlerhaft und begründet in der Regel die Rechtsbeschwerde (Hamm VRS **54**, 61, DAR **75**, 219, NJW **70**, 624; Bay. bei
Rüth DAR **74**, 187; Schleswig SchlHA **75**, 180, bei Ernesti/Jürgensen
SchlHA **76**, 177; Zweibrücken DAR **75**, 133). Liegen keine Einwendungen seitens des Verteidigers oder Betroffenen vor und sind auch sonst
keine Umstände, die gegen die Verwerfung des Einspruchs sprechen
könnten, ersichtlich, so reicht zur Begründung die Formulierung aus:
„Nach Lage des Falles erschien es angebracht ... zu verwerfen" (vgl.
Köln JMBlNW **72**, 241; Hamm DAR **73**, 277; Hamburg MDR **74**, 691;
vgl. auch 34).

36   g) **Über die Vollstreckung des Bußgeldbescheides** nach rechtskräftiger Verwerfung des Einspruchs vgl. 1a zu § 90.

37   B. **Die Anordnung der Vorführung** kann ausnahmsweise geboten
sein. Dazu im einzelnen:

38   a) **Bei dem Verdacht einer Straftat** kommt eine solche Anordnung

namentlich in Betracht (vgl. § 81; vgl. 24 zu § 73). Aus prozeßwirtschaftlichen Gründen empfiehlt es sich dann nicht, den Einspruch zu verwerfen, weil wegen der beschränkten Rechtskraft des Bußgeldbescheides (§ 84 I) anschließend noch ein Strafverfahren durchgeführt werden kann, die Sache also nicht in einem einheitlichen Verfahren zum Abschluß gebracht würde. Nach der Anordnung der Vorführung kann zwar der Betroffene seinen Einspruch noch zurücknehmen (vgl. 411 III StPO iVm § 71) und damit den Übergang zum Strafverfahren (§ 81) verhindern. Ihm kann jedoch selbst daran gelegen sein, daß in dem Verfahren einheitlich und abschließend entschieden wird. Die Möglichkeit der einseitigen Rücknahme des Einspruchs kann im übrigen dadurch verhindert werden, daß das Gericht zunächst nach I verfährt, also die Hauptverhandlung zur Sache trotz Abwesenheit des Betroffenen beginnt (vgl. Begr. zu § 63 EOWiG).

39   b) **Zulässigkeit und Beschwerde:** Die Anordnung der Vorführung ist nur zulässig, wenn der Betroffene ordnungsgemäß geladen (vgl. 20 ff.) und vorher hierüber belehrt worden ist (III). Gegen die Anordnung der Vorführung ist die Beschwerde zulässig, da § 305 StPO hier nicht zutrifft; dagegen ist weitere Beschwerde unzulässig (§ 310 II StPO iVm § 46 I; Rebmann/Roth/Herrmann 19; vgl. auch 22 zu § 96). Gegen Abgeordnete darf die Vorführung wegen Art. 46 III GG nicht angeordnet werden (vgl. 29 zu § 73).

40   C. **Die Hauptverhandlung in Abwesenheit** des Betroffenen nach I empfiehlt sich, wenn trotz seines Ausbleibens die Aufklärung des Sachverhalts möglich ist und außerdem damit gerechnet werden kann, daß der Betroffene die Sachentscheidung hinnehmen wird, selbst wenn er Gründe für die Wiedereinsetzung in den vorigen Stand hat (so zB wenn der Verteidiger anwesend ist und der Betroffene die Ordnungswidrigkeit einräumt [vgl. Bay. VRS **39**, 284] oder wenn die Sachentscheidung voraussichtlich für den Betroffenen günstiger ausfallen wird als der Bußgeldbescheid; vgl. Begr. zu § 63 EOWiG). Das Verfahren kann dann eher zum endgültigen Abschluß gebracht werden. Scheitert der Versuch, das Verfahren in Abwesenheit durchzuführen, so bleibt die Möglichkeit erhalten, einen neuen Termin zu bestimmen und dazu die Vorführung des Betroffenen anzuordnen (vgl. Rebmann/Roth/Herrmann 20; Rotberg 10). Auch noch nach Beginn der Beweisaufnahme kann das Gericht den Einspruch des abwesenden Betroffenen verwerfen (vgl. 23).

41   4) **Die Belehrung über die möglichen Verfahrensgestaltungen** bei Abwesenheit des Betroffenen (III) ist so zu fassen, daß ihm klar ist, welche Folgen sein Ausbleiben haben kann. Dabei ist zu unterscheiden, ob sein persönliches Erscheinen angeordnet ist oder nicht; in dem zuerst genannten Fall sind stärkere Anforderungen an die Belehrung zu stellen, weil dann die Verwerfung ohne sachliche Nachprüfung im Raum steht (nach Hamm VRS **57**, 299 ist hier erneute Belehrung notwendig); im zweiten Fall reicht eine Belehrung in einer früheren Ladung aus (str.; vgl. 22). Der bloße Hinweis auf „§ 74 I, II OWiG" genügt nicht, weil er unklar ist. Bei der Belehrung muß die Mindestgrenze der Ladungsfrist eingehalten sein (Hamm VRS **50**, 307; KG VRS **42**, 213). Ist die Belehrung unterblieben, so kann nicht nach I oder II verfahren werden (vgl.

10, 20, 39, 48). Hebt das Gericht die Anordnung des persönlichen Erscheinens wieder auf, so ist der Betroffene über die mögliche Verfahrensgestaltung nach I zu belehren (Hamm aaO; KG aaO); doch begründet bei einem Verfahren in Abwesenheit die Nichtbeachtung dieser Belehrung nicht die Rechtsbeschwerde, wenn bereits nach II S. 2 auf die mögliche Verfahrensgestaltung nach I hingewiesen ist (aM KG 3. 8. 1979, 3 Ws B 199/79); anders jedoch, wenn das Anwesenheitsrecht des Betroffenen verletzt ist (vgl. 3 ff. zu § 73).

42   **5) Für die Zustellung des Abwesenheitsurteils** gelten die allgemeinen Zustellungsvorschriften (§ 35 II, §§ 36 ff. StPO iVm § 46 I; 22 vor § 67), da eine dem § 232 IV StPO entsprechende Regelung fehlt (Celle NJW **73**, 1709; Köln NJW **73**, 2043; Düsseldorf NJW **71**, 1576 m. Anm. Oppe; Bay. NJW **71**, 1578). Das (mit Gründen versehene) Urteil muß zugestellt werden, um rechtskräftig werden zu können (vgl. Schleswig bei Ernesti/ Jürgensen SchlHA **76**, 173), auch wenn der Verteidiger bei der Urteilsverkündung anwesend gewesen ist (Bay. bei Rüth DAR **76**, 179). Eine ordnungsgemäße Zustellung liegt nicht vor, wenn in der Urteilsausfertigung eine Textseite fehlt (Koblenz VRS **52**, 42).

43   **Die ohne richterliche Anordnung** durch die Geschäftsstelle veranlaßte Zustellung ist wirksam und setzt die Rechtsmittelfrist in Lauf, da § 36 I S. 1 StPO eine bloße Ordnungsvorschrift ist (Kleinknecht 10 zu § 36 StPO; Hamm GA **76**, 27; aM BGH bei Holtz MDR **76**, 814, jedoch ohne Begründung; Stuttgart MDR **76**, 245; Hamm MDR **76**, 66; Zweibrücken VRS **53**, 277, wonach auch eine an den Betroffenen bewirkte Zustellung, die abweichend von der richterlichen Anordnung – statt an ihn an den Verteidiger – erfolgt ist, unwirksam sein soll!). § 145 a StPO ist anzuwenden (vgl. Oppe NJW **71**, 1576; Bay. JZ **71**, 12; Köln NJW **73**, 2043; vgl. auch Köln VRS **42**, 125); die Ersatzzustellung (auch nach § 182 ZPO) ist zulässig (vgl. BVerfGE **25**, 158); warum dann die Zustellung (der Geschäftsstelle) an den Verteidiger nicht ausreichend sein soll, ist nicht recht verständlich.

44   **Zu belehren** ist der Betroffene bei der Zustellung über die Zulässigkeit der Rechtsbeschwerde und den Zulassungsantrag (vgl. § 80 II S. 5), wenn ein solcher in Betracht kommt, sowie über die Möglichkeit der Wiedereinsetzung (§ 35 a StPO iVm § 46 I, § 235 S. 2 StPO iVm IV).

45   **Ein Rechtsmittelverzicht** ist vor Beginn der Rechtsmittelfrist wirksam, wenn der Betroffene zuvor Gelegenheit hatte, sich von dem Inhalt der Urteilsgründe zuverlässig zu unterrichten (BGH **25**, 334).

46   **6) Die Wiedereinsetzung in den vorigen Stand** nach § 235 iVm §§ 44 ff. StPO kann der Betroffene gegen das Urteil, das nach I oder II ergangen ist, binnen einer Woche nach dessen Zustellung beantragen (IV; anders bei Vertretung durch einen schriftlich bevollmächtigten Verteidiger, vgl. Rebmann/Roth/Herrmann 22). Hat der Betroffene von der Ladung keine Kenntnis (gleichgültig, ob vorwerfbar oder nicht; vgl. Rebmann/Roth/Herrmann 23) erhalten oder ist er sonst unverschuldet (vgl. 3 ff. zu § 52; 29 ff.) verhindert gewesen, an der Hauptverhandlung teilzunehmen, so wird dem Abwesenheitsverfahren nach I oder II nachträglich die Grundlage entzogen. Die Wiedereinsetzung ist auch zulässig, wenn das Recht auf kommissarische Vernehmung (vgl. 34 zu § 73) oder sogar das Anwesenheitsrecht (7 ff. zu § 73) verletzt ist (BVerfGE **42**, 252). Die Verfassungsbeschwerde kann auf die Versagung des rechtlichen Gehörs erst gestützt werden, wenn zuvor von dem Rechtsbehelf der Wiedereinsetzung Gebrauch gemacht worden ist (BVerfG aaO). Voraussetzung für die Wiedereinsetzung ist, daß der Betroffene durch das Urteil beschwert ist (also nicht bei Freispruch). Wird der Antrag auf Wiedereinsetzung verworfen, so ist dagegen sofortige Beschwerde zulässig (§ 46 III StPO iVm § 46 I). Über die Möglichkeit der Wiedereinsetzung ist der Betroffene mit der Zustellung des Abwesenheitsurteils zu belehren (vgl. 44); unterbleibt die Belehrung, so kann er wegen der Fristversäumung des § 235 StPO die Wiedereinsetzung beanspruchen (§ 44 StPO iVm § 46 I). Die Wiedereinsetzung kann (insbesondere bei einem Verfahrensfehler des AG) auch von Amts wegen gewährt werden (Düsseldorf VRS **57**, 438).

47 **Die Verwirkung der Rechtsbeschwerde** durch Zeitablauf kommt dann in Betracht, wenn der Beschwerdeberechtigte über einen längeren Zeitablauf (ca 1 Monat) untätig bleibt, obwohl von ihm nach den gegebenen Umständen ein positives Verhalten erwartet werden kann; dies ist nicht der Fall, wenn durch einen Rechtskraftvermerk der Eindruck vermittelt wird, das Verfahren sei rechtskräftig abgeschlossen (Köln Rpfleger **77**, 105).

48 **7) Die Rechtsbeschwerde** nach § 79 I S. 1 Nr. 1–3, S. 2 ist neben der Wiedereinsetzung zulässig (Hamm NJW **72**, 1063; ebenso Rotberg 12; vgl. auch 35); § 79 I S. 1 Nr. 4 ist nicht entsprechend anwendbar (Bay. NJW **70**, 622, bei Rüth DAR **73**, 215; vgl. auch 11 zu § 79; vgl. jedoch ferner 7 ff. zu § 80). Die Rechtsbeschwerde kann darauf gestützt werden, daß eine der unter 20 angeführten Voraussetzungen gefehlt hat, daß die Anordnung des persönlichen Erscheinens nicht zulässig (vgl. 23 zu § 73), die Belehrung über die Folgen des Ausbleibens unterblieben (vgl. 20, 41) oder daß die Begründung der Verwerfung rechtsfehlerhaft (vgl. 35) gewesen ist. Auf die Nichteinhaltung der Ladungsfrist soll die Rechtsbeschwerde nicht gestützt werden können (BGH **24**, 129; abl. mit Recht Cramer JR **72**, 162; vgl. auch 21). Zur Rechtsbeschwerde bei abweichender Personenangabe im Bußgeldbescheid und im Urteil, das den Einspruch wegen Abwesenheit verwirft, vgl. Schleswig SchlHA **79**, 228.

49 **Für das Verhältnis von Wiedereinsetzung und Rechtsbeschwerde** gilt § 342 StPO entsprechend (vgl. § 79 III; Schleswig bei Ernesti/Jürgensen SchlHA **75**, 195); die weitere Verfügung über den Zulassungsantrag bleibt danach bei gleichzeitigem Antrag auf Wiedereinsetzung ausgesetzt, bis dieser Antrag erledigt ist. Bei Einlegung von Rechtsbeschwerde und Wiedereinsetzung gilt für die Reihenfolge beider Rechtsbehelfe der § 342 II S. 2 StPO auch dann, wenn die Wiedereinsetzung nur hilfsweise beantragt ist (Hamm 10. 8. 1979, 2 Ss OWi 1782/79). Wird nur Rechtsbeschwerde eingelegt, so kann die Wiedereinsetzung auch von Amts wegen gewährt werden (Düsseldorf VRS **57**, 438).

50 **8) Eine Kostenentscheidung** muß auch das Urteil enthalten, das den Einspruch verwirft, weil sich der Kostenausspruch des Bußgeldbescheides der VB nicht auf das gerichtliche Verfahren erstrecken kann (vgl. näher 7 ff. zu § 109).

Teilnahme der Staatsanwaltschaft an der Hauptverhandlung
RiStBV 287

75 ^I Die Staatsanwaltschaft ist zur Teilnahme an der Hauptverhandlung nicht verpflichtet. Das Gericht macht der Staatsanwaltschaft Mitteilung, wenn es ihre Mitwirkung für angemessen hält.

^II Nimmt die Staatsanwaltschaft an der Hauptverhandlung nicht teil, so bedarf es ihrer Zustimmung zur Einstellung des Verfahrens (§ 47 Abs. 2), zur Verwerfung des Einspruchs (§ 74 Abs. 2 Satz 1) und zur Rücknahme des Einspruchs in der Hauptverhandlung nicht.

1   **1) Nicht notwendig ist die Teilnahme der StA** an der Hauptverhandlung (I S. 1). Sie übernimmt die Vertretung und Verantwortung für die Beschuldigung (vgl. 2 vor 71) schon damit, daß sie die Sache dem Gericht nach Einspruch zuleitet und so die Tat zur Aburteilung stellt (vgl. 19 ff. zu § 69). Die Befugnis der StA, der Hauptverhandlung insgesamt fernzubleiben, gibt ihr auch das Recht, nur an einem Teil der Hauptverhandlung teilzunehmen; dies ist dann im Protokoll zu vermerken.

2   A. **In welchen Fällen** die Mitwirkung der StA in der Hauptverhandlung angebracht ist, hängt maßgebend von ihren Aufgaben (als Vertreterin des öffentlichen Interesses im Bußgeldverfahren – vgl. 27 zu § 69 – und als Strafverfolgungsbehörde) sowie der Bedeutung des Bußgeldverfahrens ab (vgl. Göhler JZ **68**, 619). Hat das Verfahren Zuwiderhandlungen zum Gegenstand, die zum eigentlichen Verwaltungsunrecht gehören und dem Strafrecht entfernt sind (zB Verletzung einer Meldepflicht) oder die nur eine geringe Bedeutung haben, so ist es unter Berücksichtigung des Verhältnismäßigkeitsgrundsatzes in der Regel vom Standpunkt des öffentlichen Interesses aus nicht „angemessen" (vgl. die Fassung von I S. 2 aE) und aus der Sicht als Strafverfolgungsbehörde nicht geboten, daß die StA an der Hauptverhandlung teilnimmt. Über die Fälle, in denen die StA an der Hauptverhandlung teilnehmen soll, vgl. im einzelnen RiStBV 287, Anh **C** 1; die nach II S. 2 Nr. 6 dieser Richtlinie gebotene Teilnahme an der Hauptverhandlung wird namentlich dann in Betracht kommen, wenn das Gericht eine zu großzügige Einstellungspraxis entwickelt (vgl. Göhler k + v **69**, 26; Rotberg 2). Sind für die Beurteilung der Ordnungswidrigkeit vorwiegend Fachfragen des Verwaltungsrechts von Bedeutung, so reicht es aus, daß das Gericht die VB in der Hauptverhandlung hierzu hört. Die StA hat hierauf ggf. hinzuwirken (vgl. RiStBV 288 II). Die StA hat Richtlinien und Weisungen des Vorgesetzten über die Teilnahme an der Hauptverhandlung zu beachten (vgl. BGH DRiZ **78**, 314).

3   B. **Das Verfahren bei Abwesenheit** der StA ist ebenso durchzuführen wie das vereinfachte Jugendverfahren bei Abwesenheit der StA (§ 78 II S. 1 JGG). Anstelle der StA verliest also der Richter aus dem Bußgeldbescheid die Angaben nach § 66 I Nr. 3 (Rebmann/Roth/Herrmann 14 zu § 71; vgl. 2 zu § 71).

4   **2) Eine Verständigung zwischen StA und VB** über die Teilnahme an der Hauptverhandlung ist in Grenzfällen, in denen die Mitwirkung einer dieser Behörden in Betracht kommt, empfehlenswert. Die Aufgaben, die

beide Behörden im gerichtlichen Verfahren haben, überlagern sich nicht, sondern ergänzen sich: Die VB soll sich vorwiegend zu Fachfragen ihres Sachgebiets äußern, während die StA zur Aufklärung des Sachverhalts und zur rechtlichen Beurteilung beitragen soll, wenn dies wegen der Bedeutung des Falles und der jeweiligen Sach- und Rechtslage geboten ist. Eine Verständigung zwischen den Behörden kann ergeben, daß die Teilnahme eines Vertreters von ihnen zur Wahrnehmung des öffentlichen Interesses und sachgemäßen Beurteilung ausreicht; in bedeutsamen Fällen, in denen es auch auf verwaltungsrechtliche Fachfragen ankommt, kann es andererseits aus der Sicht der StA wie auch der VB von Nutzen sein, wenn die andere Behörde zugleich in der Hauptverhandlung vertreten ist; die Mitbeteiligung liegt in solchen Fällen im beiderseitigen Interesse.

5   **3) Die Terminsnachricht an die StA** ist erforderlich, damit sie sich darüber schlüssig werden kann, ob sie an der Hauptverhandlung teilnimmt oder nicht (vgl. Karlsruhe NJW **72**, 1384). Die StA kann allerdings auf das Recht, vom Termin benachrichtigt zu werden, verzichten (zB bei Übersendung der Akten nach § 69 I S. 1; vgl. 19 zu § 69). Erklärt die StA jedoch nur, daß sie nicht beabsichtige, an der Hauptverhandlung teilzunehmen, so liegt darin noch kein Verzicht auf Terminsnachricht (Rebmann/Roth/Herrmann 2). Hat die Hauptverhandlung gegen den Willen der StA in ihrer Abwesenheit stattgefunden, so kann darauf die Rechtsbeschwerde nach § 79 I S. 1 Nr. 1–4, S. 2 gestützt werden (vgl. Stuttgart, Die Justiz **75**, 317; Karlsruhe aaO; 27 zu § 79); § 79 I S. 1 Nr. 5 ist jedoch nicht entsprechend anzuwenden.

6   **4) Eine Mitteilung des Gerichts** nach I S. 2 kommt ausnahmsweise dann in Betracht, wenn die unter 1 angegebenen Voraussetzungen vorliegen. Es ist zweckmäßig, daß das Gericht die Mitteilung mit der Terminsnachricht verbindet. Eine formlose Mitteilung (mündlich oder schriftlich) genügt aber. Bei einer Mitteilung nach I S. 2 ist die Teilnahme der StA an der Hauptverhandlung in der Regel geboten (vgl. RiStBV 287 II S. 2 Buchst. a, Anh **C 1**).

7   **5) Kein Rechtsmittelverzicht** ist der Verzicht der StA auf Teilnahme an der Hauptverhandlung, auch wenn sie schon vor dem Termin (etwa bei Übersendung der Akten nach § 69 I S. 1) ausdrücklich auf Terminsnachricht und Teilnahme der Hauptverhandlung verzichtet (zust. Rotberg 4; Rebmann/Roth/Herrmann 3a; Schleswig bei Ernesti/Jürgensen SchlA **79**, 205, 206). Die Rechtsmittelfrist beginnt für die StA, die in der Hauptverhandlung nicht vertreten gewesen ist, erst mit Zustellung des Urteils (vgl. § 79 IV); ohne Zustellung kann das Urteil deshalb nicht rechtskräftig und vollstreckbar werden (Kaiser NJW **68**, 1816). Über die Möglichkeit einer abgekürzten Urteilsbegründung vgl. 44 zu § 71.

8   **6) Die Zustimmung der StA zur Einstellung, zur Verwerfung des Einspruchs** (nach Beginn der Hauptverhandlung; vgl. 20 ff. zu § 74) **oder zur Rücknahme des Einspruchs** ist entbehrlich, wenn sie an der Hauptverhandlung nicht teilnimmt (II). In diesem Falle ist auch ein etwa vorher erklärter (schriftlicher) Widerspruch gegen die Einstellung nach § 47 II sowie gegen die Verwerfung oder die Rücknahme des Einspruchs wir-

kungslos; doch hat das Gericht vor einer Einstellung nach § 47 II die von der StA etwa schriftlich vorgetragenen Bedenken dagegen zu berücksichtigen. Nach Aussetzung der Hauptverhandlung ist die sonst erforderliche Zustimmung der StA im Verfahren außerhalb der Hauptverhandlung (selbst bei einem Verzicht auf Terminsnachricht; vgl. Rebmann/Roth/ Herrmann 4; Rotberg 5) wieder notwendig. Die Nichtteilnahme bedeutet also keine Zustimmung zur Einstellung oder Rücknahme des Einspruchs; denn II ist eine (eng auszulegende) Ausnahmeregelung (LG Berlin DAR **70**, 274; LG Hof MDR **72**, 889), die lediglich einen umständlichen Abschluß der Hauptverhandlung vermeiden will, wenn die StA nicht anwesend ist (vgl. LG Berlin aaO; vgl. auch 35 zu § 47). Hat die StA an der ersten Hauptverhandlung teilgenommen und die Zustimmung zur Einstellung oder zur Verwerfung oder zur Rücknahme des Einspruchs verweigert, so hindert dies die Einstellung, Verwerfung oder Rücknahme des Einspruchs nicht, wenn sie in der nächsten Hauptverhandlung ausbleibt. Die Rücknahme des Einspruchs ist, wenn die StA abwesend ist, sofort wirksam. Das Gericht kann sie nicht etwa mit der Erklärung ablehnen, daß die Anwesenheit der StA erforderlich sei.

Beteiligung der Verwaltungsbehörde RiStBV 288

76 [I] Das Gericht gibt der Verwaltungsbehörde Gelegenheit, die Gesichtspunkte vorzubringen, die von ihrem Standpunkt für die Entscheidung von Bedeutung sind. Dies gilt auch, wenn das Gericht erwägt, das Verfahren nach § 47 Abs. 2 einzustellen. Der Termin zur Hauptverhandlung wird der Verwaltungsbehörde mitgeteilt. Ihr Vertreter erhält in der Hauptverhandlung auf Verlangen das Wort.

[II] Das Gericht kann davon absehen, die Verwaltungsbehörde nach Absatz 1 zu beteiligen, wenn ihre besondere Sachkunde für die Entscheidung entbehrt werden kann.

[III] Erwägt die Staatsanwaltschaft, die Klage zurückzunehmen, so gilt § 63 Abs. 3 entsprechend.

[IV] Das Urteil und andere das Verfahren abschließende Entscheidungen sind der Verwaltungsbehörde mitzuteilen.

Übersicht

1   **1) Der Zweck der Vorschrift** ist es, durch die Mithilfe der VB eine
bessere Aufklärung und Beurteilung des Sachverhalts zu ermöglichen.
Ordnungswidrigkeiten betreffen häufig eine rechtliche Spezialmaterie,
die nicht zum vertrauten Arbeitsgebiet der Gerichte gehört. Die Bedeutung der Gesetzesverstöße ist oft nicht einfach zu beurteilen, weil die Art
und das Ausmaß einer möglichen Rechtsgütergefährdung oder -verlet-
zung nicht immer deutlich sichtbar sind (so zB bei Handlungen, die ohne
eine vorgeschriebene Genehmigung oder Erlaubnis vorgenommen werden). Das Gericht ist deshalb grundsätzlich auf die Mithilfe der fachlich
zuständigen VB angewiesen, da sie die Gesetze, die der Betroffene verletzt hat oder verletzt haben soll, ausführt und deshalb mit den einschlägigen Sachfragen sowie mit dem Zweck und der Bedeutung der Vorschriften vertraut ist (vgl. Einl. C III 6 der BegrEOWiG). Andererseits ist
berücksichtigt, daß die Gerichte bei bestimmten Zuwiderhandlungen genügende Erfahrung haben (zB bei Verkehrsordnungswidrigkeiten), so
daß in solchen Fällen von der Beteiligung der VB abgesehen werden kann
(II; vgl. 20).

2   **2) Als Hilfsorgan des Gerichts** wird die VB tätig, um ihm ein möglichst vollständiges und zutreffendes Bild von dem Sachverhalt sowie der
Bedeutung und Bewertung der Ordnungswidrigkeit zu vermitteln, damit das Gericht in der Sache eine richtige und gerechte
Entscheidung zu treffen. Die VB ist deshalb zur Objektivität verpflichtet
(ebenso Rotberg 1). Sie darf nicht einseitig auf belastende Umstände
hinweisen, sondern muß auch die dem Betroffenen günstigen Umstände
aufzeigen, soweit es auf ihre Sachkunde ankommt. Ihre Tätigkeit ist
namentlich darauf gerichtet, dem Gericht Erfahrungssätze darzulegen (so
zB über die Bedeutung und Gefährlichkeit bestimmter Handlungen) und
Tatsachenmaterial aufzuzeigen (so zB über Vorgänge und Einrichtungen
im Betrieb des Betroffenen). Die VB kann darüber hinaus auch zur Frage
der Ahndung Stellung nehmen (vgl. Stuttgart, Die Justiz **73**, 399), so zur
Höhe der Geldbuße, zur Anordnung von Nebenfolgen und zur Einstellung des Verfahrens, soweit dies von ihrem Standpunkt aus angezeigt ist
(so zB wegen einer gleichmäßigen Bemessung der Geldbuße). Zur Tätigkeit der VB gehört aber nicht die Abgabe eines bloßen Werturteils, das
nicht auf ihrer besonderen Sachkunde beruht.

3   **3) Der VB wird Gelegenheit zur Äußerung** (I S. 1) gegeben, und zwar
der, die den Bußgeldbescheid erlassen hat (im Falle des § 83 der sonst
zuständigen VB; vgl. näher 3 zu § 63, dessen Erläuterungen hier entsprechend gelten). Doch kann das Gericht (so bei mehreren sachlich zuständigen VBen) auch die VB hören, die über eine besondere Sachkunde verfügt; vgl. Müller 6). Die Gelegenheit wird vor der Sachentscheidung,
aber auch vor allen sonst bedeutsamen Beschlüssen (vgl. I S. 2) und
Verfügungen gegeben. Zu prüfen ist dabei, ob es auf die besondere Sachkunde der VB ankommen kann; dies ist bei prozeßleitenden Verfügungen sicher nicht der Fall (vgl. Rotberg 2). Die Beteiligung der VB kommt
im gesamten gerichtlichen Verfahren in Betracht (vgl. 25).

4   A. **Findet eine Hauptverhandlung statt,** so erhält die VB Gelegenheit
zur Äußerung durch die Mitteilung (14). Ist die VB trotz dieser Mittei-

lung in der Hauptverhandlung nicht vertreten, so braucht ihr das Gericht nicht nochmals vor den Entscheidungen in der Hauptverhandlung Gelegenheit zur Stellungnahme zu geben; dies gilt auch für die Einstellung nach § 47 II (vgl. 19).

5   B. **Auch im schriftlichen Verfahren** (§ 72) ist die VB zu hören. Das ergibt sich aus der Stellung des § 76 im Unterabschnitt „Hauptverfahren" sowie daraus, daß lediglich I S. 3 und 4 Sonderregelungen für die Hauptverhandlung bringt (zust. Rotberg 7). Damit die VB eine sachgemäße Stellungnahme abgeben kann, sind ihr neue Einwendungen des Betroffenen oder neu hervorgetretene Umstände mitzuteilen, soweit die VB dazu auf Grund ihrer besonderen Sachkunde als Hilfsorgan des Gerichts (2) etwas beitragen kann. Hat die VB schon bei der Übersendung der Akten an die StA zu dem Vorbringen des Betroffenen Stellung genommen (vgl. 16 zu § 69) und ergeben sich keine neuen Gesichtspunkte, so ist es überflüssig, sie vor dem Beschluß nach § 72 nochmals zu hören (ebenso Rotberg 7).

6   C. **Formlos** kann die Zusammenarbeit zwischen Gericht und VB sein. So ist zB eine Vorbesprechung mit dem Vertreter der VB vor der Hauptverhandlung möglich, um zur Beschleunigung des Verfahrens zu klären, welche Punkte besonders zu erörtern sind und welche Beweismittel in Betracht kommen. Das Gericht darf jedoch seine Entscheidung nicht auf solche Vorbesprechungen stützen, weil dies dem § 261 StPO iVm §§ 71, 46 I widersprechen würde.

7   D. **Unaufgefordert äußern** kann sich die VB außerhalb der Hauptverhandlung jederzeit. Das ergibt sich von selbst aus ihrem Recht auf Gehör. Über die Anhörung in der Hauptverhandlung vgl. 15 ff.

8   E. **Verzichten** kann die VB auf die Möglichkeit der Anhörung schon bei Übersendung der Akten nach § 69 I S. 1, aber auch noch später. Der Verzicht ist keine prozessuale Erklärung, sondern hat nur die Bedeutung, daß die VB ihrer Ansicht nach zur Beurteilung nichts Wesentliches beitragen kann. Der Verzicht schließt es deshalb nicht aus, daß sich die VB später doch äußert; ebensowenig ist das Gericht durch den Verzicht gehindert, der VB Gelegenheit zur Stellungnahme zu geben und ihr mitzuteilen, daß es eine Stellungnahme für erwünscht hält (vgl. 9). Dazu ist das Gericht sogar von Amts wegen verpflichtet, falls die Anhörung der VB zur Aufklärung des Sachverhalts beitragen kann.

9   F. **Nicht verpflichtet** ist die VB, eine Stellungnahme abzugeben. Die VB hat in erster Linie zu prüfen, ob sie kraft ihrer besonderen Sachkunde zur richtigen und gerechten Beurteilung der Sache beitragen kann. Teilt das Gericht der VB mit, daß es eine Äußerung für angebracht hält, so ist die VB allerdings in ihrer Stellung als Hilfsorgan des Gerichts aufgerufen, sich zu äußern. Erzwingen kann das Gericht eine Äußerung aber nicht. Gegenvorstellung und Aufsichtsbeschwerde (vgl. 33 ff. zu § 62) sind zulässig; im Interesse einer fruchtbaren Zusammenarbeit empfiehlt es sich aber, lediglich formlos Rücksprache zu nehmen und von der Möglichkeit einer Aufsichtsbeschwerde nur sehr zurückhaltend Gebrauch zu machen. Die mit der Stellungnahme der VB erstrebte Aufklärung des Sachverhalts

kann meist auch dadurch erreicht werden, daß Angehörige der VB als Zeugen oder Sachverständige (vgl. 11 f.) gehört werden (vgl. Hamm MDR **78**, 427).

10 **4) Kein Beweismittel** ist der Vertreter der VB, der die Stellungnahme nach I S. 1 abgibt (Hamm MDR **78**, 427). Die von ihm bekundeten (oder in einer schriftlichen Stellungnahme mitgeteilten) Tatsachen können aber dadurch zum Gegenstand der Beweisaufnahme gemacht werden, daß an den Betroffenen sowie Zeugen und Sachverständige entsprechende Fragen gerichtet werden oder der Vertreter der VB als Zeuge (vgl. 11) vernommen wird (Hamm aaO). Die Verwertung von Tatsachenmaterial und Erfahrungssätzen, die von der VB aufgezeigt werden, hängt im übrigen stets davon ab, daß sie zum Gegenstand der mündlichen oder schriftlichen Verhandlung gemacht sind und dem Betroffenen sowie der StA Gelegenheit zur Stellungnahme gegeben ist (Grundsatz des rechtlichen Gehörs; vgl. Art. 103 I GG; 4, 47 ff., 75 zu § 72; § 33a StPO iVm § 46 I).

11 A. **Als Zeuge** kann der Vertreter der VB vernommen werden, wenn die von ihm mitgeteilten Tatsachen auf dem Umwege der Befragung des Betroffenen oder anderer Zeugen nicht zum Gegenstand der Beweisaufnahme gemacht werden können. Bei der Vernehmung ist § 54 StPO iVm § 46 I zu beachten (vgl. 38 ff. zu § 59). Es ist zulässig, den Vertreter der VB auch über solche Tatsachen zu vernehmen, die er selbst nicht wahrgenommen hat, die ihm aber andere Personen bekundet haben (Zeuge vom Hörensagen; vgl. BGH **17**, 382). Das Gericht hat dann allerdings von Amts wegen zu prüfen, ob zur Aufklärung des Sachverhalts die Vernehmung der Person als Zeuge geboten ist, über deren Bekundungen der Vertreter der VB als Zeuge aussagt (vgl. BGH **17**, 382; **22**, 268, 270).

12 B. **Als Sachverständiger** kann der Vertreter der VB ebenfalls vernommen werden. Doch ist dann der Ablehnungsgrund nach §§ 74, 22 Nr. 4 StPO iVm § 46 I zu beachten (vgl. auch 87 ff. zu § 59). Der Vertreter der VB, der selbst an den Ermittlungen im Vorverfahren teilgenommen hat, kann in jedem Falle abgelehnt werden (vgl. RG **36**, 208; Kleinknecht 6 zu § 74 StPO).

13 C. **Als Gutachten einer öffentlichen Behörde** darf die Stellungnahme der VB nicht verwertet und verlesen werden (ebenso Rotberg 6); § 256 I StPO ist nicht anzuwenden, wenn die öffentliche Behörde als Verfolgungsbehörde in derselben Sache tätig gewesen ist (vgl. jedoch 10 zu § 76). Doch darf das Gericht eine schriftliche Äußerung der VB als deren Stellungnahme bekanntgeben und an die Beteiligten und Zeugen entsprechende Fragen richten (vgl. 10).

14 **5) Die Mitteilung des Hauptverhandlungstermins** (I S. 3) kann formlos (zB fernmündlich) geschehen. Ist die VB in der Hauptverhandlung nicht vertreten, so braucht sie nicht nochmals benachrichtigt zu werden, wenn die Hauptverhandlung unterbrochen und innerhalb von 10 Tagen fortgesetzt wird (§ 229 StPO); bei einer Vertagung ist dagegen die Mitteilung des neuen Termins notwendig (ebenso Rotberg 4). Über die Einstellung des Verfahrens vgl. 19. Hält das Gericht die Anwesenheit

eines Vertreters der VB für angemessen (9), so empfiehlt es sich, dies der VB zugleich mit der Terminsnachricht mitzuteilen. Außerdem kann die Unterrichtung der VB darüber zweckmäßig sein, zu welchen Punkten eine Stellungnahme erwünscht ist. Eine formlose Verständigung zwischen Gericht, StA und VB über die Anwesenheit in der Hauptverhandlung (vgl. 4 zu § 75) dient der Sache, fördert eine fruchtbare Zusammenarbeit und vereinfacht das Verfahren.

15 **6) In der Hauptverhandlung** hat der Vertreter der VB das Recht zur Äußerung (I S. 4) und damit auch zur Anwesenheit.

16 A. **Das Anwesenheitsrecht** erstreckt sich auf alle Teile der Hauptverhandlung. Der Vertreter der VB kann uU schon bei der Einlassung des Betroffenen zur Sache oder bei der weiteren Beweisaufnahme auf Punkte hinweisen, die vom Standpunkt der VB aus bedeutsam sind. Ihr Vertreter hat nicht nur das Recht, einmal (zusammenfassend) die Gesichtspunkte darzulegen, die aus fachlicher Sicht bedeutsam sind; ihm ist „auf Verlangen" das Wort zu erteilen (vgl. 18). Das Anwesenheitsrecht kann allerdings dadurch eingeschränkt sein, daß der Vertreter der VB als Zeuge in Betracht kommt (vgl. 11), weil dann § 58 I, § 243 II S. 1 StPO iVm §§ 71, 46 I eingreifen. Möglich ist aber auch die Anwesenheit des Vertreters der VB trotz späterer Vernehmung als Zeuge. Das Gericht hat in einem solchen Falle auf Grund der widerstreitenden Interessen abzuwägen, ob die Einhaltung der Ordnungsvorschriften nach § 58 I, § 243 II S. 1 StPO gewichtiger ist als das Anwesenheitsrecht (ebenso Rebmann/ Roth/Herrmann 9 a; zu eng Bay. JR **63**, 388, wonach der Vertreter der VB an der Vernehmung des Betroffenen nicht teilnehmen darf). Zur Begrenzung des Interessenkonflikts kann es angebracht sein, den Vertreter der VB möglichst am Anfang der Beweisaufnahme als Zeugen zu vernehmen (vgl. BGH **4**, 205 für die Vernehmung des Beistandes als Zeuge). Durch einen RA oder eine sonstige behördenfremde Person kann sich die VB nicht vertreten lassen, da dies der Institution der Beteiligung widersprechen würde (Rotberg 5).

17 B. **Das Recht zur Äußerung** besteht nicht nur ein einziges Mal. Wie oft und wann der Vertreter der VB das Wort ergreifen kann, bestimmt der Vorsitzende als Verhandlungsleiter nach pflichtgemäßem Ermessen (§ 238 I StPO iVm §§ 71, 46 I). Eine Entscheidung des Gerichts kann dann herbeigeführt werden, wenn die Verhandlungsleitung als „unzulässig" beanstandet wird (§ 238 II StPO iVm §§ 71, 46 I), weil zB das Wort überhaupt nicht erteilt wird oder nicht zu einem Punkte, bei dem es gerade auf die Sachkunde der VB ankommt. Nur „auf Verlangen" ist dem Vertreter der VB das Wort zu erteilen. Wünscht er das Wort nicht, so braucht es ihm von Amts wegen nicht gegeben zu werden; doch ist § 244 II StPO iVm §§ 71, 46 I zu beachten. Zur Anhörung vor den Schlußvorträgen vgl. auch 39 zu § 71.

18 C. **Kein selbständiges Frage- und Antragsrecht** steht dem Vertreter der VB zu (Stuttgart, Die Justiz **73**, 399; Rotberg 5; Rebmann/Roth/ Herrmann 9). Er kann aber anregen, an Zeugen und Sachverständige Fragen zu stellen und ergänzende Beweise zu erheben (Stuttgart aaO; vgl. auch BGH GA **68**, 308 zu § 441 AO aF; vgl. auch Kröner ZfZ **70**, 170).

Ist die Anregung sachlich vernünftig und objektiv berechtigt, so gebietet es die Aufklärungspflicht (§ 244 II StPO iVm §§ 71, 46 I), der Anregung zu entsprechen. Kraft der Sachleitungsbefugnis kann der Vorsitzende dem Vertreter der VB auch erlauben, unmittelbar Fragen zu stellen (Stuttgart aaO; Celle MDR **69**, 780); geschieht dies, so kann die Rechtsbeschwerde unter Angabe einzelner Fragen lediglich rügen, daß der Vorsitzende seine Prozeßleitungsbefugnis mißbraucht habe (Stuttgart aaO). Ein selbständiges Fragerecht hat jedoch der Vertreter der FinB im Bußgeldverfahren wegen Steuer- und Monopolordnungswidrigkeiten (§ 407 I S. 5, § 410 I Nr. 11 AO 1977, Anh **A 10**, auch iVm § 132 BranntwMonG, § 44 ZündwMonG).

19   **7) Vor der Einstellung des Verfahrens** nach § 47 II ist die VB speziell zu hören (I S. 2), und zwar auch dann, wenn das Gericht die Einstellung außerhalb der Hauptverhandlung erwägt. Die Anhörung ist jedoch entbehrlich, wenn die VB schon vorher (zB in ihrer Stellungnahme bei Übersendung der Akten, vgl. 16 zu § 69) die Umstände aufgezeigt hat, die der Einstellung entgegenstehen. Will das Gericht das Verfahren in der Hauptverhandlung einstellen und ist der Vertreter der VB trotz Mitteilung (vgl. 14) nicht erschienen, so hat die VB Gelegenheit zur Stellungnahme gehabt; sie braucht deshalb vor der Einstellung nicht nochmals gehört zu werden (vgl. 4). Sieht das Gericht von der Anhörung der VB ab, obwohl die Voraussetzungen von II nicht vorliegen, so ist dies zwar gesetzwidrig; doch kann der Beschluß weder durch die StA noch die VB angefochten werden. Über den Zweck der Anhörung vgl. 10 zu § 63.

20   **8) Absehen von der Beteiligung** kann das Gericht ausnahmsweise dann, wenn für die Entscheidung, die jeweils zu treffen ist (3), die besondere Sachkunde der VB entbehrt werden kann (II). Diese Ausnahmeregelung darf nicht zu großzügig gehandhabt werden; sie trifft aber ganz allgemein bei Verkehrsordnungswidrigkeiten sowie bei anderen Polizeidelikten zu, weil das Gericht für die Beurteilung dieser Verstöße eine genügend große praktische Erfahrung hat (vgl. Stuttgart, Die Justiz **73**, 399; 1 zu § 63). Bei Steuer- und Monopolordnungswidrigkeiten gilt II nicht (vgl. §§ 407, 410 I Nr. 11 AO 1977, Anh **A 10**, auch iVm § 132 BranntwMonG, § 44 ZündwMonG).

21   **9) Die Nichtbeachtung von I, II** kann eine Verletzung der Aufklärungspflicht (§ 244 II StPO iVm §§ 71, 46 I) darstellen und unter diesem Gesichtspunkt die Rechtsbeschwerde (§ 79) begründen; die Rechtsbeschwerde kann jedoch nicht darauf gestützt werden, daß die VB beteiligt worden ist (Stuttgart, Die Justiz **73**, 399), sondern nur darauf, daß eine Beteiligung pflichtwidrig unterblieben ist. Bei Ordnungswidrigkeiten auf entlegenen Sachgebieten wird sich häufig nicht ausschließen lassen, daß bei einer Beteiligung der VB Umstände aufgedeckt worden wären, die für die Entscheidung von Bedeutung gewesen wären. Die Rechtsbeschwerde steht in diesem Falle nur dem Betroffenen, den Nebenbeteiligten (vgl. 2 vor § 87) und der StA zu, nicht der VB (vgl. 2 vor § 79); sie kann aber die Einlegung der Rechtsbeschwerde bei der StA anregen; die als Vertreterin des öffentlichen Interesses bei den ordentlichen Gerichten (vgl. 27 zu § 69) auch die Belange der VB berücksichtigen muß (vgl.

RiStBV 292, Anh C 1). Bei einer guten Zusammenarbeit zwischen StA und VB werden Meinungsverschiedenheiten darüber, ob die Interessen der VB genügend gewahrt sind, nicht aufkommen oder angemessen begrenzt werden; notfalls kann eine Aufsichtsbeschwerde (vgl. 33 ff. zu § 62) Abhilfe schaffen.

22   **10) Vor Rücknahme der Klage** ist die VB grundsätzlich anzuhören (III; vgl. 23 zu § 71; 10 zu § 63).

23   **11) Die Mitteilung des Urteils** und anderer verfahrensabschließender Entscheidungen (so zB des Einstellungsbeschlusses nach § 47 II, des Beschlusses nach § 72) ist stets notwendig (IV), also unabhängig davon, ob die Unterrichtung der VB wegen ihrer besonderen Sachkunde angezeigt ist oder nicht. Die VB soll von dem Ausgang des Verfahrens unterrichtet werden, da die gerichtliche Entscheidung für die Beurteilung vergleichbarer Taten oder von Taten desselben Betroffenen durch die VB von Bedeutung sein kann (vgl. Begr. zu § 65 EOWiG). IV gilt danach auch in Verfahren wegen Verkehrsordnungswidrigkeiten. Über die Form der Unterrichtung sowie dem Verzicht der VB vgl. 7 ff. zu § 63.

24   **12) Das Akteneinsichtsrecht** steht der VB auch im gerichtlichen Verfahren unbeschränkt zu (vgl. 1 zu § 49).

25   **13) Über die Beteiligung der VB im Rechtsbeschwerdeverfahren** vgl. 8 vor § 79, RiStBV 292 (Anh C 1), im Wiederaufnahmeverfahren vgl. 29 zu § 85, im Nachverfahren vgl. 47 zu § 87.

26   **14) Über die Beteiligung der VB im Strafverfahren** vgl. § 407 AO 1977 (Anh **A 10**), § 13 II WiStG 1954 (Anh **A 12**), § 43 II AWG (Anh **A 13**), § 34 II MOG, Art. 320 V S. 1 EGStGB (Anh **A 1**).

Umfang der Beweisaufnahme

77 Das Gericht bestimmt, unbeschadet des § 244 Abs. 2 der Strafprozeßordnung, den Umfang der Beweisaufnahme.

1   **1) Der Grundsatz der Aufklärungspflicht** von Amts wegen (§ 244 II StPO) gilt auch im Bußgeldverfahren. Das Gericht hat hiernach zunächst zu prüfen, ob der Sachverhalt auf Grund des Akteninhalts genügend geklärt ist. Hält es weitere Ermittlungen für notwendig, so ist Hauptverhandlung anzuberaumen (2 ff. zu § 72). In der Hauptverhandlung gilt dann nicht das formale Beweisantragsrecht. Vielmehr bestimmt das Gericht den Umfang der Beweisaufnahme nach pflichtgemäßem Ermessen.

2   A. **Von Amts wegen** hat danach das Gericht zur Erforschung der Wahrheit die Beweisaufnahme auf alle Umstände zu erstrecken, die für die Entscheidung von Bedeutung sind (ebenso § 384 III StPO für das Privatklageverfahren); den Betroffenen trifft also keine Darlegungs- oder Beweislast (Düsseldorf NJW **70**, 821; vgl. auch 48 zu § 71). Eine Verletzung der Aufklärungspflicht ist stets dann anzunehmen, wenn die Sachlage unter Berücksichtigung des Akteninhalts und des Verfahrensablaufs zur Benutzung weiterer Beweismittel drängt oder sie zumindest nahelegt (Koblenz VRS **55**, 130). Bei dem Umfang der Beweisaufnahme ist jedoch das Gericht etwas freier gestellt als im Strafverfahren (vgl. 13 ff.). Für die Beweisaufnahme gelten im übrigen die §§ 246–257 StPO (vgl. 38 zu § 71).

3   B. **Die Aufklärungsrüge** ist nur dann ordnungsgemäß erhoben, wenn dargelegt ist, welche Umstände das Gericht dazu hätten veranlassen müssen, von einem bestimmten Beweismittel zur Klärung einer Beweistatsache Gebrauch zu machen (vgl. BGH **23**, 176, 187). Die Aufklärungsrüge ist unbegründet, sofern sie sich in Wahrheit gegen die Beweiswürdigung richtet, diese jedoch keinen Verstoß gegen Denkgesetze und allgemeine Erfahrungssätze erkennen läßt (vgl. Hamm VRS **53**, 201, 204).

4   C. **Zur richterlichen Überzeugungsbildung** vgl. 47 f. zu § 71.

5   **2) Der Grundsatz der Unmittelbarkeit** der Beweisaufnahme (§ 250 StPO) gilt auch im Bußgeldverfahren (vgl. Karlsruhe GA **76**, 432; Hamm MDR **72**, 345; Koblenz VRS **45**, 124). Deshalb ist es zB bei bestehenden Zweifeln, ob eine Eintragung in einer polizeilichen Unfallskizze zutrifft, notwendig, hierüber den Polizeibeamten als Zeugen zu hören, der sie aufgenommen hat (Hamm aaO), oder eine Ortsbesichtigung (Augenscheinseinnahme) durchzuführen (Frankfurt VRS **46**, 461). Radarfotos können verwertet werden, ohne daß es einer Vernehmung des die Radarmessung durchführenden Beamten bedarf (Zweibrücken VM **79**, 22).

6   A. **Ob das Einverständnis der Verfahrensbeteiligten** (des Betroffenen, seines Verteidigers und der StA) Abweichungen vom Grundsatz der Unmittelbarkeit zuläßt, weil die StPO nur sinngemäß gilt (§ 46 I), muß grundsätzlich überdacht werden; dies ist bislang in der Rspr. und im Schrifttum noch nicht geschehen. Dabei ist davon auszugehen, daß das Prinzip der Hauptverhandlung, das der stärkste Ausdruck des Grundsatzes der Unmittelbarkeit ist, im Bußgeldverfahren zur Disposition der Verfahrensbeteiligten gestellt ist, was aus § 72 folgt; dies gilt nicht nur in Bußgeldsachen wegen geringfügiger Ordnungswidrigkeiten, sondern schlechthin. Dann kann aber kein sachlicher Grund dafür gegeben sein, den Grundsatz der Unmittelbarkeit für Teile der Beweisaufnahme trotz des Einverständnisses der Verfahrensbeteiligten mit einer abweichenden Verfahrensgestaltung uneingeschränkt anwenden zu müssen; gegen diese Schlußfolgerung *„a maiore ad minus"*, aus der abzuleiten ist, daß mit Einverständnis der Verfahrensbeteiligten auch in der Hauptverhandlung vom Grundsatz der Unmittelbarkeit abgewichen werden kann, sind durchschlagende Einwände nicht ersichtlich. Im Bußgeldverfahren muß, wie die Regelung von § 72 zeigt, die Wahrheit nicht unter Wahrung der grundsätzlichen Verfahrensgarantien der StPO erforscht werden; dies steht schon deswegen im Ausgangspunkt zur Disposition des Betroffenen, weil es von seinem Einspruch abhängt, ob der Vorwurf der Ordnungswidrigkeit in einem gerichtlichen Verfahren näher geprüft wird. Hinzu kommt, daß selbst im Strafverfahren der Grundsatz der Unmittelbarkeit nicht uneingeschränkt gilt (vgl. §§ 249, 251, 253, 254, 256 StPO) und daß in der Gesetzgebung die Tendenz erkennbar ist, diesen Grundsatz weiter aufzulockern (vgl. § 249 II StPO; vgl. hierzu auch Prümm DRiZ **79**, 241). Der Rspr. sollte es deshalb nicht schwer fallen, diesen –

für die Praxis außerordentlich wichtigen – Schritt zur Verfahrensvereinfachung zu gehen; dies würde eine sonst in Betracht kommende gesetzliche Regelung ersparen (vgl. hierzu Foth DRiZ **78**, 76; Göhler, Schäfer-
Festschr. S. 39, 53). Bei einem Übergang in das Strafverfahren müßte
freilich eine „vereinfachte" Beweisaufnahme wiederholt werden (vgl. 23
zu § 81). Unter Zugrundelegung dieser Auffassung ergibt sich folgendes:

7   a) **Grundsätze bei einer nicht unmittelbaren Beweisaufnahme:** Das
Abweichen vom Grundsatz der Unmittelbarkeit muß von der materiellen Zustimmung der Verfahrensbeteiligten gedeckt sein (8). Ferner dürfen die Aufklärungspflicht (vgl. 1, 2) und das rechtliche Gehör nicht
verletzt sein; letzteres könnte insbesondere beim Abwesenheitsverfahren
(§ 74 II) der Fall sein, falls der Betroffene zwar sein Einverständnis mit
der Verwertung von schriftlichen Erklärungen von Zeugen uä erklärt, er
aber keine Gelegenheit gehabt hat, sich vorher von diesen Erklärungen
Kenntnis zu verschaffen (Rechtsgedanke von § 249 II S. 4 StPO).

8   **Zustimmungserfordernis:** Hat der Betroffene einen vertretungsberechtigten Verteidiger (38 zu § 73), so kann dieser die Zustimmung zur
Abweichung vom Grundsatz der Unmittelbarkeit geben (er kann sich ja
auch für den Betroffenen mit dem schriftlichen Verfahren einverstanden
erklären). Bei einer kommissarischen Vernehmung des Betroffenen sind
dem Betroffenen die Schriftstücke, deren Verlesung in Betracht gezogen
wird, zur Kenntnis zu bringen; dabei ist ihm auch Gelegenheit zur Kennt-
nisnahme des wörtlichen Inhalts zu geben. Im Ergebnis ist bei der Frage
des „Einverständnisses" des Betroffenen auf den inhaltlichen Bedeu-
tungswert seiner Erklärung abzustellen (vgl. die entsprechenden Erläuterungen zum Widerspruch gegen das schriftliche Verfahren unter 13 ff.,
23 ff. zu § 72). Die zum Widerspruch gegen das schriftliche Verfahren
entwickelten Rechtsgrundsätze können danach weitgehend im Zustim-
mungsverfahren beim Abweichen vom Grundsatz der Unmittelbarkeit
übernommen werden.

9   **In das Protokoll** ist die Verlesung von Erklärungen und die Einführung sonstiger Beweismittel in die Hauptverhandlung aufzunehmen; ferner das Einverständnis der Verfahrensbeteiligten, soweit sie in der
Hauptverhandlung anwesend sind und vom Grundsatz der Unmittelbarkeit über die §§ 251, 254 StPO hinaus abgewichen wird (Rechtsgedanke
von § 249 II S. 5, § 255 StPO).

10   b) **Erklärungen von Behörden** oder sonstigen Stellen (vgl. 3 vor § 35)
über ihre dienstlichen Wahrnehmungen, Untersuchungen und Erkenntnisse können unter Zugrundelegung der Auffassung unter 6 mit Zustimmung der Verfahrensbeteiligten (über § 256 StPO hinausgehend) auch
dann verlesen werden, wenn sie in dem Verfahren wegen der Ordnungswidrigkeit gemacht oder erlangt worden sind. Damit kann eine dem
Wortlaut des § 256 StPO nicht zu entnehmende Einschränkung aufgegeben werden: Aus dem Wortlaut des § 256 StPO kann zwar nicht abgeleitet werden, daß Erklärungen öffentlicher Behörden über Vorgänge, die
„aus Anlaß des Verfahrens" angefallen sind, nicht verlesen werden dürfen; doch wird dies im Rahmen der StPO allgemein angenommen, weil
andernfalls der Grundsatz der Unmittelbarkeit ausgehöhlt werden

könnte (vgl. LR–Gollwitzer 22 zu § 256 StPO). Auf der Basis der Zustimmung der Verfahrensbeteiligten können aber gegen eine solche Abweichung vom Grundsatz der Unmittelbarkeit keine Bedenken erhoben werden (vgl. 6). Soweit sich die Erklärungen auf das Bußgeldverfahren selbst beziehen, kann danach zB die VB dem Gericht darüber Mitteilung machen, welche Ermittlungen mit welchem Ergebnis durchgeführt worden sind und worauf sich diese stützen (vgl. 11 vor § 67). Allerdings gelten die Einschränkungen unter 7, 8 auch hier. Dabei kann aber im Rahmen der Aufklärungspflicht davon ausgegangen werden, daß die von den Behörden bezeugten Wahrnehmungen und Erkenntnisse im Hinblick auf deren Verpflichtung zur Unparteilichkeit als objektive Beweismittel geeignet sind; ferner ist zu berücksichtigen, daß eine richterliche Vernehmung der Angehörigen in aller Regel nur zu einer Wiederholung dessen führen würde, was bereits in den behördlichen Erklärungen schriftlich festgelegt worden ist. Die Bedenken gegen die Einbeziehung von „dienstlichen Äußerungen“ in die Beweisaufnahme (vgl. hierzu Schünemann DRiZ **79**, 101) haben im Bußgeldverfahren geringeres Gewicht und werden durch die Dispositionsmöglichkeit der Beteiligten, einer derartigen Beweisverwertung zu widersprechen, ausgeräumt. Bei den „Erklärungen“ der Behörde kann es sich auch um solche handeln, die in der Wiedergabe der Angaben besteht, die deren Angehöriger (sonst als potentieller Zeuge) ihr gegenüber gemacht hat.

11 B. **Bisherige Rspr. zur Unmittelbarkeit der Beweisaufnahme:** Unzulässig ist es auf der Grundlage der bisherigen Rspr. zB, eine fernmündlich eingeholte behördliche Auskunft (selbst im Einverständnis der Beteiligten) im Wege der Bekanntmachung durch den Richter in die Hauptverhandlung einzuführen (Karlsruhe GA **76**, 432; Hamm VRS **49**, 193). Nicht erlaubt ist es auch, die Vernehmung eines Zeugen durch Verlesen seiner früheren Erklärung zu ersetzen (Hamm VRS **43**, 54; Koblenz VRS **45**, 124; Bay. bei Rüth DAR **74**, 187; Celle NdsRpfl. **76**, 75; Karlsruhe VRS **48**, 375); anders jedoch wohl, wenn der Zeuge im Ausland wohnt und das Verfahren eine Ordnungswidrigkeit von geringem Gewicht zum Gegenstand hat (Hamm JMBINW **72**, 194; vgl. auch Karlsruhe, Die Justiz **76**, 486). Das Schweigen des Betroffenen zur Verlesung einer Niederschrift über die richterliche Vernehmung, der sein Verteidiger zustimmt, enthält auch seine eigene Zustimmung (Bay. VRS **55**, 132).

12 3) **Einen Beweisantrag ablehnen** kann das Gericht schon dann, wenn die Erhebung des Beweises zur Erforschung der Wahrheit nicht erforderlich erscheint, auch wenn die engen Voraussetzungen des § 244 III, IV StPO nicht vorliegen (vgl. BGH **12**, 333). Das Gericht ist ferner nicht verpflichtet, die Beweisaufnahme auf sämtliche vorgeladenen und auch erschienenen Zeugen und Sachverständigen sowie andere Beweismittel zu erstrecken, wie dies § 245 StPO vorschreibt (Hamm VRS **57**, 35: keine Pflicht zur Auswertung einer bei den Akten befindlichen Tachographenscheibe). Andererseits verlangt die Pflicht zur Aufklärung des Sachverhalts, sämtliche Beweise zu erheben, die sich nach der Sachlage aufdrängen oder zumindest naheliegen (vgl. BGH **3**, 169, 175; BGH bei Dallinger MDR **51**, 273).

13   A. **Die Ablehnungsgründe** nach § 244 III–V StPO rechtfertigen selbstverständlich auch die Ablehnung eines Beweisantrages im Bußgeldverfahren. Das eigentliche Problem ist es, den – vom Gesetzgeber offensichtlich gewollten – weiteren Bereich zu bestimmen, der darüberhinaus die Ablehnung eines Beweises erlaubt, ohne daß eine Verletzung der Aufklärungspflicht nach § 244 II StPO gegeben ist. Diesen Bereich (in dem das Gericht „etwas freier gestellt" ist als im Strafverfahren) zu finden und abzustecken, ist deshalb schwierig, weil die in § 244 III–V StPO kodifizierten Ablehnungsgründe auf den Grundsätzen der Rspr. beruhen, die sie zur Konkretisierung der Aufklärungspflicht entwickelt hat. Daraus könnte man schließen, daß es diesen Bereich überhaupt nicht geben kann; jedoch hat der Gesetzgeber einen solchen weiteren Bereich gewollt, sonst wäre die getroffene Regelung unverständlich. Der Rspr. zu § 77 ist es in diesem Dilemma bislang nur gelungen, einen äußerst schmalen Bereich aufzudecken; er betrifft die Grenzen bei dem:

14   B. **Verbot der vorweggenommenen Beweiswürdigung.** Hierzu gelten folgende Grundsätze: Das Gericht darf in der Regel einen Beweisantrag nicht mit der Begründung ablehnen, das Gegenteil der behaupteten und unter Beweis gestellten Tatsache sei bereits erwiesen (Bay. MDR **72**, 168, bei Rüth DAR **74**, 187; Hamm VRS **44**, 114, MDR **72**, 628; Karlsruhe, Die Justiz **74**, 432). Die Ablehnung eines Beweisantrages auf Grund einer vorweggenommenen Wertung des Beweismittels kann nur ausnahmsweise dann in Betracht kommen, wenn der Sachverhalt auf Grund verläßlicher Beweismittel so eindeutig geklärt ist, daß die beantragte Erhebung des Beweises an der Überzeugung des Gerichts nichts ändern würde (vgl. Hamm VRS **45**, 311, **43**, 54, MDR **71**, 599; Karlsruhe VM **78**, 7; Schleswig SchlHA **73**, 192, **75**, 147; Bay. VRS **57**, 28, 31, bei Rüth DAR **74**, 187, **79**, 245) oder m. a. W.: Wenn keinerlei Zweifel an der Aussichtslosigkeit der Beweiserhebung bestehen (vgl. KG VRS **39**, 434; Karlsruhe VRS **51**, 61, GA **75**, 219, Die Justiz **79**, 448, **75**, 110; Köln VRS **41**, 46; Koblenz VRS **46**, 302; Saarbrücken VRS **46**, 138); dies ist jedenfalls dann nicht der Fall, wenn sich nach dem bisherigen Beweisergebnis gleichwertige Beweismittel gegenüberstehen oder wenn nach der Aussage nur eines Zeugen ein oder mehrere „Gegenzeugen" benannt werden (Karlsruhe aaO, VRS **51**, 61; Koblenz aaO; Saarbrücken aaO; Hamm VRS **45**, 311, **52**, 205, DAR **73**, 192; Bremen VRS **47**, 37; Bay. bei Rüth DAR **79**, 245; zu dem Zeugnis eines Angehörigen des Betroffenen vgl. Stuttgart VRS **49**, 390 = JR **75**, 383 m. Anm. Göhler; vgl. auch Karlsruhe VM **78**, 7). Entscheidend ist das Gewicht, das den Ergebnissen der bisherigen Beweisaufnahme im Verhältnis zu dem zusätzlich beantragten Beweis nach der gesamten Beweislage (Verläßlichkeitsgrad der bisherigen und zusätzlich beantragten Beweisaufnahme, Beweisthema, Beobachtungs- und Erinnerungsvermögen von Zeugen und deren Objektivität) zukommt (Karlsruhe aaO; Hamm JMBlNW **77**, 187; Köln VRS **46**, 202). Die Ablehnung eines Beweisantrages mit der Begründung, es sei „unwahrscheinlich" oder „nicht damit zu rechnen", daß das Beweismittel die behauptete Tatsache erweisen könne, ist jedoch keinesfalls ausreichend (Hamm VRS **43**, 54). Diese Grundsätze über die Ablehnung eines Beweisantrages erscheinen hinreichend geklärt, so daß die Zulassung der

Rechtsbeschwerde nicht in Betracht kommt, wenn der RiAG von diesen Grundsätzen ausgeht (Hamm DAR **73**, 192; Köln VRS **46**, 202; vgl. jedoch auch 7 f. zu § 80).

15   C. **Wahrunterstellung** (§ 244 III S. 2 StPO): Nach den hierzu entwikkelten Grundsätzen dürfen die Urteilsfeststellungen und die Beweiswürdigung der als wahr unterstellten Tatsache nicht widersprechen; dies gilt auch im Bußgeldverfahren (Karlsruhe VRS **56**, 467). Die behauptete Tatsache muß danach in ihrem wirklichen Sinn und Gehalt ohne jede Einengung, Verschiebung oder sonstige Änderung als wahr unterstellt bei der Beweiswürdigung verwertet werden (Karlsruhe VM **78**, 7; Bay. bei Rüth DAR **79**, 245).

16   D. **Ist der Zeuge nur schwer erreichbar** (zB Wohnsitz in der DDR oder im Ausland), so kann bei der Abwägung, ob seine Vernehmung durchzuführen ist, dieser Umstand jedenfalls dann in die Waagschale geworfen werden, wenn im übrigen ein verläßliches Zeugnis vorliegt und objektive Kriterien den Aussagewert des schwer erreichbaren Zeugen in Frage stellen (Karlsruhe VRS **51**, 61). Das Gericht darf jedoch den Antrag auf Vernehmung eines Entlastungszeugen im Ausland nicht unter Hinweis auf § 244 III S. 2 StPO mit der Begründung ablehnen, das Beweismittel sei wegen der kurzen Verjährungsfrist (von 3 Monaten) und der Dauer des Rechtshilfeersuchens unerreichbar (Bay. VRS **57**, 28); in einem solchen Falle muß sich das Gericht vielmehr im Rahmen der Aufklärungspflicht mit der Frage auseinandersetzen, ob die Beweiserhebung erforderlich ist (Bay. aaO; vgl. auch Karlsruhe, Die Justiz **79**, 448).

17   E. **Die Gründe der ,,Prozeßverschleppung'',** die eine Ablehnung des Beweisantrages nach § 244 III S. 2 StPO rechtfertigen, sind in der Rspr. im Strafverfahren so einengend ausgelegt worden, daß sie praktisch nicht greifen (vgl. Foth DRiZ **78**, 76). Diese Rspr. kann bei der nur sinngemäßen Anwendung der StPO (§ 46 I) im Bußgeldverfahren nicht in dieser Einengung gelten. Im Bußgeldverfahren sind die Fallgestaltungen nicht selten so, daß es im Hinblick auf die Bedeutung der Sache (insbesondere bei Geldbußen im untersten Bereich) unverhältnismäßig wäre, Anträgen auf Beweiserhebungen nachzugehen, die darauf angelegt sind, das Verfahren hinauszuzögern oder zu erschweren. Es geht in diesem Verfahren um weit weniger schwerwiegende Unrechtsfolgen als im Strafverfahren (vgl. 7 ff. vor § 1). Dem Betroffenen sind deswegen weitgehende Dispositionsmöglichkeiten hinsichtlich der Verfahrensgestaltung eingeräumt, die Abweichungen von elementaren Grundsätzen des Strafverfahrens (Mündlichkeit, Unmittelbarkeit, Anwesenheitspflicht, formelles Beweisantragsrecht) erlauben. Es muß danach bei Wahrung der Amtsaufklärungspflicht auch gestattet sein, den Beweiserhebungen unter dem Gesichtspunkt der ,,Prozeßverschleppung'' Grenzen zu setzen. Dabei sollte im einzelnen darauf abgestellt werden, ob der Sachverhalt auf Grund verläßlicher Beweismittel geklärt ist, ob es dem Betroffenen möglich und zumutbar gewesen ist, Beweiserhebungen früher (insbesondere auf einen Hinweis des Gerichts hin) anzuregen, und ob die Beweiserhebung zu einer wesentlichen Verzögerung (namentlich zur Aussetzung der Hauptverhandlung) führen würde. Dies muß jedoch in einer für das

Rechtsbeschwerdegericht nachprüfbaren Weise begründet werden. Die Ablehnung eines Beweisantrages nur als „verspätet", ist allerdings unzureichend (Hamm MDR 72, 628); ebenso die Ablehnung des Beweisantrages, weil er offensichtlich zum Zwecke der Prozeßverschleppung gestellt ist, ohne dies näher darzulegen (so im Ergebnis richtig: Bay. MDR 76, 510).

18   F. **Weitere Einzelheiten:** Die Vernehmung eines weiteren Polizeibeamten, der in der Anzeige benannt ist, ist nicht stets erforderlich, falls sich der eine Beamte an den konkreten Vorfall nicht erinnert und auf die von ihm gefertigte Anzeige Bezug nimmt (Hamm VRS 57, 291, 55, 207, 134, 54, 139); dabei hängt es allerdings von den Umständen des Falles ab, wie verläßlich diese Angaben sind (Hamm VRS 55, 207). Zu den Anforderungen an die Beweisaufnahme bei Anwendung des sog. Spiegelmeßverfahrens zur Feststellung von Geschwindigkeitsüberschreitungen vgl. Karlsruhe VRS 48, 375. Über die Schlußfolgerung von der Haltereigenschaft auf das Führen des Kfz vgl. 11 zu § 55.

19   4) **In einem Beschluß zu begründen** ist die Ablehnung nach der bish. Rspr. entsprechend § 244 VI StPO (Hamm MDR 72, 628; Düsseldorf MDR 71, 417; Bay. MDR 76, 510, NJW 70, 1202; Köln MDR 70, 612; KG 39, 434; Koblenz VRS 52, 206; Stuttgart, Die Justiz 72, 160; einschr. Hamm VRS 45, 311, das uU die Angabe der Ablehnungsgründe im Urteil für ausreichend hält; vgl. auch Köln VRS 51, 443, wo mit Recht die Begründung, dem Beweisantrag nicht nachgehen zu wollen, als unzureichend angesehen wird; vgl. ferner Bay. bei Rüth DAR 74, 187, das eine „knappe" Begründung bei Erkennbarkeit der maßgeblichen Erwägungen des Gerichts für ausreichend hält). Diese Ansicht knüpft im Grunde genommen an das (im Bußgeldverfahren nicht geltende) förmliche Beweisantragsrecht an und erscheint deshalb zu streng und im Bußgeldverfahren wegen seiner minderen Bedeutung zum Schutze des Betroffenen nicht zwingend geboten; sie widerspricht dem Grundgedanken der Verfahrensvereinfachung (zust. Spiegel MDR 74, 525). Ausreichend – freilich jedoch notwendig – erscheint es, die Ablehnungsgründe (ebenso für einen Hilfsbeweisantrag, Hamm VRS 41, 306) im Urteil darzulegen, deren Nachprüfung durch das Rechtsbeschwerdegericht mit der Verletzung der Aufklärungspflicht (§ 244 II StPO) erreicht werden kann (ebenso Müller 3; Rebmann/Roth/Herrmann 4; Rotberg 1; Möhl DAR 70, 8). Die Ablehnung muß so begründet werden, daß sie für das Rechtsbeschwerdegericht nachprüfbar ist (Schleswig SchlHA 75, 147; Stuttgart VRS 49, 390 = JR 75, 383 m. Anm. Göhler). Es ist im einzelnen darzulegen, worauf die sichere Überzeugung gestützt ist und aus welchen Gründen die dagegen vorgebrachten Beweismittel keinen weiteren Aufklärungswert haben (Stuttgart aaO).

Weitere Verfahrensvereinfachungen

78 I § 273 Abs. 2 der Strafprozeßordnung ist nicht anzuwenden.
II Im Verfahren gegen Jugendliche gilt § 78 Abs. 3 des Jugendgerichtsgesetzes entsprechend.

III **Wird gegen einen Jugendlichen oder Heranwachsenden eine Geldbuße festgesetzt, so kann der Jugendrichter zugleich eine Vollstrek-
kungsanordnung nach § 98 Abs. 1 treffen.**

1   **1) Abweichend von der StPO** bestimmt die Vorschrift weitere Verfahrensvereinfachungen. I, II beziehen sich auf die Hauptverhandlung, III
auf das Urteil und den Beschluß nach § 72.

2   **2) Das Protokoll über die Hauptverhandlung** braucht nicht die wesentlichen Ergebnisse der Vernehmungen zu enthalten (I), ,,weil das
Bußgeldverfahren weniger bedeutsame Sachen betrifft und keine Nachprüfung des Urteils in einer zweiten Tatsacheninstanz stattfindet" (Begr.
zu § 67 EOWiG). § 273 III StPO iVm § 46 I bleibt jedoch unberührt
(Hamm JMBlNW **71**, 132; vgl. auch 55 zu § 71).

3   **3) Im Verfahren gegen Jugendliche und Heranwachsende** (vgl. 60 ff.
zu § 71) gelten weitere Vereinfachungen, die unterschiedlicher Art sind:

4   A. **Die Vorschrift über das vereinfachte Jugendverfahren,** die es erlaubt, zur Vereinfachung, Beschleunigung und jugendgemäßen Gestaltung von Verfahrensvorschriften abzuweichen (§ 78 II JGG, Anh **A 3**),
gilt im Verfahren gegen Jugendliche entsprechend (III). Dies ergibt sich
nicht schon aus § 46 I, weil § 78 III JGG nicht allgemein in Jugendsachen
gilt, sondern nur unter den besonderen Voraussetzungen des § 76 JGG.

5   B. **Bei Festsetzung einer Geldbuße** gegen einen Jugendlichen oder
Heranwachsenden kann der JugRi zugleich eine Vollstreckungsanordnung nach § 98 I treffen, also bestimmen, daß der Jugendliche oder Heranwachsende, wenn er die Geldbuße nicht zahlen kann, an deren Stelle
eine bestimmte Anordnung (zB eine Arbeitsauflage) zu befolgen hat (III);
von dieser Möglichkeit abgesehen, können auch Ordnungswidrigkeiten,
die von Jugendlichen oder Heranwachsenden begangen werden, nur mit
Geldbuße geahndet werden (vgl. 8 zu § 12).

6   a) **Die Vollstreckungsanordnung** trifft der JugRi in dem Urteil oder in
dem Beschluß nach § 72 (,,zugleich"), da das Gesetz einen besonderen
Beschluß nicht verlangt (anders zB in § 268a StPO); für eine getrennte
Entscheidung besteht auch kein Grund, weil die Vollstreckungsanordnung nicht anfechtbar ist (vgl. § 104 III S. 2; 30 zu § 98), so daß keine
unterschiedlichen Rechtsmittel in Betracht kommen. Ergehen gleichwohl getrennte Entscheidungen, so ist dies aber unschädlich. Die im
Erkenntnisverfahren vorweg getroffene Vollstreckungsanordnung (zu
der uU eine Pflicht besteht; vgl. 3 zu § 98) erspart eine spätere gerichtliche Entscheidung nach § 98 und vereinfacht damit das Verfahren.

7   b) **Zu belehren** ist der Jugendliche oder Heranwachsende über die
Bedeutung der Anordnung nach § 98 I und die Folgen einer vorwerfbaren Zuwiderhandlung (vgl. 23 zu § 98); die Belehrung wird in der Niederschrift über die Hauptverhandlung vermerkt oder sonst aktenkundig
gemacht (vgl. Nr. 7 RiJGG zu § 10). Über die Nachholung einer versehentlich unterbliebenen Belehrung vgl. 23 zu § 98.

8   c) **Über die nachträgliche Änderung** der Vollstreckungsanordnung
und die Anordnung von Jugendarrest (§ 98 I S. 2, II) entscheidet der
Vollstreckungsleiter (vgl. 29 zu § 98).

III. Rechtsmittel

Vorbemerkungen

1   **1) Die Vorschriften der StPO über Rechtsmittel** gelten im gerichtlichen Bußgeldverfahren sinngemäß, soweit das Gesetz nichts anderes bestimmt (§ 46 I). Es gelten danach

2   A. **die allgemeinen Vorschriften über Rechtsmittel** (§§ 296–303 StPO) sinngemäß. Anfechtungsberechtigt iS von § 296 StPO ist außer dem Betroffenen (und den Nebenbeteiligten; vgl. 23, 32 zu § 87, 13 zu § 88) nicht die VB, sondern die StA, da sie im gerichtlichen Verfahren die Aufgabe der Verfolgungsbehörde hat (§ 69 II; vgl. 8); sie kann das Rechtsmittel auch zugunsten des Betroffenen einlegen (Cramer, Rechtsbeschwerde S. 14). Zum stillschweigenden Rechtsmittelverzicht in Bußgeldsachen vgl. Köln, Rpfleger **71**, 31, 363. § 303 StPO ist anzuwenden, falls das OLG im Rechtsbeschwerdeverfahren nach § 79 V S. 2 Termin zur Hauptverhandlung bestimmt hat. Denn in diesem Falle ist auf Grund mündlicher Verhandlung zu entscheiden. Auch trifft der Grundgedanke von § 303 StPO (vgl. 19 zu § 71) hier zu;

3   B. **die Vorschriften über das Beschwerdeverfahren** (§§ 304–311a StPO) mit Ausnahme des § 305a StPO sinngemäß, soweit sie sich nicht auf die Verhaftung und einstweilige Unterbringung beziehen (vgl. zB § 310 I StPO). § 304 IV S. 2 Nr. 1, 2, 4 StPO gilt in Kartellsachen sinngemäß (vgl. BGH NJW **77**, 156; § 304 V StPO kommt nicht in Betracht). Die Anordnung der Erzwingungshaft unterliegt nicht der weiteren Beschwerde (vgl. 22 zu § 96). Im Verfahren gegen Jugendliche und Heranwachsende entscheidet über die Beschwerde die JugK in Bußgeldsachen (vgl. § 41 II S. 2 JGG, § 73 I GVG iVm § 46 VII);

4   C. **die Vorschriften über Berufung und Revision** (§§ 312–335 StPO) nicht, weil die §§ 79, 80 für die Anfechtung der Sachentscheidung im gerichtlichen Verfahren eine abweichende Regelung treffen. Danach ist die Sachentscheidung nur unter bestimmten Voraussetzungen anfechtbar, und dann nicht mit der Berufung oder Revision, sondern mit der Rechtsbeschwerde. Für sie gelten allerdings die Vorschriften über das Revisionsverfahren in Strafsachen entsprechend (vgl. 6; § 79 III).

5   **2) Auf eine richterliche Instanz beschränkt** ist das Verfahren grundsätzlich bei weniger bedeutsamen Ordnungswidrigkeiten (§ 79 I; BGH **26**, 379, 381; vgl. 68 zu § 72). Die Entscheidung durch Beschluß nach § 72 ist in Bagatellsachen unanfechtbar (vgl. aber § 79 I S. 1 Nr. 5 sowie 12ff. zu § 79, 70ff. zu § 72). Entscheidet der RiAG auf Grund einer Hauptverhandlung, so kann die Nachprüfung des Urteils ausnahmsweise zugelassen werden, und zwar nur zur Fortbildung des Rechts und zur Wahrung der einheitlichen Rspr., nicht aber zur Durchsetzung der Gerechtigkeit im Einzelfall (§ 80 I; BGH **24**, 15, **26**, 379, 381; Demuth-Schneider NJW **70**, 1999, 2002; Cramer VOR **72**, 105 f.).

6   **3) Dem Revisionsverfahren nachgebildet** ist das Rechtsbeschwerdeverfahren im übrigen. Es unterscheidet sich vom Revisionsverfahren der StPO – abgesehen von dem Zulassungsverfahren bei weniger bedeutsa-

men Ordnungswidrigkeiten, vgl. 5 – namentlich dadurch, daß es auch
für die außerhalb der Hauptverhandlung getroffenen Entscheidungen in
der Bußgeldsache (§ 72) gilt, während die StPO die Revision nur gegen
die auf Grund einer Hauptverhandlung getroffenen Entscheidungen (Urteile) zuläßt. Deshalb ist der Begriff „Revision" (so noch § 68 II EOWiG)
vermieden und lediglich die entsprechende Anwendung der Vorschriften
über die Revision bestimmt (§ 79 III). Über die entsprechende Anwendung der Vorschriften der StPO und des GVG vgl. näher 26 ff. zu § 79.

7   **4) Vereinfacht ist das Rechtsbeschwerdeverfahren** ferner im Verhältnis zum Revisionsverfahren. Das Beschwerdegericht entscheidet grundsätzlich durch Beschluß, also ohne den Aufwand einer Hauptverhandlung. Es kann außerdem in der Sache selbst entscheiden und so das Verfahren rasch zum Abschluß bringen. Im Fall der Zurückverweisung kann
derselbe RiAG entscheiden, dessen Urteil oder Beschluß aufgehoben ist

8   **5) Die Beteiligung der VB im Rechtsbeschwerdeverfahren** richtet
sich nach § 76, der seinem Zweck nach (vgl. 1 zu § 76) auch im Rechtsbeschwerdeverfahren gelten muß (ebenso Rebmann/Roth/Herrmann 15 zu
§ 79; Rotberg 2 zu § 76, 16 zu § 79; aM zu Unrecht Kaiser NJW **68**,
1817). Das Rechtsbeschwerdegericht hat danach die VB vor der Entscheidung zu hören, außer wenn ihre Sachkunde für die Entscheidung
entbehrt werden kann. Das wird allerdings häufiger sein als im Verfahren
vor dem AG, weil es bei der rechtlichen Nachprüfung im Rechtsbeschwerdeverfahren nur selten auf die Sachkunde der VB ankommen kann
(ebenso Rotberg 16 zu § 76). Die Möglichkeit der Rechtsbeschwerde
steht der VB nicht zu (Karlsruhe VRS **48**, 80); sie kann die Einlegung
aber bei der StA anregen (vgl. näher 21 zu § 76).

9   **6) Die Verfassungsbeschwerde** (Art. 93 I Nr. 4 a GG iVm § 13 Nr. 8 a,
§§ 90 ff. BVerfGG) kann gegen die richterliche Entscheidung zulässig
sein, so zB wenn der Grundsatz des rechtlichen Gehörs (Art. 103 I GG)
verletzt worden ist und dies im weiteren Verfahren nicht mehr gerügt (so
mit der Rechtsbeschwerde) oder nicht geheilt (so nach § 33 a StPO iVm
§ 46 I oder nach § 74 IV iVm §§ 235, 44 ff. StPO) werden kann. Zur
Verfassungsbeschwerde an den VerfGH in Bayern vgl. auch 5 zu § 70.

10   A. **In Betracht** kommt die Verfassungsbeschwerde insbesondere,
wenn a) dem Antrag auf Wiedereinsetzung in den vorigen Stand nicht
stattgegeben wird, obwohl die Einspruchsfrist unverschuldet versäumt
worden ist (vgl. 3 ff. zu § 52), im schriftlichen Verfahren das Widerspruchsrecht verletzt (vgl. 70 ff. zu § 72) oder wenn c) gegen das Recht
auf Anwesenheit in der Hauptverhandlung oder das Recht auf eine kommissarische Vernehmung (vgl. 34 zu § 73) verstoßen worden ist. Wegen
der Häufigkeit dieser Fallgruppen in der praktischen Rechtsanwendung
bei den massenhaft anfallenden Bußgeldsachen (so namentlich wegen
Verkehrsordnungswidrigkeiten) kann dies zu dem unbefriedigenden Ergebnis führen, daß das BVerfG unverhältnismäßig oft gegen Entscheidungen des RiAG angerufen wird und so eine Aufgabe übernehmen
muß, die an sich von den in erster Linie dazu aufgerufenen Fachgerichten
zu erledigen wäre (vgl. BVerfGE **42**, 243, 249, 252, 255).

11 B. **Die Subsidiarität der Verfassungsbeschwerde,** die im Grundsatz im Verfassungsrecht verankert ist (BVerfGE **42**, 243), gebietet es deshalb, andere Möglichkeiten einer Heilung von Verletzungen der Grundrechte weitgehend zu nutzen:

12 a) **Das Institut der Wiedereinsetzung in den vorigen Stand** darf bei einer Fristversäumung oder bei einer Verletzung des rechtlichen Gehörs im gerichtlichen Verfahren (auch in Bagatellsachen, in denen es jedoch „aus der Sicht des Betroffenen oft nicht nur um eine Kleinigkeit geht", BVerfGE **42**, 243, 249) nicht zu kleinlich gehandhabt werden. In Auslegungsfragen hat das BVerfG die Kompetenz, hierzu Leitsätze aufzustellen, die von den Bußgeldgerichten zu beachten sind (vgl. BVerfG aaO). Davon hat das BVerfG in jüngster Zeit reichlich Gebrauch gemacht (vgl. 3 ff. zu § 52).

13 b) **Die Nachholung des rechtlichen Gehörs** nach § 33a StPO iVm § 46 I ist in möglichst weitem Umfang zu gewähren (vgl. näher 75, 81 zu § 72; vgl. jedoch auch 33 zu § 79; 72 zu § 72); dies gilt auch bei einem Beschluß des Rechtsbeschwerdegerichts (39 zu § 79; BVerfG BayVBl. **76**, 688). Vgl. auch Schäfer BayVBl. **76**, 679.

14 c) **Die Zulassung der Rechtsbeschwerde** sollte bei einem Verstoß gegen verfahrensrechtliche Grundsätze, die mit der Verfassungsbeschwerde gerügt werden können, nicht mit der Begründung abgelehnt werden, die in Betracht kommende Rechtsfrage sei bereits in der Rspr. hinreichend geklärt (vgl. näher 33 zu § 79; 7 zu § 80).

15 d) **Unzulässig ist die Verfassungsbeschwerde,** wenn die Möglichkeit, die Wiedereinsetzung in den vorigen Stand (vgl. 12) oder nach § 33a StPO nachträglich rechtliches Gehör zu erlangen (vgl. 13), nicht genutzt worden ist (vgl. BVerfGE **42**, 243, 252).

16 e) **Keinen Erfolg hat die Verfassungsbeschwerde,** soweit die festgesetzte Geldbuße keinen schweren und unabwendbaren Nachteil iS von § 93a IV BVerfGG darstellt. Dies ist in der Regel bei Geldbußen zu bejahen, die im einzelnen den Betrag von 40 DM nicht überschreiten (BVerfGE **42**, 261).

Rechtsbeschwerde **RiStBV 291–293**

79 [I] **Gegen das Urteil und den Beschluß nach § 72 ist Rechtsbeschwerde zulässig, wenn**

1. **gegen den Betroffenen eine Geldbuße von mehr als zweihundert Deutsche Mark festgesetzt worden ist,**

2. **eine Nebenfolge angeordnet worden ist, es sei denn, daß es sich um eine Nebenfolge vermögensrechtlicher Art handelt, deren Wert im Urteil oder im Beschluß nach § 72 auf nicht mehr als zweihundert Deutsche Mark festgesetzt worden ist,**

3. **der Betroffene wegen einer Ordnungswidrigkeit freigesprochen oder das Verfahren eingestellt worden ist und wegen der Tat im Bußgeldbescheid oder im Strafbefehl eine Geldbuße von mehr als**

fünfhundert Mark festgesetzt oder eine solche Geldbuße von der Staatsanwaltschaft beantragt worden war,

4. der Einspruch durch Urteil als unzulässig verworfen worden ist oder
5. durch Beschluß nach § 72 entschieden worden ist, obwohl der Beschwerdeführer diesem Verfahren widersprochen hatte.

Gegen das Urteil ist die Rechtsbeschwerde ferner zulässig, wenn sie zugelassen wird (§ 80).

[II] Hat das Urteil oder der Beschluß nach § 72 mehrere Taten zum Gegenstand und sind die Voraussetzungen des Absatzes 1 Satz 1 Nr. 1 bis 3 oder des Satzes 2 nur hinsichtlich einzelner Taten gegeben, so ist die Rechtsbeschwerde nur insoweit zulässig.

[III] Für die Rechtsbeschwerde und das weitere Verfahren gelten, soweit dieses Gesetz nichts anderes bestimmt, die Vorschriften der Strafprozeßordnung und des Gerichtsverfassungsgesetzes über die Revision entsprechend.

[IV] Die Frist für die Einlegung der Rechtsbeschwerde beginnt mit der Zustellung des Beschlusses nach § 72 oder des Urteils, wenn es in Abwesenheit des Beschwerdeführers verkündet ist.

[V] Das Beschwerdegericht entscheidet durch Beschluß. Richtet sich die Rechtsbeschwerde gegen ein Urteil, so kann das Beschwerdegericht auf Grund einer Hauptverhandlung durch Urteil entscheiden.

[VI] Hebt das Beschwerdegericht die angefochtene Entscheidung auf, so kann es abweichend von § 354 Abs. 1, 2 der Strafprozeßordnung in der Sache selbst entscheiden oder sie an das Amtsgericht, dessen Entscheidung aufgehoben wird, oder an ein anderes Amtsgericht desselben Landes zurückverweisen.

Schrifttum: *Cramer,* Die Rechtsbeschwerde nach dem OWiG, Aktuelles Recht, Band 5 (1969); *ders.,* Die Rechtsprechung zur Rechtsbeschwerde nach dem OWiG, VOR 72, 102 ff.; *Göhler,* Empfiehlt sich eine Änderung der Rechtsbeschwerde in Bußgeldsachen?, Schäfer-Festschr. S. 39.

Übersicht

6) Aufhebung der Entscheidung (43–48)
  A. Entscheidung durch Beschwerdege-
    richt (44–47)
  B. Zurückverweisung an AG (48)

7) Kosten (49)

8) Kostenbeschwerde (50)

9) Verfassungsbeschwerde (51)

1   **1) Als einheitliches und ausschließliches Rechtsmittel** ist gegen das Urteil und den Beschluß nach § 72 die Rechtsbeschwerde möglich, und zwar beschränkt auf bestimmte Fälle (vgl. 2 ff.). Berufung, Beschwerde oder Revision sind daneben nicht zulässig (4 vor § 79). Die Rechtsbeschwerde ermöglicht – wie die Revision (6 vor § 79) – eine Nachprüfung der Entscheidung und des ihm vorausgegangenen (gerichtlichen) Verfahrens lediglich in rechtlicher Hinsicht. Das gilt sowohl bei einem Urteil als auch bei einem Beschluß nach § 72.

2   **2) Beschränkt ist die Rechtsbeschwerde** auf die in I S. 1 Nr. 1–5 und S. 2 genannten Fälle (vgl. 5 vor § 79). In den nicht in S. 1 Nr. 1–5 genannten Fällen kann die sinngemäße Anwendung der Vorschrift geboten sein (Cramer VOR 72, 107 ff.).

3   A. **Die Wertgrenze von 200 DM** (I S. 1 Nr. 1) ist mangels anderer Unterscheidungsmerkmale gewählt. Der Gesetzgeber hat dabei in Kauf nehmen müssen, daß bei der Beschränkung der Rechtsbeschwerde nach einer Wertgrenze uU dem wohlhabenden Betroffenen (wegen der nach seinen günstigeren wirtschaftlichen Verhältnissen bemessenen höheren Geldbuße) bei einer gleichgelagerten Ordnungswidrigkeit eher die Rechtsbeschwerde eröffnet sein kann als einem ärmeren Betroffenen, den die geringere Geldbuße gleich hart trifft (vgl. Begr. zu § 68 EOWiG). Zu berücksichtigen ist aber, daß im unteren Bereich der Geldbuße die wirtschaftlichen Verhältnisse weitgehend unberücksichtigt bleiben (vgl. 23 f. zu § 17). Werden wegen einer Tat im verfahrensrechtlichen Sinne (50 ff. vor § 59) mehrere Geldbußen festgesetzt, so sind sie bei einer unbeschränkt eingelegten Rechtsbeschwerde zusammenzurechnen (vgl. 23). I S. 1 Nr. 1 ist analog anzuwenden, wenn im Bußgeldverfahren eine Geld- und Ersatzfreiheitsstrafe verhängt wird (Bay. NJW **69**, 1316; Cramer VOR **72**, 108). Wird die Geldbuße auf 201 DM festgesetzt, um so die Rechtsbeschwerde zu ermöglichen, so ist die Zumessung der Geldbuße fehlerhaft und die Sache zur Neufestsetzung der Geldbuße zurückzuverweisen (Frankfurt VRS **51**, 291).

4   B. **Nebenfolgen „vermögensrechtlicher Art"** (I S. 1 Nr. 2) sind die Einziehung (§§ 22 ff.), die Geldbuße gegen JPen und PVen (§ 30) sowie die Abführung des Mehrerlöses (§§ 8 ff. WiStG 1954, Anh **A** 12). Die Anordnung solcher Nebenfolgen wird danach bei der Anfechtung der Entscheidung im Ergebnis wie die Festsetzung einer Geldbuße behandelt.

5   a) **Zusammenzurechnen** sind Geldbuße und Nebenfolgen, da sie keine unterschiedlichen Wirkungen haben und beide Rechtsnachteile beim Verschlechterungsverbot als Einheit behandelt werden (vgl. 23, 37; Cramer VOR **72**, 115; Rotberg 4). Zusammenzurechnen sind auch mehrere Nebenfolgen vermögensrechtlicher Art, jedenfalls dann, wenn zwischen ihnen ein innerer Zusammenhang besteht und der Betroffene oder ein Nebenbeteiligter durch sie um mehr als 200 DM beschwert ist (vgl. Cramer VOR **72**, 115 mwN).

6   b) **Für die Wertfestsetzung** der Nebenfolgen kommt es auf die Entscheidung des AG im Urteil oder Beschluß (im Tenor; vgl. Müller 5) an. Dadurch sollen Zweifel über die Anfechtungsmöglichkeit vermieden werden, über die uU erst das Beschwerdegericht entscheiden müßte (Begr. zu § 68 EOWiG). Die Wertfestsetzung im Urteil oder Beschluß ist nicht anfechtbar und für das Beschwerdegericht verbindlich. Ist sie versehentlich unterblieben, so ist die Rechtsbeschwerde zulässig (Cramer aaO S. 116). Das Beschwerdegericht kann danach die Rechtsbeschwerde nicht als unzulässig zurückweisen mit der Begründung, der Wert der angeordneten Nebenfolge sei nicht höher als 200 DM. Umgekehrt darf die Rechtsbeschwerde nicht als zulässig angesehen werden mit der Begründung, der Wert sei höher als in der Entscheidung angegeben. Die Entscheidung des AG selbst soll klare Verhältnisse schaffen, ob die Rechtsbeschwerde zulässig ist oder nicht (vgl. jedoch Cramer aaO S. 116, der bei einem Ermessensverstoß die Rechtsbeschwerde bejaht).

7   c) **Eine Schätzung des Wertes** ist erlaubt; das Gericht ist nicht verpflichtet, hierzu Beweis zu erheben (vgl. Rebmann/Roth/Herrmann 5). Eine zusätzliche Wertfestsetzung erübrigt sich bei der Einziehung des Wertersatzes (§ 25), der Einziehung des Erlöses im Falle der Notveräußerung (vgl. 102 vor § 59), der Abführung des Mehrerlöses und der Geldbuße gegen JPen oder PVen, weil hier der Wert bereits durch einen Geldbetrag ziffernmäßig bestimmt ist (zust. Rotberg 4).

8   d) **Nebenfolgen „nichtvermögensrechtlicher Art"** sind zB das Fahrverbot (§ 25 StVG, Anh A 11) und das Verbot der Jagdausübung (vgl. näher 24 f. zu § 66), nicht jedoch die Eintragung im Verkehrszentralregister nach § 28 StVG (Bay. NJW **69**, 2296; Bay. 16. 9. 1970, 5 Ws – B – 82/70) oder im Gewerbezentralregister nach § 149 II Nr. 3 GewO (vgl. 18 vor § 89). Bei der Anordnung von Nebenfolgen nichtvermögensrechtlicher Art ist die Rechtsbeschwerde stets zulässig, weil diese Eingriffe für den Betroffenen meist von erheblicher Bedeutung sind und regelmäßig nur bei bedeutenden Ordnungswidrigkeiten angeordnet werden (Begr. zu § 68 EOWiG).

9   e) **Eine Beschränkung der Rechtsbeschwerde** auf die Nebenfolge ist nur wirksam, wenn sie völlig unabhängig von der Höhe der Geldbuße angeordnet ist; das kann zB bei einer Einziehung aus Sicherungsgründen nach § 22 II Nr. 2 der Fall sein, trifft aber bei der Anordnung des Fahrverbots nach § 25 StVG nicht zu (vgl. Bay. bei Rüth DAR **74**, 188; Celle NJW **69**, 1187; Frankfurt VRS **39**, 73; Hamburg VRS **40**, 461; Zweibrükken VRS **44**, 452). Deshalb ist bei Aufhebung des Fahrverbotes zugleich der Bußgeldausspruch aufzuheben, wenn eine höhere Geldbuße in Betracht kommt und dies dem Verschlechterungsverbot nicht widerstreitet (vgl. dazu 56 ff. zu § 72).

10   C. **Beim Freispruch oder der Einstellung** des Verfahrens wegen eines Verfahrenshindernisses (vgl. 37 ff. vor § 59) entspricht die Einschränkung der Rechtsbeschwerde dem Prinzip der Waffengleichheit zwischen Verteidigung und Anklage. Dabei ist die Grenze, von der ab in einem solchen Falle die Rechtsbeschwerde zulässig sein soll, höher gezogen als bei einer Entscheidung zum Nachteil des Betroffenen, um seine Belange besonders zu berücksichtigen (vgl. Begr. zu § 68 EOWiG). Weicht die im Bußgeldbescheid oder Strafbefehl (vgl. §§ 64, 63 II, § 83) festgesetzte Geldbuße von der beantragten ab, so entscheidet die höhere Geldbuße über die Zulässigkeit der Rechtsbeschwerde. Auf den Antrag der StA allein ist deshalb nicht abgestellt, ,,weil sie zur Teilnahme an der Hauptverhandlung nicht verpflichtet und auch nicht gehalten ist, einen bestimmten Antrag zu stellen" (Begr. zu § 68 EOWiG). Bei abweichenden Anträgen der StA kommt es auf den zuletzt gestellten Antrag an. Hat die StA im schriftlichen Verfahren (§ 72) eine höhere als die im Bußgeldbescheid festgesetzte Geldbuße beantragt, so ist dieser Antrag wegen § 72 II S. 2 unbeachtlich (ebenso Rotberg 5). I S. 1 Nr. 3 gilt nicht für eine Einstellung nach § 47 II (Schleswig bei Ernesti/Jürgensen SchlHA **71**, 211, 221).

11 D. **Bei der Verwerfung des Einspruchs durch Urteil** (I S. 1 Nr. 4; vgl. 3 zu § 70) ist die Rechtsbeschwerde ohne Rücksicht auf die Höhe der im Bußgeldbescheid festgesetzten Geldbuße und den Wert etwa angeordneter Nebenfolgen vermögensrechtlicher Art zulässig. Der Betroffene hätte sonst uU kein Rechtsmittel, wenn der Einspruch erst in der Hauptverhandlung als unzulässig verworfen wird, wohl aber bei einer Entscheidung nach § 70. Bei einer Verwerfung des Einspruchs in der Hauptverhandlung ist nicht die sofortige Beschwerde vorgesehen, weil die Entscheidung des Beschwerdegerichts für das AG nicht verbindlich ist (vgl. RG **59**, 241), so daß die Sache bei unterschiedlichen Auffassungen von AG und LG nicht zum Abschluß gebracht werden könnte (vgl. Bay. NJW **62**, 118; BerEOWiG zu § 68). Hat das AG den Einspruch in der Hauptverhandlung entgegen § 260 StPO iVm § 46 I durch Beschluß statt durch Urteil verworfen, so wird der Beschluß wie ein Urteil behandelt (vgl. 3 zu § 70). Die Rechtsbeschwerde nach I S. 1 Nr. 4 kann die StA nur zugunsten des Betroffenen einlegen (vgl. Rotberg 6). I S. 1 Nr. 4 ist nicht entsprechend anzuwenden, wenn der Einspruch nach § 74 II S. 1 verworfen wird (Hamm VRS **54**, 61, DAR **75**, 219; Bay. NJW **70**, 622, bei Rüth DAR **73**, 215; Schleswig bei Ernesti/Jürgensen SchlHA **71**, 211, 221).

12 E. **Bei einem Widerspruch gegen das schriftliche Verfahren** (I S. 1 Nr. 5) kommt es ebenfalls (11) nicht auf die Höhe der (im Beschluß) festgesetzten Geldbuße und den Wert etwa angeordneter Nebenfolgen vermögensrechtlicher Art an, da die Beteiligten in jedem Falle ein Recht auf mündliche Verhandlung haben.

13 a) **Beschwerdeführer** ist derjenige, der das Rechtsmittel einlegt; er muß dem schriftlichen Verfahren widersprochen haben. Doch kann auch die StA zugunsten des Betroffenen rügen, daß sein Widerspruch unbeachtlich geblieben ist (vgl. Rotberg 7).

14 b) **Vorliegen eines Widerspruchs:** Die Rechtsbeschwerde ist nicht nur bei einem ausdrücklich erklärten Widerspruch gegen das Beschlußverfahren zulässig, sondern nach der Rspr. in entsprechender Anwendung von I S. 1 Nr. 5 in allen Fällen, in denen entweder kein uneingeschränktes Einverständnis mit dem schriftlichen Verfahren vorgelegen hat oder keine hinreichende und faire Gelegenheit zum Widerspruch gegeben worden ist

(vgl. hierzu im einzelnen 71 f. zu § 72 sowie die dortigen weiteren Verweisungen).

15   c) **Verfahrensrüge:** Wird die Rechtsbeschwerde auf eine Verletzung
des § 72 I S. 2 gestützt, so muß der Beschwerdeführer die den Verfahrensmangel enthaltenen Tatsachen angeben (BGH **23**, 298 = NJW **70**,
1613 m. abl. Anm. Schneider = JR **70**, 426 m. zust. Anm. Göhler; Koblenz VRS **45**, 130; Saarbrücken VRS **46**, 151; Cramer VOR **72**, 130;
Rotberg 7). Für den Nachweis des gerügten Verfahrensverstoßes gelten
die Regeln des Freibeweisverfahrens. Unklarheiten über die Abgabe eines
Widerspruchs gehen zu Lasten des Betroffenen (Bay. bei Rüth DAR **79**,
245).

16   d) **Die Wiedereinsetzung** in den vorigen Stand kann der Betroffene
beanspruchen, wenn er über die Möglichkeit der Rechtsbeschwerde bei
einer Verletzung des § 72 I S. 2 nicht belehrt worden ist (vgl. 78 zu § 72).
Wird die Rechtsbeschwerde eingelegt, ohne daß die Tatsachen angegeben
sind, die den Verfahrensmangel nach § 79 I S. 2 begründen sollen, so
kann auch wegen einer verspäteten Rüge dieses Verfahrensmangels die
Wiedereinsetzung in den vorigen Stand gewährt werden (Bay. VRS **55**,
128).

17   e) **Bei einem Verstoß gegen das Verschlechterungsverbot** nach § 72 II
S. 2 ist I S. 1 Nr. 5 nicht entsprechend anzuwenden, wenn die Zulässig-
keitsvoraussetzungen für das Beschlußverfahren gewahrt sind (vgl.
Frankfurt NJW **76**, 1328; str., vgl. 24, 78 zu § 72).

18   f) **Die sinngemäße Anwendung von I S. 1 Nr. 5** ist nur begrenzt möglich (vgl. 69, 73 ff. zu § 72). Zu verneinen ist dies, wenn der Sachverhalt
für eine Entscheidung ohne Hauptverhandlung nicht genügend geklärt
war (Bay. bei Rüth DAR **73**, 216; Frankfurt NJW **76**, 1328); zu bejahen
ist dies jedoch, wenn das Gericht durch Beschluß entschieden hat, obwohl dieses Verfahren aus einem anderen Grunde als dem des mangelnden (stillschweigenden) Einverständnisses unzulässig war (Karlsruhe
VRS **37**, 208; vgl. 84 zu § 72). Die analoge Anwendung von I S. 1 Nr. 5
ist ferner geboten, wenn trotz eines Antrages der StA der Hinweis nach
§ 81 II S. 1 unterlassen und die StA auch nicht zur Hauptverhandlung
geladen wird (Bay. NJW **79**, 119; vgl. 9 ff. zu § 81).

19   F. **Über die Zulassung der Rechtsbeschwerde** (I S. 2) entscheidet das
Rechtsbeschwerdegericht; vgl. im einzelnen zu § 80.

20   3) **Nur zum Teil zulässig** ist die Rechtsbeschwerde, wenn die Entscheidung mehrerer Taten im verfahrensrechtlichen Sinne (vgl. 21; 50 ff.
vor § 59) zum Gegenstand hat, die Voraussetzungen nach I S. 1 Nr. 1–3,
S. 2 aber nur hinsichtlich einzelner Taten gegeben sind (II). Die Vorschrift will einerseits verhindern, daß sich aus dem Zusammentreffen
mehrerer Rechtsfolgen bei einzelnen von ihnen eine sonst nicht gegebene
Rechtsbeschwerdemöglichkeit einstellt; andererseits beruht sie auf der
Erwägung, daß eine Beschränkung des Rechtsmittels nur durchführbar
ist, wenn sie dem Rechtsmittelgericht die Möglichkeit läßt, den angefochtenen Teil der Entscheidung, losgelöst von deren übrigem Inhalt,
selbständig zu prüfen und rechtlich zu beurteilen (Vgl. BGH **21**, 258; **23**,

141; **24**, 185). Das ist bei mehreren Taten im verfahrensrechtlichen Sinne stets der Fall. Die Beschränkung von II erwähnt nur ihn (vgl. dazu 22).

21   A. **Um mehrere Taten eines Betroffenen** muß es sich handeln. Ist zB gegen B wegen der Tat x eine Geldbuße von 50 DM, wegen der Tat y eine Geldbuße von 250 DM im Urteil festgesetzt, so ist die Rechtsbeschwerde ohne Zulassung nur gegen die Festsetzung der Geldbuße von 250 DM gegeben; die Rechtsbeschwerde gegen die Festsetzung der Geldbuße von 50 DM bedarf dagegen der Zulassung (vgl. Stuttgart GA **79**, 395 – nur L). Entsprechendes gilt, wenn wegen der Tat y zwar keine höhere Geldbuße als 200 DM festgesetzt, aber ein Fahrverbot angeordnet ist. Hat der RiAG in diesem Falle durch Beschluß entschieden (§ 72), so ist die Festsetzung der Geldbuße von 50 DM wegen der Tat x unanfechtbar. Ob Gegenstand des Urteils eine einheitliche Tat ist oder nicht, hat das Beschwerdegericht im Rahmen der Zulässigkeitsprüfung zu entscheiden; wird diese Frage verneint, so greift II ein (Hamm DAR **74**, 22; VRS **51**, 63; Karlsruhe VRS **51**, 76). Eine Tat im verfahrensrechtlichen Sinne (vgl. 50 ff. vor § 59) liegt in der Regel nicht vor, wenn auf einer Fahrt an unterschiedlichen Orten und einem zeitlichen und räumlichen Einschnitt mehrere Geschwindigkeitsüberschreitungen begangen werden, ohne daß eine fortgesetzte Handlung gegeben ist (Hamm aaO; in dem dort entschiedenen Fall fehlten allerdings jedwede Anhaltspunkte für einen Fortsetzungsvorsatz; vgl. auch zum mehrfachen falschen Überholen Bay. bei Rüth DAR **74**, 187). Zur Frage, ob bei mehreren Verstößen durch Verklammerung Handlungseinheit eintritt, so daß auch eine Tat im verfahrensrechtlichen Sinne gegeben ist, vgl. 30 vor § 19.

22   B. **Bei mehreren Geldbußen wegen einer Tat eines Betroffenen** trifft II dem Wortlaut nach nicht zu. Daraus könnte im Gegenschluß abgeleitet werden, daß die Beschränkung der Rechtsbeschwerde nicht gilt, wenn gegen einen Betroffenen mehrere Geldbußen wegen mehrerer Handlungen im materiell-rechtlichen Sinne (Tatmehrheit; § 20) festgesetzt sind und diese Handlungen im verfahrensrechtlichen Sinne eine Einheit bilden (so Begr. zu § 68 EOWiG). Jedoch ist in diesem Falle nach dem Zweck von II (vgl. 20) eine differenzierende Betrachtung geboten (vgl. näher Göhler JR **76**, 428):

23   a) **Bei einer unbeschränkt eingelegten Rechtsbeschwerde** sind in diesem Fall die mehreren Geldbußen zusammenzurechnen (Hamm DAR **74**, 22, VRS **48**, 299; Hamburg VRS **56**, 291; Koblenz DAR **76**, 138; Schleswig bei Ernesti/Jürgensen SchlHA **75**, 196; Cramer VOR **72**, 111); denn schon die Frage, ob im sachlich-rechtlichen Sinne Tateinheit oder Tatmehrheit gegeben ist, kann von dem Rechtsmittelgericht anders beurteilt werden als in der angefochtenen Entscheidung (vgl. BGH **24**, 185; vgl. auch Karlsruhe VRS **51**, 76). Wegen dieser Möglichkeit ist eine Zusammenrechnung der Geldbußen unausweichlich; die Zulässigkeit der Rechtsbeschwerde kann nicht von der Beantwortung der sachlich-rechtlichen Beurteilung abhängig sein, ob das Gericht die Frage von Tateinheit oder Tatmehrheit richtig entschieden hat (vgl. Göhler JR **76**, 428; offen gelassen: Celle JR **76**, 427). Die Rechtsbeschwerde ist danach ohne Zulassung gegeben, wenn wegen der ,,Tat" insgesamt eine höhere Geldbuße als 200 DM festgesetzt ist; ebenso, wenn wegen der Tat eine Nebenfolge nichtvermögensrechtlicher Art (zB ein Fahrverbot) angeordnet ist.

24   b) **Bei einer beschränkt eingelegten Rechtsbeschwerde,** die sich nur auf eine einzelne der abgeurteilten Handlungen erstreckt, ist über die in II geregelten Fälle hinaus eine getrennte Behandlung der Geldbuße richtig, soweit der angefochtene Teil der Entscheidung, losgelöst von deren übrigem Inhalt, selbständig geprüft und rechtlich beurteilt werden kann (Celle JR **76**, 427 m. zust. Anm. Göhler).

25   C. **Bei mehreren Betroffenen** ist für jeden getrennt zu prüfen, ob die Voraussetzungen nach I S. 1 Nr. 1–3, S. 2 vorliegen. Ist zB gegen B eine Geldbuße von 300 DM und gegen C eine Geldbuße von 100 DM festgesetzt, so steht nur dem B die Rechtsbeschwerde ohne Zulassung zu. Dies gilt auch dann, wenn es sich um eine Tat handelt, an der sich B und C beteiligt haben (ebenso Rotberg 9). II erweitert nämlich nicht die Möglichkeit der Rechtsbeschwerde, sondern schränkt sie ein. In dem genannten Falle hat aber der C schon nach I nur die Rechtsbeschwerde kraft Zulassung, wenn durch Urteil entschieden ist, sonst überhaupt nicht.

26   4) **Die Vorschriften über das Revisionsverfahren** in Strafsachen gelten für die Rechtsbeschwerde (für deren Einlegung) und das weitere Verfahren (nach deren Einlegung), soweit das OWiG nichts anderes bestimmt (III). Daß dabei auch die allgemeinen Vorschriften der StPO über Rechtsmittel (§§ 296 ff. StPO, namentlich über die Anfechtungsberechtigung) sinngemäß gelten, folgt schon aus § 46 I StPO (vgl. näher 2 vor § 79). Aus der sinngemäßen Anwendung der Vorschriften über das Revisionsverfahren in Strafsachen ergibt sich weiterhin:

27   A. **Nur auf eine Gesetzesverletzung** kann die Rechtsbeschwerde gestützt werden (§ 337 StPO). Dabei ist – wie im Revisionsverfahren – zwischen der Sachrüge und der Verfahrensrüge zu unterscheiden (§ 344 II StPO). Die absoluten Revisionsgründe nach § 338 StPO (vgl. zu § 338 Nr. 1 StPO: Köln VRS **53**, 276; Satz 2 gilt allerdings nur bei Kartellordnungswidrigkeiten nach den §§ 38 ff. GWB; zu § 338 Nr. 3 StPO: Koblenz VRS **54**, 132) können entsprechend auch im Rechtsbeschwerdeverfahren geltend gemacht werden; § 338 Nr. 5 StPO ist allerdings nur anwendbar, soweit die Hauptverhandlung gegen den Willen der StA (5 zu § 75), des Betroffenen oder des notwendigen Verteidigers in deren Abwesenheit durchgeführt worden ist (vgl. 13 zu § 73; Rotberg 10). § 338 Nr. 6 StPO ist bei entsprechender Anwendung wohl kein absoluter Rechtsbeschwerdegrund (56 a zu § 71). Für das Zulassungsverfahren vgl. 9 zu § 80.

28   B. **Für die Einlegung der Rechtsbeschwerde und deren Begründung** gelten die §§ 341–345 StPO entsprechend (zu § 342 II S. 2 StPO vgl. 49 zu § 74; zu § 344 II S. 2 StPO Stuttgart, Die Justiz **73**, 387), und zwar auch dann, wenn sich die Rechtsbeschwerde gegen die Beschlußentscheidung nach § 72 richtet (vgl. Bay. JZ **72**, 16, auch zur Frage des Zeitpunktes der Rechtskraft; Hamm MDR **73**, 246 zu § 344 II S. 2 StPO). Die Unterzeichnung eines von einem unzuständigen Beamten des Gerichts (vgl. 29) aufgenommenen Protokolls reicht aus (Koblenz VRS **54**, 63).

29   a) **Für die Aufnahme des Rechtsbeschwerdeantrags** und deren Begründung ist der Rechtspfleger zuständig (§ 345 II StPO; § 24 I Nr. 1 Buchst. a RpflG; (Koblenz VRS **54**, 63), nicht der UrKB oder der Rechtspflegeranwärter; eine von diesen aufgenommene Beschwerdebegründung ist unwirksam (Karlsruhe, Die Justiz **74**, 431; vgl. auch Bay. bei Rüth, DAR **74**, 188, vgl. aber 28). Zuständig ist das erkennende Gericht, nicht jedoch das Wohnsitzgericht (Bay. bei Rüth DAR **76**, 179; bei einer Zweigstelle reicht jedoch die Einlegung bei der Hauptstelle aus, Bay. aaO 178).

30   b) **Die Frist für die Einlegung** der Rechtsbeschwerde beginnt bei einem Beschluß nach § 72 stets mit der Zustellung. Bei einem Urteil (vgl. zur Zustellung 42 ff. zu § 74) kommt es darauf an, ob es in Anwesenheit des Beschwerdeführers, also desjenigen, der die Rechtsbeschwerde einlegt, ergangen ist oder nicht (IV). Hat die StA an der Hauptverhandlung nicht teilgenommen (§ 75 I), so beginnt für sie die Frist mit Zustellung des Urteils (vgl. 44 aE zu § 71; 7 zu § 75). Für den Betroffenen, der in der Hauptverhandlung anwesend gewesen ist, beginnt (auch bei Abwesenheit der StA) die Frist mit der Verkündung des Urteils (Saarbrücken NJW **70**, 1337).

30 a   **Vertretung durch einen Verteidiger:** Ist der Betroffene in der Hauptverhandlung durch einen Verteidiger vertreten gewesen, so beginnt die Beschwerdefrist für den Betroffenen gleichwohl erst mit Zustellung des Urteils (Köln Rpfleger **71**, 362; Bay. NJW **71**, 1578; Rotberg 17; Müller 18) an ihn oder den bevollmächtigten Verteidiger (vgl. § 145 a StPO iVm § 46 I; Köln aaO). Die Zustellung an den Betroffenen setzt die Frist zur Begründung der Rechtsbeschwerde in Lauf ohne Rücksicht darauf, ob der Verteidiger benachrichtigt worden ist; denn § 145 a StPO enthält nur eine Zustellungsermächtigung, begründet jedoch nicht eine Pflicht zur Zustellung an den Verteidiger (31 zu § 51).

30 b   **Wiedereinsetzung:** Ist das Belehrungsformular unklar („nach Verkündung oder Zustellung"), so kommt die Wiedereinsetzung in Betracht (Köln JMBlNW **73**, 33); ebenso bei unklarer Belehrung darüber, daß die Frist bei einer Verteidigerbestellung schon mit der Zustellung an den Betroffenen selbst beginnt (Bay. Rpfleger **76**, 100); ebenso wenn eine mündliche Rechtsmittelbelehrung vom Betroffenen erkennbar falsch verstanden wird und bei der Zustellung der schriftlichen Urteilsgründe eine Rechtsmittelbelehrung unterbleibt (Koblenz MDR **77**, 425). Die Wiedereinsetzung kann auch bei einer unvollständigen Erklärung, so bei einem in den Schlußanträgen vorsorglich gestellten „Zulassungsantrag" gewährt werden (Köln VRS **47**, 189). Bei einer Versäumung der Begründungsfrist ist dem Erfordernis des § 45 II S. 2 StPO nur genügt, wenn eine nach Form und Inhalt zulässige Rechtsmittelbegründung vorliegt; andernfalls ist eine Wiedereinsetzung nicht zulässig (Hamm JMBlNW **78**, 106). Zur Wiedereinsetzung bei einer Rechtsbeschwerde nach I S. 1 Nr. 5 vgl. 16.

30 c   **Über die Wirksamkeit einer Zustellung,** die entgegen § 36 I StPO iVm § 46 I (22 vor § 67) nicht vom Vorsitzenden angeordnet, sondern von der Geschäftsstelle veranlaßt worden ist, vgl. 43 zu § 74.

31   c) **Eine Beschränkung der Rechtsbeschwerde** ist wie im Strafverfahren auf abtrennbare Teile möglich, dh soweit eine selbständige Prüfung und rechtliche Beurteilung durchführbar ist (vgl. auch 24); sie ist gegenstandslos, soweit dies nicht der Fall ist. Die gesamte Bußgeldentscheidung ist zB angefochten, wenn sich bei einem Zusammenhang zwischen Geldbuße und Nebenfolge (zB Fahrverbot) die Anfechtung nur gegen das eine oder andere richtet (Koblenz VRS **54**, 142). Zur Beschränkung der Rechtsbeschwerde bei der Anordnung von Nebenfolgen vgl. 9.

32   d) **In der Beschwerdebegründung** brauchen die Voraussetzungen für ihre Zulassung nach I S. 1 Nr. 1–4 nicht dargelegt zu werden, soweit sie sich aus dem Inhalt der angefochtenen Entscheidung und den Beschwerdeanträgen von selbst ergeben. Rügt der Beschwerdeführer jedoch Verfahrensmängel, zu denen auch die Nichtbeachtung des Widerspruchsrechts (I S. 1 Nr. 5) gehört (vgl. 15; 78 zu § 72), so hat er auch die Tatsachen hierfür anzugeben (BGH **23**, 280 m. Anm. Göhler JR **70**, 427). Wird die Rechtsbeschwerde auf eine analoge Anwendung des I S. 1 Nr. 5 gestützt, so sind die Gründe hierfür anzuführen, soweit sie im Verfahrensrecht liegen, sonst nicht. Es gilt insgesamt der Grundsatz, daß bei einer Verfahrensrüge die den Mangel enthaltenen Tatsachen anzuführen sind, und zwar innerhalb der Begründungsfrist (vgl. Hamm JMBlNW **78**, 106). Die Frist für die Beschwerdebegründung läuft nicht, wenn die zugestellte Urteilsausfertigung unvollständig ist (Koblenz MDR **76**, 951).

33   e) **Bei einer Verletzung des rechtlichen Gehörs** ist in den Fällen, in denen die Rechtsbeschwerde nicht zulässig ist, der Antrag nach § 33a StPO iVm § 46 I gegeben (vgl. hierzu näher 75 zu § 72). Hängt die Zulässigkeit der Rechtsbeschwerde von deren Zulassung ab, so ist die Verletzung des rechtlichen Gehörs im Zulassungsverfahren beachtlich (vgl. 8 zu § 80).

34   C. **Bei einer nicht frist- oder formgerechten Rechtsbeschwerde** gilt § 346 StPO entsprechend, gleichgültig ob sich die Rechtsbeschwerde gegen ein Urteil oder einen Beschluß nach § 72 richtet, und gleichgültig, ob die Rechtsbeschwerde an sich statthaft ist oder nicht (Karlsruhe, Die Justiz **73**, 400). Das AG darf auf Grund des § 346 I StPO nicht darüber entscheiden, ob die Rechtsbeschwerde nach I, II zulässig ist (Bay. 2. 2. 1971, 5 St 503/71 OWi; Rebmann/Roth/Herrmann 16). Die Anbringung des Antrags nach § 346 II S. 1 StPO beim Beschwerdegericht genügt zur Wahrung der Frist nicht (BGH NJW **77**, 964). § 346 II S. 2 StPO ist im Bußgeldverfahren anzuwenden (Bay. bei Rüth MDR **74**, 188). Wird eine unvollständige Urteilsausfertigung zugestellt, so ist der Verwerfungsbeschluß, falls dieser Mangel später entdeckt wird, auf die Gegenvorstellung aufzuheben (Koblenz VRS **52**, 42). Beantragt der Betroffene bei einem Beschluß nach § 72 die (nicht mögliche; vgl. 69 zu § 72) Zulassung der Rechtsbeschwerde, so ist dieser Rechtsbehelf als Rechtsbeschwerde anzusehen (§ 300 StPO iVm § 46 I), zu deren Verwerfung auch das AG zuständig ist, wenn sie nicht in der vorgeschriebenen Frist und Form eingelegt ist (Bay. 25. 7. 1972, 5 St 545/72).

35   D. **Das OLG entscheidet** über die Rechtsbeschwerde als Beschwerdegericht durch den Senat in Bußgeldsachen in der Besetzung von drei Mitgliedern mit Einschluß des Vorsitzenden (§ 121 I Nr. 1 a, § 122 I GVG iVm III; § 46 VII). In Bayern tritt an die Stelle des OLG das Oberste Landesgericht (Art. 22 Nr. 3 BayAGGVG; § 9 EGGVG). Bei Kartellordnungswidrigkeiten entscheidet der BGH über die Rechtsbeschwerde, die sich gegen die Entscheidung des OLG richtet (§ 83 S. 1 GWB, Anh **A 14**).

36   E. **Für das weitere Verfahren** gelten die §§ 347–358 StPO entsprechend, soweit sich aus den Verfahrensvereinfachungen nach V, VI nichts anderes ergibt. § 357 StPO soll selbst dann gelten, wenn das Beschwerdegericht bei Prüfung der Zulassung einer Rechtsbeschwerde das Verfahren wegen eines Verfolgungshindernisses durch Beschluß einstellt (BGH **24**, 208; bedenkl., vgl. 19 zu § 31). Entscheidet das Gericht nach V S. 2 auf Grund einer Hauptverhandlung, so ist auch § 350 III StPO entsprechend anzuwenden. Über die Anwendung des § 349 StPO vgl. 41.

37   F. **Das Verschlechterungsverbot** (§ 358 II StPO; vgl. hierzu näher 56 zu § 72) gilt auch im Bußgeldverfahren (Hamm VRS **46**, 194; Karlsruhe NJW **74**, 1718), und zwar auch dann, wenn die erste amtsrichterliche Entscheidung auf einem schweren Verfahrensverstoß beruhte und deshalb auf eine frühere Rechtsbeschwerde aufgehoben worden ist (Karlsruhe aaO). Hat das AG rechtsirrtümlich Tateinheit angenommen, so ist der Schuldspruch auf die Rechtsbeschwerde des Betroffenen auch dann zu berichtigen, wenn dadurch die Punktebewertung im Verkehrszentralregister für ihn ungünstiger ausfällt (Hamm VRS **52**, 131).

38   G. **Die Vorlage an den BGH** ist notwendig, wenn das Beschwerdegericht von der Entscheidung eines anderen OLG oder des BGH abweichen will. § 121 II GVG gilt entsprechend (vgl. BGH **23**, 365; **24**, 208; **26**, 183, 184; **27**, 85).

39   **5) Durch Beschluß** entscheidet das Beschwerdegericht (35) grundsätzlich (V). Es steht allerdings in seinem Ermessen, auf Grund einer Hauptverhandlung durch Urteil zu entscheiden, falls sich die Rechtsbeschwerde gegen ein Urteil richtet. Richtet sich die Rechtsbeschwerde gegen ein Urteil, so kann das Beschwerdegericht das Urteil auch durch Beschluß aufheben und in der Sache selbst entscheiden oder sie zurückverweisen.

40   A. **Die Hauptverhandlung** kann (ausnahmsweise) zB dann angebracht sein, wenn es auf den persönlichen Eindruck des Betroffenen ankommt (was in Bußgeldsachen ganz selten in Betracht kommt) oder wenn die Rechtslage nicht einfach gelagert und der Betroffene durch einen Verteidiger vertreten ist, so daß ein Rechtsgespräch in der Hauptverhandlung zweckmäßig erscheint (ebenso Rotberg 23).

41   B. **Der Beschluß ist zu begründen;** eine Begründung ist aber nicht erforderlich, wenn die StA beantragt hat, die Rechtsbeschwerde als offensichtlich unbegründet zu verwerfen und das Beschwerdegericht einstimmig dieser Auffassung ist; dies folgt aus der entsprechenden Anwendung von § 349 II, III StPO (vgl. Rotberg 23; vgl. näher die 2. Aufl.; aM Bay. VRS **46**, 381; es übersieht, daß bei § 349 II StPO wegen des begrün-

deten Antrags der StA und der Einstimmigkeit eine Begründung entbehrlich ist). Beschränkt sich die Stellungnahme der StA auf Rechtsaus-
führungen zum Beschwerdevorbringen, ohne daß ein Antrag nach
§ 349 II StPO iVm III gestellt wird, so braucht der Beschwerdeführer
hierzu vor der Entscheidung nicht gehört zu werden (Celle MDR **75**,
164).

42   C. **Die Rücknahme des Beschlusses ist** möglich, wenn sich nachträglich ergibt, daß das angefochtene Urteil infolge des Rechtsmittels vorher
unanfechtbar geworden war (Hamm VRS **41**, 286).

43   **6) Bei Aufhebung der angefochtenen Entscheidung** gelten zwei Verfahrensvereinfachungen (VI):

44   A. **Selbst entscheiden** kann das Beschwerdegericht (35), auch wenn
die engen Voraussetzungen des § 354 I StPO nicht vorliegen.

45   a) **Jede Sachentscheidung** kann das Rechtsbeschwerdegericht treffen,
die im Falle der Zurückverweisung das AG treffen könnte (zust. Rotberg
25). Es kann also zB unter Aufhebung der angefochtenen Entscheidung
eine niedrigere Geldbuße (vgl. Hamburg VRS **53**, 136), statt einer einheitlichen Geldbuße mehrere Geldbußen festsetzen oder umgekehrt
(Hamm VRS **46**, 370, **50**, 70; Bremen NJW **75**, 1043; Celle NdsRpfl. **75**,
125; Frankfurt VRS **51**, 220), die Anordnung einer Nebenfolge aufheben
oder sie festsetzen (zB das Fahrverbot anordnen, Hamm 19. 4. 1974, 1 Ss
OWi 130/74, oder aufheben und die Geldbuße erhöhen, Hamm VRS **50**,
50; vgl. auch 56 zu § 72), den Vorbehalt der Einziehung anordnen und
eine weniger entscheidende Maßnahme nach § 24 II treffen; es kann aber
zB auch bei einer ungenügenden Begründung des Bußgeldausspruchs
selbst prüfen, ob die ausgesprochene Geldbuße (unter Zugrundelegung
des Bußgeldkatalogs; vgl. Zweibrücken VM **77**, 66; vgl. 32 zu § 17) oder
das angeordnete Fahrverbot angemessen ist mit der Folge, daß die
Rechtsbeschwerde im Ergebnis als unbegründet verworfen wird (Bay.
DAR **69**, 277; Zweibrücken aaO; KG VRS **39**, 448; Schleswig bei Erne-
sti/Jürgensen SchlHA **76**, 177), ohne daß es einer vorhergehenden Aufhebung des Urteils bedarf (Schleswig aaO). Das Beschwerdegericht kann
auch den Sachverhalt rechtlich anders würdigen, ohne daß es eines Hinweises nach § 265 StPO iVm § 46 I bedarf, wenn der andere rechtliche
Gesichtspunkt bereits vom AG erörtert worden und eine andere Verteidigungsmöglichkeit nicht ersichtlich ist (Köln GewArch **74**, 143; KG VRS
56, 219, **53**, 303); doch gehen hier die Ansichten auseinander: nach KG
aaO ist die Annahme des Vorsatzes statt der Fahrlässigkeit – bei Annahme eines Verbotsirrtums – erlaubt; umgekehrt soll dagegen bei Annahme der Fahrlässigkeit statt Vorsatzes eine andere Verteidigungsmöglichkeit nicht auszuschließen sein (so Bay. **78**, 82). Hat die StA die
Rechtsbeschwerde zuungunsten des Betroffenen eingelegt, so kann das
OLG (35) unter Aufhebung des Freispruchs eine Geldbuße festsetzen
(KG VRS **46**, 229, 233) und eine Nebenfolge anordnen oder unter Aufhebung der festgesetzten Geldbuße auf eine höhere erkennen. Ist der Betroffene wegen einer Tat verurteilt worden, die nicht Gegenstand des
Verfahrens ist, und ist die verfahrensgegenständliche Tat nicht erwiesen,
so ergeht Freispruch; für eine Einstellung des Verfahrens wegen der nicht

verfahrensgegenständlichen Tat ist daneben kein Raum (Bay. VRS **57**, 39).

46   b) **Die Sachentscheidung hat Vorrang vor einer Zurückverweisung,** und zwar sowohl wegen eines absoluten Rechtsbeschwerdegrundes (vgl. 27) als auch wegen eines sonstigen Verfahrensmangels. Dies muß auch in den Fällen gelten, in denen eine Zurückverweisung nach I S. 1 Nr. 5 in Betracht kommt, jedoch eine Sachentscheidung die Verletzung des Widerspruchsrechts des Betroffenen heilen kann (zB Einverständnis mit dem schriftlichen Verfahren bei Zusicherung des Verschlechterungsverbots, das der RiAG dann jedoch nicht einhält; hält in diesem Fall das Beschwerdegericht die im Bußgeldbescheid festgesetzte Geldbuße für angemessen oder sogar für übersetzt, so kann es selbst entscheiden). Vorausgesetzt ist aber in allen Fällen, daß der Sachverhalt nach Lage der Akten genügend aufgeklärt ist.

47   c) **Neue tatsächliche Feststellungen** darf das Beschwerdegericht nicht treffen, da dies dem Wesen der Rechtsbeschwerde, die nur zur rechtlichen, nicht tatsächlichen Nachprüfung führt (1), widersprechen würde (Hamburg NJW **72**, 66; Rebmann/Roth/Herrmann 19; Rotberg 25; Müller 22); doch kann aus mehreren vom AG rechtsfehlerfrei festgestellten Tatsachen auf Grund der Lebenserfahrung bei richtiger Rechtsanwendung auf eine weitere Tatsache geschlossen werden, die zusammen mit den übrigen Tatsachen den Vorwurf der Ordnungswidrigkeit erweisen (Hamburg MDR **76**, 864). Den Umstand, daß eine zuungunsten des Betroffenen im Urteil berücksichtigte Bußgeldentscheidung nach Erlaß des Urteils tilgungsreif geworden ist, kann das Beschwerdegericht (sofern diesem Umstand überhaupt Bedeutung zukommt; vgl. 20 zu § 17) nicht berücksichtigen, weil es sonst feststellen müßte, ob nachträglich neue Eintragungen erfolgt sind (Bay. GA **73**, 344). Das Beschwerdegericht kann jedoch das tatsächliche Vorbringen des Betroffenen im Beschwerdeverfahren verwerten. Es kann stets dann in der Sache entscheiden, wenn die zugrundeliegenden tatsächlichen Feststellungen von der gerügten Gesetzesverletzung unberührt bleiben, also nicht aufgehoben werden (vgl. KG VRS **39**, 448; Rebmann/Roth/Herrmann 19); es kann zB bei Annahme eines (vom AG nicht erkannten) vermeidbaren Verbotsirrtums eine geringere Geldbuße festsetzen, aber auch die festgesetzte für zutreffend ansehen (Düsseldorf VRS **51**, 379).

48   B. **An dasselbe AG zurückverweisen** kann das OLG (35) die Sache, wenn es nicht selbst entscheidet, aber auch an ein anderes AG desselben Landes. Die Abweichung von § 354 II StPO besteht darin, daß nicht an eine andere Abteilung des AG verwiesen werden muß, sondern daß in der Regel an das AG zurückverwiesen wird, das die aufgehobene Entscheidung getroffen hat. Es entscheidet dann der Richter der Abteilung des 1. Rechtszuges, regelmäßig also derselbe Richter. Wegen der in aller Regel weniger bedeutsamen Rechtsfolgen, um die es im Bußgeldverfahren geht, erscheint es nicht notwendig, daß der Betroffene nach Aufhebung der Entscheidung die Überprüfung der Beschuldigung durch einen anderen Spruchkörper erreicht (Bay. VRS **57**, 206; BerEOWiG zu § 68). Im Gegensatz zum Strafverfahren liegt deshalb kein Vertretungsfall vor, wenn derselbe Richter zur Entscheidung berufen ist. Das Beschwerdegericht kann selbstverständlich die Sache auch an eine andere Abteilung des AG zurückverweisen (Bay. JR **70**, 353 m. zust. Anm. Göhler; Hamburg VRS **40**, 38; KG VRS **39**, 434). Über die entsprechende Regelung bei Kartellordnungswidrigkeiten vgl. § 83 S. 2 GWB (Anh **A** 14).

49   7) **Über die Kosten** des Rechtsbeschwerdeverfahrens vgl. § 473 I–IV StPO iVm § 46 I (vgl. 6 zu § 109); über die Gerichtsgebühr vgl. Nr. 1704, 1705, 1742, 1743, 1752, 1753 KVGKG (Anh **A** 8).

50   8) **Über die sofortige Beschwerde gegen die Kosten-** und Auslagenentscheidung des AG vgl. 47 zu § 80.

51   9) **Über die Möglichkeit der Verfassungsbeschwerde** vgl. 9 ff. vor § 79.

Zulassung der Rechtsbeschwerde   **RiStBV 291, 293**

80 ^I Das Beschwerdegericht läßt die Rechtsbeschwerde nach § 79 Abs. 1 Satz 2 auf Antrag zu, wenn es geboten ist, die Nachprüfung der Entscheidung zur Fortbildung des Rechts oder zur Sicherung einer einheitlichen Rechtsprechung zu ermöglichen.

^{II} Für den Zulassungsantrag gelten die Vorschriften über die Einlegung der Rechtsbeschwerde entsprechend. Der Antrag gilt als vorsorglich eingelegte Rechtsbeschwerde. Die Vorschriften über die Anbringung der Beschwerdeanträge und deren Begründung (§§ 344, 345 der Strafprozeßordnung) sind zu beachten. Bei der Begründung der Beschwerdeanträge soll der Antragsteller zugleich angeben, aus welchen Gründen die in Absatz 1 bezeichneten Voraussetzungen vorliegen. § 35a der Strafprozeßordnung gilt entsprechend.

^{III} Das Beschwerdegericht entscheidet über den Antrag durch Beschluß. Die §§ 346 bis 348 der Strafprozeßordnung gelten entsprechend. Der Beschluß, durch den der Antrag verworfen wird, bedarf keiner Begründung, wenn das Beschwerdegericht den Antrag einstimmig für offensichtlich unbegründet erachtet. Wird der Antrag verworfen, so gilt die Rechtsbeschwerde als zurückgenommen.

Schrifttum: *Demuth/Schneider,* Die Zulassung der Rechtsbeschwerde nach § 80 OWiG, NJW **70**, 1999; vgl. auch zu § 79; *Göhler,* Empfiehlt sich eine Änderung des Rechtsbeschwerdeverfahrens in Bußgeldsachen?, Schäfer-Festschr. S. 39.

Übersicht

1   1) **Nur in Ausnahmefällen** soll bei weniger bedeutsamen Ordnungswidrigkeiten eine höchstrichterliche Entscheidung herbeigeführt werden
können und hier auch nur dann, wenn durch Urteil entschieden ist (§ 79 I
S. 2; vgl. näher 68 zu § 72; 5 vor § 79). Mit der Zulassung der Rechtsbeschwerde soll das OLG Gelegenheit erhalten, auch bei solchen Bußgeldvorschriften, deren Verwirklichung in der Regel nur eine geringe Geldbuße zur Folge hat (zB bei Parkverstößen), durch eine höchstrichterliche
Entscheidung das beharrende Element in der praktischen Rechtsanwendung aufzulockern (Fortbildung des Rechts, 3; vgl. Demuth/Schneider
aaO S. 2001) oder schwer erträgliche Unterschiede in der Rechtsanwendung zu verhindern (Einheitlichkeit der Rspr., 4).

2   2) **Keine grundsätzliche Bedeutung** braucht aber die zu entscheidende
Rechtsfrage zu haben. Dies zeigt der Vergleich zu dem Wortlaut des
§ 137 GVG. So kann zB das Interesse an einer einheitlichen Rechtsanwendung die Zulassung schon dann rechtfertigen, wenn ein einzelnes AG
wiederholt in einer bestimmten Rechtsfrage von der höchstrichterlichen
Rspr. abweicht, auch wenn diese Frage, für sich betrachtet, nicht von
grundsätzlicher Bedeutung ist (Begr. zu § 69 EOWiG; BGH **24**, 15). Bei
einer Fehlentscheidung in einer nicht grundsätzlichen Frage muß also die
Gefahr gegeben sein, daß die Entscheidung weitere Fehlentscheidungen
nach sich zieht, um die Zulassung zu rechtfertigen (Frankfurt VRS **37**,
215; Hamm VRS **42**, 144, **43**, 289, DAR **73**, 139; Bay. bei Rüth DAR **74**,
188). In einem solchen Falle ist aber die zu entscheidende Rechtsfrage
nicht nur für den einzelnen Fall von Bedeutung. In der Rspr. der Rechtsbeschwerdegerichte wird die Zulassung in Fragen, die in der täglichen
Praxis der AGe häufig vorkommen, in größerem Umfange bejaht, weil
hier die Gefahr von fortlaufenden Fehlern immanent ist (vgl. aus der
neueren Rspr. zB Bremen VRS **48**, 435; Hamm VRS **48**, 369, **49**, 280;
Zweibrücken MDR **75**, 340; vgl. auch 5 ff.).

3   3) **Die Fortbildung des Rechts** besteht darin, bei der Auslegung von
Rechtssätzen (auch des Verfahrensrechts, vgl. 7) und der rechtsschöpferi-
schen Ausfüllung von Gesetzeslücken Leitsätze aufzustellen und zu festi-
gen (vgl. BGH **24**, 15; Hamm DAR **73**, 139). Mit der Zulassung soll das
OLG Gelegenheit erhalten, seine Rechtsauffassung in einer für die nachgeordneten Gerichte richtungsgebenden Weise zum Ausdruck zu bringen
oder durch Vorlage nach § 121 II GVG (38 zu § 79) eine Grundsatzent-
scheidung des BGH herbeizuführen. Bei noch ungeklärten Fragen kann

sowohl die Fortbildung des Rechts wie die Sicherung einer einheitlichen Rspr. die Zulassung rechtfertigen (14). Daß bereits ein anderes OLG die Rechtsfrage im gleichen Sinne entschieden hat, wie es das zulassende OLG tun will, steht der Zulassung nicht entgegen (Hamburg MDR **70**, 527), da dadurch ein aufgestellter Leitsatz gefestigt und auch eine einheitliche Rspr. gesichert werden kann (nach Demuth/Schneider aaO S. 2003 kommt hier nur die Zulassung zur Sicherung einer einheitlichen Rspr. in Betracht). Der Fortbildung des Rechts dient auch die Prüfung, ob ein Gesetz der Verfassung entspricht, wenn diese Frage zweifelhaft ist (Hamm MDR **74**, 866); ebenso, wenn zweifelhaft ist, ob eine Rechtsnorm gültig erlassen oder geändert ist oder fortbesteht (KG NJW **76**, 1465).

4　　**4) Zur Sicherung einer einheitlichen Rspr.** wird die Rechtsbeschwerde zugelassen, wenn sonst schwer erträgliche Unterschiede in der Rspr. entstehen oder fortbestehen würden; dabei kommt es darauf an, welche Bedeutung die angefochtene Entscheidung für die Rspr. im ganzen hat (vgl. BGH **24**, 15).

5　　A. **Bei einer Fehlentscheidung,** die sich nur im Einzelfalle auswirkt, ist die Einheitlichkeit der Rspr. noch nicht gefährdet, selbst wenn der Rechtsfehler offensichtlich ist (BGH **24**, 15; Hamm VRS **42**, 144, **37**, 216; Bay. bei Rüth DAR **73**, 21; Schleswig bei Ernesti/Jürgensen SchlHA **75**, 196). Es muß hinzukommen, daß sie in einer grundsätzlichen Frage getroffen ist, daß sie schwer erträgliche Unterschiede in der Rechtsanwendung auslösen würde oder daß ohne die höchstrichterliche Entscheidung mit weiteren Fehlentscheidungen in gleichgelagerten Fällen gerechnet werden kann (vgl. 2); dabei ist die Frage der Wiederholungsgefahr sicher der entscheidende Gesichtspunkt (vgl. Cramer VOR **72**, 148 f.; Demuth/Schneider aaO S. 2001, die nur darauf abstellen), aber nicht der einzige. Weicht die angefochtene Entscheidung bewußt von einer höchstrichterlichen ab, so ist in der Regel ein Grund für die Zulassung gegeben, weil dann offen zutage tritt, daß die Rspr. uneinheitlich ist. Weicht das AG unbewußt von der höchstrichterlichen Rspr. ab, so wird das Erfordernis, die Einheitlichkeit der Rspr. zu sichern, von dem Grad der Wiederholungsgefahr bestimmt; deren Beurteilung hängt wiederum davon ab, wie häufig die betreffende Rechtsfrage in der amtsgerichtlichen Praxis auftaucht (vgl. 2) und in welchem Ausmaß mit ihrer fehlerhaften Beurteilung zu rechnen ist (vgl. Demuth/Schneider aaO S. 2002 f.). Ergibt sich der Rechtsfehler aus einem vom AG verwendeten Formular, so ist die Wiederholungsgefahr besonders groß, so daß die Rechtsbeschwerde zuzulassen ist (vgl. Hamm VRS **42**, 307). Im übrigen ist wohl zu unterscheiden, ob die Fehlentscheidung das materielle Recht oder das Verfahrensrecht betrifft:

6　　a) **Fehler des materiellen Rechts** stellen wegen der unübersehbaren Vielfalt der hier auftretenden Rechtsfragen und der dabei möglichen Auslegungsbreite weniger häufig die Einheitlichkeit der Rspr. in Frage. Zu berücksichtigen sind dabei allerdings nicht nur die grundsätzliche oder praktische Bedeutung der Rechtsfrage sowie der Grad der Wiederholungsgefahr, sondern auch, ob die Entscheidung im Ergebnis zu krassen

Unterschieden führen würde. Das ist zB zu bejahen, wenn bei bedeutsamen Ordnungswidrigkeiten in gleichgelagerten Fällen bei mehreren Rechtsbeschwerden nur eine zur Fortbildung des Rechts zugelassen wird, nicht dagegen die zeitlich kurz danach eingelegte mit der Folge, daß in dem einen Fall eine Verurteilung ergeht, in dem andern dagegen ein Freispruch (mit Ersatz der notwendigen Auslagen) bestehen bleibt; die Unterschiede sind hier so kraß und augenfällig, daß sie als unerträglich (vgl. oben) nicht hingenommen werden dürfen (abzulehnen deshalb Celle NJW **74**, 1719 m. abl. Anm. Händel NJW **74**, 2297 und JR **75**, 208 sowie zust. Anm. Demuth NJW **75**, 705; aM auch Hamm MDR **78**, 780, jedoch zum Verfahrensrecht, vgl. 8). Die Rechtsbeschwerde ist zur Sicherung einer einheitlichen Rspr. ferner dann zuzulassen, wenn das BVerfG eine Norm, auf der das Urteil beruht, für verfassungswidrig erklärt hat (einschr. Koblenz VRS **51**, 297). Die Zulassung kommt auch in Betracht, um bestehende Unterschiede in der Bemessung der Geldbuße bei gleichgelagerten Sachverhalten auszugleichen (Schleswig SchlHA **73**, 192), nicht jedoch schon bei geringfügigen Abweichungen (vgl. Hamm JMBlNW **76**, 67).

7 b) **Bei Fehlern des Verfahrensrechts** kann die Einheitlichkeit der Rspr. nicht nach dem Ergebnis der Entscheidung beurteilt, sondern sie muß nach anderen Kriterien bestimmt werden. Entscheidend ist hier der Rang der Norm, die fehlerhaft angewendet ist. In der Praxis der Rechtsbeschwerdegerichte wird die Rechtsbeschwerde mit Recht gerade in Verfahrensfragen (zB zur Anordnung des persönlichen Erscheinens, zum Anwesenheitsrecht, zur Verwerfung des Einspruchs, zum Umfang der Beweisaufnahme, zur richterlichen Überzeugungsbildung) sehr häufig zugelassen (vgl. zu §§ 73, 74, 77).

8 **Sind elementare Verfahrensgrundsätze verletzt,** so zB der Grundsatz des rechtlichen Gehörs (vgl. 75 zu § 72) oder der Aufklärung von Amts wegen, ferner das Gebot des fairen Verfahrens (vgl. hierzu auch 23 ff. zu § 72), das Recht auf die Anwesenheit in der Hauptverhandlung oder das Recht auf Mitwirkung eines Verteidigers (vgl. Bay. DAR **76**, 166; vgl. auch 26 zu § 71), so ist in der Regel die Gefahr einer Wiederholung gegeben, weil die elementaren Verfahrensgrundsätze in jedem Verfahren zu beachten sind (Hamm VRS **57**, 442); ob der RiAG bewußt oder bewußt dagegen verstoßen hat, darauf kann es bei der Verletzung von Grundregeln des Verfahrensrechts nicht ankommen (aM Hamm MDR **78**, 780, VRS **56**, 42, **57**, 443; Schleswig bei Ernesti/Jürgensen SchlHA **79**, 209; Düsseldorf VRS **57**, 438; einschr. Köln VRS **57**, 132); bedenklich ist dabei auch die Erwägung, daß ja das AG im Nichtzulassungsbeschluß auf den Rechtsfehler hingewiesen werden könne (so Hamm MDR **78**, 780; krit. hierzu Göhler, Schäfer-Festschr. S. 39, 55 ff.; Mußgnug NJW **78**, 1359). Im übrigen ist ein solcher Rechtsfehler – unabhängig von der Wiederholungsgefahr – zu so krassen Abweichungen in der Art und Weise, in der die Rspr. ausgeübt wird, daß dies nicht hingenommen werden kann. Sicher bedarf es bei einem offensichtlichen und eindeutigen Rechtsfehler nicht der Zulassung zur Rechtsfortbildung (Düsseldorf VRS **57**, 438); doch steht hier die Einheitlichkeit der Rspr. besonders augenfällig in Frage. Schließlich wäre es bei der Verletzung des Grund-

satzes des rechtlichen Gehörs prozeßunwirtschaftlich, die Zulassung der Rechtsbeschwerde zu versagen und damit den Betroffenen praktisch auf den Weg der Verfassungsbeschwerde oder des § 33a StPO iVm § 46 I zu verweisen (vgl. BVerfGE **42**, 252; vgl. auch Mußgnug aaO; vgl. ferner BayVerfG BayVBl. **79**, 537). Wenn die Rspr. aus guten Gründen die Zulässigkeit der Rechtsbeschwerde in den Fällen des § 79 I S. 1 Nr. 5 weit über dessen Wortlaut hinaus bejaht hat, so sollte es ihr nicht schwer fallen, die Rechtsbeschwerde bei der Verletzung des Gebots nach Art. 103 I GG stets zuzulassen (Göhler, Schäfer-Festschr. S. 39, 54 f.). Vgl. auch Bay. MDR **77**, 954, wo – freilich in anderem Zusammenhang – mit Recht darauf hingewiesen ist, daß eine verstärkte Berücksichtigung des rechtlichen Gehörs durch eine Erweiterung der Anfechtungsmöglichkeit den Bedürfnissen der Praxis, und zwar sowohl dem berechtigten Anspruch des Betroffenen auf effektiven Rechtsschutz als auch den Erfordernissen der Rechtssicherheit besser gerecht wird als eine Verweisung auf § 33a StPO iVm § 46 I; vgl. ferner zur Wahrung des rechtlichen Gehörs Köln VRS **57**, 201. Allerdings können und sollten die RiAG den Rechtsbeschwerden in solchen Fällen dadurch die Grundlage nehmen, daß sie nachträglich das rechtliche Gehör nach § 33a StPO iVm § 46 I oder von Amts wegen die Wiedereinsetzung nach § 74 IV iVm § 245 StPO gewähren (insoweit ist Düsseldorf aaO zuzustimmen).

9   **Bei Vorliegen eines absoluten Rechtsbeschwerdegrundes** iS von § 338 StPO erscheint eine Abwägung angezeigt, ob wegen der Besonderheiten des Bußgeldverfahrens die Gesetzesverletzung von einem solchen Rang ist, daß die Entscheidung aufzuheben ist. Es ist danach in derartigen Fällen nicht immer geboten, die Rechtsbeschwerde zuzulassen (Hamm JMBlNW **75**, 267; vgl. 56a zu § 71; 27 zu § 79): doch ist es bedenklich, dies auch bei Verstößen anzunehmen, bei denen Grundrechtsverletzungen (zB Versagung des rechtlichen Gehörs) auf dem Spiel stehen (vgl. 8). Der Revisionsgrund des § 338 Nr. 1 StPO nötigt zur Zulassung der Rechtsbeschwerde und zur Aufhebung des Urteils (vgl. Köln VRS **53**, 276).

10   **Weitere Einzelheiten:**

11   **Bei der Ablehnung von Beweisanträgen** hat die Rspr. die Rechtsbeschwerde nicht zuzulassen, wenn der RiAG bei seiner Entscheidung zumindest von den Grundsätzen ausgegangen ist, die hierzu von der Rspr. entwickelt worden sind (vgl. 12 ff. zu § 77).

12   **Zum Grundsatz der Unmittelbarkeit** vgl. 6 ff. zu § 77. Hierzu erscheint eine Fortbildung des Rechts angezeigt.

13   **Bei unzulänglichen Urteilsgründen** kann die Zulassung geboten sein, um entweder zu den Anforderungen an die Urteilsgründe in Bußgeldsachen richtungsweisend Stellung zu nehmen oder aber um einer so fehlerhaften Abfassung der Urteilsgründe entgegenzuwirken, daß nach ihrem Inhalt nicht mehr erkennbar ist, ob die Einheitlichkeit der Rspr. gewahrt ist (vgl. Hamm VRS **53**, 391, NJW **74**, 2098, MDR **74**, 67; Bay. bei Rüth DAR **74**, 188; Karlsruhe, Die Justiz **77**, 244, VRS **53**, 291). Zur unzulänglichen Begründung bei der Verwerfung des Einspruchs vgl. 35 zu § 74. Zur Urteilsbegründung vgl. jedoch auch 42 ff. zu § 71, zum abgekürzten Urteil vgl. 44 zu § 71.

13a   **Die fehlerhafte Annahme der örtlichen Zuständigkeit des AG** ist kein so schwerwiegender Verfahrensverstoß, daß deshalb die Zulassung der Rechtsbeschwerde geboten ist (Karlsruhe VRS **51**, 211; vgl. 25 zu § 68).

14   B. **Bei noch ungeklärten Rechtsfragen,** die für die Rechtsanwendung von großer praktischer Bedeutung sind, kann eine höchstrichterliche Entscheidung von vornherein verhindern, daß sich bei den unteren Gerichten eine unterschiedliche Rspr. entwickelt; sie kann deshalb zur Sicherung einer einheitlichen Rspr. beitragen (vgl. Hamburg VM **73**, 29). In einem solchen Falle kann aber die Zulassung zugleich zur Fortbildung des Rechts geboten sein.

15   5) **„Geboten" muß die Nachprüfung sein,** nicht nur angezeigt. Die Nachprüfung muß sich danach aufdrängen, nicht nur naheliegen. Andererseits wird nicht vorausgesetzt, daß der Fall eine höchstrichterliche Entscheidung „erfordert", also unumgänglich macht. Im Ergebnis hat der Gesetzgeber angestrebt, die Rechtsbeschwerde zwar nicht ganz so selten zuzulassen, wie nach § 137 GVG die Entscheidung des GrS herbeigeführt wird, aber auch nicht sehr viel häufiger (vgl. Begr. zu § 69 EOWiG). Die Praxis ist allerdings bislang weit großzügiger verfahren (vgl. aber krit. Jeske-Knoell MDR **71**, 272), was jedoch im Hinblick auf die Vielzahl neu aufgetretener Rechtsfragen im Ordnungswidrigkeitenrecht verständlich ist (vgl. Cramer, Rechtsbeschwerde S. 36; vgl. jedoch auch Göhler, Schäfer-Festschr. S. 39, 49).

16   6) **Nicht nur bei Fehlentscheidungen** kommt die Zulassung der Rechtsbeschwerde in Betracht. Sie kann ebenso geboten sein, wenn die angefochtene Entscheidung bestätigt wird (Hamm MDR **78**, 780). Die höchstrichterliche Entscheidung kann in einem solchen Falle vermöge ihres Gewichts sowohl der Fortbildung des Rechts als auch der Einheitlichkeit der Rspr. dienen (Cramer, Rechtsbeschwerde S. 35; Demuth/Schneider aaO S. 2003; vgl. dazu auch 14).

17   7) **Eine Beschränkung der Zulassung** auf die Frage der Bemessung der Geldbuße ist möglich (Koblenz VRS **53**, 134; Stuttgart, Die Justiz **70**, 230; Celle VRS **41**, 222; Hamm DAR **73**, 139, VRS **47**, 42; Braunschweig VRS **45**, 136; Rebmann/Roth/Herrmann 4; Rotberg 5; Cramer VOR **72**, 151). Bei Nebenfolgen kann die Zulassung nur dann beschränkt ausgesprochen werden, wenn sie völlig unabhängig von der Höhe der Geldbuße angeordnet sind (vgl. 9 zu § 79). Eine Beschränkung der Zulassung wird danach nur in dem gleichen Umfang möglich sein wie die Beschränkung der Rechtsbeschwerde (Stuttgart aaO; Hamm aaO).

18   8) **Der Zulassungsantrag** (II) ist ein Rechtsbehelf besonderer Art. Beantragt wird, gegen das Urteil die Rechtsbeschwerde zuzulassen. Damit ist automatisch vorsorglich Rechtsbeschwerde eingelegt, ohne daß dies also im Antrag ausdrücklich gesagt werden muß (Fiktion von II S. 2, die der Vereinfachung des Verfahrens dienen soll). Unschädlich, wenn auch umständlich und nicht der Konstruktion des Gesetzes entsprechend, ist es, Rechtsbeschwerde einzulegen und zugleich zu beantragen, sie zuzulassen (vgl. auch 21). Für den Antrag, der mit der sofortigen Beschwerde gegen die Kostenentscheidung verbunden werden kann, soweit sie (hilfsweise) isoliert, also nicht bloß als Annex der Hauptentscheidung ange-

fochten werden soll, sind die Vorschriften über die Rechtsbeschwerde
entsprechend anzuwenden. Daraus folgt:

19   A. **Antragsberechtigt** ist derjenige, der im Falle der Zulassung auch
zur Einlegung der Rechtsbeschwerde berechtigt wäre (2 vor § 79).

20   B. **Die allgemeinen Vorschriften über Rechtsmittel** (§§ 297–303
StPO) gelten im übrigen entsprechend (II S. 1; § 46 I; 2 vor § 79). Legt
der Betroffene „Rechtsbeschwerde" ein und hängt diese von einer Zulassung ab, so ist die (unbedingt eingelegte) Rechtsbeschwerde nach § 300
StPO iVm § 46 I als Antrag auf Zulassung (und damit als aufschiebend
bedingte Rechtsbeschwerde; II S. 2) anzusehen (BGH **23**, 233; Hamm
VRS **46**, 305, **47**, 42; Bay. MDR **70**, 71; aM Frankfurt MDR **70**, 258 m.
abl. Anm. Göhler). Wird der Zulassungsantrag zurückgenommen, so
werden dem Antragsteller entsprechend § 473 I S. 1 StPO in einem selbständigen Kostenbeschluß die Kosten auferlegt. Den Beschluß erläßt das
AG, wenn sich die Sache noch bei ihm befindet, sonst das OLG (vgl.
Kleinknecht 4 zu § 473 StPO; 46). Unter dem Gesichtspunkt des Rechts-
mißbrauchs kann der Zulassungsantrag uU unzulässig sein (KG VRS **55**,
207).

21   C. **Für die Form und Frist** des Zulassungsantrags gelten § 341 I StPO,
den § 79 IV ergänzt, sowie § 342 StPO entsprechend (II S. 1 iVm
§ 79 III). Hat der Beschwerdeführer die Frist für den Zulassungsantrag
versäumt, weil er nach § 35a StPO nicht oder fehlerhaft belehrt worden
ist (II S. 5), so kann er die Wiedereinsetzung in den vorigen Stand beanspruchen (vgl. 30b zu § 79; § 44 S. 2 StPO iVm § 46 I). Die Verwerfung
des Einspruchs wegen vermeintlicher Fristversäumung hindert die Wiederholung des Rechtsbehelfs innerhalb der noch laufenden Frist nicht
(Bay. NJW **72**, 1097).

22   D. **Gehemmt wird der Eintritt der Rechtskraft** durch den ordnungsgemäß gestellten Zulassungsantrag (§ 343 StPO), da vor der Entscheidung über den Antrag die Endgültigkeit der amtsrichterlichen Entscheidung in der Schwebe ist (BGH **23**, 365, **27**, 271). Daraus folgt:

23   a) **Ist über die Tat bereits anderweitig rechtskräftig entschieden,** so
ist nach der Rspr. zur Verjährung (vgl. 18 zu § 31) das Verfahren wegen
eines Verfahrenshindernisses auch ohne Zulassung einzustellen (Bay.
VRS **41**, 382; zw.; hier müßte jedoch die Rechtsbeschwerde wegen eines
Grundrechtsverstoßes zugelassen werden, vgl. dazu 8). Das gleiche gilt,
wenn wegen der Tat unter dem Gesichtspunkt einer Straftat anderweitig
ein Verfahren anhängig ist (vgl. Frankfurt VRS **56**, 52).

24   b) **Ist der Einspruch vor Erlaß der Entscheidung zurückgenommen**
worden, so ist nach der Rspr. die Rechtskraft des Bußgeldbescheides
auch ohne Zulassung der Rechtsbeschwerde zu beachten (BGH **27**, 271).
Folgt man dieser Rspr., so ist das Urteil des AG in diesem Falle aufzuheben, da eine Einstellung des Verfahrens nicht in Betracht kommt (vgl. 11
zu § 71; unklar BGH aaO); doch bleibt es ein Widerspruch, wie die
Entscheidung des AG ohne Zulassung der Rechtsbeschwerde aufgehoben
werden kann. Es dürfte folgerichtiger sein, die Rechtsbeschwerde in ei-

nem solchen Falle wegen eines Verstoßes gegen grundlegende Verfahrensregeln zuzulassen (8) und das Urteil des AG dann aufzuheben.

25   c) **Ein verspätet eingelegter Einspruch gegen den Bußgeldbescheid** ist nicht anders zu beurteilen als ein zurückgenommener Einspruch, so daß die Ausführungen unter 24 gelten (BGH **27**, 271). Die Entscheidungen Bay. MDR **72**, 168 und Hamm NJW **72**, 966 sind überholt.

26   d) **Bei mangelnder Tatidentität** (vgl. 42 zu § 66) kann das Rechtsbeschwerdegericht nicht ohne Zulassung der Rechtsbeschwerde das Urteil aufheben und freisprechen (so aber Schleswig bei Ernesti/Jürgensen SchlHA **75**, 196); denn hier steht nicht ein Verfahrenshindernis dem weiteren Fortgang entgegen, wie sich aus der Sachentscheidung (Freispruch) ergibt (vgl. Bay. VRS **57**, 39; 45 aE zu § 79). Anders ist dies, wenn der Bußgeldbescheid keine tragfähige Verfahrensgrundlage bildet (vgl. 38 ff. zu § 66); nach der Rspr. zur Einstellung des Verfahrens wegen Verjährung (vgl. 18 zu § 31) müßte das Verfahren auch hier ohne Zulassung der Rechtsbeschwerde eingestellt werden.

27   e) **Zur Einstellung des Verfahrens wegen Verjährung** vgl. 16 ff. zu § 33.

28   f) **Zur Einstellung nach § 47 II** vgl. 41 zu § 47.

29   E. **Eine Begründung des Zulassungsantrages** (II S. 4) ist nicht zwingend vorgeschrieben, aber sachdienlich, damit das OLG die für die Zulassung sprechenden Gründe besser beurteilen kann. Die Sollvorschrift bedeutet für die StA, daß sie durch eine Weisung schwächeren Grades zur Begründung verpflichtet ist. Die Gründe für die Zulassung der Rechtsbeschwerde sind zugleich bei der Begründung der Beschwerdeanträge (vgl. 31) anzugeben; doch können sie auch später vorgebracht und ergänzt werden (zust. Rotberg 6). Über die Belehrung nach § 35a StPO (II S. 5) vgl. 34.

30   F. **Dem „Gegner" zuzustellen** ist der Zulassungsantrag; ihm steht es frei, hierzu innerhalb einer Woche eine schriftliche Gegenerklärung einzureichen (§ 347 I StPO iVm III S. 2).

31   9) **Die Beschwerdeanträge und ihre Begründung** sind in der nach §§ 344, 345 StPO iVm § 79 III vorgeschriebenen Form und Frist anzubringen (II S. 3), obwohl die Rechtsbeschwerde mit dem Zulassungsantrag nur aufschiebend bedingt (vgl. 18) eingelegt ist. Auf diese Weise soll verhindert werden, daß die Rechtsbeschwerde zunächst zugelassen wird, obgleich feststeht, daß sie alsbald danach wegen Nichtbeachtung der für die Beschwerdeanträge und deren Begründung vorgeschriebenen Form- oder Fristvorschriften nach § 349 I StPO iVm § 79 III zu verwerfen wäre (Hamm JMBlNW **75**, 117). Außerdem will II S. 3 sicherstellen, daß bereits im Zulassungsverfahren ein Verteidiger, ein RA oder ein Rechtspfleger mitwirkt (§ 345 II StPO iVm § 79 III; II S. 3; § 24 I Nr. 1 RpflG), da diese Personen unbegründet erscheinenden Zulassungsanträgen entgegenwirken und zugleich dafür sorgen können, daß der Zulassungsantrag selbst begründet wird (Hamm aaO).

32   A. **Unzulässig ist der Antrag** auf Zulassung der Rechtsbeschwerde, wenn die §§ 344, 345 StPO iVm § 79 III nicht beachtet sind, und als

solcher nach § 346 StPO iVm § 79 III zu verwerfen (Saarbrücken VRS **46**, 319), so zB wenn der Verteidiger nicht die Verantwortung für die Rechtsbeschwerde übernimmt (Hamm JMBlNW **75**, 117) oder wenn ein RA im Namen einer Aktiengesellschaft unter Hinweis auf die Prokura handelt (Stuttgart, Die Justiz **77**, 245); ebenso, wenn innerhalb der Begründungsfrist nur unzulässige Verfahrensrügen erhoben sind (Hamburg MDR **74**, 601; Hamm VRS **46**, 305).

33   B. **Zugestellt werden die Beschwerdeanträge** und deren Begründung dem Gegner des Beschwerdeführers zugleich mit dem Zulassungsantrag (30). Er erhält in der Regel nach der Zulassung der Beschwerde nochmals Gelegenheit, sich zur Beschwerde zu äußern (38).

34   10) **Zu belehren ist der Beschwerdeberechtigte** (2 vor § 79) bei der Urteilsverkündung oder der Zustellung des in seiner Abwesenheit ergangenen Urteils (§ 74) über die Besonderheiten des Beschwerdeverfahrens mit Zulassung, wenn die Rechtsbeschwerde von der Zulassung abhängt (vgl. II S. 5 iVm § 35a StPO).

35   A. **Inhalt der Belehrung:** Die Belehrung erstreckt sich a) darauf, daß der Zulassungsantrag innerhalb der Beschwerdefrist von einer Woche zu stellen ist und daß er begründet werden soll, sowie b) darauf, daß der Zulassungsantrag als vorsorglich eingelegte Rechtsbeschwerde gilt, deren Anträge und Begründung innerhalb der nach §§ 344, 345 StPO vorgeschriebenen Form und Frist anzubringen sind, obwohl die Rechtsbeschwerde noch nicht zugelassen ist.

36   B. **Unzureichende Belehrung:** Ist der Beschwerdeführer nur über die Möglichkeit der Zulassung der Rechtsbeschwerde, nicht aber darüber belehrt worden (II S. 5), daß auch beim Zulassungsantrag innerhalb der sonst geltenden Frist die Beschwerdeanträge und deren Begründung anzubringen sind, so kann er, falls der Zulassungsantrag als unzulässig verworfen wird (vgl. 44), die Wiedereinsetzung in den vorigen Stand beanspruchen (§ 44 S. 2 StPO iVm § 46 I).

37   11) **Die Entscheidung über den Zulassungsantrag** trifft das OLG durch Beschluß (III S. 1), der nicht anfechtbar ist (vgl. § 304 StPO iVm § 46 I). Wird die Rechtsbeschwerde nicht zugelassen, so führt dieser Beschluß zur Rechtskraft der angefochtenen Entscheidung (§ 34a StPO iVm § 46 I). Über die Anwendung des § 357 StPO vgl. 36 zu § 79.

38   A. **In einem einheitlichen Beschluß** kann das Beschwerdegericht über die Zulassung und zugleich über die Rechtsbeschwerde entscheiden, wenn sich die Beteiligten bereits erschöpfend zur Beschwerde geäußert haben (Saarbrücken VRS **47**, 49; Cramer VOR **72**, 151).

39   B. **Die Anberaumung einer Hauptverhandlung** vor Zulassung der Rechtsbeschwerde ist nicht statthaft, da die Hauptverhandlung über die Rechtsbeschwerde nur stattfinden kann, nachdem ihre Zulässigkeit bejaht ist (Begr. zu § 69 EOWiG; zust. Rotberg 9).

40   C. **Keiner Begründung** bedarf der Beschluß, der den Antrag verwirft, wenn das OLG den Antrag einstimmig für offensichtlich unbegründet hält (III S. 3). Ein Antrag der StA (entsprechend § 349 II StPO) ist in diesem Falle nicht notwendig (Cramer, Rechtsbeschwerde S. 30);

§ 349 III StPO gilt danach nicht entsprechend (Düsseldorf VRS **39**, 397). Auch Art. 103 I GG gebietet die Anhörung des Beschwerdeführers zu einer Stellungnahme des GStA nicht, wenn die dort geäußerte Rechtsansicht mit der Rspr. und hM im Einklang steht (Düsseldorf aaO). Der Beschluß, der die Rechtsbeschwerde zuläßt, bedarf ebenfalls keiner Begründung. Dies folgt bereits aus § 34 StPO.

41   D. **Formlos mitzuteilen** ist der Beschluß den Beteiligten. Da er keine Frist in Lauf setzt, sondern unanfechtbar ist, kommt eine Zustellung nicht in Betracht (§ 35 II S. 2 StPO iVm § 46 I).

42   E. **Die Vorlegungspflicht** nach § 121 II GVG besteht auch im Zulassungsverfahren (BGH **23**, 365, **24**, 208; vgl. auch Cramer VOR **72**, 138 f.). Sieht das Gericht von einer Vorlage ab, obwohl sie objektiv notwendig ist, so soll nach BVerfGE **42**, 237 der Art. 101 I S. 2 GG verletzt sein.

43   F. **Aufzuheben** ist der Beschluß (auch der zurückweisende), wenn der Zulassungsantrag zuvor wirksam zurückgenommen war, ohne daß dies dem Rechtsbeschwerdegericht bekannt war (Hamm GA **72**, 87).

44   12) **Das AG verwirft den Zulassungsantrag,** wenn er unzulässig ist, und zwar das AG, gegen dessen Entscheidung die Zulassung der Rechtsbeschwerde beantragt ist (§ 346 I StPO iVm III S. 2). Dies gilt einmal dann, wenn der Zulassungsantrag verspätet oder nicht formgerecht gestellt ist (zB bei Fehlen der Unterschrift), zum anderen aber auch dann, wenn die Beschwerdeanträge und deren Begründung nicht rechtzeitig oder nicht in der nach § 345 II StPO vorgeschriebenen Form angebracht sind (Hamm NJW **70**, 625, JMBlNW **75**, 117; vgl. 32). Gegen den Beschluß des AG kann der Beschwerdeführer innerhalb einer Woche die Entscheidung des OLG beantragen (§ 346 II StPO iVm III S. 2).

45   13) **Die Unzuständigkeit des Beschwerdegerichts,** an das die Akten gegangen sind (vgl. § 348 StPO iVm III S. 2), ist zB gegeben, wenn in einem Verfahren wegen einer Straftat und Ordnungswidrigkeit (§ 83) die StrK entschieden hat und die Akten bei einem Zulassungsantrag zur Nachprüfung der Entscheidung über die Ordnungswidrigkeit an das OLG übersandt werden. In diesem Falle ist der BGH für die Entscheidung über die Rechtsbeschwerde und den Zulassungsantrag zuständig (vgl. § 135 GVG iVm § 79 III, § 80 II S. 1). Der Abgabebeschluß des OLG bindet den BGH (vgl. RG **67**, 59).

46   14) **Als zurückgenommen gilt die Rechtsbeschwerde** mit der Verwerfung des Zulassungsantrages (III S. 4). Die Fiktion der Rücknahme macht eine besondere Entscheidung über das Rechtsmittel entbehrlich. In dem Beschluß, durch den der Zulassungsantrag verworfen wird, können dem Antragsteller zugleich die Kosten des Rechtsbeschwerdeverfahrens auferlegt werden (§ 473 I StPO iVm § 46 I); ist dies unterlassen worden, so kann die Kostenentscheidung in einem selbständigen Kostenbeschluß (vgl. BGH 9. 8. 1962, 4 StR 126/62; Kleinknecht 4 zu § 473 StPO) nachgeholt werden.

47   15) **Über die sofortige Beschwerde gegen die Kosten-** und Auslagenentscheidung des AG entscheidet das Beschwerdegericht auch dann,

wenn es die Rechtsbeschwerde nicht zuläßt; denn es ist im Zulassungsverfahren mit der Sache befaßt, so daß der Grundgedanke des § 464 III
S. 3 StPO zutrifft (Celle VRS **49**, 202; Schleswig VRS **56**, 153; Zweibrücken VRS **47**, 368; Hamburg MDR **76**, 689; vgl. auch Düsseldorf GA
76, 371, JurBüro **78**, 1539 = NJW **78**, 1118 – nur L –, JMBlNW **78**, 118;
aM, jedoch trotz ausführlicher Begründung nicht überzeugend: Bay.
VRS **51**, 49; aM auch Frankfurt MDR **78**, 162; offen gelassen von Bay.
MDR **76**, 951). Folgt man der Rspr. zu § 153 StPO und § 47, wonach die
Zulässigkeit der Nebenentscheidung das Schicksal der Hauptentscheidung teilt (vgl. 53 zu § 47), so ist es folgerichtig, auch die sofortige
Beschwerde gegen die Kostenentscheidung als unzulässig anzusehen,
wenn die Rechtsbeschwerde nicht zugelassen wird (Düsseldorf JurBüro
78, 1539, JMBlNW **78**, 118, VRS **51**, 371; Hamburg aaO; Hamm DAR
73, 80; aM Schleswig VRS **56**, 153; Bay. VRS **51**, 49; Celle aaO). Die
Zuständigkeit des Beschwerdegerichts ist jedoch wohl nicht gegeben,
wenn es nur mit einem Antrag nach § 346 II StPO iVm III befaßt ist
(Bay. aaO; vgl. auch Bay. Rpfleger **75**, 140; Kleinknecht 21 zu § 464
StPO).

48   16) **Über die Möglichkeit der Verfassungsbeschwerde** vgl. 9 ff. vor
§ 79.

Sechster Abschnitt
Bußgeld- und Strafverfahren

Vorbemerkungen

1   1) **Ein wesentliches Kernstück des neuen OWiG** bilden die Vorschriften dieses Abschnitts. Sie regeln den Übergang vom Bußgeld- zum Strafverfahren in einfacher Weise, lassen im Strafverfahren eine Entscheidung
über die Tat als Ordnungswidrigkeit zu und bestimmen das Verfahren
bei gleichzeitiger Verfolgung von Straftaten und Ordnungswidrigkeiten.
Diese Verbindung von Bußgeld- und Strafverfahren ist aus Gründen der
Prozeßwirtschaftlichkeit, der Notwendigkeit einer einheitlichen (alle
rechtlichen Gesichtspunkte berücksichtigenden) Entscheidung über eine
Tat und zur Wahrung der Interessen des Betroffenen vorgesehen (vgl.
Einl. 12; Einl. C III 12 der BegrEOWiG).

2   2) **Eine Ergänzung der StPO** stellt dieser Abschnitt seinem sachlichen
Inhalt nach dar. Aus § 81 folgt, daß eine gerichtliche Entscheidung über
die Tat als Straftat nicht nur nach Anklage und Eröffnungsbeschluß, im
beschleunigten Verfahren auf eine Anklage hin sowie im Strafbefehlsverfahren zulässig ist, sondern auch nach Einspruch gegen einen Bußgeldbescheid. Die §§ 82 und 83 sind ergänzende Vorschriften, die auch in der
StPO untergebracht sein könnten, um die Fälle zu regeln, in denen sich
im Strafverfahren der rechtliche Gesichtspunkt ändert oder das Strafverfahren von vornherein auf zusammenhängende Ordnungswidrigkeiten
erstreckt wird.

81 ^I Das Gericht ist im Bußgeldverfahren an die Beurteilung der Tat als Ordnungswidrigkeit nicht gebunden. Jedoch darf es auf Grund eines Strafgesetzes nur entscheiden, wenn der Betroffene zuvor auf die Veränderung des rechtlichen Gesichtspunktes hingewiesen und ihm Gelegenheit zur Verteidigung gegeben worden ist.

^{II} Der Betroffene wird auf die Veränderung des rechtlichen Gesichtspunktes auf Antrag der Staatsanwaltschaft oder von Amts wegen hingewiesen. Mit diesem Hinweis erhält er die Rechtsstellung des Angeklagten. Die Verhandlung wird unterbrochen, wenn das Gericht es für erforderlich hält oder wenn der Angeklagte es beantragt. Über sein Recht, die Unterbrechung zu beantragen, wird der Angeklagte belehrt.

^{III} In dem weiteren Verfahren sind die besonderen Vorschriften dieses Gesetzes nicht mehr anzuwenden. Jedoch kann die bisherige Beweisaufnahme, die in Anwesenheit des Betroffenen stattgefunden hat, auch dann verwertet werden, wenn sie nach diesen Vorschriften durchgeführt worden ist.

1   **1) Über die Tat im prozessualen Sinne** (vgl. 50 ff. vor § 59) entscheidet das Gericht im Bußgeldverfahren. Der Bußgeldbescheid, der die Tat in tatsächlicher Hinsicht begrenzt, bildet die Verfahrensgrundlage (vgl. 2 vor § 71; § 155 StPO iVm § 46 I), schränkt das Gericht aber in der rechtlichen Beurteilung nicht ein.

2   **2) In rechtlicher Hinsicht erschöpfend würdigen** muß das Gericht die Tat unter allen Gesichtspunkten, und zwar auch unter dem einer Straftat (I S. 1). Dies entspricht § 155 II, § 264 StPO. Der Grundsatz der erschöpfenden rechtlichen Beurteilung könnte sich zwar schon aus § 46 I und § 71 iVm § 411 IV StPO ergeben. Der Gesetzgeber wollte in dieser grundlegenden Frage jedoch keine Zweifel aufkommen lassen (vgl. Begr. zu § 70 EOWiG). Diese Regelung widerspricht nicht dem § 151 StPO, weil die StA nach Einspruch das Verfahren einstellen (23 zu § 69) kann und deshalb mit der Übersendung der Akten an das Gericht (§ 69 II S. 1) als Verfolgungsbehörde die Tat zur Aburteilung stellt, und zwar schon unter einem minder schweren rechtlichen Gesichtspunkt. Der Verfolgungswille der StA ist aber hinsichtlich einer Tat im prozessualen Sinne (vgl. 50 ff. vor § 59) nicht teilbar (vgl. BGH **16**, 200); die Verfolgung der Tat auf einzelne Gesetzesverletzungen kann die StA nicht mit bindender Wirkung für das Gericht beschränken (vgl. § 154 a III StPO; Begr. zu § 70 EOWiG). Die Folge der umfassenden Beurteilung der Tat unter allen rechtlichen Gesichtspunkten ist die umfassende Rechtskraftwirkung der Entscheidung, die auch die Strafklage wegen der Tat verbraucht (§ 84 II; vgl. Bay. VRS **52**, 203). Das Gericht braucht die Tat in strafrechtlicher Hinsicht im Rahmen der Aufklärungspflicht nach § 244 II StPO (vgl. 1 zu § 77) aber nur zu untersuchen, wenn sich hierfür im Verlaufe des Verfahrens Anhaltspunkte ergeben (für die StA vgl. RiStBV 290 II, Anh **C** 1); doch tritt der Strafklageverbrauch unabhängig davon ein, ob eine solche Untersuchung stattgefunden hat oder nicht (16 zu

§ 84). Trotz der Möglichkeit, die Tat unter strafrechtlichen Gesichtspunkten zu würdigen, bleibt das Verfahren bis zum Hinweis nach II S. 1 ein Bußgeldverfahren. Über die Beschränkung der Tat auf einzelne Teile einer Handlung oder einzelne Gesetzesverletzungen vgl. 37 ff. zu § 47.

3   **3) Die Entscheidung auf Grund eines Strafgesetzes** ist allerdings abhängig von dem Hinweis auf die Veränderung des rechtlichen Gesichtspunktes (I S. 2). Der Betroffene muß wegen der ihm drohenden, schwerwiegenderen Rechtsfolgen vor einer überraschenden Entscheidung zu seinen Ungunsten in ausreichender Weise geschützt sein (Begr. zu § 70 EOWiG). Die Fassung von I S. 2 lehnt sich eng an § 265 I StPO an, der einen ganz ähnlichen Fall regelt. Im Gegensatz zu § 265 StPO verbietet I S. 2 nicht nur die ,,Verurteilung" auf Grund eines Strafgesetzes, sondern bereits die ,,Entscheidung". Ist ein Hinweis unterblieben, so fehlt danach die Grundlage dafür, in der Entscheidung überhaupt zu dem rechtlichen Gesichtspunkt einer Straftat (auch im verneinenden Sinne) Stellung zu nehmen.

4   **Das Absehen von der Strafverfolgung nach § 153 StPO** ist keine Entscheidung auf Grund eines Strafgesetzes, sondern das Gegenteil davon. Da das Gericht aber bereits im Bußgeldverfahren an die Beurteilung der Tat als Ordnungswidrigkeit nicht gebunden ist, kann es den Gesichtspunkt der Straftat schon vor dem Übergang zum Strafverfahren berücksichtigen und durch Einstellung nach § 153 II StPO (mit Zustimmung der StA) den Weg frei machen für eine Entscheidung der Tat lediglich unter dem Gesichtspunkt der Ordnungswidrigkeit (vgl. 27, 29 zu § 21). Es wäre in sich widersprüchlich und prozeßunwirtschaftlich, wenn das Gericht zunächst zum Strafverfahren übergehen müßte, um es dann sogleich einzustellen; dies muß es sofort im Bußgeldverfahren sagen können, um den Übergang in das Strafverfahren zu ersparen. Praktische Bedeutung hat dies namentlich bei einem Strafantrag wegen fahrlässiger Körperverletzung, nachdem die StA das öffentliche Interesse verneint und die Sache an die VB zur Verfolgung der Ordnungswidrigkeit abgegeben hat (12 zu § 43); wenn die StA zuvor das öffentliche Interesse verneint hat, ist es nur folgerichtig, wenn sie anschließend im Bußgeldverfahren zur Einstellung nach § 153 II StPO die Zustimmung erteilt. Durch den hier aufgezeigten Weg werden die sonst eintretenden Nachteile wegen des Übergangs zum Strafverfahren (vgl. 8; hierzu näher Kellner MDR 77, 626) vermieden.

5   **4) Der Hinweis des Gerichts** ist entscheidend für den Übergang in das Strafverfahren (II S. 1). Der Hinweis der StA allein reicht danach nicht aus, ebensowenig, daß der Betroffene oder sein Verteidiger von sich aus den rechtlichen Gesichtspunkt der Straftat ins Gespräch bringt (vgl. BGH 22, 29, 31). Der Hinweis kann auch noch im Rechtsbeschwerdeverfahren gegeben werden (vgl. 11).

6   **Der Hinweis muß eindeutig** und so klar wie nur möglich sein, damit dem Betroffenen verständlich ist, auf welche Tat sich der Hinweis bezieht, welchen gesetzlichen Tatbestand das Gericht in Betracht zieht und auf Grund welcher tatsächlicher Umstände (die nicht neu zu sein brauchen) das Gericht die Entscheidung auf Grund eines Strafgesetzes in Betracht zieht, damit sich der Betroffene entsprechend verteidigen kann (vgl. BGH **18**, 56; **22**, 29, 30). Daß der Hinweis „besonders" zu geben ist, versteht sich von selbst (Begr. zu § 70 EOWiG).

7   **Bei einem Abgeordneten** darf der Hinweis nur gegeben werden, wenn vorher die Genehmigung zur Strafverfolgung erteilt ist (Art. 46 II GG); wird die Genehmigung versagt, so wird die Tat allein unter dem rechtlichen Gesichtspunkt einer Ordnungswidrigkeit geahndet (vgl. 27 zu § 21).

8   A. **Von Amts wegen** gibt das Gericht den Hinweis, wenn ein hinreichender Verdacht (iS von § 203 StPO) einer Straftat besteht und keine Verfahrenshindernisse vorliegen. Unter dieser Voraussetzung ist der Hinweis zu geben; er liegt also nicht im Ermessen des Gerichts. Allerdings soll der Hinweis nicht voreilig ausgesprochen werden. Hängt die Verfolgung der Straftat davon ab, daß die StA das besondere öffentliche Interesse bejaht, so bleibt deren Entschließung abzuwarten. Auch sonst sollte zunächst der StA Gelegenheit zur Stellung eines entsprechenden Antrages gegeben werden. Es widerspricht dem Gebot eines fairen Verfahrens und der Rolle des Richters, den Hinweis gegenüber dem Betroffenen bei der Erörterung der Rücknahme des Einspruchs in Betracht zu ziehen oder sogar beim Verletzten die Stellung eines Strafantrages anzuregen, um den Betroffenen zur Rücknahme des Einspruchs (vgl. hierzu 19) zu veranlassen (vgl. zu dieser Praxis krit. Vogt, Lenkrad **76**, 83). Das Gericht muß aber bei einem wirksamen Strafantrag des Verletzten (trotz Verneinung des öffentlichen Interesses) zum Strafverfahren übergehen (Bay. VRS **42**, 203; Kellner MDR **77**, 626), wenn es nicht nach § 153 II StPO verfährt (vgl. näher 4).

9   B. **Auf Antrag der StA** muß das Gericht, im Gegensatz zu § 265 StPO, den Hinweis geben, damit sie durchsetzen kann, daß bei dem Verdacht einer Straftat (iS von § 170 I StPO) die Untersuchung unter den vollen Garantien der StPO (ua mit der dort vorgesehenen Anwesenheitspflicht des Betroffenen, der Vereidigung von Zeugen, dem vollen Beweisantragsrecht und den erweiterten Rechtsmitteln) durchgeführt wird. Bei einem voreilig erscheinenden Antrag kann das Gericht auf Bedenken hinweisen.

10   a) **Gelegenheit zur Stellungnahme:** Wegen der Bedeutung, die der Hinweis für die weitere Verfahrensgestaltung hat, ist in der Regel dem anwesenden Betroffenen und seinem Verteidiger Gelegenheit zur Stellungnahme zu dem Antrag der StA zu geben, bevor das Gericht den Hinweis ausspricht (vgl. RiStBV 290 III, Anh **C**1). Die StA erhält so die Möglichkeit, ihren Antrag zu überprüfen und gegebenenfalls zurückzunehmen (Begr. zu § 70 EOWiG); eine unbedingte Pflicht zur Anhörung besteht allerdings nicht (nur insoweit ist Müller 5 zuzustimmen; vgl. RiStBV 290 III).

11   b) **Nichtbeachtung des Antrages:** Beantragt die StA, den Betroffenen nach II S. 1 hinzuweisen, so liegt darin zugleich ein Widerspruch gegen das schriftliche Verfahren, weil ihrer Ansicht nach die Entscheidung nur auf Grund einer Hauptverhandlung ergehen kann. Daß es das Gericht dann in der Hauptverhandlung (entgegen dem eindeutigen Wortlaut des

Gesetzes) ablehnt, dem Antrag der StA nach II S. 1 zu entsprechen, ist kaum denkbar. Sollte ein solcher Fall vorkommen, so wird in analoger Anwendung von § 79 I S. 1 Nr. 5 stets die Rechtsbeschwerde zulässig sein (vgl. 18 zu § 79; Rebmann/Roth/Herrmann 4; Rotberg 11; aM Müller 9, der hier die Rechtsmittel der StPO für gegeben hält).

12   c) **Rücknahme des Antrages:** Stellt die StA den Antrag nach II S. 1 vor der Hauptverhandlung, bleibt sie ihr dann aber trotz Ladung fern, so liegt darin wohl schlüssig die Rücknahme des Antrages; ebenso, wenn sie nach Durchführung der Beweisaufnahme nicht mehr auf ihrem Antrag beharrt, sondern nur eine Geldbuße beantragt (vgl. Müller 7, 8).

13   **5) In der Hauptverhandlung** gibt das Gericht den Hinweis nach II S. 1 in der Regel. Notwendig ist dies aber nicht (vgl. 14). Der Hinweis wird in der Hauptverhandlung – wie im Falle des § 265 I StPO – formlos gegeben und in das Protokoll aufgenommen; er muß eindeutig sein (vgl. 6).

14   A. **Schon vor der Hauptverhandlung** kann der Hinweis zu deren besseren Vorbereitung und zur Verteidigungsmöglichkeit gegeben werden. Dies ist zB dann unumgänglich notwendig, wenn der Betroffene vom Gerichtsort weit entfernt wohnt und bei einem Übergang ins Strafverfahren eine Verhandlung in Abwesenheit des Angeklagten nach §§ 232, 233 StPO möglich ist; sonst müßte das Gericht zunächst Hauptverhandlung anberaumen, um den Hinweis auszusprechen, und könnte erst anschließend danach das Abwesenheitsverfahren durchführen (Begr. zu § 70 EOWiG). Wird der Hinweis schon vorher gegeben, so ist wegen der weitreichenden Folgerungen, die sich an ihn knüpfen, eine Zustellung zumindest empfehlenswert; es ist zweckmäßig, den Hinweis mit der Ladung zur Hauptverhandlung (oder mit dem Beschluß nach § 233 StPO) zu verbinden. Für die Ladung gilt § 216 I StPO; eine Verwerfung des Einspruchs kommt nicht mehr in Betracht (vgl. 20), so daß ein Hinweis hierauf entfällt.

15   B. **Bei Abwesenheit** des Betroffenen in der Hauptverhandlung kann der Hinweis gleichwohl zu Protokoll gegeben werden; doch darf dann ohne den ausgebliebenen Betroffenen nicht weiter verhandelt werden (vgl. 21). Die Bekanntgabe des Hinweises an den Verteidiger genügt nicht (ebenso Rotberg 4), selbst wenn dieser vertretungsbefugt ist; denn die Vertretungsbefugnis ist nur für das Bußgeldverfahren erteilt. Wird nach dem Hinweis in Abwesenheit des Angeklagten verhandelt (vgl. 17), so sind gegen das Urteil die Rechtsmittel der StPO gegeben, auch wenn das Gericht die Straftat verneint (Bay. NJW **69**, 1313 = JR **69**, 470 m. Anm. Göhler; Celle NdsRpfl. **74**, 141).

16   **6) Der Übergang in das Strafverfahren** vollzieht sich mit dem Hinweis nach II S. 1, da der Betroffene von diesem Augenblick an die Rechtsstellung des Angeklagten hat (II S. 2). Ob das Gericht die Sach- oder Rechtslage richtig beurteilt hat, darauf kommt es nicht an (Zweibrücken VRS **53**, 455).

17   A. **In dem Zeitpunkt** tritt der Übergang ein, in dem das Gericht den Hinweis ausspricht oder (außerhalb der Hauptverhandlung) schriftlich

verfügt. Der Übergang tritt also auch dann ein, wenn der Hinweis den Betroffenen nicht erreicht, zB weil er in der Hauptverhandlung nicht anwesend ist; allerdings wäre es in diesem Falle prozeßwidrig, die Hauptverhandlung in seiner Abwesenheit weiterzuführen (Bay. NJW **69**, 1313 = JR **69**, 470 m. Anm. Göhler; vgl. auch 15, 21).

18   B. **Nicht anfechten** kann der Betroffene (Angeklagte) die Veränderung der Verfahrenslage; er kann nicht einmal anregen, den Hinweis zurückzunehmen, da der Übergang in das Strafverfahren endgültig ist. Allerdings steht der Übergang der Festsetzung einer Geldbuße nicht entgegen (§ 82).

19   C. **Die Rücknahme des Einspruchs** (35 ff. zu § 67) ist trotz des Übergangs in das Strafverfahren noch möglich, wenn die Hauptverhandlung zur Sache noch nicht begonnen hat (vgl. Rebmann/Roth/Herrmann 28 zu § 71; Rotberg 6; Müller 14; LG Münster DAR **76**, 107); denn diese Möglichkeit steht dem Angeklagten auch im Strafbefehlsverfahren zu (§ 411 III StPO; Celle 18. 9. 1979, 1 Ss 350/79; aM Bay. VRS **54**, 294, JR **76**, 209 m. abl. Anm. Göhler). Anders ist freilich der Fall zu beurteilen, in dem die StA nach Einspruch gegen den Bußgeldbescheid Anklage erhoben hat (vgl. hierzu 28 zu § 69; richtig: Hamm JMBlNW **77**, 176); diese unterschiedlichen Fallgestaltungen verkennt Düsseldorf JMBlNW **73**, 33 und will Bay. VRS **54**, 294 (ebenso Zettel MDR **78**, 532) nicht gelten lassen; doch ist es ein Unterschied, ob Gegenstand des Verfahrens der Bußgeldbescheid der VB oder eine Anklage der StA ist (wie hier Rebmann/Roth/Herrmann 5). Die Rücknahme des Einspruchs läßt aber die Erhebung der öffentlichen Klage wegen des Verdachts der Straftat zu (§ 84 I), und ein hinreichender Verdacht ist in der Regel zu bejahen, wenn das Gericht bereits einen Hinweis nach II S. 1 ausgesprochen hat. Es liegt deshalb in einem solchen Falle auch im Interesse des Betroffenen, von der Rücknahme des Einspruchs abzusehen, damit über die Tat in dem anhängigen Verfahren endgültig entschieden wird (Begr. zu § 70 EOWiG).

20   D. **Eine Verwerfung des Einspruchs** wegen Unzulässigkeit ist auch nach dem Übergang in das Strafverfahren auszusprechen, weil sich das Gericht in diesem Falle nicht mit der Sache befassen darf (Celle 18. 9. 1979, 1 Ss 350/79). Dagegen ist § 412 StPO hier nicht entsprechend anzuwenden; denn nach einem Übergang in das Strafverfahren ist eine Entscheidung über die Tat aus prozeßwirtschaftlichen Gründen auch unter strafrechtlichen Gesichtspunkten notwendig (38 zu § 74; Celle VRS **47**, 41).

21   7) **Die Unterbrechung der Verhandlung** (II S. 3) – gemeint ist die Hauptverhandlung; vgl. zB § 268 II StPO – ist in jedem Falle notwendig, wenn der Betroffene oder die StA nicht anwesend ist, weil dann § 226 StPO eingreift (vgl. III S. 1; ebenso Rotberg 8). In diesem Falle wird der zu Protokoll gegebene Hinweis dem Betroffenen mitgeteilt (vgl. näher 15). Ist der Betroffene anwesend, so ist die Hauptverhandlung von Amts wegen zu unterbrechen oder der Betroffene über das Recht, die Unterbrechung zu beantragen, zu belehren. Das Unterlassen der Belehrung ist ein Revisionsgrund (§§ 337, 338 Nr. 8 StPO); dasselbe gilt, wenn dem Antrag auf Aussetzung nicht stattgegeben wird. Das Recht, die Unterbrechung der Verhandlung zu verlangen, ist absolut; der Antrag darf auch nicht mit der Begründung abgelehnt werden, daß der Angeklagte durch die Unterbrechung das Verfahren nur verschleppen wolle. Die „Unterbrechung" kann kürzer sein als 10 Tage. Das Gesetz vermeidet bewußt den Begriff „Aussetzung", so daß eine Fortsetzung der Hauptverhandlung ohne Erneuerung möglich ist. In der Regel ist jedoch eine der Ladungsfrist entsprechende Zeitspanne einzuhalten (zust. Rotberg 8). Eine unangemessen kurze Unterbrechung, die nur der Form genügen soll, ist unzureichend.

22 **8) Unanwendbar sind die Vereinfachungsvorschriften** des OWiG in dem „weiteren Verfahren" nach dem Hinweis auf die Möglichkeit der Entscheidung auf Grund eines Straftatbestandes (III S. 1). Zu den besonderen Vorschriften rechnen namentlich die Verfahrensvorschriften der §§ 72–80 sowie 48. Soweit das Verfahren auch (zugleich) unter dem Gesichtspunkt der Ordnungswidrigkeit weitergeführt wird, müssen dagegen § 46 III, IV, § 47 II, III anwendbar sein (vgl. Rebmann/Roth/Herrmann 9 ff.; 3 zu § 82; 1 aE zu § 83). Die örtliche Zuständigkeit des Gerichts nach § 68 wird durch den Übergang in das Strafverfahren nicht berührt (Koblenz VRS **47**, 204; Rotberg 9). § 76 kann angewendet werden, wenn trotz des Hinweises nach I S. 2 die Tat möglicherweise doch nur als Ordnungswidrigkeit beurteilt wird (Rebmann/Roth/Herrmann 12 f.; krit. Rotberg 9). Der Übergang in das Strafverfahren hindert nicht, die Tat nur als Ordnungswidrigkeit zu beurteilen. Kommt dies in Betracht, so gilt § 82, dessen Erläuterungen hier entsprechend gelten.

23 **9) Die bisherige Beweisaufnahme** kann in dem weiteren Verfahren nach dem Hinweis verwertet werden, soweit sie in Anwesenheit des Betroffenen durchgeführt worden ist (III S. 2). Es erübrigt sich danach, die vernommenen Zeugen und Sachverständigen nochmals zu vernehmen, Urkunden erneut zu verlesen oder eine Ortsbesichtigung zu wiederholen (Begr. zu § 70 III EOWiG). Die Verwertung der bisherigen Beweisaufnahme ist „auch" dann möglich, wenn sie nach den Vorschriften des OWiG durchgeführt ist, dh die Zeugen nicht vereidigt und bereits entlassen sind. Das Gericht muß dann allerdings im Rahmen der Pflicht zur Wahrheitserforschung (§ 244 II StPO) sorgfältig prüfen, ob die Aussage nach ihrer Bedeutung trotz der Nichtbeeidigung des Zeugen verwertet werden kann; die Ablehnung eines Beweisantrages auf Beeidigung des Zeugen ist danach kaum möglich (Begr. zu § 70 III EOWiG). Ein vor dem Übergang in das Strafverfahren abgelehnter Beweisantrag lebt nicht von selbst wieder auf (aM Müller 17). Soweit die Vorschriften über die Unmittelbarkeit der Beweisaufnahme (mit Zustimmung der Verfahrensbeteiligten) nicht beachtet sind (vgl. 6 ff. zu § 77), muß sie wiederholt werden; denn III S. 2 geht von einer Beweisaufnahme in Anwesenheit des Betroffenen aus.

24 **10) Die Rechtsmittel der StPO** sind gegen die Entscheidung nach dem Übergang in das Strafverfahren (vgl. 16) zulässig, auch wenn der Hinweis in Verkennung der Sach- oder Rechtslage gegeben worden ist (zB Annahme eines nicht gestellten Strafantrages; Zweibrücken VRS **53**, 455); ebenso wenn das Gericht das Vorliegen einer Straftat oder deren Verfolgbarkeit verneint hat (vgl. Bay. NJW **69**, 1313 = JZ **69**, 470 m.

Anm. Göhler; Schleswig bei Ernesti/Jürgensen SchlHA **75**, 196; Düsseldorf MDR **76**, 75; Zweibrücken VRS **51**, 219; 25 zu § 82). Legt in diesem Falle der Betroffene, gegen den eine Geldbuße festgesetzt ist, die „Rechtsbeschwerde" ein, so ist sie als Berufung zu behandeln (vgl. Bay. aaO; Hamm JMBlNW **71**, 275; 25 zu § 82). Die Revision kann darauf gestützt werden, daß der Hinweis nach I S. 2 unterblieben (vgl. BGH **22**, 29) oder II S. 3, 4, III verletzt ist. Ist der Hinweis unterblieben, so tritt der Übergang zum Strafverfahren mit der Verurteilung auf Grund eines Strafgesetzes ein; deshalb gelten auch hier die Rechtsmittel des Strafverfahrens (Bay. aaO; Cramer VOR **72**, 109; Rebmann/Roth/Herrmann 7). Die Verletzung von I S. 2 und II S. 3, 4 kann von der StA nicht zuungunsten des Angeklagten geltend gemacht werden, da diese Vorschriften nur zu seinen Gunsten gelten (vgl. BGH bei Dallinger MDR **68**, 18). Die Verletzung von III kann die StA dagegen auch zuungunsten des Angeklagten rügen.

25   **11) Im Rechtsbeschwerdeverfahren** ist der Hinweis noch möglich und im Hinblick auf die umfassende Rechtskraftwirkung nach § 84 uU unumgänglich. In Betracht kommt der Hinweis bei einer Rechtsbeschwerde der StA zuungunsten des Betroffenen, jedoch auch bei einer Rechtsbeschwerde des Betroffenen; im letzten Falle kann der Hinweis allerdings wegen des Verschlechterungsverbots nur zu einer Berichtigung des „Schuldspruchs" führen.

26   **12) Der Anschluß als Nebenkläger** ist nach dem Übergang in das Strafverfahren zulässig (§§ 395, 396), vorher nicht. Doch muß das Gericht ein Privatklagedelikt auch dann berücksichtigen, wenn die StA den Verletzten auf den Weg der Privatklage verwiesen hatte (vgl. hierzu näher 4, 8; 10ff. zu § 21). Neben dem Bußgeldverfahren ist wegen derselben Tat das Privatklageverfahren nicht zulässig.

27   **13) Bei einem teilweisen Übergang** in das Strafverfahren gilt § 83 (vgl. dort 2).

Bußgelderkenntnis im Strafverfahren RiStBV 294

82 ¹ Im Strafverfahren beurteilt das Gericht die in der Anklage bezeichnete Tat zugleich unter dem rechtlichen Gesichtspunkt einer Ordnungswidrigkeit.

ᴵᴵ **Läßt das Gericht die Anklage zur Hauptverhandlung nur unter dem rechtlichen Gesichtspunkt einer Ordnungswidrigkeit zu, so sind in dem weiteren Verfahren die besonderen Vorschriften dieses Gesetzes anzuwenden.**

1   **1) Eine einheitliche Beurteilung** der Tat (I) unter dem Gesichtspunkt einer Straftat und Ordnungswidrigkeit findet aus den gleichen Gründen wie im Bußgeldverfahren auch im Strafverfahren statt (vgl. 1, 2 zu § 81). Prozeßrechtlich ist danach das Verhältnis von Straftat zu Ordnungswidrigkeit nicht anders zu sehen als zwischen Verbrechen zu Vergehen. Die Beurteilung der Tat als Ordnungswidrigkeit kommt allerdings nur in Betracht, wenn die Tat mehrere Handlungen im materiell-rechtlichen Sinne zum Gegenstand hat (vgl. 50ff. vor § 59) oder wenn das Gericht

bei einer Handlungseinheit eine Straftat nicht für erwiesen hält oder eine
Straftat nicht verhängt; andernfalls verdrängt die Straftat eine etwa
gleichzeitig vorliegende Ordnungswidrigkeit (vgl. 1 ff., 23 ff. zu § 21).

2   A. **Die Aufklärung des Sachverhalts** hinsichtlich einer Ordnungswidrigkeit kann den Abschluß des gerichtlichen Verfahrens (2 ff.) verzögern,
wenn sich erst in diesem Verfahrensabschnitt herausstellt, daß die Tat
keine Straftat ist oder als solche nicht verfolgt werden kann. Um dies zu
vermeiden, muß bereits die StA (und die Polizei als deren Hilfsorgan) im
Vorverfahren die Ermittlungen auch unter dem Gesichtspunkt der Ordnungswidrigkeit durchführen; hierfür ist sie nach § 40 zuständig (vgl.
RiStBV 273 I, II, Anh **C** 1). Wenn die Aufklärung der Tat hinsichtlich der
Ordnungswidrigkeit im gerichtlichen Verfahren den Abschluß des Strafverfahrens verzögern würde, kann hinsichtlich der Ordnungswidrigkeit
eine Einstellung nach § 47 II in Betracht kommen. Bei einer Ordnungswidrigkeit von einigem Gewicht scheidet dies allerdings aus.

2a   B. **Die StA** ist als Verfolgungsbehörde im Strafverfahren in jedem
Verfahrensabschnitt für die Verfolgung der Tat auch unter dem rechtlichen Gesichtspunkt einer Ordnungswidrigkeit zuständig (§ 40).

3   C. **Die besonderen Vorschriften des Bußgeldverfahrens** sind im
Strafverfahren grundsätzlich nicht anwendbar, auch wenn die Tat zugleich unter dem rechtlichen Gesichtspunkt der Ordnungswidrigkeit verfolgt wird. Soweit die Tat (zB bei Tatmehrheit im materiellen Sinne
zwischen Straftat und Ordnungswidrigkeit; vgl. 50 ff. vor § 59) lediglich
unter dem Gesichtspunkt einer Ordnungswidrigkeit aufgeklärt wird,
müssen aber § 46 III, IV, § 47 II, III gelten (vgl. 62 zu § 47; 22 zu § 81; 4 f.
zu § 83). Bei der Festsetzung einer Geldbuße ist außerdem § 78 III sinngemäß anzuwenden. Über die teilweise Anwendung des § 79 VI vgl. 16.
Die §§ 72–80 sind im übrigen nicht anzuwenden (vgl. Hamm VRS **41**,
155, **42**, 371 zu §§ 79, 80).

4   2) **Schon im Eröffnungsverfahren** (§§ 199 ff. StPO) gilt I. Das ergibt
sich aus den Worten „die in der Anklage bezeichnete Tat" sowie (mittelbar) aus II.

5   A. **Bei einer Anklage** hat das Gericht, falls es in diesem Zwischenverfahren den hinreichenden Verdacht einer Straftat (aus tatsächlichen oder
rechtlichen Gründen) verneint, weiterhin zu prüfen (ev. durch einzelne
Beweiserhebungen, § 202 StPO; vgl. auch 2), ob der hinreichende Verdacht einer Ordnungswidrigkeit gegeben und die Verfolgung geboten
ist (§ 47 II). Ist dies zu bejahen, so läßt es die Klage nur unter dem
rechtlichen Gesichtspunkt einer Ordnungswidrigkeit zu (vgl. §§ 203, 207
StPO; II). Dieser Beschluß ist keine Ablehnung der Eröffnung des
Hauptverfahrens, so daß der StA nicht die sofortige Beschwerde nach
§ 210 II StPO zusteht. Etwas anderes gilt, wenn das Gericht die Sache
wegen des Verdachts einer bloßen Ordnungswidrigkeit an ein Gericht
niederer Ordnung verweist (§ 210 II StPO; Rotberg 2); doch kann die
StA den Übergang in das Strafverfahren erzwingen (vgl. 19). Bejaht das
Gericht nur den Verdacht einer Ordnungswidrigkeit, hält es aber die
Verfolgung nicht für geboten, so lehnt es die Eröffnung des Hauptver-

fahrens ab und stellt zugleich in dem ablehnenden Beschluß das Verfahren hinsichtlich der Ordnungswidrigkeit ein (Begr. zu § 71 EOWiG), wenn die StA der Einstellung nach § 47 II zustimmt. Die StA hat dann gegen diesen Beschluß die sofortige Beschwerde, soweit der hinreichende Verdacht einer Straftat verneint oder ein Verfolgungshindernis wegen der Straftat bejaht ist. Läßt das Gericht die Anklage nur unter dem Gesichtspunkt einer Ordnungswidrigkeit zu, so leitet es damit die Sache in ein Bußgeldverfahren über (16).

6   B. **Bei einem Strafbefehlsantrag,** der nur eine besondere Form der öffentlichen Klage ist, wird die Zwischenprüfung (§ 408 II StPO) ebenfalls auf den Gesichtspunkt der Ordnungswidrigkeit erstreckt: Ist das Gericht der Ansicht, daß nur eine Ordnungswidrigkeit gegeben ist, verbleibt aber die StA bei ihrem Antrag, so beraumt es Hauptverhandlung an unter Hinweis auf die Veränderung des rechtlichen Gesichtspunktes (§ 408 II S. 1 StPO; ebenso Rotberg 4; Rebmann/Roth/Herrmann 10); stimmt die StA dagegen der Ansicht des Gerichts zu, so nimmt sie den Strafbefehlsantrag zurück, stellt das Strafverfahren ein und gibt die Sache an die VB ab (§ 43 I). Hält das Gericht nur eine Ordnungswidrigkeit für gegeben, aber deren Verfolgung für nicht geboten, so lehnt es den Erlaß des Strafbefehls und die Hauptverhandlung ab und stellt das Verfahren nach § 47 II zugleich ein, wenn die StA insoweit zustimmt (vgl. 5).

7   C. **Anklage wegen einer Straftat und Ordnungswidrigkeit** (§ 64). Hier sind (auch im Strafbefehlsverfahren; vgl. 6) folgende Fälle zu unterscheiden:

8   a) **Im Verfahren gegen eine Person** kommt es darauf an, ob eine Tat (vgl. 50 ff. vor § 59) oder mehrere Taten vorliegen. Bei einer Tat (aber Tatmehrheit von Straftat und Ordnungswidrigkeit; vgl. 50 vor § 59) kann das Hauptverfahren nur insgesamt eröffnet (oder die Hauptverhandlung anberaumt) oder abgelehnt werden; dabei ist nach I aber auch der Gesichtspunkt der Ordnungswidrigkeit beachtlich (vgl. 5, 6). Wird dagegen bei mehreren Taten hinsichtlich der Tat, die als Straftat angeklagt ist, weder der hinreichende Verdacht der Straftat noch der einer Ordnungswidrigkeit bejaht, so wird die Eröffnung des Hauptverfahrens (der Strafbefehlsantrag) insoweit abgelehnt (vgl. § 207 II Nr. 1 StPO). Diese (mit sofortiger Beschwerde anfechtbare) Ablehnung zerlegt das Verfahren hinsichtlich der anderen Tat (Ordnungswidrigkeit) eindeutig in ein reines Bußgeldverfahren, so daß damit die Grundlage für eine gerichtliche Entscheidung (Aburteilung von zusammenhängenden Straftaten und Ordnungswidrigkeiten) entfällt. Es ist also keine neue Anklage allein wegen der Ordnungswidrigkeit (die sonst notwendig wäre; vgl. § 207 III iVm II Nr. 1 StPO) einzureichen. Vielmehr hat die StA die Klage (Strafbefehlsantrag) insoweit zurückzunehmen und die Sache an die VB abzugeben; das Gericht kann die Eröffnung des Hauptverfahrens, die nur wegen einer Ordnungswidrigkeit beantragt wird, ablehnen (ebenso Rebmann/Roth/Herrmann 7; Rotberg 2).

9   b) **Im Verfahren gegen mehrere Personen** kommt es darauf an, ob das Gericht bei einer Person die Eröffnung des Hauptverfahrens (den Erlaß des Strafbefehls) wegen der Straftat (auch unter dem Gesichtspunkt einer

Ordnungswidrigkeit; vgl. I) ablehnt. Bleibt dann nur ein Bußgeldverfahren gegen die andere Person übrig, so fehlt damit die Grundlage für eine gerichtliche Entscheidung (vgl. 8; Rebmann/Roth/Herrmann 6; Rotberg 2).

10   **3) Im Hauptverfahren** führt die gleichzeitige Beurteilung der Tat auch unter dem rechtlichen Gesichtspunkt einer Ordnungswidrigkeit zu einer einheitlichen und abschließenden Entscheidung (§ 84; vgl. Begr. zu § 71 EOWiG). Das Gericht ist dabei hinsichtlich der Entscheidung über die Ordnungswidrigkeit nicht von einem Verfolgungswillen der StA abhängig, noch dadurch eingeengt (vgl. 38f. zu § 47); im Rahmen der erschöpfenden rechtlichen Würdigung (vgl. 2 zu § 81) hat es vielmehr auch die bußgeldrechtlichen Gesichtspunkte zu berücksichtigen, selbst wenn die StA dies in der Anklage vernachlässigt (so zB nur Anklage wegen unerlaubten Entfernens vom Unfallort erhebt, ohne den damit zusammenhängenden Verkehrsverstoß anzuklagen); doch kann das Gericht kraft seiner Befugnis nach § 47 II das Verfahren einstellen (vgl. 12). Die gerichtliche Entscheidung ergeht – auch der Form nach – „zugleich" unter dem Gesichtspunkt einer Ordnungswidrigkeit und Straftat.

11   A. **Ein Urteil** ergeht danach grundsätzlich, in dem bei Verneinung der Straftat und Bejahung einer Ordnungswidrigkeit nur eine Geldbuße festgesetzt wird (ebenso Berz VOR 73, 262ff. mwN). Das Urteil lautet insgesamt auf „Freispruch", wenn weder eine Straftat noch eine Ordnungswidrigkeit erwiesen ist (Berz aaO S. 262f.). Das gleiche gilt, wenn eine Ordnungswidrigkeit zwar erwiesen ist, ihrer Verfolgung jedoch ein Verfahrenshindernis entgegensteht (Karlsruhe MDR 75, 426); in diesem Falle gelten die Grundsätze über den Vorrang der Sachentscheidung aus einem schwerer wiegenden rechtlichen Gesichtspunkt (vgl. BGH 1, 231, 7, 256; Rebmann/Roth/Herrmann 1) entsprechend (Berz aaO S. 273). Steht umgekehrt der Verfolgung der Straftat ein Verfahrenshindernis entgegen, so lautet das Sachurteil auf Festsetzung einer Geldbuße; das Vorliegen eines Verfahrenshindernisses wegen der Straftat wird nur in den Gründen erwähnt (ebenso Rotberg 4; Berz aaO S. 269). Bei Festsetzung einer Geldbuße ergeht danach wegen derselben Handlung niemals „Freispruch wegen der Straftat". Ein solcher Tenor würde dem Grundsatz der einheitlichen Beurteilung (und Entscheidung) widersprechen (Karlsruhe MDR 73, 781, NJW 73, 1989; vgl. Berz aaO S. 262ff.). War jedoch die Annahme von Tateinheit zwischen Straftat und Ordnungswidrigkeit im Eröffnungsverfahren fehlerhaft, so ergebt bei Verneinung der Straftat neben der Festsetzung einer Geldbuße Freispruch (vgl. Rebmann/Roth/Herrmann 2; Müller 5; Berz aaO S. 269).

12   B. **Einstellung nach Opportunitätsgesichtspunkten:** Das Gericht kann das Verfahren wegen der Straftat vorweg durch Beschluß nach § 153 II StPO einstellen und dann wegen der Ordnungswidrigkeit ein Urteil erlassen (vgl. Hamm VRS 42, 371; Berz aaO S. 270ff.; Rotberg 7; vgl. ferner 27 zu § 21). Möglich ist jedoch ein einheitliches Urteil, in welchem die schwächere Form des Beschlusses in der stärkeren des Urteils aufgeht (aM Berz aaO im Hinblick auf die dann eintretende unterschiedliche Anfechtungsmöglichkeit und Rechtskraftwirkung des Ur-

teils; doch kann eine nach dem materiellen Gehalt der Entscheidung eintretende Aufspaltung des Urteils keine unüberwindlichen Schwierigkeiten bereiten). Soll wegen der Straftat freigesprochen und wegen der Ordnungswidrigkeit das Verfahren nach § 47 II eingestellt werden, so kann diese Einstellung allerdings dem Urteil (wegen § 21) weder vorausgehen noch ihm (wegen § 84) nachfolgen; deshalb ist in diesem Falle eine einheitliche Entscheidung (Freispruch und Einstellung nach § 47 II) geboten (Rotberg 7; aM Berz aaO S. 273 f.). Wird das Verfahren wegen der Straftat nach § 153 II StPO und wegen der Ordnungswidrigkeit nach § 47 II eingestellt, so ergeht ein einheitlicher Beschluß (Rotberg 7).

13 C. **Einheitlich zu begründen** ist das Urteil zur strafrechtlichen und bußgeldrechtlichen Seite. Wegen des untrennbaren inneren Zusammenhanges würde es der natürlichen Betrachtungsweise widersprechen, die Begründung in zwei Teile zu zerlegen.

14 D. **Bei Tatmehrheit** steht die Verurteilung wegen der Straftat neben der Festsetzung einer Geldbuße (vgl. Rebmann/Roth/Herrmann 2; Berz aaO S. 276). Ist eine der tatmehrheitlich zur Last gelegten Handlungen nicht erwiesen, so ergeht ein Teilfreispruch (vgl. Berz aaO S. 276 f.). Es ist unzulässig, bei einer Tat im verfahrensrechtlichen Sinne, zB einem Verkehrsverstoß und einem danach begangenen unerlaubten Entfernen vom Unfallort (vgl. 50 vor § 59), die Verfahren zu trennen und über beide Vorwürfe gesondert zu entscheiden; geschieht dies, so tritt durch das erste Urteil ein Verbrauch der Strafklage ein (Hamburg VRS **49**, 379); gegen das zweite Urteil sind dann die Rechtsmittel der StPO zulässig, da es sich um ein (unzulässig) fortgesetztes Strafverfahren handelt, auch wenn das zweite Urteil auf Geldbuße lautet (Hamburg aaO); auf das Rechtsmittel gegen das zweite Urteil, das bei der Bezeichnung als Rechtsbeschwerde umzudeuten ist (vgl. 25), ist dieses Urteil aufzuheben und das Verfahren einzustellen (Hamburg aaO).

15 E. **Kein Übergang zum Bußgeldverfahren** tritt ein, wenn die StA wegen der Straftat das öffentliche Interesse verneint (Frankfurt VRS **37**, 205) oder der Strafantrag zurückgenommen wird (Bay. 12. 11. 1970, 2 Ws-B-116/70; vgl. jedoch 25).

16 4) **Im Rechtsmittelverfahren** ist I ebenfalls anzuwenden. Gelangt das Berufungs- oder Revisionsgericht zum Ergebnis, daß „nur" eine Ordnungswidrigkeit vorliegt, so ist die verfahrensrechtliche Situation sinngemäß so zu beurteilen, als wäre ein erschwerender rechtlicher Gesichtspunkt nicht festgestellt. Ergibt die Prüfung, daß bei Vorliegen eines einheitlichen Tatgeschehens neben der Straftat sachlich selbständige Ordnungswidrigkeiten vorliegen, so erstreckt sich auch hierauf die Überprüfung des Rechtsmittelgerichts (Hamm VRS **42**, 360). Die Einstellung des Verfahrens nach § 47 II wegen der Tat als Ordnungswidrigkeit kann auch das Rechtsmittelgericht (zugleich mit der Sachentscheidung über die Straftat: Freispruch, Einstellung wegen der Straftat; vgl. 10 ff.) aussprechen. Hebt das Revisionsgericht das angefochtene Urteil auf, so kann es entsprechend § 79 VI, § 83 III unter dem Gesichtspunkt einer Ordnungswidrigkeit in der Sache selbst entscheiden (46 f. zu § 79), wenn es das Vorliegen einer Straftat oder deren Verfolgungsmöglichkeit endgültig verneint (Köln NJW **71**, 670; Karlsruhe NJW **73**, 722; Stuttgart, Die Justiz **71**, 28; zust. Rotberg 8). Ebenso kann das Revisionsgericht bei einem einheitlichen Tatgeschehen entsprechend § 79 VI, § 83 III über rechtsfehlerhaft ausgeschiedene tatmehrheitliche Ordnungswidrigkeiten selbst entscheiden (Köln NJW **71**, 156; Bay. bei Rüth DAR **76**, 179).

17 **5) Ein Hinweis auf die Veränderung des rechtlichen Gesichtspunktes** ist notwendig, bevor gegen den Angeklagten wegen einer Ordnungswidrigkeit eine Geldbuße festgesetzt wird (zust. Rotberg 10). Das folgt aus § 265 StPO, der bei der Anwendung eines ,,milderen Gesetzes" ebenfalls gilt (vgl. Kleinknecht 6 zu § 265 StPO); in diesem Sinne ist auch die Bußgeldvorschrift ein ,,anderes Strafgesetz". Der Hinweis ist allerdings bei echten oder unechten Mischtatbeständen (vgl. 33 ff. vor § 1) entbehrlich, wenn die erschwerenden Umstände wegfallen (ebenso Rotberg 10). Ist ein Hinweis notwendig, so gilt § 265 III, IV StPO entsprechend. Trotz des Hinweises bleibt die Sache ein Strafverfahren; sie wechselt also nicht in das Bußgeldverfahren über (Düsseldorf JMBlNW **75**, 268; Zweibrücken VRS **51**, 219).

18 **6) Nicht nur im ursprünglichen Strafverfahren** ist I anzuwenden, sondern ebenso, wenn das Bußgeldverfahren nach § 81 in ein Strafverfahren übergeleitet worden ist. Bestätigt sich in dem weiteren Verfahren (§ 81 III) der Verdacht einer Straftat nicht, so erlangt der Gesichtspunkt der Ordnungswidrigkeit, der zunächst im Vordergrund stand, wieder selbständige Bedeutung. Doch wechselt das Verfahren nicht wieder zum Bußgeldverfahren zurück (vgl. 17). Vielmehr entscheidet dann das Gericht im Strafverfahren über den Gesichtspunkt der Ordnungswidrigkeit (Begr. zu § 71 EOWiG).

19 **7) Ein Übergang vom Straf- zum Bußgeldverfahren** tritt dagegen ein, wenn das Gericht im Eröffnungsbeschluß die Anklage nur unter dem rechtlichen Gesichtspunkt einer Ordnungswidrigkeit zuläßt (§ 207 StPO iVm I). In dem weiteren Verfahren sind dann nach II die besonderen Vorschriften des OWiG anzuwenden, die auf eine Verfahrensvereinfachung abzielen (§§ 48, 73–80). Eine Entscheidung durch Beschluß ist in diesem Falle nicht zulässig, weil § 72 einen vorangegangenen Bußgeldbescheid voraussetzt, von dem das Gericht nicht zum Nachteil des Betroffenen abweichen darf (§ 72 II; ebenso Rotberg 5; aM Rebmann/Roth/Herrmann 1 zu § 72). Die StA kann in dem übergeleiteten Bußgeldverfahren durch einen Antrag nach § 81 II S. 1 den Übergang in das ursprüngliche Strafverfahren erzwingen, der dann zwar endgültig ist (vgl. 18 zu § 81), aber das Gericht nicht hindert, nur eine Geldbuße festzusetzen (18). Ein Übergang vom Straf- in das Bußgeldverfahren tritt nicht ein, wenn die StA nach Eröffnung das öffentliche Interesse an der Verfolgung der Straftat verneint oder der Strafantrag zurückgenommen wird mit der Folge, daß die Tat nur noch als Ordnungswidrigkeit geahndet werden kann; es gelten dann die Rechtsmittel der StPO (so mit Recht Frankfurt VRS **37**, 205). Über die Behandlung einer Strafsache wegen einer solchen Tat, deren gesetzliche Bewertung im Laufe des Verfahrens wechselt, vgl. 27.

20 **8) Besondere Verfahren:**
21 A. **Bei einem Strafbefehl,** der im Einspruchsverfahren nur die Grund-

lage für die Beschuldigung einer Ordnungswidrigkeit darstellt (vgl. 3 zu
§ 64), gelten nur die Regeln des OWiG (so auch die §§ 79, 80; vgl. Bay.
VRS **46**, 368; 3 zu § 64; 5 zu § 83). Vgl. auch 6.

22   B. **Im Privatklageverfahren** unterrichtet das Gericht die StA, wenn
sich herausstellt, daß nur eine Ordnungswidrigkeit vorliegt und deren
Verfolgung geboten erscheint (§ 377 I S. 2 StPO). Stimmt die StA zu, so
übernimmt sie die Verfolgung (§ 377 II, III StPO). Übernimmt die StA
die Verfolgung nicht, hält aber das Gericht kein Privatklagedelikt für
gegeben, wohl aber eine Ordnungswidrigkeit, deren Verfolgung geboten erscheint, so stellt es das Verfahren ein (§ 389 StPO; ebenso Reb-
mann/Roth/Herrmann 11; aM Müller: Freispruch) und teilt dies der VB
mit (vgl. § 389 II StPO); hält das Gericht dagegen die Verfolgung der
Ordnungswidrigkeit nicht für geboten, so spricht es wegen des Privat-
klagedeliktes frei. Nach Aburteilung im Privatklageverfahren kann die
Tat nicht nochmals unter dem Gesichtspunkt der Ordnungswidrigkeit
geahndet werden (Bay. VRS **41**, 382).

23   C. **Im Verfahren gegen Jugendliche und Heranwachsende** ist bei
Festsetzung einer Geldbuße im Strafverfahren auch § 78 III entsprechend
anzuwenden (vgl. 3).

24   **9) Die Kosten des Verfahrens** hat der Angeklagte nach § 465 StPO
iVm § 46 I auch dann zu tragen, wenn gegen ihn im Strafverfahren nur
eine Geldbuße festgesetzt ist; denn die Festsetzung einer Geldbuße ist der
Sache nach eine ,,Verurteilung''. Allerdings hat das Gericht die Auslagen, die durch die Untersuchung der Tat unter dem rechtlichen Gesichtspunkt einer Straftat entstanden sind, teilweise oder auch ganz der Staatskasse aufzuerlegen, soweit es unbillig wäre, den Angeklagten damit zu
belasten (§ 465 II StPO; vgl. näher 13 ff. zu § 105).

25   **10) Als Rechtsmittel gegen das Urteil** im Strafverfahren (vgl. 18 f.) ist
die Berufung oder Revision zulässig, selbst wenn gegen den Angeklagten
nur eine Geldbuße festgesetzt ist; die §§ 79, 80 sind nicht anzuwenden
(vgl. 24 zu § 81; Bay. NJW **71**, 1326; Hamm NJW **69**, 1314, 1500, VRS
41, 155, **42**, 371, **49**, 49, 55; Düsseldorf JMBlNW **75**, 268; Zweibrücken
VRS **51**, 372). Es gelten die allgemeinen Rechtsmittelvorschriften der
StPO. Wird gegen das Urteil ,,Rechtsbeschwerde'' eingelegt oder deren
Zulassung beantragt, so ist das Rechtsmittel als Berufung anzusehen (vgl.
Hamm VRS **55**, 371, **49**, 49; Düsseldorf aaO; 24 zu § 81; 8 zu § 83); das
Rechtsbeschwerdegericht erklärt sich bei Umdeutung in eine Berufung
für unzuständig und gibt die Sache an das LG ab (Bay. VRS **41**, 59;
Hamm VRS **55**, 371; Zweibrücken aaO). Bei einem Wechsel des mate-
riellen Rechts während des Verfahrens vgl. 27.

26   **11) Sonstige Fälle des Übergangs vom Straf- zum Bußgeldverfahren:**

27   A. **Wechselt das materielle Recht** während eines anhängigen Strafverfahrens mit dem Ergebnis, daß die Tat nach dem neuen Recht nur noch
(vgl. dazu Düsseldorf MDR **76**, 75) als Ordnungswidrigkeit zu beurteilen ist, so geht damit das Strafverfahren in ein Bußgeldverfahren über.
Das folgt aus einer Rechtsanalogie zu den Überleitungsvorschriften des

Art. 158 EGOWiG und des Art. 317 EGStGB (Anh **A 1**), die einen allgemeinen Rechtsgedanken enthalten (ebenso Bay. NJW **69**, 1452 = JR **69**,
350 m. Anm. Kohlhaas zu Art. 1 § 8 RBerG; Oldenburg MDR **72**, 346 zu
§ 28 GastG; Karlsruhe MDR **74**, 858 zu Art. 2 d. 4. StrRG; Koblenz NJW
72, 1066 zu § 69 WeinG; Düsseldorf MDR **76**, 75 zu § 52 I Nr. 9, § 53 I,
III LMBG; Rebmann/Roth/Herrmann 13; aM Frankfurt MDR **74**, 859);
vgl. auch Art. 2 G v. 6. 7. 1978 (BGBl. I 665). Es ist sachlich nicht
notwendig und prozeßwirtschaftlich unerwünscht, solche Verfahren
trotz der Änderung des materiellen Rechts nach den strengeren Regeln
der StPO durchzuführen. § 72 ist jedoch nicht anzuwenden (vgl.
Art. 158 I S. 3 EGOWiG, Art. 317 I S. 3 EGStGB; 83 zu § 72). § 206 b
StPO gilt entgegen seinem Wortlaut nicht, wenn die Tat zwar nicht mehr
mit Strafe, sondern mit Geldbuße bedroht ist; in diesem Falle ist § 82 die
speziellere Regelung (Saarbrücken NJW **74**, 1009). Legt der Betroffene
(oder StA) in Verkennung der Rechtslage gegen das Urteil „Revision"
oder Berufung ein, so ist sie in eine Rechtsbeschwerde oder einen Antrag
auf deren Zulassung umzudeuten (Oldenburg aaO mwN; 25).

28 B. **Wird in Verkennung der Rechtslage** wegen einer Tat, die nur eine
Ordnungswidrigkeit ist, das Hauptverfahren eröffnet, die Anklage erho-
ben oder ein Strafbefehl erlassen, so hat das Verfahren in Wahrheit eine
Ordnungswidrigkeit zum Gegenstand und ist bei Entdeckung des
Rechtsfehlers als Bußgeldverfahren fortzusetzen; gegen das Urteil, in
dem dann nur eine Geldbuße festgesetzt wird, ist danach allein die
Rechtsbeschwerde oder der Antrag auf deren Zulassung gegeben (Hamm
VRS **42**, 45). Wird jedoch auf eine Strafe erkannt, so sind gegen das
Straferkenntnis die vollen Rechtsmittel der StPO zulässig (vgl. auch 24
zu § 81).

Verfahren bei Ordnungswidrigkeiten und Straftaten

83 [I] **Hat das Verfahren Ordnungswidrigkeiten und Straftaten zum
Gegenstand und werden einzelne Taten nur als Ordnungswidrigkeiten verfolgt, so gelten für das Verfahren wegen dieser Taten auch
§ 46 Abs. 3, 4, 7, die §§ 47 bis 49, 55, 76 bis 78, 79 Abs. 1 bis 3 sowie § 80.**

[II] **Wird in den Fällen des Absatzes 1 gegen das Urteil, soweit es nur
Ordnungswidrigkeiten betrifft, Rechtsbeschwerde und im übrigen Berufung eingelegt, so wird eine rechtzeitig und in der vorgeschriebenen
Form eingelegte Rechtsbeschwerde, solange die Berufung nicht zurückgenommen oder als unzulässig verworfen ist, als Berufung behandelt. Die Beschwerdeanträge und deren Begründung sind gleichwohl
in der vorgeschriebenen Form anzubringen und dem Gegner zuzustellen (§§ 344 bis 347 der Strafprozeßordnung); einer Zulassung nach § 79
Abs. 1 Satz 2 bedarf es jedoch nicht. Gegen das Berufungsurteil ist die
Rechtsbeschwerde nach § 79 Abs. 1, 2, § 80 zulässig.**

[III] **Hebt das Beschwerdegericht das Urteil auf, soweit es nur Ordnungswidrigkeiten betrifft, so kann es in der Sache selbst entscheiden.**

1 **1) Die StPO gilt als einheitliche Verfahrensordnung** bei gleichzeitiger
Verfolgung von Straftaten und Ordnungswidrigkeiten. Das ergibt sich

aus dem Vorrang des Strafverfahrens, das sich auch auf Ordnungswidrigkeiten erstrecken kann (2). Trotz der Einheitlichkeit der Verfahrensordnung sind nach I bestimmte Vorschriften des Bußgeldverfahrens zusätzlich (,,auch") neben der StPO anzuwenden, soweit einzelne Taten (vgl. 3) nur als Ordnungswidrigkeiten verfolgt werden. Denn die Einheitlichkeit der Verfahrensordnung kann nicht so weit gehen, daß auch Besonderheiten des Bußgeldverfahrens, die sich aus der Eigenart der Ordnungswidrigkeit ergeben (vgl. zB § 47 II) unberücksichtigt bleiben; sie braucht nicht so weit zu gehen, daß auch mögliche Verfahrensvereinfachungen bei der Verfolgung und Beurteilung von Ordnungswidrigkeiten ausgeschlossen sind (Begr. zu § 72 EOWiG). Dieser erkennbare Zweck von I rechtfertigt es, die Vorschrift über ihren Wortlaut hinaus ausdehnend auszulegen (ebenso Rebmann/Roth/Herrmann 12 f. zu § 81; vgl. 3). Keinesfalls anwendbar sind aber die §§ 72–75 bei gleichzeitiger Verfolgung von Straftaten und Ordnungswidrigkeiten, gleichgültig ob es sich um eine Tat im prozessualen Sinne handelt oder um mehrere Taten (vgl. Düsseldorf MDR 71, 320; die Frage, ob es sich dort um eine Tat handelte, war danach nicht entscheidungserheblich).

2   **2) In folgenden Fallgruppen** kann die in I vorausgesetzte Verfahrenslage entstehen: a) Die StA übernimmt die Verfolgung einer Ordnungswidrigkeit wegen des Zusammenhanges mit einer Straftat (§ 42) und erstreckt die Anklage oder den Strafbefehlsantrag auch auf die Ordnungswidrigkeit (§ 64); b) das wegen mehrerer Taten eingeleitete Bußgeldverfahren geht hinsichtlich einer Tat in das Strafverfahren über (§ 81); c) das wegen mehrerer Taten eingeleitete Strafverfahren geht hinsichtlich einer Tat in das Bußgeldverfahren über, und zwar nach § 82 II oder bei einer Umwandlung einer Straftat in eine Ordnungswidrigkeit (vgl. 27 zu § 82).

3   **3) Eine Verfolgung ,,einzelner Taten" nur als Ordnungswidrigkeiten** ist gegeben, wenn ein einheitliches historisches Ereignis (vgl. 50 ff. vor § 59) nur unter dem rechtlichen Gesichtspunkt der Verletzung von Bußgeldvorschriften dem Gericht zur Entscheidung unterbreitet ist. Nach dem Zweck von I (vgl. 1) ist dabei zu unterscheiden, ob sich das Verfahren gegen eine oder gegen mehrere Personen richtet:

4   A. **Im Verfahren gegen eine Person** kommt es darauf an, ob ihr mehrere Taten im prozessualen Sinne (vgl. 50 ff. vor § 59) zur Last gelegt sind, die also gesondert in verschiedenen Verfahren hätten verfolgt werden können. Denn abweichende Verfahrensvorschriften können im allgemeinen nur für solche abtrennbaren Teile angewendet werden (Begr. zu § 72 EOWiG). Hat das Verfahren dagegen mehrere Handlungen im materiell-rechtlichen Sinne zum Gegenstand, von denen eine als Straftat und die andere als Ordnungswidrigkeit anzusehen ist, die aber zusammen eine einzige Tat im prozessualen Sinne bilden, so gilt I seinem Wortlaut nach nicht. Auch der Zweck von I (vgl. 1) ergibt nichts anderes, soweit es sich um die §§ 48, 55, 77, 78, 79 I–III, § 80 handelt (vgl. Bay. NJW 71, 1326; Hamm VRS 41, 155, 42, 371; Karlsruhe, Die Justiz 79, 213; Schleswig bei Ernesti/Jürgensen SchlHA 79, 209, jeweils zu den §§ 79, 80; vgl. 8). Die Anwendung dieser Vorschriften auf einzelne Handlungen

(Tatteile) ließe sich gar nicht vollziehen (Begr. zu § 72 EOWiG). Dagegen gebietet es der Zweck von I (vgl. 1), § 46 III, IV, § 78 III und § 47 auch bei einzelnen Tatteilen anzuwenden (vgl. Begr. zu § 72 EOWiG); er läßt im übrigen auch die Anwendung von §§ 49, 76 zu.

5   B. **Richtet sich das Verfahren gegen mehrere Personen,** so ist davon auszugehen, daß gegen sie gesonderte Verfahren hätten durchgeführt werden können. Die Einheitlichkeit der Verfahrensordnung verlangt deshalb nicht, daß die Beschränkung von Verfolgungsmaßnahmen bei Ordnungswidrigkeiten (vgl. zB § 46 III, IV, § 47) unberücksichtigt bleiben und mögliche Verfahrensvereinfachungen entfallen müssen (vgl. 1). Soweit der einen Person hinsichtlich derselben Tat (vgl. 50 ff. vor § 59) nur eine Ordnungswidrigkeit zur Last gelegt wird, sind deshalb die in I aufgeführten Vorschriften anzuwenden. Dies gilt nicht für die §§ 48, 77 und 78 I, II, weil ihre Anwendung in dem einheitlichen Verfahren wegen derselben Tat nicht vollziehbar ist (zust. Rotberg 5). Ist gegen A wegen einer Straftat und gegen B wegen einer Ordnungswidrigkeit ein einheitlicher Strafbefehl ergangen (vgl. 1 zu § 64; 9 zu § 82) und legt nur B Einspruch ein, so wird das Verfahren als reines Bußgeldverfahren fortgesetzt (Bay. VRS **46**, 368); allerdings ist § 72 nicht anwendbar (Rechtsgedanke von Art. 158 I S. 3 EGOWiG und Art. 317 I S. 3 EGStGB, Anh **A 1**; vgl. 27 zu § 82).

6   **4) Die Gleichschaltung unterschiedlicher Rechtsmittel,** die II vorsieht, will verhindern, daß dieselbe Sache bei verschiedenen Rechtsmittelgerichten anhängig wird. II ist dem § 335 III StPO weitgehend nachgebildet, auf dessen Erläuterungen in den einschlägigen Kommentaren verwiesen werden kann. Folgende Abweichungen und Ergänzungen sind hervorzuheben:

7   A. **Die Möglichkeit unterschiedlicher Rechtsmittel** kann sich nach I dann ergeben, wenn sich das Verfahren gegen mehrere Personen richtet (ebenso § 335 III StPO), aber auch im Verfahren gegen eine Person (anders der Wortlaut von § 335 III StPO).

8   a) **Im Verfahren gegen eine Person** hat der Angeklagte, soweit er wegen einer Straftat verurteilt wird (zB fahrlässiger Körperverletzung), die Rechtsmittel der StPO und daneben die Rechtsbeschwerde nach §§ 79, 80, soweit gegen ihn außerdem eine Geldbuße wegen einer selbständigen Tat festgesetzt ist (BGH 7. 1. 1975, 1 StR 594/74). Wird der Angeklagte in einem solchen Falle insgesamt freigesprochen, so kann die StA in gleicher Weise wegen der strafrechtlichen Seite des Falles die Rechtsmittel der StPO einlegen und wegen der bußgeldrechtlichen Seite die Rechtsbeschwerde (§§ 79, 80; zust. Rotberg 6). Hat das Verfahren dagegen nur eine einzige Tat im prozessualen Sinne (vgl. § 50 ff. vor § 59) zum Gegenstand (zB schuldhafte Herbeiführung eines Verkehrsunfalls mit Sachschaden und nachfolgender unerlaubter Entfernung vom Unfallort), so sind gegen das Urteil uneingeschränkt die Rechtsmittel der StPO gegeben (BGH aaO; **23**, 270; KG VRS **39**, 71), selbst wenn lediglich auf eine Geldbuße erkannt ist (Begr. zu § 72 EOWiG; Bay. NJW **70**, 261; Karlsruhe, Die Justiz **79**, 213; Schleswig bei Ernesti/Jürgensen SchlHA **79**, 209). Verkennt das AG, daß es sich um eine Tat handelt, und behan-

delt es deswegen das gegen die Festsetzung der Geldbuße eingelegte Rechtsmittel fehlerhaft als Rechtsbeschwerde, die es wegen Fristversäumung als unzulässig zurückweist (§ 346 II StPO), so hat das Beschwerdegericht den Beschluß auf die Anfechtung hin aufzuheben und die Sache an das Berufungsgericht abzugeben (Bay. VRS **41**, 59). Bei Festsetzung einer Geldbuße und Verurteilung zu einer Strafe wegen zweier sachlichrechtlich selbständiger Handlungen steht die Einheitlichkeit des Tatgeschehens für sich allein der Zulässigkeit einer Beschränkung des Rechtsmittels zur strafrechtlichen Seite nicht entgegen (BGH **24**, 185 = JR **72**, 203 m. Anm. Meyer); vgl. auch BGH **25**, 72.

9   b) **Im Verfahren gegen mehrere Personen** steht derjenigen, die lediglich einer Ordnungswidrigkeit beschuldigt wird, gegen das Urteil nur die Rechtsbeschwerde zu (Bay. MDR **74**, 589; Stuttgart, Die Justiz **79**, 446; vgl. jedoch 10). Dies gilt selbst dann, wenn hinsichtlich derselben Tat eine andere Person einer Straftat beschuldigt wird (vgl. 5).

10   B. **Bei Einlegung von Berufung und Rechtsbeschwerde** wird die Rechtsbeschwerde zunächst wie eine Berufung behandelt, also so, als hätte der Beschwerdeführer Berufung eingelegt. Diese Fiktion gestattet es aber dem Angeklagten nicht, seine wegen der strafrechtlichen Verurteilung eingelegte Berufung von vornherein auf die Festsetzung der Geldbuße zu erstrecken, wenn es sich um zwei Taten handelt. Denn gegen die Festsetzung der Geldbuße ist dann nur die Rechtsbeschwerde zulässig und sie bleibt eine solche, auch wenn sie vorübergehend als Berufung „behandelt" wird. Allerdings ist § 300 StPO zu beachten. Bei Nichteinhaltung der §§ 344–347 StPO (II S. 2) wird die Rechtsbeschwerde im Berufungsverfahren nicht als unzulässig angesehen, wenn sie nur nicht rechtzeitig und formgerecht (schriftlich oder zur Niederschrift der Geschäftsstelle; §§ 314, 341 I StPO) eingelegt ist (Bay. NJW **70**, 1202); sie wird aber unzulässig, wenn die Berufung zurückgenommen oder als unzulässig verworfen wird (vgl. RG **59**, 64). Die Rechtsbeschwerde wird jedoch weiterhin als Berufung behandelt, wenn über die Berufung eines anderen Verfahrensbeteiligten inzwischen entschieden ist; denn nur so kann die Gefahr widersprechender Entscheidungen vermieden werden (Köln VRS **53**, 130).

11   a) **Keiner Zulassung** bedarf die Rechtsbeschwerde (II S. 2 Halbs. 2), solange sie als Berufung behandelt wird. Ist die Zulassung der Rechtsbeschwerde beantragt, so gilt sie als vorsorglich (aufschiebend bedingt, vgl. 18 ff. zu § 80) eingelegte Rechtsbeschwerde; da hier eine Zulassung nicht notwendig ist, kommt es im Berufungsverfahren auf den Eintritt dieser Bedingung nicht an. Der Zulassungsantrag reicht danach für II S. 1 aus. Gleiches gilt, wenn ohne Zulassungsantrag Rechtsbeschwerde eingelegt wird, obwohl sie von einer Zulassung abhängt. Der Zulassungsantrag kann nicht „später" nachgeholt werden, wenn der Beschwerdeführer davon Kenntnis erhält, daß seine Rechtsbeschwerde nicht als Berufung behandelt wird (so Müller 10); denn er ist befristet (§ 80 II S. 1). Eine andere Frage ist es, ob in diesem Falle die Rechtsbeschwerde als Antrag auf Zulassung angesehen werden kann (vgl. 20 zu § 80).

12   b) **Eine Trennung** des Verfahrens wegen der Ordnungswidrigkeit und
der Straftat (entsprechend § 4 StPO) ist unzulässig, wenn sie nur bezweckt, die Vorschrift des II zu umgehen und einem Beteiligten eine
zusätzliche Instanz zu nehmen (Frankfurt 7. 8. 1969, 2 Ws – B – 47/69
OWiG). Möglich ist jedoch eine Trennung, die zur Förderung des Verfahrens geboten ist, so zB dann, wenn der Entscheidung über das Rechtsmittel hinsichtlich der Ordnungswidrigkeit tatsächliche Hindernisse entgegenstehen, es aber angezeigt ist, über das Rechtsmittel der Berufung
bald zu entscheiden (so zB bei einer vorläufigen Entziehung der Fahrerlaubnis). Ist die Trennung zulässig, so wird damit die Anwendung von II
ausgeschlossen (vgl. KMR 6 c zu § 335 StPO). Die unzulässige Trennung
ist für das Rechtsmittelgericht nicht verbindlich; verneint es die Zulässigkeit, so ist die Sache – auch nach der Entscheidung über die Berufung –
weiterhin vom Berufungsgericht als Berufung zu behandeln (Frankfurt
aaO; Bay. **53**, 87; vgl. LR-Dünnebier 73 zu § 2 StPO; str.). Eine Trennung der Verfahren liegt nicht darin, daß im Verfahren gegen zwei Personen die Rechtsbeschwerde des einen (bei einer gleichzeitigen Einlegung
der Berufung des anderen) als unzulässig verworfen wird (Köln VRS **53**,
130).

13   **C. Bei Einlegung von Revision und Rechtsbeschwerde** entscheidet
das Revisionsgericht (das mit dem Beschwerdegericht identisch ist) zugleich über die Rechtsbeschwerde. Praktische Schwierigkeiten können
nicht entstehen, weil für die Rechtsbeschwerde die Vorschriften über die
Revision entsprechend gelten (§ 79 III). Von einer besonderen Regelung
über die Gleichschaltung beider Rechtsmittel ist deshalb abgesehen (vgl.
Cramer VOR **72**, 110). Legt der Verteidiger lediglich ,,Revision'' ein, so
liegt darin nicht zugleich die Einlegung der Rechtsbeschwerde oder der
Antrag auf deren Zulassung, wenn die unterschiedliche Regelung der
Anfechtung bereits in der Hauptverhandlung, auf Grund deren das Urteil
ergangen ist, erörtert worden war (Bay. NJW **70**, 1202); in diesem Falle
kann jedoch die Wiedereinsetzung in den vorigen Stand in Betracht kommen (Bay. aaO).

14   **5) Eine Sachentscheidung des Beschwerdegerichts** (III; vgl. 44 ff. zu
§ 79) kommt nicht nur in Betracht, wenn lediglich Rechtsbeschwerde
eingelegt ist, sondern auch dann, wenn ein Verfahrensbeteiligter wegen
einer anderen Tat oder ein anderer Verfahrensbeteiligter hinsichtlich derselben Tat Revision eingelegt hat. Das Revisionsgericht entscheidet dann
zugleich als Beschwerdegericht (13) und kann deshalb bei Aufhebung des
Urteils wegen der Ordnungswidrigkeit in der Sache selbst entscheiden.
III gilt seinem Wortlaut nach nicht, wenn ein Verfahrensbeteiligter wegen einer Tat im prozessualen Sinne das Rechtsmittel eingelegt hat, weil
in diesem Falle nur die Revision zulässig ist (vgl. 8). Verneint jedoch das
Revisionsgericht das Vorliegen einer Straftat oder deren Verfolgungsmöglichkeit endgültig oder nimmt es an, daß durch mehrere Handlungen
im materiell-rechtlichen Sinne Bußgeldvorschriften und Strafvorschriften verwirklicht sind, so bestehen keine Bedenken, III sinngemäß anzuwenden (vgl. 16 zu § 82; ebenso Rotberg 9; vgl. auch Köln VRS **40**, 110).

Siebenter Abschnitt
Rechtskraft und Wiederaufnahme des Verfahrens

Wirkung der Rechtskraft

84 ^I Ist der Bußgeldbescheid rechtskräftig geworden oder hat das Gericht über die Tat als Ordnungswidrigkeit oder als Straftat rechtskräftig entschieden, so kann dieselbe Tat nicht mehr als Ordnungswidrigkeit verfolgt werden.

^{II} Das rechtskräftige Urteil über die Tat als Ordnungswidrigkeit steht auch ihrer Verfolgung als Straftat entgegen. Dem rechtskräftigen Urteil stehen der Beschluß nach § 72 und der Beschluß des Beschwerdegerichts über die Tat als Ordnungswidrigkeit gleich.

Schrifttum: *Berz,* Rechtskraft und Sperrwirkung im Ordnungswidrigkeitsrecht, 1971; *Lillich,* Das Doppelstrafverbot bei Kartelldelikten im deutschen Recht und im Recht der Europäischen Gemeinschaft, 1978; *Moliére,* Die Rechtskraft des Bußgeldbeschlusses, 1975; *Raisch,* „Ne bis in idem" bei Sanktionen nach deutschem und europäischem Kartellrecht, Beitzke-Festschr. S. 965.

1 **1) Die Vorschrift** bestimmt die materielle Wirkung der Rechtskraft des Bußgeldbescheides und der gerichtlichen Entscheidung über die Tat ausdrücklich, obwohl sich der Umfang der Sperrwirkung einer Entscheidung für eine spätere Verfolgung (desselben Täters wegen derselben Tat; vgl. auch Art. 103 III GG) bereits aus der sinngemäßen Anwendung der StPO ableiten könnte. Danach kann der Bußgeldbescheid keine größere Rechtskraftwirkung haben als der Strafbefehl; die gerichtliche Entscheidung über die Tat muß andererseits eine erneute Verfolgung der Tat unter allen rechtlichen Gesichtspunkten ausschließen. Nicht ausdrücklich bestimmt ist, daß die gerichtliche Entscheidung über die Tat als Straftat eine nochmalige Verfolgung der Tat als Straftat hindert; dies ist selbstverständlich und im übrigen nicht im OWiG auszusprechen.

2 **2) Auf rechtskräftige Entscheidungen** bezieht sich die Vorschrift, also auf solche, die infolge des (ungenutzten) Ablaufs der Rechtsbehelfsfrist oder wegen der Rücknahme, des Verzichts oder der Verwerfung des Rechtsbehelfs unanfechtbar und damit formell rechtskräftig geworden sind (vgl. auch 2 zu § 89). Formell rechtskräftig können der Bußgeldbescheid sowie ein Urteil oder ein Beschluß des Gerichts werden; die Einstellungsverfügung der StA (oder der VB) rechnet nicht hierzu (vgl. Hamm JMBlNW 79, 179). Vorausgesetzt wird weiter, daß die Entscheidung über die „Tat" ergangen ist, also eine Sachentscheidung getroffen ist (vgl. 15). Eine gerichtliche Entscheidung, die das Verfahren wegen Fehlens einer Prozeßvoraussetzung eingestellt hat (vgl. § 260 III StPO iVm § 46 I), rechnet nicht hierzu. Über die beschränkte Rechtskraftwirkung der Einstellung nach § 47 II vgl. 59ff. zu § 47. Richtet sich die Entscheidung gegen mehrere Betroffene, so wird sie teilweise rechtskräftig, wenn sie für einen von ihnen unanfechtbar geworden ist und für den anderen nicht; § 84 gilt dann nur für den Teil der Entscheidung, der rechtskräftig geworden ist. Die Entscheidung kann ebenso teilweise rechtskräftig werden, wenn sie außer gegen den Betroffenen gegen einen Nebenbeteiligten (2ff. vor § 87) gerichtet ist. Nichtige Entscheidungen (vgl. 57 zu

§ 66) können keine materielle Rechtskraft erlangen. Bestehen Zweifel, ob durch die frühere Entscheidung die „Tat" (vgl. 50 ff. vor § 59) in vollem Umfange geahndet ist, so gilt der Grundsatz „Im Zweifel für den Betroffenen" (vgl. 48 vor § 59).

3 **3) Der Bußgeldbescheid** hindert eine nochmalige Verfolgung der Tat als Ordnungswidrigkeit (I), läßt dagegen eine spätere Verfolgung der Tat als Straftat zu (vgl. II). Das Gesetz verwendet auch bei dem Bußgeldbescheid den Begriff „rechtskräftig", obwohl bei Verwaltungsakten üblicherweise der Begriff „bindend" gebraucht wird (vgl. Wolff/Bachof I § 52 III b). Doch ist der Bußgeldbescheid ein Verwaltungsakt besonderer Art, der in einem justizähnlich ausgestalteten Verfahren ergeht; er ist einer gerichtlichen Entscheidung im Strafbefehlsverfahren vergleichbar, die wie der Bußgeldbescheid eine nochmalige Verfolgung der Tat unter bestimmten Gesichtspunkten hindert (vgl. BGH **28**, 69).

4 **A. Die eingeschränkte Rechtskraft,** die keine Sperrwirkung für eine spätere Verfolgung der Tat als Straftat auslöst, ergibt sich zwingend daraus, daß die VB gehindert ist, über die Tat als Straftat zu entscheiden, die StA aber an dem Bußgeldverfahren der VB nicht beteiligt ist. Die Wirkung der Rechtskraft kann grundsätzlich nicht weiter reichen als die Befugnis zur Entscheidung. Die eingeschränkte Rechtskraft folgt im übrigen auch aus der summarischen Erledigung des Verfahrens (vgl. 6 vor § 65). Die eingeschränkte Rechtskraft gilt auch bei dem Bußgeldbescheid einer FinB hinsichtlich einer Steuerstraftat, obwohl die FinB für die Verfolgung von Steuerstraftaten zuständig ist; denn diese Kompetenz umfaßt nicht die Entscheidungsbefugnis in Strafsachen (aM Brenner ZfZ **78**, 269; vgl. auch 2 zur Wirkung der Einstellungsverfügung der StA; vgl. ferner 13).

5 **B. Dieselbe Tat kann nicht mehr als Ordnungswidrigkeit** verfolgt werden. Der Begriff „Tat" ist auch hier im verfahrensrechtlichen Sinne zu verstehen (vgl. 50 ff. vor § 59; Koblenz NJW **78**, 716). Es kommt also nicht darauf an, ob im materiell-rechtlichen Sinne Tateinheit (§ 19) oder Tatmehrheit (§ 20) gegeben ist (Hamm VRS **54**, 64; vgl. hierzu auch 14 zu § 82; ferner 15 f.).

6 a) **Bei einer Beschränkung der Verfolgung** auf einzelne Gesetzesverletzungen (26 ff. zu § 47) erstreckt sich die Rechtskraft auch auf die ausgeschiedenen Gesetzesverletzungen; gleiches gilt bei ausgeschiedenen Teilen einer Tat. Sie können also nicht nachträglich zum Gegenstand eines neuen Bußgeldverfahrens gemacht werden. Die Rechtskraft gilt auch für Nebenfolgen (vgl. 20 ff. zu § 66), wenn das Verfahren auf die anderen Rechtsfolgen beschränkt worden ist (vgl. 12; 54 zu § 87; 16 zu § 88).

7 b) **Bei nachträglich entdeckten Gesetzesverletzungen** ist ein weiteres Bußgeldverfahren selbst dann ausgeschlossen, wenn es sich um Ordnungswidrigkeiten handelt, die nicht zur sachlichen Zuständigkeit derjenigen VB gehören, die den Bußgeldbescheid erlassen hat. Dies widerspricht nicht dem Grundsatz, daß die Rechtskraft nur so weit reicht wie die Befugnis zur Ahndung (4); denn die VB ist – bei einer Tat – nach § 39 auch zur Ahndung unter dem Gesichtspunkt solcher Ordnungswidrigkeiten befugt, für die sie an sich nicht zuständig wäre (3 zu § 39).

8   c) **Bei einer fortgesetzten Handlung** (11 ff. vor § 19) erstreckt sich die
Rechtskraft auf alle Handlungsteile, die vor Zustellung des Bußgeldbescheides liegen (vgl. BGH **6**, 124), selbst wenn sie nicht entdeckt worden
waren (vgl. Kleinknecht Einl 172). Maßgebend für die Frage, ob die
durch Bußgeldbescheid geahndeten Handlungen im Fortsetzungszusammenhang gestanden haben, ist nicht die rechtliche Würdigung im vorausgegangenen Bußgeldbescheid. Vielmehr hat die VB vor Einleitung eines
neuen Bußgeldverfahrens unabhängig davon zu prüfen, ob die früher
geahndeten Handlungen mit den neu bekanntgewordenen in einem Fortsetzungszusammenhang gestanden haben (vgl. BGH **15**, 268). Ist der
Fortsetzungszusammenhang in dem früheren Verfahren nicht erkannt
worden, so soll wegen der später entdeckten Handlungsteile eine weitere
Verfolgung möglich sein (vgl. BGH GA **58**, 367; zw.). Die Ahndung
einer Einzelhandlung als selbständige Tat hindert die Ahndung einer fortgesetzten Handlung jedenfalls nicht (BGH GA **70**, 84, 85; BGH bei
Hürxthal DRiZ **78**, 86). Für die Praxis empfiehlt sich in einem solchen
Falle eine sorgfältige Prüfung der Frage, ob die weitere Verfolgung wirklich geboten ist. Wird nachträglich ein Fortsetzungszusammenhang angenommen, so ist bei der neu festgesetzten Geldbuße die früher erkannte zu
berücksichtigen.

9   d) **Bei einer falschen Personenbezeichnung** des Betroffenen kommt es
darauf an, ob der Bußgeldbescheid gegenüber demjenigen formell rechtskräftig geworden ist, gegen den er sich tatsächlich richten sollte. Verwechselt zB die Behörde bei der Ermittlung eines Pkw-Fahrers auf
Grund des Kennzeichens den Namen des Halters und ergeht deshalb der
Bußgeldbescheid gegen einen anderen als den Halter, so ist dieser Bußgeldbescheid unwirksam (46 zu § 66) und läßt die weitere Verfolgung des
wirklichen Täters zu, wenn die Verfolgungsverjährung noch nicht eingetreten ist.

10   e) **Eine Disziplinarmaßnahme** (vgl. 39 vor § 1) wegen derselben Tat
hindert eine Verfolgung der Tat als Ordnungswidrigkeit nicht. Art.
103 III GG gilt nicht im Verhältnis von Disziplinarbefugnis zur staatlichen ,,Strafbefugnis'' (vgl. BVerfGE **21**, 378, **27**, 180), die auch das
Sanktionsrecht bei Ordnungswidrigkeiten umfaßt. In einem solchen
Falle ist jedoch zu prüfen, ob gleichwohl die Verfolgung der Ordnungswidrigkeit geboten ist (11 zu § 47).

11   f) **Ein neuer Bußgeldbescheid,** der entgegen I erlassen wird, ist wohl
als nichtig anzusehen und trotz einer formell eingetretenen Rechtskraft
(vgl. 2) zurückzunehmen (57 zu § 66; 14 zu § 69).

12   C. **Die nachträgliche Anordnung** einer Nebenfolge wegen der Ordnungswidrigkeit ist nach Rechtskraft des Bußgeldbescheides ebenfalls
unzulässig (vgl. Bay. NJW **55**, 760), und zwar auch in einem selbständigen Verfahren (6 zu § 27).

13   D. **Die nachträgliche Verfolgung der Tat als Straftat,** die nach I und
II trotz rechtskräftigen Bußgeldbescheides zulässig ist, kommt namentlich dann in Betracht, wenn nachträglich neue Tatsachen oder Beweismittel hervortreten, die eine Bewertung der Tat als Straftat nahelegen. Ist

dies der Fall, so kann die VB – zwar nicht nach § 85 IV S. 2 (3 zu § 85),
wohl aber nach allgemeinen Regeln (vgl. 2 zu § 41; 163 vor § 59) –
verpflichtet sein, die Sache der StA zur weiteren Entschließung vorzulegen. Dies gilt selbst dann, wenn bei einem echten oder unechten Mischtatbestand (33 ff. vor § 1) nachträglich Umstände bekannt werden, welche die Einordnung der Tat als Straftat rechtfertigen. Die Strafverfolgung ist darüber hinaus auch dann zulässig, wenn die Umstände, welche
die Annahme einer Straftat begründen, übersehen worden sind (so die
hM für die Rechtskraft des Strafbefehls; vgl. BVerfGE 3, 248; BGH 18,
141 mwN). Das kann nach dem Wortlaut von I und II sowie den Gründen, die für die eingeschränkte Rechtskraft maßgebend sind (4), nicht
zweifelhaft sein. Andererseits ist zu berücksichtigen, daß die spätere Verfolgung der Tat als Straftat die schutzwürdigen Interessen des Betroffenen erheblich beeinträchtigen kann. Die VB handelt deshalb pflichtwidrig, wenn sie trotz gegebener Anhaltspunkte für das Vorliegen einer
Straftat einen Bußgeldbescheid erläßt, statt die Sache nach § 41 an die StA
abzugeben. Über die Berücksichtigung der bereits ausgesprochenen Unrechtsfolgen in einem späteren Strafverfahren vgl. § 86.

14 **4) Die gerichtliche Entscheidung** über die Tat hat zur Folge:

15   A. **Eine Sperrwirkung für die Verfolgung als Ordnungswidrigkeit**
(I), gleichgültig ob das Gericht über die Tat a) als Ordnungswidrigkeit
oder b) als Straftat entschieden hat. Die Aussage für den Fall a) ist selbstverständlich; die eigentliche Bedeutung von I liegt in der Aussage für den
Fall b). Sie ergibt sich zwangsläufig daraus, daß das Gericht im Strafverfahren die Tat zugleich unter dem rechtlichen Gesichtspunkt einer Ordnungswidrigkeit beurteilt (§ 82 I). Der Umfang der Sperrwirkung reicht
so weit, wie Tatidentität (50 ff. vor § 59) gegeben ist. Sie ist zB bei einem
schuldhaft herbeigeführten Unfall mit Sachschaden und anschließender
Beleidigung oder unerlaubtem Entfernen vom Unfallort zu bejahen, so
daß die Aburteilung der Tat als Straftat die nachträgliche Ahndung der
Verkehrsordnungswidrigkeit ausschließt (Bay. VRS 41, 382; Frankfurt
VRS 56, 52; vgl. auch 14 zu § 82). Das Gericht muß über die ,,Tat"
entschieden haben. Das ist bei einem Sachurteil (Freispruch oder Verurteilung) oder bei einem Strafbefehl, aber auch bei der Ablehnung der
Eröffnung des Hauptverfahrens (§ 204 StPO) und einem Einstellungsbeschluß nach § 153 II oder § 153 a StPO der Fall. Die Beschlüsse nach den
§§ 204, 153 II StPO (anders der Beschluß nach § 153 a StPO, der für die
Verfolgung der Straftat bis zur Grenze des Verbrechens volle Rechtskraft
hat; vgl. § 153 a I S. 4 StPO; vgl. auch Groth NJW 78, 197, Fn. 17) haben
nur beschränkte Rechtskraftwirkung: Sie lassen eine Verfolgung der Tat
auf Grund neuer Tatsachen oder Beweismittel, die dem Gericht nicht
bekannt waren (gleichgültig, ob sie ihm hätten bekannt sein können), zu
(vgl. § 211 StPO; Kleinknecht Einl 179, 2 zu § 211 StPO); dies gilt auch
für den Beschluß nach § 47 II (vgl. dort 59). Neue Tatsachen oder Beweismittel können sich in den Fällen der §§ 204, 153 II StPO auch unter
dem Gesichtspunkt der Ordnungswidrigkeit ergeben (ebenso Rotberg 8;
Rebmann/Roth/Hermann 9). Ob sie vorliegen, darüber entscheidet die
VB. Solche Fälle dürften allerdings selten sein.

16 B. **Eine Sperrwirkung für eine spätere Strafverfolgung** (II), wenn das Gericht über die Tat als Ordnungswidrigkeit entschieden hat. Daß diese Sperrwirkung auch bei einer Entscheidung über die Tat als Straftat eintritt, ist selbstverständlich (1). Die erweiterte Rechtskraft der gerichtlichen Entscheidung im Bußgeldverfahren (auch zur Straftat) ergibt sich zwangsläufig daraus, daß das Gericht die Tat im Bußgeldverfahren auch unter strafrechtlichen Gesichtspunkten zu prüfen hat (§ 81; Begr. zu § 73 EOWiG). Eine spätere Verfolgung der Tat als Straftat ist dann bei neuen Tatsachen oder Beweismitteln nur in dem förmlichen Wiederaufnahmeverfahren möglich (§ 85 III). Dies gilt sowohl bei einem Sachurteil (Freispruch, Festsetzung einer Geldbuße) als auch bei einem Beschluß nach § 72 (vgl. II S. 2; Groth NJW **78**, 197 Fn. 30; im Ergebnis ebenso Moliére aaO S. 71), durch den in der Sache entschieden ist (also nicht bei einem Beschluß nach § 47 II oder einem Beschluß nach § 72, der die Einstellung des Verfahrens wegen eines Verfahrenshindernisses ausspricht) und ferner auch bei einer Sachentscheidung des Beschwerdegerichts nach § 79 VI. Dabei kommt es nicht darauf an, ob das Gericht die Tat unter dem Gesichtspunkt einer Straftat besonders geprüft hat (vgl. 2 aE zu § 81). Die Sperrwirkung gilt auch für eine spätere Verfolgung unter dem Gesichtspunkt eines Verbrechens; doch wird hier ein enger sachlicher Zusammenhang iS der Tatidentität selten bestehen. Tatidentität ist zB zu verneinen bei einer Dauerordnungswidrigkeit nach § 24a StVG (Anh **A** 11) und einer gelegentlich einer solchen Fahrt vorgenommenen sexuellen Nötigung (Koblenz NJW **78**, 716).

17 5) **In einem späteren Verfahren zu beachten** ist die Sperrwirkung von Amts wegen; das spätere Verfahren ist dann wegen eines Verfahrenshindernisses einzustellen (Hamm VRS **54**, 64; vgl. auch 48 vor § 59; 23 zu § 80).

18 6) **Entscheidungen ausländischer Stellen** (Gericht oder VB) haben eine Sperrwirkung für die Verfolgung der Tat als Ordnungswidrigkeit grundsätzlich nicht, da das Verbot der Doppelverfolgung nach ständiger Rspr. nicht im Verhältnis zur ausländischen Gerichtsbarkeit gilt (BGH **24**, 54, 57; vgl. auch Frankfurt NJW **79**, 1111). Eine Sperrwirkung besteht danach nur, soweit sie in einem zwischenstaatlichen Vertrag vereinbart und die Vereinbarung durch ein RatifikationsG in Kraft gesetzt ist. Das ist – soweit zu übersehen – bislang nicht der Fall. Diese Grundsätze gelten zwar nicht für die zwischenstaatliche Gerichtsbarkeit nach dem Recht der EG (BGH aaO); das Verbot der Doppelverfolgung hindert jedoch nicht die Verfolgung eines Verstoßes gegen das nationale Recht (Kartellrecht), wenn der Verstoß zuvor als solcher gegen das Gemeinschaftsrecht geahndet worden ist (BGH aaO; zur Tatidentität in diesen Fällen vgl. Raisch aaO S. 968 ff.). Liegt eine ausländische Entscheidung über die Tat vor, so ist von der Verfolgung der Tat als Ordnungswidrigkeit nach § 47 dann abzusehen, wenn ihr „Unrechtsgehalt" auch unter dem Blickpunkt des Verstoßes gegen Vorschriften des nationalen Rechts voll erfaßt ist. Wird trotz einer vorausgegangenen ausländischen oder zwischenstaatlichen Entscheidung wegen derselben Tat eine Geldbuße festgesetzt, so ist bei ihrer Höhe die im Ausland oder nach dem Recht der

EG ausgesprochene Sanktion zu berücksichtigen; dies gebietet entsprechend dem Grundgedanken des § 51 III StGB „die im Rechtsstaatsprinzip enthaltene Idee der Gerechtigkeit" (BGH **24**, 54, 60) oder „ein allgemeiner Billigkeitsgedanke" (EuGH NJW **69**, 1000 m. Anm. Sieveking MDR **69**, 364; ausführlich hierzu Winkler, Die Rechtsnatur der Geldbuße im Wettbewerbsrecht der Europäischen Wirtschaftsgemeinschaft, 1971 S. 98 ff.; ders. Außenwirtschaftsdienst des BB **72**, 565).

Wiederaufnahme des Verfahrens

85 [I] **Für die Wiederaufnahme eines durch rechtskräftige Bußgeldentscheidung abgeschlossenen Verfahrens gelten die §§ 359 bis 373a der Strafprozeßordnung entsprechend, soweit die nachstehenden Vorschriften nichts anderes bestimmen.**

[II] **Die Wiederaufnahme des Verfahrens zugunsten des Betroffenen, die auf neue Tatsachen oder Beweismittel gestützt wird (§ 359 Nr. 5 der Strafprozeßordnung), ist nicht zulässig, wenn**

1. gegen den Betroffenen lediglich eine Geldbuße bis zu zweihundert Deutsche Mark festgesetzt ist oder

2. seit Rechtskraft der Bußgeldentscheidung fünf Jahre verstrichen sind.

Satz 1 Nr. 1 gilt entsprechend, wenn eine Nebenfolge vermögensrechtlicher Art angeordnet ist, deren Wert zweihundert Deutsche Mark nicht übersteigt.

[III] **Die Wiederaufnahme des Verfahrens zuungunsten des Betroffenen ist unter den Voraussetzungen des § 362 der Strafprozeßordnung nur zu dem Zweck zulässig, die Verurteilung nach einem Strafgesetz herbeizuführen. Zu diesem Zweck ist sie auch zulässig, wenn neue Tatsachen oder Beweismittel beigebracht sind, die allein oder in Verbindung mit den früher erhobenen Beweisen geeignet sind, die Verurteilung des Betroffenen wegen eines Verbrechens zu begründen.**

[IV] **Im Wiederaufnahmeverfahren gegen den Bußgeldbescheid entscheidet das nach § 68 zuständige Gericht. Wird ein solches Wiederaufnahmeverfahren von dem Betroffenen beantragt oder werden der Verwaltungsbehörde Umstände bekannt, die eine Wiederaufnahme des Verfahrens zulassen, so übersendet sie die Akten der Staatsanwaltschaft. § 69 Abs. 2 gilt entsprechend.**

1 **1) Die ausschließliche Zuständigkeit des Gerichts** ist für die Wiederaufnahme des Verfahrens gegeben. Hat ein Gericht die Bußgeldentscheidung getroffen (vgl. 4), so richtet sich die Zuständigkeit des Gerichts nach I iVm § 367 StPO für die Entscheidung über den Wiederaufnahmeantrag nach § 140a GVG. Bei einem Bußgeldbescheid der VB entscheidet das nach § 68 zuständige Gericht (IV S. 1), und zwar auch dann, wenn der Bußgeldbescheid vor dem 1. 10. 1968 ergangen ist (vgl. Art. 156 III S. 1 EGOWiG). Bei Kartellordnungswidrigkeiten entscheidet an Stelle des AG das OLG (§ 84 GWB, Anh **A 14**).

2   2) **Die StA ist Verfolgungsbehörde** im Wiederaufnahmeverfahren, auch wenn es nur unter dem Gesichtspunkt einer Ordnungswidrigkeit betrieben wird (IV S. 2, 3). Sie ist also bei einem Wiederaufnahmeantrag des Betroffenen als ,,Gegner" zu hören (§ 368 II StPO). Kommt die Wiederaufnahme zum Zwecke der Strafverfolgung in Betracht, so ist die StA selbstverständlich die hierfür berufene Verfolgungsbehörde. Sie kann also den Antrag nach III von sich aus stellen, ohne daß die VB ihr die Akten nach IV S. 2 übersandt hat. IV S. 3 bezieht sich nur auf die Wiederaufnahme unter dem Gesichtspunkt einer Ordnungswidrigkeit. Stellt der Betroffene einen solchen Antrag, so kann das Gericht die StA unmittelbar als ,,Gegner" beteiligen. Die entsprechende Anwendung von § 69 II besagt deshalb, daß die StA schon mit dem Antrag auf Wiederaufnahme die zuständige Verfolgungsbehörde wird.

3   3) **Die VB** kann die Wiederaufnahme nicht beantragen, sondern lediglich bei der StA anregen. Praktisch kommt dies nur in Betracht bei einer Wiederaufnahme unter dem Gesichtspunkt einer Ordnungswidrigkeit zugunsten des Betroffenen, da eine Wiederaufnahme unter dem Gesichtspunkt einer Ordnungswidrigkeit zuungunsten des Betroffenen unzulässig ist (III S. 1). Werden der VB nachträglich Umstände bekannt, welche die Verurteilung unter dem Gesichtspunkt einer Straftat zulassen, so trifft IV S. 2 nicht zu; denn der Bußgeldbescheid hat wegen seiner beschränkten Rechtskraft keine Sperrwirkung für ein späteres Strafverfahren, so daß eine Wiederaufnahme des Verfahrens gar nicht in Betracht kommt. Ob die VB die ihr bekanntgewordenen Umstände, welche die Verurteilung unter dem Gesichtspunkt einer Straftat zulassen, der StA mitzuteilen hat, richtet sich nach allgemeinen Regeln (vgl. 2 zu § 41, 163 vor § 59, 13 zu § 84). Über die Beteiligung der VB im Wiederaufnahmeverfahren vgl. 29.

4   4) **Für alle Bußgeldentscheidungen** (2 ff. vor § 89) gilt die Vorschrift. Außer bei Bußgeldbescheiden (3 zu § 65) ist sie anzuwenden bei Urteilen und Beschlüssen (§§ 72, 79 VI), die im Verfahren nach Einspruch ergangen sind, sowie bei Strafbefehlen (LG Hamburg MDR **74**, 335) und Urteilen in Strafsachen (§§ 82, 83), soweit hier eine Geldbuße oder Nebenfolge festgesetzt ist (vgl. 2 ff. vor § 89; vgl. auch Kleinknecht 20 zu § 359 StPO). Ob der Betroffene in derselben Entscheidung daneben wegen eines tatmehrheitlich begangenen Vergehens verurteilt worden ist, ist unerheblich (LG Hamburg aaO). Nicht anwendbar ist die Beschränkung des § 85 zum Nachteil des wegen einer früheren Übertretung oder wegen eines Vergehens Verurteilten, wenn die zugrundeliegende Vorschrift später in einen Bußgeldtatbestand umgewandelt worden ist; dem dies ändert nichts daran, daß wegen der Tat auf eine Strafe (und keine Geldbuße) erkannt worden ist (vgl. 6). Bei einem Freispruch wegen einer Straftat gelten jedoch die Beschränkungen des § 85 für eine Wiederaufnahme zuungunsten des früheren Angeklagten sinngemäß, falls der Straftatbestand inzwischen in einen Bußgeldtatbestand umgewandelt worden ist; denn das Gesetz will den Aufwand eines Wiederaufnahmeverfahrens mit dem Ziel, die Festsetzung einer Geldbuße herbeizuführen, ersparen (vgl. 17 ff.).

5   **5) Eine rechtskräftige** Bußgeldentscheidung muß vorliegen, deren
Sperrwirkung es hindert, eine andere Sachentscheidung zu treffen, ob-
wohl die Richtigkeit der getroffenen Entscheidung bezweifelt wird.
Kann die Bußgeldentscheidung auch außerhalb des Wiederaufnahmeverfahrens abgeändert oder zurückgenommen werden (zB bei Nichtigkeit,
vgl. 57 zu § 66, 14 zu § 69; oder trotz Teilrechtskraft, so mit Recht
Kleinknecht 3 vor § 359 StPO), so ist die Wiederaufnahme nicht zulässig.
Eine Wiederaufnahme kommt danach zB nicht in Betracht, wenn der
Fortgang des Verfahrens auf Grund neuer Tatsachen oder Beweismittel
zulässig ist (zB bei einem Einstellungsbeschluß nach § 47 II). Das gleiche
gilt, wenn die Tat als Straftat verfolgt werden soll, nachdem die VB
ihretwegen einen Bußgeldbescheid erlassen hat; denn er hindert die
spätere Strafverfolgung nicht (3; 13 zu § 84).

6   **6) Die Zulässigkeit der Wiederaufnahme** des Verfahrens hängt im
Grundsatz von den gleichen Voraussetzungen ab wie die Wiederaufnahme im Strafverfahren (§§ 359, 361–364 StPO iVm I). Die Wiederaufnahme des Verfahrens gegen eine Bußgeldentscheidung ist jedoch im
Vergleich zur StPO zugunsten des Betroffenen etwas eingeschränkt; sie
ist zu seinem Ungunsten teils eingeschränkt, teils erweitert. Die Beschränkung der Wiederaufnahme in beiden Richtungen beruht auf der
Erwägung, daß die Rechtsfolgen einer Ordnungswidrigkeit weniger
schwerwiegend sind als die einer Straftat, so daß Gründe der Gerechtigkeit im Einzelfalle das Gebot der Rechtssicherheit nicht im gleichen Maße
zu durchbrechen vermögen wie bei einer strafgerichtlichen Verurteilung
(vgl. Begr. zu § 74 EOWiG).

7   A. **Zugunsten des Betroffenen** ist die Wiederaufnahme unter den Voraussetzungen des § 359 StPO zulässig, also nicht nur auf Grund neuer
Tatsachen oder Beweismittel (§ 359 Nr. 5 StPO; so früher § 66 OWiG
1952). Dies gilt auch für solche Bußgeldentscheidungen, die vor dem
1. 10. 1968 erlassen worden sind (vgl. Art. 156 III S. 1 EGOWiG).

8   a) **Bei einem Bußgeldbescheid** kann die entsprechende Anwendung
des § 359 Nr. 1–4 StPO Zweifel hervorrufen. § 359 Nr. 1 StPO ist schon
dann anzuwenden, wenn die Urkunde im Ermittlungsverfahren der VB
zuungunsten des Betroffenen herangezogen worden ist und die Möglichkeit besteht, daß sie für den Erlaß des Bußgeldbescheides von Einfluß
gewesen ist (zust. Rotberg 2). § 359 Nr. 2 StPO ist nur dann anzuwenden, wenn der Zeuge im Ermittlungsverfahren richterlich vernommen
worden ist; andernfalls liegt eine strafbare Verletzung der Zeugnispflicht,
die in Nr. 2 vorausgesetzt wird, nicht vor (ebenso Rotberg 2; vgl. auch
14). Ergibt sich, daß der Zeuge im Ermittlungsverfahren der VB bei
einer nicht richterlichen Vernehmung falsch ausgesagt hat, so kann aber
ein Wiederaufnahmegrund nach § 359 Nr. 5 StPO gegeben sein; in diesem Falle gilt die Sperre des § 364 S. 1 StPO nicht. Bei § 359 Nr. 3 StPO
kommt es darauf an, ob sich der Beamte, der den Bußgeldbescheid erlassen hat, einer strafbaren Verletzung seiner Amtspflichten schuldig gemacht hat (zB nach §§ 332, 336, 343, 344 II StGB; vgl. 14 zu § 47); dabei
braucht nicht festgestellt zu werden, daß die Pflichtverletzung für die
Entscheidung von Einfluß gewesen ist. § 359 Nr. 4 StPO kommt dann in

Betracht, wenn in der Begründung des Bußgeldbescheides das Urteil zur Grundlage der Entscheidung gemacht ist. Die Sperre des § 364 S. 1 StPO, die für § 359 Nr. 1–3 StPO gilt, wirkt sich bei einem Bußgeldbescheid praktisch nur in den Fällen des § 359 Nr. 1 und 3 StPO aus (vgl. oben).

9   b) **Neue Tatsachen oder Beweismittel,** welche die Wiederaufnahme nach § 359 Nr. 5 iVm I zulassen, liegen dann vor, wenn sie bei Erlaß der Bußgeldentscheidung der entscheidenden Stelle (VB oder Gericht) nicht bekannt gewesen (vgl. BGH **18**, 225, 226) oder von ihr versehentlich (weil nicht zur Kenntnis genommen oder falsch verstanden) nicht benutzt worden sind (vgl. Kleinknecht 10 zu § 359 StPO; Frankfurt NJW **78**, 841). Tatsachen oder Beweismittel, zu denen eine Änderung der Rspr. nicht rechnet, müssen sich unmittelbar auf die Beurteilung der Tat oder aber den Wert anderer Beweismittel beziehen und geeignet sein, allein oder mit Hilfe früherer Beweismittel einen Freispruch des Betroffenen oder die Einstellung nach § 47, die Festsetzung einer geringeren Geldbuße (konkret wahrscheinlich, nicht nur abstrakt möglich) auf Grund einer milderen Bußgeldvorschrift (geringeres Höchstmaß) oder den Wegfall von Nebenfolgen herbeizuführen. Ein neues Gutachten ist dann ein solches Beweismittel, wenn es einem früheren Gutachten die Grundlage entziehen kann, nicht schon dann, wenn es von dem früheren abweicht (vgl. Kleinknecht 13 zu § 359 StPO). Ob die neuen Tatsachen oder Beweismittel erheblich sind, ist vom Standpunkt der Person zu beurteilen, welche die frühere Bußgeldentscheidung getroffen hat (Gericht oder VB). Über die Beschränkung des Wiederaufnahmegrundes nach § 359 Nr. 5 StPO vgl. 11.

10   c) **Die bloße Herabsetzung der Geldbuße** wegen ,,mildernder Umstände'' kann mit der Wiederaufnahme nicht begehrt werden (§ 363 StPO). Notwendig ist zumindest, daß die Festsetzung einer geringeren Geldbuße auf Grund einer milderen Bußgeldvorschrift (geringeres Höchstmaß) erstrebt wird; dies ist zB auch nur bei fahrlässigem Handeln wegen § 17 II der Fall (vgl. 12 zu § 17; Rebmann/Roth/Herrmann 14; Rotberg). Bei Tateinheit muß die Beseitigung derjenigen Bußgeldvorschrift bezweckt werden, die den höheren Bußgeldrahmen vorsieht (vgl. RG JW **30**, 3423).

11   d) **Die Beseitigung einer Nebenfolge** kann im Wiederaufnahmeverfahren begehrt werden, soweit nicht I S. 2 oder § 439 VI StPO iVm § 46 I zutrifft; das ergibt der Gegenschluß zu diesen Vorschriften eindeutig. Die für das Strafverfahren vertretene gegenteilige Auffassung (vgl. LR-Meyer 5 zu § 363 StPO) dürfte überholt sein (vgl. Kleinknecht 3 zu § 363 StPO), jedenfalls für das Bußgeldverfahren.

12   e) **Eingeschränkt ist die Wiederaufnahme** zugunsten des Betroffenen weiterhin in Bagatellsachen und allgemein nach einem Zeitablauf von 5 Jahren (II): Die nur auf neue Tatsachen oder Beweismittel gestützte Wiederaufnahme (§ 359 Nr. 5 StPO) ist dann unzulässig, wenn nur eine Geldbuße bis zu 200 DM festgesetzt oder eine Nebenfolge gleichen wirtschaftlichen Ausmaßes (II S. 2) angeordnet ist. Hat die Bußgeldentscheidung mehrere Taten im prozessualen Sinne zum Gegenstand (vgl. 50 ff

vor § 59; 21 zu § 79), so gilt diese Einschränkung für jede einzelne von
ihnen; der Rechtsgedanke von § 79 II trifft auch hier zu (zust. Rotberg 3).
Geldbuße und Nebenfolgen sind zusammenzurechnen (vgl. 5 zu § 79);
der Wiederaufnahmeantrag, der sich allein gegen die Anordnung der
Nebenfolge richtet, ist dann unzulässig, wenn sie keinen höheren Wert
hat als 200 DM, auch wenn daneben eine höhere Geldbuße festgesetzt ist.
Bei einer Nebenfolge nichtvermögensrechtlicher Art (zB Fahrverbot;
8 zu § 79) gilt dagegen die Einschränkung nicht, selbst wenn nur eine
Geldbuße bis zu 200 DM festgesetzt worden ist.

13   **Nach Ablauf von 5 Jahren** ist ein Wiederaufnahmeantrag nach § 359
Nr. 5 StPO schlechthin unzulässig. Das gilt auch dann, wenn die Vollstreckung noch nicht beendet ist. Es handelt sich um eine absolute Ausschlußfrist, die mit der formellen Rechtskraft der Bußgeldentscheidung
(2 zu § 84) beginnt (zust. Rotberg 3). Gegen die Versäumung ist keine
Wiedereinsetzung zulässig, da § 44 StPO nicht für absolute Ausschlußfri-
sten gilt (vgl. auch 43 zu § 87). Ein vor Ablauf der Frist gestellter Antrag
wird jedoch nicht unzulässig, wenn vor Zulassung der Wiederaufnahme
(§ 367 StPO) 5 Jahre verstrichen sind; denn der Betroffene hat keinen
Einfluß darauf, daß bei einem rechtzeitig gestellten Antrag noch innerhalb der Frist die Wiederaufnahme für zulässig erklärt wird (ebenso Müller 5).

14   **Trotz Zeitablaufs** kann die Wiederaufnahme auf Grund des § 359
Nr. 1–4 StPO begehrt werden. Das gleiche gilt in Bagatellfällen. Diese
Regelung beruht auf der Erwägung, daß eine Entscheidung, die möglicherweise durch strafbare Mittel beeinflußt worden (§ 359 Nr. 1–3 StPO)
oder die in ihrer Grundlage erschüttert ist (§ 359 Nr. 4 StPO), zum
Nachteil des Betroffenen keinen Bestand haben darf. Daraus folgt, daß
kein Wiederaufnahmegrund nach § 359 Nr. 2 StPO vorliegt, wenn ein
Zeuge nicht richterlich vernommen worden ist und deshalb straflos
falsch ausgesagt hat (vgl. 8).

15   f) **Nach § 79 I BVerfGG** ist ein zusätzlicher Wiederaufnahmegrund zugunsten des Betroffenen gegeben, wenn das BVerfG eine materielle Vorschrift des „Strafrechts" für verfassungswidrig erklärt hat und die Entscheidung auf dieser Vorschrift beruht. § 79 I BVerfGG gilt seinem
Grundgedanken nach auch für Bußgeldentscheidungen (Kleinknecht 21
zu § 359 StPO; Rebmann/Roth/Herrmann 4; Rotberg 5; Preiser NJW **62**,
847; aM Bay. NJW **62**, 2166). Es handelt sich hier um einen absoluten
Wiederaufnahmegrund, so daß § 363 StPO nicht gilt (vgl. BGH **18**, 339).
Der Rechtsgedanke des § 79 I BVerfGG ist analog anzuwenden, wenn die
Rechtsvorschrift eines Landes oder eine unter Landesrecht stehende Vorschrift für verfassungswidrig erklärt wird, auf der ein Bußgeldbescheid
beruht; es wäre verfehlt, eine staatliche Sanktion, die auf einer für verfassungswidrig erklärten Norm beruht, bestehen zu lassen; das Untersagen
einer weiteren Vollstreckung würde das Problem nicht lösen, weil dann
uU die Verfolgung unter einem anderen, subsidiär geltenden Gesichtspunkt nicht möglich wäre (vgl. auch Kleinknecht 22 zu § 359 StPO). Der
Wiederaufnahmeantrag ist in allen Fällen von der StA zu stellen; sie kann
davon absehen, wenn die Bußgeldentscheidung auf Grund einer anderen
Norm gerechtfertigt gewesen wäre (Kleinknecht aaO).

16   g) **Die Erleichterungen zur Durchsetzung eines Wiederaufnahme-verfahrens,** die zugunsten des Verurteilten nach §§ 364 a, 364 b StPO gelten, sind entsprechend anzuwenden (I).

17   B. **Zuungunsten des Betroffenen** ist die Wiederaufnahme nach § 362 StPO nur zu dem Zweck zulässig, die Verurteilung auf Grund eines Strafgesetzes herbeizuführen (III). Die Zulässigkeit der Wiederaufnahme zuungunsten des Betroffenen ist damit gegenüber der StPO erheblich eingeschränkt: Ist der Betroffene im Verfahren nach Einspruch freigesprochen worden, so kann gegen ihn eine Wiederaufnahme mit dem Ziel, die Festsetzung einer Geldbuße herbeizuführen, selbst dann nicht betrieben werden, wenn der Freispruch im Bußgeldverfahren mit strafbaren Mitteln zustande gekommen ist (§ 362 Nr. 1–3 StPO), und weiter auch dann nicht, wenn der Betroffene später die Ordnungswidrigkeit glaubhaft eingesteht (§ 362 Nr. 4 StPO). Im einzelnen sind folgende Fälle zu unterscheiden:

18   a) **Bei Bußgeldbescheiden** ist die Wiederaufnahme des Verfahrens zuungunsten des Betroffenen niemals gegeben: Zu dem Zweck einer strengeren Ahndung auf Grund einer Bußgeldvorschrift mit höherem Bußgeldrahmen erlaubt III S. 1 die Wiederaufnahme nicht. Zu dem Zweck, die Verurteilung nach einem Strafgesetz herbeizuführen, ist die Wiederaufnahme gegen einen Bußgeldbescheid nicht erforderlich, weil der Bußgeldbescheid die spätere Strafverfolgung nicht hindert (vgl. 3; 3 zu § 84).

19   b) **Bei einer gerichtlichen Entscheidung im Bußgeldverfahren** (vgl. 4) ist die Wiederaufnahme zum Zweck einer Ahndung (oder strengeren Ahndung) auf Grund von Bußgeldvorschriften ausgeschlossen, selbst wenn die gerichtliche Entscheidung (Freispruch) mit strafbaren Mitteln herbeigeführt worden ist oder der Betroffene später die Tat glaubhaft eingesteht. Zum Zwecke der Verurteilung nach einem Strafgesetz ist die Wiederaufnahme in folgenden Fällen möglich: 1. Bei einem Freispruch sind die Wiederaufnahmegründe nach § 362 Nr. 1–4 StPO beachtlich; in dem Falle des § 362 Nr. 4 StPO kommt es also darauf an, ob das spätere Geständnis ergibt, daß der Betroffene (sogar) eine Straftat begangen hat. Außerdem ist die Wiederaufnahme auf Grund neuer Tatsachen oder Beweismittel zulässig, wenn die Verurteilung des Betroffenen wegen eines Verbrechens (§ 12 I StGB) erstrebt wird (III S. 2). 2. Bei Festsetzung einer Geldbuße ist die Wiederaufnahme nur nach § 362 Nr. 1–3 StPO zulässig, also nicht nach § 362 Nr. 4 StPO, da diese Vorschrift einen Freispruch voraussetzt; die Verurteilung zu einer Geldbuße ist danach im Verhältnis zu einer möglichen Verurteilung wegen einer Straftat ebenso zu beurteilen wie die Verurteilung wegen eines geringfügigen Vergehens zu einer möglichen Verurteilung wegen einer schwereren Straftat. Außerdem ist aber die Wiederaufnahme auf Grund neuer Tatsachen oder Beweismittel (wozu auch ein späteres Geständnis rechnet) zulässig, jedoch nur dann, wenn die Verurteilung wegen eines Verbrechens erstrebt wird (III S. 2). Diese erweiterte Wiederaufnahmemöglichkeit nach III S. 2 beruht auf der Erwägung, daß das Gericht im Bußgeldverfahren nur die Möglichkeit gehabt hat, den Gesichtspunkt einer Verletzung von Strafvorschriften in seine Beurteilung einzubeziehen, das

Verfahren also nicht von vornherein eine Straftat zum Gegenstand gehabt
hat, und daß es auch in vereinfachter Weise (unter Vernachlässigung von
Wahrheitsgarantien) durchgeführt worden ist (vgl. Begr. zu § 74
EOWiG).

20   c) **Bei einer gerichtlichen Entscheidung im Strafverfahren** (Urteil),
durch die der Angeklagte zugleich wegen der Tat als Ordnungswidrigkeit freigesprochen oder gegen ihn eine Geldbuße festgesetzt ist, kann die
Wiederaufnahme zum Zwecke einer Ahndung (oder strengeren Ahndung) auf Grund von Bußgeldvorschriften ebenfalls nicht begehrt werden (vgl. 17). Zum Zwecke einer Strafverfolgung ist die Wiederaufnahme nur auf Grund der Wiederaufnahmegründe der StPO zulässig, da
das Urteil im Strafverfahren ergangen ist; III S. 2 ist nicht anzuwenden.

21   d) **Bei einer gerichtlichen Bußgeldentscheidung im Zusammenhang
mit einer Strafsache** (Urteil, Strafbefehl; § 83) ist die Wiederaufnahme
wegen der Tat unter den gleichen Voraussetzungen gegeben wie bei einer
gerichtlichen Entscheidung in Bußgeldsachen (vgl. 2). Die Ausführungen unter 19) gelten entsprechend.

22   7) **Beim AG,** in dessen Bezirk die VB ihren Sitz hat (§ 68), ist der
Antrag auf Wiederaufnahme gegen einen Bußgeldbescheid zu stellen,
also nicht bei der VB. Wird der Antrag bei der VB eingereicht, so übersendet sie ihn der StA, die ihn (mit ihrer Stellungnahme) dem Gericht
vorlegt.

23   8) **Antragsberechtigt** sind neben dem Betroffenen und Nebenbeteiligten (vgl. 2ff. vor § 87) die in §§ 297, 298 StPO bezeichneten Personen
und die StA (vgl. 2). Über die Anwendung des § 361 II StPO vgl. 25a.
Die VB hat kein Antragsrecht (vgl. 3).

24   9) **Form und Inhalt des Antrages** richten sich nach den §§ 365, 366
StPO. Der Betroffene kann den Antrag nur durch den Verteidiger, einen
RA oder zu Protokoll des Rechtspflegers (nicht der VB) stellen (§ 366 II
StPO; § 24 I Nr. 2 RpflG).

25   10) **Hinderungsgründe** für die Wiederaufnahme sind nicht die abgeschlossene Vollstreckung der Bußgeldentscheidung (§ 361 I StPO), wohl
aber der Fristablauf sowie die Höhe der Geldbuße (II) und der gnadenweise Erlaß der Geldbuße.

25a   **Ob der Tod des Betroffenen** die Wiederaufnahme zu seinen Gunsten
hindert (vgl. § 361 StPO), ist zweifelhaft. Gegen die Zulässigkeit der
Wiederaufnahme spricht, daß im Strafverfahren beim Tode des Verurteilten die Wiederaufnahme praktisch nur mit dem Ziele des Freispruchs
zulässig ist (§ 371 I StPO), um den guten Ruf des Verstorbenen wieder-
herzustellen und weitergehende Unrechtsfolgen, die sich auf die Angehörigen auswirken können, zu beseitigen (vgl. Kleinknecht 3 zu § 371
StPO). Solche Nachteile hat aber die Bußgeldentscheidung nicht.

26   11) **Eine Hemmung der Vollstreckung** bewirkt der Antrag nicht
(§ 360 I StPO). Den Aufschub der Vollstreckung kann das Gericht anordnen, aber auch in VB in ihrer Eigenschaft als VollstrB (vgl. 21 zu § 52;
26 zu § 87; 2 zu § 102).

27   **12) Für das Zulassungs- und Prüfungsverfahren** gelten § 367 II, §§ 368–370 StPO entsprechend. Das Prüfungsverfahren hat sich in den Fällen nach III darauf zu erstrecken, ob hinreichende Gründe für die Annahme einer Straftat (ev. eines Verbrechens; III S. 2) gegeben sind. Ist dies nicht der Fall, so ist der Antrag nach § 370 StPO als unbegründet zu verwerfen. Gegen den Beschluß hat die StA (IV S. 3; vgl. 2) die sofortige Beschwerde (§ 372 StPO). Wird der Antrag des Betroffenen auf Wiederaufnahme abgelehnt, so steht ihm ebenfalls die sofortige Beschwerde zu (§ 372 StPO).

28   **13) Eine Entscheidung im abgekürzten Verfahren** ist nach § 371 II StPO nur mit Zustimmung der StA (IV S. 3; vgl. 2) möglich. Dies gilt auch dann, wenn das Gericht (bei einer Wiederaufnahme zugunsten des Betroffenen) nach Durchführung des Prüfungsverfahrens das Verfahren nach § 47 II einstellen will; diese Entscheidung steht dem Freispruch iS des § 371 II StPO gleich (vgl. Kleinknecht 1 zu § 371 StPO). Das Erfordernis der Zustimmung bezieht sich hier auf die Einstellung und auf das abgekürzte Verfahren. In dem freisprechenden oder einstellenden Beschluß nach § 371 II StPO (vgl. BGH **14**, 64, 66) ist der Bußgeldbescheid der VB zugleich aufzuheben (§ 371 III StPO). Eine Bekanntmachung des Freispruchs nach § 371 IV StPO scheidet im Bußgeldverfahren aus, weil der Zweck der Vorschrift (Beseitigung eines Makels, der bei einer nicht öffentlich ergangenen Entscheidung nur unvollkommen beseitigt wäre) bei einer Bußgeldentscheidung nicht zutrifft.

29   **14) Die „erneute" Hauptverhandlung** kann das Gericht auch dann anordnen (vgl. § 370 II StPO), wenn eine Hauptverhandlung früher nicht vorausgegangen ist, so zB bei der Wiederaufnahme gegen einen Bußgeldbescheid oder einen Beschluß nach § 72 (zust. Rotberg 13). Die erneute Hauptverhandlung kann eine solche im Bußgeldverfahren sein (so bei einer Wiederaufnahme zugunsten des Betroffenen) oder im Strafverfahren (so bei einer Wiederaufnahme zuungunsten des Betroffenen; III). Im ersten Falle gelten die Verfahrensvorschriften des OWiG; die VB ist in der neuen Hauptverhandlung nach § 76 zu beteiligen (ebenso Rebmann/Roth/Herrmann 19; Rotberg 2 zu § 76, 13 zu § 85; aM Kaiser NJW **68**, 1817). Im letzten Falle tritt mit der Anordnung der Hauptverhandlung ein nachträglicher Übergang in das Strafverfahren ein. In dem Beschluß nach § 370 II StPO sind dann die Strafvorschriften anzugeben, die der Angeklagte verwirklicht haben soll, und die tatsächlichen Umstände anzuführen, in denen die gesetzlichen Merkmale der Strafvorschrift erblickt werden. Gegen eine solchen Beschluß hat der Angeklagte die sofortige Beschwerde (§ 372 StPO). Mit der Anordnung wird die Bußgeldentscheidung gegenstandslos, die weitere Vollstreckung unzulässig und die Sache – jetzt als Strafsache – rechtshängig. Das Gericht hat bei der Anordnung nach § 370 II StPO zu beschließen, daß die Hauptverhandlung vor einem Gericht höherer Ordnung stattfindet, wenn die Sache unter dem Gesichtspunkt einer Straftat vor ein Gericht höherer Ordnung gehört, da sich die Zuständigkeit des Gerichts für die neue Hauptverhandlung nach den allgemeinen Vorschriften richtet (vgl. BGH 17. 7. 1962, 1 StR 263/62; ebenso Rebmann/Roth/Herrmann 21; Rotberg 13). Umge-

kehrt kann das nach § 367 StPO zuständige Gericht die Erneuerung der
Hauptverhandlung vor einem Gericht niederer Ordnung beschließen, so
zB die StrK des LG, wenn ein solcher Spruchkörper im Strafverfahren
wegen einer zusammenhängenden Ordnungswidrigkeit nach § 83 eine
Geldbuße festgesetzt hat und dagegen die Wiederaufnahme zugunsten
des Betroffenen begründet erscheint (ebenso Rotberg 13).

30   15) Über die Kosten des Wiederaufnahmeverfahrens vgl. § 473 V
Nr. 1 StPO iVm § 46 I (vgl. 6 § 109).

31   16) Über die Anwendung des StrEG (Anh A 4) vgl. zu § 110.

Aufhebung des Bußgeldbescheides im Strafverfahren

86 ^I Ist gegen den Betroffenen ein Bußgeldbescheid ergangen und
wird er später wegen derselben Handlung in einem Strafverfahren verurteilt, so wird der Bußgeldbescheid insoweit aufgehoben. Dasselbe gilt, wenn es im Strafverfahren nicht zu einer Verurteilung
kommt, jedoch die Feststellungen, die das Gericht in der abschließenden Entscheidung trifft, dem Bußgeldbescheid entgegenstehen.

^II Geldbeträge, die auf Grund des aufgehobenen Bußgeldbescheides
gezahlt oder beigetrieben worden sind, werden zunächst auf eine erkannte Geldstrafe, dann auf angeordnete Nebenfolgen, die zu einer
Geldzahlung verpflichten, und zuletzt auf die Kosten des Strafverfahrens angerechnet.

^III Die Entscheidungen nach den Absätzen 1 und 2 werden in dem
Urteil oder in der sonstigen abschließenden Entscheidung getroffen.

1   **1) Zweck der Vorschrift** ist es, den Bußgeldbescheid in einem vereinfachten Wiederaufnahmeverfahren zu beseitigen, wenn später ein Strafverfahren eingeleitet wird, das wegen der beschränkten Rechtskraft des
Bußgeldbescheides ohne förmliche Wiederaufnahme möglich ist (3 f. zu
§ 84). Zum Schutze des Betroffenen soll verhindert werden, daß voneinander abweichende Entscheidungen (nicht einmal vorübergehend) nebeneinander Bestand haben. Dabei gibt das Gesetz der gerichtlichen Entscheidung den Vorrang vor dem Bußgeldbescheid. Auf die Rechtskraft
des Bußgeldbescheides kommt es nicht an (BGH 1. 9. 1976, 2 StR 50/76;
Bay. bei Rüth DAR **76**, 179). Es ist denkbar, daß die StA vor Eintritt der
Rechtskraft und bevor das Bußgeldverfahren bei Gericht anhängig wird,
wegen der Tat Anklage erhebt (vgl. 28 zu § 69). Die Priorität der Rechtshängigkeit im Strafverfahren schafft in diesem Falle für das Bußgeldverfahren ein Verfahrenshindernis (vgl. 48 vor § 59). Mit der Entscheidung
im Strafverfahren sind dann zugleich die Folgerungen für den noch nicht
rechtskräftig gewordenen Bußgeldbescheid zu ziehen. Damit erübrigt
sich eine spätere Einstellung im Bußgeldverfahren; zugleich werden klare
Verhältnisse geschaffen (Begr. zu § 75 EOWiG). Die Aufhebung kann
auch noch durch das Revisionsgericht ausgesprochen werden (vgl. BGH
aaO; Bay. aaO).

2   **2) Wegen derselben Handlung** muß später eine gerichtliche Entscheidung ergehen. Eine Verurteilung wegen der Tat im verfahrensrechtli-

chen Sinne (50 ff. zu § 59) reicht nicht aus. Hat ein geschichtlicher Vorgang, der im natürlichen Sinne eine Einheit bildet, mehrere Handlungen im sachlich-rechtlichen Sinne (Tatmehrheit) zum Gegenstand (zB fahrlässige Körperverletzung durch Nichtbeachtung der Vorfahrt und unerlaubtes Entfernen vom Unfallort), so kommt es darauf an, ob die spätere Verurteilung gerade die Handlung (also zB die Vorfahrtverletzung) betrifft, wegen der im Bußgeldbescheid eine Geldbuße festgesetzt war (Begr. zu § 75 EOWiG). Diese Unterscheidung ist beachtlich, weil die spätere Verurteilung nicht stets alle Handlungen einer Tat erfassen muß; denn der Verfolgung einzelner Handlungen können Verfahrenshindernisse entgegenstehen oder von der Verfolgung einzelner Teile einer Tat kann nach § 154 a StPO abgesehen werden (ebenso Rotberg 3). Bei einer späteren Verurteilung wegen einer Straftat ist die vorher wegen derselben Handlung festgesetzte Geldbuße stets aufzuheben, weil nach § 21 neben der Strafe nicht auf Geldbuße erkannt werden kann, so daß das Bußgelderkenntnis keinen Bestand haben kann (Bay. NJW **79**, 82; abw. die 5. Aufl.).

3   **3) Die gerichtliche Entscheidung im Strafverfahren** (auch im Privatklageverfahren) kann eine Verurteilung (I S. 1), aber auch eine andere abschließende Entscheidung sein, soweit hier widersprechende Feststellungen getroffen werden (I S. 2).

4   **A. Bei einer Verurteilung** ist es notwendig, den Bußgeldbescheid aufzuheben, weil mit der Bejahung der Straftat die Ordnungswidrigkeit verdrängt wird (§ 21) und eine doppelte Ahndung derselben Handlung dem Grundsatz *„ne bis in idem"* widersprechen würde, so daß die Bußgeldentscheidung keinen Bestand haben kann.

5   **B. Bei einer anderen abschließenden Entscheidung** ist es zur Vermeidung divergierender Entscheidungen und aus Gründen der Prozeßwirtschaftlichkeit zweckmäßig, daß das Gericht zugleich die Folgerungen für den Bußgeldbescheid zieht, soweit die getroffenen Feststellungen dem Bußgeldbescheid entgegenstehen. Denn diese Feststellungen würden im Ergebnis neue Tatsachen oder Beweismittel für eine Wiederaufnahme des Verfahrens liefern. Die sofortige Entscheidung des Gerichts erspart ein solches Wiederaufnahmeverfahren (Begr. zu § 75 EOWiG). Es kommt allerdings nicht darauf an, ob die Voraussetzungen für eine Wiederaufnahme des Verfahrens vorliegen.

6   **a) Ein Freispruch** ergeht in dem später eingeleiteten Strafverfahren, wenn das Gericht a) die zusätzlichen Umstände (über die Tatbestandsmerkmale der Ordnungswidrigkeit hinaus) für das Vorliegen einer Straftat (aus tatsächlichen oder rechtlichen Gründen) verneint (zB bei einem echten oder unechten Mischtatbestand, 33 ff. vor § 1) oder b) zu dem Ergebnis gelangt, daß der Angeklagte die ihm zur Last gelegte Tat nicht oder nicht rechtswidrig oder nicht vorwerfbar begangen hat. Im Falle a) bleibt der Bußgeldbescheid grundsätzlich unangetastet (zust. Rotberg 6). Im Falle b) kommt es darauf an, ob sich die Feststellungen zugleich auf die Beurteilung der Tat als Ordnungswidrigkeit auswirken. Wird zB gegen A wegen Vorfahrtverletzung zunächst durch Bußgeldbescheid eine Geldbuße festgesetzt und gegen ihn anschließend wegen derselben

Handlung unter dem Gesichtspunkt der fahrlässigen Körperverletzung
Anklage erhoben, so wirkt sich die gerichtliche Feststellung, A sei nicht
der Fahrer gewesen, zugleich auf den Bußgeldbescheid aus. Dasselbe gilt,
wenn das Gericht zum Ergebnis gelangt, A habe im rechtfertigenden
Notstand (§ 16) gehandelt oder er sei unzurechnungsfähig gewesen
(§ 12 II). Bleibt zweifelhaft, ob A den Straftatbestand (zB die fahrlässige
Körperverletzung durch Nichtbeachten der Vorfahrt) verwirklicht hat, so
liegt die Feststellung des Gerichts in der „Nichterweislichkeit" der
dem A zur Last gelegten Tat. Diese Feststellung kann sich zugleich auf
die Annahme der Ordnungswidrigkeit auswirken (zB die Vorfahrtverletzung), so daß die Voraussetzungen von I S. 2 vorliegen können. Die
Auslegung, daß nur positive Feststellungen die Voraussetzungen von I
S. 2 erfüllen können, würde dem Zweck der Vorschrift nicht gerecht
werden. Zu den „Feststellungen" iS von I S. 2 rechnen auch rechtliche
Bewertungen, die sich auf die Beurteilung der Handlung als Ordnungswidrigkeit auswirken, also nicht nur Feststellungen tatsächlicher Art
(vgl. Rebmann/Roth/Herrmann 10; Rotberg 6).

7   b) **Die Einstellung** kann in dem später eingeleiteten Strafverfahren
ausgesprochen werden a) wegen eines Verfahrenshindernisses (§ 260 III
StPO) oder b) nach einer Vorschrift, die dies nach dem Ermessen des
Gerichts erlaubt (zB § 153 II, § 153a StPO). Im letzten Falle bleibt der
Bußgeldbescheid grundsätzlich unberührt, da sich die Beurteilung in der
Regel nur auf die Verfolgung der Tat als Straftat erstreckt. Das gilt auch
bei Mischtatbeständen (vgl. 33 ff. vor § 1) hinsichtlich der Umstände,
welche die Tat als Straftat qualifizieren; insoweit kann das Verschulden
gering sein (aM Rebmann/Roth/Herrmann 12; Rotberg 7). Wirkt sich
ausnahmsweise die Beurteilung, daß die Schuld des Täters gering ist,
zugleich auf die Beurteilung der Handlung als Ordnungswidrigkeit aus,
so ist I S. 2 anzuwenden. Stellt das Gericht das Verfahren wegen eines
Verfahrenshindernisses ein, so ist zu prüfen, ob das Verfahrenshindernis
in gleicher Weise dem Bußgeldbescheid entgegensteht (vgl. 28 zu § 21).
Das kann der Fall sein (zB Exterritorialität, Amnestie), wird jedoch regelmäßig nicht zutreffen (zB bei einem fehlenden Strafantrag, der Immunität, bei einer unterschiedlichen Verjährung).

8   c) **Als sonstige Entscheidung** abschließender Art kommt zB der Beschluß über die Ablehnung der Eröffnung des Hauptverfahrens in Betracht, aus dem hervorgehen muß, ob er auf „tatsächlichen oder auf
Rechtsgründen" beruht (§ 204 StPO). Treffen die Feststellungen tatsächlicher Art (wozu auch die „Nichterweislichkeit" rechnet) oder die
Rechtsgründe für die Ablehnung der Eröffnung des Hauptverfahrens in
gleicher Weise auf die Beurteilung der Tat als Ordnungswidrigkeit zu, so
ist ebenfalls nach I S. 2 zu verfahren (vgl. näher 6).

9   **4) Ganz oder teilweise aufzuheben** ist der Bußgeldbescheid, und zwar
„soweit" der Angeklagte wegen derselben Handlung verurteilt wird
oder die Feststellungen dem Bußgeldbescheid entgegenstehen. Für den
letzten Fall ergibt sich dies aus dem einleitenden Satzteil von I S. 2 „Dasselbe gilt" (Begr. zu § 75 EOWiG). Sind in dem Bußgeldbescheid wegen
mehrerer Handlungen mehrere Geldbußen festgesetzt, so wird nur die

Geldbuße wegen der Handlung aufgehoben, derentwegen der Angeklagte später verurteilt wird. Im Falle von I S. 2 gilt dies entsprechend.
Eine Milderung der Geldbuße kommt jedoch nicht in Betracht, wenn das
Gericht den Angeklagten freispricht und zugleich besondere Milderungsgründe für die Beurteilung der Ordnungswidrigkeit feststellt (zust. Rotberg 8). In diesem Falle liegen keine unvereinbaren Feststellungen vor.
Gegen die Möglichkeiten einer Milderung spricht im übrigen auch § 363
StPO, der nach § 85 I sinngemäß gilt. Ist der Bußgeldbescheid wegen
mehrerer tateinheitlich begangener Ordnungswidrigkeiten ergangen und
stehen die gerichtlichen Feststellungen der Annahme einzelner Ordnungswidrigkeiten entgegen, so ist es nach dem Sinngehalt von I wohl
richtig, den Bußgeldbescheid insgesamt aufzuheben und die Geldbuße
neu festzusetzen (so Müller 7). Die Möglichkeit, den Bußgeldbescheid
zum Teil aufzuheben, gestattet es auch, dessen Kostenentscheidung zum
Teil zu ändern.

10   **5) Die Anrechnung von Geldbeträgen** (II), die auf Grund des aufgehobenen Bußgeldbescheides gezahlt oder beigetrieben sind, auf die vermögensrechtlichen Folgen des Straferkenntnisses soll die wirtschaftlichen
Nachteile des Betroffenen möglichst rasch ausgleichen (Begr. zu § 75
EOWiG). Die Vorschrift dient danach dem Schutz des Betroffenen. Sie
will außerdem das Verfahren wegen der zu beseitigenden und noch zu
vollstreckenden Unrechtsfolgen möglichst rasch und einfach erledigen.
Sie ist deshalb nicht zu eng auszulegen und nicht nur anzuwenden, wenn
im Straferkenntnis gerade wegen der Handlung, derentwegen der Bußgeldbescheid aufgehoben wird, vermögensrechtliche Folgen ausgesprochen werden, sondern auch dann, wenn das Straferkenntnis wegen einer
anderen Handlung solche Folgen ausspricht. Nicht anzurechnen ist jedoch die Erzwingungshaft oder der Jugendarrest (§§ 96, 98 II; vgl. Reb-
mann/Roth/Herrmann 15). Zu den Geldbeträgen, die auf Grund des
aufgehobenen Bußgeldbescheides gezahlt oder beigetrieben sind, rechnen
die Geldbuße (auch im Falle des § 30), der Mehrerlös (§§ 8 ff. WiStG
1954, Anh **A 12**), der Wertersatz an Stelle der Einziehung eines Gegenstandes (§ 25) sowie die Kosten des Bußgeldverfahrens (5 ff. vor § 105).
Diese Beträge sind insgesamt (nicht gesondert) zunächst auf eine erkannte Geldstrafe, dann auf angeordnete Nebenfolgen, die zu einer Geldzahlung verpflichten (zB den Wertersatz an Stelle des Verfalls oder der
Einziehung, §§ 73 a, 74 c StGB) und zuletzt auf die Kosten des Verfahrens
(einschl. der Vollstreckungskosten) anzurechnen, selbstverständlich nur,
soweit sie der Angeklagte zu tragen hat. Die Anordnung geschieht also
so, daß die nachteiligeren Folgen des Straferkenntnisses zuerst beseitigt
werden. Das Gericht kann die Anrechnung im Straferkenntnis (11) in der
Weise aussprechen, daß es die anzurechnenden Geldbeträge nach dem
Wortlaut von II abstrakt bezeichnet und dann die Geldstrafe sowie die
etwa angeordneten Nebenfolgen, auf die angerechnet wird, konkret
nennt sowie schließlich abstrakt die Kosten des Strafverfahrens aufführt,
wobei die Vollstreckungskosten nicht besonders erwähnt zu werden
brauchen. Wird nicht auf eine Geldstrafe oder eine Nebenfolge vermögensrechtlicher Art erkannt, so ist die Anrechnung nur auf die Kosten des
Strafverfahrens auszusprechen, soweit sie der Angeklagte zu tragen hat.

11   **6) Zugleich in der gerichtlichen Entscheidung** (3 ff.), und zwar im
entscheidenden Teil (nicht erst in der Begründung; BGH 7. 2. 1979,
3 StR 515/78; Bay. NJW **79**, 627) wird der Bußgeldbescheid aufgehoben
und die Anrechnung ausgesprochen. Die Anordnung der Unrechtsfolgen
vermögensrechtlicher Art darf sich nicht auf den Unterschiedsbetrag beschränken, weil sonst ein unrichtiger Eindruck von dem Ausmaß der
Unrechtsfolgen (auch im Zentralregister) entsteht (ebenso Rebmann/
Roth/Herrmann 15; Rotberg 10). Über die Form des Ausspruchs der
Anrechnung vgl. 10. Über den Fall der Aufhebung einer im Bußgeldbescheid enthaltenen Einziehungsanordnung vgl. 50 zu § 87. Ist die Entscheidung nach I oder II übergangen worden, so ist sie nachträglich zu
treffen (§ 102 I).

12   **7) Die Vollstreckung des Bußgeldbescheides** wird, soweit er aufgehoben wird, unzulässig. Schon vorher ist die Einstellung der Vollstreckung
geboten (§ 102 I).

13   **8) Zurückzuerstatten** an den Betroffenen sind die Geldbeträge, die
durch die Anrechnung nicht getilgt worden sind. Erstattungspflichtig
sind bei Geldbußen oder Nebenfolgen, die zu einer Geldzahlung verpflichten (5 zu § 34), die Staatskasse oder die anderweitig bestimmte
Stelle iS von § 90 II (vgl. dort 35), bei Kosten des Bußgeldverfahrens die
Kasse des Verwaltungsträgers, dem die VB, die das Bußgeldverfahren
durchgeführt hat, angehört (vgl. 28 zu § 107). Über die Rückzahlung
entscheidet die für die Vollstreckung des Bußgeldbescheides zuständige
VollstrB (Bay. NJW **79**, 827; 2 zu § 90). Eine Abführung der angerechne-
ten Beträge an den Justizfiskus wird nur dann in Betracht kommen, wenn
es sich um verschiedene „Staatskassen" handelt (zB wenn eine VB des
Bundes den Bußgeldbescheid erlassen hat), falls hier nicht aus Gründen
der Verwaltungsvereinfachung behördenintern auf eine Erstattung verzichtet wird (so zB § 5 S. 2 NdsAGOWiG, Anh **B 7a**; abw. Rebmann/
Roth/Herrmann 15, Rotberg 10, die annehmen, daß stets an den Justizfiskus abzuführen sei).

Achter Abschnitt
Verfahren bei Anordnung von Nebenfolgen

Vorbemerkungen

1   **1) Der Abschnitt** enthält Vorschriften für das Verfahren bei der Anordnung der Einziehung (§§ 22 ff.) und der Festsetzung einer Geldbuße
gegen JPen und PVen (§ 30). Es handelt sich hierbei nur um ergänzende
oder abweichende Regelungen (namentlich für das Verfahren der VB), da
im Ausgangspunkt die Vorschriften der StPO über das Verfahren bei
Einziehungen (§§ 430 ff. StPO) und bei Festsetzung einer Geldbuße gegen eine JP oder PV (§ 444) sinngemäß gelten (§ 46 I); über die Anwendung der Vorschriften über das Einziehungsverfahren auf andere Nebenfolgen vgl. 60 zu § 87. Insbesondere ist ausdrücklich bestimmt, für welche Anordnungen, die im Strafverfahren dem Richter zustehen, im Buß-

geldverfahren die VB zuständig ist (vgl. § 87 I, § 88 I), da sie sonst bei sinngemäßer Anwendung der StPO-Vorschriften nur die Stellung der StA hat (vgl. 7 zu § 46). Außerdem ist geregelt, in welcher Form die selbständige Anordnung getroffen wird und welche VB zuständig ist (§ 87 III; § 88 II). Die übrigen Vorschriften gleichen das Verfahren bei Anordnung von Nebenfolgen den Besonderheiten des Bußgeldverfahrens an.

2　**2) Nebenbeteiligte** sind andere Personen als der Betroffene (gegen den sich das Bußgeldverfahren richtet; vgl. 49 vor § 59), in deren Rechte aber durch die Anordnung der Nebenfolge eingegriffen werden kann und deren Verfahrensbeteiligung deshalb angeordnet werden muß (vgl. auch 9 zu § 66 sowie 2, 5 zu § 87; zum Begriff „Nebenbeteiligter" zB § 467 a II StPO iVm § 105 I). Ihnen stehen mit Erlaß des Bußgeldbescheides deshalb die gleichen Befugnisse wie einem Betroffenen zu (§ 87 II S. 1). Als Nebenbeteiligte kommen in Betracht:

3　A. **Der Einziehungsbeteiligte,** dessen Verfahrensbeteiligung angeordnet ist, weil über die Einziehung eines Gegenstandes zu entscheiden ist und glaubhaft erscheint, daß ihm der Einziehungsgegenstand gehört oder zusteht oder daß er an dem Einziehungsgegenstand ein sonstiges Recht hat, dessen Erlöschen im Falle der Einziehung angeordnet werden könnte (§ 431 I S. 1 StPO iVm § 46 I); ist die Verfahrensbeteiligung noch nicht angeordnet, so ist die Person nur jemand, der „als Einziehungsbeteiligter in Betracht kommt" (§ 432 I StPO iVm § 46 I), also ein „Beteiligungsinteressent" (vgl. Kleinknecht 5 zu § 431 StPO). Wegen der Verschiedenheit der materiellen Einziehungsvorschriften ist zwischen mehreren Gruppen von Einziehungsbeteiligten zu unterscheiden (vgl. Göhler, Beilage zum BAnz. Nr. 138/64 S. 9). In Betracht kommen:

4　a) **in den Fällen des § 23** der tatunbeteiligte Eigentümer oder Rechtsinhaber, der durch sein Verhalten einen die Einziehung rechtfertigenden Grund geliefert hat. Da ihm in diesem Fall ein besonderer Vorwurf trifft, rückt er verfahrensrechtlich in eine Rolle, die der des Betroffenen ähnlich ist;

5　b) **in den Fällen des § 22 II Nr. 2** der tatunbeteiligte Eigentümer oder Rechtsinhaber, dem gegenüber die Einziehung als Sicherungsmaßnahme (3 vor § 22) zulässig ist, auch wenn ihn im Zusammenhang mit der Ordnungswidrigkeit (oder der mit Geldbuße bedrohten Handlung, § 22 III) kein besonderer Vorwurf iS von § 23 Nr. 1, 2 trifft. In diesem Falle kann der Eigentümer oder Rechtsinhaber aber ebenfalls in eine ähnliche Stellung wie der Betroffene rücken, da zB die Gefährlichkeit eines Gegenstandes auch nach den Umständen des Falles beurteilt werden und deshalb grundsätzlich die Person und das Verhalten des Eigentümers oder Rechtsinhabers in die Beurteilung einbezogen werden muß;

6　c) **in den Fällen des § 22 II Nr. 1** sowie in den unter a) aufgeführten Fällen eine tatunbeteiligte Person, die den Einziehungsgegenstand für sich als Eigentümer oder Rechtsinhaber in Anspruch nimmt und die mit dieser Behauptung die Voraussetzung der Einziehung in Frage stellt. Auch dieser Person muß die Möglichkeit gegeben werden, die gegen den

Betroffenen gerichtete Einziehung nach Art eines Hauptintervenienten zu bekämpfen, da sie sonst mit der Rechtskraft der Entscheidung ihr Eigentum verlieren würde (3 zu § 26);

7 d) **die beschränkt dinglich Berechtigten** (vgl. 2 zu § 87), wenn das Erlöschen ihres Rechts im Falle der Einziehung angeordnet werden könnte (§ 26 II S. 2, 3; § 431 I S. 1 Nr. 2 StPO iVm § 46 I, § 87 I); denn nur in einem solchen Fall kann die Einziehungsanordnung in ihre Rechte eingreifen, so daß ihre Beteiligung notwendig ist. Ihre Stellung ist den unter 5 und 6 aufgeführten Personen vergleichbar, je nachdem, ob die Anordnung das Erlöschen des Rechts nach § 26 II S. 2 (vgl. Gruppe 5) oder nach § 26 II S. 3 (vgl. Gruppe 6) in Betracht kommt;

8 B. **Die JP oder PV,** deren Verfahrensbeteiligung angeordnet ist, weil im Bußgeldverfahren über die Festsetzung einer Geldbuße gegen sie als Nebenfolge der Tat einer natürlichen Person zu entscheiden ist (§ 30; § 444 StPO iVm § 88 I, § 46 I). Sie rückt verfahrensrechtlich in eine dem Betroffenen ähnliche Rolle, da die Geldbuße gegen sie gerichtet ist (vgl. auch 4). Die JP oder PV kann auch Einziehungsbeteiligte (vgl. 3) sein, so wenn wegen der Handlung ihrer vertretungsberechtigten Organe die Einziehung auch ihr gegenüber zulässig (vgl. § 29 iVm §§ 22–25; § 431 III StPO iVm § 87 I, § 46 I) und deshalb ihre Verfahrensbeteiligung angeordnet ist. Die JP oder PV wird in allen Fällen der Verfahrensbeteiligung durch die zur rechtsgeschäftlichen Vertretung befugten Organe (vgl. 9 ff. zu § 30) vertreten;

9 C. **Der Rechtsinhaber** eines Gegenstandes, wenn seine Verfahrensbeteiligung angeordnet ist, weil über die Unbrauchbarmachung (21 zu § 66) sowie die Beseitigung eines gesetzwidrigen Zustandes (§ 30 I WZG) zu entscheiden ist (vgl. auch 60 zu § 87);

10 D. **Der Inhaber oder Leiter eines Betriebes,** gegen den die Abführung des Mehrerlöses angeordnet worden ist, weil ihm durch eine rechtswidrige Tat eines anderen in seinem Betrieb der Mehrerlös zugeflossen ist (§ 10 II WiStG 1954). Auch in diesen Fällen richtet sich die Anordnung der Mehrerlösabführung an einen tatunbeteiligten Dritten, so daß seine Verfahrensbeteiligung in entsprechender Anwendung der §§ 430 ff. StPO iVm § 46 I sowie des § 87 I anzuordnen ist (ähnlich auch Meyer in Erbs/Kohlhaas 2 e zu § 11 WiStG 1954, W 98, der § 444 StPO iVm § 46 I sowie § 88 für entsprechend anwendbar hält).

Einziehungsverfahren

87 ⁱ Hat die Verwaltungsbehörde im Bußgeldverfahren über die Einziehung eines Gegenstandes zu entscheiden, so ist sie auch für die Anordnung der Verfahrensbeteiligung, die Beiordnung eines Rechtsanwalts oder einer anderen Person, die als Verteidiger bestellt werden darf, und die Entscheidung über die Entschädigung zuständig (§§ 431, 434 Abs. 2, § 436 Abs. 3 der Strafprozeßordnung).

ⁱⁱ Vom Erlaß des Bußgeldbescheides an hat der Einziehungsbeteiligte, soweit das Gesetz nichts anderes bestimmt, die Befugnisse, die einem Betroffenen zustehen. Ihm wird der Bußgeldbescheid, in dem die Einziehung angeordnet wird, zugestellt. Zugleich wird er darauf hingewiesen, daß über die Einziehung auch ihm gegenüber entschieden ist.

III Im selbständigen Verfahren wird die Einziehung in einem selbständigen Einziehungsbescheid angeordnet; § 66 Abs. 1, Abs. 2 Nr. 1 Buchstabe a und Abs. 3 gilt entsprechend. Der Einziehungsbescheid steht einem Bußgeldbescheid gleich. Zuständig ist die Verwaltungsbehörde, die im Falle der Verfolgung einer bestimmten Person zuständig wäre; örtlich zuständig ist auch die Verwaltungsbehörde, in deren Bezirk der Gegenstand sichergestellt worden ist.

IV Das Nachverfahren (§ 439 der Strafprozeßordnung) gegen einen Bußgeldbescheid ist bei der Verwaltungsbehörde zu beantragen, welche die Einziehung angeordnet hat. Die Entscheidung trifft das nach § 68 zuständige Gericht; § 69 Abs. 1 Satz 1, Abs. 2 gilt entsprechend.

V Die Entscheidung des Gerichts über die Einziehung eines Gegenstandes, dessen Wert zweihundert Deutsche Mark nicht übersteigt, ist nicht anfechtbar.

Übersicht

1   **1) Über die Notwendigkeit** einer besonderen Regelung für das Bußgeldverfahren der VB vgl. 1 vor § 87. Im übrigen gelten die §§ 430 ff. StPO über das Einziehungsverfahren sinngemäß (§ 46 I), und zwar so-

wohl im Verfahren der VB als auch des Gerichts, soweit sich aus den
Besonderheiten des Bußgeldverfahrens nichts anderes ergibt (vgl. 3–60).
Die sinngemäß geltenden §§ 430 ff. StPO regeln a) im Hinblick auf
Art. 103 I GG die Beteiligung von Personen, die nicht Betroffene (vgl. 49
vor § 59) sind, in deren Rechte aber durch eine Entscheidung über die
Einziehung eingegriffen werden kann, und b) das selbständige Verfahren
(III; §§ 440, 441 StPO).

2   **2) Als Einziehungsbeteiligte** kommen in Betracht: der mögliche Eigentümer oder Rechtsinhaber des Einziehungsgegenstandes (der eine Sache, aber auch ein Recht sein kann, vgl. 2 zu § 22) sowie die Personen, die
ein sonstiges Recht an dem Gegenstand haben können (§ 431 I S. 1 StPO
iVm § 46 I; 3 vor § 87). Der Vorbehalts- oder Sicherungseigentümer ist
zu beteiligen, wenn das Erlöschen seines Rechts im Falle der Einziehung
angeordnet werden kann, sonst nicht, da er wie ein beschränkt dinglich
Berechtigter behandelt wird (vgl. 13 zu § 22). Als „sonstiges Recht" an
dem Gegenstand ist nur ein beschränkt dingliches Recht anzusehen, wie
zB der Nießbrauch (§§ 1030 ff. BGB) und Pfandrechte (§§ 1204 ff. BGB),
nicht aber ein schuldrechtlicher Anspruch „auf" den eingezogenen Gegenstand, wie ihn zB der Mieter oder Pächter hat (RG **66**, 421; Bay. **51**,
507). Die beschränkt dinglich Berechtigten sind jedoch nur dann zu beteiligen, wenn das Erlöschen ihrer Rechte im Falle der Einziehung angeordnet werden könnte (§ 431 I S. 1 Nr. 2 StPO iVm § 46 I, § 26, dort 5 ff.).
Auch ein „Beteiligter" iS des § 14 kann uU als Einziehungsbeteiligter in
Betracht kommen (vgl. Kleinknecht 10 zu § 431 StPO).

3   A. **Prozeßfähig** (vgl. 13 zu § 67) muß der Einziehungsbeteiligte sein,
wenn er nach Art eines Hauptintervenienten die Einziehung bekämpft
(vgl. 6 vor § 87), da er dann nur in Wahrung vermögensrechtlicher Interessen handelt; ein nicht prozeßfähiger Einziehungsbeteiligter kann in diesem Fall also Prozeßhandlungen nur durch seinen gesetzlichen Vertreter
(5 zu § 67) vornehmen lassen (RG **29**, 52). Verhandlungsfähigkeit (12 zu
§ 67) reicht aber aus, wenn der Einziehungsbeteiligte in die Stellung eines
Betroffenen rückt (vgl. 4–6 vor § 87; Kleinknecht 7 zu § 433 StPO, der
Verhandlungsfähigkeit stets für ausreichend hält; aM LR-Schäfer 12 zu
§ 433 StPO, der stets Prozeßfähigkeit für erforderlich hält).

4   B. **Eine JP oder PV** kann als Einziehungsbeteiligte am Verfahren beteiligt werden (8 vor § 87).

5   **3) Die Verfahrensbeteiligung** ist durch eine förmliche Anordnung,
daß der Beteiligungsinteressent (8 vor § 87) am Verfahren beteiligt wird,
auszusprechen (§ 431 I S. 1 StPO iVm § 46 I), um die Einziehungsbeteiligung wegen der rechtlichen Auswirkungen (vgl. 21 f.) in formeller Hinsicht klarzustellen. Die Anordnung ist vor der Entscheidung über die
Einziehung zu treffen, also nicht erst in einem Nachverfahren (§ 439
StPO iVm § 46 I). Im Bußgeldverfahren der VB reicht es aber aus, daß
die Anordnung der Verfahrensbeteiligung im Bußgeldbescheid getroffen
wird (vgl. 16), weil der Einziehungsbeteiligte damit das Recht zum Einspruch und so rechtliches Gehör erhält; er ist aber auch vor Erlaß des
Bescheides anzuhören (vgl. 19 ff.). Über den Zeitpunkt der Anordnung
im gerichtlichen Verfahren vgl. 12.

6   A. **Voraussetzung** für die Anordnung ist, daß über die Einziehung eines Gegenstandes (nicht des Wertersatzes, die allein gegen den Betroffenen angeordnet werden kann; § 25) zu entscheiden ist. Dies dann zu bejahen, wenn die Voraussetzungen der Einziehung (§§ 22, 23) wahrscheinlich vorliegen und ihre Anordnung zu erwarten ist (Kleinknecht 8 zu § 431 StPO). Das Recht des Beteiligungsinteressenten an dem Gegenstand braucht nicht nachgewiesen zu werden. Es genügt vielmehr, daß das Recht wahrscheinlich besteht, wenn also die Tatsachen, die es begründen würden, glaubhaft erscheinen. Zu strenge Anforderungen sind nicht zu stellen; die ernsthafte Möglichkeit einer Rechtsverletzung im Falle der Einziehung reicht aus (so auch LR-Schäfer 16 zu § 431 StPO). Die Frage, ob das Recht wirklich besteht, ist dann im Bußgeldverfahren zu klären. Es muß sich allerdings um das Recht einer bestimmten Person handeln. Bleibt ungewiß, wem der Einziehungsgegenstand gehört, so ist die Verfahrensbeteiligung nicht anzuordnen (vgl. Begr. zu § 431 I StPO – Art. 2 Nr. 9 EEGOWiG). Über die Anhörung des Beteiligungsinteressenten vgl. 19 ff.

7   B. **Von Amts wegen** wird die Verfahrensbeteiligung angeordnet; ein Antrag des Beteiligungsinteressenten ist also nicht erforderlich. Dies ist zwingend in den Fällen des § 23 (vgl. 4 vor § 87), aber auch in den Fällen einer sonstigen Einziehungsbeteiligung (vgl. 5 f. vor § 87) geboten, weil sonst durch die Einziehungsanordnung in die Rechte Dritter eingegriffen werden könnte, ohne daß diese vorher gehört worden sind. Ob der Dritte im Verfahren mitwirken will, bleibt ihm selbst überlassen. Er kann durch eine Erklärung nach § 431 VI StPO (vgl. 14) jederzeit erreichen, daß seine Verfahrensbeteiligung nicht angeordnet oder eine bereits ergangene Anordnung wieder aufgehoben wird. Über Ablehnung der Verfahrensbeteiligung vgl. 17.

8   C. **Abgesehen** werden kann von der Beteiligung ausnahmsweise, wenn infolge bestimmter Tatsachen anzunehmen ist, daß sie nicht „ausführbar" ist (§ 431 I S. 2 StPO). Dies ist zB der Fall bei unbekanntem Aufenthalt des Beteiligungsinteressenten (vgl. dazu Bay. NJW **55**, 1527; nicht schon beim Aufenthalt im Ausland, vgl. Karlsruhe NJW **74**, 709, 712); ferner auch bei Verschleierung durch fingierte Angaben, bei ungenauer Absenderangabe oder dann, wenn die Beteiligung aus sonstigen Gründen auf zu große Schwierigkeiten stößt (vgl. Begr. zu § 431 I StPO = Art. 2 Nr. 9 EEGOWiG). Der in § 431 I S. 3 StPO besonders genannte Fall der Nichtbeteiligung aus Gründen des Staatsschutzes hat im Bußgeldverfahren keine praktische Bedeutung.

9   D. **Beschränkt auf die Einziehungsfrage** ist die Verfahrensbeteiligung (§ 431 I S. 1 StPO). Hierzu gehört grundsätzlich auch die Vorfrage, ob eine (vorwerfbar begangene, vgl. 30 vor § 1) Ordnungswidrigkeit (oder mit Geldbuße bedrohte Handlung; vgl. § 22 III) vorliegt (**„Schuldfrage"**); denn im allgemeinen stellt dies die materielle Grundlage für die Einziehung dar, so daß der Beteiligungsinteressent auch hierzu beteiligt werden muß (vgl. Begr. zu Art. 2 Nr. 9 EEGOWiG vor § 430 StPO). Er kann jedoch von der Beteiligung zur „Schuldfrage" **in zwei Fällen** –

durch besondere Anordnung (§ 431 II StPO) oder kraft Gesetzes (vgl. 17, 29, 48) – **ausgeschlossen** sein, nämlich

10   a) wenn die Einziehung nur für den Fall in Betracht kommt, daß der Gegenstand dem Betroffenen gehört oder zusteht (§ 431 II Nr. 1 StPO; 6 vor § 87). In diesem Fall werden die schutzwürdigen Belange des Einziehungsbeteiligten in der Regel nur insoweit berührt, als es um die Frage der Rechtsverhältnisse an dem Einziehungsgegenstand geht. Denn der Einziehungsbeteiligte kann dann die Einziehung schon allein auf Grund seines Eigentums verhindern (vgl. Begr. zu § 431 II StPO = Art. 2 Nr. 9 EEGOWiG). In den übrigen Fällen der Einziehungsbeteiligung (4 f. vor § 87) ist eine Anordnung nach § 431 II Nr. 1 StPO nicht möglich. Dasselbe gilt, wenn ein beschränkt dinglich Berechtigter beteiligt wird (7 vor § 87), weil ihn in bezug auf die Handlung des Betroffenen ein besonderer Vorwurf trifft und deshalb das Erlöschen seines Rechts angeordnet werden kann (vgl. § 26 II S. 3, § 28 II Nr. 1, 2). Auch in diesem Fall darf dem Einziehungsbeteiligten die Möglichkeit nicht genommen werden, sich zur Frage der ,,Schuld'' des Betroffenen zu äußern (vgl. oben sowie Begr. zu § 431 II StPO = Art. 2 Nr. 9 EEGOWiG; Kleinknecht 16 zu § 431 StPO);

11   b) wenn die Gegenstände nach den Umständen, welche die Einziehung begründen können, dem Einziehungsbeteiligten auch auf Grund von Rechtsvorschriften außerhalb des Ordnungswidrigkeitenrechts dauernd entzogen werden könnten (§ 431 II Nr. 2 StPO; vgl. hierzu näher 15 ff. zu § 28). Die Einziehung wird in diesem Fall als Sicherungsmaßnahme nicht auf Grund, sondern anläßlich der Ordnungswidrigkeit angeordnet. Deshalb genügt es, wenn der Einziehungsbeteiligte nur zu den besonderen Einziehungsvoraussetzungen (namentlich zur Gefährlichkeit des Einziehungsgegenstandes; vgl. 2 zu § 22) gehört wird.

12   E. **Bis zum Ausspruch** der Einziehung kann die Verfahrensbeteiligung angeordnet werden (§ 431 IV StPO), also bis zum Erlaß des Bußgeldbescheides und, wenn die Verfahrensbeteiligung von der VB noch nicht angeordnet ist (vgl. 16), nach Einspruch im gerichtlichen Verfahren bis zur Verkündung des Urteils oder dem Erlaß des Beschlusses nach § 72, dagegen nicht mehr im Rechtsbeschwerdeverfahren (vgl. jedoch 32). Hat die VB die Verfahrensbeteiligung bereits angeordnet, so wirkt diese Anordnung auch nach Einspruch gegen den Bußgeldbescheid für das gerichtliche Bußgeldverfahren; das Gericht kann jedoch eine Anordnung nach § 431 II StPO treffen, falls die VB eine Beschränkung nicht vorgenommen hat, obwohl sie zulässig gewesen wäre. Das Gericht kann eine getroffene Beschränkung aufheben oder aber die Rechtsfolge der Einziehung aus dem Bußgeldverfahren ganz ausscheiden (vgl. 54). Über den Zeitpunkt der Anordnung im Bußgeldverfahren der VB vgl. 16.

13   F. **Anfechtbar** ist nur die die Verfahrensbeteiligung ablehnende Entscheidung (§ 431 V S. 2 StPO); desgl. die Anordnung nach § 431 II StPO (vgl. 9 ff.), und zwar im gerichtlichen Bußgeldverfahren mit der sofortigen Beschwerde (§ 311 StPO iVm § 46 I). Der Beschluß des Gerichts ist zu begründen (§ 34 StPO iVm § 46 I). Über Zustellung und Rechtsmit-

telbelehrung vgl. § 35 II S. 1, § 35a StPO iVm § 46 I. Über das Verfahren der VB vgl. 15ff.

14   G. **Nicht angeordnet oder wieder aufgehoben** wird die Verfahrensbeteiligung, wenn der Beteiligungsinteressent (vgl. 3 vor § 87) oder Einziehungsbeteiligte erklärt, daß er gegen die Einziehung keine Einwendungen erheben wolle (§ 431 VI StPO). Diese Erklärung, die nur als Verzicht auf die Gewährung rechtlichen Gehörs und damit auf Beteiligung, nicht aber als Verzicht auf das Recht an dem Einziehungsgegenstand anzusehen ist (vgl. Kleinknecht 29 zu § 431 StPO), kann – auch im gerichtlichen Verfahren – zur Niederschrift der VB (21ff. zu § 67), der StA oder der Polizeibehörde abgegeben werden, also nicht nur schriftlich. Der Verzicht wirkt für das ganze Verfahren und ist grundsätzlich unwiderruflich (LR-Schäfer 72 zu § 431 StPO). Der Verzichtende scheidet dann als Verfahrensbeteiligter aus; seine Vernehmung als Zeuge ist zulässig (so auch LR-Schäfer 71 zu § 431 StPO).

15   H. **Zuständig ist für VB** für die Anordnung der Verfahrensbeteiligung, wenn sie über die Einziehung eines Gegenstandes entscheidet (I; vgl. 1 vor § 87).

16   a) **Die positive Anordnung** durch die VB wirkt im gerichtlichen Bußgeldverfahren nach Einspruch fort (vgl. 12). Es reicht aus, daß die VB die Verfahrensbeteiligung im Bußgeldbescheid (vgl. 21 zu § 66) oder in dem selbständigen Einziehungsbescheid (III S. 1) anordnet; der Beteiligungsinteressent (vgl. 3 vor § 87) ist allerdings vor dem Erlaß des Bescheides zu hören (19ff.). In bedeutenderen Sachen, die längere und gründlichere Ermittlungen erfordern (zB in Bußgeldsachen aus dem AWG oder dem MOG), empfiehlt es sich aber, die Verfahrensbeteiligung schon zu einem früheren Zeitpunkt anzuordnen, so zB wenn die VB nach Durchführung der Ermittlungen den Erlaß eines Bußgeldbescheides, in dem die Einziehung angeordnet werden soll, erwägt (Begr. zu § 76 EOWiG) und den Beteiligten vorher Gelegenheit zu einer abschließenden Stellungnahme gibt.

17   b) **Eine Ablehnung** der Verfahrensbeteiligung (§ 431 V S. 2 StPO) oder eine Anordnung nach § 431 II StPO (vgl. 9ff.) kommt in Betracht, wenn das Verfahren länger andauert und der Einziehungsinteressent oder -beteiligte (3 vor § 87) sich zur Einziehungsfrage äußern will. Gegen die negativen Anordnungen ist der – unbefristete – Rechtsbehelf nach § 62 zulässig; diese Anordnungen brauchen dem Beteiligungsinteressenten deshalb nur formlos mitgeteilt zu werden (§ 50 I S. 1).

18   c) **Während des Laufs der Einspruchsfrist** gegen den Bußgeldbescheid kann die Verfahrensbeteiligung nicht mehr angeordnet werden, da die Einziehung bereits ausgesprochen ist. Dem Beteiligungsinteressenten verbleibt in diesem Fall nur die Möglichkeit des Nachverfahrens (vgl. 41ff.), falls nicht der Betroffene gegen den Bußgeldbescheid Einspruch einlegt (vgl. 24a).

19   4) **Die Anhörung** von Personen, die als Einziehungsbeteiligte (vgl. 2) in Betracht kommen (= „Beteiligungsinteressenten", vgl. 3 vor § 87), schreibt § 432 StPO iVm § 46 I im Verfahren der VB vor, wenn sich

bereits bei den Ermittlungen abzeichnet, daß die Einziehung eines Gegenstandes in Betracht kommt, an dem ein anderer als der Betroffene ein Recht hat. Dies gilt allerdings nur, wenn die Anhörung ,,ausführbar" erscheint (vgl. hierzu 8) oder die Rechtsfolge der Einziehung nicht schon vor der Anhörung aus dem Verfahren ausgeschieden wird (vgl. 54; Kleinknecht 2 zu § 432 StPO). Die Anhörung ist ferner überflüssig, wenn das Verfahren eingestellt wird (vgl. 2 zu § 55) und auch ein selbständiges Verfahren (vgl. 56 ff.) nicht in Betracht kommt.

20 A. **Zweck** der Anhörung ist es, dem Beteiligungsinteressenten (vgl. 3 vor § 87) Gelegenheit zu geben, durch seine Einwendungen bereits frühzeitig die Gefahr der Einziehung abzuwenden. Denn seine Einwendungen können die Voraussetzungen der Einziehung in Frage stellen oder die Grundlage dafür schaffen, die Verfolgung der Tat auf die anderen Rechtsfolgen zu begrenzen, also die Rechtsfolge der Einziehung aus dem Verfahren auszuscheiden (vgl. 54). Die Anhörung dient aber nicht nur der Aufklärung des Sachverhalls hinsichtlich der Einziehungsfrage, sondern kann dazu beitragen, das Verfahren zu vereinfachen, weil sie möglicherweise die Anordnung der Verfahrensbeteiligung erübrigt (vgl. § 431 VI StPO; 14). Kommt die Anordnung einer Entschädigung aus Billigkeitsgründen in Betracht (vgl. 38), so ist der Beteiligungsinteressent auf diese Möglichkeit hinzuweisen und hierzu zu hören.

21 B. **Eine Form** der Anhörung ist nicht vorgeschrieben. Aus § 432 II StPO folgt nur, daß der Beteiligungsinteressent (vgl. 3 vor § 87), der sich gegen die Einziehung zur Wehr setzt, zu der Einziehungsfrage nicht als Zeuge, sondern in eigener Sache gehört wird (vgl. auch 22). Es gelten für seine Anhörung deshalb die gleichen Vorschriften wie für die Anhörung des Betroffenen im Bußgeldverfahren mit den in § 55 vorgesehenen Einschränkungen; ein Anspruch auf eine förmliche Vernehmung besteht nicht. Der Beteiligungsinteressent ist insbesondere darauf hinzuweisen, daß über die Einziehung des von ihm in Anspruch genommenen Gegenstandes zu entscheiden ist und daß es ihm freistehe, ob er sich hierzu äußern wolle oder nicht; auch die in Betracht kommenden Einziehungsvorschriften (zB §§ 22, 23) sind dem Einziehungsbeteiligten zu nennen, soweit die Anhörung nicht von einem Polizeibeamten durchgeführt wird; der Hinweis auf die Möglichkeit der ,,Verteidigerkonsultation" (§ 434 StPO; vgl. 36) ist nicht erforderlich (§ 55 II); vgl. näher 4 ff. zu § 55. Erklärt der Beteiligungsinteressent, daß er keine Einwendungen gegen die Einziehung vorbringen wolle, so ist diese Erklärung zur Niederschrift der VB aufzunehmen oder schriftlich entgegenzunehmen (vgl. 14).

22 **5) Die Befugnisse des Betroffenen** (vgl. 49 vor § 59) hat der Einziehungsbeteiligte (II S. 1), nicht aber dessen Rechtsstellung insgesamt. Denn Zweck der Vorschrift ist es nicht, den Einziehungsbeteiligten einem Betroffenen in jeder Hinsicht gleichzustellen, sondern ihm in technisch einfacher Weise ein größtmögliches Maß an prozessualen Rechten zu sichern (vgl. Begr. zu § 433 I StPO = Art. 2 Nr. 9 EEGOWiG). Der Einziehungsbeteiligte hat deshalb wie der Betroffene zur Einziehungsfrage (vgl. näher 9, 20) Anspruch auf rechtliches Gehör; er kann Anträge stellen und auch Rechtsbehelfe einlegen. Die Befugnisse des Einziehungsbeteiligten sind jedoch zur ,,Schuldfrage", soweit er hierzu überhaupt beteiligt ist (vgl. 9), beschränkt (vgl. 29, 32). Aus seiner Rechtsstellung folgt ferner, daß er nicht als Zeuge vernommen werden darf (BGH **9**, 250; vgl. 4 zu § 59; 21). Dies gilt allerdings nur, soweit seine Verfahrensbeteiligung angeordnet ist; er kann also zB auch zur ,,Schuldfrage" als Zeuge vernommen werden, falls eine Anordnung nach § 431 II StPO (vgl. 9) getroffen wird. Stirbt der Einziehungsbeteiligte während des Bußgeldverfahrens, so treten dessen Erben nur dann in das Verfahren ein, wenn als Zweck der Verfahrensbeteiligung lediglich die Wahrung vermögensrechtlicher Interessen des Einziehungsbeteiligten (vgl. 6 vor § 87) in Betracht kommt (ähnlich LR-Schäfer 30 zu § 433 StPO; vgl. auch BGH **12**, 273, 277 sowie 18 zu § 22).

23   **A. Vom Erlaß des Bußgeldbescheides** an (11 vor § 65) hat der Einziehungsbeteiligte die dem Betroffenen zustehenden Befugnisse (II S. 1), auch wenn die Beteiligung bereits zu einem früheren Zeitpunkl angeordnet worden ist (vgl. 16); im Verfahren der VB hat der Einziehungsbeteiligte nach Anordnung der Verfahrensbeteiligung noch keine prozessualen Befugnisse. Wird die Anordnung erst im gerichtlichen Bußgeldverfahren getroffen, weil sich zu diesem Zeitpunkt herausstellt, daß Beteiligungsinteressenten (vgl. 3 vor § 87) zu beteiligen sind, so erlangen sie die Befugnisse mit der Anordnung der Verfahrensbeteiligung. Vgl. auch 12.

24   **B. Im Verfahren der VB wird der Bußgeldbescheid,** der in der Regel zugleich die Anordnung der Verfahrensbeteiligung enthält (5, 16), auch dem Einziehungsbeteiligten zugestellt (II S. 2) und damit die für ihn geltende Einspruchsfrist in Lauf gesetzt; über die Zustellung vgl. § 51. Der Bußgeldbescheid hat über die in § 66 aufgeführten Angaben (vgl. insbesondere § 66 I Nr. 1) hinaus den Hinweis zu enthalten, daß über die Einziehung auch gegenüber dem Einziehungsbeteiligten entschieden ist (II S. 3); dadurch wird klargestellt, daß der Bußgeldbescheid, dessen Adressat der Betroffene ist, hinsichtlich der Einziehung auch gegenüber dem Einziehungsbeteiligten wirksam wird. Auch wird im Bußgeldbescheid auf das Recht, die Entscheidung durch Urteil zu beantragen (§ 441 III S. 1 StPO), hinzuweisen sein (vgl. 29).

24a   **Selbständig Einspruch einlegen** (§ 67) kann der Einziehungsbeteiligte gegen den Bußgeldbescheid, da ihm mit Erlaß des Bußgeldbescheides (vgl. 23) die Befugnisse des Betroffenen zustehen. Wird der Bußgeldbescheid erlassen, ohne daß seine Verfahrensbeteiligung angeordnet worden ist, kommt nur noch das Nachverfahren (41 ff.) in Betracht, falls der Bußgeldbescheid rechtskräftig wird. Legt allerdings der Betroffene Einspruch ein, so kann die Anordnung der Verfahrensbeteiligung noch im gerichtlichen Verfahren nachgeholt werden, da der Einspruch den Bußgeldbescheid und damit auch den ,,Ausspruch der Einziehung" beseitigt (vgl. für den Strafbefehl Kleinknecht 2 zu § 438 StPO). Für den Fall, daß nur über den Einspruch des Einziehungsbeteiligten zu entscheiden ist vgl. § 438 II StPO iVm § 46 I, § 71 (vgl. 29).

25   **C. Für das gerichtliche Bußgeldverfahren** gelten abweichend von den §§ 71–74 folgende Besonderheiten:

26   a) **Der Termin zur Hauptverhandlung** wird dem Einziehungsbeteiligten durch Zustellung (§§ 37 ff. StPO iVm § 46 I) nur bekanntgemacht (§ 435 I StPO iVm § 46 I); er braucht also nicht geladen zu werden. Öffentliche Zustellung (§ 40 StPO) der Terminsnachricht ist zulässig (vgl. § 435 I Halbs. 2 StPO). Wegen der erforderlichen Hinweise in der Terminsnachricht vgl. § 435 III, § 436 III S. 3 StPO. Dem Einziehungsbeteiligten, dessen persönliches Erscheinen nicht angeordnet wird (§ 433 II StPO; vgl. 27), steht es frei, ob er an der Hauptverhandlung teilnehmen und von den ihm eingeräumten Befugnissen Gebrauch machen will. Erscheint er trotz ordnungsgemäßer Terminsnachricht nicht, so kann auch ohne ihn verhandelt werden; versäumt er den Hauptverhandlungstermin ohne sein Verschulden, so kann er die Einziehungsentscheidung, soweit zulässig, mit der Rechtsbeschwerde (32) anfechten oder seine Rechte im Nachverfahren (vgl. 41 ff.) geltend machen; § 235 StPO findet – im Gegensatz zu § 74 IV – keine Anwendung (§ 436 I S. 2 StPO).

27   b) **Das persönliche Erscheinen** des Einziehungsbeteiligten, uU auch seine Vorführung, kann zur Aufklärung des Sachverhalts angeordnet werden (§ 433 II StPO; vgl. auch § 73 II). Dies kann notwendig sein, um sein Wissen zur Aufklärung des Sachverhalts auch im Hinblick auf die dem Betroffenen zur Last gelegte Tat nutzbar zu machen, da der Einziehungsbeteiligte nicht als Zeuge vernommen werden kann (vgl. 21) und die gegen Zeugen zulässigen Zwangsmittel daher nicht angewendet werden können. In Betracht kommen kann auch eine Gegenüberstellung mit Zeugen oder dem Betroffenen. Gibt der Einziehungsbeteiligte eine Erklärung nach § 431 VI StPO ab (vgl. 14), so wird die Anordnung seiner Verfahrensbeteiligung wieder aufgehoben; seine Vernehmung als Zeuge und die Anwendung der §§ 48, 51 StPO iVm § 46 I ist dann zulässig (vgl. 14). Erscheint der Einziehungsbeteiligte trotz Anordnung des persönlichen Erscheinens ohne genügende Entschuldigung nicht, so kann das Gericht seinen Einspruch ohne Beweisaufnahme verwerfen (§ 74 II S. 1).

28   c) **Für das Beweisantragsrecht** des Einziehungsbeteiligten gilt § 77, der für das Bußgeldverfahren allgemein den Umfang der Beweisaufnahme bestimmt (vgl. 1 zu § 77). Die sinngemäße Anwendung des § 436 II StPO iVm § 46 I ist deshalb entbehrlich, soweit er § 244 III S. 2, IV, V StPO betrifft. Darüber hinaus bedarf die Ablehnung eines Beweisantrages des Einziehungsbeteiligten zur Frage der „Schuld" des Betroffenen keines Gerichtsbeschlusses, da auch § 244 VI StPO nicht anwendbar ist (§ 436 II StPO).

29   d) **Bei alleinigem Einspruch** des Einziehungsbeteiligten – falls also der Betroffene keinen Einspruch eingelegt oder ihn zurückgenommen hat (35 ff. zu § 67) oder sein Einspruch verworfen worden ist (§§ 70, 74 II S. 1) – prüft das Gericht den „Schuldspruch" nicht mehr, wenn im Falle des Einspruchs durch den Betroffenen eine Anordnung nach § 431 II StPO (vgl. 9 ff.) bereits getroffen worden ist oder zulässig gewesen wäre (§ 438 II, § 439 III S. 1 StPO iVm § 46 I, § 71). Die Beschränkung tritt im zuletzt genannten Fall kraft Gesetzes, also ohne besondere Anordnung ein. Der Bußgeldbescheid verliert hinsichtlich der Einziehungsanordnung, soweit sie gegenüber dem Einziehungsbeteiligten wirkt, die Be-

deutung einer (vorläufigen) Entscheidung und behält nur noch die einer Verfahrensgrundlage (vgl. 8 vor § 65, 2 vor § 67). Das Gericht entscheidet deshalb darüber, ob von der Einziehung abgesehen oder ob sie (erneut) angeordnet wird (vgl. 2 vor § 71). Die Entscheidung ergeht grundsätzlich durch Beschluß, durch Urteil nur, wenn der Einziehungsbeteiligte oder die StA es beantragen oder das Gericht es anordnet (§ 438 II, § 441 II, III StPO); auf diese Möglichkeit wird der Einziehungsbeteiligte im Bußgeldbescheid hinzuweisen sein (ähnlich § 66 II Nr. 1 b für das schriftliche Verfahren); ist die Belehrung unterblieben, so ist sie vom Gericht nachzuholen (vgl. Kleinknecht 8 zu § 438 StPO). Gegen den Beschluß ist die sofortige Beschwerde (vgl. § 438 II, § 441 II, § 311 StPO iVm § 46 I) – nicht die Rechtsbeschwerde, da es sich nicht um eine Entscheidung nach § 72 handelt – nur zulässig, wenn der Wert des Einziehungsgegenstandes 200 DM übersteigt (V). Der Wert wird entsprechend § 79 I S. 1 Nr. 2 im Beschluß des Gerichts festzusetzen sein. Über Zustellung und Rechtsmittelbelehrung vgl. §§ 35, 35a StPO iVm § 46 I. Gegen das Urteil ist die Rechtsbeschwerde in den Grenzen des § 79 I S. 1 Nr. 2 zulässig. Über die Verwerfung eines unzulässigen Einspruchs vgl. § 70.

30   e) **Dem schriftlichen Verfahren** nach § 72 kann auch der Einziehungsbeteiligte bei einem Einspruch des Betroffenen widersprechen, da er auch insoweit die Befugnisse des Betroffenen hat; der Hinweis nach § 72 I S. 2 ist daher auch an den Einziehungsbeteiligten zu richten (vgl. 12 zu § 72). Für den Fall, daß nur über den Einspruch ˇdes Einziehungsbeteiligten zu entscheiden ist, vgl. 29.

31   f) **Zuzustellen ist** das Urteil dem Einziehungsbeteiligten, wenn er bei der Verkündung des Urteils nicht anwesend und auch nicht vertreten (vgl. 35 ff.) war (§ 436 IV S. 1 StPO), und zwar auch dann, wenn er vom Termin zur Hauptverhandlung keine Nachricht erhalten hat oder die Einziehung nicht angeordnet ist (Kleinknecht 5 zu § 436 StPO). Bei unbekanntem Aufenthalt ist das Urteil öffentlich zuzustellen (LR-Schäfer 21 zu § 436 StPO). Über die Zustellung an den bevollmächtigten RA vgl. §§ 145a, 434 I S. 2 StPO iVm § 46 I. Über die Möglichkeit, Teile des Urteils, welche die Einziehung nicht betreffen, von der Mitteilung an den Einziehungsbeteiligten auszunehmen, vgl. § 436 IV S. 2 StPO.

32   D. **Rechtsbeschwerde** kann der Einziehungsbeteiligte unter den gleichen Voraussetzungen wie der Betroffene (§§ 79, 80) selbständig gegen die Entscheidung des AG einlegen, wenn seine Verfahrensbeteiligung bis zum Ausspruch der Einziehung angeordnet war (§ 431 IV StPO; vgl. 12, 22). Andernfalls kann er Einwendungen nur im Nachverfahren (vgl. 41 ff.) geltend machen; die Anordnung der Verfahrensbeteiligung im Rechtsbeschwerdeverfahren ist nicht mehr möglich. Nach Karlsruhe NJW **74**, 709 soll jedoch bei einer Einziehung, die zugleich Ahndungscharakter hat (vgl. 4 vor § 22), der Mangel der Beteiligungsanordnung von Amts wegen zu berücksichtigen sein, selbst wenn das Rechtsmittel von einem anderen Beteiligten eingelegt ist; in diesem Falle soll (auch im Beschwerdeverfahren) die Entscheidung wegen eines Verfahrensmangels von grundlegender Bedeutung aufzuheben und die Sache an die erste Instanz zurückzuweisen sein. Ob dies nur im selbständigen Verfahren (vgl. 56 ff.) oder auch im (Straf- oder) Bußgeldverfahren gelten soll, läßt diese Entscheidung offen; soweit sie auch für den letzten Fall gelten soll, kann ihr nicht zugestimmt werden. Über den Beginn der Rechtsbeschwerdefrist vgl. 30 zu § 79. Es gelten im übrigen folgende Einschränkungen:

33   a) **Der „Schuldspruch"** (vgl. 9 ff.) unterliegt im Rechtsbeschwerdeverfahren nur der begrenzten Nachprüfung. Er wird überhaupt nicht nachgeprüft, wenn eine Anordnung nach § 431 II StPO (vgl. 9 ff.) ergangen ist oder bei alleinigem Einspruch des Einziehungsbeteiligten eine solche Beschränkung zulässig gewesen wäre (29), im übrigen nur, wenn der Einziehungsbeteiligte insoweit Einwendungen erhebt und im vorausgegangenen Verfahren ohne sein Verschulden hierzu noch nicht gehört worden ist (§ 437 I S. 1 StPO iVm § 46 I, § 79 III), zB weil er an der Hauptverhandlung unverschuldet nicht teilnehmen konnte; ob dies der Fall war, hat das Gericht von Amts wegen zu prüfen. Ein Verschulden des Einziehungsbeteiligten kann gegeben sein, wenn er trotz Kenntnis der drohenden Einziehung nichts unternommen hat, um seine Beteiligung zu erreichen. Der Einziehungsbeteiligte wird deshalb in der Regel lediglich geltend machen können, daß die besonderen Einziehungsvoraussetzungen (Eigentumsverhältnisse; Gefährlichkeit des Gegenstandes; Grundsatz der Verhältnismäßigkeit; §§ 22–24) zu Unrecht bejaht sind. Bei der – beschränkten Nachprüfung – des „Schuldspruchs" hat das Gericht die zur „Schuld" getroffenen Feststellungen im Rechtsbeschwerdeverfahren seiner Entscheidung zugrunde zu legen, soweit nicht das Vorbringen des Einziehungsbeteiligten eine erneute Nachprüfung erfordert (§ 437 I S. 2 StPO).

34   b) **Einwendungen gegen den „Schuldspruch"** (vgl. 9 ff.) sind innerhalb der Begründungsfrist vorzubringen (§ 437 III, § 345 I StPO iVm § 79 III). Aus dem Wesen der revisionsähnlichen Rechtsbeschwerde (6 vor § 79, 26 zu § 79) ergibt sich, daß nur Einwendungen in Form zulässiger Rechtsrügen (vgl. 27 zu § 79; ferner LR-Schäfer 15 zu § 437 StPO) vorgebracht werden können; falls der Einziehungsbeteiligte deshalb mit seinen Einwendungen keinen Erfolg hat, können die Voraussetzungen für das Nachverfahren nach § 439 StPO gegeben sein (vgl. 41 ff.).

35   **6) Die Vertretung des Einziehungsbeteiligten** durch einen RA oder eine andere Person, die als Verteidiger gewählt werden kann, ist in jeder Lage des Verfahrens möglich.

36   A. **Die Vorschriften über die Verteidigung** gelten sinngemäß mit Ausnahme der Vorschriften über die notwendige Verteidigung (§ 434 I StPO iVm § 46 I); im Verfahren der VB vgl. näher 2 ff., 37 ff., 63 zu § 60. Schriftliche Vollmacht ist erforderlich (13 zu § 60). Dem RA des Einziehungsbeteiligten ist in entsprechender Anwendung des § 218 StPO nur eine Terminsnachricht zuzustellen (vgl. 26). Nach §§ 146, 434 I S. 2 StPO iVm § 46 I wird wegen möglicher Interessenkollisionen auch eine Vertretung des Betroffenen und des Einziehungsbeteiligten durch einen gemeinschaftlichen Verteidiger (Vertreter) in der Regel ebenso unzulässig sein wie die gemeinschaftliche Vertretung mehrerer Einziehungsbeteiligter (vgl. auch Kleinknecht 5 zu § 434 StPO; 38 ff. zu § 60).

37   B. **Ist die Sach- oder Rechtslage schwierig** (26 f. zu § 60) oder kann der Einziehungsbeteiligte seine Rechte nicht selbst wahrnehmen (29 zu § 60), so kann ihm ein RA oder eine andere Person, die als Verteidiger bestellt werden darf (30 ff. zu § 60), beigeordnet werden (§ 434 II StPO). Die Schwierigkeit der Sach- oder Rechtslage ist nicht an der Bußgeldsache insgesamt, sondern nur an dem die Einziehung betreffenden Verfahrensteil zu messen (vgl. Kleinknecht 4 zu § 434 StPO). Die Anordnung, daß ein Vertreter beigeordnet wird, kann auch die VB treffen, wenn sie das Bußgeldverfahren durchführt (vgl. § 60, dort 23, 29), und zwar frühestens in der Beteiligungsanordnung; wird diese bereits vor Erlaß des Bußgeldbescheides getroffen (vgl. 16), so ist die Vertreterbestellung noch bis zum Erlaß des Bußgeldbescheides möglich.

38   7) **Über die Entschädigung** eines Dritten im Falle der Einziehung wird nur ausnahmsweise im Bußgeldverfahren entschieden (vgl. 23 zu § 28), nämlich nur, wenn die Einziehung auf Grund von Umständen angeordnet wird, die einer Entschädigung des Einziehungsbeteiligten entgegenstehen (§ 436 III S. 1 StPO iVm § 46 I). In diesem Fall wird ausgesprochen, daß dem Einziehungsbeteiligten eine Entschädigung nicht zusteht (Negativentscheidung). Über Umstände, die einer Entschädigung entgegenstehen vgl. § 28 II; ein solcher Umstand ist zB auch gegeben, wenn als bewiesen angesehen wird, daß der Gegenstand nicht dem Einziehungsbeteiligten, sondern dem Betroffenen gehört (vgl. Begr. zu § 436 III StPO = Art. 2 Nr. 9 EEGOWiG). Nur wenn die Rechtsfolge der entschädigungslosen Einziehung sich unmittelbar aus den Umständen ergibt, welche die Einziehung stützen, ist sie anzuordnen. Wird die Einziehung zB aus Sicherungsgründen (§ 22 II Nr. 2) angeordnet, so braucht der Frage, ob den Einziehungsbeteiligten ein besonderer Vorwurf trifft, nicht nachgegangen zu werden (vgl. Begr. aaO). Wird eine Entschädigung des Einziehungsbeteiligten aus Billigkeitsgründen (vgl. § 28 III, dort 18 ff.) für geboten gehalten, so wird nicht nur ausgesprochen, daß er zu entschädigen ist, sondern die Entschädigung wird zugleich der Höhe nach festgesetzt (§ 436 III S. 2 StPO). Einem Nachverfahren (§ 439 StPO iVm § 46 I) kann die Entscheidung über die Entschädigung niemals vorbehalten bleiben (unklar BGH NJW **70**, 820).

39   A. **In der Bußgeldentscheidung** (vgl. 2 ff. vor § 89) wird die Anordnung nach § 436 III S. 1, 2 StPO getroffen, nicht in einem besonderen Beschluß oder Bescheid. Eine solche Anordnung kann auch die VB treffen, wenn sie das Bußgeldverfahren durchführt (I). Die Anordnung setzt aber voraus, daß der Einziehungsbeteiligte zuvor auf die Möglichkeit einer solchen Entscheidung hingewiesen und ihm Gelegenheit zur Äußerung gegeben worden ist (§ 436 III S. 3 StPO). Dies geschieht zweckmäßigerweise bei der Anhörung des Einziehungsbeteiligten (vgl. 19 ff.), wenn eine Anordnung nach § 436 III StPO in Betracht kommt. Im gerichtlichen Bußgeldverfahren braucht der Hinweis nicht in der Hauptverhandlung gegeben zu werden; er kann auch zB mit der Terminsnachricht nach § 435 III StPO iVm § 46 I (26) verbunden werden (Kleinknecht 4 zu § 436 StPO).

40   B. **Angefochten** werden kann die Anordnung nach § 436 III S. 1, 2 StPO mit den gleichen Rechtsbehelfen wie die Bußgeldentscheidung (§§ 67, 79 f.), wobei im Falle des § 436 III S. 2 StPO eine Beschränkung des Rechtsbehelfs, auch des Einspruchs (vgl. 34 zu § 67), auf die Höhe der Entschädigung zulässig ist. Aus der in § 79 I S. 1 Nr. 2 vorgesehenen Wertgrenze von 200 DM wird jedoch zu folgern sein, daß die Rechtsbeschwerde gegen die Entscheidung des RiAG unzulässig ist, wenn der Unterschied zwischen dem festgesetzten Wert des Einziehungsgegenstandes und der zugesprochenen Entschädigung geringer ist als 200 DM. Das Beschwerdegericht entscheidet grundsätzlich durch Beschluß. Dies folgt bereits aus § 79 V, nicht erst aus § 437 IV StPO iVm § 46 I. Für den Fall, daß nur über den Einspruch des Einziehungsbeteiligten gegen den Bußgeldbescheid zu entscheiden ist, vgl. 29.

41   8) **In einem Nachverfahren** kann derjenige, der durch die rechtskräftige Entscheidung über die Einziehung eines Gegenstandes (nicht des Wertersatzes) in seinen Rechten unmittelbar beeinträchtigt ist, aber im Bußgeldverfahren die Rechte des Einziehungsbeteiligten (vgl. 22) ohne sein Verschulden nicht hat wahrnehmen können, Einwendungen gegen die Einziehung vorbringen (§ 439 StPO iVm IV, § 46 I). Damit erhält er nachträglich das rechtliche Gehör. Statt des Nachverfahrens kann Entschädigung im Wege des Zivilprozesses beansprucht werden (vgl. 23 zu § 28). Ein Nachverfahren ist auch möglich, wenn die Einziehung im selbständigen Verfahren angeordnet ist (§ 440 III StPO iVm § 46 I).

42   A. **Über die Voraussetzungen** des Nachverfahrens vgl. § 439 I S. 1 StPO. Die Voraussetzungen der Nr. 1 hat auch glaubhaft zu machen, wer bereits im Bußgeldverfahren beteiligt worden ist, seine Rechte aber ohne sein Verschulden nicht hat wahrnehmen können; denn die ursprüngliche Glaubhaftmachung kann durch die in der Bußgeldentscheidung getroffenen Feststellungen ausgeräumt sein (vgl. Begr. zu § 439 I StPO = Art. 2 Nr. 9 EEGOWiG). Ein Fall des § 439 I S. 1 Nr. 2 StPO liegt nicht nur dann vor, wenn der Antragsteller an dem Verfahren schuldlos nicht beteiligt worden ist (zB weil sein Recht an dem Gegenstand nicht bekannt war), sondern auch dann, wenn er nach Anordnung der Verfahrensbeteiligung dem Verfahren schuldlos ferngeblieben ist; dagegen nicht, wenn zB seinen Anträgen im Einziehungsverfahren nicht entsprochen worden ist. Im zuletzt genannten Fall liegt allenfalls eine Beschränkung seiner Rechte vor, die er im Einziehungsverfahren mit den dort zulässigen Rechtsbehelfen hätte geltend machen können (vgl. Begr. aaO). Hat ein Einziehungsbeteiligter seine Rechte nur im Rechtsbeschwerdeverfahren geltend machen können, so kann er ein Nachverfahren beantragen, da das Rechtsbeschwerdeverfahren allein kein ausreichendes Gehör gewährt (vgl. 34).

43   B. **Einen Antrag** setzt das Nachverfahren voraus, der innerhalb eines Monats nach Kenntnis von der rechtskräftigen Bußgeldentscheidung (vgl. 3 f. zu § 89) gestellt werden muß (§ 439 II S. 1 StPO). Über die Fristberechnung vgl. § 43 StPO iVm § 46 I (vgl. 23 zu § 52); Wiedereinsetzung in den vorigen Stand nach § 44 StPO iVm § 52 ist zulässig. Der Antrag ist nur bis zum Ablauf von 2 Jahren seit Rechtskraft der Entscheidung zulässig, es sei denn, daß zu diesem Zeitpunkt die Vollstreckung noch nicht beendet ist (§ 439 II S. 2 StPO). Bei Versäumung dieser Frist ist die Wiedereinsetzung in den vorigen Stand nicht möglich, da es sich um eine Ausschlußfrist handelt (vgl. Kleinknecht 8 zu § 439 StPO). In dem Antrag ist glaubhaft zu machen, daß die Voraussetzungen für ein Nachverfahren gegeben sind (vgl. 42); über Glaubhaftmachung vgl. 14 f. zu § 52. Ist die Einziehung in einer gerichtlichen Bußgeldentscheidung angeordnet worden, so ist der Antrag schriftlich oder zu Protokoll des UrkB des Gerichts des 1. Rechtszuges (vgl. § 441 I S. 1 StPO) zu stellen, sonst in entsprechender Anwendung des § 67 S. 1 schriftlich oder zur Niederschrift bei der VB (vgl. 19 ff. zu § 67), welche die Einziehung angeordnet hat; sie leitet die Akten an die StA weiter, die sie dem AG vorlegt (IV). Ist der Antrag nicht form- und fristgerecht gestellt, so verwirft ihn das Gericht entsprechend § 70 als unzulässig; desgl., wenn eine der angegebenen sonstigen Zulässigkeitsvoraussetzungen fehlt (Kleinknecht 10 zu § 439 StPO).

44 C. **Die Vollstreckung** der Bußgeldentscheidung hinsichtlich der Einziehung, soweit sie über den Rechtsübergang nach § 26 hinaus erforderlich ist (vgl. 21 ff. zu § 90), wird durch den Antrag auf das Nachverfahren nicht gehemmt. Das Gericht (vgl. 46) kann jedoch einen Aufschub oder die Unterbrechung der Vollstreckung anordnen (§ 439 I S. 2, § 360 StPO); desgl. die VB in ihrer Eigenschaft als VollstrB (vgl. 21 zu § 52; 26 zu § 85; 2 zu § 102). Vgl. ferner 26 zu § 90.

45 D. **Für das Verfahren** gilt im übrigen folgendes:

46 a) **Zuständig** für die Entscheidung ist das nach § 68 zuständige AG, wenn im Nachverfahren gegen einen Bußgeldbescheid der VB zu entscheiden ist (IV S. 2 Halbs. 1), sonst das Gericht des 1. Rechtszuges (§ 441 I S. 1 StPO).

47 b) **Durch Beschluß** entscheidet das Gericht grundsätzlich; es kann aber auf Grund mündlicher Verhandlung durch Urteil entscheiden, falls ein Verfahrensbeteiligter es beantragt oder das Gericht es anordnet (§ 441 II, III StPO); es gelten dann die Vorschriften über die Hauptverhandlung mit den Abweichungen im Bußgeldverfahren (vgl. §§ 71 ff.; 25 ff.). Die VB ist daher auch im Nachverfahren zu beteiligen (vgl. § 76). Die Aufgaben der Verfolgungsbehörde stehen der StA zu (§ 69 II; IV S. 2 Halbs. 2). Über Bekanntmachung der Entscheidung und Rechtsmittelbelehrung vgl. §§ 35, 35a StPO iVm § 46 I (22 vor § 67).

48 c) **Der „Schuldspruch"** (vgl. 9) wird nicht nachgeprüft, wenn der Einziehungsbeteiligte auch im Bußgeldverfahren zur Frage der Schuld hätte ausgeschlossen werden können (§ 439 III S. 1, § 431 II StPO); eine besondere Anordnung hierüber ist entbehrlich (vgl. auch 29). Wäre eine solche Beschränkung nicht zulässig gewesen, so wird der Schuldspruch – ähnlich wie im Rechtsmittelverfahren – nur im begrenzten Umfang nachgeprüft (§ 439 III S. 2 iVm § 437 I StPO; vgl. 33).

49 d) **Als unbegründet zurückweisen** kann das Gericht (vgl. 46) den Antrag, wenn sich das vom Antragsteller behauptete Recht nicht feststellen läßt (§ 439 IV StPO). Das bedeutet nicht, daß die Beweislastregeln

des bürgerlichen Rechts gelten, soweit es um das von dem Antragsteller
behauptete Recht geht; wohl aber gehen Beweiszweifel zu Lasten des
Antragstellers (vgl. Begr. zu § 439 IV StPO = Art. 2 Nr. 9 EEGOWiG).
Dies gilt aber nicht für die Frage, ob die Einziehung dem Antragsteller
gegenüber gerechtfertigt ist (50).

50   E. **Aufgehoben** wird die Einziehungsanordnung, wenn das behauptete
Recht erwiesen ist, und zwar auch dann, wenn zweifelhaft bleibt, ob die
Einziehung gegenüber dem Antragsteller gerechtfertigt ist. Eine solche
Entscheidung kann das Gericht mit Zustimmung der StA auch treffen,
wenn sich bei der Überprüfung der Einziehungsfrage ergibt, daß das
Nachverfahren einen unangemessenen Aufwand erfordern würde, der zu
der Bedeutung der Einziehung in keinem angemessenen Verhältnis steht
(§ 439 V StPO); über die vorherige Anhörung der VB (§ 76 I S. 2) vgl.
47. Die Aufhebung beseitigt den Eigentumsübergang oder den Rechtserwerb durch den Staat (§ 26) rückwirkend (ebenso Kleinknecht 13 zu
§ 439 StPO; Rotberg 22). Im Fall der Verwertung des Einziehungsgegenstandes vgl. 26 zu § 90. Über die Zulässigkeit der nachträglichen Anordnung der Einziehung des Wertersatzes gegen den Täter zugleich im
Nachverfahren vgl. 19 zu § 25.

51   F. **Angefochten** werden kann die Entscheidung des Gerichts, wenn
durch Beschluß entschieden wird, mit der sofortigen Beschwerde
(§ 441 II StPO iVm § 46 I), sonst in entsprechender Anwendung des
§ 79 I S. 1 Nr. 2 mit der Rechtsbeschwerde; in beiden Fällen allerdings
nur, wenn der vom Gericht festgesetzte Wert des Einziehungsgegenstandes 200 DM übersteigt (V; vgl. 29). Die Anordnung nach § 439 V StPO
(vgl. 50) ist entsprechend § 47 II S. 2 unanfechtbar.

52   G. **Eine Wiederaufnahme** des Verfahrens nach § 359 Nr. 5 StPO
zwecks Beseitigung der rechtskräftigen Einziehungsanordnung ist ausgeschlossen (§ 439 VI StPO), nicht aber aus den in § 359 I Nr. 1–4 StPO
(iVm § 85 I) genannten Gründen (ebenso Kleinknecht 15 zu § 439 StPO;
Wuttke SchlHA **70**, 189 ff.).

53   H. **Die Kosten** eines zurückgenommenen oder erfolglosen Antrags auf
ein Nachverfahren hat der Antragsteller zu tragen (§ 473 I, V Nr. 2 StPO
iVm § 46 I; 6 zu § 109). Gerichtsgebühren entstehen nur im Rechtsmittelverfahren (Nr. 1740 ff., 1773 KVGKG, Anh **A 8**). Ist der Antrag begründet und wird die Anordnung der Einziehung aufgehoben, so sind die
Kosten des Nachverfahrens sowie die dem Antragsteller entstandenen
notwendigen Auslagen in entsprechender Anwendung des § 467 StPO
iVm § 46 I der Staatskasse aufzuerlegen (vgl. 6 zu § 109; im Ergebnis
ebenso LR-Schäfer 35 zu § 439 StPO, der dies aus § 473 III, V Nr. 2 StPO
folgert). Wird die Einziehungsanordnung nach § 439 V StPO aufgehoben, so ist § 472b II StPO iVm § 46 I sinngemäß anzuwenden.

54   **9) Eine Ausscheidung der Einziehung** aus dem Bußgeldverfahren ist
sowohl im Verfahren der VB als auch im gerichtlichen Verfahren möglich, wenn die Einziehung neben der zu erwartenden Geldbuße oder
etwaigen anderen Nebenfolgen (vgl. 22 ff. zu § 66) nicht ins Gewicht fällt
oder wenn das Verfahren, soweit es die Einziehung betrifft, einen unan-

gemessenen Aufwand erfordern oder die Herbeiführung der Entscheidung über die anderen Rechtsfolgen unangemessen erschweren würde. Dies entspricht dem Grundgedanken des § 430 StPO, dessen entsprechende Anwendung aber wegen des Opportunitätsgrundsatzes im Bußgeldverfahren (§ 47) entbehrlich ist (vgl. auch 27 zu § 47; Rebmann/ Roth/Herrmann 8). Nimmt die VB die Beschränkung vor, so kann es zweckmäßig sein, dies aktenkundig zu machen (vgl. 28, 30 zu § 47). Das Gericht kann die Beschränkung wieder aufheben; es bedarf hierzu allerdings der Zustimmung der StA; das Gericht muß einem Antrag der StA auf Aufhebung der Beschränkung entsprechen. Vgl. im übrigen näher 30, 37 zu § 47. Über die besondere Regelung im Nachverfahren vgl. 50.

55 **10) Über die Kosten** des Bußgeldverfahrens, die durch die Beteiligung von Einziehungsbeteiligten besonders entstanden sind, sowie über die ihnen erwachsenen notwendigen Auslagen (§ 472b StPO iVm § 46 I, § 105 I) vgl. 38 ff. zu § 105.

56 **11) Die selbständige Anordnung** der Einziehung eines Gegenstandes oder des Wertersatzes ist grundsätzlich nur im Bußgeldverfahren der VB zulässig (vgl. aber 57); über die sachlichen Voraussetzungen vgl. § 27. Es gilt das Opportunitätsprinzip (§ 47 I). Die Einziehung wird durch einen selbständigen Einziehungsbescheid angeordnet, der in formeller und sachlicher Hinsicht einem Bußgeldbescheid gleichsteht (III S. 1, 2), insbesondere hinsichtlich Zustellung, Anfechtung (falls Beteiligungsinteressenten am Verfahren beteiligt sind; vgl. 58) und Vollstreckung; vgl. näher zu § 66, insbesondere dort 21. Die Angaben nach § 66 II Nr. 2, 3 sind wegzulassen, da die Anordnung der Erzwingungshaft zur Vollstreckung der Einziehungsanordnung unzulässig ist. Die sachliche und örtliche Zuständigkeit der VB richtet sich nach III S. 3 Halbs. 1 iVm §§ 35 ff.; daneben ist die Zuständigkeit der VB begründet, in deren Bezirk der Gegenstand sichergestellt (vgl. 66 vor § 59) worden ist (III S. 3 Halbs. 2); bei mehrfacher Zuständigkeit gilt § 39 entsprechend.

57 A. **Der Übergang vom Bußgeldverfahren zum selbständigen Verfahren** ist im Verfahren der VB in der Weise möglich, daß diese zunächst das Verfahren einstellt (§ 27 III, § 47 I) und dann einen selbständigen Einziehungsbescheid erläßt. Ist nur letzteres der Fall, so ist darin eine Beschränkung des Verfahrens nach § 47 I OWiG auf die Nebenfolge zu sehen (8 zu § 27). Ist das Verfahren gegen eine bestimmte Person bereits beim AG anhängig, so ist es zulässig, die selbständige Anordnung der Einziehung in einem freisprechenden oder einstellenden Urteil zu treffen (vgl. BGH **6**, 63) oder zugleich mit einer Einstellung nach § 47 II. Das gerichtliche Verfahren kann sogar, soweit es die Verfolgung einer bestimmten Person betrifft, nach § 47 II eingestellt und im übrigen als selbständiges Verfahren fortgesetzt werden. Denn es wäre in einem solchen Falle eine übertriebene Förmlichkeit und prozeßunwirtschaftlich, zunächst das Bußgeldverfahren insgesamt einzustellen und dann ein neues selbständiges Einziehungsverfahren (vor der VB) zu beginnen (ebenso Rotberg 17; vgl. auch BGH **23**, 64, 67; LR-Schäfer 72 f. zu § 440 StPO unter Hinweis auf § 4 III StraffreiheitsG 1970, der einen allgemeinen Grundsatz enthält; die Bedenken von BGH **6**, 62 gegen den Übergang vom subjektiven ins objektive Verfahren sind durch die neue Regelung der §§ 430 ff. StPO überholt). Wird das Verfahren zunächst nach § 47 II (teilweise) eingestellt und als selbständiges Verfahren fortgesetzt, so gilt § 441 II, III StPO iVm § 46 I. Stellt die StA das Bußgeldverfahren gegen den Betroffenen ein (§ 47 I), so hat sie die Sache an die VB abzugeben, wenn sie die Einziehung wegen einer Ordnungswidrigkeit in einem selbständigen Verfahren für geboten hält.

58   B. **Für die Beteiligung** von Beteiligungsinteressenten (vgl. 3 vor § 87) gelten im selbständigen Verfahren die gleichen Vorschriften wie im Bußgeldverfahren (§ 440 III StPO iVm § 46 I, § 87); Einziehungsbeteiligter kann auch beim Übergang vom Bußgeldverfahren zum selbständigen Verfahren (57) der Betroffene sein, wenn glaubhaft erscheint, daß ihm der Einziehungsgegenstand gehört oder zusteht. Über den Einspruch des Einziehungsbeteiligten entscheidet das Gericht in der Regel durch Beschluß, gegen den sofortige Beschwerde zulässig ist, falls der Wert des Beschwerdegegenstandes 200 DM übersteigt; durch Urteil nur, wenn ein Verfahrensbeteiligter es beantragt oder das Gericht es anordnet (§ 438 II, § 441 II, III StPO iVm § 46 I, § 71; V; vgl. auch 29). Über die Beteiligung des Beteiligungsinteressenten im selbständigen Verfahren vgl. im übrigen 2–55.

59   C. **Über die Kosten** des selbständigen Einziehungsverfahrens vgl. 17, 43 f. zu § 105. Über die dem Einziehungsbeteiligten erwachsenen notwendigen Auslagen vgl. 40 zu § 105.

60   12) **Für die Unbrauchbarmachung** (vgl. 5 zu § 123; § 30 I WZG) gelten die gleichen verfahrensrechtlichen Vorschriften wie für die Einziehung (vgl. 1–55), da die Unbrauchbarmachung insoweit der Einziehung gleichsteht (§ 442 I StPO iVm § 46 I); desgl. die Beseitigung eines gesetzwidrigen Zustandes (§ 30 I WZG). An die Stelle des Einziehungsbeteiligten tritt hier der Rechtsinhaber des betreffenden Gegenstandes (9 vor § 87).

61   13) **Über die Abführung des Mehrerlöses** in den Fällen des § 10 II WiStG 1954 vgl. 10 vor § 87.

Festsetzung der Geldbuße gegen juristische Personen und Personenvereinigungen

88 [I] Hat die Verwaltungsbehörde im Bußgeldverfahren als Nebenfolge der Tat des Betroffenen über die Festsetzung einer Geldbuße gegen eine juristische Person oder eine Personenvereinigung zu entscheiden (§ 30), so ist sie auch für die Anordnung der Verfahrensbeteiligung und die Beiordnung eines Rechtsanwalts oder einer anderen Person, die als Verteidiger bestellt werden darf, zuständig (§ 444 Abs. 1, § 434 Abs. 2 der Strafprozeßordnung).

[II] Im selbständigen Verfahren setzt die Verwaltungsbehörde die Geldbuße in einem selbständigen Bußgeldbescheid fest. Zuständig ist die Verwaltungsbehörde, die im Falle der Verfolgung einer bestimmten Person zuständig wäre; örtlich zuständig ist auch die Verwaltungs-

behörde, in deren Bezirk die juristische Person oder Personenvereinigung ihren Sitz oder eine Zweigniederlassung hat.

III § 87 Abs. 2 Satz 1, 2 und Abs. 5 gilt entsprechend.

Schrifttum: *Pohl-Sichtermann,* Geldbuße gegen Verbände (Bochumer juristische Studien Nr. 1, 1974).

1   1) **Ergänzende Vorschriften** enthält § 88 für den Fall, daß im **Bußgeldverfahren** als Nebenfolge der Tat einer natürlichen Person eine Geldbuße gegen eine JP oder PV festgesetzt wird (§ 30). Die Entscheidung soll, wie bei der Einziehung, grundsätzlich mit der Entscheidung über die Ordnungswidrigkeit getroffen werden (vgl. 28 ff. zu § 30). Das Verfahren ist deshalb in enger Anlehnung an das Verfahren bei der Einziehung von Gegenständen geregelt (vgl. § 87; § 444 StPO iVm I, § 46 I), so daß weitgehend auf die Bemerkungen zu § 87 verwiesen werden kann, soweit sich im Verfahren gegen die JP oder PV deshalb keine Besonderheiten ergeben, weil die Geldbuße stets gegen sie gerichtet ist. Die JP oder PV ist in diesem Verfahren Nebenbeteiligte; sie wird durch ihre vertretungsberechtigten Organe vertreten (8 vor § 87). Über die Notwendigkeit einer besonderen Regelung für das Bußgeldverfahren der VB vgl. 1 vor § 87.

2   2) **Die Verfahrensbeteiligung** der JP oder PV (§ 444 I StPO iVm I, § 46 I) ist stets anzuordnen, wenn über die Festsetzung einer Geldbuße gegen die JP oder PV ,,zu entscheiden ist'', also die Voraussetzungen des § 30 wahrscheinlich vorliegen und die Festsetzung einer Geldbuße in Betracht kommt (vgl. auch Kleinknecht 7 zu § 444 StPO); § 431 I S. 2, 3, II, VI StPO ist nicht anzuwenden. Deshalb darf die JP oder PV auch nicht von der Beteiligung zur ,,Schuldfrage'' (vgl. 9 zu § 87) ausgeschlossen werden, da diese Vorfrage immer die Grundlage für die Anordnung der Nebenfolge gegen die JP oder PV ist; dabei ist zu berücksichtigen, daß § 30 eine rechtswidrige und vorwerfbare Handlung des Organs voraussetzt (vgl. 15 zu § 30).

2a   Die **Anordnung** ist, wie bei der Einziehung, bis zur Festsetzung der Geldbuße in der Bußgeldentscheidung möglich (§ 431 IV, § 444 II S. 2 StPO iVm § 46 I; Hamm NJW **73**, 1851, 1853; vgl. 12 zu § 87). Ist die Anordnung unterblieben, so darf gegen die JP oder PV keine Geldbuße festgesetzt werden. Wird gegen sie die Geldbuße gleichwohl festgesetzt, so ist damit zugleich ihre Verfahrensbeteiligung angeordnet. Über die Anfechtung der Anordnung vgl. § 431 V, § 444 I S. 2 StPO; die sofortige Beschwerde gegen den die Verfahrensbeteiligung ablehnenden Beschluß des AG kann nur die StA einlegen, nicht aber die JP oder PV, da sie durch die Entscheidung nicht beschwert ist (vgl. auch Kleinknecht 10 zu § 444 StPO).

2b   Im **Bußgeldverfahren der VB** ist sie dafür zuständig, die Beteiligung der JP oder PV anzuordnen (I; vgl. 1 vor § 87, 15 f. zu § 87). Über den Inhalt des Bußgeldbescheides vgl. 9 f., 22 zu § 66. Ein Antrag auf gerichtliche Entscheidung (§ 62) gegen die ablehnende Anordnung der VB steht der JP oder PV mangels Beschwer nicht zu.

3   A. **Der gesondere Bußgeldbescheid gegen die JP** oder PV ist nur in
einem selbständigen Verfahren gegen sie zulässig (vgl. 9 ff.), das wiederum allein unter den Voraussetzungen von § 30 IV durchgeführt werden darf. Fehlen diese Voraussetzungen (vgl. dazu 39 ff. zu § 30) und
wird gleichwohl gegen die JP oder PV ein selbständiger Bußgeldbescheid
erlassen, so ist das Verfahren auf den Einspruch hin wegen eines Verfahrenshindernisses einzustellen (vgl. Hamm NJW **73**, 1853; ferner auch 8 zu
§ 27), und zwar noch im Rechtsbeschwerdeverfahren. Der gesonderte
Bußgeldbescheid gegen die JP oder PV ist danach von der Anordnung
einer Verfahrensbeteiligung der JP oder PV in einem gegen das Organ
gerichteten Bußgeldverfahren streng zu unterscheiden, was in der Praxis
der VBen nicht selten verkannt wird (vgl. dazu Göhler NJW **79**, 1436).

3a   B. **Die rechtskräftige Bußgeldentscheidung gegen das Organ** der JP
oder PV wegen der von diesem begangenen Ordnungswidrigkeit
schließt die nachträgliche Festsetzung einer Geldbuße gegen die JP oder
PV wegen derselben Tat aus; denn in diesem Falle sind die Voraussetzungen des § 30 IV für ein selbständiges Verfahren nicht gegeben. Wird
gleichwohl gegen die JP oder PV ein Bußgeldbescheid erlassen, so ist das
Verfahren auf den Einspruch hin einzustellen (vgl. 3). Werden gegen das
Organ und gegen die JP oder PV gesonderte Bußgeldbescheide erlassen
und gegen beide Einspruch eingelegt, so sind die Verfahren miteinander
zu verbinden; in der Verbindung liegt die Anordnung einer Verfahrensbeteiligung des JP oder PV in dem gegen das Organ gerichteten Verfahren (Hamm NJW **73**, 1853).

4   **3) Die Anhörung** der vertretungsberechtigten Organe (vgl. 9 ff. zu
§ 30) der JP oder PV (§§ 432, 444 II S. 2 StPO iVm § 46 I) im Verfahren
der VB ist stets notwendig, sobald sich bei den Ermittlungen abzeichnet,
daß eine Verfahrensbeteiligung in Betracht kommt. Die Festsetzung einer Geldbuße gegen sie ist ohne vorherige Anhörung unzulässig; § 432 I
S. 1 StPO ist nicht anwendbar, soweit er es gestattet, von der Anhörung
abzusehen (Rotberg 5). Über die Form der Anhörung vgl. 21 zu § 87.

5   **4) Die Befugnisse** des Betroffenen hat auch die JP oder PV, wenn ihre
Verfahrensbeteiligung angeordnet wird (vgl. 22 zu § 87), und zwar vom
Erlaß des Bußgeldbescheides an (III iVm § 87 II S. 1; vgl. 23 zu § 87). In
der Festsetzung der Geldbuße gegen sie liegt zugleich die Anordnung der
Verfahrensbeteiligung (2). Angehörige der JP oder PV (zB ein Prokurist,
Kommanditist) werden, soweit das Verfahren die JP oder PV betrifft, als
Zeugen vernommen, selbst wenn gegen sie wegen desselben Sachverhalts ein Bußgeldverfahren schwebt; bei der Zeugenvernehmung ist jedoch § 55 StPO zu beachten (Frankfurt GA **69**, 124; Pohl-Sichtermann
aaO S. 261). Die vertretungsberechtigten Organe der JP oder PV werden
dagegen als Betroffene angehört (Frankfurt aaO). Die Einstellung des
Verfahrens gegen die Organe sollte nicht dazu mißbraucht werden, sie als
Zeugen in dem selbständigen Verfahren gegen die JP oder PV zu vernehmen; sie haben dann das Auskunftsverweigerungsrecht nach § 55 StPO
iVm § 46 I (v. Winterfeld BB **76**, 344).

6   A. **Im Verfahren der VB wird der Bußgeldbescheid,** in dem die Geldbuße gegen die JP oder PV festgesetzt wird und der in der Regel zugleich

die Anordnung der Verfahrensbeteiligung ausspricht (vgl. 16 zu § 87), auch der JP oder PV zugestellt (III iVm § 87 II S. 2); über die Bezeichnung der JP oder PV im Bußgeldbescheid vgl. 5 f. zu § 66, über den Inhalt des Bußgeldbescheides vgl. 9 f., 22 zu § 66, über Zustellung an die JP oder PV vgl. 27 zu § 51. Gegen den Bußgeldbescheid kann die JP oder PV durch ihren gesetzlichen Vertreter (9 ff. zu § 30) selbständig Einspruch (§ 67) einlegen. Über den Fall, daß nur die JP oder PV Einspruch einlegt (§ 444 II S. 2 StPO), vgl. 11; über die Anhörung vgl. 4.

7   B. **Für das gerichtliche Bußgeldverfahren** gilt folgendes:

8   a) **Geladen** wird die JP oder PV zur Hauptverhandlung; es kann aber ohne sie verhandelt werden, wenn ihr gesetzlicher Vertreter (vgl. 9 ff. zu § 30) oder Prozeßbevollmächtigter (vgl. 14) in der Hauptverhandlung ohne genügende Entschuldigung ausbleibt (§ 444 II S. 1 StPO iVm § 46 I). Auf diese Möglichkeit ist sie in der Ladung ausdrücklich hinzuweisen (§ 435 III Nr. 1, § 444 II S. 2 StPO). Der JP oder PV steht es deshalb frei, ob sie in der Hauptverhandlung vertreten sein will oder nicht, falls nicht das persönliche Erscheinen des gesetzlichen Vertreters (9) angeordnet ist (vgl. auch 29 zu § 87). Über das Verfahren bei Abwesenheit vgl. § 74, der entsprechend anzuwenden ist, also auch § 74 II S. 1 (vgl. 27 zu § 87); auch § 235 StPO ist anzuwenden, da die Vorschrift – anders als im Einziehungsverfahren (§ 436 I S. 2 StPO iVm § 46 I; 27 zu § 87) – hier nicht ausgeschlossen ist (§ 444 II S. 2 StPO; § 74 IV; Kleinknecht 14 zu § 444 StPO).

9   b) **Das persönliche Erscheinen** des gesetzlichen Vertreters der JP oder PV (vgl. 9 ff. zu § 30), unter Umständen auch dessen Vorführung, kann angeordnet werden (§ 433 II, § 444 II S. 2 StPO iVm § 46 I); vgl. hierzu 27 zu § 87.

10   c) **Über das Beweisantragsrecht** der JP oder PV vgl. 28 zu § 87.

11   d) **Bei alleinigem Einspruch** der JP oder PV gelten die in § 441 II, III, § 444 II S. 2 StPO iVm § 46 I, § 71 I vorgesehenen Verfahrenserleichterungen (vgl. hierzu 29 zu § 87; aM Pohl-Sichtermann aaO S. 258 ff.). Zur „Schuldfrage" können die Befugnisse der JP oder PV aber nicht beschränkt werden (vgl. 2). Die sofortige Beschwerde gegen den Beschluß des AG ist auch in diesem Fall nur zulässig, wenn eine höhere Geldbuße als 200 DM gegen die JP oder PV festgesetzt wird (III iVm § 87 V).

12   e) **Über die Zustellung** des Urteils, wenn die JP oder PV bei dessen Verkündung nicht anwesend war, vgl. § 436 IV, § 444 II S. 2 StPO iVm § 46 I; 31 zu § 87.

13   C. **Rechtsbeschwerde** kann die JP oder PV unter den gleichen Voraussetzungen wie der Betroffene selbständig einlegen (§§ 79, 80 iVm III, § 87 II S. 1), und zwar auch dann, wenn die Verfahrensbeteiligung nicht ausdrücklich angeordnet ist (vgl. 2). Über die Beschränkungen im Rechtsbeschwerdeverfahren vgl. § 437 I, III, § 444 II S. 2 StPO iVm § 46 I; 32 zu § 87; ein Nachverfahren ist ausgeschlossen (vgl. 15).

14   5) **Die Vertretung der JP oder PV** durch einen RA oder eine andere Person, die als Verteidiger gewählt werden kann, ist in jeder Lage des Bußgeldverfahrens zulässig (§§ 434, 444 II S. 2 StPO iVm § 46 I); desgl.

die Beiordnung eines solchen Vertreters in bestimmten Fällen, und zwar
auch im Verfahren der VB (I). Aus der sinngemäßen Anwendung der
§§ 146, 434 I S. 2, § 444 II S. 2 StPO iVm § 46 I folgt, daß eine gemeinschaftliche Vertretung mehrerer JPen oder PVen unzulässig ist, wenn
gegen ihre gesetzlichen Vertreter wegen derselben Tat ein Bußgeldverfahren durchgeführt wird (vgl. auch Kleinknecht 12 zu § 444 StPO);
dagegen soll der Verteidiger des gesetzlichen Vertreters zugleich die am
Verfahren beteiligte JP oder PV vertreten können (vgl. BVerfGE **45**, 272,
288; zw.). Vgl. im übrigen 35 ff. zu § 87.

15   **6) Ein Nachverfahren** zur Aufhebung der Festsetzung einer Geldbuße
gegen die JP oder PV ist ausgeschlossen, weil § 439 StPO von der sinngemäßen Anwendung ausgenommen ist (vgl. § 444 II S. 2 iVm § 46 I). Da
die Geldbuße gerade gegen die JP oder PV gerichtet ist, ist deren vorherige Beteiligung stets Voraussetzung für die Festsetzung der Geldbuße
(2). Ist der Bußgeldbescheid der JP oder PV nicht zugestellt worden, so
wird er ihr gegenüber nicht rechtskräftig.

16   **7) Ausgeschieden** werden kann die Nebenfolge aus dem Bußgeldverfahren. Dies ergibt sich aus dem Opportunitätsgrundsatz, der für die
Anordnung der Nebenfolge in doppelter Weise gilt (vgl. „kann" in § 30;
§ 47). Es wird aber selten vorkommen, daß die Geldbuße gegen die JP
oder PV im Vergleich zu den anderen Rechtsfolgen der Tat nur ein
unwesentlicher Nebenpunkt ist. Denn sie bezweckt ja gerade, ein angemessenes Verhältnis zwischen der Tragweite der Tat und den Rechtsfolgen für sie herzustellen, da die nach den Verhältnissen des Täters bemessene Geldbuße oft unzureichend wäre (vgl. Begr. zu § 444 StPO = Art. 2
Nr. 11 EEGOWiG). Eher kommt es in Betracht, in weniger bedeutenden
Sachen das Verfahren insgesamt einzustellen oder von der Verfolgung
der Ordnungswidrigkeit abzusehen und ein selbständiges Verfahren (18)
gegen die JP oder PV durchzuführen.

17   **8) Über die Kosten** des Bußgeldverfahrens, die durch die Beteiligung
der JP oder PV besonders entstanden sind, sowie über die ihr erwachsenen notwendigen Auslagen (§ 472b StPO iVm § 46 I, § 105 I) vgl. 38 ff.
zu § 105.

18   **9) Im selbständigen Verfahren** kann die VB nur dann eine Geldbuße
gegen die JP oder PV festsetzen, wenn die zugrundeliegende Tat eine
Ordnungswidrigkeit ist (vgl. 39 ff. zu § 30). Über die sachlichen Voraussetzungen vgl. § 30 IV (dort 39 ff.); fehlen diese Voraussetzungen, so ist
das Verfahren gegen die JP oder PV wegen eines Verfahrenshindernisses
einzustellen (vgl. 3, 4). Festgesetzt wird die Geldbuße in einem selbständigen Bußgeldbescheid (II S. 1), der einem sonstigen Bußgeldbescheid
gleichsteht. Die sachliche und örtliche Zuständigkeit der VB richtet sich
nach II S. 2 Halbs. 1 iVm §§ 35 ff.; daneben ist die Zuständigkeit der VB
begründet, in deren Bezirk die JP oder PV ihren Sitz oder eine Zweigniederlassung hat (II S. 2 Halbs. 2). Bei mehrfacher Zuständigkeit gilt § 39
entsprechend.

19   **A. Für den Übergang vom Bußgeldverfahren zum selbständigen
Verfahren** gelten die gleichen Regeln wie beim Einziehungsverfahren (57

622

zu § 87). Voraussetzung ist hier aber immer, daß die Verfahrensbeteiligung der JP oder PV angeordnet (vgl. 20) und diese im gerichtlichen Verfahren auf die Möglichkeit einer selbständigen Anordnung hingewiesen worden ist.

20 B. **Die Anordnung der Verfahrensbeteiligung** ist stets erforderlich, wenn gegen die JP oder PV eine Geldbuße festgesetzt werden soll (vgl. 2); daher ist im Gegensatz zum Einziehungsverfahren immer ein Verfahrensbeteiligter vorhanden. Für die Verfahrensbeteiligung im selbständigen Verfahren gelten die gleichen Vorschriften wie im Bußgeldverfahren (§ 440 III, § 444 II S. 2 StPO iVm I, § 46 I); vgl. dazu 2–14. Über das vereinfachte Verfahren nach Einspruch der JP oder PV vgl. 11.

21 C. **Die Kosten** des selbständigen Verfahrens werden in der Regel der JP oder PV aufzuerlegen sein, wenn eine Geldbuße gegen sie festgesetzt wird, da sie ausschließlich durch ihre Beteiligung erwachsen sind (43 zu § 105); vgl. ferner 17, 41 f. zu § 105.

Neunter Abschnitt
Vollstreckung der Bußgeldentscheidungen

Vorbemerkungen

1 **1) Das Vollstreckungsverfahren** dient der Durchsetzung der Bußgeldentscheidung, und zwar nicht nur hinsichtlich der Geldbuße, sondern auch der Nebenfolgen, soweit sie nicht schon mit der Rechtskraft wirksam werden (4a zu § 89; 21, 28, 33 zu § 90) und der Kosten (§ 108 II). Die Vorschriften hierfür enthält der 9. Abschnitt. Für die Vollstreckung des Bußgeldbescheides der VB sind danach die im Bund und in den Ländern geltenden Vorschriften der VwVGe (5 ff. zu § 90) anzuwenden (§ 90). Für die Vollstreckung der gerichtlichen Bußgeldentscheidungen (4, 5) ist die sinngemäße Anwendung einzelner Vorschriften der StPO, namentlich über die Anwendung der JBeitrO (§§ 459, 459a I S. 2 StPO), und des JGG ausdrücklich bestimmt (§ 91), die durch die StVollStrO und die EBAO ausgefüllt und ergänzt werden. Die übrigen Vorschriften dieses Abschnitts enthalten ergänzende Regelungen, die gemeinsam für Bußgeldentscheidungen der VB und des Gerichts gelten.

2 **2) Bußgeldentscheidungen** iS des § 89 sind alle Entscheidungen im Verfahren der VB und des Gerichts, in denen eine Geldbuße festgesetzt oder eine Nebenfolge nach dem Ordnungswidrigkeitenrecht angeordnet wird; keine Bußgeldentscheidung ist deshalb zB die Festsetzung von Ordnungsgeld gegen Zeugen oder Sachverständige (5 zu § 89). Bei Entscheidungen im gerichtlichen Verfahren ist es gleichgültig, in welcher Form sie ergehen. Im einzelnen kommen in Betracht:

3 A. **Im Verfahren der VB** in erster Linie der Bußgeldbescheid (§§ 65, 66), aber auch die einem solchen gleichstehenden Bescheide, wie der selbständige Einziehungsbescheid (§ 87 III S. 1, 2), der selbständige Bußgeldbescheid gegen eine JP oder PV (§ 88 II S. 1) sowie der selbständige

Bescheid, in dem die Abführung des Mehrerlöses angeordnet wird (§§ 10, 11 II S. 2 WiStG 1954, Anh **A 12**). Vgl. auch 5 zu § 65;

4   B. **Im gerichtlichen Bußgeldverfahren** das Urteil des RiAG oder der Beschluß nach § 72, in dem eine Geldbuße festgesetzt oder eine Nebenfolge angeordnet ist; desgl. der Beschluß nach § 438 II, § 441 II, § 444 II S. 2 StPO iVm § 46 I (27 zu § 87; 11 zu § 88). Keine Bußgeldentscheidung ist aber der Beschluß, durch den der Einspruch gegen den Bußgeldbescheid verworfen wird (§§ 70, 74 II S. 1; 1 a zu § 90). Eine Bußgeldentscheidung kann auch das Urteil oder der Beschluß des OLG sein, wenn es im Rechtsbeschwerdeverfahren in der Sache selbst entscheidet (§ 79 VI). Bei Kartellordnungswidrigkeiten ist im Verfahren nach Einspruch das OLG, im Rechtsbeschwerdeverfahren der BGH für die Bußgeldentscheidung zuständig (§§ 82, 83 GWB, Anh **A 14**);

5   C. **Im Strafverfahren** ein Strafbefehl (vgl. § 63 II, § 64) oder ein Urteil des Gerichts, soweit in dem Straferkenntnis eine Geldbuße festgesetzt oder eine Nebenfolge nach dem Ordnungswidrigkeitenrecht (20 ff. zu § 66) angeordnet ist (vgl. §§ 45, 82, 83). Dazu rechnet auch der Fall, daß im Strafverfahren oder im selbständigen Verfahren wegen einer Straftat als Nebenfolge gegen eine JP oder PV eine Geldbuße festgesetzt wird (§ 30; § 444 StPO); denn auch in diesem Fall gelten die besonderen Vorschriften des 9. Abschnitts über die Vollstreckung der Geldbuße (vgl. § 99).

6   3) **Für Jugendliche und Heranwachsende** sind bei der Vollstreckung von Bußgeldentscheidungen die in den §§ 91 und 97 I genannten Vorschriften des JGG (Anh **A 3**) und außerdem die Sonderregelung in § 98 zu beachten. Bußgeldbescheide gegen Jugendliche werden im übrigen aber durch die VB als VollstrB (§ 92) vollstreckt, Bußgeldentscheidungen des Gerichts durch den JugRi als Vollstreckungsleiter (§ 82 I, §§ 84, 85 III JGG iVm § 91). Vgl. auch Kunz BWVPr **79**, 53, 54.

7   4) **Durch Gnadenerweis** können Geldbußen und Nebenfolgen (20 ff. zu § 66) erlassen, ermäßigt oder gestundet werden; Gesuche um Zahlungserleichterungen sind aber in der Regel zunächst nach § 93 zu behandeln (vgl. Rebmann/Roth/Herrmann 8 vor § 89; § 10 I GnONW v. 26. 11. 1975, GVNW 76, 11/SGVNW 321, geänd. durch AV v. 25. 8. 1977, JMBlNW 217). Das Begnadigungsrecht umfaßt auch die Befugnis, die Vollstreckung der Bußgeldentscheidung auszusetzen (vgl. § 4 I BayGnO v. 2. 7. 1974, GVBl. 400). Der Gnadenerweis wegen der Geldbuße kann nach allgemeiner Auffassung auch auf die Kosten des Bußgeldverfahrens (2 ff. vor § 105) erstreckt werden (vgl. Schätzler, Handbuch des Gnadenrechts 5.2.2.7; § 2 III BayGnO). Eine isolierte Gnadenentscheidung über die Kosten ist aber nicht möglich; hier sind die Vorschriften über die Stundung und den Erlaß von Kosten anzuwenden (vgl. § 93 III S. 2; 33 zu § 107). Auch der Jugendarrest nach § 98 II kann gnadenweise erlassen werden, da er eine selbständige Ungehorsamsfolge ist (vgl. Schätzler aaO 4.1.1; vgl. aber 26 zu § 98). Nicht gnadenfähig sind dagegen die Erzwingungshaft und die Verwarnung nach § 56, gleichviel, ob sie mit einem Verwarnungsgeld verbunden ist oder nicht (Schätzler aaO 4.1.1).

8 . A. **Das Begnadigungsrecht** steht dem Bund zu, wenn eine VB des Bundes den Bußgeldbescheid erlassen hat, sonst den Ländern. Bei gerichtlichen Bußgeldentscheidungen (4, 5) steht den Ländern das Begnadigungsrecht auch dann zu, wenn der Bußgeldbescheid einer Bundesbehörde Verfahrensgrundlage gewesen ist (Rebmann/Roth/Herrmann 6 vor § 89), oder es sich um eine Bußgeldentscheidung des BGH (4 vor § 89) handelt, da die Gnadenzuständigkeit der Vollstreckungszuständigkeit folgt (vgl. Schätzler aaO 2.3.2; 4.1.4).

9 a) **Für den Bund** wird das Begnadigungsrecht durch den BPräs. ausgeübt, der seine Befugnis auf andere Behörden übertragen kann (Art. 60 II, III GG). Hiervon hat er durch Übertragung auf die zuständigen Fachminister Gebrauch gemacht (Art. 2 Nr. 4, Art. 3 AO des BPräs. über die Ausübung des Begnadigungsrechts des Bundes v. 5. 10. 1965, BGBl. I 1573; III 313–3, geänd. durch AO v. 3. 11. 1970, BGBl. I 1513).

10 b) **In den Ländern** wird das Begnadigungsrecht durch die MinPräs. bzw. durch die Regierungen (Senate) ausgeübt. Die Befugnis ist auf die jeweils zuständigen Fachminister (Senatoren) sowie auf deren nachgeordnete Behörden übertragen. Vgl. zB in **Baden-Württemberg** Art. 52 Verf. v. 11. 11. 1953 (GBl. 173), AO d. MinPräs. über die Ausübung des Gnadenrechts v. 8. 12. 1970 (GBl. 518) sowie Gem. AO v. 22. 7. 1970 (GABl. 486), wonach die Ausübung des Begnadigungsrechts weitgehend auf die Regierungspräs. übertragen ist, in **Bayern** Art. 47 IV BayVerf, § 1 II Nr. 2 Bek. über die Ausübung des Begnadigungsrechts v. 20. 9. 1973 (GVBl. 508), in **Nordrhein-Westfalen** Art. 59 Verf. v. 28. 6. 1950 (GVNW 127; SGVNW 100), Art. 2 Nr. 1, 3 Erl. des MinPräs. über die Ausübung des Rechts der Begnadigung v. 12. 11. 1951 (GSNW 569; SGVNW 321), zuletzt geänd. durch Erl. v. 2. 5. 1972 (GVNW 118); wN in Schätzler, Handbuch des Gnadenrechts. Im Gnadenverfahren der Justizbehörden sind die Gnadenordnungen der Länder (zB BayGnO; vgl. 7) anzuwenden. Über Verfahren in Gnadensachen bei Verkehrsordnungswidrigkeiten vgl. in **Niedersachsen** Erl. v. 28. 6. 1976 (NdsMBl. 1173)

11 B. **Einer gerichtlichen Nachprüfung** unterliegen Gnadenentscheidungen nicht; bei ablehnenden Entscheidungen ist dies umstritten (vgl. BVerfGE **25**, 352 = JZ **69**, 736 m. Anm. Maurer; BVerfG JZ **78**, 516; HessStGHG NJW **74**, 791; BVerwG MDR **76**, 170 mwN; Kleinknecht 3 zu § 452 StPO). Auf jeden Fall kann der Widerruf eines Gnadenerweises gerichtlich nachgeprüft werden (BVerfGE **30**, 108). Über die Zulässigkeit der Verfassungsbeschwerde vgl. BayVerfGH BayVBl. **79**, 114 mwN. Zur verfassungsgerichtlichen Rspr. krit. Schätzler NJW **75**, 1249.

12 5) **Über Vollstreckungsverjährung** bei Geldbußen und Nebenfolgen, die zu einer Geldzahlung verpflichten, vgl. § 34 V.

13 6) **Eine unzulässige Vollstreckung** einer Geldbuße oder Nebenfolge (20ff. zu § 66) zum Nachteil des Betroffenen kann den Tatbestand der Vollstreckung gegen Unschuldige verwirklichen (§ 345 III S. 2 Nr. 2 StGB). Unzulässig iS von § 345 StGB ist namentlich die Vollstreckung einer nicht festgesetzten Geldbuße sowie einer nicht rechtskräftigen (§ 89), nicht wirksamen (vgl. 57 zu § 66) oder bereits vollstreckten Bußgeldentscheidung. Die Vollstreckung liegt im übrigen nicht im Ermessen der VollstrB; es besteht vielmehr die Pflicht zur Vollstreckung (vgl. 7 zu § 89).

14   **7) An einen auswärtigen Staat** kann ein Ersuchen um Vollstreckung einer Bußgeldentscheidung in der Regel nicht gerichtet werden (vgl. aber 15). Die Staaten, nach deren innerstaatlichem Recht die Vollstreckung einer ausländischen Entscheidung möglich wäre, wenden den Grundsatz der Gegenseitigkeit an, die aber von der BRep. nicht verbürgt werden kann; denn nach deutschem Recht ist die Vollstreckung einer ausländischen Strafentscheidung unzulässig und dies gilt auch für Entscheidungen wegen einer Tat, die nach sinngemäßer Umstellung des Sachverhalts eine Ordnungswidrigkeit sein würde. Es ist aber wohl zulässig, dem Ausländer nach Rechtskraft des Bußgeldbescheides eine Zahlungsaufforderung zu übersenden und ihn darauf hinzuweisen, daß er im Falle der Nichtzahlung bei einer Einreise in die BRep. mit Vollstreckungsmaßnahmen zu rechnen habe (vgl. auch Oppe NJW **69**, 540, DRiZ **69**, 327 für die Vollstreckung von Geldstrafen).

15   **Ausnahmen: In Rheinschiffahrtsachen** (vgl. Göhler unter ,,Rheinschiffahrt") werden Bußgeldentscheidungen (auch der VB) in den anderen Vertragsstaaten (zB Frankreich, Niederlande) durch die Behörden vollstreckt, die mit der Vollstreckung der Entscheidungen der Rheinschiffahrtsgerichte beauftragt sind (Art. 40 der Rev. Rheinschiffahrtsakte – Mannheimer Akte – idF v. 11. 3. 1969, BGBl. II 597/III 310–6, nebst Art. I Abs. 5 des Zusatzprotokolls v. 25. 10. 1972, BGBl. 1974 II 1385, 1975 II 743). Auch Bußgeldentscheidungen wegen Zuwiderhandlungen gegen die Schiffahrtsvorschriften auf dem Bodensee können auf Ersuchen der BRep. in Österreich und der Schweiz vollstreckt werden (vgl. Art. 14 ÜbK v. 1. 6. 1973 über die Schiffahrt auf dem Bodensee, 23 vor § 59); ferner auch Entscheidungen wegen Zuwiderhandlungen gegen Vorschriften über die Fischerei im Untersee und Seerhein (§ 35 II Vtr zwischen Baden-Württemberg und der Schweiz, 23 vor § 59). Über die

16 Vollstreckung von Bußgeldbescheiden in **Zoll-, Verbrauchsteuer- und Monopolangelegenheiten** in Österreich im Wege der Amtshilfe vgl. Art. 2 I Buchst. c, Art. 11 Vtr v. 11. 9. 1970 zwischen der BRep. und Österreich über Rechts- und Amtshilfe (24 vor § 59).

17   **8) Über die Vollstreckung von Maßnahmen der VB** (2 zu § 50), die keine Bußgeldentscheidungen sind, aber einen vollstreckbaren Inhalt haben, vgl. 5 zu § 89. Über die Vollstreckung vergleichbarer gerichtlicher Entscheidungen vgl. 9 zu § 91.

18   **9) Nebengeschäfte der Vollstreckung:** Nicht zu der eigentlichen Vollstreckung zählen bestimmte Aufgaben, die nach Eintritt der Rechtskraft der Bußgeldentscheidung (vgl. 2 ff.) zu erledigen sind und als sog. Nebengeschäfte der Vollstreckung bezeichnet werden. Hierzu gehören die Mitteilungen bestimmter Bußgeldentscheidungen an andere Behörden, namentlich an das Verkehrszentralregister beim Kraftfahrt-Bundesamt (vgl. § 28 Nr. 3 StVG, Anh **A 11,** § 13 I Nr. 1 Buchst. a, b, Nr. 2 Buchst. b, m, Nr. 3, II Nr. 1 StVZO) und das Gewerbezentralregister, das beim Bundeszentralregister geführt wird (vgl. § 149 I, II Nr. 3, § 151 III–V,

§ 152 V, §§ 153a, 154 GewO sowie die 1. GZRVwV v. 17. 11. 1975,
BAnz. Nr. 217, geänd. durch VwV v. 16. 12. 1977, BAnz. Nr. 239, und
2. GZRVwV idF v. 22. 12. 1977, BAnz. Nr. 239). Die Mitteilungen sind
von der VollstrB (2 zu § 90; 2f. zu § 91) zu machen (vgl. zB § 1 I Nr. 4 d.
1. GZRVwV); hierzu sind die vorgeschriebenen Vordrucke zu benutzen
(vgl. § 13d StVZO; VwV zu den §§ 13–13d StVZO). Über Mitteilungen zu den genannten Registern vgl. näher Wetterich/Hamann 537, 539,
19 754ff., 780ff. Ein rechtskräftig angeordnetes **Fahrverbot** (§ 25 StVG) ist
auch der nach § 68 StVZO zuständigen Behörde, bei einer Sonderfahrer-
laubnis (§ 14 StVZO) auch der für ihre Erteilung zuständigen Dienststelle
mitzuteilen (vgl. 28 zu § 90).

20   **Dem Bundeszentralregister** (§ 1 BZRG) werden Bußgeldentscheidungen weder zum Zentralregister (§§ 3ff. BZRG) noch zum Erziehungsregister (§ 55 BZRG) mitgeteilt, da eine Eintragung im Gegensatz
zur Kriminalstrafe nicht vorgesehen ist, und zwar auch dann nicht, wenn
im Strafverfahren (5 vor § 89) eine Geldbuße festgesetzt oder eine Nebenfolge angeordnet worden ist (vgl. §§ 4, 5 BZRG; 9 vor § 1; 18 zu § 21);
desgl. nicht die Anordnung der Erzwingungshaft, die auch nicht in das
Verkehrs- und das Gewerbezentralregister eingetragen wird (37 zu § 96).
In das Erziehungsregister wird auch die Anordnung erzieherischer Maßnahmen nach § 98 I oder von Jugendarrest nicht eingetragen (32 zu § 98).

Vollstreckbarkeit der Bußgeldentscheidungen

89   **Bußgeldentscheidungen sind vollstreckbar, wenn sie rechtskräftig geworden sind.**

1   **1) Die Vollstreckbarkeit** der Bußgeldentscheidung (2ff. vor § 89) ist
Voraussetzung dafür, daß mit der Vollstreckung begonnen werden kann;
sonst ist die Vollstreckung unzulässig (vgl. auch 13 vor § 89). § 89 entspricht sachlich dem § 449 StPO; die davon abweichende Fassung ist nur
sprachlicher Art. Es darf deshalb trotz Rechtskraft nicht vollstreckt werden, falls ein Vollstreckungshindernis (zB die Vollstreckungsverjährung,
§ 34; Begnadigung, 7 vor § 89; Stundung nach §§ 18, 93; Tod des Betroffenen, 1 zu § 101) entgegensteht (so auch Pohlmann Rpfleger **68**, 267).

2   **2) Rechtskräftig** wird die Bußgeldentscheidung (2ff. vor § 89), wenn
sie mit einem Rechtsbehelf (zB Einspruch, Rechtsbeschwerde, sofortige
Beschwerde) wegen (ungenutzten) Ablaufs der Rechtsbehelfsfrist oder
wegen der Rücknahme, des Verzichts oder der Verwerfung des Rechtsbehelfs) nicht mehr angefochten werden kann oder eine Anfechtung deshalb nicht mehr zulässig ist, weil ein Rechtsmittel nicht mehr gegeben ist
(formelle Rechtskraft). Ein Bußgeldbescheid wird danach rechtskräftig,
wenn die Einspruchsfrist abgelaufen ist (§ 67; vgl. auch 35 zu § 51), wenn
der Betroffene zwar frist- und formgerecht Einspruch eingelegt, ihn aber
im Laufe des Verfahrens zurückgenommen (35ff. zu § 67) oder aber auf
den Rechtsbehelf verzichtet hat (41 zu § 67). Ferner wenn die den Einspruch verwerfende Entscheidung des AG (§§ 70, 74 II S. 1) rechtskräftig
geworden oder das Rechtsmittel gegen diese Entscheidung erfolglos geblieben ist (vgl. §§ 70, 79 I S. 1 Nr. 4, S. 2, § 80); denn in diesem Fall

bleibt der Bußgeldbescheid voll wirksam (1 a zu § 90). Unanfechtbare
Entscheidungen, so zB Entscheidungen des OLG im Rechtsbeschwerdeverfahren nach § 79 V, werden mit ihrer Verkündung bzw Erlaß recht-
kräftig. Dagegen ist die Beschlußentscheidung nach § 72 nicht schon mit
ihrem Erlaß rechtskräftig (vgl. 67, 83 zu § 72). Für den Fall, daß die
Rechtskraft einer rechtzeitig angefochtenen Entscheidung unmittelbar
durch Beschluß herbeigeführt wird (vgl. zB Verwerfung einer Rechtsbeschwerde als offensichtlich unbegründet; § 79 III iVm § 349 II StPO),
bestimmt § 34a StPO iVm § 46 I, daß die Rechtskraft als mit Ablauf des
Tages der Beschlußfassung eingetreten gilt.

2a   **Ein formell rechtskräftiger Bußgeldbescheid** kann gleichwohl nichtig sein (vgl. 57 zu § 66; 4 zu § 103).

3   A. **Gehemmt** wird die Rechtskraft einer gerichtlichen Bußgeldentscheidung (4 ff. vor § 89), gegen die rechtzeitig Rechtsbeschwerde eingelegt worden ist (§ 343 I StPO iVm § 79 III), und zwar auch dann, wenn
nur ein Antrag auf Zulassung der Rechtsbeschwerde gestellt ist (22 zu
§ 80).

4   B. **Bei nur teilweiser Rechtskraft** der Bußgeldentscheidung (vgl. 2 zu
§ 84) ist die Vollstreckung des rechtskräftigen Teils möglich (vgl. Kleinknecht 5 zu § 449 StPO mwN). Dies kann auch beim Bußgeldbescheid
der VB in Betracht kommen, so wenn in einem Bußgeldbescheid gegen
mehrere Betroffene Geldbußen festgesetzt worden sind, aber nur einer
von ihnen rechtzeitig Einspruch eingelegt hat, oder wenn wegen mehrerer selbständigen Taten eines Betroffenen mehrere Geldbußen verwirkt
sind (§ 19), aber nur hinsichtlich einer Einspruch eingelegt wird (*vertikale*
Teilrechtskraft). Ferner wenn der Bußgeldbescheid nur wegen eines Ne-
benpunktes angefochten wird, soweit eine solche Beschränkung des Einspruchs überhaupt zulässig ist (vgl. 34 zu § 67; *horizontale* Teilrechtskraft).

4a   C. **Von Bedeutung** ist der Eintritt der Rechtskraft auch für den Beginn
der Vollstreckung der in der Bußgeldentscheidung angeordneten Nebenfolgen, soweit sie einer Vollstreckung zugänglich sind (zB Nebenfolgen,
die zu einer Geldzahlung verpflichten; 5 zu § 34). Mit dem Eintritt der
Rechtskraft einer Bußgeldentscheidung können jedoch einzelne Rechtsfolgen auch unmittelbar eintreten oder wirksam werden, so zB der
Rechtsübergang bei der Einziehung eines Gegenstandes (§ 26), das Wirk-
samwerden des Fahrverbots (§ 25 II S. 1 StVG, Anh A 11) oder des Verbots der Jagdausübung (§ 41a II S. 1 BJagdG; 33 zu § 90).

5   3) **Für Anordnungen, Verfügungen** und sonstige Maßnahmen der
VB, die im Bußgeldverfahren getroffen werden (vgl. 2 zu § 50) und die
einen vollstreckbaren Inhalt haben (zB Verhängung von Ordnungsgeld
gegen Zeugen und Sachverständige, 52 ff., 95 zu § 59), gilt § 89 grundsätzlich nicht, da es sich nicht um Bußgeldentscheidungen handelt (2 vor
§ 89). Sie sind sofort vollstreckbar, weil der gegen sie zulässige Antrag
auf gerichtliche Entscheidung keine aufschiebende Wirkung hat (20 zu
§ 62). Eine Ausnahme bildet die Anordnung der VB, in der die nachträgliche Einziehung eines Gegenstandes oder des Wertersatzes angeordnet
wird (§ 100 I Nr. 1). Da diese Anordnung die Bußgeldentscheidung sach-

lich ergänzt, muß der Grundgedanke des § 89 Anwendung finden; eine
Vollstreckung ist deshalb erst nach Rechtskraft zulässig (ebenso Rotberg 2; Rebmann/Roth/Herrmann 2). Vgl. ferner für den Kostenfestsetzungsbescheid § 106 II S. 2.

6   **4) Entscheidungen des Gerichts** im Bußgeldverfahren, in denen ein
Ordnungsgeld festgesetzt wird (§§ 51, 70 StPO iVm § 46 I), sind ebenfalls sofort vollstreckbar, da sie nur mit der Beschwerde anfechtbar sind
und diese keine aufschiebende Wirkung hat (§§ 304, 307 StPO iVm
§ 46 I; 5; LR-Schäfer 29 zu § 449 StPO). Dagegen sind die Entscheidungen des Gerichts über die nachträgliche Einziehung eines Gegenstandes
oder des Wertersatzes (§ 100 I Nr. 2), über die Anordnung der Erzwingungshaft (§ 96) und die Verhängung des Jugendarrestes (§ 98 II S. 1)
nach den für Bußgeldentscheidungen geltenden Grundsätzen erst nach
Rechtskraft zu vollstrecken (vgl. 5; ebenso Rotberg 2; Rebmann/Roth/
Herrmann 2).

7   **5) Eine Pflicht** zur Vollstreckung der Bußgeldentscheidung besteht,
wie sich aus den Worten ,,wird'' vollstreckt in § 90 I für den Bußgeldbescheid und aus der Regelung des § 95 II ergibt, die sonst entbehrlich wäre
(vgl. Begr. zu § 79 EOWiG); vgl. ferner § 98 II S. 2. Es gilt also nicht wie
sonst im Bußgeldverfahren das Opportunitätsprinzip (§ 47; ebenso Reb-
mann/Roth/Herrmann 4 vor § 89). Für Bußgeldentscheidungen des Gerichts gilt das gleiche, da kein Grund für eine unterschiedliche Behandlung besteht. Der Antrag auf Anordnung der Erzwingungshaft sowie die
Anordnung selbst unterliegen jedoch dem Opportunitätsprinzip (vgl.
17 ff. zu § 96).

Vollstreckung des Bußgeldbescheides

90   [I] **Der Bußgeldbescheid wird, soweit das Gesetz nichts anderes
bestimmt, nach den Vorschriften des Verwaltungs-Vollstrek-
kungsgesetzes vom 27. April 1953 (Bundesgesetzbl. I S. 157) in der jeweils geltenden Fassung vollstreckt, wenn eine Verwaltungsbehörde
des Bundes den Bußgeldbescheid erlassen hat, sonst nach den entsprechenden landesrechtlichen Vorschriften.**

[II] **Die Geldbußen fließen, soweit das Gesetz nichts anderes bestimmt,
in die Bundeskasse, wenn eine Verwaltungsbehörde des Bundes den
Bußgeldbescheid erlassen hat, sonst in die Landeskasse. Satz 1 gilt für
Nebenfolgen, die zu einer Geldzahlung verpflichten, entsprechend.**

[III] **Ist die Einziehung oder Unbrauchbarmachung einer Sache angeordnet worden, so wird die Anordnung dadurch vollstreckt, daß die
Sache dem Betroffenen oder dem Einziehungsbeteiligten weggenommen wird. Wird die Sache bei diesen Personen nicht vorgefunden, so
haben sie auf Antrag der Verwaltungsbehörde bei dem Amtsgericht
eine eidesstattliche Versicherung über den Verbleib der Sache abzugeben. § 883 Abs. 2 bis 4, §§ 899, 900 Abs. 1, 3, 5, §§ 901, 902, 904 bis 910, 913
der Zivilprozeßordnung gelten entsprechend.**

[IV] **Absatz 1 gilt für die Vollstreckung eines von der Verwaltungsbehörde festgesetzten Ordnungsgeldes entsprechend.**

1   **1) Die Vollstreckung von Bußgeldbescheiden** der VB (3 vor § 89)
regelt der § 90. Für die Vollstreckung gerichtlicher Bußgeldentscheidungen (4f. vor § 89) gelten zT die gleichen Vorschriften wie für die Vollstreckung von Geldstrafen (§ 91).

1a   **Von der VB** ist die Vollstreckung durchzuführen, wenn gegen den
Bußgeldbescheid Einspruch eingelegt und dieser zurückgenommen
(35 ff. zu § 67) oder nach § 70 oder § 74 II S. 1 verworfen wird, da der
Bußgeldbescheid voll wirksam bleibt (BGH **26**, 183, 185). Das AG hat
deshalb die Sache an die VB zurückzugeben unter Beifügung einer Ausfertigung der rechtskräftigen Entscheidung, bzw einer beglaubigten Abschrift der Rücknahmeerklärung (vgl. Wetterich/Hamann 561 Fn. 19).
Über die Einforderung der im gerichtlichen Verfahren entstandenen Gerichtskosten vgl. 7 zu § 109.

2   **2) VollstrB** (iS der §§ 93 ff.) ist die VB, die den Bußgeldbescheid
erlassen hat (§ 92). Als Herrin des Vollstreckungsverfahrens leitet und
beaufsichtigt sie die Durchführung der Vollstreckung und trifft alle bedeutsamen Vollstreckungsentscheidungen. Ihr stehen insbesondere die in
den §§ 93 ff. aufgeführten Befugnisse zu. Sie ist auch für die Gewährung
eines einstweiligen Vollstreckungsaufschubs zuständig, wenn zB der Betroffene einen Wiedereinsetzungsantrag oder einen Wiederaufnahmeantrag gestellt (21 zu § 52; 26 zu § 85) oder der Einziehungsbeteiligte ein
Nachverfahren beantragt hat (44 zu § 87).

3   **Mit der Durchführung der Zwangsvollstreckung** (Beitreibung) betraut sind dagegen nach den VwVGen (5, 6) in der Regel andere Behör-
den, die zwar meist ebenfalls die Bezeichnung VollstrB führen, aber nicht
die Befugnisse nach den §§ 93 ff. haben (hier zur besseren Abgrenzung
Vollzugsbehörden genannt). Sie unterliegen den Weisungen der
VollstrB iS des § 92. Die Weisung kann zB darin bestehen, bestimmte
Vollstreckungsmaßnahmen zu treffen (zB Lohnpfändung), in bestimmte
Gegenstände zu vollstrecken oder das Zwangsvollstreckungsverfahren
einzustellen (vgl. auch v. Rosen/v. Hoewel III 1 zu § 4 VwVG). Die
Vollzugsbehörde kann, da sie in der Regel die Art und Weise der
Zwangsvollstreckung eigenverantwortlich bestimmt, jedoch von sich
aus einzelne Zwangsvollstreckungsmaßnahmen für einen kurzen Zeit-
raum aufschieben oder auch einstweilen einstellen, wenn die Vorschriften
der VwVGe dies zulassen (vgl. zB § 5 I VwVG iVm §§ 258, 297 AO
1977; § 24 VwVGRhPf; wN bei Rebmann/Roth/Herrmann 13). Über
Einwendungen gegen die o. g. Vollstreckungsmaßnahmen vgl. § 103 I
Nr. 3 (dort 6 f.); es empfiehlt sich in der Vollstreckungsmaßnahme den
Betroffenen auf den Rechtsbehelf hinzuweisen (Huken KKZ **71**, 149,
153). Wird eine Vollstreckungsentscheidung nach den §§ 93 ff. erforderlich, so hat die Vollzugsbehörde die Sache unverzüglich der VollstrB
(§ 92) vorzulegen.

4   **3) Für das Vollstreckungsverfahren** gelten im Bund und in den Ländern die Vorschriften der VwVGe, je nachdem, ob eine VB des Bundes
oder der Länder (vgl. 2 f. vor § 35) den Bußgeldbescheid erlassen hat (I),
und zwar im wesentlichen nur die Vorschriften über die Vollstreckung
wegen Geldforderungen (vgl. 8).

5   A. **Im Bund** richtet sich die Vollstreckung nach den §§ 1–5 VwVG
und den §§ 249–258, 260, 262–267, 281–317, 318 I–IV, §§ 319–327 AO
1977, soweit nicht die Vollstreckung im Wege der Amtshilfe von Organen der Länder durchgeführt wird (§ 5 VwVG). Zuständig für die
Durchführung der Zwangsvollstreckung (Vollzugsbehörden; vgl. 3) sind
nach § 4 VwVG die Hauptzollämter (§ 1 Nr. 4, § 12 FVG; § 249 I S. 3
AO 1977), falls nicht andere Behörden bestimmt sind, so die Oberpostdi-
rektionen und die Ämter der Deutschen Bundespost durch AO des BMP
v. 2. 5. 1953 (BAnz. Nr. 87) sowie die Wasser- und Schiffahrtsdirektionen durch AO des BMV v. 2. 5. 1953 (BAnz. Nr. 83).

6   B. **Die landesrechtlichen Regelungen** sind unterschiedlich. Vgl. zB
für **Baden-Württemberg:** LVwVG v. 12. 3. 1974 (GBl. 93), letztes
ÄndG v. 4. 10. 1977 (GBl. 401), **Bayern:** Art. 18 ff. BayVwVZG, **Berlin:** VwVG v. 27. 4. 1953 (vgl. 5) iVm § 5 II G über das Verfahren der
Berl. Verwaltung (2 zu § 51), **Bremen:** G v. 11. 4. 1930 (GBl. 58; 202-b-1),
ÄndG v. 18. 12. 1974 (GBl. 351), iVm der VO v. 11. 4. 1930 (GBl. 73;
202-b-2) und v. 13. 4. 1965 (GBl. 74; 202-b-3), **Hamburg:** VwVG v.
13. 3. 1961 (GVBl. 79, 136; BL 201-2), letztes ÄndG v. 9. 12. 1974
(GVBl. 381), **Hessen:** VwVG v. 4. 7. 1966 (GVBl. I 151; II 304–12),
letztes ÄndG v. 21. 12. 1976 (GVBl. I 532, 536), **Nordrhein-Westfalen:**
VwVG v. 23. 7. 1957 (GVNW 216; SGVNW 2010), letztes ÄndG v.
3. 12. 1974 (GVNW 1504), **Rheinland-Pfalz:** VwVG v. 8. 7. 1957
(GVBl. 101; BS 2010-2), letztes ÄndG v. 21. 12. 1978 (GVBl. 735),
Saarland: SVwVG v. 27. 3. 1974 (ABl. 430; BS Saar 2010-3), **Schleswig-
Holstein:** §§ 239 ff. LVwGSchlH. Über weitere Einzelheiten der landes-
rechtlichen Regelungen vgl. Rebmann/Roth/Herrmann 16 ff. sowie van
Engelhardt VwVG. Diese Vorschriften gelten auch, wenn der Bußgeldbe-
scheid einer VB des Bundes im Wege der Amtshilfe vollstreckt wird (§ 5
II VwVG).

7   **Welche Behörde** für die Zwangsvollstreckung zuständig ist (vgl. 3),
ist nicht einheitlich geregelt. So sind zB zuständig in Baden-Württemberg die Behörde, die den Bußgeldbescheid erlassen hat, soweit nicht
durch RechtsVO eine andere Behörde bestimmt ist (§ 4 LVwVG; VO v.
16. 7. 1974, GBl. 282), in Bayern bei Bußgeldbescheiden der staatlichen
Behörden die Finanzämter (Art. 25 I BayVwZVG), bei Bußgeldbescheiden der Gemeinden pp die ordentlichen Gerichte (Art. 26 I, II
BayVwZVG), in Hessen bei Bußgeldbescheiden der Regierungspräsidenten wegen Ordnungswidrigkeiten nach den §§ 24, 24 a StVG (Anh
A 11) die Gerichtskassen (§ 15 III HessVwVG), sonst bei Bußgeldbescheiden der Landesbehörden die Finanzämter (§ 15 I HessVwVG), in
Nordrhein-Westfalen die Finanzämter sowie die staatlichen und die kom-
munalen Kassen (§ 2 I VwVGNW).

8   C. **Nur soweit das Gesetz nichts anderes bestimmt,** gelten die unter 5
und 6 aufgeführten Vorschriften. Der Vorbehalt bezieht sich sowohl auf
die Vorschriften dieses Gesetzes (§ 90 II, III, §§ 93 ff.) als auch auf die
Regelungen in anderen Gesetzen. So ergibt sich zB aus III, der die Vollstreckung der Einziehungsanordnung wegen einer Sache besonders regelt, daß die Vorschriften über die Erzwingung von Handlungen (zB auf

Herausgabe einer Sache; §§ 9 ff. VwVG) nicht anzuwenden sind; das gleiche gilt für den Fall des § 25 IV StVG (Anh **A 11**). Keine Anwendung finden auch die §§ 324–326 AO 1977 über den Arrest, die durch § 111 d StPO iVm § 46 I (107 vor § 59) verdrängt werden. Sonderregelungen in anderen Gesetzen enthalten zB § 233 II AFG, § 29 III BKGG, § 96 II S. 2 SGB IV und § 65 IV SchwbG. Vgl. ferner § 412 II AO 1977 (Anh **A 10**), wonach für die Vollstreckung von Bußgeldbescheiden der FinBen die Vollstreckungsvorschriften der AO 1977 (vgl. 5) für anwendbar erklärt sind, sowie § 15 III HessVwVG, wonach Bußgeldbescheide des Regierungspräsidenten wegen Ordnungswidrigkeiten nach den §§ 24, 24 a StVG von den Gerichtskassen nach der JBeitrO vollstreckt werden; ferner § 25 II S. 3, III S. 2 StVG für die Beschlagnahme des Führerscheins oder Fahrausweises (vgl. 29).

9   **4) Gegenstand der Vollstreckung** sind nicht nur im Bußgeldbescheid der VB rechtskräftig festgesetzte Geldbußen, sondern auch die angeordneten Nebenfolgen (20 ff. zu § 66) sowie die Kosten des Verfahrens; hierzu gehören auch die durch die Vollstreckung entstandenen Kosten (6 vor § 105; § 337 I AO 1977). Die Vollstreckung, deren Grundlage der Bußgeldbescheid ist, wird von der VollstrB (§ 92) durch die Vollstreckungsanordnung eingeleitet (vgl. § 3 I, IV VwVG). Da es sich um einen innerdienstlichen Akt handelt, ist eine ausdrückliche Anordnung nicht erforderlich; die Vollstreckungsanordnung kann deshalb bereits zB in dem Ersuchen an die Vollzugsbehörde (3) um zwangsweise Beitreibung gesehen werden (vgl. auch Rebmann/Roth/Herrmann 6).

10   A. **Die Geldbuße** wird nach Rechtskraft des Bußgeldbescheides vollstreckt, falls sie nicht bereits gezahlt ist oder Zahlungserleichterungen (§ 93) gewährt sind oder sonst ein Vollstreckungshindernis besteht (1 zu § 89), und die zweiwöchige Frist nach § 95 I abgelaufen ist. Dabei hat die VollstrB (2) die Wahlmöglichkeit zwischen der Zwangsvollstreckung in das Vermögen (vgl. 12 ff.) des Betroffenen oder der Erzwingungshaft, wenn die Voraussetzungen des § 96 (dort 8 ff.) vorliegen.

11   a) **Der Zwangsvollstreckung,** die auf Anordnung und Weisung der VollstrB durchgeführt wird (§ 3 VwVG), braucht eine Mahnung (vgl. zB § 3 III VwVG; § 14 VwVGBW nicht vorauszugehen da es sich nicht um eine übliche Geldschuld handelt (vgl. 2 zu § 96; Rebmann/Roth/Herrmann 7; aM Haniel 2. 2. 3). Die Zwangsvollstreckung wird nach den Vorschriften über die Vollstreckung wegen öffentlich-rechtlicher Geldforderungen durchgeführt, die in enger Anlehnung an die Vorschriften der ZPO ausgestaltet sind (vgl. zB §§ 1 ff. VwVG iVm §§ 249 ff. AO 1977; hierzu Frotscher BB **76**, 1658 ff; §§ 239 ff. LVwGSchlH). Dabei hat die Vollzugsbehörde diejenigen Vollstreckungsmaßnahmen anzuwenden, die nach Lage des Einzelfalles am schnellsten und sichersten zum Ziel führen (vgl. auch § 8 EBAO).

12   b) **In das bewegliche Vermögen** wird durch Pfändung und Versteigerung vollstreckt (vgl. zB §§ 281 ff. AO 1977), die bei Sachen durch den Vollziehungsbeamten vorgenommen wird (§ 285 AO 1977). Dieser ist befugt, die Wohn- und Geschäftsräume sowie die Behältnisse des Betroffenen zu durchsuchen, soweit dies der Zweck der Vollstreckung erfor-

dert (vgl. § 287 I AO 1977; § 14 VwVGNW; § 7 HessVwVG); die Durchsuchung gegen den Willen des Betroffenen ist, soweit nicht Gefahr im Vorzug ist, nur zulässig, wenn eine richterliche Anordnung (des nach § 68 zuständigen AG; § 104 I Nr. 1) vorliegt (BVerfG NJW **79**, 1539; hierzu Schmidt-Bleibtreu DB **79**, 1493; so bereits § 6 II LVwGBW); die Vorschriften, die dies nicht vorsehen, werden durch Art. 13 II GG unmittelbar entsprechend ergänzt (BVerfG aaO).

13 **Forderungen** werden durch die Vollzugsbehörde (vgl. 3, 5–7) gepfändet. An die Stelle des Pfändungs- und Überweisungsbeschlusses tritt die Pfändungs- und Überweisungsverfügung der Behörde, die dem Drittschuldner verbietet, an den Vollstreckungsschuldner zu zahlen, und dem Vollstreckungsschuldner gebietet, sich jeder Verfügung über die Forderung, insbesondere ihrer Einziehung zu enthalten, und die Einziehung der gepfändeten Forderung anordnet (vgl. zB §§ 309, 314 AO 1977, §§ 43, 48 VwVGRhPf).

14 **Ein Vermögensverzeichnis** hat der Betroffene auf Verlangen der Vollzugsbehörde (3, 5–7) dieser bzw. dem AG vorzulegen, wenn die Vollstreckung in das bewegliche Vermögen zu einer vollständigen Befriedigung nicht geführt hat oder anzunehmen ist, daß eine vollständige Befriedigung nicht zu erlangen sein wird (vgl. zB § 284 I AO 1977; § 16 I LVwVGBW; § 258 I LVwGSchlH). Die Richtigkeit und Vollständigkeit **15** seiner Angaben hat der Betroffene durch eine **eidesstattliche Versicherung** zu bekräftigen; für die Abnahme der eidesstattlichen Versicherung ist das FA (Hauptzollamt) als Vollzugsbehörde bzw. das AG als Vollstreckungsgericht zuständig, in dessen Bezirk sich der Wohnsitz oder Aufenthaltsort des Betroffenen befindet (vgl. § 284 IV S. 1 AO 1977; § 16 III S. 1 LVwVGBW); für das Verfahren vor dem AG gelten die §§ 900–910, 913–915 ZPO (vgl. zB § 16 III S. 2 LVwGBW; § 258 III S. 2 LVwGSchlH). Für die Anordnung der Haft zur Erzwingung der eidesstattlichen Versicherung (§ 901 ZPO) ist ausschließlich das AG zuständig (vgl. zB § 284 VII AO 1977); zur Frage der Verhältnismäßigkeit der Erzwingungshaft, wenn die Zwangsvollstreckung nur wegen einer geringen Forderung betrieben wird, Morgenstern NJW **79**, 2277.

16 c) **Für die Vollstreckung in das unbewegliche Vermögen** (Grundstücke, Schiffe, Luftfahrzeuge), die durch Eintragung einer Sicherungshypothek (§ 866 ZPO) oder im Wege der Zwangsversteigerung oder Zwangsverwaltung (§§ 15 ff., § 146 ZVG) erfolgt, ist auf Antrag der Vollzugsbehörde (3) das ordentliche Gericht zuständig (vgl. zB § 322 AO 1977, § 51 VwVGNW). Ein Antrag auf Zwangsversteigerung und Zwangsverwaltung soll nur gestellt werden, wenn festgestellt ist, daß der Geldbetrag durch Vollstreckung in das bewegliche Vermögen nicht beigetrieben werden kann (§ 322 IV AO 1977). Die Anwendung dieser Vollstreckungsart wird nur in Betracht kommen, wenn höhere Geldbeträge (zB Wertersatz) zu vollstrecken sind (vgl. auch § 866 III ZPO).

17 d) **Ein dinglicher Arrest** zur Sicherung der Vollstreckung der Geldbuße (zB §§ 324–326 AO 1977; § 292 LVwGSchlH) ist nur zulässig, wenn ein auf Geldbuße lautendes Urteil oder Beschluß nach § 72 vorliegt (vgl. 8; § 111 d I StPO iVm § 46 I; 107 vor § 59).

18   e) **Ist eine Sicherheit** von dem Betroffenen für Geldbuße und Kosten geleistet worden (127 ff. vor § 59), so ist zunächst diese in Anspruch zu nehmen (vgl. § 327 AO 1977; 135 vor § 59). In Sachen, die nach § 132 III StPO iVm § 46 I beschlagnahmt worden sind (133 ff. vor § 59), kann wegen der Geldbuße und der Kosten des Verfahrens vollstreckt werden (vgl. 12); vor der Vollstreckung sollte der Betroffene jedoch benachrichtigt werden, damit er die Geldbuße und Kosten bezahlen und damit die Vollstreckung verhindern kann (vgl. LR-Dünnebier 26 zu § 132 StPO).

19   B. **Für die Verfolgung von Nebenfolgen** gilt folgendes:

20   a) **Nebenfolgen, die zu einer Geldzahlung** verpflichten (vgl. 5 zu § 34), werden nach den gleichen Vorschriften vollstreckt, die für die Vollstreckung der Geldbuße gelten (vgl. 10 ff.). Dabei ist allerdings zu beachten, daß nur bei der Geldbuße gegen die JP oder PV (§ 30) die Anordnung der Erzwingungshaft zulässig ist (7 zu § 96; § 99). Zur Sicherung der Einziehung des Wertersatzes kann der dingliche Arrest bereits angeordnet werden, bevor eine Entscheidung über die Anordnung des Wertersatzes ergangen ist (§ 111 d I StPO iVm § 46 I; 107 vor § 59). Bei der Vollstreckung einer Anordnung über die Abführung des Mehrerlöses (§ 8 WiStG 1954) ist § 9 II WiStG 1954 zu beachten.

21   b) **Bei der Einziehung von Gegenständen** (2 zu § 22) geht das Eigentum an der Sache oder das eingezogene Recht mit der Rechtskraft des Bußgeldbescheides oder des selbständigen Einziehungsbescheides (§ 87 III S. 1, 2) auf den Staat oder sonstigen Träger der Verwaltung über (§ 26; dort 2).

22   **Bei einer Sache** ist eine Vollstreckung überflüssig, wenn sie sich zur Zeit der Rechtskraft des Bescheides bereits im amtlichen Gewahrsam befindet (zB infolge Beschlagnahme oder Sicherstellung; 71, 101 vor § 59). Befindet sich die Sache im Besitz des Betroffenen oder des Einziehungsbeteiligten (3 ff. vor § 87), der nach der Einziehungsanordnung zur Herausgabe verpflichtet ist (so, wenn er als Einziehungsbeteiligter bezeichnet und die Einziehung des ihm – wirklich oder angeblich – gehörenden Gegenstandes angeordnet ist), und gibt er sie nicht freiwillig heraus, so kann die VollstrB (vgl. 2) einen Vollziehungsbeamten oder eine Polizeidienststelle im Wege der Amtshilfe (vgl. 17 ff. vor § 59) mit der Wegnahme der Sache beauftragen (III S. 1); die Vorschriften der VwVGe über die Erzwingung von Handlungen (vgl. zB §§ 6 ff. VwVG) oder Wegnahme von Sachen (vgl. zB § 28 LVwVGBW) sind nicht anzuwenden (vgl. 8). Die Durchsuchung der Wohnung des Betroffenen oder des Einziehungsbeteiligten (vgl. § 287 I AO 1977; § 14 VwVGNW; § 7 HessVwVG) ist, falls nicht Gefahr im Verzug ist, nur zulässig, wenn eine richterliche Anordnung vorliegt (BVerfG NJW **79**, 1539; vgl. 12).

23   **Bleibt die Vollstreckung erfolglos**, so kann die VB bei dem AG als Vollstreckungsgericht, in dessen Bezirk der Betroffene oder der Einziehungsbeteiligte seinen Wohnsitz oder in Ermangelung eines solchen seinen Aufenthalt hat, die Abgabe einer eidesstattlichen Versicherung über den Verbleib der Sache beantragen (III S. 2, 3 iVm § 883 II, III, § 899 ZPO). Dem Antrag ist der Bußgeldbescheid (in Urschrift oder in Ausfer-

tigung mit Rechtskraftbescheinigung) beizufügen (III S. 3 iVm § 900 I ZPO).

24 **Verweigert der Einziehungsbeteiligte,** der die Sache in Gewahrsam hat, die Herausgabe mit der Begründung, daß er an ihr ein Recht zum Besitz (zB Nießbrauch, Pfandrecht; vgl. 2 zu § 87) habe, so ist eine Vollstreckung gegen ihn auf Grund der Einziehungsanordnung nur möglich, wenn in ihr das Erlöschen des Rechts (§ 26 II) angeordnet ist (vgl. § 61 III, § 87 II S. 2 Buchst. b StVollstrO für die Vollstreckung gerichtlicher Bußgeldentscheidungen). Ist dies nicht der Fall, so kann der Herausgabeanspruch nur im Wege der Klage (§ 985 BGB) geltend gemacht werden. Das gleiche gilt, wenn sich die Sache nicht im Besitz des Betroffenen oder des Einziehungsbeteiligten, sondern eines Dritten befindet und dieser trotz Aufforderung nicht zur Herausgabe bereit ist (ebenso Rebmann/Roth/Herrmann 39). In einem solchen Fall oder wenn die Einziehung sonst nicht ausführbar ist (zB wenn die Sache nicht vorgefunden wird; vgl. auch 19 zu § 25), ist zu prüfen, ob die nachträgliche Anordnung der Einziehung des Wertersatzes in Betracht kommt (§ 25 IV, § 100 I Nr. 1). Über den Herausgabeanspruch gegen die Erben beim Tod des Betroffenen vgl. 2 zu § 101.

25 **Bei eingezogenen Rechten** (zB Forderungen; 2 zu § 22) ist der Schuldner zur Leistung aufzufordern. Zahlt er nicht, so kann nicht schon auf Grund der Einziehungsansordnung vollstreckt werden; es bedarf vielmehr zur Vollstreckung eines besonderen Titels, der im Wege der Klage erwirkt werden muß (vgl. bei der Einziehung in gerichtlichen Bußgeldsachen § 61 V, § 87 II S. 2 Buchst. b StVollstrO; Pohlmann V 1 zu § 61; Rebmann/Roth/Herrmann 40a).

26 **Von der Verwertung** der eingezogenen Gegenstände (zB durch öffentliche Versteigerung oder freihändigen Verkauf) ist in der Regel abzusehen, wenn damit zu rechnen ist, daß gegen die Einziehung Einwendungen im Nachverfahren (41 ff. zu § 87) geltend gemacht werden. Ist der Gegenstand bereits verwertet worden und wird die Einziehungsanordnung im Nachverfahren aufgehoben (50 zu § 87), so hat der frühere Eigentümer oder Rechtsinhaber, falls die Verwertung vor der Rechtskraft im Wege der Notveräußerung angeordnet worden ist (vgl. 105 vor § 59), einen Anspruch auf die Auszahlung des Erlöses, sonst auf Herausgabe des Erlöses nach den Vorschriften über die ungerechtfertigte Bereicherung (vgl. Kleinknecht 14 zu § 439 StPO; Rotberg 22 zu § 87).

27 c) **Die Unbrauchbarmachung** einer Sache (vgl. 7 zu § 123; § 30 I WZG) wird wie die Einziehung einer Sache vollstreckt. Soweit die Sache sich im Zeitpunkt der Rechtskraft des Bescheides nicht bereits im amtlichen Gewahrsam befindet, wird sie dem Betroffenen oder Rechtsinhaber (60 zu § 87) weggenommen. Über das weitere Verfahren vgl. 21 ff. Sind die Sachen nach Maßgabe des Bußgeldbescheids unbrauchbar gemacht (dh ihrer gefährdenden Form entkleidet oder unschädlich gemacht worden), so sind sie dem Berechtigten zurückzugeben, da anders als bei der Einziehung die Eigentumsverhältnisse an der Sache unberührt bleiben (ebenso Rebmann/Roth/Herrmann 40b).

28 d) **Das Fahrverbot** (§ 25 StVG, Anh **A 11**) wird mit der Rechtskraft des Bußgeldbescheides wirksam (§ 25 II S. 1 StVG). Um seine Beachtung zu sichern, ist ein inländischer Führerschein für die Dauer des Verbots von der VollstrB (2) in amtliche Verwahrung zu nehmen (§ 25 II S. 2 StVG); dies gilt auch für Sonderführerscheine (§ 14 StVZO; zB einen Bundeswehrführerschein). In einem ausländischen Fahrausweis wird zur Sicherung lediglich das Fahrverbot vermerkt (§ 25 III S. 1 StVG). Das Fahrverbot ist der zuständigen Straßenverkehrsbehörde (§ 68 StVZO), bei Sonderfahrerlaubnissen (§ 14 StVZO) der zuständigen Dienststelle mitzuteilen.

29   **Beschlagnahmt werden kann der Führerschein,** wenn er nicht freiwillig herausgegeben wird (§ 25 II S. 3 StVG); desgl. ein ausländischer Fahrausweis, der nicht zur Eintragung des Fahrverbots vorgelegt wird (§ 25 III S. 2 StVG). Zuständig für die Beschlagnahme ist die VollstrB (vgl. 2), die sich zu ihrer Durchführung der Hilfe der Polizei bedienen kann. Die Beschlagnahmeanordnung bedarf nicht der richterlichen Bestätigung wie im Falle des § 98 II StPO (vgl. KMR 2b zu § 463b StPO; Rebmann/Roth/Herrmann 41); es können aber Einwendungen nach § 103 I Nr. 1, 3 erhoben werden, über die das Gericht entscheidet (§ 104). Zur Durchsuchung der Wohnung bedarf es einer richterlichen Anordnung (BVerfG NJW **79,** 1539; vgl. 12). Die Kosten der Beschlagnahme sind von dem Betroffenen als Vollstreckungskosten einzuziehen (6 vor § 105; vgl. hierzu in Bayern Nr. 3. 4 der Entschl. d. BayStMdI v. 2. 3. 1971; 166 vor § 59). Wird der Führerschein oder Fahrausweis nicht vorgefunden, so kann der Betroffene auf Antrag der VollstrB (2) vom AG als Vollstreckungsgericht zur Abgabe einer eidesstattlichen Versicherung über den Verbleib angehalten werden (§ 25 IV StVG; vgl. auch 15); die Vorschriften der VwVGe über die Erzwingung von Handlungen oder die Wegnahme von Sachen sind anwendbar (vgl. 8, 22).

30   **Der in amtliche Verwahrung genommene Führerschein** ist dem Betroffenen durch eingeschriebenen Brief so rechtzeitig zu übersenden, daß er am letzten Tag der Verbotsfrist bei ihm eintrifft, falls er nicht erklärt hat, daß er den Führerschein selbst abholen werde; dabei ist ihm der Zeitpunkt mitzuteilen, an dem das Fahrverbot endet (vgl. § 59a II, § 87 II S. 2 Buchst. a StVollstrO zum gerichtlich angeordneten Fahrverbot). Ist der Führerschein versehentlich nicht amtlich verwahrt worden und hat der Betroffene das Fahrverbot befolgt, so kann ein gnadenweiser Erlaß (7 vor § 89) des an sich noch nicht abgelaufenen Fahrverbots in Betracht kommen.

31   **Über den Beginn der Verbotsfrist** (§ 25 V StVG) ist der Betroffene bei der Zustellung des Bußgeldbescheides zu belehren (§ 25 VIII StVG). Ist die Belehrung unterblieben, so hat sie die VollstrB nachzuholen, wenn sie den Betroffenen zur Herausgabe des Führerscheins auffordert (so auch Rebmann/Roth/Herrmann 41).

32   **Über landesrechtliche Regelungen** vgl. zB in Bayern Nr. 3 der Entschl. d. BayStMdI v. 2. 3. 1971, Niedersachsen Nr. 11. 2 d. Gem. RdErl. d. Nds. MdI u. MFW v. 9. 6. 1975 (vgl. 166 vor § 59).

33   e) **Das Verbot der Jagdausübung** (zB § 41a BJagdG; 25 zu § 66) wird mit Rechtskraft des Bußgeldbescheides wirksam (§ 41a II S. 1 BJagdG).

Soweit ein erteilter Jagdschein zu diesem Zeitpunkt noch nicht abgelaufen ist (zB Tagesjagdschein; § 15 II BJagdG), ist er amtlich zu verwahren und zu beschlagnahmen, falls er nicht freiwillig herausgegeben wird (§ 41a II S. 2, 3 BJagdG). Für die Beschlagnahme gelten die Bemerkungen unter 29 entsprechend. Über die Berechnung der Verbotsfrist vgl. § 41a III BJagdG. Ist der amtlich verwahrte Jagdschein noch nicht wegen Zeitablaufs ungültig, so ist er dem Betroffenen rechtzeitig vor Ablauf der Verbotsfrist zu übersenden (vgl. 30).

33a   **Ist die Entziehung des Jagdscheins** angeordnet worden (vgl. 25 zu § 66), so hat die Behörde, die für die Erteilung des Jagdscheins zuständig ist, diesen für ungültig zu erklären und einzuziehen (vgl. § 18 S. 1 BJagdG). Diese Maßnahmen können nicht mit dem Bußgeldbescheid verbunden werden; sie sind vielmehr als Folge der rechtskräftigen Entziehung des Jagdscheins außerhalb des Bußgeldverfahrens zu treffen (vgl. Lorz in Erbs/Kohlhaas 2 zu § 18 BJagdG, J 12).

34   C. **Die Kosten des Bußgeldverfahrens** (5f. vor § 105) werden nach den gleichen Vorschriften vollstreckt wie die Geldbuße (vgl. 10ff.; 5 zu § 108). Erzwingungshaft ist nicht zulässig (7 zu § 96). Die Kosten fließen, soweit nichts Abweichendes bestimmt ist, in die Kasse des Verwaltungsträgers, dem die VB angehört, da II insoweit keine Anwendung findet (vgl. 21 zu § 105; 28 zu § 107).

35   **5) Der Staatskasse** fließen die Geldbußen sowie die Nebenfolgen, die zu einer Geldzahlung verpflichten (5 zu § 34), zu, und zwar der Bundeskasse oder der Landeskasse, je nachdem, ob eine VB des Bundes oder eines Landes (auch eine Gemeindebehörde) den Bußgeldbescheid erlassen hat (II; vgl. § 26; 2f. vor § 35). Diese Regelung beruht auf der Erwägung, daß auch die Festsetzung der Geldbußen Ausfluß der Strafhoheit (iwS) des Staates ist und daß den VBen die Ahndung von Ordnungswidrigkeiten nur in einem Vorschaltverfahren an Stelle des Gerichts übertragen ist (BerEOWiG zu § 79).

36   **Eine anderweitige Regelung** ermöglicht jedoch der Vorbehalt in II S. 1, soweit dies sachdienlich erscheint; vgl. im Bundesrecht zB § 233 II S. 1 AFG, § 96 II S. 1 SGB IV; § 65 V SchwbG; § 25 V PostG; § 8 V HfreqBetrG; § 19a IV FAG; § 6 V S. 1 FunkstörG; § 11 BWO. Auch die Länder haben weitgehend von dem Vorbehalt Gebrauch gemacht und damit gegen den Willen des Gesetzgebers das Regel-Ausnahmeverhältnis fast umgekehrt; vgl. zB in **Baden-Württemberg:** § 2 LOWiGBW für Bußgeldbescheide der Landratsämter als unter VB, bzw. Gemeinden, Landkreise, **Bayern:** Art. 28 BayGO, Art. 21 III BayLKrO für bußgeldbewehrte Satzungen; Art. 17 BayKAG; Art. 7 II Nr. 4 BayFAG für die von den Gemeinden, Landkreisen und Landratsämtern als Staatsbehörden erhobenen Geldbußen; **Bremen:** Art. 2 II AGOWiG/EGOWiG (Anh **B 4a**); § 28 III S. 3 BremArbnKG; **Hessen:** § 46 I, II, VI HessFAG (Anh **B 6a**); § 83 HSOG; **Niedersachsen:** § 1 NdsAGOWiG (Anh **B 7a**); **Nordrhein-Westfalen:** Art. LVIII Abs. 1 AnpGNW (Anh **B 8a**); **Rheinland-Pfalz:** Art. 35 LStrafÄndGRhPf (Anh **B 9a**); vgl. ferner Hmb G über die Verwendung der vom Seemannsamt eingezogenen Geldbußen v. 23. 2. 1968 (GVBl. 17; BL 9513-1).

37   **Bei einer gerichtlichen Bußgeld**entscheidung (4 f. vor § 89) fließen die Geldbußen pp. stets der Landeskasse zu, also auch dann, wenn der Bußgeldbescheid infolge des Einspruchs des Betroffenen durch eine gerichtliche Bußgeldentscheidung ersetzt wird (vgl. 6 vor § 65). Für den Fall, daß der Einspruch gegen den Bußgeldbescheid zurückgenommen oder verworfen wird, vgl. 1 a.

38   **6) Ein Ordnungsgeld** (52 ff., 95 zu § 59) ist ebenfalls nach den Vorschriften über die Vollstreckung öffentlich-rechtlicher Geldforderungen zu vollstrecken (IV; vgl. 9 ff.). Die Entscheidung der VB ist sofort vollstreckbar (5 zu § 89); die Anordnung der Erzwingungshaft ist unzulässig (6 zu § 96). II ist nicht anzuwenden; das Ordnungsgeld fließt in die Kasse des Verwaltungsträgers, dem die VB angehört (vgl. auch 28 zu § 107). Über die Bewilligung von Zahlungserleichterungen vgl. Art. 7, über die Vollstreckungsverjährung Art. 9 II EGStGB (Anh **A 1**).

39   **7) Über Einwendungen** gegen die Zulässigkeit der Vollstreckung und gegen Vollstreckungsmaßnahmen vgl. § 103.

40   **8) Im Verfahren gegen Jugendliche und Heranwachsende** vgl. auch § 98.

Vollstreckung der gerichtlichen Bußgeldentscheidung

91   **Für die Vollstreckung der gerichtlichen Bußgeldentscheidung gelten § 451 Abs. 1, 2, §§ 459 und 459g Abs. 1 sowie Abs. 2 in Verbindung mit § 459 der Strafprozeßordnung, im Verfahren gegen Jugendliche und Heranwachsende auch § 82 Abs. 1, § 83 Abs. 2, §§ 84 und 85 Abs. 3 des Jugendgerichtsgesetzes sinngemäß.**

1   **1) Für die Vollstreckung gerichtlicher Bußgeldentscheidungen** (4 f. vor § 89) erklärt § 91 bestimmte Vorschriften der StPO und des JGG (Anh **A 3**) für sinngemäß anwendbar (1 vor § 89); erg. gelten die Vorschriften der StVollstrO und der EBAO (§ 1 III, § 87 StVollstrO). Zur Vollstreckung vgl. näher Wetterich/Hamann 495 ff. m. zahlreichen Beispielen für Verfügungen und Vordrucke. Die Vollstreckung der Bußgeldbescheide der VB ist in § 90 geregelt.

2   **2) Vollstreckungsbehörden** iS des § 92 sind:

A. Die StA grundsätzlich (§ 451 I StPO), soweit nicht die Vollstreckung der Bußgeldentscheidung dem JugRi obliegt (vgl. 3 ff.). Über die sachliche Zuständigkeit der StA als VollstrB vgl. §§ 4, 87 I StVollstrO; die StA beim OLG ist zB für die Vollstreckung von Bußgeldentscheidungen des OLG und BGH in Kartellsachen (§§ 82, 83 GWB, Anh **A 14**; 4 vor § 89) zuständig. Die örtliche Zuständigkeit der StA bestimmt sich nach dem Gericht des 1. Rechtszuges (vgl. § 143 I GVG; §§ 7, 87 I StVollstrO).

3   **B. Der JugRi** (RiAG; § 33 II JGG, Anh **A 3**) in Verfahren gegen Jugendliche und Heranwachsende als Vollstreckungsleiter (§ 82 I S. 1 JGG).

3a   **a) Örtlich zuständig** ist der JugRi zur Vollstreckung solcher Entscheidungen, die er selbst oder das Jugendschöffengericht unter seinem Vorsitz im ersten Rechtszug erlassen hat (§ 84 I JGG); sonst (zB Entscheidungen der JugK, die allerdings selten sind) ist der JugRi, dem die vormundschaftsgerichtlichen Erziehungsaufgaben obliegen (§ 84 II, § 34 III JGG), zuständig. Dies gilt auch für die Vollstreckung von Bußgeldentscheidungen gegen Heranwachsende und Jugendliche, die im Zeitpunkt der Vollstreckung volljährig geworden sind, da hier eine Zuständigkeit des JugRi nach § 84 II JGG unterstellt wird (Brunner 4 zu § 84). Über die Abgabe an einen anderen JugRi aus wichtigen Gründen (zB wegen Vollstreckungsnähe bei Wohnsitzwechsel des Betroffenen) vgl. § 85 III JGG.

3b   b) **Organ der Justizverwaltung** ist der JugRi bei seiner Tätigkeit als VollstrB in Bußgeldsachen; er unterliegt deshalb insoweit den Weisungen der vorgesetzten VollstrBen (Kleinknecht 14 zu § 451 StPO; Brunner 8 zu § 82). Über Einwendungen gegen seine Anordnungen als VollstrB entscheidet nicht der JugRi, sondern die JugK, soweit nicht die Vollstreckung einem anderen JugRi als dem erkennenden obliegt (§ 83 II Nr. 1 JGG; 7, 9 zu § 104).

4   **3) Urkundliche Grundlage** für die Vollstreckung ist – wie im Strafverfahren – die Urschrift oder eine beglaubigte Abschrift der Bußgeldentscheidung (4 f. vor § 89) oder ihres erkennenden Teils mit Rechtskraftbescheinigung des UrkB, in der die Zeit des Eintritts der Rechtskraft angegeben sein muß (§ 451 I StPO; §§ 13, 87 I StVollstrO); die Rechtskraft wird in der Regel vom UrkB des Gerichts des 1. Rechtszuges bescheinigt (§ 13 III StVollstrO). Einer Rechtskraftbescheinigung bedürfen auch die Beschlüsse nach § 100 I Nr. 2 über die Anordnung der Erzwingungshaft und die Verhängung des Jugendarrestes (6 zu § 89; Pohlmann Rpfleger **68**, 267; vgl. auch Rebmann/Roth/Herrmann 8).

5   **4) Nach der JBeitrO** wird die in der Bußgeldentscheidung ausgesprochene Geldbuße vollstreckt, soweit das OWiG (insbesondere die Regelung nach §§ 93 ff.) nichts anderes bestimmt; dies folgt aus der sinngemäßen Anwendung des § 459 StPO. Nach diesen Vorschriften wird auch eine Nebenfolge, die zu einer Geldzahlung verpflichtet (5 zu § 34), vollstreckt (§ 459 g II iVm § 459 StPO). Über die Vollstreckung bei Einziehung oder Unbrauchbarmachung einer Sache vgl. § 459 g I StPO. Für die Vollstreckung einer Geldbuße oder einer zu einer Geldzahlung verpflichtenden Nebenfolge vgl. weiter § 87 I, II S. 1 StVollstrO, für die Vollstreckung der Einziehungsanordnung und der Unbrauchbarmachung ferner §§ 60 ff., 87 I, II S. 2 Buchst. b StVollstrO (vgl. auch 21 ff., 27 zu § 90). In der Zahlungsaufforderung ist der Betroffene zugleich darüber zu belehren, daß die Erzwingungshaft angeordnet werden kann (§ 87 III StVollstrO; 14 zu § 96).

6   **5) Über Einwendungen,** die sich gegen die Zulässigkeit der Vollstreckung überhaupt oder gegen Anordnungen der VollstrB (vgl. 2 f.) richten (§ 103 I Nr. 1, 2), entscheidet das Gericht (§ 104); vgl. näher zu § 103. Einwendungen gegen einzelne Vollstreckungsmaßnahmen (zB gegen eine bestimmte Pfändung) betreffen dagegen die Art und Weise der Vollstreckung. Sie sind im Rahmen der §§ 766, 771 ff. ZPO vor dem AG als Vollstreckungsgericht (§ 764 ZPO) geltend zu machen (§ 6 I Nr. 1

JBeitrO), da § 103 I Nr. 3 nur für Bußgeldbescheide der VB gilt (vgl. auch Rebmann/Roth/Herrmann 10).

7   **6) Über die Vollstreckung des Fahrverbots,** das in einer gerichtlichen Bußgeldentscheidung (vgl. 4f. vor § 89) angeordnet wird, vgl. § 25 II–VII StVG (Anh **A 11**), §§ 59a, 87 II S. 2 Buchst. a StVollstrO. Vgl. ferner 28ff. zu § 90. Es gelten praktisch die gleichen Vorschriften wie für ein im Strafverfahren verhängtes Fahrverbot nach § 44 StGB (vgl. § 463b StPO).

8   **7) Über die Vollstreckung der Erzwingungshaft** vgl. § 97.

9   **8) Über die Vollstreckung gerichtlich verhängter Ordnungs- und Zwangsmittel** (Ordnungsgeld, Ordnungshaft, Zwangshaft) nach §§ 51, 70, 95 II StPO vgl. § 36 StPO iVm § 46 I, über die Vollstreckung von Ordnungsmitteln nach § 178 GVG vgl. § 179 GVG iVm § 46 I; erg. sind § 88 StVollstrO sowie die JBeitrO (vgl. § 1 I Nr. 3) und EBAO (§ 1 I Nr. 3) anzuwenden. Ferner sind die Art. 7–9 EGStGB (Anh **A 1**) zu beachten. Nähere Einzelheiten bei Wetterich/Hamann 592ff.

10   **9) Die Kosten** des gerichtlichen Bußgeldverfahren werden in der Regel gleichzeitig mit der Geldbuße beigetrieben; es gelten dann die gleichen Vorschriften wie für die Vollstreckung der Geldbuße (vgl. § 1 IV, § 2 I JBeitrO sowie § 1 II, III, § 15 EBAO; ferner in Bayern VO v. 3. 11. 1976, GVBl. 461).

11   **10) Dem Rechtspfleger** ist die Vollstreckung der Bußgeldentscheidungen nach Maßgabe des § 31 II, VI RpflG iVm § 1 II VO v. 26. 6. 1970 (BGBl. I 992; III 302–2–1), ÄndVO v. 8. 1. 1975 (BGBl. I 227), übertragen; dies gilt auch für die Vollstreckung von Bußgeldentscheidungen gegen Jugendliche und Heranwachsende (Brunner 9 zu § 82; Wetterich/Hamann 512ff.). Wegen der Übertragung der Vollstreckung gerichtlich verhängter Ordnungs- und Zwangsmittel (9) vgl. § 31 III, IV RpflG. Über Einwendungen gegen Vollstreckungsmaßnahmen des Rechtspflegers entscheidet zunächst der StA oder Richter, an dessen Stelle der Rechtspfleger tätig geworden ist (§ 31 VI S. 1 RpflG).

12   **11) Über die geschäftliche Behandlung** der Bußgeldsachen bei der Vollstreckung vgl. Wetterich/Hamann 530ff.

Vollstreckungsbehörde

92   **Vollstreckungsbehörde im Sinne der nachfolgenden Vorschriften dieses Abschnitts ist in den Fällen des § 90 die Verwaltungsbehörde, die den Bußgeldbescheid erlassen hat, sonst die Stelle, der nach § 91 die Vollstreckung obliegt.**

1   **1) Zweck der Vorschrift** ist es klarzustellen, welche Stelle als „VollstrB" iS des OWiG anzusehen und damit für die bei der Vollstreckung von Bußgeldentscheidungen zu treffenden Anordnungen und zu stellenden Anträge (vgl. § 93 I, III, §§ 96, 98 I S. 1, § 102 I, § 103 I Nr. 2) zuständig ist. Vgl. hierzu im einzelnen 2f. zu § 90, 2f. zu § 91. VollstrB iS des § 92 ist demnach bei der Vollstreckung eines Bußgeldbescheides die VB, die ihn erlassen hat, nicht aber die nach den VwVGen mit der

Beitreibung betraute Stelle (Vollzugsbehörde; 3 zu § 90), auch wenn sie dort als VollstrB bezeichnet ist (vgl. 2ff. zu § 90). Bei der Vollstreckung gerichtlicher Bußgeldentscheidungen sind VollstrB iS des § 92 und beitreibende Stelle stets identisch (vgl. § 2 I S. 1 JBeitrO).

Zahlungserleichterungen

93 ^I **Nach Rechtskraft der Bußgeldentscheidung entscheidet über die Bewilligung von Zahlungserleichterungen (§ 18) die Vollstreckungsbehörde.**

^{II} **Die Vollstreckungsbehörde kann eine Entscheidung über Zahlungserleichterungen nach Absatz 1 oder nach § 18 nachträglich ändern oder aufheben. Dabei darf sie von einer vorausgegangenen Entscheidung zum Nachteil des Betroffenen nur auf Grund neuer Tatsachen oder Beweismittel abweichen.**

^{III} **Für Entscheidungen über Zahlungserleichterungen gilt § 66 Abs. 2 Nr. 2, 3 sinngemäß. Die Entscheidung erstreckt sich auch auf die Kosten des Verfahrens; sie kann auch allein hinsichtlich der Kosten getroffen werden.**

^{IV} **Entfällt die Vergünstigung nach § 18 Satz 2, die Geldbuße in bestimmten Teilbeträgen zu zahlen, so wird dies in den Akten vermerkt. Die Vollstreckungsbehörde kann dem Betroffenen erneut eine Zahlungserleichterung bewilligen.**

1 **1) Die VollstrB** (2 zu § 90; 2f. zu § 91) ist nach Eintritt der Rechtskraft der Bußgeldentscheidung für die Bewilligung von Zahlungserleichterungen im Vollstreckungsverfahren zuständig (I), und zwar unter den sachlichen Voraussetzungen des § 18 (vgl. dort); über die Zuständigkeit des Gerichts, im Erzwingungshaftverfahren Zahlungserleichterungen zu gewähren vgl. § 96 III S. 1. Allerdings wird die VollstrB häufig erst auf Antrag des Betroffenen tätig werden, so wenn die Frage der Gewährung von Zahlungserleichterungen bisher im Bußgeldverfahren keine Rolle spielte (LR-Schäfer 4 zu § 459a StPO). Der Anwendungsbereich des § 93 ist weiter als der des § 18, da im Vollstreckungsverfahren Zahlungserleichterungen grundsätzlich wegen einer Nebenfolge, die zu einer Geldzahlung verpflichtet (§ 99), also zB auch wegen der Abführung des Mehrerlöses (§§ 8ff. WiStG 1954, Anh **A 12**; vgl. jedoch 5 zu § 18) und wegen der Kosten des Bußgeldverfahrens (vgl. 5) bewilligt werden können. Eine dem § 93 entsprechende Regelung enthält § 459a StPO.

2 **2) Nachträglich ändern oder aufheben** kann die VollstrB eine – im Bußgeldverfahren oder im Vollstreckungsverfahren getroffene – Entscheidung (II S. 1). Die nachträgliche Entscheidung kann auf Antrag oder von Amts wegen ergehen und steht im pflichtgemäßen Ermessen („kann") der VollstrB.

3 **Zum Nachteil des Betroffenen** ist eine Entscheidung allerdings nur zulässig, wenn neue Tatsachen oder Beweismittel vorliegen (II S. 2), also solche, die der entscheidenden Stelle noch nicht bekannt waren, gleichviel, ob sie ihr hätten bekannt sein können oder nicht oder ob sie von ihr

versehentlich nicht benutzt worden sind (vgl. 9 zu § 85; ferner Kleinknecht 4 zu § 459a StPO; Rebmann/Roth/Herrmann 5). Diese Tatsachen
oder Beweismittel müssen geeignet sein, iVm den früher bekannten
die Entscheidungsgrundlage zu beseitigen (Rebmann/Roth/Herrmann 5).
Das kann zB der Fall sein, wenn nachträglich bekannt wird, daß der
Betroffene über Nebeneinnahmen verfügt oder sich der Zahlung entziehen will (2 zu § 95). Die VollstrB kann ferner, wenn der Betroffene etwa
bewilligte Teilbeträge nicht rechtzeitig zahlt und eine Verfallklausel nach
§ 18 S. 2 nicht aufgenommen ist, den Wegfall der Vergünstigung anordnen.

4   **3) Eine erneute Aufforderung** zur rechtzeitigen Zahlung oder Darlegung der wirtschaftlichen Verhältnisse bei Zahlungsunfähigkeit ist an
den Betroffenen zu richten, wenn eine Zahlungserleichterung bewilligt
oder eine bereits bewilligte Zahlungserleichterung geändert wird (III
S. 1); ist die Aufhebung der Zahlungsvergünstigung darauf gestützt, daß
sich der Betroffene erkennbar der Zahlung entziehen will, so ist der
Betroffene auf die Pflicht zur sofortigen Zahlung hinzuweisen (Rotberg 4
zu § 95). Auch die Belehrung über die Möglichkeit der Anordnung der
Erzwingungshaft ist zu wiederholen (III S. 1 iVm § 66 II Nr. 2, 3; dort
27). Für den Betroffenen soll so in jedem Stadium des Vollstreckungsverfahrens unmißverständlich sein, welche Folgen seine Untätigkeit haben
kann. Bei unterbliebener Belehrung vgl. 27 zu § 66.

5   **4) Auch die Kosten des Bußgeldverfahrens** (2 ff. vor § 105) werden
von der Entscheidung der VollstrB nach § 93 mitumfaßt (III S. 2), um so
eine einheitliche Entscheidung zu ermöglichen. Sie kann auch eine Entscheidung nur hinsichtlich der Kosten treffen (zB wenn für die Geldbuße
Zahlungserleichterungen nicht gewährt werden oder eine Geldbuße bereits vollstreckt ist). Über die Verrechnung von Teilbeträgen auf die
Kosten vgl. § 94. Über Erlaß und Niederschlagung vgl. 31 ff. zu § 107.

6   **5) Der Aktenvermerk über den automatischen Wegfall** der Vergünstigung, die Geldbuße in Teilbeträgen zu zahlen (§ 18 S. 2; IV S. 1), hat
keine Außenwirkung. Er soll lediglich sicherstellen, daß die VollstrB das
Vorliegen der Voraussetzungen des § 18 S. 2, also die nicht rechtzeitige
Zahlung des fälligen Teilbetrages, geprüft hat (ebenso Rebmann/Roth/
Herrmann 7; aM Rotberg 6, wonach – entgegen dem Wortlaut des Gesetzes – auch die wirtschaftlichen Verhältnisse klargestellt werden sollen),
bevor sie die Vollstreckung einleitet oder eine bereits früher eingeleitete
Vollstreckung fortsetzt. Der Wegfall der Vergünstigung schließt allerdings nicht aus, dem Betroffenen erneut eine Zahlungserleichterung zu
bewilligen (IV S. 2), zB dann, wenn er die unpünktliche Zahlung nachträglich entschuldigt (vgl. Begr. zu § 81 EOWiG).

7   **6) Über Einwendungen** gegen die von der VollstrB nach § 93, auch
iVm § 96 III S. 1, getroffenen Anordnungen (Ablehnung von Zahlungserleichterungen, nachträgliche Änderung und Aufhebung nach II sowie
die Ablehnung eines darauf gerichteten Antrags) entscheidet das Gericht
(§ 103 I Nr. 2, § 104 I Nr. 1–3), wenn die VollstrB ihre Entscheidung
aufrechterhält; ebenso, wenn die von der VollstrB in der Anordnung
gewährten Erleichterungen hinter dem Antrag oder den Vorstellungen

des Betroffenen zurückbleiben (vgl. LR-Schäfer 4 zu § 459h StPO). Über das Verfahren vgl. § 104 II, III.

8 **7) Die Vollstreckungsverjährung** ruht, solange eine Zahlungserleichterung bewilligt ist (§ 34 IV Nr. 3).

9 **8) Auch im Gnadenweg** können Zahlungserleichterungen bewilligt werden; dies wird aber nur ausnahmsweise in Betracht kommen (vgl. 7 vor § 89).

Verrechnung von Teilbeträgen

94 Teilbeträge werden, wenn der Betroffene bei der Zahlung keine Bestimmung trifft, zunächst auf die Geldbuße, dann auf die etwa angeordneten Nebenfolgen, die zu einer Geldzahlung verpflichten, und zuletzt auf die Kosten des Verfahrens angerechnet.

1 **1) Die gesetzlich vorgeschriebene Anrechnung** von Teilbeträgen (vgl. auch § 459c StPO) gilt nur, wenn der Betroffene selbst keine Bestimmung trifft (vgl. jedoch auch 5). Dabei ist die Reihenfolge der Anrechnung so geregelt, daß die für den Betroffenen nachteiligeren Folgen (so die Geldbuße wegen der Möglichkeit der Anordnung der Erzwingungshaft) zuerst beseitigt werden. Die Bestimmung einer anderen Anrechnung kann nur bei der Zahlung, ev. auch vorher, nicht aber nachträglich getroffen werden (ebenso Rebmann/Roth/Herrmann 3). Eine von § 94 abweichende Bestimmung der VollstrB bei der Bewilligung von Ratenzahlungen (zB, daß die ersten Raten zunächst auf die Kosten zu verrechnen sind), ist unzulässig (7 zu § 18).

2 **2) Über Nebenfolgen, die zu einer Geldzahlung** verpflichten, vgl. 5 zu § 34. Bei mehreren Nebenfolgen werden Teilbeträge entsprechend dem Zweck von § 94 (vgl. 1) zunächst auf die für den Zahlungspflichtigen nachteiligeren angerechnet. Ist zB gegen eine JP oder PV eine Geldbuße festgesetzt (§ 30) und die Einziehung des Wertersatzes angeordnet (§ 25 iVm § 29) worden, so ist ein ohne besondere Bestimmung gezahlter Teilbetrag zunächst auf die Geldbuße zu verrechnen, da wegen dieser die Erzwingungshaft angeordnet werden kann (vgl. § 99; zust. Rotberg 3).

3 **3) Werden mehrere Geldbußen** gegen den Betroffenen in verschiedenen Bußgeldbescheiden festgesetzt, so ist § 94 ebenfalls anzuwenden. Hat der Betroffene keine Bestimmung getroffen (als solche ist auch die Angabe des Aktenzeichens anzusehen), so ist der Teilbetrag zunächst auf die Geldbußen zu verrechnen, und zwar nach dem Rechtsgedanken des § 366 I BGB auf diejenige von ihnen, die am ehesten verjährt (Rotberg 3). Eine Verrechnung auf die Kosten ist erst dann zulässig, wenn alle Geldbußen bezahlt sind (so auch Rebmann/Roth/Herrmann 2).

4 **4) Werden in einem Strafverfahren** eine Geldstrafe und eine Geldbuße gegen den Betroffenen verhängt (vgl. §§ 64, 82), so sind sowohl § 459b StPO als auch § 94 anzuwenden. Daraus folgt, daß im Hinblick auf die Möglichkeit der Vollstreckung der Ersatzfreiheitsstrafe (§ 43 StGB; § 459e StPO) Teilbeträge zunächst auf die Geldstrafe, sodann auf die Geldbuße und erst danach auf etwaige Nebenfolgen, die zu einer Geld-

zahlung verpflichten, und die Kosten verrechnet werden, wenn bei der Zahlung keine Bestimmung getroffen wird.

5   **5) Bei Beitreibung** von Geldbuße, Nebenfolgen, die zu einer Geldzahlung verpflichten, und Kosten ist § 94 ebenfalls anzuwenden, wenn nur ein Teilbetrag beigetrieben ist; sonst würde der Betroffene schlechter gestellt sein als bei freiwilliger Zahlung (so auch Kleinknecht 4 zu § 459 b StPO).

Beitreibung der Geldbuße

95   [I] **Die Geldbuße oder der Teilbetrag einer Geldbuße wird vor Ablauf von zwei Wochen nach Eintritt der Fälligkeit nur beigetrieben, wenn auf Grund bestimmter Tatsachen erkennbar ist, daß sich der Betroffene der Zahlung entziehen will.**

[II] **Ergibt sich, daß dem Betroffenen nach seinen wirtschaftlichen Verhältnissen die Zahlung in absehbarer Zeit nicht möglich ist, so kann die Vollstreckungsbehörde anordnen, daß die Vollstreckung unterbleibt.**

1   **1) Eine Schonfrist** von zwei Wochen wird dem Betroffenen grundsätzlich eingeräumt, bevor die Forderung (im Wege der Zwangsvollstreckung; vgl. 10 ff. zu § 90; 5 zu § 91) beigetrieben wird (I; vgl. auch § 459 c I StPO). Einen Hinweis hierauf enthält bereits der Bußgeldbescheid oder bei gerichtlichen Bußgeldentscheidungen (4 f. vor § 89) die in der Kostenrechnung enthaltene Zahlungsaufforderung an den Betroffenen. Die Schonfrist gibt dem Betroffenen Gelegenheit, sich um die Beschaffung der erforderlichen Geldmittel zu bemühen, die möglicherweise nicht sofort verfügbar sind, oder seine Zahlungsunfähigkeit (10 ff. zu § 96) darzulegen. Die Frist beginnt mit der Fälligkeit, also mit der Rechtskraft der Bußgeldentscheidung (2 zu § 89) oder mit Ablauf einer nach § 18 oder § 93 bewilligten Zahlungsfrist (vgl. § 66 II Nr. 2). Bei einer Verfallklausel nach § 18 S. 2 (vgl. 6 zu § 93) oder bei Widerruf einer Zahlungserleichterung durch die VollstrB wird der gesamte Betrag fällig.

2   A. **Die sofortige Beitreibung** ist zulässig, wenn auf Grund bestimmter Tatsachen erkennbar ist, daß sich der Betroffene der Zahlung entziehen will; bloße Vermutungen, selbst ein hoher Verdachtsgrad, reichen nicht aus; desgl. nicht, wenn bekannt ist, daß der Betroffene sich bereits in anderen Fällen der Zahlung entzogen hat. Es müssen vielmehr konkrete Tatsachen vorliegen, die auf die Absicht einer Anspruchsvereitelung schließen lassen (so auch Rebmann/Roth/Herrmann 6), so zB wenn der Betroffene Anstalten trifft, sein Vermögen oder wesentliche (pfändbare) Teile davon auf andere zu übertragen oder ins Ausland zu schaffen oder seinen Wohnsitz ins Ausland zu verlegen; ferner, wenn der Betroffene häufig seine Wohnung wechselt, um Pfändungen zu verhindern. Über die Möglichkeit der Anordnung eines dinglichen Arrestes wegen der Einziehung von Wertersatz vor Erlaß einer Bußgeldentscheidung vgl. § 111 d StPO iVm § 46 I (107 vor § 59; 20 zu § 90).

3   B. **Vor Ablauf der Frist** vorgenommene Vollstreckungsmaßnahmen sind unwirksam (Ausnahmen vgl. 2); der Mangel kann jedoch mit Fristablauf *ex nunc* geheilt werden, so daß vorher begründete Rechte Dritter unberührt bleiben (Rebmann/Roth/Herrmann 7 mwN; LR-Schäfer 6 zu § 459 c StPO; vgl. auch RGZ **125**, 286 zu § 798 ZPO; str.).

4   2) **Zum endgültigen Abschluß** bringen kann die VollstrB das Vollstreckungsverfahren durch eine Anordnung nach II (Niederschlagung; vgl. auch § 459 c II StPO). Die Regelung, die wegen der an sich bestehenden Pflicht zur Vollstreckung (vgl. 7 zu § 89) notwendig ist, will den Verwaltungsaufwand vermeiden, der, vor allem bei geringfügigen Geldbußen, sonst durch Ausschöpfung aller Beitreibungsmöglichkeiten oder durch wiederholte Bewilligung von Zahlungserleichterungen und Prüfung der wirtschaftlichen Verhältnisse entstehen würde. Handelt es sich bei dem Betroffenen um einen Jugendlichen oder Heranwachsenden, so ist zu prüfen, ob eine Anordnung nach § 98 I in Betracht kommt.

5   A. **Unmöglichkeit der Zahlung** ist gleichzusetzen mit „Zahlungsunfähigkeit" iS des § 96 I Nr. 2 (dort 13). Auch hier kommt es nicht allein darauf an, ob der Betroffene über die erforderlichen Zahlungsmittel zur Begleichung der Geldbuße oder der Nebenfolgen, die zu einer Geldzahlung verpflichten, verfügt, sondern ob er unter objektiver Würdigung seiner Vermögens- und Einkommensverhältnisse bei Ausschöpfung aller ihm zur Verfügung stehenden Möglichkeiten zur Zahlung in der Lage wäre (Rebmann/Roth/Herrmann 11 zu § 93); das ist zB zu bejahen, wenn er sich durch Kreditaufnahme oder den Verkauf von Gegenständen das notwendige Bargeld beschaffen kann (vgl. 13 zu § 96). Eine Niederschlagung wird deshalb in der Regel nur dann in Betracht kommen, wenn Zwangsvollstreckungsmaßnahmen (10ff. zu § 90; 5 zu § 91) erfolglos geblieben sind oder keine Aussicht auf Erfolg versprechen (zB weil bekannt ist, daß der Betroffene unpfändbar ist, sein Arbeitseinkommen die Pfändungsgrenze nach § 850c ZPO nicht übersteigt, er erst kürzlich ein Vermögensverzeichnis – 14 zu § 90 – vorgelegt hat, oder wenn über das Vermögen des Betroffenen das Konkursverfahren eröffnet worden ist; vgl. auch 11) und bei einer Geldbuße die Anordnung der Erzwingungshaft unverhältnismäßig erscheint oder nicht zur Zahlung geführt hat (vgl. 9 zu § 97).

6   B. **Für absehbare Zeit** muß der Betroffene zahlungsunfähig sein. Da eine sichere Prognose über die künftige Entwicklung seiner wirtschaftlichen Verhältnisse meist nicht möglich sein wird, ist es als ausreichend anzusehen, wenn eine hohe Wahrscheinlichkeit dafür besteht, daß in den wirtschaftlichen Verhältnissen keine Besserung eintritt, soweit sich dies bei der Anordnung voraussehen läßt (Rebmann/Roth/Herrmann 13 zu § 93). So wird zB eine Anordnung nach II angebracht sein, wenn der Betroffene nur eine kleine Rente bezieht, kein Vermögen besitzt und nach den Umständen des Falles mit einer Veränderung der wirtschaftlichen Verhältnisse auf Jahre hinaus nicht zu rechnen ist.

7   C. **Keinen Verzicht** auf die Geldbuße pp. bedeutet die Anordnung nach II, sondern nur eine Einstellung des Vollstreckungsverfahrens. Die Vollstreckung kann deshalb bis zum Ablauf der Verjährungsfrist (§ 34 I)

wiederaufgenommen werden, wenn sich wider Erwarten die wirtschaftlichen Verhältnisse des Betroffenen bessern und dies der VollstrB bekannt wird; die Vollstreckungsverjährung ruht während der Dauer der
Einstellung nicht, da dies dem Zweck der Vorschrift, das Vollstrek-
kungsverfahren endgültig zum Abschluß zu bringen (vgl. 4), widersprechen würde. Zu einer Überprüfung der wirtschaftlichen Verhältnisse des
Betroffenen von Amts wegen ist die VollstrB nicht verpflichtet (vgl.
Rebmann/Roth/Herrmann 15 zu § 93).

8　　　**D. Um eine innerdienstliche Maßnahme** handelt es sich bei der Anordnung der VollstrB nach II, soweit sie von Amts wegen ergeht; sie
braucht deshalb dem Betroffenen nicht mitgeteilt zu werden, da § 50 I
S. 1 nicht anzuwenden ist (so auch Rebmann/Roth/Herrmann 14). Regt
jedoch der Betroffene bei der VollstrB eine Anordnung nach II an, so ist
ihm die Entscheidung formlos mitzuteilen; ein Rechtsbehelf gegen eine
ablehnende Entscheidung ist nicht gegeben (vgl. § 103 I Nr. 2; Rebmann/
Roth/Herrmann aaO). Ob im Fall der Beitreibung Einwendungen nach
§ 103 I Nr. 2 mit der Begründung erhoben werden können, daß eine
Anordnung nach II gerechtfertigt sei, erscheint zw. (bejahend LR-Schäfer
6 zu § 459h StPO; ebenso wohl auch Rebmann/Roth/Herrmann 5 zu
§ 103).

9　　　**3) Bei Nebenfolgen, die zu einer Geldzahlung verpflichten** (vgl. 5 zu
§ 34), ist § 95 ebenfalls anzuwenden (§ 99).

10　　**4) Auch bei gleichzeitiger Vollstreckung der Kosten** des gerichtlichen
Bußgeldverfahrens gilt § 95 (§ 1 IV JBeitrO; § 3 II
EBAO); die Frist nach I sollte deshalb auch eingehalten werden, wenn
Kosten des Bußgeldverfahrens der VB zugleich mit der Geldbuße beige-
trieben werden, was häufig der Fall sein wird (vgl. 24 zu § 107; so auch
Rebmann/Roth/Herrmann 5). Über die Niederschlagung der Kosten des
Bußgeldverfahrens der VB vgl. 32 zu § 107.

11　　**5) Ist das Konkurs- oder Vergleichsverfahren** über das Vermögen des
Betroffenen eröffnet worden, so können Geldbußen und Nebenfolgen,
die zu einer Geldzahlung verpflichten, in diesem Verfahren nicht geltend
gemacht werden (§ 63 Nr. 3 KO; § 29 Nr. 3 VglO); sie können aber aus
dem Vermögen des Betroffenen, das nicht dem Konkurs- oder Vergleichsverfahren unterliegt, oder nach Beendigung dieses Verfahrens unbeschränkt beigetrieben werden. Vgl. ferner 2 aE zu § 101.

Anordnung von Erzwingungshaft

96　　　I **Nach Ablauf der in § 95 Abs. 1 bestimmten Frist kann das Gericht auf Antrag der Vollstreckungsbehörde oder, wenn ihm
selbst die Vollstreckung obliegt, von Amts wegen Erzwingungshaft
anordnen, wenn**

**1. die Geldbuße oder der bestimmte Teilbetrag einer Geldbuße nicht
gezahlt ist,**

**2. der Betroffene seine Zahlungsunfähigkeit nicht dargetan hat (§ 66
Abs. 2 Nr. 2 Buchstabe b),**

3. er nach § 66 Abs. 2 Nr. 3 belehrt ist und

4. keine Umstände bekannt sind, welche seine Zahlungsunfähigkeit ergeben.

II Ergibt sich, daß dem Betroffenen nach seinen wirtschaftlichen Verhältnissen nicht zuzumuten ist, den zu zahlenden Betrag der Geldbuße sofort zu entrichten, so bewilligt das Gericht eine Zahlungserleichterung oder überläßt die Entscheidung darüber der Vollstreckungsbehörde. Eine bereits ergangene Anordnung der Erzwingungshaft wird aufgehoben.

III Die Dauer der Erzwingungshaft wegen einer Geldbuße darf sechs Wochen, wegen mehrerer in einer Bußgeldentscheidung festgesetzter Geldbußen drei Monate nicht übersteigen. Sie wird, auch unter Berücksichtigung des zu zahlenden Betrages der Geldbuße, nach Tagen bemessen und kann nachträglich nicht verlängert, jedoch abgekürzt werden. Wegen desselben Betrages darf die Erzwingungshaft nicht wiederholt werden.

Übersicht

1   **1) Ein Beugemittel,** wie es auch andere Verfahrensordnungen enthalten (vgl. zB § 48 II; § 70 II StPO; § 390 II ZPO; 41 vor § 1), ist die Erzwingungshaft; mit ihr soll nur die rechtskräftig angeordnete Pflicht zur Zahlung der Geldbuße gegen einen zahlungsunwilligen Betroffenen erzwungen werden. Sie ist kein ersatzweises Übel für die begangene Ordnungswidrigkeit und hat deshalb auch keinen Strafcharakter wie die Ersatzfreiheitsstrafe (§ 43 StGB; BVerfGE **43**, 101, 105; krit. Menken DAR **76**, 180, der jedoch verkennt, daß die Erzwingungshaft nicht wegen der begangenen Ordnungswidrigkeit angeordnet wird). Die Regelung, die von § 69 OWiG 1952 nicht unerheblich abweicht, um eine praktisch brauchbare Handhabung (auch bei massenhaft vorkommenden

Verfahren) zu ermöglichen, und die mit dem GG vereinbar ist (BVerfGE aaO), beruht auf folgenden Grundsätzen (vgl. Abs. 3 der Einl. C III 14 der BegrEOWiG):

2   A. **Keine übliche Geldschuld** ist die wegen einer Ordnungswidrigkeit festgesetzte Geldbuße. Der Staat braucht sie nicht wie ein gewöhnlicher Gläubiger (nach Art eines Inkassobüros) beizutreiben. Vielmehr wird von dem Betroffenen eine persönliche Leistung verlangt, die seine Mitwirkung (3) erfordert. Dies ergibt sich aus dem Wesen der Geldbuße, die darauf ausgerichtet ist, den Betroffenen künftig zur Einhaltung der Rechtsordnung anzuhalten (vgl. 9 vor § 1). Die Erzwingungshaft ist deshalb nicht nur gegenüber dem Betroffenen zulässig, der sich der Zahlung der Geldbuße entziehen will, sondern auch gegenüber demjenigen, der seine Mitwirkungspflicht verletzt.

3   a) **Die Mitwirkungspflicht** des Betroffenen besteht darin, entweder die Geldbuße zu zahlen oder, falls ihm dies nicht möglich ist, der VollstrB die Gründe dafür darzulegen. Er darf also im Falle der Zahlungsunfähigkeit nicht einfach untätig bleiben, sonst droht ihm die Erzwingungshaft. Hierüber ist er zu belehren.

4   b) **Als zahlungsunwillig** gilt der Betroffene, der weder zahlt noch darlegt, warum ihm die fristgerechte Zahlung nicht zugemutet werden kann. Das Gericht kann dann nach Anhörung des Betroffenen die Erzwingungshaft anordnen, vorausgesetzt, daß keine Umstände bekannt sind, welche die Zahlungsunfähigkeit des Betroffenen ergeben (vgl. 15, 26). Stellt sich jedoch heraus, daß dem Betroffenen die fristgerechte Zahlung nicht zugemutet werden kann, so ist ihm eine Zahlungserleichterung zu gewähren.

5   B. **Eine Nachprüfung des „Schuldspruchs",** also der Entscheidung, daß der Betroffene die Ordnungswidrigkeit begangen hat, findet vor der Festsetzung der Erzwingungshaft **nicht** statt. Die Erzwingungshaft ist kein Übel für eine begangene Ordnungswidrigkeit. Mit ihr soll nur die rechtskräftig angeordnete Zahlungspflicht durchgesetzt werden (vgl. 1).

6   C. **Gegenüber dem Zahlungsunfähigen,** der aber seiner Pflicht zur Darlegung seiner wirtschaftlichen Verhältnisse nachkommt, scheitert die Durchsetzung der Geldbuße. Dieses Ergebnis, das aus dem Wesen der Erzwingungshaft folgt, hat der Gesetzgeber hingenommen.

7   2) **Nur wegen einer Geldbuße** ist die Anordnung der Erzwingungshaft zulässig, auch soweit sie als Nebenfolge einer Ordnungswidrigkeit oder Straftat gegen eine JP oder PV festgesetzt ist (§§ 30, 99; vgl. 34). Zur Vollstreckung sonstiger Nebenfolgen, die zu einer Geldzahlung verpflichten (5 zu § 34), oder auch der Kosten des Bußgeldverfahrens (2ff. vor § 105) kann die Erzwingungshaft nicht angeordnet werden; ferner nicht, um die Zahlung eines Ordnungsgeldes (52ff., 95 zu § 59) zu erzwingen.

8   3) **Die sachlichen Voraussetzungen** für die Anordnung der Erzwingungshaft sind in I im einzelnen in den Nrn. 1–3 positiv und in Nr. 4 negativ umschrieben. Außerdem muß die zweiwöchige Schonfrist nach § 95 I verstrichen sein (aM Rotberg 2, der im Ausnahmefall des § 95 I

auch die Anordnung der Erzwingungshaft vor Ablauf der Frist für zulässig hält). Liegen nach Fristablauf die Voraussetzungen der Nrn. 1–3 vor, so kann das Gericht davon ausgehen, daß der Betroffene zahlungsfähig, aber nicht zahlungswillig ist (4). Dies reicht als Grund für die Anordnung der Erzwingungshaft aus. Die Annahme, der Betroffene sei zahlungsunwillig, wird jedoch entkräftet, wenn dem Gericht Umstände bekannt sind, aus denen sich die Zahlungsunfähigkeit des Betroffenen ergibt (Nr. 4; vgl. 15). Das Gericht ist also nicht gehalten, die Zahlungsfähigkeit durch Aufklärung des Sachverhalts festzustellen, wenn der Betroffene keine oder nur unsubstantiierte Angaben gemacht hat (vgl. 10), da für ihn eine Mitwirkungspflicht besteht (vgl. 2).

9   A. **Die Nichtzahlung der Geldbuße** oder einer festgesetzten Rate innerhalb der Schonfrist setzt Nr. 1 für die Anordnung der Erzwingungshaft voraus. Beitreibungsverfahren und Verfahren zur Anordnung der Erzwingungshaft sind voneinander unabhängig und können gleichzeitig nebeneinander laufen (Begr. zu § 84 I EOWiG). Es kann deshalb das Mittel gewählt werden, das voraussichtlich am schnellsten und einfachsten zur Zahlung der Geldbuße führen wird (vgl. auch BVerfGE **36**, 263, 264). Bei der Auswahl der Mittel darf jedoch der Grundsatz der Verhältnismäßigkeit (9 zu § 46), der im übrigen bei der Ausgestaltung der Vorschriften über die Erzwingungshaft ausdrücklich konkretisiert ist (vgl. § 96 II, III, § 97 II, III S. 2, § 104 III; BVerfGE **43**, 101, 107 f.), nicht außer acht gelassen werden. In der Regel sollten deshalb zunächst die Maßnahmen zur Beitreibung der Geldbuße (10 ff. zu § 90) möglichst ausgeschöpft werden, da diese im Verhältnis zur Erzwingungshaft die weniger einschneidenden Maßnahmen sind; auch kann erfahrungsgemäß damit gerechnet werden, daß mit Nachdruck durchgeführte Beitreibungsmaßnahmen in den meisten Fällen zum Erfolg führen werden. Vgl. auch in Niedersachsen Nr. 11.1.2 S. 3 des Gem. RdErl. v. 9. 6. 1975 (MBl. 737) idF des Gem. RdErl. v. 26. 7. 1978 (MBl. 1468). Ist jedoch der VollstrB bereits aus früheren Bußgeldverfahren bekannt, daß Beitreibungsmaßnahmen gegen den zahlungsfähigen Betroffen erfolglos versucht worden sind, so verstößt auch die unmittelbare Anordnung der Erzwingungshaft nicht gegen den Grundsatz der Verhältnismäßigkeit, da die Erzwingungshaft ein wirksames Mittel sein kann, dem Betroffenen die Pflicht zur Zahlung oder Darlegung seiner wirtschaftlichen Verhältnisse vor Augen zu halten (vgl. auch BVerfGE **43**, 101, 107). Zur Anordnung der Erzwingungshaft bei geringfügigen Geldbußen vgl. 18. Hat der Betroffene nach Ablauf der Frist gezahlt, so wird dadurch die Anordnung der Erzwingungshaft unzulässig (vgl. 33).

10   B. **Seiner Darlegungspflicht** (Nr. 2) ist der Betroffene nicht nachgekommen, wenn er innerhalb der Schonfrist ganz untätig geblieben ist, ferner wenn er sich auf unsubstantiierte Erklärungen beschränkt oder zwar substantiierte Erklärungen abgegeben hat, aus denen sich aber die behauptete Unzumutbarkeit der Zahlung nicht ergibt; in diesen Fällen braucht das Gericht den Sachverhalt nicht aufzuklären.

11   a) **Bei substantiierten Angaben** zur Frage der Zahlungsunfähigkeit kann das Gericht, wenn es die Angaben nicht ernsthaft in Zweifel zieht,

die Erzwingungshaft nicht anordnen, da dann die Voraussetzungen der Nr. 2 fehlen. Bezweifelt das Gericht diese Angaben, so wird es den Sachverhalt von Amts wegen aufzuklären haben. Bleiben auch dann noch Zweifel, so darf dies nicht zu Lasten des Betroffenen gehen, da er seine Zahlungsunfähigkeit zumindest dargetan hat, auch wenn sich seine Angaben nicht als richtig erwiesen haben (ebenso Rebmann/Roth/Herrmann 6; aM Rotberg 4). Ergibt jedoch die Aufklärung des Sachverhalts, daß der Betroffene zahlungsfähig ist, so sind seine zunächst substantiiert erscheinenden Angaben, daß er nicht zahlen kann, widerlegt. Die Erzwingungshaft kann dann angeordnet werden (Begr. zu § 84 I EOWiG).

12   b) **An eine frühere Entscheidung** über Zahlungserleichterungen (§§ 18, 93) ist das Gericht bei der Prüfung, ob der Betroffene seiner Darlegungspflicht nachgekommen ist, nicht gebunden; es kann also von der Anordnung der Erzwingungshaft absehen, wenn sich im Verfahren nach § 96 herausstellt, daß Zahlungserleichterungen entgegen einer früheren Entscheidung in Betracht kommen (vgl. 23 ff.; ebenso Rebmann/Roth/Herrmann 8). Über substantiierte Angaben des Betroffenen zur Zahlungsunfähigkeit nach Ablauf der Schonfrist vgl. 15.

13   c) **Zahlungsunfähigkeit** iS der Nr. 2 bedeutet nicht nur Mangel an (flüssigen) Zahlungsmitteln zur Begleichung der Geldbuße; es reicht aus, daß dem Betroffenen die Zahlung nach seinen wirtschaftlichen Verhältnissen zuzumuten ist, wie aus der Bezugnahme auf § 66 II Nr. 2 Buchst. b zu folgern ist. Deshalb sind zur Feststellung der Zahlungsunfähigkeit die gesamten Einkommens- und Vermögensverhältnisse des Betroffenen sowie seine Arbeitsfähigkeit zu berücksichtigen, namentlich, ob es ihm zuzumuten ist, sich durch Aufnahme von Arbeit oder eines Kredits oder auf andere Weise (zB Verkauf von Gegenständen, Einschränkung seiner Lebenshaltung) Mittel zur Bezahlung der Geldbuße zu beschaffen (vgl. Rebmann/Roth/Herrmann 7). Zahlungsunfähigkeit liegt nicht vor, wenn die Geldbuße im Wege der Zwangsvollstreckung beigetrieben werden könnte (10 ff. zu § 90; 5 zu § 91).

14   C. **Die Belehrung** (Nr. 3), daß die Erzwingungshaft angeordnet werden kann, wenn der Betroffene nicht fristgemäß zahlt oder seine Zahlungsunfähigkeit nicht dartut, ist ausdrücklich nur im Bußgeldbescheid (§ 66 II Nr. 3) und bei nachträglicher Bewilligung von Zahlungserleichterungen durch die VollstrB (§ 93 III S. 1) vorgeschrieben. Sie ist aber auch bei einer gerichtlichen Bußgeldentscheidung (vgl. 4 f. vor 89) erforderlich und mit der Zahlungsaufforderung an den Betroffenen zu verbinden (§ 87 III StVollstrO). Ist die Belehrung irrtümlich unterblieben, so muß sie nachgeholt werden, ev. auch von dem Gericht, das für die Anordnung der Erzwingungshaft zuständig ist; dies kann bei der Anhörung nach § 104 II S. 2 geschehen.

15   D. **Umstände, welche die Zahlungsunfähigkeit** (vgl. 13) des Betroffenen ergeben (Nr. 4), können zB aus dem Akteninhalt festgestellt werden, so aus den Angaben über die wirtschaftlichen Verhältnisse des Betroffenen oder den Angaben des Vollstreckungsbeamten, der die Beitreibung versucht hat. Sie können aber auch dadurch bekannt werden, daß das Gericht die von dem Betroffenen zwar substantiiert gemachten, aber zunächst zweifelhaften Darlegungen, er sei zahlungsunfähig, nachprüft und sie bestätigt findet oder daß der Betroffene nach Ablauf der zweiwöchigen Schonfrist substantiierte Angaben über seine Zahlungsunfähigkeit macht (ebenso Rotberg 5). Insoweit besteht ein Zusammenhang zwischen Nr. 2 und 4 (vgl. 10 ff. sowie Begr. zu § 84 I EOWiG). Der Umstand, daß sich der Betroffene in Untersuchungshaft befindet, rechtfertigt allein noch nicht die Annahme seiner Zahlungsunfähigkeit (LG Mainz DAR **74**, 108; ebenso Rebmann/Roth/Herrmann 10); anders aber wohl bei Vollstreckung einer Freiheitsstrafe, wenn bereits erfolglos die Beitreibung versucht worden ist (Rebmann/Roth/Herrmann aaO).

16   **4) Das Gericht** ist für die Anordnung der Erzwingungshaft nach I zuständig, da über die Zulässigkeit einer Freiheitsentziehung nur ein Richter entscheiden darf (Art. 104 II S. 1 GG). Über die Zuständigkeit des Gerichts vgl. § 104 I Nr. 1–3 (dort 3 ff.). Im Verfahren gegen Jugendliche und Heranwachsende ist stets der JugRi zuständig (vgl. 3, 5 zu § 104).

17   A. **Das Opportunitätsprinzip** (vgl. § 47) gilt für die Anordnung der Erzwingungshaft („,kann das Gericht"). Für die Ermessensentscheidung sind vollstreckungsrechtliche Erwägungen maßgebend, da die Erzwingungshaft kein ersatzweises Übel wegen der Ordnungswidrigkeit ist (vgl. 1). Insbesondere ist abzuwägen, ob die Zahlung der Geldbuße einfacher und schneller durch Beitreibungsmaßnahmen oder durch Anordnung der Erzwingungshaft erlangt werden kann (vgl. näher 9).

18   **Auch bei geringen Geldbußen** (etwa unterhalb eines durchschnittlichen Tagesverdienstes) ist die Anordnung einer kurzen Erzwingungshaft nicht unangemessen; denn der Betroffene kann deren Vollstreckung jederzeit durch Erfüllung seiner Mitwirkungspflicht (2 f.), die ihm möglich und zumutbar ist, abwenden, und dies muß bei der Schwere des Eingriffs, der dem Betroffenen droht, berücksichtigt werden. Die dagegen geäußerten verfassungsrechtlichen Bedenken (AG Köln NJW **75**, 1045; Menken DAR **76**, 180) hat das BVerfG (E **43**, 101) als offensichtlich unbegründet angesehen.

19   B. **Ein Antrag der VollstrB** (2 zu § 90; 2 zu § 91) ist erforderlich, wenn dem Gericht nicht selbst die Vollstreckung obliegt (vgl. 20). Für die Entschließung der VollstrB, ob sie einen solchen Antrag stellen will, gilt also auch das Opportunitätsprinzip (vgl. 17). Sie hat die Wahl zwischen der Beitreibung der Geldbuße und der Anordnung der Erzwingungshaft (vgl. näher 9). Ergibt sich allerdings im Vollstreckungsverfahren, zB durch einen Beitreibungsversuch, daß der Betroffene zahlungsunfähig ist, so kann ein Antrag keinen Erfolg haben, da dann die Anordnung der Erzwingungshaft nach I Nr. 4 unzulässig ist. Aus der Wahlmöglichkeit der VollstrB folgt, daß sie den Antrag vor Anordnung der Erzwingungshaft auch zurücknehmen kann (LG Mainz DAR **74**, 108).

19a   **Beizufügen** hat die VB als VollstrB dem Antrag ihre Akten oder zumindest eine Ausfertigung des Bußgeldbescheides mit Rechtskraftbescheinigung (vgl. 21). Aus Gründen der Verfahrensvereinfachung kann es sich empfehlen, dem Antrag ferner einen vorbereiteten Formularsatz mit den für das gerichtliche Verfahren erforderlichen Angaben (zB den

Personalien des Betroffenen, Höhe der Geldbuße ua), beizufügen; dies ist vor allem dann ohne zusätzliche Arbeitsbelastung der VB möglich, wenn das Bußgeldverfahren mit Hilfe von EDV-Einrichtungen durchgeführt wird (4 vor § 65).

20   C. **Von Amts wegen** kann das Gericht die Erzwingungshaft anordnen, wenn ihm die Vollstreckung der Bußgeldentscheidung selbst obliegt, wie dies beim JugRi als Vollstreckungsleiter der Fall ist (vgl. 3ff. zu § 91). Das Gericht übt dann das Ermessen (,,kann") in der Doppelfunktion als VollstrB und Gericht (vgl. 17, 19) aus.

21   D. **Über das Verfahren,** insbesondere die Anhörung des Betroffenen vgl. § 104 II (dort 10f.). Das Gericht hat auch bei der Vollstreckung eines Bußgeldbescheides der VB nur nachzuprüfen, ob die Voraussetzungen von I vorliegen und der Bußgeldbescheid rechtskräftig ist, nicht dagegen den ,,Schuldspruch" (vgl. 5). Liegen die Voraussetzungen nach I nicht vor (zB, weil das Gericht den Betroffenen für zahlungsunfähig hält; vgl. 6, 13), so ist der Antrag der VollstrB zurückzuweisen (ebenso Rebmann/ Roth/Herrmann 15).

22   E. **Die sofortige Beschwerde** (§ 311 StPO) gegen die Anordnung der Erzwingungshaft steht dem Betroffenen zu (§ 104 III S. 1). Gegen die Zurückweisung des Antrags auf Anordnung der Erzwingungshaft ist Beschwerde durch die VollstrB nicht zulässig, wie sich aus dem Wortlaut des § 104 III S. 1 ,,gegen die Anordnung" ergibt (vgl. Rebmann/Roth/ Herrmann 10 zu § 104). Die weitere Beschwerde nach § 310 StPO ist ausgeschlossen, da die Vorschrift auf sonstige Freiheitsbeschränkungen, also auch auf die Erzwingungshaft keine Anwendung findet (Hamm VRS **43**, 282, MDR **74**, 688; Koblenz OLGSt. S. 1; Rebmann/Roth/ Herrmann 23; Rotberg 8 zu § 104). Vgl. im übrigen 13ff. zu § 104.

23   5) **Zahlungserleichterungen** (§ 18) sind nach II S. 1 zu bewilligen, wenn sich im Verfahren zur Anordnung der Erzwingungshaft ergibt, daß dem Betroffenen die sofortige Zahlung nicht zumutbar ist. Darüber ist zunächst zu entscheiden, auch wenn ein Antrag auf Anordnung der Erzwingungshaft gestellt ist. Mit der Bewilligung einer Zahlungserleichterung wird die Fälligkeit der Geldbuße aufgeschoben und damit der Festsetzung der Erzwingungshaft die Grundlage entzogen.

24   A. **Das Gericht** kann, soweit es nicht selbst VollstrB ist (20), an Stelle der sonst zuständigen VollstrB (§ 93; 2 zu § 90; 2 zu § 91) Zahlungserleichterungen bewilligen. Es erübrigt sich dann in der Regel eine Entscheidung über die Anordnung der Erzwingungshaft, weil davon ausgegangen werden kann, daß die VollstrB ihren Antrag (vgl. 19) wegen der veränderten Sachlage nicht mehr aufrechterhält (vgl. 23). Eine Anordnung nach § 95 II kann das Gericht nicht treffen, da für eine solche Entscheidung nur die VollstrB zuständig ist.

25   B. **Der VollstrB** überläßt das Gericht die Entscheidung über die Zahlungserleichterungen, wenn es zwar die Zahlungsunfähigkeit feststellt, aber weitere Aufklärungen darüber für erforderlich hält, welche Zahlungserleichterungen angemessen sind. Der Antrag auf Erzwingungshaft ist in diesem Falle, wenn ihn die VollstrB aufrechterhält, zurückzuwei-

sen. Bei der Entscheidung über eine Zahlungserleichterung hat die VollstrB § 93 II S. 2 zu beachten.

26 C. **Wie und wann es „sich ergibt"**, daß dem Betroffenen die sofortige Zahlung nicht zuzumuten ist, spielt keine Rolle. Das Gericht kann dies von Amts wegen oder aber auf Grund der Darlegungen des Betroffenen festgestellt haben (vgl. 9, 15).

27 D. **Auch nach Anordnung der Erzwingungshaft**, also im Vollstreckungsverfahren (8 zu § 97), kann eine Entscheidung nach II S. 1 getroffen werden. Die Anordnung der Erzwingungshaft ist dann aufzuheben, da deren Voraussetzungen nachträglich weggefallen sind, so durch eine später eingetretene oder festgestellte Zahlungsunfähigkeit (II S. 2; vgl. auch 33). Die Anordnung darf auch nicht bedingt für den Fall aufrechterhalten werden, daß der Betroffene künftig seiner Pflicht zur Zahlung der Geldbuße nicht nachkommt; denn die Erzwingungshaft ist als Beugemittel nur berechtigt, um eine gegenwärtig bestehende Pflicht durchzusetzen (vgl. Begr. zu § 84 II EOWiG).

28 6) **Die Höchstdauer** der Erzwingungshaft ist wegen einer Geldbuße auf 6 Wochen, wegen mehrerer Geldbußen in einer Bußgeldentscheidung (§ 20) auf drei Monate (vgl. 32) begrenzt (III S. 1). Bis zu dieser Grenze hat das Gericht bereits in der Anordnung nach pflichtgemäßem Ermessen die Dauer der Erzwingungshaft wegen des fälligen Betrages der Geldbuße (bei bewilligten Zahlungserleichterungen kommt also auch Erzwingungshaft wegen eines fälligen Teilbetrages der Geldbuße in Betracht) festzusetzen. Wegen dieses Betrages darf die Erzwingungshaft dann nicht wiederholt werden, wenn ihre Vollstreckung ohne Erfolg verlaufen ist (III S. 3), auch wenn die Höchstdauer nicht ausgeschöpft ist (vgl. auch 30).

29 A. **Bemessen** wird die Erzwingungshaft nach Tagen, nicht nach Wochen (III S. 2), und zwar auch dann, wenn wegen mehrerer Geldbußen (vgl. 32) die Höchstdauer von drei Monaten (= 90 Tage; vgl. § 191 BGB) ausgeschöpft wird. Hieraus und aus dem Grundsatz der Verhältnismäßigkeit (9 zu § 46; vgl. 17) folgt, daß die Erzwingungshaft zurückhaltend und in einer dem Einzelfall angemessenen Weise zu bemessen ist. Dabei wird neben anderen Gesichtspunkten namentlich der zu zahlende Betrag der Geldbuße eine Rolle spielen, so daß bei einer geringen Geldbuße oder bei einem Teilbetrag auch nur eine kurze Erzwingungshaft angeordnet werden kann (vgl. 18). Von Bedeutung können ferner das vorausgegangene Verhalten des Betroffenen (zB eine besondere Hartnäckigkeit) und der Grad seiner Freiheitsempfindlichkeit sein (vgl. Begr. zu § 84 III EOWiG). Wird die Erzwingungshaft wegen mehrerer Geldbußen angeordnet, so ist sie für jede Geldbuße gesondert auszuwerfen (Rebmann/Roth/Herrmann 21).

30 B. **Eine nachträgliche Verlängerung** der Dauer der vom Gericht einmal festgesetzten Erzwingungshaft ist nicht zulässig (III S. 2), auch wenn die Vollstreckung nicht zur Zahlung geführt hat. Dadurch soll für den Betroffenen von vornherein Klarheit bestehen, bis zu welcher Dauer die Erzwingungshaft gegen ihn vollstreckt werden darf. Allerdings kann im

Rahmen der Höchstdauer die Erzwingungshaft erneut angeordnet werden, um die Zahlung eines später fällig gewordenen Teilbetrages durchsetzen zu können. Wegen desselben Betrages darf die Erzwingungshaft nicht wiederholt werden (III S. 3).

31   C. **Abzukürzen** ist die Erzwingungshaft nachträglich zB, wenn der Betroffene nach der Anordnung eine Teilzahlung geleistet hat und nur noch die Zahlung eines kleinen Restbetrages durchgesetzt werden soll oder wenn sich bei der Vollstreckung zeigt, daß das Zwangsmittel voraussichtlich nicht zum Erfolg führen wird (vgl. Begr. zu § 84 EOWiG). Über Aufhebung der Erzwingungshaftanordnung vgl. 33.

32   D. **Wegen mehrerer Geldbußen,** die in **einer** Bußgeldentscheidung gegen die gleiche Person festgesetzt sind, kann Erzwingungshaft bis zur Höchstdauer von 3 Monaten angeordnet werden (III S. 1). Die Begrenzung gilt ihrem Wortlaut nach nicht, wenn die Geldbußen in mehreren Bußgeldentscheidungen gegen den Betroffenen festgesetzt sind und sie gleichzeitig oder nacheinander innerhalb eines verhältnismäßig kurzen Zeitraumes vollstreckt werden; in III S. 1 ist dann aber zumindest eine gewisse Leitlinie zu sehen, welche Höchstdauer die Erzwingungshaft insgesamt nicht übersteigen sollte (vgl. Begr. zu § 84 III EOWiG; Rebmann/Roth/Herrmann 19).

33   7) **Aufzuheben** ist der Beschluß über die Anordnung der Erzwingungshaft nicht nur in den Fällen von II S. 2 (vgl. 27), sondern auch, wenn der Betroffene den fälligen Betrag der Geldbuße zahlt (§ 97 II), da in diesem Falle der Grund für die Anordnung weggefallen ist; die VB hat deshalb die vollständige oder auch teilweise Zahlung dem Gericht oder auch der StA als VollstrB (2 zu § 97) unverzüglich mitzuteilen. Aufhebungsgrund ist ferner zB nachträgliche Zahlungsunfähigkeit, so durch die Eröffnung des Konkursverfahrens (vgl. Rotberg 18). Ist die Zahlungsunfähigkeit von längerer Dauer, so hat die VollstrB zu prüfen, ob eine Anordnung nach § 95 II in Betracht kommt. Die Aufhebungsgründe sind von Amts wegen zu beachten. Hat der Betroffene nur einen Teilbetrag der Geldbuße entrichtet, so kommt eine Abkürzung der Erzwingungshaft in Betracht (vgl. 31).

34   8) **Auch wegen einer Geldbuße gegen eine JP oder PV** (§ 30) ist die Anordnung der Erzwingungshaft zulässig (§ 99). Die Erzwingungshaft kann allerdings nicht gegen die JP oder PV selbst festgesetzt oder vollstreckt werden, sondern sie richtet sich gegen deren vertretungsberechtigte Organe (9 ff. zu § 30); denn diese trifft die Pflicht, die Geldbuße aus dem Vermögen der JP oder PV zu bezahlen. Besteht das Organ aus mehreren Mitgliedern (zB die Mitglieder des Vorstands einer Aktiengesellschaft), so kann die Erzwingungshaft gegen ein Mitglied oder alle Mitglieder des Organs angeordnet werden. Bei der Auswahl einzelner Organmitglieder wird allerdings deren Aufgabenbereich innerhalb der JP oder PV zu berücksichtigen sein (vgl. 14 zu § 9). Dabei ist zu prüfen, ob dieses Mitglied auch nach § 66 II Nr. 3 belehrt worden ist, da der Bußgeldbescheid nicht an alle Organmitglieder zugestellt zu werden braucht (27 zu § 51; Rotberg 3 zu § 99). Im übrigen gilt das gleiche wie beim Erlaß eines Haftbefehls zur Erzwingung der Abgabe einer eidesstattlichen

Versicherung, wenn Vollstreckungsschuldner eine JP ist (Rebmann/ Roth/Herrmann 4 zu § 99; vgl. hierzu Behr Rpfleger **78**, 41).

35 **9) Gegen Jugendliche und Heranwachsende** ist die Anordnung der Erzwingungshaft möglich. Ihre Anordnung ist aber gegen Jugendliche in der Regel nicht, gegen Heranwachsende häufig nicht angebracht (3 ff. zu § 98). Statt dessen kommt eine Auflage nach § 98 I S. 1 in Betracht. Über die Zuständigkeit zur Anordnung und Vollstreckung vgl. 16; 2 zu § 97.

36 **10) Gegen Abgeordnete** ist zur Vollstreckung der Erzwingungshaft die Genehmigung des Parlaments erforderlich, da es sich um eine ,,Beschränkung der persönlichen Freiheit" des Abgeordneten handelt (vgl. Art. 46 III GG sowie die entsprechenden Vorschriften der Verfassungen der Länder; vgl. RiStBV 298 S. 2 Halbs. 2, Anh **C 1**, sowie RdSchr. d. BMI v. 8. 5. 1970 – GMBl. 243 – unter II Nr. 7).

37 **11) In das Zentralregister** wird die Anordnung der Erzwingungshaft, ebenso wie die Festsetzung der Geldbuße (vgl. 20 vor 89), nicht eingetragen (vgl. §§ 3 ff. BZRG); desgl. nicht in das Verkehrs- und das Gewerbezentralregister (vgl. § 13 StVZO; § 149 GewO; 18 vor § 89).

38 **12) Als Gerichtskosten** können im Erzwingungshaftverfahren nur Auslagen (zB für die Zustellung des gerichtlichen Beschlusses über die Anordnung der Erzwingungshaft; Nr. 1902 KVGKG, Anh **A 8**) angesetzt werden; eine Gebühr entsteht nicht. Über die Einziehung der Kosten vgl. 21 f. zu § 107.

Vollstreckung der Erzwingungshaft

97 [I] **Für die Vollstreckung der Erzwingungshaft gilt § 451 Abs. 1, 2 der Strafprozeßordnung, im Verfahren gegen Jugendliche und Heranwachsende gelten auch § 82 Abs. 1, § 83 Abs. 2, §§ 84 und 85 Abs. 3 des Jugendgerichtsgesetzes sinngemäß.**

[II] **Der Betroffene kann die Vollstreckung der Erzwingungshaft jederzeit dadurch abwenden, daß er den zu zahlenden Betrag der Geldbuße entrichtet.**

[III] **Macht der Betroffene nach Anordnung der Erzwingungshaft geltend, daß ihm nach seinen wirtschaftlichen Verhältnissen nicht zuzumuten ist, den zu zahlenden Betrag der Geldbuße sofort zu entrichten, so wird dadurch die Vollziehung der Anordnung nicht gehemmt. Das Gericht kann jedoch die Vollziehung aussetzen.**

1 **1) Für die Vollstreckung der Erzwingungshaft** erklärt I bestimmte Vorschriften der StPO und des JGG (Anh **A 3**) für sinngemäß anwendbar. Ergänzend sind auch die Vorschriften der StVollstrO über die Vollstreckung von Freiheitsstrafen sinngemäß anzuwenden (§ 87 I, II S. 2 Buchst. c StVollstrO). Ferner kommt bei Vorliegen der Voraussetzungen der §§ 455–456 I StPO deren sinngemäße Anwendung in Betracht (vgl. Rebmann/Roth/Herrmann 7); verneint man dies, so wäre unter den Voraussetzungen der §§ 455–456 I StPO die Vollstreckung der Erzwingungshaft nach dem Grundsatz der Verhältnismäßigkeit untersagt.

2   **2) VollstrB** ist, wenn die Erzwingungshaft zur Vollstreckung einer
gerichtlichen Bußgeldentscheidung (4f. vor § 89) angeordnet ist, die gleiche Stelle, die auch für die Vollstreckung der Bußgeldentscheidung zuständig ist (I iVm § 451 I, II StPO; vgl. 2ff. zu § 91). Handelt es sich um
die Vollstreckung eines Bußgeldbescheides der VB, so ist für die Vollstreckung der Erzwingungshaft die StA zuständig (I iVm § 451 I, II
StPO; §§ 4, 87 I S. 1 StVollstrO). Die örtliche Zuständigkeit der StA
bestimmt sich nach dem Gericht, das die Erzwingungshaft angeordnet
hat (§ 104 I Nr. 1, 2). Im Verfahren gegen Jugendliche und Heranwachsende obliegt die Vollstreckung dem JugRi als Vollstreckungsleiter
(I iVm § 82 I, §§ 84, 85 III JGG, Anh **A** 3). Örtlich zuständig ist bei
Bußgeldbescheiden der VB der JugRi, dem die vormundschaftsrichterlichen Erziehungsaufgaben obliegen (I iVm § 84 II JGG); über die örtliche
Zuständigkeit bei gerichtlichen Bußgeldentscheidungen vgl. 3a zu § 91.
Die Vollstreckung der Erzwingungshaft durch den JugRi ist weisungsge-
bundene Tätigkeit (vgl. 3b zu § 91). Wegen der Übertragung auf den
Rechtspfleger vgl. 11 zu § 91.

3   **3) Erst nach Rechtskraft** wird der Beschluß, in dem die Erzwingungshaft angeordnet wird, vollstreckbar, da auf ihn die für Bußgeldentscheidungen geltenden Grundsätze anzuwenden sind (vgl. 6 zu § 89; 4 zu
§ 91). Grundlage für die Vollstreckung ist die Urschrift oder eine beglaubigte Abschrift des Beschlusses mit der Rechtskraftbescheinigung des
UrkB (I iVm § 451 I StPO; §§ 13, 87 I S. 1 StVollstrO); sie wird vom
UrkB des Gerichts erteilt, das für die Anordnung der Erzwingungshaft
zuständig ist (§ 104 I Nr. 1–3; 16 zu § 96).

4   **4) Ein Vorführungs- oder Haftbefehl** kann gegen den Betroffenen,
der nicht freiwillig der Ladung zum Antritt der Erzwingungshaft (§§ 27,
87 II S. 1 Buchst. c StVollstrO) Folge leistet, erlassen werden (§§ 33, 87 II
S. 2 Buchst. c StVollstrO). Die Rechtsgrundlage für den Erlaß des Vor-
führungs- oder Haftbefehls liegt in der Anordnung der Erzwingungshaft,
da sie inhaltlos wäre, wenn sie nicht vollstreckt werden könnte; die Anordnung enthält zugleich die nach Art. 104 II S. 1 GG notwendige richterliche Entscheidung, soweit der StA die Vollstreckung obliegt (vgl.
Kleinknecht 1 zu § 457 StPO; nach Rebmann/Roth/Herrmann 7, Rotberg 1 soll § 457 StPO sinngemäß anzuwenden sein; ebenso Pohlmann
Rpfleger **68**, 268; praktische Bedeutung hat diese Frage nicht). Ein Steck-
brief kann nicht erlassen werden, falls der Betroffene flüchtig ist oder sich
verborgen hält, da § 34 StVollstrO keine Anwendung findet (vgl. § 87 II
S. 2 Buchst. c StVollstrO).Dagegen werden andere Fahndungsmaßnahmen (zB Aufnahme in das EDV-Fahndungssystem der Polizei – Inpol)
zulässig sein; bei ihrer Auswahl ist der Grundsatz der Verhältnismäßigkeit (9 zu § 46) zu beachten.

5   **5) Abzubrechen** ist die Vollstreckung der Erzwingungshaft sofort,
wenn der Betroffene den zu zahlenden Betrag der Geldbuße entrichtet, da
er jederzeit durch Zahlung die Vollstreckung der Erzwingungshaft
abwenden kann (II).

6   A. **Die Möglichkeit zur Zahlung** der Geldbuße muß dem Betroffenen
auch dann gewährt werden, wenn er zwangsweise der Vollzugsanstalt

vorgeführt wird und den zur Abwendung der Vollstreckung erforderlichen Geldbetrag anbietet. Auch die Vollzugsanstalt hat den Geldbetrag anzunehmen, falls eine Einzahlung bei der zuständigen Kasse oder der Post im gegenwärtigen Zeitpunkt nicht möglich ist (vgl. hierzu Pohlmann II 2 zu § 49, II 2c zu § 87). Während des Vollzugs der Erzwingungshaft kann der Betroffene durch Angehörige oder notfalls durch Bekannte oder Bevollmächtigte für Zahlung sorgen (vgl. Begr. zu § 85 II EOWiG).

7 B. **Aufzuheben** ist der Beschluß des Gerichts über die Anordnung der Erzwingungshaft (33 zu § 96), wenn der zu zahlende Betrag entrichtet ist; ein bereits in Erzwingungshaft genommener Betroffener ist sofort zu entlassen (§ 51 III, § 87 II S. 2 Buchst c StVollstrO). Bei nur teilweiser Zahlung der Geldbuße kommt eine Abkürzung der Erzwingungshaft in Betracht (31 zu § 96). Der Vollzug ist ferner abzubrechen, wenn das vom Gericht festgesetzte Höchstmaß erreicht ist oder wenn die Anordnung aus anderen Gründen als den der Zahlung aufgehoben (vgl. 33 zu § 96) oder die Vollziehung ausgesetzt wird (6).

8 **6) Nicht gehemmt** wird die Vollziehung der Anordnung, wenn der Betroffene, der bisher geschwiegen hat, nachträglich um Zahlungserleichterungen nachsucht (III S. 1). Das Gericht, das die Erzwingungshaft angeordnet hat (§ 104 I Nr. 1–3), kann jedoch die Aussetzung der Vollziehung anordnen (III S. 2; vgl. auch 2 zu § 102), um substantiierten Angaben des Betroffenen nachgehen zu können. Wenn sich diese bestätigen, so ist nach § 96 II zu verfahren (vgl. dort 23 ff.); andernfalls ist der Antrag auf Bewilligung von Zahlungserleichterungen abzulehnen. Diese Entscheidung sowie die Ablehnung der Aussetzung sind nicht anfechtbar (§ 104 III S. 2).

9 **7) Die Vollstreckung der Geldbuße** hat die VollstrB (2 zu § 90; 2 ff. zu § 91) nach Beendigung des Vollzugs der Erzwingungshaft fortzusetzen, wenn diese nicht zur Zahlung geführt hat (vgl. aber 5 zu § 95). Die vollstreckte Erzwingungshaft kann nicht auf die Geldbuße angerechnet werden, da die Erzwingungshaft (anders als die Ersatzfreiheitsstrafe) kein ersatzweises Übel für die begangene Tat ist (vgl. 1 zu § 96); die nachträgliche Vollstreckung der Geldbuße widerspricht deshalb nicht Art. 103 III GG (BVerfGE **43**, 101, 105 f.; abwegig Menken DAR **76**, 180, der verkennt, daß die Erzwingungshaft nicht wegen der Ordnungswidrigkeit angeordnet wird, vgl. 2, 17 zu § 96). Sind auch Beitreibungsmaßnahmen ohne Erfolg geblieben, so kann eine Anordnung nach § 95 II in Betracht kommen (vgl. 4 ff. zu § 95).

10 **8) Über den Vollzug** der Erzwingungshaft vgl. die §§ 171 ff. StVollzG. Danach gelten die Vorschriften über den Vollzug der Freiheitsstrafe (§§ 3–122 StVollzG) entsprechend, soweit nicht Eigenart und Zweck der Erzwingungshaft entgegenstehen oder sonst etwas anderes bestimmt ist (zB in den §§ 172 ff. StVollzG für die Unterbringung und Beschäftigung). Über Rechtsbehelfe gegen Vollzugsmaßnahmen vgl. die §§ 108 ff. iVm § 171 StVollzG. Eine gegen einen Jugendlichen (ausnahmsweise; vgl. 35 zu § 96) angeordnete Erzwingungshaft sollte in einer Jugendarrestanstalt vollzogen werden (vgl. Brunner 8 zu § 82).

11   **9) Die Kosten der Vollstreckung der Erzwingungshaft** gehören als Vollstreckungskosten zu den Kosten des Bußgeldverfahrens. Vgl. 6 vor § 105, 21 zu § 107; Nr. 1909 KVGKG (Anh **A 8**).

Vollstreckung gegen Jugendliche und Heranwachsende

98 [I] Wird die gegen einen Jugendlichen festgesetzte Geldbuße auch nach Ablauf der in § 95 Abs. 1 bestimmten Frist nicht gezahlt, so kann der Jugendrichter auf Antrag der Vollstreckungsbehörde oder, wenn ihm selbst die Vollstreckung obliegt, von Amts wegen dem Jugendlichen auferlegen, an Stelle der Geldbuße

1. einer Arbeitsauflage nachzukommen,
2. nach Kräften den durch die Handlung verursachten Schaden wiedergutzumachen,
3. bei einer Verletzung von Verkehrsvorschriften an einem Verkehrsunterricht teilzunehmen,
4. sonst eine bestimmte Leistung zu erbringen,

wenn die Bewilligung einer Zahlungserleichterung, die Beitreibung der Geldbuße oder die Anordnung der Erzwingungshaft nicht möglich oder angebracht erscheint. Der Jugendrichter kann die Anordnungen nach Satz 1 nebeneinander treffen und nachträglich ändern.

[II] Kommt der Jugendliche einer Anordnung nach Absatz 1 schuldhaft nicht nach und zahlt er auch nicht die Geldbuße, so kann Jugendarrest (§ 16 des Jugendgerichtsgesetzes) gegen ihn verhängt werden, wenn er entsprechend belehrt worden ist; § 11 Abs. 3 Satz 2, 3 des Jugendgerichtsgesetzes gilt entsprechend. Ist Jugendarrest vollstreckt worden, so kann der Jugendrichter die Vollstreckung der Geldbuße ganz oder zum Teil für erledigt erklären.

[III] Die Absätze 1 und 2 gelten auch für die Vollstreckung der gegen einen Heranwachsenden festgesetzten Geldbuße.

Übersicht

9) **Zuständigkeit des Jugendrichters** (30)

10) **Rechtsmittel** (30 a)

11) **Heranwachsende** (31)

12) **Keine Eintragung im Erziehungsregister** (32)

1   1) **Die Vorschrift** gibt dem JugRi im Vollstreckungsverfahren gegen Jugendliche (und Heranwachsende, vgl. 31; die nachfolgenden Erläuterungen gelten insoweit entsprechend) die zusätzliche Möglichkeit, an Stelle der in der Bußgeldentscheidung festgesetzten Geldbuße erzieherische Maßnahmen anzuordnen und damit die Sache vollstreckungsrechtlich in jugendgemäßer Weise zum Abschluß zu bringen. Diese Vorschrift trägt vor allem der Tatsache Rechnung, daß es in vielen Fällen aus Erziehungsgründen nicht angebracht ist, dem Jugendlichen eine Zahlungserleichterung zu gewähren, die ihn längere Zeit belastet, oder die Geldbuße beizutreiben oder gar die Erzwingungshaft anzuordnen. Durch die Anordnung der in Betracht kommenden erzieherischen Maßnahmen bekommt der Jugendliche die Folgen der Tat möglichst schnell zu spüren, andererseits aber auch die Gelegenheit, die nachteiligen Folgen der Tat alsbald zu beseitigen (vgl. Einl. C. III. 15 der BegrEOWiG). Aus dem Zweck der Vorschrift (jugendgemäße Gestaltung; Erziehungsgründe) ergibt sich, daß der JugRi eine Anordnung zu treffen hat, wenn die Voraussetzungen hierfür vorliegen, daß aber die Auswahl unter den möglichen Anordnungen in seinem pflichtgemäßen Ermessen liegt (vgl. Rotberg 13; 7).

2   **Nur wenn im Zeitpunkt der Festsetzung der Geldbuße** der Betroffene (noch) Jugendlicher (oder Heranwachsender) gewesen ist, gilt die Vorschrift ihrem Wortlaut nach; auf den Zeitpunkt der Begehung der Ordnungswidrigkeit kommt es danach (anders als bei den vergleichbaren Auflagen und Weisungen nach §§ 10, 15 JGG) nicht an (so auch Brunner 11 zu § 82). Dies ist auch nach dem Zweck der Vorschrift sachlich berechtigt; denn eine jugendgemäße Gestaltung der Vollstreckung ist nicht mehr angezeigt, wenn der Betroffene bereits im Zeitpunkt der Festsetzung der Geldbuße über 21 Jahre ist (abw. Rebmann/Roth/Herrmann 22, die selbst die Anordnung des Jugendarrestes zulassen wollen, wenn der Betroffene bei der Begehung der Ordnungswidrigkeit noch Jugendlicher oder Heranwachsender) gewesen ist (vgl. auch 20).

3   **Auch im Erkenntnisverfahren** kann der JugRi zugleich mit der Festsetzung der Geldbuße eine Anordnung nach I S. 1 treffen, wenn er feststellt, daß dem Jugendlichen auf Grund seiner wirtschaftlichen Verhältnisse die Zahlung der Geldbuße Schwierigkeiten bereiten kann und die sonst übliche Vollstreckung nicht möglich oder angebracht ist (§ 78 III; vgl. dort 5).

4   2) **Voraussetzung für die Anordnung** nach I S. 1 ist, daß a) die Geldbuße auch nach Ablauf der zweiwöchigen Schonfrist (§ 95 I) nicht gezahlt ist und b) die Bewilligung einer Zahlungserleichterung (§ 93), die Beitreibung der Geldbuße (§§ 90, 91) oder die Anordnung der Erzwingungshaft (§ 96) nicht möglich oder angebracht erscheint. Eine Nachprüfung des „Schuldspruchs" findet – ebenso wie bei der Festsetzung der Erzwingungshaft – nicht statt (vgl. 5 zu § 96).

5   A. „**Nicht möglich oder angebracht**": Diese Voraussetzung bezieht sich auf jede einzelne der in I S. 1 angeführten Maßnahmen oder Entscheidungen. Ist somit eine der drei Maßnahmen oder Entscheidungen (zB die Bewilligung von Zahlungserleichterungen) möglich und angebracht, so besteht kein Grund für die Anordnung einer Auflage nach I S. 1 (vgl. Begr. zu § 86 I EOWiG). Ist dagegen zB die Bewilligung von Zahlungserleichterungen zwar möglich, aber nicht angebracht (vgl. 5), so kann eine Anordnung nach I S. 1 getroffen werden. Nicht möglich sind die in I S. 1 genannten Maßnahmen und Entscheidungen zB, wenn der Jugendliche dargetan hat, daß er in absehbarer Zeit nicht zahlen kann (so auch Rotberg 3).

6   B. **Aus welchen Gründen** die Bewilligung von Zahlungserleichterungen oder von Vollstreckungsmaßnahmen „nicht angebracht erscheint", ist nicht ausdrücklich bestimmt. Die Anordnung von Erziehungsmaßnahmen kommt jedoch nach dem Sinn der Vorschrift dann in Betracht, wenn die Vollstreckung nach den allgemeinen Vorschriften aus Gründen, die im Alter des Betroffenen liegen, vor allem aus Erziehungsgründen, nicht angebracht erscheint (vgl. auch Kunz BWVPr **79**, 53 f.). Dies gilt insbesondere für die Anordnung der Erzwingungshaft (35 zu § 96), weil deren Vollziehung den Jugendlichen einer erheblichen seelischen Belastung aussetzen oder auch nachteilige Folgen für ein Lehr- oder Arbeitsverhältnis des Jugendlichen haben könnte (vgl. Rotberg 4; Rebmann/Roth/Herrmann 7); uU gilt dies auch für die Bewilligung einer Stundung auf längere Zeit, wenn der Jugendliche noch nicht über ein Einkommen verfügt, um die Geldbuße zu bezahlen. Beitreibungsmaßnahmen werden nur dann sinnvoll sein, wenn der Jugendliche in einem Arbeitsverhältnis steht oder über Vermögen verfügt (vgl. Begr. zu § 86 I EOWiG).

7   3) **Die erzieherischen Maßnahmen,** die einzeln und auch nebeneinander angeordnet werden können, sind – anders als in §§ 10, 15 JGG – in I S. 1 Nr. 1–4 abschließend aufgeführt; doch enthält die Nr. 4 eine Art Generalklausel. Welche dieser Maßnahmen im Einzelfall an die Stelle der Geldbuße treten soll, bleibt dem Ermessen des JuGRi überlassen. Er hat mit Rücksicht auf die Persönlichkeit des Jugendlichen eine sorgfältige Auswahl zu treffen und kann sich hierbei der Mitwirkung der Jugendgerichtshilfe bedienen, wenn Zweifel darüber bestehen, welche Maßnahme zweckmäßig ist (vgl. 34 zu § 46).

8   **Unzulässig sind Auflagen,** wenn sie die Grenzen überschreiten, die durch Verfassung (Grundrechte; zB Art. 1 I, 4, 5 III GG) und Sittengesetz gezogen sind; vor allem muß dem Grundsatz der Verhältnismäßigkeit (9 zu § 46) Rechnung getragen werden (vgl. Rebmann/Roth/Herrmann 14; Brunner 6 f. zu § 10). So darf eine Auflage nicht außer Verhältnis zu der Ordnungswidrigkeit und zu der festgesetzten Geldbuße stehen und für den Jugendlichen eine stärkere Belastung als die Geldbuße bilden oder unzumutbare Anforderungen an die Lebensführung des Jugendlichen stellen (vgl. § 10 I S. 2, § 15 I S. 2 JGG).

9   **So bestimmt und klar** wie möglich muß die Auflage sein, da bei einem schuldhaften Verstoß gegen sie Jugendarrest verhängt werden kann (vgl. 20).

10   A. **Wird eine Arbeitsauflage** (I S. 1 Nr. 1; vgl. auch § 10 I S. 3 Nr. 4 JGG) angeordnet, so erhält der Jugendliche Versicherungsschutz gegen Arbeitsunfall nach § 540 RVO (vgl. hierzu Dallinger/Lackner 49 zu § 10); diese Vorschrift muß ihrem Sinn und Zweck nach auch hier entsprechend gelten (vgl. Rebmann/Roth/Herrmann 10; Brunner 15 zu § 82).

11   B. **Die Wiedergutmachung des Schadens** (I S. 1 Nr. 2; vgl. auch § 15 I S. 1 Nr. 1 JGG), der durch die Handlung verursacht ist, kann zB bei Verkehrsordnungswidrigkeiten erzieherisch wirkungsvoll sein, da dem Jugendlichen die Folgen seiner Tat so am besten vor Augen geführt werden können. Die Anordnung dieser Auflage kommt jedoch nach dem Zweck der Vorschrift (vgl. 1) wohl nur dann in Betracht, wenn die Wiedergutmachung des Schadens ohne Geldmittel (zB durch Arbeitsleistung) möglich ist oder der Jugendliche nicht über so viel Geld verfügt, daß er sowohl die Geldbuße als auch den Schaden begleichen kann, und aus erzieherischen Gründen die Wiedergutmachung des Schadens angebracht ist (Rebmann/Roth/Herrmann 11). Dabei ist zu beachten, daß der Jugendliche nur im Rahmen seiner Kräfte belastet, von ihm also keine unzumutbare Anspannung seiner Kräfte erwartet werden darf (vgl. 8). Dies wird der Fall sein, wenn die Erfüllung der Auflage nur von dem Willen des Jugendlichen abhängig ist.

12   C. **Wird die Teilnahme an einem Verkehrsunterricht** (I S. 1 Nr. 3; vgl. auch § 10 I S. 3 Nr. 6 JGG) bei Verletzung von Verkehrsvorschriften (§ 24 StVG, Anh **A 11**, iVm StVO, StVZO) angeordnet, so ist die Art und Dauer des Unterrichts festzulegen. In Betracht kommt jede Art von Verkehrsunterricht, also auch die Anordnung eines praktischen Fahrunterrichts (Fahrstunde), der sogar eine besonders intensive Form des Verkehrsunterrichts darstellt. Etwaige Kosten des Verkehrsunterrichts sind von dem Jugendlichen zu tragen, da sie nicht zu den Kosten des Bußgeldverfahrens (5 f. vor § 105) gehören; es wird deshalb vorher zu klären sein, ob der Jugendliche die Kosten selbst aufbringen kann oder ob diese ein Unterhaltspflichtiger (zB Eltern; vgl. § 1610 II BGB) übernimmt (vgl. jeweils Nr. 5 RiJGG zu §§ 10 und 74).

13   D. **„Sonst eine bestimmte Leistung zu erbringen"** (I S. 1 Nr. 4): Der Begriff „Leistung" ist im weitesten Sinne zu verstehen; es sollte aber nach Möglichkeit zwischen der Leistung und der Tat eine sachliche Beziehung bestehen. Auch sollten nur solche Auflagen angeordnet werden, deren Erfüllung zuverlässig nachgewiesen und überprüft werden kann (Rebmann/Roth/Herrmann 13). In Betracht kommen zB die Anordnung, Verkehrsregeln zu erlernen, einen Besinnungsaufsatz über rücksichtsvolles Verhalten im Straßenverkehr (vgl. hierzu Schnitzerling DAR **56**, 124; Rebmann/Roth/Herrmann 13 zu schreiben; in geeigneten Fällen uU auch, sich bei dem Verletzten zu entschuldigen (vgl. § 15 I S. 1 Nr. 2 JGG). Unzulässig ist dagegen die Anweisung, den Führerschein für eine bestimmte Zeit zu den Akten zu geben, da dies eine Umgehung des § 25 StVG (Anh **A 11**) bedeuten würde (vgl. Düsseldorf NJW **68**, 2156 m. Anm. van Els; Rebmann/Roth/Herrmann 13).

14   E. **Mit einer Fristsetzung** ist die Anordnung zu verbinden, damit für den Jugendlichen erkennbar ist, bis wann er sie zu befolgen hat, falls er

die Geldbuße nicht zahlen kann (vgl. 18, 22; § 11 I S. 1 JGG; ebenso Rebmann/Roth/Herrmann 16). Die Frist kann nachträglich verlängert werden (I S. 2), so zB wenn sich herausstellt, daß die Erfüllung der Auflage innerhalb der bestimmten Zeit nicht möglich gewesen ist.

14a   F. **Über die Belehrung** schuldhafter Nichterfüllung vgl. 23.

15   **4) An die Stelle der Geldbuße** tritt die Anordnung nach I S. 1. Dem Jugendlichen steht es jedoch weiterhin frei, die Geldbuße zu bezahlen (ebenso Brunner 15 zu § 82); ihre Beitreibung ist nach Fristablauf (18) zulässig, wenn die wirtschaftlichen Verhältnisse des Jugendlichen sich nachträglich gebessert haben und er die Auflage noch nicht erfüllt hat (Rotberg 7). Denn die Anordnung soll dem Jugendlichen nur die Möglichkeit geben, die ihm durch die Geldbuße auferlegte Leistungspflicht in einer anderen Art zu erfüllen, wenn er zur Zahlung der Geldbuße nicht in der Lage ist (Begr. zu § 86 EOWiG). Zahlt der Jugendliche die Geldbuße, so wird die Anordnung gegenstandslos, ohne daß deren Aufhebung erforderlich ist (so auch Rebmann/Roth/Herrmann 20). Dies ist auch der Fall, wenn die Geldbuße beigetrieben wird, weil die Auflagen nicht erfüllt werden, und sich nachträglich zeigt, daß die Beitreibung möglich und angebracht ist (vgl. 5); ferner, wenn die Vollstreckung der Geldbuße nach II S. 2 für erledigt erklärt wird.

16   **An Stelle einer Nebenfolge,** auch wenn sie zu einer Geldzahlung verpflichtet (vgl. 5 zu § 34), oder der Kosten des Bußgeldverfahrens (5 ff. vor § 105), soweit solche erhoben werden (45 zu § 105), ist die Anordnung nach I S. 1 nicht zulässig; ferner nicht an Stelle eines Ordnungsgeldes (52 ff. zu § 59). Es bleibt hier nur die Vollstreckung nach §§ 90, 108 II oder §§ 451, 459 g II StPO iVm § 91 (so auch Rebmann/Roth/Herrmann 1).

17   **5) Die nachträgliche Änderung** der Anordnung (I S. 2) – auf Antrag eines Beteiligten oder von Amts wegen – soll es dem JugRi ermöglichen, die Auflagen aus Erziehungsgründen den jeweiligen Umständen anzupassen. Er kann deshalb die bisherige Auflage durch eine andere – auch härtere (vgl. aber 8) – Auflage ersetzen (vgl. Brunner 3 zu § 11). Eine nachträgliche Änderung wird zB in Betracht kommen, wenn sich die Unzweckmäßigkeit der Auflage herausstellt (vgl. Nr. 1 RiJGG zu § 11), also der Jugendliche die Auflage nicht oder nicht in absehbarer Zeit erfüllen kann; aber auch, wenn der Jugendliche durch eine freiwillige Leistung (so die teilweise Wiedergutmachung des Schadens, die ihm nicht besonders auferlegt ist) gezeigt hat, daß eine mildere Anordnung ausreicht (ebenso Rebmann/Roth/Herrmann 18). Eine „Befreiung" von der Auflage (vgl. § 11 II JGG), also ein ersatzloser Wegfall, kommt aber nicht in Betracht, da sie dem Jugendlichen nur eine zusätzliche Möglichkeit verschaffen soll, die Geldbuße anderweitig zu tilgen; sie wäre ihm genommen, wenn das Gericht die Anordnung aufheben würde (so auch Rebmann/Roth/Herrmann 19; Brunner 15 zu § 82; krit. Rotberg 6).

18   **6) Vollstreckung von Geldbuße und Auflagen:**

    A. **Die Geldbuße** darf während der Frist (vgl. 14) nicht vollstreckt werden, da dem Jugendlichen eine Wahlmöglichkeit zusteht (vgl. 15). Nach fruchtlosem Fristablauf ist dagegen die Beitreibung möglich, so wenn sich die wirtschaftlichen Verhältnisse des Jugendlichen bessern und Jugendarrest noch nicht verhängt ist; die VB hat dabei die Entscheidung des JugRi abzuwarten (vgl. 28). Wird keine Anordnung nach I beantragt (oder getroffen), so kann der Jugendliche gegen die Vollstreckung der Geldbuße Einwendungen nach § 103 I Nr. 1 erheben (vgl. Rotberg 13; Rebmann/Roth/Herrmann 29); in diesem Fall kann der JugRi, da er mit der Sache ohnehin befaßt ist (vgl. den auf Vereinfachung bedachten Rechtsgedanken von § 78 III; 5 ff. zu § 78), wohl auch von Amts wegen zugleich eine Anordnung nach I treffen (aM Rotberg 13; Rebmann/Roth/Herrmann 29, die eine solche Anordnung nur dann für zulässig halten, wenn der JugRi VollstrB ist; 3 zu § 91; 30).

19   B. **Die Erfüllung der Auflage** kann nicht erzwungen werden (vgl. auch Rebmann/Roth/Herrmann 15; Brunner 16 zu § 82). Die Überwachung kann das Gericht der VollstrB (2 zu § 90; 2 zu § 91; vgl. auch Rebmann/Roth/Herrmann 15) oder der Jugendgerichtshilfe (§ 38 II S. 3 JGG, Anh **A 3**, iVm § 46 VI; dort 34; III Nr. 1, IV Nr. 2 RiJGG zu §§ 82–85) überlassen, in geeigneten Fällen aber auch selbst durchführen, um dann im Falle der Nichtbefolgung der Geldbuße sofort Jugendarrest verhängen zu können (vgl. 20).

20   7) **Jugendarrest** kann nach II als selbständige Ungehorsamsfolge wegen der Nichtbeachtung der Anordnung des JugRi verhängt werden. II ist also – wie § 11 III JGG – ein spezifisch jugendrechtlicher Tatbestand des Ungehorsams, der die ordnungsgemäße Ausführung der Anordnung sichern soll (vgl. Brunner 4 zu § 11). Die Verhängung des Jugendarrestes kann aus erzieherischen Gründen notwendig sein, um den Jugendlichen nachhaltig zu beeinflussen, damit er künftig richterlichen und behördlichen Anordnungen die entsprechende Beachtung schenkt (Begr. zu § 86 EOWiG). Die Verhängung von Jugendarrest ist wohl auch nicht möglich, wenn der Betroffene nach der Festsetzung der Geldbuße älter als 21 Jahre geworden ist, weil sonst die Anordnung, die vorher getroffen ist, bedeutungslos wäre; auf den Zeitpunkt der Begehung der Ordnungswidrigkeit kann es jedoch nicht ankommen (vgl. 2).

21   A. **Voraussetzung** für die Verhängung von Jugendarrest ist:

22   a) **Eine schuldhafte Handlung;** der Jugendliche muß also vorsätzlich (2 ff. zu § 10) oder fahrlässig (6 ff. zu § 10) und auch vorwerfbar (30 vor § 1; 4 f. zu § 12) der Anordnung des JugRi, innerhalb der gesetzten Frist (14) entweder die Geldbuße zu zahlen oder die Auflage zu befolgen, zuwidergehandelt haben; dies erfordert eine Prüfung wie bei einem normalen Straf- oder Bußgeldtatbestand (vgl. 10 ff. vor § 1). UU kann das Verhalten des Jugendlichen entschuldigt sein, zB wenn der Erziehungsberechtigte die Erfüllung der Auflage verhindert hat (vgl. auch Brunner 6 zu § 11) oder wenn sich herausstellt, daß der Jugendliche nicht in der Lage war, die mit der Auflage verbundenen Kosten, zB für die Teilnahme an einem Verkehrsunterricht (12), zu tragen;

23   b) **Die Belehrung über die Bedeutung der Anordnung** (namentlich auch über die Wahlmöglichkeit, die Geldbuße zu zahlen oder der Auflage nachzukommen) und die Folgen einer vorwerfbaren Zuwiderhandlung

(Bedingung der Ahndung; vgl. Brunner 6 zu § 11). Die Belehrung sollte in die Vollstreckungsanordnung aufgenommen werden; sie kann aber auch später nachgeholt und sollte, wenn sie mündlich erfolgt, aktenkundig gemacht werden (vgl. auch Rebmann/Roth/Herrmann 22; ferner 7 zu § 78).

24   B. **In den verschiedenen Formen** des § 16 (Anh **A 3**; Freizeitarrest, Kurzarrest, Dauerarrest bis zu 4 Wochen) kann Jugendarrest verhängt werden, und zwar wegen jeder einzelnen Zuwiderhandlung, wobei jedoch das gesetzliche Höchstmaß von vier Wochen nicht überschritten werden darf (§ 11 III S. 2 JGG iVm II S. 2 Halbs. 2). Die Dauer des Jugendarrestes ist nach dem Grad der Vorwerfbarkeit (22) und der Höhe der Geldbuße zu bemessen (so auch Rebmann/Roth/Herrmann 24). Das Höchstmaß sollte nur in besonders schwerwiegenden Fällen festgesetzt werden (vgl. Brunner 15 zu § 16). Bei wiederholter Verhängung von Jugendarrest ist aus erzieherischen Gründen Zurückhaltung geboten; uU empfiehlt es sich, die Auflage zu ändern oder eine neue Auflage festzusetzen (vgl. Brunner 7 zu § 11; Nr. 4 RiJGG zu § 16).

25   C. **Im Ermessen des JugRi** steht es, ob er Jugendarrest verhängen will oder nicht. Da dies das schärfste Mittel ist, das ihm bei Zuwiderhandlungen gegen Auflagen zur Verfügung steht, wird er zu prüfen haben, ob nicht bei leichteren Verstößen eine Ermahnung des Jugendlichen ausreicht (vgl. Nr. 3 S. 2 RiJGG zu § 11). In Betracht kommen kann auch eine nachträgliche Änderung der Auflage nach I S. 2 (vgl. 17).

26   D. **Für die Vollstreckung** des Beschlusses über die Verhängung des Jugendarrestes, die erst nach dessen Rechtskraft zulässig ist (6 zu § 89; 4 zu § 91), gelten die Vorschriften des JGG über die Vollstreckung des Jugendarrestes (§§ 85 I, 86, 87 JGG; V Nr. 1–9 RiJGG zu §§ 82–85; Brunner 16 zu § 82). Für die Vollstreckung ist der JugRi am Ort des Vollzugs als Vollzugsleiter zuständig, an den die Vollstreckung abzugeben ist (§ 85 I, § 90 II S. 2), falls nicht beide Zuständigkeiten in einer Hand liegen; über die Zuständigkeit zur Entscheidung über Einwendungen gegen seine Entscheidungen vgl. 9 zu § 104. Erfüllt der Jugendliche die Auflage unter dem Eindruck des verhängten Jugendarrestes oder zahlt er die Geldbuße, so kann der JugRi (30) von der Vollstreckung des Jugendarrestes absehen (§ 11 III S. 3 JGG iVm II S. 2 Halbs. 2). Im Hinblick auf diese Möglichkeit wird ein gnadenweiser Erlaß (vgl. 7 vor § 89) nur selten in Betracht kommen (vgl. auch Brunner 6 zu § 13; § 4 III, § 29 BayGnO, 10 vor § 89).

27   E. **Über den Vollzug** des Jugendarrestes vgl. § 90 JGG, die Jugendarrestvollzugsordnung idF v. 30. 11. 1976 (BGBl. I 3279; III 451-1-1) sowie die hierzu mit Wirkung v. 1. 7. 1977 in Kraft gesetzten bundeseinheitlichen Richtlinien (zB BayJMBl. **77**, 184, JMBlNW **77**, 148; abgedr. bei Piller/Herrmann Nr. 21).

28   **8) Die Vollstreckung der Geldbuße für erledigt erklären** kann der JugRi nach II S. 2, wenn der Jugendarrest vollstreckt ist, und damit das Vollstreckungsverfahren – anders als nach § 95 II – endgültig zum Abschluß bringen. Diese Regelung geht davon aus, daß trotz der Voll-

streckung des Jugendarrestes die Pflicht zur Zahlung der Geldbuße oder
zur Befolgung der angeordneten Auflage bestehenbleibt, da der Jugendarrest eine selbständige Ungehorsamsfolge für die Nichtbeachtung der
richterlichen Auflage ist (vgl. 20). Der JugRi soll aber aus Erziehungsgründen die Möglichkeit haben, den Jugendlichen von weiteren Vollstreckungsmaßnahmen zu verschonen. Eine solche Anordnung kommt
dann in Betracht, wenn durch die Vollstreckung des Jugendarrestes der
mit der Geldbuße erstrebte Zweck erreicht ist (zB weil der Vollzug des
Jugendarrestes auf den Jugendlichen einen nachhaltigen Eindruck hinterlassen hat) oder sich die Geldbuße erziehungsmäßig als untaugliches Mittel erweist (vgl. Begr. zu § 86 II EOWiG). Mit der Anordnung wird die
an Stelle der Geldbuße angeordnete erzieherische Maßnahme ebenfalls
hinfällig (vgl. 15).

29   **Auf einen Teil der Geldbuße** kann die Anordnung beschränkt werden;
eine solche Beschränkung ist zB vorzunehmen, wenn der Jugendarrest
wegen der Nichterfüllung eines Teils der Auflagen festgesetzt worden ist
(vgl. Begr. zu Art. 27 Nr. 39 EEGStGB).

29a   **An Stelle der Anordnung nach II S. 2** kann die Geldbuße auch nach
§ 95 II durch die VollstrB (2 zu § 90; 2ff. zu § 91) niedergeschlagen werden, wenn die Voraussetzungen hierfür vorliegen.

30   **9) Zuständig** für eine Anordnung nach I und II ist der JugRi auch,
wenn es sich um die Vollstreckung eines Bußgeldbescheides der VB
handelt. In diesem Fall wird der JugRi auf Antrag der VollstrB (2 zu § 90)
tätig; über die Zuständigkeit (vgl. § 104 I Nr. 1 (dort 3). Ist eine gerichtliche Bußgeldentscheidung (4f. vor § 89) zu vollstrecken, so ist stets der
JugRi, dem die Vollstreckung als Vollstreckungsleiter obliegt, zuständig
(vgl. 3f. zu § 91; 5 zu § 104). Das gilt auch dann, wenn die Anordnung
nach I im Erkenntnisverfahren getroffen ist (3 zu § 78) und ihre nachträgliche Änderung oder die Verhängung von Jugendarrest in Betracht
kommt. In diesem Falle entscheidet also nicht das Gericht des 1. Rechtszuges (so § 65 I S. 1 JGG, der aber nicht zutrifft, weil er eine Entscheidung in der Sache voraussetzt, während im Fall des § 78 III eine ,,Voll-
streckungsanordnung" getroffen ist; ebenso Rebmann/Roth/Herr-
mann 4). Über das Verfahren vgl. § 104 II (dort 10f.); über die Zuständigkeit bei der Vollstreckung von Jugendarrest vgl. 26.

30a   **10) Die sofortige Beschwerde** (§ 311 StPO) ist nur gegen die Verhängung des Jugendarrestes zulässig (§ 104 III S. 1), nicht aber gegen eine
Anordnung des JugRi nach I S. 1, 2 sowie die Ablehnung eines Antrags,
die Geldbuße nach II S. 2 ganz oder zum Teil für erledigt zu erklären, da
diese Entscheidungen unanfechtbar sind (§ 104 III S. 2). Es bleibt aber
dem Jugendlichen bzw. seinem gesetzlichen Vertreter oder Erziehungsberechtigten (5, 10 zu § 67) unbenommen, durch Gegenvorstellungen
(33f. zu § 62) auf eine nachträgliche Änderung der angeordneten Auflage
hinzuwirken (vgl. 17; so auch Rebmann/Roth/Herrmann 28). Weitere
Beschwerde nach § 310 StPO ist nicht zulässig (vgl. 22 zu § 96).

31   **11) Bei der Vollstreckung gegen Heranwachsende** sind I und II ebenfalls anzuwenden, und zwar ohne Rücksicht darauf, ob der Heranwach-

sende seiner Entwicklung nach einem Jugendlichen gleichsteht oder nicht (anders § 105 JGG). Das Gericht kann schon bei der Frage, ob es angebracht ist, bei einem Heranwachsenden eine Anordnung nach I zu treffen, die Entwicklung des Heranwachsenden berücksichtigen (ebenso Rebmann/Roth/Herrmann 27).

32　　12) In das Erziehungsregister, das beim Bundeszentralregister geführt wird, sind die Maßnahmen nach I S. 1 und der Jugendarrest nach II mangels einer ausdrücklichen Bestimmung im BZRG (vgl. § 56), nicht einzutragen. Eine Eintragung wäre mit dem Charakter des Bußgeldverfahrens auch schwerlich zu vereinbaren (vgl. auch Götz GA **73**, 195; Wollny NJW **70**, 599; Rotberg 15).

Vollstreckung von Nebenfolgen, die zu einer Geldzahlung verpflichten

99　Für die Vollstreckung von Nebenfolgen, die zu einer Geldzahlung verpflichten, gelten die §§ 93 und 95 entsprechend, für die Vollstreckung der Geldbuße gegen eine juristische Person oder eine Personenvereinigung gelten auch die §§ 94, 96 und 97.

1　　1) Zweck der Vorschrift ist es klarzustellen, daß auch die §§ 93–97 für die Vollstreckung der Geldbuße gegen eine JP oder PV gelten; dies könnte ohne eine ausdrückliche Regelung zweifelhaft sein, da in den §§ 93–97 nur von dem Betroffenen die Rede ist, die JP jedoch Nebenbeteiligte ist (8 vor § 87; vgl. Begr. zu § 87 EOWiG). Außerdem wird ausdrücklich bestimmt, daß für die übrigen Nebenfolgen, die zu einer Geldzahlung verpflichten (vgl. 5 zu § 34), auch die §§ 93 und 95 gelten. Vgl. im übrigen 1 zu § 93, 2 zu § 94, 8 zu § 95, 34 zu § 96.

2　　2) Die §§ 89–91 gelten auch ohne eine besondere Bestimmung für die Vollstreckung von Nebenfolgen, die zu einer Geldzahlung verpflichten, da diese stets in einer Bußgeldentscheidung angeordnet werden (vgl. 3 f. vor § 89). Dies gilt auch für die gegen eine JP oder PV festgesetzte Geldbuße, auch wenn diese Entscheidung im Strafverfahren getroffen wird (vgl. 5 vor § 89). Vgl. im übrigen 20 zu § 90, 5 zu § 91.

Nachträgliche Entscheidungen über die Einziehung

100　[I] Über die Aufhebung des Vorbehalts der Einziehung und die nachträgliche Anordnung der Einziehung eines Gegenstandes oder des Wertersatzes (§ 24 Abs. 2 Satz 3, § 25 Abs. 4) entscheidet
1. die Verwaltungsbehörde, die den Bußgeldbescheid erlassen hat,
2. bei einer gerichtlichen Bußgeldentscheidung das Gericht.

[II] Gegen die nachträgliche Anordnung der Einziehung ist in den Fällen des Absatzes 1 Nr. 1 innerhalb einer Woche nach Zustellung des Bescheides der Antrag auf gerichtliche Entscheidung nach § 62 zulässig. Gegen die Entscheidung des Gerichts ist sofortige Beschwerde zulässig, wenn der Wert des Beschwerdegegenstandes zweihundert Deutsche Mark übersteigt.

1   **1) Welche Stelle** für die nachträglichen Entscheidungen über die Einziehung (§ 24 II S. 3, § 25 IV) zuständig ist, bestimmt I. Dabei ist zwischen dem Bußgeldbescheid der VB und der Bußgeldentscheidung des Gerichts unterschieden (vgl. 2ff. vor § 89).

2   A. **Die VB,** welche die Einziehung im Bußgeldbescheid angeordnet hat, ist auch für die nachträglichen Entscheidungen zuständig (I Nr. 1). Vor einer solchen Anordnung sind der Betroffene und auch ein etwaiger Einziehungsbeteiligter (vgl. 3ff. vor § 87) zu hören, soweit er durch die nachträgliche Entscheidung stärker in seinen Rechten beeinträchtigt werden kann, als dies durch den Vorbehalt der Einziehung geschehen ist; dies folgt aus dem Grundsatz des rechtlichen Gehörs (Art. 103 I GG; vgl. auch § 104 II S. 2). Die nachträgliche Anordnung der Einziehung ergeht in der Form eines Bescheides und ist dem Betroffenen sowie einem etwaigen Einziehungsbeteiligten zuzustellen (§ 50 I S. 2, § 87 II S. 2). Über die Rechtsbehelfsbelehrung vgl. § 50 II. Wird der Vorbehalt der Einziehung aufgehoben (§ 24 II S. 3 Halbs. 1), so genügt formlose Mitteilung (§ 50 I S. 1).

3   B. **Das Gericht** der 1. Instanz ist zuständig, wenn die Einziehung in einer gerichtlichen Bußgeldentscheidung (4f. vor § 89) vorbehalten oder angeordnet ist (I Nr. 2; § 104 I Nr. 2). Dies gilt auch in Jugendsachen (§ 104 I Nr. 3, dort 5). Über das gerichtliche Verfahren vgl. § 104 II (dort 10f.). Die Entscheidung, in der das Gericht nachträglich die Einziehung anordnet, kann nur dann mit der sofortigen Beschwerde angefochten werden, wenn der Wert des Beschwerdegegenstandes 200 DM übersteigt (§ 104 III S. 1, dort 13ff.; vgl. auch II S. 2).

4   **2) Antrag auf gerichtliche Entscheidung** ist gegen den nachträglichen Einziehungsbescheid der VB zulässig (II S. 1), nicht der Rechtsbehelf nach § 103. Der Rechtsbehelf ist befristet; gegen die Versäumung der Frist kann Wiedereinsetzung in den vorigen Stand beantragt werden (§ 52). Vgl. näher zu § 62.

5   **3) Die Entscheidung des Gerichts,** die auf Grund des Rechtsbehelfs nach II S. 1 ergeht, ist mit der sofortigen Beschwerde anfechtbar, wenn der Wert des Beschwerdegegenstandes 200 DM übersteigt (II S. 2; vgl. auch § 104 III S. 1).

Vollstreckung in den Nachlaß

101   In den Nachlaß des Betroffenen darf eine Geldbuße nicht vollstreckt werden.

1   **1) Eine Geldbuße** darf in den Nachlaß des Betroffenen nicht vollstreckt werden, auch wenn die Bußgeldentscheidung (2ff. vor § 89) bereits zu Lebzeiten des Betroffenen rechtskräftig geworden ist (vgl. auch § 459 c III StPO für die Geldstrafe). Mit dem Tod des Betroffenen entsteht somit ein Vollstreckungshindernis (1 zu § 89). Eine bereits zu Lebzeiten des Betroffenen begonnene Vollstreckung ist abzubrechen, soweit sie bei seinem Tode noch nicht beendet ist (so zB wenn das Vollstreckungsorgan den Erlös bei der Kasse der VollstrB schon eingezahlt hat; Rotberg 1).

2   **2) Für Nebenfolgen,** die zu einer Geldzahlung verpflichten (5 zu § 34), gilt das Vollstreckungsverbot nicht. Sie können auch weiterhin in den Nachlaß vollstreckt werden, sofern die Bußgeldentscheidung zu Lebzeiten des Betroffenen rechtskräftig geworden ist (vgl. 2 zu § 89); dies ergibt der Umkehrschluß von § 101 (vgl. BerEOWiG zu § 89). Bei den übrigen Nebenfolgen (vgl. 6 ff. zu § 34) kommt eine Vollstreckung in den Nachlaß nicht in Betracht, so insbesondere bei der Einziehung eines Gegenstandes, dessen Herausgabe von den Erben nach § 985 BGB verlangt werden kann (vgl. näher 24 zu § 90; aM Rebmann/Roth/Herrmann 2; Rotberg 2). Über die Geltendmachung von Nebenfolgen, die zu einer Geldzahlung verpflichten, im Nachlaßkonkursverfahren vgl. § 226 II Nr. 2 KO.

3   **3) Wegen der Kosten** kann in den Nachlaß gleichfalls (vgl. 2) nur dann vollstreckt werden, wenn die Bußgeldentscheidung vor dem Tode des Betroffenen rechtskräftig geworden ist (vgl. 27 zu § 107).

Nachträgliches Strafverfahren

102   ^I **Wird nach Rechtskraft des Bußgeldbescheides wegen derselben Handlung die öffentliche Klage erhoben, so soll die Vollstreckungsbehörde die Vollstreckung des Bußgeldbescheides insoweit aussetzen.**

^{II} **Sind die Entscheidungen nach § 86 Abs. 1 und 2 im Strafverfahren unterblieben, so sind sie von dem Gericht nachträglich zu treffen.**

1   **1) Eine ergänzende Regelung zu § 86** enthält die Vorschrift. Nach § 86 I kann ein Bußgeldbescheid aufgehoben werden, wenn der Betroffene in einem späteren Strafverfahren wegen derselben Handlung (2 zu § 86) verurteilt wird oder bei einer Nichtverurteilung die Feststellungen des Gerichts in seiner abschließenden Entscheidung dem Bußgeldbescheid entgegenstehen (vgl. näher zu § 86). Da bereits durch die Erhebung der öffentlichen Klage der Bestand des Bußgeldbescheides in Frage gestellt wird (Bejahung des hinreichenden Tatverdachts wegen der Straftat), ist die Aussetzung der Vollstreckung angezeigt.

2   **2) Die Aussetzung der Vollstreckung** des Bußgeldbescheides durch die VollstrB regelt I (vgl. auch § 103 II S. 2). Der Begriff „aussetzen" umfaßt sowohl den Aufschub einer noch nicht begonnenen als auch die Unterbrechung oder vorläufige Einstellung einer bereits eingeleiteten Vollstreckung. Die Aussetzung dauert an, bis eine gerichtliche Entscheidung nach § 86 I, III oder nach II ergangen ist.

3   A. **Die öffentliche Klage** kann durch Einreichung einer Anklageschrift (§ 170 I StPO), durch Antrag auf Aburteilung im beschleunigten Verfahren (§ 212 StPO) oder auf Erlaß eines Strafbefehls (§ 408 StPO) sowie durch Nachtragsanklage (§ 266 StPO) erhoben werden.

4   B. **Nach Rechtskraft des Bußgeldbescheides** muß die öffentliche Klage erhoben worden sein. Geschieht dies vor Eintritt der Rechtskraft, so liegt für das Bußgeldverfahren ein Verfolgungshindernis (37 vor § 59; 1 zu § 86) vor, das die VB von Amts wegen zu beachten hat und das der

Betroffene durch Einspruch gegen den Bußgeldbescheid geltend machen kann; die VB hat deshalb den Bußgeldbescheid zurückzunehmen und das Bußgeldverfahren einzustellen (47 f. vor § 59; 6, 9 zu § 69; aM Rotberg 4, der auch für diesen Fall I anwenden will).

5   C. **Nur soweit wegen derselben Handlung** (2 zu § 86) Klage erhoben wird, ist die Aussetzung der Vollstreckung möglich (vgl. das Wort „insoweit"). Sind daher in dem Bußgeldbescheid wegen mehrerer Handlungen mehrere Geldbußen festgesetzt worden, so ist die Aussetzung auf die Geldbuße zu beschränken, die wegen der Handlung festgesetzt worden ist, derentwegen die öffentliche Klage erhoben worden ist (vgl. auch 9 zu § 86).

6   D. **Die VollstrB,** also die VB, die den Bußgeldbescheid erlassen hat (2 zu § 90), entscheidet über die Aussetzung; ist jedoch zur Vollstreckung des Bußgeldbescheides bereits Erzwingungshaft angeordnet worden, so ist die StA oder der JugRi VollstrB (2 zu § 97; ebenso Rotberg 8). Für die Aussetzungsanordnung wird der JugRi als Vollstreckungsleiter auch dann zuständig sein, wenn er anstelle der im Bußgeldbescheid festgesetzten Geldbuße eine erzieherische Maßnahme nach § 98 angeordnet hat und die Maßnahme selbst überwacht (19 zu § 97).

7   E. **Nicht im Ermessen der VollstrB** steht die Aussetzung; denn I enthält als Sollvorschrift eine Weisung minderen Grades. Die VollstrB muß deshalb, sobald sie von der Erhebung der öffentlichen Klage (vgl. 3) Kenntnis erhält (zB durch Mitteilung des Betroffenen, dem die Anklageschrift zugestellt wird, oder der StA, falls ihr der rechtskräftige Bußgeldbescheid bekannt ist), die Vollstreckung aussetzen.

8   F. **Einwendungen** (§ 103 I Nr. 2) können gegen die Ablehnung der Aussetzung durch die VollstrB erhoben werden, über die das nach § 104 zuständige Gericht entscheidet.

9   G. **Über das Ruhen der Vollstreckungsverjährung** bei Aussetzung der Vollstreckung vgl. § 34 IV Nr. 2.

10   3) **Die nachträgliche Aufhebung des Bußgeldbescheides** und die Anrechnung der bereits gezahlten oder beigetriebenen Geldbeträge auf das Straferkenntnis schreibt II vor, wenn diese nach § 86 I, II notwendigen Entscheidungen im Strafverfahren versehentlich unterblieben sind; vgl. näher zu § 86. Das Gericht entscheidet von Amts wegen; ein Antrag ist nicht erforderlich. Über die Zuständigkeit des Gerichts und das Verfahren vgl. § 104 I Nr. 4, II (dort 6, 10 ff.); die Entscheidung ist nicht anfechtbar (§ 104 III).

11   **Ein erst nach der strafgerichtlichen Entscheidung** erlassener Bußgeldbescheid kann nicht nach II aufgehoben werden (so auch Rotberg 9). Ein solcher Bußgeldbescheid ist wegen Verstoßes gegen Art. 103 III GG nichtig und kann nur formell rechtskräftig werden (2 zu § 89; 57 zu § 66; 2 zu § 84). Der Bußgeldbescheid ist von der VB zurückzunehmen (14 zu § 69); aus ihm darf nicht vollstreckt werden (13 vor § 89).

Gerichtliche Entscheidung

103 I Über Einwendungen gegen
1. die Zulässigkeit der Vollstreckung,
2. die von der Vollstreckungsbehörde nach den §§ 93 und 102 Abs. 1 getroffenen Anordnungen,
3. die sonst bei der Vollstreckung eines Bußgeldbescheides getroffenen Maßnahmen

entscheidet das Gericht.

II Durch Einwendungen nach Absatz 1 wird die Vollstreckung nicht gehemmt. Das Gericht kann jedoch die Vollstreckung aussetzen.

1 1) **Als Rechtsbehelf** gegen Anordnungen und Maßnahmen der VollstrB (2 zu § 90; 2 ff. zu § 91) können nach I (vgl. auch § 458 I, § 459 h StPO) Einwendungen erhoben werden, über die das Gericht (§ 104 I Nr. 1–3) entscheidet; nicht von I erfaßt werden dagegen die Entscheidungen nach den §§ 96, 97 III S. 2, §§ 98, 100 und 102 II, da es sich um keine Maßnahmen der VollstrB handelt. I Nr. 1, 2 ist sowohl bei der Vollstreckung von Bußgeldentscheidungen des Gerichts als auch der der VB, I Nr. 3 nur bei Vollstreckungsmaßnahmen der VB anzuwenden (vgl. 6). Soweit bei der Vollstreckung von gerichtlichen Bußgeldentscheidungen I Nr. 1, 2 (ausnahmsweise) nicht anwendbar ist, können gegen Entscheidungen und Anordnungen der VollstrB (2 f. zu § 91) auch Einwendungen nach § 21 StVollstrO erhoben werden, über die der GStA entscheidet (§ 21 I Buchst. a, § 87 I S. 1 StVollstrO); ggf. kann die Anrufung nach § 23 EGGVG iVm § 46 I in Betracht kommen (Pohlmann III 6 zu § 87). Über das Verfahren bei Einwendungen gegen eine Maßnahme des Rechtspflegers vgl. 11 zu § 91. Über die Möglichkeit der Aufsichtsbeschwerde vgl. 14.

2 **Der Fall, daß Zweifel bei der VollstrB** selbst über die Auslegung der Bußgeldentscheidung bestehen, ist – anders als in § 458 I StPO – nicht besonders berücksichtigt, da erkennende Stelle und VollstrB im Bußgeldverfahren der VB stets, im gerichtlichen Bußgeldverfahren mitunter identisch sind (vgl. 2 zu 90; 3 ff. zu § 91). Ist dies nicht der Fall, so kann sich die StA als VollstrB (vgl. 2 zu § 91), wenn sie Zweifel über die Auslegung hat, an das Gericht wenden, das die Entscheidung getroffen hat, und seine Stellungnahme einholen (vgl. 9); sie kann auch den Betroffenen auf etwaige Zweifel und die Möglichkeit eines Einwandes nach I Nr. 1 hinweisen (vgl. 9). Wird die Zulässigkeit der Vollstreckung von dem Betroffenen in Zweifel gezogen, weil die Bußgeldentscheidung anders auszulegen sei, so ist dies eine Einwendung gegen die Zulässigkeit der Vollstreckung iS von I Nr. 1 (vgl. 3; Begr. zu § 91 EOWiG).

3 A. **Einwendungen gegen die Zulässigkeit** der Vollstreckung (I Nr. 1) der Bußgeldentscheidung der VB und des Gerichts (2 ff. vor § 89) sind solche, die sich gegen die Vollstreckung schlechthin (über die Art und Weise der Vollstreckung, vgl. 6) richten. Als Einwand kann zB geltend gemacht werden: Die Vollstreckung der Geldbuße oder Nebenfolge sei verjährt (§ 34); die in der Bußgeldentscheidung aufgeführte Person sei

nicht identisch mit der Person, gegen die sich die Vollstreckung richtet; die Geldbuße oder die Nebenfolge sei schon ganz oder teilweise vollstreckt oder im Gnadenwege erlassen; der Vollstreckungstitel sei nachträglich weggefallen, weil zB an Stelle des Bußgeldbescheides inzwischen ein rechtskräftiges Urteil getreten (vgl. Kleinknecht 3 zu § 458 StPO) oder der Bußgeldbescheid nach §§ 86, 102 II nachträglich aufgehoben sei; die Vollstreckung sei nach § 98 II S. 2 für erledigt erklärt worden; die Bußgeldentscheidung sei anders auszulegen (vgl. Begr. zu § 91 EOWiG); die Bußgeldentscheidung sei noch nicht rechtskräftig (2 zu § 89; auch 35 zu § 51); die Schonfrist des § 95 I sei noch nicht abgelaufen (LR-Schäfer 6 zu § 459h StPO); es sei eine Zahlungserleichterung gewährt worden (§§ 18, 93); außerdem kann der Jugendliche einwenden, daß eine Anordnung nach § 98 I notwendig sei (18 zu § 98; ebenso Rebmann/Roth/Herrmann 3). Vgl. ferner 11. Ob gegen das Unterbleiben einer Anordnung nach § 95 II Einwendungen nach I Nr. 1 möglich sind, ist zw. (vgl. 8 zu § 95).

4   Werden gegen die Rechtmäßigkeit der Bußgeldentscheidung Einwendungen erhoben (zB die Ordnungswidrigkeit sei nicht begangen worden), so können diese im Vollstreckungsverfahren nicht überprüft werden (so auch Rebmann/Roth/Herrmann 4; LR-Schäfer 14 zu § 458 StPO mwN.). Für die Vollstreckung ist die Rechtskraft der Bußgeldentscheidung maßgebend (§ 89); der Einwand, daß die Entscheidung fehlerhaft sei, kann nur mit der Wiederaufnahme des Verfahrens geltend gemacht werden, falls die Voraussetzungen hierfür vorliegen (vgl. § 85). Gegen die Vollstreckung eines nichtigen Bußgeldbescheides (57 zu § 66), die unzulässig ist (vgl. 6 vor § 89), können jedoch Einwendungen nach I Nr. 1 erhoben werden (aM Rebmann/Roth/Herrmann aaO, LR-Schäfer 15 zu § 458 StPO, nach deren Ansicht das Wiederaufnahmeverfahren bzw die Verfassungsbeschwerde zur Verfügung stehen).

5   B. Über Anordnungen der VollstrB nach §§ 93, 102 I, gegen die Einwendungen nach I Nr. 2 zulässig sind, vgl. 7 zu § 93, 8 zu § 102.

6   C. Vollstreckungsmaßnahmen im Bußgeldverfahren der VB betrifft I Nr. 3, der sich nur auf die Vollstreckung eines „Bußgeldbescheides" bezieht (über die Vollstreckung einer gerichtlichen Bußgeldentscheidung vgl. 6 zu § 91). Die Einwendungen sind hier gegen die Art und Weise der Vollstreckungsmaßnahmen (zB Pfändung von Sachen und Forderungen; vgl. 12f. zu § 90) gerichtet, welche die VollstrB oder die Vollzugsbehörde (vgl. 3 zu § 90) oder der einzelne Vollstreckungsbeamte getroffen hat. Handelt es sich nicht um eine Maßnahme der VollstrB iS des § 92, so ist zunächst eine Entscheidung dieser Behörde, die „Herrin" des Vollstreckungsverfahrens ist, herbeizuführen (vgl. 8). Erst gegen deren Entscheidung kann das Gericht angerufen werden.

7   Der Verwaltungsrechtsweg ist bei Einwendungen nach I Nr. 3 auch gegen Maßnahmen im Vollstreckungsverfahren der VB ausgeschlossen, da dies sonst zu einer unerwünschten Zweispurigkeit in Bußgeldsachen führen würde (BerEOWiG zu § 91; so auch Rebmann/Roth/Herrmann 6; vgl. auch 1 zu § 62). Können Einwendungen und Rechtsbehelfe nach den VwVGen (4ff. zu § 90) nur im Wege der Klage bei den ordentlichen

Gerichten geltend gemacht werden, weil für bestimmte Vollstreckungsmaßnahmen die Vorschriften der ZPO für anwendbar erklärt sind (vgl.
zB §§ 771 ff. ZPO iVm § 5 I VwVG, § 262 AO 1977; § 257
LVwGSchlH), so ist I Nr. 3 nicht anzuwenden (Rotberg 4; Rebmann/
Roth/Herrmann aaO; Cramer, Grundbegriffe S. 176; Huken KKZ **71**,
149, 153); für den Einwand der Zahlung gilt allerdings nicht § 767 ZPO,
sondern I Nr. 1 (vgl. 3; so auch Rotberg 4).

8   **2) Gegenüber der VollstrB** (2 zu § 90; 2 ff. zu § 91) sind die Einwendungen zu erheben, die dann die Sache dem Gericht zur Entscheidung
vorzulegen hat, falls sie nicht abhelfen will (vgl. auch 17 ff. zu § 62;
ebenso Rebmann/Roth/Herrmann 8); bei Einwendungen gegen Maßnahmen des Rechtspflegers vgl. 11 zu § 91. In den Fällen des I Nr. 3
können die Einwendungen auch bei der Vollzugsbehörde (3 zu § 90)
geltend gemacht werden, welche die Sache an die VollstrB weiterleitet,
wenn sie nicht abhelfen will.

9   A. **Zweifel, die die VollstrB** an der Zulässigkeit der Vollstreckung
hat, kann sie nicht von sich aus gerichtlich klären lassen (vgl. aber 2 bei
Zweifeln über die Auslegung der Entscheidung; doch kann auch in diesem Fall keine Entscheidung des Gerichts herbeigeführt, sondern nur eine
Stellungnahme eingeholt werden). Die VollstrB muß vielmehr selbst
entscheiden und abwarten, ob der Betroffene gegen die Entscheidung
Einwendungen erhebt. Dabei kann es angebracht sein, daß die VollstrB
den Betroffenen auf die Möglichkeit nach I Nr. 1 hinweist (vgl. 2; Kleinknecht 3 zu § 458 StPO).

10   B. **Eine Frist** für die Erhebung der Einwendungen ist nicht vorgesehen. Einwendungen nach I Nr. 3 werden aber, entsprechend der Auslegung zu § 766 ZPO, nur solange zulässig sein, bis die Vollstreckungsmaßnahme beendet ist, sofern sie nicht fortwirkt (vgl. Baumbach/Lau-
terbach 4 A zu § 766 ZPO; LR-Schäfer 19 zu § 458 StPO); vgl. im übrigen 13 zu § 62.

11   **3) Einwendungsberechtigte Personen** sind neben dem Betroffenen
dessen Verteidiger (2 ff., 23 ff. zu § 60) oder sonst bevollmächtigte Personen (11 zu § 67); ferner dritte Personen, die unmittelbar durch die Vollstreckung in ihren Rechten beeinträchtigt werden, wie zB der Erbe,
wenn die Bußgeldentscheidung zu Lebzeiten des Betroffenen rechtskräftig geworden ist (vgl. § 101), oder ein Einziehungsbeteiligter, wenn die
Vollstreckung gegen ihn gerichtet ist (22 zu § 90); uU aber auch ein
Beteiligungsinteressent, dessen Verfahrensbeteiligung nicht angeordnet
war (vgl. jedoch § 87 IV iVm § 439 StPO sowie 22 zu § 90). Der Einwendungsberechtigte muß geltend machen, daß er durch die Maßnahme der
VollstrB in seinen Rechten verletzt ist, falls sich dies nicht bereits aus der
Begründung der Einwendung ersehen läßt (vgl. Kleinknecht 2 zu § 459 h
StPO). Im Verfahren gegen Jugendliche vgl. § 67 III JGG, Anh **A 3.**

12   **4) Über die Zuständigkeit des Gerichts sowie das Verfahren bei gerichtlicher Entscheidung** vgl. § 104 I Nr. 1–3, II. Die Entscheidung ist
unanfechtbar (§ 104 III).

13 5) **Die Aussetzung der Vollstreckung** (II) kann auch die VollstrB an-
ordnen; dies ist – weil selbstverständlich – nicht ausdrücklich gesagt.
Über den Begriff „aussetzen" vgl. 2 zu § 102. Über das Ruhen der
Vollstreckungsverjährung vgl. § 34 IV Nr. 2.

14 6) **Aufsichtsbeschwerde** an die vorgesetzte Dienstbehörde und Gegenvorstellungen (33 ff. zu § 62) gegen die Anordnung der VollstrB werden
durch I nicht ausgeschlossen, sondern sind wahlweise neben der Anrufung des Gerichts zulässig; die gerichtliche Entscheidung hat jedoch Vorrang (vgl. Kleinknecht 5 zu § 458 StPO).

Verfahren bei gerichtlicher Entscheidung

104 ^I **Die bei der Vollstreckung notwendig werdenden gerichtlichen Entscheidungen (§§ 96, 97 Abs. 3, §§ 98, 99, 100 Abs. 1
Nr. 2, § 102 Abs. 2, § 103) werden erlassen**

1. **von dem nach § 68 zuständigen Gericht, wenn ein Bußgeldbescheid
   zu vollstrecken ist,**
2. **von dem Gericht des ersten Rechtszuges, wenn eine gerichtliche
   Bußgeldentscheidung zu vollstrecken ist,**
3. **von dem Jugendrichter, dem die Vollstreckung einer gerichtlichen
   Bußgeldentscheidung obliegt, soweit nicht eine Entscheidung nach
   § 100 Abs. 1 Nr. 2 zu treffen ist,**
4. **von dem Gericht des ersten Rechtszuges im Strafverfahren, wenn
   eine Entscheidung nach § 102 Abs. 2 zu treffen ist.**

^{II} **Die Entscheidung ergeht ohne mündliche Verhandlung. Vor der
Entscheidung ist den Beteiligten Gelegenheit zu geben, Anträge zu
stellen und zu begründen.**

^{III} **Gegen die Anordnung der Erzwingungshaft, die Verhängung des
Jugendarrestes und die nachträgliche Entscheidung über die Einziehung eines Gegenstandes, dessen Wert zweihundert Deutsche Mark
übersteigt, oder die Einziehung eines entsprechenden Wertersatzes
(§ 100 Abs. 1 Nr. 2) ist sofortige Beschwerde zulässig. In den übrigen
Fällen ist die Entscheidung nicht anfechtbar.**

1 1) **Eine gerichtliche Entscheidung** im Vollstreckungsverfahren kann
erforderlich werden:

a) Bei der Anordnung und Vollstreckung der Erzwingungshaft (§ 96 I,
II, III S. 2, § 97 III S. 2),

b) bei der Vollstreckung gegen Jugendliche und Heranwachsende durch
die Anordnung von erzieherischen Maßnahmen und deren nachträglicher Änderung, bei der Verhängung des Jugendarrestes sowie der
Anordnung, daß die Vollstreckung der Geldbuße ganz oder zum Teil
erledigt sei (§ 98),

c) bei der Einziehung, die in einer gerichtlichen Bußgeldentscheidung
(vgl. 4 f. vor § 89) vorbehalten oder angeordnet ist (§ 100 I Nr. 2),

d) wenn die Entscheidungen nach § 86 I, II im Strafverfahren unterblieben sind (§ 102 II) sowie

e) bei Einwendungen gegen die Zulässigkeit der Vollstreckung oder gegen Anordnungen oder Maßnahmen der VollstrB (§ 103).

Für diese Fälle bestimmt § 104 in Anlehnung an § 462 StPO das (örtlich und sachlich) zuständige Gericht und die Ausgestaltung des Verfahrens.

2　　2) **Die grundsätzliche Zuständigkeitsregelung** enthält I Nr. 1–3, wobei zwischen der Vollstreckung eines Bußgeldbescheides (3 vor § 89) und einer gerichtlichen Bußgeldentscheidung (4 f. vor § 89) unterschieden wird. I Nr. 4 regelt nur den Sonderfall des § 102 II.

3　　A. **Das AG,** in dessen Bezirk die VB ihren Sitz hat (§ 68 I), ist zuständig (Nr. 1), wenn ein Bußgeldbescheid zu vollstrecken ist, und zwar im Verfahren gegen Jugendliche und Heranwachsende der RiAG als JugRi (§ 68 II). Örtlich zuständig ist aber auch der JugRi, dem die vormundschaftsrichterlichen Erziehungsaufgaben obliegen oder in dessen Bezirk der Jugendliche sich im Zeitpunkt der Entscheidung aufhält, da § 42 JGG (Anh A 3) unberührt bleibt (6, 8 zu § 68). Ist nach § 68 III die Zuständigkeit des AG abweichend geregelt, so gilt dies auch für die in I aufgeführten Entscheidungen. Bei Kartellordnungswidrigkeiten entscheidet das OLG (§ 85 GWB, Anh A 14).

4　　B. **Das Gericht des 1. Rechtszuges** ist zuständig, wenn es sich um eine gerichtliche Bußgeldentscheidung (4 f. vor § 89) handelt. In Betracht kommen der RiAG, der auch an Stelle des SchG entscheidet (§ 30 II GVG), die StrK (vgl. § 76 I GVG) sowie das OLG. Das Gericht der 1. Instanz hat auch dann zu entscheiden, wenn es sich um Einwendungen gegen die Vollstreckung einer Bußgeldentscheidung der höheren Instanz handelt, zB einer Sachentscheidung des OLG im Rechtsbeschwerdeverfahren nach § 79 VI (4 vor § 89; so auch Rotberg 4). Über die Zuständigkeitsregelung in Jugendsachen vgl. 5.

5　　C. **Der JugRi,** dem die Vollstreckung einer gerichtlichen Bußgeldentscheidung als Vollstreckungsleiter obliegt (vgl. 3 ff. zu § 91), ist nach Nr. 3 für sämtliche Vollstreckungsentscheidungen zuständig, also nicht nur für die Anordnung der Erzwingungshaft oder von erzieherischen Maßnahmen (vgl. § 84 I, § 86 I EOWiG; vgl. BerEOWiG zu § 92). Dies gilt jedoch nicht für die Entscheidung nach § 100 I Nr. 2, da es sich hier nicht um eine Vollstreckungsentscheidung handelt; in diesem Fall ist das Gericht des 1. Rechtszuges nach Nr. 2 zuständig. Über die Zuständigkeit der JugK an Stelle des JugRi vgl. 7 ff.

6　　D. **Das Gericht des 1. Rechtszuges, das in der Strafsache** entschieden hat (Nr. 4), ist für die nachträglichen Entscheidungen nach § 86 I, II (vgl. dort) zuständig, wenn diese unterblieben sind; denn in diesem Falle muß das Straferkenntnis, nicht aber ein Bußgelderkenntnis, ergänzt werden. Das Gericht des 1. Rechtszuges ist auch dann zuständig, wenn das Rechtsmittelgericht die Verurteilung ausgesprochen hat (vgl. 4; Rotberg 6).

7　　E. **Soweit der JugRi VollstrB ist** (vgl. 3 ff. zu § 91), gelten für Einwendungen gegen seine Anordnungen besondere Zuständigkeitsregelungen, damit nicht der JugRi in solchen Fällen über die Rechtmäßigkeit seiner eigenen Vollstreckungsmaßnahmen entscheidet (vgl. § 83 II JGG, Anh A 3, iVm § 91, dessen Nr. 1 allerdings nur sinngemäß anzuwenden ist). Danach ist bei Einwendungen gegen Anordnungen des JugRi, dem als Vollstreckungsleiter die Vollstreckung obliegt, die JugK zuständig.

8 a) **Als erkennender Richter im Sinne von § 83 II Nr. 1 JGG** wird bei sinngemäßer Anwendung dieser Vorschrift auch der JugRi anzusehen sein, der auf Grund eines Bußgeldbescheides der VB nach § 98 II S. 1 Jugendarrest verhängt hat, so daß über Einwendungen gegen seine Anordnungen bei der Vollstreckung des Jugendarrestes die JugK entscheidet (ebenso Rebmann/Roth/Herrmann 7); es würde dem Grundgedanken von § 83 II Nr. 1 JGG (und des wegen Zeitablaufs nicht mehr anwendbaren Art. 315 II EGStGB) widersprechen, wenn der JugRi in diesem Fall über die Rechtmäßigkeit seiner eigenen Vollstreckungsmaßnahmen entscheiden könnte; die Zuständigkeitsregelung von I Nr. 1 paßt aber in diesem Fall auch nicht.

9 b) **Zweifelhaft ist,** wer über Einwendungen entscheidet, falls die Vollstreckung einer gerichtlichen Bußgeldentscheidung in Jugendsachen oder die Vollstreckung des vom JugRi auf Grund eines Bußgeldbescheides der VB wegen Nichterfüllung von erzieherischen Maßnahmen verhängten Jugendarrestes nach § 84 II, § 85 I, III JGG iVm § 91 einem anderen Richter zusteht (vgl. 26 zu § 98). Aus § 83 II JGG ist bei sinngemäßer Anwendung zu entnehmen, daß in diesen Fällen der JugRi entscheidet, der die Bußgeldentscheidung erlassen oder den Jugendarrest (als erkennender Richter; vgl. 8) verhängt hat; zum gleichen Ergebnis führt die Auslegung nach I, weil I Nr. 3 hier wegen des Grundgedankens von § 83 II JGG (und Art. 315 II EGStGB) unanwendbar ist, so daß I Nr. 2 eingreifen muß (vgl. auch Rebmann/Roth/Herrmann 7).

10 3) **Das Verfahren** (II):

A. **Die Entscheidung** ergeht ohne mündliche Verhandlung (II S. 1) durch Beschluß, der zu begründen ist, wenn die Entscheidung anfechtbar ist oder durch sie ein Antrag abgelehnt wird (§ 34 StPO iVm § 46 I). Eine Begründung ist also zB entbehrlich, wenn dem Betroffenen die von der VB abgelehnte Zahlungserleichterung (§ 93) auf Grund seiner Einwendung bewilligt wird (§ 103 I Nr. 2). Über die Bekanntmachung der Entscheidung und Rechtsmittelbelehrung vgl. §§ 35, 35a StPO iVm § 46 I. Im Verfahren gegen Jugendliche und Heranwachsende soll die Entscheidung auch dem Erziehungsberechtigten und dem gesetzlichen Vertreter mitgeteilt werden (§ 67 II JGG, Anh **A 3,** iVm § 46 I).

11 B. **Die Anhörung der Beteiligten** schreibt II S. 2 vor. Als Beteiligte kommen außer dem Betroffenen die VollstrB (2 zu § 90; 2 f. zu § 91; ferner 12), ein Nebenbeteiligter (2 ff. vor § 87) oder auch eine dritte Person, gegen die sich die Vollstreckung unmittelbar richtet (vgl. 11 zu § 103), in Betracht; im Verfahren gegen Jugendliche ferner der Erziehungsberechtigte (10 zu § 67) und der gesetzliche Vertreter (5 zu § 67) sowie die Jugendgerichtshilfe (§ 67 I JGG, Anh **A 3,** iVm § 46 I, VI; vgl. 7 zu § 98). Gelegenheit zur Antragstellung wird dem Betroffenen dadurch zu geben sein, daß er unter Bestimmung einer angemessenen Frist aufgefordert wird, eine Erklärung, schriftlich oder zu Protokoll der Geschäftsstelle, abzugeben (vgl. LR-Schäfer 5 zu § 462 StPO). Tatsachen, die das Gericht bei seiner Nachprüfung feststellt, dürfen zum Nachteil des Betroffenen nur verwertet werden, wenn er zu ihnen nochmals gehört worden ist (§ 33 III StPO iVm § 46 I).

12   C. **Die StA** ist am Verfahren nicht beteiligt, wenn es sich um die Vollstreckung eines Bußgeldbescheides der VB handelt (vgl. I Nr. 1).

13   **4) Die sofortige Beschwerde** (§ 311 StPO) ist nur gegen bestimmte gerichtliche Entscheidungen materiellen Inhalts zugelassen (III S. 1), und zwar gegen die Anordnung der Erzwingungshaft (§ 96 I), die Verhängung des Jugendarrestes (§ 98 II S. 1) sowie gegen die nachträgliche Anordnung der Einziehung eines Gegenstandes oder des Wertersatzes (§ 100 I Nr. 2), wenn der Wert des Beschwerdegegenstandes 200 DM übersteigt; vgl. ferner § 100 II S. 2. Bei Verletzung des rechtlichen Gehörs ist § 33 a StPO iVm § 46 I anzuwenden (vgl. auch 30 zu § 62). Wird die Entscheidung aus formellen Gründen abgelehnt (zB wegen Unzuständigkeit), so ist die einfache Beschwerde gegeben (vgl. RG **32**, 234; LR-Schäfer 7 zu § 462 StPO). Weitere Beschwerde ist nicht zulässig (§ 310 II StPO iVm § 46 I). Vgl. ferner 22 zu § 96, 30 a zu § 98, 3 zu § 100.

14   A. **Beschwerdeberechtigt** ist der Betroffene oder ein Nebenbeteiligter (2 ff. vor § 87), ferner der gesetzliche Vertreter (5 vor § 67) oder der Erziehungsberechtigte (10 vor § 67), nicht aber die VollstrB (2 zu § 90; 2 f. zu § 91), da gegen die ablehnende Entscheidung ein Rechtsmittel nicht zulässig ist, wie sich aus dem Wortlaut der Vorschrift ergibt (vgl. auch Rebmann/Roth/Herrmann 10; Rotberg 8).

15   B. **Beschwerdegericht** ist das LG (Kammer für Bußgeldsachen, § 46 VII), wenn die Beschwerde sich gegen eine Entscheidung des RiAG richtet (§ 73 I GVG; § 46 I, VII), das OLG, wenn eine Entscheidung des LG angefochten wird (§ 121 I Nr. 2 GVG; § 46 I, VII). Entscheidungen des OLG, zB bei Kartellordnungswidrigkeiten (§ 85 GWB, Anh **A 14**), sind nicht anfechtbar (§ 304 IV StPO iVm § 46 I). In Verfahren gegen Jugendliche und Heranwachsende entscheidet die JugK in Bußgeldsachen (§ 41 II S. 2 JGG, Anh **A 3**, iVm § 46 I, VII; 3 vor § 79).

Zehnter Abschnitt. Kosten

Vorbemerkungen

1   **1) Der Abschnitt** enthält die Vorschriften über die Kosten im Verfahren der VB (§§ 105–108) und eine ergänzende Regelung für die Kosten des gerichtlichen Bußgeldverfahrens (§ 109), für das im übrigen die Kostenvorschriften der StPO und des JGG gelten; dies folgt bereits aus § 46 I. Für das Verfahren der VB muß dagegen die Anwendung der Kostenvorschriften der StPO und des JGG ausdrücklich bestimmt werden, da Vorschriften, die sich auf richterliche Handlungen im Strafverfahren beziehen, nicht ohne weiteres auf die Handlungen der VB zu übertragen sind; denn sie hat bei sinngemäßer Anwendung der StPO-Vorschriften nur die Stellung der StA (vgl. 7 zu § 46).

2   **2) Kosten des Bußgeldverfahrens** sind die im Verfahren der VB und des Gerichts entstandenen Gebühren und Auslagen (§ 464 a I S. 1 StPO

iVm § 105 I, § 46 I). Sie sind für das Verfahren der VB in § 107, für das gerichtliche Verfahren in § 48 GKG sowie in Nr. 1700 ff., 1900 ff. KVGKG (Anh **A** 8) bestimmt.

3 **Durch die Verfolgung der Tat als Ordnungswidrigkeit** müssen die Auslagen erwachsen sein; dies zB ist nicht der Fall bei Abschleppkosten eines verkehrsbehindernd parkenden Kfz., da das Abschleppen, der Beseitigung eines polizeiwidrigen Zustandes dient (AG Düsseldorf VM **74**, 30). Auslagen, die ausschließlich dadurch entstanden sind, daß die StA zunächst wegen der Tat als Straftat ermittelt hat, das Ermittlungsverfahren später aber insoweit eingestellt und nach § 43 an die VB abgegeben hat, gehören nicht zu den Kosten des Bußgeldverfahrens (zB die Kosten für ein Sachverständigengutachten, um die Ursächlichkeit zwischen einer zu hohen Geschwindigkeit und der eingetretenen Körperverletzung festzustellen); sie sind Kosten des Strafverfahrens, die der Staatskasse zur Last fallen (vgl. Hamm DAR **73**, 80 zur Entnahme einer Blutprobe nach früherem Recht, nach welchem die Trunkenheit am Steuer nur mit Strafe, jedoch in keinem Falle mit Geldbuße bedroht war). Werden solche Auslagen gleichwohl von der VB dem Betroffenen in Rechnung gestellt, so ist der Rechtsbehelf nach § 108 I S. 1 Nr. 2 zulässig (10 zu § 105; 24, 36 zu § 107; so auch Rotberg 3 zu § 105; Maas NJW **72**, 1454). Anders ist es, wenn die Auslagen zugleich durch die Verfolgung der Tat als Ordnungswidrigkeit erwachsen sind (zB die Kosten einer Blutentnahme wegen Verdachts einer Straftat nach § 316 StGB oder einer Ordnungswidrigkeit nach § 24a StVG, Anh **A** 11; ebenso Rotberg 3 zu § 105).

4 **Nicht zu den Kosten des Bußgeldverfahrens** gehören auch die Auslagen eines Beteiligten, die ihm aus der Staatskasse oder von einem anderen Beteiligten zu erstatten sind (vgl. 8 ff.).

5 A. **Kosten des Verfahrens der VB** sind auch

a) **Auslagen, die im Ermittlungsverfahren entstanden sind,** gleichgültig ob es sich dabei um eigene Ermittlungshandlungen der VB oder um solche der Polizei (vgl. § 53) oder anderer Behörden (22 zu § 107) gehandelt hat (§ 464a I S. 2 StPO iVm § 105 I; hierzu gehören auch die Kosten für Probeentnahmen und Sachverständigengutachten im Rahmen der Lebensmittel- und Arzneimittelüberwachung, wenn das Ergebnis der Untersuchungen zu einem Bußgeldbescheid geführt hat (so auch Kleinknecht 2 zu § 464a StPO); über Auslagen der Polizei vgl. in Baden-Württemberg Die Justiz **79**, 287, in Bayern MABl. **76**, 591, in Nordrhein-Westfalen MBlNW **77**, 832, in Rheinland-Pfalz JBl. **79**, 217.

6 b) **Kosten der Vollstreckung der Geldbuße** oder einer Nebenfolge (vgl. 9 ff. zu § 90) einschließlich der vom AG auf Antrag der VB angeordneten Erzwingungshaft (§ 464a I S. 2 StPO iVm § 105 I; §§ 97, 107 III Nr. 9); hierzu rechnen auch die Kosten für die Beschlagnahme eines Führerscheins bei Anordnung eines Fahrverbots (29 zu § 90; vgl. in Bayern Nr. 3.41 Bek. d. StMdI v. 2. 3. 1971, 166 vor § 59). Wegen der Kosten, die durch die Vollstreckung des Bußgeldbescheides entstehen, vgl. zB im **Bund** § 19 VwVG sowie § 337 I, §§ 338 ff. AO 1977, in **Bayern** Art. 41

BayVwZVG iVm dem KostenG (29 zu § 107); wN bei Rebmann/Roth/ Hermann 2 zu § 107 sowie Engelhardt 3 zu § 19 VwVG.

7   B. **Zu den Kosten des gerichtlichen Bußgeldverfahrens** gehören auch die Auslagen der VB im Bußgeldverfahren (Nr. 1913 KVGKG, Anh **A 8**; vgl. 5 zu § 107); ferner die Auslagen, die der VB durch ihre Teilnahme an der Hauptverhandlung erwachsen (§ 76 I); diese Kosten sind als Gerichtskosten zu berechnen und einzuziehen (Nr. 1911 KVGKG; vgl. Göhler zu § 441 AO aF, Beil. zum BAnz. Nr. 152/67, S. 6). In Betracht kommen hier jedoch nur Reisekosten des Vertreters der VB zur Hauptverhandlung (vgl. § 107 III Nr. 5), nicht aber die Kosten für die Vertretung durch einen RA (vgl. 16 zu § 76).

8   **3) Die notwendigen Auslagen** eines Beteiligten, welche die Staatskasse (vgl. 26) oder ein anderer Beteiligter auf Grund der Kostenentscheidung der VB oder des Gerichts zu erstatten hat (vgl. § 465 II, § 467a I, II, §§ 470, 472b StPO iVm § 105) und die im Verfahren nach § 106 der Höhe nach festgesetzt werden, sind in § 464a II StPO (iVm § 105 I) nicht abschließend umschrieben. Neben den Auslagen für die Zeitversäumnis des Betroffenen (9) und die durch die Beauftragung eines RA erwachsenen Kosten (10ff.) können deshalb unter bestimmten Voraussetzungen auch andere bare Aufwendungen für die Verteidigung erstattungsfähig sein (21ff.). Über die notwendigen Auslagen, die durch die Säumnis eines Zeugen entstehen, vgl. 69 zu § 59.

9   A. **Für die notwendige Zeitversäumnis** (§ 464a II Nr. 1 StPO) kann der Betroffene den Ersatz seines Verdienstausfalls nach den für die Entschädigung von Zeugen geltenden Vorschriften verlangen (§§ 2, 4 ZSEG, Anh **A 7**). Erstattet wird allerdings nur der Verdienstausfall für Zeitversäumnis, die durch Wahrnehmung von Terminen bei der VB oder beim Gericht (vgl. 5ff. vor § 59) auf deren Ladung, nicht aber solche, die zB durch Konsultation eines Verteidigers oder durch eine Informationsreise zur Herbeischaffung von Beweismitteln entstanden sind; dies folgt aus der Verweisung auf das ZSEG, das eine Entschädigung nur dann vorsieht, wenn es sich um eine „Heranziehung" durch eine Behörde handelt (vgl. § 1 I, § 4 I ZSEG; Rebmann/Roth/Herrmann 6 zu § 106; Rotberg 4; EbSchmidt Nachtr. II 7 zu § 464a StPO; Hamm NJW **73**, 259, 260; str, aM LR-Schäfer 21 zu § 464a StPO mwN; Hamburg Rpfleger **72**, 414; LG Krefeld Rpfleger **72**, 145; Schmidt zu LG Aachen Rpfleger **70**, 437; wohl auch Kleinknecht 12 zu § 464a StPO). Verdienstausfall, der dem Betroffenen nachgewiesenermaßen durch seine schriftliche Äußerung (vgl. 4 zu § 55) entstanden ist, wird jedoch zu erstatten sein (vgl. für Zeugen 98 zu § 59).

10   B. **Die gesetzlichen Gebühren und Auslagen eines RA,** der von dem Betroffenen oder einem Nebenbeteiligten (2ff. vor § 87) hinzugezogen wird (vgl. 2ff. zu § 60), gehören stets zu den notwendigen Auslagen (§ 464a II Nr. 2 StPO iVm § 91 II S. 1–4 ZPO; § 105 I), da § 91 II S. 1 1. Altern. ZPO unterstellt, daß die Beauftragung eines RA stets zur zweckentsprechenden Rechtsverteidigung notwendig ist, soweit sich nicht aus § 91 II S. 1 2. Altern., S. 2, 3 ZPO etwas anderes ergibt (vgl. 16f., 19); deshalb ist eine Überprüfung der Notwendigkeit von Anwalts-

kosten im Kostenfestsetzungsverfahren nur im Rahmen der genannten Vorschriften der ZPO möglich (vgl. Bremen JurBüro **77**, 696 m. Anm. Mümmler; LR-Schäfer 25 zu § 464a StPO mwN; str., aM LG Mainz NJW **79**, 1897 mwN; LG Frankenthal MDR **79**, 165 m. krit. Anm. D. Meyer JurBüro **79**, 964; vgl. hierzu auch 26a zu § 105). Die Pflicht zur Erstattung gilt im Bußgeldverfahren wegen einer Steuerordnungswidrigkeit auch für die Gebühren und Auslagen eines Steuerberaters, Steuerbevollmächtigten, Wirtschaftsprüfers und vereidigten Buchprüfers, und zwar bis zur Höhe der Kosten eines RA, da eine gesetzliche Gebührenregelung bisher fehlt (§§ 408, 410 I Nr. 8 AO 1977, Anh **A 10**). Die Vergü-

11 tung und Auslagen eines als Verteidiger hinzugezogenen **Rechtsbeistandes** (vgl. 8 f. zu § 60) sind ebenfalls zu erstatten; dabei wird die Vergütung im allgemeinen bis zur Höhe von $^2/_3$ der Gebühren eines RA als angemessen angesehen (LG Kempten MDR **77**, 601; LG Krefeld Rpfleger **74**, 201; LG Lüneburg NdsRpfl. **70**, 24; Rebmann/Roth/Herrmann 7a zu § 106; LR-Schäfer 3b zu § 464a StPO; str., aM LG München II MDR **79**, 865; LG Köln JurBüro **78**, 252, das eine Erstattung in Höhe der gesetzlichen RA-Gebühren für angemessen hält; krit. hierzu Mümmler JurBüro **78**, 253).

12 a) **Die gesetzliche Gebühr** des RA ist eine Rahmengebühr (§ 105 I BRAGO, Anh **A 9**). Bei ihr bestimmt zwar grundsätzlich der RA im Einzelfall unter Berücksichtigung aller Umstände, insbesondere nach der Bedeutung der Angelegenheit, des Umfangs und der Schwierigkeit der Tätigkeit sowie nach den Einkommens- und Vermögensverhältnissen des Auftraggebers die Gebühr nach billigem Ermessen (§ 12 I S. 1 BRAGO; gegenüber dem Mandanten des RA ist die Gebühr verbindlich, wenn sie der Billigkeit entspricht (§ 315 III BGB). Sie ist jedoch nicht verbindlich, wenn sie von einem Dritten (also auch der Staatskasse) zu ersetzen und die Bestimmung des RA unbillig ist (§ 12 I S. 2 BRAGO). Ob dies der Fall ist, ist im Kostenfestsetzungsverfahren (§ 106) unter Berücksichtigung aller Bemessungsfaktoren (vgl. 13) zu prüfen. Dabei können allerdings geringfügige Abweichungen von den nachstehend angegebenen Richtwerten noch nicht als „unbillige" Honorarbestimmung angesehen werden (vgl. Lauterbach/Hartmann 2 B zu § 12 BRAGO); doch ist die Toleranzgrenze überschritten, wenn die Verteidigergebühr von allgemeinen Bewertungsgrundsätzen abweicht, so zB wenn sie in einem auffälligen Mißverhältnis zu der in Betracht kommenden Geldbuße (und den sonst drohenden nachteiligen Folgen) steht. Zur Frage des Ermessensspielraum für die Bestimmung durch den RA vgl. auch Baumgärtel VersR **78**, 585 ff.

13 **In Normalfällen,** also bei Sachen mittleren Umfangs und ohne besondere Schwierigkeit sowie bei durchschnittlichen wirtschaftlichen Verhältnissen wird nach hM von einem Mittelwert des Gebührenrahmens auszugehen sein, der die Hälfte der Summe von Mindest- und Höchstbetrag (380 + 30 : 2 = 205 DM bei der Gebühr nach § 105 I BRAGO, Anh **A 9**) beträgt (vgl. Lauterbach/Hartmann 5 zu § 105 BRAGO mwN); allerdings wird in Bußgeldsachen einfacherer Art, so bei der Masse der Verkehrsordnungswidrigkeiten (zB Parkverstößen, Überfahren einer

Rotlichtampel) eine (beachtlich) unter dem Mittelwert liegende Gebühr angemessen sein, da unter Beachtung der Bewertungskriterien des § 12 I BRAGO alle denkbaren Bußgeldverfahren miteinander zu vergleichen sind (vgl. zB LG Duisburg JurBüro **79**, 727; LG Aschaffenburg JurBüro **78**, 1533 u. LG Hof JurBüro **78**, 1544, jeweils m. zust. Anm. Mümmler; Lappe DAR **79**, 93 f.; Rebmann/Roth/Herrmann 7 zu § 106; Riedel/Sußbauer 4 zu § 105 BRAGO; wohl überw. M; aM LG Köln NJW **76**, 2225 m. zust. Anm. H. Schmidt; LG Detmold AnwBl. **77**, 41; AG Lahnstein AnwBl. **78**, 35 mwN; H. Schmidt DAR **78**, 228 mwN Fn 3; Lauterbach/Hartmann aaO; Gerold/Schmidt 17 zu § 105 BRAGO). Krit. hierzu Baumgärtel VersR **78**, 583 ff., **79**, 115, der zur objektiven Berechnung einer angemessenen Gebühr ein Punktesystem entwickelt hat, m. Stellungnahmen H. Schmidt VersR **79**, 114 (für die Anwendung des Punktesystems LG Memmingen JurBüro **79**, 723; LG Nürnberg-Fürth JurBüro **79**, 861 für das Rechtsbeschwerdeverfahren).

14   **Auch wenn der RA erst nach Erlaß des Bußgeldbescheides tätig** wird (so durch Einspruchseinlegung), erhält der RA eine Gebühr nach § 105 I BRAGO (Anh **A 9**), da das Verfahren vor dem AG (§ 105 II BRAGO) erst mit dem Eingang der Akten bei dem AG (vgl. § 69 I S. 1) beginnt (so m. eing. Begr. LG Krefeld NJW **76**, 2225; LG Mosbach AnwBl. **79**, 401 mwN; LG München II AnwBl. **78**, 328 m. zust. Anm. Chemnitz; LG Regensburg DAR **79**, 80; H. Schmidt NJW **79**, 23; DAR **78**, 229 mwN; H. Schmidt jun. NJW **78**, 2539; Gerold/Schmidt 7 zu § 105 BRAGO; Rebmann/Roth/Herrmann 7; so auch *de lege ferenda* § 105 I BRAGO idF d. Art. 1 Nr. 20 EBRAGOÄndG; aM Mümmler mwN zu LG Aschaffenburg JurBüro **78**, 1533 sowie JurBüro **79**, 1461 mwN; Lappe NJW **76**, 1954, DAR **79**, 72; Schuster NJW **78**, 1845; Riedel/Sußbauer 4 zu § 105 BRAGO). Nach anderer Auffassung soll § 105 I BRAGO nur dann Anwendung finden, wenn der Einspruch im Zwischenverfahren (3 ff. vor § 65) zur Zurücknahme des Bußgeldbescheides (8 ff. zu § 69) oder zur Einstellung des Verfahrens durch die StA führt (vgl. zB LG Aachen AnwBl. **76**, 361; LG Kiel SchlHA **78**, 222; Lappe DAR **79**, 92 f; abl. Chemnitz AnwBl. **76**, 361; H. Schmidt DAR **78**, 229); vgl. ferner Baumgärtel VersR **78**, 587 ff.

15   **Ein vereinbartes Honorar** (§ 3 BRAGO) ist nur zu erstatten, soweit es die nach den vorstehend genannten Merkmalen (vgl. 13) entstandene gesetzliche Gebühr nicht übersteigt (Frankfurt JurBüro **78**, 259; Koblenz Rpfleger **76**, 218 mwN; Hamburg MDR **76**, 952 m. Anm. Mümmler JurBüro **77**, 984; Köln JMBlNW **73**, 191; LR-Schäfer 29 zu § 464a StPO; Lauterbach/Hartmann 1 zu § 3 BRAGO).

16   b) **Die Kosten mehrerer RAe** sind nur erstattungsfähig, soweit sie die Kosten eines RA nicht übersteigen oder aber in der Person des RA ein Wechsel eintreten mußte (§ 464a II Nr. 2 StPO iVm § 91 II S. 3 ZPO; LR-Schäfer 27 f. zu § 464a StPO mwN; vgl. auch Stuttgart Rpfleger **74**, 403; aM H. Schmidt, Schäfer-Festschr. S. 231 ff.). Dies gilt entsprechend, soweit Angehörige eines steuerberatenden Berufs gemeinsam mit einem RA auftreten (Bock DB **68**, 1330). Die Kosten eines weiteren RA, der für den Verteidiger einen Termin zur Vernehmung auswärtiger Zeugen

wahrnimmt, können jedoch bis zur Höhe der Reisekosten des Verteidigers erstattet werden (LR-Schäfer 40 zu § 464a StPO mwN).

17 c) **Der RA, der sich in eigener Sache verteidigt,** wird die Gebühren und Auslagen eines bevollmächtigten RA erstattet verlangen können, da auch § 91 II S. 4 ZPO in die Verweisung des § 464a II Nr. 2 StPO miteinbezogen ist (Frankfurt NJW **73**, 1991; LG Dortmund AnwBl. **79**, 244; LG Mainz NJW **79**, 1897 mwN; Rebmann/Roth/Herrmann 7 zu § 106; LR-Schäfer 41 zu § 464a StPO; Riedel/Sußbauer 30 zu § 1 BRAGO; H. Schmidt DAR **79**, 302; str., aM zur Verteidigergebühr LG Darmstadt AnwBl. **79**, 82 mwN; LG Heidelberg, Die Justiz **79**, 308; LG Kiel SchlHA **78**, 203; LG Nürnberg-Fürth NJW **73**, 913 m. krit. Anm. H. Schmidt NJW **74**, 2246; Kurzka MDR **74**, 817, hierzu krit. H. Schmidt MDR **75**, 115; Kleinknecht 9 zu § 464a StPO).

18 d) **Zu den erstattungsfähigen Auslagen** des RA gehören auch Schreibgebühren (§ 27 BRAGO, Anh **A 9**, iVm Nr. 1900 KVGKG, Anh **A 8**) sowie Kosten für Ablichtungen aus den Akten (53 zu § 60), soweit sie für die sachgemäße Verteidigung notwendig sind oder sein könnten (Stuttgart AnwBl. **71**, 150; Karlsruhe, Die Justiz **72**, 324; LG Bonn AnwBl. **75**, 102), und zwar aus der Sicht eines gewissenhaften Verteidigers im Zeitpunkt der Herstellung (Hamm AnwBl. **78**, 320); ferner Reisekosten zu auswärtigen Terminen pp (§ 28 BRAGO; vgl. auch 16).

19 **Die Reisekosten eines auswärtigen RA** sind nur insoweit zu erstatten, als dessen Zuziehung zur zweckentsprechenden Rechtsverteidigung notwendig war (§ 464 II Nr. 2 StPO iVm § 91 II S. 1 ZPO), so zB wenn die Hinzuziehung eines RA mit besonderen Fachkenntnissen auf einem Spezialgebiet erforderlich war (vgl. Karlsruhe, Die Justiz **73**, 401, **79**, 342; Kleinknecht 11 zu § 464a StPO).

20 e) **Nicht erstattungsfähig** werden die Kosten des RA sein, der gleichzeitig andere Mandate unter Verstoß gegen § 146 StPO iVm § 46 I (38 ff. zu § 60) übernommen hat; es steht dann keinem Mandanten ein Erstattungsanspruch gegen die Staatskasse zu, weil der RA wegen Nichtigkeit des Geschäftsbesorgungsvertrages (§ 134 BGB) keinen Gebührenanspruch gegen seinen Mandanten hat (vgl. LG Hof JurBüro **79**, 1174; LG Osnabrück Rpfleger **78**, 183; D. Meyer JurBüro **78**, 1442).

21 C. **Andere bare Aufwendungen** für die Verteidigung können erstattungsfähig sein, wenn und soweit sie durch eine Vorladung entstehen oder sonst einem berechtigten Schutzinteresse eines Beteiligten entsprechen (vgl. Köln NJW **56**, 603; Kleinknecht 6 zu § 464a StPO), so zB Fahrtkosten, auch mit eigenem Pkw (zZ 0,32 DM pro km; vgl. § 9 III S. 1 ZSEG, Anh **A 7**) zu einem von der VB anberaumten Termin (vgl. Celle Rpfleger **69**, 305; LG Mannheim NJW **69**, 1684), bei Entfernungen über 200 km jedoch nur in Höhe der Kosten einer Bahnfahrt (§ 9 III S. 2 ZSEG; LG Flensburg JurBüro **78**, 90); ebenso Zinsen, die der Betroffene für die Aufbringung seiner notwendigen Auslagen einem Dritten gezahlt hat (Celle NdsRpfl. **69**, 239).

22 a) **Aufwendungen für eigene Beweiserhebungen** sind in der Regel nicht erstattungsfähig, da der Betroffene im Ermittlungsverfahren Beweisanträge (18 zu § 55) stellen kann (vgl. Hamburg MDR **75**, 74); deshalb sind solche Aufwendungen nur ausnahmsweise als notwendige Auslagen anzusehen, so wenn er damit rechnen mußte, daß sich seine Lage verfahrensrechtlich ohne solche Ermittlungen alsbald verschlechtern werde (Hamm NJW **68**, 1537; Kleinknecht 8 zu § 464a StPO).

23   b) **Auch für private Gutachten** sind Aufwendungen nur ausnahmsweise als notwendig anzusehen, so wenn es sich um komplizierte technische Fragen oder um ein abgelegenes Rechtsgebiet handelt (vgl. LR-Schäfer 43 zu § 464a StPO; Rebmann/Roth/Herrmann 6 zu § 106; Karlsruhe, Die Justiz **76**, 266) oder wenn das Gutachten für die Abwehr des Vorwurfs unbedingt notwendig war (Koblenz Rpfleger **78**, 148), nicht aber zur fachlichen Information des Verteidigers über ein von Amts wegen erstattetes Gutachten (LG Flensburg JurBüro **78**, 90).

24   D. **Die Auslagen eines Dritten** für den Betroffenen oder Nebenbeteiligten sind in der Regel nicht erstattungsfähig (Kleinknecht 15 zu § 464a StPO); dies gilt allerdings nicht für die Kosten des Verteidigers, den der gesetzliche Vertreter eines Minderjährigen für diesen bestellt hat (LG Bückeburg NJW **60**, 1026); diese Kosten sind wie eigene Aufwendungen **25** des Betroffenen zu behandeln. Auch bei Bestehen einer **Rechtsschutzversicherung** sind die Kosten des von der Versicherung bezahlten Verteidigers nach hM erstattungsfähig (LR-Schäfer 17 zu § 464a StPO mwN; Kleinknecht 16 zu § 464a StPO; Rebmann/Roth/Herrmann 7b zu § 106; Frankfurt NJW **70**, 1695); desgl. wenn ein Berufsverband (zB Gewerkschaft) des Betroffenen die durch die Bestellung eines Verteidigers entstandenen Kosten übernommen hat (Celle NJW **68**, 1735); nicht dagegen Beiträge zu einer Rechtsschutzversicherung (LG Karlsruhe NJW **61**, 1224; Kleinknecht aaO).

26   E. **Staatskasse** iS von § 465 II S. 3, § 467a I, III, §§ 470 und 472b StPO iVm § 105 II ist die Bundeskasse oder die Landeskasse, je nachdem, ob eine VB des Bundes oder eines Landes das Bußgeldverfahren durchführt. VB des Bundes kann zB auch eine Körperschaft oder Anstalt des öR sein, die der Aufsicht des Bundes untersteht; VB des Landes kann auch eine Gebietskörperschaft sein (vgl. 3 vor § 35). Da die Geldbußen grundsätzlich in die Bundes- oder Landeskasse fließen (§ 90 II; vgl. auch § 26 I, § 28 I S. 2 bei der Einziehung), trifft den Staat auch die Kostenlast, wenn notwendige Auslagen der Verfahrensbeteiligten zu erstatten sind. Ist jedoch eine von § 90 II abweichende Regelung getroffen worden (vgl. 36 zu § 90), so sollten die notwendigen Auslagen stets die Kasse tragen, der auch die Geldbußen zufließen. Eine solche Regelung ermöglicht der Vorbehalt in § 105 II (zB im Bundesrecht § 233 III Halbs. 1 AFG, § 96 III Halbs. 1 SGB IV; § 6 V S. 2 FunkstörG; ferner in Baden-Württemberg: § 4 LOWiGBW, Anh **B 1a**; Bremen: Art. 2 II AGOWiG/EGOWiG, Anh **B 4a**; Hessen: § 46 III HessFAG, Anh **B 6a**; Niedersachsen: § 4 Nds-AGOWiG, Anh **B 7a**; Nordrhein-Westfalen: Art. 58 IV AnpGNW, Anh **B 8a**; Rheinland-Pfalz: Art. 35 III LStrafÄndGRhPf, Anh **B 9a**). Über die Belastung der Staatskasse im gerichtlichen Bußgeldverfahren mit den notwendigen Auslagen vgl. 2ff. zu § 109.

27   **Sind die Kosten des Bußgeldverfahrens** von der Staatskasse zu tragen (also nicht die notwendigen Auslagen des Betroffenen; vgl. 2), so ist der Begriff „Staatskasse" etwas weiter auszulegen (vgl. 21 zu § 105).

28 F. **Aufgerechnet werden kann der Erstattungsanspruch** des Betroffenen gegen die Staatskasse gegen einen Anspruch, den diese gegen den Betroffenen auf Zahlung von Geldbußen, Nebenfolgen, die zu einer Geldzahlung verpflichten (5 zu § 34), oder von Kosten des Bußgeldverfahrens (2 ff. zu § 105) hat (vgl. §§ 387, 388 BGB); dies kann zB der Fall sein, wenn die VB den Bußgeldbescheid nach Einspruch des Betroffenen zurückgenommen, einen neuen mit einer geringeren Geldbuße erlassen und die Kosten des Bußgeldverfahrens teilweise die Staatskasse (26) zu tragen hat; im gerichtlichen Bußgeldverfahren ferner im Fall des Teilfreispruchs. Die Aufrechnungserklärung ist von der VollstrB (2 zu § 90, 2 f. zu § 91), wegen der Kosten des Bußgeldverfahrens ggf. auch von der einziehenden Kasse abzugeben und zweckmäßigerweise dem Betroffenen zuzustellen (vgl. Wetterich/Hamann 305). Weitere Einzelheiten vgl. Schmidt NJW **73**, 1735, Mümmler Rpfleger **74**, 92. Hat der Betroffene seinen Erstattungsanspruch an den Verteidiger abgetreten (vgl. 4 zu § 106), so unterliegt die Aufrechnung hinsichtlich der RA-Kosten den Beschränkungen des § 96a BRAGO (Anh **A 9**); vgl. hierzu im einzelnen Mümmler JurBüro **78**, 1447.

29 4) **Die Ausfüllung von Gesetzeslücken** ist zulässig, da die Kostenvorschriften nur allgemeine Grundsätze enthalten (vgl. BGH **16**, 168, 170).

I. Verfahren der Verwaltungsbehörde

Kostenentscheidung

105 ᴵ Im Verfahren der Verwaltungsbehörde gelten § 464 Abs. 1, 2, die §§ 464a, 465, 466, 467a Abs. 1, 2, § 469 Abs. 1, 2 sowie die §§ 470 und 472b der Strafprozeßordnung sinngemäß, im Verfahren gegen Jugendliche und Heranwachsende ferner § 74 des Jugendgerichtsgesetzes.

ᴵᴵ Die notwendigen Auslagen, die nach Absatz 1 in Verbindung mit § 465 Abs. 2, § 467a Abs. 1, 2 sowie den §§ 470 und 472b der Strafprozeßordnung die Staatskasse zu tragen hat, werden, soweit das Gesetz nichts anderes bestimmt, der Bundeskasse auferlegt, wenn eine Verwaltungsbehörde des Bundes das Verfahren durchführt, sonst der Landeskasse.

Übersicht

1   **1) Für das Bußgeldverfahren der VB** bestimmt I nicht nur, daß die Vorschriften über die Kosten der StPO sinngemäß anzuwenden sind, sondern zählt zur Klarstellung und Vermeidung von Zweifelsfragen die anzuwendenden Vorschriften auch abschließend auf. § 464b StPO ist nicht aufgeführt, da das Kostenfestsetzungsverfahren in § 106 selbständig geregelt ist, desgl. nicht § 467 StPO, vgl. hierzu 7; vgl. aber auch 21. Damit ist in kostenrechtlicher Hinsicht die Entscheidung der VB der des Gerichts weitgehend gleichgestellt (vgl. hierzu 1 vor § 105). Über die Kosten des gerichtlichen Bußgeldverfahrens vgl. 37 zu § 107, 1 zu § 109.

2   **2) Eine Kostenentscheidung,** dh eine Entscheidung darüber, wer die Kosten des Bußgeldverfahrens (vgl. 5 vor § 105) und die notwendigen Auslagen (8ff. vor § 105) zu tragen hat, ist in sinngemäßer Anwendung des § 464 I, II StPO erforderlich, soweit eine den Verfahrenszug abschließende Entscheidung getroffen wird (Rotberg 5; vgl. 6). Dabei handelt es sich um eine Entscheidung über die Pflicht zur Kostentragung dem Grunde nach; ob und in welcher Höhe Kosten (Gebühren und Auslagen) gegenüber der Staatskasse (vgl. 21) zu entrichten sind, bestimmt sich nach § 107 (vgl. dort).

3   **Wem die Kosten** des Verfahrens aufzuerlegen sind, ergibt sich aus I iVm §§ 465ff. StPO. In der Regel ist dies der Betroffene, wenn gegen ihn eine Geldbuße festgesetzt wird (vgl. 12ff.), in besonders bestimmten Fällen aber auch ein anderer Verfahrensbeteiligter (vgl. 31, 34, 38ff.). In der Kostenentscheidung kann auch die Verpflichtung zur Erstattung von Kosten ausgesprochen sein, die einem Beteiligten durch das Verhalten eines anderen Beteiligten erwachsen sind (vgl. 40ff.). Ist kein Kostenpflichtiger im Sinne der §§ 465ff. StPO vorhanden, so fallen die Kosten des Bußgeldverfahrens stets der Staatskasse zur Last (vgl. 21). Bei Tod des Betroffenen vgl. 18.

4   **Für einzelne Verfahrensteile** können die Kosten auch einem Dritten auferlegt werden, so zB einem Zeugen oder Sachverständigen die durch seine Säumnis oder Weigerung entstandenen Kosten (§§ 51, 70, 77 StPO iVm § 46 I; vgl. 69, 70 zu § 59).

5   **Über die Entschädigungspflicht nach dem StrEG** (Anh A 4) wird eine Entscheidung in einem gesonderten Bescheid getroffen (§ 110 I).

6   **A. Der Bußgeldbescheid** (§§ 65, 66) muß eine Entscheidung über die Kostentragungspflicht enthalten, ebenso der einem solchen gleichstehende Bescheid (3 vor § 89). Keiner Kostenentscheidung bedürfen dagegen Anordnungen, Verfügungen pp, die von der VB sonst im Bußgeldverfahren getroffen werden und dem Bußgeldbescheid vorausgehen (vgl. zB Beschlagnahmeanordnungen, Anordnung der Notveräußerung pp; vgl. auch 6 ff. zu § 62), da es sich nicht um verfahrensabschließende Entscheidungen handelt; desgl. nicht Entscheidungen der VB im Vollstreckungsverfahren (vgl. zB die Ablehnung einer Zahlungserleichterung, § 93).

6a   **Enthält der Bußgeldbescheid keine Entscheidung über die Kosten,** obwohl sie erforderlich gewesen wäre, so kann sie nach Erlaß des Bußgeldbescheides nicht mehr nachgeholt werden (vgl. 30 zu § 66). Die Kosten des Bußgeldverfahrens können dann dem Betroffenen nicht in Rechnung gestellt werden, sondern fallen der Staatskasse (vgl. 21) zur Last (vgl. Kleinknecht 8 zu § 464 StPO).

7   **B. Bei Einstellung** des Bußgeldverfahrens durch die VB kommt eine Kostenentscheidung nur ausnahmsweise in Betracht, so zB wenn die VB den Bußgeldbescheid nach Einspruch des Betroffenen zurücknimmt (§ 69 I S. 2) und das Verfahren nach § 47 I S. 2 oder § 170 II StPO iVm § 46 I einstellt (§ 467 a StPO iVm I; vgl. 22 ff.), nicht aber, wenn sie vor Erlaß eines Bußgeldbescheides das Ermittlungsverfahren durch Einstellung beendet (vgl. 48, 157 ff. vor § 59); ebenso Rebmann/Roth/Herrmann 6, 24; Rotberg 5, 13). Diese Regelung, die verfassungsrechtlich nicht zu beanstanden ist (BVerfG EuGRZ **79**, 639), folgt daraus, daß § 467 StPO, insbesondere dessen I, nicht für anwendbar erklärt ist; denn die VB hat im Bußgeldverfahren lediglich die Stellung der StA (vgl. 7 zu § 46) und auch im Strafverfahren ist im Vorverfahren bei Einstellung durch die StA – abgesehen von den in §§ 467 a, 469, 470 S. 1 StPO geregelten Fällen – eine Kostenentscheidung nicht möglich (vgl. Frankfurt NJW **69**, 1821; LG Dortmund DAR **78**, 195; AG Nienburg DAR **78**, 167; Göhler MDR **70**, 283; aM AG Osterholz-Scharmbeck DAR **76**, 275 in Verkennung der geschilderten Rechtslage; vgl. auch 16, 35, 42). Die weiteren Fälle der Einstellung durch die VB bei unwahrer Anzeige (§ 469 StPO iVm I; vgl. 31 ff.) und nach Rücknahme des Antrags zur Verfolgung der Ordnungswidrigkeit (§ 470 StPO iVm I; vgl. 34 ff.) spielen im Bußgeldverfahren keine große Rolle.

8   **C. Die Form** der Kostenentscheidung richtet sich nach der Entscheidung in der Hauptsache, deren Teil die Kostenentscheidung in der Regel ist, so zB des Bußgeldbescheides.

9   **D. Eine selbständige Kostenentscheidung** kann im Bußgeldverfahren ausnahmsweise in Betracht kommen, so im Verfahren der VB in den Fällen der §§ 467 a, 469, 470 StPO iVm I (vgl. 7; ebenso Rotberg 5). Die Entscheidung ergeht in der Form eines selbständigen Kostenbescheides (vgl. § 108 I S. 1 Nr. 1) und kann mit der Einstellungsverfügung verbunden werden. Sie ist den Personen, gegen die sich die Entscheidung richtet, durch Zustellung bekanntzumachen (§ 50 I S. 2). Vgl. auch § 110 I.

10   **E. Angefochten** werden kann die unselbständige Kostenentscheidung (vgl. 8) nur mit dem Rechtsbehelf, der gegen die Entscheidung in der Hauptsache zulässig ist, da § 464 III StPO iVm I von der sinngemäßen Anwendung ausgenommen ist; gegen die Kostenentscheidung des Bußgeldbescheides ist danach der Einspruch gegeben (34 zu § 67). Allerdings ist der Betroffene dadurch, daß ihm im Bußgeldbescheid die Kosten des Bußgeldverfahrens auferlegt werden, dann nicht beschwert, wenn er sich nur dagegen wendet, daß im Kostenansatz auch die Auslagen für Untersuchungen erhoben werden, die ausschließlich unter dem Verdacht der Straftat vorgenommen worden sind (vgl. 3 vor § 105); in diesem Falle ist gegen den Kostenansatz, auch wenn er mit dem Bußgeldbescheid verbunden ist (vgl. 24 zu § 107), der Antrag nach § 108 I S. 1 Nr. 2 zulässig (Maas NJW **72**, 1454 krit. zu Stephan NJW **72**, 934). Der Einspruch kann jedoch darauf gestützt werden, daß die VB hinsichtlich der Auslagen des Bußgeldverfahrens den § 465 II StPO iVm § 105 I nicht oder nicht richtig angewendet hat (vgl. 13 ff.; insoweit ist Stephan aaO zuzustimmen).

11   **Gegen den selbständigen Kostenbescheid** (vgl. 9) ist der – befristete – Rechtsbehelf nach § 62 zugelassen (§ 108 I; dort 1), auch wenn der Bescheid mit einer (unanfechtbaren) Einstellungsverfügung verbunden wird (ebenso Rebmann/Roth/Herrmann 27). Über die Anfechtung der auf Grund des Rechtsbehelfs ergehenden gerichtlichen Entscheidung vgl. § 108 I S. 2 Halbs. 2 (dort 4).

12   **3) Dem Betroffenen** sind in sinngemäßer Anwendung des § 465 I S. 1 StPO grundsätzlich die Kosten des Bußgeldverfahrens (vgl. 5 f vor § 105) aufzuerlegen, und zwar soweit sie wegen einer Tat im prozessualen Sinn (vgl. 50 ff. vor § 59) entstanden sind, derentwegen gegen ihn eine Geldbuße festgesetzt wird. Sind mehrere Taten Gegenstand des Bußgeldverfahrens gewesen und werden nur einzelne von ihnen geahndet, so hat der Betroffene nur die Kosten zu tragen, die durch die Verfolgung dieser Taten entstanden sind; die übrigen Kosten fallen, soweit ausscheidbar, der Staatskasse (vgl. 21) zur Last (vgl. auch Rebmann/Roth/Herrmann 14). Maßgebend ist immer der Kostenausspruch in der endgültigen Bußgeldentscheidung. Über die Kostentragungspflicht von Nebenbeteiligten vgl. 38 ff.

13   **A. Die Auslagen des Verfahrens** (§ 107 III) werden, soweit es unbillig wäre, den Betroffenen damit zu belasten, ganz oder teilweise der Staatskasse (21) auferlegt, wenn durch Untersuchungen zur Aufklärung bestimmter belastender oder entlastender Umstände *besondere* Auslagen entstanden und diese Untersuchungen zugunsten des Betroffenen ausgegangen sind (§ 465 II S. 1 StPO iVm I). Dadurch sollen kostenmäßig unbillige Ergebnisse vermieden werden.

14   **a) Als Beispiele** sind in § 465 II S. 2 StPO die Fälle angeführt, in denen der Angeklagte wegen einzelner abtrennbarer Teile einer Tat (zB wegen einzelner Teilakte einer fortgesetzten Handlung; vgl. 25 zu § 47) oder wegen einzelner von mehreren Gesetzesverletzungen nicht verurteilt wird. Im Bußgeldverfahren der VB kommt eine solche Kostenentscheidung dann in Frage, wenn zB durch die Beauftragung eines Sachverständigen oder durch eine sonst mit Kosten verbundene Untersuchung (zB die Entnahme einer Blutprobe; vgl. 22 ff. zu § 46 sowie LG Bamberg NJW **73**, 1144) zusätzliche Auslagen entstanden sind und diese Untersuchungen gerade nicht zum Nachteil des Betroffenen ausgegangen sind, so daß gegen ihn auf Grund einer bestimmten Bußgeldvorschrift (wegen

einer einheitlichen Tat, vgl. 50 ff. vor § 59) keine oder nur eine geringere
Geldbuße festgesetzt wird, als sie ursprünglich in Betracht gezogen worden ist. Die VB ist zu einer Auflagenüberbürdung auf die Staatskasse
verpflichtet, wenn die Belastung des Betroffenen unbillig wäre.

15   b) **Aufteilung der Auslagen:** Es ist zulässig, die Auslagen, soweit sie
ausscheidbar sind, der Staatskasse aufzuerlegen oder aber die gesamten
Auslagen nach Bruchteilen zu verteilen (ebenso Rebmann/Roth/Herr-
mann 19; Rotberg 8). Nicht überzeugend BGH **25**, 109 (vgl. auch krit.
Meyer JR **74**, 33; zust. jedoch Karlsruhe, Die Justiz **73**, 444; Bamberg
JurBüro **77**, 1584; München JurBüro **78**, 92; jetzt auch LR-Schäfer 34 ff.,
45 zu § 465 StPO), der im Strafverfahren zwischen den Fällen des teilweisen Freispruchs einerseits und der Nichtverurteilung wegen einzelner
Gesetzesverletzungen andererseits unterscheidet; in den zuerst genannten
Fällen soll eine Bruchteilsentscheidung hinsichtlich der Verfahrensauslagen und der notwendigen Auslagen nicht zulässig sein; es soll nur möglich sein, über die ausscheidbaren Auslagen hinaus alle Mehrauslagen, die
auf den Gegenstand des Freispruchs entfallen, der Staatskasse aufzuerlegen; in den zuletzt genannten Fällen soll eine Bruchteilsentscheidung
allein bei einfacher Sachlage ergehen. Diese Differenzierung ist sachlich
nicht haltbar. Die dafür angegebenen Gründe, von einer Bruchteilsentscheidung ganz abzusehen oder sie nur beschränkt zuzulassen, sind einseitig auf die Nachprüfung durch das Revisionsgericht bezogen und treffen für das Bußgeldverfahren der VB in keiner Weise zu (ebenso Reb-
mann/Roth/Herrmann 19). Deshalb wird hier in der Regel eine Bruchteilsentscheidung in Betracht kommen; dies gilt insbesondere dann,
wenn eine Ausscheidung der notwendigen Auslagen sonst nicht möglich
ist (so zB bei den Gebühren eines RA). Für die Aufteilung nach Bruchteilen noch Frankfurt (NJW **73**, 338) und Karlsruhe (NJW **73**, 1990: mindestens bei Nichtverurteilung wegen einzelner Gesetzesverletzungen; vgl.
auch Celle MDR **75**, 165 zur Quotelung der Verfahrensauslagen, wenn
die Straftat nicht erwiesen ist und nur eine Ordnungswidrigkeit übrig
bleibt; ebenso LG Düsseldorf AnwBl. **77**, 423; LG Kleve AnwBl. **78**,
230). Eine Aufteilung der Verfahrensauslagen (zB der Auslagen für die
Entschädigung eines Sachverständigen) nach Bruchteilen im Wege der
Schätzung ist, wenn man dem BGH folgt und in der Kostenentscheidung
nur ausspricht, daß die Mehrauslagen der Staatskasse auferlegt werden,
jedenfalls im Kostenansatzverfahren zulässig (BGH aaO; Hamm
JMBlNW **74**, 71; Schleswig AnwBl. **75**, 100).

16   B. **Die notwendigen Auslagen** des Betroffenen (8 ff. vor § 105) sind in
entsprechender Anwendung des § 465 II S. 3 StPO nur dann der Staatskasse (ganz oder teilweise; vgl. hierzu näher 15) aufzuerlegen, wenn zuvor gegen ihn ein Bußgeldbescheid erlassen worden ist, in dem die belastenden Umstände angenommen oder die entlastenden verneint worden
sind und auf den Einspruch des Betroffenen dieser Bußgeldbescheid zurückgenommen und gegen ihn ein weniger belastender erlassen wird
(vgl. 13 vor § 67, 7 zu § 69; Rebmann/Roth/Herrmann 20; Rotberg 9).
Bei dem ersten wegen der Tat erlassenen Bußgeldbescheid ist also
§ 465 II S. 3 StPO niemals entsprechend anzuwenden. Der Betroffene

bekommt auch sonst seine notwendigen Auslagen nicht ersetzt, wenn das
Verfahren eingestellt wird, sondern nur, wenn es nach Zurücknahme
eines Bußgeldbescheides eingestellt wird (vgl. 7, 22 ff.).

17   C. **Die Kosten des selbständigen Einziehungsverfahrens** (§ 87 III) fallen der Staatskasse (vgl. 21) zur Last, da es an einem Betroffenen fehlt (so
RG **74**, 334 für das Strafverfahren; Rebmann/Roth/Herrmann 15; Rotberg 9). Die Kosten können jedoch einem Einziehungsbeteiligten (3 ff.
vor § 87) auferlegt werden, soweit sie durch seine Beteiligung besonders
erwachsen sind (vgl. 39). Die Kosten des selbständigen Verfahrens zur
Abführung des Mehrerlöses nach §§ 10, 11 II WiStG 1954 (Anh **A 12**) hat
ebenfalls die Staatskasse (vgl. 21) zu tragen (Bay. MDR **52**, 761). Über
die Kosten bei der Festsetzung einer Geldbuße gegen eine JP oder PV in
einem selbständigen Bußgeldbescheid (§ 88 II S. 1) vgl. 43.

18   D. **Der Nachlaß** haftet nicht für die Kosten des Bußgeldverfahrens,
wenn der Betroffene vor Rechtskraft des Bußgeldbescheides stirbt
(§ 465 III StPO iVm I); dem Tod steht die Todeserklärung gleich (vgl.
Hamm NJW **78**, 177). Mit dem Tod des Betroffenen tritt ein Verfahrenshindernis ein, das jede Sachentscheidung ausschließt (Schleswig NJW **78**,
1016; 37 vor § 59; 30 d vor § 67). Damit wird auch eine bereits getroffene
Kostenentscheidung gegenstandslos; die Kosten des Bußgeldverfahrens
hat dann die Staatskasse zu tragen (21). Über die notwendigen Auslagen
des verstorbenen Betroffenen hat die VB nach § 467 a StPO iVm § 105
(22 ff.) zu entscheiden, da sie den gegen den Betroffenen ergangenen
Bußgeldbescheid zurückzunehmen und das Verfahren einzustellen hat (6,
9 zu § 69; vgl. auch 30 d vor § 67). Zur Frage, ob der Verteidiger einen
solchen Antrag stellen kann vgl. 12 zu § 60. Im Gegenschluß folgt aus der
Regelung von § 465 III iVm I, daß der Nachlaß haftet, wenn der Betroffene nach Rechtskraft des Bußgeldbescheides stirbt.

19   4) **Als Gesamtschuldner** (§ 421 BGB) haften mehrere Betroffene für
die Auslagen des Bußgeldverfahrens (§ 107 III), wenn gegen sie in bezug
auf dieselbe Tat (im prozessualen Sinne; 50 ff. vor § 59) eine Geldbuße
festgesetzt worden ist (§ 466 S. 1 StPO iVm I); dabei reicht ein Mitwirken an derselben Tat iS der Erläuterung unter 3 zu § 42 aus; vgl. auch KG
JR **67**, 431. Die Haftung tritt kraft Gesetzes ein; sie bedarf also keines
besonderen Ausspruchs im Bußgeldbescheid; auch braucht die Geldbuße
nicht im gleichen Bußgeldbescheid festgesetzt zu sein (ebenso Rotberg
11).

20   **Keine Mithaftung besteht jedoch kraft Gesetzes** (§ 466 S. 2 StPO
iVm I) für die Kosten eines bestellten Pflichtverteidigers (23 ff. zu § 60),
eines Dolmetschers (vgl. hierzu 11 zu § 107) sowie für die Kosten der
Vollstreckung, so zB für die Kosten der Erzwingungshaft (§ 107 III
Nr. 9); desgl. nicht für solche Auslagen, die durch Verfolgungshandlungen entstanden sind, die ausschließlich gegen einen anderen Mitbetroffenen gerichtet waren, so zB die Vernehmung eines Zeugen, die nur wegen
der Einlassung des anderen Mitbetroffenen erforderlich war; es ist also –
im Gegensatz zu § 465 II StPO (vgl. 13 f.) – gleichgültig, ob die Untersuchungshandlung zur Aufklärung eines belastenden oder entlastenden

Umstandes vorgenommen worden ist (so auch Rebmann/Roth/Herrmann 27 zu § 107). Vgl. im übrigen 26 zu § 107.

21   **5) Die Staatskasse** hat die Kosten des Bußgeldverfahrens, also namentlich die durch die Ermittlungen entstandenen Auslagen (5 vor § 105), zu tragen, wenn gegen den Betroffenen eine Geldbuße nicht festgesetzt worden ist (vgl. 12ff.); denn der Betroffene ist zur Kostentragung nur verpflichtet, soweit gegen ihn eine Kostenentscheidung zu seinem Nachteil ergangen ist (vgl. 2ff.). Eine solche kommt im Bußgeldverfahren der VB nur in Betracht, wenn gegen ihn ein Bußgeldbescheid erlassen ist (vgl. 6); in den anderen Fällen fehlt die Grundlage für eine Kostenentscheidung (vgl. 7). Der Begriff „Staatskasse" ist, soweit es nur um die Kosten des Bußgeldverfahrens geht, nicht aber um die notwendigen Auslagen iS von II, weitergehend auszulegen (vgl. 26 vor § 105). Staatskasse ist stets die Kasse des Verwaltungsträgers, dem die VB angehört, die das Bußgeldverfahren durchführt, also die Bundeskasse oder Landeskasse, wenn es sich bei der VB um eine Bundes- oder Landesbehörde handelt; es kann aber auch zB die Gemeindekasse oder die Kasse einer Körperschaft oder Anstalt des öR in Betracht kommen, wenn deren Stellen oder Organe als VB tätig werden (vgl. 3 vor § 35; ebenso Rebmann/Roth/Herrmann 41).

22   **6) Bei Rücknahme des Bußgeldbescheides** (§ 69 I S. 2) hat die VB, falls sie das Verfahren einstellt, eine Entscheidung darüber zu treffen, ob die Kosten des Bußgeldverfahrens und die dem Betroffenen oder einem Nebenbeteiligten (2ff. vor § 87) erwachsenen notwendigen Auslagen (8ff. vor § 105) der Staatskasse (vgl. 26 vor § 105) aufzuerlegen sind (§ 464 I, § 467a I S. 1 StPO iVm I; vgl. 2). In Betracht kommt nur für die Einstellung mangels hinreichenden Tatverdachts (§ 170 II S. 1 StPO iVm § 46 I; 157ff. vor § 59), sondern auch jede andere Einstellung, zB wegen eines endgültigen Verfahrenshindernisses (vgl. 48 vor § 59) oder nach § 47 I S. 2 (vgl. 48), da § 467a I StPO nicht auf die Einstellung nach § 170 II S. 1 StPO beschränkt ist. Nimmt die VB den Bußgeldbescheid nur zurück, um noch weiter zu ermitteln und unter Berücksichtigung des Ermittlungsergebnisses zu prüfen, ob erneut ein Bußgeldbescheid zu erlassen oder das Verfahren einzustellen ist (vgl. 5ff. zu § 69), so ist eine Kostenentscheidung noch nicht zu treffen. Erläßt die VB einen neuen Bußgeldbescheid, der den Betroffenen weniger belastet, so kommt eine Kostenentscheidung nach § 465 II StPO iVm I in Betracht (vgl. näher 13ff.). Zur Einstellung des Verfahrens vor Erlaß eines Bußgeldbescheides vgl. 7.

23   **A. Eine Pflicht** zur Überbürdung der notwendigen Auslagen des Betroffenen (wegen des Nebenbeteiligten vgl. 29) auf die Staatskasse besteht immer, wenn das Verfahren nach einer anderen Vorschrift als nach § 47 I eingestellt worden ist (vgl. § 467 IV StPO) und keiner der in § 467 III StPO genannten Ausnahmegründe vorliegt (§ 467a I S. 2). Allerdings sind die Auslagen des Betroffenen, die dieser durch eine schuldhafte Säumnis verursacht hat (zB Fahrtkosten zu einem von der VB anberaumten Termin, der wegen Verspätung des Betroffenen verlegt werden mußte, Rebmann/Roth/Herrmann 24), ausgenommen (§ 467 II

S. 2, § 467a I S. 2 StPO); diese Auslagen hat er selbst zu tragen, was in der Auslagenentscheidung zum Ausdruck kommen muß; das gleiche gilt für die durch die schuldhafte Säumnis verursachten Verfahrenskosten (§ 467 II S. 1, § 467a I S. 2 StPO). Bei Vorliegen von Ausnahmegründen nach § 467 III StPO gilt folgendes:

24   a) **Ausgeschlossen** ist die Auferlegung der notwendigen Auslagen, wenn der Betroffene den Erlaß des Bußgeldbescheides durch eine vorgetäuschte Selbstanzeige veranlaßt hat (§ 467 III S. 1 StPO); in diesen Fällen ist es stets angemessen, daß der Betroffene seine Auslagen selbst trägt.

25   b) **Absehen kann** die VB von der Überbürdung der notwendigen Auslagen, wenn der Betroffene den Erlaß des Bußgeldbescheides dadurch veranlaßt hat, daß er bei der Anhörung sich selbst in wesentlichen Punkten wahrheitswidrig oder im Widerspruch zu seinen späteren Erklärungen belastet oder wesentliche entlastende Umstände verschwiegen hat (§ 467 III S. 2 Nr. 1 StPO oder wenn das Verfahren lediglich wegen eines Verfahrenshindernisses eingestellt wird (§ 467 III S. 2 Nr. 2 StPO).

26   c) **Veranlassung eines Bußgeldbescheides:** Bei Angaben, die den Betroffenen objektiv belastet haben, später aber nicht mehr aufrechterhalten werden, muß sich der Betroffene der Eignung der Angaben, belastend zu wirken, bewußt (billigend in Kauf nehmend) gewesen sein (Braunschweig NJW 73, 158). Entsprechend gilt dies im Fall des Verschweigens (vgl. BerEEGOWiG zu § 467 III StPO = Art. 2 Nr. 25). Voraussetzung ist im zuletzt genannten Falle, daß sich der Betroffene bereits zur Sache geäußert hat. Hat er dies nicht getan, sondern bei der Anhörung geschwiegen, so liegt kein Fall des § 467 III S. 2 Nr. 1 StPO vor. Denn aus dem Umstand, daß der Betroffene sich nicht zur Sache geäußert hat, dürfen keine Schlüsse für die Würdigung des Sachverhalts gezogen werden (vgl. BerEEGOWiG zu § 467 III StPO = Art. 2 Nr. 25; LG Hannover DAR 69, 248). Widerruft der Betroffene vor Erlaß des Bußgeldbescheides ein falsches Geständnis und benennt er den richtigen Täter, so hat er den Erlaß des Bußgeldbescheides nicht veranlaßt (vgl. Koblenz VRS 45, 374). Liegt ein Verhalten des Betroffenen iS von § 467 III S. 2 Nr. 1 StPO vor, so ist es angemessen, seine notwendigen Auslagen nicht der Staatskasse aufzuerlegen, wenn er ohne jeden verständigen oder billigenswerten Grund gehandelt hat. Hat der Betroffene dagegen nur in Wahrnehmung seines Rechts zur Verteidigung gehandelt oder entlastende Umstände zB deshalb verschwiegen, weil er sonst einen Angehörigen oder einen bei ihm Beschäftigten belastet hätte (vgl. LG Braunschweig AnwBl. 79, 41; LG Aachen JurBüro 78, 266; LG Münster MDR 72, 261 m. krit. Anm. D. Meyer MDR 73, 468; ebenso Rebmann/Roth/Herrmann 24), so sind die notwendigen Auslagen der Staatskasse aufzuerlegen. Maßgebend ist danach, ob das Verhalten des Betroffenen als unlauter oder mißbräuchlich anzusehen ist oder nicht (bedenkl. LG Heidelberg, Die Justiz 76, 276, das § 467 III S. 1 Nr. 1 StPO bereits bei Zurückhaltung offensichtlich entlastender Umstände anwendet; vgl. hierzu näher LR-Schäfer 47 ff. zu § 467 StPO; ferner D. Meyer JurBüro 79, 964).

26a   d) **Bei den sog. Kennzeichenanzeigen** wegen Verkehrsordnungswidrigkeiten (vgl. 11 zu § 55), die zum Erlaß eines Bußgeldbescheides führen, ist die geltende Kostenregelung in mehrfacher Hinsicht unbefriedigend (vgl. Karlsruhe, Die Justiz **76**, 263; vgl. auch VGT **13**, 6; **14**, 129). Sie kann den RA dazu verleiten, zur Erzielung von (höheren) Gebühren mit Angaben zur Person des Fahrers zurückhaltend zu sein, auch wenn dies die Verteidigung nicht erfordert; die VB kann veranlaßt werden, die Überbürdung der notwendigen Auslagen auf die Justiz abzuwälzen, indem sie unaufgeklärte Sachen an die StA abgibt, wodurch freilich erheblich größere Kosten entstehen (vgl. auch 12 vor § 67). Die gerichtliche Praxis sucht verständlicherweise (selbst über den Umweg des Kostenfestsetzungsverfahrens; vgl. 10 vor § 105; 2 zu § 106) nach Lösungen, um Mißbräuchen (auf Kosten einer unangemessenen Belastung der Staatskasse und der Justizorgane) zu begegnen (vgl. 26 aE; 10 vor § 105). Wirksame Abhilfe kann hier jedoch nur eine gesetzliche Änderung schaffen (vgl. auch LR-Schäfer 50 zu § 467 StPO; Mümmler JurBüro **80**, 101).

27   e) **Bestehen eines Verfahrenshindernisses** (37 ff. vor § 59): Die Ausnahmeregelung des § 467 III S. 2 Nr. 2 StPO iVm I ist nur für seltene Fälle gedacht, in denen es grob ungerecht erscheint, die notwendigen Auslagen der Staatskasse aufzuerlegen. Von dieser Ausnahmeregelung sollte deshalb zurückhaltend Gebrauch gemacht werden (zust. auch für das Strafverfahren Naucke NJW **70**, 85 Fn. 16; abw. Koblenz VRS **46**, 153; vgl. auch 28); in Betracht kommt dies zB für die bis zum Eintritt der Verjährung entstandenen notwendigen Auslagen (Hamburg MDR **75**, 165). Die Ausnahmeregelung ist jedenfalls nicht anwendbar, wenn es zweifelhaft ist, ob bei Fortgang des Verfahrens gegen den Betroffenen eine Geldbuße festgesetzt worden wäre (Hamburg MDR **74**, 160).

28   B. **Im Ermessen der VB** steht die Kostenentscheidung, wenn sie das Verfahren nach § 47 I S. 2 einstellt (§ 467 IV, § 467a I S. 2 StPO; vgl. hierzu insgesamt 47 ff. zu § 47). Die VB kann zB dann davon absehen, die Auslagen des Betroffenen der Staatskasse aufzuerlegen, wenn feststeht, daß er die Ordnungswidrigkeit begangen hat, und es billig erscheint, daß er seine Auslagen selbst trägt; ebenso, wenn er sich zur Übernahme seiner Auslagen bereit erklärt, falls das Verfahren eingestellt wird (vgl. näher 43 ff. zu § 47). Der Staatskasse werden die notwendigen Auslagen des Betroffenen zu überbürden sein, wenn sich bei der Prüfung im Zwischenverfahren nach Einspruch (3 ff. vor § 67) eine Sachlage ergibt, die vor Erlaß des Bußgeldbescheides zur Einstellung des Verfahrens geführt hätte (vgl. auch 49 zu § 47). Die notwendigen Auslagen sind der Staatskasse aufzuerlegen, wenn die Möglichkeit der Ahndung zweifelhaft ist und dem weiteren Verfahren ein Verfahrenshindernis entgegensteht; für eine Ermessensentscheidung ist dann kein Raum (Bay. VRS **38**, 65; vgl. auch 27; 49 zu § 47).

29   C. **Die einem Nebenbeteiligten** (2 ff. vor § 87) erwachsenen notwendigen Auslagen (8 ff. vor § 105) kann die VB der Staatskasse oder auch einem anderen Beteiligten auferlegen und damit den Umständen des Einzelfalles Rechnung tragen (§ 467a II StPO; vgl. hierzu 41 f.).

30   D. **Die Kostenentscheidung** ergeht als selbständiger Kostenbescheid (vgl. 22; vgl. aber 9), und zwar von Amts wegen oder auf Antrag des Betroffenen oder eines Nebenbeteiligten; der Antrag ist nicht befristet.

Eine Entscheidung von Amts wegen muß schon deshalb zulässig sein, da
– anders als im Strafverfahren – die StA nicht beteiligt ist und die VB
daher eine Doppelfunktion als Vertreter des öffentlichen Interesses und
entscheidende Behörde ausübt (vgl. auch den Fall unter 33; aM Reb-
mann/Roth/Herrmann 27, die einen Antrag des Betroffenen oder Nebenbeteiligten für erforderlich halten). Auch wenn der Betroffene vor
Rechtskraft des Bußgeldbescheides stirbt oder für tot erklärt wird, kann
eine solche Entscheidung in Betracht kommen (vgl. 18). Über die Anfechtung vgl. 10. Über die Höhe und Angemessenheit der Auslagen
entscheidet die VB nach § 106.

31   **7) Dem Anzeigenden hat** die VB nach § 469 I StPO iVm I die Kosten
des Verfahrens (5 vor § 105) und die dem Betroffenen erwachsenen notwendigen Auslagen (8 ff. vor § 105) aufzuerlegen, die durch die vorsätzlich (2 f. zu § 10) oder leichtfertig (21 zu § 10) erstattete unwahre Anzeige
(vgl. 30 ff. vor § 59) entstanden sind; die Überbürdung der notwendigen
Auslagen des Nebenbeteiligten (2 ff. vor § 87) steht im Ermessen der VB.
Voraussetzung ist, daß das Bußgeldverfahren nach § 170 II StPO iVm
§ 46 I (157 ff. vor § 59) oder wegen eines Verfahrenshindernisses (37 ff.
vor § 59) vor oder nach Erlaß des Bußgeldbescheides eingestellt worden
ist (vgl. Kleinknecht 1 zu § 469 StPO). Als Kosten des Bußgeldverfahrens kommen nur Auslagen in Betracht, nicht aber eine Gebühr (§ 107).

32   **A. Unwahr** ist die Anzeige, wenn ihr wesentlicher Inhalt objektiv
unrichtig ist und den wirklichen Tatsachen widerspricht (Neustadt NJW
52, 718). Sie muß für die Einleitung und Fortsetzung (vgl. Hamm NJW
73, 1850) des Bußgeldverfahrens ursächlich gewesen sein. Dienstliche
Anzeigen der Verfolgungsbehörden (zB Polizei; § 53) fallen nicht unter
§ 469 StPO, wohl aber die Anzeigen eines RA, die er für den Mandanten
erstattet hat (Kleinknecht 2 zu § 469 StPO).

33   **B. Die Kostenentscheidung** wird von Amts wegen von der VB getroffen, die für den Erlaß des Bußgeldbescheides, also die Ahndung (10
zu § 35), zuständig gewesen wäre, und zwar in einem selbständigen Kostenbescheid (9); Zuständigkeit zur Verfolgung allein (9 zu § 35) reicht
nicht aus. Vor der Entscheidung ist der Anzeigende zu hören. Über die
Anfechtung vgl. 11. Über die Höhe und Angemessenheit der Auslagen
wird nach § 106 entschieden.

34   **8) Dem Antragsteller** sind stets die Kosten des Bußgeldverfahrens
(5 vor § 105) sowie die dem Betroffenen oder einem Nebenbeteiligten
(2 ff. vor § 87) erwachsenen notwendigen Auslagen (8 ff. vor § 105) aufzuerlegen, wenn die VB das Verfahren wegen (wirksamer) Zurücknahme
des Antrags, durch den es bedingt war, einstellt (§ 470 S. 1 StPO iVm I),
da nunmehr ein Verfolgungshindernis besteht (vgl. 37 ff. vor § 59). Je-
35 doch können der **Betroffene** und die **Staatskasse** (vgl. 21; 26 vor § 105)
mit den Kosten belastet werden, und zwar der Betroffene, soweit er zur
Übernahme bereit ist, die Staatskasse nur, soweit aus Billigkeitsgründen
eine Belastung der Beteiligten nicht in Betracht kommt (§ 470 S. 2 StPO
iVm I). Eine Entscheidung nach § 470 S. 2 StPO iVm I ist allerdings nur
möglich, wenn die VB nach Zurücknahme des Bußgeldbescheids das
Verfahren einstellt; denn eine solche Kostenentscheidung ist auch im

Strafverfahren nur nach Eröffnung des Hauptverfahrens, nicht aber im Vorverfahren zulässig (Kleinknecht 6 zu § 470 StPO; Rebmann/Roth/Herrmann 33; vgl. auch 7). Eine Aufteilung auch nach Bruchteilen ist möglich; dies folgt aus dem Wort „soweit". Als Kosten des Bußgeldverfahrens kommen nur Auslagen in Betracht.

36 A. **Über den Antrag** zur Verfolgung einer Ordnungswidrigkeit, der im Ordnungswidrigkeitenrecht selten ist, vgl. 5 zu § 131. § 470 StPO ist nicht anzuwenden, wenn es sich um den Antrag einer **Behörde** handelt (ebenso für die Ermächtigung zur Strafverfolgung LR-Schäfer 1 zu § 470 StPO).

37 B. **Über die Kostenentscheidung** und das Verfahren vgl. 33. Die Anhörung des Antragstellers ist ebenso geboten wie im Fall des § 469 StPO iVm I (33), wenn sie auch nicht ausdrücklich vorgeschrieben ist (vgl. § 33 III StPO iVm § 46 I; ebenso Rebmann/Roth/Herrmann 34).

38 9) **Im Verfahren wegen einer Nebenfolge** gilt § 472b StPO sinngemäß (I). In Betracht kommen im Bußgeldverfahren die Anordnung der Einziehung und des Vorbehalts der Einziehung (§§ 22–24) sowie die Festsetzung der Geldbuße gegen eine JP oder PV (§ 30); ferner die Unbrauchbarmachung sowie die Beseitigung eines gesetzwidrigen Zustandes (vgl. 60 zu § 87). Über Nebenbeteiligte vgl. 2ff. vor § 87.

39 A. **Die besonderen Kosten** des Bußgeldverfahrens (5 vor § 105), die durch die Beteiligung des Nebenbeteiligten erwachsen sind, können diesem auferlegt werden, wenn eine Nebenfolge angeordnet wird (§ 472b I S. 1 StPO iVm I). Dadurch wird es ermöglicht, dem Betroffenen, der nach § 465 I StPO iVm I die Kosten des Bußgeldverfahrens zu tragen hat (vgl. 2ff., 12ff.), von solchen Kosten freizustellen, die etwa durch unbegründete Einwendungen des Nebenbeteiligten entstanden sind. Als besondere Verfahrenskosten können nur Auslagen entstehen (vgl. 7ff. zu § 107), so zB durch die Vernehmung eines Zeugen oder Sachverständigen, die erforderlich war, um über Einwendungen des Nebenbeteiligten entscheiden zu können; eine Gebühr entsteht nicht (vgl. 4 zu § 107).

40 B. **Mit den notwendigen Auslagen** (8ff. vor § 105) des Nebenbeteiligten können aus Billigkeitsgründen der Betroffene, im selbständigen Einziehungsverfahren auch ein anderer Einziehungsbeteiligter, belastet werden (§ 472b I S. 2 StPO iVm I), wenn eine Nebenfolge angeordnet wird (über das Absehen von der Nebenfolge vgl. 41). Dem Betroffenen werden die Auslagen zu überbürden sein, wenn er durch sein Verhalten Veranlassung gegeben hat, daß andere Personen an dem Verfahren beteiligt werden, so zB die JP oder PV auf Grund der Angaben des Betroffenen, er habe die Tat nur zu ihrem Vorteil begangen, die Angaben aber im Laufe des Verfahrens widerlegt werden. Eine Aufteilung nach Bruchteilen ist möglich (vgl. 35). Über die notwendigen Auslagen eines Nebenbeteiligten vgl. auch § 467a II, § 469 I, § 470 StPO iVm § 105 I.

41 C. **Bei Absehen von einer Nebenfolge** (zB auf Grund der Einwendungen des Einziehungsbeteiligten; vgl. ferner 18 vor § 22; 54 zu § 87; 16 zu § 88) können die notwendigen Auslagen des Nebenbeteiligten der Staatskasse (vgl. 26 vor § 105) oder einem anderen Beteiligten auferlegt werden (§ 472b II StPO iVm I). Als andere Beteiligte kommen der Betroffene

oder ein weiterer Einziehungsbeteiligter in Betracht, so wenn dieser einem Dritten Veranlassung gibt, sich an dem Verfahren zu beteiligen, um die Einziehung kraft seines Rechts zu verhindern. Wegen der Kostenbelastung des Betroffenen vgl. 40.

42   **Zulässig ist aber eine Kostenentscheidung nur,** wenn zunächst ein Bußgeldbescheid ergeht, in dem die Nebenfolge angeordnet ist, er anschließend nach Einspruch zurückgenommen und dann ein neuer Bußgeldbescheid ohne Anordnung der Nebenfolge erlassen wird (vgl. 11 zu § 69). § 472b II StPO gilt also nicht, wenn bereits in dem ersten Bußgeldbescheid von der Anordnung der Nebenfolge abgesehen wird; denn auch im Strafverfahren kommt eine Kostenentscheidung nach § 472b II StPO nur dann in Betracht, wenn wegen der Nebenfolge die Anklage erhoben ist (vgl. 7, 16, 35; Rebmann/Roth/Herrmann 37; Rotberg 24). Ob die Auslagen eines Nebenbeteiligten nach Zurücknahme des Bußgeldbescheides und Einstellung des Verfahrens der Staatskasse oder einem anderen Beteiligten aufzuerlegen sind (§ 467a II StPO iVm I), darüber entscheidet die VB nach ihrem Ermessen (vgl. 28).

43   D. **Auch im selbständigen Verfahren** bei Anordnung einer Nebenfolge (§ 87 III, § 88 II) gilt § 472b StPO sinngemäß (vgl. namentlich § 472b I S. 2 Halbs. 2 StPO). Jedoch ist eine Kostenentscheidung zuungunsten des Betroffenen nicht möglich (vgl. 17). Wird gegen eine JP oder eine PV die Geldbuße in einem selbständigen Bußgeldbescheid festgesetzt (§ 88 II S. 1), so werden der JP oder PV als Nebenbeteiligte stets die Kosten des Bußgeldverfahrens aufzuerlegen sein, da sie ausschließlich durch ihre Beteiligung entstanden sind. Zu den Kosten gehören dann aber nur die Auslagen des Verfahrens, da für die Anordnung der Nebenfolge keine Gebühr entsteht (vgl. 4 zu § 107).

44   E. **Die Kostenentscheidung** wird von Amts wegen, und zwar im Bußgeldbescheid oder im selbständigen Einziehungsbescheid getroffen (6, 8). Über die Anfechtung vgl. 10 f. Über die Höhe und Angemessenheit der notwendigen Auslagen (40) entscheidet die VB nach § 106.

45   **10) Wird gegen einen Jugendlichen oder Heranwachsenden** (§ 1 II JGG, Anh A 3) eine Geldbuße festgesetzt, so kann auch die VB davon absehen, dem Betroffenen die Kosten des Bußgeldverfahrens (5 vor § 105) sowie die Auslagen, die einem anderen Verfahrensbeteiligten zu erstatten sind (vgl. zB § 472b I S. 2 StPO iVm I), aufzuerlegen (§§ 74, 109 II S. 1 JGG iVm I). Mit Kosten und Auslagen soll ein Jugendlicher oder Heranwachsender nur belastet werden, wenn anzunehmen ist, daß er sie aus Mitteln zahlt, über die er selbständig verfügen kann, und wenn ihre Auferlegung aus erzieherischen Gründen angebracht erscheint; reichen die Mittel zur Zahlung der Kosten und Auslagen nicht aus, so können entweder nur die Kosten oder nur die Auslagen auferlegt werden (Nr. 1 RiJGG zu § 74). Wird der Betroffene von den Kosten und Auslagen freigestellt, so empfiehlt sich eine ausdrückliche Entscheidung im Bußgeldbescheid, wer sie zu tragen hat (Rebmann/Roth/Herrmann 40).

46   **Notwendige Auslagen:** Ob nach § 74 JGG auch die Möglichkeit besteht, den Betroffenen von den ihm erwachsenen notwendigen Auslagen freizustellen, ist zw. (bejahend Brunner 7 zu § 74; aM LR-Schäfer 13 vor § 464 StPO; Frankfurt JurBüro 78, 88); sollen diese Auslagen von der Staatskasse (26 vor § 105) getragen werden, so setzt dies eine entsprechende Kostenentscheidung voraus; eine Kostenentscheidung, die nur dem Wortlaut des § 74 JGG entspricht, reicht nicht aus (Zweibrücken Rpfleger 79, 109; Brunner aaO; aM LG Regensburg JurBüro 78, 86 m. Anm. Mümmler).

Kostenfestsetzung

106 [I] **Die Höhe der Kosten und Auslagen, die ein Beteiligter einem anderen zu erstatten hat, wird auf Antrag durch die Verwaltungsbehörde festgesetzt. Auf Antrag ist auszusprechen, daß die festgesetzten Kosten und Auslagen von der Anbringung des Festsetzungsantrages an mit vier vom Hundert zu verzinsen sind. Dem Festsetzungsantrag sind eine Berechnung der dem Antragsteller entstandenen Kosten, eine zur Mitteilung an den anderen Beteiligten bestimmte Abschrift und die Belege zur Rechtfertigung der einzelnen Ansätze beizufügen. Zur Berücksichtigung eines Ansatzes genügt es, daß er glaubhaft gemacht ist. Hinsichtlich der einem Rechtsanwalt erwachsenen Auslagen an Post-, Telegrafen -und Fernsprechgebühren genügt die Versicherung des Rechtsanwalts, daß die Auslagen entstanden sind.**

[II] **Für die Zwangsvollstreckung aus dem Kostenfestsetzungsbescheid gelten die Vorschriften der Zivilprozeßordnung über die Zwangsvollstreckung aus Kostenfestsetzungsbeschlüssen sinngemäß. Die Zwangsvollstreckung ist erst zulässig, wenn der Kostenfestsetzungsbescheid unanfechtbar geworden ist. Die vollstreckbare Ausfertigung wird vom Urkundsbeamten der Geschäftsstelle des nach § 68 zuständigen Gerichts erteilt.**

1 **1) Das Kostenfestsetzungsverfahren** der VB regelt § 106 eigenständig (im gerichtlichen Bußgeldverfahren vgl. § 464b StPO iVm § 46 I). Es dient der Durchsetzung der Kostenforderung (vgl. 6), die ein Beteiligter gegen einen anderen oder auch gegen die Staatskasse (26 vor § 105) hat (vgl. § 465 II S. 3, § 467a I, II, §§ 469, 470, 472b StPO iVm § 105 I; dort 16, 23ff., 29, 31ff., 34ff., 40ff.; vgl. ferner 69 zu § 59). Voraussetzung hierfür ist eine entsprechende rechtskräftige Kostenentscheidung der VB über die Pflicht zur Kostenerstattung, die im Bußgeldbescheid oder in einem selbständigen Kostenbescheid getroffen wird (vgl. 2ff. zu § 105). Das Verfahren findet keine Anwendung auf Kosten des Bußgeldverfahrens (5f. vor § 105; § 107), die der Betroffene oder ein anderer Beteiligter an die Staatskasse zu zahlen hat; hier handelt es sich um den Kostenansatz (vgl. 24 zu § 107), nicht um die Kostenfestsetzung (so auch Rotberg 1).

2 **2) Die VB,** die den Bußgeldbescheid erlassen hat, entscheidet auch im Kostenfestsetzungsverfahren (I S. 1). Sie ist dabei an ihre rechtskräftige Kostenentscheidung gebunden, die sie zwar auslegen, aber nicht mehr überprüfen und ändern darf, auch wenn sie fehlerhaft ist (vgl. München AnwBl. 79, 198; Bremen JurBüro 77, 696; D. Meyer JurBüro 79, 963 mwN).

3   A. **Auf Antrag** entscheidet die VB, da eine Festsetzung nur dann erforderlich ist, wenn ein Beteiligter einem anderen etwas zu erstatten hat und eine Einigung nicht zustande kommt (vgl. KMR 4a zu § 464 StPO; ebenso Rebmann/Roth/Herrmann 5).

4   a) **Antragsberechtigt ist** derjenige, der in der Kostenentscheidung als Erstattungsberechtigter benannt ist, oder sein Rechtsnachfolger, da der Erstattungsanspruch – auch schon vor seiner ziffernmäßigen Festsetzung (vgl. LR-Schäfer 13 zu § 464b StPO) – abtretbar und vererblich ist; an den Verteidiger kann ein möglicher Erstattungsanspruch bereits bei seiner Bestellung abgetreten werden (vgl. Koblenz AnwBl. **75**, 100). Ist eine Abtretung an den Verteidiger nicht erfolgt, so ergibt sich aus der ihm erteilten Vollmacht, ob er auch zur Vertretung im Kostenfestsetzungsverfahren berechtigt ist (vgl. 12 zu § 60). Der Antragsteller muß prozeßfähig (§ 52 ZPO) sein; andernfalls muß der gesetzliche Vertreter den Antrag stellen.

5   b) **Antragsgegner** ist derjenige, dem die Kosten auferlegt sind, oder sein Rechtsnachfolger; ist die Staatskasse erstattungspflichtig, so ist sie Antragsgegner.

6   B. **Gegenstand des Erstattungsanspruchs** sind nur die dem Erstattungsberechtigten erwachsenen notwendigen Auslagen (8 ff. vor § 105). Die angesetzten Auslagen müssen tatsächlich entstanden sein und sind glaubhaft zu machen (I S. 3, 4; zB durch Handakten des RA; vgl. auch 14 zu § 52). Bei Post-, Telegrafen- und Fernsprechgebühren eines RA genügt dessen Versicherung (I S. 5).

7   a) **Die Verzinsung** des Erstattungsanspruchs muß ausdrücklich beantragt werden (I S. 3); sie beginnt frühestens mit der Rechtskraft der Kostenentscheidung, auch wenn der Antrag auf Festsetzung schon zuvor angebracht ist (vgl. LR-Schäfer 6 zu § 464b StPO). Die Verzinsung kann auch dann noch in einem (ergänzenden) Festsetzungsbescheid angeordnet werden, wenn sie erst nach Rechtskraft des Festsetzungsbescheides beantragt worden ist (vgl. KG AnwBl. **78**, 417 mwN).

8   b) **Zur Frage der Aufrechnung** gegen den Erstattungsanspruch vgl. 28 vor § 105.

9   C. **In einem Kostenfestsetzungsbescheid** (vgl. § 108 I S. 1 Nr. 1) werden die Kosten ziffernmäßig festgesetzt. Vor dem Erlaß des Bescheides ist der Antragsgegner (vgl. 5) zu der Kostenrechnung des Antragstellers, die ihm abschriftlich mitzuteilen ist, zu hören; dies folgt aus dem Grundsatz des rechtlichen Gehörs (Art. 103 I GG; vgl. auch 2 zu § 100). Ist Antragsgegner die Staatskasse (vgl. 1), so ist auch deren Vertreter zu hören; wer als Vertreter in Betracht kommt, richtet sich nach den Vertretungsvorschriften im Bund und in den Ländern (Nachweise bei Piller/Herrmann Nr. 5c). Dem Antragsgegner ist der Bescheid nebst Abschrift der Kostenrechnung, wenn diese Bestandteil des Bescheides ist, zuzustellen, dem Antragsteller nur dann wenn sein Antrag ganz oder teilweise zurückgewiesen wird (§ 50 I S. 2); im übrigen genügt formlose Mitteilung (§ 50 I S. 1). Wird dem Antrag nicht oder nur zum Teil entsprochen, so sind die Gründe hierfür im Bescheid anzugeben. Über die Rechtsbehelfsbelehrung vgl. § 50 II.

10 D. **Über die Anfechtung** des Kostenfestsetzungsbescheides vgl. 1 zu § 108; über die Abhilfeentscheidung der VB 19 zu § 62. Auch im Verfahren über einen Rechtsbehelf gegen den Kostenfestsetzungsbescheid gilt das Verbot der *reformatio in peius* nicht (vgl. 28 zu § 62; ferner LG Würzburg JurBüro **79**, 1034 m. Anm. Mümmler; LG Mainz NJW **79**, 1897; LR-Schäfer 12 zu § 464b StPO).

11 E. **Eine Gebühr** für das Kostenfestsetzungsverfahren wird nicht erhoben (§ 107 I). Auch der RA als Vertreter des Antragstellers erhält keine besondere Gebühr für den Kostenfestsetzungsantrag, sondern nur für das Rechtsbehelfs- und Beschwerdeverfahren (§ 108) sowie für die Zwangsvollstreckung aus dem Kostenfestsetzungsbescheid (§§ 96, 105 III BRAGO, Anh **A 9**).

12 3) **Ein gesetzlicher Schuldtitel** ist der Kostenfestsetzungsbescheid, ebenso wie der Kostenfestsetzungsbeschluß des Rechtspflegers des Gerichts, aus dem der Gläubiger die Zwangsvollstreckung wegen des ihm zugesprochenen Anspruchs betreiben kann (II S. 1; § 794 I Nr. 2, § 795 ZPO). Mit der Zwangsvollstreckung, die durch den Gläubiger nach den Vorschriften der ZPO zu betreiben ist, darf erst begonnen werden, wenn der Bescheid rechtskräftig ist, also mit dem zulässigen Rechtsbehelf (§ 108 I) nicht mehr angefochten werden kann (II S. 2). Voraussetzung für die Vollstreckung ist eine vollstreckbare Ausfertigung des Kostenfestsetzungsbescheides, die eine mit der Vollstreckungsklausel versehene Ausfertigung (§ 724 I ZPO), die vom UrkB des nach § 68 zuständigen AG erteilt wird (II S. 3).

Gebühren und Auslagen

107 ^I Im Verfahren der Verwaltungsbehörde bemißt sich die Gebühr nach der Geldbuße, die gegen den Betroffenen im Bußgeldbescheid festgesetzt ist.

^{II} Als Gebühr werden bei der Festsetzung einer Geldbuße fünf vom Hundert des Betrages der festgesetzten Geldbuße erhoben, jedoch mindestens zehn Deutsche Mark und höchstens zehntausend Deutsche Mark; die Gebühr darf den Betrag der Geldbuße nicht übersteigen.

^{III} Als Auslagen werden erhoben

1. Telegrafen- und Fernschreibgebühren;
2. Postgebühren für Zustellungen; wird durch Bedienstete der Verwaltungsbehörde zugestellt, so werden die für Zustellungen durch die Post mit Zustellungsurkunde entstehenden Postgebühren erhoben;
3. Kosten, die durch öffentliche Bekanntmachung entstehen, mit Ausnahme der hierbei erwachsenen Postgebühren;
4. die nach dem Gesetz über die Entschädigung von Zeugen und Sachverständigen zu zahlenden Beträge, und zwar auch dann, wenn aus Gründen der Gegenseitigkeit, der Verwaltungsvereinfachung und

dergleichen keine Zahlungen zu leisten sind; sind die Aufwendungen durch mehrere Geschäfte veranlaßt, die sich auf verschiedene Rechtssachen beziehen, so werden die Aufwendungen auf die mehreren Geschäfte unter Berücksichtigung der auf die einzelnen Geschäfte verwendeten Zeit angemessen verteilt;

5. die bei Geschäften außerhalb der Dienststelle den Verwaltungsangehörigen auf Grund gesetzlicher Vorschriften gewährten Vergütungen (Reisekostenvergütung, Auslagenersatz) und die Kosten für die Bereitstellung von Räumen; sind die Aufwendungen durch mehrere Geschäfte veranlaßt, die sich auf verschiedene Rechtssachen beziehen, so werden die Aufwendungen auf die mehreren Geschäfte unter Berücksichtigung der Entfernungen und der auf die einzelnen Geschäfte verwendeten Zeit angemessen verteilt;

6. die an Rechtsanwälte zu zahlenden Beträge;

7. die Kosten einer Beförderung von Personen sowie Beträge, die mittellosen Personen für die Reise zum Ort einer Vernehmung oder Untersuchung und für die Rückreise gewährt werden;

8. die Kosten einer Beförderung von Tieren und Sachen, mit Ausnahme der hierbei erwachsenen Postgebühren, der Verwahrung von Sachen, der Bewachung von Schiffen und Luftfahrzeugen sowie der Verwahrung und Fütterung von Tieren;

9. die Kosten der Erzwingungshaft;

10. die Beträge, die anderen inländischen Behörden, öffentlichen Einrichtungen oder Beamten als Ersatz für Auslagen der in den Nummern 1 bis 9 bezeichneten Art zustehen, und zwar auch dann, wenn aus Gründen der Gegenseitigkeit, der Verwaltungsvereinfachung und dergleichen keine Zahlungen zu leisten sind; die Beträge sind begrenzt durch die Höchstsätze in den Nummern 1 bis 9;

11. die Beträge, die ausländischen Behörden, Einrichtungen oder Personen im Ausland zustehen, sowie Kosten des Amts- und Rechtshilfeverkehrs mit dem Ausland, und zwar auch dann, wenn aus Gründen der Gegenseitigkeit, der Verwaltungsvereinfachung und dergleichen keine Zahlungen zu leisten sind.

^{IV} Hat eine Verwaltungsbehörde des Bundes den Bußgeldbescheid erlassen, so sind für die Niederschlagung der Kosten bei unrichtiger Sachbehandlung sowie die Niederschlagung, den Erlaß, die Verjährung und die Erstattung von Kosten § 14 Abs. 2 sowie die §§ 19 bis 21 des Verwaltungskostengesetzes vom 23. Juni 1970 (Bundesgesetzbl. I S. 821) anzuwenden, sonst die entsprechenden landesrechtlichen Vorschriften.

Übersicht

1 1) **Welche Kosten (Gebühren und Auslagen)** im Bußgeldverfahren der VB (bis zur Rechtskraft des Bußgeldbescheides) nach Maßgabe der Kostenentscheidung (vgl. 2 ff. zu § 105) zu erheben sind, bestimmt § 107 (über die im Vollstreckungsverfahren entstehenden Kosten vgl. 6 vor § 105). Insoweit handelt es sich um eine abschließende Sonderregelung gegenüber dem VwKostG (Anh **A 6**) und den entsprechenden landesrechtlichen Vorschriften, von denen in IV nur einzelne Vorschriften für anwendbar erklärt worden sind (so auch Rebmann/Roth/Herrmann 1). Insbesondere werden durch die Gebühr nach II die allgemeinen Kosten des Bußgeldverfahrens abgegolten (Ausnahmen: III; vgl. 7).

2 **Unzulässig ist es deshalb, für die Übersendung von Akten** (52 zu § 60) an den Verteidiger im Rahmen des Bußgeldverfahrens eine Gebühr nach den KostenGen der Länder (vgl. 29) zu erheben (VG Ansbach DVBl. **73**, 383 m. zust. Anm. Göhler; ebenso Rebmann/Roth/Herrmann 1); dies gilt auch für die Zeit nach Einstellung des Bußgeldverfahrens, da das Mandat nicht mit der Bekanntgabe der Verfahrenseinstellung endet (VG Köln AnwBl. **76**, 312; 12 zu § 60); vgl. ferner AnwBl. **74**, 344.

3 2) **Eine Gebühr** wird nur erhoben, wenn das Bußgeldverfahren durch einen rechtskräftigen Bußgeldbescheid der VB abgeschlossen wird, in dem eine Geldbuße gegen den Betroffenen festgesetzt wird. Diese Geldbuße ist auch Grundlage für die Gebührenbemessung (I).

4 A. **Für die Anordnung von Nebenfolgen** einer Ordnungswidrigkeit (vgl. 20 ff. zu § 66) entstehen grundsätzlich keine Gebühren, auch nicht für die Festsetzung einer Geldbuße gegen eine JP oder PV, da es sich hierbei gleichfalls um eine Nebenfolge handelt (§ 30). Dies entspricht der Regelung für das gerichtliche Verfahren, das für die Anordnung solcher Nebenfolgen eine Gebühr nur im Rechtsmittelverfahren vorsieht (vgl. Nr. 1740 ff., 1750 ff. KVGKG, Anh **A 8**). Vgl. aber 39, 43 zu § 105.

5 B. **Wird der Bußgeldbescheid der VB nicht rechtskräftig,** weil das Gericht auf Grund des Einspruchs des Betroffenen in der Sache entschieden hat, so kann für das Bußgeldverfahren vor der VB keine Gebühr erhoben werden. Denn das Verfahren vor der VB und das anschließende gerichtliche Verfahren sind kostenmäßig als eine Einheit anzusehen (vgl. BGH **26**, 183, 185). Es entsteht nur eine Gerichtsgebühr nach Nr. 1700 KVGKG (Anh **A 8**); die bereits angesetzte Gebühr für das Verfahren der VB entfällt (vgl. BegrEEGOWiG zu Art. 138 Nr. 6). Werden in der gerichtlichen Kostenentscheidung die Kosten dem Betroffenen auferlegt, so gehören jedoch die im Verfahren der VB entstandenen Auslagen zu den Kosten des gerichtlichen Bußgeldverfahrens (Nr. 1913 KVGKG) und werden daher als Gerichtskosten eingezogen (vgl. 7 vor § 105). Sie sind der VB zu erstatten, soweit nicht auf Grund besonderer Regelungen oder Vereinbarungen eine Erstattung unterbleibt (vgl. zB § 5 BW-LOWiG, Anh **B 1a**; § 5 NdsAGOWiG, Anh **B 7a**; Art. 58 V AnpGNW, Anh **B 8a**; Art. 35 IV LStrafÄndGRhPf, Anh **B 9a**; vgl. ferner § 46 IV HessFAG (Anh **A 6a**). Im Falle einer Erstattung sind die im Bund und den Ländern geltenden Bestimmungen über die Behandlung von Kleinbeträgen zu beachten (in Nordrhein-Westfalen vgl. für Auslagen der Polizei Nr. 2.4 d. RdErl. des MI v. 24. 6. 1977, MBlNW **77**, 832); wN hierzu in Piller/Herrmann Nr. 10 Anl. II.

6   **3) Die Höhe der Gebühr** bestimmt II. Sie beträgt grundsätzlich 5% der festgesetzten Geldbuße. Da der Mindestbetrag höher ist als der Mindestbetrag der Geldbuße (5 DM; vgl. § 17 I), bestimmt Halbs. 2, daß die Gebühr den Betrag der Geldbuße nicht übersteigen darf. Mehrere Geldbußen, die in einem Bußgeldbescheid gegen denselben Betroffenen festgesetzt werden (§ 20), sind bei der Berechnung der Gebühr zusammenzuzählen (vgl. Rebmann/Roth/Herrmann 4; Rotberg 1).

7   **4) Auslagen** der in III aufgeführten Art werden neben der Gebühr erhoben, soweit sie nicht aus Billigkeitsgründen ganz oder teilweise der Staatskasse auferlegt worden sind (vgl. 13 ff. zu § 105). Der Katalog, der abschließend ist, stimmt weitgehend mit den Nrn. 1902–1909, 1911, 1912 KVGKG (Anh **A 8**) überein; sonstige Auslagen (zB Auslagen für Abschriften oder Ablichtungen einer Vernehmungsniederschrift; Portoauslagen, auch für Aktenversendung an den Verteidiger, vgl. auch 9) dürfen deshalb von der VB nicht erhoben werden; sie sind durch die Gebühr nach II abgegolten (vgl. 1). Die Auslagen dürfen nur in Rechnung gesetzt werden, wenn sie auch tatsächlich erwachsen sind (vgl. Lauterbach/Hartmann 1 vor Nr. 1900 KVGKG). Voraussetzung ist auch, daß sie wegen der Verfolgung der Tat als Ordnungswidrigkeit entstanden sind (vgl. 3 vor § 105). Über die Einziehung der Auslagen der VB, wenn der Bußgeldbescheid durch eine gerichtliche Bußgeldentscheidung ersetzt wird, vgl. 5.

8   **A. Telegrafen- und Fernschreibgebühren** (Nr. 1; vgl. Nr. 1901 KVGKG, Anh **A 8**) werden erhoben, nicht aber Fernsprechgebühren und Portoauslagen (vgl. aber 9).

9   **B. Postgebühren für die Zustellung** (Nr. 2; vgl. Nr. 1902 KVGKG, Anh **A 8**) dürfen angesetzt werden, und zwar auch für erfolglose Zustellungen, soweit sie nicht durch unrichtige Sachbehandlung (zB Zustellung an eine falsche Anschrift) verursacht worden sind (KG NJW **69**, 1444; so auch Rebmann/Roth/Herrmann 11). Gemeint sind die Zustellungen nach dem VwZG (Anh **A 5**) und den entsprechenden Gesetzen der Länder (2 zu § 51), also die Zustellung mit Postzustellungsurkunde (9 f. zu § 51) und durch eingeschriebenen Brief (11 ff. zu § 51). Wird die „förmliche" Zustellung gewählt, obwohl sie nicht vorgeschrieben ist(zB die Zustellung des Anhörungsbogens), so dürfen die Auslagen hierfür nicht erhoben werden (vgl. Lauterbach/Hartmann 1 zu Nr. 1902 KVGKG; 30). Angesetzt werden dürfen nur die durch die Zustellung anfallenden besonderen Postgebühren, die sich nach der PostgebührenO (vgl. Anlage Nr. 24, 26, 34) richten, nicht aber sonst erforderliches Porto (vgl. auch Lauterbach/Hartmann aaO).

9a **Bei Zustellung durch einen Behördenbediensteten** (14 zu § 51) dürfen Auslagen in Höhe der Postgebühren, die für Zustellungen mit Zustellungsurkunde entstehen, in Rechnung gesetzt werden. Dies wird aber nicht zulässig sein, soweit die Zustellung durch Aushändigung an der Amtsstelle oder nach § 5 II VwZG erfolgt, da diese Zustellungsarten (vgl. §§ 212a, 212b ZPO) in Nr. 1902 KVGKG nicht genannt sind (vgl. auch BegrEGKGÄndG S. 117).

10 C. **Bekanntmachungskosten** (Nr. 3; vgl. Nr. 1903 KVGKG, Anh **A 8**) sind im Fall der öffentlichen Zustellung die Kosten der Veröffentlichung in einer örtlichen oder überörtlichen Zeitung oder Zeitschrift (vgl. 20 zu § 51). Portokosten für die Übersendung des Auftrags an die Zeitung pp. werden nicht angesetzt (vgl. 7).

11 D. **Zeugen- und Sachverständigenkosten** (Nr. 4; vgl. Nr. 1904 KVGKG, Anh **A 8**), die nach dem ZSEG (Anh **A 7**) zu zahlen sind (§ 59). Hierzu gehören auch die Kosten eines Dolmetschers, der wie ein Sachverständiger entschädigt wird, und eines Übersetzers (§ 17 ZSEG). Die Kosten für die Beiziehung eines Dolmetschers und Übersetzers sind, anders als im Strafverfahren (vgl. EuGHMR NJW **79**, 1091; Kleinknecht 17 zu § 464b StPO), stets anzusetzen und von dem Betroffenen einzuziehen, da Art. 6 III MRK im Bußgeldverfahren nicht entsprechend anzuwenden ist (vgl. 56 vor § 59; so auch *de lege ferenda* Nr. 1904 S. 2 KVGKG idF d. Art. 2 II EBRAGOÄndG; aM zu Unrecht LG Ansbach NJW **79**, 2484, das den Wesensunterschied zwischen einer Geldbuße und einer Strafe nicht bedacht hat). Ist der Betroffene der Ansicht, daß der Zeuge oder Sachverständige überbezahlt oder eine Entschädigung unzulässigerweise gezahlt worden ist, so kann er gerichtliche Entscheidung gegen den Kostenansatz beantragen (vgl. 24, 30).

12 **Behördenangehörige:** Zweifelhaft ist, ob nach der Neufassung der Nr. 4 noch ein Betrag angesetzt werden kann, wenn ein Sachverständiger nach § 1 III ZSEG keinen Entschädigungsanspruch hat, weil er als Angehöriger einer Behörde oder sonstigen Stelle das Gutachtens in Erfüllung seiner Dienstaufgaben erstattet hat; in der Regel wird dann aber die Behörde oder sonstige Stelle, der der Sachverständige angehört, entschädigungsberechtigt sein (§ 1 II ZSEG; so wohl auch BegrEGKGÄndG S. 95; ferner Rebmann/Roth/Herrmann 13; aM Lauterbach/Hartmann 1 zu Nr. 1904 KVGKG; vgl. aber ders. 4 A Abs. 2 zu § 1 ZSEG).

13 **Aufwendungen, die durch mehrere Geschäfte** veranlaßt sind: Beziehen sie sich auf verschiedene Rechtssachen (Halbs. 2), so braucht es sich nicht ausschließlich um Bußgeldsachen zu handeln; in Betracht kommen können auch zB Geschäfte in Verwaltungssachen, deren Entschädigung auf einer anderen Rechtsgrundlage (vgl. zB § 10 VwKostG) beruht (vgl. auch Lauterbach/Hartmann 1 zu Nr. 1904 KVGKG; ferner 5 vor § 105).

14 E. **Reisekostenvergütungen** (Nr. 5; vgl. Nr. 1905 KVGKG, Anh **A 8**) können nur für solche Geschäfte angesetzt werden, die „außerhalb der

Dienststelle", also der Stelle, bei der die Verwaltungsangehörigen regelmäßig ihren Dienst verrichten, erledigt werden (zB Einnahme eines Augenscheines), da Dienststelle identisch ist mit „Dienststätte" iS von § 2 III S. 1 BRKG (Dreising 1, 2 zu § 10; ebenso Rebmann/Roth/Herrmann 15). Es kommt nur eine Reisekostenvergütung nach dem BRKG (zB Fahrtkosten, Tagegelder) und den entsprechenden Vorschriften der Länder in Betracht. Zu den Kosten für die Bereitstellung von Räumen gehören Miete, Heizung und Beleuchtung. Auch die Kosten für die Be-

15 nutzung eines **Dienstfahrzeuges** können erhoben werden (so Hartmann/ Lauterbach 1 b zu Nr. 1905 KVGKG; Rotberg 7; Rebmann/Roth/Herrmann 16; Hamburg JurBüro **71**, 782; Sykora Rpfleger **60**, 149 unter Hinweis auf die von den LJVen geübte Praxis, vgl. hierzu zB Die Justiz **76**, 375; str., aM OVG Hamburg JurBüro **79**, 1038). Über Aufwendungen, die durch mehrere Geschäfte veranlaßt sind (Halbs. 2) vgl. 13.

16 F. **Rechtsanwaltskosten** (Nr. 6; vgl. Nr. 1906 KVGKG, Anh **A 8**) sind die Gebühren und Auslagen des dem Betroffenen von der VB bestellten Verteidigers (§ 60; vgl. dort 65 ff.) oder des einem Nebenbeteiligten beigeordneten Vertreters (vgl. 37 zu § 87; 14 zu § 88), auch die Auslagen eines zum Verteidiger bestellten Referendars (vgl. 32 zu § 60). Vgl. auch 19 f. zu § 105 sowie 26.

17 G. **Kosten für die Beförderung von Personen** (Nr. 7; Nr. 1907 KVGKG, Anh **A 8**) können entstehen durch die Vorführung des Betroffenen (33 zu § 46) oder eines Zeugen (§ 51 I S. 3 StPO iVm § 46 I; 5 ff. vor § 59) oder durch Beförderung in die Justizvollzugsanstalt zur Vollstreckung der Erzwingungshaft. Die Reiseentschädigung, die einem mittellosen Betroffenen für die Hin- und Rückreise zu dem Ort seiner Vernehmung durch die VB oder auch des RiAG (5 ff. vor § 59) gewährt wird, kann von ihm wieder eingezogen werden, wenn ein rechtskräftiger Bußgeldbescheid ergangen ist. Vorschußzahlungen an mittellose Zeugen (99 zu § 59) fallen nach Abrechnung unter Nr. 4.

18 H. **Kosten für die Beförderung von Tieren und Sachen** sowie deren Verwahrung und Bewachung (Nr. 8; vgl. Nr. 1908 KVGKG, Anh **A 8**). Beförderungskosten können zB entstehen durch die Beförderung von Beweisgegenständen und der Einziehung unterliegenden Sachen mit der Eisenbahn oder mit dem Kfz.; nicht hierzu rechnen jedoch die durch die Übersendung entstandenen Portokosten (vgl. 7). Anzusetzen sind auch die Kosten für das Abschleppen von sichergestellten oder beschlagnahmten Fahrzeugen (vgl. aber 2 vor § 105).

19 a) **Für die Verwahrung** sind Kosten nur dann anzusetzen, wenn nach der Art der Gegenstände eine besondere Verwahrung notwendig ist (zB bei Wertpapieren, Kostbarkeiten) und dadurch besondere Auslagen entstehen (vgl. Lauterbach/Hartmann 1 b zu Nr. 1908 KVGKG); zu den Verwahrungskosten gehören auch die Unterstellkosten für ein sichergestelltes oder beschlagnahmtes Fahrzeug (Rebmann/Roth/Herrmann 22). Die Kosten für die Verwahrung eines Einziehungsgegenstandes sind dem Betroffenen nur in Rechnung zu setzen, soweit sie bis zur Rechtskraft der Einziehungsanordnung entstanden sind (BGH JVBl. **62**, 60; Rebmann/ Roth/Herrmann 22).

20 b) **Die Bewachung von Schiffen und Luftfahrzeugen** kann im Fall ihrer Beschlagnahme in Betracht kommen (vgl. § 111 c I, IV S. 1 StPO iVm § 46 I); Kosten sind hierfür jedoch nur anzusetzen, wenn ein privater Wachdienst in Anspruch genommen wird.

21 J. **Die Kosten der Erzwingungshaft** (Nr. 9; vgl. Nr. 1909 KVGKG, Anh **A 8**), namentlich Haft- und Zustellungskosten, wenn die Erzwingungshaft (§ 97) zur Vollstreckung eines Bußgeldbescheides der VB angeordnet wird; die Haftkosten sind, anders als die Kosten der Strafhaft (vgl. § 10 JVKostO), stets von dem Betroffenen zu erheben. Dabei sind einstweilen die für die Strafhaft geltenden Sätze (§ 10 II JVKostO) anzuwenden (ebenso Rebmann/Roth/Herrmann 23; AV d. JMBW v. 1. 12. 1976, Die Justiz **77**, 6 unter IV Nr. 3). Die Kosten teilt die VollstrB (2 zu § 97) der VB zur Einziehung von dem Betroffenen mit (vgl. zB JBlRhPf **77**, 193; ferner 22). Kosten der Erzwingungshaft, die zur Vollstreckung einer gerichtlichen Bußgeldentscheidung (4 f. vor § 89) angeordnet worden ist, werden nach Nrn. 1902, 1909 KVGKG erhoben (vgl. 37).

22 K. **Auslagen anderer inländischer Behörden** pp (Nr. 10; vgl. Nr. 1911 KVGKG, Anh **A 8**) können nur im Rahmen der Nrn. 1–9 und nur bis zu den nach diesen Nummern zulässigen Höchstsätzen angesetzt werden. Hierzu gehören Zahlungen, die an Fachbehörden für Gutachten und Auskünfte zu leisten sind, zB Kosten für behördliche Untersuchungen, ferner Auslagen der Polizei im Ermittlungsverfahren (vgl. 5 vor § 105) sowie Kosten, die im Rahmen der Lebensmittel- und Arzneimittelüberwachung entstanden sind (5 vor § 105), Auslagen der Amtshilfe (20 vor § 59) sowie Kosten der Erzwingungshaft (vgl. 21) und die vom Gericht gezahlten Entschädigungen für Zeugen und Sachverständige, wenn sie auf Antrag der VB vom Gericht vernommen werden (vgl. 5 ff. vor § 59). Die Auslagen werden auch dann erhoben, wenn aus Gründen der Gegenseitigkeit pp eine Erstattung an die andere Behörde nicht erfolgt (zB zwischen staatlichen Behörden desselben Landes, vgl. auch 5; ferner Rebmann/Roth/Herrmann 22; für die Auslagen der Polizei vgl. zB in Bayern MABl. **76**, 591, 592, in Nordrhein-Westfalen MBlNW **77**, 832), da solche Vereinbarungen nicht im Interesse des Betroffenen, sondern zur Verwaltungsvereinfachung getroffen sind.

23 L. **Auslagen ausländischer Behörden** pp im Ausland (Nr. 11; vgl. Nr. 1912 KVGKG, Anh **A 8**) sind – anders als in Nr. 10 – ohne Einschränkung und in voller Höhe anzusetzen.

24 5) **In einer besonderen Kostenrechnung** werden die Gebühren und Auslagen auf Grund der Kostenentscheidung (2 ff. zu § 105) unter Angabe der entsprechenden Vorschriften angesetzt. Die Kostenrechnung kann aber – wie beim Strafbefehl – auf den Bußgeldbescheid gesetzt werden. Sie ist dann nicht Teil der Kostenentscheidung (2 ff. zu § 105), sondern nur der Kostenansatz, gegen den der besondere Rechtsbehelf des § 62 zulässig ist (2 zu § 108), auch wenn der Bußgeldbescheid selbst bereits rechtskräftig geworden ist. Vgl. auch 36. Die VB kann den Kostenansatz auch von Amts wegen ändern, solange nicht eine gerichtliche Entscheidung getroffen ist (vgl. § 4 III S. 1 GKG, Anh **A 8**). Auch eine Nachforderung von Kosten ist zulässig; dies kann in Betracht kommen,

wenn solche Kosten erst nach Erlaß des Bußgeldbescheides fällig werden
(zB die Entschädigung eines Sachverständigen, der seinen Anspruch erst
später geltend macht; ferner die Kosten der Erzwingungshaft, 21, 22);
auch hiergegen ist der Rechtsbehelf nach § 62 zulässig. Hat die VB irrtümlich die Kosten zu niedrig angesetzt, so wird eine Nachforderung
wohl nur unter den Voraussetzungen des § 7 S. 1 GKG möglich sein
(allgemeiner Rechtsgedanke).

25 **6) Kostenschuldner** für die Gebühren und Auslagen ist derjenige, dem
die Kosten des Bußgeldverfahrens (5f. vor § 105) auferlegt worden sind
(2ff. zu § 105; vgl. auch § 54 Nr. 1 GKG, Anh **A** 8). Dies ist in der Regel
der Betroffene, gegen den sich der Bußgeldbescheid richtet (12ff. zu
§ 105). Es kommt aber auch ein anderer Verfahrensbeteiligter (31ff. zu
§ 105) in Betracht; an diesem Fall können nur Auslagen erhoben werden,
da eine Gebühr nicht entsteht (3f.).

26 **Wird gegen mehrere Betroffene** *ein* Bußgeldbescheid erlassen, so
wird von jedem eine Gebühr gesondert nach Maßgabe der gegen ihn
festgesetzten Geldbuße erhoben (vgl. § 42 I iVm § 48 GKG für die Gerichtsgebühr). Über die Mithaftung mehrerer Betroffener für die Auslagen, wenn gegen sie in bezug auf dieselbe Tat (50ff. vor § 59) eine
Geldbuße festgesetzt ist, vgl. 19f. zu § 105. Es steht im pflichtgemäßen
Ermessen der VB, ob sie die Auslagen im Fall der Gesamthaftung von
einem Betroffenen ganz oder von mehreren anteilsmäßig anfordert
(§§ 421, 422 BGB; vgl. § 7 II, § 8 KostVfG); dabei ist aber § 466 S. 2
StPO iVm § 105 I zu beachten (20 zu § 105).

27 **7) Die Fälligkeit der Gebühren und Auslagen** tritt – wie bei der Geldbuße – erst mit der Rechtskraft des Bußgeldbescheides ein, wie aus der
entsprechenden Anwendung des § 89 folgt (§ 108 II). Deshalb haftet auch
der Nachlaß nicht für die Kosten, wenn der Betroffene stirbt, bevor der
Bußgeldbescheid rechtskräftig wird (vgl. 18 zu § 105). Die Fälligkeit
wird durch die Bewilligung einer Zahlungsfrist nach § 93 III S. 2 hinausgeschoben. Kosten, die anderen Verfahrensbeteiligten zur Last fallen
(vgl. zB 31ff., 34ff. zu § 105), werden bereits mit der Kostenentscheidung fällig (vgl. auch § 63 I GKG, Anh **A** 8, für die Gerichtskosten).
Über die Vollstreckung vgl. 5 zu § 108.

28 **8) In die Kasse des Verwaltungsträgers,** dem die VB angehört, die das
Bußgeldverfahren durchgeführt hat (vgl. 21 zu § 105), fließen die Gebühren und Auslagen. § 90 II ist insoweit nicht anzuwenden, da er nur für die
Geldbuße und Nebenfolgen gilt (vgl. § 108 II; ebenso Rebmann/Roth/
Herrmann 24). Abweichende Regelungen sind möglich, so zB durch
Art. 7 II Nr. 4 BayFAG und durch § 45 II HessFAG, wonach auch die
vom Landrat als Staatsbehörde festgesetzten Kosten den Landkreisen als
Finanzzuweisung überlassen sind; ähnliche Regelungen bestehen auch in
Baden-Württemberg (vgl. § 13 III BWFAG; § 32 I BWLVG).

29 **9) Ergänzend anzuwenden** auf die Kosten des Bußgeldverfahrens sind
die in IV genannten Vorschriften des VwKostG (Anh **A** 6), soweit eine
VB des Bundes den Bußgeldbescheid erlassen hat, sonst die entsprechenden landesrechtlichen Vorschriften, die sehr unterschiedlich sind. Vgl. in
Baden-Württemberg: LandesgebührenG v. 21. 3. 1961 (GBl. 59), letztes

ÄndG v. 25. 4. 1978 (GBl. 224); **Bayern:** KostenG idF v. 25. 6. 1969
(GVBl. 165), letztes ÄndG v. 24. 8. 1978 (GVBl. 561); **Berlin:** G über
Gebühren und Beiträge v. 22. 5. 1957 (GVBl. 516; BRV 2013–1), letztes
ÄndG v. 30. 10. 1969 (GVBl. 2252); **Bremen:** Brem. Gebühren- und
BeitragsG v. 16. 7. 1979 (GBl. 279); **Hamburg:** GebührenG v. 9. 6. 1969
(GVBl. 103; BL 202-1); **Hessen:** HVwKostG v. 11. 7. 1972 (GVBl. I 235;
II 305–5), letztes ÄndG v. 12. 7. 1978 (GVBl. I 469); **Niedersachsen:**
VwKostG v. 7. 5. 1962 (GVBl. 43), letztes ÄndG v. 2. 12. 1974 (GVBl.
531); **Nordrhein-Westfalen:** GebührenG v. 23. 11. 1971 (GVNW 354,
1972, 6; SGVNW 2011), ÄndG v. 11. 10. 1977 (GVNW 354); **Rhein-
land-Pfalz:** LandesgebührenG v. 3. 12. 1974 (GVBl. 578; BS 2013–1);
Saarland: G über die Erhebung von Verwaltungs- und Benutzungsge-
bühren im Saarland v. 24. 6. 1964 (ABl. 629; BS Saar 2013–1), ÄndG v.
27. 3. 1974 (ABl. 430); **Schleswig-Holstein:** VwKostG v. 17. 1. 1974
(GVOBl. 37; GSSchlH II 2013–1), ÄndG v. 18. 12. 1978 (GVOBl. 79, 1).
Soweit in den Ländern keine dem VwKostG entsprechenden Vorschriften bestehen, werden die allgemeinen Vorschriften des GKG, Anh **A 8**
(zB §§ 8, 10) ergänzend heranzuziehen sein, falls sich aus der Besonderheit des Bußgeldverfahrens nichts Abweichendes ergibt (vgl. auch 28 vor
§ 105; ebenso Rebmann/Roth/Herrmann 29). Für die Kosten im Bußgeldverfahren wegen einer Steuerordnungswidrigkeit vgl. § 412 III AO
1977 (Anh **A 10**).

30   A. **Bei unrichtiger Sachbehandlung** (zB wenn eindeutig gegen
Rechtsnormen verstoßen wird und dies offen zutage tritt; bei offensichtlichen Versehen) werden die dadurch entstandenen Kosten (zB Auslagen
einer „förmlichen" Zustellung, wenn diese nicht vorgeschrieben war,
vgl. 9; überbezahlte Zeugen- und Sachverständigenentschädigungen, 11)
von der Behörde nicht erhoben (IV iVm § 14 II S. 1 VwKostG, Anh
A 6). Dies gilt auch für Auslagen (zB Zeugenentschädigungen, vgl. 11),
die durch eine von Amts wegen veranlaßte Terminsverlegung entstanden
sind (IV iVm § 14 II S. 2 VwKostG). In beiden Fällen dürfen die Kosten
nicht in die Kostenrechnung (24) aufgenommen werden; bereits zuviel
gezahlte Kosten sind zu erstatten. Enthält nach Ansicht des Kostenschuldners die Kostenrechnung solche Kosten, so kann er gerichtliche
Entscheidung nach § 108 I S. 1 Nr. 1 beantragen (vgl. v. Dreising 2 d zu
§ 14; Lauterbach/Hartmann 4 A zu § 16 ZSEG; VG Bremen Rpfleger **67**,
425).

31   B. **Für Erlaß und Niederschlagung** von Kosten einer VB des Bundes,
wenn diese den Bußgeldbescheid erlassen hat, gelten § 59 BHO, sonst die
entsprechenden Vorschriften der Landeshaushaltsordnungen, die inhaltlich mit § 59 BHO übereinstimmen (IV iVm § 19 VwKostG, Anh **A 6**),
so zB in Baden-Württemberg: § 59 LHO v. 19. 10. 1971 (GBl. 428),
letztes ÄndG v. 21. 3. 1975 (GBl. 205); Bayern: Art. 59 BayHaushaltsO
v. 8. 12. 1971 (GVBl. 433), letztes ÄndG v. 24. 7. 1974 (GVBl. 372);
Berlin: § 59 LHO v. 5. 10. 1978 (GVBl. 1961; BRV 630–1); Bremen: § 59
LHO v. 25. 5. 1971 (GBl. 143; 63-c-1), letztes ÄndG v. 24. 6. 1975 (GBl.
298); Hamburg: § 59 LHO v. 23. 12. 1971 (GVBl. 261, 72, 10; BL 63-1);
Hessen: § 59 LHO v. 8. 10. 1970 (GVBl. I 645; II 43–25); Niedersachsen:

§ 59 LHO v. 7. 4. 1972 (GVBl. 181), letztes ÄndG v. 18. 8. 1975 (GVBl.
255); Nordrhein-Westfalen: § 59 LHO v. 14. 12. 1971 (GVNW 397,
1972, 14; SGVNW 630); Rheinland-Pfalz: § 59 LHO v. 20. 12. 1971
(GVBl. 1972, 2; BS 63–1), Saarland: § 59 LHO v. 3. 11. 1971 (ABl. 733;
BSSaar 630–2); Schleswig-Hostein: § 59 LHO v. 22. 4. 1971 (GVOBl.
162; GS-SchlH II 630–1). Für die Kosten des Bußgeldverfahrens wegen
einer Steuerordnungswidrigkeit gelten, wenn eine Landesfinanzbehörde
den Bußgeldbescheid erlassen hat, an Stelle der oben genannten Vorschriften § 227 I und § 261 AO 1977 (§ 412 III AO 1977, Anh **A 10**).
Zuständig für den Erlaß und die Niederschlagung ist der zuständige
Fachminister, der seine Befugnisse übertragen kann (vgl. die VorlVV-
BHO zu § 59, GMBl **73**, 702; **78**, 244).

32   a) **Die Niederschlagung** der Kosten ist zulässig, wenn feststeht, daß
die Einziehung keinen Erfolg haben wird, oder wenn die Kosten der
Beitreibung außer Verhältnis zur Höhe der Kosten des Bußgeldverfahrens stehen (§ 59 I Nr. 2 BHO). Die Niederschlagung führt nicht zum
Erlöschen des Kostenanspruchs; er ist erneut geltend zu machen, wenn
dies Aussicht auf Erfolg verspricht. Ist jedoch die Vollstreckung mehrmals fruchtlos verlaufen oder kein Anhaltspunkt vorhanden, daß die Einziehung Erfolg verspricht, so können die Kosten endgültig niedergeschlagen werden (vgl. die VorlVV-BHO zu § 59; 31 aE).

33   b) **Der Erlaß** von Kosten kommt in Betracht, wenn die Einziehung
nach Lage des einzelnen Falls für den Kostenschuldner eine besondere
Härte bedeuten würde (§ 59 I Nr. 3 BHO). Dies ist insbesondere der Fall,
wenn die weitere Verfolgung des Kostenanspruchs im Hinblick auf die
unverschuldete Notlage des Kostenschuldners zu einer Existenzgefähr-
dung führen würde. Durch den Erlaß wird auf den Anspruch verzichtet,
der dadurch – im Gegensatz zur Niederschlagung (32) – erlischt (§ 397
BGB). Über den gnadenweisen Erlaß von Kosten des Bußgeldverfahrens
zusammen mit der Geldbuße vgl. 7 vor § 89.

34   c) **Über die Stundung** von Kosten durch Gewährung einer Zahlungsfrist oder von Zahlungserleichterungen vgl. § 93 III S. 2.

35   C. **Über die Verjährung des Kostenanspruchs** vgl. IV iVm § 20
VwKostG (Anh **A 6**). Der Anspruch verjährt nach drei Jahren, spätestens
mit Ablauf des vierten Jahres nach der Entstehung. Die Verjährung beginnt mit Ablauf des Kalenderjahres, in dem der Anspruch fällig geworden ist. Mit dem Eintritt der Verjährung erlischt der Anspruch. Über
Verjährungsunterbrechung vgl. § 20 III-V VwKostG.

36   D. **Über die Erstattung** überbezahlter oder zu Unrecht erhobener Kosten und über die Verjährung des Erstattungsanspruchs vgl. IV iVm § 21
VwKostG (Anh **A 6**). Kosten sind zu Unrecht erhoben, wenn sie fehlerhaft in der Kostenrechnung (vgl. 24) angesetzt und vom Kostenschuldner
eingezogen sind, zB die Gebühren nach II, wenn der Bußgeldbescheid
nach Einspruch durch eine gerichtliche Bußgeldentscheidung ersetzt
wird (vgl. 5) oder die Kosten einer Untersuchung, die ausschließlich
wegen des Verdachts einer Straftat vorgenommen worden ist (3 vor
§ 105). Der fehlerhafte Kostenansatz ist mit dem Rechtsbehelf nach

§ 108 I anzufechten, falls nicht die VB den Fehler selbst festgestellt hat. Die Einschränkung in § 21 I VwKostG, wonach nach Rechtskraft der Kostenentscheidung unrechtmäßig erhobene Kosten nur aus Billigkeitsgründen erstattet werden können, wird auf die Kosten des Bußgeldverfahrens nicht anzuwenden sein, da der Rechtsbehelf gegen den Kostenansatz, welcher der Kostenentscheidung iS des § 21 VwKostG entspricht (vgl. § 14 I VwKostG), unbefristet ist (vgl. § 108 I; ebenso Rebmann/Roth/Herrmann 35). Aus den gleichen Gründen wird auch § 21 II Halbs. 2 VwKostG, wonach die Verjährung des Erstattungsanspruchs nicht vor Unanfechtbarkeit des Kostenansatzes beginnt, nicht anzuwenden sein, da andernfalls die Verjährungsfrist nicht zu laufen beginnen würde (vgl. auch Rebmann/Roth/Herrmann 35).

37   **10) Im gerichtlichen Bußgeldverfahren** werden Gebühren und Auslagen nach den Vorschriften des GKG angesetzt (vgl. insbes. §§ 1, 48, 63 sowie Nrn. 1700 ff., 1900 ff. KVGKG; Anh **A 8**). Für den Erlaß von Gerichtskosten gelten besondere landesrechtliche Vorschriften (vgl. zB in Nordrhein-Westfalen § 2 II, III GerichtsgebührenbefreiungsG v. 27. 10. 1969, GVNW 725/SGVNW 34, letztes ÄndG v. 22. 3. 1977, GVNW 136; wN bei Piller/Herrmann Nr. 10 Anl IV).

Rechtsbehelf und Vollstreckung

108 ^I Im Verfahren der Verwaltungsbehörde ist gegen
1. den selbständigen Kostenbescheid und den Kostenfestsetzungsbescheid (§ 106),
2. den Ansatz der Gebühren und Auslagen
der Antrag auf gerichtliche Entscheidung nach § 62 zulässig. In den Fällen der Nummer 1 ist der Antrag innerhalb einer Woche nach Zustellung des Bescheides zu stellen; gegen die Entscheidung des Gerichts ist sofortige Beschwerde zulässig, wenn der Wert des Beschwerdegegenstandes einhundert Deutsche Mark übersteigt.

^II Für die Vollstreckung der Kosten des Bußgeldverfahrens gelten die §§ 89 und 90 Abs. 1 entsprechend.

1   **1) Antrag auf gerichtliche Entscheidung** ist im Verfahren der VB auch gegen den selbständigen Kostenbescheid (9 f. zu § 105), den Kostenfestsetzungsbescheid (§ 106) und den Kostenansatz (24 zu § 107) zugelassen (I S. 1). In den zuerst genannten Fällen ist der Antrag befristet (I S. 2 Halbs. 1; 14 zu § 62); gegen die Versäumung der Frist kann Wiedereinsetzung in den vorigen Stand beantragt werden (§ 52). Vgl. im übrigen zu § 62.

2   **A. Mit einem gegen den Kostenansatz** gerichteten Antrag können Einwendungen gegen die Kostenentscheidung der VB (2 ff. zu § 105), die dem Kostenansatz zugrunde liegt, nicht geltend gemacht werden (vgl. 10 zu § 105); die Einwendungen dürfen nur auf kostenrechtliche Vorschriften gestützt sein (§ 107), also namentlich die Berechtigung des Gebührenansatzes, die Notwendigkeit und Höhe der Auslagen (§ 107 III), auch soweit es sich um solche anderer am Ermittlungsverfahren beteiligter Behörden handelt (22 zu § 107; vgl. BVerfGE **28**, 10), sowie die Fälligkeit (27 zu § 107) und die Zahlungspflicht (vgl. 25 f. zu § 107; Karlsruhe, Die Justiz **76**, 266; Lauterbach/Hartmann 2 E b zu § 5 GKG; Rebmann/Roth/Herrmann 6; vgl. auch 11, 30, 36 zu § 107).

3   B. **Antragsberechtigt** (2 ff. zu § 62) ist auch der Vertreter der jeweiligen Staatskasse (26 vor § 105), wenn die Entscheidung gegen die Staatskasse gerichtet ist (vgl. § 50 I S. 1).

4   **2) Die Entscheidung des Gerichts,** die gegen den Kostenbescheid und den Kostenfestsetzungsbescheid beantragt wird (I S. 1 Nr. 1), kann mit der sofortigen Beschwerde (§ 311 StPO) nur angefochten werden, wenn der Wert des Beschwerdegegenstandes 100 DM übersteigt; diese ausdrückliche Beschränkung, die im Hinblick auf § 304 III StPO an sich entbehrlich wäre, dient nur der Klarstellung. Weitere Beschwerde ist nicht zulässig (§ 310 II StPO). Die Entscheidung wird auch dem Vertreter der Staatskasse (26 vor § 105; 3) zugestellt (§ 35 II StPO iVm § 46 I), der auch beschwerdeberechtigt ist; die StA ist am Verfahren nicht beteiligt. Über die Rechtsmittelbelehrung vgl. § 35a StPO iVm § 46 I. In den Fällen des I S. 1 Nr. 2 ist die Entscheidung des Gerichts unanfechtbar (§ 62 II S. 3).

5   **3) Die Vollstreckung der Kosten** des Bußgeldverfahrens der VB (5 f. vor § 105) richtet sich nach den Vorschriften der VwVGe (5 f. zu § 90), die auch bei der Vollstreckung der Geldbuße anzuwenden sind (II; 8 zu § 90). Für die Vollstreckung der Kosten des Bußgeldverfahrens der FinB gelten abweichend hiervon die §§ 249 ff. AO 1977 (§ 412 II AO 1977, Anh **A** 10). Über Fälligkeit der Kosten vgl. 27 zu § 107. Über die Vollstreckung des Kostenfestsetzungsbescheids vgl. § 106 II.

6   **4) Im gerichtlichen Bußgeldverfahren** ist gegen den Kostenansatz des Kostenbeamten als Rechtsbehelf die Erinnerung an das Gericht zulässig (§§ 1, 5 GKG, Anh **A** 8). Über die Anfechtung der selbständigen gerichtlichen Kostenentscheidung vgl. § 464 III StPO iVm § 46 I (10 zu § 109), des Kostenfestsetzungsbeschlusses des Rechtspflegers vgl. § 464 b StPO iVm § 46 I sowie § 21 II RpflG.

II. Gerichtliches Verfahren

Kosten bei Rücknahme und Verwerfung des Einspruchs

109   **Nimmt der Betroffene den Einspruch gegen den Bußgeldbescheid zurück oder wird sein Einspruch verworfen, so trägt er auch die Kosten des gerichtlichen Verfahrens.**

1   **1) Für das gerichtliche Bußgeldverfahren** gelten die Kostenvorschriften der StPO und des JGG sinngemäß (§ 46 I; 1 vor § 105), die durch § 109 nur ergänzt werden. Anzuwenden sind die §§ 464–467 a, 469, 470, 472 b und 473 StPO sowie § 74 JGG (Anh **A** 3), also die gleichen Vorschriften, die für die Kosten im Strafverfahren gelten. Die Erläuterungen sind deshalb auf die Besonderheiten des gerichtlichen Bußgeldverfahrens beschränkt. Vgl. im übrigen zu § 105.

2   A. **Belastet wird die Staatskasse** (vgl. 26 vor § 105; 21 zu § 105) im gerichtlichen Bußgeldverfahren in der Regel mit den notwendigen Auslagen des Betroffenen, wenn das Gericht ihn freispricht oder das Verfahren einstellt (§ 467 I StPO), soweit nicht die Anwendung der Ausnahmetatbestände nach § 467 II, III StPO in Betracht kommt. Für den Fall, daß das Verfahren nach § 47 II eingestellt wird, vgl. wegen der sinngemäßen Anwendung von § 467 IV StPO näher 43 ff. zu § 47. Staatskasse ist stets die Landeskasse, dh die Kasse des Justizfiskus (BGH **15**, 47); die Bundeskasse ist auch dann nicht die Staatskasse, wenn das Bußgeldverfahren bis zum Einspruch von einer VB des Bundes durchgeführt worden ist (so auch Rebmann/Roth/Herrmann 4).

3   a) **Bei einer Einstellung des Verfahrens durch die StA** nach Einspruch gegen den Bußgeldbescheid vor der Vorlage der Akten an das Gericht ist eine Kostenentscheidung nach § 467 a StPO iVm § 46 I zu treffen (23 zu § 69). Aus der sinngemäßen Anwendung des § 467 a I StPO folgt, daß für die Kostenentscheidung das nach § 68 zuständige AG zuständig ist, da die Einstellung des Bußgeldverfahrens durch die StA einer Klagerücknahme gleichzusetzen ist (vgl. 22 ff. zu § 69); wegen der Besonderheiten des Bußgeldverfahrens kann es nicht darauf ankommen, ob die Sache bereits beim AG anhängig (vgl. auch § 469 II StPO iVm § 46 I) ist (vgl. LG Würzburg MDR **79**, 161 mwN; Rebmann/Roth/Herrmann 7 vor § 109; Rotberg 19; LR-Schäfer 8 zu § 467 a StPO; Kleinknecht 14 zu § 467 a StPO; aM LG Limburg MDR **78**, 513 m. abl. Anm. H. Schmidt DRiZ **78**, 151, LG Osnabrück NdsRpfl. **78**, 291, die die Zuständigkeit der VB für gegeben halten; ferner Paulus MDR **79**, 162, der die StA für zuständig hält). Stellt die StA in den Fällen der §§ 40, 42 das Verfahren nur wegen der Ordnungswidrigkeit ein, bevor sie Anklage erhebt, so kommt eine Kostenentscheidung nicht in Betracht (vgl. auch 7 zu § 105). Vgl. ferner 22 ff. zu § 105.

4   b) **Beschwerdeberechtigt** gegen die Kostenentscheidung des AG ist nicht die VB, sondern die StA, da auf sie die Aufgaben der Verfolgungsbehörde im gerichtlichen Bußgeldverfahren übergehen (§ 69 II).

5   c) **Über die Höhe der zu erstattenden Auslagen** entscheidet der Rechtspfleger des AG im Kostenfestsetzungsverfahren (§ 464 b StPO iVm § 46 I; § 23 RpflG; vgl. auch RiStBV 145).

6   B. **Für die Kosten eines Rechtsmittels** sowie eines Antrags auf Wiederaufnahme des Bußgeldverfahrens (§ 85) oder auf ein Nachverfahren (§ 87 IV; § 439 StPO iVm § 46 I) gilt § 473 StPO sinngemäß (§ 473 V StPO); desgl. für die Wiedereinsetzung in den vorigen Stand (§ 473 VI StPO). Über die Kosten des Nachverfahrens vgl. auch 53 zu § 87. Als Rechtsmittel kommen die Rechtsbeschwerde (§ 79) und die Beschwerde (vgl. 3 vor § 79) in Betracht. Auch für die Kosten eines zurückgenommenen oder erfolglos eingelegten Rechtsbehelfs nach § 62 gilt § 473 StPO sinngemäß (vgl. 32 zu § 62).

7   2) **Bei Rücknahme oder Verwerfung des Einspruchs** gegen den Bußgeldbescheid sind die Kosten des gerichtlichen Bußgeldverfahrens (7 vor § 105) dem Betroffenen aufzuerlegen. Denn die im Bußgeldbescheid der

VB getroffene Kostenentscheidung, die in diesem Fall bestehen bleibt (vgl. auch 1 a zu § 90), erstreckt sich nur auf die Kosten des Bußgeldverfahrens der VB (5 f. vor § 105), nicht aber auf die danach entstandenen gerichtlichen Kosten (vgl. BGH **26**, 183, 186; ferner Nr. 1720 KVGKG, Anh **A** 8); diese sind von der nach § 4 II GKG zuständigen Justizbehörde anzusetzen und von der Gerichtskasse zu vereinnahmen und beizutreiben (vgl. § 1 Nr. 4, § 2 I JBeitrO), falls es sich nicht um einen Kleinbetrag handelt (Nachw. bei Lauterbach/Hartmann VII. E).

8   A. **Die Rücknahme des Einspruchs** ist bis zur Verkündung des Urteils des RiAG oder bis zum Erlaß des Beschlusses nach § 72 zulässig (vgl. 6 zu § 71). Nimmt der Betroffene den Einspruch vor Beginn der Hauptverhandlung zurück, so entsteht zwar keine Gebühr (Nr. 1720 KVGKG, Anh **A** 8); doch können bis dahin Auslagen erwachsen sein (zB durch Ladung von Zeugen zur Hauptverhandlung).

9   B. **Bei Verwerfung** des Einspruchs sieht § 109 uneingeschränkt eine Kostenentscheidung vor. Es kommt also nicht darauf an, ob der Einspruch in der Hauptverhandlung durch Urteil (3 zu § 70; § 74 II S. 1) oder durch Beschluß (§ 70 I) verworfen wird. Eine Gebühr wird jedoch allein bei der Verwerfung durch Urteil erhoben (Nr. 1720 KVGKG, Anh **A** 8); sonst können nur Postgebühren, zB für die Zustellung des Verwerfungsbeschlusses (Nr. 1901 KVGKG), entstehen. Wird in dem Fall des § 70 die Unzulässigkeit des Einspruchs erst in der Hauptverhandlung erkannt und der Einspruch durch Urteil verworfen, so werden allerdings die hierdurch entstandenen Kosten (zB Gebühr nach Nr. 1720 KVGKG) niederzuschlagen sein (§ 8 I S. 1 GKG), da sie bei richtiger Sachbehandlung (Entscheidung durch Beschluß) nicht entstanden wären (Hilt Rpfleger **70**, 85; Rotberg 2; Rebmann/Roth/Herrmann 4).

10   C. **Die Kostenentscheidung** wird im Urteil getroffen, wenn der Einspruch in der Hauptverhandlung verworfen wird, sonst in einem selbständigen Kostenbeschluß; er ist mit der sofortigen Beschwerde (§ 311 StPO) anfechtbar, soweit der Wert des Beschwerdegegenstandes 100 DM übersteigt (§ 464 III, § 304 III StPO iVm § 46 I). Ist die Kostenentscheidung in der Hauptentscheidung versehentlich unterblieben, so kann sie nicht nachgeholt werden; die Kosten des gerichtlichen Verfahrens trägt dann die Staatskasse (vgl. 8 zu § 105).

11   3) **Entscheidet das Gericht nach Einspruch in der Sache,** so gilt die Entscheidung hinsichtlich der Kosten für das gesamte Verfahren (BGH **26**, 183, 185).

Elfter Abschnitt.
Entschädigung für Verfolgungsmaßnahmen
RiStBV 295

110 [I] Die Entscheidung über die Entschädigungspflicht für einen Vermögensschaden, der durch eine Verfolgungsmaßnahme im Bußgeldverfahren verursacht worden ist (§ 8 des Gesetzes über die Entschädigung für Strafverfolgungsmaßnahmen), trifft die Verwaltungsbehörde, wenn sie das Bußgeldverfahren abgeschlossen hat, in einem selbständigen Bescheid.

II Gegen den Bescheid ist innerhalb einer Woche nach Zustellung der Antrag auf gerichtliche Entscheidung nach § 62 zulässig. Gegen die Entscheidung des Gerichts ist sofortige Beschwerde zulässig.

III Über den Anspruch auf Entschädigung (§ 10 des Gesetzes über die Entschädigung für Strafverfolgungsmaßnahmen) entscheidet in den Fällen des Absatzes 1 die Verwaltungsbehörde.

IV Ersatzpflichtig ist (§ 15 des Gesetzes über die Entschädigung für Strafverfolgungsmaßnahmen) in den Fällen des Absatzes 1, soweit das Gesetz nichts anderes bestimmt, der Bund, wenn eine Verwaltungsbehörde des Bundes das Verfahren durchführt, sonst das Land.

Übersicht

1) Anwendung des StrEG (1)

2) Die materielle Entschädigungsregelung (2–21)
   A. Entschädigungsfähige Maßnahmen (3)
   B. Entschädigungsfähige Tatbestände (4–13)
   C. Ausschluß der Entschädigung (5–19)
   D. Versagung der Entschädigung (20)
   E. Vermögensschaden (21)

3) Verfahren (22–33)
   A. Zuständigkeit der VB (23)
   B. Verfolgungsmaßnahmen im Bußgeldverfahren (24–26)
   C. Einbeziehung dem Grunde nach (28–30)
   D. Anfechtung (31)
   E. Betragsverfahren (32)
   F. Zuständigkeit des AG (33)

4) Entschädigungspflicht des Bundes oder Landes (34)

1   1) Das StrEG (Anh A 4) gilt sinngemäß für das Bußgeldverfahren (§ 46 I), und zwar sowohl für das der VB als auch das gerichtliche. Davon geht § 110 aus. Diese Vorschrift trifft nur ergänzende Regelungen für das Verfahren der VB, da Vorschriften, die sich auf richterliche Handlungen beziehen, nicht ohne weiteres auf Handlungen der VB zu übertragen sind (vgl. 7 zu § 46; 1 vor § 105). Das StrEG muß deshalb in diesem Punkte bei sinngemäßer Anwendung ergänzt werden.

2   2) Die materielle Entschädigungsregelung des StrEG gilt bei sinngemäßer Anwendung (§ 46 I) nur zugunsten der Betroffenen, nicht aber Dritter (Schätzler Einl. 27; Kleinknecht 6 zu § 2 StrEG). Dies folgt aus der Beschreibung der entschädigungsfähigen Verfolgungsmaßnahmen (vgl. 3), weil sie in Vergleich gesetzt sind zu der gegen den Beschuldigten (Betroffenen) später ergangenen Entscheidung und ein solcher Vergleich bei Maßnahmen, die einen Dritten treffen, nicht möglich ist; deshalb ist auch ein Einziehungsbeteiligter nicht entschädigungsberechtigt (KG NJW **78**, 2403; Schätzler aaO; Kleinknecht aaO), obwohl diese Regelung des Gesetzes jedenfalls in den Fällen sachlich verfehlt ist, in denen sich die Verfolgungsmaßnahme gegen einen Einziehungsbeteiligten richtet und er in eine ähnlichen Rolle wie der Betroffene gerückt ist (vgl. 4f. vor § 87). Die materielle Entschädigungsregelung bedeutet für das Bußgeldverfahren:

3   A. Als entschädigungsfähige Maßnahmen kommen im Bußgeldverfahren ausschließlich in Betracht: a) die (rechtskräftig festgesetzte) Geld-

buße und die (rechtskräftig angeordneten) Nebenfolgen (vgl. im einzelnen 20 ff. zu § 66), soweit diese Rechtsfolgen später beseitigt oder gemildert werden (vgl. § 1 StrEG), und b) als vorläufige Verfolgungsmaßnahmen nur (vgl. § 2 II Nr. 4 StrEG) die Sicherstellung (101 vor § 59), die Beschlagnahme (66 ff. vor § 59; vgl. zum Umfang der Entschädigung 5), der dingliche Arrest (107 vor § 59) und die Durchsuchung (108 ff. vor § 59). Nicht entschädigungsfähig ist danach zB (vgl. Schätzler 3 zu § 2; 1 zu § 18) die Entnahme einer Blutprobe (23 zu § 46) oder eine sonstige Untersuchung (21 ff. zu § 46), die Vorführung vor dem Richter (15 zu § 46) und die Leistung einer Sicherheit nach § 132 StPO iVm § 46 I (127 ff. vor § 59).

4   B. **Entschädigungsfähige Tatbestände sind:** a) die Beseitigung der rechtskräftig angeordneten Rechtsfolgen im Wiederaufnahmeverfahren oder sonst im Straf- und Bußgeldverfahren, so zB im Verfahren nach § 86 I S. 2 (nicht aber nach § 86 I S. 1, da die danach später verhängte Rechtsfolgen nicht milder, sondern härter sind); b) die Einstellung des Verfahrens (mangels hinreichenden Tatverdachts oder nach § 47 I) sowie der Freispruch im gerichtlichen Verfahren, nachdem in diesen Fällen vorher eine vorläufige Verfolgungsmaßnahme (vgl. 3) getroffen worden ist; c) die Anordnung von Rechtsfolgen, die geringer sind als die darauf gerichteten Verfolgungsmaßnahmen (vgl. § 4 I Nr. 2 StrEG).

5   a) **Bei einer Einstellung des Verfahrens mangels hinreichenden Tatverdachts** (vgl. 157 ff. vor § 59) oder einem Freispruch besteht ein Anspruch auf Entschädigung für bestimmte vorausgegangene Verfolgungsmaßnahmen (vgl. 3), soweit keine Ausschluß- oder Versagungsgründe iS von §§ 5, 6 StrEG (vgl. 14 ff., 20) vorliegen. Bei einer Entschädigung für eine Beschlagnahme gehören auch die Nachteile, die dem Betroffenen durch die Herausgabe der Sache an einen Nichtberechtigten entstanden sind, zu dem Kreis der entschädigungsfähigen Verfolgungsmaßnahmen (BGH JZ **79**, 144).

6   b) **Bei einer Einstellung nach § 47** gilt § 3 StrEG sinngemäß, dh eine Entschädigung wird nur gewährt, soweit dies nach den Umständen des Falles der Billigkeit entspricht.

7   **Ausschluß der Entschädigung:** Liegen Ausschließungsgründe iS von § 5 StrEG (vgl. 14 ff.) oder Versagungsgründe iS von § 6 StrEG (vgl. 20) vor, so ist für eine Entschädigung aus Billigkeitsgründen kein Raum (vgl. Schätzler 7, 10 vor § 3; Rebmann/Roth/Herrmann 7).

8   **Maßgebende Einstellungsgründe:** Wird das Verfahren nach einer vorangegangenen vorläufigen Verfolgungsmaßnahme (vgl. 3) eingestellt, so kommt es wesentlich darauf an, welche Gesichtspunkte für die Einstellung maßgebend gewesen sind und ob danach die vorläufige Maßnahme zu weitreichend gewesen ist oder nicht. Wird gerade im Hinblick auf die vorläufige Maßnahme, die dem Betroffenen bereits Nachteile gebracht hat, das Verfahren eingestellt, so wird in der Regel das Absehen von der Geldbuße (und Nebenfolge) den angemessenen Ausgleich für den Nachteil der vorläufigen Maßnahme darstellen; anders jedoch, wenn nach den Einstellungserwägungen zwischen der Bedeutung der Ordnungswidrig-

keit und dem vorwerfbaren Verhalten einerseits und den erlittenen Nachteilen andererseits kein angemessenes Verhältnis besteht, die erlittenen Nachteile also weiterreichend sind (vgl. Schätzler 10 zu § 3; Rebmann/Roth/Herrmann 7). In Betracht kommt in dem zuletzt genannten Fall auch eine teilweise Entschädigung (vgl. Schätzler 11 zu § 3), auch eine Quotelung (Rebmann/Roth/Herrmann 7).

9 **c) Bei einer Geldbuße oder Nebenfolge** kommt es entsprechend § 4 I Nr. 2 StrEG darauf an, ob die angeordneten Rechtsfolgen geringer sind als die darauf gerichtete vorläufige Verfolgungsmaßnahme.

10 **Notwendig ist ein Vergleich (Gesamtabwägung)** zwischen den im gleichen Verfahren festgesetzten Rechtsfolgen (unter Berücksichtigung der Bedeutung der Ordnungswidrigkeit und des vorwerfbaren Verhaltens) und der vorangegangenen Verfolgungsmaßnahme. Dabei kommt es nicht darauf an, ob die vorläufige Maßnahme gerade wegen der Tat getroffen ist, wegen der die Geldbuße festgesetzt oder die Nebenfolge angeordnet ist (vgl. Schätzler 3 ff. zu § 4; Kleinknecht 7 zu § 2 StrEG). Eine Entschädigung kommt dann in Betracht, wenn die vorläufige Verfolgungsmaßnahme (zB die Beschlagnahme) nach dem zeitlichen Ausmaß und den für den Betroffenen eingetretenen Nachteilen im Vergleich zu der Geldbuße als eine „überschießende" Maßnahme anzusehen ist. Die endgültige Anordnung der Maßnahme (zB Einziehung des sichergestellten oder beschlagnahmten Gegenstandes) deckt die vorläufige Maßnahme voll ab, so daß eine Entschädigung ausscheidet (§ 5 I Nr. 3 StrEG; vgl. LG Hamburg NJW **74**, 376; 15).

11 **Bei der dann einsetzenden Ermessensentscheidung** (vgl. München MDR **72**, 1056) sind auch sonstige Umstände zu berücksichtigen, die einer Entschädigung aus Billigkeitsgründen entgegenstehen können (Kleinknecht 3 zu § 4 StrEG), so zB der Umstand, daß der Betroffene durch sein Verhalten zwar nicht grob fahrlässig (in diesem Falle wäre die Entschädigung nach § 5 II S. 1 StrEG ausgeschlossen; vgl. 14 ff.), aber doch leicht fahrlässig die Verfolgungsmaßnahme verursacht hat (Kleinknecht 4 zu § 4 StrEG). Bei geringfügigem Abweichen der Verfolgungsmaßnahme gegenüber der endgültig angeordneten Rechtsfolge wird von einer Entschädigung in der Regel abzusehen sein; bei einem Mißverhältnis zwischen endgültig angeordneter und vorläufiger Maßnahme ist dagegen die Entschädigung in der Regel geboten (vgl. Schätzler 12 zu § 4; Kleinknecht 2 zu § 4 StrEG). Wird mit Rücksicht auf die Nachteile, die der Betroffene durch die vorläufige Maßnahme erlitten hat, die Geldbuße niedriger festgesetzt, so ist auch dies bei der Billigkeitsentscheidung zu berücksichtigen (vgl. Schätzler 12 zu § 4).

12 **Vor der Billigkeitsentscheidung** nach § 4 I Nr. 2 StrEG ist – ebenso wie im Falle des § 3 StrEG (vgl. oben 7) – zu prüfen, ob Ausschließungs- oder Versagungsgründe iS von §§ 5, 6 StrEG vorliegen (vgl. 16 ff.).

13 **Straf- und Bußgeldverfahren:** § 4 II StrEG gilt sowohl dann, wenn im Strafverfahren auf eine Geldbuße oder Nebenfolge wegen einer Ordnungswidrigkeit erkannt wird, als auch dann, wenn zunächst das Strafverfahren eingestellt und die Geldbuße oder Nebenfolge im Bußgeldverfahren festgesetzt wird.

14   C. **Ausgeschlossen ist die Entschädigung:**

15   a) **Für die Beschlagnahme und den Arrest** (vgl. 66 ff., 107 vor § 59),
wenn die Einziehung (oder der Vorbehalt der Einziehung nach § 24 II;
vgl. Schätzler 11 zu § 5) angeordnet (vgl. 10) oder von der endgültigen
Einziehung deswegen abgesehen wird, weil deren Voraussetzungen nicht
mehr vorlagen (§ 5 I Nr. 4 StrEG); so zB, wenn die Gegenstände zwar im
Zeitpunkt der Beschlagnahme gefährlich iS von § 22 II Nr. 2 gewesen,
diese Voraussetzungen jedoch im Zeitpunkt der Entscheidung entfallen
sind;

16   b) **Wegen eigenen Verschuldens des Betroffenen** (§ 5 II StrEG): Dieser Ausschlußgrund beruht (entsprechend dem Grundgedanken des § 254
BGB) auf der Erwägung, daß der Betroffene, der in schuldhafter Weise
die Veranlassung zu der Verfolgungsmaßnahme gegeben hat, keine Entschädigung verdient.

17   **Die vorsätzliche oder grob fahrlässige Verursachung** kann im Tatgeschehen, aber auch in einem nachträglichen Verhalten liegen (vgl. Kleinknecht 11 zu § 5 StrEG). Dabei kommt es auf die Beurteilung im Zeitpunkt der Verfolgungsmaßnahme an, nicht auf eine rückschauende Betrachtung (Kleinknecht aaO; Schätzler 19 zu § 5; LG Flensburg MDR **76**,
689). Ob ein grobfahrlässiges Verhalten vorliegt, ist nach objektiven
Maßstäben (entsprechend § 276 I S. 2, § 277 BGB) zu beurteilen (Kleinknecht aaO; Schätzler 20, 22 zu § 5; Köln VRS **50**, 207 mwN; Karlsruhe
MDR **75**, 251; Saarbrücken NJW **75**, 792), also nicht nach den persönlichen Fähigkeiten des Täters. Es kommt darauf an, wie sich ein verständiger Mensch in gleicher Lage verhalten hätte, um sich vor Schaden durch
die Verfolgungsmaßnahme zu schützen (Frankfurt NJW **78**, 1017). Der
Ausschlußgrund ist zB dann zu bejahen, wenn der Betroffene durch
eigenes zurechenbares Verhalten grob pflichtwidrig den Verdacht einer
Ordnungswidrigkeit erweckt und damit auch die wegen dieses Verdachts
ergriffene Verfolgungsmaßnahme einschließlich der dadurch entstandenen Schadenszufügung schuldhaft verursacht hat (LG Mainz VRS **48**,
442; vgl. auch Hamm 13. 7. 1979, 6 Ws 134/79).

18   **Bei einfacher Fahrlässigkeit** soll nach Hamm NJW **75**, 2033 (m. krit.
Anm. D. Meyer NJW **76**, 761) eine Minderung der Entschädigungspflicht möglich sein (so auch Kleinknecht 14 zu § 5 StrEG; Grohmann
MDR **76**, 541; LG Göttingen DAR **76**, 166); dagegen spricht jedoch, daß
§ 5 II StrEG die speziellere Regelung ist, so daß § 254 I BGB wohl nicht
als „übergeordneter Gesichtspunkt" herangezogen werden kann (wie
hier wohl Köln VRS **50**, 207; vgl. auch Bay. bei Rüth DAR **76**, 175);
anders ist es in den Fällen, in denen nach § 4 StrEG eine Entschädigung
nur aus Billigkeitsgründen in Betracht kommt (vgl. 11).

19   **Auf einen Teil von Verfolgungsmaßnahmen** oder einen zeitlichen
Abschnitt der Maßnahme kann sich der Ausschluß der Entschädigung
beziehen (vgl. § 5 II StrEG; „wenn und soweit"). Entscheidend ist dabei
die Reichweite der vom Betroffenen gesetzten Kausalität (vgl. LG Krefeld NJW **73**, 159; Celle VRS **45**, 375); maßgebend ist der Zeitpunkt, zu
dem die Maßnahme, auch unter Berücksichtigung des Verhaltens des

Betroffenen, hätte aufgehoben werden müssen (Hamm VRS **49**, 56; LG Flensburg MDR **76**, 954 m. Anm. D. Meyer; Frankfurt MDR **78**, 514).

20   D. **Die Versagung der Entschädigung** (§ 6 StrEG) ist unter ähnlichen Voraussetzungen möglich, unter denen eine dem Betroffenen nachteilige Kostenentscheidung nach § 467 III StPO getroffen werden kann; vgl. hierzu 24–27 zu § 105. Der Versagungsgrund der Selbstbelastung (§ 6 I Nr. 1 StrEG) ist die speziellere Regelung, so daß diese Fälle nicht im Rahmen des Ausschlußgrundes nach § 5 II StrEG zu beurteilen sind (KG GA **75**, 177; Schleswig NJW **76**, 1467; bei Händel BA **72**, 285; aM Hamm MDR **73**, 72; Karlsruhe MDR **77**, 1041; Kleinknecht 2 zu § 6 StrEG).

21   E. **Der verursachte Vermögensschaden** kann als Entschädigung verlangt werden, wenn er 50 DM übersteigt (§ 7 StrEG). Zu dem Schaden rechnen auch die Kosten für die Inanspruchnahme eines RA zur Abwehr der vorläufigen Verfolgungsmaßnahme, zB der Beschlagnahme (ebenso Schätzler 5 zu § 7), wenn das Verfahren alsdann eingestellt (vgl. 157 ff. vor § 59) wird; insoweit ist der Entschädigungsanspruch durch die §§ 467, 467a StPO nicht verdrängt (BGH NJW **75**, 2341; vgl. auch D. Meyer JurBüro **76**, 561). Bei der Beschlagnahme einer Sache kommt ein Nutzungsausfall als Schaden in Betracht (vgl. auch 5). Beweispflichtig für die Verursachung und die Höhe des Schadens ist der Antragsteller. Bei der Bemessung der Entschädigung sind auch Vorteile des Betroffenen (zB Ersparung von Aufwendungen für die Aufbewahrung der beschlagnahmten Gegenstandes) und die Grundsätze des mitwirkenden Verschuldens zu berücksichtigen (vgl. BGH aaO; Schätzler 11 ff. zu § 7). Die Entschädigung ist danach nicht nur aus dem Gesichtspunkt der überholenden Kausalität (vgl. § 7 IV StrEG) ausgeschlossen oder gemindert.

22   3) **Verfahrensfragen** regelt der § 110 erg. zu den §§ 8 ff. StrEG (vgl. 1).

23   A. **Zuständig** für die Entscheidung ist die VB nur, wenn sie das Bußgeldverfahren abgeschlossen hat (I). Nach Einspruch gegen den Bußgeldbescheid ist die VB dann nicht mehr zuständig, wenn die StA das Verfahren vor Übersendung der Akten an das AG einstellt (vgl. 3 zu § 109) oder das Gericht in der Sache entscheidet. Wird dagegen der Einspruch zurückgenommen oder verworfen, so bleibt die Entscheidung der VB bestehen, so daß sie nach I zuständig ist (Rebmann/Roth/Herrmann 14). Die VB ist unter der Voraussetzung von I auch dann zuständig, wenn die Verfolgungsmaßnahme (zB die Beschlagnahme) richterlich bestätigt worden ist (Schätzler 3 zu § 18).

24   B. **Nur über Verfolgungsmaßnahmen im Bußgeldverfahren** entscheidet die VB, nicht aber über Verfolgungsmaßnahmen, die im vorausgegangenen strafrechtlichen Ermittlungsverfahren getroffen worden sind. Wird im strafrechtlichen Ermittlungsverfahren die vorläufige Entziehung der Fahrerlaubnis angeordnet und die Sache alsdann – nach Verneinung des Verdachts einer Straftat – unter dem Gesichtspunkt einer Ordnungswidrigkeit iS von § 24a StVG (Anh **A 11**) nach § 43 an die VB abgegeben, so entscheidet über eine Entschädigung wegen der vorläufigen Entziehung der Fahrerlaubnis nicht die VB. Diese Verfolgungsmaßnahme ist nicht im Bußgeldverfahren getroffen und hier auch nicht zuläs-

sig (vgl. auch 2 vor § 105). Die Pflicht zur Entschädigung kann also bei
Verfolgungsmaßnahmen nach dem Strafverfahren einerseits und dem
Bußgeldverfahren andererseits verschiedene Stellen treffen. Die Entschädigungspflicht für die Verfolgungsmaßnahmen im Strafverfahren kann
bei einer Tat im verfahrensrechtlichen Sinne (vgl. 50 ff. vor § 59 sowie
25) freilich erst dann einsetzen, wenn im Falle der Abgabe nach § 43 das
Bußgeldverfahren abgeschlossen ist. Dies folgt aus dem Grundgedanken
des § 2 I und dem § 4 II StrEG, der gerade die unerwünschte Auslegung
verhindern will, die Einstellung des Strafverfahrens bei gleichzeitiger
Abgabe an die VB (nach § 43) sei eine entschädigungserhebliche Einstellung iS von § 2 I StrEG (vgl. BT-Drs. VI/460 S. 11 Nr. 4, S. 14 zu § 4;
BT-Rechtsausschuß Prot. Nr. 21 S. 34 ff.). Erst mit Abschluß des Bußgeldverfahrens ist die Grundlage für einen Vergleich möglich, ob die
angeordneten Rechtsfolgen geringer sind als die darauf gerichteten Verfolgungsmaßnahmen (vgl. § 4 I Nr. 2 StrEG). Daraus ergibt sich (ebenso
insgesamt Rebmann/Roth/Herrmann 15, Schätzler 8 zu § 18):

25   a) **Bei Abgabe des Verfahrens nach § 43** an die VB sieht die StA davon
ab, den Beschuldigten über das Antragsrecht nach § 9 I S. 5 StrEG zu
belehren, weil das Verfahren noch nicht abgeschlossen ist (vgl. 24). Ein
während des weiteren Bußgeldverfahrens gleichwohl gestellter Entschä-
digungsantrag müßte als unzulässig verworfen werden, weil er den
Abschluß des Verfahrens (insgesamt: vgl. § 4 II StrEG) voraussetzt. Die
StA wirkt bei Abgabe des Verfahrens nach § 43 auf eine Unterrichtung
über den Ausgang des Verfahrens der VB hin (vgl. 26). Hat das Verfahren vor der StA allerdings mehrere Taten im verfahrensrechtlichen Sinne
(50 ff. vor § 59) zum Gegenstand und wird es nach Einstellung nur wegen
einer Tat nach § 43 abgegeben, so kann wegen der anderen Tat ein getrenntes Entschädigungsverfahren in Betracht kommen (Rebmann/
Roth/Herrmann 15); § 4 II StrEG greift hier nicht ein.

26   b) **Bei entschädigungsfähigen Strafverfolgungsmaßnahmen** unterrichtet die VB nach Abschluß des Verfahrens die StA über den Sachstand
(durch Vorlage der Akten). Wird auf den Einspruch des Betroffenen
durch die StA oder das Gericht eine abschließende Entscheidung getroffen, so entscheidet das Gericht wegen des Grundsatzes der einheitlichen
Verfahrensgestaltung, die sich auf alle rechtlichen Gesichtspunkte erstreckt, zugleich über die Entschädigung von Strafverfolgungsmaßnahmen (so zB über die Entschädigung für die Beschlagnahme des Führerscheins, wenn eine Ordnungswidrigkeit nach § 24a StVG, Anh **A 11**,
verneint wird; vgl. Köln VRS **50**, 207).

27   C. **Von Amts wegen** entscheidet die VB über die Entschädigung dem
Grunde nach, wenn nach ihrer Beurteilung eine entschädigungsfähige
Verfolgungsmaßnahme (vgl. 3) durch sie oder eine ihrer Hilfsorgane
(vgl. 4 zu § 53) getroffen worden ist. Dies gilt sowohl dann, wenn sie das
Verfahren einstellt (mangels hinreichenden Tatverdachts oder nach
§ 47 I), als auch dann, wenn sie einen Bußgeldbescheid erläßt. Bei einer
Einstellung gilt also § 9 StrEG nicht sinngemäß (Schätzler 4 zu § 18); eine
unterschiedliche Behandlung beider Fallgruppen (Einstellung; Bußgeldbescheid) wäre nicht berechtigt, da die VB im Bußgeldverfahren nicht

nur Verfolgungsbehörde, sondern auch für die Ahndung zuständig ist (10 zu § 35) und ihr außerdem die Entscheidung über die Entschädigung zusteht (ebenso Schätzler 4 zu § 18).

28 a) **Belehrung und Anhörung:** Da im Bußgeldverfahren nur ganz selten eine Entschädigung in Betracht kommt und das Verfahren summarisch abläuft, reicht es (bei sinngemäßer Anwendung des StrEG) aus, wenn die VB nach Einstellung oder Erlaß des Bußgeldbescheides den Betroffenen lediglich über die Möglichkeit der Entschädigung belehrt, sofern dies in Betracht kommt, und ihn zugleich anhört. In der Belehrung ist auf die konkrete Verfolgungsmaßnahme sowie auf Ausschluß- und Versagungsgründe hinzuweisen. Eine Zustellung der Mitteilung über die Einstellung des Verfahrens (mit dem Hinweis auf ein Antragsrecht nach § 9 I S. 2 StrEG) kommt nicht in Betracht (so aber Kleinknecht 15 zu § 9 StrEG), da § 9 StrEG wegen der Entscheidungsbefugnis der VB (im Gegensatz zur StA) nicht sinngemäß gilt (vgl. 27); die VB hat auch ohne einen Antrag bei Vorliegen eines Entschädigungstatbestandes (4) und einer entschädigungsfähigen Maßnahme (3) von Amts wegen (vgl. 27) zu entscheiden. Doch wird eine Entscheidung entbehrlich und ein darauf gerichteter Antrag des Betroffenen unzulässig, falls er trotz eines gegebenen Hinweises innerhalb eines Monats keine Entscheidung begehrt (Rechtsgedanke der Verwirkung; vgl. § 9 I S. 3 StrEG).

29 b) **In einem selbständigen Bescheid** trifft die VB stets die Entscheidung (I); § 8 I StrEG ist also nicht sinngemäß anzuwenden. Die Entscheidung dem Grunde nach könnte etwa lauten: ,,In dem Bußgeldverfahren gegen . . . steht dem Betroffenen wegen der Beschlagnahme des Kfz. (für die Zeit vom . . . bis . . .) dem Grunde nach eine Entschädigung (in Höhe von ½ des verursachten Schadens) zu.''

30 c) **Ein Verzicht des Berechtigten** auf die Entscheidung ist möglich (Rebmann/Roth/Herrmann 16; Rotberg 12; Kleinknecht 5 zu § 8 StrEG; Schätzler 7 zu § 8; Händel VOR **73**, 257; aM München **73**, 721).

31 D. **Gegen den Entschädigungsbescheid** dem Grunde nach ist Antrag auf gerichtliche Entscheidung zulässig (II S. 1). Der Antrag ist fristgebunden (14, 19 zu § 62); der Betroffene ist deshalb bei der Zustellung zu belehren (§ 50 II). Über die Möglichkeit der Abhilfeentscheidung vgl. 17 ff. zu § 62, über die Wiedereinsetzung in den vorigen Stand bei Fristversäumnis vgl. § 52.

32 E. **Im Betragsverfahren** (III) entscheidet die VB zunächst selbst, wenn der Entschädigungsbescheid dem Grunde nach rechtskräftig oder nach II abgeändert worden ist. Über das Verfahren im einzelnen vgl. § 10 StrEG. Ist der Berechtigte mit der Entscheidung nicht einverstanden, so steht ihm der Rechtsweg nach § 13 I StrEG offen.

33 F. **Nach Einspruch** und Abgabe der Sache an die StA entscheidet das AG über die Entschädigung, falls der Einspruch nicht verworfen oder zurückgenommen wird (vgl. 23). Die bis dahin von der VB und ihren Hilfsorganen getroffenen Verfolgungmaßnahmen werden so angesehen, als wären sie von den Hilfsorganen der Justizbehörden vorgenommen worden. Das Gericht entscheidet zugleich über die unter dem rechtlichen

Gesichtspunkt einer Straftat getroffenen Verfolgungsmaßnahmen (vgl.
26).

34   **4) Ersatzpflichtig** ist der Bund oder das Land, je nachdem, ob eine VB
des Bundes oder eines Landes das Verfahren durchgeführt hat (IV; vgl.
auch 26 vor § 105). Der Vorbehalt einer abweichenden gesetzlichen Re-
gelung ergibt sich folgerichtig aus dem entsprechenden Vorbehalt in
§ 90 II (vgl. 35 f. zu § 90); von dem Vorbehalt ist Gebrauch gemacht im
Bundesrecht zB in § 233 III Halbs. 2 AFG; Art. 1 § 16 V S. 2 Halbs. 2
AÜG; § 96 III Halbs. 2 SGB IV; § 6 V S. 2 FunkstörG; vgl. ferner in
Baden-Württemberg § 6 BWLOWiG (Anh B 1 a); in Hessen: § 46 VII
HessFAG (Anh B 6a); in Nordrhein-Westfalen: Art. LVIII Abs. 6
AnpGNW (Anh B 8a); in Rheinland-Pfalz: Art. 35 V LStrafÄndGRhPf
(Anh B 9a).

Dritter Teil. Einzelne Ordnungswidrigkeiten

Vorbemerkungen

1   1) **In dem Dritten Teil** sind im wesentlichen die früher im StGB als Übertretungen eingestuften Tatbestände aufgenommen, die in keinem Zusammenhang mit einer besonderen verwaltungsrechtlichen Regelung stehen. Über die Zuständigkeit des Bundes zum Erlaß von Bußgeldtatbeständen vgl. 11 zu § 2.

2   2) **Im Gegensatz zum Besonderen Teil des StGB** enthält der 3. Teil nicht die bedeutsamsten Tatbestände des Ordnungswidrigkeitenrechts (vgl. hierzu näher 1 vor § 1; Knapp JuS **79**, 609, 612). Die Zusammenfassung einzelner Ordnungswidrigkeiten in diesem Teil ist nicht systematisch, sondern gesetzestechnisch begründet: Bei der restlosen Beseitigung der früheren Übertretungstatbestände und der Einstufung geringfügiger Vergehenstatbestände als Bußgeldtatbestände durch das EGStGB ergab sich eine Gruppe von Tatbeständen, die nicht in besondere Gesetze des Bundes- oder Landesrechts untergebracht werden konnten und deren Beibehaltung im Bundesrecht notwendig erschien. Das EGStGB hat sie in dem 3. Teil in einzelnen Abschnitten nach systematischen Gesichtspunkten ordnen wollen. Ob dies gelungen ist, erscheint freilich fraglich; das liegt allerdings daran, daß für die Aufnahme der Tatbestände in diesen Abschnitt eben nicht systematische, sondern gesetzestechnische Gründe bestimmend gewesen sind.

3   3) **Landesrechtliche Bußgeldtatbestände** (oder Straftatbestände) werden durch die Bußgeldtatbestände des 3. Teils nicht berührt, soweit diese nicht eine Materie zum Gegenstand haben, die im 3. Teil abschließend geregelt ist. Eine entsprechende Regelung enthält Art. 4 II EGStGB ausdrücklich für das Verhältnis des Besonderen Teils des StGB zum Landesrecht. Das Fehlen einer ausdrücklichen Regelung für das Ordnungswidrigkeitenrecht läßt nicht den Gegenschluß zu, daß der Landesgesetzgeber im Ordnungswidrigkeitenrecht auch Materien an sich ziehen könne, die im 3. Teil abschließend geregelt sind (vgl. zB §§ 112–114, 116, 119, 120, 122–128). Daß dies nicht zulässig ist, ergibt sich aus der Gesetzgebungskompetenz des Bundes (vgl. Art. 31 GG; 2, 11 zu § 2); jedoch lassen einzelne Regelungen des 3. Teils eine Erweiterung des Tatbestandes zu (vgl. zB 1 zu § 115; 4 zu § 124). Eine dem Art. 4 II EGStGB entsprechende Regelung fehlt für das Verhältnis des 3. Teils zum Landesrecht, weil dieser Teil – im Gegensatz zum Besonderen Teil des StGB (vgl. 2) – nur wenige Bußgeldtatbestände enthält. Deshalb kann gar nicht der Eindruck entstehen, als werde die Kompetenz zum Erlaß von Bußgeldvorschriften im 3. Teil abschließend in Anspruch genommen. Über ergänzende landesrechtliche Bußgeldtatbestände vgl. zB §§ 7ff. BWLOWiG (Anh **B 1a**), Art. 12ff. BayLStVG.

Erster Abschnitt. Verstöße gegen staatliche Anordnungen

Falsche Namensangabe

111 **I Ordnungswidrig handelt, wer einer zuständigen Behörde, einem zuständigen Amtsträger oder einem zuständigen Soldaten der Bundeswehr über seinen Vor-, Familien- oder Geburtsnamen, den Ort oder Tag seiner Geburt, seinen Familienstand, seinen Beruf, seinen Wohnort, seine Wohnung oder seine Staatsangehörigkeit eine unrichtige Angabe macht oder die Angabe verweigert.**

II Ordnungswidrig handelt auch der Täter, der fahrlässig nicht erkennt, daß die Behörde, der Amtsträger oder der Soldat zuständig ist.

III Die Ordnungswidrigkeit kann, wenn die Handlung nicht nach anderen Vorschriften geahndet werden kann, in den Fällen des Absatzes 1 mit einer Geldbuße bis zu tausend Deutsche Mark, in den Fällen des Absatzes 2 mit einer Geldbuße bis zu fünfhundert Deutsche Mark geahndet werden.

1　　**1) Die Vorschrift** ist an Stelle des § 360 I Nr. 8 StGB aF getreten (vgl. 1 vor § 111). Gegenüber dieser Vorschrift ist der Bußgeldtatbestand konkreter gefaßt; außerdem ist die früher strittig gewesene Frage geklärt, welche Bedeutung die ,,Zuständigkeit'' der Behörde, des Amtsträgers usw. hat (Tatbestandsmerkmal oder Bedingung der Ahndung; vgl. II), und klargestellt, in welchem Verhältnis die Vorschrift zu anderen Bußgeldvorschriften steht (vgl. III).

2　　**2) Geschütztes Rechtsgut** ist das staatliche Interesse an der Identitätsfeststellung einer Person und der Kenntnis weiterer Personenangaben (vgl. Erbs/Kohlhaas/Meyer 1), um staatliche Aufgaben odnungsgemäß durchführen zu können (Celle VRS **53**, 458, 460; Bay. VRS **57**, 53, 54). Daraus ist allgemein (für alle Fälle vor die Klammer gezogen) abzuleiten, daß eine Befragung, die nicht zu diesem Zweck geschieht, nicht rechtmäßig ist. Der Befragende überschreitet dann (im konkreten Falle) seinen Zuständigkeitsbereich, so daß damit ein tatbestandsmäßiges Handeln des Befragten entfällt (vgl. 15). Jedoch bleibt die Rechtmäßigkeit gewahrt, wenn der Befragende nach sorgfältiger Prüfung in der Annahme handelt, in Erfüllung seiner Aufgaben, zur Befragung befugt zu sein (Bremen NJW **77**, 158; Karlsruhe VRS **53**, 457; Erbs/Kohlhaas/Meyer 2b). Das Interesse des Staatsbürgers, sich einem staatlichen Verfahren zu entziehen, gibt ihm andererseits kein Recht zur Verweigerung der Angaben zur Person; denn er darf selbst im Straf- und Bußgeldverfahren nur die Aussage zur Sache verweigern (vgl. 17).

3　　A. **Bei einer Identitätsfeststellung** ist die Vorschrift danach nicht anwendbar, wenn der Fragende die Personalien bereits kennt (Bay. bei Rüth DAR **79**, 246; Düsseldorf OLGSt. S. 1 zu § 360 I Nr. 8 StGB; Oldenburg MDR **71**, 861; Erbs/Kohlhaas/Meyer 2b; vgl. auch Hoffmann DVBl. **67**, 751) oder die Identität der Person nach den Umständen des Falles feststeht (Schleswig bei Ernesti/Jürgensen SchlHA **75**, 197);

ebenso, wenn ein Polizeibeamter ohne Grund die Personalien feststellen will (BGH **25**, 13; Hamm NJW **54**, 1212; Karlsruhe VRS **53**, 457, 458); ferner, wenn eine geschiedene Frau, der ihr Mann die Fortführung seines Namens mit Recht untersagt hat, ihn mit dem Zusatz „geschieden" gebraucht, ohne dadurch die Identitätsfeststellung für staatliche Aufgaben zu behindern (aM Celle DStR **40**, 26); desgl. wenn ein falscher Name im privaten Verkehr gebraucht wird.

4   B. **Sind die Personalien nur zum Teil bekannt** (so zB der Name und die Wohnung des Halters eines Kfz.), so kann zur Durchführung von staatlichen Aufgaben die Kenntnis der übrigen Teile der Personalien erheblich sein (zB für die Mitteilung an das Verkehrszentralregister; 18 vor § 89). Die Verweigerung der Angabe der (übrigen) Personalien ist in einem solchen Fall nur ordnungswidrig, wenn danach im einzelnen gefragt wird (Bay. bei Rüth DAR **79**, 246). Für ein Bußgeldverfahren wegen einer Verkehrsordnungswidrigkeit ist die Angabe des Berufs nicht notwendig, wenn die Identität festgestellt ist (vgl. Celle VRS **53**, 458; Bay. VRS **57**, 53; krit. hierzu Schupp NJW **79**, 2240, der die Angabe des Berufs im Hinblick auf die Bemessung der Geldbuße für beachtlich hält; doch werden die Einkommensverhältnisse, die bei geringfügigen Ordnungswidrigkeiten ohnehin vernachlässigt werden können – vgl. 21 ff. zu § 17 – durch die Berufsangabe nicht viel klarer).

5   **3) Die ordnungswidrige Handlung** besteht darin, daß jemand gegenüber einer zuständigen (vgl. 15 f.) Stelle oder Person über seine Personalien (dh die eigenen) unrichtige Angaben macht oder Angaben verweigert.

6   A. **Adressaten der Handlung** sind (im Rahmen ihrer Zuständigkeit, vgl. 15 f.):

7   a) **Behörden,** und zwar nicht nur solche im organisatorischen, sondern auch im funktionellen Sinne, dh alle Stellen, die Aufgaben der öffentlichen Verwaltung wahrnehmen (vgl. § 1 IV VwVfG; 2 vor § 35) sowie (nach dem hier maßgeblichen „strafrechtlichen" Sprachgebrauch; vgl. § 11 I Nr. 7 StGB) auch Gerichte (vgl. 16);

8   b) **Amtsträger;** dazu gehören: Beamte im staatsrechtlichen Sinne, Richter und Personen, die in einem öffentlich-rechtlichen Amtsverhältnis stehen oder sonst dazu bestellt sind, bei einer Behörde oder sonstigen Stelle oder in deren Auftrag Aufgaben der öffentlichen Verwaltung wahrzunehmen (vgl. § 11 I Nr. 2 StGB);

9   c) **Soldaten** der Bundeswehr. Sie haben namentlich im Rahmen der ihnen übertragenen Wach- oder Sicherheitsaufgaben das Recht zur Personenüberprüfung (§§ 4, 5 UZwGBw). Über die Anwendung der Vorschrift bei Soldaten und Beamten der Stationierungsstreitkräfte der NATO vgl. Art. 7a Nr. 1 d. 4. StÄG (Anh **A 15**).

10   B. **Die Personalien** sind in I abschließend genannt (ebenso Erbs/Kohlhaas/Meyer 2 c, aa).

11   a) **Name:** Beim Vornamen reicht die Angabe des Rufnamens aus, falls nicht zur Personenfeststellung alle Vornamen erfragt werden (Erbs/Kohlhaas/Meyer 2 c, bb). Der dem Familiennamen nach § 1355 III

Halbs. 1 BGB vorangestelle Name (Begleitname) ist nicht Teil des Familiennamens; doch gehört der Begleitname zum vollen Namen, auf den es im Rechtsleben zur Identitätsfeststellung ankommt (vgl. Diederichsen NJW **76**, 1172). Nach dem Zweck von I (vgl. 2) muß deshalb auch die Angabe des Begleitnamens erfaßt sein; dafür spricht auch, daß in § 360 I Nr. 8 StGB aF, auf den die Vorschrift zurückgeht, schlechthin der „Name" genannt und mit der jetzigen Fassung nur eine genauere Beschreibung, jedoch keine Einengung des Tatbestandes beabsichtigt war (vgl. BegrEEGStGB zu § 111 S. 351); ferner ist zu berücksichtigen, daß der Begleitname erst nach Inkrafttreten des § 111 eingeführt worden ist. Dies rechtfertigt die Annahme, daß unter dem „Familiennamen" iS von I der Teil des Namens zu verstehen ist, der nicht zum Vornamen gehört und der gegenwärtig geführt wird (also nicht nur Geburtsname ist; ebenso Erbs/Kohlhaas/Meyer 2c, bb). Der Künstlername, der gewohnheitsrechtlich gestattet ist, wird nach dem Zweck der Vorschrift dann als ausreichender Familienname anzusehen sein, wenn seine Angabe zu dem erfragten Ziel (vgl. 2) ausreicht, sonst nicht (vgl. Erbs/Kohlhaas/Meyer aaO, wonach daneben stets der richtige Name anzugeben ist). Das Adelsprädikat ist ein Teil des Namens (KG GA **71**, 139). Zum Namen des nichtehelichen Kindes vgl. §§ 1617, 1618 BGB. Über die Veränderung des Familien- und Vornamens vgl. G v. 5. 1. 1938 (RGBl. I 9; BGBl. III 401–1; vgl. dazu auch BVerwG NJW **55**, 358). Nicht zu dem Namen rechnet die Anredeform (zB „Frau"; vgl. Rdschr. d. BMI v. 16. 1. 1972, GMBl. 99). Der Geburtsname ist erheblich, soweit er für die Personenstandsfeststellung Bedeutung haben kann, also namentlich bei Verheirateten, grundsätzlich aber bei genehmigtem Namenswechsel (Erbs/Kohlhaas/Meyer 2c, bb).

12 b) **Bei Geburtsort und -tag** kommt es ebenfalls darauf an, ob ein zureichender Grund für die Befragung und Identitätsfeststellung besteht (vgl. 2, 4; vgl. auch Düsseldorf NJW **71**, 2237 zu § 360 I Nr. 8 StGB aF).

13 c) **Die Angabe des Familienstandes** (verheiratet, ledig, geschieden) ist für amtliche Feststellungen (vgl. 2, 4) vielfach von Bedeutung (vgl. Bay. NJW **69**, 2057), so daß die Befragung, soweit sie für diese Zwecke benötigt wird (vgl. 4), erlaubt ist. Nicht zum Familienstand gehören die Namen der Eltern.

14 d) **Beim Beruf** kommt es für die Identitätsfeststellung und sonstige Zwecke (vgl. 2, 4) auf den tatsächlich ausgeübten, nicht den erlernten an. Anzugeben ist der Beruf, der in aller Regel zum Erwerb des Lebensunterhalts dient; die Angabe einer Nebenbeschäftigung als Beruf und die Verweigerung weiterer Fragen erfüllt deshalb den Tatbestand (Hamm 2. 5. 1978, 4 Ss OWi 911/78). Zur Angabe des Berufes rechnet aber nicht die Arbeitslosigkeit (LG Lübeck MDR **51**, 244).

14a e) **Wohnort und Wohnung** sind im Rahmen des Erfragungszweckes (vgl. 2) anzugeben. Bei doppelten Wohnorten kommt es auf den an, der erkennbar erfragt wird (zu weitgehend Erbs/Kohlhaas/Meyer c, ff: beide Wohnorte; doch braucht auch danach ein vorübergehender Aufenthaltsort nicht bekanntgegeben zu werden).

15 C. **Die Zuständigkeit der erfragenden Stelle** oder Person ist Tatbestandsmerkmal (3 zu § 11), wie sich jetzt aus II ergibt (ebenso schon früher zu § 360 I Nr. 8 StGB aF: BGH **25**, 13; Bay. NJW **65**, 1492). Die Zuständigkeit hängt davon ab, ob und inwieweit die erfragende Person oder Stelle das Recht hat, die Personalien durch Befragen zu erforschen und festzustellen (vgl. RG **17**, 225; **72**, 31). Es kommt danach darauf an, ob die erfragende Stelle oder Person im Einzelfalle (nach der Art der Amtshandlung) zur Erforschung der Personalien zuständig ist (vgl. Celle VRS **53**, 458; v. Gerlach NJW **74**, 173). Die Unterscheidung zwischen allgemeiner Zuständigkeit und der Befugnis im Einzelfall (so Erbs/Kohlhaas/Meyer 2a, dd) läßt sich nach dem Schutzzweck der Vorschrift (vgl. 2) wohl nicht aufrechterhalten (vgl. Celle VRS **53**, 458; Rebmann/Roth/Herrmann 23; v. Gerlach aaO); doch hat diese Unterscheidung, die in der Widerspiegelung im subjektiven Bereich von Bedeutung sein könnte (vgl. 21), kaum praktische Bedeutung (Rotberg 9f.; zust. insoweit Erbs/Kohlhaas/Meyer aaO).

16 **Einzelheiten:** Die Zuständigkeit zur Befragung ist zB zu bejahen für Verfolgungsorgane, die eine Person als Täter oder Zeuge einer Straftat oder Ordnungswidrigkeit ermitteln wollen (BGH **21**, 334, 364; **25**, 17; vgl. zur Identitätsfeststellung 139ff. vor § 59); ebenso für das Gericht in der Hauptverhandlung (§ 243 II S. 2 StPO, auch iVm § 71). Für Polizeibeamte besteht die Befugnis zur Identitätsfeststellung einer verdächtigen Person selbst dann, wenn sie nicht in Uniform tätig und vor dem Einschreiten nicht im Dienst sind (Celle VRS **28**, 130; Erbs/Kohlhaas/Meyer 2b). Die Befugnis der Polizeibeamten ist auch im Rahmen der Gefahrenabwehr gegeben (Bremen NJW **77**, 158 m. Anm. Thomas NJW **77**, 1072; Erbs/Kohlhaas/Meyer 2a). Zuständig für die Identitätsfeststellung sind weiterhin Sonderbehörden als Ermittlungsbehörden, so zB Bahnpolizeibeamte (BGH **21**, 364; Neustadt NJW **52**, 1028); die Zollbediensteten im Zollgrenzbezirk § 71 II S. 1 ZollG; die mit der Steueraufsicht betrauten Amtsträger vgl. zB § 48 I S. 2 MinöStDV; vgl. ferner 6 zu § 53. Zuständig ist zB auch der Registerrichter (Breslau GA Bd. **51**, 376) oder der Briefträger in seiner Eigenschaft als Zustellungsbeamter iS der Verfahrensvorschriften, nicht aber sonst (RG **17**, 224; weitergehend Erbs/Kohlhaas/Meyer 2a; Rebmann/Roth/Herrmann 26).

17 D. **Weigerungsrecht des Befragten:** Der Beschuldigte oder Betroffene darf die zu seiner Identitätsfeststellung notwendigen Angaben nicht im Hinblick auf seine verfahrensrechtliche Stellung, in der er sich nicht selbst zu belasten braucht, verweigern (BGH **21**, 334, 364; **25**, 13; Bay. NJW **58**, 310, **69**, 2057; Düsseldorf NJW **70**, 1888; LR-Meyer 15f. zu § 136 StPO mwN; LR-Gollwitzer 36 zu § 243 StPO; aM Eser ZStW **79**, 575; Seebode NJW **69**, 2057, MDR **70**, 185). Ein Weigerungsrecht könnte allenfalls dann bejaht werden, wenn sich der Betroffene bereits durch die Angaben zur Person belasten würde (so Rebmann/Roth/Herrmann 18f.); jedoch wird dies kaum in Betracht kommen, weil dann die Identitätsfeststellung mit anderen (wenn auch aufwendigeren und für den Betroffenen einschneidenderen Mitteln) möglich sein wird (LR-Meyer aaO); das Interesse an einer (rascheren) Identitätsfeststellung hat deshalb Vorrang (Erbs/Kohlhaas/Meyer 2b).

18   E. **Die unrichtigen Angaben** können mündlich oder schriftlich gemacht werden (Erbs/Kohlhaas/Meyer 2 d). Werden unvollständige Angaben gemacht, so können sie unrichtig sein (zB bei einem Doppelnamen die Angabe nur eines Teiles, vgl. 11; Erbs/Kohlhaas/Meyer 2 d). Zur richtigen Namensangabe gehört auch die Schreibweise (Schleswig MDR **58**, 707).

19   F. **Das Verweigern** kann in einem aktiven Tun (zB in der Erklärung, keine Angaben machen zu wollen, oder in dem Entfernen) oder in einem Unterlassen (Schweigen) bestehen. Ein besonders aufsässiges Verhalten setzt die Vorschrift ihrem Zweck nach nicht voraus, so daß derjenige, der es unterläßt, bei einer schriftlichen Anhörung die von ihm verlangten Angaben zur Person zu machen, den Tatbestand verwirklichen kann (Frankfurt 8. 9. 1977, 2 Ws B 393/77 OWiG); doch ist es Tatfrage, ob der Betroffene in einem solchen Fall vorsätzlich handelt, was zB bei einer unklaren Belehrung zu verneinen ist (Frankfurt aaO). Ein Verweigern der Angaben liegt auch vor, wenn nur ein Teil der Angaben verweigert wird (Erbs/Kohlhaas/Meyer 2 e); dabei kommt es jedoch darauf an, in welchem Umfang die Personalien von dem Betroffenen erfragt werden (Rebmann/Roth/Herrmann 17) und ob die weiteren Personenangaben zur Erfüllung der staatlichen Aufgaben notwendig sind (vgl. 2 ff.). Mit Übergabe des Personalausweises genügt der Befragte zunächst der Pflicht zur Auskunftserteilung; doch hat er ergänzende Fragen zur Überprüfung der Personalien zu beantworten (Karlsruhe VRS **53**, 472, 473). Macht der Befragte bei der Feststellung der Personalien Schwierigkeiten, so kann dies ein Verweigern sein, so wenn es nach den Umständen des Falles unangemessen wäre, die Befragung trotz der Schwierigkeiten fortzusetzen (vgl. KG DStR **39**, 180). Bei einer Vernehmung kommt es darauf an, ob bei deren Abschluß die Angaben falsch sind oder verweigert bleiben, da die Vernehmung ein einheitlicher Lebensvorgang ist (vgl. Hamm JMBlNW **64**, 130; Erbs/Kohlhaas/Meyer 4).

20   G. **Vorsätzliches Handeln** (2 f. zu § 10) verlangt I; hinsichtlich des Merkmals der Zuständigkeit läßt II jedoch fahrlässiges Handeln (6 ff. zu § 10) genügen. Daß die Angaben unrichtig sind, muß der Täter in jedem Fall wissen oder damit rechnen (bedingter Vorsatz; 3 zu § 10); ebenso, daß es sich bei der erfragenden Person um einen Amtsträger (zB Polizeibeamten) oder Soldaten handelt (Bay. v. 23. 4. 1979, 1 Ob OWi 156/79). Nicht erforderlich ist jedoch die Absicht, über die Person oder die Personalien zu täuschen (Bay. **34**, 95).

21   **Der Irrtum** über die Zuständigkeit (vgl. 15 ff.) der erfragenden Stelle oder Person ist ein Tatbestandsirrtum, der den Vorsatz ausschließt (2 ff. zu § 11; vgl. aber 19). Sieht man die Befugnis zur Erfragung im Einzelfall nicht als Tatbestandsmerkmal der Zuständigkeit an (vgl. 15), so liegt zumindest ein Verbotsirrtum (vgl. 19 ff. zu § 11) vor. Ein Tatbestandsirrtum kommt auch dann in Betracht, wenn der Befragte über den Grund der Befragung nicht hinreichend unterrichtet wird und er deshalb glaubt, die erfragende Person sei hierzu nicht befugt; doch reicht ein knapper Hinweis oder das vorausgegangene Verhalten des Betroffenen aus, wenn er danach nicht im Zweifel über den Anlaß der Personenkontrolle sein

kann (Karlsruhe VRS **53**, 457). Bei einem Verdacht einer Ordnungswidrigkeit ist der Irrtum des Täters über die Rechtmäßigkeit der Personalienfeststellung durch Polizeibeamte in der Regel vermeidbar (Hamburg NJW **79**, 119, nur L).

22   **4) Die Subsidiaritätsklausel** (vgl. 33 vor § 19) in III stellt klar, daß speziellere Vorschriften – auch des Landesrechts – vorgehen; dies gilt zB für § 79a II Nr. 14 ZollG, § 50 II Nr. 9 MinöStDV, ferner für die Bußgeldvorschriften der landesrechtlichen Meldegesetze (vgl. zB § 17 Hess-MeldeG; wN bei Göhler unter 593 C; BegrEEGStB zu § 111, S. 351). Als speziellere Vorschriften kommen nur solche in Betracht, die dem Zweck dienen, die Personenangaben zur Erfüllung von staatlichen Aufgaben festzustellen (vgl. 2). Die Subsidiaritätsklausel greift danach nicht ein, wenn in sonstigen Fällen mehrere Bußgeldvorschriften verletzt sind, erst recht dann nicht, wenn innerhalb eines Tatgeschehens (vgl. 50 ff. vor § 59) mehrere Bußgeldtatbestände verwirklicht sind; allerdings ist es im letzteren Falle fehlerhaft, getrennte Bußgeldverfahren (mit mehreren Bußgeldbescheiden) durchzuführen, weil eine mehrfache Sanktion wegen einer Tat unzulässig ist (vgl. dazu Hamm JMBlNW **77**, 107). Gegenüber Strafvorschriften (vgl. zB § 47 I Nr. 3 AuslG) tritt § 111 stets zurück (§ 21).

23   **5) Bei der Bemessung der Geldbuße** ist das staatliche Interesse an der Personenfeststellung mit zu berücksichtigen (Hamburg HmbJVBl. **77**, 6).

24   **6) Über die Verjährungsfrist** vgl. § 31 II Nr. 4.

25   **7) Bußgeldbehörde** ist die Landesbehörde, auf die die Zuständigkeit zur Verfolgung und Ahndung übertragen worden ist (§ 36 I Nr. 2a, II; 3f. zu § 131); vgl. in **Baden-Württemberg** § 2 OWiZuV (Anh **B 1b**) sowie auch § 85 BWLWaldG, **Bayern** § 1 I ZuVOWiG (Anh **B 2a**), **Berlin** § 1 Nr. 2b ZuständigkeitsVO-OWiG (Anh **B 3**), **Bremen** § 1 VO Anh **B 4b**, **Hamburg** II Nr. 2 AO Anh **B 5b**, **Hessen** § 1 Nr. 1 VO Anh **B 6d**, **Niedersachsen** § 1 Nr. 6f VO Anh **B 7c**, **Nordrhein-Westfalen** § 1 I Nr. 1, 3, II VO Anh **B 8c**, **Rheinland-Pfalz** § 2 Nr. 10 LVO Anh **B 9b**, im **Saarland** VO Anh **B 10b** und in **Schleswig-Holstein** § 6 I Nr. 12 ZuständigkeitsVO (Anh **B 11**). Dies gilt auch dann, wenn eine Bundesbehörde für die Befragung zuständig ist; denn § 36 I Nr. 2b ist nicht einschlägig, da die Bundesbehörde in diesem Falle kein spezielles, durch § 111 abgesichertes Gesetz „ausführt" (vgl. 5 zu § 36); in diesem Zusammenhang ist BGH **25**, 13 beachtlich.

26   **8) Bei einer einheitlichen Tat** (50 ff. vor § 59), die bei § 111 nicht selten in Betracht kommt, ist es fehlerhaft, mehrere Bußgeldbescheide zu erlassen (vgl. 22).

Verletzung der Hausordnung eines Gesetzgebungsorgans

112 ¹ Ordnungswidrig handelt, wer gegen Anordnungen verstößt, die ein Gesetzgebungsorgan des Bundes oder eines Landes oder sein Präsident über das Betreten des Gebäudes des Gesetzgebungsorgans oder des dazugehörigen Grundstücks oder über das Verweilen oder die Sicherheit und Ordnung im Gebäude oder auf dem Grundstück allgemein oder im Einzelfall erlassen hat.

II Die Ordnungswidrigkeit kann mit einer Geldbuße bis zu zehntausend Deutsche Mark geahndet werden.

III Die Absätze 1 und 2 gelten bei Anordnungen eines Gesetzgebungsorgans des Bundes oder seines Präsidenten weder für die Mitglieder des Bundestages noch für die Mitglieder des Bundesrates und der Bundesregierung sowie deren Beauftragte, bei Anordnungen eines Gesetzgebungsorgans eines Landes oder seines Präsidenten weder für die Mitglieder der Gesetzgebungsorgane dieses Landes noch für die Mitglieder der Landesregierung und deren Beauftragte.

1   **1) Die Vorschrift** ist als Ersatzvorschrift für die leichteren Fälle des § 106 b StGB aF aufgenommen. § 106 b StGB ist auf die Fälle beschränkt, in denen durch die Handlung die Tätigkeit des Gesetzgebungsorgans gehindert oder gestört wird. § 112 und der § 106 b StGB bilden danach einen sog. unechten Mischtatbestand (vgl. 33 ff. vor § 1). Liegen die qualifizierenden Merkmale „Hindern" oder „Stören" vor, greift nur § 106 b StGB ein. § 112 wird weiterhin verdrängt, wenn § 123 StGB gegeben ist (vgl. § 21). Zur Entstehung der Vorschrift vgl. Sturm JZ **75**, 8; Rebmann/Roth/Herrmann 2.

2   **2) Geschützt** wird die Tätigkeit der Gesetzgebungsorgane des Bundes (BTag, BRat; vgl. Art. 38 ff., 50 ff. GG) und der Länder (Landtage, Bürgerschaften der Stadtstaaten sowie der Bay. Senat; vgl. Art. 38 ff. BayVerf.) gegen Störungen oder Behinderungen in einem Vorbereich (Schutz des Hausrechts zur ungestörten Funktionstätigkeit; vgl. Erbs/Kohlhaas/Meyer 1). Erfaßt werden danach nur Formalverstöße gegen Anordnungen des Gesetzgebungsorgans oder seines Präsidenten (vgl. Art. 40 II GG) über das Betreten, Verweilen sowie die Sicherheit und Ordnung. Eine allgemeine Anordnung (Hausordnung) ist für den BTag noch nicht ergangen, so daß insoweit nur Anordnungen für den Einzelfall (mündliche und schriftliche; vgl. Rebmann/Roth/Herrmann 8) in Betracht kommen.

3   **3) Der Begriff „Gebäude"** des Gesetzgebungsorgans ist nach dem Zweck der Vorschrift funktionsbezogen zu verstehen; gemeint ist danach das Gebäude, in dem das Parlament gerade tagt und für das die Anordnungen getroffen sind, unabhängig davon, wem das Gebäude gehört (vgl. Sturm JZ **75**, 8; Rebmann/Roth/Herrmann 4; Erbs/Kohlhaas/Meyer 3a). Die Vorschrift greift danach auch ein, wenn das Parlament eine auswärtige Sitzung abhält. Bei Grundstücken kommt es darauf an, ob sie der Verwaltung des Gesetzgebungsorgans unterliegen (Rebmann/Roth/Herrmann 5; Erbs/Kohlhaas/Meyer 3b).

4   **4) Vorsätzliches Handeln** (2 ff. zu § 10) wird vorausgesetzt (vgl. § 10).

5   **5) Für den in III genannten Personenkreis** gilt die Bußgeldvorschrift nicht (Ausschluß des Tatbestandes), selbst wenn sich die Anordnung gegen ihn richtet. Zu den Beauftragten der Bundes- und Landesregierung gehören namentlich deren Ministerialbeamte. Auf eine bestimmte Form der Bauftragung kommt es nicht an (Rebmann/Roth/Herrmann 10).

6 6) **Über die Verjährungsfrist** vgl. § 31 II Nr. 2.

7 7) **Bußgeldbehörde** ist bei Anordnungen für den BTag der Direktor beim BTag, bei Anordnungen für den BRat dessen Direktor (§ 131 I S. 1 Nr. 1). Bei Anordnungen für die Gesetzgebungsorgane der Länder ist eine entsprechende gesetzliche Regelung notwendig, weil § 36 I Nr. 2 nicht paßt; vgl. hierzu in **Baden-Württemberg:** § 15 BWLOWiG (Anh **B 1a**), **Bayern:** Art. 59 BayLStVG (Anh **B 2a**), **Berlin:** Art. LXXXIII StrRAnpG v. 26. 11. 1974 (GVBl. 2746; BRV 452–2), **Bremen:** Art. 161 G v. 18. 12. 1974 (GBl. 351; 45-f-2), **Hamburg:** G v. 24. 2. 1975 (GVBl. 55; BL II 1101–2), **Hessen:** Art. 87 Nr. 1 G v. 4. 9. 1974 (GVBl. I 361; II 24–12), **Niedersachsen:** Art. 65 d. 2. AnpG v. 2. 12. 1974 (GVBl. 535), **Nordrhein-Westfalen:** Art. XLV d. 2. AnpGNW v. 3. 12. 1974 (GVNW 1504; SGVNW 45); **Rheinland-Pfalz:** Art. 72 d. 3. LStrafÄndG v. 5. 11. 1974 (GVBl. 469; BS 452–12), im **Saarland:** § 34 IV G v. 26. 6. 1973 (ABl. 517; BS Saar 1100–1), letztes ÄndG v. 16. 7. 1975 (ABl. 890), und in **Schleswig-Holstein:** § 2a BannkreisG v. 28. 6. 1974 (GVOBl. 230; GSSchlH II 1104–1), ÄndG v. 9. 12. 1974 (GVOBl. 453).

Unerlaubte Ansammlung

113 I Ordnungswidrig handelt, wer sich einer öffentlichen Ansammlung anschließt oder sich nicht aus ihr entfernt, obwohl ein Träger von Hoheitsbefugnissen die Menge dreimal rechtmäßig aufgefordert hat, auseinanderzugehen.

II Ordnungswidrig handelt auch der Täter, der fahrlässig nicht erkennt, daß die Aufforderung rechtmäßig ist.

III Die Ordnungswidrigkeit kann in den Fällen des Absatzes 1 mit einer Geldbuße bis zu tausend Deutsche Mark, in den Fällen des Absatzes 2 mit einer Geldbuße bis zu fünfhundert Deutsche Mark geahndet werden.

1 1) **Die Vorschrift** ist an Stelle des Art. 2 des 3. StrRG getreten, der wiederum den außer Kraft getretenen § 116 StGB aF und den ebenfalls aufgehobenen § 29 Nr. 4 VersammlG ersetzt hatte, der allerdings durch das G v. 25. 9. 1978 (BGBl. I 1571) als § 29 I Nr. 2 in das VersammlG wieder eingefügt worden ist. Gegenüber Art. 2 des 3. StrRG ist die Vorschrift unverändert. Zur Entstehung des § 113 vgl. Rebmann/Roth/ Herrmann 2.

2 2) **Geschützt** wird die öffentliche Sicherheit und Ordnung vor einer Gefährdung, die durch eine unfriedliche, aber auch friedliche Ansammlung entstehen kann, so zB durch eine Behinderung des Straßenverkehrs oder eine Behinderung von Rettungsmaßnahmen in Katastrophenfällen (vgl. aber 14 aE) oder von Ermittlungsmaßnahmen bei Straftaten (Erbs/- Kohlhaas/Meyer 1). Im Verhältnis zu § 125 StGB ist § 113 ein Auffangtatbestand, der eingreift, wenn die dort vorgesehenen einengenden Merkmale nicht vorliegen oder nachgewiesen sind (Erbs/Kohlhaas/ Meyer 1; Rebmann/Roth/Herrmann 3).

3 3) **Die ordnungswidrige Handlung** liegt in der bloßen Nichtbeachtung der Anordnung, auseinanderzugehen. Ob der Verstoß gegen die

Anordnung die öffentliche Sicherheit oder Ordnung gefährdet oder gefährden kann, darauf kommt es nicht an. Jedoch muß die Anordnung rechtmäßig sein. Die Vorschrift gibt danach keine Befugnis, Ansammlungen aufzulösen, sondern setzt diese Befugnis nach anderen Vorschriften voraus (vgl. 7).

4   A. **Eine Ansammlung** liegt vor, wenn sich eine größere Anzahl von Personen (vgl. den Wortlaut „die Menge") zusammenfindet, bei der es nicht mehr darauf ankommt, ob ein einzelner hinzukommt oder weggeht (Erbs/Kohlhaas/Meyer 2a; Rebmann/Roth/Herrmann 4). Wie die Ansammlung entstanden ist (organisiert oder zufällig), welchen Zweck oder welche gemeinsamen Interessen die Menschenmenge verbindet (zB Demonstration, Neugier) und welcher Art die Ansammlung ist (friedlich oder unfriedlich), darauf kommt es nicht an (Erbs/Kohlhaas/Meyer 2a; Rebmann/Roth/Herrmann 5f.).

5   B. **Öffentlich** muß die Ansammlung sein. Das bedeutet, daß für beliebig viele Menschen in unbestimmter Zahl die Möglichkeit des Anschlusses gegeben sein muß (BGH NJW **54**, 1694; vgl. auch Schleswig SchlHA **76**, 167), nicht aber, daß die Ansammlung auf öffentlichen Plätzen oder Wegen stattfinden muß oder daß sie von der Öffentlichkeit gesehen werden kann (Erbs/Kohlhaas/Meyer 2b; Rebmann/Roth/Herrmann 7). Der Umstand, daß sich der Teilnehmerkreis nach der Art der Ansammlung auf bestimmte Personengruppen (zB Angehörige eines Großbetriebes) beschränkt, schließt die Öffentlichkeit nicht aus (RG **54**, 89; Erbs/Kohlhaas/Meyer 2b).

6   C. **Der Begriff „Träger von Hoheitsbefugnissen"** ist negativ dahin abzugrenzen, daß Anordnungen von Privatpersonen unbeachtlich sind; mehr besagt diese Einschränkung nicht. Wenn nämlich eine Anordnung hoheitlicher Art rechtmäßig – wie dies I voraussetzt – getroffen ist, dann kann sie nur von einem Träger von Hoheitsbefugnissen gegeben sein; sonst wäre sie nicht rechtmäßig (vgl. 7). Als Träger von Hoheitsbefugnissen kommen Amtsträger (vgl. 8 zu § 111) und Soldaten der Bundeswehr in Betracht; ferner Soldaten, Beamte oder von ihnen zugezogene Bedienstete der Stationierungsstreitkräfte der NATO (Art. 7a Nr. 2 d. 4. StÄG, Anh **A 15**).

7   D. **Die Rechtmäßigkeit** der Aufforderung ist Tatbestandsmerkmal, wie sich aus II ergibt (vgl. 15 zu § 111). Die Aufforderung muß danach ihre Grundlage im öR haben und von einer sachlich und örtlich zuständigen Person (die deshalb stets Träger dieser Hoheitsbefugnis ist; vgl. 6) ausgesprochen sein (Erbs/Kohlhaas/Meyer 3a, dd). Dabei ist zu unterscheiden:

8   a) **Bei Versammlungen** ist eine Auflösung im Hinblick auf das Grundrecht der Versammlungsfreiheit (Art. 8 GG) nur auf Grund der §§ 13, 15 II VersammlG zulässig, also nicht auf Grund der allgemeinen polizeilichen Generalklausel (Erbs/Kohlhaas/Meyer 3a, dd; Rebmann/Roth/Herrmann 16). Abgrenzungsschwierigkeiten in der Frage, ob die Auflösung rechtmäßig ist, können sich hier bei der Auflösung einer friedlichen Versammlung unter freiem Himmel ergeben, wenn die Auflösung auf eine unmittelbare (nicht ausreichend ist eine nur abstrakte) Gefährdung der öffentlichen Ordnung oder Sicherheit gestützt ist: Einer zu weiten Ausdehnung des Schutzes der öffentlichen *Ordnung* steht nämlich entgegen, daß dann das Grundrecht der Versammlungsfreiheit (Art. 8 GG) in seinem Bestand angetastet würde (vgl. Ott, Versammlungsrecht, 1969, 5, 10 zu § 15; BGH **5**, 250). Zur Interessenabwägung vgl. eingehend Rebmann/Roth/Herrmann 18 ff. Ob die Auflösung einer Spontanversammlung (anders als die einer angemeldeten Versammlung) schon bei der Drohung einer Gefährdung der öffentlichen Sicherheit und Ordnung oder auch erst bei einer unmittelbaren Gefährdung zulässig ist, erscheint zw. (vgl. näher Rebmann/Roth/Herrmann 23). Die Auflösungsanordnung muß der Aufforderung zeitlich vorausgehen und sich von ihr deutlich abheben (Erbs/Kohlhaas/Meyer 3 a, dd). Welche Behörde zur Auflösung zuständig ist, ergibt sich aus dem Landesrecht (Karlsruhe NJW **74**, 2144; Rebmann/Roth/Herrmann 15).

9 b) **Bei Ansammlungen,** die keine Versammlungen sind, ist die Rechtmäßigkeit der Aufforderung im wesentlichen nach dem Polizeirecht zu beurteilen, so zB die Aufforderung, zur Wahrung der öffentlichen Ordnung (zB ungehinderter Ablauf des Straßenverkehrs; vgl. BGH **5**, 245, 250; LG Bremen NJW **68**, 1889) auseinanderzugehen (Erbs/Kohlhaas/ Meyer 3 a, dd; Rebmann/Roth/Herrmann 24).

10 c) **Die Zweckmäßigkeit** der Aufforderung im Einzelfall ist im Rahmen der Rechtmäßigkeit nicht (auch nicht nach etwaigen Ermessensfehlern) zu prüfen (Erbs/Kohlhaas/Meyer 3 a, dd); doch ist die Rechtmäßigkeit auch nach den Grundsätzen der Erforderlichkeit und Verhältnismäßigkeit zu beurteilen (Rebmann/Roth/Herrmann 26).

11 E. **An die Menschenmenge** muß die dreimalige Aufforderung gerichtet sein, also nicht an den einzelnen (RG **13**, 67); doch kann sich aus den Umständen ergeben, daß die einem einzelnen gegenüber ausgesprochene Aufforderung der Menge insgesamt gilt (BGH NJW **54**, 1694). Ob der einzelne selbst die Aufforderung hört oder ob er sie von anderen erfährt, ist gleichgültig (BGH **5**, 245, 251; Erbs/Kohlhaas/Meyer 3 a, bb). Auf den Wortlaut der Aufforderung kommt es nicht an; doch muß genügend bestimmt sein, daß jeder einzelne den räumlichen Zusammenhang mit der Menge lösen soll (Erbs/Kohlhaas/Meyer aaO; Rebmann/Roth/Herrmann 10; Karlsruhe NJW **74**, 2144). Die Aufforderung, nur den Platz zu wechseln oder einen bestimmten Raum freizumachen, reicht nicht aus (BGH aaO; Erbs/Kohlhaas/Meyer aaO; Rotberg 7). An dem Erfordernis der dreimaligen Aufforderung ist – abweichend vom Vorschlag des BRates – festgehalten, da die Notwendigkeit einer Ausweitung des Tatbestandes durch praktische Erfahrung nicht nachgewiesen sei (vgl. BerEEGStGB zu Art. 27 Nr. 45). Zwischen den einzelnen Aufforderungen muß ein angemessener Zeitraum liegen (Erbs/Kohlhaas/Meyer 3 a, cc).

12 F. **Die Nichtbeachtung der Aufforderung** kann darin bestehen, daß sich jemand der Menge anschließt, zu ihr also hinzukommt, oder sich aus ihr nicht entfernt. Bewegt sich die Menge geschlossen an eine andere Stelle, so entfernt sich der einzelne nicht aus ihr. Allerdings muß der einzelne die Möglichkeit haben, sich aus der Menge zu entfernen (Celle

NJW **70**, 206; Rebmann/Roth/Herrmann 29; Erbs/Kohlhaas/Meyer 3 b,
bb); das ist bei einem Zurückdrängen der Menge durch eine Polizeikette
nach hinten für die in den vorderen Reihen stehenden Personen oft nicht
der Fall. Zwischen Aufforderung und deren Nichtbeachtung muß eine
den Umständen des Falles nach angemessene Zeitspanne liegen (Erbs/
Kohlhaas/Meyer aaO); bei dringenden Rettungsmaßnahmen in Katastrophenfällen ist eine rasche Entfernung geboten.

13   G. **Vorsätzliches Handeln** (2 ff. zu § 10) verlangt I (§ 10); hinsichtlich
des Merkmals der Rechtmäßigkeit der Aufforderung läßt II jedoch fahrlässiges Handeln (6 ff. zu § 10) genügen. Vorsätzliches Handeln ist nicht
gegeben, wenn der Täter die Aufforderung nicht gehört und auch auf
Grund des Verhaltens der Menge keinen Anlaß zu der Annahme hat, sie
sei aufgelöst; ebenso wenn der Täter irrtümlich annimmt, nicht die Möglichkeit zu haben, sich zu entfernen (vgl. 12 sowie 2 zu § 10). Wer hinsichtlich der Rechtmäßigkeit der Aufforderung die Rechtslage so, wie sie
durch eine gefestigte höchstrichterliche Rspr. beurteilt wird, kennt, der
handelt vorsätzlich, auch wenn er diese Beurteilung für falsch hält; denn
er weiß, daß er einer nach der geltenden Rechtsordnung rechtmäßigen
Anordnung zuwiderhandelt (vgl. BGH **4**, 3; Karlsruhe NJW **74**, 2144).
Auch sonst schließen Subsumtionsirrtümer den Vorsatz nicht aus (vgl. 8
zu § 11), so zB, wenn der Täter die Aufforderung nur für unzweckmäßig
hält und deshalb glaubt, sie sei nicht rechtmäßig (vgl. 10).

14   **4) Konkurrenzen:** Beim Zusammentreffen mit Straftatbeständen (vgl.
zB §§ 113, 125 StGB) tritt die Vorschrift stets zurück (§ 21); sie ist also
nicht als Spezialtatbestand zu einem Straftatbestand anzusehen (vgl. 34
vor § 19, 7 zu § 21). Im Verhältnis zu § 29 I Nr. 2 VersammlG ist diese
die speziellere (vgl. 34 vor § 19) Vorschrift: Beide Tatbestände schützen
das gleiche Rechtsgut (öffentliche Sicherheit und Ordnung; vgl. 1) und
haben die gleiche Bußgelddrohung; jedoch setzt die Tatbestandsverwirklichung nach § 29 I Nr. 2 VersammlG bereits mit der Auflösung der
Versammlung ein, so daß es also nicht einer dreimaligen Aufforderung
bedarf. Die Auffassung, daß zwischen beiden Tatbeständen Tateinheit
besteht (so Erbs/Kohlhaas/Meyer 6), orientiert sich an der Rspr. zum
Verhältnis des früheren Straftatbestandes des § 116 StGB aF zu der Bußgeldvorschrift des Art. 2 d. 3. StrRG bzw. des aufgehobenen Übertretungstatbestandes des § 29 Nr. 4 VersammlG aF (vgl. 1; Bay. NJW **69**,
63; LG Hannover NJW **69**, 1038; vgl. hierzu aber auch Dreher, 31. Aufl.,
7 zu § 116), die mit der Umwandlung von § 116 StGB aF in die Bußgeldvorschrift des § 113 überholt ist. Doch ist jetzt das Verhältnis von § 29 I
Nr. 2 VersammlG zu § 113 unausgewogen, weil die Ahndbarkeit bei
einer (an sich geschützten) Versammlung früher beginnt als bei einer (uU
von vornherein unfriedlichen Ansammlung). Speziellere Bußgeldvorschriften im Verhältnis zu § 113 kommen auch sonst in Betracht, so zB
die Bußgeldtatbestände über das Nichtbefolgen einer Anordnung zum
Räumen eines Platzes in einem Katastrophenfall (vgl. zB §§ 17, 25
HKatSG, § 17 II, § 28 HmbKatSG).

15   **5) Über die Verjährungsfrist** vgl. § 31 II Nr. 4.

16 6) **Bußgeldbehörde** ist die Landesbehörde, auf die die Zuständigkeit zur Verfolgung und Ahndung übertragen worden ist (§ 36 I Nr. 2a, II; 3f. zu § 131); vgl. in **Baden-Württemberg** § 2 OWiZuV (Anh **B 1b**), **Bayern** § 1 I zu ZuVOWiG (Anh **B 2b**), **Berlin** § 1 Nr. 2b ZuständigkeitsVO-OWiG (Anh **B 3**), **Bremen** § 1 VO Anh **B 4c**, **Hamburg** II Nr. 3 AO Anh **B 5b**, **Hessen** § 1 Nr. 2 VO Anh **B 6d**, **Niedersachsen** § 1 Nr. 3b VO Anh **B 7c**, **Nordrhein-Westfalen** § 1 III Nr. 1, 4 VO Anh **B 8e**, **Rheinland-Pfalz** § 2 Nr. 10 LVO Anh **B 9b**, im **Saarland** VO Anh **B 10b** und in **Schleswig-Holstein** § 2 I Nr. 24 Zuständigkeits-VO (Anh **B 11**).

Betreten militärischer Anlagen

114 [I] **Ordnungswidrig handelt, wer vorsätzlich oder fahrlässig entgegen einem Verbot der zuständigen Dienststelle eine militärische Einrichtung oder Anlage oder eine Örtlichkeit betritt, die aus Sicherheitsgründen zur Erfüllung dienstlicher Aufgaben der Bundeswehr gesperrt ist.**

[II] **Die Ordnungswidrigkeit kann mit einer Geldbuße geahndet werden.**

– § 114 gilt nicht im Land Berlin (§ 133) –

1 1) **Die Vorschrift** ist als Ersatzvorschrift für § 363 StGB aF aufgenommen (vgl. 1 vor § 111). Gegenüber dieser Vorschrift ist § 114 tatbestandlich nur redaktionell geändert; dabei ist allerdings klargestellt, daß auch fahrlässiges Handeln (6 ff. zu § 10) für die innere Tatseite ausreicht, was bei § 363 StGB aF str. war. Die Einstufung des Tatbestandes als Ordnungswidrigkeit hat zur Folge, daß bei Erfüllung des Tatbestandes nur noch ein Festhalten des Täters zur Identitätsfeststellung (vgl. 139 ff. vor § 59) möglich ist, wenn kein Verdacht für eine Straftat (so etwa versuchte Ausspähung oder verbotene Nachrichtentätigkeit, § 96 I, § 109 f StGB) gegeben ist.

2 2) **Geschützt** wird die Sicherheit militärischen Geländes (gegen mögliche Störungen oder Ausspähung in einem Vorbereich); die Vorschrift gilt deshalb nicht für Einrichtungen und Anlagen der gewerblichen Wirtschaft, die in die Verteidigungsproduktion eingeschaltet sind oder zB als Energieversorgungsbetriebe den Bedarf der Bundeswehr decken; doch können Betriebsteile der Verfügungsgewalt der Bundeswehr unterliegen (Erbs/Kohlhaas/Meyer 3a; Rotberg 3).

3 A. **Militärische Einrichtungen und Anlagen** sind danach nur solche, die unmittelbar dem Zweck der Bundeswehr (über die Stationierungsstreitkräfte vgl. 6) dienen und deren Verfügungsgewalt unterliegen (vgl. Dreher/Tröndle 1 zu § 109g); auf die Eigentumsverhältnisse kommt es dagegen nicht an. Einrichtungen und Anlagen des Bundesgrenzschutzes werden durch die Vorschrift nicht geschützt (Erbs/Kohlhaas/Meyer 3a). Im einzelnen rechnen hierzu zB Kasernen, Lagerräume, Flugzeughallen, Fahrzeuge, Beobachtungsstellen, Übungs- und Ausbildungsstätten uä (Erbs/Kohlhaas/Meyer 3a).

4   B. **Örtlichkeiten** sind gegen unbefugtes Betreten geschützt, soweit sie
aus Sicherheitsgründen zur Erfüllung dienstlicher Aufgaben der Bundeswehr (vgl. 3) gesperrt sind, so zB für militärische Übungen oder Transportbewegungen. Der Sperrzweck muß darauf gerichtet sein, militärische Vorgänge abzuschirmen oder durchzuführen (vgl. auch 7). Dieser
Zweck verbietet es, ganze Gebiete oder gewerbliche Einrichtungen zu
sperren (Erbs/Kohlhaas/Meyer 3 b; vgl. Begr. BT-Drs. II/3039 S. 19).

5   C. **Täter kann auch ein Soldat** der Bundeswehr sein, wenn er keine
Befugnis hat, den Sperrbereich zu betreten (Karlsruhe NJW **73**, 1811).

6   D. **Für Einrichtungen, Anlagen pp der Stationierungsstreitkräfte** der
NATO vgl. Art. 7a Nr. 3d. 4. StÄG (Anh **A 15**).

7   **3) Die Sperre** muß von den zuständigen Dienststellen der Bundeswehr
getroffen sein. Welche dies sind, ergibt sich aus der inneren Organisation
der Bundeswehr (Erbs/Kohlhaas/Meyer 3 d, aa; Rebmann/Roth/Herrmann 8). Einer besonderen Form der Bekanntgabe bedarf die Sperre
nicht; sie kann danach zB durch Warntafeln, aber auch durch Mitteilung
in Presse, Rundfunk uä vorgenommen werden (Rebmann/Roth/Herrmann 8). Die Zuständigkeit der Dienststelle ist Tatbestandsmerkmal
(ebenso Erbs/Kohlhaas/Meyer aaO; Rotberg 5; aM Rebmann/Roth/
Herrmann 11: Bedingung der Ahndung; warum jedoch das Merkmal der
Zuständigkeit hier anders bestimmt werden sollte als in § 111, ist nicht
ersichtlich). Der Grund für die Sperre ist die Sicherheit der Erfüllung
dienstlicher Aufgaben der Bundeswehr gegen mögliche Störungen; dies
kann auch bei einer Parade in Betracht kommen (Erbs/Kohlhaas/Meyer
3 b; aM Rotberg 4). Ob das Sperrverbot jedoch (überhaupt und in dem
angeordneten Ausmaß) erforderlich war, darauf kommt es nicht an
(Karlsruhe NJW **73**, 1811; Erbs/Kohlhaas/Meyer 3 d, bb; Rotberg 5).

8   **4) Die Tathandlung** besteht im Betreten der Einrichtung usw. Dazu
reicht es auch, daß ein Körperteil in den geschützten Bereich gelangt ist
(Rebmann/Roth/Herrmann 7). Auch das Befahren mit einem Fahrzeug
(auf dem Land oder zu Wasser) erfüllt den Tatbestand (Erbs/Kohlhaas/
Meyer 3c; Rebmann/Roth/Herrmann 7). Gegen die Einsicht durch
Überfliegen eines gesperrten Gebietes schützen die §§ 26, 61, 62 LuftVG.

9   **5) Fahrlässiges Handeln** (vgl. 6ff. zu § 10) reicht zur Erfüllung des
Tatbestandes aus. Gelangt jemand versehentlich in ein gesperrtes Gebiet,
so handelt er vorsätzlich, wenn er es nicht unverzüglich danach auf dem
kürzesten Wege verläßt (Erbs/Kohlhaas/Meyer 4; Rebmann/Roth/Herrmann 11). Zum Irrtum über die Zuständigkeit der anordnenden Dienststelle vgl. 7.

10   **6) Der Höchstbetrag der Geldbuße** beträgt bei vorsätzlichem Handeln
1000 DM (§ 17 I), bei fahrlässigem Handeln 500 DM (§ 17 II).

11   **7) Über die Verjährungsfrist** vgl. § 31 II Nr. 4.

12   **8) Bußgeldbehörde** ist die Wehrbereichsverwaltung (§ 131 I S. 1
Nr. 2) als Mittelbehörde der Bundeswehrverwaltung; ob dies auch gilt,
wenn es sich um das Betreten von Anlagen pp. der Stationierungsstreitkräfte handelt, erscheint zweifelhaft, da es an einer ausdrücklichen Bestimmung in Art. 7a d. 4. StÄG (Anh **A 15**) fehlt (vgl. auch 3f. zu § 131).

Möglich ist deshalb die Auslegung, daß in diesen Fällen § 36 I Nr. 2a, II anzuwenden ist (vgl. auch § 1 III Nr. 4 VO Anh **B 8 c**).

13 **9) Weitere Bußgeldvorschriften** zum Schutz von Verteidigungsanlagen uä enthalten § 27 SchBerG, § 61 LuftVG.

Verkehr mit Gefangenen

115 **I Ordnungswidrig handelt, wer unbefugt**

1. einem Gefangenen Sachen oder Nachrichten übermittelt oder sich von ihm übermitteln läßt oder

2. sich mit einem Gefangenen, der sich innerhalb einer Vollzugsanstalt befindet, von außen durch Worte oder Zeichen verständigt.

II Gefangener ist, wer sich auf Grund strafgerichtlicher Entscheidung oder als vorläufig Festgenommener in behördlichem Gewahrsam befindet.

III Die Ordnungswidrigkeit und der Versuch einer Ordnungswidrigkeit können mit einer Geldbuße geahndet werden.

1 **1) Die Vorschrift** ist durch das EGStGB an die Stelle des früheren Übertretungstatbestandes des § 1 der PolizeiVO vom 20. 2. 1941 (RGBl. I 104) getreten, der durch Zeitablauf im Jahre 1961 außer Kraft getreten ist. Das Fehlen eines Sanktionstatbestandes hatte sich in der Praxis als eine Lücke erwiesen (vgl. BegrEEGStGB zu § 115, S. 352). Über § 115 hinausgehende Regelungen im Landesrecht sind zulässig (3 vor § 111), so zB in Bayern Art. 21 BayLStVG über den Verkehr mit Verwahrten, die nicht Gefangene iS des § 115 sind (vgl. auch Art. 292 III EGStGB).

2 **2) Geschützt** werden durch die Vorschrift unterschiedliche Interessen, so einerseits das spezielle Interesse an dem geordneten Ablauf des Strafvollzuges (Anstaltsordnung) und andererseits die ganz allgemeinen staatlichen Interessen an der Aufklärung von Straftaten, der Durchsetzung der Strafvollstreckung sowie der Verhinderung weiterer Straftaten (ebenso Erbs/Kohlhaas/Meyer 1; Rebmann/Roth/Herrmann 2). Erfahrungsgemäß können diese Interessen durch Kontaktaufnahmen mit Gefangenen beeinträchtigt werden, indem zB ein strafrechtlich erheblicher Sachverhalt verdunkelt, eine Gefangenenbefreiung vorbereitet, die Bindung zu einer Bande aufrechterhalten oder das Wissen des Gefangenen zur Vorbereitung einer neuen Straftat genutzt wird. Der StrABTag hatte erwogen, den Tatbestand in dieser Richtung als konkretes Gefährdungsdelikt auszugestalten, hiervon jedoch mit Recht abgesehen, weil die Vorschrift sonst nicht praktikabel gewesen wäre (BerEEGStGB zu Art. 27 Nr. 45); es gehört im übrigen gerade zu der Typik des Ordnungswidrigkeitenrechts, abstrakt gefährliche Verhaltensweisen als Formalverstöße gegen soziale Spielregeln zu erfassen (vgl. 1 vor § 1). Die Praxis sollte jedoch bei der Handhabung der Vorschrift – wie auch sonst – deren Schutzzweck berücksichtigen und nach dem Opportunitätsprinzip bei harmlosen Kontaktaufnahmen im Einzelfall von der Verfolgung absehen.

3   **3) Der Tatbestand** erfaßt nicht alle Fälle der Kontaktaufnahme mit einem Gefangenen, sondern beschränkt sich auf das unbefugte Übermitteln von Sachen oder Nachrichten (I Nr. 1) und das unbefugte Verständigen von außen (I Nr. 2). Ausgenommen vom Sanktionsschutz sind danach schon nach der Beschreibung des Tatbestandes harmlose Kontaktaufnahmen, wie zB ein Zuruf, der noch keine Nachricht ist, oder eine bloße Begrüßung von außen (BegrEEGStGB zu § 115, S. 352).

4   **A. Gefangener** ist nach II, wer sich auf Grund strafgerichtlicher Entscheidung oder vorläufig Festgenommener in behördlichem Gewahrsam befindet. Es scheiden damit alle Fälle aus, in denen jemand auf Grund anderer Entscheidungen oder Maßnahmen in behördlichem Gewahrsam ist, so zB nach den UnterbringungsGen der Länder (vgl. zB in Nordrhein/Westfalen Psych KG v. 2. 12. 1969, GVNW 872/SGVNW 2128), nach § 16 AuslG (Abschiebungshaft) uä (Erbs/Kohlhaas/Meyer 3b).

5   a) **Strafgerichtliche Entscheidungen** sind neben den Verurteilungen zu Freiheitsstrafe und freiheitsentziehenden Maßnahmen der Besserung und Sicherung (vgl. § 61 Nr. 1–4 StGB) auch diejenigen, die nur vorläufiger Art sind (Haftbefehl, Unterbringungsbefehl, §§ 112ff., 126a StPO; Unterbringungsanordnung, § 71 II JGG); ferner auch die Ordnungshaft nach § 178 GVG, Art. 8 EGStGB, Anh **A 1** (Erbs/Kohlhaas/Meyer 3a). Die Erzwingungshaft nach § 96 ist keine strafgerichtliche Entscheidung; anders jedoch wohl die Erzwingungshaft nach § 70 II, § 95 II StPO, da sie im Zusammenhang mit einem Strafverfahren steht (Erbs/Kohlhaas/Meyer 3a).

6   b) **Unter vorläufiger Festnahme** ist, wie der Zusammenhang mit der „strafgerichtlichen Entscheidung‟ und der Zweck der Vorschrift (vgl. 2) ergibt, nur die nach § 127 StPO gemeint; das Festhalten zur Identitätsfeststellung (vgl. 139ff. vor § 59) und zur Vornahme von Untersuchungen nach §§ 81ff. StPO rechnen nicht hierher (Erbs/Kohlhaas/Meyer aaO); ebenso nicht ein vorläufiger Gewahrsam nach den UnterbringungsGen der Länder (vgl. 4; Erbs/Kohlhaas/Meyer aaO; aM Rebmann/Roth/Herrmann 12).

7   c) **Der Begriff „behördlicher Gewahrsam‟** hat neben den Abgrenzungsmerkmalen unter 5, 6 keine besondere Eingrenzungsfunktion. Positiv ist damit auch der Polizeigewahrsam bei der vorläufigen Festnahme (6) erfaßt; negativ sind die Fälle ausgeschieden, in denen zwar die Freiheitsentziehung besteht, sie jedoch nicht im behördlichen Anstaltsbereich vollzogen wird (so zB bei der Aufnahme eines Gefangenen in einem öffentlichen Krankenhaus; vgl. Erbs/Kohlhaas/Meyer 3c).

8   B. **Das Übermitteln von Sachen oder Nachrichten** ist die Weitergabe einer außerhalb des Anstaltsbereichs stammenden (oder dem Gefangenen sonst nicht zugänglichen) Sache (dh jeder körperliche Gegenstand, so zB auch Zettel, Briefe, Lebensmittel, Werkzeuge) oder Nachricht (dh eine mündliche Mitteilung über Tatsachen) an einen Gefangenen in den Anstaltsbereich hinein (und umgekehrt).

9   a) **Der Begriff „übermitteln‟** in I Nr. 1 ist danach räumlich-persönlich zu verstehen (vgl. 8), also nicht etwa in dem Sinne, daß jemand (als

Art Vermittler) eine von einer dritten Person stammende Sache oder Nachricht an den Gefangenen weitergibt (ebenso Erbs/Kohlhaas/Meyer 4a, cc). Das ergibt sich einmal daraus, daß der Begriff „übermitteln" auch bei der Entgegennahme einer Sache (oder Nachricht) von einem Gefangenen verwendet ist und hier nicht nur der Fall gemeint sein kann, daß der Gefangene die Sache (oder Nachricht) eines Dritten (Mitgefangenen) für diesen an einen anderen weitergibt; denn dann wären die praktisch wichtigsten Fälle, nämlich die Entgegennahme einer vom Gefangenen selbst stammenden Sache (oder Nachricht) nicht erfaßt (vgl. 12). Bei der Übermittlung einer Sache an den Gefangenen kann nichts anderes gelten; auch hier kann es nicht darauf ankommen, ob der Übermittler seine eigene Sache (zB Ausbruchswerkzeug) an den Gefangenen gelangen läßt oder ob er für einen Dritten tätig wird.

10   b) **Das Übermitteln unter den Gefangenen** innerhalb der Anstalt wird von I Nr. 1 nicht erfaßt (vgl. auch 18), soweit die Sachen und Nachrichten nicht von außerhalb des Anstaltsbereichs stammen (oder sie den Gefangenen zugänglich sind), weil hier die räumliche Phase der Weitergabe fehlt (ebenso Erbs/Kohlhaas/Meyer 4a, cc).

11   c) **Beim Übermitteln außerhalb der Anstalt** an einen Gefangenen (zB auf einer Außenarbeitsstelle) kann die Vorschrift eingreifen, so wenn die Sache (oder Nachricht) in den Anstaltsbereich hineingelangen (oder dort als Nachricht der Außenwelt verwertet werden) soll, nicht jedoch, wenn die Sache zB zum Verzehr oder zur Verwendung auf der Arbeitsstelle durch den Gefangenen bestimmt ist (ebenso Erbs/Kohlhaas/Meyer 4a, cc).

12   d) **Das Übermittelnlassen** von einem Gefangenen bezieht sich auf alle Sachen und Nachrichten, die von dem Gefangenen innerhalb des Anstaltsbereichs stammen; dabei ist es gleichgültig, ob der Gefangene selbst die Sache oder Nachricht nach draußen gelangen läßt oder ob er sich hierzu eines Dritten (Vollzugsbeamten, Verteidigers, Mitgefangenen) bedient (vgl. 5; Erbs/Kohlhaas/Meyer 4a, dd).

13   C. **Täter kann jeder** sein, der im vorstehenden Sinne eine Sache oder Nachricht übermittelt oder sich übermitteln läßt, also zB ein Besucher der Anstalt (auch ein Angehöriger des Gefangenen) oder ein RA, aber auch ein Bediensteter der Anstalt, der einem Gefangenen eine außerhalb der Anstalt stammende (oder ihm sonst nicht zugängliche) Sache oder Nachricht verschafft. Täter kann auch der Gefangene sein, der einem Mitgefangenen eine außerhalb der Anstalt erlangte (oder diesem sonst nicht zugängliche) Sache oder Nachricht verschafft (vgl. jedoch 16).

14   **Beteiligen sich mehrere Personen** an der Übermittlung, so ist jede von ihnen Täter (§ 14), also zB ein Besucher der Anstalt, der sich dabei der Hilfe eines Bediensteten der Anstalt oder eines Mitgefangenen bedient, oder eine Person außerhalb der Anstalt, die einen Dritten mit der Übermittlung beauftragt, ebenso der Beauftragte selbst (vgl. Rebmann/Roth/Herrmann 5).

15   D. **Das Verständigen** mit einem Gefangenen (I Nr. 2) ist nur dann tatbestandsmäßig, wenn es von außen, also außerhalb der Vollzugsan-

stalt, geschieht und sich der Gefangene innerhalb der Vollzugsanstalt befindet. Damit sind Kontaktaufnahmen zu Gefangenen, die auf Außenarbeitsstellen tätig sind, vom Anwendungsbereich der Vorschrift ausgenommen; ebenso auch die Verständigung innerhalb der Anstalt, selbst wenn der Täter sich dort rechtswidrig aufhält (vgl. Erbs/Kohlhaas/Meyer 4 b, aa); doch kann hier I Nr. 1 anwendbar sein (vgl. 10).

16 a) **Die „Vollzugsanstalt"** (vgl. hierzu Erbs/Kohlhaas/Meyer 4 b, aa) ist die Stelle, wo der behördliche Gewahrsam vollzogen wird; eine zusätzliche Einschränkung, etwa auf bestimmte behördliche Anstalten, kann nicht gemeint sein, da hierfür kein einleuchtender Grund besteht.

17 b) **Worte und Zeichen** sind einerseits erlaubt, soweit sie harmlose Kontaktaufnahmen sind (vgl. 3), andererseits schon dann tatbestandsmäßig, wenn sie noch keine Nachrichten darstellen; die erste Abgrenzung ergibt sich aus dem Schutzzweck der Vorschrift, die zweite daraus, daß I Nr. 2 überflüssig wäre, wenn festgestellt werden müßte, daß es sich um eine Nachricht handelt (vgl. auch Erbs/Kohlhaas/Meyer 4 b, bb). I Nr. 2 will danach jedwede Verständigung erfassen, die über harmlose Kontaktaufnahme hinausgeht, auch wenn sie die Schwelle der Nachrichtenübermittlung noch nicht erreicht. Nach dem Schutzzweck der Vorschrift (2) unzulässig sind deshalb zB Sprechchöre, das Abspielen von Tonbändern uä (Erbs/Kohlhaas/Meyer aaO).

18 E. **Der Gefangene ist notwendiger Beteiligter,** soweit die Tatbestandsverwirklichung seine Mitwirkung (Annahme der Sachen oder Nachrichten oder Übermitteln von Sachen und Nachrichten) begrifflich voraussetzt (ebenso Erbs/Kohlhaas/Meyer 7; Rebmann/Roth/Herrmann 8). Beschränkt sich sein Verhalten auf diese Mitwirkung, so ist es nicht mit Geldbuße bedroht. Der Gefangene kann jedoch Beteiligter iS von § 14 sein, so wenn er eine über die notwendige Beteiligung hinausgehende Mitwirkung entfaltet (vgl. 8, 13 ff.). Das ist zB der Fall, wenn der Gefangene einen anderen dazu überredet, ihm Sachen zu übermitteln, oder wenn er an dem Übermitteln von Sachen an einen Mitgefangenen mitwirkt (vgl. Rebmann/Roth/Herrmann 8).

19 F. **Unbefugtes Handeln** setzt die Vorschrift in allen Fällen voraus. Die Befugnis zur Übermittlung von Sachen oder Nachrichten kann sich aus dem StVollzG, der von den LJVen (bundeseinheitlich) erlassenen Untersuchungshaftvollzugsordnung, der Anstaltsordnung oder der Sozialadäquanz (vgl. 18 zu § 10), aber auch aus Rechtfertigungsgründen (vgl. 20 ff. vor § 1) ergeben. Es hängt also von den Umständen des Einzelfalles ab, ob das sonst tatbestandsmäßige Verhalten wegen Fehlens des Merkmals „unbefugt" den Tatbestand nicht erfüllt oder ihn zwar verwirklicht, jedoch gerechtfertigt ist (vgl. BegrEEGStGB zu § 115, S. 352).

20 a) **Ein Tatbestandsausschluß** liegt zB vor, wenn jemand einem Gefangenen bei einem Besuch Nahrungsmittel oder persönliche Gebrauchsgegenstände im Rahmen dessen, was nach der Anstaltsordnung zulässig oder sonst üblich ist, überläßt, oder wer bei einem solchen Besuch Mitteilungen über Tatsachen aus der Außenwelt macht oder wer einem Gefangenen Zeitungen zukommen läßt uä; für diese Fälle des erlaubten

Verkehrs mit Gefangenen stellt das Merkmal „unbefugt" ein Tatbestandsmerkmal dar, so daß ein Irrtum über die Befugnis den Vorsatz ausschließt, soweit kein bloßer Subsumtionsirrtum vorliegt (vgl. näher 8 zu § 11).

21 b) **Ein Rechtfertigungsgrund** ist zB gegeben, wenn der Verteidiger im Rahmen des freien Verkehrs mit dem Beschuldigten (§ 148 StPO) diesem Nachrichten übermittelt, die sachlich durch die Verteidigung nicht mehr gedeckt sind; in einem solchen Falle ist zwar der Tatbestand von I Nr. 1 verwirklicht, die Handlung jedoch nach § 148 StPO gerechtfertigt (ebenso Erbs/Kohlhaas/Meyer 4 c); anders, wenn der Verteidiger seine Rechte nach § 148 StPO überschreitet (so zB als Übermittler von Kassibern, Werkzeugen uä; vgl. Bay. NJW 62, 1687; Erbs/Kohlhaas/Meyer 4 c).

22 G. **Vorsätzliches Handeln** (2 ff. zu § 10) setzt die Vorschrift hinsichtlich sämtlicher Tatbestandsmerkmale voraus (§ 10). Über Fälle des Irrtums (§ 11) vgl. 20.

23 4) **Der Versuch** der Ordnungswidrigkeit ist hier ausnahmsweise (vgl. 1 zu § 13) mit Geldbuße bedroht, weil die Handlung nicht selten bereits im Versuchsstadium entdeckt wird (so zB beim Einschmuggeln eines Kassibers); ist die Ordnungswidrigkeit erst beendet, so wird es meist schwierig sein, sie aufzudecken.

24 5) **Der Höchstbetrag der Geldbuße** beträgt 1000 DM (§ 17 I).

25 6) **Über die Verjährungsfrist** vgl. § 31 II Nr. 4.

26 7) **Bußgeldbehörde** ist die fachlich zuständige oberste Landesbehörde (§ 36 I Nr. 2 a), soweit nicht eine Übertragung nach § 36 II oder durch G erfolgt ist (vgl. 3 f. zu § 131); vgl. in **Baden-Württemberg** § 11 Nr. 2 OWiZuV (Anh **B 1 b**), **Bayern** § 1 I, § 6 Nr. 1 ZuVOWiG (Anh **B 2 a**), **Berlin** § 1 Nr. 2 b ZuständigkeitsVO-OWiG (Anh **B 3**), **Hamburg** II Nr. 4 AO Anh **B 5 b**, **Hessen** Art. 87 Nr. 2 G v. 4. 9. 1974 (GVBl. I 361; II 24–12), **Niedersachsen** § 1 Nr. 1 d VO Anh **B 7 b**, **Nordrhein-Westfalen** § 1 III Nr. 2, IV VO Anh **B 8 c**, **Rheinland-Pfalz** § 2 Nr. 10 LVO Anh **B 9 b**, im **Saarland** VO Anh **B 10 b** und in **Schleswig-Holstein** § 2 I Nr. 24 Zuständigkeits-VO (Anh **B 11**).

Zweiter Abschnitt. Verstöße gegen die öffentliche Ordnung

Öffentliche Aufforderung zu Ordnungswidrigkeiten

116 [I] Ordnungswidrig handelt, wer öffentlich, in einer Versammlung oder durch Verbreiten von Schriften, Ton- oder Bildträgern, Abbildungen oder Darstellungen zu einer mit Geldbuße bedrohten Handlung auffordert.

[II] Die Ordnungswidrigkeit kann mit einer Geldbuße geahndet werden. Das Höchstmaß der Geldbuße bestimmt sich nach dem Höchstmaß der Geldbuße für die Handlung, zu der aufgefordert wird.

1   **1) Die Vorschrift** ist durch das EGStGB als Ersatzvorschrift dafür
aufgenommen, daß sich der Anwendungsbereich des § 111 StGB mit der
Beseitigung der Übertretungen und deren Umwandlung in Ordnungswidrigkeiten verkleinert hat: Die Aufforderung zur Begehung von Taten, die früher mit der Übertretungsstrafe bedroht waren, wird nicht
mehr von § 111 StGB erfaßt. Die neue Bußgeldvorschrift ist also für das
Ordnungswidrigkeitenrecht gleichsam das Gegenstück zu § 111 StGB.
Zur Bedeutung des § 116 für das Kartellordnungswidrigkeitenrecht vgl.
Stockmann BB **78**, 1188.

2   **2) Geschützt** wird einerseits das durch die Ordnungswidrigkeit, zu der
aufgefordert wird, gefährdete Rechtsgut. Die Aufforderung stellt insoweit eine besondere Form der Beteiligung an einer Ordnungswidrigkeit
dar, bei der die Ahndungsmöglichkeit gegenüber § 14 vorverlegt ist
(Erbs/Kohlhaas/Meyer 1; Rebmann/Roth/Herrmann 2). Andererseits
wird durch die Vorschrift allgemein die Ordnung geschützt, die schlechthin durch die mögliche Begehung von Ordnungswidrigkeiten abstrakt
gefährdet ist (Erbs/Kohlhaas/Meyer 1; Rebmann/Roth/Herrmann 2).
Liegt eine Beteiligung iS von § 14 vor, so greift der Auffangtatbestand
des § 116 nicht ein (Erbs/Kohlhaas/Meyer 1; Rebmann/Roth/Herrmann
2; Rotberg 9).

3   **3) Der Tatbestand** ist entsprechend dem § 111 StGB gestaltet.

4   A. **Die Aufforderung** ist eine (mündliche oder schriftliche) Erklärung
(ausreichend ist schlüssiges Verhalten; vgl. Erbs/Kohlhaas/Meyer 2a,
aa), durch die bei anderen der Entschluß hervorgerufen werden soll, eine
mit Geldbuße bedrohte Handlung (vgl. näher 8 zu § 1) zu begehen; die
dabei gewählte Form (zB Rat, Drohung), die Begleitumstände (zB Versprechen) sowie die Motivation (zB Erstreben eigener Vorteile) sind unerheblich (vgl. Stockmann BB **78**, 1188, 1190). Die Handlung, zu der
aufgefordert wird, braucht zwar nicht nach Ort, Zeit und näheren Umständen beschrieben zu sein; doch muß sie der Art nach bestimmt sein (so
zB Geschwindigkeitsbegrenzungen im Straßenverkehr nicht einzuhalten;
vgl. Dreher/Tröndle 4 zu § 111; auch Stockmann BB **78**, 1188, 1192), so
daß die allgemeine Aufforderung, die Bußgeldvorschriften überhaupt
nicht zu beachten, nicht tatbestandsmäßig ist (Erbs/Kohlhaas/Meyer
aaO). Die Aufforderung muß an unbestimmt viele Personen gerichtet
sein und wenigstens eine von ihnen erreichen (Dreher/Tröndle 2f zu
§ 111; Rebmann/Roth/Herrmann 4; aM Erbs/Kohlhaas/Meyer aaO; RG
58, 198 u. hM); ist sie nur an bestimmte Personen gerichtet, dann ist die
Tathandlung lediglich unter dem Gesichtspunkt der Beteiligung an einer
Ordnungswidrigkeit (§ 14) erfaßbar (vgl. Dreher/Tröndle 3 zu § 111;
Rebmann/Roth/Herrmann 4; str). Die Aufforderung muß nicht ernst
gemeint sein; sie muß jedoch den Eindruck der Ernsthaftigkeit hervorrufen (vgl. Erbs/Kohlhaas/Meyer aaO).

5   B. **Öffentlich** muß die Aufforderung geschehen, dh in einer Weise,
daß sie von einem unbestimmten Personenkreis (nach Zahl und Art)
wahrgenommen werden kann (RG **37**, 289; **40**, 262; Bay. **56**, 188; vgl.
hierzu auch Stockmann BB **78**, 1188, 1190, der mit Recht auf einen
,,offenen" Personenkreis oder die individuelle Unbestimmtheit abstellt),

wobei die Öffenlichtkeit des Ortes nicht entscheidend ist (RG **63**, 431; **65**, 113); ebensowenig, daß die Adressaten bei einer mündlichen Aufforderung anwesend sind (Braunschweig NJW **53**, 875). Eine Aufforderung durch Plakatanschläge uä ist öffentlich (Erbs/Kohlhaas/Meyer 2b).

6   C. **Eine Versammlung** besteht aus einem Personenkreis, der (in einer nicht zu kleinen Zahl; vgl. Rotberg 5; BGH **21**, 72, 73) zu einem bestimmten Zweck zusammengekommen ist (zB zu einem Vortrag, einer Vorstellung uä). Dazu rechnet auch eine sog. geschlossene Versammlung; ist sie öffentlich, so ist auch die Aufforderung öffentlich (vgl. Dreher/Tröndle 5 zu § 111).

7   D. **Ein Verbreiten durch Schriften,** Ton- oder Bildträger, Abbildungen oder Darstellungen kann, aber muß nicht öffentlich geschehen. Es reicht zum Verbreiten aus, daß die Schrift usw. einer einzelnen Person mit dem Ziel zugeleitet wird, sie einem größeren Personenkreis zugänglich zu machen (RG **55**, 277; BGH **13**, 257, 375, **19**, 63); schon das Zusenden ist vollendetes Verbreiten (BGH NJW **65**, 1973). Das Liegenlassen einer Vielzahl von Abdrucken einer Schrift in der Erwartung, daß sie auf diese Weise einem größeren Personenkreis zugänglich gemacht wird, reicht aus (Erbs/Kohlhaas/Meyer 2d, bb; Rebmann/Roth/Herrmann 10).

8   a) **Eine Schrift** ist die verkörperte Zusammenstellung von (durch Sehen oder Tasten) wahrnehmbaren Zeichen, die Gedanken wiedergeben (vgl. BGH **13**, 375).

9   b) **Ton- und Bildträger** sind technisch gespeicherte Vorgänge, die durch Hilfsmittel dem Ohr oder Auge wahrnehmbar gemacht werden (zB Tonbänder, Platten, Fernsehkassetten).

10   c) **Zu den Abbildungen** rechnen bildliche Darstellungen, die ohne Benutzung von Wiedergabegeräten visuell wahrgenommen werden können, so zB Fotos, Dias und auch Filme (RG **39**, 183; **46**, 392).

11   d) **Darstellungen** (als Oberbegriff für Schriften, Ton- und Bildträger und Abbildungen; vgl. RG **47**, 404; § 11 III StGB; Erbs/Kohlhaas/Meyer 2d; aM Rebmann/Roth/Herrmann 11) sind zB Bilder oder Plastiken (RG GA Bd. **57**, 400). Insoweit überschneiden sich die Begriffe; ihre Aufzählung bezweckt, alle Arten von Verbreitungsmitteln, die als körperliche Gebilde eine Aufforderung sinnlich wahrnehmbar wiedergeben können, zu erfassen.

12   E. **Zu einer mit Geldbuße bedrohten Handlung** (vgl. 8 zu § 1) muß aufgefordert sein. Es kommt danach nicht darauf an, daß sich der Auffordernde vorstellt, die hierzu Aufgeforderten werden auch vorwerfbar handeln. Ist der Versuch mit Geldbuße bedroht, so reicht die Aufforderung hierzu aus (Rebmann/Roth/Herrmann 5; Rotberg 8). Da die Aufforderung keinen Erfolg haben muß, kann die Vorschrift bei der Empfehlung zu Kartellverstößen schon in einem Vorbereich einsetzen (vgl. Stockmann BB **78**, 1188, 1194).

13   F. **Vorsätzliches Handeln** (2ff. zu § 10) setzt die Vorschrift voraus (§ 10). Es reicht aus, daß der Täter billigend in Kauf nimmt, seine Aufforderung werde ernst genommen (Dreher/Tröndle 8 zu § 111; krit

hierzu Stockmann BB **78**, 1188, 1192). Ob er will, daß die mit Geldbuße bedrohte Handlung begangen werde, darauf kommt es nicht an; ebensowenig, ob sich der Auffordernde vorstellt, daß die Handlung rechtswidrig vorgenommen werde (Dreher/Tröndle aaO; Erbs/Kohlhaas/Meyer 3; aM Rebmann/Roth/Herrmann 12).

14   **4) Zwischen erfolgreicher und erfolgloser Aufforderung** unterscheidet die Vorschrift (anders als § 111 II StGB) nicht, weil es im Ordnungswidrigkeitenrecht keine Mindestgeldbußen gibt (vgl. 7 zu § 17); der Umstand, daß die Aufforderung erfolglos geblieben ist, kann danach bei der Festsetzung der Geldbuße genügend berücksichtigt werden.

15   **5) Für das Höchstmaß der Geldbuße** kommt es darauf an, mit welcher Geldbuße die Handlung bedroht ist, zu der aufgefordert wird (II).

16   **6) Mehrere Gesetzesverletzungen:** Werden auf Grund der Aufforderung von mehreren Personen Ordnungswidrigkeiten begangen, so liegt gleichwohl nur eine Handlung nach § 116 vor (Erbs/Kohlhaas/Meyer 5). Tateinheit (§ 19) ist gegeben, wenn der Auffordernde dadurch eine bestimmte Person zu der aufgeforderten Handlung veranlaßt und zugleich unbestimmt viele Personen zu dieser Art von Handlungen auffordert (Erbs/Kohlhaas/Meyer aaO). Begeht der Auffordernde die Handlung oder beteiligt er sich an ihr selbst, so tritt § 116 zurück (Erbs/Kohlhaas/Meyer aaO; vgl. auch 2; aM Stockmann BB **78**, 1188, 1194). Bei einer einheitlichen Aufforderung zu Ordnungswidrigkeiten und Straftaten hat § 111 StGB Vorrang (§ 21).

17   **7) Über die Verjährungsfrist** vgl. § 31 II (dort 6); sie richtet sich nach dem Höchstmaß der Geldbuße, das für die Handlung angedroht ist, zu der aufgefordert wird.

18   **8) Über Antrag und Ermächtigung** zur Verfolgung der Ordnungswidrigkeit vgl. 5 zu § 131.

19   **9) Über die Anwendung** besonderer Verfahrensvorschriften vgl. 6 ff. zu § 131. Bußgeldbehörde ist stets die VB, die auch für die Verfolgung und Ahndung der Handlung, zu der aufgefordert wird zuständig ist.

Unzulässiger Lärm

117 [I] **Ordnungswidrig handelt, wer ohne berechtigten Anlaß oder in einem unzulässigen oder nach den Umständen vermeidbaren Ausmaß Lärm erregt, der geeignet ist, die Allgemeinheit oder die Nachbarschaft erheblich zu belästigen oder die Gesundheit eines anderen zu schädigen.**

[II] **Die Ordnungswidrigkeit kann mit einer Geldbuße bis zu zehntausend Deutsche Mark geahndet werden, wenn die Handlung nicht nach anderen Vorschriften geahndet werden kann.**

1   **1) Die Vorschrift** ist als Ersatzvorschrift für § 360 I Nr. 11 (1. Alternative) StGB aF aufgenommen (vgl. 1 vor § 111). Gegenüber dieser Vorschrift ist der Tatbestand, der früher lediglich aus den Merkmalen ,,wer ungebührlicherweise ruhestörenden Lärm erregt" bestand, konkretisiert.

2 2) **Geschützt** werden in erster Linie die Allgemeinheit (und die Nachbarschaft) vor Belästigungen durch Lärm; im Hintergrund dieses Schutzes steht der Gesundheitsschutz, der jedoch bereits in dem Vorbereich der bloßen Belästigung einsetzt. Daß diese Betrachtung richtig ist, zeigt der Umstand, daß neben der Allgemeinheit auch einzelne Personen gegen Lärm geschützt werden, soweit er für sie ein solches Ausmaß annimmt, daß die Möglichkeit einer Gesundheitsschädigung besteht. Soweit einzelne Personen geschützt werden, sind also nur besonders schwerwiegende Fälle des Lärmerregens erfaßt.

3 3) **Für alle Arten der Lärmerregung** gilt die Vorschrift (als ein Auffangtatbestand; vgl. 17; ebenso Rebmann/Roth/Herrmann 2; Rotberg 7). Das ergibt sich aus der neuen Vorschrift deutlicher als aus dem § 360 I Nr. 11 StGB aF, der mit dem Merkmal „ungebührlich" stärker auf ein asoziales Verhalten (zB nächtliches Grölen) zugeschnitten war. Die Vorschrift gilt also sowohl für den technischen Lärm, der zB von Anlagen oder Maschinen ausgeht, als auch für den Alltagslärm, der zB von Fahrzeugen, Radios oder Musikinstrumenten verursacht wird, sowie für den asozialen Lärm (Grölen); freilich ist in allen Fällen die Subsidiaritätsklausel zu beachten (vgl. 17).

4 4) **Der Tatbestand** besteht in der Tathandlung aus drei Varianten, die sich allerdings überschneiden können (vgl. 6). In allen Fällen muß hinzukommen, daß der Lärm die Eignung zu einer erheblichen Belästigung der Allgemeinheit, der Nachbarschaft oder zu einer Gesundheitsschädigung einzelner hat.

5 A. **Ohne berechtigten Anlaß** erregt jemand Lärm, wenn vernünftige, anzuerkennende Gründe für die Lärmerregung nicht gegeben sind (ebenso Erbs/Kohlhaas/Meyer 2b). Fälle dieser Art sind zB: Unnötiger oder übermäßiger Lärm eines erlaubten Gewerbebetriebes (Bay. GewArch **78** 104); Anstellen einer Baumaschine, ohne sie zu benutzen; unnötige lärmverursachende Arbeiten an ungeeigneter Stelle (Köln NJW **63**, 120) oder geräuschverursachende Tagesarbeiten zur Nachtzeit, ohne daß dafür hinreichende Gründe gegeben sind (Bay. **20**, 77; vgl. auch Koblenz VRS **42**, 365), so zB nächtliches Abladen von Kesselasche in einer Wohngegend (Hamm VRS **20**, 446), eine lärmverursachende Reparatur an einem Kfz zur Nachtzeit (Koblenz VRS **42**, 365). Wie die Beispiele zeigen, ist die Frage, ob ein berechtigter Anlaß für die Erregung von Lärm besteht, auch danach zu beurteilen, an welchem Ort und zu welchem Zeitpunkt der Lärm verursacht wird (ebenso Erbs/Kohlhaas/Meyer 2b; Rebmann/Roth/Herrmann 14; Rotberg 5). Auch hier sind also die jeweiligen Umstände des Falles zu berücksichtigen.

6 B. **In einem unzulässigen oder vermeidbaren Ausmaß** wird Lärm erregt, wenn zwar ein berechtigter Anlaß für das Lärmerregen zu bejahen ist (zB bei dem „üblicherweise" von einem Gewerbebetrieb ausgehenden Lärm; Bay. **33**, 127; Hamm BB **57**, 92; Koblenz MDR **69**, 779), jedoch die Grenzen des Zulässigen überschritten werden. Diese Grenzen können gesetzlich oder behördlich festgelegt sein (so zB bei Gewerbebetrieben) oder sich aus den Regeln ergeben, die sich im menschlichen Zusammenleben entwickelt haben und allgemein beachtet werden (Verkehrssitte);

insoweit können zB bei einem mit Arbeit verbundenen Lärm die Richtlinien über die Beurteilung und Abwehr von Arbeitslärm des Vereins Deutscher Ingenieure (vgl. LG Dortmund MDR **62**, 306) herangezogen werden (vgl. Schleswig bei Ernesti/Jürgensen SchlHA **75**, 755).

7   a) **Fälle des unzulässigen Lärms** sind zB: Ruhestörender Lärm einer Diskothek bei geöffnetem Fenster (Koblenz MDR **69**, 779); Dauermusik (GA Bd. **72**, 149); überlautes Klavierspielen bei offenem Fenster (KG JR **26** Nr. 529); Hämmern bei offenen Türen und Fenstern (Bay. **21**, 80); Benutzen schadhafter und deshalb besonders lauter Maschinen. Mit Hilfe des Merkmals „unzulässiges Ausmaß“ werden nicht selten solche Fälle erfaßt werden können, in denen es zweifelhaft sein kann, ob ein berechtigter Anlaß zu bejahen ist. Die Regelung geht danach weiter als § 360 I Nr. 11 StGB aF, wie er von der Rspr. ausgelegt worden ist; danach ist der Lärm dann als „ungebührlich“ angesehen worden, wenn der Täter „ohne berechtigten Anlaß“ gehandelt *und* die Grenzen des Erlaubten überschritten hat (vgl. Hamm JMBlNW **52**, 242, **55**, 260; Koblenz MDR **69**, 779), während jetzt einer dieser Umstände für die Erfüllung des Tatbestandes ausreicht.

8   b) **Das vermeidbare Ausmaß** von Lärmerregung, das als 3. Tatmodalität genannt ist, macht praktisch jedem zur Pflicht, die Erregung von Lärm auf das den Umständen nach unvermeidbare Ausmaß zu beschränken (ebenso Erbs/Kohlhaas/Meyer 2 c, dd). Damit können in einer praktikableren und weit umfassenderen Weise als bisher die Fälle der Lärmerregung bekämpft werden. Die notwendige Einschränkung gegen eine zu weite Ausdehnung des Sanktionsschutzes ergibt sich daraus, daß der Lärm geeignet sein muß, die Allgemeinheit oder Nachbarschaft erheblich zu belästigen oder die Gesundheit eines einzelnen zu schädigen. Das Ausmaß der Lärmerregung muß durch die üblichen und zumutbaren Schutzmaßnahmen in Grenzen gehalten werden (Bay. GewArch **63**, 248; Erbs/Kohlhaas/Meyer aaO).

9   C. **Lärm erregt,** wer ihn unmittelbar oder mittelbar verursacht (Koblenz VRS **42**, 367). Ein mittelbares Verursachen ist zB gegeben, wenn jemand einen andern durch eine Mißhandlung zum Schreien bringt (Sächs. OLG **6**, 506; vgl. auch Bay. DRiZ **33** Nr. 361). Lärm kann auch durch Unterlassen (§ 8) erregt werden, wenn der Täter nach den Umständen als dafür verantwortlich anzusehen ist, für Ruhe zu sorgen (vgl. auch Rebmann/Roth/Herrmann 7). Das gilt zB für einen Gastwirt, der gegen übermäßiges Lärmen seiner Gäste nicht einschreitet (Celle GA **42**, 273; KG GA **70**, 242), den Halter eines Kfz, der duldet, daß ein Handwerker zur Nachtzeit eine mit Lärm verbundene Reparatur durchführt (Koblenz aaO), den Tierhalter, der zB seinen Hund übermäßig bellen oder heulen läßt (KG GA **41**, 58; DJZ **28**, 389), oder Eltern, die gegen den Lärm ihrer Kinder nicht einschreiten.

10   D. **An welchem Ort** der Lärm erregt wird, ist gleichgültig. Der Tatbestand kann danach auch verwirklicht werden, wenn der Lärm im eigenen Haus oder in der eigenen Wohnung verursacht wird (Bay. **6**, 138; **28**, 159). Da jetzt ausdrücklich auch die Nachbarschaft geschützt wird (vgl. 14), kann dies nicht mehr zweifelhaft sein.

11 E. **Eine erhebliche Belästigung der Allgemeinheit** oder der Nachbarschaft setzt die Vorschrift nicht voraus. Es reicht aus, daß die Handlung dazu geeignet ist.

12 a) **Bei einem ruhestörenden Lärm** ist eine solche Eignung stets zu bejahen, weil er unzweifelhaft grob belästigender Art ist; insoweit ist gegenüber dem § 360 I Nr. 11 StGB aF keine Änderung eingetreten. Der Begriff „ruhestörend" ist deshalb nicht verwendet, weil er den Eindruck erweckt, als gelte die Vorschrift nur bei einem Lärm, der in eine bestehende Ruhe einbricht (so zur Nachtzeit oder Mittagszeit). Eine Belästigung kann jedoch auch eintreten, wenn der ohnehin vorhandene Tageslärm durch vermeidbaren Lärm erheblich gesteigert wird; allerdings ist die Lärmerregung während der üblichen (und notwendigen) Entspannungszeit und in Erholungsgebieten besonders lästig, so daß hier schon eine geringere Lärmerregung, die während des Alltagslärms verschluckt wird und deshalb nicht erheblich ist, als eine erhebliche Belästigung gewertet werden kann (ebenso Erbs/Kohlhaas/Meyer 2 d, aa). Zu berücksichtigen ist danach der Zeitpunkt, der Ort und die Zeitdauer der Geräuschentwicklung, also die gesamte „Geräuschkulisse" (vgl. BGH **26**, 340, 343; vgl. auch Erbs/Kohlhaas/Meyer 2 d, bb; Rebmann/Roth/Herrmann 15).

13 b) **Die Allgemeinheit** muß durch den Lärm berührt werden, also eine unbestimmte Mehrheit von Personen, nicht ein individuell abgrenzbarer Personenkreis, wie dies bislang schon die Rspr. (Hamm JMBlNW **55**, 260; Koblenz MDR **69**, 779, NJW **73**, 290) angenommen hat; dies verdeutlicht die jetzige Regelung weiterhin dadurch, daß abstrakte Gefährdungshandlungen zum Nachteil eines einzelnen nur unter der einschränkenden Voraussetzung der Eignung einer Gesundheitsschädigung mit
14 Geldbuße bedroht sind. Zusätzlich genannt ist die „**Nachbarschaft**", weil es hier uU zweifelhaft sein kann, ob sie als Teil der Allgemeinheit angesehen werden kann (so zB die Nachbarn in einem Mietshaus). Die Rspr. hat zwar einzelne Fälle der Belästigung der Nachbarschaft unter § 360 I Nr. 11 StGB aF subsumiert (RG **13**, 366; Köln JMBlNW **54**, 155; Hamm BB **57**, 92; Bay. DÖV **64**, 859); doch blieb die Abgrenzung im einzelnen fraglich. Zur Nachbarschaft rechnen sowohl die Mitbewohner eines Hauses wie auch die Bewohner der Nachbarhäuser (ebenso Erbs/Kohlhaas/Meyer 2 d, dd; Rebmann/Roth/Herrmann 11; Stuttgart, Die Justiz **78**, 476). Notwendig ist, daß von der Nachbarschaft ein wesentlicher Teil gestört wird. Wirkt sich der Lärm lediglich auf einen einzelnen Nachbarn aus, so wird der Tatbestand nur verwirklicht, wenn der Lärm geeignet ist, die Gesundheit zu schädigen (Stuttgart aaO; 15). Täter kann auch sein, wer sich beim Nachbarn aufhält (Erbs/Kohlhaas/Meyer aaO).

15 F. **Die Eignung der Gesundheitsschädigung eines einzelnen** ist zu bejahen, wenn die Lärmerregung solcher Art ist, daß die Nerven in einen krankhaften Zustand versetzt werden können (vgl. RG **64**, 119; BGH 24. 2. 1966, 1 StR 601/65; Hamm MDR **58**, 939; LG Kreuznach BB **57**, 93; LG Hamburg MDR **54**, 630); dies kann in der Regel dann bejaht werden, wenn die Lärmerregung über einen längeren Zeitraum andauert und so intensiv ist, daß sie ans Unerträgliche grenzt (vgl. Stuttgart, Die

Justiz **78**, 476). Die Gefahr, daß nur das seelische Wohlbefinden beeinträchtigt werden kann, reicht nicht aus (ebenso Erbs/Kohlhaas/Meyer 2 e; Rebmann/Roth/Herrmann 12).

16   G. **Vorsätzliches Handeln** (2 ff. zu § 10) wird vorausgesetzt (§ 10). Der Vorsatz muß sich auf das Erregen von Lärm, die Umstände des Anlasses, des Ausmaßes und der Vermeidbarkeit sowie auf die Eignung der Belästigung oder Gesundheitsschädigung erstrecken. Bedingter Vorsatz (3 zu § 10) reicht aus. Ein Irrtum über die normativen Umstände (unzulässig, vermeidbares Ausmaß uä) ist ein bloßer Subsumtionsirrtum, wenn die Vorstellung des Täters bei der Bewertung in der Laiensphäre jedenfalls dem Sinngehalt dieser Merkmale entspricht (vgl. 7 f. zu § 11); im einzelnen kann auch hier die Abgrenzung zwischen Tatbestands- und Verbotsirrtum schwierig sein (vgl. auch Rebmann/Roth/Herrmann 16).

17   **5) Nur ein Auffangtatbestand** ist die Vorschrift. Speziellere (konkreter gefaßte) Tatbestände des Bundes- und Landesrechts gehen ihr vor, wie sich aus der Subsidiaritätsklausel (II) ergibt (vgl. 33 vor § 19; Hamm NJW **75**, 1897; Stuttgart, Die Justiz **78**, 476; Erbs/Kohlhaas/Meyer 1). Dies gilt jedoch nur im Verhältnis zu Lärmbekämpfungsvorschriften (Bay. GewArch **78**, 104; vgl. auch 22 zu § 111). Solche speziellen Tatbestände zur Lärmbekämpfung sind sehr zahlreich. Vgl. insbesondere für gewerbliche und sonstige Anlagen das BImSchG sowie die auf Grund des G erlassenen VOen und VwVen (so zB für Rasenmäherlärm § 5 d. 8. BImSchV v. 28. 7. 1976, BGBl. I 2024 /III 2129–8–1–8; wN bei Göhler unter „Bundes-ImmissionsschutzG" 154), für den Straßenverkehr § 30 I, II, § 33 I Nr. 1, § 49 I Nr. 25, 28 StVO, §§ 49, 69a III Nr. 17 StVZO, beim Betrieb eines Gaststättengewerbes § 5 I Nr. 3, § 28 I Nr. 2 GastG, beim Betrieb einer Schießstätte § 45 I, II, § 55 I Nr. 1, 25 WaffG; wN bei Göhler „Lärmbekämpfung" 511 I. Vgl. ferner im Landesrecht zB § 83 II Nr. 2 LWaldGBW sowie die zur Lärmbekämpfung, zB zum Schutz der Nachtruhe, bei der Benutzung von Tonwiedergabegeräten erlassenen Vorschriften, so in **Bayern:** Art. 18 BayImSchG; **Berlin:** VO v. 2. 7. 1974 (GVBl. 1511; BRV 2190–7); **Bremen:** §§ 15–20, 43 StraßenO für die Stadt Bremen idF v. 1. 6. 1969 (GBl. 119, 1970, 27; LBlS 2183–a-1), letztes ÄndG v. 20. 12. 1976 (GBl. 341); **Hamburg:** VO v. 4. 5. 1965 (GVBl. 83, 89; BL II 2129–3); **Hessen:** VO idF v. 8. 12. 1970 (GVBl. 745; II 310–7), letztes ÄndG v. 4. 9. 1974 (GVBl. I 361); **Niedersachsen:** VO v. 23. 8. 1962 (GVBl. 146); **Nordrhein-Westfalen:** §§ 7, 9–12, 17 I LImSchGNW; **Rheinland-Pfalz:** VO v. 25. 10. 1973 (GVBl. 312; BS 711–20–2). Die Subsidiarität des § 117 gilt selbst im Verhältnis zu den Generalklauseln des Landesrechts, soweit sie noch mit Geldbuße bedroht sind, obwohl der Bundesgesetzgeber mit der Beseitigung dieser Vorschriften gerechnet hat (vgl. BegrEEGStGB zu § 117 S. 353; Erbs/Kohlhaas/Meyer 5 a; Rebmann/Roth/Herrmann 3; Rotberg 7).

18   **6) Über die Verjährungsfrist** vgl. § 31 II Nr. 2.

19   **7) Bußgeldbehörde** ist die fachlich zuständige oberste Landesbehörde (§ 36 I Nr. 2 a), soweit nicht eine Übertragung nach § 36 II erfolgt ist (vgl. 3 f. zu § 131); vgl. zB in **Baden-Württemberg** § 2 OWiZuV (Anh **B 1 b**), **Bayern** § 1 I ZuVOWiG (Anh **B 2 b**), **Bremen** § 1 VO Anh **B 4 c**,

Hamburg III AO Anh **B 5b**, **Hessen** § 1 VO Anh **B 6c**, **Nordrhein-Westfalen** § 1 I Nr. 1, II VO Anh **B 8c**, **Rheinland-Pfalz** § 2 Nr. 10 LVO Anh **B 9b**, im **Saarland** VO Anh **B 10b** und in **Schleswig-Holstein** § 6 Nr. 12 Zuständigkeits-VO (Anh **B 11**).

Belästigung der Allgemeinheit

118 I Ordnungswidrig handelt, wer eine grob ungehörige Handlung vornimmt, die geeignet ist, die Allgemeinheit zu belästigen oder zu gefährden und die öffentliche Ordnung zu beeinträchtigen.

II Die Ordnungswidrigkeit kann mit einer Geldbuße geahndet werden, wenn die Handlung nicht nach anderen Vorschriften geahndet werden kann.

1 **1) Die Vorschrift** ist als Ersatzvorschrift für § 360 I Nr. 11 (2. Alternative) StGB aF („grober Unfug") aufgenommen (1 vor § 111). Gegenüber diesem Tatbestand, der lediglich aus den Merkmalen „wer groben Unfug verübt" bestand, ist die Vorschrift konkretisiert, und zwar in Anlehnung an die bisherige Rspr.; sie kann deshalb weiterhin zur Auslegung herangezogen werden (ebenso Erbs/Kohlhaas/Meyer 1 mwN zur bisherigen Rspr.). Doch ist die Subsidiaritätsklausel zu beachten (vgl. 18).

2 **2) Geschützt** wird der äußere Bestand der öffentlichen Ordnung (vgl. auch BVerfGE **26**, 41 zu § 360 I Nr. 11 [2. Alternative] StGB aF). Erfaßt sind danach nur Handlungen, die gegen die öffentliche Ordnung (vgl. näher 4, 10ff.) gerichtet sind (vgl. 10ff.). Die Überschrift „Belästigung der Allgemeinheit" ist danach fragwürdig.

3 **3) Die Tatbestandsbeschreibung** ist zwar genauer als die des § 360 I Nr. 11 StGB aF; verlangt wird – entsprechend der Rspr. zum früheren Tatbestand (RG **31**, 192; **53**, 257; **63**, 290; **64**, 253; BGH **13**, 241, 244) – a) eine grob ungehörige Handlung, b) deren Eignung, die Allgemeinheit zu belästigen oder zu gefährden, c) eine mögliche Beeinträchtigung der öffentlichen Ordnung und d) einen unmittelbaren Zusammenhang zwischen den Tatumständen a) sowie b) und c). Gleichwohl werden die früher gegen § 360 I Nr. 11 (2. Alternative) StGB aF im Hinblick auf das Bestimmtheitsgebot des Art. 103 II GG im Schrifttum erhobenen Bedenken (vgl. Schröder JR **64**, 392, JZ **66**, 649; Lenckner JuS **68**, 305; Schultz MDR **65**, 18; Welzel S. 477; Woesner NJW **65**, 857) wohl nicht ausgeräumt sein; die Vorschrift kann im Hinblick auf das Bestimmtheitsgebot der Kritik ausgesetzt sein, daß der Tatbestand trotz der einengenden Merkmale auf einer „grob ungehörigen Handlung" aufbaue und daß diese Beschreibung reichlich unbestimmt sei (vgl. dazu 4ff.). Für die Praxis ist jedoch durch BVerfGE **26**, 41, 43, wonach § 360 I Nr. 11 (2. Alternative) StGB aF mit Art. 103 II GG vereinbar ist, Klarheit geschaffen (krit. dazu F. Ch. Schröder JZ **69**, 775). § 118 I ist in Anlehnung an die vom BVerfG herausgestellten Merkmale konkretisiert. Es kann deshalb für die Rechtspraxis nicht zweifelhaft sein, daß sie dem Bestimmtheitsgebot entspricht (so auch Erbs/Kohlhaas/Meyer 1).

4   A. **Eine grob ungehörige Handlung** ist eine solche, die in einem deutlichen (groben) Widerspruch zur Gemeinschaftsordnung (ebenso Erbs/
Kohlhaas/Meyer 1; vgl. 10) steht (vgl. auch BGH **13**, 244; Bay. JZ **77**,
277, wo darauf abgestellt ist, daß sich die Handlung bewußt nicht in die
für das Zusammenleben der jeweiligen Rechtsgemeinschaft erforderlichen Ordnung einfügt). Innerhalb des weiten Kreises der denkbaren
,,grob ungehörigen Handlungen'' sind danach nur solche beachtlich, die
gegen die Gemeinschaftsordnung gerichtet sind; dadurch wird der Tatbestand wesentlich eingeengt. Grob ungehörig ist die Handlung namentlich
dann, wenn sie gleichsam als eine Mißachtung der durch die Gemeinschaftsordnung geschützten Interessen erscheint, so zB das Hupen beim
Vorbeiziehen einer Prozession (Bay. **10**, 419; **28**, 292; **30**, 1; Rebmann/
Roth/Herrmann 7), das öffentliche Aufstellen eines Spielautomaten, der
das Überfahren von Fußgängern zum Gegenstand des Spiels und Erfolges macht, oder das mißbräuchliche Herbeirufen eines Einsatzwagens der
Polizei (BGH **13**, 241; Bremen NJW **52**, 155; vgl. 13). Die Handlung
kann auch in einem Unterlassen bestehen (vgl. Erbs/Kohlhaas/Meyer 2 a;
9 zu § 117).

5   B. **Eine Belästigung oder Gefährdung der Allgemeinheit** setzt die
Vorschrift nicht voraus. Es reicht aus, daß die Handlung geeignet ist, die
Allgemeinheit zu belästigen oder zu gefährden.

6   a) **Die Allgemeinheit** besteht in einem individuell nicht abgrenzbaren
Personenkreis (vgl. 13 zu § 117). Er kann auch betroffen sein, wenn die
Handlung gegenüber einer Einzelperson vorgenommen wird und die
Allgemeinheit sie wahrnehmen und daran Anstoß nehmen kann, so zB
bei der belästigenden Verfolgung einer Frau auf der Straße, wenn die
Wahrnehmungsmöglichkeit durch unbeteiligte Dritte besteht (RG **63**,
286; BGH **12**, 42; zu weitgehend Hamm NJW **66**, 2420). Allerdings
reicht die nur abstrakte Möglichkeit, daß Personen, die nicht anwesend
sind, anwesend sein könnten, nicht aus (RG **34**, 364; Hamm NJW **57**,
839; Erbs/Kohlhaas/Meyer 2 c, cc). Richtet sich die Handlung gegen Einrichtungen der Allgemeinheit, so kommt es nicht darauf an, ob die Allgemeinheit die Handlung tatsächlich wahrnimmt (Erbs/Kohlhaas/Meyer
aaO; auch die verborgene Gefährdung kann also tatbestandsmäßig sein
(vgl. 13 f.).

7   b) **Die mögliche Belästigung** kann physischer Art sein, aber auch
psychischer Art, so zB das sexuelle Betasten eines Dritten, das für den
möglichen Betrachter ein beängstigendes Gefühl von Unsicherheit hervorrufen kann (vgl. Erbs/Kohlhaas/Meyer 2 c, bb; RG **53**, 139), ebenso
zB, wenn auf einem öffentlichen Parkplatz die Radkappen der dort unbe-
aufsichtigt parkenden Wagen entfernt werden (Hamm JZ **66**, 648 m. abl.
Anm. Schröder); desgl. die Beschimpfung der Person Luthers bei einer
protestantischen Feier (RG **32**, 100) oder die Verteilung von Flugblättern
mit der Aufforderung zum Kirchenaustritt am Tage der Fronleichnams-
prozession (Bay. GA **71**, 51). Daß alle anwesenden Personen oder die
Mehrheit von ihnen an der Handlung Anstoß nehmen, darauf kommt es
nicht an (Bay. JZ **77**, 277, Erbs/Kohlhaas/Meyer 2 d, bb; RG **34**, 425;
HRR **39** Nr. 1076; Bay. **6**, 368).

8   c) **Die Eignung einer Gefährdung,** die als weitere Tatmodalität genannt ist, ist zB bei einer nicht ernst gemeinten anonymen Drohung der Störung öffentlicher Betriebe (§ 316b StGB) zu bejahen, weil dadurch der potentielle Polizeieinsatz für die notwendige Gefahrenabwehr geschwächt werden kann (Erbs/Kohlhaas/Meyer 2c, bb, 3; vgl. auch 13 f.; Rebmann/Roth/Herrmann 6; aM Berkemann/Hesselberg NJW 72, 1793; bei einer Bombenandrohung wird in der Regel bereits § 126 I Nr. 6 StGB einschlägig sein).

9   d) **An welchem Ort** die Handlung begangen wird, ist unerheblich (RG **27**, 294). Belästigende Handlungen können danach zB auch in einem allgemein zugänglichen Lokal begangen werden (RG **34**, 425; Bay. JZ **77**, 277).

10   C. **Unter öffentlicher Ordnung** wurde bislang die von der Verkehrssitte geprägte Gemeinschaftsordnung (Dreher, 34. Aufl., 11 a b zu § 360), die allgemeine Verkehrssitte (LK 29 zu § 360) oder der Zustand des von der Verkehrssitte geregelten Zusammenlebens der Menschen in der staatlichen Gemeinschaft (Schönke/Schröder, 17. Aufl., 48 zu § 360) verstanden. Richtig dürfte es sein, auf die Gemeinschaftsordnung abzustellen, also auf anerkannte (nicht notwendig: geschriebene) Regeln und Einrichtungen, die im äußeren Zusammenleben der Menschen zur Wahrung der schutzwürdigen Interessen der Einzelnen bestehen (vgl. ähnlich Rebmann/Roth/Herrmann 7); die Abgrenzung mit Hilfe des Merkmals der ,,Verkehrssitte" (so Erbs/Kohlhaas/Meyer 2c, cc) weitet den Tatbestand zu sehr aus. Zur öffentlichen Ordnung gehören danach einerseits auch Einrichtungen, die zur Gefahrenabwehr vorhanden sind, so zB die Einsatzbereitschaft der Polizei und Feuerwehr, oder die der Leichtigkeit des Verkehrs (zB Verkehrsschilder) dienen (vgl. 13 ff.), andererseits jedoch nicht bloße gesellschaftliche Gepflogenheiten, die sich im menschlichen Zusammenleben entwickelt haben und allgemein beachtet werden, jedoch keinen Bezug zu schutzwürdigen Interessen der einzelnen haben (zust. Erbs/Kohlhaas/Meyer 2d, aa).

11   **Zu den schutzwürdigen Interessen** gehören innerhalb der Gemeinschaftsordnung in erster Linie die persönlichen Freiheitsrechte und sonstige Grundrechte (zB das Recht der ungestörten Religionsausübung, der Versammlungsfreiheit); doch sind auch weniger gewichtige Interessen der einzelnen nach der Gemeinschaftsordnung als schutzwürdig anzuerkennen, so zB auch das natürliche, nicht übertriebene Schamgefühl (vgl. Bay. JZ **77**, 244).

12   **Einzelheiten:** Die öffentliche Ordnung kann zB durch das Nacktgehen oder das Fäkieren auf der Straße beeinträchtigt sein (vgl. Bay. **21**, 175; Erbs/Kohlhaas/Meyer 3), was von den Umständen des Einzelfalles abhängt; nicht unter den Tatbestand fällt aber zB das Spazieren auf dem Kurhaushofe in der Badehose (aM Bay. **21**, 175) oder das Umarmen einer fremden Frau auf öffentlicher Straße (aM Bay. **5**, 49; Erbs/Kohlhaas/Meyer 3). Nach der hier aufgezeigten Abgrenzung des Merkmals ,,öffentliche Ordnung" werden zB weiterhin vom Tatbestand nicht erfaßt: Die lärmende Auseinandersetzung in einem Rathaus während der Dienststunden (Erbs/Kohlhaas/Meyer 3; aM Düsseldorf DRiZ **35** Nr. 678); das

Schaufrisieren im Schaufenster (Erbs/Kohlhaas/Meyer 3; aM KG ZStrW **46**, 48); das Festhalten eines Radfahrers an einem Lastwagen (Erbs/Kohlhaas/Meyer 3; aM Dresden DRiZ **26** Nr. 993); das Umstellen einer Bank in einer Parkanlage; die Warnung vor einer Verkehrskontrolle (Bay. NJW **63**, 1884; Köln DAR **59**, 327; Düsseldorf JZ **60**, 258; KG VRS **18**, 58; Erbs/Kohlhaas/Meyer 3); die öffentliche Kritik an polizeilichen Maßnahmen (Hamm JMBlNW **65**, 11); das Unterlassen der Beseitigung von Hundekot (Celle, Die Polizei **79**, 201; allerdings soll bei Menschenansammlungen, in einer Badeanstalt oder auf einem Kinderspielplatz etwas anderes gelten; zw.); das Blockieren des Telefonanschlusses eines Taxiunternehmers (aM Hamm VRS **36**, 51; Erbs/Kohlhaas/Meyer 2c, cc; einschr. Rebmann/Roth/Herrmann 6).

13   **Die öffentliche Ordnung „in ihrem äußeren Bestand"** zu beeinträchtigen, muß die Handlung geeignet sein (so zB durch geplante oder voraussehbare Handlungen anderer, so der Presse uä; vgl. Rebmann/Roth/Herrmann 6), was die Vorschrift als selbstverständlich voraussetzt (vgl. BegrEEGStGB zu § 118 S. 354). Der äußere Bestand der öffentlichen Ordnung ist zB nicht berührt durch das Versenden von sog. Kettenbriefen (Erbs/Kohlhaas/Meyer 3; Dresden JW **30**, 3441 m. Anm. Kern; Hamburg JW **30**, 3441; aM Kiel DJ **35**, 1386; vgl. auch Stuttgart NJW **64**, 365), durch die unbegründete Herbeirufung eines Arztes (aM Celle NJW **64**, 2213 m. abl. Anm. Schröder JR **64**, 391; aM auch Erbs/Kohlhaas/Meyer 2c, bb) oder durch telefonische Störanrufe (Rebmann/Roth/Herrmann 6; aM LG Hamburg MDR **54**, 630). Nicht notwendig ist, daß die öffentliche Ordnung beeinträchtigt ist; es reicht aus, daß die Handlung dazu geeignet ist; das ist zB zu bejahen beim unnötigen Alarmieren eines Funkstreifenwagens der Polizei (BGH **13**, 241; Düsseldorf NJW **65**, 706; Erbs/Kohlhaas/Meyer 3; Rebmann/Roth/Herrmann 6; aM Hamm NJW **59**, 552), weil der zweckwidrige Einsatz die Einsatzmöglichkeit bei einer Gefahrenabwehr schwächt, nicht aber beim bloßen Sturmläuten an einer Polizeiwache (Hamm JZ **70**, 733; Erbs/Kohlhaas/Meyer aaO).

14   D. **Ein unmittelbarer Zusammenhang** zwischen der Handlung und der möglichen Belästigung oder Gefährdung der Allgemeinheit sowie Beeinträchtigung der öffentlichen Ordnung ist schließlich notwendig. An dieser Voraussetzung fehlt es zB, wenn die Allgemeinheit von der Handlung nicht durch unmittelbare Wahrnehmung Kenntnis erlangt, sondern erst durch die Presse oder durch die Mitteilung anderer (RG **64**, 253; Köln HRR **35** Nr. 545), es sei denn, daß die Sicherheit verborgen beeinträchtigt ist (vgl. 6, 8). Die Unmittelbarkeit fehlt zB auch bei einer Auseinandersetzung eines Passanten mit einem Polizeibeamten (Hamm JMBlNW **65**, 11). Sie ist dagegen zB bei Handlungen zu bejahen, die geeignet sind, die staatlichen Einsatzmöglichkeiten für die notwendige Gefahrenabwehr zu schwächen (vgl. 6, 8, 13); ebenso bei Mitteilungen durch die Presse, die ihrer Art nach geeignet sind, die Allgemeinheit zu belästigen und die öffentliche Sicherheit zu beeinträchtigen (vgl. RG **19**, 296; **27**, 294; **31**, 193).

15   E. **Weitere Einzelfälle:** In der Rspr. ist der Tatbestand des groben Unfugs außer in den bereits genannten Fällen zB bejaht worden: Be-

schriften von Gebäuden mittels Kalkmilch (Celle NJW **51**, 772; zw.; hier ist § 303 StGB einschlägig; so auch Erbs/Kohlhaas/Meyer 3); Störung einer erlaubten Filmvorführung (Hamm MDR **52**, 566; zw., ob hier die Gemeinschaftsordnung beeinträchtigt ist, vgl. 10 ff.; vgl. auch Leiß JR **59**, 241); Stören einer Vereidigungsfeier der Bundeswehr (Karlsruhe NJW **70**, 64); Verbreiten des Falschgerüchts von einem Generalstreik (KG GA Bd. **37**, 68; zw., ob hier die Gemeinschaftsordnung beeinträchtigt ist, vgl. 10 ff.); mißbräuchliche Inanspruchnahme des Polizeinotrufes (Düsseldorf NJW **65**, 706; jetzt Straftat nach § 145 I Nr. 1 StGB); Bedrohung der Gäste einer Wirtschaft mit Schußwaffen (RG **22**, 426; zw.; hier sind Straftatbestände einschlägig); Veranlassen zu Nacktauftritten durch den Veranstalter einer öffentlichen Tanzlustbarkeit (Bay. JZ **77**, 277); Presseveröffentlichung von unwahren, beunruhigenden Nachrichten (RG **25**, 405); Werfen eines Spazierstocks in die Fahrbahn eines Radfahrers (Bay. **8**, 160; zw.; hier sind § 315 b sowie neuerdings § 223 a II StGB zu beachten); Umdrehen eines Wegweisers (Königsberg JW **31**, 1990).

16   F. **Vorsätzliches Handeln** (2 ff. zu § 10) wird vorausgesetzt (§ 10). Der Vorsatz muß sich auf alle Tatumstände erstrecken, also auch auf die Umstände, aus denen sich ergibt, daß die Handlung geeignet ist, die Allgemeinheit zu belästigen oder zu gefährden; die früher zT vertretene Auffassung, insoweit genüge Fahrlässigkeit (RG **16**, 100; Bay. **20**, 403; Frankfurt NJW **56**, 1889; ebenso wohl Rebmann/Roth/Herrmann 8) ist überholt. Bedingter Vorsatz (3 zu § 10) reicht aus. Eine bestimmte Absicht ist nicht vorausgesetzt. Nimmt der Täter an, sein Verhalten sei wegen des damit verfolgten Zweckes erlaubt, so liegt lediglich ein Verbotsirrtum (vgl. 19 ff. zu § 11) vor (Karlsruhe NJW **70**, 65).

17   **4) Die Subsidiaritätsklausel** (vgl. 33 vor § 19) in II stellt klar, daß speziellere Vorschriften, auch des Landesrechts, vorgehen (vgl. zB § 7 HessForstSchG; ferner die Vorschriften über das Nackbaden, vgl. in Bayern BadeVO v. 18. 9. 1974, GVBl. 494; in Berlin VO v. 14. 10. 1976, GVBl. 2482; BRV 2011–1–4). Gegenüber Strafvorschriften tritt § 118 stets zurück (zB § 145 I StGB). Doch kann die Subsidiarität bei einem anderen Rechtsgüterschutz (zB bei einer sonst erlaubnispflichtigen Veranstaltung, die dann zu einer grob anstößigen ausartet) nicht gelten (Bay. JZ **77**, 277, 278). Treffen § 118 und § 117 zusammen, ohne daß ein anderer Bußgeldtatbestand eingreift, so geht § 117 als die speziellere Vorschrift vor (Erbs/Kohlhaas/Meyer 5; Rebmann/Roth/Herrmann 3).

18   **5) Das Höchstmaß der Geldbuße** (II) beträgt 1000 DM (§ 17 I).

19   **6) Über die Verjährungsfrist** vgl. § 31 II Nr. 4.

20   **7) Bußgeldbehörde** ist die Landesbehörde, auf die die Zuständigkeit zur Verfolgung und Ahndung übertragen worden ist (§ 36 I Nr. 2 a, II; 3 f. zu § 131); vgl. in **Baden-Württemberg** § 2 OWiZuV (Anh **B 1 b**), vgl. auch § 85 BWLWaldG, **Bayern** § 1 I ZuVOWiG (Anh **B 2 b**), **Berlin** § 1 Nr. 2 b ZuständigkeitsVO–OWiG (Anh **B 3**), **Bremen** § 1 VO Anh **B 4 c**, **Hamburg** II Nr. 3 AO Anh **B 5 b**, **Hessen** § 1 VO Anh **B 6 c**, **Niedersachsen** § 1 Nr. 4 c VO Anh **B 7 c**, **Nordrhein-Westfalen** § 1 I Nr. 1, II VO Anh **B 8 c**, **Rheinland-Pfalz** § 2 Nr. 10 LVO Anh **B 9 b**, im **Saarland** VO Anh **B 10 b** und in **Schleswig-Holstein** § 3 Nr. 17 Zuständigkeits-VO (Anh **B 11**).

Grob anstößige und belästigende Handlungen

119 [I] **Ordnungswidrig handelt, wer**

1. **öffentlich in einer Weise, die geeignet ist, andere zu belästigen, oder**
2. **in grob anstößiger Weise durch Verbreiten von Schriften, Ton- oder Bildträgern, Abbildungen oder Darstellungen**

Gelegenheit zu sexuellen Handlungen anbietet, ankündigt, anpreist oder Erklärungen solchen Inhalts bekanntgibt.

[II] **Ordnungswidrig handelt auch, wer auf die in Absatz 1 bezeichnete Weise Mittel oder Gegenstände, die dem sexuellen Gebrauch dienen, anbietet, ankündigt, anpreist oder Erklärungen solchen Inhalts bekanntgibt.**

[III] **Ordnungswidrig handelt ferner, wer öffentlich Schriften, Ton- oder Bildträger, Abbildungen oder Darstellungen sexuellen Inhalts an Orten ausstellt, anschlägt, vorführt oder sonst zugänglich macht, an denen dies grob anstößig wirkt.**

[IV] **Die Ordnungswidrigkeit kann in den Fällen des Absatzes 1 Nr. 1 mit einer Geldbuße bis zu tausend Deutsche Mark, in den übrigen Fällen mit einer Geldbuße bis zu zehntausend Deutsche Mark geahndet werden.**

1   **1) Die Vorschrift** ist an Stelle des Art. 2 § 1 des 4. StRG getreten und gegenüber dieser Vorschrift nicht geändert. I Nr. 1 hat § 361 Nr. 6 StGB aF ersetzt, I Nr. 2 den § 184 Nr. 4 StGB aF und II den § 184 I Nr. 3, 3a StGB aF. III hat kein unmittelbares Vorbild im früheren Recht. Diese Vorschrift ist eine gewisse Ersatzregelung dafür, daß sich § 184 StGB auf pornographische Schriften beschränkt und daß er – abweichend von § 184 I Nr. 1 StGB aF – für diese Schriften kein allgemeines Ausstellungsverbot in der Öffentlichkeit vorsieht, sondern nur im Rahmen von § 184 I Nr. 2 StGB (vgl. näher 25).

2   **2) Geschützt** wird der Einzelne vor einer anstößigen oder belästigenden Konfrontation mit sexuellen Handlungen, Darstellungen oder Gegenständen in der Öffentlichkeit oder durch Verbreiten von Schriften. Zugleich wird die Allgemeinheit (die äußere Ordnung) davor geschützt, mit Erscheinungsformen sexueller Art überschwemmt zu werden, die im Widerspruch zu der auf eine Verschmelzung von Eros und Sexus bestehende Sexualverfassung (Art. 6 I GG) stehen (vgl. hierzu Dreher/Tröndle 5 zu § 184) und bei der Mehrheit der Bevölkerung „tiefverwurzelte Empfindungen" verletzen (BegrEStRG 4 zu Art. 2; Rebmann/Roth/ Herrmann 2). Es handelt sich in allen Fallgruppen (vgl. 3) um einen abstrakten Gefährdungstatbestand, bei dem es auf den Eintritt der Belästigung oder der Verletzung von Empfindungen nicht ankommt; die abstrakte Gefährdung liegt in der Eignung der Belästigung oder der groben Anstößigkeit der Handlung (ebenso Rebmann/Roth/Herrmann 2), so daß es nicht darauf ankommt, ob jemand Anstoß genommen hat (Erbs/Kohlhaas/Meyer 1; Rotberg 3).

3   **3) Drei Fallgruppen** behandelt § 119 im einzelnen, und zwar a) Angebote zu sexuellen Handlungen, b) Angebote von Mitteln oder Gegenständen, die dem sexuellen Gebrauch dienen und c) das öffentliche Aus-

stellen von Schriften pp sexuellen Inhalts. Den Fallgruppen a) und b) ist gemeinsam, daß hinsichtlich der Tathandlungen zwei Alternativen erfaßt sind, und zwar 1. das öffentlich belästigende Anbieten und 2. das grob anstößige Anbieten durch Verbreiten von Schriften pp. Dem Anbieten und dem Ausstellen sind andere Tatmodalitäten gleichgestellt.

4   **4) Angebote von Gelegenheit zu sexuellen Handlungen** (I) sind in zwei Formen erfaßt, nämlich öffentlich belästigende und grob anstößige durch Verbreiten von Schriften pp. (vgl. 14; 7ff. zu § 116). Auf die Entgeltlichkeit der sexuellen Handlung kommt es hier (anders § 120) nicht an (Erbs/Kohlhaas/Meyer 2a). Die Gelegenheit ist das Inaussichtstellen von Umständen zu sexuellen Handlungen; nicht notwendig ist, daß die Handlung darauf gerichtet ist, die sexuelle Betätigung unmittelbar zu fördern (Erbs/Kohlhaas/Meyer 2c, aa).

5   **Der Begriff „sexuell"** (vgl. auch 27), der an die Stelle von „unzüchtig" getreten ist, wird (auch im StGB) nicht näher bestimmt. Sexuell wird eine Handlung sein, die an dem eigenen oder fremden Körper vorgenommen wird oder werden soll, die „das Geschlechtliche im Menschen zum unmittelbaren Gegenstand hat" (Dreher/Tröndle 5 vor § 174) und die subjektiv geschlechtsbezogen ist, vorausgesetzt, daß dies äußerlich in Erscheinung tritt (Rebmann/Roth/Herrmann 4; Rotberg 4).

6   **Handlungen von einiger Erheblichkeit** (vgl. § 184c StGB) setzt die Vorschrift dem Wortlaut nach zwar nicht voraus; diese Einschränkung ergibt sich jedoch daraus, daß nur belästigende oder grob anstößige Verhaltensweisen tatbestandsmäßig sind (Erbs/Kohlhaas/Meyer 2b, bb; ähnlich Rotberg 4). Als sexuelle Handlungen kommen danach namentlich in Betracht: Der Geschlechtsverkehr (auch gleichgeschlechtliche) Ersatzhandlungen dafür, gleichzeitiges oder gegenseitiges Onanieren sowie sodomitische Handlungen. Die Motivation für die Handlung spielt keine Rolle (vgl. 17); entscheidend ist die Eignung zur Belästigung oder deren Anstößigkeit (Rotberg 4; vgl. auch Erbs/Kohlhaas/Meyer 2b, aa).

7   **Auf den „außerehelichen sexuellen Verkehr"** ist die Vorschrift (abw. vom EStrRG 4) nicht beschränkt, um zB auch Angebote zum gleichzeitigen ehelichen Verkehr oder zur gleichzeitigen Masturbation, wie sie in der St.-Pauli-Presse vorkommen, zu erfassen (vgl. Erbs/Kohlhaas/Meyer 2b, bb).

7a   **Das Zuschauen bei Striptease-Vorführungen** ist dagegen nicht als eine sexuelle Handlung iS von I anzusehen, weil dies noch keine sexuelle Betätigung darstellt (vgl. Prot VI/1956; Erbs/Kohlhaas/Meyer 2b, bb; Rotberg 5; aM Rebmann/Roth/Herrmann 5). Das gleiche gilt für das Betrachten von Lichtbildern oder Filmen (Erbs/Kohlhaas/Meyer aaO).

8   **A. Öffentlich belästigende Angebote** (I Nr. 1) kommen vor allem im Zusammenhang mit der Straßenprostitution in Betracht (vgl. § 361 Nr. 6 StGB aF). Das Angebot kann dabei nach dem Wortlaut und Zweck der Vorschrift sowohl von der Prostituierten ausgehen als auch von einem Dritten, der die Gelegenheit zu sexuellen Handlungen bei Prostituierten vermittelt (BerEStrRG 4 zu Art. 2, S. 62; vgl. 11).

9   **a) Öffentlich** ist das Angebot, wenn es in seiner Bedeutung (nicht notwendig im einzelnen; BGH 21. 6. 1968, 4 StR 111/68) von unbestimmt vielen, nicht durch persönliche Beziehungen verbundenen Menschen oder einem bestimmten größeren Personenkreis (zB den Angehörigen einer militärischen Einheit in einer Kaserne oder den Beschäftigten in einer größeren Fabrik) wahrgenommen werden könnte (RG **72**, 68; **73**, 385), gleichgültig, ob sie wirklich zur Stelle sind (BGH **11**, 282; **12**, 42, 46; vgl. auch 5 zu § 116). Auf die Öffentlichkeit des Ortes kommt es nicht an, so daß Ort der Handlung zB auch ein Theater oder eine Bar sein kann (Celle GA **71**, 251; Hamm NJW **73**, 817; Dreher/Tröndle 4 zu § 183 a; Rotberg 12). Öffentlich ist das Angebot auch dann, wenn es an einem Ort geschieht, dessen Betreten von einem Eintrittsgeld oder einem Mitgliedsbeitrag abhängig ist (Hamm NJW **73**, 817; Erbs/Kohlhaas/ Meyer 2 d, bb).

10 b) **Die Eignung der Belästigung** reicht aus; daß ein anderer tatsächlich belästigt worden ist, verlangt die Vorschrift nicht. Belästigt sein kann derjenige, dem das Angebot gilt, aber auch andere, die das Angebot wahrnehmen könnten. Ob die Eignung der Belästigung (iS einer nicht nur geringfügigen Beeinträchtigung des Wohlbefindens, vgl. Bay. NJW **79**, 2162) zu bejahen ist, hängt von Ort und Zeit der Handlung sowie den sonstigen Umständen des Falles ab (Erbs/Kohlhaas/Meyer 2 d, cc). Allein der Umstand, daß eine Frau, die auf der Straße herumsteht oder herumgeht, als Prostituierte zu erkennen ist, reicht nicht aus, um die Eignung der Belästigung zu bejahen; ebensowenig das Zunicken mit dem Kopf (Frankfurt NJW **67**, 2021); desgl. nicht einer der üblichen, nicht besonders aufdringlichen Kontaktversuche in einer ausgesprochenen Dirnenstraße (BerEStrRG 4 zu Art. 2); jedoch anders, wenn die Prostituierte zudringlich wird, sie sei es denn, der Angesprochene provoziert sie dazu (Bay. **28**, 65); die Eignung der Belästigung ist dagegen wohl in der Regel bei Kontaktversuchen einer Prostituierten in einer Gegend zu bejahen, in der damit nicht zu rechnen ist (Erbs/Kohlhaas/Meyer aaO). Ein grob anstößiges Handeln (vgl. 17) ist stets als belästigend anzusehen (vgl. Prot. VI/1956).

11 c) **Täter** kann auch ein Mann (Strichjunge) oder Transsexueller sein; desgl. eine Frau, die nur gelegentlich auf der Straße Partner zum Geschlechtsverkehr sucht (Erbs/Kohlhaas/Meyer 2 c, bb). Das „Anbieten" kann danach auch in der Übermittlung des Angebots eines anderen bestehen (Erbs/Kohlhaas/Meyer aaO; vgl. 13).

12 d) **Das Anbieten** der Gelegenheit zu sexuellen Handlungen (eigener oder fremder, wobei es auf die Entgeltlichkeit nicht ankommt; vgl. 4; Rebmann/Roth/Hermann 6) kann sich aus den Umständen ergeben (Sichbereitzeigen zum sexuellen Verkehr), was bei der Straßenprostitution die Regel ist.

13 e) **Unter Ankündigen** ist das Hinweisen auf die Gelegenheit zu verstehen, so zB durch Dritte, die den Prostituierten eines Dirnenwohnheims „Freier" zuführen, ohne daß dabei ein (konkretes) Angebot gemacht wird. Die weiteren Handlungsformen (Anpreisen, Erklärungen bekanntgeben) spielen in dem Fall von I Nr. 1 praktisch kaum eine Rolle; sie sind deshalb unter 15 f. erläutert.

14 B. **Grob anstößige Angebote durch Verbreiten von Schriften pp.** (I Nr. 2; vgl. hierzu 7 ff. zu § 116) kommen in erster Linie in Form von

Zeitungsanzeigen nach Art der St. Pauli-Presse in Betracht (ebenso Erbs/ Kohlhaas/Meyer 2e, dd). Der § 184 I Nr. 4 StGB aF, den I Nr. 2 ersetzt hat, hatte sich insoweit als nicht praktikabel erwiesen, obwohl er bezweckte, Zeitungsanzeigen, die ,,in öffentlichen Blättern neuerdings aufgenommen sind und Anstoß erregt haben, entgegenzuwirken" (so die Begr. für die Einführung der Vorschrift durch G v. 25. 6. 1900; vgl. Prot. VI/1954). I Nr. 2 geht insofern weiter, als er nicht die Absicht des Täters verlangt, daß seine Handlung Erfolg hat, sondern das Anbieten der Gelegenheit und auch andere Handlungsformen ausreichen läßt, so daß der Täterkreis auf die presserechtlich verantwortlichen Personen ausgeweitet ist (15). Die Eignung der Belästigung reicht bei dem Verbreiten von Schriften nicht aus; die Angebote pp müssen grob anstößig sein (Erbs/ Kohlhaas/Meyer 2a, e, aa).

15 a) **Die Bekanntgabe von Erklärungen** solchen Inhalts kommt namentlich bei der Verbreitung von Schriften in Betracht. Die Tathandlung kann danach auch in dem bloßen Abdruck (durch die presserechtlich verantwortlichen Personen; insoweit richtig Lüthge-Bartholomäus NJW **76**, 138; Erb/Kohlhaas/Meyer 2e, aa) eines fremden Angebots (einer fremden Ankündigung oder Anpreisung) bestehen, ja sogar in der Bekanntgabe eines frei erfundenen Angebots (Erbs/Kohlhaas/Meyer 2c, ee).

16 b) **Das Anpreisen von Gelegenheit** zu sexuellen Handlungen, dh der in Form einer Empfehlung oder Reklame enthaltene Anreiz, eine bestimmte Gelegenheit zu sexuellen Handlungen (zB in einem Eros-Center) zu nutzen (vgl. RG **37**, 143), ist ferner tatbestandsmäßig. Damit ist der Sanktionsschutz gegenüber dem früheren Recht erheblich ausgeweitet, was in der Praxis möglicherweise noch nicht erkannt worden ist (aM Erbs/ Kohlhaas/Meyer 2c, dd, der dem Tatbestand des Anpreisens keine selbständige Bedeutung zumißt). Demgegenüber bedeutet es keine wesentliche Einschränkung, daß der Tatbestand auf ,,grob anstößige" Angebote beschränkt ist.

17 c) **Als grob anstößig** ist jedes Angebot usw zu sexuellen Handlungen anzusehen, das seiner Art nach in einer Weise aufdringlich ist, die auch – unter gewandelten gesellschaftlichen Wertungen – nicht mehr zumutbar erscheint (Rotberg 18), oder welches (anders ausgedrückt, so Rebmann/ Roth/Herrmann 4) das nach Ansicht der Mehrheit der Bevölkerung gebotene Maß an Zurückhaltung überschreitet (vgl. auch Erbs/Kohlhaas/ Meyer 2e, dd). Dies ist (konkret, dh bei den hier beachtlichen Handlungsmodalitäten) dann der Fall, wenn das Angebot pp. den Menschen zu einem beliebig austauschbaren Gegenstand geschlechtlicher Begierde herabwürdigt (vgl. Dreher/Tröndle 7 zu § 184 zum Begriff der Pornographie; vgl. auch Erbs/Kohlhaas/Meyer aaO), so wenn bei einer Partnersuche der Mensch im Wesensgehalt vornehmlich als Mittel oder Objekt geschlechtlicher Befriedigung verstanden wird; dies ist der Fall, wenn bei einer Partnersuche das Geschlechtliche so sehr in den Vordergrund gerückt ist, daß demgegenüber menschliche Beziehungen ganz zurücktreten, so zB bei einer Partnersuche allein zum Geschlechtsverkehr oder gar zu Perversitäten. Diese Voraussetzungen treffen für einen großen Teil von Inseraten der St.-Pauli-Presse zu (Erbs/Kohlhaas/Meyer aaO). Entscheidend sind allein Gehalt und Art der Darstellung (vgl. BGH **5**, 346, 348), nicht aber die Vorstellungen und Ziele des Täters. Zu berücksichtigen sind auch die Umstände, unter denen die Schriften mit den Angeboten uä verbreitet werden. So kann zB die Verteilung von Werbezetteln, in denen „Intimmassage" angeboten wird, in einem Dirnenviertel noch nicht grob anstößig sein; anders jedoch, wenn solche Werbezettel an Kirchenbesucher verteilt werden (Erbs/Kohlhaas/Meyer aaO; Prot. VI/1956).

18   C. **Im Verhältnis zu § 120 I Nr. 2** hat I Nr. 2 Vorrang (vgl. näher 14 zu § 120).

19   **5) Mittel oder Gegenstände des sexuellen Gebrauchs** (II) dürfen ebenfalls weder in öffentlich (vgl. 8 ff.) belästigender noch in grob anstößiger Weise durch Verbreiten von Schriften pp. (vgl. 7 ff. zu § 116) angeboten (angekündigt usw.) werden.

20   A. **Im einzelnen gehören hierher** Mittel und Gegenstände, die nach ihrer Art und Beschaffenheit speziell dazu bestimmt sind, im Zusammenhang mit oder im Hinblick auf sexuelle Handlungen gebraucht zu werden (Erbs/Kohlhaas/Meyer 2 d, dd; Rebmann/Roth/Herrmann 11; Rotberg 20). Dazu rechnen alle Mittel und Gegenstände, die der Verhütung der Empfängnis (Präservative, Pessare, Anti-Baby-Pille; vgl. hierzu auch § 13 I Nr. 5 HeilMWerbG) oder der Verhütung von Geschlechtskrankheiten dienen (vgl. hierzu auch §§ 21, 27 GeschlKrG). II gilt weiterhin für solche Mittel und Gegenstände, die der Erregung oder Steigerung des sexuellen Reizes (Reizpräservative, Gliedstützen uä) oder der Masturbation (Masturbationsgeräte) dienen (Rebmann/Roth/Herrmann 11; Rotberg 20).

21   B. **Die Formen des Angebots** pp. müssen im Falle von II belästigend oder grob anstößig sein; dies ist mit der in I bezeichneten Weise gemeint. Bei allen Arten des Anbietens, des Anpreisens usw. (vgl. 15 f.) kommt es auf die Umstände des Einzelfalles an, so auf die Art der Aufmachung, die Form der Werbung, die jeweilige Örtlichkeit, die Art der Schrift, den Zuschnitt der Bevölkerung, an die sie sich richtet, uä (Erbs/Kohlhaas/Meyer 3 c, bb).

22   a) **Das Aufstellen von Außenautomaten** für Präservative, das als Angebot zu werten ist, oder die Auslage von Präservativen im Schaufenster ist für sich selbst noch nicht grob anstößig (Prot. VI/1961; Erbs/Kohlhaas/Meyer 2 c, bb; Rebmann/Roth/Herrmann 13; Rotberg 21), da es sich um Gegenstände handelt, die üblicherweise als Mittel der Familienplanung verwendet werden, so daß ihnen der Charakter des grob Anstößigen fehlt; anders wohl, wenn solche Außenautomaten am Eingang einer Schule in auffälliger Weise angebracht werden, weil dadurch die Sexualität für Kinder und Jugendliche in einen übersteigerten Vordergrund gerückt wird.

23   b) **Die öffentliche Auslage** von Reizsteigerungs- oder Masturbationsgeräten (zB die eines künstlichen Gliedes, wohl aber nicht die von Reizpräservativen) in einem Schaufenster ist dagegen als grob anstößig anzu-

sehen, da es das natürliche Empfinden weiter Bevölkerungskreise grob verletzt (BegrEStrRG 4 zu Art. 2; Prot. VI/1961; Erbs/Kohlhaas/Meyer c, bb); ebenso wird zB das Angebot von Masturbationssgeräten in einer Apotheke geeignet sein, andere zu belästigen (BegrEStrRG 4 zu Art. 2).

24   c) **Angebote in Sex-Shops** sind dagegen nicht als belästigend oder grob anstößig anzusehen, da die Besucher solcher Geschäfte wissen, was sie erwartet; desgl., wenn in Zeitungsinseraten oder Versandhauskatalogen lediglich auf die Bezugsmöglichkeit solcher Mittel oder Gegenstände hingewiesen wird (Prot. VI/1958).

25   6) **Das öffentliche Ausstellen von Schriften sexuellen Inhalts** (III) ist an solchen Orten ordnungswidrig, an denen dies grob anstößig wirkt. Der Tatbestand deckt gewisse Randbereiche ab, die von § 184 StGB (Verbreitung pornographischer Schriften) nicht erfaßt sind, weil die Schrift usw. (vgl. 7 ff. zu § 116) zwar einen sexuellen Inhalt hat (vgl. 6), jedoch a) noch unterhalb der Schwelle der Pornographie (vgl. 26) liegt oder b) zwar pornographisch ist, sie jedoch an einem Ort ausgestellt wird, der Personen unter 18 Jahren nicht zugänglich ist, so daß § 184 I Nr. 2 StGB nicht einschlägig ist (vgl. 26). III beruht auf der Erwägung, daß durch das öffentliche (vgl. 9) Ausstellen uä von Schriften sexuellen Inhalts die Empfindungen von weiten Teilen der Bevölkerung verletzt werden können, auch wenn es sich nicht um pornographische Schriften handelt; es sei „Personen, die jegliche Darstellung von Sexualität ausschließlich dem Intimbereich vorbehalten wissen wollen, nicht zuzumuten, in der Öffentlichkeit ungewollt mit entsprechenden Abbildungen konfrontiert zu werden", jedenfalls, soweit das Ausstellen grob anstößig wirkt (BerEStrRG 4 zu Art. 2), so zB das großformatige Darstellen von Geschlechtsteilen bei der Kinoreklame oder auf Litfaßsäulen. Zum Merkmal „öffentlich" vgl. 9.

26   A. **Bei pornographischen Schriften,** die an Orten ausgestellt werden, welche Personen unter 18 Jahren zugänglich sind oder von ihnen eingesehen werden können, wird III durch § 184 I Nr. 2 StGB verdrängt (§ 21). Als pornographisch sind solche grobe Darstellungen des Sexuellen anzusehen, „die in einer den Sexualtrieb aufstachelnden Weise den Menschen zum bloßen (auswechselbaren) Objekt geschlechtlicher Begierde degradieren" (Dreher/Tröndle 7 zu § 184); die Darstellung muß die Sexualität so aufdringlich vergröbern, anreißerisch, verzerrt oder unrealistisch aufzeigen, daß sie ohne Sinnzusammenhang mit anderen Lebensäußerungen bleibt (vgl. Düsseldorf NJW **74,** 1474). Als sog. harte Pornographie sind solche sexuellen Darstellungen anzusehen, die Gewalttätigkeiten, den sexuellen Mißbrauch von Kindern oder sexuelle Handlungen von Menschen mit Tieren zum Gegenstand haben; die öffentliche Ausstellung usw. solcher Schriften ist unabhängig davon strafbar, ob der Ort Personen unter 18 Jahren zugänglich ist oder von ihnen eingesehen werden kann (§ 184 III StGB). Liegen auch nur Anhaltspunkte dafür vor, daß die Voraussetzungen von § 184 I Nr. 2 oder III StGB gegeben sind, so hat die VB die Sache an die StA abzugeben (§§ 41, 44). Von einer näheren Erläuterung des Begriffs der Pornographie wird deshalb hier abgesehen.

27　　B. **Einen sexuellen Inhalt** (vgl. 5) hat eine Schrift usw. (vgl. 7 ff. zu § 116) dann, wenn sie erkennbar auf das Geschlechtliche hinweist, so zB die isolierte Darstellung der primären Geschlechtsmerkmale, das deutliche Hinlenken auf die Genitalien, die Darstellung des Geschlechtsverkehrs oder von Perversitäten uä, uU auch zotige Lieder (Düsseldorf NJW **70**, 671), nicht jedoch schon die Darstellung des nackten menschlichen Körpers (vgl. Erbs/Kohlhaas/Meyer 4 c; Dreher/Tröndle 8 zu § 184 mwN). Die Schrift sexuellen Inhalts wird zu einer pornographischen, wenn ihr sexueller Inhalt in einer den Sexualtrieb aufstachelnden Weise dargestellt ist, wenn sie also einen anreißerischen, verzerrenden Charakter hat (BerEStrRG 4 zu Art. 2; vgl. 26).

28　　C. **Zugänglich gemacht** wird die Schrift usw., wenn die Möglichkeit ihrer Wahrnehmung (öffentlich; vgl. 9) eröffnet wird. Die Tatmodalitäten Ausstellen (zB von Bildern, Plastiken), Anschlagen (zB von Plakaten) und Vorführen (zB von Filmen, Schallplatten) sind nur Beispiele des Zugänglichmachens. Weitere Beispielfälle des Zugänglichmachens sind: Das Aufstellen von Bild- oder Filmbetrachtungsgeräten, die vom Publikum mittels eines Mechanismus (in der Regel durch Geldeinwurf) benutzt werden können (Bay. NJW **76**, 527); ferner das Anschreiben (RG **11**, 285) oder Anmalen (RG **39**, 183; Erbs/Kohlhaas/Meyer 4 d).

29　　D. **Die grobe Anstößigkeit** ist nach dem Zweck der Vorschrift (vgl. 25) das entscheidende Kriterium für die Tatbestandsverwirklichung. Es kommt darauf an, ob die Möglichkeit der öffentlichen Wahrnehmung grob anstößig wirkt. Daß mit diesem Merkmal der Tatbestand selbst schwierige Abgrenzungsfragen auslöst, ist bewußt hingenommen worden (vgl. BerEStrRG 4 zu Art. 2).

30　　**Abgrenzungskriterien:** Sicher ist einerseits, daß Darstellungen sexuellen Inhalts in Aufklärungsschriften nicht vom Tatbestand erfaßt werden, gleichgültig, an welchen Orten sie ausgestellt werden (BerEStrRG 4 zu Art. 2). Nicht tatbestandsmäßig sind außerdem selbst grobe sexuelle Darstellungen an solchen Orten, an denen der mögliche Adressat diese Art der Darstellung erwartet oder von ihnen nach den Umständen nicht überrascht werden kann, so insbesondere bei öffentlichen Ausstellungen (Sex-Messen, Kunstausstellungen; vgl. Prot. VI/196 f.) oder in geschlossenen Räumen (Theatern, Sex-Vorführungen), wenn das Thema der Veranstaltung oder der Einschlag in die grobe Sexualität unverkennbar ist (man weiß etwa, was zu erwarten ist; ebenso Erbs/Kohlhaas/Meyer 4 e). Sicher ist andererseits, daß unerwartete und schockierende Konfrontationen mit sexuellen Darstellungen, also solche an Orten, in denen man sie nicht vermutet, vom Tatbestand erfaßt sind (vgl. BerEStrRG 4 zu Art. 2). Innerhalb dieser Extrembereiche in Randbereichen die Abgrenzung zu finden, soll Aufgabe der Praxis sein (vgl. Ber. aaO). Dabei wird dem Merkmal des ,,Ortes'', an dem das Merkmal ,,grob anstößig'' zu messen ist, besondere Bedeutung zukommen (vgl. Prot. VI/1962 ff.).

31　　**7) Vorsätzliches Handeln** (2 ff. zu § 10) setzen I–III voraus (§ 10). Der Vorsatz (bedingter reicht aus) muß sich auf alle Tatbestandsmerkmale beziehen, also zB auch auf die Merkmale ,,öffentlich'', ,,grob anstößig''. Es reicht jedoch aus, wenn der Täter die Umstände kennt, welche die grobe Anstößigkeit begründen; die Beurteilung, daß die Handlung grob anstößig ist, braucht er selbst nicht mit zu vollziehen (vgl. Dreher/ Tröndle 41 zu § 184 zur Beurteilung als ,,pornographisch"). Bei einer falschen Beurteilung liegt ein bloßer Subsumtionsirrtum vor, der ein Verbotsirrtum sein kann (vgl. 19 ff. zu § 11). Ein Verbotsirrtum kann zB auch vorliegen, wenn der Täter glaubt, nur das Verbreiten pornographischer Schriften, nicht aber sonstiger Schriften sexuellen Inhalts sei verboten (vgl. 22 zu § 11).

32 8) **Tateinheit** ist möglich mit § 145 II Nr. 2 a iVm § 56 I Nr. 1 i GewO. Einschlägige Straftatbestände, gegenüber denen die Vorschrift zurücktritt (§ 21), sind § 184 StGB und § 21 GjS.

33 9) **Über Einziehung** und Unbrauchbarmachung vgl. § 123.

34 10) **Über die Verjährungsfrist** vgl. § 31 II Nr. 2, 4.

35 11) **Bußgeldbehörde** ist die Landesbehörde, auf die die Zuständigkeit zur Verfolgung und Ahndung übertragen worden ist (§ 36 I Nr. 2 a, II; 3 f. zu § 131); vgl. in **Baden-Württemberg** § 2 OWiZuV (Anh **B 1 b**), **Bayern** § 1 I ZuVOWiG (Anh **B 2 b**), **Berlin** § 1 Nr. 2 b ZuständigkeitsVO-OWiG (Anh **B 3**), **Bremen** § 1 VO Anh **B 4 c**, **Hamburg** II Nr. 3 AO Anh **B 5 b**, **Hessen** § 1 VO Anh **B 6 c**, **Niedersachsen** § 1 Nr. 4 c VO Anh **B 7 c**, **Nordrhein-Westfalen** § 1 I Nr. 1, II, VO Anh **B 8 c**, **Rheinland-Pfalz** § 2 Nr. 10 LVO Anh **B 9 b**, im **Saarland** VO Anh **B 10 b** und in **Schleswig-Holstein** § 3 Nr. 17 Zuständigkeits-VO (Anh **B 11**).

Verbotene Ausübung der Prostitution; Werbung für Prostitution

120 ^I Ordnungswidrig handelt, wer

1. einem durch Rechtsverordnung erlassenen Verbot, der Prostitution an bestimmten Orten überhaupt oder zu bestimmten Tageszeiten nachzugehen, zuwiderhandelt oder
2. durch Verbreiten von Schriften, Ton- oder Bildträgern, Abbildungen oder Darstellungen Gelegenheit zu entgeltlichen sexuellen Handlungen anbietet, ankündigt, anpreist oder Erklärungen solchen Inhalts bekanntgibt.

^{II} **Die Ordnungswidrigkeit kann mit einer Geldbuße geahndet werden.**

1 1) **Die Vorschrift** ist an Stelle des Art. 2 § 2 des 4. StrRG getreten, dessen I Nr. 1 wiederum den § 361 Nr. 6 c StGB aF ersetzt hatte. Gegenüber Art. 2 § 2 des 4. StrRG ist § 120 unverändert. § 361 Nr. 6 c StGB aF, der im wesentlichen in Art. 2 § 2 I Nr. 1 des 4. StrRG aufgenommen worden war, geht auf das 10. StÄG zurück (vgl. BT-Drucks. VI/293; VI/ 410; Prot. VI/297). ,,Beharrliche" Verstöße iS von I Nr. 1 sind in § 184 a StGB mit Strafe bedroht, so daß I Nr. 1 mit § 184 a StGB einen Mischtatbestand bildet (vgl. 33 ff. vor § 1). Liegt bei einem Verstoß nach I Nr. 1 das qualifizierende Merkmal ,,beharrlich" vor, so greift nur § 184 a StGB ein, und zwar auch dann, wenn dieses Merkmal lediglich bei einem Teil-

akt einer fortgesetzten Handlung (11 ff. vor § 19) gegeben ist (Dreher/
Tröndle 5 zu § 184 a). I Nr. 2 ist keine Ersatzvorschrift für eine vergleichbare Regelung des StGB aF. Die Werbung für sexuelle Handlungen mit
Prostituierten konnte jedoch früher in gewissem Umfange von § 180 I
StGB aF als Kuppelei erfaßt werden; soweit dies der Fall war, ist I Nr. 2
ein Ersatz dafür, daß die Strafbarkeit der Kuppelei (§§ 180, 181 StGB aF)
weitgehend beseitigt worden ist.

2　　**2) Geschützt** wird die Allgemeinheit vor den mit der Prostitution
verbundenen Belästigungen und Gefahren, namentlich für Jugendliche
(Karlsruhe MDR **74**, 858). Die Vorschrift erfaßt jedoch bloße Formalverstöße, so daß es auf eine Belästigung oder Gefährdung im Einzelfall nicht
ankommt (Erbs/Kohlhaas/Meyer 2 a).

3　　**3) Die verbotene Ausübung der Prostitution** (I Nr. 1) ist ein Blankett-
tatbestand (17 ff. vor § 1), der jedoch die Verhaltensweisen selbst im
wesentlichen bestimmt (Nachgehen der Prostitution an verbotenen Orten oder zu verbotenen Zeiten).

4　　A. **Prostitution** ist die sexuelle Betätigung vor oder mit wechselnden
Partnern gegen Entgelt zu Erwerbszwecken, wobei es auf die Art der
sexuellen Betätigung (sexuelle Handlungen vornehmen oder an sich vornehmen lassen; auch homosexuelle und lesbische) nicht ankommt (Dre-
her/Tröndle 3 zu § 180 a). Unerheblich ist auch, wer das Entgelt kassiert
und wo die Partner geworben werden (Dreher/Tröndle aaO). Keine Prostitution ist die Vornahme von sexuellen Handlungen vor einem unbestimmten Personenkreis gegen Entgelt (Striptease; Dreher/Tröndle aaO;
Erbs/Kohlhaas/Meyer 2 b) oder ein Dauerverhältnis mit einer bestimmten Person, so zB mit einem Soldaten der stationierten Truppen (Dreher/
Tröndle 3 zu § 184 a; Erbs/Kohlhaas/Meyer 2 b; aM zu § 361 Nr. 6 StGB
aF noch Neustadt NJW **55**, 1730; Bay. NJW **63**, 871). Täter kann auch ein
Mann oder Transsexueller sein. Der Prostitution geht bereits nach, wer
Handlungen vornimmt, die unmittelbar auf eine solche sexuelle Betätigung abzielen (BGH **23**, 167, 173), so zB Wohnen in einem Dirnenquar-
tier oder Sichanbieten durch Herumstehen, -gehen oder -fahren (Straßenstrich; vgl. Karlsruhe MDR **74**, 858). Daß der Prostitution auffällig oder
auch nur öffentlich nachgegangen wird, verlangt die Vorschrift nicht
(Erbs/Kohlhaas/Meyer 2 c; Rebmann/Roth/Herrmann 4). Das Verbot
kann jedoch auf bestimmte öffentliche Orte beschränkt werden (vgl. 5).

5　　B. **An bestimmten Orten oder zu bestimmten Zeiten** kann die Prostitution nach Art. 297 EGStGB (Anh **A 1**; vgl. auch 6 ff.) verboten werden.
Diese Vorschrift, die dem 10. StÄG entnommen ist (das seinerseits die
Regelung des 5. StÄG erweitert hat), ist strafrechtlicher, aber auch ord-
nungsrechtlicher Art und deshalb im Verwaltungsrechtsweg überprüfbar
(VGH Mannheim DÖV **78**, 848; VG München NJW **72**, 2149) und mit
dem GG vereinbar (VGH Mannheim aaO; vgl. zum 5. StÄG: Bay. MDR
63, 614; BayVerfGH VerwRspr. **68**, 141; Hamburg NJW **68**, 1150; Dre-
her/Tröndle 3 zu § 184 a).

6　　a) **Der Sperrbezirk** (Art. 297 I S. 1 Nr. 1, 2 EGStGB, Anh **A 1**) muß in
der RechtsVO klar bestimmt sein (vgl. BVerwGE **17**, 192). Er kann auf

Teile des Gebiets einer Gemeinde derart ausgedehnt werden, daß danach die Ausübung der Prostitution nur in einem sehr kleinen Bereich erlaubt ist. Lediglich Kasernierungen sind nicht zulässig. Das für den Sperrbezirk ausgesprochene Verbot erstreckt sich auf den gesamten Bereich, für den es angeordnet ist, also auch auf die unbebauten Teile (BGH **23**, 167, 174; Stuttgart, Die Justiz **64**, 125, **68**, 50).

7 b) **Der Straßenstrich** (Art. 297 I S. 1 Nr. 3, S. 2 EGStGB, Anh **A** 1) kann unabhängig von der Größe der Gemeinde insgesamt oder für einzelne Teile (auch einzelne Straßen, so zB um ein Dirnenwohnheim herum) verboten und dabei auch auf bestimmte Tageszeiten beschränkt werden, so zB für die Zeiten des Schulweges (Begr. BT-Drucks. VI/293).

8 c) **Ausfüllende Vorschriften** zu I Nr. 1 iVm Art. 297 EGStGB (Anh **A** 1): Vgl. zB in Baden-Württemberg § 1 VO v. 3. 3. 1976 (GBl. 290) sowie VO v. 27. 9. 1976 (GBl. 597), ÄndVO v. 27. 10. 1978 (GBl. 581) und VOen v. 20. 2. 1978 (GBl. 170, 171), Bayern § 1 VO v. 26. 5. 1975 (GVBl. 80), Bremen VO v. 29. 3. 1976 (GBl. 109; 45–g–1), Hamburg VO v. 12. 5. 1970 (GVBl. 161; BL 450–1). Eine Übertragung der Ermächtigung nach Art. 297 II EGStGB auf die Mittelbehörden ist erfolgt zB in Hessen durch VO v. 5. 8. 1975 (GVBl. I 195; II 24–20), in Niedersachsen durch VO v. 15. 1. 1975 (GVBl. 3) und in Rheinland-Pfalz durch VO v. 27. 11. 1974 (GVBl. 595; BS 2012–4) sowie in Baden-Württemberg und Bayern jeweils durch § 2 der oben genannten VOen.

8a C. **Vorsätzliches Handeln** (2 ff. zu § 10) wird vorausgesetzt (§ 10). Der Vorsatz muß sich darauf erstrecken, daß ein Verbot für den Ort oder die Zeit besteht (BGH **23**, 167; Frankfurt NJW **66**, 1527; Hamm NJW **68**, 1976). Bedinger Vorsatz (3 zu § 10) genügt.

9 D. **Eine Beteiligung** anderer Personen ist möglich (§ 14). Wer mit dem Täter sexuelle Handlungen vornimmt, ist notwendiger Beteiligter, so daß er auch über § 14 nicht vom Tatbestand erfaßt wird (vgl. 18 zu § 115; Erbs/Kohlhaas/Meyer 2 f.). Beteiligter iS von § 14 kann jedoch zB sein, wer dem Täter bei der Ausübung der gebietlich oder zeitlich verbotenen Prostitution behilflich ist, ohne daß die Voraussetzungen des § 180a StGB vorliegen (Erbs/Kohlhaas/Meyer 2 f.; Rebmann/Roth/Herrmann 7). Das Gewähren von Unterkunft zur Ausübung der Prostitution soll in § 180a StGB abschließend geregelt sein, so daß in diesem Falle keine strafrechtlich erhebliche Beihilfe vorliegen soll (so Prot. V/3104 ff.; zw. Dreher/Tröndle 6 zu § 184a); dem kann nicht zugestimmt werden, da sich § 180a StGB mit den Fällen der gebietlich und zeitlich verbotenen Prostitution überhaupt nicht befaßt (ebenso Erbs/Kohlhaas/Meyer 2 f.).

10 E. **Konkurrenzen:** Als einschlägige Strafvorschriften, gegenüber denen § 120 zurücktritt (§ 21), kommen die §§ 183a, 184a und 184b StGB in Betracht (vgl. auch 1). Eine fortgesetzte Handlung (vgl. 11 vor § 19) ist möglich (Bay. MDR **56**, 119; Erbs/Kohlhaas/Meyer 2g), ja sogar naheliegend.

11   **4) Die Prostitutionswerbung** (I Nr. 2) ist schlechthin ordnungswidrig, gleichgültig, ob sie in anstößiger Weise vorgenommen wird, ob die Prostituierte oder ein anderer für sie tätig wird oder ob eigene Interessen verfolgt werden oder nicht (Karlsruhe NJW **78**, 61; Schleswig DÖV **77**, 534 = GewArch **77**, 390; Koblenz GA **79**, 149). Es handelt sich um ein abstraktes Gefährdungsdelikt (im Vorfeld der nicht mehr strafbaren Kuppelei; Karlsruhe aaO; Koblenz aaO), durch das die Verbreitung von Gelegenheiten zu entgeltlichen sexuellen Handlungen (insbesondere) aus Gründen des Jugendschutzes (vgl. 2) untersagt ist, und zwar auch bei einer geschäftsmäßigen, sachlichen Werbung (Karlsruhe aaO; Koblenz aaO; Schleswig aaO). Der Vorschrift liegt danach die Erwägung zugrunde, daß die Prostitutionswerbung auch ohne Hinzutreten weiterer Merkmale grob anstößig ist (Prot. VI/1997). Dies ist auch bei einer Prostitutionswerbung in „verbrämter" Form (wie etwa zum Besuch von „Massagesalons"; der Angabe des Vornamens oder „Hostess" mit Telefon-Nr. und Uhrzeit uä) zu bejahen, sofern für jede verständige und nicht ganz wirklichkeitsfremde Person hinreichend klar ist, daß zur Ausübung der Prostitution geworben wird (Karlsruhe aaO; Koblenz aaO; Schleswig aaO; aM zu Unrecht Lüthge-Bartholomäus NJW **76**, 138, die meint, daß in solchen Fällen das Merkmal der Entgeltlichkeit nicht ersichtlich sei; zu eng wohl auch Düsseldorf AfP **78**, 102; vgl. auch Rebmann/Roth/Herrmann 7, 11, die zwar mit Recht annehmen, daß die nur auf sexuelle Kontakte abzielenden Anzeigen noch nicht erfaßt sind, jedoch die tatsächlichen Schwierigkeiten bei der Feststellung der Entgeltlichkeit überbewerten; wie hier insgesamt: Erbs/Kohlhaas/Meyer 3a, b, e). Zum Opportunitätsgrundsatz vgl. 15.

12   **A. Abgrenzung zu § 119 I:** Die Tathandlung entspricht bis auf zwei Unterschiede dem § 119 I Nr. 2: Einerseits wird nicht vorausgesetzt, daß das Anbieten, Ankündigen usw (vgl. 4, 11, 12 zu § 119) durch Verbreiten von Schriften (vgl. 14; 7 ff. zu § 116) in „grob anstößiger Weise" geschieht; andererseits beschränkt sich die Vorschrift auf die Fälle, in denen Gelegenheit zu „entgeltlichen" sexuellen Handlungen angeboten wird. Dies kann sich bereits aus den Umständen des Angebots ergeben (Erbs/Kohlhaas/Meyer 3b; vgl. die Beispiele unter 11); notwendig ist erst recht nicht, daß die Höhe des Entgelts genannt ist. Vom Tatbestand wird danach zB die Werbung zum Besuch eines Eros-Centers durch Zeitungen (etwa durch die St.-Pauli-Presse) oder durch Verteilen von Flugblättern erfaßt. Zu den entgeltlichen sexuellen Handlungen könnten bei wörtlicher Auslegung auch solche gezählt werden, die vor einem unbestimmten Personenkreis vorgenommen werden (Striptease-Vorführungen); doch ergibt sich aus der Überschrift „Werbung für Prostitution" sowie dem Schutzzweck der Vorschrift, daß hier nur sexuelle Handlungen im Bereich der Prostitution (vgl. 4) gemeint sind. Deswegen sind auch eheliche sexuelle Handlungen (anders als in § 119 I) vom Anwendungsbereich der Vorschrift ausgenommen.

13   **B. Durch Verbreiten von Schriften** pp (vgl. hierzu 7 ff. zu § 116): Ein Verbreiten einer Schrift liegt nicht vor, wenn sie nicht ihrer Substanz nach andern zugänglich gemacht, sondern wenn sie in einem Einzelstück an einer Plakatsäule angebracht wird; insoweit liegt nach dem Schutzzweck der Vorschrift (vgl. 2) eine Lücke vor, die nach der in § 119 III getroffenen Unterscheidung nicht im Wege der Auslegung geschlossen werden kann (Bay. NJW 79, 2162).

14 C. **Vorsätzliches Handeln** (2 ff. zu § 10) wird vorausgesetzt (§ 10). Glaubt der Täter, die ,,geschäftliche Werbung" sei auch im Bereich der Prostitution erlaubt, was im Hinblick auf die weite Verbreitung solcher Werbung in Zeitungen naheliegen kann (Karlsruhe NJW 78, 61), so liegt ein bloßer Verbotsirtum vor (vgl. 19 ff. zu § 11).

15 D. **Im Verhältnis zu § 119 I Nr. 2** hat diese Vorschrift Vorrang vor I Nr. 2 (Konsumtion; vgl. 35 vor § 19), da § 119 I Nr. 2 den Tatbestand von I Nr. 2 voll in sich aufnimmt. I Nr. 2 gilt wohl nicht nur subsidiär zu § 119 I Nr. 2, weil die Werbung für Prostitution keine schwächere Form der anstößigen Werbung zu sexuellen Handlungen, sondern als besondere Form dieser Werbungsart gesetzlich motiviert ist (im Ergebnis wie hier Erbs/Kohlhaas/Meyer 3 h; Meier 3 zu § 119; aM Rebmann/Roth/ Herrmann 3, 13, die I Nr. 2 als Spezialvorschrift gegenüber § 119 I Nr. 2 ansehen; doch wäre dann die anstößige Werbung zur Prostitution nur mit Geldbuße bis zu 1000 DM bedroht!).

16 5) **Opportunitätsprinzip** (§ 47): Ob es tunlich ist, in Großstädten eine ,,verbrämte" Prostitutionswerbung strikt zu unterbinden (vgl. krit. zur strengen Handhabung des Verbots Hanack NJW 74, 9 Fn. 102; Schleswig DÖV 77, 534 = GewArch 77, 390), ist zweifelhaft. Hier sind die Gefahren des Jugendschutzes und der (abstrakten) Belästigungsmöglichkeiten durch eine solche Werbung mit den sonst möglichen Gefährdungen abzuwägen. Eine Abmahnung kann vor Einleitung eines Bußgeldverfahrens zweckmäßig sein und wegen eines sonst möglichen Verbotsirrtums (vgl. 13) Klarheit schaffen.

17 6) **Über die Einziehung** der Schriften pp. in den Fällen von I Nr. 2 vgl. § 123.

18 7) **Das Höchstmaß der Geldbuße** beträgt 1000 DM (§ 17 I).

19 8) **Über die Verjährungsfrist** vgl. § 31 II Nr. 4.

20 9) **Über die Bußgeldbehörde** vgl. 35 zu § 119.

Halten gefährlicher Tiere

121 ^I **Ordnungswidrig handelt, wer vorsätzlich oder fahrlässig**
1. **ein gefährliches Tier einer wild lebenden Art oder ein bösartiges Tier sich frei umherbewegen läßt oder**
2. **als Verantwortlicher für die Beaufsichtigung eines solchen Tieres es unterläßt, die nötigen Vorsichtsmaßnahmen zu treffen, um Schäden durch das Tier zu verhüten.**

^{II} **Die Ordnungswidrigkeit kann mit einer Geldbuße geahndet werden.**

1   **1) Die Vorschrift** ist als Ersatzvorschrift für § 361 I Nr. 11 StGB aF aufgenommen (vgl. 1 vor § 111); jedoch ist dieser Tatbestand nur zT ersetzt: Das Halten gefährlicher wilder Tiere „ohne polizeiliche Erlaubnis", das in § 367 I Nr. 11 StGB unter Strafe gestellt war, ist nicht mehr im Bundesrecht mit einer Sanktion bedroht, weil insoweit ohnehin ergänzende landesrechtliche Regelungen über die polizeiliche Erlaubnis notwendig sind; diese Materie ist deshalb insgesamt dem Landesrecht überlassen. Vgl. zB Bayern Art. 37 BayLStVG.

2   **2) Geschützt** wird die körperliche Unversehrtheit, aber auch das Eigentum anderer vor möglichen Verletzungen, die von gefährlichen Tieren ausgehen können (abstraktes Gefährdungsdelikt). Ob im Einzelfall eine Gefährdung eingetreten ist, darauf kommt es nicht an. Bei Anwendung der Vorschrift ist jedoch die nach den Umständen des Falles gegebene Gefährdungsmöglichkeit zu berücksichtigen. Daneben wird auch die öffentliche Ordnung geschützt, die auch durch das freie Umherlaufen gezähmter gefährlicher Tiere einer wildlebenden Art gestört sein kann (Erbs/Kohlhaas/Meyer 1; Rebmann/Roth/Herrmann 3).

3   **3) Normadressat** ist nach der Beschreibung der Tathandlung im Falle von I Nr. 1 jedermann, im Falle von I Nr. 2 dagegen nur der für die Beaufsichtigung des Tieres Verantwortliche. Diese Unterscheidung beruht auf der Erwägung, daß die Tathandlung von I Nr. 1 durch jedermann verwirklicht werden kann (zB durch Öffnen eines Käfigs oder eines Zaunes), während die allgemeine Pflicht zu Vorsichtsmaßnahmen nur die dafür Verantwortlichen (Garantenstellung; vgl. 14 zu § 11) treffen kann. I Nr. 2 ist ein echtes Unterlassungsdelikt (vgl. 13 vor § 1); I Nr. 1 kann unter den Voraussetzungen von § 8 aber auch durch Unterlassen begangen werden (zB bei vorausgegangenem Tun; vgl. 2f. zu § 8).

4   **4) Die Tatbehandlung** bezieht sich in beiden Fallgruppen auf gefährliche Tiere einer wildlebenden Art oder bösartige Tiere.

5   A. **Gefährliche Tiere** sind solche, die ihrer Gattung nach (vgl. Bay. **31**, 43) nicht gezähmt (domestiziert) und ihrer Art nach allgemein (unabhängig von individuellen Eigenschaften) gefährlich (vgl. 2) sind (so zB Raubtiere, Giftschlangen); ob das Tier im Einzelfall die Gefährlichkeit der Tiergattung noch hat, darauf kommt es nicht an (vgl. 2).

6   B. **Bösartig** sind dagegen solche Tiere, bei denen nach ihrer besonderen Veranlagung die Gefahr zutage getreten ist (Erbs/Kohlhaas/Meyer 3a; Rotberg 3) oder sonst auf Grund anderer Umstände besteht, daß sie andere verletzen oder schädigen (so zB bissige Hunde, aber auch solche, die Menschen anfallen, ohne sie zu verletzen; ferner auch Pferde oder Kühe; vgl. Bay. **6**, 39; KG JW **36**, 1391; Oldenburg NdsRpfl. **53**, 39).

7   C. **Das Merkmal „frei umherbewegen lassen"** (I Nr. 1), das umfassender ist als „frei umherlaufen lassen" (vgl. BegrEEGStGB zu § 121 OWiG, S. 354: Fliegenlassen von Raubvögeln), ist nach der möglichen Gefährdung auszulegen. Es ist in der Regel nicht erfüllt, wenn sich das Tier in einem Gelände bewegt, das nach außen umschlossen ist, so zB in einem geschlossenen Hofraum (vgl. Bay. **6**, 66); anders jedoch, wenn das Gelände für das Publikum zugänglich ist (so zB für Besucher oder Kunden eines Geschäftsbetriebes) und keine ausreichenden Vorkehrungen gegen eine Gefährdung getroffen sind (Erbs/Kohlhaas/Meyer 3 c). Raubtiere bewegen sich in einem großen Naturpark frei umher, wenn sie nicht in Käfigen untergebracht sind und der Naturpark für Spaziergänger zugänglich ist; anders dagegen, wenn der Naturpark nur mit dem Auto durchfahren werden darf (Erbs/Kohlhaas/Meyer 3 c). Bewegt sich das Tier außerhalb eines umschlossenen Geländes in Anwesenheit des Tierhalters, so bewegt es sich nicht frei, wenn der Tierhalter ausreichende Einwirkungsmöglichkeiten auf das Tier hat, um Gefahren für andere abzuwehren; durch die bloße Anwesenheit des Tierhalters wird danach das Merkmal „frei umherbewegen" nicht ausgeschlossen (KG JW **28**, 569).

8   D. **Die nötigen Vorsichtsmaßnahmen** (I Nr. 2) hängen von der Art der Gefahren ab, die möglicherweise vom Tier ausgehen. In Betracht kommt zB das Anbringen von Warnungstafeln, das Anleinen, Anketten (Erbs/Kohlhaas/Meyer 3 d, bb), das Anlegen eines Maulkorbes. Ist es zweifelhaft, ob die Voraussetzungen von I Nr. 1 gegeben sind, so kann I Nr. 2 verwirklicht sein; bei dem für die Beaufsichtigung eines Tieres Verantwortlichen bildet I Nr. 1 nämlich nur einen Unterfall von I Nr. 2 (ähnlich Rebmann/Roth/Herrmann: I Nr. 1 ist ein Spezialfall von I Nr. 2). Verantwortlich für die Beaufsichtigung des Tieres ist nicht nur der Tierhalter, sondern die Person, der die Beaufsichtigung, sei es auch nur vorübergehend, tatsächlich anvertraut und die in der Lage ist, die nötigen Vorsichtsmaßnahmen zu ergreifen. Bei der Verhütung von Schäden kommt es nach dem Schutzzweck der Vorschrift (vgl. 2) nur auf solche an, die anderen entstehen können.

9   5) **Fahrlässiges Handeln** (6 ff. zu § 10) reicht aus. Fahrlässig handelt, wer ohne genügende eigene Kenntnis die Beaufsichtigung eines möglicherweise gefährlichen oder bösartigen Tieres übernimmt und es unterläßt, sich nach den notwendigen Vorsichtsmaßnahmen zu erkundigen und sich in der Handhabung dieser Maßnahmen hinreichend unterweisen zu lassen (ebenso Erbs/Kohlhaas/Meyer 4).

10   6) **Das Höchstmaß der Geldbuße** beträgt bei vorsätzlichem Handeln 1000 DM (§ 17 I), bei fahrlässigem Handeln 500 DM (§ 17 II).

11   7) **Über die Verjährungsfrist** vgl. § 31 II Nr. 4.

12   8) **Bußgeldbehörde** ist die Landesbehörde, auf die die Zuständigkeit zur Verfolgung und Ahndung übertragen worden ist (§ 36 I Nr. 2 a, II; 3 f. zu § 131); vgl. in **Baden-Württemberg** § 2 OWiZuV (Anh **B 1 b**), vgl. auch § 85 BWLWaldG, **Bayern** § 1 I ZuVOWiG (Anh **B 2 b**), **Bremen** § 1 VO Anh **B 4 c**, **Hamburg** II Nr. 7 AO Anh **B 5 b**, **Hessen** § 1 VO Anh **B 6 c**, **Niedersachsen** § 5 VO v. 9. 11. 1978 (GVBl. 787), **Nordrhein-Westfalen** § 1 I Nr. 1, II VO Anh **B 8 c**, **Rheinland-Pfalz** § 2 Nr. 10 LVO Anh **B 9 b**, im **Saarland** VO Anh **B 10 b** und in **Schleswig-Holstein** § 3 Nr. 17 Zuständigkeits-VO (Anh **B 11**).

Vollrausch

122 ^I **Wer sich vorsätzlich oder fahrlässig durch alkoholische Getränke oder andere berauschende Mittel in einen Rausch versetzt, handelt ordnungswidrig, wenn er in diesem Zustand eine mit Geldbuße bedrohte Handlung begeht und ihretwegen gegen ihn keine Geldbuße festgesetzt werden kann, weil er infolge des Rausches nicht vorwerfbar gehandelt hat oder weil dies nicht auszuschließen ist.**

^{II} **Die Ordnungswidrigkeit kann mit einer Geldbuße geahndet werden. Die Geldbuße darf nicht höher sein als die Geldbuße, die für die im Rausch begangene Handlung angedroht ist.**

1   **1) Der Zweck des § 122** ist es, die durch Bußgeldnormen abgesicherte Rechtsordnung schon mittelbar zu schützen gegen die allgemeine Gefährdung, die erfahrungsgemäß jeder die Zurechnungsfähigkeit ausschließende Rauschzustand bedeutet (vgl. für § 330a StGB BGH **16**, 124). Die Vorschrift ist zugleich ein Auffangtatbestand für die Fälle, in denen es unklar bleibt, ob der Täter einer rechtswidrigen Handlung infolge der Beeinflussung von Rauschmitteln nicht oder möglicherweise nicht vorwerfbar gehandelt hat. Dies muß bei der Auslegung des Begriffs „Rausch" berücksichtigt werden. Die Vorschrift ist deshalb dahin auszulegen, daß sie im Falle der Beeinflussung von Rauschmitteln bereits dann eingreift, wenn Zweifel hinsichtlich der Zurechnungsfähigkeit bestehen (vgl. 7).

2   **A. Das Bedürfnis für einen solchen Tatbestand** im Bereich des Ordnungswidrigkeitenrechts ist mit der Ausweitung der Bußgeldtatbestände auf Bereiche außerhalb des Wirtschaftsrechts zutage getreten. Dies gilt namentlich für die Umwandlung der früheren Übertretungstatbestände und von Vergehenstatbeständen geringerer Bedeutung in Ordnungswidrigkeiten. Solche Tatbestände werden zwar nicht sehr häufig im Zustand des Vollrausches verwirklicht; doch sind derartige Fälle nicht so selten, daß sie ganz vernachlässigt werden könnten. Sonst wäre der Rechtsschutz lückenhaft und die Möglichkeit ungerechter Ergebnisse gegeben.

3   **B. Bei Verkehrsverstößen** kommt § 122 im wesentlichen bei Fußgängern in Betracht, weil bei Führen eines Fahrzeuges im Vollrausch die §§ 315c, 316 StGB objektiv verwirklicht sind; doch kann zB § 122 anwendbar sein, wenn sich jemand als Halter eines Fahrzeuges im (möglichen, vgl. 1) Vollrausch an einer Ordnungswidrigkeit beteiligt (Rebmann/Roth/Herrmann 2).

4   **2) Grundlage für die Ahndung** ist nicht allein das vorwerfbare Herbeiführen eines Rauschzustandes; wäre dies richtig, so wäre nicht verständlich, warum die Handlung in § 122 nur mit Geldbuße, in § 330a StGB dagegen mit Strafe bedroht ist. Vorausgesetzt wird deshalb weiterhin, daß sich die allgemeine Gefährlichkeit des (möglichen; vgl. 1) Sichberauschens tatsächlich als objektiv gefährlich erwiesen hat; nur dann hält das Gesetz eine Ahndung für geboten. Das verstößt nicht gegen den Schuldgrundsatz (BGH **16**, 124; str.; aM zB Arthur Kaufmann JZ **63**, 425; vgl. auch Lackner JuS **68**, 215; Celle JZ **71**, 790). Bei § 330a StGB, der mittelbar die strafrechtlich abgesicherten Rechtsgüter schützt, kommt es da-

nach darauf an, ob in dem (möglichen; vgl. 1) Rauschzustand eine mit Strafe bedrohte Handlung begangen ist, bei § 122 darauf, ob eine mit Geldbuße bedrohte Handlung (§ 1 II) vorliegt. Da sich die Handlung im letzten Falle minder gefährlich erwiesen hat, ist es angemessen, sie nur mit Geldbuße zu ahnden. Diese Abstufung entspricht dem Grundgedanken des § 330a II StGB und des II, daß die Strafe oder Geldbuße nicht schwerer sein darf als die für die (mögliche; vgl. 1) Rauschtat angedrohte Rechtsfolge (vgl. Begr. zu § 23 EOWiG). Ob der Täter damit gerechnet hat, daß er im (möglichen; vgl. 1) Rauschzustand (irgendwelche) rechtswidrige Handlungen begehen könne oder nicht, darauf kommt es zwar nicht an (8); doch ist dies für § 47 und die Bemessung der Geldbuße von Bedeutung. Hat der Täter mit der Möglichkeit gerechnet, daß er die konkrete Handlung, die er im (möglichen; vgl. 1) Rausch begangen hat (also nicht irgendwelche Handlungen), begehen könne, so kann er bereits als Täter der Ordnungswidrigkeit selbst verantwortlich sein (vgl. 9, 14).

5 **3) Einen Rauschzustand** (vgl. 13 zu § 12; 6) oder die Möglichkeit eines solchen (vgl. 1) setzt die Vorschrift voraus, und zwar durch alkoholische Getränke oder andere berauschende Mittel.

6 A. **Unter berauschenden Mitteln** sind solche zu verstehen, die ähnlich berauschend oder betäubend wirken wie alkoholische Getränke, zB Äther, Kokain, Haschisch, Opium und andere Gifte, Stoffe oder Zubereitungen (vgl. BtMG). Nur zum Schmerzstillen geeignete und zu diesem Zweck eingenommene Mittel sind nicht gemeint (vgl. Bay. **58**, 110); anders, wenn der Täter sie einnimmt, um sich in einen Rausch zu versetzen (Erbs/Kohlhaas/Meyer 4b). Der (mögliche; vgl. 1) Rauschzustand muß nach seinem äußeren Erscheinungsbild als durch den Genuß von Rauschmitteln hervorgerufen anzusehen sein, mögen auch andere Umstände (zB Gehirnerschütterung, Erregung) mitgewirkt haben (BGH **22**, 8, **26**, 363; Köln JMBlNW **59**, 48; Lackner 2 zu § 330a); dies ist gerade bei einer Erregung in Verbindung mit Alkoholgenuß anzunehmen (BGH JZ **79**, 411. Gleichgültig ist auch, ob der Täter besonders alkoholempfindlich ist (vgl. BGH **1**, 196); dieser Umstand ist nur im Rahmen der Frage beachtlich, ob der Täter vorsätzlich oder fahrlässig gehandelt hat.

7 B. **Die mögliche Zurechnungsunfähigkeit** (§ 12 II) wird ferner vorausgesetzt, also ein Zustand, in dem der sichere Bereich des noch verantwortlichen Handelns verlassen ist (vgl. BGH **16**, 187; JZ **79**, 411; doch liegt auch dann kein „sicherer" Bereich mehr vor, wenn Zweifel einsetzen; vgl. 1). Daß der Täter dann in diesem Zustand die (konkrete) mit Geldbuße bedrohte Handlung (Rauschtat) nicht vorwerfbar (oder möglicherweise nicht vorwerfbar; vgl. 1) begangen hat, weil er auf Grund dieses Zustandes in der konkreten Situation möglicherweise unfähig gewesen ist, das Unerlaubte der Handlung einzusehen oder nach dieser Einsicht zu handeln, ist nur eine Bedingung der Ahndung (vgl. 2, 9). Stehen Rauschmittel im Spiele, die Zweifel an der Zurechnungsfähigkeit hervorrufen, so kann es nach dem Zweck von § 122 („sich nicht ausschließen läßt"), nicht darauf ankommen, ob zumindest der Bereich der möglichen Zurechnungsunfähigkeit überschritten ist (vgl. 1; überzeugend: Hentschel-Born, Trunkenheit im Straßenverkehr, 1977,

Rdn. 280f; Dreher/Tröndle 5 zu § 330a; aM Bay. NJW **78**, 957 m. abl.
Anm. Montenbruck JR **78**, 208; Bay. MDR **79**, 777; Hamm NJW **77**,
344; Karlsruhe NJW **79**, 1949; Schleswig MDR **77**, 247; Erbs/Kohlhaas/
Meyer 6a).

8   C. **Der Vorsatz oder die Fahrlässigkeit** (vgl. 2ff., 6ff. zu § 10) muß
sich darauf beziehen, daß die eingenommenen Mittel den Zustand iS von
7 herbeiführen werden oder können. Dagegen braucht die (konkrete)
Rauschtat, da sie nur eine Bedingung der Ahndung ist, für den Täter
nicht voraussehbar zu sein, ja nicht einmal die Neigung oder Möglichkeit, im Rausch irgendwelche rechtswidrige Handlungen zu begehen
(BGH **16**, 124, 187, **17**, 328, 330; Braunschweig NJW **65**, 679; Lackner
4b zu § 330a; aM Ranft MDR **72**, 737 mwN); dies gilt auch für die
vorsätzliche Rauschtat (Bay. NJW **74**, 1520). Selbst wenn man die Voraussehbarkeit hinsichtlich irgendwelcher rechtswidriger Handlungen
verlangt, erübrigen sich hierzu in der Regel besondere Feststellungen,
weil mit dieser Möglichkeit ohne weiteres zu rechnen ist (vgl. BGH **10**,
247; Köln NJW **66**, 412; Schleswig SchlHA **71**, 215; nach Celle NJW **69**,
1916 soll dies selbst beim vorsätzlichen Vollrausch gelten; aM Bay. aaO).
Ist der Täter im Zeitpunkt der Einnahme berauschender Mittel nicht
verantwortlich iS von § 12, so handelt er nicht ordnungswidrig; § 122
greift deshalb nicht ein (Hamm NJW **73**, 1424; VRS **52**, 194). Führen
neben den berauschenden Mitteln auch andere Mittel den (möglichen;
vgl. 1) Rauschzustand herbei, so müssen sich Vorsatz oder Fahrlässigkeit
auch darauf erstrecken (BGH **26**, 363, 366; NJW **75**, 2250). Fahrlässig
handelt auch, wer während des Trinkvorganges die rauschverstärkende
Wirkung eines anderen Mittels hätte erkennen müssen (Hamm BA **78**,
460).

9   4) **Eine mit Geldbuße bedrohte Handlung** (§ 1 II) muß als Bedingung
der Ahndung (vgl. 8; 17 zu § 11) hinzukommen, die gerade deswegen
nicht vorwerfbar ist, weil infolge des Rausches das Einsichts- oder Hem-
mungsvermögen (§ 12 II) in bezug auf die konkrete Tat fehlt oder weil
dies nicht auszuschließen ist. In welchen Fällen bei Alkoholgenuß die
Voraussetzungen des § 12 II anzunehmen sind, vgl. 13 zu § 12.

9a   A. **Bei Zweifeln an der Zurechnungsunfähigkeit** iS des § 12 II ist
§ 122 anzuwenden, also nicht die im Rausch verwirklichte Bußgeldvorschrift. Das folgt aus der Fassung ,,oder weil dies nicht auszuschließen
ist" (vgl. § 330a I StGB; BGH **9**, 390, **16**, 187). Abgesehen von der
Vorwerfbarkeit des Handelns müssen aber alle äußeren und inneren
Merkmale der Bußgeldvorschrift (vgl. 16 vor § 1) festgestellt sein.

10   B. **Eine natürliche Handlung,** die also noch vom Willen gesteuert ist
(Hamm NJW **75**, 2252; krit. Schewe BA **76**, 87, 94), ist notwendig; daran
fehlt es zB, wenn jemand sinnlos betrunken auf die Straße fällt.

11   C. **Bei vorausgesetztem vorsätzlichen Handeln** kommt es darauf an,
ob der Täter mit dem sog. natürlichen Vorsatz handelt, die Tatbestandsverwirklichung also zumindest ihrem äußeren Erscheinungsbild (wert-
frei) wahrnimmt und mit der Fähigkeit handelt, seine körperliche Kraft
für bestimmte Zwecke einzusetzen (vgl. BGH **1**, 124, 127; **18**, 235). Das
läßt sich auch nach dem äußeren Verhalten des Täters feststellen (Hamm

JMBlNW **64**, 117). Ein Irrtum ist beachtlich, wenn er nicht ausschließlich durch den Rausch verursacht ist, sonst nicht (vgl. BGH NJW **53**, 1442; Stuttgart NJW **64**, 413; str.).

12 D. **Bei einem Fahrlässigkeitsdelikt** reicht es aus, daß der Täter ohne den Rauschzustand in der Lage gewesen wäre, die Tatbestandsverwirklichung vorauszusehen und zu vermeiden (Hamburg MDR **67**, 854; Lackner 3 b ee zu § 330 a).

13 E. **Mehrere Handlungen:** Begeht der Täter im (möglichen; vgl. 1) Rauschzustand mehrere mit Geldbuße bedrohte Handlungen, so ist § 122 nur einmal verwirklicht und deshalb nur eine Geldbuße festzusetzen; ist zugleich eine mit Strafe bedrohte Handlung gegeben, so greift § 330 a StGB ein, der § 122 verdrängt (vgl. § 21; Erbs/Kohlhaas/Meyer 9; Rebmann/Roth/Herrmann 21).

14 **5) Nur ein Auffangtatbestand** ist § 122. Er entfällt, wenn sich das vorwerfbare Verhalten nicht nur auf das Berauschen bezieht, sondern auch auf die Rauschtat selbst *(sog. actio libera in causa).* Das ist zu bejahen, wenn der Täter schon beim Berauschen voraussieht oder fahrlässig nicht bedenkt, daß er im Rauschzustand eine ganz bestimmte Ordnungswidrigkeit begehen wird (vgl. BGH **17**, 259; BGH **21**, 381 = JZ **68**, 272 m. Anm. Cramer; Maurach JuS **61**, 373). § 122 entfällt jedoch nicht, wenn mehrere Bußgeldvorschriften im Rauschzustand verwirklicht sind und nur bei einer die *actio libera in causa* bejaht wird. In diesem Falle ist wegen der anderen mit Geldbuße bedrohten Handlung auch § 122 anwendbar (Tateinheit, § 19).

15 **6) Eine Beteiligung an der Rauschtat ist** möglich; in diesem Falle gilt § 14 III (Erbs/Kohlhaas/Meyer 7). Eine Beteiligung an der Handlung nach § 122 ist dagegen ausgeschlossen (vgl. Lackner 6 zu § 330 a; Erbs/Kohlhaas/Meyer aaO; Rebmann/Roth/Herrmann 20).

16 **7) Die Geldbuße** beträgt beim vorsätzlichen Sichberauschen 1000 DM (§ 17 I) und beim fahrlässigen Sichberauschen 500 DM (§ 17 II). Sie darf nicht höher sein als die für die im Rausch begangene Handlung angedrohte Geldbuße (II S. 2; vgl. ebenso § 330 a II StGB). Diese Begrenzung hat praktische Bedeutung, wenn Verstöße gegen landesrechtliche Vorschriften im Höchstbetrag mit einer geringeren Geldbuße als 1000 DM bedroht sind (so im Landesrecht, vgl. 5 zu § 17), weiterhin auch dann, wenn die Rauschtat selbst nur fahrlässig verwirklicht ist (vgl. 12).

17 **8) Über den Antrag und die Ermächtigung** zur Verfolgung, vgl. 5 zu § 131.

18 **9) Über die Verjährungsfrist** vgl. § 31 II Nr. 4. Unterliegt die Verfolgung der im Rausch begangenen Handlung einer kürzeren Verjährungsfrist (vgl. zB § 26 III StVG, Anh **A** 11), so gilt sie auch für den Vollrausch; denn er ist nur ein Auffangtatbestand (vgl. 14), der für den Betroffenen zu keinen nachteiligen Folgen führen darf (so auch Erbs/Kohlhaas/Meyer 10; Rebmann/Roth/Herrmann 23; Rotberg 12; im Ergebnis ebenso Müller 11).

19 **10) Verfahrensrechtlich dieselbe Tat** (vgl. 50 ff. vor § 59) sind der Vollrausch und die Rauschtat. Die Bußgeldentscheidung (vgl. 2 ff. vor

§ 89) über die Tat als Vollrausch schließt also eine spätere Festsetzung der Geldbuße wegen der Rauschtat aus und umgekehrt (vgl. Dreher/Tröndle 19 zu § 330a; Rebmann/Roth/Herrmann 25). Besondere Verfahrensvorschriften, die für die Verfolgung der Rauschtat gelten, sind auch im Falle des § 122 anzuwenden (vgl. 6ff. zu § 131); Bußgeldbehörde ist deshalb die VB, die auch für die Verfolgung und Ahndung der im Rausch begangenen Handlung zuständig ist.

Einziehung; Unbrauchbarmachung

123 **I Gegenstände, auf die sich eine Ordnungswidrigkeit nach § 119 oder § 120 Abs. 1 Nr. 2 bezieht, können eingezogen werden.**

II Bei der Einziehung von Schriften, Ton- und Bildträgern, Abbildungen und Darstellungen kann in den Fällen des § 119 Abs. 1, 2 und des § 120 Abs. 1 Nr. 2 angeordnet werden, daß
1. sich die Einziehung auf alle Stücke erstreckt und
2. die zur Herstellung gebrauchten oder bestimmten Vorrichtungen, wie Platten, Formen, Drucksätze, Druckstöcke, Negative oder Matrizen, unbrauchbar gemacht werden,
soweit die Stücke und die in Nummer 2 bezeichneten Gegenstände sich im Besitz des Täters oder eines anderen befinden, für den der Täter gehandelt hat, oder von diesen Personen zur Verbreitung bestimmt sind. Eine solche Anordnung wird jedoch nur getroffen, soweit sie erforderlich ist, um Handlungen, die nach § 119 Abs. 1, 2 oder nach § 120 Abs. 1 Nr. 2 mit Geldbuße bedroht sind, zu verhindern. Für die Einziehung gilt § 27 Abs. 2, für die Unbrauchbarmachung gelten die §§ 27 und 28 entsprechend.

III In den Fällen des § 119 Abs. 2 gelten die Absätze 1 und 2 nur für das Werbematerial und die zu seiner Herstellung gebrauchten oder bestimmten Vorrichtungen.

1   1) **Die Vorschrift** entspricht, von geringfügigen redaktionellen Änderungen abgesehen, Art. 2 § 3 des 4. StrRG. II lehnt sich in seiner Ausgestaltung an § 74d I S. 2, III StGB an, der eine allgemeine Regelung über die Einziehung und Unbrauchbarmachung von Schriften enthält, deren Verbreitung den Tatbestand eines Strafgesetzes verwirklichen würde. Eine solche allgemeine Regelung fehlt im Ordnungswidrigkeitenrecht; nach § 22 II ist eine Einziehung nur möglich, soweit das Gesetz es ausdrücklich zuläßt.

2   2) **Objekt der Einziehung** sind a) in den Fällen des § 119 I Nr. 2 und des § 120 I Nr. 2 die dort bezeichneten Schriften pp. (vgl. 7ff. zu § 116), die praktisch als Werbematerial für das Anbieten pp. von Gelegenheit zu sexuellen Handlungen verwendet worden sind, b) in den Fällen des § 119 I Nr. 1 das uU verwendete Werbematerial, das geeignet ist, andere zu belästigen (zB das Vorzeigen eines Aktfotos durch die Prostituierte beim Anbieten zu sexuellen Handlungen), c) in den Fällen des § 119 II die Schriften, mit denen in grob anstößiger Weise geworben worden ist,

sowie die als Werbestücke etwa in einem Schaufenster ausgestellten Gegenstände belästigender Art, nicht aber die im Verkaufsraum vorrätig gehaltenen Gegenstände (vgl. Erbs/Kohlhaas/Meyer 2d; Rebmann/Roth/Herrmann 4; III) und d) in den Fällen des § 119 III die zugänglich gemachten Schriften; auf alle diese Gegenstände bezieht sich die Ordnungswidrigkeit (vgl. 10 vor § 22). Zum Umfang der Einziehung von Schriften vgl. 4.

3 **3) Voraussetzung der Einziehung** ist, daß eine der genannten Ordnungswidrigkeiten begangen worden ist (vgl. 3 zu § 22). Unter den Voraussetzungen von § 22 II Nr. 2 ist jedoch die Einziehung auch zulässig, wenn der Täter (zB wegen eines Verbotsirrtums; 19 ff. zu § 11) nicht vorwerfbar (vgl. 30 vor § 1) gehandelt hat (§ 22 III); bei grob anstößigen Schriften trifft § 22 II Nr. 2 stets zu, wenn die Voraussetzungen von II gegeben sind (vgl. 23 zu § 22 sowie 4, 9); die Einziehung ist hier also eine reine Sicherungsmaßnahme.

4 **4) Auf alle Stücke einer Schrift** (vgl. 7 ff. zu § 116) kann (vgl. auch 6) die Einziehung erstreckt werden (II S. 1 Nr. 1).

5 **A. Besitzverhältnisse:** Die Einziehung erstreckt sich auf die Schriften (6 ff. zu § 116), die sich a) im (unmittelbaren oder mittelbaren) Besitz des Täters (vgl. dazu § 14) oder b) eines andern befinden, für den der (besitzlose) Täter gehandelt hat, etwa als Angestellter in einem Geschäft, oder c) die von einer dieser Personen (wenn beide nicht Besitzer sind) zur Verbreitung bestimmt sind. Der Fall c) ist zB gegeben, wenn der Geschäftsinhaber oder der für ihn handelnde Angestellte Schriften bei einer Druckerei bestellt hat, die dort auf Abruf für das Geschäft lagern.

6 **B. Noch in das Verbreitungsstadium** muß die Schrift in allen Fällen einbezogen sein (so auch Rotberg 13; Erbs/Kohlhaas/Meyer 3b, cc), was zB nicht der Fall ist, wenn die Schrift in die Privatbibliothek des Täters oder des Geschäftsherrn, für den der Täter gehandelt hat, eingestellt ist. Dies folgt aus II S. 2, der nur weitere rechtswidrige (nicht notwendig „vorwerfbare"; vgl. § 1 II) Handlungen iS von § 119 I, II oder von § 120 I Nr. 2 verhindern will. Aus dieser Zweckrichtung von II S. 2 ist weiterhin abzuleiten, daß die Einziehung der Schrift Sicherungscharakter hat und auf § 22 II Nr. 2 zu stützen ist (vgl. 3 vor § 22; 3); die Gefahr weiterer rechtswidriger Handlungen iS von § 119 I, II oder § 120 I Nr. 2 ist stets zu bejahen, wenn jede Art ihrer Verbreitung die Voraussetzungen der genannten Tatbestände erfüllen würde und die Schriften noch nicht aus dem Verbreitungsstadium ausgeschieden sind. Abweichend hiervon halten Rebmann/Roth/Herrmann 7 bei der Einziehung von Schriften § 22 II insgesamt nicht für anwendbar, da insoweit II eine Sonderregelung enthalte (so auch Erbs/Kohlhaas/Meyer 3a); von praktischer Bedeutung ist diese unterschiedliche Auslegung jedoch nicht, wenn – wie hier – bei Vorliegen der Voraussetzungen des II S. 2 stets auch die des § 22 II Nr. 2 bejaht werden (so auch Rotberg 1, 14).

7 **5) Die Unbrauchbarmachung** der zur Herstellung gebrauchten (also schon einmal benutzten) oder bestimmten (also noch nicht benutzten, aber zur Benutzung angefertigten) Vorrichtungen kann neben der Einziehung der Stücke angeordnet werden (II S. 1 Nr. 1). Es muß sich dabei um speziell zur Herstellung der Schriften bestimmte Vorrichtungen handeln, so daß Herstellungsgeräte allgemeiner Art, wie zB Druckmaschinen, Satzgeräte, Fotokopiergeräte, nicht der Einziehung unterliegen, sondern nur die besonders angefertigten Platten, Drucksätze (zB ein Stehsatz), Druckstöcke (Klischees), Negative (insbes. Fotonegative) und jede Art von Matrizen (vgl. Dreher/Tröndle 9 zu § 74 d). Für die Unbrauchbarmachung sind die §§ 27, 28 für entsprechend anwendbar erklärt, weil diese Vorschriften nur die Einziehung behandeln, so daß ihre Anwendung im Falle der Unbrauchbarmachung zweifelhaft sein könnte.

8   **6) Der Grundsatz der Verhältnismäßigkeit** (§ 24) verlangt es zB, die Anordnung nach II S. 1 auf (ausscheidbare) Teile der Schrift oder von Herstellungsvorrichtungen zu beschränken. Die Einziehung ist im übrigen nicht zwingend vorgeschrieben; auch insoweit gilt der Opportunitätsgrundsatz (vgl. 18 vor § 22).

9   **7) Eine selbständige Anordnung** der Einziehung oder Unbrauchbarmachung (vgl. 7) ist unter den Voraussetzungen von I, II S. 1 stets möglich (vgl. II S. 3). Auch daran wird deutlich, daß die Einziehung hier eine reine Sicherungsmaßnahme ist (vgl. 3).

10   **8) Bei Mitteln und Gegenständen des sexuellen Gebrauchs** (§ 119 II) können nur das Werbematerial und die zu seiner Herstellung gebrauchten oder bestimmten Vorrichtungen (vgl. II sowie 4 ff.) eingezogen werden (III), also nicht die durch Werbeartikel (Ausstellungsstücke) angebotenen Mittel oder Gegenstände insgesamt (ebenso Rebmann/Roth/Herrmann 14).

11   **9) Im Verfahren** ist der Umfang der Einziehungs- und Unbrauchbarmachungsanordnung nach II möglichst konkret zu bestimmen, da sonst uU kein Vollstreckungstitel gegen Dritte, die als Einziehungsbeteiligte heranzuziehen sind (§ 87), geschaffen wird. Vgl. im übrigen 21 zu § 66, vor und zu § 87.

12   **10) Über die Beschlagnahme** von Schriften vgl. 72 vor § 59.

Dritter Abschnitt. Mißbrauch staatlicher oder staatlich geschützter Zeichen

Benutzen von Wappen oder Dienstflaggen

124   [I] Ordnungswidrig handelt, wer unbefugt
1. das Wappen des Bundes oder eines Landes oder den Bundesadler oder den entsprechenden Teil eines Landeswappens oder
2. eine Dienstflagge des Bundes oder eines Landes benutzt.

[II] Den in Absatz 1 genannten Wappen, Wappenteilen und Flaggen stehen solche gleich, die ihnen zum Verwechseln ähnlich sind.

[III] Die Ordnungswidrigkeit kann mit einer Geldbuße geahndet werden.

1   **1) Die Vorschrift** ist als Ersatzvorschrift für § 360 I Nr. 7 StGB aF aufgenommen (vgl. 1 vor § 111) und gegenüber diesem Tatbestand nur geringfügig geändert.

2   **2) Geschützt** werden Staatssymbole gegen eine mißbräuchliche Verwendung, um der Gefahr ihrer Entwertung entgegenzutreten (ebenso Erbs/Kohlhaas/Meyer 1).

3   **3) Wappen und Dienstflaggen des Bundes und eines Landes** sowie der Bundeswehr und entsprechende Teile eines Landeswappens sind geschützt; vgl. hierzu Bek. d. BPräs. betr. das Bundeswappen und den Bundesadler v. 20. 1. 1950 (BGBl. 26; III 1130–1); Art. 22 GG (Bundesflagge) u. Anordnung über die deutschen Flaggen v. 7. 6. 1950 (BGBl. 205; III 1130–3) nebst AusführungsErl. v. 14. 4. 1964 (BGBl. I 285; III 1130–3–1); Anordnung über die Stiftung der Truppenfahnen für die Bundeswehr v. 18. 9. 1964 (BGBl. I 817; III 55–4); Anordnung des BPräs. über die Dienstflagge der Seestreitkräfte der Bundeswehr v. 25. 5. 1956 (BGBl. I 447; III 1130–5). Zu den Wappen der Bundesländer vgl. die Übersicht bei Rebmann/Roth/Herrmann 2.

4   **Gemeindewappen** sind nicht geschützt. Doch enthält § 124 insoweit keine abschließende Regelung, so daß besondere Vorschriften im Landesrecht zulässig sind (vgl. 3 vor § 111). Einen entsprechenden Bußgeldtatbestand für Gemeindewappen enthält zB § 8 BWLOWiG (Anh **B 1 a**).

5   **Einzelfragen zu Staatssymbolen:** Nicht geschützt sind frühere Landeswappen (Dresden JW **29**, 3399); erst recht nicht Symbole eines anderen Staates, auch nicht der DDR; für das Schweizer Wappen vgl. jedoch § 125 II; für das Benutzen von Wappen, Flaggen und Hoheitszeichen zur Kennzeichnung von Waren enthält § 27 WZG einen besonderen Bußgeldtatbestand, der als speziellere Regelung Vorrang hat (vgl. 34 vor § 19). Die Symbole der Deutschen Bundespost sind in § 3 III, § 25 I Nr. 5 PostG geschützt.

6   **4) Benutzt** wird ein Wappen pp., wenn es als eigenes oder als fremdes, aber für eigene Zwecke verwendet wird (Köln JMBlNW **79**, 237); die frühere Unterscheidung in § 360 I Nr. 7 StGB aF zwischen „führen" (iS der Verwendung eines Wappens als eigenes) und „gebrauchen" (iS der Verwendung einer Dienstflagge als fremde, aber für eigene Zwecke) ist aufgegeben, weil sie nicht sinnvoll erschien (vgl. BegrEEGStGB zu § 123 OWiG, S. 355). Benutzen ist danach jede Art der Verwendung (zB auch Abdrucken, Ausstellen) in jeder Form (zB auf Briefbogen, Plakaten, Inseraten, Gebrauchsgegenständen uä; vgl. Erbs/Kohlhaas/Meyer 2b), vorausgesetzt, daß dies für eigene Zwecke geschützt und in der Öffentlichkeit (vgl. 5 zu § 116) in Erscheinung tritt. Im Verteilen von Flugblättern, auf denen das Wappen pp. unbefugt aufgedruckt ist, liegt noch nicht ohne weiteres dessen Verwendung für eigene Zwecke (Köln aaO).

7   **5) Das Merkmal „unbefugt"** ist hier im gleichen Sinne zu verstehen wie in § 115 (vgl. näher 19 ff. zu § 115). Ein unbefugtes Benutzen liegt vor, wenn der Anschein einer „amtlichen" Benutzung entstehen kann (vgl. Rebmann/Roth/Herrmann 7). Die Befugnis zur Benutzung kann sich zB aus der Ermächtigung (Erlaubnis) der zuständigen Behörde ergeben (zB Benutzung einer Dienstflagge eines Landes durch einen Sportverein bei einer überregionalen Veranstaltung; vgl. BegrEEGStGB zu § 123 OWiG, S. 355) oder aus der Sozialadäquanz (zB Ausschmücken eines Schaufensters mit dem Wappen des Bundes an einem Staatsfeiertag; vgl. Begr. aaO). Für diese Fälle des erlaubten Benutzens eines Wappens pp. ist das Merkmal ,,unbefugt" ein Tatbestandsmerkmal (vgl. 20 zu § 115; aM Erbs/Kohlhaas/Meyer 2e, wonach die Handlung dann lediglich nicht rechtswidrig ist). Für andere Fälle kann das Merkmal ,,unbefugt" nur die Bedeutung eines Hinweises auf etwaige Rechtfertigungsgründe haben (vgl. 21 zu § 115; Begr. aaO).

8   **6) Zum Verwechseln ähnliche** Wappen pp. (II) sind solche, die nur unwesentliche Abweichungen aufweisen, so daß bei flüchtiger Betrachtung einer nicht besonders sachkundigen Person der Eindruck entstehen kann, es handele sich um die in I geschützten (vgl. Rebmann/Roth/Herrmann 4).

9   **7) Vorsätzliches Handeln** (2 ff. zu § 10) setzt die Vorschrift voraus (§ 10). Nimmt der Täter auf Grund von Umständen, die ihn dazu berechtigen würden, an, befugt zu handeln, so liegt ein Tatbestandsirrtum (2 ff. zu § 11) vor; beurteilt er dagegen bei richtiger Kenntnis des Sachverhalts die Rechtslage falsch, so liegt ein bloßer Verbotsirrtum vor (vgl. 8 zu § 11; BGH **14**, 223, 228; KG JR **64**, 68; Bay. GA **61**, 152).

10   **8) Eine einheitliche Handlung** (vgl. 2 ff. vor § 19) ist gegeben, wenn das wiederholte Benutzen des Wappens usw. auf einem einheitlichen Entschluß beruht (vgl. BGH GA **65**, 373; vgl. auch 14 vor § 19); anders jedoch wenn zwischen dem Benutzen größere Zeitabstände liegen oder wenn es unter verschiedenen Umständen geschieht (vgl. BGH bei Herlan GA **65**, 289).

11   **9) Über das Verhältnis** zu § 27 WZG vgl. 5.

12   **10) Das Höchstmaß der Geldbuße** beträgt 1000 DM (§ 17 I).

13   **11) Über die Verjährungsfrist** vgl. § 31 II Nr. 4.

14   **12) Bußgeldbehörde** ist, soweit es sich um ein Wappen oder eine Dienstflagge des Bundes handelt, das Bundesverwaltungsamt (§ 131 I S. 1 Nr. 3, S. 3 iVm § 1 VO v. 2. 1. 1975, BGBl. I 209/III 454–1–1–2), sonst die fachlich zuständige oberste Landesbehörde (§ 36 I Nr. 2 a), soweit nicht die Zuständigkeit auf eine andere Behörde oder sonstige Stelle übertragen ist (§ 36 II; 3 f. zu § 131); vgl. in **Baden-Württemberg** § 2 OWiZuV (Anh **B 1 b**), **Bayern** § 1 I ZuVOWiG (Anh **B 2 b**), **Berlin** § 1 Nr. 2 b ZuständigkeitsVO-OWiG (Anh **B 3**), **Bremen** § 1 VO Anh **B 4 c**, **Hamburg** II Nr. 1 AO Anh **B 5 b**, **Niedersachsen** VO Anh **B 7 d**, **Nordrhein-Westfalen** § 1 I Nr. 2 VO Anh **B 8 c** und **Rheinland-Pfalz** § 2 Nr. 10 LVO Anh **B 9 b**.

Benutzen des Roten Kreuzes oder des Schweizer Wappens

125 I Ordnungswidrig handelt, wer unbefugt das Wahrzeichen des roten Kreuzes auf weißem Grund oder die Bezeichnung ,,Rotes Kreuz" oder ,,Genfer Kreuz" benutzt.

II Ordnungswidrig handelt auch, wer unbefugt das Wappen der Schweizerischen Eidgenossenschaft benutzt.

III Den in den Absätzen 1 und 2 genannten Wahrzeichen, Bezeichnungen und Wappen stehen solche gleich, die ihnen zum Verwechseln ähnlich sind.

IV Die Absätze 1 und 3 gelten für solche Wahrzeichen oder Bezeichnungen entsprechend, die nach Völkerrecht dem Wahrzeichen des roten Kreuzes auf weißem Grund oder der Bezeichnung „Rotes Kreuz" gleichstehen.

V Die Ordnungswidrigkeit kann mit einer Geldbuße geahndet werden.

1 **1) Die Vorschrift** ist als Ersatzvorschrift für die bisherigen Straftatbestände des § 2 des G zum Schutze des Genfer Neutralitätszeichens v. 22. 3. 1902 (RGBl. 125; BGBl. III 2128–1) sowie die § 2 des G zum Schutze des Wappens der Schweizerischen Eidgenossenschaft v. 27. 3. 1935 (RGBl. I 501; BGBl. III 1131–1) aufgenommen; die genannten Gesetze hat das EGStGB aufgehoben (vgl. Art. 287 Nr. 1, 9 EGStGB). Aufrechterhalten ist dagegen die VO v. 29. 12. 1936 (RGBl. I 1155; BGBl. III 1131–1–1), da deren Regelungsgehalt (ein weißes Kreuz auf grünem Grund gilt nicht als Nachahmung des schweizerischen Wappens) weder in das OWiG noch in das WZG paßt (BegrEEGStGB zu § 124 OWiG, S. 356).

2 **2) Geschützt** werden die in I und II genannten Wahrzeichen, Bezeichnungen und Wappen gegen eine mißbräuchliche Verwendung, um der Gefahr ihrer Entwertung entgegenzutreten. Nach den Art. 44, 53, 54 (vgl. auch Art. 38 II) des 1. Genfer Abkommens zur Verbesserung des Loses der Verwundeten und Kranken der Streitkräfte im Felde (BGBl. 1954 II 783; vgl. auch Art. 43–45 des 2. Genfer Abkommens zur Verbesserung des Loses der Verwundeten, Kranken und Schiffbrüchigen der Streitkräfte zur See, BGBl. 1954 II 813) ist die BRep. verpflichtet, Maßnahmen zu treffen, um eine mißbräuchliche Verwendung der genannten Zeichen, Bezeichnungen und Wappen sowie von Nachahmungen hiervon zu verhindern und zu ahnden. *De lege ferenda* wird für die strafwürdigeren Fälle des mißbräuchlichen Benutzens des Rotkreuz-Zeichens, nämlich bei Kampfhandlungen, in den noch ausstehenden Vorschriften des WStG für den Verteidigungsfall ein besonderer Straftatbestand vorzusehen sein (BegrEEGStGB zu § 124 OWiG, S. 356). Das Benutzen des Schweizer Wappens zur Kennzeichnung von Waren ist in § 27 WZG mit Geldbuße bedroht; diese Vorschrift geht als speziellere dem § 125 vor (vgl. Rebmann/Roth/Herrmann 3; 5 zu § 124).

3 **3) Die Tathandlung** stimmt mit der des § 124 I überein (vgl. dort 6 f., 10). Das Wappen der Schweizerischen Eidgenossenschaft ist danach ebenso geschützt wie das Wappen des Bundes oder eines Landes der BRep. Ein befugtes Benutzen kommt namentlich auf Grund einer Erlaubnis im Rahmen der Genfer Rot-Kreuz-Abkommen in Betracht, so des Deutschen Roten Kreuzes als der nationalen Rotkreuz-Organisation für die BRep. Deutschland (vgl. § 4 der Satzung des Deutschen Roten

Kreuzes idF v. 19. 6. 1970; vgl. Rebmann/Roth/Herrmann 9). Aus der
Sozialadäquanz wird sich die Befugnis zum Benutzen wohl nur in selte-
nen Ausnahmefällen ableiten lassen (BegrEEGStGB zu § 124 OWiG,
S. 356), zB bei Aufführungen im Theater, Film oder Fernsehen (vgl.
Rebmann/Roth/Herrmann 9).

4   **4) Über zum Verwechseln ähnliche Zeichen** (III) vgl. 8 zu § 124. Eine
Verwechslungsmöglichkeit zwischen dem Schweizer Wappen und einem
weißen Kreuz auf grünem Grund ist gesetzlich ausgeschlossen (vgl. 1).

5   **5) Außer dem Wahrzeichen des roten Kreuzes** pp. (I; vgl. den Wortlaut in dem 1. Genfer Abkommen, vgl. 2) werden solche Bezeichnungen
geschützt, die nach Völkerrecht diesem Wahrzeichen oder der Bezeichnung ,,Rotes Kreuz" gleichstehen (IV). Es kommt danach darauf an, ob
völkerrechtlich durch multilaterale oder bilaterale Verträge der Schutzbereich auf andere Zeichen oder Bezeichnungen erstreckt ist. Das ist nach
der derzeitigen Rechtslage hinsichtlich der Schutzzeichen des roten Halb-
mondes und des roten Löwen mit roter Sonne auf weißem Grund sowie
der Bezeichnungen ,,Roter Halbmond" und ,,Roter Löwe mit roter
Sonne" der Fall (vgl. Art. 38 II, 53 IV, 54 des 1. Genfer Abkommens,
vgl. 2; vgl. BegrEEGStGB zu § 124 OWiG, S. 355); hinsichtlich des
roten Davidsterns kommt *de lege ferenda* eine gleiche Ausweitung des
Schutzbereiches der Vorschrift in Betracht. Die in IV vorgesehene Regelung läßt den Schutzzweck deutlicher als eine kasuistische Regelung hervortreten und hat den Vorteil, beweglicher als sie zu sein.

6   **6) Vorsätzliches Handeln** (2ff. zu § 10) setzt die Vorschrift voraus
(§ 10). Vgl. im übrigen 9 zu § 124.

7   **7) Das Höchstmaß der Geldbuße** beträgt 1000 DM (§ 17 I).

8   **8) Über die Verjährungsfrist** vgl. § 31 II Nr. 4.

9   **9) Bußgeldbehörde** ist die fachlich zuständige oberste Landesbehörde
(§ 36 I Nr. 2a), soweit nicht die Zuständigkeit zur Verfolgung und Ahn-
dung nach § 36 II übertragen worden ist (vgl. 3f. zu § 131); vgl. in **Ba-
den-Württemberg** § 2 OWiZuV (Anh **B 1 b**), **Bayern** § 1 II ZuVOWiG
(Anh **B 2 b**), **Berlin** § 1 Nr. 2b ZuständigkeitsVO-OWiG (Anh **B 3**),
Bremen § 1 VO Anh **B 4 c**, **Hamburg** II Nr. 1 AO Anh **B 5 b**, **Hessen**
VO Anh **B 6 e**, **Niedersachsen** § 1 Nr. 4c VO Anh **B 7 d**, **Nordrhein-
Westfalen** § 1 I Nr. 1 VO Anh **B 8 c**, **Rheinland-Pfalz** § 2 Nr. 10 LVO
Anh **B 9 b** und im **Saarland** VO Anh **B 10 b**.

Mißbrauch von Berufstrachten oder Berufsabzeichen

126 ¹ Ordnungswidrig handelt, wer unbefugt
1. eine Berufstracht oder ein Berufsabzeichen für eine Tätigkeit in der
   Kranken- oder Wohlfahrtspflege trägt, die im Inland staatlich anerkannt oder genehmigt sind, oder
2. eine Berufstracht oder ein Berufsabzeichen einer religiösen Vereinigung trägt, die von einer Kirche oder einer anderen Religionsgesell-
   schaft des öffentlichen Rechts anerkannt ist.

II Den in Absatz 1 genannten Trachten und Abzeichen stehen solche gleich, die ihnen zum Verwechseln ähnlich sind.

III Die Ordnungswidrigkeit kann mit einer Geldbuße geahndet werden.

1   1) **Die Vorschrift** ist durch das EGStGB als Ersatzvorschrift für den früheren § 132a I Nr. 3 und zT auch für § 132a III StGB aF aufgenommen. Auf die Androhung einer Kriminalstrafe für das unbefugte Tragen einer Berufstracht oder eines Berufsabzeichens in der Kranken- oder Wohlfahrtspflege ist namentlich deswegen verzichtet, weil neuerdings in einer Reihe von Gesetzen des Nebenstrafrechts das unbefugte Führen von Berufsbezeichnungen der sog. Heilhilfsberufe (Krankenpfleger, Krankenschwester, Masseur uä) nur mit Geldbuße bedroht ist (vgl. § 16 KrPflG, § 14 MBKG; BegrEEGStGB zu § 125 OWiG, S. 356).

2   2) **Geschützt** werden die genannten Berufstrachten und -abzeichen gegen eine mißbräuchliche Verwendung, um die Allgemeinheit vor Gefahren zu schützen, die bei dem Eindruck entstehen könnten, der Träger habe die entsprechende Qualifikation, welche die Tracht oder das Abzeichen voraussetzt. Nicht tatbestandsmäßig ist deshalb das Tragen der Berufstracht pp. unter solchen Umständen, unter denen dieser Eindruck bei der Allgemeinheit nicht entstehen kann, so zB im Theater, bei Maskeraden oder im privaten Haushalt (vgl. RG **61**, 8).

3   3) **Zu den Berufstrachten** für eine staatlich anerkannte Tätigkeit in der Krankenpflege rechnen zB die der Krankenpfleger und Krankenschwester (vgl. KrPflG). Obwohl der in I Nr. 1 verwendete Begriff „Inland" weiter geht als der des Geltungsbereiches dieses G, werden nach dem Schutzzweck der Vorschrift nur die Berufstrachten solcher Tätigkeiten geschützt sein, die (auch) in der BRep. staatlich anerkannt sind (vgl. Rebmann/Roth/Herrmann 3). Zu den Berufstrachten einer religiösen Vereinigung gehören zB die Ordenskleidungen (vgl. näher Rebmann/Roth/Herrmann 4). In welcher Form die Anerkennung vorgenommen ist, darauf kommt es nicht an (Rebmann/Roth/Herrmann 3, 4). Die Amtskleidungen und -abzeichen der Kirchen und Religionsgemeinschaften des öffentlichen Rechts sind durch § 132a III StGB geschützt.

4   4) **Die Tathandlung** besteht in dem unbefugten Tragen der Berufstracht oder des Berufsabzeichens. Nach dem Schutzzweck der Vorschrift (vgl. 2) kommt es darauf an, ob dies gegenüber einem größeren Personenkreis geschieht (vgl. Erbs/Kohlhaas/Meyer 2d). Das Merkmal „unbefugt" ist hier wohl stets verwirklicht, wenn der Täter nicht zu dem Personenkreis gehört, der die Berufstracht pp. tragen darf (vgl. jedoch 2). Sozialadäquates Handeln, welches das Tragen der Berufstracht durch einen nicht diesem Personenkreis zugehörigen Dritten erlaubt, kommt kaum in Betracht. Vgl. im übrigen 8, 10 zu § 124.

5   5) **Vorsätzliches Handeln** (2ff. zu § 10) setzt die Vorschrift voraus (§ 10). Vgl. ferner 9 zu § 124. Eine Täuschungsabsicht oder auch nur das Bewußtsein der Täuschung setzt die Vorschrift nicht voraus (Erbs/Kohlhaas/Meyer 3).

6   6) **Das Höchstmaß der Geldbuße** beträgt 1000 DM (§ 17 I).

7   7) **Die Einziehung** der Berufstrachten und Berufsabzeichen ist nach
§ 129 möglich; auf sie bezieht sich die Ordnungswidrigkeit (vgl. 10 vor
§ 22; zu § 129).

8   8) **Über die Verjährungsfrist** vgl. § 31 II Nr. 4.

9   9) **Bußgeldbehörde** ist die fachlich zuständige oberste Landesbehörde
(§ 36 I Nr. 2a), soweit nicht eine Übertragung nach § 36 II erfolgt ist
(vgl. 3f. zu § 131); vgl. in **Baden-Württemberg** § 2 OWiZuV (Anh
B 1b), **Bayern** § 1 II ZuVOWiG (Anh **B 2b**), **Bremen** § 1 VO Anh **B 4c**,
Hamburg II Nr. 3, 5, 6 AO Anh **B 5b**, **Hessen** § 1 Nr. 3 VO Anh **B 6d**,
Niedersachsen § 2 Nr. 12 VO v. 20. 1. 1977 (GVBl. 3), **Nordrhein-
Westfalen** § 1 I Nr. 1 VO Anh **B 8c**, **Rheinland-Pfalz** § 2 Nr. 10 LVO
Anh **B 9b** und im **Saarland** VO Anh **B 10b**.

**Herstellen oder Verwenden von Sachen, die zur Geld- oder Urkunden-
fälschung benutzt werden können**

127 I Ordnungswidrig handelt, wer ohne schriftliche Erlaubnis der
zuständigen Stelle oder des sonst dazu Befugten

1. **Platten, Formen, Drucksätze, Druckstöcke, Negative, Matrizen
oder ähnliche Vorrichtungen, die ihrer Art nach geeignet sind zur
Herstellung von**
   a) **Geld, diesem gleichstehenden Wertpapieren (§ 151 des Strafgesetzbuches) oder amtlichen Wertzeichen oder**
   b) **öffentlichen Urkunden oder Beglaubigungszeichen,**
2. **Vordrucke für öffentliche Urkunden oder Beglaubigungszeichen
oder**
3. **Papier, das einer solchen Papierart gleicht oder zum Verwechseln
ähnlich ist, die zur Herstellung der in den Nummern 1 oder 2 bezeichneten Papiere bestimmt und gegen Nachahmung besonders gesichert ist,**

herstellt, sich oder einem anderen verschafft, feilhält, verwahrt, einem
anderen überläßt oder in den räumlichen Geltungsbereich dieses Gesetzes einführt.

II Ordnungswidrig handelt auch der Täter, der fahrlässig nicht erkennt, daß eine schriftliche Erlaubnis der zuständigen Stelle oder des
sonst dazu Befugten nicht vorliegt.

III Absatz 1 gilt auch für Geld, Wertpapiere, Wertzeichen, Urkunden
und Beglaubigungszeichen eines fremden Währungsgebietes.

IV Die Ordnungswidrigkeit kann in den Fällen des Absatzes 1 mit
einer Geldbuße bis zu zehntausend Deutsche Mark, in den Fällen des
Absatzes 2 mit einer Geldbuße bis zu fünftausend Deutsche Mark geahndet werden.

1   1) **Die Vorschrift** ist als Ersatzvorschrift für § 360 I Nr. 4, 5 StGB aF
sowie für den jeweiligen Grundtatbestand des § 2 des G über den Schutz
des zur Anfertigung von Reichsbanknoten verwendeten Papiers gegen

unbefugte Nachahmung v. 2. 1. 1911 (BGBl. III 453-4) und des § 2 des G über den Schutz des zur Anfertigung von Schuldurkunden des Reichs und der Länder verwendeten Papiers gegen unbefugte Nachahmung v. 3. 7. 1925 (BGBl. III 453-5) aufgenommen. Der Qualifikationstatbestand des jeweiligen § 2 der genannten Gesetze wird jetzt von § 149 iVm § 151 StGB voll abgedeckt. Gegenüber § 360 I Nr. 5, 6 StGB aF ist die Vorschrift in der Beschreibung des Tatbestandes wesentlich klarer gefaßt.

2 **2) Geschützt** wird die Sicherheit des Geld- und des öffentlichen Urkundenverkehrs in einem Vorbereich gegen die Gefahr einer mißbräuchlichen Herstellung von Geld usw. Ob im Einzelfall diese Gefahr gegeben ist, darauf kommt es jedoch nicht an (abstrakter Gefährdungstatbestand; Erbs/Kohlhaas/Meyer 1).

3 **3) Die Tathandlung** besteht in dem unerlaubten Herstellen, Verschaffen uä von näher bezeichneten Sachen, die ihrer Art nach zur Herstellung von Geld, Wertpapieren, amtlichen Wertzeichen, öffentlichen Urkunden oder Beglaubigungszeichen geeignet sind; bei Vorrichtungen (I Nr. 1) wird diese Eignung ausdrücklich vorausgesetzt, so daß es hier auf die Umstände des Einzelfalles ankommt (vgl. 5), während bei Vordrucken (I Nr. 2) und gegen Nachahmung besonders gesicherten Papierarten diese Eignung gesetzlich unterstellt wird. Die Vorschrift setzt keine irgendwie beschaffene Innentendenz beim Täter voraus, so daß es gleichgültig ist, aus welchen Beweggründen und zu welchen Zwecken er gehandelt hat (ebenso Erbs/Kohlhaas/Meyer 4).

4 **A. Ohne schriftliche Erlaubnis** der zuständigen Stelle, dh der nach den Organisationsbestimmungen für die Herstellung oder Ausgabe von Geld usw. zuständigen Behörde oder sonstigen Stelle, muß der Täter handeln; bei Geld ist die Deutsche Bundesbank, bei Wertpapieren des Bundes die Bundesschuldenverwaltung die zuständige Stelle (vgl. § 131 I S. 1 Nr. 4). Die Vorschrift gilt sowohl dann, wenn eine Erlaubnis erteilt, jedoch die Schriftform (vgl. 19 zu § 67) nicht gewahrt ist, als auch dann, wenn keine Erlaubnis vorliegt; in diesen Fällen werden jedoch, falls sich die Handlung auf Geld, Wertpapiere, Wertzeichen oder Ausweise bezieht, in der Regel Anhaltspunkte dafür vorhanden sein, daß § 149 StGB verwirklicht ist (vgl. §§ 21, 41). Abweichend von § 360 I Nr. 4 StGB aF (vgl. 1) ist die Zuständigkeit der Stelle (sachlich und örtlich) Tatbestandsmerkmal (vgl. II sowie 20). Auf die innerdienstliche Zuständigkeit kommt es grundsätzlich nicht an (Rebmann/Roth/Herrmann 2); weiß jedoch der Täter, daß der Angehörige der Stelle innerdienstlich unzuständig ist, so liegt keine wirksame Erlaubnis vor (aM wohl Erbs/Kohlhaas/Meyer 2a). Neben der zuständigen Stelle ist auf die Erlaubnis des „sonst dazu Befugten" (vgl. zu diesem Begriff § 9 II) abgestellt, weil der Erlaubnisinhaber uU die Befugnis haben kann, den erteilten Auftrag zum Teil an andere Unternehmen weiterzugeben (BegrEEGStGB zu § 126 OWiG, S. 357).

5 **B. Der Begriff Vorrichtungen** (I Nr. 1) ist in dem gleichen Sinne auszulegen wie in § 123 II S. 1 Nr. 2 (vgl. dort 7), so daß es sich um solche handeln muß, die speziell zur Herstellung von Geld pp. geeignet sind. Über die im einzelnen genannten Vorrichtungen (Platten pp.) vgl. 7 zu § 123. Nach dem Schutzzweck der Vorschrift (vgl. 2) kommt es dar-

auf an, ob sich die Handlung auf noch gültiges Geld (vgl. im übrigen § 11a MünzprG) bezieht (vgl. KG JW **29**, 2367; ebenso Erbs/Kohlhaas/ Meyer 2b, bb) oder noch verwendete öffentliche Urkunden und Beglaubigungszeichen (ebenso Rebmann/Roth/Herrmann 4f.; wegen der ungültigen Postwertzeichen vgl. jedoch § 25 I Nr. 3 PostG).

6 a) **Geld** ist das staatlich zum Umlauf im öffentlichen Verkehr bestimmte (also gesetzliche) Zahlungsmittel (BGH **12**, 344; **23**, 231), gleichgültig welcher Art (Metallgeld, Münzgeld) es ist (vgl. Dreher/ Tröndle 2 zu § 146). Dem Geld gleichgestellt sind in § 151 StGB bestimmte Arten von Wertpapieren, so die dort näher bezeichneten Inhaber- und Orderschuldverschreibungen, Aktien, Anteilscheine, Zins-, Gewinnanteil- und Erneuerungsscheine, Zertifikate und Reiseschecks, soweit die genannten Papiere durch Druck und Papierart gegen Nachahmung besonders gesichert sind (vgl. 11).

7 b) **Amtliche Wertzeichen** sind die von einer staatliche Aufgaben wahrnehmenden Stelle ausgegebenen Zeichen, die einen Geldwert verkörpern und ihrem Wesen nach Zahlungsmittel sind, wie zB Kosten-, Brief-, Beitrags- und Steuermarken (Erbs/Kohlhaas/Meyer 2b, dd). Nicht geschützt sind die außer Kraft gesetzten Wertzeichen (KG JR **66**, 307; vgl. aber 5 aE). Ob die hergestellten Gegenstände geringfügige Abweichungen von den echten aufweisen, darauf kommt es nicht an (Rebmann/Roth/Herrmann 3).

8 c) **Zu den „öffentlichen Urkunden"** (vgl. dazu §§ 415, 417, 418 ZPO, die auch hier maßgebend sind; vgl. BGH **19**, 19, 21) gehören solche, die durch eine Behörde (dh staatliche Aufgaben wahrnehmende Stelle; vgl. BGHZ **25**, 186, MDR **64**, 69; BVerfGE **10**, 48; so einerseits ja: Dienststellen der Gemeinden, vgl. RG **40**, 161; Frankfurt NJW **64**, 1682; Fakultäten der Hochschulen, vgl. RG **75**, 112; Industrie- und Handelskammern, vgl. RG **52**, 198; RAKammern, RG **47**, 394; JW **36**, 1604; andererseits nein: Kirchenbehörden, RG **47**, 49, **56**, 399; Krankenkassen, BGH **25**, 186) oder durch eine mit öffentlichem Glauben versehene Person (zB Notare, RG **63**, 150; BGH **8**, 289; Fleischbeschauer, RG **74**, 30) in der vorgeschriebenen Form ausgestellt und für die Außenwelt (also nicht nur innerdienstlicher Behördenverkehr) bestimmt sind (vgl. Dreher/Tröndle 7 zu § 271). Öffentliche Urkunden sind zB der Personalausweis, der Kfz-Schein, die Steuerkarte, die Zollabfertigungsbescheinigung. Die Vorrichtungen müssen ihrer Art nach zur Herstellung von öffentlichen Urkunden geeignet sein. Dies trifft nur dann zu, wenn die öffentlichen Urkunden mit ihrer Hilfe als Endprodukt hergestellt werden können, so zB amtliche Bescheinigungen, in denen der Name jeweils direkt eingedruckt wird. Können mit Hilfe der Vorrichtungen nicht die öffentliche Urkunde selbst, sondern nur Vordrucke hierfür hergestellt werden, so ist I Nr. 1 nicht einschlägig; tatbestandsmäßig ist dann erst das Herstellen der Vordrucke (I Nr. 2).

9 d) **Beglaubigungszeichen** sind die bei der Herstellung von öffentlichen Urkunden (vgl. 8) verwendeten Zeichen, so namentlich Siegel oder Stempel, die den Aussteller als Behörde oder als eine mit öffentlichem Glauben versehene Person (vgl. 8) ausweisen. I Nr. 1b bezieht sich auf

das Herstellen, Sichverschaffen usw. von Vorrichtungen zur Herstellung von Beglaubigungszeichen, während I Nr. 2 das Herstellen, Sichverschaffen usw. von Beglaubigungszeichen selbst als Tathandlung beschreibt.

10 C. **Vordrucke** für öffentliche Urkunden (I Nr. 2) sind die bei der massenhaften Herstellung von öffentlichen Urkunden üblicherweise verwendeten (oder den Eindruck einer solchen Verwendung vermittelnden; zw.) Schriftstücke, bei denen nur noch eine Vervollständigung durch Einzelangaben notwendig ist (so zB Vordrucke für Ausweise; ebenso Erbs/Kohlhaas/Meyer 2c). Notwendig ist, daß bereits nach der Art des Vordrucks der Eindruck hervorgerufen wird, als handele es sich um speziell behördlich angefertigte, zur Vervollständigung bestimmte Schriftstücke; dies ist bei Formularen, die üblicherweise von Privatunternehmen angefertigt und dann behördlich zur Ausstellung von öffentlichen Urkunden benutzt werden (zB bei Formularen für Mahnbescheide), nicht der Fall (Erbs/Kohlhaas/Meyer 2c). Über Beglaubigungszeichen, die auch I Nr. 2 nennt, vgl. 9.

11 D. **Papier,** das als Ausgangspunkt (speziell) für die Herstellung von Geld, Wertpapieren, Wertzeichen, öffentlichen Urkunden (amtlich) bestimmt und gegen Nachahmung besonders gesichert ist (zB durch Wasserzeichen, Farbzeichen uä), wird in I Nr. 3 geschützt. Ob das Papier der amtlich bestimmten Papierart zum Verwechseln ähnlich ist, ist Tatfrage (ebenso Rebmann/Roth/Herrmann 8); die Gefahr der Verwechslung bei nur flüchtiger Betrachtung reicht aus (Erbs/Kohlhaas/Meyer 2d; vgl. 8 zu § 124; 6 zu § 128).

12 E. **Als Handlungsformen** nennt I

13 a) **das Herstellen,** dh die tatsächliche Fertigstellung, nicht schon den Herstellungsprozeß vor seiner Vollendung (so auch Erbs/Kohlhaas/Meyer 2e, aa; aM wohl Rebmann/Roth/Herrmann 9, die schon die auf die Herstellung gerichteten Tätigkeiten hierzu rechnen);

14 b) **das Sichverschaffen,** dh die Erlangung der tatsächlichen Herrschaftsgewalt über den Gegenstand durch den Täter, gleichgültig, ob dies rechtmäßig (zB Kauf) oder nicht (zB durch eine Straftat) geschieht (ebenso Erbs/Kohlhaas/Meyer 2e, bb; Rebmann/Roth/Herrmann 9; Rotberg 3);

15 c) **das einem anderen Verschaffen,** dh das Einräumen der tatsächlichen Herrschaftsgewalt für einen anderen durch eine Vermittlungstätigkeit zur Herstellung der Herrschaftsgewalt für den anderen (sonst liegt Überlassen vor; ebenso Erbs/Kohlhaas/Meyer 2e, bb);

16 d) **Feilhalten,** dh das äußerlich als solches erkennbare Bereitstellen der Möglichkeit des Kaufs durch das Publikum (vgl. BGH **23**, 286), so daß es auf die Verkaufsabsicht des Täters (vgl. RG **63**, 420) nicht ankommt (ebenso Erbs/Kohlhaas/Meyer 2e, cc; Rebmann/Roth/Herrmann 9; str.); das **bloße Ankündigen** genügt dagegen noch nicht (vgl. KGJ **42**, C 426; vgl. auch Rebmann/Roth/Herrmann 9);

17 e) **das Verwahren,** dh das Ingewahrsamnehmen, ohne eigene tatsächliche Herrschaftsgewalt zu erlangen (sonst liegt Verschaffen vor). Das

Verwahren muß die Möglichkeiten einer späteren bestimmungsmäßigen Verwendung eröffnen (vgl. auch Erbs/Kohlhaas/Meyer 2d, dd);

18   f) **das Überlassen** an einen anderen, dh die (auch nur vorübergehende) Aufgabe der eigenen Herrschaftsgewalt zugunsten der eines anderen, so daß neben der Übertragung der tatsächlichen Verfügungsgewalt sogar das Zulassen der Wegnahme durch einen Dritten ausreicht (RG **59**, 214; vgl. Erbs/Kohlhaas/Meyer 2d, ee);

19   g) **das Einführen,** dh das Verbringen der Sache aus einem Bereich, der außerhalb des räumlichen Geltungsbereichs des G liegt, in diesen (zB auch aus der DDR in die BRep.).

20   F. **Vorsätzliches Handeln** (2 ff. zu § 10) setzt die Vorschrift voraus (§ 10), abgesehen von dem Merkmal der schriftlichen Erlaubnis; insoweit genügt Fahrlässigkeit (II; 6 zu § 10). Mit Hilfe von II soll dem möglichen Einwand des Täters, er habe im Auftrag eines anderen gehandelt und geglaubt, dieser sei zur Erteilung des Auftrags zuständig, begegnet werden (BegrEEGStGB zu § 126 OWiG, S. 357). Es handelt sich nicht um ein Absichtsdelikt (vgl. 3).

21   **4) Der Geld- und Urkundenverkehr eines fremden Währungsgebietes** (also zB auch der DDR) ist in den Schutzbereich der Vorschrift (entsprechend § 152 StGB) einbezogen (III); allerdings gilt sie nur für Handlungen, die im räumlichen Geltungsbereich begangen werden, da eine von § 5 abweichende Regelung nicht getroffen ist.

22   **5) Die Einziehung** der Gegenstände, auf die sich die Ordnungswidrigkeit bezieht, also der Vorrichtungen (I Nr. 1), der Vordrucke und Beglaubigungszeichen (I Nr. 2) sowie des Papiers (I Nr. 3) ist möglich (§ 129); nicht dagegen die Einziehung der zur Begehung der Ordnungswidrigkeit gebrauchten oder bestimmten Gegenstände, da insoweit eine besondere Regelung (vgl. § 22 I) fehlt.

23   **6) Konkurrenzen:** Bei einer mehrfachen Verwirklichung des Tatbestandes durch Vornahme mehrerer Handlungsmodalitäten (zB Herstellen und Überlassen an einen anderen) liegt nur eine einzige Gesetzesverletzung vor, falls die Handlungen in einem engen Zusammenhang stehen (vgl. 9 f. vor § 19; Oldenburg NdsRpfl. **51**, 227; Erbs/Kohlhaas/Meyer 6). Bei einer Fälschungsabsicht verdrängen die §§ 149, 151 StGB den § 127 (§ 21); der strafbefreiende Rücktritt nach § 149 II, III StGB beseitigt die Ahndungsmöglichkeit nach § 127 nicht (Dreher/Tröndle 12 zu § 149; aM Erbs/Kohlhaas/Meyer 6 mwN).

24   **7) Über die Verjährungsfrist** vgl. § 31 II Nr. 2, 3.

25   **8) Die Bußgeldbehörde** ist in § 131 I S. 1 Nr. 4, S. 2 nur für die Fälle bestimmt, in denen die Zuständigkeit von Bundesbehörden in Betracht kommt; in den übrigen Fällen ist Bußgeldbehörde die fachlich zuständige oberste Landesbehörde (§ 36 I Nr. 2a), soweit nicht eine Übertragung nach § 36 II erfolgt ist (vgl. 3f. zu § 131); vgl. in **Baden-Württemberg** § 2 OWiZuV (Anh **B 1b**), **Bayern** § 1 I ZuVOWiG (Anh **B 2b**), **Berlin** § 1 Nr. 2b ZuständigkeitsVO-OWiG (Anh **B 3**), **Bremen** § 1 VO Anh **B 4c, Hamburg** II Nr. 3 AO Anh **B 5b, Hessen** § 1 Nr. 4 VO Anh **B 6d,**

Niedersachsen § 1 Nr. 1 d VO Anh **B 7 b, Nordrhein-Westfalen** § 1 III Nr. 3 VO Anh **B 8 c, Rheinland-Pfalz** § 2 Nr. 10 LVO Anh **B 9 b** und im **Saarland** VO Anh **B 10 b.**

Herstellen oder Verbreiten von papiergeldähnlichen Drucksachen oder Abbildungen

128

^I **Ordnungswidrig handelt, wer**

1. **Drucksachen oder Abbildungen herstellt oder verbreitet, die ihrer Art nach geeignet sind,**
   a) **im Zahlungsverkehr mit Papiergeld oder diesem gleichstehenden Wertpapieren (§ 151 des Strafgesetzbuches) verwechselt zu werden oder**
   b) **dazu verwendet zu werden, solche verwechslungsfähigen Papiere herzustellen, oder**
2. **Platten, Formen, Drucksätze, Druckstöcke, Negative, Matrizen oder ähnliche Vorrichtungen, die ihrer Art nach zur Herstellung der in der Nummer 1 bezeichneten Drucksachen oder Abbildungen geeignet sind, herstellt, sich oder einem anderen verschafft, feilhält, verwahrt, einem anderen überläßt oder in den räumlichen Geltungsbereich dieses Gesetzes einführt.**

^{II} **Ordnungswidrig handelt auch der Täter, der fahrlässig nicht erkennt, daß die Eignung zur Verwechslung oder Herstellung im Sinne von Absatz 1 Nr. 1 gegeben ist.**

^{III} **Absatz 1 gilt auch für Papiergeld und Wertpapiere eines fremden Währungsgebietes.**

^{IV} **Die Ordnungswidrigkeit kann in den Fällen des Absatzes 1 mit einer Geldbuße bis zu zehntausend Deutsche Mark, in den Fällen des Absatzes 2 mit einer Geldbuße bis zu fünftausend Deutsche Mark geahndet werden.**

1   **1) Die Vorschrift** ist als Ersatzvorschrift für § 360 I Nr. 6 StGB aF aufgenommen (vgl. 1 vor § 111). Gegenüber diesem Tatbestand ist die Vorschrift bestimmter und auch umfassender gestaltet (vgl. BegrEEGStGB zu § 127 OWiG, S. 358).

2   **2) Geschützt** wird der Zahlungsverkehr (die Sicherheit des Geldverkehrs; vgl. BGH MDR **58**, 441 sowie 2 zu § 127) in einem Vorbereich vor der Gefahr, daß sich jemand geldähnliche Papiere, die ohne Fälschungsabsicht (etwa zu Werbezwecken, aber zB auch zum Scherz) hergestellt sind, zu betrügerischen Handlungen zunutze macht. Banknotenabbildungen spielen in der Werbung eine nicht unerhebliche Rolle und verführen dazu, sie unverändert oder nach entsprechenden Manipulationen (zB Zusammenkleben von Abbildungen) als echte Geldnoten in Verkehr zu bringen (BegrEEGStGB zu § 127 OWiG, S. 358). Ob diese Gefahr im Einzelfall besteht, darauf kommt es nicht an (vgl. 2 zu § 127). Ein umfassendes Verbot, Banknotenabbildungen herzustellen oder zu ver-

breiten, erschien jedoch zu weitgehend, weil sie für die Geldwirtschaft
typische Werbemittel sind.

3   **3) Die Tathandlung** besteht a) in dem Herstellen (vgl. 13 zu § 127)
oder Verbreiten (vgl. 7 zu § 116) von Drucksachen oder Abbildungen,
die geeignet sind (dh ihrer Art nach die Möglichkeit eröffnen; vgl. 5), aa)
im Zahlungsverkehr mit Papiergeld oder diesem gleichstehenden Wertpapieren (vgl. 6 zu § 127) verwechselt (I Nr. 1 a) oder bb) dazu verwendet
(dh als Mittel zur Herstellung eines Endproduktes) zu werden, verwechs-
lungsfähige Geld- oder diesem gleichstehende Wertpapiere (6 zu § 127)
herzustellen (I Nr. 1 b), oder b) in dem Herstellen, Sichverschaffen uä
(vgl. zu diesen Handlungsformen im einzelnen 12 ff. zu § 127) von Vorrichtungen wie Platten uä (vgl. hierzu im einzelnen 7 zu § 123), die ihrer
Art nach geeignet sind zur Herstellung von geldähnlichen Papieren, von
Drucksachen oder Abbildungen, die ihrerseits wiederum zur Herstellung
von geldähnlichen Papieren verwendet werden können (I Nr. 2). Auch
diese Vorschrift setzt keine irgendwie beschaffene Innentendenz beim
Täter voraus (vgl. 3 zu § 127). Die objektive Eignung der Verwechslung
(I Nr. 1 a), der Verwendung (I Nr. 2 b) oder der Herstellung (I Nr. 2)
reicht aus.

4   A. **Drucksachen oder Abbildungen** sind bereits früher in § 360 I Nr. 6
StGB aF (vgl. 1) genannt worden (als Oberbegriffe von ,,Warenempfeh-
lungskarten" und ,,Ankündigungen"). Drucksachen sind mit Hilfe von
Drucksätzen, Druckstöcken und ähnlichen Vorrichtungen hergestellte
Wiedergabestücke der in I genannten Papiere. Abbildungen sind solche
Wiedergabestücke dieser Papiere, die nicht bereits in Form von Drucksa-
chen erscheinen (so zB manuell oder fototechnisch hergestellte Abbil-
dungen).

5   B. **Die Eignung der Verwechslung** (Verwechslungsmöglichkeit; vgl.
BegrEEGStGB zu § 127 OWiG, S. 358; vgl. auch 3) ist ausreichend. Die
bisherige Rspr. zu § 360 I Nr. 6 StGB aF, die in kasuistischer Weise auf
eine ,,in Form oder Verzierung" dem Papiergeld ,,ähnliche" Beschaffenheit abstellte (vgl. BGH MDR **58**, 441; KG GA Bd. **77**, 46; Bay. DRiZ
33, 199; Bay. NJW **67**, 260), ist durch die neue Fassung des Tatbestandes
weitgehend überholt. Entscheidend ist jetzt bei einer Ähnlichkeit die
Verwechslungsmöglichkeit (ebenso Rebmann/Roth/Herrmann 4). Ob
sie vorliegt, ist Tatfrage. Die Möglichkeit, daß bereits bei flüchtiger
Betrachtung eine Täuschung eintreten kann (vgl. 8 zu § 124; 11 zu § 127),
reicht aus (ebenso Erbs/Kohlhaas/Meyer 2 a, ee; so schon zu § 360 I Nr. 6
StGB aF Bay. NJW **67**, 260).

6   C. **Bei der Eignung der Verwendung** (vgl. 3) zur Herstellung von
(mit Geld uä) verwechslungsfähigen Papieren wird nicht vorausgesetzt,
daß sie mit Hilfe der Drucksachen oder Abbildungen ohne besondere
Schwierigkeiten hergestellt werden können, so zB durch einfaches Zusammenkleben von zwei Stücken einer abgebildeten Banknote; die Eignung der Verwendung kann deshalb auch dann gegeben sein, wenn die
Herstellung verwechslungsfähiger Papiere mittels der Drucksachen oder
Abbildungen eine besondere Fertigkeit, Geschicklichkeit oder einen nicht

unerheblichen Aufwand erfordert, so zB das Zusammenkleben mehrerer Teilabbildungen (vgl. BegrEEGStGB zu § 127 OWiG, S. 358; Erbs/Kohlhaas/Meyer 2b; aM Rebmann/Roth/Herrmann 5, die darauf abstellen, daß die Verwechslungsgefahr „verhältnismäßig leicht" herbeigeführt werden kann; doch ergibt sich diese Einengung aus dem Begriff „geeignet" nicht). Die Eignung der Verwendung zur Herstellung verwechslungsfähiger „Blüten" wird danach in der Regel gegeben sein, wenn Drucksachen oder Abbildungen Banknoten in der Originalgröße und -ausstattung, wenn auch nur in einem Teilausschnitt, wiedergeben (Erbs/Kohlhaas/Meyer 2b).

7   D. **Vorsätzliches Handeln** (2ff. zu § 10) setzt die Vorschrift voraus (§ 10), abgesehen von dem Merkmal der Eignung der Verwechslung oder der Verwendung zur Herstellung (II); insoweit genügt Fahrlässigkeit (II; 6ff. zu § 10). Mit Hilfe von II soll dem möglichen Einwand des Täters, er habe an die Möglichkeit der Verwechslung oder mißbräuchlichen Herstellung gar nicht gedacht, begegnet werden (BegrEEGStGB zu § 127 OWiG, S. 358).

8   **4) Geld und Wertpapiere eines fremden Währungsgebietes** (auch der DDR) sind in den Schutzbereich der Vorschrift einbezogen (III); vgl. hierzu 21 zu § 127.

9   **5) Die Einziehung** der Gegenstände, auf die sich die Ordnungswidrigkeit bezieht, also der Drucksachen, Abbildungen und Vorrichtungen, ist möglich (§ 129), nicht dagegen der Werkzeuge (vgl. 22 zu § 127).

10   **6) Über die Verjährungsfrist** vgl. § 31 II Nr. 2, 3.

11   **7) Über die Bußgeldbehörde** vgl. § 131 I S. 1 Nr. 4, S. 2 (dort 3f.) sowie 25 zu § 127; wegen der Übertragung nach § 36 II vgl. in **Baden-Württemberg** § 2 OWiZuV (Anh **B 1 b**), **Bayern** § 1 I ZuVOWiG (Anh **B 2 b**), **Berlin** § 1 Nr. 2 b ZuständigkeitsVO-OWiG (Anh **B 3**), **Bremen** § 1 VO Anh **B 4 c**, **Hamburg** II Nr. 3 AO Anh **B 5 b**, **Hessen** § 1 Nr. 4 VO Anh **B 6 d**, **Niedersachsen** § 1 Nr. 1 d VO Anh **B 7 b**, **Rheinland-Pfalz** § 2 Nr. 10 LVO Anh **B 9 b** und im **Saarland** VO Anh **B 10 b**.

Einziehung

129   **Gegenstände, auf die sich eine Ordnungswidrigkeit nach den §§ 126 bis 128 beziehen, können eingezogen werden.**

1   **1) Die Vorschrift** ersetzt den § 360 II StGB aF, soweit er sich auf dessen I Nr. 4–6 erstreckte, die durch die §§ 127, 128 ersetzt sind (vgl. 1 vor § 111).

2   **2) Objekte der Einziehung** sind nur die sog. Beziehungsgegenstände (vgl. 10 vor § 22), die in den §§ 126–128 genannt sind, nicht also die zur Ordnungswidrigkeit verwendeten Werkzeuge (vgl. näher 22 zu § 127, 10 zu § 128).

3   **3) Voraussetzung der Einziehung** ist, daß eine der genannten Ordnungswidrigkeiten begangen worden ist (vgl. 3 zu § 22). Unter den Voraussetzungen von § 22 II Nr. 2 ist jedoch die Einziehung auch zulässig,

wenn der Täter nicht vorwerfbar gehandelt hat (26 zu § 22). Bei den in den §§ 127, 128 aufgeführten Beziehungsgegenständen treffen die Voraussetzungen von § 22 II Nr. 2 in der Regel zu, weil sie die Sicherheit des Geld- und Urkundenverkehrs gefährden (vgl. 23 zu § 22; ebenso Erbs/Kohlhaas/Meyer 2).

4   **4) Bei Vorrichtungen** (vgl. § 127 I Nr. 1, § 128 II) ist die Einziehung auf die Teile zu beschränken, die ihrer Art nach speziell zur Herstellung der genannten Gegenstände geeignet sind, da sich die Ordnungswidrigkeit nur auf sie bezieht. In Betracht kommen hier auch weniger einschneidende Maßnahmen iS von § 24 II.

Vierter Abschnitt. Verletzung der Aufsichtspflicht in Betrieben und Unternehmen

130 [I] Wer als Inhaber eines Betriebes oder Unternehmens vorsätzlich oder fahrlässig die Aufsichtsmaßnahmen unterläßt, die erforderlich sind, um in dem Betrieb oder Unternehmen Zuwiderhandlungen gegen Pflichten zu verhindern, die den Inhaber als solchen treffen und deren Verletzung mit Strafe oder Geldbuße bedroht ist, handelt ordnungswidrig, wenn eine solche Zuwiderhandlung begangen wird, die durch gehörige Aufsicht hätte verhindert werden können. Zu den erforderlichen Aufsichtsmaßnahmen gehören auch die Bestellung, sorgfältige Auswahl und Überwachung von Aufsichtspersonen.

[II] Dem Inhaber eines Betriebes oder Unternehmens stehen gleich
1. sein gesetzlicher Vertreter,
2. die Mitglieder des zur gesetzlichen Vertretung berufenen Organs einer juristischen Person sowie die vertretungsberechtigten Gesellschafter einer Personenhandelsgesellschaft,
3. Personen, die beauftragt sind, den Betrieb oder das Unternehmen ganz oder zum Teil zu leiten, soweit es sich um Pflichten handelt, für deren Erfüllung sie verantwortlich sind.

[III] Betrieb oder Unternehmen im Sinne der Absätze 1 und 2 ist auch das öffentliche Unternehmen.

[IV] Die Ordnungswidrigkeit kann, wenn die Pflichtverletzung mit Strafe bedroht ist, mit einer Geldbuße bis zu hunderttausend Deutsche Mark geahndet werden. Ist die Pflichtverletzung mit Geldbuße bedroht, so bestimmt sich das Höchstmaß der Geldbuße wegen der Aufsichtspflichtverletzung nach dem für die Pflichtverletzung angedrohten Höchstmaß der Geldbuße.

Schrifttum: *Brenner,* Betriebliche Aufsichtspflicht und ihre bußbare Verletzung, DRiZ **75,** 72. – *Demuth/Schneider,* Die besondere Bedeutung des Gesetzes über Ordnungswidrigkeiten für Betrieb und Unternehmen, BB **70,** 642. – *Schünemann,* Unternehmenskriminalität und Strafrecht, 1979. – Thiemann, Aufsichtspflichtverletzung in Betrieben und Unternehmen, 1976.

1   **1) Einheitlich und abschließend** regelt § 130 die Verantwortlichkeit des Geschäftsherrn im Falle der Verletzung seiner Aufsichtspflicht. Die früheren zahlreichen Sondervorschriften im Nebenrecht hat das EG-OWiG beseitigt, und zwar auch innerhalb des Landesrechts (vgl. Art. 153 I Nr. 2, II EGOWiG). Die umfassende Regelung des § 130 ist aus Gründen der Rechtsvereinheitlichung und der Sachgerechtigkeit gewählt. Die frühere Kasuistik mußte zu einer unterschiedlichen Beurteilung gleichgelagerter Sachverhalte und damit zu unbefriedigenden oder ungerechten Ergebnissen führen (vgl. Begr. zu § 25 EOWiG). Allerdings ist nicht zu verkennen, daß die allgemeine Regelung zu einer Erweiterung der (bußgeldrechtlichen) Verantwortlichkeit namentlich in den Fällen geführt hat, in denen Pflichtverletzungen nur bei einer qualifizierten Schuldform (Vorsatz, Leichtfertigkeit) des Aufsichtspflichtigen ahndbar waren, da die Aufsichtspflichtverletzung lediglich Fahrlässigkeit voraussetzt (Demuth/Schneider BB **70**, 647).

2   **2) Die Vorschrift beruht auf der Erwägung,** daß der Inhaber eines Betriebes (oder Unternehmens, vgl. 42 ff. zu § 9) verpflichtet ist, die erforderlichen Aufsichtsmaßnahmen zu treffen, damit in dem Betrieb die ihn angehenden Gebote und Verbote eingehalten werden, deren Verletzung mit Strafe oder Geldbuße bedroht ist. Diese Pflicht besteht unabhängig davon, ob sie besonders normiert ist; sie ergibt sich vielmehr von selbst aus der garantenähnlichen Stellung, die der Betriebsinhaber hat: Die durch Straf- und Bußgeldvorschriften abgesicherten Gebote und Verbote, die sich an den Betriebsinhaber richten, gelten in erster Linie ihm als dem eigentlichen Normadressaten. Sie sind oft so zahlreich und vielschichtig, daß er außerstande ist, sie selbst im einzelnen wahrzunehmen (zB die zahlreichen Pflichten als Arbeitgeber, als Hersteller oder Verteiler einer bestimmten Ware, als Kfz-Halter, als Betreiber einer Anlage, als Grundstückseigentümer, als Inhaber einer Verkaufsstelle, als Teilnehmer am Außenwirtschaftsverkehr usw.; vgl. auch 18 ff. zu § 30). Die für den Betriebsinhaber tätig werdenden Personen treffen diese Pflichten entweder überhaupt nicht oder aber nur an einer Stelle (vgl. § 9; § 14 StGB). Aus der gesteigerten Betätigungsmöglichkeit, die der Betrieb mit sich bringt und die dem Inhaber Vorteile verschafft, und aus der typischen Situation, daß andere Personen den Wirkungskreis des Inhabers ausfüllen, ergibt sich für ihn eine Art Garantenstellung, zumindest die notwendigen Aufsichtsmaßnahmen zu treffen, damit die Pflichten, die hauptsächlich ihm obliegen, eingehalten werden (Begr. zu § 25 EOWiG; vgl. auch Brenner DRiZ **75**, 72 sowie schon früher RG **58**, 133).

3   **3) Der Zweck der Vorschrift** ist es, der Begehung von rechtswidrigen Handlungen (§ 1 II) in einem Betrieb vorzubeugen, soweit es sich um „betriebsbezogene" Pflichten (vgl. 18 ff. zu § 30) handelt und der Betriebsinhaber als Täter ausscheidet, weil er selbst nicht positiv gehandelt hat oder außerstande gewesen ist, die Pflichten wahrzunehmen (vgl. 2, 26; Brenner DRiZ **75**, 72; Erbs/Kohlhaas/Meyer 1 a). Die Möglichkeit der Ahndung gegenüber dem eigentlichen Täter ist hier mitunter beschränkt (bei Personen, die – auch unter Berücksichtigung des § 9 und

des § 14 StGB – keine Normadressaten der Pflichten sind, entfällt sie
ganz) oder unzureichend, weil die Geldbuße nur nach den Verhältnissen
des (wirtschaftlich meist schwächer gestellten) Täters bemessen werden
kann und die eigentliche Ursache für die Gesetzesverletzung häufig in der
mangelhaften Organisation und Beaufsichtigung des Betriebes liegt. Es
erscheint zudem unangemessen, die für die Einhaltung von Betriebspflichten hauptsächlich Verantwortlichen schon deshalb freizustellen,
weil sie persönlich nicht alle konkreten Pflichten erfüllen können (vgl. 2).
Der Tatbestand des § 130 gehört danach neben § 9 (vgl. auch § 14 StGB)
und § 30 zu dem Kreis der Vorschriften, die eine wirksame Bekämpfung
von Zuwiderhandlungen in Betrieben und Unternehmen ermöglichen
(Bay. JR **73**, 28 m. Anm. Göhler); er greift erst ein, wenn die in ihm
genannten Normadressaten nicht bereits als Täter verantwortlich sind
(vgl. 26).

4   **4) Der Täterkreis ist** begrenzt auf den Inhaber des ,,Betriebes'' (oder
,,Unternehmens'') und die in II Nr. 1–3 genannten Personen (wegen des
öffentlichen Unternehmens vgl. 23).

5   A. **Betriebsinhaber:** Aus den Begriffen ,,Betrieb'' und ,,Unterneh-
men'' (vgl. hierzu im einzelnen 42ff. zu § 9) folgt, daß zB der private
Halter eines Kfz, der Wohnungsinhaber oder Hauseigentümer nicht als
Betriebs- oder Unternehmensinhaber anzusehen ist (Erbs/Kohlhaas/
Meyer 2b; Rebmann/Roth/Herrmann 5), wohl aber zB der Inhaber einer
Wohnungsbaugesellschaft, eines Fabrikationsbetriebes, einer Verkaufs-
stelle, eines Kinos, einer gewerblichen Anlage, einer Agentur, einer
Kanzlei uä.

6   B. **Gesetzliche Vertreter:** Die in II Nr. 1, 2 aufgeführten Personen
(vgl. näher 9ff. zu § 9) handeln an Stelle des Inhabers, der auch eine JP
oder PV sein kann, die nur durch ihre Organe oder Vertreter handelt.
Über die Verantwortlichkeit mehrerer Vertreter bei einer aufgeteilten
Geschäftsführung vgl. näher 15 zu § 9; die dortigen Ausführungen gelten
auch für die Verletzung der Aufsichtspflicht.

7   C. **Betriebsleiter:** In II Nr. 3 werden zusätzlich auch die Personen als
Normadressaten der Aufsichtspflicht angesehen, die beauftragt sind, den
Betrieb oder das Unternehmen ganz oder zum Teil zu leiten (vgl. näher
§ 9 II S. 1 Nr. 1, dort 17ff.). Die früheren Sondervorschriften haben nur
den Leiter eines Betriebes dem Inhaber gleichgestellt. Bei größeren Unternehmen ist jedoch die Leitung des Betriebes (auch teilweise) auf mehrere Personen aufgeteilt, die dann in ihrem Bereich stellvertretend für den
Inhaber tätig werden und denen damit auch die Verantwortung für die
erforderlichen Aufsichtsmaßnahmen obliegt. Daraus rechtfertigt sich
ihre Gleichstellung mit dem Inhaber des Betriebes (Begr. zu § 25
EOWiG; vgl. schon früher RG **58**, 133). Die unter 21 zu § 9 befürwortete
Ausweitung des Personenkreises gilt auch hier. Die Verantwortung der
Angehörigen dieses Personenkreises begrenzt sich indes auf den Kreis
von Pflichten, die sie im Rahmen des Auftragsverhältnisses zu erfüllen
haben (vgl. Demuth/Schneider BB **70**, 648; vgl. auch Schleswig bei Er-
nesti/Jürgensen SchlHA **78**, 190); diese Einschränkung versteht sich von
selbst.

8 D. **Neuere Reformüberlegungen** gehen im Rahmen des EWiKG 2 dahin, in II Nr. 3 als Normadressaten die Personen anzusehen, die in dem Betrieb oder Unternehmen für die Durchführung der unterlassenen Aufsichtsmaßnahmen verantwortlich sind (vgl. § 130 OWiG idF des Art. 2 des EWiKG 2). Damit sollen an Stelle der bisherigen förmlichen Merkmale solche sachlicher Art verwendet werden, weil dies sachgerechter erscheint. Zugleich wird damit klargestellt, daß die Verantwortlichkeit in größerem Umfange nach unten verlagert sein kann. Vgl. insgesamt auch Schünemann aaO.

9 5) **Die Tathandlung** besteht allein in dem Unterlassen der erforderlichen Aufsichtsmaßnahmen. Daß im Betrieb eine Pflichtverletzung begangen wird, ist nur eine Bedingung der Ahndung (vgl. 17); doch kann sich die Höhe der Geldbuße wegen der Aufsichtspflichtverletzung im Einzelfall nach der Schwere der im Betrieb begangenen Zuwiderhandlung richten (BGH 22. 1. 1976, KRB 1/75).

10 A. **Das Ausmaß der Aufsichtspflicht** hängt von den Umständen des Einzelfalles ab, so von der Größe und Organisation des Betriebes, von der Vielfalt und Bedeutung der zu beachtenden Vorschriften, von den unterschiedlichen Überwachungsmöglichkeiten ua (vgl. Hamm GewArch **74**, 190; VRS **40**, 190; Schleswig bei Ernesti/Jürgensen SchlHA **75**, 197, **76**, 177; Bay. **76**, 44, 47). Dies muß im Urteil in einer für das Rechtsmittelgericht nachprüfbaren Weise dargelegt werden (Stuttgart NJW **77**, 1410, Die Justiz **79**, 389; Frankfurt VRS **56**, 109).

11 a) **Die Beachtung der bestehenden Ge- und Verbote** ist der Zweck der Aufsichtspflicht (vgl. 3; ferner 41 zu § 9). Sie muß also so ausgeübt werden, daß die betriebsbezogenen Pflichten (vgl. 18 ff. zu § 30; 18) aller Voraussicht nach eingehalten werden (vgl. BGH **9**, 322, **25**, 158, 163; Stuttgart NJW **77**, 1410; Schleswig bei Ernesti/Jürgensen SchlHA **75**, 197). Dazu rechnen (neben den Leitungs- und Koordinationsmaßnahmen, vgl. Schünemann aaO S. 120) auch die Bestellung, sorgfältige Auswahl und Überwachung von Aufsichtspersonen (I S. 2). Beim Fehlen von Aufsichtspersonen kann sich der Betriebsinhaber also nicht darauf berufen, ihm selbst sei eine „eigene" Beaufsichtigung nicht möglich gewesen (Begr. zu § 25 EOWiG).

12 b) **Objektiv erforderlich und zumutbar** müssen die Aufsichtsmaßnahmen sein (Schleswig bei Ernesti/Jürgensen SchlHA **75**, 197, **76**, 177; Brenner DRiZ **75**, 74; Koblenz MDR **73**, 606: keine überspannten Anforderungen). Der Aufsichtspflicht wird nicht schon dadurch genügt, daß der Aufsichtspflichtige gelegentlich die Betriebsangehörigen aufsucht, die Betriebsvorgänge beobachtet und sonst nach dem Rechten sieht (vgl. BGH **9**, 323). Zu den Aufsichtsmaßnahmen gehört es im einzelnen, die Personen je nach der Bedeutung ihrer Aufgabe für den Betrieb und der ihnen zufallenden Verantwortung auszuwählen (Erbs/Kohlhaas/Meyer 3 c, aa; Rebmann/Roth/Herrmann 15), sie (fortlaufend) über die Einhaltung der gesetzlichen Vorschriften genau zu unterrichten (je geringer deren Kenntnisse sind, je größer ist die Unterrichtungspflicht), ihnen klarzumachen, für welchen Teil des Betriebsablaufes sie verantwortlich sind, ihnen genügend Zeit für eine gewissenhafte Beachtung dieser Vorschriften zu lassen (Erbs/Kohlhaas/Meyer 3 c, bb), sie und den Ablauf der Betriebsvorgänge regelmäßig (Stichproben; vgl. BGH **25**, 163; Oldenburg NdsRpfl. **67**, 209) zu kontrollieren, dafür zu sorgen, daß die Arbeitsgeräte und technischen Einrichtungen den gesetzlichen Vorschriften entsprechen oder so gestaltet sind, daß die gesetzlichen Vorschriften beachtet werden können ua (vgl. Demuth/Schneider BB **70**, 648; Brenner DRiZ **75**, 75). Die Aufsichtspflicht setzt nicht erst dann ein, wenn bei Stichproben Mißstände entdeckt worden sind, da diese gerade verhindert werden sollen (Stuttgart NJW **77**, 1410); sie setzt auch keine Aufklärung durch staatliche Stellen über das Ausmaß der Aufsichtspflicht voraus (Stuttgart aaO; Erbs/Kohlhaas/Meyer 3 b).

13   c) **Eine Pflicht zu gesteigerten Aufsichtsmaßnahmen** besteht dann, wenn in dem Betrieb bereits Unregelmäßigkeiten vorgekommen sind (vgl. Koblenz VRS **50**, 54; Brenner DRiZ **75**, 75; darauf hätte Frankfurt VRS **56**, 109 hinweisen sollen, vgl. Erbs/Kohlhaas/Meyer 3 e) oder damit wegen besonderer Umstände zu rechnen ist (zB bei der Beschäftigung unzuverlässiger oder wenig erprobter Personen; vgl. Hamm GewArch **73**, 121: Beschäftigung von Aufsichtspersonen, die sich als ungeeignet zur Verhinderung ordnungswidriger Zustände erwiesen haben); ebenso, wenn es sich um wichtige Vorschriften handelt und diese einem ständigen Wechsel unterworfen sind (Koblenz aaO); desgl. bei schwierigen Rechtsfragen (zB möglichen Kartellverstößen bei Preisempfehlungen; vgl. BGH **27**, 196, 202).

14   d) **In einem Organisationsmangel** kann die Aufsichtspflichtverletzung bestehen (vgl. Demuth/Schneider aaO; Hamm VRS **40**, 370; Bay. **76**, 44, 47; Stuttgart NJW **77**, 1410), der zB auch vorliegt, wenn die Verteilung der Verantwortung nicht ermittelt werden kann (Hamm JR **71**, 383 m. Anm. Göhler sowie ders. JR **73**, 29; zur Feststellung eines bestimmten Täters vgl. auch 20); ebenso, wenn die Verantwortung zu tief nach unten verlagert wird (vgl. BGH **27**, 196, 202).

15   e) **Die Oberaufsicht verbleibt dem Betriebsinhaber;** hat er Aufsichtspersonen bestellt, so befreit ihn dies nicht völlig von einer eigenen Beaufsichtigung (vgl. KG JR **72**, 121 m. Anm. Göhler; Düsseldorf VRS **39**, 447). Er ist danach trotz der Bestellung von Aufsichtspersonen verpflichtet, den Betrieb selbst zu beaufsichtigen, soweit die Verhältnisse es gestatten (BGH **25**, 158, 163; Hamm GewArch **74**, 190; Koblenz VRS **50**, 54; vgl. schon RG **24**, 295; Königsberg HRR **39** Nr. 481; vgl. auch Thiemann S. 269 ff.). Die Verantwortlichkeit des Inhabers bleibt trotz Bestellung von Beauftragten bestehen (vgl. 36 ff. zu § 9). Über die Verantwortlichkeit bei einer aufgeteilten Geschäftsführung vgl. 15 zu § 9 sowie Göhler JR **73**, 29.

15 a   f) **Daueraufsichtspflichtverletzung:** Werden auf Grund der Aufsichtspflichtverletzung in einem gewissen zeitlichen Zusammenhang mehrere Zuwiderhandlungen gegen dieselbe Vorschrift begangen, so wird für die einheitliche Aufsichtspflichtverletzung nur eine Geldbuße festgesetzt (BGH 22. 1. 1976, KRB 1/75; Karlsruhe GewArch **76**, 161, VRS **55**, 442; Stuttgart, Die Justiz **79**, 389); es liegt dann keine fortgesetzte fahrlässige

Aufsichtspflichtverletzung vor, sondern ein dauernd unachtsames Gesamtverhalten, auf dem die einzelnen Pflichtverletzungen beruhen (Hamburg VRS **49**, 257; Karlsruhe GewArch **76**, 161; RG **59**, 54). Allerdings werden dann, wenn sich die Aufsichtspflichtverletzung auf Zuwiderhandlungen gegen unterschiedliche, voneinander unabhängige Pflichten bezieht, in der Regel auch mehrere Handlungen nach § 130 vorliegen (Karlsruhe VRS **55**, 442); doch ist dies eine Tatfrage.

16 B. **Vorsätzlich oder fahrlässig** (vgl. 2 ff., 6 ff. zu § 10) muß die Aufsichtspflicht verletzt sein. Diese subjektiven Merkmale müssen sich aber nur auf die Vernachlässigung der Aufsichtsmaßnahmen beziehen. Der Täter braucht also nicht vorauszusehen oder vorauszusehen zu können, daß als Folge der Aufsicht eine bestimmte Zuwiderhandlung (vgl. 17) begangen werden wird (Köln GewArch **74**, 143). Der Täter kann sich bei dem Vorwurf einer fahrlässigen Aufsichtspflichtverletzung nicht darauf berufen, daß er von staatlichen Stellen über das Ausmaß der notwendigen Aufsichtsmaßnahmen nicht aufgeklärt worden sei (Stuttgart NJW **77**, 1410; Erbs/Kohlhaas/Meyer 3 b).

17 6) **Eine Zuwiderhandlung gegen Pflichten,** die den Inhaber als solchen treffen und deren Verletzung mit Strafe oder Geldbuße bedroht ist, wird nur als Bedingung der Ahndung (17 zu § 11) vorausgesetzt. Auf sie braucht sich also der Vorsatz oder die Fahrlässigkeit nicht zu erstrecken; notwendig ist nur ein Kausalzusammenhang zwischen der Aufsichtspflichtverletzung und der Zuwiderhandlung (BGH 22. 1. 1976, KRB 1/75; Hamm VRS **40**, 129; Karlsruhe GewArch **76**, 161; Köln GewArch **74**, 143; Erbs/Kohlhaas/Meyer 4; Thiemann S. 73 ff.; vgl. 22). Das folgt daraus, daß die Vorschrift das Begehen der Zuwiderhandlung nicht neben dem Tatbestandsmerkmal der Aufsichtspflichtverletzung aufführt, sondern in einem Bedingungssatz nennt, der weiterhin voraussetzt, daß die Zuwiderhandlung durch gehörige Aufsicht hätte verhindert werden können.

18 A. **Eine „betriebsbezogene Pflicht"** muß verletzt sein, die also den Betriebsinhaber in dieser Eigenschaft trifft (vgl. 18 ff. zu § 30); eine betriebsbezogene Pflicht, die den Inhaber als solchen trifft, kann sich auch aus den Tatbeständen des StGB ergeben (zB den §§ 222, 230, 266 StGB; aM Schünemann aaO S. 113 f., 121 f.), auch wenn dies selten sein wird (zu eng auch Rebmann/Roth/Herrmann 7). Gleichgültig ist, an welchem Ort die Pflicht verletzt ist, wenn es sich nur um eine solche handelt, die im Zusammenhang mit der Führung des Betriebes oder Unternehmens besteht (Erbs/Kohlhaas/Meyer 5 b, bb; Rebmann/Roth/Herrmann 4; Demuth/Schneider BB **70**, 647); gleichgültig ist auch, ob die Pflicht durch die Haupttätigkeit oder ein Hilfsgeschäft des Unternehmens veranlaßt ist (Brenner DRiZ **75**, 72). Der Begriff „Pflicht" ist in dem weiteren Sinne zu verstehen, daß hierzu auch Verbote gehören, die dem Betriebsinhaber gelten (21 zu § 30), so zB das Verbot der Einfuhr von Waren entgegen der Einfuhrliste (§ 33 I Nr. 1 AWG).

19 B. **Kein Betriebsangehöriger** braucht derjenige zu sein, der Pflichten zuwiderhandelt. Ausreichend ist, daß jemand in Wahrnehmung der Angelegenheiten des Betriebes (nicht notwendig: im räumlichen Bereich des

Betriebes; vgl. 18 sowie Rotberg 11) eine dem Inhaber obliegende Pflicht verletzt. Der Handelnde kann danach auch eine Person sein, die nur vorübergehend im Rahmen des Betriebes mit Aufgaben betraut ist (zB als Sachverständiger) oder sogar ohne Auftragsverhältnis tätig wird. Die Verantwortlichkeit des Inhabers und der ihm gleichgestellten Personen ist also sachbezogen, nicht aber auf bestimmte Personen erstreckt (Köln GewArch **74**, 143). Bei der Zuwiderhandlung einer betriebsfremden Person wird es jedoch fraglich sein, ob die Möglichkeit der Aufsicht überhaupt bestanden hat (Erbs/Kohlhaas/Meyer 3 b; Demuth/Schneider BB **70**, 648).

20   C. **Die Feststellung eines bestimmten Täters,** der die Zuwiderhandlung begangen hat, ist nicht notwendig, so zB bei einem Organisationsmangel, infolge dessen nicht festgestellt werden kann, welcher Betriebsangehörige eigentlich für die Erfüllung eines bestimmten Gebotes verantwortlich gewesen ist (Erbs/Kohlhaas/Meyer 5 b, cc; Demuth/Schneider BB **70**, 648; Schünemann aaO S. 115, 122–124, der allerdings auf die gleichwohl auftretenden Beweisschwierigkeiten hinweist). Es kann nicht darauf ankommen, wer der betriebsbezogenen Pflicht zuwidergehandelt hat, wenn feststeht, daß sie der Betriebsinhaber bei gehöriger Aufsicht hätte verhindern können (zust. Rebmann/Roth/Herrmann 9). Die Verantwortlichkeit des Betriebsinhabers ist durch das Merkmal der Aufsichtspflichtverletzung und das Erfordernis der Ursächlichkeit zwischen dieser Pflichtverletzung und der begangenen Zuwiderhandlung angemessen begrenzt (vgl. Begr. zu § 25 EOWiG).

21   D. **Keine Straftat oder Ordnungswidrigkeit** (vgl. § 1 I) braucht die im Betrieb begangene Zuwiderhandlung zu sein. Vorausgesetzt ist nur, daß die Verletzung der Pflicht, die den Betriebsinhaber trifft, mit Strafe oder Geldbuße bedroht ist. Auf diese Weise werden auch die Fälle erfaßt, in denen jemand im Betrieb handelt, der nicht selbst Normadressat der Straf- oder Bußgeldvorschrift ist, weil sie nur dem Betriebsinhaber gilt und der Handelnde kein selbständiger Vertreter iS von § 14 StGB oder § 9 ist (Begr. zu § 25 EOWiG); für die Zuwiderhandlung wird danach die Eigenschaft des Handelnden als Normadressat gleichsam fingiert (Erbs/Kohlhaas/Meyer 5a; Demuth/Schneider BB **70**, 647; krit. Schünemann aaO S. 116). Es kommt auch nicht darauf an, ob der Pflichtverletzer selbst vorwerfbar handelt; denn die Beschreibung, daß eine Zuwiderhandlung gegen Pflichten begangen ist, die mit Strafe oder Geldbuße bedroht ist (eine ,,solche" Zuwiderhandlung), bezieht sich nur auf den äußeren Geschehensablauf. Die Pflichtverletzung muß jedoch rechtswidrig (vgl. 20 ff. vor § 1) sein, weil nur dann eine ,,Zuwiderhandlung" vorliegt (vgl. Begr. zu § 25 EOWiG; Erbs/Kohlhaas/Meyer 5a; Rotberg 17). Ist die Zuwiderhandlung nur bei vorsätzlicher Begehung mit Strafe oder Geldbuße bedroht, so muß jedoch der Zuwiderhandelnde zumindest mit natürlichem Vorsatz gehandelt haben (Erbs/Kohlhaas/Meyer 5a; Demuth/Schneider BB **70**, 647; Brenner DRiZ **75**, 72; Rotberg 10; vgl. 11 zu § 122; aM Rebmann/Roth/Herrmann 11, die auch in diesem Falle fahrlässiges Handeln für ausreichend halten). Ist die Zuwiderhandlung lediglich versucht worden, so greift die Vorschrift nur ein, wenn auch

der Versuch mit Strafe oder Geldbuße bedroht ist (Erbs/Kohlhaas/Meyer 5a; Rotberg 10; Demuth/Schneider aaO). Die Frage, ob das Verhalten von mehreren Personen, die nicht als Beteiligte iS von § 14 handeln, in ihrer Addition eine Zuwiderhandlung ergeben kann, ist zu verneinen (Schünemann aaO S. 115 ff.).

22 E. **Die Ursächlichkeit zwischen der Zuwiderhandlung und der Aufsichtspflichtverletzung** ist zu bejahen, wenn die Zuwiderhandlung bei „gehöriger" Aufsicht, dh bei Erfüllung der erforderlichen und zumutbaren Aufsichtsmaßnahmen, hätte verhindert werden können (Köln GewArch **74**, 143). Läßt sich dieser hypothetische Kausalverlauf nicht mit hinreichender Sicherheit (mit an Sicherheit grenzender Wahrscheinlichkeit) feststellen, so entfällt eine Ahndung (BGH 22. 1. 1976, KRB 1/75; Karlsruhe GewArch **76**, 161, VRS **53**, 442; Brenner DRiZ **75**, 74; Rebmann/Roth/Herrmann 21; Rotberg 12; Demuth/Schneider BB **70**, 648; Thiemann S. 90 ff.). Ob jeder Kausalverlauf ausreicht, bei dem die Zuwiderhandlung verhindert worden wäre (so Rotberg 12), oder ob es auf einen Schutzzweckzusammenhang zwischen Aufsichtspflichtverletzung und Zuwiderhandlung ankommt (so Schünemann aaO S. 119), erscheint zw. Diese Frage spielt insbesondere bei der Verletzung der Pflicht zur sorgfältigen Auswahl von Aufsichtspersonen uä eine Rolle, weil der Auswahlfehler bei einer reinen Kausalität in keinem Zusammenhang mit der Zuwiderhandlung zu stehen braucht (Rotberg 12; aM Demuth/Schneider BB **70**, 649), während es bei der Überwachung darauf ankommt, ob sie gerade auf dem Gebiet unterlassen worden ist, auf dem die Zuwiderhandlung begangen worden ist (Rotberg 12). Um den Anwendungsbereich des § 130 OWiG sinnvoll zu begrenzen, kann es angemessen sein, in allen Fällen einen Schutzzweckzusammenhang zu verlangen; zumindest erscheint es angebracht, beim Fehlen eines solchen Zusammenhanges von einer Verfolgung nach § 47 abzusehen. *De lege ferenda* soll die Feststellung ausreichend sein, daß die Zuwiderhandlung durch gehörige Aufsicht wesentlich erschwert (vgl. hierzu schon *de lege lata* Stuttgart NJW **77**, 1410; Erbs/Kohlhaas/Meyer 5 c) worden wäre (vgl. § 130 OWiG idF des Art. 2 EWiKG 2). Dadurch soll der Tatbestand funktionsgerechter und praktikabler gestaltet werden.

23 **7) Bei öffentlichen Unternehmen** sind I und II anwendbar (III). Das öffentliche Unternehmen (die „öffentliche Unternehmung") ist eine Organisationsform der öffentlichen Verwaltung, in der sie am Wirtschaftsleben als Erzeuger oder Verteiler von Bedarfsgütern aktiv teilnimmt. Ob das öffentliche Unternehmen in der Form des Eigenbetriebes (also zB unmittelbar durch die Gemeinde) ohne eigene Rechtspersönlichkeit (vgl. zB §§ 93 ff. GONW sowie EigenbetriebsVO v. 22. 12. 1953 – GVNW 435/SGVNW 641), als rechtsfähige öffentliche Anstalt oder als rechtsfähige Gesellschaft des Privatrechts (hinter denen der Verwaltungsträger steht) betrieben wird, darauf kommt es nicht an (Erbs/Kohlhaas/Meyer 6). Entscheidend ist, ob das Unternehmen von der öffentlichen Verwaltung getragen wird (Forsthoff S. 515 ff.). Bei einem Eigenbetrieb ist Inhaber des Unternehmens die Verwaltung, so daß die Aufsichtspflicht in erster Linie den Leiter der Verwaltung trifft (ebenso Rebmann/Roth/Herrmann

32). Bei einem öffentlichen Unternehmen, das in der Rechtsform einer Anstalt des öR oder einer Gesellschaft des Privatrechts betrieben wird, ist Inhaber des Unternehmens die Anstalt oder Gesellschaft; die Verantwortlichkeit trifft danach in diesen Fällen in erster Linie die gesetzlichen Vertreter, Organe oder Gesellschafter der Anstalt oder Gesellschaft. In der Praxis wird die Verantwortlichkeit in allen genannten Fällen meist auf Personen iS von II Nr. 3 delegiert sein, so bei Eigenbetrieben auf eine Werksleitung, der ausreichende Selbständigkeit der Entscheidung einzuräumen ist (vgl. zB § 94 I S. 1 GONW; Wolff/Bachof II § 98 II d 2).

24 **8) Bei Stellen mit öffentlichen Verwaltungsaufgaben** (vgl. auch 45 zu § 9), die kein öffentliches Unternehmen sind (vgl. 23), gilt § 130 nicht (Erbs/Kohlhaas/Meyer 6). Treffen eine solche Stelle im Rahmen ihrer Aufgaben besondere Pflichten (zB als Arbeitgeber, als Kfz-Halter, als Betreiber einer Anlage uä.), so kann die Verletzung der Aufsichtspflicht durch den Leiter der Stelle oder besonders beauftragte Personen iS von II Nr. 3 nicht mit Geldbuße geahndet werden. Das OWiG geht davon aus, daß hier Disziplinarmaßnahmen sowie sonstige Überwachungs- und Kontrollmaßnahmen ausreichen (vgl. Begr. zu § 25 EOWiG).

25 **9) Als ein Auffangtatbestand** ist die Vorschrift im Grundansatz anzusehen.

26 A. **Eine Lücke schließt die Vorschrift.** Sie greift in den Fällen ein, in denen die Handlung des Aufsichtspflichtigen nicht bereits als Beteiligung an der Zuwiderhandlung oder fahrlässige Nebentäterschaft (4 zu § 14) angesehen werden kann (grundlegend: KG JR *72*, 121 m. Anm. Göhler; vgl. auch Karlsruhe GewArch *76*, 161; Schleswig bei Ernesti/Jürgensen SchHA *78*, 190; Stuttgart, Die Justiz *79*, 389; Demuth/Schneider BB *70*, 649; Brenner DRiZ *75*, 72; Thiemann S. 59; Erbs/Kohlhaas/Meyer 1b; vgl. auch näher 15, 28, 38 ff. zu § 9; grundlegend über das Zusammenspiel der §§ 9, 30, 130: Göhler JR *73*, 29; vgl. ferner eingehend Schünemann aaO S. 111 ff.).

27 B. **Eigene Zuwiderhandlung des Aufsichtspflichtigen** im Verhältnis zu § 130: Diese Vorschrift geht insoweit über spezielle Bußgeldtatbestände hinaus, als sie auch in den Fällen eingreift, in denen für die *eigene* Pflichtverletzung des Betriebsinhabers eine qualifizierte Schuldform (Vorsatz, Leichtfertigkeit) vorausgesetzt wird (vgl. 1; krit. hierzu Schünemann aaO S. 117 f.). Bezieht sich die Fahrlässigkeit nicht nur auf die Aufsichtspflichtverletzung, sondern auch auf die konkrete Zuwiderhandlung und ist schon die fahrlässige Begehung der Zuwiderhandlung mit Geldbuße bedroht, so wird die Verfolgung der Handlung des Aufsichtspflichtigen jedoch auf die fahrlässige Zuwiderhandlung zu beschränken sein; für die Aufsichtspflichtverletzung gilt dann ein geringerer Bußgeldrahmen als für die fahrlässige Nebentäterschaft (vgl. 10; Demuth/Schneider BB *70*, 649; Rebmann/Roth/Herrmann 28). Verwirklicht der Aufsichtspflichtige als fahrlässiger Nebentäter einen Straftatbestand, so verdrängt die Straftat den Tatbestand der Aufsichtspflichtverletzung (§ 21), selbst wenn der Straftatbestand nur fahrlässig, jedoch die Aufsichtsverletzung vorsätzlich begangen worden ist (Erbs/Kohlhaas/Meyer 8a).

28 10) **Der Höchstbetrag der Geldbuße** ist, wenn die Zuwiderhandlung mit Strafe bedroht ist, in IV S. 1 zwar einheitlich auf 100 000 DM festgesetzt; doch ist dem beweglichen Bußgeldrahmen nach IV S. 2 zu entnehmen, daß sich die Höhe der Geldbuße wegen der Aufsichtspflichtverletzung im Einzelfalle nach der Schwere der im Betrieb begangenen Zuwiderhandlung orientieren soll (vgl. auch 36 zu § 30). Ist die mit Geldbuße bedrohte Pflichtverletzung nur fahrlässig begangen, so ist vom Höchstmaß auszugehen, das für Fahrlässigkeitstaten gilt (vgl. § 17 II). Es ermäßigt sich dann nach § 17 II nochmals um die Hälfte, wenn auch die Aufsichtspflichtverletzung nur fahrlässig begangen ist (KG JR **72**, 121 m. Anm. Göhler; Koblenz VRS **50**, 54; Erbs/Kohlhaas/Meyer 7; Brenner DRiZ **75**, 75; Demuth/Schneider BB **70**, 649). Eine fahrlässige Aufsichtspflichtverletzung kann bei einer mit Strafe bedrohten Pflichtverletzung nur mit einer Geldbuße bis zu 50 000 DM geahndet werden. Bei der Bemessung der Geldbuße kommt es auf die Bedeutung der Zuwiderhandlung an (vgl. 9 ff.).

29 11) **Über Antrag und Ermächtigung** zur Verfolgung vgl. 5 zu § 131.

30 12) **Über die Verjährungsfrist** vgl. § 31 II (dort 6) sowie 18 zu § 122; das dort Gesagte gilt hier entsprechend. Gilt für die Zuwiderhandlung eine längere Verjährungsfrist (zB nach § 384 AO 1977, Anh **A 10**), so erstreckt sich diese auch auf die Aufsichtspflichtverletzung (Brenner DRiZ **75**, 76; Erbs/Kohlhaas/Meyer 9; 6 zu § 131); ebenso wirken die gegen den Betriebsinhaber und ihm gleichgestellten Personen vorgenommenen Unterbrechungshandlungen wegen der Zuwiderhandlung jeweils gegen sie zugleich unter dem Gesichtspunkt der Aufsichtspflichtverletzung (Brenner aaO; Erbs/Kohlhaas/Meyer 9; vgl. 31).

31 13) **Verfahrensrechtlich** dieselbe Tat (50 ff. vor § 59) ist die Aufsichtspflichtverletzung und eine etwaige Beteiligung oder fahrlässige Nebentäterschaft an einer im Betrieb begangenen Ordnungswidrigkeit. Die Bußgeldentscheidung (2 ff. vor § 89) über die Tat als Aufsichtspflichtverletzung schließt also eine spätere Festsetzung der Geldbuße wegen der Beteiligung an der Zuwiderhandlung oder wegen fahrlässiger Nebentäterschaft aus und umgekehrt (ebenso Rebmann/Roth/Herrmann 36). Ist die Zuwiderhandlung eine Straftat, so liegt ein sachlicher Zusammenhang zwischen Straftat und Aufsichtspflichtverletzung vor. Es empfiehlt sich in diesen Fällen, die Sache dann einheitlich an die StA abzugeben, damit sie prüfen kann, ob sie auch die Verfolgung der Aufsichtspflichtverletzung übernimmt (§ 42 I; vgl. auch § 53 I S. 3). Besondere Verfahrensvorschriften, die für die Verfolgung der Zuwiderhandlung gelten, sind auch im Falle des § 130 anzuwenden (vgl. 6 ff. zu § 131).

Fünfter Abschnitt. Gemeinsame Vorschriften

131 [I] **Verwaltungsbehörde im Sinne des § 36 Abs. 1 Nr. 1 ist**
1. bei Ordnungswidrigkeiten nach § 112, soweit es sich um Verstöße gegen Anordnungen

a) des Bundestages oder seines Präsidenten handelt, der Direktor
   beim Deutschen Bundestag,

b) des Bundesrates oder seines Präsidenten handelt, der Direktor des
   Bundesrates,

2. bei Ordnungswidrigkeiten nach § 114 die Wehrbereichsverwaltung,

3. bei Ordnungswidrigkeiten nach § 124, soweit es sich um ein Wappen
   oder eine Dienstflagge des Bundes handelt, der Bundesminister des
   Innern,

4. bei Ordnungswidrigkeiten nach den §§ 127 und 128, soweit es sich
   um

   a) Wertpapiere des Bundes oder seiner Sondervermögen handelt, die
      Bundesschuldenverwaltung,

   b) Geld oder Papier zur Herstellung von Geld handelt, die Deutsche
      Bundesbank,

   c) amtliche Wertzeichen handelt, der Bundesminister, zu dessen Geschäftsbereich die Herstellung oder Ausgabe der Wertzeichen
      gehört.

Satz 1 Nr. 4 Buchstaben a und c gilt auch bei Ordnungswidrigkeiten,
die sich auf entsprechende Wertpapiere oder Wertzeichen eines fremden Währungsgebietes beziehen. In den Fällen des Satzes 1 Nr. 3 und 4
Buchstabe c gilt § 36 Abs. 3 entsprechend.

^{II} In den Fällen der §§ 122 und 130 wird die Ordnungswidrigkeit nur
auf Antrag oder mit Ermächtigung verfolgt, wenn die im Rausch begangene Handlung oder die Pflichtverletzung nur auf Antrag oder mit
Ermächtigung verfolgt werden könnte.

^{III} Für die Verfolgung von Ordnungswidrigkeiten nach den §§ 116,
122 und 130 gelten auch die Verfahrensvorschriften entsprechend, die
bei der Verfolgung der Handlung, zu der aufgefordert worden ist, der
im Rausch begangenen Handlung oder der Pflichtverletzung anzuwenden sind oder im Falle des § 130 dann anzuwenden wären, wenn die
mit Strafe bedrohte Pflichtverletzung nur mit Geldbuße bedroht wäre.

– § 131 I S. 1 Nr. 2 gilt nicht im Land Berlin (§ 133) –

1   1) **Gemeinsame Vorschriften** für die Bußgeldtatbestände des 3. Teils
enthält § 131. In I sind Zuständigkeitsregelungen zusammengefaßt; II
und III berücksichtigen, daß die §§ 122, 130 lediglich Auffangtatbestände
sind.

2   **Zweck und Inhalt** der Regelung: Die §§ 122, 130 wollen den Schutz
gegen die Begehung solcher Zuwiderhandlungen nur verstärken. Deshalb sind die besonderen Vorschriften des sachlichen Rechts und des
Verfahrensrechts, die für die Verfolgung der Zuwiderhandlung gelten,
auch bei der Behandlung der Delikte nach den §§ 122, 130 anzuwenden.
Bei der Ordnungswidrigkeit nach § 116, die von der Begehung einer
Zuwiderhandlung unabhängig ist, sind nach III die Verfahrensvorschriften entsprechend anzuwenden, die bei der Handlung anzuwenden wären,
zu der aufgefordert wird (so über die zuständige VB, die Verjährung uä).

3   2) **Die sachliche Zuständigkeit** von VBen des Bundes bestimmt I S. 1
für die dort näher bezeichneten Ordnungswidrigkeiten (vgl. 2 zu § 36);

soweit in I S. 1 Nr. 3, 4 Buchst. c der BMI oder ein anderer Bundesminister für zuständig erklärt ist, besteht die Möglichkeit der Übertragung auf eine andere Behörde oder sonstige Stelle nach § 36 III (I S. 3, vgl. 14 zu § 124).

4   **Die nicht geregelten Fälle:** I geht davon aus, daß außer den hier genannten Fällen Bundesbehörden als zuständige VBen nicht in Betracht kommen; § 36 I Nr. 2b ist nicht einschlägig, weil die Bußgeldvorschriften des 3. Teils nicht ausgeführt, sondern auf einen Pflichtwidrigkeitstatbestand angewendet werden (vgl. 5 zu § 36). Deshalb greift § 36 I Nr. 2a, II zB auch in den Fällen ein, in denen die Handlung nach § 111 gegenüber einer Behörde des Bundes, einem Amtsträger des Bundes oder einem zuständigen Soldaten der Bundeswehr vorgenommen wird. Für die Verfolgung und Ahndung von Ordnungswidrigkeiten, die in I S. 1 nicht aufgeführt sind, sind also die fachlich zuständigen obersten Landesbehörden zuständig (ebenso Rebmann/Roth/Herrmann 1), soweit die Zuständigkeit nicht auf eine andere Behörde oder sonstige Stelle übertragen (§ 36 I Nr. 2a, II; vgl. zu den einzelnen Vorschriften, so zB 25 zu § 111, 16 zu § 113, 26 zu § 115) oder sonst durch Gesetz eine anderweitige Regelung getroffen ist (vgl. 7 zu § 112, 26 zu § 115).

5   **3) Abhängig von einem Antrag oder einer Ermächtigung** (II) ist die Verfolgung einer mit Geldbuße bedrohten Zuwiderhandlung nur ausnahmsweise (so zB vom Antrag der Landesrundfunkanstalt nach Art. 9 III des StaatsVtr v. 5. 12. 1974 über die Regelung des Rundfunkgebührenwesens, dem alle Länder zugestimmt haben, zB in Bayern Bek. v. 25. 4. 1975, GVBl. 77 u. 4. 11. 1975, GVBl 352; wN bei Göhler 677; ferner § 134 VII S. 2 GOSchlH, § 71 VII S. 2 KrOSchlH; im Bundesrecht sind keine Vorschriften bekannt). Ist die Pflichtverletzung im Falle des § 130 eine mit Strafe bedrohte Handlung, deren Verfolgung nur auf Antrag eintritt, so wird auch die Verletzung der Aufsichtspflicht nur auf diesen Antrag hin verfolgt. Unter Antrag (vgl. auch 32 vor § 59) ist die Erklärung des hierzu Befugten zu verstehen, daß die Verfolgung gewünscht wird. Der Antrag ist, wenn keine Frist bestimmt ist, spätestens innerhalb von 3 Monaten (vgl. § 77b I StGB; § 134 VII S. 2 GOSchlH; Rebmann/Roth/Herrmann 15) bei der VB oder Polizei (vgl. 31 vor § 59) schriftlich – bei der VB auch zu Protokoll (vgl. § 158 II StPO iVm § 46 I; 31 vor § 59) – zu stellen. Die Rücknahme des Antrages ist stets möglich (ebenso Rebmann/Roth/Herrmann 19; vgl. § 77d I StGB, der nach § 134 VII S. 2 GOSchlH entsprechend anzuwenden ist). Über die Beschränkbarkeit des Antrages vgl. 32 vor § 59. Das Fehlen des Antrages oder der Ermächtigung ist ein Verfolgungshindernis (vgl. 6 zu § 27; 37 ff. vor § 59).

6   **4) Zu den besonderen Vorschriften für die Verfolgung** von Zuwiderhandlungen (III) rechnen namentlich die Vorschriften über die Zuständigkeit der VB, da sie eine von § 36 abweichende Regelung enthalten (vgl. näher 2, 7 ff. zu § 36). Zu den Verfahrensvorschriften für die Verfolgung rechnen auch die über die Verjährung (vgl. 18 zu § 122; 30 zu § 130).

7   **a) Im Bundesrecht** sind besondere Vorschriften über die Verfolgung –

abgesehen von den unter 6 genannten Fällen – zB enthalten in § 82 GWB (Anh **A 14**), §§ 42, 43 IV, V AWG (Anh **A 13**), §§ 409 ff. AO 1977 (Anh **A 10**) – auch iVm anderen Gesetzen, so zB § 132 BranntwMonG, § 44 ZündwMonG –, § 33 MOG.

8   b) **Das Landesrecht** enthält besondere Vorschriften (7) zB in Art. 23 BayFoStG.

9   **5) Aufsichtspflichtverletzung:** Ist die Zuwiderhandlung im Falle des § 130 mit Strafe bedroht, so ist die Frage, welche Vorschriften gelten würden, an Hand des hypothetischen Falles, daß die Zuwiderhandlung mit Geldbuße bedroht wäre, zu prüfen. Es kommt hier darauf an, ob zwischen den Strafvorschriften und den Bußgeldvorschriften, für die eine besondere Verfahrensregelung gilt, ein Sachzusammenhang besteht. Er wird namentlich zu bejahen sein, wenn ein strafrechtliches Nebengesetz sowohl Straf- als auch Bußgeldvorschriften enthält und beide das gleiche Rechtsgut schützen. In diesem Falle kann unterstellt werden, daß für die Zuwiderhandlung, wäre sie nicht mit Strafe, sondern mit Geldbuße bedroht, die besonderen verfahrensrechtlichen Bußgeldvorschriften des betreffenden Nebengesetzes gelten würden, und zwar auch die über die Zuständigkeit der VB (ebenso Rebmann/Roth/Herrmann 23). Ist die Zuwiderhandlung im Falle des § 130 mit Strafe bedroht und läßt sich eine VB auf Grund von III nicht eindeutig ermitteln, weil verwandte Bußgeldvorschriften fehlen (zB bei Vorschriften des StGB, vgl. 20 zu § 30), so wird die StA, der die Sache wegen des Verdachts einer Straftat ohnehin vorzulegen ist (§ 53 I S. 3), die Verfolgung der Aufsichtspflichtverletzung zu übernehmen haben; denn andernfalls könnte die Aufsichtspflichtverletzung überhaupt nicht verfolgt werden (Erbs/Kohlhaas/Meyer 3; Rebmann/Roth/Herrmann 23).

Vierter Teil. Schlußvorschriften

Einschränkung von Grundrechten

132 Die Grundrechte der körperlichen Unversehrtheit (Artikel 2 Abs. 2 Satz 1 des Grundgesetzes), der Freiheit der Person (Artikel 2 Abs. 2 Satz 2 des Grundgesetzes) und der Unverletzlichkeit der Wohnung (Artikel 13 des Grundgesetzes) werden nach Maßgabe dieses Gesetzes eingeschränkt.

1   1) **Die Grundrechte,** die das OWiG einschränkt, sind in § 110 aufgeführt (vgl. Art. 19 I S. 2 GG). Das Grundrecht der körperlichen Unversehrtheit (Art. 2 II S. 1 GG) wird durch § 81 a I S. 2 StPO iVm § 46 I, IV, das Grundrecht der Freiheit der Person (Art. 2 II S. 2 GG) durch § 46 V, § 48 II, § 74 II, §§ 96–98 sowie die §§ 163 b, 163 c StPO iVm § 46 I und das Grundrecht der Unverletzlichkeit der Wohnung (Art. 13 GG) durch die §§ 102 ff. StPO iVm § 46 I eingeschränkt.

Sonderregelung für Berlin

133 Die §§ 114 und 131 Abs. 1 Satz 1 Nr. 2 sind im Land Berlin nicht anzuwenden.

Berlin-Klausel

134 Dieses Gesetz gilt nach Maßgabe des § 13 Abs. 1 des Dritten Überleitungsgesetzes vom 4. Januar 1952 (Bundesgesetzbl. I S. 1) auch im Land Berlin. Rechtsverordnungen, die auf Grund dieses Gesetzes erlassen werden, gelten im Land Berlin nach § 14 des Dritten Überleitungsgesetzes.

1   1) **In Kraft gesetzt** ist das OWiG für Berlin durch G v. 16. 7. 1968 (GVBl. 1334); wegen der Neubekanntmachung vgl. GVBl. Berlin 1975, 361, 872.

Inkrafttreten

135 Das Gesetz tritt am 1. Oktober 1968 in Kraft. § 68 Abs. 3 tritt am Tage nach der Verkündung in Kraft.

1   1) **Nur das Inkrafttreten** ist im OWiG selbst geregelt. Über das Außerkrafttreten des bisherigen OWiG vgl. Art. 150 I EGOWiG.

Anhang

A. Ergänzende Vorschriften des Bundesrechts

A 1. Einführungsgesetz zum Strafgesetzbuch (EGStGB)

Vom 2. März 1974 (BGBl. I 469, 1975 I 1916, 1976 I 507; III 450–16), letztes ÄndG vom 22. Dezember 1977 (BGBl. I 3104)

(Auszug)

Art. 6 Mindest- und Höchstmaß von Ordnungs- und Zwangsmitteln

^I Droht das Bundesgesetz Ordnungsgeld oder Zwangsgeld an, ohne dessen Mindest- oder Höchstmaß zu bestimmen, so beträgt das Mindestmaß fünf, das Höchstmaß tausend Deutsche Mark. Droht das Landesgesetz Ordnungsgeld an, so gilt Satz 1 entsprechend.

^{II} Droht das Gesetz Ordnungshaft an, ohne das Mindest- oder Höchstmaß zu bestimmen, so beträgt das Mindestmaß einen Tag, das Höchstmaß sechs Wochen. Die Ordnungshaft wird in diesem Fall nach Tagen bemessen.

Art. 7 Zahlungserleichterungen bei Ordnungsgeld

^I Ist dem Betroffenen nach seinen wirtschaftlichen Verhältnissen nicht zuzumuten, das Ordnungsgeld sofort zu zahlen, so wird ihm eine Zahlungsfrist bewilligt oder gestattet, das Ordnungsgeld in bestimmten Teilbeträgen zu zahlen. Dabei kann angeordnet werden, daß die Vergünstigung, das Ordnungsgeld in bestimmten Teilbeträgen zu zahlen, entfällt, wenn der Betroffene einen Teilbetrag nicht rechtzeitig zahlt.

^{II} Nach Festsetzung des Ordnungsgeldes entscheidet über die Bewilligung von Zahlungserleichterungen nach Absatz 1 die Stelle, der die Vollstreckung des Ordnungsgeldes obliegt. Sie kann eine Entscheidung über Zahlungserleichterungen nachträglich ändern oder aufheben. Dabei darf sie von einer vorausgegangenen Entscheidung zum Nachteil des Betroffenen nur auf Grund neuer Tatsachen oder Beweismittel abweichen.

^{III} Entfällt die Vergünstigung nach Absatz 1 Satz 2, das Ordnungsgeld in bestimmten Teilbeträgen zu zahlen, so wird dies in den Akten vermerkt. Dem Betroffenen kann erneut eine Zahlungserleichterung bewilligt werden.

^{IV} Über Einwendungen gegen Anordnungen nach den Absätze 2 und 3 entscheidet die Stelle, die das Ordnungsgeld festgesetzt hat, wenn einer anderen Stelle die Vollstreckung obliegt.

Art. 8 Nachträgliche Entscheidungen über die Ordnungshaft

^I Kann das Ordnungsgeld nicht beigetrieben werden und ist die Festsetzung der für diesen Fall vorgesehenen Ordnungshaft unterblieben, so wandelt das

Gericht das Ordnungsgeld nachträglich in Ordnungshaft um. Das Gericht entscheidet nach Anhörung der Beteiligten durch Beschluß.

II Das Gericht ordnet an, daß die Vollstreckung der Ordnungshaft, die an Stelle eines uneinbringlichen Ordnungsgeldes festgesetzt worden ist, unterbleibt, wenn die Vollstreckung für den Betroffenen eine unbillige Härte wäre.

Art. 9 Verjährung von Ordnungsmitteln

I Die Verjährung schließt die Festsetzung von Ordnungsgeld und Ordnungshaft aus. Die Verjährungsfrist beträgt, soweit das Gesetz nichts anderes bestimmt, zwei Jahre. Die Verjährung beginnt, sobald die Handlung beendet ist. Die Verjährung ruht, solange nach dem Gesetz das Verfahren zur Festsetzung des Ordnungsgeldes nicht begonnen oder nicht fortgesetzt werden kann.

II Die Verjährung schließt auch die Vollstreckung des Ordnungsgeldes und der Ordnungshaft aus. Die Verjährungsfrist beträgt zwei Jahre. Die Verjährung beginnt, sobald das Ordnungsmittel vollstreckbar ist. Die Verjährung ruht, solange

1. nach dem Gesetz die Vollstreckung nicht begonnen oder nicht fortgesetzt werden kann,
2. die Vollstreckung ausgesetzt ist oder
3. eine Zahlungserleichterung bewilligt ist.

Art. 13 Umwandlung von Übertretungen und leichten Vergehen in Ordnungswidrigkeiten

Soweit Vorschriften für einen bestimmten Tatbestand Geldstrafe oder Freiheitsstrafe mit einem niedrigeren Höchstmaß als sechs Monate, allein oder nebeneinander, androhen, sind die Vorschriften mit der Maßgabe anzuwenden, daß die Handlung als Ordnungswidrigkeit mit einer Geldbuße bis zu tausend Deutsche Mark und, soweit eine höhere Geldstrafe als tausend Deutsche Mark angedroht ist, mit einer Geldbuße bis zu zehntausend Deutsche Mark geahndet werden kann.

Art. 297 Verbot der Prostitution

I Die Landesregierung kann zum Schutze der Jugend oder des öffentlichen Anstandes

1. für das ganze Gebiet einer Gemeinde bis zu fünfzigtausend Einwohnern,
2. für Teile des Gebiets einer Gemeinde über zwanzigtausend Einwohnern oder eines gemeindefreien Gebiets,
3. unabhängig von der Zahl der Einwohner für öffentliche Straßen, Wege, Plätze, Anlagen und für sonstige Orte, die von dort aus eingesehen werden können, im ganzen Gebiet oder in Teilen des Gebiets einer Gemeinde oder eines gemeindefreien Gebiets

durch Rechtsverordnung verbieten, der Prostitution nachzugehen. Sie kann das Verbot nach Satz 1 Nr. 3 auch auf bestimmte Tageszeiten beschränken.

II Die Landesregierung kann diese Ermächtigung durch Rechtsverordnung auf eine oberste Landesbehörde oder höhere Verwaltungsbehörde übertragen.

Art. 309 Verfolgungs- und Vollstreckungsverjährung

I Die Vorschriften des neuen Rechts über die Verfolgungs- und Vollstreckungsverjährung (§§ 78 bis 79b des Strafgesetzbuches, §§ 31 bis 34 des Gesetzes über Ordnungswidrigkeiten) gelten auch für Taten, die vor dem 1. Januar 1975 begangen worden sind, soweit die Absätze 2 bis 4 nichts anderes bestimmen.

II Für Unterbrechungshandlungen, die vor dem 1. Januar 1975 vorgenommen sind, gilt das bisherige Recht.

III Soweit die Verjährungsfristen des bisherigen Rechts kürzer sind als die des neuen Rechts, gelten die des bisherigen Rechts.

IV Ist die Verjährung der Verfolgung oder der Vollstreckung vor dem 1. Januar 1975 unterbrochen worden, so verjährt die Verfolgung oder Vollstreckung, abweichend von § 78c Abs. 3 Satz 2, § 79 des Strafgesetzbuches, § 33 Abs. 3 Satz 2, § 34 des Gesetzes über Ordnungswidrigkeiten, frühestens mit dem Ablauf der von der letzten Unterbrechungshandlung an zu berechnenden Verjährungsfrist.

V *nicht abgedruckt.*

Art. 317 Überleitung des Verfahrens wegen Ordnungswidrigkeiten nach neuem Recht

I Die bei Inkrafttreten des neuen Rechts schwebenden Verfahren wegen einer Zuwiderhandlung, die nach neuem Recht nur noch mit Geldbuße bedroht ist, werden in der Lage, in der sie sich befinden, nach den Vorschriften des Gesetzes über Ordnungswidrigkeiten fortgesetzt, soweit nichts anderes bestimmt ist. Hat das Gericht wegen einer solchen Zuwiderhandlung bereits das Hauptverfahren eröffnet oder einen Strafbefehl oder eine Strafverfügung erlassen, so bleibt die Staatsanwaltschaft für die Verfolgung auch im Bußgeldverfahren zuständig. § 72 des Gesetzes über Ordnungswidrigkeiten ist in diesem Falle nicht anzuwenden.

II Die §§ 79, 80 des Gesetzes über Ordnungswidrigkeiten gelten nicht, wenn das Urteil vor Inkrafttreten des neuen Rechts wegen einer Zuwiderhandlung ergangen ist, die nach neuem Recht nur noch mit Geldbuße bedroht ist; in diesen Fällen gelten die §§ 313 und 334 der Strafprozeßordnung in der bisherigen Fassung fort. Ist das Revisionsgericht der Auffassung, daß ein solches Urteil allein wegen des neuen Rechts dem Gesetz nicht entspricht, so berichtigt es den Schuldspruch und wandelt eine Verurteilung zu einer Geldstrafe in eine solche zu einer entsprechenden Geldbuße um. Das Revisionsgericht kann auch in einem Beschluß nach § 349 Abs. 2 der Strafprozeßordnung so verfahren, wenn es die Revision im übrigen einstimmig für offensichtlich unbegründet erachtet. Hebt das Revisionsgericht das angefochtene Urteil auf, so kann es abweichend von § 354 Abs. 2 der Strafprozeßordnung die Sache an das Gericht, dessen Urteil aufgehoben wird, zurückverweisen.

Art. 320 Wirtschaftsverkehr mit den Währungsgebieten der Mark der Deutschen Demokratischen Republik

I Soweit Zuwiderhandlungen gegen Vorschriften über den Wirtschaftsverkehr mit den Währungsgebieten der Mark der Deutschen Demokratischen Republik (DDR) Ordnungswidrigkeiten sind, können sie mit einer Geldbuße bis zu fünfzigtausend Deutsche Mark geahndet werden.

II Bei der Einziehung von Gegenständen wegen einer Zuwiderhandlung gegen Vorschriften über den Wirtschaftsverkehr mit den Währungsgebieten der Mark der DDR sind § 74a des Strafgesetzbuches und § 23 des Gesetzes über Ordnungswidrigkeiten anzuwenden.

III Artikel 5 Nr. 4 und 7 des Gesetzes Nr. 14 der Alliierten Hohen Kommission vom 25. September 1949 (Amtsblatt der Alliierten Hohen Kommission S. 59) ist nicht mehr anzuwenden.

IV Wegen einer Zuwiderhandlung gegen Vorschriften über den Wirtschaftsverkehr mit den Währungsgebieten der Mark der DDR sind auch die Vorschriften über das Berufsverbot, die Betriebsschließung und die öffentliche Bekanntmachung der Verurteilung nicht mehr anzuwenden

V Im Strafverfahren wegen einer Zuwiderhandlung gegen Vorschriften über den Wirtschaftsverkehr mit den Währungsgebieten der Mark der DDR gelten die §§ 49, 63 Abs. 1 bis 3 Satz 1 und § 76 Abs. 1, 4 des Gesetzes über Ordnungswidrigkeiten über die Beteiligung der Verwaltungsbehörde im Verfahren der Staatsanwaltschaft und im gerichtlichen Verfahren entsprechend. Die Vorschriften über die Nebenklage bei Straftaten im Wirtschaftsverkehr mit den Währungsgebieten der Mark der DDR sind nicht mehr anzuwenden.

A 2. Strafprozeßordnung (StPO)[1]

idF vom 7. Januar 1975 (BGBl. I 129, 650; III 312–2), letztes ÄndG vom
1. Februar 1979 (BGBl. I 127)

(Auszug)

Änderungen des Gesetzes[2]

Laufende Nr.	Änderndes Gesetz	Datum	BGBl. Teil I Seite	geänderte Paragraphen der StPO	Art d. Änderung
1.	Gesetz über das Zeugnisverweigerungsrecht der Mitarbeiter von Presse und Rundfunk	25. 7. 75	1973, 2164	53 I Nr. 5, 97 II, V, 98 I 111 m, 111 n 53 I Nr. 6	geänd. eingef. aufgeh.
2.	Gesetz zur Änderung des GKG, des Gesetzes über die Kosten der Gerichtsvollzieher, der BRAGO und anderer Vorschriften	20. 8. 75	2189	304 III	geänd.
3.	Strafvollzugsgesetz	16. 3. 76	581	455a, 457 I S. 2	eingef.
4.	Fünfzehntes Strafrechtsänderungsgesetz	18. 5. 76	1213	53 I Nr. 3a, 97 II S. 2	geänd.
5.	Adoptionsgesetz	2. 7. 76	1749	22 Nr. 3, 52 I Nr. 3	geänd.
6.	Gesetz zur Änderung des StGB, der StPO, des GVG, der BRAGO und des StVollzG	18. 8. 76	2181	112 III, 138a II, 138c II, III, 153c IV, 153d I, 153e I 138a IV, V, 138c V, 148 II, 148a	geänd. eingef.
7.	Gesetz zur Änderung der StPO	14. 4. 78	497	103 II, 127 I, II, 138a, 138b S. 2, 138c III, 148 II 103 I S. 2, 105 I S. 2, 108 I S. 3, 111, 163b, 163c	geänd. eingef.

---

[1] Die Paragraphenüberschriften sind nicht amtlich. Die Buchstaben „VB" neben den Paragraphenüberschriften bedeuten, daß die Vorschriften auch im Verfahren der VB sinngemäß anzuwenden sind.
[2] Es sind auch Änderungen solcher Vorschriften aufgeführt, die hier nicht abgedruckt sind.

Laufende Nr.	Änderndes Gesetz	Datum	BGBl. Teil I Seite	geänderte Paragraphen der StPO	Art d. Änderung
8.	Gesetz zur Änderung des Waffenrechts	31. 5. 78	641	100a S. 1 Nr. 3	geänd.
9.	Strafverfahrensänderungsgesetz 1979	5. 10. 78	1645	4 II, 16, 51 II, 154 I, 154a I, 168, 168a, 201 II, 209, 245, 267 IV, 270 I, 273 I, 324 I, 338 Nr. 1, 407 I, 408, 453c I	geänd.
				2 I, 6a, 29 II, 34a, 68 S. 2, 209a, 222a, 222b, 225a, 231c, 249 II, 267 I S. 3, 304 V, 325 II, 336 S. 2, 462a VI	eingef.
				13b, 18, 201 II S. 3, 407 III, 450 II	aufgeh.
10.	Gesetz zur Änderung zwangsvollstreckungsrechtlicher Vorschriften	1. 2. 79	127	459g I S. 2, 463b III,	geänd.
				459g I S. 3	aufgeh.

Erstes Buch. Allgemeine Vorschriften

Erster Abschnitt. Sachliche Zuständigkeit der Gerichte

§§ 1, 2 *nicht abgedruckt.*[1]

§ 3 [Begriff des Zusammenhanges]

Ein Zusammenhang ist vorhanden, wenn eine Person mehrerer Straftaten beschuldigt wird oder wenn bei einer Tat mehrere Personen als Täter, Teilnehmer oder der Begünstigung, Strafvereitelung oder Hehlerei beschuldigt werden.

§§ 4–6a *nicht abgedruckt.*[1]

Zweiter Abschnitt. Gerichtsstand

§§ 7–11 *nicht abgedruckt.*[2]

---

[1] Über die sachliche Zuständigkeit der Gerichte im Bußgeldverfahren vgl. § 68 I sowie § 46 I, VII OWiG iVm den Vorschriften des GVG; vgl. auch 4 zu § 45 OWiG.
[2] Über örtliche Zuständigkeit vgl. 20 vor § 67, § 68 OWiG.

§ 12 [Mehrfache Rechtshängigkeit, Übertragung]

I Unter mehreren nach den Vorschriften der §§ 7 bis 11 zuständigen Gerichten gebührt dem der Vorzug, das die Untersuchung zuerst eröffnet hat.

II Jedoch kann die Untersuchung und Entscheidung einem anderen der zuständigen Gerichte durch das gemeinschaftliche obere Gericht übertragen werden.

§ 13 [Gerichtsstand des Zusammenhanges][1]

I Für zusammenhängende Strafsachen, die einzeln nach den Vorschriften der §§ 7 bis 11 zur Zuständigkeit verschiedener Gerichte gehören würden, ist ein Gerichtsstand bei jedem Gericht begründet, das für eine der Strafsachen zuständig ist.

II Sind mehrere zusammenhängende Strafsachen bei verschiedenen Gerichten anhängig gemacht worden, so können sie sämtlich oder zum Teil durch eine den Anträgen der Staatsanwaltschaft entsprechende Vereinbarung dieser Gerichte bei einem unter ihnen verbunden werden. Kommt eine solche Vereinbarung nicht zustande, so entscheidet, wenn die Staatsanwaltschaft oder ein Angeschuldigter hierauf anträgt, das gemeinschaftliche obere Gericht darüber, ob und bei welchem Gericht die Verbindung einzutreten hat.

III In gleicher Weise kann die Verbindung wieder aufgehoben werden.

§ 13a *nicht abgedruckt.*

§ 14 [Zuständigkeitsstreit][2]

Besteht zwischen mehreren Gerichten Streit über die Zuständigkeit, so bestimmt das gemeinschaftliche obere Gericht das Gericht, das sich der Untersuchung und Entscheidung zu unterziehen hat.

§ 15 [Verhinderung des zuständigen Gerichts]

Ist an sich zuständige Gericht in einem einzelnen Falle an der Ausübung des Richteramtes rechtlich oder tatsächlich verhindert oder ist von der Verhandlung vor diesem Gericht eine Gefährdung der öffentlichen Sicherheit zu besorgen, so hat das zunächst obere Gericht die Untersuchung und Entscheidung dem gleichstehenden Gericht eines anderen Bezirks zu übertragen.

§ 16 [Einwand der Unzuständigkeit][2]

Das Gericht prüft seine örtliche Zuständigkeit bis zur Eröffnung des Hauptverfahrens von Amts wegen. Danach darf es seine Unzuständigkeit nur auf Einwand des Angeklagten aussprechen. Der Angeklagte kann den Einwand nur bis zum Beginn seiner Vernehmung zur Sache in der Hauptverhandlung geltend machen.

§§ 17, 18 *(weggefallen)*

---

[1] Über die Anwendung der Vorschriften im gerichtlichen Bußgeldverfahren vgl. 2, 19 zu § 68 OWiG.
[2] Über die Anwendung der Vorschriften im gerichtlichen Bußgeldverfahren vgl. 20, 24 zu § 68 OWiG.

§ 19 [Negativer Zuständigkeitsstreit]

Haben mehrere Gerichte, von denen eines das zuständige ist, durch Entscheidungen, die nicht mehr anfechtbar sind, ihre Unzuständigkeit ausgesprochen, so bezeichnet das gemeinschaftliche obere Gericht das zuständige Gericht.

§ 20 [Einzelne Untersuchungshandlungen]

Die einzelnen Untersuchungshandlungen eines unzuständigen Gerichts sind nicht schon dieser Unzuständigkeit wegen ungültig.

§ 21 [Notbefugnisse]

Ein unzuständiges Gericht hat sich den innerhalb seines Bezirks vorzunehmenden Untersuchungshandlungen zu unterziehen, bei denen Gefahr im Verzug ist.

Dritter Abschnitt. Ausschließung und Ablehnung der Gerichtspersonen[1]

§ 22 [Ausschließung eines Richters]

Ein Richter ist von der Ausübung des Richteramtes kraft Gesetzes ausgeschlossen,
1. wenn er selbst durch die Straftat verletzt ist;
2. wenn er Ehegatte oder Vormund des Beschuldigten oder des Verletzten ist oder gewesen ist;
3. wenn er mit dem Beschuldigten oder mit dem Verletzten in gerader Linie verwandt oder verschwägert, in der Seitenlinie bis zum dritten Grad verwandt oder bis zum zweiten Grad verschwägert ist oder war;
4. wenn er in der Sache als Beamter der Staatsanwaltschaft, als Polizeibeamter, als Anwalt des Verletzten oder als Verteidiger tätig gewesen ist;
5. wenn er in der Sache als Zeuge oder Sachverständiger vernommen ist.

§ 23 [Ausschließung bei Mitwirkung in früheren Verfahren]

[I] Ein Richter, der bei einer durch ein Rechtsmittel angefochtenen Entscheidung mitgewirkt hat, ist von der Mitwirkung bei der Entscheidung in einem höheren Rechtszuge kraft Gesetzes ausgeschlossen.

[II] Ein Richter, der bei einer durch einen Antrag auf Wiederaufnahme des Verfahrens angefochtenen Entscheidung mitgewirkt hat, ist von der Mitwirkung bei Entscheidungen im Wiederaufnahmeverfahren kraft Gesetzes ausgeschlossen. Ist die angefochtene Entscheidung in einem höheren Rechtszug ergangen, so ist auch der Richter ausgeschlossen, der an der ihr zugrunde liegenden Entscheidung in einem unteren Rechtszug mitgewirkt hat. Die Sätze 1 und 2 gelten entsprechend für die Mitwirkung bei Entscheidungen zur Vorbereitung eines Wiederaufnahmeverfahrens.

§ 24 [Ablehnung eines Richters]

[I] Ein Richter kann sowohl in den Fällen, in denen er von der Ausübung des Richteramtes kraft Gesetzes ausgeschlossen ist, als auch wegen Besorgnis der Befangenheit abgelehnt werden.

---

[1] Über die Anwendung der Vorschriften im gerichtlichen Bußgeldverfahren vgl. 21 vor § 67 OWiG.

II Wegen der Besorgnis der Befangenheit findet die Ablehnung statt, wenn ein Grund vorliegt, der geeignet ist, Mißtrauen gegen die Unparteilichkeit eines Richters zu rechtfertigen.

III Das Ablehnungsrecht steht der Staatsanwaltschaft, dem Privatkläger und dem Beschuldigten zu. Den zur Ablehnung Berechtigten sind auf Verlangen die zur Mitwirkung bei der Entscheidung berufenen Gerichtspersonen namhaft zu machen.

§ 25 [Ablehnungszeitpunkt]

I Die Ablehnung eines Richters wegen Besorgnis der Befangenheit ist bis zum Beginn der Vernehmung des Angeklagten zur Sache, in der Hauptverhandlung über die Revision bis zum Beginn seiner Ausführungen zur Revision, zulässig. Alle Ablehnungsgründe sind gleichzeitig vorzubringen.

II Nach diesem Zeitpunkt darf ein Richter nur abgelehnt werden, wenn

1. die Umstände, auf welche die Ablehnung gestützt wird, erst später eingetreten oder dem zur Ablehnung Berechtigten erst später bekanntgeworden sind und
2. die Ablehnung unverzüglich geltend gemacht wird.

Nach dem letzten Wort des Angeklagten ist die Ablehnung nicht mehr zulässig.

§ 26 [Ablehnungsverfahren]

I Das Ablehnungsgesuch ist bei dem Gericht, dem der Richter angehört, anzubringen; es kann vor der Geschäftsstelle zu Protokoll erklärt werden.

II Der Ablehnungsgrund und in den Fällen des § 25 Abs. 2 die Voraussetzungen des rechtzeitigen Vorbringens sind glaubhaft zu machen. Der Eid ist als Mittel der Glaubhaftmachung ausgeschlossen. Zur Glaubhaftmachung kann auf das Zeugnis des abgelehnten Richters Bezug genommen werden.

III Der abgelehnte Richter hat sich über den Ablehnungsgrund dienstlich zu äußern.

§ 26a [Unzulässige Ablehnung]

I Das Gericht verwirft die Ablehnung eines Richters als unzulässig, wenn

1. die Ablehnung verspätet ist,
2. ein Grund zur Ablehnung oder ein Mittel zur Glaubhaftmachung nicht angegeben wird oder
3. durch die Ablehnung offensichtlich das Verfahren nur verschleppt oder nur verfahrensfremde Zwecke verfolgt werden sollen.

II Das Gericht entscheidet über die Verwerfung nach Absatz 1, ohne daß der abgelehnte Richter ausscheidet. Im Falle des Absatzes 1 Nr. 3 bedarf es eines einstimmigen Beschlusses und der Angabe der Umstände, welche den Verwerfungsgrund ergeben. Wird ein beauftragter oder ein ersuchter Richter, ein Richter im vorbereitenden Verfahren oder ein Strafrichter abgelehnt, so entscheidet er selbst darüber, ob die Ablehnung als unzulässig zu verwerfen ist.

§ 27 [Entscheidung über die Ablehnung]

I Wird die Ablehnung nicht als unzulässig verworfen, so entscheidet über das Ablehnungsgesuch das Gericht, dem der Abgelehnte angehört, ohne dessen Mitwirkung.

^{II} *nicht abgedruckt.*

^{III} Wird ein Richter beim Amtsgericht abgelehnt, so entscheidet ein anderer Richter dieses Gerichts. Einer Entscheidung bedarf es nicht, wenn der Abgelehnte das Ablehnungsgesuch für begründet hält.

^{IV} Wird das zur Entscheidung berufene Gericht durch Ausscheiden des abgelehnten Mitglieds beschlußunfähig, so entscheidet das zunächst obere Gericht.

§ 28 [Rechtsmittel]

^I Der Beschluß, durch den die Ablehnung für begründet erklärt wird, ist nicht anfechtbar.

^{II} Gegen den Beschluß, durch den die Ablehnung als unzulässig verworfen oder als unbegründet zurückgewiesen wird, ist sofortige Beschwerde zulässig. Betrifft die Entscheidung einen erkennenden Richter, so kann sie nur zusammen mit dem Urteil angefochten werden.

§ 29 [Unaufschiebbare Amtshandlungen]

^I Ein abgelehnter Richter hat vor Erledigung des Ablehnungsgesuchs nur solche Handlungen vorzunehmen, die keinen Aufschub gestatten.

^{II} Wird ein Richter während der Hauptverhandlung abgelehnt und würde die Entscheidung über die Ablehnung (§§ 26a, 27) eine Unterbrechung der Hauptverhandlung erfordern, so kann diese so lange fortgesetzt werden, bis eine Entscheidung über die Ablehnung ohne Verzögerung der Hauptverhandlung möglich ist; über die Ablehnung ist spätestens bis zum Beginn des übernächsten Verhandlungstages und stets vor Beginn der Schlußvorträge zu entscheiden. Wird die Ablehnung für begründet erklärt und muß die Hauptverhandlung nicht deshalb ausgesetzt werden, so ist ihr nach der Anbringung des Ablehnungsgesuchs liegender Teil zu wiederholen; dies gilt nicht für solche Handlungen, die keinen Aufschub gestatten. Nach Anbringung des Ablehnungsgesuchs dürfen Entscheidungen, die auch außerhalb der Hauptverhandlung ergehen können, unter Mitwirkung des Abgelehnten nur getroffen werden, wenn sie keinen Aufschub gestatten.

§ 30 [Selbstablehnung]

Das für die Erledigung eines Ablehnungsgesuchs zuständige Gericht hat auch dann zu entscheiden, wenn ein solches Gesuch nicht angebracht ist, ein Richter aber von einem Verhältnis Anzeige macht, das seine Ablehnung rechtfertigen könnte, oder wenn aus anderer Veranlassung Zweifel darüber entstehen, ob ein Richter kraft Gesetzes ausgeschlossen ist.

§ 31 [Schöffen, Protokollführer]

^I Die Vorschriften dieses Abschnitts gelten für Schöffen sowie für Urkundsbeamte der Geschäftsstelle und andere als Protokollführer zugezogene Personen entsprechend.

^{II} Die Entscheidung trifft der Vorsitzende. *Satz 2 . . . nicht abgedruckt.* Ist der Protokollführer einem Richter beigegeben, so entscheidet dieser über die Ablehnung oder Ausschließung.

§ 32 *(weggefallen)*

**Vierter Abschnitt. Gerichtliche Entscheidungen und ihre Bekanntma-
chung**[1]

§ 33 [Anhörung der Beteiligten]

[I] Eine Entscheidung des Gerichts, die im Laufe einer Hauptverhandlung
ergeht, wird nach Anhörung der Beteiligten erlassen.

[II] Eine Entscheidung des Gerichts, die außerhalb einer Hauptverhandlung
ergeht, wird nach schriftlicher oder mündlicher Erklärung der Staatsanwaltschaft erlassen.

[III] Bei einer in Absatz 2 bezeichneten Entscheidung ist ein anderer Beteiligter zu hören, bevor zu seinem Nachteil Tatsachen oder Beweisergebnisse, zu
denen er noch nicht gehört worden ist, verwertet werden.

[IV] Bei Anordnung der Untersuchungshaft, der Beschlagnahme oder anderer Maßnahmen ist Absatz 3 nicht anzuwenden, wenn die vorherige Anhörung den Zweck der Anordnung gefährden würde. Vorschriften, welche die
Anhörung der Beteiligten besonders regeln, werden durch Absatz 3 nicht
berührt.

§ 33a [Nachholung des rechtlichen Gehörs]

Hat das Gericht in einem Beschluß zum Nachteil eines Beteiligten Tatsachen oder Beweisergebnisse verwertet, zu denen er noch nicht gehört worden
ist, und steht ihm gegen den Beschluß keine Beschwerde und kein anderer
Rechtsbehelf zu, so hat es, sofern der Nachteil noch besteht, von Amts wegen
oder auf Antrag die Anhörung nachzuholen und auf einen Antrag zu entscheiden. Das Gericht kann seine Entscheidung auch ohne Antrag ändern.

§ 34 [Begründung]

Die durch ein Rechtsmittel anfechtbaren Entscheidungen sowie die, durch
welche ein Antrag abgelehnt wird, sind mit Gründen zu versehen.

§ 34a [Rechtskraft durch Beschluß][2]

Führt nach rechtzeitiger Einlegung eines Rechtsmittels ein Beschluß unmittelbar die Rechtskraft der angefochtenen Entscheidung herbei, so gilt die
Rechtskraft als mit Ablauf des Tages der Beschlußfassung eingetreten.

§ 35 [Bekanntmachung]

[I] Entscheidungen, die in Anwesenheit der davon betroffenen Person ergehen, werden ihr durch Verkündung bekanntgemacht. Auf Verlangen ist ihr
eine Abschrift zu erteilen.

[II] Andere Entscheidungen werden durch Zustellung bekanntgemacht. Wird
durch die Bekanntmachung der Entscheidung keine Frist in Lauf gesetzt, so
genügt formlose Mitteilung; dies gilt nicht für die Mitteilung von Urteilen.

[III] Dem nicht auf freiem Fuß Befindlichen ist das zugestellte Schriftstück auf
Verlangen vorzulesen.

---

[1] Über die Anwendung der Vorschriften im gerichtlichen Bußgeldverfahren vgl. 22
vor § 67, 79 zu § 72 OWiG.
[2] Über die Anwendung der Vorschrift vgl. 2 zu § 89 OWiG.

§ 35a [Rechtsmittelbelehrung]

Bei der Bekanntmachung einer Entscheidung, die durch ein befristetes Rechtsmittel angefochten werden kann, ist der Betroffene über die Möglichkeiten der Anfechtung und die dafür vorgeschriebenen Fristen und Formen zu belehren.

§ 36 [Zustellung, Vollstreckung]

^I Die Zustellung von Entscheidungen ordnet der Vorsitzende an. Die Geschäftsstelle sorgt dafür, daß die Zustellung bewirkt wird.

^{II} Entscheidungen, die der Vollstreckung bedürfen, sind der Staatsanwaltschaft zu übergeben, die das Erforderliche veranlaßt. Dies gilt nicht für Entscheidungen, welche die Ordnung in den Sitzungen betreffen.

§ 37 [Zustellungsverfahren]

^I Für das Verfahren bei Zustellungen gelten die Vorschriften der Zivilprozeßordnung entsprechend. Als Notfristen im Sinne des § 187 Satz 2 der Zivilprozeßordnung gelten die gesetzlichen Fristen.

^{II} Wird die für einen Beteiligten bestimmte Zustellung an mehrere Empfangsberechtigte bewirkt, so richtet sich die Berechnung einer Frist nach der zuletzt bewirkten Zustellung.

§ 38 [Unmittelbare Ladung]

Die bei dem Strafverfahren beteiligten Personen, denen die Befugnis beigelegt ist, Zeugen und Sachverständige unmittelbar zu laden, haben mit der Zustellung der Ladung den Gerichtsvollzieher zu beauftragen.

§ 39 *(weggefallen)*

§ 40 [Öffentliche Zustellung]

^I Kann eine Zustellung an einen Beschuldigten, dem eine Ladung zur Hauptverhandlung noch nicht zugestellt war, nicht in der vorgeschriebenen Weise im Inland bewirkt werden, und erscheint die Befolgung der für Zustellungen im Ausland bestehenden Vorschriften unausführbar oder voraussichtlich erfolglos, so gilt die Zustellung als erfolgt, wenn der Inhalt des zuzustellenden Schriftstücks durch ein deutsches oder ausländisches Blatt bekanntgemacht worden ist und seit dem Erscheinen dieses Blattes zwei Wochen verflossen sind oder wenn das zuzustellende Schriftstück zwei Wochen an der Gerichtstafel des Gerichts des ersten Rechtszuges angeheftet gewesen ist. Die Auswahl des Blattes steht dem die Zustellung veranlassenden Beamten zu.

^{II} War die Ladung zur Hauptverhandlung dem Angeklagten schon vorher zugestellt, so gilt eine weitere Zustellung an ihn, wenn sie nicht in der vorgeschriebenen Weise im Inland bewirkt werden kann, als erfolgt, sobald das zuzustellende Schriftstück zwei Wochen an der Gerichtstafel des Gerichts des ersten Rechtszuges angeheftet gewesen ist. Von Urteilen und Beschlüssen wird nur der entscheidende Teil angeheftet.

§ 41 [Zustellungen an die StA]

Zustellungen an die Staatsanwaltschaft erfolgen durch Vorlegung der Urschrift des zuzustellenden Schriftstücks. Wenn mit der Zustellung der Lauf einer Frist beginnt, so ist der Tag der Vorlegung von der Staatsanwaltschaft auf der Urschrift zu vermerken.

Fünfter Abschnitt. Fristen und Wiedereinsetzung in den vorigen Stand[1]

§ 42 [Tagesfristen] VB

Bei der Berechnung einer Frist, die nach Tagen bestimmt ist, wird der Tag nicht mitgerechnet, auf den der Zeitpunkt oder das Ereignis fällt, nach dem der Anfang der Frist sich richten soll.

§ 43 [Wochen- und Monatsfristen] VB

[1] Eine Frist, die nach Wochen oder Monaten bestimmt ist, endet mit Ablauf des Tages der letzten Woche oder des letzten Monats, der durch seine Benennung oder Zahl dem Tag entspricht, an dem die Frist begonnen hat; fehlt dieser Tag in dem letzten Monat, so endet die Frist mit dem Ablauf des letzten Tages dieses Monats.

[2] Fällt das Ende einer Frist auf einen Sonntag, einen allgemeinen Feiertag oder einen Sonnabend, so endet die Frist mit Ablauf des nächsten Werktages.

§ 44 [Wiedereinsetzung in den vorigen Stand] VB

War jemand ohne Verschulden verhindert, eine Frist einzuhalten, so ist ihm auf Antrag Wiedereinsetzung in den vorigen Stand zu gewähren. Die Versäumung einer Rechtsmittelfrist ist als unverschuldet anzusehen, wenn die Belehrung nach den §§ 35a, 319 Abs. 2 Satz 3 oder nach § 346 Abs. 2 Satz 3 unterblieben ist.

§ 45 [Wiedereinsetzungsantrag] VB

[1] Der Antrag auf Wiedereinsetzung in den vorigen Stand ist binnen einer Woche nach Wegfall des Hindernisses bei dem Gericht zu stellen, bei dem die Frist wahrzunehmen gewesen wäre. Zur Wahrung der Frist genügt es, wenn der Antrag rechtzeitig bei dem Gericht gestellt wird, das über den Antrag entscheidet.

[2] Die Tatsachen zur Begründung des Antrags sind bei der Antragstellung oder im Verfahren über den Antrag glaubhaft zu machen. Innerhalb der Antragsfrist ist die versäumte Handlung nachzuholen. Ist dies geschehen, so kann Wiedereinsetzung auch ohne Antrag gewährt werden.

§ 46 [Entscheidung, Rechtsmittel] VB

[1] Über den Antrag entscheidet das Gericht, das bei rechtzeitiger Handlung zur Entscheidung in der Sache selbst berufen gewesen wäre.

[2] Die dem Antrag stattgebende Entscheidung unterliegt keiner Anfechtung.

[3] Gegen die den Antrag verwerfende Entscheidung ist sofortige Beschwerde zulässig.

§ 47 [Keine Vollstreckungshemmung] VB

[1] Durch den Antrag auf Wiedereinsetzung in den vorigen Stand wird die Vollstreckung einer gerichtlichen Entscheidung nicht gehemmt.

[2] Das Gericht kann jedoch einen Aufschub der Vollstreckung anordnen.

---

[1] Über die Anwendung der Vorschriften im Verfahren der VB vgl. zu § 52 OWiG, im Verfahren des Gerichts vgl. 23 vor § 67 OWiG.

Sechster Abschnitt. Zeugen[1]

§ 48 [Zeugenladung]   VB

Die Ladung der Zeugen geschieht unter Hinweis auf die gesetzlichen Folgen des Ausbleibens.

§ 49 [Vernehmung des Bundespräsidenten]   VB

Der Bundespräsident ist in seiner Wohnung zu vernehmen. Zur Hauptverhandlung wird er nicht geladen. Das Protokoll über seine gerichtliche Vernehmung ist in der Hauptverhandlung zu verlesen.

§ 50 [Mitglieder oberster Staatsorgane]   VB

[I] Die Mitglieder des Bundestages, des Bundesrates, eines Landtages oder einer zweiten Kammer sind während ihres Aufenthaltes am Sitz der Versammlung dort zu vernehmen.

[II] Die Mitglieder der Bundesregierung oder einer Landesregierung sind an ihrem Amtssitz oder, wenn sie sich außerhalb ihres Amtssitzes aufhalten, an ihrem Aufenthaltsort zu vernehmen.

[III] Zu einer Abweichung von den vorstehenden Vorschriften bedarf es

für die Mitglieder eines in Absatz 1 genannten Organs der Genehmigung dieses Organs,

für die Mitglieder der Bundesregierung der Genehmigung der Bundesregierung,

für die Mitglieder einer Landesregierung der Genehmigung der Landesregierung.

[IV] Die Mitglieder der in Absatz 1 genannten Organe der Gesetzgebung und die Mitglieder der Bundesregierung oder einer Landesregierung werden, wenn sie außerhalb der Hauptverhandlung vernommen worden sind, zu dieser nicht geladen. Das Protokoll über ihre richterliche Vernehmung ist in der Hauptverhandlung zu verlesen.

§ 51 [Folgen des Ausbleibens][2]   VB

[I] Einem ordnungsgemäß geladenen Zeugen, der nicht erscheint, werden die durch das Ausbleiben verursachten Kosten auferlegt. Zugleich wird gegen ihn ein Ordnungsgeld und für den Fall, daß dieses nicht beigetrieben werden kann, Ordnungshaft festgesetzt. Auch ist die zwangsweise Vorführung des Zeugen zulässig; § 135 gilt entsprechend. Im Falle wiederholten Ausbleibens kann das Ordnungsmittel noch einmal festgesetzt werden.

[II] Die Auferlegung der Kosten und die Festsetzung eines Ordnungsmittels unterbleiben, wenn das Ausbleiben des Zeugen rechtzeitig genügend entschuldigt wird. Erfolgt die Entschuldigung nach Satz 1 nicht rechtzeitig, so unterbleibt die Auferlegung der Kosten und die Festsetzung eines Ordnungsmittels nur dann, wenn glaubhaft gemacht wird, daß den Zeugen an der Verspätung der Entschuldigung kein Verschulden trifft. Wird der Zeuge

---

[1] Über die Anwendung der Vorschriften im Verfahren der VB vgl. im einzelnen zu § 59 OWiG, über die Anwendung im gerichtlichen Bußgeldverfahren vgl. 24 vor § 67 OWiG.
[2] Vgl. 52–75 zu § 59 OWiG.

nachträglich genügend entschuldigt, so werden die getroffenen Anordnungen unter den Voraussetzungen des Satzes 2 aufgehoben.

III Die Befugnis zu diesen Maßregeln steht auch dem Richter im Vorverfahren sowie dem beauftragten und ersuchten Richter zu.

§ 52 [Zeugnisverweigerungsrecht aus persönlichen Gründen] VB

I Zur Verweigerung des Zeugnisses sind berechtigt

1. der Verlobte des Beschuldigten;
2. der Ehegatte des Beschuldigten, auch wenn die Ehe nicht mehr besteht;
3. wer mit dem Beschuldigten in gerader Linie verwandt oder verschwägert, in der Seitenlinie bis zum dritten Grad verwandt oder bis zum zweiten Grad verschwägert ist oder war.

II Haben Minderjährige oder wegen Geisteskrankheit oder Geistesschwäche entmündigte Personen wegen mangelnder Verstandesreife oder wegen Verstandesschwäche von der Bedeutung des Zeugnisverweigerungsrechts keine genügende Vorstellung, so dürfen sie nur vernommen werden, wenn sie zur Aussage bereit sind und auch ihr gesetzlicher Vertreter der Vernehmung zustimmt. Ist der gesetzliche Vertreter selbst Beschuldigter, so kann er über die Ausübung des Zeugnisverweigerungsrechts nicht entscheiden; das gleiche gilt für den nicht beschuldigten Elternteil, wenn die gesetzliche Vertretung beiden Eltern zusteht.

III Die zur Verweigerung des Zeugnisses berechtigten Personen, in den Fällen des Absatzes 2 auch deren zur Entscheidung über die Ausübung des Zeugnisverweigerungsrechts befugte Vertreter, sind vor jeder Vernehmung über ihr Recht zu belehren. Sie können den Verzicht auf dieses Recht auch während der Vernehmung widerrufen.

§ 53 [Zeugnisverweigerungsrecht aus beruflichen Gründen] VB

I Zur Verweigerung des Zeugnisses sind ferner berechtigt

1. Geistliche über das, was ihnen in ihrer Eigenschaft als Seelsorger anvertraut worden oder bekanntgeworden ist;
2. Verteidiger des Beschuldigten über das, was ihnen in dieser Eigenschaft anvertraut worden oder bekanntgeworden ist;
3. Rechtsanwälte, Patentanwälte, Notare, Wirtschaftsprüfer, vereidigte Buchprüfer, Steuerberater und Steuerbevollmächtigte, Ärzte, Zahnärzte, Apotheker und Hebammen über das, was ihnen in dieser Eigenschaft anvertraut worden oder bekanntgeworden ist;
3a. Mitglieder oder Beauftragte einer anerkannten Beratungsstelle nach § 218b Abs. 2 Nr. 1 des Strafgesetzbuches über das, was ihnen in dieser Eigenschaft anvertraut worden oder bekanntgeworden ist;
4. Mitglieder des Bundestages, eines Landtages oder einer zweiten Kammer über Personen, die ihnen in ihrer Eigenschaft als Mitglieder dieser Organe oder denen sie in dieser Eigenschaft Tatsachen anvertraut haben sowie über diese Tatsachen selbst;
5. Personen, die bei der Vorbereitung, Herstellung oder Verbreitung von periodischen Druckwerken oder Rundfunksendungen berufsmäßig mitwirken oder mitgewirkt haben, über die Person des Verfassers, Einsenders oder Gewährsmanns von Beiträgen und Unterlagen sowie über die ihnen im Hinblick auf ihre Tätigkeit gemachten Mitteilungen, soweit es sich um Beiträge, Unterlagen und Mitteilungen für den redaktionellen Teil handelt.

^{II} Die in Absatz 1 Nr. 2 bis 3a Genannten dürfen das Zeugnis nicht verweigern, wenn sie von der Verpflichtung zur Verschwiegenheit entbunden sind.

§ 53a [Zeugnisverweigerungsrecht der Berufshelfer]   VB

^I Den in § 53 Abs. 1 Nr. 1 bis 4 Genannten stehen ihre Gehilfen und die Personen gleich, die zur Vorbereitung auf den Beruf an der berufsmäßigen Tätigkeit teilnehmen. Über die Ausübung des Rechtes dieser Hilfspersonen, das Zeugnis zu verweigern, entscheiden die in § 53 Abs. 1 Nr. 1 bis 4 Genannten, es sei denn, daß diese Entscheidung in absehbarer Zeit nicht herbeigeführt werden kann.

^{II} Die Entbindung von der Verpflichtung zur Verschwiegenheit (§ 53 Abs. 2) gilt auch für die Hilfspersonen.

§ 54 [Aussagegenehmigung für Personen des öffentlichen Dienstes]   VB

^I Für die Vernehmung von Richtern, Beamten und anderen Personen des öffentlichen Dienstes als Zeugen über Umstände, auf die sich ihre Pflicht zur Amtsverschwiegenheit bezieht, und für die Genehmigung zur Aussage gelten die besonderen beamtenrechtlichen Vorschriften.

^{II} Für die Mitglieder der Bundes- oder einer Landesregierung gelten die für sie maßgebenden besonderen Vorschriften.

^{III} Der Bundespräsident kann das Zeugnis verweigern, wenn die Ablegung des Zeugnisses dem Wohl des Bundes oder eines deutschen Landes Nachteile bereiten würde.

^{IV} Diese Vorschriften gelten auch, wenn die vorgenannten Personen nicht mehr im öffentlichen Dienst sind, soweit es sich um Tatsachen handelt, die sich während ihrer Dienstzeit ereignet haben oder ihnen während ihrer Dienstzeit zur Kenntnis gelangt sind.

§ 55 [Auskunftsverweigerungsrecht]   VB

^I Jeder Zeuge kann die Auskunft auf solche Fragen verweigern, deren Beantwortung ihm selbst oder einem der in § 52 Abs. 1 bezeichneten Angehörigen die Gefahr zuziehen würde, wegen einer Straftat oder einer Ordnungswidrigkeit verfolgt zu werden.

^{II} Der Zeuge ist über sein Recht zur Verweigerung der Auskunft zu belehren.

§ 56 [Glaubhaftmachung des Verweigerungsgrundes]   VB

Die Tatsache, auf die der Zeuge die Verweigerung des Zeugnisses in den Fällen der §§ 52, 53 und 55 stützt, ist auf Verlangen glaubhaft zu machen. Es genügt die eidliche Versicherung des Zeugen.

§ 57 [Zeugenbelehrung]   VB

Vor der Vernehmung sind die Zeugen zur Wahrheit zu ermahnen und darauf hinzuweisen, daß sie ihre Aussage zu beeidigen haben, wenn keine im Gesetz bestimmte oder zugelassene Ausnahme vorliegt. Hierbei sind sie über die Bedeutung des Eides, die Möglichkeit der Wahl zwischen dem Eid mit religiöser oder ohne religiöse Beteuerung sowie über die strafrechtlichen Folgen einer unrichtigen oder unvollständigen Aussage zu belehren.

§ 58 [Vernehmung, Gegenüberstellung] VB

[I] Die Zeugen sind einzeln und in Abwesenheit der später zu hörenden Zeugen zu vernehmen.

[II] Eine Gegenüberstellung mit anderen Zeugen oder mit dem Beschuldigten im Vorverfahren ist zulässig, wenn es für das weitere Verfahren geboten erscheint.

§ 59 [Vereidigung][1]

Die Zeugen sind einzeln und nach ihrer Vernehmung zu vereidigen. Die Vereidigung erfolgt, soweit nichts anderes bestimmt ist, in der Hauptverhandlung.

§ 60 [Vereidigungsverbote][1]

Von der Vereidigung ist abzusehen

1. bei Personen, die zur Zeit der Vernehmung das sechzehnte Lebensjahr noch nicht vollendet haben oder die wegen mangelnder Verstandesreife oder wegen Verstandesschwäche vom Wesen und der Bedeutung des Eides keine genügende Vorstellung haben;
2. bei Personen, die der Tat, welche den Gegenstand der Untersuchung bildet, oder der Beteiligung an ihr oder der Begünstigung, Strafvereitelung oder Hehlerei verdächtig oder deswegen bereits verurteilt sind.

§ 61 [Absehen von Vereidigung][2]

Von der Vereidigung kann nach dem Ermessen des Gerichts abgesehen werden

1. bei Personen, die zur Zeit der Vernehmung das sechzehnte, aber noch nicht das achtzehnte Lebensjahr vollendet haben;
2. beim Verletzten sowie bei Personen, die im Sinne des § 52 Abs. 1 Angehörige des Verletzten oder des Beschuldigten sind;
3. wenn das Gericht der Aussage keine wesentliche Bedeutung beimißt und nach seiner Überzeugung auch unter Eid keine wesentliche Aussage zu erwarten ist;
4. bei Personen, die wegen Meineids (§§ 154, 155 des Strafgesetzbuches) verurteilt worden sind;
5. wenn die Staatsanwaltschaft, der Verteidiger und der Angeklagte auf die Vereidigung verzichten.

§ 62 *nicht abgedruckt.*

§ 63 [Eidesverweigerungsrecht]

Die in § 52 Abs. 1 bezeichneten Angehörigen des Beschuldigten haben das Recht, die Beeidigung des Zeugnisses zu verweigern; darüber sind sie zu belehren.

§ 64 *nicht abgedruckt.*[3]

---

[1] Vgl. § 48 I OWiG sowie 2–9 zu § 48 OWiG.
[2] Anwendung zweifelhaft; vgl. 5 zu § 48 OWiG.
[3] Vgl. 10f. zu § 48 OWiG.

§ 65 [Vereidigung im vorbereitenden Verfahren][1]

[1] Im vorbereitenden Verfahren ist die Vereidigung nur zulässig, wenn

1. Gefahr im Verzug ist,
2. der Eid als Mittel zur Herbeiführung einer wahren Aussage über einen für das weitere Verfahren erheblichen Punkt erforderlich erscheint oder
3. der Zeuge voraussichtlich am Erscheinen in der Hauptverhandlung verhindert sein wird.

§ 66 *(weggefallen)*

§ 66a [Protokollvermerk bei Vereidigung]

Wird ein Zeuge außerhalb der Hauptverhandlung vereidigt, so ist der Grund der Vereidigung im Protokoll anzugeben.

§ 66b [Vereidigung bei kommissarischer Vernehmung]

[I] Wird ein Zeuge durch einen beauftragten oder ersuchten Richter vernommen, so entscheidet zunächst dieser über die Vereidigung.

[II] Die Vereidigung muß, soweit sie zulässig ist, erfolgen, wenn es in dem Auftrag oder in dem Ersuchen des Gerichts verlangt wird. Der vernehmende Richter kann die Vereidigung aussetzen und einer neuen Entschließung des beauftragenden oder ersuchenden Gerichts vorbehalten, wenn bei der Vernehmung Tatsachen hervortreten, die zu uneidlicher Vernehmung berechtigen würden. Diese Tatsachen sind in das Protokoll aufzunehmen.

[III] Die Vereidigung darf nicht erfolgen, wenn die uneidliche Vernehmung verlangt wird.

§ 66c [Eidesformel]

[I] Der Eid mit religiöser Beteuerung wird in der Weise geleistet, daß der Richter an den Zeugen die Worte richtet:

,,Sie schwören bei Gott dem Allmächtigen und Allwissenden, daß Sie nach bestem Wissen die reine Wahrheit gesagt und nichts verschwiegen haben"

und der Zeuge hierauf die Worte spricht:

,,Ich schöre es, so wahr mir Gott helfe."

[II] Der Eid ohne religiöse Beteuerung wird in der Weise geleistet, daß der Richter an den Zeugen die Worte richtet:

,,Sie schwören, daß Sie nach bestem Wissen die reine Wahrheit gesagt und nichts verschwiegen haben"

und der Zeuge hierauf die Worte spricht:

,,Ich schwöre es."

[III] Gibt ein Zeuge an, daß er als Mitglied einer Religions- oder Bekenntnisgemeinschaft eine Beteuerungsformel dieser Gemeinschaft verwenden wolle, so kann er diese dem Eid anfügen.

[IV] Der Schwörende soll bei der Eidesleistung die rechte Hand erheben.

---

[1] Über die Anwendung der Vorschrift vgl. 12 zu § 48 OWiG.

§ 66d [Eidesgleiche Bekräftigung]

[I] Gibt ein Zeuge an, daß er aus Glaubens- oder Gewissensgründen keinen Eid leisten wolle, so hat er die Wahrheit der Aussage zu bekräftigen. Die Bekräftigung steht dem Eid gleich; hierauf ist der Zeuge hinzuweisen.

[II] Die Wahrheit der Aussage wird in der Weise bekräftigt, daß der Richter an den Zeugen die Worte richtet:

,,Sie bekräftigen im Bewußtsein ihrer Verantwortung vor Gericht, daß Sie nach bestem Wissen die reine Wahrheit gesagt und nichts verschwiegen haben"

und der Zeuge hierauf spricht:

,,Ja".

[III] § 66c Abs. 3 gilt entsprechend.

§ 66e [Eidesleistung Stummer]

[I] Stumme leisten den Eid in der Weise, daß sie die Worte:

,,Ich schwöre bei Gott dem Allmächtigen und Allwissenden, daß ich nach bestem Wissen die reine Wahrheit bekundet und nichts verschwiegen habe"

niederschreiben und unterschreiben. Stumme, die nicht schreiben können, leisten den Eid mit Hilfe eines Dolmetschers durch Zeichen.

[II] § 66c Abs. 2, 3 und § 66d gelten entsprechend.

§ 67 [Berufung auf den früheren Eid]

Wird der Zeuge, nachdem er eidlich vernommen worden ist, in demselben Vorverfahren oder in demselben Hauptverfahren nochmals vernommen, so kann der Richter statt der nochmaligen Vereidigung den Zeugen die Richtigkeit seiner Aussage unter Berufung auf den früher geleisteten Eid versichern lassen.

§ 68 [Vernehmung zur Person] **VB**

Die Vernehmung beginnt damit, daß der Zeuge über Vornamen und Zunamen, Alter, Stand oder Gewerbe und Wohnort befragt wird. Besteht Anlaß zu der Besorgnis, daß durch die Angabe des Wohnortes in der Hauptverhandlung der Zeuge oder eine andere Person gefährdet wird, so kann der Vorsitzende dem Zeugen gestatten, seinen Wohnort nicht anzugeben. Erforderlichenfalls sind dem Zeugen Fragen über solche Umstände, die seine Glaubwürdigkeit in der vorliegenden Sache betreffen, insbesondere über seine Beziehungen zu dem Beschuldigten oder dem Verletzten, vorzulegen.

§ 68a [Bloßstellen von Zeugen] **VB**

[I] Fragen nach Tatsachen, die dem Zeugen oder einer Person, die im Sinne des § 52 Abs. 1 sein Angehöriger ist, zur Unehre gereichen können, sollen nur gestellt werden, wenn es unerläßlich ist.

[II] Der Zeuge soll nach Vorstrafen nur gefragt werden, wenn ihre Feststellung notwendig ist, um über das Vorliegen die Voraussetzungen des § 60 Nr. 2 oder des § 61 Nr. 4 zu entscheiden oder um seine Glaubwürdigkeit zu beurteilen.

§ 69 [Vernehmung zur Sache] VB

[I] Der Zeuge ist zu veranlassen, das, was ihm von dem Gegenstand seiner Vernehmung bekannt ist, im Zusammenhang anzugeben. Vor seiner Vernehmung ist dem Zeugen der Gegenstand der Untersuchung und die Person des Beschuldigten, sofern ein solcher vorhanden ist, zu bezeichnen.

[II] Zur Aufklärung und zur Vervollständigung der Aussage sowie zur Erforschung des Grundes, auf dem das Wissen des Zeugen beruht, sind nötigenfalls weitere Fragen zu stellen.

[III] Die Vorschrift des § 136a gilt für die Vernehmung des Zeugen entsprechend.

§ 70 [Grundlose Zeugnis- oder Eidesverweigerung][1] VB

[I] Wird das Zeugnis oder die Eidesleistung ohne gesetzlichen Grund verweigert, so werden dem Zeugen die durch die Weigerung verursachten Kosten auferlegt. Zugleich wird gegen ihn ein Ordnungsgeld und für den Fall, daß dieses nicht beigetrieben werden kann, Ordnungshaft festgesetzt.

[II] Auch kann zur Erzwingung des Zeugnisses die Haft angeordnet werden, jedoch nicht über die Zeit der Beendigung des Verfahrens in dem Rechtszug, auch nicht über die Zeit von sechs Monaten hinaus.

[III] Die Befugnis zu diesen Maßregeln steht auch dem Richter im Vorverfahren sowie dem beauftragten und ersuchten Richter zu.

[IV] Sind die Maßregeln erschöpft, so können sie in demselben oder in einem anderen Verfahren, das dieselbe Tat zum Gegenstand hat, nicht wiederholt werden.

§ 71 [Zeugenentschädigung][2]

Der Zeuge wird nach dem Gesetz über die Entschädigung von Zeugen und Sachverständigen entschädigt.

Siebenter Abschnitt. Sachverständige und Augenschein[3]

§ 72 [Anwendung der Zeugenvorschriften] VB

Auf Sachverständige ist der sechste Abschnitt über Zeugen entsprechend anzuwenden, soweit nicht in den nachfolgenden Paragraphen abweichende Vorschriften getroffen sind.

§ 73 [Auswahl] VB

[I] Die Auswahl der zuzuziehenden Sachverständigen und die Bestimmung ihrer Anzahl erfolgt durch den Richter. Er soll mit diesen eine Absprache treffen, innerhalb welcher Frist die Gutachten erstattet werden können.

[II] Sind für gewisse Arten von Gutachten Sachverständige öffentlich bestellt, so sollen andere Personen nur dann gewählt werden, wenn besondere Umstände es fordern.

---

[1] Über die Anwendung im Verfahren der VB vgl. 52–75 zu § 59 OWiG, über das Höchstmaß der Erzwingungshaft vgl. § 48 II OWiG.

[2] Über die Entschädigung von Zeugen im Verfahren der VB vgl. § 59 OWiG; ZSEG vgl. Anh. **A 7.**

[3] Über die Anwendung der Vorschriften über Sachverständige im Verfahren der VB vgl. im einzelnen 1, 76–95 zu § 59 OWiG, über die Anwendung im gerichtlichen Bußgeldverfahren vgl. 25 vor § 67 OWiG.

§ 74 [Ablehnung] VB

I Ein Sachverständiger kann aus denselben Gründen, die zur Ablehnung eines Richters berechtigen, abgelehnt werden. Ein Ablehnungsgrund kann jedoch nicht daraus entnommen werden, daß der Sachverständige als Zeuge vernommen worden ist.

II Das Ablehnungsrecht steht der Staatsanwaltschaft, dem Privatkläger und dem Beschuldigten zu. Die ernannten Sachverständigen sind den zur Ablehnung Berechtigten namhaft zu machen, wenn nicht besondere Umstände entgegenstehen.

III Der Ablehnungsgrund ist glaubhaft zu machen; der Eid ist als Mittel der Glaubhaftmachung ausgeschlossen.

§ 75 [Gutachterpflicht] VB

I Der zum Sachverständigen Ernannte hat der Ernennung Folge zu leisten, wenn er zur Erstattung von Gutachten der erforderten Art öffentlich bestellt ist oder wenn er die Wissenschaft, die Kunst oder das Gewerbe, deren Kenntnis Voraussetzung der Begutachtung ist, öffentlich zum Erwerb ausübt oder wenn er zu ihrer Ausübung öffentlich bestellt oder ermächtigt ist.

II Zur Erstattung des Gutachtens ist auch der verpflichtet, welcher sich hierzu vor Gericht bereit erklärt hat.

§ 76 [Gutachtenverweigerungsrecht] VB

I Dieselben Gründe, die einen Zeugen berechtigen, das Zeugnis zu verweigern, berechtigen einen Sachverständigen zur Verweigerung des Gutachtens. Auch aus anderen Gründen kann ein Sachverständiger von der Verpflichtung zur Erstattung des Gutachtens entbunden werden.

II Für die Vernehmung von Richtern, Beamten und anderen Personen des öffentlichen Dienstes als Sachverständige gelten die besonderen beamtenrechtlichen Vorschriften. Für die Mitglieder der Bundes- oder einer Landesregierung gelten die für sie maßgebenden besonderen Vorschriften.

§ 77 [Ungehorsamsfolgen] VB

I Im Falle des Nichterscheinens oder der Weigerung eines zur Erstattung des Gutachtens verpflichteten Sachverständigen wird diesem auferlegt, die dadurch verursachten Kosten zu ersetzen. Zugleich wird gegen ihn ein Ordnungsgeld festgesetzt. Im Falle wiederholten Ungehorsams kann neben der Auferlegung der Kosten das Ordnungsgeld noch einmal festgesetzt werden.

II Weigert sich ein zur Erstattung des Gutachtens verpflichteter Sachverständiger, nach § 73 Abs. 1 Satz 2 eine angemessene Frist abzusprechen, oder versäumt er die abgesprochene Frist, so kann gegen ihn ein Ordnungsgeld festgesetzt werden. Der Festsetzung des Ordnungsgeldes muß eine Androhung unter Setzung einer Nachfrist vorausgehen. Im Falle wiederholter Fristversäumnis kann das Ordnungsgeld noch einmal festgesetzt werden.

§ 78 [Richterliche Leitung] VB

Der Richter hat, soweit ihm dies erforderlich erscheint, die Tätigkeit der Sachverständigen zu leiten.

§ 79 [Sachverständigeneid]

[I] Der Sachverständige kann nach dem Ermessen des Gerichts vereidigt werden. Auf Antrag der Staatsanwaltschaft, des Angeklagten oder des Verteidigers ist er zu vereidigen.

[II] Der Eid ist nach Erstattung des Gutachtens zu leisten; er geht dahin, daß der Sachverständige das Gutachten unparteiisch und nach bestem Wissen und Gewissen erstattet habe.

[III] Ist der Sachverständige für die Erstattung von Gutachten der betreffenden Art im allgemeinen vereidigt, so genügt die Berufung auf den geleisteten Eid.

§ 80 [Vorbereitung des Gutachtens]   VB

[I] Dem Sachverständigen kann auf sein Verlangen zur Vorbereitung des Gutachtens durch Vernehmung von Zeugen oder des Beschuldigten weitere Aufklärung verschafft werden.

[II] Zu demselben Zweck kann ihm gestattet werden, die Akten einzusehen, der Vernehmung von Zeugen oder des Beschuldigten beizuwohnen und an sie unmittelbar Fragen zu stellen.

§§ 80a, 81 *nicht abgedruckt.*[1]

§ 81a [Körperliche Untersuchung des Beschuldigten, Blutproben][2]
VB

[I] Eine körperliche Untersuchung des Beschuldigten darf zur Feststellung von Tatsachen angeordnet werden, die für das Verfahren von Bedeutung sind. Zu diesem Zweck sind Entnahmen von Blutproben und andere körperliche Eingriffe, die von einem Arzt nach den Regeln der ärztlichen Kunst zu Untersuchungszwecken vorgenommen werden, ohne Einwilligung des Beschuldigten zulässig, wenn kein Nachteil für seine Gesundheit zu befürchten ist.

[II] Die Anordnung steht dem Richter, bei Gefährdung des Untersuchungserfolges durch Verzögerung auch der Staatsanwaltschaft und ihren Hilfsbeamten (§ 152 des Gerichtsverfassungsgesetzes) zu.

§ 81b [Identifizierungsmaßnahmen, Erkennungsdienst][3]   VB

Soweit es für die Zwecke der Durchführung des Strafverfahrens oder für die Zwecke des Erkennungsdienstes notwendig ist, dürfen Lichtbilder und Fingerabdrücke des Beschuldigten auch gegen seinen Willen aufgenommen und Messungen und ähnliche Maßnahmen an ihm vorgenommen werden.

§ 81c [Untersuchung anderer Personen][2]   VB

[I] Andere Personen als Beschuldigte dürfen, wenn sie als Zeugen in Betracht kommen, ohne ihre Einwilligung nur untersucht werden, soweit zur Erforschung der Wahrheit festgestellt werden muß, ob sich an ihrem Körper eine bestimmte Spur oder Folge einer Straftat befindet.

---

[1] Vgl. § 46 III S. 1 OWiG.
[2] Über die Anwendung der Vorschriften im Bußgeldverfahren vgl. 21 ff. zu § 46 OWiG.
[3] Über die Anwendung der Vorschrift vgl. 32 zu § 46 OWiG.

II Bei anderen Personen als Beschuldigten sind Untersuchungen zur Feststellung der Abstammung und die Entnahme von Blutproben ohne Einwilligung des zu Untersuchenden zulässig, wenn kein Nachteil für seine Gesundheit zu befürchten und die Maßnahme zur Erforschung der Wahrheit unerläßlich ist. Die Untersuchungen und die Entnahme von Blutproben dürfen stets nur von einem Arzt vorgenommen werden.

III Untersuchungen oder Entnahmen von Blutproben können aus den gleichen Gründen wie das Zeugnis verweigert werden. Haben Minderjährige oder wegen Geisteskrankheit oder Geistesschwäche entmündigte Personen wegen mangelnder Verstandesreife oder wegen Verstandesschwäche von der Bedeutung ihres Weigerungsrechts keine genügende Vorstellung, so entscheidet der gesetzliche Vertreter; § 52 Abs. 2 Satz 2 und Abs. 3 gilt entsprechend. Ist der gesetzliche Vertreter von der Entscheidung ausgeschlossen (§ 52 Abs. 2 Satz 2) oder aus sonstigen Gründen an einer rechtzeitigen Entscheidung gehindert und erscheint die sofortige Untersuchung oder Entnahme von Blutproben zur Beweissicherung erforderlich, so sind diese Maßnahmen nur auf besondere Anordnung des Richters zulässig. Der die Maßnahmen anordnende Beschluß ist unanfechtbar. Die nach Satz 3 erhobenen Beweise dürfen im weiteren Verfahren nur mit Einwilligung des hierzu befugten gesetzlichen Vertreters verwertet werden.

IV Maßnahmen nach den Absätzen 1 und 2 sind unzulässig, wenn sie dem Betroffenen bei Würdigung aller Umstände nicht zugemutet werden können.

V Die Anordnung steht dem Richter, bei Gefährdung des Untersuchungserfolges durch Verzögerung, von den Fällen des Absatzes 3 Satz 3 abgesehen, auch der Staatsanwaltschaft und ihren Hilfsbeamten (§ 152 des Gerichtsverfassungsgesetzes) zu.

VI Bei Weigerung des Betroffenen gilt die Vorschrift des § 70 entsprechend. Unmittelbarer Zwang darf nur auf besondere Anordnung des Richters angewandt werden. Die Anordnung setzt voraus, daß der Betroffene trotz Festsetzung eines Ordnungsgeldes bei der Weigerung beharrt oder daß Gefahr im Verzuge ist.

§ 81d [Untersuchung einer Frau] VB

I Kann die körperliche Untersuchung einer Frau das Schamgefühl verletzen, so wird sie einer Frau oder einem Arzt übertragen. Auf Verlangen der zu untersuchenden Frau soll eine andere Frau oder ein Angehöriger zugelassen werden.

II Diese Vorschrift gilt auch dann, wenn die zu untersuchende Frau in die Untersuchung einwilligt.

§ 82 [Gutachten im Vorverfahren]

Im Vorverfahren hängt es von der Anordnung des Richters ab, ob die Sachverständigen ihr Gutachten schriftlich oder mündlich zu erstatten haben.

§ 83 [Neue Begutachtung] VB

I Der Richter kann eine neue Begutachtung durch dieselben oder durch andere Sachverständige anordnen, wenn er das Gutachten für ungenügend erachtet.

II Der Richter kann die Begutachtung durch einen anderen Sachverständigen anordnen, wenn ein Sachverständiger nach Erstattung des Gutachtens mit Erfolg abgelehnt ist.

III In wichtigeren Fällen kann das Gutachten einer Fachbehörde eingeholt werden.

§ 84 [Sachverständigenentschädigung][1]

Der Sachverständige wird nach dem Gesetz über die Entschädigung von Zeugen und Sachverständigen entschädigt.

§ 85 [Sachverständige Zeugen]   VB

Soweit zum Beweis vergangener Tatsachen oder Zustände, zu deren Wahrnehmung eine besondere Sachkunde erforderlich war, sachkundige Personen zu vernehmen sind, gelten die Vorschriften über den Zeugenbeweis.

§ 86 [Richterlicher Augenschein]

Findet die Einnahme eines richterlichen Augenscheins statt, so ist im Protokoll der vorgefundene Sachbestand festzustellen und darüber Auskunft zu geben, welche Spuren oder Merkmale, deren Vorhandensein nach der besonderen Beschaffenheit des Falles vermutet werden konnte, gefehlt haben.

§§ 87–92 *nicht abgedruckt.*[2]

§ 93 [Schriftvergleichung]   VB

Zur Ermittlung der Echtheit oder Unechtheit eines Schriftstücks sowie zur Ermittlung seines Urhebers kann eine Schriftvergleichung unter Zuziehung von Sachverständigen vorgenommen werden.

Achter Abschnitt. Beschlagnahme, Überwachung des Fernmeldeverkehrs und Durchsuchung[3]

§ 94 [Gegenstand der Beschlagnahme]   VB

I Gegenstände, die als Beweismittel für die Untersuchung von Bedeutung sein können, sind in Verwahrung zu nehmen oder in anderer Weise sicherzustellen.

II Befinden sich die Gegenstände in dem Gewahrsam einer Person und werden sie nicht freiwillig herausgegeben, so bedarf es der Beschlagnahme.

III *nicht abgedruckt.*

§ 95 [Herausgabepflicht]   VB

I Wer einen Gegenstand der vorbezeichneten Art in seinem Gewahrsam hat, ist verpflichtet, ihn auf Erfordern vorzulegen und auszuliefern.

II Im Falle der Weigerung können gegen ihn die in § 70 bestimmten Ordnungs- und Zwangsmittel festgesetzt werden. Das gilt nicht bei Personen, die zur Verweigerung des Zeugnisses berechtigt sind.

---

[1] Über die Entschädigung von Sachverständigen im Verfahren der VB vgl. § 59 OWiG; ZSEG vgl. Anh **A 7**.
[2] Vgl. 8 zu § 46 OWiG.
[3] Über die Anwendung der Vorschriften im Verfahren der VB vgl. 66 ff., 108 ff. vor § 59, im gerichtlichen Bußgeldverfahren vgl. 26 vor § 67 OWiG.

§ 96 [Amtliche Schriftstücke] VB

Die Vorlegung oder Auslieferung von Akten oder anderen in amtlicher Verwahrung befindlichen Schriftstücken durch Behörden und öffentliche Beamte darf nicht gefordert werden, wenn deren oberste Dienstbehörde erklärt, daß das Bekanntwerden des Inhalts dieser Akten oder Schriftstücke dem Wohl des Bundes oder eines deutschen Landes Nachteile bereiten würde.

§ 97 [Beschlagnahmefreie Gegenstände] VB

I Der Beschlagnahme unterliegen nicht

1. schriftliche Mitteilungen zwischen dem Beschuldigten und den Personen, die nach § 52 oder § 53 Abs. 1 Nr. 1 bis 3a das Zeugnis verweigern dürfen;
2. Aufzeichnungen, welche die in § 53 Abs. 1 Nr. 1 bis 3a Genannten über die ihnen vom Beschuldigten anvertrauten Mitteilungen oder über andere Umstände gemacht haben, auf die sich das Zeugnisverweigerungsrecht erstreckt;
3. andere Gegenstände einschließlich der ärztlichen Untersuchungsbefunde, auf die sich das Zeugnisverweigerungsrecht der in § 53 Abs. 1 Nr. 1 bis 3a Genannten erstreckt.

II Diese Beschränkungen gelten nur, wenn die Gegenstände im Gewahrsam der zur Verweigerung des Zeugnisses Berechtigten sind. Der Beschlagnahme unterliegen auch nicht Gegenstände, auf die sich das Zeugnisverweigerungsrecht der Ärzte, Zahnärzte, Apotheker und Hebammen erstreckt, wenn sie im Gewahrsam einer Krankenanstalt sind, sowie Gegenstände, auf die sich das Zeugnisverweigerungsrecht der in § 53 Abs. 1 Nr. 3a genannten Personen erstreckt, wenn sie im Gewahrsam der anerkannten Beratungsstelle nach § 218b Abs. 2 Nr. 1 des Strafgesetzbuches sind. Die Beschränkungen der Beschlagnahme gelten nicht, wenn die zur Verweigerung des Zeugnisses Berechtigten einer Teilnahme oder einer Begünstigung, Strafvereitelung oder Hehlerei verdächtig sind oder wenn es sich um Gegenstände handelt, die durch eine Straftat hervorgebracht oder zur Begehung einer Straftat gebraucht oder bestimmt sind oder die aus einer Straftat herrühren.

III Soweit das Zeugnisverweigerungsrecht der Mitglieder des Bundestages, eines Landtages oder einer zweiten Kammer reicht (§ 53 Abs. 1 Nr. 4), ist die Beschlagnahme von Schriftstücken unzulässig.

IV Die Absätze 1 bis 3 sind entsprechend anzuwenden, soweit die in § 53a Genannten das Zeugnis verweigern dürfen.

V Soweit das Zeugnisverweigerungsrecht der in § 53 Abs. 1 Nr. 5 genannten Personen reicht, ist die Beschlagnahme von Schriftstücken, Ton-, Bild- und Datenträgern, Abbildungen und anderen Darstellungen, die sich im Gewahrsam dieser Personen oder der Redaktion, des Verlages, der Druckerei oder der Rundfunkanstalt befinden, unzulässig. Absatz 2 Satz 3 gilt entsprechend.

§ 98 [Beschlagnahmeanordnung] VB

I Beschlagnahmen dürfen nur durch den Richter, bei Gefahr im Verzug auch durch die Staatsanwaltschaft und ihre Hilfsbeamten (§ 152 des Gerichtsverfassungsgesetzes) angeordnet werden. Die Beschlagnahme nach § 97 Abs. 5 Satz 2 in den Räumen einer Redaktion, eines Verlages, einer Druckerei oder einer Rundfunkanstalt darf nur durch den Richter angeordnet werden.

II 1 Der Beamte, der einen Gegenstand ohne richterliche Anordnung beschlagnahmt hat, soll binnen drei Tagen die richterliche Bestätigung beantragen, wenn bei der Beschlagnahme weder der davon Betroffene noch ein erwachsener Angehöriger anwesend war oder wenn der Betroffene und im Falle seiner Abwesenheit ein erwachsener Angehöriger des Betroffenen gegen die Beschlagnahme ausdrücklichen Widerspruch erhoben hat. Der Betroffene kann jederzeit die richterliche Entscheidung beantragen. Solange die öffentliche Klage noch nicht erhoben ist, entscheidet das Amtsgericht, in dessen Bezirk die Beschlagnahme stattgefunden hat. Hat bereits eine Beschlagnahme, Postbeschlagnahme oder Durchsuchung in einem anderen Bezirk stattgefunden, so entscheidet das Amtsgericht, in dessen Bezirk die Staatsanwaltschaft ihren Sitz hat, die das Ermittlungsverfahren führt. Der Betroffene kann den Antrag auch in diesem Fall bei dem Amtsgericht einreichen, in dessen Bezirk die Beschlagnahme stattgefunden hat. Ist dieses Amtsgericht nach Satz 4 unzuständig, so leitet der Richter den Antrag dem zuständigen Amtsgericht zu. Der Betroffene ist über seine Rechte zu belehren.

III 2 Ist nach erhobener öffentlicher Klage die Beschlagnahme durch die Staatsanwaltschaft oder einen ihrer Hilfsbeamten erfolgt, so ist binnen drei Tagen dem Richter von der Beschlagnahme Anzeige zu machen; die beschlagnahmten Gegenstände sind ihm zur Verfügung zu stellen.

IV 3 Wird eine Beschlagnahme in einem Dienstgebäude oder einer nicht allgemein zugänglichen Einrichtung oder Anlage der Bundeswehr erforderlich, so wird die vorgesetzte Dienststelle der Bundeswehr um ihre Durchführung ersucht. Die ersuchende Stelle ist zur Mitwirkung berechtigt. Des Ersuchens bedarf es nicht, wenn die Beschlagnahme in Räumen vorzunehmen ist, die ausschließlich von anderen Personen als Soldaten bewohnt werden.

§§ 99–101 *nicht abgedruckt.*[4]

§ 101a *(weggefallen)*

§ 102 [Durchsuchung beim Verdächtigen][5]   VB

Bei dem, welcher als Täter oder Teilnehmer einer Straftat oder der Begünstigung, Strafvereitelung oder Hehlerei verdächtig ist, kann eine Durchsuchung der Wohnung und anderer Räume sowie seiner Person und der zu ihm gehörenden Sachen sowohl zum Zweck seiner Ergreifung als auch dann vorgenommen werden, wenn zu vermuten ist, daß die Durchsuchung zur Auffindung von Beweismitteln führen werde.

§ 103 [Durchführung bei anderen Personen][5]   VB

I Bei anderen Personen sind Durchsuchungen nur zur Ergreifung des Beschuldigten oder zur Verfolgung von Spuren einer Straftat oder zur Beschlagnahme bestimmter Gegenstände und nur dann zulässig, wenn Tatsachen vorliegen, aus denen zu schließen ist, daß die gesuchte Person, Spur oder Sache sich in den zu durchsuchenden Räumen befindet. *Satz 2 ... nicht abgedruckt.*

---

[1] Über die Anwendung von § 98 II S. 3 vgl. 88 vor § 59 OWiG.

[2] Über die Anwendung von § 98 III vgl. 28 vor § 59 OWiG.

[3] § 98 IV, angefügt durch Art. 4 Nr. 1 G v. 11. 6. 1957 (BGBl. I 597), gilt nicht im Land Berlin.

[4] Vgl. § 46 III S. 1 OWiG.

[5] Über die Anwendung der Vorschrift vgl. 108 vor § 59 OWiG.

II Die Beschränkungen des Absatzes 1 Satz 1 gelten nicht für Räume, in denen der Beschuldigte ergriffen worden ist oder die er während der Verfolgung betreten hat.

§ 104 [Nächtliche Haussuchung] VB

I Zur Nachtzeit dürfen die Wohnung, die Geschäftsräume und das befriedete Besitztum nur bei Verfolgung auf frischer Tat oder bei Gefahr im Verzug oder dann durchsucht werden, wenn es sich um die Wiederergreifung eines entwichenen Gefangenen handelt.

II Diese Beschränkung gilt nicht für Räume, die zur Nachtzeit jedermann zugänglich oder die der Polizei als Herbergen oder Versammlungsorte bestrafter Personen, als Niederlagen von Sachen, die mittels Straftaten erlangt sind, oder als Schlupfwinkel des Glücksspiels, des unerlaubten Betäubungsmittel- und Waffenhandels oder der Prostitution bekannt sind.

III Die Nachtzeit umfaßt in dem Zeitraum vom ersten April bis dreißigsten September die Stunden von neun Uhr abends bis vier Uhr morgens und in dem Zeitraum vom ersten Oktober bis einunddreißigsten März die Stunden von neun Uhr abends bis sechs Uhr morgens.

§ 105 [Durchsuchungsanordnung, Ausführung] VB

I Durchsuchungen dürfen nur durch den Richter, bei Gefahr im Verzug auch durch die Staatsanwaltschaft und ihre Hilfsbeamten (§ 152 des Gerichtsverfassungsgesetzes) angeordnet werden. *Satz 2 ... nicht abgedruckt.*

II Wenn eine Durchsuchung der Wohnung, der Geschäftsräume oder des befriedeten Besitztums ohne Beisein des Richters oder des Staatsanwalts stattfindet, so sind, wenn möglich, ein Gemeindebeamter oder zwei Mitglieder der Gemeinde, in deren Bezirk die Durchsuchung erfolgt, zuzuziehen. Die als Gemeindemitglieder zugezogenen Personen dürfen nicht Polizeibeamte oder Hilfsbeamte der Staatsanwaltschaft sein.

III 1 Wird eine Durchsuchung in einem Dienstgebäude oder einer nicht allgemein zugänglichen Einrichtung oder Anlage der Bundeswehr erforderlich, so wird die vorgesetzte Dienststelle der Bundeswehr um ihre Durchführung ersucht. Die ersuchende Stelle ist zur Mitwirkung berechtigt. Des Ersuchens bedarf es nicht, wenn die Durchsuchung von Räumen vorzunehmen ist, die ausschließlich von anderen Personen als Soldaten bewohnt werden.

§ 106 [Zuziehung des Inhabers] VB

I Der Inhaber der zu durchsuchenden Räume oder Gegenstände darf der Durchsuchung beiwohnen. Ist er abwesend, so ist, wenn möglich, sein Vertreter oder ein erwachsener Angehöriger, Hausgenosse oder Nachbar zuzuziehen.

II Dem Inhaber oder der in dessen Abwesenheit zugezogenen Person ist in den Fällen des § 103 Abs. 1 der Zweck der Durchsuchung vor deren Beginn bekanntzumachen. Diese Vorschrift gilt nicht für die Inhaber der in § 104 Abs. 2 bezeichneten Räume.

---

1 § 105 III, angefügt als IV durch Art. 4 Nr. 2 G v. 11. 6. 1957 (BGBl. I 597), gilt nicht im Land Berlin.

§ 107 [Mitteilung, Verzeichnis]   VB

Dem von der Durchsuchung Betroffenen ist nach deren Beendigung auf Verlangen eine schriftliche Mitteilung zu machen, die den Grund der Durchsuchung (§§ 102, 103) sowie im Falle des § 102 die Straftat bezeichnen muß. Auch ist ihm auf Verlangen ein Verzeichnis der in Verwahrung oder in Beschlag genommenen Gegenstände, falls aber nichts Verdächtiges gefunden wird, eine Bescheinigung hierüber zu geben.

§ 108 [Zufallsfunde]   VB

Werden bei Gelegenheit einer Durchsuchung Gegenstände gefunden, die zwar in keiner Beziehung zu der Untersuchung stehen, aber auf die Verübung einer anderen Straftat hindeuten, so sind sie einstweilen in Beschlag zu nehmen. Der Staatsanwaltschaft ist hiervon Kenntnis zu geben. *Satz 3 ... nicht abgedruckt.*

§ 109 [Verzeichnis]   VB

Die in Verwahrung oder in Beschlag genommenen Gegenstände sind genau zu verzeichnen und zur Verhütung von Verwechslungen durch amtliche Siegel oder in sonst geeigneter Weise kenntlich zu machen.

§ 110 [Durchsicht von Papieren]   VB

I Die Durchsicht der Papiere des von der Durchsuchung Betroffenen steht der Staatsanwaltschaft zu.

II Andere Beamte sind zur Durchsicht der aufgefundenen Papiere nur dann befugt, wenn der Inhaber die Durchsicht genehmigt. Andernfalls haben sie die Papiere, deren Durchsicht sie für geboten erachten, in einem Umschlag, der in Gegenwart des Inhabers mit dem Amtssiegel zu verschließen ist, an die Staatsanwaltschaft abzuliefern.

III Dem Inhaber der Papiere oder dessen Vertreter ist die Beidrückung seines Siegels gestattet; auch ist er, falls demnächst die Entsiegelung und Durchsicht der Papiere angeordnet wird, wenn möglich, zur Teilnahme aufzufordern.

§§ 111, 111 a *nicht abgedruckt.*[1]

§ 111 b [Sicherstellung von Einziehungsgegenständen pp.]   VB

I Gegenstände und andere Vermögensvorteile können sichergestellt werden, wenn dringende Gründe für die Annahme vorhanden sind, daß die Voraussetzungen für ihren Verfall oder ihre Einziehung vorliegen.

II Besteht der Vermögensvorteil in einem bestimmten Gegenstand oder unterliegt ein Gegenstand der Einziehung, so wird die Sicherstellung durch Beschlagnahme bewirkt (§ 111 c). § 94 Abs. 3 bleibt unberührt. Die §§ 102 bis 110 gelten entsprechend.

III *nicht abgedruckt.*

§ 111 c [Beschlagnahme zur Sicherstellung]   VB

I Die Beschlagnahme einer beweglichen Sache wird in den Fällen des § 111 b dadurch bewirkt, daß die Sache in Gewahrsam genommen oder die Beschlagnahme durch Siegel oder in anderer Weise kenntlich gemacht wird.

---

[1] Vgl. 8 zu § 46 OWiG.

^{II} Die Beschlagnahme eines Grundstückes oder eines Rechtes, das den Vorschriften über die Zwangsvollstreckung in das unbewegliche Vermögen unterliegt, wird dadurch bewirkt, daß ein Vermerk über die Beschlagnahme in das Grundbuch eingetragen wird. Die Vorschriften des Gesetzes über die Zwangsversteigerung und die Zwangsverwaltung über den Umfang der Beschlagnahme bei der Zwangsversteigerung gelten entsprechend.

^{III} Die Beschlagnahme einer Forderung oder eines anderen Vermögensrechtes, das nicht den Vorschriften über die Zwangsvollstreckung in das unbewegliche Vermögen unterliegt, wird durch Pfändung bewirkt. Die Vorschriften der Zivilprozeßordnung über die Zwangsvollstreckung in Forderungen und andere Vermögensrechte sind insoweit sinngemäß anzuwenden. Mit der Beschlagnahme ist die Aufforderung zur Abgabe der in § 840 Abs. 1 der Zivilprozeßordnung bezeichneten Erklärungen zu verbinden.

^{IV} Die Beschlagnahme von Schiffen, Schiffsbauwerken und Luftfahrzeugen, wird nach Absatz 1 bewirkt. Bei solchen Schiffen, Schiffsbauwerken und Luftfahrzeugen, die im Schiffsregister, Schiffsbauregister oder Register für Pfandrechte an Luftfahrzeugen eingetragen sind, ist die Beschlagnahme im Register einzutragen. Nicht eingetragene, aber eintragungsfähige Schiffsbauwerke oder Luftfahrzeuge können zu diesem Zweck zur Eintragung angemeldet werden; die Vorschriften, die bei der Anmeldung durch eine Person, die auf Grund eines vollstreckbaren Titels eine Eintragung in das Register verlangen kann, anzuwenden sind, gelten hierbei entsprechend.

^V Die Beschlagnahme eines Gegenstandes nach den Absätzen 1 bis 4 hat die Wirkung eines Veräußerungsverbotes im Sinne des § 136 des Bürgerlichen Gesetzbuches; das Verbot umfaßt auch andere Verfügungen als Veräußerungen.

^{VI} Eine beschlagnahmte bewegliche Sache kann dem Betroffenen

1. gegen sofortige Erlegung des Wertes zurückgegeben oder
2. unter dem Vorbehalt jederzeitigen Widerrufs zur vorläufigen weiteren Benutzung bis zum Abschluß des Verfahrens überlassen

werden. Der nach Satz 1 Nr. 1 erlegte Betrag tritt an die Stelle der Sache. Die Maßnahme nach Satz 1 Nr. 2 kann davon abhängig gemacht werden, daß der Betroffene Sicherheit leistet oder bestimmte Auflagen erfüllt.

§ 111d [Sicherstellung durch dinglichen Arrest]¹   VB

^I Wegen des Verfalls oder der Einziehung von Wertersatz, wegen einer Geldstrafe oder der voraussichtlich entstehenden Kosten des Strafverfahrens kann der dingliche Arrest angeordnet werden. Wegen einer Geldstrafe und der voraussichtlich entstehenden Kosten darf der Arrest erst angeordnet werden, wenn gegen den Beschuldigten ein auf Strafe lautendes Urteil ergangen ist. Zur Sicherung der Vollstreckungskosten sowie geringfügiger Beträge ergeht kein Arrest.

^{II} Die §§ 917, 920 Abs. 1, §§ 923, 928, 930 bis 932, 934 Abs. 1 der Zivilprozeßordnung gelten sinngemäß.

^{III} Ist der Arrest wegen einer Geldstrafe oder der voraussichtlich entstehenden Kosten angeordnet worden, so ist eine Vollziehungsmaßnahme auf Antrag des Beschuldigten aufzuheben, soweit der Beschuldigte den Pfandgegen-

---

¹ Vgl. hierzu 107 vor § 59 OWiG.

stand zur Aufbringung der Kosten seiner Verteidigung, seines Unterhalts oder des Unterhalts seiner Familie benötigt.

§ 111e [Beschlagnahme- und Arrestanordnung] VB

[I] Zu der Anordnung der Beschlagnahme (§ 111c) und des Arrestes (§ 111d) ist nur der Richter, bei Gefahr im Verzuge auch die Staatsanwaltschaft befugt. Zur Anordnung der Beschlagnahme einer beweglichen Sache (§ 111c Abs. 1) sind bei Gefahr im Verzuge auch die Hilfsbeamten der Staatsanwaltschaft (§ 152 des Gerichtsverfassungsgesetzes) befugt.

[II] Hat die Staatsanwaltschaft die Beschlagnahme oder den Arrest angeordnet, so beantragt sie innerhalb einer Woche die richterliche Bestätigung der Anordnung. Dies gilt nicht, wenn die Beschlagnahme einer beweglichen Sache angeordnet ist. Der Betroffene kann in allen Fällen jederzeit die richterliche Entscheidung beantragen.

[III, IV] *nicht abgedruckt.[1]*

§ 111f [Durchführung der Beschlagnahme, Arrestvollziehung] VB

[I] Die Durchführung der Beschlagnahme (§ 111c) obliegt der Staatsanwaltschaft, bei beweglichen Sachen (§ 111c Abs. 1) auch deren Hilfsbeamten. § 98 Abs. 4 gilt entsprechend.

[II] Die erforderlichen Eintragungen in das Grundbuch sowie in die in § 111c Abs. 4 genannten Register werden auf Ersuchen der Staatsanwaltschaft oder des Gerichts bewirkt, welches die Beschlagnahme angeordnet hat. Entsprechendes gilt für die in § 111c Abs. 4 erwähnten Anmeldungen.

[III] Soweit die Vollziehung des Arrestes nach den Vorschriften über die Pfändung in bewegliche Sachen zu bewirken ist, ist die in § 2 der Justizbeitreibungsordnung bezeichnete Behörde zuständig. Absatz 2 gilt entsprechend. Für die Anordnung der Pfändung eines eingetragenen Schiffes oder Schiffsbauwerkes sowie für die Pfändung einer Forderung ist der Richter, bei Gefahr im Verzuge auch die Staatsanwaltschaft zuständig.

§§ 111g–111i *nicht abgedruckt.*

§ 111k [Herausgabe an den Verletzten] VB

Bewegliche Sachen, die nach § 94 beschlagnahmt oder sonst sichergestellt oder nach § 111c Abs. 1 beschlagnahmt worden sind, sollen dem Verletzten, dem sie durch die Straftat entzogen worden sind, herausgegeben werden, wenn er bekannt ist, Ansprüche Dritter nicht entgegenstehen und die Sachen für Zwecke des Strafverfahrens nicht mehr benötigt werden.

§ 111l [Notveräußerung][2] VB

[I] Gegenstände, die nach § 111c beschlagnahmt worden sind, sowie Gegenstände, die auf Grund eines Arrestes (§ 111d) gepfändet worden sind, dürfen vor der Rechtskraft des Urteils veräußert werden, wenn ihr Verderb oder eine wesentliche Minderung ihres Wertes droht oder ihre Aufbewahrung, Pflege oder Erhaltung mit unverhältnismäßig großen Kosten oder Schwierigkeiten verbunden ist. Der Erlös tritt an die Stelle der Gegenstände.

---

[1] Vgl. hierzu 87 vor § 59 OWiG.
[2] Vgl. hierzu 102ff. vor § 59 OWiG.

II Im vorbereitenden Verfahren wird die Notveräußerung durch die Staatsanwaltschaft angeordnet. Ihren Hilfsbeamten (§ 152 des Gerichtsverfassungsgesetzes) steht diese Befugnis zu, wenn der Gegenstand zu verderben droht, bevor die Entscheidung der Staatsanwaltschaft herbeigeführt werden kann.

III Nach Erhebung der öffentlichen Klage trifft die Anordnung das mit der Hauptsache befaßte Gericht. Der Staatsanwaltschaft steht diese Befugnis zu, wenn der Gegenstand zu verderben droht, bevor die Entscheidung des Gerichts herbeigeführt werden kann; Absatz 2 Satz 2 gilt entsprechend.

IV Der Beschuldigte, der Eigentümer und andere, denen Rechte an der Sache zustehen, sollen vor der Anordnung gehört werden. Die Anordnung sowie Zeit und Ort der Veräußerung sind ihnen, soweit dies ausführbar erscheint, mitzuteilen.

V Die Notveräußerung wird nach den Vorschriften der Zivilprozeßordnung über die Verwertung einer gepfändeten Sache durchgeführt. An die Stelle des Vollstreckungsgerichts (§ 764 der Zivilprozeßordnung) tritt in den Fällen der Absätze 2 und 3 Satz 2 die Staatsanwaltschaft, in den Fällen des Absatzes 3 Satz 1 das mit der Hauptsache befaßte Gericht. Die nach § 825 der Zivilprozeßordnung zulässige Verwertung kann von Amts wegen oder auf Antrag der in Absatz 4 genannten Personen, im Falle des Absatzes 3 Satz 1 auch auf Antrag der Staatsanwaltschaft gleichzeitig mit der Notveräußerung oder nachträglich angeordnet werden.

VII Gegen Anordnungen der Staatsanwaltschaft oder ihrer Hilfsbeamten im vorbereitenden Verfahren (Absätze 2 und 5) kann der Betroffene gerichtliche Entscheidung nach Maßgabe des § 161a Abs. 3 beantragen. Gegen Anordnungen der Staatsanwaltschaft oder ihrer Hilfsbeamten nach Erhebung der öffentlichen Klage (Absatz 3 Satz 2, Absatz 5) kann der Betroffene die Entscheidung des mit der Hauptsache befaßten Gerichts (Absatz 3 Satz 1) beantragen. Das Gericht, in dringenden Fällen der Vorsitzende, kann die Aussetzung der Veräußerung anordnen.

§ 111 m [Schriften und Herstellungsmittel][2] VB

I Die Beschlagnahme eines Druckwerks, einer sonstigen Schrift oder eines Gegenstandes im Sinne des § 74d des Strafgesetzbuches darf nach § 111b Abs. 1 nicht angeordnet werden, wenn ihre nachteiligen Folgen, insbesondere die Gefährdung des öffentlichen Interesses an unverzögerter Verbreitung offenbar außer Verhältnis zu der Bedeutung der Sache stehen.

II Ausscheidbare Teile der Schrift, die nichts Strafbares enthalten, sind von der Beschlagnahme auszuschließen. Die Beschlagnahme kann in der Anordnung weiter beschränkt werden.

III In der Anordnung der Beschlagnahme sind die Stellen der Schrift, die zur Beschlagnahme Anlaß geben, zu bezeichnen.

IV Die Beschlagnahme kann dadurch abgewendet werden, daß der Betroffene den Teil der Schrift, der zur Beschlagnahme Anlaß gibt, von der Vervielfältigung oder der Verbreitung ausschließt.

§ 111 n [Beschlagnahme eines Druckwerkes][2] VB

I Die Beschlagnahme eines periodischen Druckwerks oder eines ihm gleichstehenden Gegenstandes im Sinne des § 74d des Strafgesetzbuches darf nur

---

[1] Der Rechtsbehelf ist im Verfahren der VB nicht anzuwenden; dort gilt § 62 OWiG.
[2] Über die Anwendung im Verfahren der VB vgl. 72 vor § 59 OWiG.

durch den Richter angeordnet werden. Die Beschlagnahme eines anderen Druckwerks oder eines sonstigen Gegenstandes im Sinne des § 74d des Strafgesetzbuches kann bei Gefahr im Verzug auch durch die Staatsanwaltschaft angeordnet werden. Die Anordnung der Staatsanwaltschaft tritt außer Kraft, wenn sie nicht binnen drei Tagen von dem Richter bestätigt wird.

II Die Beschlagnahme ist aufzuheben, wenn nicht binnen zwei Monaten die öffentliche Klage erhoben oder die selbständige Einziehung beantragt ist. Reicht die in Satz 1 bezeichnete Frist wegen des besonderen Umfanges der Ermittlungen nicht aus, so kann das Gericht auf Antrag der Staatsanwaltschaft die Frist um weitere zwei Monate verlängern. Der Antrag kann einmal wiederholt werden.

III Solange weder die öffentliche Klage erhoben noch die selbständige Einziehung beantragt worden ist, ist die Beschlagnahme aufzuheben, wenn die Staatsanwaltschaft es beantragt.

Neunter Abschnitt. Verhaftung und vorläufige Festnahme

§§ 112–116 *nicht abgedruckt.*[1]

§ 116a [Art der Sicherheit]
I Die Sicherheit ist durch Hinterlegung in barem Geld, in Wertpapieren, durch Pfandbestellung oder durch Bürgschaft geeigneter Personen zu leisten.

II, III *nicht abgedruckt.*[1]

§§ 117–131 *nicht abgedruckt.*[1]

9a. Abschnitt. Sonstige Maßnahmen zur Sicherstellung der Strafverfolgung und Strafvollstreckung[2]

§ 132
VB

I Hat der Beschuldigte, der einer Straftat dringend verdächtig ist, im Geltungsbereich dieses Gesetzes keinen festen Wohnsitz oder Aufenthalt, liegen aber die Voraussetzungen eines Haftbefehls nicht vor, so kann, um die Durchführung des Strafverfahrens sicherzustellen, angeordnet werden, daß der Beschuldigte

1. eine angemessene Sicherheit für die zu erwartende Geldstrafe und die Kosten des Verfahrens leistet und
2. eine im Bezirk des zuständigen Gerichts wohnende Person zum Empfang von Zustellungen bevollmächtigt.

§ 116a Abs. 1 gilt entsprechend.

II Die Anordnung dürfen nur der Richter, bei Gefahr im Verzuge auch die Staatsanwaltschaft und ihre Hilfsbeamten (§ 152 des Gerichtsverfassungsgesetzes) treffen.

III Befolgt der Beschuldigte die Anordnung nicht, so können Beförderungsmittel und andere Sachen, die der Beschuldigte mit sich führt und die ihm gehören, beschlagnahmt werden. Die §§ 94 und 98 gelten entsprechend.

---

[1] Vgl. § 46 III S. 1 OWiG.
[2] Über die Anwendung im Verfahren der VB vgl. 127ff. vor § 59 OWiG.

9 b. Abschnitt. Vorläufiges Berufsverbot[1]

§ 132a *nicht abgedruckt.*

Zehnter Abschnitt. Vernehmung des Beschuldigten

§ 133 [Schriftliche Ladung][2] VB

[I] Der Beschuldigte ist zur Vernehmung schriftlich zu laden.

[II] Die Ladung kann unter der Androhung geschehen, daß im Falle des Ausbleibens seine Vorführung erfolgen werde.

§ 134 [Vorführung][2]

[I] *nicht abgedruckt.*

[II] In dem Vorführungsbefehl ist der Beschuldigte genau zu bezeichnen und die ihm zur Last gelegte Straftat sowie der Grund der Vorführung anzugeben.

§ 135 [Unverzügliche Vorführung und Vernehmung]

Der Beschuldigte ist unverzüglich dem Richter vorzuführen und von diesem zu vernehmen. Er darf auf Grund des Vorführungsbefehls nicht länger festgehalten werden als bis zum Ende des Tages, der dem Beginn der Vorführung folgt.

§ 136 [Erste Vernehmung][3] VB

[I] Bei Beginn der ersten Vernehmung ist dem Beschuldigten zu eröffnen, welche Tat ihm zur Last gelegt wird und welche Strafvorschriften in Betracht kommen. Er ist darauf hinzuweisen, daß es ihm nach dem Gesetz freistehe, sich zu der Beschuldigung zu äußern oder nicht zur Sache auszusagen und jederzeit, auch schon vor seiner Vernehmung, einen von ihm zu wählenden Verteidiger zu befragen. Er ist ferner darüber zu belehren, daß er zu seiner Entlastung einzelne Beweiserhebungen beantragen kann. In geeigneten Fällen soll der Beschuldigte auch darauf hingewiesen werden, daß er sich schriftlich äußern kann.

[II] Die Vernehmung soll dem Beschuldigten Gelegenheit geben, die gegen ihn vorliegenden Verdachtsgründe zu beseitigen und die zu seinen Gunsten sprechenden Tatsachen geltend zu machen.

[III] Bei der ersten Vernehmung des Beschuldigten ist zugleich auf die Ermittlung seiner persönlichen Verhältnisse Bedacht zu nehmen.

§ 136a [Verbotene Vernehmungsmittel][4] VB

[I] Die Freiheit der Willensentschließung und der Willensbetätigung des Beschuldigten darf nicht beeinträchtigt werden durch Mißhandlung, durch Ermüdung, durch körperlichen Eingriff, durch Verabreichung von Mitteln, durch Quälerei, durch Täuschung oder durch Hypnose. Zwang darf nur an-

---

[1] Vgl. 8 zu § 46 OWiG.
[2] Über die Anordnung der Vorführung vgl. 33 zu § 46.
[3] Über die Anwendung der Vorschrift im Verfahren der VB vgl. §§ 55, 46 I OWiG iVm § 163a III S. 2 StPO.
[4] Über die Anwendung der Vorschrift im Bußgeldverfahren vgl. 20–23 zu § 55 OWiG.

gewandt werden, soweit das Strafverfahrensrecht dies zuläßt. Die Drohung mit einer nach seinen Vorschriften unzulässigen Maßnahme und das Versprechen eines gesetzlich nicht vorgesehenen Vorteils sind verboten.

II Maßnahmen, die das Erinnerungsvermögen oder die Einsichtsfähigkeit des Beschuldigten beeinträchtigen, sind nicht gestattet.

III Das Verbot der Absätze 1 und 2 gilt ohne Rücksicht auf die Einwilligung des Beschuldigten. Aussagen, die unter Verletzung dieses Verbots zustande gekommen sind, dürfen auch dann nicht verwertet werden, wenn der Beschuldigte der Verwertung zustimmt.

Elfter Abschnitt. Verteidigung[1]

§ 137 [Wahl eines Verteidigers] VB

I Der Beschuldigte kann sich in jeder Lage des Verfahrens des Beistandes eines Verteidigers bedienen. Die Zahl der gewählten Verteidiger darf drei nicht übersteigen.

II Hat der Beschuldigte einen gesetzlichen Vertreter, so kann auch dieser selbständig einen Verteidiger wählen. Absatz 1 Satz 2 gilt entsprechend.

§ 138 [Wahlverteidiger] VB

I Zu Verteidigern können die bei einem deutschen Gericht zugelassenen Rechtsanwälte sowie die Rechtslehrer an deutschen Hochschulen gewählt werden.

II Andere Personen können nur mit Genehmigung des Gerichts und, wenn der Fall einer notwendigen Verteidigung vorliegt und der Gewählte nicht zu den Personen gehört, die zu Verteidigern bestellt werden dürfen, nur in Gemeinschaft mit einer solchen als Wahlverteidiger zugelassen werden.

§ 138a [Ausschließung eines Verteidigers][2] VB

I Ein Verteidiger ist von der Mitwirkung in einem Verfahren auszuschließen, wenn er dringend oder in einem die Eröffnung des Hauptverfahrens rechtfertigenden Grade verdächtig ist, daß er

1. an der Tat, die den Gegenstand der Untersuchung bildet, beteiligt ist,
2. den Verkehr mit dem nicht auf freiem Fuß befindlichen Beschuldigten dazu mißbraucht, Straftaten zu begehen oder die Sicherheit einer Vollzugsanstalt erheblich zu gefährden, oder
3. *nicht abgedruckt.*

II *nicht abgedruckt.*

III Die Ausschließung ist aufzuheben.

1. sobald ihre Voraussetzungen nicht mehr vorliegen, jedoch nicht allein deshalb, weil der Beschuldigte auf freien Fuß gesetzt worden ist,
2. wenn der Verteidiger in einem wegen des Sachverhalts, der zur Ausschließung geführt hat, eröffneten Hauptverfahren freigesprochen oder wenn in einem Urteil des Ehren- oder Berufsgerichts eine schuldhafte Verletzung

---

[1] Über die Anwendung der Vorschriften im Verfahren der VB vgl. zu § 60 OWiG, über die Anwendung im gerichtlichen Bußgeldverfahren vgl. 27 vor § 67 OWiG.
[2] Über die Anwendung der Vorschriften im Verfahren der VB vgl. 18ff. zu § 60 OWiG.

der Berufspflichten im Hinblick auf diesen Sachverhalt nicht festgestellt wird,

3. wenn nicht spätestens ein Jahr nach der Ausschließung wegen des Sachverhalts, der zur Ausschließung geführt hat, das Hauptverfahren im Strafverfahren oder im ehren- oder berufsgerichtlichen Verfahren eröffnet oder ein Strafbefehl erlassen worden ist.

Eine Ausschließung, die nach Nummer 3 aufzuheben ist, kann befristet, längstens jedoch insgesamt für die Dauer eines weiteren Jahres, aufrechterhalten werden, wenn die besondere Schwierigkeit oder der besondere Umfang der Sache oder ein anderer wichtiger Grund die Entscheidung über die Eröffnung des Hauptverfahrens noch nicht zuläßt.

IV Solange ein Verteidiger ausgeschlossen ist, kann er den Beschuldigten auch in anderen gesetzlich geordneten Verfahren nicht verteidigen. In sonstigen Angelegenheiten darf er den Beschuldigten, der sich nicht auf freiem Fuß befindet, nicht aufsuchen.

V Andere Beschuldigte kann ein Verteidiger, solange er ausgeschlossen ist, in demselben Verfahren nicht verteidigen, in anderen Verfahren dann nicht, wenn diese eine Straftat nach § 129a des Strafgesetzbuches zum Gegenstand haben und die Ausschließung in einem Verfahren erfolgt ist, das ebenfalls eine solche Straftat zum Gegenstand hat. Absatz 4 gilt entsprechend.

§ 138 b *nicht abgedruckt.*

§ 138 c [Verfahren bei Ausschließung]

I Die Entscheidungen nach §§ 138a, 138b trifft das Oberlandesgericht. Werden im vorbereitenden Verfahren die Ermittlungen vom Generalbundesanwalt geführt oder ist das Verfahren vor dem Bundesgerichtshof anhängig, so entscheidet der Bundesgerichtshof. Ist das Verfahren vor einem Senat eines Oberlandesgerichtes oder des Bundesgerichtshofes anhängig, so entscheidet ein anderer Senat.

II Das nach Absatz 1 zuständige Gericht entscheidet nach Erhebung der öffentlichen Klage bis zum rechtskräftigen Abschluß des Verfahrens auf Vorlage des Gerichts, bei dem das Verfahren anhängig ist, sonst auf Antrag der Staatsanwaltschaft. Die Vorlage erfolgt auf Antrag der Staatsanwaltschaft oder von Amts wegen durch Vermittlung der Staatsanwaltschaft. Soll ein Verteidiger ausgeschlossen werden, der Rechtsanwalt ist, so ist eine Abschrift des Antrages der Staatsanwaltschaft nach Satz 1 oder die Vorlage des Gerichts dem Vorstand der Rechtsanwaltskammer mitzuteilen, der der Rechtsanwalt angehört. Er kann sich im Verfahren äußern.

III Das Gericht, bei dem das Verfahren anhängig ist, kann anordnen, daß die Rechte des Verteidigers aus den §§ 147, 148 bis zur Entscheidung des nach Absatz 1 zuständigen Gerichts über die Ausschließung ruhen; es kann das Ruhen dieser Rechte auch für die in § 138a Abs. 4 und 5 bezeichneten Fälle anordnen. Vor Erhebung der öffentlichen Klage und nach rechtskräftigem Abschluß des Verfahrens trifft die Anordnung nach Satz 1 das Gericht, das über die Ausschließung des Verteidigers zu entscheiden hat. Die Anordnung ergeht durch unanfechtbaren Beschluß. Für die Dauer der Anordnung hat das Gericht zur Wahrnehmung der Rechte aus den §§ 147, 148 einen anderen Verteidiger zu bestellen. § 142 gilt entsprechend.

IV Legt das Gericht, bei dem das Verfahren anhängig ist, gemäß Absatz 2 während der Hauptverhandlung vor, so hat es zugleich mit der Vorlage die Hauptverhandlung bis zur Entscheidung durch das nach Absatz 1 zuständige

Gericht zu unterbrechen oder auszusetzen. Die Hauptverhandlung kann bis zu dreißig Tagen unterbrochen werden.

[V] Scheidet der Verteidiger aus eigenem Entschluß oder auf Veranlassung des Beschuldigten von der Mitwirkung in einem Verfahren aus, nachdem gemäß Absatz 2 der Antrag auf Ausschließung gegen ihn gestellt oder die Sache dem zur Entscheidung zuständigen Gericht vorgelegt worden ist, so kann dieses Gericht das Ausschließungsverfahren weiterführen mit dem Ziel der Feststellung, ob die Mitwirkung des ausgeschiedenen Verteidigers in dem Verfahren zulässig ist. Die Feststellung der Unzulässigkeit steht im Sinne der §§ 138a, 138b, 138d der Ausschließung gleich.

[VI] Ist der Verteidiger von der Mitwirkung in dem Verfahren ausgeschlossen worden, so können ihm die durch die Aussetzung verursachten Kosten auferlegt werden. Die Entscheidung hierüber trifft das Gericht, bei dem das Verfahren anhängig ist.

§ 138 d [Mündliche Verhandlung, Rechtsmittel]

[I] Über die Ausschließung des Verteidigers wird nach mündlicher Verhandlung entschieden.

[II] Der Verteidiger ist zu dem Termin der mündlichen Verhandlung zu laden. Die Ladungsfrist beträgt eine Woche; sie kann auf drei Tage verkürzt werden. Die Staatsanwaltschaft, der Beschuldigte und in den Fällen des § 138c Abs. 2 Satz 3 der Vorstand der Rechtsanwaltskammer sind von dem Termin zur mündlichen Verhandlung zu benachrichtigen.

[III] Die mündliche Verhandlung kann ohne den Verteidiger durchgeführt werden, wenn er ordnungsgemäß geladen und in der Ladung darauf hingewiesen worden ist, daß in seiner Abwesenheit verhandelt werden kann.

[IV] In der mündlichen Verhandlung sind die anwesenden Beteiligten zu hören. Den Umfang der Beweisaufnahme bestimmt das Gericht nach pflichtgemäßem Ermessen. Über die Verhandlung ist eine Niederschrift aufzunehmen; die §§ 271 bis 273 gelten entsprechend.

[V] Die Entscheidung ist am Schluß der mündlichen Verhandlung zu verkünden. Ist dies nicht möglich, so ist die Entscheidung spätestens binnen einer Woche zu erlassen.

[VI] Gegen die Entscheidung, durch die ein Verteidiger aus den in § 138a genannten Gründen ausgeschlossen wird oder die einen Fall des § 138b betrifft, ist sofortige Beschwerde zulässig. Dem Vorstand der Rechtsanwaltskammer steht ein Beschwerderecht nicht zu. Eine die Ausschließung des Verteidigers nach § 138a ablehnende Entscheidung ist nicht anfechtbar.

§ 139 [Übertragung auf Referendare]   VB

Der als Verteidiger gewählte Rechtsanwalt kann mit Zustimmung des Angeklagten die Verteidigung einem Rechtskundigen, der die erste Prüfung für den Justizdienst bestanden hat und darin seit mindestens einem Jahr und drei Monaten beschäftigt ist, übertragen.

§ 140 [Notwendige Verteidigung]   VB

[I] Die Mitwirkung eines Verteidigers ist notwendig, wenn

1.–3. *nicht abgedruckt;*[1]

---

[1] Vgl. 23 zu § 60, 27 vor § 67 OWiG.

4. der Beschuldigte taub oder stumm ist;
5. der Beschuldigte sich mindestens drei Monate auf Grund richterlicher Anordnung oder mit richterlicher Genehmigung in einer Anstalt befunden hat und nicht mindestens zwei Wochen vor Beginn der Hauptverhandlung entlassen wird;
6., 7. *nicht abgedruckt;*[1]
8. der bisherige Verteidiger durch eine Entscheidung von der Mitwirkung in dem Verfahren ausgeschlossen ist.

II In anderen Fällen bestellt der Vorsitzende auf Antrag oder von Amts wegen einen Verteidiger, wenn wegen der Schwere der Tat oder wegen der Schwierigkeit der Sach- oder Rechtslage die Mitwirkung eines Verteidigers geboten erscheint oder wenn ersichtlich ist, daß sich der Beschuldigte nicht selbst verteidigen kann.

III Die Bestellung eines Verteidigers nach Absatz 1 Nr. 5 kann aufgehoben werden, wenn der Beschuldigte mindestens zwei Wochen vor Beginn der Hauptverhandlung aus der Anstalt entlassen wird. Die Bestellung des Verteidigers nach § 117 Abs. 4 bleibt unter den in Absatz 1 Nr. 5 bezeichneten Voraussetzungen für das weitere Verfahren wirksam, wenn nicht ein anderer Verteidiger bestellt wird.

§ 141 [Bestellung des Verteidigers] VB

I In den Fällen des § 140 Abs. 1 und 2 wird dem Angeschuldigten, der noch keinen Verteidiger hat, ein Verteidiger bestellt, sobald er gemäß § 201 zur Erklärung über die Anklageschrift aufgefordert worden ist.

II Ergibt sich erst später, daß ein Verteidiger notwendig ist, so wird er sofort bestellt.

III Der Verteidiger kann auch schon während des Vorverfahrens bestellt werden. Die Staatsanwaltschaft beantragt dies, wenn nach ihrer Auffassung in dem gerichtlichen Verfahren die Mitwirkung eines Verteidigers nach § 140 Abs. 1 oder 2 notwendig sein wird. Nach dem Abschluß der Ermittlungen ist er auf Antrag der Staatsanwaltschaft zu bestellen.

IV Über die Bestellung entscheidet der Vorsitzende des Gerichts, das für das Hauptverfahren zuständig oder bei dem das Verfahren anhängig ist.

§ 142 [Auswahl des Verteidigers] VB

I Der zu bestellende Verteidiger wird durch den Vorsitzenden des Gerichts möglichst aus der Zahl der bei einem Gericht des Gerichtsbezirks zugelassenen Rechtsanwälte ausgewählt.

II In den Fällen des § 140 Abs. 1 Nr. 2, 4 und 5 sowie des § 140 Abs. 2 können auch Rechtskundige, welche die vorgeschriebene erste Prüfung für den Justizdienst bestanden haben und darin seit mindestens einem Jahr und drei Monaten beschäftigt sind, für den ersten Rechtszug als Verteidiger bestellt werden, jedoch nicht bei dem Gericht, dessen Richter sie zur Ausbildung überwiesen sind.

§ 143 [Rücknahme der Bestellung] VB

Die Bestellung ist zurückzunehmen, wenn demnächst ein anderer Verteidiger gewählt wird und dieser die Wahl annimmt.

---

[1] Vgl. 23 zu § 60, 27 vor § 67 OWiG.

§ 144 *(weggefallen)*

§ 145 [Ausbleiben des Verteidigers]

I Wenn in einem Falle, in dem die Verteidigung notwendig ist, der Verteidiger in der Hauptverhandlung ausbleibt, sich unzeitig entfernt oder sich weigert, die Verteidigung zu führen, so hat der Vorsitzende dem Angeklagten sogleich einen anderen Verteidiger zu bestellen. Das Gericht kann jedoch auch eine Aussetzung der Verhandlung beschließen.

II Wird der notwendige Verteidiger gemäß § 141 Abs. 2 erst im Laufe der Hauptverhandlung bestellt, so kann das Gericht eine Aussetzung der Verhandlung beschließen.

III Erklärt der neu bestellte Verteidiger, daß ihm die zur Vorbereitung der Verteidigung erforderliche Zeit nicht verbleiben würde, so ist die Verhandlung zu unterbrechen oder auszusetzen.

IV Wird durch die Schuld des Verteidigers eine Aussetzung erforderlich, so sind ihm die hierdurch verursachten Kosten aufzuerlegen.

§ 145a [Zustellungen an den Verteidiger][1]

I Der gewählte Verteidiger, dessen Vollmacht sich bei den Akten befindet, sowie der bestellte Verteidiger gelten als ermächtigt, Zustellungen für den Beschuldigten in Empfang zu nehmen.

II Die Ermächtigung nach Absatz 1 gilt nicht, wenn das Gesetz die Zustellung an den Beschuldigten durch Übergabe vorschreibt (§ 232 Abs. 4).

III Eine Ladung des Beschuldigten darf an den Verteidiger nur zugestellt werden, wenn er in einer bei den Akten befindlichen Vollmacht ausdrücklich zur Empfangnahme von Ladungen ermächtigt ist. § 116a Abs. 3 bleibt unberührt.

IV Wird eine Entscheidung dem Verteidiger nach Absatz 1 zugestellt, so wird der Beschuldigte hiervon unterrichtet; zugleich erhält er formlos eine Abschrift der Entscheidung. Wird eine Entscheidung dem Beschuldigten zugestellt, so wird der Verteidiger hiervon zugleich unterrichtet, auch wenn eine schriftliche Vollmacht bei den Akten nicht vorliegt; dabei erhält er formlos eine Abschrift der Entscheidung.

§ 146 [Kein Gemeinschaftlicher Verteidiger]   VB

Die Verteidigung mehrerer Beschuldigter durch einen gemeinschaftlichen Verteidiger ist unzulässig.

§ 147 [Akteneinsicht]   VB

I Der Verteidiger ist befugt, die Akten, die dem Gericht vorliegen oder diesem im Falle der Erhebung der Anklage vorzulegen wären, einzusehen sowie amtlich verwahrte Beweisstücke zu besichtigen.

II Ist der Abschluß der Ermittlungen noch nicht in den Akten vermerkt, so kann dem Verteidiger die Einsicht in die Akten oder einzelne Aktenstücke sowie die Besichtigung der amtlich verwahrten Beweisstücke versagt werden, wenn sie den Untersuchungszweck gefährden kann.

III Die Einsicht in die Niederschriften über die Vernehmung des Beschuldigten und über solche richterlichen Untersuchungshandlungen, bei denen

---

[1] Im Verfahren der VB vgl. § 51 III OWiG.

dem Verteidiger die Anwesenheit gestattet worden ist oder hätte gestattet werden müssen, sowie in die Gutachten von Sachverständigen darf dem Verteidiger in keiner Lage des Verfahrens versagt werden.

IV Auf Antrag sollen dem Verteidiger, soweit nicht wichtige Gründe entgegenstehen, die Akten mit Ausnahme der Beweisstücke zur Einsichtnahme in seine Geschäftsräume oder in seine Wohnung mitgegeben werden. Die Entscheidung ist nicht anfechtbar.

V Über die Gewährung der Akteneinsicht entscheidet während des vorbereitenden Verfahrens die Staatsanwaltschaft, im übrigen der Vorsitzende des mit der Sache befaßten Gerichts.

VI Ist der Grund für die Versagung der Akteneinsicht nicht vorher entfallen, so hebt die Staatsanwaltschaft die Anordnung spätestens mit dem Abschluß der Ermittlungen auf. Dem Verteidiger ist Mitteilung zu machen, sobald das Recht zur Akteneinsicht wieder uneingeschränkt besteht.

§ 148 [Verkehr des Beschuldigten mit dem Verteidiger]   VB

I Dem Beschuldigten ist, auch wenn er sich nicht auf freiem Fuß befindet, schriftlicher und mündlicher Verkehr mit dem Verteidiger gestattet.

II Befindet sich der Beschuldigte nicht auf freiem Fuß und ist der Gegenstand der Untersuchung eine Straftat nach § 129a des Strafgesetzbuches, so sind Schriftstücke und andere Gegenstände zurückzuweisen, sofern sich der Absender nicht damit einverstanden erklärt, daß sie zunächst einem Richter vorgelegt werden. Das gleiche gilt unter den Voraussetzungen des Satzes 1 für den schriftlichen Verkehr zwischen dem Beschuldigten und einem Verteidiger in einem anderen gesetzlich geordneten Verfahren. Ist der schriftliche Verkehr nach Satz 1 oder 2 zu überwachen, so sind für das Gespräch zwischen dem Beschuldigten und dem Verteidiger Vorrichtungen vorzusehen, die die Übergabe von Schriftstücken und anderen Gegenständen ausschließen.

§ 148a [Durchführung von Überwachungsmaßnahmen]

I Für die Durchführung von Überwachungsmaßnahmen nach § 148 Abs. 2 ist der Richter bei dem Amtsgericht zuständig, in dessen Bezirk die Vollzugsanstalt liegt. Ist eine Anzeige nach § 138 des Strafgesetzbuches zu erstatten, so sind Schriftstücke oder andere Gegenstände, aus denen sich die Verpflichtung zur Anzeige ergibt, vorläufig in Verwahrung zu nehmen; die Vorschriften über die Beschlagnahme bleiben unberührt.

II Der Richter, der mit Überwachungsmaßnahmen betraut ist, darf mit dem Gegenstand der Untersuchung weder befaßt sein noch befaßt werden. Der Richter hat über Kenntnisse, die er bei der Überwachung erlangt, Verschwiegenheit zu bewahren; § 138 des Strafgesetzbuches bleibt unberührt.

§ 149 [Zulassung von Beiständen]   VB

I Der Ehegatte eines Angeklagten ist in der Hauptverhandlung als Beistand zuzulassen und auf sein Verlangen zu hören. Zeit und Ort der Hauptverhandlung sollen ihm rechtzeitig mitgeteilt werden.

II Dasselbe gilt von dem gesetzlichen Vertreter eines Angeklagten.

III Im Vorverfahren unterliegt die Zulassung solcher Beistände dem richterlichen Ermessen.

§ 150 *(weggefallen)*

Zweites Buch. Verfahren im ersten Rechtszug

Erster Abschnitt. Öffentliche Klage

§§ 151–153e *nicht abgedruckt.*[1]

§ 154 [Unwesentliche Nebenstraftaten][2]

[I] Die Staatsanwaltschaft kann von der Verfolgung einer Tat absehen,

1. wenn die Strafe oder die Maßregel der Besserung und Sicherung, zu der die Verfolgung führen kann, neben einer Strafe oder Maßregel der Besserung und Sicherung, die gegen den Beschuldigten wegen einer anderen Tat rechtskräftig verhängt worden ist oder die er wegen einer anderen Tat zu erwarten hat, nicht beträchtlich ins Gewicht fällt oder

2. darüber hinaus, wenn ein Urteil wegen dieser Tat in angemessener Frist nicht zu erwarten ist und wenn eine Strafe oder Maßregel der Besserung und Sicherung, die gegen den Beschuldigten rechtskräftig verhängt worden ist oder die er wegen einer anderen Tat zu erwarten hat, zur Einwirkung auf den Täter und zur Verteidigung der Rechtsordnung ausreichend erscheint.

[II] Ist die öffentliche Klage bereits erhoben, so kann das Gericht auf Antrag der Staatsanwaltschaft das Verfahren in jeder Lage vorläufig einstellen.

[III] Ist das Verfahren mit Rücksicht auf eine wegen einer anderen Tat bereits rechtskräftig erkannte Strafe oder Maßregel der Besserung und Sicherung vorläufig eingestellt worden, so kann es, falls nicht inzwischen Verjährung eingetreten ist, wieder aufgenommen werden, wenn die rechtskräftig erkannte Strafe oder Maßregel der Besserung und Sicherung nachträglich wegfällt.

[IV] Ist das Verfahren mit Rücksicht auf eine wegen einer anderen Tat zu erwartende Strafe oder Maßregel der Besserung und Sicherung vorläufig eingestellt worden, so kann es, falls nicht inzwischen Verjährung eingetreten ist, binnen drei Monaten nach Rechtskraft des wegen der anderen Tat ergehenden Urteils wieder aufgenommen werden.

[V] Hat das Gericht das Verfahren vorläufig eingestellt, so bedarf es zur Wiederaufnahme eines Gerichtsbeschlusses.

§ 154a [Beschränkung der Strafverfolgung][2]

[I] Fallen einzelne abtrennbare Teile einer Tat oder einzelne von mehreren Gesetzesverletzungen, die durch dieselbe Tat begangen worden sind,

1. für die zu erwartende Strafe oder Maßregel der Besserung und Sicherung oder

2. neben einer Strafe oder Maßregel der Besserung und Sicherung, die gegen den Beschuldigten wegen einer anderen Tat rechtskräftig verhängt worden ist oder die er wegen einer anderen Tat zu erwarten hat,

nicht beträchtlich ins Gewicht, so kann die Verfolgung auf die übrigen Teile der Tat oder die übrigen Gesetzesverletzungen beschränkt werden, § 154 Abs. 1 Nr. 2 gilt entsprechend. Die Beschränkung ist aktenkundig zu machen.

---

[1] Vgl. § 47 OWiG.
[2] Vgl. 27 zu § 47 OWiG.

II Nach Einreichung der Anklageschrift kann das Gericht in jeder Lage des Verfahrens mit Zustimmung der Staatsanwaltschaft die Beschränkung vornehmen.

III Das Gericht kann in jeder Lage des Verfahrens ausgeschiedene Teile einer Tat oder Gesetzesverletzungen in das Verfahren wieder einbeziehen. Einem Antrag der Staatsanwaltschaft auf Einbeziehung ist zu entsprechen. Werden ausgeschiedene Teile einer Tat wieder einbezogen, so ist § 265 Abs. 4 entsprechend anzuwenden.

§§ 154b–154e *nicht abgedruckt.*[1]

§ 155 [Umfang der Untersuchung][2]

I Die Untersuchung und Entscheidung erstreckt sich nur auf die in der Klage bezeichnete Tat und auf die durch die Klage beschuldigten Personen.

II Innerhalb dieser Grenzen sind die Gerichte zu einer selbständigen Tätigkeit berechtigt und verpflichtet; insbesondere sind sie bei Anwendung des Strafgesetzes an die gestellten Anträge nicht gebunden.

§ 156 *nicht abgedruckt.*[3]

§ 157 [Begriff des „Angeschuldigten" und „Angeklagten"]

Im Sinne dieses Gesetzes ist
Angeschuldigter der Beschuldigte, gegen den die öffentliche Klage erhoben ist,
Angeklagter der Beschuldigte oder Angeschuldigte, gegen den die Eröffnung des Hauptverfahrens beschlossen ist.

Zweiter Abschnitt. Vorbereitung der öffentlichen Klage

§ 158 [Strafanzeige und -antrag][4]   VB

I Die Anzeige einer Straftat und der Strafantrag können bei der Staatsanwaltschaft, den Behörden und Beamten des Polizeidienstes und den Amtsgerichten mündlich oder schriftlich angebracht werden. Die mündliche Anzeige ist zu beurkunden.

II Bei Straftaten, deren Verfolgung nur auf Antrag eintritt, muß der Antrag bei einem Gericht oder der Staatsanwaltschaft schriftlich oder zu Protokoll, bei einer anderen Behörde schriftlich angebracht werden.

§ 159 *nicht abgedruckt.*

§ 160 [Ermittlungsverfahren]   VB

I *nicht abgedruckt.*[5]

---

[1] Vgl. § 47 OWiG.
[2] Über die Anwendung der Vorschrift im gerichtlichen Verfahren vgl. 28 vor § 67 OWiG.
[3] Über Klagerücknahme vgl. 6–23 zu § 71 OWiG.
[4] Über die Anwendung der Vorschrift im Verfahren der VB vgl. 30–32 vor § 59, 13 zu § 53 OWiG.
[5] Vgl. § 47 I OWiG.

II Die Staatsanwaltschaft hat nicht nur die zur Belastung, sondern auch die zur Entlastung dienenden Umstände zu ermitteln und für die Erhebung der Beweise Sorge zu tragen, deren Verlust zu besorgen ist.[1]

III Die Ermittlungen der Staatsanwaltschaft sollen sich auch auf die Umstände erstrecken, die für die Bestimmung der Rechtsfolgen der Tat von Bedeutung sind.[1] *Satz 2 .... nicht abgedruckt.*[2]

§ 161 [Ermittlungen][3]   VB

Zu dem im vorstehenden Paragraphen bezeichneten Zweck kann die Staatsanwaltschaft von allen öffentlichen Behörden Auskunft verlangen und Ermittlungen jeder Art entweder selbst vornehmen oder durch die Behörden und Beamten des Polizeidienstes vornehmen lassen. Die Behörden und Beamten des Polizeidienstes sind verpflichtet, dem Ersuchen oder Auftrag der Staatsanwaltschaft zu genügen.

§ 161a [Zeugen und Sachverständige vor der StA][4]   VB

I Zeugen und Sachverständige sind verpflichtet, auf Ladung vor der Staatsanwaltschaft zu erscheinen und zur Sache auszusagen oder ihr Gutachten zu erstatten. Soweit nichts anderes bestimmt ist, gelten die Vorschriften des sechsten und siebenten Abschnitts des ersten Buches über Zeugen und Sachverständige entsprechend. Die eidliche Vernehmung bleibt dem Richter vorbehalten.

II Bei unberechtigtem Ausbleiben oder unberechtigter Weigerung eines Zeugen oder Sachverständigen steht die Befugnis zu den in den §§ 51, 70 und 77 vorgesehenen Maßregeln der Staatsanwaltschaft zu. Jedoch bleibt die Festsetzung der Haft dem Richter vorbehalten; zuständig ist das Amtsgericht, in dessen Bezirk die Staatsanwaltschaft ihren Sitz hat, welche die Festsetzung beantragt.

III[5] Gegen die Entscheidung der Staatsanwaltschaft nach Absatz 2 Satz 1 kann gerichtliche Entscheidung beantragt werden. Über den Antrag entscheidet, soweit nicht in § 120 Abs. 3 Satz 1 und § 135 Abs. 2 des Gerichtsverfassungsgesetzes etwas anderes bestimmt ist, das Landgericht, in dessen Bezirk die Staatsanwaltschaft ihren Sitz hat. Die §§ 297 bis 300, 302, 306 bis 309, 311a sowie die Vorschriften über die Auferlegung der Kosten des Beschwerdeverfahrens gelten entsprechend. Die Entscheidung des Gerichts ist nicht anfechtbar.

IV Ersucht eine Staatsanwaltschaft eine andere Staatsanwaltschaft um die Vernehmung eines Zeugen oder Sachverständigen, so stehen die Befugnisse nach Absatz 2 Satz 1 auch der ersuchten Staatsanwaltschaft zu.

§ 162 [Richterliche Untersuchungshandlungen][6]   VB

I Erachtet die Staatsanwaltschaft die Vornahme einer richterlichen Untersuchungshandlung für erforderlich, so stellt sie ihre Anträge bei dem Amtsge-

---

[1] Über die Anwendung des § 160 II, III S. 1 StPO im Verfahren der VB vgl. 53f. vor § 59 OWiG.

[2] Vgl. § 46 III S.2 OWiG.

[3] Über die Anwendung der Vorschrift im Verfahren der VB vgl. 60 vor § 59, 20f. zu § 53 OWiG.

[4] Über die Anwendung der Vorschrift im Verfahren der VB vgl. zu § 59 OWiG.

[5] Die Vorschrift ist im Verfahren der VB nicht anzuwenden; vgl. 72 zu § 59 OWiG.

[6] Über die Anwendung der Vorschriften im Verfahren der VB vgl. 5–9 vor § 59 OWiG.

richt, in dessen Bezirk diese Handlung vorzunehmen ist. Hält sie richterliche Anordnungen für die Vornahme von Untersuchungshandlungen in mehr als einem Bezirk für erforderlich, so stellt sie ihre Anträge bei dem Amtsgericht, in dessen Bezirk sie ihren Sitz hat. Satz 2 gilt nicht für richterliche Vernehmungen sowie dann, wenn die Staatsanwaltschaft den Untersuchungserfolg durch eine Verzögerung für gefährdet erachtet, die durch einen Antrag bei dem nach Satz 2 zuständigen Amtsgericht eintreten würde.

II Die Zuständigkeit des Amtsgerichts wird durch eine nach der Antragstellung eintretende Veränderung der sie begründenden Umstände nicht berührt.

III Der Richter hat zu prüfen, ob die beantragte Handlung nach den Umständen des Falles gesetzlich zulässig ist.

§ 163 *nicht abgedruckt.*[1]

§ 163a [Vernehmungen im Ermittlungsverfahren][2] VB

I Der Beschuldigte ist spätestens vor dem Abschluß der Ermittlungen zu vernehmen, es sei denn, daß das Verfahren zur Einstellung führt. In einfachen Sachen genügt es, daß ihm Gelegenheit gegeben wird, sich schriftlich zu äußern.

II Beantragt der Beschuldigte zu seiner Entlastung die Aufnahme von Beweisen, so sind sie zu erheben, wenn sie von Bedeutung sind.

III[3] Der Beschuldigte ist verpflichtet, auf Ladung vor der Staatsanwaltschaft zu erscheinen. Die §§ 133 bis 136a, 168c Abs. 1 und 5 gelten entsprechend. Über die Rechtmäßigkeit der Vorführung entscheidet auf Antrag des Beschuldigten das Gericht; § 161a Abs. 3 Satz 2 bis 4 ist anzuwenden.

IV Bei der ersten Vernehmung des Beschuldigten durch Beamte des Polizeidienstes ist dem Beschuldigten zu eröffnen, welche Tat ihm zur Last gelegt wird. Im übrigen sind bei der Vernehmung des Beschuldigten durch Beamte des Polizeidienstes § 136 Abs. 1 Satz 2 bis 4, Abs. 2, 3 und § 136a anzuwenden.

V Bei der Vernehmung eines Zeugen oder Sachverständigen durch Beamte des Polizeidienstes sind § 52 Abs. 3, § 55 Abs. 2, § 81c Abs. 3 Satz 2 in Verbindung mit § 52 Abs. 3, § 136a entsprechend anzuwenden.

§ 163b [Identifizierungsmaßnahmen][4] VB

I Ist jemand einer Straftat verdächtig, so können die Staatsanwaltschaft und die Beamten des Polizeidienstes die zur Feststellung seiner Identität erforderlichen Maßnahmen treffen; § 163a Abs. 4 Satz 1 gilt entsprechend. Der Verdächtige darf festgehalten werden, wenn die Identität sonst nicht oder nur unter erheblichen Schwierigkeiten festgestellt werden kann. Unter den Voraussetzungen von Satz 2 sind auch die Durchsuchung der Person des Verdächtigen und der von ihm mitgeführten Sachen sowie die Durchführung erkennungsdienstlicher Maßnahmen zulässig.

II Wenn und soweit dies zur Aufklärung einer Straftat geboten ist, kann auch die Identität einer Person festgestellt werden, die einer Straftat nicht verdächtig ist; § 69 Abs. 1 Satz 2 gilt entsprechend. Maßnahmen der in Ab-

---

[1] Vgl. § 53 OWiG.
[2] Vgl. § 55 OWiG.
[3] Über die Anwendung von § 163a III S. 3 StPO vgl. 33 zu § 46 OWiG.
[4] Über die Anwendung der Vorschriften. Vgl. 139ff. vor § 39 OWiG.

satz 1 Satz 2 bezeichneten Art dürfen nicht getroffen werden, wenn sie zur Bedeutung der Sache außer Verhältnis stehen; Maßnahmen der in Absatz 1 Satz 3 bezeichneten Art dürfen nicht gegen den Willen der betroffenen Person getroffen werden.

§ 163c [Verfahren][1] VB

I Eine von einer Maßnahme nach § 163b betroffene Person darf in keinem Fall länger als zur Feststellung ihrer Identität unerläßlich festgehalten werden. Die festgehaltene Person ist unverzüglich dem Richter bei dem Amtsgericht, in dessen Bezirk sie ergriffen worden ist, zum Zwecke der Entscheidung über Zulässigkeit und Fortdauer der Freiheitsentziehung vorzuführen, es sei denn, daß die Herbeiführung der richterlichen Entscheidung voraussichtlich längere Zeit in Anspruch nehmen würde, als zur Feststellung der Identität notwendig wäre.

II Die festgehaltene Person hat ein Recht darauf, daß ein Angehöriger oder eine Person ihres Vertrauens unverzüglich benachrichtigt wird. Ihr ist Gelegenheit zu geben, einen Angehörigen oder eine Person ihres Vertrauens zu benachrichtigen, es sei denn, daß sie einer Straftat verdächtig ist und der Zweck der Untersuchung durch die Benachrichtigung gefährdet würde.

III Eine Freiheitsentziehung zum Zwecke der Feststellung der Identität darf die Dauer von insgesamt zwölf Stunden nicht überschreiten.

IV Ist die Identität festgestellt, so sind in den Fällen des § 163b Abs. 2 die im Zusammenhang mit der Feststellung angefallenen Unterlagen zu vernichten.

§ 164 [Festnahme von Störern][2] VB

Bei Amtshandlungen an Ort und Stelle ist der Beamte, der sie leitet, befugt, Personen, die seine amtliche Tätigkeit vorsätzlich stören oder sich den von ihm innerhalb seiner Zuständigkeit getroffenen Anordnungen widersetzen, festnehmen und bis zur Beendigung seiner Amtsverrichtungen, jedoch nicht über den nächstfolgenden Tag hinaus, festhalten zu lassen.

§ 165 *nicht abgedruckt.*[3]

§ 166 [Beweisanträge des Beschuldigten][4]

I Wird der Beschuldigte von dem Richter vernommen und beantragt er bei dieser Vernehmung zu seiner Entlastung einzelne Beweiserhebungen, so hat der Richter diese, soweit er sie für erheblich erachtet, vorzunehmen, wenn der Verlust der Beweise zu besorgen ist oder die Beweiserhebung die Freilassung des Beschuldigten begründen kann.

II Der Richter kann, wenn die Beweiserhebung in einem anderen Amtsbezirk vorzunehmen ist, den Richter des letzteren um ihre Vornahme ersuchen.

§ 167 [Weitere Verfügung] VB

In den Fällen der §§ 165 und 166 gebührt der Staatsanwaltschaft die weitere Verfügung.

---

[1] Über die Anwendung der Vorschrift vgl. 139ff. vor § 59 OWiG.
[2] Über die Anwendung der Vorschrift im Verfahren der VB vgl. 126 vor § 59 OWiG.
[3] § 165 StPO hat im Bußgeldverfahren keine Bedeutung, vgl. 10 vor § 59 OWiG.
[4] Über die Anwendung der Vorschrift vgl. 11 vor § 59 OWiG.

§ 168 [Protokollführer][1]

Über jede richterliche Untersuchungshandlung ist ein Protokoll aufzunehmen. Für die Protokollführung ist ein Urkundsbeamter der Geschäftsstelle zuzuziehen; hiervon kann der Richter absehen, wenn er die Zuziehung eines Protokollführers nicht für erforderlich hält. In dringenden Fällen kann der Richter eine von ihm zu vereidigende Person als Protokollführer zuziehen.

§ 168a [Protokoll über richterliche Untersuchungshandlungen][1]

[I] Das Protokoll muß Ort und Tag der Verhandlung sowie die Namen der mitwirkenden und beteiligten Personen angeben und ersehen lassen, ob die wesentlichen Förmlichkeiten des Verfahrens beobachtet sind.

[II] Der Inhalt des Protokolls kann in einer gebräuchlichen Kurzschrift, mit einer Kurzschriftmaschine, mit einem Tonaufnahmegerät oder durch verständliche Abkürzungen vorläufig aufgezeichnet werden. Das Protokoll ist in diesem Fall unverzüglich nach Beendigung der Verhandlung herzustellen. Die vorläufigen Aufzeichnungen sind zu den Akten zu nehmen oder, wenn sie sich nicht dazu eignen, bei der Geschäftsstelle mit den Akten aufzubewahren. Tonaufzeichnungen können gelöscht werden, wenn das Verfahren rechtskräftig abgeschlossen oder sonst beendet ist.

[III] Das Protokoll ist den bei der Verhandlung beteiligten Personen, soweit es sie betrifft, zur Genehmigung vorzulesen oder zur Durchsicht vorzulegen. Die Genehmigung ist zu vermerken. Das Protokoll ist von den Beteiligten zu unterschreiben oder es ist darin anzugeben, weshalb die Unterschrift unterblieben ist. Ist der Inhalt des Protokolls nur vorläufig aufgezeichnet worden, so genügt es, wenn die Aufzeichnungen vorgelesen oder abgespielt werden. In dem Protokoll ist zu vermerken, daß dies geschehen und die Genehmigung erteilt ist oder welche Einwendungen erhoben worden sind. Das Vorlesen oder die Vorlage zur Durchsicht oder das Abspielen kann unterbleiben, wenn die beteiligten Personen, soweit es sie betrifft, nach der Aufzeichnung darauf verzichten; in dem Protokoll ist zu vermerken, daß der Verzicht ausgesprochen worden ist.

[IV] Das Protokoll ist von dem Richter sowie dem Protokollführer zu unterschreiben. Ist der Inhalt des Protokolls ohne Zuziehung eines Protokollführers ganz oder teilweise mit einem Tonaufnahmegerät vorläufig aufgezeichnet worden, so unterschreiben der Richter und derjenige, der das Protokoll hergestellt hat. Letzterer versieht seine Unterschrift mit dem Zusatz, daß er die Richtigkeit der Übertragung bestätigt. Der Nachweis der Unrichtigkeit der Übertragung ist zulässig.

§ 168b [Staatsanwaltliche Untersuchungshandlungen][2]   VB

[I] Das Ergebnis staatsanwaltlicher Untersuchungshandlungen ist aktenkundig zu machen.

[II] Über die Vernehmung des Beschuldigten, der Zeugen und Sachverständigen soll ein Protokoll nach den §§ 168, 168a aufgenommen werden, soweit dies ohne erhebliche Verzögerung der Ermittlungen geschehen kann.

---

[1] Über die Anwendung der Vorschrift vgl. 13 vor § 59 OWiG.
[2] Über die Anwendung der Vorschrift im Verfahren der VB vgl. 4 zu § 55, 17 zu § 59 OWiG.

§ 168 c [Anwesenheit bei richterlicher Vernehmung][1]

[I] Bei der richterlichen Vernehmung des Beschuldigten ist der Staatsanwaltschaft und dem Verteidiger die Anwesenheit gestattet.

[II] Bei der richterlichen Vernehmung eines Zeugen oder Sachverständigen ist der Staatsanwaltschaft, dem Beschuldigten und dem Verteidiger die Anwesenheit gestattet.

[III] Der Richter kann einen Beschuldigten von der Anwesenheit bei der Verhandlung ausschließen, wenn dessen Anwesenheit den Untersuchungszweck gefährden würde. Dies gilt namentlich dann, wenn zu befürchten ist, daß ein Zeuge in Gegenwart des Beschuldigten nicht die Wahrheit sagen werde.

[IV] Hat ein nicht in Freiheit befindlicher Beschuldigter einen Verteidiger, so steht ihm ein Anspruch auf Anwesenheit nur bei solchen Terminen zu, die an der Gerichtsstelle des Ortes abgehalten werden, wo er in Haft ist.

[V] Von den Terminen sind die zur Anwesenheit Berechtigten vorher zu benachrichtigen. Die Benachrichtigung unterbleibt, wenn sie den Untersuchungserfolg gefährden würde. Auf die Verlegung eines Termins wegen Verhinderung haben die zur Anwesenheit Berechtigten keinen Anspruch.

§ 168 d [Anwesenheit bei Augenschein]

[I] Bei der Einnahme eines richterlichen Augenscheins ist der Staatsanwaltschaft, dem Beschuldigten und dem Verteidiger die Anwesenheit bei der Verhandlung gestattet. § 168c Abs. 3 Satz 1, Abs. 4 und 5 gilt entsprechend.

[II] Werden bei der Einnahme eines richterlichen Augenscheins Sachverständige zugezogen, so kann der Beschuldigte beantragen, daß die von ihm für die Hauptverhandlung vorzuschlagenden Sachverständigen zu dem Termin geladen werden, und, wenn der Richter den Antrag ablehnt, sie selbst laden lassen. Den vom Beschuldigten benannten Sachverständigen ist die Teilnahme am Augenschein und an den erforderlichen Untersuchungen insoweit gestattet, als dadurch die Tätigkeit der vom Richter bestellten Sachverständigen nicht behindert wird.

§ 169 *nicht abgedruckt.*

§ 169 a *nicht abgedruckt.*[2]

§§ 169 b, 169 c *(weggefallen)*

§ 170 [Abschluß des Ermittlungsverfahrens][3]   VB

[I] Bieten die Ermittlungen genügenden Anlaß zur Erhebung der öffentlichen Klage, so erhebt die Staatsanwaltschaft sie durch Einreichung einer Anklageschrift bei dem zuständigen Gericht.

[II] Andernfalls stellt die Staatsanwaltschaft das Verfahren ein. Hiervon setzt sie den Beschuldigten in Kenntnis, wenn er als solcher vernommen worden ist oder ein Haftbefehl gegen ihn erlassen war; dasselbe gilt, wenn er um einen Bescheid gebeten hat oder wenn ein besonderes Interesse an der Bekanntgabe ersichtlich ist.

---

[1] Über die Anwendung der Vorschrift vgl. 12 vor § 59 OWiG.
[2] Vgl. § 61 OWiG.
[3] Vgl. §§ 64, 65 OWiG sowie 157–162 vor § 59 OWiG.

§ 171 [Bescheid an den Antragsteller][1] VB

Gibt die Staatsanwaltschaft einem Antrag auf Erhebung der öffentlichen Klage keine Folge oder verfügt sie nach dem Abschluß der Ermittlungen die Einstellung des Verfahrens, so hat sie den Antragsteller unter Angabe der Gründe zu bescheiden ... *Satz 2 nicht abgedruckt.*[2]

§§ 172–177 *nicht abgedruckt.*[2]

Dritter Abschnitt.

§§ 178–197 *(weggefallen)*

Vierter Abschnitt. Entscheidung über die Eröffnung des Hauptverfahrens

§ 199 *(weggefallen)*

§§ 199–204 *nicht abgedruckt.*

§ 205 [Vorläufige Einstellung][3] VB

Steht der Hauptverhandlung für längere Zeit die Abwesenheit des Angeschuldigten oder ein anderes in seiner Person liegendes Hindernis entgegen, so kann das Gericht das Verfahren durch Beschluß vorläufig einstellen. Der Vorsitzende sichert, soweit nötig, die Beweise.

§ 206 *nicht abgedruckt.*

§ 206a [Einstellung bei Verfahrenshindernis][4]

[I] Stellt sich nach Eröffnung des Hauptverfahrens ein Verfahrenshindernis heraus, so kann das Gericht außerhalb der Hauptverhandlung das Verfahren durch Beschluß einstellen.

[II] Der Beschluß ist mit sofortiger Beschwerde anfechtbar.

§ 206b [Änderung des Strafrechts][4]

Wird ein Strafgesetz, das bei der Beendigung der Tat gilt, vor der Entscheidung geändert und hat ein gerichtlich anhängiges Strafverfahren eine Tat zum Gegenstand, die nach dem bisherigen Recht strafbar war, nach dem neuen Recht aber nicht mehr strafbar ist, so stellt das Gericht außerhalb der Hauptverhandlung das Verfahren durch Beschluß ein. Der Beschluß ist mit sofortiger Beschwerde anfechtbar.

§§ 207–212b *nicht abgedruckt.*

---

[1] Über die Anwendung der Vorschrift vgl. 159 vor § 59 OWiG.
[2] Vgl. § 46 III S. 3 OWiG; vgl. aber auch 9 zu § 43 OWiG.
[3] Über die Anwendung der Vorschrift im Verfahren der VB vgl. 48 vor § 59 OWiG.
[4] Über die Anwendung der Vorschriften vgl. 30 vor § 67 OWiG.

Fünfter Abschnitt. Vorbereitung der Hauptverhandlung[1]

§ 213 [Terminsbestimmung]

Der Termin zur Hauptverhandlung wird von dem Vorsitzenden des Gerichts anberaumt.

§ 214 [Ladungen]

[I] Die zur Hauptverhandlung erforderlichen Ladungen ordnet der Vorsitzende an. Die Geschäftsstelle sorgt dafür, daß die Ladungen bewirkt werden.

[II] Ist anzunehmen, daß sich die Hauptverhandlung auf längere Zeit erstreckt, so kann der Vorsitzende die Ladung sämtlicher oder einzelner Zeugen und Sachverständigen zu einem späteren Zeitpunkt als dem Beginn der Hauptverhandlung anordnen.

[III] Der Staatsanwaltschaft steht das Recht der unmittelbaren Ladung weiterer Personen zu.

[IV] Die Staatsanwaltschaft bewirkt die Herbeischaffung der als Beweismittel dienenden Gegenstände. Diese kann auch vom Gericht bewirkt werden.

§ 215 *nicht abgedruckt.*[2]

§ 216 [Ladung des Angeklagten][3]

[I] Die Ladung eines auf freiem Fuß befindlichen Angeklagten geschieht schriftlich unter der Warnung, daß im Falle seines unentschuldigten Ausbleibens seine Verhaftung oder Vorführung erfolgen werde. Die Warnung kann in den Fällen des § 232 unterbleiben.

[II] Der nicht auf freiem Fuß befindliche Angeklagte wird durch Bekanntmachung des Termins zur Hauptverhandlung gemäß § 35 geladen. Dabei ist der Angeklagte zu befragen, ob und welche Anträge er zu seiner Verteidigung für die Hauptverhandlung zu stellen habe.

§ 217 [Ladungsfrist]

[I] Zwischen der Zustellung der Ladung (§ 216) und dem Tag der Hauptverhandlung muß eine Frist von mindestens einer Woche liegen.

[II] Ist die Frist nicht eingehalten worden, so kann der Angeklagte bis zum Beginn seiner Vernehmung zur Sache die Aussetzung der Verhandlung verlangen.

[III] Der Angeklagte kann auf die Einhaltung der Frist verzichten.

§ 218 [Ladung des Verteidigers]

Neben dem Angeklagten ist der bestellte Verteidiger stets, der gewählte Verteidiger dann zu laden, wenn die Wahl dem Gericht angezeigt worden ist. § 217 gilt entsprechend.

---

[1] Über die Anwendung der Vorschriften im gerichtlichen Verfahren vgl. 25–27b zu § 71 OWiG.

[2] Vgl. 25 zu § 71 OWiG.

[3] Wegen des abweichenden Hinweises in der Ladung vgl. 6 zu § 73 sowie § 74 III OWiG.

§ 219 [Beweisanträge des Angeklagten]

[1] Verlangt der Angeklagte die Ladung von Zeugen oder Sachverständigen oder die Herbeischaffung anderer Beweismittel zur Hauptverhandlung, so hat er unter Angabe der Tatsachen, über die der Beweis erhoben werden soll, seine Anträge bei dem Vorsitzenden des Gerichts zu stellen. Die hierauf ergehende Verfügung ist ihm bekanntzumachen.

[II] Beweisanträge des Angeklagten sind, soweit ihnen stattgegeben ist, der Staatsanwaltschaft mitzuteilen.

§ 220 [Ladung durch den Angeklagten]

[1] Lehnt der Vorsitzende den Antrag auf Ladung einer Person ab, so kann der Angeklagte sie unmittelbar laden lassen. Hierzu ist er auch ohne vorgängigen Antrag befugt.

[II] Eine unmittelbar geladene Person ist nur dann zum Erscheinen verpflichtet, wenn ihr bei der Ladung die gesetzliche Entschädigung für Reisekosten und Versäumnis bar dargeboten oder deren Hinterlegung bei der Geschäftsstelle nachgewiesen wird.

[III] Ergibt sich in der Hauptverhandlung, daß die Vernehmung einer unmittelbar geladenen Person zur Aufklärung der Sache dienlich war, so hat das Gericht auf Antrag anzuordnen, daß ihr die gesetzliche Entschädigung aus der Staatskasse zu gewähren ist.

§ 221 [Herbeischaffung von Beweismitteln von Amts wegen]

Der Vorsitzende des Gerichts kann auch von Amts wegen die Herbeischaffung weiterer als Beweismittel dienender Gegenstände anordnen.

§ 222 [Namhaftmachung der Zeugen]

[1] Das Gericht hat die geladenen Zeugen und Sachverständigen der Staatsanwaltschaft und dem Angeklagten rechtzeitig namhaft zu machen und ihren Wohn- oder Aufenthaltsort anzugeben. Macht die Staatsanwaltschaft von ihrem Recht nach § 214 Abs. 3 Gebrauch, so hat sie die geladenen Zeugen und Sachverständigen dem Gericht und dem Angeklagten rechtzeitig namhaft zu machen und deren Wohn- oder Aufenthaltsort anzugeben.

[II] Der Angeklagte hat die von ihm unmittelbar geladenen oder zur Hauptverhandlung zu stellenden Zeugen und Sachverständigen rechtzeitig dem Gericht und der Staatsanwaltschaft namhaft zu machen und ihren Wohn- oder Aufenthaltsort anzugeben.

§ 222a [Mitteilung der Gerichtsbesetzung][1]

[1] Findet die Hauptverhandlung im ersten Rechtszug vor dem Landgericht oder dem Oberlandesgericht statt, so ist spätestens zu Beginn der Hauptverhandlung die Besetzung des Gerichts unter Hervorhebung des Vorsitzenden und hinzugezogener Ergänzungsrichter und Ergänzungsschöffen mitzuteilen. Die Besetzung kann auf Anordnung des Vorsitzenden schon vor der Hauptverhandlung mitgeteilt werden; für den Angeklagten ist die Mitteilung an seinen Verteidiger zu richten. Ändert sich die mitgeteilte Besetzung, so ist dies spätestens zu Beginn der Hauptverhandlung mitzuteilen.

---

[1] Über die Anwendung der Vorschrift vgl. 27a zu § 71 OWiG.

II Ist die Mitteilung der Besetzung oder einer Besetzungsänderung später als eine Woche vor Beginn der Hauptverhandlung zugegangen, so kann das Gericht auf Antrag des Angeklagten, des Verteidigers oder der Staatsanwaltschaft die Hauptverhandlung zur Prüfung der Besetzung unterbrechen, wenn dies spätestens bis zum Beginn der Vernehmung des ersten Angeklagten zur Sache verlangt wird.

III In die für die Besetzung maßgebenden Unterlagen kann für den Angeklagten nur sein Verteidiger oder ein Rechtsanwalt, für den Nebenkläger nur ein Rechtsanwalt Einsicht nehmen.

§ 222 b [Besetzungseinwand][1]

I Ist die Besetzung des Gerichts nach § 222 a mitgeteilt worden, so kann der Einwand, daß das Gericht vorschriftswidrig besetzt sei, nur bis zum Beginn der Vernehmung des ersten Angeklagten zur Sache in der Hauptverhandlung geltend gemacht werden. Die Tatsachen, aus denen sich die vorschriftswidrige Besetzung ergeben soll, sind dabei anzugeben. Alle Beanstandungen sind gleichzeitig vorzubringen. Außerhalb der Hauptverhandlung ist der Einwand schriftlich geltend zu machen; § 345 Abs. 2 und für den Nebenkläger § 390 Abs. 2 gelten entsprechend.

II Über den Einwand entscheidet das Gericht in der für Entscheidungen außerhalb der Hauptverhandlung vorgeschriebenen Besetzung. Hält es den Einwand für begründet, so stellt es fest, daß es nicht vorschriftsmäßig besetzt ist. Führt ein Einwand zu einer Änderung der Besetzung, so ist auf die neue Besetzung § 222 a nicht anzuwenden.

§ 223 [Kommissarische Vernehmung]

I Wenn dem Erscheinen eines Zeugen oder Sachverständigen für die Hauptverhandlung für eine längere oder ungewisse Zeit Krankheit oder Gebrechlichkeit oder andere nicht zu beseitigende Hindernisse entgegenstehen, so kann das Gericht seine Vernehmung durch einen beauftragten oder ersuchten Richter anordnen.

II Dasselbe gilt, wenn einem Zeugen oder Sachverständigen das Erscheinen wegen großer Entfernung nicht zugemutet werden kann.

III Die Vernehmung von Zeugen hat eidlich zu erfolgen, soweit nicht Ausnahmen vorgeschrieben oder zugelassen sind.

§ 224 [Terminsnachricht]

I Von den zum Zweck dieser Vernehmung anberaumten Terminen sind die Staatsanwaltschaft, der Angeklagte und der Verteidiger vorher zu benachrichtigen; ihrer Anwesenheit bei der Vernehmung bedarf es nicht. Die Benachrichtigung unterbleibt, wenn sie den Untersuchungserfolg gefährden würde. Das aufgenommene Protokoll ist der Staatsanwaltschaft und dem Verteidiger vorzulegen.

II Hat ein nicht in Freiheit befindlicher Angeklagter einen Verteidiger, so steht ihm ein Anspruch auf Anwesenheit nur bei solchen Terminen zu, die an der Gerichtsstelle des Ortes abgehalten werden, wo er in Haft ist.

---

[1] Über die Anwendung der Vorschrift vgl. 27a zu § 71 OWiG.

§ 225 [Richterlicher Augenschein]

Ist zur Vorbereitung der Hauptverhandlung noch ein richterlicher Augenschein einzunehmen, so sind die Vorschriften des § 224 anzuwenden.

§ 225a [Abgabe bei Zuständigkeit eines Gerichts höherer Ordnung][1]

[1] Hält ein Gericht vor Beginn einer Hauptverhandlung die sachliche Zuständigkeit eines Gerichts höherer Ordnung für begründet, so legt es die Akten durch Vermittlung der Staatsanwaltschaft diesem vor; § 209a Nr. 2 Buchstabe a gilt entsprechend. Das Gericht, dem die Sache vorgelegt worden ist, entscheidet durch Beschluß darüber, ob es die Sache übernimmt.

[II] Werden die Akten von einem Strafrichter oder einem Schöffengericht einem Gericht höherer Ordnung vorgelegt, so kann der Angeklagte innerhalb einer bei der Vorlage zu bestimmenden Frist die Vornahme einzelner Beweiserhebungen beantragen. Über den Antrag entscheidet der Vorsitzende des Gerichts, dem die Sache vorgelegt worden ist.

[III] In dem Übernahmebeschluß sind der Angeklagte und das Gericht, vor dem die Hauptverhandlung stattfinden soll, zu bezeichnen. § 207 Abs. 2 Nr. 2 bis 4, Abs. 3, 4 gilt entsprechend. Die Anfechtbarkeit des Beschlusses bestimmt sich nach § 210.

[IV] *nicht abgedruckt.*

Sechster Abschnitt. Hauptverhandlung[2]

§ 226 [Ununterbrochene Gegenwart][3]

Die Hauptverhandlung erfolgt in ununterbrochener Gegenwart der zur Urteilsfindung berufenen Personen sowie der Staatsanwaltschaft und eines Urkundsbeamten der Geschäftsstelle.

§ 227 [Mehrere Staatsanwälte und Verteidiger]

Es können mehrere Beamte der Staatsanwaltschaft und mehrere Verteidiger in der Hauptverhandlung mitwirken und ihre Verrichtungen unter sich teilen.

§ 228 [Aussetzung, Unterbrechung][4]

[I] Über die Aussetzung einer Hauptverhandlung oder deren Unterbrechung nach § 229 Abs. 2 entscheidet das Gericht. Kürzere Unterbrechungen ordnet der Vorsitzende an.

[II] Eine Verhinderung des Verteidigers gibt, unbeschadet der Vorschrift des § 145, dem Angeklagten kein Recht, die Aussetzung der Verhandlung zu verlangen.

[III] Ist die Frist des § 217 Abs. 1 nicht eingehalten worden, so soll der Vorsitzende den Angeklagten mit der Befugnis, Aussetzung der Verhandlung zu verlangen, bekanntmachen.

---

[1] Über die Anwendung der Vorschrift vgl. 27b zu § 71 OWiG.
[2] Über die Anwendung der Vorschriften im gerichtlichen Verfahren vgl. 28–55 zu § 71 OWiG.
[3] Wegen der Teilnahme der StA, des Betroffenen und des Verteidigers vgl. § 73 I, 5 ff. zu § 73, § 75 I OWiG sowie 28 zu § 71 OWiG.
[4] Über die Anwendung der Vorschrift vgl. 29–31 zu § 71 OWiG.

§ 229 [Dauer der Unterbrechung][1]

[1] Eine Hauptverhandlung darf bis zu zehn Tagen unterbrochen werden.

[II] Hat die Hauptverhandlung bereits an mindestens zehn Tagen stattgefunden, so darf sie unbeschadet der Vorschrift des Absatzes 1 einmal auch bis zu dreißig Tagen unterbrochen werden. Ist die Hauptverhandlung sodann an mindestens zehn Tagen fortgesetzt worden, so darf sie ein zweites Mal nach Satz 1 unterbrochen werden.

[III] Wird die Hauptverhandlung nicht spätestens am Tage nach Ablauf der in Absatz 1 oder 2 bezeichneten Frist fortgesetzt, so ist mit ihr von neuem zu beginnen. Ist der Tag nach Ablauf der Frist ein Sonntag, ein allgemeiner Feiertag oder ein Sonnabend, so kann die Hauptverhandlung am nächsten Werktag fortgesetzt werden.

§ 230 [Ausbleiben des Angeklagten]

[1] Gegen einen ausgebliebenen Angeklagten findet eine Hauptverhandlung nicht statt.[2]

[II] *nicht abgedruckt.*[3]

§ 231 [Anwesenheitspflicht des Angeklagten]

[1] Der erschienene Angeklagte darf sich aus der Verhandlung nicht entfernen. Der Vorsitzende kann die geeigneten Maßregeln treffen, um die Entfernung zu verhindern; auch kann er den Angeklagten während einer Unterbrechung der Verhandlung in Gewahrsam halten lassen.[4]

[II] *nicht abgedruckt.*[5]

§ 231a [Abwesenheit des Angeklagten wegen Herbeiführung der Verhandlungsunfähigkeit][6]

[1] Hat sich der Angeklagte vorsätzlich und schuldhaft in einen seine Verhandlungsfähigkeit ausschließenden Zustand versetzt und verhindert er dadurch wissentlich die ordnungsmäßige Durchführung oder Fortsetzung der Hauptverhandlung in seiner Gegenwart, so wird die Hauptverhandlung, wenn er noch nicht über die Anklage vernommen war, in seiner Abwesenheit durchgeführt oder fortgesetzt, soweit das Gericht seine Anwesenheit nicht für unerläßlich hält. Nach Satz 1 ist nur zu verfahren, wenn der Angeklagte nach Eröffnung des Hauptverfahrens Gelegenheit gehabt hat, sich vor dem Gericht oder einem beauftragten Richter zur Anklage äußern.

[II] Sobald der Angeklagte wieder verhandlungsfähig ist, hat ihn der Vorsitzende, solange mit der Verkündung des Urteils noch nicht begonnen worden ist, von dem wesentlichen Inhalt dessen zu unterrichten, was in seiner Abwesenheit verhandelt worden ist.

---

[1] Über die Anwendung der Vorschrift vgl. 29–31 zu § 71 OWiG.

[2] § 230 I StPO ist nur bei entschuldigtem Ausbleiben des Betroffenen anwendbar; vgl. 7 ff. zu § 73 OWiG.

[3] Vgl. § 73 I, § 74 II S. 2 OWiG.

[4] § 231 I StPO ist nur anwendbar, wenn das persönliche Erscheinen der Betroffenen angeordnet ist; vgl. 37 ff. zu § 74 OWiG.

[5] Vgl. § 74 II OWiG.

[6] Über die Anwendung der Vorschrift vgl. 28 zu § 71 OWiG.

III Die Verhandlung in Abwesenheit des Angeklagten nach Absatz 1 beschließt das Gericht nach Anhörung eines Arztes als Sachverständigen. Der Beschluß kann bereits vor Beginn der Hauptverhandlung gefaßt werden. Gegen den Beschluß ist sofortige Beschwerde zulässig; sie hat aufschiebende Wirkung. Eine bereits begonnene Hauptverhandlung ist bis zur Entscheidung über die sofortige Beschwerde zu unterbrechen; die Unterbrechung darf, auch wenn die Voraussetzungen des § 229 Abs. 2 nicht vorliegen, bis zu dreißig Tagen dauern.

IV Dem Angeklagten, der keinen Verteidiger hat, ist ein Verteidiger zu bestellen, sobald eine Verhandlung ohne den Angeklagten nach Absatz 1 in Betracht kommt.

§ 231b [Abwesenheit wegen ordnungswidrigen Benehmens][1]

I Wird der Angeklagte wegen ordnungswidrigen Benehmens aus dem Sitzungszimmer entfernt oder zur Haft abgeführt (§ 177 des Gerichtsverfassungsgesetzes), so kann in seiner Abwesenheit verhandelt werden, wenn das Gericht seine fernere Anwesenheit nicht für unerläßlich hält und solange zu befürchten ist, daß die Anwesenheit des Angeklagten den Ablauf der Hauptverhandlung in schwerwiegender Weise beeinträchtigen würde. Dem Angeklagten ist in jedem Fall Gelegenheit zu geben, sich zur Anklage zu äußern.

II Sobald der Angeklagte wieder vorgelassen ist, ist nach § 231 a Abs. 2 zu verfahren.

§§ 231c-234 *nicht abgedruckt.*[2]

§ 235 [Wiedereinsetzung in den vorigen Stand][3]

Hat die Hauptverhandlung gemäß § 232 ohne den Angeklagten stattgefunden, so kann er gegen das Urteil binnen einer Woche nach seiner Zustellung die Wiedereinsetzung in den vorigen Stand unter den gleichen Voraussetzungen wie gegen die Versäumung einer Frist nachsuchen; hat er von der Ladung zur Hauptverhandlung keine Kenntnis erlangt, so kann er stets die Wiedereinsetzung in den vorigen Stand beanspruchen. Hierüber ist der Angeklagte bei der Zustellung des Urteils zu belehren.

§ 236 *nicht abgedruckt.*[4]

§ 237 [Verbindung von Strafsachen][5]

Das Gericht kann im Falle eines Zusammenhangs zwischen mehreren bei ihm anhängigen Strafsachen ihre Verbindung zum Zwecke gleichzeitiger Verhandlung anordnen, auch wenn dieser Zusammenhang nicht der in § 3 bezeichnete ist.

§ 238 [Verhandlungsleitung]

I Die Leitung der Verhandlung, die Vernehmung des Angeklagten und die Aufnahme des Beweises erfolgt durch den Vorsitzenden.

---

[1] Über die Anwendung der Vorschrift vgl. 28 zu § 71 OWiG.
[2] Vgl. §§ 73, 74 OWiG sowie 28 zu § 71 OWiG.
[3] Über die Anwendung der Vorschrift vgl. § 74 IV OWiG.
[4] Vgl. § 73 II, § 74 II S. 2 OWiG.
[5] Über die Anwendung der Vorschrift vgl. 32 zu § 71 OWiG.

[II] Wird eine auf die Sachleitung bezügliche Anordnung des Vorsitzenden von einer bei der Verhandlung beteiligten Person als unzulässig beanstandet, so entscheidet das Gericht.

§ 239 [Kreuzverhör]

[I] Die Vernehmung der von der Staatsanwaltschaft und dem Angeklagten benannten Zeugen und Sachverständigen ist der Staatsanwaltschaft und dem Verteidiger auf deren übereinstimmenden Antrag von dem Vorsitzenden zu überlassen. Bei den von der Staatsanwaltschaft benannten Zeugen und Sachverständigen hat diese, bei den von dem Angeklagten benannten der Verteidiger in erster Reihe das Recht zur Vernehmung.

[II] Der Vorsitzende hat auch nach dieser Vernehmung die ihm zur weiteren Aufklärung der Sache erforderlich scheinenden Fragen an die Zeugen und Sachverständigen zu richten.

§ 240 [Fragerecht]

[I] Der Vorsitzende hat den beisitzenden Richtern auf Verlangen zu gestatten, Fragen an den Angeklagten, die Zeugen und die Sachverständigen zu stellen.

[II] Dasselbe hat der Vorsitzende der Staatsanwaltschaft, dem Angeklagten und dem Verteidiger sowie den Schöffen zu gestatten. Die unmittelbare Befragung eines Angeklagten durch einen Mitangeklagten ist unzulässig.

§ 241 [Zurückweisung von Fragen]

[I] Dem, welcher im Falle des § 239 Abs. 1 die Befugnis der Vernehmung mißbraucht, kann sie von dem Vorsitzenden entzogen werden.

[II] In den Fällen des § 239 Abs. 1 und des § 240 Abs. 2 kann der Vorsitzende ungeeignete oder nicht zur Sache gehörende Fragen zurückweisen.

§ 241a [Vernehmung von jugendlichen Zeugen]

[I] Die Vernehmung von Zeugen unter sechzehn Jahren wird allein von dem Vorsitzenden durchgeführt.

[II] Die in § 240 Abs. 1 und Abs. 2 Satz 1 bezeichneten Personen können verlangen, daß der Vorsitzende den Zeugen weitere Fragen stellt. Der Vorsitzende kann diesen Personen eine unmittelbare Befragung der Zeugen gestatten, wenn nach pflichtgemäßem Ermessen ein Nachteil für das Wohl des Zeugen nicht zu befürchten ist.

[III] § 241 Abs. 2 gilt entsprechend.

§ 242 [Zweifel über Zulässigkeit von Fragen]

Zweifel über die Zulässigkeit einer Frage entscheidet in allen Fällen das Gericht.

§ 243 [Gang der Hauptverhandlung][1]

[I] Die Hauptverhandlung beginnt mit dem Aufruf der Sache. Der Vorsitzende stellt fest, ob der Angeklagte und der Verteidiger anwesend und die Beweismittel herbeigeschafft, insbesondere die geladenen Zeugen und Sachverständigen erschienen sind.

---

[1] Vgl. 34–37 zu § 71 OWiG.

II Die Zeugen verlassen den Sitzungssaal. Der Vorsitzende vernimmt den Angeklagten über seine persönlichen Verhältnisse.

III Darauf verliest der Staatsanwalt den Anklagesatz.[1] . . . *Sätze 2 bis 4 nicht abgedruckt.*

IV Sodann wird der Angeklagte darauf hingewiesen, daß es ihm freistehe, sich zu der Anklage zu äußern oder nicht zur Sache auszusagen. Ist der Angeklagte zur Äußerung bereit, so wird er nach Maßgabe des § 136 Abs. 2 zur Sache vernommen. Vorstrafen des Angeklagten sollen nur insoweit festgestellt werden, als sie für die Entscheidung von Bedeutung sind. Wann sie festgestellt werden, bestimmt der Vorsitzende.

§ 244 [Beweisaufnahme][2]

I Nach der Vernehmung des Angeklagten folgt die Beweisaufnahme.

II Das Gericht hat zur Erforschung der Wahrheit die Beweisaufnahme von Amts wegen auf alle Tatsachen und Beweismittel zu erstrecken, die für die Entscheidung von Bedeutung sind.

III Ein Beweisantrag ist abzulehnen, wenn die Erhebung des Beweises unzulässig ist. Im übrigen darf ein Beweisantrag nur abgelehnt werden, wenn eine Beweiserhebung wegen Offenkundigkeit überflüssig ist, wenn die Tatsache, die bewiesen werden soll, für die Entscheidung ohne Bedeutung oder schon erwiesen ist, wenn das Beweismittel völlig ungeeignet oder wenn es unerreichbar ist, wenn der Antrag zum Zweck der Prozeßverschleppung gestellt ist oder wenn eine erhebliche Behauptung, die zur Entlastung des Angeklagten bewiesen werden soll, so behandelt werden kann, als wäre die behauptete Tatsache wahr.

IV Ein Beweisantrag auf Vernehmung eines Sachverständigen kann, soweit nichts anderes bestimmt ist, auch abgelehnt werden, wenn das Gericht selbst die erforderliche Sachkunde besitzt. Die Anhörung eines weiteren Sachverständigen kann auch dann abgelehnt werden, wenn durch das frühere Gutachten das Gegenteil der behaupteten Tatsache bereits erwiesen ist; dies gilt nicht, wenn die Sachkunde des früheren Gutachters zweifelhaft ist, wenn sein Gutachten von unzutreffenden tatsächlichen Voraussetzungen ausgeht, wenn das Gutachten Widersprüche enthält oder wenn der neue Sachverständige über Forschungsmittel verfügt, die denen eines früheren Gutachters überlegen erscheinen.

V Ein Beweisantrag auf Einnahme eines Augenscheins kann abgelehnt werden, wenn der Augenschein nach dem pflichtgemäßen Ermessen des Gerichts zur Erforschung der Wahrheit nicht erforderlich ist.

VI Die Ablehnung eines Beweisantrages bedarf eines Gerichtsbeschlusses.[3]

§ 245 [Umfang der Beweisaufnahme][2]

I Die Beweisaufnahme ist auf alle vom Gericht vorgeladenen und auch erschienenen Zeugen und Sachverständigen sowie auf die sonstigen nach § 214 Abs. 4 vom Gericht oder der Staatsanwaltschaft herbeigeschafften Beweismittel zu erstrecken, es sei denn, daß die Beweiserhebung unzulässig ist. Von der

---

[1] Vgl. 2, 35 zu § 71 OWiG.
[2] Vgl. § 77 OWiG sowie 35 zu § 71 OWiG.
[3] Anwendung zweifelhaft; vgl. 18 zu § 77 OWiG.

Erhebung einzelner Beweise kann abgesehen werden, wenn die Staatsanwaltschaft, der Verteidiger und der Angeklagte damit einverstanden sind.

II Zu einer Erstreckung der Beweisaufnahme auf die vom Angeklagten oder der Staatsanwaltschaft vorgeladenen und auch erschienenen Zeugen und Sachverständigen sowie auf die sonstigen herbeigeschafften Beweismittel ist das Gericht nur verpflichtet, wenn ein Beweisantrag gestellt wird. Der Antrag ist abzulehnen, wenn die Beweiserhebung unzulässig ist. Im übrigen darf er nur abgelehnt werden, wenn die Tatsache, die bewiesen werden soll, schon erwiesen oder offenkundig ist, wenn zwischen ihr und dem Gegenstand der Urteilsfindung kein Zusammenhang besteht, wenn das Beweismittel völlig ungeeignet ist oder wenn der Antrag zum Zwecke der Prozeßverschleppung gestellt ist.

§ 246 [Verspäteter Beweisantrag]

I Eine Beweiserhebung darf nicht deshalb abgelehnt werden, weil das Beweismittel oder die zu beweisende Tatsache zu spät vorgebracht worden sei.

II Ist jedoch ein zu vernehmender Zeuge oder Sachverständiger dem Gegner des Antragstellers so spät namhaft gemacht oder eine zu beweisende Tatsache so spät vorgebracht worden, daß es dem Gegner an der zur Einziehung von Erkundigungen erforderlichen Zeit gefehlt hat, so kann er bis zum Schluß der Beweisaufnahme die Aussetzung der Hauptverhandlung zum Zweck der Erkundigung beantragen.

III Dieselbe Befugnis haben die Staatsanwaltschaft und der Angeklagte bei den auf Anordnung des Vorsitzenden oder des Gerichts geladenen Zeugen oder Sachverständigen.

IV Über die Anträge entscheidet das Gericht nach freiem Ermessen.

§ 246 a nicht abgedruckt.[1]

§ 247 [Entfernung des Angeklagten][2]

Das Gericht kann anordnen, daß sich der Angeklagte während einer Vernehmung aus dem Sitzungszimmer entfernt, wenn zu befürchten ist, ein Mitangeklagter oder ein Zeuge werde bei seiner Vernehmung in Gegenwart des Angeklagten die Wahrheit nicht sagen. Das gleiche gilt, wenn eine Person unter sechzehn Jahren als Zeuge zu vernehmen ist und die Vernehmung in Gegenwart des Angeklagten einen erheblichen Nachteil für das Wohl des Zeugen befürchten läßt. Die Entfernung des Angeklagten kann für die Dauer von Erörterungen über den Zustand des Angeklagten und die Behandlungsaussichten angeordnet werden, wenn ein erheblicher Nachteil für seine Gesundheit zu befürchten ist. Der Vorsitzende hat den Angeklagten, sobald dieser wieder anwesend ist, von dem wesentlichen Inhalt dessen zu unterrichten, was während seiner Abwesenheit ausgesagt oder sonst verhandelt worden ist.

§ 248 [Entlassung von Zeugen und Sachverständigen]

Die vernommenen Zeugen und Sachverständigen dürfen sich nur mit Genehmigung oder auf Anweisung des Vorsitzenden von der Gerichtsstelle entfernen. Die Staatsanwaltschaft und der Angeklagte sind vorher zu hören.

---

[1] Vgl. § 46 III S. 1 OWiG.
[2] Über die beschränkte Anwendung der Vorschrift vgl. 28, 38 zu § 71 OWiG.

§ 249 [Verlesung von Schriftstücken][1]

[1] Urkunden und andere als Beweismittel dienende Schriftstücke werden in der Hauptverhandlung verlesen. Dies gilt insbesondere von früher ergangenen Strafurteilen, von Straflisten und von Auszügen aus Kirchenbüchern und Personenstandsregistern und findet auch Anwendung auf Protokolle über die Einnahme des richterlichen Augenscheins.

[II] Von der Verlesung einer Urkunde oder eines anderen als Beweismittel dienenden Schriftstücks kann abgesehen werden, wenn die Staatsanwaltschaft, der Verteidiger und der Angeklagte hierauf verzichten. Der wesentliche Inhalt soll mitgeteilt werden. Die Richter müssen vom Wortlaut Kenntnis genommen haben; Schöffen ist hierzu jedoch erst nach Verlesung des Anklagesatzes Gelegenheit zu geben. Die Beteiligten müssen Gelegenheit gehabt haben, vom Wortlaut Kenntnis zu nehmen. Die Feststellungen hierüber und der Verzicht auf die Verlesung sind in das Protokoll aufzunehmen. Auf Verlesungen nach den §§ 251, 253, 254 und 256 findet Satz 1 keine Anwendung.

§ 250 [Grundsatz der persönlichen Vernehmung]

Beruht der Beweis einer Tatsache auf der Wahrnehmung einer Person, so ist diese in der Hauptverhandlung zu vernehmen. Die Vernehmung darf nicht durch Verlesung des über eine frühere Vernehmung aufgenommenen Protokolls oder einer schriftlichen Erklärung ersetzt werden.

§ 251 [Verlesung von Protokollen][1]

[1] Die Vernehmung eines Zeugen, Sachverständigen oder Mitbeschuldigten darf durch Verlesung der Niederschrift über seine frühere richterliche Vernehmung ersetzt werden, wenn

1. der Zeuge, Sachverständige oder Mitbeschuldigte verstorben oder in Geisteskrankheit verfallen ist oder wenn sein Aufenthalt nicht zu ermitteln ist;
2. dem Erscheinen des Zeugen, Sachverständigen oder Mitbeschuldigten in der Hauptverhandlung für eine längere oder ungewisse Zeit Krankheit, Gebrechlichkeit oder andere nicht zu beseitigende Hindernisse entgegenstehen;
3. dem Zeugen oder Sachverständigen das Erscheinen in der Hauptverhandlung wegen großer Entfernung unter Berücksichtigung der Bedeutung seiner Aussage nicht zugemutet werden kann;
4. der Staatsanwalt, der Verteidiger und der Angeklagte mit der Verlesung einverstanden sind.

[II] Ist ein Zeuge, Sachverständiger oder Mitbeschuldigter verstorben oder kann er aus einem anderen Grund in absehbarer Zeit gerichtlich nicht vernommen werden, so dürfen auch Niederschriften über eine andere Vernehmung sowie Urkunden, die eine von ihm stammende schriftliche Äußerung enthalten, verlesen werden.

[III] Soll die Verlesung anderen Zwecken als unmittelbar der Urteilsfindung, insbesondere zur Vorbereitung der Entscheidung darüber dienen, ob die Ladung und Vernehmung einer Person erfolgen sollen, so dürfen Vernehmungsniederschriften, Urkunden und andere als Beweismittel dienende Schriftstücke auch sonst verlesen werden.

[IV] In den Fällen der Absätze 1 und 2 beschließt das Gericht, ob die Verlesung angeordnet wird. Der Grund der Verlesung wird bekanntgegeben. Wird

---

[1] Vgl. auch 7ff. zu § 77 OWiG.

die Niederschrift über eine richterliche Vernehmung verlesen, so wird festgestellt, ob der Vernommene vereidigt worden ist. Die Vereidigung wird nachgeholt, wenn sie dem Gericht notwendig erscheint und noch ausführbar ist.[1]

§ 252 [Unstatthafte Protokollverlesung]

Die Aussage eines vor der Hauptverhandlungen vernommenen Zeugen, der erst in der Hauptverhandlung von seinem Recht, das Zeugnis zu verweigern, Gebrauch macht, darf nicht verlesen werden.

§ 253 [Vorhalt früherer Aussagen]

[1] Erklärt ein Zeuge oder Sachverständiger, daß er sich einer Tatsache nicht mehr erinnere, so kann der hierauf bezügliche Teil des Protokolls über seine frühere Vernehmung zur Unterstützung seines Gedächtnisses verlesen werden.

[II] Dasselbe kann geschehen, wenn ein in der Vernehmung hervortretender Widerspruch mit der früheren Aussage nicht auf andere Weise ohne Unterbrechung der Hauptverhandlung festgestellt oder behoben werden kann.

§ 254 [Aussagen des Angeklagten][2]

[1] Erklärungen des Angeklagten, die in einem richterlichen Protokoll enthalten sind, können zum Zweck der Beweisaufnahme über ein Geständnis verlesen werden.

[II] Dasselbe kann geschehen, wenn ein in der Vernehmung hervortretender Widerspruch mit der früheren Aussage nicht auf andere Weise ohne Unterbrechung der Hauptverhandlung festgestellt oder behoben werden kann.

§ 255 [Protokollierung der Verlesung]

In den Fällen der §§ 253 und 254 ist die Verlesung und ihr Grund auf Antrag der Staatsanwaltschaft oder des Angeklagten im Protokoll zu erwähnen.

§ 256 [Behördliches Zeugnis oder Gutachten][3]

[1] Die ein Zeugnis oder ein Gutachten enthaltenden Erklärungen öffentlicher Behörden sowie der Ärzte eines gerichtsärztlichen Dienstes mit Ausschluß von Leumundszeugnissen sowie ärztliche Atteste über Körperverletzungen, die nicht zu den schweren gehören, können verlesen werden. Dasselbe gilt für Gutachten über die Auswertung eines Fahrtschreibers, die Bestimmung der Blutgruppe oder des Blutalkoholgehalts einschließlich seiner Rückrechnung sowie für ärztliche Berichte zur Entnahme von Blutproben.

[II] Ist das Gutachten einer kollegialen Fachbehörde eingeholt worden, so kann das Gericht die Behörde ersuchen, eines ihrer Mitglieder mit der Vertretung des Gutachtens in der Hauptverhandlung zu beauftragen und dem Gericht zu bezeichnen.

§ 257 [Befragung des Angeklagten, Erklärungsrecht des Staatsanwalts und des Verteidigers]

[1] Nach der Vernehmung eines jeden Zeugen, Sachverständigen oder Mitangeklagten sowie nach der Verlesung eines jeden Schriftstücks soll der Angeklagte befragt werden, ob er dazu etwas zu erklären habe.

---

[1] Über die Vereidigung vgl. § 48 I OWiG.
[2] Vgl. aber § 74 I OWiG sowie 38 zu § 71 OWiG.
[3] Vgl. auch 10 zu § 77 OWiG.

II Auf Verlangen ist auch dem Staatsanwalt und dem Verteidiger nach der Vernehmung des Angeklagten und nach jeder einzelnen Beweiserhebung Gelegenheit zu geben, sich dazu zu erklären.

III Die Erklärungen dürfen den Schlußvortrag nicht vorwegnehmen.

§ 257a *(weggefallen)*

§ 258 [Schlußvorträge]

I Nach dem Schluß der Beweisaufnahme erhalten der Staatsanwalt und sodann der Angeklagte zu ihren Ausführungen und Anträgen das Wort.

II Dem Staatsanwalt steht das Recht der Erwiderung zu; dem Angeklagten gebührt das letzte Wort.

III Der Angeklagte ist, auch wenn ein Verteidiger für ihn gesprochen hat, zu befragen, ob er selbst noch etwas zu seiner Verteidigung anzuführen habe.

§ 259 [Dolmetscher]

I Einem der Gerichtssprache nicht mächtigen Angeklagten müssen aus den Schlußvorträgen mindestens die Anträge des Staatsanwalts und des Verteidigers durch den Dolmetscher bekanntgemacht werden.

II Dasselbe gilt von einem tauben Angeklagten, sofern nicht eine schriftliche Verständigung erfolgt.

§ 260 [Urteil]

I Die Hauptverhandlung schließt mit der auf die Beratung folgenden Verkündung des Urteils.

II *nicht abgedruckt*.[1]

III Die Einstellung des Verfahrens ist im Urteil auszusprechen, wenn ein Verfahrenshindernis besteht.

IV Die Urteilsformel gibt die rechtliche Bezeichnung der Tat an, deren der Angeklagte schuldig gesprochen wird. Hat ein Straftatbestand eine gesetzliche Überschrift, so soll diese zur rechtlichen Bezeichnung der Tat verwendet werden. ... *Sätze 3 bis 5 nicht abgedruckt*.[1] Im übrigen unterliegt die Fassung der Urteilsformel dem Ermessen des Gerichts.

V Nach der Urteilsformel werden die angewendeten Vorschriften nach Paragraph, Absatz, Nummer, Buchstabe und mit der Bezeichnung des Gesetzes aufgeführt.

§ 261 [Freie Beweiswürdigung][2]

Über das Ergebnis der Beweisaufnahme entscheidet das Gericht nach seiner freien, aus dem Inbegriff der Verhandlung geschöpften Überzeugung.

§ 262 [Zivilrechtliche Vorfragen]

I Hängt die Strafbarkeit einer Handlung von der Beurteilung eines bürgerlichen Rechtsverhältnisses ab, so entscheidet das Strafgericht auch über dieses nach den für das Verfahren und den Beweis in Strafsachen geltenden Vorschriften.

---

[1] Vgl. 40 zu § 71 OWiG.
[2] Vgl. 46–48 zu § 71 OWiG.

[II] Das Gericht ist jedoch befugt, die Untersuchung auszusetzen und einem der Beteiligten zur Erhebung der Zivilklage eine Frist zu bestimmen oder das Urteil des Zivilgerichts abzuwarten.

§ 263 [Abstimmung]

[I] Zu jeder dem Angeklagten nachteiligen Entscheidung über die Schuldfrage und die Rechtsfolgen der Tat ist eine Mehrheit von zwei Dritteln der Stimmen erforderlich.

[II] Die Schuldfrage umfaßt auch solche vom Strafgesetz besonders vorgesehene Umstände, welche die Strafbarkeit ausschließen, vermindern oder erhöhen.

[III] Die Schuldfrage umfaßt nicht die Voraussetzungen der Verjährung.

§ 264 [Gegenstand des Urteils]

[I] Gegenstand der Urteilsfindung ist die in der Anklage bezeichnete Tat, wie sie sich nach dem Ergebnis der Verhandlung darstellt.

[II] Das Gericht ist an die Beurteilung der Tat, die dem Beschluß über die Eröffnung des Hauptverfahrens zugrunde liegt, nicht gebunden.

§ 265 [Veränderung des rechtlichen Gesichtspunktes]

[I] Der Angeklagte darf nicht auf Grund eines anderen als des in der gerichtlich zugelassenen Anklage angeführten Strafgesetzes verurteilt werden, ohne daß er zuvor auf die Veränderung des rechtlichen Gesichtspunktes besonders hingewiesen und ihm Gelegenheit zur Verteidigung gegeben worden ist.

[II] Ebenso ist zu verfahren, wenn sich erst in der Verhandlung vom Strafgesetz besonders vorgesehene Umstände ergeben, welche die Strafbarkeit erhöhen oder die Anordnung einer Maßregel der Besserung und Sicherung rechtfertigen.

[III] Bestreitet der Angeklagte unter der Behauptung, auf die Verteidigung nicht genügend vorbereitet zu sein, neu hervorgetretene Umstände, welche die Anwendung eines schwereren Strafgesetzes gegen den Angeklagten zulassen als des in der gerichtlich zugelassenen Anklage angeführten oder die zu den im zweiten Absatz bezeichneten gehören, so ist auf seinen Antrag die Hauptverhandlung auszusetzen.

[IV] Auch sonst hat das Gericht auf Antrag oder von Amts wegen die Hauptverhandlung auszusetzen, falls dies infolge der veränderten Sachlage zur genügenden Vorbereitung der Anklage oder der Verteidigung angemessen erscheint.

[V] *nicht abgedruckt.*[1]

§§ 265a, 266 *nicht abgedruckt.*[1]

§ 267 [Urteilsgründe]

[I] Wird der Angeklagte verurteilt, so müssen die Urteilsgründe die für erwiesen erachteten Tatsachen angeben, in denen die gesetzlichen Merkmale der Straftat gefunden werden. Soweit der Beweis aus anderen Tatsachen gefolgert

---

[1] Vgl. 40, 52 zu § 71 OWiG.

wird, sollen auch diese Tatsachen angegeben werden. Auf Abbildungen, die sich bei den Akten befinden, kann hierbei wegen der Einzelheiten verwiesen werden.

II Waren in der Verhandlung vom Strafgesetz besonders vorgesehene Umstände behauptet worden, welche die Strafbarkeit ausschließen, vermindern oder erhöhen, so müssen die Urteilsgründe sich darüber aussprechen, ob diese Umstände für festgestellt oder für nicht festgestellt erachtet werden.

III Die Gründe des Strafurteils müssen ferner das zur Anwendung gebrachte Strafgesetz bezeichnen und die Umstände anführen, die für die Zumessung der Strafe bestimmend gewesen sind. ... *Sätze 2 bis 4 nicht abgedruckt.*[1]

IV[2] Verzichten alle zur Anfechtung Berechtigten auf Rechtsmittel oder wird innerhalb der Frist kein Rechtsmittel eingelegt, so müssen die erwiesenen Tatsachen, in denen die gesetzlichen Merkmale der Straftat gefunden werden, und das angewendete Strafgesetz angegeben werden; bei Urteilen des Strafrichters und des Schöffengerichts, die nur auf Geldstrafe lauten oder neben einer Geldstrafe ein Fahrverbot oder die Entziehung der Fahrerlaubnis und damit zusammen die Einziehung des Führerscheins anordnen, kann hierbei auf den zugelassenen Anklagesatz, auf die Anklage gemäß § 212a Abs. 2 Satz 2 oder den Strafbefehl sowie den Strafbefehlsantrag verwiesen werden. Den weiteren Inhalt der Urteilsgründe bestimmt das Gericht unter Berücksichtigung der Umstände des Einzelfalles nach seinem Ermessen. Die Urteilsgründe können innerhalb der in § 275 Abs. 1 Satz 2 vorgesehenen Frist ergänzt werden, wenn gegen die Versäumung der Frist zur Einlegung des Rechtsmittels Wiedereinsetzung in den vorigen Stand gewährt wird.

V Wird der Angeklagte freigesprochen, so müssen die Urteilsgründe ergeben, ob der Angeklagte für nicht überführt oder ob und aus welchen Gründen die für erwiesen angenommene Tat für nicht strafbar erachtet worden ist. Verzichten alle zur Anfechtung Berechtigten auf Rechtsmittel oder wird innerhalb der Frist kein Rechtsmittel eingelegt, so braucht nur angegeben zu werden, ob die dem Angeklagten zur Last gelegte Straftat aus tatsächlichen oder rechtlichen Gründen nicht festgestellt worden ist. Absatz 4 Satz 3 ist anzuwenden.

VI *nicht abgedruckt.*[1]

§ 268 [Urteilsverkündung]

I Das Urteil ergeht im Namen des Volkes.

II Das Urteil wird durch Verlesung der Urteilsformel und Eröffnung der Urteilsgründe verkündet. Die Eröffnung der Urteilsgründe geschieht durch Verlesung oder durch mündliche Mitteilung ihres wesentlichen Inhalts. Die Verlesung der Urteilsformel hat in jedem Falle der Mitteilung der Urteilsgründe voranzugehen.

III Das Urteil soll am Schluß der Verhandlung verkündet werden. Es muß spätestens am elften Tage danach verkündet werden, andernfalls mit der Hauptverhandlung von neuem zu beginnen ist. § 229 Abs. 3 Satz 2 gilt entsprechend.

IV War die Verkündung des Urteils ausgesetzt, so sind die Urteilsgründe tunlichst vorher schriftlich festzustellen.

---

[1] Vgl. 40 zu § 71 OWiG.
[2] Vgl. 44 zu § 71 OWiG.

§§ 268a–268c *nicht abgedruckt.*[1,2]

§ 269 [Sachliche Unzuständigkeit][3]

Das Gericht darf sich nicht für unzuständig erklären, weil die Sache vor ein Gericht niederer Ordnung gehöre.

§ 270 [Verweisung an ein höheres zuständiges Gericht][3]

[I] Hält ein Gericht nach Beginn einer Hauptverhandlung die sachliche Zuständigkeit eines Gerichts höherer Ordnung für begründet, so verweist es die Sache durch Beschluß an das zuständige Gericht; § 209a Nr. 2 Buchstabe a gilt entsprechend. Ebenso ist zu verfahren, wenn das Gericht einen rechtzeitig geltend gemachten Einwand des Angeklagten nach § 6a für begründet hält.

[II] In dem Beschluß bezeichnet das Gericht den Angeklagten und die Tat gemäß § 200 Abs. 1 Satz 1.

[III] Der Beschluß hat die Wirkung eines das Hauptverfahren eröffnenden Beschlusses. Seine Anfechtbarkeit bestimmt sich nach § 210.

[IV] Ist der Verweisungsbeschluß von einem Strafrichter oder einem Schöffengericht ergangen, so kann der Angeklagte innerhalb einer bei der Bekanntmachung des Beschlusses zu bestimmenden Frist die Vornahme einzelner Beweiserhebungen vor der Hauptverhandlung beantragen. Über den Antrag entscheidet der Vorsitzende des Gerichts, an das die Sache verwiesen worden ist.

§ 271 [Verhandlungsprotokoll]

[I] Über die Hauptverhandlung ist ein Protokoll aufzunehmen und von dem Vorsitzenden und dem Urkundsbeamten der Geschäftsstelle zu unterschreiben. Der Tag der Fertigstellung ist darin anzugeben.

[II] Ist der Vorsitzende verhindert, so unterschreibt für ihn der älteste beisitzende Richter. Ist der Vorsitzende das einzige richterliche Mitglied des Gerichts, so genügt bei seiner Verhinderung die Unterschrift des Urkundsbeamten der Geschäftsstelle.

§ 272 [Protokollinhalt]

Das Protokoll über die Hauptverhandlung enthält

1. den Ort und den Tag der Verhandlung;
2. die Namen der Richter und Schöffen, des Beamten der Staatsanwaltschaft, des Urkundsbeamten der Geschäftsstelle und des zugezogenen Dolmetschers;
3. die Bezeichnung der Straftat nach der Anklage;
4. die Namen der Angeklagten, ihrer Verteidiger, der Privatkläger, Nebenkläger, Verletzten, die Ansprüche aus der Straftat geltend machen, der sonstigen Nebenbeteiligten, gesetzlichen Vertreter, Bevollmächtigten und Beistände;
5. die Angabe, daß öffentlich verhandelt oder die Öffentlichkeit ausgeschlossen ist.

---

[1] Vgl. 40 zu § 71 OWiG.
[2] § 268c StPO: Über die Belehrung bei Anordnung des Fahrverbots nach § 25 StVG vgl. § 25 VIII StVG (Anh **A 11**).
[3] Über die Anwendung der Vorschriften vgl. 54 zu § 71 OWiG.

§ 273 [Beurkundung der Hauptverhandlung]

^I Das Protokoll muß den Gang und die Ergebnisse der Hauptverhandlung im wesentlichen wiedergeben und die Beobachtung aller wesentlichen Förmlichkeiten ersichtlich machen, auch die Bezeichnung der verlesenen Schriftstücke oder derjenigen, von deren Verlesung nach § 249 Abs. 2 abgesehen worden ist, sowie die im Laufe der Verhandlung gestellten Anträge, die ergangenen Entscheidungen und die Urteilsformel enthalten.

^{II} *nicht abgedruckt.*[1]

^{III} Kommt es auf die Feststellung eines Vorgangs in der Hauptverhandlung oder des Wortlauts einer Aussage oder einer Äußerung an, so hat der Vorsitzende von Amts wegen oder auf Antrag einer an der Verhandlung beteiligten Person die vollständige Niederschreibung und Verlesung anzuordnen. Lehnt der Vorsitzende die Anordnung ab, so entscheidet auf Antrag einer an der Verhandlung beteiligten Person das Gericht. In dem Protokoll ist zu vermerken, daß die Verlesung geschehen und die Genehmigung erfolgt ist oder welche Einwendungen erhoben worden sind.

^{IV} Bevor das Protokoll fertiggestellt ist, darf das Urteil nicht zugestellt werden.

§ 274 [Beweiskraft des Protokolls]

Die Beobachtung der für die Hauptverhandlung vorgeschriebenen Förmlichkeiten kann nur durch das Protokoll bewiesen werden. Gegen den diese Förmlichkeiten betreffenden Inhalt des Protokolls ist nur der Nachweis der Fälschung zulässig.

§ 275 [Frist und Form der Urteilsniederschrift, Ausfertigungen]

^I Ist das Urteil mit den Gründen nicht bereits vollständig in das Protokoll aufgenommen worden, so ist es unverzüglich zu den Akten zu bringen. Dies muß spätestens fünf Wochen nach der Verkündung geschehen; diese Frist verlängert sich, wenn die Hauptverhandlung länger als drei Tage gedauert hat, um zwei Wochen, und wenn die Hauptverhandlung länger als zehn Tage gedauert hat, für jeden begonnenen Abschnitt von zehn Hauptverhandlungstagen um weitere zwei Wochen. Nach Ablauf der Frist dürfen die Urteilsgründe nicht mehr geändert werden. Die Frist darf nur überschritten werden, wenn und solange das Gericht durch einen im Einzelfall nicht voraussehbaren unabwendbaren Umstand an ihrer Einhaltung gehindert worden ist. Der Zeitpunkt des Eingangs und einer Änderung der Gründe ist von der Geschäftsstelle zu vermerken.

^{II} Das Urteil ist von den Richtern, die bei der Entscheidung mitgewirkt haben, zu unterschreiben. Ist ein Richter verhindert, seine Unterschrift beizufügen, so wird dies unter der Angabe des Verhinderungsgrundes von dem Vorsitzenden und bei dessen Verhinderung von dem ältesten beisitzenden Richter unter dem Urteil vermerkt. Der Unterschrift der Schöffen bedarf es nicht.

^{III} Die Bezeichnung des Tages der Sitzung sowie die Namen der Richter, der Schöffen, des Beamten der Staatsanwaltschaft, des Verteidigers und des Urkundsbeamten der Geschäftsstelle, die an der Sitzung teilgenommen haben, sind in das Urteil aufzunehmen.

---

[1] Vgl. § 78 I OWiG

IV Die Ausfertigungen und Auszüge der Urteile sind von dem Urkundsbeamten der Geschäftsstelle zu unterschreiben und mit dem Gerichtssiegel zu versehen.

Siebenter Abschnitt. Verfahren gegen Abwesende

§§ 276–295 *nicht abgedruckt.*

Drittes Buch. Rechtsmittel

Erster Abschnitt. Allgemeine Vorschriften[1]

§ 296 [Anfechtungsberechtigte]

I Die zulässigen Rechtsmittel gegen gerichtliche Entscheidungen stehen sowohl der Staatsanwaltschaft als dem Beschuldigten zu.

II Die Staatsanwaltschaft kann von ihnen auch zugunsten des Beschuldigten Gebrauch machen.

§ 297 [Verteidiger]   VB

Für den Beschuldigten kann der Verteidiger, jedoch nicht gegen dessen ausdrücklichen Willen, Rechtsmittel einlegen.

§ 298 [Gesetzlicher Vertreter]   VB

I Der gesetzliche Vertreter eines Beschuldigten kann binnen der für den Beschuldigten laufenden Frist selbständig von den zulässigen Rechtsmitteln Gebrauch machen.

II Auf ein solches Rechtsmittel und auf das Verfahren sind die für die Rechtsmittel des Beschuldigten geltenden Vorschriften entsprechend anzuwenden.

§ 299 [Beschuldigter in Verwahrung]   VB

I Der nicht auf freiem Fuß befindliche Beschuldigte kann die Erklärungen, die sich auf Rechtsmittel beziehen, zu Protokoll der Geschäftsstelle des Amtsgerichts geben, in dessen Bezirk die Anstalt liegt, wo er auf behördliche Anordnung verwahrt wird.

II Zur Wahrung einer Frist genügt es, wenn innerhalb der Frist das Protokoll aufgenommen wird.

§ 300 [Falsche Bezeichnung]   VB

Ein Irrtum in der Bezeichnung des zulässigen Rechtsmittels ist unschädlich.

§ 301 [Rechtsmittel der StA]

Jedes von der Staatsanwaltschaft eingelegte Rechtsmittel hat die Wirkung, daß die angefochtene Entscheidung auch zugunsten des Beschuldigten abgeändert oder aufgehoben werden kann.

---

[1] Über die Anwendung der Vorschriften im gerichtlichen Bußgeldverfahren vgl. 2 vor § 79 OWiG, im Rechtsbeschwerdeverfahren vgl. 26 ff. zu § 79 OWiG; über die Anwendung der §§ 297–300, 302 StPO bei Einspruch gegen den Bußgeldbescheid vgl. § 67 S. 2 OWiG, bei Antrag auf gerichtliche Entscheidung vgl. § 62 II S. 2 OWiG.

§ 302 [Zurücknahme, Verzicht] VB

¹ Die Zurücknahme eines Rechtsmittels sowie der Verzicht auf die Einlegung eines Rechtsmittels kann auch vor Ablauf der Frist zu seiner Einlegung wirksam erfolgen. Ein von der Staatsanwaltschaft zugunsten des Beschuldigten eingelegtes Rechtsmittel kann jedoch ohne dessen Zustimmung nicht zurückgenommen werden.

II Der Verteidiger bedarf zur Zurücknahme einer ausdrücklichen Ermächtigung.

§ 303 [Zustimmung des Gegners]

Wenn die Entscheidung über das Rechtsmittel auf Grund mündlicher Verhandlung stattzufinden hat, so kann die Zurücknahme nach Beginn der Hauptverhandlung nur mit Zustimmung des Gegners erfolgen. *Satz 2 nicht abgedruckt.*[1]

Zweiter Abschnitt. Beschwerde[2]

§ 304 [Zulässigkeit]

¹ Die Beschwerde ist gegen alle von den Gerichten im ersten Rechtszug oder im Berufungsverfahren erlassenen Beschlüsse und gegen die Verfügungen des Vorsitzenden, des Richters im Vorverfahren und eines beauftragten oder ersuchten Richters zulässig, soweit das Gesetz sie nicht ausdrücklich einer Anfechtung entzieht.

II Auch Zeugen, Sachverständige und andere Personen können gegen Beschlüsse und Verfügungen, durch die sie betroffen werden, Beschwerde erheben.

III[3] Die Beschwerde gegen Entscheidungen über Kosten und notwendige Auslagen ist nur zulässig, wenn der Wert des Beschwerdegegenstandes einhundert Deutsche Mark übersteigt.

IV[4] Gegen Beschlüsse und Verfügungen des Bundesgerichtshofes ist keine Beschwerde zulässig. Dasselbe gilt für Beschlüsse und Verfügungen der Oberlandesgerichte; in Sachen, in denen die Oberlandesgerichte im ersten Rechtszug zuständig sind, ist jedoch die Beschwerde zulässig gegen Beschlüsse und Verfügungen, welche

1. *die Verhaftung, einstweilige Unterbringung, Unterbringung zur Beobachtung,* Beschlagnahme oder Durchsuchung betreffen,
2. *die Eröffnung des Hauptverfahrens ablehnen oder* das Verfahren wegen eines Verfahrenshindernisses einstellen,
3. *nicht abgedruckt,*
4. die Akteneinsicht betreffen oder

---

[1] Vgl. wegen der Nichtanwendung der Vorschriften über die Nebenklage vgl. 8 zu § 46 OWiG.

[2] Über die Anwendung der §§ 306–309, 311a StPO bei Antrag auf gerichtliche Entscheidung vgl. § 62 II S. 2 OWiG (dort 10ff.); über die Anwendung der Vorschriften im gerichtlichen Bußgeldverfahren vgl. 3 vor § 79 OWiG.

[3] Über den Wert des Beschwerdegegenstandes bei Beschwerde gegen nachträgliche Entscheidungen über die Einziehung vgl. § 100 II S.2, § 104 III S. 1 OWiG.

[4] Über die teilweise Anwendung des § 304 IV S. 2 Halbs. 2 StPO bei Kartellordnungswidrigkeiten vgl. 3 vor § 79 OWiG.

5. *nicht abgedruckt.*

§ 138 d Abs. 6 bleibt unberührt.

ᵛ *nicht abgedruckt.*

§ 305 [Ausschluß der Beschwerde]

Entscheidungen der erkennenden Gerichte, die der Urteilsfällung vorausgehen, unterliegen nicht der Beschwerde. Ausgenommen sind Entscheidungen über Verhaftungen, die einstweilige Unterbringung, Beschlagnahmen, die vorläufige Entziehung der Fahrerlaubnis, das vorläufige Berufsverbot oder die Festsetzung von Ordnungs- und Zwangsmitteln sowie alle Entscheidungen, durch die dritte Personen betroffen werden.

§ 305 a *nicht abgedruckt.*

§ 306 [Einlegung der Beschwerde, Abhilfe]   VB

ᴵ Die Beschwerde wird bei dem Gericht, von dem oder von dessen Vorsitzenden die angefochtene Entscheidung erlassen ist, zu Protokoll der Geschäftsstelle oder schriftlich eingelegt. Sie kann in dringenden Fällen auch bei dem Beschwerdegericht eingelegt werden.

ᴵᴵ Erachtet das Gericht oder der Vorsitzende, dessen Entscheidung angefochten wird, die Beschwerde für begründet, so haben sie ihr abzuhelfen; andernfalls ist die Beschwerde sofort, spätestens vor Ablauf von drei Tagen, dem Beschwerdegericht vorzulegen.

ᴵᴵᴵ Diese Vorschriften gelten auch für die Entscheidungen des Richters im Vorverfahren und des beauftragten oder ersuchten Richters.

§ 307 [Keine Vollzugshemmung]   VB

ᴵ Durch Einlegung der Beschwerde wird der Vollzug der angefochtenen Entscheidung nicht gehemmt.

ᴵᴵ Jedoch kann das Gericht, der Vorsitzende oder der Richter, dessen Entscheidung angefochten wird, sowie auch das Beschwerdegericht anordnen, daß die Vollziehung der angefochtenen Entscheidung auszusetzen ist.

§ 308 [Befugnisse des Beschwerdegerichts]

ᴵ Das Beschwerdegericht darf die angefochtene Entscheidung nicht zum Nachteil des Gegners des Beschwerdeführers ändern, ohne daß diesem die Beschwerde zur Gegenerklärung mitgeteilt worden ist. Dies gilt nicht in den Fällen des § 33 Abs. 4 Satz 1.

ᴵᴵ Das Beschwerdegericht kann Ermittlungen anordnen oder selbst vornehmen.

§ 309 [Beschwerdeentscheidung]

ᴵ Die Entscheidung über die Beschwerde ergeht ohne mündliche Verhandlung, in geeigneten Fällen nach Anhörung der Staatsanwaltschaft.

ᴵᴵ Wird die Beschwerde für begründet erachtet, so erläßt das Beschwerdegericht zugleich die in der Sache erforderliche Entscheidung.

§ 310 [Weitere Beschwerde]

[1] Beschlüsse, die von dem Landgericht oder von dem nach § 120 Abs. 3 des Gerichtsverfassungsgesetzes zuständigen Oberlandesgericht auf die Beschwerde hin erlassen worden sind, können, sofern sie Verhaftungen oder die einstweilige Unterbringung betreffen, durch weitere Beschwerde angefochten werden.

[II] Im übrigen findet eine weitere Anfechtung der auf eine Beschwerde ergangenen Entscheidungen nicht statt.

§ 311 [Sofortige Beschwerde]

[1] Für die Fälle der sofortigen Beschwerde gelten die nachfolgenden besonderen Vorschriften.

[II] Die Beschwerde ist binnen einer Woche einzulegen; die Frist beginnt mit der Bekanntmachung (§ 35) der Entscheidung. Die Einlegung bei dem Beschwerdegericht genügt zur Wahrung der Frist, auch wenn der Fall nicht für dringlich erachtet wird.

[III] Das Gericht ist zu einer Abänderung seiner durch Beschwerde angefochtenen Entscheidung nicht befugt. Es hilft jedoch der Beschwerde ab, wenn es zum Nachteil des Beschwerdeführers Tatsachen oder Beweisergebnisse verwertet hat, zu denen dieser noch nicht gehört worden ist, und es auf Grund des nachträglichen Vorbringens die Beschwerde für begründet erachtet.

§ 311a [Nachholen des rechtlichen Gehörs]

[1] Hat das Beschwerdegericht einer Beschwerde ohne Anhörung des Gegners des Beschwerdeführers stattgegeben und kann seine Entscheidung nicht angefochten werden, so hat es diesen, sofern der ihm dadurch entstandene Nachteil noch besteht, von Amts wegen oder auf Antrag nachträglich zu hören und auf einen Antrag zu entscheiden. Das Beschwerdegericht kann seine Entscheidung auch ohne Antrag ändern.

[II] Für das Verfahren gelten die §§ 307, 308 Abs. 2 und § 309 Abs. 2 entsprechend.

Dritter Abschnitt. Berufung

§§ 312–332 *nicht abgedruckt.*[1]

Vierter Abschnitt. Revision[2]

§§ 333, 335 *nicht abgedruckt.*[3]

§ 336 [Vorausgegangene Entscheidungen]

Der Beurteilung des Revisionsgerichts unterliegen auch die Entscheidungen, die dem Urteil vorausgegangen sind, sofern es auf ihnen beruht. Dies gilt

---

[1] Vgl. 4 vor § 79 OWiG.
[2] Über die Anwendung der Vorschriften über die Revision im Rechtsbeschwerdeverfahren vgl. § 79 III sowie § 80 II, III OWiG.
[3] Vgl. § 79 I sowie 4 vor § 79 OWiG.

nicht für Entscheidungen, die ausdrücklich für unanfechtbar erklärt oder mit der sofortigen Beschwerde anfechtbar sind.

§ 337 [Revisionsgründe]

^I Die Revision kann nur darauf gestützt werden, daß das Urteil auf einer Verletzung des Gesetzes beruhe.

^{II} Das Gesetz ist verletzt, wenn eine Rechtsnorm nicht oder nicht richtig angewendet worden ist.

§ 338 [Absolute Revisionsgründe]

Ein Urteil ist stets als auf einer Verletzung des Gesetzes beruhend anzusehen,

1. wenn das erkennende Gericht nicht vorschriftsmäßig besetzt war; war nach § 222a die Mitteilung der Besetzung vorgeschrieben, so kann die Revision auf die vorschriftswidrige Besetzung nur gestützt werden, soweit
   a) die Vorschriften über die Mitteilung verletzt worden sind,
   b) der rechtzeitig und in der vorgeschriebenen Form geltend gemachte Einwand der vorschriftswidrigen Besetzung übergangen oder zurückgewiesen worden ist,
   c) die Hauptverhandlung nicht nach § 222a Abs. 2 zur Prüfung der Besetzung unterbrochen worden ist oder
   d) das Gericht in einer Besetzung entschieden hat, deren Vorschriftswidrigkeit es nach § 222b Abs. 2 Satz 2 festgestellt hat;
2. wenn bei dem Urteil ein Richter oder Schöffe mitgewirkt hat, der von der Ausübung des Richteramtes kraft Gesetzes ausgeschlossen war;
3. wenn bei dem Urteil ein Richter oder Schöffe mitgewirkt hat, nachdem er wegen Besorgnis der Befangenheit abgelehnt war und das Ablehnungsgesuch entweder für begründet erklärt war oder mit Unrecht verworfen worden ist;
4. wenn das Gericht seine Zuständigkeit mit Unrecht angenommen hat;
5. wenn die Hauptverhandlung in Abwesenheit der Staatsanwaltschaft oder einer Person, deren Anwesenheit das Gesetz vorschreibt, stattgefunden hat;
6. wenn das Urteil auf Grund einer mündlichen Verhandlung ergangen ist, bei der die Vorschriften über die Öffentlichkeit des Verfahrens verletzt sind;
7. wenn das Urteil keine Entscheidungsgründe enthält oder diese nicht innerhalb des sich aus § 275 Abs. 1 Satz 2 und 4 ergebenden Zeitraums zu den Akten gebracht worden sind;
8. wenn die Verteidigung in einem für die Entscheidung wesentlichen Punkt durch einen Beschluß des Gerichts unzulässig beschränkt worden ist.

§ 339 [Rechtsnormen zugunsten des Angeklagten]

Die Verletzung von Rechtsnormen, die lediglich zugunsten des Angeklagten gegeben sind, kann von der Staatsanwaltschaft nicht zu dem Zweck geltend gemacht werden, um eine Aufhebung des Urteils zum Nachteil des Angeklagten herbeizuführen.

§ 340 *(weggefallen)*

§ 341 [Form und Frist]

[I] Die Revision muß bei dem Gericht, dessen Urteil angefochten wird, binnen einer Woche nach Verkündung des Urteils zu Protokoll der Geschäftsstelle[1] oder schriftlich eingelegt werden.

[II2] Hat die Verkündung des Urteils nicht in Anwesenheit des Angeklagten stattgefunden, so beginnt für diesen die Frist mit der Zustellung.

§ 342 [Revision und Wiedereinsetzungsantrag]

[I] Der Beginn der Frist zur Einlegung der Revision wird dadurch nicht ausgeschlossen, daß gegen ein auf Ausbleiben des Angeklagten ergangenes Urteil eine Wiedereinsetzung in den vorigen Stand nachgesucht werden kann.

[II] Stellt der Angeklagte einen Antrag auf Wiedereinsetzung in den vorigen Stand, so wird die Revision dadurch gewahrt, daß sie sofort für den Fall der Verwerfung jenes Antrags rechtzeitig eingelegt und begründet wird. Die weitere Verfügung in bezug auf die Revision bleibt dann bis zur Erledigung des Antrags auf Wiedereinsetzung in den vorigen Stand ausgesetzt.

[III] Die Einlegung der Revision ohne Verbindung mit dem Antrag auf Wiedereinsetzung in den vorigen Stand gilt als Verzicht auf die letztere.

§ 343 [Rechtskrafthemmung]

[I] Durch rechtzeitige Einlegung der Revision wird die Rechtskraft des Urteils, soweit es angefochten ist, gehemmt.

[II] Dem Beschwerdeführer, dem das Urteil mit den Gründen noch nicht zugestellt war, ist es nach Einlegung der Revision zuzustellen.

§ 344 [Revisionsanträge und Begründung]

[I] Der Beschwerdeführer hat die Erklärung abzugeben, inwieweit er das Urteil anfechte und dessen Aufhebung beantrage (Revisionsanträge), und die Anträge zu begründen.

[II] Aus der Begründung muß hervorgehen, ob das Urteil wegen Verletzung einer Rechtsnorm über das Verfahren oder wegen Verletzung einer anderen Rechtsnorm angefochten wird. Ersterenfalls müssen die den Mangel enthaltenden Tatsachen angegeben werden.

§ 345 [Revisionsbegründungsfrist]

[I] Die Revisionsanträge und ihre Begründung sind spätestens binnen eines Monats nach Ablauf der Frist zur Einlegung des Rechtsmittels bei dem Gericht, dessen Urteil angefochten wird, anzubringen. War zu dieser Zeit das Urteil noch nicht zugestellt, so beginnt die Frist mit der Zustellung.

[II] Seitens des Angeklagten kann dies nur in einer von dem Verteidiger oder einem Rechtsanwalt unterzeichneten Schrift oder zu Protokoll der Geschäftsstelle[3] geschehen.

---

[1] § 341 I: Zuständig für die Aufnahme der Erklärung über die Revisionseinlegung ist der Rechtspfleger gem. § 24 I Nr. 1 RpflG.

[2] Vgl. § 79 IV OWiG.

[3] § 345 II: Zuständig für die Aufnahme des Revisionsantrags und ihrer Begründung ist der Rechtspfleger gem. § 24 I Nr. 1 RpflG.

§ 346 [Unzulässige Revision]

[I] Ist die Revision verspätet eingelegt oder sind die Revisionsanträge nicht rechtzeitig oder nicht in der in § 345 Abs. 2 vorgeschriebenen Form angebracht worden, so hat das Gericht, dessen Urteil angefochten wird, das Rechtsmittel durch Beschluß als unzulässig zu verwerfen.

[II] Der Beschwerdeführer kann binnen einer Woche nach Zustellung des Beschlusses auf die Entscheidung des Revisionsgerichts antragen. In diesem Falle sind die Akten an das Revisionsgericht einzusenden; die Vollstreckung des Urteils wird jedoch hierdurch nicht gehemmt. Die Vorschrift des § 35a gilt entsprechend.

§ 347 [Weiteres Verfahren]

[I] Ist die Revision rechtzeitig eingelegt und sind die Revisionsanträge rechtzeitig und in der vorgeschriebenen Form angebracht, so ist die Revisionsschrift dem Gegner des Beschwerdeführers zuzustellen. Diesem steht frei, binnen einer Woche eine schriftliche Gegenerklärung einzureichen. Der Angeklagte kann letztere auch zu Protokoll der Geschäftsstelle abgeben.

[II] Nach Eingang der Gegenerklärung oder nach Ablauf der Frist sendet die Staatsanwaltschaft die Akten an das Revisionsgericht.

§ 348 [Unzuständigkeit des Gerichts]

[I] Findet das Gericht, an das die Akten gesandt sind, daß die Verhandlung und Entscheidung über das Rechtsmittel zur Zuständigkeit eines anderen Gerichts gehört, so hat es durch Beschluß seine Unzuständigkeit auszusprechen.

[II] Dieser Beschluß, in dem das zuständige Revisionsgericht zu bezeichnen ist, unterliegt keiner Anfechtung und ist für das in ihm bezeichnete Gericht bindend.

[III] Die Abgabe der Akten erfolgt durch die Staatsanwaltschaft.

§ 349 [Entscheidung durch Beschluß][1]

[I] Erachtet das Revisionsgericht die Vorschriften über die Einlegung der Revision oder die über die Anbringung der Revisionsanträge nicht für beobachtet, so kann es das Rechtsmittel durch Beschluß als unzulässig verwerfen.

[II] Das Revisionsgericht kann auf einen Antrag der Staatsanwaltschaft, der zu begründen ist, auch dann durch Beschluß entscheiden, wenn es die Revision einstimmig für offensichtlich unbegründet erachtet.

[III] Die Staatsanwaltschaft teilt den Antrag nach Absatz 2 mit den Gründen dem Beschwerdeführer mit. Der Beschwerdeführer kann binnen zwei Wochen eine schriftliche Gegenerklärung beim Revisionsgericht einreichen.

[IV] Erachtet das Revisionsgericht die zugunsten des Angeklagten eingelegte Revision einstimmig für begründet, so kann es das angefochtene Urteil durch Beschluß aufheben.

[V] Wendet das Revisionsgericht Absatz 1, 2 oder 4 nicht an, so entscheidet es über das Rechtsmittel durch Urteil.

---

[1] Vgl. 39ff. zu § 79 OWiG.

§ 350 [Hauptverhandlung]

I Dem Angeklagten und dem Verteidiger sind Ort und Zeit der Hauptverhandlung mitzuteilen. Ist die Mitteilung an den Angeklagten nicht ausführbar, so genügt die Benachrichtigung des Verteidigers.

II Der Angeklagte kann in der Hauptverhandlung erscheinen oder sich durch einen mit schriftlicher Vollmacht versehenen Verteidiger vertreten lassen. Der Angeklagte, der nicht auf freiem Fuße ist, hat keinen Anspruch auf Anwesenheit.

III Hat der Angeklagte, der nicht auf freiem Fuße ist, keinen Verteidiger gewählt, so wird ihm, falls er zu der Hauptverhandlung nicht vorgeführt wird, auf seinen Antrag vom Vorsitzenden ein Verteidiger für die Hauptverhandlung bestellt. Der Antrag ist binnen einer Woche zu stellen, nachdem dem Angeklagten der Termin für die Hauptverhandlung unter Hinweis auf sein Recht, die Bestellung eines Verteidigers zu beantragen, mitgeteilt worden ist.

§ 351 [Gang der Hauptverhandlung]

I Die Hauptverhandlung beginnt mit dem Vortrag eines Berichterstatters.

II Hierauf werden die Staatsanwaltschaft sowie der Angeklagte und sein Verteidiger mit ihren Ausführungen und Anträgen, und zwar der Beschwerdeführer zuerst, gehört. Dem Angeklagten gebührt das letzte Wort.

§ 352 [Umfang der Prüfung]

I Der Prüfung des Revisionsgerichts unterliegen nur die gestellten Revisionsanträge und, soweit die Revision auf Mängel des Verfahrens gestützt wird, nur die Tatsachen, die bei Anbringung der Revisionsanträge bezeichnet worden sind.

II Eine weitere Begründung der Revisionsanträge als die in § 344 Abs. 2 vorgeschriebene ist nicht erforderlich und, wenn sie unrichtig ist, unschädlich.

§ 353 [Inhalt des Revisionsurteils]

I Soweit die Revision für begründet erachtet wird, ist das angefochtene Urteil aufzuheben.

II Gleichzeitig sind die dem Urteil zugrundeliegenden Feststellungen aufzuheben, sofern sie durch die Gesetzesverletzung betroffen werden, wegen deren das Urteil aufgehoben wird.

§ 354 [Eigene Sachentscheidung, Zurückverweisung][1]

I Erfolgt die Aufhebung des Urteils nur wegen Gesetzesverletzung bei Anwendung des Gesetzes auf die dem Urteil zugrunde liegenden Feststellungen, so hat das Revisionsgericht in der Sache selbst zu entscheiden, sofern ohne weitere tatsächliche Erörterungen nur auf Freisprechung oder auf Einstellung oder auf eine absolut bestimmte Strafe zu erkennen ist oder das Revisionsgericht in Übereinstimmung mit dem Antrag der Staatsanwaltschaft die gesetzlich niedrigste Strafe oder das Absehen von Strafe für angemessen erachtet.

II In anderen Fällen ist die Sache an eine andere Abteilung oder Kammer des Gerichtes, dessen Urteil aufgehoben wird, oder an ein zu demselben Land

---

[1] Vgl. § 79 VI OWiG.

gehörendes anderes Gericht gleicher Ordnung zurückzuverweisen. In Verfahren, in denen ein Oberlandesgericht im ersten Rechtszug entschieden hat, ist die Sache an einen anderen Senat dieses Gerichts zurückzuverweisen.

III *nicht abgedruckt.*

§ 354a [Gesetzesänderung]

Das Revisionsgericht hat auch dann nach § 354 zu verfahren, wenn es das Urteil aufhebt, weil zur Zeit der Entscheidung des Revisionsgerichts ein anderes Gesetz gilt als zur Zeit des Erlasses der angefochtenen Entscheidung.

§ 355 [Verweisung an das zuständige Gericht]

Wird ein Urteil aufgehoben, weil das Gericht des vorangehenden Rechtszuges sich mit Unrecht für zuständig erachtet hat, so verweist das Revisionsgericht gleichzeitig die Sache an das zuständige Gericht.

§ 356 [Urteilsverkündung]

Die Verkündung des Urteils erfolgt nach Maßgabe des § 268.

§ 357 [Revisionserstreckung auf Mitangeklagte]

Erfolgt zugunsten eines Angeklagten die Aufhebung des Urteils wegen Gesetzesverletzung bei Anwendung des Strafgesetzes und erstreckt sich das Urteil, soweit es aufgehoben wird, noch auf andere Angeklagte, die nicht Revision eingelegt haben, so ist zu erkennen, als ob sie gleichfalls Revision eingelegt hätten.

§ 358 [Bindung, Verbot der reformatio in peius]

I Das Gericht, an das die Sache zur anderweiten Verhandlung und Entscheidung verwiesen ist, hat die rechtliche Beurteilung, die der Aufhebung des Urteils zugrunde gelegt ist, auch seiner Entscheidung zugrunde zu legen.

II Das angefochtene Urteil darf in Art und Höhe der Rechtsfolgen der Tat nicht zum Nachteil des Angeklagten geändert werden, wenn lediglich der Angeklagte, zu seinen Gunsten die Staatsanwaltschaft oder sein gesetzlicher Vertreter Revision eingelegt hat. ... *Satz 2 nicht abgedruckt.*

Viertes Buch. Wiederaufnahme eines durch rechtskräftiges Urteil abgeschlossenen Verfahrens[1]

§ 359 [Wiederaufnahme zugunsten des Verurteilten][2]

Die Wiederaufnahme eines durch rechtskräftiges Urteil abgeschlossenen Verfahrens zugunsten des Verurteilten ist zulässig,

1. wenn eine in der Hauptverhandlung zu seinen Ungunsten als echt vorgebrachte Urkunde unecht oder verfälscht war;
2. wenn der Zeuge oder Sachverständige sich bei einem zuungunsten des Verurteilten abgelegten Zeugnis oder abgegebenen Gutachten einer vor-

---

[1] Über die Anwendung der Vorschriften vgl. § 85 I OWiG.
[2] Über die entsprechende Anwendung des § 359 Nr. 1–4 StPO vgl. 8 zu § 85 OWiG; vgl. auch § 85 II OWiG.

sätzlichen oder fahrlässigen Verletzung der Eidespflicht oder einer vorsätzlichen falschen uneidlichen Aussage schuldig gemacht hat;

3. wenn bei dem Urteil ein Richter oder Schöffe mitgewirkt hat, der sich in Beziehung auf die Sache einer strafbaren Verletzung seiner Amtspflichten schuldig gemacht hat, sofern die Verletzung nicht vom Verurteilten selbst veranlaßt ist;

4. wenn ein zivilgerichtliches Urteil, auf welches das Strafurteil gegründet ist, durch ein anderes rechtskräftig gewordenes Urteil aufgehoben ist;

5. wenn neue Tatsachen oder Beweismittel beigebracht sind, die allein oder in Verbindung mit den früher erhobenen Beweisen die Freisprechung des Angeklagten oder in Anwendung eines milderen Strafgesetzes die geringere Bestrafung oder eine wesentlich andere Entscheidung über eine Maßregel der Besserung und Sicherung zu begründen geeignet sind.

§ 360 [Keine Hemmung der Vollstreckung]

[I] Durch den Antrag auf Wiederaufnahme des Verfahrens wird die Vollstreckung des Urteils nicht gehemmt.

[II] Das Gericht kann jedoch einen Aufschub sowie eine Unterbrechung der Vollstreckung anordnen.

§ 361 [Wiederaufnahme nach Vollstreckung oder Tod][1]

[I] Der Antrag auf Wiederaufnahme des Verfahrens wird weder durch die erfolgte Strafvollstreckung noch durch den Tod des Verurteilten ausgeschlossen.

[II] Im Falle des Todes sind der Ehegatte, die Verwandten auf- und absteigender Linie sowie die Geschwister des Verstorbenen zu dem Antrag befugt.

§ 362 [Wiederaufnahme zuungunsten des Angeklagten][2]

Die Wiederaufnahme eines durch rechtskräftiges Urteil abgeschlossenen Verfahrens zuungunsten des Angeklagten ist zulässig,

1. wenn eine in der Hauptverhandlung zu seinen Gunsten als echt vorgebrachte Urkunde unecht oder verfälscht war;

2. wenn der Zeuge oder Sachverständige sich bei einem zugunsten des Angeklagten abgelegten Zeugnis oder abgegebenen Gutachten einer vorsätzlichen oder fahrlässigen Verletzung der Eidespflicht oder einer vorsätzlichen falschen uneidlichen Aussage schuldig gemacht hat;

3. wenn bei dem Urteil ein Richter oder Schöffe mitgewirkt hat, der sich in Beziehung auf die Sache einer strafbaren Verletzung seiner Amtspflichten schuldig gemacht hat;

4. wenn von dem Freigesprochenen vor Gericht oder außergerichtlich ein glaubwürdiges Geständnis der Straftat abgelegt wird.

§ 363 [Änderung des Strafmaßes]

[I] Eine Wiederaufnahme des Verfahrens zu dem Zweck, eine andere Strafbemessung auf Grund desselben Strafgesetzes herbeizuführen, ist nicht zulässig.

---

[1] Ob der Tod des Betroffenen die Wiederaufnahme hindert, ist zweifelhaft; vgl. 25a zu § 85 OWiG.

[2] Vgl. § 85 III OWiG.

II Eine Wiederaufnahme des Verfahrens zu dem Zweck, eine Milderung der Strafe wegen verminderter Schuldfähigkeit (§ 21 des Strafgesetzbuches) herbeizuführen, ist gleichfalls ausgeschlossen.

§ 364 [Behauptung einer Straftat]

Ein Antrag auf Wiederaufnahme des Verfahrens, der auf die Behauptung einer Straftat gegründet werden soll, ist nur dann zulässig, wenn wegen dieser Tat eine rechtskräftige Verurteilung ergangen ist oder wenn die Einleitung oder Durchführung eines Strafverfahrens aus anderen Gründen als wegen Mangels an Beweis nicht erfolgen kann. Dies gilt nicht im Falle des § 359 Nr. 5.

§ 364a [Bestellung eines Verteidigers]

Das für die Entscheidung im Wiederaufnahmeverfahren zuständige Gericht bestellt dem Verurteilten, der keinen Verteidiger hat, auf Antrag einen Verteidiger für das Wiederaufnahmeverfahren, wenn wegen der Schwierigkeit der Sach- oder Rechtslage die Mitwirkung eines Verteidigers geboten erscheint.

§ 364b [Bestellung eines Verteidigers für die Vorbereitung]

I Das für die Entscheidung im Wiederaufnahmeverfahren zuständige Gericht bestellt dem Verurteilten, der keinen Verteidiger hat, auf Antrag einen Verteidiger schon für die Vorbereitung eines Wiederaufnahmeverfahrens, wenn

1. hinreichende tatsächliche Anhaltspunkte dafür vorliegen, daß bestimmte Nachforschungen zu Tatsachen oder Beweismitteln führen, welche die Zulässigkeit eines Antrags auf Wiederaufnahme des Verfahrens begründen können,
2. wegen der Schwierigkeit der Sach- oder Rechtslage die Mitwirkung eines Verteidigers geboten erscheint und
3. der Verurteilte außerstande ist, ohne Beeinträchtigung des für ihn und seine Familie notwendigen Unterhalts auf eigene Kosten einen Verteidiger zu beauftragen.

Ist dem Verurteilten bereits ein Verteidiger bestellt, so stellt das Gericht auf Antrag durch Beschluß fest, daß die Voraussetzungen der Nummern 1 bis 3 des Satzes 1 vorliegen.

II Für den Nachweis der Voraussetzungen des Absatzes 1 Satz 1 Nr. 3 gilt § 118 Abs. 2 der Zivilprozeßordnung entsprechend.

§ 365 [Erfordernisse des Antrags]

Die allgemeinen Vorschriften über Rechtsmittel gelten auch für den Antrag auf Wiederaufnahme des Verfahrens.

§ 366 [Inhalt und Form des Antrags]

I In dem Antrag müssen der gesetzliche Grund der Wiederaufnahme des Verfahrens sowie die Beweismittel angegeben werden.

II Von dem Angeklagten und den in § 361 Abs. 2 bezeichneten Personen kann der Antrag nur mittels einer von dem Verteidiger oder einem Rechtsanwalt unterzeichneten Schrift oder zu Protokoll der Geschäftsstelle[1] angebracht werden.

§ 367 [Zuständigkeit, Verfahren]

[I] Die Zuständigkeit des Gerichts für die Entscheidungen im Wiederaufnahmeverfahren und über den Antrag zur Vorbereitung eines Wiederaufnahmeverfahrens richtet sich nach den besonderen Vorschriften des Gerichtsverfassungsgesetzes.[2] Der Verurteilte kann Anträge nach den §§ 364a, 364b oder einen Antrag auf Zulassung der Wiederaufnahme des Verfahrens auch bei dem Gericht einreichen, dessen Urteil angefochten wird; dieses leitet den Antrag dem zuständigen Gericht zu.

[II] Die Entscheidungen über Anträge nach den §§ 364a, 364b und den Antrag auf Zulassung der Wiederaufnahme des Verfahrens ergehen ohne mündliche Verhandlung.

§ 368 [Entscheidung über Zulässigkeit]

[I] Ist der Antrag nicht in der vorgeschriebenen Form angebracht oder ist darin kein gesetzlicher Grund der Wiederaufnahme geltend gemacht oder kein geeignetes Beweismittel angeführt, so ist der Antrag als unzulässig zu verwerfen.

[II] Andernfalls ist er dem Gegner des Antragstellers unter Bestimmung einer Frist zur Erklärung zuzustellen.

§ 369 [Beweisaufnahme]

[I] Wird der Antrag für zulässig befunden, so beauftragt das Gericht mit der Aufnahme der angetretenen Beweise, soweit dies erforderlich ist, einen Richter.

[II] *nicht abgedruckt.*[3]

[III] Bei der Vernehmung eines Zeugen oder Sachverständigen und bei der Einnahme eines richterlichen Augenscheins ist der Staatsanwaltschaft, dem Angeklagten und dem Verteidiger die Anwesenheit zu gestatten. § 168c Abs. 3, § 224 Abs. 1 und § 225 gelten entsprechend. Befindet sich der Angeklagte nicht auf freiem Fuß, so hat er keinen Anspruch auf Anwesenheit, wenn der Termin nicht an der Gerichtsstelle des Ortes abgehalten wird, wo er sich in Haft befindet, und seine Mitwirkung der mit der Beweiserhebung bezweckten Klärung nicht dienlich ist.

[IV] Nach Schluß der Beweisaufnahme sind die Staatsanwaltschaft und der Angeklagte unter Bestimmung einer Frist zu weiterer Erklärung aufzufordern.

§ 370 [Entscheidung über die Begründetheit]

[I] Der Antrag auf Wiederaufnahme des Verfahrens wird ohne mündliche Verhandlung als unbegründet verworfen, wenn die darin aufgestellten Behauptungen keine genügende Bestätigung gefunden haben oder wenn in den Fällen des § 359 Nr. 1 und 2 oder des § 362 Nr. 1 und 2 nach Lage der Sache

---

[1] § 366 II: Zuständig für die Aufnahme des Antrags ist der Rechtspfleger gem. § 24 I Nr. 2 RpflG.
[2] Vgl. § 140a GVG.
[3] Vgl. § 48 I OWiG.

die Annahme ausgeschlossen ist, daß die in diesen Vorschriften bezeichnete Handlung auf die Entscheidung Einfluß gehabt hat.

[II] Andernfalls ordnet das Gericht die Wiederaufnahme des Verfahrens und die Erneuerung der Hauptverhandlung an.

§ 371 [Entscheidung ohne Hauptverhandlung]

[I] Ist der Verurteilte bereits verstorben, so hat ohne Erneuerung der Hauptverhandlung das Gericht nach Aufnahme des etwa noch erforderlichen Beweises entweder auf Freisprechung zu erkennen oder den Antrag auf Wiederaufnahme abzulehnen.

[II] Auch in anderen Fällen kann das Gericht, bei öffentlichen Klagen jedoch nur mit Zustimmung der Staatsanwaltschaft, den Verurteilten sofort freisprechen, wenn dazu genügende Beweise bereits vorliegen.

[III] Mit der Freisprechung ist die Aufhebung des früheren Urteils zu verbinden. . . . *Satz 2 nicht abgedruckt.*

[IV] *nicht abgedruckt.*[1]

§ 372 [Sofortige Beschwerde]

Alle Entscheidungen, die aus Anlaß eines Antrags auf Wiederaufnahme des Verfahrens von dem Gericht im ersten Rechtszug erlassen werden, können mit sofortiger Beschwerde angefochten werden. Der Beschluß, durch den das Gericht die Wiederaufnahme des Verfahrens und die Erneuerung der Hauptverhandlung anordnet, kann von der Staatsanwaltschaft nicht angefochten werden.

§ 373 [Erneute Hauptverhandlung, Verbot der reformatio in peius]

[I] In der erneuten Hauptverhandlung ist entweder das frühere Urteil aufrechtzuerhalten oder unter seiner Aufhebung anderweit in der Sache zu erkennen.

[II] Das frühere Urteil darf in Art und Höhe der Rechtsfolgen der Tat nicht zum Nachteil des Verurteilten geändert werden, wenn lediglich der Verurteilte, zu seinen Gunsten die Staatsanwaltschaft oder sein gesetzlicher Vertreter die Wiederaufnahme des Verfahrens beantragt hat. . . . *Satz 2 nicht abgedruckt.*

§ 373a [Strafbefehl]

Für die Wiederaufnahme eines durch rechtskräftigen Strafbefehl abgeschlossenen Verfahrens gelten die Vorschriften der §§ 359 bis 373 entsprechend.

Fünftes Buch. Beteiligung des Verletzten am Verfahren

Erster Abschnitt. Privatklage

§§ 374–394 *nicht abgedruckt.*[1]

---

[1] Vgl. 28 zu § 85 OWiG.
[2] Vgl. 8 zu § 46 OWiG.

Zweiter Abschnitt. Nebenklage

§§ 395–402 *nicht abgedruckt.*[1]

Dritter Abschnitt. Entschädigung des Verletzten[2]

§ 403 [Voraussetzungen] VB

[I] Der Verletzte oder sein Erbe kann gegen den Beschuldigten einen aus der Straftat erwachsenen vermögensrechtlichen Anspruch, der zur Zuständigkeit der ordentlichen Gerichte gehört und noch nicht anderweit gerichtlich anhängig gemacht ist, im Strafverfahren geltend machen, im Verfahren vor dem Amtsgericht jedoch nur insoweit, als der Anspruch zu dessen Zuständigkeit gehört.

[II] Der Verletzte oder sein Erbe soll von dem Strafverfahren möglichst frühzeitig Kenntnis erhalten; dabei soll er auf die Möglichkeit, seinen Anspruch auch im Strafverfahren geltend zu machen, hingewiesen werden.

§ 404 [Antrag des Verletzten] VB

[I] Der Antrag, durch den der Anspruch geltend gemacht wird, kann schriftlich oder mündlich zur Niederschrift des Urkundsbeamten, in der Hauptverhandlung auch mündlich bis zum Beginn der Schlußvorträge gestellt werden. Er muß den Gegenstand und Grund des Anspruchs bestimmt bezeichnen und soll die Beweismittel enthalten. Ist der Antrag außerhalb der Hauptverhandlung gestellt, so wird er dem Beschuldigten zugestellt.

[II] Die Antragstellung hat dieselben Wirkungen wie die Erhebung der Klage im bürgerlichen Rechtsstreit.

[III] Ist der Antrag vor Beginn der Hauptverhandlung gestellt, so wird der Antragsteller von Ort und Zeit der Hauptverhandlung benachrichtigt. Der Antragsteller, sein gesetzlicher Vertreter und der Ehegatte der Antragsberechtigten können an der Hauptverhandlung teilnehmen.

[IV] Der Antrag kann bis zur Verkündung des Urteils zurückgenommen werden.

§ 405 [Absehen von einer Entscheidung] VB

Das Gericht sieht von einer Entscheidung über den Antrag im Urteil ab, wenn der Angeklagte einer Straftat nicht schuldig gesprochen und auch nicht eine Maßregel der Besserung und Sicherung gegen ihn angeordnet wird oder soweit der Antrag unbegründet erscheint. . . . *Satz 2 nicht abgedruckt.*

§ 406 [Entscheidung]

[I] Soweit der Antrag nach dem Ergebnis der Hauptverhandlung begründet ist, gibt ihm das Gericht im Urteil statt. Die Entscheidung darf sich nicht auf den Grund des geltend gemachten Anspruchs beschränken.

[II] Das Gericht kann die Entscheidung für vorläufig vollstreckbar erklären. Es kann die vorläufige Vollstreckung von einer Sicherheitsleistung abhängig

---

[1] Vgl. 8 zu § 46 OWiG.
[2] Wegen der Anwendung der Vorschriften im Verfahren bei Rückerstattung des Mehrerlöses vgl. § 9 III WiStG 1954 (Anh **A 12**).

machen; es kann auch dem Angeklagten gestatten, sie durch Sicherheitsleistung abzuwenden. Diese Anordnungen können durch unanfechtbaren Beschluß auch nachträglich getroffen, geändert oder aufgehoben werden.

III Die Entscheidung über den Antrag steht einem im bürgerlichen Rechtsstreit ergangenen Endurteil gleich. Soweit der Anspruch nicht zuerkannt ist, kann er anderweit geltend gemacht werden.

IV Der Antragsteller erhält eine Abschrift des Urteils mit Gründen oder einen Auszug daraus.

§ 406a [Rechtsmittel]

I Dem Antragsteller steht, auch soweit das Gericht von einer Entscheidung absieht, ein Rechtsmittel nicht zu.

II Soweit das Gericht dem Antrag stattgibt, kann der Angeklagte die Entscheidung auch ohne den strafrechtlichen Teil des Urteils mit dem sonst zulässigen Rechtsmittel anfechten. In diesem Falle kann über das Rechtsmittel durch Beschluß in nichtöffentlicher Sitzung entschieden werden.

III *nicht abgedruckt.*

§ 406b [Vollstreckung]   VB

Die Vollstreckung richtet sich nach den Vorschriften, die für die Vollstrekkung von Urteilen in bürgerlichen Rechtsstreitigkeiten gelten. Für das Verfahren nach den §§ 731, 767, 768, 887 bis 890 der Zivilprozeßordnung ist das Gericht der bürgerlichen Rechtspflege zuständig, in dessen Bezirk das Strafgericht des ersten Rechtszuges seinen Sitz hat. Einwendungen, die den Anspruch selbst betreffen, sind nur insoweit zulässig, als die Gründe, auf denen sie beruhen, nach Schluß der Hauptverhandlung des ersten Rechtszuges und, wenn das Berufungsgericht entschieden hat, nach Schluß der Hauptverhandlung im Berufungsrechtszug entstanden sind.

§ 406c [Wiederaufnahme des Verfahrens]

I Den Antrag auf Wiederaufnahme des Verfahrens kann der Angeklagte darauf beschränken, eine wesentliche andere Entscheidung über den Anspruch herbeizuführen. Das Gericht entscheidet dann ohne Erneuerung der Hauptverhandlung durch Beschluß.

II *nicht abgedruckt.*

§ 406d *(weggefallen)*

Sechstes Buch. Besondere Arten des Verfahrens

Erster Abschnitt. Verfahren bei Strafbefehlen

§§ 407–410 *nicht abgedruckt.*[1]

§ 411 [Hauptverhandlung nach Einspruch][2]

I Bei rechtzeitigem Einspruch wird Termin zur Hauptverhandlung anberaumt.

---

[1] Vgl. §§ 66, 84 OWiG.
[2] Über die Anwendung von § 411 I, III, IV StPO vgl. 1 zu § 71 OWiG.

II *nicht abgedruckt.*[1]

III Die Klage und der Einspruch können bis zur Verkündung des Urteils im ersten Rechtszug zurückgenommen werden. § 303 gilt entsprechend.

IV Bei der Urteilsfällung ist das Gericht an den im Strafbefehl enthaltenen Ausspruch nicht gebunden.

§ 412 *nicht abgedruckt.*[2]

Zweiter Abschnitt. Sicherungsverfahren

§§ 413–416 *nicht abgedruckt.*

§§ 417–429 e *(weggefallen)*

Dritter Abschnitt. Verfahren bei Einziehungen und Vermögensbeschlagnahmen[3]

§ 430 [Verzicht auf die Einziehung][4]   VB

I Fällt die Einziehung neben der zu erwartenden Strafe oder Maßregel der Besserung und Sicherung nicht ins Gewicht oder würde das Verfahren, soweit es die Einziehung betrifft, einen unangemessenen Aufwand erfordern oder die Herbeiführung der Entscheidung über die anderen Rechtsfolgen der Tat unangemessen erschweren, so kann das Gericht mit Zustimmung der Staatsanwaltschaft in jeder Lage des Verfahrens die Verfolgung der Tat auf die anderen Rechtsfolgen beschränken.

II Im vorbereitenden Verfahren kann die Staatsanwaltschaft die Beschränkung vornehmen. Die Beschränkung ist aktenkundig zu machen.

III Das Gericht kann die Beschränkung in jeder Lage des Verfahrens wieder aufheben. Einem darauf gerichteten Antrag der Staatsanwaltschaft ist zu entsprechen. Wird die Beschränkung wieder aufgehoben, so gilt § 265 entsprechend.

§ 431 [Anordnung der Verfahrensbeteiligung]   VB

I Ist im Strafverfahren über die Einziehung eines Gegenstandes zu entscheiden und erscheint glaubhaft, daß

1. der Gegenstand einem anderen als dem Angeschuldigten gehört oder zusteht oder
2. ein anderer an dem Gegenstand ein sonstiges Recht hat, dessen Erlöschen im Falle der Einziehung angeordnet werden könnte (§ 74e Abs. 2 Satz 2, 3 des Strafgesetzbuches),[5]

so ordnet das Gericht an, daß der andere an dem Verfahren beteiligt wird, soweit es die Einziehung betrifft (Einziehungsbeteiligter). Das Gericht kann

---

[1] Vgl. § 73 IV OWiG.
[2] Vgl. § 74 OWiG.
[3] Über die Anwendung der Vorschriften im Bußgeldverfahren vgl. 1 vor § 87 sowie zu § 87 OWiG.
[4] Vgl. 54 zu § 87 OWiG.
[5] Im Bußgeldverfahren vgl. § 26 II S. 2, 3 OWiG.

von der Anordnung absehen, wenn infolge bestimmter Tatsachen anzunehmen ist, daß die Beteiligung nicht ausführbar ist. Das Gericht kann von der Anordnung auch dann absehen, wenn eine Partei, Vereinigung oder Einrichtung außerhalb des räumlichen Geltungsbereichs dieses Gesetzes zu beteiligen wäre, die Bestrebungen gegen den Bestand oder die Sicherheit der Bundesrepublik Deutschland oder gegen einen der in § 92 Abs. 2 des Strafgesetzbuches bezeichneten Verfassungsgrundsätze verfolgt, und wenn den Umständen nach anzunehmen ist, daß diese Partei, Vereinigung oder Einrichtung oder einer ihrer Mittelsmänner den Gegenstand zur Förderung ihrer Bestrebungen zur Verfügung gestellt hat; in diesem Falle genügt es, vor der Entscheidung über die Einziehung des Gegenstandes den Besitzer der Sache oder den zur Verfügung über das Recht Befugten zu hören, wenn dies ausführbar ist.

II Das Gericht kann anordnen, daß sich die Beteiligung nicht auf die Frage der Schuld des Angeschuldigten erstreckt, wenn

1. die Einziehung im Falle des Absatzes 1 Nr. 1 nur unter der Voraussetzung in Betracht kommt, daß der Gegenstand dem Angeschuldigten gehört oder zusteht, oder

2. der Gegenstand nach den Umständen, welche die Einziehung begründen können, dem Einziehungsbeteiligten auch auf Grund von Rechtsvorschriften außerhalb des Strafrechts ohne Entschädigung dauernd entzogen werden könnte.

III Ist über die Einziehung des Wertersatzes gegen eine juristische Person oder eine Personenvereinigung zu entscheiden (§ 75 in Verbindung mit § 74 c des Strafgesetzbuches),[1] so ordnet das Gericht deren Beteiligung an.

IV Die Verfahrensbeteiligung kann bis zum Ausspruch der Einziehung und, wenn eine zulässige Berufung eingelegt ist, bis zur Beendigung der Schlußvorträge im Berufungsverfahren angeordnet werden.

V Der Beschluß, durch den die Verfahrensbeteiligung angeordnet wird, kann nicht angefochten werden. Wird die Verfahrensbeteiligung abgelehnt oder eine Anordnung nach Absatz 2 getroffen, so ist sofortige Beschwerde zulässig.

VI Erklärt jemand bei Gericht oder bei der Staatsanwaltschaft schriftlich oder zu Protokoll oder bei einer anderen Behörde schriftlich, daß er gegen die Einziehung des Gegenstandes keine Einwendungen vorbringen wolle, so wird seine Verfahrensbeteiligung nicht angeordnet oder die Anordnung wieder aufgehoben.

VII Durch die Verfahrensbeteiligung wird der Fortgang des Verfahrens nicht aufgehalten.

§ 432 [Anhörung im vorbereitenden Verfahren]   VB

I Ergeben sich im vorbereitenden Verfahren Anhaltspunkte dafür, daß jemand als Einziehungsbeteiligter in Betracht kommt, so ist er zu hören, wenn dies ausführbar erscheint. § 431 Abs. 1 Satz 3 gilt entsprechend.

II Erklärt derjenige, der als Einziehungsbeteiligter in Betracht kommt, daß er gegen die Einziehung Einwendungen vorbringen wolle, und erscheint glaubhaft, daß er ein Recht an dem Gegenstand hat, so gelten, falls er vernommen wird, die Vorschriften über die Vernehmung des Beschuldigten insoweit entsprechend, als seine Verfahrensbeteiligung in Betracht kommt.

---

[1] Im Bußgeldverfahren vgl. § 29 iVm § 25 OWiG.

§ 433 [Stellung des Einziehungsbeteiligten im Hauptverfahren]

¹ *nicht abgedruckt.*¹

ᴵᴵ Das Gericht kann zur Aufklärung des Sachverhalts das persönliche Erscheinen des Einziehungsbeteiligten anordnen. Bleibt der Einziehungsbeteiligte, dessen persönliches Erscheinen angeordnet ist, ohne genügende Entschuldigung aus, so kann das Gericht seine Vorführung anordnen, wenn er unter Hinweis auf diese Möglichkeit durch Zustellung geladen worden ist.

§ 434 [Vertretung] VB

ᴵ Der Einziehungsbeteiligte kann sich in jeder Lage des Verfahrens auf Grund einer schriftlichen Vollmacht durch einen Rechtsanwalt oder eine andere Person, die als Verteidiger gewählt werden kann, vertreten lassen. Die für die Verteidigung geltenden Vorschriften der §§ 137 bis 139, 145a bis 149 und 218 sind entsprechend anzuwenden.

ᴵᴵ Das Gericht kann dem Einziehungsbeteiligten einen Rechtsanwalt oder eine andere Person, die als Verteidiger bestellt werden darf, beiordnen, wenn die Sach- oder Rechtslage schwierig ist oder wenn der Einziehungsbeteiligte seine Rechte nicht selbst wahrnehmen kann.

§ 435 [Terminsnachricht von der Hauptverhandlung]

ᴵ Dem Einziehungsbeteiligten wird der Termin zur Hauptverhandlung durch Zustellung bekanntgemacht; § 40 gilt entsprechend.

ᴵᴵ *nicht abgedruckt.*

ᴵᴵᴵ Zugleich wird der Einziehungsbeteiligte darauf hingewiesen, daß

1. auch ohne ihn verhandelt werden kann und
2. über die Einziehung auch ihm gegenüber entschieden wird.

§ 436 [Hauptverhandlung]

ᴵ Bleibt der Einziehungsbeteiligte in der Hauptverhandlung trotz ordnungsgemäßer Terminsnachricht aus, so kann ohne ihn verhandelt werden. § 235 ist nicht anzuwenden.

ᴵᴵ Auf Beweisanträge des Einziehungsbeteiligten zur Frage der Schuld des Angeklagten ist § 244 Abs. 3 Satz 2, Abs. 4 bis 6 nicht anzuwenden.²

ᴵᴵᴵ³ Ordnet das Gericht die Einziehung auf Grund von Umständen an, die einer Entschädigung des Einziehungsbeteiligten entgegenstehen, so spricht es zugleich aus, daß dem Einziehungsbeteiligten eine Entschädigung nicht zusteht. Dies gilt nicht, wenn das Gericht eine Entschädigung des Einziehungsbeteiligten für geboten hält, weil es eine unbillige Härte wäre, sie zu versagen; in diesem Falle entscheidet es zugleich über die Höhe der Entschädigung (§ 74f Abs. 3 des Strafgesetzbuches).⁴ Das Gericht weist den Einziehungsbeteiligten zuvor auf die Möglichkeit einer solchen Entscheidung hin und gibt ihm Gelegenheit, sich zu äußern.

---

¹ Vgl. § 87 II S. 1 OWiG.
² Über die Anwendung der Vorschrift vgl. 28 zu § 87 OWiG.
³ Über die Anwendung des § 436 III StPO im Verfahren der VB vgl. 38–40 zu § 87 OWiG.
⁴ Im Bußgeldverfahren vgl. § 28 III OWiG.

[IV] War der Einziehungsbeteiligte bei der Verkündung des Urteils nicht zugegen und auch nicht vertreten, so ist ihm das Urteil zuzustellen. Das Gericht kann anordnen, daß Teile des Urteils, welche die Einziehung nicht betreffen, ausgeschieden werden.

§ 437 [Rechtsmittelverfahren]

[I] Im Rechtsmittelverfahren erstreckt sich die Prüfung, ob die Einziehung dem Einziehungsbeteiligten gegenüber gerechtfertigt ist, auf den Schuldspruch des angefochtenen Urteils nur, wenn der Einziehungsbeteiligte insoweit Einwendungen vorbringt und im vorausgegangenen Verfahren ohne sein Verschulden zum Schuldspruch nicht gehört worden ist. Erstreckt sich hiernach die Prüfung auch auf den Schuldspruch, so legt das Gericht die zur Schuld getroffenen Feststellungen zugrunde, soweit nicht das Vorbringen des Einziehungsbeteiligten eine erneute Prüfung erfordert.

[II] *nicht abgedruckt.*[1]

[III] Im Revisionsverfahren sind die Einwendungen gegen den Schuldspruch innerhalb der Begründungsfrist vorzubringen.

[IV] *nicht abgedruckt.*[2]

§ 438 [Strafbefehlsverfahren]

[I] *nicht abgedruckt.*[3]

[II] Ist nur über den Einspruch des Einziehungsbeteiligten zu entscheiden, so gelten § 439 Abs. 3 Satz 1 und § 441 Abs. 2, 3 entsprechend.

§ 439 [Nachverfahren][4]

[I] Ist die Einziehung eines Gegenstandes rechtskräftig angeordnet worden und macht jemand glaubhaft, daß er

1. zur Zeit der Rechtskraft der Entscheidung ein Recht an dem Gegenstand gehabt hat, das infolge der Entscheidung beeinträchtigt ist oder nicht mehr besteht, und
2. ohne sein Verschulden weder im Verfahren des ersten Rechtszuges noch im Berufungsverfahren die Rechte des Einziehungsbeteiligten hat wahrnehmen können,

so kann er in einem Nachverfahren geltend machen, daß die Einziehung ihm gegenüber nicht gerechtfertigt sei. § 360 gilt entsprechend.

[II] Das Nachverfahren ist binnen eines Monats nach Ablauf des Tages zu beantragen, an dem der Antragsteller von der rechtskräftigen Entscheidung Kenntnis erlangt hat. Der Antrag ist unzulässig, wenn seit Eintritt der Rechtskraft zwei Jahre verstrichen sind und die Vollstreckung beendet ist.

[III] Das Gericht prüft den Schuldspruch nicht nach, wenn nach den Umständen, welche die Einziehung begründet haben, im Strafverfahren eine Anordnung nach § 431 Abs. 2 zulässig gewesen wäre. Im übrigen gilt § 437 Abs. 1 entsprechend.

---

[1] Vgl. 4 vor § 79 OWiG.
[2] Vgl. § 79 V OWiG.
[3] Vgl. § 87 II S. 2, 3 OWiG.
[4] Über die Anwendung der Vorschrift im Bußgeldverfahren vgl. 41–53 zu § 87 OWiG.

IV Wird das vom Antragsteller behauptete Recht nicht erwiesen, so ist der Antrag unbegründet.

V Vor der Entscheidung kann das Gericht mit Zustimmung der Staatsanwaltschaft die Anordnung der Einziehung aufheben, wenn das Nachverfahren einen unangemessenen Aufwand erfordern würde.

VI Eine Wiederaufnahme des Verfahrens nach § 359 Nr. 5 zu dem Zweck, die Einwendungen nach Absatz 1 geltend zu machen, ist ausgeschlossen.

§ 440 [Selbständiges Einziehungsverfahren][1]

I Die Staatsanwaltschaft und der Privatkläger können den Antrag stellen, die Einziehung selbständig anzuordnen, wenn dies gesetzlich zulässig und die Anordnung nach dem Ergebnis der Ermittlungen zu erwarten ist.

II In dem Antrag ist der Gegenstand zu bezeichnen. Ferner ist anzugeben, welche Tatsachen die Zulässigkeit der selbständigen Einziehung begründen. Im übrigen gilt § 200 entsprechend.

III Die §§ 431 bis 436 und 439 gelten entsprechend.

§ 441 [Verfahren bei nachträglicher und selbständiger Einziehung][2]

I Die Entscheidung über die Einziehung im Nachverfahren (§ 439) trifft das Gericht des ersten Rechtszuges, die Entscheidung über die selbständige Einziehung (§ 440) das Gericht, das im Falle der Strafverfolgung einer bestimmten Person zuständig wäre. ... *Satz 2 nicht abgedruckt*[3].

II Das Gericht entscheidet durch Beschluß, gegen den sofortige Beschwerde zulässig ist.

III Über einen zulässigen Antrag wird jedoch auf Grund mündlicher Verhandlung durch Urteil entschieden, wenn die Staatsanwaltschaft oder sonst ein Beteiligter es beantragt oder das Gericht es anordnet; die Vorschriften über die Hauptverhandlung gelten entsprechend. Wer gegen das Urteil eine zulässige Berufung eingelegt hat, kann gegen das Berufungsurteil nicht mehr Revision einlegen.

IV *nicht abgedruckt.*[4]

§ 442 [Der Einziehung gleichstehende Rechtsfolgen][5]

I Verfall, Vernichtung, Unbrauchbarmachung und Beseitigung eines gesetzwidrigen Zustandes stehen im Sinne der §§ 430 bis 441 der Einziehung gleich.

II *nicht abgedruckt.*

§ 443 *nicht abgedruckt.*

---

[1] Vgl. § 87 III OWiG; wegen der Anwendung im gerichtlichen Verfahren vgl. 57 zu § 87 OWiG.
[2] Vgl. § 87 III–V OWiG.
[3] Vgl. 57 zu § 87 OWiG.
[4] Vgl. § 79 V OWiG.
[5] Über die Anwendung der Vorschrift vgl. 60 zu § 87 OWiG.

Vierter Abschnitt. Verfahren bei Festsetzung von Geldbuße gegen juristische Personen und Personenvereinigungen[1]

§ 444

[1] Ist im Strafverfahren als Nebenfolge der Tat des Angeschuldigten über die Festsetzung einer Geldbuße gegen eine juristische Person oder eine Personenvereinigung zu entscheiden (§ 30 des Gesetzes über Ordnungswidrigkeiten), so ordnet das Gericht deren Beteiligung an dem Verfahren an, soweit es die Tat betrifft. § 431 Abs. 4, 5 gilt entsprechend.

[II] Die juristische Person oder die Personenvereinigung wird zur Hauptverhandlung geladen; bleibt ihr Vertreter ohne genügende Entschuldigung aus, so kann ohne sie verhandelt werden. Für ihre Verfahrensbeteiligung gelten im übrigen die §§ 432 bis 434, 435 Abs. 2, 3 Nr. 1, § 436 Abs. 2, 4, § 437 Abs. 1 bis 3, § 438 Abs. 1 und, soweit nur über ihren Einspruch zu entscheiden ist, § 441 Abs. 2, 3 sinngemäß.

[III] Für das selbständige Verfahren gelten die §§ 440, 441 Abs. 1 bis 3 sinngemäß. ... *Satz 2 nicht abgedruckt.*[2]

§§ 445–448 *(weggefallen)*

Siebentes Buch. Strafvollstreckung und Kosten des Verfahrens

Erster Abschnitt. Strafvollstreckung

§§ 449–450a *nicht abgedruckt.*

§ 451 [Vollstreckungsbehörden][3]

[1] Die Strafvollstreckung erfolgt durch die Staatsanwaltschaft als Vollstreckungsbehörde auf Grund einer von dem Urkundsbeamten der Geschäftsstelle zu erteilenden, mit der Bescheinigung der Vollstreckbarkeit versehenen, beglaubigten Abschrift der Urteilsformel.

[II] Den Amtsanwälten steht die Strafvollstreckung nur insoweit zu, als die Landesjustizverwaltung sie ihnen übertragen hat.

[III] *nicht abgedruckt.*

§§ 452–454 *nicht abgedruckt.*

§ 455 [Vollstreckungsaufschub bei Vollzugsuntauglichkeit][4]

[1] Die Vollstreckung einer Freiheitsstrafe ist aufzuschieben, wenn der Verurteilte in Geisteskrankheit verfällt.

[II] Dasselbe gilt bei anderen Krankheiten, wenn von der Vollstreckung eine nahe Lebensgefahr für den Verurteilten zu besorgen ist.

[III] Die Strafvollstreckung kann auch dann aufgeschoben werden, wenn sich der Verurteilte in einem körperlichen Zustand befindet, bei dem eine sofortige Vollstreckung mit der Einrichtung der Strafanstalt unverträglich ist.

---

[1] Über die Anwendung der Vorschrift vgl. zu § 88 OWiG.
[2] Vgl. 19 zu § 88 OWiG.
[3] Vgl. §§ 91, 97 I OWiG.
[4] Über die Anwendung der Vorschrift bei der Vollstreckung der Erzwingungshaft vgl. 1 zu § 97 OWiG.

§ 455a [Vollstreckungsaufschub und -unterbrechung][1]

[1] Die Vollstreckungsbehörde kann die Vollstreckung einer Freiheitsstrafe oder einer freiheitsentziehenden Maßregel der Besserung und Sicherung aufschieben oder ohne Einwilligung des Gefangenen unterbrechen, wenn dies aus Gründen der Vollzugsorganisation erforderlich ist und überwiegende Gründe der öffentlichen Sicherheit nicht entgegenstehen.

[II] Kann die Entscheidung der Vollstreckungsbehörde nicht rechtzeitig eingeholt werden, so kann der Anstaltsleiter die Vollstreckung unter den Voraussetzungen des Absatzes 1 ohne Einwilligung des Gefangenen vorläufig unterbrechen.

§ 456 [Vorübergehender Aufschub][1]

[1] Auf Antrag des Verurteilten kann die Vollstreckung aufgeschoben werden, sofern durch die sofortige Vollstreckung dem Verurteilten oder seiner Familie erhebliche, außerhalb des Strafzwecks liegende Nachteile erwachsen.

[II], [III] *nicht abgedruckt.*

§§ 456a–458 *nicht abgedruckt.*

§ 459 [Vollstreckung der Geldstrafe][2]

Für die Vollstreckung der Geldstrafe gelten die Vorschriften der Justizbeitreibungsordnung, soweit dieses Gesetz nichts anderes bestimmt.

§§ 459a–459f *nicht abgedruckt.*[3]

§ 459g [Vollstreckung von Nebenfolgen][2]

[1] Ist der Verfall, die Einziehung oder die Unbrauchbarmachung einer Sache angeordnet worden, so wird die Anordnung dadurch vollstreckt, daß die Sache dem Verurteilten oder dem Verfalls- oder Einziehungsbeteiligten weggenommen wird. Für die Vollstreckung gelten die Vorschriften der Justizbeitreibungsordnung.

[II] Für die Vollstreckung von Nebenfolgen, die zu einer Geldzahlung verpflichten, gelten die §§ 459, 459a, 459c Abs. 1, 2 und § 459d entsprechend.

§ 459h *nicht abgedruckt.*[4]

§§ 460–463a *nicht abgedruckt.*

§ 463b *nicht abgedruckt.*[5]

§§ 463c, 463d *nicht abgedruckt.*

---

[1] Über die Anwendung der Vorschrift bei der Vollstreckung der Erzwingungshaft vgl. 1 zu § 97 OWiG.
[2] Vgl. § 91 OWiG.
[3] Vgl. §§ 93–95 OWiG.
[4] Vgl. § 103 OWiG.
[5] Vgl. § 25 II S. 3, III S. 2 StVG (Anh **A 11**).

Zweiter Abschnitt. Kosten des Verfahrens[1]

§ 464 [Kostenentscheidung]   VB

[1] Jedes Urteil, jeder Strafbefehl und jede eine Untersuchung einstellende Entscheidung muß darüber Bestimmung treffen, von wem die Kosten des Verfahrens zu tragen sind.

[II] Die Entscheidung darüber, wer die notwendigen Auslagen trägt, trifft das Gericht in dem Urteil oder in dem Beschluß, der das Verfahren abschließt.

[III] Gegen die Entscheidung über die Kosten und die notwendigen Auslagen ist sofortige Beschwerde zulässig. Das Beschwerdegericht ist an die tatsächlichen Feststellungen, auf denen die Entscheidung beruht, gebunden. Wird gegen das Urteil, soweit es die Entscheidung über die Kosten und die notwendigen Auslagen betrifft, sofortige Beschwerde und im übrigen Berufung oder Revision eingelegt, so ist das Berufungs- oder Revisionsgericht, solange es mit der Berufung oder Revision befaßt ist, auch für die Entscheidung über die sofortige Beschwerde zuständig.

§ 464a [Kosten des Verfahrens, notwendige Auslagen]   VB

[1] Kosten des Verfahrens sind die Gebühren und Auslagen der Staatskasse. Zu den Kosten gehören auch die durch die Vorbereitung der öffentlichen Klage entstandenen sowie die Kosten der Vollstreckung einer Rechtsfolge der Tat. Zu den Kosten eines Antrags auf Wiederaufnahme des durch ein rechtskräftiges Urteil abgeschlossenen Verfahrens gehören auch die zur Vorbereitung eines Wiederaufnahmeverfahrens (§§ 364a und 364b) entstandenen Kosten, soweit sie durch einen Antrag des Verurteilten verursacht sind.

[II] Zu den notwendigen Auslagen eines Beteiligten gehören auch

1. die Entschädigung für eine notwendige Zeitversäumnis nach den Vorschriften, die für die Entschädigung von Zeugen gelten, und
2. die Gebühren und Auslagen eines Rechtsanwalts, soweit sie nach § 91 Abs. 2 der Zivilprozeßordnung zu erstatten sind.

§ 464b [Kostenfestsetzung][2]

Die Höhe der Kosten und Auslagen, die ein Beteiligter einem anderen Beteiligten zu erstatten hat, wird auf Antrag eines Beteiligten durch den Urkundsbeamten der Geschäftsstelle festgesetzt. Auf Antrag ist auszusprechen, daß die festgesetzten Kosten und Auslagen von der Anbringung des Festsetzungsantrags an mit vier vom Hundert zu verzinsen sind. Auf das Verfahren und auf die Vollstreckung der Entscheidung sind die Vorschriften der Zivilprozeßordnung entsprechend anzuwenden.

§ 465 [Kostenpflicht des Angeklagten]   VB

[1] Die Kosten des Verfahrens hat der Angeklagte insoweit zu tragen, als sie durch das Verfahren wegen einer Tat entstanden sind, wegen deren er verurteilt oder eine Maßregel der Besserung und Sicherung gegen ihn angeordnet

---

[1] Über die Anwendung der Vorschriften im Verfahren der VB vgl. § 105, im gerichtlichen Verfahren vgl. 1 zu § 109 OWiG.

[2] Im Verfahren der VB vgl. § 106 OWiG. Zuständig für die Kostenfestsetzung nach § 464b StPO ist der Rechtspfleger gem. § 21 I Nr. 1, II RpflG.

wird. Eine Verurteilung im Sinne dieser Vorschrift liegt auch dann vor, wenn der Angeklagte mit Strafvorbehalt verwarnt wird oder das Gericht von Strafe absieht.

II Sind durch Untersuchungen zur Aufklärung bestimmter belastender oder entlastender Umstände besondere Auslagen entstanden und sind diese Untersuchungen zugunsten des Angeklagten ausgegangen, so hat das Gericht die entstandenen Auslagen teilweise oder auch ganz der Staatskasse aufzuerlegen, wenn es unbillig wäre, den Angeklagten damit zu belasten. Dies gilt namentlich dann, wenn der Angeklagte wegen einzelner abtrennbarer Teile einer Tat oder wegen einzelner von mehreren Gesetzesverletzungen nicht verurteilt wird. Die Sätze 1 und 2 gelten entsprechend für die notwendigen Auslagen des Angeklagten.

III Stirbt ein Verurteilter vor eingetretener Rechtskraft des Urteils, so haftet sein Nachlaß nicht für die Kosten.

§ 466 [Haftung Mitangeklagter] VB

Mitangeklagte, gegen die in bezug auf dieselbe Tat auf Strafe erkannt oder eine Maßregel der Besserung und Sicherung angeordnet wird, haften für die Auslagen als Gesamtschuldner. Dies gilt nicht für die durch die Tätigkeit eines bestellten Verteidigers oder eines Dolmetschers und die durch die Vollstreckung, die einstweilige Unterbringung oder die Untersuchungshaft entstandenen Kosten sowie für Auslagen, die durch Untersuchungshandlungen, die ausschließlich gegen einen Mitangeklagten gerichtet waren, entstanden sind.

§ 467 [Kostenpflicht der Staatskasse]

I Wird der Angeschuldigte freigesprochen oder die Eröffnung des Hauptverfahrens gegen ihn abgelehnt oder das Verfahren gegen ihn eingestellt, so fallen die Kosten des Verfahrens und die notwendigen Auslagen des Angeschuldigten der Staatskasse zur Last.

II Die Kosten des Verfahrens, die der Angeschuldigte durch eine schuldhafte Säumnis verursacht hat, werden ihm auferlegt. Die ihm insoweit entstandenen Auslagen werden der Staatskasse nicht auferlegt.

III Die notwendigen Auslagen des Angeschuldigten werden der Staatskasse nicht auferlegt, wenn der Angeschuldigte die Erhebung der öffentlichen Klage dadurch veranlaßt hat, daß er in einer Selbstanzeige vorgetäuscht hat, die ihm zur Last gelegte Tat begangen zu haben. Das Gericht kann davon absehen, die notwendigen Auslagen des Angeschuldigten der Staatskasse aufzuerlegen, wenn er

1. die Erhebung der öffentlichen Klage dadurch veranlaßt hat, daß er sich selbst in wesentlichen Punkten wahrheitswidrig oder im Widerspruch zu seinen späteren Erklärungen belastet oder wesentliche entlastende Umstände verschwiegen hat, obwohl er sich zur Beschuldigung geäußert hat, oder

2. wegen einer Straftat nur deshalb nicht verurteilt wird, weil ein Verfahrenshindernis besteht.

IV Stellt das Gericht das Verfahren nach einer Vorschrift ein, die dies nach seinem Ermessen zuläßt, so kann es davon absehen, die notwendigen Auslagen des Angeschuldigten der Staatskasse aufzuerlegen.

V *nicht abgedruckt.*

§ 467a [Notwendige Auslagen bei Klagerücknahme]   VB

[I] Nimmt die Staatsanwaltschaft die öffentliche Klage zurück und stellt sie das Verfahren ein, so hat das Gericht, bei dem die öffentliche Klage erhoben war, auf Antrag der Staatsanwaltschaft oder des Angeschuldigten die diesem erwachsenen notwendigen Auslagen der Staatskasse aufzuerlegen. § 467 Abs. 2 bis 5 gilt sinngemäß.

[II] Die einem Nebenbeteiligten (§ 431 Abs. 1 Satz 1, §§ 442, 444 Abs. 1 Satz 1) erwachsenen notwendigen Auslagen kann das Gericht in den Fällen des Absatzes 1 Satz 1 auf Antrag der Staatsanwaltschaft oder des Nebenbeteiligten der Staatskasse oder einem anderen Beteiligten auferlegen.

[III] Gegen die Entscheidung nach den Absätzen 1 und 2 ist die sofortige Beschwerde zulässig.

§ 468 *nicht abgedruckt.*

§ 469 [Kostenpflicht des Anzeigenden]   VB

[I] Ist ein, wenn auch nur außergerichtliches Verfahren durch eine vorsätzlich oder leichtfertig erstattete unwahre Anzeige veranlaßt worden, so hat das Gericht dem Anzeigenden, nachdem er gehört worden ist, die Kosten des Verfahrens und die dem Beschuldigten erwachsenen notwendigen Auslagen aufzuerlegen. Die einem Nebenbeteiligten (§ 431 Abs. 1 Satz 1, §§ 442, 444 Abs. 1 Satz 1) erwachsenen notwendigen Auslagen kann das Gericht dem Anzeigenden auferlegen.

[II] War noch kein Gericht mit der Sache befaßt, so ergeht die Entscheidung auf Antrag der Staatsanwaltschaft durch das Gericht, das für die Eröffnung des Hauptverfahrens zuständig gewesen wäre.

[III] Gegen die Entscheidung findet sofortige Beschwerde statt.

§ 470 [Kostenpflicht bei Zurücknahme des Antrags]   VB

Wird das Verfahren wegen Zurücknahme des Antrags, durch den es bedingt war, eingestellt, so hat der Antragsteller die Kosten sowie die dem Beschuldigten und einem Nebenbeteiligten (§ 431 Abs. 1 Satz 1, §§ 442, 444 Abs. 1 Satz 1) erwachsenen notwendigen Auslagen zu tragen. Sie können dem Angeklagten oder einem Nebenbeteiligten auferlegt werden, soweit er sich zur Übernahme bereit erklärt, der Staatskasse, soweit es unbillig wäre, die Beteiligten damit zu belasten.

§§ 471–472a *nicht abgedruckt.*

§ 472b [Kosten bei Nebenbeteiligten]

[I] Wird der Verfall, die Einziehung, der Vorbehalt der Einziehung, die Vernichtung, Unbrauchbarmachung oder Beseitigung eines gesetzwidrigen Zustandes angeordnet oder eine Geldbuße gegen eine juristische Person oder eine Personenvereinigung festgesetzt, so können dem Nebenbeteiligten die durch seine Beteiligung erwachsenen besonderen Kosten auferlegt werden. Die dem Nebenbeteiligten erwachsenen notwendigen Auslagen können, soweit es der Billigkeit entspricht, dem Angeklagten, im selbständigen Verfahren auch einem anderen Nebenbeteiligten auferlegt werden.

[II] Wird von der Anordnung oder Festsetzung einer der in Absatz 1 Satz 1 bezeichneten Nebenfolgen abgesehen, so können die dem Nebenbeteiligten

erwachsenen notwendigen Auslagen der Staatskasse oder einem anderen Beteiligten auferlegt werden.

§ 473 [Kosten bei erfolglosem Rechtsmittel]

I Die Kosten eines zurückgenommenen oder erfolglos eingelegten Rechtsmittels treffen den, der es eingelegt hat.

II Hat im Falle des Absatzes 1 die Staatsanwaltschaft das Rechtsmittel zuungunsten des Beschuldigten oder eines Nebenbeteiligten (§ 431 Abs. 1 Satz 1,
§§ 442, 444 Abs. 1 Satz 1) eingelegt, so sind die ihm erwachsenen notwendigen Auslagen der Staatskasse aufzuerlegen. Dasselbe gilt, wenn das von der
Staatsanwaltschaft zugunsten des Beschuldigten oder eines Nebenbeteiligten
eingelegte Rechtsmittel Erfolg hat.

III Hat der Beschuldigte oder ein anderer Beteiligter das Rechtsmittel auf
bestimmte Beschwerdepunkte beschränkt und hat ein solches Rechtsmittel
Erfolg, so sind die notwendigen Auslagen des Beteiligten der Staatskasse
aufzuerlegen.

IV Hat das Rechtsmittel teilweise Erfolg, so hat das Gericht die Gebühr zu
ermäßigen und die entstandenen Auslagen teilweise oder auch ganz der Staatskasse aufzuerlegen, soweit es unbillig wäre, die Beteiligten damit zu belasten.
Dies gilt entsprechend für die notwendigen Auslagen der Beteiligten.

V Die Absätze 1 bis 4 gelten entsprechend für die Kosten und die notwendigen Auslagen, die durch einen Antrag

1. auf Wiederaufnahme des durch ein rechtskräftiges Urteil abgeschlossenen
Verfahrens oder

2. auf ein Nachverfahren (§ 439)

verursacht worden sind.

VI Die Kosten der Wiedereinsetzung in den vorigen Stand fallen dem Antragsteller zur Last, soweit sie nicht durch einen unbegründeten Widerspruch
des Gegners entstanden sind.

§ 474 *(weggefallen)*

A 3. Jugendgerichtsgesetz[1,2]

idF vom 11. Dezember 1974 (BGBl. I 3427; III 451–1), ÄndG vom 5. Oktober
1978 (BGBl. I 1645, 1652)

(Auszug)

Erster Teil. Anwendungsbereich

§ 1 Persönlicher und sachlicher Anwendungsbereich

I Dieses Gesetz gilt, wenn ein Jugendlicher oder ein Heranwachsender eine
Verfehlung begeht, die nach den allgemeinen Vorschriften mit Strafe bedroht
ist.

---

[1] **A 3:** In Kraft getreten am 1. 10. 1953; gilt in Berlin (GVBl. 1953, 768; 1975, 148).
[2] Vgl. auch die Richtlinien zum Jugendgerichtsgesetz (RiJGG) v. 15. 2. 1955 in der ab
1. 1. 1975 geltenden Fassung (abgedr. bei Piller/Herrmann Nr. 2e).

II Jugendlicher ist, wer zur Zeit der Tat vierzehn, aber noch nicht achtzehn, Heranwachsender, wer zur Zeit der Tat achtzehn, aber noch nicht einundzwanzig Jahre alt ist.

§ 2 Anwendung des allgemeinen Rechts

Die allgemeinen Vorschriften gelten nur, soweit in diesem Gesetz nichts anderes bestimmt ist.

Zweiter Teil. Jugendliche

Erstes Hauptstück. Verfehlungen Jugendlicher und ihre Folgen

§ 3 Verantwortlichkeit

Ein Jugendlicher ist strafrechtlich verantwortlich, wenn er zur Zeit der Tat nach seiner sittlichen und geistigen Entwicklung reif genug ist, das Unrecht der Tat einzusehen und nach dieser Einsicht zu handeln. . . . *Satz 2 nicht abgedruckt.*

§§ 4–10 *nicht abgedruckt.*

§ 11 Laufzeit und nachträgliche Änderung von Weisungen; Folgen der Zuwiderhandlung

I, II *nicht abgedruckt.*

III1 Kommt der Jugendliche Weisungen schuldhaft nicht nach, so kann Jugendarrest verhängt werden, wenn eine Belehrung über die Folgen schuldhafter Zuwiderhandlung erfolgt war. Hiernach verhängter Jugendarrest darf bei einer Verurteilung insgesamt die Dauer von vier Wochen nicht überschreiten. Der Richter kann von der Vollstreckung des Jugendarrestes absehen, wenn der Jugendliche nach Verhängung des Arrestes der Weisung nachkommt.

§§ 12–15 *nicht abgedruckt.*

§ 16 Jugendarrest[1]

I Der Jugendarrest ist Freizeitarrest, Kurzarrest oder Dauerarrest.

II Der Freizeitarrest wird für die wöchentliche Freizeit des Jugendlichen verhängt und auf mindestens eine Freizeit und höchstens vier Freizeiten bemessen.

III Der Kurzarrest wird statt des Freizeitarrestes verhängt, wenn der zusammenhängende Vollzug aus Gründen der Erziehung zweckmäßig erscheint und weder die Ausbildung noch die Arbeit des Jugendlichen beeinträchtigt werden. Dabei stehen zwei Tage Kurzarrest einer Freizeit gleich. Die Gesamtdauer des Kurzarrestes darf aber sechs Tage nicht überschreiten.

IV Der Dauerarrest beträgt mindestens eine Woche und höchstens vier Wochen. Er wird nach vollen Tagen oder Wochen bemessen.

§§ 17–32 *nicht abgedruckt.*

---

[1] Über die Anwendung von § 11 III S. 2, 3 und § 16 JGG vgl. § 98 II S. 1 OWiG.

Zweites Hauptstück. Jugendgerichtsverfassung und Jugendstrafverfahren

Erster Abschnitt. Jugendgerichtsverfassung[1]

§ 33 Jugendgerichte

[1] Über Verfehlungen Jugendlicher entscheiden die Jugendgerichte.

[II] Jugendgerichte sind der Strafrichter als Jugendrichter, das Schöffengericht (Jugendschöffengericht) und die Strafkammer (Jugendkammer).

[III] *nicht abgedruckt.*

[IV] Die Landesregierungen werden ermächtigt, durch Rechtsverordnung zu regeln, daß ein Richter bei einem Amtsgericht zum Jugendrichter für den Bezirk mehrerer Amtsgerichte (Bezirksjugendrichter) bestellt und daß bei einem Amtsgericht ein gemeinsames Jugendschöffengericht für den Bezirk mehrerer Amtsgerichte eingerichtet wird. Die Landesregierungen können die Ermächtigung durch Rechtsverordnung auf die Landesjustizverwaltungen übertragen.

§ 34 Aufgaben des Jugendrichters

[1] Dem Jugendrichter obliegen alle Aufgaben, die ein Richter beim Amtsgericht im Strafverfahren hat.

[II] Der Jugendrichter soll nach Möglichkeit zugleich auch Vormundschaftsrichter sein. Ist dies nicht durchführbar, so sollen ihm für die Minderjährigen über vierzehn Jahre die vormundschaftsrichterlichen Erziehungsaufgaben übertragen werden. Aus besonderen Gründen, namentlich wenn der Jugendrichter für den Bezirk mehrerer Amtsgerichte bestellt ist, kann hiervon abgewichen werden.

[III] Vormundschaftsrichterliche Erziehungsaufgaben sind

1. die Unterstützung der Eltern, des Vormundes und des Pflegers durch geeignete Maßregeln (§ 1631 Abs. 2, §§ 1800, 1915 des Bürgerlichen Gesetzbuches),
2. die Maßnahmen zur Abwendung einer Gefährdung des Minderjährigen (§§ 1666, 1838, 1915 des Bürgerlichen Gesetzbuches),
3. die Entscheidungen, welche die Erziehungsbeistandschaft und die Fürsorgeerziehung betreffen.

§ 35 *nicht abgedruckt.*

§ 36 Jugendstaatsanwalt

Für Verfahren, die zur Zuständigkeit der Jugendgerichte gehören, werden Jugendstaatsanwälte bestellt.

§ 37 Auswahl der Jugendrichter und Jugendstaatsanwälte

Die Richter bei den Jugendgerichten und die Jugendstaatsanwälte sollen erzieherisch befähigt und in der Jugenderziehung erfahren sein.

---

[1] Über die Anwendung der Vorschriften vgl. 32 vor § 67 OWiG.

§ 38 Jugendgerichtshilfe[1]

[1] Die Jugendgerichtshilfe wird von den Jugendämtern im Zusammenwirken mit den Vereinigungen für Jugendhilfe ausgeübt.

[2] Die Vertreter der Jugendgerichtshilfe bringen die erzieherischen, sozialen und fürsorgerischen Gesichtspunkte im Verfahren vor den Jugendgerichten zur Geltung. Sie unterstützen zu diesem Zweck die beteiligten Behörden durch Erforschung der Persönlichkeit, der Entwicklung und der Umwelt des Beschuldigten und äußern sich zu den Maßnahmen, die zu ergreifen sind. Soweit nicht ein Bewährungshelfer dazu berufen ist, wachen sie darüber, daß der Jugendliche Weisungen und Auflagen nachkommt. Erhebliche Zuwiderhandlungen teilen sie dem Richter mit. Während der Bewährungszeit arbeiten sie eng mit dem Bewährungshelfer zusammen. Während des Vollzugs bleiben sie mit den Jugendlichen in Verbindung und nehmen sich seiner Wiedereingliederung in die Gemeinschaft an.

[3] Im gesamten Verfahren gegen einen Jugendlichen ist die Jugendgerichtshilfe heranzuziehen. Dies soll so früh wie möglich geschehen. Vor der Erteilung von Weisungen (§ 10) sind die Vertreter der Jugendgerichtshilfe stets zu hören.

Zweiter Abschnitt. Zuständigkeit[2]

§§ 39, 40 *nicht abgedruckt.*

§ 41 Sachliche Zuständigkeit der Jugendkammer

[1] *nicht abgedruckt.*

[2] Die Jugendkammer ist außerdem zuständig für die Verhandlung und Entscheidung über das Rechtsmittel der Berufung gegen die Urteile des Jugendrichters und des Jugendschöffengerichts. Sie trifft auch die in § 73 Abs. 1 des Gerichtsverfassungsgesetzes bezeichneten Entscheidungen.

§ 42 Örtliche Zuständigkeit[3]

[1] Neben dem Richter, der nach dem allgemeinen Verfahrensrecht oder nach besonderen Vorschriften zuständig ist, sind zuständig

1. der Richter, dem die vormundschaftsrichterlichen Erziehungsaufgaben für den Beschuldigten obliegen,
2. der Richter, in dessen Bezirk sich der auf freiem Fuß befindliche Beschuldigte zur Zeit der Erhebung der Anklage aufhält,
3. solange der Beschuldigte eine Jugendstrafe noch nicht vollständig verbüßt hat, der Richter, dem die Aufgaben des Vollstreckungsleiters obliegen.

[2] Der Staatsanwalt soll die Anklage nach Möglichkeit vor dem Richter erheben, dem die vormundschaftsrichterlichen Erziehungsaufgaben obliegen, solange aber der Beschuldigte eine Jugendstrafe noch nicht vollständig verbüßt hat, vor dem Richter, dem die Aufgaben des Vollstreckungsleiters obliegen.

---

[1] Über die Anwendung der Vorschrift vgl. 34 zu § 46 OWiG.
[2] Über die Anwendung der Vorschriften vgl. 33 vor § 67 OWiG.
[3] Über die Anwendung der Vorschrift vgl. 26 ff. zu § 68 OWiG.

III Wechselt der Angeklagte seinen Aufenthalt, so kann der Richter das Verfahren mit Zustimmung des Staatsanwalts an den Richter abgeben, in dessen Bezirk sich der Angeklagte aufhält. Hat der Richter, an den das Verfahren abgegeben worden ist, gegen die Übernahme Bedenken, so entscheidet das gemeinschaftliche oberen Gericht.

Dritter Abschnitt. Jugendstrafverfahren

Erster Unterabschnitt. Das Vorverfahren

§§ 43–46 *nicht abgedruckt.*

Zweiter Unterabschnitt. Das Hauptverfahren[1]

§§ 47, 47a *nicht abgedruckt.*

§ 48 Nichtöffentlichkeit

I Die Verhandlung vor dem erkennenden Gericht einschließlich der Verkündung der Entscheidungen ist nicht öffentlich.

II Neben den am Verfahren Beteiligten ist dem Verletzten, den Beamten der Kriminalpolizei und, falls der Angeklagte der Aufsicht und Leitung eines Bewährungshelfers untersteht oder für ihn ein Erziehungsbeistand bestellt ist, dem Helfer und dem Erziehungsbeistand die Anwesenheit gestattet. Andere Personen kann der Vorsitzende aus besonderen Gründen, namentlich zu Ausbildungszwecken, zulassen.

III Sind in dem Verfahren auch Heranwachsende oder Erwachsene angeklagt, so ist die Verhandlung öffentlich. Die Öffentlichkeit kann ausgeschlossen werden, wenn dies im Interesse der Erziehung jugendlicher Angeklagter geboten ist.

§ 49 *nicht abgedruckt.*

§ 50 Anwesenheit in der Hauptverhandlung

I Die Hauptverhandlung kann nur dann ohne den Angeklagten stattfinden, wenn dies im allgemeinen Verfahren zulässig wäre, besondere Gründe dafür vorliegen und der Staatsanwalt zustimmt.

II Der Vorsitzende soll auch die Ladung des Erziehungsberechtigten und des gesetzlichen Vertreters anordnen. Die Vorschriften über die Ladung, die Folgen des Ausbleibens und die Entschädigung von Zeugen gelten entsprechend.

III Dem Vertreter der Jugendgerichtshilfe sind Ort und Zeit der Hauptverhandlung mitzuteilen. Er erhält auf Verlangen das Wort.

§ 51 Zeitweilige Ausschließung von Beteiligten

I Der Vorsitzende soll den Angeklagten für die Dauer solcher Erörterungen von der Verhandlung ausschließen, aus denen Nachteile für die Erziehung entstehen können. Er hat ihn von dem, was in seiner Abwesenheit verhandelt worden ist, zu unterrichten, soweit es für seine Verteidigung erforderlich ist.

---

[1] Über die Anwendung der Vorschriften vgl. 60–66 zu § 71 OWiG.

[II] Der Vorsitzende soll auch Angehörige, den Erziehungsberechtigten und den gesetzlichen Vertreter des Angeklagten von der Verhandlung ausschließen, soweit gegen ihre Anwesenheit Bedenken bestehen.

§§ 52–53 *nicht abgedruckt.*

§ 54 Urteilsgründe

[I] *nicht abgedruckt.*

[II] Die Urteilsgründe werden dem Angeklagten nicht mitgeteilt, soweit davon Nachteile für die Erziehung zu befürchten sind.

Dritter Unterabschnitt. Rechtsmittelverfahren

§§ 55, 56 *nicht abgedruckt.*

Vierter Unterabschnitt. Verfahren bei Aussetzung der Jugendstrafe zur Bewährung

§§ 57–60 *nicht abgedruckt.*

§ 61 *(weggefallen)*

Fünfter Unterabschnitt. Verfahren bei Aussetzung der Verhängung der Jugendstrafe

§§ 62–64 *nicht abgedruckt.*

Sechster Unterabschnitt. Ergänzende Entscheidungen

§§ 65, 66 *nicht abgedruckt.*

Siebenter Unterabschnitt. Gemeinsame Verfahrensvorschriften

§ 67 Stellung des Erziehungsberechtigten und des gesetzlichen Vertreters[1]
VB

[I] Soweit der Beschuldigte ein Recht darauf hat, gehört zu werden, Fragen und Anträge zu stellen oder bei Untersuchungshandlungen anwesend zu sein, steht dieses Recht auch dem Erziehungsberechtigten und dem gesetzlichen Vertreter zu.

[II] Ist eine Mitteilung an den Beschuldigten vorgeschrieben, so soll die entsprechende Mitteilung an den Erziehungsberechtigten und den gesetzlichen Vertreter gerichtet werden.

[III] Die Rechte des gesetzlichen Vertreters zur Wahl eines Verteidigers und zur Einlegung von Rechtsbehelfen stehen auch dem Erziehungsberechtigten zu.

[IV] Der Richter kann diese Rechte dem Erziehungsberechtigten und dem gesetzlichen Vertreter entziehen, soweit sie verdächtig sind, an der Verfehlung des Beschuldigten beteiligt zu sein, oder soweit sie wegen einer Beteiligung verurteilt sind. Liegen die Voraussetzungen des Satzes 1 bei dem Erziehungsberechtigten oder dem gesetzlichen Vertreter vor, so kann der Richter die

---

[1] Über die Anwendung der Vorschrift vgl. 35 vor § 67 OWiG.

Entziehung gegen beide aussprechen, wenn ein Mißbrauch der Rechte zu befürchten ist. Stehen dem Erziehungsberechtigten und dem gesetzlichen Vertreter ihre Rechte nicht mehr zu, so bestellt der Vormundschaftsrichter einen Pfleger zur Wahrnehmung der Interessen des Beschuldigten im anhängigen Strafverfahren. Die Hauptverhandlung wird bis zur Bestellung des Pflegers ausgesetzt.

V Sind mehrere erziehungsberechtigt, so kann jeder von ihnen die in diesem Gesetz bestimmten Rechte des Erziehungsberechtigten ausüben. In der Hauptverhandlung oder in einer sonstigen Verhandlung vor dem Richter wird der abwesende Erziehungsberechtigte als durch den anwesenden vertreten angesehen. Sind Mitteilungen oder Ladungen vorgeschrieben, so genügt es, wenn sie an einen Erziehungsberechtigten gerichtet werden.

§ 68 Notwendige Verteidigung[1] VB

Der Vorsitzende bestellt dem Beschuldigten einen Verteidiger, wenn

1. einem Erwachsenen ein Verteidiger zu bestellen wäre,
2. dem Erziehungsberechtigten und dem gesetzlichen Vertreter ihre Rechte nach diesem Gesetz entzogen sind oder
3. ... *nicht abgedruckt.*

§ 69 Beistand[2] VB

I Der Vorsitzende kann dem Beschuldigten in jeder Lage des Verfahrens einen Beistand bestellen, wenn kein Fall der notwendigen Verteidigung vorliegt.

II Der Erziehungsberechtigte und der gesetzliche Vertreter dürfen nicht zum Beistand bestellt werden, wenn hierdurch ein Nachteil für die Erziehung zu erwarten wäre.

III Dem Beistand kann Akteneinsicht gewährt werden. Im übrigen hat er in der Hauptverhandlung die Rechte eines Verteidigers.

§ 70 Mitteilungen[3] VB

Vormundschaftsrichter und Jugendgerichtshilfe, in geeigneten Fällen auch die Schule, werden von der Einleitung und dem Ausgang des Verfahrens unterrichtet. Sie benachrichtigen den Staatsanwalt, wenn ihnen bekannt wird, daß gegen den Beschuldigten noch ein anderes Strafverfahren anhängig ist.

§§ 71–73 *nicht abgedruckt.*

§ 74 Kosten und Auslagen[4] VB

Im Verfahren gegen einen Jugendlichen kann davon abgesehen werden, dem Angeklagten Kosten und Auslagen aufzuerlegen.

---

[1] Über die Anwendung der Vorschrift im Verfahren der VB vgl. 36 zu § 60, im gerichtlichen Verfahren 36 vor § 67 OWiG.
[2] Über die Anwendung der Vorschrift im Verfahren der VB vgl. 62 zu § 60, im gerichtlichen Verfahren vgl. 36 vor § 67 OWiG.
[3] Über die Anwendung der Vorschrift im Verfahren der VB vgl. 36 vor § 59, im gerichtlichen Verfahren vgl. 37 vor § 67 OWiG.
[4] Über die Anwendung der Vorschrift im Verfahren der VB vgl. 45 f. zu § 105, im gerichtlichen Verfahren vgl. 1 zu § 109 OWiG.

Achter Unterabschnitt. Vereinfachtes Jugendverfahren

§ 75 *(weggefallen)*

§§ 76, 77 *nicht abgedruckt.*

§ 78 Verfahren und Entscheidung[1]

I,II *nicht abgedruckt.*

III Zur Vereinfachung, Beschleunigung und jugendgemäßen Gestaltung des Verfahrens darf von Verfahrensvorschriften abgewichen werden, soweit dadurch die Erforschung der Wahrheit nicht beeinträchtigt wird. Die Vorschriften über die Anwesenheit des Angeklagten (§ 50), die Stellung des Erziehungsberechtigten und des gesetzlichen Vertreters (§ 67) und die Mitteilung von Entscheidungen (§ 70) müssen beachtet werden.

Neunter Unterabschnitt. Ausschluß von Vorschriften des Allgemeinen Verfahrensrechts

§§ 79–81 *nicht abgedruckt.*

Drittes Hauptstück. Vollstreckung und Vollzug

Erster Abschnitt. Vollstreckung

Erster Unterabschnitt. Verfassung der Vollstreckung und Zuständigkeit[2]

§ 82 Vollstreckungsleiter

I Vollstreckungsleiter ist der Jugendrichter. . . . *Satz 2 nicht abgedruckt.*
II *nicht abgedruckt.*

§ 83 [Entscheidungen im Vollstreckungsverfahren]

I Die Entscheidungen des Vollstreckungsleiters nach den §§ 86 bis 89 und 92 Abs. 3 sowie nach den §§ 462a und 463 der Strafprozeßordnung sind jugendrichterliche Entscheidungen.

II [3] Für die bei der Vollstreckung notwendig werdenden gerichtlichen Entscheidungen gegen eine vom Vollstreckungsleiter getroffene Anordnung ist die Jugendkammer in den Fällen zuständig, in denen

1. der Vollstreckungsleiter selbst oder unter seinem Vorsitz das Jugendschöffengericht im ersten Rechtszug erkannt hat,
2. der Vollstreckungsleiter in Wahrnehmung der Aufgaben der Strafvollstreckungskammer über seine eigene Anordnung zu entscheiden hätte.

III *nicht abgedruckt.*[4]

---

[1] Vgl. § 78 II OWiG.
[2] Vgl. §§ 91, 97 I OWiG.
[3] Über die Anwendung nur der Nr. 1 vgl. 7f. zu § 104 OWiG.
[4] Vgl. § 104 III OWiG.

§ 84 Örtliche Zuständigkeit

[I] Der Jugendrichter leitet die Vollstreckung in allen Verfahren ein, in denen er selbst oder unter seinem Vorsitz das Jugendschöffengericht im ersten Rechtszuge erkannt hat.

[II] Soweit, abgesehen von den Fällen des Absatzes 1, die Entscheidung eines anderen Richters zu vollstrecken ist, steht die Einleitung der Vollstreckung dem Jugendrichter des Amtsgerichts zu, dem die vormundschaftsrichterlichen Erziehungsaufgaben obliegen.

[III] In den Fällen der Absätze 1 und 2 führt der Jugendrichter die Vollstreckung durch, soweit § 85 nichts anderes bestimmt.

§ 85 Abgabe und Übergang der Vollstreckung

[I1] Ist Jugendarrest zu vollstrecken, so gibt der zunächst zuständige Jugendrichter die Vollstreckung an den Jugendrichter ab, der nach § 90 Abs. 2 Satz 2 als Vollzugsleiter zuständig ist.

[II] *nicht abgedruckt.*

[III] Aus wichtigen Gründen kann der Vollstreckungsleiter die Vollstreckung widerruflich an einen sonst nicht oder nicht mehr zuständigen Jugendrichter abgeben.

Zweiter Unterabschnitt. Jugendarrest

§ 86 Umwandlung des Freizeitarrestes[1]

Der Vollstreckungsleiter kann Freizeitarrest in Kurzarrest umwandeln, wenn die Voraussetzungen des § 16 Abs. 3 nachträglich eingetreten sind.

§ 87 Vollstreckung des Jugendarrestes[1]

[I] Die Vollstreckung des Jugendarrestes wird nicht zur Bewährung ausgesetzt.

[II] *nicht abgedruckt.*

[III] Ist Jugendarrest teilweise verbüßt, so sieht der Vollstreckungsleiter von der Vollstreckung des Restes ab, wenn dies aus Gründen der Erziehung geboten ist. Von der Vollstreckung des Jugendarrestes kann er ganz absehen, wenn zu erwarten ist, daß der Jugendarrest neben einer Strafe, die gegen den Verurteilten wegen einer anderen Tat verhängt worden ist oder die er wegen einer anderen Tat zu erwarten hat, seinen erzieherischen Zweck nicht mehr erfüllen wird. Vor der Entscheidung hört der Vollstreckungsleiter nach Möglichkeit den erkennenden Richter und den Staatsanwalt.

[IV] Die Vollstreckung des Jugendarrestes ist unzulässig, wenn seit Eintritt der Rechtskraft ein Jahr verstrichen ist.

Dritter Unterabschnitt. Jugendstrafe

§§ 88, 89 *nicht abgedruckt.*

---

[1] Über die Anwendung der Vorschriften vgl. 26 zu § 98 OWiG.

Zweiter Abschnitt. Vollzug

§ 90 Jugendarrest[1,2]

[1] Der Vollzug des Jugendarrestes soll das Ehrgefühl des Jugendlichen wekken, und ihm eindringlich zum Bewußtsein bringen, daß er für das von ihm begangene Unrecht einzustehen hat.

[2] Der Jugendarrest wird in Jugendarrestanstalten oder Freizeitarresträumen der Landesjustizverwaltung vollzogen. Vollzugsleiter ist der Jugendrichter am Ort des Vollzugs. An Fürsorgezöglingen, die sich in Heimerziehung befinden, kann der Vollstreckungsleiter im Einvernehmen mit der Fürsorgeerziehungsbehörde Jugendarrest in der Fürsorgeerziehungsanstalt vollziehen lassen.

§§ 91–93 a *nicht abgedruckt.*

Viertes Hauptstück. Beseitigung des Strafmakels

§§ 94–96 *(weggefallen)*

§§ 97–101 *nicht abgedruckt.*

Fünftes Hauptstück. Jugendliche vor Gerichten, die für allgemeine Strafsachen zuständig sind

§§ 102–104 *nicht abgedruckt.*

Dritter Teil. Heranwachsende

Erster Abschnitt. Anwendung des sachlichen Strafrechts

§§ 105, 106 *nicht abgedruckt.*

Zweiter Abschnitt. Gerichtsverfassung und Verfahren[3]

§ 107 Gerichtsverfassung

Von den Vorschriften über die Jugendgerichtsverfassung gelten die §§ 33, 34 Abs. 1 und §§ 35 bis 38 für Heranwachsende entsprechend.

§ 108 Zuständigkeit

[1] Die Vorschriften über die Zuständigkeit der Jugendgerichte (§§ 39 bis 42) gelten auch bei Verfehlungen Heranwachsender.

[2,3] *nicht abgedruckt.*

---

[1] Über die Anwendung der Vorschrift vgl. 26 zu § 98 OWiG.
[2] § 90: vgl. auch Jugendarrestvollzugsordnung idF v. 30. 11. 1976 (BGBl. I 3270; III 451–1–1).
[3] Über die Anwendung der in den §§ 107–109 JGG genannten Regelungen in Bußgeldverfahren gegen Jugendliche vgl. 32 vor § 67, 6 zu § 68, 61 zu § 71 OWiG.

§ 109 Verfahren

[I] Von den Vorschriften über das Jugendstrafverfahren (§§ 43 bis 81) sind im Verfahren gegen einen Heranwachsenden die §§ 43, 47a, 50 Abs. 3, § 68 Nr. 1, 3 und § 73 entsprechend anzuwenden. Die Jugendgerichtshilfe und in geeigneten Fällen auch die Schule werden von der Einleitung und dem Ausgang des Verfahrens unterrichtet. Sie benachrichtigen den Staatsanwalt, wenn ihnen bekannt wird, daß gegen den Beschuldigten noch ein anderes Strafverfahren anhängig ist. Die Öffentlichkeit kann ausgeschlossen werden, wenn dies im Interesse des Heranwachsenden geboten ist.

[II] *nicht abgedruckt.*

§§ 110–125 *nicht abgedruckt.*

A 4. Gesetz über die Entschädigung für Strafverfolgungsmaßnahmen (StrEG)[1]

Vom 8. März 1971 (BGBl. I 157; III 313–4), letztes ÄndG vom 9. Dezember 1974 (BGBl. I 3393, 3413)

(Auszug)

§ 1 Entschädigung für Urteilsfolgen

[I] Wer durch eine strafgerichtliche Verurteilung einen Schaden erlitten hat, wird aus der Staatskasse entschädigt, soweit die Verurteilung im Wiederaufnahmeverfahren oder sonst, nachdem sie rechtskräftig geworden ist, in einem Strafverfahren fortfällt oder gemildert wird.

[II][2] Absatz 1 gilt entsprechend, wenn ohne Verurteilung eine Maßregel der Besserung und Sicherung oder eine Nebenfolge angeordnet worden ist.

§ 2 Entschädigung für andere Strafverfolgungsmaßnahmen[3]

[I] Wer durch den Vollzug der Untersuchungshaft oder einer anderen Strafverfolgungsmaßnahme einen Schaden erlitten hat, wird aus der Staatskasse entschädigt, soweit er freigesprochen oder das Verfahren gegen ihn eingestellt wird oder soweit das Gericht die Eröffnung des Hauptverfahrens gegen ihn ablehnt.

[II] Andere Strafverfolgungsmaßnahmen sind

1.–3. *nicht abgedruckt,*
4. die Sicherstellung, die Beschlagnahme, der Arrest nach § 111d der Strafprozeßordnung und die Durchsuchung, soweit die Entschädigung nicht in anderen Gesetzen geregelt ist,
5., 6. *nicht abgedruckt.*

---

[1] Über die Anwendung der Vorschriften des StrEG, insbesondere im Verfahren der VB vgl. § 110 OWiG.
[2] § 1 II geänd. d. Art. 25 Nr. 1 EGStGB.
[3] § 2 I idF d. 1. StVRG; II Nr. 4 idF d., Nr. 6 angef. durch Art. 25 Nr. 2 EGStGB.

III Als Strafverfolgungsmaßnahmen im Sinne dieser Vorschrift gelten die Auslieferungshaft, die vorläufige Auslieferungshaft, die Sicherstellung, die Beschlagnahme und die Durchsuchung, die im Ausland auf Ersuchen einer deutschen Behörde angeordnet worden sind.

§ 3 Entschädigung bei Einstellung nach Ermessensvorschrift

Wird das Verfahren nach einer Vorschrift eingestellt, die dies nach dem Ermessen des Gerichts oder der Staatsanwaltschaft zuläßt, so kann für die in § 2 genannten Strafverfolgungsmaßnahmen eine Entschädigung gewährt werden, soweit dies nach den Umständen des Falles der Billigkeit entspricht.

§ 4 Entschädigung nach Billigkeit

I Für die in § 2 genannten Strafverfolgungsmaßnahmen kann eine Entschädigung gewährt werden, soweit dies nach den Umständen des Falles der Billigkeit entspricht,

1. wenn das Gericht von Strafe abgesehen hat,
2. soweit die in der strafgerichtlichen Verurteilung angeordneten Rechtsfolgen geringer sind als die darauf gerichteten Strafverfolgungsmaßnahmen.

II Der strafgerichtlichen Verurteilung im Sinne des Absatzes 1 Nr. 2 steht es gleich, wenn die Tat nach Einleitung des Strafverfahrens nur unter dem rechtlichen Gesichtspunkt einer Ordnungswidrigkeit geahndet wird.

§ 5 Ausschluß der Entschädigung

I1 Die Entschädigung ist ausgeschlossen

1.–3. *nicht abgedruckt,*
4. für die Beschlagnahme und den Arrest (§§ 111b bis 111d der Strafprozeßordnung), wenn der Verfall oder die Einziehung einer Sache angeordnet oder von einer solchen Anordnung nur deshalb abgesehen worden ist, weil durch den Verfall die Erfüllung eines Anspruchs beseitigt oder gemindert worden wäre, der dem Verletzten aus der Tat erwachsen ist.

II Die Entschädigung ist auch ausgeschlossen, wenn und soweit der Beschuldigte die Strafverfolgungsmaßnahme vorsätzlich oder grob fahrlässig verursacht hat. Die Entschädigung wird nicht dadurch ausgeschlossen, daß der Beschuldigte sich darauf beschränkt hat, nicht zur Sache auszusagen, oder daß er unterlassen hat, ein Rechtsmittel einzulegen.

III Die Entschädigung ist ferner ausgeschlossen, wenn und soweit der Beschuldigte die Strafverfolgungsmaßnahme dadurch schuldhaft verursacht hat, daß er einer ordnungsgemäßen Ladung vor den Richter nicht Folge geleistet oder einer Anweisung nach § 116 Abs. 1 Nr. 1 bis 3, Abs. 3 der Strafprozeßordnung zuwidergehandelt hat.

§ 6 Versagung der Entschädigung

I Die Entschädigung kann ganz oder teilweise versagt werden, wenn der Beschuldigte

1. die Strafverfolgungsmaßnahme dadurch veranlaßt hat, daß er sich selbst in wesentlichen Punkten wahrheitswidrig oder im Widerspruch zu seinen

---

1 § 5 I Nr. 2 geänd. durch, Nr. 3, 4 idF d. Art. 25 Nr. 3 EGStGB.

späteren Erklärungen belastet oder wesentliche entlastende Umstände verschwiegen hat, obwohl er sich zur Beschuldigung geäußert hat, oder

2.[1] wegen einer Straftat nur deshalb nicht verurteilt oder das Verfahren gegen ihn eingestellt worden ist, weil er im Zustand der Schuldunfähigkeit gehandelt hat oder weil ein Verfahrenshindernis bestand.

II *nicht abgedruckt.*

§7 Umfang des Entschädigungsanspruchs

I Gegenstand der Entschädigung ist der durch die Strafverfolgungsmaßnahme verursachte Vermögensschaden, im Falle der Freiheitsentziehung auf Grund gerichtlicher Entscheidung auch der Schaden, der nicht Vermögensschaden ist.

II Entschädigung für Vermögensschaden wird nur geleistet, wenn der nachgewiesene Schaden den Betrag von fünfzig Deutsche Mark übersteigt.

III Für den Schaden, der nicht Vermögensschaden ist, beträgt die Entschädigung zehn Deutsche Mark für jeden angefangenen Tag der Freiheitsentziehung.

IV Für einen Schaden, der auch ohne die Strafverfolgungsmaßnahme eingetreten wäre, wird keine Entschädigung geleistet.

§8 Entscheidung des Strafgerichts

I Über die Verpflichtung zur Entschädigung entscheidet das Gericht in dem Urteil oder in dem Beschluß, der das Verfahren abschließt. Ist die Entscheidung in der Hauptverhandlung nicht möglich, so entscheidet das Gericht nach Anhörung der Beteiligten außerhalb der Hauptverhandlung durch Beschluß.

II Die Entscheidung muß die Art und gegebenenfalls den Zeitraum der Strafverfolgungsmaßnahme bezeichnen, für die Entschädigung zugesprochen wird.

III Gegen die Entscheidung über die Entschädigungspflicht ist die sofortige Beschwerde nach den Vorschriften der Strafprozeßordnung zulässig. § 464 Abs. 3 Satz 2 und 3 der Strafprozeßordnung ist entsprechend anzuwenden.

§9 Verfahren nach Einstellung durch die Staatsanwaltschaft

I[2] Hat die Staatsanwaltschaft das Verfahren eingestellt, so entscheidet das Amtsgericht am Sitz der Staatsanwaltschaft über die Entschädigungspflicht. An die Stelle des Amtsgerichts tritt das Gericht, das für die Eröffnung des Hauptverfahrens zuständig gewesen wäre, wenn

1. die Staatsanwaltschaft das Verfahren eingestellt hat, nachdem sie die öffentliche Klage zurückgenommen hat,
2. der Generalbundesanwalt oder die Staatsanwaltschaft beim Oberlandesgericht das Verfahren in einer Strafsache eingestellt hat, für die das Oberlandesgericht im ersten Rechtszug zuständig ist.

Die Entscheidung ergeht auf Antrag des Beschuldigten. Der Antrag ist innerhalb einer Frist von einem Monat nach Zustellung der Mitteilung über die Einstellung des Verfahrens zu stellen. In der Mitteilung ist der Beschuldigte über sein Antragsrecht, die Frist und das zuständige Gericht zu belehren. Die Vorschriften der §§ 44 bis 46 der Strafprozeßordnung gelten entsprechend.

---

[1] § 6 I Nr. 2 geänd. durch Art. 25 Nr. 4 EGStGB.
[2] § 9 I S. 2 Nr. 1 geänd. durch das 1. StVRG.

II Gegen die Entscheidung des Gerichts ist die sofortige Beschwerde nach den Vorschriften der Strafprozeßordnung zulässig.

III War die Erhebung der öffentlichen Klage von dem Verletzten beantragt, so ist über die Entschädigungspflicht nicht zu entscheiden, solange durch einen Antrag auf gerichtliche Entscheidung die Erhebung der öffentlichen Klage herbeigeführt werden kann.

§ 10 Anmeldung des Anspruchs; Frist

I Ist die Entschädigungspflicht der Staatskasse rechtskräftig festgestellt, so ist der Anspruch auf Entschädigung innerhalb von sechs Monaten bei der Staatsanwaltschaft geltend zu machen, welche die Ermittlungen im ersten Rechtszug zuletzt geführt hat. Der Anspruch ist ausgeschlossen, wenn der Berechtigte es schuldhaft versäumt hat, ihn innerhalb der Frist zu stellen. Die Staatsanwaltschaft hat den Berechtigten über sein Antragsrecht und die Frist zu belehren. Die Frist beginnt mit der Zustellung der Belehrung.

II Über den Antrag entscheidet die Landesjustizverwaltung. Eine Ausfertigung der Entscheidung ist dem Antragsteller nach den Vorschriften der Zivilprozeßordnung zuzustellen.

§ 11 Ersatzanspruch des kraft Gesetzes Unterhaltsberechtigten

I Außer demjenigen, zu dessen Gunsten die Entschädigungspflicht der Staatskasse ausgesprochen worden ist, haben die Personen, denen er kraft Gesetzes unterhaltspflichtig war, Anspruch auf Entschädigung. Ihnen ist insoweit Ersatz zu leisten, als ihnen durch die Strafverfolgungsmaßnahme der Unterhalt entzogen worden ist.

II Sind Unterhaltsberechtigte bekannt, so soll die Staatsanwaltschaft, bei welcher der Anspruch geltend zu machen ist, sie über ihr Antragsrecht und die Frist belehren. Im übrigen ist § 10 Abs. 1 anzuwenden.

§ 12 Ausschluß der Geltendmachung der Entschädigung

Der Anspruch auf Entschädigung kann nicht mehr geltend gemacht werden, wenn seit dem Ablauf des Tages, an dem die Entschädigungspflicht rechtskräftig festgestellt ist, ein Jahr verstrichen ist, ohne daß ein Antrag nach § 10 Abs. 1 gestellt worden ist.

§ 13 Rechtsweg; Beschränkung der Übertragbarkeit

I Gegen die Entscheidung über den Entschädigungsanspruch ist der Rechtsweg gegeben. Die Klage ist innerhalb von drei Monaten nach Zustellung der Entscheidung zu erheben. Für die Ansprüche auf Entschädigung sind die Zivilkammern der Landgerichte ohne Rücksicht auf den Wert des Streitgegenstandes ausschließlich zuständig.

II Bis zur rechtskräftigen Entscheidung über den Antrag ist der Anspruch nicht übertragbar.

§ 14 Nachträgliche Strafverfolgung[1]

I Die Entscheidung über die Entschädigungspflicht tritt außer Kraft, wenn zuungunsten des Freigesprochenen die Wiederaufnahme des Verfahrens angeordnet oder wenn gegen den Berechtigten, gegen den das Verfahren einge-

---

[1] § 14 I S. 1, II idF d. 1. StVRG.

stellt worden war oder gegen den das Gericht die Eröffnung des Hauptverfahrens abgelehnt hatte, nachträglich wegen derselben Tat das Hauptverfahren eröffnet wird. Eine bereits geleistete Entschädigung kann zurückgefordert werden.

[II] Ist zuungunsten des Freigesprochenen die Wiederaufnahme beantragt oder sind gegen denjenigen, gegen den das Verfahren eingestellt worden war oder gegen den das Gericht die Eröffnung des Hauptverfahrens abgelehnt hatte, die Untersuchung oder die Ermittlungen wiederaufgenommen worden, so kann die Entscheidung über den Anspruch sowie die Zahlung der Entschädigung ausgesetzt werden.

§ 15 Ersatzpflichtige Kasse

[I] Ersatzpflichtig ist das Land, bei dessen Gericht das Strafverfahren im ersten Rechtszug anhängig war oder, wenn das Verfahren bei Gericht noch nicht anhängig war, dessen Gericht nach § 9 Abs. 1 über die Entschädigungspflicht entschieden hat.

[II] Bis zum Betrag der geleisteten Entschädigung gehen die Ansprüche auf die Staatskasse über, welche dem Entschädigten gegen Dritte zustehen, weil durch deren rechtswidrige Handlungen die Strafverfolgungsmaßnahme herbeigeführt worden war. Der Übergang kann nicht zum Nachteil des Berechtigten geltend gemacht werden.

§§ 16–19 *nicht abgedruckt.*

§ 20 Berlin-Klausel[1]

Dieses Gesetz gilt nach Maßgabe des § 13 Abs. 1 des Dritten Überleitungsgesetzes vom 4. Januar 1952 (Bundesgesetzbl. I S. 1) auch im Land Berlin.

§ 21 Inkrafttreten

Dieses Gesetz tritt einen Monat nach seiner Verkündung in Kraft.

A 5. Verwaltungszustellungsgesetz (VwZG)[2]

Vom 3. Juli 1952 (BGBl. I 379; III 201–3), letztes ÄndG vom 14. Dezember
1976 (BGBl. I 3341)

(Auszug)

I. Geltungsbereich und Erfordernis der Zustellung

§1 VwZGVwV 1–3

[13] Die Vorschriften dieses Gesetzes gelten für das Zustellungsverfahren der Bundesbehörden, der bundesunmittelbaren Körperschaften und Anstalten des öffentlichen Rechts und der Landesfinanzbehörden.

---

[1] Gilt in Berlin (GVBl. 1971, 500).
[2] Überschrift: Allgemeine Verwaltungsvorschriften dazu (Anh **A 5a**).
[3] § 1 I idF der Finanzgerichtsordnung v. 6. 10. 1956 (BGBl. I 1477).

[II] Die Vorschriften dieses Gesetzes gelten ferner, wenn Gesetze des Bundes oder eines Landes sie für anwendbar erklären.

[III] Zugestellt wird, soweit dies durch Rechtsvorschrift oder behördliche Anordnung bestimmt ist.

II. Arten der Zustellung

§ 2 Allgemeines   VwZGVwV 4

[I1] Die Zustellung besteht in der Übergabe eines Schriftstücks in Urschrift, Ausfertigung oder beglaubigter Abschrift oder in dem Vorlegen der Urschrift. Zugestellt wird durch die Post (§§ 3, 4) oder durch die Behörde (§§ 5, 6). Daneben gelten die in den §§ 14 bis 16 geregelten Sonderarten der Zustellung.

[II] Die Behörde hat die Wahl zwischen den einzelnen Zustellungsarten, auch soweit in bestehenden Rechtsvorschriften eine bestimmte Zustellungsart vorgesehen ist.

§ 3 Zustellung durch die Post mit Zustellungsurkunde VwZGVwV 5

[I] Soll durch die Post mit Zustellungsurkunde zugestellt werden, so übergibt die Behörde, die die Zustellung veranlaßt, das Schriftstück verschlossen der Post mit dem Ersuchen, die Zustellung einem Postbediensteten des Bestimmungsortes aufzutragen. Die Sendung ist mit der Anschrift des Empfängers und mit der Bezeichnung der absendenden Dienststelle, einer Geschäftsnummer und einem Vordruck für die Zustellungsurkunde zu versehen.

[II] Der Postbedienstete beurkundet die Zustellung. Die Zustellungsurkunde wird an die Behörde zurückgeleitet.

[III] Für das Zustellen durch den Postbediensteten gelten die Vorschriften der §§ 180 bis 186 und 195 Abs. 2 der Zivilprozeßordnung.

§ 4 Zustellung durch die Post mittels eingeschriebenen Briefes
VwZGVwV 6

[I] Bei der Zustellung durch die Post mittels eingeschriebenen Briefes gilt dieser mit dem dritten Tag nach der Aufgabe zur Post als zugestellt, es sei denn, daß das zuzustellende Schriftstück nicht oder zu einem späteren Zeitpunkt zugegangen ist; im Zweifel hat die Behörde den Zugang des Schriftstücks und den Zeitpunkt des Zugangs nachzuweisen.

[II] Der Tag der Aufgabe zur Post ist in den Akten zu vermerken; des Namenzeichens des damit beauftragten Bediensteten bedarf es nicht.

§ 5 Zustellung durch die Behörde gegen Empfangsbekenntnis
VwZGVwV 7

[I] Bei der Zustellung durch die Behörde händigt der zustellende Bedienstete das Schriftstück dem Empfänger aus. Der Empfänger hat ein mit dem Datum der Aushändigung versehenes Empfangsbekenntnis zu unterschreiben. Der Bedienstete vermerkt das Datum der Zustellung auf dem auszuhändigenden Schriftstück.

[II3] An Behörden, Körperschaften und Anstalten des öffentlichen Rechts, Rechtsanwälte, Patentanwälte, Notare, Steuerberater, Steuerbevollmächtigte,

---

[1] § 2 I S. 2 geänd. durch Art. 39 Nr. 1 EGAO v. 14. 12. 1976 (BGBl. I 3341).
[2] § 4 II idF d., III gestrichen durch G v. 19. 5. 1972 (BGBl. I 789).
[3] § 5 II geänd. durch G v. 19. 5. 1972 (BGBl. I 789).

Wirtschaftsprüfer, vereidigte Buchprüfer, Steuerberatungsgesellschaften, Wirtschaftsprüfungsgesellschaften und Buchprüfungsgesellschaften kann das Schriftstück auch auf andere Weise übermittelt werden; als Nachweis der Zustellung genügt dann das mit Datum und Unterschrift versehene Empfangsbekenntnis, das an die Behörde zurückzusenden ist.

III Im Fall des Absatzes 1 gelten die besonderen Vorschriften der §§ 10 bis 13.

§ 6 Zustellung durch die Behörde mittels Vorlegens der Urschrift
VwZGVwV 8

An Behörden, Körperschaften und Anstalten des öffentlichen Rechts kann durch Vorlegung der Urschrift zugestellt werden. Hierbei ist zu vermerken, daß das Schriftstück zum Zwecke der Zustellung vorgelegt wird. Der Empfänger hat auf der Urschrift den Tag des Eingangs zu vermerken.

III. Gemeinsame Vorschriften für alle Zustellungsarten

§ 7 Zustellung an gesetzliche Vertreter[1] VwZGVwV 9

I Bei Geschäftsunfähigen oder beschränkt Geschäftsfähigen ist an ihre gesetzlichen Vertreter zuzustellen.

II Bei Behörden, juristischen Personen, nicht rechtsfähigen Personenvereinigungen und Zweckvermögen wird an ihre Vorsteher zugestellt. § 34 Abs. 2 der Abgabenordnung bleibt unberührt.

III Bei mehreren gesetzlichen Vertretern oder Vorstehern genügt die Zustellung an einen von ihnen.

IV Der zustellende Bedienstete braucht nicht zu prüfen, ob die Anschrift den Vorschriften der Absätze 1 bis 3 entspricht.

§ 8 Zustellung an Bevollmächtigte[2] VwZGVwV 10

I Zustellungen können an den allgemein oder für bestimmte Angelegenheiten bestellten Vertreter gerichtet werden. Sie sind an ihn zu richten, wenn er schriftliche Vollmacht vorgelegt hat. Ist ein Vertreter für mehrere Beteiligte bestellt, so genügt die Zustellung eines Schriftstücks an ihn für alle Beteiligten.

II Einem Zustellungsbevollmächtigten mehrerer Beteiligter sind so viele Ausfertigungen oder Abschriften zuzustellen, als Beteiligte vorhanden sind.

III § 183 der Abgabenordnung bleibt unberührt.

IV *nicht abgedruckt.*

§ 9 Heilung von Zustellungsmängeln[3] VwZGVwV 11

I Läßt sich die formgerechte Zustellung eines Schriftstücks nicht nachweisen oder ist das Schriftstück unter Verletzung zwingender Zustellungsvor-

---

[1] § 7 I ist im Bußgeldverfahren nicht anzuwenden; vgl. § 51 V S. 1 OWiG; II S. 2 angef. durch Art. 39 Nr. 2 EGAO v. 14. 12. 1976 (BGBl. I 3341).
[2] § 8 I S. 2 angef. durch G v. 19. 5. 1972 (BGBl. I 789); § 8 I S. 1, 2, II ist im Bußgeldverfahren nicht anzuwenden, wenn der Betroffene einen Verteidiger hat (vgl. 29 zu § 51 OWiG); III geänd. durch Art. 39 Nr. 3 EGAO v. 14. 12. 1976 (BGBl. I 3341).
[3] § 9 ist bei der Zustellung von Bescheiden nicht anzuwenden (§ 51 V S. 1 OWiG); vgl. aber 8 zu § 50.

schriften zugegangen, so gilt es als in dem Zeitpunkt zugestellt, in dem es der Empfangsberechtigte nachweislich erhalten hat.

II Absatz 1 ist nicht anzuwenden, wenn mit der Zustellung eine Frist für die Erhebung der Klage, eine Berufungs-, Revisions- oder Rechtsmittelbegründungsfrist beginnt.

IV. Besondere Vorschriften für die Zustellung durch die Behörde gegen Empfangsbekenntnis

§ 10 Ort der Zustellung   VwZGVwV 12

Die Zustellung kann an jedem Ort bewirkt werden, an dem der Empfänger angetroffen wird.

§ 11 Ersatzzustellung   VwZGVwV 13–15

I Wird der Empfänger in seiner Wohnung nicht angetroffen, so kann das Schriftstück in der Wohnung einem zur Familie gehörenden erwachsenen Hausgenossen oder einem in der Familie beschäftigten Erwachsenen übergeben werden. Wird kein solcher Erwachsener angetroffen, so kann das Schriftstück auch dem in demselben Hause wohnenden Hauswirt oder Vermieter übergeben werden, wenn sie zur Annahme bereit sind.

II Ist die Zustellung nach Absatz 1 nicht durchführbar, so kann dadurch zugestellt werden, daß das Schriftstück bei der Gemeinde oder Polizeibehörde des Zustellungsortes niedergelegt wird. Über die Niederlegung ist eine schriftliche Mitteilung unter der Anschrift des Empfängers in der bei gewöhnlichen Briefen üblichen Weise abzugeben oder, wenn dies nicht tunlich ist, an der Tür der Wohnung mit Anschrift des Empfängers zu befestigen; außerdem ist möglichst auch ein Nachbar mündlich zu verständigen.

III Wird ein Gewerbetreibender oder freiberuflich Tätiger, der einen besonderen Geschäftsraum hat, in dem Geschäftsraum nicht angetroffen, so kann das Schriftstück einem dort anwesenden Gehilfen übergeben werden.

IV Soll dem Vorsteher einer Behörde, Körperschaft oder Anstalt des öffentlichen Rechts oder eines Vereins zugestellt werden und wird er in dem Geschäftsraum während der gewöhnlichen Geschäftsstunden nicht angetroffen oder ist er an der Annahme verhindert, so kann das Schriftstück einem anderen Beamten oder Bediensteten übergeben werden, der in dem Geschäftsraum anwesend ist. Wird der Vorsteher in seiner Wohnung nicht angetroffen, so gelten die Absätze 1 und 2 nur, wenn kein besonderer Geschäftsraum vorhanden ist.

V Das Empfangsbekenntnis ist in den Fällen der Absätze 1, 3 und 4 von demjenigen zu unterschreiben, dem das Schriftstück übergeben worden ist. Der zustellende Bedienstete vermerkt in den Akten den Grund der Ersatzzustellung. Im Falle des Absatzes 2 vermerkt er, wann und wo das Schriftstück niedergelegt und in welcher Weise die Niederlegung schriftlich mitgeteilt ist.

§ 12 Zustellung zur Nachtzeit sowie an Sonn- und Feiertagen
                                                                   VwZGVwV 16

I Zur Nachtzeit, an Sonntagen und allgemeinen Feiertagen darf im Inland nur mit schriftlicher Erlaubnis des Behördenvorstandes oder des Vorsitzenden des Gerichts zugestellt werden.

II Die Nachtzeit umfaßt in dem Zeitraum vom 1. April bis 30. September die Stunden von einundzwanzig Uhr bis vier Uhr und in dem Zeitraum vom

1. Oktober bis 31. März die Stunden von einundzwanzig Uhr bis sechs Uhr.

III Die Erlaubnis ist bei der Zustellung abschriftlich mitzuteilen.

IV Eine Zustellung, bei der diese Vorschriften nicht beachtet sind, ist gültig, wenn die Annahme nicht verweigert ist.

§ 13 Verweigerung der Annahme VwZGVwV 17

I Wird die Annahme der Zustellung ohne gesetzlichen Grund verweigert, so ist das Schriftstück am Ort der Zustellung zurückzulassen. Die Zustellung gilt damit als bewirkt.

II Der zustellende Beamte vermerkt in den Akten, zu welcher Zeit, an welchem Ort und aus welchem Grunde das Schriftstück zurückgelassen ist.

V. Sonderarten der Zustellung

§ 14 Zustellung im Ausland VwZGVwV 18

I Im Ausland wird mittels Ersuchen der zuständigen Behörde des fremden Staates oder der in diesem Staate befindlichen konsularischen oder diplomatischen Vertretungen des Bundes zugestellt.

II An Deutsche, die das Recht der Exterritorialität genießen, wird mittels Ersuchens des Auswärtigen Amtes zugestellt, wenn sie zur Mission des Bundes gehören. Dasselbe gilt für Zustellungen an die Vorsteher der Bundeskonsulate.

III Im gerichtlichen Verfahren wird das Zustellungsersuchen vom Vorsitzenden des Gerichts gestellt.

IV Die Zustellung wird durch die Bescheinigung der ersuchten Behörde oder des ersuchten Beamten, daß zugestellt ist, nachgewiesen.

§ 15 Öffentliche Zustellung VwZGVwV 19

I Durch öffentliche Bekanntmachung kann zugestellt werden:

a) wenn der Aufenthaltsort des Empfängers unbekannt ist,
b) wenn der Inhaber der Wohnung, in der zugestellt werden müßte, der inländischen Gerichtsbarkeit nicht unterworfen und die Zustellung in der Wohnung deshalb unausführbar ist,
c) wenn die Zustellung außerhalb des Geltungsbereichs des Grundgesetzes erfolgen müßte, aber unausführbar ist oder keinen Erfolg verspricht.

II Bei der öffentlichen Zustellung ist das zuzustellende Schriftstück an der Stelle auszuhängen, die von der Behörde hierfür allgemein bestimmt ist. Statt des Schriftstücks kann eine Benachrichtigung ausgehängt werden, in der allgemein anzugeben ist, daß und wo das Schriftstück eingesehen werden kann.

III Das Schriftstück, das eine Ladung enthält, gilt als an dem Tage zugestellt, an dem seit dem Tage des Aushängens ein Monat verstrichen ist. Enthält das Schriftstück keine Ladung, so ist es an dem Tage als zugestellt anzusehen, an dem seit dem Tage des Aushängens zwei Wochen verstrichen sind. Der Tag des Aushängens und der Tag der Abnahme sind von dem zuständigen Bediensteten auf dem Schriftstück zu vermerken.

IV[1] Ein Auszug des zuzustellenden Schriftstücks kann in örtlichen oder überörtlichen Zeitungen oder Zeitschriften einmalig oder mehrere Male ver-

---

[1] § 15 IV idF des G v. 19. 5. 1972 (BGBl. I 789).

öffentlicht werden. Der Verwaltungsaufwand muß im Verhältnis zur Bedeutung der Sache und zu den Erfolgsaussichten stehen.

[V1] In den Fällen des Absatzes 1 Buchstabe a soll ein Suchvermerk im Bundeszentralregister niedergelegt und andere geeignete Nachforschungen angestellt werden, soweit der Verwaltungsaufwand im Verhältnis zur Bedeutung der Sache und zu den Erfolgsaussichten steht. In den Fällen des Absatzes 1 Buchstaben b und c ist die öffentliche Zustellung und der Inhalt des Schriftstückes dem Empfänger formlos mitzuteilen, soweit seine Anschrift bekannt ist und Postverbindung besteht. Die Wirksamkeit der öffentlichen Zustellung ist allein von der Beachtung der Absätze 2 und 3 abhängig.

[VI] Im gerichtlichen Verfahren wird die öffentliche Zustellung vom Gericht angeordnet, im übrigen von einem zeichnungsberechtigten Beamten.

§ 16 *nicht abgedruckt.*

§ 17 *(aufgehoben)*[2]

VI. Schlußvorschriften

§§ 18, 19 *nicht abgedruckt.*

§ 20 Berlin[3]

Dieses Gesetz gilt auch in Berlin, wenn das Land Berlin gemäß Artikel 87 Abs. 2 seiner Verfassung die Anwendung dieses Gesetzes beschließt.

§ 21 Inkrafttreten

Dieses Gesetz tritt drei Monate nach seiner Verkündung in Kraft.

A 5a. Allgemeine Verwaltungsvorschriften zum Verwaltungszustellungsgesetz

idF vom 13. Dezember 1966 (Beilage zum BAnz. Nr. 240), geänd. durch VwV vom 27. April 1973 (BAnz. Nr. 82)

I. Allgemeines

1. Geltungsbereich des Gesetzes (§ 1 Abs. 1)

[I] Das VwZG gilt für das Zustellungsverfahren aller Verwaltungsbehörden des Bundes und aller bundesunmittelbaren Körperschaften und Anstalten des öffentlichen Rechts und ferner im Bereich der Landesverwaltung für alle Landesfinanzbehörden.

[II] Das VwZG gilt auch für Zustellungen an Bewohner der Sowjetischen Besatzungszone Deutschlands und des Sowjetsektors von Berlin. Dabei sind

---

[1] § 15 V angef. durch G v. 19. 5. 1972 (BGBl. I 789).
[2] § 17 aufgeh. durch Art. 39 Nr. 4 EGAO v. 14. 12. 1976 (BGBl. I 3341).
[3] § 20: Gilt in Berlin (GVBl. 1952, 648).

die Richtlinien des Bundesministers des Innern für das Verfahren bei Zustellungen an Bewohner der Sowjetischen Besatzungszone Deutschlands und des Sowjetsektors von Berlin vom 13. Dezember 1966 zu beachten (siehe Anhang)[1].

2. Begriff der Zustellung

Die Zustellung ist die in gesetzlicher Form ausgeführte und beurkundete Übergabe eines Schriftstückes oder Vorlage seiner Urschrift. Sie ist eine besondere Form der Bekanntgabe und hat den Zweck, bei bedeutungsvolleren Vorgängen den Nachweis von Zeit und Art der Übergabe zu sichern. Zu diesem Zweck müssen bei der Übergabe des Schriftstückes bestimmte Formvorschriften beachtet werden.

3. Notwendigkeit der Zustellung (§ 1 Abs. 3)

I Durch das VwZG wird nicht bestimmt, in welchen Fällen ein Schriftstück zuzustellen ist. Die Anwendung des Gesetzes hat vielmehr zur Voraussetzung, daß in einem anderen Gesetz die Zustellung angeordnet ist.

II Außerdem findet das VwZG Anwendung, wenn die Behörde, ohne daß eine Zustellung durch Rechtsvorschrift vorgeschrieben ist, von sich aus bestimmt, daß ein Schriftstück zugestellt werden muß. Eine solche behördliche Anordnung kann vor allem in Frage kommen:

a) bei belastenden Verwaltungsakten,
b) bei Einspruchs- und Beschwerdeentscheidungen,
c) bei Ladungen, Frist- und Terminsbestimmungen, soweit nicht schon gesetzlich vorgeschrieben (z. B. § 56 Abs. 1 Verwaltungsgerichtsordnung; § 63 Abs. 1 Sozialgerichtsgesetz; § 53 Abs. 1 Finanzgerichtsordnung),
d) bei der Übersendung wichtiger Urkunden.

Widerspruchsbescheide nach § 73 Abs. 3 der Verwaltungsgerichtsordnung und nach § 85 Abs. 3 Satz 1 des Sozialgerichtsgesetzes sind stets nach den Vorschriften des VwZG zuzustellen.

4. Ausführung der Zustellung (§ 2)

I Das VwZG stellt mehrere Zustellungsarten zur Auswahl. Es liegt im freien Ermessen der Behörde, welcher dieser Arten sie sich bedienen will. Dies gilt auch dann, wenn nach bisherigem Recht andere Zustellungsarten als die im VwZG genannten oder ganz bestimmte Zustellungsarten vorgeschrieben sind. Derartige Vorschriften sind innerhalb des Geltungsbereichs des VwZG außer Kraft gesetzt worden, so daß sich das Zustellungsverfahren hinfort ausschließlich nach diesem Gesetz bestimmt. Bei der Wahl der Zustellungsart soll die Behörde die Höhe der jeweiligen Postgebühren berücksichtigen.

II Die Behörde hat die Zustellung gehörig vorzubereiten, damit sich bei der Ausführung keine Anstände oder Verzögerungen ergeben und damit die Wirksamkeit der Zustellung nicht beeinträchtigt wird. Insbesondere hat sie zu prüfen, ob die Schriftstücke unterschrieben, die Abschriften in der erforderlichen Zahl vorhanden und gehörig beglaubigt sind, ob bei Ladungen die Zeit und der Ort des Termins angegeben sind und ob die Person, an die zuzustellen ist, nach Name, Beruf, Wohnort und Wohnung oder Geschäftsraum hinreichend deutlich bezeichnet ist. Besondere Sorgfalt ist bei den häufig vorkom-

---

[1] hier nicht abgedruckt.

menden Familiennamen (Müller, Schulze usw.) und bei gleich oder ähnlich lautenden Ortsnamen (z. B. Hamm/Westfalen, Hamm/Sieg, Hamm/Rheinhessen) auf eine genaue Bezeichnung zu verwenden. Die Behörde hat darauf zu achten, daß die Postleitzahl richtig angegeben wird.

II. Die Zustellungsarten

5. Zustellung durch die Post mit Postzustellungsurkunde (§ 3)

[I] a) Der Auftrag zur Zustellung ist der Post als gewöhnlicher Brief in einem (äußeren) Umschlag nach Muster Anlage 1[1] zu übergeben. Der Brief hat die Anschrift des Zustellpostamtes zu tragen. Er muß das in einem besonderen (inneren) Umschlag nach Muster Anlage 2a[1] verschlossene Schriftstück mit der Anschrift des Empfängers und der Bezeichnung der absendenden Dienststelle mit Geschäftsnummer sowie ein vorbereitetes (ausgefüllter Kopf- und Postanschrift der Behörde für die Rücksendung) Formblatt zur Zustellungsurkunde nach Muster Anlage 2b[1] enthalten. Für mehrere Aufträge zur förmlichen Zustellung an verschiedene Empfänger im Bereich eines Zustellpostamtes braucht nur ein (äußerer) Umschlag verwendet zu werden. Dabei sind die Zustellungsurkunden so an den zugehörigen (inneren) Umschlägen zu befestigen, daß sie beim Öffnen des Briefes durch das Zustellpostamt nicht abfallen können.

b) Buchstabe a gilt nicht für Postzustellungsaufträge in die Sowjetische Besatzungszone Deutschlands und in den Sowjetsektor von Berlin. Solche Postzustellungsaufträge sind nach Nummer 2 der Richtlinien für das Verfahren bei Zustellungen an Bewohner der Sowjetischen Besatzungszone Deutschlands und des Sowjetsektors von Berlin auszuführen (siehe Anhang).[1]

c) Im Kopf des Formblattes zur Zustellungsurkunde ist in roter Schrift oder rot unterstrichen zu vermerken:

,,Mit Zeitangabe zustellen'',

wenn die Angabe der Uhrzeit der Zustellung verlangt wird;

,,Eine Zustellung an ...
darf nicht stattfinden'',

wenn die Ersatzzustellung nach § 185 ZPO unterbleiben soll;

,,Nicht durch Niederlegung zustellen''

oder

,,Niederlegung unzulässig'',

wenn die Niederlegung des Schriftstücks nach § 182 ZPO ausgeschlossen werden soll.

[II] Bezüglich des von Postbediensteten einzuhaltenden Verfahrens sind die Vorschriften der ZPO (§§ 180 bis 186 und 195 Abs. 2) für anwendbar erklärt worden. Der Postbedienstete führt also die Postzustellung nach dem VwZG in genau denselben Formen aus, die für die gerichtliche Zustellung vorgeschrieben sind. Auf diese Weise soll sichergestellt werden, daß die ordnungsmäßige Durchführung des Postzustellungsverfahrens, dessen Handhabung ohnehin schwierig ist, nicht durch die Anwendung unterschiedlicher Verfahrensvorschriften gefährdet wird.

[III] Von der Zustellung durch die Post mit Postzustellungsurkunde sind ausgeschlossen:

---

[1] hier nicht abgedruckt.

a) Einschreib-, Wert- und Nachnahmesendungen,
b) durch Eilboten zu bestellende Sendungen,
c) Sendungen mit dem Vermerk „postlagernd",
d) Schriftstücke, deren Gewicht 1000 g übersteigt.

[IV] Sendungen an einen Gemeinschuldner sollen nicht durch die Post zugestellt werden, wenn vom Konkursgericht die Aushändigung der für den Gemeinschuldner eingehenden Briefe an den Konkursverwalter angeordnet ist
(§ 121 KO), weil die Post diese Sendungen als unbestellbar behandelt. In
einem solchen Fall ist von der Zustellungsart nach § 5 Gebrauch zu machen.

6. Zustellungen durch die Post mittels eingeschriebenen Briefes (§ 4)

[I] Wenn bei der Zustellung durch die Post mittels eingeschriebenen Briefes
ohne Rückschein im Einzelfall Zweifel über die Tatsache der Zustellung oder
ihren Zeitpunkt bestehen und es auf eine Klarstellung hierüber ankommt,
muß sich die Behörde die notwendige Kenntnis auf andere Weise zu beschaffen suchen, z. B. durch Nachfrage bei den Postdienststellen; falls notwendig,
muß sie nochmals in dieser oder einer anderen Zustellungsart zustellen.

[II] Soweit es gesetzlich zulässig ist, kann die Behörde von sich aus anordnen,
daß mittels eingeschriebenen Briefes mit Rückschein zuzustellen ist. Da einge-
schriebene Briefe nicht durch Niederlegung (§ 182 ZPO) oder durch Zurücklassen (§ 186 ZPO) zugestellt werden können, ist eine Zustellung durch eingeschriebenen Brief mit Rückschein nur zweckmäßig, wenn zu erwarten ist, daß
der Empfänger oder ein Ersatzempfänger (§ 51 Abs. 3 PostO) angetroffen und
auch bereit sein wird, das zuzustellende Schriftstück anzunehmen.

[III] Nummer 5 Abs. 4 gilt entsprechend.

7. Zustellung durch die Behörde gegen Empfangsbekenntnis (§ 5)

[I] Bei der Zustellung durch die Behörde gegen Empfangsbekenntnis ist das
Schriftstück dem Empfänger von dem zustellenden Bediensteten gegen ein
Empfangsbekenntnis zu übergeben. Für dieses ist das Muster Anlage 3[1] zu
verwenden.

[II] Bei dieser Zustellungsart ist eine Ersatzzustellung nach § 11 möglich (vgl.
Nummer 13). Soll das Schriftstück nur dem Empfänger persönlich übergeben
werden, so kann die Ersatzzustellung durch den Vermerk „zu eigenen Händen des Empfängers" oder auf andere Weise ausgeschlossen werden.

[III] An Behörden, Körperschaften und Anstalten des öffentlichen Rechts,
Rechtsanwälte, Patentanwälte, Notare, Steuerberater, Steuerbevollmächtigte,
Wirtschaftsprüfer, vereidigte Buchprüfer, Steuerberatungsgesellschaften,
Wirtschaftsprüfungsgesellschaften und Buchprüfungsgesellschaften kann in
vereinfachter Form zugestellt werden. Bei diesen Personen braucht das
Schriftstück nicht dem Empfänger durch einen Bediensteten besonders übergeben zu werden. Es genügt vielmehr, wenn es ihm in irgendeiner Weise,
z. B. durch Aufgabe zur Post oder durch Boten, übermittelt wird. Hierbei ist
auf dem Schriftstück zu vermerken, daß die Übersendung zum Zwecke der
Zustellung geschieht. Gleichzeitig ist dem Schriftstück das Empfangsbekenntnis Anlage 4[1] beizufügen. In diesem ist das Empfangsdatum offenzulassen.
Das Empfangsbekenntnis wird von dem Empfänger mit Datum und Unterschrift versehen und an den Absender zurückgesandt.

---

[1] hier nicht abgedruckt.

8. Zustellung durch die Behörde mittels Vorlegung der Urschrift (§ 6)

Diese Zustellungsart hat nur für den Zustellungsverkehr von Behörde zu Behörde Bedeutung (vgl. z. B. § 23 Abs. 1 BDO).

III. Gemeinsame Vorschriften für alle Zustellungsarten

9. Zustellung an gesetzliche Vertreter (§ 7)

[I] Es ist Sache der Behörde, die Person, an die zugestellt werden soll, festzustellen und in der Anschrift genau zu bezeichnen. Für den zustellenden Beamten ist allein die Anschrift maßgebend.

[II] Da die Zustellung an einen Geschäftsunfähigen oder beschränkt Geschäftsfähigen grundsätzlich unwirksam ist, muß das Schreiben an den gesetzlichen Vertreter (Vater, Mutter, Vormund usw.) gerichtet sein und an diesen zugestellt werden. Bei Minderjährigen empfiehlt sich die Zustellung an beide Eltern, soweit nicht ausnahmsweise die gesetzliche Vertretung nur einem Elternteil zusteht. An einen beschränkt Geschäftsfähigen selbst kann nur wirksam zugestellt werden, wenn die Zustellung an ihn gesetzlich vorgeschrieben ist (vgl. § 44 Abs. 1 Wehrpflichtgesetz, § 71 Abs. 3 Gesetz über den zivilen Ersatzdienst in der Fassung vom 16. Juli 1965 – Bundesgesetzbl. I S. 983 –).

a) Geschäftsunfähig sind:
    aa) Kinder unter 7 Jahren,
    bb) nicht nur vorübergehend Geistesgestörte,
    cc) wegen Geisteskrankheit Entmündigte.

b) Beschränkt geschäftsfähig sind:
    aa) Minderjährige über 7 Jahre,
    bb) wegen Geistesschwäche, Verschwendung oder Trunksucht Entmündigte,
    cc) unter vorläufiger Vormundschaft Stehende.

[III] Bei Behörden, juristischen Personen, nicht rechtsfähigen Personenvereinigungen und Zweckvermögen ist die Zustellung an diese in der Regel unter Verwendung ihrer verbindlichen Bezeichnung (Name, Firma) ohne weitere Zusätze zu richten. Der Zusatz „zu Händen des Vorstehers . . . (Name)" ist nur dann hinzuzufügen, wenn das Schriftstück aus besonderen Gründen dem Vorsteher persönlich und nicht anderen Bediensteten (§ 11 Abs. 4) zugestellt werden soll. Sind mehrere Vorsteher vorhanden, so genügt die Zustellung an einen von ihnen.

10. Zustellung an Bevollmächtigte (§ 8)

[I] Bevollmächtigte sind insbesondere:
a) Generalbevollmächtigte,
b) Prokuristen,
c) Zustellungsbevollmächtigte,
d) Prozeßbevollmächtigte,
e) Handlungsbevollmächtigte (§ 54 HGB).

[II] Die Benennung eines Bevollmächtigten berechtigt die Behörde, an diesen zuzustellen; sie ist zur Zustellung an den Bevollmächtigten verpflichtet, wenn dieser eine schriftliche Vollmacht vorgelegt hat (§ 8 Abs. 1 Satz 2) oder wenn es anderweitig gesetzlich vorgeschrieben ist (z. B. § 8 Abs. 4). Falls der Behörde ein Bevollmächtigter benannt worden ist, soll sie darauf achten, daß an ihn zugestellt wird, auch wenn keine gesetzliche Pflicht zur Zustellung an ihn besteht; dies gilt nicht für die Zustellung im Besteuerungsverfahren.

III Vertritt ein Zustellungsbevollmächtigter mehrere Beteiligte, so braucht nur einmal zugestellt zu werden; hierbei sind jedoch so viel Ausfertigungen oder Abschriften zuzustellen, wie Beteiligte vorhanden sind.

11. Heilung von Zustellungsmängeln (§ 9)

I Der Empfang des Schriftstücks, das nicht ordnungsmäßig zugestellt ist, läßt sich mit jedem Beweismittel dartun. Es genügt auch eine schlüssige Handlung des Zustellungsempfängers. Läßt sich der Zugang nachweisen, so gilt das Schriftstück als zugestellt, auch wenn Zustellungsvorschriften verletzt worden sind.

II Beginnt mit der Zustellung eine Frist für die Erhebung der Klage, eine Berufungs-, Revisions- oder Rechtsmittelbegründungsfrist (§ 9 Abs. 2), so wird bei einem Verstoß gegen zwingende Zustellungsvorschriften die Frist nicht in Lauf gesetzt.

IV. Besondere Vorschriften für die Zustellung durch die Behörde gegen Empfangsbekenntnis

12. Ort der Zustellung (§ 10)

Die Zustellung kann an jedem Ort bewirkt werden, an dem der Empfänger angetroffen wird. Ort ist hierbei nicht im Sinne von Ortschaft zu verstehen; es kann daher auch auf freiem Felde zugestellt werden.

13. Ersatzzustellung (§ 11)

I Grundsätzlich wird an den in der Anschrift bezeichneten Empfänger in Person zugestellt.

II Kann an den Empfänger in Person nicht zugestellt werden, so ist unter Beachtung der Vorschrift des § 11 zuzustellen. Dabei sind die folgenden Fälle zu unterscheiden:

a) Zustellung an Gewerbetreibende oder freiberuflich Tätige (§ 11 Abs. 3) (z. B. Inhaber eines Ladengeschäftes, selbständige Handwerker, Rechtsanwälte, Ärzte u. a. m.).

aa) Der zustellende Bedienstete hat sich in der Regel zunächst in den Geschäftsraum zu begeben, sofern ein solcher vorhanden ist. Trifft er den Empfänger dort nicht an, so kann er das Schriftstück einem im Geschäftsraum anwesenden Gehilfen (z. B. Handlungsgehilfe, Buchhalter, Geselle, Bürovorsteher, Sprechstundenhilfe) des Empfängers übergeben. Personen, die außerhalb des Geschäftsraumes angetroffen werden, sind als Ersatzempfänger ungeeignet. Ebensowenig darf das Schriftstück dem Hauswirt oder Vermieter des Geschäftsraumes übergeben werden.

bb) Ist die Zustellung in dem Geschäftsraum nicht ausführbar, so hat sich der zustellende Bedienstete in die Wohnung des Empfängers zu begeben und, wenn er diesen auch dort nicht antrifft, nach Buchstabe c zu verfahren.

b) Zustellung an den Vorsteher einer Behörde, Körperschaft oder Anstalt des öffentlichen Rechts oder eines Vereins (§ 11 Abs. 4) aa) Der zustellende Bedienstete hat sich in der Regel zunächst während der gewöhnlichen Geschäftsstunden der Behörde usw. in den Geschäftsraum der Behörde usw. zu begeben. Wird in diesen Stunden der Vorsteher, an welchen zugestellt werden soll, nicht angetroffen oder ist er an der Annahme verhindert, so darf das Schriftstück an einen anderen in den Geschäftsräumen anwesenden Beamten oder Bediensteten des Empfängers übergeben werden. Personen, die außerhalb des Geschäftsraumes angetroffen werden, sind als Ersatzempfänger ungeeignet.

bb) Ist die Zustellung in dieser Weise nicht ausführbar, weil z. B. der Geschäftsraum während der gewöhnlichen Geschäftsstunden geschlossen ist, so kann die Zustellung außerhalb des Geschäftsraumes, z. B. in der Wohnung des Vorstehers, vorgenommen werden. Es kann jedoch in einem solchen Fall nur dem Vorsteher selbst übergeben werden; eine Ersatzzustellung an eine andere Person scheidet aus. Wird also der Vorsteher nicht angetroffen, so ist die Zustellung zunächst unausführbar; sie ist bei nächster Gelegenheit auszuführen, oder es ist eine andere Zustellungsart zu wählen.

cc) Hat die Behörde usw. ausnahmsweise keinen besonderen Geschäftsraum, so hat sich der zustellende Bedienstete zwecks Zustellung in die Wohnung des Vorstehers zu begeben. Wenn er ihn nicht antrifft, hat er nach Buchstabe c zu verfahren.

c) Zustellung an andere Personen (§ 11 Abs. 1)

aa) Bei Zustellungen an eine andere Person hat sich der zustellende Bedienstete in der Regel in die Wohnung des Empfängers zu begeben. Wird dieser dort nicht angetroffen, so kann das Schriftstück einem zu seiner Familie gehörenden erwachsenen Hausgenossen (z. B. Ehemann oder Ehefrau, Sohn, Tochter usw.) oder einem in der Familie beschäftigten Erwachsenen (z. B. Hausgehilfin) übergeben werden. Ob eine Person erwachsen ist, bestimmt sich im einzelnen Fall nach ihrem Alter und ihrer körperlichen und geistigen Entwicklung; Volljährigkeit ist nicht erforderlich.

Die Ersatzzustellung an Hausgenossen usw. ist nur in der Wohnung, nicht außerhalb dieser zulässig. Dagegen ist nicht erforderlich, daß der in der Wohnung beschäftigte Erwachsene in demselben Hause wohnt.

bb) Wird in der Wohnung eine solche Person nicht angetroffen, so kann die Zustellung an den Hauswirt oder Vermieter der Wohnung – auch an einen Stellvertreter (z. B. Nießbraucher, Vizewirt) – bewirkt werden, wenn dieser in demselben Hause wie der Empfänger wohnt und er zur Annahme des Schriftstücks bereit ist. An Hausgenossen und Bedienstete des Hauswirts oder des Vermieters darf hingegen nicht zugestellt werden.

14. Niederlegung des Schriftstücks (§ 11 Abs. 2)

a) Hat der Zustellungsempfänger am Ort eine Wohnung, wird er darin aber nicht angetroffen und kann die Zustellung auch nicht nach Nummer 13 bewirkt werden, so kann der zustellende Bedienstete das Schriftstück nach § 11 Abs. 2 durch Niederlegung zustellen.

b) Die Niederlegung ist bei der Gemeinde oder der Polizeibehörde (Polizeidienststelle) des Zustellungsortes durchzuführen. Unter diesen Stellen soll tunlichst die Stelle gewählt werden, die dem Empfänger am bequemsten zugänglich ist. Die Gemeinden und die Polizeibehörden (Polizeidienststellen) haben Schriftstücke, welche bei ihnen zum Zwecke der Zustellung von einem Bediensteten der Verwaltungsbehörde niedergelegt werden, anzunehmen und sechs Monate vom Tage der Niederlegung ab aufzubewahren. Nach Ablauf dieser Frist sind die niedergelegten Schriftstücke, falls sie nicht inzwischen von dem Empfänger abgeholt sind, an die Behörde, die die Zustellung veranlaßt hat, zurückzusenden.

c) Über die Niederlegung muß entweder eine schriftliche Mitteilung unter der Anschrift des Empfängers in der bei gewöhnlichen Briefen üblichen Weise abgegeben oder, wenn dies nicht tunlich ist, an der Tür der Wohnung mit der Anschrift des Empfängers befestigt werden. Die Mitteilung ,,in der bei gewöhnlichen Briefen üblichen Weise" wird durch Einwurf in den Hausbriefkasten, Durchstecken unter die Tür oder in sonstiger behelfsmäßigen Weise vorgenommen. Dies wird gewöhnlich ,,tunlich" sein. Daher kommt die weiter vorgesehene Möglichkeit, die Mitteilung an der Wohnungstür zu befestigen, nur als äußerster Notbehelf in Betracht, zumal eine solche Mitteilung durch Unbefugte leicht entfernt werden kann. Für die Mitteilung über die Niederlegung ist der Vordruck Anlage 5[1] zu verwenden.

d) Außerdem ist über die Niederlegung möglichst auch ein Nachbar mündlich zu verständigen und dabei aufzufordern, den Empfänger zu unterrichten. Die Aushändigung des zuzustellenden Schriftstücks an ihn ist unstatthaft.

15. Besondere Vorschriften für Ersatzzustellungen (§ 11)

a) Bevor der zustellende Bedienstete eine Ersatzzustellung vornimmt oder das zuzustellende Schriftstück niederlegt, hat er sich davon zu überzeugen, daß die Wohnung oder der Geschäftsraum, worin die Zustellung vorgenommen oder versucht wird, auch wirklich die Wohnung oder der Geschäftsraum des Empfängers ist, und daß die Personen, mit denen er verhandelt, auch wirklich die sind, für die sie sich ausgeben, und daß sie zu dem Empfänger in dem angegebenen Verhältnis stehen.

b) Eine Ersatzzustellung ist ausgeschlossen, wenn der Empfänger verstorben ist.

c) Bei jeder Zustellung, die nicht an den Empfänger in Person vorgenommen wird, hat der zustellende Bedienstete das Schriftstück vor der Übergabe oder Niederlegung zu verschließen. Es ist darauf zu achten, daß die Schriftstücke in Briefform zusammengefaltet oder in einen Briefumschlag gelegt und mit dem Dienstsiegel oder einer Siegelmarke derart verschlossen sind, daß eine Einsichtnahme ohne Öffnung ausgeschlossen ist. Die Außenseite des Schriftstückes oder Briefumschlages ist mit der Anschrift des Empfängers und der absendenden Stelle zu versehen.

d) Die Person, an die das Schriftstück zum Zwecke der Ersatzzustellung übergeben wird, ist von dem zustellenden Bediensteten darauf hinzuweisen, daß sie verpflichtet ist, die Schriftstücke dem Empfänger alsbald auszuhändigen.

e) Die Ersatzzustellung darf niemals an Mieter des Empfängers, Fremde, nicht erwachsene Personen oder im Empfangsbekenntnis ausdrücklich von der Ersatzzustellung ausgeschlossene Personen bewirkt werden.

---

[1] hier nicht abgedruckt.

16. Zustellung zur Nachtzeit und an Sonn- u. Feiertagen (§ 12)

[I] Zur Nachtzeit und an Sonntagen und allgemeinen Feiertagen darf nur mit schriftlicher Erlaubnis des Behördenvorstandes oder des Vorsitzenden des Gerichts zugestellt werden. Ein Verstoß hiergegen macht die Zustellung nur bei Verweigerung der Annahme unwirksam.

[II] Wird die Annahme trotz schriftlicher Erlaubnis verweigert, so ist nach § 13 zu verfahren.

[III] Die Abschrift der Erlaubnis ist dem Empfänger bei der Zustellung auszuhändigen. Die Urschrift bleibt aus Beweisgründen bei den Akten.

17. Verweigerung der Annahme (§ 13)

[I] Wird die Annahme des zuzustellenden Schriftstücks ohne gesetzlichen Grund verweigert, so hat der zustellende Beamte das Schriftstück am Ort der Zustellung zurückzulassen; er darf es nicht einer anderen Person übergeben, die nicht empfangsberechtigt ist. Hierüber hat der zustellende Beamte einen Vermerk zu den Akten zu nehmen. Dieser ist nach dem Muster Anlage 6[1] zu fertigen.

[II] Gesetzliche Gründe für die Verweigerung sind insbesondere gegeben:
a) bei Zustellung zur Nachtzeit sowie an Sonntagen und allgemeinen Feiertagen ohne schriftliche Erlaubnis (§ 12);
b) bei Zustellung an den Hauswirt oder Vermieter (§ 11 Abs. 1 Satz 2); hier ist nach Nummer 14 zu verfahren;
c) bei zweifelhafter Anschrift.

In diesen Fällen ist es nicht möglich, die Zustellung durch Zurücklassung des Schriftstücks zu bewirken.

V. Sonderarten der Zustellung

18. Zustellung im Ausland (§ 14)

[I] Bei Zustellungen in Staaten, mit denen die Bundesrepublik Deutschland diplomatische oder konsularische Beziehungen unterhält, sind die Zustellungsersuchen den zuständigen deutschen Auslandsvertretungen unmittelbar zu übersenden, soweit in den Absätzen 2 oder 3 nichts anderes bestimmt ist.

[II] Wenn es zwischenstaatliche Vereinbarungen vorsehen, können Zustellungsersuchen von der dafür zugelassenen inländischen Verwaltungsbehörde unmittelbar an die zuständige ausländische Behörde gerichtet werden.

[III] Folgende Zustellungsersuchen sind unter Hinweis auf diese Vorschrift stets dem Auswärtigen Amt zur weiteren Veranlassung zu übersenden:
a) Zustellungen an Deutsche, die als Angehörige einer Mission der Bundesrepublik Deutschland von der Gerichtsbarkeit des Empfangsstaates ganz oder teilweise befreit sind,
b) Zustellungen, die Angelegenheiten von grundsätzlicher politischer Bedeutung betreffen oder die die Sicherheit des Empfängers gefährden könnten,
c) Zustellungen, die durch Schutzmachtvertretungen für deutsche Interessen, die keine konsularischen Befugnisse übernommen haben, bewirkt werden sollen,

---

[1] hier nicht abgedruckt.

d) Zustellungen an nichtdeutsche Exterritoriale.

IV Bei Zustellungsersuchen nach § 14 ist der Dienstweg einzuhalten, soweit nichts anderes angeordnet ist.

V Kann im Ausland mangels bestehender Auslandsvertretungen (Schutzmachtvertretungen) oder aus anderen Gründen nicht zugestellt werden, so ist nach Nummer 19 Abs. 2 Buchstabe c zu verfahren, soweit kein Fall des Absatzes 3 vorliegt.

19. Öffentliche Zustellung (§ 15)

I Von der öffentlichen Zustellung darf erst Gebrauch gemacht werden, wenn alle Möglichkeiten, ein Schriftstück auf andere Weise zuzustellen, versagen.

II Die öffentliche Zustellung ist nur in den Fällen des § 15 Abs. 1 zulässig:
a) Zu § 15 Abs. 1 a):
   Der Aufenthalt des Empfängers ist nicht schon deshalb unbekannt, weil die Behörde seine Anschrift nicht kennt; die Anschrift muß vielmehr allgemein unbekannt sein. Dies ist durch eine Bescheinigung der zuständigen Meldebehörde oder auf sonstige Weise zu belegen. Die bloße Abmeldung bei der Meldebehörde kann nicht als ausreichend angesehen werden.
b) Zu § 15 Abs. 1 b):
   Die Voraussetzungen dieser Bestimmung liegen vor, wenn der exterritoriale Dienstherr nicht gestattet, daß seine Wohnung betreten wird, um das Schriftstück dem nicht exterritorialen deutschen oder ausländischen Hausgenossen zuzustellen. An die Exterritorialen selbst wird nach § 14 zugestellt.
c) Zu § 15 Abs. 1 c):
   Die Zustellung außerhalb des Geltungsbereichs des Grundgesetzes ist z. B. unausführbar, wenn es in dem betreffenden Gebietsteil an geordneten staatlichen Einrichtungen fehlt. Sie ist voraussichtlich erfolglos u. a. bei Krieg; sie kann erfolglos sein bei Abbruch oder Fehlen diplomatischer und konsularischer Beziehungen, wenn nicht dessenungeachtet Rechtshilfeverkehr besteht. Die Zustellung ist auch unausführbar bei Verweigerung der Rechtshilfe. Wenn die Verweigerung nicht amtsbekannt ist, kann sie nur durch einen mißlungenen Zustellungsversuch festgestellt werden.

III Zu § 15 Abs. 4:
Die Ermessensentscheidung, ob in den Fällen des § 15 Abs. 1 Buchstabe a bis c ein Auszug des zuzustellenden Schriftstückes in örtlichen oder überörtlichen Zeitungen oder Zeitschriften einmalig oder mehrere Male zu veröffentlichen ist, hängt davon ab, ob der Verwaltungsaufwand in einem angemessenen Verhältnis zur Bedeutung der Sache und zu den Erfolgsaussichten steht.

IV Zu § 15 Abs. 5:
Die Berechtigung der Behörden, in den Fällen des § 15 Abs. 1 Buchstabe a einen Suchvermerk im Bundeszentralregister niederzulegen, ergibt sich aus § 25 des Bundeszentralregistergesetzes vom 18. März 1971 (Bundesgesetzbl. I S. 243). Welche anderen Nachforschungen geeignet sein können, den Aufenthaltsort des Empfängers festzustellen, hängt von den Umständen des Einzelfalles ab. Die Feststellung der Meldebehörde, daß der Aufenthalt des Empfängers unbekannt ist, ist nach Absatz 2 Buchstabe a eine Voraussetzung der öffentlichen Zustellung; ihre erneute Einschaltung kann deshalb erst dann Erfolg bringen, wenn diese Feststellung durch neue Erkenntnisse der Melde-

behörde überholt wird. Die Ermessensentscheidung, ob ein Suchvermerk im Bundeszentralregister niederzulegen ist und andere Nachforschungen anzustellen sind, hängt davon ab, ob der Verwaltungsaufwand in einem angemessenen Verhältnis zur Bedeutung der Sache und zu den Erfolgsaussichten steht.

[V] Wenn bei öffentlicher Zustellung die Anschrift des Empfängers bekannt ist und Postverbindung besteht, so ist ihm die öffentliche Zustellung und der Inhalt des zuzustellenden Schriftstückes formlos mitzuteilen.

20, 21. *nicht abgedruckt.*

22. Geltung im Lande Berlin (§ 20)[1]

Vorstehende allgemeine Verwaltungsvorschriften gelten gemäß § 14 des Gesetzes über die Stellung des Landes Berlin im Finanzsystem des Bundes (Drittes Überleitungsgesetz) vom 4. Januar 1952 (Bundesgesetzbl. I S. 1) auch im Lande Berlin.

23. Inkrafttreten (§ 21)[2]

Das VwZG und diese allgemeinen Verwaltungsvorschriften treten am 11. Oktober 1952 in Kraft.

A6. Verwaltungskostengesetz (VwKostG)[3]

Vom 23. Juni 1976 (BGBl. I 821; III 202–4), ÄndG vom 14. Dezember 1976 (BGBl. I 3341)

(Auszug)

§ 14 Kostenentscheidung

[I] *nicht abgedruckt.*

[II] Kosten, die bei richtiger Behandlung der Sache durch die Behörde nicht entstanden wären, werden nicht erhoben. Das gleiche gilt für Auslagen, die durch eine von Amts wegen veranlaßte Verlegung eines Termins oder Vertagung einer Verhandlung entstanden sind.

§ 19 Stundung, Niederschlagung und Erlaß

Für die Stundung, die Niederschlagung und den Erlaß von Forderungen des Bundes auf Zahlung von Gebühren, Auslagen und sonstigen Nebenleistungen gelten die Vorschriften der Bundeshaushaltsordnung.[4] In Fällen, in

---

[1] Nr. 22: Gilt in Berlin (ABl. 1969, 2080, 2083).
[2] Nr. 23: Die Neufassung der allgemeinen Verwaltungsvorschriften ist am 1. 1. 1967 in Kraft getreten.
[3] Über die Anwendung der Vorschriften vgl. 29 ff. zu § 107 OWiG.
[4] § 59 BHO hat folgenden Wortlaut:
§ 59. Veränderung von Ansprüchen.
I. Der zuständige Bundesminister darf Ansprüche nur
1. stunden, wenn die sofortige Einziehung mit erheblichen Härten für den Anspruchsgegner verbunden wäre und der Anspruch durch die Stundung nicht gefährdet wird. Die Stundung soll gegen angemessene Verzinsung und in der Regel nur gegen Sicherheitsleistung gewährt werden,

denen ein anderer Rechtsträger als der Bund Kostengläubiger ist, gelten die für ihn verbindlichen entsprechenden Vorschriften.

§ 20 Verjährung

^I Der Anspruch auf Zahlung von Kosten verjährt nach drei Jahren, spätestens mit dem Ablauf des vierten Jahres nach der Entstehung. Die Verjährung beginnt mit Ablauf des Kalenderjahres, in dem der Anspruch fällig geworden ist. Mit dem Ablauf dieser Frist erlischt der Anspruch.

^{II} Die Verjährung ist gehemmt, solange der Anspruch innerhalb der letzten sechs Monate der Frist wegen höherer Gewalt nicht verfolgt werden kann.

^{III} Die Verjährung wird unterbrochen durch schriftliche Zahlungsaufforderung, durch Zahlungsaufschub, durch Stundung, durch Aussetzen der Vollziehung, durch Sicherheitsleistung, durch eine Vollstreckungsmaßnahme, durch Vollstreckungsaufschub, durch Anmeldung im Konkurs und durch Ermittlungen des Kostengläubigers über Wohnsitz oder Aufenthalt des Zahlungspflichtigen.

^{IV} Mit Ablauf des Kalenderjahres, in dem die Unterbrechung endet, beginnt eine neue Verjährung.

^V Die Verjährung wird nur in Höhe des Betrages unterbrochen, auf den sich die Unterbrechungshandlung bezieht.

^{VI} Wird eine Kostenentscheidung angefochten, so erlöschen Ansprüche aus ihr nicht vor Ablauf von sechs Monaten, nachdem die Kostenentscheidung unanfechtbar geworden ist oder das Verfahren sich auf andere Weise erledigt hat.

§ 21 Erstattung

^I Überzahlte oder zu Unrecht erhobene Kosten sind unverzüglich zu erstatten, zu Unrecht erhobene Kosten jedoch nur, soweit eine Kostenentscheidung noch nicht unanfechtbar geworden ist; nach diesem Zeitpunkt können zu Unrecht erhobene Kosten nur aus Billigkeitsgründen erstattet werden.

^{II} Der Erstattungsanspruch erlischt durch Verjährung, wenn er nicht bis zum Ablauf des dritten Kalenderjahres geltend gemacht wird, das auf die Entstehung des Anspruchs folgt; die Verjährung beginnt jedoch nicht vor der Unanfechtbarkeit der Kostenentscheidung.

---

2. niederschlagen, wenn feststeht, daß die Einziehung keinen Erfolg haben wird, oder wenn die Kosten der Einziehung außer Verhältnis zur Höhe des Anspruchs stehen,

3. erlassen, wenn die Einziehung nach Lage des einzelnen Falles für den Anspruchsgegner eine besondere Härte bedeuten würde. Das gleiche gilt für die Erstattung oder Anrechnung von geleisteten Beträgen und für die Freigabe von Sicherheiten.

Der zuständige Bundesminister kann seine Befugnisse übertragen.

^{II} Maßnahmen nach Absatz 1 bedürfen der Einwilligung des Bundesministers der Finanzen, soweit er nicht darauf verzichtet.

^{III} Andere Regelungen in Rechtsvorschriften bleiben unberührt.

A 7. Gesetz über die Entschädigung von Zeugen und Sachverständigen[1]

idF vom 1. Oktober 1969 (BGBl. I 1756; BGBl. III 367–1), letztes ÄndG vom 26. November 1979 (BGBl. I 1953, 1978)

Inhaltsübersicht

§ 1 Geltungsbereich

[I] Nach diesem Gesetz werden Zeugen und Sachverständige entschädigt, die von dem Gericht oder dem Staatsanwalt zu Beweiszwecken herangezogen werden.

[II] Dieses Gesetz gilt auch, wenn Behörden oder sonstige öffentliche Stellen von dem Gericht oder dem Staatsanwalt zu Sachverständigenleistungen herangezogen werden.

[III] Für Angehörige einer Behörde oder sonstigen öffentlichen Stelle, die nicht Ehrenbeamte oder ehrenamtlich tätig sind, gilt dieses Gesetz nicht, wenn sie ein Gutachten in Erfüllung ihrer Dienstaufgaben erstatten, vertreten oder erläutern.

§ 2 Entschädigung von Zeugen[2]

[I] Zeugen werden für ihren Verdienstausfall entschädigt. Dies gilt auch bei schriftlicher Beantwortung einer Beweisfrage (§ 377 Abs. 3, 4 der Zivilprozeßordnung).

[II] Die Entschädigung beträgt für jede Stunde der versäumten Arbeitszeit 2 Deutsche Mark bis 12 Deutsche Mark. Die letzte, bereits begonnene Stunde wird voll gerechnet. Die Entschädigung richtet sich nach dem regelmäßigen Bruttoverdienst.

[III] Ist ein Verdienstausfall nicht eingetreten, erhalten Zeugen die nach dem geringsten Satz bemessene Entschädigung, Hausfrauen 6 Deutsche Mark je Stunde, es sei denn, daß der Zeuge durch die Heranziehung ersichtlich keine Nachteile erlitten hat.

[IV] Gefangene, die keinen Verdienstausfall aus einem privatrechtlichen Arbeitsverhältnis haben, erhalten Ersatz einer entgangenen Zuwendung der Vollzugsbehörde.

[V] Die Entschädigung wird für höchstens zehn Stunden je Tag gewährt.

---

[1] Über die Anwendung des ZSEG im Bußgeldverfahren der VB vgl. 96 ff. zu § 59 OWiG.

[2] § 2 II S. 1 idF des G v. 22. 11. 1976 (BGBl. I 3221), III idF des, IV eingef. durch Art. 4 § 6 Nr. 1 des G v. 20. 8. 1975 (BGBl. I 2189); II mit dem GG vereinbar (BVerfG 27. 6. 1972, BGBl. I 1518).

§ 3 Entschädigung von Sachverständigen[1]

[1] Sachverständige werden für ihre Leistungen entschädigt.

[II] Die Entschädigung beträgt für jede Stunde der erforderlichen Zeit 20 bis 50 Deutsche Mark. Für die Bemessung des Stundensatzes sind der Grad der erforderlichen Fachkenntnisse, die Schwierigkeit der Leistung, ein nicht anderweitig abzugeltender Aufwand für die notwendige Benutzung technischer Vorrichtungen und besondere Umstände maßgebend, unter denen das Gutachten zu erarbeiten war; der Stundensatz ist einheitlich für die gesamte erforderliche Zeit zu bemessen. Die letzte, bereits begonnene Stunde wird voll gerechnet; dies gilt jedoch nicht, soweit der Sachverständige für dieselbe Zeit in einer weiteren Sache zu entschädigen ist.

[III] Die nach Absatz 2 zu gewährende Entschädigung kann bis zu 50 vom Hundert überschritten werden

a) für ein Gutachten, in dem der Sachverständige sich für den Einzelfall eingehend mit der wissenschaftlichen Lehre auseinanderzusetzen hat, oder

b) nach billigem Ermessen, wenn der Sachverständige durch die Dauer oder die Häufigkeit seiner Heranziehung einen nicht zumutbaren Erwerbsverlust erleiden würde oder wenn er seine Berufseinkünfte im wesentlichen als gerichtlicher oder außergerichtlicher Sachverständiger erzielt.

Die Erhöhungen nach den Buchstaben a und b können nicht nebeneinander gewährt werden.

§ 4 Zu berücksichtigende Zeit

Bei Zeugen gilt als versäumt und bei Sachverständigen gilt als erforderlich auch die Zeit, während der sie ihrer gewöhnlichen Beschäftigung infolge ihrer Heranziehung nicht nachgehen können.

§ 5 Besondere Verrichtungen[2]

Soweit ein Sachverständiger oder ein sachverständiger Zeuge Verrichtungen erbringt, die in der Anlage bezeichnet sind, richtet sich die Entschädigung nach der Anlage; daneben werden, wenn in der Anlage nichts anderes bestimmt ist, die Aufwendungen nach §§ 8, 11 ersetzt. Außerdem sind die §§ 9, 10 anzuwenden; für die zusätzlich erforderliche Zeit wird eine Entschädigung von 25 Deutsche Mark für jede Stunde gewährt.

§ 6 Zeugen und Sachverständige aus dem Ausland

Zeugen und Sachverständigen, die ihren gewöhnlichen Aufenthalt im Ausland haben, können unter Berücksichtigung ihrer persönlichen Verhältnisse, insbesondere ihrer regelmäßigen Erwerbstätigkeit, nach billigem Ermessen höhere als die in den §§ 2 bis 5 bestimmten Entschädigungen gewährt werden.

§ 7 Besondere Entschädigung

[1] Haben sich die Parteien dem Gericht gegenüber mit einer bestimmten Entschädigung für die Leistung des Sachverständigen einverstanden erklärt, so ist diese Entschädigung zu gewähren, wenn ein ausreichender Betrag an die Staatskasse gezahlt ist.

---

[1] § 3 II S. 1, 2 idF des G v. 22. 11. 1976 (BGBl. I 3221).
[1] § 5 S. 2 geänd. durch G v. 22. 11. 1976 (BGBl. I 3221).

II Die Erklärung nur einer Partei genügt, wenn das Gericht zustimmt. Vor der Zustimmung hat das Gericht die andere Partei zu hören. Die Zustimmung und die Ablehnung der Zustimmung sind unanfechtbar.

§ 8 Ersatz von Aufwendungen[1]

I Dem Sachverständigen werden ersetzt

1. die für die Vorbereitung und Erstattung des Gutachtens aufgewendeten Kosten, einschließlich der notwendigen Aufwendungen für Hilfskräfte, sowie die für eine Untersuchung verbrauchten Stoffe und Werkzeuge;
2. für das schriftliche Gutachten, für Abschriften und Ablichtungen, die auf Erfordern gefertigt worden sind, sowie für eine Abschrift oder Ablichtung für die Handakten des Sachverständigen jeweils der für die Schreibauslagen im Gerichtskostengesetz bestimmte Betrag;
3. die auf seine Entschädigung entfallende Umsatzsteuer, sofern diese nicht nach § 19 Abs. 1 des Umsatzsteuergesetzes unerhoben bleibt.

II Ein auf die Hilfskräfte (Absatz 1 Nr. 1) entfallender Teil der Gemeinkosten des Sachverständigen kann durch einen Zuschlag bis zu 15 vom Hundert auf den Betrag abgegolten werden, der als notwendige Aufwendung für die Hilfskräfte zu ersetzen ist.

§ 9 Fahrtkosten, Wegegeld

I Zeugen und Sachverständigen werden die notwendigen Fahrtkosten ersetzt.

II Bei Benutzung von öffentlichen, regelmäßig verkehrenden Beförderungsmitteln werden die wirklichen Auslagen einschließlich der Kosten für die Beförderung des notwendigen Gepäcks bis zur Höhe der Tarife, bei Benutzung der Eisenbahn oder von Schiffen bis zum Fahrpreis der ersten Wagen- oder Schiffsklasse, ersetzt. Der Ersatz der Beförderungsauslagen ist nach den persönlichen Verhältnissen des Zeugen oder Sachverständigen zu bemessen. Die Mehrkosten für zuschlagpflichtige Züge werden erstattet.

III 2 Für Fußwege und bei Benutzung von anderen als den in Absatz 2 genannten Beförderungsmitteln werden für jedes angefangene Kilometer des Hin- und Rückwegs 0,32 Deutsche Mark gewährt. Kann ein Hin- und Rückweg von zusammen mehr als zweihundert Kilometern mit öffentlichen, regelmäßig verkehrenden Beförderungsmitteln zurückgelegt werden, so gilt Satz 1 nur insoweit, als die Mehrkosten gegenüber der Benutzung von öffentlichen, regelmäßig verkehrenden Beförderungsmitteln durch eine Minderausgabe an Entschädigung ausgeglichen werden; jedoch ist die Entschädigung nach Satz 1 zu gewähren, wenn Fahrtkosten für nicht mehr als zweihundert Kilometer verlangt werden. Kann der Zeuge oder Sachverständige wegen besonderer Umstände ein öffentliches, regelmäßig verkehrendes Beförderungsmittel nicht benutzen, so werden die nachgewiesenen Mehrauslagen ersetzt, soweit sie angemessen sind.

---

[1] § 8 I Nr. 2 idF des, Nr. 3 entfallen, Nr. 4 jetzt Nr. 3 gem. Art. 4 § 6 Nr. 2 des G v. 20. 8. 1975 (BGBl. I 2189) u. idF des Art. 11 Nr. 1 G v. 26. 11. 1979 (BGBl. I 1953), II eingef. durch G v. 22. 11. 1976 (BGBl. I 3221), III gestrichen durch Art. 11 Nr. 2 G v. 26. 11. 1979 (BGBl. I 1953).

IV Für Reisen während der Terminsdauer werden die Fahrtkosten nur insoweit ersetzt, als dadurch Mehrbeträge an Entschädigung erspart werden, die beim Verbleiben an der Terminsstelle gewährt werden müßten.

V Tritt der Zeuge oder Sachverständige die Reise zum Terminort von einem anderen als dem in der Ladung bezeichneten oder der ladenden Stelle unverzüglich angezeigten Ort an oder fährt er zu einem anderen als zu diesem Ort zurück, so werden, wenn die dadurch entstandenen Gesamtkosten höher sind, höchstens die Kosten ersetzt, die für die Reise von dem in der Ladung bezeichneten oder der ladenden Stelle angezeigten Ort oder für die Rückreise zu diesem Ort zu ersetzen wären. Mehrkosten werden nach billigem Ermessen ersetzt, wenn der Zeuge oder Sachverständige zu diesen Fahrten durch besondere Umstände genötigt war.

§ 10 Entschädigung für Aufwand[1]

I Zeugen und Sachverständige erhalten für den durch Abwesenheit vom Aufenthaltsort oder durch die Wahrnehmung eines Termins am Aufenthaltsort verursachten Aufwand eine Entschädigung. Die Entschädigung ist nach den persönlichen Verhältnissen des Zeugen oder Sachverständigen zu bemessen.

II Die Entschädigung für den durch Abwesenheit vom Aufenthaltsort verursachten Aufwand soll nicht den Satz überschreiten, der Richtern in der Reisekostenstufe B nach den Vorschriften über die Reisekostenvergütung der Richter im Bundesdienst als Tagegeld zusteht. Die Vorschriften, nach denen bei Reisen, die an demselben Kalendertag angetreten oder beendet werden, sich das Tagegeld vermindert oder ein Tagegeld nicht gewährt wird, gelten entsprechend. Bei Abwesenheit bis zu sechs Stunden werden die notwendigen Auslagen bis zu 6 Deutsche Mark erstattet. Mußte der Zeuge oder Sachverständige außerhalb seines Aufenthaltsortes übernachten, so erhält er hierfür Ersatz seiner Aufwendungen, soweit sie angemessen sind.

III Bei Terminen am Aufenthaltsort des Zeugen oder Sachverständigen sind Zehrkosten bis zu 6 Deutsche Mark für jeden Tag, an dem der Zeuge oder Sachverständige länger als vier Stunden von seiner Wohnung abwesend sein mußte, zu ersetzen.

§ 11 Ersatz sonstiger Aufwendungen

Auch die in den §§ 8 bis 10 nicht besonders genannten baren Auslagen werden, soweit sie notwendig sind, dem Zeugen oder Sachverständigen ersetzt. Dies gilt besonders von den Kosten einer notwendigen Vertretung und für die Kosten notwendiger Begleitpersonen.

§ 12 Aufrundung

Die dem Zeugen oder Sachverständigen zu zahlende Gesamtentschädigung wird auf zehn Deutsche Pfennig aufgerundet.

§ 13 Vereinbarung der Entschädigung

Mit Sachverständigen, die häufiger herangezogen werden, kann die oberste Landesbehörde oder die von ihr bestimmte Stelle eine Entschädigung im Rahmen der nach diesem Gesetz zulässigen Entschädigung vereinbaren.

[1] § 10 II S. 1 geänd. durch Art. 4 § 6 Nr. 4 des G v. 20. 8. 1975 (BGBl. I 2189); S. 3 idF des, III geänd. durch G v. 22. 11. 1976 (BGBl. I 3221).

§ 14 Vorschuß

[I] Geladenen Zeugen und Sachverständigen ist auf Antrag ein Vorschuß zu bewilligen, wenn sie nicht über die Mittel für die Reise verfügen oder wenn ihnen, insbesondere wegen der Höhe der entstehenden Reisekosten, nicht zugemutet werden kann, diese aus eigenen Mitteln vorzuschießen.

[II] Dem Sachverständigen ist ferner auf Antrag ein Vorschuß zu bewilligen, wenn er durch eine geforderte Leistung für eine zusammenhängende Zeit von wenigstens dreißig Tagen seiner regelmäßigen Erwerbstätigkeit ganz oder überwiegend entzogen wird oder wenn die Erstattung des Gutachtens bare Aufwendungen erfordert und dem Sachverständigen, insbesondere wegen der Höhe der Aufwendungen, nicht zugemutet werden kann, eigene Mittel vorzuschießen.

[III] § 16 gilt sinngemäß.

§ 15 Erlöschen des Anspruchs

[I] Zeugen und Sachverständige werden nur auf Verlangen entschädigt.

[II] Verlangt der Zeuge nicht binnen drei Monaten nach Beendigung der Zuziehung Entschädigung bei dem zuständigen Gericht oder bei der zuständigen Staatsanwaltschaft, so erlischt der Anspruch.

[III] Das Gericht (§ 16 Abs. 1) kann den Sachverständigen auffordern, seinen Anspruch innerhalb einer bestimmten Frist zu beziffern. Die Frist muß mindestens zwei Monate betragen. In der Aufforderung ist der Sachverständige über die Folgen einer Versäumung der Frist zu belehren. Die Frist kann auf Antrag vom Gericht verlängert werden. Der Anspruch erlischt, soweit ihn der Sachverständige nicht innerhalb der Frist beziffert. War der Sachverständige ohne sein Verschulden verhindert, die Frist einzuhalten, so ist ihm auf Antrag Wiedereinsetzung in den vorigen Stand zu erteilen, wenn er innerhalb von zwei Wochen nach Beseitigung des Hindernisses den Anspruch beziffert und die Tatsachen, die die Wiedereinsetzung begründen, glaubhaft macht.

[IV] § 196 Abs. 1 Nr. 17 des Bürgerlichen Gesetzbuchs bleibt unberührt.

§ 16 Gerichtliche Festsetzung[1]

[I] Die einem Zeugen oder Sachverständigen zu gewährende Entschädigung wird durch gerichtlichen Beschluß festgesetzt, wenn der Zeuge oder Sachverständige oder die Staatskasse die richterliche Festsetzung beantragt oder das Gericht sie für angemessen hält. Zuständig ist das Gericht oder der Richter, von dem der Zeuge oder Sachverständige herangezogen worden ist. Ist der Zeuge oder Sachverständige von dem Staatsanwalt herangezogen worden, so ist das Gericht zuständig, bei dem die Staatsanwaltschaft errichtet ist.

[II] Gegen die richterliche Festsetzung ist die Beschwerde zulässig, wenn der Wert des Beschwerdegegenstandes einhundert Deutsche Mark übersteigt. Beschwerdeberechtigt sind nur der Zeuge oder Sachverständige und die Staatskasse. Die Beschwerde ist nicht an eine Frist gebunden. Eine Beschwerde an einen obersten Gerichtshof des Bundes ist nicht zulässig. Die Beschwerde wird bei dem Gericht eingelegt, das die angefochtene Entscheidung erlassen hat. Das Gericht kann der Beschwerde abhelfen.

---

[1] § 16 II S. 1 geänd. durch Art. 6 Nr. 3 Buchst. f des G v. 20. 12. 1974 (BGBl. I 3651), I S. 4, 5 gestr., II S. 3 eingef., V angef. durch Art. 4 § 6 Nr. 5 des G v. 20. 8. 1975 (BGBl. I 2189). Gilt nicht im Bußgeldverfahren der VB; vgl. 100 zu § 59 OWiG.

III Anträge, Erklärungen und Beschwerden können zu Protokoll der Geschäftsstelle gegeben oder schriftlich ohne Mitwirkung eines Rechtsanwalts eingereicht werden.

IV Entscheidungen nach Absatz 1, 2 wirken nicht zu Lasten des Kostenschuldners.

V Das Verfahren über die Beschwerde ist gebührenfrei. Kosten werden nicht erstattet.

§ 17 Dolmetscher und Übersetzer[1]

I Für Dolmetscher und Übersetzer gelten die Vorschriften dieses Gesetzes sinngemäß.

II Dolmetscher werden wie Sachverständige entschädigt.

III Die Entschädigung für die Übersetzung eines Textes aus einer Sprache in eine andere Sprache beträgt eine Deutsche Mark je Zeile. Ist die Übersetzung erschwert, insbesondere wegen der Verwendung von Fachausdrücken oder wegen schwerer Lesbarkeit des Textes, so kann die Entschädigung bis auf 3 Deutsche Mark, bei außergewöhnlich schwierigen Texten bis auf 4,50 Deutsche Mark je Zeile erhöht werden. Für eine oder für mehrere Übersetzungen auf Grund desselben Auftrags beträgt die Entschädigung mindestens 15 Deutsche Mark.

IV Als Zeile gilt die Zeile der angefertigten schriftlichen Übersetzung, die durchschnittlich 50 Schriftzeichen enthält. Werden in der angefertigten Übersetzung keine lateinischen Schriftzeichen verwendet, war aber ein Text mit lateinischen Schriftzeichen zu übersetzen, so sind die Zeilen dieses Textes maßgebend. Angefangene Zeilen von mehr als 30 Schriftzeichen gelten als volle Zeilen, angefangene Zeilen von 30 oder weniger Schriftzeichen werden zu vollen Zeilen zusammengezogen.

Anlage (zu § 5)[2]

Lfd. Nr.	Bezeichnung der Verrichtung	Entschädigung in Deutsche Mark
1,2	*nicht abgedruckt*	
3	Der Arzt erhält für die Ausstellung des Befundscheins oder die Erteilung einer schriftlichen Auskunft ohne nähere gutachtliche Äußerung	10 bis 30
	Bei einer außergewöhnlich umfangreichen oder zu außergewöhnlicher Zeit notwendigen Tätigkeit erhält der Arzt bis zu	60
4	Der Arzt erhält für das Zeugnis über einen ärztlichen Befund mit kurzer gutachtlicher Äußerung oder für ein Formbogengutachten, wenn sich die Fragen auf Vorgeschichte, Angaben und Befund beschränken und nur ein kurzes Gutachten erfordern	20 bis 50
	Bei einer außergewöhnlich umfangreichen oder zu außergewöhnlicher Zeit notwendigen Tätigkeit erhält der Arzt bis zu	90
5	Für die Untersuchung eines Lebensmittels oder eines Bedarfsgegenstandes, Arzneimittels und dgl. oder von Wässern oder Abwäs-	

---

[1] § 17 III, IV idF des G v. 22. 11. 1976 (BGBl. I 3221).
[2] Anlage geänd. durch G v. 22. 11. 1976 (BGBl. I 3221).

Lfd. Nr.	Bezeichnung der Verrichtung	Entschädigung in Deutsche Mark
	sern und eine kurze schriftliche, gutachtliche Äußerung beträgt die Entschädigung für jede Probe	8 bis 70
	Bei außergewöhnlich umfangreichen Untersuchungen beträgt die Entschädigung bis zu	250
6	Für die mikroskopische, physikalische, chemische, toxikologische, bakteriologische, serologische Untersuchung, wenn das Untersuchungsmaterial von Menschen oder Tieren stammt, und eine kurze gutachtliche Äußerung, einschließlich des verbrauchten Materials an Farbstoffen und anderen geringwertigen Stoffen, beträgt die Entschädigung je Organ oder Körperflüssigkeit	8 bis 70
	Bei außergewöhnlich umfangreichen Untersuchungen beträgt die Entschädigung bis zu	250
7	Die Entschädigung beträgt	
	a) für die Untersuchung eines Menschen oder einer Leiche mit Röntgenstrahlen	
	aa) bei einer Aufnahme	10 bis 35
	bb) bei mehreren Aufnahmen – auch von verschiedenen Körperteilen – in zeitlichem Zusammenhang	15 bis 150
	b) für jede elektrophysiologische Untersuchung eines Menschen . .	10 bis 100
	c) für die Untersuchung eines Menschen oder einer Leiche mit radioaktiven Stoffen durch Einzelaktivitätsmessungen oder Aufzeichnungen von Aktivitätsanreicherungen je Messung oder Darstellung	10 bis 250
	d) für die raster-elektronische Untersuchung eines Menschen oder einer Leiche, auch mit Analysenzusatz	10 bis 250
	Die Entschädigung umfaßt auch eine kurze gutachtliche Äußerung.	
	Die Entschädigung nach den Buchstaben a, b und d umfaßt den mit der Untersuchung verbundenen Aufwand.	
	Bei Blutgruppenbestimmungen beträgt die Entschädigung für jede zu untersuchende Person	
	a) für die Bestimmung der ABO-Blutgruppe	15
	für die Bestimmung der Untergruppe	12
	b) für die MN-Bestimmung	12
	c) für die Bestimmung der Merkmale des Rh-Komplexes (C, C^w, c, D, E, e und weitere) je Merkmal	15
	insgesamt höchstens	75
	d) für die Bestimmung der Blutgruppenmerkmale P, K, S und weitere, falls direkt bestimmbar, je Merkmal	15
	insgesamt höchstens	75
	e) für die Bestimmung nur indirekt nachweisbarer Merkmale (D^u, s, Fy und weitere) je Merkmal	20
	insgesamt höchstens	80
	f) für die Bestimmung von Merkmalen des HLA-Systems:	
	20 bis 29 Merkmale	100
	30 und mehr Merkmale	150
	g) für den zusätzlich erforderlichen Titrationsversuch	20
	h) für den zusätzlich erforderlichen Spezialversuch (Absättigung, Bestimmung des Dosiseffekts usw.)	30
	i) für die Bestimmung der Typen der sauren Erythrozyten-Phosphatase, die Bestimmung der Phosphoglucomutase, der Adenylatkinase, der Adenosindesamidase oder der Glutamatpyruvattransaminase	30

Lfd. Nr.	Bezeichnung der Verrichtung	Entschädigung in Deutsche Mark
	k) für die Bestimmung der Merkmale des Gm-Systems oder des Inv-Systems je Merkmal	30
	insgesamt höchstens	100
	l) für die Bestimmung des Haptoglobintyps	30
	m) für die Bestimmung der Gruppe Gc	30
	n) Für eine in den Buchstaben a bis m nicht genannte Blutgruppenbestimmung wird wie für eine an Arbeitsaufwand vergleichbare Bestimmung entschädigt.	
	o) Für das schriftliche Gutachten beträgt die Entschädigung je untersuchte Person	15
	Die Entschädigung umfaßt das verbrauchte Material, soweit es sich um geringwertige Stoffe handelt.	
9	für jede Blutentnahme beträgt die Entschädigung	6
	Die Entschädigung umfaßt auch eine Niederschrift über die Feststellung der Identität.	
	Bei einer Blutentnahme zu außergewöhnlicher Zeit oder unter außergewöhnlichen Umständen beträgt die Entschädigung, soweit nicht dem Sachverständigen eine Erhöhung nach Nummer 3 Abs. 2 oder Nummer 4 Abs. 2 wegen einer Tätigkeit zu außergewöhnlicher Zeit gewährt wird, bis zu	25
10	Bei erbbiologischen Abstammungsgutachten nach den anerkannten erbbiologischen Methoden beträgt die Entschädigung	
	a) für die Leistung des Sachverständigen	
	aa) wenn bis zu drei Personen untersucht werden	600
	bb) für die Untersuchung jeder weiteren Person	150
	b) für die bei der Vorbereitung und Erstattung des Gutachtens aufgewendeten Kosten	
	aa) wenn bis zu drei Personen untersucht werden	180
	bb) für die Untersuchung jeder weiteren Person	45
	Hat der Sachverständige Einrichtungen einer Körperschaft, Anstalt oder Stiftung des öffentlichen Rechts benutzt, so erhält er die Entschädigung nach Buchstabe b nur bis zur Höhe der tatsächlich aufgewendeten Kosten, höchstens jedoch die Beträge nach Buchstabe b.	
	Die Entschädigung nach den Buchstaben a und b umfaßt die gesamte Tätigkeit des Sachverständigen und etwaiger Hilfspersonen, insbesondere die Untersuchung, die Herstellung der Lichtbilder einschließlich der erforderlichen Abzüge, die Herstellung von Abdrücken, etwa notwendige Abformungen und dgl. sowie die Auswertung und Beurteilung des gesamten Materials; sie umfaßt ferner die Post- und Fernsprechgebühren sowie die Kosten für die Anfertigung des schriftlichen Gutachtens in drei Stücken und für einen Durchschlag für die Handakten des Sachverständigen.	
	Die Entschädigung umfaßt nicht die Kosten für Verrichtungen nach den Nummern 6, 7, 8, 9 und die Kosten für die Begutachtung etwa vorhandener erbpathologischer Befunde durch Fachärzte.	

A 8. Gerichtskostengesetz

idF vom 15. Dezember 1975 (BGBl. I 3047; III 360–1), letztes ÄndG vom
1. Februar 1979 (BGBl. I 127)

(Auszug)

Erster Abschnitt. Allgemeine Vorschriften

§ 1 Geltungsbereich

[I] Für das Verfahren

a)[1] vor den ordentlichen Gerichten nach der Zivilprozeßordnung, der Konkursordnung, der Vergleichsordnung, der Seerechtlichen Verteilungsord-
nung, dem Gesetz über die Zwangsversteigerung und die Zwangsverwaltung, der Strafprozeßordnung, dem Gesetz über Ordnungswidrigkeiten
und dem Strafvollzugsgesetz,

b) vor den Gerichten der Verwaltungsgerichtsbarkeit nach der Verwaltungsgerichtsordnung,

c) vor den Gerichten der Finanzgerichtsbarkeit nach der Finanzgerichtsordnung

werden Kosten (Gebühren und Auslagen) nur nach diesem Gesetz erhoben.

[II. III] *nicht abgedruckt.*

§ 3 Sicherstellung und Vorauszahlung

In weiterem Umfang als die Prozeßordnungen und dieses Gesetz es gestatten, darf die Tätigkeit der Gerichte von der Sicherstellung oder Zahlung der
Kosten nicht abhängig gemacht werden.

§ 4 Kostenansatz

[I] Außer in Strafsachen und in gerichtlichen Verfahren nach dem Gesetz über
Ordnungswidrigkeiten werden angesetzt

1. die Kosten der ersten Instanz bei dem Gericht, bei dem das Verfahren erster
Instanz anhängig ist oder zuletzt anhängig war,
2. die Kosten des Rechtsmittelverfahrens bei dem Rechtsmittelgericht.

Dies gilt auch dann, wenn die Kosten bei einem ersuchten Gericht entstanden
sind.

[II] Ist in Strafsachen oder in gerichtlichen Verfahren nach dem Gesetz über
Ordnungswidrigkeiten eine gerichtliche Entscheidung durch die Staatsanwaltschaft zu vollstrecken oder in Jugendgerichtssachen eine Vollstreckung
einzuleiten, so werden die Kosten angesetzt

1. in Strafsachen und in gerichtlichen Verfahren nach dem Gesetz über Ordnungswidrigkeiten bei der Staatsanwaltschaft,
2. in Jugendgerichtssachen bei dem Amtsgericht, dem der Jugendrichter angehört, der die Vollstreckung einzuleiten hat (§ 84 des Jugendgerichtsgesetzes).

Im übrigen werden die Kosten in diesen Verfahren bei dem Gericht des ersten

---

[1] § 1 I Buchst. a geänd. durch G v. 16. 3. 1976 (BGBl. I 581).

Rechtszuges angesetzt. Die Kosten des Rechtsmittelverfahrens vor dem Bundesgerichtshof werden stets bei dem Bundesgerichtshof angesetzt.

III Der Kostenansatz kann im Verwaltungsweg berichtigt werden, solange nicht eine gerichtliche Entscheidung getroffen ist. Ergeht nach der gerichtlichen Entscheidung über den Kostenansatz eine Entscheidung, durch die der Streitwert anders festgesetzt wird, so kann der Kostenansatz ebenfalls berichtigt werden.

§ 5 Erinnerung, Beschwerde

I Über Erinnerungen des Kostenschuldners und der Staatskasse gegen den Kostenansatz entscheidet das Gericht, bei dem die Kosten angesetzt sind. Sind die Kosten bei der Staatsanwaltschaft angesetzt worden, so ist das Gericht der ersten Instanz zuständig. War das Verfahren in erster Instanz bei mehreren Gerichten anhängig, so ist das Gericht, bei dem es zuletzt anhängig war, auch insoweit zuständig, als Kosten bei den anderen Gerichten angesetzt worden sind.

II Gegen die Entscheidung über die Erinnerung können der Kostenschuldner und die Staatskasse Beschwerde einlegen, wenn der Wert des Beschwerdegegenstandes einhundert Deutsche Mark übersteigt. Eine Beschwerde an einen obersten Gerichtshof des Bundes ist nicht zulässig. Abweichend hiervon steht den Beteiligten gegen den Beschluß eines Finanzgerichts die Beschwerde an den Bundesfinanzhof zu, wenn eine der Voraussetzungen des § 115 Abs. 2 Nr. 1 bis 3 der Finanzgerichtsordnung vorliegt. Die Beschwerde ist nicht an eine Frist gebunden. Das Gericht, das über die Erinnerung entschieden hat, kann der Beschwerde abhelfen. Im übrigen sind die für die Beschwerde in der Hauptsache geltenden Verfahrensvorschriften anzuwenden. Eine weitere Beschwerde findet nicht statt.

III Erinnerung und Beschwerde können zu Protokoll der Geschäftsstelle oder schriftlich, auch ohne Mitwirkung eines Bevollmächtigten, eingelegt werden. Sie haben keine aufschiebende Wirkung. Der Vorsitzende kann auf Antrag oder von Amts wegen die aufschiebende Wirkung ganz oder teilweise anordnen.

IV Das Verfahren über die Erinnerung und über die Beschwerde ist gebührenfrei. Kosten werden nicht erstattet.

§ 7 Nachforderung

Wegen irrigen Ansatzes dürfen Kosten nur nachgefordert werden, wenn der berichtigte Ansatz dem Zahlungspflichtigen vor Ablauf des nächsten Kalenderjahres, nachdem die Entscheidung Rechtskraft erlangt oder das Verfahren sich anderweitig erledigt hat, mitgeteilt worden ist. Ist die Wertfestsetzung geändert worden, so genügt es, wenn der berichtigte Ansatz dem Zahlungspflichtigen drei Monate nach der Änderung der Wertfestsetzung mitgeteilt worden ist.

§ 8 Nichterhebung von Kosten wegen unrichtiger Sachbehandlung

I Kosten, die bei richtiger Behandlung der Sache nicht entstanden wären, werden nicht erhoben. Das gleiche gilt für Auslagen, die durch eine von Amts wegen veranlaßte Verlegung eines Termins oder Vertagung einer Verhandlung entstanden sind. Für abweisende Bescheide sowie bei Zurücknahme eines Antrags kann von der Erhebung von Kosten abgesehen werden, wenn der

Antrag auf unverschuldeter Unkenntnis der tatsächlichen oder rechtlichen Verhältnisse beruht.

^{II} Die Entscheidung trifft das Gericht. Solange nicht das Gericht entschieden hat, können Anordnungen nach Absatz 1 im Verwaltungsweg erlassen werden. Eine im Verwaltungsweg getroffene Anordnung kann nur im Verwaltungsweg geändert werden.

§ 10 Verjährung

^I Ansprüche auf Zahlung von Kosten verjähren in vier Jahren nach Ablauf des Kalenderjahres, in dem das Verfahren durch rechtskräftige Entscheidung über die Kosten, durch Vergleich oder in sonstiger Weise beendet ist.

^{II} Ansprüche auf Rückerstattung von Kosten verjähren in vier Jahren nach Ablauf des Kalenderjahres, in dem der Anspruch entstanden ist. Die Verjährung beginnt jedoch nicht vor dem im Absatz 1 bezeichneten Zeitpunkt.

^{III} Auf die Verjährung sind die Vorschriften des Bürgerlichen Gesetzbuches anzuwenden; die Verjährung wird nicht von Amts wegen berücksichtigt. Die Verjährung der Ansprüche auf Zahlung von Kosten wird auch durch die Aufforderung zur Zahlung oder durch eine dem Schuldner mitgeteilte Stundung unterbrochen. Ist der Aufenthalt des Kostenschuldners unbekannt, so genügt die Zustellung durch Aufgabe zur Post unter seiner letzten bekannten Anschrift. Bei Kostenbeträgen unter zwanzig Deutsche Mark wird die Verjährung nicht unterbrochen.

§ 11 Höhe der Kosten

^I Kosten werden nach dem Kostenverzeichnis der Anlage 1[1] zu diesem Gesetz erhoben.

^{II} *nicht abgedruckt.*

^{III} Der Mindestbetrag einer Gebühr ist zehn Deutsche Mark. Dies gilt nicht für das durch die Geschäftsstelle an die Post gerichtete Ersuchen um Bewirkung einer Zustellung (§ 196 ZPO). Pfennigbeträge werden auf volle zehn Deutsche Pfennig aufgerundet.

Vierter Abschnitt. Strafsachen

§ 40 Grundlage der Gebührenbemessung

^I In Strafsachen bemessen sich die Gerichtsgebühren für alle Rechtszüge nach der rechtskräftig erkannten Strafe.

^{II–V} *nicht abgedruckt.*

^{VI} Wird im Strafverfahren oder im selbständigen Verfahren nach den §§ 440, 441, 444 Abs. 3 der Strafprozeßordnung

1. die Einziehung, der Verfall, die Vernichtung, die Unbrauchbarmachung oder die Abführung des Mehrerlöses angeordnet oder
2. eine Geldbuße gegen eine juristische Person oder eine Personenvereinigung festgesetzt,

so wird wegen der Anordnung oder Festsetzung einer dieser Rechtsfolgen eine Gebühr nur für das gegen diese Entscheidung gerichtete Rechtsmittel- oder Wiederaufnahmeverfahren erhoben. Wird im Nachverfahren (§ 439 der Strafprozeßordnung) der Antrag verworfen, so gilt Satz 1 entsprechend.

---

[1] Abgedruckt nach § 68.

§ 41 *nicht abgedruckt.*

§ 42 Mehrere Angeschuldigte

I Betrifft eine Strafsache mehrere Angeschuldigte, so ist die Gebühr von jedem gesondert nach Maßgabe der gegen ihn erkannten Strafe oder angeordneten Maßregel der Besserung und Sicherung zu erheben.

II Wird wegen derselben Tat eine der in § 40 Abs. 6 bezeichneten Nebenfolgen angeordnet, so wird nur eine Gebühr erhoben. § 58 bleibt unberührt.

§ 43 Wiederaufnahme des Verfahrens

Wird nach Anordnung der Wiederaufnahme des Verfahrens (§ 370 Abs. 2 der Strafprozeßordnung) das frühere Urteil aufgehoben, so gilt für die Gebührenerhebung das neue Verfahren mit dem früheren Verfahren zusammen als ein Rechtszug. Dies gilt auch für das Wiederaufnahmeverfahren, das sich gegen einen Strafbefehl richtet (§ 373 a der Strafprozeßordnung).

§§ 44–46 *nicht abgedruckt.*

§ 47 Vollstreckung in das Vermögen

Für das Verfahren zur Vollstreckung einer Entscheidung über einen aus der Straftat erwachsenen vermögensrechtlichen Anspruch oder über Erstattung von Kosten (§§ 406b, 464b der Strafprozeßordnung) werden Gebühren nach den Vorschriften für bürgerliche Rechtsstreitigkeiten gesondert erhoben.

Fünfter Abschnitt. Gerichtliche Verfahren nach dem Gesetz über Ordnungswidrigkeiten

§ 48

Für das gerichtliche Verfahren nach dem Gesetz über Ordnungswidrigkeiten gelten § 40 Abs. 1, 6, §§ 42, 43 und 47 sinngemäß.

Siebenter Abschnitt. Kostenzahlung und Kostenvorschuß

§ 54 Sonstige Kostenschuldner

Kostenschuldner ist ferner

1. derjenige, dem durch gerichtliche Entscheidung die Kosten des Verfahrens auferlegt sind;
2. derjenige, der sie durch eine vor Gericht abgegebene oder dem Gericht mitgeteilte Erklärung oder in einem vor Gericht abgeschlossenen oder dem Gericht mitgeteilten Vergleich übernommen hat;
   dies gilt auch, wenn bei einem Vergleich ohne Bestimmung über die Kosten diese als von beiden Teilen je zur Hälfte übernommen anzusehen sind;
3. derjenige, der für die Kostenschuld eines anderen kraft Gesetzes haftet;
4. der Vollstreckungsschuldner für die notwendigen Kosten der Zwangsvollstreckung.

§ 58 Mehrere Kostenschuldner

I Mehrere Kostenschuldner haften als Gesamtschuldner.

II Soweit ein Kostenschuldner auf Grund von § 54 Nr. 1 oder 2 haftet, soll die Haftung eines anderen Kostenschuldners nur geltend gemacht werden, wenn eine Zwangsvollstreckung in das bewegliche Vermögen des ersteren erfolglos geblieben ist oder aussichtslos erscheint. Soweit einem Kostenschuldner, der auf Grund von § 54 Nr. 1 haftet, das Armenrecht bewilligt ist, soll die Haftung eines anderen Kostenschuldners nicht geltend gemacht werden.

§ 60 Verpflichtung zur Zahlung von Kosten in besonderen Fällen

Die nach § 100 Abs. 4, § 658 Abs. 2 der Zivilprozeßordnung, §§ 57 bis 60, 142 der Konkursordnung, §§ 466, 471 Abs. 4, § 472 der Strafprozeßordnung begründete Verpflichtung zur Zahlung von Kosten besteht auch gegenüber der Staatskasse.

§ 63 Fälligkeit der Gebühren in sonstigen Fällen, Fälligkeit der Auslagen

I *nicht abgedruckt.*

II In Strafsachen werden die Kosten, die dem verurteilten Beschuldigten zur Last fallen, erst mit der Rechtskraft des Urteils fällig. Satz 1 gilt in gerichtlichen Verfahren nach dem Gesetz über Ordnungswidrigkeiten entsprechend.

§ 68 Auslagenvorschuß

I, II *nicht abgedruckt.*

III Bei Handlungen, die von Amts wegen vorgenommen werden, kann ein Vorschuß zur Deckung der Auslagen erhoben werden. Dies gilt nicht in Strafsachen und in gerichtlichen Verfahren nach dem Gesetz über Ordnungswidrigkeiten.

Kostenverzeichnis

– Auszug –

Nr.	Gebührentatbestand	Gebührenbetrag in DM oder Satz der Gebühr der Nummer 1600, soweit nichts anderes vermerkt
	F. Strafsachen	
	IV. Berufung, Revision und Wiederaufnahme betreffend Festsetzung einer Geldbuße gegen eine juristische Person oder eine Personenvereinigung	
1630	Verwerfung der Berufung durch Urteil	10 vom Hundert des Betrages der Geldbuße – höchstens 20000 DM – wenn vom Gericht nicht anders bestimmt (§ 473 StPO)
1631	Erledigung der Berufung ohne Urteil	2,5 vom Hundert des Betrages der Geldbuße, höchstens 5000 DM

Nr.	Gebührentatbestand	Gebührenbetrag in DM oder Satz der Gebühr der Nummer 1600, soweit nichts anderes vermerkt
1632	Verwerfung der Revision durch Urteil	10 vom Hundert des Betrages der Geldbuße – höchstens 20000 DM – wenn vom Gericht nicht anders bestimmt (§ 473 StPO)
1633	Erledigung der Revision ohne Urteil mit Ausnahme der Zurücknahme der Revision vor Ablauf der Begründungsfrist	2,5 vom Hundert des Betrages der Geldbuße, höchstens 5000 DM
1634	Verwerfung oder Ablehnung eines Antrags auf Wiederaufnahme des Verfahrens	5 vom Hundert des Betrages der Geldbuße, höchstens 10000 DM
1635	Urteil nach erneuter Hauptverhandlung (§ 373 StPO)..........................	10 vom Hundert des Betrages der Geldbuße – höchstens 20000 DM – wenn vom Gericht nicht anders bestimmt (§ 473 StPO)
	VIII. Beschwerdeverfahren Verwerfung oder Zurückweisung einer Beschwerde des Beschuldigten, Privatklägers, Nebenklägers oder Nebenbeteiligten	
1670	1. *nicht abgedruckt*	
1671	2. gegen eine Entscheidung, durch die im Strafverfahren oder im selbständigen Verfahren nach den §§ 440, 441, 444 Abs. 3 StPO eine Geldbuße gegen eine juristische Person oder Personenvereinigung festgesetzt worden ist	5 vom Hundert des Betrages der Geldbuße – höchstens 10000 DM – wenn vom Gericht nicht anders bestimmt (§ 473 StPO)
	Eine Gebühr wird nur erhoben, wenn eine Geldbuße rechtskräftig festgesetzt ist.	
	G. Gerichtliches Verfahren nach dem Gesetz über Ordnungswidrigkeiten Bei Verurteilung zu Geldbuße darf die Gebühr, die auf Grund eines der Gebührentatbestände der Nummern 1700 bis 1771, 1773 zu erheben ist, den Betrag der Geldbuße nicht übersteigen; § 11 Abs. 3 gilt insoweit nicht.	

Nr.	Gebührentatbestand	Gebührenbetrag in DM oder Satz der Gebühr der Nummer 1700, soweit nichts anderes vermerkt
	I.[1] Gegen den Betroffenen oder den Beschuldigten ist im Bußgeldverfahren oder im Strafverfahren rechtskräftig eine Geldbuße festgesetzt worden	
	1. Verfahren im ersten Rechtszug	
1700	Hauptverhandlung mit Urteil oder Beschluß ohne Hauptverhandlung	10 vom Hundert des Betrages der Geldbuße, höchstens 20 000 DM
1701	Verfahren bei Strafbefehlen, es sei denn, daß nach Einspruch durch Urteil entschieden wird	$^{1}/_{2}$ höchstens 10 000 DM
	2. Berufungsverfahren (§ 82 Abs. 1, § 83 Abs. 2 Satz 1 OWiG)	
1702	Berufungsverfahren mit Urteil	1 wenn vom Gericht nicht anders bestimmt (§ 473 StPO)
1703	Erledigung des Berufungsverfahrens ohne Urteil	$^{1}/_{4}$ höchstens 5000 DM
	3. Rechtsbeschwerdeverfahren (§§ 79, 80, 83 Abs. 1, 2 Satz 3 OWiG)	
1704	Rechtsbeschwerdeverfahren mit Urteil oder Beschluß nach § 79 Abs. 5 OWiG	1 wenn vom Gericht nicht anders bestimmt (§ 473 StPO i. V. m. § 46 Abs. 1 OWiG)
1705	Erledigung der Rechtsbeschwerde ohne Urteil oder Beschluß nach § 79 Abs. 5 OWiG mit Ausnahme der Zurücknahme der Rechtsbeschwerde vor Ablauf der Begründungsfrist . . .	$^{1}/_{4}$ höchstens 5000 DM
	4. Revisionsverfahren (§ 82 Abs. 1 OWiG)	
1706	Revisionsverfahren mit Urteil	1 wenn vom Gericht nicht anders bestimmt (§ 473 StPO)
1707	Erledigung des Revisionsverfahrens ohne Urteil mit Ausnahme der Zurücknahme der Revision vor Ablauf der Begründungsfrist	$^{1}/_{4}$ höchstens 5000 DM
	II. Verfahren nach Einspruch ohne Sachentscheidung	
1720	Zurücknahme oder Verwerfung des Einspruchs nach Beginn der Hauptverhandlung	$^{1}/_{2}$ höchstens 10 000 DM

[1] Unterabschnitt I neugefaßt durch G v. 22. 11. 1976 (BGBl. I 3221).

Nr.	Gebührentatbestand	Gebührenbetrag in DM oder Satz der Gebühr der Nummer 1700, soweit nichts anderes vermerkt
	III.[1] Wiederaufnahme des Bußgeldverfahrens oder des Strafverfahrens, soweit gegen den Betroffenen oder den Beschuldigten eine Geldbuße festgesetzt worden ist	
1730	Verwerfung oder Ablehnung eines Antrags auf Wiederaufnahme des Verfahrens	$^1/_2$ höchstens 10 000 DM
1731	Entscheidung nach erneuter Hauptverhandlung (§ 373 StPO i. V. m. § 46 Abs. 1 OWiG)	1 wenn vom Gericht nicht anders bestimmt (§ 473 StPO i. V. m. § 46 Abs. 1 OWiG)
	IV.[1] Berufung, Rechtsbeschwerde, Revision und Wiederaufnahme betreffend **1. die Einziehung, Unbrauchbarmachung oder Abführung des Mehrerlöses neben einer Geldbuße oder selbständig;** **2. die Verwerfung eines Antrags nach § 439 StPO i. V. m. § 46 Abs. 1 OWiG**	
1740	Verwerfung der Berufung durch Urteil	40 DM wenn vom Gericht nicht anders bestimmt (§ 473 StPO)
1741	Erledigung der Berufung ohne Urteil	10 DM
1742	Verwerfung der Rechtsbeschwerde durch Urteil oder Beschluß nach § 79 Abs. 5 OWiG . . .	40 DM wenn vom Gericht nicht anders bestimmt (§ 473 StPO i. V. m. § 46 Abs. 1 OWiG)
1743	Erledigung der Rechtsbeschwerde ohne Urteil oder Beschluß nach § 79 Abs. 5 OWiG mit Ausnahme der Zurücknahme der Rechtsbeschwerde vor Ablauf der Begründungsfrist . . .	10 DM
1744	Verwerfung der Revision durch Urteil	40 DM wenn vom Gericht nicht anders bestimmt (§ 473 StPO)
1745	Erledigung der Revision ohne Urteil mit Ausnahme der Zurücknahme der Revision vor Ablauf der Begründungsfrist	10 DM

[1] Überschrift von Unterabschnitt III sowie Unterabschnitt IV neugefaßt durch G v. 22. 11. 1976 (BGBl. I 3221).

Nr.	Gebührentatbestand	Gebührenbetrag in DM oder Satz der Gebühr der Nummer 1700, soweit nichts anderes vermerkt
1746	Verwerfung oder Ablehnung eines Antrags auf Wiederaufnahme des Verfahrens	20 DM
1747	Entscheidung nach erneuter Hauptverhandlung (§ 373 StPO i. V. m. § 46 Abs. 1 OWiG)	40 DM wenn vom Gericht nicht anders bestimmt (§ 473 StPO i. V. m. § 46 Abs. 1 OWiG)

V.¹ Berufung, Rechtsbeschwerde, Revision und Wiederaufnahme betreffend die Festsetzung einer Geldbuße gegen eine juristische Person oder eine Personenvereinigung

Nr.	Gebührentatbestand	
1750	Verwerfung der Berufung durch Urteil	1 wenn vom Gericht nicht anders bestimmt (§ 473 StPO)
1751	Erledigung der Berufung ohne Urteil	¹/₄ höchstens 5000 DM
1752	Verwerfung der Rechtsbeschwerde durch Urteil oder Beschluß nach § 79 Abs. 5 OWiG ...	1 wenn vom Gericht nicht anders bestimmt (§ 473 StPO i. V. m. § 46 Abs. 1 OWiG)
1753	Erledigung der Rechtsbeschwerde ohne Urteil oder Beschluß nach § 79 Abs. 5 OWiG mit Ausnahme der Zurücknahme der Rechtsbeschwerde vor Ablauf der Begründungsfrist ...	¹/₄ höchstens 5000 DM
1754	Verwerfung der Revision durch Urteil	1 wenn vom Gericht nicht anders bestimmt (§ 473 StPO)
1755	Erledigung der Revision ohne Urteil mit Ausnahme der Zurücknahme der Revision vor Ablauf der Begründungsfrist	¹/₄ höchstens 5000 DM
1756	Verwerfung oder Ablehnung eines Antrags auf Wiederaufnahme des Verfahrens	¹/₂ höchstens 10 000 DM
1757	Entscheidung nach erneuter Hauptverhandlung (§ 373 StPO i. V. m. § 46 Abs. 1 OWiG)	1 wenn vom Gericht nicht anders bestimmt (§ 473 StPO i. V. m. § 46 Abs. 1 OWiG)

¹ Unterabschnitt V neugefaßt durch G v. 22. 11. 1976 (BGBl. I 3221).

Nr.	Gebührentatbestand	Gebührenbetrag in DM oder Satz der Gebühr der Nummer 1700, soweit nichts anderes vermerkt
	VI. Unwahre Anzeige	
1760	Dem Anzeigenden sind die Kosten auferlegt worden (§ 469 StPO i. V. m. § 46 Abs. 1 OWiG)	40 DM
	VII. Beschwerdeverfahren	
	Verwerfung oder Zurückweisung einer Beschwerde des Betroffenen oder Nebenbeteiligten	
1770	1. gegen einen Beschluß, durch den ein Antrag auf Wiederaufnahme des Verfahrens hinsichtlich einer Geldbuße verworfen oder abgelehnt wurde	$\frac{1}{2}$ höchstens 10 000 DM
1771	2. gegen eine Entscheidung, durch die im gerichtlichen Verfahren nach dem OWiG oder im selbständigen Verfahren nach § 30 OWiG eine Geldbuße gegen eine juristische Person oder eine Personenvereinigung festgesetzt worden ist	$\frac{1}{2}$ – höchstens 10 000 DM – wenn vom Gericht nicht anders bestimmt (§ 473 StPO i. V. m. § 46 Abs. 1 OWiG)
	Eine Gebühr wird nur erhoben, wenn eine Geldbuße rechtskräftig festgesetzt ist.	
1772	3. im Kostenfestsetzungsverfahren	1 Gebühr nach der Tabelle der Anlage 2[1]
1773	4. in sonstigen Fällen außer in Beschwerdeverfahren nach § 5 Abs. 2 GKG und § 98 Abs. 3, § 105 Abs. 3 BRAGO	10 DM
	Eine Gebühr wird nur erhoben, wenn eine Geldbuße rechtskräftig festgesetzt ist.	

Nr.	Auslagen	Höhe
	I.[2] Auslagen	
1900	Die Schreibauslagen betragen für jede Seite unabhängig von der Art der Herstellung	1 DM
	1. Schreibauslagen werden erhoben für	
	a) Ausfertigungen und Abschriften, die auf Antrag erteilt oder angefertigt werden;	
	b) Abschriften, die angefertigt worden sind, weil die Partei oder ein Beteiligter es unterlassen hat, einem von Amts wegen zuzustellenden Schriftsatz die erforderliche Zahl von Abschriften beizufügen;	
	c) Ausfertigungen und Abschriften jeder	

[1] Anlage 2 nicht abgedruckt.
[2] Buchstabenfolge H in I geändert durch G v. 16. 3. 1976 (BGBl. I 581).

Nr.	Auslagen	Höhe
	Art, wenn sachliche oder persönliche Gebührenfreiheit gewährt ist; die folgende Bestimmung bleibt unberührt.	
	2. Frei von Schreibauslagen sind für jede Partei, jeden Beteiligten und jeden Beschuldigten	
	a) eine vollständige Ausfertigung oder Abschrift jeder gerichtlichen Entscheidung und jedes vor Gericht abgeschlossenen Vergleichs;	
	b) eine Ausfertigung ohne Tatbestand und Entscheidungsgründe;	
	c) eine weitere vollständige Ausfertigung oder Abschrift bei Vertretung durch einen Bevollmächtigten;	
	d) eine Abschrift jeder Niederschrift über eine Sitzung.	
	3. Werden für Ausfertigungen oder Abschriften Entwürfe verwandt, die der Antragsteller dem Gericht zur Verfügung gestellt hat und die nur durch Geschäftsnummer, Zeitangaben, Kostenrechnung, Ausfertigungs- oder Beglaubigungsvermerk und Unterschrift des ausfertigenden Beamten zu ergänzen sind, so werden Schreibauslagen nicht erhoben.	
1901	Telegrafen- und Fernschreibgebühren	in voller Höhe
1902	Postgebühren für Zustellungen durch die Post mit Zustellungsurkunde; dieselben Beträge werden auch für Zustellungen durch Justizbedienstete nach den §§ 211, 212 der Zivilprozeßordnung erhoben	in Höhe der Postgebühren
1903	Kosten, die durch öffentliche Bekanntmachung entstehen, mit Ausnahme der hierbei erwachsenen Postgebühren, jedoch nicht die Kosten der Bekanntmachung eines besonderen Prüfungstermins (§ 142 KO, § 11 der Seerechtlichen Verteilungsordnung)	in voller Höhe
1904	Nach dem Gesetz über die Entschädigung von Zeugen und Sachverständigen zu zahlende Beträge, und zwar auch dann, wenn aus Gründen der Gegenseitigkeit, der Verwaltungsvereinfachung und dgl. keine Zahlungen zu leisten sind . . . . Sind diese Aufwendungen durch mehrere Geschäfte veranlaßt, die sich auf verschiedene Rechtssachen beziehen, so werden die Aufwendungen auf die mehreren Geschäfte unter Berücksichtigung der auf die einzelnen Geschäfte verwendeten Zeit angemessen verteilt.	in voller Höhe
1905	Die bei Geschäften außerhalb der Gerichtsstelle den Gerichtspersonen auf Grund gesetzlicher Vorschriften gewährten Vergütungen (Reisekostenvergütung, Auslagenersatz) und die Kosten für die Bereitstellung von Räumen	in voller Höhe

Nr.	Auslagen	Höhe
	Sind diese Aufwendungen durch mehrere Geschäfte veranlaßt, die sich auf verschiedene Rechtssachen beziehen, so werden die Aufwendungen auf die mehreren Geschäfte unter Berücksichtigung der Entfernungen und der auf die einzelnen Geschäfte verwendeten Zeit angemessen verteilt.	
1906	An Rechtsanwälte zu zahlende Beträge	in voller Höhe
1907	Kosten einer Beförderung von Personen sowie Beträge, die mittellosen Personen für die Reise zum Ort einer Verhandlung, Vernehmung oder Untersuchung und für die Rückreise gewährt werden	in voller Höhe
1908	Kosten einer Beförderung von Tieren und Sachen, mit Ausnahme der hierbei erwachsenen Postgebühren, der Verwahrung von Sachen, der Bewachung von Schiffen und Luftfahrzeugen sowie der Verwahrung und Fütterung von Tieren	in voller Höhe
1909	Kosten einer Zwangshaft	in Höhe der für die Freiheitsstrafe geltenden Sätze
1910	*nicht abgedruckt.*	
1911	Beträge, die anderen inländischen Behörden, öffentlichen Einrichtungen oder Beamten als Ersatz für Auslagen der unter den Nummern 1900 bis 1910 bezeichneten Art zustehen, und zwar auch dann, wenn aus Gründen der Gegenseitigkeit, der Verwaltungsvereinfachung und dgl. keine Zahlungen zu leisten sind	begrenzt durch die Höchstsätze für die Auslagen 1900 bis 1910
1912	Beträge, die ausländischen Behörden, Einrichtungen oder Personen im Ausland zustehen, sowie Kosten des Rechtshilfeverkehrs mit dem Ausland, und zwar auch dann, wenn aus Gründen der Gegenseitigkeit, der Verwaltungsvereinfachung und dgl. keine Zahlungen zu leisten sind	in voller Höhe
1913	Auslagen der in den Nummern 1900 bis 1912 bezeichneten Art, soweit sie durch die Vorbereitung der öffentlichen Klage oder durch das dem gerichtlichen Verfahren vorausgegangene Bußgeldverfahren entstanden sind	begrenzt durch die Höchstsätze für die Auslagen 1900 bis 1911
1920	Auslagen, die durch eine für begründet befundene Beschwerde entstanden sind, werden nicht erhoben, soweit das Beschwerdeverfahren gebührenfrei ist; dies gilt nicht, soweit das Beschwerdegericht die Kosten dem Gegner des Beschwerdeführers auferlegt hat.	

A 9. Bundesgebührenordnung für Rechtsanwälte

Vom 26. Juli 1957 (BGBl. I 861, 907; III 368–1), letztes ÄndG
vom 26. November 1979 (BGBl. I 1953)

(Auszug)

Erster Abschnitt. Allgemeine Vorschriften

§ 3 Vereinbarung der Vergütung

[I] Aus einer Vereinbarung kann der Rechtsanwalt eine höhere als die gesetzliche Vergütung nur fordern, wenn die Erklärung des Auftraggebers schriftlich abgegeben und nicht in der Vollmacht oder in einem Vordruck, der auch andere Erklärungen umfaßt, enthalten ist. Hat der Auftraggeber freiwillig und ohne Vorbehalt geleistet, so kann er das Geleistete nicht deshalb zurückfordern, weil seine Erklärung der Vorschrift des Satzes 1 nicht entspricht.

[II] Die Festsetzung der Vergütung kann dem billigen Ermessen des Vorstandes der Rechtsanwaltskammer überlassen werden. Ist die Festsetzung der Vergütung dem Ermessen eines Vertragsteils überlassen, so gilt die gesetzliche Vergütung als vereinbart.

[III][1] Ist eine vereinbarte oder von dem Vorstand der Rechtsanwaltskammer festgesetzte Vergütung unter Berücksichtigung aller Umstände unangemessen hoch, so kann sie im Rechtsstreit auf den angemessenen Betrag bis zur Höhe der gesetzlichen Vergütung herabgesetzt werden. Vor der Herabsetzung hat das Gericht ein Gutachten des Vorstandes der Rechtsanwaltskammer einzuholen; dies gilt nicht, wenn der Vorstand der Rechtsanwaltskammer die Vergütung nach Absatz 2 Satz 1 festgesetzt hat. Das Gutachten ist kostenlos zu erstatten.

[IV] *nicht abgedruckt.*

§ 4 Vergütung für Tätigkeiten von Vertretern des Rechtsanwalts[2]

Die Vergütung für eine Tätigkeit, die der Rechtsanwalt nicht persönlich vornimmt, wird nach diesem Gesetz bemessen, wenn der Rechtsanwalt durch einen Rechtsanwalt, den allgemeinen Vertreter oder einen zur Ausbildung zugewiesenen Referendar vertreten wird.

§ 5 Mehrere Rechtsanwälte

Ist der Auftrag mehreren Rechtsanwälten zur gemeinschaftlichen Erledigung übertragen, so erhält jeder Rechtsanwalt für seine Tätigkeit die volle Vergütung.

§ 12 Rahmengebühren[3]

[I] Bei Rahmengebühren bestimmt der Rechtsanwalt die Gebühr im Einzelfall unter Berücksichtigung aller Umstände, insbesondere der Bedeutung der Angelegenheit, des Umfangs und der Schwierigkeit der anwaltlichen Tätigkeit sowie der Vermögens- und Einkommensverhältnisse des Auftraggebers,

---

[1] § 3 III S. 3 angefügt durch Art. 3 Nr. 2 G v. 20. 8. 1975 (BGBl. I 2189).
[2] § 4 geänd. durch G v. 30. 6. 1965 (BGBl. I 577).
[3] § 12 I idF des Art. 3 Nr. 7 des G v. 20. 8. 1975 (BGBl. I 2189).

nach billigem Ermessen. Ist die Gebühr von einem Dritten zu ersetzen, so ist die von dem Rechtsanwalt getroffene Bestimmung nicht verbindlich, wenn sie unbillig ist.

II *nicht abgedruckt.*

§ 13 Abgeltungsbereich der Gebühren

I Die Gebühren entgelten, soweit dieses Gesetz nichts anderes bestimmt, die gesamte Tätigkeit des Rechtsanwalts vom Auftrag bis zur Erledigung der Angelegenheit.

II Der Rechtsanwalt kann die Gebühren in derselben Angelegenheit nur einmal fordern. In gerichtlichen Verfahren kann er die Gebühren in jedem Rechtszug fordern.

III Sind für Teile des Gegenstands verschiedene Gebührensätze anzuwenden, so erhält der Rechtsanwalt für die Teile gesondert berechnete Gebühren, jedoch nicht mehr als die aus dem Gesamtbetrag der Wertteile nach dem höchsten Gebührensatz berechnete Gebühr.

IV Auf bereits entstandene Gebühren ist es, soweit dieses Gesetz nichts anderes bestimmt, ohne Einfluß, wenn sich die Angelegenheit vorzeitig erledigt oder der Auftrag endigt, bevor die Angelegenheit erledigt ist.

V Wird der Rechtsanwalt, nachdem er in einer Angelegenheit tätig geworden ist, beauftragt, in derselben Angelegenheit weiter tätig zu werden, so erhält er nicht mehr an Gebühren, als er erhalten würde, wenn er von vornherein hiermit beauftragt worden wäre.

VI Ist der Rechtsanwalt nur mit einzelnen Handlungen beauftragt, so erhält er nicht mehr an Gebühren als der mit der gesamten Angelegenheit beauftragte Rechtsanwalt für die gleiche Tätigkeit erhalten würde.

§ 16 Fälligkeit

Die Vergütung des Rechtsanwalts wird fällig, wenn der Auftrag erledigt oder die Angelegenheit beendigt ist. Ist der Rechtsanwalt in einem gerichtlichen Verfahren tätig, so wird die Vergütung auch fällig, wenn eine Kostenentscheidung ergangen oder der Rechtszug beendet ist oder wenn das Verfahren länger als drei Monate ruht.

§ 17 Vorschuß

Der Rechtsanwalt kann von seinem Auftraggeber für die entstandenen und die voraussichtlich entstehenden Gebühren und Auslagen einen angemessenen Vorschuß fordern.

§ 18 Berechnung

I Der Rechtsanwalt kann die Vergütung nur auf Grund einer von ihm unterzeichneten und dem Auftraggeber mitgeteilten Berechnung einfordern. Der Lauf der Verjährungsfrist ist von der Mitteilung der Berechnung nicht abhängig.

II[1] In der Berechnung sind die Beträge der einzelnen Gebühren und Auslagen, Vorschüsse sowie die angewandten Gebührenvorschriften und bei Ge-

---

[1] § 18 II S. 2, eingefügt durch G v. 20. 12. 1967 (BGBl. I 1246), gestr. durch Kap. 2 Art. 9 Nr. 1 G v. 26. 11. 1979 (BGBl. I 1953).

bühren, die nach dem Gegenstandswert berechnet sind, auch dieser anzugeben. Bei Post-, Telegrafen-, Fernsprech- und Fernschreibkosten genügt die Angabe des Gesamtbetrags.

III Hat der Auftraggeber die Vergütung gezahlt, ohne die Berechnung erhalten zu haben, so kann er die Mitteilung der Berechnung noch fordern, solange der Rechtsanwalt zur Aufbewahrung der Handakten verpflichtet ist.

Zweiter Abschnitt. Gemeinsame Vorschriften über Gebühren und Auslagen

§ 20 Rat, Auskunft

I¹ Für einen mündlichen oder schriftlichen Rat oder eine Auskunft, die nicht mit einer anderen gebührenpflichtigen Tätigkeit zusammenhängen, erhält der Rechtsanwalt eine Gebühr in Höhe von einem Zehntel bis zehn Zehnteln der vollen Gebühr. Bezieht sich der Rat oder die Auskunft nur auf strafrechtliche, bußgeldrechtliche oder sonstige Angelegenheiten, in denen die Gebühren nicht nach dem Gegenstandswert berechnet werden, so beträgt die Gebühr 10 bis 250 Deutsche Mark. Die Gebühr ist auf eine Gebühr anzurechnen, die der Rechtsanwalt für eine sonstige Tätigkeit erhält, die mit der Raterteilung oder Auskunft zusammenhängt.

II Wird ein Rechtsanwalt, der mit der Angelegenheit noch nicht befaßt gewesen ist, beauftragt, zu prüfen, ob eine Berufung oder Revision Aussicht auf Erfolg hat, so erhält er eine halbe Gebühr nach § 11 Abs. 1 Satz 2, wenn er von der Einlegung eines Rechtsmittels abrät und ein Rechtsmittel durch ihn nicht eingelegt wird. Dies gilt nicht in den im Absatz 1 Satz 2 genannten Angelegenheiten.

§ 25 Ersatz von Auslagen²

I Mit den Gebühren werden auch die allgemeinen Geschäftsunkosten entgolten.

II Der Rechtsanwalt hat Anspruch auf Ersatz der auf seine Vergütung entfallenden Umsatzsteuer, sofern diese nicht nach § 19 Abs. 1 des Umsatzsteuergesetzes unerhoben bleibt.

III Der Anspruch auf Ersatz der Postgebühren, der Schreibauslagen und der Reisekosten bestimmt sich nach den folgenden Vorschriften.

§ 26 Postgebühren³

Der Rechtsanwalt hat Anspruch auf Ersatz der bei der Ausführung des Auftrags entstandenen Post-, Telegrafen-, Fernsprech- und Fernschreibgebühren. Er kann nach seiner Wahl an Stelle der tatsächlich entstandenen Ko-

---

¹ § 20 I S. 1 geänd. durch G v. 30. 6. 1965 (BGBl. I 577), I S. 2 geänd. durch Art. 120 EGStGB und Art. 3 Nr. 9 G v. 20. 8. 1975 (BGBl. I 2189).

² § 25 II eingef., bisheriger II wurde III durch G v. 20. 12. 1967 (BGBl. I 1246); idF Kap. 2 Art. 9 Nr. 2 G v. 26. 11. 1979 (BGBl. I 1953); III geänd. durch Art. 3 Nr. 14 G v. 20. 8. 1975 (BGBl. I 2189).

³ § 26 S. 2 angef. durch G v. 30. 6. 1965 (BGBl. I 577) u. geänd. durch Art. 3 Nr. 15 G v. 20. 8. 1975 (BGBl. I 2189).

sten einen Pauschsatz fordern, der zehn vom Hundert der gesetzlichen Gebühren, in derselben Angelegenheit und in gerichtlichen Verfahren in demselben Rechtszug jedoch höchstens 30 Deutsche Mark beträgt; § 11 Abs. 2 Satz 2 gilt sinngemäß.

§ 27 Schreibauslagen[1]

[1] Schreibauslagen stehen dem Rechtsanwalt nur für die im Einverständnis mit dem Auftraggeber zusätzlich gefertigten Abschriften und Ablichtungen zu. Für Abschriften und Ablichtungen aus Behörden- und Gerichtsakten stehen dem Rechtsanwalt Schreibauslagen zu, soweit die Abschrift oder Ablichtung zur sachgemäßen Bearbeitung der Rechtssache geboten war.

[II] Die Höhe der Schreibauslagen bemißt sich nach dem für die gerichtlichen Schreibauslagen im Gerichtskostengesetz bestimmten Betrag.

§ 28 Geschäftsreisen

[I] Bei Geschäftsreisen erhält der Rechtsanwalt, wenn er einen eigenen Kraftwagen benutzt, 40 Deutsche Pfennig für jeden angefangenen Kilometer des Hin- und Rückwegs, bei Benutzung anderer Verkehrmittel die tatsächlichen Aufwendungen.

[II][2] Als Tage- und Abwesenheitsgeld erhält der Rechtsanwalt bei einer Geschäftsreise von nicht mehr als 4 Stunden 20 Deutsche Mark, von mehr als 4 bis 8 Stunden 40 Deutsche Mark und von mehr als 8 Stunden 75 Deutsche Mark; bei Auslandsreisen kann zu diesen Beträgen ein Zuschlag von 50 vom Hundert berechnet werden. Außerdem hat er Anspruch auf Ersatz der Übernachtungskosten.

§ 29 Reisen zur Ausführung mehrerer Geschäfte

Dient eine Reise mehreren Geschäften, so sind die entstandenen Reisekosten und Abwesenheitsgelder nach dem Verhältnis der Kosten zu verteilen, die bei gesonderter Ausführung der einzelnen Geschäfte entstanden wären.

Sechster Abschnitt. Gebühren in Strafsachen

1. Gebühren des gewählten Verteidigers und anderer gewählter Vertreter

§ 83 Erster Rechtszug[3]

[I] Der Rechtsanwalt erhält im ersten Rechtszug als Verteidiger in der Hauptverhandlung folgende Gebühren:

1. Im Verfahren vor dem Oberlandesgericht, dem Schwurgericht und vor der Jugendkammer, soweit diese in Sachen entscheidet, die nach den allgemeinen Vorschriften zur Zuständigkeit des Schwurgerichts gehören,
   100 Deutsche Mark bis 1500 Deutsche Mark;

---

[1] 27 II neugef. durch G v. 29. 10. 1969 (BGBl. I 2049), idF des Art. 3 Nr. 16 G v. 20. 8. 1975 (BGBl. I 2189).
[2] § 28 II neugef. durch G v. 30. 6. 1965 (BGBl. 577), II S. 1 neugef. durch G v. 24. 10. 1972 (BGBl. I 2013) und geänd. durch Art. 3 Nr. 17 G v. 20. 8. 1975 (BGBl. I 2189).
[3] § 83 idF des Art. 3 Nr. 35 G v. 20. 8. 1975 (BGBl. I 2189).

2. im Verfahren vor der großen Strafkammer und vor der Jugendkammer, soweit sich die Gebühr nicht nach Nummer 1 bestimmt,
   70 Deutsche Mark bis 900 Deutsche Mark;
3. im Verfahren vor dem Schöffengericht, dem Jugendschöffengericht, dem Strafrichter und dem Jugendrichter
   60 Deutsche Mark bis 760 Deutsche Mark.

II Erstreckt sich die Hauptverhandlung über einen Kalendertag hinaus, so erhält der Rechtsanwalt für jeden weiteren Verhandlungstag in den Fällen des Absatzes 1

Nr. 1 100 Deutsche Mark bis 750 Deutsche Mark,
Nr. 2 70 Deutsche Mark bis 450 Deutsche Mark,
Nr. 3 60 Deutsche Mark bis 380 Deutsche Mark.

Wird jedoch mit dem Verfahren von neuem begonnen, so gelten für den ersten Tag der neuen Hauptverhandlung die Vorschriften des Absatzes 1.

§ 84 Verfahren außerhalb der Hauptverhandlung[1]

I Der Rechtsanwalt erhält im vorbereitenden Verfahren, im gerichtlich anhängigen Verfahren, in dem er nur außerhalb der Hauptverhandlung tätig ist, und in einem Verfahren, in dem eine Hauptverhandlung nicht stattfindet, folgende Gebühren:
In den Fällen des § 83 Abs. 1

Nr. 1 50 Deutsche Mark bis 750 Deutsche Mark,
Nr. 2 35 Deutsche Mark bis 450 Deutsche Mark,
Nr. 3 30 Deutsche Mark bis 380 Deutsche Mark.

II Ist das Verfahren nicht gerichtlich anhängig geworden, so bestimmt sich die Gebühr nach der Ordnung des Gerichts, das für das Hauptverfahren zuständig gewesen wäre.

§ 85 *nicht abgedruckt.*

§ 86 Revisionsverfahren[2]

I Der Rechtsanwalt erhält im Revisionsverfahren als Verteidiger folgende Gebühren:
1. Im Verfahren vor dem Bundesgerichtshof
   100 Deutsche Mark bis 1500 Deutsche Mark;
2. im Verfahren vor dem Oberlandesgericht
   70 Deutsche Mark bis 900 Deutsche Mark

und, wenn im ersten Rechtszug der Strafrichter, ausgenommen als Jugendrichter, entschieden hat,
   60 Deutsche Mark bis 760 Deutsche Mark.

II Erstreckt sich die Hauptverhandlung über einen Kalendertag hinaus, so erhält der Rechtsanwalt für jeden weiteren Verhandlungstag in den Fällen des Absatzes 1

Nr. 1 100 Deutsche Mark bis 750 Deutsche Mark,
Nr. 2 70 Deutsche Mark bis 450 Deutsche Mark

---

[1] § 84 I idF des Art. 3 Nr. 36 G v. 20. 8. 1975 (BGBl. I 2189).
[2] § 86 I geänd. durch das 1. StVRG und Art. 3 Nr. 38a, II idF des Art. 3 Nr. 38b G v. 20. 8. 1975 (BGBl. I 2189).

und, wenn im ersten Rechtszug der Strafrichter, ausgenommen als Jugendrichter, entschieden hat,

60 Deutsche Mark bis 380 Deutsche Mark.

Wird jedoch mit dem Verfahren von neuem begonnen, so gelten für den ersten Tag der neuen Hauptverhandlung die Vorschriften des Absatzes 1.

III Ist der Rechtsanwalt im Revisionsverfahren als Verteidiger nur außerhalb der Hauptverhandlung tätig oder findet eine Hauptverhandlung vor dem Revisionsgericht nicht statt, so erhält er die Hälfte der Gebühren des Absatzes 1.

§ 87 Pauschgebühren

Durch die Gebühren der §§ 83 bis 86 wird die gesamte Tätigkeit des Rechtsanwalts als Verteidiger entgolten. Hierzu gehört auch die Einlegung von Rechtsmitteln bei dem Gericht desselben Rechtszuges.

§ 88 Einziehung und verwandte Maßnahmen[1]

Wenn der Rechtsanwalt eine Tätigkeit für den Beschuldigten ausübt, die sich auf die Einziehung oder den Verfall, die Vernichtung, die Unbrauchbarmachung, die Abführung des Mehrerlöses oder auf eine diesen Zwecken dienende Beschlagnahme bezieht, so ist bei den nach § 12 maßgebenden Umständen auch der Gegenstandswert (§ 7) angemessen zu berücksichtigen. Der Gebührenrahmen kann um einen Betrag bis zu einer nach diesem Gegenstandswert berechneten vollen Gebühr (§ 11) überschritten werden, soweit der Rahmen nicht ausreicht, um die gesamte Tätigkeit des Rechtsanwalts angemessen zu entgelten. Übt der Rechtsanwalt eine Tätigkeit für den Beschuldigten aus, die sich auf das Fahrverbot oder die Entziehung der Fahrerlaubnis erstreckt, und reicht der Gebührenrahmen nicht aus, um die gesamte Tätigkeit des Rechtsanwalts angemessen zu entgelten, so kann er bis zu 25 vom Hundert überschritten werden.

§ 89 *nicht abgedruckt.*

§ 90 Wiederaufnahmeverfahren[2]

I Für die Vorbereitung eines Antrags auf Wiederaufnahme des Verfahrens, die Stellung eines solchen Antrags und die Vertretung in dem Verfahren zur Entscheidung über den Antrag gelten die in § 84 bestimmten Gebühren. Diese gelten auch dann, wenn der Rechtsanwalt von der Stellung eines Antrags auf Wiederaufnahme des Verfahrens abrät.

II Der Gebührenrahmen bestimmt sich nach der Ordnung des Gerichts, das im ersten Rechtszug entschieden hat.

§ 91 Gebühren für einzelne Tätigkeiten[3]

Beschränkt sich die Tätigkeit des Rechtsanwalts, ohne daß ihm sonst die Verteidigung übertragen ist, auf
1. die Einlegung eines Rechtsmittels, die Anfertigung oder Unterzeichnung anderer Anträge, Gesuche oder Erklärungen oder eine andere nicht in den Nummern 2 oder 3 erwähnte Beistandsleistung;

---

[1] § 88 S. 1 geänd. durch Art. 44 Nr. 1 EGOWiG und Art. 120 Nr. 3 EGStGB, S. 3 angef. durch Art. 3 Nr. 39 G v. 20. 8. 1975 (BGBl. I 2189).
[2] § 90 I idF d. 1. StVRG.
[3] § 91 geänd. durch Art. 4 Nr. 40 G v. 20. 8. 1975 (BGBl. I 2189); Nr. 2 idF des G v. 19. 12. 1964 (BGBl. I 1067), geänd. durch das 1. StVRG.

2. die Anfertigung oder Unterzeichnung einer Schrift zur Rechtfertigung der Berufung oder zur Beantwortung der von dem Staatsanwalt, Privatkläger oder Nebenkläger eingelegten Berufung, die Führung des Verkehrs mit dem Verteidiger, die Beistandsleistung für den Beschuldigten bei einer staatsanwaltschaftlichen oder richterlichen Vernehmung oder einer mündlichen Verhandlung oder einer Augenscheinseinnahme außerhalb der Hauptverhandlung oder die Beistandsleistung im Verfahren zur gerichtlichen Erzwingung der Anklage (§ 172 Abs. 2 bis 4, § 173 der Strafprozeßordnung);

3. die Anfertigung oder Unterzeichnung einer Schrift zur Begründung der Revision oder zur Erklärung auf die von dem Staatsanwalt, Privatkläger oder Nebenkläger eingelegte Revision;

so erhält er in den Fällen der
> Nummer 1 eine Gebühr
>> von 10 Deutsche Mark bis 200 Deutsche Mark,
> Nummer 2 eine Gebühr
>> von 25 Deutsche Mark bis 375 Deutsche Mark,
> Nummer 3 eine Gebühr
>> von 40 Deutsche Mark bis 600 Deutsche Mark.

§ 92 Mehrere einzelne Tätigkeiten

[I] Mit der Gebühr für die Rechtfertigung der Berufung oder die Begründung der Revision ist die Gebühr für die Einlegung des Rechtsmittels entgolten.

[II] Im übrigen erhält der Rechtsanwalt mit der Beschränkung des § 13 für jede der in § 91 bezeichneten Tätigkeiten eine gesonderte Gebühr. Wird ihm die Verteidigung übertragen, so werden die Gebühren des § 91 auf die dem Rechtsanwalt als Verteidiger zustehenden Gebühren angerechnet.

§ 93 Gnadengesuche[1]

Für die Vertretung in einer Gnadensache erhält der Rechtsanwalt eine Gebühr von 20 Deutsche Mark bis 300 Deutsche Mark. Sie steht ihm auch dann zu, wenn ihm die Verteidigung übertragen war.

§ 94 *nicht abgedruckt.*

§ 95 Vertretung eines Nebenklägers und anderer Verfahrensbeteiligter[2]

Für die Tätigkeit als Beistand oder Vertreter eines Nebenklägers sowie eines Einziehungs- oder Nebenbeteiligten gelten die Vorschriften der §§ 83 bis 93 sinngemäß.

§ 96 Kostenfestsetzung, Zwangsvollstreckung[3]

[I] Dem Rechtsanwalt stehen besondere Gebühren zu

1. im Verfahren über die Erinnerung gegen einen Kostenfestsetzungsbeschluß (§ 464b der Strafprozeßordnung) oder Kostenansatz und im Beschwerdeverfahren gegen die Entscheidung über diese Erinnerung;

2. in der Zwangsvollstreckung aus Entscheidungen, die über einen aus der Straftat erwachsenen vermögensrechtlichen Anspruch oder die Erstattung

---

[1] § 93 geänd. durch Art. 3 Nr. 41 G v. 20. 8. 1975 (BGBl. I 2189).
[2] § 95 geänd. durch Art. 5 G v. 10. 8. 1967 (BGBl. I 877).
[3] § 96 I geänd. durch Art. 44 Nr. 2 EGOWiG und Art. 120 Nr. 5 EGStGB.

von Kosten ergangen sind (§§ 406 b, 464 b der Strafprozeßordnung), für die Mitwirkung bei der Ausübung der Veröffentlichungsbefugnis und im Beschwerdeverfahren gegen eine dieser Entscheidungen.

[II] Die Gebühren bestimmen sich nach den Vorschriften des Dritten Abschnitts.

§ 96a Abtretung des Kostenerstattungsanspruchs[1]

Tritt der Angeschuldigte den Anspruch gegen die Staatskasse auf Erstattung von Anwaltskosten als notwendige Auslagen (§§ 464 b, 464 a Abs. 2 Nr. 2 der Strafprozeßordnung) an den Rechtsanwalt ab, so ist eine von der Staatskasse gegenüber dem Angeschuldigten erklärte Aufrechnung insoweit unwirksam, als sie den Anspruch des Rechtsanwalts vereiteln oder beeinträchtigen würde.

2. Gebühren des gerichtlich bestellten Verteidigers und des beigeordneten Rechtsanwalts

§ 97 Anspruch gegen die Staatskasse[2]

[I] Ist der Rechtsanwalt gerichtlich bestellt worden, so erhält er an Stelle der gesetzlichen Gebühr das Vierfache der in den §§ 83 bis 86, 90 bis 92, 94 und 95 bestimmten Mindestbeträge aus der Staatskasse, jedoch nicht mehr als die Hälfte des Höchstbetrages. Im Falle des § 90 Abs. 1 Satz 2 gilt dies nur dann, wenn der Rechtsanwalt nach § 364 b Abs. 1 Satz 1 der Strafprozeßordnung bestellt worden ist oder das Gericht die Feststellung nach § 364 b Abs. 1 Satz 2 der Strafprozeßordnung getroffen hat.

[II] Der Rechtsanwalt erhält ferner Ersatz der Auslagen aus der Staatskasse. § 126 Abs. 1 Satz 1, Abs. 2 gilt sinngemäß; die Feststellung nach § 126 Abs. 2 kann auch für andere Auslagen als Reisekosten getroffen werden. Auslagen, die durch Nachforschungen zur Vorbereitung eines Wiederaufnahmeverfahrens entstehen, werde einem Rechtsanwalt nach Maßgabe der Sätze 1 und 2 vergütet, wenn er nach § 364 b Abs. 1 Satz 1 der Strafprozeßordnung bestellt worden ist oder wenn das Gericht die Feststellung nach § 364 b Abs. 1 Satz 2 der Strafprozeßordnung getroffen hat.

[III] Für die Tätigkeit als Verteidiger vor Eröffnung des Hauptverfahrens erhält der Rechtsanwalt die Vergütung unabhängig vom Zeitpunkt seiner Bestellung.

[IV] Wegen des Vorschusses gelten § 127 Satz 1, § 98 sinngemäß.

§ 98 Festsetzung der Gebühren[3]

[I] Die aus der Staatskasse zu gewährende Vergütung wird auf Antrag des Rechtsanwalts von dem Urkundsbeamten der Geschäftsstelle des Gerichts des ersten Rechtszuges festgesetzt. § 104 Abs. 2 der Zivilprozeßordnung gilt sinngemäß.

---

[1] § 96a eingef. durch Art. 3 Nr. 43 G v. 20. 8. 1975 (BGBl. I 2189).
[2] § 97 I neugef. durch G v. 24. 10. 1972 (BGBl. I 2013), I S. 2, II, III idF des 1. StVRG, I S. 1 geänd. durch, II, III idF des, IV angef. durch Art. 3 Nr. 44 G v. 20. 8. 1975 (BGBl. I 2189).
[3] § 98 II S. 2 entfallen, III geänd. durch, IV idF des Art. 3 Nr. 45 G v. 20. 8. 1975 (BGBl. I 2189).

[II] Über die Erinnerung des Rechtsanwalts oder der Staatskasse gegen die Festsetzung nach Absatz 1 entscheidet der Vorsitzende des Gerichts des ersten Rechtszuges durch Beschluß.

[III] Gegen den Beschluß ist Beschwerde nach den Vorschriften der §§ 304 bis 310, 311 a der Strafprozeßordnung zulässig.

[IV] Das Verfahren über die Erinnerung und über die Beschwerde ist gebührenfrei. Kosten werden nicht erstattet.

§ 99 Strafsachen besonderen Umfangs[1]

[I] In besonders umfangreichen oder schwierigen Strafsachen ist dem gerichtlich bestellten Rechtsanwalt für das ganze Verfahren oder für einzelne Teile des Verfahrens auf Antrag eine Pauschvergütung zu bewilligen, die über die Gebühren des § 97 hinausgeht.

[II] Über den Antrag entscheidet das Oberlandesgericht, zu dessen Bezirk das Gericht gehört, bei dem die Strafsache im ersten Rechtszug anhängig ist oder war. Der Bundesgerichtshof ist zur Entscheidung berufen, soweit er den Rechtsanwalt bestellt hat. In dem Verfahren ist die Staatskasse zu hören.

§ 100 Anspruch gegen den Beschuldigten[2]

[I] Der gerichtlich bestellte Rechtsanwalt kann von dem Beschuldigten die Zahlung der Gebühren eines gewählten Verteidigers verlangen; er kann jedoch keinen Vorschuß fordern. Der Anspruch gegen den Beschuldigten entfällt insoweit, als die Staatskasse nach den §§ 97 und 99 Gebühren gezahlt hat.

[II] Der Anspruch kann nur insoweit geltend gemacht werden, als das Gericht des ersten Rechtszuges auf Antrag des Rechtsanwalts nach Anhörung des Beschuldigten feststellt, daß dieser ohne Beeinträchtigung des für ihn und seine Familie notwendigen Unterhalts zur Zahlung in der Lage ist. Ist das Verfahren nicht gerichtlich anhängig geworden, so entscheidet das Gericht, das den Verteidiger bestellt hat. Gegen den Beschluß ist sofortige Beschwerde nach den Vorschriften der §§ 304 bis 311 a der Strafprozeßordnung zulässig.

[III] Der für den Beginn der Verjährung maßgebende Zeitpunkt tritt mit der Rechtskraft der das Verfahren abschließenden gerichtlichen Entscheidung, in Ermangelung einer solchen mit der Beendigung des Verfahrens ein. Von der in Absatz 2 Satz 1 vorgesehenen Feststellung des Gerichts ist der Lauf der Verjährungsfrist nicht abhängig.

§ 101 Anrechnung, Rückzahlung

[I] Vorschüsse und Zahlungen, die der Rechtsanwalt vor oder nach der gerichtlichen Bestellung für seine Tätigkeit in der Strafsache von dem Beschuldigten oder einem Dritten nach dieser Gebührenordnung oder auf Grund einer Vereinbarung erhalten hat, sind auf die von der Staatskasse zu zahlenden Gebühren anzurechnen. Hat der Rechtsanwalt von dem Beschuldigten oder einem Dritten Zahlungen empfangen, nachdem er Gebühren aus der Staatskasse erhalten hat, so ist er zur Rückzahlung an die Staatskasse verpflichtet.

[II][3] Die Anrechnung oder Rückzahlung unterbleibt, soweit der Rechtsanwalt durch diese insgesamt weniger als den doppelten Betrag der ihm nach den §§ 97 und 99 zustehenden Gebühr oder Pauschvergütung erhalten würde.

---

[1] § 99 Überschrift und I geänd. durch Art. 3 Nr. 46 G v. 20. 8. 1975 (BGBl. I 2189).
[2] § 100 II, III idF des Art. 3 Nr. 47 G v. 20. 8. 1975 (BGBl. I 2189).
[3] § 101 II idF des Art. 3 Nr. 48 G v. 20. 8. 1975 (BGBl. I 2189).

III Vorschüsse und Zahlungen, die für die Anrechnung oder die Pflicht zur Rückzahlung nach den Absätzen 1 und 2 von Bedeutung sind, hat der Rechtsanwalt der Staatskasse anzuzeigen.

§ 102 *nicht abgedruckt.*

§ 103 Bundeskasse, Landeskasse

I Staatskasse im Sinne dieser Vorschriften ist die Bundeskasse, wenn ein Gericht des Bundes, die Landeskasse, wenn ein Gericht des Landes den Rechtsanwalt bestellt oder beigeordnet hat.

II Hat zuerst ein Gericht des Bundes und sodann ein Gericht des Landes den Rechtsanwalt bestellt oder beigeordnet, so zahlt die Bundeskasse die Vergütung, die der Rechtsanwalt während der Dauer der Bestellung oder Beiordnung durch das Gericht des Bundes verdient hat, die Landeskasse die dem Rechtsanwalt darüber hinaus zustehende Vergütung. Dies gilt sinngemäß, wenn zuerst ein Gericht des Landes und sodann ein Gericht des Bundes den Rechtsanwalt bestellt oder beigeordnet hat.

Siebenter Abschnitt. Gebühren in Bußgeldverfahren[1]

§ 104 *(weggefallen)*[2]

§ 105 Bußgeldverfahren[3]

I Im Bußgeldverfahren vor der Verwaltungsbehörde erhält der Rechtsanwalt als Verteidiger eine Gebühr von 30 Deutsche Mark bis 380 Deutsche Mark.

II Im Bußgeldverfahren vor dem Amtsgericht erhält der Rechtsanwalt als Verteidiger die Gebühren des § 83 Abs. 1 Nr. 3.

III Im übrigen gelten die Vorschriften des Sechsten Abschnitts sinngemäß.

A 10. Abgabenordnung (AO 1977)[4]

Vom 16. März 1976 (BGBl. I 613, 1977 I 269; III 610–1–3), letztes ÄndG vom 26. November 1979 (BGBl. I 1953)

(Auszug)

§ 30 Steuergeheimnis

I Amtsträger haben das Steuergeheimnis zu wahren.

II Ein Amtsträger verletzt das Steuergeheimnis, wenn er

1. Verhältnisses eines anderen, die ihm
   a) in einem Verwaltungsverfahren oder einem gerichtlichen Verfahren in Steuersachen,

---

[1] Überschrift geänd. durch Art. 44 Nr. 3 EGOWiG.
[2] § 104 aufgehoben durch Art. 44 Nr. 4 EGOWiG.
[3] § 105 idF des Art. 44 Nr. 5 EGOWiG und des Art. 3 Nr. 49 G v. 20. 8. 1975 (BGBl. I 2189).
[4] GVBl. Berlin 1976, 582.

b) in einem Strafverfahren wegen einer Steuerstraftat oder einem Bußgeldverfahren wegen einer Steuerordnungswidrigkeit,

c) aus anderem Anlaß durch Mitteilung einer Finanzbehörde oder durch die gesetzlich vorgeschriebene Vorlage eines Steuerbescheides oder einer Bescheinigung über die bei der Besteuerung getroffenen Feststellungen bekanntgeworden sind, oder

2. ein fremdes Betriebs- oder Geschäftsgeheimnis, das ihm in einem der in Nummer 1 genannten Verfahren bekanntgeworden ist,

unbefugt offenbart oder verwertet.

III Den Amtsträgern stehen gleich

1. die für den öffentlichen Dienst besonders Verpflichteten (§ 11 Abs. 1 Nr. 4 des Strafgesetzbuches),

2. amtlich zugezogene Sachverständige,

3. die Träger von Ämtern der Kirchen und anderen Religionsgemeinschaften, die Körperschaften des öffentlichen Rechts sind.

IV Die Offenbarung der nach Absatz 2 erlangten Kenntnisse ist zulässig, soweit

1. sie der Durchführung eines Verfahrens im Sinne des Absatzes 2 Nr. 1 Buchstaben a und b dient,

2. sie durch Gesetz ausdrücklich zugelassen ist,

3. der Betroffene zustimmt,

4. sie der Durchführung eines Strafverfahrens wegen einer Tat dient, die keine Steuerstraftat ist, und die Kenntnisse

a) in einem Verfahren wegen einer Steuerstraftat oder Steuerordnungswidrigkeit erlangt worden sind; dies gilt jedoch nicht für solche Tatsachen, die der Steuerpflichtige in Unkenntnis der Einleitung des Strafverfahrens oder des Bußgeldverfahrens offenbart hat oder die bereits vor Einleitung des Strafverfahrens oder des Bußgeldverfahrens im Besteuerungsverfahren bekanntgeworden sind, oder

b) ohne Bestehen einer steuerlichen Verpflichtung oder unter Verzicht auf ein Auskunftsverweigerungsrecht erlangt worden sind,

5. für sie ein zwingendes öffentliches Interesse besteht; ein zwingendes öffentliches Interesse ist namentlich gegeben, wenn

a) Verbrechen und vorsätzliche schwere Vergehen gegen Leib und Leben oder gegen den Staat und seine Einrichtungen verfolgt werden oder verfolgt werden sollen,

b) Wirtschaftsstraftaten verfolgt werden oder verfolgt werden sollen, die nach ihrer Begehungsweise oder wegen des Umfangs des durch sie verursachten Schadens geeignet sind, die wirtschaftliche Ordnung erheblich zu stören oder das Vertrauen der Allgemeinheit auf die Redlichkeit des geschäftlichen Verkehrs oder auf die ordnungsgemäße Arbeit der Behörden und der öffentlichen Einrichtungen erheblich zu erschüttern, oder

c) die Offenbarung erforderlich ist zur Richtigstellung in der Öffentlichkeit verbreiteter unwahrer Tatsachen, die geeignet sind, das Vertrauen in die Verwaltung erheblich zu erschüttern; die Entscheidung trifft die zuständige oberste Finanzbehörde im Einvernehmen mit dem Bundesminister der Finanzen; vor der Richtigstellung soll der Steuerpflichtige gehört werden.

V Vorsätzlich falsche Angaben des Betroffenen dürfen den Strafverfolgungsbehörden gegenüber offenbart werden.

§ 227 Erlaß

^I Die Finanzbehörden können Ansprüche aus dem Steuerschuldverhältnis ganz oder zum Teil erlassen, wenn deren Einziehung nach Lage des einzelnen Falles unbillig wäre; unter den gleichen Voraussetzungen können bereits entrichtete Beträge erstattet oder angerechnet werden.

^{II} *nicht abgedruckt.*

§ 261 Niederschlagung

Ansprüche aus dem Steuerschuldverhältnis dürfen niedergeschlagen werden, wenn feststeht, daß die Einziehung keinen Erfolg haben wird, oder wenn die Kosten der Einziehung außer Verhältnis zu dem Betrag stehen.

Achter Teil. Straf- und Bußgeldvorschriften Straf- und Bußgeldverfahren

Erster Abschnitt. Strafvorschriften

§ 369 *nicht abgedruckt.*

§ 370 Steuerhinterziehung

^I Mit Freiheitsstrafe bis zu 5 Jahren oder mit Geldstrafe wird bestraft, wer

1. den Finanzbehörden oder anderen Behörden über steuerlich erhebliche Tatsachen unrichtige oder unvollständige Angaben macht,
2. die Finanzbehörden pflichtwidrig über steuerlich erhebliche Tatsachen in Unkenntnis läßt oder
3. pflichtwidrig die Verwendung von Steuerzeichen oder Steuerstemplern unterläßt

und dadurch Steuern verkürzt oder für sich oder einen anderen nicht gerechtfertigte Steuervorteile erlangt.

^{II, III} *nicht abgedruckt.*

^{IV} Steuern sind namentlich dann verkürzt, wenn sie nicht, nicht in voller Höhe oder nicht rechtzeitig festgesetzt werden; dies gilt auch dann, wenn die Steuer vorläufig oder unter Vorbehalt der Nachprüfung festgesetzt wird oder eine Steueranmeldung einer Steuerfestsetzung unter Vorbehalt der Nachprüfung gleichsteht. Steuervorteile sind auch Steuervergütungen; nicht gerechtfertigte Steuervorteile sind erlangt, soweit sie zu Unrecht gewährt oder belassen werden. Die Voraussetzungen der Sätze 1 und 2 sind auch dann erfüllt, wenn die Steuer, auf die sich die Tat bezieht, aus anderen Gründen hätte ermäßigt oder der Steuervorteil aus anderen Gründen hätte beansprucht werden können.

^V Die Tat kann auch hinsichtlich solcher Waren begangen werden, deren Einfuhr, Ausfuhr oder Durchfuhr verboten ist.

^{VI} Die Absätze 1 bis 5 gelten auch dann, wenn sich die Tat auf Eingangsabgaben bezieht, die von einem anderen Mitgliedstaat der Europäischen Gemeinschaften verwaltet werden oder die einem Mitgliedstaat der Europäischen Freihandelsassoziation oder einem mit dieser assoziierten Staat zuste-

hen. Sie gelten unabhängig von dem Recht des Tatortes auch für Taten, die außerhalb des Geltungsbereiches dieses Gesetzes begangen werden.

§ 371 Selbstanzeige bei Steuerhinterziehung

I, II *nicht abgedruckt.*

III Sind Steuerverkürzungen bereits eingetreten oder Steuervorteile erlangt, so tritt für einen an der Tat Beteiligten Straffreiheit nur ein, soweit er die zu seinen Gunsten hinterzogenen Steuern innerhalb der ihm bestimmten angemessenen Frist entrichtet.

IV Wird die in § 153 vorgesehene Anzeige rechtzeitig und ordnungsmäßig erstattet, so wird ein Dritter, der die in § 153 bezeichneten Erklärungen abzugeben unterlassen oder unrichtig oder unvollständig abgegeben hat, strafrechtlich nicht verfolgt, es sei denn, daß ihm oder seinem Vertreter vorher die Einleitung eines Straf- oder Bußgeldverfahrens wegen der Tat bekanntgegeben worden ist. Hat der Dritte zum eigenen Vorteil gehandelt, so gilt Absatz 3 entsprechend.

§§ 372–376 *nicht abgedruckt.*

Zweiter Abschnitt. Bußgeldvorschriften

§ 377 Steuerordnungswidrigkeiten

I Steuerordnungswidrigkeiten (Zollordnungswidrigkeiten) sind Zuwiderhandlungen, die nach den Steuergesetzen mit Geldbuße geahndet werden können.

II Für die Steuerordnungswidrigkeiten gelten die Vorschriften des Ersten Teils des Gesetzes über Ordnungswidrigkeiten, soweit die Bußgeldvorschriften der Steuergesetze nichts anderes bestimmen.

§ 378 Leichtfertige Steuerverkürzung

I Ordnungswidrig handelt, wer als Steuerpflichtiger oder bei Wahrnehmung der Angelegenheiten eines Steuerpflichtigen eine der in § 370 Abs. 1 bezeichneten Taten leichtfertig begeht. § 370 Abs. 4 bis 6 gilt entsprechend.

II Die Ordnungswidrigkeit kann mit einer Geldbuße bis zu hunderttausend Deutsche Mark geahndet werden.

III Eine Geldbuße wird nicht festgesetzt, soweit der Täter unrichtige oder unvollständige Angaben bei der Finanzbehörde berichtigt oder ergänzt oder unterlassene Angaben nachholt, bevor ihm oder seinem Vertreter die Einleitung eines Straf- oder Bußgeldverfahrens wegen der Tat bekanntgegeben worden ist. § 371 Abs. 3 und 4 gilt entsprechend.

§ 379 Steuergefährdung

I Ordnungswidrig handelt, wer vorsätzlich oder leichtfertig

1. Belege ausstellt, die in tatsächlicher Hinsicht unrichtig sind, oder
2. nach Gesetz buchungs- oder aufzeichnungspflichtige Geschäftsvorfälle oder Betriebsvorgänge nicht oder in tatsächlicher Hinsicht unrichtig verbucht oder verbuchen läßt

und dadurch ermöglicht, Steuern zu verkürzen oder nicht gerechtfertigte Steuervorteile zu erlangen. Satz 1 Nr. 1 gilt auch dann, wenn Eingangsabgaben verkürzt werden können, die von einem anderen Mitgliedstaat der Europäischen Gemeinschaften verwaltet werden oder die einem Staat zustehen, der für Waren aus den Europäischen Gemeinschaften auf Grund eines Assoziations- oder Präferenzabkommens eine Vorzugsbehandlung gewährt; § 370 Abs. 6 Satz 2 ist anzuwenden.

II Ordnungswidrig handelt, wer vorsätzlich oder leichtfertig

1. der Mitteilungspflicht nach § 138 Abs. 2 nicht, nicht vollständig oder nicht rechtzeitig nachkommt,
2. die Pflicht zur Kontenwahrheit nach § 154 Abs. 1 verletzt.

III Ordnungswidrig handelt, wer vorsätzlich oder fahrlässig einer Auflage nach § 120 Abs. 2 Nr. 4 zuwiderhandelt, die einem Verwaltungsakt für Zwecke der besonderen Steueraufsicht (§§ 209 bis 217) beigefügt worden ist.

IV Die Ordnungswidrigkeit kann mit einer Geldbuße bis zu zehntausend Deutsche Mark geahndet werden, wenn die Handlung nicht nach § 378 geahndet werden kann.

§ 380 Gefährdung der Abzugsteuern

I Ordnungswidrig handelt, wer vorsätzlich oder leichtfertig seiner Verpflichtung, Steuerabzugsbeträge einzubehalten und abzuführen, nicht, nicht vollständig oder nicht rechtzeitig nachkommt.

II Die Ordnungswidrigkeit kann mit einer Geldbuße bis zu zehntausend Deutsche Mark geahndet werden, wenn die Handlung nicht nach § 378 geahndet werden kann.

§ 381 Verbrauchsteuergefährdung

I Ordnungswidrig handelt, wer vorsätzlich oder leichtfertig Vorschriften der Verbrauchsteuergesetze oder der dazu erlassenen Rechtsverordnungen

1. über die zur Vorbereitung, Sicherung oder Nachprüfung der Besteuerung auferlegter Pflichten,
2. über Verpackung und Kennzeichnung verbrauchsteuerpflichtiger Erzeugnisse oder Waren, die solche Erzeugnisse enthalten, oder über Verkehrs- oder Verwendungsbeschränkungen für solche Erzeugnisse oder Waren oder
3. über den Verbrauch unversteuerter Waren in den Freihäfen

zuwiderhandelt, soweit die Verbrauchsteuergesetze oder die dazu erlassenen Rechtsverordnungen für einen bestimmten Tatbestand auf diese Bußgeldvorschrift verweisen.[1]

II Die Ordnungswidrigkeit kann mit einer Geldbuße bis zu zehntausend Deutsche Mark geahndet werden, wenn die Handlung nicht nach § 378 geahndet werden kann.

§ 382 Gefährdung der Eingangsabgaben

I Ordnungswidrig handelt, wer als Pflichtiger oder bei der Wahrnehmung der Angelegenheiten eines Pflichtigen vorsätzlich oder fahrlässig Vorschriften der Zollgesetze, der dazu erlassenen Rechtsverordnungen oder der Verordnungen des Rates oder der Kommission der Europäischen Gemeinschaften zuwiderhandelt, die

---

[1] § 381 I: Nach Art. 97 § 20 EGAO v. 14. 12. 1976 (BGBl. I 3341) ist die Verweisung nicht erforderlich, soweit die Vorschriften vor dem 1. 10. 1968 erlassen sind.

1. für die Erfassung des Warenverkehrs über die Grenze oder für die in den §§ 9, 40a und 41 des Zollgesetzes genannten Arten der Zollbehandlung,
2. für die Zollfreigebiete, für den Zollgrenzbezirk oder für die der Grenzaufsicht unterworfene Gebiete

gelten, soweit die Zollgesetze, die dazu oder die auf Grund von Absatz 4 erlassenen Rechtsverordnungen für einen bestimmten Tatbestand auf diese Bußgeldvorschrift verweisen.[1]

II Absatz 1 ist auch anzuwenden, soweit die Zollgesetze und die dazu erlassenen Rechtsverordnungen für Verbrauchsteuern sinngemäß gelten.

III Die Ordnungswidrigkeit kann mit einer Geldbuße bis zu zehntausend Deutsche Mark geahndet werden, wenn die Handlung nicht nach § 378 geahndet werden kann.

IV Der Bundesminister der Finanzen kann durch Rechtsverordnungen die Tatbestände der Verordnungen des Rates oder der Kommission der Europäischen Gemeinschaften, die nach den Absätzen 1 bis 3 als Ordnungswidrigkeiten mit Geldbuße geahndet werden können, bezeichnen, soweit dies zur Durchführung dieser Rechtsvorschriften erforderlich ist und die Tatbestände Pflichten zur Gestellung oder Vorführung von Waren, zur Abgabe von Erklärungen oder Anzeigen, zur Aufnahme von Niederschriften sowie zur Ausfüllung oder Vorlage von Zolldokumenten oder zur Aufnahme von Vermerken in solchen Dokumenten betreffen.

§ 383 Unzulässiger Erwerb von Steuererstattungs- und Vergütungsansprüchen

I Ordnungswidrig handelt, wer entgegen § 46 Abs. 4 Satz 1 Erstattungs- oder Vergütungsansprüche erwirbt.

II Die Ordnungswidrigkeit kann mit einer Geldbuße bis zu hunderttausend Deutsche Mark geahndet werden.

§ 384 Verfolgungsverjährung

Die Verfolgung von Steuerordnungswidrigkeiten nach den §§ 378 bis 380 verjährt in fünf Jahren.

Dritter Abschnitt. Strafverfahren

1. Unterabschnitt. Allgemeine Vorschriften

§§ 385, 386 *nicht abgedruckt.*

§ 387 Sachlich zuständige Finanzbehörde

I Sachlich zuständig ist die Finanzbehörde, welche die betroffene Steuer verwaltet.

II Die Zuständigkeit nach Absatz 1 kann durch Rechtsverordnung einer Finanzbehörde für den Bereich mehrerer Finanzbehörden übertragen werden, soweit dies mit Rücksicht auf die Wirtschafts- oder Verkehrsverhältnisse, den Aufbau der Verwaltungsbehörden oder andere örtliche Bedürfnisse zweckmäßig erscheint. Die Rechtsverordnung erläßt, soweit die Finanzbehörde eine

---

[1] § 382 I: Nach Art. 97 § 20 EGAO v. 14. 12. 1976 (BGBl. I 3341) ist die Verweisung nicht erforderlich, soweit die Vorschriften vor dem 1. 10. 1968 erlassen sind.

Landesbehörde ist, die Landesregierung, im übrigen der Bundesminister der Finanzen. Die Rechtsverordnung des Bundesministers der Finanzen bedarf nicht der Zustimmung des Bundesrates. Die Landesregierung kann die Ermächtigung auf die für die Finanzverwaltung zuständige oberste Landesbehörde übertragen.

§ 388 Örtlich zuständige Finanzbehörde

I Örtlich zuständig ist die Finanzbehörde,

1. in deren Bezirk die Steuerstraftat begangen oder entdeckt worden ist,
2. die zur Zeit der Einleitung des Strafverfahrens für die Abgabenangelegenheiten zuständig ist oder
3. in deren Bezirk der Beschuldigte zur Zeit der Einleitung des Strafverfahrens seinen Wohnsitz hat.

II Ändert sich der Wohnsitz des Beschuldigten nach Einleitung des Strafverfahrens, so ist auch die Finanzbehörde örtlich zuständig, in deren Bezirk der neue Wohnsitz liegt. Entsprechendes gilt, wenn sich die Zuständigkeit der Finanzbehörde für die Abgabenangelegenheit ändert.

III Hat der Beschuldigte im räumlichen Geltungsbereich dieses Gesetzes keinen Wohnsitz, so wird die Zuständigkeit auch durch den gewöhnlichen Aufenthaltsort bestimmt.

§ 389 Zusammenhängende Strafsachen

Für zusammenhängende Strafsachen, die einzeln nach § 388 zur Zuständigkeit verschiedener Finanzbehörden gehören würden, ist jede dieser Finanzbehörden zuständig. § 3 der Strafprozeßordnung gilt entsprechend.

§ 390 Mehrfache Zuständigkeit

I Sind nach den §§ 387 bis 389 mehrere Finanzbehörden zuständig, so gebührt der Vorzug der Finanzbehörde, die wegen der Tat zuerst ein Strafverfahren eingeleitet hat.

II Auf Ersuchen dieser Finanzbehörde hat eine andere zuständige Finanzbehörde die Strafsache zu übernehmen, wenn dies für die Ermittlungen sachdienlich erscheint. In Zweifelsfällen entscheidet die Behörde, der die ersuchte Finanzbehörde untersteht.

§ 391 Zuständiges Gericht

I Ist das Amtsgericht sachlich zuständig, so ist örtlich zuständig das Amtsgericht, in dessen Bezirk das Landgericht seinen Sitz hat. Im vorbereitenden Verfahren gilt dies, unbeschadet einer weitergehenden Regelung nach § 58 Abs. 1 des Gerichtsverfassungsgesetzes, nur für die Zustimmung des Gerichts nach § 153 Abs. 1 und § 153a Abs. 1 der Strafprozeßordnung.

II Die Landesregierung kann durch Rechtsverordnung die Zuständigkeit abweichend von Absatz 1 Satz 1 regeln, soweit dies mit Rücksicht auf die Wirtschafts- oder Verkehrsverhältnisse, den Aufbau der Verwaltungsbehörden oder andere örtliche Bedürfnisse zweckmäßig erscheint. Die Landesregierung kann diese Ermächtigung auf die Landesjustizverwaltung übertragen.

III[1] Strafsachen wegen Steuerstraftaten sollen beim Amtsgericht einer bestimmten Abteilung zugewiesen werden.

---

[1] § 391: III Geänd. durch Art. 5 Nr. 1 G v. 5. 10. 1978 (BGBl. I 1645).

IV Die Absätze 1 bis 3 gelten auch, wenn das Verfahren nicht nur Steuerstraftaten zum Gegenstand hat; sie gelten jedoch nicht für Steuerstraftaten, welche die Kraftfahrzeugsteuer betreffen.

§ 392 Verteidigung

I Abweichend von § 138 Abs. 1 der Strafprozeßordnung können auch Steuerberater, Steuerbevollmächtigte, Wirtschaftsprüfer und vereidigte Buchprüfer zu Verteidigern gewählt werden, soweit die Finanzbehörde das Strafverfahren selbständig durchführt; im übrigen können sie die Verteidigung nur in Gemeinschaft mit einem Rechtsanwalt oder einem Rechtslehrer an einer deutschen Hochschule führen.

II § 138 Abs. 2 der Strafprozeßordnung bleibt unberührt.

§ 393 Verhältnis des Strafverfahrens zum Besteuerungsverfahren

I Die Rechte und Pflichten der Steuerpflichtigen und der Finanzbehörde im Besteuerungsverfahren und im Strafverfahren richten sich nach den für das jeweilige Verfahren geltenden Vorschriften. Im Besteuerungsverfahren sind jedoch Zwangsmittel (§ 328) gegen den Steuerpflichtigen unzulässig, wenn er dadurch gezwungen würde, sich selbst wegen einer von ihm begangenen Steuerstraftat oder Steuerordnungswidrigkeit zu belasten. Dies gilt stets, soweit gegen ihn wegen einer solchen Tat das Strafverfahren eingeleitet worden ist. Der Steuerpflichtige ist hierüber zu belehren, soweit dazu Anlaß besteht.

II Soweit der Staatsanwaltschaft oder dem Gericht in einem Strafverfahren aus den Steuerakten Tatsachen oder Beweismittel bekannt werden, die der Steuerpflichtige der Finanzbehörde vor Einleitung des Strafverfahrens oder in Unkenntnis der Einleitung des Strafverfahrens in Erfüllung steuerrechtlicher Pflichten offenbart hat, dürfen diese Kenntnisse gegen ihn nicht für die Verfolgung einer Tat verwendet werden, die keine Steuerstraftat ist. Dies gilt nicht für Straftaten, an deren Verfolgung ein zwingendes öffentliches Interesse (§ 30 Abs. 4 Nr. 5) besteht.

§§ 394, 395 *nicht abgedruckt.*

§ 396 Aussetzung des Verfahrens

I Hängt die Beurteilung der Tat als Steuerhinterziehung davon ab, ob ein Steueranspruch besteht, ob Steuern verkürzt oder ob nicht gerechtfertigte Steuervorteile erlangt sind, so kann das Strafverfahren ausgesetzt werden, bis das Besteuerungsverfahren rechtskräftig abgeschlossen ist.

II Über die Aussetzung entscheidet im Ermittlungsverfahren die Staatsanwaltschaft, im Verfahren nach Erhebung der öffentlichen Klage das Gericht, das mit der Sache befaßt ist.

III Während der Aussetzung des Verfahrens ruht die Verjährung.

2. Unterabschnitt. Ermittlungsverfahren

I. Allgemeines

§ 397 Einleitung des Strafverfahrens

I Das Strafverfahren ist eingeleitet, sobald die Finanzbehörde, die Polizei, die Staatsanwaltschaft, einer ihrer Hilfsbeamten oder der Strafrichter eine

Maßnahme trifft, die erkennbar darauf abzielt, gegen jemanden wegen einer Steuerstraftat strafrechtlich vorzugehen.

II Die Maßnahme ist unter Angabe des Zeitpunktes unverzüglich in den Akten zu vermerken.

III Die Einleitung des Strafverfahrens ist dem Beschuldigten spätestens mitzuteilen, wenn er dazu aufgefordert wird, Tatsachen darzulegen oder Unterlagen vorzulegen, die im Zusammenhang mit der Straftat stehen, der er verdächtig ist.

§ 398 *nicht abgedruckt.*

II. Verfahren der Finanzbehörde bei Steuerstraftaten

§ 399 Rechte und Pflichten der Finanzbehörde

I *nicht abgedruckt.*

II Ist einer Finanzbehörde nach § 387 Abs. 2 die Zuständigkeit für den Bereich mehrerer Finanzbehörden übertragen, so bleiben das Recht und die Pflicht dieser Finanzbehörden unberührt, bei dem Verdacht einer Steuerstraftat den Sachverhalt zu erforschen und alle unaufschiebbaren Anordnungen zu treffen, um die Verdunkelung der Sache zu verhüten. Sie können Beschlagnahmen, Notveräußerungen, Durchsuchungen, Untersuchungen und sonstige Maßnahmen nach den für Hilfsbeamte der Staatsanwaltschaft geltenden Vorschriften der Strafprozeßordnung anordnen.

§ 400 Antrag auf Erlaß eines Strafbefehls[1]

Bieten die Ermittlungen genügenden Anlaß zur Erhebung der öffentlichen Klage, so beantragt die Finanzbehörde beim Richter den Erlaß eines Strafbefehls, wenn die Strafsache zur Behandlung im Strafbefehlsverfahren geeignet erscheint; ist dies nicht der Fall, so legt die Finanzbehörde die Akten der Staatsanwaltschaft vor.

§ 401 *nicht abgedruckt.*

III. Stellung der Finanzbehörde im Verfahren der Staatsanwaltschaft

§ 402 Allgemeine Rechte und Pflichten der Finanzbehörde

I Führt die Staatsanwaltschaft das Ermittlungsverfahren durch, so hat die sonst zuständige Finanzbehörde dieselben Rechte und Pflichten wie die Behörden des Polizeidienstes nach der Strafprozeßordnung sowie die Befugnisse nach § 399 Abs. 2 Satz 2.

II Ist einer Finanzbehörde nach § 387 Abs. 2 die Zuständigkeit für den Bereich mehrerer Finanzbehörden übertragen, so gilt Absatz 1 für jede dieser Finanzbehörden.

§ 403 Beteiligung der Finanzbehörde

I Führt die Staatsanwaltschaft oder die Polizei Ermittlungen durch, die Steuerstraftaten betreffen, so ist die sonst zuständige Finanzbehörde befugt, daran teilzunehmen. Ort und Zeit der Ermittlungshandlungen sollen ihr

---

[1] § 400 geänd. durch Art. 5 Nr. 2 G v. 5. 10. 1978 (BGBl. I 1645).

rechtzeitig mitgeteilt werden. Dem Vertreter der Finanzbehörde ist zu gestatten, Fragen an Beschuldigte, Zeugen und Sachverständige zu stellen.

II *nicht abgedruckt.*

III Der sonst zuständigen Finanzbehörde sind die Anklageschrift und der Antrag auf Erlaß eines Strafbefehls mitzuteilen.

IV Erwägt die Staatsanwaltschaft, das Verfahren einzustellen, so hat sie die sonst zuständige Finanzbehörde zu hören.

IV. Steuer- und Zollfahndung

§ 404 Steuer- und Zollfahndung

Die Zollfahndungsämter und die mit der Steuerfahndung betrauten Dienststellen der Landesfinanzbehörden sowie ihre Beamten haben im Strafverfahren wegen Steuerstraftaten dieselben Rechte und Pflichten wie die Behörden und Beamten des Polizeidienstes nach den Vorschriften der Strafprozeßordnung. Die in Satz 1 bezeichneten Stellen haben die Befugnisse nach § 399 Abs. 2 Satz 2 sowie die Befugnis zur Durchsicht der Papiere des von der Durchsuchung Betroffenen (§ 110 Abs. 1 der Strafprozeßordnung); ihre Beamten sind Hilfsbeamte der Staatsanwaltschaft.

V. Entschädigung der Zeugen und der Sachverständigen

§ 405 Entschädigung der Zeugen und der Sachverständigen

Werden Zeugen und Sachverständige von der Finanzbehörde zu Beweiszwecken herangezogen, so werden sie nach dem Gesetz über die Entschädigung von Zeugen und Sachverständigen entschädigt. Dies gilt auch in den Fällen des § 404.

3. Unterabschnitt. Gerichtliches Verfahren

§ 406 *nicht abgedruckt.*

§ 407 Beteiligung der Finanzbehörde in sonstigen Fällen

I Das Gericht gibt der Finanzbehörde Gelegenheit, die Gesichtspunkte vorzubringen, die von ihrem Standpunkt für die Entscheidung von Bedeutung sind. Dies gilt auch, wenn das Gericht erwägt, das Verfahren einzustellen. Der Termin zur Hauptverhandlung und der Termin zur Vernehmung durch einen beauftragten oder ersuchten Richter (§§ 223, 233 der Strafprozeßordnung) werden der Finanzbehörde mitgeteilt. Ihr Vertreter erhält in der Hauptverhandlung auf Verlangen das Wort. Ihm ist zu gestatten, Fragen an Angeklagte, Zeugen und Sachverständige zu richten.

II Das Urteil und andere das Verfahren abschließende Entscheidungen sind der Finanzbehörde mitzuteilen.

4. Unterabschnitt. Kosten des Verfahrens

§ 408 Kosten des Verfahrens

Notwendige Auslagen eines Beteiligten im Sinne des § 464a Abs. 2 Nr. 2 der Strafprozeßordnung sind im Strafverfahren wegen einer Steuerstraftat auch die gesetzlichen Gebühren und Auslagen eines Steuerberaters, Steuerbevollmächtigten, Wirtschaftsprüfers oder vereidigten Buchprüfers. Sind Gebühren und Auslagen gesetzlich nicht geregelt, so können sie bis zur Höhe der gesetzlichen Gebühren und Auslagen eines Rechtsanwalts erstattet werden.

Vierter Abschnitt. Bußgeldverfahren

§ 409 Zuständige Verwaltungsbehörde

Bei Steuerordnungswidrigkeiten ist zuständige Verwaltungsbehörde im Sinne des § 36 Abs. 1 Nr. 1 des Gesetzes über Ordnungswidrigkeiten die nach § 387 Abs. 1 sachlich zuständige Finanzbehörde. § 387 Abs. 2 gilt entsprechend.[1]

§ 410 Ergänzende Vorschriften für das Bußgeldverfahren

[1] Für das Bußgeldverfahren gelten außer den verfahrensrechtlichen Vorschriften des Gesetzes über Ordnungswidrigkeiten entsprechend:

1. die §§ 388 bis 390 über die Zuständigkeit der Finanzbehörde,
2. § 391 über die Zuständigkeit des Gerichts,
3. § 392 über die Verteidigung,
4. § 393 über das Verhältnis des Strafverfahrens zum Besteuerungsverfahren,
5. § 396 über die Aussetzung des Verfahrens,
6. § 397 über die Einleitung des Strafverfahrens,
7. § 399 Abs. 2 über die Rechte und Pflichten der Finanzbehörde,
8. die §§ 402, 403 Abs. 1, 3 und 4 über die Stellung der Finanzbehörde im Verfahren der Staatsanwaltschaft,
9. § 404 Satz 1 und Satz 2 erster Halbsatz über die Steuer- und Zollfahndung,
10. § 405 über die Entschädigung der Zeugen und der Sachverständigen,
11. § 407 über die Beteiligung der Finanzbehörde und
12. § 408 über die Kosten des Verfahrens.

[II] Verfolgt die Finanzbehörde eine Steuerstraftat, die mit einer Steuerordnungswidrigkeit zusammenhängt (§ 42 Abs. 1 Satz 2 des Gesetzes über Ordnungswidrigkeiten), so kann sie in den Fällen des § 400 beantragen, den Strafbefehl auf die Steuerordnungswidrigkeit zu erstrecken.

§ 411 Bußgeldverfahren gegen Rechtsanwälte, Steuerberater, Steuerbevollmächtigte, Wirtschaftsprüfer oder vereidigte Buchprüfer

Bevor gegen einen Rechtsanwalt, Steuerberater, Steuerbevollmächtigten, Wirtschaftsprüfer oder vereidigten Buchprüfer wegen einer Steuerordnungswidrigkeit, die er in Ausübung seines Berufs bei der Beratung in Steuersachen begangen hat, ein Bußgeldbescheid erlassen wird, gibt die Finanzbehörde der zuständigen Berufskammer Gelegenheit, die Gesichtspunkte vorzubringen, die von ihrem Standpunkt für die Entscheidung von Bedeutung sind.

§ 412 Zustellung, Vollstreckung, Kosten

[1] Für das Zustellungsverfahren gelten abweichend von § 51 Abs. 1 Satz 1 des Gesetzes über Ordnungswidrigkeiten die Vorschriften des Verwaltungszustellungsgesetzes auch dann, wenn eine Landesfinanzbehörde den Bescheid erlassen hat. § 51 Abs. 1 Satz 2 und Absatz 2 bis 5 des Gesetzes über Ordnungswidrigkeiten bleibt unberührt.

---

[1] § 409 S. 2: Vgl. die VO über die Übertragung von Zuständigkeiten auf Hauptzollämter für den Bereich mehrerer Hauptzollämter v. 3. 9. 1979 (BGBl. I 1573; III 600–1–3–5).

II Für die Vollstreckung von Bescheiden der Finanzbehörden in Bußgeldverfahren gelten abweichend von § 90 Abs. 1 und 4, § 108 Abs. 2 des Gesetzes über Ordnungswidrigkeiten die Vorschriften des Sechsten Teils dieses Gesetzes. Die übrigen Vorschriften des Neunten Abschnitts des Zweiten Teils des Gesetzes über Ordnungswidrigkeiten bleiben unberührt.

III Für die Kosten des Bußgeldverfahrens gilt § 107 Abs. 4 des Gesetzes über Ordnungswidrigkeiten auch dann, wenn eine Landesfinanzbehörde den Bußgeldbescheid erlassen hat; an Stelle des § 19 des Verwaltungskostengesetzes gelten § 227 Abs. 1 und § 261 dieses Gesetzes.

A 11. Straßenverkehrsgesetz[1]

Vom 19. Dezember 1952 (BGBl. I 837; III 9231–1), letztes ÄndG
vom 3. August 1978 (BGBl. I 1177)

(Auszug)

III. Straf- und Bußgeldvorschriften

§§ 21–22a *nicht abgedruckt.*

§ 23 [Gewerbsmäßiges Feilbieten nicht vorschriftsmäßig gekennzeichneter Fahrzeugteile][2]

I Ordnungswidrig handelt, wer vorsätzlich oder fahrlässig Fahrzeugteile, die in einer vom Kraftfahrt-Bundesamt genehmigten Bauart ausgeführt sein müssen, gewerbsmäßig feilbietet, obwohl sie nicht mit einem amtlich vorgeschriebenen und zugeteilten Prüfzeichen gekennzeichnet sind.

II Die Ordnungswidrigkeit kann mit einer Geldbuße bis zu zehntausend Deutsche Mark geahndet werden.

III Fahrzeugteile, auf die sich die Ordnungswidrigkeit bezieht, können eingezogen werden.

§ 24 [Verkehrsordnungswidrigkeiten][3]

I Ordnungswidrig handelt, wer vorsätzlich oder fahrlässig einer Vorschrift einer auf Grund des § 6 Abs. 1 erlassenen Rechtsverordnung[4] oder einer auf Grund einer solchen Rechtsverordnung ergangenen Anordnung zuwiderhan-

---

[1] §§ 24, 25 I und § 26 I S. 1 StVG sind mit dem GG vereinbar (BVerfG v. 16. 7. 1969, BGBl. I 1444).

[2] § 23 idF d. Art. 3 EGOWiG.

[3] § 24 idF d. Art. 3 EGOWiG, I S. 1 geänd. durch G v. 19. 3. 1969 (BGBl. I 217) und 14. 7. 1976 (BGBl. I 1801).

[4] Vgl. Straßenverkehrsordnung (StVO) v. 16. 11. 1970 (BGBl. I 1565, 1971 I 38; III 9233–1), letzte ÄndVO v. 24. 5. 1978 (BGBl. I 635), Straßenverkehrs-Zulassungs-Ordnung (StVZO) idF v. 15. 11. 1974 (BGBl. I 3193, 1975 I 848; III 9232–1), letzte ÄndVO v. 6. 11. 1979 (BGBl. I 1794); VO über den internationalen Kraftfahrzeugverkehr v. 12. 11. 1934 (RGBl. I 1137; BGBl. III 9232–4), ÄndVO v. 18. 4. 1940 (RGBl. I 662); VO über die Überwachung von gewerbsmäßig an Selbstfahrer zu vermietenden Kraftfahrzeugen und Anhängern v. 4. 4. 1955 (BGBl. I 186; III 9231–4), letzte ÄndVO v. 21. 7. 1969 (BGBl. I 875); DVO zum FahrlehrerG v. 16. 9. 1969 (BGBl. I 1763; III 9231–7–1), ÄndVO v. 18. 4. 1978 (BGBl. I 513).

delt, soweit die Rechtsverordnung für einen bestimmten Tatbestand auf diese Bußgeldvorschrift verweist. Die Verweisung ist nicht erforderlich, soweit die Vorschrift der Rechtsverordnung vor dem 1. Januar 1969 erlassen worden ist.

II Die Ordnungswidrigkeit kann mit einer Geldbuße geahndet werden.

§ 24a [Fahren unter Alkoholeinwirkung][1]

I Ordnungswidrig handelt, wer im Straßenverkehr ein Kraftfahrzeug führt, obwohl er 0,8 Promille oder mehr Alkohol im Blut oder eine Alkoholmenge im Körper hat, die zu einer solchen Blutalkoholkonzentration führt.

II Ordnungswidrig handelt auch, wer die Tat fahrlässig begeht.

III Die Ordnungswidrigkeit kann mit einer Geldbuße bis zu dreitausend Deutsche Mark geahndet werden.

§ 24b *nicht abgedruckt.*

§ 25 [Fahrverbot][2]

I Wird gegen den Betroffenen wegen einer Ordnungswidrigkeit nach § 24, die er unter grober oder beharrlicher Verletzung der Pflichten eines Kraftfahrzeugsführers begangen hat, eine Geldbuße festgesetzt, so kann ihm die Verwaltungsbehörde oder das Gericht in der Bußgeldentscheidung für die Dauer von einem Monat bis zu drei Monaten verbieten, im Straßenverkehr Kraftfahrzeuge jeder oder einer bestimmten Art zu führen. Wird gegen den Betroffenen wegen einer Ordnungswidrigkeit nach § 24a eine Geldbuße festgesetzt, so ist in der Regel auch ein Fahrverbot anzuordnen.

II Das Fahrverbot wird mit der Rechtskraft der Bußgeldentscheidung wirksam. Für seine Dauer wird ein von einer deutschen Behörde erteilter Führerschein amtlich verwahrt. Wird er nicht freiwillig herausgegeben, so ist er zu beschlagnahmen.

III In ausländischen Fahrausweisen wird das Fahrverbot vermerkt. Zu diesem Zweck kann der Fahrausweis beschlagnahmt werden.

IV Wird der Führerschein oder Fahrausweis in den Fällen des Absatzes 2 Satz 3 oder des Absatzes 3 Satz 2 bei dem Betroffenen nicht vorgefunden, so hat er auf Antrag der Vollstreckungsbehörde (§ 92 des Gesetzes über Ordnungswidrigkeiten) bei dem Amtsgericht eine eidesstattliche Versicherung über den Verbleib des Führerscheins oder Fahrausweises abzugeben. § 883 Abs. 2 bis 4, die §§ 899, 900 Abs. 1, 3, 5, die §§ 901, 902, 904 bis 910 und 913 der Zivilprozeßordnung gelten entsprechend.

V Ist ein Führerschein amtlich zu verwahren oder das Fahrverbot in einem ausländischen Fahrausweis zu vermerken, so wird die Verbotsfrist erst von dem Tage an gerechnet, an dem dies geschieht. In die Verbotsfrist wird die Zeit nicht eingerechnet, in welcher der Täter auf behördliche Anordnung in einer Anstalt verwahrt wird.

VI Die Dauer einer vorläufigen Entziehung der Fahrerlaubnis (§ 111a der Strafprozeßordnung) wird auf das Fahrverbot angerechnet. Es kann jedoch angeordnet werden, daß die Anrechnung ganz oder zum Teil unterbleibt,

---

[1] § 24a eingef. durch G v. 20. 7. 1973 (BGBl. I 870).
[2] § 25 idF d. Art. 3 EGOWiG; I S. 2 eingef. durch G v. 20. 7. 1973 (BGBl. I 870); IV eingef. durch Art. 264 Nr. 4 EGStGB; VI geänd. durch Art. 82 Nr. 1 d. 1. StRG; VIII geänd. durch Art. 264 Nr. 4 EGStGB.

wenn sie im Hinblick auf das Verhalten des Betroffenen nach Begehung der Ordnungswidrigkeit nicht gerechtfertigt ist. Der vorläufigen Entziehung der Fahrerlaubnis steht die Verwahrung, Sicherstellung oder Beschlagnahme des Führerscheins (§ 94 der Strafprozeßordnung) gleich.

VII Wird das Fahrverbot nach Absatz 1 im Strafverfahren angeordnet (§ 82 des Gesetzes über Ordnungswidrigkeiten), so kann die Rückgabe eines in Verwahrung genommenen, sichergestellten oder beschlagnahmten Führerscheins aufgeschoben werden, wenn der Betroffene nicht widerspricht. In diesem Falle ist die Zeit nach dem Urteil unverkürzt auf das Fahrverbot anzurechnen.

VIII Über den Beginn der Verbotsfrist nach Absatz 5 Satz 1 ist der Betroffene bei der Zustellung der Bußgeldentscheidung oder im Anschluß an deren Verkündung zu belehren.

§ 26 [Zuständige Verwaltungsbehörde; Verjährung][1]

I Bei Ordnungswidrigkeiten nach § 24, die im Straßenverkehr begangen werden, und bei Ordnungswidrigkeiten nach § 24a ist Verwaltungsbehörde im Sinne des § 36 Abs. 1 Nr. 1 des Gesetzes über Ordnungswidrigkeiten die Behörde oder Dienststelle der Polizei, die von der Landesregierung durch Rechtsverordnung[2] näher bestimmt wird. Die Landesregierung kann die Ermächtigung auf die zuständige oberste Landesbehörde übertragen.

II Bei Ordnungswidrigkeiten nach § 23 ist Verwaltungsbehörde im Sinne des § 36 Abs. 1 Nr. 1 des Gesetzes über Ordnungswidrigkeiten das Kraftfahrt-Bundesamt.

III Die Verfolgung von Ordnungswidrigkeiten nach § 24 verjährt in drei Monaten.

§ 27 [Verwarnungsverfahren; allgemeine Verwaltungsvorschriften][3]

I Bei einer Ordnungswidrigkeit nach § 24 kann ein Verwarnungsgeld (§ 56 Abs. 1 Satz 1 des Gesetzes über Ordnungswidrigkeiten) bis zu vierzig Deutsche Mark erhoben werden.

II Der Bundesminister für Verkehr erläßt mit Zustimmung des Bundesrates allgemeine Verwaltungsvorschriften über die Erteilung einer Verwarnung[4] (§§ 56, 58 Abs. 2 des Gesetzes über Ordnungswidrigkeiten) wegen einer Ordnungswidrigkeit nach § 24. Soweit bei bestimmten Ordnungswidrigkeiten im Hinblick auf ihre Häufigkeit und Gleichartigkeit eine möglichst gleichmäßige Behandlung angezeigt ist, sollen die Verwaltungsvorschriften näher bestimmen, in welchen Fällen und unter welchen Voraussetzungen die Verwarnung erteilt und in welcher Höhe das Verwarnungsgeld erhoben werden soll.

III In den allgemeinen Verwaltungsvorschriften kann auch bestimmt werden, in welchen Fällen eine Verwarnung nicht erteilt werden soll. Dabei darf die Erteilung einer Verwarnung nur bei solchen Ordnungswidrigkeiten ausgeschlossen werden, die ihrer Natur nach andere Verkehrsteilnehmer erheblich

---

[1] § 26 idF d. Art. 3 EGOWiG; I S. 1 geänd. durch G v. 20. 7. 1973 (BGBl. I 870); III aF, eingef. durch Art. 82 d. 1. StrRG, gestrichen durch Art. 264 Nr. 5 EGStGB.
[2] Vgl. Anh **B**.
[3] § 27 I eingef. durch Art. 264 Nr. 6 EGStGB; II, III idF d. Art. 3 EGOWiG.
[4] Vgl. Allgemeine Verwaltungsvorschrift des BMV für die Erteilung einer Verwarnung v. 12. 6. 1975 (BAnz. Nr. 109).

gefährden können oder auf ein grob verkehrswidriges oder rücksichtsloses Verhalten zurückzuführen sind. Die Verwarnung soll jedoch auch in solchen Fällen erteilt werden dürfen, wenn wegen ganz besonderer Umstände eine Verwarnung ausreichend ist.

IV. Verkehrszentralregister[1]

§ 28 [Eintragungen in das Verkehrszentralregister][2]

Der Bundesminister für Verkehr erläßt mit Zustimmung des Bundesrates Rechtsvorschriften und allgemeine Verwaltungsvorschriften über die Erfassung von

1. rechtskräftigen Entscheidungen der Strafgerichte, soweit sie wegen einer in Zusammenhang mit der Teilnahme am Straßenverkehr begangenen rechtswidrigen Tat auf Strafe oder andere Maßnahmen erkennen oder einen Schuldspruch enthalten,

1a. Entscheidungen der Strafgerichte oder der Staatsanwaltschaft nach § 153a der Strafprozeßordnung wegen einer in Nummer 1 bezeichneten Tat,

2. Entscheidungen der Strafgerichte, welche die vorläufige Entziehung der Fahrerlaubnis anordnen,

3. rechtskräftigen Entscheidungen wegen einer Ordnungswidrigkeit nach den §§ 24 und 24a dieses Gesetzes, nach § 10 des Gesetzes über die Beförderung gefährlicher Güter, soweit die Ordnungswidrigkeit im Zusammenhang mit der Beförderung gefährlicher Güter auf der Straße begangen wurde, § 36 des Fahrlehrergesetzes, § 20 des Kraftfahrsachverständigengesetzes oder nach § 5 des Gesetzes über das Fahrpersonal im Straßenverkehr, wenn gegen den Betroffenen ein Fahrverbot nach § 25 angeordnet oder eine Geldbuße von mehr als vierzig Deutsche Markt festgesetzt ist,

4. Verboten, ein Fahrzeug zu führen, und von Versagungen einer Fahrerlaubnis oder Fahrlehrerlaubnis,

5. unanfechtbaren oder vorläufig wirksamen Entziehungen einer Fahrerlaubnis oder Fahrlehrerlaubnis durch Verwaltungsbehörden,

6. Verzichten auf die Fahrerlaubnis oder Fahrlehrerlaubnis während eines Entziehungsverfahrens.

7. *(aufgehoben)*[3]

§ 29 [Tilgung der Eintragungen][4]

[1] Eintragungen in das Verkehrszentralregister sind nach Ablauf bestimmter Fristen zu tilgen, die der Bundesminister für Verkehr mit Zustimmung des Bundesrates durch Rechtsverordnung festsetzt. Bei Ordnungswidrigkeiten darf die Tilgungsfrist nicht mehr als zwei Jahre betragen, wenn keine weiteren

---

[1] Vgl. erg. §§ 13ff. StVZO (vgl. Fn. 4 zu § 24) sowie Allgemeine Verwaltungsvorschriften zu den §§ 13 bis 13d StVZO v. 19. 6. 1973 (BAnz. Nr. 114), zuletzt geändert durch die VwV v. 29. 1. 1976 (BAnz. Nr. 35).

[2] § 28 idF d. Art. 3 EGOWiG; Nr. 1 geänd. durch G v. 30. 3. 1971 (BGBl. I 277) und Art. 264 I Nr. 7 EGStGB; Nr. 1a eingef. durch Art. 264 I Nr. 7 EGStGB; Nr. 3 geänd. durch G v. 25. 8. 1969 (BGBl. I 1336), G v. 30. 3. 1971 (BGBl. I 277), G v. 22. 12. 1971 (BGBl. I 2086), G v. 28. 6. 1972 (BGBl. I 1001), G v. 20. 7. 1973 (BGBl. I 870) und G v. 6. 8. 1975 (BGBl. I 2121).

[3] § 28 Nr. 7 aufgeh. durch Art. II Abs. 2 G v. 13. 6. 1974 (BGBl. I 1281).

[4] § 29 idF d. Art. 3 EGOWiG.

Eintragungen über den Betroffenen in dem Verkehrszentralregister enthalten sind.

[II] Die Tilgung nach Absatz 1 unterbleibt, solange die Erteilung einer neuen Fahrerlaubnis untersagt ist.

§ 30 [Auskunft aus dem Verkehrszentralregister][1]

[I] Die Eintragungen im Verkehrszentralregister dürfen nur

1. für Zwecke der Strafverfolgung oder der Verfolgung wegen einer Ordnungswidrigkeit nach diesem Gesetz, dem Gesetz über die Beförderung gefährlicher Güter, dem Fahrlehrergesetz, dem Kraftfahrsachverständigengesetz oder nach dem Gesetz über das Fahrpersonal im Straßenverkehr,

2. für Verwaltungsmaßnahmen auf Grund dieses Gesetzes, des Gesetzes über die Beförderung gefährlicher Güter, des Fahrlehrergesetzes, des Kraftfahrsachverständigengesetzes, des Personenbeförderungsgesetzes, des Güterkraftverkehrsgesetzes, des Gesetzes über das Fahrpersonal im Straßenverkehr oder der auf Grund dieser Gesetze erlassenen Rechtsvorschriften und

3. für die Vorbereitung von Rechts- und allgemeinen Verwaltungsvorschriften auf dem Gebiet des Straßenverkehrs

verwertet werden.

[II] Auskunftsberechtigt sind die Stellen, denen die in Absatz 1 genannten Aufgaben obliegen. Die Auskünfte sind so zu erteilen, daß die anfragende Stelle die Akten über die den Eintragungen zugrunde liegenden Entscheidungen beiziehen kann.

A 12. Gesetz zur weiteren Vereinfachung des Wirtschaftsstrafrechts (Wirtschaftsstrafgesetz 1954)

idF vom 3. Juni 1975 (BGBl. I 1313; III 453–11)

Erster Abschnitt. Ahndung von Zuwiderhandlungen im Bereich des Wirtschaftsrechts

§1 Strafbare Verstöße gegen Sicherstellungsvorschriften

[I] Wer eine Zuwiderhandlung nach

1. § 18 des Wirtschaftssicherstellungsgesetzes,
2. § 26 des Verkehrssicherstellungsgesetzes,
3. § 22 des Ernährungssicherstellungsgesetzes,
4. § 28 des Wassersicherstellungsgesetzes

begeht, wird mit Freiheitsstrafe bis zu fünf Jahren oder mit Geldstrafe bestraft.

[II] Der Versuch ist strafbar.

---

[1] § 30 idF d. Art. 3 EGOWiG; I Nr. 1 und 2 geänd. durch G v. 25. 8. 1969 (BGBl. I 1336), G v. 30. 3. 1971 (BGBl. I 277), G v. 22. 12. 1971 (BGBl. I 2086) und G v. 6. 8. 1975 (BGBl. I 2121).

III In besonders schweren Fällen ist die Strafe Freiheitsstrafe nicht unter sechs Monaten. Ein besonders schwerer Fall liegt in der Regel vor, wenn

1. durch die Handlung
   a) die Versorgung, sei es auch nur auf einem bestimmten Gebiet in einem örtlichen Bereich, schwer gefährdet wird oder
   b) das Leben oder die Freiheit eines anderen gefährdet wird oder eine Maßnahme nicht rechtzeitig getroffen werden kann, die erforderlich ist, um eine gegenwärtige Gefahr für das Leben oder die Freiheit eines anderen abzuwenden, oder
2. der Täter
   a) bei Begehung der Tat eine einflußreiche Stellung im Wirtschaftsleben oder in der Wirtschaftsverwaltung zur Erzielung von bedeutenden Vermögensvorteilen gröblich mißbraucht,
   b) eine außergewöhnliche Mangellage bei der Versorgung mit Sachen oder Leistungen des lebenswichtigen Bedarfs zur Erzielung von bedeutenden Vermögensvorteilen gewissenlos ausnutzt oder
   c) gewerbsmäßig zur Erzielung von hohen Gewinnen handelt.

IV Handelt der Täter fahrlässig, so ist die Strafe Freiheitsstrafe bis zu zwei Jahren oder Geldstrafe.

§ 2 Ordnungswidrige Verstöße gegen Sicherstellungsvorschriften

I Ordnungswidrig handelt, wer vorsätzlich oder fahrlässig eine der in § 1 Abs. 1 bezeichneten Handlungen begeht, wenn die Tat ihrem Umfang und ihrer Auswirkung nach, namentlich nach Art und Menge der Sachen oder Leistungen, auf die sie sich bezieht, nicht geeignet ist,

1. die Versorgung, sei es auch nur auf einem bestimmten Gebiet in einem örtlichen Bereich, merkbar zu stören und
2. die Verwirklichung der sonstigen Ziele, denen die in § 1 Abs. 1 bezeichneten Rechtsvorschriften im allgemeinen oder im Einzelfall zu dienen bestimmt sind, merkbar zu beeinträchtigen.

II Absatz 1 ist nicht anzuwenden, wenn der Täter die Tat beharrlich wiederholt.

III Die Ordnungswidrigkeit und der Versuch einer Ordnungswidrigkeit können mit einer Geldbuße bis zu fünfzigtausend Deutsche Mark geahndet werden.

§ 3 Verstöße gegen die Preisregelung

I Ordnungswidrig handelt, wer in anderen als den in den §§ 1, 2 bezeichneten Fällen vorsätzlich oder fahrlässig einer Rechtsvorschrift über

1. Preise, Preisspannen, Zuschläge oder Abschläge,
2. Preisauszeichnungen,
3. Zahlungs- oder Lieferungsbedingungen oder
4. andere der Preisbildung oder dem Preisschutz dienende Maßnahmen

oder einer auf Grund einer solchen Rechtsvorschrift ergangenen vollziehbaren Verfügung zuwiderhandelt, soweit die Rechtsvorschrift für einen bestimmten Tatbestand auf diese Vorschrift verweist. Die Verweisung ist nicht erforderlich, soweit § 16 dies bestimmt.

II Die Ordnungswidrigkeit kann mit einer Geldbuße bis zu fünfzigtausend Deutsche Mark geahndet werden.

§ 4 Preisüberhöhung in einem Beruf oder Gewerbe

[I] Ordnungswidrig handelt, wer vorsätzlich oder leichtfertig in befugter oder unbefugter Betätigung in einem Beruf oder Gewerbe für Gegenstände oder Leistungen des lebenswichtigen Bedarfs Entgelte fordert, verspricht, vereinbart, annimmt oder gewährt, die infolge einer Beschränkung des Wettbewerbs oder infolge der Ausnutzung einer wirtschaftlichen Machtstellung oder einer Mangellage unangemessen hoch sind.

[II] Die Ordnungswidrigkeit kann mit einer Geldbuße bis zu fünfzigtausend Deutsche Mark geahndet werden.

§ 5 Mietpreisüberhöhung

[I] Ordnungswidrig handelt, wer vorsätzlich oder leichtfertig für die Vermietung von Räumen zum Wohnen oder damit verbundene Nebenleistungen unangemessen hohe Entgelte fordert, sich versprechen läßt oder annimmt. Unangemessen hoch sind Entgelte, die infolge der Ausnutzung eines geringen Angebots an vergleichbaren Räumen die üblichen Entgelte, die in der Gemeinde oder in vergleichbaren Gemeinden für die Vermietung von Räumen vergleichbarer Art, Größe, Ausstattung, Beschaffenheit und Lage oder damit verbundene Nebenleistungen gezahlt werden, nicht unwesentlich übersteigen.

[II] Die Ordnungswidrigkeit kann mit einer Geldbuße bis zu fünfzigtausend Deutsche Mark geahndet werden.

§ 6 Preisüberhöhung bei der Wohnungsvermittlung

[I] Ordnungswidrig handelt, wer vorsätzlich oder leichtfertig für das Vermitteln einer Vermietung von Räumen zum Wohnen oder damit verbundene Nebenleistungen unangemessen hohe Entgelte fordert, sich versprechen läßt oder annimmt. Unangemessen hoch sind Entgelte, die infolge der Ausnutzung eines geringen Angebots an vergleichbaren Räumen die ortsüblichen Entgelte nicht unwesentlich übersteigen.

[II] Die Ordnungswidrigkeit kann mit einer Geldbuße bis zu fünfzigtausend Deutsche Mark geahndet werden.

Zweiter Abschnitt. Ergänzende Vorschriften

§ 7 Einziehung

Ist eine Zuwiderhandlung im Sinne der §§ 1 bis 4 begangen worden, so können

1. Gegenstände, auf die sich die Tat bezieht, und
2. Gegenstände, die zu ihrer Begehung oder Vorbereitung gebraucht worden oder bestimmt gewesen sind,

eingezogen werden.

§ 8 Abführung des Mehrerlöses

[I] Hat der Täter durch eine Zuwiderhandlung im Sinne der §§ 1 bis 6 einen höheren als den zulässigen Preis erzielt, so ist anzuordnen, daß er den Unterschiedsbetrag zwischen dem zulässigen und dem erzielten Preis (Mehrerlös) an das Land abführt, soweit er ihn nicht auf Grund einer rechtlichen Verpflichtung zurückerstattet hat. Die Abführung kann auch angeordnet werden, wenn eine rechtswidrige Tat nach den §§ 1 bis 6 vorliegt, der Täter jedoch nicht schuldhaft gehandelt hat oder die Tat aus anderen Gründen nicht geahndet werden kann.

^{II} Wäre die Abführung des Mehrerlöses eine unbillige Härte, so kann die Anordnung auf einen angemessenen Betrag beschränkt werden oder ganz unterbleiben. Sie kann auch unterbleiben, wenn der Mehrerlös gering ist.

^{III} Die Höhe des Mehrerlöses kann geschätzt werden. Der abzuführende Betrag ist zahlenmäßig zu bestimmen.

^{IV} Die Abführung des Mehrerlöses tritt an die Stelle des Verfalls (§§ 73 bis 73 d des Strafgesetzbuches). Die Vorschriften des Strafgesetzbuches über die Verjährung des Verfalls gelten entsprechend.

§ 9 Rückerstattung des Mehrerlöses

^I Statt der Abführung kann auf Antrag des Geschädigten die Rückerstattung des Mehrerlöses an ihn angeordnet werden, wenn sein Rückforderungsanspruch gegen den Täter begründet erscheint.

^{II} Legt der Täter oder der Geschädigte, nachdem die Abführung des Mehrerlöses angeordnet ist, eine rechtskräftige Entscheidung vor, in welcher der Rückforderungsanspruch gegen den Täter festgestellt ist, so ordnet die Vollstreckungsbehörde an, daß die Anordnung der Abführung des Mehrerlöses insoweit nicht mehr vollstreckt oder der Geschädigte aus dem bereits abgeführten Mehrerlös befriedigt wird.

^{III} Die Vorschriften der Strafprozeßordnung über die Entschädigung des Verletzten (§§ 403 bis 406 c) sind mit Ausnahme des § 405 Satz 1, § 406 a Abs. 3 und § 406 c Abs. 2 entsprechend anzuwenden.

§ 10 Selbständige Abführung des Mehrerlöses

^I Kann ein Straf- oder Bußgeldverfahren nicht durchgeführt werden, so kann die Abführung oder Rückerstattung des Mehrerlöses selbständig angeordnet werden, wenn im übrigen die Voraussetzungen des § 8 oder § 9 vorliegen.

^{II} Ist eine rechtswidrige Tat nach diesem Gesetz in einem Betrieb begangen worden, so kann die Abführung des Mehrerlöses gegen den Inhaber oder Leiter des Betriebes und, falls der Inhaber eine juristische Person oder eine Personengesellschaft des Handelsrechts ist, auch gegen diese selbständig angeordnet werden, wenn ihnen der Mehrerlös zugeflossen ist.

§ 11 Verfahren

^I Im Strafverfahren ist die Abführung des Mehrerlöses im Urteil auszusprechen. Für das selbständige Verfahren gelten § 440 Abs. 1, 2 und § 441 Abs. 1 bis 3 der Strafprozeßordnung entsprechend.

^{II} Im Bußgeldverfahren ist die Abführung des Mehrerlöses im Bußgeldbescheid auszusprechen. Im selbständigen Verfahren steht der von der Verwaltungsbehörde zu erlassende Bescheid einem Bußgeldbescheid gleich.

§ 12 (weggefallen)

§ 13 Besondere Vorschriften für das Strafverfahren

^I Soweit für Straftaten nach § 1 das Amtsgericht sachlich zuständig ist, ist örtlich zuständig das Amtsgericht, in dessen Bezirk das Landgericht seinen

Sitz hat. Die Landesregierung kann durch Rechtsverordnung die örtliche Zuständigkeit des Amtsgerichts abweichend regeln, soweit dies mit Rücksicht auf die Wirtschafts- oder Verkehrsverhältnisse, den Aufbau der Verwaltungsbehörden oder andere örtliche Bedürfnisse zweckmäßig erscheint. Die Landesregierung kann diese Ermächtigung auf die Landesjustizverwaltung übertragen.

^{II} Im Strafverfahren wegen einer Zuwiderhandlung im Sinne des § 1 gelten die §§ 49, 63 Abs. 1 bis 3 Satz 1 und § 76 Abs. 1, 4 des Gesetzes über Ordnungswidrigkeiten über die Beteiligung der Verwaltungsbehörde im Verfahren der Staatsanwaltschaft und im gerichtlichen Verfahren entsprechend.

§ 14 *(weggefallen)*

Dritter Abschnitt. Übergangs- und Schlußvorschriften

§ 15 *(weggefallen)*

§ 16 Verweisungen

Verweisen Vorschriften der in § 3 Abs. 1 Satz 1 bezeichneten Art auf die Straf- und Bußgeldvorschriften dieses Gesetzes in der vor dem 1. Januar 1975 geltenden Fassung, auf die Straf- und Bußgeldvorschriften des Wirtschaftsstrafgesetzes in der früher geltenden Fassung, auf dessen § 18 oder auf eine nach § 102 des genannten Gesetzes außer Kraft getretene Vorschrift, so gelten solche Verweisungen als ausdrückliche Verweisungen im Sinne des § 3 Abs. 1 Satz 1. Das gleiche gilt, wenn in Vorschriften der in § 3 Abs. 1 Satz 1 bezeichneten Art auf die Straf- und Bußgeldvorschriften des Getreidegesetzes, des Milch- und Fettgesetzes, des Vieh- und Fleischgesetzes sowie des Zuckergesetzes in der vor dem 1. Januar 1975 geltenden Fassung verwiesen wird. Soweit eine Verweisung nach § 104 Abs. 3 des Wirtschaftsstrafgesetzes in der früher geltenden Fassung nicht erforderlich war, bestimmt sich die Ahndung der Zuwiderhandlungen nach § 3 Abs. 1 Satz 1, ohne daß es einer Verweisung bedarf.

§§ 17–19 *(weggefallen)*

§ 20 Devisenzuwiderhandlungen[1]

Das Wirtschaftsstrafgesetz in der Fassung der Bekanntmachung vom 25. März 1952 (Bundesgesetzbl. I S. 189) und in der Fassung des Gesetzes zur Verlängerung des Wirtschaftsstrafgesetzes vom 17. Dezember 1952 (Bundesgesetzbl. I S. 805) gilt für Devisenzuwiderhandlungen im Rahmen der Verweisung in Artikel 5 des Gesetzes Nr. 33 der Alliierten Hohen Kommission über Devisenbewirtschaftung vom 2. August 1950 (Amtsblatt der Alliierten Hohen Kommission für Deutschland S. 514) weiter, bis eine neue gesetzliche Regelung in Kraft tritt.

§ 21 Begriffsbestimmung

Wirtschaftsstrafgesetz in der frühen geltenden Fassung im Sinne der §§ 15 bis 18 ist das Wirtschaftsstrafgesetz vom 26. Juli 1949 (Gesetzblatt der Verwal-

---

[1] § 20 ist auf den Außenwirtschaftsverkehr nicht mehr anzuwenden; vgl. § 47 I Nr. 6 AWG.

tung des Vereinigten Wirtschaftsgebietes S. 193) mit seinen weiteren Fassungen, die durch die Erstreckungsverordnung vom 24. Januar 1950 (Bundesgesetzbl. S. 24), das Gesetz zur Erstreckung und zur Verlängerung der Geltungsdauer des Wirtschaftsstrafgesetzes vom 29. März 1950 (Bundesgesetzbl. S. 78), das Gesetz zur Verlängerung des Wirtschaftsstrafgesetzes vom 30. März 1951 (Bundesgesetzbl. I S. 223), das Gesetz zur Änderung und Verlängerung des Wirtschaftsstrafgesetzes vom 25. März 1952 (Bundesgesetzbl. I S. 188) und das Gesetz zur Verlängerung des Wirtschaftsstrafgesetzes vom 17. Dezember 1952 (Bundesgesetzbl. I S. 805) bestimmt sind.

§ 21a Sonderregelung für Berlin

Die §§ 1, 2 und 13 sind im Land Berlin nicht anzuwenden.

§ 22 Berlin-Klausel

[I] Dieses Gesetz gilt nach Maßgabe des § 13 Abs. 1 des Dritten Überleitungsgesetzes vom 4. Januar 1952 (Bundesgesetzbl. I S. 1) auch im Land Berlin.[1]

[II] Wirtschaftsstrafgesetz in der früher geltenden Fassung im Sinne der §§ 15 bis 18 ist für das Land Berlin das Wirtschaftsstrafgesetz vom 28. April 1950 (Verordnungsblatt für Groß-Berlin Teil I S. 153) in der Fassung des Gesetzes zur Verlängerung des Wirtschaftsstrafgesetzes vom 22. März 1951 (Verordnungsblatt für Berlin Teil I S. 279) und das Wirtschaftsstrafgesetz in den Fassungen vom 25. März 1952 (Gesetz- und Verordnungsblatt für Berlin S. 671) und vom 17. Dezember 1952 (Gesetz- und Verordnungsblatt für Berlin S. 1090). Soweit in § 16 Abs. 2 auf § 104 des Wirtschaftsstrafgesetzes in der früher geltenden Fassung verwiesen wird, gilt diese Verweisung zugleich für § 103 des Wirtschaftsstrafgesetzes vom 28. April 1950 (Verordnungsblatt für Groß-Berlin Teil I S. 153).

[III][2] § 20 gilt im Land Berlin mit der Maßgabe, daß an die Stelle des Gesetzes Nr. 33 der Alliierten Hohen Kommission über Devisenbewirtschaftung vom 2. August 1950 die Verordnung Nr. 503 zur Ergänzung der Verordnung über Devisenbewirtschaftung und Kontrolle des Güterverkehrs vom 19. Dezember 1950 (Verordnungsblatt für Berlin 1951 Teil I S. 51) in der Fassung der Verordnung Nr. 519 vom 22. September 1952 (Gesetz- und Verordnungsblatt für Berlin S. 876) tritt.

[IV] Das Land Berlin kann durch Landesgesetz Straf- und Bußgeldvorschriften im Rahmen der Bestimmungen des Wirtschaftsstrafgesetzes in der Fassung vom 25. März 1952 (Bundesgesetzbl. I S. 189) erlassen, soweit es dies wegen seiner besonderen wirtschaftlichen Verhältnisse für notwendig hält, und das Verfahren zur Ahndung von Verstößen gegen solche Vorschriften sinngemäß nach den §§ 13 *und* 14 dieses Gesetzes regeln.

§ 23 Inkrafttreten

Dieses Gesetz tritt am Tage nach seiner Verkündung in Kraft.

---

[1] Vgl. GVBl. Berlin 1954, 446; 1975, 1514.
[2] Vgl. Fn. zu § 20.

A 13. Außenwirtschaftsgesetz

Vom 28. April 1961 (BGBl. I 481; III 7400–1), letztes ÄndG v. 23. Juni 1976
(BGBl. I 1608)

(Auszug)

§ 42 Befugnisse der Zollbehörden[1]

[I] Die Staatsanwaltschaft und die Verwaltungsbehörde können bei Straftaten und Ordnungswidrigkeiten nach den §§ 33 und 34 Ermittlungen (§ 161 Satz 1 der Strafprozeßordnung) auch durch die Hauptzollämter oder die Zollfahndungs*stellen* vornehmen lassen.

[II] Die Hauptzollämter und die Zollfahndungs*stellen* sowie deren Beamte haben auch ohne Ersuchen der Staatsanwaltschaft oder der Verwaltungsbehörde Straftaten und Ordnungswidrigkeiten der in Absatz 1 bezeichneten Art zu erforschen und zu verfolgen, wenn diese das Verbringen von Sachen betreffen. Dasselbe gilt, soweit Gefahr im Verzuge ist. § 163 der Strafprozeßordnung und § 53 des Gesetzes über Ordnungswidrigkeiten bleiben unberührt.

[III] In den Fällen der Absätze 1 und 2 haben die Beamten der Hauptzollämter und der Zollfahndungs*stellen* die Rechte und Pflichten der Polizeibeamten nach den Bestimmungen der Strafprozeßordnung und des Gesetzes über Ordnungswidrigkeiten. Sie sind insoweit Hilfsbeamte der Staatsanwaltschaft.

[IV] In diesen Fällen können die Hauptzollämter und Zollfahndungs*stellen* sowie deren Beamte im Bußgeldverfahren Beschlagnahmen, Durchsuchungen, Untersuchungen und sonstige Maßnahmen nach den für Hilfsbeamte der Staatsanwaltschaft geltenden Vorschriften der Strafprozeßordnung vornehmen; unter den Voraussetzungen des § 1111 Abs. 2 Satz 2 der Strafprozeßordnung können auch die Hauptzollämter die Notveräußerung anordnen.

[V] Im Bereich des Freihafens Hamburg gilt das Freihafenamt als Hauptzollamt im Sinne dieser Bestimmungen.

§ 43 Straf- und Bußgeldverfahren

[I] *nicht abgedruckt.*

[II] *nicht abgedruckt.*

[III] Verwaltungsbehörde im Sinne dieses Gesetzes und des § 36 Abs. 1 Nr. 1 des Gesetzes über Ordnungswidrigkeiten ist die Oberfinanzdirektion als Bundesbehörde. Der Bundesminister der Finanzen kann durch Rechtsverordnung, die nicht der Zustimmung des Bundesrates bedarf, die örtliche Zuständigkeit der Oberfinanzdirektion als Verwaltungsbehörde gemäß Satz 1 abweichend regeln, soweit dies mit Rücksicht auf die Wirtschafts- oder Verkehrsverhältnisse, den Aufbau der Verwaltung oder andere örtliche Bedürfnisse zweckmäßig erscheint.

[IV] An Stelle der Verwaltungsbehörde kann das Hauptzollamt einen Bußgeldbescheid erlassen, wenn das Verbringen einer Sache eine Ordnungswidrigkeit nach § 33 Abs. 1, Abs. 2 Nr. 1 oder Abs. 3 in Verbindung mit einer auf Grund der §§ 5, 6, 7 oder 8 ergangenen Rechtsverordnung darstellt; die in diesem Bußgeldbescheid festgesetzte Geldbuße darf den Betrag von zweitau-

---

[1] § 42: Zollfahndungsstellen jetzt Zollfahndungsämter (vgl. § 1 I Nr. 4 FVG)

send Deutsche Mark nicht übersteigen. Das Hauptzollamt kann bei den in Satz 1 Halbsatz 1 bezeichneten Ordnungswidrigkeiten auch die Verwarnung nach § 56· des Gesetzes über Ordnungswidrigkeiten erteilen; § 57 Abs. 1 des Gesetzes über Ordnungswidrigkeiten gilt entsprechend.

V Die Verwaltungsbehörde gibt vor Abschluß eines auf diesem Gesetz beruhenden Verfahrens der zuständigen Landesbehörde für Wirtschaft Gelegenheit zur Stellungnahme.

VI Im Bereich des Freihafens Hamburg gilt das Freihafenamt als Hauptzollamt im Sinne dieser Bestimmungen.

A 14. Gesetz gegen Wettbewerbsbeschränkungen

idF vom 4. April 1974 (BGBl. I 869; III 703–1), letztes ÄndG v. 14. Dezember 1976 (BGBl. I 3341, 3372)

(Auszug)

Zweiter Abschnitt. Bußgeldverfahren

§ 81 [Verwaltungsbehörde]

Bei Ordnungswidrigkeiten nach den §§ 38 und 39 ist die Verwaltungsbehörde im Sinne des § 36 Abs. 1 Nr. 1 des Gesetzes über Ordnungswidrigkeiten die nach § 44 zuständige Kartellbehörde.

§ 82 [Zuständigkeit des OLG]

I Im gerichtlichen Verfahren wegen einer Ordnungswidrigkeit nach § 38 oder § 39 entscheidet das Oberlandesgericht, in dessen Bezirk die zuständige Kartellbehörde ihren Sitz hat.

II Das Oberlandesgericht entscheidet in der Besetzung von drei Mitgliedern mit Einschluß des Vorsitzenden.

§ 83 [Rechtsbeschwerde]

Über die Rechtsbeschwerde (§ 79 des Gesetzes über Ordnungswidrigkeiten) entscheidet der Bundesgerichtshof. Hebt er die angefochtene Entscheidung auf, ohne in der Sache selbst zu entscheiden, so verweist er die Sache an das Oberlandesgericht,dessen Entscheidung aufgehoben wird, zurück.

§ 84 [Wiederaufnahmeverfahren]

Im Wiederaufnahmeverfahren gegen den Bußgeldbescheid der Kartellbehörde (§ 85 Abs. 4 des Gesetzes über Ordnungswidrigkeiten) entscheidet das nach § 82 zuständige Gericht.

§ 85 [Gerichtliche Entscheidung bei der Vollstreckung]

Die bei der Vollstreckung notwendig werdenden gerichtlichen Entscheidungen (§ 104 des Gesetzes über Ordnungswidrigkeiten) werden von dem nach § 82 zuständigen Gericht erlassen.

Vierter Abschnitt. Gemeinsame Bestimmungen

§ 92 [Kartellsenat beim OLG]

Bei den Oberlandesgerichten wird ein Kartellsenat gebildet. Er entscheidet über die ihm gemäß § 54 Abs. 2 Satz 2, § 62 Abs. 4, §§ 82, 84 und 85 zugewiesenen Rechtssachen sowie über die Berufung gegen Endurteile und die Beschwerde gegen sonstige Entscheidungen der nach den §§ 87, 89 zuständigen Landgerichte.

§ 93 [Zuständigkeitskonzentration]

^I Sind in einem Lande mehrere Oberlandesgerichte errichtet, so können die Rechtssachen, für die nach § 54 Abs. 2 Satz 2, § 62 Abs. 4, §§ 82, 84 und 85 ausschließlich die Oberlandesgerichte zuständig sind, von den Landesregierungen durch Rechtsverordnung einem oder einigen der Oberlandesgerichte oder dem Obersten Landesgericht zugewiesen werden, wenn eine solche Zusammenfassung der Rechtspflege in Kartellsachen, insbesondere der Sicherung einer einheitlichen Rechtsprechung, dienlich ist. Die Landesregierungen können die Ermächtigung auf die Landesjustizverwaltungen übertragen.

^{II} Durch Staatsverträge zwischen Ländern kann die Zuständigkeit eines Oberlandesgerichts oder Obersten Landesgerichts für einzelne Bezirke oder das gesamte Gebiet mehrerer Länder begründet werden.

§ 95 [Kartellsenat beim BGH]

^I Beim Bundesgerichtshof wird ein Kartellsenat gebildet; er entscheidet über folgende Rechtsmittel:
1. *nicht abgedruckt;*
2. in Bußgeldverfahren
   über die Rechtsbeschwerde gegen Entscheidungen der Oberlandesgerichte (§ 83);
3. *nicht abgedruckt.*

^{II} Der Kartellsenat gilt im Sinne der §§ 132 und 136 des Gerichtsverfassungsgesetzes in Bußgeldsachen als Strafsenat, in allen übrigen Sachen als Zivilsenat.

A 15. Viertes Strafrechtsänderungsgesetz

Vom 11. Juni 1957 (BGBl. I 597; III 450–5), letztes ÄndG vom 2. März 1974 (BGBl. I 469, 576)

(Auszug)

Art. 7a Anwendung von Bußgeldvorschriften zum Schutz der Vertragsstaaten des Nordatlantikpaktes

Zum Schutz der in der Bundesrepublik Deutschland stationierten Truppen der nichtdeutschen Vertragsstaaten des Nordatlantikpaktes, die sich zur Zeit der Tat im räumlichen Geltungsbereich dieses Gesetzes aufhalten, und der im Land Berlin anwesenden Truppen einer der Drei Mächte sind folgende Vorschriften des Gesetzes über Ordnungswidrigkeiten mit den in den Nummern 1 bis 3 bestimmten Besonderheiten anzuwenden:
1. § 111 auf Taten gegenüber einem zuständigen Soldaten oder zuständigen Beamten dieser Truppen;

2. § 113 auf öffentliche Ansammlungen, die gegen Soldaten, Beamte oder von ihnen zur Unterstützung zugezogene Bedienstete dieser Truppen gerichtet sind;
3. § 114 auf das Betreten von militärischen Einrichtungen und Anlagen eines Vertragsstaates sowie von Örtlichkeiten, die aus Sicherheitsgründen zur Erfüllung dienstlicher Aufgaben dieser Truppen gesperrt sind.

B. Ergänzende Vorschriften des Landesrechts

Baden-Württemberg

B 1a. Landesgesetz über Ordnungswidrigkeiten (Landesordnungswidrigkeitengesetz – LOWiG)

Vom 8. Februar 1978 (GBl. 102)

(Auszug)

Erster Teil. Allgemeine Vorschriften

§ 1 Geltungsbereich

Die Vorschriften dieses Teils gelten für Ordnungswidrigkeiten nach Bundesrecht und nach Landesrecht, soweit Behörden, Organe oder Stellen des Landes oder einer der Aufsicht des Landes unterstehenden juristischen Person des öffentlichen Rechts Bußgeldverfahren durchführen.

§ 2 Verbleib der Geldbußen und Verwarnungsgelder

^{I} Geldbußen, die durch rechtskräftige Bescheide einer juristischen Person des öffentlichen Rechts festgesetzt sind, fließen in deren Kassen. Satz 1 gilt für Verwarnungsgelder, die nach § 56 und § 57 Abs. 2 des Gesetzes über Ordnungswidrigkeiten (OWiG) i.d.F. vom 2. Januar 1975 (BGBl. I S. 80, ber. S. 520) erhoben werden, und für Nebenfolgen, die zu einer Geldzahlung verpflichten, entsprechend.

^{II} Geldbußen, die durch rechtskräftige Bescheide eines Landratsamtes als untere Verwaltungsbehörde festgesetzt sind, werden dem Landkreis als eigene Einnahme überlassen und von ihm eingezogen. Satz 1 gilt für Verwarnungsgelder, die nach § 56 OWiG erhoben werden, und für Nebenfolgen, die zu einer Geldzahlung verpflichten, entsprechend.

§ 3 Erwerb eingezogener Gegenstände

^{I} Wird ein Gegenstand eingezogen, so geht das Eigentum an der Sache oder das eingezogene Recht mit der Rechtskraft der Entscheidung auf die juristische Person des öffentlichen Rechts über, deren Behörde, Organ oder Stelle die Einziehung angeordnet hat.

^{II} Soweit Landratsämter als untere Verwaltungsbehörden Bußgeldverfahren durchführen, ist Absatz 1 mit der Maßgabe entsprechend anzuwenden, daß das Recht an dem eingezogenen Gegenstand auf den Landkreis übergeht.

§ 4 Notwendige Auslagen

[I] Notwendige Auslagen nach § 105 Abs. 2 OWiG trägt die juristische Person des öffentlichen Rechts, deren Behörde, Organ oder Stelle das Bußgeldverfahren durchgeführt hat. Diese notwendigen Auslagen sind den in Satz 1 genannten juristischen Personen unmittelbar aufzuerlegen.

[II] Soweit Landratsämter als untere Verwaltungsbehörden Bußgeldverfahren durchführen, ist Absatz 1 mit der Maßgabe entsprechend anzuwenden, daß der Landkreis die notwendigen Auslagen trägt.

§ 5 Erstattung von Auslagen

[I] Die Geldbeträge, die eine der am Bußgeldverfahren beteiligten Stellen nach § 107 Abs. 3 Nr. 10 und 11 OWiG oder nach Nummern 1911 und 1912 des Kostenverzeichnisses der Anlage 1 des Gerichtskostengesetzes als Auslagen erhebt, werden zwischen dem Land und der juristischen Person des öffentlichen Rechts, deren Behörde, Organ oder Stelle das Bußgeldverfahren durchführt, nicht erstattet.

[II] Soweit Landratsämter als untere Verwaltungsbehörden Bußgeldverfahren durchführen, ist Absatz 1 mit der Maßgabe entsprechend anzuwenden, daß zwischen dem Land und dem Landkreis die bezeichneten Auslagen nicht erstattet werden.

§ 6 Ersatzpflicht für Verfolgungsmaßnahmen

[I] Ersatzpflichtig im Sinne von § 110 Abs. 4 OWiG ist die juristische Person des öffentlichen Rechts, deren Behörde, Organ oder Stelle das Bußgeldverfahren durchgeführt hat.

[II] Soweit Landratsämter als untere Verwaltungsbehörden Bußgeldverfahren durchführen, ist Absatz 1 mit der Maßgabe entsprechend anzuwenden, daß der Landkreis ersatzpflichtig ist.

Zweiter Teil

Erster Abschnitt. Einzelne Ordnungswidrigkeiten

§ 7 Ordnungswidrigkeiten im Lotteriewesen

[I] Ordnungswidrig handelt, wer

1. in einer Lotterie spielt, die in Baden-Württemberg nicht genehmigt oder zugelassen ist,
2. gewerbsmäßig ein Los oder einen Losabschnitt einer in Baden-Württemberg nicht genehmigten oder zugelassenen Lotterie veräußert, zur Veräußerung bereithält oder zum Erwerb anbietet,
3. gewerbsmäßig ohne Ermächtigung der Direktion der Süddeutschen Klassenlotterie Lose oder Losabschnitte dieser Lotterie oder Urkunden, durch welche Anteile an solchen Losen oder Losabschnitten zum Eigentum oder zum Gewinnbezug übertragen werden, veräußert, zur Veräußerung bereithält oder zum Erwerb anbietet,
4. vorsätzlich oder fahrlässig als Inhaber einer Genehmigung nach § 2 der Verordnung über die Genehmigung öffentlicher Lotterien und Ausspielungen vom 6. März 1937 (RGBl. I S. 283) oder als dessen Beauftragter der Genehmigung zuwiderhandelt oder eine mit ihr verbundene Auflage nicht, nicht rechtzeitig oder nicht vollständig erfüllt.

^{II} Die Ordnungswidrigkeit kann mit einer Geldbuße, in den Fällen des Absatzes 1 Nr. 4 mit einer Geldbuße bis zu zehntausend Deutsche Mark geahndet werden.

§ 8 Schutz von Wappen und Flaggen

^I Ordnungswidrig handelt, wer unbefugt

1. das Wappen oder die Dienstflagge einer Gemeinde,
2. das Wappen eines Landkreises

benutzt.

^{II} Den in Absatz 1 genannten Wappen und Dienstflaggen stehen solche gleich, die ihnen zum Verwechseln ähnlich sind.

^{III} Die Ordnungswidrigkeit kann mit einer Geldbuße geahndet werden.

§ 9 Verhütung von Unfällen

^I Ordnungswidrig handelt, wer vorsätzlich oder fahrlässig an öffentlichen Straßen oder an anderen Orten, an denen Menschen verkehren,

1. Sachen auswirft, ausgießt oder ohne ausreichende Befestigung aufstellt, aufhängt oder sonst anbringt oder
2. Öffnungen oder Vertiefungen unverdeckt oder unverwahrt läßt,

wenn daraus die Gefahr der Verletzung oder erheblichen Verunreinigung eines anderen oder der Beschädigung oder erheblichen Verunreinigung einer fremden Sache von bedeutendem Wert entstehen kann.

^{II} Die Ordnungswidrigkeit kann mit einer Geldbuße geahndet werden, wenn die Handlung nicht nach anderen Vorschriften geahndet werden kann.

§ 10 Verhütung von Bränden

^I Ordnungswidrig handelt, wer vorsätzlich oder fahrlässig

1. bewegliche Sachen, die sich leicht von selbst oder gegenseitig entzünden oder die leicht Feuer fangen, an Orten aufbewahrt, an denen ihre Entzündung gefährlich werden kann,
2. Scheunen oder andere Räume, die zur Aufbewahrung leicht entflammbarer Sachen dienen, mit unverwahrtem Feuer oder Licht betritt,
3. in der Nähe von leicht entflammbaren Sachen Feuer anzündet oder Feuerwerke abbrennt,
4. die vorgeschriebenen Feuerwehrgeräte, Feuerlöschanlagen oder Feuerlöschmittel überhaupt nicht oder nicht in gebrauchsfähigem Zustand bereithält.

^{II} Die Ordnungswidrigkeit kann mit einer Geldbuße geahndet werden, wenn die Handlung nicht nach anderen Vorschriften geahndet werden kann.

§ 11 Verwendung von Selbstschußgeräten und anderen Geräten

^I Ordnungswidrig handelt, wer ohne polizeiliche Erlaubnis zum Abschießen von Geschossen bestimmte Selbstschußgeräte, Schlageisen, Fußangeln oder ähnliche Geräte verwendet, sofern er nicht mit zulässigem Jagdgerät rechtmäßig die Jagd ausübt.

^{II} Die Ordnungswidrigkeit kann mit einer Geldbuße geahndet werden.

§ 12 Parken auf Privatgrundstücken

^I Ordnungswidrig handelt, wer ein Kraftfahrzeug vorsätzlich oder fahrlässig außerhalb öffentlicher Verkehrsflächen

1. auf einen Stellplatz unbefugt parkt, obwohl deutlich sichtbar und allgemein verständlich darauf hingewiesen wird, daß die Benutzung durch Unbefugte untersagt ist,
2. vor oder in Grundstücksein- und -ausfahrten unbefugt parkt.

II Die Ordnungswidrigkeit kann mit einer Geldbuße geahndet werden, wenn die Handlung nicht nach anderen Vorschriften geahndet werden kann.

§ 13 Schutz öffentlicher Straßen

I Ordnungswidrig handelt, wer unbefugt

1. am Straßenkörper, am Zubehör oder an Nebenanlagen einer öffentlichen Straße Veränderungen vornimmt oder
2. Zubehör einer öffentlichen Straße entfernt oder unkenntlich macht.

II Die Ordnungswidrigkeit kann mit einer Geldbuße geahndet werden, wenn die Handlung nicht nach anderen Vorschriften geahndet werden kann.

§ 14 Erlaß von Polizeiverordnungen

Die Ermächtigung zum Erlaß von Polizeiverordnungen nach § 10 des Polizeigesetzes wird durch die Vorschriften dieses Abschnittes nicht berührt.

Zweiter Abschnitt. Zuständigkeit zur Verfolgung und Ahndung von Ordnungswidrigkeiten

§ 15 Zuständigkeit zur Verfolgung und Ahndung von Ordnungswidrigkeiten nach § 112 OWiG

Verwaltungsbehörde im Sinne des § 36 Abs. 1 Nr. 1 OWiG ist bei Ordnungswidrigkeiten nach § 112 OWiG, soweit es sich um Verstöße gegen Anordnungen des Landtags oder seines Präsidenten handelt, der Präsident des Landtags.

§ 16 Sonstige sachliche Zuständigkeit der Verwaltungsbehörden

I Verwaltungsbehörden im Sinne des § 36 Abs. 1 Nr. 1 OWiG sind

1. in den Fällen des § 7 Abs. 1 Nrn. 1 bis 3 das Regierungspräsidium Karlsruhe,
2. im Falle des § 7 Abs. 1 Nr. 4 die Genehmigungsbehörde.

II Verwaltungsbehörden im Sinne von § 36 Abs. 1 Nr. 1 OWiG sind in den Fällen der §§ 8 bis 13

1. die Ortspolizeibehörden der Gemeinden mit mindestens 5000 Einwohnern, soweit in Nummer 2 nichts anderes bestimmt ist,
2. die Verwaltungsgemeinschaften mit mindestens 5000 Einwohnern, die die Aufgaben der Ortspolizeibehörden nach dem Polizeigesetz erfüllen,
3. im übrigen die Kreispolizeibehörden.

Zur Erteilung von Verwarnungen und zur Erhebung von Verwarnungsgeldern sind in jedem Fall auch die Ortspolizeibehörden zuständig. Die den Verwaltungsgemeinschaften übertragenen Aufgaben sind Pflichtaufgaben nach Weisung; das Weisungsrecht ist nicht beschränkt. § 28 Abs. 2 bis 4 des Gesetzes über kommunale Zusammenarbeit findet entsprechende Anwendung.

Dritter Teil. Schlußvorschriften

§§ 17–19 *nicht abgedruckt.*

§ 20 Inkrafttreten
Dieses Gesetz tritt am 1. April 1978 in Kraft.

B 1 b. Verordnung der Landesregierung über Zuständigkeiten nach dem Gesetz über Ordnungswidrigkeiten (OWiZuV)[1]

Vom 3. Dezember 1974 (GBl. 524), letzte ÄndVO v. 20. August 1979 (GBl. 356)

Auf Grund von § 36 Abs. 2 des Gesetzes über Ordnungswidrigkeiten vom 24. Mai 1968 (BGBl. I S. 481), § 26 Abs. 1 des Straßenverkehrsgesetzes vom 19. Dezember 1952 (BGBl. I S. 837), zuletzt geändert durch Gesetz vom 20. Juli 1973 (BGBl. I S. 870), § 129 Abs. 4 und § 60 Abs. 1 der Gemeindeordnung für Baden-Württemberg in der Fassung vom 16. September 1974 (Ges.Bl. S. 373) und § 5 Abs. 2 Satz 1 des Gesetzes über kommunale Zusammenarbeit in der Fassung vom 16. September 1974 (Ges.Bl. S. 408) wird verordnet:

§ 1 Geltungsbereich
Die sachliche Zuständigkeit der Verwaltungsbehörden für die Verfolgung und Ahndung von Ordnungswidrigkeiten nach Bundesrecht bestimmt sich nach dieser Verordnung, soweit sie nicht durch Bundesrecht oder durch Landesgesetz geregelt ist.

§ 2 Zuständigkeit der unteren Verwaltungsbehörden
[I] Für die Verfolgung und Ahndung von Ordnungswidrigkeiten nach Bundesrecht sind die unteren Verwaltungsbehörden[2] zuständig, soweit in dieser Verordnung nichts anderes bestimmt ist.

[II] Von der Zuständigkeit der Großen Kreisstädte und der Verwaltungsgemeinschaften als untere Verwaltungsbehörden nach Absatz 1 sind Ordnungswidrigkeiten in den in § 16 Abs. 1 Satz 1 des Landesverwaltungsgesetzes genannten Angelegenheiten sowie Ordnungswidrigkeiten nach dem Gesetz über Altenheime, Altenwohnheime und Pflegeheime für Volljährige (Heimgesetz) ausgeschlossen.

§ 3 Zuständigkeit der Ministerien
[I] Das Innenministerium ist zuständig für Ordnungswidrigkeiten nach § 42 des Bundesdatenschutzgesetzes.

---

[1] Vgl. auch Bek. d. IM über Verwaltungszuständigkeiten im Ordnungswidrigkeitenrecht v. 8. 7. 1975 (GABl. 786).
[2] Nach § 13 I BWLVG sind untere VBen in den Landkreisen die Landratsämter und nach Maßgabe des § 16 BWLVG die Großen Kreisstädte und die Verwaltungsgemeinschaften nach § 14 BWLVG, in den Stadtkreisen die Gemeinden; vgl. auch § 13 II BWLVG.

^{II} Das Kultusministerium ist zuständig für Ordnungswidrigkeiten nach dem Gesetz zum Schutz deutschen Kulturgutes gegen Abwanderung.

^{III} Das Finanzministerium ist zuständig für Ordnungswidrigkeiten nach dem Gesetz über die Rechtsverhältnisse der Steuerberater und Steuerbevollmächtigten (Steuerberatungsgesetz).

^{IV} Das Ministerium für Wirtschaft, Mittelstand und Verkehr ist zuständig für Ordnungswidrigkeiten nach

1. dem Börsengesetz,
2. dem Gesetz über eine Berufsordnung der Wirtschaftsprüfer (Wirtschaftsprüferordnung),
3. der Verordnung über Auskunftpflicht,
4. § 144 Abs. 1 Nr. 1a und Abs. 2 Nr. 3 in Verbindung mit § 12 Abs. 1 der Gewerbeordnung,
5. dem Gesetz zur Förderung der Energiewirtschaft (Energiewirtschaftsgesetz), soweit nicht nach § 8 Nr. 3 das Landesgewerbeamt zuständig ist,
6. dem Gesetz über die Beaufsichtigung der privaten Versicherungsunternehmungen, soweit die Aufsicht dem Ministerium zusteht,
7. dem Gesetz über die Pflichtversicherung für Kraftfahrzeughalter (Pflichtversicherungsgesetz).

^V Das Ministerium für Ernährung, Landwirtschaft und Umwelt ist zuständig für Ordnungswidrigkeiten nach

1. dem Gesetz über die Errichtung eines zentralen Fonds zur Absatzförderung der deutschen Land-, Forst- und Ernährungswirtschaft (Absatzfondsgesetz),
2. dem Gesetz über Maßnahmen auf dem Gebiete der tierischen Erzeugung (Tierzuchtgesetz),
3. dem Gesetz über die künstliche Besamung von Tieren (Besamungsgesetz).

^{VI} Das Ministerium für Arbeit, Gesundheit und Sozialordnung ist zuständig für Ordnungswidrigkeiten nach dem Gesetz über die friedliche Verwendung der Kernenergie und den Schutz gegen ihre Gefahren (Atomgesetz), soweit es Aufsichtsbehörde ist.

§ 4 Zuständigkeit der Regierungspräsidien

Die Regierungspräsidien sind zuständig für Ordnungswidrigkeiten nach

1. dem Gesetz über das Apothekenwesen, soweit nicht nach § 3a Abs. 4 Satz 1 des Kammergesetzes der Vorstand der Landesapothekerkammer zuständig ist,
2. dem Gesetz über den Verkehr mit Arzneimitteln (Arzneimittelgesetz),
3. dem Gesetz über den Verkehr mit Betäubungsmitteln (Betäubungsmittelgesetz),
4. dem Gesetz über die Werbung auf dem Gebiete des Heilwesens,
5. der Verordnung über Wochenpflegerinnen,
6. dem Krankenpflegegesetz,
7. dem Gesetz über die Ausübung der Berufe des Masseurs, des Masseurs und medizinischen Bademeisters und des Krankengymnasten,
7a. dem Gesetz über den Beruf des Beschäftigungs- und Arbeitstherapeuten (Beschäftigungs- und Arbeitstherapeutengesetz – BeArbThG),
8. dem Gesetz über den Beruf des pharmazeutisch-technischen Assistenten,
9. dem Gesetz über technische Assistenten in der Medizin,
10. dem Gesetz über den Beruf des Diätassistenten,

11. dem Gesetz über die Rechtsstellung vorgeprüfter Apothekeranwärter,
12. dem Gesetz über Wein, Likörwein, Schaumwein, weinhaltige Getränke und Branntwein aus Wein (Weingesetz), soweit in § 5 Abs. 1 Nr. 6 nichts anderes bestimmt ist,
13. dem Gesetz zur Verhütung und Bekämpfung übertragbarer Krankheiten beim Menschen (Bundes-Seuchengesetz), soweit sie für den Vollzug der verletzten Vorschriften zuständig sind,
14. dem Gesetz zum Schutz vor schädlichen Umwelteinwirkungen durch Luftverunreinigungen, Geräusche, Erschütterungen und ähnliche Vorgänge (Bundes-Immissionsschutzgesetz), soweit sie für den Vollzug der verletzten Vorschriften zuständig sind,
15. § 156 Abs. 1 Nr. 1 des Bundesbaugesetzes, soweit sie zum Erlaß des Verwaltungsaktes zuständig sind,
16. § 88 Abs. 2 des Gesetzes für Jugendwohlfahrt,
17. § 116 Abs. 4 des Bundessozialhilfegesetzes bei Verletzung der Auskunftspflicht gegenüber dem überörtlichen Träger der Sozialhilfe,
18. dem Gesetz zum Schutze der Auswanderer (Auswandererschutzgesetz-AuswSG) und der auf Grund dieses Gesetzes erlassenen Rechtsverordnungen,
19. dem Gesetz über die Gemeinnützigkeit im Wohnungswesen (Wohnungsgemeinnützigkeitsgesetz),
20. dem Gesetz über die Statistik für Bundeszwecke,
21. dem Gesetz über die Rechnungslegung von bestimmten Unternehmen und Konzernen,
22. dem Aktiengesetz,
23. §§ 3 und 4 des Gesetzes zur weiteren Vereinfachung des Wirtschaftsstrafrechts (Wirtschaftsstrafgesetz 1954), soweit es sich nicht um Zuwiderhandlungen gegen die Verordnung über Preisangaben handelt,
24. dem Gesetz über die Sicherung des Unterhalts der zum Wehrdienst einberufenen Wehrpflichtigen und ihrer Angehörigen (Unterhaltssicherungsgesetz),
25. § 143 Abs. 1 Nr. 1 der Gewerbeordnung, soweit sie für den Vollzug der verletzten Vorschriften zuständig sind,
26. dem Düngemittelgesetz,
27. dem Gesetz über die Herkunftsbezeichnung des Hopfens,
28. dem Gesetz über den Schutz von Pflanzensorten (Sortenschutzgesetz),
29. dem Gesetz über den Verkehr mit Saatgut (Saatgutverkehrsgesetz),
30. dem Gesetz betreffend die Bekämpfung der Reblaus (Reblausgesetz),
31. dem Pflanzenschutzgesetz, soweit es sich nicht um Zuwiderhandlungen gegen Vorschriften oder Anordnungen unterer Verwaltungsbehörden handelt und soweit nicht nach § 10 Nr. 1 die Forstdirektionen zuständig sind,
32. § 76 Abs. 2 des Viehseuchengesetzes, soweit das Ministerium für Ernährung, Landwirtschaft und Umwelt oder die Regierungspräsidien für den Vollzug der verletzten Vorschriften zuständig sind,
33. dem Gesetz zur Durchführung der Richtlinie des Rates der Europäischen Wirtschaftsgemeinschaft zur Regelung gesundheitlicher Fragen beim innergemeinschaftlichen Handelsverkehr mit frischem Fleisch (Durchführungsgesetz EWG-Richtlinie Frisches Fleisch),
34. § 18 Abs. 1 Nr. 1 und 2 und Abs. 2 Nr. 7 bis 13 des Tierschutzgesetzes,
35. dem Gesetz zur Anpassung der landwirtschaftlichen Erzeugung an die Erfordernisse des Marktes (Marktstrukturgesetz),

36. dem Gesetz über den Verkehr mit Getreide und Futtermitteln (Getreidegesetz),
37. dem Gesetz über den Verkehr mit Futtermitteln (Futtermittelgesetz),
38. dem Gesetz zur Änderung futtermittelrechtlicher Vorschriften,
39. dem Gesetz über den Verkehr mit Milch, Milcherzeugnissen und Fetten (Milch- und Fettgesetz),
40. dem Gesetz über den Verkehr mit Vieh und Fleisch (Vieh- und Fleischgesetz),
41. dem Gesetz über den Verkehr mit Zucker (Zuckergesetz),
42. dem Gesetz über Maßnahmen auf dem Gebiete der Weinwirtschaft (Weinwirtschaftgesetz),
43. a) § 1 Abs. 3 Nr. 2 des Handelsklassengesetzes in Verbindung mit § 4 der Verordnung zur Durchführung der Verordnung (EWG) Nr. 1349/72 des Rates der Europäischen Gemeinschaften über die Erzeugung von und den Verkehr mit Bruteiern und Küken von Hausgeflügel,
    b) § 7 Abs. 1 Nr. 1 des Handelsklassengesetzes, soweit es sich um Erzeugnisse handelt, die Gegenstand der in Buchstabe c genannten Verordnungen sind,
    c) § 7 Abs. 1 Nr. 3 des Handelsklassengesetzes in Verbindung mit § 6 der Verordnung über gesetzliche Handelsklassen für Rindfleisch, § 6 der Verordnung über gesetzliche Handelsklassen für Schaffleisch und § 7 der Verordnung über gesetzliche Handelsklassen für Schweinehälften,
44. dem Berufsbildungsgesetz, soweit in § 7 Nr. 6, § 9, § 10 Nr. 6 und § 14 nichts anderes bestimmt ist, mit der Maßgabe, daß zuständig ist das Regierungspräsidium Stuttgart, wenn es sich um den Ausbildungsberuf Tierwirt, das Regierungspräsidium Karlsruhe, wenn es sich um den Ausbildungsberuf Pferdewirt, das Regierungspräsidium Freiburg, wenn es sich um den Ausbildungsberuf Fischwirt und das Regierungspräsidium Tübingen, wenn es sich um die Ausbildungsberufe Molkereifachmann und Milchwirtschaftlicher Laborant handelt,
45. dem Betriebsverfassungsgesetz, soweit nicht nach § 7 Nr. 7 das Landesbergamt zuständig ist,
46. dem Bundesfernstraßengesetz, soweit sich die Ordnungswidrigkeiten auf Bundesstraßen beziehen,
47. §§ 24 und 24a des Straßenverkehrsgesetzes, soweit die Ordnungswidrigkeiten auf Bundesautobahnen begangen werden,
48. dem Luftverkehrsgesetz,
49. dem Gesetz über die Neuorganisation der Marktordnungsstellen.

§ 5 Zuständigkeit der Gemeinden und der Verwaltungsgemeinschaften

[1] Die Gemeinden mit mindestens 5000 Einwohnern sind, soweit in Absatz 2 nichts anderes bestimmt ist, zuständig für Ordnungswidrigkeiten nach

1. dem Gesetz über Personalausweise,
2. dem Gesetz über das Paßwesen,
3. der Gewerbeordnung, soweit sie für deren Vollzug zuständig sind,
4. dem Gaststättengesetz, soweit sie für dessen Vollzug zuständig sind,
5. dem Gesetz über den Ladenschluß, soweit nicht nach § 3a Abs. 4 Satz 1 des Kammergesetzes der Vorstand der Landesapothekerkammer oder nach § 13 Nr. 11 die Gewerbeaufsichtsämter zuständig sind,
6. einer Herbstordnung gemäß § 4 Abs. 2 Satz 2 Weingesetz.

II Die Verwaltungsgemeinschaften mit mindestens 5000 Einwohnern sind für die in Absatz 1 genannten Ordnungswidrigkeiten zuständig, soweit sie für den Vollzug der in Absatz 1 genannten Gesetze zuständig sind.

III Die Aufgaben nach Absatz 1 und 2 sind Pflichtaufgaben nach Weisung der zuständigen Fachaufsichtsbehörde. Das Weisungsrecht ist nicht beschränkt.

§ 6 Zuständigkeit des Autobahnamts

Das Autobahnamt ist zuständig für Ordnungswidrigkeiten nach dem Bundesfernstraßengesetz, soweit sich die Ordnungswidrigkeiten auf Bundesautobahnen beziehen.

§ 7 Zuständigkeit des Landesbergamts

Das Landesbergamt ist, soweit es sich um Betriebe handelt, die der Bergaufsicht unterstehen, zuständig für Ordnungswidrigkeiten nach

1. dem Gesetz zum Schutz vor schädlichen Umwelteinwirkungen durch Luftverunreinigungen, Geräusche, Erschütterungen und ähnliche Vorgänge (Bundes-Immissionsschutzgesetz),
2. dem Gesetz über Maßnahmen zur Sicherung der Altölbeseitigung (Altölgesetz),
3. § 130 des Gesetzes über Ordnungswidrigkeiten,
4. dem Gesetz über explosionsgefährliche Stoffe (Sprengstoffgesetz),
5. dem Gesetz über die friedliche Verwendung der Kernenergie und den Schutz gegen ihre Gefahren (Atomgesetz), soweit nicht nach § 3 Abs. 5 das Ministerium für Arbeit, Gesundheit und Sozialordnung zuständig ist,
6. dem Berufsbildungsgesetz,
7. dem Betriebsverfassungsgesetz,
8. dem Gesetz über Betriebsärzte, Sicherheitsingenieure und andere Fachkräfte für Arbeitssicherheit,
9. der Arbeitszeitordnung,
10. dem Gesetz zum Schutze der arbeitenden Jugend (Jugendarbeitsschutzgesetz),
11. dem Gesetz zum Schutze der erwerbstätigen Mutter (Mutterschutzgesetz),
12. dem Gesetz über das Fahrpersonal von Kraftfahrzeugen und Straßenbahnen (Fahrpersonalgesetz).

§ 8 Zuständigkeit des Landesgewerbeamts

Das Landesgewerbeamt ist zuständig für Ordnungswidrigkeiten nach

1. dem Gesetz über Einheiten im Meßwesen,
2. dem Gesetz über das Meß- und Eichwesen (Eichgesetz), soweit es sich nicht um die Verletzung von Vorschriften über die Mengenkennzeichnung und die Grundpreisangabe bei der Abgabe von Fertigpackungen und diesen gleichgestellten Packungen an Letztverbraucher handelt,
3. a) § 15 Abs. 2 Nr. 1 des Gesetzes zur Förderung der Energiewirtschaft (Energiewirtschaftsgesetz), soweit eine nach § 3 des Energiewirtschaftsgesetzes dem Landesgewerbeamt gegenüber bestehende Auskunftpflicht verletzt wird,
   b) § 15 Abs. 2 Nr. 4 des Energiewirtschaftsgesetzes, soweit einer auf Grund von § 13 des Energiewirtschaftsgesetzes ergangenen vollziehbaren Anordnung zuwidergehandelt wird,

4. dem Gesetz über die Beaufsichtigung der privaten Versicherungsunternehmungen, soweit die Aufsicht dem Landesgewerbeamt zusteht.

§ 9 Zuständigkeit des Landesaufsichtsamts für die Sozialversicherung

Das Landesaufsichtsamt für die Sozialversicherung ist zuständig für Ordnungswidrigkeiten nach dem Berufsbildungsgesetz für den Bereich der Berufsbildung bei den der Aufsicht des Landes unterstehenden Trägern der Sozialversicherung, soweit in § 14 nichts anderes bestimmt ist.

§ 10 Zuständigkeit der Forstdirektionen

Die Forstdirektionen sind zuständig für Ordnungswidrigkeiten nach

1. dem Pflanzenschutzgesetz für den Bereich der Forstwirtschaft,
2. dem Gesetz über forstliches Saat- und Pflanzgut,
3. dem Gesetz über gesetzliche Handelsklassen für Rohholz,
4. dem Gesetz zum Ausgleich von Schäden infolge besonderer Naturereignisse in der Forstwirtschaft (Forstschäden-Ausgleichsgesetz),
5. dem Gesetz über forstwirtschaftliche Zusammenschlüsse,
6. dem Berufsbildungsgesetz für den Bereich der Berufsbildung in der Forstwirtschaft.

§ 11 Zuständigkeit der Staatsanwaltschaften bei den Landgerichten

Die Staatsanwaltschaften bei den Landgerichten sind zuständig für Ordnungswidrigkeiten

1. nach dem Rechtsberatungsgesetz,
2. nach § 115 des Gesetzes über Ordnungswidrigkeiten in Bezug auf Gefangene in Justizvollzugsanstalten.

§ 12 Zuständigkeit der Flurbereinigungsämter

Die Flurbereinigungsämter sind zuständig für Ordnungswidrigkeiten nach dem Flurbereinigungsgesetz.

§ 13 Zuständigkeit der Gewerbeaufsichtsämter

Die Gewerbeaufsichtsämter sind zuständig für Ordnungswidrigkeiten nach

1. dem Gesetz zum Schutz vor schädlichen Umwelteinwirkungen durch Luftverunreinigungen, Geräusche, Erschütterungen und ähnliche Vorgänge (Bundes-Immissionsschutzgesetz), soweit sie für den Vollzug der verletzten Vorschriften zuständig sind,
2. dem Gesetz zur Verminderung von Luftverunreinigungen durch Bleiverbindungen in Ottokraftstoffen für Kraftfahrzeugmotore (Benzinbleigesetz),
3. § 143 und § 147 der Gewerbeordnung, soweit sie für den Vollzug der verletzten Vorschriften zuständig sind,
4. dem Gesetz über explosionsgefährliche Stoffe (Sprengstoffgesetz), soweit sie für den Vollzug der verletzten Vorschriften zuständig sind,
5. dem Gesetz über die friedliche Verwendung der Kernenergie und den Schutz gegen ihre Gefahren (Atomgesetz), soweit in § 3 Abs. 5 und § 7 Nr. 5 nichts anderes bestimmt ist,
6. dem Heimarbeitsgesetz,

7. dem Gesetz über Betriebsärzte, Sicherheitsingenieure und andere Fachkräfte für Arbeitssicherheit, soweit nicht nach § 7 Nr. 8 das Landesbergamt zuständig ist,
8. der Arbeitszeitordnung, soweit nicht nach § 7 Nr. 9 das Landesbergamt zuständig ist,
9. der Verordnung über die Arbeitszeit in Krankenpflegeanstalten,
10. dem Gesetz über die Arbeitszeit in Bäckereien und Konditoreien,
11. § 24 Abs. 1 Nr. 1, Nr. 2 Buchst. a in Verbindung mit § 17 Abs. 5 und § 24 Abs. 1 Nr. 4 des Gesetzes über den Ladenschluß,
12. dem Gesetz zum Schutze der arbeitenden Jugend (Jugendarbeitsschutzgesetz), soweit nicht nach § 7 Nr. 10 das Landesbergamt zuständig ist,
13. dem Gesetz zum Schutze der erwerbstätigen Mutter (Mutterschutzgesetz), soweit nicht nach § 7 Nr. 11 das Landesbergamt zuständig ist,
14. dem Gesetz über gesundheitsschädliche oder feuergefährliche Arbeitsstoffe,
15. dem Gesetz über Sicherheitskinefilme (Sicherheitsfilmgesetz),
16. dem Gesetz über technische Arbeitsmittel,
17. dem Gesetz über das Fahrpersonal von Kraftfahrzeugen und Straßenbahnen (Fahrpersonalgesetz), soweit nicht nach § 7 Nr. 12 das Landesbergamt zuständig ist.

§ 14 Zuständigkeit der Berufskammern

Für Ordnungswidrigkeiten nach dem Berufsbildungsgesetz, die von Kammermitgliedern begangen werden, sind zuständig

1. die Landesärztekammer für die Berufsbildung der Arzthelfer,
2. die Landesapothekerkammer für die Berufsbildung der Apothekenhelfer,
3. die Notarkammer für die Berufsbildung der Notargehilfen,
4. die Rechtsanwaltskammer für die Berufsbildung der Rechtsanwaltsgehilfen,
5. die Steuerberaterkammer für die Berufsbildung der Gehilfen in wirtschafts- und steuerberatenden Berufen,
6. die Landeszahnärztekammer für die Berufsbildung der Zahnarzthelfer.

§ 15 Ermächtigung der Ministerien

Die durch § 36 Abs. 2 Satz 1 des Gesetzes über Ordnungswidrigkeiten und § 26 Abs. 1 Satz 1 des Straßenverkehrsgesetzes erteilten Ermächtigungen werden auf die fachlich zuständigen Ministerien übertragen. Die Ministerien regeln die Zuständigkeit durch Änderung und Ergänzung dieser Verordnung.

§ 16 Ermächtigung zur Neubekanntmachung

Das Innenministerium wird ermächtigt, diese Verordnung in der jeweils geltenden Fassung neu bekanntzumachen. Es kann dabei Unstimmigkeiten des Wortlauts sowie der Paragraphen- und Nummernfolge beseitigen.

§ 17 Aufhebung von Zuständigkeitsvorschriften

Bekanntmachungen der Ministerien nach § 73 Abs. 1 des Gesetzes über Ordnungswidrigkeiten vom 25. März 1952 (BGBl. I S. 177) und Verordnungen der Landesregierung und der Ministerien nach § 36 Abs. 2 des Gesetzes über Ordnungswidrigkeiten vom 24. Mai 1968 (BGBl. I S. 481) über die sachliche Zuständigkeit der Verwaltungsbehörden für die Verfolgung und Ahndung von Ordnungswidrigkeiten nach Bundesrecht, die dieser Verordnung entsprechen oder widersprechen, werden aufgehoben. Insbesondere werden aufgehoben

1.–75. *nicht abgedruckt.*

§ 18 Inkrafttreten

Diese Verordnung tritt am 1. Januar 1975 in Kraft.

B 1 c. Verordnung des Justizministeriums über die Zuständigkeit der Gerichte bei der Verfolgung von Ordnungswidrigkeiten

Vom 23. März 1971 (GBl. 118)

Auf Grund des § 68 Abs. 3 des Gesetzes über Ordnungswidrigkeiten vom 24. Mai 1968 (BGBl. I S. 481), zuletzt geändert durch das Gesetz zur Änderung des Rechtspflegergesetzes, des Beurkundungsgesetzes und zur Umwandlung des Offenbarungseides in eine eidesstattliche Versicherung vom 27. Juni 1970 (BGBl. I S. 911), in Verbindung mit § 1 der Verordnung der Landesregierung zur Übertragung der Ermächtigung des § 68 Abs. 3 des Gesetzes über Ordnungswidrigkeiten auf das Justizministerium vom 10. Juni 1969 (GesBl. S. 97) wird verordnet:

§ 1

In Verfahren wegen Ordnungswidrigkeiten nach § 24 des Straßenverkehrsgesetzes, die auf den Autobahnen begangen worden sind, wird die Zuständigkeit zur Entscheidung bei Einsprüchen gegen Bußgeldbescheide abweichend von § 68 Abs. 1 des Gesetzes über Ordnungswidrigkeiten auf das Amtsgericht am Sitz des Landgerichts übertragen, in dessen Bezirk die Ordnungswidrigkeit oder eine der Ordnungswidrigkeiten begangen worden ist.

§ 2 *nicht abgedruckt.*

§ 3

Diese Verordnung tritt am 1. Juni 1971 in Kraft.

B 1 d. Zweite Verordnung des Justizministeriums über die Zuständigkeit der Gerichte bei der Verfolgung von Ordnungswidrigkeiten

Vom 24. Oktober 1972 (GBl. 619), ÄndVO vom 26. März 1974 (GBl. 174)

Auf Grund des § 68 Abs. 3 des Gesetzes über Ordnungswidrigkeiten vom 24. Mai 1968 (BGBl. I S. 481), zuletzt geändert durch das Vierte Gesetz zur Reform des Strafrechts (4. StrRG) vom 23. November 1973 (BGBl. I S. 1725), in Verbindung mit § 1 der Verordnung der Landesregierung zur Übertragung der Ermächtigung des § 68 Abs. 3 des Gesetzes über Ordnungswidrigkeiten auf das Justizministerium vom 10. Juni 1969 (GesBl. S. 97) wird verordnet:

§ 1

Abweichend von § 68 Abs. 1 des Gesetzes über Ordnungswidrigkeiten ist bei einem Einspruch gegen einen Bußgeldbescheid des Landratsamtes jeweils das nachfolgend aufgeführte Amtsgericht zuständig, wenn die Ordnungswidrigkeit oder eine der Ordnungswidrigkeiten in dem bezeichneten Bezirk begangen worden ist:

1. Das Amtsgericht Bruchsal
   für den Bezirk der Amtsgerichte Bruchsal und Philippsburg;
2. das Amtsgericht Buchen
   für den Bezirk der Amtsgerichte Adelsheim und Buchen;
3. das Amtsgericht Crailsheim
   für den Bezirk der Amtsgerichte Crailsheim und Langenburg;
4. das Amtsgericht Lahr
   für den Bezirk der Amtsgerichte Ettenheim und Lahr;
5. das Amtsgericht Nürtingen
   für den Bezirk der Amtsgerichte Kirchheim und Nürtingen;
6. das Amtsgericht Wangen
   für den Bezirk der Amtsgerichte Leutkirch und Wangen;
7. die Amtsgerichte Backnang, Bad Mergentheim, Bühl, Donaueschingen, Ehingen, Hechingen, Horb, Kehl, Leonberg, Maulbronn, Mühlheim, Münsingen, Öhringen, Säckingen, Saulgau, Schwäbisch Gmünd, Sinsheim, Stockach, Tettnang, Titisee-Neustadt, Überlingen, Vaihingen und Wolfach jeweils für ihren Bezirk.

§ 2 *nicht abgedruckt.*

§ 3

Diese Verordnung tritt am 1. Januar 1973 in Kraft.

Bayern

B 2a. Gesetz über das Landesstrafrecht und das Verordnungsrecht auf dem Gebiet der öffentlichen Sicherheit und Ordnung (Landesstraf- und Verordnungsgesetz – LStVG –)

idF vom 7. November 1974 (GVBl. 753, 814), letztes ÄndG v. 27. Juni 1978 (GVBl. 335)

(Auszug)

Art. 1 Einteilung der Tatbestände

^I Die im Landesrecht mit Freiheitsstrafe oder mit Geldstrafe bedrohten Handlungen sind Straftaten.

^{II} Die im Landesrecht mit Geldbuße bedrohten Handlungen sind Ordnungswidrigkeiten.

Art. 3 Ordnungswidrigkeiten

Für die Ordnungswidrigkeiten des Landesrechts gilt das Gesetz über Ordnungswidrigkeiten, soweit gesetzlich nichts anderes bestimmt ist.

Art. 4 Zuwiderhandlungen gegen Rechtsvorschriften oder Anordnungen für den Einzelfall

^I Zuwiderhandlungen gegen Rechtsvorschriften im Range unter dem Gesetz können auf Grund eines Landesgesetzes mit Strafe oder Geldbuße nur geahndet werden, wenn die Rechtsvorschrift für einen bestimmten Tatbestand auf die zugrundeliegende gesetzliche Straf- oder Bußgeldvorschrift verweist.

^{II} Zuwiderhandlungen gegen Anordnungen der Verwaltungsbehörden für den Einzelfall können nach Landesrecht mit Strafe oder Geldbuße nur geahndet werden, wenn die Anordnung nicht mehr mit ordentlichen Rechtsbehelfen angefochten werden kann oder ihre Vollziehung angeordnet ist.

Art. 5 Vollstreckung des Bußgeldbescheids

Der Bußgeldbescheid wird nach den Vorschriften des Bayerischen Verwaltungszustellungs- und Vollstreckungsgesetzes vollstreckt, soweit nicht das Gesetz über Ordnungswidrigkeiten etwas anderes bestimmt.

Art. 59 Zuständigkeit zur Verfolgung und Ahndung von Ordnungswidrigkeiten nach § 112 des Gesetzes über Ordnungswidrigkeiten

Zuständige Verwaltungsbehörde für die Verfolgung und Ahndung von Ordnungswidrigkeiten nach § 112 des Gesetzes über Ordnungswidrigkeiten ist

1. der Direktor des Landtagsamts bei Zuwiderhandlungen gegen Anordnungen des Bayerischen Landtags oder seines Präsidenten,
2. der Direktor des Senatsamts bei Zuwiderhandlungen gegen Anordnungen des Bayerischen Senats oder seines Präsidenten.

B 2b. Verordnung über Zuständigkeiten im Ordnungswidrigkeitenrecht (ZuVOWiG)

Vom 20. Januar 1977 (GVBl. 42), letzte ÄndVO v. 23. November 1978 (GVBl. 784)

Auf Grund des § 36 Abs. 2 Satz 1 des Gesetzes über Ordnungswidrigkeiten (OWiG) in der Fassung der Bekanntmachung vom 2. Januar 1975 (BGBl. I S. 80), geändert durch Gesetz vom 20. August 1975 (BGBl. I S. 2189), des § 26 Abs. 1 Satz 1 des Straßenverkehrsgesetzes in der Fassung der Bekanntmachung vom 19. Dezember 1952 (BGBl. I S. 837), zuletzt geändert durch Gesetz vom 6. August 1975 (BGBl. I S. 2121), und des Art. 9 Abs. 2 der Gemeindeordnung für den Freistaat Bayern erläßt die Bayerische Staatsregierung folgende Verordnung:

§ 1 Zuständigkeit der Kreisverwaltungsbehörden

^I Zuständige Verwaltungsbehörden im Sinne von § 35 OWiG sind die Kreisverwaltungsbehörden, soweit diese Verordnung oder andere Rechtsvorschriften nichts anderes bestimmen.

^{II} Die Großen Kreisstädte sind zuständig für die Verfolgung und Ahndung von Zuwiderhandlungen

1. gegen Art. 105 der Bayerischen Bauordnung,
2. gegen § 41 des Wasserhaushaltsgesetzes und Art. 95 des Bayerischen Wassergesetzes, soweit es sich um das Einleiten von Abwasser aus Kleinkläranlagen mit einem durchschnittlichen Anfall häuslicher Abwässer bis zu 8 Kubikmeter je Tag in ein Gewässer handelt,
3. gegen § 24 der Lagerverordnung in Verbindung mit Art. 95 Nr. 3 Buchst. f des Bayerischen Wassergesetzes und gegen Art. 95 Nr. 4 des Bayerischen Wassergesetzes,
4. gegen Art. 38 Abs. 4 des Landesstraf- und Verordnungsgesetzes in Verbindung mit der Landesverordnung über die Verhütung von Bränden,
5. gegen § 28 des Gaststättengesetzes,
6. gegen § 33a Abs. 1 der Gewerbeordnung,
7. gegen Art. 18 des Bestattungsgesetzes, § 25 der Bestattungsverordnung und § 11 der Zweiten Bestattungsverordnung.

§ 2 Zentrale Bußgeldstelle

[I] Die Zentrale Bußgeldstelle im Bayerischen Polizeiverwaltungsamt ist zuständige Verwaltungsbehörde für die Verfolgung und Ahndung von Ordnungswidrigkeiten nach den §§ 24 und 24a des Straßenverkehrsgesetzes, ausgenommen Zuwiderhandlungen gegen die Durchführungsverordnung zum Fahrlehrergesetz vom 16. September 1969 (BGBl. I S.1763).

[II] Für die Verfolgung von Ordnungswidrigkeiten in den Fällen des Absatzes 1 sind neben der Zentralen Bußgeldstelle auch die Dienststellen der Bayerischen Landespolizei und der Bayerischen Grenzpolizei zuständig, solange sie die Sache nicht an die Zentrale Bußgeldstelle oder an die Staatsanwaltschaft abgegeben haben oder wenn die Staatsanwaltschaft die Sache nach § 41 Abs. 2 oder § 43 Abs. 1 OWiG an die Polizei zurück- oder abgibt.

§ 3 Kreisangehörige Gemeinden

[I] Die kreisangehörigen Gemeinden sind zuständig für

1. die Verfolgung und Ahndung von Zuwiderhandlungen gegen Ortsrecht,
2. Verwarnungen nach § 56 OWiG bei Zuwiderhandlungen gegen das Meldegesetz,
3. Verwarnungen nach § 56 OWiG bei Zuwiderhandlungen gegen das Paßgesetz und das Gesetz über Personalausweise, soweit sie Ausweis- und Paßbehörden sind.

[II] Die kreisangehörigen Gemeinden, denen nach Art. 77 Abs. 2 der Bayerischen Bauordnung die Aufgaben der unteren Bauaufsichtsbehörden übertragen worden sind, sind zuständig für die Verfolgung und Ahndung von Zuwiderhandlungen gegen Art. 105 der Bayerischen Bauordnung.

§ 4 Regierungen

[I] Die Regierungen sind zuständig für die Verfolgung und Ahndung von Zuwiderhandlungen

1. gegen Vorschriften des Dritten Abschnitts des Fahrlehrergesetzes vom 25. August 1969 (BGBl. I S. 1336) in der jeweils gültigen Fassung,
2. gegen Art. 8 des Ingenieurgesetzes vom 27. Juli 1970 (GVBl. S. 336),
3. gegen § 405 des Aktiengesetzes vom 6. September 1965 (BGBl. I S. 1089),
4. gegen Vorschriften des Saatgutrechts (Sortenschutz, Saatgutverkehr), des Pflanzenschutzrechts und des Düngemittelverkehrsrechts,

5. gegen Vorschriften der Verordnung PR Nr. 30/53 über die Preise bei öffentlichen Aufträgen vom 21. November 1953 (BAnz. Nr. 244),
6. gegen Vorschriften der Verordnung PR Nr. 1/72 über die Preise für Bauleistungen bei öffentlichen oder mit öffentlichen Mitteln finanzierten Aufträgen vom 6. März 1972 (BGBl. I S. 293),
7. gegen Vorschriften über Preise für Elektrizität im Sinne des § 2 Nr. 1 und über die Zulässigkeit von Konzessionsabgaben und Abgrenzungsentschädigungen im Sinne von § 3 Nr. 5 der Verordnung PR Nr. 5/67 – Preisfreigabeverordnung – vom 12. Dezember 1967 (BAnz. Nr. 237),
8. gegen Art. 13 des Gesetzes über die öffentliche Bestellung und allgemeine Beeidigung von Dolmetschern und Übersetzern vom 21. Oktober 1953 (BayBS III S. 40),
9. gegen § 18 des Abfallbeseitigungsgesetzes und gegen Art. 18 des Bayerischen Abfallgesetzes, ausgenommen
   a) § 18 Abs. 1 Nrn. 1, 6, 7, 8 und 10 des Abfallbeseitigungsgesetzes,
   b) § 18 Abs. 1 Nr. 5 des Abfallbeseitigungsgesetzes, soweit einer Anzeigepflicht nach § 11 Abs. 3 Satz 2 dieses Gesetzes zuwidergehandelt wird,
   c) § 18 Abs. 1 Nr. 11 des Abfallbeseitigungsgesetzes, soweit einer Rechtsverordnung nach § 11 Abs. 2 oder § 13 Abs. 5 Nr. 2 dieses Gesetzes zuwidergehandelt wird,
   d) Art. 18 Abs. 1 Nr. 4 des Bayerischen Abfallgesetzes, soweit die vollziehbaren Anordnungen nicht von den Regierungen erlassen worden sind,
10. gegen § 17 des Heimgesetzes vom 7. August 1974 (BGBl. I S. 1873), soweit ihnen der Vollzug des Heimgesetzes obliegt,
11. gegen § 42 des Bundesdatenschutzgesetzes vom 27. Januar 1977 (BGBl. I S. 201).

II Die Regierung von Unterfranken ist zuständig für die Verfolgung und Ahndung von Zuwiderhandlungen

1. gegen § 17 Abs. 1 des Weinwirtschaftsgesetzes in der Fassung der Bekanntmachung vom 9. Mai 1968 (BGBl. I S. 471),
2. gegen § 10 des Reblausgesetzes vom 6. Juli 1904 (RGBl. S. 261).

III Die Regierung von Oberbayern – Luftamt Südbayern – und die Regierung von Mittelfranken – Luftamt Nordbayern – sind zuständig für die Verfolgung und Ahndung von Zuwiderhandlungen gegen Vorschriften über den Luftverkehr, soweit nicht Bundesbehörden zuständig sind.

§ 5 Staatsministerien

I Das Staatsministerium für Unterricht und Kultus ist zuständig für die Verfolgung und Ahndung von Zuwiderhandlungen gegen Vorschriften des Bayerischen Hochschulgesetzes vom 21. Dezember 1973 (GVBl. S. 679, ber. 1974 S. 45), zuletzt geändert durch Gesetz vom 24. August 1978 (GVBl. S. 588).

II Das Staatsministerium für Wirtschaft und Verkehr ist zuständig für die Verfolgung und Ahndung von Zuwiderhandlungen

1. gegen Vorschriften des Energiewirtschaftsgesetzes vom 13. Dezember 1935 (RGBl. I S. 1451) und gegen Rechtsvorschriften auf Grund dieses Gesetzes, soweit dem Staatsministerium der Vollzug obliegt,
2. gegen § 90 des Börsengesetzes in der Fassung der Bekanntmachung vom 27. Mai 1908 (RGBl. S. 215),

3. gegen § 11 des Pflichtversicherungsgesetzes vom 5. April 1965 (BGBl. I S. 213), soweit das Staatsministerium zuständige Genehmigungsbehörde für die Tarife, für die Ermittlung und Verteilung technischer Überschüsse sowie für die Provisionen der Kraftfahrtversicherung ist,
4. gegen §§ 144 und 144a des Gesetzes über die Beaufsichtigung der privaten Versicherungsunternehmungen in der Fassung der Bekanntmachung vom 6. Juni 1931 (RGBl. I S. 315, ber. S. 750), soweit die Versicherungsunternehmungen der Landesaufsicht unterstehen,
5. gegen § 118a der Handwerksordnung in der Fassung der Bekanntmachung vom 28. Dezember 1965 (BGBl. 1966 I S. 1),
6. gegen § 20 des Kraftfahrsachverständigengesetzes vom 22. Dezember 1971 (BGBl. I S. 2086).

III Das Staatsministerium für Landesentwicklung und Umweltfragen ist zuständig für die Verfolgung und Ahndung von Zuwiderhandlungen

1. gegen § 46 des Atomgesetzes, soweit nicht nach den §§ 7 bis 9 das Bayerische Landesamt für Umweltschutz, die Bergbehörden oder die Gewerbeaufsichtsämter zuständig sind,
2. gegen § 18 Abs. 1 Nrn. 10 und 11 des Abfallbeseitigungsgesetzes, gegen § 18 Abs. 1 Nr. 11 dieses Gesetzes jedoch nur, soweit es sich um Rechtsvorschriften handelt, die auf Grund des § 13 Abs. 5 Nr. 2 dieses Gesetzes erlassen worden sind.

§ 6 Justizbehörden

Die Staatsanwaltschaften bei den Landgerichten sind zuständig für die Verfolgung und Ahndung von Zuwiderhandlungen

1. gegen § 115 OWiG und gegen Art. 21 des Landesstraf- und Verordnungsgesetzes, soweit sich der Gefangene oder Verwahrte im Gewahrsam von Justizvollzugsanstalten befindet,
2. gegen Art. 1 § 8 des Rechtsberatungsgesetzes vom 13. Dezember 1935 (RGBl. I S. 1478).

§ 7 Landesämter

I Das Bayerische Landesamt für Maß und Gewicht ist zuständig für die Verfolgung und Ahndung von Zuwiderhandlungen

1. gegen § 11 des Gesetzes über Einheiten im Meßwesen vom 2. Juli 1969 (BGBl. I S. 709),
2. gegen § 35 Abs. 1, Abs. 2 Nrn. 1 bis 7 und Nrn. 9 bis 12, Abs. 3 des Eichgesetzes vom 11. Juli 1969 (BGBl. I S. 759).

II Das Bayerische Landesamt für Ernährungswirtschaft ist zuständig für die Verfolgung und Ahndung von Zuwiderhandlungen gegen Vorschriften, deren Vollzug ihm obliegt.

III Das Bayerische Landesamt für Umweltschutz ist zuständig für die Verfolgung und Ahndung von Zuwiderhandlungen gegen Vorschriften, deren Vollzug ihm obliegt.

§ 8 Bergbehörden

Das Oberbergamt und die Bergämter sind zuständig für die Verfolgung und Ahndung von Zuwiderhandlungen gegen Vorschriften, deren Vollzug ihnen obliegt.

§ 9 Gewerbeaufsichtsämter

Die Gewerbeaufsichtsämter sind zuständig für die Verfolgung und Ahndung von Zuwiderhandlungen gegen Vorschriften, deren Vollzug ihnen obliegt.

§ 10 Oberforstdirektionen

Die Oberforstdirektionen sind zuständig für die Verfolgung und Ahndung von Zuwiderhandlungen gegen § 15 des Gesetzes über forstliches Saat- und Pflanzgut in der Fassung der Bekanntmachung vom 29. Oktober 1969 (BGBl. I S. 2057).

§ 11 Tierzucht- und Landwirtschaftsämter

Die Tierzuchtämter und die Ämter für Landwirtschaft und Tierzucht sind zuständig für die Verfolgung und Ahndung von Zuwiderhandlungen gegen § 24 des Tierzuchtgesetzes vom 20. April 1976 (BGBl. I S. 1045) und Art. 14 des Bayerischen Tierzuchtgesetzes vom 5. August 1977 (GVBl. S. 403), im Bereich der Pferdezucht jedoch die durch § 5 der Verordnung über die Neuorganisation der staatlichen Landwirtschaftsberatung vom 14. Juli 1972 (GVBl. S. 312) bestimmten Behörden.

§ 12 Verweisungen

Soweit diese Verordnung auf Rechtsvorschriften verweist, bezieht sich die Verweisung auf die Vorschriften in ihrer jeweils gültigen Fassung.

§ 13 Inkrafttreten

I Diese Verordnung tritt am 1. Februar 1977 in Kraft.

II *(Aufhebungsvorschrift)*

B 2c. Verordnung über die gerichtliche Zuständigkeit für Bußgeldverfahren in Straßenverkehrssachen

Vom 5. Dezember 1968 (GVBl. 439)

Auf Grund des § 68 Abs. 3 des Gesetzes über Ordnungswidrigkeiten vom 24. Mai 1968 (BGBl. I S. 481) in Verbindung mit § 1 der Verordnung über die Übertragung von Ermächtigungen zur Regelung der gerichtlichen Zuständigkeit in Strafsachen und Bußgeldverfahren vom 18. November 1968 (GVBl. S. 336) erläßt das Bayerische Staatsministerium der Justiz folgende Verordnung:

§ 1

Abweichend von § 68 Abs. 1 des Gesetzes über Ordnungswidrigkeiten ist bei einem Einspruch gegen einen Bußgeldbescheid der Zentralen Bußgeldstelle im Bayerischen Polizeiverwaltungsamt das Amtsgericht zur Entscheidung zuständig, in dessen Bezirk die Ordnungswidrigkeit oder eine der Ordnungswidrigkeiten begangen worden ist.

§ 2

I Ist nach § 1 die Zuständigkeit eines bayerischen Amtsgerichts nicht gegeben, so entscheidet das Amtsgericht, in dessen Bezirk der Betroffene im Zeitpunkt des Einspruchs seinen Wohnsitz hat. Das gleiche gilt, wenn nicht feststellbar ist, in welchem Amtsgerichtsbezirk die Ordnungswidrigkeit begangen worden ist.

II Ist auch nach Absatz 1 die Zuständigkeit eines bayerischen Amtsgerichts nicht gegeben, so entscheidet das Amtsgericht München.

§ 3

Diese Verordnung tritt am 1. Januar 1969 in Kraft.

Berlin

B 3. Verordnung über sachliche Zuständigkeiten für die Verfolgung und Ahndung von Ordnungswidrigkeiten (ZuständigkeitsVO-OWiG)

Vom 26. September 1978 (GVBl. 1955; BRV 454–4)

Auf Grund des § 36 Abs. 2 des Gesetzes über Ordnungswidrigkeiten (OWiG) in der Fassung vom 2. Januar 1975 (BGBl. I S. 80, 520 / GVBl. S. 361, 872, geändert durch Gesetz vom 20. August 1975 (BGBl. I S. 2189/ GVBl. S. 2214), und des § 26 Abs. 1 Satz 1 des Straßenverkehrsgesetzes in der Fassung vom 19. Dezember 1952 (BGBl. I S. 837 / GVBl. 1953 S. 73), zuletzt geändert durch Gesetz vom 16. August 1977 (BGBl. I S. 1577 / GVBl. S. 1826), wird verordnet:

§ 1

Zuständige Verwaltungsbehörden für die Verfolgung und Ahndung von Ordnungswidrigkeiten sind für die Fälle, in denen die zuständige Verwaltungsbehörde nicht durch Gesetz bestimmt ist,

1. die Bezirksämter in bezirkseigenen Angelegenheiten, in übertragenen Vorbehaltsaufgaben einschließlich der Ordnungsaufgaben der Bezirke und in Angelegenheiten des Rundfunkgebührenwesens,

2. der Polizeipräsident

   a) für die ihm durch die Verordnung über die Zuständigkeit der Ordnungsbehörden (DVO-ASOG) vom 30. August 1978 (GVBl. S. 1900), übertragenen Ordnungsaufgaben jedoch für die vom Gewerbeaußendienst wahrzunehmenden Aufgaben (§ 15 Nr. 3 und 19–23 DVO-ASOG) beschränkt auf die Verfolgung der Ordnungswidrigkeiten,

   b) für Ordnungswidrigkeiten nach §§ 111, 113, 115, 118, 119, 120, 124, 125, 127, 128 OWiG, soweit nicht § 131 Abs. 1 OWiG eine andere Regelung trifft,

   c) für Ordnungswidrigkeiten nach § 24 des Straßenverkehrsgesetzes, die im Straßenverkehr begangen werden, und nach § 24a des Straßenverkehrsgesetzes,

3. das Landesamt für Arbeitsschutz und technische Sicherheit für die ihm durch die DVO-ASOG übertragenen Ordnungsaufgaben,
4. die Berliner Feuerwehr für die ihr durch die DVO-ASOG übertragenen Ordnungsaufgaben,
5. das Landesamt für das Meß- und Eichwesen für die ihm durch die DVO-ASOG übertragenen Ordnungsaufgaben,
6. das Preisamt für die ihm durch die DVO-ASOG übertragenen Ordnungsaufgaben
7. das Statistische Landesamt für die sich aus der Ordnung der Statistik im Lande Berlin (Statistische Ordnung) ergebenden Aufgaben.

§ 2

Im übrigen wird die Ermächtigung des § 36 Abs. 2 Satz 1 OWiG auf die jeweils zuständige oberste Landesbehörde übertragen.

§ 3

Diese Verordnung tritt am Tage nach ihrer Verkündung im Gesetz- und Verordnungsblatt für Berlin in Kraft. Satz 2 ... *(Aufhebungs-Vorschrift)*

Bremen

B 4a. Gesetz zur Ausführung des Gesetzes über Ordnungswidrigkeiten (OWiG) und des Einführungsgesetzes zum Gesetz über Ordnungswidrigkeiten (EGOWiG)

Vom 1. Oktober 1968 (GBl. 147; 45–c–1)

(Auszug)

Art. 1 Bußgeldandrohungen in Ortsgesetzen

[I] Die Stadtgemeinden Bremen und Bremerhaven können in Ortsgesetzen für den Fall vorsätzlich oder fahrlässig begangener Zuwiderhandlungen Geldbuße androhen. Das Gesetz über Ordnungswidrigkeiten (OWiG) vom 24. Mai 1968 (BGBl. I S. 481) und dieses Gesetz sind mit der Maßgabe anzuwenden, daß die Geldbuße höchstens fünfhundert Deutsche Mark beträgt.

[II] Die sachlich zuständige Verwaltungsbehörde für das Bußgeldverfahren wegen einer Zuwiderhandlung gegen ein Ortsgesetz ist durch Ortsgesetz zu bestimmen.

Art. 2 Verbleib der Geldbußen. Auslagen

[I] Geldbußen, die durch rechtskräftige Bescheide einer Verwaltungsbehörde festgesetzt sind, fließen in die Kasse der Körperschaft oder Anstalt des öffentlichen Rechts, der die Verwaltungsbehörde angehört. Satz 1 gilt für Nebenfolgen, die zu einer Geldzahlung verpflichten, entsprechend.

[II] Nimmt eine Verwaltungsbehörde den Bußgeldbescheid zurück und stellt sie das Verfahren ein, so fallen die notwendigen Auslagen, soweit diese nicht vom Betroffenen zu tragen sind, der Körperschaft oder der Anstalt des öffentlichen Rechts zur Last, der die Verwaltungsbehörde angehört.

---

[1] Weitere Zuständigkeitsvorschriften vgl. Sammlung des bremischen Rechts 45–c–4 ff.

Art. 3 Eigentum an eingezogenen Gegenständen

Wird ein Gegenstand eingezogen, so geht das Eigentum an der Sache oder das eingezogene Recht mit der Rechtskraft der Entscheidung auf die Körperschaft oder Anstalt des öffentlichen Rechts über, deren Organ oder Stelle die Einziehung angeordnet hat.

Art. 4–8 *nicht abgedruckt.*

B 4 b. Verordnung über die Zuständigkeit für die Verfolgung und Ahndung von Ordnungswidrigkeiten nach den §§ 24 und 24 a des Straßenverkehrsgesetzes

Vom 31. Juli 1973 (GBl. 199; 45–c–59)

Auf Grund von § 36 Abs. 2 des Gesetzes über Ordnungswidrigkeiten (OWiG) vom 24. Mai 1968 (BGBl. I S. 481) und § 26 Abs. 1 des Straßenverkehrsgesetzes, zuletzt geändert durch das Gesetz vom 20. Juli 1973 (BGBl. I S. 870), verordnet der Senat:

§ 1

Sachlich zuständige Verwaltungsbehörden für die Verfolgung und Ahndung von Ordnungswidrigkeiten nach den §§ 24 und 24a des Straßenverkehrsgesetzes sind die Ortspolizeibehörden.

§ 2

Die Verordnung tritt am Tage nach der Verkündung in Kraft. *Satz 2 nicht abgedruckt.*

B 4 c. Verordnung über die Zuständigkeit für die Verfolgung und Ahndung von Ordnungswidrigkeiten

Vom 11. März 1975 (GBl. 151; 45–c–68), letzte ÄndVO v. 17. Juli 1978 (GBl. 183)

Aufgrund von § 36 Abs. 2 Satz 1 des Gesetzes über Ordnungswidrigkeiten (OWiG) verordnet der Senat:

§ 1 Ordnungswidrigkeitengesetz

Sachlich zuständige Verwaltungsbehörde für die Verfolgung und Ahndung von Ordnungswidrigkeiten nach den §§ 111 und 113 sowie den §§ 116 bis 130 OWiG ist die Ortspolizeibehörde.

§ 2 Gesetz über Titel, Orden und Ehrenzeichen

[I] Sachlich zuständige Verwaltungsbehörde für die Verfolgung und Ahndung von Ordnungswidrigkeiten nach § 15 des Gesetzes über Titel, Orden und Ehrenzeichen vom 26. Juli 1957 (BGBl. I S. 844) in der Fassung des Artikels 33 Nr. 2 EGStGB ist die Ortspolizeibehörde.

[II] *nicht abgedruckt.*

§3 Gesetz über Personalausweise

Sachlich zuständige Verwaltungsbehörde für die Verfolgung und Ahndung von Ordnungswidrigkeiten nach § 3 des Gesetzes über Personalausweise vom 19. Dezember 1950 (BGBl. S. 807) in der Fassung des Artikels 43 EGStGB ist die Ortspolizeibehörde.

§4 Heilpraktikergesetz

Sachlich zuständige Verwaltungsbehörde für die Verfolgung und Ahndung von Ordnungswidrigkeiten nach § 5a des Heilpraktikergesetzes vom 17. Februar 1939 (RGBl. I S. 251) in der Fassung des Artikels 53 EGStGB ist die Ortspolizeibehörde.

§5 Versammlungsgesetz

Sachlich zuständige Verwaltungsbehörde für die Verfolgung und Ahndung von Ordnungswidrigkeiten nach § 29 des Versammlungsgesetzes vom 24. Juli 1953 (BGBl. I S. 684) in der Fassung des Artikels 81 Nr. 9 EGStGB ist die Ortspolizeibehörde.

§6 Gesetz über die Statistik für Bundeszwecke

^{I} Sachlich zuständige Verwaltungsbehörde für die Verfolgung und Ahndung von Ordnungswidrigkeiten nach § 14 des Gesetzes über die Statistik für Bundeszwecke vom 3. September 1953 (BGBl. I S.1314), zuletzt geändert durch Artikel 92 EGStGB, ist die Ortspolizeibehörde.

^{II} *nicht abgedruckt.*

§7 Gesetz gegen den unlauteren Wettbewerb

Sachlich zuständige Verwaltungsbehörde für die Verfolgung und Ahndung von Ordnungswidrigkeiten nach § 6 Abs. 2, §§ 8 und 10 des Gesetzes gegen den unlauteren Wettbewerb vom 7. Juni 1909 (RGBl. S. 499) in der Fassung des Artikels 139 Nrn. 2 bis 4 EGStGB ist die Ortspolizeibehörde.

§8 Zugabeverordnung

Sachlich zuständige Verwaltungsbehörde für die Verfolgung und Ahndung von Ordnungswidrigkeiten nach § 3 der Zugabeverordnung vom 9. März 1932 (RGBl. I S. 121) in der Fassung des Artikels 141 Nr. 1 EGStGB ist die Ortspolizeibehörde.

§9 Rabattgesetz

Sachlich zuständige Verwaltungsbehörde für die Verfolgung und Ahndung von Ordnungswidrigkeiten nach § 11 des Rabattgesetzes vom 25. November 1933 (RGBl. I S. 1011) in der Fassung des Artikels 142 EGStGB ist die Ortspolizeibehörde.

§10 Gesetz über die Bekämpfung der Schwarzarbeit

Sachlich zuständige Verwaltungsbehörde für die Verfolgung und Ahndung von Ordnungswidrigkeiten nach den §§ 1 und 2 des Gesetzes über die Bekämpfung der Schwarzarbeit vom 30. März 1957 (BGBl. I S. 315) in der Fassung des Artikels 150 Nr. 1 EGStGB ist die Ortspolizeibehörde.

§ 11 Rennwett- und Lotteriegesetz

Sachlich zuständige Verwaltungsbehörde für die Verfolgung und Ahndung von Ordnungswidrigkeiten nach § 7 des Rennwett- und Lotteriegesetzes vom 8. April 1922 (RGBl. I S. 335, 393), in der Fassung des Artikels 164 Nr. 3 EGStGB ist die Ortspolizeibehörde.

§ 12 Gesetz über die Verfrachtung alkoholischer Waren

Sachlich zuständige Verwaltungsbehörde für die Verfolgung und Ahndung von Ordnungswidrigkeiten nach § 8 des Gesetzes über die Verfrachtung alkoholischer Waren in der Fassung der Bekanntmachung vom 2. Januar 1975 (BGBl. I S. 289) ist die Hafenbehörde.

§ 13 Handwerksordnung

^I Sachlich zuständige Verwaltungsbehörde für die Verfolgung und Ahndung von Ordnungswidrigkeiten nach den §§ 117, 118 und 118a der Handwerksordnung in die Berufsbildung betreffenden Angelegenheiten ist der Senator für Bildung, im übrigen die Ortspolizeibehörde.

^{II} *nicht abgedruckt.*

§ 14 Gesetz über den Verkehr mit unedlen Metallen

Sachlich zuständige Verwaltungsbehörde für die Verfolgung und Ahndung von Ordnungswidrigkeiten nach § 17 des Gesetzes über den Verkehr mit unedlen Metallen vom 23. Juli 1926 (RGBl. I S. 415) in der Fassung des Artikels 178 Nr. 2 EGStGB ist die Ortspolizeibehörde.

§ 15 Flurbereinigungsgesetz

Sachlich zuständige Verwaltungsbehörde für die Verfolgung und Ahndung von Ordnungswidrigkeiten nach § 154 des Flurbereinigungsgesetzes vom 14. Juli 1953 (BGBl. I S. 591), zuletzt geändert durch Artikel 201 EGStGB, ist die Kataster- und Vermessungsverwaltung Bremen.

§ 16 Tierkörperbeseitigungsgesetz

Sachlich zuständige Verwaltungsbehörde für die Verfolgung und Ahndung von Ordnungswidrigkeiten nach § 16 des Tierkörperbeseitigungsgesetzes vom 1. Februar 1939 (RGBl. I S. 187) in der Fassung des Artikels 212 Nr. 2 EGStGB ist die Ortspolizeibehörde.

§ 17 Fleischbeschaugesetz

Sachlich zuständige Verwaltungsbehörde für die Verfolgung und Ahndung von Ordnungswidrigkeiten nach § 27 des Fleischbeschaugesetzes in der Fassung der Bekanntmachung vom 29. Oktober 1940 (RGBl. I S. 1463) in der Fassung des Artikels 213 Nr. 2 EGStGB ist die Ortspolizeibehörde.

§ 18 Brotgesetz

Sachlich zuständige Verwaltungsbehörde für die Verfolgung und Ahndung von Ordnungswidrigkeiten nach § 5 des Brotgesetzes in der Fassung der Bekanntmachung vom 9. Juni 1931 (RGBl. I S. 335) in der Fassung des Artikels 218 Nr. 1 EGStGB ist die Ortspolizeibehörde.

§ 19 Milchgesetz

Sachlich zuständige Verwaltungsbehörde für die Verfolgung und Ahndung von Ordnungswidrigkeiten nach den §§ 46, 47 und 49 des Milchgesetzes vom 31. Juli 1930 (RGBl. I S. 421) in der Fassung des Artikels 221 Nr. 5 EGStGB ist die Ortspolizeibehörde.

§ 20 Margarinegesetz

Sachlich zuständige Verwaltungsbehörde für die Verfolgung und Ahndung von Ordnungswidrigkeiten nach §§ 10 und 11 des Gesetzes über Margarine, Halbfettmargarine und Kunstspeisefett in der Fassung der Bekanntmachung vom 1. Juli 1975 (BGBl. I S. 1841) ist die Ortspolizeibehörde.

§ 21 Gesetz über den Fischereischein

Sachlich zuständige Verwaltungsbehörde für die Verfolgung und Ahndung von Ordnungswidrigkeiten nach § 4 des Gesetzes über den Fischereischein vom 19. April 1939 (RGBl. I S. 795) in der Fassung des Artikels 231 EGStGB ist die Ortspolizeibehörde.

§ 22 Ausführungsgesetz zur internationalen Konvention über die Nordseefischerei

Sachlich zuständige Verwaltungsbehörde für die Verfolgung und Ahndung von Ordnungswidrigkeiten nach § 2 des Gesetzes vom 30. April 1884 zur Ausführung der internationalen Konvention der Nordseefischerei betreffend die polizeiliche Regelung der Fischerei in der Nordsee außerhalb der Küstengewässer (RGBl. 1884 S. 48) in der Fassung des Artikels 232 EGStGB ist das Staatliche Fischereiamt Bremerhaven.

§ 23 Ausführungsgesetz zum internationalen Vertrag zur Unterdrükkung des Branntweinhandels unter den Nordseefischern auf hoher See

Sachlich zuständige Verwaltungsbehörde für die Verfolgung und Ahndung von Ordnungswidrigkeiten nach § 1 des Gesetzes vom 4. März 1894 betreffend die Ausführung des internationalen Vertrages vom 16. November 1887/14. Februar 1893 zur Unterdrückung des Branntweinhandels unter den Nordseefischern auf hoher See (RGBl. 1894 S. 151) in der Fassung des Artikels 233 EGStGB ist das Staatliche Fischereiamt Bremerhaven.

§ 24 Heimarbeitsgesetz

Sachlich zuständige Verwaltungsbehörde für die Verfolgung und Ahndung von Ordnungswidrigkeiten nach den §§ 32 und 32a des Heimarbeitsgesetzes vom 14. März 1951 (BGBl. I S. 191) in der Fassung des Artikels 239 Nr. 2 EGStGB ist das Gewerbeaufsichtsamt.

§ 25 Arbeitszeitordnung

Sachlich zuständige Verwaltungsbehörde für die Verfolgung und Ahndung von Ordnungswidrigkeiten nach § 25 der Arbeitszeitordnung vom 30. April 1938 (RGBl. I S. 447) in der Fassung des Artikels 240 Nr. 1 EGStGB ist das Gewerbeaufsichtsamt.

§ 26 Gesetz über den Ladenschluß

I Sachlich zuständige Verwaltungsbehörde für die Verfolgung und Ahndung von Ordnungswidrigkeiten nach § 24 des Gesetzes über den Ladenschluß vom 28. November 1956 (BGBl. I S. 875) in der Fassung des Artikels 243 EGStGB ist die Ortspolizeibehörde.

II *nicht abgedruckt.*

§ 27 Gesetz über gesundheitsschädliche oder feuergefährliche Arbeitsstoffe

Sachlich zuständige Verwaltungsbehörde für die Verfolgung und Ahndung von Ordnungswidrigkeiten nach den §§ 5 und 6 des Gesetzes über gesundheitsschädliche oder feuergefährliche Arbeitsstoffe vom 25. März 1939 (RGBl. I S. 581) in der Fassung des Artikels 247 EGStGB ist das Gewerbeaufsichtsamt.

§ 28 Strandungsordnung

Sachlich zuständige Verwaltungsbehörde für die Verfolgung und Ahndung von Ordnungswidrigkeiten nach § 43 der Strandungsordnung vom 17. Mai 1874 (RGBl. S. 73) in der Fassung des Artikels 284 Nr. 2 EGStGB ist das Strandamt Bremerhaven.

§ 29 Gesetz über die Gewichtsbezeichnung an schweren, auf Schiffen beförderten Frachtstücken

Sachlich zuständige Verwaltungsbehörde für die Verfolgung und Ahndung von Ordnungswidrigkeiten nach § 3 a des Gesetzes über die Gewichtsbezeichnung an schweren, auf Schiffen beförderten Frachtstücken vom 28. Juni 1933 (RGBl. I S. 412) in der Fassung des Artikels 285 Nr. 2 EGStGB ist die Hafenbehörde.

§ 30 Gesetz über das Apothekenwesen und Gesetz über den Verkehr mit Arzneimitteln

Sachlich zuständige Verwaltungsbehörde für die Verfolgung und Ahndung von Ordnungswidrigkeiten nach § 25 des Gesetzes über das Apothekenwesen vom 20. August 1960 (BGBl. I S. 697), zuletzt geändert durch Artikel 9 Nr. 6 des Gesetzes zur Neuordnung des Arzneimittelrechts vom 24. August 1976 (BGBl. I S.2445), und nach § 97 des Gesetzes über den Verkehr mit Arzneimitteln vom 24. August 1976 (BGBl. I S. 2448) ist die Ortspolizeibehörde, soweit nicht die Seemannsämter nach der Verordnung über die Zuständigkeit für die Verfolgung und Ahndung von Ordnungswidrigkeiten nach § 24 Abs. 2 und 3 der Verordnung über die Krankenfürsorge auf Kauffahrteischiffen vom 18. Juli 1972 (Brem.GBl. S. 155 – 45-c-52), geändert durch die Verordnung zur Anpassung an die Änderung von Zuständigkeiten für die Verfolgung und Ahndung von Ordnungswidrigkeiten nach der Verordnung über die Krankenfürsorge auf Kauffahrteischiffen vom 28. Juni 1976 (Brem.GBl. S. 152), oder die Wasser- und Schiffahrtsdirektionen nach der Verordnung über die Zuständigkeit der Wasser- und Schiffahrtsdirektionen für die Verfolgung und Ahndung bestimmter Ordnungswidrigkeiten vom 19. Dezember 1974 (BGBl. I S. 3709), geändert durch Verordnung vom 3. März 1976 (BGBl. I S. 493), zuständig sind.

§ 31 Betäubungsmittelgesetz

Sachlich zuständige Verwaltungsbehörde für die Verfolgung und Ahndung von Ordnungswidrigkeiten nach § 13 des Gesetzes über den Verkehr mit Betäubungsmitteln in der Fassung der Bekanntmachung vom 10. Januar 1972 (BGBl. I S. 1), geändert durch Artikel 48 des Einführungsgesetzes zum Strafgesetzbuch, ist die Ortspolizeibehörde, soweit nicht das Bundesgesundheitsamt zuständig ist.

§ 32 Gesetz über die Werbung auf dem Gebiete des Heilwesens

Sachlich zuständige Verwaltungsbehörde für die Verfolgung und Ahndung von Ordnungswidrigkeiten nach Artikel 1 §§ 13 und 17 des Gesetzes über die Werbung auf dem Gebiete des Heilwesens vom 11. Juli 1965 (BGBl. I S. 604), zuletzt geändert durch das Futtermittelgesetz vom 2. Juli 1975 (BGBl. I S. 1745), ist die Ortspolizeibehörde.

§ 33 Verordnung über Wochenpflegerinnen

Sachlich zuständige Verwaltungsbehörde für die Verfolgung und Ahndung von Ordnungswidrigkeiten nach § 7 der Verordnung über Wochenpflegerinnen vom 7. Februar 1943 (RGBl. I S. 87), zuletzt geändert durch die Verordnung zur Erleichterung der Verwaltungsreform in den Ländern vom 18. April 1975 (BGBl. I S. 967), ist die Ortspolizeibehörde.

§ 34 Bundes-Seuchengesetz

Sachlich zuständige Verwaltungsbehörde für die Verfolgung und Ahndung von Ordnungswidrigkeiten nach § 69 des Gesetzes zur Verhütung und Bekämpfung übertragbarer Krankheiten beim Menschen vom 18. Juli 1961 (BGBl. I S. 1012), zuletzt geändert durch das Siebente Gesetz über die Anpassung der Leistungen des Bundesversorgungsgesetzes vom 9. Juni 1975 (BGBl. I S. 1321), ist die Ortspolizeibehörde.

§ 35 Gesetz zur Bekämpfung der Geschlechtskrankheiten

Sachlich zuständige Verwaltungsbehörde für die Verfolgung und Ahndung von Ordnungswidrigkeiten nach § 27 des Gesetzes zur Bekämpfung der Geschlechtskrankheiten vom 23. Juli 1953 (BGBl. I S. 700), zuletzt geändert durch Artikel 66 des Einführungsgesetzes zum Strafgesetzbuch, ist die Ortspolizeibehörde.

§ 36 *(aufgehoben)*

§ 37 Gesetz betreffend die Beseitigung von Ansteckungsstoffen bei Viehbeförderung auf Eisenbahnen

Sachlich zuständige Verwaltungsbehörde für die Verfolgung und Ahndung von Ordnungswidrigkeiten nach § 5 des Gesetzes betreffend die Beseitigung von Ansteckungsstoffen bei Viehbeförderung auf Eisenbahnen vom 25. Februar 1876 (RGBl. S. 163), geändert durch Artikel 211 des Einführungsgesetzes zum Strafgesetzbuch, ist die Ortspolizeibehörde.

§ 38 Verordnung über die Durchführung des Fleischbeschaugesetzes

Sachlich zuständige Verwaltungsbehörde für die Verfolgung und Ahndung von Ordnungswidrigkeiten nach § 27 Abs. 3 und 4 der Verordnung über die

Durchführung des Fleischbeschaugesetzes vom 1. November 1940 (RMBl. S. 298, ber. 1941 S. 9), zuletzt geändert durch die Verordnung zur Erleichterung der Verwaltungsreform in den Ländern vom 18. April 1975 (BGBl. I S. 967), ist die Ortspolizeibehörde.

§ 39 Geflügelfleischhygienegesetz

Sachlich zuständige Verwaltungsbehörde für die Verfolgung und Ahndung von Ordnungswidrigkeiten nach §§ 40 und 41 des Geflügelfleischhygienegesetzes vom 12. Juli 1973 (BGBl. I S. 776), zuletzt geändert durch das Tierkörperbeseitigungsgesetz vom 2. September 1975 (BGBl. I S. 2313), ist die Ortspolizeibehörde.

§ 40 Gesetz über das Schlachten von Tieren

Sachlich zuständige Verwaltungsbehörde für die Verfolgung und Ahndung von Ordnungswidrigkeiten nach § 3 des Gesetzes über das Schlachten von Tieren vom 21. April 1933 (RGBl. I S. 203), geändert durch Artikel 216 des Einführungsgesetzes zum Strafgesetzbuch, ist die Ortspolizeibehörde.

§ 41 Durchführungsgesetz EWG – Richtlinie Frisches Fleisch

Sachlich zuständige Verwaltungsbehörde für die Verfolgung und Ahndung von Ordnungswidrigkeiten nach § 18 des Gesetzes zur Durchführung der Richtlinie des Rates der Europäischen Wirtschaftsgemeinschaft zur Regelung gesundheitlicher Fragen beim innergemeinschaftlichen Handelsverkehr mit frischem Fleisch vom 28. Juni 1965 (BGBl. I S. 547), zuletzt geändert durch Artikel 287 Nr. 61 des Einführungsgesetzes zum Strafgesetzbuch, ist die Ortspolizeibehörde.

§ 42 Erste Verordnung zur Ausführung des Milchgesetzes

Sachlich zuständige Verwaltungsbehörde für die Verfolgung und Ahndung von Ordnungswidrigkeiten nach § 21 Abs. 4 und § 29 Abs. 3 der Ersten Verordnung zur Ausführung des Milchgesetzes vom 15. Mai 1931 (RGBl. I S. 150), zuletzt geändert durch die Verordnung zur Erleichterung der Verwaltungsreform in den Ländern vom 18. April 1975 (BGBl. I S.967), in Verbindung mit Artikel 13 des Einführungsgesetzes zum Strafgesetzbuch, ist die Ortspolizeibehörde.

§ 43 Krankenpflegegesetz

Sachlich zuständige Verwaltungsbehörde für die Verfolgung und Ahndung von Ordnungswidrigkeiten nach § 16 des Krankenpflegegesetzes in der Fassung der Bekanntmachung vom 20. September 1965 (BGBl. I S. 1443), zuletzt geändert durch das Dritte Gesetz zur Änderung des Krankenpflegegesetzes vom 4. Mai 1972 (BGBl. I S. 753), ist die Ortspolizeibehörde.

§ 44 Gesetz über technische Assistenten in der Medizin

Sachlich zuständige Verwaltungsbehörde für die Verfolgung und Ahndung von Ordnungswidrigkeiten nach § 12 des Gesetzes über technische Assistenten in der Medizin vom 8. September 1971 (BGBl. I S. 1515), ist die Ortspolizeibehörde.

§ 45 Gesetz über die Ausübung der Berufe des Masseurs, des Masseurs und medizinischen Bademeisters und des Krankengymnasten

Sachlich zuständige Verwaltungsbehörde für die Verfolgung und Ahndung von Ordnungswidrigkeiten nach § 14 des Gesetzes über die Ausübung der Berufe des Masseurs, des Masseurs und medizinischen Bademeisters und des Krankengymnasten vom 21. Dezember 1958 (BGBl. I S. 985), zuletzt geändert durch das Erste Gesetz zur Reform des Strafrechts vom 25. Juni 1969 (BGBl. I S. 645), ist die Ortspolizeibehörde.

§ 46 Gesetz über den Beruf des Diätassistenten

Sachlich zuständige Verwaltungsbehörde für die Verfolgung und Ahndung von Ordnungswidrigkeiten nach § 8 des Gesetzes über den Beruf des Diätassistenten vom 17. Juli 1973 (BGBl. I S. 853) ist die Ortspolizeibehörde.

§ 47 Gesetz über die Rechtsstellung vorgeprüfter Apothekeranwärter

Sachlich zuständige Verwaltungsbehörde für die Verfolgung und Ahndung von Ordnungswidrigkeiten nach § 3 des Gesetzes über die Rechtsstellung vorgeprüfter Apothekeranwärter vom 4. Dezember 1973 (BGBl. I S. 1813) ist die Ortspolizeibehörde.

§ 48 Waschmittelgesetz

Sachlich zuständige Verwaltungsbehörde für die Verfolgung und Ahndung von Ordnungswidrigkeiten nach § 11 des Gesetzes über die Umweltverträglichkeit von Wasch- und Reinigungsmitteln vom 20. August 1975 (BGBl. I S. 2255) ist die Ortspolizeibehörde.

§ 49

Diese Verordnung tritt am Tage nach ihrer Verkündung in Kraft.

B 4 d. Verordnung über die Zuständigkeit der Amtsgerichte nach dem Gesetz über Ordnungswidrigkeiten

Vom 17. Dezember 1968 (GBl. 232; 45–e–1)

Gemäß § 68 Abs. 3 des Gesetzes über Ordnungswidrigkeiten vom 24. Mai 1968 (BGBl. I S. 481) verordnet der Senat:

§ 1

Für die Entscheidung über einen Einspruch gegen den Bußgeldbescheid einer bremischen Verwaltungsbehörde, die ihren Sitz in der Stadtgemeinde Bremen hat, ist das Amtsgericht zuständig, in dessen Bezirk die durch den Bußgeldbescheid geahndete Ordnungswidrigkeit oder eine der geahndeten Ordnungswidrigkeiten begangen worden ist.

§ 2

Diese Verordnung tritt am 1. Januar 1969 in Kraft.

Hamburg

B 5a. Anordnung
über Zuständigkeiten im allgemeinen Straßenverkehrsrecht

Vom 26. März 1974 (Amtl. Anz. 517)

Auf Grund

des § 26 Absatz 1 des Straßenverkehrsgesetzes in der Fassung vom 19. Dezember 1952 (Bundesgesetzblatt I Seite 837), zuletzt geändert am 20. Juli 1973 (Bundesgesetzblatt I Seite 870),

des § 36 Absatz 2 Satz 1 des Gesetzes über Ordnungswidrigkeiten vom 24. Mai 1968 (Bundesgesetzblatt I Seite 481),

des § 32 Absatz 1 des Fahrlehrergesetzes vom 25. August 1969 mit den Änderungen vom 23. Juni 1970 und 22. November 1971 (Bundesgesetzblatt I 1969 Seite 1336, 1970 Seite 805, 1971 Seite 1829) und

des § 15 des Kraftfahrsachverständigengesetzes vom 22. Dezember 1971 (Bundesgesetzblatt I Seite 2086) wird bestimmt:

I.

[1] Zuständig für die Durchführung

1. des Straßenverkehrsgesetzes,
2. der Höchstgeschwindigkeits-Verordnung vom 16. März 1972 (Bundesgesetzblatt I Seite 461),
3. der Ferienreiseverordnung 1973 vom 18. April 1973 (Bundesgesetzblatt I Seite 315) und der jeweils an ihre Stelle tretenden künftigen Verordnungen,
4. der Spikes-Verordnung vom 8. November 1972 (Bundesgesetzblatt I Seite 2074),
5. des Fahrlehrergesetzes und der darauf gestützten Rechtsverordnungen,
6. des Kraftfahrsachverständigengesetzes und der darauf gestützten Rechtsverordnungen

in der jeweils geltenden Fassung ist, soweit nachstehend nichts anderes bestimmt wird,

die Behörde für Inneres.

[2] Sie ist oberste Landesbehörde im Sinne des § 6 Absatz 1 Satz 2 des Straßenverkehrsgesetzes, des § 2 der Höchstgeschwindigkeits-Verordnung, der jeweils geltenden Ferienreiseverordnung, des § 6 der Spikes-Verordnung, der §§ 30 Absatz 2 und 34 Absatz 3 des Fahrlehrergesetzes und der §§ 16 Absatz 1 und 17 Absatz 2 des Kraftfahrsachverständigengesetzes.

[3] Die Behörde für Inneres ist Anerkennungsbehörde, Aufsichtsbehörde und für die Ausnahmeregelung zuständige Behörde im Sinne von § 15 des Kraftfahrsachverständigengesetzes. Sie unterhält die staatliche Technische Prüfstelle nach § 14 des Kraftfahrsachverständigengesetzes für das Gebiet der Freien und Hansestadt Hamburg.

II.

Landesbehörden im Sinne des § 5a des Straßenverkehrsgesetzes sind die Behörden, die für die Aufstellung von Verkehrszeichen (§ 45 der Straßenver-

kehrs-Ordnung vom 16. November 1970, Bundesgesetzblatt I Seite 1565, zuletzt geändert am 20. Oktober 1972, Bundesgesetzblatt I Seite 2069) zuständig
sind.

III.

[I] Zuständig für die Durchführung der §§ 1, 2 und 4 des Straßenverkehrsgesetzes sind in den Bezirken Bergedorf und Harburg
die Bezirksämter.

[II] Das Bezirksamt Harburg nimmt diese Aufgaben auch im Gebiet des Orts-
amtes Finkenwerder des Bezirksamtes Hamburg-Mitte wahr.

IV.

[I] Zuständig für die Durchführung

1. des Gesetzes über das Fahrpersonal im Straßenverkehr vom 30. März 1971
   (Bundesgesetzblatt I Seite 277) und der darauf gestützten Rechtsverordnungen,
2. der Verordnung (EWG) Nummer 543/69 des Rates vom 25. März 1969
   über die Harmonisierung bestimmter Sozialvorschriften im Straßenverkehr
   mit den Änderungen vom 28. Februar 1972 (Amtsblatt der Europäischen
   Gemeinschaften Nummer L 77 vom 29. März 1969 Seite 49, Nummer L 67
   vom 20. März 1972 Seiten 1 und 11),
3. der Verordnung zur Durchführung der Verordnung (EWG) Nummer 543/
   69 (DV (EWG) Nr. 543/69) vom 22. August 1969 mit der Änderung vom
   28. Oktober 1971 (Bundesgesetzblatt I 1969 Seiten 1307 und 1791, 1971
   Seite 1729),

in der jeweils geltenden Fassung ist, soweit dort oder nachstehend nichts
anderes bestimmt ist,
die Arbeits- und Sozialbehörde.

[II] Sie ist auch zuständig für die Ahndung von Ordnungswidrigkeiten nach
§ 5 Absatz 1 Nummer 4 des Gesetzes über das Fahrpersonal im Straßenverkehr im Falle des § 5 der DV (EWG) Nr. 543/69.

V.

Zuständige Behörde nach den §§ 4 und 5 der DV (EWG) Nr. 543/69 ist
auch
die Behörde für Inneres

VI.

[I] Fachbehörde nach § 5 des Bezirksverwaltungsgesetzes vom 16. September
1969 (Hamburgisches Gesetz- und Verordnungsblatt Seite 179) ist
die Behörde für Inneres

[II] § 1 Absatz 4 des Gesetzes über Verwaltungsbehörden in der Fassung vom
13. April 1962 (Hamburgisches Gesetz- und Verordnungsblatt Seite 107) bleibt
unberührt.

VII.

(Aufhebungsvorschrift)

B 5 b. Anordnung über Zuständigkeiten für die Verfolgung von Ordnungswidrigkeiten

Vom 2. September 1975 (Amtl. Anz. 1337), zuletzt geändert durch Anordnung vom 13. Februar 1979 (Amtl. Anz. 281)

Auf Grund von § 36 Absatz 2 Satz 1 des Gesetzes über Ordnungswidrigkeiten (OWiG) in der Fassung vom 2. Januar 1975 (Bundesgesetzblatt I Seite 81) wird bestimmt:

I.

Zuständig für die Verfolgung und Ahndung von Ordnungswidrigkeiten sind, soweit im Gesetz über Ordnungswidrigkeiten, in anderen Zuständigkeitsanordnungen oder nachstehend nichts anderes bestimmt ist, im Rahmen der ihnen durch Rechtsvorschrift oder Zuständigkeitsanordnung zugewiesenen Aufgaben
die Fachbehörden,
die Bergbehörden und
die Bezirksämter.

II.

Zuständig für die Verfolgung und Ahndung von Ordnungswidrigkeiten sind bei Verstößen gegen
1. §§ 124, 125, § 126 Absatz 1 Nummer 2 OWiG
der Senat – Senatskanzlei –,
2. § 111 OWiG,
   a) sofern sie ihnen gegenüber begangen wurden,
   die Fachbehörden
   die Bergbehörden und
   die Bezirksämter,
   b) sofern sie in Verfahren der Gerichte und Staatsanwaltschaften der Freien und Hansestadt Hamburg begangen wurden, jeweils im Rahmen ihrer fachlichen Zuständigkeit
   die Justizbehörde und
   die Arbeits- und Sozialbehörde,
   c) sofern sie gegenüber Bundesbehörden begangen wurden,
   die Behörde für Inneres,
3. §§ 113, 118 bis 120, 127, 128 OWiG
die Behörde für Inneres,
4. § 115 OWiG
die Justizbehörde,
5. § 126 Absatz 1 Nummer 1 OWiG im Bereich der Krankenpflege
die Gesundheitsbehörde,
6. § 126 Absatz 1 Nummer 1 OWiG im Bereich der Wohlfahrtspflege
die Arbeits- und Sozialbehörde,
7. § 121 OWiG
die Bezirksämter.

III.

Zuständig für die Verfolgung und Ahndung von Ordnungswidrigkeiten sind bei Verstößen gegen § 117 OWiG

1. durch Religionsgesellschaften der Senat – Senatskanzlei –,
2. durch von ihr beaufsichtigte Unternehmen
   die Arbeits- und Sozialbehörde,
3. durch Unternehmen des Straßenbahnverkehrs sowie durch Unternehmen, die im Auftrag der Baubehörde öffentliche Hoch- und Tiefbauten ausführen,
   die Baubehörde,
4. durch Unternehmen
   a) der Land-, Forst- und Ernährungswirtschaft,
   b) des Schiffsverkehrs und des Schiffsumschlags im Hamburger Hafen,
   c) nichtbundeseigner Eisenbahnen
   und im Rahmen der von ihr durchgeführten Strom-, Hafen- und Bundesbauten
   die Behörde für Wirtschaft, Verkehr und Landwirtschaft,
5. im Rahmen ihres Geschäftsbereichs
   die Behörde für Inneres,
6. durch der Bergaufsicht unterliegende Unternehmen
   die Bergbehörden,
7. im Rahmen ihres Geschäftsbereichs
   die Bezirksämter.

IV.

(1) Bestimmte Stelle nach § 58 Absatz 1 Satz 1 OWiG ist die Behörde für Inneres.

(2) Fachlich zuständige oberste Landesbehörde nach § 58 Absatz 1 Satz 3 OWiG sind im Rahmen der ihnen zugewiesenen Aufgaben die Fachbehörden.

V.

Fachbehörde nach § 5 des Bezirksverwaltungsgesetzes vom 16. September 1969 (Hamburgisches Gesetz- und Verordnungsblatt Seite 179) ist für die Aufgaben in Bußgeldverfahren nach

1. § 117 OWiG
   die Behörde für Inneres,
2. § 121 OWiG
   die Gesundheitsbehörde.

VI.

§ 1 Absatz 4 des Gesetzes über Verwaltungsbehörden in der Fassung vom 13. April 1962 (Hamburgisches Gesetz- und Verordnungsblatt Seite 107) bleibt unberührt.

VII.

(Aufhebungsvorschrift)

B 5c. Verordnung über die örtliche Zuständigkeit der Amtsgerichte in Bußgeldsachen auf dem Gebiet des Straßenverkehrsrechts

Vom 17. Dezember 1968 (GVBl. 296; BL 3121–2)

Auf Grund des § 68 Absatz 3 des Gesetzes über Ordnungswidrigkeiten vom 24. Mai 1968 (Bundesgesetzblatt I S. 481) wird verordnet:

§ 1

In Bußgeldsachen auf dem Gebiet des Straßenverkehrsrechts entscheidet bei einem Einspruch gegen einen Bußgeldbescheid abweichend von § 68 Absatz 1 des Gesetzes über Ordnungswidrigkeiten vom 24. Mai 1968 (Bundesgesetzblatt I Seite 481) das Amtsgericht, in dessen Bezirk die Ordnungswidrigkeit oder eine der Ordnungswidrigkeiten begangen worden ist.

§ 2

Diese Verordnung tritt am 1. Januar 1969 in Kraft.

Hessen

B 6a. Gesetz zur Regelung des Finanzausgleichs (Finanzausgleichsgesetz – FAG)

Vom 20. Dezember 1977 (GVBl. I 481; II 41–16), letztes ÄndG v. 20. Dezember 1979 (GVBl. 1980 I 12)

(Auszug)

§ 46 Zuweisungen von Geldbußen nach dem Gesetz über Ordnungswidrigkeiten.

[I] Geldbußen, die durch Bescheid des Gemeindevorstandes festgesetzt sind, fließen der Gemeinde zu. Satz 1 gilt entsprechend für Nebenfolgen, die zu einer Geldzahlung verpflichten, für die Einziehung von Gegenständen und für die Kosten des Bußgeldverfahrens.

[II] Geldbußen, die durch Bescheid des Kreisausschusses festgesetzt sind, fließen dem Landkreis zu. Abs. 1 Satz 2 gilt sinngemäß.

[III] Wird der Bußgeldbescheid zurückgenommen und das Verfahren eingestellt, so fallen die notwendigen Auslagen des Betroffenen, soweit sie nicht von diesem zu tragen sind, der Gemeinde oder dem Landkreis zur Last.

[IV] In den Fällen der Abs. 1 bis 3 haben die Gemeinde oder der Landkreis dem Land Auslagen zu erstatten, die staatlichen Stellen nach § 107 Abs. 3 Nr. 4, 6 bis 8 und 10 des Gesetzes über Ordnungswidrigkeiten erwachsen.

[V] In den Fällen der Abs. 1 bis 3 ist die Gemeinde oder der Landkreis auch ersatzpflichtige Kasse im Sinne des § 15 des Gesetzes über die Entschädigung für Strafverfolgungsmaßnahmen und des § 110 Abs. 4 des Gesetzes über Ordnungswidrigkeiten.

^{VI} Geldbußen, die durch Bescheid des Regierungspräsidenten in Kassel als Bezirkspolizeibehörde nach § 24 und § 24 a des Straßenverkehrsgesetzes festgesetzt sind, weist das Land den Landkreisen und kreisfreien Städten jährlich mit dem Betrag zu, der sich aus dem örtlichen Aufkommen nach anteiligem Abzug aller dem Land für die Bearbeitung, Vollstreckung und Vorprüfung entstandenen Personal- und Sachkosten ergibt. Bis zur endgültigen Feststellung der Zuweisungsbeträge werden Abschlagszahlungen geleistet.

^{VII} Abs. 6 gilt nicht für Verkehrsordnungswidrigkeiten auf Autobahnen und Bußgeldverfahren, denen ein Verwarnungsverfahren im Sinne des § 2 der Verordnung über die Zuständigkeit zur Verfolgung und Ahndung von Ordnungswidrigkeiten nach § 24 und § 24 a des Straßenverkehrsgesetzes vom *13. September 1977 (GVBl. I S. 366)*[1] vorausgegangen ist.

B 6 b. Verordnung über die Zuständigkeit zur Verfolgung und Ahndung von Ordnungswidrigkeiten nach § 24 und § 24 a des Straßenverkehrsgesetzes[2]

Vom 20. März 1979 (GVBl. I 66; II 61–28)

Auf Grund des § 26 Abs. 1 Satz 1 des Straßenverkehrsgesetzes in der Fassung vom 19. Dezember 1952 (Bundesgesetzbl. I S. 837), zuletzt geändert durch Gesetz vom 3. August 1978 (BGBl. I S. 1177), und des § 36 Abs. 2 Satz 1 des Gesetzes über Ordnungswidrigkeiten in der Fassung vom 2. Januar 1975 (BGBl. I S. 81, 520), zuletzt geändert durch Gesetz vom 5. Oktober 1978 (BGBl. I S. 1645), wird verordnet:

§ 1

Zuständige Verwaltungsbehörde für die Verfolgung und Ahndung von Ordnungswidrigkeiten nach § 24 und § 24 a des Straßenverkehrsgesetzes ist

1. in der Stadt Frankfurt am Main, ausgenommen auf Autobahnen, der Oberbürgermeister als Kreispolizeibehörde,
2. der Regierungspräsident in Darmstadt als Bezirkspolizeibehörde, sofern die Sachverhaltsfeststellung mit Hilfe der automatischen Verkehrsüberwachungsanlage auf der Autobahn A 3 in der Gemeinde Elz (Landkreis Limburg-Weilburg) erfolgt,
3. im übrigen der Regierungspräsident in Kassel als Bezirkspolizeibehörde.

§ 2

Unbeschadet der Zuständigkeit nach § 1 Nr. 3 ist die zuständige Verwaltungsbehörde für die Erteilung von Verwarnungen und die Erhebung von Verwarnungsgeldern bei geringfügigen Ordnungswidrigkeiten nach § 24 des Straßenverkehrsgesetzes auch die Ortspolizeibehörde.

§ 3 *(Aufhebungsvorschrift)*
§ 4

Diese Verordnung tritt am Tage nach ihrer Verkündung in Kraft.

---

[1] Jetzt VO v. 20. 3. 1979 (Anh **B 6 b**).
[2] Weitere Zuständigkeitsvorschriften vgl. Fuhr/Pfeil unter Nr. 38 b.

B 6 c. Verordnung
über die Zuständigkeit für die Verfolgung und Ahndung von Ordnungswidrigkeiten nach den §§ 117 bis 121 des Gesetzes über Ordnungswidrigkeiten

Vom 23. September 1974 (GVBl. I 460; II 310–43)

Auf Grund des § 36 Abs. 2 Satz 1 des Gesetzes über Ordnungswidrigkeiten (OWiG) vom 24. Mai 1968 (Bundesgesetzbl. I S. 481), zuletzt geändert durch Gesetz vom 2. März 1974 (Bundesgesetzbl. I S. 469), wird verordnet:

§ 1

Zuständige Verwaltungsbehörde für die Verfolgung und Ahndung von Ordnungswidrigkeiten nach den §§ 117 bis 121 des Gesetzes über Ordnungswidrigkeiten ist die Kreispolizeibehörde.

§ 2 *nicht abgedruckt.*

§ 3

Diese Verordnung tritt am 1. Januar 1975 in Kraft.

B 6 d. Verordnung
über die Zuständigkeit für die Verfolgung und Ahndung von Ordnungswidrigkeiten nach den §§ 111, 113 und 126 bis 128 des Gesetzes über Ordnungswidrigkeiten

Vom 16. Dezember 1974 (GVBl. I 672, 673; II 310–44)

Auf Grund des § 36 Abs. 2 Satz 1 des Gesetzes über Ordnungswidrigkeiten (OWiG) vom 24. Mai 1968 (Bundesgesetzbl. I S. 481), zuletzt geändert durch Gesetz vom 2. März 1974 (Bundesgesetzbl. I S. 469), verordnet die Landesregierung:

§ 1

Zuständige Verwaltungsbehörde für die Verfolgung und Ahndung von

1. Ordnungswidrigkeiten nach § 111 OWiG ist der Regierungspräsident;
2. Ordnungswidrigkeiten nach § 113 OWiG ist in Gemeinden mit 7500 und mehr Einwohnern der Gemeindevorstand, im übrigen der Landrat als Behörde der Landesverwaltung;
3. Ordnungswidrigkeiten nach § 126 OWiG ist in den Landkreisen der Landrat als Behörde der Landesverwaltung, in den kreisfreien Städten der Magistrat;
4. Ordnungswidrigkeiten nach den §§ 127 und 128 OWiG ist, soweit die zuständige Verwaltungsbehörde nicht nach § 131 Abs. 1 Nr. 4 Satz 1 oder einer Rechtsverordnung nach § 36 Abs. 3 in Verbindung mit § 131 Abs. 1 Nr. 4 Satz 2 OWiG bestimmt ist, der Regierungspräsident.

§ 2

Diese Verordnung tritt am 1. Januar 1975 in Kraft.

B 6e. Verordnung
über die Zuständigkeit zur Verfolgung und Ahndung von Ordnungswidrigkeiten nach § 125 des Gesetzes über Ordnungswidrigkeiten

Vom 17. Oktober 1978 (GVBl. I 541; II 17–22)

Auf Grund des § 36 Abs. 2 Satz 1 des Gesetzes über Ordnungswidrigkeiten in der Fassung vom 2. Januar 1975 (BGBl. I S. 81, 520), geändert durch Gesetz vom 20. August 1975 (BGBl. I S. 2189), wird verordnet:

§ 1

Zuständige Verwaltungsbehörde für die Verfolgung und Ahndung von Ordnungswidrigkeiten nach § 125 des Gesetzes über Ordnungswidrigkeiten ist in den Landkreisen der Landrat als Behörde der Landesverwaltung, in den kreisfreien Städten der Magistrat.

§ 2

Diese Verordnung tritt am Tage nach ihrer Verkündung in Kraft.

B 6f. Verordnung über die örtliche Zuständigkeit der Amtsgerichte in Bußgeldverfahren bei Ordnungswidrigkeiten nach dem Straßenverkehrsgesetz und der Verordnung über die Beförderung gefährlicher Güter auf der Straße

Vom 15. Dezember 1976 (GVBl. I 521; II 210–38), letzte ÄndVO
v. 19. August 1977 (GVBl. I 370)

Auf Grund des § 68 Abs. 3 des Gesetzes über Ordnungswidrigkeiten in der Fassung vom 2. Januar 1975 (Bundesgesetzbl. I S. 81, 520), geändert durch Gesetz vom 20. August 1975 (Bundesgesetzbl. I S. 2189), in Verbindung mit § 1 der Verordnung zur Übertragung der Ermächtigung des § 68 Abs. 3 des Gesetzes über Ordnungswidrigkeiten vom 28. Oktober 1968 (GVBl. I S. 273) wird verordnet:

§ 1

[1] In gerichtlichen Verfahren bei Ordnungswidrigkeiten nach

1. § 24 und 24a des Straßenverkehrsgesetzes und
2. § 12 der Verordnung über die Beförderung gefährlicher Güter auf der Straße vom 28. September 1976 (Bundesgesetzbl. I S. 2889)

ist, soweit der Regierungspräsident als Bezirkspolizeibehörde zuständige Verwaltungsbehörde ist, örtlich zuständig das Amtsgericht, in dessen Bezirk die Ordnungswidrigkeit begangen worden ist.

[II] Soweit gerichtliche Verfahren wegen einer der in Abs. 1 Nr. 2 bezeichneten Ordnungswidrigkeiten anhängig werden, deren Verfolgung und Ahndung durch eine Kreispolizeibehörde als zuständige Verwaltungsbehörde erfolgt, ist örtlich zuständig:

1. Im Landkreis Darmstadt-Dieburg das Amtsgericht Dieburg für die im Bezirk des Amtsgerichts Dieburg begangenen Ordnungswidrigkeiten;
2. im Landkreis Fulda das Amtsgericht Hünfeld für die im Bezirk des Amtsgerichts Hünfeld begangenen Ordnungswidrigkeiten;
3. im Landkreis Hersfeld-Rotenburg das Amtsgericht Rotenburg a. d. Fulda für die im Bezirk des Amtsgerichts Rotenburg a. d. Fulda begangenen Ordnungswidrigkeiten;
4. im Hochtaunuskreis das Amtsgericht Usingen für die im Bezirk des Amtsgerichts Usingen begangenen Ordnungswidrigkeiten;
5. im Landkreis Kassel
   a) das Amtsgericht Hofgeismar für die im Bezirk des Amtsgerichts Hofgeismar begangenen Ordnungswidrigkeiten,
   b) das Amtsgericht Wolfhagen für die im Bezirk des Amtsgerichts Wolfhagen begangenen Ordnungswidrigkeiten;
6. im Lahn-Dill-Kreis
   a) das Amtsgericht Dillenburg für die im Bezirk des Amtsgerichts Dillenburg und des Amtsgerichts Herborn begangenen Ordnungswidrigkeiten,
   b) das Amtsgericht Lahn-Gießen für die im Bezirk des Amtsgerichts Lahn-Gießen und in der Stadt Hungen begangenen Ordnungswidrigkeiten;
7. im Landkreis Limburg-Weilburg das Amtsgericht Weilburg für die im Bezirk des Amtsgerichts Weilburg begangenen Ordnungswidrigkeiten;
8. im Main-Kinzig-Kreis
   a) das Amtsgericht Gelnhausen für die im Bezirk des Amtsgerichts Gelnhausen begangenen Ordnungswidrigkeiten,
   b) das Amtsgericht Schlüchtern für die im Bezirk des Amtsgerichts Schlüchtern begangenen Ordnungswidrigkeiten;
9. im Landkreis Marburg-Biedenkopf das Amtsgerich Biedenkopf für die im Bezirk des Amtsgerichts Biedenkopf begangenen Ordnungswidrigkeiten;
10. im Rheingau-Taunus-Kreis das Amtsgericht Rüdesheim am Rhein für die im Bezirk der Amtsgerichte Eltville am Rhein und Rüdesheim am Rhein begangenen Ordnungswidrigkeiten;
11. im Schwalm-Eder-Kreis
    a) das Amtsgericht Fritzlar für die im Bezirk des Amtsgerichts Fritzlar begangenen Ordnungswidrigkeiten,
    b) das Amtsgericht Melsungen für die im Bezirk des Amtsgerichts Melsungen begangenen Ordnungswidrigkeiten,
    c) das Amtsgericht Schwalmstadt für die im Bezirk des Amtsgerichts Schwalmstadt begangenen Ordnungswidrigkeiten;
12. im Vogelsbergkreis das Amtsgericht Alsfeld für die im Bezirk des Amtsgerichts Alsfeld begangenen Ordnungswidrigkeiten;
13. im Landkreis Waldeck-Frankenberg das Amtsgericht Frankenberg (Eder) für die im Bezirk des Amtsgerichts Frankenberg (Eder) begangenen Ordnungswidrigkeiten;
14. im Werra-Meißner-Kreis das Amtsgericht Witzenhausen für die im Bezirk des Amtsgerichts Witzenhausen begangenen Ordnungswidrigkeiten;
15. im Wetteraukreis das Amtsgericht Büdingen für die im Bezirk des Amtsgerichts Büdingen begangenen Ordnungswidrigkeiten.

§ 2

[I] *(Aufhebungsvorschriften)*

[II] Diese Verordnung tritt am 1. Januar 1977 in Kraft.

Niedersachsen
B 7a. Gesetz
zur Ausführung des Gesetzes über Ordnungswidrigkeiten

Vom 9. Februar 1971 (GVBl. 39)

§ 1 Verbleib der Geldbußen

I Geldbußen, die durch rechtskräftige Bescheide einer Gebietskörperschaft, einer sonstigen Körperschaft oder einer Anstalt des öffentlichen Rechts festgesetzt sind, fließen in ihre Kasse. Satz 1 gilt für Nebenfolgen, die zu einer Geldzahlung verpflichten, entsprechend.

II Der durch die in Absatz 1 und in § 2 getroffene Regelung nicht gedeckte Verwaltungsaufwand für die Verfolgung und Ahndung von Ordnungswidrigkeiten des übertragenen Wirkungskreises wird im Rahmen des Finanzausgleichs gedeckt.

§ 2 Anteil des Landes

I Von ihren Gesamteinnahmen aus rechtskräftigen Bußgeldbescheiden auf dem Gebiete des Straßenverkehrsrechts (Geldbußen, Geldzahlungen aus Nebenfolgen, Gebühren und Auslagen) führen die Gebietskörperschaften 25 vom Hundert an die Landeskasse ab.

II Die Gebietskörperschaften haben den Anteil des Landes jeweils spätestens bis zum 31. März eines Kalenderjahres für das vergangene Jahr abzuführen.

§ 3 Eigentum an eingezogenen Gegenständen

Wird ein Gegenstand eingezogen, so geht das Eigentum an der Sache oder das eingezogene Recht mit der Rechtskraft des Bußgeldbescheides auf die Gebietskörperschaft, die sonstige Körperschaft oder die Anstalt des öffentlichen Rechts über, deren Organ oder Stelle die Einziehung angeordnet hat.

§ 4 Notwendige Auslagen

Notwendige Auslagen eines Betroffenen oder eines Nebenbeteiligten, die eine Gebietskörperschaft, eine sonstige Körperschaft oder eine Anstalt des öffentlichen Rechts nach § 105 Abs. 2 des Gesetzes über Ordnungswidrigkeiten der Landeskasse auferlegt, zahlt die Körperschaft oder Anstalt dem Berechtigten aus. Die gezahlten Beträge fallen ihr endgültig zur Last.

§ 5 Erstattung von Auslagen

Die Geldbeträge, die eine der am Bußgeldverfahren beteiligten Stellen nach § 107 Abs. 3 des Gesetzes über Ordnungswidrigkeiten oder nach *§ 92 des Gerichtskostengesetzes*[1] als Auslagen erhebt, fallen ihr zu, auch wenn die Auslagen bei einer anderen Stelle entstanden sind. Das gleiche gilt für Geldbeträge, die nach einer gemäß § 86 Abs. 2 des Gesetzes über Ordnungswidrigkeiten durchgeführten Verrechnung an das Land abzuführen wären.

§ 6 Verwarnungsgeld

Verwarnungsgelder, die von hierzu ermächtigten Beamten des Polizeidienstes in den Fällen des § 57 Abs. 2 des Gesetzes über Ordnungswidrigkeiten erhoben werden, fließen in die Landeskasse.

---

[1] Vgl. jetzt Nrn. 1901 ff. KVGKG (Anh **A 8**).

§ 7

Das Gesetz tritt mit Wirkung vom 1. Januar 1969 in Kraft.

B 7 b. Verordnung
über sachliche Zuständigkeiten für die Verfolgung und Ahndung von Ordnungswidrigkeiten[1]

Vom 17. Dezember 1968 (GVBl. 170), letzte ÄndVO
v. 31. Oktober 1975 (GVBl. 336)

Auf Grund des § 36 Abs. 2 Satz 1 des Gesetzes über Ordnungswidrigkeiten vom 24. Mai 1968 (Bundesgesetzbl. I S. 481), des § 26 Abs. 1 des Straßenverkehrsgesetzes in der Fassung vom 19. Dezember 1952 (Bundesgesetzbl. I S. 837) und des Artikels 3 des Einführungsgesetzes zum Gesetz über Ordnungswidrigkeiten vom 24. Mai 1968 (Bundesgesetzbl. I S. 503) sowie des § 25 Nr. 1 Buchst. b des Gesetzes über die Sicherstellung der Versorgung mit Erzeugnissen der Ernährungs- und Landwirtschaft sowie der Forst- und Holzwirtschaft in der Fassung vom 4. Oktober 1968 (Bundesgesetzbl. I S. 1075) wird verordnet:

§ 1

Im Bußgeldverfahren sind sachlich zuständig:

1. die Landkreise und kreisfreien Städte
   für Ordnungswidrigkeiten nach
   a) § 24 des Straßenverkehrsgesetzes mit Ausnahme der von amtlich anerkannten Überwachungsorganisationen begangenen Zuwiderhandlungen gegen § 29 der Straßenverkehrs-Zulassungs-Ordnung in der Fassung vom 6. Dezember 1960 (Bundesgesetzbl. I S. 897), zuletzt geändert durch Verordnung vom 20. Juni 1973 (Bundesgesetzbl. I S. 638), nebst Anlage VIII und gegen die auf Grund dieser Verordnung hierzu ergangenen Anordnungen und mit Ausnahme der unter Nummer 2 Buchst. a genannten Ordnungswidrigkeiten,
   b) § 24 a des Straßenverkehrsgesetzes,
   c) § 8 Abs. 3 des Gesetzes über die Erweiterung des Katastrophenschutzes vom 9. Juli 1968 (Bundesgesetzbl. I S. 776),
   d) den §§ 115, 127 und 128 des Gesetzes über Ordnungswidrigkeiten in der Fassung vom 2. Januar 1975 (Bundesgesetzbl. I S. 80), geändert durch Art. 4 § 17 des Gesetzes zur Änderung des Gerichtskostengesetzes, des Gesetzes über Kosten der Gerichtsvollzieher, der Bundesgebührenordnung für Rechtsanwälte und anderer Vorschriften vom 20. August 1975 (Bundesgesetzbl. I S. 2189),

---

[1] Vgl. auch ZuständigkeitsVO für Ordnungswidrigkeiten im Geschäftsbereich des Sozialministers v. 20. 1. 1977 (GVBl. 3; abgedr. bei März Nr. 530–2), ZuständigkeitsVO für Ordnungswidrigkeiten im Geschäftsbereich des Ministers für Ernährung, Landwirtschaft und Forsten v. 9. 11. 1978 (GVBl. 787; abgedr. bei März Nr. 530–3), letzte ÄndVO v. 20. 9. 1979 (GVBl. 275) und ZuständigkeitsVO für Ordnungswidrigkeiten aus dem Geschäftsbereich des Ministers für Wirtschaft und Verkehr v. 20. 12. 1974 (GVBl. 590; abgedr. bei März Nr. 530–6), ÄndVO v. 21. 12. 1977 (GVBl. 658). Vgl. auch VO über die Regelung von Zuständigkeiten im Gewerbe- und Arbeitsschutzrecht sowie in anderen Rechtsgebieten (ZustVOGewAR 76) v. 15. 10. 1976 (GVBl. 235).

e) Artikel 4 Abs. 1 a des Gesetzes betreffend den Wucher vom 24. Mai 1880 (Reichsgesetzbl. S. 109), zuletzt geändert durch Artikel 183 des Einführungsgesetzes zum Strafgesetzbuch vom 2. März 1974 (Bundesgesetzbl. I S. 469);

2. die Regierungspräsidenten und Präsidenten der Verwaltungsbezirke für Ordnungswidrigkeiten nach
   a) § 24 des Straßenverkehrsgesetzes in Verbindung mit § 29 der Straßenverkehrs-Zulassungs-Ordnung in der Fassung vom 6. Dezember 1960 (Bundesgesetzbl. I S. 897), zuletzt geändert durch Verordnung vom 20. Juni 1973 (Bundesgesetzbl. I S. 638), nebst Anlage VIII sowie gegen die auf Grund dieser Verordnung hierzu ergangenen Anordnungen, soweit die Zuwiderhandlungen von Fahrzeughaltern mit der Berechtigung zur Durchführung von eigenbetrieblichen Hauptuntersuchungen, Zwischenuntersuchungen oder Bremsensonderuntersuchungen an Kraftfahrzeugen und Anhängern sowie von amtlich anerkannten Werkstätten und amtlich anerkannten Bremsendiensten begangen werden,
   b) *weggefallen,*
   c) *weggefallen;*
3. *weggefallen.*
4. die Anforderungsbehörden, näher bestimmt durch die Rechtsverordnung über Anforderungsbehörden und Bedarfsträger nach dem Bundesleistungsgesetz vom 1. Oktober 1961 (Bundesgesetzbl. I S. 1786), für Ordnungswidrigkeiten nach § 84 des Bundesleistungsgesetzes in der Fassung vom 27. September 1961 (Bundesgesetzbl. I S. 1769) und des Artikels 55 des Einführungsgesetzes zum Gesetz über Ordnungswidrigkeiten vom 24. Mai 1968 (Bundesgesetzbl. I S. 503);
5. die Polizeibehörden für die Verfolgung der in Nummer 1 Buchst. a und b bezeichneten Ordnungswidrigkeiten, solange sie die Sache nicht an die zuständige Verwaltungsbehörde oder an die Staatsanwaltschaft abgegeben haben.

§ 2

Diese Verordnung tritt am Tage nach der Verkündung in Kraft.

B 7c. Zuständigkeitsverordnung für Ordnungswidrigkeiten aus dem Geschäftsbereich des Ministers des Innern

Vom 19. Juni 1978 (GVBl. 557)

Auf Grund des § 36 Abs. 2 Satz 1 des Gesetzes über Ordnungswidrigkeiten in der Fassung vom 2. Januar 1975 (Bundesgesetzbl. I S. 80), geändert durch Artikel 4 § 17 des Gesetzes zur Änderung des Gerichtskostengesetzes, des Gesetzes über Kosten der Gerichtsvollzieher, der Bundesgebührenordnung für Rechtsanwälte und anderer Vorschriften vom 20. August 1975 (Bundesgesetzbl. I S. 2189), wird verordnet:

§ 1

Die sachliche Zuständigkeit für die Verfolgung und Ahndung von Ordnungswidrigkeiten wird übertragen

1. dem Landesverwaltungsamt
   a) nach den §§ 14 und 15 des Gesetzes über die Statistik für Bundeszwecke vom 3. September 1953 (Bundesgesetzbl. I S. 1314), zuletzt geändert durch Artikel 52 des Einführungsgesetzes zur Abgabenordnung vom 14. Dezember 1976 (Bundesgesetzbl. I S. 3341),
   b) nach dem Vermessungs- und Katastergesetz vom 8. November 1961 (Nieders. GVBl. S. 319), zuletzt geändert durch Artikel 28 des Zweiten Anpassungsgesetzes vom 2. Dezember 1974 (Nieders. GVBl. S. 535),
      aa) soweit es sich um die Ergebnisse der Landesvermessung – außer der Deutschen Grundkarte 1 : 5000 – handelt (§ 26 Abs. 1 Nr. 1 des Vermessungs- und Katastergesetzes),
      bb) soweit es sich um Vermessungsmale des Lage-und Höhenfestpunktfeldes handelt, die im Nachweis der trigonometrischen Punkte und im Nachweis der Nivellementpunkte geführt werden, einschließlich der errichteten Sichtzeichen (§ 26 Abs. 1 Nr. 4 des Vermessungs- und Katastergesetzes);

2. den Bezirksregierungen
   nach § 42 des Bundesdatenschutzgesetzes vom 27. Januar 1977 (Bundesgesetzbl. I S. 201);

3. den Landkreisen und kreisfreien Städten, den Polizeidirektionen für die Städte Braunschweig und Hannover
   a) nach § 29 des Versammlungsgesetzes vom 24. Juli 1953 (Bundesgesetzbl. I S. 684), zuletzt geändert durch Artikel 81 des Einführungsgesetzes zum Strafgesetzbuch vom 2. März 1974 (Bundesgesetzbl. I S. 469),
   b) nach § 113 des Gesetzes über Ordnungswidrigkeiten;

4. den Landkreisen und kreisfreien Städten
   a) nach § 21 des Vereinsgesetzes vom 5. August 1964 (Bundesgesetzbl. I S. 593), zuletzt geändert durch Artikel 80 des Einführungsgesetzes zum Strafgesetzbuch vom 2. März 1974 (Bundesgesetzbl. I S. 469), in Verbindung mit § 23 der Verordnung zur Durchführung des Gesetzes zur Regelung des öffentlichen Vereinsrechts (Vereinsgesetz) vom 28. Juli 1966 (Bundesgesetzbl. I S. 457),
   b) nach § 48 Abs. 1 Nrn. 4 bis 6 und Abs. 3 des Ausländergesetzes vom 28. April 1965 (Bundesgesetzbl. I S. 353), zuletzt geändert durch Artikel 3 des Gesetzes zur Änderung des Arbeitsförderungsgesetzes und des Arbeitnehmerüberlassungsgesetzes vom 25. Juni 1975 (Bundesgesetzbl. I S. 1542),
   c) nach den §§ 118 bis 120 und 125 des Gesetzes über Ordnungswidrigkeiten,
   d) nach § 24 des Unterhaltssicherungsgesetzes in der Fassung vom 8. März 1975 (Bundesgesetzbl. I S. 661), geändert durch Artikel 5 des Neunten Gesetzes zur Änderung des Wehrpflichtgesetzes vom 2. Mai 1975 (Bundesgesetzbl. I S. 1046), soweit sie Aufgaben nach dem Unterhaltssicherungsgesetz wahrnehmen,
   e) nach § 6 des Auswandererschutzgesetzes vom 26. März 1975 (Bundesgesetzbl. I S. 774), geändert durch Artikel 48 des Einführungsgesetzes zur Abgabenordnung vom 14. Dezember 1976 (Bundesgesetzbl. I S. 3341);

5. den Katasterämtern
   nach § 26 Abs. 1 des Vermessungs- und Katastergesetzes, soweit nicht nach Nummer 1 Buchst. b dieser Verordnung das Landesverwaltungsamt zuständig ist;

6. den Gemeinden

a) nach § 3 des Gesetzes über Personalausweise vom 19. Dezember 1950 (Bundesgesetzbl. S. 807), zuletzt geändert durch Artikel 43 des Einführungsgesetzes zum Strafgesetzbuch vom 2. März 1974 (Bundesgesetzbl. I S. 469),

b) nach § 12 des Gesetzes über das Paßwesen vom 4. März 1952 (Bundesgesetzbl. I S. 290), zuletzt geändert durch § 9 des Auswandererschutzgesetzes vom 26. März 1975 (Bundesgesetzbl. I S. 774),

c) nach § 15 Abs. 1 und 3 des Gesetzes über Titel, Orden und Ehrenzeichen vom 26. Juli 1957 (Bundesgesetzbl. I S. 844), zuletzt geändert durch Artikel 33 des Einführungsgesetzes zum Strafgesetzbuch vom 2. März 1974 (Bundesgesetzbl. I S. 469),

d) nach § 68 des Personenstandsgesetzes in der Fassung vom 8. August 1957 (Bundesgesetzbl. I S. 1125), zuletzt geändert durch Artikel 11 des Adoptionsgesetzes vom 2. Juli 1976 (Bundesgesetzbl. I S. 1749),

e) nach § 45 Abs. 1 Nr. 4 des Wehrpflichtgesetzes in der Fassung vom 8. Dezember 1972 (Bundesgesetzbl. I S. 2277), zuletzt geändert durch Artikel 3 des Gesetzes zur Änderung des Entwicklungshelfergesetzes vom 29. Juni 1976 (Bundesgesetzbl. I S. 1701),

f) nach § 111 des Gesetzes über Ordnungswidrigkeiten.

§ 2

[I] Diese Verordnung tritt am Tage nach ihrer Verkündung in Kraft.

[II] Gleichzeitig tritt die Zuständigkeitsverordnung für Ordnungswidrigkeiten aus dem Geschäftsbereich des Ministers des Innern vom 25. März 1974 (Nieders. GVBl. S. 193), geändert durch Verordnung vom 20. Dezember 1974 (Nieders. GVBl. S. 589), außer Kraft.

B 7d. Verordnung
über die Zuständigkeit für die Verfolgung und Ahndung von Ordnungswidrigkeiten nach § 124 des Gesetzes über Ordnungswidrigkeiten

Vom 12. März 1975 (GVBl. 99)

Auf Grund des § 36 Abs. 2 Satz 1 des Gesetzes über Ordnungswidrigkeiten in der Fassung vom 2. Januar 1975 (Bundesgesetzbl. I S. 80) wird verordnet:

§ 1

Die Zuständigkeit für die Verfolgung und Ahndung von Ordnungswidrigkeiten nach § 124 des Gesetzes über Ordnungswidrigkeiten wird, soweit es sich um ein Wappen oder eine Dienstflagge des Landes handelt, den Landkreisen und kreisfreien Städten übertragen.

§ 2

Diese Verordnung tritt am Tage nach ihrer Verkündung in Kraft.

**B 7 e. Verordnung
über die Zuständigkeit für gerichtliche Entscheidungen bei
Einsprüchen gegen Bußgeldbescheide der Landkreise Aurich,
Cuxhaven, Diepholz, Emsland, Goslar, Hannover, Hildesheim, Northeim, Rotenburg (Wümme), Schaumburg und
Soltau-Fallingbostel.**

Vom 25. Juli 1977 (GVBl. 293), ÄndVO v. 11. Oktober 1977 (GVBl. 487)

Auf Grund des § 68 Abs. 3 des Gesetzes über Ordnungswidrigkeiten
(OWiG) in der Fassung vom 2. Januar 1975 (Bundesgesetzbl. I S. 80), zuletzt
geändert durch Artikel 4 § 17 des Gesetzes zur Änderung des Gerichtskostengesetzes, des Gesetzes über Kosten der Gerichtsvollzieher, der Bundesgebührenordnung für Rechtsanwälte und anderer Vorschriften vom 20. August
1975 (Bundesgesetzbl. I S. 2189), und der Verordnung zur Übertragung der
Verordnungsermächtigung nach § 68 Abs. 3 des Gesetzes über Ordnungswidrigkeiten vom 28. Februar 1969 (Nieders. GVBl. S. 62), wird verordnet:

§ 1

[1] Über Einsprüche gegen Bußgeldbescheide, die von den nachstehend genannten Landkreisen erlassen worden sind, entscheiden die nachfolgend aufgeführten Amtsgerichte, wenn die Ordnungswidrigkeit oder eine der Ordnungswidrigkeiten in dem Zuständigkeitsbereich begangen worden ist, der
ihnen durch diese Verordnung jeweils zugeordnet wird, oder wenn der Betroffene im Zeitpunkt des Einspruchs seinen Wohnsitz oder, sofern er keinen
Wohnsitz in Niedersachsen hat, seinen gewöhnlichen Aufenthaltsort in diesem Bereich hat:

1. Landkreis Aurich:
   Amtsgericht Norden für seinen Bezirk sowie die Gemeinden Hinte und
   Krummhörn;
2. Landkreis Cuxhaven:
   a) Amtsgericht Langen für seinen Bezirk sowie die Gemeinden Bramstedt, Driftsethe, Hagen im Bremischen, Sandstedt, Uthlede und Wulsbüttel,
   b) Amtsgericht Otterndorf für seinen Bezirk sowie die Gemeinden Armstorf, Hechthausen, Hemmoor, Hollnseth, Lamstedt, Mittelstenahe,
   Osten und Stinstedt;
3. Landkreis Diepholz:
   Amtsgericht Syke für die Gemeinden Asendorf, Bassum, Bruchhausen-
   Vilsen, Engeln, Martfeld, Schwarme, Stuhr, Süstedt, Syke, Twistringen
   und Weyhe;
4. Landkreis Emsland:
   a) Amtsgericht Lingen für seinen Bezirk mit Ausnahme der Gemeinde
   Wietmarschen,
   b) Amtsgericht Papenburg für seinen Bezirk sowie die Gemeinden Börger, Groß Berßen, Hüven, Klein Berßen, Lahn, Lorup, Rastdorf, Sögel, Spahnharrenstätte, Stavern, Vrees, Werlte und Werpeloh;
5. Landkreis Goslar:
   Amtsgericht Bad Gandersheim für den Bezirk des Amtsgerichts Seesen,
   sowie die Gemeinde Wallmoden, Gemeindeteil Alt Wallmoden;

6. Landkreis Hannover:
   a) Amtsgericht Burgdorf für die Gemeinden Burgdorf, Burgwedel, Isernhagen, Lehrte, Sehnde, Uetze und Wedemark,
   b) Amtsgericht Neustadt am Rübenberge für die Gemeinden Garbsen, Neustadt am Rübenberge und Wunstorf;
7. Landkreis Hildesheim:
   Amtsgericht Alfeld für seinen Bezirk mit Ausnahme der Gemeinden Duingen und Hoyershausen;
8. Landkreis Northeim:
   Amtsgericht Bad Gandersheim für seinen Bezirk;
9. Landkreis Rotenburg (Wümme):
   Amtsgericht Bremervörde für die Bezirke der Amtsgerichte Bremervörde und Zeven;
10. Landkreis Schaumburg:
    Amtsgericht Rinteln für seinen Bezirk sowie die Gemeinden Apelern, Auetal, Haste, Hohnhorst, Hülsede, Lauenau, Messenkamp, Bad Nenndorf, Obernkirchen, Pohle, Rodenberg und Suthfeld;
11. Landkreis Soltau-Fallingbostel:
    Amtsgericht Soltau für seinen Bezirk.

II Im übrigen bleibt die durch § 68 Abs. 1 Satz 1 OWiG begründete örtliche Zuständigkeit der Amtsgerichte unberührt.

§ 2

Für Verfahren, die vor Inkrafttreten dieser Verordnung bei den bis dahin zuständigen Amtsgerichten anhängig geworden sind, bleiben diese Gerichte zuständig.

§ 3

(Aufhebungsvorschrift)

§ 4

Diese Verordnung tritt am 1. August 1977 in Kraft.

Nordrhein-Westfalen

B 8a. Gesetz
zur Anpassung landesrechtlicher Straf- und Bußgeldvorschriften an das Bundesrecht (Anpassungsgesetz – AnpG NW)

Vom 16. Dezember 1969 (GVNW 1970, 22; SGVNW 45), ÄndG v. 3. Dezember 1974 (GVNW 1504)

(Auszug)

Art. LVIII Verbleib der Geldbußen, Auslagenerstattung, ersatzpflichtige Stelle

I Geldbußen, die durch rechtskräftige Bescheide einer Verwaltungsbehörde festgesetzt sind, fließen in die Kasse der Körperschaft oder Anstalt des öffentlichen Rechts, der die Verwaltungsbehörde angehört.

II Absatz 1 gilt für Nebenfolgen, die zu einer Geldzahlung verpflichten, und für Verwarnungsgeld entsprechend. In den Fällen des § 57 Abs. 2 des Gesetzes über Ordnungswidrigkeiten fließt das Verwarnungsgeld in die Landeskasse.

III Wird durch Bescheid einer Verwaltungsbehörde ein Gegenstand eingezogen, so geht das Eigentum an der Sache oder das eingezogene Recht mit der Rechtskraft des Bescheides auf die Körperschaft oder Anstalt des öffentlichen Rechts über, der die Verwaltungsbehörde angehört.

IV Nimmt die Verwaltungsbehörde den Bußgeldbescheid zurück und stellt sie das Verfahren ein, so fallen die notwendigen Auslagen des Betroffenen oder Nebenbeteiligten, soweit sie nicht von diesem oder einem anderen Beteiligten zu tragen sind, der Körperschaft oder Anstalt des öffentlichen Rechts zur Last, der die Verwaltungsbehörde angehört.

V Die dem Land oder den Gemeinden und Gemeindeverbänden zustehenden Beträge, die nach § 107 Abs. 3 des Gesetzes über Ordnungswidrigkeiten oder *§ 92 des Gerichtskostengesetzes*[1] als Auslagen erhoben werden, werden nicht erstattet, soweit sie im Einzelfall den Betrag von zwanzig Deutsche Mark nicht überschreiten.

VI Ersatzpflichtig im Sinne des § 110 Abs. 4 des Gesetzes über Ordnungswidrigkeiten ist die Körperschaft oder Anstalt des öffentlichen Rechts, der die Verwaltungsbehörde, die das Bußgeldverfahren abgeschlossen hat, angehört.

B 8 b. Verordnung zur Bestimmung der für die Verfolgung und Ahndung von Verkehrsordnungswidrigkeiten zuständigen Verwaltungsbehörden[2]

Vom 25. September 1979 (GVNW 652; SGVNW 45)

Auf Grund des § 26 Abs. 1 Satz 1 des Straßenverkehrsgesetzes vom 19. Dezember 1952 (BGBl. I S. 837), zuletzt geändert durch Gesetz vom 3. August 1978 (BGBl. I S. 1177), und des § 36 Abs. 2 Satz 1 des Gesetzes über Ordnungswidrigkeiten in der Fassung der Bekanntmachung vom 2. Januar 1975 (BGBl. I S. 80), zuletzt geändert durch Gesetz vom 5. Oktober 1978 (BGBl. I S. 1645), wird verordnet:

§ 1

I Die Zuständigkeit für die Verfolgung und Ahndung von Ordnungswidrigkeiten nach §§ 24 und 24a des Straßenverkehrsgesetzes wird den Kreisordnungsbehörden übertragen.

II Daneben wird die Zuständigkeit für die Verfolgung dieser Ordnungswidrigkeiten auch den Polizeibehörden übertragen, solange sie die Sache nicht an die Kreisordnungsbehörden oder an die Staatsanwaltschaft abgegeben haben.

III Die Zuständigkeit für die Verfolgung und Ahndung von Ordnungswidrigkeiten im ruhenden Straßenverkehr nach § 24 des Straßenverkehrsgesetzes wird abweichend von Absatz 1 den örtlichen Ordnungsbehörden übertragen.

---

[1] Vgl. jetzt Nrn. 1901 ff. KVGKG (Anh **A 8**).
[2] Weitere Zuständigkeitsvorschriften vgl. SGVNW 45.

Das gilt nicht für Ordnungswidrigkeiten im ruhenden Straßenverkehr, die durch die Polizeibehörden verfolgt werden.

[IV] Absatz 1 gilt nicht für Ordnungswidrigkeiten nach § 69a Abs. 1 Nrn. 7 und 8 der Straßenverkehrszulassungs-Ordnung in Verbindung mit § 24 des Straßenverkehrsgesetzes.

§2

Diese Verordnung tritt am 1. Januar 1980 in Kraft. Gleichzeitig tritt die Verordnung zur Bestimmung der für die Verfolgung und Ahndung von Verkehrsordnungswidrigkeiten zuständigen Verwaltungsbehörden vom 10. Dezember 1968 (GVNW S. 431), zuletzt geändert durch Verordnung vom 17. Juli 1973 (GVNW S. 400), außer Kraft.

B 8c. Verordnung
zur Bestimmung der für die Verfolgung und Ahndung von Ordnungswidrigkeiten nach dem Dritten Teil des Gesetzes über Ordnungswidrigkeiten und nach dem Vierten Strafrechtsänderungsgesetz zuständigen Verwaltungsbehörden

Vom 11. März 1975 (GVNW 258; SGVNW 45), ÄndVO v. 25. September 1979 (GVNW 652)

Auf Grund des § 36 Abs. 2 Satz 1 des Gesetzes über Ordnungswidrigkeiten (OWiG) in der Fassung der Bekanntmachung vom 2. Januar 1975 (BGBl. I S. 80) wird verordnet:

§1

[I] Den örtlichen Ordnungsbehörden wird die Zuständigkeit übertragen für die Verfolgung und Ahndung von Ordnungswidrigkeiten

1. nach den §§ 111, 117 bis 121, 125 und 126 OWiG,
2. nach § 124 OWiG, soweit es sich um ein Wappen oder eine Dienstflagge des Landes Nordrhein-Westfalen handelt,
3. nach Artikel 7a Nr. 1 des Vierten Strafrechtsänderungsgesetzes vom 11. Juni 1957 (BGBl. I S. 597), zuletzt geändert durch Gesetz vom 2. März 1974 (BGBl. I S. 469).

[II] Daneben wird die Zuständigkeit für die Verfolgung von Ordnungswidrigkeiten nach den §§ 111 und 117 bis 121 OWiG auch den Polizeibehörden übertragen, solange sie die Sache nicht an die Ordnungsbehörde oder die Staatsanwaltschaft abgegeben haben.

[III] Den Kreispolizeibehörden wird die Zuständigkeit übertragen für die Verfolgung und Ahndung von Ordnungswidrigkeiten

1. nach § 113 OWiG,
2. nach § 115 OWiG, soweit es sich um Gefangene im polizeilichen Gewahrsam handelt,
3. nach § 127 OWiG, soweit es sich um öffentliche Urkunden und Beglaubigungszeichen handelt,
4. nach Artikel 7a Nr. 2 und 3 des 4. StÄG.

IV Den Präsidenten der Justizvollzugsämter wird die Zuständigkeit für die Verfolgung und Ahndung von Ordnungswidrigkeiten nach § 115 OWiG übertragen, soweit es sich um Gefangene im Gewahrsam einer Justizvollzugsanstalt oder um Jugendarrestanten handelt.

§ 2

Diese Verordnung tritt am Tage nach der Verkündung in Kraft. *Satz 2 nicht abgedruckt.*

B 8 d. Erste Verordnung über die Zuständigkeit der Amtsgerichte in Bußgeldverfahren wegen Verkehrsordnungswidrigkeiten

Vom 9. Januar 1969 (GVNW 104; SGVNW 311), letzte ÄndVO
v. 12. November 1979 (GVNW 909)

Auf Grund des § 68 Abs. 3 des Gesetzes über Ordnungswidrigkeiten vom 24. Mai 1968 (BGBl. I S. 481) in Verbindung mit § 1 der Verordnung über die Ermächtigung des Justizministers zum Erlaß von Rechtsverordnungen nach § 68 Abs. 3 des Gesetzes über Ordnungswidrigkeiten vom 10. Dezember 1968 (GVNW S. 431) wird verordnet:

§ 1

In Bußgeldverfahren wegen Verkehrsordnungswidrigkeiten nach den §§ 24 und 24a des Straßenverkehrsgesetzes obliegt die Entscheidung bei Einsprüchen gegen Bußgeldbescheide, die von den nachstehend genannten Kreisen und kreisfreien Städten als Ordnungsbehörden erlassen worden sind, folgenden Amtsgerichten:

1. Kreis Aachen:
den Amtsgerichten Aachen, Eschweiler und Monschau,
2. Kreis Borken:
den Amtsgerichten Ahaus, Bocholt und Borken,
3. Kreis Coesfeld:
den Amtsgerichten Coesfeld und Lüdinghausen,
4. Kreis Düren:
den Amtsgerichten Düren und Jülich,
5. Ennepe-Ruhr-Kreis:
den Amtsgerichten Schwelm, Hattingen und Witten,
6. Kreis Euskirchen:
den Amtsgerichten Euskirchen und Schleiden,
7. Kreis Gütersloh:
den Amtsgerichten Gütersloh und Halle,
8. Kreis Heinsberg:
den Amtsgerichten Erkelenz, Geilenkirchen und Heinsberg,
9. Kreis Höxter:
den Amtsgerichten Höxter und Warburg,
10. Kreis Kleve:
den Amtsgerichten Kleve und Geldern,
10a. Kreis Lippe:
den Amtsgerichten Detmold und Lemgo,

B 8d Nordrhein-Westfalen Anhang

11. Märkischer Kreis:
   den Amtsgerichten Lüdenscheid, Iserlohn und Menden (Sauerland),
12. Kreis Mettmann:
   den Amtsgerichten Mettmann, Langenfeld (Rhld.), Ratingen und Velbert,
13. Kreis Neuss:
   den Amtsgerichten Grevenbroich und Neuss,
13a. Oberbergischer Kreis:
   den Amtsgerichten Wipperfürth, Gummersbach und Waldbröl,
14. Kreis Recklinghausen:
   den Amtsgerichten Castrop-Rauxel, Dorsten, Gladbeck, Marl und Recklinghausen.
15. Rheinisch-Bergischer Kreis:
   den Amtsgerichten Leverkusen und Bergisch Gladbach,
15a. Rhein-Sieg-Kreis:
   den Amtsgerichten Bonn, Königswinter, Siegburg und Waldbröl,
16. Kreis Siegen:
   den Amtsgerichten Siegen und Bad Berleburg,
17. Kreis Soest:
   den Amtsgerichten Soest, Lippstadt und Warstein,
18. Kreis Steinfurt:
   den Amtsgerichten Steinfurt, Ibbenbüren, Rheine und Tecklenburg,
18a. Kreis Unna:
   den Amtsgerichten Unna, Lünen und Schwerte;
19. Kreis Viersen:
   den Amtsgerichten Kempen und Viersen,
20. Kreis Warendorf:
   den Amtsgerichten Beckum und Warendorf,
21. Kreis Wesel:
   den Amtsgerichten Moers, Dinslaken und Wesel,
22. kreisfreie Stadt Duisburg:
   den Amtsgerichten Duisburg und Duisburg-Hamborn,
23. kreisfreie Stadt Gelsenkirchen:
   den Amtsgerichten Gelsenkirchen und Gelsenkirchen-Buer,
24. kreisfreie Stadt Herne:
   den Amtsgerichten Herne und Herne-Wanne,
25. kreisfreie Stadt Mönchengladbach:
   den Amtsgerichten Mönchengladbach und Mönchengladbach-Rheydt.

§ 2

Die in § 1 bei den lfd. Nrn. 1 bis 25 jeweils an erster Stelle aufgeführten Amtsgerichte sind zuständig, wenn
a) die Ordnungswidrigkeit oder eine der Ordnungswidrigkeiten in ihrem Bezirk oder in denjenigen Teilen des Kreises oder der kreisfreien Stadt begangen worden ist, die nicht zu den Bezirken der weiter aufgeführten Amtsgerichte gehören oder
b) der Betroffene seinen Wohnsitz oder mangels eines Wohnsitzes in Nordrhein-Westfalen seinen gewöhnlichen Aufenthaltsort in dem unter a) angegebenen Gebiet hat.

§ 3

Die in § 1 bei den lfd. Nrn. 1 bis 25 weiter aufgeführten Amtsgerichte sind zuständig, wenn

a) die Ordnungswidrigkeit oder eine der Ordnungswidrigkeiten in ihrem Bezirk begangen worden ist oder
b) der Betroffene seinen Wohnsitz oder mangels eines Wohnsitzes in Nordrhein-Westfalen seinen gewöhnlichen Aufenthaltsort in ihrem Bezirk hat.

§ 4

Läßt sich die gerichtliche Zuständigkeit nicht nach den §§ 1 bis 3 bestimmen, so obliegt die Entscheidung dem nach § 68 Abs. 1 des Gesetzes über Ordnungswidrigkeiten zuständigen Amtsgericht.

§ 5 *nicht abgedruckt.*

§ 6

Diese Verordnung tritt am Tage nach ihrer Verkündung in Kraft.

B 8 e. Fünfte Verordnung über die Zuständigkeit der Amtsgerichte in Bußgeldverfahren wegen Verkehrsordnungswidrigkeiten

Vom 28. November 1974 (GVNW 1551; SGVNW 311),
letzte ÄndVO v. 12. November 1979 (GVNW 909)

Auf Grund des § 68 Abs. 3 des Gesetzes über Ordnungswidrigkeiten vom 24. Mai 1968 (BGBl. I S. 481), zuletzt geändert durch Gesetz vom 2. März 1974 (BGBl. I S. 469), in Verbindung mit § 1 der Verordnung über die Ermächtigung des Justizministers zum Erlaß von Rechtsverordnungen nach § 68 Abs. 3 des Gesetzes über Ordnungswidrigkeiten vom 10. Dezember 1968 (GVNW S. 431) wird verordnet:

Erster Abschnitt: Zuständigkeitsregelungen

§ 1

In Bußgeldverfahren wegen Verkehrsordnungswidrigkeiten nach den §§ 24 und 24a des Straßenverkehrsgesetzes obliegt die Entscheidung bei Einsprüchen gegen Bußgeldbescheide, die von
dem Erftkreis,
dem Hochsauerlandkreis oder
dem Kreis Minden-Lübbecke
als Ordnungsbehörden erlassen worden sind, den in den §§ 2 bis 4 bestimmten Gerichten.

§ 2

[1] Bei Bußgeldbescheiden des Erftkreises sind zuständig:

1. das Amtsgericht Bergheim
   für die Bezirke der Amtsgerichte Bergheim und Kerpen,
2. das Amtsgericht Brühl
   für die Bezirke der Amtsgerichte Brühl und Lechenich,
3. das Amtsgericht Köln
   für den Teil des Erftkreises, der zum Bezirk des Amtsgerichts Köln gehört.

II Bei Bußgeldbescheiden des Hochsauerlandkreises sind zuständig:

1. das Amtsgericht Arnsberg
   für den Bezirk des Amtsgerichts Arnsberg,
2. das Amtsgericht Brilon
   für die Bezirke der Amtsgerichte Brilon, Marsberg und Medebach,
3. das Amtsgericht Meschede
   für die Bezirke der Amtsgerichte Meschede und Schmallenberg.

III Bei Bußgeldbescheiden des Kreises Minden-Lübbecke sind zuständig:

1. das Amtsgericht Lübbecke
   für die Bezirke der Amtsgerichte Lübbecke und Rahden,
2. das Amtsgericht Minden
   für das übrige Kreisgebiet.

IV *(aufgehoben)*

V *(aufgehoben)*

§ 3

Die Zuständigkeit der in § 2 aufgeführten Amtsgerichte ist gegeben, wenn

a) die Ordnungswidrigkeit oder eine der Ordnungswidrigkeiten in den jeweils genannten Gebietsteilen begangen worden ist oder
b) der Betroffene seinen Wohnsitz oder mangels eines Wohnsitzes in Nordrhein-Westfalen seinen gewöhnlichen Aufenthalt in diesen Gebietsteilen hat.

§ 4

Läßt sich die gerichtliche Zuständigkeit nicht nach den §§ 2 und 3 bestimmen, so obliegt die Entscheidung dem nach § 68 Abs. 1 des Gesetzes über Ordnungswidrigkeiten zuständigen Amtsgericht.

Zweiter Abschnitt. Änderung von Rechtsverordnungen

§§ 5–7 *nicht abgedruckt.*

Dritter Abschnitt. Schlußbestimmungen

§ 8 *nicht abgedruckt.*

§ 9

Diese Verordnung tritt am 1. Januar 1975 in Kraft.

Rheinland-Pfalz

B 9a. Erstes Landesgesetz
zur Änderung strafrechtlicher Vorschriften (1. LStrafÄndG)

Vom 20. November 1969 (GVBl. 179; BS 452–10), letztes ÄndG v. 12. 11.
1974 (GVBl. 521)

(Auszug)

Art. 35 Verbleib der Geldbußen – Auslagenerstattung

[I] Geldbußen, die durch rechtskräftige Bescheide einer Verwaltungsbehörde
festgesetzt sind, fließen in die Kasse der Körperschaft, Anstalt oder Stiftung
des öffentlichen Rechts, der die Verwaltungsbehörde angehört. Soweit die
Kreisverwaltung als untere Behörde der allgemeinen Landesverwaltung Bußgeldbescheide erläßt, fließen die Geldbußen in die Kasse des Landkreises.

[II] Absatz 1 gilt für Nebenfolgen, die zu einer Geldzahlung verpflichten, bei
der Einziehung von Gegenständen und für das Verwarnungsgeld entsprechend. Verwarnungsgelder, die Polizeivollzugsbeamte erheben, sowie Verwarnungsgelder zur Ahndung von im Straßenverkehr begangenen Ordnungswidrigkeiten fließen in die Staatskasse.

[III] Nimmt eine Verwaltungsbehörde den Bußgeldbescheid zurück oder
stellt sie das Verfahren ein, so fallen die notwendigen Auslagen, soweit diese
nicht vom Betroffenen zu tragen sind, der Körperschaft, Anstalt oder Stiftung
des öffentlichen Rechts zur Last, der die Verwaltungsbehörde angehört. Soweit die Kreisverwaltung als untere Behörde der allgemeinen Landesverwaltung tätig geworden ist, trägt der Landkreis die notwendigen Auslagen.

[IV] Werden einem Betroffenen im gerichtlichen Verfahren Kosten auferlegt,
so unterbleibt im Verhältnis der Gerichtskasse zu der Körperschaft, Anstalt
oder Stiftung des öffentlichen Rechts, der die beteiligte Verwaltungsbehörde
angehört, eine Abführung von Beträgen, die zu Lasten des Betroffenen als
Auslagen der Verwaltungsbehörde berechnet worden sind.

[V] Ersatzpflichtig im Sinne des § 110 des Gesetzes über Ordnungswidrigkeiten ist die Körperschaft, Anstalt oder Stiftung des öffentlichen Rechts, der die
Verwaltungsbehörde, die das Bußgeldverfahren abgeschlossen hat, angehört.
Hat die Kreisverwaltung als untere Behörde der allgemeinen Landesverwaltung das Bußgeldverfahren abgeschlossen, so ist der Landkreis ersatzpflichtig.

Art. 36 Ermächtigung zur Bestimmung der Verfolgungsbehörde

Die Landesregierung wird ermächtigt, auch in Fällen, in denen die nach
§ 36 Abs. 1 Nr. 1 des Gesetzes über Ordnungswidrigkeiten zuständige Behörde in Landesgesetzen bestimmt ist, durch Rechtsverordnung abweichende
Zuständigkeitsregelungen zu treffen und andere Landesbehörden oder Gemeinden oder Gemeindeverbände als Verfolgungsbehörde für einzelne Tatbestände zu bestimmen. Die Landesregierung kann die Ermächtigung durch
Rechtsverordnung auf die fachlich zuständigen Minister übertragen.

B 9b. Landesverordnung
über die Zuständigkeit der allgemeinen Polizeibehörden

idF vom 31. Oktober 1978 (GVBl. 695; BS 2012–1–2)

(Auszug)

Auf Grund des § 76 Abs. 1 des Polizeiverwaltungsgesetzes von Rheinland-Pfalz in der Fassung vom 29. Juni 1973 (GVBl. S. 180, 284), geändert durch § 12 Nr. 2 des Landesgesetzes über die Verkündung von Rechtsverordnungen, Zuständigkeitsanordnungen und Anstaltsordnungen vom 3. Dezember 1973 (GVBl. S. 375, BS 2012–1),

des § 36 Abs. 2 Satz 1 des Gesetzes über Ordnungswidrigkeiten (OWiG) vom 24. Mai 1968 (BGBl. I S. 481), zuletzt geändert durch Artikel 29 des Einführungsgesetzes zum Strafgesetzbuch (EGStGB) vom 2. März 1974 (BGBl. I S. 469),

des § 26 Abs. 1 des Straßenverkehrsgesetzes in der Fassung vom 19. Dezember 1952 (BGBl. I S. 837), zuletzt geändert durch Artikel II Abs. 2 des Gesetzes zur Änderung der Gewerbeordnung und über die Einrichtung eines Gewerbezentralregisters vom 13. Juni 1974 (BGBl. I S. 1281), verordnet die Landesregierung:

§ 1

Die polizeilichen Aufgaben werden von der Ortspolizeibehörde wahrgenommen, soweit sie nicht Sonderpolizeibehörden zugewiesen sind oder in den §§ 2 und 3 eine abweichende Regelung getroffen ist.

§ 2

Die Kreispolizeibehörde ist zuständig

1. für die Durchführung des § 35 und des Titels III (Reisegewerbe) mit Ausnahme der §§ 60a und 60b der Gewerbeordnung;
2. für die Aufgaben der unteren Verwaltungsbehörde nach der Straßenverkehrs-Zulassungs-Ordnung und der Straßenverkehrs-Ordnung, ausgenommen auf Autobahnen;
3. für die ausländerpolizeilichen Angelegenheiten;
4. für die Durchführung des Lebensmittel- und Bedarfsgegenständegesetzes und der dieses Gesetz ergänzenden lebensmittelrechtlichen Vorschriften, des Weingesetzes, des Tierschutzgesetzes, des Fleischbeschaugesetzes, des Geflügelfleischhygienegesetzes mit Ausnahme dessen §§ 4 und 6 und des Durchführungsgesetzes zur EWG-Richtlinie Frisches Fleisch vom 28. Juni 1965 (BGBl. I S. 547), zuletzt geändert durch Gesetz vom 5. Juli 1973 (BGBl. I S. 709);
5.–8. *nicht abgedruckt;*
9. für die Verfolgung und Ahndung von Ordnungswidrigkeiten nach den §§ 24 und 24a des Straßenverkehrsgesetzes sowie nach § 12 der Verordnung über die Beförderung gefährlicher Güter auf der Straße (GefahrgutVStr) in der Fassung vom 28. September 1976 (BGBl. I S. 2888) in der jeweils geltenden Fassuung;
10.[1] für die Verfolgung und Ahndung von Ordnungswidrigkeiten nach den §§ 111, 113 und 115 bis 130 des Gesetzes über Ordnungswidrigkeiten;

---

[1] Soweit nicht nach § 131 I S. 1 Nr. 2–4 OWiG die Zuständigkeit einer Bundesbehörde bestimmt ist.

11. für die Verfolgung und Ahndung von Ordnungswidrigkeiten nach Rechtsvorschriften, deren sachliche Durchführung in die Zuständigkeit der allgemeinen Polizeibehörden fällt.

§§ 3, 4 *nicht abgedruckt.*

§ 5 *(aufgehoben)*

§ 6 *nicht abgedruckt.*

§ 7

Diese Verordnung tritt am 1. Januar 1975 in Kraft. *Satz 2 nicht abgedruckt.*

B 9 c. Landesverordnung über die Zuständigkeit der Amtsgerichte in Bußgeldverfahren auf dem Gebiet des Straßenverkehrsrechts

Vom 13. Juni 1975 (GVBl. 293; BS 301–37)

Auf Grund des § 68 Abs. 3 des Gesetzes über Ordnungswidrigkeiten (OWiG) in der Fassung der Bekanntmachung vom 2. Januar 1975 (BGBl. I S. 80) in Verbindung mit § 1 der Landesverordnung zur Übertragung der Ermächtigung nach § 68 Abs. 3 des Gesetzes über Ordnungswidrigkeiten vom 7. März 1975 (GVBl. S. 102, BS 301–36) wird verordnet:

§ 1

In gerichtlichen Verfahren bei Ordnungswidrigkeiten nach den §§ 24 und 24 a des Straßenverkehrsgesetzes entscheidet abweichend von § 68 Abs. 1 des Gesetzes über Ordnungswidrigkeiten bei einem Einspruch gegen den Bußgeldbescheid das Amtsgericht, in dessen Bezirk die Ordnungswidrigkeit oder eine der Ordnungswidrigkeiten begangen worden ist.

§ 2

[I] Diese Verordnung tritt am 15. September 1975 in Kraft.

[II] *(nicht abgedruckt)*

B 10a. Verordnung zur Bestimmung
der zuständigen Behörden der Polizei für die Verfolgung und Ahndung von Ordnungswidrigkeiten, die im Straßenverkehr begangen werden[1]

Vom 12. November 1968 (ABl. 902; BS Saar 9211–1)

Auf Grund des § 26 Abs. 1 des Straßenverkehrsgesetzes (StVG) in der Fassung des Art. 3 des Einführungsgesetzes zum Gesetz über Ordnungswidrigkeiten (EGOWiG) vom 24. Mai 1968 (BGBl. I S. 503) verordnet die Landesregierung:

§ 1

Zu zuständigen Behörden der Polizei für die Verfolgung und Ahndung von Ordnungswidrigkeiten nach § 24 StVG, die im Straßenverkehr begangen werden, werden die Landräte und der Oberbürgermeister der Stadt Saarbrükken als Kreispolizeibehörden bestimmt.

§ 2

Diese Verordnung tritt am 1. Januar 1969 in Kraft.

B 10b. Verordnung
über Zuständigkeiten für die Verfolgung und Ahndung von Ordnungswidrigkeiten

Vom 29. Oktober 1974 (ABl. 895; BS Saar 454–3)

Auf Grund des § 36 Abs. 2 Satz 1 des Gesetzes über Ordnungswidrigkeiten (OWiG) vom 24. Mai 1968 (Bundesgesetzbl. I S. 481), zuletzt geändert durch Art. 29 des Einführungsgesetzes zum Strafgesetzbuch (EGStGB) vom 2. März 1974 (Bundesgesetzbl. I S. 469), verordnet die Landesregierung:

§ 1

Zuständige Verwaltungsbehörden für die Verfolgung und Ahndung von Ordnungswidrigkeiten bei Verstößen nach §§ 111, 113 bis 123 und §§ 125 bis 130 OWiG sind, soweit nicht bundesgesetzlich eine andere Zuständigkeit begründet ist, die Landräte als untere staatliche Verwaltungsbehörden, in kreisfreien Städten die Oberbürgermeister und im Stadtverband Saarbrücken der Oberbürgermeister der Landeshauptstadt Saarbrücken.

§ 2

Diese Verordnung tritt am 2. Januar 1975 in Kraft.

---

[1] Die in § 1 genannten Behörden sind auch zuständig für die Verfolgung und Ahndung von Ordnungswidrigkeiten nach § 24a StVG; vgl. VO v. 28. 8. 1973 (ABl. 721; BS Saar 9211–2)

Schleswig-Holstein

B 11. Landesverordnung
zur Bestimmung der zuständigen Behörden für die Verfolgung und Ahndung von Ordnungswidrigkeiten
(ZuständigkeitsVO-OWiG)[1]

idF vom 17. September 1977 (GVOBl. 337, 408; GSSchl-H II B 454–1–1), letzte ÄndVO v. 16. November 1979 (GVOBl. 500)

Abschnitt I. Zuständige Behörden

§ 1

Folgende Landesbehörden sind für die Verfolgung und Ahndung von Ordnungswidrigkeiten zuständig:

1. das Statistische Landesamt Schleswig-Holstein nach § 14 des Gesetzes über die Statistik für Bundeszwecke vom 3. September 1953 (BGBl. I S. 1314), zuletzt geändert durch Gesetz vom 14. Dezember 1976 (BGBl. I S. 3341);
2. die Gewerbeaufsichtsämter nach
   a) den §§ 58 und 59 des Jugendarbeitsschutzgesetzes vom 12. April 1976 (BGBl. I S. 965), soweit nicht das Bergamt zuständig ist (Nr. 4);
   b) § 10 des Sicherheitsfilmgesetzes vom 11. Juni 1957 (BGBl. I S.604), geändert durch Gesetz vom 2. März 1974 (BGBl. I S. 469);
   c) § 24 des Gesetzes über den Ladenschluß vom 28. November 1956 (BGBl. I S. 875), zuletzt geändert durch Gesetz vom 5. Juli 1976 (BGBl. I S. 1773);
   d) § 21 des Mutterschutzgesetzes in der Fassung der Bekanntmachung vom 18. April 1968 (BGBl. I S. 315), zuletzt geändert durch Gesetz vom 2. März 1974 (BGBl. I S. 469);
   e) § 9 des Gesetzes über technische Arbeitsmittel vom 24. Juni 1968 (BGBl. I S. 717), zuletzt geändert durch Gesetz vom 15. August 1974 (BGBl. I S. 1945);
   f) § 15 Abs. 1 und 2 des Gesetzes über die Arbeitszeit in Bäckereien und Konditoreien vom 29. Juni 1936 (RGBl. I S. 521), zuletzt geändert durch Gesetz vom 14. Juli 1976 (BGBl. I S. 1801);
   g) § 41 Abs. 1 Nrn. 3 bis 16 des Sprengstoffgesetzes vom 13. September 1976 (BGBl. I S. 2737), soweit nicht das Bergamt (Nummer 4), die Bundesanstalt für Materialprüfung (§ 47 Nr. 3 der Ersten Verordnung zum Sprengstoffgesetz vom 23. November 1977 (BGBl. I S. 2141) oder die Bürgermeister der Städte und amtsfreien Gemeinden sowie die Amtsvorsteher (§ 6 Nrn. 27 bis 29) zuständig sind;
   h) *entfällt;*
   i) § 5 des Gesetzes über das Fahrpersonal im Straßenverkehr vom 30. März 1971 (BGBl. I S. 277), zuletzt geändert durch Gesetz vom 14. Juli 1976 (BGBl. I S. 1801), soweit nicht die Bundesanstalt für den Güterfernverkehr zuständig ist (§ 5 Abs. 3 des genannten Gesetzes);
   j) § 7 des Benzinbleigesetzes vom 5. August 1971 (BGBl. I S. 1234), zuletzt geändert durch Gesetz vom 14. Dezember 1976 (BGBl. I S. 3341);

---

[1] Die nach § 36 I Nr. 1 OWiG durch Gesetz bestimmten VBen sind im ABl. **69**, 515, **70**, 352, **73**, 283, **74**, 434, **76**, 51 und **77**, 644 veröffentlicht.

k) § 52 der Verordnung über den Schutz vor Schäden durch Röntgenstrahlen vom 1. März 1973 (BGBl. I S. 173), geändert durch Verordnung vom 13. Oktober 1976 (BGBl. I S. 2905), soweit nicht nach Nummer 4 Buchst. h das Bergamt zuständig ist;

l) § 62 des Bundes-Immissionsschutzgesetzes vom 15. März 1974 (BGBl. I S. 721), zuletzt geändert durch Gesetz vom 14. Dezember 1976 (BGBl. I S. 3341), soweit sie nach § 1 Abs. 3 der Landesverordnung über die zuständigen Behörden nach dem Bundes-Immissionsschutzgesetz vom 5. Juli 1974 (GVOBl. Schl.-H. S. 237), zuletzt geändert durch Landesverordnung vom 19. Januar 1977 (GVOBl. Schl.-H.

m) § 25 der Arbeitszeitordnung vom 30. April 1938 (RGBl. I S. 447), zuletzt geändert durch Gesetz vom 10. März 1975 (BGBl. I S. 685);

n) §§ 5 und 6 des Gesetzes über gesundheitsschädliche und feuergefährliche Arbeitsstoffe vom 25. März 1939 (RGBl. I S. 581), zuletzt geändert durch Gesetz vom 2. März 1974 (BGBl. I S. 469);

o) § 143 der Gewerbeordnung, soweit Zuständigkeiten nach Nummer 2.2.1 der Anlage zur Landesverordnung über die Bestimmung der zuständigen Behörden nach der Gewerbeordnung vom 26. März 1971 (GVOBl. Schl.-H. S. 132), zuletzt geändert durch Landesverordnung vom 24. Januar 1977 (GVOBl. Schl.-H. S. 25), in der Fassung der Bekanntmachung vom 15. Juni 1973 (GVOBl. Schl.-H. S. 260), zuletzt geändert durch Landesverordnung vom 24. Januar 1977 (GVOBl. Schl.-H. S. 25), übertragen worden sind;

p) § 147 der Gewerbeordnung;

q) § 20 des Gesetzes über Betriebsärzte, Sicherheitsingenieure und andere Fachkräfte für Arbeitssicherheit vom 12. Dezember 1973 (BGBl. I S. 1885), zuletzt geändert durch Gesetz vom 12. April 1976 (BGBl. I S. 965), soweit ihnen nach § 1 Satz 1 der Landesverordnung über die zuständigen Behörden nach dem Gesetz über Betriebsärzte, Sicherheitsingenieure und andere Fachkräfte für Arbeitssicherheit vom 2. April 1975 (GVOBl. Schl.-H. S. 80) Zuständigkeiten übertragen worden sind;

r) § 4 der 5. DV Sprengstoffgesetz vom 24. August 1971 (BGBl. I S. 1407);

s) *entfällt;*

t) § 5 Abs. 1 der Verordnung über Arbeitszeit in Krankenpflegeanstalten vom 13. Februar 1924 (RGBl. I S. 66), zuletzt geändert durch Gesetz vom 2. März 1974 (BGBl. I S. 469);

u) *entfällt;*

v) § 32 Abs. 1 und § 32a Abs. 1 und 2 des Heimarbeitsgesetzes vom 14. März 1951 (BGBl. I S. 191), zuletzt geändert durch Gesetz vom 29. Oktober 1974 (BGBl. I S. 2879);

w) § 130 Abs. 1 und 2 des Gesetzes über Ordnungswidrigkeiten;

x) § 81 der Strahlenschutzverordnung vom 13. Oktober 1976 (BGBl. I S. 2905), soweit ihnen nach § 1 Abs. 7, 8, 12 und 13 der Landesverordnung über die zuständigen Behörden nach der Strahlenschutzverordnung vom 27. April 1977 (GVOBl. Schl.-H. S. 96) Zuständigkeiten übertragen worden sind und nicht nach § 2 Abs. 1 Nrn. 84 und 85 die Landräte und die Bürgermeister der kreisfreien Städte zuständig sind;

3. das Oberbergamt nach

a) § 81 der Strahlenschutzverordnung vom 13. Oktober 1976 (BGBl. I S. 2905), soweit es nach § 1 Abs. 2, 12 und 13 der Landesverordnung über die zuständigen Behörden nach der Strahlenschutzverordnung vom 27. April 1977 (GVOBl. Schl.-H. S. 96) zuständig ist und nicht nach § 2 Abs. 1 Nrn. 84 und 85 die Landräte und die Bürgermeister der kreisfreien Städte zuständig sind;

b) § 18 des Abfallbeseitigungsgesetzes in der Fassung der Bekanntmachung vom 5. Januar 1977 (BGBl. I S. 41), soweit es für die Aufgaben nach den §§ 3, 4 und 5 der Landesverordnung über die zuständigen Behörden nach dem Abfallbeseitigungsgesetz vom 30. April 1973 (GVOBl. Schl.-H. S. 219), geändert durch Landesverordnung vom 5. Juli 1974 (GVOBl. Schl.-H. S. 237), zuständig ist;

4. das Bergamt nach

a) *entfällt;*

b) §§ 58 und 59 des Jugendarbeitsschutzgesetzes vom 12. April 1976 (BGBl. I S. 965) in Betrieben, die der Bergaufsicht unterliegen;

c) § 41 Abs. 1 Nr. 3 bis 16 des Sprengstoffgesetzes vom 13. September 1976 (BGBl. I S. 2737) im Bereich der Bergaufsicht;

d) *entfällt;*

e) § 10 des Altölgesetzes vom 23. Dezember 1968 (BGBl. I S. 1419), zuletzt geändert durch Gesetz vom 4. Mai 1976 (BGBl. I S. 1147), in Betrieben, die der Bergaufsicht unterliegen;

f) § 7 des Benzinbleigesetzes vom 5. August 1971 (BGBl. I S. 1234), zuletzt geändert durch Gesetz vom 14. Dezember 1976 (BGBl. I S. 3341), in Betrieben, die der Bergaufsicht unterliegen;

g) § 18 des Abfallbeseitigungsgesetzes in der Fassung der Bekanntmachung vom 5. Januar 1977 (BGBl. I S. 41), soweit es für Aufgaben nach § 5 der Landesverordnung über die zuständigen Behörden nach dem Abfallbeseitigungsgesetz vom 30. April 1973 (GVOBl. Schl.-H. S. 219), geändert durch Landesverordnung vom 5. Juli 1974 (GVOBl. Schl.-H. S. 237), zuständig ist;

h) § 52 der Verordnung über den Schutz vor Schäden durch Röntgenstrahlen vom 1. März 1973 (BGBl. I S. 173), geändert durch Verordnung vom 13. Oktober 1976 (BGBl. I S. 2905), in Betrieben, die der Aufsicht der Bergbehörden unterliegen;

i) § 62 des Bundes-Immissionsschutzgesetzes vom 15. März 1974 (BGBl. I S. 721), zuletzt geändert durch Gesetz vom 14. Dezember 1976 (BGBl. I S. 3341), im Bereich der Bergaufsicht;

j) §§ 207 bis 207d des Allgemeinen Berggesetzes für die Preußischen Staaten vom 24. Juni 1865 (GS. S. 705), zuletzt geändert durch Gesetz vom 9. Dezember 1974 (GVOBl. Schl.-H. S. 453);

k) § 5 Abs. 1 des Gesetzes über die Beaufsichtigung von unterirdischen Mineralgewinnungsbetrieben, Tiefspeichern und Tiefbohrungen vom 18. Dezember 1933 (GS. S. 493), zuletzt geändert durch Gesetz vom 9. Dezember 1974 (GVOBl. Schl.-H. S. 453);

l) § 20 des Gesetzes über Betriebsärzte, Sicherheitsingenieure und andere Fachkräfte für Arbeitssicherheit vom 12. Dezember 1973 (BGBl. I S. 1885), zuletzt geändert durch Gesetz vom 12. April 1976 (BGBl. I S. 965), soweit ihm nach § 1 Satz 2 der Landesverordnung über die zuständigen Behörden nach dem Gesetz über Betriebsärzte, Sicherheitsingenieure und andere Fachkräfte für Arbeitssicherheit vom 2. April 1975 (GVOBl. Schl.-H. S. 80) Zuständigkeiten übertragen worden sind;

m) § 81 der Strahlenschutzverordnung vom 13. Oktober 1976 (BGBl. I

S. 2905), soweit ihm nach § 1 Abs. 7, 8, 12 und 13 der Landesverordnung über die zuständigen Behörden nach der Strahlenschutzverordnung vom 27. April 1977 (GVOBl. Schl.-H. S. 96) Zuständigkeiten übertragen worden sind und nicht nach § 2 Abs. 1 Nrn. 84 und 85 die Landräte und die Bürgermeister der kreisfreien Städte zuständig sind;

5. die Leitenden Oberstaatsanwälte nach Artikel 1 § 8 des Rechtsberatungsgesetzes vom 13. Dezember 1935 (RGBl. I S. 1478), zuletzt geändert durch Gesetz vom 24. Juni 1975 (BGBl. I S. 1509);

6. die Überwachungsstelle für Milcherzeugnisse und Handelsklassen nach
   a) § 7 des Handelsklassengesetzes in der Fassung der Bekanntmachung vom 23. November 1972 (BGBl. I S. 2201), geändert durch Gesetz vom 2. März 1974 (BGBl. I S. 469), in Verbindung mit
      aa) *entfällt*,
      bb) *entfällt*,
      cc) § 9 der Verordnung über gesetzliche Handelsklassen für geschlachtetes Geflügel und Geflügelteile vom 15. September 1965 (BGBl. I S. 1368), zuletzt geändert durch Verordnung vom 9. August 1971 (BGBl. I S. 1345),
      dd) § 6 der Verordnung für gesetzliche Handelsklassen für Rindfleisch vom 25. April 1969 (BGBl. I S. 338),
      ee) *entfällt*,
      ff) *entfällt*,
      gg) § 6 der Verordnung über gesetzliche Handelsklassen für Schaffleisch vom 27. Januar 1971 (BGBl. I S. 77),
      hh) der Verordnung über Qualitätsnormen für Obst und Gemüse vom 9. Oktober 1971 (BGBl. I S. 1637) vorbehaltlich ihres § 8,
      ii) der Verordnung über gesetzliche Handelsklassen für frisches Obst und Gemüse vom 9. Oktober 1971 (BGBl. I S. 1640) vorbehaltlich ihres § 11,
      jj) der Verordnung über Qualitätsnormen für Blumenbulben, -zwiebeln und -knollen sowie frische Schnittblumen und frisches Blattwerk vom 12. November 1971 (BGBl. I S. 1815) vorbehaltlich ihres § 5,
      kk) *entfällt*
      ll) § 14 der Verordnung über gesetzliche Handelsklassen für Speisekartoffeln und Speisefrühkartoffeln vom 26. Juli 1971 (BGBl. I S. 1175) vorbehaltlich ihres § 15,
      mm) § 7 der Verordnung über gesetzliche Handelsklassen für Schweinehälften vom 29. Oktober 1971 (BGBl. I S. 1732), geändert durch Verordnung vom 28. Mai 1976 (BGBl. I S. 1322),
      nn) § 7 der Verordnung über Vermarktungsnormen für Eier vom 20. Dezember 1977 (BGBl. I S. 3188),
   soweit nicht der Einzelhandel betroffen ist (§ 3 Nr. 5 und § 2 Abs. 2);
   b) § 30 Abs. 1 Nr. 9 des Milch- und Fettgesetzes in der Fassung der Bekanntmachung vom 10. Dezember 1952 (BGBl. I S. 811), zuletzt geändert durch Gesetz vom 14. Dezember 1976 (BGBl. I S. 3341), in Verbindung mit
      aa) § 12 der Qualitätsbezahlungs-Verordnung vom 23. Juli 1964 (GVOBl. Schl.-H. S. 86), zuletzt geändert durch Landesverordnung vom 25. Juni 1973 (GVOBl. Schl.-H. S. 265),
      bb) § 1 Abs. 2 der Verordnung über die Bestimmung des Fettgehaltes der Milch vom 14. Dezember 1964 (GVOBl. Schl.-H. S. 273),

cc) § 8 der Landesverordnung über die Förderung und Erhaltung der Güte von wärmebehandelter Konsummilch, Buttermilch und Sahne vom 22. Juli 1977 (GVOBl. Schl.-H. S. 199);

c) § 23 des Vieh- und Fleischgesetzes in der Fassung der Bekanntmachung vom 21. März 1977 (BGBl. I S. 477);

d) § 17 Abs. 1 Nr. 3 des Gesetzes über die Neuorganisation der Marktordnungsstellen vom 23. Juni 1976 (BGBl. I S. 1608) in Verbindung mit

aa) § 6 der Meldeverordnung Milch vom 18. August 1977 (BGBl. I S. 1605);

7. die Seemannsämter nach § 24 Abs. 2 und 3 der Verordnung über die Krankenfürsorge auf Kauffahrteischiffen vom 25. April 1972 (BGBl. I S. 734);

8. das Landesamt für Straßenbau und Straßenverkehr Schleswig-Holstein nach

a) § 56 des Straßen- und Wegegesetzes des Landes Schleswig-Holstein vom 22. Juni 1962 (GVOBl. Schl.-H. S. 237), zuletzt geändert durch Gesetz vom 28. September 1973 (GVOBl. Schl.-H. S. 327), soweit nicht die Landräte und Bürgermeister der kreisfreien Städte (§ 2 Abs. 1 Nr. 22) oder die Bürgermeister der Städte über 20000 Einwohner (§ 3 Nrn. 11 und 12) oder die Bürgermeister der Städte und amtsfreien Gemeinden sowie die Amtsvorsteher (§ 6 Nrn. 5 bis 7) zuständig sind;

b) § 23 des Bundesfernstraßengesetzes in der Fassung der Bekanntmachung vom 1. Oktober 1974 (BGBl. I S. 2413), zuletzt geändert durch Gesetz vom 18. August 1976 (BGBl. I S. 2221), soweit nicht die Bürgermeister der Städte über 20000 Einwohner (§ 3 Nr. 10) oder die Bürgermeister der Städte und amtsfreien Gemeinden sowie die Amtsvorsteher (§ 6 Nr. 4) zuständig sind;

9. *entfällt;*

10. das Fischereiamt des Landes Schleswig-Holstein nach § 4 des Gesetzes über den Fischereischein vom 19. April 1939 (RGBl. I S. 795), geändert durch Gesetz vom 2. März 1974 (BGBl. I S. 469), soweit es nach § 2 Abs. 1 der Ersten Verordnung zur Durchführung und Ergänzung des Gesetzes über den Fischereischein vom 21. April 1939 (RGBl. I S. 816), zuletzt geändert durch Gesetz vom 17. Januar 1974 (GVOBl. Schl.-H. S. 37) zuständig ist;

11. die Arzneimittelüberwachungsstelle Schleswig-Holstein nach

a) § 97 des Arzneimittelgesetzes vom 24. August 1976 (BGBl. I S. 2445), geändert durch Gesetz vom 24. August 1976 (BGBl. I S. 2483), soweit sie nach Nummer 4.1 des Zuständigkeitsverzeichnisses zu § 1 der Landesverordnung über die Zuständigkeit der Gesundheitsbehörden vom 22. Oktober 1979 (GVOBl. Schl.-H. S. 479) zuständig ist;

b) § 13 des Gesetzes über die Werbung auf dem Gebiete des Heilwesens vom 11. Juli 1965 (BGBl. I S. 604), zuletzt geändert durch Gesetz vom 2. Juli 1975 (BGBl. I S. 1745), soweit nicht nach Nummer 12 Buchst. b das Veterinäruntersuchungsamt des Landes Schleswig-Holstein oder nach § 2 Abs. 1 Nr. 4 die Landräte und die Bürgermeister der kreisfreien Städte zuständig sind;

c) § 6 der Verordnung über Arzneimittel, die zur Anwendung bei Tieren bestimmt sind, vom 2. Januar 1978 (BGBl. I S. 26), soweit sie nach § 1 Nr. 1 der Landesverordnung über die zuständigen Behörden nach der Verordnung über Arzneimittel, die zur Anwendung bei Tieren bestimmt sind, vom 15. Juni 1978 (GVOBl. Schl.-H. S. 176), zuständig ist;

12. das Veterinäruntersuchungsamt des Landes Schleswig-Holstein nach
  a) § 97 des Arzneimittelgesetzes vom 24. August 1976 (BGBl. I S. 2445), geändert durch Gesetz vom 24. August 1976 (BGBl. I S. 2483), soweit es nach § 2 Abs. 1 der Landesverordnung über die Errichtung der Arzneimittelüberwachungsstelle und über Zuständigkeiten des Veterinäruntersuchungsamtes vom 22. Februar 1977 (GOVBl. Schl.-H. S. 46), zuletzt geändert durch Landesverordnung vom 22. Oktober 1979 (GOVBl. Schl.-H. S. 479), zuständig ist;
  b) § 13 des Gesetzes über die Werbung auf dem Gebiete des Heilwesens vom 11. Juli 1965 (BGBl. I S. 604), zuletzt geändert durch Gesetz vom 2. Juli 1975 (BGBl. I S. 1745) für Arzneimittel zur Anwendung bei Tieren;
  c) § 15 der Verordnung über tierärztliche Hausapotheken vom 31. Juli 1975 (BGBl. I S. 2115);
  d) § 6 der Verordnung über Arzneimittel, die zur Anwendung bei Tieren bestimmt sind, vom 2. Januar 1978 (BGBl. I S. 26), soweit es nach § 1 Nr. 2 der Landesverordnung über die zuständigen Behörden nach der Verordnung über Arzneimittel, die zur Anwendung bei Tieren bestimmt sind, vom 15. Juni 1978 (GVOBl. Schl.-H. 176), zuständig ist;
  e) § 17 der Betäubungsmittel-Verschreibungs-Verordnung in der Fassung der Bekanntmachung vom 25. April 1978 (BGBl. I S. 537), soweit es nach § 2 Abs. 1 der Landesverordnung über die Errichtung der Arzneimittelüberwachungsstelle und über Zuständigkeiten des Veterinäruntersuchungsamtes zuständig ist.

§ 2

^{I} Die Landräte und die Bürgermeister der kreisfreien Städte sind zuständig für die Verfolgung und Ahndung von Ordnungswidrigkeiten nach
  1. § 12 Abs. 1 Nr. 4 des Gesetzes über das Paßwesen vom 4. März 1952 (BGBl. I S. 290), zuletzt geändert durch Gesetz vom 26. März 1975 (BGBl. I S. 774), soweit nicht § 6 Nr. 23 anzuwenden ist;
  2. § 68 des Personenstandsgesetzes in der Fassung der Bekanntmachung vom 8. August 1957 (BGBl. I S. 1125), zuletzt geändert durch Gesetz vom 2. Juli 1976 (BGBl. I S. 1749);
  3. § 97 des Arzneimittelgesetzes vom 24. August 1976 (BGBl. I S. 2445), geändert durch Gesetz vom 24. August 1976 (BGBl. I S. 2483), soweit sie nach Nummer 3.1.2 des Zuständigkeitsverzeichnisses zu § 1 der Landesverordnung über die Zuständigkeit der Gesundheitsbehörden vom 22. Oktober 1979 (GOVBl. Schl.-H. S. 479) zuständig sind;
  4. § 13 des Gesetzes über die Werbung auf dem Gebiete des Heilwesens vom 11. Juli 1965 (BGBl. I S. 604), zuletzt geändert durch Gesetz vom 2. Juli 1975 (BGBl. I S. 1745), soweit die Werbung für Arzneimittel durch den Einzelhandel außerhalb der Apotheken und im Reisegewerbe betrieben wird oder die Werbung sich auf andere Mittel, Verfahren, Behandlungen und Gegenstände im Sinne von § 1 Abs. 1 Nr. 2 des Gesetzes bezieht und nicht nach § 1 Nr. 12 Buchst. b das Veterinäruntersuchungsamt des Landes Schleswig-Holstein zuständig ist;
  5. *entfällt;*
  6. § 14 des Gesetzes über die Ausübung der Berufe des Masseurs, des Masseurs und medizinischen Bademeisters und des Krankengymnasten vom 21. Dezember 1958 (BGBl. I S. 985), zuletzt geändert durch Gesetz vom 25. Juni 1969 (BGBl. I S. 645);

7. § 27 des Gesetzes zur Bekämpfung der Geschlechtskrankheiten vom 23. Juli 1953 (BGBl. I S. 700), zuletzt geändert durch Gesetz vom 2. März 1974 (BGBl. I S. 469);

8. § 69 des Bundes-Seuchengesetzes vom 18. Juli 1961 (BGBl. I S. 1012), zuletzt geändert durch Gesetz vom 9. Juni 1975 (BGBl. I S. 1321), mit Ausnahme der Ordnungswidrigkeiten nach § 69 Abs. 1 Nr. 1 in Verbindung mit § 24 des Bundes-Seuchengesetzes;

9. § 16 des Krankenpflegegesetzes in der Fassung der Bekanntmachung vom 20. September 1965 (BGBl. I S. 1443), zuletzt geändert durch Gesetz vom 4. Mai 1972 (BGBl. I S.753);

10. § 116 Abs. 4 des Bundessozialhilfegesetzes in der Fassung der Bekanntmachung vom 13. Februar 1976 (BGBl. I S. 289) in Verbindung mit § 5 des Gesetzes zur Ausführung des Bundessozialhilfegesetzes vom 6. Juli 1962 (GVOBl. Schl.-H. S. 271), geändert durch Gesetz vom 30. November 1964 (GVOBl. Schl.-H. S. 235), und § 2 Buchst. a der Verordnung über die Heranziehung der örtlichen Träger der Sozialhilfe zur Durchführung von Aufgaben des überörtlichen Trägers vom 14. Mai 1964 (GVOBl. Schl.-H. S. 61), geändert durch Landesverordnung vom 28. August 1970 (GVOBl. Schl.-H. S. 268);

11. § 21 des Vereinsgesetzes vom 5. August 1964 (BGBl. I S. 593), zuletzt geändert durch Gesetz vom 2. März 1974 (BGBl. I S. 469), in Verbindung mit § 23 der Verordnung zur Durchführung des Gesetzes zur Regelung des öffentlichen Vereinsrechts vom 28. Juli 1966 (BGBl. I S. 457);

12. *entfällt;*

13. § 48 Abs. 1 Nrn. 5 und 6 sowie Abs. 3 des Ausländergesetzes vom 28. April 1965 (BGBl. I S. 353), zuletzt geändert durch Gesetz vom 25. Juni 1975 (BGBl. I S. 1542);

14. § 5 Abs. 1, § 79 Satz 1 und § 84 des Bundesleistungsgesetzes in der Fassung der Bekanntmachung vom 27. September 1961 (BGBl. I S. 1769), zuletzt geändert durch Gesetz vom 20. Dezember 1976 (BGBl. I S. 3574), in Verbindung mit § 1 der Rechtsverordnung über Anforderungsbehörden und Bedarfsträger nach dem Bundesleistungsgesetz vom 1. Oktober 1961 (BGBl. I S. 1786);

15. § 55 Abs. 1 und 2 des Waffengesetzes in der Fassung der Bekanntmachung vom 8. März 1976 (BGBl. I S. 432);

16. § 11 des Blindenwarenvertriebsgesetzes vom 9. April 1965 (BGBl. I S. 311), zuletzt geändert durch Gesetz vom 2. März 1974 (BGBl. I S. 469);

17. §§ 117 und 118 der Handwerksordnung in der Fassung der Bekanntmachung vom 28. Dezember 1965 (BGBl. I 1966 S. 1), zuletzt geändert durch Gesetz vom 24. August 1976 (BGBl. I S. 2525);

18. §§ 2 bis 6 des Wirtschaftsstrafgesetzes 1954 in der Fassung der Bekanntmachung vom 3. Juni 1975 (BGBl. I S. 1313), soweit eine Geldbuße bis zu 5000.– DM festgesetzt und die Abführung eines Mehrerlöses bis zu 10000.– DM angeordnet werden soll;

19. § 25 des Pflanzenschutzgesetzes in der Fassung der Bekanntmachung vom 2. Oktober 1975 (BGBl. I S. 2591);

20. § 76 des Viehseuchengesetzes in der Fassung der Bekanntmachung vom 27. Februar 1969 (BGBl. I S. 158), zuletzt geändert durch Gesetz vom 2. März 1974 (BGBl. I S. 469);

21. § 18 des Gesetzes zur Durchführung der Richtlinie des Rates der Europäischen Wirtschaftsgemeinschaft zur Regelung gesundheitlicher Fragen beim innergemeinschaftlichen Handelsverkehr mit frischem Fleisch vom

28. Juni 1965 (BGBl. I S. 547), zuletzt geändert durch Gesetz vom 2. März 1974 (BGBl. I S. 469);

22. § 56 Abs. 1 Nr. 2 des Straßen- und Wegegesetzes des Landes Schleswig-Holstein vom 22. Juni 1962 (GVOBl. Schl.-H. S. 237), zuletzt geändert durch Gesetz vom 28. September 1973 (GVOBl. Schl.-H. S. 327), bei Zuwiderhandlungen an Kreisstraßen (Landstraßen II. Ordnung), soweit die Aufgaben des Baues, der Unterhaltung und der Verwaltung der Kreisstraßen (Landstraßen II. Ordnung) den Kreisen oder kreisfreien Städten nach § 53 Abs. 4 des Straßen- und Wegegesetzes übertragen worden sind;

23. **§§ 24 und 24a des Straßenverkehrsgesetzes in der Fassung der Bekanntmachung vom 19. Dezember 1952 (BGBl. I S. 837), zuletzt geändert durch Gesetz vom 3. Dezember 1976 (BGBl. I S. 3281);**

24. §§ 113 und 115 des Gesetzes über Ordnungswidrigkeiten;

25. § 99 des Berufsbildungsgesetzes vom 14. August 1969 (BGBl. I S. 1112), zuletzt geändert durch Gesetz vom 14. Dezember 1976 (BGBl. I S. 3341), soweit nicht die Berufsbildung im öffentlichen Dienst betroffen ist;

26. § 9 des Gesetzes zur Bekämpfung der Dasselfliege vom 28. April 1967 (BGBl. I S. 507), geändert durch Gesetz vom 24. Mai 1968 (BGBl. I S. 503);

27. § 8 Abs. 3 des Gesetzes über die Erweiterung des Katastrophenschutzes vom 9. Juli 1968 (BGBl. I S. 776), zuletzt geändert durch Gesetz vom 2. August 1976 (BGBl. I S. 2046);

28. Artikel 9 Abs. 1 des Rundfunkgebührenstaatsvertrages in Verbindung mit dem Zustimmungsgesetz vom 31. März 1975 (GVOBl. Schl.-H. S. 56);

29. § 10 des Altölgesetzes vom 23. Dezember 1968 (BGBl. I S. 1419), zuletzt geändert durch Gesetz vom 4. Mai 1976 (BGBl. I S. 1147);

30. *entfällt;*

31. § 7 des Kristallglaskennzeichnungsgesetzes vom 25. Juni 1971 (BGBl. I S. 857), zuletzt geändert durch Gesetz vom 29. August 1975 (BGBl. I S. 2307);

32. § 11 des Gesetzes über Einheiten im Meßwesen vom 2. Juli 1969 (BGBl. I S. 709), zuletzt geändert durch Gesetz vom 2. März 1974 (BGBl. I S. 469), in den Fällen des § 3 Nrn. 2 bis 4 der Landesverordnung zur Bestimmung der zuständigen Behörden für die Durchführung des Gesetzes über Einheiten im Meßwesen und des Eichgesetzes vom 8. Dezember 1972 (GVOBl. Schl.-H. S. 253);

33. § 35 des Eichgesetzes vom 11. Juli 1969 (BGBl. I S. 759), zuletzt geändert durch Gesetz vom 20. Januar 1976 (BGBl. I S. 141), in den Fällen des § 3 Nrn. 2 bis 4 der Landesverordnung zur Bestimmung der zuständigen Behörden für die Durchführung des Gesetzes über Einheiten im Meßwesen und des Eichgesetzes vom 8. Dezember 1972 (GVOBl. Schl.-H. S. 253);

34. § 50 des Schornsteinfegergesetzes vom 15. September 1969 (BGBl. I S. 1634), zuletzt geändert durch Gesetz vom 27. Juni 1977 (BGBl. I S. 1040);

35. § 18 des Tierschutzgesetzes vom 24. Juli 1972 (BGBl. I S. 1277), zuletzt geändert durch Gesetz vom 18. März 1975 (BGBl. I S. 705);

36. § 18 Abs. 1 Nr. 1 des Abfallbeseitigungsgesetzes in der Fassung der Bekanntmachung vom 5. Januar 1977 (BGBl. I S. 41) sowie § 18 Abs. 1 Nrn. 2 bis 9, soweit sie für Aufgaben nach den §§ 2 und 3 der Landesverordnung über die zuständigen Behörden nach dem Abfallbeseitigungsgesetz

vom 30. April 1973 (GVOBl. Schl.-H. S. 219), geändert durch Landesverordnung vom 5. Juli 1974 (GVOBl. Schl.-H. S. 237), zuständig sind;

37. den §§ 65 bis 69 des Landschaftspflegegesetzes vom 16. April 1973 (GVOBl. Schl.-H. S. 122), zuletzt geändert durch Gesetz vom 7. April 1975 (GVOBl. Schl.-H. S. 60);

38. *entfällt;*

39. § 14 des Textilkennzeichnungsgesetzes in der Fassung der Bekanntmachung vom 25. August 1972 (BGBl. I S. 1545), geändert durch Gesetz vom 18. März 1975 (BGBl. I S. 705);

40. § 6 des Ausführungsgesetzes zum Abfallbeseitigungsgesetz vom 26. November 1973 (GVOBl. Schl.-H. S. 407);

41. § 8 des Gesetzes über den Beruf der Diätassistenten vom 17. Juli 1973 (BGBl. I S. 853);

42. § 12 des Gesetzes über technische Assistenten in der Medizin vom 8. September 1971 (BGBl. I S. 1515);

43. § 22 der Giftverordnung vom 12. Dezember 1969 (GVOBl. Schl.-H. S. 245), zuletzt geändert durch Landesverordnung vom 2. Juli 1976 (GVOBl. Schl.-H. S. 206);

44. § 12 der Pflanzenschutzmittel-Abgabe-Verordnung vom 12. Dezember 1969 (GVOBl. Schl.-H. S. 265), zuletzt geändert durch Landesverordnung vom 2. Juli 1976 (GVOBl. Schl.-H. S. 209);

45. § 69 des Weingesetzes vom 14. Juli 1971 (BGBl. I S. 893), zuletzt geändert durch Gesetz vom 2. März 1974 (BGBl. I S. 469);

46. § 24 der Wein-Verordnung vom 15. Juli 1971 (BGBl. I S. 926), zuletzt geändert durch Verordnung vom 14. Januar 1977 (BGBl. I S. 117);

47. § 20 der Schaumwein-Branntwein-Verordnung vom 15. Juli 1971 (BGBl. I S. 939), geändert durch Verordnung vom 14. Januar 1977 (BGBl. I S. 117);

48. § 29 des Versammlungsgesetzes vom 24. Juli 1953 (BGBl. I S. 684), zuletzt geändert durch Gesetz vom 2. März 1974 (BGBl. I S. 469);

49. § 9 der Verordnung zur Durchführung der Richtlinie des Rates der Europäischen Gemeinschaften vom 24. April 1972 betreffend die Angleichung der Rechtsvorschriften der Mitgliedstaaten bezüglich der Kraftfahrzeug-Haftpflichtversicherung und der Kontrolle der entsprechenden Versicherungspflicht vom 8. Mai 1974 (BGBl. I S. 1062), geändert durch Verordnung vom 17. Dezember 1974 (BGBl. I S. 3629);

50. § 144 Abs. 2 Nr. 1 der Gewerbeordnung, soweit diese Bestimmung eine aufgrund des § 38 Satz 1 Nr. 10 der Gewerbeordnung erlassene Verordnung betrifft;

51. § 145 Abs. 1 Nr. 1 der Gewerbeordnung, soweit diese Bestimmung Ausländer betrifft;

52. § 145 Abs. 2 Nr. 1 Buchst. a der Gewerbeordnung;

53. § 146 Abs. 2 Nr. 10 der Gewerbeordnung;

54. § 5a des Heilpraktikergesetzes vom 17. Februar 1939 (RGBl. I S. 251), zuletzt geändert durch Gesetz vom 2. März 1974 (BGBl. I S. 469);

55. § 7 der Verordnung über Wochenpflegerinnen vom 7. Februar 1943 (RGBl. I S. 87), zuletzt geändert durch Verordnung vom 18. April 1975 (BGBl. I S. 967);

56. *entfällt;*

57. Artikel 3a des Gesetzes vom 1. Juli 1971 zu den internationalen Gesundheitsvorschriften vom 25. Juli 1969 (BGBl. II S. 865), zuletzt geändert durch Gesetz vom 2. März 1974 (BGBl. I S. 469);

58. Artikel 1 §§ 53 und 54 sowie Artikel 3 Abs. 4 des Gesetzes zur Gesamtre-
    form des Lebensmittelrechts vom 15. August 1974 (BGBl. I S. 1945), ge-
    ändert durch Gesetz vom 15. August 1975 (BGBl. I S. 2172);

59. § 5 des Gesetzes über den Hufbeschlag vom 20. Dezember 1940 (RGBl. I
    1941 S. 3), geändert durch Gesetz vom 2. März 1974 (BGBl. I S. 469);

60. § 5 des Gesetzes betreffend die Beseitigung von Ansteckungsstoffen bei
    Viehbeförderung auf Eisenbahnen vom 25. Februar 1876 (RGBl. S. 163),
    geändert durch Gesetz vom 2. März 1974 (BGBl. I S. 469);

61. § 19 des Tierkörperbeseitigungsgesetzes vom 2. September 1975 (BGBl. I
    S. 2313);

62. § 27 des Fleischbeschaugesetzes in der Fassung der Bekanntmachung vom
    29. Oktober 1940 (RGBl. I S. 1463), zuletzt geändert durch Gesetz vom
    2. September 1975 (BGBl. I S. 2313);

63. § 27 Abs. 3 der Verordnung über die Durchführung des Fleischbeschauge-
    setzes vom 1. November 1940 (RMBl. S. 289), zuletzt geändert durch
    Gesetz vom 2. September 1975 (BGBl. I S. 2313);

64. § 3 des Gesetzes über das Schlachten von Tieren vom 21. April 1933
    (RGBl. I S. 203), geändert durch Gesetz vom 2. März 1974 (BGBl.I
    S. 469);

65. § 5 des Brotgesetzes in der Fassung der Bekanntmachung vom 9. Juni 1931
    (RGBl. I S. 335), zuletzt geändert durch Gesetz vom 2. März 1974 (BGBl.
    I S. 469);

66. § 46 Abs. 1, 2 und 4 des Milchgesetzes vom 31. Juli 1930 (RGBl. I S. 421),
    zuletzt geändert durch Gesetz vom 2. März 1974 (BGBl. I S. 469);

67. § 46 Abs. 3 des Milchgesetzes vom 31. Juli 1930 (RGBl. I S. 421), zuletzt
    geändert durch Gesetz vom 2. März 1974 (BGBl. I S. 469), in Verbindung
    mit
    a) § 6 Abs. 1 und 2 der Verordnung über Milcherzeugnisse vom 15. Juli
       1970 (BGBl. I S. 1150), zuletzt geändert durch Verordnung vom
       10. Mai 1976 (BGBl. I S. 1200),
    b) § 4 der Konsummilch-Kennzeichnungs-Verordnung vom 19. Juni 1974
       (BGBl. I S. 1301), geändert durch Verordnung vom 18. Juni 1975
       (BGBl. I S. 1437);

68. § 47 des Milchgesetzes vom 31. Juli 1930 (RGBl. I S. 421), zuletzt geändert
    durch Gesetz vom 2. März 1974 (BGBl. I S. 469), soweit sie nach § 23
    Abs. 1 Nr. 1 der Preußischen Verordnung zur Durchführung des Milchge-
    setzes vom 16. Dezember 1931 (GS. S. 259), zuletzt geändert durch Lan-
    desverordnung vom 7. Mai 1974 (GVOBl. Schl.-H. S. 162), zuständig
    sind;

69. § 17 des Heimgesetzes vom 7. August 1974 (BGBl. I S. 1873);

70. § 27 des Warenzeichengesetzes in der Fassung der Bekanntmachung vom
    2. Januar 1968 (BGBl. I S. 1, 29), zuletzt geändert durch Gesetz vom
    9. Dezember 1974 (BGBl. I S. 3416);

71. § 6 Abs. 2, §§ 8 und 10 des Gesetzes gegen den unlauteren Wettbewerb
    vom 7. Juni 1909 (RGBl. S. 499), zuletzt geändert durch Gesetz vom
    10. März 1975 (BGBl. I S. 685);

72. § 4 des Gesetzes zum Schutze des Namens „Solingen" vom 25. Juli 1938
    (RGBl. I S. 953), zuletzt geändert durch Gesetz vom 2. März 1974 (BGBl.
    I S. 469);

73. § 3 der Zugabeverordnung vom 9. März 1932 (RGBl. I S. 121), zuletzt
    geändert durch Gesetz vom 2. März 1974 (BGBl. I S. 469);

74. § 11 des Rabattgesetzes vom 25. November 1933 (RGBl. I S. 1011), zuletzt geändert durch Gesetz vom 2. März 1974 (BGBl. I S. 469);
75. § 3 des Gesetzes zum Schutze des Bernsteins vom 3. Mai 1934 (RGBl. I S. 355), zuletzt geändert durch Gesetz vom 2. März 1974 (BGBl. I S. 469);
76. § 9 des Gesetzes über den Feingehalt der Gold- und Silberwaren vom 16. Juli 1884 (RGBl. S. 120), zuletzt geändert durch Gesetz vom 12. März 1976 (BGBl. I S. 513);
77. § 22 der Trinkwasser-Verordnung vom 31. Januar 1975 (BGBl. I S. 453);
78. § 8 des Gesetzes über die Verfrachtung alkoholischer Waren in der Fassung der Bekanntmachung vom 2. Januar 1975 (BGBl. I S. 289);
79. § 20 des Landes-Katastrophenschutzgesetzes vom 9. Dezember 1974 (GVOBl. Schl.-H. S. 446), soweit nicht § 6 Nr. 26 anzuwenden ist;
80. § 17 der Betäubungsmittel-Verschreibungs-Verordnung in der Fassung der Bekanntmachung vom 25. April 1978 (BGBl. I S. 537), soweit sie nach Nr. 3.1.1 des Zuständigkeitsverzeichnisses zu § 1 der Landesverordnung über die Zuständigkeit der Gesundheitsbehörden vom 22. Oktober 1979 (GVOBl. Schl.-H. S. 479) zuständig sind;
81. § 7 des Beschäftigungs- und Arbeitstherapeutengesetzes vom 25. Mai 1976 (BGBl. I S. 1246);
82. § 12 der Verordnung über die Beförderung gefährlicher Güter auf der Straße in der Fassung der Bekanntmachung vom 28. September 1976 (BGBl. I S. 2888);
83. § 10 Abs. 1 Nrn. 2, 3, 4, Abs. 2 Nr. 1 und Abs. 3 Nr. 1 des Gesetzes über die Beförderung gefährlicher Güter vom 6. August 1975 (BGBl. I S. 2121) für den Bereich der Beförderung gefährlicher Güter auf der Straße sowie Abs. 1 Nrn. 2 bis 4 für den Bereich der Beförderung gefährlicher Güter im Geltungsbereich der Hafenverordnung und der Hafensicherheitsverordnung, soweit nicht nach § 3 Nr. 25 die Bürgermeister der Städte über 20000 Einwohner zuständig sind;
84. § 81 Abs. 1 Nr. 16 der Strahlenschutzverordnung vom 13. Oktober 1976 (BGBl. I S. 2905) bei Zuwiderhandlungen gegen die Anzeigepflicht nach § 79 oder § 80 Abs. 1 Satz 1 der Strahlenschutzverordnung;
85. § 81 Abs. 2 Nr. 4 der Strahlenschutzverordnung vom 13. Oktober 1976 (BGBl. I S. 2905) bei Verstößen gegen eine Schutzvorschrift des § 37 der Strahlenschutzverordnung;
86. §§ 37 und 37a des Landeswaldgesetzes vom 18. März 1971 (GVOBl. Schl.-H. S. 94), zuletzt geändert durch Gesetz vom 3. November 1977 (GVOBl. Schl.-H. S. 464);
87. § 11 des Waschmittelgesetzes vom 20. August 1975 (BGBl. I S. 2255);
88. § 24 des Gesundheitsdienst-Gesetzes vom 26. März 1979 (GOVBl. Schl.-H. S. 244);
89. § 24 Abs. 1 der Verordnung über die Beförderung gefährlicher Güter mit Seeschiffen vom 5. Juli 1978 (BGBl. I S. 1017), soweit nicht nach § 3 Nr. 26 die Bürgermeister der Städte über 20000 Einwohner zuständig sind;
90. § 7 der ADNR-Einführungsverordnung in der Fassung der Bekanntmachung vom 30. Juni 1977 (BGBl. I S. 1119), zuletzt geändert durch Verordnung vom 22. März 1978 (BGBl. I S. 424), im Geltungsbereich der Hafenverordnung und der Hafensicherheitsverordnung, soweit nicht nach § 3 Nr. 27 die Bürgermeister der Städte über 20000 Einwohner zuständig sind;
91. § 43 Abs. 1 der Strandungsordnung vom 17. Mai 1874 (RGBl. S. 73), zu-

letzt geändert durch Gesetz vom 2. März 1974 (BGBl. I S. 469), im Geltungsbereich der Hafenverordnung und der Hafensicherheitsverordnung, soweit nicht nach § 3 Nr. 28 die Bürgermeister der Städte über 20000 Einwohner zuständig sind.

^{II} Die Landräte sind außerdem zuständig in den Fällen der §§ 3 bis 5, soweit dort die Zuständigkeit nicht geregelt ist.

§ 3

Die Bürgermeister der Städte über 20000 Einwohner sind zuständig für die Verfolgung und Ahndung von Ordnungswidrigkeiten nach

1. § 14 des Gesetzes zum Schutze der Jugend in der Öffentlichkeit in der Fassung der Bekanntmachung vom 27. Juli 1957 (BGBl. I S. 1058), zuletzt geändert durch Gesetz vom 2. März 1974 (BGBl. I S. 469);
2. § 26 des Wohnungsbindungsgesetzes in der Fassung der Bekanntmachung vom 31. Januar 1974 (BGBl. I S. 137), zuletzt geändert durch Gesetz vom 23. März 1976 (BGBl. I S. 737);
3. § 24 des Unterhaltssicherungsgesetzes in der Fassung der Bekanntmachung vom 8. März 1975 (BGBl. I S. 661), geändert durch Gesetz vom 2. Mai 1975 (BGBl. I S. 1046);
4. § 9 des Gesetzes über die Berufsausübung im Einzelhandel vom 5. August 1957 (BGBl. I S. 1121), zuletzt geändert durch Gesetz vom 24. Mai 1968 (BGBl. I S. 503);
5. den in § 1 Nr. 6 Buchst. a genannten Vorschriften, soweit der Einzelhandel betroffen ist;
6.–9. *entfällt;*
10. § 23 Abs. 1 Nr. 2 des Bundesfernstraßengesetzes in der Fassung der Bekanntmachung vom 1. Oktober 1974 (BGBl. I S. 2413), zuletzt geändert durch Gesetz vom 18. August 1976 (BGBl. I S. 2221), soweit die Zuwiderhandlungen innerhalb der festgesetzten Ortsdurchfahrten begangen werden;
11. § 56 Abs. 1 Nr. 2 des Straßen- und Wegegesetzes des Landes Schleswig-Holstein vom 22. Juni 1962 (GVOBl. Schl.-H. S. 237), zuletzt geändert durch Gesetz vom 28. September 1973 (GVOBl. Schl.-H. S. 327), soweit die Zuwiderhandlungen innerhalb der festgesetzten Ortsdurchfahrten begangen werden;
12. § 56 Abs. 1 Nrn. 3 bis 5 des Straßen- und Wegegesetzes des Landes Schleswig-Holstein vom 22. Juni 1962 (GVOBl. Schl.-H. S. 237), zuletzt geändert durch Gesetz vom 28. September 1973 (GVOBl. Schl.-H. S. 327);
13. § 18 des Kommunalabgabengesetzes des Landes Schleswig-Holstein vom 10. März 1970 (GVOBl. Schl.-H. S. 44), zuletzt geändert durch Gesetz vom 9. Dezember 1974 (GVOBl. Schl.-H. S. 453);
14. *entfällt;*
15. § 10 des Altölgesetzes vom 23. Dezember 1968 (BGBl. I S. 1419), zuletzt geändert durch Gesetz vom 4. Mai 1976 (BGBl. I S. 1147);
16. § 8 des Gesetzes zur Regelung der Wohnungsvermittlung vom 4. November 1971 (BGBl. I S. 1747);
17. §§ 116 und 118 bis 121 des Gesetzes über Ordnungswidrigkeiten;
18. § 17 des Gesetzes über den Verkehr mit unedlen Metallen vom 23. Juli 1926 (RGBl. I S. 415), zuletzt geändert durch Verordnung vom 21. Mai 1976 (BGBl. I S. 1249);

19. § 10 des Lagerstättengesetzes vom 4. Dezember 1934 (RGBl. I S. 1223), geändert durch Gesetz vom 2. März 1974 (BGBl. I S. 469);
20. § 144 Abs. 1 Nr. 1 Buchst. e bis h der Gewerbeordnung;
21. § 144 Abs. 2 Nr. 1 der Gewerbeordnung, soweit diese Bestimmung eine aufgrund des § 34 Abs. 2, § 34a Abs. 2, § 34b Abs. 8, § 34c Abs. 3 oder § 38 Satz 1 Nrn. 1 bis 9 der Gewerbeordnung erlassene Verordnung betrifft;
22. § 144 Abs. 2 Nr. 2 und Abs. 3 Nr. 2, § 146 Abs. 1 Nr. 1 und Abs. 2 Nr. 4 der Gewerbeordnung;
23. § 47 des Milchgesetzes vom 31. Juli 1930 (RGBl. I S. 421), zuletzt geändert durch Gesetz vom 2. März 1974 (BGBl. I S. 469), soweit sie nach § 23 Abs. 1 Nr. 1 der Preußischen Verordnung zur Durchführung des Milchgesetzes vom 16. Dezember 1931 (GS. S. 259), zuletzt geändert durch Landesverordnung vom 7. Mai 1974 (GVOBl. Schl.-H. S. 162), zuständig sind;
24. §§ 1 und 2 des Gesetzes zur Bekämpfung der Schwarzarbeit in der Fassung der Bekanntmachung vom 31. Mai 1974 (BGBl. I S. 1252);
25. § 10 Abs. 1 Nrn. 2 bis 4 des Gesetzes über die Beförderung gefährlicher Güter vom 6. August 1975 (BGBl. I S. 2121) für den Bereich der Beförderung gefährlicher Güter im Geltungsbereich der Hafenverordnung und der Hafensicherheitsverordnung;
26. § 24 Abs. 1 der Verordnung über die Beförderung gefährlicher Güter mit Seeschiffen vom 5. Juli 1978 (BGBl. I S. 1017);
27. § 7 der ADNR-Einführungsverordnung in der Fassung der Bekanntmachung vom 30. Juni 1977 (BGBl. I S. 1119), zuletzt geändert durch Verordnung vom 22. März 1978 (BGBl. I S. 424), im Geltungsbereich der Hafenverordnung und der Hafensicherheitsverordnung;
28. § 43 Abs. 1 der Strandungsordnung vom 17. Mai 1874 (RGBl. S. 73), zuletzt geändert durch Gesetz vom 2. März 1974 (BGBl. I S. 469), im Geltungsbereich der Hafenverordnung und der Hafensicherheitsverordnung.

§ 4

Die Bürgermeister der Gemeinden über 10 000 Einwohner sind zuständig für die Verfolgung und Ahndung von Ordnungswidrigkeiten nach

1. § 15 des Gesetzes über Titel, Orden und Ehrenzeichen vom 26. Juli 1957 (BGBl. I S. 844), zuletzt geändert durch Gesetz vom 2. März 1974 (BGBl. I S. 469);
2. § 28 des Gaststättengesetzes vom 5. Mai 1970 (BGBl. I S. 465), zuletzt geändert durch Gesetz vom 5. Juli 1976 (BGBl. I S. 1773).

§ 5

Die Bürgermeister der kreisfreien Städte und die Bürgermeister derjenigen kreisangehörigen Gemeinden, die nach § 6 Abs. 1 des Gesetzes zur Ausführung des Gesetzes für Jugendwohlfahrt in der Fassung der Bekanntmachung vom 7. Juli 1962 (GVOBl. Schl.-H. S. 277), zuletzt geändert durch Gesetz vom 2. Juli 1976 (GVOBl. Schl.-H. S. 176), ein eigenes Jugendamt errichtet haben, sind zuständig für die Verfolgung und Ahndung von Ordnungswidrigkeiten nach

§ 88 des Gesetzes für Jugendwohlfahrt in der Fassung der Bekanntmachung vom 25. April 1977 (BGBl. I S. 633).

B 11 Schleswig-Holstein

§ 6

Die Bürgermeister der Städte und amtsfreien Gemeinden sowie die Amtsvorsteher sind zuständig für die Verfolgung und Ahndung von Ordnungswidrigkeiten nach

1. § 45 Abs. 3 des Wahlgesetzes für den Landtag von Schleswig-Holstein in der Fassung der Bekanntmachung vom 18. März 1966 (GVOBl. Schl.-H. S. 41), zuletzt geändert durch Gesetz vom 16. September 1974 (GVOBl. Schl.-H. S. 340);
2. § 45 des Wehrpflichtgesetzes in der Fassung der Bekanntmachung vom 8. Dezember 1972 (BGBl. I S. 2277), zuletzt geändert durch Gesetz vom 29. Juni 1976 (BGBl. I S. 1701), in Verbindung mit der Verordnung zu § 15 des Wehrpflichtgesetzes vom 12. Dezember 1963 (GVOBl. Schl.-H. S. 161) für Ordnungswidrigkeiten bei der Erfassung (§ 15 Abs. 2 oder 6 des Wehrpflichtgesetzes);
3. § 24 in Verbindung mit § 19 des Gesetzes über den Ladenschluß vom 28. November 1956 (BGBl. I S. 875), zuletzt geändert durch Gesetz vom 5. Juli 1976 (BGBl. I S. 1773);
4. § 23 Abs. 1 Nr. 1 des Bundesfernstraßengesetzes in der Fassung der Bekanntmachung vom 1. Oktober 1974 (BGBl. I S. 2413), zuletzt geändert durch Gesetz vom 18. August 1976 (BGBl. I S. 2221), soweit die Gemeinden Träger der Straßenbaulast der genutzten Straßenteile sind oder ihnen die Verwaltung nach § 54 Abs. 2 des Straßen- und Wegegesetzes des Landes Schleswig-Holstein übertragen worden ist;
5. § 56 Abs. 1 Nr. 1 des Straßen- und Wegegesetzes des Landes Schleswig-Holstein vom 22. Juni 1962 (GVOBl. Schl.-H. S. 237), zuletzt geändert durch Gesetz vom 28. September 1973 (GVOBl. Schl.-H. S. 327), soweit die Gemeinden Träger der Straßenbaulast der genutzten Straßenteile sind;
6. § 56 Abs. 1 Nr. 6 des Straßen- und Wegegesetzes des Landes Schleswig-Holstein vom 22. Juni 1962 (GVOBl. Schl.-H. S. 237), zuletzt geändert durch Gesetz vom 28. September 1973 (GVOBl. Schl.-H. S. 327);
7. § 56 Abs. 1 Nr. 7 des Straßen- und Wegegesetzes des Landes Schleswig-Holstein vom 22. Juni 1962 (GVOBl. Schl.-H. S. 237), zuletzt geändert durch Gesetz vom 28. September 1973 (GVOBl. Schl.-H. S. 327);
8. *entfällt;*
9. § 8 des Gesetzes über die Gewährung eines einmaligen Heizölkostenzuschusses vom 21. Dezember 1973 (BGBl. I S. 1985);
10. § 62 des Bundes-Immissionsschutzgesetzes vom 15. März 1974 (BGBl. I S. 721), zuletzt geändert durch Gesetz vom 14. Dezember 1976 (BGBl. I S. 3341), soweit sie nach § 1 Abs. 3 der Landesverordnung über die zuständigen Behörden nach dem Bundes-Immissionsschutzgesetz vom 5. Juli 1974 (GVOBl. Schl.-H. S. 237), zuletzt geändert durch Landesverordnung vom 19. Januar 1977 (GVOBl. Schl.-H. S. 30), zuständige Behörden sind;
11. § 8 der Landesverordnung über die Beseitigung von pflanzlichen Abfällen außerhalb von Abfallbeseitigungsanlagen vom 26. Juli 1974 (GVOBl. Schl.-H. S. 248);
12. §§ 111 und 117 des Gesetzes über Ordnungswidrigkeiten;
13. § 3 des Gesetzes über Personalausweise vom 19. Dezember 1950 (BGBl. I S. 807), zuletzt geändert durch Gesetz vom 2. März 1974 (BGBl. I S. 469);
14., 15. *entfällt;*
16. § 7 des Rennwett- und Lotteriegesetzes vom 8. April 1922 (RGBl. I S. 335, 393), zuletzt geändert durch Gesetz vom 14. Dezember 1976 (BGBl. I S. 3341);

17. § 143 Abs. 1 und 2 der Gewerbeordnung, soweit diese Bestimmung eine aufgrund des § 24 Abs. 3 Nr. 7 der Gewerbeordnung erlassene Verordnung betrifft;
18. § 144 Abs. 1 Nr. 1 Buchst. a, c und d und Nr. 3 der Gewerbeordnung;
19. § 144 Abs. 2 Nr. 1 der Gewerbeordnung, soweit diese Bestimmung eine aufgrund des § 33 f Abs. 1 Nr. 1 oder 2 und des § 33 g Nr. 2 der Gewerbeordnung erlassene Verordnung betrifft;
20. § 144 Abs. 2 Nrn. 3 und 4 der Gewerbeordnung;
21. § 145 Abs. 1 Nr. 1 der Gewerbeordnung, soweit diese Bestimmung nicht Ausländer betrifft;
22. § 145 Abs. 1 Nrn. 2 und 3, Abs. 2 Nr. 1 Buchst. b, Nr. 2 Buchst. a bis c und Nrn. 3 bis 7 und Abs. 3, § 146 Abs. 2 Nrn. 1 bis 3 und 5 bis 9 der Gewerbeordnung;
23. § 12 Abs. 1 Nr. 4 des Gesetzes über das Paßwesen vom 4. März 1952 (BGBl. I S. 290), zuletzt geändert durch Gesetz vom 26. März 1975 (BGBl. I S. 774), soweit sie nach § 1 der Landesverordnung zur Bestimmung der Paßbehörden vom 2. Mai 1968 (GVOBl. Schl.-H. S. 147), zuletzt geändert durch Landesverordnung vom 8. September 1973 (GVOBl. Schl.-H. S. 321), Paßbehörden sind;
24. § 4 des Gesetzes über den Fischereischein vom 19. April 1939 (RGBl. I S. 795), geändert durch Gesetz vom 2. März 1974 (BGBl. I S. 469), soweit sie nach § 2 Abs. 1 der Ersten Verordnung zur Durchführung und Ergänzung des Gesetzes über den Fischereischein vom 21. April 1939 (RGBl. I S. 816), zuletzt geändert durch Gesetz vom 17. Januar 1974 (GVOBl. Schl.-H. S. 37), zuständig sind;
25. § 47 des Milchgesetzes vom 31. Juli 1930 (RGBl. I S. 421), zuletzt geändert durch Gesetz vom 2. März 1974 (BGBl. I S. 469), soweit sie nach § 23 Abs. 1 Nr. 2 der Preußischen Verordnung zur Durchführung des Milchgesetzes vom 16. Dezember 1931 (GS. S. 259), zuletzt geändert durch Landesverordnung vom 7. Mai 1974 (GVOBl. Schl.-H. S. 162), zuständig sind;
26. § 20 des Landes-Katastrophenschutzgesetzes vom 9. Dezember 1974 (GVOBl. Schl.-H. S. 446), soweit ihren Trägern die Aufgaben des Katastrophenschutzes übertragen worden sind;
27. § 41 Abs. 1 Nr. 11 in Verbindung mit § 40 Abs. 2 Nr. 3 Buchst. d des Sprengstoffgesetzes vom 13. September 1976 (BGBl. I S. 2737);
28. § 41 Abs. 1 Nr. 16 des Sprengstoffgesetzes vom 13. September 1976 (BGBl. I S. 2737) in Verbindung mit § 46 Nr. 5 der Ersten Verordnung zum Sprengstoffgesetz vom 23. November 1977 (BGBl. I S. 2141) für Zuwiderhandlungen gegen § 21 Abs. 1 der Ersten Verordnung zum Sprengstoffgesetz;
29. § 41 Abs. 1 Nr. 16 des Sprengstoffgesetzes vom 13. September 1976 (BGBl. I S. 2737) in Verbindung mit § 46 Nrn. 6 und 7 der Ersten Verordnung zum Sprengstoffgesetz vom 23. November 1977 (BGBl. I S. 2141).

§ 6a

Die Bürgermeister, soweit sie untere Bauaufsichtsbehörde sind, sind zuständig für die Verfolgung und Ahndung von Ordnungswidrigkeiten nach § 18 des Abfallbeseitigungsgesetzes in der Fassung der Bekanntmachung vom 5. Januar 1977 (BGBl. I S. 41), soweit sie für Aufgaben nach den §§ 3 und 4 der Landesverordnung über die zuständigen Behörden nach dem Abfallbesei-

tigungsgesetz vom 30. April 1973 (GVOBl. Schl.-H. S. 219), geändert durch
Landesverordnung vom 5. Juli 1974 (GVOBl. Schl.-H. S. 237), zuständig
sind.

§ 6 b

[I] Die Bürgermeister der amtsfreien Gemeinden und die Amtsvorsteher sind
zuständig für die Verfolgung und Ahndung von Ordnungswidrigkeiten nach
Verordnungen über die öffentliche Sicherheit und Ordnung (§ 172 des Landesverwaltungsgesetzes). Ist in einer Landesverordnung über die öffentliche
Sicherheit und Ordnung eine andere Behörde für die Abwehr von Zuwiderhandlungen bestimmt worden, so ist diese auch für die Verfolgung und Ahndung von Ordnungswidrigkeiten nach dieser Landesverordnung zuständig.

[II] Absatz 1 gilt für die Verfolgung und Ahndung von Ordnungswidrigkeiten
nach Polizeiverordnungen und sonstigen allgemeinverbindlichen Anordnungen im Sinne des Polizeiverwaltungsgesetzes vom 1. Juni 1931 (GS. S. 77)
entsprechend.

§ 6 c

Der Vorstand der Apothekerkammer Schleswig-Holstein ist zuständig für
die Verfolgung und Ahndung von Ordnungswidrigkeiten nach § 13 Nr. 2
Buchst. d, e und k der Apothekenbetriebsordnung vom 7. August 1968
(BGBl. I S. 939), zuletzt geändert durch Verordnung vom 19. August 1974
(BGBl. I S. 2060).

Abschnitt II. Ermächtigungen

§ 7

Die Ermächtigung zur Bestimmung der zuständigen Behörden nach § 36
Abs. 2 des Gesetzes über Ordnungswidrigkeiten wird auf die fachlich zuständigen Minister übertragen. Sie regeln die Zuständigkeit jeweils durch Änderung oder Ergänzung dieser Verordnung. Sofern der Innenminister nicht
selbst zuständig ist, ist die Regelung im Benehmen mit ihm zu treffen.

§ 8

Der Innenminister wird ermächtigt, diese Verordnung in der jeweils geltenden Fassung neu bekanntzumachen, wenn sie durch Änderungen unüber-
sichtlich geworden ist. Er kann dabei Unstimmigkeiten des Wortlauts beseitigen.

Abschnitt III. Inkrafttreten und Außerkrafttreten

§ 9

Diese Verordnung tritt am Tage nach ihrer Verkündung in Kraft.

C. Bundeseinheitliche Verwaltungsvorschriften

1. Richtlinien für das Strafverfahren und das Bußgeldverfahren (RiStBV)

in der ab 1. Januar 1977 (bundeseinheitlich) geltenden Fassung

(Auszug)

Die Richtlinien sind im Bund und in den Ländern durch folgende Verfügungen des BMJ bzw. der LJVen bekanntgemacht worden:

Bund: Bek. d. BMJ v. 21. 12. 1976 (BAnz. Nr. 245);
Baden-Württemberg: AV d. JM v. 19. 11. 1976 (Die Justiz **77**, 3);
Bayern: Bek. d. StMdJ v. 2. 12. 1976 (JMBl. 358) m. ergänzenden Vorschriften;
Berlin: AV d. JM v. 10. 12. 1976 (ABl. 1688);
Hamburg: AV d. JB v. 9. 12. 1976 (JVBl. 115);
Hessen: RdErl. d. JM v. 3. 9. 1976 (JMBl. 797);
Niedersachsen: AV d. JM v. 21. 11. 1976 (Nds. Rpfl. 250);
Nordrhein-Westfalen: AV d. JM v. 25. 11. 1976 (JMBl. **77**, 2);
Rheinland-Pfalz: AV d. JM v. 3. 11. 1976 (JBl. 271);
Saarland: AV v. 15. 12. 1976 (GMBl. **77**, 5);
Schleswig-Holstein: AV d. JM v. 9. 12. 1976 (SchlHA **77**, 20).

Richtlinien für das Strafverfahren

IX. Abschnitt. Akteneinsicht, Auskünfte und Erteilung von Abschriften

182. Geltungsbereich

[I] Soweit gesetzlich nichts anderes bestimmt ist (z. B. in den §§ 147, 385, 397 StPO, § 115 RVO), gelten für die Akteneinsicht die folgenden Vorschriften.

[II] Die Vorschriften über die Akteneinsicht gelten sinngemäß für die Erteilung von Auskünften und die Überlassung von Abschriften oder Ablichtungen aus den Akten, soweit nicht eine besondere Regelung getroffen ist. Die Nr. 236 und 242 bleiben unberührt.

[III] Bei Verschlußsachen ist Nr. 213 zu beachten.

183. Zuständigkeit für die Gewährung der Akteneinsicht

Über die Akteneinsicht entscheidet
a) im vorbereitenden Verfahren und nach Einstellung des Ermittlungsverfahrens der Staatsanwalt,
b) in der Zeit vom Eingang der Anklage bei Gericht bis zum rechtskräftigen Abschluß des Verfahrens der Vorsitzende des jeweils mit der Sache befaßten Gerichts,
c) nach dem rechtskräftigen Abschluß des gerichtlichen Verfahrens die Justizverwaltungsbehörde, bei der oder auf deren Veranlassung die Akten verwahrt werden. Befinden sich die Akten im Gewahrsam des Gerichts, so soll in Zweifelsfällen der Staatsanwalt gehört werden.

184. Genehmigung durch den Generalstaatsanwalt

[I] Beabsichtigt der Staatsanwalt, Akteneinsicht zu gewähren, so holt er die Genehmigung des Generalstaatsanwalts ein, wenn

a) die Eintragung über die Verurteilung im Bundeszentralregister getilgt ist oder

b) die Verurteilung nicht in das Führungszeugnis aufgenommen wird und die Akteneinsicht von einer Stelle begehrt wird, die nach den §§ 39, 57 BZRG keine Auskunft aus dem Zentralregister oder dem Erziehungsregister erhält, es sei denn, daß seit der Rechtskraft der Entscheidung nicht mehr als drei Jahre verstrichen sind.

[II] Der Genehmigung bedarf es nicht, wenn derjenige, der von der gerichtlichen Entscheidung in dem Verfahren betroffen ist, der Einsichtnahme zustimmt.

185. Grundsätze für die Akteneinsicht

[I] Gerichten, Staatsanwaltschaften, den obersten Bundes- und Landesbehörden und höheren Verwaltungsbehörden wird Akteneinsicht gewährt.

[II] Andere Behörden und öffentliche Körperschaften erhalten auf Ersuchen Akteneinsicht, wenn sie ihr berechtigtes Interesse darlegen. Ist das Verfahren eingestellt, der Angeklagte freigesprochen oder liegen die Voraussetzungen der Nr. 184 Abs. 1 vor, so wird die Akteneinsicht versagt, wenn dem Interesse an der Einsichtnahme ein höheres Interesse des Betroffenen, namentlich an seiner Resozialisierung, entgegensteht. Bestehen Bedenken gegen die Akteneinsicht, so ist zu prüfen, ob eine Auskunft aus den Akten erteilt werden kann.

[III] Für wissenschaftliche Vorhaben wird Akteneinsicht gewährt, wenn und soweit deren Bedeutung dies rechtfertigt und die Gewähr besteht, daß ein Mißbrauch der erlangten Kenntnisse nicht zu befürchten ist. Die Gewährung der Akteneinsicht kann mit Auflagen verbunden werden.

[IV] Einem bevollmächtigten Rechtsanwalt oder Rechtsbeistand wird Akteneinsicht gewährt, wenn er ein berechtigtes Interesse (z. B. für die Prüfung bürgerlich-rechtlicher Ansprüche, für die Vorbereitung eines Verwaltungsstreitverfahrens oder einer Beschwerde gegen den Einstellungsbescheid) darlegt und wenn sonst Bedenken nicht bestehen.

[V] Privatpersonen und privaten Einrichtungen wird die Akteneinsicht grundsätzlich versagt. Einfach und schnell zu erledigende Auskünfte können Privatpersonen, insbesondere dem Geschädigten oder privaten Einrichtungen erteilt werden, wenn ein berechtigtes Interesse an der Auskunftserteilung dargelegt ist und wenn sonst Bedenken nicht bestehen.

186. Vorrang der Verfahrensbearbeitung

Durch die Akteneinsicht dürfen Verfahren nicht unangemessen verzögert werden.

187. Umfang der Akteneinsicht

[I] Die Akteneinsicht kann auf einzelne Aktenteile beschränkt werden, wenn dies im öffentlichen Interesse liegt oder dadurch die Bloßstellung einer Privatperson vermieden werden kann.

[II] Von der Einsicht sind die Handakten der Staatsanwaltschaft und andere innerdienstliche Vorgänge auszuschließen. In Akten einer anderen Verwaltung darf nur mit deren ausdrücklicher Zustimmung Einsicht gewährt werden.

III Befindet sich eine Registerauskunft bei den Akten, ist Nr. 16 Abs. 2 Satz 2 zu beachten.

188. Bescheid an den Antragsteller

I Wird die Akteneinsicht versagt, so wird dem Antragsteller ein kurzer Bescheid erteilt. Hat der Antragsteller ein berechtigtes Interesse an der Akteneinsicht dargelegt, so muß der Bescheid erkennen lassen, daß dieses Interesse gegen entgegenstehende Interessen abgewogen worden ist.

II Ist der Antrag von einer Privatperson oder einer privaten Einrichtung gestellt worden, so ist in geeigneten Fällen auf die Möglichkeit der Akteneinsicht durch einen bevollmächtigten Rechtsanwalt hinzuweisen.

189. Überlassung der Akten

I Behörden und Gerichten werden die Akten übersandt.

II Rechtsanwälten und Rechtsbeiständen sollen auf Antrag die Akten mit Ausnahme der Beweisstücke zur Einsichtnahme mitgegeben oder übersandt werden, soweit nicht wichtige Gründe entgegenstehen.

III Im übrigen ist die Akteneinsicht grundsätzlich nur in den Diensträumen der Staatsanwaltschaft oder des Gerichts zu gewähren.

X. Abschnitt. Einholung der Entscheidung des Bundesverfassungsgerichts

190.

I Hat das Gericht beschlossen, die Entscheidung des Bundesverfassungsgerichts nach Art. 100 Abs. 1 und 2 oder Art. 126 GG in Verbindung mit § 13 Nr. 8, 10, 12, §§ 80, 83 oder 86 Abs. 2 BVerfGG zu beantragen, so leitet der Vorsitzende die Akten dem Bundesverfassungsgericht unmittelbar zu (§ 80 Abs. 1 BVerfGG). Das Begleitschreiben ist von dem Vorsitzenden zu unterschreiben. Es wird Bestandteil der Akten des Bundesverfassungsgerichts; eine beglaubigte Abschrift ist als Versendungsbeleg zurückzubehalten.

II Der Antrag an das Bundesverfassungsgericht ist zu begründen (§ 80 Abs. 2 BVerfGG). Seine Urschrift bleibt Bestandteil der Strafakten.

III Dem Begleitschreiben sind außer den Akten eine beglaubigte und 50 einfache Abschriften des Antrages für das Bundesverfassungsgericht beizufügen.

XII. Abschnitt. Behandlung der von der deutschen Gerichtsbarkeit befreiten Personen

193. Allgemeines

I Handlungen, die eine Ausübung der inländischen Gerichtsbarkeit darstellen, sind gegenüber den Personen, die nach §§ 18 bis 20 GVG oder nach anderen Rechtsvorschriften von der deutschen Gerichtsbarkeit befreit sind, ohne ihre Zustimmung grundsätzlich unzulässig.

II Sache der Justizbehörden ist es, im Einzelfall die nötigen Feststellungen zu treffen und darüber zu befinden, ob und wieweit Personen nach den §§ 18 und 19 GVG von der deutschen Gerichtsbarkeit befreit sind.

194. Ausweise von Diplomaten und der anderen von der inländischen Gerichtsbarkeit befreiten Personen

Die Art der Ausweise von Diplomaten und der anderen von der inländischen Gerichtsbarkeit befreiten Personen ergibt sich aus dem Rundschreiben des Bundesministeriums des Innern über Diplomaten und andere bevorrechtigte Personen in seiner jeweils gültigen Fassung (vgl. zuletzt Rundschreiben vom 14. März 1975, GMBl. S. 337).

195. Verhalten gegenüber Diplomaten und den anderen von der inländischen Gerichtsbarkeit befreiten Personen

[I] Gegen Personen, die rechtmäßig den Ausweis eines Diplomaten oder einer anderen von der inländischen Gerichtsbarkeit befreiten Person besitzen oder die ihre Befreiung von der deutschen Gerichtsbarkeit anders glaubhaft machen, ist nicht einzuschreiten. Der Staatsanwalt hat sich darauf zu beschränken, die zulässigen Ermittlungen beschleunigt durchzuführen. Er unterrichtet unverzüglich unter Beigabe der Akten den Bundesminister der Justiz über die Landesjustizverwaltung. Für diese und das Auswärtige Amt sind Abschriften beizufügen.

[II] In besonders eiligen Fällen kann unmittelbar beim Auswärtigen Amt in Bonn (Telegrammadresse: Auswärtig, Abt. Protokoll, Telefon Bonn 171, Telex Bonn 0886591) bzw. beim Bundeskanzleramt (Telefon Bonn 1051, Telex Bonn 886750) Auskunft erbeten werden.

[III] Ist nach Absatz 2 eine Auskunft erbeten worden oder liegt ein Fall von besonderer Bedeutung vor, so ist die vorläufige Unterrichtung des Bundesministers der Justiz geboten, falls noch weitere Ermittlungen nötig sind. Absatz 1 Satz 3 und 4 gilt sinngemäß.

[IV] Über Verkehrsordnungswidrigkeiten exterritorialer Personen ist das Auswärtige Amt unmittelbar zu unterrichten. Die Akten brauchen der Mitteilung nicht beigefügt zu werden. Eine Unterrichtung des Bundesministers der Justiz und der Landesjustizverwaltung bedarf es in diesen Fällen nicht.

196. Zustellungen

[I] Für die Zustellung von Schriftstücken, z. B. von Ladungen oder Urteilen, an Diplomaten oder andere von der inländischen Gerichtsbarkeit befreite Personen ist stets die Vermittlung des Auswärtigen Amts in Anspruch zu nehmen. Die Zustellung von Schriftstücken an Mitglieder der Ständigen Vertretung der DDR erfolgt über das Bundeskanzleramt.

[II] Das Schreiben an das Auswärtige Amt oder das Bundeskanzleramt, in dem um Zustellung ersucht wird, ist mit einem Begleitbericht der Landesjustizverwaltung vorzulegen, die es an das Auswärtige Amt oder das Bundeskanzleramt weiterleitet. Das zuzustellende Schriftstück ist beizufügen.

[III] In dem Schreiben an das Auswärtige Amt oder das Bundeskanzleramt ist der Sachverhalt kurz darzustellen und außerdem anzugeben:
a) Name, Stellung und Anschrift der Person, der zugestellt werden soll;
b) Bezeichnung des zuzustellenden Schriftstücks, z. B. Ladung als Zeuge, Sachverständiger, Privat- oder Nebenkläger;
c) Name und Stellung der Parteien in Privatklagesachen.

[IV] Die Reinschrift des Schreibens an das Auswärtige Amt oder das Bundeskanzleramt hat der Richter oder der Staatsanwalt handschriftlich zu unterzeichnen.

^V Als Nachweis dafür, daß das Schriftstück dem Empfänger übergeben worden ist, übersendet das Auswärtige Amt oder das Bundeskanzleramt ein Zeugnis.

^{VI} Ist ein Angehöriger einer diplomatischen Vertretung oder der Ständigen Vertretung der DDR als Privatkläger oder Nebenkläger durch einen mit schriftlicher Vollmacht versehenen Rechtsanwalt vertreten, so kann nach § 378 StPO an den Anwalt zugestellt werden.

^{VII} Stellt der von einem Gericht oder einem Staatsanwalt mit der Zustellung beauftragte Beamte nach Empfang des Schriftstücks fest, daß die geforderte Amtshandlung nach den vorstehenden Bestimmungen nicht vorgenommen werden darf, so hat er den Auftrag unter Hinweis auf diese Bestimmung an die ersuchende Stelle zurückzugeben.

197. Ladungen

^I Bei der Ladung eines Diplomaten oder einer anderen von der inländischen Gerichtsbarkeit befreiten Person sind weder Vordrucke zu verwenden noch Zwangsmaßnahmen anzudrohen. Es ist vielmehr eine besondere Vorladung zu fertigen, in der die von der Gerichtsbarkeit befreite Person unter genauer Bezeichnung des Gegenstandes und der Art der Verhandlung gebeten wird, zu erklären, ob sie bereit ist, sich zu dem angegebenen Zeitpunkt einzufinden oder ob sie sich statt dessen in ihren Wohn- oder Diensträumen vernehmen lassen oder über den Gegenstand der Vernehmung eine schriftliche Äußerung abgeben möchte.

^{II} Die Ladung ist nach Nr. 196 zuzustellen.

^{III} Abgesehen von besonders dringlichen Fällen ist der Tag der Vernehmung in der Regel so festzusetzen, daß zwischen der Absendung der Ladung mit Begleitbericht an die Landesjustizverwaltung und der Vernehmung mindestens vier Wochen liegen.

198. Vernehmungen

^I Erscheint ein Diplomat oder eine andere von der inländischen Gerichtsbarkeit befreite Person vor Gericht, so soll sie möglichst bald vernommen und entlassen werden.

^{II} Die Vernehmung in den Dienst- oder Wohnräumen eines Diplomaten oder einer anderen von der inländischen Gerichtsbarkeit befreiten Person darf nur unter den Voraussetzungen der Nr. 199 Abs. 1 erfolgen. Andere an dem Strafverfahren Beteiligte dürfen nur anwesend sein, wenn der Leiter der fremden Dienststelle ausdrücklich zugestimmt hat. Die Teilnahme eines sonst Beteiligten ist in dem Antrag auf Zustimmung zur Vernehmung in den Dienst- oder Wohnräumen besonders zu begründen.

199. Amtshandlungen in den Dienst- und Wohnräumen

^I In den Diensträumen der diplomatischen Vertretungen, der Ständigen Vertretung der DDR, der konsularischen Vertretungen sowie von Organisationen und Stellen, die aufgrund allgemeiner Regeln des Völkerrechts, völkerrechtlicher Vereinbarungen oder sonstiger Rechtsvorschriften Unverletzlichkeit genießen, dürfen Amtshandlungen, durch die inländische Gerichtsbarkeit ausgeübt wird, nur mit Zustimmung des Leiters der Vertretung, der Organisation oder Stelle vorgenommen werden. Entsprechendes gilt für die Wohn-

räume der Mitglieder der diplomatischen Vertretungen und der Ständigen Vertretung der DDR.

II In den vorgenannten Dienst- und Wohnräumen dürfen Amtshandlungen nach Absatz 1 einschließlich Zustellungen ohne Zustimmung des Leiters der Vertretung, der Organisation oder der Stelle auch nicht gegenüber Personen vorgenommen werden, die nicht von der inländischen Gerichtsbarkeit befreit sind. Ihnen kann nach Nr. 196, 197 zugestellt werden.

III Die Zustimmung des Leiters nach Absatz 1 ist in entsprechender Anwendung der Nr. 196 zu beantragen.

IV Zur Vornahme der Amtshandlung dürfen die Dienst- und Wohnräume nur betreten werden, wenn die Zustimmung schriftlich vorliegt.

XIII. Abschnitt. Rechtshilfeverkehr mit dem Ausland und andere das Ausland berührende Maßnahmen

200.

I Für die Ausübung deutscher Strafgerichtsbarkeit im Ausland ist das Einverständnis des ausländischen Hoheitsträgers erforderlich.

II Die Richtlinien für den Verkehr mit dem Ausland in strafrechtlichen Angelegenheiten (RiVASt) sind zu beachten.

Richtlinien für das Bußgeldverfahren

I. Abschnitt. Zuständigkeit

269. Abgrenzung der Zuständigkeit zwischen Staatsanwaltschaft und Verwaltungsbehörde

I Die Staatsanwaltschaft ist im Vorverfahren für die Verfolgung einer Ordnungswidrigkeit nur ausnahmsweise zuständig (vgl. Nr. 270). Sie ist nicht befugt, ausschließlich wegen einer Ordnungswidrigkeit Anklage zu erheben.

II Im gerichtlichen Verfahren ist die Staatsanwaltschaft für die Verfolgung einer Ordnungswidrigkeit stets zuständig (vgl. Nr. 271). In Verfahren nach Einspruch gegen einen Bußgeldbescheid wird sie dies, sobald die Akten bei ihr eingehen (§ 69 Abs. 2 OWiG).

270. Zuständigkeit der Staatsanwaltschaft im vorbereitenden Verfahren

Die Staatsanwaltschaft ist im vorbereitenden Verfahren wegen einer Straftat zugleich auch für die Verfolgung einer Ordnungswidrigkeit zuständig, soweit

a) die Verfolgung der Tat auch unter dem rechtlichen Gesichtspunkt einer Ordnungswidrigkeit in Betracht kommt (§ 40 OWiG),
b) die Verfolgung einer Ordnungswidrigkeit wegen des Zusammenhanges mit einer Straftat übernommen worden ist (§ 42 OWiG).

271. Zuständigkeit der Staatsanwaltschaft im gerichtlichen Verfahren

I Die Zuständigkeit der Staatsanwaltschaft für die Verfolgung einer Ordnungswidrigkeit im gerichtlichen Verfahren erstreckt sich auf

a) das Verfahren nach Einspruch gegen einen Bußgeldbescheid, sobald die Akten bei der Staatsanwaltschaft eingegangen sind (§ 69 Abs. 2 OWiG),

b) das Verfahren nach Anklage wegen einer Straftat, soweit es hier auf den rechtlichen Gesichtspunkt einer Ordnungswidrigkeit ankommt (§§ 40, 82 OWiG),

c) das Verfahren wegen Ordnungswidrigkeiten, die mit Straftaten zusammenhängen (§§ 42, 83 OWiG),

d) das Wiederaufnahmeverfahren gegen einen Bußgeldbescheid (§ 85 Abs. 4 Satz 2 OWiG) oder gegen eine gerichtliche Bußgeldentscheidung,

e) das Nachverfahren gegen einen Bußgeldbescheid (§ 87 Abs. 4 OWiG) oder gegen eine gerichtliche Bußgeldentscheidung.

II Im Verfahren nach Antrag auf gerichtliche Entscheidung gegen eine Maßnahme der Verwaltungsbehörde (§ 62 OWiG) ist die Staatsanwaltschaft nicht beteiligt.

II. Abschnitt. Zusammenarbeit der Staatsanwaltschaft mit den Verwaltungsbehörden

272.

I Im Interesse einer sachgerechten Beurteilung und einer gleichmäßigen Behandlung berücksichtigt der Staatsanwalt, soweit er für die Verfolgung von Ordnungswidrigkeiten zuständig ist, die Belange der Verwaltungsbehörde und macht sich ihre besondere Sachkunde zunutze. Dies gilt namentlich bei Verstößen gegen Rechtsvorschriften, die nicht zum vertrauten Arbeitsgebiet des Staatsanwalts gehören.

II Auch in den Fällen, die in den nachstehenden Bestimmungen nicht ausdrücklich genannt sind, prüft der Staatsanwalt, bevor er Anträge stellt oder Entschließungen trifft, ob hierfür die besondere Sachkunde der zuständigen Verwaltungsbehörde von Bedeutung sein kann oder deren Interessen in besonderem Maße berührt sind. Trifft dies zu, so hört er die Verwaltungsbehörde.

III Sind mehrere Verwaltungsbehörden sachlich oder örtlich zuständig, so wendet sich der Staatsanwalt an die Verwaltungsbehörde, der nach § 39 Abs. 1 Satz 1 OWiG der Vorzug gebührt. Besteht keine Vorzugszuständigkeit, so wählt der Staatsanwalt unter mehreren zuständigen Verwaltungsbehörden diejenige aus, deren Einschaltung wegen ihrer besonderen Sachkunde oder im Interesse der Beschleunigung oder Vereinfachung des Verfahrens oder aus anderen Gründen sachdienlich erscheint; gegebenenfalls wendet er sich an die Verwaltungsbehörde, die auf Grund der Vereinbarung mit der Verfolgung der Ordnungswidrigkeit betraut ist. Dabei ist zu berücksichtigen, daß der Staatsanwalt durch Übersendung der Akten an eine der mehreren zuständigen Verwaltungsbehörden bei sinngemäßer Anwendung des § 39 Abs. 1 Satz 1 OWiG deren Vorzugszuständigkeit herbeiführt, wenn der Betroffene wegen der Tat bereits vernommen ist.

III. Abschnitt. Einbeziehung von Ordnungs-widrigkeiten in das vorbereitende Verfahren wegen einer Straftat

1. Berücksichtigung des rechtlichen Gesichtspunktes einer Ordnungswidrigkeit

273. Umfang der Ermittlungen

[I] Der Staatsanwalt erstreckt die Ermittlungen wegen einer Straftat auch auf den rechtlichen Gesichtspunkt einer Ordnungswidrigkeit, soweit er für die Beurteilung der Tat von Bedeutung ist oder sein kann.

[II] Ist eine Handlung gleichzeitig Straftat und Ordnungswidrigkeit, so kann das ordnungswidrige Verhalten für die Strafbemessung von Bedeutung sein oder die Grundlage für die Anordnung einer Nebenfolge bilden (§ 21 Abs. 1 Satz 2 OWiG). Im übrigen ist zu berücksichtigen, daß die Ordnungswidrigkeit selbständige Bedeutung erlangt, wenn sich der Verdacht der Straftat nicht erweist oder wenn eine Strafe nicht verhängt wird (§ 21 Abs. 2 OWiG).

[III] Umfaßt die dem Beschuldigten zur Last gelegte Tat mehrere Handlungen im materiell-rechtlichen Sinne und ist eine von ihnen eine Ordnungswidrigkeit, so prüft der Staatsanwalt, ob die Verfolgung der Ordnungswidrigkeit geboten ist (§ 47 Abs. 1 Satz 1 OWiG). Bejaht er dies, so macht er seine Entschließung aktenkundig und klärt den Sachverhalt auch unter dem rechtlichen Gesichtspunkt der Ordnungswidrigkeit auf, ohne daß es einer Übernahme der Verfolgung bedarf (vgl. Abschnitt III/2). Ist jedoch zweifelhaft, ob ein einheitliches Tatgeschehen vorliegt, so ist es zweckmäßig, die Verfolgung der Ordnungswidrigkeit ausdrücklich zu übernehmen (vgl. Nr. 277 Abs. 3).

274. Unterbrechung der Verjährung

Kommt eine Ahndung der Tat auch unter dem rechtlichen Gesichtspunkt einer Ordnungswidrigkeit in Betracht (vgl. Nr. 273 Abs. 1, 3), so ist es, namentlich in Verkehrssachen, vielfach geboten, die Verjährung der Ordnungswidrigkeit zu unterbrechen (§ 33 OWiG), damit diese geahndet werden kann, wenn der Täter wegen der anderen Rechtsverletzungen nicht verurteilt wird.

275. Einstellung des Verfahrens wegen der Ordnungswidrigkeit

[I] Erwägt der Staatsanwalt, das Verfahren wegen einer Straftat auch unter dem rechtlichen Gesichtspunkt der Ordnungswidrigkeit (§ 40 OWiG) oder nur hinsichtlich einer mit der Straftat zusammenhängenden Ordnungswidrigkeit (§ 42 Abs. 1 OWiG) einzustellen, so gibt er der Verwaltungsbehörde Gelegenheit zur Stellungnahme (§ 63 Abs. 3 OWiG). Hiervon kann abgesehen werden, wenn der Staatsanwalt in der Beurteilung bestimmter Ordnungswidrigkeiten ausreichende Erfahrung hat oder wenn die Einstellung des Verfahrens allein von einer Rechtsfrage abhängt, für deren Entscheidung es auf die besondere Sachkunde der Verwaltungsbehörde nicht ankommt.

[II] Bei Ordnungswidrigkeiten nach den Steuergesetzen (einschließlich der Gesetze über Eingangsabgaben und Monopole) ist die sonst zuständige Verwaltungsbehörde (Finanzamt, Hauptzollamt) vor der Einstellung zu hören. Dasselbe gilt bei Ordnungswidrigkeiten nach dem Wirtschaftsstrafgesetz 1954 in der Fassung der Bekanntmachung vom 3. Juni 1975 (BGBl. I S. 1313), dem Außenwirtschaftsgesetz, dem Gesetz zur Durchführung der gemeinsamen Marktorganisationen (MOG) vom 31. August 1972 (BGBl. I S. 1617), zuletzt geändert durch Gesetz vom 18. März 1975 (BGBl. I S. 705),[1] und im Wirtschaftsverkehr mit den Währungsgebieten der Mark der Deutschen Demokratischen Republik, da die Verwaltungsbehörde in diesen Fällen auch im Strafverfahren stets zu beteiligen ist (§ 13 Abs. 2 des Wirtschaftsstrafgesetzes 1954, § 43 Abs. 2 des Außenwirtschaftsgesetzes, § 34 Abs. 2 MOG, Art. 320 Abs. 5 Satz 1 EGStGB).

III Würde die Anhörung der Verwaltungsbehörde das Verfahren unangemessen verzögern, so sieht der Staatsanwalt von der Einstellung des Verfahrens unter dem rechtlichen Gesichtspunkt einer Ordnungswidrigkeit ab; in diesem Falle gibt er die Sache, sofern er die Tat nicht als Straftat weiterverfolgt, an die Verwaltungsbehörde ab, wenn Anhaltspunkte dafür vorhanden sind, daß die Tat als Ordnungswidrigkeit verfolgt werden kann (§ 43 Abs. 1 OWiG).

IV Stellt der Staatsanwalt das Verfahren sowohl wegen der Straftat als auch wegen der Ordnungswidrigkeit ein, so trifft er eine einheitliche Einstellungsverfügung.

V Stellt der Staatsanwalt das Verfahren unter dem rechtlichen Gesichtspunkt der Ordnungswidrigkeit ein, so braucht er dem Anzeigenden die Gründe für die Einstellung in der Regel nicht mitzuteilen. Hatte die Verwaltungsbehörde wegen der Ordnungswidrigkeit bereits ein Bußgeldverfahren eingeleitet, so teilt der Staatsanwalt auch ihr die Einstellung mit.

276. Einstellung des Verfahrens nur wegen der Straftat

I Der Staatsanwalt gibt die Sache an die Verwaltungsbehörde ab, wenn er das Verfahren nur wegen der Straftat einstellt, aber Anhaltspunkte dafür vorhanden sind, daß die Tat als Ordnungswidrigkeit verfolgt werden kann (§ 43 Abs. 1 OWiG). Die Nr. 88 ff. sind zu beachten.

II Der Verwaltungsbehörde werden im Falle des Absatzes 1 Satz 1 die Vorgänge oder Abdrucke der Vorgänge, soweit sie sich auf die Ordnungswidrigkeit beziehen, übersandt. Bei der Abgabe der Sache ist mitzuteilen, worin die Anhaltspunkte dafür gesehen werden, daß die Tat als Ordnungswidrigkeit verfolgt werden kann; dies gilt nicht, wenn ein solcher Hinweis für die Verwaltungsbehörde entbehrlich ist.

III Wird gegen die Einstellung des Verfahrens wegen der Straftat Beschwerde eingelegt, so hindert dies den Staatsanwalt nicht, die Sache wegen des Verdachts der Ordnungswidrigkeit an die Verwaltungsbehörde abzugeben. Die Abgabe wird in diesem Falle namentlich dann geboten sein, wenn die Beschwerde unbegründet erscheint und die Verfolgung der Ordnungswidrigkeit zu verjähren droht.

2. Übernahme der Verfolgung einer Ordnungswidrigkeit
277. Übernahme

I Der Staatsanwalt soll die Verfolgung einer Ordnungswidrigkeit nur dann übernehmen, wenn diese Verfahrensgestaltung wegen besonderer Umstände sachdienlich erscheint (§ 42 Abs. 2 OWiG). Das wird in erster Linie zu bejahen sein, wenn die Taten in einer engen zeitlichen oder räumlichen Beziehung zueinander stehen. Auch sonst kann die Übernahme zweckmäßig sein, z. B.

---

[1] Nr. 275 II: MOG, zuletzt geänd. durch G v. 14. 12. 1976 (BGBl. I 3341).

wenn einheitliche Ermittlungen den Betroffenen oder die Ermittlungsbehörden weniger belasten.

^{II} Der Staatsanwalt soll grundsätzlich nicht die Verfolgung solcher Ordnungswidrigkeiten übernehmen, mit deren Beurteilung er im allgemeinen nicht vertraut ist (z. B. Kartellordnungswidrigkeiten, Ordnungswidrigkeiten nach den innerstaatlichen EG-Durchführungsbestimmungen). Erscheint es zweifelhaft, ob die Übernahme der Verfolgung sachdienlich ist, so hört die Staatsanwaltschaft vor der Übernahme die sonst zuständige Verwaltungsbehörde.

^{III} Der Staatsanwalt macht die Übernahme aktenkundig und unterrichtet zugleich die Verwaltungsbehörde, wenn sie bereits ein Bußgeldverfahren eingeleitet hat oder diese Möglichkeit naheliegt.

^{IV} Übernimmt der Staatsanwalt die Verfolgung nicht, so gilt Nr. 276 Abs. 2 entsprechend.

278. Verfahren nach Übernahme

^I Ergeben die Ermittlungen wegen der Ordnungswidrigkeit, daß deren weitere Verfolgung im Zusammenhang mit der Straftat nicht sachdienlich erscheint, so gibt der Staatsanwalt insoweit die Sache an die Verwaltungsbehörde ab (§ 43 Abs. 2 Halbs. 1 OWiG); Nr. 276 Abs. 2 gilt entsprechend.

^{II} Erwägt der Staatsanwalt, das Verfahren wegen der übernommenen Ordnungswidrigkeit einzustellen, so ist § 63 Abs. 3 OWiG zu beachten. Im übrigen gilt Nr. 275 *Abs. 3* entsprechend.

279. Einstellung des Verfahrens nur wegen der Straftat

Stellt der Staatsanwalt nach Übernahme der Verfolgung einer Ordnungswidrigkeit das Verfahren nur wegen der zusammenhängenden Straftat ein (§ 43 Abs. 2 Halbs. 2 OWiG), so gilt Nr. 276 entsprechend.

IV. Abschnitt. Erstreckung der öffentlichen Klage auf die Ordnungswidrigkeit

280.

^I Erstreckt der Staatsanwalt die öffentliche Klage auf die übernommene Ordnungswidrigkeit (§§ 42, 64 OWiG), so sind die Straftat und die Ordnungswidrigkeit in einer einheitlichen Anklageschrift zusammenzufassen.

^{II} In der Anklageschrift ist die Ordnungswidrigkeit zu bezeichnen, die dem Angeschuldigten oder einem Betroffenen zur Last gelegt wird (§ 42 Abs. 1 Satz 2, 2. Fall OWiG). Die Nr. 110 bis 112 gelten sinngemäß auch für den Teil der Anklage, der sich auf die Ordnungswidrigkeit bezieht. Wer nur wegen einer Ordnungswidrigkeit verfolgt wird, ist in der Anklageschrift als ,,Betroffener" zu bezeichnen.

^{III} § 63 Abs. 2 OWiG ist zu beachten.

^{IV} Für den Antrag auf Erlaß eines Strafbefehls gilt Absatz 1 bis 3 entsprechend.

V. Abschnitt. Verfahren nach Einspruch gegen den Bußgeldbescheid

281. Prüfung der Zulässigkeit des Einspruchs

[I] Werden die Akten nach Einspruch gegen den Bußgeldbescheid dem Staatsanwalt übersandt und stellt er fest, daß der Einspruch nicht rechtzeitig oder nicht in der vorgeschriebenen Form eingelegt ist, so legt er die Akten ohne weitere Prüfung dem Amtsgericht mit dem Antrag vor, den Einspruch als unzulässig zu verwerfen (§ 70 OWiG).

[II] Bringt der Betroffene bei einer Zustellung durch die Post mittels eingeschriebenen Briefs ohne Rückschein (§ 4 VwZG) Tatsachen vor, die es zweifelhaft erscheinen lassen, ob ihm der Bußgeldbescheid innerhalb von drei Tagen nach Aufgabe zur Post zugegangen ist, und hängt von dem Zeitpunkt des tatsächlichen Zugangs die Rechtzeitigkeit des Einspruchs ab, so ist dieser Zeitpunkt durch geeignete Ermittlungen, etwa durch Nachfrage bei der Post, zu klären.

[III] Hat der Betroffene wegen Versäumung der Einspruchsfrist die Wiedereinsetzung in den vorigen Stand beantragt, so nimmt der Staatsanwalt hierzu Stellung.

282. Prüfung des Vorwurfs

[I] Bei einem zulässigen Einspruch prüft der Staatsanwalt, ob der hinreichende Verdacht einer Ordnungswidrigkeit besteht, die Verfolgung geboten ist (§ 47 Abs. 1 OWiG) und Verfahrenshindernisse nicht entgegenstehen. Bejaht er dies, so legt er dem Gericht die Akten vor (vgl. Nr. 284, 285). Andernfalls stellt er das Verfahren ein; Nr. 275 Abs. 2, 3 gilt entsprechend.

[II] Im Rahmen seiner Prüfung kann der Staatsanwalt auch selbst Ermittlungen vornehmen oder Ermittlungsorgane darum ersuchen.

[III] Stellt der Staatsanwalt das Verfahren ein, so teilt er dies dem Betroffenen und der Verwaltungsbehörde formlos mit.

283. Auswahl des zuständigen Gerichts

Besteht nach § 68 Abs. 3 OWiG in Verbindung mit einer hierzu erlassenen Rechtsverordnung eine wahlweise Zuständigkeit des Amtsgerichts oder kommt eine solche nach § 42 JGG, § 46 Abs. 1 OWiG in Betracht, so entscheidet der Staatsanwalt, dem die Verwaltungsbehörde die Akten vorgelegt hat, nach pflichtgemäßem Ermessen, ob er die Sache an die für ein anderes Amtsgericht zuständige Staatsanwaltschaft weiterleiten soll; auf § 42 Abs. 2 JGG, § 46 Abs. 1 OWiG wird hingewiesen.

284. Stellungnahme des Staatsanwalts bei Vorlage

[I] Bei der Vorlage der Akten an das Gericht soll sich der Staatsanwalt dazu äußern, ob er einer Entscheidung durch Beschluß (§ 72 OWiG) widerspricht, auf Teilnahme an der Hauptverhandlung (und Terminsnachricht) verzichtet und das persönliche Erscheinen des Betroffenen in der Hauptverhandlung für erforderlich hält.

[II] Stimmt der Staatsanwalt einer Entscheidung durch Beschluß zu, so äußert er sich zugleich zur Sache und stellt einen bestimmten Antrag.

285. Hauptverhandlung

[I] Für die Hauptverhandlung sind, soweit nichts anderes bestimmt ist, die Nr. 116 bis 145 sinngemäß anzuwenden. Dabei ist auch zu prüfen, ob die Anwendung einzelner Vorschriften im Hinblick auf die unterschiedliche Bewertung von Straftaten und Ordnungswidrigkeiten angemessen ist.

[II] Es wird sich empfehlen, die Termine zur Hauptverhandlung in ihrer Aufeinanderfolge von denen in Strafsachen getrennt festzusetzen. Auch in der Bezeichnung der Sachen auf Formularen und Terminszetteln sollten Bußgeld- und Strafverfahren möglichst getrennt behandelt werden.

286. Umfang der Sachaufklärung

Bei der Aufklärung der Sache wird die Erörterung der persönlichen und wirtschaftlichen Verhältnisse und die Prüfung, ob der Betroffene bestraft oder gegen ihn schon früher eine Geldbuße festgesetzt worden ist, nur dann in Betracht kommen, wenn dies für die Entscheidung von Bedeutung sein kann.

287. Teilnahme an der Hauptverhandlung

[I] Der Staatsanwalt nimmt an der Hauptverhandlung teil, wenn
a) er einer Entscheidung durch Beschluß widersprochen hat (§ 72 Abs. 1 OWiG), oder
b) Anhaltspunkte dafür vorhanden sind, daß die Tat auch unter dem rechtlichen Gesichtspunkt einer Straftat beurteilt werden kann (§ 81 OWiG; vgl. Nr. 290).

[II] Der Staatsanwalt soll im übrigen an der Hauptverhandlung teilnehmen, wenn seine Mitwirkung aus besonderen Gründen geboten erscheint. Das kommt vor allem in Betracht, wenn
a) das Gericht ihm mitgeteilt hat, daß es seine Mitwirkung an der Hauptverhandlung für angemessen hält (§ 75 Abs. 1 Satz 2 OWiG),
b) die Aufklärung des Sachverhalts eine umfangreiche Beweisaufnahme erfordert,
c) eine hohe Geldbuße oder eine bedeutsame Nebenfolge in Betracht kommt,
d) eine Rechtsfrage von allgemeiner Bedeutung zu entscheiden ist,
e) die Verwaltungsbehörde die Teilnahme des Staatsanwalts an der Hauptverhandlung angeregt hat oder
f) mit einer gerichtlichen Einstellung des Verfahrens nach § 47 Abs. 2 OWiG in Fällen zu rechnen ist, in denen dies vom Standpunkt des öffentlichen Interesses nicht vertretbar erscheint (vgl. § 75 Abs. 2 OWiG).

288. Beteiligung der Verwaltungsbehörde

[I] Der Termin zur Hauptverhandlung wird der Verwaltungsbehörde so rechtzeitig mitgeteilt, daß ihr Vertreter sich auf die Hauptverhandlung vorbereiten und die Akten vorher einsehen kann (§ 76 Abs. 1 OWiG). Nr. 275 Abs. 2 Satz 2, Abs. 3 gilt entsprechend.

[II] Kann nach Auffassung des Staatsanwalts die besondere Sachkunde der Verwaltungsbehörde für die Entscheidung von Bedeutung sein, so wirkt er darauf hin, daß ein Vertreter der Verwaltungsbehörde an der Hauptverhandlung teilnimmt.

[III] § 76 Abs. 4 OWiG ist zu beachten.

289. Rücknahme der Klage

^I Erwägt der Staatsanwalt, die Klage zurückzunehmen, so prüft er, ob die Verwaltungsbehörde vorher zu hören ist (§ 76 Abs. 3 OWiG). Nr. 275 Abs. 2, 3 gilt entsprechend.

^{II} Nimmt der Staatsanwalt die Klage zurück, so teilt er dies dem Betroffenen und der Verwaltungsbehörde formlos mit.

290. Übergang vom Bußgeld- zum Strafverfahren

^I Ergibt sich nach Einspruch gegen den Bußgeldbescheid, daß der hinreichende Verdacht einer Straftat besteht, so übersendet der Staatsanwalt die Akten dem Gericht mit dem Antrag, den Betroffenen auf die Veränderung des rechtlichen Gesichtspunktes hinzuweisen (§ 81 Abs. 2 Satz 1 OWiG). In diesem Falle widerspricht er zugleich einer Entscheidung durch Beschluß (§ 72 OWiG).

^{II} Auch im weiteren Verlauf des Verfahrens hat der Staatsanwalt darauf zu achten, ob der hinreichende Verdacht einer Straftat besteht. Gegebenenfalls wird der Betroffene auf die Veränderung des rechtlichen Gesichtspunktes hinzuweisen sein (vgl. § 81 Abs. 2 Satz 1 OWiG).

^{III} Wegen der weitreichenden Folgen, die sich aus dem Hinweis auf die Veränderung des rechtlichen Gesichtspunktes ergeben (§ 81 Abs. 2 OWiG), soll der Staatsanwalt darauf hinwirken, daß das Gericht den Betroffenen und seinen Verteidiger vor dem Hinweis hört, wenn er beantragt, den Hinweis zu geben, oder das Gericht dies erwägt.

VI. Abschnitt. Rechtsbeschwerdeverfahren

291. Rechtsbeschwerde und Antrag auf deren Zulassung

Für die Rechtsbeschwerde und den Antrag auf deren Zulassung gelten, soweit nichts anderes bestimmt ist, die Nr. 147 bis 151 sinngemäß.

292. Vorsorgliche Einlegung

Hat die Verwaltungsbehörde angeregt, gegen eine gerichtliche Entscheidung ein Rechtsmittel einzulegen, und bestehen Zweifel, ob die Anregung sachlich berechtigt ist, so kann das Rechtsmittel ausnahmsweise vorsorglich eingelegt werden, wenn die Zweifel vor Ablauf der Rechtsmittelfrist nicht behoben werden können.

293. Verfahren nach Einlegung

^I Für das Verfahren nach Einlegung der Rechtsbeschwerde und des Antrags auf deren Zulassung gelten die Nr. 153 bis 169 sinngemäß. Ein Übersendungsbericht ist abweichend von Nr. 163 Abs. 1 Satz 4 nur in umfangreichen Sachen beizufügen.

^{II} Beantragt der Staatsanwalt, die Rechtsbeschwerde zuzulassen (§ 80 OWiG), so ist anzugeben, aus welchen Gründen die Nachprüfung der Entscheidung zur Fortbildung des Rechts oder zur Sicherung einer einheitlichen Rechtsprechung geboten erscheint.

VII. Abschnitt. Bußgelderkenntnis im Strafverfahren

294.

[I] Der Staatsanwalt achtet nach Erhebung der öffentlichen Klage wegen einer Straftat darauf, daß das Gericht über die Tat zugleich unter dem rechtlichen Gesichtspunkt einer Ordnungswidrigkeit entscheidet, wenn sich der Verdacht der Straftat nicht erweist oder eine Strafe nicht verhängt wird (§ 82 Abs. 1 OWiG).

[II] Ist eine Handlung gleichzeitig Straftat und Ordnungswidrigkeit, so prüft der Staatsanwalt weiterhin, ob bei einer Bestrafung die Anordnung einer Nebenfolge der Ordnungswidrigkeit in Betracht kommt (vgl. Nr. 273 Abs. 2 Satz 1) und berücksichtigt dies bei seinem Antrag zur Entscheidung in der Sache.

VIII. Abschnitt. Entschädigung für Verfolgungsmaßnahmen

295.

Das Gesetz über die Entschädigung für Strafverfolgungsmaßnahmen gilt sinngemäß auch für das Bußgeldverfahren (§ 46 Abs. 1 OWiG). Auf die Ausführungsvorschriften zu diesem Gesetz (Anlage C) wird verwiesen.

IX. Abschnitt. Akteneinsicht

296.

Die Nr. 182 bis 189 gelten für das Bußgeldverfahren sinngemäß.

X. Abschnitt. Einholung der Entscheidung des Bundesverfassungsgerichts

297.

Die Nr. 190 ist auch im Bußgeldverfahren anzuwenden.

XI. Abschnitt. Bußgeldsachen gegen Mitglieder des Bundestages und der Landtage

298.

Nach der Praxis der Immunitätsausschüsse im Bund und in den Ländern hindert die Immunität der Mitglieder der gesetzgebenden Körperschaften nicht, gegen sie ein Bußgeldverfahren durchzuführen. Dagegen ist der Übergang zum Strafverfahren nach § 81 OWiG nur mit Genehmigung der gesetzgebenden Körperschaft zulässig (vgl. Nr. 191, 192); das gilt auch für die Anordnung der Erzwingungshaft.

XII. Abschnitt. Behandlung der von der deutschen Gerichtsbarkeit befreiten Personen

299.

Die Nr. 193 bis 199 gelten für das Bußgeldverfahren entsprechend.

XIII. Abschnitt. Rechtshilfeverkehr mit dem Ausland und andere das Ausland berührende Maßnahmen

300.

[I] Nr. 200 gilt für das Bußgeldverfahren entsprechend.

[II] Die Staatsanwaltschaft kann im Bußgeldverfahren der Verwaltungsbehörde im Wege der Amtshilfe bei ausländischen Behörden Rechtshilfe erbitten, soweit dies in zwischenstaatlichen Verträgen vereinbart ist oder auf Grund besonderer Umstände (z. B. eines Notenwechsels zwischen der Bundesregierung und einer ausländischen Regierung) damit gerechnet werden kann, daß der ausländische Staat die Rechtshilfe auch ohne vertragliche Regelung gewähren wird.

Anlage C

Ausführungsvorschriften zum Gesetz über die Entschädigung für Strafverfolgungsmaßnahmen[1]

Teil I

A. Verfahren über den Grund des Anspruchs

I. Entscheidung des Strafgerichts

Liegen in einem bei Gericht anhängigen Verfahren die Voraussetzungen der §§ 1 und 2 des Gesetzes über die Entschädigung für Strafverfolgungsmaßnahmen (StrEG) vom 8. März 1971 (Bundesgesetzbl. I S. 157) vor, so wirkt der Staatsanwalt darauf hin, daß das Gericht gemäß § 8 StrEG über die Entschädigungspflicht entscheidet. Der Staatsanwalt nimmt unter Berücksichtigung der §§ 3 bis 6 StrEG dazu Stellung, ob oder in welchem Umfang eine Verpflichtung zu Entschädigung besteht.

II. Einstellung des Verfahrens durch die Staatsanwaltschaft

1. Stellt die Staatsanwaltschaft ein Verfahren ein, in welchem gegen den Beschuldigten eine Strafverfolgungsmaßnahme im Sinne des § 2 StrEG vollzogen worden ist, so wird diesem die Mitteilung über die Einstellung zuge-

---

[1] In Kraft gesetzt in **Baden-Württemberg** durch AV v. 2. 8. 1971 (Die Justiz 282), geänd. durch AV v. 19. 6. 1975 (Die Justiz 298), in **Bayern** durch Bek. v. 2. 8. 1971 (JMBl. 119), in **Berlin** durch AV v. 2. 8. 1971 (ABl. 1087), in **Bremen** durch AO v. 2. 8. 1971, geänd. durch AO v. 31. 7. 1975 (nicht veröffentlicht), in **Hamburg** durch AV v. 2. 8. 1971 (JVBl. 61), in **Hessen** durch RdErl. v. 5. 3. 1974 (JMBl. 101), geänd. durch RdErl. v. 18. 5. 1976 (JMBl. 235), in **Niedersachsen** durch AV v. 8. 7. 1976 (NdsRpfl. 51), in **Nordrhein-Westfalen** durch AV v. 2. 8. 1971 (JMBlNW 183), in **Rheinland-Pfalz** durch AV v. 2. 8. 1971 (JBl. 123), zuletzt geänd. durch AV v. 21. 9. 1976 (JBl. 219), im **Saarland** durch AV v. 2. 8. 1971 (GMBl. 678), in **Schleswig-Holstein** durch AV v. 2. 8. 1971 (SchlHA 196).

stellt. In der Einstellungsnachricht wird der Beschuldigte über sein Recht, einen Antrag auf Feststellung der Entschädigungspflicht der Staatskasse zu stellen, über die in § 9 Abs. 1 Satz 4 StrEG vorgeschriebene Frist sowie über das nach § 9 Abs. 1 Satz 1 und 2 StrEG zuständige Gericht belehrt. War die Erhebung der öffentlichen Klage von dem Verletzten beantragt, so wird der Beschuldigte ferner darüber belehrt, daß über die Entschädigungspflicht nicht entschieden wird, solange durch einen Antrag auf gerichtliche Entscheidung die Erhebung der öffentlichen Klage herbeigeführt werden kann. Bei der Belehrung wird darauf geachtet, daß sie nicht als Zusicherung einer Entschädigung mißverstanden wird.

2. Die Staatsanwaltschaft nimmt gegenüber dem zuständigen Gericht zu dem Antrag des Beschuldigten, die Entschädigungspflicht der Staatskasse festzustellen, Stellung. Hat die Staatsanwaltschaft nach Einstellung des Verfahrens die Sache gemäß § 43 des Gesetzes über Ordnungswidrigkeiten (OWiG) an die Verwaltungsbehörde abgegeben, so wirkt sie in der Regel darauf hin, daß das Gericht nicht über die Entschädigungspflicht entscheidet, solange das Bußgeldverfahren nicht abgeschlossen ist.

III. Verfahren nach Feststellung der Entschädigungspflicht

1. Ist die Entschädigungspflicht der Staatskasse rechtskräftig festgestellt (vgl. § 8 Abs. 1, § 9 Abs. 1 Satz 1 und 2 StrEG), so stellt die Staatsanwaltschaft dem Berechtigten unverzüglich eine Belehrung über sein Antragsrecht und die Frist zur Antragstellung zu (vgl. § 10 Abs. 1 StrEG).
2. Ist der Staatsanwaltschaft bekannt, daß der Berechtigte anderen Personen kraft Gesetzes unterhaltspflichtig war, und besteht nach den Umständen die Möglichkeit, daß den Unterhaltsberechtigten infolge der Strafverfolgungsmaßnahme der Unterhalt entzogen worden ist (vgl. Abschn. B II Nr. 3 Buchst. a), so stellt die Staatsanwaltschaft auch diesen Personen eine Belehrung über ihr Antragsrecht und die Frist zur Antragstellung zu (vgl. § 11 Abs. 2 StrEG).

B. Verfahren zur Feststellung der Höhe des Anspruchs

I. Behandlung des Entschädigungsantrages

1. Ist die Entscheidung über die Verpflichtung der Staatskasse zur Entschädigung rechtskräftig und wird daraufhin die Zahlung einer Entschädigung beantragt, so legt der Leiter der Staatsanwaltschaft, wenn er nicht selbst mit der Prüfung des Anspruchs betraut ist, der dafür zuständigen Stelle den Antrag unverzüglich mit einem Bericht vor.
2. In dem Bericht wird ausgeführt,
   a) welche Strafverfolgungsmaßnahmen gegen den Berechtigten vollzogen worden sind,
   b) welche Entscheidung das Gericht über die Entschädigung getroffen hat,
   c) ob der Entschädigungsanspruch rechtzeitig geltend gemacht worden ist,
   d) ob Unterhaltsberechtigte gemäß Abschnitt A III Nr. 2 über ihr Antragsrecht belehrt worden sind und ob sie Ansprüche geltend gemacht haben,
   e) ob aus dem Strafverfahren Umstände bekannt sind, die für die Bearbeitung des Entschädigungsanspruchs wesentlich sein können,

f) ob Anlaß zu der Annahme besteht, daß der Berechtigte Ansprüche gegen Dritte hat, die im Falle einer Entschädigung auf das Land übergehen (vgl. § 15 Abs. 2 StrEG).

Dem Bericht werden die Strafakten, soweit tunlich, beigefügt. Andernfalls werden sie unverzüglich nachgereicht. Sofern die Strafakten nicht alsbald entbehrlich sind, sind dem Bericht beglaubigte Abschriften der zu Buchst. a und b in Betracht kommenden Unterlagen beizufügen.

3. Werden in dem Anspruchsschreiben gleichzeitig Ansprüche auf Erstattung von Auslagen aus dem Strafverfahren geltend gemacht, so wird eine beglaubigte Abschrift des Anspruchsschreibens zu den Strafakten genommen und veranlaßt, daß der Anspruch auf Auslagenerstattung getrennt bearbeitet wird. Der Berechtigte wird hiervon unterrichtet.

II. Prüfung des Entschädigungsanspruchs

1. Die mit der Prüfung des Anspruchs beauftragte Stelle (Prüfungsstelle) legt für die Prüfung ein Sonderheft an.
2. Sie prüft, in welcher Höhe der Anspruch des Berechtigten begründet ist. Die Prüfung erstreckt sich auf die Punkte, die nach den Angaben des Berechtigten und nach den einschlägigen gesetzlichen Vorschriften (z. B. §§ 7, 11 StrEG; §§ 249ff. BGB) sowie der dazu ergangenen Rechtsprechung erheblich sind. Das muß anhand der Umstände des Einzelfalles festgestellt werden. Die nachstehend wiedergegebenen Hinweise für häufiger auftauchende Fragen gelten nur unter dem Vorbehalt, daß die Umstände des Einzelfalles keine andere Behandlung erfordern.
   a) Anhaltspunkte für die Bewertung entgangener Sachleistungen können den Rechtsverordnungen gemäß § 160 Abs. 2 der Reichsversicherungsordnung entnommen werden.
   b) Ausgaben, die der Berechtigte infolge einer Haft für Unterkunft und Verpflegung erspart hat, werden nur wie folgt angerechnet:
      aa) Sind dem Berechtigten Ausgaben für Verpflegung und Unterkunft erspart geblieben, so wird je Tag ein Betrag in Höhe von $^3/_4$ des Haftkostensatzes angerechnet.
      bb) Sind ihm nur Ausgaben für Verpflegung oder nur Ausgaben für Unterkunft erspart geblieben, so wird je Tag ein Betrag in Höhe von $^5/_{12}$ bzw. $^4/_{12}$ des Haftkostensatzes angerechnet (vgl. § 10 Abs. 2 Justizverwaltungskostenordnung).
      cc) Dabei werden der Aufnahme- und der Entlassungstag als ein Tag gerechnet.
   c) Die während einer Haft gewährte Arbeits- und Leistungsbelohnung wird nicht auf die Entschädigung angerechnet.[1]
   d) Die durch eine Haft erlittenen sozialversicherungsrechtlichen Nachteile werden in der Regel in der Weise ausgeglichen, daß die Arbeitgeber- und Arbeitnehmeranteile zur Sozialversicherung erstattet werden.[2]
   e) In der Regel kann davon ausgegangen werden, daß die infolge eines Verdienstausfalls ersparten Beträge an Einkommen- oder Lohnsteuer dem Betrag entsprechen, den der Berechtigte im Hinblick auf die Entschädigungsleistung als Einkommensteuer zu zahlen hat (vgl. § 2 Abs. 2, § 24 Nr. 1 Buchst. a Einkommensteuergesetz).

---

[1] Vgl. hierzu §§ 43–46 StVollzG.
[2] Vgl. hierzu § 194 StVollzG.

f) Macht der Berechtigte Ansprüche wegen entgangenen Urlaubs geltend, so wird für jeden entgangenen Urlaubstag ein Tagesbruttoverdienst erstattet.

g) Es besteht allgemein keine Verpflichtung des Landes, den Entschädigungsbetrag vom Zeitpunkt der Entstehung des Schadens bis zur Auszahlung des Entschädigungsbetrages zu verzinsen. Im Einzelfall können jedoch aufgrund besonderer Umstände im Hinblick auf den Zeitablauf Zuschläge zur Entschädigungssumme berechtigt sein (z. B. unter dem Gesichtspunkt des entgangenen Gewinns, wenn der Berechtigte ohne den Verdienstausfall Beträge verzinslich angelegt hätte).

h) Beauftragt der Berechtigte einen Rechtsanwalt mit der Geltendmachung seiner Ansprüche, so sind die dafür entstandenen Gebühren (vgl. § 118 Bundesrechtsanwaltsgebührenordnung) als Teil des Vermögensschadens erstattungsfähig.

3. a) Entzogen im Sinne des § 11 Abs. 1 und 2 StrEG ist der Unterhalt, wenn ihn der Unterhaltspflichtige infolge der Strafverfolgungsmaßnahmen nicht leisten und der Unterhaltsberechtigte ihn auch nicht nachträglich beanspruchen konnte (vgl. z. B. § 1613 BGB).

b) Kommen Ansprüche von Unterhaltsberechtigten in Betracht, so widmet die Prüfungsstelle der Gefahr von Doppelzahlungen besondere Aufmerksamkeit. Aus diesem Grund kann es im Einzelfall zweckmäßig sein, den Berechtigten zu einer Erklärung aufzufordern, ob und ggf. in welcher Höhe er im fraglichen Zeitraum anderen Personen zur Unterhaltsleistung verpflichtet war oder gewesen wäre. Im Interesse der Beschleunigung und Vereinfachung ist anzustreben, daß sich die Beteiligten auf eine bestimmte Aufteilung der Gesamtentschädigung einigen oder einen der Beteiligten oder einen Dritten bevollmächtigen, die Gesamtentschädigung mit schuldbefreiender Wirkung für das Land in Empfang zu nehmen (vgl. § 362 Abs. 2 BGB).

c) Einigen sich die Beteiligten nicht und ist eine Prüfung der Unterhaltsansprüche mit Schwierigkeiten verbunden, verspricht sie kein eindeutiges Ergebnis oder hat eine durchgeführte Prüfung kein eindeutiges Ergebnis gehabt, so kommt die Hinterlegung (vgl. §§ 372 ff. BGB) des Entschädigungsbetrages in Betracht, soweit er unter den Beteiligten streitig ist und Zweifel an ihrer Berechtigung bestehen.

4. Die Prüfungsstelle prüft die erheblichen Angaben des Berechtigten nach und stellt erforderlichenfalls über zweifelhafte Punkte Ermittlungen an. Weicht dem Ergebnis von dem Vorbringen des Berechtigten ab, so wird dieser in der Regel zu hören sein. Von kleinlichen Beanstandungen wird abgesehen. Bei den Ermittlungen wird darauf geachtet, daß bei Dritten nicht der Eindruck entsteht, gegen den Berechtigten sei ein strafrechtliches Ermittlungsverfahren anhängig.

5. Die Prüfungsstelle berichtet, wenn sie nicht selbst zur Entscheidung über den Anspruch befugt ist, auf dem Dienstwege an die für die Entscheidung zuständige Stelle. In dem Bericht legt die Prüfungsstelle das Ergebnis ihrer Ermittlungen dar und fügt die einschlägigen Vorgänge bei. Sie führt insbesondere aus,

a) ob der Antrag rechtzeitig gestellt worden ist,

b) ob und in welcher Höhe nach §§ 7, 11 StrEG zu ersetzende Schäden entstanden sind,

c) ob durch die Leistung der Entschädigung nach § 15 Abs. 2 StrEG Ansprüche auf die Staatskasse übergehen und ob und in welcher Höhe deren Verfolgung voraussichtlich zu einem Ersatz führen wird.

6. Die Prüfung der geltend gemachten Ansprüche und die Erstattung des Berichts werden möglichst beschleunigt. Erweisen sich Ermittlungen durch andere Behörden als notwendig, so wird stets auf die Eilbedürftigkeit hingewiesen. Über einen nachgewiesenen Teil des Anspruchs kann die Prüfungsstelle vorab berichten. Sie kann weiter nur über den Anspruch vorab berichten, wenn sie die Ansprüche gegen Dritte noch nicht abschließend geprüft hat. Die weiteren Ermittlungen dürfen durch dieses Verfahren nicht verzögert werden.

7. Ist ein immaterieller Schaden zu ersetzen, so ordnet die Prüfungsstelle im Einvernehmen mit der für die Entscheidung zuständigen Stelle insoweit die Auszahlung eines Vorschusses unverzüglich an.

8. Stellt die Prüfungsstelle fest, daß der Anspruch auf Ersatz des Vermögensschadens ganz oder teilweise begründet ist, so kann sie im Einvernehmen mit der für die Entscheidung zuständigen Stelle in dringenden Fällen die Auszahlung eines Vorschusses anordnen. Der Vorschuß soll die Hälfte des für begründet erachteten Anspruchs oder Anspruchsteiles nicht übersteigen.

9. Wird ein Vorschuß gewährt, so werden seine Höhe und der Zeitpunkt der Zahlung in dem Bericht angegeben.

III. Entscheidung über den Anspruch

1. Die Entscheidung über den Anspruch wird dem Berechtigten durch die für die Entscheidung zuständige Stelle nach den Vorschriften der Zivilprozeßordnung zugestellt (vgl. § 10 Abs. 2 Satz 2 StrEG).

2. Wird der Antrag ganz oder teilweise abgelehnt, so wird der Berechtigte über den Rechtsweg und die Klagefrist belehrt (vgl. § 13 Abs. 1 StrEG).

3. Die für die Entscheidung zuständige Stelle ordnet die Auszahlung der zuerkannten Entschädigung an. Das für den Wohnsitz des Berechtigten zuständige Finanzamt wird von der Zahlung benachrichtigt.

4. Die für die Entscheidung zuständige Stelle gibt eine Durchschrift der Entscheidung zu den Strafakten.

5. Beschreitet der Berechtigte den Rechtsweg, so ist der für die Entscheidung zuständigen Stelle zu berichten.

IV. Außerkrafttreten der Entscheidung

1. In den Fällen des § 14 Abs. 2 StrEG berichtet der Leiter der Staatsanwaltschaft, sofern er nicht selbst zur Entscheidung über den Anspruch befugt ist, der dafür zuständigen Stelle auf dem Dienstwege unverzüglich von der Einreichung des Wiederaufnahmeantrages oder von der Wiederaufnahme der Untersuchungen oder Ermittlungen und von dem Ausgang des Verfahrens. Ist eine bereits festgesetzte Entschädigung noch nicht gezahlt, so ordnet die für die Entscheidung zuständige Stelle sofort die vorläufige Aussetzung der Zahlung an.

2. a) Tritt in den Fällen des § 14 Abs. 1 StrEG die Entscheidung über die Entschädigungspflicht außer Kraft, so berichtet der Leiter der Staatsanwaltschaft auf dem Dienstwege an die für die Entscheidung zuständige

Stelle. Diese entscheidet darüber, ob eine schon gezahlte Entschädigung bereits vor rechtskräftigem Abschluß des neuen Verfahrens zurückgefordert werden soll.

b) Der Eröffnung des Hauptverfahrens im Sinne des § 14 Abs. 1 StREG steht der Erlaß eines Strafbefehls, *einer Strafverfügung* oder eines Bußgeldbescheides gleich.

3. Die für die Entscheidung zuständige Stelle betreibt die Wiedereinziehung einer geleisteten Entschädigung.

C. Vertretung

1. Gibt der Beschuldigte oder der Berechtigte Erklärungen nicht persönlich ab, so wird die Vollmacht oder gesetzliche Vertretungsmacht des Vertreters geprüft. Grundsätzlich berechtigt weder die Vollmacht des Verteidigers noch die gewöhnliche Strafprozeßvollmacht zur Vertretung im Entschädigungsverfahren.

2. Wird der Beschuldigte in dem Ermittlungs- oder Strafverfahren von einem Verteidiger vertreten, der nach § 145a StPO als ermächtigt gilt, Zustellungen in Empfang zu nehmen, so wird diesem das Urteil oder der Beschluß, der das Verfahren abschließt (vgl. § 8 Abs. 1 Satz 1 StREG), oder die Mitteilung über die Einstellung des Verfahrens (vgl. § 9 Abs. 1 Satz 4 StREG) zugestellt. Die sonstigen nach diesem Gesetz vorgesehenen Zustellungen werden, soweit nicht eine Vollmacht für das Entschädigungsverfahren erteilt ist oder ein Fall der gesetzlichen Vertretungsmacht vorliegt, an den Beschuldigten oder Berechtigten persönlich bewirkt.

3. Die Entschädigungssumme darf an einen Vertreter nur gezahlt werden, wenn er nachweist, daß er von dem Berechtigten zur Entgegennahme der Entschädigung ausdrücklich bevollmächtigt ist.

D. Entschädigung nach Einspruch im Bußgeld-verfahren

1. Das Gesetz über die Entschädigung für Strafverfolgungsmaßnahmen gilt sinngemäß für das Bußgeldverfahren (§ 46 Abs. 1 OWiG).

2. Sind in einem Bußgeldverfahren, das von der Verwaltungsbehörde nicht abgeschlossen worden ist (vgl. *§ 109a* OWiG),[1] Verfolgungsmaßnahmen nach § 2 StREG vollzogen worden, so finden die Abschnitte A bis C Anwendung. Daher hat z. B. die Staatsanwaltschaft den Betroffenen nach Maßgabe des Abschnitts A II Nr. 1 zu belehren, wenn sie das Bußgeldverfahren, in dem Verfolgungsmaßnahmen nach § 2 StREG durchgeführt worden sind, nach Einlegung des Einspruchs einstellt.

Teil II

Dieser Teil der Ausführungsvorschriften, der Bestimmungen über die Prüfungsstellen und deren Befugnisse enthält, ist nicht bundeseinheitlich geregelt. Von einem Abdruck wurde daher abgesehen.

---

[1] Jetzt § 110 OWiG.

Gegenüberstellung der Fundstellen

der in den Erläuterungen zitierten Entscheidungen des Bundesgerichtshofes in der amtlichen Sammlung und in der Neuen Juristischen Wochenschrift

Amtliche Sammlung Seite	NJW Seite	Amtliche Sammlung Seite	NJW Seite
Bd. 1	**Jahrg. 51**	**Bd. 5**	**Jahrg. 54**
124	533	346	520
	Jahrg. 52	371	1126
376	152		
		Bd. 6	
Bd. 2		4	1129
111	312	30	970
194	593	46	766
246	631	62	1129
258	753	92	1577
		122	1376
Bd. 3			
7	893	**Bd. 7**	**Jahrg. 55**
49	984	53	271
105	1023	256	838
169	1343	291	958
179	1306	296	915
187	1306	363	1688
215	1422		
	Jahrg. 53	**Bd. 8**	
245	76	46	1406
248	113	174	1846
259	72	194	997
400	472		
			Jahrg. 56
Bd. 4		205	149
1	431	269	110
13	673	289	231
62	754	294	352
107	835	299	311
205	1233	321	389
219	1357	360	431
305	1640		
333	1840	**Bd. 9**	
347	1680	34	680
		62	69
Bd. 5	**Jahrg. 54**	88	799
90	241	164	1079
111	1127	250	1448
147	519	319	1568
183	243	351	1805
245	438	358	1765

Gegenüberstellung

Amtliche Sammlung Seite	NJW Seite	Amtliche Sammlung Seite	NJW Seite
Bd. 9	**Jahrg. 57**	**Bd. 14**	**Jahrg. 60**
390	71	64	545
		75	637
Bd. 10		85	780
16	69	223	1308
28	351	233	1310
79	509	240	1678
104	551	306	1774
129	595	358	1580
133	719		
157	718	**Bd. 15**	
174	799	47	2110
245	1040		
247	996		**Jahrg. 61**
369	1526	187	84
		200	279
Bd. 11	**Jahrg. 58**	268	565
20	266	399	1030
52	1846*		
102	310	**Bd. 16**	
130	469	99	1485
263	109	115	1684
282	757	124	1733
365	1500	155	1682
393	1307	187	2028
		200	1981
Bd. 12			
42	1788		**Jahrg. 62**
148	1252	282	212
		397	645
	Jahrg. 59		
235	445	**Bd. 17**	
247	347	101	875
273	683	188	1117
299	589	210	1257
333	587	245	1259
344	947	259	1578
		267	1524
Bd. 13		328	1923
21	823	382	1876
102	1230		
135	1549	**Bd. 18**	
241	1931	12	2115
		21	2262
	Jahrg. 60	26	2163
306	109	46	2358
311	107	56	2360
375	492	79	60
Bd. 14			**Jahrg. 63**
11	542	127	166
		141	260

* Jahrg. 57

Amtliche Sammlung Seite	NJW Seite	Amtliche Sammlung Seite	NJW Seite
Bd. 18	**Jahrg. 63**	**Bd. 21**	**Jahrg. 68**
146	723	367	900
225	1019	381	658
235	667		
257	963	**Bd. 22**	
271	1069	8	1197
274	1209	29	512
339	1364	103	950
359	1367	105	901
369	1462	129	1388
376	1627	170	1838
		213	2253
Bd. 19			
19	1630		**Jahrg. 69**
63	2034	268	196
		275	244
	Jahrg. 64	282	517
295	1330		
377	1969	**Bd. 23**	
		16	1633
Bd. 20		23	1725
22	2359	40	1818
		64	1970
	Jahrg. 65	79	1820
45	53		
74	160		**Jahrg. 70**
95	116	141	255
116	453	167	338
150	769	226	818
177	981	229	1331
222	1492	233	1198
227	1817	270	1427
		280	1694
	Jahrg. 66	286	1647
281	210	298	1613, 1933
315	673	331	2253
		336	2222
Bd. 21		342	2255
14	787		
18	842		**Jahrg. 71**
55	1276	365	106
101	2225		
		Bd. 24	
	Jahrg. 67	6	202
203	942	11	105, 666
256	1972	15	389
303	2273	31	388
		54	521
	Jahrg. 68	69	814
326	116	125	1097
334	710	185	1948

Gegenüberstellung

Amtliche Sammlung Seite	NJW Seite	Amtliche Sammlung Seite	NJW Seite
Bd. 24	**Jahrg. 71**	**Bd. 26**	**Jahrg. 76**
208	2272	212	153
222	2235	221	58
		284	1512
	Jahrg. 72	288	1275
293	881	291	1106
297	1015	319	1221
321	914	335	1414
		340	1699
Bd. 25		363	1901
6	2006	367	1902
10	2053	379	1985
13	2004	384	2020
	Jahrg. 73	**Bd. 27**	
72	335	5	2354
39	521		
109	665		**Jahrg. 77**
158	1511	18	305
		22	115
	Jahrg. 74	66	442
187	66	85	723
252	371	110	858
259	373	124	910
263	708	144	1405
272	655	148	1206
285	869	154	1208
325	1570	196	1784
344	1777	236	2273
365	2295		
			Jahrg. 78
Bd. 26	**Jahrg. 75**	271	59
29	699	313	955
80	1178	315	434
126	1332	355	1390
140	1612		
156	1844	**Bd. 28**	
183	2027	44	1984
191	2304	53	1985
		57	1815
	Jahrg. 76	67	2519
201	58	69	2517

Sachverzeichnis

Fettgedruckte Zahlen verweisen auf die Paragraphen des OWiG, magere Zahlen auf die Randnummern der Erläuterungen. Fettgedruckte Zahlen nach den Buchstaben A–C verweisen auf die im Anhang abgedruckten Rechts- und Verwaltungsvorschriften, die ihnen nachfolgenden mageren Zahlen auf die Paragraphen (Artikel, Nummern) dieser Vorschriften. Römische Zahlen verweisen auf die Absätze; es bedeuten „Anl": Anlage, „Einl": Einleitung und „vor": Vorbemerkung.

Aufhebung der Beschlagnahme **vor 59** 97 ff.; der Entscheidung auf Rechtsbeschwerde **79 III, VI, A 2** 349 IV, 353 f.; des Bußgeldbescheides im Strafverfahren **86, 102 II, 103 I Nr. 2, 104 I Nr. 4;** der Einziehungsanordnung im Nachverfahren **87** 50; der Erzwingungshaftanordnung **96** 33; des Vorbehalts der Einziehung **100, 104**

Aufklärungspflicht der VB **vor 59** 53, **vor 67** 4; des Gerichts **76** 9, **77** 1 ff., **80** 8, **A 2** 244 II

Auflagen an Stelle der Geldbuße im Verfahren gegen Jugendliche pp **98 I;** Verhängung von Jugendarrest bei Nichtbefolgung **98 II**

Aufrechnung der Staatskasse gegenüber einem Erstattungsanspruch des Betroffenen **vor 105** 28, **106** 4, **A 9** 96 a

Aufschiebende Wirkung bei der Rechtsbeschwerde **79 III, A 2** 343 I; keine – beim Wiedereinsetzungsantrag **52** 21, **A 2** 47 II; – bei Anfechtung einer Maßnahme der VB **62** 20, **A 2** 307 I; – beim Wiederaufnahmeantrag **85** 26, **A 2** 360 I; – beim Antrag auf ein Nachverfahren **87** 44, **A 2** 439 I; – bei Einwendungen gegen die Vollstreckung **103 II**

Aufschub der Vollstreckung der Erzwingungshaft **97** 1, **A 2** 455–456

Aufsichtsbeschwerde 62 33, 35 ff.; gegen Maßnahmen der Polizei **53** 29; gegen Vollstreckungsmaßnahmen **103** 14

Aufsichtsmaßnahmen, Unterlassen der – **130** 9 ff.; *s. a. Aufsichtspflichtverletzung*

Aufsichtspersonen, Handeln für einen anderen **9** 22; *s. a. Aufsichtspflichtverletzung*

Aufsichtspflichtverletzung in Betrieben und Unternehmen **30** 17, **130, 131 II, III**

Auftrag *s. Beauftragung*

Aufzeichnungen, Beschlagnahme **vor 59** 78, 80, **A 2** 97

Augenschein, richterlicher **vor 67** 25, **71** 25, **A 2** 86, 168 d, 225, 249

Ausbleiben des Zeugen **59** 53 ff., **A 2** 51, 161 a II; des Sachverständigen **59** 95, **A 2** 77, 161 a II

Ausbleiben in der Hauptverhandlung des Verteidigers **46 I, A 2** 145;

des Betroffenen **73** 7 ff., **74;** des Einziehungsbeteiligten **87** 26, **A 2** 436 I

Ausfertigung des Bescheides **51** 5; des Urteils **vor 71** 40, **A 2** 275 IV

Ausführen von Gesetzen 36 5

Ausgießen von Sachen **B 1 a** 9

Auskunft aus den Akten **60** 59; aus dem Verkehrszentralregister **A 11** 30

Auskunftsersuchen, keine – über den Fernmeldeverkehr **46** 18

Auskunftspflicht der Behörden gegenüber der VB **vor 59** 60, **A 2** 161

Auskunftsrecht der VB **vor 59** 60, **A 2** 161

Auskunftsverweigerungsrecht des Betroffenen **55** 8 ff., **71** 34, 36, **A 2** 136 I, 163 a III, IV, 243 IV; des Zeugen **59** 47 ff., **A 2** 55, 161 a II, 163 a V

Auslagen des Verteidigers **60** 67, **A 9** 25 ff.; im Verfahren der VB **vor 105** 5, **107 III;** im gerichtlichen Verfahren **vor 105** 7, **107** 5, 37, **A 8** Nr. 1900 ff.; Überbürdung auf die Staatskasse **105** 13 ff., **A 2** 465 II; gesamtschuldnerische Haftung mehrerer Betroffener **105** 19 f., **107** 25 f., **A 2** 466, **A 8** 58, 60; anderer Behörden **vor 105** 5 f., **107 III Nr. 10, 11, A 8** Nr. 1911, 1912; in Jugendsachen **105** 45, **A 3** 74; Festsetzung der einem Beteiligten zu erstattenden – **106, 108 I, A 2** 464 b; *s. a. Notwendige Auslagen*

Ausland, Verjährungsunterbrechung bei Untersuchungshandlungen im – **33 I Nr. 6;** Rechtshilfe- und Amtshilfeverkehr mit dem – **vor 59** 21 ff., **vor 67** 39 ff., **C 1** 300; Zustellungen im – **51** 15 f., **A 5** 14, **A 5a** 18; Vollstreckungsersuchen in das – **vor 89** 14 ff.; *s. a. Auslandstaten*

Ausländer, Verfolgung von –n **5** 3; Rechtsbehelfsbelehrung **50** 15, **52** 8; Sicherheitsleistung **53 II, vor 59** 127 ff., **A 2** 132; Zeugenpflicht **59** 3; Einspruchsschrift **67** 20; Hinweis auf Widerspruch **72** 34

Ausländische Behörden, Auslagen **107 III Nr. 11, A 8** Nr. 1912

Ausländische Entscheidungen 84 18

Ausländische Fahrausweise, Vermerk des Fahrverbots, Beschlagnahme **vor 59** 73, **90** 29, **A 11** 25 III

Ausländische Rechtsanwälte als Verteidiger **60** 9

Ausländisches Ordnungswidrigkeitenrecht Einl 15

Befragung des Betroffenen in der Hauptverhandlung **71** 38, **A 2** 257 I; *s. a. Informatorische Befragung*

Befundtatsachen 59 79

Begehungsdelikt vor 1 13

Begehungsort 7; Zuständigkeit des –s **37** I Nr. 1, **68** III, **A 10** 388 I Nr. 1, **410** I Nr. 1; Angabe im Bußgeldbescheid **66 I Nr. 3, 66** 43

Begehungszeit 6; Angabe im Bußgeldbescheid **66 I Nr. 3, 66** 42

Beginn der Verfolgungsverjährung **vor 31** 2, **31** III; der Vollstreckungsverjährung **34** III; der Rechtsbehelfsfrist **52** 23

Beglaubigungszeichen, Herstellen pp. von Vordrucken für – **127 I Nr. 2**

Begnadigung im Bußgeldverfahren **vor 89** 7 ff.

Begriffsbestimmungen 1 8, **92**

Begründung des Antrags auf gerichtliche Entscheidung **62** 11 a; von gerichtlichen Entscheidungen **vor 67** 22, **A 2** 34; des Bußgeldbescheides **66** 12; des Einspruchs gegen den Bußgeldbescheid **67** 27; des Urteils **71** 42, **A 2** 267; des Beschlusses im schriftlichen Verfahren **72** III, **IV;** des abgelehnten Beweisantrages **77** 17; der Rechtsbeschwerde **79** III, **A 2** 344; des Zulassungsantrags bei Rechtsbeschwerde **80** 29

Behörden, Anhörung anderer – **vor** Abschluß der Ermittlungen **33** I Nr. 7, **39** II S. 2, **A 13** 43 VI; Zustellung an – **51** 14, **A 5** 5 II, III, **A 5a** 9 III; Auskunftspflicht gegenüber VB **vor 59** 60, **A 2** 161; falsche Namensangabe gegenüber – **111;** Akteneinsicht **C 1** 185 I, II, 189 I, 296; *s. a. Finanzbehörde, Polizei, Verwaltungsbehörde*

Behördlicher Gewahrsam 115 7

Behördliches Gutachten, Vorlesung in der Hauptverhandlung **71** 38, **77** 10, **A 2** 256; Stellungnahme der VB kein – **76** 13

Beihilfe *s. Beteiligung*

Beistand des Betroffenen **60** 61 f., **vor 67** 27, 36, **A 2** 149, **A 3** 69; als Zeuge **59** 4; Rechts- des Zeugen **59** 19

Beitreibung der Geldbuße pp im Verfahren der VB **90** 4 ff., 10 ff., 20, **95;** im gerichtlichen Verfahren **91** 5, **95, A 2** 459, 459 g II; der Kosten **90** 34, **108** 5

Beitreibungsversuch vor Anordnung der Erzwingungshaft **96** 9, 19

Bekanntgabe der Einleitung des Ermittlungsverfahrens **A 10** 397 III, **410** I Nr. 6; Verjährungsunterbrechung **33** I Nr. 1

Bekanntmachung von Maßnahmen der VB **50** I, **vor 59** 87; gerichtlicher Entscheidungen **50** 1, **vor 67** 22, **A 2** 35 ff.; *s. a. Mitteilung, Zustellung*

Bekanntmachungskosten 107 III Nr. 3, **A 8** Nr. 1903

Bekräftigung der Wahrheit der Aussage **48** 6, **vor 67** 24, **A 2** 66 d

Belästigung der Allgemeinheit 118; durch Lärm **117;** durch Anbieten von Gelegenheit zu sexuellen Handlungen **119** I; von Gegenständen zum sexuellen Gebrauch **119** II

Belastung eines Gegenstandes **25** II, III

Belehrung des Betroffenen im Verwarnungsverfahren **56** 17; über die Möglichkeit der Erzwingungshaft **66** II **Nr. 3, 91** 5, **93** 4, **96** 14; über die Folgen seines Ausbleibens in der Hauptverhandlung **74** III, **A 2** 235; über die Möglichkeit der Zulassungsrechtsbeschwerde **74** 44, **80** 34 ff., der Unterbrechung der Hauptverhandlung **81** II, der Verhängung von Jugendarrest **78** 7, **98** II; über den Beginn der Verbotsfrist beim Fahrverbot **71** 53, **A 11** 25 VIII; *s. a. Hinweis, Rechtsbehelfsbelehrung, Rechtsmittelbelehrung*

Belehrung der Zeugen 59 8, **A 2** 57, 161 a; über das Zeugnisverweigerungsrecht **59** 42 a, **A 2** 52 III, 161 a; über das Auskunftsverweigerungsrecht **59** 50, **A 2** 55 II, 161 a, 163 a V; über das Eidesverweigerungsrecht **48** 6, **A 2** 63; über das Untersuchungsverweigerungsrecht **46** 25, **A 2** 81 c III; bei Vernehmung durch VB und Polizei **59** 1, 8, **A 2** 161 a, 163 a V; *s. a. Hinweis*

Belgien, Rechts- und Amtshilfe in Bußgeldsachen mit – **51** 15, **vor 59** 24, **vor 67** 40

Bemessung der Geldbuße **17** 15 ff., **30** III; der Erzwingungshaft **96** 29

Benutzen von Wappen pp. des Bundes und der Länder **124;** des Roten Kreuzes und des Schweizer Wappens **125;** von Gemeindewappen **124** 4, **B 1a** 8

Beratungsstelle bei Schwanger-

schaftsabbruch, Zeugnisverweigerungsrecht der Mitglieder **59** 34, **A 2** 53 I Nr. 3a; Beschlagnahmefreiheit **vor 59** 80, **A 2** 97

Berauschende Mittel 122 6.

Berechnung der Fristen **31** 50, **52** 22 ff., **vor 67** 23, **A 2** 42, 43; beim Fahrverbot **A 11** 25 V

Bereicherung der JP als Voraussetzung für die Festsetzung einer Geldbuße **30** 22 f.

Berichtigung des Bußgeldbescheides **66** 37

Berlin, Geltung – **133, 134**

Beruf, Angabe im Bußgeldbescheid **66** 4; falsche Angaben über **111**

Berufsabzeichen, Mißbrauch **126**

Berufsgeheimnis, Zeugnisverweigerungsrecht **59** 27 ff., **A 2** 53 f.

Berufsgehilfen, Zeugnisverweigerungsrecht **59** 37, **A 2** 53 a

Berufspflichten, Verletzung von – **vor 1** 39

Berufstrachten, Mißbrauch **126**

Berufung, keine – im Bußgeldverfahren **vor 79** 4; gegen Urteil nach Übergang zum Strafverfahren **82** 25; – und Rechtsbeschwerde **83 II**

Berufung auf den früheren Eid bei Zeugen **48** 6, **A 2** 67; bei Sachverständigen **A 2** 79 III

Bescheid, Zustellung **50** 5, **51;** bei Einstellung des Verfahrens **vor 59** 157 ff.; *s. a. Bußgeldbescheid, Einziehungsbescheid, Kostenbescheid*

Bescheinigung über die Verwarnung **56** 30

Beschlagnahme vor 59 66 ff., **vor 67** 26, **A 2** 94 ff., 111 b ff.; Zulässigkeit **vor 59** 67; Zweck **vor 59** 68; Gegenstand der – **vor 59** 69 ff., **A 2** 94, 111 b, 111 m, 111 n; Herausgabepflicht **vor 59** 77, **A 2** 95; –verbote **vor 59** 78 ff., **A 2** 96, 97; Vollzug der – **vor 59** 90 ff.; –wirkung **vor 59** 96; Aufhebung der – **vor 59** 97 ff.; Notveräußerung **vor 59** 102 ff., **A 2** 111 I; zur Sicherstellung der Durchführung des Bußgeldverfahrens **vor 59** 74, 133 ff., **A 2** 132 III; keine – von Postsendungen **46** III; durch Polizei **53** II, **A 10** 404, 410 I Nr. 9; durch VB im Verfahren der StA **vor 59** 82, 63 I, **A 10** 402, 410 I Nr. 8, **A 13** 42 IV; des Führerscheins bei Fahrverbot **vor 59** 73, **90** 29, **A 8** 25 III, IV; Entschä-

digung bei – **110** 3, **A 4** 2 II Nr. 4, 5 I Nr. 4

Beschlagnahmeanordnung vor 59 81 ff., **A 2** 98, 111 e; Verjährungsunterbrechung **33 I Nr. 4**

Beschlußentscheidung nach Einspruch des Betroffenen **72, 79 I, 84 II;** im Rechtsbeschwerdeverfahren **79** III, V, **A 2** 349; nach alleinigem Einspruch des Nebenbeteiligten **87** 29, **88** 11, **A 2** 438 II, 441 II, 444 II; – über den Antrag auf ein Nachverfahren **87** 47, **A 2** 441 II

Beschränkt dinglich Berechtigte, Entschädigung **28** 11; als Einziehungsbeteiligte **vor 87** 7, **87** 2

Beschränkt dingliche Rechte, Einziehung **22** 14, **28, 26** 5, **87** 2

Beschränkung der Einziehung **24** II, III; der Verfolgung **47** 24 ff., 37 ff., **87** 54; der Verteidigerzahl **60** 15 ff., **A 2** 137; des Akteneinsichtsrechts des Verteidigers **60** 50 f., **A 2** 147 II; des Einspruchs **vor 67** 15 ff., **67** 34; der Rechtsbeschwerde **79** 31; der Zulassungsrechtsbeschwerde **80** 17; der Verteidigung auf Rechtsbeschwerdegrund **79** III, **A 2** 338 Nr. 8

Beschreibende Tatbestandsmerkmale 3 3, **11** 5

Beschwerde vor 79 5, **A 2** 304 ff.; der VB bei Ablehnung von Ermittlungshandlungen durch den RiAG **vor 59** 14; Anwendung der – vorschriften beim Antrag auf gerichtliche Entscheidung **62** II; –summe **87** V, **100** II, **108** I, **A 2** 304 III; gegen Gerichtskostenansatz **A 8** 5; *s. a. Aufsichtsbeschwerde, Rechtsbeschwerde, Sofortige Beschwerde*

Besetzung des Gerichts, Mitteilung der – **71** 27 a, **A 2** 222 a; Einwand der vorschriftswidrigen **71** 27 a, **A 2** 222 b; vorschriftswidrige – als Rechtsbeschwerdegrund **79** III, **A 2** 338 Nr. 1

Besichtigung sichergestellter Gegenstände durch VB **49;** durch den Verteidiger **60** 49, **A 2** 147 I

Besondere persönliche Merkmale 9 5 ff., **14**

Besteuerungsverfahren, Verhältnis zum Bußgeldverfahren wegen einer Steuerordnungswidrigkeit **A 10** 393, 410 I Nr. 4; Aussetzung des Bußgeldverfahrens bis zum Abschluß des –s **A 10** 396, 410 I Nr. 5

Rechtsbehelfs **62 II, 67** 28, **vor 79** 2, **79** 34, **A 2** 300

Beziehungsgegenstände, Einziehung von –n **vor 22** 10 f., **123 I, 129, A 11** 23 III, **A 12** 7

Bildträger 116 9; *s. a. Schriften*

Billigkeitsentschädigung bei Einziehung **28 III;** bei Entschädigung **110, A 4** 3, 4

Bindung der VB an Entschließung der StA **44;** an die rechtliche Beurteilung des Rechtsbeschwerdegerichts **79 III, A 2** 358

Binnenschiffer, Zustellung an – **51** 22, 33

Blankettatbestände vor 1 17 ff., **, 4** 5, **11** 3, **66** 16

Bloßstellende Fragen an Zeugen 59 12, **vor 67** 24, **A 2** 68 a, 161 a

Blutalkoholgehalt, Verlesung des Gutachtens über – **71** 38, **A 2** 256; *s. a. Alkohol*

Blutprobe, Entnahme von –n **46** 23, 25, 28, **53 II, vor 59** 44, **A 2** 81 a, 81 c II; Kosten **vor 105** 3

Bodensee, Rechts- und Amtshilfe bei Zuwiderhandlungen gegen Schifffahrtsvorschriften auf dem – **vor 59** 23 a, **vor 89** 15

Bösartige Tiere 121 4

Brandverhütung B 1 a 10

Briefannahmestelle, gemeinsame – **67** 16

Briefbeförderung, Verzögerung der – und Wiedereinsetzung in den vorigen Stand **52** 6

Buchprüfer, vereidigter, Zustellung an – **51** 14, **A 5** 5 II, **A 5 a** 7 III; Zeugnisverweigerungsrecht **59** 33, **A 2** 53 I Nr. 3; als Verteidiger **60** 9, **vor 67** 27, **A 10** 391, 410 I Nr. 3; Kosten des –s als notwendige Auslagen **vor 105** 10, **A 10** 408, 410 I Nr. 12; Bußgeldverfahren gegen – wegen einer Steuerordnungswidrigkeit **A 10** 411

Bund, Eigentumsübergang nach Einziehung **26** 2; Entschädigungspflicht bei Einziehung **28** 22; Begnadigungsrecht **vor 89** 8 f.; bei Verfolgungsmaßnahmen **110 IV, A 4** 15; *s. a. Bundeskasse*

Bundesadler, Mißbrauch **124**

Bundesamt für Finanzen A 10 386 I, 409

Bundesbehörden als VB **36 I Nr. 1 b, III, 131 I, A 11** 26 II, **A 13** 43 III; Zustellung von Bescheiden **51 I;** Voll-streckung von Bußgeldbescheiden **90 I;** Anwendung des VerwaltungskostenG **107 IV;** Entschädigung bei Verfolgungsmaßnahmen **110 IV, A 4** 15

Bundesgebührenordnung für Rechtsanwälte 60 65 ff., **vor 105** 10 ff., **A 9**

Bundesgerichtshof, Vorlage an – durch ein OLG **79** 38, **80** 42; Entscheidung über die Rechtsbeschwerde bei Kartellordnungswidrigkeiten **79** 35, **A 14** 83

Bundesgrenzschutz 53 2

Bundeshaushaltsordnung 107 31, **A 6** 19

Bundeskasse, Vereinnahmung von Geldbußen **90 II;** Tragung der notwendigen Auslagen **105 II;** Entschädigungspflicht bei Verfolgungsmaßnahmen **110 IV, A 4** 15; *s. a. Staatskasse*

Bundesminister als VB **36 I Nr. 2 b, III, 131 I Nr. 3, 4 c**

Bundespräsident, Zeugenvernehmung **59** 5, **A 2** 49; Zeugnisverweigerungsrecht **59** 38, **A 2** 54 III; Ausübung des Begnadigungsrechts **vor 89** 8 f.

Bundesrat, Vernehmung von Mitgliedern **59** 5, **A 2** 50; Verletzung der Hausordnung **112, 131 I Nr. 1 b**

Bundesrecht, Ordnungswidrigkeiten nach – **2**

Bundesregierung *s. Regierungsmitglieder*

Bundesschuldenverwaltung als VB **127, 128, 131 I Nr. 4 a**

Bundestag, Verletzung der Hausordnung **112, 131 I Nr. 1 a;** *s. a. Abgeordnete*

Bundesverfassungsgericht, Einholung der Entscheidung des –s **C 1** 190, 297; *s. a. Verfassungsbeschwerde*

Bundeswappen, Benutzen von – **124**

Bundeswehr, Beschlagnahme im Bereich der – **vor 59** 92, **A 2** 98 IV, 111 f I S. 2; Durchsuchung im Bereich der – **vor 59** 122, **A 2** 105 III; *s. a. Soldaten*

Bundeszentralregister *s. Erziehungsregister, Gewerbezentralregister, Zentralregister*

Bürgerlich-rechtliche Vorfragen 71 10, **A 2** 262

Bußgeldbescheid 65, 66; Voraussetzungen für den Erlaß **vor 65** 1; Unterzeichnung **vor 65** 2 ff.; Wesen **vor 65** 6; Erlaß **33** 44 ff., **vor 65** 11, **66** 31 ff.;

Rechtskraft **vor 65** 13, **84 I, 89** 2; Inhalt **66;** Begründung **66** 29; Kostenentscheidung **66** 30, **105** 6 f., 41, 44, **A 2** 464 I; Form **66** 31 ff.; Berichtigung **66** 37; Unwirksamkeit **66** 38 ff., **84** 11; Zahlungserleichterungen im – **18, 66** 28; verjährungsunterbrechende Wirkung **33 I Nr. 9;** Zustellung **50 I, 51, 66** 36, **A 10** 412 I; Einspruch gegen **67;** Rücknahme durch VB **vor 67** 13, **69** 5 ff.; als Grundlage der Hauptverhandlung **vor 71** 2, **71** 3; Aufhebung im Strafverfahren **86, 102 II, 103 I Nr. 2, 104 I Nr. 3;** Wiederaufnahmeverfahren gegen – **85;** selbständiger – **88 II;** Vollstreckung **vor 89** 3, **89** ff.
Bußgelddrohung, Bestimmtheit **3** 4, 10; Änderung während der Handlung **4 II**
Bußgeldentscheidungen, Begriff **vor 89** 2 ff.; im Strafverfahren **82, vor 89** 5, **C 1** 294; Rechtskraft **84, 89;** Wiederaufnahmeverfahren **85;** Vollstreckbarkeit **89;** Vollstreckung **89 ff.;** Anfechtung gerichtlicher – **79, 80, C 1** 297 ff.
Bußgelderlaß vor 59 166
Bußgeldkatalog 17 27 ff., **vor 59** 166 f.
Bußgeldsachen, Spruchkörper für – **46** 35
Bußgeldtatbestände s. Bußgeldvorschriften
Bußgeldverfahren 35 ff.; – und Disziplinarverfahren **vor 1** 39, **84** 10; Übergang zum Strafverfahren **81, 82** 19, **C 1** 290; Überleitung bereits anhängiger Verfahren in das – **82** 26 ff., **A 1** 317; Entschädigung bei Verfolgungsmaßnahmen in – **110, A 4;** Sondervorschriften **A 10** 409 ff., **A 13** 42, 43 III-VI, **A 14** 82 ff.; Richtlinien für das – **C 1** 269 ff.
Bußgeldvorschriften 111 ff., **A 10** 378 ff., **A 11** 23 f., **A 12** 2–6; Gesetzgebungskompetenz zum Erlaß von **2** 10; Bestimmtheitsgebot **3** 4 ff.; mildere – **4 III, 19** 6; Angabe der angewendeten – im Bußgeldbescheid **66** 16, 49; im Urteil **71** 41, **A 2** 260 V; im Beschluß **72 III**

D

Dänemark, Rechts- und Amtshilfeverkehr mit – **vor 59** 24, **vor 67** 40
Darlegungspflicht des Betroffenen **96** 10 ff.

Darstellungen 116 11; s. a. Schriften
Dauer der Erzwingungshaft **96 III**
Dauerordnungswidrigkeit 4 3, **vor 19** 17 ff., **31** 10 ff., **130** 16
DDR, Handlungen in der – **5** 14; Zustellung in die – **51** 16 a; Amts- und Rechtshilfeverkehr mit der – **vor 59** 26 a, **vor 67** 42; Geld- und Urkundenverkehr der – **127** 21; Geld- und Wertpapiere der – **128** 9; Wirtschaftsverkehr mit den Währungsgebieten der Mark der – **A 1** 320; ständige – Vertretung s. Exterritoriale
Dekonzentration der Zuständigkeit des AG **68 III**
Deskriptive Tatbestandsmerkmale s. Beschreibende Tatbestandsmerkmale
Deutsche Bundesbank als VB **131 I Nr. 4 b**
Dienstaufsichtsbeschwerde s. Aufsichtsbeschwerde
Dienstfahrzeug, Kosten für Benutzung **107** 15
Dienstflaggen, unbefugtes Benutzen von – des Bundes pp. **124, 131 I Nr. 2;** – der Gemeinden pp. **B 1 a** 8
Dienstrechte als Rechtfertigungsgrund **vor 1** 24
Dienstsiegel 51 5
Diplomaten s. Exterritoriale
Disziplinarverfahren und Bußgeldverfahren **vor 1** 39, **84** 10
Dolmetscher als Zeugen **59** 4; Hinzuziehung **71** 58; Entschädigung **59, 107** 11, **A 7** 17, **A 8** Nr. 1904
Doppelahndung, Verbot der – s. ne bis in idem
Doppelzustellung, Fristberechnung bei – **51** 33, **A 2** 37 II
Dritte, Anfechtung von Maßnahmen der VB **62** 4; s. a. Einziehungsbeteiligte, Nebenbeteiligte
Dritteigentum, Einziehung von – **vor 22** 7, 17, **22 II Nr. 2, 23, 90** 24; Eigentumsübergang **26** 3; Entschädigung **28;** Verfahren bei Einziehung **87, A 2** 431 ff.; s. a. Einziehungsbeteiligte
Drittrechte, Einziehung von –n **vor 22** 7, **22 II Nr. 2, 23, 90** 24; Erlöschen von –n **26** 5 ff.; s. a. Dritteigentum, Einziehungsbeteiligte
Drucker s. Presse
Drucksachen, Herstellung papiergeldähnlicher – **128, 129**
Druckschriften, Beschlagnahme **vor 59** 72, **A 2** 111 m, 111 n

Durchsicht von Papieren bei Durchsuchung **vor 59** 121, **A 2** 110, **A 7** 404, 410 I Nr. 9

Durchsuchung vor 59 168 ff., **vor 67** 26, **A 2** 102 ff., **A 10** 399 II, 402, 404, 410 I Nr. 7–9; bei Identitätsfeststellung **vor 59** 147, **A 2** 163 b; durch Polizei **53** II; Entschädigung bei – **110** 3, **A 4** 2 II Nr. 4

Durchsuchungsanordnung vor 59 113, **A 2** 105 I; verjährungsunterbrechende Wirkung **33 I Nr. 4;** durch VB im Verfahren der StA **63 I, A 10** 402 I, 410 I Nr. 8

E

Ehegatte als Beistand **60** 61, **A 2** 149; Zeugnisverweigerungsrecht **59** 25, **A 2** 52 I Nr. 2, 161 a, 163 a V; Auskunftsverweigerungsrecht **59** 47 ff., **A 2** 55, 161 a, 163 a V; Ablehnung als Sachverständiger **59** 88, **A 2** 74, 161 a; Recht zur Gutachtenverweigerung **59** 94, **A 2** 76 I, 52 I Nr. 2, 161 a; Eidesverweigerungsrecht **48** 6, **A 2** 63

Eidesbelehrung 48 6, **A 2** 57

Eidesform 48 6, **A 2** 66 c

Eidesleistung von Stummen **48** 6, **A 2** 66 e; keine – aus Glaubens- oder Gewissensgründen **48** 6, **A 2** 66 d

Eidesstattliche Versicherung als Mittel der Glaubhaftmachung **52** 19, **vor 59** 59, **59** 62; Bekräftigung des Vermögensverzeichnisses durch – **90** 15; über den Verbleib des Einziehungsgegenstandes pp. **90** 23, des Führerscheins **90** 29, **A 8** 25 IV

Eidesverletzung als Wiederaufnahmegrund **85** I, **A 2** 359 Nr. 2, 362 Nr. 2

Eidesverweigerung 48 6 f., **A 2** 63, 70

Eidliche Vernehmung von Zeugen **48** 6, **A 2** 57, 59 f., 63, 66 a ff.

Eigenbetrieb 130 23

Eigene Verantwortung 9 30 ff.

Eigentumsübergang bei Einziehung **26** I

Einführen 127 19

Einführungsgesetz zum GVG **46** 1, **79** 35; – zum StGB **A 1**

Eingangsabgaben, Gefährdung der **A 10** 382

Eingriff, körperlicher **46** 21 ff., **53** II, **A 2** 81 a, 81 c

Eingriffsbefugnisse der Polizei **53** 16

Einheitstäter 14

Einleitung des Bußgeldverfahrens

vor 59 27 ff.; verjährungsunterbrechende Wirkung der Bekanntgabe der – **33 I Nr. 1;** wegen einer Steuerordnungswidrigkeit **A 10** 397, 410 I Nr. 6

Einordnungsfunktion des Tatbestandes **vor 1** 16

Einschreiben, Zustellung durch – **51** 11 ff., **107** 9, **A 5** 4, **A 5 a** 6

Einsicht in Akten s. *Akteneinsicht*

Einsichtsfähigkeit bei Jugendlichen **12** 4 f., **A 3** 3

Einspruch gegen den Bußgeldbescheid 67; Wesen **vor 67** 1; Beschränkung **vor 67** 15 ff., **67** 34; kein Verschlechterungsverbot **vor 67** 18, **71** 4; Einspruchsberechtigte **67** 1 ff., **A 2** 297, 298, **A 3** 67 III; verhafteter Betroffener **67** 17, **A 2** 299; Form und Frist **67** 18 ff.; Begründung **67** 27; falsche Bezeichnung **67** 28, **A 2** 300; Zurücknahme **67** 8, 35 ff., **81** 19, **A 2** 302; Bedingungsfeindlichkeit **67** 29; Verzicht auf Einlegung **67** 41, **A 2** 302 I; Zuständiges Gericht **68;** Abgabe an StA nach – **69;** Zurücknahme des Bußgeldbescheides durch VB nach – **vor 67** 19, **69** 5 ff.; Verwerfung **70, 74** II, **79** I S. 1 Nr. 4, 109, **C 1** 281; gerichtliches Verfahren nach – **71** ff., **C 1** 281 ff.; durch Nebenbeteiligte **67** 1, **87** 24 a, 29, **88** 6, 11

Einstellung des Bußgeldverfahrens durch VB 47 I, **vor 59** 48, 157 ff., **A 2** 170 II, 205; Kostenscheidung **105** 7, 22 ff., **A 2** 467 a, 469, 470; Entschädigung **110** 4 ff., **A 4; durch StA 47** I, **69** 23 f., **C 1** 275; vorherige Anhörung der VB **63** III, **69** 26, **76** III, **A 10** 403 IV, 410 I Nr. 8, **C 1** 275 I–III, 278 II, 282 I; Kostenentscheidung **109** 3, **A 2** 467 a; **durch Gericht 47** II, **vor 67** 30 ff., **72** II, **A 2** 205, 206 a, 206 b, 260 III, vorherige Anhörung der VB **47** 36, **76** 19, **A 10** 407, 410 I Nr. 11; Kostenentscheidung **47** 43 ff., **109** 2, **A 2** 467; Entschädigung **110** 4 ff., **A 4;** beschränkte Rechtskraft des Einstellungsbeschlusses **47** 59 ff.; im schriftlichen Verfahren **72** II; Rechtsbeschwerde **79** I S. 1 Nr. 3; selbständige Anordnung von Nebenfolgen nach – **27** II, **30** IV, **87** III, **88** II; keine – gegen eine Geldauflage **47** III; bei Verfahrenshindernis **vor 59** 48, **vor 67** 30 ff., **A 2** 205, 206 a, 206 b; Unterbrechung der Ver-

folgungsverjährung bei vorläufiger –
33 I Nr. 5
Einstellung des Verfahrens, selbständige Festsetzung einer Geldbuße gegen die JP nach – **30 IV, 87 III, 88 II;** wegen Straftat und Ordnungswidrigkeit durch StA **40** 5ff., **C 1** 275 IV; wegen der Straftat durch StA **43, 82** 4, **C 1** 276, 278 II, durch Gericht **82** 12
Eintragungen in das Verkehrszentralregister **A** 11 28; *s. a. Verkehrszentralregister*
Einverständnis des Betroffenen im Verwarnungsverfahren **56** 21; zum Beschlußverfahren **72** 20ff.
Einwand der örtlichen Unzuständigkeit des Gerichts **vor 67** 20, **68** 20ff., **A 2** 16
Einwendungen gegen die Einziehung **87** 19ff., **A 2** 432; im Nachverfahren **87** 41ff., **A 2** 439; gegen die Zulässigkeit der Vollstreckung **91** 6, **103** 3 f.; gegen einzelne Vollstreckungsmaßnahmen **91** 6, **103** 6 f.; gegen Anordnungen der Vollstreckungsbehörde **91** 6, **103 I Nr. 2, 104**
Einwilligung als Rechtfertigungsgrund **vor 1** 22; zur körperlichen Untersuchung **46** 26
Einziehung **22**ff., **87, 123, 129;** Zweck der – **vor 22** 2ff.; Gegenstand der – **vor 22** 9ff., **22** 2; – in Nebengesetzen **vor 22** 1, **A** 11 23 III, **A 12** 7; gegenüber Dritten **22 II Nr. 2, 23;** Verhältnismäßigkeitsgrundsatz **24 I;** Vorbehalt der – **24 II, 100;** Wirkung der – **26;** selbständige Anordnung **27, 87 III, V, 105** 17, 43, **A 2** 441 II, III; Entschädigung **28, 66** 21, **87** 38ff., **A 2** 436 III; Sondervorschrift für Organe und Vertreter **29, 87, A 2** 431 III; nachträgliche Entscheidungen **24** 17, **25 IV, 100;** Verjährung des Herausgabeanspruchs **34** 7; im Bußgeldbescheid **66** 21; Verfahren bei – **87, A 2** 431 ff.; Ausscheidung **87** 54; Nachverfahren **87** 41ff., **A 2** 439, 441; Vollstreckung **90** 21ff., **91** 5, **101** 2, **A 2** 459 g I; von Schriften pp. **123 II;** *s. a. Dritteigentum, Einziehungsbeteiligter, Nebenfolgen*
Einziehung des Wertersatzes 25; gegen eine JP oder PV **29, A 2** 431 III; nachträgliche Anordnung **25 IV, 100;** Zahlungserleichterungen **25 V, 18;** selbständige Anordnung **27, 87 III;**

Vollstreckungsverjährung **34** 5; dinglicher Arrest zur Sicherung **vor 59** 107, **90** 20, **A 2** 111 d, 111 e, 111 f III; Vollstreckung **90 II, 91, A 2** 459, 459 g II
Einziehungsbescheid, selbständiger **87 III**
Einziehungsbeteiligte vor 87 3ff., **87** 2ff.; Zeugnisverweigerungsrecht **59** 23, **A 2** 52; Vollstreckung gegen **90** 22ff.; kein Entschädigungsanspruch bei Verfolgungsmaßnahmen **110** 2; *s. a. Nebenbeteiligte*
Einziehungsgegenstand, Beschlagnahme **vor 59** 68, 71, 120, **A 2** 111 b ff.; Wegnahme **90 III, A 2** 459 g I
Einziehungsinteressent *s. Beteiligungsinteressent*
Einziehungsverfahren 87, A 2 431 ff.
Elektronische Datenverarbeitung, Herstellung von Bußgeldbescheiden **33** 12, 46, **51 I S. 2,** vor **65** 4, 11, **66** 33, **96** 19 a
Eltern *s. Angehörige, gesetzlicher Vertreter*
Empfangsbekenntnis, Zustellung durch die VB gegen – **51** 14, **107 III Nr. 2, A 5** 5, 10ff., **A 5 a** 7, 12ff.; Zustellung gegen – im Ausland **51** 16; Zustellung an Seeleute pp. gegen – **51** 22, 33
Entbindung des Zeugen von der Schweigepflicht **59** 43, **A 2** 53 II, 53 a II; des Sachverständigen von der Begutachtungspflicht **59** 94, **A 2** 76 I
Entdeckungsort, Zuständigkeit des –s **37 I Nr. 1, A 10** 388 I Nr. 1, 410 I Nr. 1
Entehrende Tatsachen bei Zeugenbefragung **59** 12, **A 2** 68 a, 161 a
Entfernung des Betroffenen aus der Sitzung **71** 28, 38, 65, **A 2** 231, 231 b, 231 c, 247, **A 3** 51
Entlassung des Sachverständigen **59** 92, **A 2** 83; vernommener Zeugen und Sachverständigen **71** 38, **A 2** 248
Entlastende Umstände, Ermittlung von –n **vor 59** 11, 53 a, **A 2** 160 II, 166
Entmündigte als Zeugen **59** 42 a, **A 2** 52 II, III; bei Entnahme von Blutproben pp. **46** 25, **A 2** 81 c III
Entschädigung bei Einziehung **28, 66** 21, **87** 38ff., **A 2** 436 III; von Zeugen und Sachverständigen **59** 96ff., **A 2** 71, 84, **A 7, A 10** 405, 410 I Nr. 10, als Auslagen im Bußgeldverfahren

107 III Nr. 4, A 8 Nr. 1904; des Betroffenen für Verfolgungsmaßnahmen **110, A 4, C 1** 295

Entschädigungsanspruch, Geltendmachung **110 III, A 4** 10, 12

Entschädigungspflicht, Entscheidung über die – **110 I, II, A 4** 8, 9

Entscheidungen der VB s. *Maßnahmen der VB*

Entscheidungen des Gerichts s. *Gerichtliche Entscheidungen*

Entscheidungsgründe des Urteils **71** 42, 44, 66, **A 2** 267, **A 3** 54 II; des Beschlusses im schriftlichen Verfahren **72 III, IV;** Fehlen der – als Rechtsbeschwerdegrund **79 III, A 2** 338 Nr. 7

Entschuldigender Notstand 16 16

Entschuldigung wegen Terminsversäumung des Zeugen **59** 58 ff., 75, **A 2** 51 II, des Betroffenen **74** 29 ff.

Erben des Einziehungsbeteiligten **87** 22; keine Haftung für Geldbußen **101;** Haftung für Nebenfolgen, die zu einer Geldzahlung verpflichten **101** 2; Kostenhaftung **105** 18, **107** 27, **A 2** 465 III

Erfolglose Beteiligung 14 II

Erfolgsdelikte vor 1 14, **8** 1, **10** 12, **11** 13

Erfolgseintritt, Verjährungsbeginn **31 III**

Erfolgsort 7 6

Erforschung von Ordnungswidrigkeiten **53 I**

Erinnerung gegen den Gerichtskostenansatz **A 8** 5

Erkennungsdienstliche Maßnahmen 46 32, **vor 59** 148, **A 2** 81 b, 163 b I

Erklärungen des StA und des Verteidigers **71** 38, **A 2** 257 II

Erkundigungspflicht beim Irrtum **11** 23 ff.

Erlaß des Bußgeldbescheides **vor 65** 11, **66** 31 ff.; von Kosten **107** 33, **A 6** 19, **A 10** 261, 412 III

Erlös bei Notveräußerung **vor 59** 105, **A 2** 1111 I; bei der Einziehung **90** 26

Erlöschen der Rechte Dritter **26** 5 ff.; des Entschädigungsanspruchs **59, A 7** 15

Ermächtigung zur Erteilung der Verwarnung **58 I;** zur Rücknahme des Einspruchs **67** 36, **A 2** 302 II

Ermächtigung zur Verfolgung 131 II; selbständige Einziehung bei

fehlender – **27 III;** Verfolgungsverjährung bei fehlender – **32 I**

Ermessen, pflichtgemäßes s. *Opportunitätsprinzip*

Ermessensüberprüfung 62 26

Ermittlungen durch die Polizei **35** 9, 53; auf Ersuchen der Verfolgungsbehörde **53** 20; des AG **62** 26, **A 2** 308 II; s. a. *Verfolgung von Ordnungswidrigkeiten*

Ermittlungsorgan der VB, Polizei als – **35** 9, **53** 4, **vor 59** 75 ff.; Mitwirkung des –s im Verfahren der StA **63 I**

Ermittlungsverfahren der VB 35 ff., **vor 59, 59** ff., **vor 67** 3 ff., **A 2** 160 II, III, 161 ff., 170, **A 10** 410 ff.

Eröffnung des Hauptverfahrens, Unterbrechung der Verfolgungsverjährung **33 I Nr. 14;** wegen des Verdachts einer Ordnungswidrigkeit **82** 4 ff.

Ersatzhaft, keine – anstelle der Geldbuße **96** 1

Ersatzordnungshaft 59 67, **A 2** 51 I, **70 I, A 1** 8

Ersatzzustellung 51 I, A 5 11, **A 5 a** 13 ff.; durch Niederlegung **51** 10, 11, 14, **52** 5, **A 5** 11 II, **A 5 a** 14

Erscheinen s. *persönliches Erscheinen*

Erscheinenspflicht vor der VB, des Betroffenen **55** 16, **A 2** 163 a III; des Zeugen **59** 1, 45, **A 2** 161 a I

Erstattungsanspruch des Betroffenen, Aufrechnung durch Staatskasse **vor 105** 28, **106** 4, **A 9** 96 a; s. a. *Kostenerstattung*

Erster Zugriff 53, 57 5

Erstreckung der öffentlichen Klage auf die Ordnungswidrigkeit **C 1** 280

Ersuchter Richter, Untersuchungshandlungen auf Antrag der VB **vor 59** 5 ff., **A 2** 162, 168–168 d; Vernehmung von Zeugen und Sachverständigen **71** 25, **A 2** 223, des Betroffenen **73 III**

Erzieherische Maßnahmen gegen Jugendliche und Heranwachsende **12** 8 f., **78 III, 98;** keine Eintragung im Erziehungsregister **vor 89** 20, **98** 32

Erziehungsberechtigter 67 10, **51** 26, **vor 59** 49, **60** 4, **62** 5, **vor 67** 35, **71** 63, **A 3** 50, 51, 67, 69 II

Erziehungsregister, keine Eintragung von erzieherischen Maßnahmen und Jugendarrest im – **vor 89** 20, **98** 32

Erzwingung, keine – des Bußgeldverfahrens **46** 20; der körperlichen Untersuchung **46** 28; des Zeugnisses und Eides **48** II, **59** 62, **A 2** 70; der Herausgabe von Gegenständen **vor 59** 77, 101, **A 2** 95

Erzwingungshaft gegen Zeugen **48** II, **A 2** 70 II, **91** 9; zur Herausgabe von Gegenständen **vor 59** 77, **A 2** 95; zur Abgabe einer eidesstattlichen Versicherung **90** 15, 23, 29; *s. a.* Ersatzordnungshaft, Ordnungshaft

Erzwingungshaft wegen Geldbuße, Anordnung **96**; Vollstreckung **97**; Belehrung über die Möglichkeit der – **66** II Nr. 3, **91** 5, **93** 4, **96** 14; sofortige Beschwerde **96** 22, **104** III; gegen eine JP oder PV **96** 34, **99**; gegen Jugendliche und Heranwachsende **96** 35; gegen Abgeordnete **96** 36; Kosten **96** 38, **97** 11, **107** III Nr. 9, **A 8** Nr. 1909

Europäisches Rechtshilfeübereinkommen vor 59 23, **vor 67** 40; über Amtshilfe zwischen den VBen **vor 59** 24 a

EWG-Recht Einl 15, **vor 30** 16, **vor 31** 8, **84** 6

Extensiver Täterbegriff 14 2, 13

Exterritoriale, körperliche Untersuchung **46** 30; Bußgeldverfahren gegen – **vor 59** 39 f., **C 1** 299; Verwarnung **vor 56** 15, **vor 59** 39; als Zeugen **59** 3, 5; Ordnungsgeld gegen **59** 71

F

Fachaufsichtsbeschwerde s. *Aufsichtsbeschwerde*

Fahndungsmaßnahmen bei Erzwingungshaft **97** 4

Fahrlässige Nebentäterschaft 14 4, **130** 25

Fahrlässigkeit 10 6 ff., **111** II, **113** II, **114**, **121** I, **122** I, **127** I, **128** II, **130** I; Ahndung bei Tatbestandsirrtum **11** I; Bußgeldrahmen bei – **17** II

Fahrtkosten des Zeugen oder Sachverständigen **59**, **A 7** 9; des Betroffenen **107** 17, als notwendige Auslagen **vor 105** 21

Fahrverbot A 11 25; keine mehrfache Anordnung **20** 6; gegen Abgeordnete **vor 59** 43; Anordnung im Bußgeldbescheid **66** 24; höhere Geldbuße bei Wegfall **72** 58; Rechtsbeschwerde bei Anordnung **79** 8 f.; Vollstreckung **34** 7, **90** 28 ff., **91** 7, **A 11** 25 II–IV; Ein-

tragung in das Verkehrszentralregister **A 11** 28 Nr. 3

Fahrzeugteile, Gewerbsmäßiges Feilbieten nicht vorschriftsmäßig gekennzeichneter **A 11** 23

Faires Verfahren, Gebot des – **72** 23 ff., **80** 7

Faksimilestempel als Unterschrift **66** 32, **67** 19

Fälligkeit der Geldbuße pp. **95** 1; der Gebühren und Auslagen **107** 27, **A 8** 63 II

Falsche Anschuldigung gegenüber VB oder Polizei **vor 59** 53 a; Kostenlast des Anzeigenden **105** 31 ff., **A 2** 469

Falsche Bezeichnung des Rechtsbehelfs **62** II, **67** 28, **vor 79** 2, **79** 34, **A 2** 300

Falsche Namensangabe 111

Familienstand, falsche Angaben über **111**

Feiertage, Fristberechnung **52** 25, **A 2** 43 II

Feilhalten 127

Feriensachen 71 59

Fernmeldegeheimnis 46 18, **vor 59** 64

Fernmeldeverkehr, keine Auskunftsersuchen über den – **46** 18

Fernschreibgebühren 107 III Nr. 1, **A 8** Nr. 1901

Fernschriftlicher Einspruch 67 25

Fernsprechgebühren 107 9; des RA **106** I S. 5, **A 9** 26

Festhalten zur Identitätsfeststellung **46** 14, **vor 59** 139 ff., **A 2** 163 b I, 163 c

Festnahme von Störern **vor 59** 126, **A 2** 164

Finanzbehörde als VB bei Steuerordnungswidrigkeiten **A 10** 409 ff.; Vollstreckung von Bußgeldbescheiden **90** 8, **A 10** 412 II; *s. a.* Hauptzollamt, Oberfinanzdirektion, Verwaltungsbehörde

Fingerabdrücke 46 32, **A 2** 81 b

Finnland, Rechts- und Amtshilfeverkehr mit – **vor 59** 24

Firma, Bußgeldbescheid gegen – **66** 5 f.; *s. a. Juristische Personen*

Fiskus s. *Staat, Staatskasse*

Flaggen s. *Dienstflaggen*

Forderungen, Einziehung **22** 2, **90** 25; Beschlagnahme **vor 59** 71, **A 2** 111 c III, 111 e; Vollstreckung in – **90** 13

Form des Bußgeldbescheides **66** 31 ff.; sonstiger Maßnahmen der VB **50** I;

Sachverz

PVen **30 II;** der Erzwingungshaft **97 III**

Honorarvereinbarung **105** 15, **A 9** 3

I

Idealkonkurrenz *s. Tateinheit*

Identifizierungsmaßnahmen **46** 32, vor **59** 148, **A 2** 81b, 163b, 163c

Identitätsfeststellung **46** 14, vor **59** 139ff., **111, A 2** 163b, 163c

Immunität der Abgeordneten vor **59** 42ff., **C 1** 298

Indizien vor **59** 57

In dubio pro reo **31** 20

Informatorische Befragung **33** 7, **55** 24, vor **59** 59a, **59** 18

Inkrafttreten des OWiG **135**

Innerdeutsche Rechts- und Amtshilfe *s. DDR*

Instrumenta der Tat vor **22** 12aff.

Interessenabwägung bei Notstand **16** 6ff.

Interessenkollision, Gefahr einer – für den Verteidiger **60** 2a, 38ff.

Irland, Rechts- und Amtshilfeverkehr mit – vor **59** 24

Irrtum **11;** Tatbestands– **11** 2ff, 30ff.; Verbots– **8** 6, **11** 19ff.; – über Rechtfertigungsgründe **11** 15, **16** 16; Subsumtions– **11** 8; umgekehrter **11** 18; über rechtfertigenden Notstand **16** 16; in der Bezeichnung des Rechtsbehelfs **62 II, 67** 28, vor **79** 2, **79** 34, **A 2** 300

Island, Rechts- und Amtshilfeverkehr mit – vor **59** 24

Israel, Rechts- und Amtshilfeverkehr mit – vor **59** 23, vor **67** 40

Italien, Rechts- und Amtshilfeverkehr mit – vor **59** 24, vor **67** 40

J

Jagdausübung, Verbot der – **66** 25, **79** 8, **90** 33

Jagdscheinentziehung **66** 25, **90** 33a

Jugendarrest, Verhängung bei Nichtbefolgung einer Auflage **98 II, 104 III;** Vollstreckung von **98** 26; keine Eintragung in das Erziehungsregister vor **89** 20, **98** 32

Jugendgerichtsgesetz **A 3;** Anwendung von Vorschriften des –es **46 I,** **VI,** vor **67** 31ff., **71** 60ff., **78 II, 91, 97 I, 98 II, 105 I**

Jugendgerichtshilfe, Heranziehung **46 VI, 71** 64, **98** 7, 19, **A 3** 38, 50 III, 70

Jugendkammer vor **67** 32f., **104** 7, 8, **A 3** 33 II, 41 II, 83 II

Jugendliche, Begriff **12** 2, **A 3** 1 II; Verantwortlichkeit **12** 4ff.; Berücksichtigung erzieherischer Erwägungen **47** 21; Verwarnungsverfahren gegen – **56** 5; Verfahren gegen – vor **59** 164; Ordnungsgeld gegen – **59** 55; Entscheidung des JugRi nach Einspruch **68 II;** Verfahrensvereinfachung in Verfahren gegen – **78 II, A 3** 78 III; Vollstreckungsanordnung im Erkenntnisverfahren **78 III;** Vollstreckung gegen – vor **89** 6, **91, 98, 104** 3, 5, 7ff.; Erzwingungshaft gegen – **96** 35; Kosten im Verfahren gegen – **105** 45f., **A 3** 74

Jugendrichter, Zuständigkeit für die Ahndung von Ordnungswidrigkeiten im Strafverfahren **45** 5; Entscheidung über den Einspruch **68 II;** Vollstreckung gerichtlicher Bußgeldentscheidungen **91, A 3** 82 I, 83 II, 84, 85 III; Anordnung der Erzwingungshaft **96** 16; Vollstreckung der Erzwingungshaft **97** 2; Anordnung erzieherischer Maßnahmen **98, 78 III;** Entscheidung bei Vollstreckung **104** 3, 5, 7ff.; Aufgaben **A 3** 34

Jugendsachen, Mitteilungen in – vor **59** 36, vor **67** 37, **A 3** 70

Jugendstaatsanwälte vor **67** 32, **A 3** 36f.

Jugoslawien, Rechts- und Amtshilfeverkehr mit – vor **59** 23, 24, vor **67** 41

Juristenausbildung, Teilnehmer einer einstufigen **60** 32

Juristische Personen, Begriff **30** 2; bußgeldrechtliche Verantwortlichkeit der Organe **9 I;** Einziehung gegenüber **29, 87, A 2** 431 III; Geldbuße gegen – **30, 88, A 2** 444; Abführung des Mehrerlöses vor **30** 15, **30** 37, **A 12** 10 II; Zustellung an – **51** 27, **87 II, 88 III, A 5** 5 II, 7 II, III, **A 5a** 9 III; Auskunftsverweigerungsrecht der Vorstandsmitglieder **59** 49; keine – als Verteidiger **60** 9; Bußgeldbescheid **66** 6, 47; als Nebenbeteiligte vor **87** 8, 87 4, **88, A 2** 444; Vollstreckung **99;** Kosten bei Anordnung der Nebenfolge **105** 38ff., **A 2** 472b; Verletzung der Aufsichtspflicht durch Organe **130 II Nr. 1**

Justizbeitreibungsordnung, Anwendung bei Vollstreckung gerichtlicher

Bußgeldentscheidungen **91, A 2** 459, 459g

Justizfiskus, Pflicht zur Kostentragung **109** 2

K

Kammer für Bußgeldsachen 46 VII, **62** 31, **70** 5, **104** 15

Kartellbehörde als Verwaltungsbehörde **A 14** 81

Kartellordnungswidrigkeiten 17 47, **62** 24, **68** 2, **71** 27a, 27b, 54, **vor 79** 3, **79** 35, 48, **85** 1, **91** 2, **104** 3, **A 14**

Kausalverlauf bei Erfolgsdelikten **vor 1** 14, 11 13; bei Verletzung der Aufsichtspflicht **130** 22

Kennzeichenanzeigen 55 11, **105** 26a

Kinder, keine bußgeldrechtliche Verantwortlichkeit **12** 3ff.; Identitätsfeststellung **vor 59** 140; – als Zeugen **59** 3, 42a, 71 33, 38, **A 2** 52 II, 241a, 247; keine Verwarnung gegen – **56** 5; kein Ordnungsgeld gegen – **59** 55

Klage, öffentliche, Erstreckung auf die Ordnungswidrigkeit **64, C 1** 280; *s. a. Anklageschrift*

Klageerhebung, Verjährungsunterbrechende Wirkung **33 I Nr. 13;** Aussetzung des Bußgeldbescheides bei – **102** 3ff.

Klageerzwingung, keine – bei Ordnungswidrigkeiten **46** 20

Klagerücknahme 71 6ff., **A 2** 411 III, **C 1** 289; Anhörung der VB **vor 71** 25, **76** III, **C 1** 289 I; Kostenentscheidung **109** 1, **A 2** 467a

Kommanditgesellschaft *s. Personenhandelsgesellschaft*

Kommissarische Vernehmung von Zeugen **71** 25, **A 2** 223; des Betroffenen **73** 31ff.

Kommunalrechtliches Vertretungsverbot und Bußgeldverfahren **60** 22

Kompetenzkonflikt zwischen VBen **39** III; zwischen Gerichten **68** 11, 24; zwischen Finanzbehörden **A 10** 390, 410 I Nr. 1; kein – zwischen StA und VB **44**

Konkursverfahren, Zustellung an Gemeinschuldner **51** 7, 28, 34; keine Geltendmachung von Geldbußen pp. im – **95** 11

Konkursverwalter, Handeln für einen anderen **9** 12

Konsuln, Bußgeldverfahren gegen – **vor 59** 40; *s. a. Exterritoriale*

Konsumtion vor 19 35, **120** 15

Körperliche Untersuchung 46 21ff.; des Betroffenen **46** 22f., **53** II, **A 2** 81a; anderer Personen **46** 25, **A 2** 81c; einer Frau **46** 29, **A 2** 81d; durch Polizeibeamte **53** II; Anordnung durch VB im Verfahren der StA **63** I; im Steuerbußgeldverfahren **A 10** 399 II, 402, 404, 410 I Nr. 7–9

Körperschaften des öffentlichen Rechts, Anwendung des § 9 auf – **9** 45; Eigentumsübertragung bei Einziehung **26** 2; Entschädigungspflicht bei Einziehung **28** I, **87** I; Geldbuße gegen – **30** 2; als VB **vor 35** 3

Kosten, keine – im Verwarnungsverfahren **56** 49; Auferlegung der –, die durch Säumnis oder Weigerung des Zeugen oder Sachverständigen entstanden sind **59** 69, **105** 4, **A 2** 51, 70, 77, 161a; des Pflichtverteidigers **60** 65ff., **107** III Nr. 6; eines zurückgenommenen oder erfolglosen Rechtsbehelfs nach § 62 **62** 32, **109** 6, **A 2** 473 V; des Strafverfahrens bei ausschließlichem Bußgelderkenntnis **82** 24; eines zurückgenommenen oder erfolglosen Antrags auf ein Bußgeldverfahren **87** 53, **109** 6, **A 2** 473 V; der Erzwingungshaft **96** 38, **97** 11, **107** III Nr. 9; der Vollstreckung **vor 105** 6; bei Wiedereinsetzung in den vorigen Stand **109** 6, **A 2** 473 VI

Kosten des Bußgeldverfahrens 105 ff., **A 2** 464ff., **A 3** 74, **A 8, A 10** 408, 412 III; Tragung durch den Betroffenen **105** 12ff., **A 2** 465, 466; Tragung durch die Staatskasse **105** 13ff., 21; bei Zurücknahme des Bußgeldbescheids **105** 22ff., **A 2** 467a; bei falscher Anzeige **105** 31ff., **A 2** 469; bei Rücknahme des Antrags **105** 34ff., **A 2** 470; bei Nebenfolgen **105** 38ff., **A 2** 472b; bei Jugendlichen und Heranwachsenden **105** 45f., **A 3** 74; Fälligkeit **107** 27, **A 8** 63 II; Zahlungserleichterungen **93** III; Verjährung **107** 35, **A 6** 20, **A 8** 10; bei Freispruch **109** 2, **A 2** 467; bei Rücknahme, Verwerfung des Einspruchs **109;** bei Einstellung durch StA **69** 22f., **109** 3, **A 2** 467a; im Rechtsmittelverfahren **109** 6, **A 2** 473; Sicherheitsleistung für – **vor 59** 127ff., **A 2** 132; Vollstreckung der – **90** 34, **91** 10, **108** II; keine Erzwingungshaft zur Vollstreckung der – **96** 7; *s. a. Auslagen*

schlagnahme von –n **vor 59** 90, **A 2**
111 c IV, 111 e, 111 f II; Vollstreckung
in – **90** 16; Bewachungskosten **107** 20
Luxemburg, Rechts- und Amtshilfeverkehr mit – **vor 59** 24, **vor 67** 40

M

Mahnung vor Beitreibung der Geldbuße **90** 11
Mandat des Verteidigers **60** 12
Mängel der Zustellung **51** 35 f., **A 5** 9 II,
A 5a 11 II; des Bußgeldbescheides **66**
38 ff.
Mannheimer Akte vor 89 15
Maßnahmen, weniger einschneidende
– an Stelle der Einziehung **24 II**; erzieherische – gegen Jugendliche und
Heranwachsende **78 III, 98**
Maßnahmen der StA, Anfechtung **62**
40
Maßnahmen der VB im Bußgeldverfahren, Begriff **50** 2; Bekanntgabe
50 I; Rechtsbehelf gegen – **62**; Abänderung von Amts wegen **62** 38 f.;
Vollstreckbarkeit **89** 5; *s. a. Vollstrek-
kungsmaßnahmen*
Materielle Rechtskraft *s. Rechtskraft*
Mehrerlösabführung A 12 8 ff.; Opportunitätsprinzip **19** 7, **21** 16; gegen
juristische Personen vor **30** 37, **A 12**
10 II; Anordnung im Bußgeldbe-
scheid **66** 23; Beteiligung Dritter **vor**
87 10; Vollstreckung **90** 20; Vollstrek-
kungsverjährung **34** 5
Mehrfache Zuständigkeit von Ge-
richten 68 2
Mehrere Zuständigkeit der VB,
sachliche **36** 13; örtliche **39**; bei Steuerordnungswidrigkeiten **A 10** 390,
410 I Nr. 1
Mehrfachverteidigung, Verbot der –
s. Gemeinschaftliche Verteidigung
Meineid als Wiederaufnahmegrund **85,**
A 2 359 Nr. 2, 362 Nr. 2, 364
Menschenrechtskonvention, keine
Anwendung im Bußgeldverfahren
vor **59** 56; *s. a. Dolmetscher*
Merkmale der Ordnungswidrigkeit,
gesetzliche – im Bußgeldbescheid **66 I**
Nr. 3; in den Urteilsgründen **71** 42,
A 2 267 I; in den Beschlußgründen
72 II; *s. a. Persönliche Merkmale*
Milderung der Geldbuße 11 28, **12** 16,
13 7
Mildestes Gesetz 4 III

Militärische Anlagen, Betreten **114,**
131 I Nr. 2, 133, A 15
Minderjährige als Zeugen **59** 42a, **A 2**
52 II, III; Untersuchungsverweigerungsrecht **46** 25, **A 2** 81 c III; *s. a. Jugendliche*
Mindestbetrag der Geldbuße 17 I;
keine Abweichungen vom – **17** 6 f.
Mischtatbestände vor 1 32 ff., **21** 10,
25, **82** 17, **112** 1, **120, A 12** 1, 2; Beteiligung **14 IV**
Mitbetroffene, Rechtsbeschwerdewir-
kung zugunsten –r **79** 36, **A 2** 357; gesamtschuldnerische Haftung für Aus-
lagen **105** 19 f., **107** 25 f., **A 2** 466, **A 8**
58, 60
Miteigentum bei Einziehung **22** 11 f.
Mit Geldbuße bedrohte Handlung 1
8 f., **22 III, 122 I, 130 I**
Mithaftung *s. Gesamtschuldner*
Mittäterschaft *s. Beteiligung*
Mitteilung, formlose – von Maßnahmen der VB **50 I S. 1**; gerichtlicher
Entscheidungen **50** 1, **vor 67** 22, **A 2**
35; des Bescheids an gesetzlichen Vertreter oder Erziehungsberechtigten **51**
26, **A 3** 67 II; der Einstellung **vor 59**
157 ff., **A 2** 170 II, 171 S. 1; –en in Jugendsachen **vor 59** 36, **vor 67** 37, **A 3**
70; –en an Verkehrs- oder Gewerbezentralregister **vor 89** 18, **A 11** 28
Mitteilung an VB, der Anklageschrift
und des Strafbefehlsantrags **63 II,**
A 10 403 III, 410 I Nr. 8; gerichtlicher
Entscheidungen **76 IV, A 10** 407 II,
410 I Nr. 11; der Übernahme der Verfolgung durch StA **C 1** 277 III; der
Klagerücknahme **C 1** 289 II
Monaco, Rechtshilfeverkehr mit – **vor**
67 41
Monatsfristen 52 1, 23 f., **vor 67** 23,
A 2 43 I
Monopolordnungswidrigkeiten,
Rechts- und Amtshilfeverkehr mit
dem Ausland **vor 59** 24, **vor 89** 16
Mündliche Verwarnung vor 56 10, **56**
16
Mündliche Zeugenvernehmung 59
6 ff.

N

Nachbarschaft 117 14
Nachholen des versäumten Rechtsbe-
helfs **52** 16, **A 2** 45 II; des rechtlichen
Gehörs *s. Nachverfahren*
Nachlaß, Vollstreckung in den – **101**;

che Anordnung **A 1** 8; *s. a. Erzwingungshaft*

Ordnungswidriges Benehmen, Verhandlung in Abwesenheit des Betroffenen **71** 28, **A 2** 231 b

Ordnungswidrigkeit, Begriff **vor 1** 10, **1** 1; Wesen der – **vor 1** 2 ff.; Abgrenzung von der Straftat **vor 1** 32 ff., **1** 2; geringfügige **17** III, **56** 6; Zusammentreffen von – und Straftat **21, 33** III, **C 1** 273 II, III; zusammenhängende –en **38, 68** 2, **A 10** 389, 410 I Nr. 1; Zusammenhang von –en und Straftaten **42 I** S. 2; öffentliche Aufforderung zu –en **116, 131** III

Ordnungswidrigkeitenrecht, Entstehungsgeschichte **Einl** 1 ff.; Gesetzgebungskompetenz **2** 1 ff.

Organhaftung 9

Ort der Handlung *s. Begehungsort*

Örtliche Zuständigkeit der VB **37** ff., **87** III S. 3, **88** II S. 1; der StA **vor 35** 7; des Gerichts bei Zusammenhangstaten **45**; des AG nach Einspruch **68, A 10** 391, 410 I Nr. 2; der Finanzbehörde bei Steuerordnungswidrigkeiten **A 10** 388 ff., 410 I Nr. 1

Österreich, Rechts- und Amtshilfeverkehr mit – **vor 59** 23 a, 24, **vor 67** 40

P

Papier, Herstellen pp. besonders gesicherten –s **127** I Nr. 3, **129**

Papiere, Durchsicht **vor 59** 121, **A 2** 110, **A 10** 404, 410 I Nr. 9

Papiergeldähnliche Drucksachen oder Abbildungen, Herstellen pp. **128, 129**

Parallelwertung in der Laiensphäre **11** 7, 8

Parken auf Privatgrundstücken **B 1a** 12

Patentanwälte, Zeugnisverweigerungsrecht **59** 33, **A 2** 53 I Nr. 3; Beschlagnahmefreiheit **vor 59** 78, 80, **A 2** 97

Personalfragen 111, vor 59 144; an den Betroffenen **55** 8, **71** 36; an Zeugen **59** 10, **A 2** 68

Personalien des Betroffenen, Angabe im Bußgeldbescheid **66** 2, 4 ff., 46, **84**; falsche Angaben über – **111**

Personendurchsuchung vor 59 110 ff., **A 2** 102 ff.

Personenfeststellung 111; Festhalten zur – **46** 14, **vor 59** 139 ff., **A 2** 163 b, 163 c; *s. a. Erkennungsdienstliche Maßnahmen*

Personenhandelsgesellschaften 30 4; Vertretungsberechtigte Gesellschafter von – **9** 10; *s. a. Juristische Personen*

Personenvereinigungen 9 11; *s. a. Geldbuße gegen juristische Personen*

Persönliche Merkmale, besondere **9** 5 ff., **14 I**

Persönliches Erscheinen des Betroffenen **73** 16 ff., **74** II; des Nebenbeteiligten **87** 27, **88** 9, **A 2** 433 II, 444 II

Persönliche Verhältnisse des Betroffenen **17** 21

Pfändung von Gegenständen **90** 12 f.

Pflichten, betriebsbezogene **9** 35, **30** 18 ff., **130** 18

Pflichtenabwägung bei Notstand **16** 2

Pflichtenkollision vor 1 24, 25, **10** 11, **vor 59** 61, 62, **59** 42

Pflichtgemäßes Ermessen *s. Opportunitätsprinzip*

Pflichtverteidiger 60 23 ff., **A 2** 142, **A 3** 68, 109; Kosten des – **60** 65 ff., **107** III Nr. 6, **A 8** Nr. 1906, **A 9** 97 ff.

Pflichtwidrigkeit 10 8 ff.

Polizei, Erforschung von Ordnungswidrigkeiten **35** 9, **53**; als Ermittlungsorgan der VB **53** 4, **vor 59** 4; Weisungsgebundenheit **53** 10; Anzeige von Ordnungswidrigkeiten bei der – **53** 13, 19; Rechtsbehelf gegen Maßnahmen der – **53** 29; Verfolgung von Verkehrsordnungswidrigkeiten **53** 30; Vernehmung von Zeugen **53** 24, **A 2** 163 a V; Anhörung des Betroffenen **55** 8, **A 2** 163 a; Kosten des Ermittlungsverfahrens der – **vor 105** 5; als VB bei Verkehrsordnungswidrigkeiten **A 11** 26 I, **B 2b** 2, **B 3** 1 Nr. 2 c, **B 4b, B 6b, B 9b** 2 Nr. 9, **B 10a**

Polizeibeamte, Rechte und Pflichten im Bußgeldverfahren **53;** Verwarnung durch – **vor 56** 10, **57** II, **58** I; Identitätsfeststellung **vor 59** 150, **A 2** 163 b I; Ablehnung als Sachverständige **59** 88, **A 2** 74 I; Ausschließung als Richter **vor 67** 21, **A 2** 22 Nr. 4; *s. a. Hilfsbeamte der StA*

Portugal, Rechtshilfeverkehr mit – **vor 67** 41

Post, Zustellung durch die – **51** 9 ff., **A 5** 3, 4, **A 5a** 5, 6; Einzahlung des Verwarnungsgeldes bei der – **56** 27

Postbeförderung, Verzögerung der – und Wiedereinsetzung in den vorigen Stand **52** 6

Postbeschlagnahme, Unzulässigkeit der – **46** III

Postgebühren bei Zustellung **107** III Nr. 2, **A 8** Nr. 1902; des RA **106** I S. 5, **A 9** 26

Post- und Fernmeldegeheimnis 46 18, **vor 59** 64

Postsymbole, Schutz der – **124** 5

Preisregelung, Verstoß gegen die – **12** 3

Preisüberhöhung A 12 4–6

Presse, Zeugnisverweigerungsrecht der Mitarbeiter bei der – **59** 36, **A 2** 53 I Nr. 5; Beschlagnahmeverbot **vor 59** 78, 80, **A 2** 97

Privatgeheimnis, Auskunftsverweigerungsrecht von Behörden bei Verletzung von –sen **vor 59** 61; – und Aussagepflicht des Zeugen **59** 42; s.a. Berufsgeheimnis

Privatgutachten als notwendige Auslagen **vor 105** 24

Privatklage, keine – im Bußgeldverfahren **46** 8; –delikt und Ordnungswidrigkeit **43** 10 ff., **82** 22

Privatpersonen, kein Recht auf Akteneinsicht **60** 57, **C 1** 185 V, 296

producta der Tat vor 22 16

Prokurist, Handeln für einen andern **9** 21; keine Geldbuße gegen eine JP bei Straftat oder Ordnungswidrigkeit des –en **30** 11

Prostitution verbotene Ausübung, Werbung **120**, **A 1** 297

Protokoll bei richterlichen Untersuchungshandlungen **vor 59** 13, **A 2** 168, 168a; über Zeugenvernehmung **59** 17, **A 2** 168 b II; über die Hauptverhandlung **71** 55, **78** I, **A 2** 271 ff.; Einlegung der Rechtsbeschwerde zu – **79** 28 f., **A 2** 341, 345 II

Protokoll bei der VB über Vernehmung **55** 4, **59** 17, **A 2** 168b; Anfechtung von Maßnahmen der VB zu – **62** 11 ff.; Einspruch gegen den Bußgeldbescheid zu – **67** 21 ff.

Protokollführer, Zuziehung bei richterlichen Vernehmungen **vor 59** 13, **A 2** 168, 168a; Ausschließung, Ablehnung **71** 21, **A 2** 31

Protokollverlesung in der Hauptverhandlung **71** 38, **73** III, **74** I, **A 2** 251 ff.

Protokollvermerk über unterbliebene Vereidigung **48** 11; über Vereidigung außerhalb der Hauptverhandlung **48** 6, **A 2** 66a

Prozeßfähigkeit des Verteidigers **60** 2, **67** 13; des Einziehungsbeteiligten **87** 3

Prozeßhindernis s. Verfolgungshindernis

Prozessuale Überholung s. Überholung

Prozeßverschleppung 77 17

Putativnotwehr 15 9

R

Rahmengebühren des Verteidigers **vor 105** 12 ff., **A 9** 12

Ratenzahlung s. Zahlungserleichterungen

Räume, Durchsuchung von –n **vor 59** 110 f, **A 2** 102 ff.

Räumliche Geltung des OWiG 5; für Ordnungswidrigkeiten des Landesrechts **5** 13

Rausch, vorwerfbarer **12** 2

Rauschmittel s. Berauschende Mittel

Realkonkurrenz s. Tatmehrheit

Rechte, Einziehung von –n **22** 2, **90** 25; – Dritter bei Einziehung **26** II, **28**, **66** 21; s.a. Beschränkt dingliche Rechte

Rechtfertigender Notstand 16

Rechtfertigung der Rechtsbeschwerde **79** III, **A 2** 345

Rechtfertigungsgründe vor 1 20 ff., **15**, **16;** Irrtum über – **11** 16, **16** 15

Rechtliche Handlungseinheit vor 19 9 ff., **30**

Rechtliches Gehör 52 3, **vor 59** 55; s.a. Anhörung, Nachholen

Rechtmäßigkeit der Aufforderung **113** 7 ff.

Rechtsanwalt, Zustellung an – **51** 14, **A 5** 5 II, **A 5a** 7 III; Zeugnisverweigerungsrecht **59** 33, **A 2** 53 I Nr. 3; Beschlagnahmefreiheit **vor 59** 78, 80, **A 2** 97; als Verteidiger **60** 5, 7, **87** 35 ff., **88** 14, **A 2** 138 I, 434, 444 II; Ablehnung als Sachverständiger **59** 87, **A 2** 74; Recht auf Akteneinsicht **60** 55; Gebühren und Auslagen **60** 65 ff., **A 8,** als notwendige Auslagen **vor 105** 10 ff., **A 2** 464a II Nr. 2; Begründung der Rechtsbeschwerde **79** III, **A 2** 345 II; Bußgeldverfahren gegen einen – wegen einer Steuerordnungswidrigkeit **A 10** 411; s.a. Pflichtverteidiger, Verteidiger

Rechtsbedingung 67 29

Rechtsbehelf gegen Maßnahmen der Polizei **53** 29, der StA **62** 40; s.a. Antrag auf gerichtliche Entscheidung, Aufsichtsbeschwerde, Beschwerde, Einspruch, Gegenvorstellungen, Nachverfahren, Rechtsbeschwerde, Verfassungsbeschwer-

Sachverz

Verteidigers **vor 105** 16, 18, 19, **A 9**
28; von Verwaltungsangehörigen,
Gerichtspersonen **107 III Nr. 5, A 8**
Nr. 1905; für mittellose Betroffene
oder Zeugen **107 III Nr. 7, A 8**
Nr. 1907
Religionsbekenntnis des Zeugen **59** 10
Religionsgemeinschaften, Beteuerungsformel **59** 48 6, **A 2** 66 c III
Revision 82 25; Anwendung der –vorschriften bei der Rechtsbeschwerde
79 III; – und Rechtsbeschwerde **83** 13
Rheinschiffahrtssachen, Vollstreckung
vor 89 15
Richter, Ausschließung und Ablehnung
vor 67 21, **A 2** 22 ff.; Aussagegenehmigung **59** 38 ff., **A 2** 54; als Sachverständiger **59** 94, **A 2** 76 II; Rechtsbeschwerde wegen Mängel in der Person des –s **79** III, **A 2** 338 Nr. 2, 3;
Wiederaufnahme wegen Amtspflichtverletzung **85, A 2** 359 Nr. 3, 362
Nr. 3; *s. a. Jugendrichter*
Richter beim Amtsgericht als Einzelrichter **68 I;** als Jugendrichter **68 II;** als
Notstaatsanwalt **35** 8, **vor 59** 10, **A 2**
165
Richterliche Handlungen, verjährungsunterbrechende Wirkung **33 I**
Nr. 2–6, 11, 12, 14, 15, **vor 59** 9
Richterlicher Augenschein vor 67 25,
71 25, **A 2** 86, 168 d, 225, 249
Richterliche Untersuchungshandlung im Vorverfahren **vor 59** 5 ff.,
A 2 162, 168–168 d
Richterliche Vernehmung, Verjährungsunterbrechung **33 I Nr. 2;** von
Zeugen **48** 1, **vor 59** 5 ff., **71** 25, **A 2**
162, 223; des Betroffenen **55** 25, **vor
59** 5 ff., **A 2** 136, 168 ff.; Anwesenheitsrechte **vor 59** 12, **A 2** 168 c
Richtlinien über die Bemessung der
Geldbuße **17** 8, 27 ff.; über die Verfolgung von Verkehrsordnungswidrigkeiten durch die Polizei **53** 30, **vor 59**
137, durch die VB **vor 59** 166; über
die Erteilung der Verwarnung **vor 56**
12 ff., **56** 6, **57** 1, **58** 7, **A 8** 27 II, III;
für das Bußgeldverfahren **C 1;** *s. a.
Allgemeine Verwaltungsvorschriften*
Risiko, Lehre von dem zulässigen – **vor
1** 27
Roter Halbmond, Mißbrauch der Bezeichnung **125** 5
Roter Löwe mit roter Sonne, Mißbrauch der Bezeichnung **125** 5

Rotes Kreuz, Mißbrauch **125;** von
gleichstehenden Zeichen **125 IV**
Rückerstattung des Mehrerlöses A 12
9, **A 2** 403 ff.
Rückgabe der Sache durch StA an VB
41 II, nach Einspruch **69** 18; beschlagnahmter Gegenstände **vor 59** 95, 99,
A 2 111 c VI, 111 k
Rücknahme *s. Zurücknahme*
Rückschein, Zustellung durch Einschreiben gegen **– 51** 12, **A 5 a** 6
Rücktritt vom Versuch 13 III, IV
Rückwirkungsgebot 4 4 ff., **79** III, **A 2**
354 a
Rückwirkungsverbot 4 2, vor **31** 4
Ruhen der Verfolgungsverjährung **32,
A 10** 396 III, 410 I Nr. 5; der Vollstreckungsverjährung **34 IV**
Rundfunk, Zeugnisverweigerungsrecht der Mitarbeiter **59** 36, **A 2** 53 I
Nr. 5

S

Sachaufklärung, Umfang der – **C 1**
286
Sachen, Einziehung von –n **22** 2, **90**
22 ff.; Beschlagnahme von –n **vor 59**
66 ff., **vor 67** 26, **A 2** 94 ff., 111 b ff.;
Pfändung von – **90** 12
Sachentscheidung bei Ausbleiben des
Betroffenen **74 II;** des Rechtsbeschwerdegerichts **79 VI, 83 III, A 2**
354
Sachkunde, besondere – der VB **63 III,
76 II, C 1** 272 I, II, 275, 278 II
Sachliche Geltung des OWiG **2**
Sachlicher Zusammenhang bei Ordnungswidrigkeiten **38, 68** 2, **A 10** 389,
410 I Nr. 1; bei Straftaten und Ordnungswidrigkeiten **42 I S. 2**
Sachliche Zuständigkeit der VB **36,
131 I;** des AG **45, 68;** des Jugendrichters **68 II;** der Finanzbehörden bei
Steuerordnungswidrigkeiten **A 10**
409; der Polizeibehörde bei Verkehrsordnungswidrigkeiten **A 11** 26 I,
B 2 b, B 3, B 4 b, B 6 b, B 9 b 2
Nr. 9, **B 10 a;** der Oberfinanzdirektion in Außenwirtschaftssachen **A 13**
43 III; der Kartellbehörde bei Kartellordnungswidrigkeiten **A 14** 82
Sachvernehmung des Zeugen **59** 11,
A 2 69
Sachverständige 59 76 ff., **vor 69** 25,
A 2 72 ff., 161 a; Begriff **59** 76; – Zeugen **59** 4, 81, **A 2** 85; Anwendung der
Zeugenvorschriften **59** 83, **A 2** 72;

Vernehmung **vor 59** 59, **59** 5 ff., 83, **A 2** 161 a, 163 a V; Gutachterpflicht **59** 84, **A 2** 75; Bestellung **59** 85 ff., **A 2** 73, 83; Ablehnung **59** 87 ff., **76** 12, **A 2** 74; Vorbereitung des Gutachtens **59** 93 f., **A 2** 78, 80; Verweigerung des Gutachtens **59** 94, **A 2** 76; Ungehorsamsfolgen **59** 95, **A 2** 77, 161 a II; verjährungsunterbrechende Wirkung der Beauftragung eines – **33 I Nr. 3;** Vertreter der VB als – **76** 12; Rechtsbehelf gegen Maßnahmen der VB **62** 4
Sachverständigenentschädigung 59 96 ff., **A 2** 84, **A 7**, **A 10** 405, 410 I Nr. 10; als Auslagen **107 III Nr. 4,** **A 8** Nr. 1904
Säumnis, unverschuldete – als Wiedereinsetzungsgrund **52** 3 ff.; Kosten schuldhafter – **59** 69, **A 2** 51 I
Schaden *s. Wiedergutmachung*
Schätzung des Gewinns **17** 43; des Gegenstandes bei Einziehung des Wertersatzes **25 III;** des Wertes bei Nebenfolgen **79** 7
Schematisierung der Geldbuße **17** 28
Schiffe, Ahndung von Ordnungswidrigkeiten auf –n **5;** örtliche Zuständigkeit der VB **37 IV;** Beschlagnahme von –n **vor 59** 90, **A 2** 111 c IV, 111 e, 111 f II; Vollstreckung in – **90** 16; Bewachungskosten **107** 20
Schlechterstellungsverbot *s. reformatio in peius*
Schlußvorträge in der Hauptverhandlung **71** 39, **A 2** 258, 259
Schonfrist bei der Vollstreckung **95 I**
Schreibgebühren des RA als notwendige Auslagen **vor 105** 18, **A 9** 27
Schriften 116 7 f., **119 I, II, 120 I Nr. 2;** Einziehung **123;** Beschlagnahme **vor 59** 72, **A 2** 111 m, 111 n
Schriften sexuellen Inhalts, Ausstellen pp. **119 III;** Einziehung **123;** Beschlagnahme **vor 59** 72, **A 2** 111 m, 111 n
Schriftform bei Einspruch **67** 19 f.
Schriftliche Anhörung des Betroffenen **33** 10 ff., **55** 4, 12, **A 2** 163 a I; Entschädigung für Zeitaufwand **59** 98, **vor 105** 9
Schriftliches Verfahren nach Einspruch 72; Beteiligung der VB **72** 48, **76** 5; Rücknahme des Einspruchs oder der Klage **71** 6 b
Schriftliche Verwarnung 56 16
Schriftliche Zeugenvernehmung 59 20

Schriftstücke, Herausgabe amtlicher **vor 59** 79, **A 2** 96; Beschlagnahmefreiheit **vor 59** 80, **A 2** 97
Schriftverkehr eines inhaftierten Betroffenen mit dem Verteidiger **60** 60, **A 2** 148, 148 a
Schriftvergleichung vor 67 25, **A 2** 93
Schuld *s. Vorwerfbarkeit*
Schuldfrage, Nichtbeteiligung des Einziehungsbeteiligten zur – **87** 9 ff., **A 2** 431 II, 436 II; Überprüfung bei Rechtsbeschwerde **87** 33 f.; im Nachverfahren **87** 48
Schuldtheorie 11 20 f.
Schwachsinn 12 14
Schwägerschaft, Zeugnisverweigerungsrecht **59** 26, **A 2** 52 I Nr. 3; Ablehnung als Sachverständiger bei – **59** 88, **A 2** 74, 161 a; Eidesverweigerungsgrund **48** 6, **A 2** 63
Schweden, Rechts- und Amtshilfeverkehr mit – **vor 59** 24, **vor 67** 40
Schweigen des Betroffenen **55** 10 f.
Schweigepflicht, Entbindung von der – **59** 43, **vor 59** 61, **A 2** 53 II
Schweiz, Rechts- und Amtshilfeverkehr mit der – **vor 59** 23, 23 a, **vor 67** 40
Schweizer Wappen, Mißbrauch **125 II**
Schwierigkeit der Sach- und Rechtslage 60 25 ff., **A 2** 140 II
Seeleute, Zustellung an – **51** 22, 33
Seelische Abartigkeit, schwere **12** 15
Seelische Störungen, krankhafte **12** 12
Selbständige Kostenentscheidung der VB **105** 9, 30, 37, **108 I Nr. 1;** des Gerichts **109** 3
Selbständiger Bußgeldbescheid 88 II S. 1
Selbständiger Einziehungsbescheid 87 III
Selbständiger Entschädigungsbescheid 110 I, II
Selbständiges Verfahren bei Einziehung **27, 87 III, V, 105** 17, 43; bei Festsetzung der Geldbuße gegen JPen **30 IV, 88** 18 ff., **105** 17, 43; bei Abführung des Mehrerlöses **105** 17, **A 12** 10, 11 II; Verjährungsunterbrechung bei Antrag auf – **33 I Nr. 13**
Selbstanzeige bei der leichtfertigen Steuerverkürzung **A 10** 378 III
Selbstschußgeräte, Verwendung von –n **B 1 a** 11
Selbstunterwerfung des Betroffenen **vor 65** 6

273 II, III; Verjährungsunterbrechung bei – **33** 57 ff., **C 1** 274

Täter einer Ordnungswidrigkeit **vor 1** 31; einheitlicher –begriff **14** 1

Täterschaft s. *Beteiligung*

Tätige Reue beim Versuch **13 III, IV, A 10** 378 III

Tätigkeitsort 7 3 ff.

Tatmehrheit vor 19 31; zwischen Ordnungswidrigkeiten **20;** zwischen Straftat und Ordnungswidrigkeit **21** 31; Beschränkung der Verfolgung **47** 26; Dauer der Erzwingungshaft bei – **96 III;** Verwarnung bei – **56** 20

Tatort s. *Begehungsort*

Tatsachenirrtum 11 4

Tatzeit s. *Begehungszeit*

Taube, Verteidigerbestellung **60** 24, **A 2** 140 I Nr. 4

Täuschung 55 21, **A 2** 136 a

Taxsystem bei Geldbußen **17** 24, 27 ff.

Teilbeträge, Verrechnung von –n **94**

Teilnehmer an einer Ordnungswidrigkeit s. *Beteiligung*

Teilnahme der StA an der Hauptverhandlung **75, C 1** 287; s. a. *Anwesenheit*

Teilrechtskraft, Vollstreckung von Bußgeldentscheidungen **89** 4

Teilweise Einziehung 24 III

Teilweise Rechtsbeschwerde 79 20 ff.

Teilzahlung von Geldbußen pp s. *Zahlungserleichterungen*

Telefonische Einlegung von Rechtsbehelfen **67** 26

Telegrafengebühren 107 III Nr. 1, A 8 Nr. 1901

Telegrafische Einlegung von Rechtsbehelfen **67** 24

Telegramme, keine Beschlagnahme von –n **46 III**

Terminsnachricht an die StA **75** 5; an die VB **76 I, A 10** 403 I, 407 I, 410 I Nr. 8, 11; an den Einziehungsbeteiligten **87** 26, **A 2** 435; bei richterlichen Vernehmungen **vor 59** 12, **A 2** 168 c V

Territorialitätsprinzip s. *Gebietsgrundsatz*

Testamentsvollstrecker, Handeln für einen andern **9** 12

Tierarzt, kein Zeugnisverweigerungsrecht **59** 33

Tiere, Kosten der Beförderung und Verwahrung **107 III Nr. 8, A 8** Nr. 1908; Halten gefährlicher – **121**

Tilgung von Eintragungen im Zentralregister wegen einer nach Verurteilung nur noch mit Geldbuße bedrohten Handlung **vor 1** 9; im Verkehrszentralregister **11** 29

Tod des Betroffenen **22** 18, **vor 59** 37, 48, **vor 67** 30 d, **69** 6, **105** 18; bei Wiederaufnahme des Verfahrens **85** 25 a, **A 2** 361; des Einziehungsbeteiligten **87** 22

Tonträger 116 9; s. a. *Schriften*

Träger von Hoheitsbefugnissen 113 6

Trennung von zusammenhängenden Bußgeldsachen durch VB **39** 11; von Straf- und Bußgeldsachen im gerichtlichen Verfahren **45** 4; nach Einlegung von Berufung und Rechtsbeschwerde **83** 12

Triebstörungen 12 15

Trunkenheit 12 13; s. a. *Vollrausch*

Tunesien, Rechtshilfeverkehr mit – **vor 67** 41

Türkei, Rechtshilfeverkehr mit der – **vor 67** 40

U

Übergang vom Bußgeld- zum Strafverfahren **vor 67** 30 c, **69** 28, **81, 82** 26 ff., **C 1** 290; bei Abgeordneten **vor 59** 45; vom Straf- zum Bußgeldverfahren **82;** vom Bußgeldverfahren zum selbständigen Verfahren **87** 57, **88** 19

Überholung, prozessuale **vor 59** 123 ff., 155, **62** 13, 27 a

Überlassen 127 18

Überleitungsvorschriften A 1 309, 317; zum OWiG **4** 12, **vor 31** 7

Übermaßverbot 66 9

Übernahme der Verfolgung durch StA **42, 43 II, C 1** 277 ff., durch einen ausländischen Staat **vor 59** 26; der Vollstreckung durch einen ausländischen Staat **vor 89** 14 f.

Übersetzer, Entschädigung **59, 107** 11, **A 7** 17, **A 8** Nr. 1904

Übertragung der Zuständigkeit der VB **36** 7 ff., **39, 131** 3 f.

Übertretungen, Umwandlung der – in Ordnungswidrigkeiten **A 1** 13

Umwandlung von Straftaten in Ordnungswidrigkeiten **vor 31** 7, **A 1** 13; Verfahren nach – **82** 27, **A 1** 317

Unbefugt 115 19 ff., **124** 7, **125** 3, **126** 4

Unbekannter Aufenthalt 51 18

des Herausgabeanspruchs bei Einziehung **34** 7; von Ordnungsgeld **59** 73, **A 1** 9; des Kostenanspruchs **107** 35, **A 6** 20, **A 8** 10; Überleitungsvorschriften **vor 31** 7, **A 1** 309; von Steuerordnungswidrigkeiten **A 10** 384; von Verkehrsordnungswidrigkeiten **A 11** 26 III; *s. a. Verfolgungsverjährung, Vollstreckungsverjährung*

Verjährungsfrist 31 II, **34** II

Verkehr des verhafteten Betroffenen mit dem Verteidiger **60** 18, 60, **vor 67** 27, **A 2** 148, 148 a; unerlaubter – mit Gefangenen **115**

Verkehrsordnungswidrigkeiten A 11 24 ff.; im Ausland begangene – **5** 4 III; Beteiligung bei – **14** 9; Bußgeldkatalog **17** 27 ff.; Verfolgung von – **47** 15 ff., durch die Polizei **53** 30; Verwarnungsverfahren bei – **vor 56** 14, **A 11** 27; Bußgelderlaß **vor 59** 166; Zuständigkeitsvorschriften **B**

Verkehrsunterricht, Teilnahme an einem – an Stelle einer Geldbuße **98** I **Nr. 3**

Verkehrswert bei Einziehung **25** 11, **28** 21

Verkehrszentralregister A 11 28 ff.; Mitteilungen an das – **vor 89** 18; Verwertung im – eingetragener Ordnungswidrigkeiten **17** 20

Verleger *s.* Presse

Verlesung (in der Hauptverhandlung) der Angaben des Bußgeldbescheides **71** 35, **A 2** 243 III; der Niederschrift einer Vernehmung des Betroffenen **73** III, **74** I; schriftlicher oder protokollarischer Erklärungen des Betroffenen **74** I; der Stellungnahme der VB **76** 13; sonstiger Schriftstücke und Protokolle zu Beweiszwecken **71** 38, **77** 6 ff., **A 2** 249 ff.

Verletzungsdelikte vor 1 14

Verlöbnis als Zeugnisverweigerungsgrund **59** 24, **A 2** 52 I Nr. 1; als Eidesverweigerungsgrund **48** 6, **A 2** 63

Verminderte Zurechnungsfähigkeit 12 16

Vermögensschaden, Entschädigung für erlittenen – **110** 21, **A 4** 7

Vermögensverzeichnis 90 14

Vernehmungsanordnung, Verjährungsunterbrechung **33** I Nr. 1, 2

Vernehmung von Zeugen und Sachverständigen **59** 5 ff., 83, **A 2** 58, 68, 69, 72, 161 a, 163 a V, 168 b II, 168 c;

Verjährungsunterbrechung 33 I **Nr. 2;** durch einen Richter auf Antrag der VB **vor 59** 7, 12, **A 2** 136, 168 c; durch einen ersuchten Richter **71** 25, **A 2** 223; von Nebenbeteiligten **87** 19, **88** 4, **A 2** 432, 444 II

Vernehmung des Betroffenen, Verjährungsunterbrechung **33** I **Nr. 1, 2;** durch die VB oder Polizei **55**, **A 2** 163 a III, IV, 168 b II; durch den Richter **55** 25, **vor 59** 5 ff., **A 2** 136, 168 ff.; in der Hauptverhandlung **71** 36, **A 2** 243 II S. 2, IV S. 2; durch einen ersuchten Richter **73** III

Vernehmungsanordnung, Verjährungsunterbrechung **33** I **Nr. 1, 2**

Vernehmungsmittel, verbotene – beim Betroffenen **53** 20 ff., **A 2** 136 a, 163 a III, IV; beim Zeugen **59** 13, **A 2** 69 III, 136 a, 163 a V

Verrechnung von Teilbeträgen **94**; *s. a.* Anrechnung

Versammlung 116 6

Verschaffen 127 15; *s. a.* Sichverschaffen

Verschlechterungsverbot *s. a. reformatio in peius*

Verschleppungsabsicht bei Beweisanträgen **77** 17

Verschulden als Wiedereinsetzungsgrund **52** 3 ff., **A 2** 44; amtliches – **52** 9; – des Verteidigers **52** 10

Verspätete Entschuldigung 59 59; –r Einspruch **70**; –r Verteidiger **71** 30; –r Widerspruch gegen das schriftliche Verfahren **72** 44; Beweisantrag **77** 17; Rechtsbeschwerde **79** 34, **A 2** 346

Versuch 13, 115 III; Rücktritt vom – **13** III, IV; – bei Beteiligung **14** II; untauglicher **11** 18, **13** 6, 12

Verteidiger, Aufgaben **60** 2; als Zeuge **59** 4, 60 2 b; Zeugnisverweigerungsrecht **59** 32, **A 2** 53 I Nr. 2; Ablehnung als Sachverständiger **59** 87, **A 2** 74; im Verfahren der VB **60**, **A 2** 137 ff., **A 3** 67 III; Ausschließung **60** 18 ff., **A 2** 138 a ff.; Anwesenheit bei Vernehmungen **55** 17, **vor 59** 12, 125, **A 2** 168 c; Vollmacht **60** 12 ff.; Bestellung **60** 23 ff.; Akteneinsicht **48** ff., **A 2** 147; Vergütung **60** 65 ff., **vor 105** 10 ff., **A 9;** Zustellung von Bescheiden an **51** 30 ff.; Verschulden des –s als Wiedereinsetzungsgrund **52** 10; Angabe im Bußgeldbescheid **66** I **Nr. 2;** Einlegung von Rechtsbehelfen **67** 2, 36, **62** 5, **A 2** 297, 302 II; Ladung zur

Verwaltungs-Vollstreckungsgesetz, Anwendung bei · der Vollstreckung von Bußgeldbescheiden **90 I**

Verwaltungszustellungsgesetz 51 I, A 5; Allgemeine Verwaltungsvorschriften hierzu **A 5 a**

Verwaltungszwang und Geldbuße **vor 1** 41

Verwandtschaft, Zeugnisverweigerungsgrund **59** 26, **A 2** 52 I Nr. 3; Ablehnungsgrund als Sachverständiger **59** 88, **A 2** 74, 161 a; Eidesverweigerungsgrund **48** 6, **A 2** 63

Verwarnung 56 ff., A 11 27; ohne Verwarnungsgeld **56** 2, 7; Wesen **vor 56** 4 ff.; durch VB **56;** durch Beamte des Außendienstes **57 I;** durch Polizeibeamte **vor 56** 10, **57 II, 58 I;** durch sonstige Stellen **57** 3; mündliche – **vor 56** 10, **56** 16; schriftliche – **56** 16; Ermächtigung zur Erteilung **58 I;** Richtlinien über Erteilung **vor 56** 12 ff., **56** 6, **58** 7, **A 11** 27 II, III; bei Verkehrsordnungswidrigkeiten **vor 56** 12 ff., **A 11** 27; bei Jugendlichen **56** 5; bei Abgeordneten **vor 59** 44 a; keine Rücknahme **56** 37 a ff.; Wirkung **56** 42 ff.; Anfechtung **56** 31 ff.; Allgemeine Verwaltungsvorschrift für die Erteilung einer – **vor 56** 13; Einziehung nach – **27** 10

Verwarnung mit Strafvorbehalt 21 30

Verwarnungsgeld 1 5, **vor 56** 7, **56** 18 ff., **A 11** 27 I

Verwarnungsgeldkatalog 17 33, **vor 56** 13, **58** 7, **vor 59** 167

Verwechseln, zum – ähnlich **124 II, 125 II, 126 II**

Verweigerung der Annahme bei Zustellung **51 I, A 5** 13, **A 5 a** 17; der Untersuchung **46** 25, **A 2** 81 c VI; des Zeugnisses **48 II, 59** 22 ff., **A 2** 52 ff., 70; des Eides **48** 6, **A 2** 63, 70; der Gutachtenerstattung **48 II, 59** 94 f., **A 2** 76, 77

Verweisung an ein Gericht höherer Ordnung **71** 54, **A 2** 270

Verwerfliche Weise 23 12

Verwerfung des Einspruchs **70, 74 II, 79 I** S. 1 Nr. 4, **81** 20, **109;** der Rechtsbeschwerde **79** 34, **A 2** 346, 349; des Zulassungsantrags **80** 32, 44; des Wiederaufnahmeantrags **85, A 2** 368, 370; des Antrags auf ein Nachverfahren **87** 43

Verwertung früher begangener Ordnungswidrigkeiten **17** 20; des Einziehungsgegenstandes **25** 5 a; bisheriger Beweisaufnahme bei Übergang zum Strafverfahren **81;** von Eintragungen in das Verkehrszentralregister **A 11** 30

Verwertungsverbot 55 23, **59** 46, **A 10** 393 II, 410 I Nr. 4

Verwirkung 62 13, **74** 47

Verzeichnis der beschlagnahmten Gegenstände **vor 59** 93, **A 2** 107, 109, 111 b II

Verzicht auf einen Rechtsbehelf **51** 14, **67** 41, **62** 16, **A 2** 302; auf Rechtsbehelfsbelehrung **50** 16; der StA auf Rechtsmittel **vor 71** 45; auf den Widerspruch gegen schriftliches Verfahren **72** 43; der StA auf Teilnahme an der Hauptverhandlung **75** 7; der VB auf Beteiligung **63** 8, **76** 8

Vollmacht des Verteidigers **60** 12 ff., **73** 39

Vollrausch 122, 131 II, III

Vollstreckbarkeit von Bußgeldentscheidungen **89;** von Maßnahmen der VB **89** 5; sonstiger gerichtlicher Entscheidungen **89** 6; des Beschlusses über die Anordnung der Erzwingungshaft **97** 4

Vollstreckbarkeitsbescheinigung *s. Rechtskraftbescheinigung*

Vollstreckung des Bußgeldbescheides **vor 89** 3, **89 ff., A 10** 412 II; der gerichtlichen Bußgeldentscheidung **vor 89** 4 f., **89, 91 ff., A 2** 451, 459, 459 g; der Einziehung **90** 21 ff., **91** 5; von Nebenfolgen **90** 19 ff., **91** 5; der Kosten **90** 34, **108 II;** des Ordnungsgeldes **90** 38, **91** 9; Einwendungen gegen die Zulässigkeit **91** 6, **103** 3 f.; der Erzwingungshaft **97;** von Jugendarrest **98** 26; in den Nachlaß **101;** gerichtliches Verfahren bei der – **103, 104;** Kosten der – des Bußgeldbescheides **vor 105** 6; gegen Jugendliche und Heranwachsende **vor 89** 6, **91 97 I, 98;** unzulässige **vor 89** 13; Nebengeschäfte **vor 89** 18

Vollstreckungsanordnung gegen Jugendliche und Heranwachsende **98;** im Erkenntnisverfahren **78 III, 72** 61

Vollstreckungsaufschub beim Wiedereinsetzungsantrag **52** 21; beim Wiederaufnahmeantrag **85** 26, **A 2** 360 I; bei Antrag auf Nachverfahren

87 44; bei der Erzwingungshaft **97** 1, **A 2** 455–456

Vollstreckungsbehörde 90 2f., **91** 2ff., **92, 97** 2; Bewilligung von Zahlungserleichterungen **93**; Antrag auf Anordnung der Erzwingungshaft **96** 19f., von erzieherischen Maßnahmen **98 I**; bei Vollstreckung der Erzwingungshaft **97** 2; Aussetzung der Vollstreckung **102 I**; Einwendungen gegen Anordnungen der – **91** 6, **103 I Nr. 2**

Vollstreckungsersuchen in das Ausland **vor 89** 14ff.

Vollstreckungsklausel bei Kostenfestsetzungsbescheiden **106** 12

Vollstreckungskosten vor 105 6

Vollstreckungsleiter, Jugendrichter als – **92, 97 I, A 3** 82 I

Vollstreckungsmaßnahmen, Einwendungen gegen – **91** 6, **103** 6f., **104**

Vollstreckungsunterbrechung bei der Erzwingungshaft **97** 1, **A 2** 455a

Vollstreckungsverjährung, 34, A 1 309; Ruhen der – **34 IV**; Unzulässigkeit der Vollstreckung bei Eintritt der – **vor 31** 6, **103** 3

Vollzug der Beschlagnahme **vor 59** 90ff., **A 2** 111f.; der Erzwingungshaft **97** 10; des Jugendarrestes **98** 27

Vollzugsbehörde 90 3, 7

Vorbehalt für anderweitige Regelungen 2 7f., **5, 10, 13 II, 17 I, 26 I, 31 II, 56 I, 90 I, II, 105 II, 110 IV**

Vorbehalt der Einziehung, Anordnung **24 II**; Veräußerungsverbot **26 III**; Anordnung im Bußgeldbescheid **66** 21; Aufhebung **100**

Vorbehaltseigentum bei Einziehung **22** 13, **28** 12

Vorbereitung des Sachverständigengutachtens **59** 93f.; der Hauptverhandlung **vor 67** 29, **71** 25ff., **A 2** 213ff.; des Wiederaufnahmeverfahrens **85** 16, **A 2** 364b

Vorbereitungshandlung, Abgrenzung vom Versuch **13** 4f.

Vorbeugungscharakter der Einziehung **vor 22** 4f.

Vordrucke für öffentliche Urkunden, Herstellen pp **127 I Nr. 2**

Vorfragen, zivil- und verwaltungsrechtliche **71** 49, **A 2** 262, **A 10** 396, 410 I Nr. 5

Vorführung des Betroffenen **46** 15, 33, **vor 59** 8, **74** 37ff., **A 2** 133, 134 II,

135, 163a III; bei Identitätsfeststellung **vor 59** 152ff., **A 2** 163c; von Zeugen **46** 15, 33, **59** 68, **A 2** 161a II; des Nebenbeteiligten **87** 27, **88** 9, **A 2** 433 II, 442 II; *s. a. Haftbefehl*

Vorlagepflicht des OLG **79** 38, **80** 42

Vorläufige Einstellung des Bußgeldverfahrens **vor 59** 48, **vor 67** 30, **A 2** 205; Verjährungsunterbrechung **33 I Nr. 5**

Vorläufige Festnahme 115 6; keine Anwendung im Bußgeldverfahren **46 III** S. 1

Vormund, Ablehnung als Sachverständiger **59** 88, **A 2** 74 I; *s. a. Gesetzlicher Vertreter*

Vormundschaftsrichterliche Zuständigkeit, Gerichtsstand bei Jugendlichen **68** 8, **A 3** 42 I Nr. 1

Vorrang des Strafgesetzes **21**; des Strafverfahrens **83** 1 ff.

Vorrangszuständigkeit 39 I

Vorrichtungen zur Herstellung von Schriften pp, Unbrauchbarmachung **123** 7; zur Herstellung von Geld oder Urkunden **127 I Nr. 1,** von papiergeldähnlichen Drucksachen **128 I Nr. 2**

Vorsatz 10 2ff.; natürlicher – **122** 11

Vorsatztheorie 11 19

Vorschuß an Zeugen und Sachverständige **59** 99, **A 7** 14

Vorsorglich eingelegte Rechtsbeschwerde **C 1** 292

Vorstand eines nichtrechtsfähigen Vereins **29, 30**

Vorstrafen des Zeugen **59** 12

Vorteilsversprechen 55 22, **A 2** 136a

Vorverfahren 53 ff.; Allgemeine Vorschriften **53** f.; Verwaltungsverfahren **56** ff., **A 11** 27; Verfahren der VB **vor 59, 59** ff.; Verfahren der StA **63, 64, C 1** 269 ff.

Vorwerfbarkeit vor 1 30; bei Verbotsirrtum **11** 23ff., 33; des Nichterscheinens bei Zeugen **59** 54

W

Wahlfeststellung vor 1 38, **10** 7a

Wahlverteidiger 60 2ff., **A 2** 138

Wahndelikt 13 6

Wahrheitserforschung, Grundsatz der – **vor 59** 53, **vor 67** 28

Wahrunterstellung 77 15

Wappen, Mißbrauch von – des Bundes

Zweck der Geldbuße **vor 1** 9; der Geldbuße gegen JPen **vor 30** 3 ff.; der Einziehung **vor 22** 2 ff.
Zweifel über die Auslegung der Bußgeldentscheidung **103** 2, 9
Zweigstellen der VB *s. Außenstellen*

Zwischenstaatliche Abkommen, Erweiterung des räumlichen Geltungsbereichs **5** 7; *s. a. Rechtshilfeverkehr mit dem Ausland*
Zwischenverfahren nach Einspruch **vor 67** 3 ff., **69** 1 ff.

Dreher/Tröndle
Strafgesetzbuch

Kurzkommentar. Von Dr. Eduard Dreher, bis 1969 Ministerialdirigent im Bundesministerium der Justiz (23.–37. Auflage). Fortgeführt von Dr. Herbert Tröndle, Präsident des Landgerichts Waldshut-Tiengen.

39., neubearbeitete Auflage. 1980
LXVI, 1694 Seiten kl. 8°. In Leinen DM 78.–

Die 39. Auflage berücksichtigt den Text des StGB nach dem **Stand vom 1. Januar 1980.** So sind insbesondere bereits kommentiert:

- die durch das 16. StRÄndG erfolgte **Aufhebung der Mordverjährung in § 78** sowie die

- durch das 17. StRÄndG mit Wirkung vom 1.1.1980 erfolgte **Aufhebung des § 353 c und Änderungen des § 353 b.**

Im besonderen Teil waren im Hinblick auf die Entwicklung der Rechtsprechung Überarbeitungen und wichtige Ergänzungen erforderlich. Besondere Sorgfalt wurde wie bisher darauf verwendet, daß der Erläuterungsteil alle wichtigen Bezugsnormen des Nebenstrafrechts, Landesstrafrechts sowie der außerstrafrechtlichen Gesetze enthält und nach dem neuesten Stand ausweist.

Wer mit dem Dreher/Tröndle arbeitet, hat die Gewähr, daß er an Gesetzesänderungen und wichtigen Gerichtsentscheidungen nichts übersieht.

Verlag C. H. Beck München

Erbs/Kohlhaas
Strafrechtliche Nebengesetze

Loseblatt-Kurzkommentar. Begründet von Landgerichtsdirektor Georg
Erbs, vormals herausgegeben von Bundesanwalt i. R. Dr. Max Kohlhaas.
Bearbeitet von Fritz Ambs, Oberstaatsanwalt am BGH; Dr. Hans
Fuhrmann, Richter am BGH; Dr. Max Kohlhaas, Bundesanwalt i. R.;
Dr. Albert Lorz, Vizepräsident des Bayer. Obersten Landesgerichts
a. D.; Karlheinz Meyer, Vors. Richter am Kammergericht; Dr. Wolf-
gang Müller, Vors. Richter am Landgericht; Dr. Georg Pelchen, Bun-
desanwalt; Dr. Gerhard Potrykus, Amtsgerichtsdirektor a. D.; Dr.
Joachim Steindorf, Richter am OLG; Walter Zipfel, Richter am BGH

3. Auflage. Mit 51. Ergänzungslieferung 1980
Rund 7200 Seiten 8°. In 3 Plastikordnern DM 248.–

Inhalt dieses Werkes ist das materielle Straf- und Ordnungswidrigkeitenrecht, soweit es nicht im Strafgesetzbuch selbst enthalten ist. In
der Praxis der Gerichte, der Anwälte, der Polizei und der Verwaltungsbehörden – aber auch für Handel, Industrie und Wirtschaft – spielt
dieser Bereich eine zunehmend verstärkte Rolle.

Erschließen Sie sich den „Erbs/Kohlhaas" mit dem:

Lexikon des Nebenstrafrechts

Gesamtübersicht über die Strafbestände außerhalb des StGB und über
das Ordnungswidrigkeitenrecht.
Von Dr. Erich Göhler, MinRat im Bundesministerium der Justiz, Hans
Buddendiek, Oberregierungsrat im Bundesministerium der Justiz, und
Karl Lenzen, Oberregierungsrat im Bundesministerium der Justiz.

2., neubearbeitete und ergänzte Auflage. Stand Januar 1980
Rund 530 Seiten 8°. Im Plastikordner DM 60.–. Vorzugspreis für Be-
zieher des „Erbs/Kohlhaas, Strafrechtliche Nebengesetze", DM 55.–

Verlag C. H. Beck München